谨以此书纪念

济南市考古研究所成立十五周年

章丘女郎山

济南市考古研究所　编著

科学出版社
北　京

内容简介

本书是济南市考古研究所2009年发掘的章丘女郎山墓地的考古报告，报告将发掘的400余座墓葬以时代为顺序，按墓葬形制分类逐一介绍。全书分为十个部分，依次为前言、第一章概述、第二章汉代墓葬、第三章唐代墓葬、第四章宋代墓葬、第五章金代墓葬、第六章元代墓葬、第七章明代墓葬、第八章清代墓葬、第九章对女郎山各时期墓葬的初步认识。

本书适合考古学、历史学方面的专家学者和大专院校相关专业师生参考、阅读。

图书在版编目（CIP）数据

章丘女郎山/济南市考古研究所编著. —北京：科学出版社，2012
ISBN 978-7-03-036272-8

Ⅰ. ①章… Ⅱ. ①济… Ⅲ. ①墓葬（考古）-发掘报告-济南市 Ⅳ. ①K878.85

中国版本图书馆CIP数据核字（2012）第310141号

责任编辑：刘 能/责任校对：李 影
责任印制：赵德静/封面设计：美光设计

科学出版社 出版
北京东黄城根北街16号
邮政编码：100717
http://www.sciencep.com
北京彩虹伟业印刷有限公司 印刷
科学出版社发行 各地新华书店经销
*
2013年1月第 一 版 开本：889×1194 1/16
2013年1月第一次印刷 印张：40 1/2 插页：16
字数：1 118 000

定价：328.00元

（如有印装质量问题，我社负责调换）

编 委 会

主　　编： 李　铭

执行主编： 郭俊峰

副 主 编： 王　晶　张幼辉　陈　宾

参编人员： 李　铭　张幼辉　郭俊峰　王兴华

房　振　刘秀玲　刘　剑　何　利

刘丽丽　郝素梅　姜　桥　孙　涛

赵　辉

目　录

插图目录

图版图录

前　言

章丘市地处齐鲁腹地，位于济南以东 40 公里处。其历史悠久，肥沃的土地、充沛的水源、适宜的气候，为人类在此繁衍生息提供了重要条件。小荆山遗址、西河遗址表明，8500 年前的后李文化时期就有人类在此居住生活。龙山文化时期，这里的居民更是创造了光辉灿烂的文化，举世闻名的龙山文化遗址——城子崖遗址也位于章丘境内。章丘境内文物资源丰富，古遗址众多，已知的有 180 余处，其中国家级文物保护单位 5 处，省级文物保护单位 5 处。近年来西河遗址、城子崖遗址、洛庄汉墓、危山汉墓的发掘先后获评当年度十大考古新发现。

女郎山位于章丘市绣惠镇以北约 1.5 公里，海拔 116.7 米（图版 1）。与汉代东平陵城相距仅有 13 公里，距汉代阳丘县治不过 2 公里，自北齐始建的章丘城就建在山南。关于女郎山，古籍记载颇多，乾隆年版的《章丘县志》引载的《三齐纪》对此山之名有两种说法：一说此山称为女郎山，因汉平陵侯章亥之女溺死葬此而名之；二说女郎山又叫章丘山，因战国时齐将匡章葬此而得名，以至于后来人们又把章丘山附近的古城，也就是汉代所谓的阳丘城称为章丘城。《章丘县志》中还有关于“章亥之女溺死葬于此”的另一传说：据说战国时候，驻守在此的大将章亥有两个女儿因绣江河突发大水而淹死，葬在城北山上，从此，便把城北山改称为“女郎山”。

由于古时人们“于高敞处择墓地”等丧葬思想的影响，以及地理位置上的优势，使得女郎山自古以来就成为附近居民的首选墓地，考古发掘和地方志都表明了自战国一直到明清时期，人们都将此山作为埋葬的圣地，一脉相承，从未间断。

1990 年，山东省文物考古研究所为配合济青高速公路工程进行考古发掘，在女郎山的东、西、南麓发现 120 余座墓葬，其时代自战国延续到明清时期，大多为小型竖穴土坑墓。其中 9 座不同时期的壁画墓，有规律地排列在女郎山南麓。而在西山坡发掘出一座规格很高的战国大墓，随葬品甚丰，计有各种器物 300 余件，兵器 220 件，饰品 6000 余枚。其中，青铜器物有鼎、豆、壶、盘、勺、舟等。发掘者认为，它就是战国时期齐国将领匡章的墓葬。据《战国策 · 齐策》记载，齐将匡章，又称匡子、章子，是战国时期齐威王、宣王时期的著名将领，曾率军参加过抗秦、破燕、战楚等战争，也曾参加齐、魏“会徐州相王”的盟会论辩。

2009 年 3~7 月，为配合章丘第三职业中专的建设，济南市考古研究所在此开展了考古发掘工作，共清理出汉代至明清时期的各类墓葬 400 余座。这批墓葬持续年代长，数量众多，墓葬形制多样。本书即为这批墓葬的详细报告。

本书以时代为章，以墓葬形制为节，由汉代墓葬介绍到清代墓葬，力求把每座墓葬的信息都全面地发布出来，为研究者提供最原始的资料，同时以资纪念我所建所 15 周年，并借此锻炼提高我所工作队伍的业务能力。

由于此区域墓葬密集、墓葬被早期扰乱、盗掘严重，以及近代以来大规模平整土地等因素，埋藏较浅的墓葬多数被破坏，仅残存墓室的底部，随葬品基本不存；墓地中普遍存在晚期墓葬占用早期墓葬的墓室、墓砖甚至随葬品进行丧葬的现象。这使得有的墓葬随葬品时代跨度大，个别墓葬时代断定困难。同时，个别墓葬在发掘过程中略显粗糙，加之时间仓促，书中存在不足之处和值得商榷的地方，希望读者谅解，并敬请批评指正。

第一章 概　述

第一节　地理概况与自然环境

山东省济南市章丘绣惠镇地处章丘市中部，总面积55.9平方公里。绣惠东接淄博，西临济南，北依济青高速公路，南临胶济铁路，省道244线、242线纵贯全境，距济南国际机场35公里，交通条件十分优越。镇政府驻地是章丘千年古城，曾是章丘的政治、经济、文化中心，迄今已有1500余年的历史。境内北有松柏苍翠的女郎山，东有蜿蜒起伏的长白山，西有肥沃富庶的锦川平原，南有柳绿花红的桃花山。绣江河、漯河、绣惠渠流经境内，汇流于小清河。境内地质构造形式为单斜面岩层，以块断为主，褶皱少见。境内广泛分布的黄土地，自上而下一般为黄土、微红土、砂质黄土含古河道、洪积扇砾石层数层。境内处中纬度，属暖温带季风区的大陆性气候，四季分明，雨热同季，热量适宜，雨量次之。春季干旱多风，夏季雨量集中，秋季温和凉爽，冬季雨雪少干冷。年均气温13℃，年降雨量为600～625毫米，全区地势平坦、土壤肥沃、气候适宜，盛产粮食、蔬菜等。境内动植物资源丰富，林果品种较多。

第二节　历史沿革

章丘市历史悠久，自新石器时代始，就有人类在此居住。商代，其境内东、北部属蒲姑国；西部为谭国，都城在今龙山镇城子崖。春秋时期，先后为谭国和齐国诸侯封地赖邑、宁邑、台邑、崔邑。战国，属田齐。秦，属济北郡。西汉，属青州部济南郡（治东平陵城）。前153年（汉景帝四年）首次置县，称阳丘县（治回军镇，今绣惠镇回村）等。东汉时，中部为阳丘县，北部为管县、虢县，南部为土鼓县。后阳丘、虢县并入东朝阳县。魏晋时期，东朝阳县属东安国。南北朝刘宋，改东朝阳县为朝阳县，属齐郡。北齐废朝阳县置高唐县（治回军镇）。556年（北齐天保七年），高唐县迁治女郎山（章丘山）南建章丘城。596年（隋开皇十六年），“以博州亦有高唐，改为章丘县，取县北山章丘为名”。唐贞观元年（627年）属河南道齐洲济南郡。宋、金，属济南府。元，属山东东路西南道济南路总管府。明、清，皆属济南府。1945年，划为章丘、章历两县。1953年，章历县撤销，并入章丘县（县治旧章丘城）。1955年8月，县治迁往明水。

第三节　发掘经过与墓地概况

2009年3~7月，为配合章丘市第三职业中专的建设，济南市考古研究所组织专业力量对建设所占压区域进行了抢救性考古发掘，发掘面积 2 万余平方米。发掘区域位于女郎山南部的山坡上，北部为绣惠镇中小学，东部为 1990 年的高速公路取土场（图 1-1）。

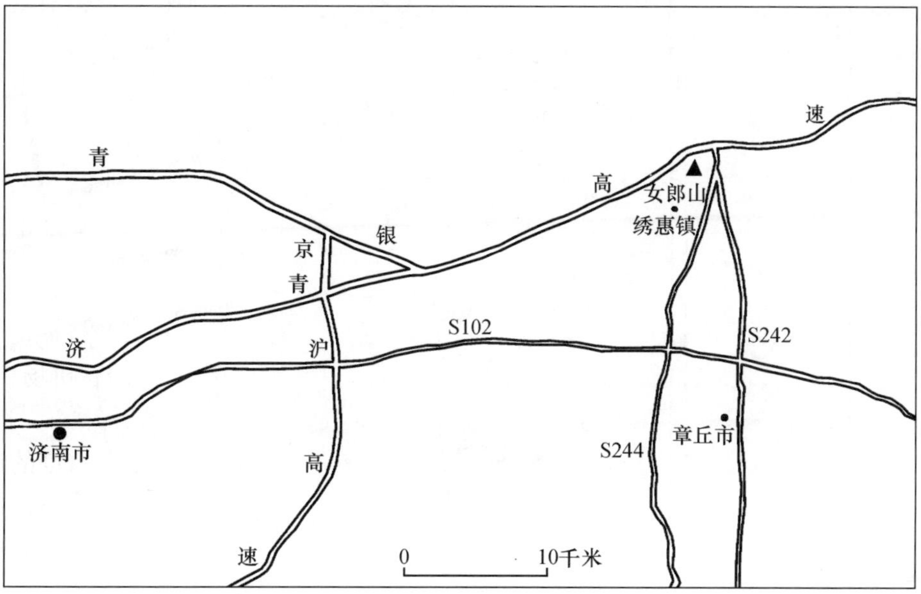

图 1-1 女郎山位置图

根据自然地势，我们把整个发掘工地分成了 6 个发掘区（图 1-2~图 1-5），统一布方发掘（图版 2）。在发掘之前首先对这一区域进行了勘探，先期发现了百余座古墓葬。勘探表明这一区域的墓葬情况非常复杂，分布有大量各时期的土洞墓。土洞墓的墓道狭长，开口层位不同，且与其他种类的墓葬之间或土洞墓之间都存在着大量打破关系。考虑到当地土壤结构以及自古以来墓葬受到的破坏，为保证发掘安全，我们决定对有些土洞墓整体去顶揭露发掘。这样一来，就不可避免地出现个别墓葬本身结构被破坏，墓葬信息不完整的情况。在发掘过程中，我们克服了墓葬埋藏深、土方量大的困难，力求将发现的每一座墓葬，无论时代早晚都完整地发掘出来，使之变成宝贵的资料。尤其在对待明清墓葬的态度上，我们也和早期墓葬一视同仁，使之完整地发掘揭露。但是个别墓葬年代很晚，尸骨尚未完全腐朽，只采集随葬品，没有完整清理。

此次发掘共发现并清理两汉至明清时期墓葬 417 座，发掘的墓葬数量众多、种类丰富、形制多样、随葬器物较多。并且发现有些墓葬无葬具、人骨，只有陪葬品；有些墓葬人骨集中摆放，这说明当地流行迁葬和二次葬的习俗。这些都对研究当地的丧葬习俗和历史文化变迁有极其重要的价值。

从发掘的情况来看，汉代墓葬形制多为土坑竖穴墓、土坑竖穴砖椁墓和砖室墓。其中，有的土坑竖穴墓和土坑竖穴砖椁墓带二层台或壁龛，随葬品多为陶壶 1 对；砖室墓为带墓道的单室墓和多室墓，这些墓葬多被破坏，只残留底部。

隋唐时期的墓葬发现数量较少，形制为土坑竖穴墓和带墓道的土坑洞室墓，其墓葬数量大体相当。

宋金元时期的墓葬形制有土坑竖穴墓、土坑洞室墓、砖室墓和少量的舟形墓。这时期土坑洞室墓十分流行，占该时期墓葬总数的近半数，土坑竖穴墓仍占相当比例。土坑洞室墓修建方式为先下挖长方形或梯形的竖穴墓道，然后再掏出圆形、长方形、椭圆形或不规则形的洞室，洞室内放置 1 棺或 2 棺，少数为 3 棺。个别土洞墓还用青砖砌出仿木式门楼或用青砖铺地。砖室墓多为带墓道的

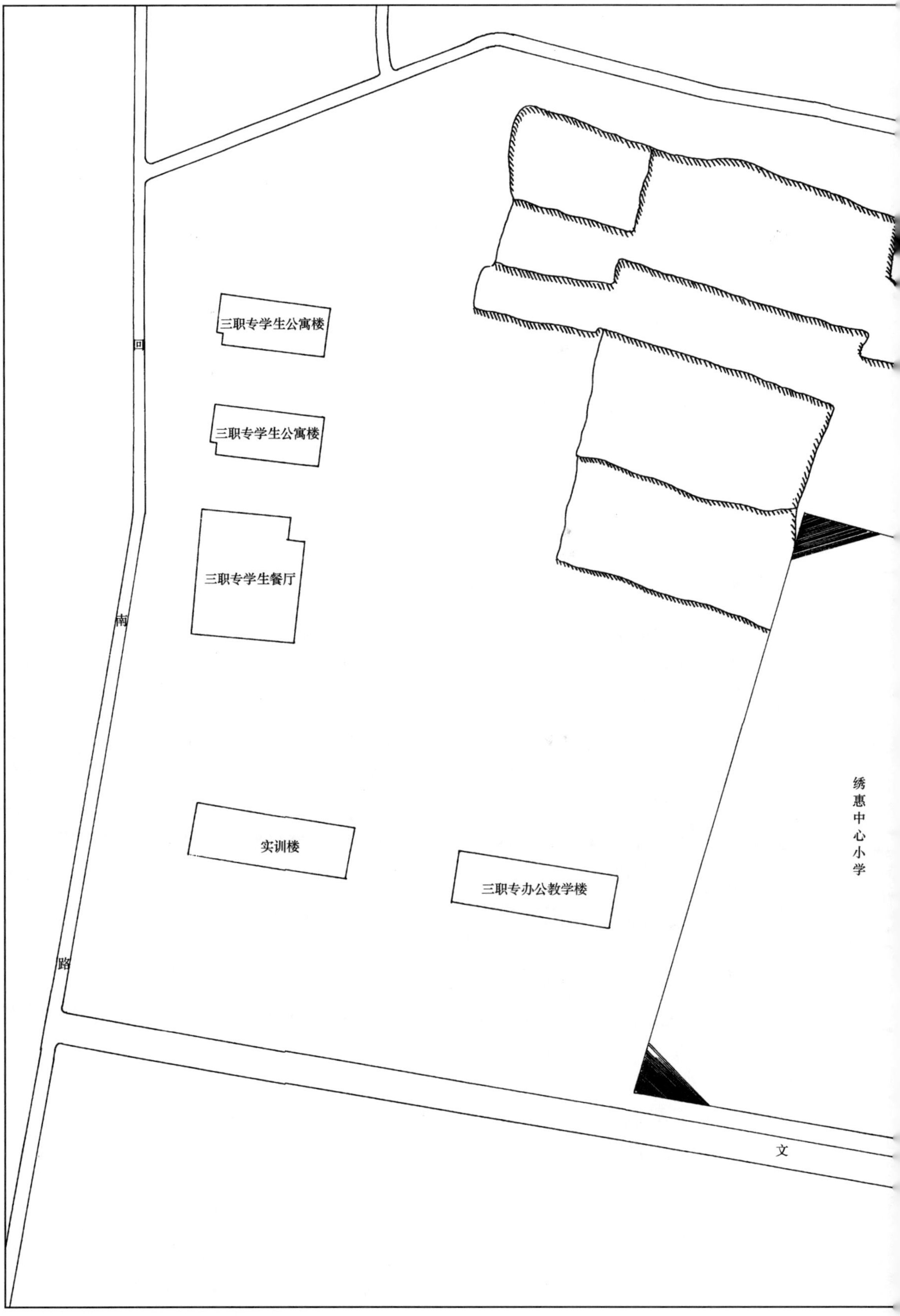

图 1-2 章丘女郎山墓地分布图

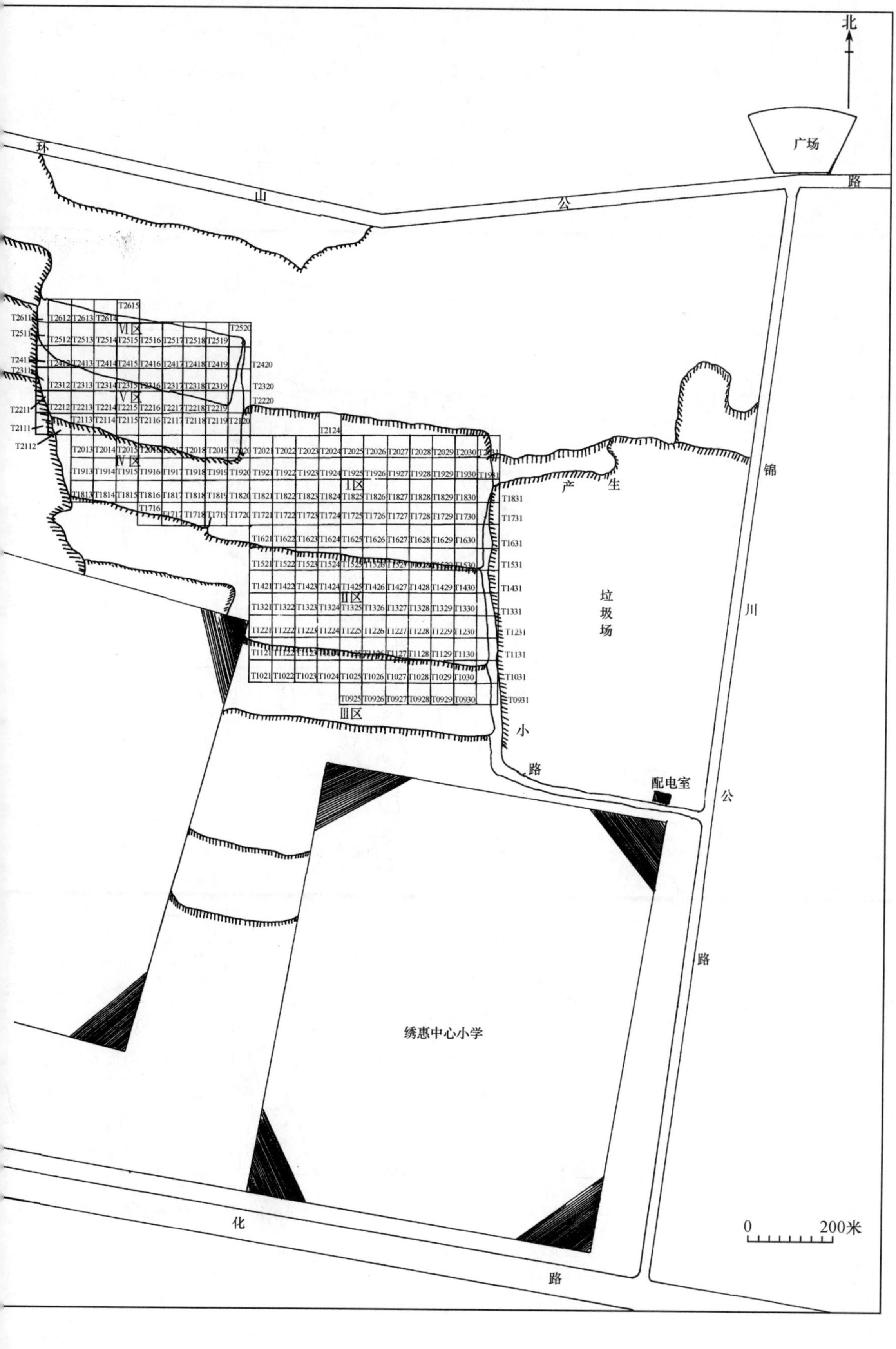
北
广场
环
山
公
路
锦
川
公
路
化
路
产
生
垃
圾
场
小
路
配电室
绣惠中心小学
Ⅰ区
Ⅱ区
Ⅲ区
Ⅳ区
Ⅴ区
Ⅵ区
0
200米

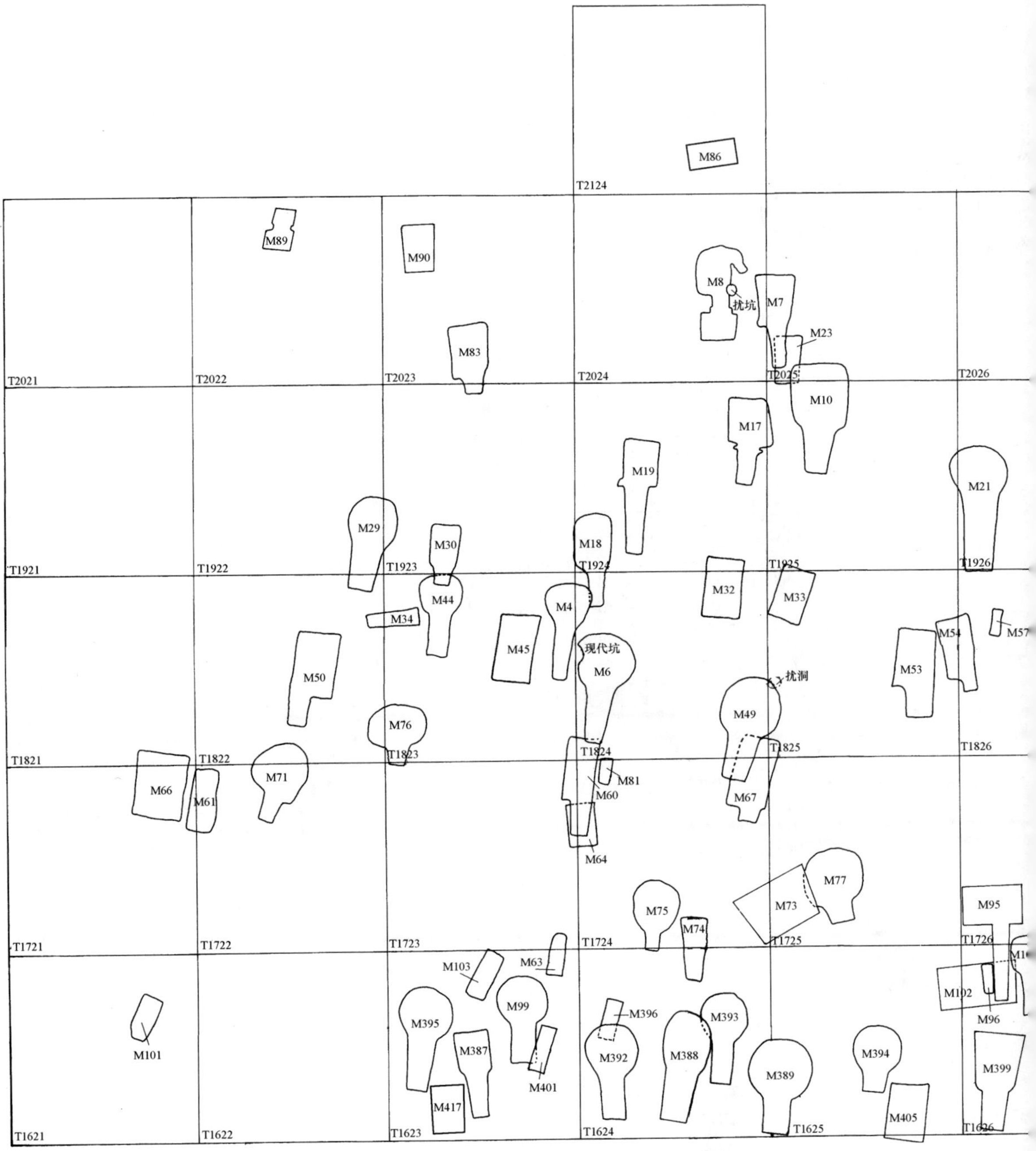
M86
T2124
M89
M90
M8
扰坑
M7
M23
M83
T2021
T2022
T2023
T2024
T2025
T2026
M10
M17
M19
M21
M29
M30
M18
T1921
T1922
T1923
T1924
T1925
T1926
M32
M33
M44
M4
M34
M54
M57
M45
现代坑
M6
M53
扰洞
M50
M49
M76
T1821
T1822
T1823
T1824
T1825
T1826
M66
M61
M71
M81
M60
M67
M64
M77
M75
M73
M95
M74
T1721
T1722
T1723
T1724
T1725
T1726
M103
M63
M102
M96
M99
M396
M393
M395
M101
M387
M392
M388
M389
M394
M399
M401
M417
M405
T1621
T1622
T1623
T1624
T1625
T1626

图 1-3 Ⅰ区分布图

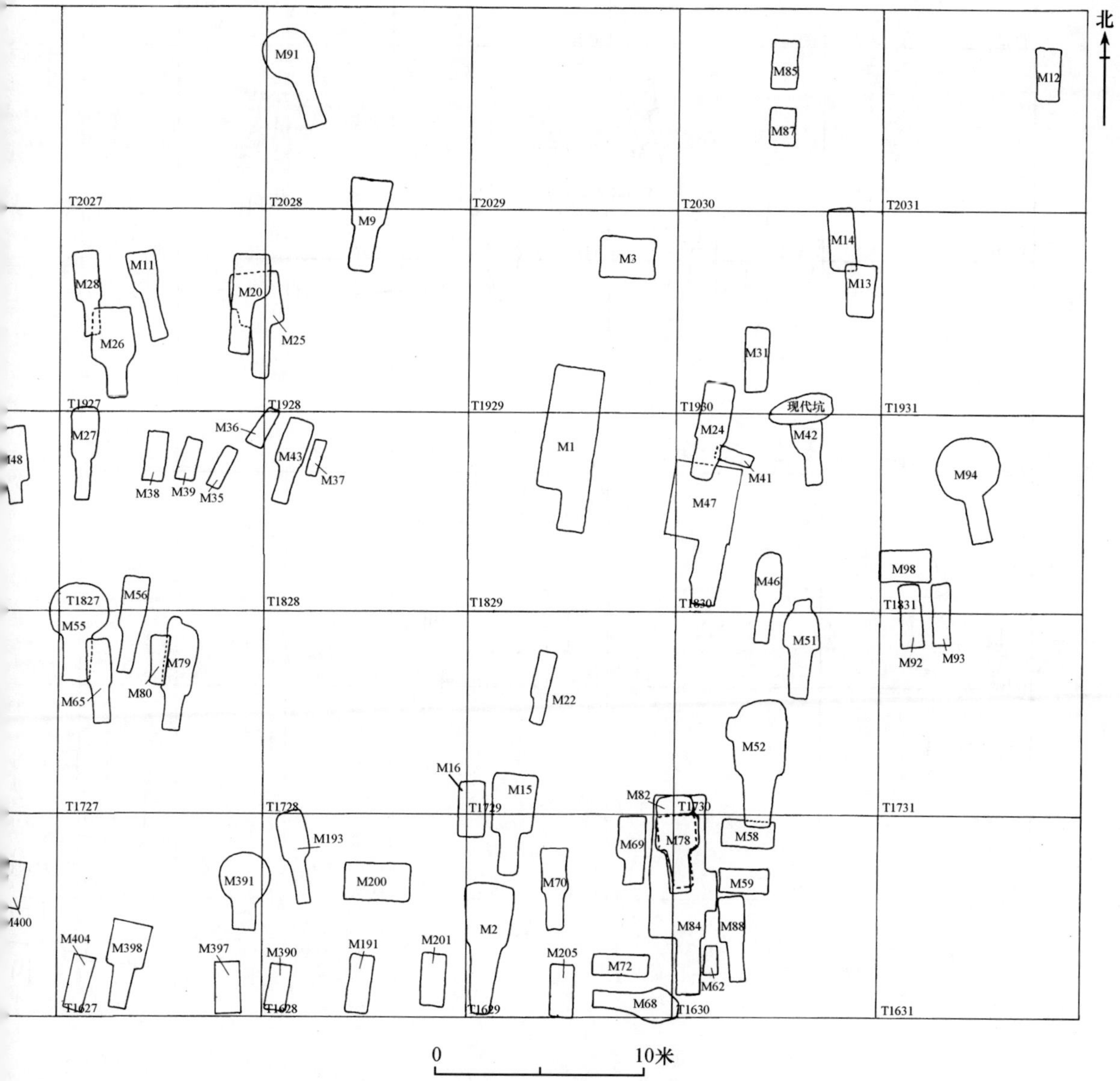
北
M91
M85
M87
M12
T2027
T2028
T2029
T2030
T2031
M9
M3
M14
M13
M28
M11
M20
M25
M26
M31
T1927
T1928
T1929
T1930
现代坑
T1931
M36
M27
M43
M37
M38
M39
M35
M1
M24
M41
M42
M47
M94
M98
T1827
M56
T1828
T1829
M46
T1830
T1831
M55
M79
M80
M65
M51
M92
M93
M22
M52
M16
M15
M82
T1727
T1728
T1729
T1730
T1731
M193
M69
M78
M58
M391
M200
M70
M59
M2
M84
M88
M404
M398
M397
M390
M191
M201
M205
M72
M62
M68
T1627
T1628
T1629
T1630
T1631
0
10米

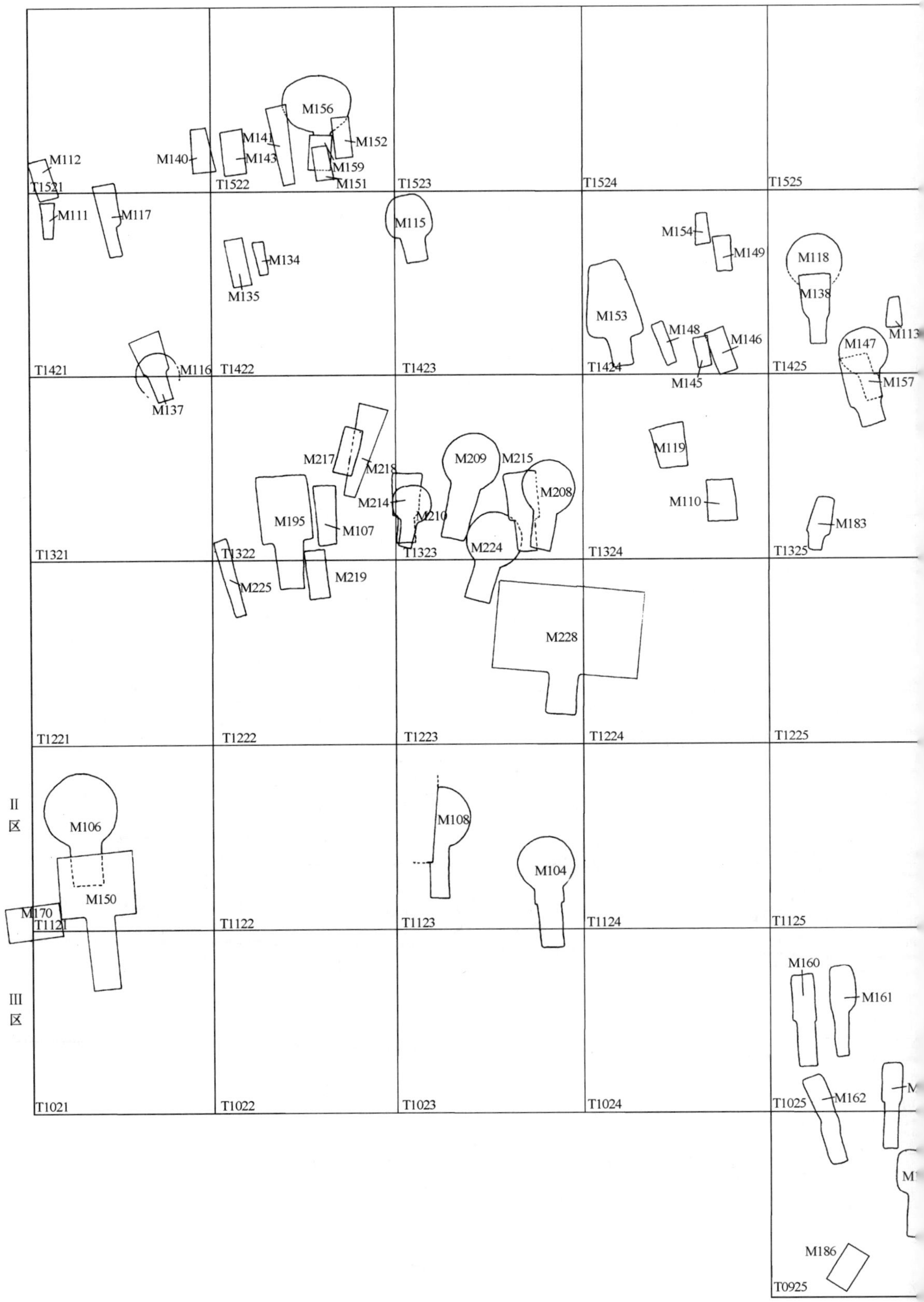
M156
M141
M152
M112
M140
M143
M159
M151
T1521
T1522
T1523
T1524
T1525
M111
M117
M115
M154
M149
M134
M118
M135
M138
M153
M113
M148
M146
M147
T1421
M116
T1422
T1423
T1424
T1425
M145
M157
M137
M119
M217
M209
M215
M218
M208
M214
M110
M183
M195
M210
M107
T1321
T1322
T1323
M224
T1324
T1325
M219
M225
M228
T1221
T1222
T1223
T1224
T1225
II
区
M106
M108
M104
M150
M170
T1121
T1122
T1123
T1124
T1125
III
区
M160
M161
T1021
T1022
T1023
T1024
T1025
M162
M186
T0925

图 1-4 Ⅱ、Ⅲ区分布图

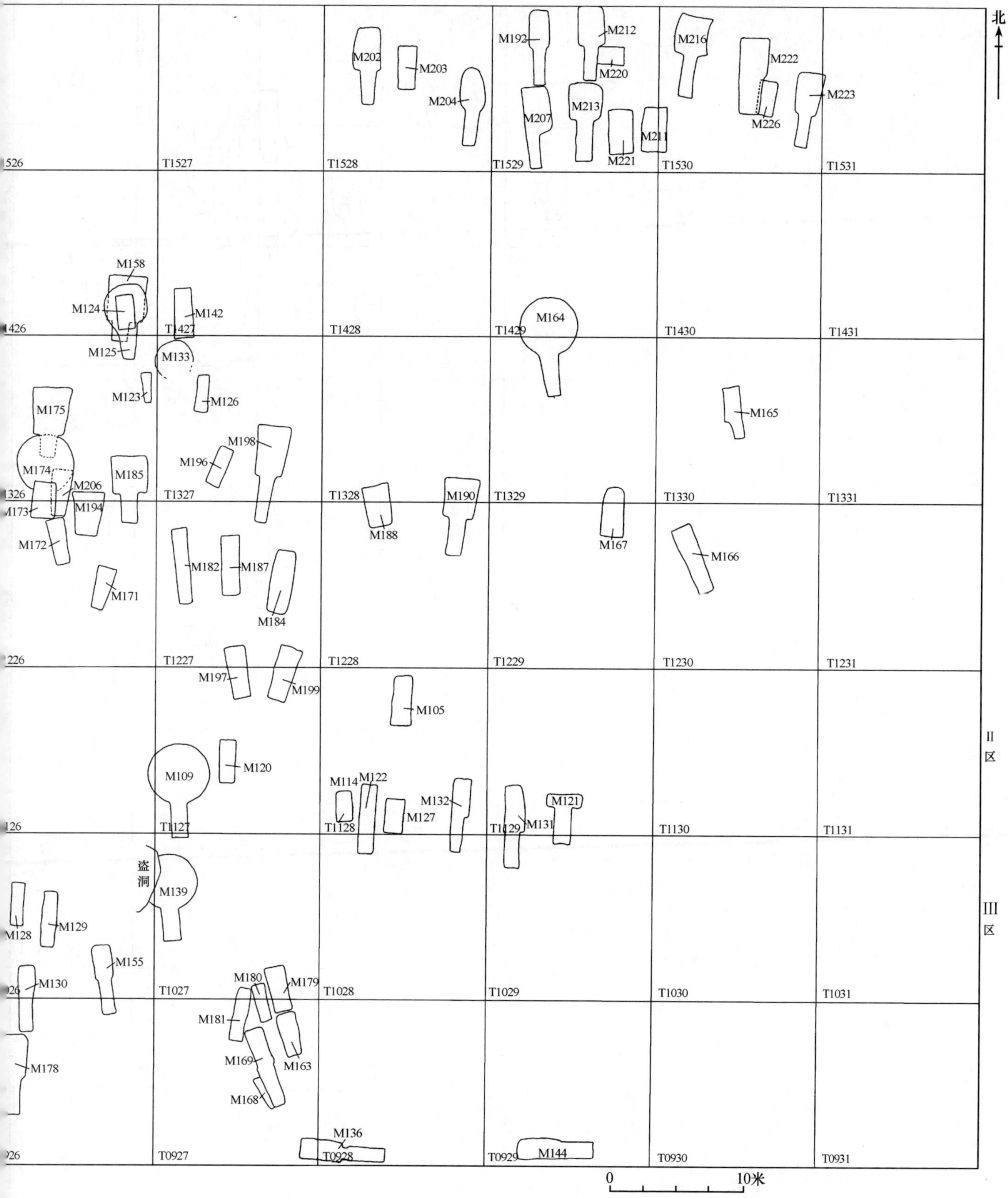
北
M202
M203
M204
M192
M212
M220
M207
M213
M221
M211
M216
M222
M226
M223
T1527
T1528
T1529
T1530
T1531
M158
M124
M125
M142
T1427
T1428
M164
T1429
T1430
T1431
M133
M123
M126
M175
M174
M206
M173
M194
M185
M196
M198
M165
T1327
T1328
M188
M190
T1329
M167
T1330
T1331
M166
M172
M171
M182
M187
M184
T1227
T1228
T1229
T1230
T1231
M197
M199
M105
M109
M120
M114
M122
M127
M132
M131
M121
T1127
T1128
T1129
T1130
T1131
II
区
III
区
盗
洞
M139
M128
M129
M155
M130
M180
M179
M181
M169
M163
M168
M178
T1027
T1028
T1029
T1030
T1031
M136
T0927
T0928
T0929
M144
T0930
T0931
0
10米

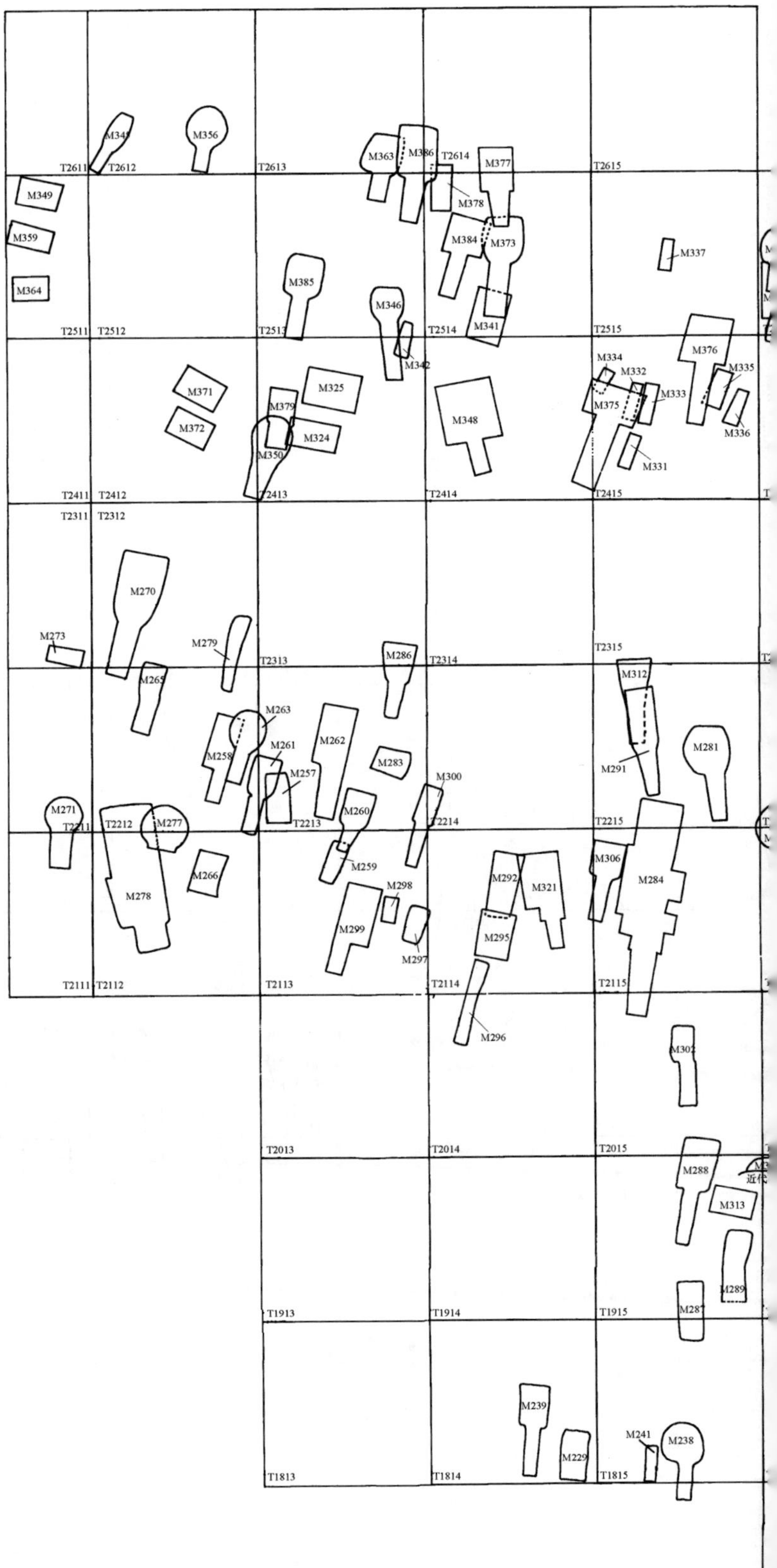

图 1-5 Ⅳ、Ⅴ、Ⅵ区分布图

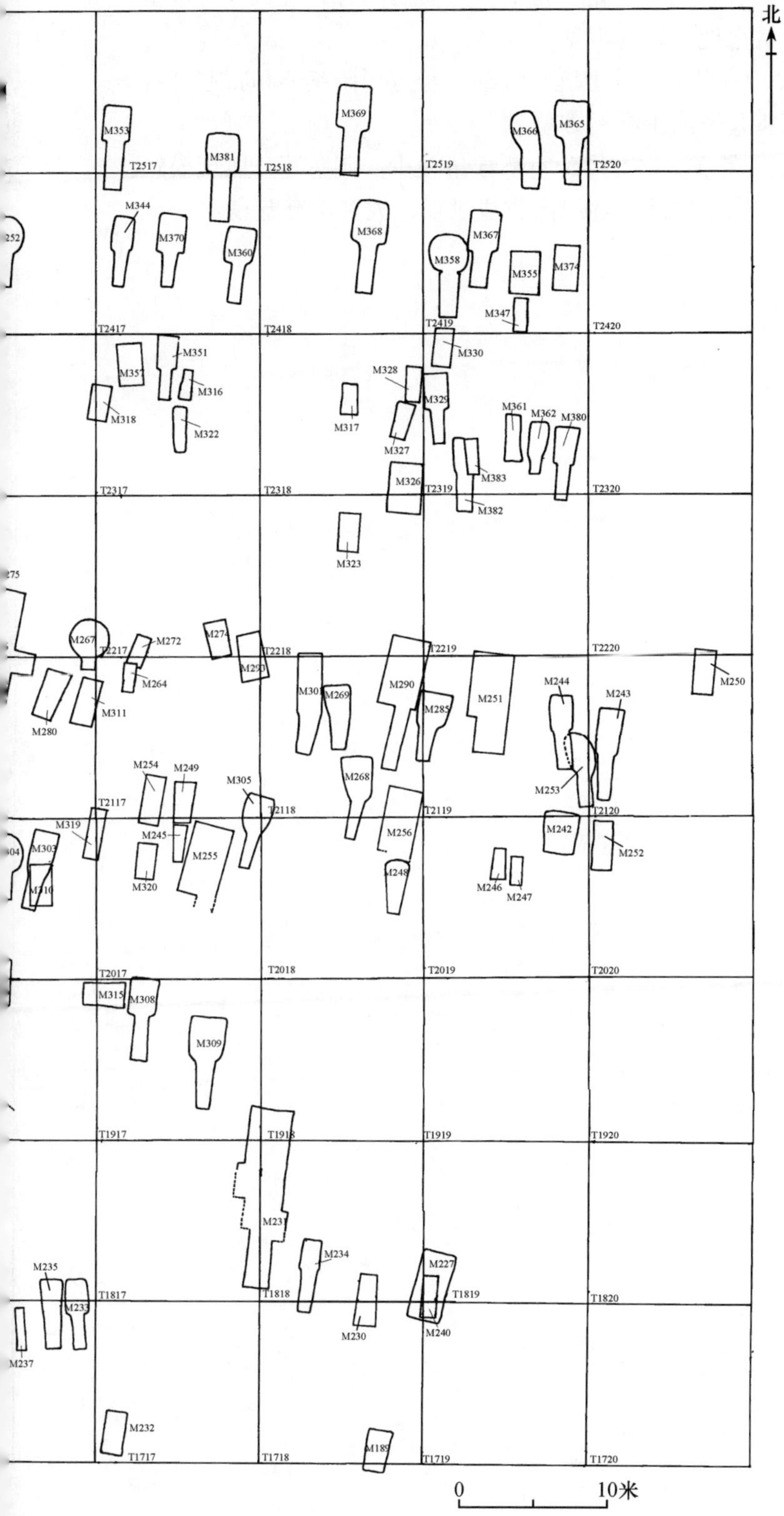
北
M353
T2517
M381
T2518
M369
T2519
M366
M365
T2520
M344
M370
M360
M368
M367
M358
M355
M374
M347
T2417
T2418
T2419
T2420
M357
M351
M316
M318
M322
M317
M328
M330
M329
M327
M361
M362
M380
M326
M383
M382
T2317
T2318
T2319
T2320
M323
M267
M272
M274
T2217
T2218
T2219
T2220
M264
M293
M301
M269
M290
M285
M251
M244
M243
M250
M280
M311
M254
M249
M305
M268
M253
T2117
T2118
T2119
T2120
M319
M303
M245
M255
M256
M242
M252
M320
M248
M246
M247
M310
T2017
T2018
T2019
T2020
M315
M308
M309
T1917
T1918
T1919
T1920
M231
M234
M227
M235
M233
T1817
T1818
T1819
T1820
M230
M240
M237
M232
T1717
T1718
T1719
T1720
M189
0
10米

圆形砖室墓。墓室用青砖砌筑，有的在墓门处修建仿木结构的门楼，墓壁上用青砖雕砌出仿木结构的斗拱、门窗、桌椅、晾衣架、木柜等，墓底多数设有棺床、用青砖铺地。有些砖室墓的墓门及墓壁上用白灰涂抹后绘有彩色壁画，可惜大多数已经脱落，仅个别墓存有零星的彩绘。有些砖室墓未见明显的穹隆顶，是因早期被破坏或是根本不存在，尚不清楚。舟形墓主要是用青砖砌筑成舟形墓室，规模较小，个别还带有墓道，这种葬式在济南地区较为少见。

明代的墓葬形制中土坑洞室墓占绝大多数，另有少量的土坑竖穴墓，长方形砖室墓和石室墓各有一座。砖、石室墓规模较大，埋葬较深，石室墓还出土有一方墓志。

清代的墓葬形制主要有土坑竖穴墓和土坑洞室墓，长方形砖室墓数量较少。砖室墓一般规模较小，距地表较浅，墓室四壁采用青砖错缝平砌，白灰勾缝，逐层内收成拱顶，大多设有壁龛。

第二章　汉代墓葬

汉代墓葬共发掘80座，墓葬形制有土坑竖穴墓、土坑竖穴砖椁墓、砖室墓三类。其中土坑竖穴墓46座，土坑竖穴砖椁墓17座，砖室墓17座。

第一节　土坑竖穴墓

一、M3

M3位于第Ⅰ发掘区东北部，T1929东北部，开口于耕土层下，距地表0.2米。墓葬形制为土坑竖穴墓，方向94°。墓圹平面呈长方形，直壁、平底，长2.7、宽2、深1.3米。填土为黄褐色花土，结构疏松，含料姜石。墓底铺一层青砖：中间1列纵向平铺，两边横向对缝平铺。所用青砖单面有绳纹，长40、宽16、厚8厘米。墓底一周有熟土二层台，宽0.3~0.5、高0.44米。墓底中部有葬具1棺，已朽，平面呈长方形，长2.1、宽1米。棺内有人骨架1具，保存较差，葬式为仰身直肢，头向东。随葬品有灰陶罐1件，放于脚端二层台上（图2-1）。

陶罐　1件（M3∶1）。泥质灰陶。敞口，平折沿，圆方唇，矮领，鼓腹，小平底。沿上有1周凹槽，上腹有轮痕，腹中部饰2周戳印纹，下腹至底部饰横向细绳纹。口径14.8、腹径28、底径10、高29、壁厚0.6~1厘米（图2-2）。

二、M23

M23位于第Ⅰ发掘区中北部，T2025西南部，开口于耕土层下，距地表0.3米，上部被M7打破，东南角被M10打破。墓葬形制为土坑竖穴墓，方向5°。墓圹平面呈长方形，直壁、平底，长2.6、宽1.3、残深0.8米。填土为黄褐色，土质松散。墓底有葬具1棺，已朽，呈梯形，长2.06、宽0.7~1米。棺内人骨仅余少量朽痕。随葬品有陶罐1件，置于墓底南端（图2-3）。

陶罐　1件（M23∶1）。泥质灰陶。直口微敛，方唇，鼓肩，斜腹，平底。肩上部饰1周凹弦纹、下部饰1周戳印纹，腹部至底饰横向绳纹。口径20、腹径30、底径11.2、高28、壁厚0.7~1厘米（图2-4）。

三、M32

M32位于第Ⅰ发掘区西部，T1824东北角，开口于耕土层下，距地表0.3米，东距M33约0.5

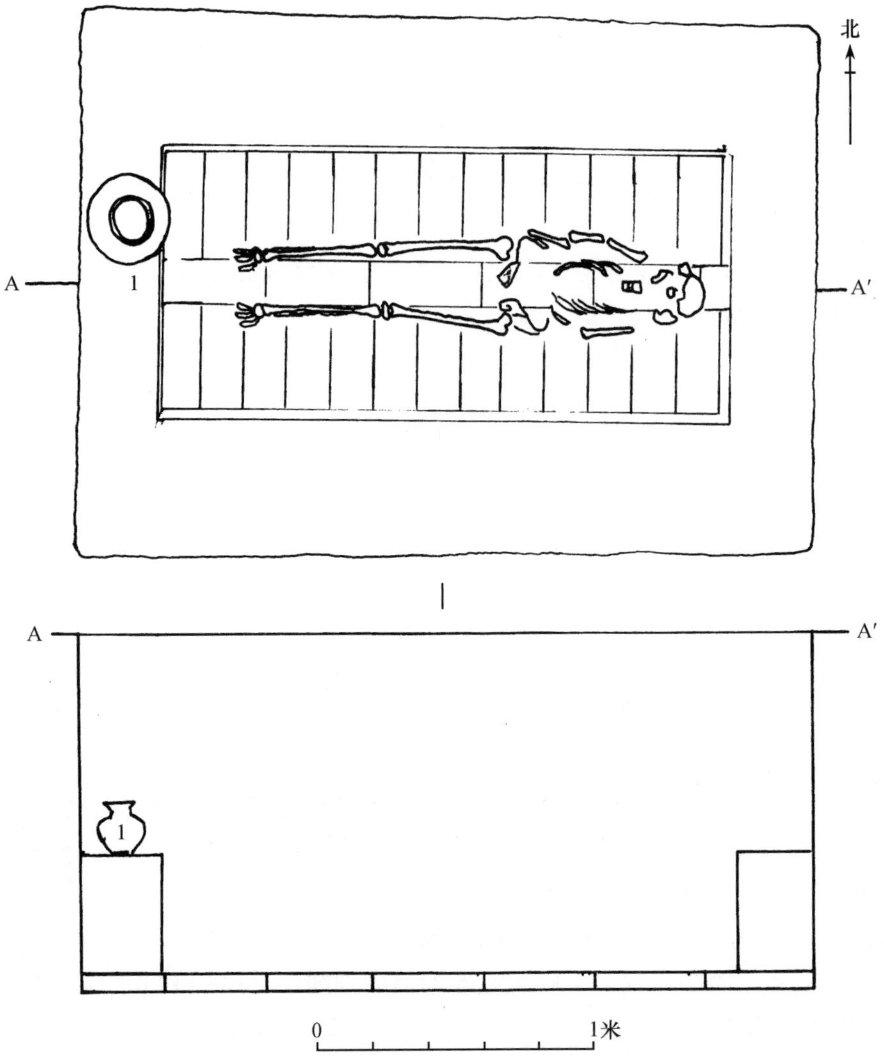

图 2-1　M3 平、剖面图

1. 陶罐

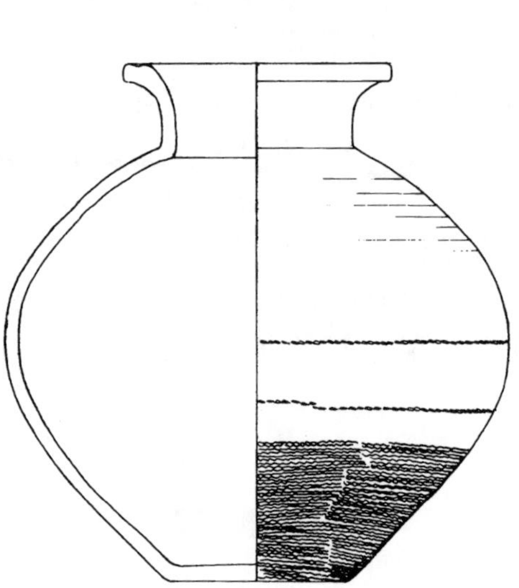

图 2-2　M3 出土陶罐（M3∶1）

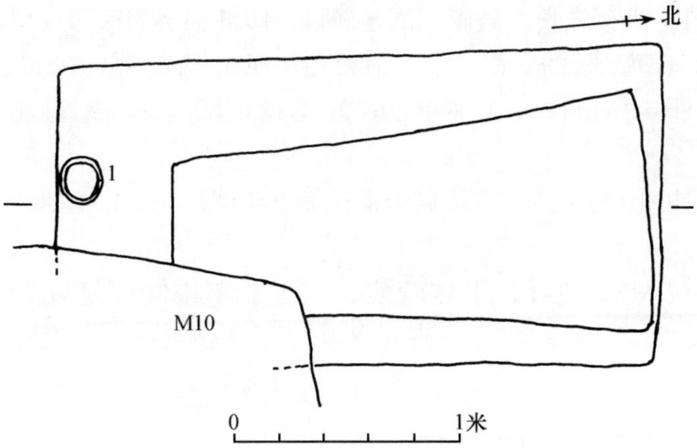

图 2-3　M23 平面图

1. 陶罐

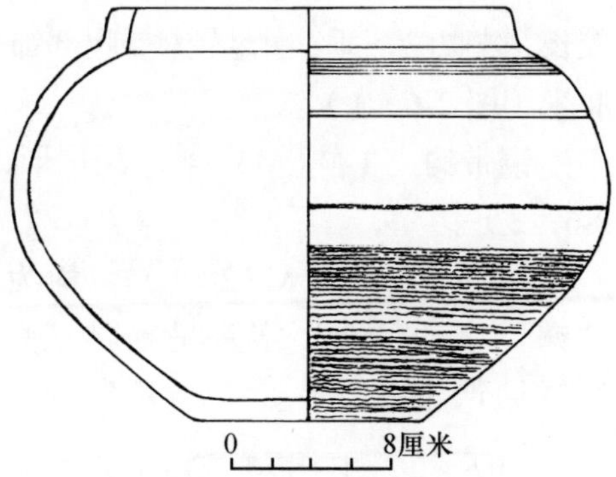

图 2-4　M23 出土陶罐（M23：1）

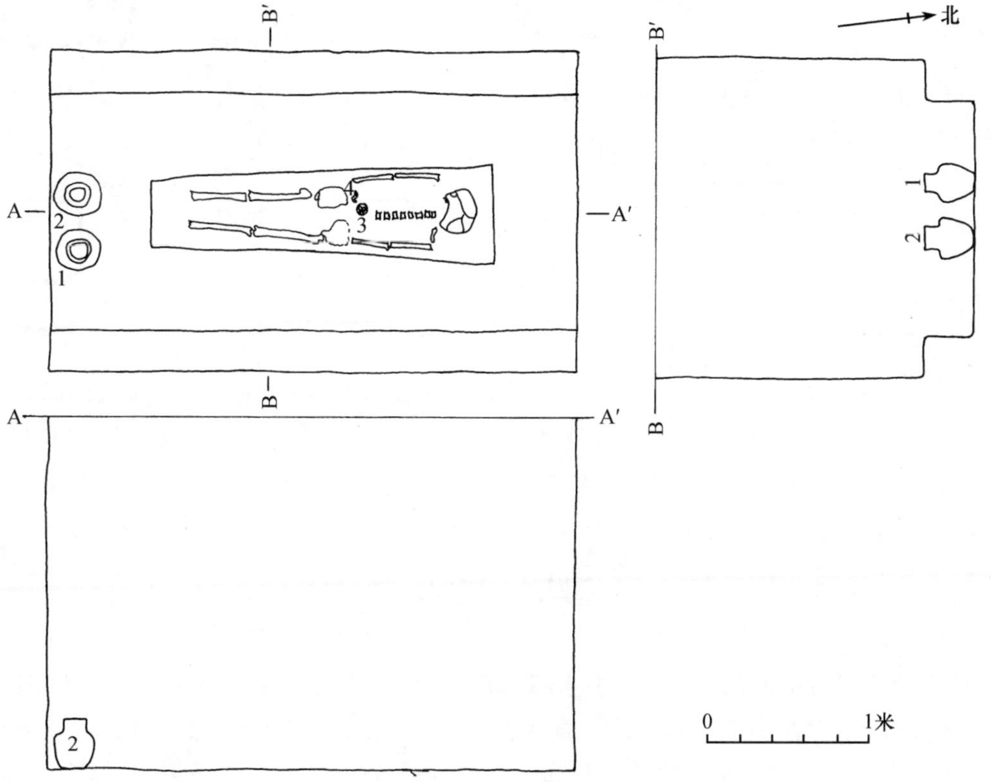

图 2-5　M32 平、剖面图

1、2. 陶壶　3. 铜钱　4. 铜带钩

米。墓葬形制为土坑竖穴墓，方向 8°。墓圹平面呈长方形，直壁、平底，长 3.1、宽 2.16、深 1.9 米。填土呈黄褐色，土质坚硬，经过加工，含红烧土、料姜石。墓底东西两侧均有宽 0.24、高 0.5 米的生土二层台。墓底有葬具 1 棺，已朽，平面呈梯形，长 2、宽 0.4~0.6 米。棺内有人骨架 1 具，葬式为仰身直肢，头向北。随葬品有 4 件（组），其中陶壶 2 件，置于墓底南端；铜钱 3 枚（1 组）、铜带钩 1 件，置于人骨架中部（图 2-5）。

陶壶　2件。M32∶1，泥质灰陶。盘口，束颈较长，鼓腹，圈足较矮。腹部饰2周戳印纹。口径16、腹径26、底径18、高31、壁厚0.8~1厘米（图2-6，2）。M32∶2，泥质灰陶。盘口，束颈较长，鼓腹略下垂，圈足较矮。腹部饰2周戳印纹。口径15.2、腹径26、底径18.8、高32.4、壁厚0.6~1厘米（图2-6，1）。

铜带钩　1件（M32∶4）。琵琶形，圆形钩纽位于钩背中部。钩体横截面近半圆形。长4.7厘米（图2-6，3）。

铜钱　3枚（M32∶3）。均为五铢钱M32∶3-1，字体较瘦，"五"字中间两笔较直，"铢"字的"金"字头呈等腰三角形，"朱"字头方折。直径2.4厘米（图2-7）。其余2枚锈蚀严重。

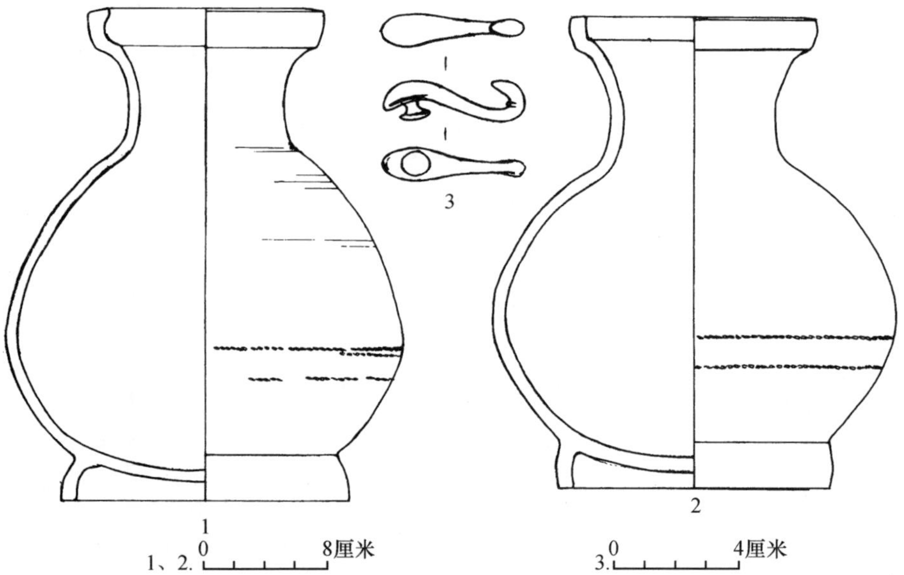

图2-6　M32出土器物

1、2. 陶壶（M32∶2、M32∶1）　3. 铜带钩（M32∶4）

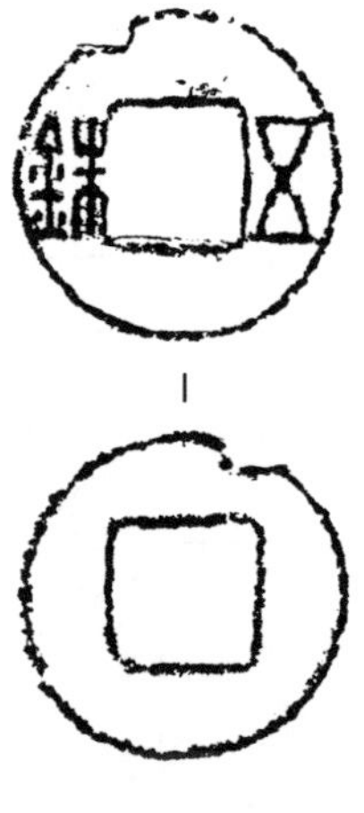

图2-7　M32出土五铢钱（M32∶3-1）

四、M50

M 50位于第Ⅰ发掘区西部，T1822中东部，开口于耕土层下，距地表0.5米。墓葬形制为土坑竖穴墓，方向353°。墓圹平面呈长方形，直壁、平底，长3.2、宽2.4、深3.24米。填土为灰褐色，土质略松，含料姜石。墓底一周有生土二层台，宽0.14~0.48、高0.7米。西壁南端有一壁龛，弧形顶、直壁、平底、底部平面长方形，距墓底1.34、高0.7、宽0.72、进深0.55米。墓底有葬具1棺，已朽，平面呈长方形，长1.9、宽0.6米。棺内有人骨架1具，保存较好，葬式为仰身直肢，头向北。随葬品有陶壶2件，放置于壁龛内（图2-8；图版4-1）。

陶壶　2件。M50∶1，泥质灰陶。侈口，平沿，圆唇，长束颈，鼓腹略垂，假圈足略内凹。腹中部饰2周戳印纹。口径12、腹径19、底径13、高28、壁厚0.6~1厘米（图2-9，1）。M50∶2，泥质灰陶。侈口，平沿，圆唇，长束颈，鼓腹略垂，假圈足略内凹。腹中部和下部各饰2周戳印纹。口径12.8、腹径20、底径14、高30、壁厚0.6~1厘米（图2-9，2；图版13-2）。

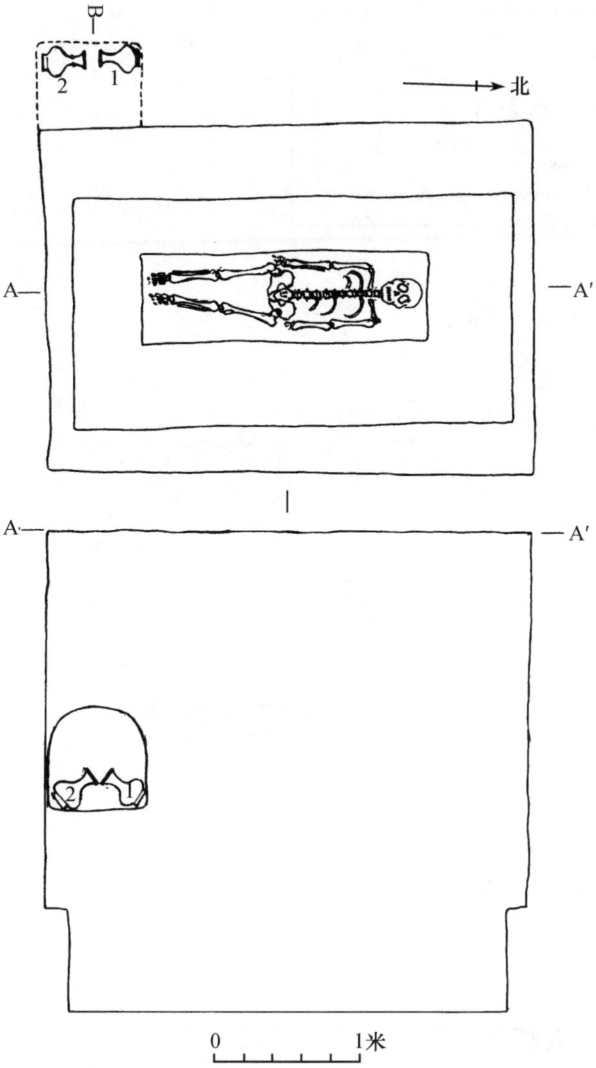

图 2-8　M50 平、剖面图

1、2. 陶壶

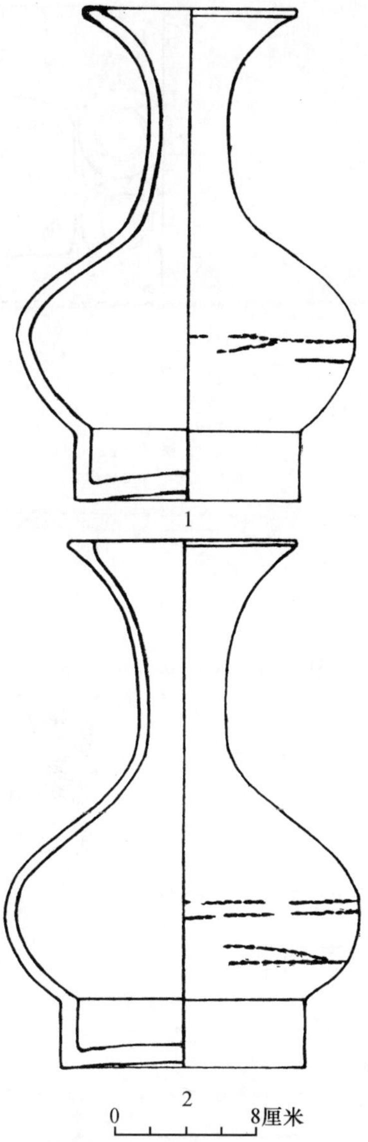

图 2-9　M50 出土陶壶

1. M50∶1　2. M50∶2

五、M58

M58 位于第Ⅰ发掘区东南部，T1630 北部，开口于耕土层下，距地表 0.3 米，上部被 M52 打破。墓葬形制为土坑竖穴墓，方向 93°　。墓圹平面呈长方形，直壁、平底，长 2.6、宽 1.3、深 3.5 米。填土为红褐色花土，结构较紧密。墓底有葬具 1 棺，已朽，平面近梯形，长 2.1、宽 0.6~0.8 米。棺内有人骨架 1 具，保存极差，葬式不清，头向东。随葬品有陶罐 2 件，置于墓底西端（图 2-10）。

陶罐　2 件。M58∶1，泥质灰陶。敛口，斜折沿，尖圆唇，口内侧内凹，束颈，圆腹，小平底。腹部中间饰 2 周戳印纹，下腹部饰斜向绳纹。口径 21.6、腹径 33.6、底径 9.6、高 25.6、壁厚 0.6~1 厘米（图 2-11，1）。M58∶2，泥质灰陶。敛口，方唇，口内侧内凹，圆肩，斜腹，平底较大。肩下部饰 2 周戳印纹，其下饰数周凹弦纹，下腹部至底饰横向、斜向细绳纹。口径 20、腹径 32、底径 16.8、高 24 厘米（图 2-11，2）。

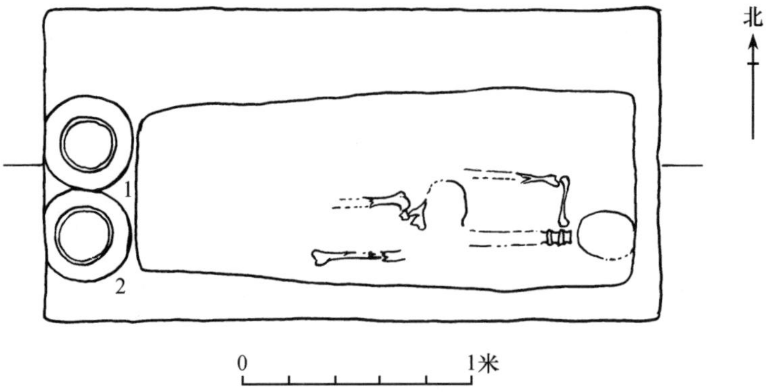

图 2-10　M58 平面图

1、2. 陶罐

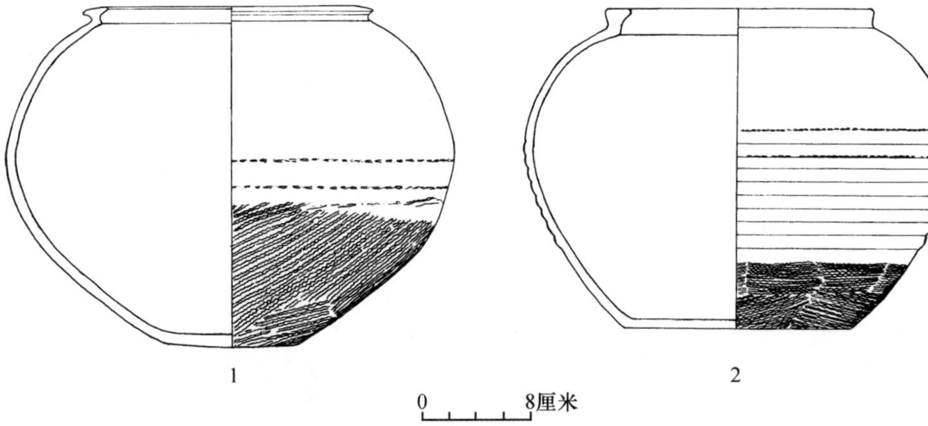

图 2-11　M58 出土陶罐

1. M58∶1　2. M58∶2

六、M72

M72 位于第Ⅰ发掘区东南部，T1629 东南部，开口于耕土层下，距地表 0.3 米。墓葬形制为土坑竖穴墓，方向 92°。墓圹平面呈长方形，直壁、平底，长 2.7、宽 1.06、深 1.4 米。填土为黄褐色，结构疏松。墓底有葬具 1 棺，已朽，平面呈梯形，长 2.1、宽 0.6~0.78 米。棺内有人骨架 1 具，葬式为仰身直肢，头向东。随葬品有陶壶 2 件，置于墓底西端（图 2-12）。

陶壶　2 件，均泥质灰陶。M72∶1，敞口，方唇，高折领，鼓腹，最大腹径居中，矮假圈足。下腹部饰 2 周戳印纹。口径 12、腹径 17.6、底径 14、高 22.4、壁厚 0.8~1 厘米（图 2-13，1）。M72∶2，敞口，方唇，高折领，鼓腹，最大腹径居中，矮假圈足。素面。口径 12、腹径 18、底径 14.4、高 21.6、壁厚 0.7~1 厘米（图 2-13，2；图版 13-4）。

七、M95

M95 位于第Ⅰ发掘区南部，T1726 西南角，延伸至 T1626 内，开口于耕土层下，距离地表 0.3 米，

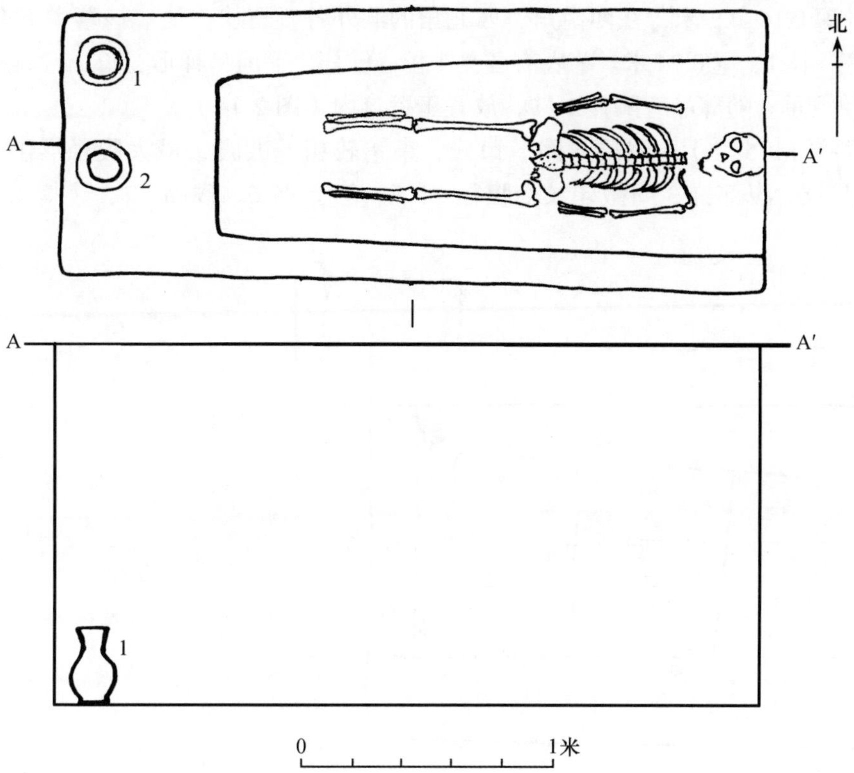

图 2-12 M72 平、剖面图

1、2. 陶壶

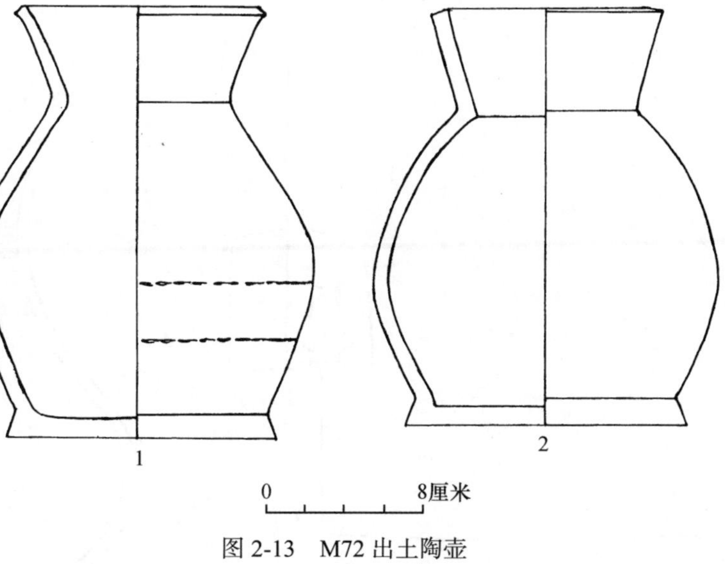

图 2-13 M72 出土陶壶

1. M72∶1 2. M72∶2

打破M102。墓葬形制为土坑竖穴墓，方向87° 。墓圹平面呈长方形，直壁、平底，长3.1、宽2、深3.14米。填土呈浅灰褐色，土质坚硬，经夯打，夯窝直径约0.06、间距0.1、夯层厚约0.2米。墓底一周有生土二层台，宽0.2~0.42、高0.84米。墓壁西南处二层台之上有一壁龛，弧形顶、直壁、平底，高0.65、宽0.88、进深0.3米。墓底四角各有一小洞，弧形顶、直壁，底部平面呈长方形，高0.3、宽 0.2~0.26、进深 0.16~0.2 米，在西南角、西北角的洞外各置石块一块。该墓中部有一长方形疑似盗洞，挖穿墓底，长 1、宽 0.74 米。墓底有葬具 1 棺，已朽，平面呈梯形，长 2.12、宽 0.58~0.68 米。棺内人骨架粉化严重。随葬品有陶壶 1 件，放置于壁龛内（图 2-14）。

陶壶　1 件（M95∶1）。泥质灰陶。口残，束颈较粗，鼓腹，最大腹径居下，假圈足较矮。颈部饰 1 周凸弦纹，腹部饰 3 周戳印纹。腹径 21.6、底径 15.6、残高 27、壁厚 0.5~0.8 厘米（图 2-15）。

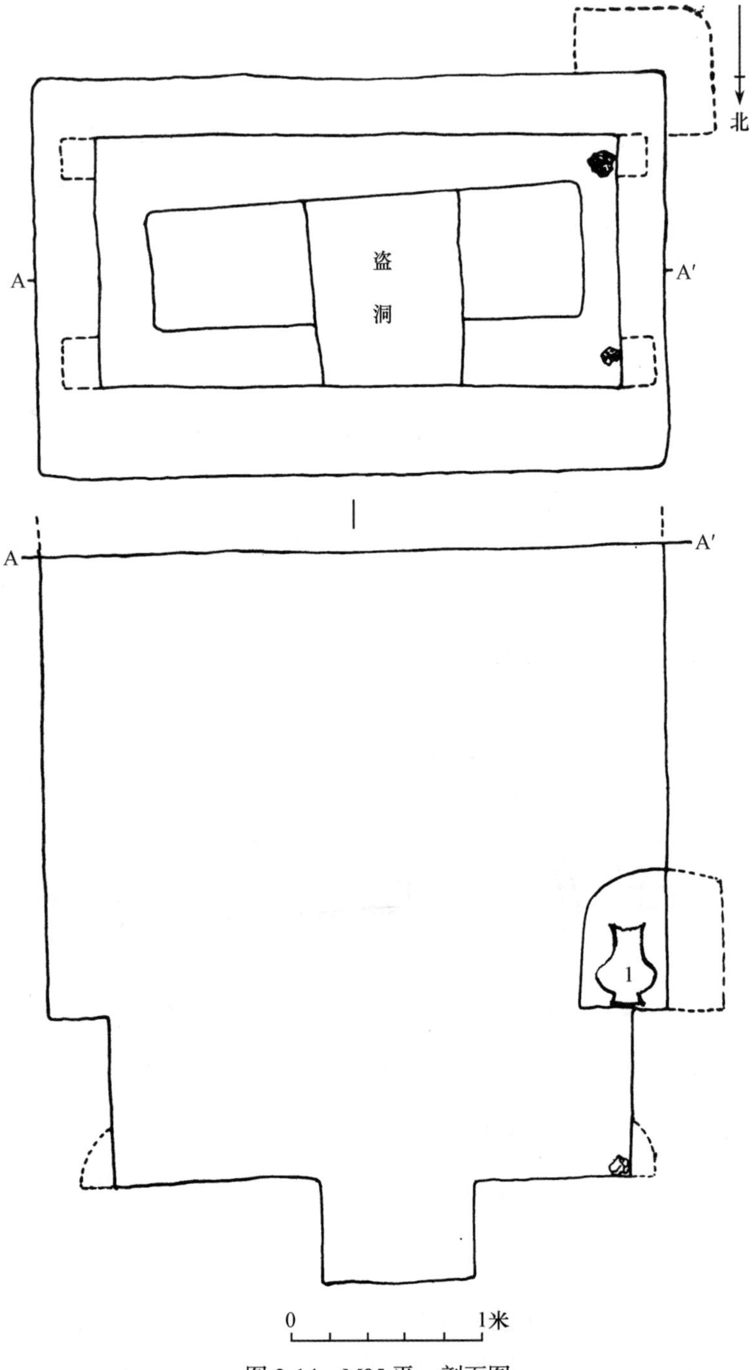

图 2-14　M95 平、剖面图
1. 陶壶

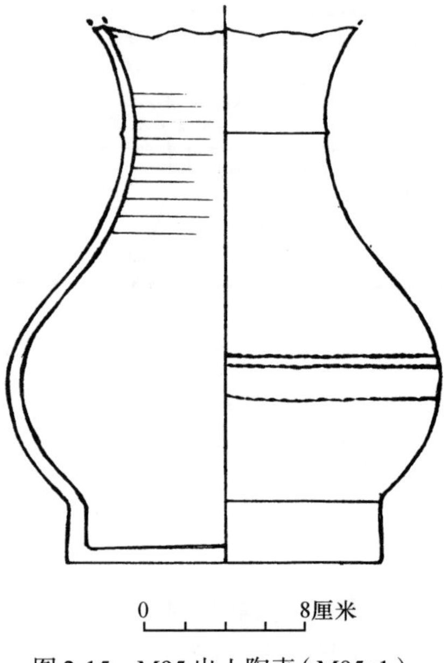

图 2-15　M95 出土陶壶（M95∶1）

八、M98

M98位于第Ⅰ发掘区东部，T1831西南部，开口于耕土层下，距地表0.3米。墓葬形制为土坑竖穴墓，方向90°。墓圹平面呈梯形，直壁、平底，长2.4、宽1.68~1.78、深2米。填土为红色，经夯打，夯窝直径0.06、间距0.1、夯层厚约0.1米。可分两部分，上部为红色黏土，结构紧密；下部含砂量大，不够致密。墓底有葬具1棺，已朽，平面呈长方形，长1.95、宽0.9米。棺内有人骨架1具，葬式为仰身直肢，头向东。无随葬品（图2-16）。

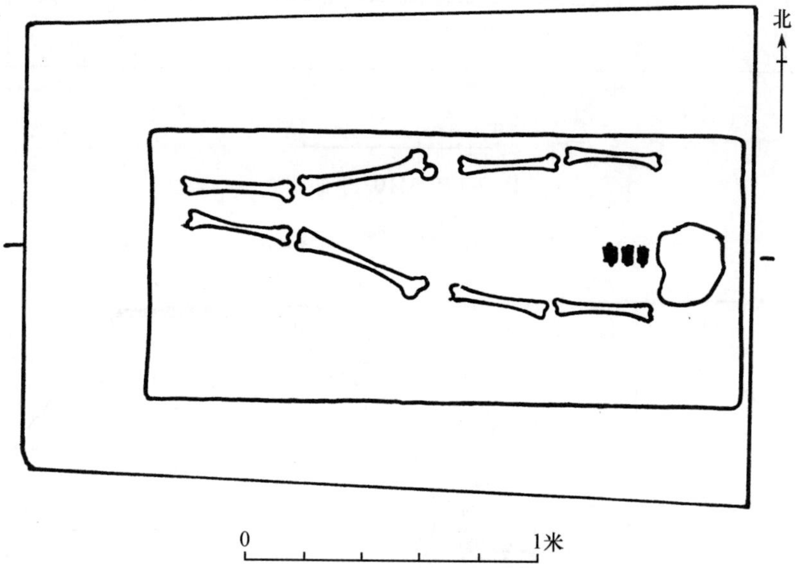

图2-16　M98平面图

九、M102

M102位于第Ⅰ发掘区中南部，T1626西北部，延伸至T1625内，开口于耕土层下，距地表0.3米，上部被M95、M96、M100打破。墓葬形制为土坑竖穴墓，方向86°。墓圹平面近长方形，直壁、平底，长4、宽2.1~2.2、深5米。填土呈黄褐色，土质略硬，略经夯打，含红土块、料姜石。墓底一周有生土二层台，宽0.3~0.4、高1.2米。墓底有葬具1棺，已朽，平面呈长方形，长2.3、宽1.28米，棺底部可能置“井”字形枕木。棺西端有长方形一器物箱，已朽，长0.9、宽1.28米。棺内人骨架粉化严重。随葬品有陶罐3件，置于器物箱内（图2-17；图版4-4）。

陶罐　3件。M102:1，泥质灰陶。直口，平折沿，方唇，矮领，溜肩，鼓腹近折，最大腹径居中，下腹斜收，小平底。上腹残留轮制痕迹，下腹部至底饰竖、横细绳纹。口径16、腹径39、底径13.2、高38、壁厚0.8~1.2厘米（图2-18，3；图版15-2）。M102:2，泥质灰陶。直口微敞，平折沿，方唇，唇面微凹，矮领，溜肩，鼓腹，最大腹径居中，平底。腹上部饰2周凹槽，其间饰1周戳印纹，腹下部至底饰斜向细绳纹。口径14、腹径24、底径11.2、高27、壁厚0.5~0.7厘米（图2-18，1）。M102:3，泥质灰陶。直口，仰折沿，尖圆唇，唇面1周凹弦纹，矮领，溜肩，鼓腹，最大腹径居中，下腹斜收，平底。腹中部饰2周戳印纹，下腹部至底饰横向绳纹。口径15、腹径31、底径12、高29、壁厚0.6~0.8厘米（图2-18，2）。

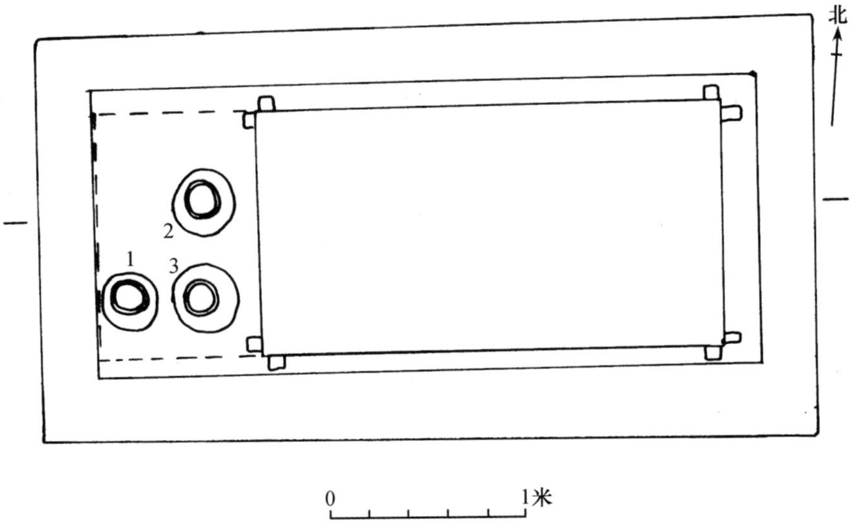

图 2-17　M102 平面图

1~3. 陶罐

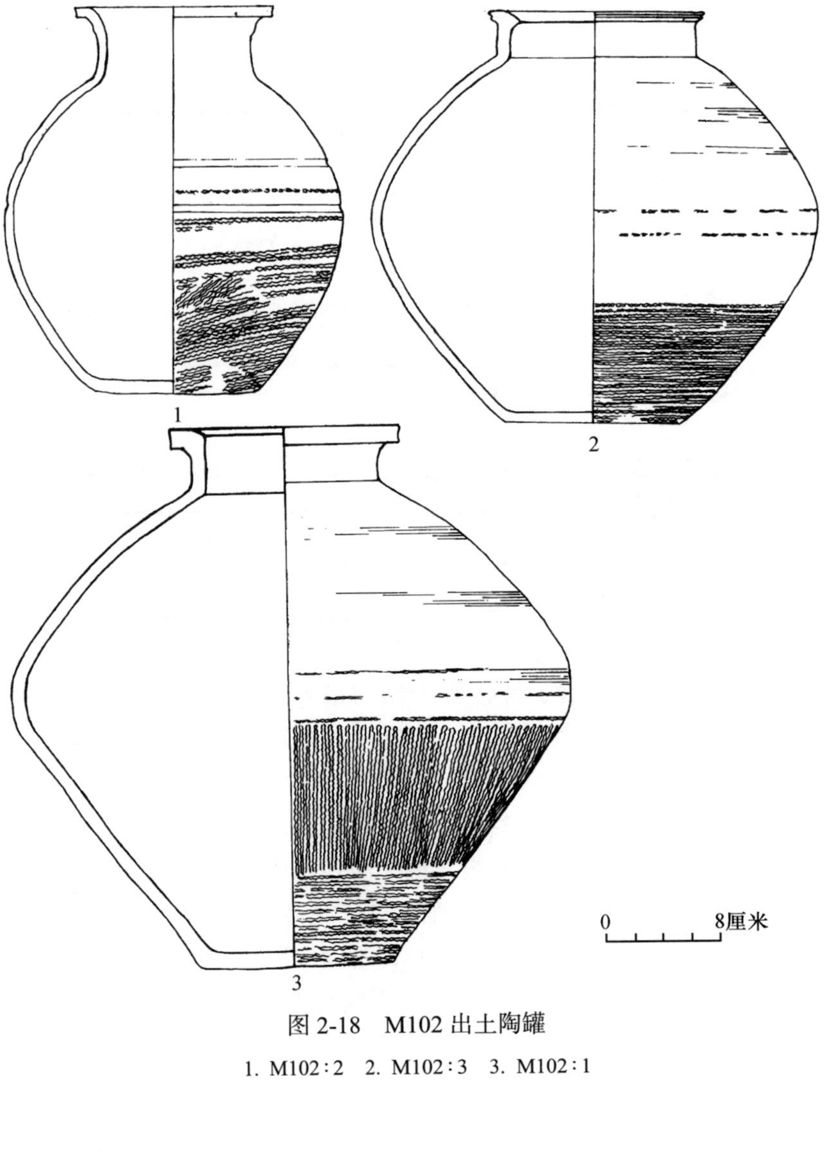

图 2-18　M102 出土陶罐

1. M102∶2　2. M102∶3　3. M102∶1

十、M170

M170位于第Ⅱ发掘区西南部，T1121西南部，开口于耕土层下，距地表0.35米，被M150打破。墓葬形制为土坑竖穴墓，方向264°。墓圹平面呈长方形，直壁、平底，残长3、宽1.8、深6.6米。填土为灰褐色，略疏松。墓底葬具仅存少量灰痕。人骨架粉化严重。随葬品有陶壶2件，置于墓底东端（图2-19）。

陶壶　2件。M170:1，泥质灰陶。微盘口，方唇，束颈，鼓腹，矮圈足外撇。腹中部饰1周戳印纹。口径15.2、腹径26、底径15.6、高30、壁厚0.8~1厘米（图2-20，1）。M170:2，泥质灰陶。盘口，方唇，束颈，圆腹，矮圈足外撇。下腹部残留轮制痕迹。口径15.2、腹径28、底径16、高32、壁厚0.6~0.8厘米（图2-20，2）。

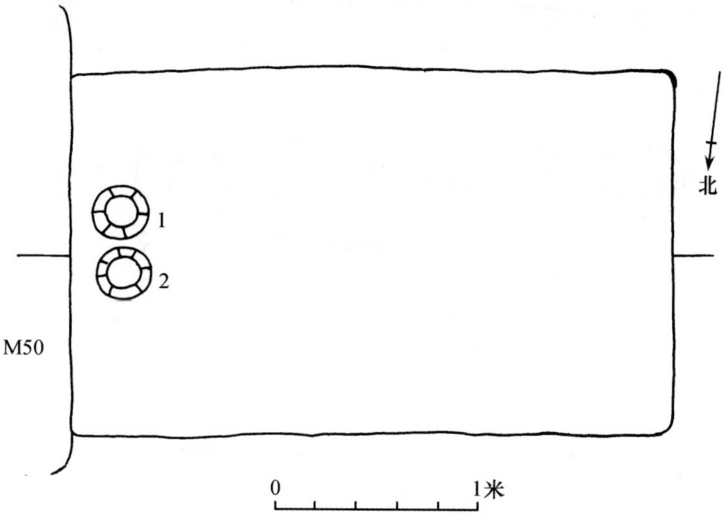

图2-19　M170平面图

1、2. 陶壶

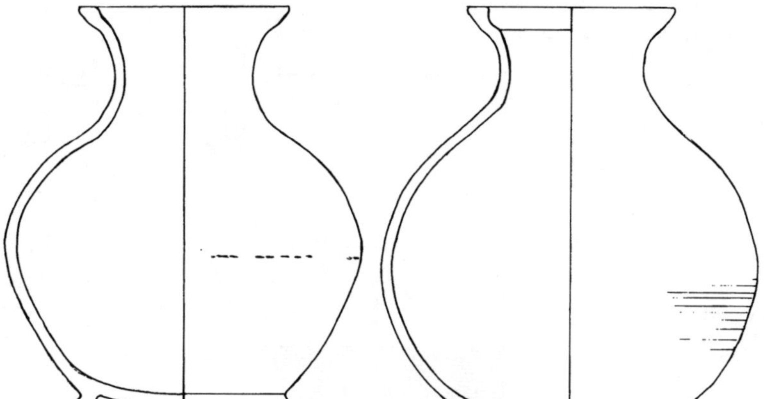

图2-20　M170出土陶壶

1. M170:1　2. M170:2

十一、M200

M200位于第Ⅰ发掘区东南部，T1628北部，开口于扰土层下，距地表2.4米。墓葬形制为土坑竖穴墓，方向88°。墓圹平面呈长方形，长3、宽1.56、深1.84米。填土为黄褐色，结构较紧密。墓底有葬具1棺，已朽，平面呈长方形，长2.16、宽0.7米。棺内有人骨架1具，葬式为仰身直肢，头向东。随葬品有3件，其中陶罐2件，置于墓底西端；带钩1件，置于人骨架腰部（图2-21）。

陶罐　2件。M200∶1，泥质灰陶。直口，圆方唇，口内侧内凹，鼓肩，弧腹斜收，平底。肩部残留轮制痕迹，腹中部饰2周戳印纹，下部至底横向细饰绳纹。口径22.4、腹径30.4、底径12、高22.6、壁厚0.6~0.8厘米（图2-22，1）。M200∶2，与M200∶1形制相似。

铜带钩　1件（M200∶3）。琵琶形，锈蚀严重。长3.1厘米（图2-22，2）。

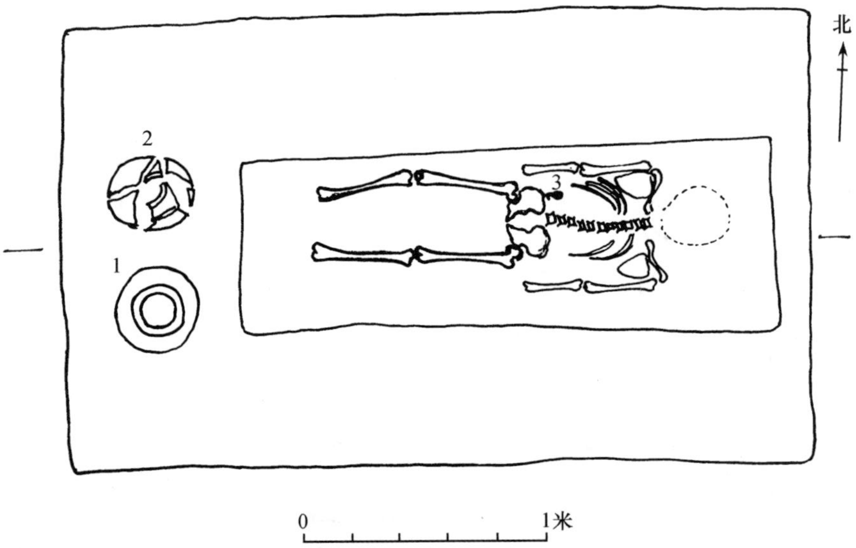

图2-21　M200平面图

1、2. 陶罐　3. 铜带钩

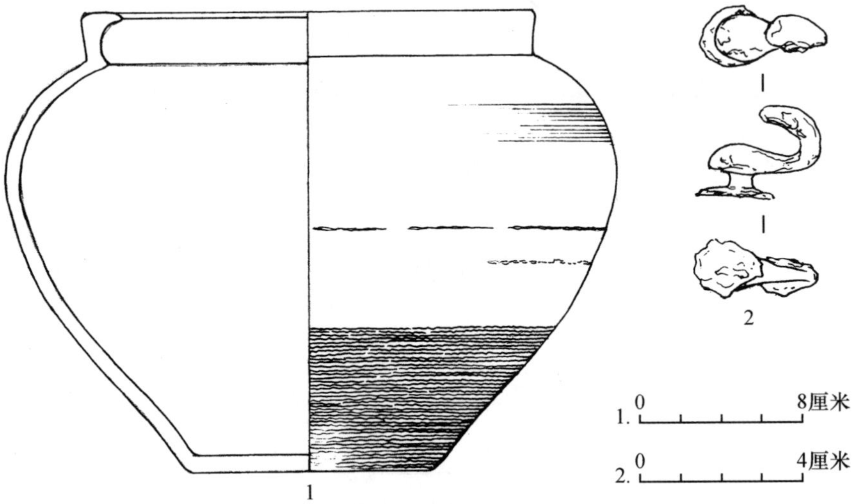

图2-22　M200出土器物

1. 陶罐（M200∶1）　2. 铜带钩（M200∶3）

十二、M203

M203位于第Ⅱ发掘区东北部，T1528中北部，开口于扰土层下，距地表2米。墓葬形制为土坑竖穴墓，方向1°。墓圹平面近长方形，长2.6、宽1~1.1、深1.2米。填土为黄褐色，土质较硬，含少量料姜石。墓底有葬具1棺，已朽，平面呈梯形，长1.92、宽0.74~0.8米。棺内有人骨架1具，葬式为仰身直肢，头向北。随葬品有3件（组），其中陶壶2件，置于墓底南端；铜钱5枚（1组），置于人骨架中部（图2-23）。

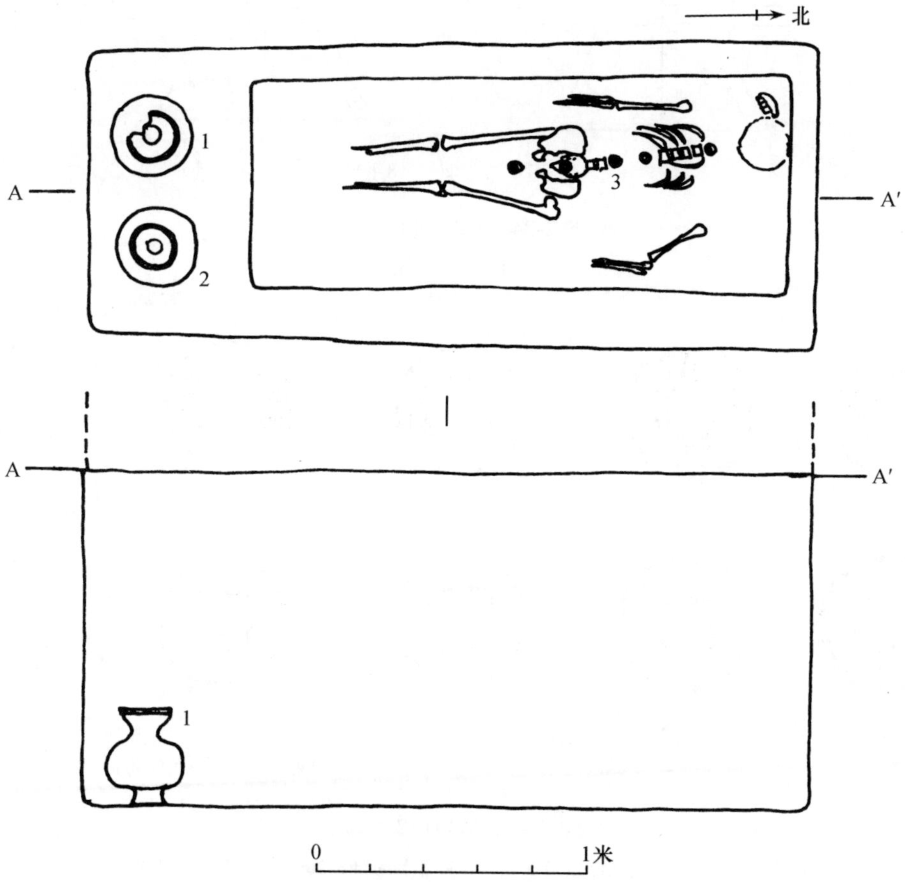

图2-23 M203平、剖面图

1、2. 陶壶 3. 铜钱

陶壶 2件。M203∶1，泥质灰陶。盘口，方唇，束颈较长，溜肩，鼓腹，平底，喇叭状高圈足。沿面1周凹槽，肩部饰三组凹弦纹，腹部2周戳印纹。口径16、腹径24、圈足径14.4、高32.4、壁厚0.8~1.2厘米（图2-24，2）。M203∶2，泥质灰陶。盘口，方唇，唇面微凹，束颈较长，溜肩，鼓腹，平底，喇叭状高圈足。肩部饰三组凹弦纹，腹部饰2周戳印纹。口径15.4、腹径22.6、圈足径14.4、高32.6、壁厚0.8~1.2厘米（图2-24，1；图版13-5）。

铜钱 5枚。"大泉五十"2枚，M203∶3-1、2，铸造较好，外郭清晰，方形穿，穿正反面有郭，直径均2.8厘米（图2-25，1、2）。"五铢"3枚，铸造较好，外郭清晰，方形穿，穿反面有郭，直径均2.5厘米。M203∶3-3，字体较瘦，"五"字中间两笔较直，"铢"字的"金"字头呈三角形，

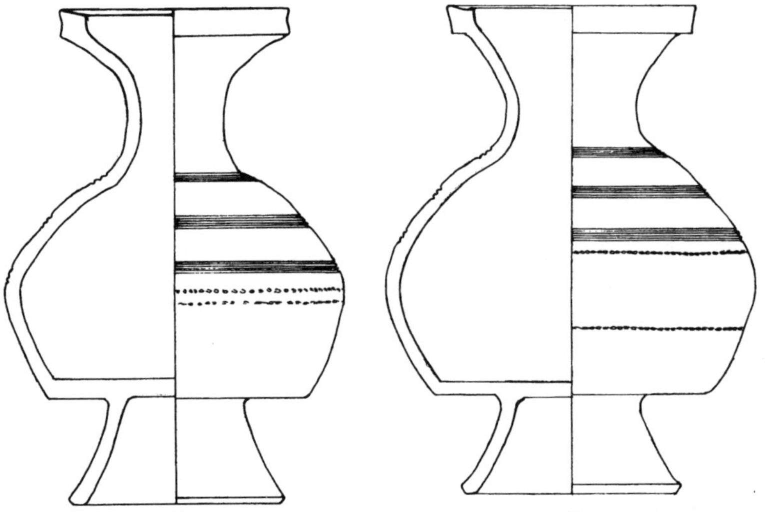
1　　2

0　8厘米

图 2-24　M203 出土陶壶

1. M203∶2　2. M203∶1

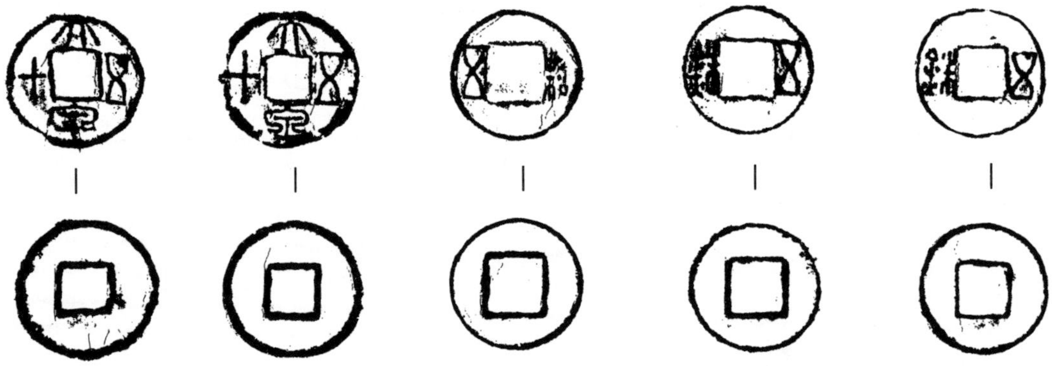
1　2　3　4　5

0　4厘米

图 2-25　M203 出土钱币

1、2. 大泉五十（M203∶3-1、M203∶3-2）　3~5. 五铢钱（M203∶3-3、M203∶3-4、M203∶3-5）

"朱"字头圆折（图 2-25，3）。M203∶3-4，字体较瘦，"五"字中间两笔较直，"铢"字的"金"字头呈三角形，"朱"字头方折（图 2-25，4）。M203∶3-5，字体较瘦，"五"字中间两笔略弯，"铢"字的"金"字头呈镞形，"朱"字头方折（图 2-25，5）。

十三、M205

M205 位于第Ⅰ发掘区东南部，T1629 南部，开口于扰土层下，距地表 2.7 米。墓葬形制为土坑竖穴墓，方向 3°。墓圹平面呈长方形，直壁、平底，长 2.6、宽 1.08、深 0.96 米。填土为灰褐色，结构较疏松。墓底有葬具 1 棺，已朽，平面呈长方形，长 1.66、宽 0.6 米。棺内有人骨架 1 具，葬式为仰身直肢，头向北。随葬品有陶罐2件，置于墓底南端（图2-26）。

陶罐　2件。M205∶1，泥质灰陶。口残，细颈，鼓腹，最大腹径居中，平底较大。腹部中间饰数周戳印纹，腹下部至底饰横向细绳纹。腹径21、底径12.8、残高21.6、壁厚0.6~0.8厘米（图2-27，1）。M205∶2，泥质灰陶。口残，鼓腹，最大腹径居中，平底。腹部中间饰数周戳印纹，腹下部至底饰横向细绳纹，内壁有轮制痕迹。腹径22、底径13.2、残高16.6、壁厚0.6~0.8厘米（图2-27，2）。

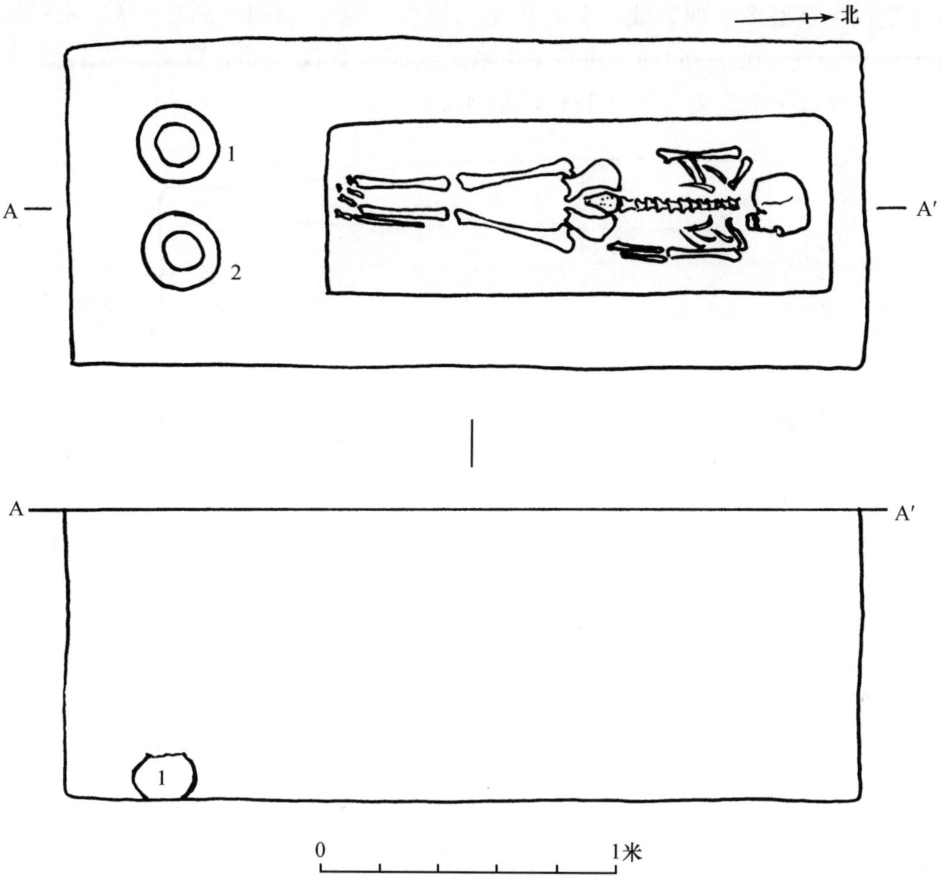

图2-26　M205平、剖面图

1、2. 陶罐

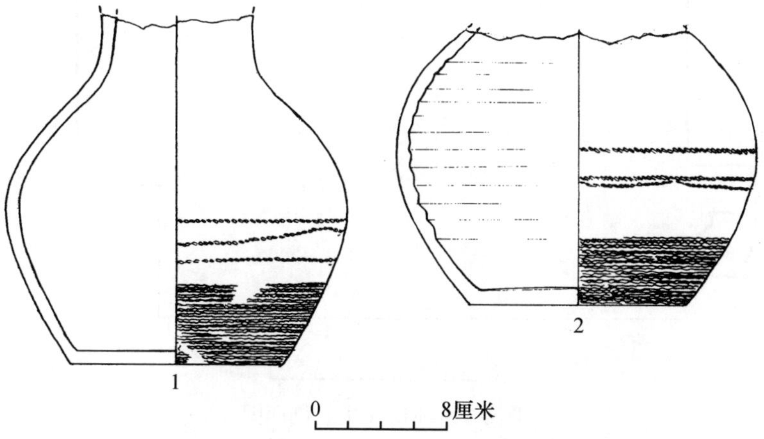

图2-27　M205出土陶罐

1. M205∶1　2. M205∶2

十四、M211

M211位于第Ⅱ发掘区东北部，T1529东南部，开口于扰土层下，距地表2.3米。墓葬形制为土坑竖穴墓，方向3°。墓圹平面近梯形，直壁、平底，长2.7、宽1.3~1.52、深3.2米。填土为红褐色，结构略紧密。墓底东、西、北三壁有生土二层台，宽0.2~0.4、高0.6米。南壁距墓底0.2米处有一长方形壁龛，宽1.02、高0.5、进深0.3米。墓底葬具仅剩部分灰痕，人骨架粉化严重。随葬品有陶罐2件，放置于壁龛内（图2-28；图版4-2）。

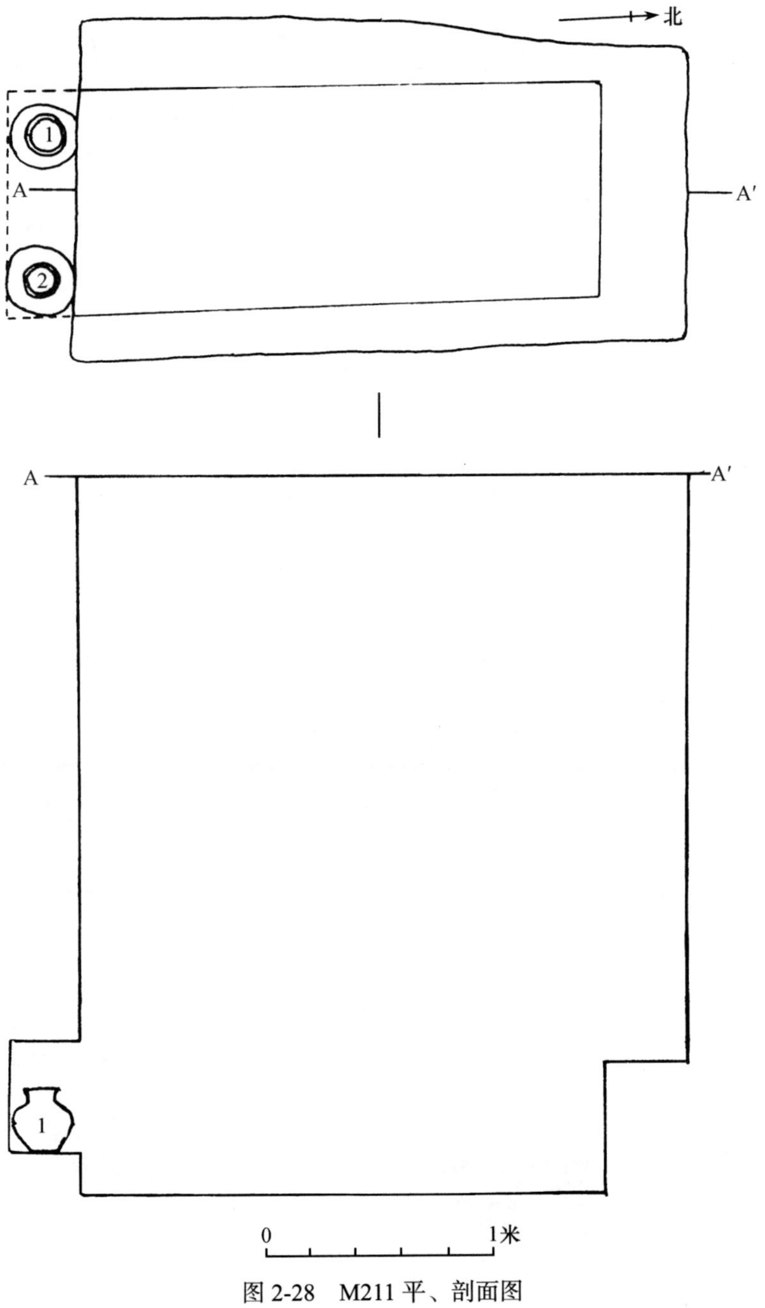

图2-28　M211平、剖面图

1、2. 陶罐

陶罐　2件。M211∶1，泥质灰陶。直口微敞，卷沿，沿面微凸，方唇，矮领，溜肩，鼓腹，最大腹径偏上，下腹斜收，小平底。肩部饰1周凹弦纹，腹下部至底饰横、斜向细绳纹。口径16、腹径32、底径12、高32.8、壁厚0.6~0.8厘米（图2-29，1）。M211∶2，泥质灰陶。直口微敞，斜折沿，圆方唇，矮领，溜肩，鼓腹，最大腹径偏上，下腹斜收，小平底。腹中部饰1周戳印纹纹，腹下部至底饰横向细绳纹、局部加饰纵向绳纹。口径17.3、腹径33、底径10、高33、壁厚0.6厘米（图2-29，2）。

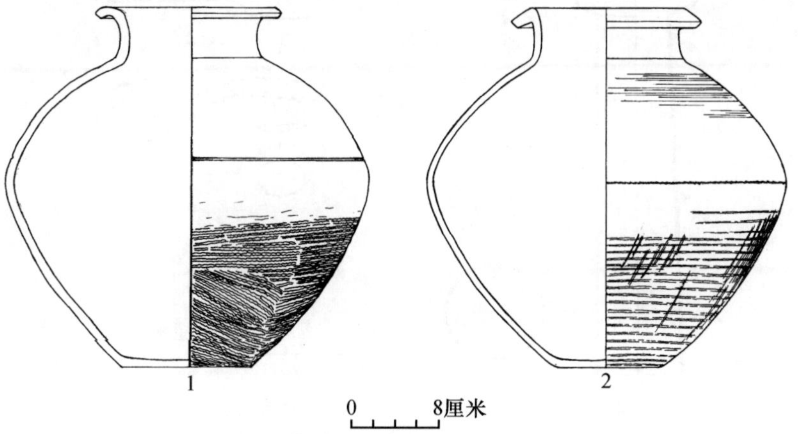

图2-29　M211出土陶罐

1. M211∶1　2. M211∶2

十五、M229

M229位于第Ⅳ发掘区南部，T1814东南部，开口于扰土层下，距地表2米。墓葬形制为土坑竖穴墓，方向7°。墓圹平面近长方形，直壁、平底，长3、宽1.4~1.5、深2.46米。填土为红褐色，土质疏松。墓底有葬具1棺，已朽，平面呈长方形，长2.21、宽0.6米。棺内有人骨架1具，葬式为仰身直肢，头向北。随葬品有2件，其中铜带钩1件，置于棺内有人骨架腹部；铜鐏1件，位于带钩东北部（图2-30）。

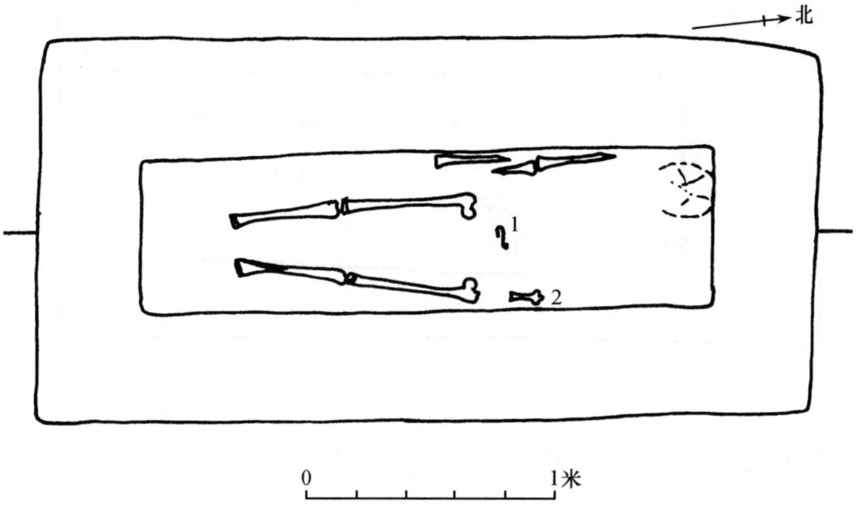

图2-30　M229平面图

1. 铜带钩　2. 铜鐏

铜带钩　1件（M229∶1）。琴面形，首部鸟形。长约4厘米（图2-31，2）。

铜鐏　1件（M229∶2）。首部为圆球形，上有一环形纽，断面为圆形。长约10.2、直径约2.2厘米（图2-31，1）。

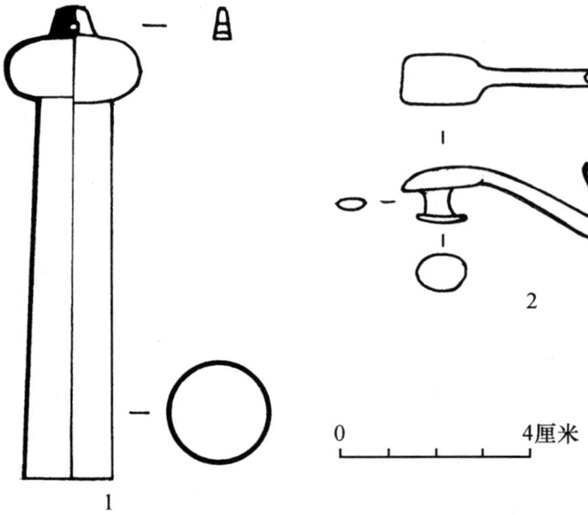

图2-31　M229出土器物

1. 铜鐏（M229∶2）　2. 铜带钩（M229∶1）

十六、M232

M232位于第Ⅳ发掘区南部，T1717西南部，开口于扰土层下，距地表2米。墓葬形制为土坑竖穴墓，方向7°。墓圹平面呈梯形，直壁、平底，长2.7、宽1.2~1.4、深1.94米。填土为红褐色，土质较硬。墓底有葬具1棺，已朽，平面长方形，长2、宽0.7米。棺内有人骨架1具，保存很差，葬式为仰身直肢，头向北。无随葬品（图2-32）。

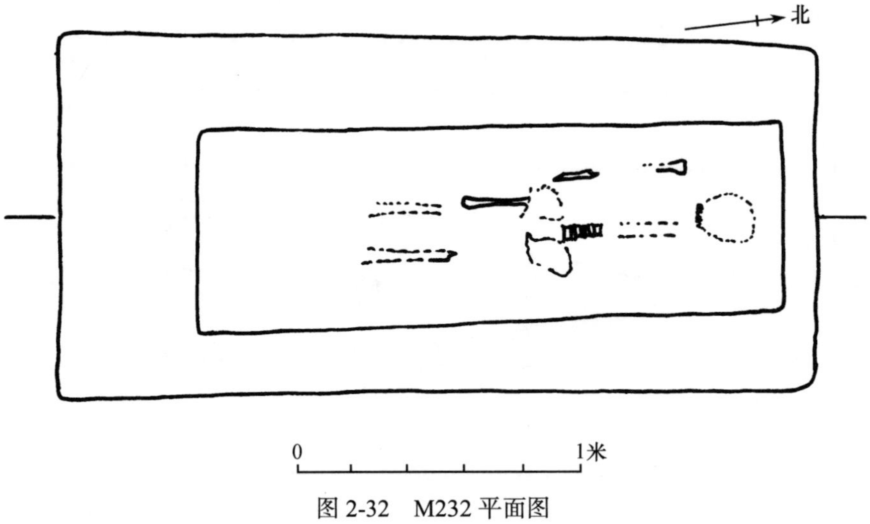

图2-32　M232平面图

十七、M240

M240位于第Ⅳ发掘区南部，T1819西南部，开口于扰土层下，距地表2.08米，打破M227。墓葬形制为土坑竖穴墓，方向2°。墓圹平面呈长方形，直壁、平底，长2.5、宽0.84、残深1.6米。填土为灰褐色，土质松软。墓底有葬具1棺，已朽，平面呈梯形，长2、宽0.56~0.66米。棺内有人骨架1具，保存很差，只残留部分下肢骨。随葬品有陶罐2件，置于墓底南端（图2-33）。

陶罐　2件。M240∶1，泥质灰陶。敞口，平折沿，方唇，领稍高，溜肩，鼓腹，小平底。腹中部饰1周凸弦纹和1周戳印纹，其下至底饰横向绳纹。口径14.4、腹径23.2、底径6.8、高29、壁厚0.8~1.2厘米（图2-34，1）。M240∶2，泥质灰陶。直口微敞，平折沿，方唇，矮领，溜肩，鼓腹，小平底。腹中部饰1周戳印纹，至底饰斜向绳纹。口径14.8、腹径26、底径9.6、高27.6、壁厚0.8~1厘米（图2-34，2）。

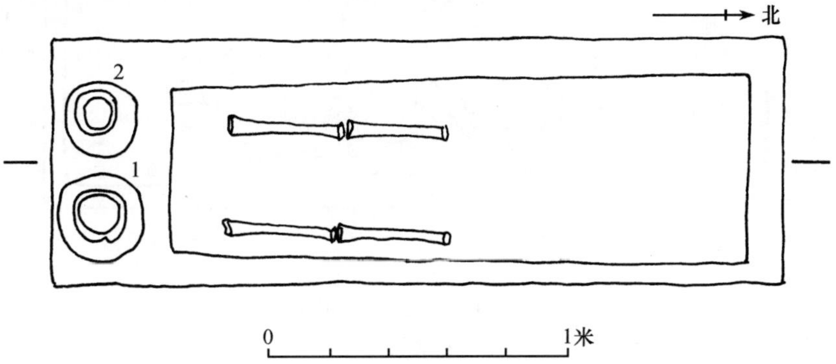

图2-33　M240平面图

1、2. 陶罐

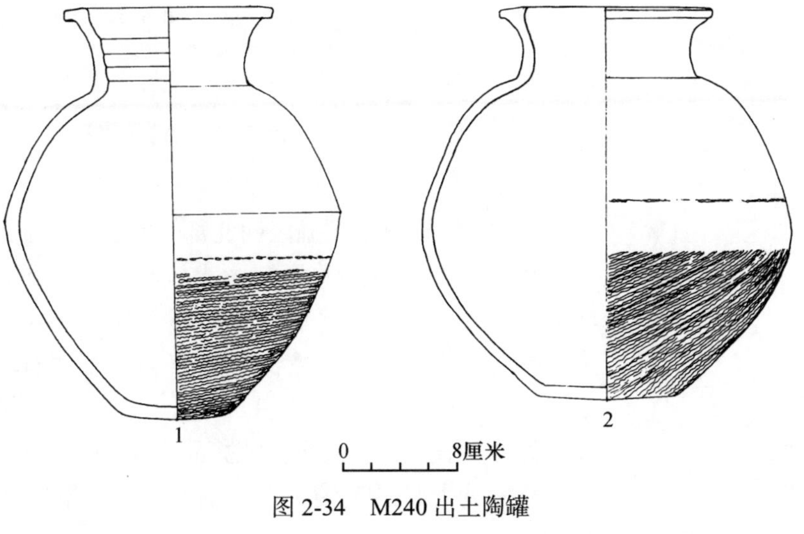

图2-34　M240出土陶罐

1. M240∶1　2. M240∶2

十八、M272

M272位于第Ⅴ发掘区西北部，T2217西南部，延伸至T2117内，开口于扰土层下，距离地表2.2米，上部被M264打破。墓葬形制为土坑竖穴墓，方向22°。墓圹平面近长方形，直壁、平底，长2.1、宽0.9~0.96、残深0.6米。填土为黄褐色花土，土质略硬，含料姜石。墓底有葬具1棺，已朽，平面呈梯形，长1.98、宽0.5~0.6米。棺内有人骨架1具，葬式为仰身直肢，头向北。随葬品陶罐1件，置于墓底西南角（图2-35）。

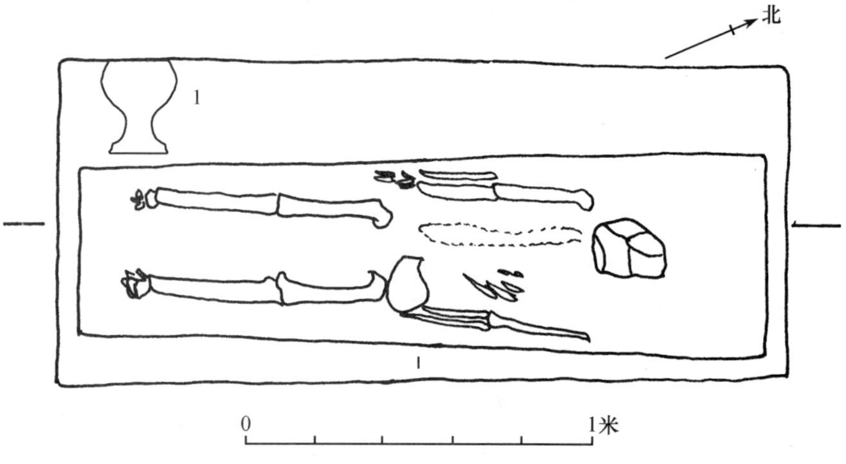

图2-35　M272平面图

1. 陶壶

陶壶　1件（M272：1）。泥质灰陶。盘口，方唇，束颈较细，溜肩，鼓腹，平底较大。最大径居下。素面。口径13.5、腹径17.5、底径13.5、高18厘米（图2-36；图版14-1）。

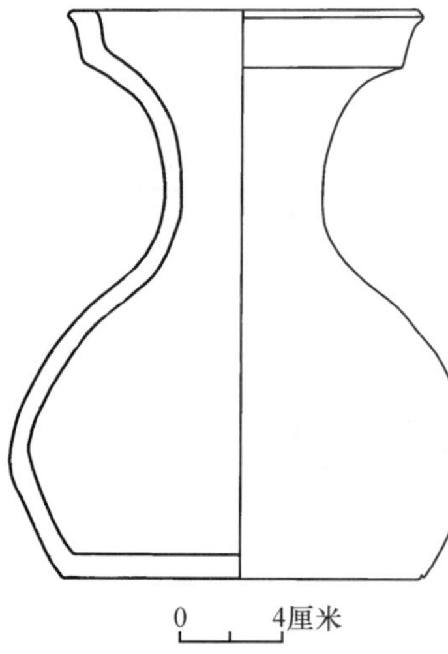

图2-36　M272出土陶壶（M272：1）

十九、M273

M273位于第Ⅴ发掘区西北部，T2311东南部，开口于扰土层下，距地表2米。墓葬形制为土坑竖穴墓，方向100°。墓圹平面近长方形，直壁、平底，长2.16、宽0.92~1、深1.78米。填土为黄褐色，结构紧密，含大量料姜石。墓底有葬具1棺，已朽，平面呈长方形，长1.92、宽0.62米。棺内有人骨架1具，保存较差，葬式为仰身直肢，头向东。随葬品有4件（组），其中陶罐1件，位于墓室西北部；铜镜1件、铜饰1件、铜钱22枚（1组），均位于棺内有人骨架中部左侧（图2-37）。

陶罐　1件（M273：4）。泥质灰陶。直口，圆唇，鼓肩，斜腹，平底。腹部至底饰横向绳纹。口径21.2、腹径29.2、底径9.8、高21.4、壁厚0.8~1.2厘米（图2-38，2）。

铜饰　1件（M273：2）。圆形扁牌，镂孔，上部一环形纽。直径约3.6厘米（图2-38，1）。

铜镜 1件（M273∶1）。蟠螭菱纹镜。三弦纹纽，圆纽座。座外1周凹弧面圈带，其外两周凸弦纹。凸弦纹之间为主纹，由三桃形叶分成三组蟠螭和菱形纹。涡状云雷地纹。缘边上卷。直径7.8、镜体厚0.15厘米（图2-39；图版30-2）。

铜钱 15枚（M273∶3）。均为五铢钱，锈蚀严重。

图2-37 M273平面图

1. 铜镜 2. 铜饰 3. 铜钱 4. 陶罐

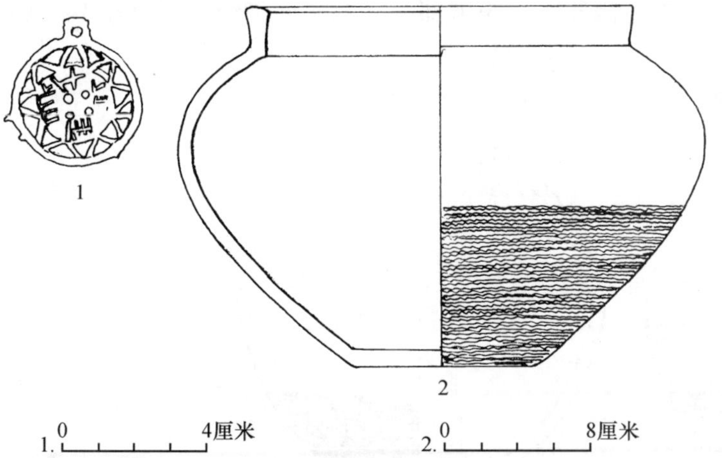

图2-38 M273出土器物

1. 铜饰（M273∶2） 2. 陶罐（M273∶4）

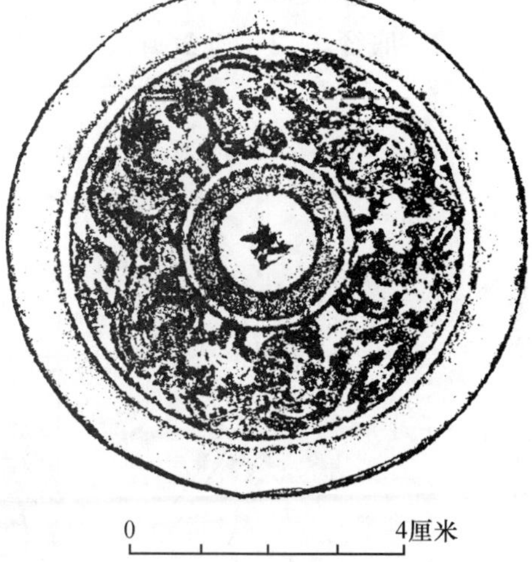

图2-39 M273出土铜镜（M273∶1）

二十、M274

M274位于第V发掘区西北部，T2217东南部，延伸至T2117内，开口于扰土层下，距地表2米。墓葬形制为土坑竖穴墓，方向10° 。墓圹平面呈长方形，直壁、平底，长2.6、宽1.4、残深1米。填土为红褐色，土质略硬，含料姜石。墓底东西两壁有生土二层台，宽0.2、高0.7米。墓底有葬具1棺，已朽，平面呈梯形，长2.1、宽0.5~0.7米。棺内有人骨架1具，葬式为仰身直肢，头向北。随葬品有陶罐2件，置于墓底南端（图2-40）。

陶罐 2件。M274∶1，泥质灰陶。直口微敞，平折沿，方唇，领稍高，溜肩，鼓腹，圜底近平。上腹部残留轮制痕迹，腹中部饰2周戳印纹，腹下部至底饰横向细绳纹。口径14、腹径24、底径

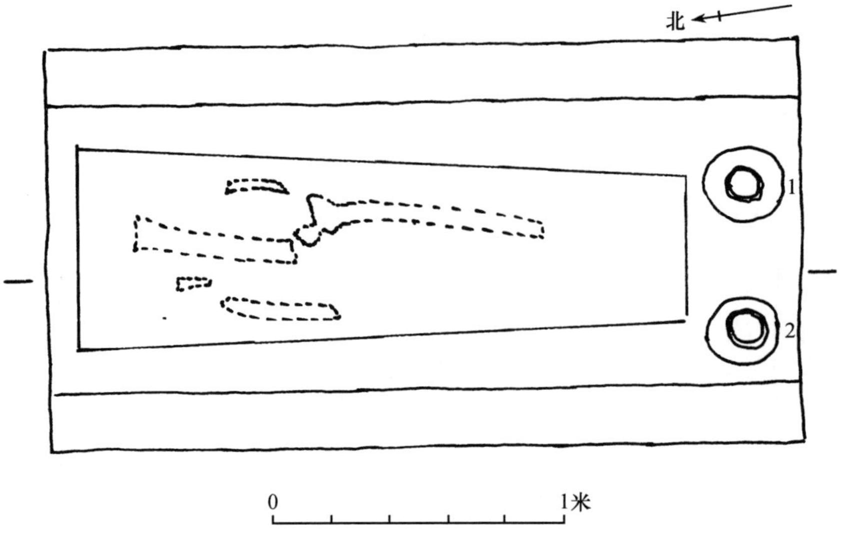

图 2-40　M274 平面图

1、2. 陶罐

11、高 28、壁厚 0.8 厘米（图 2-41，1）。M274∶2，直口微敞，平折沿，方唇，领稍高，溜肩，鼓腹，圜底近平。上腹部有不明显凹槽，中腹部饰 1 周戳印纹，腹下部至底饰斜向细绳纹。口径 14、腹径 25.2、底径 11.2、高 26.4、壁厚 0.8~1.2 厘米（图 2-41，2）。

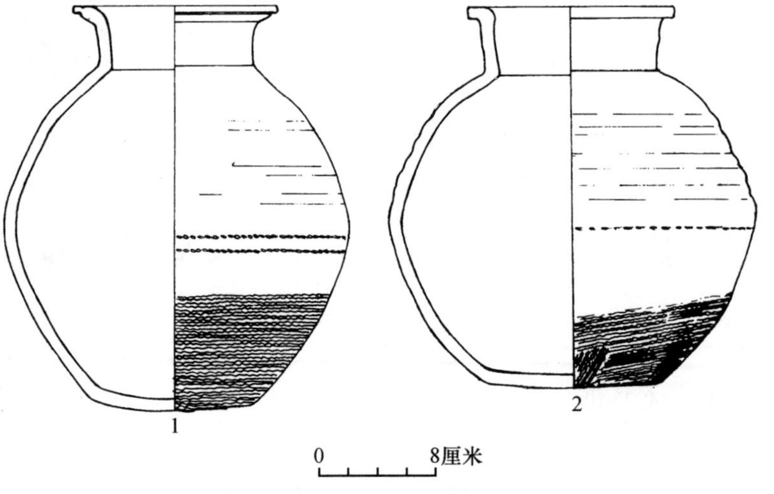

图 2-41　M274 出土陶罐

1. M274∶1　2. M274∶2

二十一、M295

M295 位于第Ⅴ发掘区西北部，T2114 中部，开口于扰土层下，距地表 2 米。上部被 M292 打破，墓葬形制为土坑竖穴墓，方向 10°。墓圹平面近长方形，直壁、平底，长 2.8、宽 2~2.1、深 2.6 米。填土为红褐色花土。墓底东、西、南三壁有生土二层台，宽 0.1~0.3、高 0.5 米。墓底有葬具 1 棺，已朽，平面长方形，长 2.4、宽 0.76 米。棺内有人骨架 1 具，葬式为仰身直肢，头向北。随葬品陶罐 1 件，置于墓室西南部的二层台上（图 2-42）。

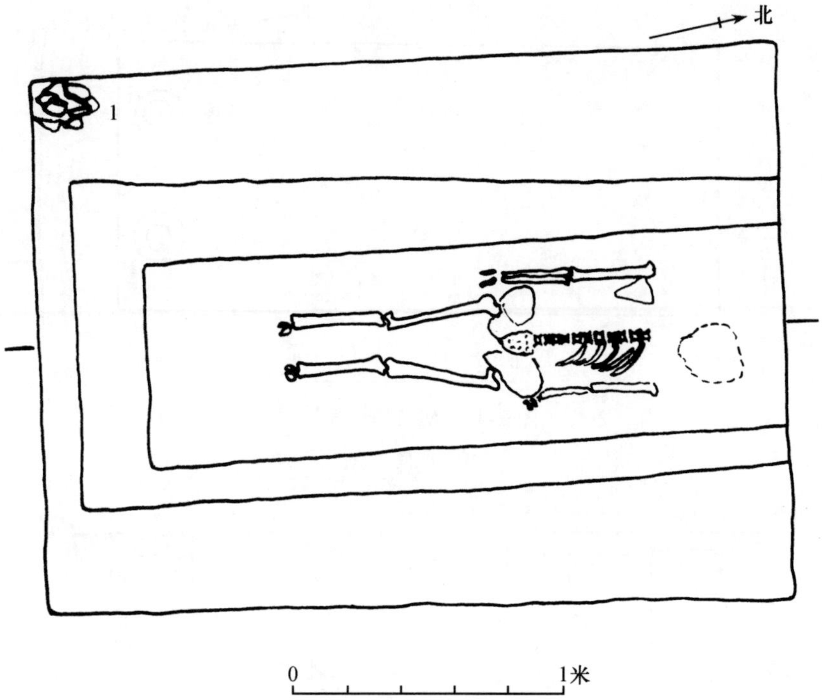

图 2-42　M295 平面图

1. 陶罐

陶罐　1 件（M295∶1）。泥质灰陶。直口微敞，平折沿，方唇内凹，领稍高，溜肩，鼓腹，最大径居中，小平底内凹。腹下部至底饰绳纹。口径 14、腹径 28、底径 9.2、高 30.6、壁厚 0.8~0.9 厘米（图 2-43）。

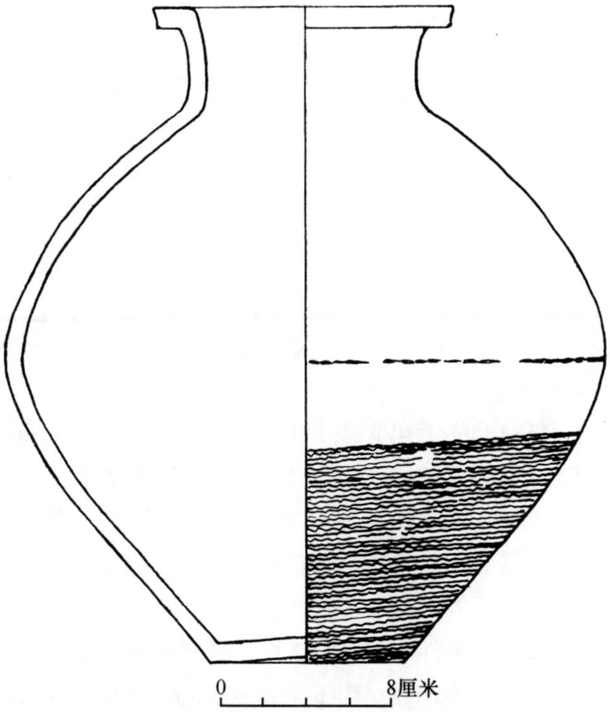

图 2-43　M295 出土陶罐（M295∶1）

二十二、M311

M311 位于第Ⅴ发掘区中部，T2116 东北部，延伸至 T2117 内，开口于扰土层下，距离地表 1.8 米。墓葬形制为土坑竖穴墓，方向 350°。墓圹平面呈长方形，直壁、平底，长 2.9、宽 1.28、深 3 米。填土为黄褐色花土，土质略松，含料姜石。墓底葬具仅剩少量灰痕，人骨架粉化严重。随葬品有陶壶 2 件，置于墓底南端（图 2-44）。

陶壶　2 件。M311∶1，泥质灰陶。盘口，方唇，束颈，圆腹，最大径居中，矮圈足内敛。上腹有轮制痕迹，下腹饰有 3 周戳印纹。口径 14.4、腹径 24.4、圈足径 14.8、高 26、壁厚 0.6 厘米（图 2-45，1）。M311∶2，泥质灰陶。盘口，方唇，束颈，鼓腹略扁，最大径居中，矮圈足内敛。口沿及颈部施白色三角纹彩绘，下腹有 2 周戳印纹。口径 15.6、腹径 24.4、底径 14、高 25.4、壁厚 0.6~1 厘米（图 2-45，2）。

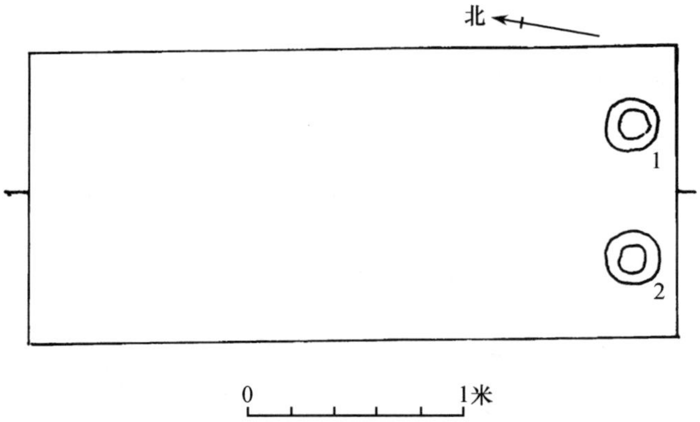

图 2-44 M311 平面图

1、2. 陶壶

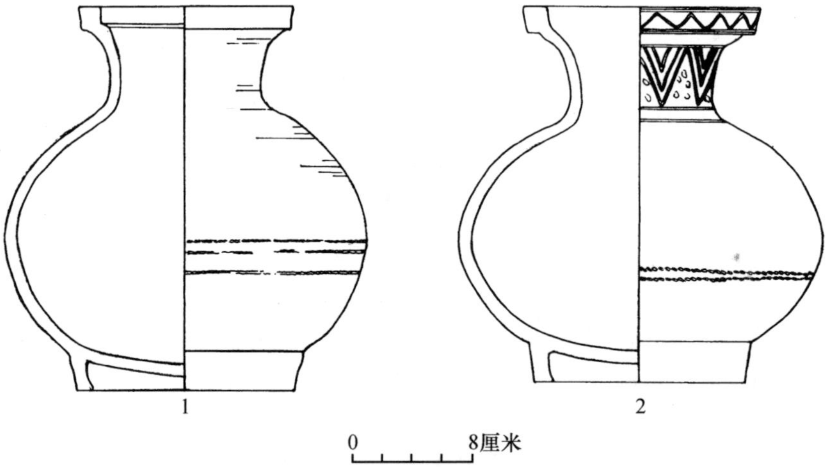

图 2-45 M311 出土陶壶

1. M311∶1 2. M311∶2

二十三、M313

M313 位于第Ⅳ发掘区西部，T1915 东北部，开口于扰层下，距地表 2.1 米。墓葬形制为土坑竖穴墓，方向 102°。墓圹平面呈长方形，直壁、平底，长 2.5、宽 1.7、深 1.2 米。填土呈红褐色，结构疏松。墓底有葬具 1 棺，已朽，平面近长方形，长 2.24、宽 0.87~0.9 米。棺内人骨架仅存少量朽痕。随葬品有 2 件，其中铜镜 1 件，位于棺内东部；陶罐 1 件，置于墓底西南角（图 2-46）。

陶罐 1 件（M313∶2）。泥质灰陶。直口，方唇，口内侧内凹，鼓肩，下腹斜收，小平底。肩部饰 1 周戳印纹，腹下部至底饰横向绳纹。口径 18、腹径 28、底径 8、高 19.6、壁厚 0.6 厘米（图 2-47）。

铜镜 1 件（M313∶1）。素面镜。三弦纹纽，镜面微凸，窄素缘。直径 13.8、镜体厚 0.2 厘米（图 2-48）。

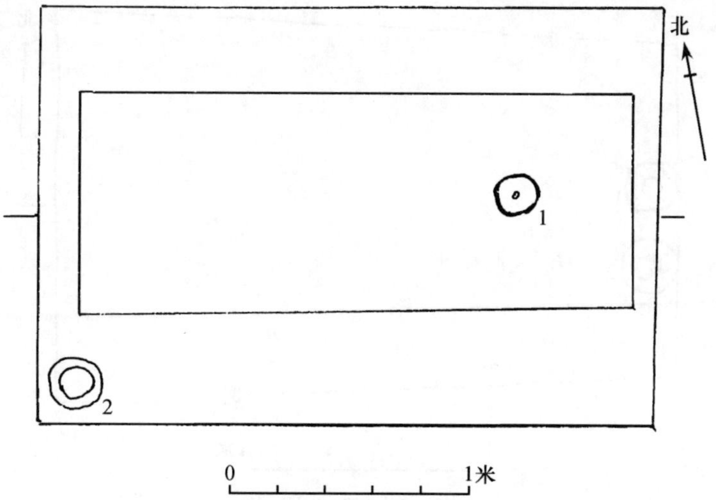

图 2-46　M313 平面图

1. 铜镜　2. 陶罐

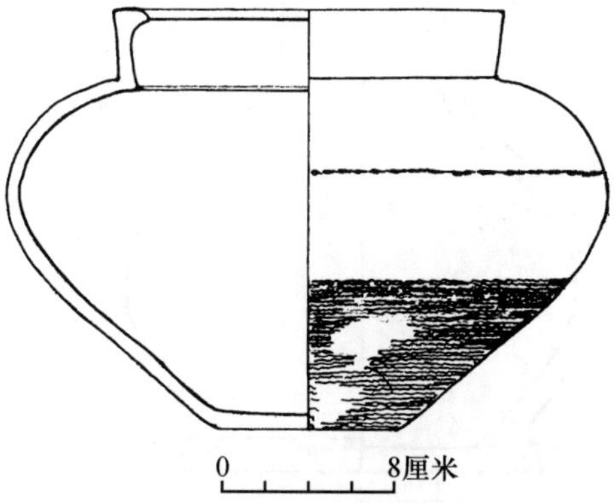

图 2-47　M313 出土陶罐（M313∶2）

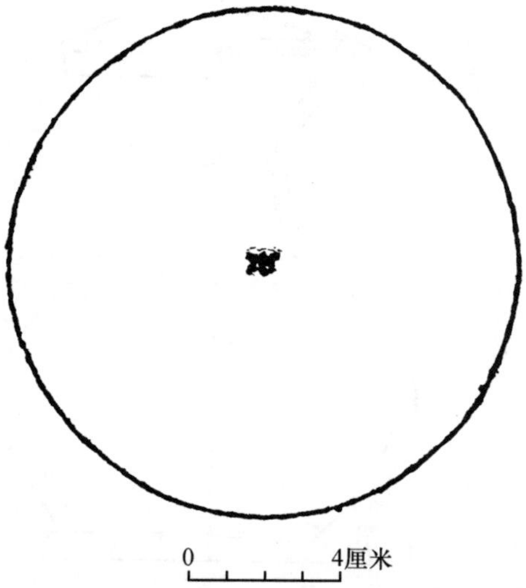

图 2-48　M313 出土铜镜（M313∶1）

二十四、M315

M315 位于第Ⅳ发掘区北部，T1917 西北部，开口于扰层下，距地表 2 米。墓葬形制为土坑竖穴墓，方向 94°。墓圹平面呈梯形，直壁、平底，长 2.44、宽 1.32~1.56、深 1.9 米。填土为红褐色，结构较紧密。墓底葬具仅剩少量灰痕，人骨架粉化严重。随葬品有陶壶 2 件，置于墓底西端（图 2-49）。

陶壶　2 件。泥质灰陶，形制一致。圆形盖、圆盖纽；盘口，方唇，束颈，鼓腹，矮假圈足。颈部饰 1 周凹弦纹。盖径 14.8、口径 14、腹径 20、壁厚 0.6~1、高 28.4 厘米。M315∶1，底径 16.8 厘米（图 2-50，1）。M315∶2，底径 16.2 厘米（图 2-50，2；图版 14-3）。

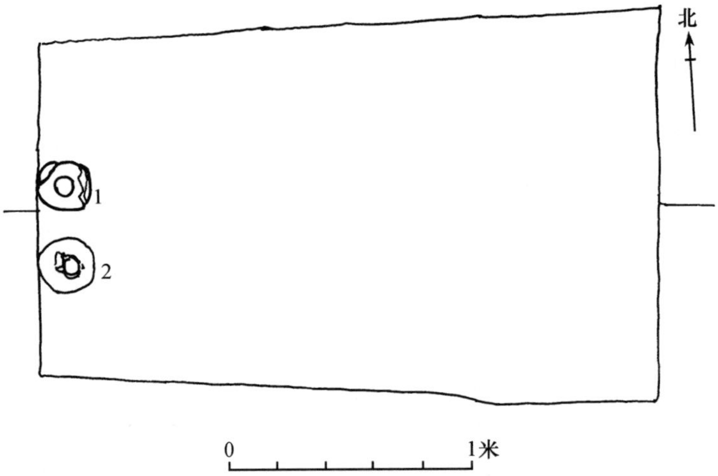

图 2-49 M315 平面图

1、2. 陶壶

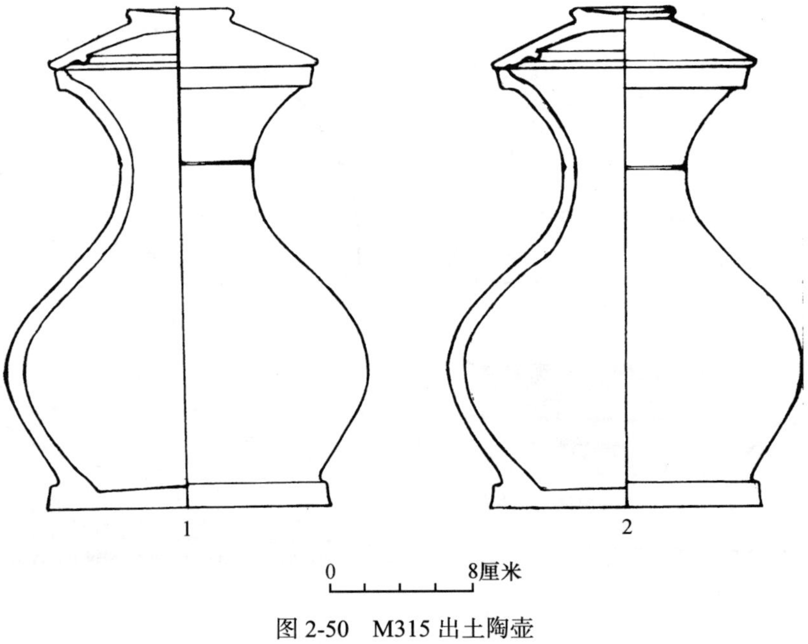

图 2-50 M315 出土陶壶

1. M315∶1 2. M315∶2

二十五、M319

M319 位于第Ⅴ发掘区中部，T2017 西北部，开口于扰层下，距地表 1.5 米。墓葬形制为土坑竖穴墓，方向 10° 。墓圹平面呈长方形，直壁、平底，长 3.08、宽 0.92、深 2.92 米。填土为黄褐色，结构较紧密。墓底葬具仅剩少量灰痕，人骨架粉化严重。随葬品有 3 件（组），其中陶壶 2 件，置于墓底南端；铜钱 2 枚（1 组），位于墓底中部（图 2-51）。

陶壶 2 件。M319∶2，泥质灰陶。盘口，方唇，束颈，鼓腹，平底。唇面 2 周凹槽，腹上部饰 3 组凹弦纹，其下饰 3 周戳印纹。口径 15.2、腹径 22.8、底径 12.4、高 25、壁厚 0.6~0.8 厘

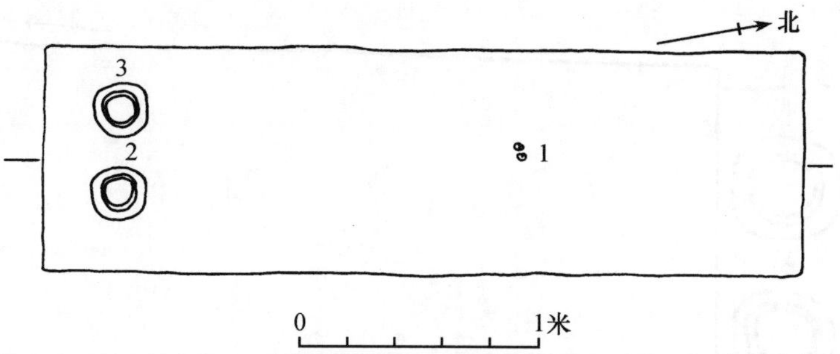

图 2-51　M319 平面图

1. 铜钱　2、3. 陶壶

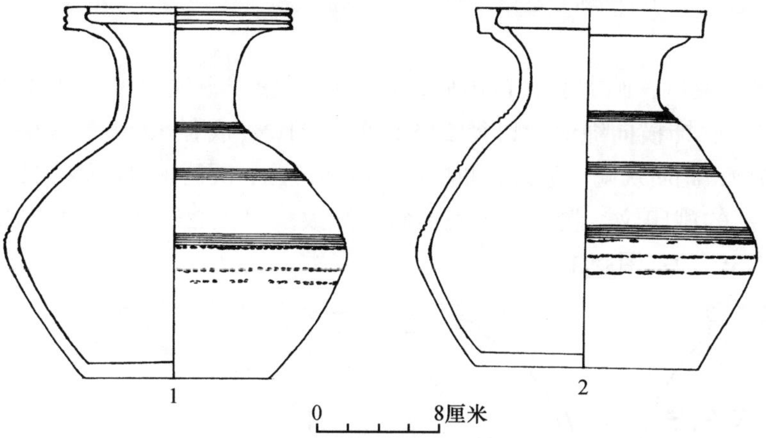

图 2-52　M319 出土陶壶

1. M319∶2　2. M319∶3

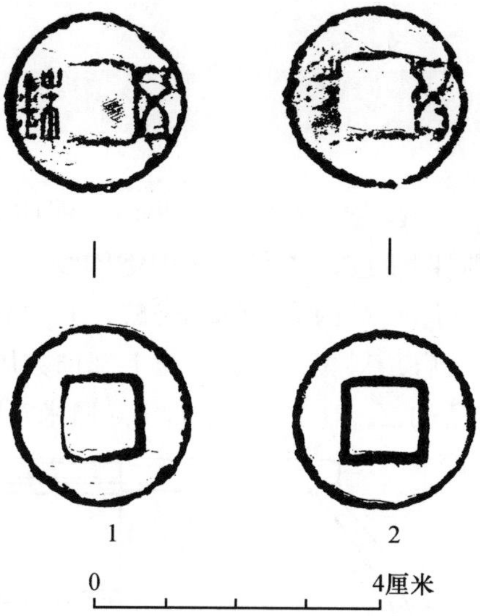

图 2-53　M319 出土五铢钱

1. M319∶1-1　2. M319∶1-2

米（图 2-52，1；图版 14-4）。M319∶3，泥质灰陶。盘口，方唇，束颈，鼓腹，平底。上腹饰 3 组凹弦纹，其下饰 3 周戳印纹。口径 15.4、腹径 22.6、底径 15.2、高 25、壁厚 0.6~1 厘米（图 2-52，2）。

铜钱　2 枚，均为五铢钱。M319∶1-1，字体较瘦，“五”字中间两笔弯曲，“铢”字的“金”字头很小，呈等腰三角形，“朱”字头方折。直径 2.6 厘米（图 2-53，1）。M319∶1-2，字体略瘦，“五”字中间两笔弯曲，“铢”字的“金”不清，“朱”字头方折。直径 2.6 厘米（图 2-53，2）。

二十六、M320

M320 位于第Ⅴ发掘区中部，T2017 西北部，开口于扰土层下，距地表 1.5 米。墓葬形制为土坑竖穴墓，方向 6°。墓圹平面呈梯形，直壁、平底，长 2.2、宽 1.12~1.2、深 2.3 米。填土为红褐色，结构疏松。墓圹南壁下部有一长方形壁龛，宽 1、高 0.5、进深 0.4 米。墓底葬具仅剩少量灰痕，人骨架腐朽粉化严重。随葬品有陶罐 2 件，置于壁龛内（图 2-54）。

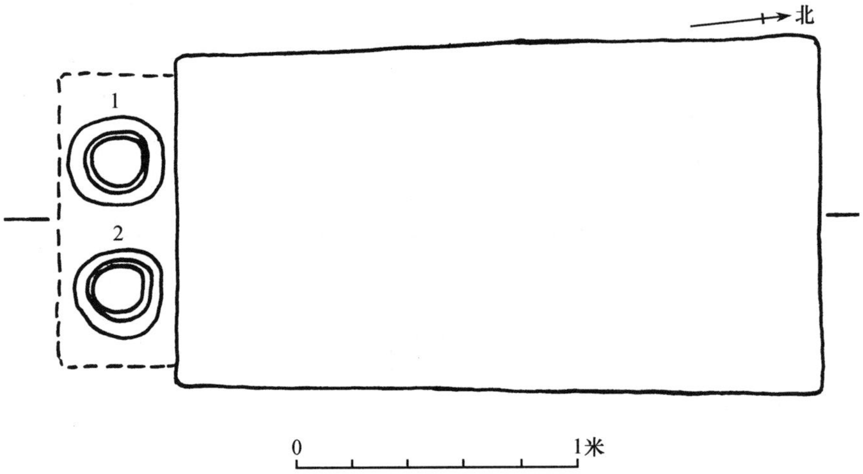

图 2-54　M320 平面图

1、2. 陶罐

陶罐　2 件。M320∶1，泥质灰陶。敛口，圆方唇，口内侧内凹，圆鼓腹，平底。腹上部饰 3 周凹弦纹，中部饰 2 周戳印纹，下部至底饰横向绳纹。口径 22.8、腹径 31.2、底径 12、高 23.6、壁厚 0.8~1 厘米（图 2-55，1）。M320∶2，泥质灰陶。敛口，仰折沿、沿面微凸，圆唇，口内侧内凹，鼓肩，斜腹，平底。腹上部饰数周凌乱的戳印纹，腹下部至底饰斜向绳纹。口径 22、腹径 31、底径 11.2、高 24.6、壁厚 0.6 厘米（图 2-55，2；图版 15-4）。

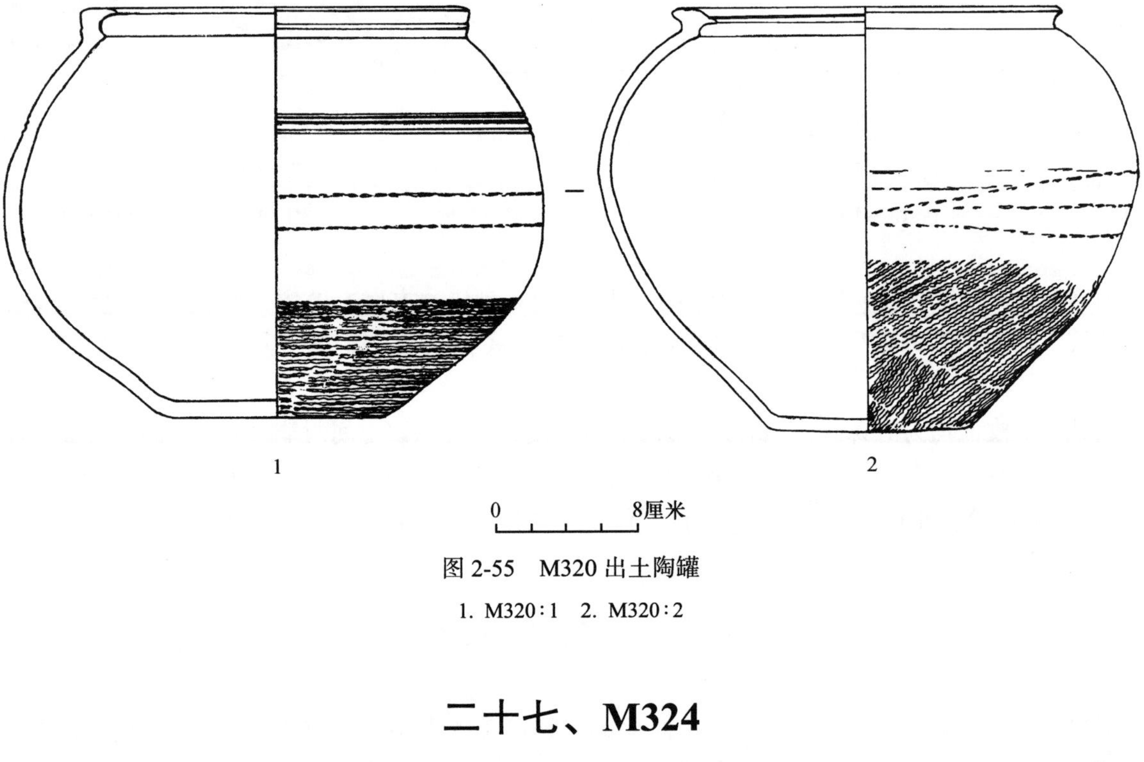

图 2-55　M320 出土陶罐

1. M320∶1　2. M320∶2

二十七、M324

M324 位于第Ⅵ发掘区西北部，T2413 中部，开口于扰土层下，距地表 2.3 米。墓葬形制为土坑竖穴墓，方向 100°。墓圹平面呈长方形，直壁、平底，长 3、宽 1.7、深 4.7 米。填土为浅黄褐色花土，土质略硬，含料姜石。墓底南北两壁均有生土二层台，宽0.2、高1米。墓底有葬具1棺，已朽，平面呈梯形，长1.9、宽0.6~0.8米。棺内人骨架粉化严重。随葬品有陶壶1件，置于墓底西北角（图2-56）。

陶壶　1件（M324∶1）。泥质灰陶，盘口壶，残，未能修复。

二十八、M325

M325位于第Ⅵ发掘区西北部，T2413中北部，开口扰土层下，距地表2.3米。墓葬形制为土坑竖穴墓，方向80°。墓圹平面呈长方形，直壁、平底，长3.3、宽2.4、深2.7米。填土为红褐色花土，土质较硬，含较多料姜石。墓底南北两壁有生土二层台，宽0.44、高0.45米。墓底葬具仅剩少量灰痕，人骨架粉化严重。随葬品有陶罐2件，置于墓底西端（图2-57）。

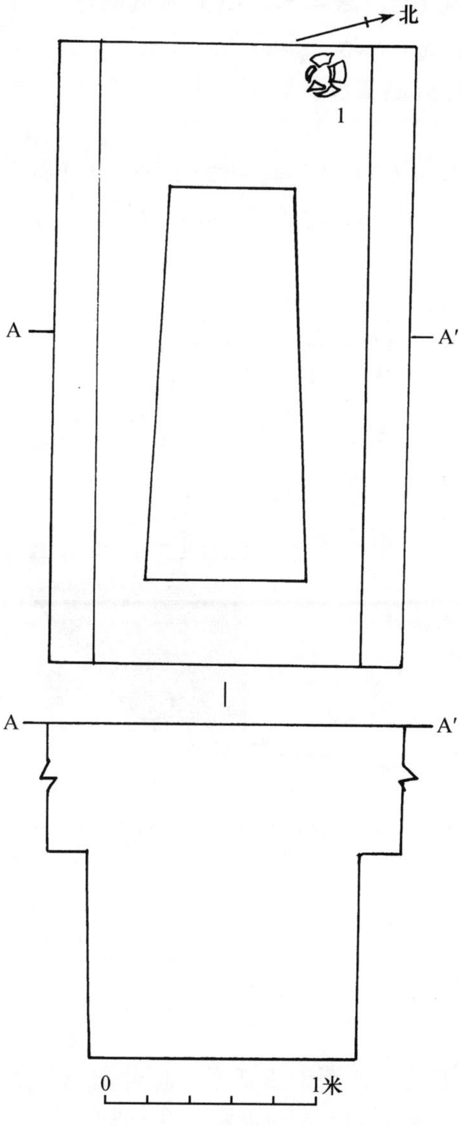

图2-56　M324平、剖面图
1. 陶壶

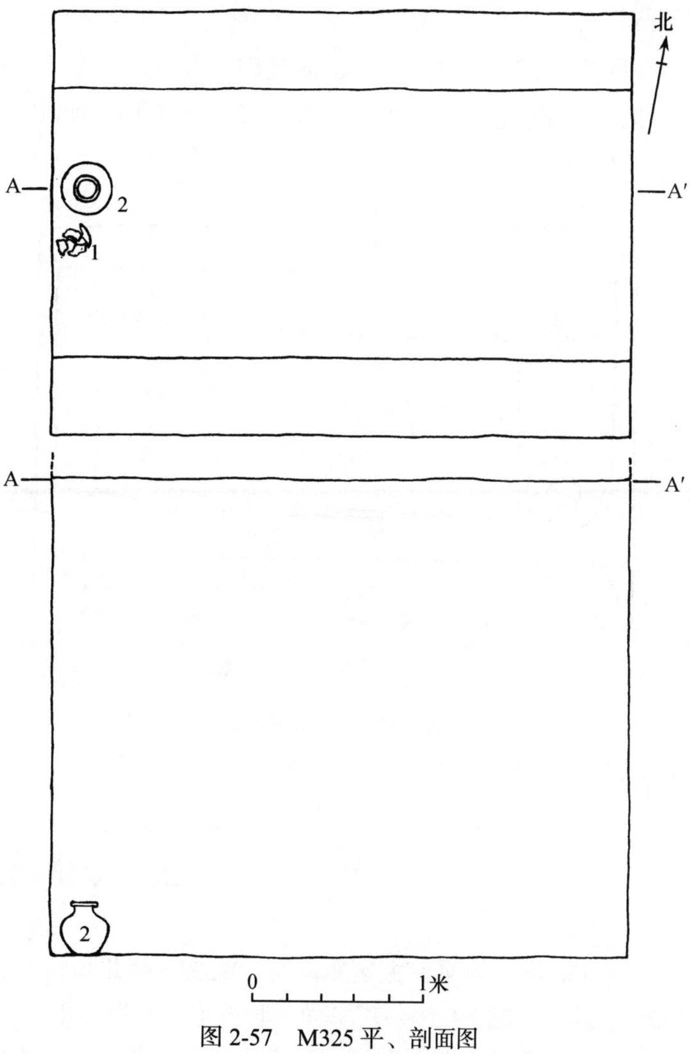

图2-57　M325平、剖面图
1、2. 陶罐

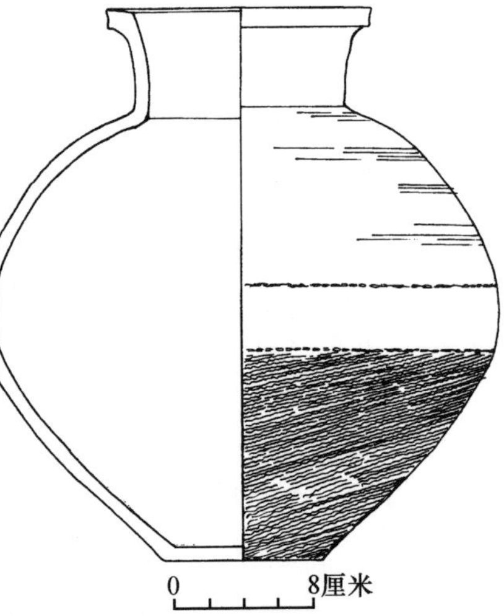

图 2-58 M325 出土陶罐（M325∶2）

陶罐 2 件，均泥质灰陶。M325∶1，残碎，未能修复。M325∶2，直口微敞，平折沿，方唇、唇面微凹，领较高，鼓肩，鼓腹，下腹斜收，平底。肩部有轮制痕迹，腹中部有 2 周戳印纹，下部至底饰斜向细绳纹。口径 15、腹径 30、底径 9.2、高 32、壁厚 0.8 厘米（图 2-58）。

二十九、M326

M326 位于第Ⅵ发掘区东南部，T2318 东南部，开口于扰土层下，距地表深 2 米。墓葬形制为土坑竖穴墓，方向 4°。墓圹平面呈长方形，斜壁、平底，墓口长 3.1、宽 2.06 米，墓底长 2.9、宽 1.5、深 4 米。填土为黄褐色，结构疏松，含少量料姜石。墓底一周有生土二层台，宽 0.2~0.5、高 0.5 米。墓底有葬具 1 棺，已朽，平面呈长方形，长 2.2、宽 0.9 米。人骨架粉化严重。随葬品有陶罐 2 件，置于南侧二层台上（图 2-59）。

陶罐 2 件。M326∶1，泥质灰陶。直口，平折沿，方唇、唇面内凹，矮领，鼓腹近折，小平底。肩部有轮制痕迹，腹中部 1 周戳印纹、下部至底饰竖向细绳纹。口径 14.8、腹径 40.8、底径 11.6、高 35.6、壁厚 0.8~1 厘米（图 2-60）。M326∶2，残碎，未能修复。

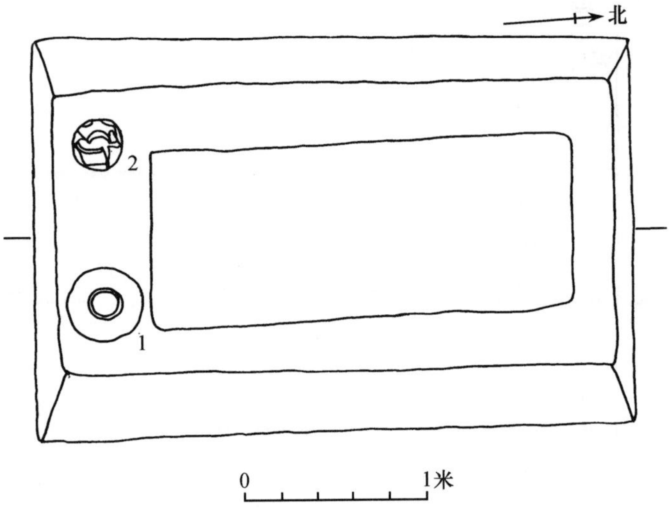

图 2-59 M326 平面图

1、2. 陶罐

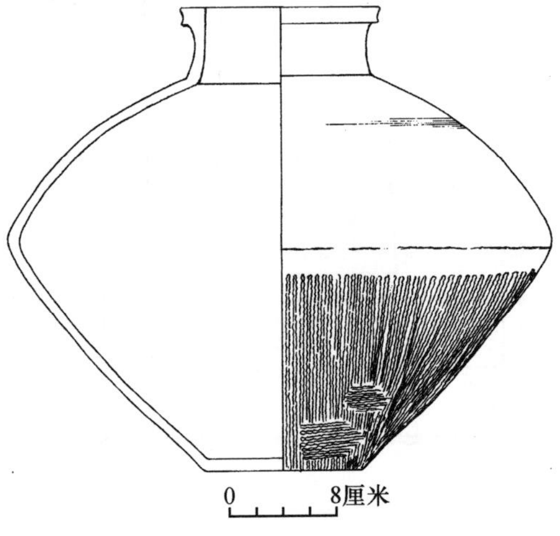

图 2-60 M326 出土陶罐（M326∶1）

三十、M330

M330 位于第Ⅵ发掘区东南部，T2319 西北角，开口于扰土层下，距地表 2 米。墓葬形制为土坑竖穴墓，方向 7°。墓圹平面呈长方形，直壁、平底，长 2.5、宽 1.22、深 1.4 米。填土为红褐色，结构疏松。墓圹南壁下部有一长方形壁龛，宽 1.04、高 0.38、进深 0.32 米。墓底有葬具 1 棺，已朽，平面呈长方形，长 2、宽 0.6 米。棺内人骨架粉化严重。随葬品有陶罐 2 件，置于壁龛内（图 2-61）。

陶罐　2件。M330∶1，泥质灰陶。口部残，有领，鼓腹近折，平底。腹中部有1周戳印纹、下部至底饰竖向和横向细绳纹。腹径36.4、底径11.6、残高31、壁厚0.8厘米（图2-62，1）。M330∶2，泥质灰陶。直口，平折沿、沿面微凸，方唇，矮领，鼓腹近折，平底。腹中部饰2周戳印纹、下部至底饰横向细绳纹。口径16、腹径31、底径10.8、高30.4、壁厚0.8~1厘米（图2-62，2）。

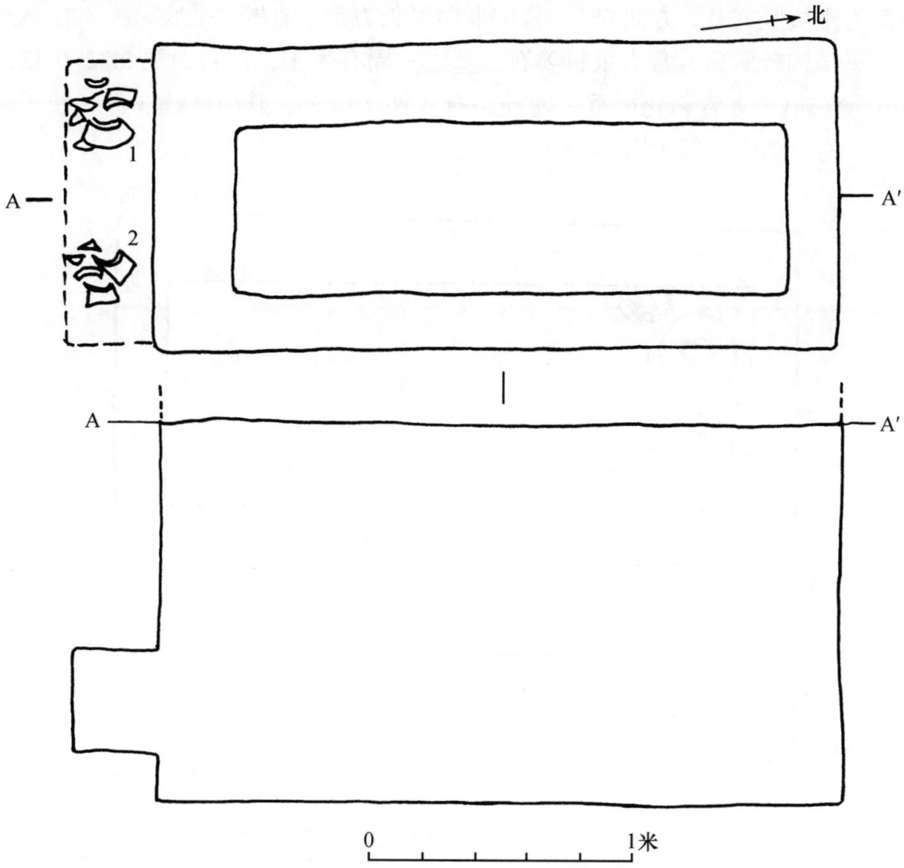

图2-61　M330平、剖面图

1、2. 陶罐

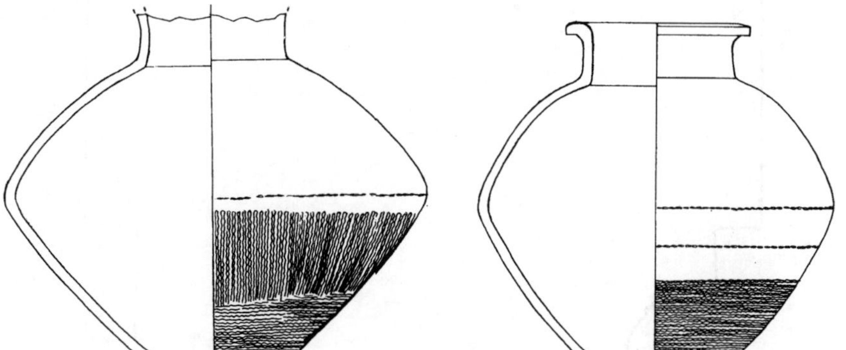

图2-62　M330出土陶罐

1. M330∶1　2. M330∶2

三十一、M340

M340位于第Ⅵ发掘区中部，T2516西南部，开口于扰土层下，距地表2米，被M338、M339打破。墓葬形制为土坑竖穴墓，方向0° 。墓圹平面呈长方形，直壁、平底，长3.4、宽1.74、深3.76米。填土为褐色，结构较紧密，含大量料姜石。墓底一周有生土二层台，宽0.22~0.32、高0.76米。墓底葬具仅剩少量灰痕，人骨粉化严重。随葬品有4件（组），其中陶罐3件，位于墓底南端；铜钱5枚（1组），位于墓底中部（图2-63）。

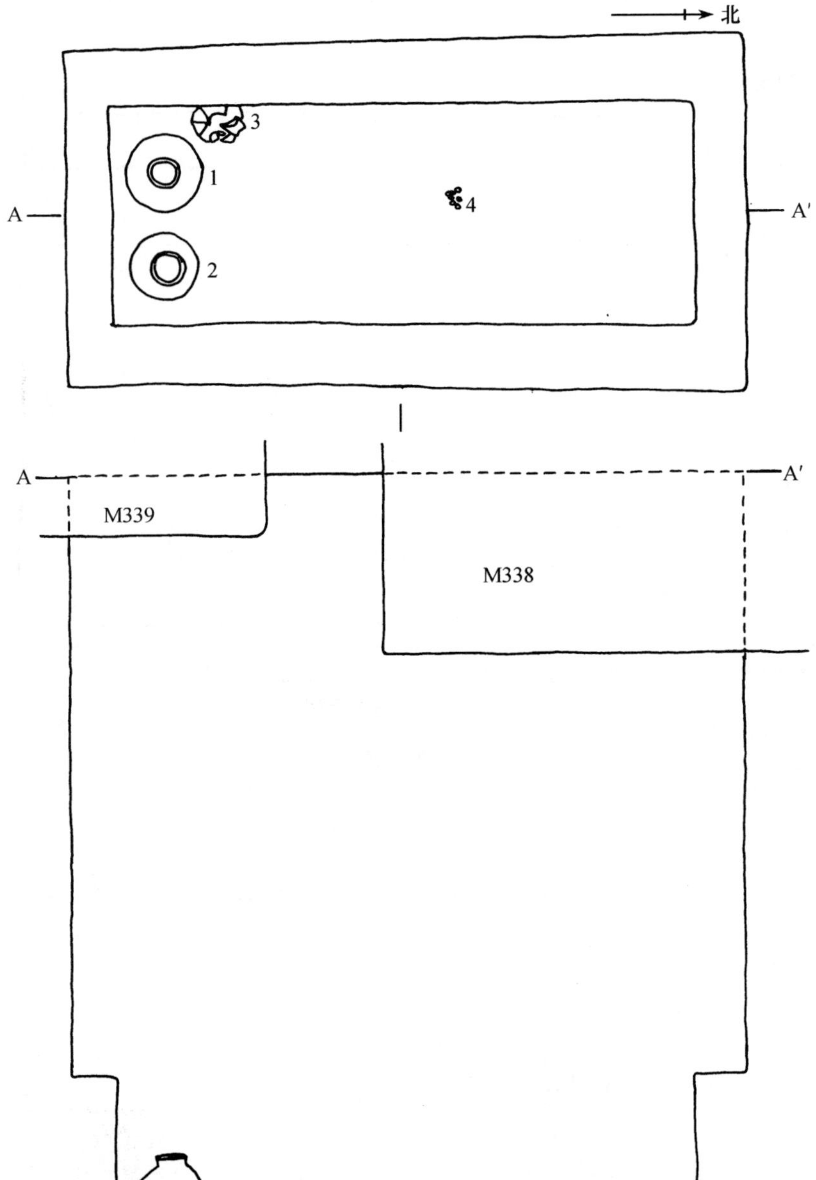

图2-63 M340平、剖面图

1~3. 陶罐 4. 铜钱

陶罐　3件。M340∶1，泥质灰陶。直口微敞，平折沿，方唇，领较高，鼓腹，最大径偏上，小平底。腹中部饰2周戳印纹、中下部饰纵向细绳纹、下部至底饰横向细绳纹。口径16、腹径36、底径10.8、高40、壁厚0.8~1厘米（图2-64，1）。M340∶2，泥质灰陶。直口微敞，平折沿，圆唇，领较高，鼓腹，最大径居中，小平底。腹中部2周戳印纹、下部至底饰横向细绳纹。口径18、腹径35.2、底径12、高37、壁厚0.8~1厘米（图2-64，2）。M340∶3，泥质灰陶。直口微敞，平折沿，方唇微凹，矮领，鼓腹，最大径偏上，下腹斜收，小平底。领以下至腹中部饰数组凹弦纹，腹中部饰2周戳印纹、下部至底饰竖向横向绳纹。口径16、腹径37、底径10、高39.2、壁厚0.6~1厘米（图2-64，3）。

铜钱　5枚，均为五铢钱。M340∶4-1，字体略瘦，“五”字中间两笔弯曲，“铢”字的“金”字头呈等边三角形，“朱”字头圆折。直径2.4厘米（图2-65，1）。M340∶4-2，字体略瘦，“五”字中间两笔弯曲，“铢”字的“金”字头呈等边三角形，“朱”字头圆折。直径2.5厘米（图2-65，2）。M340∶4-3，字体略瘦，“五”字中间两笔弯曲，“铢”字的“金”字头不清，“朱”字头圆折。直径2.5厘米（图2-65，3）。M340∶4-4，字体略宽，“五”字中间两笔弯曲，“铢”字的“金”字头呈等边三角形，“朱”字头方折。直径2.5厘米（图2-65，4）。

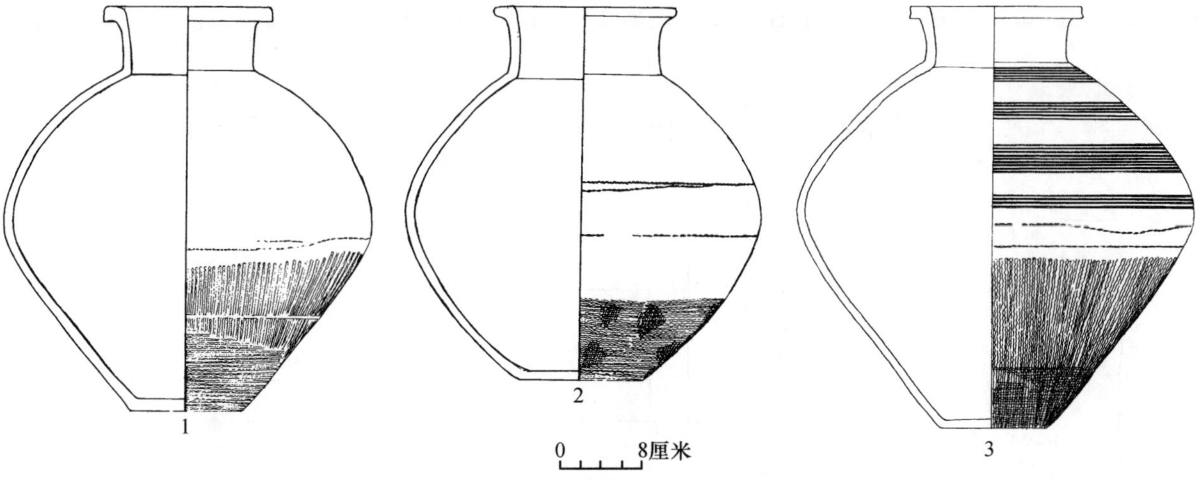

图2-64　M340出土陶罐

1. M340∶1　2. M340∶2　3. M340∶3

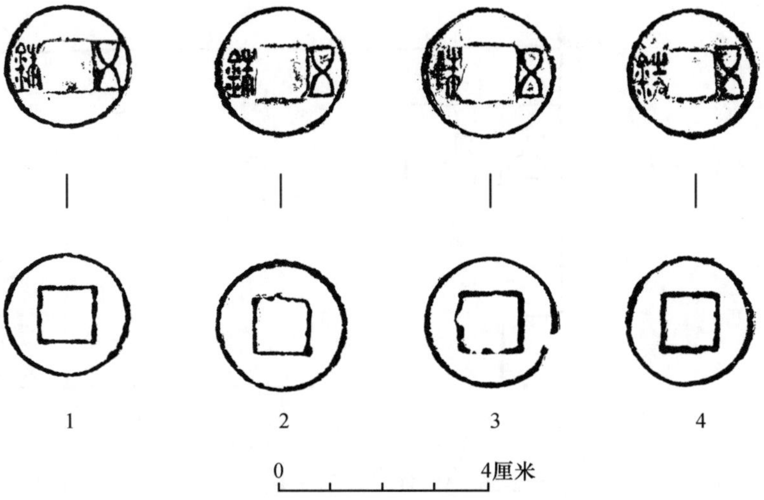

图2-65　M340出土五铢钱

1. M340∶4-1　2. M340∶4-2　3. M340∶4-3　4. M340∶4-4

三十二、M341

M341位于第Ⅵ发掘区西北部，T2514西南部，延伸至T2414内，开口于扰土层下，距地表2.4米。墓葬形制为土坑竖穴墓，方向345°。墓圹平面呈长方形，直壁、平底，长2.9、东西宽2、深1.76米。填土为浅红褐色花土，含料姜石，土质坚硬，经过夯打，夯窝直径0.06、间距0.05米，夯层不甚明显。墓底一周有生土二层台，宽0.3、高0.36米。西壁南端有一长方形壁龛，距墓底1.06米，宽0.8、高0.4、进深0.3米。墓底有葬具1棺，已朽，平面长方形，长2.2、宽0.7米。棺内人骨粉化严重。随葬品有陶壶2件，放置于壁龛内（图2-66）。

陶壶　2件。M341∶1，泥质灰陶。圆形盖，圆纽，弧壁。微盘口，方唇微凹，束颈，鼓腹，最大径居中，假圈足外壁折。颈部饰1周凸弦纹，上腹部有轮制痕迹，腹部饰2周戳印纹。器盖直径18、高4.4厘米；壶体口径16、腹径21.2、底径15.2、高28.8、壁厚0.6~1.2厘米（图2-67，1）。M341∶2，泥质灰陶。口部残，束颈，鼓腹，最大径偏上，假圈足外壁折。颈部饰1周凸弦纹，腹中部饰3周戳印纹。腹径22.4、底径15.2、残高27、壁厚0.8厘米（图2-67，2）。

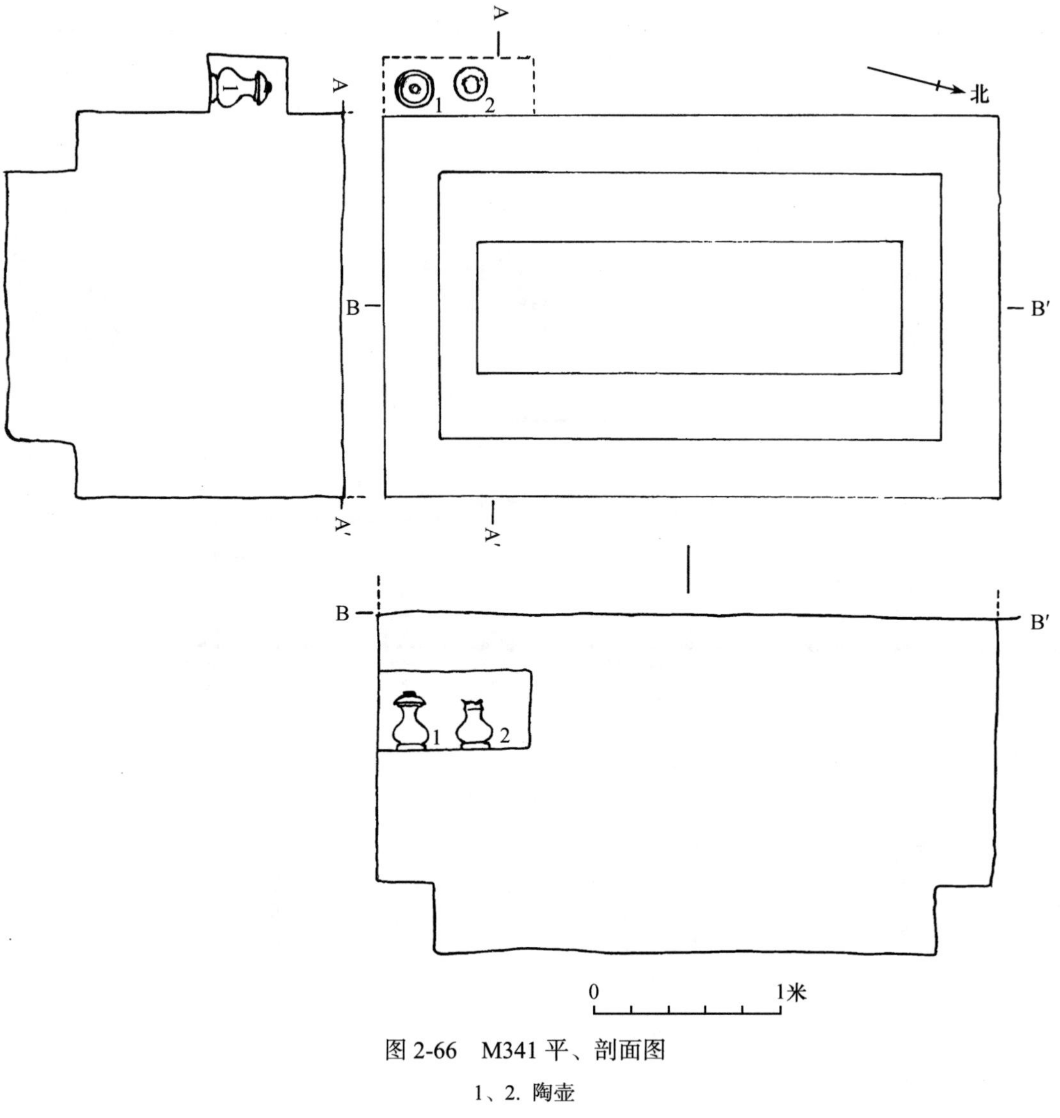

图2-66　M341平、剖面图

1、2. 陶壶

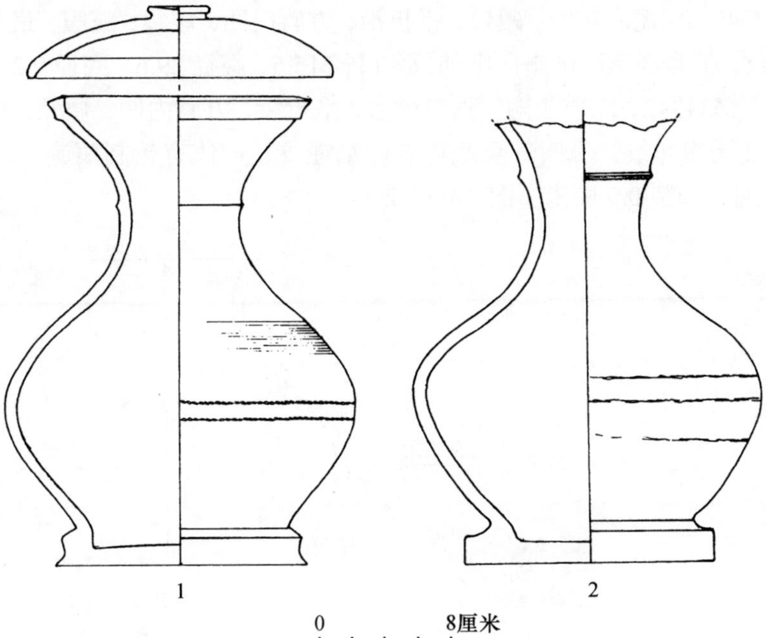

图 2-67 M341 出土陶壶

1. M341∶1 2. M341∶2

三十三、M349

M349 位于第Ⅵ发掘区西北部，T2511 东北部，开口于扰土层下，距地表 1.8 米。墓葬形制为土坑竖穴墓，方向 170° 。墓圹平面呈长方形，直壁、平底，长 2.6、宽 1.6、深 4.2 米。填土为浅红褐色花土，土质略硬，含料姜石。墓底东西两壁有生土二层台，宽 0.18、高 0.4 米。墓底葬具仅剩少量灰痕，人骨粉化严重。随葬品有陶罐 2 件，置于墓底东北部（图 2-68）。

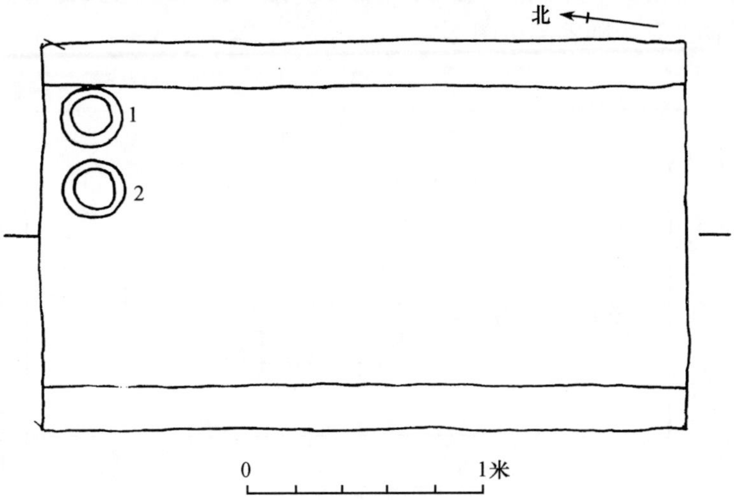

图 2-68 M349 平面图

1、2. 陶罐

陶罐 2件。M349∶1，泥质灰陶。敞口，平折沿，方唇内凹，矮领，鼓腹，最大径居中，小平底。腹中部饰2周戳印纹，下腹部至底饰斜向细绳纹。口径15.6、腹径29.6、底径9.2、高33、壁厚0.8~1厘米（图2-69，1）。M349∶2，泥质灰陶。直口微敞，平折沿，方唇内凹，矮领，鼓腹，最大径居中，小平底。腹中部饰2周戳印纹，下腹部至底饰斜向细绳纹，通体有轮制痕迹。口径16、腹径28、底径8.8、高31.8、壁厚0.7~0.9厘米（图2-69，2）。

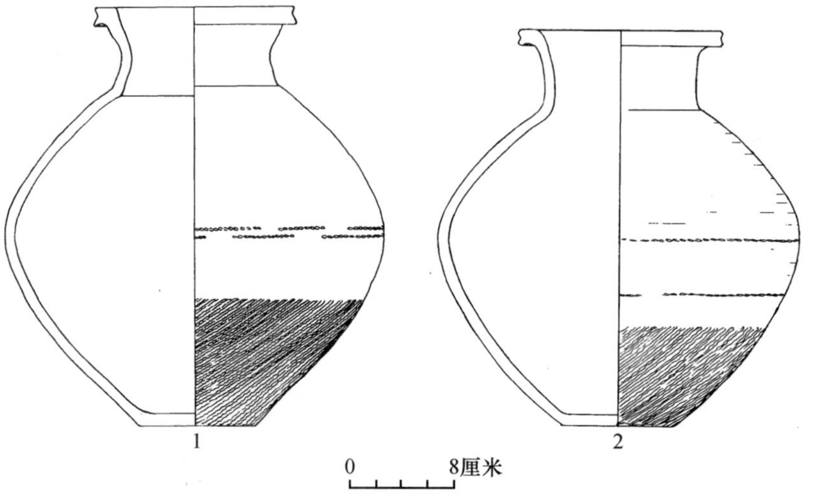

图2-69 M349出土陶罐

1. M349∶1 2. M349∶2

三十四、M357

M357位于第Ⅵ发掘区东南部，T2317西北部，开口于扰土层下，距地表2米。墓葬形制为土坑竖穴墓，方向357°。墓圹平面呈长方形，直壁、平底，长2.6、宽1.44、深2.64米。填土为黄褐色黏土，土质较硬。墓底有葬具1棺，已朽，平面长方形，长2.28、宽0.8米。棺内有人骨架1具，葬式为仰身直肢，头向北。无随葬品（图2-70）。

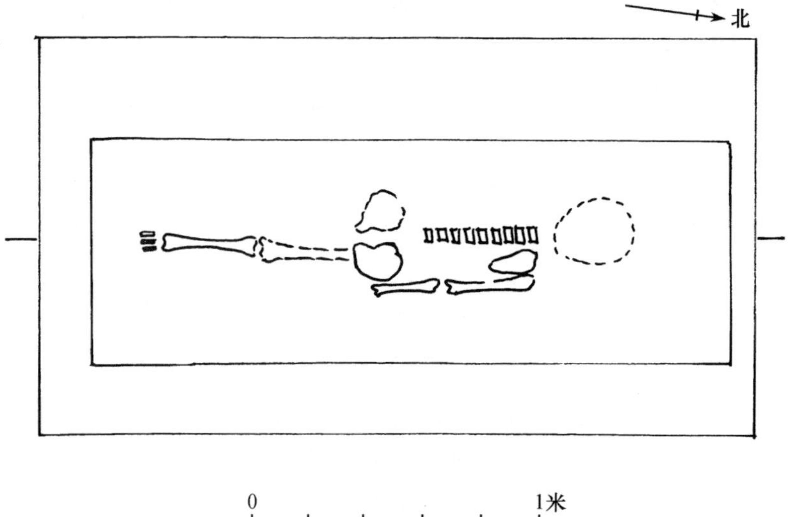

图2-70 M357平面图

三十五、M359

M359位于第Ⅵ发掘区西北部，T2511东北部，开口于扰土层下，距地表2.5米。墓葬形制为土坑竖穴墓，方向105°。墓圹平面呈长方形，直壁、平底，长2.7、宽1.4、深2.9米。填土呈浅灰褐色，土质略硬，含料姜石。墓底南北两壁有生土二层台，宽0.2、高0.9米。墓底葬具仅剩少量灰痕，人骨粉化严重。随葬品有陶壶2件，置于墓底西端（图2-71）。

陶壶　2件。泥质灰陶，形制基本相同。圆形盖，圆纽，斜直壁，盖面上饰4个圆孔。敞口，方唇，高折领，鼓腹略垂，圈足外撇。腹中部1周戳印纹。M359∶1，盖径16、纽径5.2厘米，壶口径16、腹径32、底径20、高34.8厘米，通高37.6、壁厚1~1.4厘米（图2-72，1；图版14-5）。M359∶2，盖径16、纽径5.2厘米，壶口径16、腹径32、底径19.2、高34.8厘米，通高37.6、壁厚1~1.4厘米（图2-72，2）。

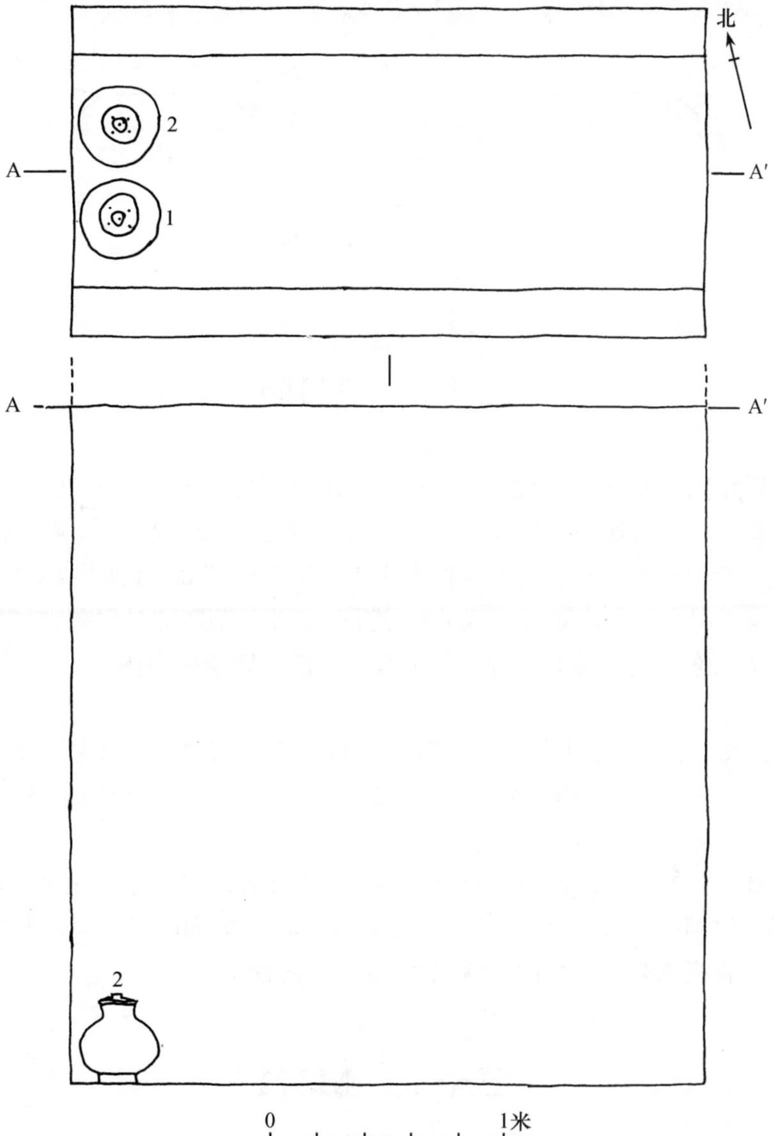

图2-71　M359平、剖面图

1、2. 陶壶

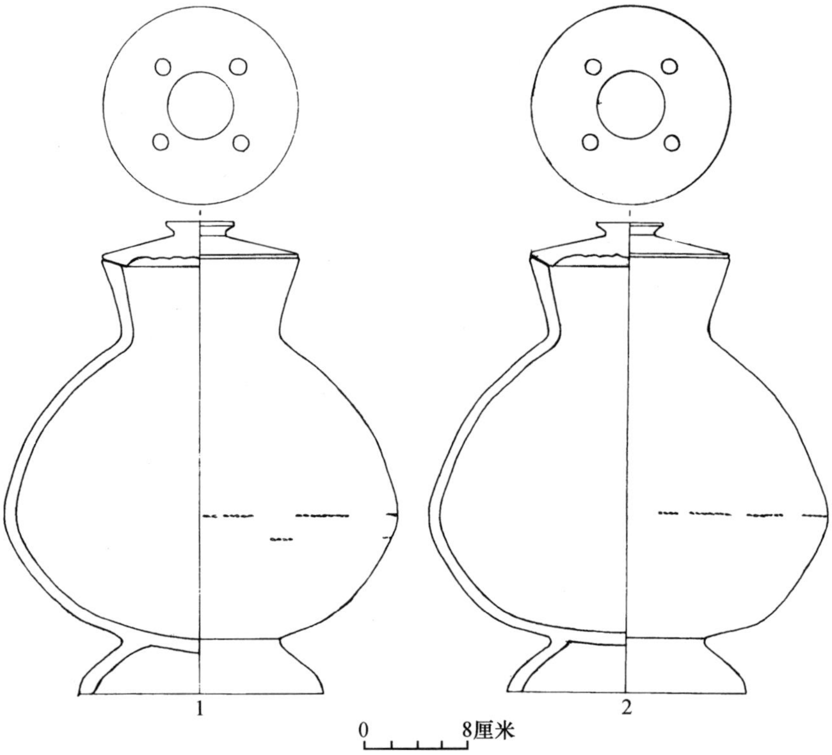

图 2-72　M359 出土陶壶

1. M359∶1　2. M359∶2

三十六、M364

M364 位于第Ⅵ发掘区西北部，T2511 东南部，开口于扰土层下，距离地表 2.8 米。墓葬形制为土坑竖穴墓，方向 90°。墓圹平面呈长方形，直壁、平底，长 2.2、宽 1.4、深 1.7 米。填土呈浅黄褐色，土质略硬，含料姜石。墓底南北两壁有生土二层台，宽 0.2~0.4、高 0.6 米。西壁中部有一长方形壁龛，底部与二层台平齐，宽 0.5、高 0.5、进深 0.4 米。墓底葬具仅剩少量灰痕。人骨架 1 具，葬式为仰身直肢，头向东。随葬品有 2 件，其中陶罐 1 件，置于壁龛内；铜镜 1 件，置于人骨架右肩部（图 2-73）。

陶罐　1 件（M364∶1）。泥质灰陶。直口，方唇，口内侧内凹，鼓肩，下腹斜收，小平底。腹上部饰 2 周戳印纹，下部至底饰横向绳纹。口径 20、腹径 33.2、底径 10、高 25.2、壁厚 0.6 厘米（图 2-74）。

铜镜　1 件（M364∶2）。圈带叠压蟠螭纹镜。三弦纹纽，圆纽座，座外 1 周凹弧面圈带。其外饰主纹为四组蟠螭纹缠绕，涡状地纹。蟠螭纹上叠压 1 周凹弧面圈带，圈带上均匀分布 4 枚乳钉。素宽缘，缘边上卷。直径 9.4、缘厚 0.3 厘米（图 2-75；图版 30-3）。

三十七、M371

M371 位于第Ⅵ发掘区西南部，T2421 东北部，开口于扰土层下，距地表 2.8 米。墓葬形制为

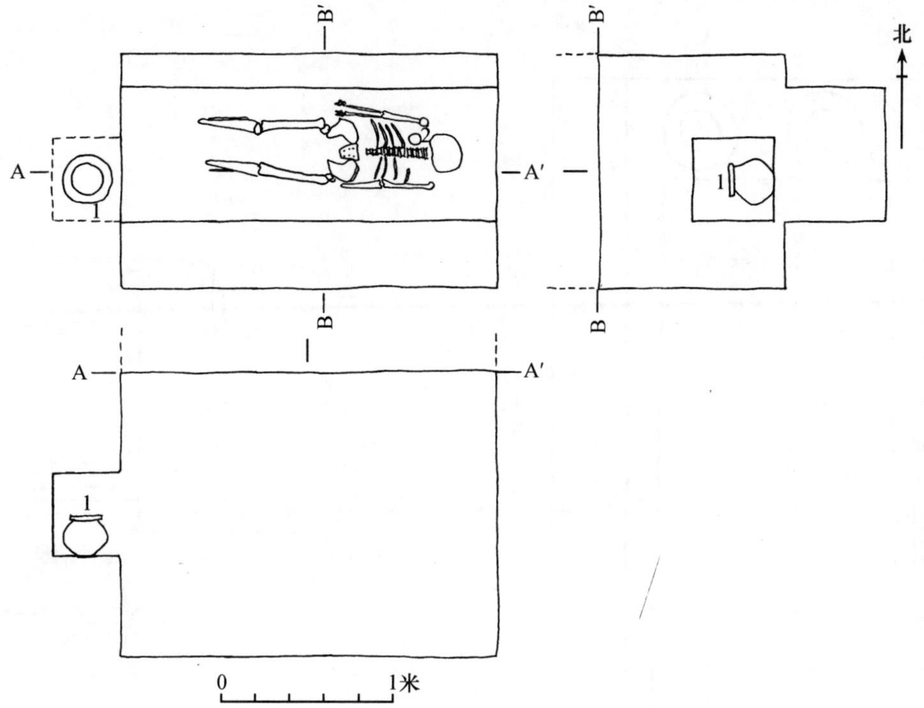

图 2-73　M364 平、剖面图

1. 陶罐　2. 铜镜

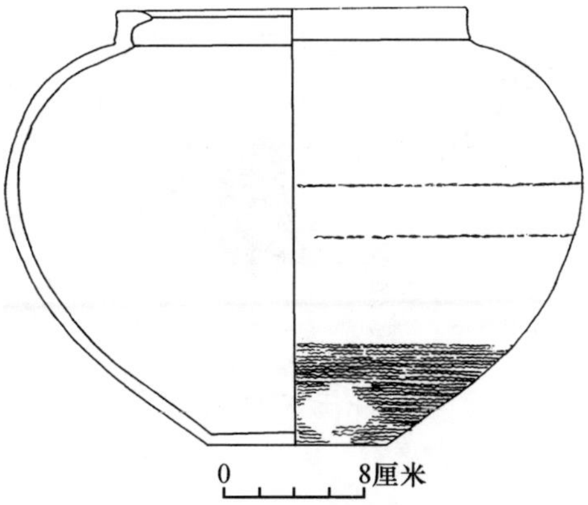

图 2-74　M364 出土陶罐（M364∶1）

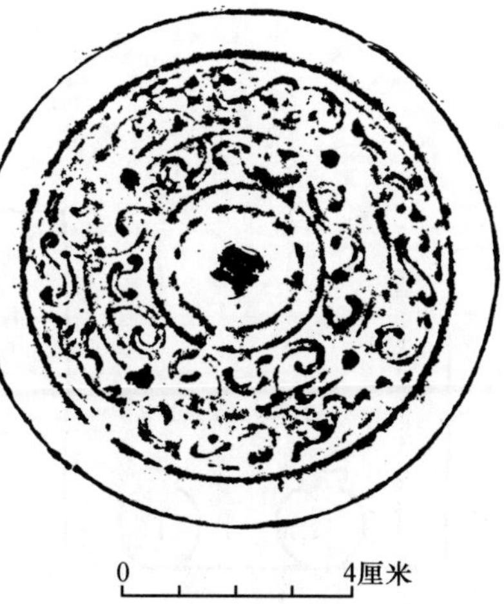

图 2-75　M364 出土铜镜（M364∶2）

土坑竖穴墓，方向 120°。墓圹平面呈长方形，直壁、平底，东西长 2.7、宽 1.8、深 3.7 米。填土呈黄褐色，土质较硬，含料姜石。墓底南北两壁有生土二层台，宽 0.3、高 1.1 米。墓底有葬具 1 棺，已朽，平面呈梯形，长 2.2、宽 0.9~1 米。棺内人骨架粉化严重。随葬品有 3 件，其中陶罐 2 件，置于墓底西端；铁剑 1 件，置于墓底南侧（图 2-76）。

陶罐　2 件。M371∶1，泥质灰陶。直口，平折沿，方唇，矮领，圆腹，最大径居中，小平底近圜。腹中部饰有数周戳印纹、下部至底饰横向细绳纹。口径 16.4、腹径 30、底 10、高 32、壁厚 0.8~1.2 厘米（图 2-77，1；图版 15-5）。M371∶2，泥质灰陶。直口，平折沿，方唇内凹，矮领，鼓腹，最

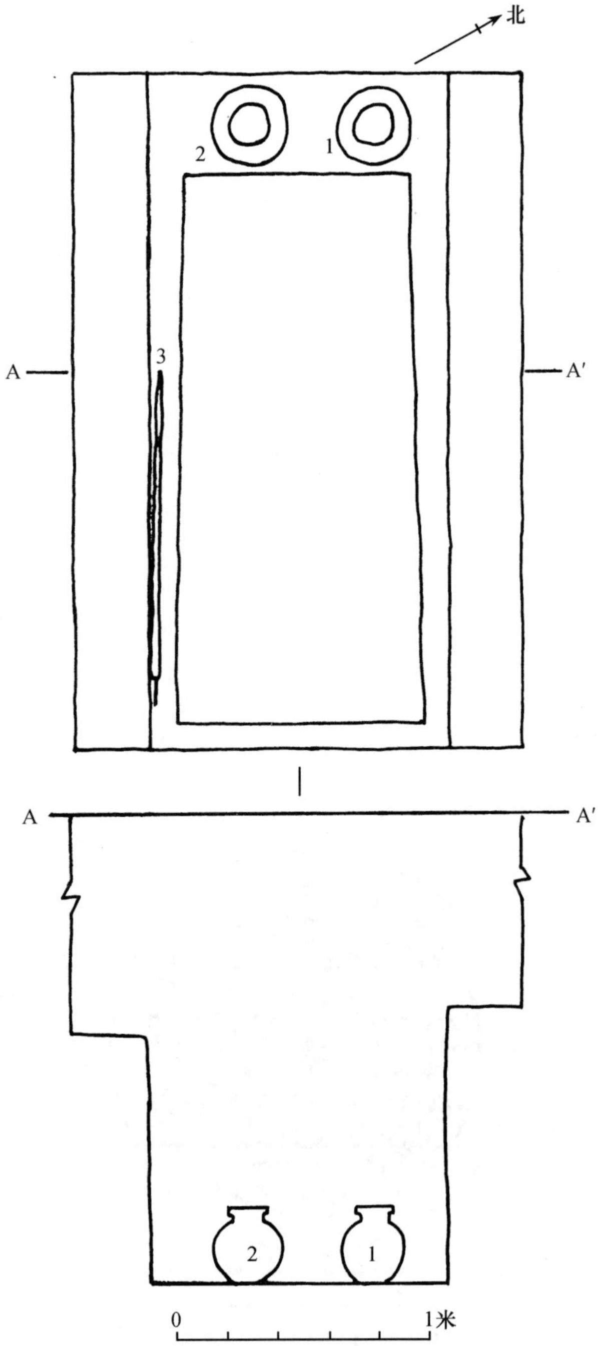

图 2-76 M371平、剖面图
1、2. 陶罐 3. 铁剑

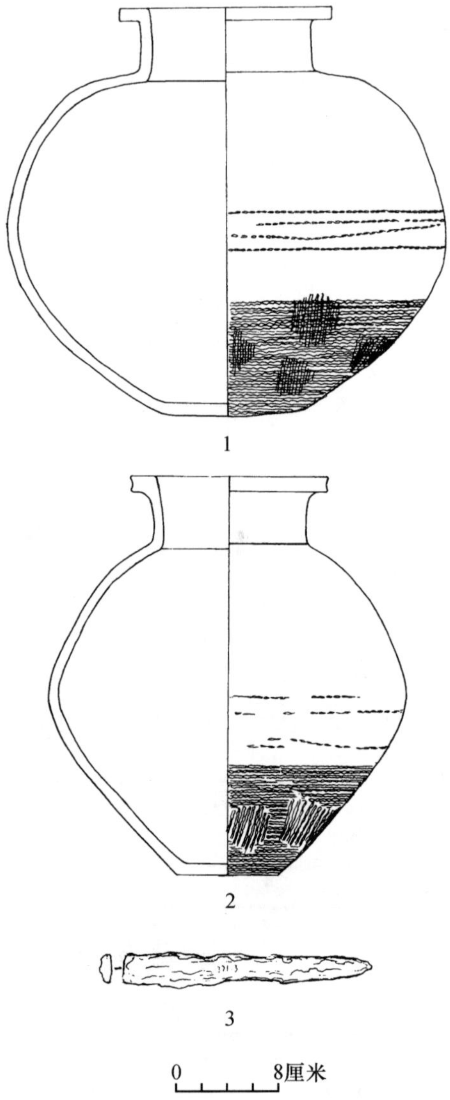

图 2-77 M371出土器物
1、2. 陶罐（M371∶1、M371∶2） 3. 铁剑（M371∶3）

大径居中，小平底。腹部饰数周戳印纹，下部至底部饰横向绳纹。口径15.2、腹径27.2、底径8、高31.4、壁厚0.6~0.8厘米（图2-77，2）。

铁剑 1件（M371∶3）。锈蚀严重，仅部分剑身可提取，断面椭圆形。长约20、厚约1厘米（图2-77，3）。

三十八、M372

M372位于第Ⅵ发掘区西北部，T2412东部，开口于扰土层下，距地表2.8米。墓葬形制为土坑竖穴墓，方向15°。墓圹平面呈长方形，直壁、平底，长2.5、宽1.7、深3.7米。填土呈黄褐色，土质坚硬，略经夯打，含料姜石。墓底除东壁外均有生土二层台，宽0.3、高0.7米。墓底有葬具1棺，已朽，平面呈梯形，长1.95、宽0.7~0.9米。棺内有人骨架1具，葬式为仰身直肢，头向东。随葬品有陶罐1件，置于墓底西北角（图2-78）。

陶罐　1件（M372∶1）。泥质灰陶，直口矮领罐，残碎，未能修复。

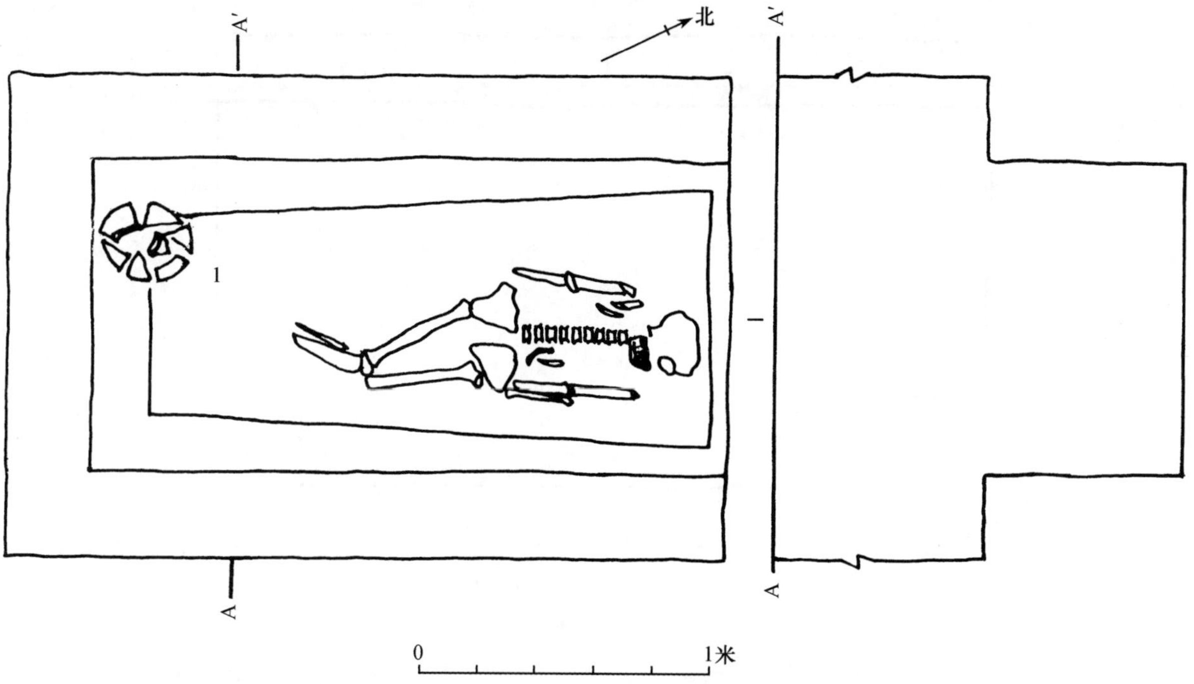

图2-78　M372平、剖面图

1. 陶罐

三十九、M374

M374位于第Ⅵ发掘区东南部，T2419东南部，开口于扰土层下，距地表1.8米。墓葬形制为土坑竖穴墓，方向4°。墓圹平面呈长方形，直壁、平底，长2.8、宽1.49、深1.4米。填土为黄褐色，结构疏松，含料姜石。墓底一周有生土二层台，宽0.3~0.5、高0.34米。墓底有葬具1棺，已朽，平面呈长方形，长1.8、宽0.46米。棺内有人骨架1具，保存较差，葬式为仰身直肢，头向北。随葬品有陶罐2件，置于南端二层台上（图2-79；图版4-3）。

陶罐　2件。泥质灰陶，形制相似。敛口，方唇，口内侧内凹，鼓肩，斜弧腹，小平底。M374∶1，肩下部1周戳印纹，腹下部至底饰横向绳纹。口径19.2、腹径30.4、底径12、高25、壁厚0.6~0.8厘米（图2-80，1）。M374∶2，肩下部2周戳印纹，腹下部至底饰横向绳纹。口径19.2、腹径30.2、底径8、高24.6、壁厚0.6~0.9厘米（图2-80，2）。

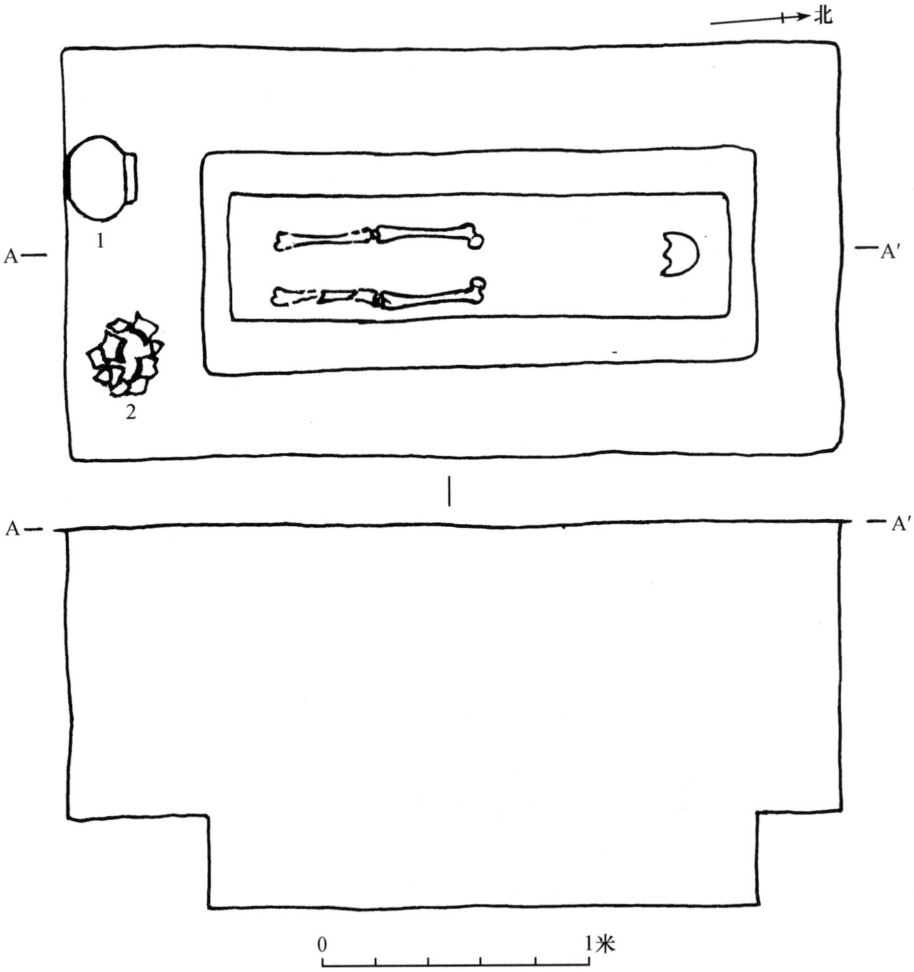

图 2-79　M374 平、剖面图
1、2. 陶罐

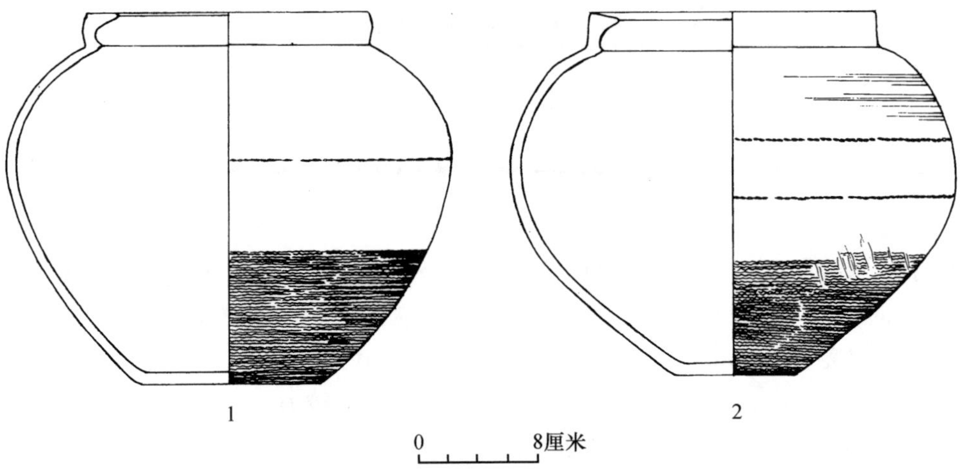

图 2-80　M374 出土陶罐
1. M374∶1　2. M374∶2

四十、M390

M390位于第Ⅰ发掘区南部，T1628西南部，开口于扰土层下，距地表2米。墓葬形制为土坑竖穴墓，方向6°。墓圹平面呈长方形，直壁、平底，长2.3、宽1、残深0.6米。填土为黄褐色花土。墓底有葬具1棺，平面长方形，长2、宽0.6米。棺内有人骨架1具，葬式为仰身直肢，头向北。随葬品有3件，其中陶壶1件、陶罐1件，位于墓底南端；铜钱1枚，位于人骨架中部（图2-81；图版4-5）。

陶壶　1件（M390∶1）。泥质褐陶。微盘口，方唇，唇面1周凹槽，高折领，溜肩，弧腹，平底。口径10、腹径13.2、底径8、高18.4、壁厚0.8厘米（图2-82，1）。

陶罐　1件（M390∶2）。泥质灰陶。敛口，平折沿，尖圆唇，圆腹，平底较大。口径14、腹径21、底径13.8、高16、壁厚0.6厘米（图2-82，2）。

铜钱　1枚（M390∶3）。五铢钱，字体略瘦，“五”字中间两笔弯曲，“铢”字的“金”字头呈镞形，“朱”字头圆折。直径2.5厘米（图2-83）。

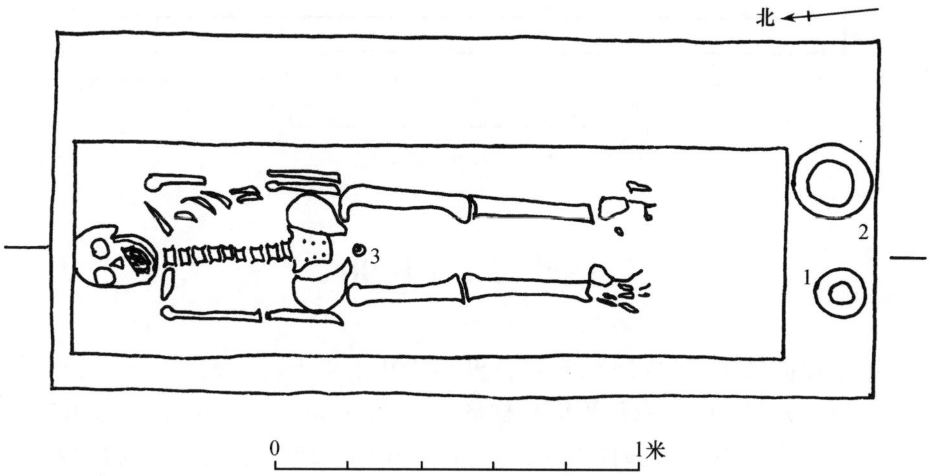

图2-81　M390平面图

1. 陶壶　2. 陶罐　3. 铜钱

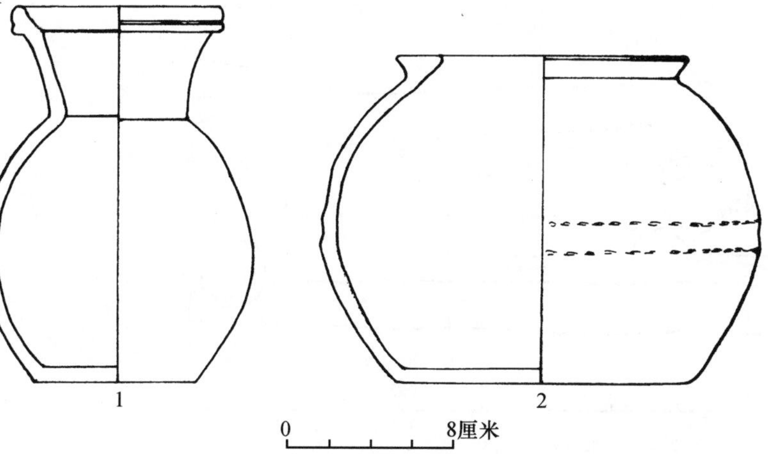

图2-82　M390出土器物

1. 陶壶（M390∶1）　2. 陶罐（M390∶2）

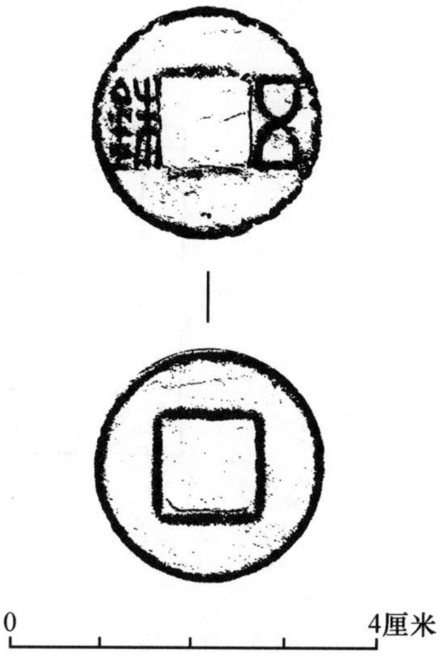

图2-83　M390出土五铢钱（M390∶3）

四十一、M396

M396位于第Ⅰ发掘区西南部，T1624西北部，开口于扰土层下，距地表3.4米，上部已被破坏，南部被M392打破。墓葬形制为土坑竖穴墓，方向10°。墓圹平面呈长方形，直壁、平底，长2.2、宽0.8、残深0.6米。填土为灰褐色花土，土质较松。墓底一周有生土二层台，宽0.1、高0.4米。墓底葬具仅剩少量灰痕，人骨架只残存部分下肢骨，头向北。无随葬品（图2-84）。

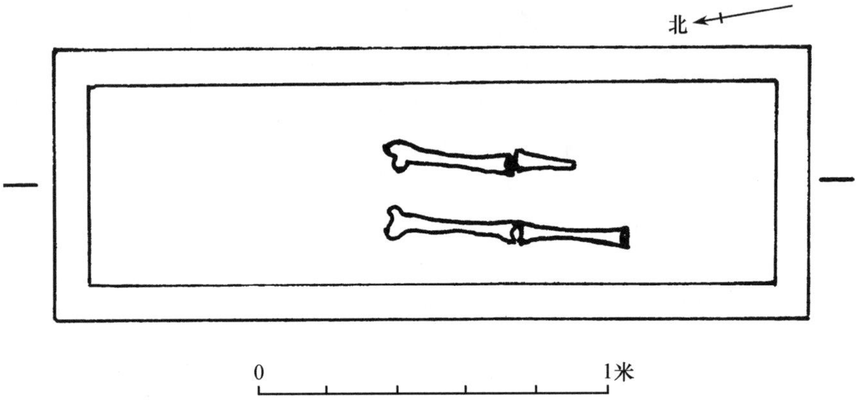

图2-84 M396平面图

四十二、M400

M400位于第Ⅰ发掘区南部，T1626东部，开口于扰土层下，距地表1.8米，上部被破坏。墓葬形制为土坑竖穴墓，方向10°。墓圹平面呈梯形，直壁、平底，长2.4、宽0.66~0.74、残深0.4米。填土为黄褐色，结构松软。墓底有葬具1棺，已朽，平面呈梯形，长2、宽0.4~0.48米。棺内有人骨架1具，葬式为仰身直肢，头向北。随葬品有陶罐2件，置于墓底南端（图2-85）。

陶罐 2件。M400∶1，泥质灰陶。直口，卷沿，尖圆唇，矮领，溜肩，鼓腹，小平底。腹部至底饰横向细绳纹。口径15.6、腹径25.6、底径8、高27、壁厚0.8厘米（图2-86）。M400∶2，残碎，未能修复。

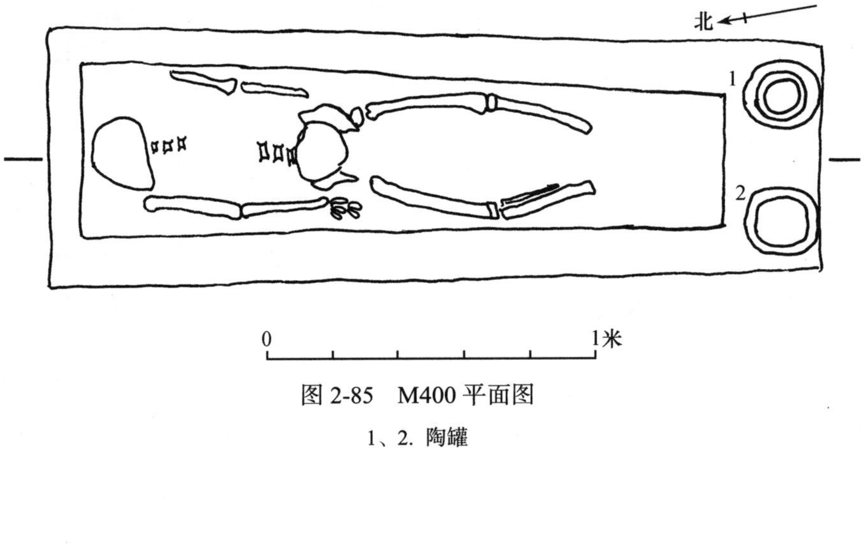

图2-85 M400平面图

1、2. 陶罐

四十三、M405

M405位于第Ⅰ发掘区中南部，T1625东南部，开口于扰土层下，距地表2.5米。墓葬形制为土坑竖穴墓，方向5°。墓圹平面呈长方形，直壁、平底，长3、宽2、深2.5米。填土呈浅灰褐色，土质坚硬，经过夯打，夯窝直径0.06、间距约0.15米，夯层厚度在0.2~0.25米。墓底一周有生土二层台，宽0.2~0.4、高0.9米。墓圹南壁西端二层台之上有一正方形壁龛，边长0.4、进深0.4米。墓底有葬具1棺，已朽，平面呈梯形，长2.4、宽1.2~1.3米。棺内人骨架粉化严重。随葬品有陶罐1件，置于壁龛内（图2-87）。

陶罐　1件（M405∶1）。泥质灰陶。直口，方唇，口内

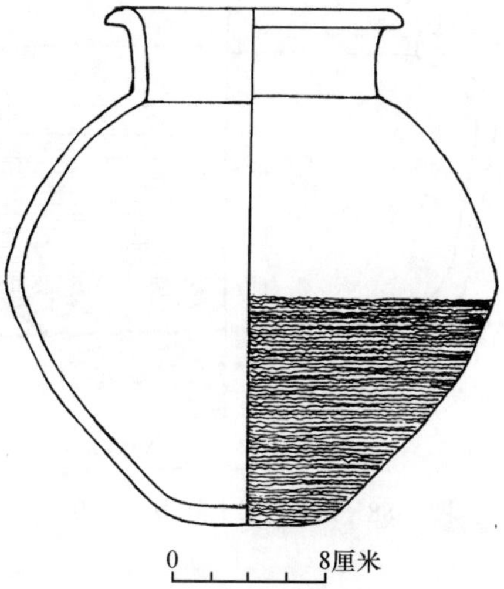

图2-86　M400出土陶罐（M400∶1）

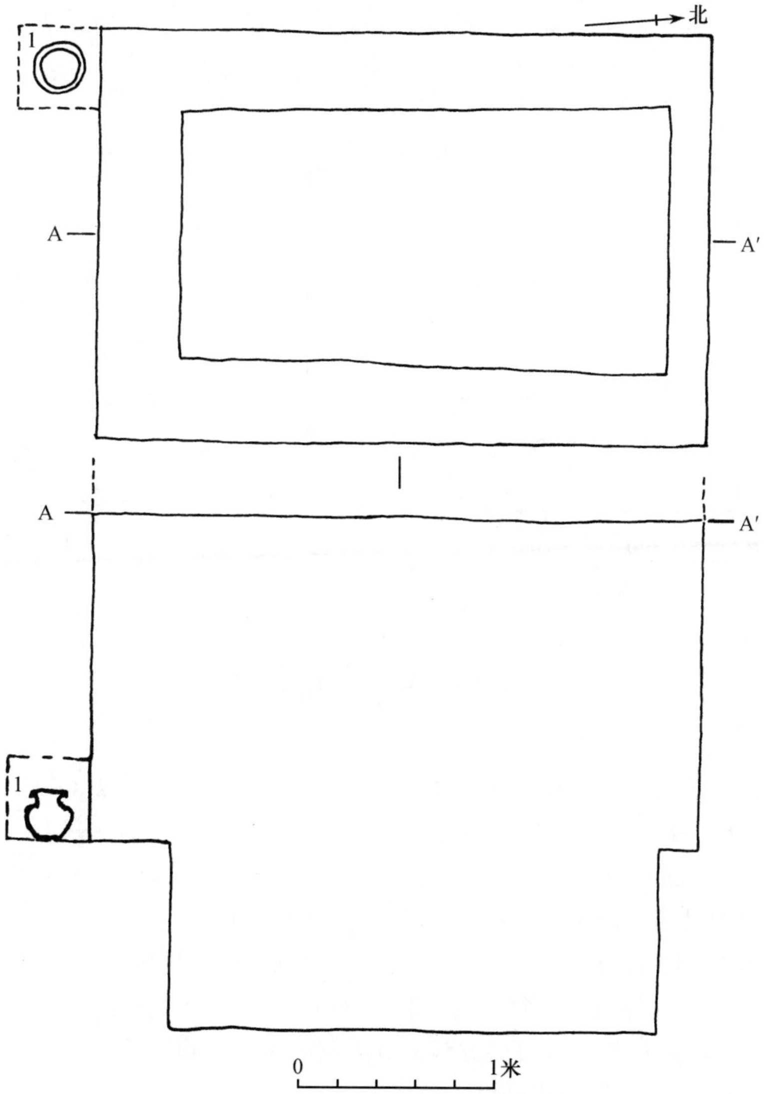

图2-87　M405平、剖面图

1. 陶罐

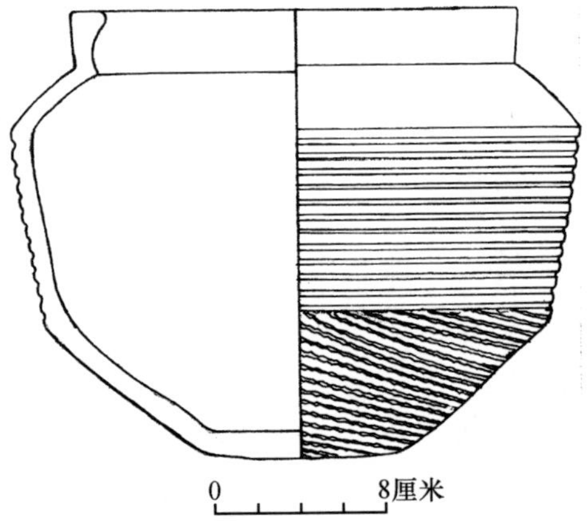

图 2-88　M405 出土陶罐（M405∶1）

侧内凹，折肩，折腹，小平底近圜。肩以下饰瓦棱纹，下腹部至底饰斜向绳纹。口径 20.8、腹径 26.8、高 21.2、壁厚 0.8~1.2 厘米（图 2-88）。

四十四、M407

M407 位于第Ⅰ发掘区中南部，T1626 西南部，延伸至 T1526 内，开口于扰土层下，距地表 2.5 米，上部已被破坏。墓葬形制为土坑竖穴墓，方向 190°。墓圹平面呈长方形，直壁、平底，长 2.4、宽 1.1、残深 0.9 米。填土呈黄褐色，土质较硬，经夯打。墓底有葬具 1 棺，已朽，平面呈梯形，长 1.98、宽 0.6~0.8 米。棺内人骨架粉化严重。随葬品有陶罐 1 件，置于墓底西北部（图 2-89）。

陶罐　1 件（M407∶1）。泥质灰陶。直口，圆唇，口内侧内凹，鼓肩，斜直腹，小平底。肩部饰 2 周戳印纹，下腹部至底饰斜向细绳纹。口径 21、腹径 31、底径 10、高 22、壁厚 0.6~0.9 厘米（图 2-90）。

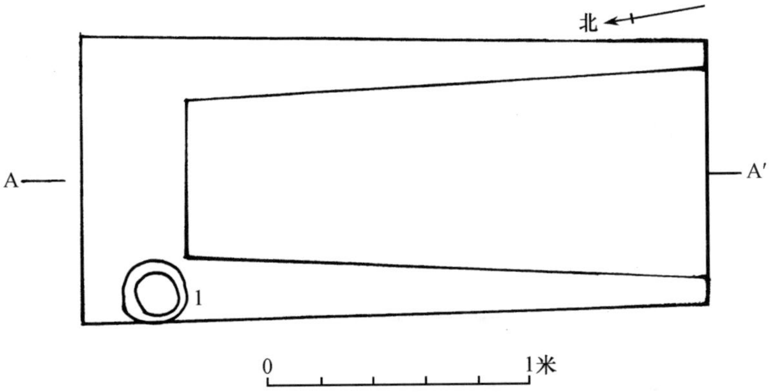

图 2-89　M407 平、剖面图

1. 陶罐

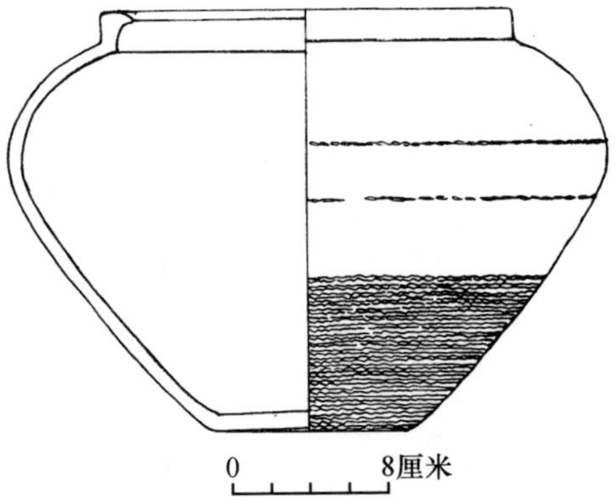

图 2-90　M407 出土陶罐（M407∶1）

四十五、M412

M412 位于第Ⅵ发掘区西北 300 米处，开口于扰土层下，距地表 2.2 米，上部被破坏。墓葬形制为土坑竖穴墓，方向 16°。墓圹平面呈长方形，直壁、平底，长 2.4、宽 1.1、残深 0.9 米。填土呈黄褐色，含料姜石。墓底一周有生土二层台，宽 0.1~0.22、高 0.5 米。墓底葬具仅剩少量灰痕，人骨架粉化严重。随葬品有陶罐 2 件，置于墓底南端（图 2-91）。

陶罐　2 件。M412∶1，泥质灰陶。敛口，尖圆唇，斜折沿，口内侧内凹，束颈，鼓肩，斜弧腹，小平底。下腹部饰横向斜瓦绳纹。口径 17.2、腹径 31.6、底径 10、高 28.4、壁厚 0.6~0.8 厘米（图 2-92，2）。M412∶2，泥质灰陶。敛口，方唇，口内侧内凹，鼓腹，平底。口径 14、腹径 27.5、底径 12、高 20、壁厚 0.6~0.8 厘米（图 2-92，1）。

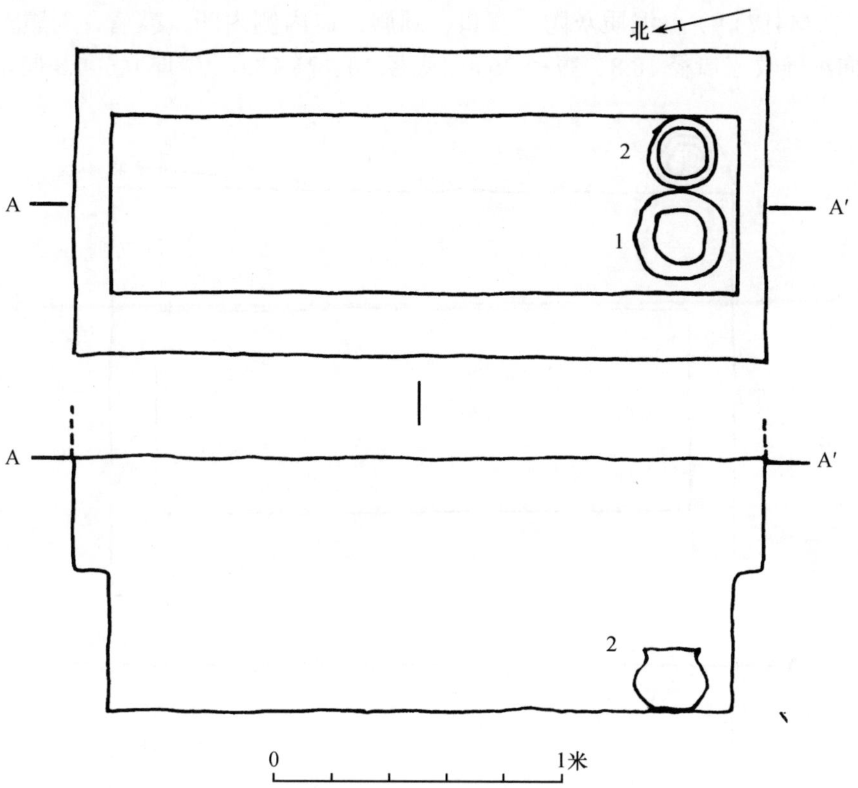

图 2-91　M412 平、剖面图

1、2. 陶罐

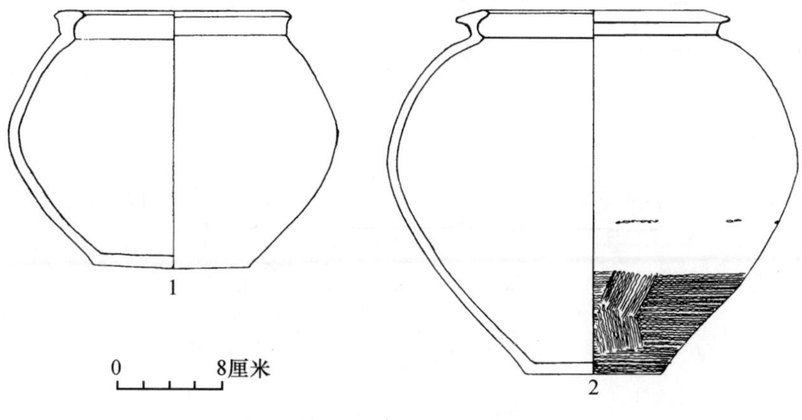

图 2-92　M 412 出土陶罐

1. M412∶2　2. M412∶1

四十六、M417

M417 位于第Ⅰ发掘区西南部，T1623 西南部，开口于扰土层下，距地表 2 米。墓葬形制为土坑竖穴墓，方向 11°。墓圹平面呈长方形，直壁、平底，长 2.8、宽 1.8、深 2.04 米。填土为黄褐色，土质较软，含料姜石。墓底一周有生土二层台，宽 0.2~0.56、高 0.8 米。墓圹西壁南端二层台之上有一壁龛，弧形顶、直壁、底部平面半圆形，宽 0.4、高 0.62、进深 0.28 米。墓底葬具仅剩少量灰痕，人骨架粉化严重。随葬品有陶罐 1 件，置于壁龛内（图 2-93）。

陶罐　1件（M417∶1）。泥质灰陶。直口，圆唇，口内侧内凹，鼓肩，斜腹，平底微凹。腹下部至底饰横向细绳纹。口径18.8、腹径26.8、底径10、高18.6、壁厚0.6~0.8厘米（图2-94；图版15-6）。

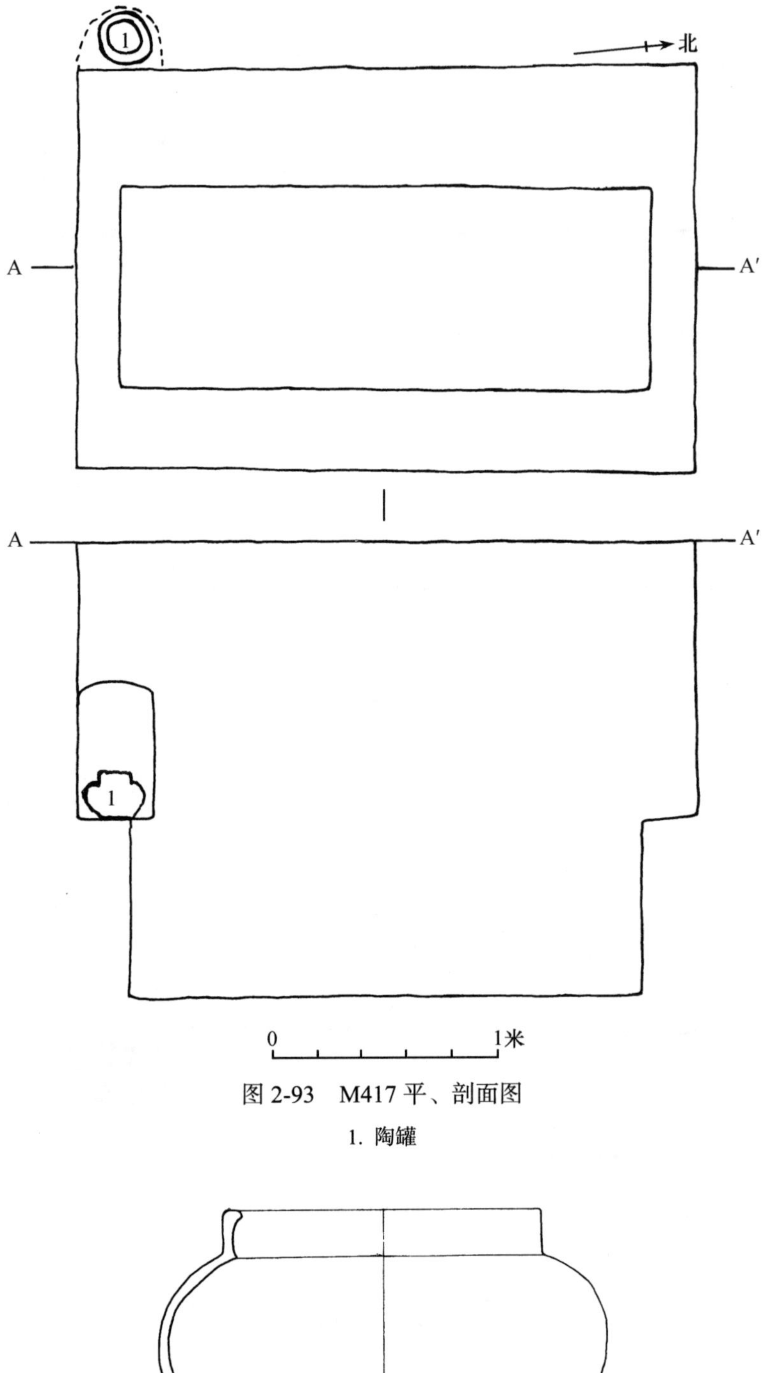

图2-93　M417平、剖面图

1. 陶罐

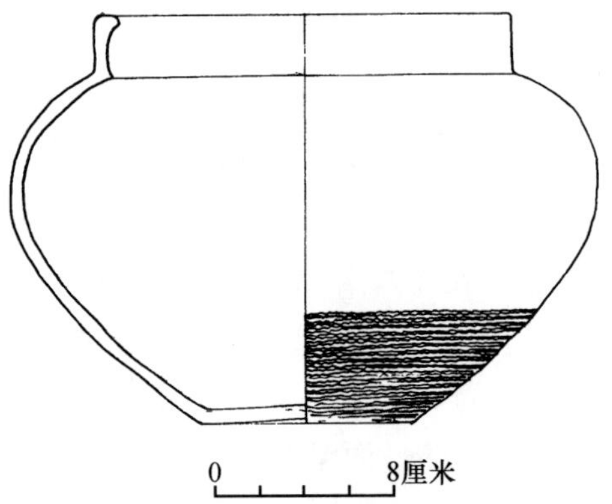

图2-94　M417出土陶罐（M417∶1）

第二节 土坑竖穴砖椁墓

一、M16

M16位于第Ⅰ发掘区东南部，T1623西北角，开口于耕土层下，距地表0.3米。墓葬形制为土坑竖穴砖椁墓，方向4°。墓圹平面呈梯形，直壁、平底，长3、宽1.22~1.34、深4米。填土为黄褐色，土质较松。墓圹底部用青砖砌筑椁室，平面呈梯形，长2.7、宽0.7~0.9、高1米。建造时，先在墓底铺一层地砖，再用青砖砌筑椁壁。铺地砖呈"人"字形平铺；椁壁用双层立砖斜向错缝砌成，最上面再铺一层平砖。所用青砖一面有绳纹，长40、宽14、厚4厘米。椁底有葬具1棺，已朽，仅存部分灰痕。棺内有人骨架1具，保存极差，葬式不明，头向北。随葬品有3件(组)，其中陶壶2件，置于椁底南端；铜钱3枚（1组），位于椁底东北角（图2-95）。

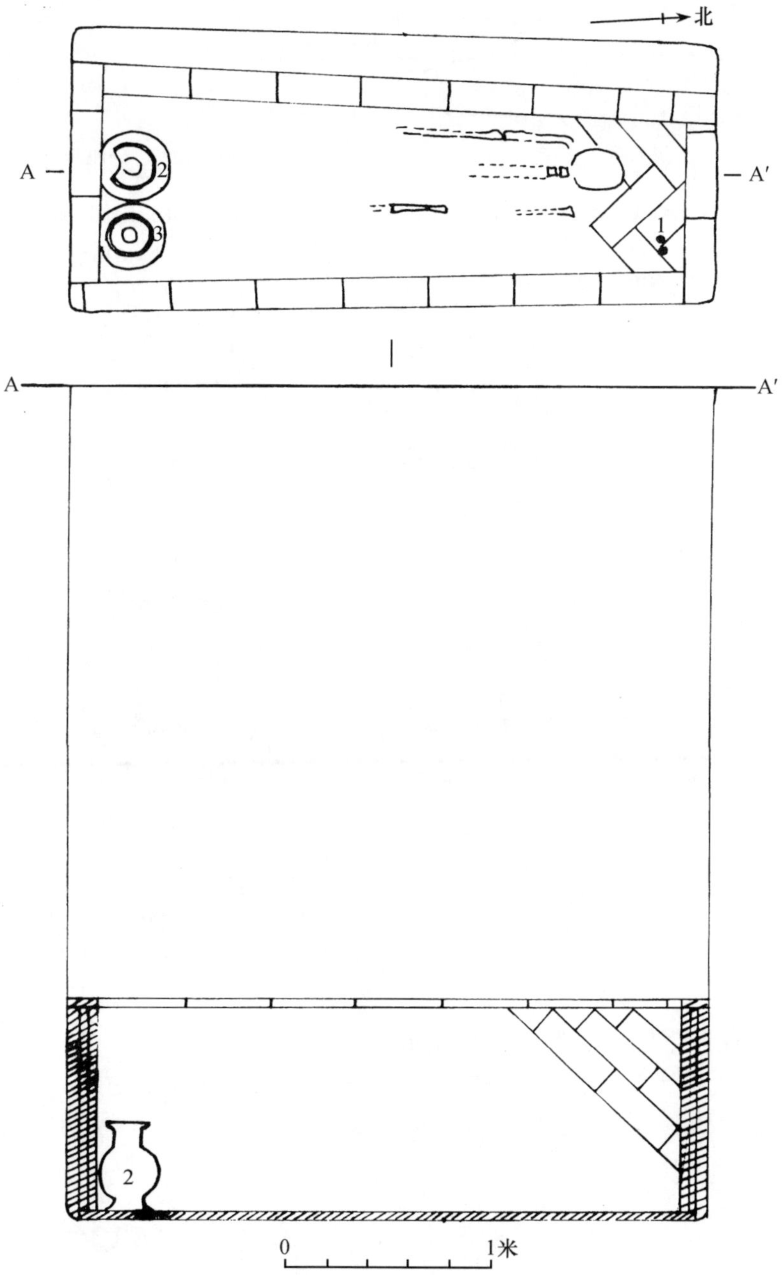

图2-95 M16平、剖面图
1. 铜钱 2、3. 陶壶

陶壶 2件。M16∶2，泥质灰陶。盘口，方唇，短颈，溜肩，鼓腹，圈足较高，外撇。腹中部饰1周戳印纹。口径16、腹径30、底径18、高35.4、壁厚0.8厘米(图2-96，1）。M16∶3，泥质灰陶。盘口，方唇，短颈，溜肩，鼓腹，圈足较高，外撇。腹中部饰3周戳印纹。口径16、腹径28、底径16、高35.4、壁厚0.6~0.8厘米(图2-96，2）。

铜钱 3枚，均为五铢钱。铸造较好，外郭清晰，方形穿，穿反面有郭，直径均2.6厘米。M16∶1-1，"五"字中间两笔较直，

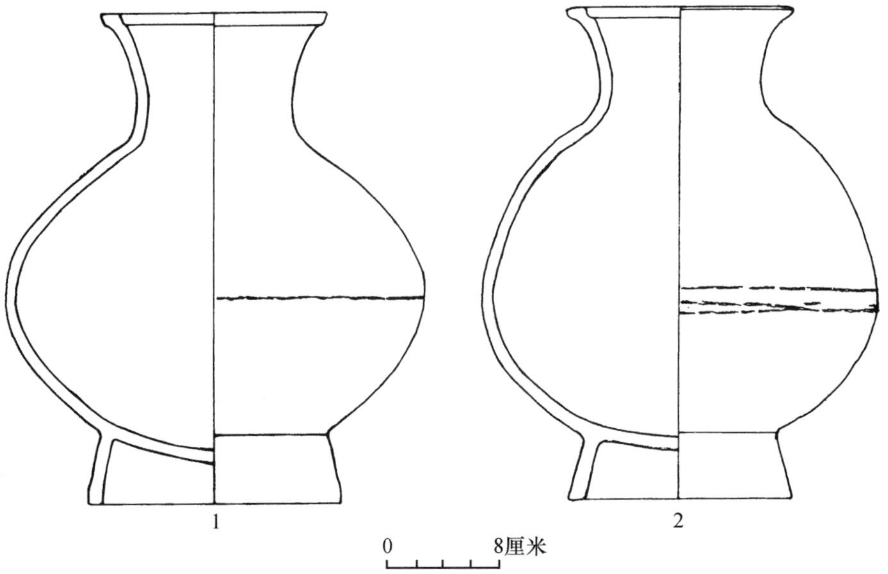

图 2-96　M16 出土陶壶

1. M16∶2　2. M16∶3

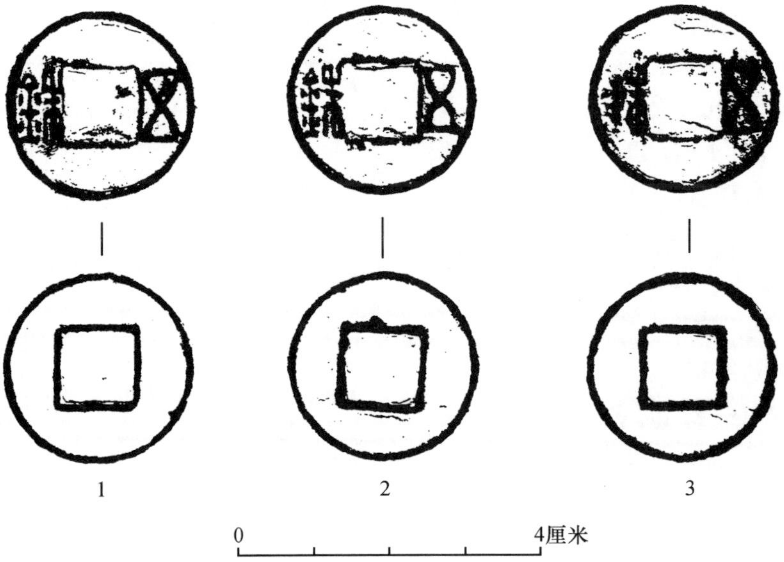

图 2-97　M16 出土五铢钱

1. M16∶1-1　2. M16∶1-2　3. M16∶1-3

"铢"字的"金"字头呈镞形，"朱"字头方折（图 2-97，1）。M16∶1-2，"五"字中间两笔弯曲，"铢"字的"金"字头呈镞形，"朱"字头方折（图 2-97，2）。M16∶1-3，"五"字中间两笔略弯，"铢"字的"金"字头不清，"朱"字头方折（图 2-97，3）

二、M33

M33 位于第Ⅰ发掘区东部，T1825 西北角，开口于耕土层下，距地表 0.3 米。墓葬形制为土坑竖穴砖椁墓，方向 18°。墓圹平面呈长方形，直壁、平底，长 2.94、宽 1.68、深 2.64 米。填土为黄褐色花土，土质疏松，含料姜石。墓圹底部用青砖砌筑椁室，平面长方形，长 2.64、宽 0.88、高 0.7 米。建造时，先在墓底铺一层地砖，再砌筑椁壁。铺地砖用方砖错缝平铺，砖均素面，边长 40、厚 4 厘米；椁壁用单砖错缝平砌，砖均素面，长 36、宽 14、厚 4 厘米。在墓圹南北两壁，紧挨椁室四角的上方各有一个长方形小洞，宽 0.2~0.3、高 0.3、进深 0.22~0.3 米。椁内有葬具 1 棺，已朽，呈梯形，长 1.92、宽 0.41~0.72 米。棺内有人骨架 1 具，葬式为仰身直肢，头向北。随葬品有 3 件（组），其中陶壶 2 件，置于椁底南端；铜钱 4 枚（1 组），置于人骨架中部（图 2-98；图版 5-1）。

陶壶　2 件。M33∶1，泥质灰陶。盘口，束颈较短，鼓腹略下垂，圈足较矮。腹上部饰 3 周凹弦纹，中部饰 5 周横向绳纹及部分纵向绳纹，下部饰纵向绳纹。口径 14.6、腹径 24、底径 17、通高 30、壁厚 0.6~0.8 厘米（图 2-99，2）。M33∶2，泥质灰陶。盘口，束颈较短，圆腹，圈足较矮。腹部上

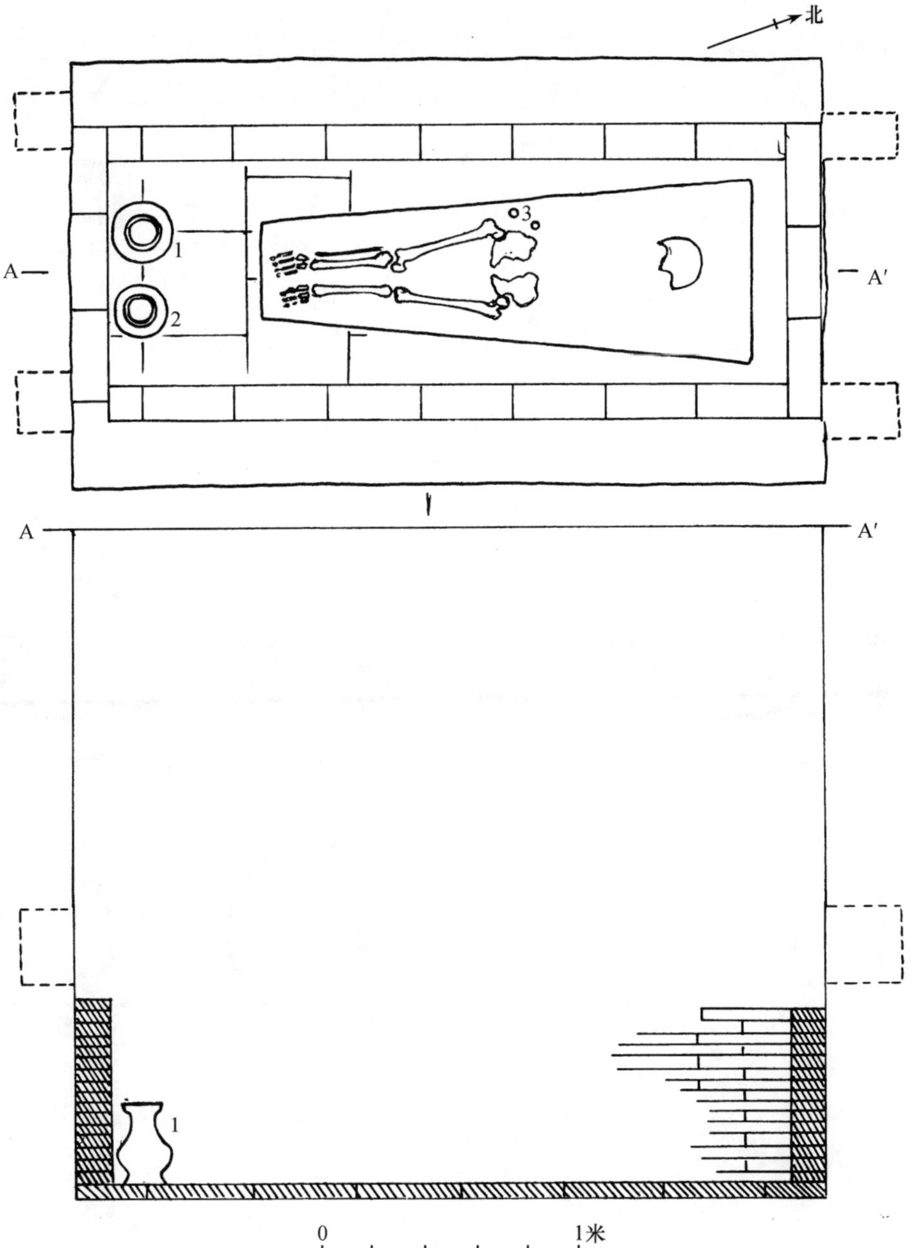

图 2-98　M33 平、剖面图
1、2. 陶壶　3. 铜钱

部饰 1 周凹弦纹，中部饰 3 周绳纹，下部饰纵向绳纹。口径 16.2、腹径 28、底径 16.4、通高 33、壁厚 0.8~1 厘米（图 2-99，1；图版 13-1）。

铜钱　4 枚，均为五铢钱。铸造较好，外郭清晰，方形穿，穿反面有郭，直径 2.5 厘米。M33∶3-1，字体瘦小，“五”字中间两笔弯曲，“铢”字的“金”字头呈等腰三角形，“朱”字头圆折（图 2-100，1）。M33∶3-2，字体较宽，“五”字中间两笔弯曲，“铢”字的“金”字头呈等边三角形，“朱”字头方折（图 2-100，2）。M33∶3-3，字体瘦小，“五”字中间两笔略弯，“铢”字的“金”字头呈镞形，“朱”字头圆折（图 2-100，3）。M33∶3-4，字体瘦小，“五”字中间两笔略弯，“铢”字的“金”字头呈等腰三角形，“朱”字头圆折（图 2-100，4）。

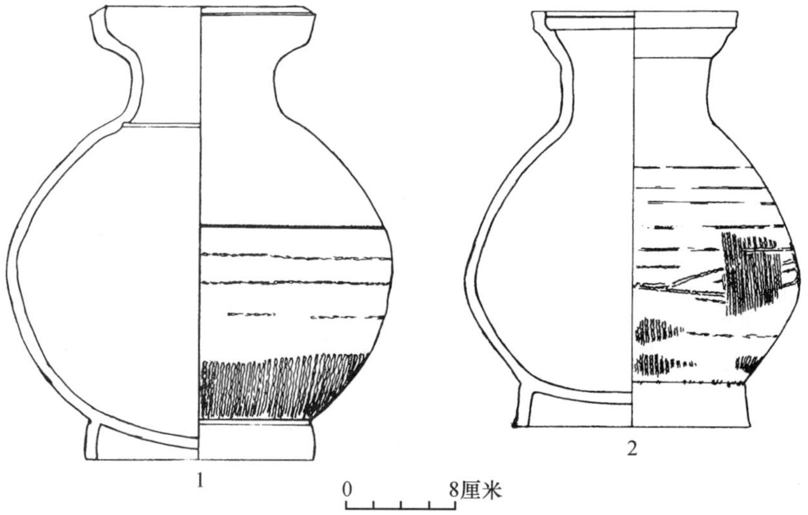

图 2-99　M33 出土陶壶

1. M33∶2　2. M33∶1

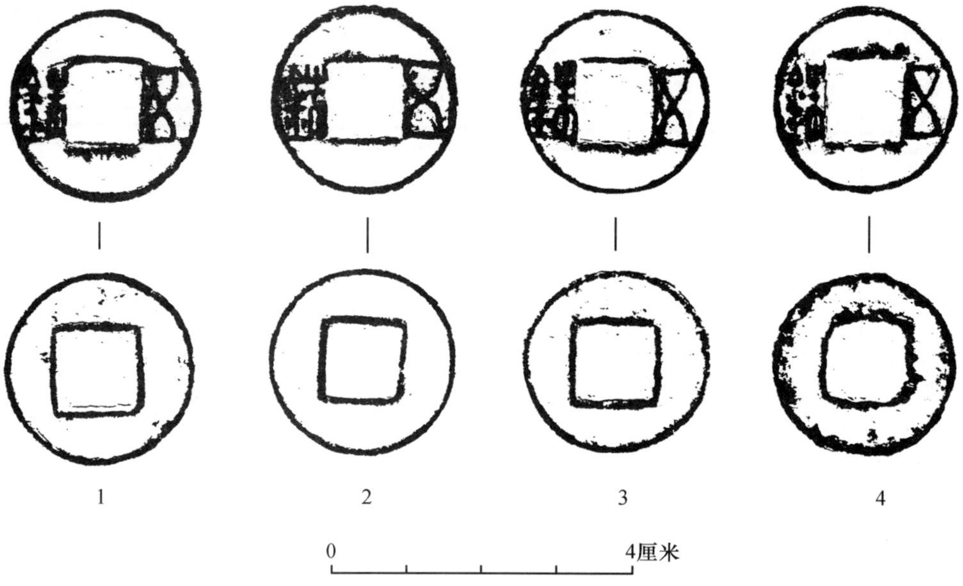

图 2-100　M33 出土五铢钱

1. M33∶3-1　2. M33∶3-2　3. M33∶3-3　4. M33∶3-4

三、M64

M64位于第Ⅰ发掘区西南部，T1724西部，开口于扰土层下，距地表1.15米，上部被M60打破。墓葬形制为土坑竖穴砖椁墓，方向15°。墓圹平面呈长方形，直壁、平底，长2.74、宽1.34、深2.7米。填土为黄褐色花土，土质疏松，含料姜石、碎砖块。圹内用青砖砌筑椁室，其中南壁没有砌砖，椁室平面长方形，长2.5、宽0.9、高0.76米。建造时，先在墓底铺一层地砖，再砌筑椁壁。铺地砖呈“人”字形平铺，椁壁用单砖错缝平砌。所用青砖均素面，长32、宽13、厚4厘米。在墓壁四角，紧挨砖椁四角的上方各有一个近长方形小洞，宽0.4~0.52、高约0.36、进深0.2~0.3米。椁内葬具腐朽严重，仅残存少量灰痕。人骨架1具，葬式为仰身直肢，头向北。随葬器物有5件（组），其中陶壶2件，置于椁底南端；铜钱23枚（1组），置于人骨架下方；另于填土中发现铜饰品1件，陶片若干、修复为陶盆1件（图2-101；图版5-4）。

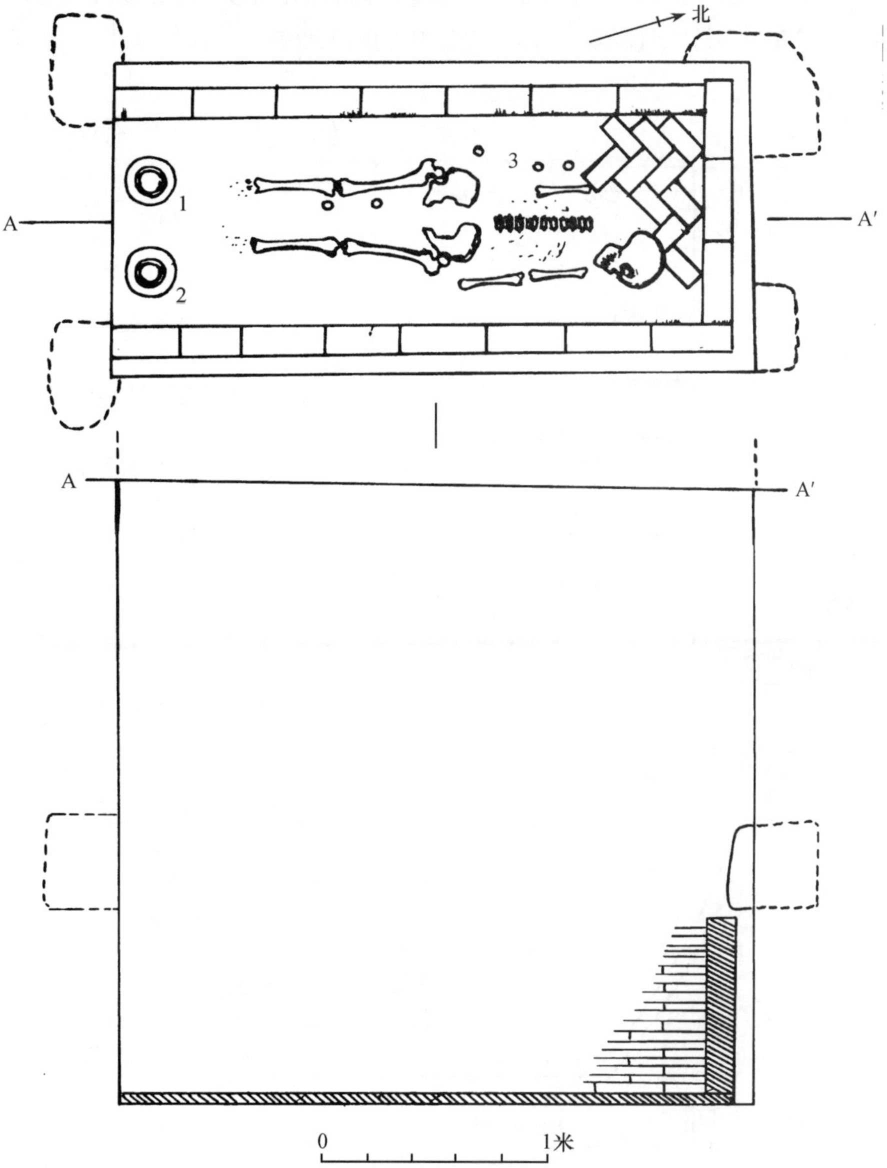

图2-101　M64平、剖面图

1、2. 陶壶　3. 铜钱

陶壶　2件。M64∶1，泥质灰陶。微盘口，方唇，沿面略凹，束颈较短，鼓腹，最大腹径居中，矮圈足略外撇。上腹部饰3组凹弦纹，下部饰2周戳印纹。口径18、腹径28、底径16.4、通高33、壁厚0.8~0.9厘米（图2-102，1）。M64∶2，泥质灰陶。微盘口，方唇，束颈较短，球形腹，最大腹径居中，矮圈足近直。上腹部饰3组凹弦纹，下部饰4周戳印纹。口径16、腹径27.6、圈足径15.8、通高33.6、壁厚0.6~1.6厘米（图2-102，2；图版13-3）。

陶盆　1件（M64∶5）。泥质灰陶。卷折沿，方唇，敞口，口内壁外折，斜直腹，平底。腹部通体饰瓦棱纹。口径46、底径22、通高21、壁厚0.8~1厘米（图2-102，3）。

铜饰　1件（M64∶4）。六边形，圆孔，锈蚀严重。直径约1.4、厚约0.3、孔径约0.4厘米（图2-102，4）。

铜钱　23枚，均为五铢钱，其中磨郭五铢2枚。有郭五铢直径均2.5厘米，磨郭五铢直径2.3厘米。M64∶3-1，字体较宽，“五”字中间两笔曲弯，“铢”字的“金”字头呈镞形，“朱”字头方折（图2-103，1）。M64∶3-2、5、10，“五”字中间两笔弯曲，“铢”字的“金”字头呈三角形，“朱”字头方折（图2-103，2、5、10）。M64∶3-3，字体较瘦，“五”字中间两笔较直，“铢”字的“金”字头呈三角形，“朱”字头圆折（图2-103，3）。M64∶3-4、6，字体较瘦，“五”字中间两笔略弯，“铢”字的“金”字头呈镞形，“朱”字头方折（图2-103，4、6）。M64∶3-7，钱文不清（图2-103，7）。M64∶3-8，

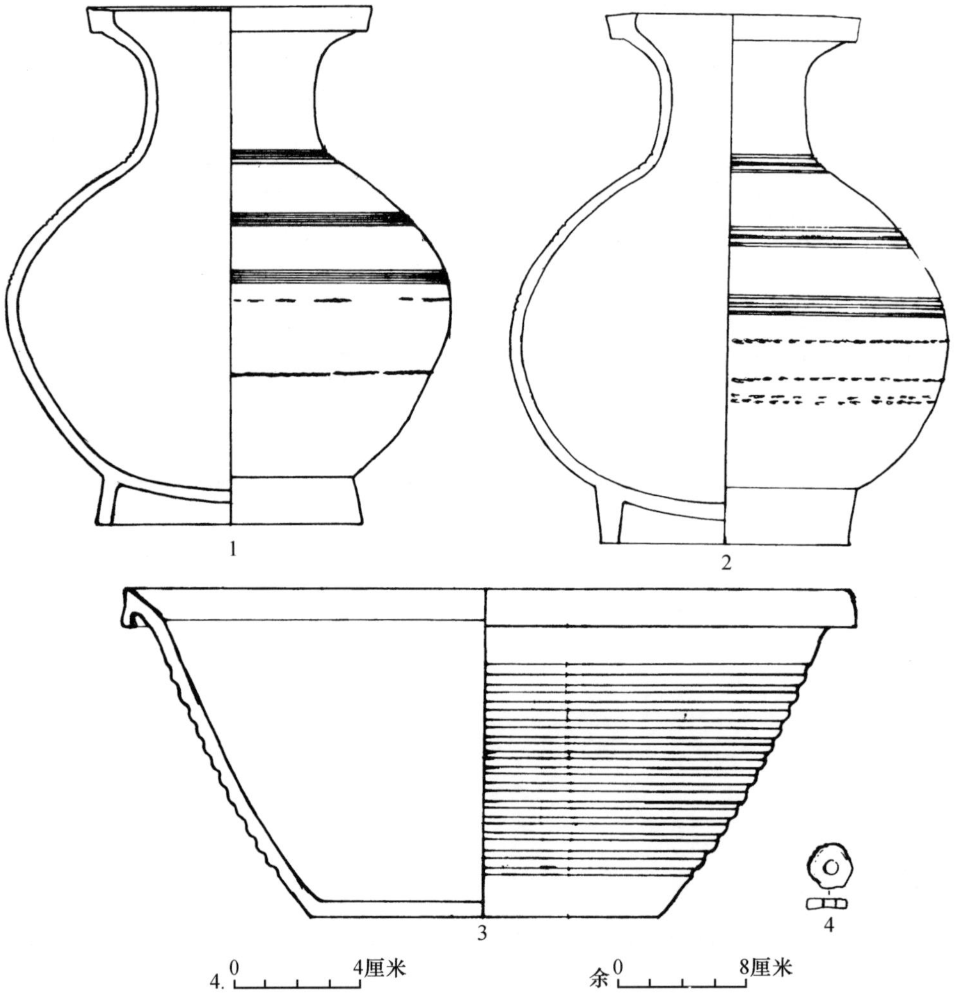

图2-102　M64出土器物

1、2. 陶壶（M64∶1、M64∶2）　3. 陶盆（M64∶5）　4. 铜饰（M64∶4）

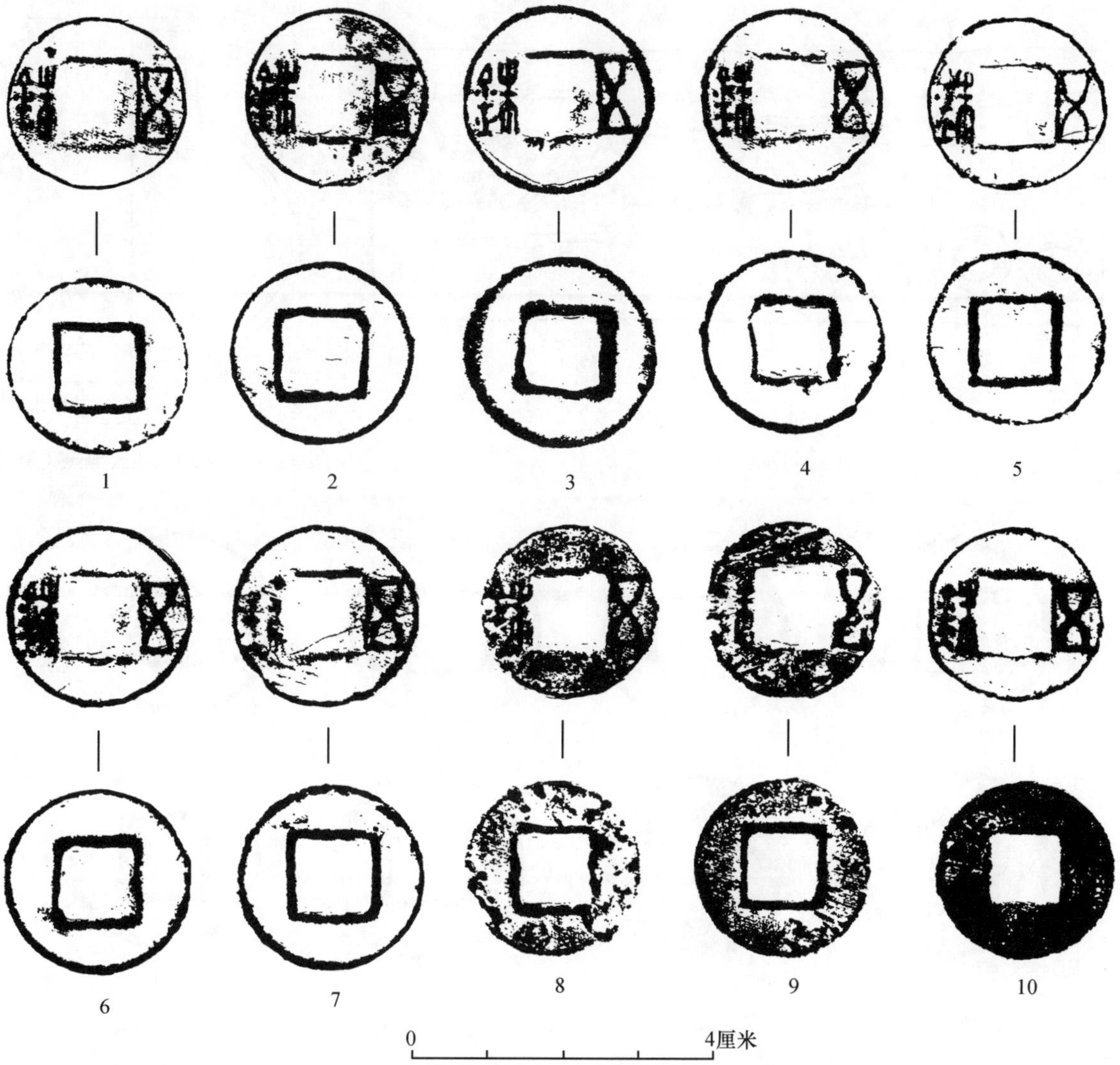

图 2-103　M64 出土五铢钱

1. M64∶3-1　2. M64∶3-2　3. M64∶3-3　4. M64∶3-4　5. M64∶3-5　6. M64∶3-6　7. M64∶3-7　8. M64∶3-8　9. M64∶3-9　10. M64∶3-10

字体较宽，“五”字中间两笔略弯，“铢”字的“金”字头呈镞形，“朱”字头方折（图 2-103，8）。M64∶3-9，字体较瘦，“五”字中间两笔略弯，“铢”字不清（图 2-103，9）。

四、M196

M196 位于第Ⅱ发掘区南部，T1327 南部，开口于扰土层下，距地表 2 米，早期被破坏。墓葬形制为土坑竖穴砖椁墓，方向 20°。墓圹平面呈长方形，直壁、平底，长 2.4、宽 0.9、残深 1.8 米。填土为黄褐色花土，土质较硬，含料姜石。圹内用青砖砌筑椁室，仅残余部分铺地砖，纵向错缝平铺。椁内葬具腐朽严重，仅残存少量灰痕。人骨架 1 具，已朽，葬式为仰身直肢，头向北。随葬品有 3 件（组），其中陶壶 2 件，置于椁底东南角；铜钱 8 枚（1 组），置于人骨架腹部（图 2-104）。

陶壶　2 件。M196∶2，泥质灰陶。盘口，方唇，短颈，溜肩，鼓腹略垂，矮圈足较直。口径

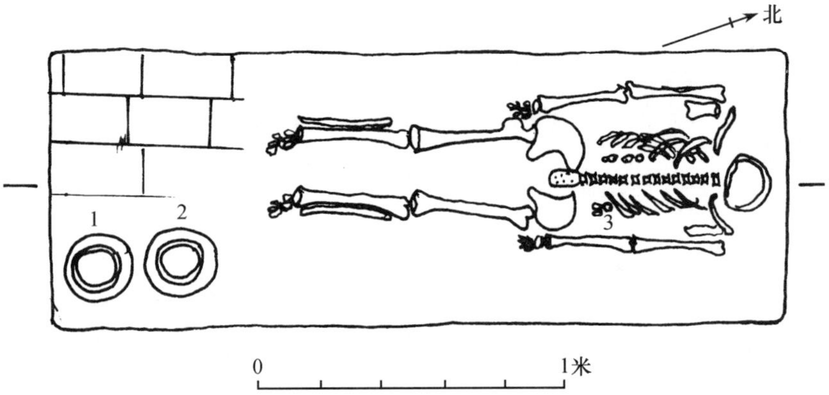

图 2-104　M196 平面图

1、2. 陶壶　3. 铜钱

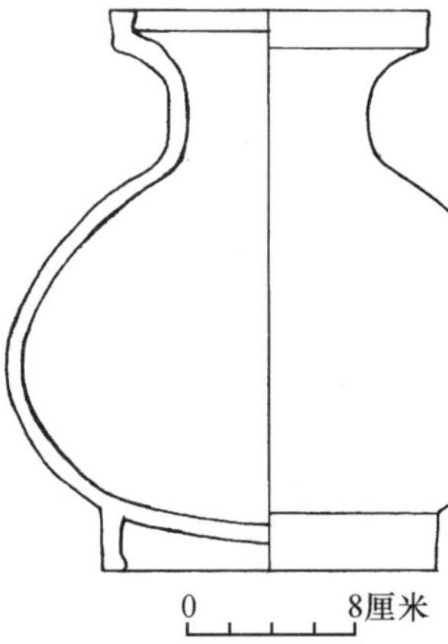

图 2-105　M196 出土陶壶（M196∶2）

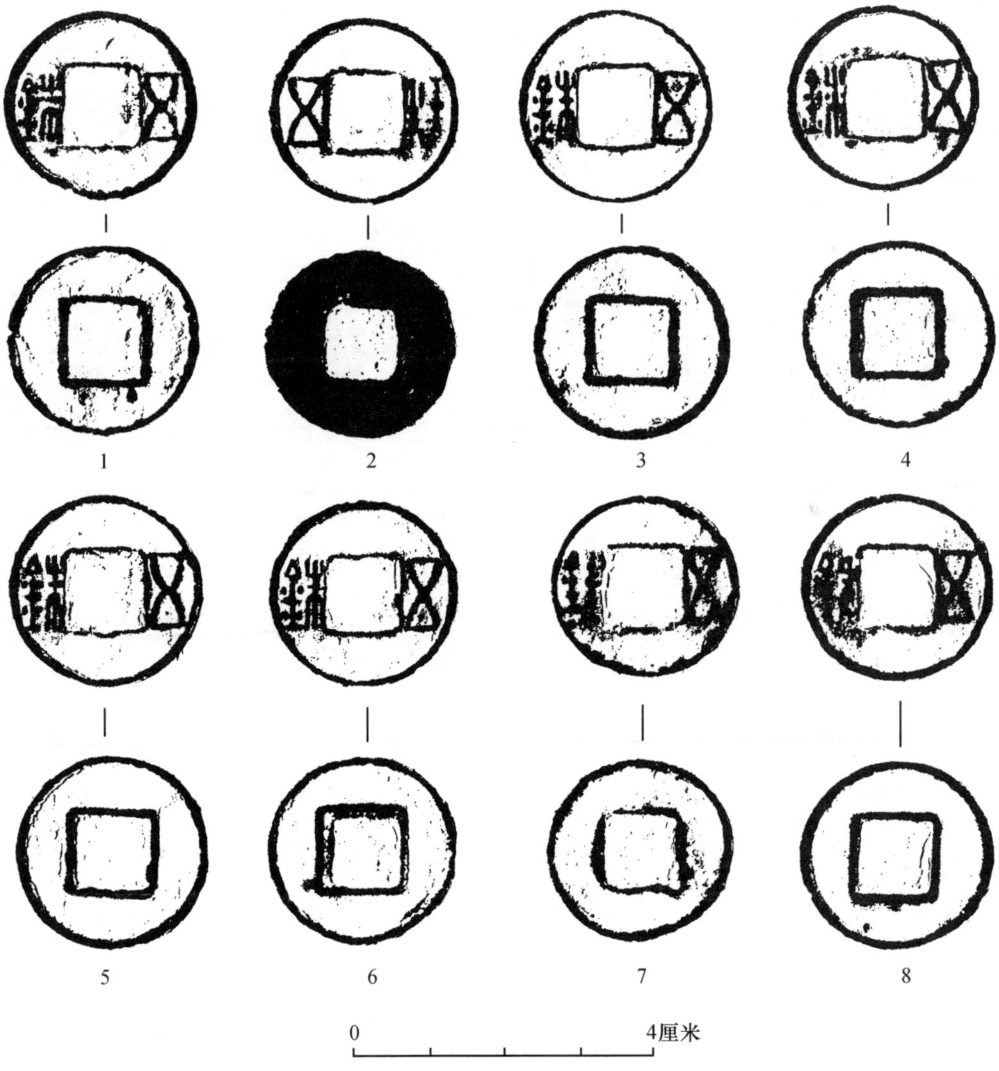

图 2-106　M196 出土五铢钱

1. M196∶3-1　2. M196∶3-2　3. M196∶3-3　4. M196∶3-4　5. M196∶3-5　6. M196∶3-6　7. M196∶3-7　8. M196∶3-8

15、腹径 25、底径 16、通高 27.4、壁厚 0.7~1 厘米（图 2-105）。M196∶1 形制与之相似。

铜钱　8 枚，均为五铢钱。铸造较好，外郭清晰，方形穿，穿反面有郭，直径 2.5 厘米。M196∶3-1，背面穿右下一星，字体较宽，“五”字中间两笔弯曲，“铢”字的“金”字头等边呈三角形，“朱”字头方折（图 2-106，1）。M196∶3-2、7、8，字体较瘦，“五”字中间两笔较直，“铢”字的“金”字头呈等腰三角形，“朱”字头方折（图 2-106，2、7、8）。M196∶3-3，字体较宽，“五”字中间两笔略弯，“铢”字的“金”字头等边呈三角形，“朱”字头圆折（图 2-106，3）。M196∶3-4，字体较瘦，“五”字中间两笔弯曲，“铢”字的“金”字头呈镞形，“朱”字头方折（图 2-106，4）。M196∶3-5，字体较瘦，“五”字中间两笔弯曲，“铢”字的“金”字头呈等腰三角形，“朱”字头方折（图 2-106，5）。M196∶3-6，字体较瘦，“五”字中间两笔较直，“铢”字的“金”字头呈镞形，“朱”字头方折（图 2-106，6）。

五、M201

M201 位于第 I 发掘区东南部，T1628 东南部，开口于扰土层下，距地表 2.4 米，上部被破坏。墓葬形制为土坑竖穴砖椁墓，方向 3°。墓圹平面呈长方形，直壁、平底，长 2.6、宽 1.2、残深 1.38 米。填土为黄褐色花土，结构略紧密。墓底东西两壁有生土二层台，宽 0.03~0.2、高 0.55 米。墓圹

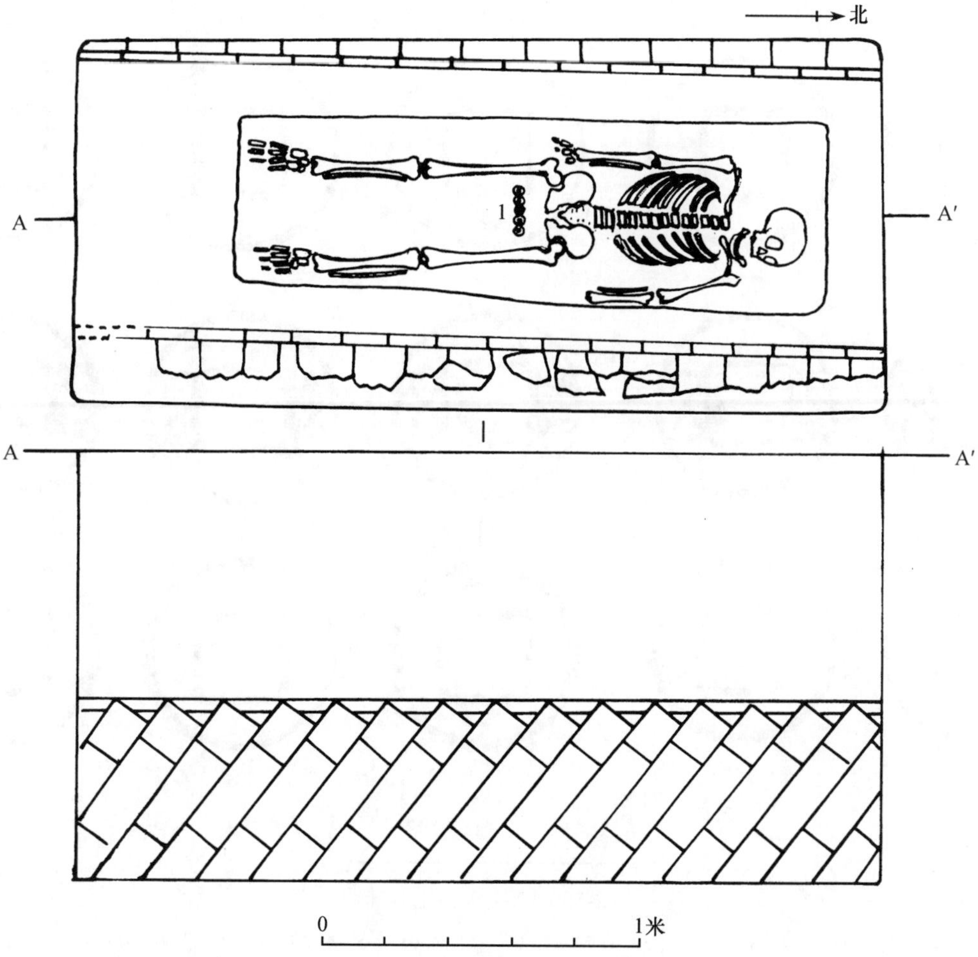

图 2-107　M201 平、剖面图

1. 铜钱

内紧贴二层台砌筑砖椁，平面长方形，长2.6、宽0.86、高0.58米。椁室只有东西两壁砌砖，紧贴二层台内壁用立砖斜砌，二层台上部用残砖平铺。所用青砖均素面，长33、宽14、厚3厘米。椁内有葬具1棺，已朽，平面长方形，长1.9、宽0.6米。棺内有人骨架1具，葬式为仰身直肢，头向北。随葬品有铜钱13枚，置于人骨架中部（图2-107）。

铜钱 13枚。均为五铢钱。铸造较好，外郭清晰，方形穿，穿反面有郭，直径均2.5厘米。M201∶1-1，字体较瘦，“五”字中间两笔较直，“铢”字的“金”字头呈镞形，“朱”字头方折（图2-108，1）。M201∶1-2，字体较瘦，“五”字中间两笔弯曲，“铢”字的“金”字头不清，“朱”字头圆折（图2-108，2）。M201∶1-3、6，字体较宽，“五”字中间两笔弯曲，“铢”字的“金”字头呈镞形，“朱”字头方折（图2-108，3、6）。M201∶1-4，字体较宽，“五”字中间两笔弯曲，“铢”字的“金”字头呈镞形，“朱”字头方折（图2-108，4）。M201∶1-5、8，字体较瘦，“五”字中间两笔略弯，“铢”字的“金”字头呈等边三角形，“朱”字头方折（图2-108，5、8）。M201∶1-7，字体较瘦，“五”字中间两笔略弯，“铢”字的“金”字头呈镞形，“朱”字头方折（图2-108，7）。M201∶1-9，

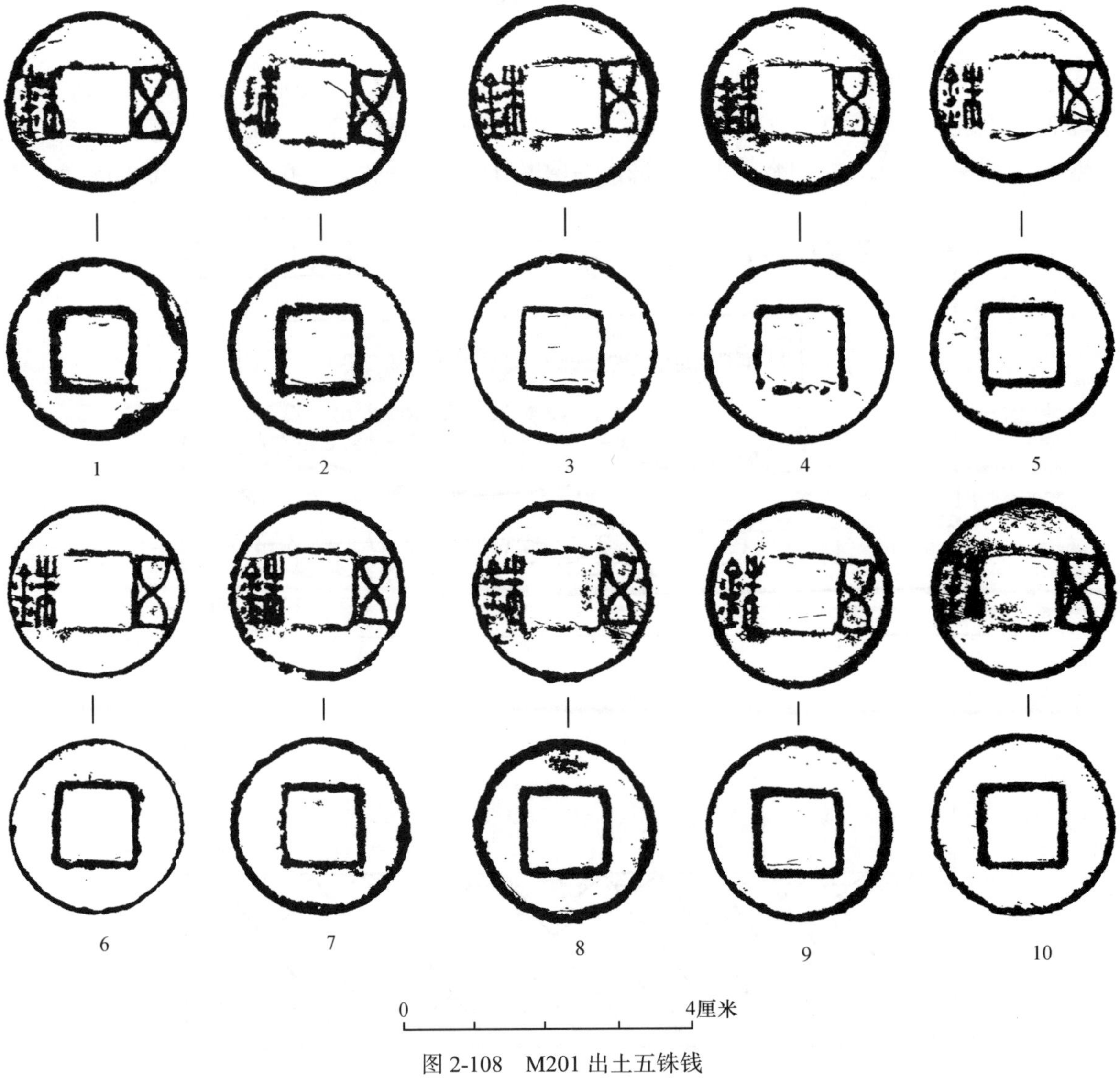

图2-108 M201出土五铢钱

1. M201∶1-1 2. M201∶1-2 3. M201∶1-3 4. M201∶1-4 5. M201∶1-5 6. M201∶1-6 7. M201∶1-7 8. M201∶1-8 9. M201∶1-9 10. M201∶1-10

字体较宽，“五”字中间两笔弯曲，“铢”字的“金”字头呈镞形，“朱”字头圆折（图2-108，9）。M201∶1-10，字体较瘦，“五”字中间两笔较直，“朱”字头不清（图2-108，10）。

六、M221

M221位于第Ⅱ发掘区东北部，T1529东南部，开口于扰土层下，距地表2.4米，上部被破坏。墓葬形制为土坑竖穴砖椁墓，方向358°。墓圹平面呈长方形，直壁、平底，长2.7、宽1.4、残深1.88米。填土为黄褐色花土，含料姜石。墓圹内用青砖砌筑椁室，平面长方形，长2.1、宽0.9、高0.8米。建造时，先铺一层地砖，再砌筑椁壁。铺地砖以两砖为一组、每组横纵交替的方式平铺，椁壁用单砖错缝平砌。所用青砖一面有绳纹，长48、宽22、厚8厘米。椁内葬具腐朽严重，仅残存少量灰痕。人骨架粉化严重。无随葬品（图2-109）。

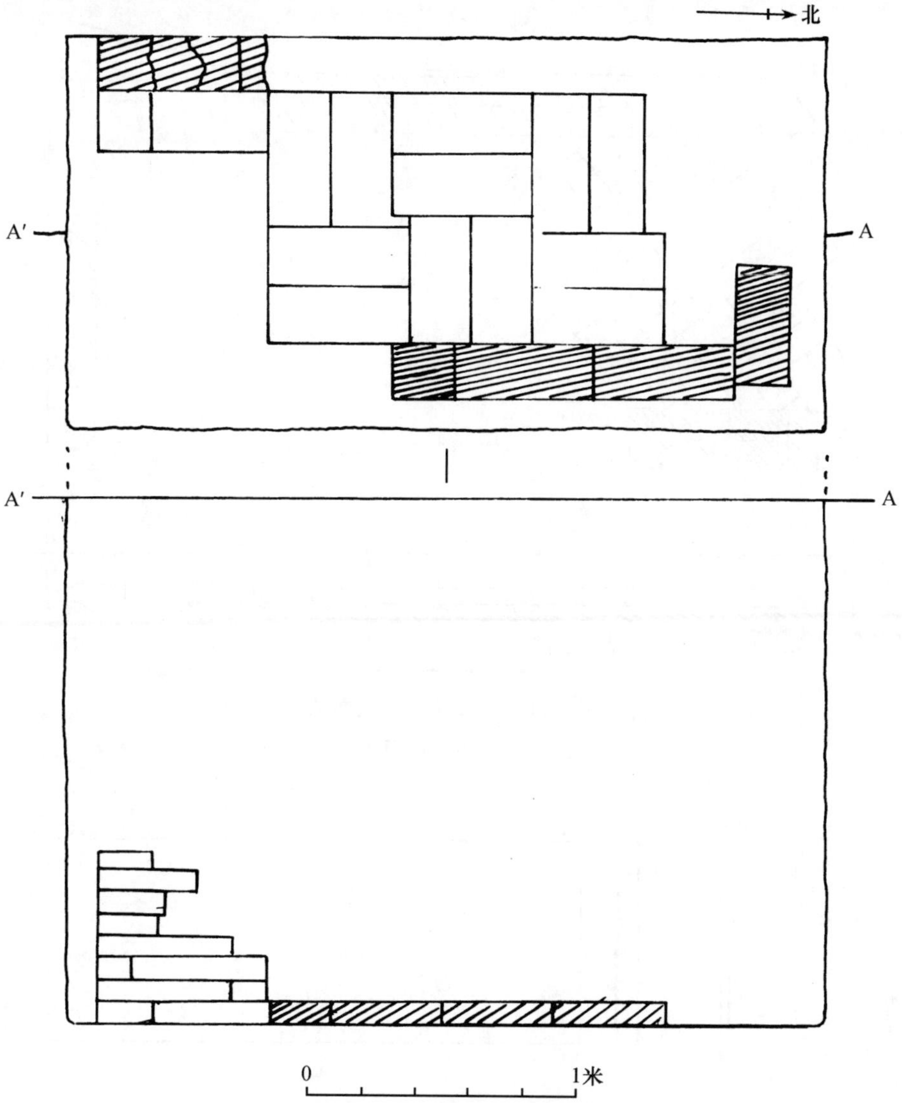

图2-109 M221平、剖面图

七、M227

M227位于第Ⅳ发掘区南部，T1819西南部，开口于扰层下，距地表1.9米，早期被破坏严重，仅存墓底。墓葬形制为土坑竖穴砖椁墓，方向14°。墓圹平面呈长方形，直壁、平底，长4.3、宽2.2、残深0.34米。填土为黄褐色，土质松软，含料姜石。墓圹内用青砖砌筑椁室，平面呈长方形，残长3.9、宽1.46、残高0.08米。建造时先在墓底铺一层地砖，再砌筑椁壁。铺地砖呈“人”字形平铺，椁壁用双砖错缝平砌。所用青砖一面有绳纹，长32、宽16、厚8厘米。椁内葬具腐朽严重，仅存少量灰痕。人骨架粉化严重。随葬品有3件（组），其中石板1块，位于椁底中部；银耳环1对，位于椁底北部；铜钱15枚（1组），散见于椁底；另于椁底东部发现陶罐残片（图2-110）。

石板 1块（M227:2）。长方形，长10.1、宽3.7、厚0.4厘米。一面光滑、一面较粗糙（图2-111，2）。

银耳环 1对（M227:4）。环形。直径1.9厘米（图2-111，1）。

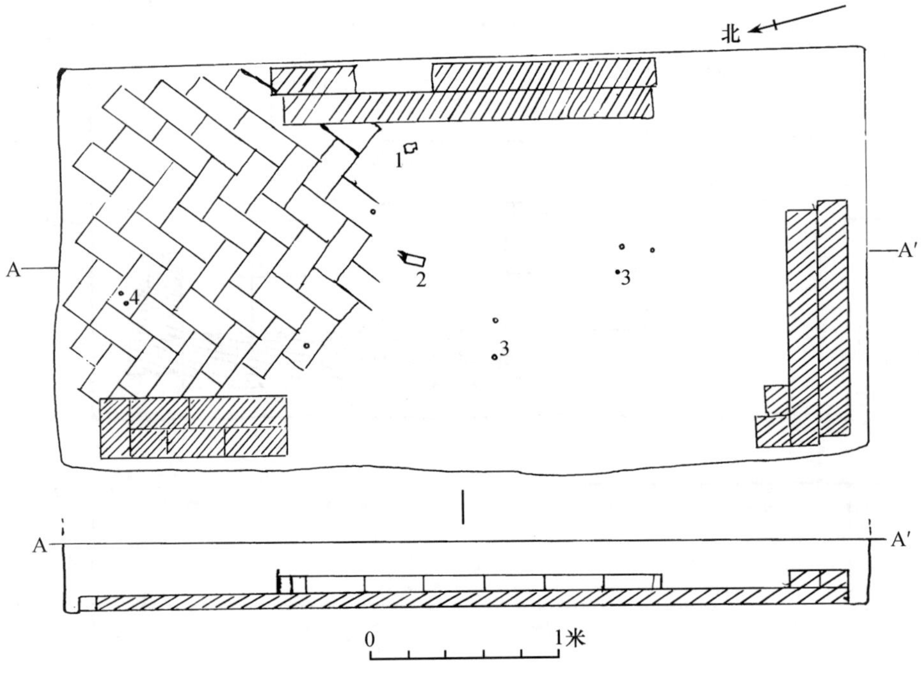

图2-110 M227平、剖面图

1. 陶罐残片 2. 石板 3. 铜钱 4. 银耳环

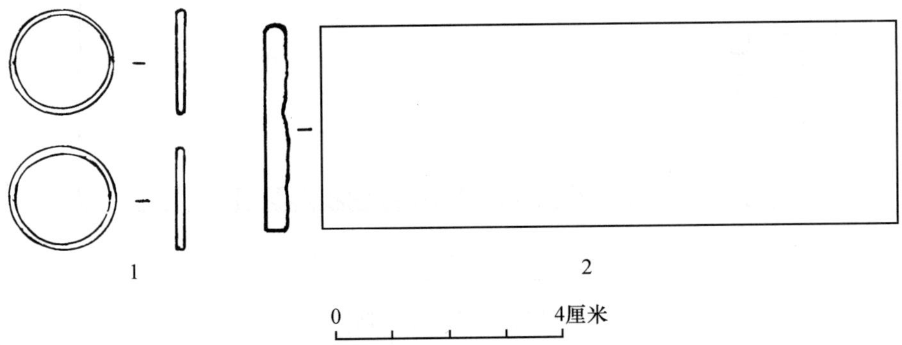

图2-111 M227出土器物

1. 银耳环（M227:4） 2. 石板（M227:2）

铜钱 15枚，均为五铢钱。铸造较好，方形穿，穿反面有郭，其中有郭五铢14枚，直径2.5厘米；磨郭五铢1枚，直径2.3厘米。M227∶3-1、3、9，字体较宽，“五”字中间两笔弯曲，“铢”字的“金”字头很小，呈三角形，“朱”字头圆折（图2-112，1、3、9）。M227∶3-2、4、5，字体较宽，“五”字中间两笔弯曲，“铢”字的“金”字头呈等边三角形，“朱”字头圆折（图2-112，2、4、5）。M227∶3-6、7，字体较宽，“五”字中间两笔弯曲，“铢”字的“金”字头呈等腰三角形，“朱”字头圆折（图2-112，6、7）。M227∶3-8，字体较宽，“五”字中间两笔弯曲，“铢”字的“金”字头呈等腰三角形，“朱”字头方折（图2-112，8）。M227∶3-10，为磨郭五铢，字体较宽，“五”字中间两笔弯曲，“铢”字的“金”字头呈等腰三角形，“朱”字头圆折（图2-112，10）。

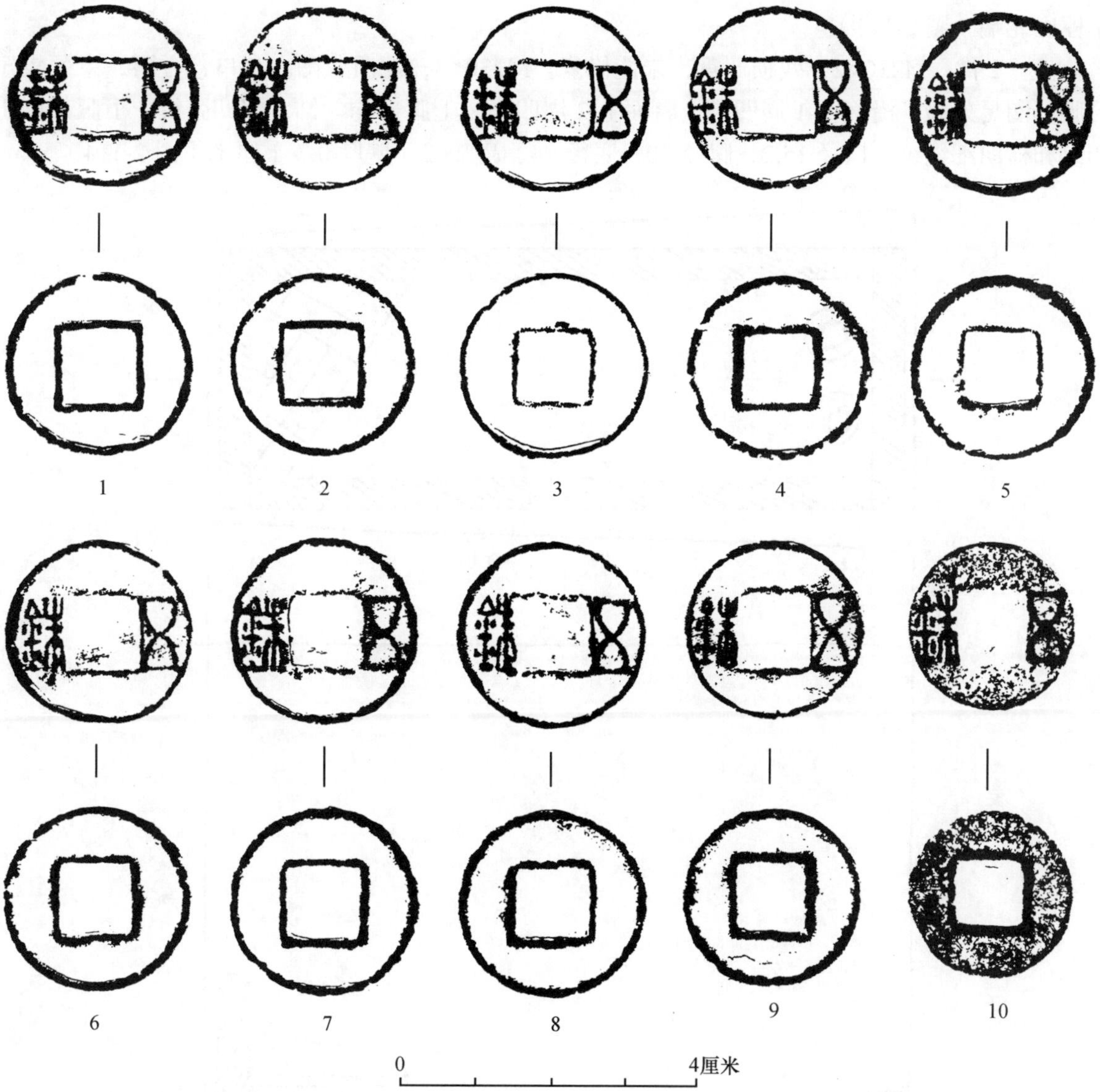

图2-112 M227出土五铢钱

1. M227∶3-1 2. M227∶3-2 3. M227∶3-3 4. M227∶3-4 5. M227∶3-5 6. M227∶3-6 7. M227∶3-7 8. M227∶3-8 9. M227∶3-9 10. M227∶3-10

八、M230

M230位于第Ⅳ发掘区南部，T1818东南部，开口于扰土层下，距地表1.8米。墓葬形制为土坑竖穴砖椁墓，方向10° 。墓圹平面呈梯形，直壁、平底，长2.7、宽1.1~1.3、深1.92米。填土为黄褐色花土，土质略硬，含料姜石。墓圹内用青砖砌筑椁室，平面呈长方形，长2.38、宽0.76、高0.66米。建造时先在墓底铺一层地砖，再砌筑椁壁。铺地砖呈“人”字形平铺；椁壁为单砖错缝平砌，两砖之间用黄泥黏接。所用青砖长38、宽12、厚4厘米。椁内葬具腐朽严重，仅存少量灰痕。人骨架粉化严重。随葬品有3件（组），其中陶壶2件，置于椁底南端；铜钱9枚（1组），位于椁底北端（图2-113）。

陶壶　2件。M230∶2，残损严重，未能修复。M230∶3，泥质灰陶。盘口，方唇，束颈较短，球形腹，圈足外撇。沿面上1周凹槽，唇面上2周凹槽，上腹部均匀饰3组凹弦纹，下腹部饰1周戳印纹和横向细绳纹。口径15.2、腹径30、底径14、高28.2、壁厚0.7~1厘米（图2-114）。

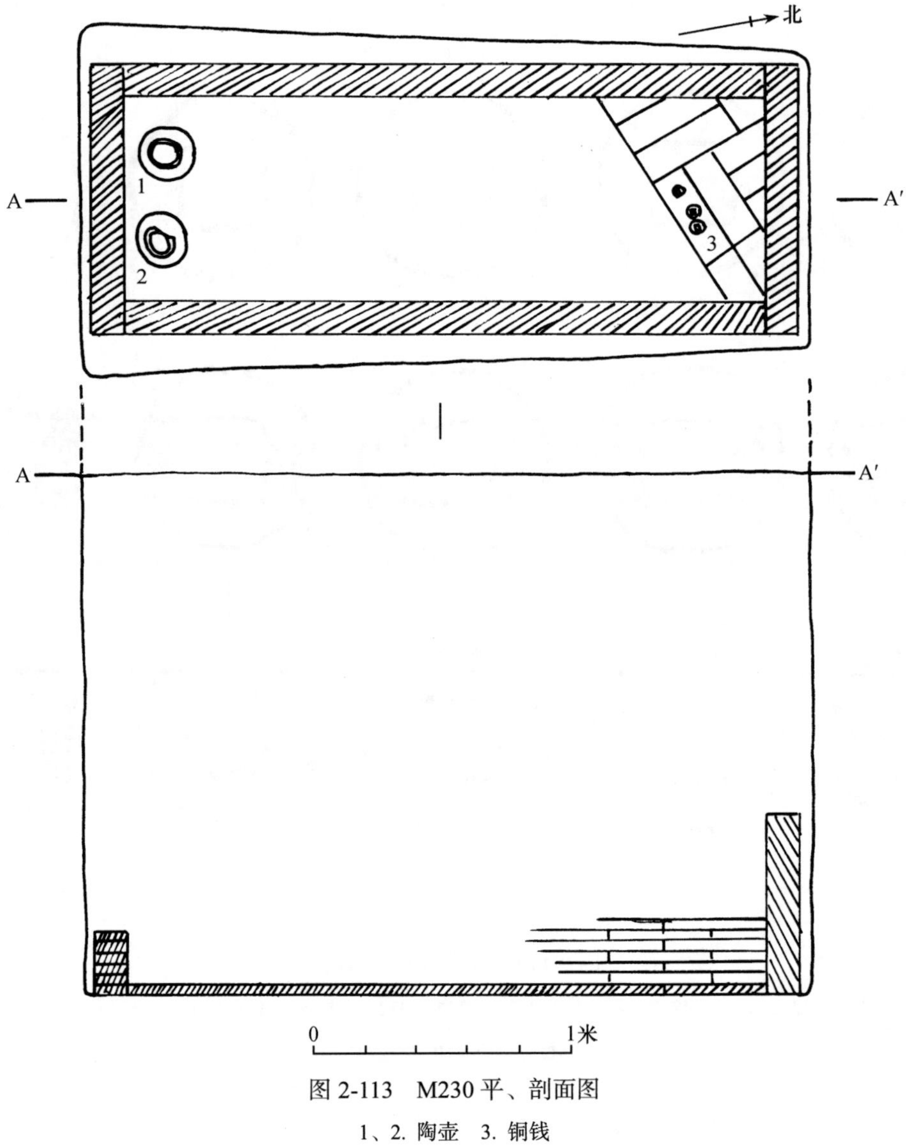

图2-113　M230平、剖面图

1、2. 陶壶　3. 铜钱

铜钱　10 枚，均为五铢钱。铸造较好，方形穿，穿反面有郭。有郭五铢 9 枚，直径 2.5 厘米；磨郭五铢 1 枚，直径 2.3 厘米。M230∶1-1，字体较宽，“五”字中间两笔弯曲，“铢”字的“金”字头较小，呈镞形，“朱”字头方折（图 2-115，1）。M230∶1-2，字体较宽，“五”字中间两笔较直，“铢”字的“金”字头较小，呈镞形，“朱”字头圆折（图 2-115，2）。M230∶1-3，字体较瘦，“五”字中间两笔弯曲，“铢”字的“金”字头呈等边三角形，“朱”字头方折（图 2-115，3）。M230∶1-4，字体较瘦，“五”字中间两笔较直，“铢”字的“金”字头呈镞形，“朱”字头方折（图 2-115，4）。M230∶1-5，字体较宽，“五”字中间两笔弯曲，“铢”字的“金”字头呈等腰三角形，“朱”字头方折（图 2-115，5）。M230∶1-6，字体较瘦，“五”字中间两笔较直，“铢”字的“金”字头呈等腰三角形，“朱”字头方折（图 2-115，6）。M230∶1-7，字体较瘦，“五”字中间两笔较直，“铢”字的“金”字头呈等腰三角形，

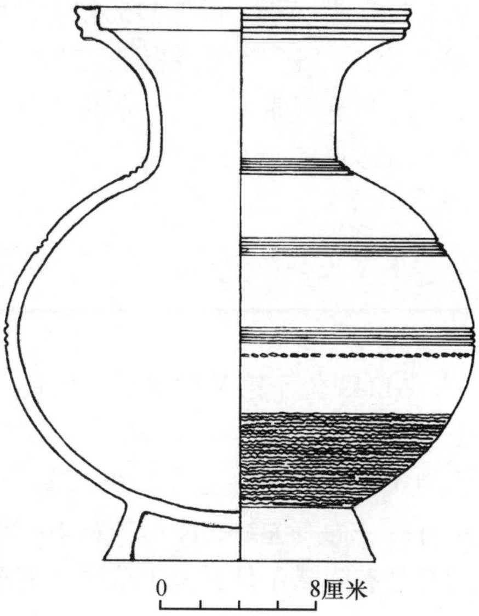

图 2-114　M230 出土陶壶（M230∶3）

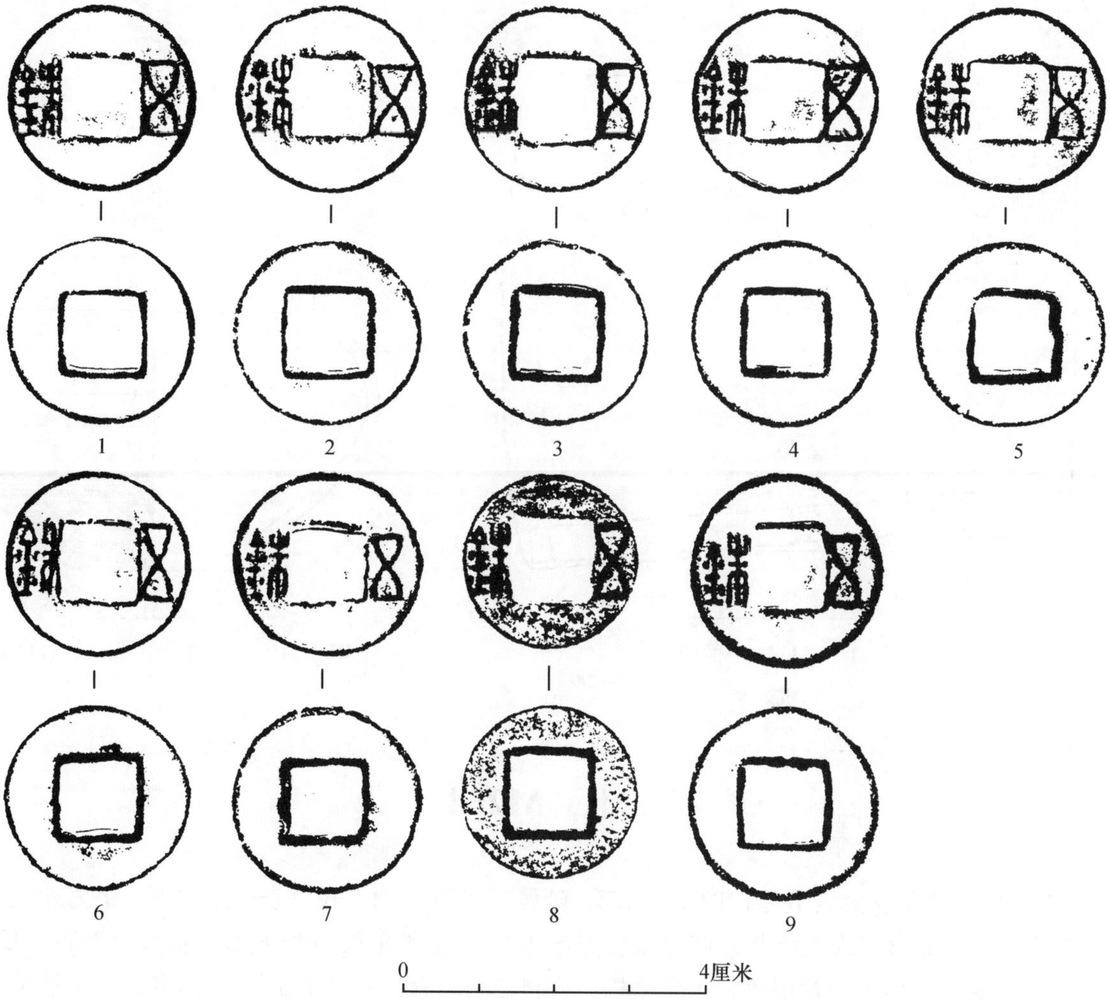

图 2-115　M230 出土五铢钱

1. M230∶1-1　2. M230∶1-2　3. M230∶1-3　4. M230∶1-4　5. M230∶1-5　6. M230∶1-6　7. M230∶1-7　8. M230∶1-8　9. M230∶1-9

“朱”字头圆折（图 2-115，7）。M230∶1-8，为磨郭五铢，字体较瘦，“五”字中间两笔较直，“铢”字的“金”字头呈等腰三角形，“朱”字头方折（图 2-115，8）。M230∶1-9，字体较瘦，“五”字中间两笔弯曲，“铢”字的“金”字头较小，呈等腰三角形，“朱”字头方折，较“金”字头为高（图 2-115，9）。

九、M242

M242 位于第Ⅴ发掘区东南部，T2019 东北部，开口于耕土层下，距地表 0.5 米。墓葬形制为土坑竖穴砖椁墓，方向 20° 。墓圹平面呈梯形，直壁、平底，长 2.5、宽 1.8~2.15、深 2.4 米。填土为黄褐色花土，土质较硬。墓圹内用青砖砌筑椁室，仅存东壁，残高 1.2 米，单砖错缝平砌。所用青砖一面有绳纹，长 42、宽 16、厚 8 厘米。椁内葬具腐朽严重，仅存少量灰痕。人骨架粉化严重。随葬品有陶罐 1 件，位于墓底西南角（图 2-116）。

陶罐 1 件（M242∶1）。泥质灰陶。直口，方唇，口内侧略内凹，鼓肩，斜腹，平底。腹部饰 2 周戳印纹，下腹部饰横向细绳纹。口径 20、腹径 28、底径 10、高 19.6、壁厚 0.8~1.1 厘米（图 2-117）。

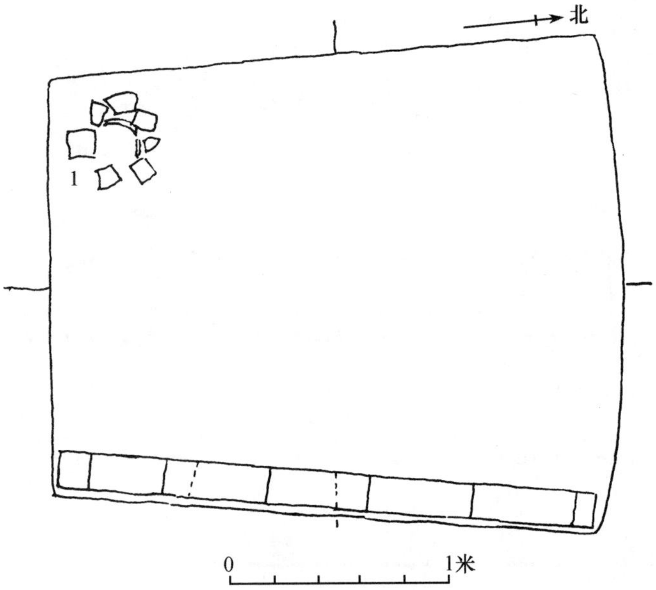

图 2-116 M242 平面图
1. 陶罐

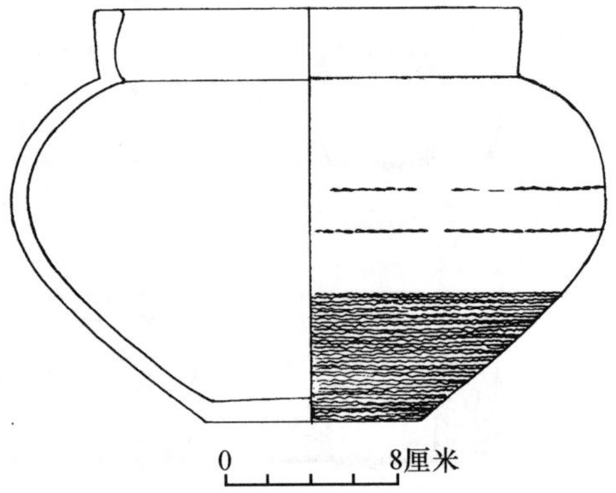

图 2-117 M242 出土陶罐（M242∶1）

十、M254

M254 位于第Ⅴ发掘区中部，T2117 南部，延伸至 T2017 内，开口于扰土层下，距离地表 2 米，早期被破坏。墓葬形制为土坑竖穴砖椁墓，方向 10° 。墓圹平面呈长方形，直壁、平底，长 2.9、宽 1.2、深 1.6 米。填土为黄褐色，土质略松，含料姜石。墓圹内用青砖砌筑椁室，平面呈长方形，长 2.44、宽 0.76、高 0.6 米。建造时先铺一层地砖，再砌筑椁壁。铺地砖呈“人”字形平铺，椁壁用单砖错缝平砌。所用青砖均为素面，长34、宽14、厚4厘米。椁内葬具腐朽严重，仅存少量灰痕。人骨架粉化严重。随葬品有3件（组），其中陶罐2件，位于椁底东南角；铜钱2枚（1组），位于椁底北部（图2-118；图版5-2）。

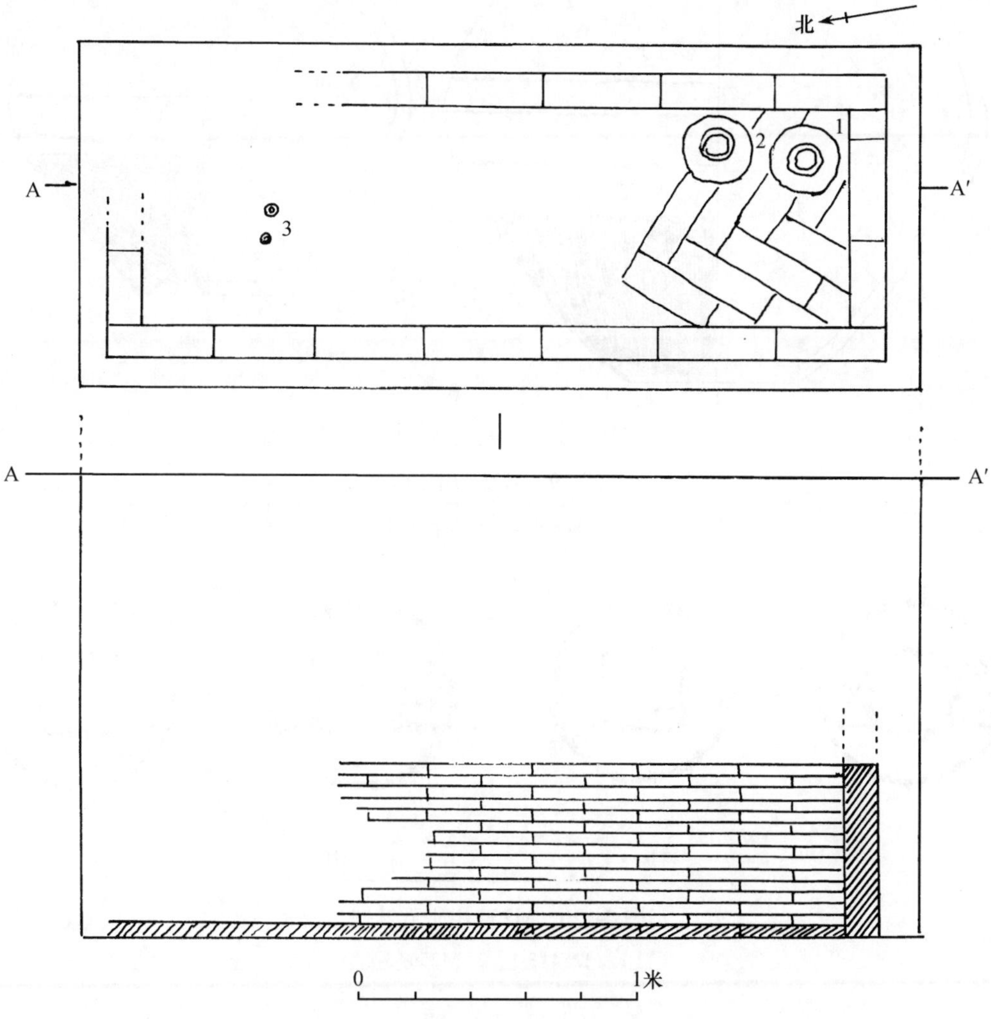

图2-118　M254平、剖面图

1、2. 陶罐　3. 钱币

陶罐　2件。M254∶1，泥质灰陶。侈口，平折沿，方唇，矮领，溜肩，鼓腹，最大腹径居中，小平底。腹中部饰2周戳印纹，下部至底饰斜向绳纹。口径14.4、腹径23.6、底径8、高26、壁厚0.8~1厘米（图2-119，2）。M254∶2，泥质灰陶。直口，平折沿，方唇，矮领，鼓腹，最大腹径偏上，小平底。腹中部饰3组戳印纹，下部至底饰竖向、横向细绳纹。口径12.4、腹径32.4、底径10.4、高32、壁厚0.8~1.2厘米（图2-119，1）。

铜钱　2枚，均为五铢钱。铸造较好，方形穿，穿反面有郭。直径2.5厘米。M254∶3-1，“五”字中间两笔略弯，“铢”字的“金”字头呈三角形，“朱”字头方折（图2-120，1）。M254∶3-2，“五”字中间两笔略弯，“铢”字的“金”字不清，“朱”字头方折（图2-120，2）。

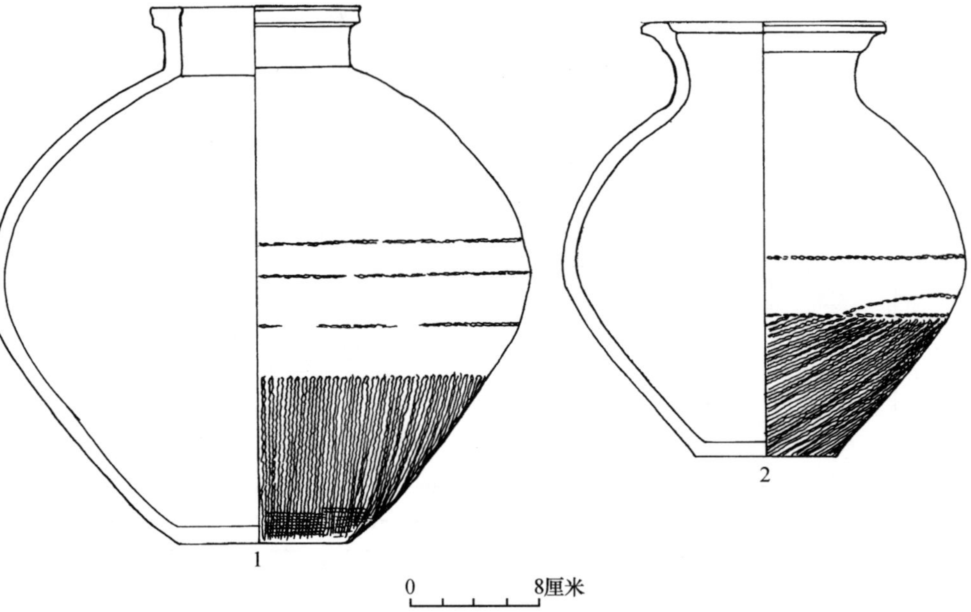

图 2-119　M254 出土陶罐

1. M254：2　2. M254：1

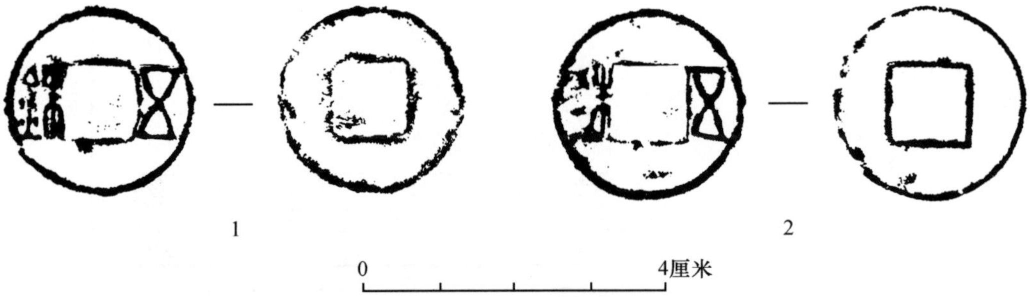

图 2-120　M254 出土五铢钱

1. M254：3-1　2. M254：3-2

十一、M256

M256位于第Ⅴ发掘区东南部，T2018东北角，延伸至T2118内，开口于扰土层下，距离地表2米，早期被破坏严重。墓葬形制为土坑竖穴砖椁墓，方向188°。墓圹平面呈长方形，直壁、平底，长4.04、宽2.1、残深1.3米。填土为浅黄褐色，土质略松，含料姜石。墓圹内用青砖砌筑椁室，平面长方形，长3.4、宽1.64、残高1.12米。建造时先在墓底铺一层地砖，然后再砌筑椁室四壁。铺底砖只残存北部，用横砖错缝平铺；椁室四壁用“两顺一丁”（单砖错缝平砌两行，残侧立砖丁砌一行）的方法砌筑，两砖之间用黄泥黏接。所用青砖均一面有绳纹，长32、宽16、厚8厘米。椁内葬具腐朽严重，仅存少量灰痕。人骨架粉化严重。未发现随葬品（图2-121）。

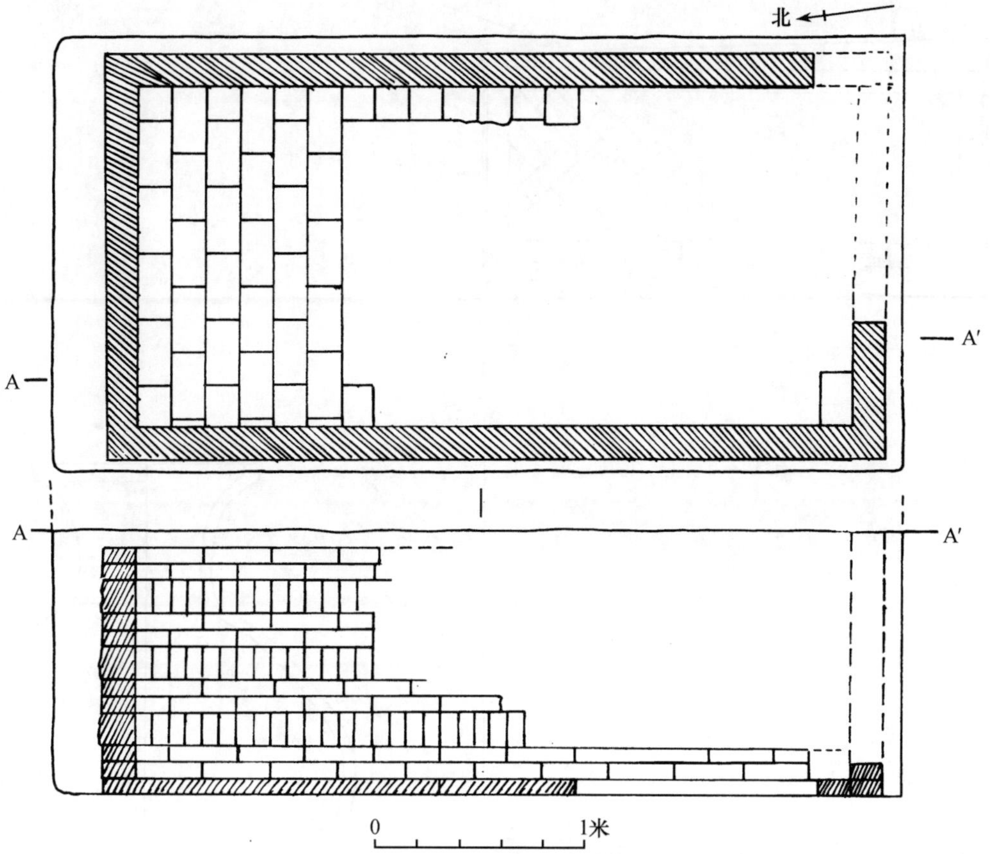

图 2-121 M256 平、剖面图

十二、M280

M280 位于第Ⅴ发掘区中部，T2116 东北部，开口于扰土层下，距离地表 1.8 米。墓葬形制为土坑竖穴砖椁墓，方向 18° 。墓圹平面呈梯形，直壁、平底，长 2.9、宽 1.3~1.5、深 3.54 米。填土呈黄褐色，土质略松。墓圹内用青砖砌筑椁室，平面呈长方形，长 2.6、宽 0.86、高 0.68 米。建造时，先在墓底铺一层地砖，再砌筑椁室四壁。铺地砖呈“人”字形平铺，四壁用单砖错缝平砌，两砖之间用黄泥黏接。所用青砖均素面，长 40、宽 14、厚 4 厘米。椁内葬具腐朽严重，仅存少量灰痕。人骨架粉化严重。填土内清理出陶器残片，修复为陶壶 1 件（图 2-122）。

陶壶 1 件（M280∶1）。泥质灰陶，盘口，方唇，束颈较长，圆腹，圈足较矮。腹部饰 2 周戳印纹。口径 17、腹径 31、底径 22.5、高 39 厘米（图 2-123）。

十三、M293

M293 位于第Ⅴ发掘区中部，T2117 东北角，开口于扰土层下，距地表 1.8 米。墓葬形制为土坑竖穴砖椁墓，方向 2° 。墓圹平面呈长方形，直壁、平底，长 2.9、宽 1.5、深 2.14 米。填土呈浅灰褐色，含料姜石，土质较硬，经过夯打，夯窝不明显，夯层在 0.2 米左右。墓圹内用青砖砌筑椁室，

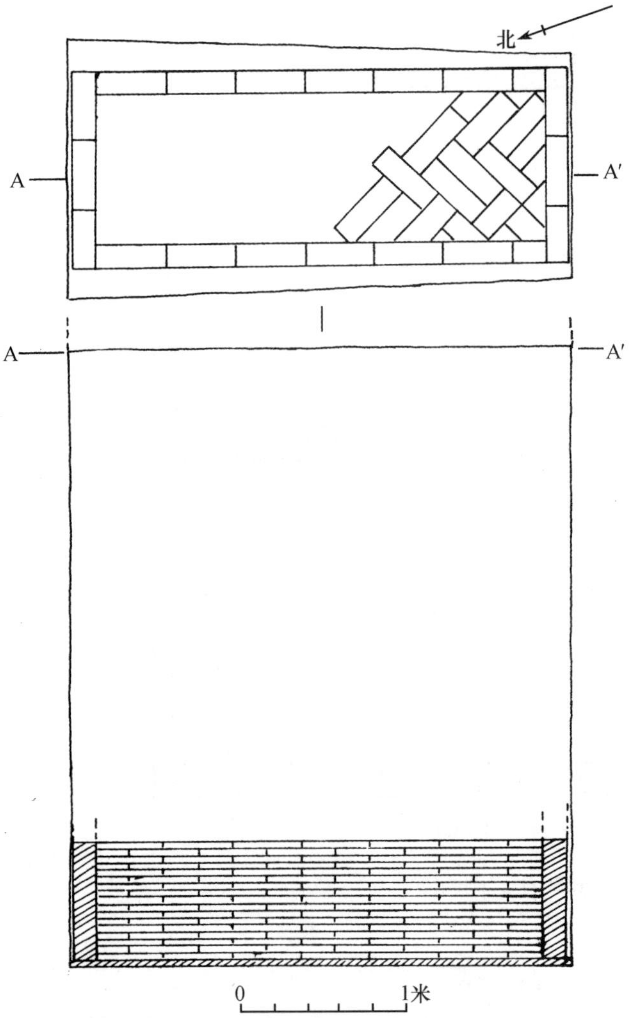

图 2-122　M280 平、剖面图

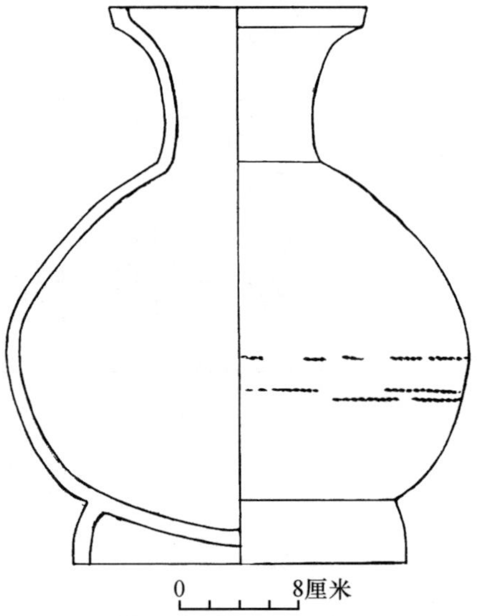

图 2-123　M280 出土陶壶（M280∶1）

平面长方形，长 2.4、宽 1、高 0.64 米。建造时，先铺一层地砖，再砌筑椁室四壁。铺地砖每三砖为一组、纵向与横向交替平铺；四壁用单砖错缝平砌。所用青砖均素面，长 40、宽 13、厚 4 厘米。椁内葬具腐朽严重，仅存少量灰痕。人骨架粉化严重。随葬品有陶壶 2 件，置于椁底南端（图 2-124；图版 5-3）。

陶壶　2 件。M293∶1，泥质灰陶。圆形平盖，圆形纽。壶身敞口，方唇，短颈，球形腹，矮圈足外撇。盖及壶身有彩绘，以黑、白、红彩为主。口径 16、腹径 30、底径 20、高 38.4、壁厚 0.8~1.2 厘米；盖直 16、高 2.3 厘米（图 2-125，1；图版 14-2）。M293∶2，泥质灰陶。盘口，短颈，鼓腹，矮圈足外壁折。腹部饰 2 周戳印纹。口径 16、腹径 30.2、底径 18.4、高 37.4、壁厚 0.5~0.6 厘米（图 2-125，2）。

十四、M310

M310 位于第Ⅴ发掘区中部，T2016 东部，开口于扰土层下，距地表 2.5 米，上部被 M303 打破。

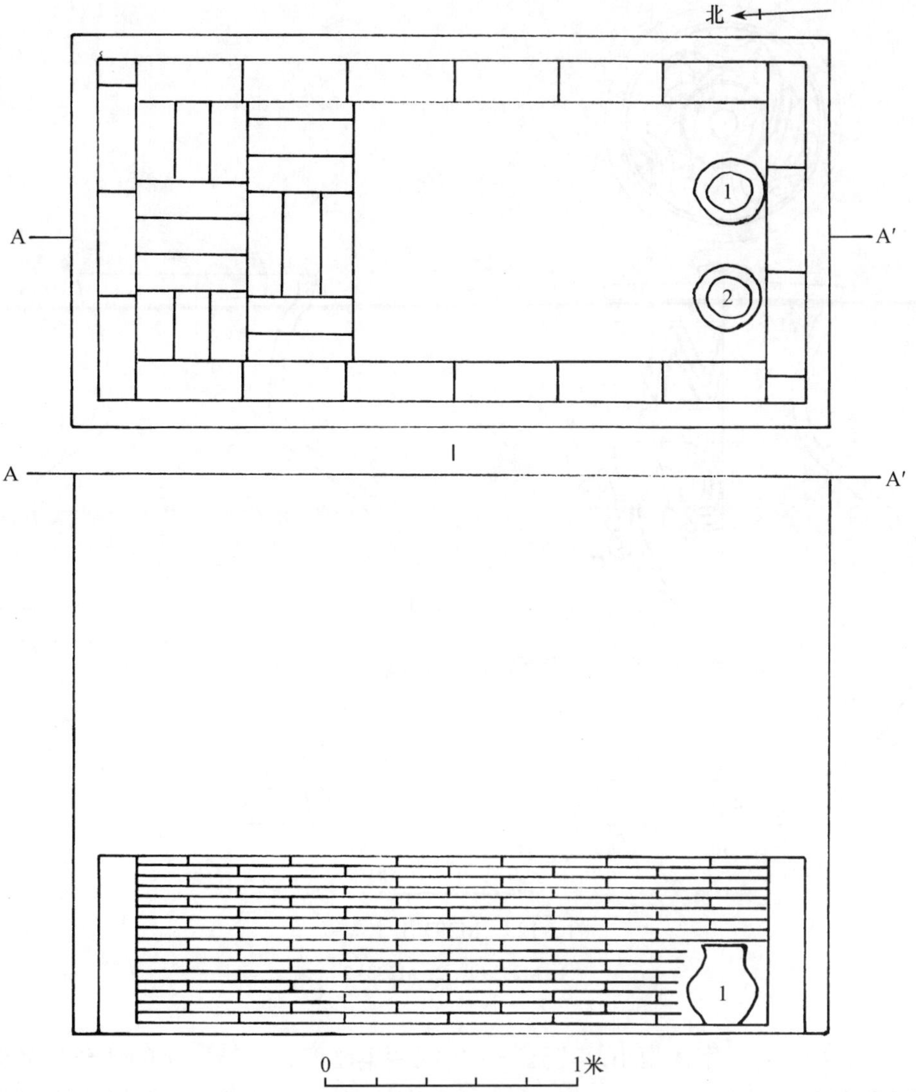

图 2-124　M293 平、剖面图
1、2. 陶壶

墓葬形制为土坑竖穴砖椁墓，方向 358°。墓圹平面呈长方形，直壁、平底，长 2.66、宽 1.32、深 2 米。填土呈浅黄褐色，含料姜石，土质较硬，经过夯打，夯层约 0.3 米，夯窝不甚明显。墓圹内用青砖砌筑椁室，平面长方形，长 2.35、宽 0.92、高 0.7 米。无铺地砖，椁壁用单砖错缝平砌。所用青砖均素面，长 36、宽 14、厚 4 厘米。椁内葬具腐朽严重，仅残存少量灰痕。椁底人骨架 1 具，已朽，葬式为仰身直肢，头向北。随葬品有 4 件（组），其中陶壶 2 件，置于椁底南端；铜带钩 1 件、铜钱 13 枚（1 组），置于人骨架胸部（图 2-126）。

陶壶　2 件。M310∶1，泥质灰陶。口部残，束颈，鼓腹，最大径居中，矮圈足略敛。肩至腹部饰 3 组凹弦纹，下腹部饰 2 周戳印纹。腹径 28、底径 15.2、残高 29.4、壁厚 0.6~0.8 厘米（图 2-127，1）。M310∶2，泥质灰陶。微盘口，方唇，束颈，鼓腹，最大径居中，矮圈足略敛。肩至腹部饰 3 组凹弦纹，腹部饰 2 周戳印纹。口径 18.8、腹径 28.8、底径 16.6、高 31、壁厚 0.7~0.8 厘米（图 2-127，3）。

铜带钩　1 件（M310∶3）。琵琶形。长 6.6 厘米（图 2-127，2）。

铜钱　13 枚，均为五铢钱，其中有郭五铢 11 枚，直径 2.5 厘米；磨郭五铢 2 枚，直径分别为

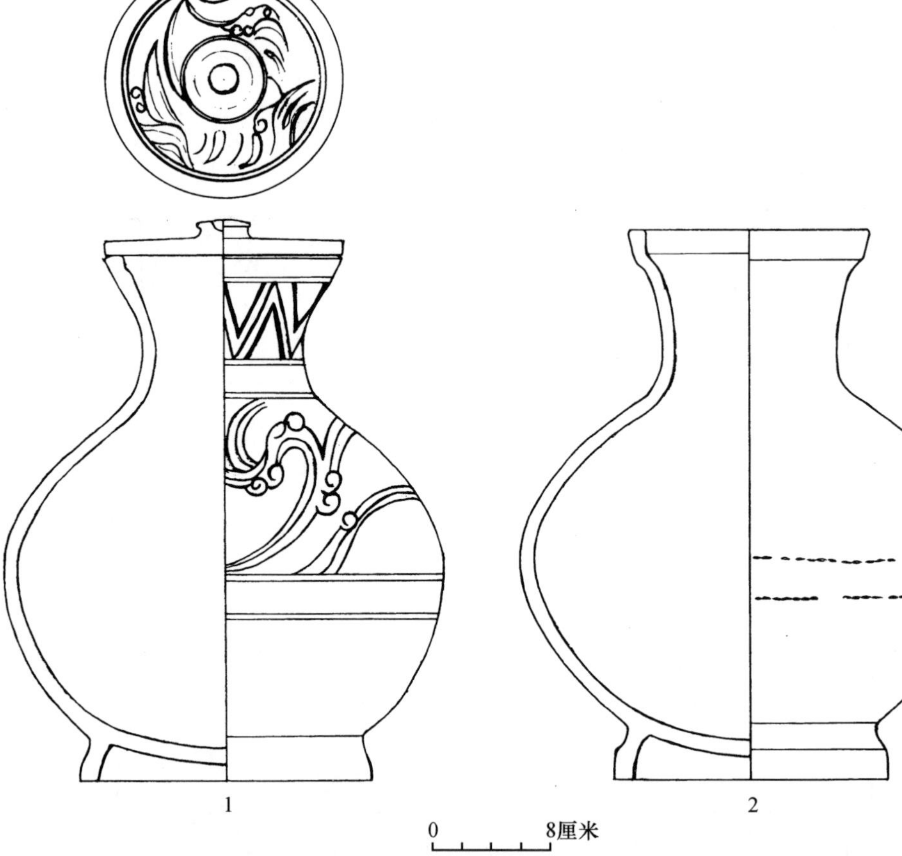

图 2-125　M293 出土陶壶

1. M293∶1　2. M293∶2

2.3、2.2 厘米。M310∶4-1，字体瘦小，“五”字中间两笔略弯，“铢”字的“金”字头呈等边三角形，“朱”字头方折（图 2-128，1）。M310∶4-2，字体较瘦，“五”字中间两笔弯曲，“铢”字的“金”字头呈等边三角形，“朱”字头方折（图 2-128，2）。M310∶4-3、6、7，字体较瘦，“五”字中间两笔弯曲，“铢”字的“金”字头很小，呈等腰三角形，“朱”字头方折（图 2-128，3、6、7）。M310∶4-4，字体瘦小，“五”字中间两笔略弯，“铢”字的“金”字头很小，呈镞形，“朱”字头圆折外撇（图 2-128，4）。M310∶4-5，字体瘦小，“五”字中间两笔较直，“铢”字的“金”字头不清，“朱”字头圆折外撇（图 2-128，5）。M310∶4-8，字体较瘦，“五”字中间两笔弯曲，“铢”字的“金”字头呈镞形，“朱”字头方折（图 2-128，8）。M310∶4-9，为磨郭五铢，字体较瘦，“五”字中间两笔弯曲，“铢”字的“金”字头呈等边三角形，“朱”字头方折，直径 2.3 厘米（图 2-128，9）。M310∶4-10，为磨郭五铢，字体较瘦，“五”字中间两笔弯曲，“铢”字的“金”字头呈等腰三角形，“朱”字头方折，直径 2.2 厘米（图 2-128，10）。

十五、M355

M355 位于第Ⅵ发掘区东南部，T2419 中部，开口扰土层下，距地表深 1.8 米，上部被破坏。

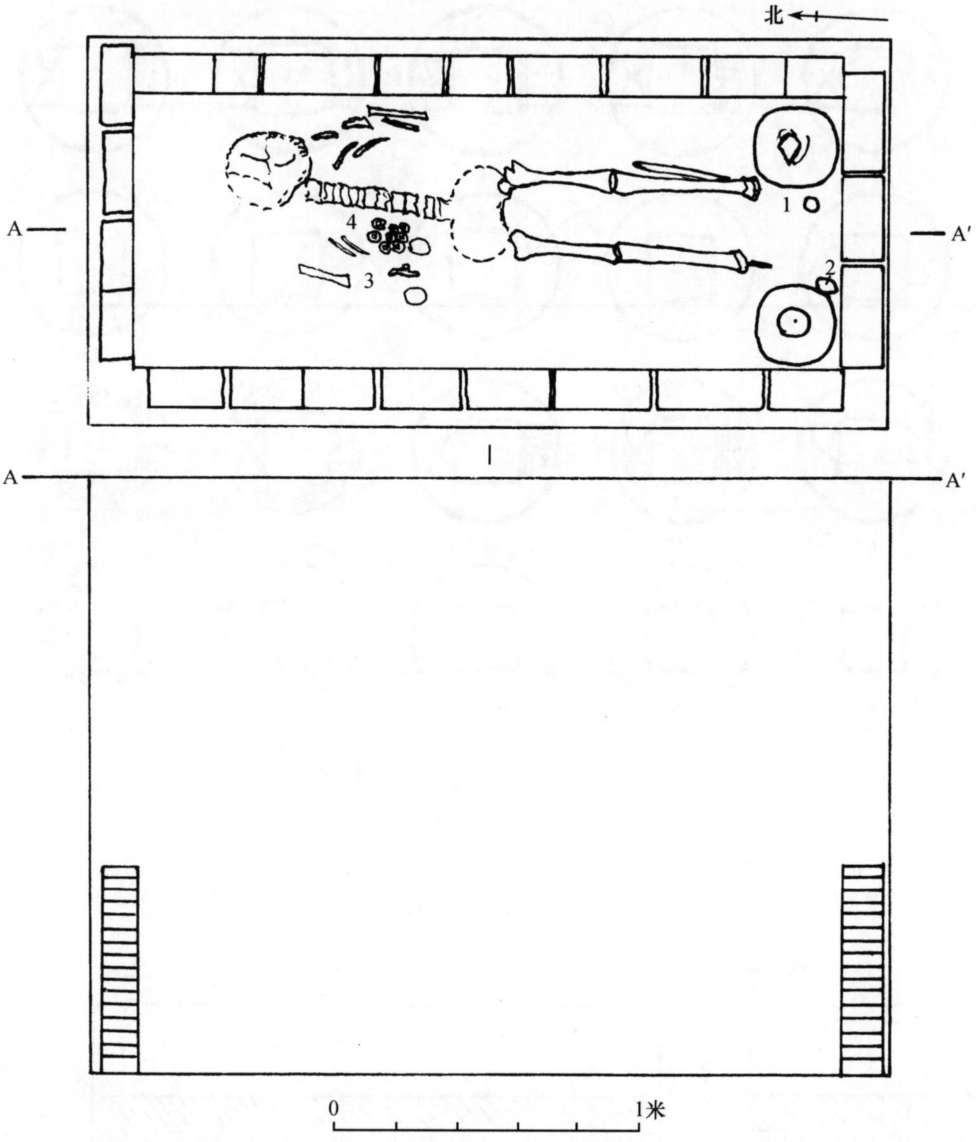

图 2-126　M310 平、剖面图

1、2. 陶壶　3. 铜带钩　4. 铜钱

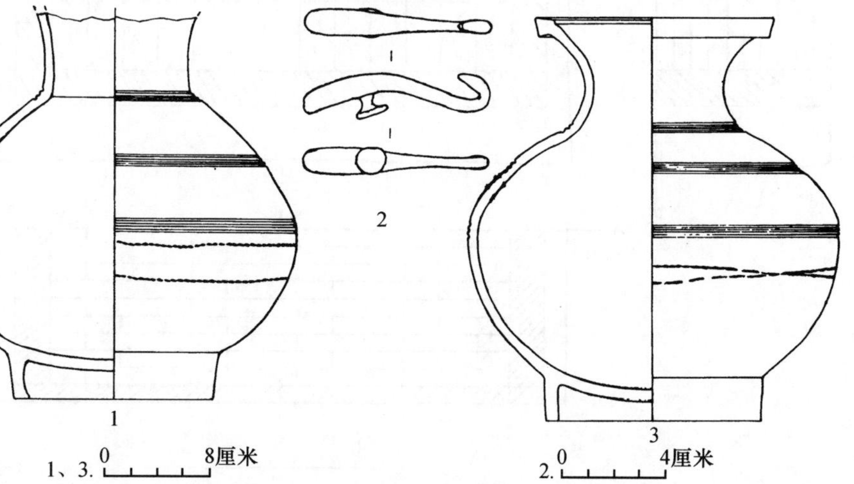

图 2-127　M310 出土器物

1、3. 陶壶（M310∶1、M310∶2）　2. 铜带钩（M310∶3）

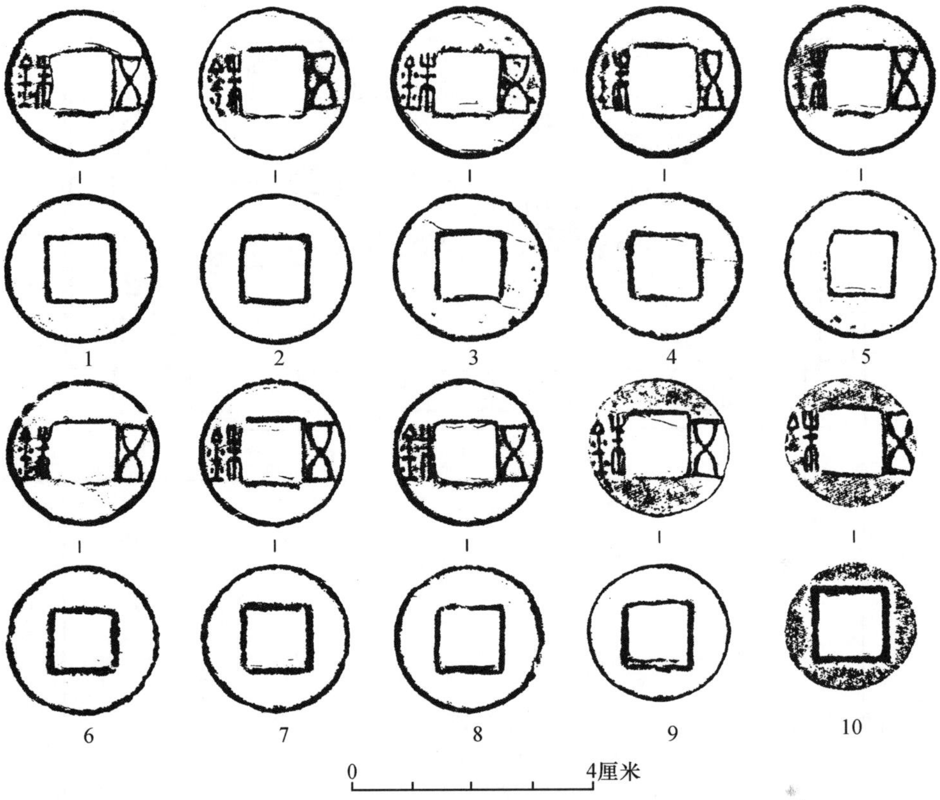

图 2-128　M310 出土五铢钱

1. M310∶4-1　2. M310∶4-2　3. M310∶4-3　4. M310∶4-4　5. M310∶4-5　6. M310∶4-6　7. M310∶4-7　8. M310∶4-8　9. M310∶4-9　10. M310∶4-10

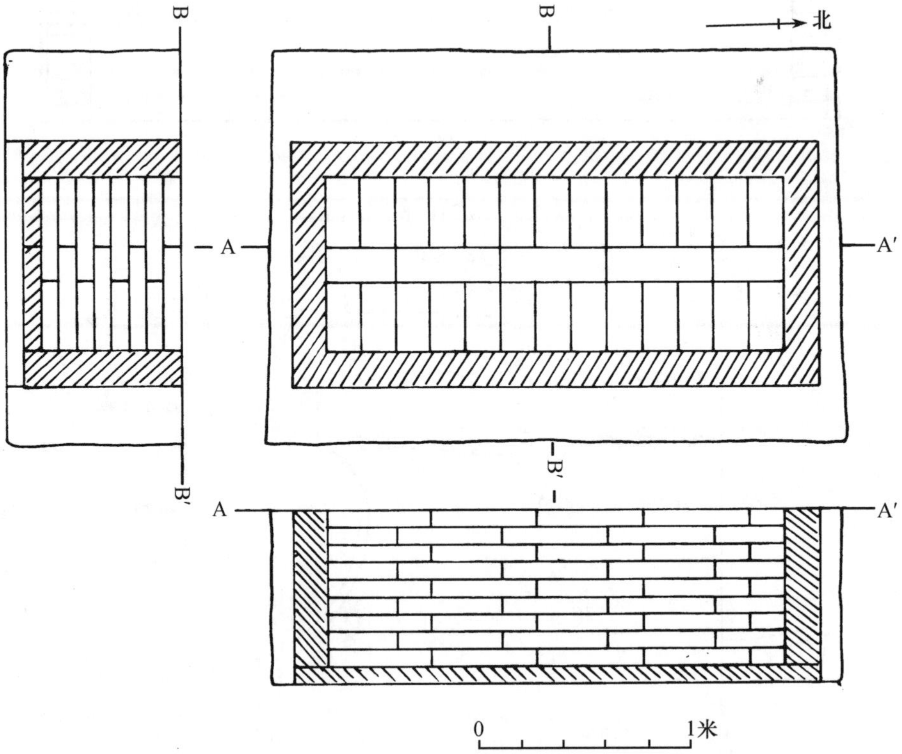

图 2-129　M355 平、剖面图

墓葬形制为土坑竖穴砖椁墓，方向 2°。墓圹平面呈长方形，直壁、平底，长 2.6、宽 1.8、残深 0.8 米。填土呈黄褐色，结构紧密。墓圹内用青砖砌筑椁室，平面长方形，长 2.06、宽 0.8、残高 0.72 米。建造时，先铺一层地砖，再砌筑椁壁。铺地砖中间一排用单砖纵向平铺、两侧横向平铺；椁壁用单砖错缝平砌。所用青砖一面有绳纹，长 46、宽 16、厚 8 厘米。椁内葬具腐朽严重，仅残存少量灰痕。人骨架粉化严重。无随葬品（图 2-129）。

十六、M397

M397 位于第Ⅰ发掘区南部，T1627 东南部，开口于扰土层下，距地表深 2 米，上部被破坏。墓葬形制为土坑竖穴砖椁墓，方向 358°。墓圹平面呈长方形，直壁、平底，长 2.86、宽 1.26、残深 0.84 米。填土呈黄褐色，结构疏松。墓底一周有生土二层台，宽 0.1、高 0.72 米。墓圹内用青砖紧贴二层台砌筑椁室，平面长方形，长 2.6、宽 1、高 0.72 米。建造时，先在墓底铺一层地砖，然后再砌筑椁室四壁。铺地砖呈“人”字平铺；椁壁先用立砖紧贴二层台内侧呈“人”字形斜砌，再在二层台上面铺一层平砖。所用青砖均素面，长 36、宽 14、厚 4 厘米。椁内葬具腐朽严重，仅残存少量灰痕。椁底人骨架 1 具，葬式为仰身直肢，头向北。随葬品有 4 件（组），其中陶壶 2 件，置于椁底南端；铜钱 3 枚（1 组），置于人骨架中部；铁斧 1 件，置于人骨架下肢南端（图 2-130；图版 5-5）。

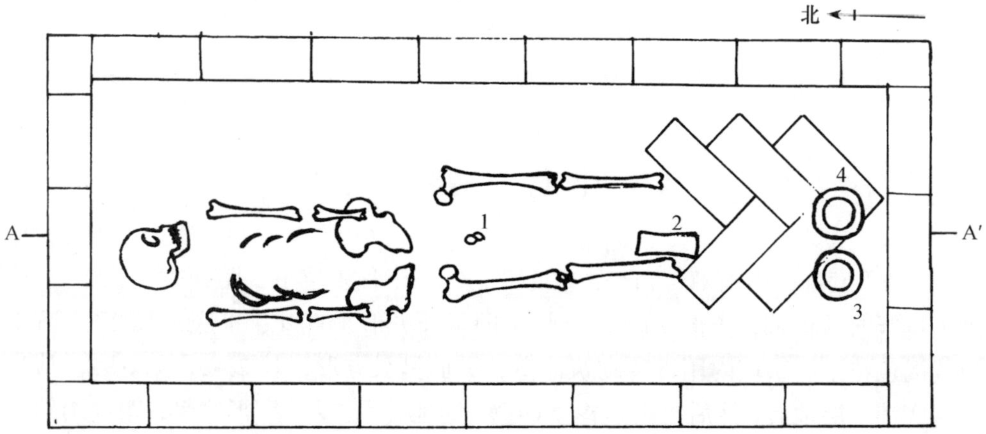

图 2-130　M397 平、剖面图

1. 铜钱　2. 铁斧　3、4. 陶壶

陶壶　2件。泥质灰陶。M397∶3，敞口，卷圆唇，鼓腹，大平底。口径13、腹径19、底径13.2、高22、壁厚0.8~1厘米（图2-131，2）。M397∶4，敞口，圆唇，鼓腹，大平底。口径13、腹径18、底径14、高20.8、壁厚0.8厘米（图2-131，1；图版14-6）。

铁斧　1件（M397∶2）。锈蚀严重。横断面呈长方形，纵断面呈三角形。长15、宽6.8~7.6、最厚4.8厘米（图2-131，3）。

铜钱　3枚（M397∶1）。均为五铢钱，锈蚀严重。

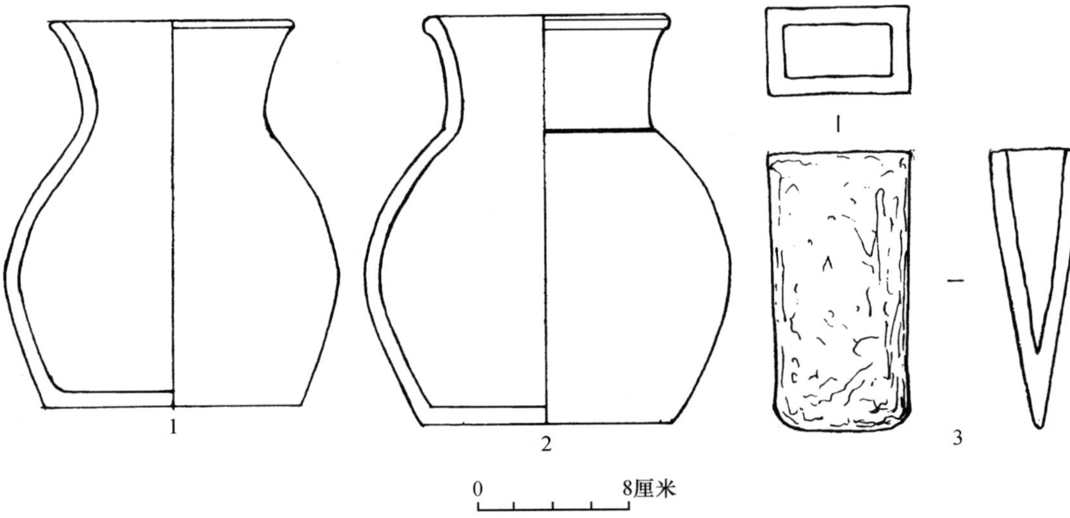

图2-131　M397出土器物

1、2. 陶壶（M397∶4、M397∶3）　3. 铁斧（M397∶2）

十七、M401

M401位于第Ⅰ发掘区中南部，T1623东北部，开口于扰土层下，距地表2.2米，上部被破坏。墓葬形制为土坑竖穴砖椁墓，方向10°。墓圹平面呈长方形，直壁、平底，长2.5、宽1、残深1.6米。填土为黄褐色花土。墓圹内用青砖砌筑椁室，平面呈长方形，长2.42、宽0.92、残高0.66米。建造时先在墓底铺一层地砖，然后再砌筑椁室四壁。铺地砖呈“人”字形平铺；四壁用斜立砖呈“人”字形贴砌。所用青砖均素面，长40、宽16、厚4厘米。椁内葬具腐朽严重，仅存少量灰痕。人骨架粉化严重。随葬品有4件（组），其中陶壶2件，置于椁底南端；铜钱8枚（1组），位于椁底北部；铜镜1件，位于椁底东北部（图2-132）。

陶壶　2件。M401∶2，泥质灰陶。微盘口，平折沿，方唇，束颈较短，溜肩，鼓腹，矮圈足外撇。颈下部和腹部饰3组凹弦纹，下饰2周戳印纹。口径16、腹径26、底径17、高28、壁厚0.8厘米（图2-133，1）。M401∶3，泥质灰陶。盘口，平折沿，方唇，束颈较短，溜肩，鼓腹，矮假圈足。颈下部和腹部饰3组凹弦纹，下饰3周戳印纹，近足处饰斜向细绳纹。口径15、腹径26、底径16、高28、壁厚0.8~1.1厘米（图2-133，2）。

铜镜　1件（M401∶4）。四乳博局镜。直径9.5厘米。

铜钱　8枚，均为五铢钱，其中有郭五铢5枚，磨郭五铢3枚。M401∶1-1，字体瘦小，“五”字中间两笔较直，“铢”字的“金”字头呈等腰三角形，“朱”字头圆折。直径2.4厘米（图2-134，1）。

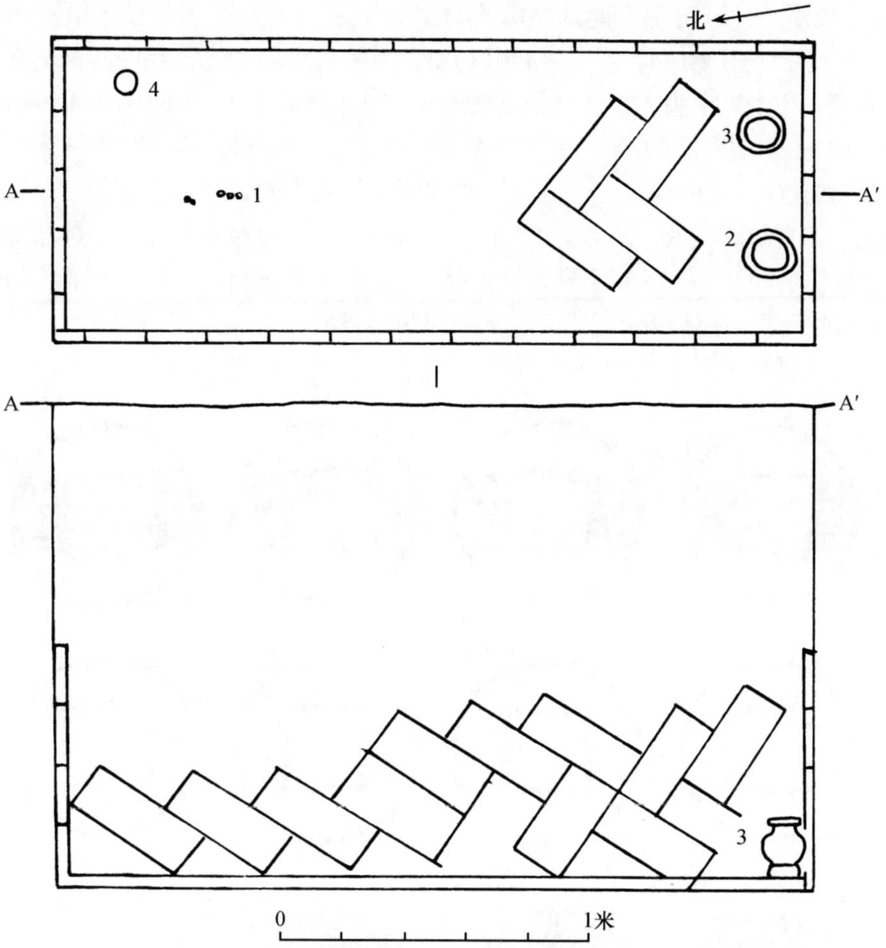

图 2-132　M401 平、剖面图

1. 铜钱　2、3. 陶壶　4. 铜镜

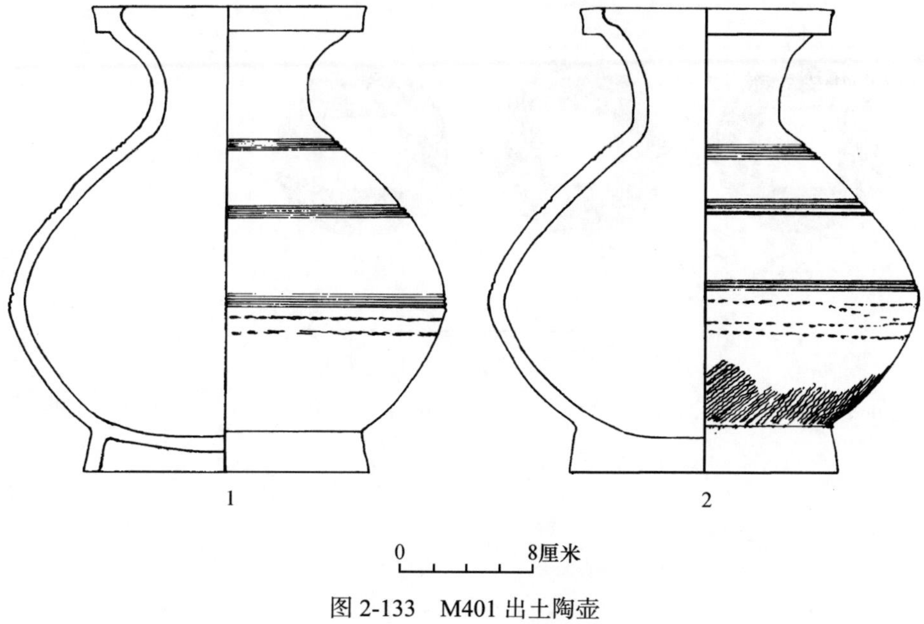

图 2-133　M401 出土陶壶

1. M401∶2　2. M401∶3

M401∶1-2，字体较瘦，“五”字中间两笔较直，“铢”字的“金”字头呈等腰三角形，“朱”字头圆折。直径 2.5 厘米（图 2-134，2）。M401∶1-3，字体较瘦，“五”字中间两笔弯曲，“铢”字的“金”字头不清，“朱”字头方折。直径 2.5 厘米（图 2-134，3）。M401∶1-4，字体较瘦，“五”字中间两笔较直略弯，“铢”字的“金”字头呈镞形，“朱”字头方折。直径 2.5 厘米（图 2-134，4）。M401∶1-5，为磨郭五铢，字体较瘦，“五”字中间两笔较直弯曲，“铢”字的“金”字头呈镞形，“朱”字头圆折。直径 2.3 厘米（图 2-134，5）。M401∶1-6，为磨郭五铢，字体较宽，“五”字中间两笔弯曲，“铢”字的“金”字头呈等边三角形，“朱”字头圆折。直径 2.3 厘米（图 2-134，6）。M401∶1-7，为磨郭五铢，字体较瘦，“五”字中间两笔弯曲，“铢”字的“金”字头不清，“朱”字头方折。直径 2.3 厘米（图 2-134，7）。

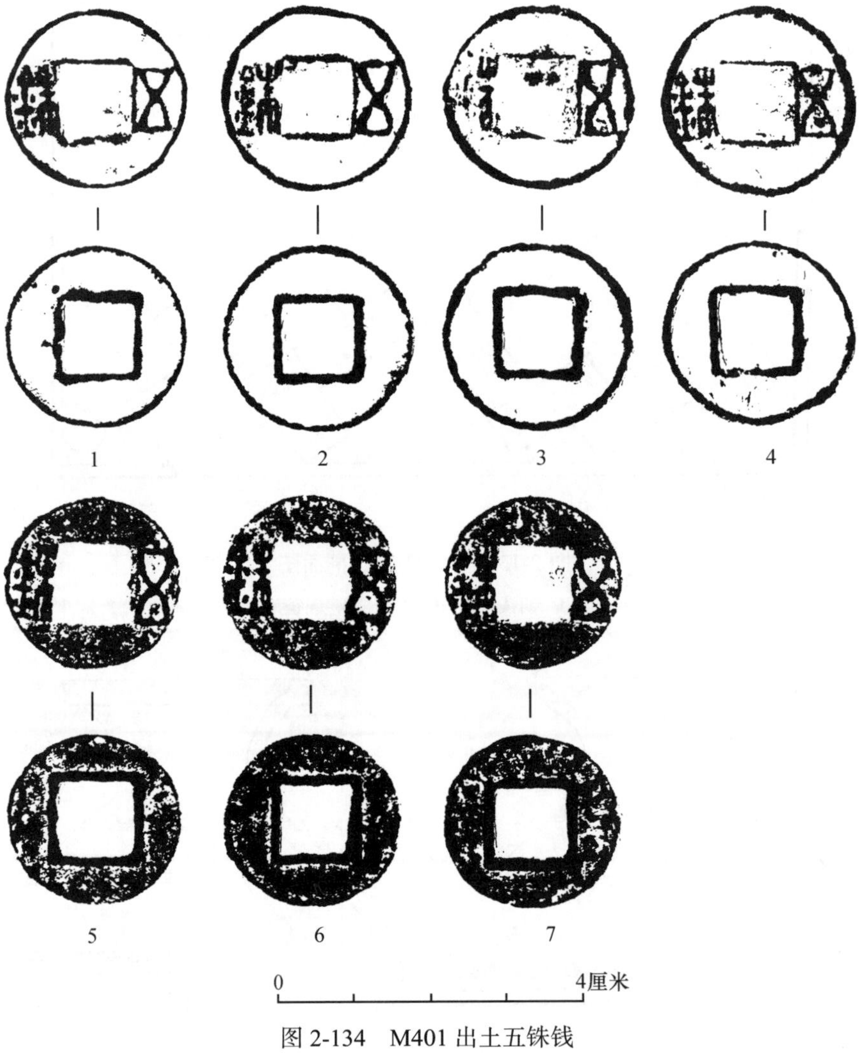

图 2-134　M401 出土五铢钱

1. M401∶1-1　2. M401∶1-2　3. M401∶1-3　4. M401∶1-4　5. M401∶1-5　6. M401∶1-6　7. M401∶1-7

第三节　砖　室　墓

一、M1

M1 位于第 I 发掘区东部，T1829 北部，延伸至 T1929 内，开口于耕土层下，距地表 0.3 米，上部被破坏。墓葬形制为砖室墓，平面呈刀把形，方向 188°，由墓道、墓门、甬道、前室、过道和后室组成。墓道在墓室东南部，残存部分平面呈长方形，直壁、平底，残长 2、宽 1.2、残深 1.7 米。墓门宽 0.84、残高 1.42 米，未发现封门设施。墓圹平面呈梯形，直壁、平底，长 6、宽 2.34~2.6、残深 1.7 米。墓圹内用青砖砌筑墓室，建造时，先铺一层地砖，然后再砌筑墓室。甬道宽 0.84、残高 1.42、进深 0.32 米，铺地砖为横向对缝平铺，两壁按“一顺一丁”（双砖错缝平砌一层，侧立砖丁砌一层）的方法砌筑，券顶残。前室平面长方形，长 2.02、宽 1.86、残高 1.62 米，铺地砖呈“人”字形平铺，壁为“一顺一丁”。前室西部砌有一砖台，长 2.02、宽 0.8、高 0.14 米，台面铺砖外侧为纵向平铺、内侧横向对缝平铺。前、后室之间有一过道，残，宽度不清、残高 1.6、进深 0.64 米，铺地砖为横向、纵向交替平铺，壁为“一顺一丁”。后室平面长方形，长 2.62、宽 1.68、残高 1.22 米，铺地砖为横向错缝平铺，壁为“一顺一丁”砌筑。所用青砖一面有绳纹，长 32、宽 16、厚 8 厘米。填土为红褐色花土，结构疏松。墓室内未发现葬具和人骨架痕迹。随葬品有 2 件（组），其中铜钱 3 枚（1 组），置于后室东北角；陶案 1 件，发现于前室西南部填土中（图 2-135）。

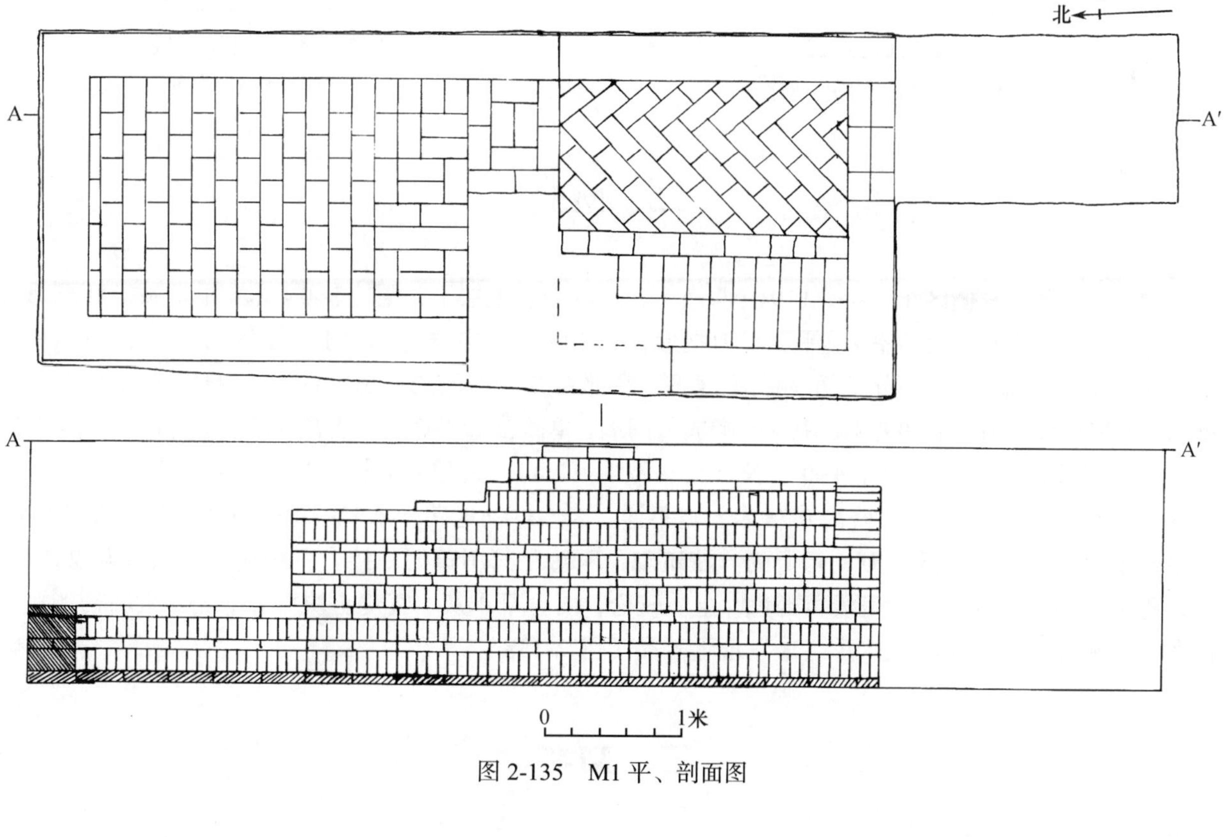

图 2-135　M1 平、剖面图

陶案　1件（M1∶2）。红胎绿釉，底不包釉。残，原应为长方形，现仅存一角。边缘隆起，案面中部有1周长方形凸弦纹，从案角至弦纹一角以及弦纹内侧饰数周波浪纹。残长27.8、残宽21.5、厚0.8厘米（图2-136）。

铜钱　3枚，均为五铢钱。铸造较好，钱文清晰者2枚，外郭清晰，方形穿，穿反面有郭，正面穿下有郭，直径均2.6厘米。M1∶1-1、2，字体相同，“五”字中间两笔弯曲，“铢”字的“金”字头呈镞形，“朱”字头圆折（图2-137，1、2）。

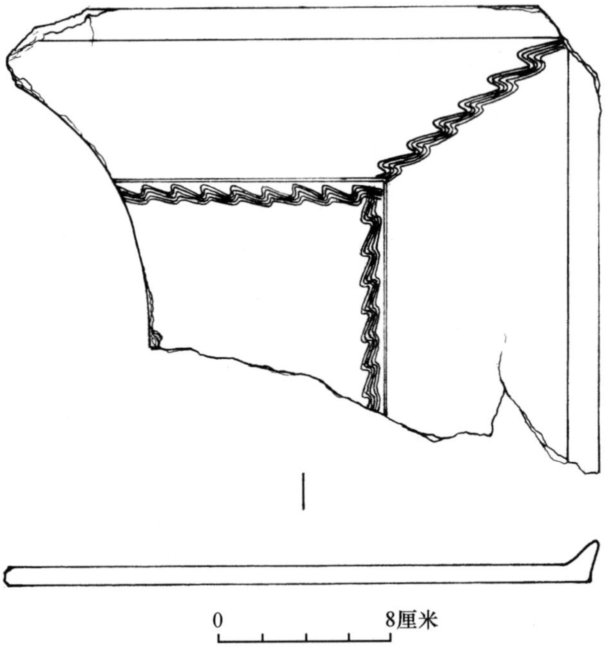

图2-136　M1出土陶案（M1∶2）

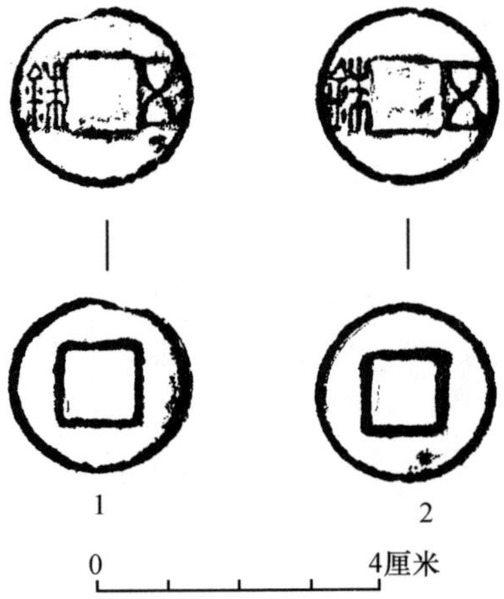

图2-137　M1出土五铢钱

1. M1∶1-1　2. M1∶1-2

二、M5

M5位于第Ⅴ发掘区东南部，T1919西南部，开口于耕土层下，距地表0.4米，早期被破坏严重，只残存墓底。墓葬形制为砖室墓，平面呈刀把形，方向185°。由墓道、墓门、甬道和墓室四部分组成。墓道在墓室东南部，残存部分平面呈梯形，直壁、底部斜坡，残长2.24、宽1.1~1.24、残深0.18~0.72米。墓门宽0.78米，残存最高0.8米，用青砖砌成封门墙，单砖错缝平砌。甬道宽0.78、残高0.8、进深0.3米。墓圹平面略呈梯形，直壁平底，长3.52、宽1.9~2.44、残深0.8米。圹内用青砖砌筑墓室，只残存部分东半部分，长3.1、残高0.78米，宽不详。未发现铺地砖，墓壁用青砖按“两顺一丁”（单砖错缝平砌两行、侧立砖丁砌一行）的方法筑砌，两砖之间用黄泥黏接。所用青砖一面有绳纹，长36、宽16、厚8厘米。填土呈浅黄褐色，土质较松，内含草木灰、红烧土块等。墓底葬具腐朽严重，仅存少量灰痕。人骨架粉化严重。未发现随葬品（图2-138）。

三、M47

M47位于第Ⅰ发掘区东部，T1830西部，延伸至T1829内，开口于耕土层下，距地表0.3米，

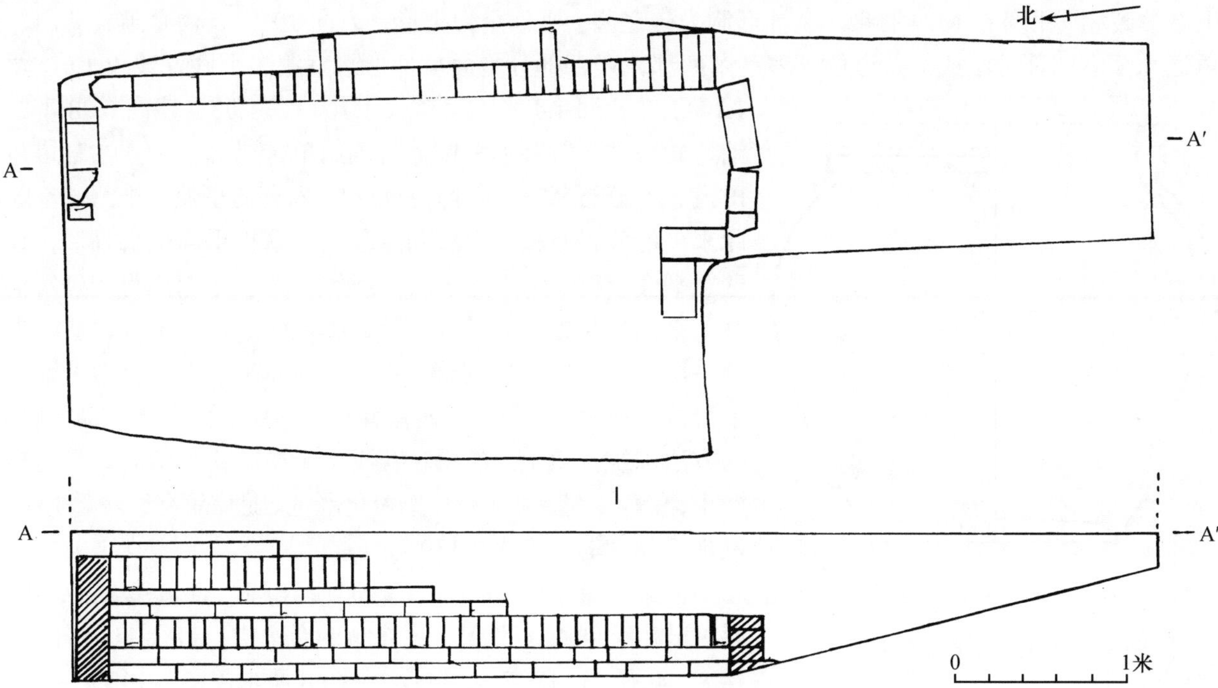

图 2-138　M5 平、剖面图

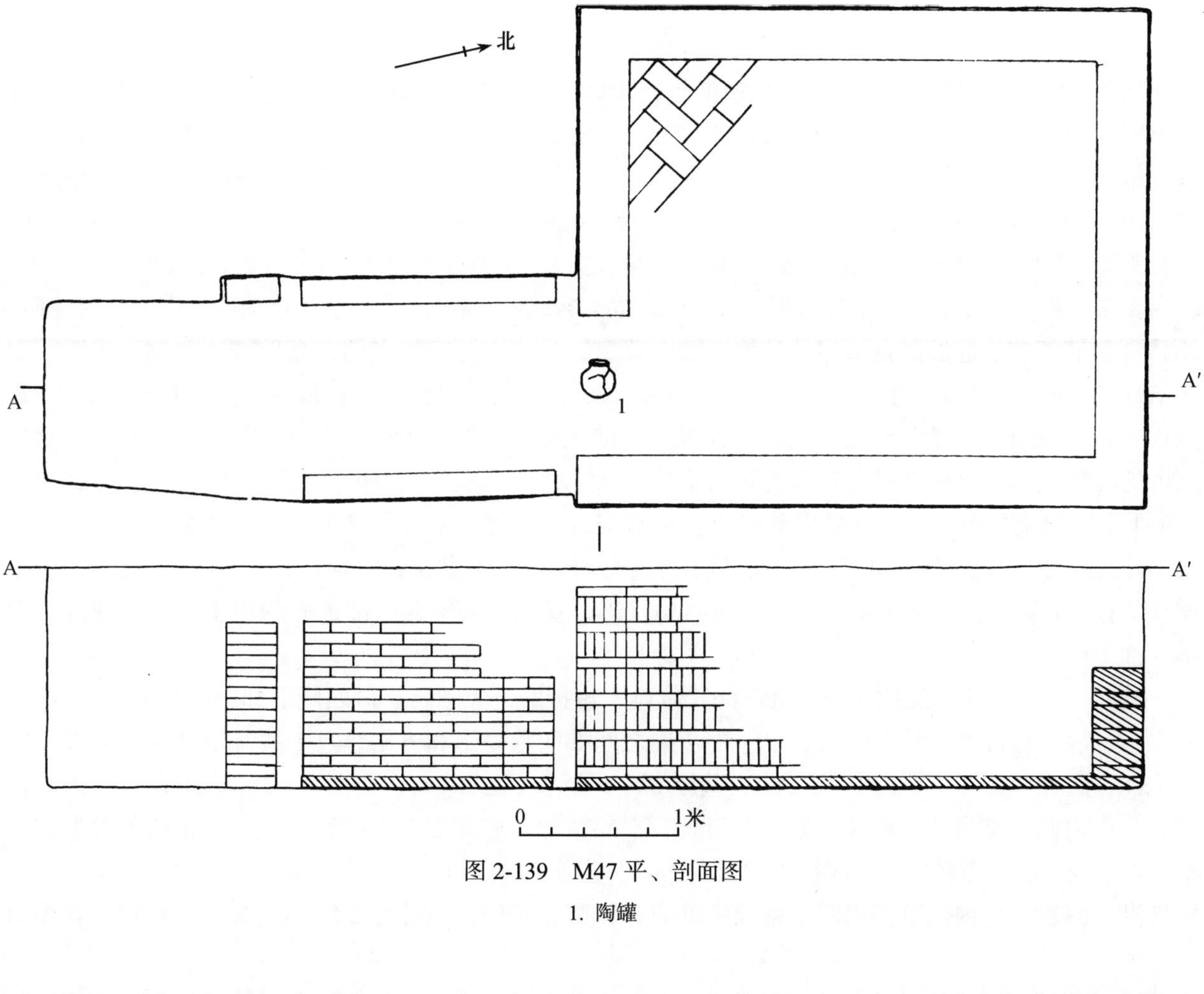

图 2-139　M47 平、剖面图

1. 陶罐

上部被破坏，北部被 M24 打破。墓葬形制为砖室墓，平面呈刀把形，方向 191° ，由墓道、墓门、甬道和墓室四部分组成。墓道位于墓室东南部，残存部分平面呈梯形，直壁、平底，残长 1.6、宽 1.14~1.25、深 1.4 米。甬道长 1.76、宽 1.08、残高 0.98 米，铺地砖呈“人”字形平铺，两侧用单砖错缝平砌。在墓道与甬道、甬道与墓室之间均留有 0.14 米宽的空隙，推测该空隙原来可能放置石板，形成两道墓门。墓圹平面呈长方形，直壁、平底，长 3.64、宽 3.2、残深 1.4 米。圹内用青砖砌筑墓室，平面呈长方形，长 3、宽 2.52、残高 1.22 米。建造时先铺一层地砖，然后再砌筑墓室，铺地砖呈“人”字形平铺，墓壁按“一顺一丁”（双砖错缝平砌一层、侧立砖丁砌一层）的方法砌筑。填土为红褐色花土，土质疏松。墓底葬具腐朽严重，仅存少量灰痕。人骨架粉化严重。随葬品有红陶罐 1 件，发现于墓底南端（图 2-139）。

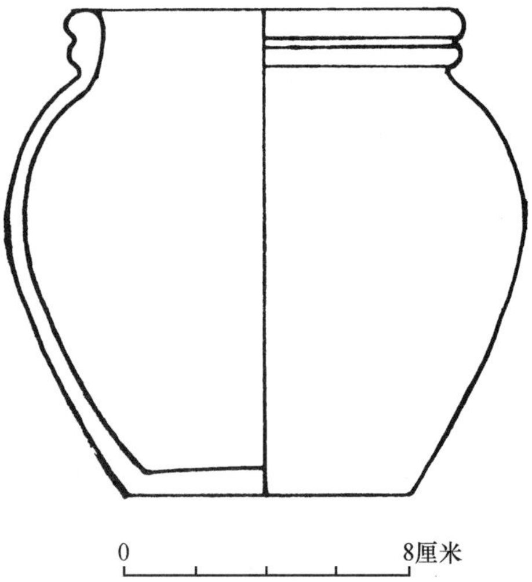

图 2-140　M47 出土陶罐（M47∶1）

陶罐　1 件（M47∶1）。泥质红陶。直口微敛，卷圆唇，鼓肩，斜腹，平底。唇外侧 1 周凹槽。口径 11.2、腹径 14.8、底径 8、高 13.8、壁厚 0.4~0.6 厘米（图 2-140）。

四、M53

M53 位于第 I 发掘区中部，T1825 东部，开口于耕土层下，距地表 0.35 米，上部被破坏。墓葬形制为砖室墓，平面呈刀把形，方向 188° ，由墓道、墓门、甬道和墓室四部分组成。墓道位于墓室东南部，残存部分平面呈长方形，直壁、平底，残长 1.72、宽 1.44、残深 1.86 米。墓门呈拱形，宽 0.76、残高 1.14 米，用青砖错缝平砌两层封门墙，残高 0.48 米。甬道的宽、高和墓门一致，进深 0.64 米，顶部为券顶、用侧立砖纵券三层。墓圹平面呈长方形，直壁、平底，长 4.36、宽 2.36、残深 1.84 米。圹内用青砖砌筑墓室，平面呈长方形，长 3.62、宽 1.64、残存最高 1.7 米。在建造时，先铺一层地砖，然后再砌筑墓室。铺地砖自墓门处延伸至整个墓室，呈“人”字形平铺；墓壁按“两顺一丁”（双砖错缝平砌两行，侧立砖丁砌一行）的方法砌筑，两砖之间用黄泥黏接。在墓室的西南角砌出长 1.22、宽 0.8、高 0.16 米的砖台，台面外侧铺砖为纵向平铺，内部为横向对缝平铺。所用青砖均一面有绳纹，除甬道券顶用部分楔形砖外，其余为长方形砖，长 32、宽 16、厚 8 厘米；楔形砖长 32、宽 16、厚 4~8 厘米。填土呈黄褐色，含较多碎砖块、草木灰、碎骨等。墓室早期被盗，被焚烧，葬具及人骨架不详。随葬品有 10 件（组），其中铜镜 1 件，发现于墓室东北部；银耳环 3 枚，发现于墓室西南；铜钱 2 枚（1 组），发现于墓室中部；陶器均残碎，发现于墓室西南部近底的填土中，经修复为陶罐 5 件（图 2-141）。

陶罐　5 件。均为泥质灰陶。M53∶6，敛口，短折沿，尖圆唇，口内侧下部内凹，束颈，鼓肩，斜腹，平底。肩部饰 3 周凹弦纹，上、中 2 周之间拍印重菱形和方格纹。上腹部饰 2 道戳印纹。口径 18.8、腹径 30、底径 18.4、高 24.4、壁厚 0.6~1 厘米（图 2-142，1）。M53∶7，敛口，短折沿，圆唇，口内侧下部内凹，束颈，鼓肩，斜腹，平底微凹。肩部饰 2 周凹弦纹，其间拍印重菱形和方格纹。口径 17.2、腹径 30.2、底径 17.2、高 23.2、壁厚 0.8~1.2 厘米（图 2-142，4）。M53∶8，敛口，短折沿，圆唇，口内侧下部内凹，束颈，鼓肩，斜腹，平底。肩部饰 2 周凹弦纹，其间拍印重菱形

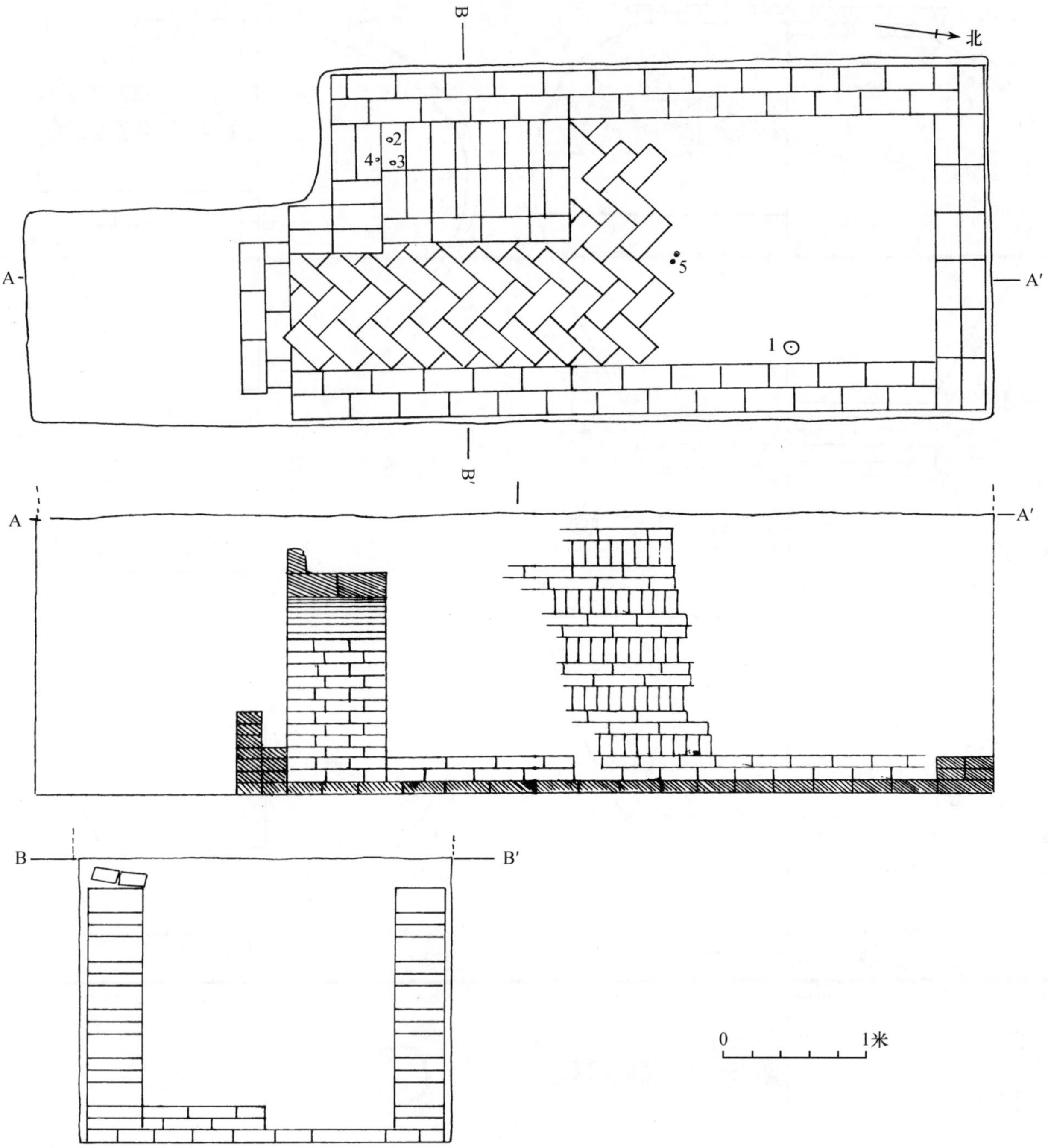

图 2-141　M53 平、剖面图

1. 铜镜　2~4. 银耳环　5. 铜钱

和方格纹。上腹部饰 3 周戳印纹。口径 18、腹径 29.2、底径 18、高 23.2、壁厚 0.5~1 厘米（图 2-142，3）。M53∶9，敛口，短折沿，圆唇，束颈，鼓肩，斜腹，平底。肩部饰 2 周凹弦纹，其间拍印重菱形和方格纹。上腹部饰 2 周戳印纹。口径 14、腹径 26、底径 14.8、高 22、壁厚 0.5~1.2 厘米（图 2-142，2）。M53∶10，泥质灰陶。侈口，圆方唇，短颈，鼓肩，斜腹，平底，肩部有双系。两系之间饰 2 周凹弦纹，其间拍印重菱形和方格纹。口径 13.6、腹径 30、底径 16.4、高 27、壁厚 0.8~1 厘米（图 2-142，5；图版 15-1）。

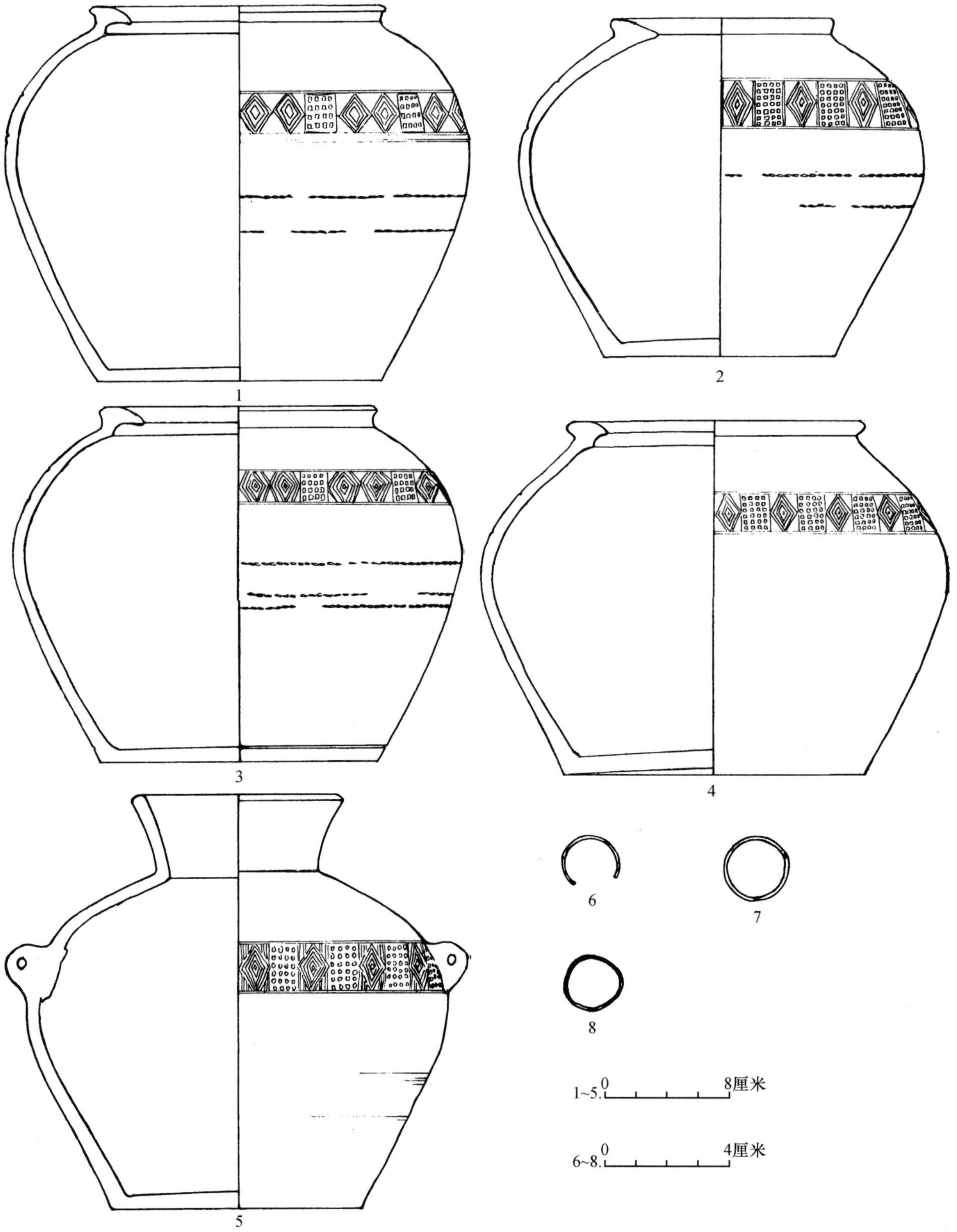

图 2-142　M53 出土器物

1~5. 陶罐（M53∶6、M53∶9、M53∶8、M53∶7、M53∶10）　6~8. 银耳环（M53∶4、M53∶2、M53∶3）

银耳环 3件。M53∶2，环形，直径2厘米（图2-142，7）。M53∶3，近环形。直径1.9厘米（图2-142，8）。M53∶4，环形，残断。直径1.8厘米（图2-142，6）。

铜镜 1件（M53∶1）。昭明连弧铭带镜。圆纽，圆纽座。座外1周内向八连弧圈带。其外两周短斜线圈带之间饰铭文："内清以光日月愿忠泄。"两字之间均用"而"字隔开。素宽缘。直径9.3、镜体厚0.3厘米（图2-143；图版30-5）。

铜钱 2枚（M53∶5）。均为五铢钱，锈蚀严重。

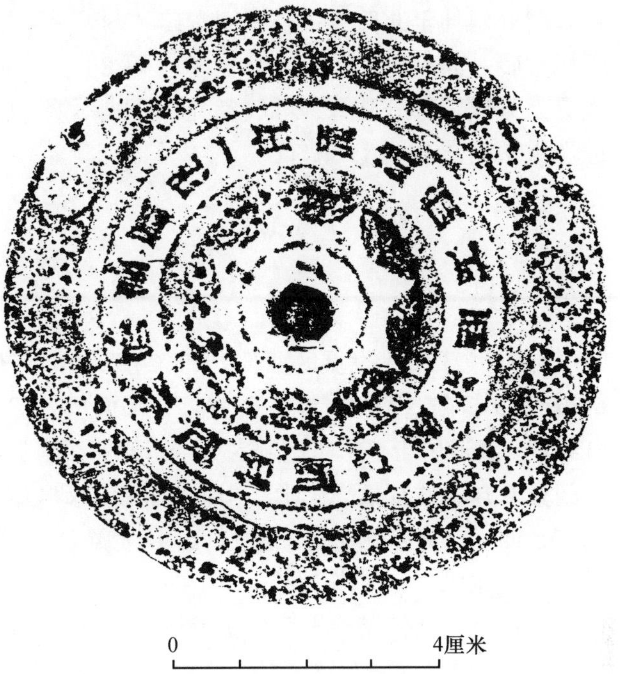

图2-143 M53出土铜镜（M53∶1）

五、M60

M60位于第Ⅰ发掘区西部，T1724西北部，开口于耕土层下，距地表0.4米，上部被M6打破，打破M64。墓葬形制为砖室墓，平面呈刀把形，方向170°，由墓道、墓门、甬道和墓室四部分组成。墓道位于墓室东南部，残存部分平面呈长方形，直壁、平底，残长1.2、宽0.8、残深0.8米。墓门宽0.64、残高0.8米，用青砖砌成两层封门墙，残高0.48米，里面一层用整砖错缝平砌，外面一层用残砖拼砌。甬道宽0.64、残高0.72、进深0.32米。墓圹平面呈长方形，直壁、平底，长3.2、宽1.5、残深0.8米。圹内用青砖砌筑墓室，平面呈长方形，长2.6、宽1.2、残高0.72米。建造时先铺一层地砖，然后再砌筑墓室。铺地砖错缝平铺，

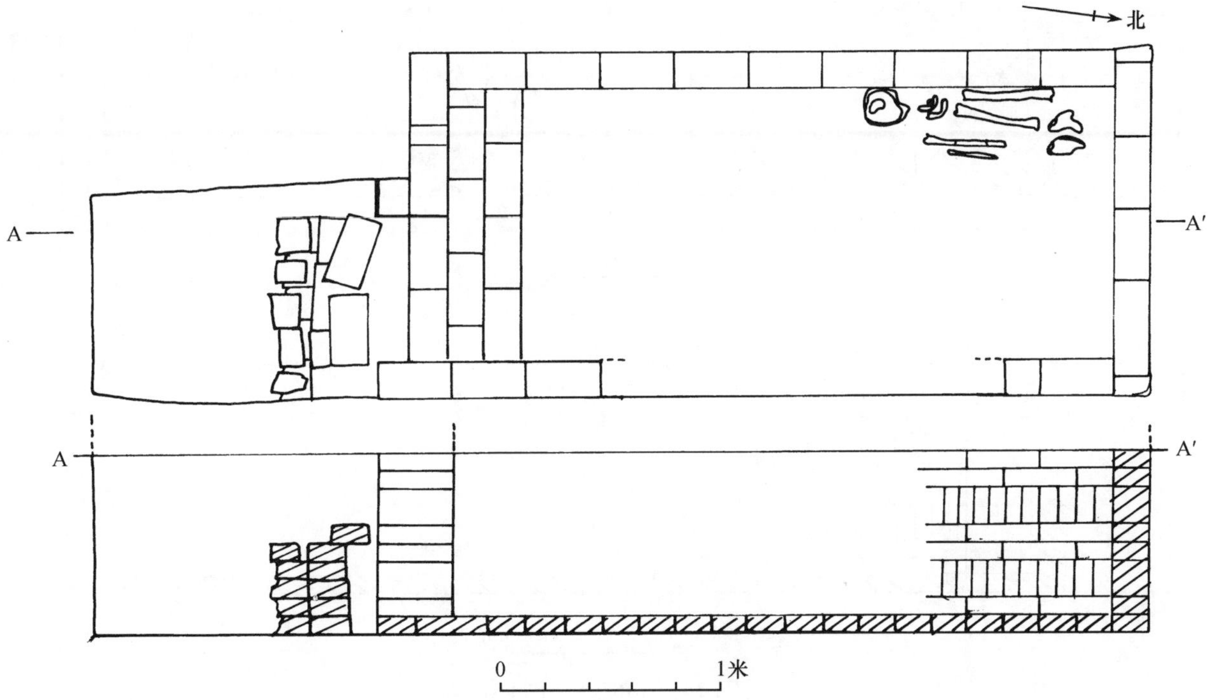

图2-144 M60平、剖面图

自墓门处延伸至北壁下；墓壁用青砖“两顺一丁”（单砖错缝平砌两层、侧立砖丁砌一层）筑成。所用青砖一面有绳纹，长32、宽16、厚8厘米。填土呈黄褐色，土质略松。墓底未发现葬具痕迹，人骨架只残留部分肢骨，堆放凌乱，葬式不明。随葬品有铜钱1枚，发现于墓室东北角填土中，锈蚀严重（图2-144）。

六、M67

M67位于第Ⅰ发掘区西部，T1724东北部，开口于耕土层下，距地表0.3米，被破坏严重，西部被M49打破。墓葬形制为砖室墓，平面呈刀把形，方向174°，由墓道、墓门、甬道和墓室四部分组成。墓道位于墓室东南部，残存部分平面呈长方形，直壁、平底，残长0.5、宽0.84、残深1.04米。墓门宽0.74、残存最高1米，用青砖错缝平砌成封门墙，残高0.4米。甬道宽、残高同墓门，顶残。墓圹平面呈长方形，直壁、平底，长4.6、宽2.2、残深1.04米。圹内用青砖砌筑墓室，平面呈长方形，长3.72、宽1.42、残高1米。建造时，先在墓底铺一层地砖，然后再砌筑墓室。铺地砖自墓门处延伸至北壁下，斜向错缝平铺；墓壁用青砖按“两顺一丁”（单砖错缝平砌两层、侧立砖丁砌一层）

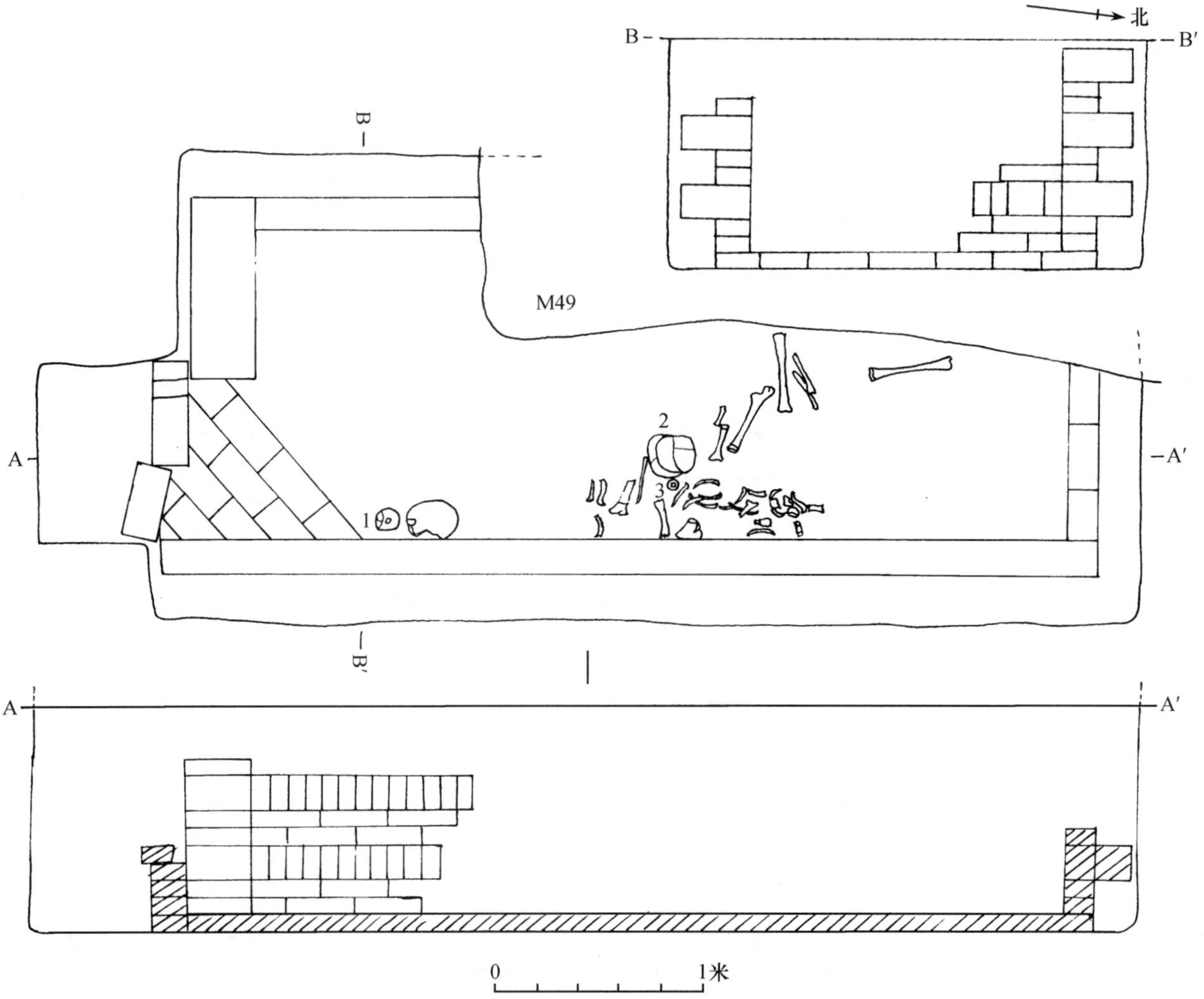

图2-145　M67平、剖面图

1. 铜镜　2. 陶盆　3. 铜钱

的方法砌筑；顶部残。所用青砖均素面，长 28、宽 14、厚 5 厘米。填土为红褐色花土，土质疏松。墓底未发现葬具痕迹，人骨架散乱，葬式不明，头向不明。随葬品有 4 件，其中铜镜 1 件，位于墓室南部；铜钱 1 枚，位于墓室中部；陶钵 1 件，位于墓室中部；另于填土中发现陶片若干，形制似陶盆（图 2-145）。

陶钵　1 件（M67∶2）。残碎，未能修复。

陶盆　1 件（M67∶4）。泥质灰陶。卷折沿，方唇，敞口，口内壁外折，斜直腹，平底。素面。口径 35.2、底径 18、高 15.6、壁厚 0.8~1 厘米（图 2-146）。

铜镜　1 件（M67∶1）。四乳龙虎镜，局部锈蚀。圆纽，圆纽座。座外四乳将镜面平分为四区，其间分饰龙、虎等图案。图案外饰 2 周凸弦纹、1 周短线纹。宽素缘。直径 8.6、缘宽 0.9、内区厚 0.2、缘厚 0.5 厘米（图 2-147，2）。

铜钱　1 枚（M67∶3）。半两钱，无郭。直径 2.3 厘米（图 2-147，1）。

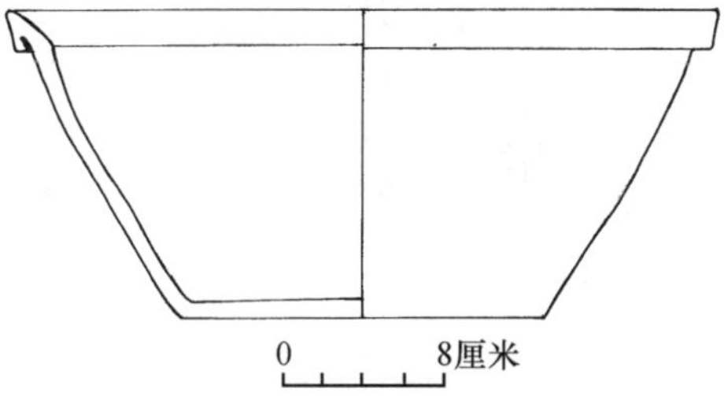

图 2-146　M67 出土陶盆（M67∶4）

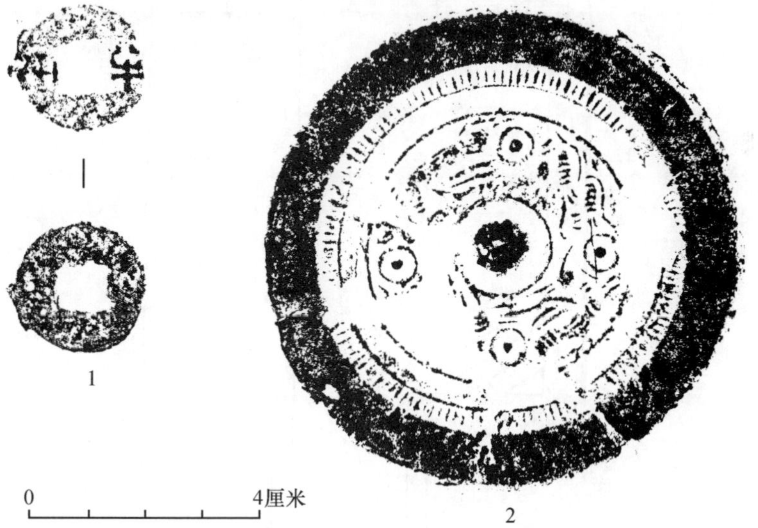

图 2-147　M67 出土器物

1. 半两钱（M67∶3）　2. 铜镜（M67∶1）

七、M84

M84 位于第Ⅰ发掘区东南部，T1630 西部，开口于耕土层下，距地表 0.25 米，上部被 M78、M82 打破。墓葬形制为砖室墓，平面呈刀把形，方向 180°，由墓道、墓门、甬道、墓室和耳室五部分组成。墓道位于墓室东南部，残存部分平面呈长方形，直壁、平底，残长 1.48、宽 1.28、深 3 米。墓门宽 0.92、残高 0.32 米。甬道长 1.4、宽 0.92、残高 0.32 米，两壁用青砖错缝平砌，顶部残。墓圹平面近长方形，直壁、平底，长 6.9、最宽 3.3、深 3 米。墓圹内用青砖砌筑墓室和耳室。墓室平面长方形，残长 6.3、宽 2、残高 0.96 米。建造时先铺一层地砖，然后再砌筑墓室。铺地砖呈“人”字形平铺，自墓门处延伸至北壁下；墓壁砌法为“两顺一丁”（双砖错缝平砌两层，侧立砖丁砌一层）；顶部残。两耳室相邻，形制一致，并列于墓室东侧中部，均宽 0.5、高 0.76、进深 0.48 米。耳室铺地砖为错缝平铺，两壁为“一顺一丁”（双砖顺砌一层、平砖丁砌一层），内壁错缝平砌，顶部为券顶，单层侧立砖纵券。所用青砖均素面，长 32、宽 15、厚 6 厘米。填土为红褐色，结构略疏松。墓底未发现葬具及人骨架痕迹。随葬品有 4 件（组），其中陶勺 2 件、陶魁 1 件、铜饰 1 件、铜钱 7 枚（1 组），均发现于墓底填土中（图 2-148）。

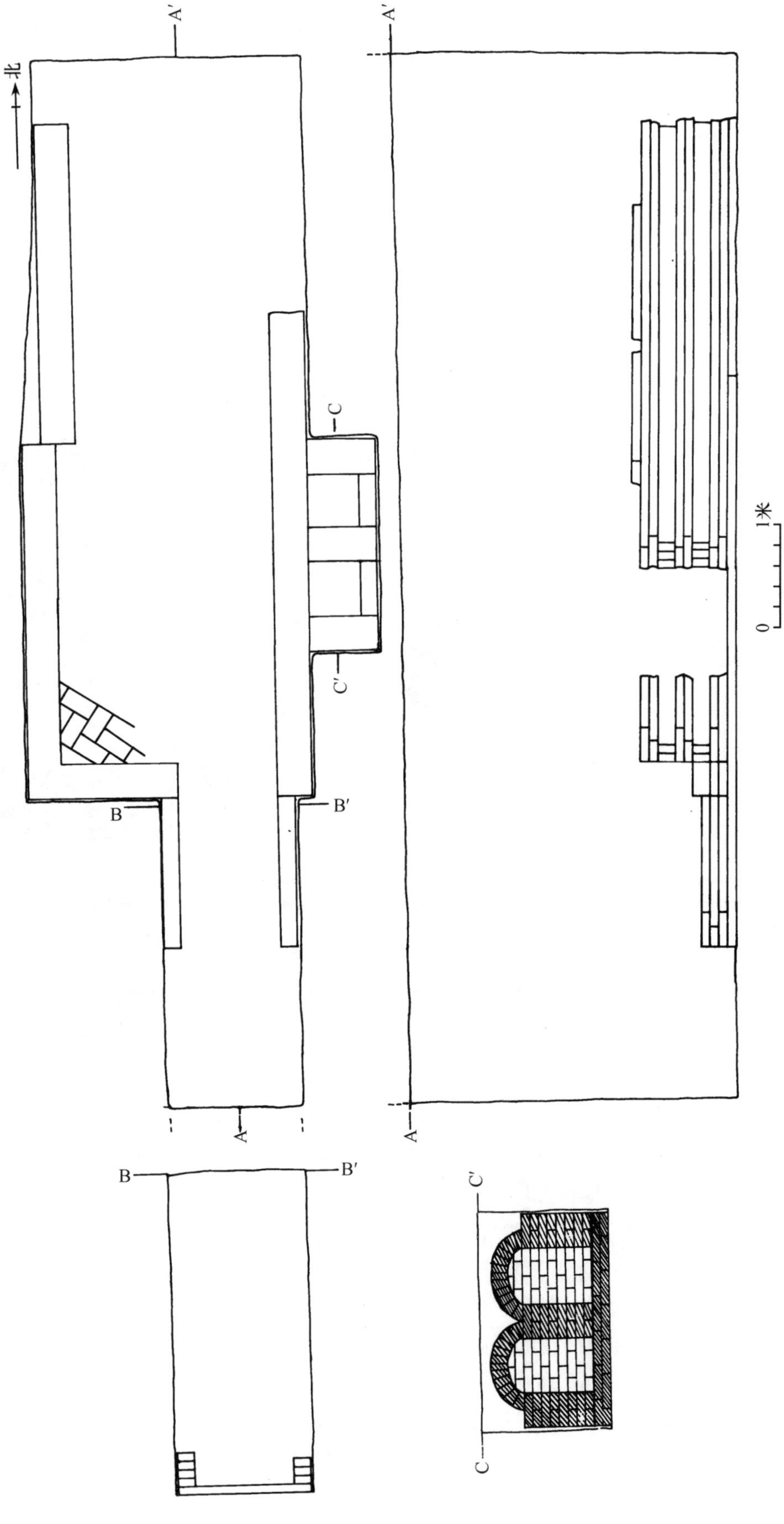

图 2-148 M84 平、剖面图及耳室剖视图

陶勺　2件。红陶，绿釉。M84∶1-1，残，龙形把手。长15.3、高7.7厘米（图2-149，1）。M84∶1-2，残，龙形把手。长8、高7.6厘米（图2-149，2）。

陶魁　1件（M84∶3）。红胎，绿釉，釉不包底，脱釉严重。直口，深腹，平底。龙形把手。总长28.6、宽22.8、高9.6、壁厚0.5~1厘米（图2-149，3；图版16-3）。

铜饰　1件（M84∶2）。柿蒂形，长8.6、厚0.1厘米（图2-149，4）。

铜钱　7枚（M84∶4）。均为五铢钱，锈蚀严重。

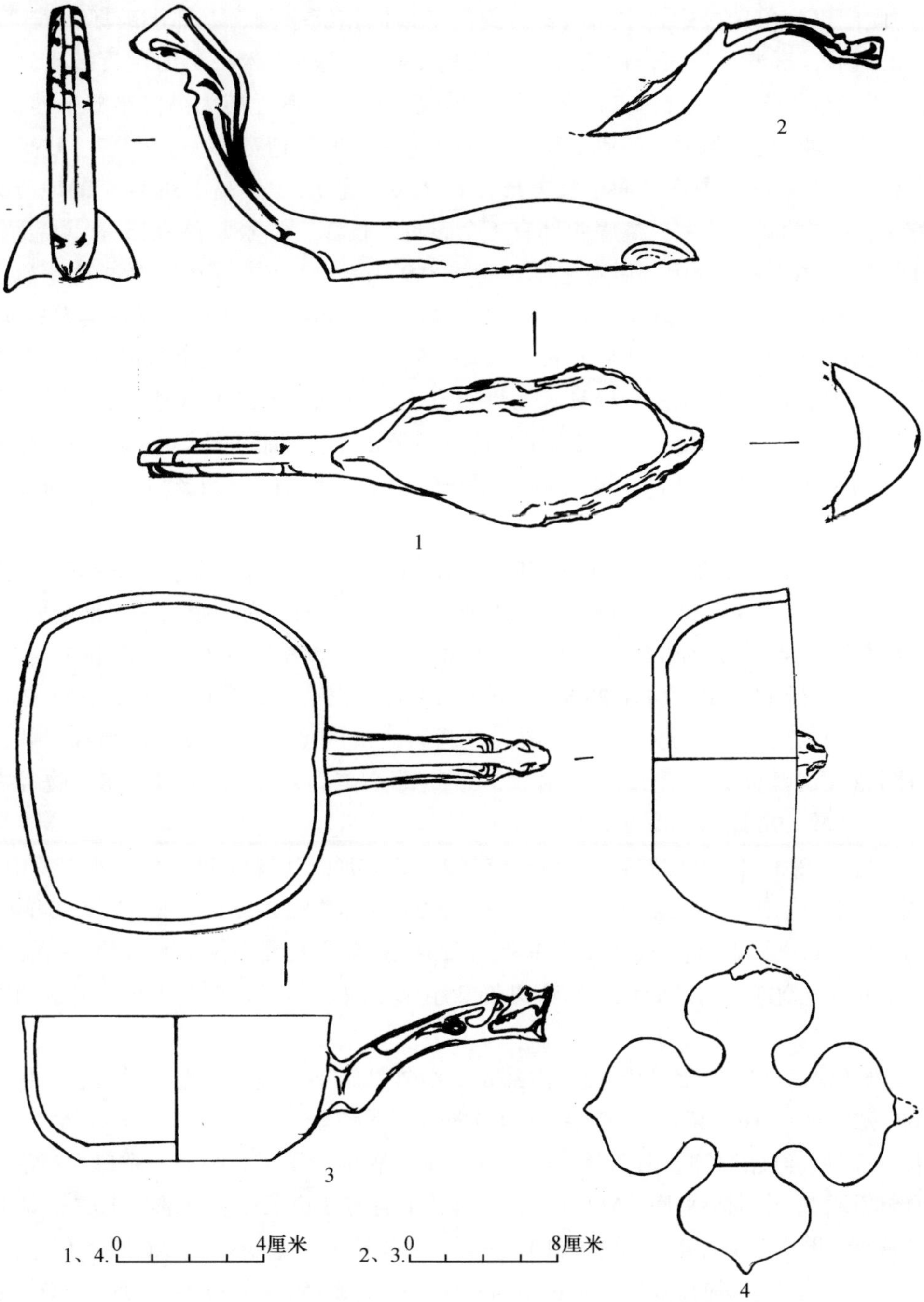

图2-149　M84出土器物

1、2. 陶勺（M84∶1-1、M84∶1-2）　3. 陶魁（M84∶3）　4. 铜饰（M84∶2）

八、M231

M231位于第Ⅳ发掘区北部，T1818西北部，开口于扰土层下，距地表1.6米，上部被破坏。墓葬形制为砖室墓，方向189°，由墓道、墓门、墓室和过道四部分组成，墓室分为前室、中室和后室。墓道位于墓室南部，平面呈长方形，直壁、平底，长3.56、宽1.5、深1.88米。墓门为砖砌，宽1.1米。两侧门框为单砖垒砌，中间用青砖封门、横向错缝平砌，上部已破坏，残高1.5米。墓圹平面呈不规则形，直壁、平底，最长8.54、最宽3.4、残深1.9米。圹内用青砖砌筑墓室。前室西部被破坏，平面近长方形，残长1.74、宽1.64、残高1.88米，铺地砖为纵向错缝平铺，东壁为"一顺一丁"（双砖平砌一层、侧立砖丁砌一层）。前、中室之间过道宽1、进深0.7、残高1.88米，两壁砌法同前室，顶部不详。中室平面呈长方形，长2.36、宽1.3、残高1.88米，铺地砖为斜向错缝平铺，墓壁砌法为"两顺一丁"；墓底西部有一个砖台，长2、宽0.8、高0.15米，台面铺砖外侧纵向平铺、内部横向对缝平铺。中、后室之间过道宽0.9、高1.56、进深0.66米，两壁砌法同中室，顶部侧立砖双层纵券。后室平面呈长方形，长2.9、宽1.72、残深1.88米，铺地砖与墓壁砌法同中室。各室顶部均坍塌，推断原为券顶。所用砖长32、宽15、厚5厘米。填土呈黄褐色，有较多碎砖，中室填土中有散乱的人骨。墓底未发现葬具和人骨架痕迹。随葬品有27件（组），其中陶器均残碎，发现于中室底部填土中，经修复有陶器26件，其中陶壶2件、陶罐1件、陶案3件、陶盆1件、陶耳杯13件、陶勺1件、陶器柄3件、陶簋1件、陶樽1件；铜钱10枚（1组），发现于后室墓底（图2-150；图版6-1）。

陶壶　2件。M231∶1，红胎绿釉，外部整体包釉，内部口沿下包釉，脱釉严重。盘口，方唇，长颈，溜肩，鼓腹下垂，高圈足下部外撇。颈部饰2周凹弦纹，腹部饰2周凹弦纹，腹部两侧各饰一铺首。口径16、最大腹径26.4、圈足径16.4、高54、壁厚0.7~1厘米（图2-151C，1；图版13-6）。M231∶2，形制同M231∶1。口径16、最大腹径28.8、圈足径16.4、高54、壁厚0.8~1厘米（图2-151C，2）。

陶罐　1件（M231∶3）。泥质灰陶。敛口，圆唇，口内侧内凹，鼓肩，腹部斜收，大平底。肩部饰2周凹弦纹，其间饰重菱纹和方格纹，下腹部饰1周戳印纹。口径18、腹径31.2、底径19.6、高24.4、壁厚1.96厘米（图2-151C，4）。

陶案　3件。M231∶4，红胎绿釉，仅正面包釉。长方形，边缘隆起。案面四周及中部各装饰2组凸弦纹，中部弦纹内饰3条鱼纹。长52、宽32、厚2.4厘米（图2-151A，1；图版16-1）。M231∶6，与M231∶4形制一致，长51、宽33、厚2.4厘米。M231∶5，红胎绿釉，仅正面包釉，脱釉严重。圆形，边缘隆起，案面周边刻饰1组凹弦纹，中心刻饰2组凹弦纹、其间刻饰1组波浪纹。直径40、厚2厘米（图2-151C，3）。

陶盆　1件（M231∶7）。红胎绿釉，内部及口沿外部施釉，脱釉严重。敞口，方唇，浅斜腹，大平底。口径22、底径16、高4.2、壁厚0.6~0.7厘米（图2-151A，3）。

陶耳杯　13件。红胎绿釉，内部及口沿外部施釉，脱釉严重。椭圆形，敞口，口沿处附二耳，弧腹，多为矮假圈足，个别小平底。M231∶9，平耳，上各有3道凹槽。口部长10.2、宽8.2、高3.4、壁厚0.2~0.4厘米（图2-151B，4）。M231∶10，平耳。口部长10、宽6.8、高2.6厘米（图2-151B，6）。M231∶11，平耳，上有2道凹槽，小平底。长14.4、宽5.5、高2.15、壁厚0.2~0.4厘米（图2-151B，2）。M231∶12，平耳略垂。长约9.8、宽7.2、高2.4、壁厚0.2~0.4厘米（图2-151B，7）。M231∶13，平耳，上有2道凹槽，长14.4、宽11、高4.3、壁厚0.2~0.5厘米（图2-151B，1）。M231∶14、15，形制

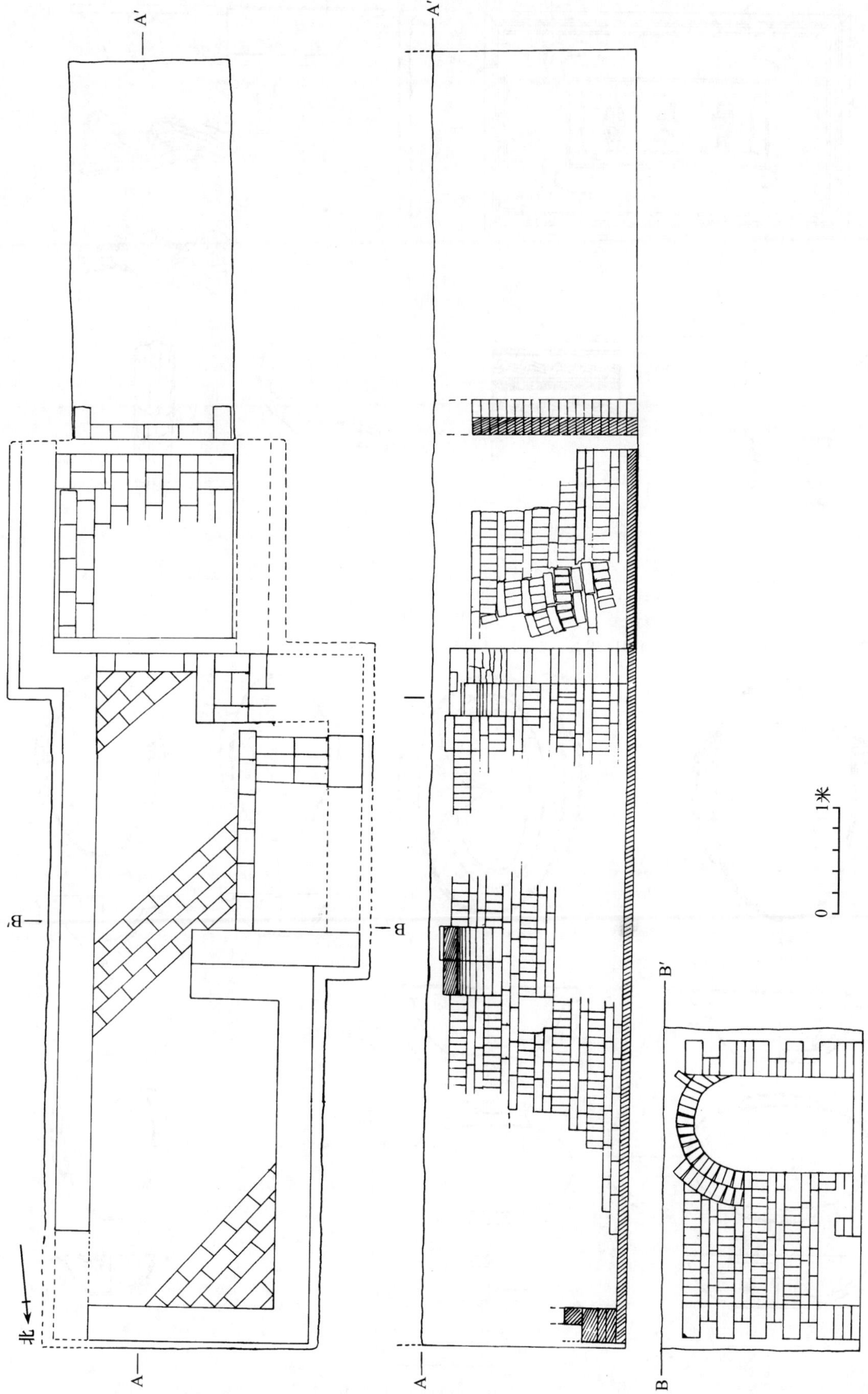

图2-150 M231平、剖面图

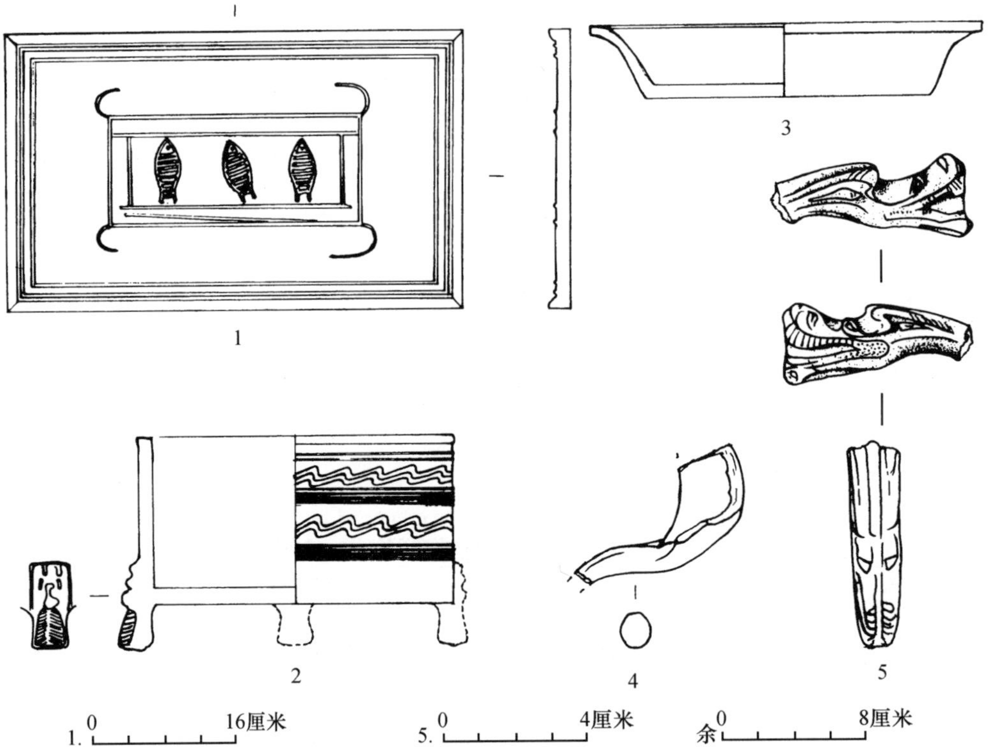

图 2-151A M231 出土器物

1. 陶案（M231∶4） 2. 陶樽（M231∶19） 3. 陶盆（M231∶7） 4. 陶勺（M231∶16） 5. 陶器柄（M231∶17-1）

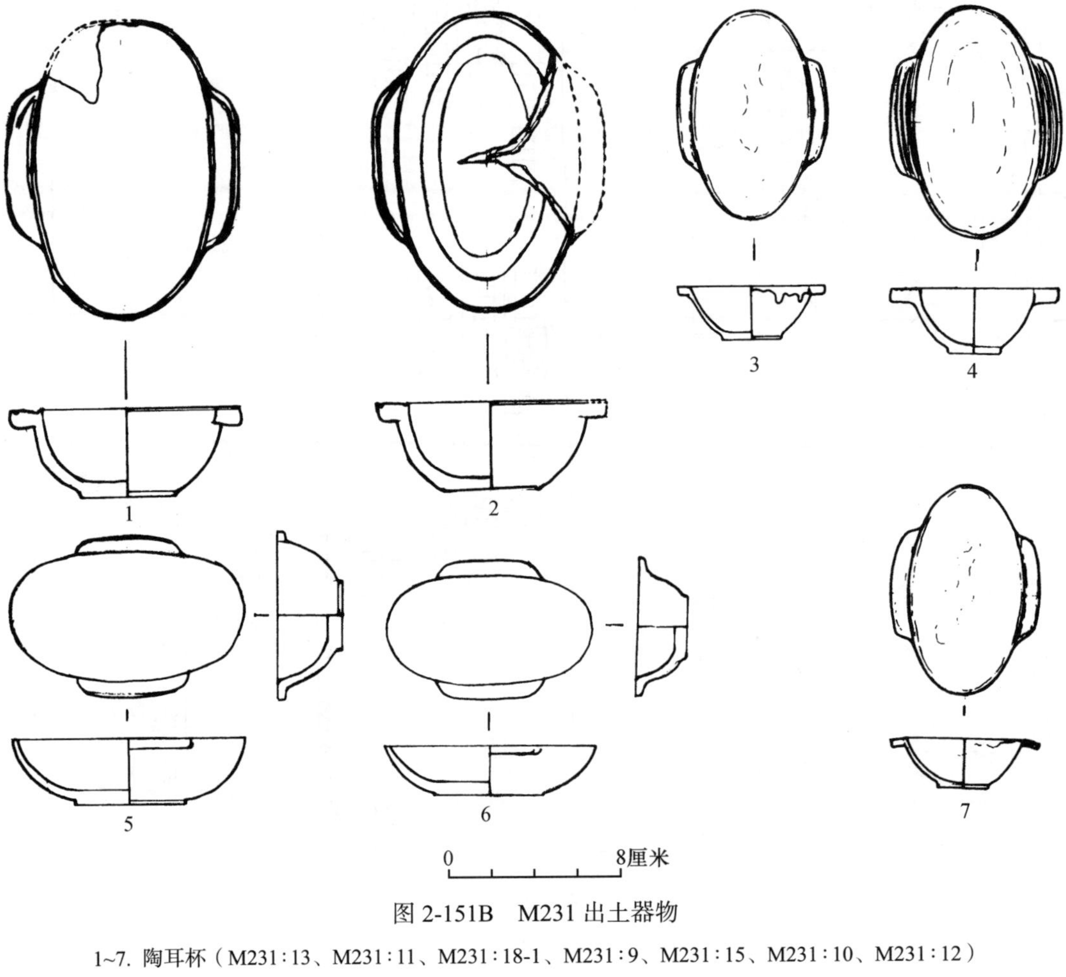

图 2-151B M231 出土器物

1~7. 陶耳杯（M231∶13、M231∶11、M231∶18-1、M231∶9、M231∶15、M231∶10、M231∶12）

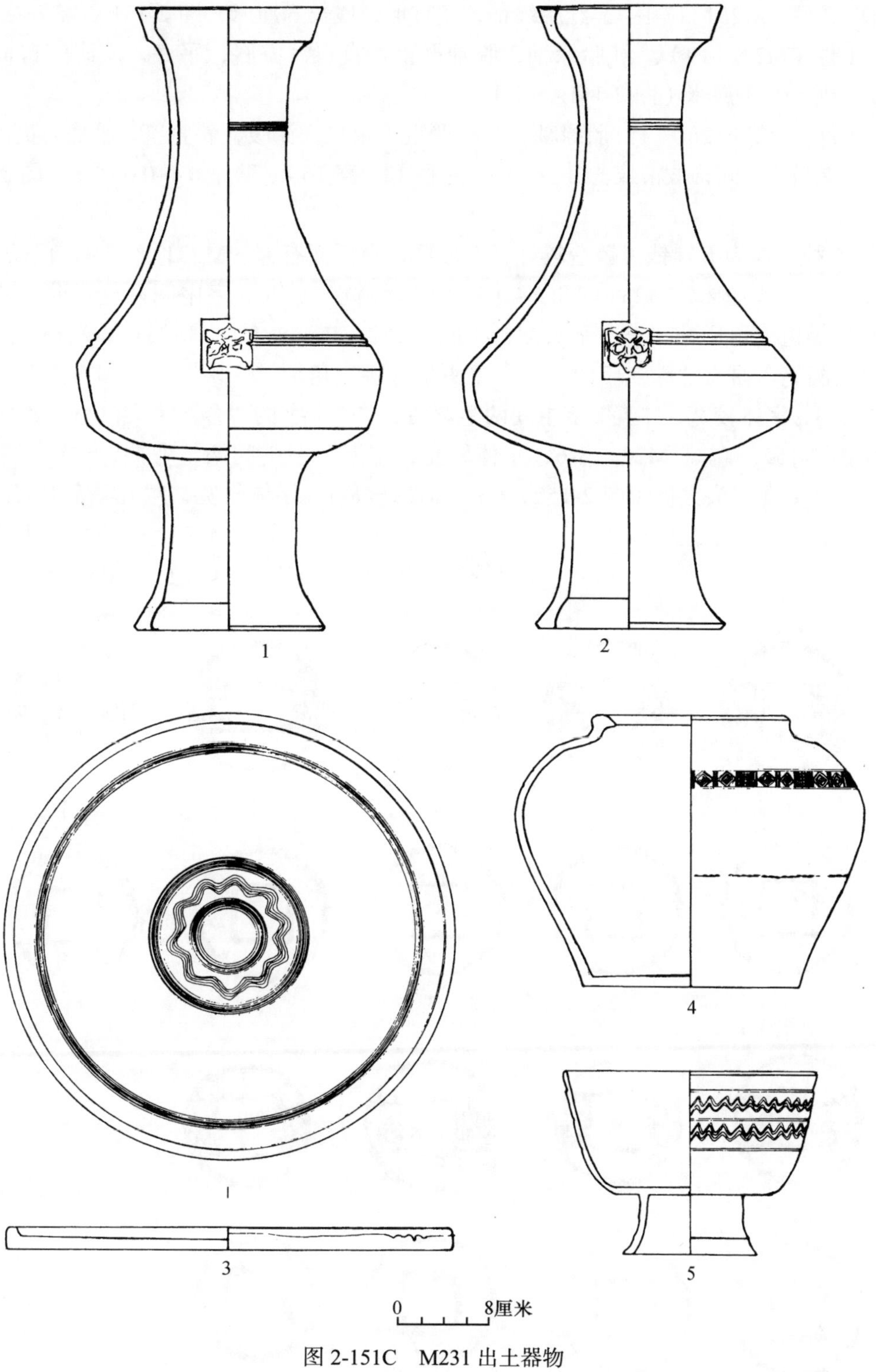

图 2-151C　M231 出土器物

1、2. 陶壶（M231∶1、M231∶2）　3. 陶案（M231∶5）　4. 陶罐（M231∶3）　5. 陶簋（M231∶20）

相同，平耳，长 11.2、宽 8、高 3.2、壁厚 0.2~0.4 厘米（图 2-151B，5）。M231∶18-1~6，平耳，长 9.8、宽 7、高 2.5、壁厚 0.2~0.4 厘米（图 2-151B，3）。

陶勺　1 件（M231∶16）。仅残留局部，红胎绿釉，残长 6、高 10 厘米（图 2-151A，4）。

陶器柄 3件。M231∶17-1~3，红胎绿釉，龙首形，残长6厘米（图2-151A，5）。

陶樽 1件（M231∶19）。红胎绿釉，脱釉严重。直口，方唇，平底，底附三兽面足。口径18、高12、壁厚0.8~1厘米（图2-151A，2）。

陶簋 1件（M231∶20）。红胎绿釉，脱釉严重。敞口，深腹，斜直壁，平底，高圈足外撇。壁上有3周凹弦纹，其间饰波浪纹。口径23.2、底径12、高16.4、壁厚0.4~0.6厘米（图2-151C，5；图版16-2）。

铜钱 10枚，均为五铢钱。铸造较好，方形穿，穿反面有郭。M231∶8-1~8，直径2.6厘米。M231∶8-9，直径2.5厘米。M231∶8-1、4、5，字体较宽，"五"字中间两笔弯曲，"铢"字的"金"字头呈等边三角形，"朱"字头圆折（图2-152，1、4、5）。M231∶8-2、8，字体较宽，"五"字中间两笔弯曲，"铢"字的"金"字头呈等腰三角形，"朱"字头圆折（图2-152，2、8）。M231∶8-3，字体较宽，"五"字中间两笔弯曲，"铢"字的"金"字头很小，呈镞形，"朱"字头方折（图2-152，3）。M231∶8-6，字体较宽，"五"字中间两笔弯曲，"铢"字的"金"字头呈镞形，"朱"字头方折（图2-152，6）。M231∶8-7，字体较宽，"五"字中间两笔弯曲，"铢"字的"金"字头呈镞形，"朱"字头圆折（图2-152，7）。M231∶8-9，字体略瘦，"五"字中间两笔弯曲，"铢"字的"金"字头呈等边三角形，"朱"字头方折（图2-152，9）。

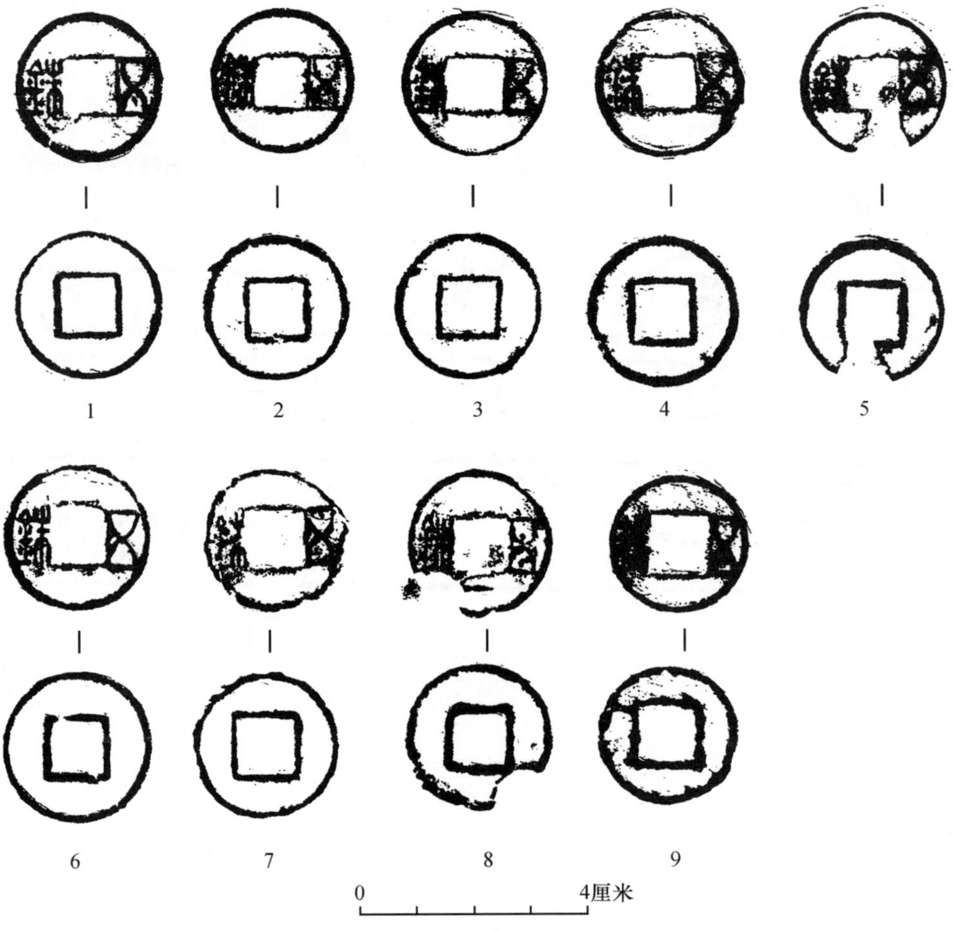

图2-152 M231出土五铢钱

1. M231∶8-1 2. M231∶8-2 3. M231∶8-3 4. M231∶8-4 5. M231∶8-5 6. M231∶8-6 7. M231∶8-7 8. M231∶8-8 9. M231∶8-9

九、M251

M251位于第Ⅴ发掘区东南部，T2119北部，开口于扰土层下，距地表1.5米，早期被破坏严重，上部不存。墓葬形制为砖室墓，平面呈刀把形，方向185°，由墓道、墓门、甬道和墓室四部分组成。墓道位于墓室东南部，残存部分平面呈长方形，直壁、平底，长1.26、宽1.84、残深1.5米。墓门宽1.14、残高1.3米，未见封门装置。在墓室与甬道之间有一宽0.18米的空隙，推测可能是放置石板，形成第二道墓门。甬道长0.7、宽1.14、残高1.3米，两壁用青砖“两顺一丁”筑砌。墓圹平面长方形，直壁、平底，长4.1、宽2.4、残深1.58米。圹内用青砖砌筑墓室，平面呈长方形，长3.34、宽1.64、残高1.45米。建造时，先在墓底铺一层地砖，然后再砌筑墓室。铺地砖呈“人”字形平铺；四壁“两顺一丁”筑砌；顶部残。所用青砖一面有绳纹，长32、宽16、厚8厘米。

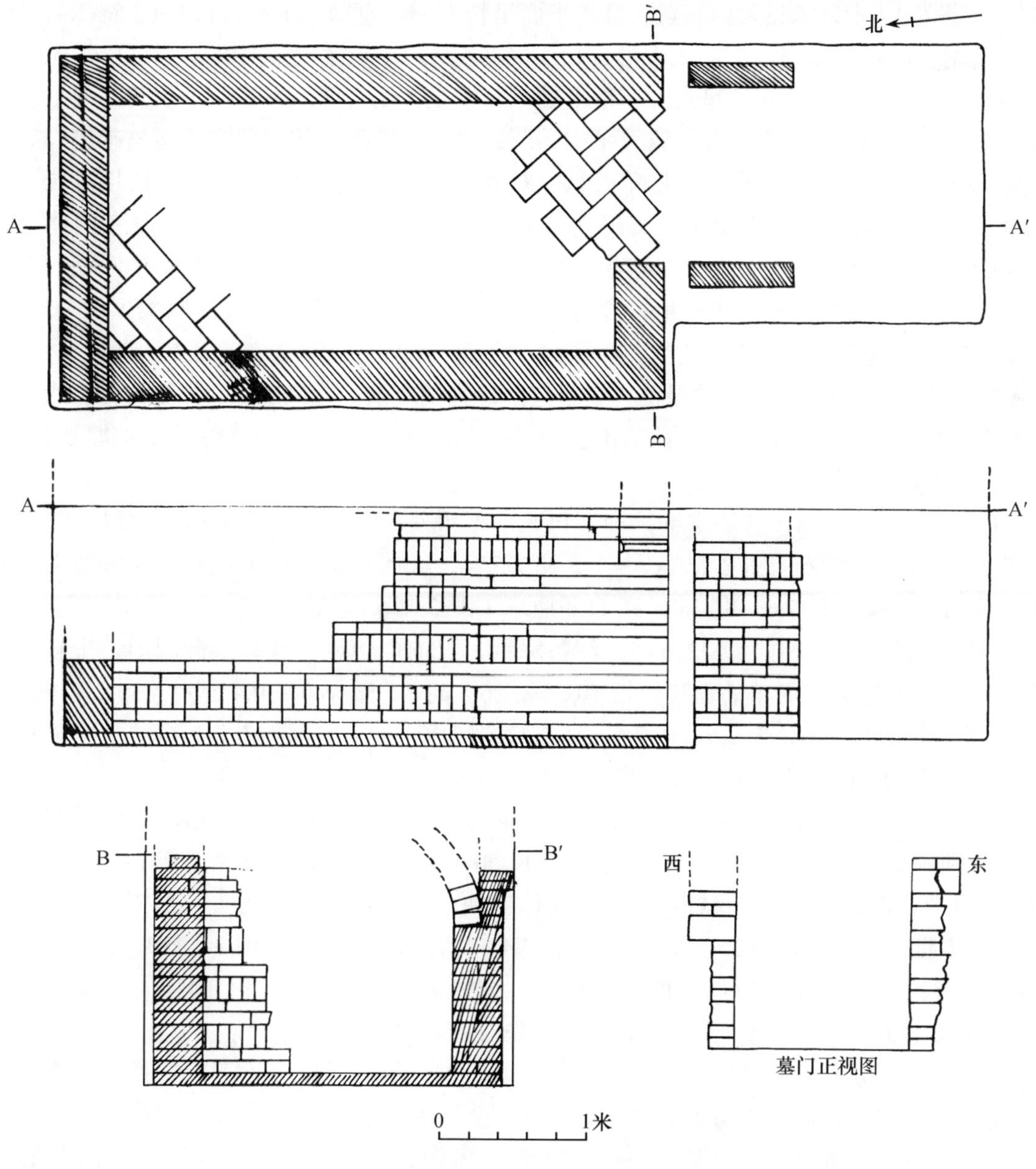

图2-153　M251平、剖面图及墓门正视图

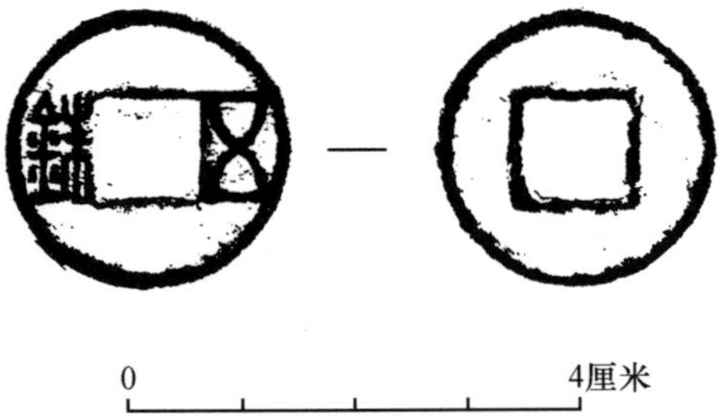

图 2-154　M251 出土五铢钱（M251∶1）

填土为红褐色花土，土质疏松。墓室内未见葬具及人骨架痕迹。随葬品有铜钱 1 枚，发现于墓室北部（图 2-153）。

铜钱　1 枚（M251∶1）。五铢钱，铸造较好，方形穿，穿反面有郭。“五”字中间两笔弯曲，“铢”字的“金”字头呈等边三角形，“铢”字头圆折。直径 2.5 厘米（图 2-154）。

十、M255

M255 位于第Ⅴ发掘区中部，T2017 东北部，开口于扰土层下，距地表 2 米，被破坏严重。墓葬形制为砖室墓，平面呈刀把形，方向 195°，由墓道、墓门和墓室三部分组成。墓道已不存。墓门宽 0.84、残高 0.4 米，未见封门装置。墓圹平面呈长方形，直壁、平底，长 4.4、宽 2.4、残深 2.2 米。墓圹内用青砖砌筑墓室，平面长方形，长 3.66、宽 1.66、残存最高 1.3 米。建造时先铺一层地砖，然后再砌筑墓壁。铺地砖“呈人”字形平铺；墓壁主体用“两顺一丁”（双砖错缝平砌两行，侧立砖丁砌一行）的方法砌筑，局部错缝平砌，两砖之间用黄泥黏接。墓室西南角砌出一砖台，长 1.12、宽 0.84、高 0.08 米，砖台主体用单砖纵向对缝平砌、北部边缘横向平砌。所用青砖一面有绳纹，长 32、宽 16、厚 8 厘米。填土呈黄褐色，土质略松，含青砖块、料姜石。墓室内葬具腐朽严重，仅存少量灰痕。人骨架粉化严重。随葬品有 11 件，其中铜镜 1 件，位于砖台西南角；陶樽 1 件、铜钱 5 枚（1 组），发现于墓室东南角；陶勺 2 件、陶耳杯 3 件、陶盘 1 件、陶案 1 件、陶魁 1 件，发现于砖台东部铺地砖上（图 2-155）。

陶樽　1 件（M255∶2）。红胎绿釉，底不包釉，脱釉严重。直口微敞，方唇，深直腹，平底，三兽面蹄足。壁上饰 3 组凹弦纹，上下 2 组之间饰 1 组波浪纹。口径 17.4、高 9.6、壁厚 0.8 厘米（图 2-156A，3；图版 16-5）。

陶勺　2 件。M255∶3，红胎绿釉，釉不包底。把手残断，勺体近椭圆形，敞口，圜底。残长 10.6、宽 7.6、残高 7 厘米（图 2-156A，4）。M255∶4，红胎绿釉，釉不包底。龙形把手，勺体近椭圆形，敞口，圜底。长 7.6、宽 7.6、高 11.4 厘米（图 2-156A，5）。

陶耳杯　3 件。形制相同。M255∶5，红胎绿釉，仅内面包釉。杯口呈椭圆形，平耳，敞口，斜直腹，平底。底部刻画简单的鱼纹。长 10、宽 7.6、高 3、壁厚 0.3~0.4 厘米（图 2-156B，2）。M255∶6，形制同 M255∶5，长 9.6、宽 7.6、高 2.4、壁厚 0.3~0.4 厘米（图 2-156B，3）。M255∶7，形制同 M255∶5，长 10、宽 7.6、高 3、壁厚 0.3~0.4 厘米。

陶案　1 件。M255∶9。红胎，黄绿釉，仅正面包釉，脱釉严重。长方形，边缘隆起。案面周边和中部分别有 2 周凸弦纹，案心饰 3 条鱼纹。长 50.4、宽 12.6、厚 2 厘米（图 2-156A，1）。

陶魁　1 件。M255∶10，红胎绿釉，除底外通体包釉，脱釉严重。龙形把手。魁体平面近圆角方形，微敛口，深弧腹，平底。总长 23、宽 18.8、高 14.4、壁厚 0.5~1 厘米（图 2-156B，1）。

陶盘　1 件。M255∶11，红胎绿釉，釉不包底，外釉至口沿下。敞口，圆唇，浅斜腹，大平底。口径 20、底径 14.6、高 2.4、壁厚 0.6~0.8 厘米（图 2-156A，2）。

铜钱　5 枚。均为五铢钱，铸造较好，方形穿，穿反面有郭，直径 2.5 厘米。M255∶8-1，字体较瘦，“五”字中间两笔弯曲，“铢”字的“金”字头呈等边三角形，“朱”字头方折（图 2-157，1）。M255∶8-2，正面穿上一星，穿下一短横，字体较宽，“五”字中间两笔弯曲，

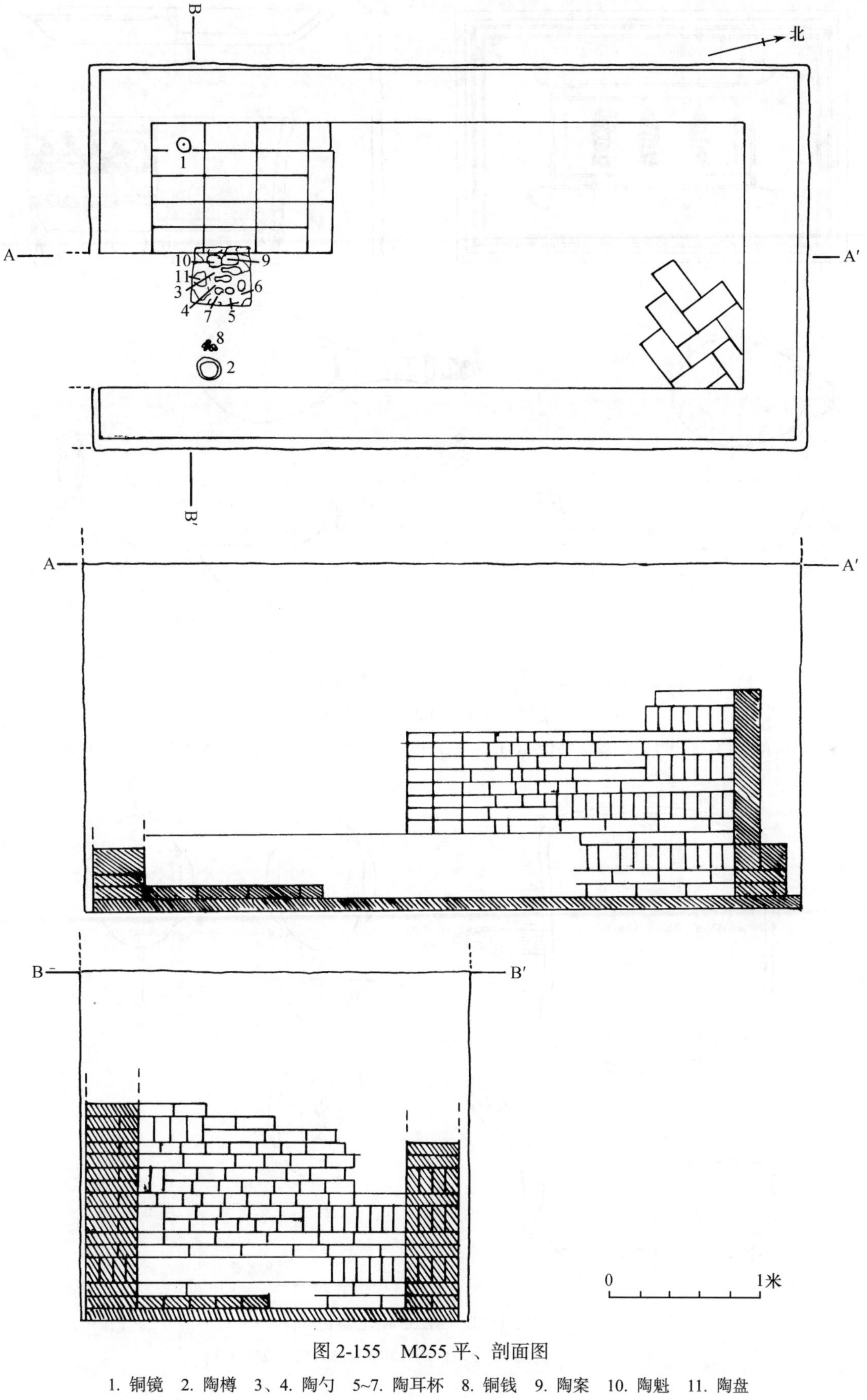

图 2-155 M255平、剖面图

1. 铜镜 2. 陶樽 3、4. 陶勺 5~7. 陶耳杯 8. 铜钱 9. 陶案 10. 陶魁 11. 陶盘

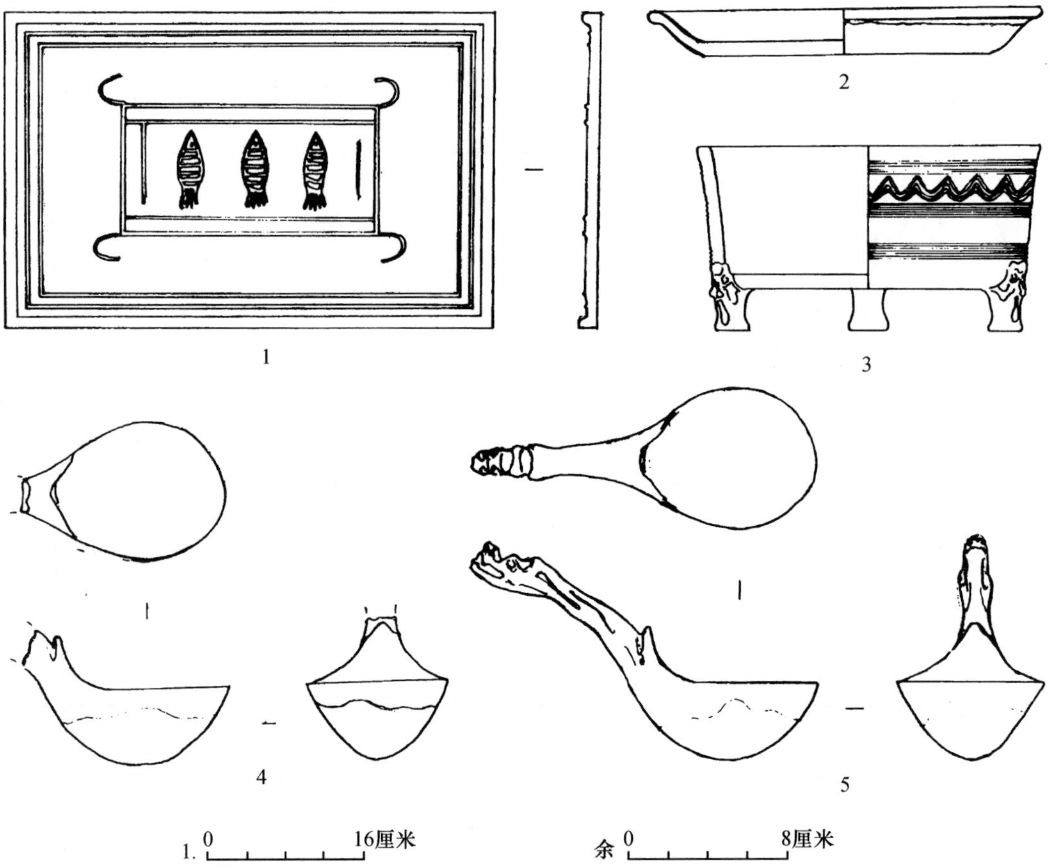

图 2-156A　M255 出土器物

1. 陶案（M255∶9）　2. 陶盘（M255∶11）　3. 陶樽（M255∶2）　4、5. 陶勺（M255∶3、M255∶4）

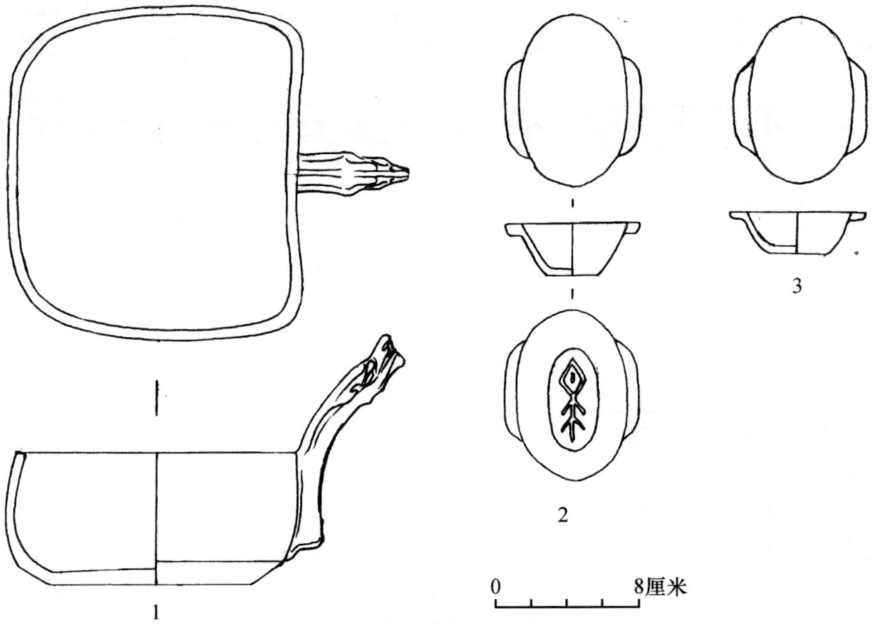

图 2-156B　M255 出土器物

1. 陶魁（M255∶10）　2、3. 陶耳杯（M255∶5、M255∶6）

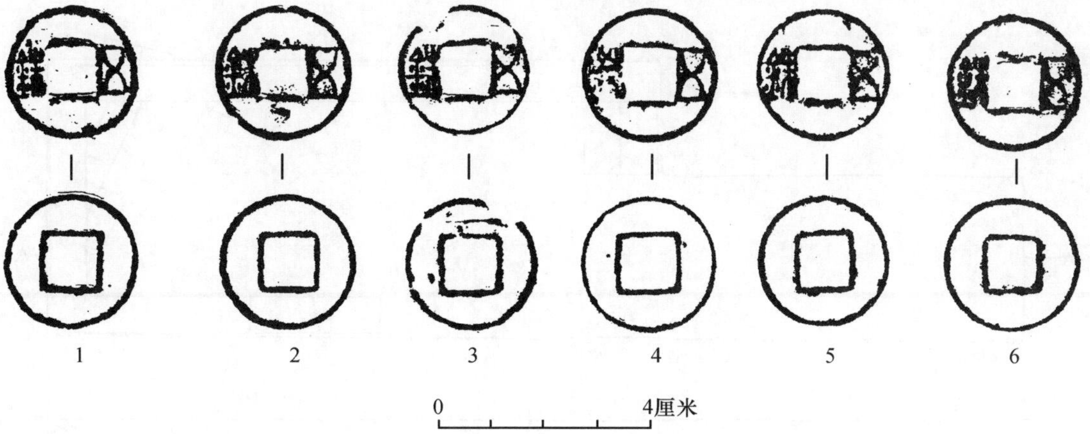

图 2-157　M255 出土五铢钱

1. M255∶8-1　2. M255∶8-2　3. M255∶8-3　4. M255∶8-4　5. M255∶8-5　6. M255∶8-6

"铢"字的"金"字头呈镞形，"朱"字头圆折（图 2-157，2）。M255∶8-3、5、6，字体较宽，"五"字中间两笔弯曲，"铢"字的"金"字头呈等边三角形，"朱"字头圆折（图 2-157，3、5、6）。M255∶8-4，字体较宽，"五"字中间两笔弯曲，"铢"字的"金"字头很小，呈镞形，"朱"字头圆折（图 2-157，4）。

铜镜　1件（M255∶1）。飞鸟镜。圆纽，圆纽座。纽及纽座下叠压一飞鸟。其外为 1 周短斜线和 1 周锯齿纹。素窄三角缘。直径 7.9 厘米（图 2-158；图版 30-1）。

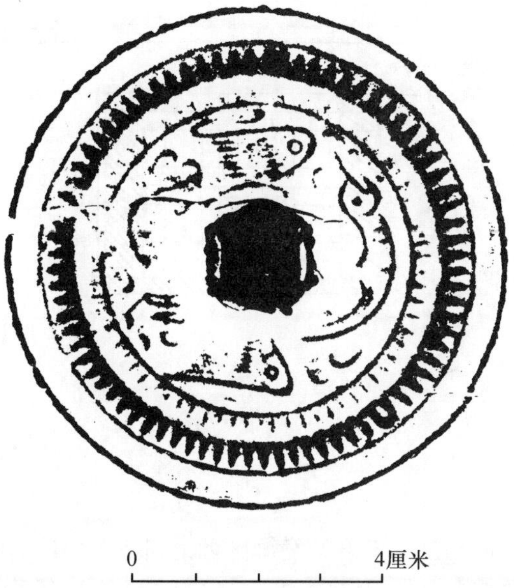

图 2-158　M255 出土铜镜（M255∶1）

十一、M258

M258 位于第Ⅴ发掘区西北部，T2212 东部，开口于扰土层下，距地表 1.2 米，早期被破坏严重。墓葬形制为砖室墓，平面呈刀把形，方向 195°，由墓道、墓门、甬道和墓室四部分组成。墓道残存部分平面呈长方形，直壁、平底，长 2、宽 0.92、残深 1.07 米。墓门宽 0.68、残高 0.96 米，未见封门装置。甬道宽 0.68、残高 0.96、进深 0.4 米。墓圹平面长方形，直壁、平底，长 3.32、宽 1.54、残深 1.04 米。圹内用砖砌筑墓室，平面呈长方形，长 2.7、宽 1.06、残高 1.04 米。建造时先铺一层地砖，再砌筑墓室。铺地砖斜向错缝平铺；墓壁用"两顺一丁"（单砖错缝平砌两行、侧立砖丁砌一层）的方法砌筑；顶部不详。所用青砖一面有绳纹，长 40、宽 20、厚 10 厘米。填土为黄褐色花土，结构略疏松。墓室内未发现葬具痕迹、人骨架及随葬品（图 2-159）。

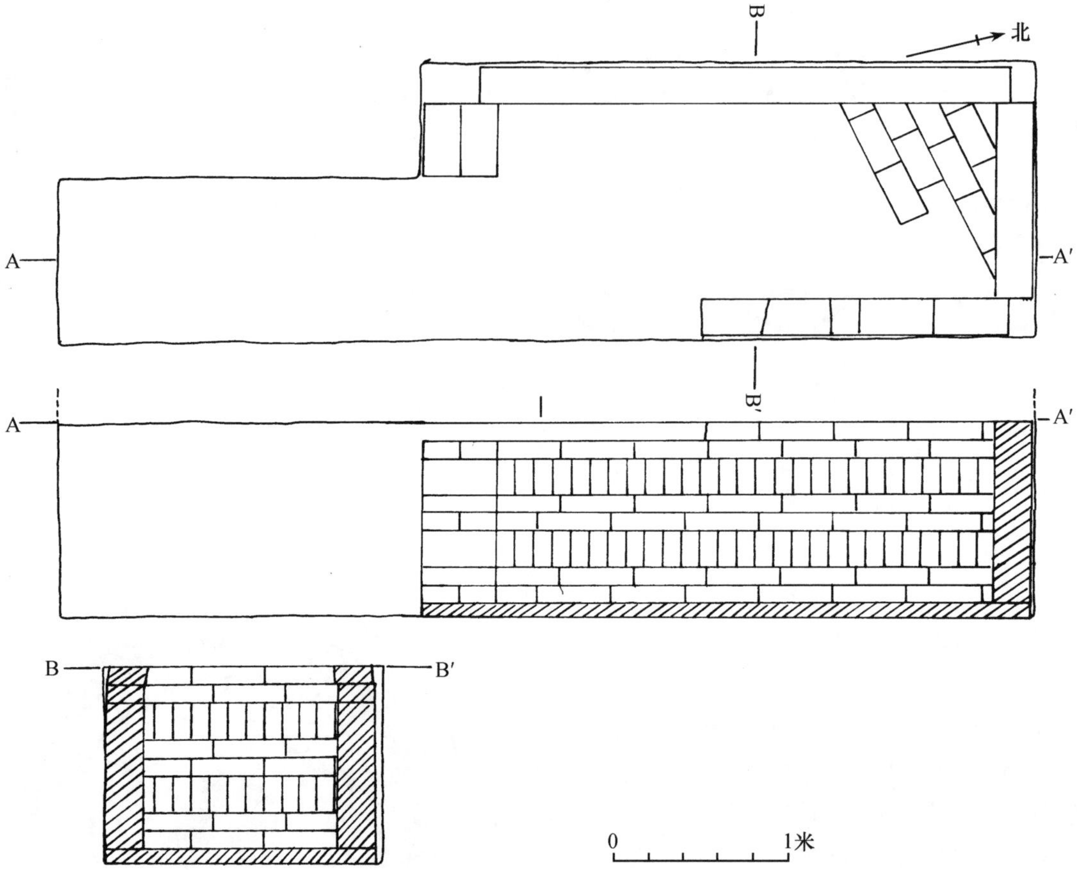

图 2-159 M258 平、剖面图

十二、M262

M262 位于第Ⅴ发掘区西北部，T2213 中南部，开口于扰土层下，距地表 1.8 米，上部被破坏。墓葬形制为砖室墓，平面呈刀把形，方向 191° 。由墓道、墓门、甬道和墓室四部分组成。墓道残存部分平面呈梯形，直壁、平底，长 3.2、宽 1.12~1.48、深 1.46 米。墓门宽 0.74、残高 1 米，用青砖错缝平砌成封门墙，残高 0.3 米。甬道宽 0.74、残高 1、进深 0.6 米。墓圹平面长方形，直壁、平底，长 3.66、宽 1.96、残深 1.46 米。圹内用砖砌筑墓室，平面呈长方形，长 3.18、宽 1.52、残高 1.3 米。建造时先铺一层地砖，再砌筑墓室。铺地砖呈横向错缝平铺，自墓门处延伸至北壁下；墓壁用“两顺一丁”（单砖错缝平砌两层、侧立砖丁砌一层）的方法砌筑；顶部不详。所用青砖一面有绳纹，长 40、宽 16、厚 10 厘米。填土为黄褐色花土，结构较紧密。墓室内葬具腐朽严重，仅存少量灰痕。人骨架粉化严重。随葬品有 12 件（组），其中陶罐 4 件，置于墓室东北部；陶犀牛 1 件，置于墓室东部；陶盘 3 件，陶案 2 件、陶樽 1 件，均置于墓室西南部；铜钱 2 枚（1 组），发现于填土中（图 2-160；图版 6-2）。

陶罐　4 件。泥质灰陶，形制基本一致。敛口，折沿，圆唇，口内侧内凹，束颈，鼓肩，下腹斜收，平底。M262∶1，肩部 2 周凹弦纹，1 周戳印纹，凹弦纹之间饰一组波浪纹。口径 16、腹径 27.2、底径 15.2、高 20.4、壁厚 0.6~0.8 厘米（图 2-161A，1）。M262∶2，肩部 2 周凹弦纹，其间饰一组波浪纹。口径 16.4、腹径 26、底径 12.8、高 20.2、壁厚 0.6 厘米（图 2-161A，2；图版 15-

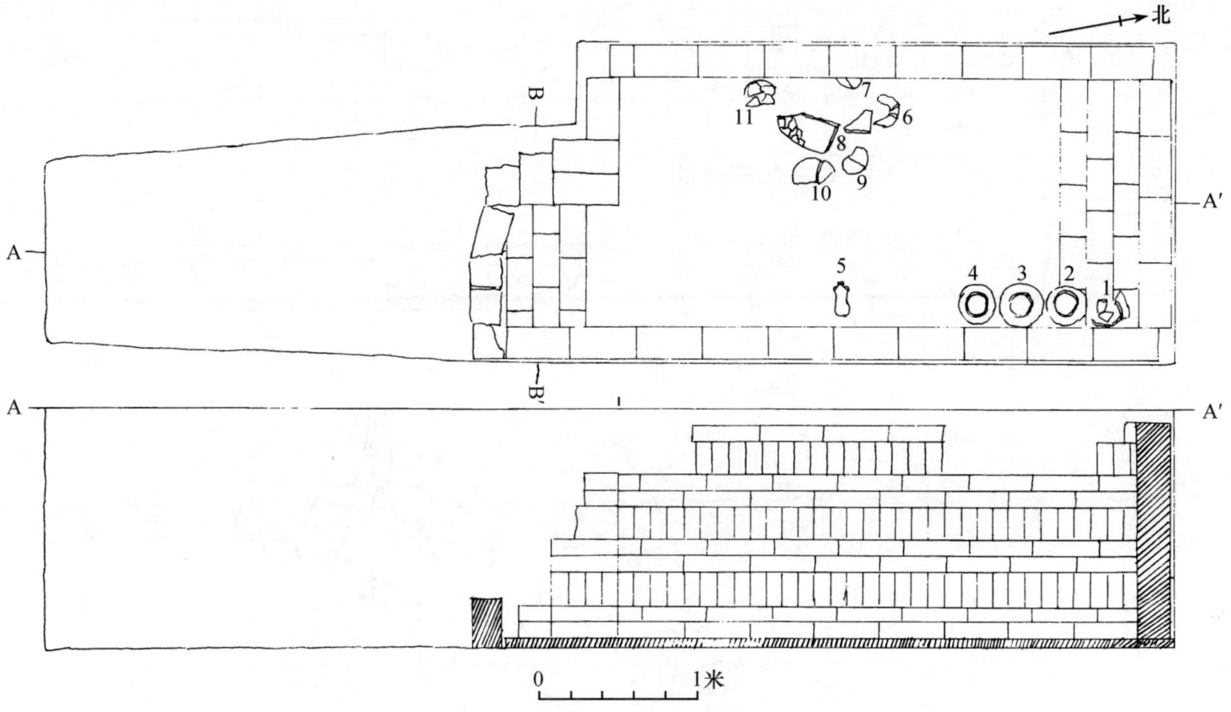

图 2-160 M262 平、剖面图

1~4. 陶罐 5. 陶犀牛 6、7、10. 陶盘 8、9. 陶案 11. 陶樽

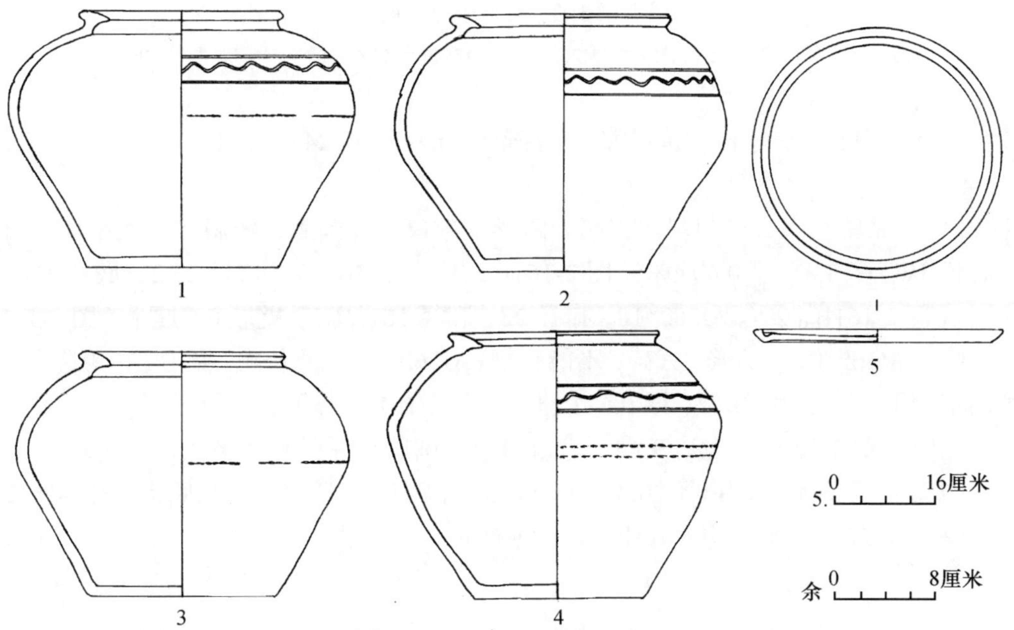

图 2-161A M262 出土器物

1~4. 陶罐（M262∶1、M262∶2、M262∶3、M262∶4） 5. 陶案（M262∶9）

3）。M262∶3，肩下部饰 1 周戳印纹。口径 16.4、腹径 26.4、底径 14、高 19.4、壁厚 0.8~1 厘米（图 2-161A，3）。M262∶4，肩部 2 周凹弦纹，其间饰一组波浪纹。腹上部饰 2 周戳印纹。口径 16.6、腹径 26、底径 13.6、高 21.2、壁厚 0.8~1.2 厘米（图 2-161A，4）。

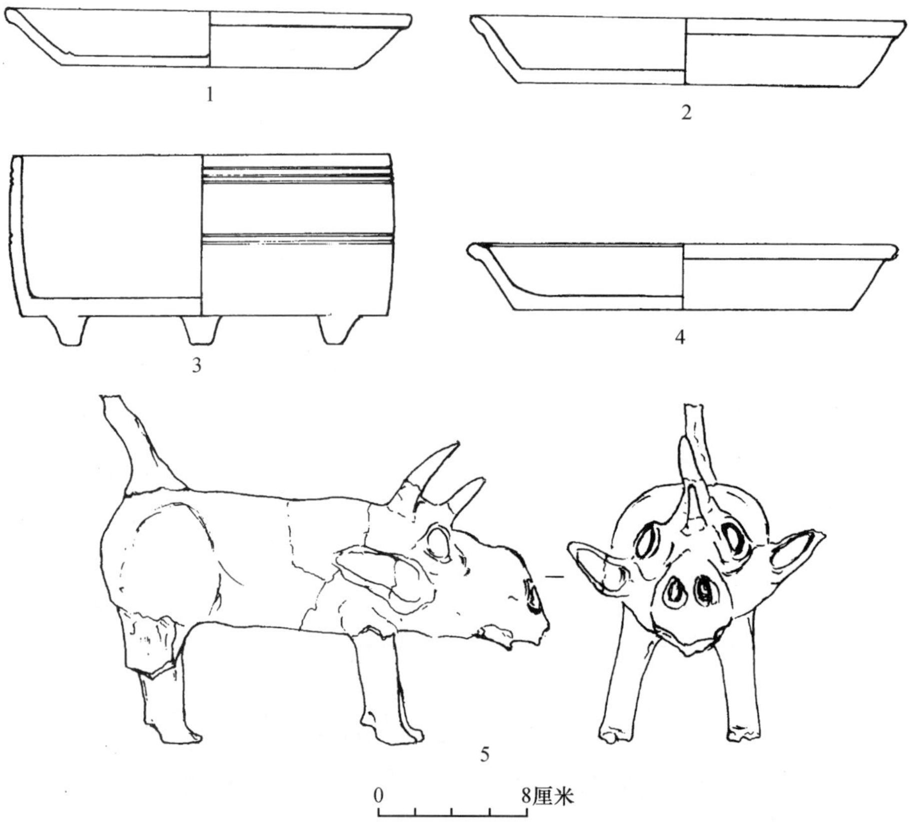

图 2-161B　M262 出土器物

1、2、4. 陶盘（M262∶10、M262∶7、M262∶6）　3. 陶樽（M262∶11）　5. 陶犀牛（M262∶5）

陶犀牛　1 件（M262∶5）。泥质黄褐陶，低温烧制，略残。长 24.4、宽 13、高 19 厘米（图 2-161B，5；图版 16-4）。

陶盘　3 件。泥质灰陶，形制基本相同。圆形，敞口，卷圆唇，浅斜腹，大平底。M262∶6，口径 23、底径 19、高 3.5、厚 0.6 厘米（图 2-161B，4）。M262∶7，口径 23.2、底径 18、高 3.6、壁厚 0.8 厘米（图 2-161B，2）。M262∶10，口径 22、底径 16、高 3、壁厚 0.6 厘米（图 2-161B，1）。

陶案　2 件。M262∶8，长方形，残碎，不能修复。M262∶9，泥质灰陶。圆形，边缘隆起，大平底，案面周边 1 周凹槽。直径 40、高 2、厚 0.6~1 厘米（图 2-161A，5）。

陶樽　1 件（M262∶11）。泥质灰陶。直口微敛，圆唇，深弧腹，平底，三矮足。口沿下饰 3 组凹弦纹，腹部饰 2 组凹弦纹。口径 20.4、底径 20.4、高 10.6、壁厚 0.5~1 厘米（图 2-161B，3）。

铜钱　2 枚（M262∶12）。均为五铢钱，锈蚀严重。

十三、M276

M276 位于第Ⅴ发掘区中部，T2216 南部，延伸至 T2116 内，开口于扰土层下，距离地表 1.6 米，已被破坏至底部。墓葬形制为砖室墓，平面呈“十”字形，方向 188°。由墓道、墓门、甬道、前室、耳室、过道和后室组成，残存全长 8 米，最宽 3.56 米，最高 0.8 米。墓道残存部分平面呈长方形，直壁、平底，残长 1.9、宽 1、残深 0.7 米。墓道两壁北端砌有长 0.32 米的砖墙，与甬道之间有宽 0.1 米的空隙，可能是安装封门装置的。墓门宽 0.8、残存最高 0.62 米。墓圹平面呈不规则形，直壁、平底，长 5.9、宽 3.56、残深 1.1 米，圹内用青砖砌筑墓室。建造时，先铺一层地砖，再砌筑墓室。铺地砖自甬道延伸至后室北壁下，横向错缝平铺；墓壁均按"两顺一丁"（单砖错缝平砌两层、侧立砖丁砌一层）的方法砌筑，丁砖多为残砖。所用青砖一面有绳纹，长 32、宽 16、厚 8 厘米。甬道宽 0.8、残高 0.5、进深 0.32 米。前室平面呈长方形，长 2.54、宽 1.9、残高 0.7 米。前室西北角有一砖台，长 1.1、宽 0.64、高 0.08 米，用砖横向错缝平铺砌成。前室东壁有一耳室，仅余底部，宽 0.9、进深 1.16、残高 0.08 米。南壁有一壁龛，距墓底 0.16 米，宽 0.4、进深 0.6、残高 0.52 米，券顶。壁龛东西两壁的内侧又各置一小龛，宽 0.18、高 0.32、进深 0.16 米。前、后室之间过道宽 0.8、残高 0.25、进深 0.64 米。后室平面呈长方形，长 2.86、宽 1.5、残高 0.8 米。填土呈黄褐色，土质略硬，含大量青砖块、烧土块、料姜石。墓室内未发现葬具痕迹和人骨架。随葬品仅发现铜钱 3 枚，位于前室西南角（图 2-162；图版 6-3）。

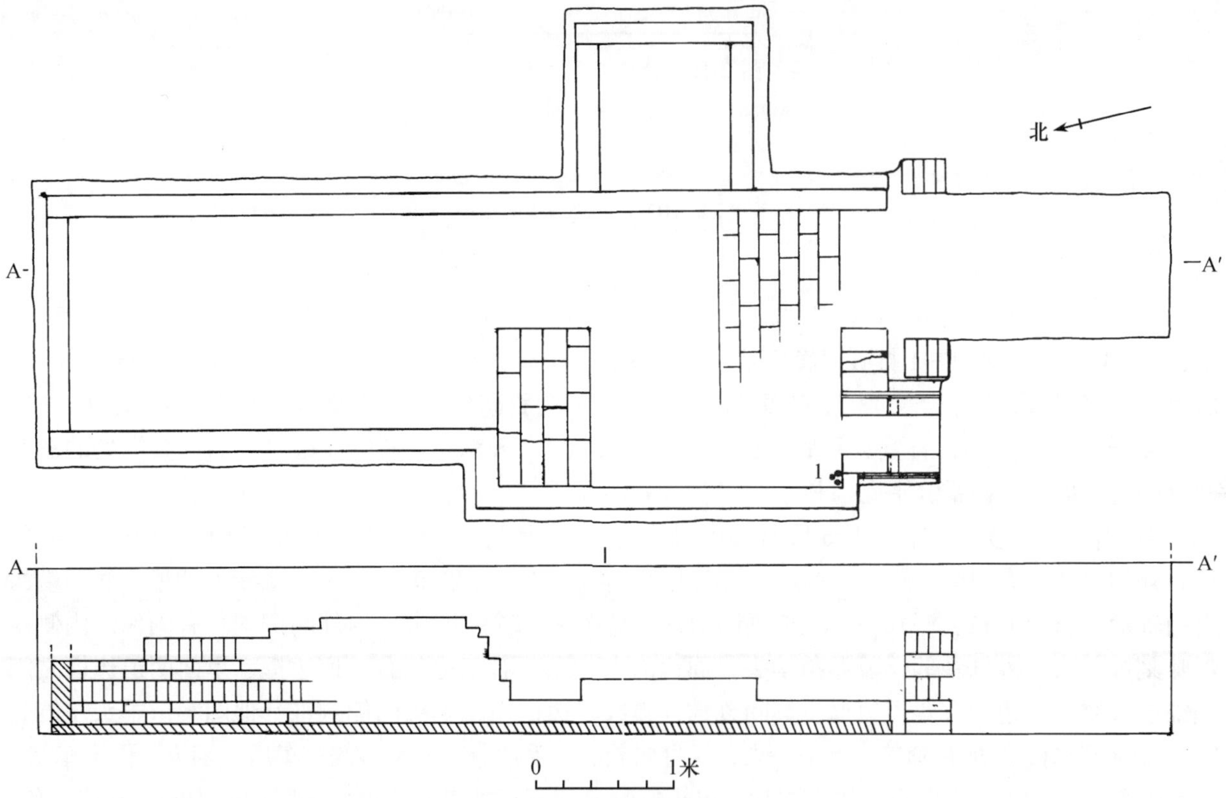

图 2-162 M276 平、剖面图

1. 铜钱

铜钱 3 枚。均为五铢钱，有郭五铢 1 枚，磨郭五铢 2 枚。M276∶1-1，磨郭五铢，"五"字中间两笔弯曲，"铢"字的"金"字头不清，"朱"字头圆折外撇。直径 2.2 厘米（图 2-163，1）。M276∶1-2，磨郭五铢，"五"字中间两笔弯曲，"铢"字的"金"字头不清，"朱"字头方折。直径 2 厘米（图 2-163，2）。M276∶1-3，"五"字中间两笔弯曲，"铢"字的"金"字头呈三角形，"朱"字头圆折外撇。直径 2.5 厘米（图 2-163，3）。

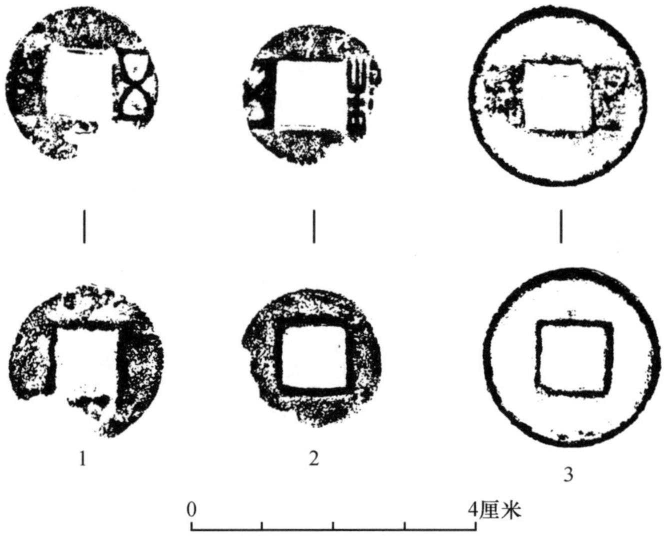

图 2-163　M276 出土五铢钱

1. M276∶1-1　2. M276∶1-2　3. M276∶1-3

十四、M284

M284位于第Ⅴ发掘区中南部，T2115西部，延伸至T2015、T2215内，开口于扰土层下，距地表1.6米，被破坏至底，被M291打破。墓葬形制为砖室墓，方向190°。由墓道、墓门、前室、过道、中室、后室和耳室组成，现存全长13.1、最宽4.08米。除墓门为石砌外，其余用砖砌（图2-164；图版7-1）。

墓道平面呈梯形，直壁、平底，长4.7、宽1.2~1.6、残深1.3米。墓道北部靠近墓门处的东西两壁砌有砖墙，单砖错缝平砌，长0.8、高1.18米。

墓门高1.1、宽1.1米，由6块石板砌成，门楣、门框、门槛、两扇门扉各用一块整石，除门槛石外均浮雕刻有画像，阴线刻饰地纹。门楣底面有长1.08、宽0.18、深0.02米的凹槽，槽两端凿有门轴窝，直径0.12、深0.05米。门楣长1.7、宽0.48、厚0.35米，内外两侧均刻有画像。内侧浅浮雕刻饰羊头。外侧中部浮雕卷角羊头；周边的上、左、右三边刻有4道边框、里面两道边框之间刻饰连弧纹，下边刻有两道边框、其间刻饰连弧纹。边框内、羊头两侧刻饰其他图案。羊头左侧为“车马出行”图，车顶有伞盖，上坐一人，躬身向前、一手挥鞭、一手持缰；车后一羽人，作推车状；马前下方有一羽人，面向右，作奔跑状。羊头右侧雕刻两只神兽，两兽各一臂伸向中间，共持一鱼。左侧神兽右脚外侧刻一球状物，左脚下刻一鱼；右侧神兽右脚下一鱼，左脚下一球状物。右侧神兽下方刻饰鸟啄鱼图案。紧贴羊头下方两侧各有一鸟（图版7-2）。门框石均高1.1、宽0.37、厚0.32米，向外的一面均刻有画像，两门框的外侧与下侧各刻有4道边框，其内刻饰画像。左门框石浮雕白虎，虎肩有翼，上饰仙鹤、下有一鱼等（图版7-5）；右门框石浮雕青龙，下饰一鱼（图版7-4）。门扉石两扇，均高1.08、宽0.51、厚0.14米，外侧刻有画像。左门扉中部刻有铺首衔环、环内两鱼，其上各立一只神鸟，雄鸟在左，雌鸟在右；右门扉画面与左门扉相若，只是雌鸟在左，雄鸟在右（图版7-3）。门槛石长1.8、宽0.4、厚0.1米，无画面及纹饰。

墓圹呈不规则形，直壁、平底，长8.24、最宽4.08、残深1.42米。圹内用青砖砌筑墓室。建造时，先在墓底铺一层地砖，再砌筑墓室。铺地砖呈“人”字形平铺；墓壁均按“两顺一丁”（单砖错缝平砌两层、侧立砖丁砌一层）的方法砌筑，丁砖多为残砖，两砖之间用黄泥黏结；墓顶早期被破坏，

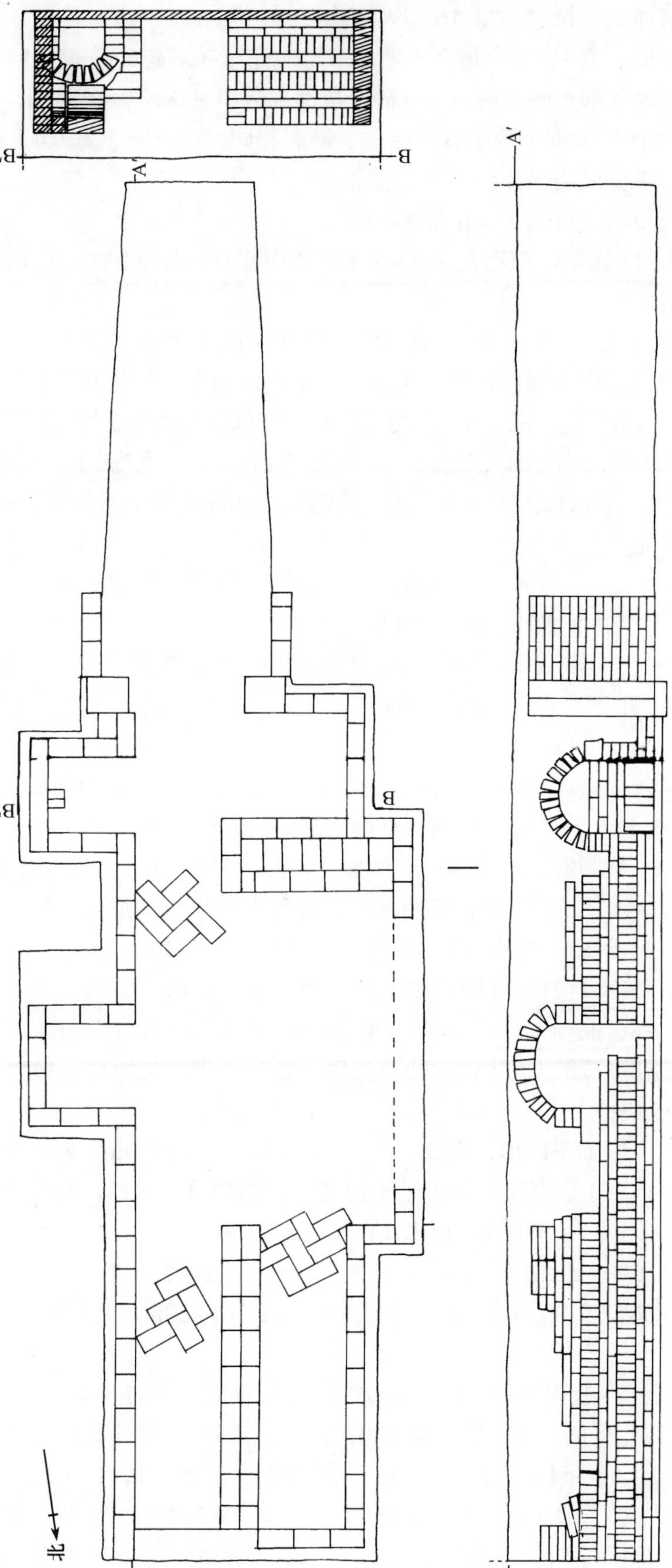

图 2-164　M284 平、剖面图

形制不详。所用青砖一面有绳纹，长 32、宽 16、厚 8 厘米。

前室长方形，东西长 1.98、宽 1、残存最高 1 米。东侧砌有耳室，宽 0.7、高 0.9、进深 0.82 米，券顶为单层侧立砖纵券。耳室下部东侧用两块正立砖分成两部分，进深均为 0.16 米，南边的宽 0.22 米，北边的宽 0.18 米。耳室南、北壁下部各有一壁龛，形制相同，高 0.35、宽 0.4、进深 0.34 米，券顶。南壁龛内用一正立砖平分成两部分。

前、中室之间的过道宽 0.82、残高 1、进深 0.7 米。

中室长方形，南北长 3.18、宽 2.4、残存最高 0.8 米，东壁中部有一耳室，宽 0.8、高 1.1、进深 0.82 米，券顶为单层侧立砖纵券。

后室长方形，平分为东西两室，均长 2.9、宽 0.8、残存最高 1.1 米。

填土呈灰褐色，土质略松，含大量碎砖块、烧土等。墓室内未发现葬具和人骨架痕迹。随葬品有 26 件（组），发现于中室底部填土中，其中陶器均残碎，经修复有陶案 2 件、陶樽 1 件、陶耳杯 15 件、陶盘 2 件、陶勺 1 件、陶饰 1 件、陶三足盘 1 件、陶熏炉 1 件；另有铜镜 1 件、铜钱 9 枚（1 组）。

陶案　2 件。M284∶1，红胎绿釉。长方形，边缘隆起。案面周边与中部各饰 2 周凸弦纹，2 周凸弦纹之间均饰菱形纹。案心刻饰两条鱼纹。长约 55、宽 35.6、厚约 1.8 厘米（图 2-165A，3）。M284∶9，红胎绿釉，脱釉严重。长方形，边缘隆起。案面周边与中部各饰 2 周凸弦纹。案心刻饰三条鱼纹。长约 52、宽 32、厚约 2 厘米（图 2-165A，2）。

陶樽　1 件（M284∶2）。红胎绿釉，釉不包底，脱釉严重。直口微敞，方唇，近直腹，平底，三矮足。腹上部和中部各饰 2 组凹弦纹，凹弦纹之间饰波浪纹。口径 21.6、高 12.8、壁厚 0.6 厘米（图 2-165B，4）。

陶耳杯　15 件。M284∶4、5、13~19 形制相同。红胎绿釉，脱釉严重。椭圆形，平耳，敞口，弧腹，假圈足内凹。口部长 11.2、宽 8、高 3.4、壁厚 0.2~0.4 厘米（图 2-165B，5）。M284∶20、22、24，红胎绿釉，脱釉严重。椭圆形，平耳，敞口，弧腹，平底。口径长 16、宽 12、高 4、壁厚 0.2~0.4 厘米（图 2-165B，2）。M284∶11、12、25，红胎绿釉，脱釉严重。椭圆形，平耳，敞口，弧腹，假圈足。口部长 9.9、宽 7.2、高 3.4、壁厚 0.2~0.4 厘米（图 2-165B，3）。

陶盘　2 件。M284∶6、M284∶21，红胎绿釉，脱釉严重。平折沿，方唇，浅斜腹，大平底。盘心绘 2 周凸弦纹。口径 18.8、底径 14.8、高 3.2、壁厚 0.6~0.8 厘米（图 2-165B，1）。

陶勺　1 件（M284∶7）。红胎，黄绿釉，釉不包底，脱釉严重。把手残，敞口，圜底。残长 13、残高 10 厘米（图 2-165A，5）。

陶饰　1 件（M284∶8）。断面呈圆形，束腰。长 1、上径 0.3、下径 0.45 厘米（图 2-165A，4）。

陶三足盘　1 件（M284∶23）。红胎绿釉，釉不包底，脱釉严重。敞口，斜直壁，大平底，三蹄形足。口径 24、底径 17.6、高 8、壁厚 0.6 厘米（图 2-165A，6）。

陶熏炉　1 件（M284∶26）。红胎绿釉，口径 13.8、底径 15、腹径 20.4、高 17.5 厘米。敛口，鼓腹，平底，三蹄形足，口部三支架。腹部饰 3 周凹弦纹，腹部及底部镂空（图 2-165A，1；图版 16-6）。

铜钱　9 枚，均为五铢钱，铸造较好，外郭清晰，方形穿，穿反面有郭。M284∶10-1、7，字体较宽，“五”字中间两笔弯曲，“铢”字的“金”字头呈等边三角形，“朱”字头圆折。直径 2.4 厘米（图 2-166，1、7）。M284∶10-2、5，字体略瘦，“五”字中间两笔弯曲，“铢”字的“金”字头呈等边三角形，“朱”字头圆折。直径 2.6 厘米（图 2-166，2、5）。M284∶10-3，字体略瘦，“五”字中间两笔略弯，“铢”字的“金”字头呈等边三角形，“朱”字头方折。直径 2.5 厘米（图 2-166，3）。M284∶10-4、8、9，字体较瘦，“五”字中间两笔弯曲，“铢”字的“金”字头呈等腰三角形，“朱”

图 2-165A　M284 出土器物

1. 陶熏炉（M284∶26）　2、3. 陶案（M284∶9、M284∶1）　4. 陶饰（M284∶8）　5. 陶勺（M284∶7）　6. 陶三足盘（M284∶23）

字头圆折。直径 2.6 厘米（图 2-166，4、8、9）。M284∶10-6，字体较瘦，“五”字中间两笔弯曲，“铢”字的“金”字头呈等腰三角形，“朱”字头方折。直径 2.6 厘米（图 2-166，6）。

铜镜　1 件（M284∶3）。神人龙虎铭带镜，残，锈蚀较重。圆纽，圆纽座。座外由 4 枚乳钉平分成四区，每区分饰龙、虎、神人等图案。其外有一铭文圈带，字迹不清。铭带外饰 1 周短斜线、1 周锯齿纹和 1 周双线波浪纹。窄素缘，缘边上卷。直径 15.3、镜体厚 0.1、缘厚 0.5 厘米（图 2-167；图版 30-4）。

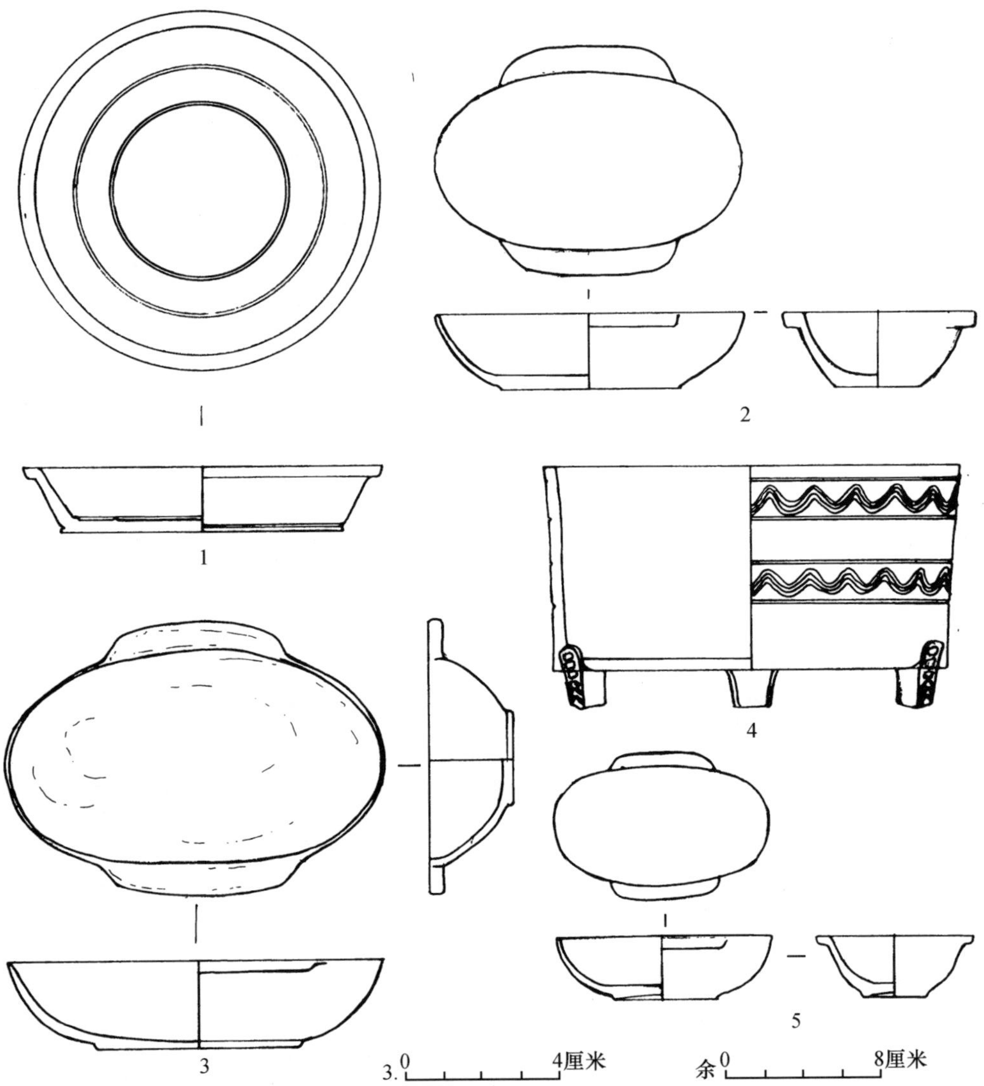

图 2-165B　M284 出土器物

1. 陶盘（M284∶6）　2、3、5. 陶耳杯（M284∶20、M284∶11、M284∶4）　4. 陶樽（M284∶2）

十五、M290

M290 位于第Ⅴ发掘区东南部，T2118 东北角，开口于扰土层下，距地表 1.5 米，被破坏至底。墓葬形制为砖室墓，平面近刀把形，方向 186°，由墓道、墓门、甬道和墓室四部分组成。墓道平面呈梯形，直壁、平底，长 3.5、宽 1~1.26、残深 1 米。墓门宽 1.26、残高 0.64 米。甬道宽、高度同墓门，进深 0.32 米。墓圹平面长方形，直壁、平底，长 4.28、宽 2.4、残深 1 米。圹内用砖砌墓室，基本被破坏殆尽。建造时，先铺一层地砖，再砌墓室。铺地砖呈"人"字形平铺，墓壁按"两顺一丁"（单砖错缝平砌两层、侧立砖丁砌一层）的方法砌筑，丁砖大部分为残砖。所用青砖一面有绳纹，长 32、宽 16、厚 8 厘米。填土呈灰褐色，土质略硬，内含烧土、碎砖块及料姜石。墓内未发现葬具和人骨架痕迹。填土中清理出陶片若干，经修复为陶樽 1 件、陶盘 1 件（图 2-168）。

陶樽　1 件（M290∶1）。红胎绿釉，脱釉严重。直口微敞，方唇，深直腹，平底，三矮足。

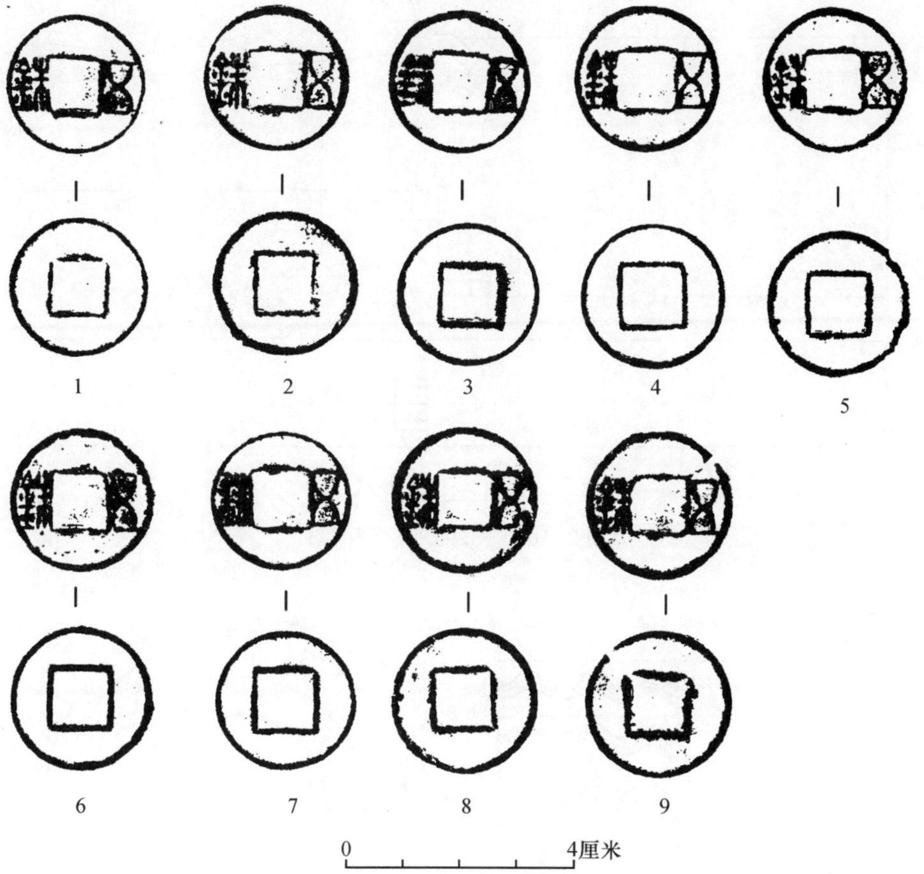

图 2-166　M284 出土五铢钱

1. M284∶10-1　2. M284∶10-2　3. M284∶10-3　4. M284∶10-4　5. M284∶10-5　6. M284∶10-6　7. M284∶10-7　8. M284∶10-8　9. M284∶10-9　M284∶10-10

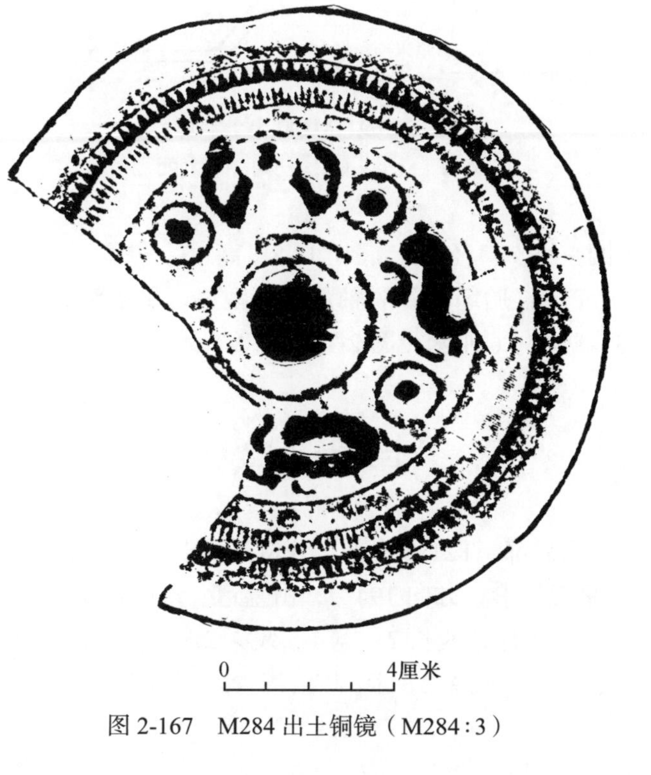

图 2-167　M284 出土铜镜（M284∶3）

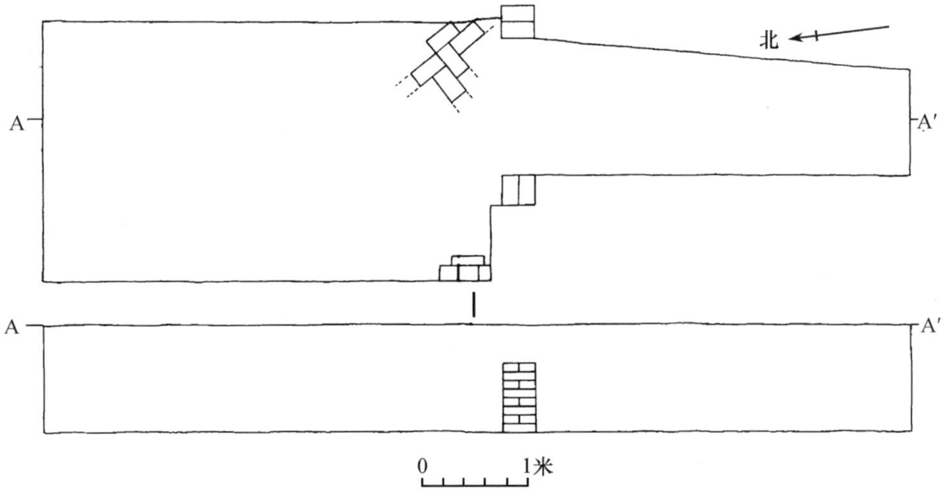

图 2-168　M290 平、剖面图

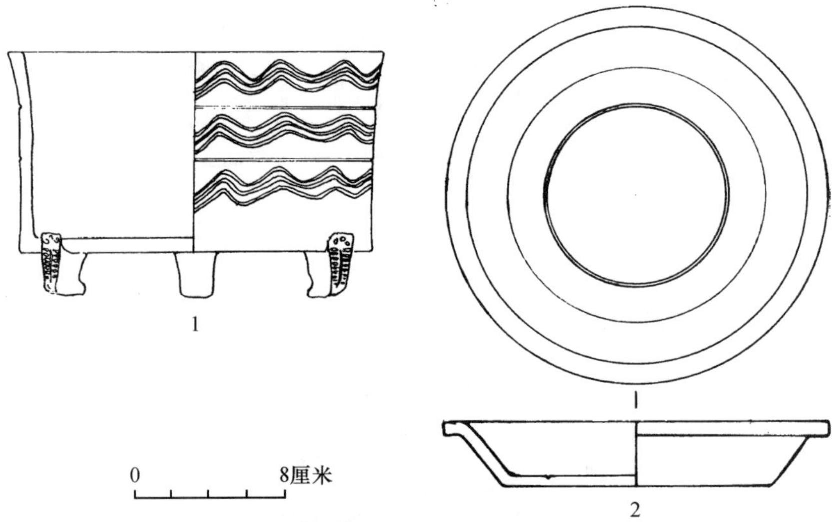

图 2-169　M290 出土器物

1. 陶樽（M290：1）　2. 陶盘（M290：2）

腹壁饰 3 组波浪纹、2 组凹弦纹。口径 20、底径 18.8、高 13、壁厚 0.8 厘米（图 2-169，1）。

陶盘　1 件（M290：2）。红胎绿釉，脱釉严重。敞口，平折沿，方唇，浅斜腹，大平底。口径 20.5、底径 14、高 3.3、壁厚 0.6 厘米（图 2-169，2）。

十六、M299

M299 位于第Ⅴ发掘区西北部，T2113 中部，开口于扰土层下，距地表 1.5 米，被破坏至底部。墓葬形制为砖室墓，平面呈刀把形，方向 194°，由墓道、墓门和墓室三部分组成。墓道位于墓室西南部，平面长方形，直壁、平底，残长 2、宽 1、残深 2.3 米。墓门宽 1、残高 1 米。墓圹平面长方形，直壁、平底，长 3.6、宽 2.1、残深 2.3 米。圹内用青砖砌筑墓室，仅存东侧下部，长 3.1、宽 1.6、

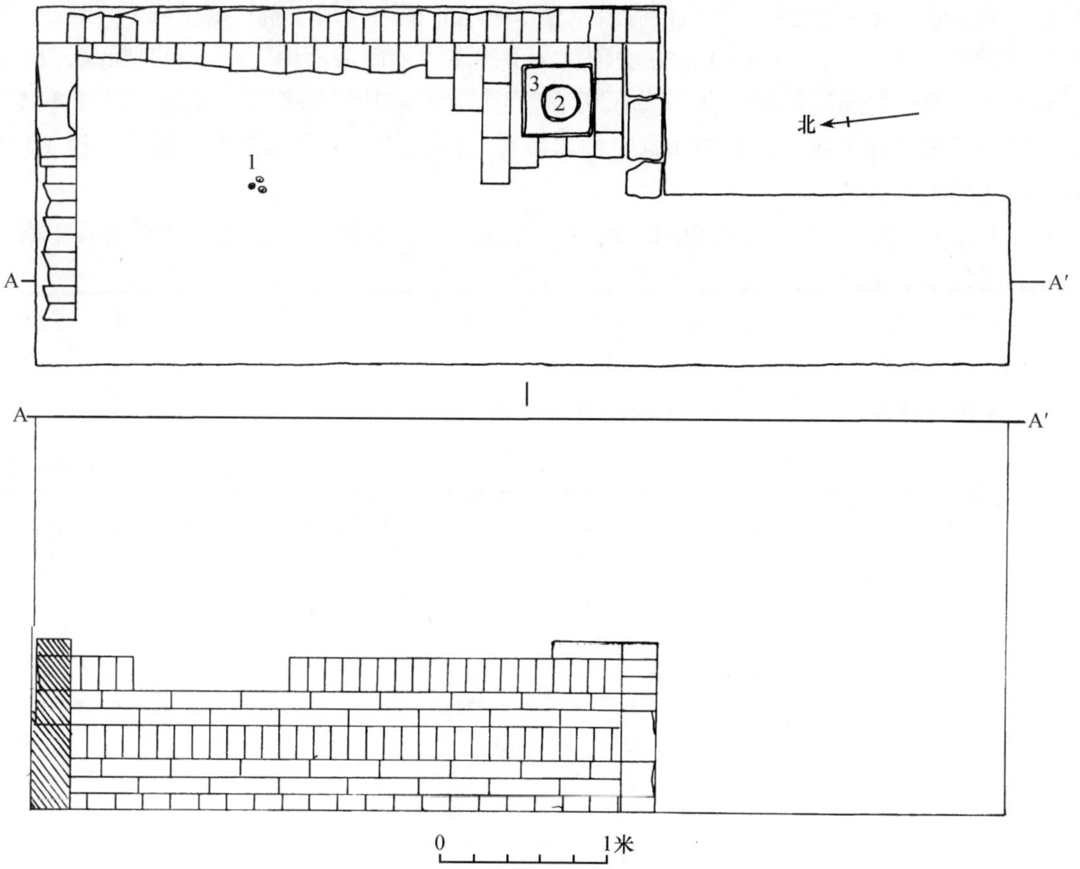

图 2-170　M299 平、剖面图

1. 铜钱　2. 陶盘　3. 陶案

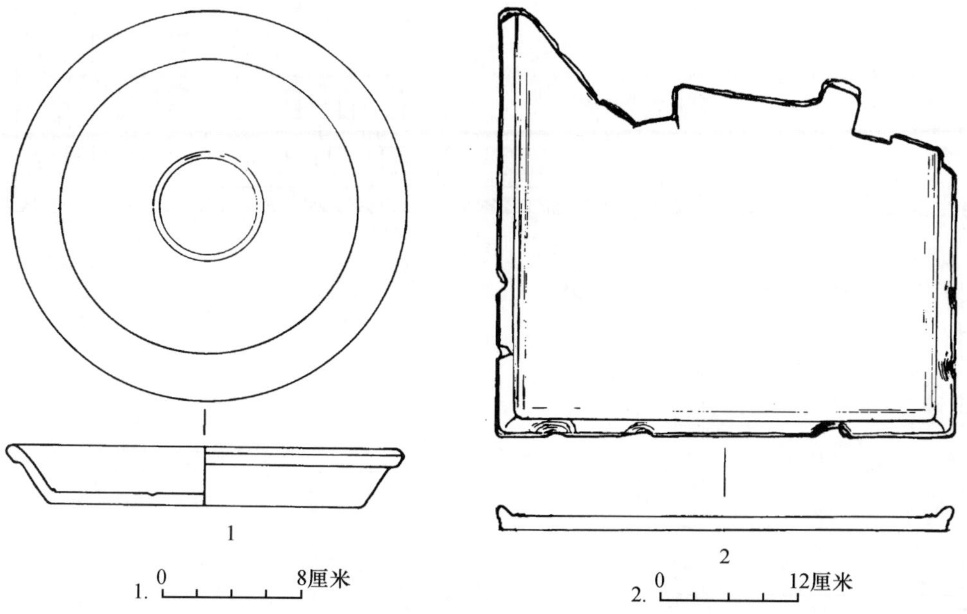

图 2-171　M299 出土器物

1. 陶盘（M299：2）　2. 陶案（M299：3）

残高1米。建造时先铺一层地砖，然后再砌筑墓壁。铺地砖横向错缝平铺；墓壁按“两顺一丁”（单砖错缝平砌两层、侧立砖丁砖一层）的方法砌筑，丁砖多为残砖。所用青砖一面有绳纹，长32、宽16、厚8厘米，两砖之间用黄泥黏合。填土为红褐色，含碎砖块、料姜石。墓内未发现葬具痕迹和人骨架。随葬品有3件（组），其中陶盘1件、陶案1件，位于墓底东南部；铜钱3枚（1组），位于墓底中北部（图2-170）。

陶盘　1件（M299∶2）。泥质灰陶。敞口，卷圆唇，浅斜腹，大平底，盘底中心1周凹槽。口径22.8、底径18、高3.4、壁厚0.6厘米（图2-171，1）。

陶案　1件（M299∶3）。泥质褐陶。长方形，残。边缘隆起，周边2道凸弦纹。残长37、宽40、厚1.1厘米（图2-171，2）。

铜钱　3枚（M299∶1）。均为五铢钱，锈蚀严重。

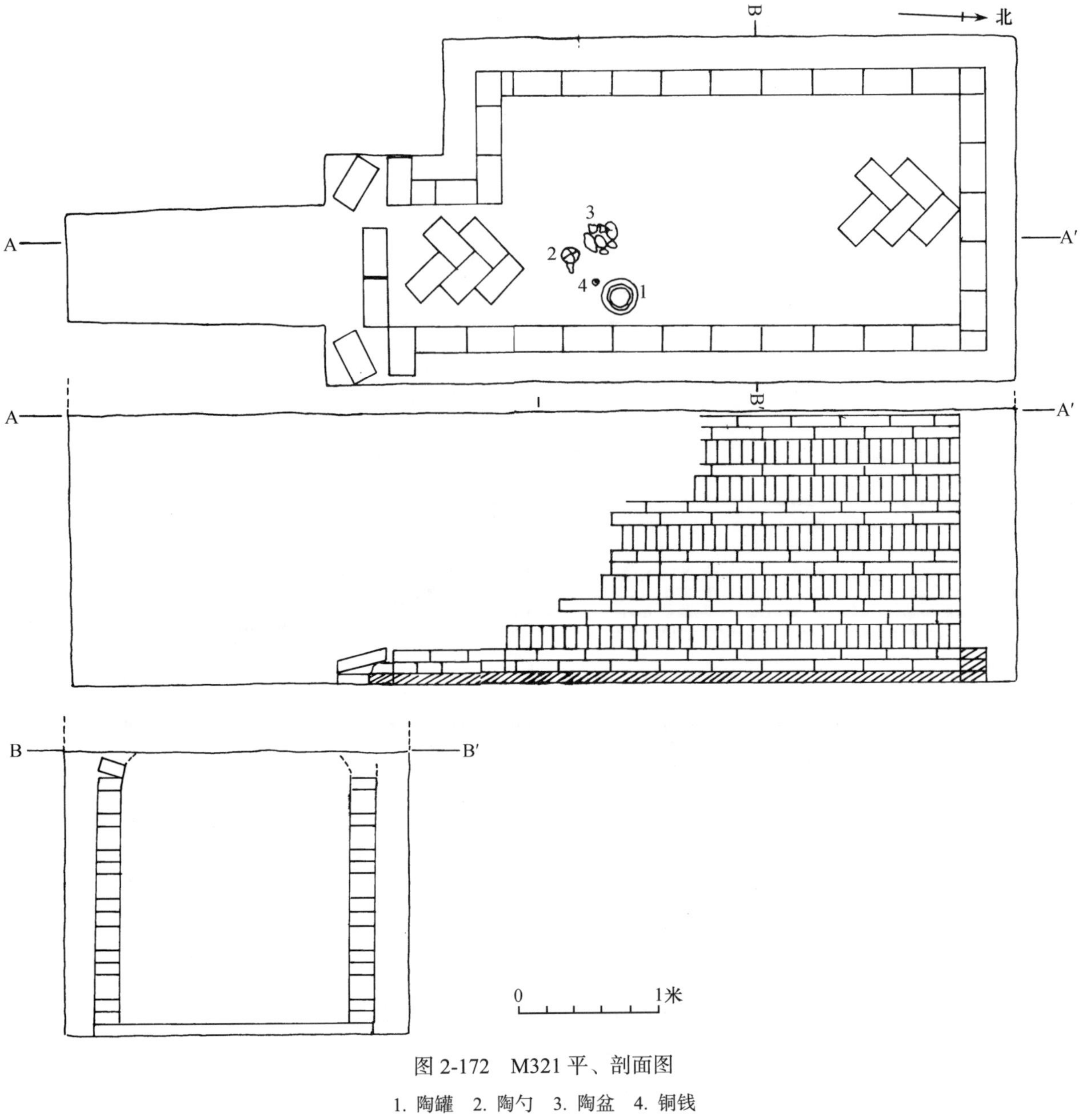

图2-172　M321平、剖面图

1. 陶罐　2. 陶勺　3. 陶盆　4. 铜钱

十七、M321

M321位于第Ⅴ发掘区西北部，T2114东部，开口于扰土层下，距地表2米，上部被M292打破。墓葬形制为砖室墓，平面近刀把形，方向178°，由墓道、墓门、甬道和墓室四部分组成。墓道残存部分平面呈梯形，直壁、平底，残长1.8、宽0.74~0.84、残深1.88米。墓门宽0.84、残高0.24米，用青砖砌筑封门墙，已被破坏殆尽，只残存两端，可能为单砖斜向平砌。甬道宽0.84、残高0.24、进深0.82米。墓圹平面长方形，直壁、平底，长3.94、宽2.4、残深1.88米。圹内用青砖砌筑墓室，平面长方形，长3.14、宽1.6、残高1.68米。建造时，先铺一层地砖，再砌筑墓室。铺地砖呈“人”字形平铺，自墓门处延伸至北壁下；甬道壁及墓室四壁均按“两顺一丁”（单砖错缝平砌两层、侧立砖丁砌一层）的方法用砌筑，丁砖多为残砖，两砖之间用黄泥黏接；墓顶推测为券顶。所用青砖均一面有绳纹，长32、宽16、厚8厘米。填土呈黄褐色，土质略松，含烧土块及料姜石。墓室内未发现葬具和人骨架痕迹。随葬品有4件（组），其中陶罐1件、陶勺1件、陶盆1件、铜钱1枚，均置于墓室东南部（图2-172；图版6-4）。

陶罐　1件（M321∶1）。泥质灰陶。敛口，短折沿，尖圆唇，口内侧内凹，束颈，鼓肩，斜腹，平底。肩部饰2周凹弦纹，其间饰竖绳纹，其下饰1周戳印纹；腹下部近底处饰1周凹弦纹。口径17.6、腹径27.6、底径14.8、高20.6、壁厚0.3厘米（图2-173，1）。

陶勺　1件（M321∶2）。红胎绿釉，脱落严重。勺把残断，勺口呈椭圆形，圜底。残长12、残高10厘米（图2-173，2）。

陶盆　1件（M321∶3）。残碎，无法修复。

铜钱　1枚（M321∶4）。五铢钱，字体较宽，“五”字中间两笔弯曲，“铢”字的“金”字头呈等边三角形，“朱”字头方折外撇。直径2.45厘米（图2-174）。

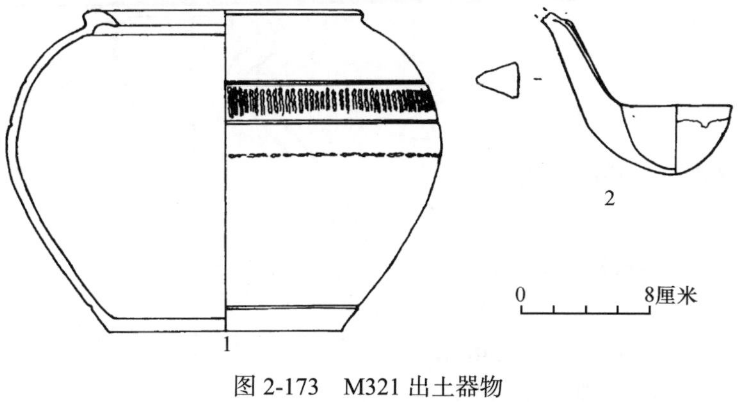

图2-173　M321出土器物

1. 陶罐（M321∶1）　2. 陶勺（M321∶2）

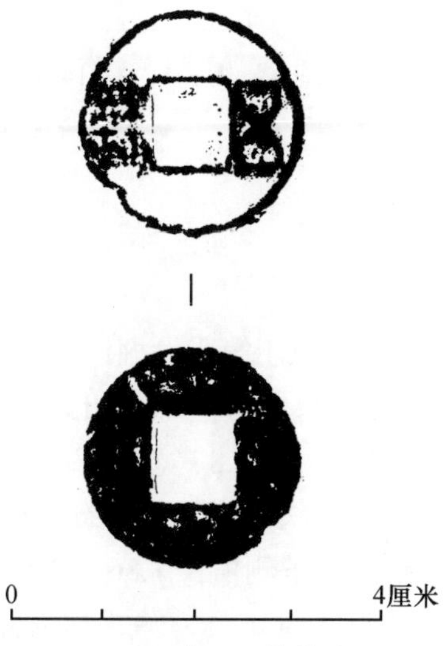

图2-174　M321出土五铢钱（M321∶4）

第三章 唐代墓葬

第一节 土坑竖穴墓

一、M114

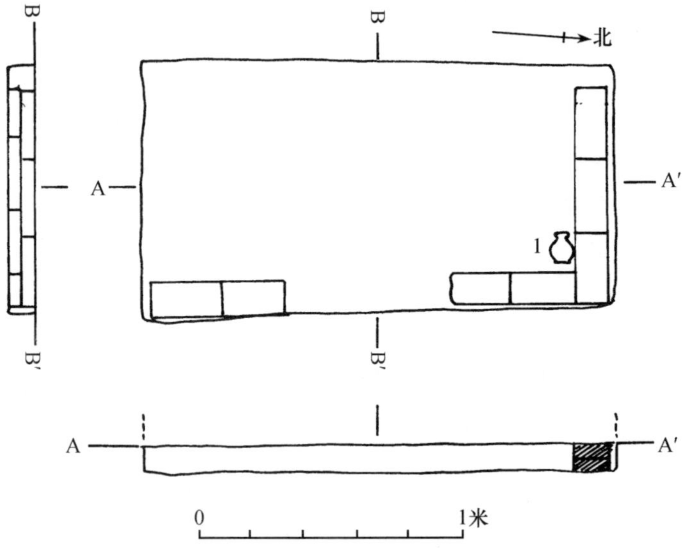

图 3-1 M114 平、剖面图

1. 瓷瓶

M114 位于第Ⅱ发掘区东南部，T1128 西南部，开口于耕土层下，距地表 0.3 米。墓葬形制为土坑竖穴砖椁墓，方向 356°。墓圹平面呈梯形，直壁、平底，长 1.8、宽 0.9~1、残深 0.1 米。填土为黄褐色，土质松散。圹内用青砖砌筑椁室，底部未铺砖，椁壁仅余北、东两壁的最下部，单砖错缝平砌。未发现葬具痕迹及人骨架。随葬品有瓷瓶 1 件，发现于椁室东北角（图 3-1）。

瓷瓶 1 件（M114:1）。乳白胎，淡青釉，釉不包底，釉上有开片。敛口，尖圆唇，束颈，鼓腹略下垂，平底微内凹。口径 4、底径 7.2、高 15.2 厘米（图 3-2；图版 22-1）。

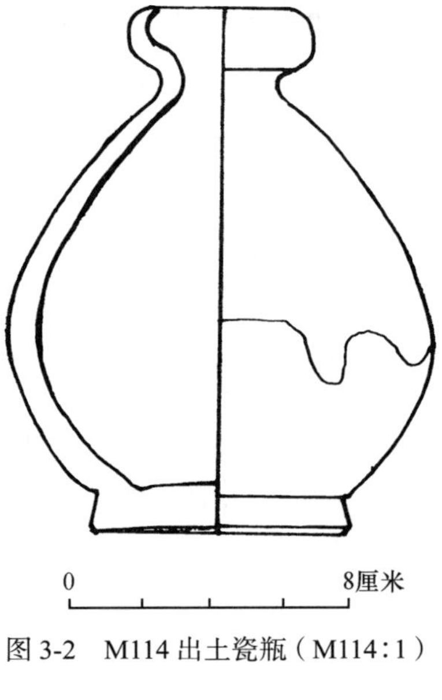

图 3-2 M114 出土瓷瓶（M114∶1）

二、M191

M191 位于第Ⅰ发掘区东南部，T1628 南部，开口于扰土层下，距地表 2.4 米。墓葬形制为土坑竖穴墓，方向 6°。墓圹平面呈长方形，直壁、平底，长 2.8、宽 1.08、残深 0.5 米。填土为黄褐色，结构疏松，含灰褐色土块和少量料姜石。墓底有葬具 2 棺，已朽，仅存棺钉及棺灰痕迹。东侧棺长 1.86、宽 0.54 米；西侧棺长 1.98、宽 0.48 米。棺内各有人骨 1 具，葬式均为仰身直肢，头向北。随葬品有 3 件，其中陶罐 2 件，均放置于墓室南部；瓷碗 1 件，放置于墓室西南部（图 3-3）。

陶罐 2 件。M191∶2，泥质灰陶，素面。厚圆唇，侈口，圆肩，鼓腹，最大腹径居上，下腹斜收，平底。肩部饰 2 个桥形耳，腹壁

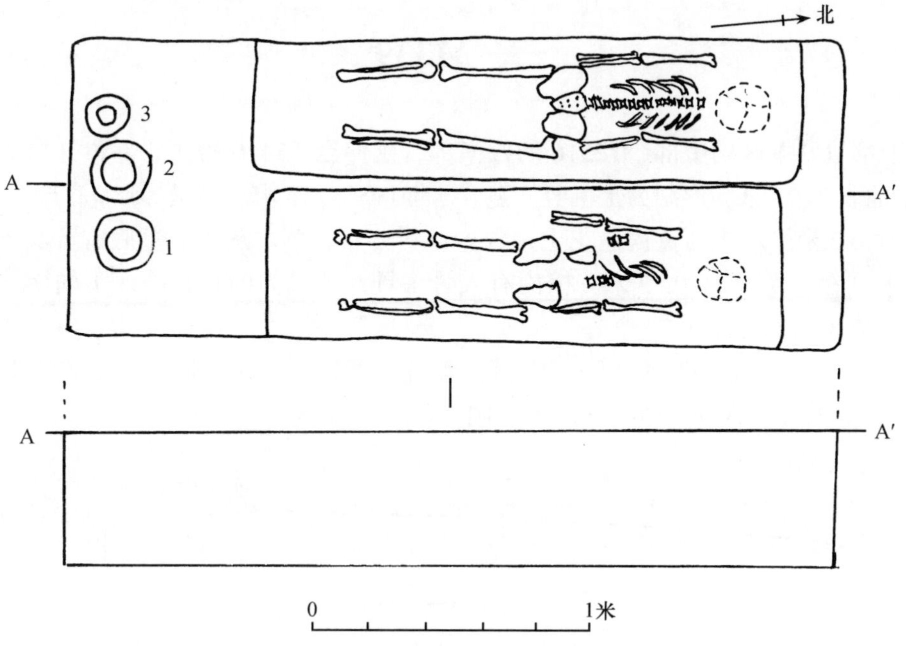

图 3-3 M191 平、剖面图

1、2. 陶罐 3. 瓷碗

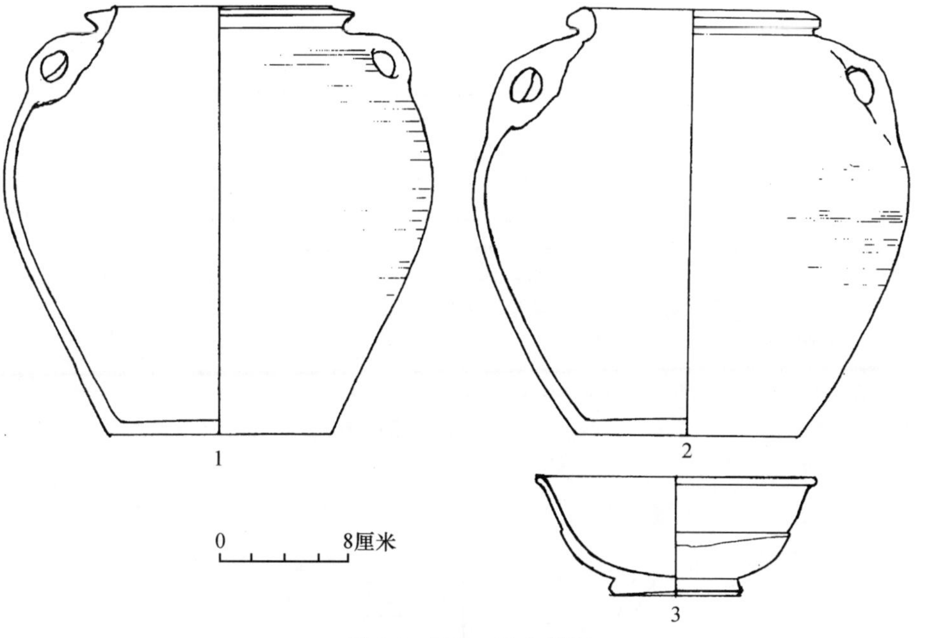

图 3-4 M191 出土器物

1、2. 陶罐（M191∶1、M191∶2） 3. 瓷碗（M191∶3）

上残留轮制痕迹。口径 16.8、腹径 26.8、底径 14、高 27.2、壁厚 0.6~0.9 厘米（图 3-4，2）。M191∶1，形制同 M191∶2（图 3-4，1）。

瓷碗 1 件（M191∶3）。乳白胎，淡青绿釉，釉不包底，釉上有微小开片。圆唇，敞口，窄卷沿，深弧腹，腹部中间 1 周凹槽似折腹，饼状足微内凹。口径 17.6、底径 8.4、高 7.6、壁厚 0.4~1 厘米（图 3-4，3；图版 18-1）。

三、M339

M339位于第Ⅵ发掘区的中部，T2516的西南部，延伸至T2416的西北部，开口于扰土层下，打破M340，距地表2米。墓葬形制为土坑竖穴墓，方向193°。墓圹平面呈梯形，直壁、平底，长2.4、宽1~1.12、残深0.2米。填土为黄褐色花土，含少量料姜石，草木灰等。墓底有葬具1棺，已朽，平面为梯形，长1.66、宽0.44~0.52米。棺内有人骨1具，葬式为仰身直肢，头向南。随葬品有陶洗1件，放置于墓室南部（图3-5）。

陶洗　1件（M339∶1）。泥质红陶。尖唇，敞口，折腹，平底。口外有2道不明显的凸棱。口径17、底径20、高8.2、壁厚0.7~1.2厘米（图3-6）。

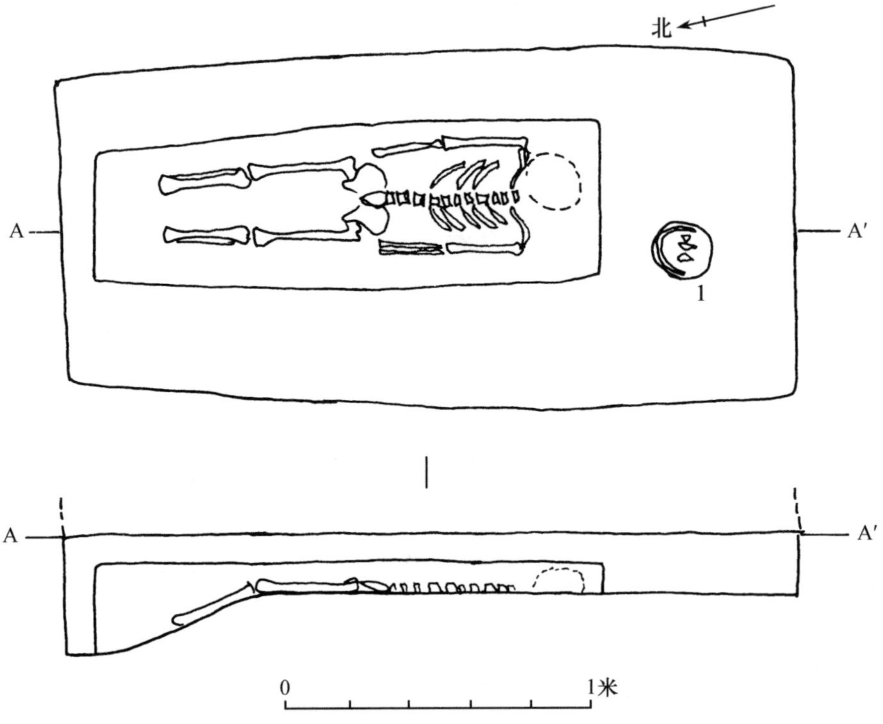

图3-5　M339平、剖面图

1. 陶洗

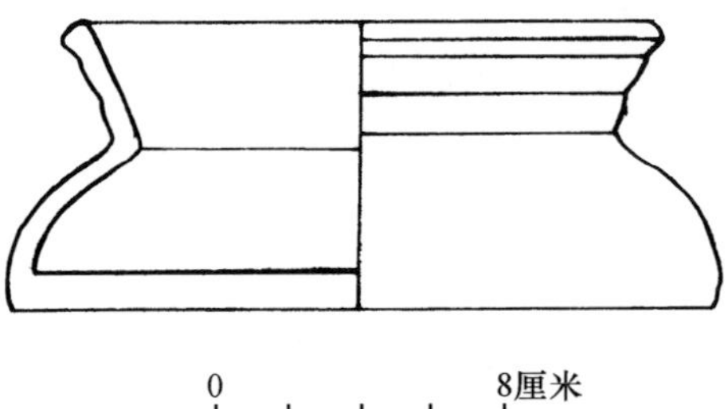

图3-6　M339出土陶洗（M339∶1）

第二节 土坑洞室墓

一、M204

M204位于第Ⅱ发掘区的东北部，T1528的东部，开口于扰土层下，距地表2.4米。墓葬形制为土坑洞室墓，方向187°，由墓道、墓门和墓室三部分组成。墓道位于墓室的南部，平面呈梯形，直壁、平底，长2.1、宽0.7~0.82、残深0.59米。填土为黄褐色花土，含红褐色、灰褐色土块和少量料姜石。墓门宽0.6、高0.59米。墓室顶部被破坏，直壁、平底，平面近椭圆形，长2.46、宽0.84、残高0.59米。墓室内有葬具1棺，已朽，棺平面呈长方形，长1.84、宽0.42~0.48米。棺内有人骨1具，保存较差，葬式为仰身直肢，头向北。随葬品有7件（组）。其中陶罐1件，置于墓室中南部；铜钱1枚，置于棺外西南侧；铜器1件，置于人骨架脊椎处；铜带扣4件（1组），放置于人骨架盆骨处；三彩炉1件，放置于墓圹东南部；瓷碗1件，放置于墓圹南部；铁器1件，放置于棺外西南侧（图3-7）。

铁器 1件（M204∶2）。锈蚀严重。长约16.6、宽约12.4、厚约0.6厘米（图3-8，2）。

铜器 M204∶3。形似带扣。长约2.7、宽约2.4厘米（图3-8，5）。

铜带扣 4件。形制相近。M204∶4、7~9，长2~2.7、宽2.5~3.4厘米（图3-8，6~9）。

三彩炉 1件（M204∶5）。肩和腹部施黄、绿、蓝三彩釉。侈口，圆唇，束颈，扁球形腹，三兽蹄形足。口径15.4、最大腹径21.6、高15、厚约0.4厘米（图3-8，4；图版17-1）。

陶罐 1件（M204∶6）。泥质红陶，素面。尖唇，敛口，溜肩，鼓腹，下腹斜收，平底。肩

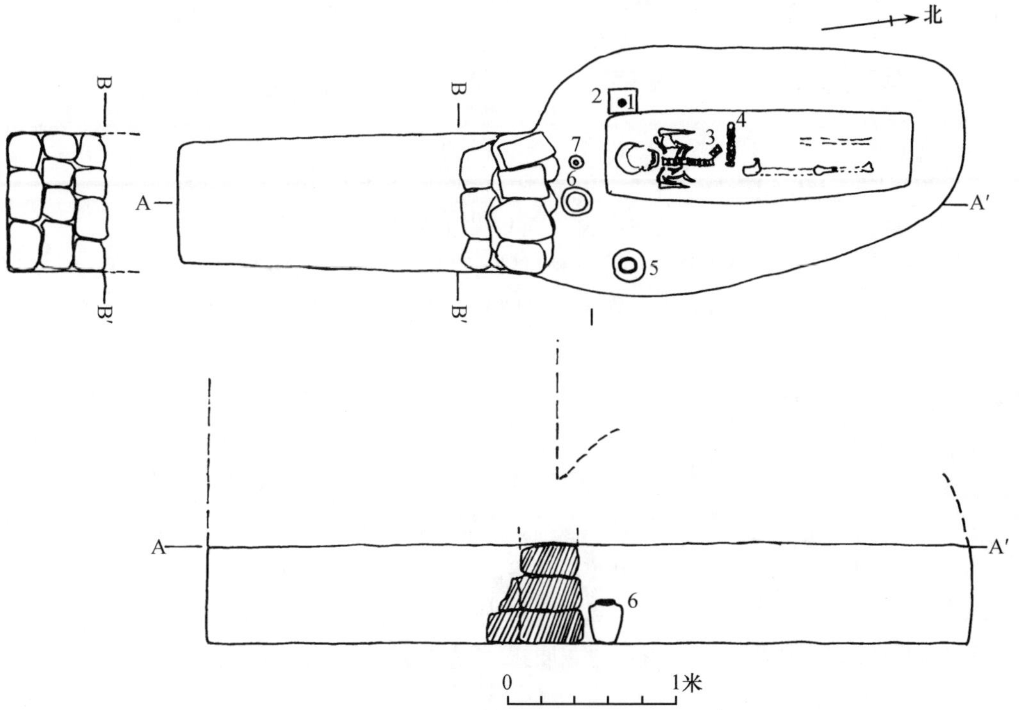

图3-7 M204平、剖面图

1. 铜钱 2. 铁器 3. 铜器 4. 铜带扣 5. 三彩炉 6. 陶罐 7. 瓷碗

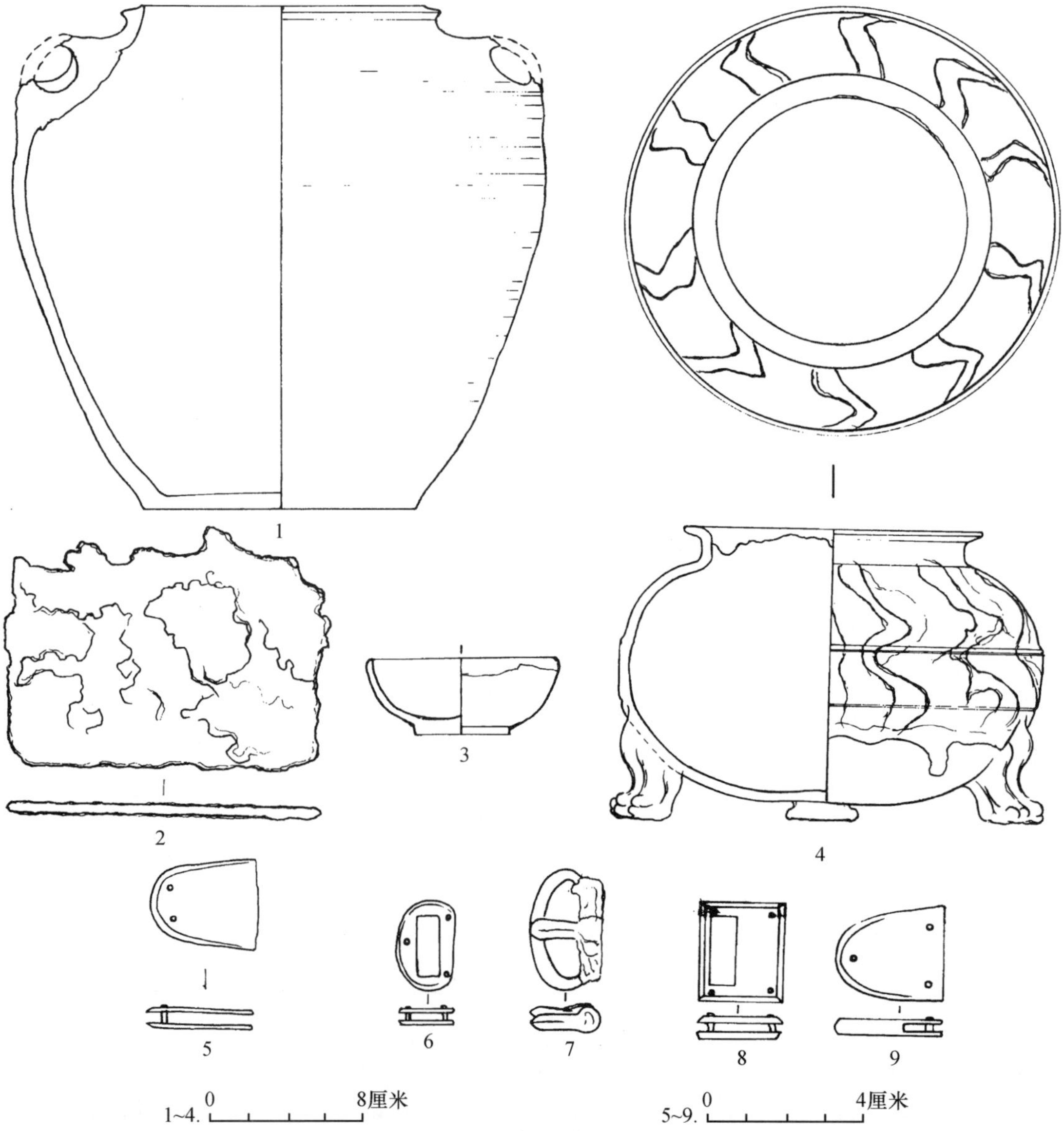

图 3-8 M204 出土器物

1. 陶罐（M204：6） 2. 铁器（M204：2） 3. 瓷碗（M204：7） 4. 三彩炉（M204：5） 5. 铜器（M204：3）
6～9. 铜带扣（M204：4、M204：7、M204：8、M204：9）

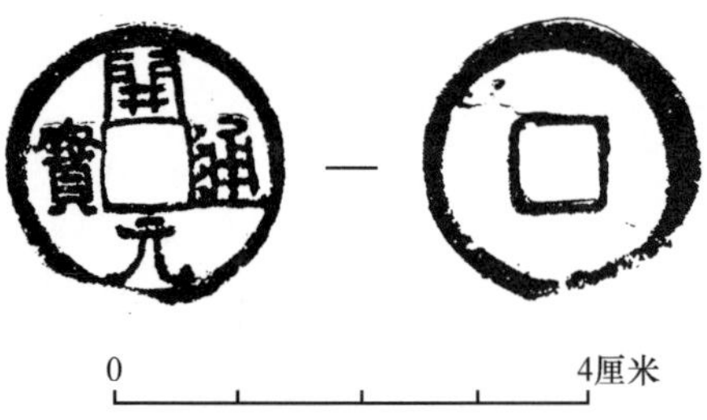

图 3-9 M204 出土开元通宝（M204：1）

部按压 1 对桥形耳，耳残。通体残留轮制痕迹。口径 16、腹径 27.4、底径 14、高 26.2、壁厚 0.6~0.8 厘米（图 3-8，1）。

瓷碗 1 件（M204：7）。淡黄胎，灰白釉，釉至口沿外侧。尖唇，直口，深腹，饼状足。口径 9.6、底径 5、高 4、壁厚 0.3~1 厘米（图 3-8，3）。

铜钱 1 枚（M204：1）。“开元通宝”，楷书，直读。直径 2.4 厘米（图 3-9）。

二、M207

M207位于第Ⅱ发掘区东北部，T1529西南部，开口于扰土层下，距地表2.6米。墓葬形制为土坑洞室墓，方向175° ，由墓道和墓室两部分组成。墓道位于墓室南端，平面为长方形，直壁、平底，长2、宽0.7、深2.3米。填土为红褐色花土。墓室顶部为弧形，直壁、平底，底部平面近长方形，长2.9、宽1.48~1.65、高1.34米。未发现葬具痕迹及人骨架。随葬品有2件。其中陶罐1件，放置于墓室西北部；瓷罐1件，侧置于墓室西北部（图3-10）。

陶罐　1件（M207∶1）。泥质红褐陶。尖圆唇，敛口，鼓腹，最大腹径居上，下腹斜收，平底。肩部按压1对桥形耳。口径16、腹径27.2、底径14.0、高27.2、壁厚0.8~1厘米（图3-11，1）。

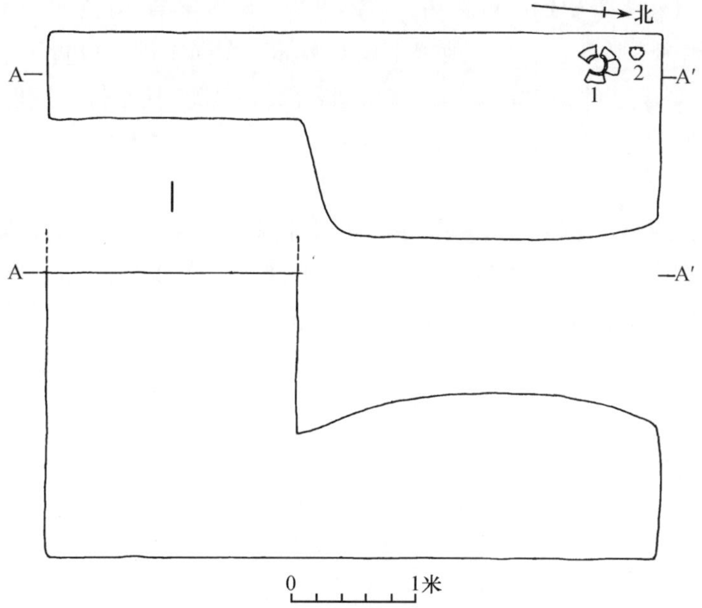

图3-10　M207平、剖面图

1. 陶罐　2. 瓷罐

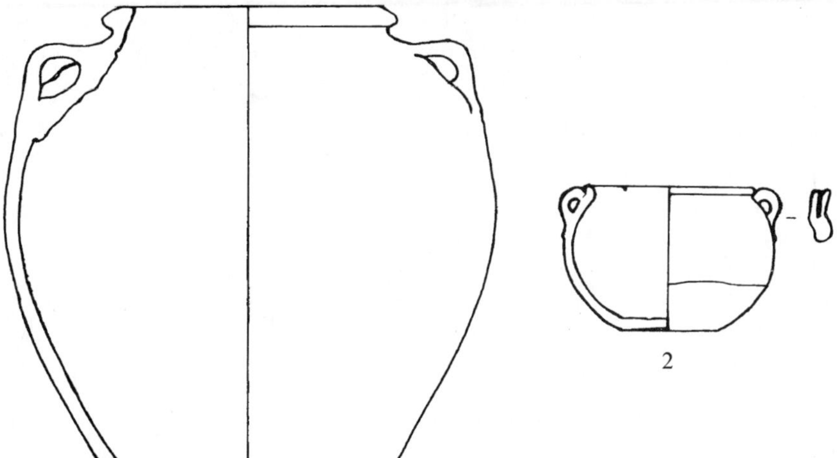

图3-11　M207出土器物

1. 陶罐（M207∶1）　2. 瓷罐（M207∶2）

瓷罐　1 件（M207∶2）。黄褐胎，酱釉，外釉施至下腹部，釉不包底。侈口，圆唇，鼓腹，平底微凹。口外侧附加 1 对桥形耳。上饰竖凹槽。口径 9.2、腹径 12.4、底径 5.2、高 8、壁厚 0.4~0.6 厘米（图 3-11，2）。

三、M238

M238 位于第Ⅳ发掘区的南部，T1815 的南部，开口于扰土层下，距地表 2.8 米。墓葬形制为土坑洞室墓，方向 184°，由墓道和墓室两部分组成。墓道位于墓室的南部，平面呈梯形，直壁、平底，长 2.1、宽 0.8~0.88、深 1.98 米。填土为灰褐色花土。墓室弧顶，弧壁、平底，平面大体呈圆形，直径 2.7、残高 1 米。葬具和人骨架均严重腐朽，痕迹难辨。随葬品有 10 件（组）。其中陶罐 2 件，放置于墓室东端底部；铜钱 6 枚（1 组），放置于墓室中部；陶俑 1 件，放置于墓室中部；瓷盂 1 件、瓷瓶 1 件、瓷罐 1 件、瓷碗 2 件，皆放置于墓室东端底部；三彩方枕 1 件，发现于填土内（图 3-12）。

陶罐　2 件。M238∶3，泥质灰陶，素面。尖圆唇，侈口，窄卷沿，鼓肩，下腹斜收，平底。肩部按压两对称桥形耳（残）。口径 14.6、腹径 22.6、底径 10.6、高 21.2、壁厚 0.5 厘米（图 3-13B，2）。M238∶4，泥质灰陶。尖圆唇，侈口，窄卷沿，鼓肩，下腹斜收，平底。肩部按压两对称桥形耳（残）。口径 18、腹径 29.2、底径 13.4、高 26.4、壁厚 0.6~0.8 厘米（图 3-13B，1；图版 21-1）。

陶俑　1 件（M238∶2）。骑马俑。白胎，蓝、绿、黄、白四色釉。高 6.8、长 5.5 厘米（图 3-13A，

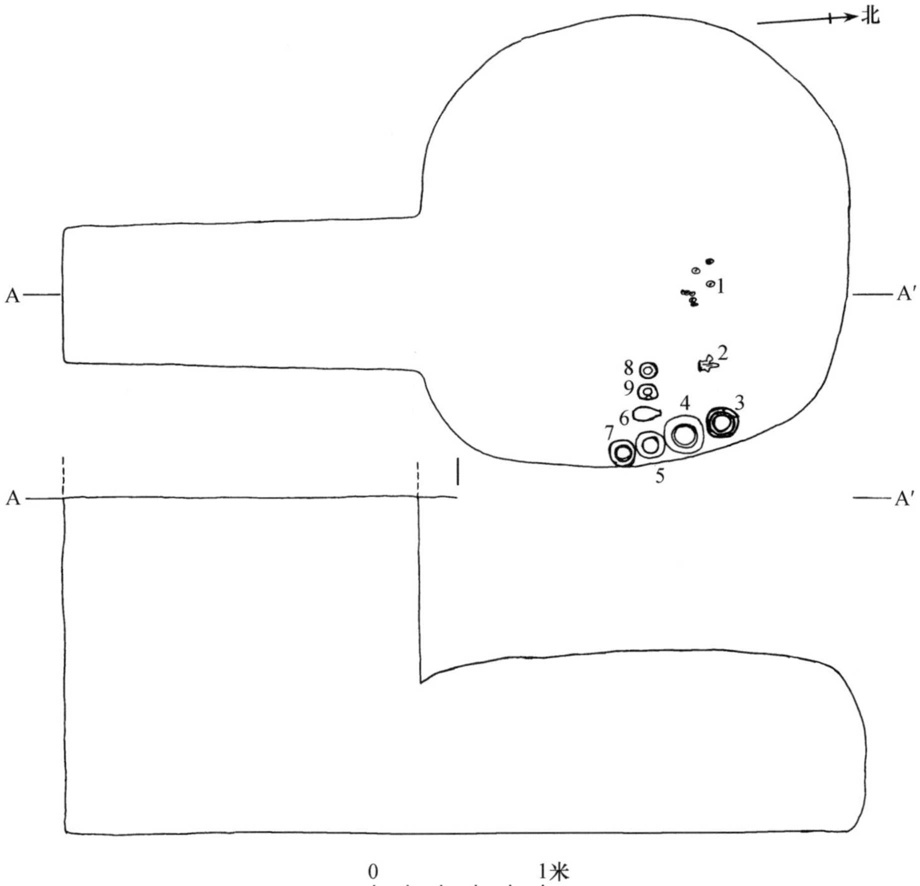

图 3-12　M238 平、剖面图

1. 铜钱　2. 陶俑　3、4. 陶罐　5. 瓷盂　6. 瓷瓶　7. 瓷罐　8、9. 瓷碗

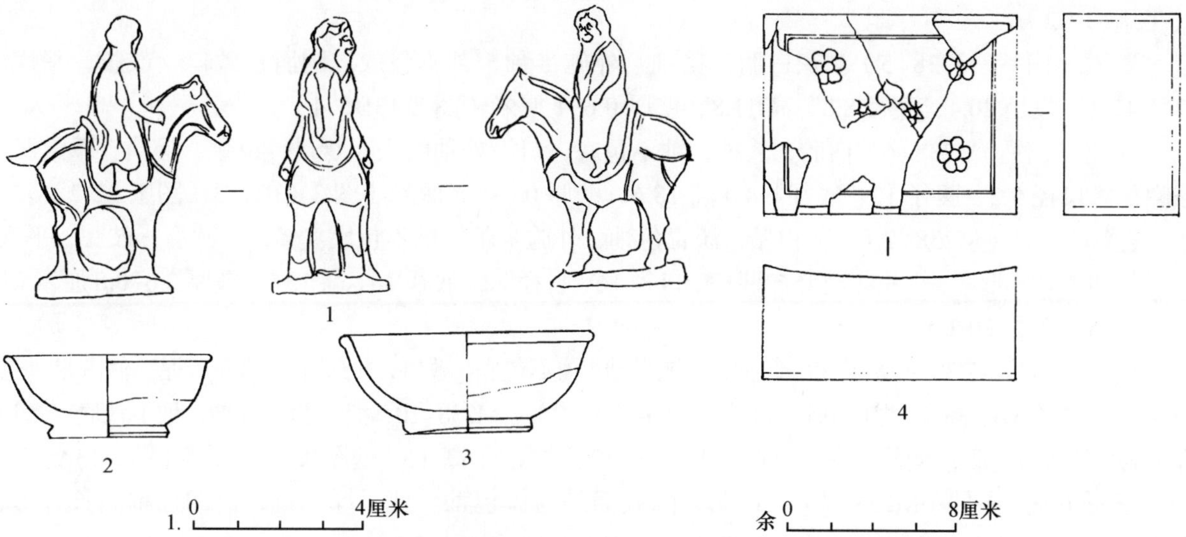

图 3-13A　M238 出土器物

1. 三彩骑俑（M238∶2）　2、3. 瓷碗（M238∶9、M238∶10）　4. 三彩方枕（M238∶8）

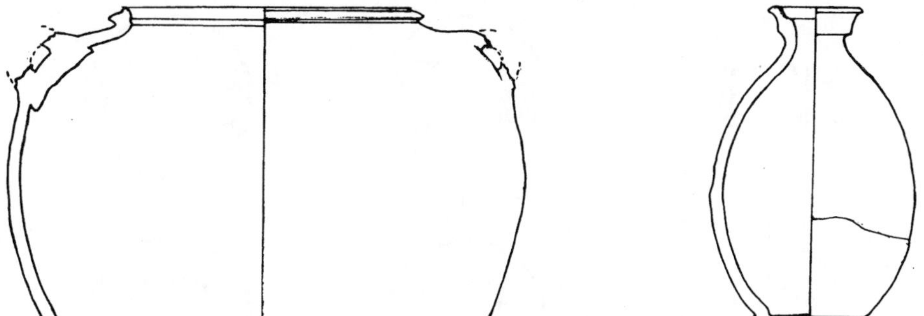

图 3-13B　M238 出土器物

1、2. 陶罐（M238∶4、M238∶3）　3. 瓷瓶（M238∶6）　4. 瓷盂（M238∶5）　5. 瓷罐（M238∶7）

1；图版 17-2）。

瓷盂　1 件（M238∶5）。灰白胎，酱釉，外施半釉，釉不包底。圆唇，敛口，鼓腹，平底。口径 12.4、腹径 20.4、底径 8.8、高 11.8、壁厚 0.6~1 厘米（图 3-13B，4）。

瓷瓶　1 件。M238∶6，白胎，酱釉，釉不包底，口沿处釉磨去。盘口，束颈，溜肩，垂鼓腹，假圈足。口径 5.2、腹径 12、底径 6.4、高 18.6、壁厚 0.6~0.8 厘米（图 3-13B，3；图版 22-2）。

瓷罐　1 件（M238∶7）。灰白胎，淡青色釉，外施半釉，釉不包底。侈口，圆肩，鼓腹，平底。肩部附加 1 对桥形耳，上有 1 道竖向凹槽。口径 16、腹径 22、底径 14、高 15.6、壁厚 0.6~0.8 厘米（图 3-13B，5；图版 20-1）。

瓷碗　2 件。M238∶9，乳白胎，酱釉，外施半釉，釉不包底。敞口，方圆唇，弧腹，平底，假圈足外撇。口径 10、底径 5.6、高 4、壁厚 0.4~1 厘米（图 3-13A，2）。M238∶10，淡黄胎，黄釉，釉不包底。敞口，方圆唇，弧腹，平底，假圈足外撇，底微凹。口径 12、底径 6、高 4.8、壁厚 0.5~0.8 厘米（图 3-13A，3）。

三彩方枕　1 件（M238∶8）。白胎，除底面外通体包釉。蓝、绿、黄、白四色釉。长方形，上饰梅花。长 12.2、宽 9.8、高 5.6 厘米（图 3-13A，4；图版 17-3）。

铜钱　6 枚。均为五铢钱，铸造较好，方形穿，穿反面有郭。238∶1-1、2，直径 2.4 厘米。238∶1-3~6，直径 2.5 厘米。238∶1-1、3、5，字体较宽，“五”字中间两笔弯曲，“铢”字的“金”字头呈等

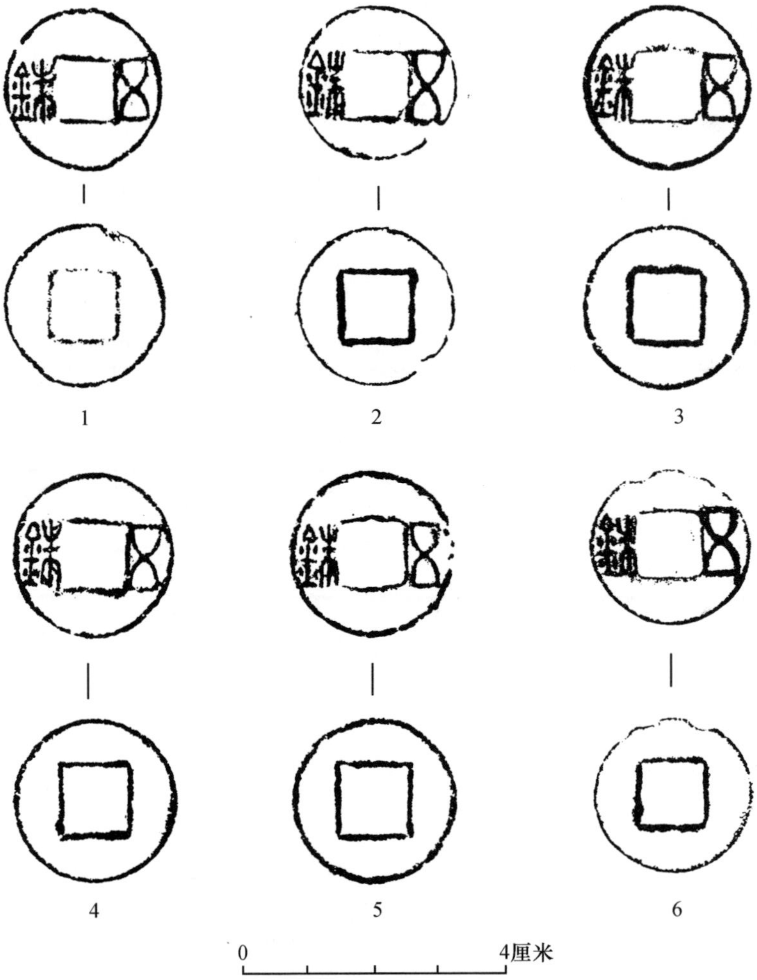

图 3-14　M238 出土五铢钱

1. M238∶1-1　2. M238∶1-2　3. M238∶1-3　4. M238∶1-4　5. M238∶1-5　6. M238∶1-6

边三角形，“朱”字头圆折（图 3-14，1、3、5）。238∶1-2，字体较宽，“五”字中间两笔弯曲，“铢”字的“金”字头呈等边三角形，“朱”字头方折（图 3-14，2）。238∶1-4、6，字体较宽，“五”字中间两笔弯曲，“铢”字的“金”字头呈镞形，“朱”字头圆折（图 3-14，4、6）。

四、M309

M309 位于第Ⅳ发掘区的北部，T1917 的东部，开口于扰土层下，距地表 2.1 米。墓葬形制为土坑洞室墓，方向 183°，由墓道、墓门和墓室三部分组成。墓道位于墓室的南部，平面呈梯形，直壁、平底，长 3、宽 0.8~1.2、深 3.36 米。填土为红褐色，含大量料姜石。墓门高 1.16、宽 1.2 米。墓室弧顶、直壁、平底，平面呈长方形，长 2.66、宽 2~2.2、高 1.48 米。葬具及人骨保存较差。随葬品有 4 件。其中陶罐 2 件、瓷炉 1 件、瓷瓶 1 件，均放置于墓室东南部（图 3-15）。

瓷炉　1 件（M309∶1）。白胎，茶色釉，除底面、三足外通体包釉，局部脱釉严重。敞口，束颈，宽折肩，直腹。平底，三蹄足。肩部和腹部共饰 4 周凸弦纹。口径 12、腹径 20、高 15.4、壁厚 0.4~1 厘米（图 3-16，2）。

瓷瓶　1 件（M309∶2）。侈口，束颈，鼓腹，平实足。白胎，黑釉，釉不包底。颈部饰 1 周凸棱。口径 6、腹径 12、底径 6、高 17.4、壁厚 0.6~1 厘米（图 3-16，3）。

陶罐　2 件。M309∶3，泥质灰陶。直口，斜折沿，圆唇，束颈，鼓肩，斜直腹，平底。口径 18、底径 15.6、高 29.4、壁厚 0.6~1 厘米（图 3-16，1）。M309∶4，残碎。未能修复。

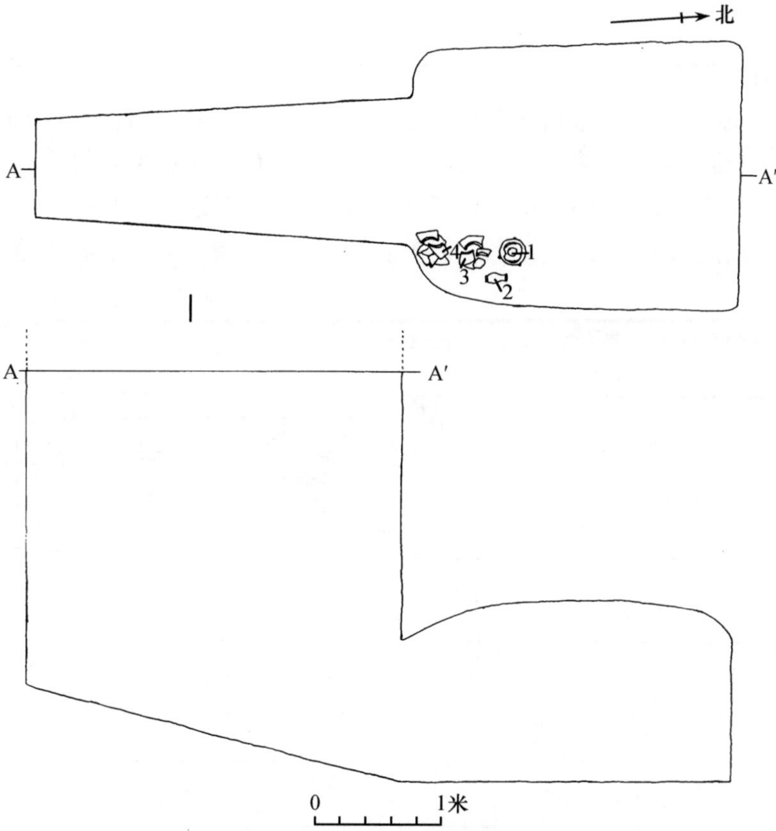

图 3-15　M309 平、剖面图

1. 瓷炉　2. 瓷瓶　3、4. 陶罐

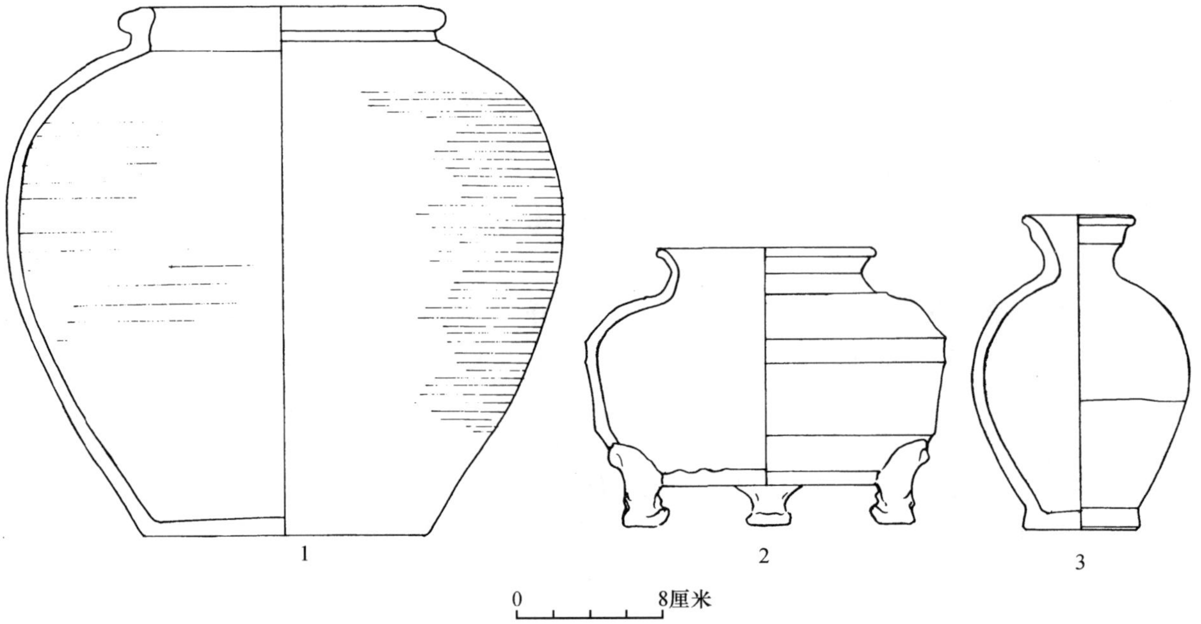

图 3-16　M309 出土器物

1. 陶罐（M309∶3）　2. 瓷炉（M309∶1）　3. 瓷瓶（M309∶2）

五、M343

M343 位于第Ⅵ发掘区的中部，T2416 的西北部，开口于扰土层下，距地表 2.2 米。墓葬形制为土坑洞室墓，方向 192°，由墓道和墓室两部分组成。墓道位于墓室的南部，平面呈长方形，直壁、平底，长 1.8、宽 0.76、深 0.48 米。填土为黄褐色花土，含红褐色土块和少量料姜石。墓室顶部被破坏，直壁、平底，平面呈长方形，长 2.3、宽 0.8、残高 0.48 米。墓底有葬具 1 棺，已朽，平面为长方形，长 1.88、宽 0.5 米。棺内有人骨 1 具，葬式为仰身直肢，头向南。随葬品有陶罐 1 件，放置于墓室西南部（图 3-17）。

陶罐　1 件（M343∶1）。残碎严重，无法复原。

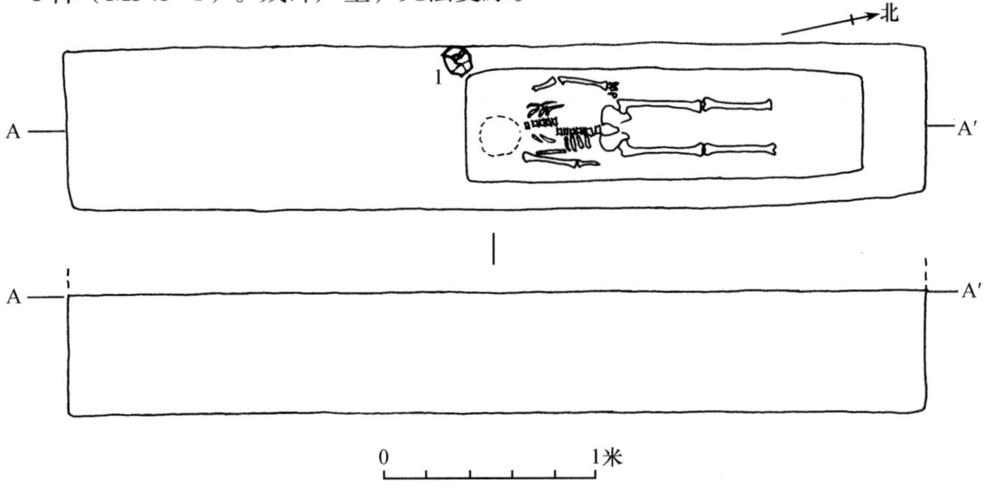

图 3-17　M343 平、剖面图

1. 陶罐

第四章 宋代墓葬

宋代墓葬共发掘110座。其中土坑竖穴墓36座，舟形墓6座，土坑洞室墓48座，砖室墓20座。

第一节 土坑竖穴墓

一、M39

M39位于第Ⅰ发掘区的中部，T1827东北部。开口于耕土层下，距地表约0.3米。墓葬形制为土坑竖穴墓，方向14°。墓圹平面呈梯形，直壁、平底，长2.1、宽0.8~0.9、深0.8米。填土为黄褐色花土，结构略疏松，颗粒粗糙。墓底有葬具1棺，平面呈长方形，长1.4、宽0.48、高0.3米。人骨已粉化。随葬品有2件。其中瓷碗1件、铜钱1枚，发现于填土内（图4-1）。

瓷碗　1件（M39∶2）。酱釉，釉不包底，内地有刮圈。口部残缺，弧腹，平底，短圈足底径6、残高4、壁厚0.4~0.6厘米（图4-2）。

铜钱　1枚（M39∶1）。“崇宁通宝”，瘦金体，旋读，直径3.45厘米（图4-3）。

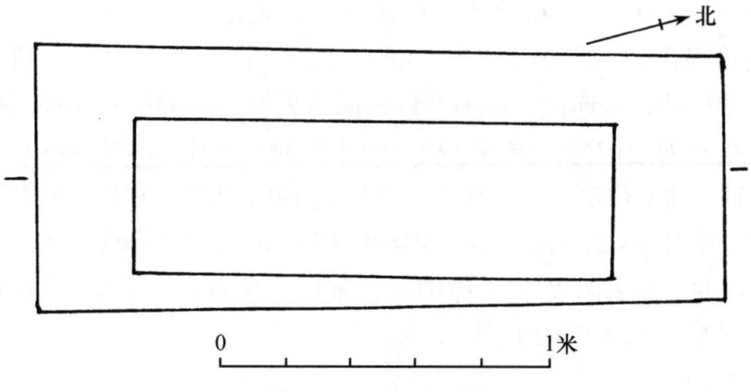

图4-1　M39平面图

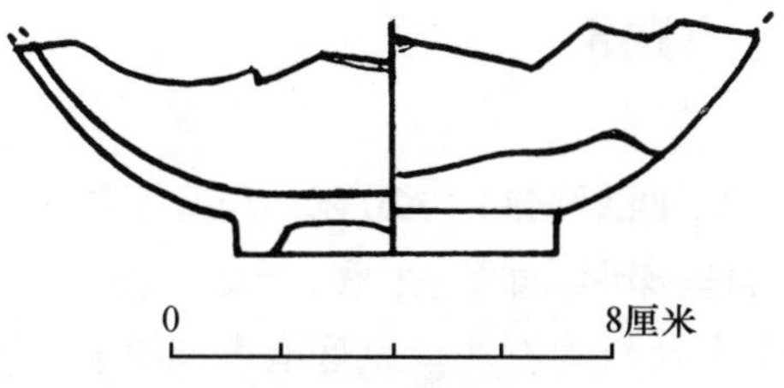

图4-2　M39出土瓷碗（M39∶2）

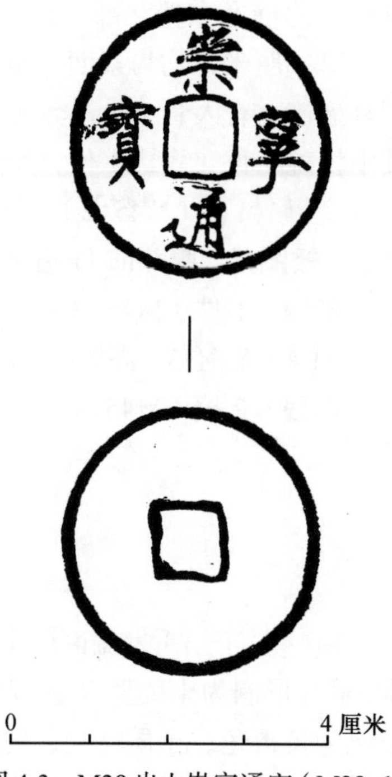

图4-3　M39出土崇宁通宝（M39∶1）

二、M41

M41位于第Ⅰ发掘区东部，T1830西北部。开口于耕土层下，被M24所打破。墓葬形制为土坑竖穴墓，方向290°。墓圹平面呈长方形，直壁、平底，长1.6、宽0.6、深0.8米。填土为黄褐色花土，结构略紧密。无葬具，墓底有人骨一具，葬式为仰身直肢。无随葬品（图4-4）。

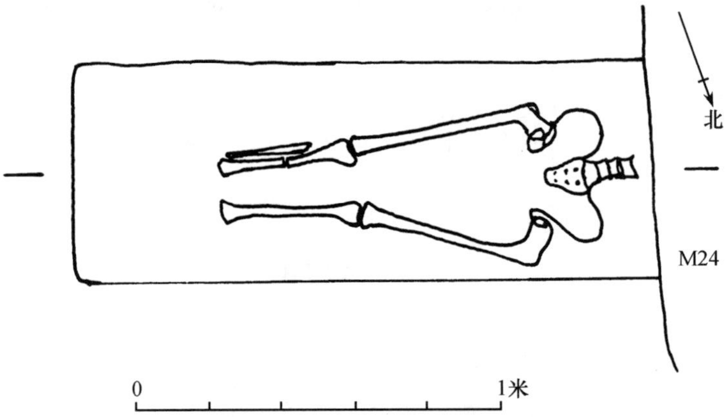

图4-4 M41平面图

三、M45

M45位于第Ⅰ发掘区的西部，T1823的东北部，开口于耕土层下，距地表0.3米。墓葬形制为土坑竖穴砖椁墓，方向10°。墓圹平面呈长方形，直壁、平底，长3.6、宽2、残深1.5米。砖椁仅残余北壁及东壁北部一段，残长1.5、宽0.6、高0.22米。砌法为单砖错缝平砌，用砖长37、宽12、厚4厘米，均为素面。填土呈浅黄褐色，土质松软，内含红土块、淤土及料姜石块。墓底未见葬具痕迹，有人骨2具，葬式均为仰身直肢，头向西，北为女性，南为男性。随葬品有3件（组）。其中瓷碗1件、瓷罐1件，均放置于墓室南边中部；铜钱2枚，位于南侧人骨中部（图4-5）。

瓷罐　1件（M45∶2）。白胎，白釉，釉不包底，釉上有微小开片。口残，折沿，宽肩，下腹斜收，平底，矮圈足。腹部饰11道竖向凹槽。腹径14.2、底径6.8、残高9、壁厚0.4~0.6厘米（图4-6，1）。

瓷碗　1件（M45∶3）。青釉，圈足上有细小砂粒。厚圆唇，敞口，深腹，小平底，矮圈足。口径11.4、底径3、高5.4、壁厚0.5厘米（图4-6，2）。

铜钱　2枚（M45∶1）。字迹不清。

四、M48

M48位于第Ⅰ发掘区的中部，T1826的东北部，西距M33约20米，开口于耕土层下，距地表0.3米。墓葬形制为土坑竖穴墓，方向352°。墓圹平面呈梯形，直壁、平底，长2.8、宽1.7~1.9、残深1.1米。填土为黄褐色，土质略硬，内含许多红土块、淤土及料姜石块。墓底有葬具2棺，均已朽，平面均呈梯形，东侧棺长1.7、宽0.4~0.56米；西侧棺长1.68、宽0.4~0.5米。棺内各有人骨1具，葬式

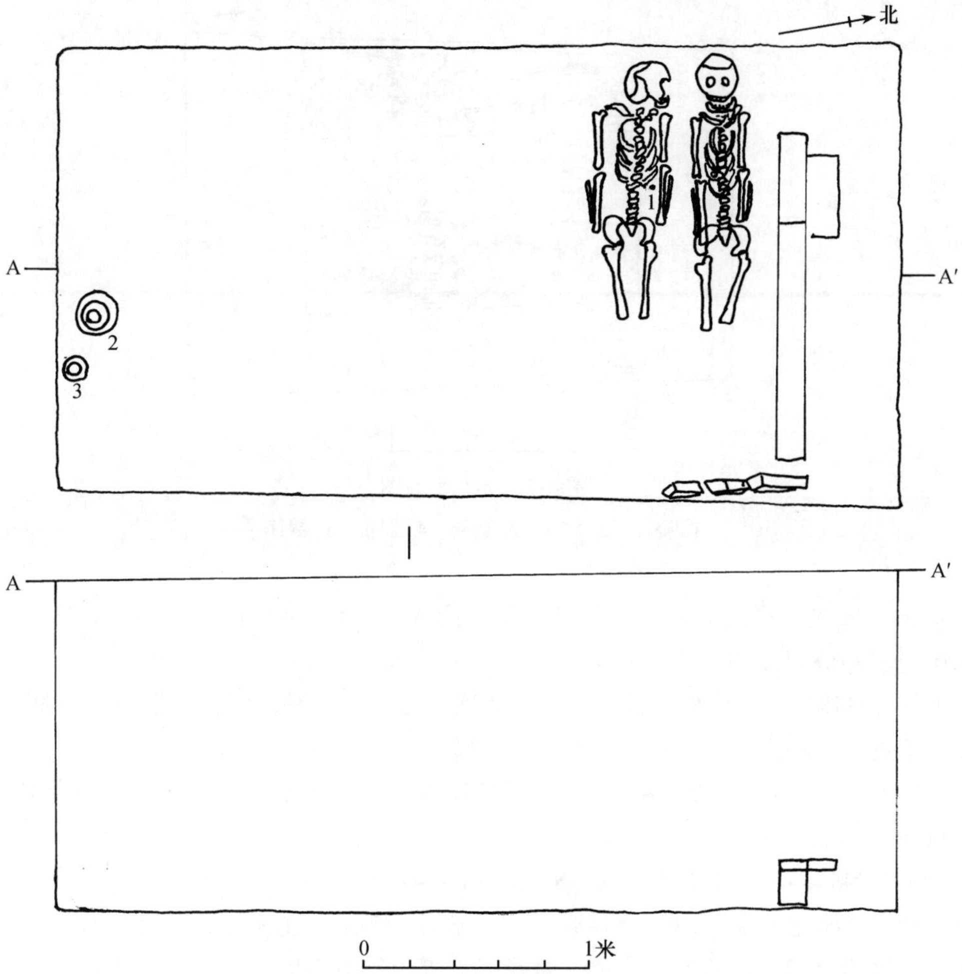

图 4-5　M45 平、剖面图

1. 铜钱　2. 瓷罐　3. 瓷碗

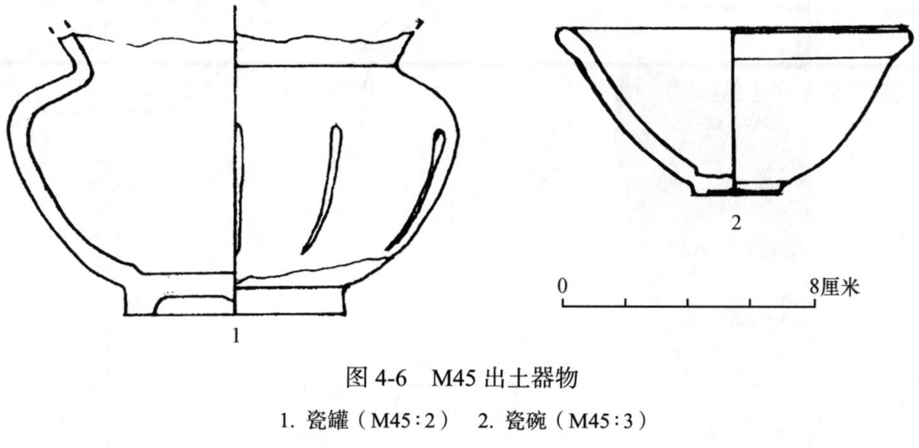

图 4-6　M45 出土器物

1. 瓷罐（M45：2）　2. 瓷碗（M45：3）

均为仰身直肢，头向北。随葬品有 5 件（组），其中瓷缸 1 件、灯盏 1 件，均放置于东侧棺南端靠东壁处；瓷碗 1 件，放置于西侧棺人骨南端；铜簪 1 件，放置于西侧棺人骨北端；铜钱 3 枚（1 组），放置于西侧棺人骨中部（图 4-7）。

瓷缸　1 件（M48：1）。黄褐胎，酱釉，内部及外部口沿下 1 周包釉，口沿处釉磨去。圆唇，

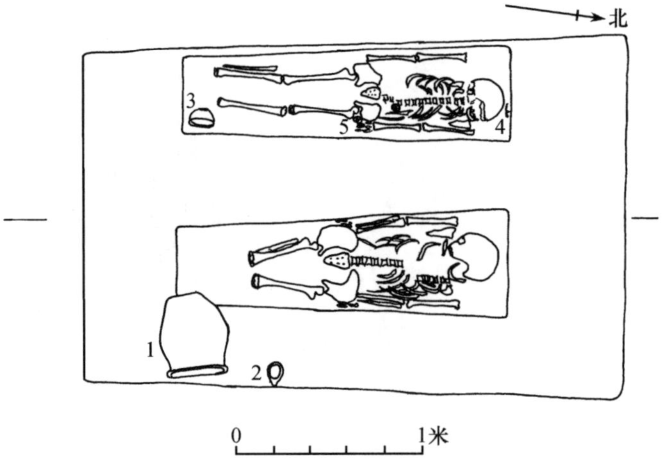

图 4-7 M48 平面图

1. 瓷缸 2. 灯盏 3. 瓷碗 4. 铜簪 5. 铜钱

侈口束颈，鼓肩，弧腹，平底略凹。上腹部饰斜向绳纹，下腹部饰瓦棱纹。口径 33、腹径 39、底径 17、高 50、壁厚 0.8~1.2 厘米（图 4-8，1）。

灯盏　1 件（M48∶2）。红胎，酱釉，釉不包底。敞口，圆唇，斜壁，平底，一侧有一平把手。口径 11~12、通高 4、壁厚 0.6~1.2 厘米（图 4-8，2）。

瓷碗　1 件（M48∶3）。酱釉，釉不包底。敞口，斜直腹，平底，圈足很矮。口径 17、底径 6.3、高 5.8、厚 0.6 厘米（图 4-8，3）。

铜簪　1 件（M48∶4）。蘑菇形首。长 7.8 厘米（图 4-8，4）。

铜钱　3 枚。“淳化元宝”1 枚（M48∶5-1），楷书，旋读。直径 2.4 厘米（图 4-9，1）。“祥符元宝”1 枚（M48∶5-2），楷书，旋读。直径 2.4 厘米（图 4-9，2）。“元丰通宝”1 枚（M48∶5-3），篆书，旋读。直径 2.5 厘米。

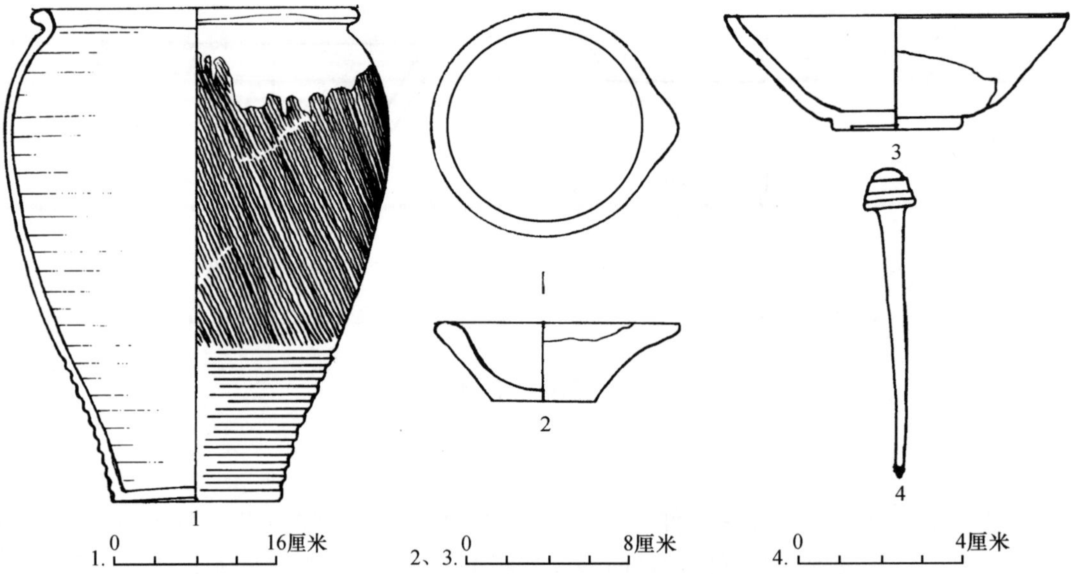

图 4-8 M48 出土器物

1. 瓷缸（M48∶1） 2. 灯盏（M48∶2） 3. 瓷碗（M48∶3） 4. 铜簪（M48∶4）

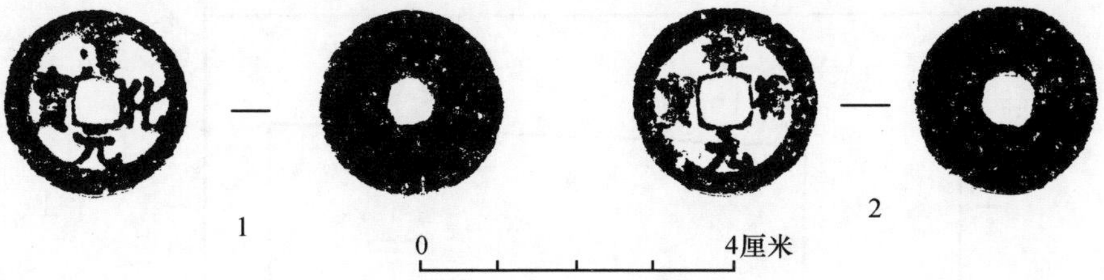

图 4-9　M48 出土钱币

1. 淳化元宝（M48:5-1）　2. 祥符元宝（M48:5-2）

五、M57

M57 位于第Ⅰ发掘区的中部，T1826 的西北部，开口于耕土层下，墓的上部已被破坏，距地表 0.3 米。墓葬形制为土坑竖穴墓，方向 172°。墓圹平面呈梯形，直壁、平底，长 1.4、宽 0.36~0.5、残深 0.1 米。填土为黄褐色花土，土质略硬，内含许多红土块、淤土及料姜石块。墓底有葬具 1 棺，已朽，平面呈梯形，长 1.2、宽 0.23~0.36 米。棺内有人骨 1 具，葬式为仰身直肢，头向南。随葬品有铜钱 2 枚，放置于人骨的下肢部位（图 4-10）。

铜钱　2 枚。“元祐通宝”1 枚（M57∶1），行书，旋读。直径 2.4 厘米。年号不清者 1 枚。

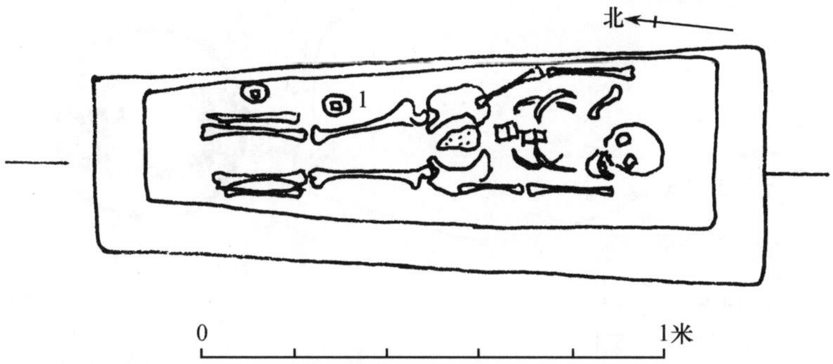

图 4-10　M57 平面图

1. 铜钱

六、M59

M59 位于第Ⅰ发掘区东南部，T1630 中北部，开口耕土层下，距地表约 0.35 米。墓葬形制为土坑竖穴墓，方向 93°。墓圹平面呈长方形，直壁、平底，长 2.4、宽 1.2、深 2.2 米。填土为红褐色花土，结构略疏松，颗粒粗糙。墓底有葬具 1 棺，平面呈长方形，长 1.7、宽 0.66、高 0.08 米。人骨保存较差，葬式不清，头向东。无随葬品（图 4-11）。

七、M68

M68 位于第Ⅰ发掘区的南部，T1629 的东南部，开口于耕土层下，距地表约 0.35 米。墓葬形

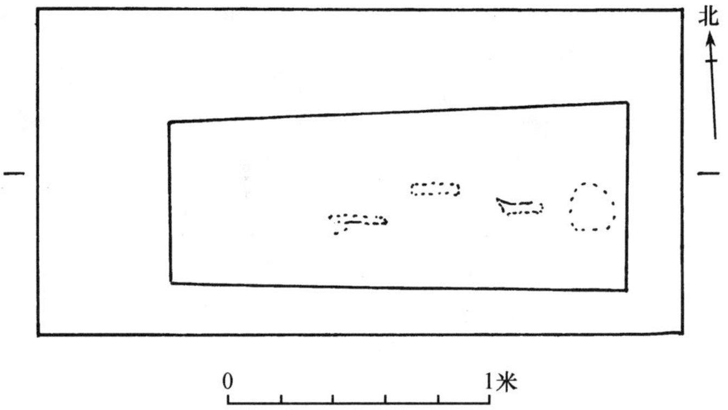

图 4-11　M59 平面图

制为土坑竖穴墓，方向 275°。墓圹平面呈不规则长条形，直壁、平底，长 4.4、宽 1~1.62、深 1.2 米。填土为黄褐色，结构略紧密，含部分灰土块。未发现葬具痕迹，人骨仅有零星朽痕。随葬品有铜钱 1 枚，位于墓底东北部（图 4-12）。

铜钱　1 枚（M68∶1）。五铢钱，“五”字中间两笔较直，“铢”字不清。直径 2.4 厘米（图 4-13）。

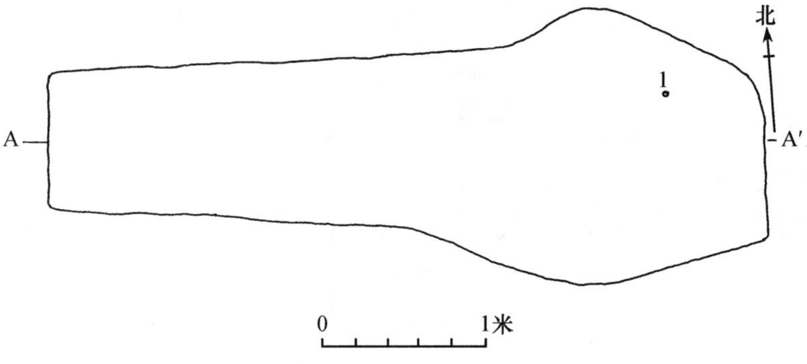

图 4-12　M68 平面图

1. 铜钱

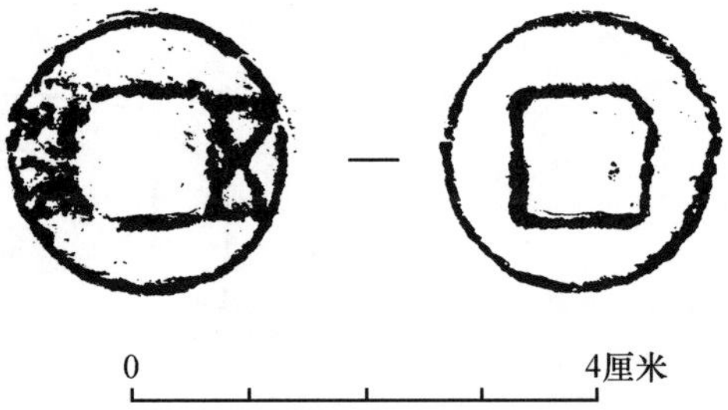

图 4-13　M68 出土五铢钱（M68∶1）

八、M85

M85 位于第Ⅰ发掘区的东北部，T2030 的中部，开口于耕土层下。墓葬形制为土坑竖穴墓，方向 2°。墓圹平面为长方形，直壁、平底，长 2.4、宽 1.2、残深 0.2 米。填土为黄褐色，结构疏松，包含红褐色土块、灰土块及部分料姜石。墓底有葬具 2 棺，已朽，棺平面均呈长方形，东侧棺长 1.84、宽 0.48 米；西侧棺长 1.86、宽 0.5 米。棺内各有人骨 1 具，保存较差，葬式均为仰身直肢，头向北。随葬品有铜钱 8 枚，放置于两骨架大腿两侧（图 4-14）。

铜钱　8 枚。“绍圣元宝”1 枚（M85∶1-1），行书，旋读。直径 2.3 厘米（图 4-15，1）。“至道元宝”1 枚（M85∶1-2），草书，旋读。直径 2.4 厘米（图 4-15，2）。“皇宋通宝”1 枚（M85∶1-2），篆书，直读。直径 2.4 厘米（图 4-15，3）。年号不清者 5 枚。

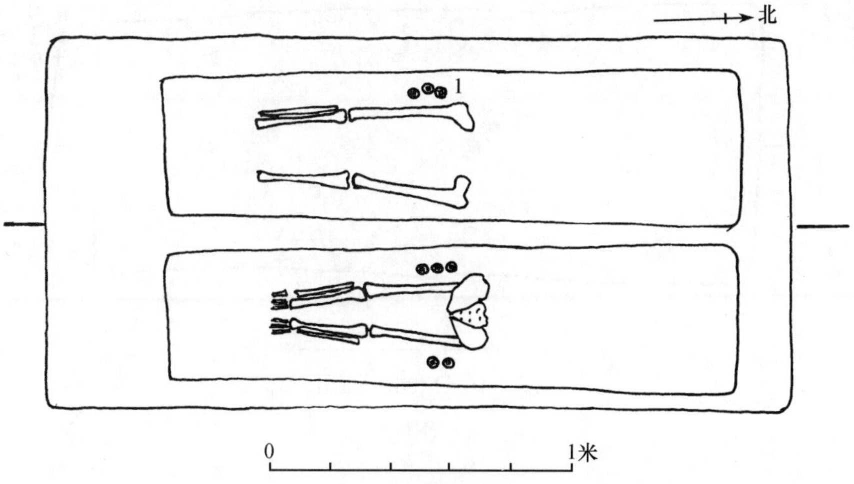

图 4-14　M85 平面图

1. 铜钱

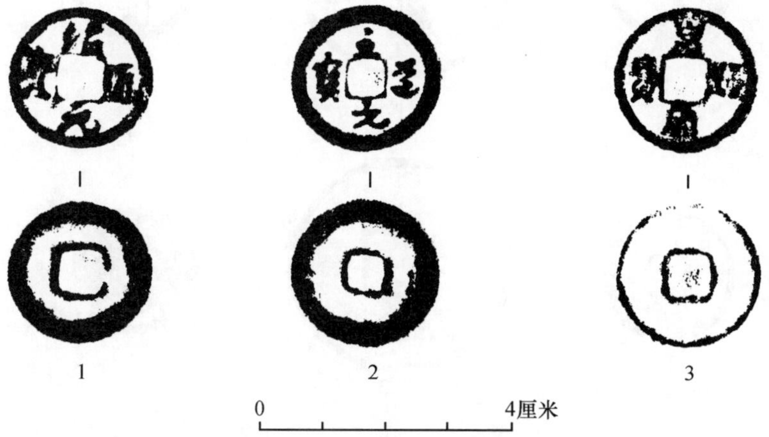

图 4-15　M85 出土钱币

1. 绍圣元宝（M85∶1-1）　2. 至道元宝（M85∶1-2）　3. 皇宋通宝（M85∶1-3）

九、M86

M86 位于第Ⅰ发掘区的西北部，T2124 的东南部，开口于耕土层下。墓葬形制为土坑竖穴墓，方向 100°。墓圹平面近长方形，直壁、平底，长 2.2、宽 0.9~1、残深 0.1~0.12 米。填土为黄褐色花土。未发现葬具痕迹，人骨已粉化。随葬品有铜钱 5 枚，散布于墓底中部（图 4-16）。

铜钱　5 枚。"至和元宝"1 枚（M86∶1-1），篆书，旋读。直径 2.35 厘米（图 4-17，1）。"天圣元宝"1 枚（M86∶1-2），楷书，旋读。直径 2.5 厘米（图 4-17，2）。"大观通宝"1 枚（M86∶1-3），瘦金体，直读。直径 4.1 厘米（图 4-17，3）。"元祐通宝"1 枚（M86∶1-4），行书，旋读。直径 2.4 厘米（图 4-17，4）。"皇宋通宝"1 枚（M86∶1-5），楷书，直读。直径 2.5 厘米（图 4-17，5）。

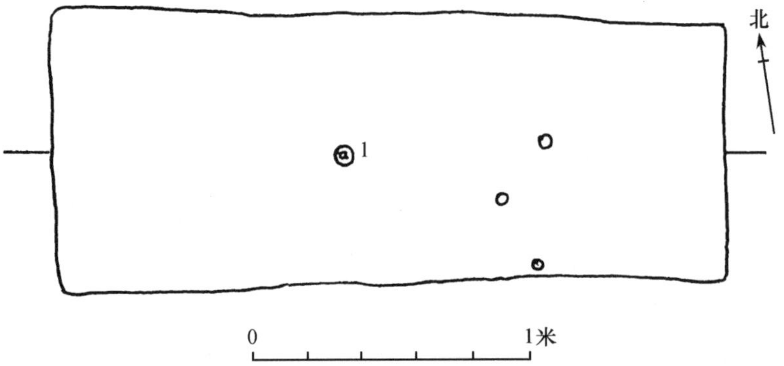

图 4-16 M86 平面图

1. 铜钱

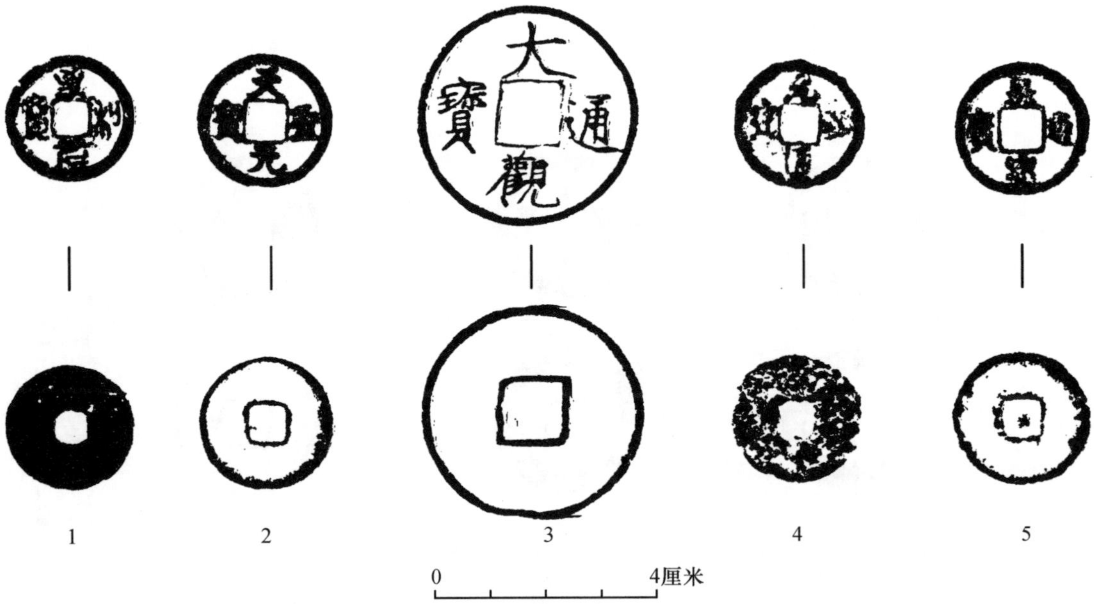

图 4-17 M86 出土钱币

1. 至和元宝（M86∶1-1） 2. 天圣元宝（M86∶1-2） 3. 大观通宝（M86∶1-3）
4. 元祐通宝（M86∶1-4） 5. 皇宋通宝（M86∶1-5）

十、M105

M105 位于第Ⅱ发掘区的东南部，T1128 的北部，开口于耕土层下，距地表 0.3 米。墓葬形制为土坑竖穴墓，方向 4°。墓圹平面呈梯形，直壁、平底，长 3、宽 1~1.2、深 1 米。填土为红褐色花土。葬具及人骨保存较差，已粉化。随葬品有 2 件，其中残瓷罐 1 件，侧置于墓室西北部；铜钱 1 枚，位于墓室中部（图 4-18）。

瓷罐 1 件（M105∶1）。残，无法复原。

铜钱 1 枚（M105∶2）。“宣和通宝”，楷书，直读。直径 2.4 厘米（图 4-19）。

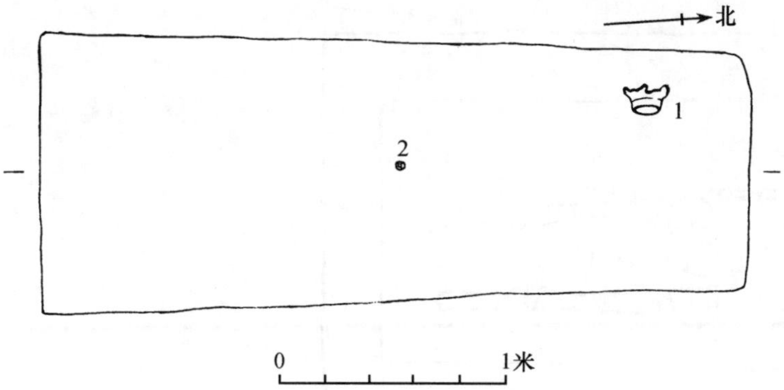

图 4-18　M105 平面图

1. 瓷罐　2. 铜钱

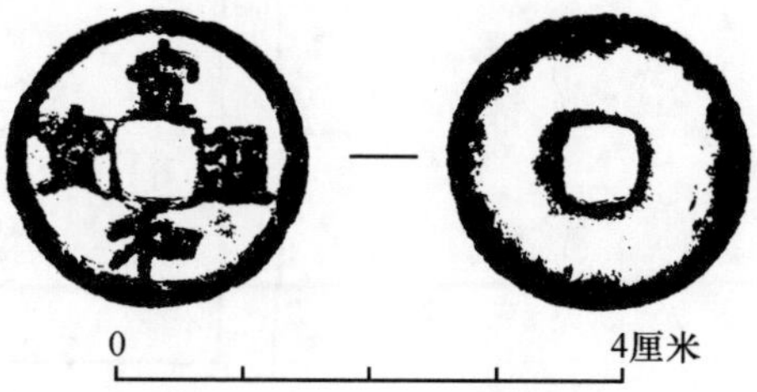

图 4-19　M105 出土宣和通宝（M105∶2）

十一、M113

M113 位于第Ⅱ发掘区的西北部，T1425 的东南部，开口于扰土层下，距地表 0.8 米。墓葬形制为土坑竖穴墓，方向 182°。墓圹平面呈长方形，直壁、平底，长 1.6、宽 0.46~0.78、残深 0.28 米。填土呈黄褐色，土质疏松，内含红土块及料姜石块、瓷片等。未发现葬具痕迹。只残存零星的人骨。随葬品有瓷碗 1 件，放置于墓室南部（图 4-20）。

瓷碗　1 件（M113∶1）。灰白胎，青釉，釉不及底。敞口，弧腹，平底，圈足外撇。口径 15、底径 6、高 5.8、壁厚约 0.8 厘米（图 4-21）。

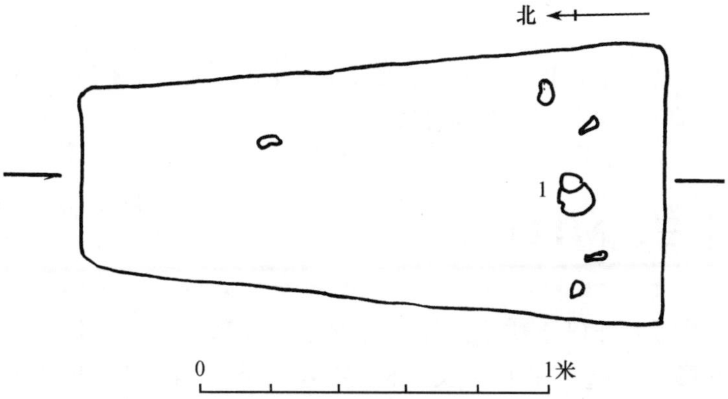

图 4-20　M113 平面图

1. 瓷碗

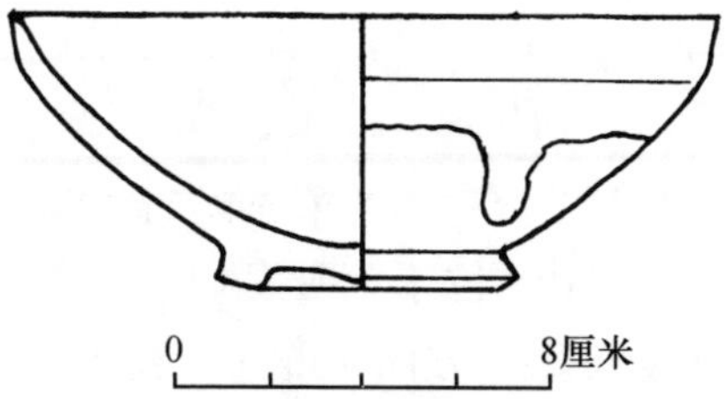

图 4-21　M113 出土瓷碗（M113∶1）

十二、M127

M127 位于第Ⅱ发掘区东南部，T1128 南部，开口于耕土层下，距地表深 0.32 米。墓葬形制为土坑竖穴墓，方向 6°。墓圹平面近长方形，直壁、平底，长 2、宽 1.1、深 1.2 米。填土为灰褐色花土，质地疏松。墓底有葬具 1 棺，已朽，棺平面为长方形，长 1.72、宽 0.8 米。棺内有人骨 1 具，葬式为仰身直肢。随葬品有铜钱 2 枚，位于人骨两腿间（图 4-22）。

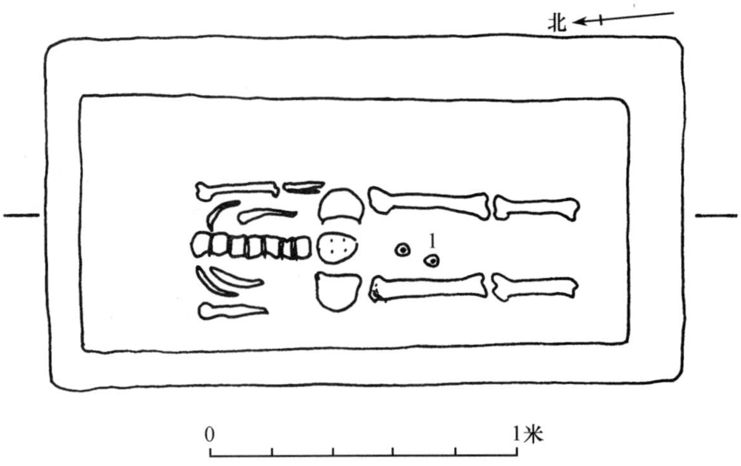

图 4-22　M127 平面图

1. 铜钱

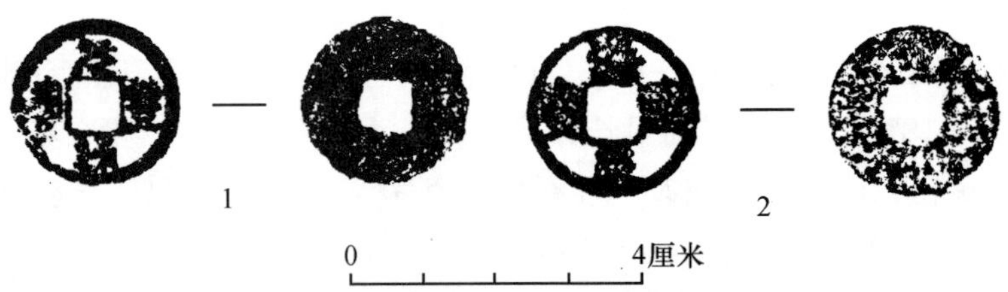

图 4-23　M127 出土钱币

1. 元丰通宝（M127∶1-1）　2. 熙宁元宝（M127∶1-2）

铜钱　2 枚。“元丰通宝”1 枚（M127∶1-1），篆书，旋读。直径 2.4 厘米（图 4-23，1）。“熙宁元宝”1 枚（M127∶1-2），篆书，旋读。直径 2.4 厘米（图 4-23，2）。

十三、M128

M128 位于第Ⅲ发掘区中部，T1026 西部，开口于耕土层下，距地表 0.4 米。墓葬形制为土坑竖穴墓，方向 185°。墓圹平面呈长方形，直壁、平底，长 2.6、宽 0.8、深 1.46 米。填土为黄褐色花土，含少量料姜石。墓底有葬具 1 棺，已朽，平面呈梯形，长 1.68、宽 0.4~0.72 米。棺内有人骨 1 具，只残存下肢骨。随葬品有铜钱 4 枚，位于人骨下肢骨西侧（图 4-24）。

铜钱　4 枚。“皇宋通宝”1 枚（M128∶1-1），篆书，直读。直径 2.5 厘米（图 4-25，1）。“元祐通宝”1 枚（M128∶1-2），篆书，旋读。直径 2.5 厘米（图 4-25，2）。年号不清者 2 枚。

十四、M142

M142 位于第Ⅱ发掘区北部，T1427 西南部，开口于耕土层下，距地表 0.3 米。墓葬形制为土坑竖穴墓，方向 175°。墓圹平面呈梯形，直壁、平底，长 3、宽 1~1.26、残深 1.6 米。填土

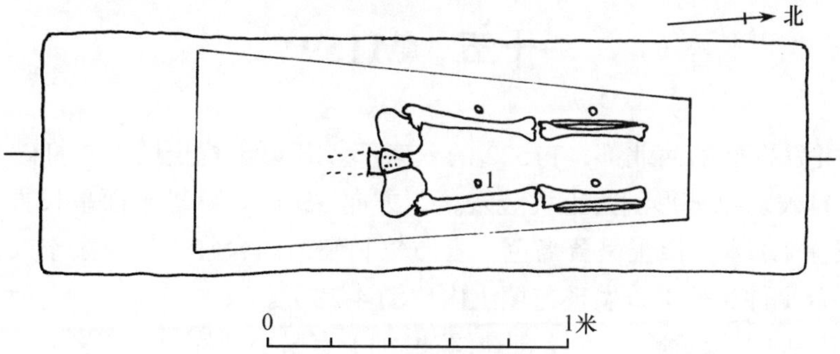

图 4-24　M128 平面图

1. 铜钱

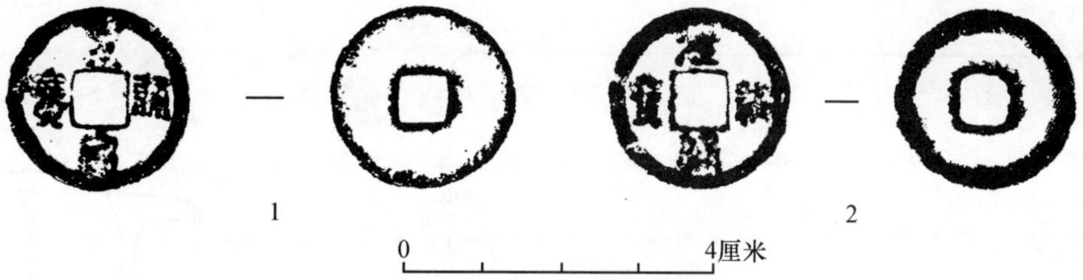

图 4-25　M128 出土钱币

1. 皇宋通宝（M128∶1-1）　2. 元祐通宝（M128∶1-2）

呈黄褐色，土质松软。未发现葬具，人骨保存较差。随葬品有瓷罐 1 件，放置于墓室西北部（图 4-26）。

瓷罐　1 件（M142∶1）。乳白胎，白釉，釉至下腹部，釉上有细小开片。直口内敛，束颈，微鼓腹，最大腹径居下，平底，矮圈足。口沿和肩部有对称的 1 对桥型耳，耳上 2 道竖槽。罐内侧底部 1 周凹槽。口径 10、腹径 13.2、底径 7.6、高 14.2、壁厚 0.3~0.9 厘米（图 4-27；图版 20-2）。

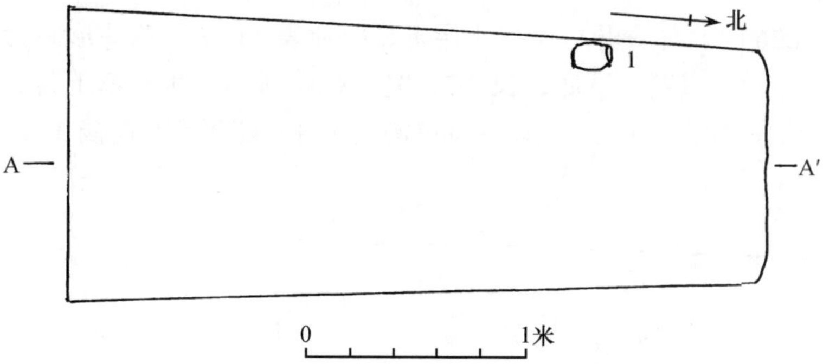

图 4-26　M142 平面图

1. 瓷罐

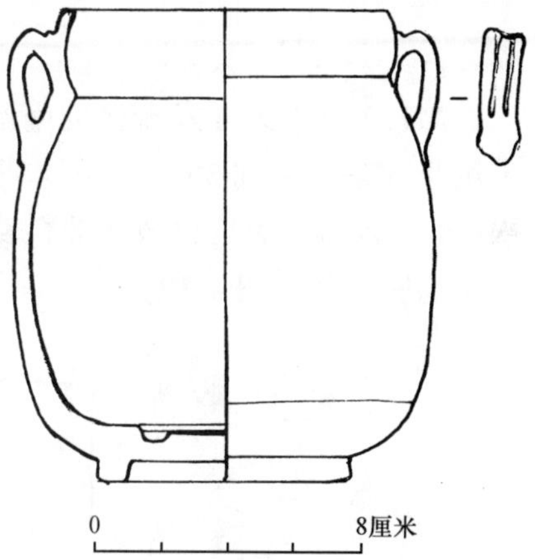

图 4-27　M142 出土瓷罐（M142∶1）

十五、M159

M159位于第Ⅱ发掘区的西北部，T1522的东南部。开口于扰土层下，打破M156，距地表2.2米，上部被M151打破。墓葬形制为土坑竖穴墓，方向356°。墓圹平面呈长方形，直壁、平底，长1.9、宽1.2、残深1.1米。填土呈黄褐色，土质较黏硬，内含红土块、淤土及姜石块。无葬具及人骨。随葬品有灯台1件（残），发现与填土内（图4-28）。

灯台 1件（M159:1）。淡黄胎，口沿上部覆绿釉，釉上有微小开片。直口微敛，尖唇，宽平沿，口高于沿，直腹，竹节状矮柄，大平底。内口径4、外口径9.2、底径6.4、通高9.4厘米（图4-29）。

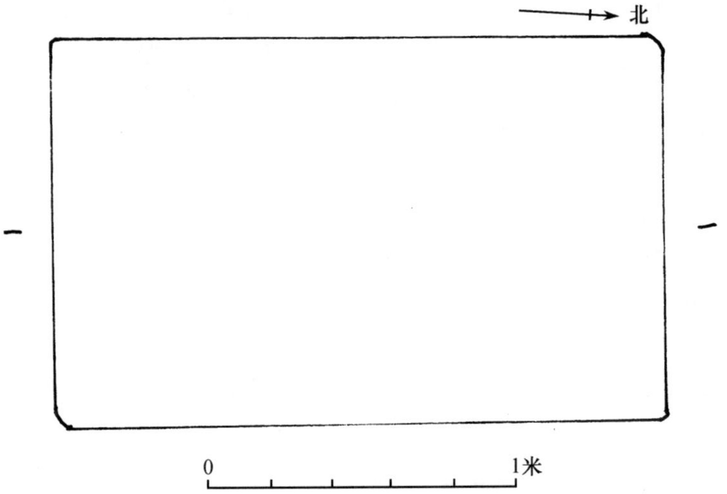

图4-28 M159平面图

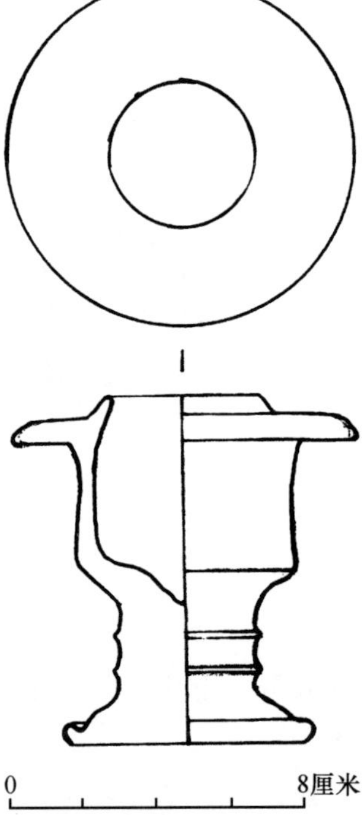

图4-29 M159出土瓷灯（M159:1）

十六、M172

M172位于第Ⅱ发掘区的南部，T1226的北部，开口于扰土层下，距地表3.6米。墓葬形制为土坑竖穴墓，方向350°。墓圹平面呈梯形，直壁、平底，长2.7、宽0.8~1、深1.4米。填土为黄褐色，土质疏松，内含较多的料姜石。墓底铺有木炭，未发现葬具痕迹及人骨。随葬品有铜钱3枚，位于墓底中部（图4-30）。

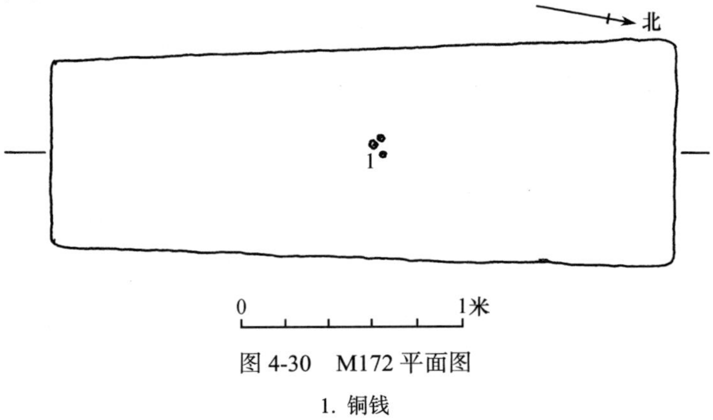

图4-30 M172平面图

1. 铜钱

铜钱　3枚。“皇宋通宝”2枚，楷书，直读。M172∶1-1、3，直径2.5厘米（图4-31，1、3）。“元丰通宝”1枚（M172∶1-2），行书，旋读。直径2.4厘米（图4-31，2）。

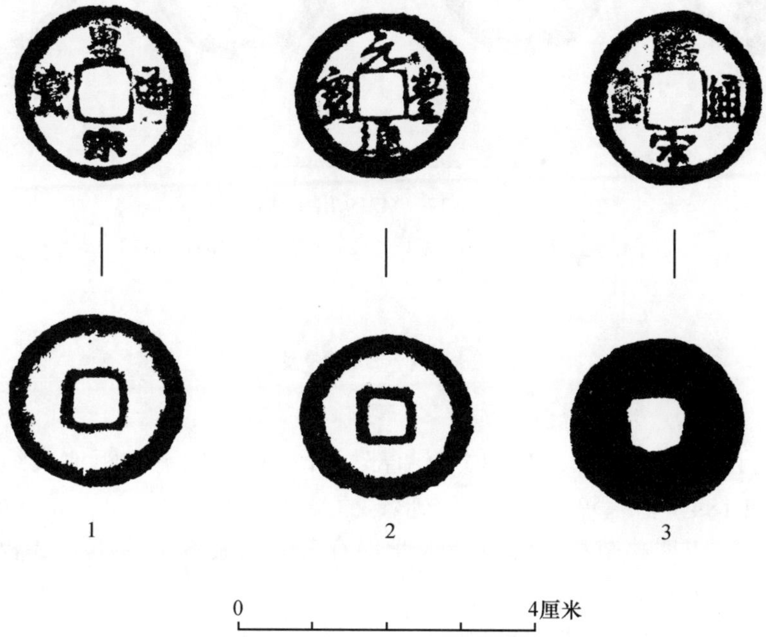

图4-31　M172出土钱币

1、3. 皇宋通宝（M172∶1-1、M172∶1-3）　2. 元丰通宝（M172∶1-2）

十七、M219

M219位于第Ⅱ发掘区西部，T1222北部，开口于扰土层下，距地表3.2米。墓葬形制为土坑竖穴墓，方向175°。墓圹平面呈长方形，直壁、平底，长2.6、宽1.3、残深0.2米。填土为黄褐色，土质较硬，含较多碎砖。由于扰乱严重，未发现葬具痕迹，人骨仅残余一段肢骨。随葬品有铜钱2枚，发现于填土中（图4-32）。

铜钱　2枚。“元丰通宝”1枚（M219∶1-1），篆书，旋读。直径2.5厘米（图4-33，1）。“祥符元宝”1枚（M219∶1-2），楷书，旋读。直径2.5厘米（图4-33，2）。

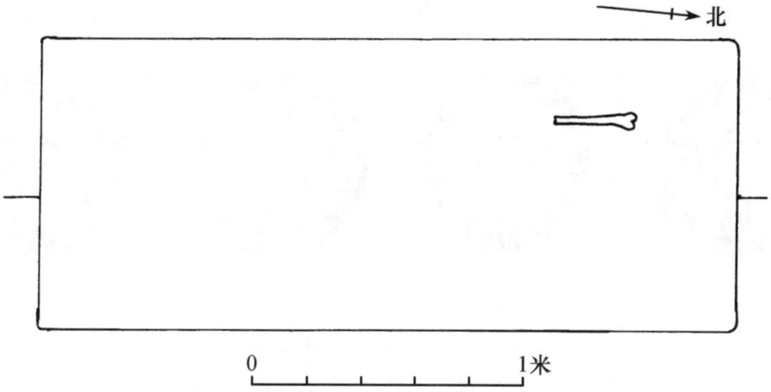

图4-32　M219平面图

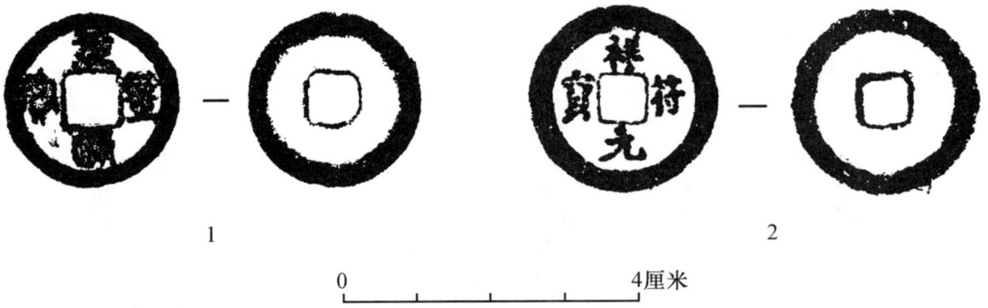

图 4-33 M219 出土钱币

1. 元丰通宝（M219∶1-1） 2. 祥符元宝（M219∶1-2）

十八、M241

M241 位于第Ⅳ发掘区南部，T1815 西南部，开口扰土层下，距地表约 2 米。墓葬形制为竖穴土坑墓，方向 184°。墓圹平面呈长方形，直壁、平底，长 2.2、宽 0.66、残深 0.22 米。填土为黄褐色花土，土质略疏松。葬具及人骨保存较差。随葬品有铜钱 3 枚，位于人骨下（图 4-34）。

铜钱 3 枚。“天禧通宝”1 枚（M241∶1-1），楷书，旋读。直径 2.4 厘米（图 4-35，1）。“元丰通宝”1 枚（M241∶1-2），行书，旋读。直径 2.5 厘米（图 4-35，2）。“皇宋通宝”1 枚（M241∶1-3），楷书，直读。直径 2.4 厘米。

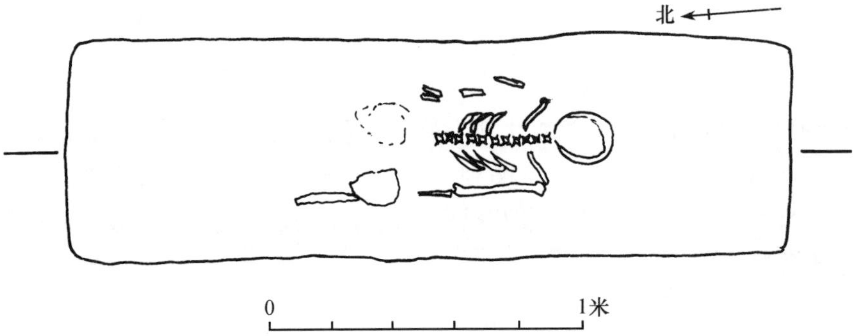

图 4-34 M241 平面图

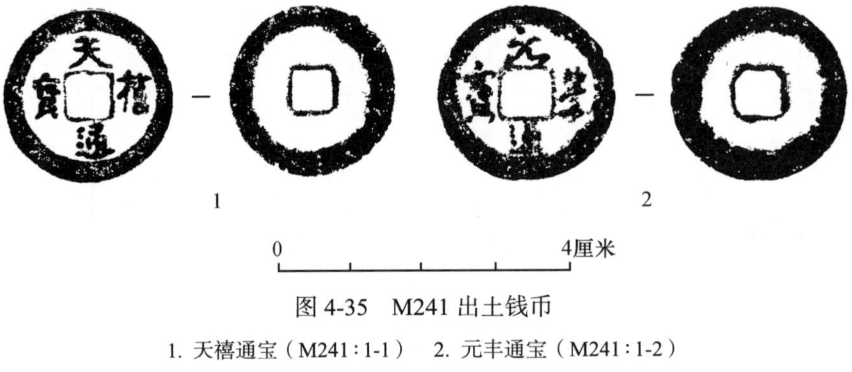

图 4-35 M241 出土钱币

1. 天禧通宝（M241∶1-1） 2. 元丰通宝（M241∶1-2）

十九、M252

M252位于第Ⅴ发掘区的东南部，T2020的西北部，开口于扰层下，距地表2.2米。墓葬形制为土坑竖穴砖椁墓，方向184°。墓圹平面近长方形，直壁、平底，长3.58、宽1.16~1.26、深1.64。墓圹底部用青砖砌筑椁室，仅残留部分砖墙，椁内长2.1、宽0.64~0.88、残高0.2米。椁室底部未铺砖，椁壁均错缝平砌，东西两壁直，南壁弧形，北壁未砌砖。所用青砖均素面，长27、宽12、厚5厘米。未发现葬具痕迹及人骨。随葬品有2件（组）。其中铜钱7枚（1组），位于椁室中部；瓷罐1件，位于椁室南部（图4-36）。

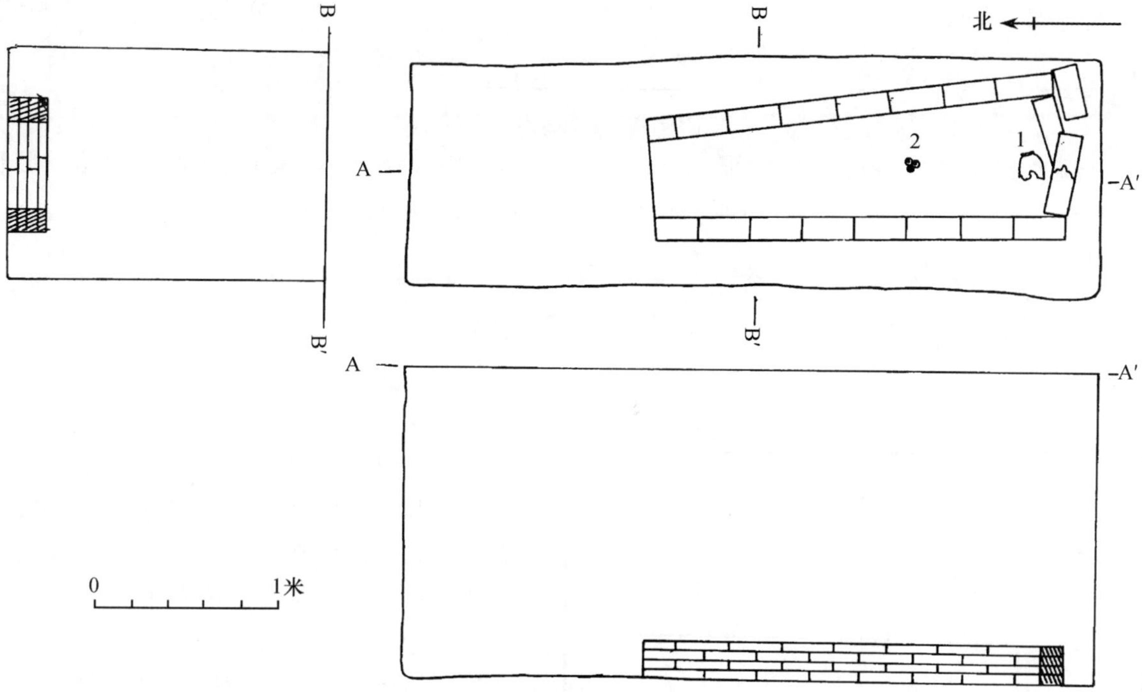

图4-36　M252平、剖面图

1. 瓷罐　2. 铜钱

瓷罐　1件（M252∶1）。红褐胎，黑釉，釉不包底。高直口微敛，圆唇，溜肩，微鼓腹，平底，矮圈足。口部附加1对桥形耳（残），对称分布。口径8.8、腹径12.8、底径7.6、高18.8、壁厚0.6~0.8厘米（图4-37）。

铜钱　7枚。“咸平元宝”1枚（M252∶2-1），楷书，旋读。直径2.4厘米（图4-38，1）。“皇宋通宝”1枚（M252∶2-2），楷书，直读。直径2.5厘米（图4-38，2）。“天禧通宝”1枚（M252∶2-3），楷书，旋读。直径2.6厘米（图4-38，3）。“嘉祐通宝”1枚（M252∶2-4），楷书，直读。直径2.5厘米（图4-38，4）。“熙宁元宝”1枚（M252∶2-5），楷书，旋读。直径2.5厘米（图4-38，5）。“太平通宝”1枚（M252∶2-6），楷书，直读。直径2.4厘米（图4-38，6）。年号不清者1枚。

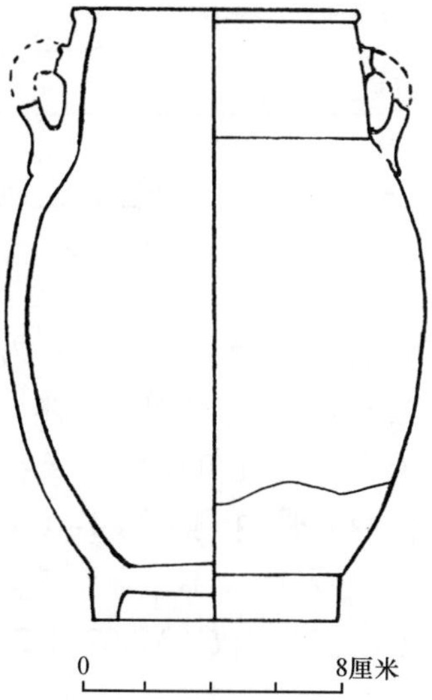

图4-37　M252出土瓷罐

（M252∶1）

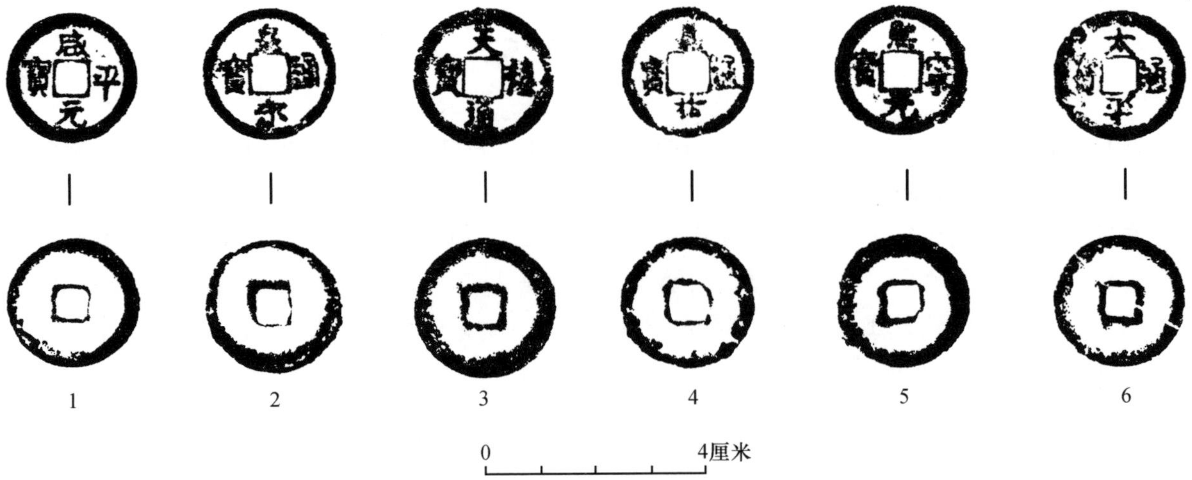
图 4-38 M252 出土钱币
1. 咸平元宝（M252∶2-1） 2. 皇宋通宝（M252∶2-2） 3. 天禧通宝（M252∶2-3） 4. 嘉祐通宝（M252∶2-4）
5. 熙宁元宝（M252∶2-5） 6. 太平通宝（M252∶6）

二十、M266

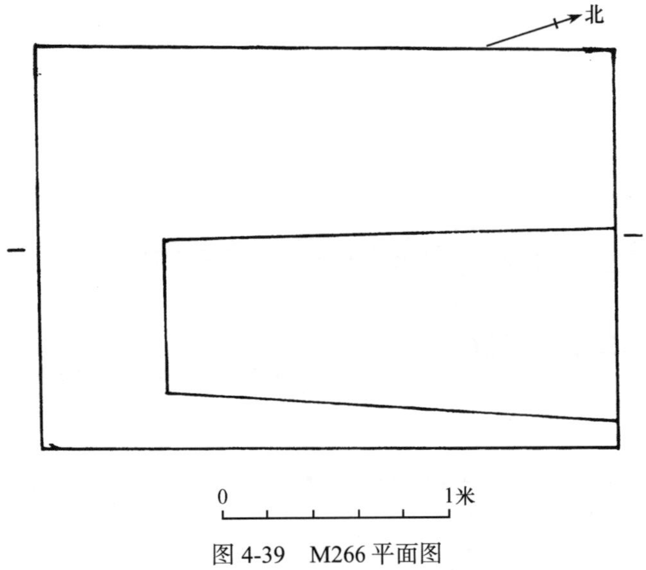

图 4-39 M266 平面图

M266 位于第Ⅴ发掘区西北部，T2112 西北部，开口于扰土层下，距地表 1.5 米。墓葬形制为土坑竖穴墓，方向 15°。墓圹平面呈长方形，直壁、平底，长 2.56、宽 1.72、深 2.5 米。填土为红褐色花土。墓底有葬具 1 棺，已朽，平面呈梯形，长 2、宽 0.68~0.9 米。人骨腐朽严重，葬式不明。未发现随葬品（图 4-39）。

二十一、M287

M287 位于第Ⅳ发掘区北部，T1915 南部，延伸至 T1815 内，开口于扰土层下，距地表 2 米。墓葬形制为土坑竖穴墓，方向 359°。墓圹平面呈梯形，直壁、平底，长 3.54、宽 1.34~1.5、残深 0.4 米。填土为黄褐色花土，含料姜石。墓底有葬具 1 棺，已朽，平面呈长方形，长 1.72、宽 0.6 米。棺内有人骨 1 具，葬式为仰身直肢，头向北。随葬品有铜钱 2 枚，置于人骨两股骨内侧（图 4-40）。

铜钱 2 枚。“至道元宝”1 枚（M287∶1-1），楷书，旋读。直径 2.4 厘米（图 4-41，1）。“熙宁元宝”1 枚（M287∶1-2），楷书，旋读。直径 2.3 厘米（图 4-41，2）。

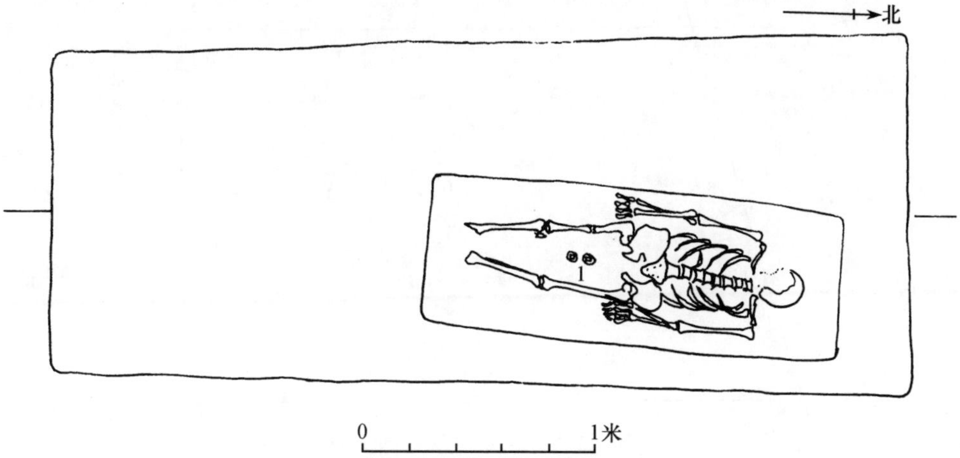

图 4-40　M287 平面图

1. 铜钱

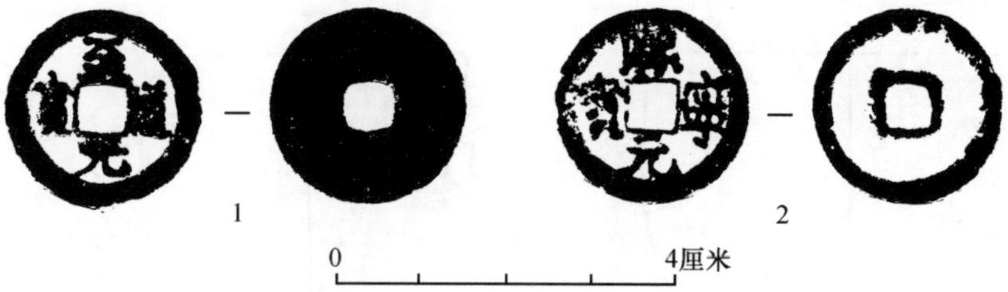

图 4-41　M287 出土钱币

1. 至道元宝（M287∶1-1）　2. 熙宁元宝（M287∶1-2）

二十二、M294

M294 位于第Ⅳ发掘区的北部，T1916 西南部，开口于扰土层下，距地表 2.2 米。墓葬形制为土坑竖穴墓，方向 312°。墓圹平面呈长方形，直壁、平底，上部及南部被破坏，残长 3.2、宽 2、残深 0.36 米。未发现葬具及人骨。随葬品有 3 件（组），其中瓷罐 1 件、瓷钵 1 件，位于墓室中部；铜钱 19 枚（1 组），位于墓室中北部（图 4-42）。

瓷罐　1 件（M294∶2）。白胎，白釉，釉不包底，釉上有微小开片，局部脱釉。高直口微敞，圆唇，小鼓腹，平底，矮圈足外撇。口和肩部附加 1 对桥形耳，对称分布，耳上有 1 道竖槽。口径 10.2、腹径 14.6、底径 6.8、高 10.8、壁厚 0.4~0.8 厘米（图 4-43，2；图版 20-3）。

瓷钵　1 件（M294∶3）。白胎，白釉，釉不包底，釉上有微小开片。直口微敛，尖唇，深直腹，平底，矮圈足。口径 13.2、腹径 13.6、底径 7、高 10.4、壁厚 0.3~0.6 厘米（图 4-43，1）。

铜钱　19 枚。“元丰通宝”1 枚（M294∶1-1），行书，旋读。直径 2.4 厘米（图 4-44，1）。“明道元宝”1 枚（M294∶1-2），楷书，旋读。直径 2.55 厘米（图 4-44，2）。“开元通宝”1 枚（M294∶1-3），楷书，直读。直径 2.4 厘米（图 4-44，3）。“绍圣元宝”1 枚（M294∶1-4），行书，旋读。直径 2.4 厘米（图 4-44，4）。“咸平元宝”1 枚（M294∶1-5），楷书，旋读。直径 2.5 厘米（图 4-44，5）。“圣宋元宝”1 枚，（M294∶1-6）行书，旋读。直径 2.4 厘米（图 4-44，6）。“至道元宝”1 枚（M294∶1-7），草书，旋读。直径 2.5 厘米（图 4-44，7）。“祥符通宝”1

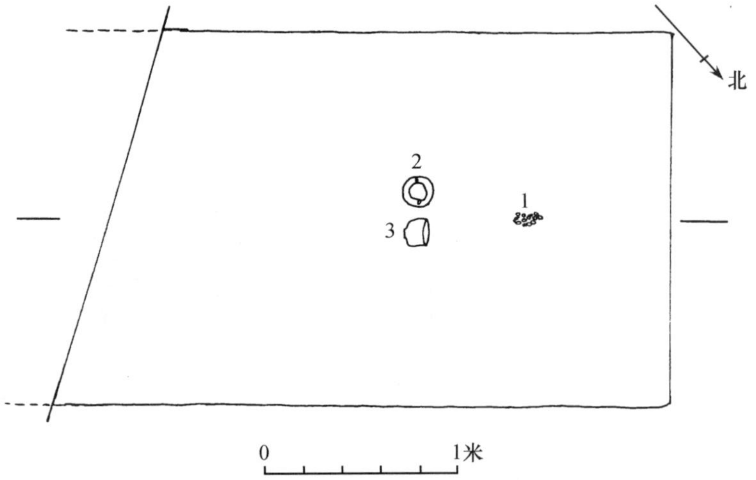

图 4-42 M294 平面图

1. 铜钱 2. 瓷罐 3. 瓷钵

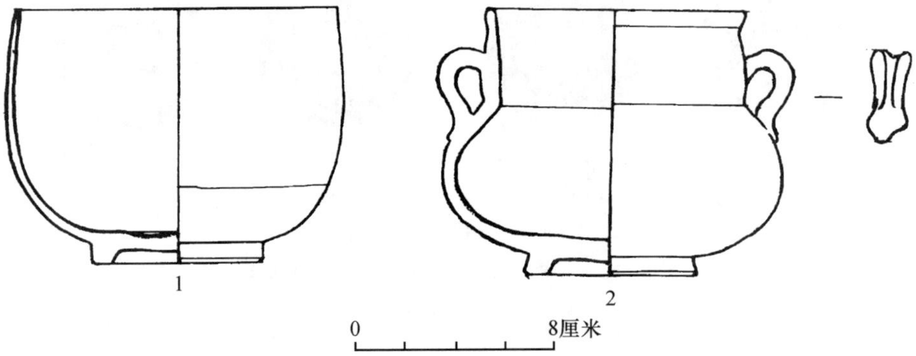

图 4-43 M294 出土器物

1. 瓷钵（M294：3） 2. 瓷罐（M294：2）

枚（M294：1-8），楷书，旋读。直径 2.55 厘米（图 4-44，8）。“嘉祐元宝”1 枚（M294：1-9），篆书，旋读。直径 2.3 厘米（图 4-44，9）。“皇宋通宝”1 枚（M294：1-10），楷书，直读。直径 2.5 厘米（图 4-44，10）。“政和通宝”1 枚（M294：1-11），篆书，直读。直径 2.4 厘米（图 4-44，11）。“元祐通宝”3 枚，行书 2 枚，旋读，M294：1-12，直径 2.3 厘米（图 4-44，12），M294：1-13，直径 2.5 厘米（图 4-44，13）；篆书 1 枚（M294：1-14），旋读，直径 2.4 厘米（图 4-44，14）。“熙宁元宝”2 枚，篆书，旋读。M294：1-15、17，直径 2.4 厘米（图 4-44，15、17）。“熙宁重宝”1 枚（M294：1-16），楷书，旋读。直径 3 厘米（图 4-44，16）。年号不清者 2 枚。

二十三、M316

M316 位于第Ⅵ发掘区的中部，T2317 的中北部，开口于扰土层下，距地表 1.5 米。墓葬形制为土坑竖穴墓，方向 188°。墓圹平面呈梯形，上部被破坏，长 1.8、宽 0.5~0.76、残深 0.38 米。

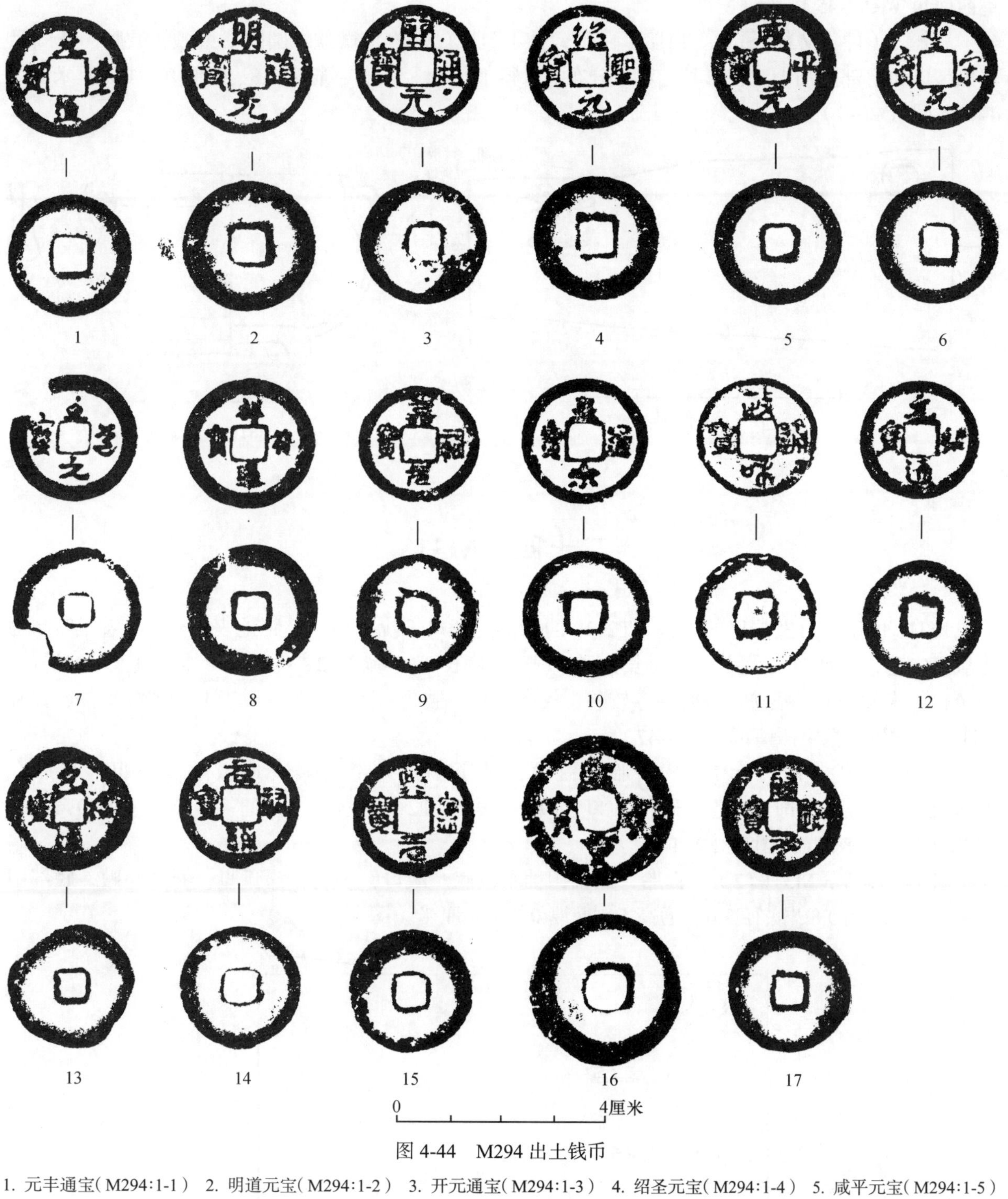

图 4-44　M294 出土钱币

1. 元丰通宝（M294∶1-1）　2. 明道元宝（M294∶1-2）　3. 开元通宝（M294∶1-3）　4. 绍圣元宝（M294∶1-4）　5. 咸平元宝（M294∶1-5）　6. 圣宋元宝（M294∶1-6）　7. 至道元宝（M294∶1-7）　8. 祥符通宝（M294∶1-8）　9. 嘉祐元宝（M294∶1-9）　10. 皇宋通宝（M294∶1-10）　11. 政和通宝（M294∶1-11）　12~14. 元祐通宝（M294∶1-12、M294∶1-13、M294∶1-14）　15、17. 熙宁元宝（M294∶1-15、M294∶1-17）　16. 熙宁重宝（M294∶1-16）

填土为黄褐色花土。未发现葬具，人骨保存较差，只余一半下肢骨。随葬品有瓷罐 1 件，放置于墓室西南角（图 4-45）。

瓷罐　1 件（M316∶1）。白胎，白釉，釉不包底。矮直口微敛，圆唇，束颈，鼓腹，宽圈足略撇。口和肩部附加 1 对桥形耳，对称分布。口径 10、腹径 13.4、通高 7.8、壁厚 0.3~0.6 厘米（图 4-46；图版 20-4）。

图 4-45　M316 平面图

1. 瓷罐

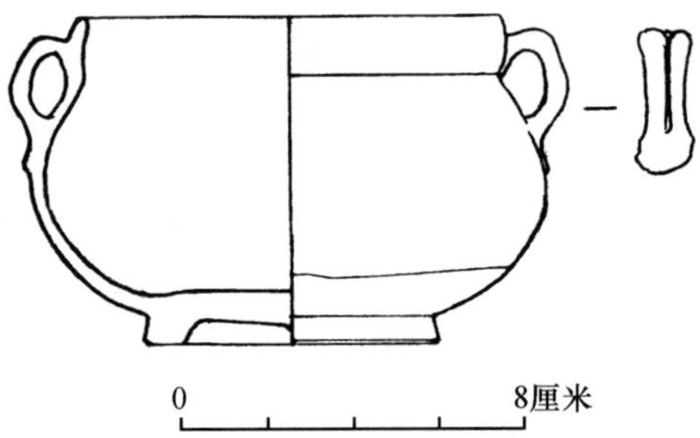

图 4-46　M316 出土瓷罐（M316∶1）

二十四、M318

M318 位于第Ⅵ发掘区的中部，T2317 的西部，开口于扰土层下，距地表 1.5 米。墓葬形制为土坑竖穴墓，方向 7°。墓圹平面呈长方形，直壁平底长 2.2、宽 1.12、残深 0.38 米。填土呈红褐色，较疏松。未发现葬具痕迹。人骨保存较差，仅存一半下肢骨。随葬品有 2 件，其中瓷罐 1 件、瓷碗 1 件，均放置于墓室西南部（图 4-47）。

瓷罐　1 件（M318∶1）。白胎，白釉，釉至圈足外壁。矮直口微敞，鼓腹，平底，宽圈足略撇。腹壁饰 10 竖道凹槽。口径 9.2、腹径 12、底径 6.8、通高 9.2、壁厚 0.4~0.9 厘米（图 4-48，1；图版 19-4）。

瓷碗　1 件（M318∶2）。白胎，黑釉，釉不包底。敞口，圆唇，深弧腹，圈足外撇，底部中心突起。口径 10.8、底径 3.6、通高 5、壁厚 0.3~0.8 厘米（图 4-48，2）。

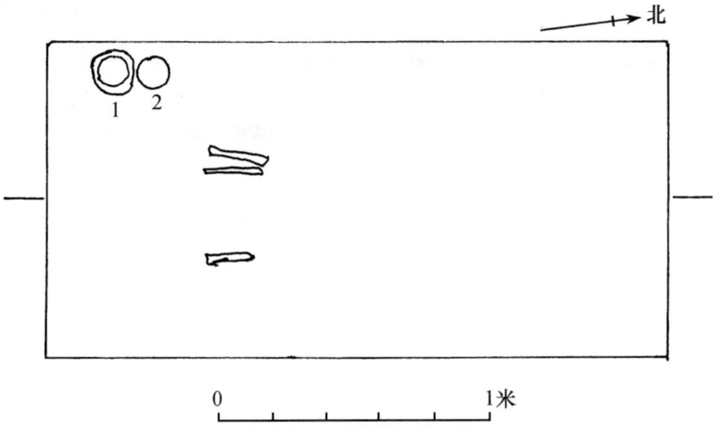

图 4-47　M318 平面图

1. 瓷罐　2. 瓷碗

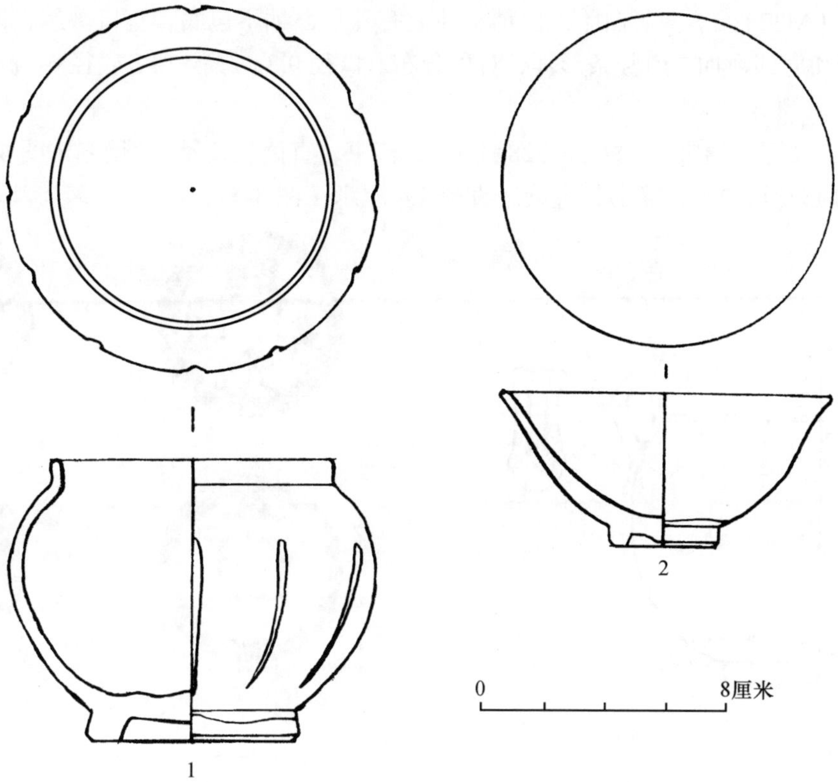

图 4-48　M318 出土器物

1. 瓷罐（M318∶1）　2. 瓷碗（M318∶2）

二十五、M328

M328 位于第Ⅵ发掘区的东南部，T2318 的东北部，开口于扰土层下，距地表 1.8 米。墓葬形制为土坑竖穴墓，方向 4°。墓圹平面呈梯形，直壁、平底，长 2.2、宽 0.8~0.92、残深 0.4 米。填土为黄褐色，含少量料姜石等。墓底有葬具 1 棺，已朽，平面呈梯形，长 1.8、宽 0.46~0.6 米。棺内有人骨 1 具，仅存部分脊椎骨及头骨，头向北，葬式不明。随葬品有 2 件（组）。其中瓷罐 1 件，置于墓室内东南角；铜钱 3 枚（1 组），放置于棺的中部（图 4-49）。

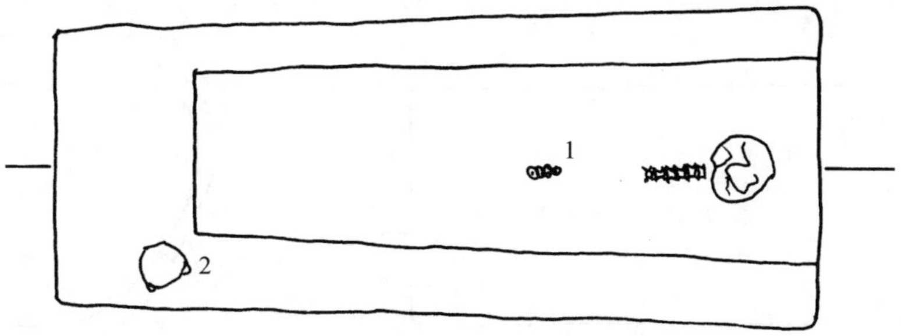

图 4-49　M328 平面图

1. 铜钱　2. 瓷罐

瓷罐　1件（M328∶2）。灰白胎，白釉，釉上有开片，釉不包底。直口微敛，束颈，微鼓腹，宽圈足。口外侧和肩部附加2道竖条形耳，对称分布。口径9.8、腹径13、底径6、高10.4、壁厚0.5厘米（图4-50）。

铜钱　3枚。“开元通宝”1枚（M328∶1-1），楷书，直读。直径2.5厘米（图4-51，1）。“嘉祐通宝”1枚（M328∶1-2），篆书，直读。直径2.4厘米（图4-51，2）。年号不清者1枚。

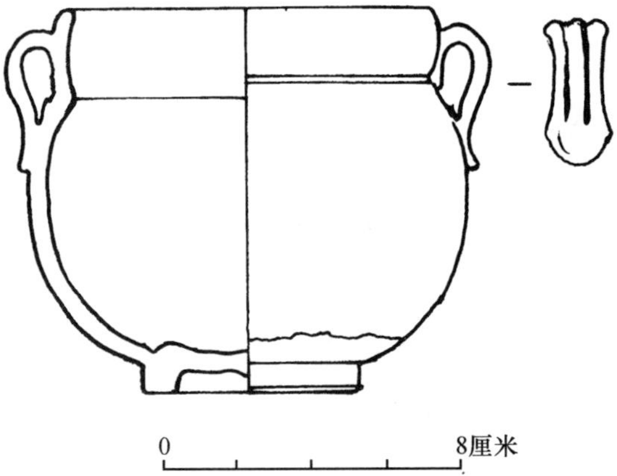

图4-50　M328出土瓷罐
（M328∶2）

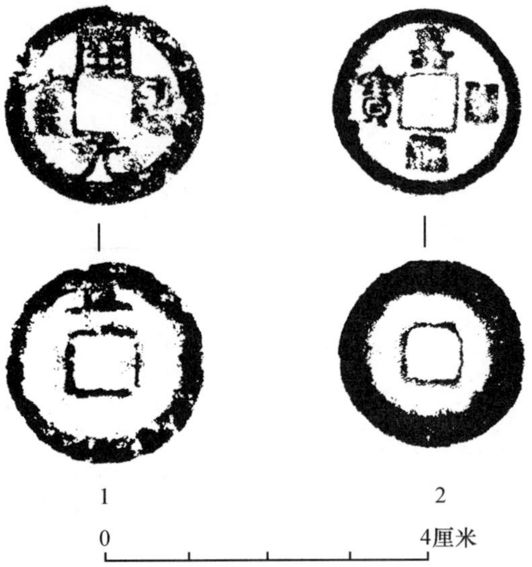

图4-51　M328出土钱币
1. 开元通宝（M328∶1-1）　2. 嘉祐通宝（M328∶1-2）

二十六、M331

M331位于第Ⅵ发掘区的中部，T2415西南部，开口于扰土层下，距地表2.2米。墓葬形制为土坑竖穴墓，方向345°。墓圹平面呈长方形，直壁、平底，长2.2、宽0.7、残深0.5米。填土呈浅灰褐色，土质略松，含黄土块及料姜石等。未发现葬具及人骨。随葬品有瓷罐1件，放置于墓室南部（图4-52）。

瓷罐　1件（M331∶1）。白胎，白釉，釉不包底，釉上局部有开片。直口，圆唇，鼓肩，斜腹，宽圈足微外撇。口外侧1道凹弦纹。口径10、腹径12、底径6.4、通高8.4、壁厚0.4厘米（图4-53）。

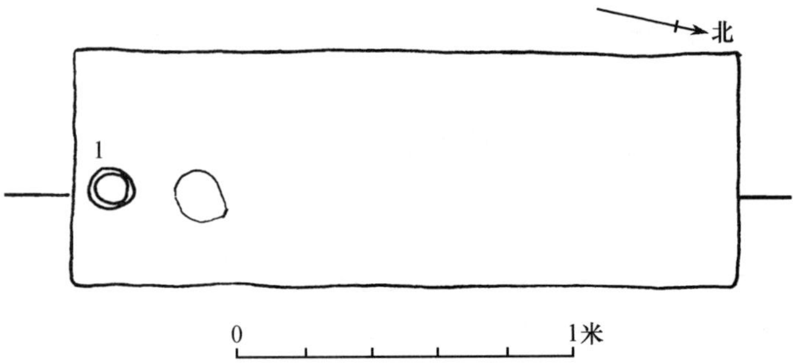

图4-52　M331平面图
1. 瓷罐

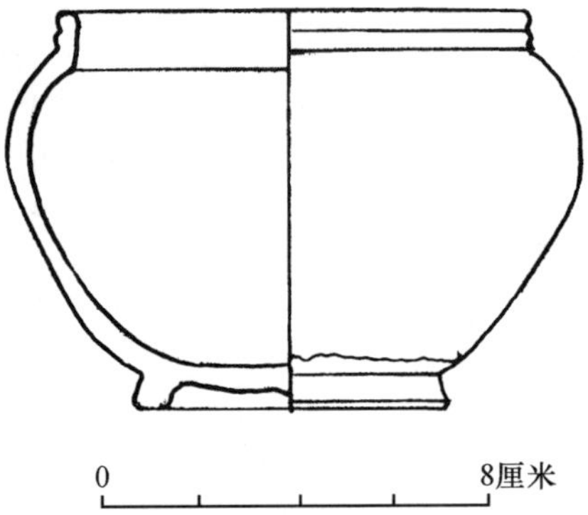

图4-53　M331出土瓷罐（M331∶1）

二十七、M332

M332位于第Ⅵ发掘区的中部，T2415西北部，开口于扰土层下，距地表2.2米。墓葬形制为土坑竖穴墓，方向166°。墓圹平面呈梯形，直壁，底部南高北低，上部已被破坏，长2.2、宽0.56~0.6、残深0.21~0.45米。填土呈浅灰褐色，土质略松，含黄土块及料姜石等。未发现葬具痕迹。墓底有人骨1具，葬式为仰身直肢，头向南。随葬品有瓷罐1件，放置于墓室的西南角（图4-54）。

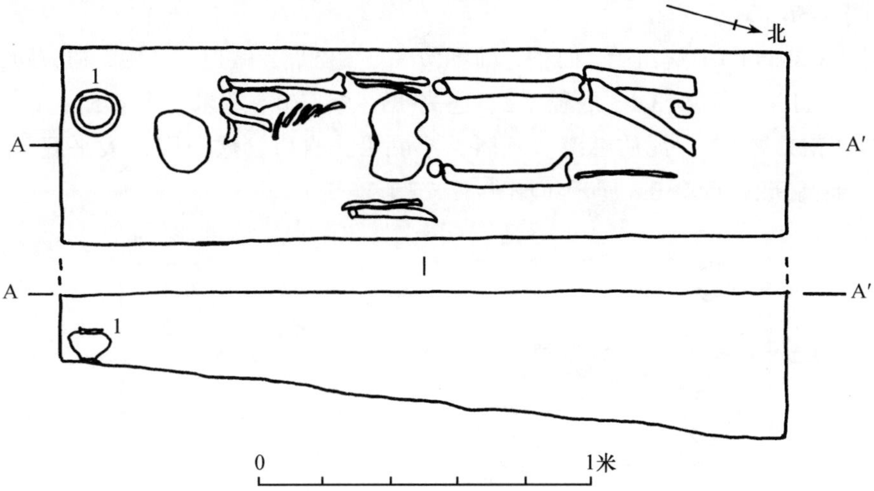

图4-54 M332平、剖面图
1. 瓷罐

瓷罐 1件（M332∶1）。白胎，白釉，釉至下腹，釉上局部有开片。直口，尖唇，鼓肩，斜腹，宽圈足外撇。腹部饰8道凹槽。口径9.2、腹径12、底径6、通高8.6、壁厚0.3~0.8厘米（图4-55；图版19-5）。

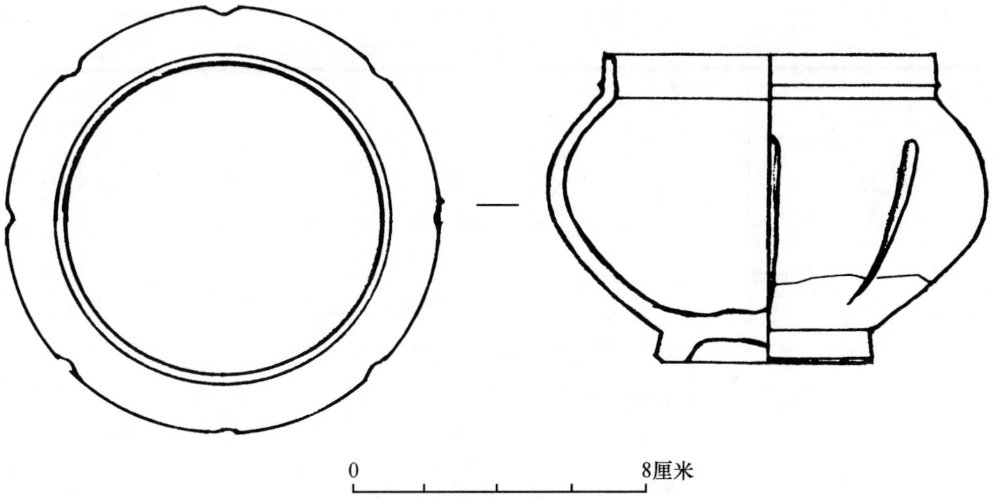

图4-55 M332出土瓷罐（M332∶1）

二十八、M333

M333位于第Ⅵ发掘区的中部，T2415的中部，开口于扰土层下，距地表2.2米。墓葬形制为土坑竖穴墓，方向168°。墓圹平面呈长方形，直壁、底部南高北低，长2.4、宽0.76、残深0.22~0.48米。填土呈浅灰色，土质略松，内含黄土块、红土块及料姜石。未发现葬具痕迹。墓底有人骨1具，只残存头骨及部分肢骨。随葬品有2件，其中陶洗1件、瓷罐1件，均放置于墓室的南端（图4-56）。

瓷罐 1件（M333∶1）。灰白胎，白釉，釉不包底。尖圆唇，敞口，高领，圆鼓腹，矮圈足微撇。釉至下腹部。口径11.4、腹径13.4、底径7.2、通高13、壁厚0.5厘米（图4-57，1）。

陶洗 1件（M333∶2）。泥质红陶。圆唇，窄圈沿，直口，矮鼓腹，大平底。口径20、腹径23、底径18.6、通高9.2、壁厚0.8厘米（图4-57，2）。

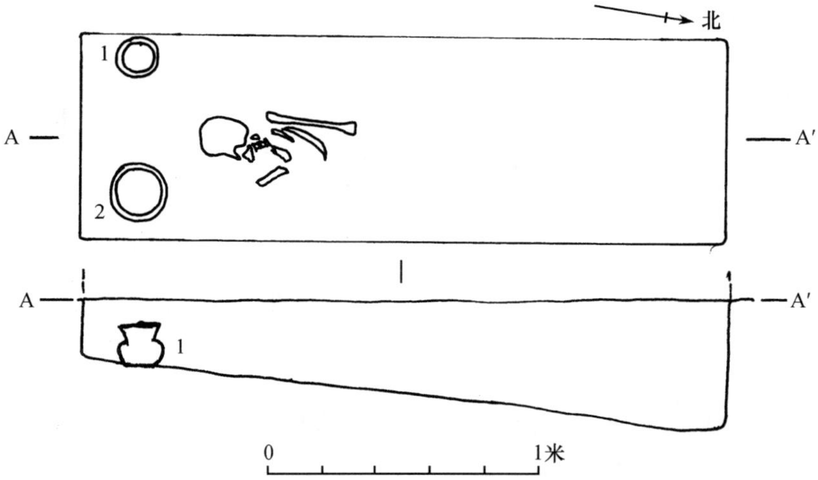

图4-56 M333平、剖面图

1. 瓷罐 2. 陶洗

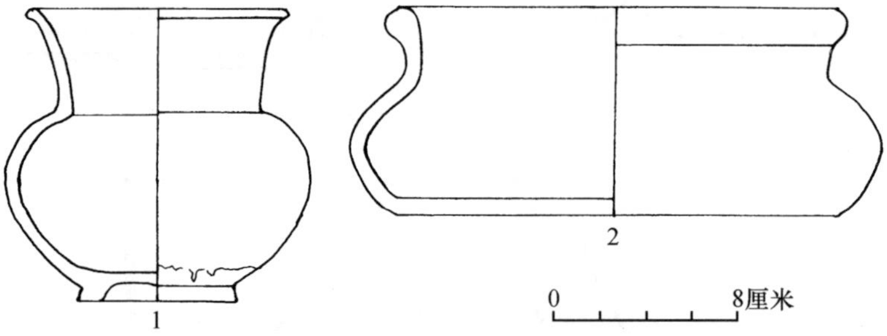

图4-57 M333出土器物

1. 瓷罐（M333∶1） 2. 陶洗（M333∶2）

二十九、M334

M334位于第Ⅵ发掘区的中部，T2415的西北部，开口于扰土层下，距地表2.2米。墓葬形制为土坑竖穴墓，方向155°。墓圹平面呈长方形，直壁，底部南高北低，上部已破坏，长1.5、宽0.7、残深 0.25~0.5 米。填土呈浅灰色，土质略松，内含黄土块、淤土及料姜石块。未发现葬具痕迹，墓底有人骨 1 具，只残存头骨及下肢骨，葬式为仰身直肢，头向南。随葬品有 2 件，其中瓷钵 1 件，位于墓室的南端；陶碗 1 件，位于人骨中部（图 4-58）。

瓷钵　1 件（M334∶1）。灰白胎，白釉，釉至近圈足处，釉上有微小开片。直口，尖唇，口外侧 1 道凸棱，深腹，平底，矮圈足。口径 13.2、腹径 14.8、底径 6.8、通高 8.6、壁厚 0.4~1.2 厘米（图 4-59，2）。

陶碗　1 件（M334∶2）。泥质灰陶。直口微敞，斜折沿，圆唇，浅弧腹，微敞口，平底。口径 10、底径 8、高 3.4、壁厚 0.4~0.6 厘米（图 4-59，1）。

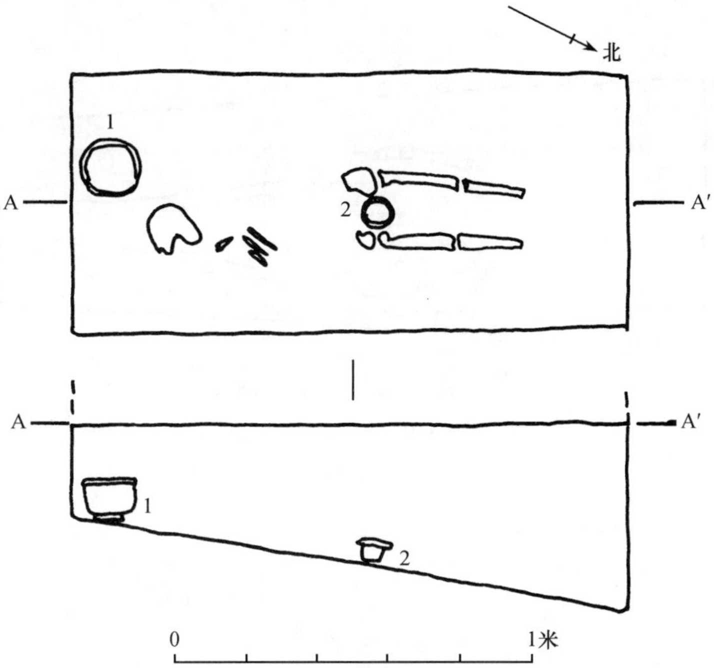

图 4-58　M334 平、剖面图

1. 瓷钵　2. 陶碗

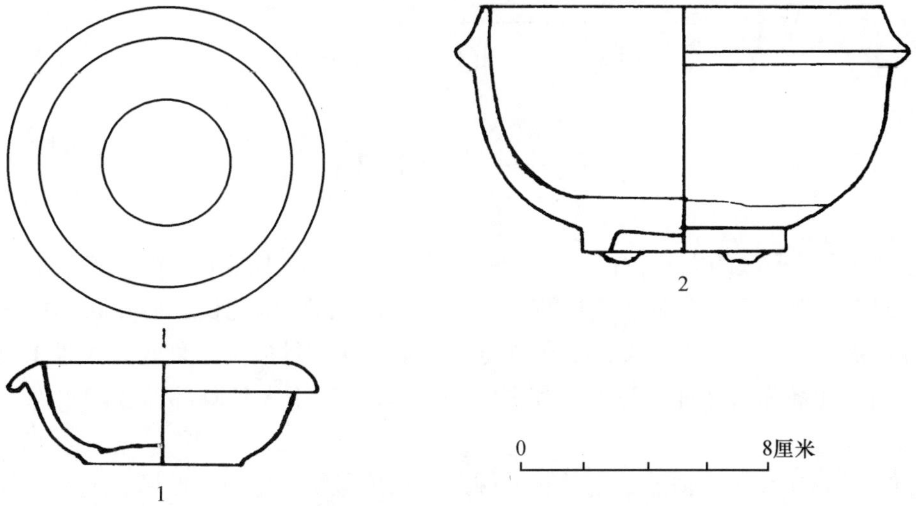

图 4-59　M334 出土器物

1. 陶碗（M334∶2）　2. 瓷钵（M334∶1）

三十、M335

M335位于第Ⅵ发掘区的中部，T2415的东北部，开口于扰土层下，距地表2米。墓葬形制为土坑竖穴墓，方向163°。墓圹平面呈梯形，直壁，底部南高北低长2.3、宽0.6~0.9、残深0.2~0.3米。填土为浅黄褐色，土质略松，内含料姜石。未发现葬具痕迹，墓底有人骨1具，葬式为仰身直肢，头向南。随葬品有料珠7颗，放置于墓主的头部（图4-60）。

料珠　7颗（M335∶1）。圆形，中间穿孔。较大1颗，直径1.2厘米；较小6颗，直径0.9厘米；穿孔直径0.25厘米（图4-61）。

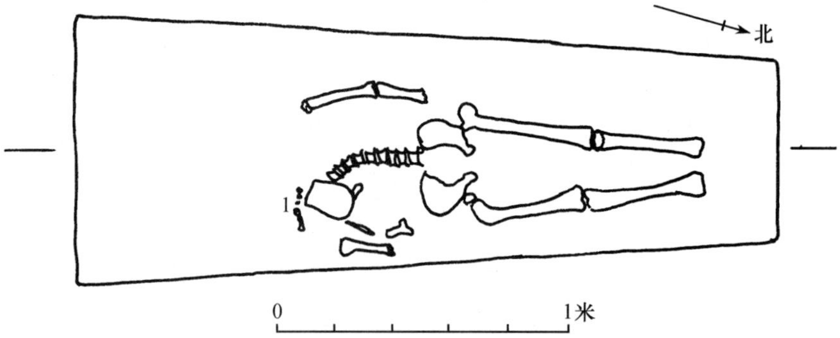

图4-60　M335平面图

1. 料珠

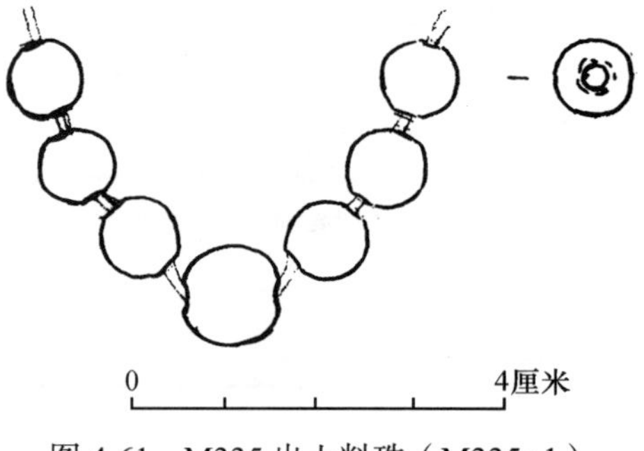

图4-61　M335出土料珠（M335∶1）

三十一、M336

M336位于第Ⅵ发掘区的中部，T2415的东北部，开口于扰土层下，距地表2米。墓葬形制为土坑竖穴墓，方向170°。墓圹平面呈梯形，直壁，底部南高北低。南北长2.2、宽0.9~1.1、残深0.2~0.4米。填土为浅黄褐色花土，土质略松，内含料姜石。未发现葬具痕迹，墓底有人骨1具，葬式为仰身直肢，头向南。随葬品有2件（组）。其中铜钱10枚，置于人骨胸部；瓷罐1件，置于墓室西南部（图4-62）。

瓷罐　1件（M336∶1）。白胎、白釉，除圈足外通体包釉。敞口，圆唇，高领，鼓肩，弧腹，最大径居上，平底，矮圈足。腹部饰14道竖凹槽。口径12.6、腹径14.6、底径7.8、高11.4、壁厚0.3~0.5厘米（图4-63）。

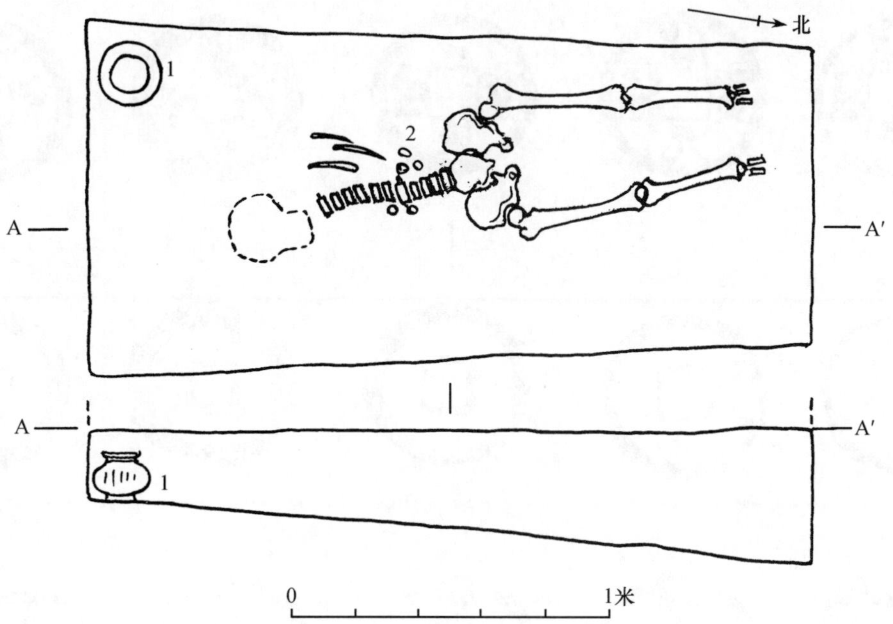

图 4-62　M336 平、剖面图
1. 瓷罐　2. 铜钱

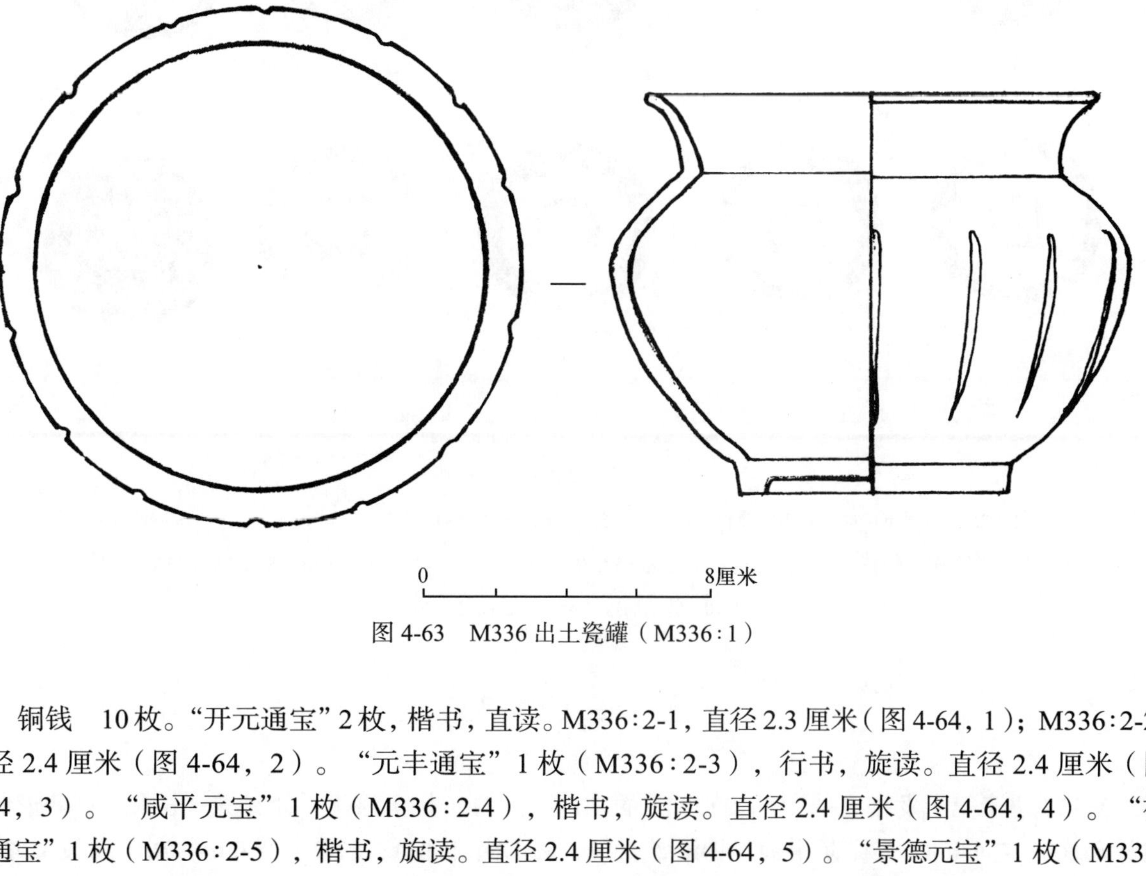

图 4-63　M336 出土瓷罐（M336∶1）

铜钱　10 枚。“开元通宝”2 枚，楷书，直读。M336∶2-1，直径 2.3 厘米（图 4-64，1）；M336∶2-2，直径 2.4 厘米（图 4-64，2）。“元丰通宝”1 枚（M336∶2-3），行书，旋读。直径 2.4 厘米（图 4-64，3）。“咸平元宝”1 枚（M336∶2-4），楷书，旋读。直径 2.4 厘米（图 4-64，4）。“祥符通宝”1 枚（M336∶2-5），楷书，旋读。直径 2.4 厘米（图 4-64，5）。“景德元宝”1 枚（M336∶2-6），楷书，旋读。直径 2.5 厘米（图 4-64，6）。“熙宁元宝”2 枚，篆书 1 枚（M336∶2-7），旋读，直径 2.4 厘米（图 4-64，7）；楷书 1 枚（M336∶2-8），旋读，直径 2.5 厘米（图 4-64，8）。“皇宋通宝”2 枚，篆书 1 枚（M336∶2-9），直读，直径 2.4 厘米（图 4-64，9）；楷书 1 枚（M336∶2-10），直读，直径 2.4 厘米（图 4-64，10）。

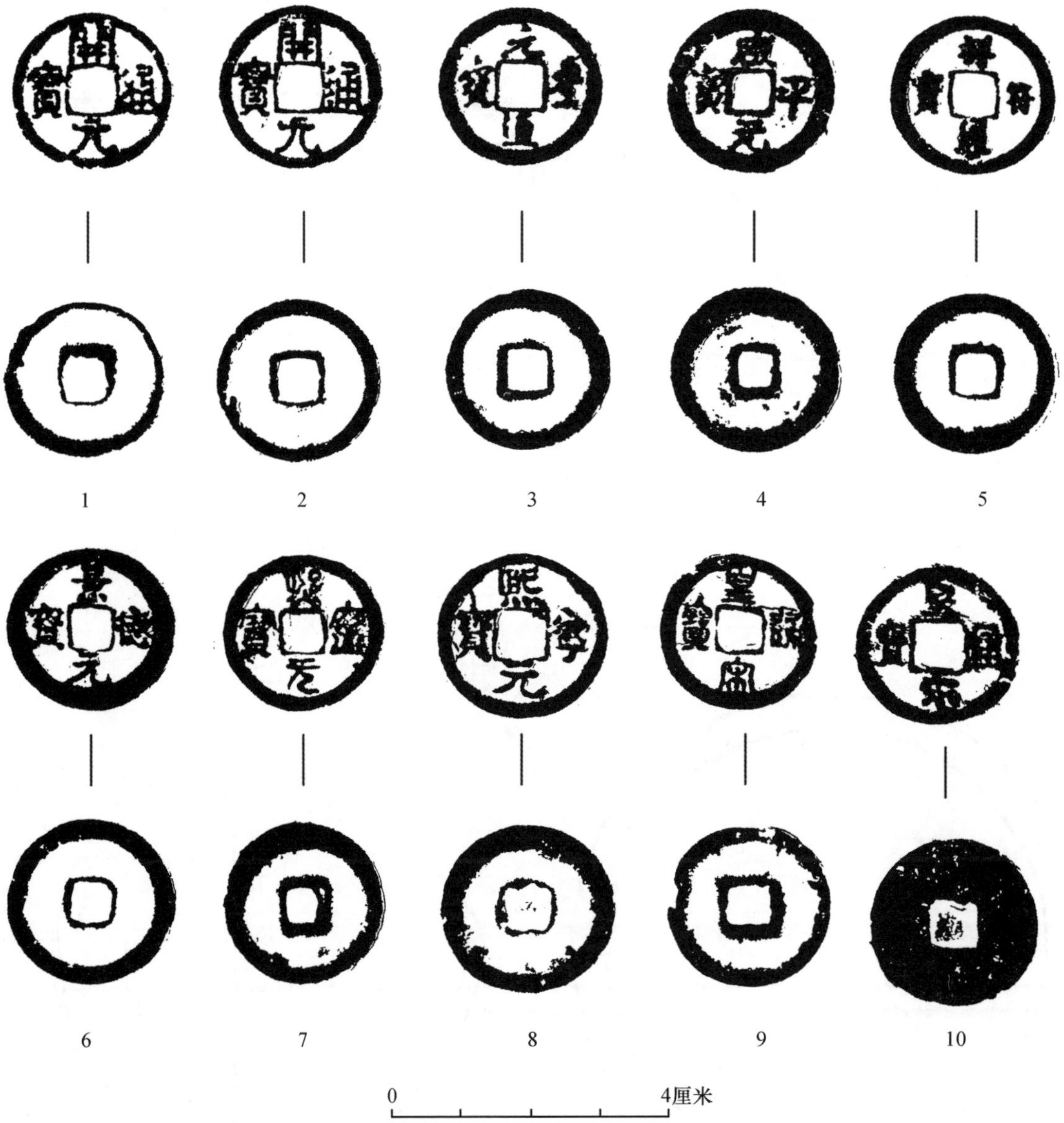

图 4-64　M336 出土钱币

1、2. 开元通宝（M336∶2-1、M336∶2-2）　3. 元丰通宝（M336∶2-3）　4. 咸平元宝（M336∶2-4）
5. 祥符通宝（M336∶2-5）　6. 景德元宝（M336∶2-6）　7、8. 熙宁元宝（M336∶2-7、M336∶2-8）
9、10. 皇宋通宝（M336∶2-9、M336∶2-10）

三十二、M337

M337 位于第Ⅵ发掘区的中部，T2515 的中部，开口于扰土层下，距地表 1.6 米。墓葬形制土坑竖穴墓，方向 178°　。墓圹平面呈梯形，直壁，底部南高北低，长 2、宽 0.6~0.76、残深 0.24~0.4 米。填土为黄褐色，土质硬，含料姜石。葬具保存较差，墓底有人骨 1 具，葬式为仰身直肢，头向南。随葬品有瓷罐 1 件，置于墓室的南端（图 4-65）。

瓷罐　1 件（M337∶1）。白胎，白釉，釉不包底。敞口，鼓腹，平底，直圈足。口外部中间 1 周突起，腹部刻 10 道竖槽。口径 10.4、腹径 12、底径 7.2、通高 8.8、壁厚 0.5~0.6 厘米（图 4-66）。

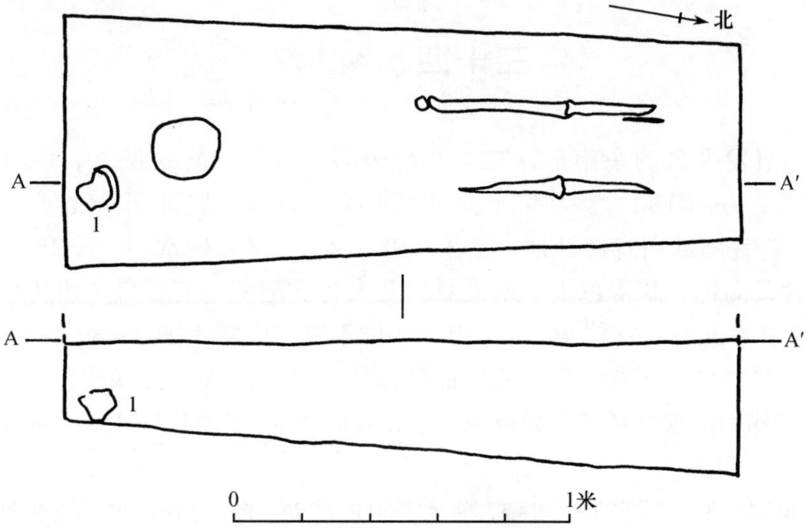

图 4-65 M337 平、剖面图

1. 瓷罐

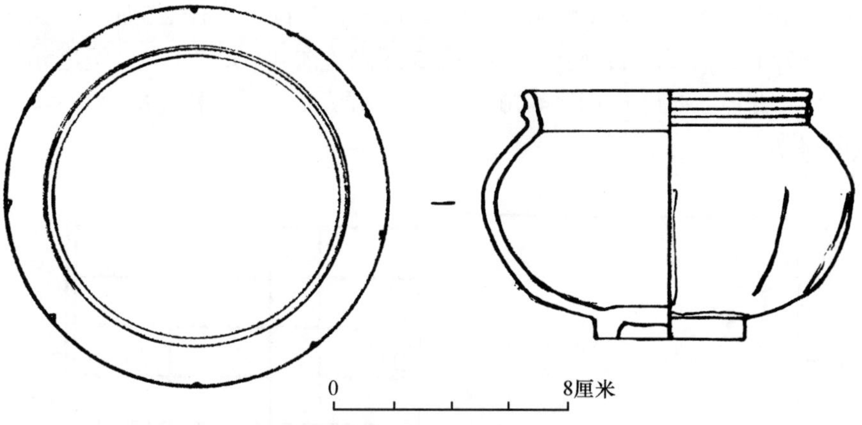

图 4-66 M337 出土瓷罐（M337:1）

三十三、M342

M342 位于第Ⅵ发掘区的西北部，T2413 的东北角，开口于扰土层下，距地表 2.2 米。墓葬形制为土坑竖穴墓，方向 170° 。墓圹平面呈长方形，直壁、平底，南北长 2.4、宽 1.2、残深 0.34 米。填土呈浅灰色，土质略松，含黄、红土块及料姜石。未发现葬具痕迹。墓底有人骨 1 具，只存头骨及下肢骨，葬式为仰身直肢，头向南。无随葬品（图 4-67）。

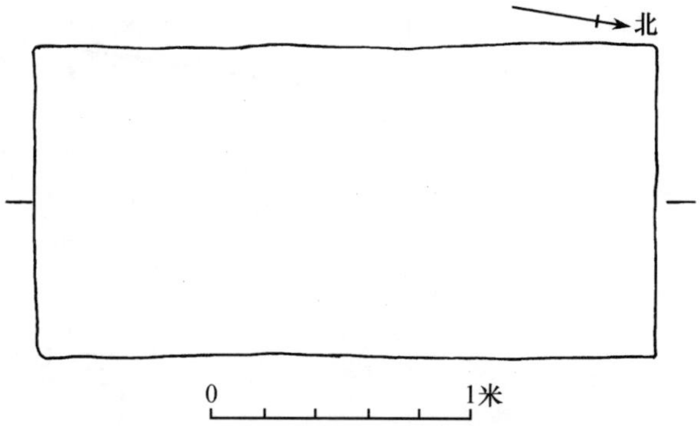

图 4-67 M342 平面图

三十四、M347

M347位于第Ⅵ发掘区的东南部，T2419的南部，开口于扰土层下，距地表2.2米。墓葬形制为土坑竖穴墓，方向182°。墓圹平面呈长方形，直壁，底部南高北低，长2.1、宽0.8、残深0.1~0.4米。墓室南部用青砖铺地，总长0.98、宽0.7米。砖素面，长28、宽14、厚5厘米。填土为红褐色，含黄褐色、灰褐色土。未见葬具及人骨。随葬品有3件（组）。其中瓷枕1件、瓷罐1件，均位于墓室北部；铜钱4枚（1组），位于墓室中部（图4-68）。

瓷枕　1件（M347∶2）。淡红胎，除底面外通体包釉，纹饰部分绿釉，其余褐色釉。腰形。顶面略凹，底面平。侧面浮雕九童子在缠枝花卉中嬉戏的图案。长25、宽18.6、高10.6厘米（图4-69，1；图版17-4）。

瓷罐　1件（M347∶3）。浅黄胎，白釉，釉至下腹近足处。直口微敞，鼓肩，弧腹，平底，矮圈足。口沿外部饰1周凸棱，下腹部饰10道凹槽。口径10、腹径13、底径6.4、通高9、壁厚0.6厘米（图4-69，2）。

铜钱　4枚。“天禧通宝”1枚（M347∶1-1），楷书，旋读。直径2.5厘米（图4-70，1）。“熙宁元宝”1枚（M347∶1-2），篆书，旋读。直径2.3厘米（图4-70，2）。“至道元宝”1枚（M347∶1-3），草书，旋读。直径2.4厘米（图4-70，3）。“开元通宝”1枚（M347∶1-4），楷书，直读。直径2.3厘米（图4-70，4）。

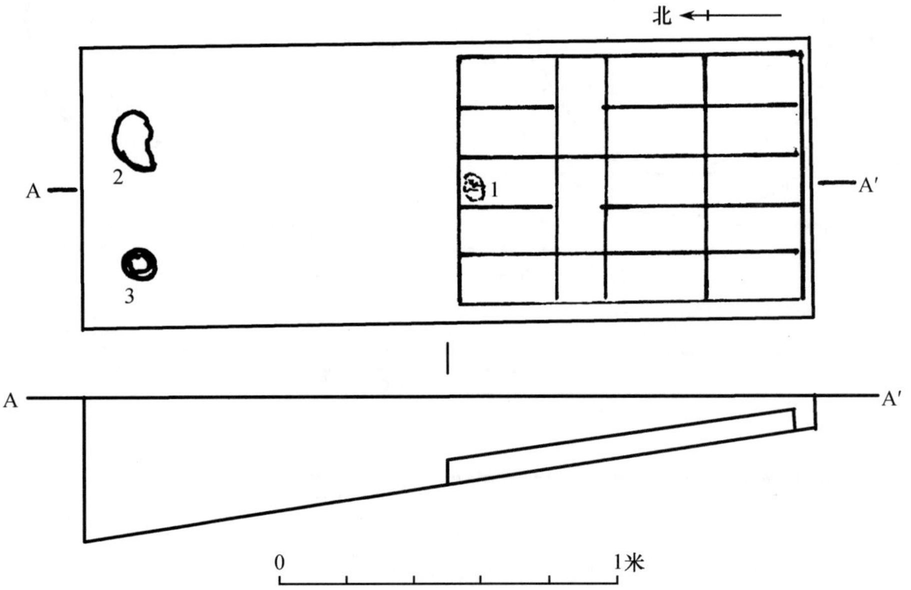

图4-68　M347平、剖面图

1. 铜钱　2. 瓷枕　3. 瓷罐

三十五、M361

M361位于第Ⅵ发掘区的东南部，T2319的中部，开口于扰土层下，距地表2.2米。墓葬形制为土坑竖穴墓，方向180°。墓圹平面近长方形，直壁、平底，长2.9、宽0.9~1、残深0.3米。填

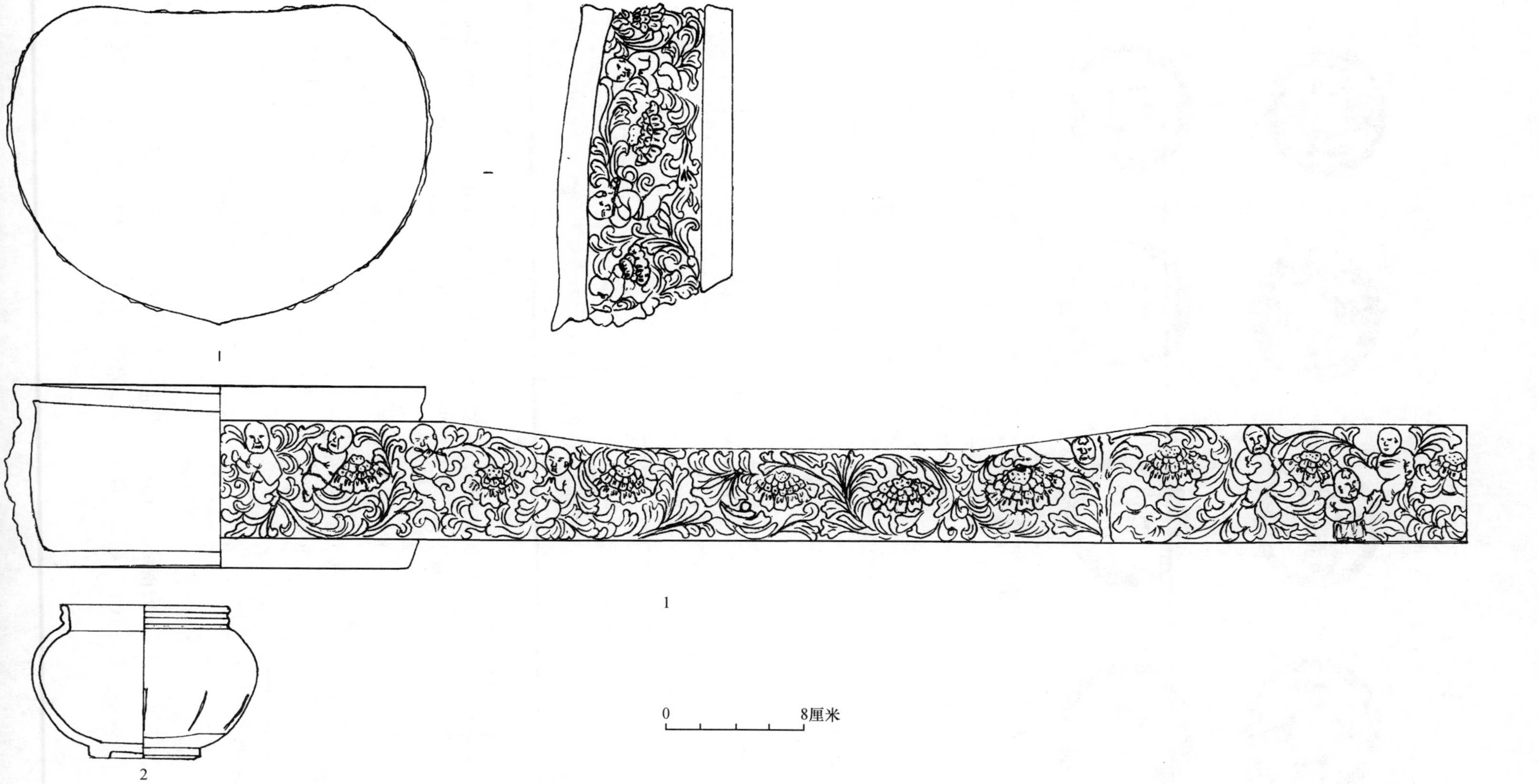

图 4-69　M347 出土器物

1. 瓷枕（M347∶2）　2. 瓷罐（M347∶3）

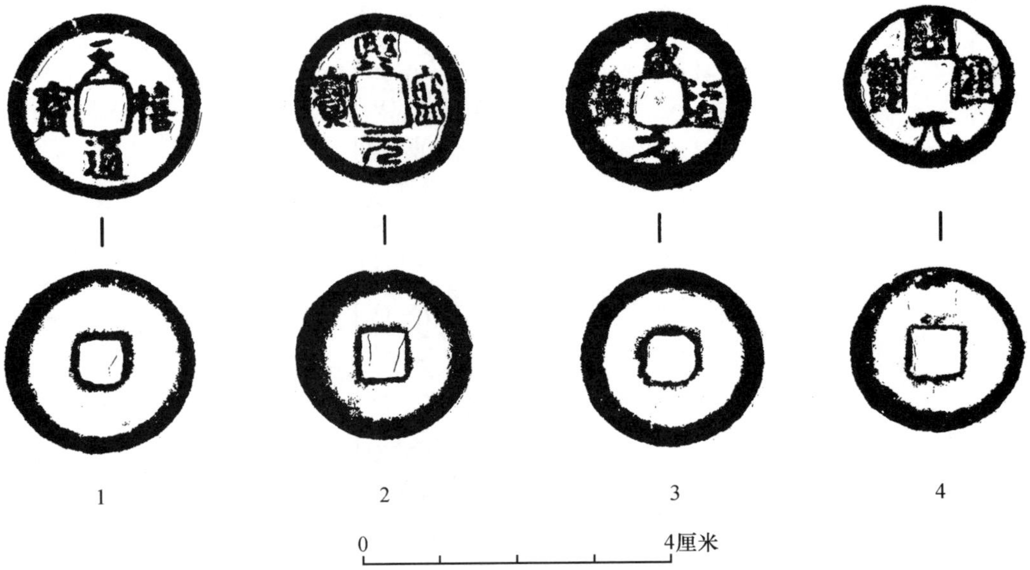

图 4-70　M347 出土钱币

1. 天禧通宝（M347∶1-1）　2. 熙宁元宝（M347∶1-2）　3. 至道元宝（M347∶1-3）　4. 开元通宝（M347∶1-4）

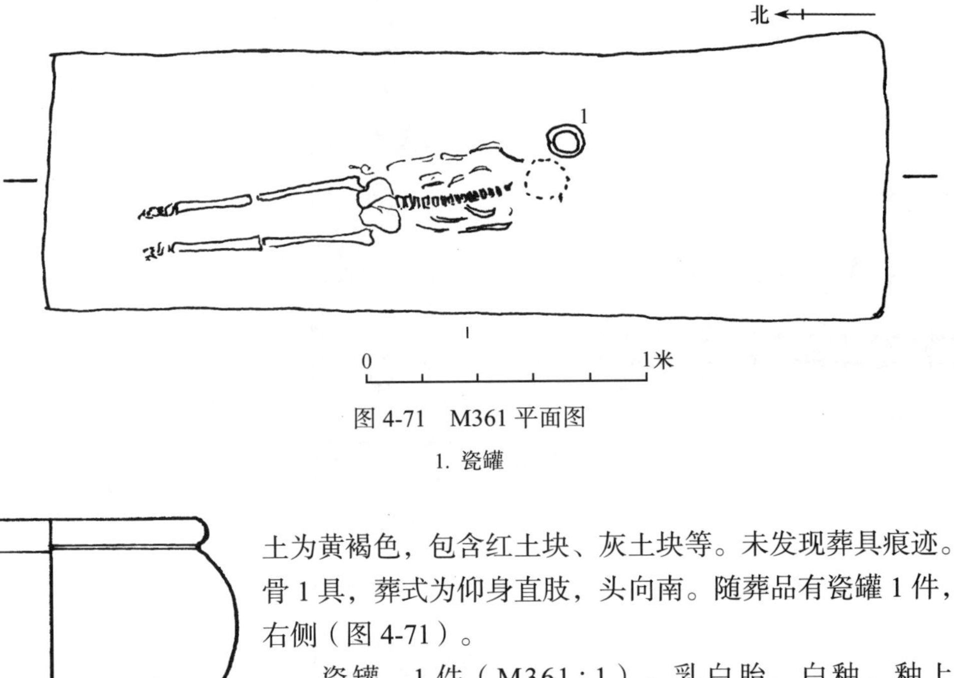

图 4-71　M361 平面图

1. 瓷罐

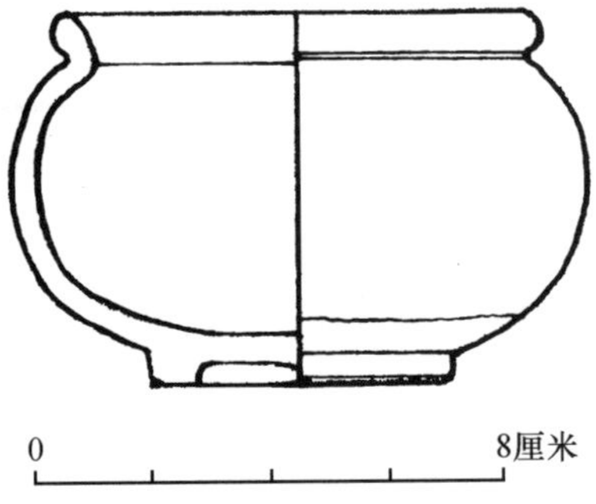

图 4-72　M361 出土瓷罐（M361∶1）

土为黄褐色，包含红土块、灰土块等。未发现葬具痕迹。墓底有人骨 1 具，葬式为仰身直肢，头向南。随葬品有瓷罐 1 件，置于头骨右侧（图 4-71）。

瓷罐　1 件（M361∶1）。乳白胎，白釉，釉上有开片，釉不包底。侈口，卷圆唇，束颈，鼓腹，矮圈足。口径 8、腹径 10、底径 5.2、高 6.4、壁厚 0.5~0.6 厘米（图 4-72）。

三十六、M404

M404 位于第Ⅰ发掘区的南部，T1627 的西部，开口于扰土层下，距地表深 2.2 米。墓葬形制为土坑竖穴墓，方向 10° 。墓圹平面呈梯形，直壁、平底，长 2.8、宽 0.9~1.1、深 0.9 米。

填土为褐色，土质疏松。未发现葬具痕迹及人骨。随葬品有2件，其中瓷罐1件、瓷碗1件，均位于墓室东南部（图4-73）。

瓷罐　1件（M404∶1）。白胎，白釉，釉不包底。微敛口，鼓腹，平底，矮圈足。口外侧1周凸棱。口径10、腹径13.2、底径7.2、高8.6、壁厚0.4~0.5厘米（图4-74，1）。

瓷碗　1件（M404∶2）。乳白胎，茶绿色釉，釉不包底。敞口，尖圆唇，深弧腹，平底，窄圈足。内底有刮圈，腹壁内刻1周6组牡丹花。口径16、底径5.6、通高7厘米（图4-74，2）。

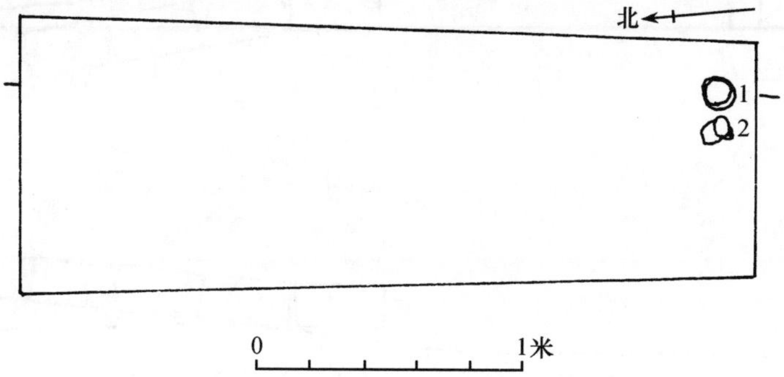

图4-73　M404平面图

1. 瓷罐　2. 瓷碗

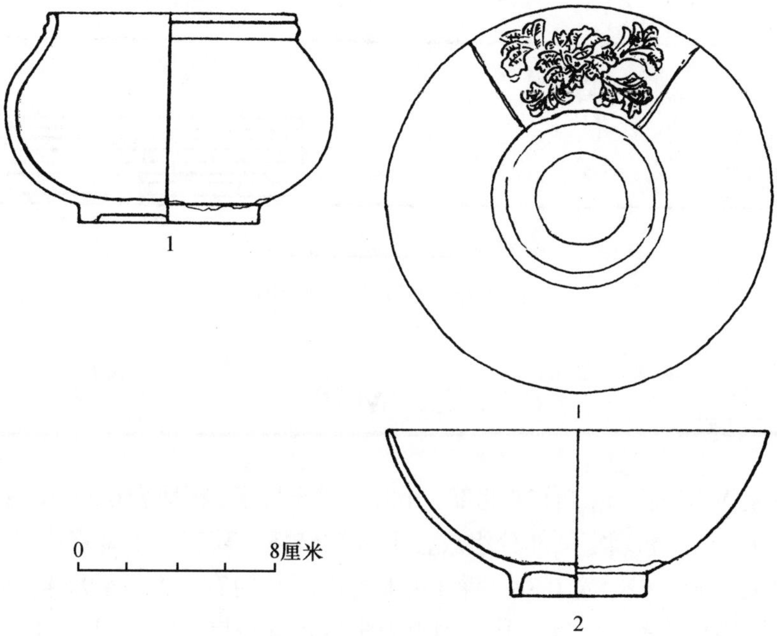

图4-74　M404出土器物

1. 瓷罐（M404∶1）　2. 瓷碗（M404∶2）

第二节　舟　形　墓

一、M61

M61位于第Ⅰ发掘区的西部，T1722西北部。开口耕土层下，距地表0.5米。墓葬形制为舟形墓，方向 171° 。被破坏严重。墓圹近梯形，直壁、平底，长 3.3、宽 1~1.2、残深 0.6 米。墓圹内用青砖砌筑墓室，呈舟形，长 3、宽 0.46~0.8、残高 0.43 米。墓室未见铺地砖，北壁未砌砖，其余三壁用单砖错缝平砌。砖均素面，长 28、宽 14、厚 2 厘米。填土为浅红褐色花土，土质略松，内含青砖块、黄土块、淤土及姜石块。墓底未发现葬具、人骨架及随葬品（图 4-75）。

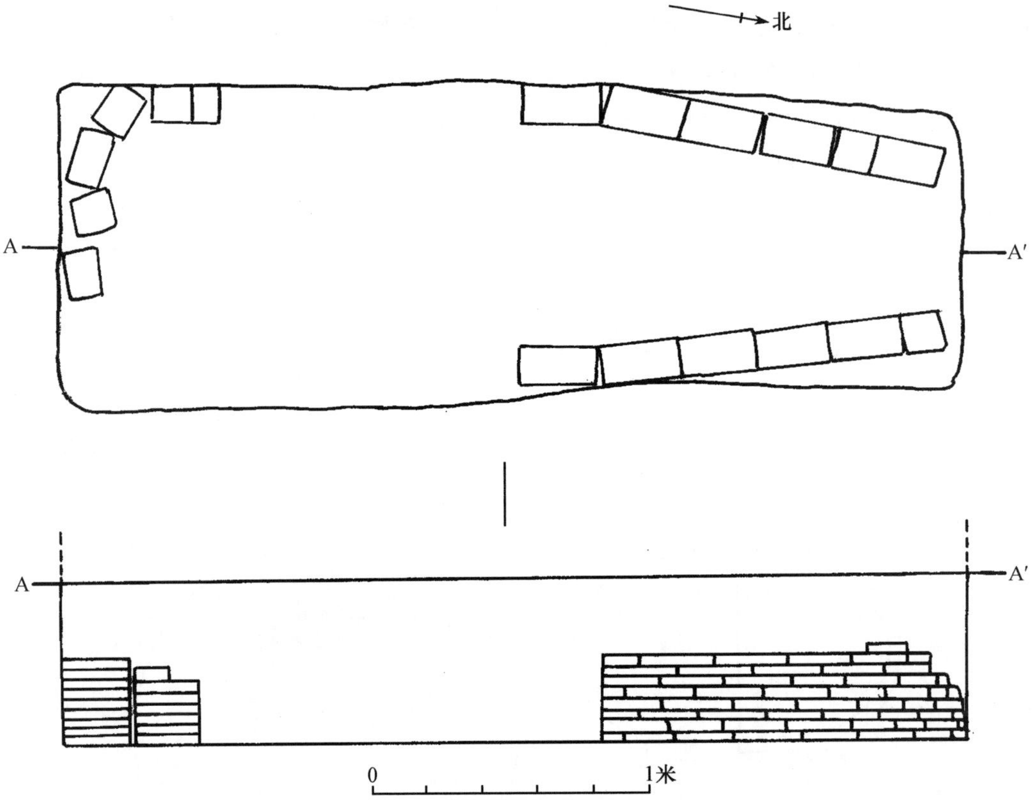

图 4-75 M61 平、剖面图

二、M70

M70 位于第Ⅰ发掘区东南部，T1629 北部，开口于耕土层下，距地表 0.24 米。墓葬形制为舟形墓，方向 176° 。由墓道、墓门和墓室三部分组成，上部被破坏。墓道位于墓室南端，残存部分平面近长方形，直壁、平底，长 1.72、宽 0.82、深 1.4 米。拱形墓门宽 0.9、高 0.84、进深 0.28 米。两壁用单砖平砌，券顶用侧立砖单层纵砌，其上用土填平后再铺一层平砖。门外用青砖垒砌封门墙，高 0.84 米，单砖错缝平砌。

墓圹平面近长方形，长 2.1、宽 1.1~1.2、残深 1.4 米。圹内用素砖砌筑墓室，平面呈舟形，长 1.84、宽 0.6~0.92、高 0.4~1 米。墓室底部未见铺地砖；两侧用青砖错缝平砌，下部直，上部叠涩内收。顶部用单砖覆盖，南高北低呈阶梯状。所用青砖均素面，长 28、宽 14、厚 4 厘米。填土呈黄褐色，质略硬，含灰褐色硬土块、料姜石块。葬具情况不详。墓室西侧人骨仅存头骨和部分肢骨，葬式为仰身直肢，头向南；墓室东南部另有肢骨堆放零乱，可能属二次迁葬。随葬品有 4 件（组）。其中瓷罐 1 件、铜镜 1 件、铜钗 1 件、铜钱 42 枚（1 组），均放置于墓室西侧的人骨附近（图 4-76；图版 11-1）。

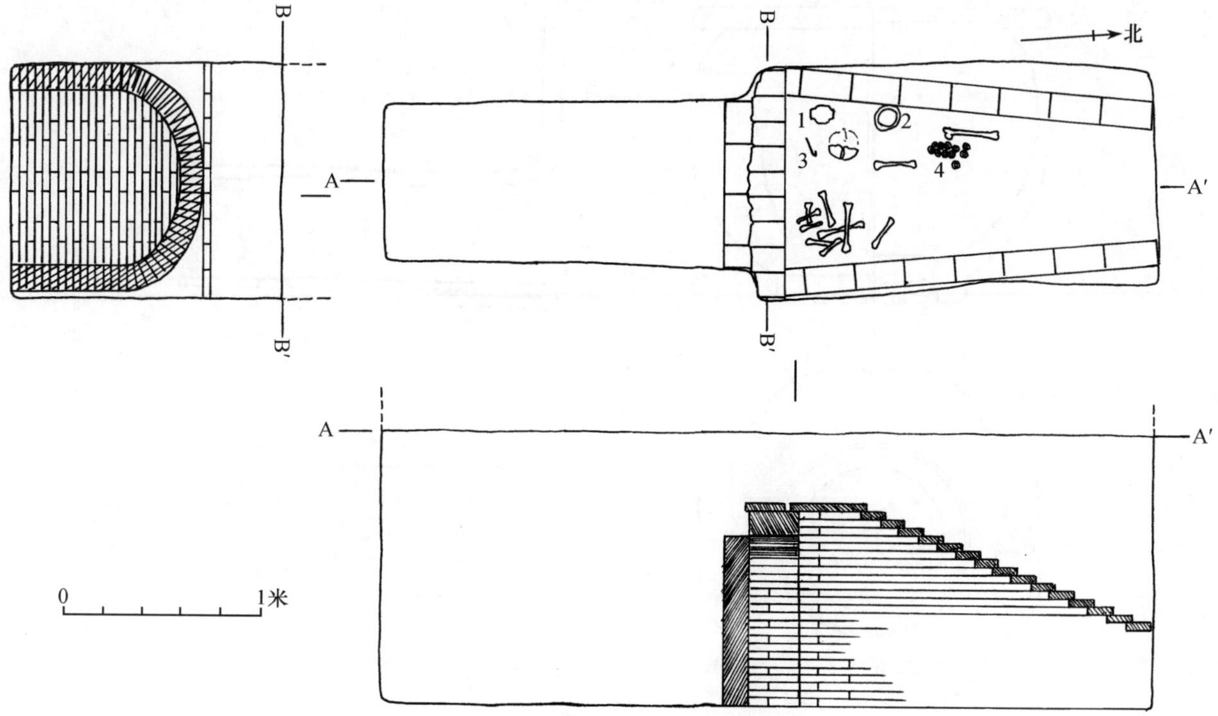

图 4-76 M70 平、剖面图及墓门正视图

1. 铜镜 2. 瓷罐 3. 铜钗 4. 铜钱

瓷罐 1件（M70∶2）。白胎，白釉，釉不包底。侈口，圆唇，束颈，弧鼓腹，平底，矮圈足外撇。器身饰 8 道凹槽。口径 12、底径 6.8、通高 10、壁厚 0.3~0.8 厘米（图 4-77，1；图版 19-1）。

铜镜 1件（M70∶1）。双凤花卉镜。“亚”字形，圆纽，花瓣花纽座。座外两周八边形联珠纹。其外饰两只展翅飞翔的凤鸟，各衔一支花卉。凤鸟花卉外饰 1 周圆形联珠纹。素缘。镜体宽 11.8、缘厚 0.2 厘米（图 4-78；图版 31-3）。

铜钗 1件（M70∶3）。铜条折成。长约 6.4 厘米（图 4-77，2）。

铜钱 42 枚。“至道元宝”2 枚，草书，旋读。M70∶4-1，直径 2.5 厘米（图 4-79，1）。“景德元宝”1 枚（M70∶4-2），楷书，旋读。直径 2.5 厘米（图 4-79，2）。“治平通宝”1 枚（M70∶4-3），楷书，直读。直径 2.5 厘米（图 4-79，3）。“祥符元宝”1 枚（M70∶4-4），楷书，旋读。直径 2.5 厘米（图 4-79，4）。“开元通宝”6 枚，楷书，直读。M70∶4-5，直径 2.5 厘米（图 4-79，5）。“元祐通宝”7 枚，行书 1 枚，旋读，直径 2.4 厘米（图 4-79，6）；篆书 6 枚，旋读，M70∶4-12，直径 2.4 厘米（图 4-79，12），M70∶4-17，直径 2.5 厘米（图 4-79，17）。“天圣元宝”1 枚（M70∶4-7），楷书，旋读。直径 2.5 厘米（图 4-79，7）。“熙宁元宝”4 枚（M70∶4-8），楷书 1 枚，旋读，直径 2.3 厘米（图 4-79，8）；篆书 3 枚，旋读，M70∶4-15，直径 2.5 厘米（图 4-79，15），M70∶4-16，直径 2.4 厘米（图 4-79，16）。“绍圣元宝”5 枚，篆书，旋读。M70∶4-9，直径 2.4 厘米（图 4-79，9）。“太平通宝”1 枚（M70∶4-10），楷书，直读。直径 2.5 厘米（图 4-79，10）。“至和元宝”1 枚（M70∶4-11），篆书，旋读。直径 2.5 厘米（图 4-79，11）。“元丰通宝”4 枚，行书 1 枚，旋读，M70∶4-13，直径 2.4 厘米（图 4-79，13）；篆书 3 枚，旋读，M70∶4-14，直径 2.5 厘米（图 4-79，14）。“天禧通宝”1 枚（M70∶4-18），楷书，旋读。直径 2.6 厘米（图 4-79，18）。“皇宋通宝”5 枚，

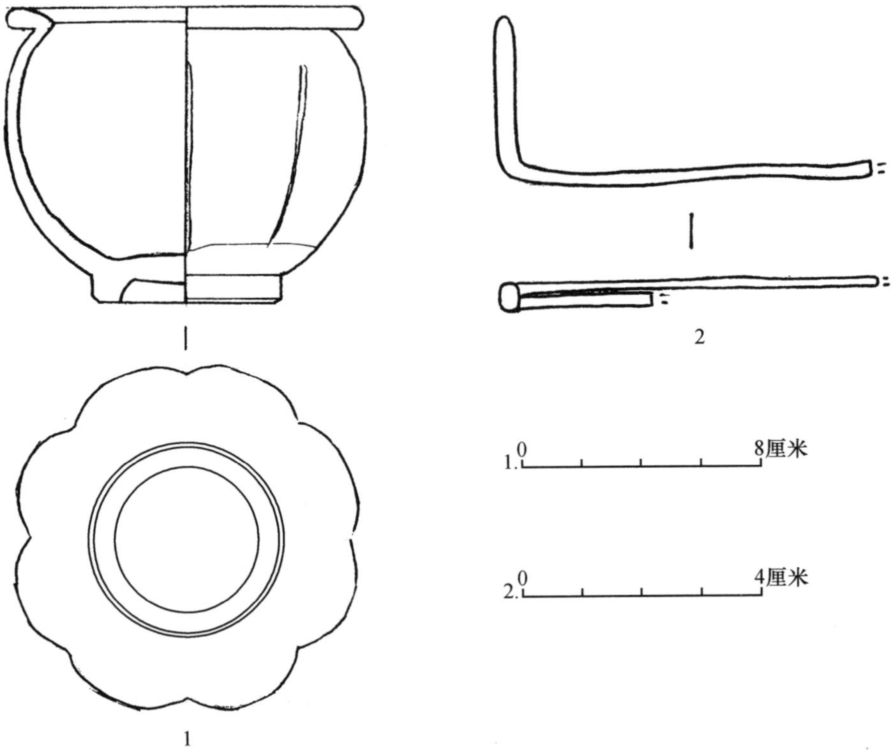

图 4-77 M70 出土器物

1. 瓷罐（M70∶2） 2. 铜钗（M70∶3）

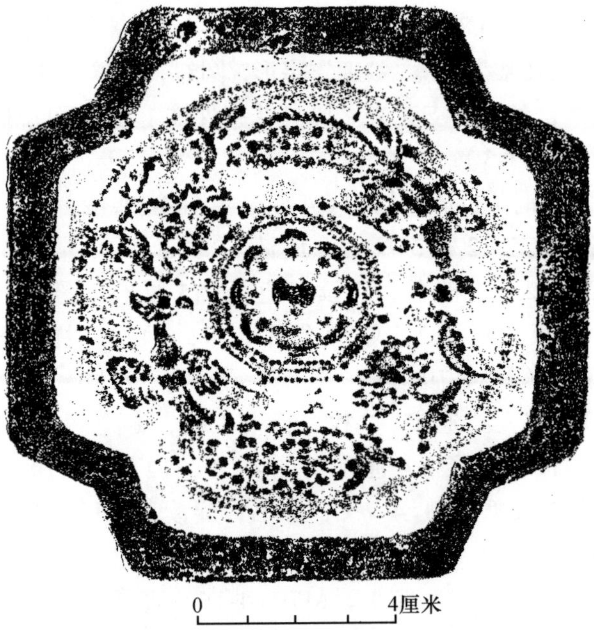

图 4-78 M70 出土铜镜（M70∶1）

篆书 2 枚，直读，M70∶4-19，直径 2.5 厘米（图 4-79，19）；楷书 3 枚，直读，M70∶4-20，直径 2.5 厘米（图 4-79，20）。年号不清者 2 枚。

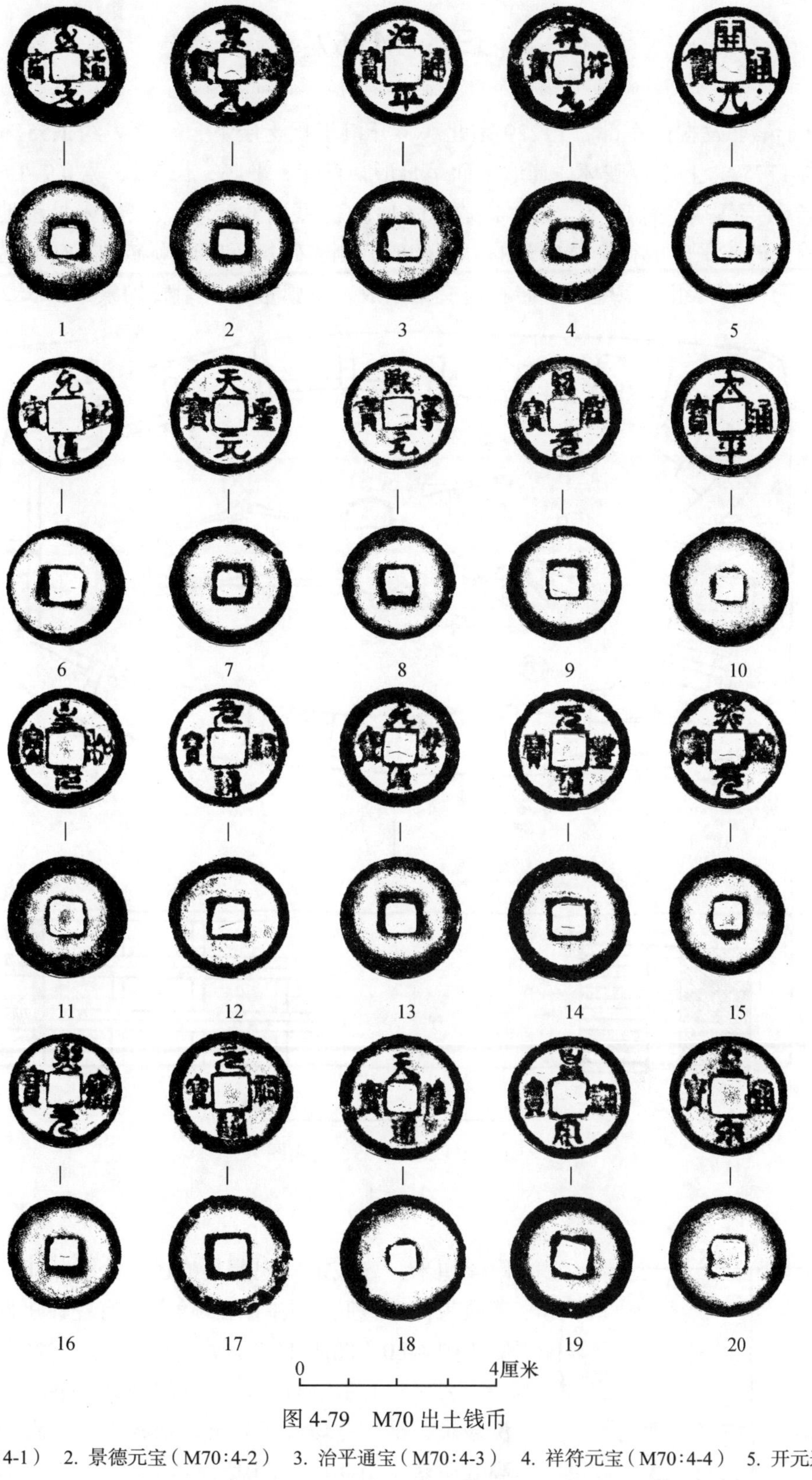

图 4-79　M70 出土钱币

1. 至道元宝（M70：4-1）　2. 景德元宝（M70：4-2）　3. 治平通宝（M70：4-3）　4. 祥符元宝（M70：4-4）　5. 开元通宝（M70：4-5）　6. 元祐通宝（M70：4-6）　7. 天圣元宝（M70：4-7）　8. 熙宁元宝（M70：4-8）　9. 绍圣元宝（M70：4-9）　10. 太平通宝（M70：4-10）11. 至和元宝（M70：4-11）　12、17. 元祐通宝（M70：4-12、M70：4-17）　13、14. 元丰通宝（M70：4-13、M70：4-14）　15、16. 熙宁元宝（M70：4-15、M70：4-16）　18. 天禧通宝（M70：4-18）　19、20. 皇宋通宝（M70：4-19、M70：4-20）

三、M167

M167位于第Ⅱ发掘区东部，T1229东北部，开口于扰土层下，距地表约1.55米。墓葬形制为舟形墓，方向177°，上部被破坏。墓形平面呈舟形，直壁、平底，长3.1、宽0.9~1.6、残深0.6米。墓圹内用青砖砌筑墓室，呈舟形，长2.4、宽0.64~1.1、残高0.56米。底部未见铺地砖；东、西、北三壁采用侧立砖与平砖成行交替砌筑的方式砌成，侧立砖每行中用顺砖与丁砖交替排列，平砖用单砖错缝平砌两行为一组。南壁用平砖斜向交错砌成，呈弧形。所用砖均素面，长27.5、宽13.5、厚4厘米。墓底未发现葬具痕迹，人骨架1具，保存较好，葬式为仰身直肢，头向南。随葬品有瓷钵1件，位于头骨东侧（图4-80；图版11-2）。

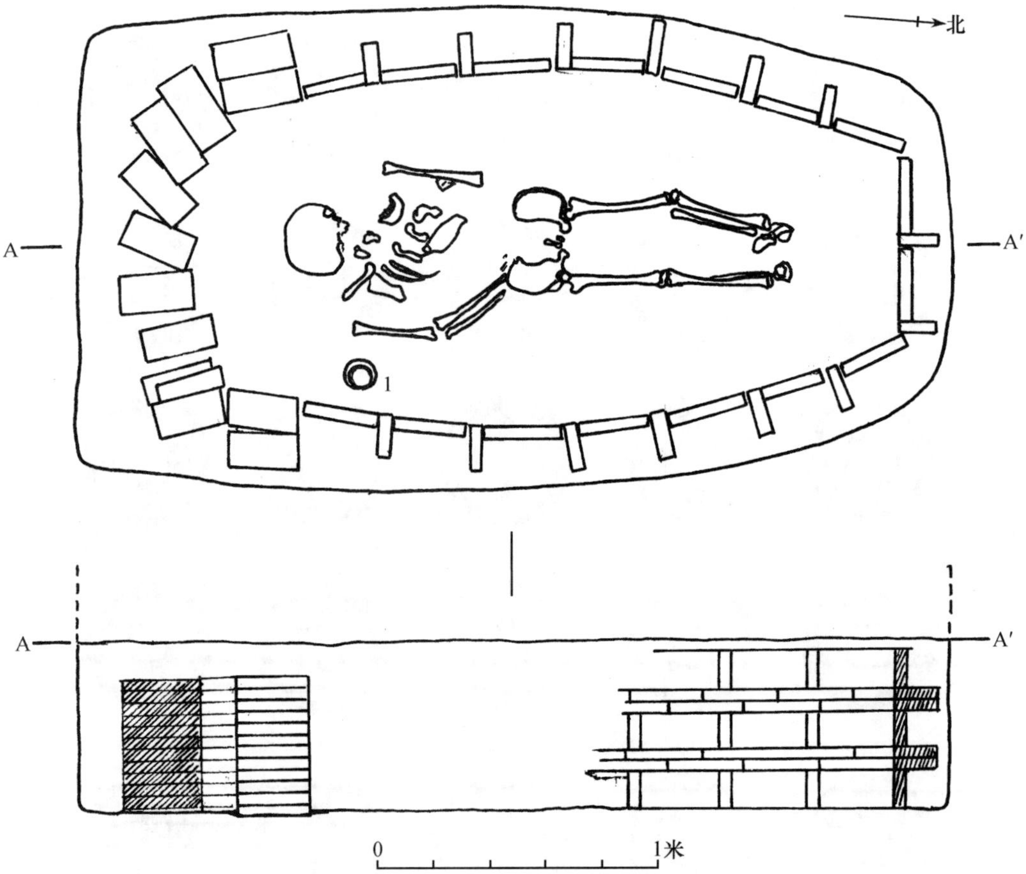

图4-80 M167平、剖面图

1. 瓷钵

瓷钵 1件（M167:1）。淡黄胎，白釉，釉不包底。敛口，深鼓腹，平底，矮圈足外撇。口径10.4、腹径11.2、底径6、高6厘米（图4-81；图版18-3）。

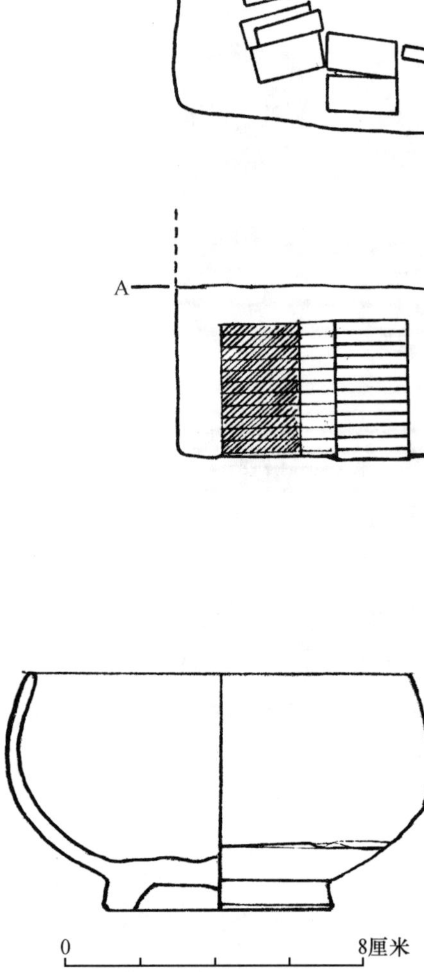

图4-81 M167出土瓷钵（M167:1）

四、M217

M217位于第Ⅱ发掘区的西部，T1322的东北部，开口于扰土层下，距地表2米，打破M218。墓葬形制为舟形墓，方向194°。墓葬上部已被破坏。墓圹平面呈圆角长方形，直壁、平底，长2.5、宽1、残深0.64米。墓圹内用青砖砌筑椁室，建造时，先铺一层地砖，再行砌筑，墓室底部平面呈梯形，长2.08、宽0.46~0.6、残高0.64米。铺地砖为横向对缝平铺；四壁为单砖错缝平砌，至0.46米高时，叠涩内收。填土呈浅黄色，土质略硬，含红土块、碎砖块、料姜石。未发现葬具痕迹及人骨。随葬品有铜钱4枚，放置于墓底中部（图4-82；图版11-3）。

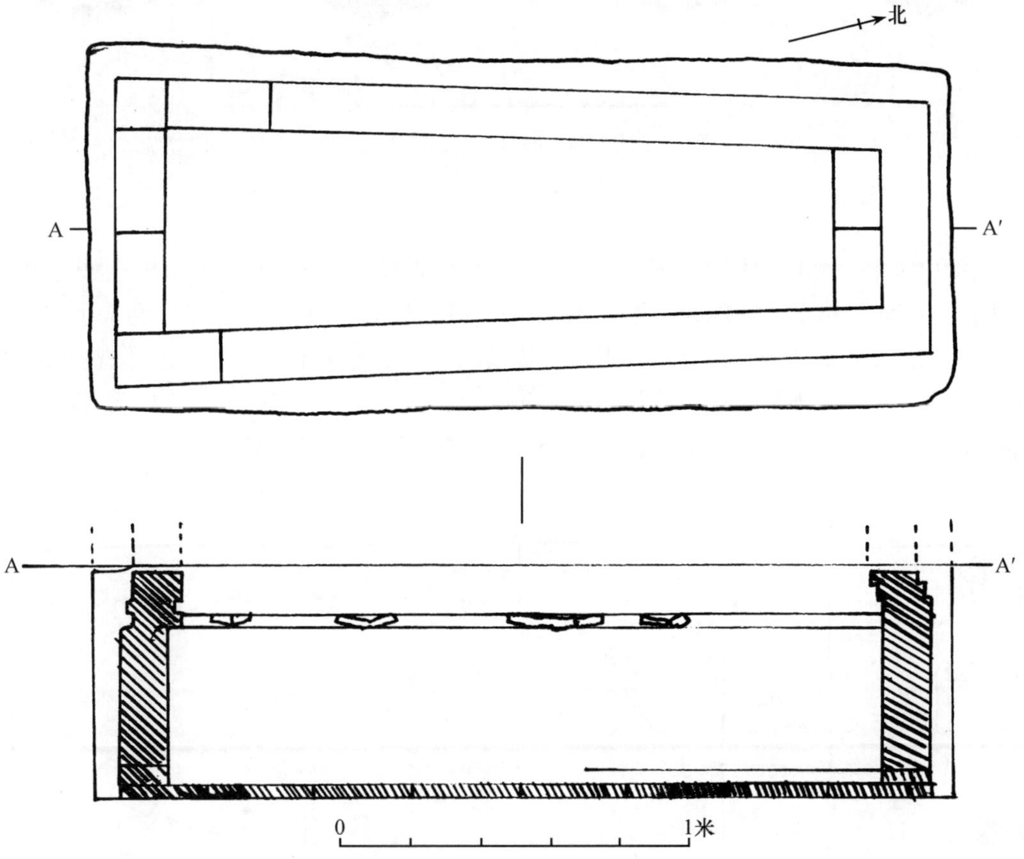

图4-82　M217平、剖面图

铜钱　4枚。“咸平元宝”1枚（M217∶1-1），楷书，旋读。直径2.4厘米（图4-83，1）。“治平元宝”1枚（M217∶1-2），篆书，旋读。直径2.4厘米（图4-83，2）。“元祐通宝”2枚，行书，旋读。M217∶1-3、4，直径2.5厘米（图4-83，3、4）。

五、M257

M257位于第Ⅴ发掘区的西北部，T2213的西南部，开口于扰土层下，距地表1.7米。墓葬形制为舟形墓，方向175°，上部及南部被破坏。墓圹平面呈长方形，直壁、平底，南北长3、东西

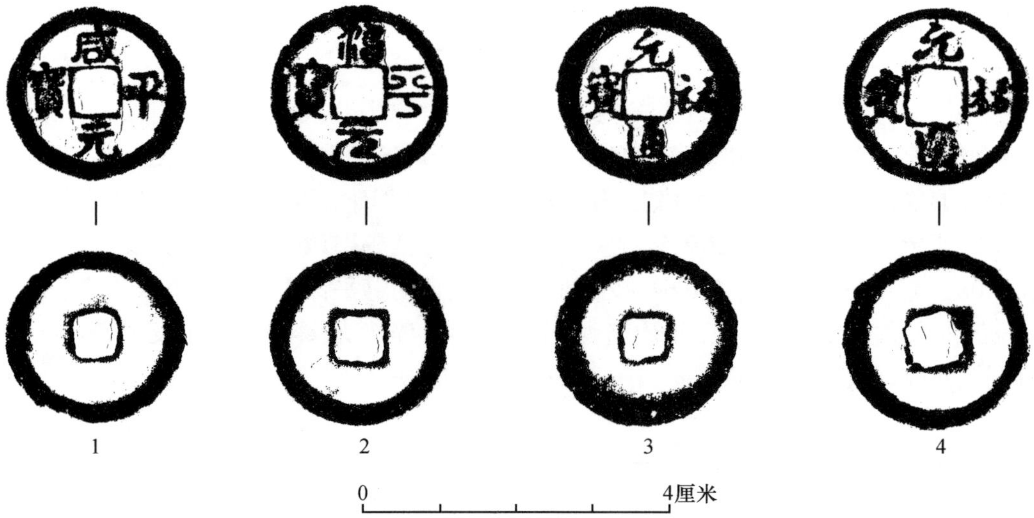

图 4-83　M217 出土钱币

1. 咸平元宝（M217∶1-1）　2. 治平元宝（M217∶1-2）　3、4. 元祐通宝（M217∶1-3、M217∶1-4）

宽 1.42、残深 1.08 米。墓圹内用青砖砌筑墓室，平面呈舟形，残长 2.14、宽 0.92、残高 0.58 米。建造时，先纵向、横向交错平铺铺地砖，再砌四壁。东西两壁用侧立砖斜砌一层，再向上错缝平砌。北壁竖直，最下一层为竖砖横砌，其上两层用扁立砖横砌，再上为平铺。南壁和顶部遭破坏。填土为黄褐色花土。未发现葬具痕迹及人骨。随葬品有铜钱 1 枚，位于墓室中部（图 4-84；图版 11-4）。

铜钱　1 枚（M257∶1）。“嘉祐通宝”，楷书，直读。直径 2.5 厘米。

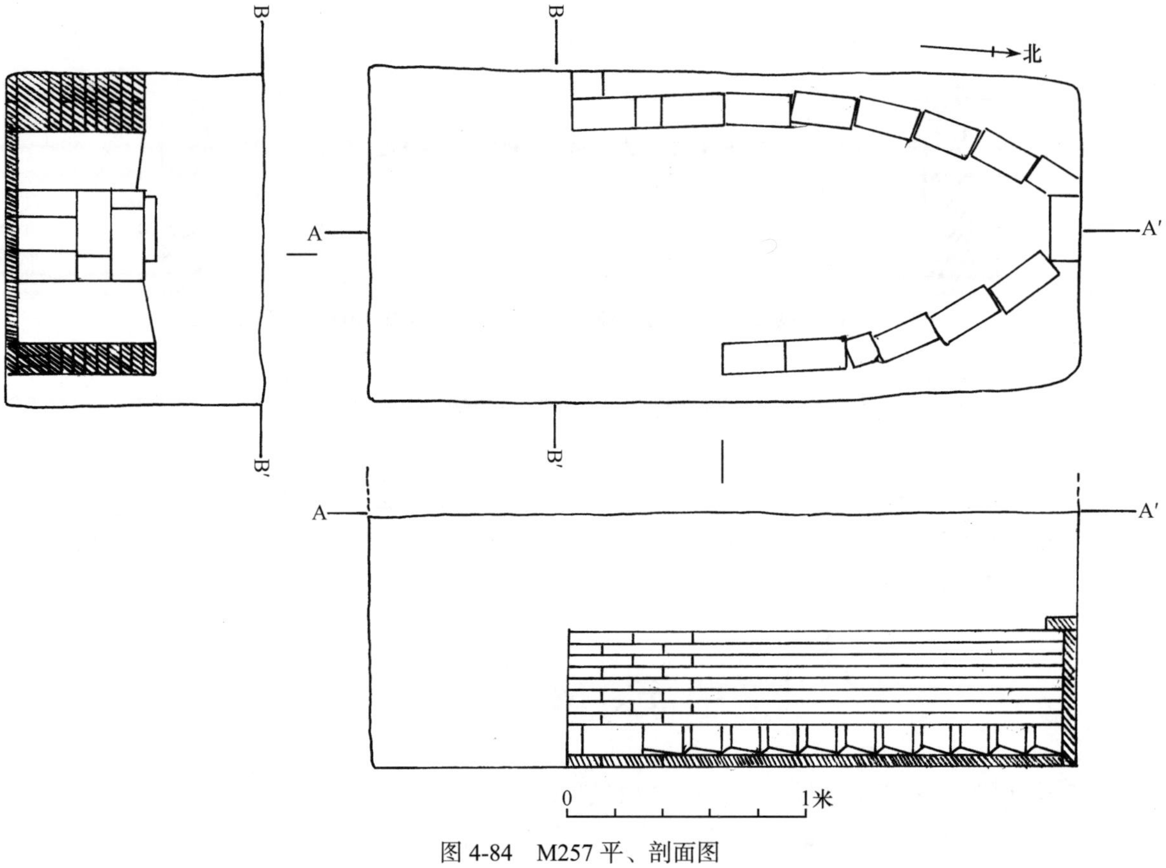

图 4-84　M257 平、剖面图

六、M378

M378位于第Ⅵ发掘区的西北部，T2514的西北部，延伸至T2614内，开口于扰土层下，距地表2.2米。墓葬形制为舟形墓，方向358°。墓葬上部及西部遭破坏。墓圹平面为长方形，直壁、平底，南北长2.78、宽1.19、残深0.54米。墓圹内以单砖砌筑墓室，内长2.2、宽0.74、残高0.5米。墓室底部仅存北部少量铺地砖，错缝平铺；壁为单砖错缝平砌，南壁竖直，北、西壁为弧形。所用青砖均素面，长28、宽12、厚5厘米。两砖之间用黄泥黏接。填土呈浅黄褐色，土质略松，含红、灰土块、料姜石。未发现葬具痕迹、人骨及随葬品（图4-85）。

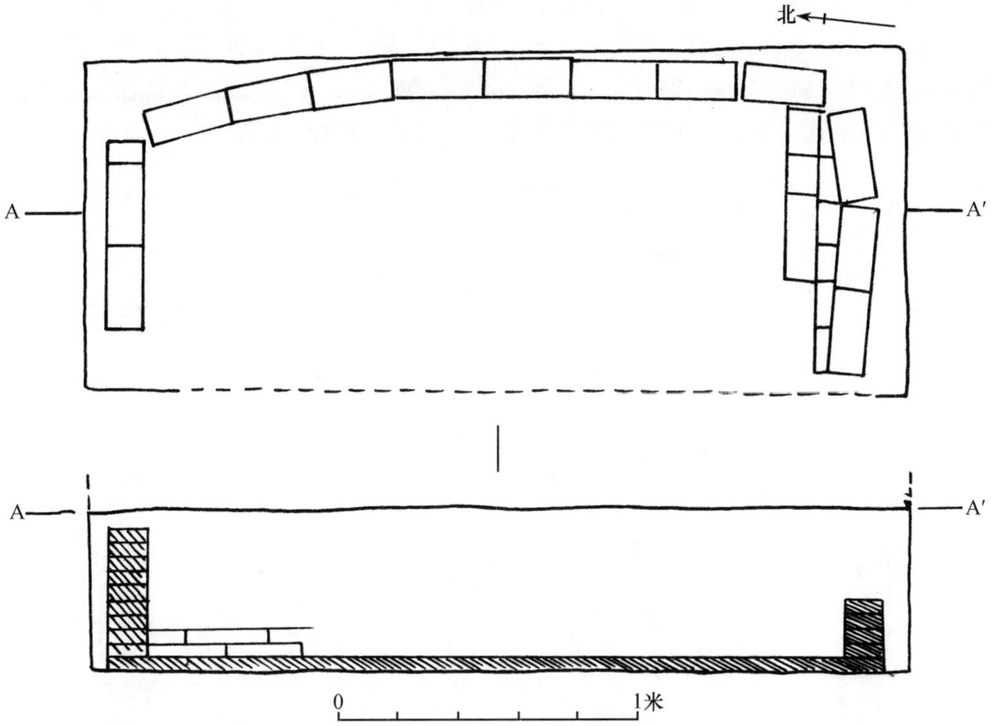

图4-85　M378平、剖面图

第三节　土坑洞室墓

一、M10

M10位于第Ⅰ发掘区的北部，T1925的西北角。开口耕土层下，距地表0.3米，打破M23。墓葬形制为土坑洞室墓，方向190°，由墓道和墓室两部分组成，上部被破坏。墓道位于墓室的南部，平面呈梯形，底部斜坡，长2.2、宽2.1~2.14、深0.56~1.6米。填土为黄褐色，夹有红色土块和料姜石。墓室顶残，直壁，底部平面近方形，长3.1~3.2、残高1.6米。墓底有葬具2棺，东西并列，已朽，平面呈梯形东侧棺长1.8、宽0.6~0.7米；西侧棺长2、宽0.6~0.74米。葬式均为仰身直肢，头向北。随葬品有2件（组）。其中铜钱15枚（1组），置于东侧人骨中部；瓷缸1件，位于墓室西南角（图

4-86）。

瓷缸　1件（M10∶1）。砖红胎，肩部饰酱釉，垂泪较为显著。侈口，圆唇，束颈，鼓肩，下腹斜收，平底。肩腹有绳纹和圆形陶拍击打的痕迹，下腹部饰数周瓦棱纹。口径36、底径16.8、高53厘米（图4-87）。

铜钱　15枚。“绍圣元宝”2枚，篆书，旋读。M10∶2-1、2-12，直径2.4厘米（图4-88，1、12）。“熙宁元宝”1枚（M10∶2-2），楷书，旋读。直径2.5厘米（图4-88，2）。“天禧通宝”1枚（M10∶2-3），楷书，旋读。直径2.6厘米（图4-88，3）。“淳化元宝”1枚（M10∶2-4），楷书，旋读。直径2.4厘米（图4-88，4）。“景祐元宝”1枚（M10∶2-5），楷书，旋读。直径2.5厘米（图4-88，5）。“元祐通宝”1枚（M10∶2-6），篆书，旋读。直径2.4厘米（图4-88，6）。“祥符通宝”1枚（M10∶2-7），楷书，旋读。直径2.5厘米（图4-88，7）。“景德元宝”2枚，楷书，旋读。M10∶2-8、2-9，直径2.5厘米（图4-88，8、9）。“天圣元宝”2枚，楷书1枚（M10∶2-10），旋读。直径2.5厘米（图4-88，10）；篆书1枚（M10∶2-11），旋读，直径2.5厘米（图4-88，11）。“皇宋通宝”1枚（M10∶13），楷书，直读，花穿。直径2.4厘米（图4-88，13）。“治平元宝”1枚（M10∶14），楷书，旋读。直径2.4厘米（图4-88，14）。“元丰通宝”1枚（M10∶2-15），行书，旋读。直径2.4厘米（图4-88，15）。

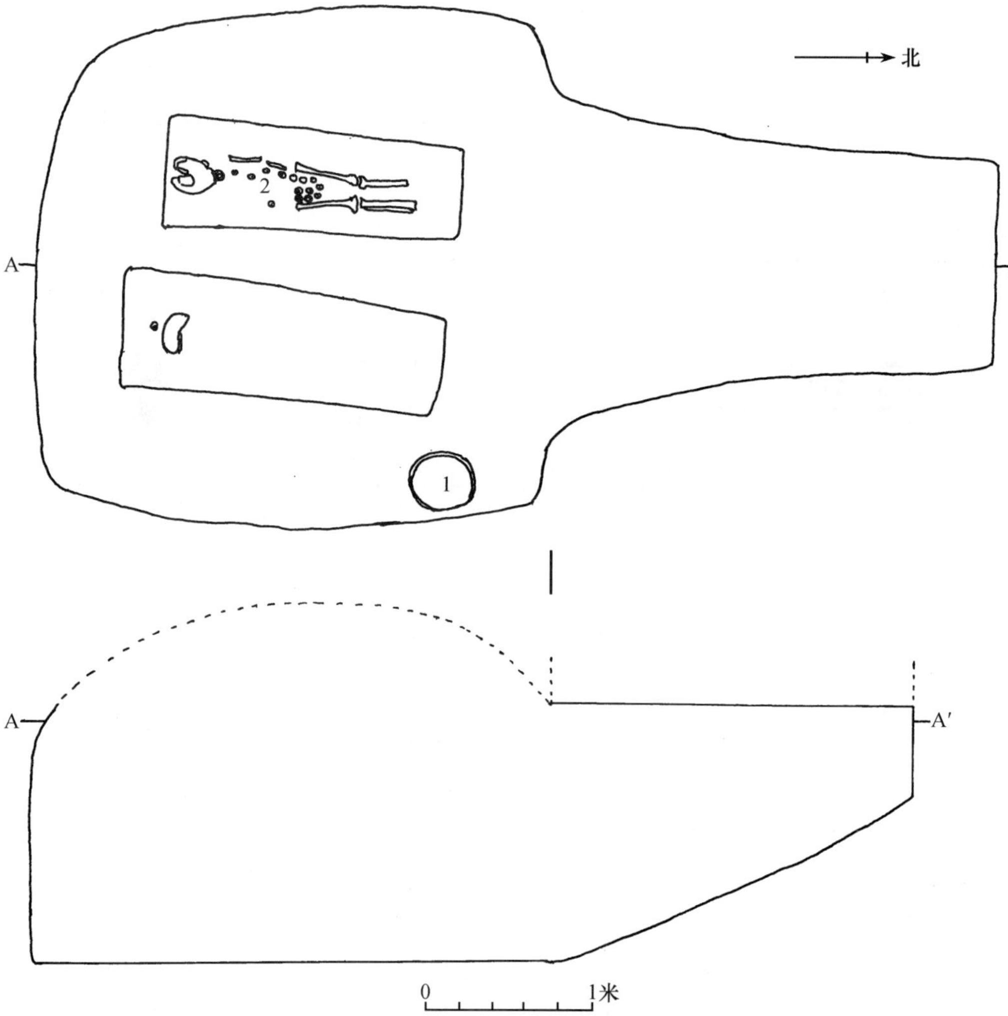

图4-86　M10平、剖面图

1. 瓷缸　2. 铜钱

二、M15

M15位于第Ⅰ发掘区东南部，T1629西北部，延伸至T1729内，开口于耕土层下，距地表0.3米。墓葬形制为土坑洞室墓，方向185°，由墓道、墓门和墓室三部分组成。墓门为拱形，宽0.74、高1.2米。东西两壁用单砖平砌，顶部用单层侧立砖纵券。门外侧用立砖纵向垒砌成封门墙，高0.94米。墓道平面呈长方形，直壁、平底，长2、宽1、深3.5米。填土呈黄褐色，土质略松，含红土块、碎骨及料姜石。墓室弧形顶、直壁、平底，底部平面呈长方形，长2.8、宽2、高1.7米。墓底没有棺床，呈倒“凹”字形，高0.05米，表面铺砖，为纵向、横向砖成排交替平铺。用砖均素面，长26、宽13、厚5厘米。未发现葬具痕迹，人骨已粉化。随葬品有24件（组）。其中铜镜1件、铜钗1件，位于墓室中部；瓷碗4件、瓷碟10件、瓷罐2件、瓷瓶2件，位于墓室西部；铁环4件，铜钱40枚（1组），散置于墓室内（图4-89；图版8-1）。

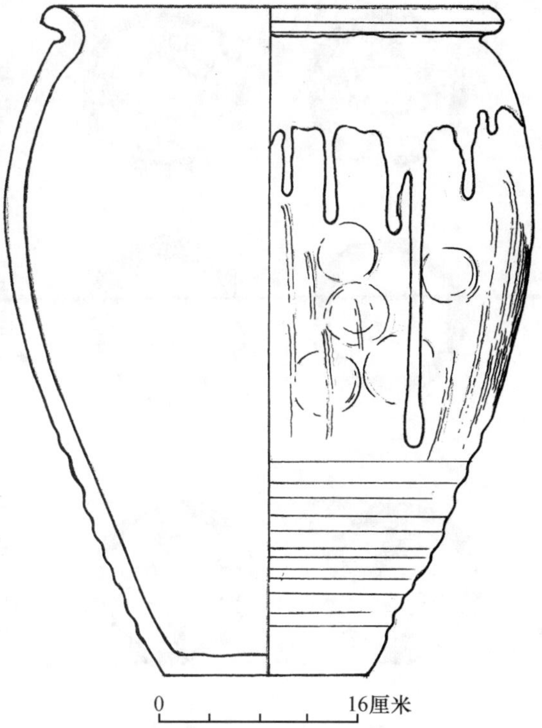

图4-87　M10出土瓷缸（M10∶1）

瓷碟　10件。形制相同。白釉。侈口，尖圆唇，折腹，平底。M15∶6，口径12、底径4.8、高2厘米（图4-90，5）。形制相同的有10件。

瓷碗　4件。M15∶11，酱釉。敞口，尖圆唇，弧腹，窄圈足。口沿内侧饰1周黑彩。口径19.7、底径6.2、高5.8厘米（图4-90，1）。M15∶12，酱釉，釉不包底。敞口，卷圆唇，弧腹，矮圈足。口径9.4、底径3.8、高3.4、壁厚0.4厘米（图4-90，6）。M15∶13，通体施白釉，内壁和底部刻折枝花卉。侈口，尖圆唇，弧腹，矮圈足。口径13.6、底径3.2、高3.8、厚0.2~0.3厘米（图4-90，2）。M15∶14，白釉，釉不包底。侈口，圆唇，折腹，窄圈足微外撇。口径17.2、圈足径6、高5厘米（图4-90，3）。

瓷罐　2件。M15∶20，敛口，方唇，鼓肩，下腹斜收，宽矮圈足。肩部饰4个桥形耳。口径9、底径8、高28厘米（图4-90，10）。M15∶21，白釉，外壁釉不包底，釉面有冰裂纹。侈口，圆唇，束颈，鼓肩，弧腹，矮圈足外撇。口径12、底径7、高12.5、厚0.4厘米（图4-90，9）。

瓷瓶　2件。M15∶19，通体施绿釉。喇叭形口，卷沿，尖圆唇，长颈，鼓肩，弧腹，喇叭口圈足。口径12.6、底径9、高24.6、厚0.5厘米（图4-90，11；图版22-4）。M15∶22，通体施黑釉。侈口，方唇，短细颈，鼓肩，弧腹，平底。口径5、底径7.2、高19.6、厚0.4厘米（图4-90，8；图版22-3）。

铁环　4件。形制、尺寸均相同。M15∶15，锈蚀严重，环形。直径6厘米（图4-90，4）。

铜钗　1件（M15∶25）。铜条折叠而成。长14厘米（图4-90，7）。

铜钱　40枚。“元祐通宝”4枚，行书2枚，旋读，M15∶24-1，直径2.45厘米（图4-91，1），M15∶24-4，直径2.4厘米（图4-91，4）；篆书2枚，旋读，M15∶24-2，直径2.4厘米（图4-91，2），M15∶24-3，直径2.45厘米（图4-91，3）。“绍圣元宝”3枚，篆书2枚，旋读，M15∶24-5、M15∶24-7，直径2.4厘米（图4-91，5、7）；行书1枚（M15∶24-6），旋读，直径2.4厘米（图4-91，6）。“皇宋通宝”7枚，楷书1枚（M15∶24-8），直读，直径2.5厘米（图4-91，8）；篆书4枚，直读，M15∶24-9，直径2.5厘米（图4-91，9），M15∶24-20，直径2.4厘米（图4-91，20）；隶书2枚，直读，

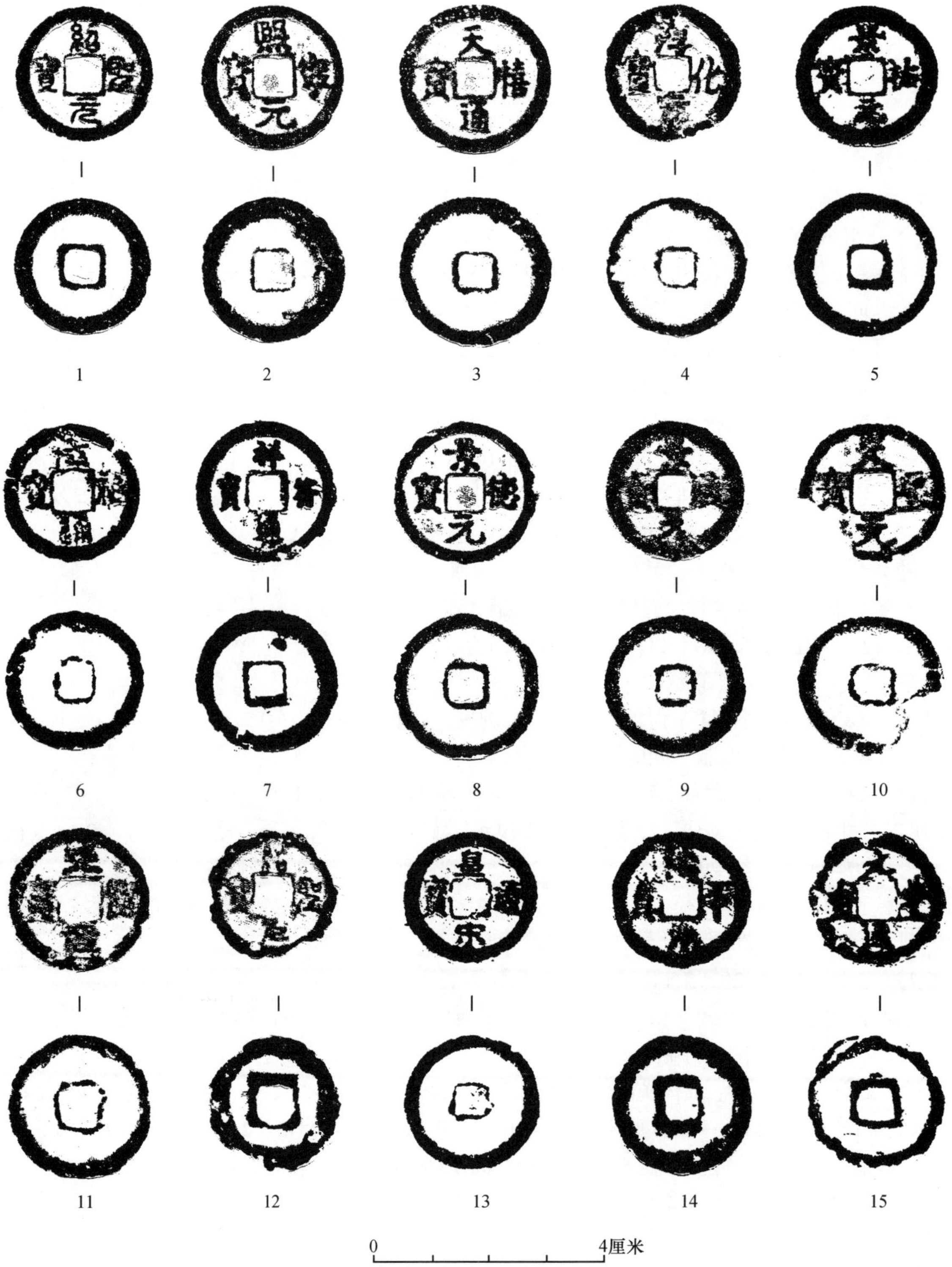

图4-88　M10出土钱币

1、12. 绍圣元宝（M10∶2-1、M10∶2-12）　2. 熙宁元宝（M10∶2-2）　3. 天禧通宝（M10∶2-3）　4. 淳化元宝（M10∶2-4）　5. 景祐元宝（M10∶2-5）　6. 元祐通宝（M10∶2-6）　7. 祥符通宝（M10∶2-7）　8、9. 景德元宝（M10∶2-8、M10∶2-9）　10、11. 天圣元宝（M10∶2-10、M10∶2-11）　13. 皇宋通宝（M10∶2-13）　14. 治平元宝（M10∶2-14）　15. 元丰通宝（M10∶2-15）

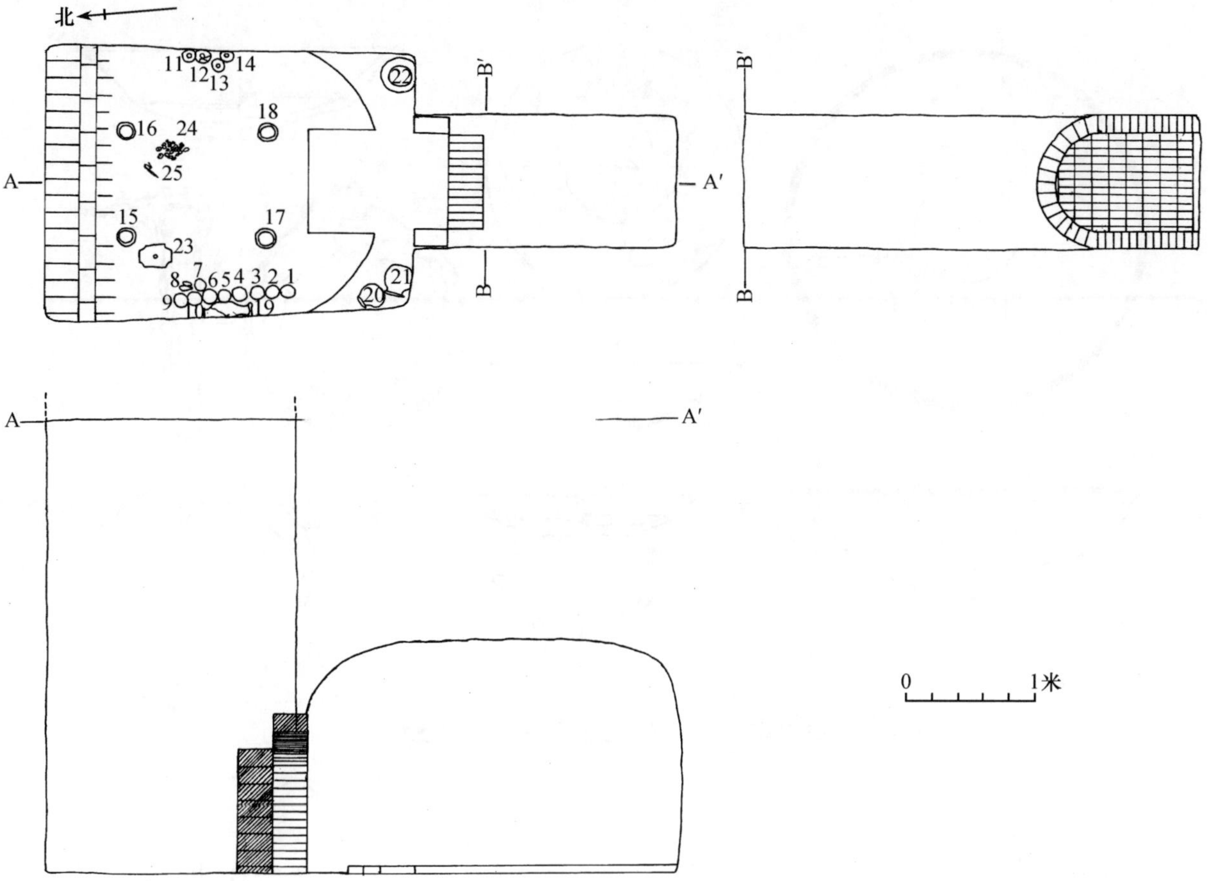

图 4-89　M15 平、剖面图

1~10. 瓷碟　11~14. 瓷碗　15~18. 铁环　19. 瓷瓶　20. 罐　21. 瓷罐　22. 瓷瓶　23. 铜镜　24. 铜钱　25. 铜钗

M15∶24-10，直径 2.5 厘米（图 4-91，10）。“熙宁重宝”3 枚，楷书 2 枚，旋读，M15∶24-11，直径 3 厘米（图 4-91，11）；篆书 1 枚，旋读，M15∶24-12，直径 2.9 厘米（图 4-91，12）。“熙宁元宝”3 枚，楷书，旋读。M15∶24-13，直径 2.5 厘米（图 4-91，13）；M15∶24-14，直径 2.35 厘米（图 4-91，14）。“元丰通宝”8 枚，行书 6 枚，旋读，M15∶24-15，直径 2.4 厘米（图 4-91，15），M15∶24-16，直径 2.45 厘米（图 4-91，16），M15∶24-17，直径 2.9 厘米（图 4-91，17），M15∶24-18，直径 3 厘米（图 4-91，18）；篆书 2 枚，旋读，M15∶24-19，直径 2.45 厘米（图 4-91，19）。“开元通宝”2 枚，楷书，直读。M15∶24-21，直径 2.45 厘米（图 4-91，21）；M15∶24-28，直径 2.5 厘米（图 4-91，28）。“咸平元宝”1 枚（M15∶24-22），楷书，旋读。直径 2.5 厘米（图 4-91，22）。“景德元宝”1 枚（M15∶24-23），楷书，旋读。直径 2.5 厘米（图 4-91，23）。“治平元宝”1 枚（M15∶24-24），篆书，旋读。直径 2.5 厘米（图 4-91，24）。“至和元宝”1 枚（M15∶24-25），楷书，旋读。直径 2.4 厘米（图 4-91，25）。“治平通宝”2 枚，楷书 1 枚（M15∶24-26），直读，直径 2.25 厘米（图 4-91，26）；篆书 1 枚（M15∶24-27），直读，直径 2.45 厘米（图 4-91，27）。“至道元宝”1 枚（M15∶24-29），楷书，旋读。直径 2.5 厘米（图 4-91，29）。“祥符元宝”1 枚（M15∶24-30），楷书，旋读。直径 2.5 厘米（图 4-91，30）。2 枚年号不清。

铜镜　1 件（M15∶23）。缠枝四花镜。“亚”字形，圆纽，纽外 4 株同形花枝环绕。每株花枝上一片繁茂的叶纹并开出一朵大花。素缘。镜体宽 14.5、缘厚 0.2 厘米（图 4-92；图版 31-1）。

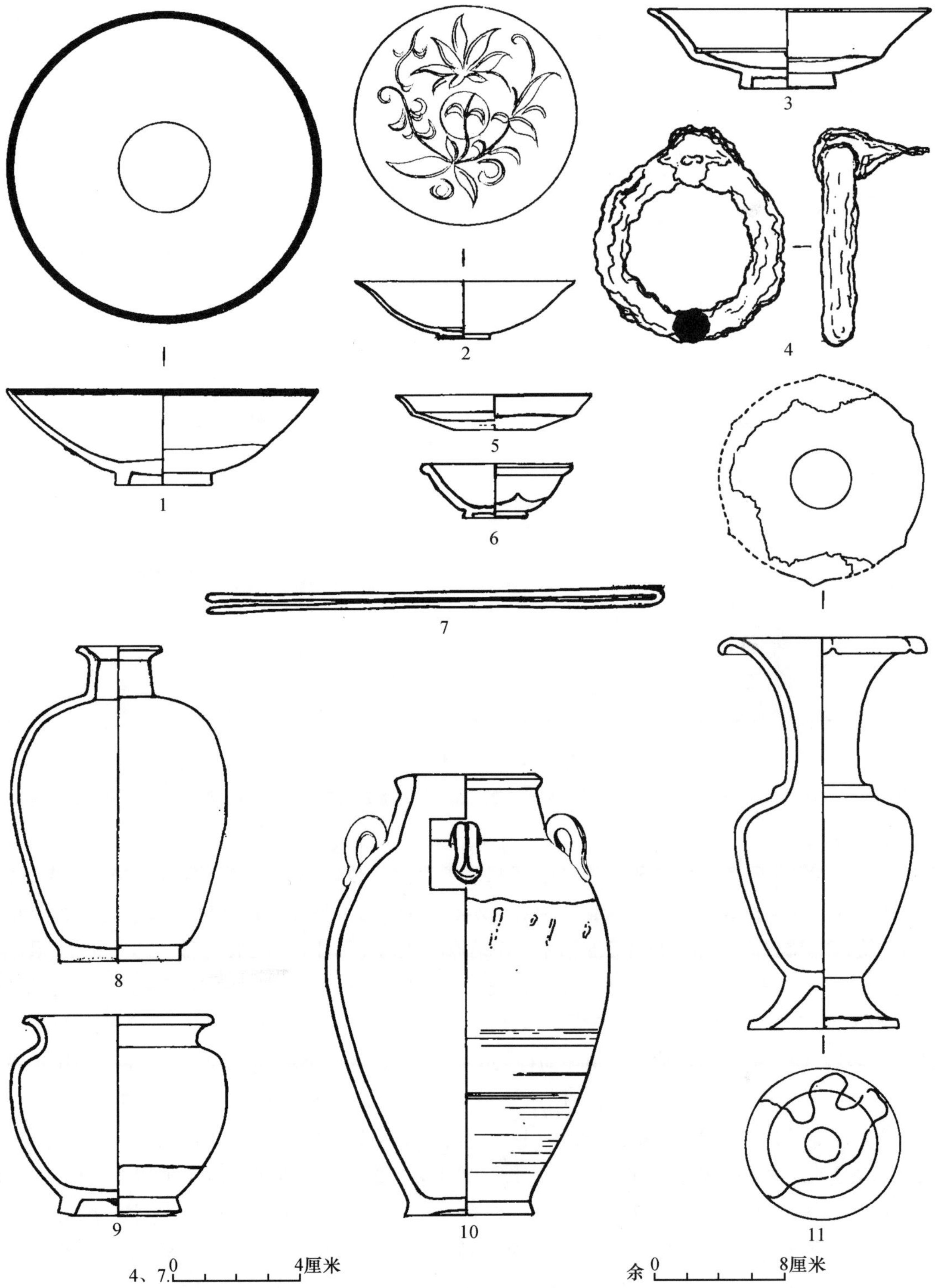

图 4-90　M15 出土器物

1~3、6. 瓷碗（M15：11、M15：13、M15：14、M15：12）　4. 铁环（M15：15）　5. 瓷碟（M15：6）　7. 铜钗（M15：25）　8、11. 瓷瓶（M15：22、M15：19）　9、10. 瓷罐（M15：21、M15：20）

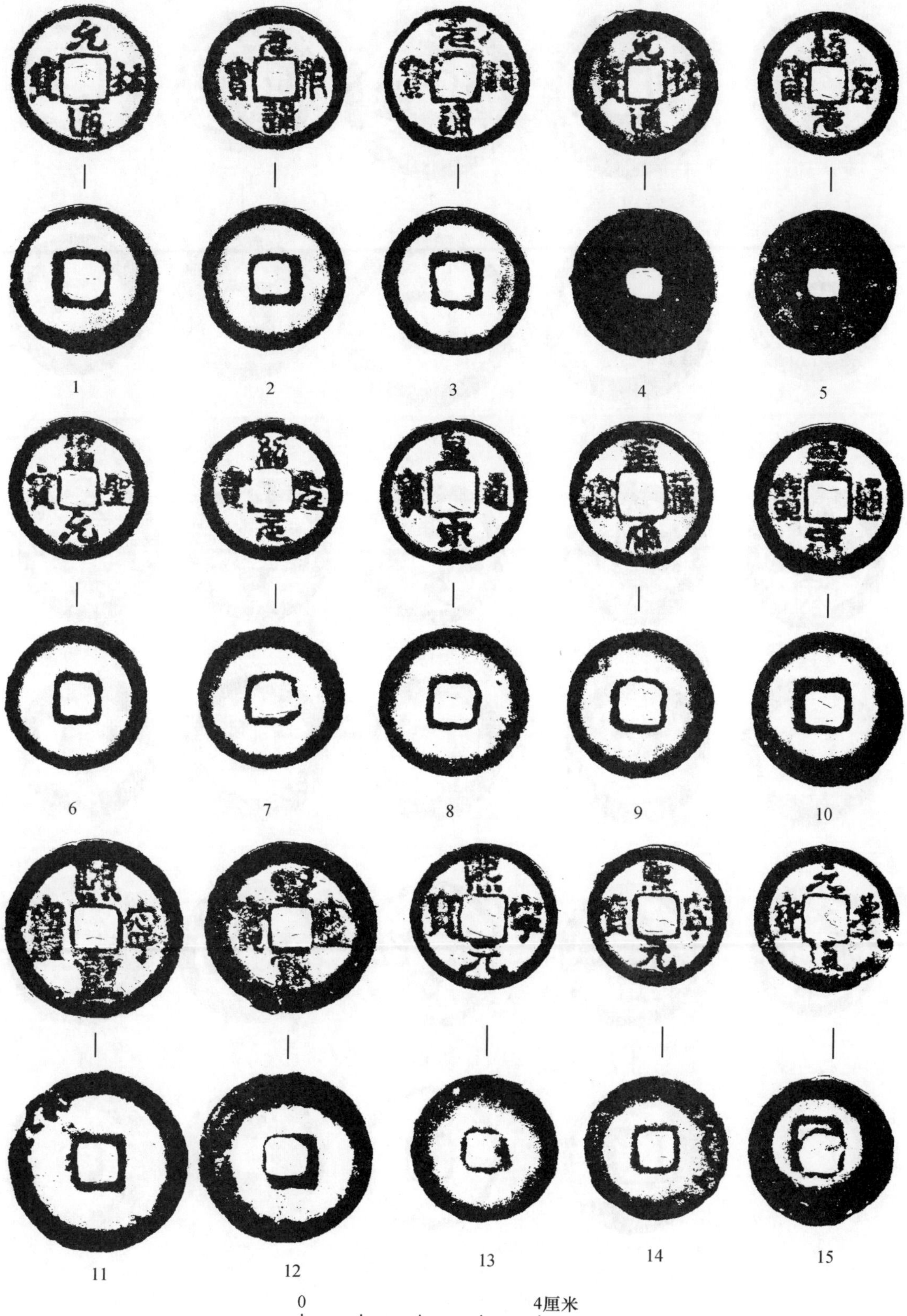

图 4-91 M15 出土钱币

1~4. 元祐通宝（M15∶24-1、M15∶24-2、M15∶24-3、M15∶24-4） 5~7. 绍圣元宝（M15∶24-5、M15∶24-6、M25∶24-7） 8~10. 皇宋通宝（M15∶24-8、M15∶24-9、M15∶24-10） 11、12. 熙宁重宝（M15∶24-11、M15∶24-12） 13、14. 熙宁元宝（M15∶24-13、M15∶24-14） 15. 元丰通宝（M15∶24-15）

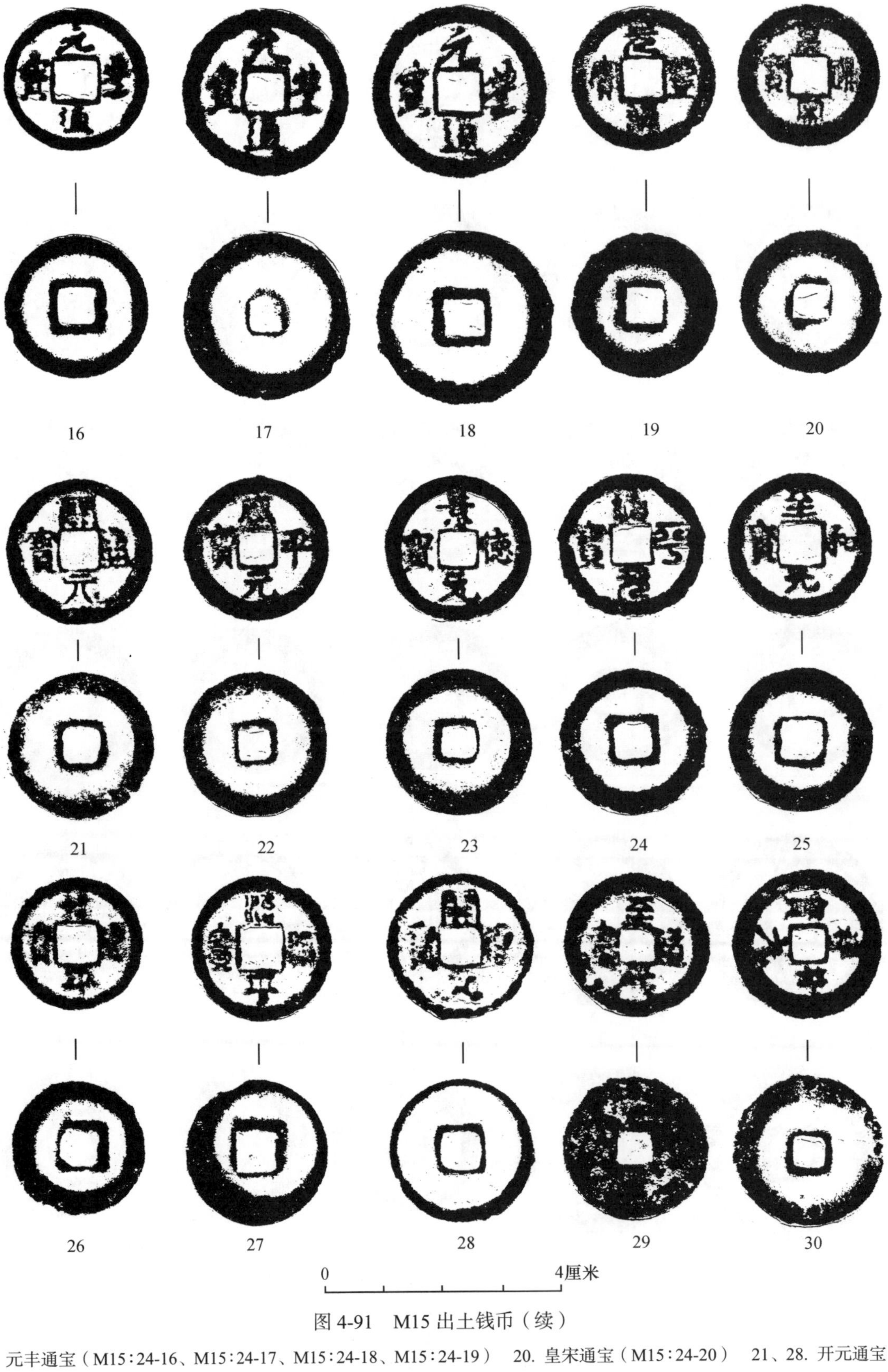

图 4-91　M15 出土钱币（续）

16~19. 元丰通宝（M15∶24-16、M15∶24-17、M15∶24-18、M15∶24-19）　20. 皇宋通宝（M15∶24-20）　21、28. 开元通宝（M15∶24-21、M15∶24-28）　22. 咸平元宝（M15∶24-22）　23. 景德元宝（M15∶24-23）　24. 治平元宝（M15∶24-24）　25. 至和元宝（M15∶24-25）　26、27. 治平通宝（M15∶24-26、M15∶24-27）　29. 至道元宝（M15∶24-29）　30. 祥符元宝（M15∶24-30）

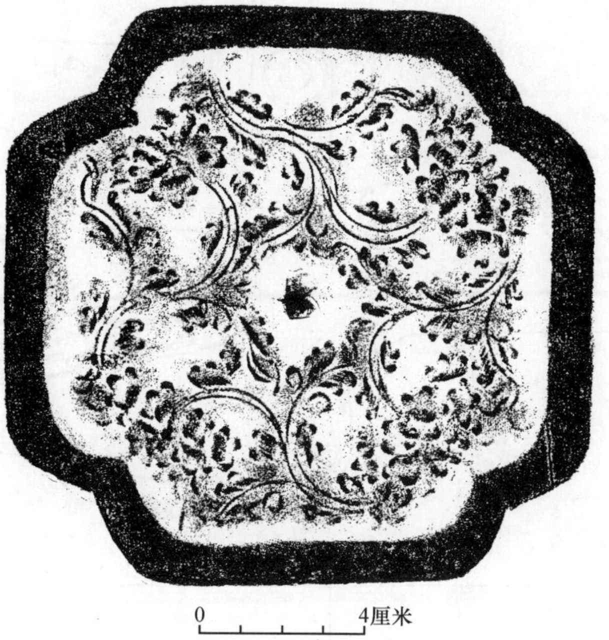

图 4-92　M15 出土铜镜（M15∶23）

三、M17

M17 位于第Ⅰ发掘区的西北部，T1924 的东北角，耕土层下开口，距地表约 0.3 米。墓葬形制为土坑洞室墓，方向 190°，由墓道、墓门和墓室三部分组成。上部被破坏，墓道位于墓室的南部，平面为长方形，直壁、底部略与墓室平，长 2、宽 0.9~1、残深 1.2 米。填土为黄褐色，内含红土块和少量的料姜石。墓门宽 1、残高 1.2 米，用大小不同的碎石封堵。墓室顶部残，直壁、平底，底部平面近方形，长 2.32~2.5、残高 1.2 米。墓室内有葬具 3 棺，已朽，平面呈梯形，均长约 1.6 米，东棺宽 0.2~0.24 米。棺内各有人骨 1 具，保存较差，葬式均为仰身直肢，头向北。随葬品有 5 件（组），其中瓷缸 1 件，置于墓室西南角；黑釉碗 1 件，置于墓室东南角；铁犁铧 1 件，置于墓室西部；黑釉罐 1 件，位于墓室西北角；铜钱 2 枚（1 组），位于墓室中部（图 4-93）。

瓷缸　1 件（M17∶1）。无法修复。

瓷碗　1 件（M17∶2）。黑釉，釉不包底，敞口，斜直腹，平底，矮圈足。整体厚重。内底有刮圈。口径 11.9、底径 5、高 5、壁厚 0.5 厘米（图 4-94，1）。

瓷罐　1 件（M17∶3）。红褐胎，酱釉，通体包釉。敞口，卷圆唇，束颈，鼓肩，下腹斜收，矮圈足。口径 6.8、腹径 19.6、底径 8.8、通高 21.8、壁厚 0.6 厘米（图 4-94，2）。

铁犁铧　1 件（M17∶4）。断面呈菱形。长 18.6、残宽 14.6 厘米。

铜钱　2 枚。“绍圣元宝”1 枚（M17∶5-1），篆书，旋读。直径 2.5 厘米（图 4-95，1）。“元丰通宝”1 枚（M17∶5-2），篆书，旋读。直径 2.5 厘米（图 4-95，2）。

四、M18

M18 位于第Ⅰ发掘区的西北部，T1924 西南角，部分延伸至 T1829 内。开口于耕土层下，距地表 0.3

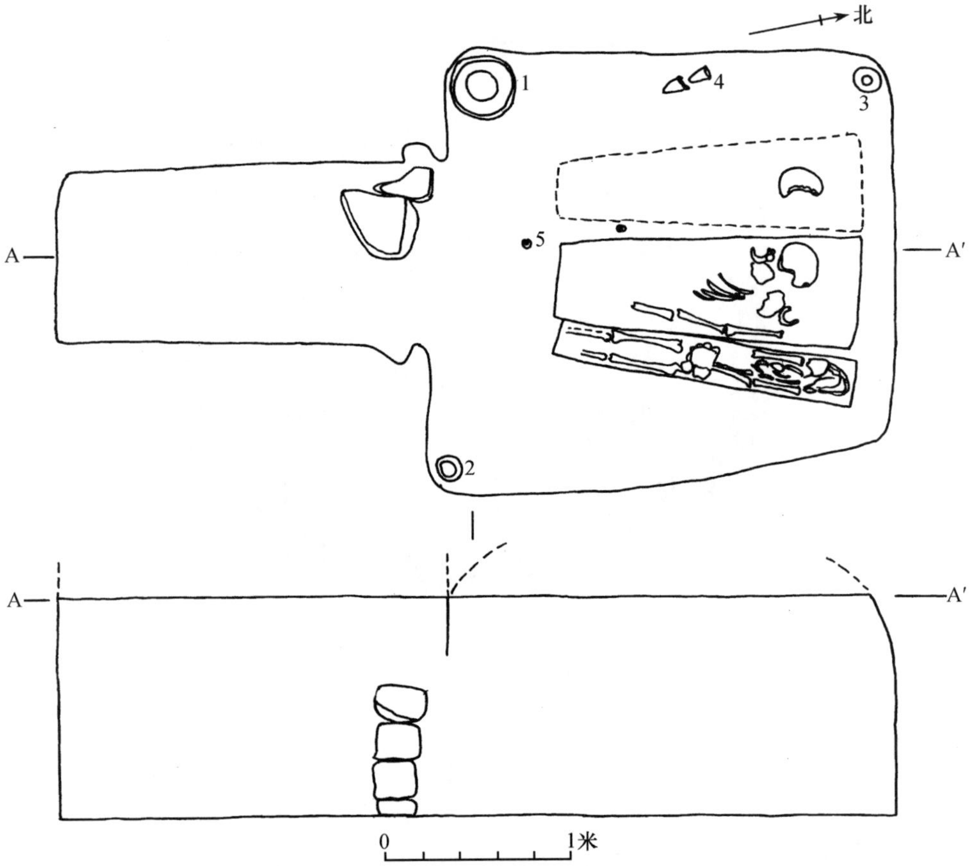

图 4-93 M17 平、剖面图

1. 瓷缸 2. 瓷碗 3. 瓷罐 4. 铁犁铧 5. 铜钱

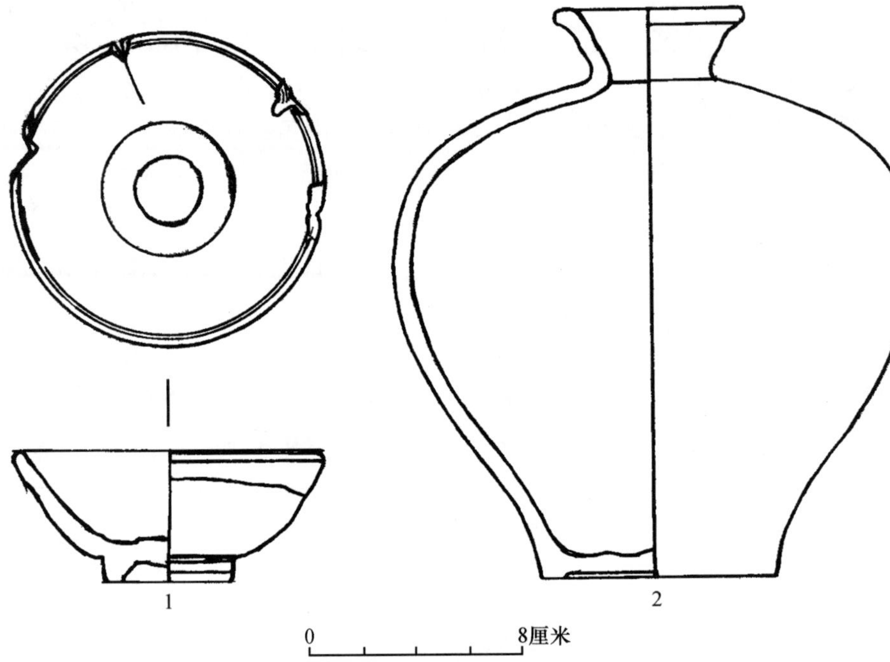

图 4-94 M17 出土器物

1. 瓷碗（M17:2） 2. 瓷罐（M17:3）

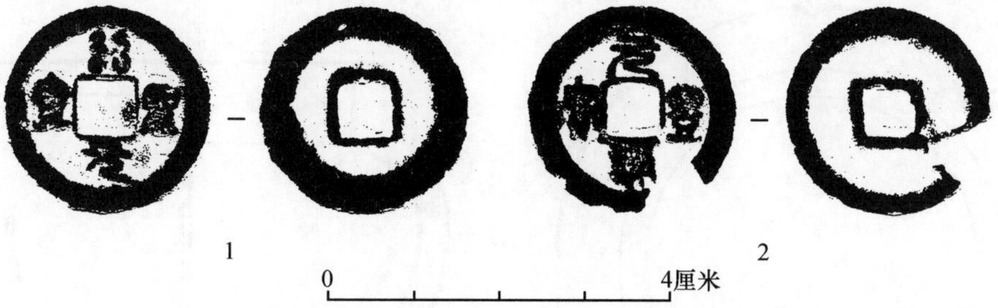

图 4-95　M17 出土钱币

1. 绍圣元宝（M17∶5-1）　2. 元丰通宝（M17∶5-2）

米。上部被 M4 打破墓葬形制为土坑洞室墓，方向 185°，由墓道和墓室两部分组成。墓道位于墓室的南部，平面呈梯形，直壁、平底，长 2、宽 0.68~0.8、残深 0.4 米。填土为黄褐色花土，土质疏松，内含许多草木灰。墓室顶部遭破坏，底部平面近长方形，长 2.95、宽 1.9、残高 0.4 米。墓底有葬具 2 棺，东西并列，平面均为长方形，东侧棺长 1.8、宽 0.4 米；西侧棺长 1.86、宽 0.4 米。棺内各有人骨 1 具，葬式均为仰身直肢，头向北。随葬品有 2 件，其中铜镜 1 件，放置于东墓主足端；瓷罐 1 件，放置于墓室的西南角（图 4-96）。

铜镜　1 件（M18∶1）。圆形，圆纽，纽座外 1 周凸弦纹，窄素缘。直径 7.5、厚 0.3 厘米（图版 31-2）。

瓷罐　1 件（M18∶2）。黄褐胎，白釉，釉不包底。直口，圆唇，鼓肩，弧腹，矮圈足。口部 1 道凹弦纹，腹部有 8 道竖槽。口径 9.2、腹径 12、底径 6.8、高 9.6、壁厚 0.5~0.6 厘米（图 4-97）。

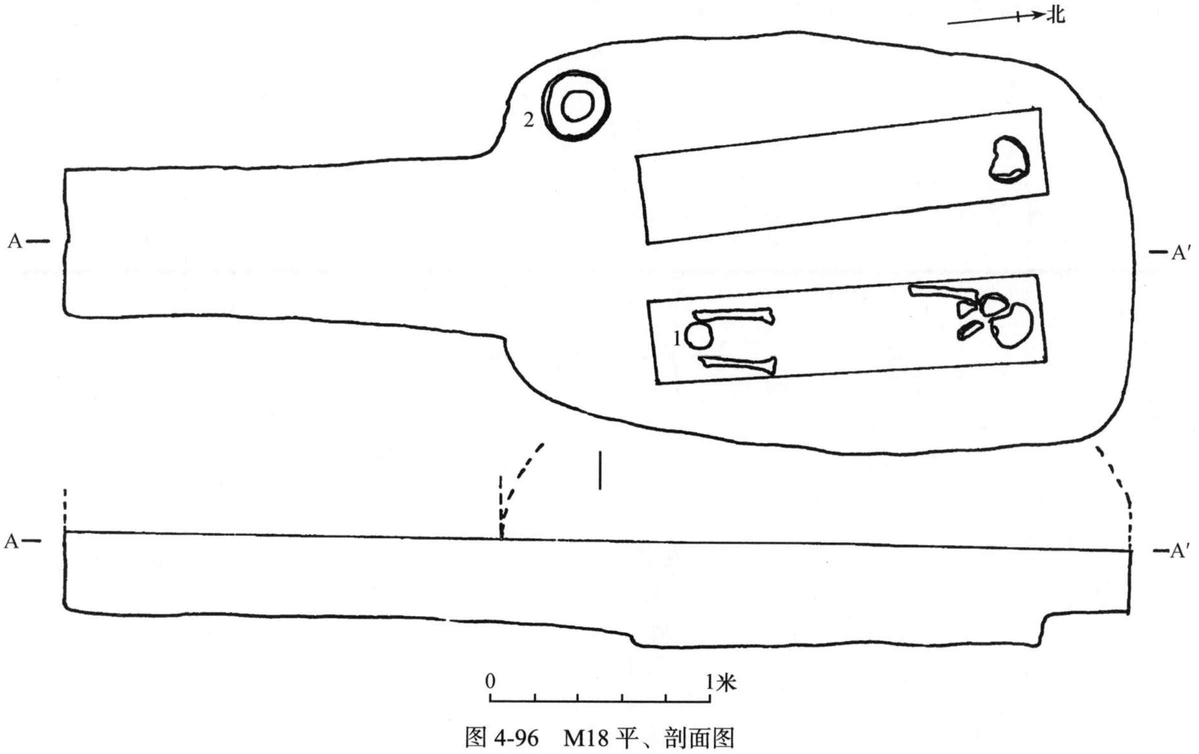

图 4-96　M18 平、剖面图

1. 铜镜　2. 瓷罐

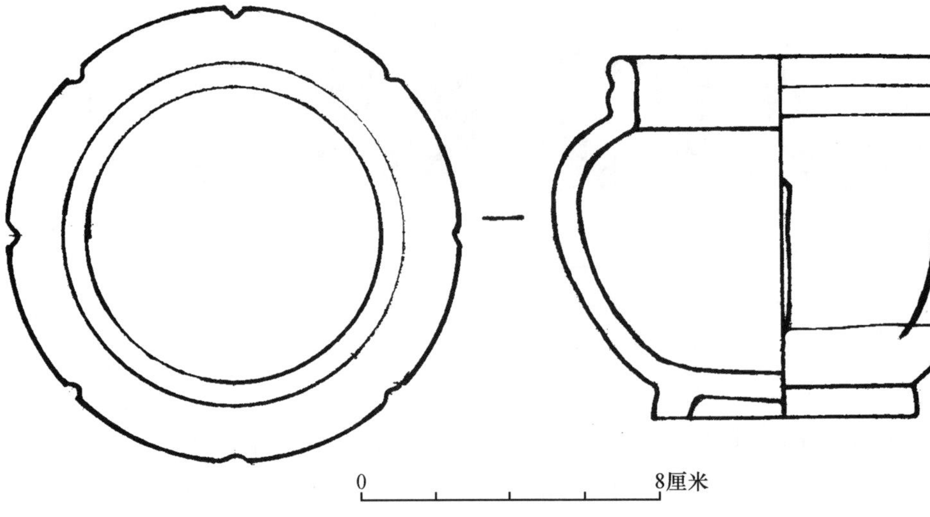

图 4-97 M18 出土陶罐（M18：2）

五、M26

M26 位于第Ⅰ发掘区的中部，T1927 的西南部，开口于耕土层下，距地表 0.2 米。墓葬形制为土坑洞室墓，方向 176°，由墓道、墓门和墓室三部分组成。墓道位于墓室的北部，平面长方形，直壁、平底，残长 1.8、宽 1~1.2、残深 1.2 米。填土为红褐色，含有褐色土块、黄土块和沙土块等。墓门宽 1.2、残高 1.2 米，用青砖平砌成封门墙封堵。墓室顶部被破坏，直壁、平底，平面近梯形，

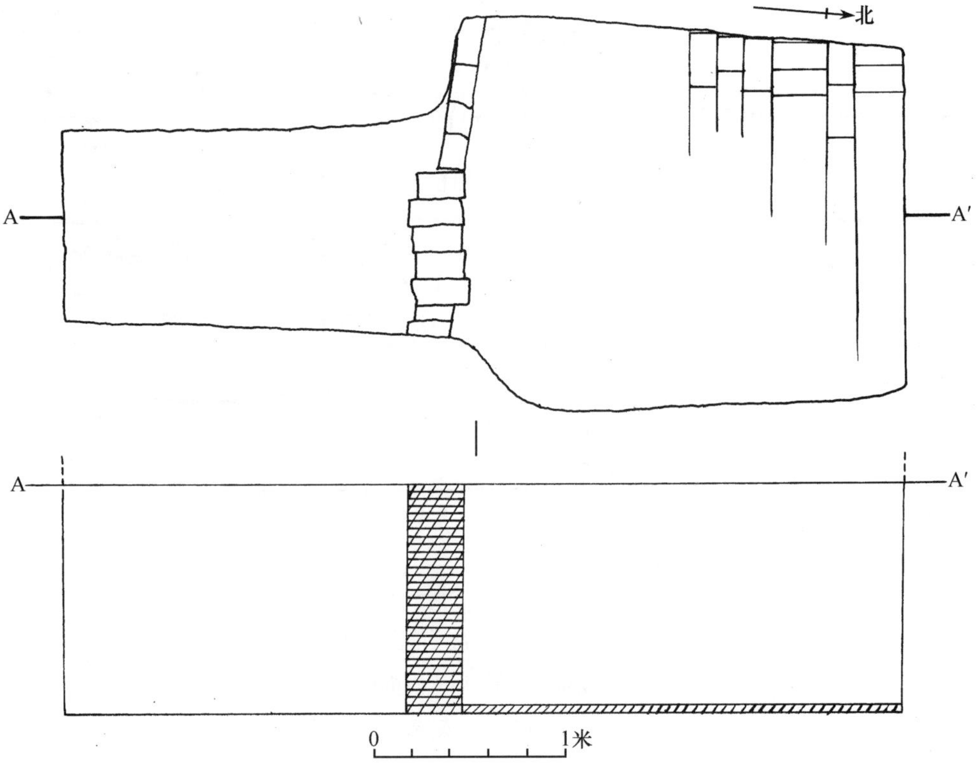

图 4-98 M26 平、剖面图

长 2.3、宽 1.8~2.16、残高 1.2 米。墓室底部铺砖，为纵向一排、横向一排交替平铺，砖长 26、宽 14、厚 4 厘米。未发现葬具及人骨痕迹。随葬品有瓷碗 1 件，发现于填土内（图 4-98）。

瓷碗　1 件（M26∶1）。灰白胎，白釉，釉不包底。敞口，尖唇，深折腹，矮圈足外撇。口径 9.2、底径 4.2、高 4.8、壁厚 0.3~0.5 厘米（图 4-99）。

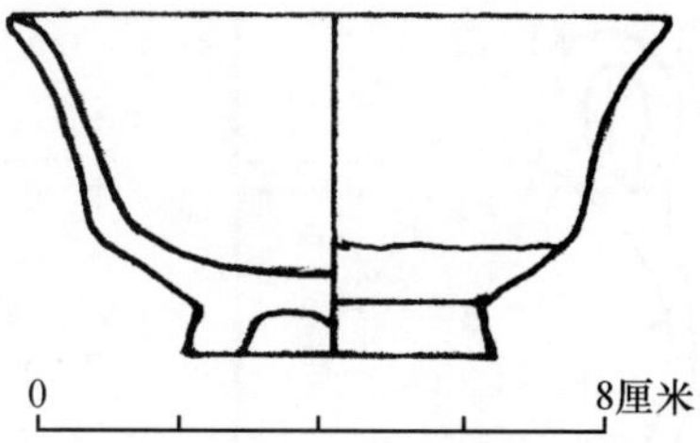

图 4-99　M26 出土瓷碗（M26∶1）

六、M51

M51 位于第 I 发掘区的东部，T1730 的东北部，开口于耕土层下，距地表 0.2 米。墓葬形制为土坑洞室墓，方向 182°，由墓道、墓门和墓室三部分组成。墓道位于墓室的南侧，平面呈梯形，直壁、平底，长 2.3、宽 0.88~1.12、残深 1.2 米。填土呈黄褐色，土质较硬，结构较紧密，含红褐色硬土块和白色料姜石颗粒等。墓门宽 1.12、残高 1.2 米，以不规则形状的条形青石封堵，现存高度 1.2、厚 0.4 米。墓室顶部被破坏，直壁、平底，平面不规则形，长 2.6、宽 0.6~1.6、残高 1.2 米。墓底有葬具 1 棺，已朽，平面呈梯形，长 1.6、宽 0.5~0.56 米。棺内有人骨 1 具，葬式为仰身直肢，头向南。墓室内充满淤积的黄褐色砂土，质软结构稍疏松。随葬品有 2 件（组）。其中瓷罐 1 件，位于棺内西侧中部；铜钱 10 枚（1 组），散置于棺内（图 4-100）。

瓷罐　1 件（M51∶2）。浅黄胎，酱釉，釉不包底。直口微敛，尖圆唇，鼓肩，弧腹，平底，矮圈足。口与肩部连接处饰 1 对竖耳，对称分布。口径 9.6、腹径 12.8、底径 5.6、通高 10、壁厚 0.3~0.4 厘米（图 4-101）。

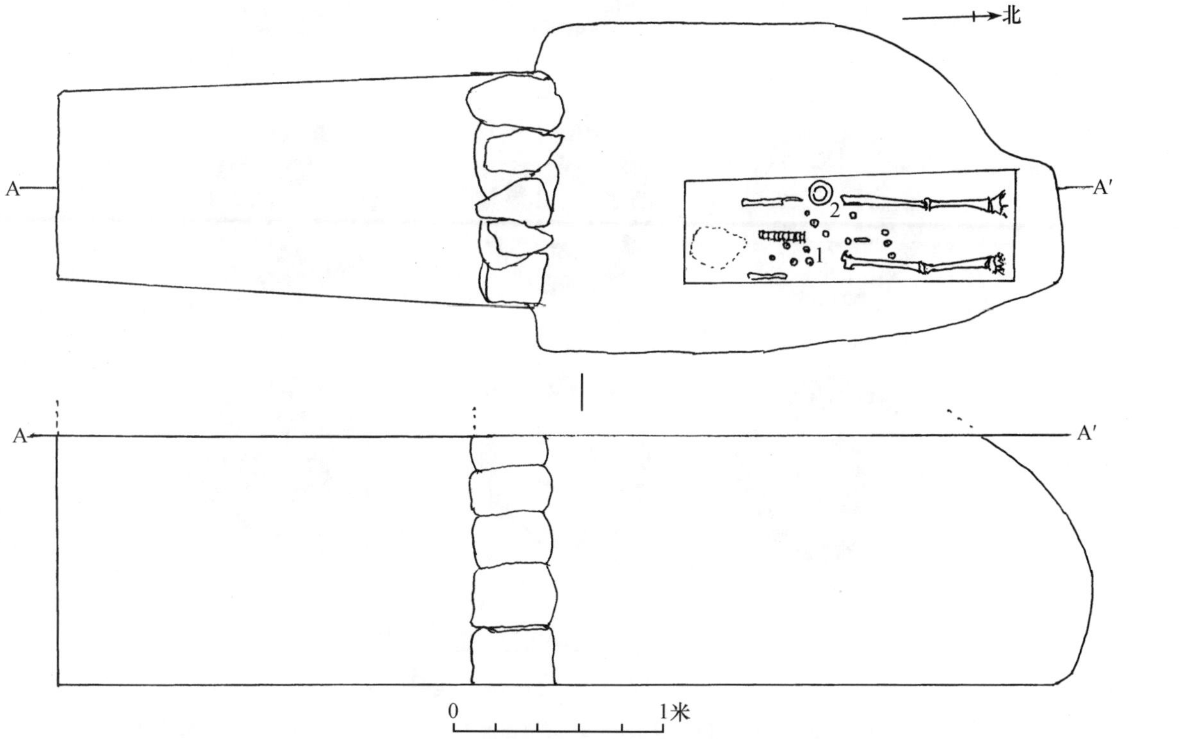

图 4-100　M51 平、剖面图

1. 铜钱　2. 瓷罐

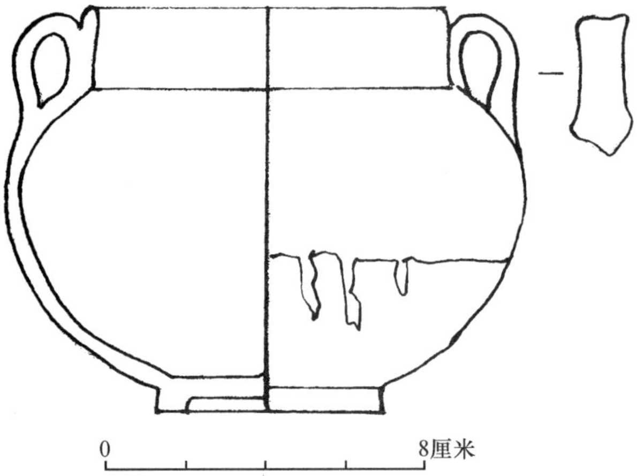

图 4-101 M51 出土瓷罐（M51∶2）

铜钱 10枚。“熙宁元宝”2枚，篆书，旋读。M51∶1-1、2，直径均2.4厘米（图4-102，1、2）。“天禧通宝”1枚（M51∶1-3），楷书，旋读。直径2.4厘米（图4-102，3）。“绍圣元宝”1枚（M51∶1-4），行书，旋读。直径2.5厘米（图4-102，4）。“皇宋通宝”2枚，楷书，直读。M51∶1-5，花穿，直径2.4厘米（图4-102，5）；M51∶1-6，直径2.4厘米（图4-102，6）。“治平元宝”1枚，篆书，旋读。直径2.4厘米。“圣宋元宝”1枚，行书，旋读。直径2.5厘米。“至和元宝”1枚，楷书，旋读。直径2.5厘米。年号不清者1枚。

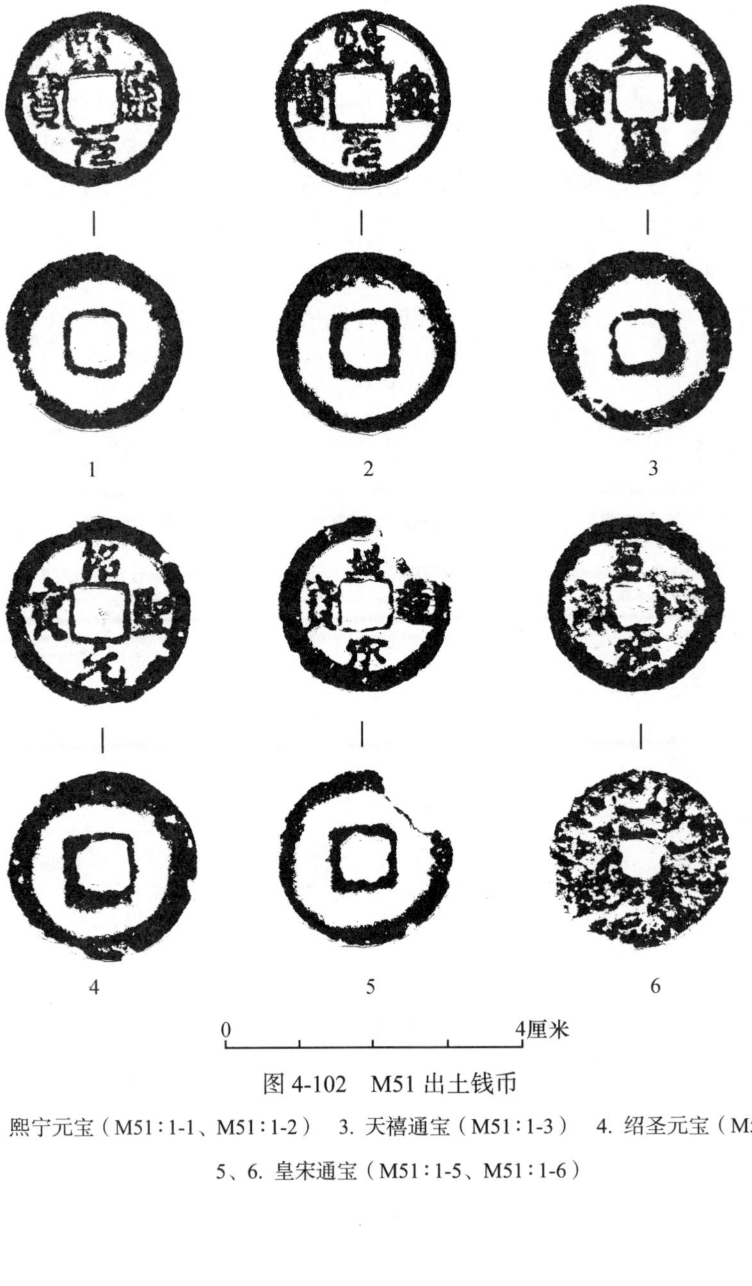

图 4-102 M51 出土钱币

1、2. 熙宁元宝（M51∶1-1、M51∶1-2） 3. 天禧通宝（M51∶1-3） 4. 绍圣元宝（M51∶1-4）
5、6. 皇宋通宝（M51∶1-5、M51∶1-6）

七、M54

M54位于第Ⅰ发掘区的中部，T1826的西北部，开口耕土层下，距地表0.3米。墓葬形制为土坑洞室墓，方向185°，由墓道和墓室两部分组成。墓道平面呈长方形，直壁、平底，残长0.7、宽0.68、残深0.4米。填土呈浅黄褐色，土质略硬，内含许多红土块、淤土及料姜石块。墓室顶部被破坏，直壁、平底，平面近长方形，长3.6、宽1.7、残高0.4米。墓底有葬具2棺，东侧棺平面呈梯形，已朽，长1.4、宽0.42~0.6米；西侧棺长1.68、宽0.4~0.5米。棺内各有人骨1具，葬式均为仰身直肢，头皆向北。随葬品有铜钱5枚，放置于东侧棺人骨的腹部（图4-103）。

铜钱 5枚。“祥符通宝”1枚（M54∶1-1），楷书，旋读。直径2.6厘米（图4-104，1）。“元丰通宝”1枚（M54∶1-2），行书，旋读。直径2.3厘米（图4-104，2）。年号不清者3枚。

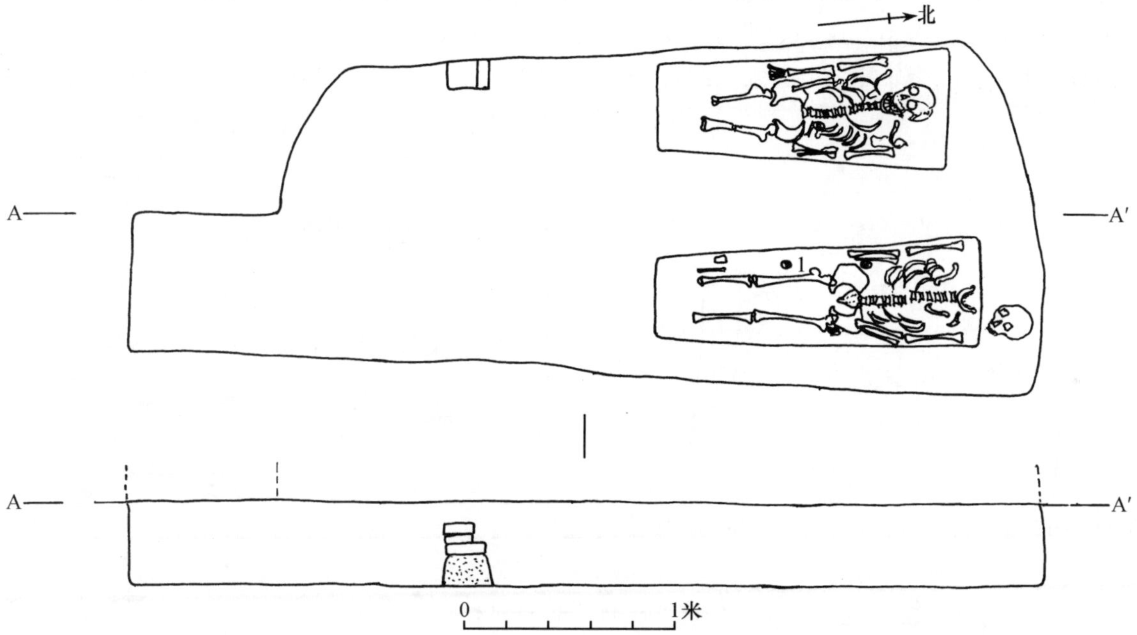

图4-103 M54平、剖面图

1. 铜钱

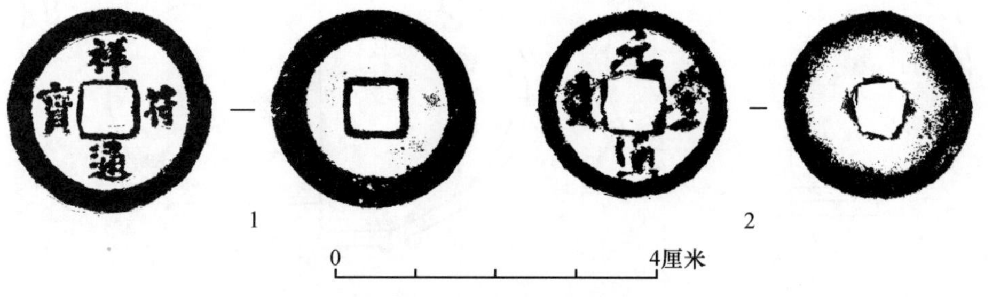

图4-104 M54出土钱币

1. 祥符通宝（M54∶1-1） 2. 元丰通宝（M54∶1-2）

八、M69

M69位于第Ⅰ发掘区的东南部，T1629的东北部，开口耕土层下，距地表为0.6米。墓葬形制为土坑洞室墓，方向184°，由墓道、墓门和墓室三部分组成。墓道平面近长方形，直壁、平底，残长1、宽1、残深0.8米。填土为黄褐色，含少量料姜石、红褐色土块等。墓门残高0.8、宽0.9米。用石块和砖块垒成封门墙封堵。墓室顶部被破坏，直壁、平底，平面呈长方形，长2.06、宽1.3、残高0.8米。墓底有葬具2棺，均已朽，平面呈长方形，均长1.6、宽1、高0.1米。棺内各有人骨1具，葬式均为仰身直肢，头向南。随葬品有3件（组），其中铜钱44枚（1组），放置于墓室中部；瓷罐2件，一件放置于墓室东南角，一件（残）放置于墓道中部（图4-105）。

瓷罐　2件。M69∶1，白胎，白釉，釉上有微小开片，釉不包底。侈口，卷沿，圆唇，鼓腹，矮圈足。口径12.6、腹径13、底径6.6、高9.2、壁厚0.5~0.6厘米（图4-106，1）。M69∶2，黄褐胎，白釉，釉不包底。直口内敛，尖圆唇，鼓腹，最大腹径居中，平底，矮圈足。口和腹上部有1对桥形耳。口径9、腹径15、底径6、高11、壁厚0.4~0.5厘米（图4-106，2）。

铜钱　44枚。“崇宁重宝”2枚，隶书，直读。M69∶3-1，直径3.5厘米（图4-107，1）；M69∶3-2，

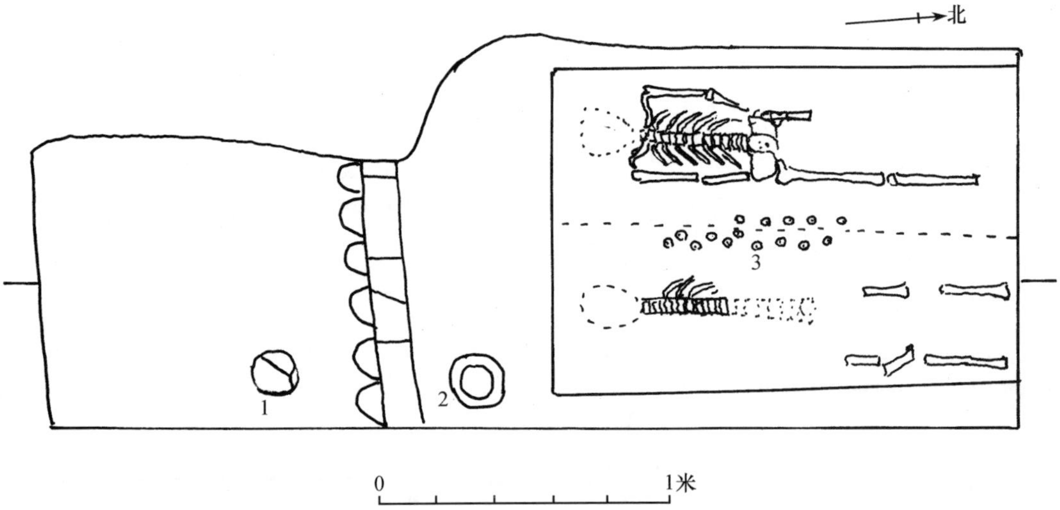

图4-105　M69平面图

1、2. 瓷罐　3. 铜钱

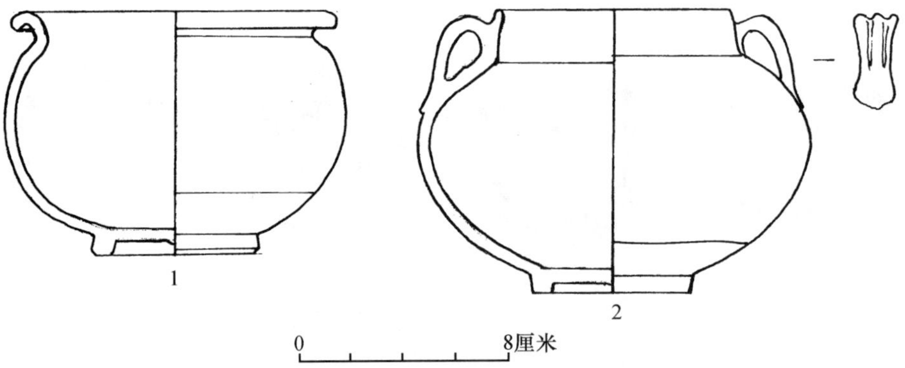

图4-106　M69出土瓷罐

1. M69∶1　2. M69∶2

直径 3.3 厘米（图 4-107，2）。“宣和通宝” 1 枚（M69∶3-3），篆书，直读。直径 3.3 厘米（图 4-107，3）。“绍圣元宝” 1 枚（M69∶3-4），行书，旋读。直径 3 厘米（图 4-107，4）。“元祐通宝” 3 枚，篆书 2 枚，旋读，M69∶3-5、28，直径 2.4 厘米（图 4-107，5、28）；行书 1 枚（M69∶3-6），旋读，花穿，直径 2.5 厘米（图 4-107，6）。“熙宁重宝” 1 枚（M69∶3-7），楷书，旋读。直径 3.1 厘米（图 4-107，7）。“熙宁元宝” 4 枚，楷书 2 枚，M69∶3-8，直径 2.4 厘米（图 4-107，8）；篆书 2 枚，旋读，M69∶3-9，花穿，直径 2.5 厘米（图 4-107，9），M69∶3-10，直径 2.4 厘米（图 4-107，10）。“天圣元宝” 4 枚，楷书 3 枚，旋读，M69∶3-11，直径 2.5 厘米（图 4-107，11）；篆书 1 枚（M69∶3-12），旋读，直径 2.6 厘米（图 4-107，12）。“开元通宝” 5 枚，楷书，直读。M69∶3-13，直径 2.5 厘米（图 4-107，13）。“嘉祐通宝” 1 枚（M69∶3-14），篆书，直读。直径 2.45 厘米（图 4-107，14）。“天禧通宝” 1 枚（M69∶3-15），楷书，旋读。直径 2.45 厘米（图 4-107，15）。“景德元宝” 1 枚（M69∶3-16），楷书，旋读。直径 2.5 厘米（图 4-107，16）。“皇宋通宝” 5 枚，楷书 3 枚，直读，M69∶3-17，直径 2.4 厘米（图 4-107，17），M69∶3-18，直径 2.5 厘米（图 4-107，18）；篆书 2 枚，直读，直径 2.5 厘米。“明道元宝” 1 枚（M69∶3-19），篆书，旋读。直径 2.45 厘米（图 4-107，19）。“元丰通宝” 11 枚，行书 6 枚，旋读，M69∶3-20、22，直径 3 厘米（图 4-107，20、22），M69∶3-21，直径 2.8 厘米（图 4-107，21），M69∶3-24，直径 2.2 厘米（图 4-107，24），M69∶3-25，直径 2.4 厘米（图 4-107，25）；篆书 5 枚，旋读，M69∶3-23，直径 2.9 厘米（图 4-107，23），M69∶3-26，直径 2.4 厘米（图 4-107，26），M69∶3-27，直径 2.5 厘米（图 4-107，27）。年号不清者 3 枚。

九、M76

M76 位于第Ⅰ发掘区的西部，T1823 的西南部，开口于耕土层下，距地表 0.4 米。墓葬形制为土坑洞室墓，方向 173°，由墓道、墓门和墓室三部分组成。墓道位于墓室的南端，底部呈斜坡式，残长 1、宽 0.84~1.08、残深 0~0.8 米。填土为黄褐色花土。墓门位于墓室的南端，宽 1.08、残高 0.8 米。墓室顶部被破坏，直壁、平底，平面呈椭圆形，长 2.3、宽 2.6、残高 0.8 米。墓底有葬具 1 棺，已朽，平面呈梯形，长 1.8、宽 0.62~0.7 米。棺内有人骨 1 具，葬式为仰身直肢，头向南。随葬品有 3 件（组），其中瓷罐 1 件，放置于人骨右肩部；瓷碗 1 件，放置于人骨西侧中南部；铜钱 21 枚（1 组），放置于人骨下方（图 4-108）。

瓷罐　1 件（M76∶1）。已残碎，无法复原。

瓷碗　1 件（M76∶2）。红胎，白釉，外釉至口沿下。敞口，尖圆唇，弧腹，平底，矮圈足。口径 15.2、底径 6、通高 5.2、壁厚 0.4~0.6 厘米（图 4-109；图版 18-2）。

铜钱　21 枚。“元祐通宝” 1 枚（M76∶3-1），篆书，旋读。直径 2.45 厘米（图 4-110，1）。“元符通宝” 1 枚（M76∶3-2），篆书，旋读，花穿。直径 2.4 厘米（图 4-110，2）。“元丰通宝” 2 枚，行书 1 枚，旋读，M76∶3-3，直径 2.4 厘米（图 4-110，3）；楷书 1 枚，旋读，直径 2.4 厘米。“皇宋通宝” 2 枚，篆书 1 枚，直读，M76∶3-4，直径 2.45 厘米（图 4-110，4）；楷书 1 枚，直读，直径 2.45 厘米。“圣宋元宝” 1 枚（M76∶3-5），行书，旋读。直径 2.4 厘米（图 4-110，5）。“开元通宝” 4 枚，楷书，直读。M76∶3-6，直径 2.4 厘米（图 4-110，6）；M76∶3-7，直径 2.3 厘米（图 4-110，7）。五铢钱 1 枚（M76∶3-8），“五”字中间两笔弯曲，“铢”字的“金”字头呈三角形，“朱”字头圆折。直径 2.5 厘米（图 4-110，8）。“淳化元宝” 1 枚（M76∶3-9），楷书，旋读。直径 2.5 厘米（图 4-110，9）。“乾元重宝” 1 枚（M76∶3-10），楷书，直读。直径 2.4 厘米（图 4-110，10）。“嘉

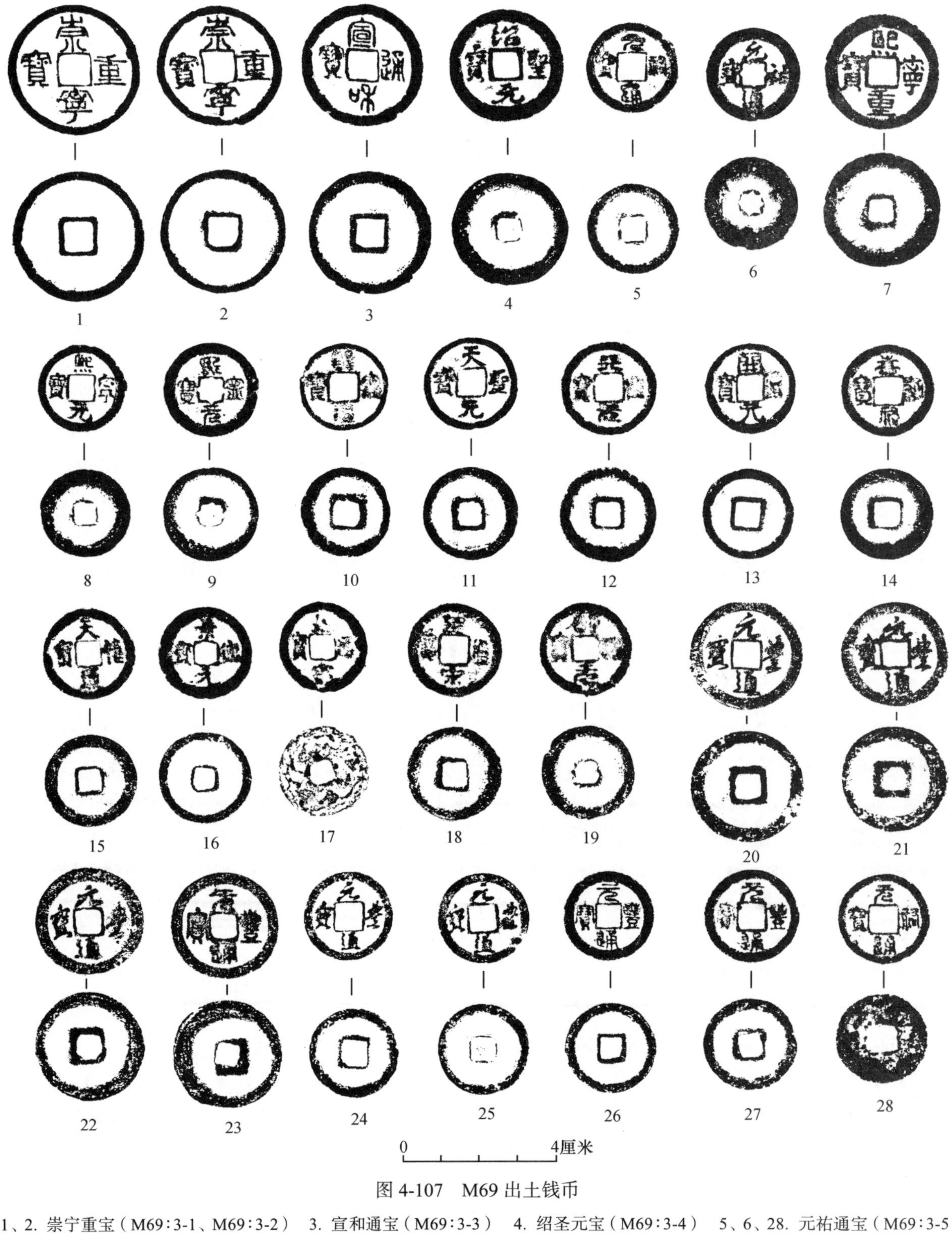

图 4-107　M69 出土钱币

1、2. 崇宁重宝（M69∶3-1、M69∶3-2）　3. 宣和通宝（M69∶3-3）　4. 绍圣元宝（M69∶3-4）　5、6、28. 元祐通宝（M69∶3-5、M69∶3-6、M69∶3-28）　7. 熙宁重宝（M69∶3-7）　8~10. 熙宁元宝（M69∶3-8、M69∶3-9、M69∶3-10）　11、12. 天圣元宝（M69∶3-11、M69∶3-12）13. 开元通宝（M69∶3-13）　14. 嘉祐通宝（M69∶3-14）　15. 天禧通宝（M69∶3-15）　16. 景德元宝（M69∶3-16）　17、18. 皇宋通宝（M69∶3-17、M69∶3-18）　19. 明道元宝（M69∶3-19）　20~27. 元丰通宝（M69∶3-20、M69∶3-21、M69∶3-22、M69∶3-23、M69∶3-24、M69∶3-25、M69∶3-26、M69∶3-27）

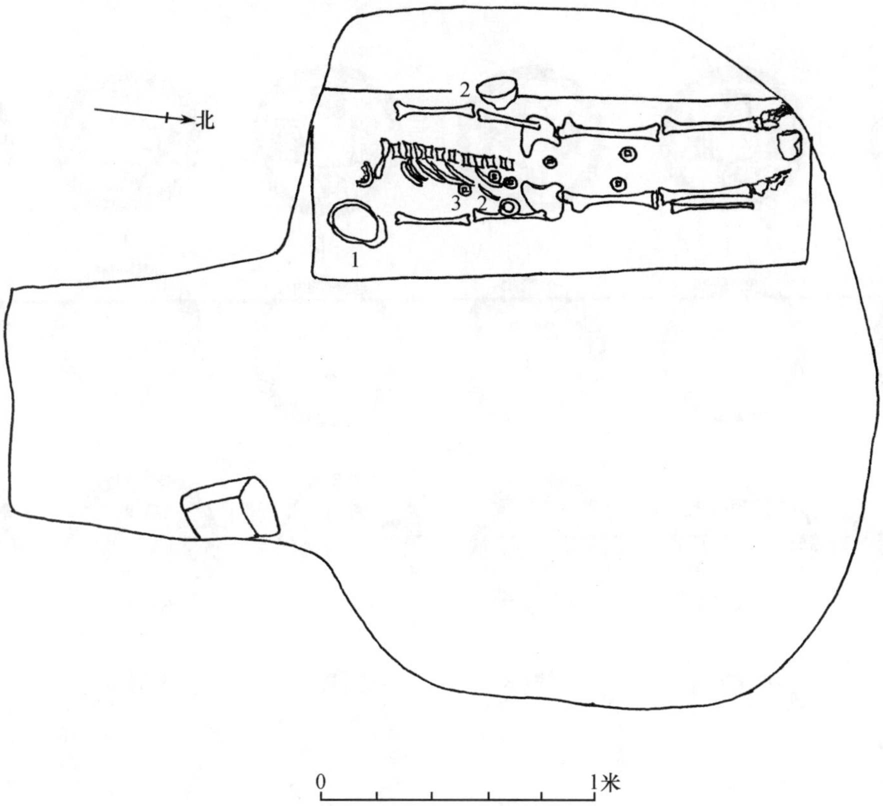

图 4-108　M76 平面图
1. 瓷罐　2. 瓷碗　3. 铜钱

祐通宝”1 枚（M76∶3-11），篆书，直读，花穿。直径 2.5 厘米（图 4-110，11）。“政和通宝”2 枚，篆书，直读。M76∶3-12，直径 2.7 厘米（图 4-110，12）；M76∶3-13，直径 3 厘米（图 4-110，13）。“熙宁重宝”1 枚（M76∶3-14），楷书，旋读，花穿。直径 3.3 厘米（图 4-110，14）。“熙宁元宝”3 枚，楷书 2 枚，旋读，M76∶3-15，花穿，直径 2.4 厘米（图 4-110，15）；篆书 1 枚（M76∶3-16），旋读，直径 2.3 厘米（图 4-110，16）。

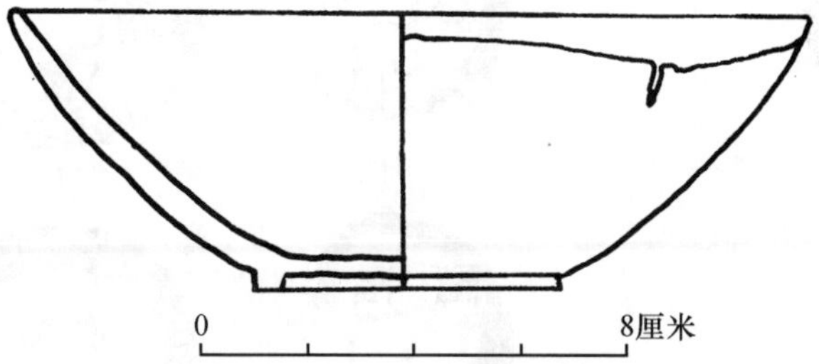

图 4-109　M76 出土瓷碗（M76∶2）

十、M78

M78 位于第 I 发掘区东南部，T1630 西北部，开口于耕土层下，距地表 0.3 米，打破 M84。墓葬形制为土坑洞室墓，方向 175°，由墓道、墓门和墓室三部分组成，上部遭破坏。墓道位于墓室南端，残存部分平面呈梯形，直壁平底，残长 1.7、宽 0.8~1、残深 1.4 米。填土为黄褐色，结构疏松。墓门宽 1、残高 1.4 米，用青砖砌成两重封门墙，均错缝平砌，残高 0.24 米。所用青砖均素面，长 26、宽 14、厚 6 厘米。墓室顶部不存，直壁，底部平面呈横长方形，长 2.1、宽 1.6、残高 1.4 米。

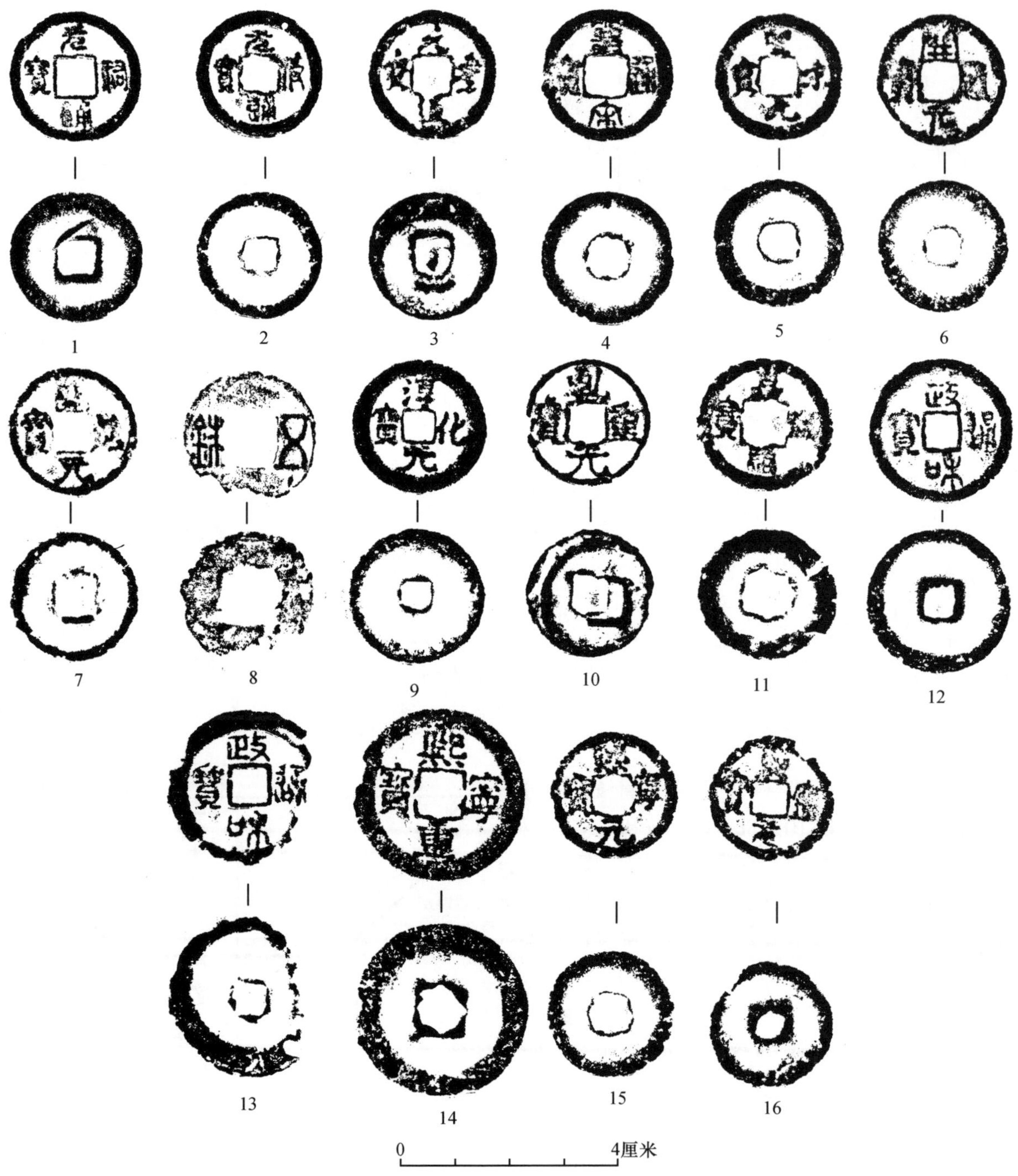

图 4-110　M76 出土钱币

1. 元祐通宝（M76∶3-1）　2. 元符通宝（M76∶3-2）　3. 元丰通宝（M76∶3-3）　4. 皇宋通宝（M76∶3-4）　5. 圣宋元宝（M76∶3-5）6、7. 开元通宝（M76∶3-6、M76∶3-7）　8. 五铢（M76∶3-8）　9. 淳化元宝（M76∶3-9）　10. 乾元重宝（M76∶3-10）　11. 嘉祐通宝（M76∶3-11）　12、13. 政和通宝（M76∶3-12、M76∶3-13）　14. 熙宁重宝（M76∶3-14）　15、16. 熙宁元宝（M76∶3-15、M76∶3-16）

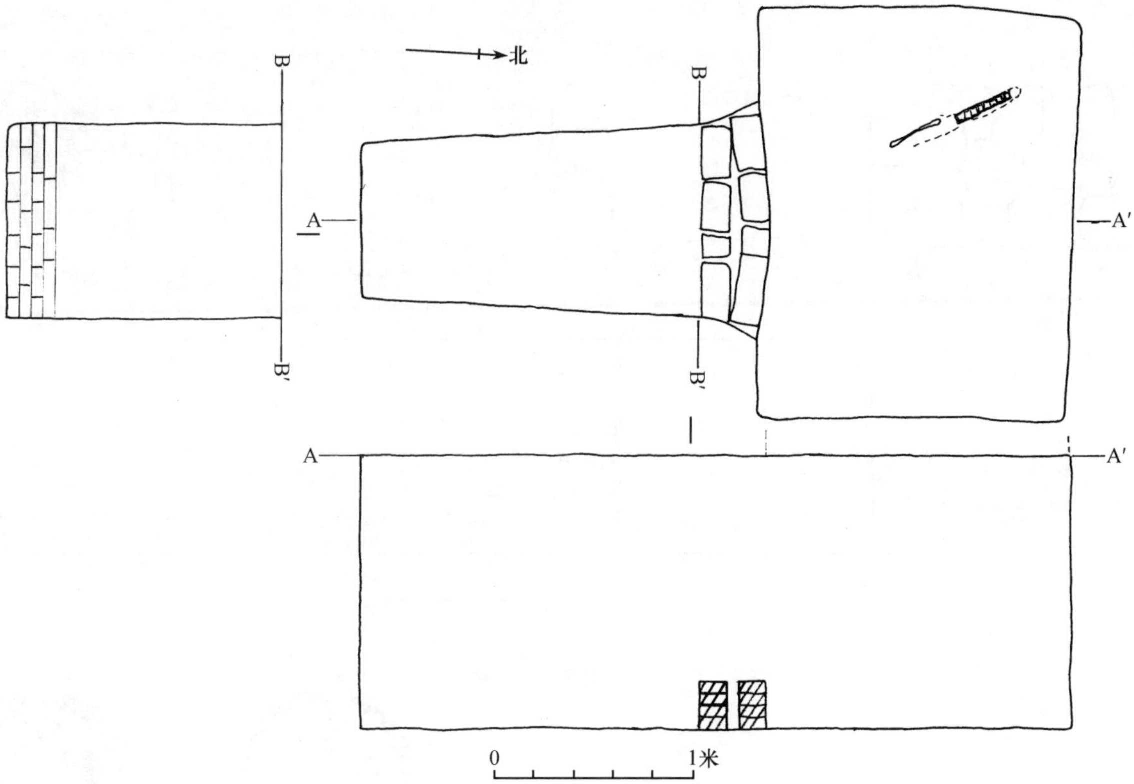

图 4-111　M78 平、剖面图

未发现葬具痕迹。人骨仅残余部分脊椎骨和一段肢骨。随葬品有瓷罐 1 件，发现于墓室填土中（图 4-111）。

瓷罐　1 件（M78∶1）。白胎，白釉，釉不包底，釉上有微小开片。直口，圆唇，鼓腹，矮圈足。腹部 11 道凹棱。口径 10、腹径 13、底径 5.6、高 7.4、壁厚 0.3~0.6 厘米（图 4-112）。

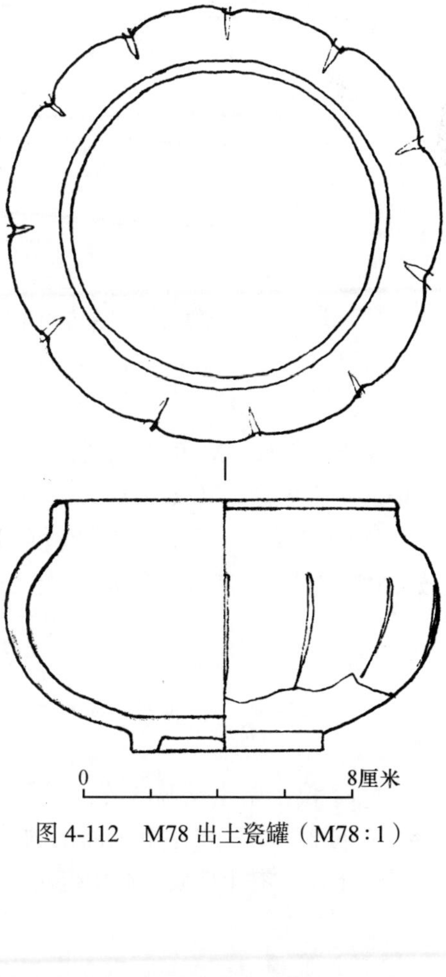

图 4-112　M78 出土瓷罐（M78∶1）

十一、M79

M79 位于第Ⅰ发掘区的中部，T1727 的北部，开口于耕土层下，距地表约 0.3 米。墓葬形制为土坑洞室墓，方向 189°，由墓道、墓门和墓室三部分组成。墓道位于墓室的南部，平面呈梯形，直壁、平底，长 1.82、宽 0.8~1、深 1.3 米。填土为灰褐色花土。墓门宽 1、残高 1.3 米，以不规则形石块堆砌成封门墙。墓室顶残，弧壁，底部，平面呈不规则长方形，长 3.5~3.8、宽 0.34~1.45、残高 1.3 米，顶部已坍塌损坏。墓底有葬具 1 棺，放置于墓室北部，已朽，平面呈长方形，长 1.7、宽 0.42 米。棺内有人骨 1 具，葬式为仰身直肢，头向西北。随葬品有 2 件（组），其中铜簪 2 件，放置于人骨头骨处；铜钱 2 枚（1 组），放置于人骨的脚端（图 4-113）。

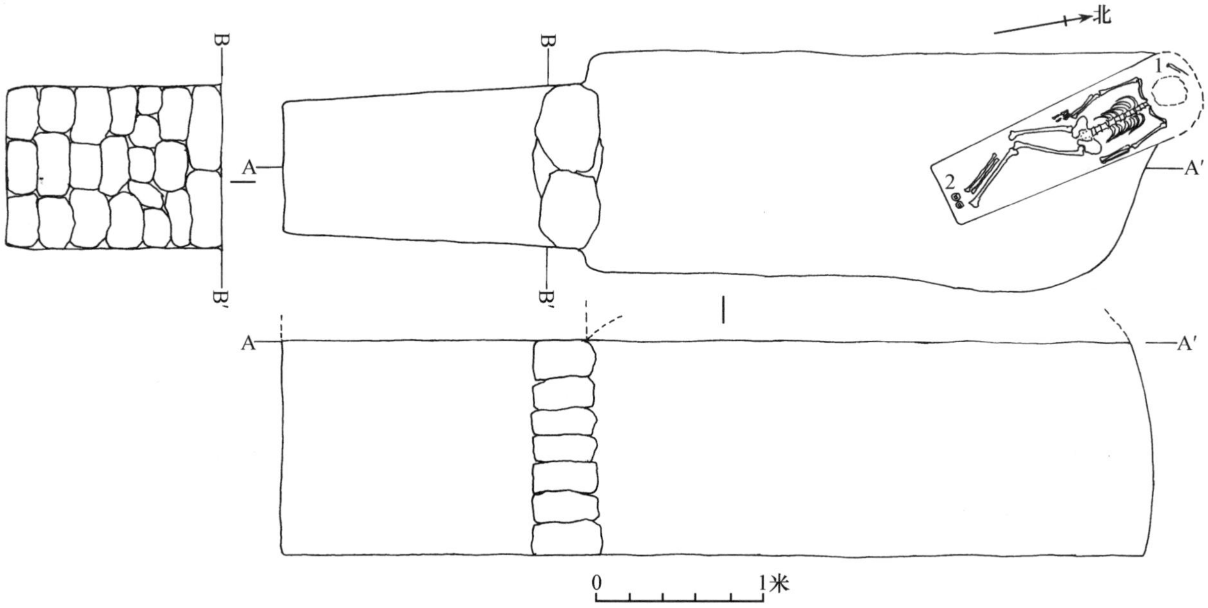

图 4-113　M79 平、剖面图

1. 铜簪　2. 铜钱

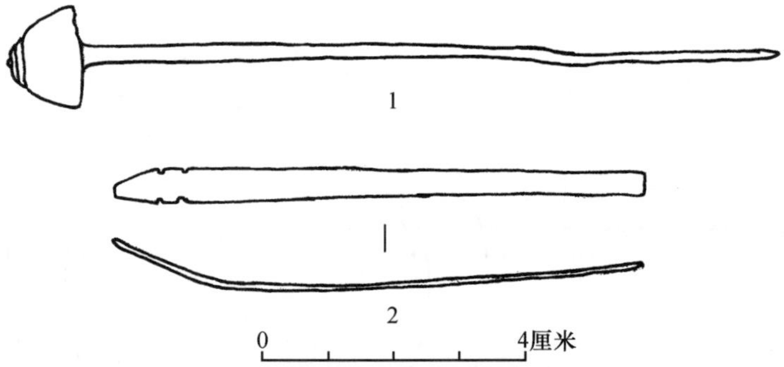

图 4-114　M79 出土铜簪

1. M79∶1-1　2. M79∶1-2

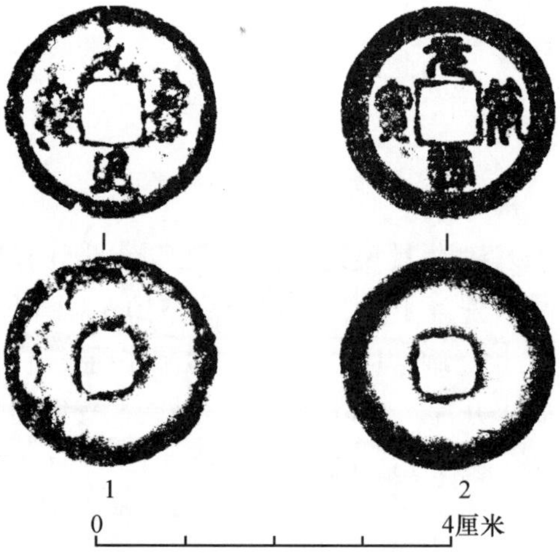

图 4-115　M79 出土钱币

1. 元丰通宝（M79∶2-1）　2. 元符通宝（M79∶2-2）

铜簪　2 件。M79∶1-1，蘑菇状纽，身细长，尾部尖。总长 11.8 厘米（图 4-114，1）。M79∶1-2，长条形。长 8 厘米（图 4-114，2）。

铜钱　2 枚。“元丰通宝”1 枚（M79∶2-1），行书，旋读。直径 2.4 厘米（图 4-115，1）。“元符通宝”1 枚（M76∶2-2），篆书，旋读。直径 2.4 厘米（图 4-115，2）。

十二、M87

M87 位于第 I 发掘区的东北部。T2030 中部。开口耕土层下，打破生土。墓葬形制为土坑洞室墓，方向 3°。只残存棺床前部的砖砌凹口，长 1.8、宽 1.2、残深 0.2 米。填土为黄褐色花土，含红褐色土块，黏土性质，结构疏松。未发现葬具、人骨和随葬品（图 4-116）。

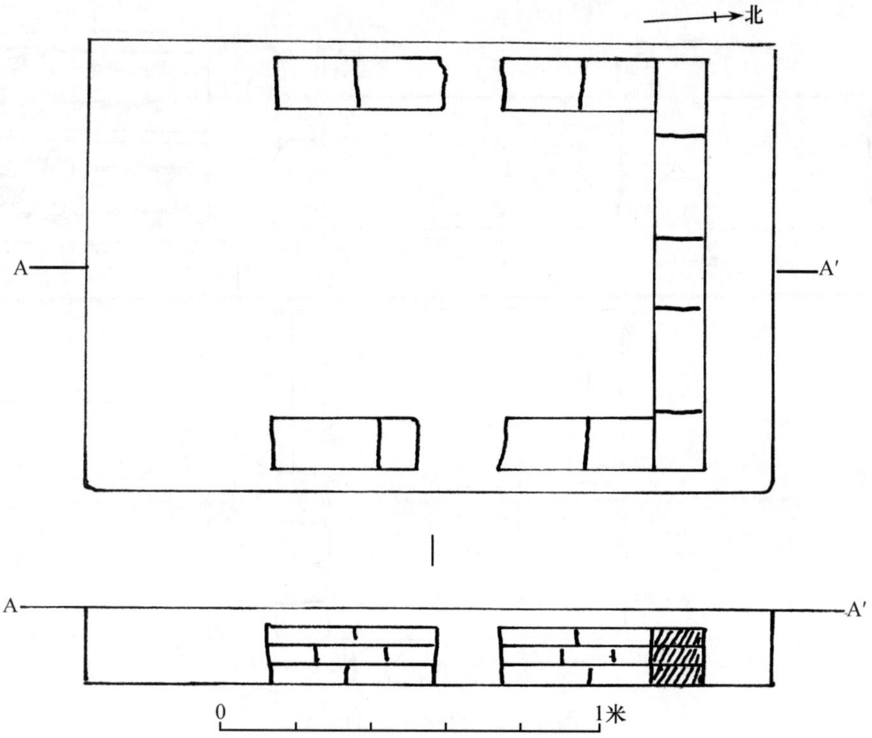

图 4-116　M87 平、剖面图

十三、M88

M88 位于第Ⅰ发掘区的东南部，T1630 的西南部，开口于耕土层下，距地表 0.3 米。墓葬形制为土坑洞室墓，方向 176°，由墓道、墓门和墓室三部分组成。墓道位于墓室的南侧，平面呈长方形，直壁、平底，长 2、宽 0.8、深 2 米。填土呈灰褐色，结构较紧密，内含红褐色硬土块，料姜石等。墓门呈微拱形，宽 0.8、高 1 米，以不规则形状的长条石堆砌成封门墙。墓室弧顶、直壁、平底，平面近长方形，长 2.4、宽 1.28、高 1.46 米。墓室内有葬具 2 棺，已朽，平面均近长方形，西侧棺长 1.7、宽 0.5 米；东侧棺长 1.7、宽 0.48~0.58 米。棺内各有人骨 1 具保存较好，葬式均为仰身直肢，头向北。随葬品有铜钱 6 枚，放置于西侧人骨下（图 4-117）。

铜钱　5 枚。五铢钱 1 枚（M88∶1-1），“五”字中间两笔弯曲，“铢”字的“金”字头呈三角形，“朱”字头方折。直径 2.6 厘米（图 4-118，1）。“咸平元宝”1 枚（M88∶1-2），楷书，旋读。直径 2.4 厘米（图 4-118，2）。“元祐通宝”1 枚（M88∶1-3），篆书，旋读。直径 2.4 厘米（图 4-118，3）。“绍圣元宝”2 枚，行书，旋读。M88∶1-4、5，直径 2.3 厘米（图 4-118，4、5）。

十四、M89

M89 位于第Ⅰ发掘区的西北部，T2022 的北部，开口于耕土层下，距地表 0.2 米。墓葬形制为土坑洞室墓，方向 170°。该墓遭严重破坏，只残存部分墓道、墓门、甬道及棺床的南壁，残长 2.2、残深 0.26 米。墓道位于墓室的南部，平面呈长方形，直壁、平底，残长 1.14、宽 1.4、残深 0.22 米。

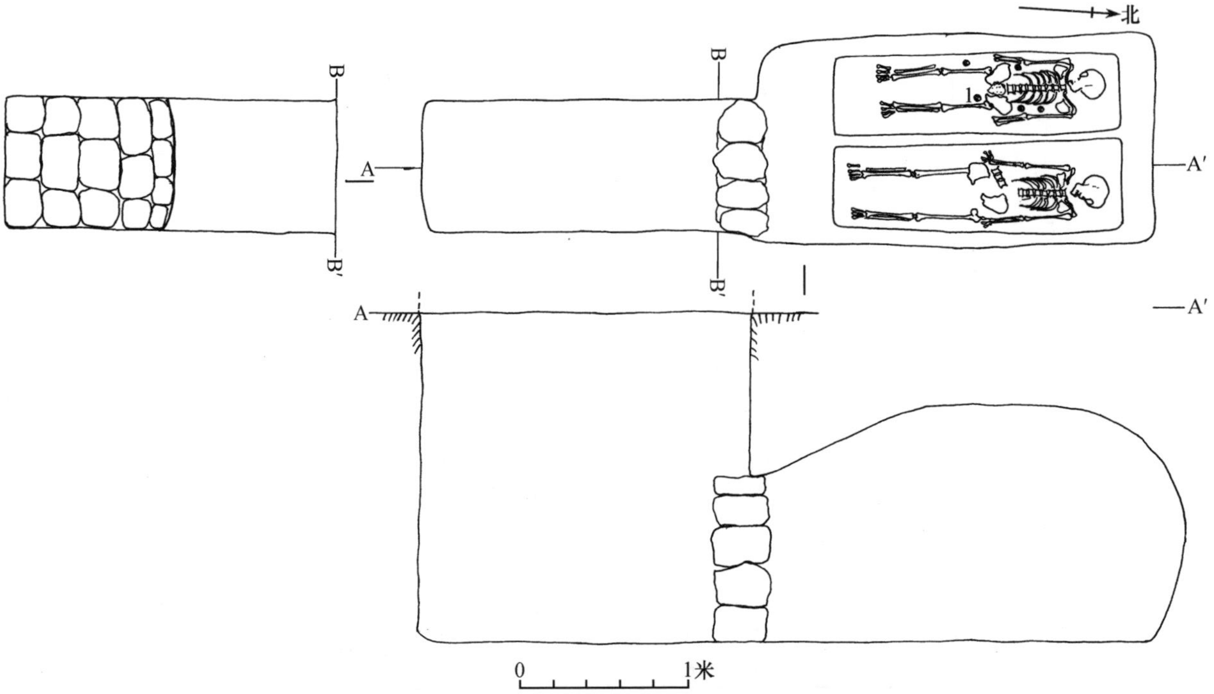

图 4-117　M88 平、剖面图

1. 铜钱

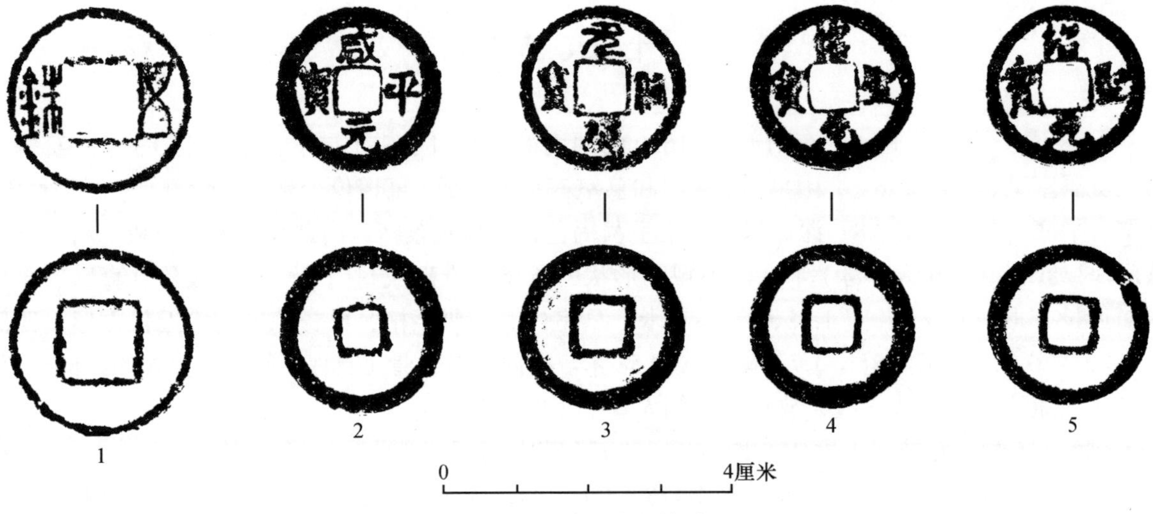

图 4-118　M88 出土钱币

1. 五铢（M88∶1-1）　2. 咸平元宝（M88∶1-2）　3. 元祐通宝（M88∶1-3）　4、5. 绍圣元宝（M88∶1-4、M88∶1-5）

墓门宽 0.9 米，用长 27、宽 13.5、厚 5 厘米的素面青砖砌成，封门墙残高 0.22 米。棺床呈倒“凹”字形，南壁残存高度仅 0.26 米。填土呈浅黄褐色，土质略硬，内含红土块、淤土及料姜石等。未见葬具及人骨。无随葬品（图 4-119）。

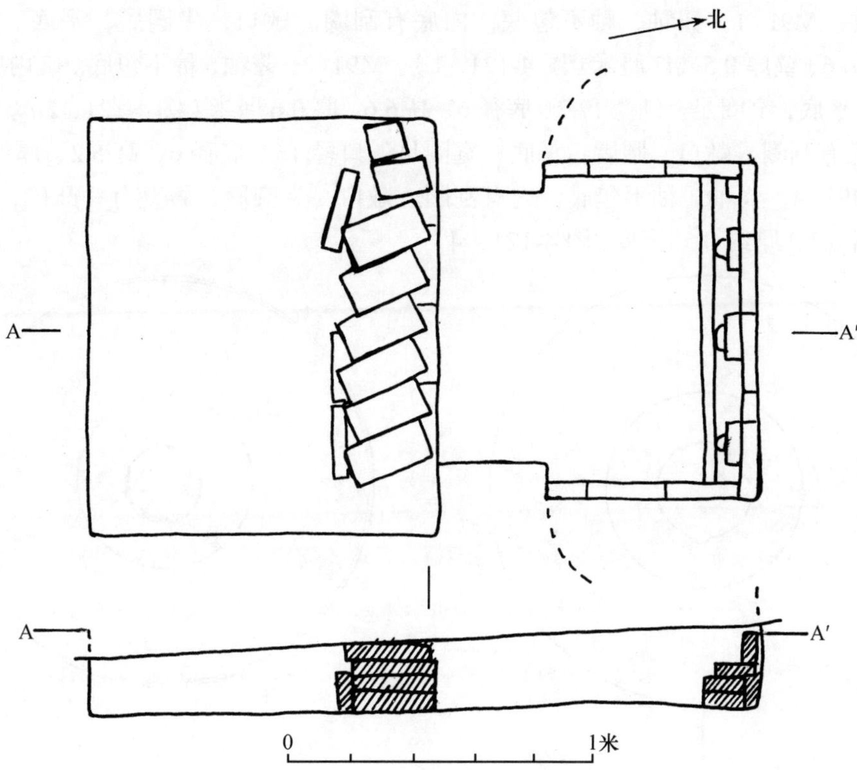

图 4-119 M89 平、剖面图

十五、M91

M91 位于第Ⅰ发掘区的北部，T2028 的西北部，开口于耕土层下。墓葬形制为土坑洞室墓，方向 155°，由墓道和墓室两部分组成。墓道位于墓室的南部，平面呈长方形，直壁、平底，长 2.4、宽 1、深 1.4 米。填土为红褐色，结构较紧密。墓室顶部被破坏，直壁、平底，平面近椭圆形，长 2.76、宽 2.44、残高 1.4 米。未发现葬具痕迹及人骨。随葬品有瓷碗 4 件，发现于填土内（图 4-120）。

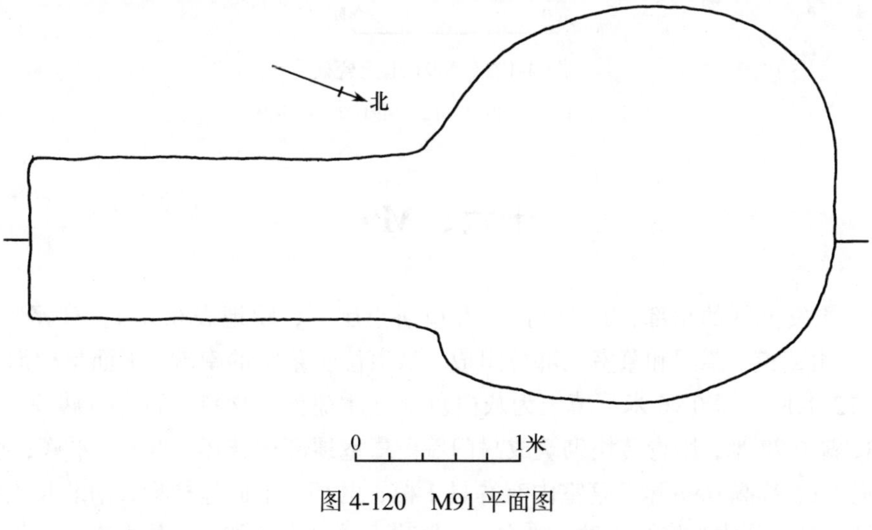

图 4-120 M91 平面图

瓷碗　4件。M91∶1，酱釉，釉不包底，内底有刮圈。敞口，尖圆唇，平底、窄圈足。口径18、底径6、高6.6、壁厚0.5~0.7厘米（图4-121，1）。M91∶2，酱釉，釉不包底。碗内底有刮圈痕迹。敞口，尖圆唇，平底，窄圈足。口径17.2、底径6、高6.6、厚0.6厘米（图4-121，2）。M91∶3，酱釉，釉不包底，内底有刮圈。敞口，圆唇，平底，宽圈足。口径16、底径6、高5.2、厚约0.3厘米（图4-121，3）。M91∶4，酱釉，釉不包底，内有刮圈。敞口，尖圆唇，腹壁有一凸棱，窄圈足。口径18、底径6、高6.3、厚约0.5厘米（图4-121，4）。

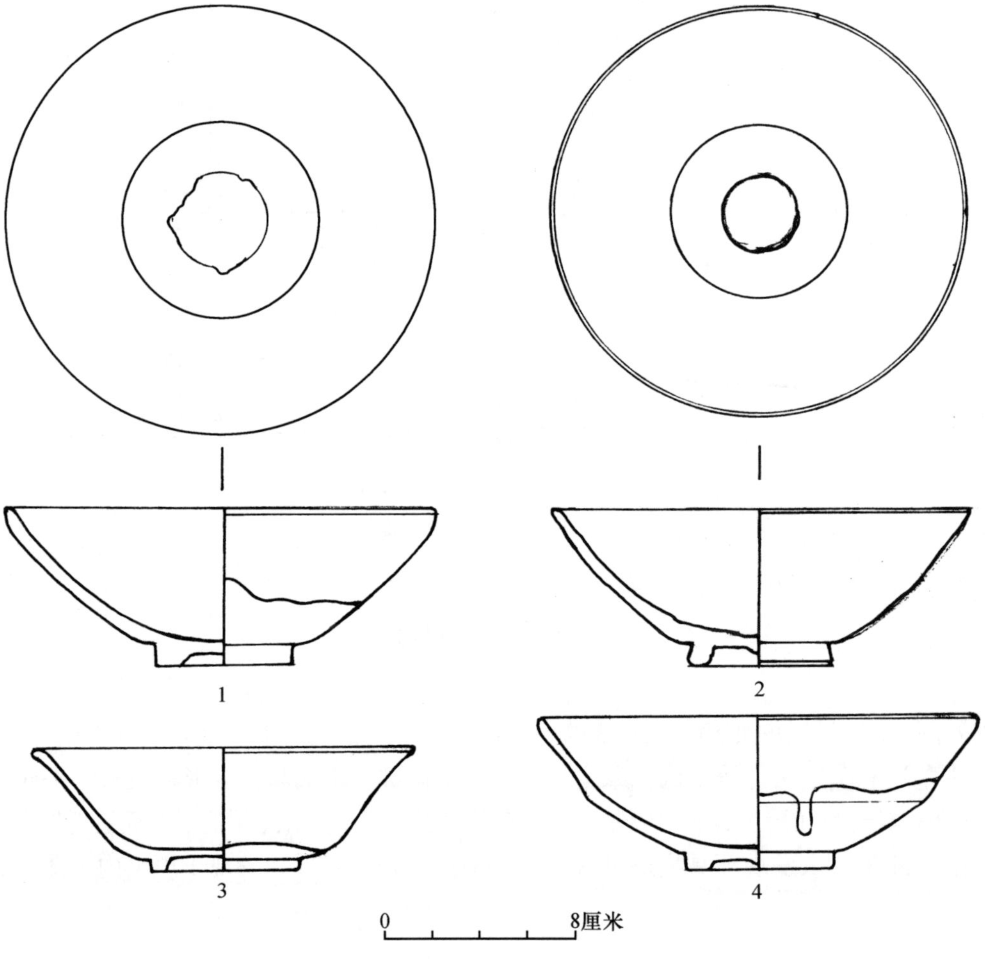

图4-121　M91出土瓷碗

1. M91∶1　2. M91∶2　3. M91∶3　4. M91∶4

十六、M92

M92位于第Ⅰ发掘区的东部，T1730内，开口耕土层下，距地表0.5米。墓葬形制为土坑洞室墓，方向185°，由墓道、墓门和墓室三部分组成。墓道位于墓室的南端，平面呈梯形，直壁、平底，残长0.8、宽1.12~1.18、深0.96米。填土为灰白色，土质疏松，含料姜石、青砖块。墓门位于墓室的南端，宽0.8、高0.78米，用青砖块砌筑成封门墙。墓室顶部被破坏，直壁、平底，平面呈长方形，南北长1.96、宽1.1、残高0.96米。墓室内有葬具1棺，已朽，平面呈梯形，南北长1.85、宽0.3~0.5米。棺内有人骨一具，葬式为仰身直肢，头向南。随葬品有3件（组）。其中瓷罐1件、玉簪3件（1

组）、铜钗 1 件，均放置于墓主的头部（图 4-122）。

瓷罐　1 件（M92∶1）。白釉，通体包釉。侈口，卷圆唇，束颈，鼓肩，下腹斜收，平底，矮圈足。口径 9.2、腹径 12、底径 6、高 8、壁厚 0.6 厘米（图 4-123，1）。

玉簪　3 件。M92∶2-1，断面为扁圆形，簪首折成弧形。长 9.5 厘米（图 4-123，2）。

铜钗　1 件（M92∶3）。铜条折成“U”形。长 10.4 厘米（图 4-123，3）。

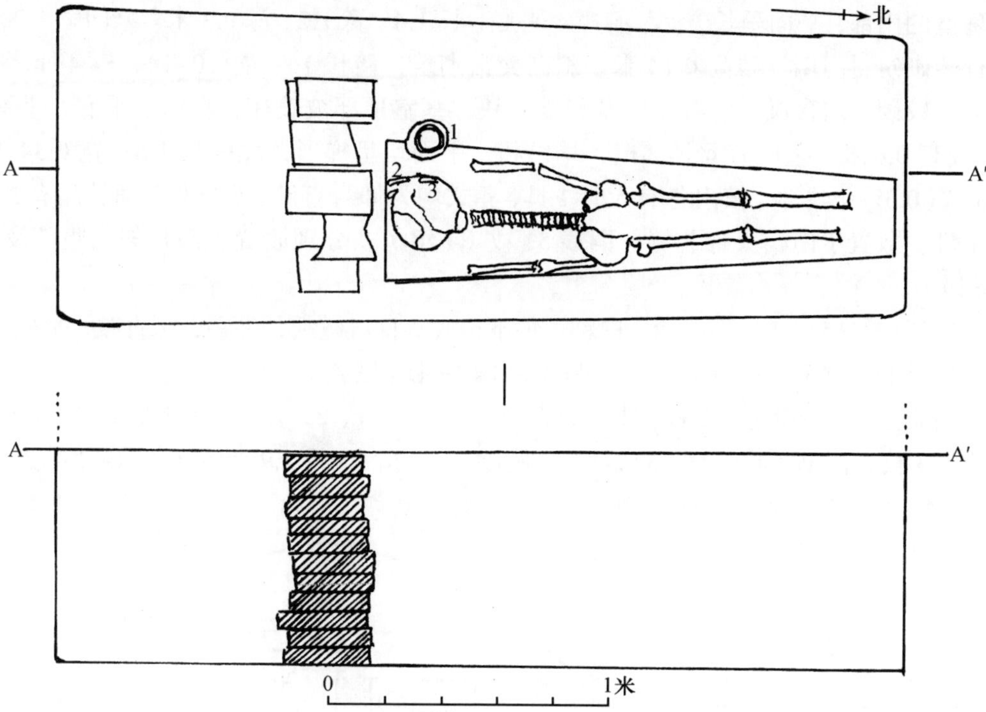

图 4-122　M92 平、剖面图

1. 瓷罐　2. 玉簪　3. 铜钗

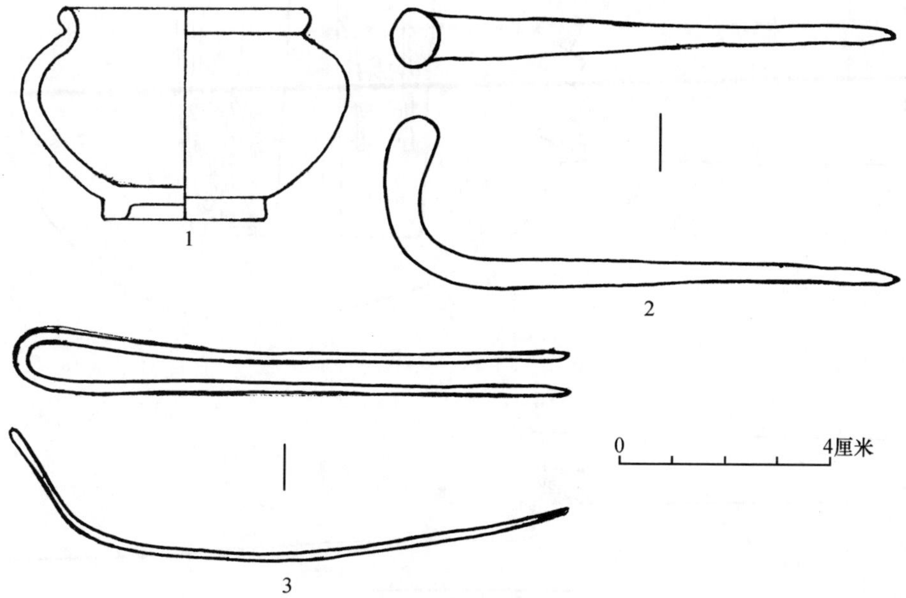

图 4-123　M92 出土器物

1. 瓷罐（M92∶1）　2. 玉簪（M92∶2-1）　3. 铜钗（M92∶3）

十七、M115

M115位于第Ⅱ发掘区的西北部，T1423的西北部，部分延伸至T1422内，开口于扰土层下，距地表1.6米。墓葬形制为土坑洞室墓，方向170°，由墓道、墓门和墓室三部分组成，上部被破坏。墓道位于墓室的南部，平面呈长方形，直壁、平底，长1.4、宽1.2、深0.3米。墓门宽1.2，残高0.3米，用残青砖砌筑封门墙，残高0.14米，斜向交错砌筑，砖长16、宽10~14、厚4厘米。填土呈黄褐色，土质较硬，内含淤土、红土块及料姜石块。墓室顶部被破坏，直壁、平底，平面呈圆形，直径2.5、残高0.6米。墓底有葬具2棺，均已朽，平面均呈梯形，北棺长1.8、宽0.34~0.58米；南棺长1.6、宽0.32~0.42米。棺内各有人骨1具，葬式均为仰身直肢，头向西。随葬品有2件（组）。其中瓷钵1件，放置于南棺头骨北侧；铜钱51枚（1组），分别放置于两骨架的腹部及下肢骨两侧（图4-124）。

瓷钵　1件（M115∶1）。乳白胎，白釉，釉不包底。直口微敛，尖唇，深直腹，平底，矮圈足。口径10.8、腹径11.2、底径6、高7.2、壁厚0.2~0.4厘米（图4-125）。

铜钱　51枚。“崇宁重宝”3枚，隶书，直读。M115∶2-1、2，直径3.3厘米（图4-126，1、2）。“元祐通宝”3枚，行书1枚（M115∶2-3），旋读，花穿，直径2.9厘米（图4-126，3）；篆书2枚，M115∶2-4，直径2.9厘米（图4-126，4）。“圣宋元宝”3枚，行书，旋读，M115∶2-5，直径

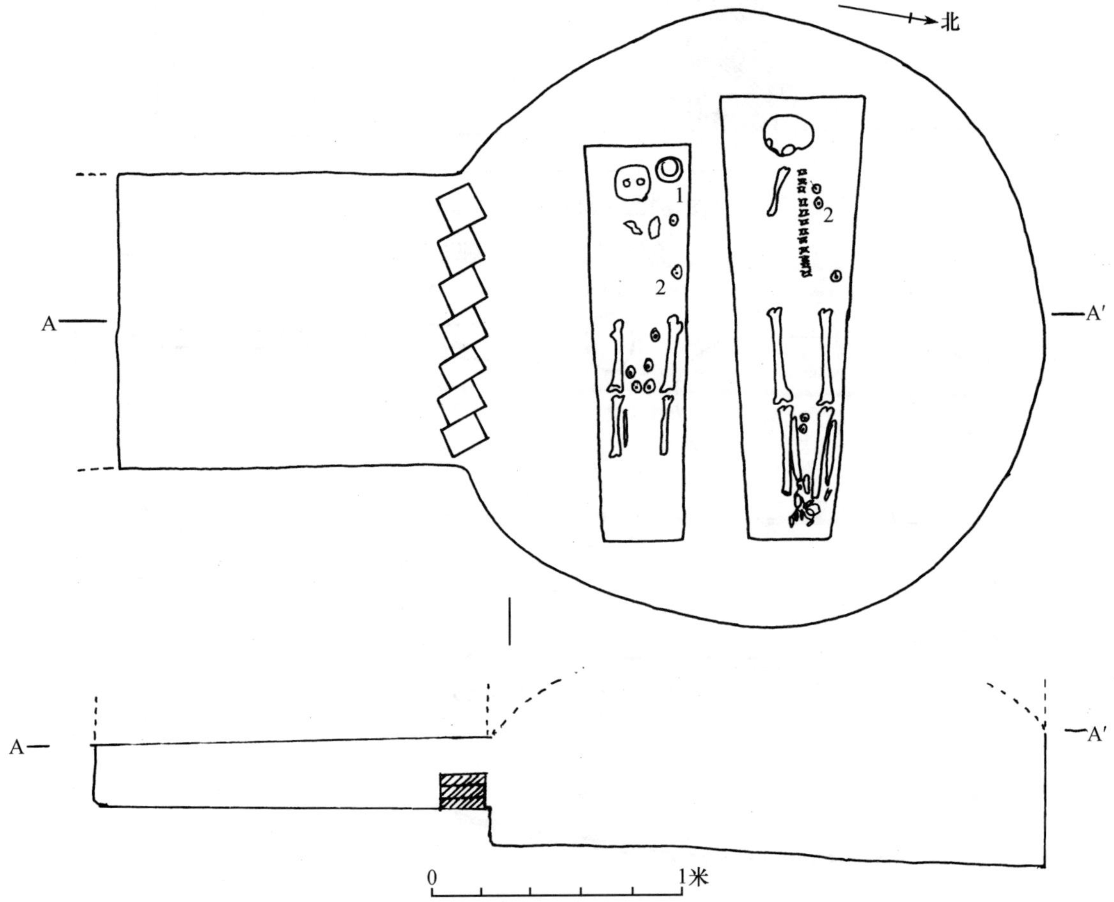

图4-124　M115平、剖面图

1. 瓷钵　2. 铜钱

3厘米（图4-126，5），M115∶2-6，直径2.4厘米（图4-126，6）。“熙宁元宝”5枚，楷书4枚，旋读，M115∶2-7、32，直径2.4厘米（图4-126，7、32）；篆书1枚（M115∶2-22），旋读，直径2.4厘米（图4-126，22）。“熙宁重宝”1枚（M115∶2-8），楷书，旋读。直径3厘米（图4-126，8）。“咸平元宝”2枚，楷书，旋读。M115∶2-9、10，直径2.4厘米（图4-126，9、10）。“开元通宝”4枚，楷书，直读。M115∶2-11~13，直径2.4厘米（图4-126，11~13）。“皇宋通宝”5枚，楷书2枚，直读，M115∶2-14、16，直径2.4厘米（图4-126，14、16）；篆书3枚，直读，M115∶2-15，直径2.4厘米（图4-126，15）。“至道元宝”1枚（M115∶2-17），草书，旋读。直径2.5厘米（图4-126，17）。“至和元宝”1枚（M115∶2-18），篆书，旋读。直径2.4厘米（图4-126，18）。“绍圣元宝”2枚，行书1枚（M115∶2-19），旋读，直径2.35厘米（图4-126，19）；篆书1枚，旋读，直径2.4厘米。“政和通宝”1枚（M115∶2-20），楷书，直读。直径2.5厘米（图4-126，20）。“天圣元宝”2枚，篆书，旋读。M115∶2-21、23，直径2.4厘米（图4-126，21、23）。“嘉祐通宝”1枚（M115∶2-24），楷书，直读。直径2.5厘米（图4-126，24）。“元丰通宝”8枚，行书5枚，旋读，M115∶2-25、28、29，直径2.4厘米（图4-126，25、28、29），M115∶2-27，直径2.8厘米（图4-126，27）；篆书3枚，旋读，M115∶2-26，直径2.4厘米（图4-126，26），M115∶2-30，

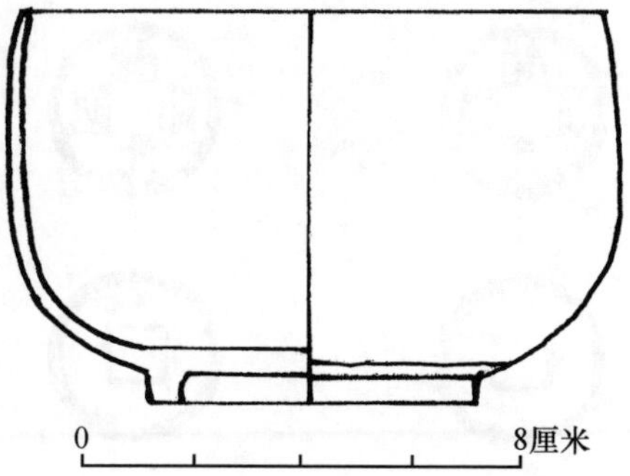

图4-125　M115出土瓷钵（M115∶1）

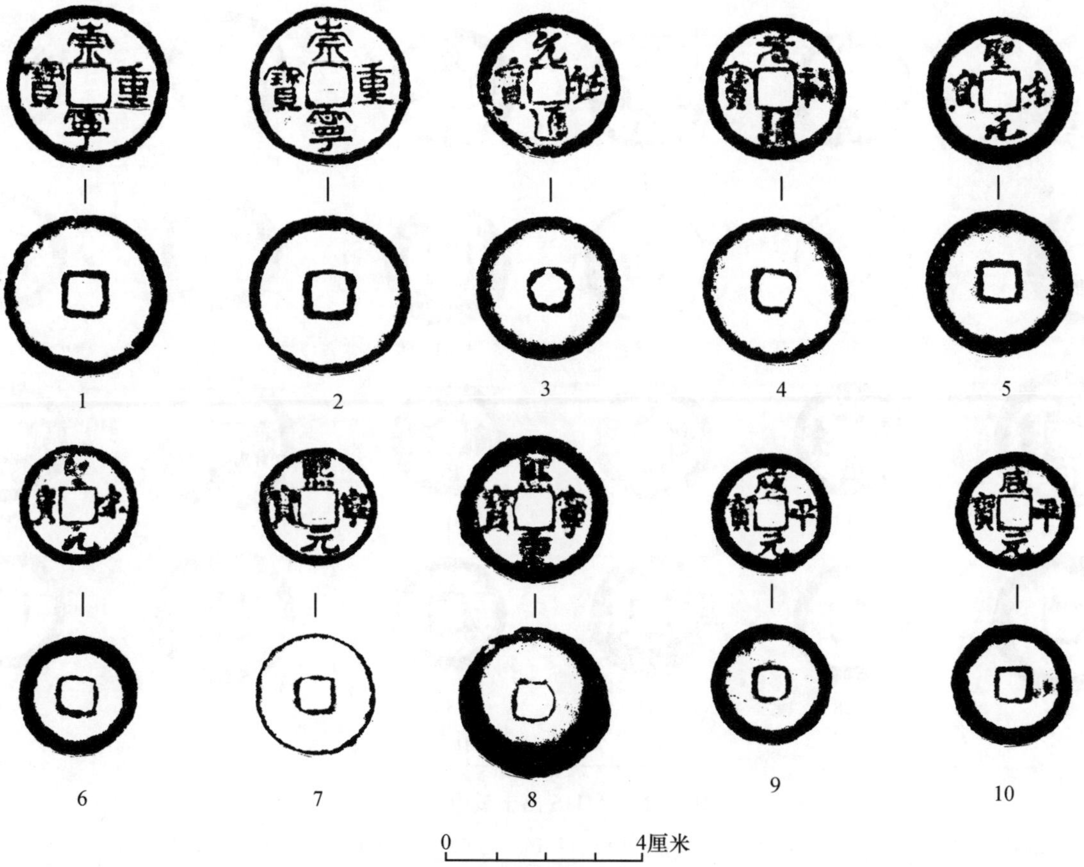

图4-126　M115出土钱币

1、2. 崇宁重宝（M115∶2-1、M115∶2-2）　3、4. 元祐通宝（M115∶2-3、M115∶2-4）　5、6. 圣宋元宝（M115∶2-5、M115∶2-6）　7. 熙宁元宝（M115∶2-7）　8. 熙宁重宝（M115∶2-8）　9、10. 咸平元宝（M115∶2-9、M115∶2-10）

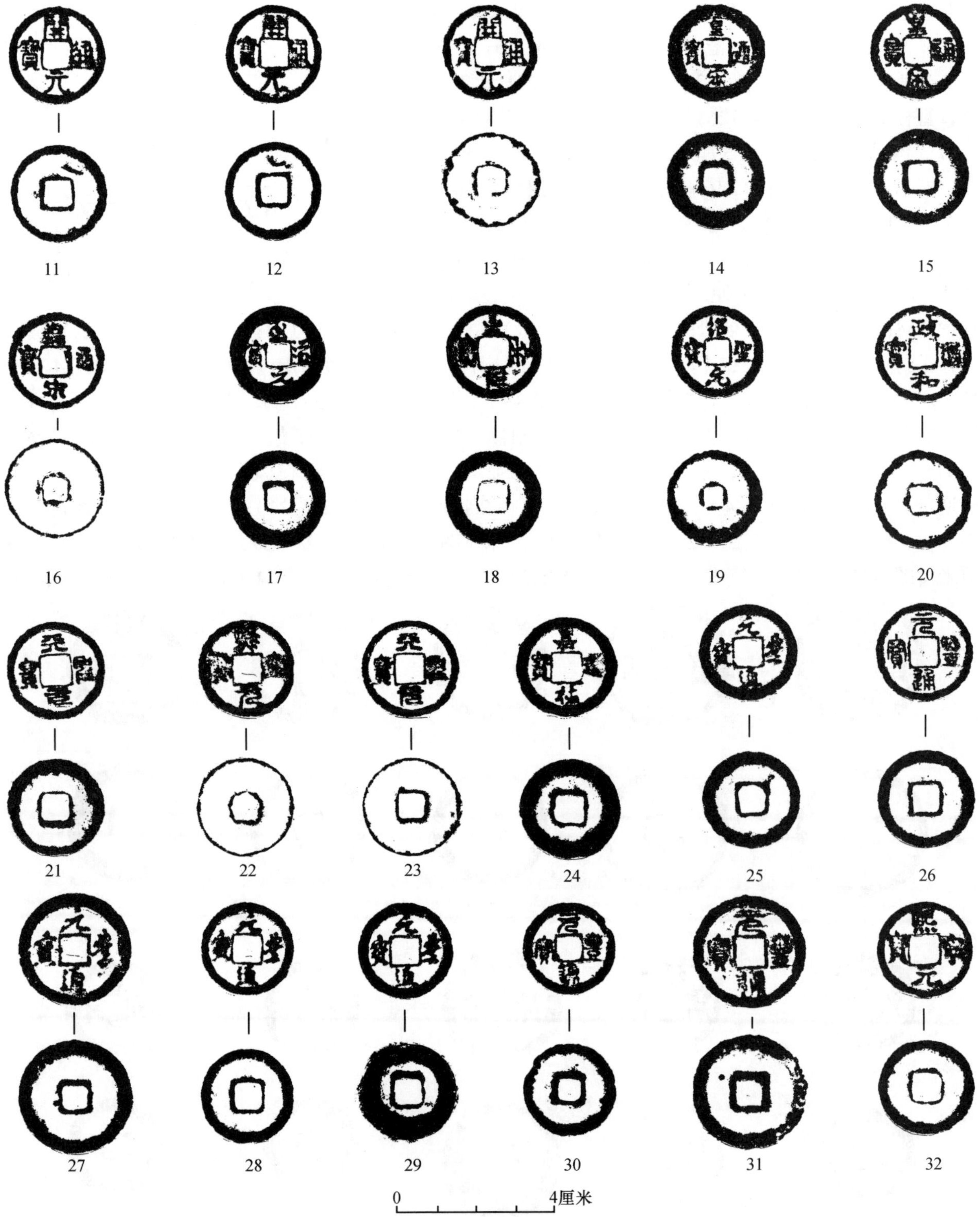

图 4-126 M115 出土钱币（续）

11~13. 开元通宝（M115：2-11、M115：2-12、M115：2-13） 14~16. 皇宋通宝（M115：2-14、M115：2-15、M115：2-16） 17. 至道元宝（M115：2-17） 18. 至和元宝（M115：2-18） 19. 绍圣元宝（M115：2-19） 20. 政和通宝（M115：2-20） 21、23. 天圣元宝（M115：2-21、M115：2-23） 22、32. 熙宁元宝（M115：2-22、M115：2-32） 24. 嘉祐通宝（M115：2-24） 25~31. 元丰通宝（M115：2-25、M115：2-26、M115：2-27、M115：2-28、M115：2-29、M115：2-30、M115：2-31）

直径2.3厘米（图4-126，30），M115∶2-31，直径2.8厘米（图4-126，31）。年号不清者9枚。

十八、M126

M126位于第Ⅱ发掘区的南部，T1327的西部，开口于扰土层下，距地表1.3米。墓葬形制为土坑洞室墓，方向185°。墓道未清理。墓室顶部被破坏，直壁、平底，平面呈长方形，长2.4、宽0.6~0.8、残高0.4米。未发现葬具痕迹。墓底有人骨1具，葬式为仰身直肢，头向南。随葬品有2件（组），其中瓷罐1件，放置于头骨的东南方；铜钱107枚（1组），分别放置于人骨的上肢部，腰下部和下肢部（图4-127）。

瓷罐　1件（M126∶1）。浅红褐胎，白釉，釉不包底，釉上有微小开片。直口微敛，圆唇，鼓腹，平底，矮圈足微撇。口部和上腹部饰1对桥形耳，耳上刻1道竖槽。口径10、腹径14、底径6、高9.4、壁厚0.4~0.5厘米（图4-128）。

铜钱　107枚。"祥符元宝"7枚，楷书，旋读。M126∶2-1~6，直径2.5厘米（图4-129，1~6）；M126∶2-7，直径2.4厘米（图4-129，7）。"祥符通宝"4枚，楷书，旋读。M126∶2-8~11，直径2.5厘米（图4-129，8~11）。"咸平元宝"2枚，楷书，旋读。M126∶2-12、13，直径2.5厘米（图4-129，12、13）。"圣宋元宝"1枚（M126∶2-14），行书，旋读。直径2.4厘米（图4-129，14）。"元符通宝"1枚（M126∶2-15），篆书，旋读。直径2.5厘米（图4-129，15）。"至和通宝"1枚

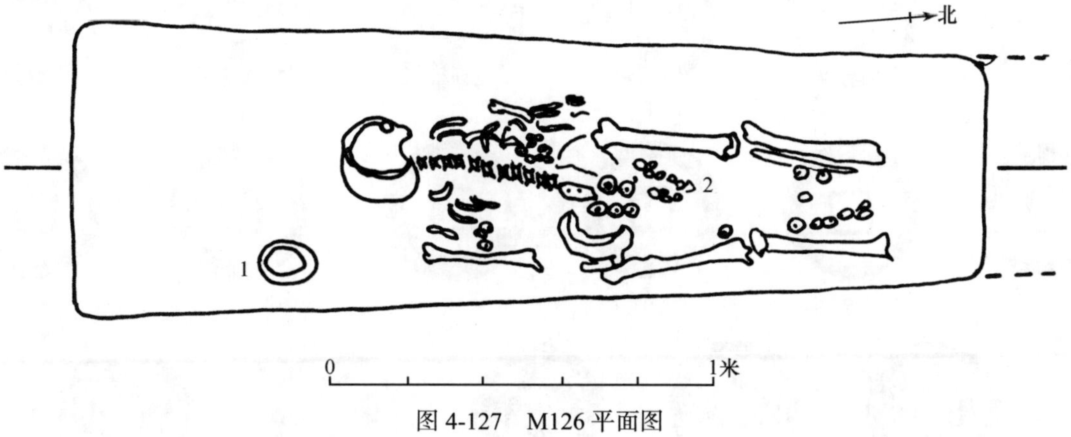

图4-127　M126平面图

1. 瓷罐　2. 铜钱

（M126∶2-16），篆书，旋读。直径2.3厘米（图4-129，16）"至和元宝"3枚，楷书，旋读。M126∶2-51、52、53，直径2.4厘米（图4-129，51、52、53）。"元丰通宝"14枚，篆书5枚，旋读，M126∶2-17、80、81，直径2.4厘米（图4-129，17、80、81）；行书9枚，旋读，M126∶2-72，花穿，直径2.4厘米（图4-129，72），M126∶2-74~76、78，直径2.4厘米（图4-129，74~76、78），M126∶2-73、77、79，直径2.3厘米（图4-129，73、77、79）。"治平元宝"5枚，楷书，旋读。M126∶2-18~21，直

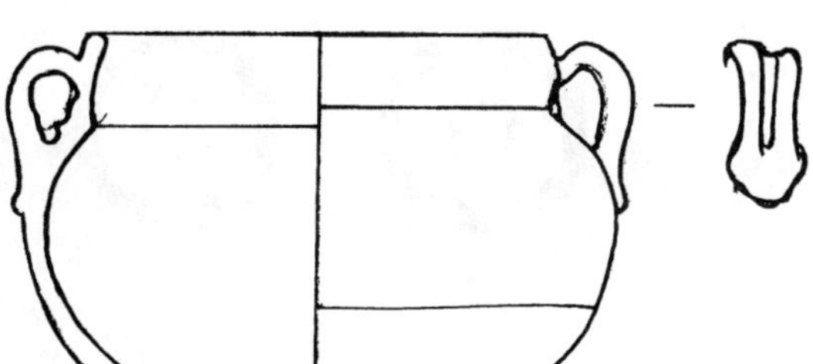

图4-128　M126出土瓷罐（M126∶1）

径 2.4 厘米（图 4-129，18~21）；M126∶2-22，直径 2.3 厘米（图 4-129，22）。“景德元宝”4 枚，楷书，旋读。M126∶2-23~25，直径 2.5 厘米（图 4-129，23~25）；M126∶2-26，直径 2.4 厘米（图 4-129，26）。“熙宁元宝”9 枚，篆书 4 枚，旋读。M126∶2-27、28，直径 2.4 厘米（图 4-129，27、28），M126∶2-29、35，直径 2.3 厘米（图 4-129，29、35）；楷书 5 枚，旋读，M126∶2-30、33、34，直径 2.4 厘米（图 4-129，30、33、34），M126∶2-31、32，直径 2.3 厘米（图 4-129，31、32）。“皇宋通宝”12 枚，篆书 5 枚，直读，M126∶2-36、37、40，直径 2.4 厘米（图 4-129，36、37、40），M126∶2-38，直径 2.5 厘米（图 4-129，38），M126∶2-39，花穿，直径 2.5 厘米（图 4-129，39）；楷书 7 枚，直读，M126∶2-41，直径 2.5 厘米（图 4-129，41），M126∶2-42，花穿，

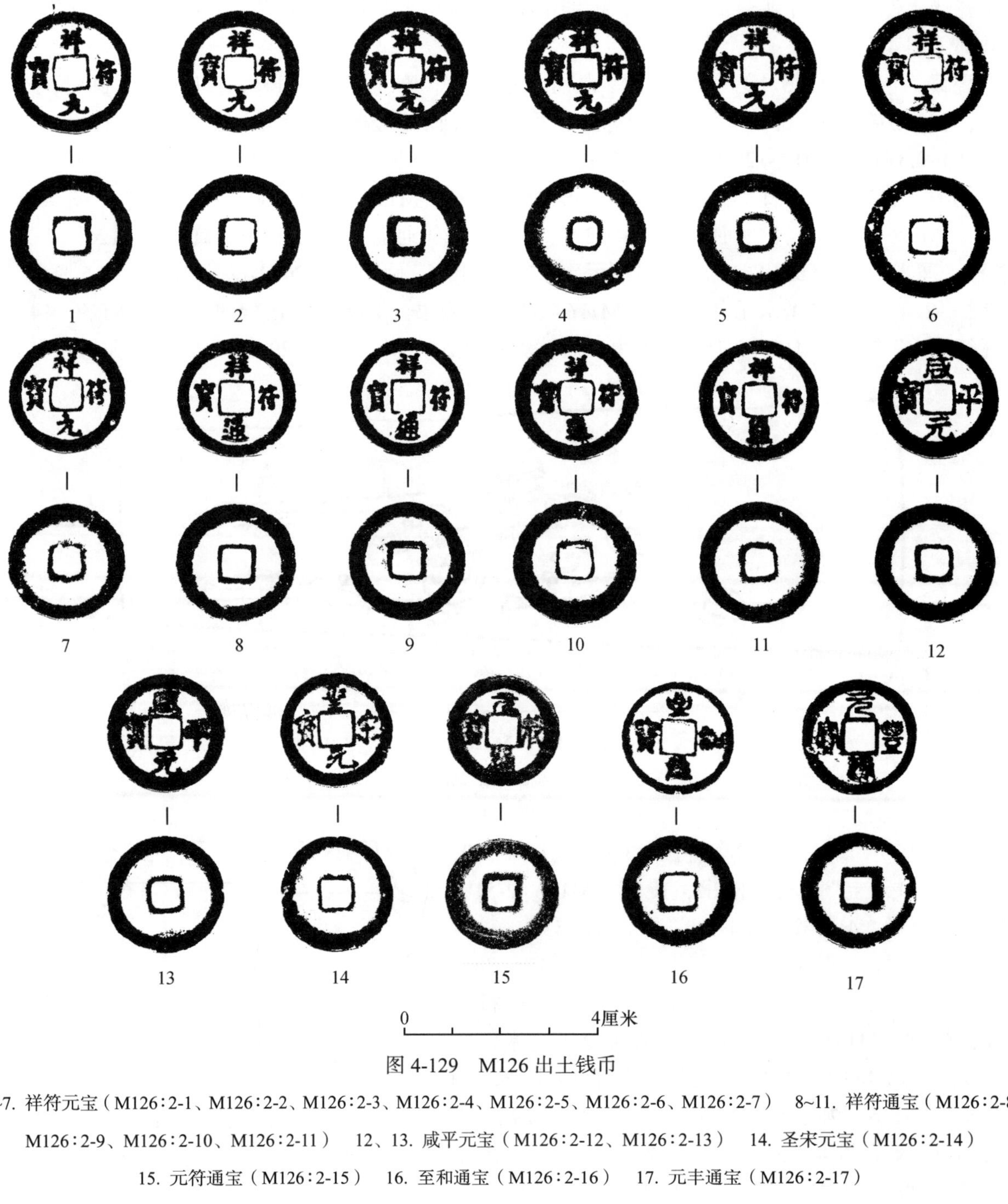

图 4-129　M126 出土钱币

1~7. 祥符元宝（M126∶2-1、M126∶2-2、M126∶2-3、M126∶2-4、M126∶2-5、M126∶2-6、M126∶2-7）　8~11. 祥符通宝（M126∶2-8、M126∶2-9、M126∶2-10、M126∶2-11）　12、13. 咸平元宝（M126∶2-12、M126∶2-13）　14. 圣宋元宝（M126∶2-14）　15. 元符通宝（M126∶2-15）　16. 至和通宝（M126∶2-16）　17. 元丰通宝（M126∶2-17）

直径2.4厘米（图4-129，42），M126∶2-43~47，直径2.4厘米（图4-129，43~47）。“天禧通宝”3枚，楷书，旋读，M126∶2-48，直径2.4厘米（图4-129，48），M126∶2-49、50，直径2.6厘米（图4-129，49、50）。“天圣元宝”11枚，楷书7枚，旋读，M126∶2-54~56，63~65，直径2.5厘米（图4-129，54~56、63~65）；篆书4枚，M126∶2-57、58、66、67，直径2.5厘米（图4-129，57、58）。“嘉祐通宝”6枚，篆书4枚，直读，M126∶2-59、60、68、69，直径2.5厘米（图4-129，59、60）；楷书2枚，直读，M126∶2-61、70，直径2.5厘米（图4-129，61、70）。“嘉祐元宝”2枚，楷书，旋读。M126∶2-62、71，直径2.3厘米（图4-129，62、71）。“绍圣元宝”6枚，行书5枚，旋读，M126∶2-82、84~87，直径2.4厘米（图4-129，82、84~87）；篆书1枚（M126∶2-83），旋读，直

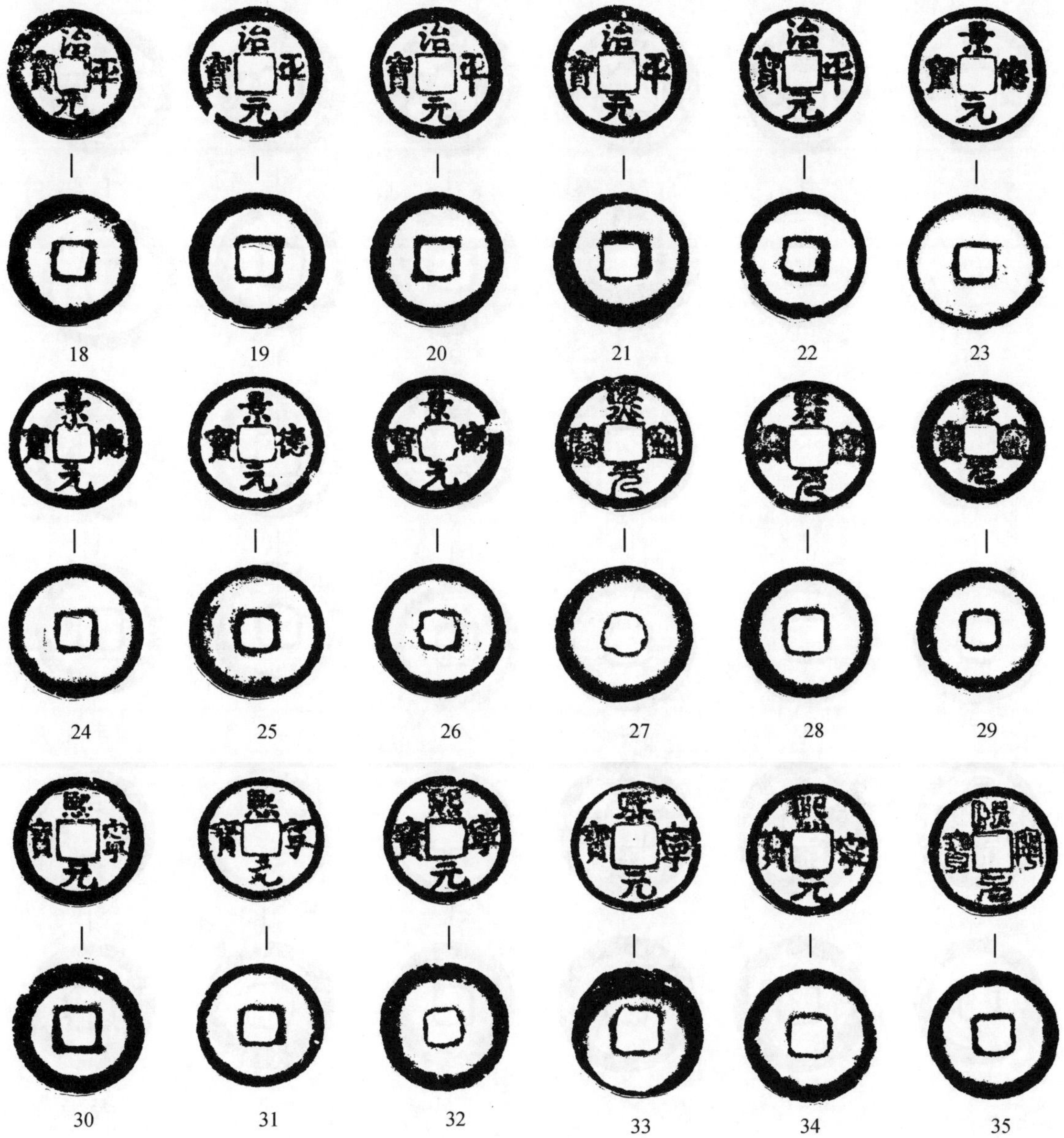

图4-129　M126出土钱币（续）

18~22. 治平元宝（M126∶2-18、M126∶2-19、M126∶2-20、M126∶2-21、M126∶2-22）　23~26. 景德元宝（M126∶2-23、M126∶2-24、M126∶2-25、M126∶2-26）　27~35. 熙宁元宝（M126∶2-27、M126∶2-28、M126∶2-29、M126∶2-30、M126∶2-31、M126∶2-32、M126∶2-33、M126∶2-34、M126∶2-35）

径 2.4 厘米（图 4-129，83）。“政和通宝”3 枚，篆书 2 枚，直读，M126∶2-88、89，直径 2.5 厘米（图 4-129，88、89）；楷书 1 枚（M126∶2-90），直读，直径 2.4 厘米（图 4-129，90）。“元祐通宝”8 枚，篆书 7 枚，旋读，M128∶2-91~97，直径 2.4 厘米（图 4-129，91~97）；行书 1 枚，旋读，M128∶2-98，直径 2.4 厘米（图 4-129，98）。“开元通宝”4 枚，楷书，直读。M128∶2-99，背面穿上一月，直径 2.4 厘米（图 4-129，99）；M128∶2-100~102，直径 2.3 厘米（图 4-129，100~102）。“至道元宝”2 枚，楷书 1 枚，旋读，M128∶2-103，直径 2.4 厘米（图 4-129，103）；草书 1 枚（M128∶2-104），旋读，直径 2.4 厘米（图 4-129，104）。年号不清者 3 枚。

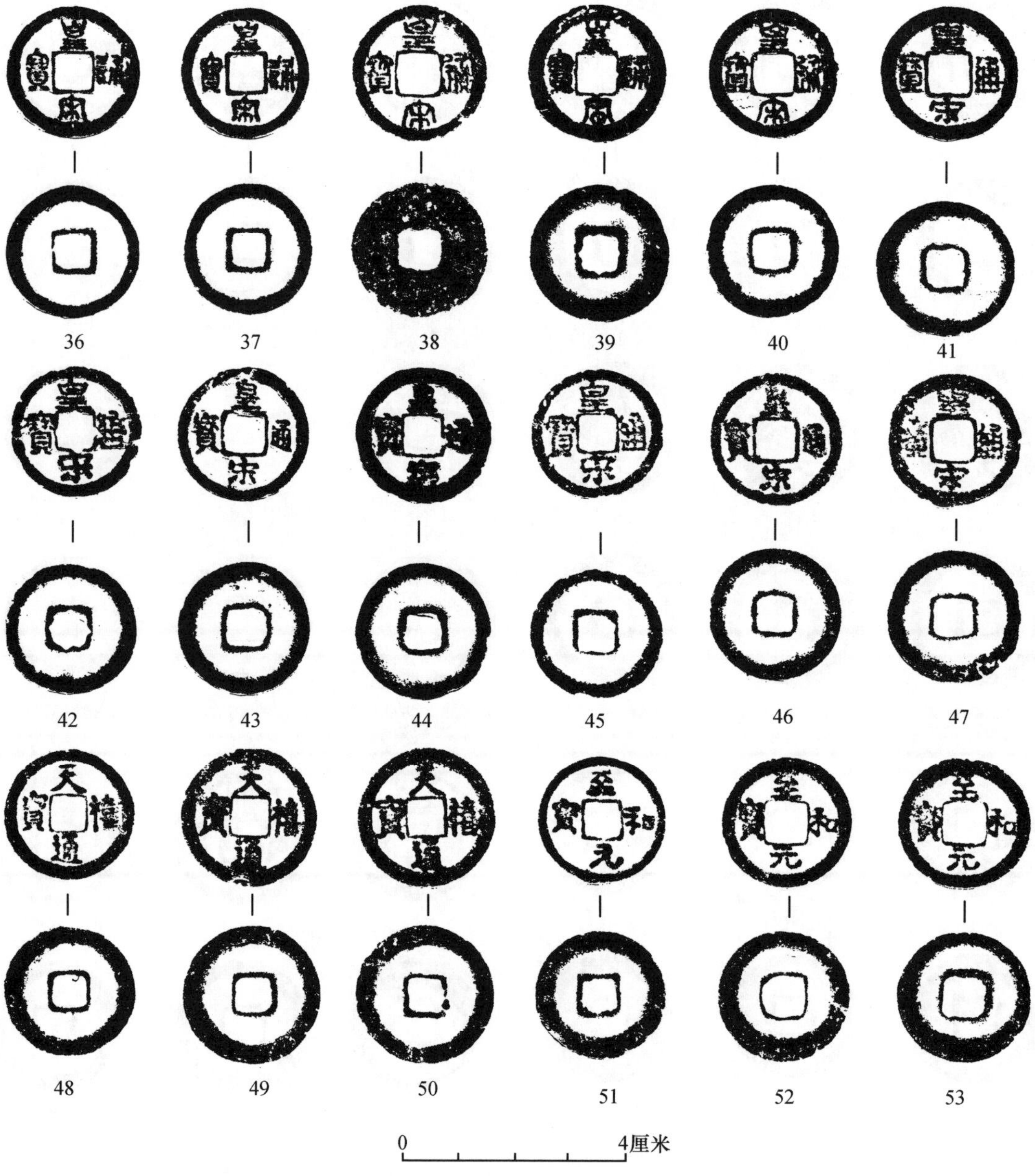

图 4-129　M126 出土钱币（续）

36~47. 皇宋通宝（M126∶2-36、M126∶2-37、M126∶2-38、M126∶2-39、M126∶2-40、M126∶2-41、M126∶2-42、M126∶2-43、M126∶2-44、M126∶2-45、M126∶2-46、M126∶2-47）　48~50. 天禧通宝（M126∶2-48、M126∶2-49、M126∶2-50）　51~53. 至和元宝（M126∶2-51、M126∶2-52、M126∶2-53）

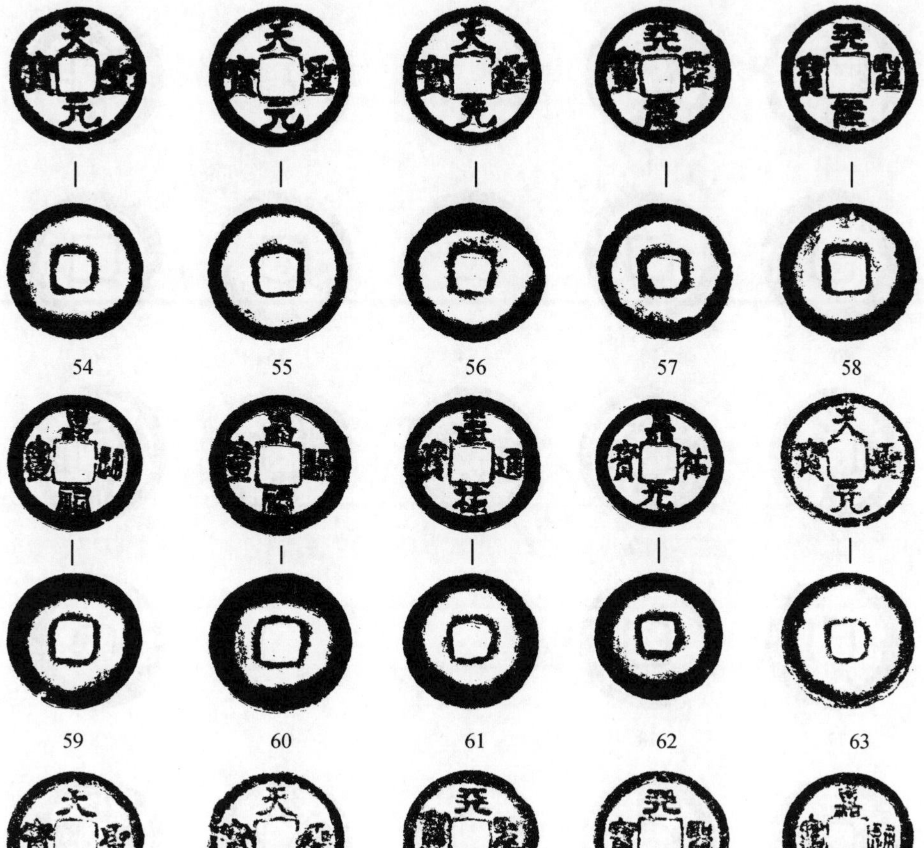

图 4-129　M126 出土钱币（续）

54~58、63~67. 天圣元宝（M126∶2-54、M126∶2-55、M126∶2-56、M126∶2-57、M126∶2-58、M126∶2-63、M126∶2-64、M126∶2-65、M126∶2-66、M126∶2-67）　59~61、68~70. 嘉祐通宝（M126∶2-59、M126∶2-60、M126∶2-61、M126∶2-68、M126∶2-69、M126∶2-70）　62、71. 嘉祐元宝（M126∶2-62、M126∶2-71）

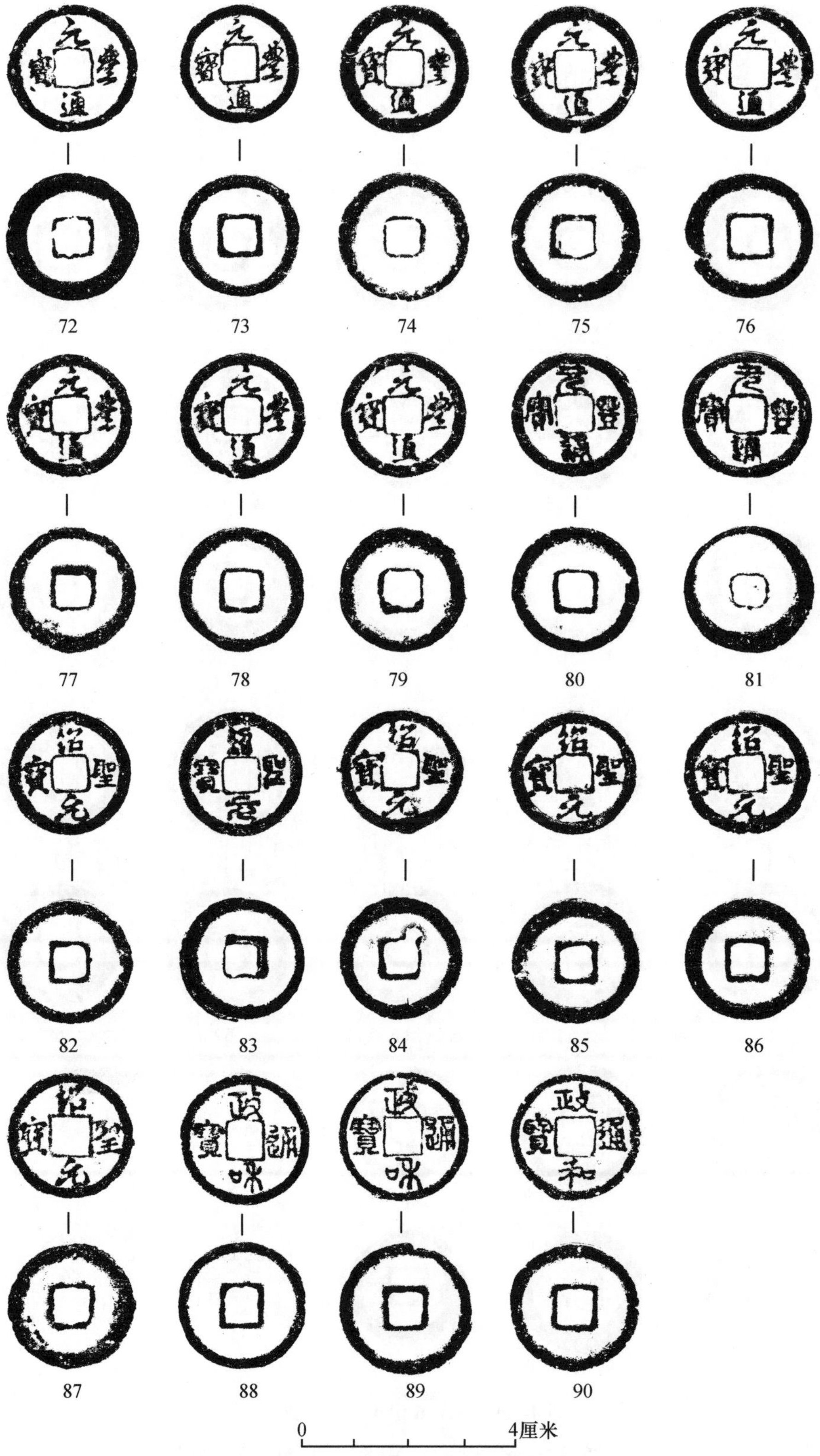

图 4-129　M126 出土钱币（续）

72~81. 元丰通宝（M126∶2-72、M126∶2-73、M126∶2-74、M126∶2-75、M126∶2-76、M126∶2-77、M126∶2-78、M126∶2-79、M126∶2-80、M126∶2-81）　82~87. 绍圣元宝（M126∶2-82、M126∶2-83、M126∶2-84、M126∶2-85、M126∶2-86、M126∶2-87）　88~90. 政和通宝（M126∶2-88、M126∶2-89、M126∶2-90）

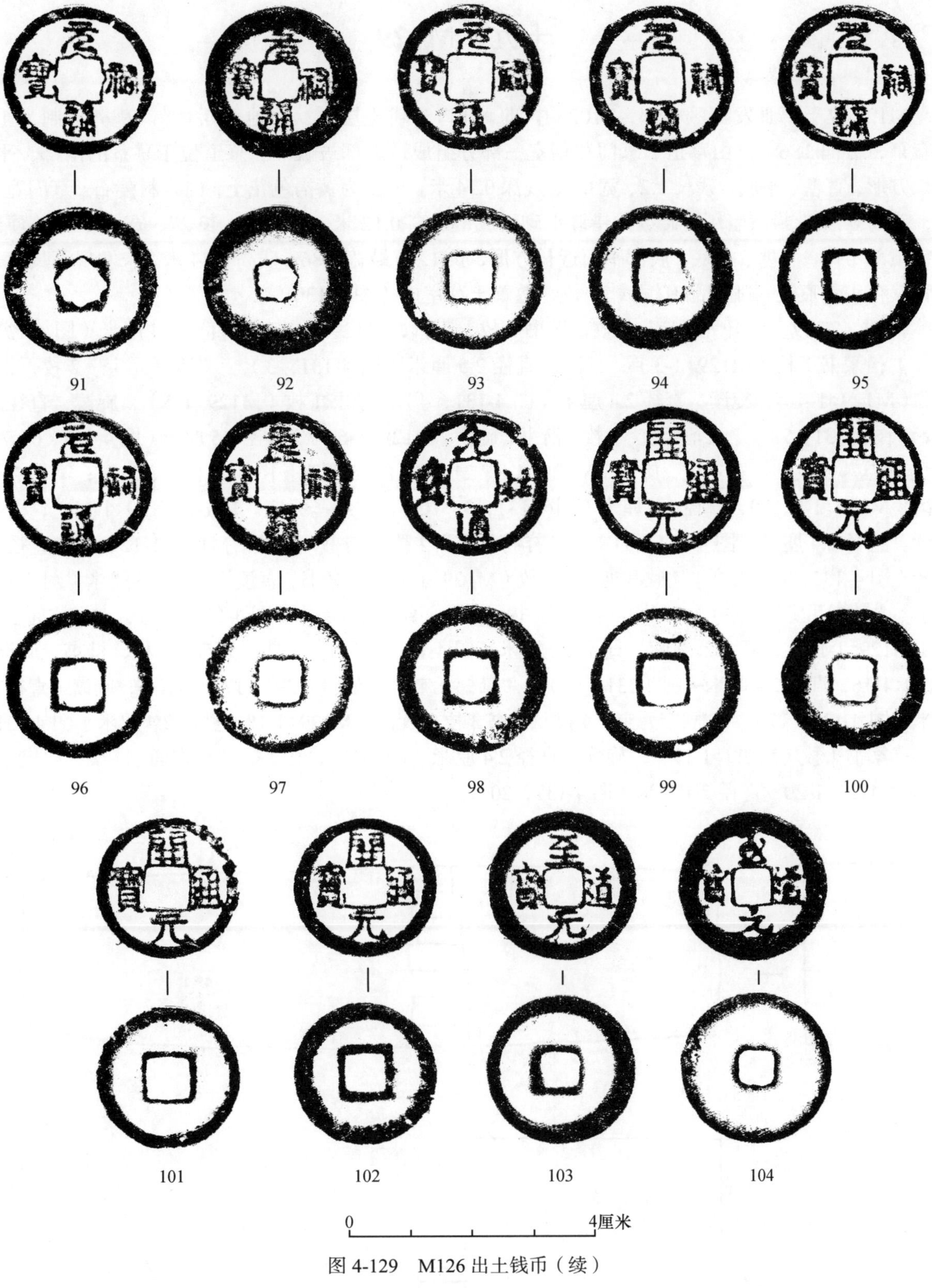

图 4-129　M126 出土钱币（续）

91~98. 元祐通宝（M126：2-91、M126：2-92、M126：2-93、M126：2-94、M126：2-95、M126：2-96、M126：2-97、M126：2-98）

99~102. 开元通宝（M126：2-99、M126：2-100、M126：2-101、M126：2-102）　103、104. 至道元宝（M126：2-103、M126：2-104）

十九、M129

M129位于第Ⅲ发掘区中部，T1026中部，开口于耕土层下，距地表0.3米。墓葬形制为土坑洞室墓，方向186°，由墓道、墓门和墓室三部分组成，上部被破坏。墓道位于墓室的南部，平面呈长方形，直壁、平底，残长1.2、宽0.8、残深0.74米。填土为黄褐色花土，内含料姜石。墓门宽0.8米，残高0.74米封门墙用青砖纵向错缝平砌而成，残高0.12米。砖素面，长27、宽13、厚6厘米。墓室顶部不详，直壁、平底，底部平面近长方形，长1.9、最宽0.86、残高0.74米。未发现葬具痕迹。人骨仅存头骨痕迹。随葬品有铜钱29枚，散置于墓室内（图4-130）。

铜钱 29枚。“开元通宝”4枚，楷书3枚，直读，M129∶1-1、2，直径2.4厘米（图4-131，1、2）；篆书1枚（M129∶1-3），直读，直径2.5厘米（图4-131，3）。“治平元宝”2枚，楷书1枚（M129∶1-4），旋读，直径2.4厘米（图4-131，4）；篆书1枚（M129∶1-5），旋读，直径2.3厘米（图4-131，5）。“天圣元宝”2枚，楷书，旋读。M129∶1-6、7，直径2.5厘米（图4-131，6、7）。“元丰通宝”5枚，行书4枚，旋读，M129∶1-8、21，直径2.5厘米（图4-131，8、21）；篆书2枚，旋读。M129∶1-9、10，直径2.4厘米（图4-131，9、10）。“绍圣元宝”1枚（M129∶1-11），楷书，旋读。直径2.4厘米（图4-131，11）。“祥符元宝”2枚，楷书，旋读。M129∶1-12、22，直径2.5厘米（图4-131，12、22）。“政和通宝”1枚（M129∶1-13），篆书，直读。直径2.5厘米（图4-131，13）。“景祐元宝”1枚（M129∶1-14），篆书，旋读。直径2.6厘米（图4-131，14）。“元祐通宝”1枚（M129∶1-15），篆书，旋读。直径2.4厘米（图4-131，15）。“咸平元宝”2枚，楷书，旋读。M129∶1-16，直径2.4厘米（图4-131，16）。“景德元宝”1枚（M129∶1-17），楷书，旋读。直径2.5厘米（图4-131，17）。“熙宁元宝”4枚，楷书3枚，旋读，M129∶1-18，直径2.4厘米（图4-131，18）；篆书1枚（M129∶1-19），旋读，直径2.4厘米（图4-131，19）。“皇宋通宝”2枚，楷书，直读。M129∶1-20，直径2.4厘米（图4-131，20）。

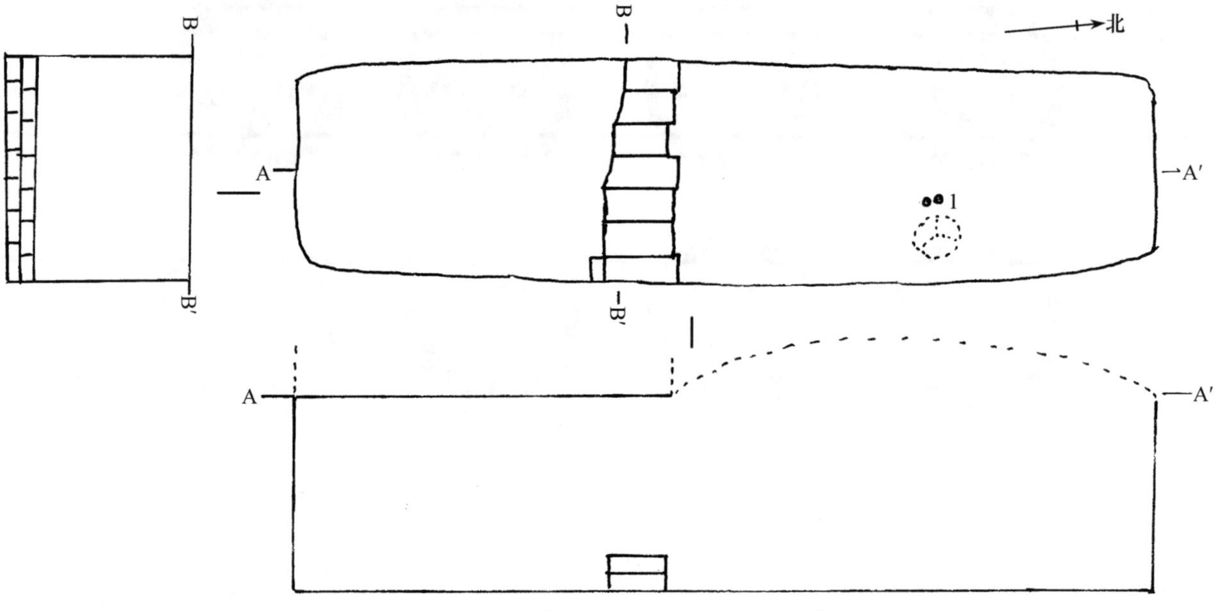

图4-130 M129平、剖面图
1. 铜钱

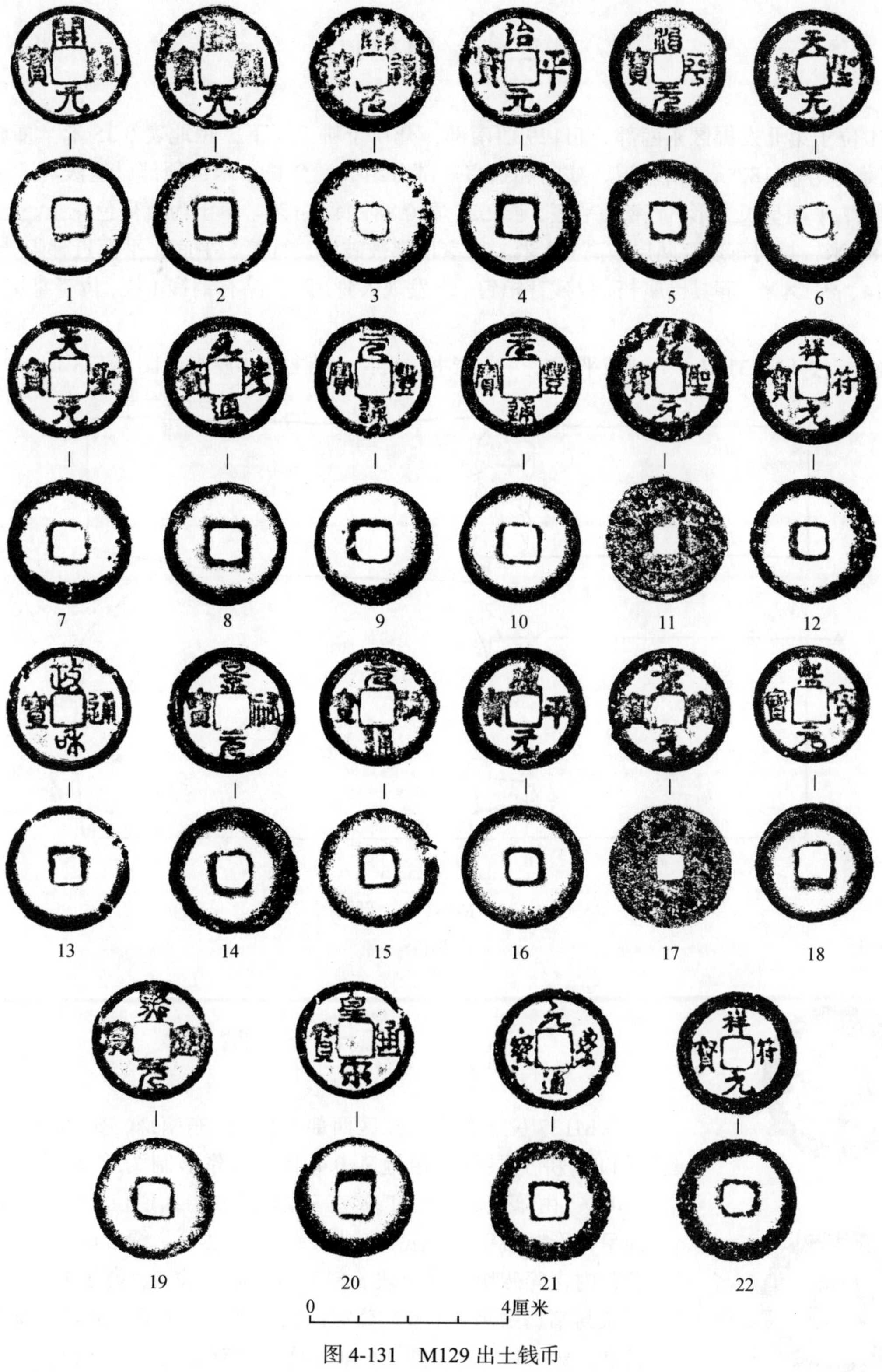

图4-131 M129出土钱币

1~3. 开元通宝（M129∶1-1、M129∶1-2、M129∶1-3） 4、5. 治平元宝（M129∶1-4、M129∶1-5） 6、7. 天圣元宝（M129∶1-6、M129∶1-7） 8~10、21. 元丰通宝（M129∶1-8、M129∶1-9、M129∶1-10、M129∶1-21） 11. 绍圣元宝（M129∶1-11） 12、22. 祥符元宝（M129∶1-12、M129∶1-22） 13. 政和通宝（M129∶1-13） 14. 景祐元宝（M129∶1-14） 15. 元祐通宝（M129∶1-15） 16. 咸平元宝（M129∶1-16） 17. 景德元宝（M129∶1-17） 18、19. 熙宁元宝（M129∶1-18、M129∶1-19） 20. 皇宋通宝（M129∶1-20）

二十、M131

M131位于第Ⅱ发掘区东南部，T1129西南部，开口于耕土层下，距地表0.35米。墓葬形制为土坑洞室墓，方向182°，由墓道、墓门和墓室三部分组成，全长5米，顶部已遭破坏。墓道位于墓室的南侧，平面呈长方形，直壁、平底，长2.2、宽0.88、深1.4米。填土为黄褐色花土，土质疏松。墓门宽0.88米，封门石现存两层，高0.4米。墓室顶部被破坏，直壁、平底，平面近梯形，长2.8、宽0.9~1.14、高1.4米。葬具已腐朽，仅残存棺钉。未发现人骨。随葬品有铜钱1枚，位于墓室中部（图4-132）。

铜钱 1枚（M131∶1）。“咸平元宝”，楷书，旋读，直径2.4厘米（图4-133）。

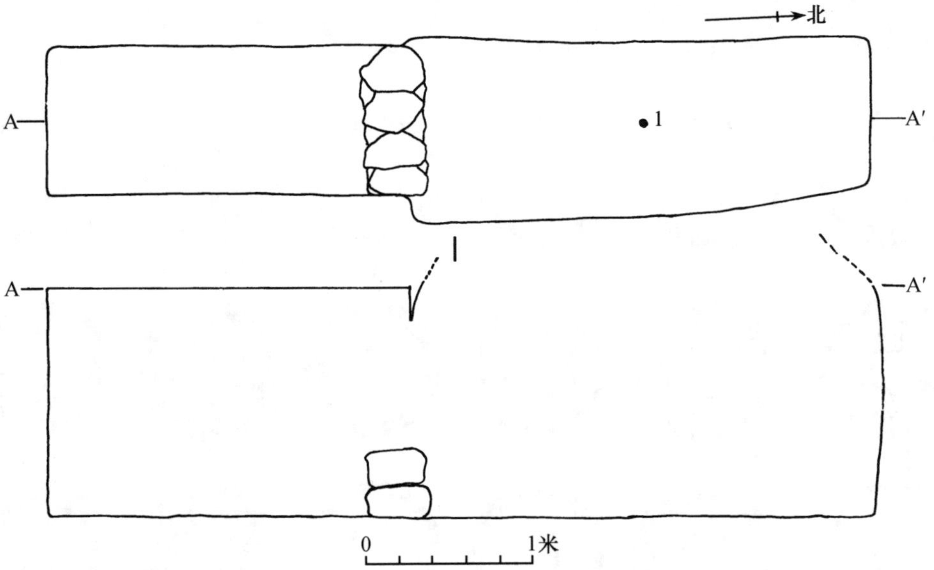

图4-132 M131平、剖面图

1. 铜钱

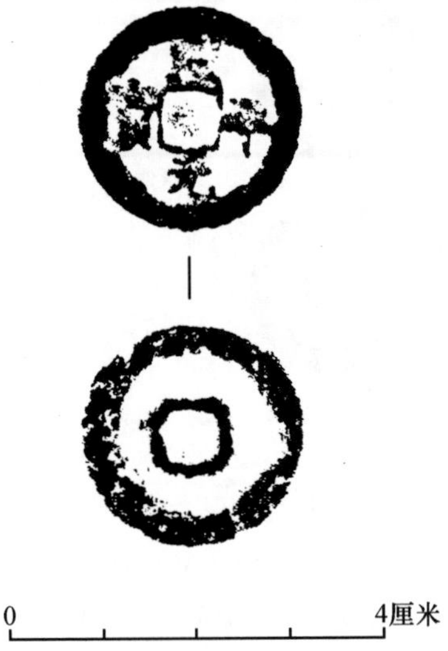

图4-133 M131出土咸平元宝（M131∶1）

二十一、M137

M137位于第Ⅱ发掘区西部，T1421东南部，延伸至T1521内，开口于耕土层下，距地表0.4米。墓葬形制为土坑洞室墓，方向160°，由墓道、墓门和墓室三部分组成。墓道位于墓室的南部，平面呈梯形，直壁、平底，残长2.2、宽0.8~1、深3.6米。填土呈黄褐色，内含碎砖块、红土块、料姜石。墓门宽1、高1.4米，用不规则石块封堵，残高0.4米。墓室弧顶、直壁、平底，底部平面呈梯形，长2、宽1.4~1.76、高1.6米。墓室内有葬具2棺，已朽，平面均呈梯形，东侧棺长1.78、宽0.44~0.5米；西侧棺长1.7、宽0.38~0.5米。两棺内各有人骨1具，葬式均为仰身直肢，头向北。随葬品有铜钱2枚，置于东侧人骨腹部（图4-134）。

铜钱 2枚。“大观通宝”1枚（M137∶1-1），瘦金体，直读，

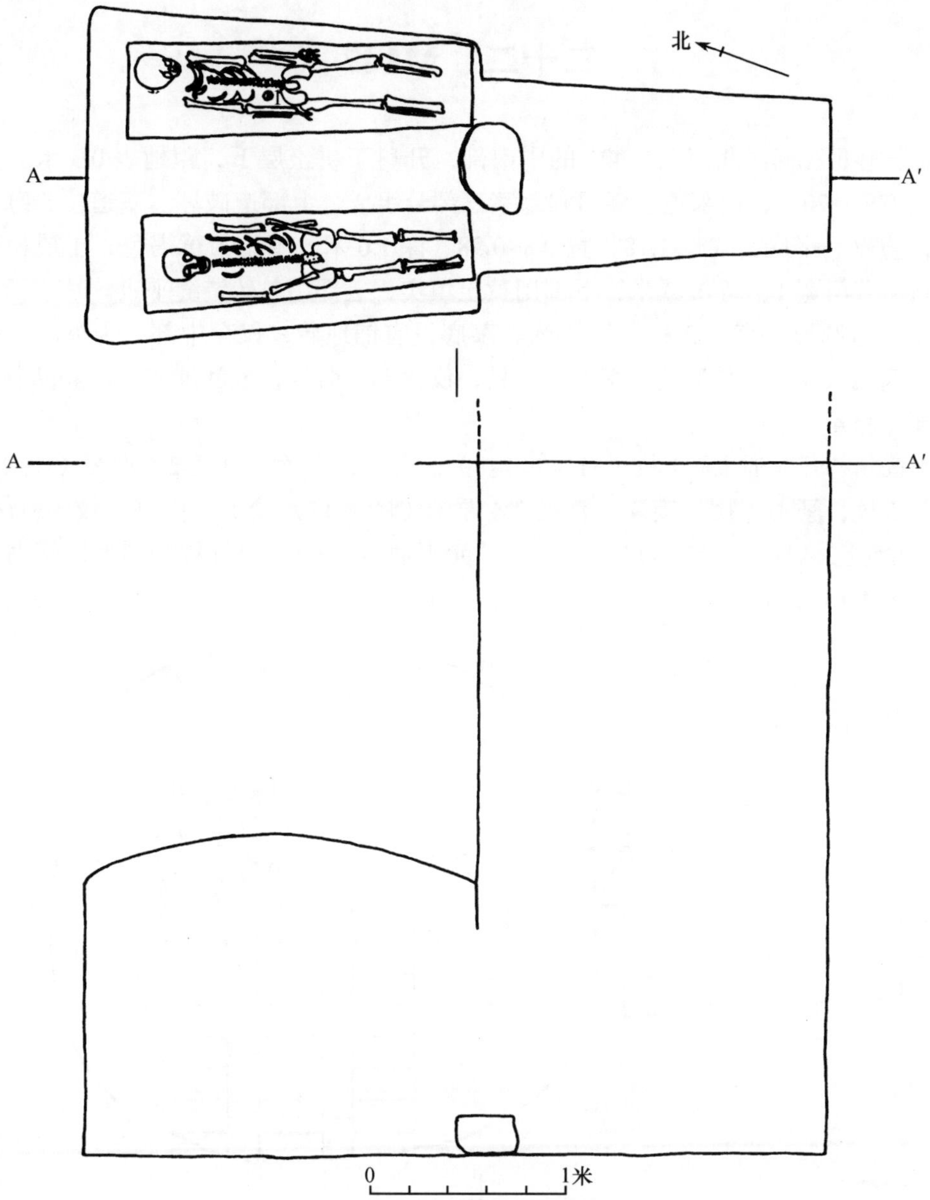

图 4-134　M137 平、剖面图

1. 铜钱

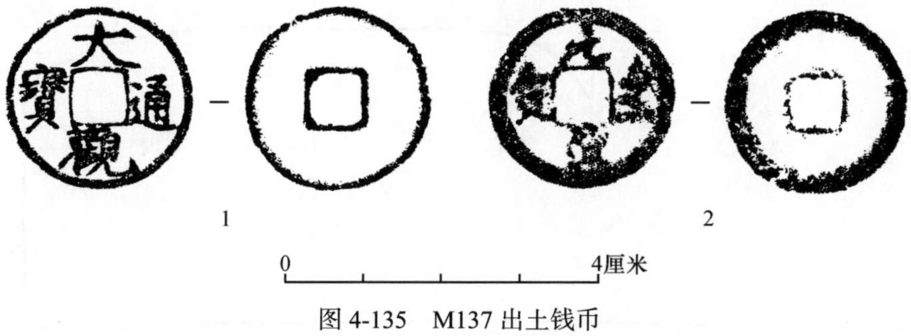

图 4-135　M137 出土钱币

1. 大观通宝（M137∶1-1）　2. 元丰通宝（M137∶1-2）

直径 2.4 厘米（图 4-135，1）。“元丰通宝”1 枚（M137∶1-2），行书，旋读。直径 2.4 厘米（图 4-135，2）。

二十二、M147

M147位于第Ⅱ发掘区北部，T1425的中南部，开口于耕土层下，距地表0.3米。墓葬形制为土坑洞室墓，方向170°，由墓道、墓门和墓室三部分组成，上部遭破坏。墓道位于墓室的南部，平面呈梯形，直壁、平底，残长1.18、宽0.8~0.98、深1.6米。填土为黄褐色，土质松软，含少量青砖和料姜石。墓门宽1、高0.93米，下部用黄土填实，上部用单砖错缝平砌。墓室弧顶、直壁、平底，底部平面近圆形，直径2.3、高1.2米。墓底设有铺地砖，仅存中部，为纵向一排、横向一排交替平铺。墓底未发现葬具痕迹，有人骨1具，仅存部分肢骨，散乱堆放。随葬品有铜钱4枚，位于人骨中部（图4-136）。

铜钱　4枚。“开元通宝”1枚（M147∶1-1），楷书，直读。直径2.5厘米（图4-137，1）。“熙宁元宝”2枚，篆书1枚，旋读，直径2.4厘米（图4-137，2）；楷书1枚（M147∶1-4），旋读，花穿，直径2.4厘米（图4-137，4）。“元丰通宝”1枚（M147∶1-3），篆书，旋读。直径2.5厘米（图4-137，3）。

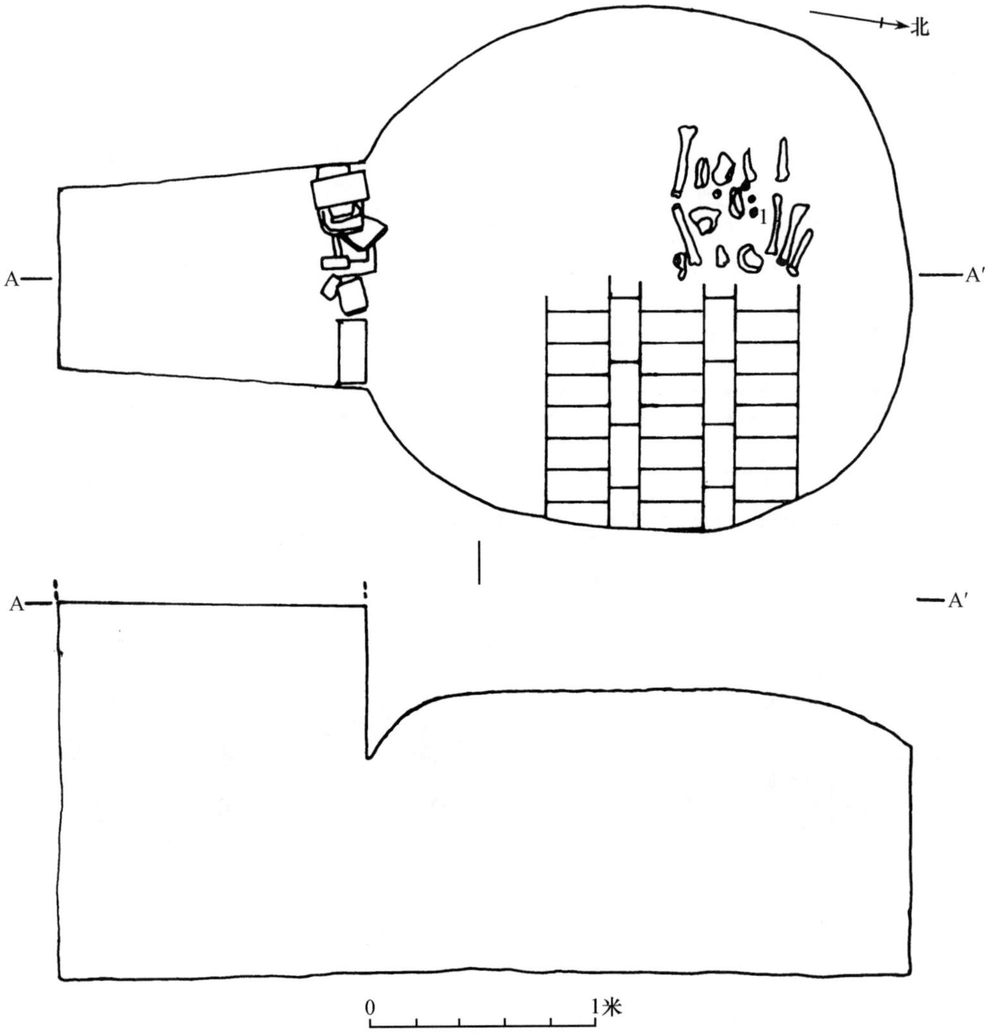

图4-136　M147平、剖面图

1. 铜钱

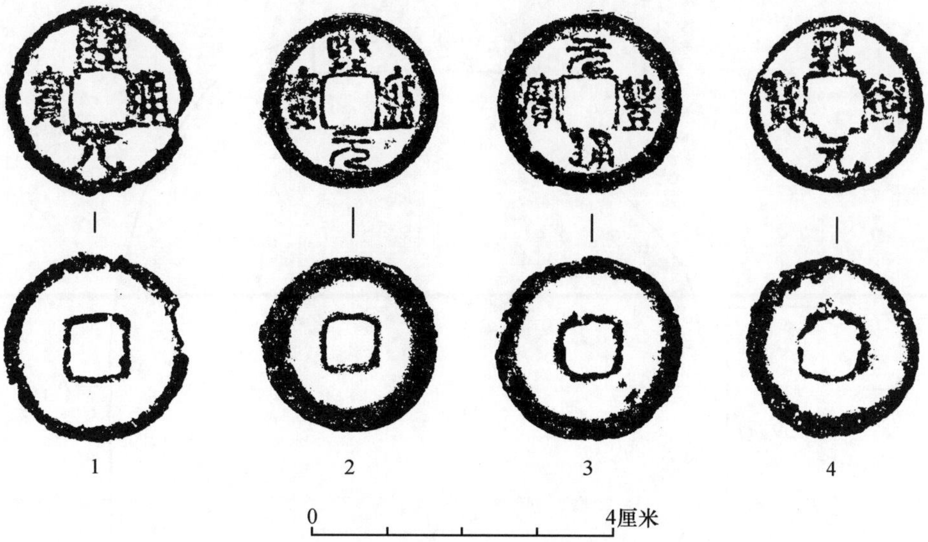

图 4-137　M147 出土钱币

1. 开元通宝（M147∶1-1）　2、4. 熙宁元宝（M147∶1-2、M147∶1-4）　3. 元丰通宝（M147∶1-3）

二十三、M156

M156 位于第Ⅱ发掘区西北部，T1522 东部，开口于扰土层下，距地表 2.3 米，被 M141、M151、M152、M159 打破。墓葬形制为土坑洞室墓，方向 183°，由墓道和墓室两部分组成。墓道位于墓室的南侧，残长 0.12、宽 0.9、残深 1.1 米。填土呈黄褐色，土质略硬，含红土块、淤土及料姜石。墓室顶部被破坏，弧壁、平底，底部平面呈椭圆形，长径 3.8、短径 2.8、残高 1.1 米。未发现葬具痕迹、人骨及随葬品（图 4-138）。

二十四、M161

M161 位于第Ⅲ发掘区中部，T1025 中部，开口于耕土层下，距地表 0.4 米。墓葬形制为土坑洞室墓，方向为 176°，由墓道、墓门和墓室三部分组成，全长 4.8 米。墓道平面呈长方形，直壁、平底，长 2.4、宽 0.7、深 4 米。填土为红褐色花土，含大量料姜石。墓门宽 0.7、高 0.9 米，用不规则石块封堵。墓室弧顶、直壁、平底，底部平面近长方形，长 2.4、宽 1.36、高 1 米。未发现葬具痕迹和人骨。随葬品有 6 件，其中瓷碗 5 件，位于洞室南端；铜钱 1 枚，位于洞室中南部（图 4-139）。

瓷碗　5 件。M161∶1，浅红褐胎，茶绿釉，外施半釉，至口沿下，内底有刮圈。敞口，尖圆唇，斜直腹，腹部中间略折，平底中心突起，矮圈足。口径 16.4、底径 6、高 4.4、壁厚 0.5~0.6 厘米（图 4-140，1）。M161∶2，浅红褐胎，茶绿釉，外釉至口沿下，内底有刮圈。敞口略敛，弧腹略直，中部略折，平底中心外突，矮圈足。口径 16、底径 5.6、高 4.4、壁厚 0.4~0.6 厘米（图 4-140，2）。M161∶3，浅黄胎，酱釉，外施半釉。敞口，尖圆唇，弧腹较深，平底，矮圈足。口径 12、底径 4.4、通高 4.6、壁厚 0.4~0.6 厘米（图 4-140，5）。M161∶4，浅红褐胎，茶绿釉，外釉施至口沿下，内底有刮圈。敞口，弧腹略鼓，平底，矮圈足。口径 16、底径 6、高 4.4、壁厚 0.4~0.6 厘米（图 4-140，

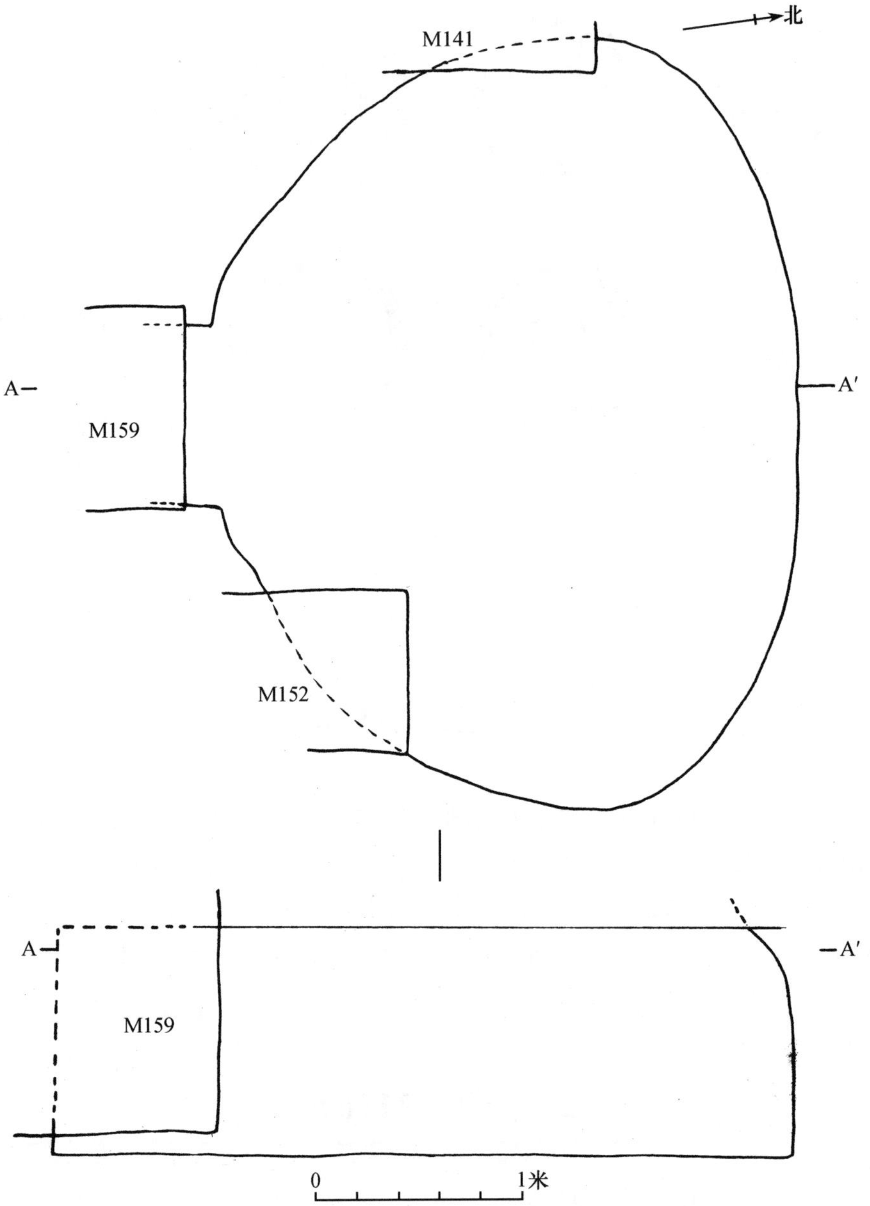

图4-138　M156平、剖面图

3）。M161∶5，浅黄胎，酱釉，外施半釉，釉不包底，内底有刮圈。尖圆唇，深弧腹，平底，矮圈足。口径12、底径4.8、高4.6、壁厚0.3~0.4厘米（图4-140，4）。

铜钱　1枚（M161∶6）。字迹不清。

二十五、M164

M164位于第Ⅱ发掘区的东部，T1329的北部，部分过隔梁延伸至T1429内。开口于扰土层下，距地表0.6米。墓葬形制为土坑洞室墓，方向175°，由墓道、墓门和墓室三部分组成。墓道位于墓室的南部，平面呈梯形，直壁、平底，长2.6、宽1~1.24、深3.2米。填土为黄褐色，土质松散，

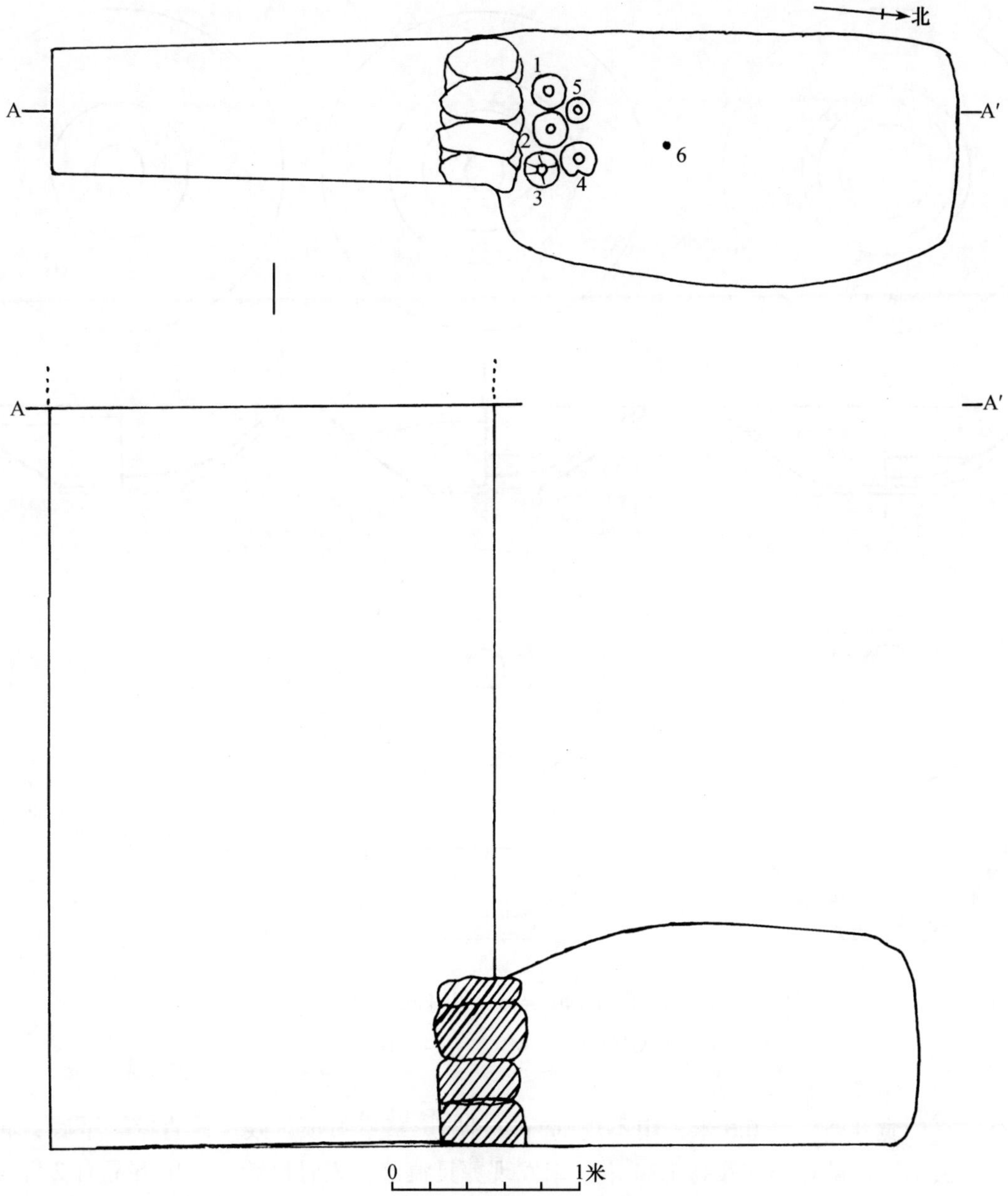

图 4-139　M161 平、剖面图
1~5. 瓷碗　6. 铜钱

内含许多红土块、料姜石。墓门宽 1.24、高 1.8 米，用不规则的石块封堵。墓室弧顶、直壁、平底，平面呈圆形，直径 3.5、高 2.4 米。墓底未见葬具，人骨已粉化。无随葬品（图 4-141）。

二十六、M181

M181 位于第Ⅲ发掘区中部，T0927 北部，延伸至 T1027 的南部，开口于耕土层下，距地表 0.3 米。墓葬形制为土坑洞室墓，方向 190°，由墓道、墓门和墓室三部分组成，全长 3.2 米，上部被破坏。墓道位于墓室的南部，平面近长方形，长 1.88、宽 0.76~0.84、残深 1.34 米。填土为黄褐色，含少

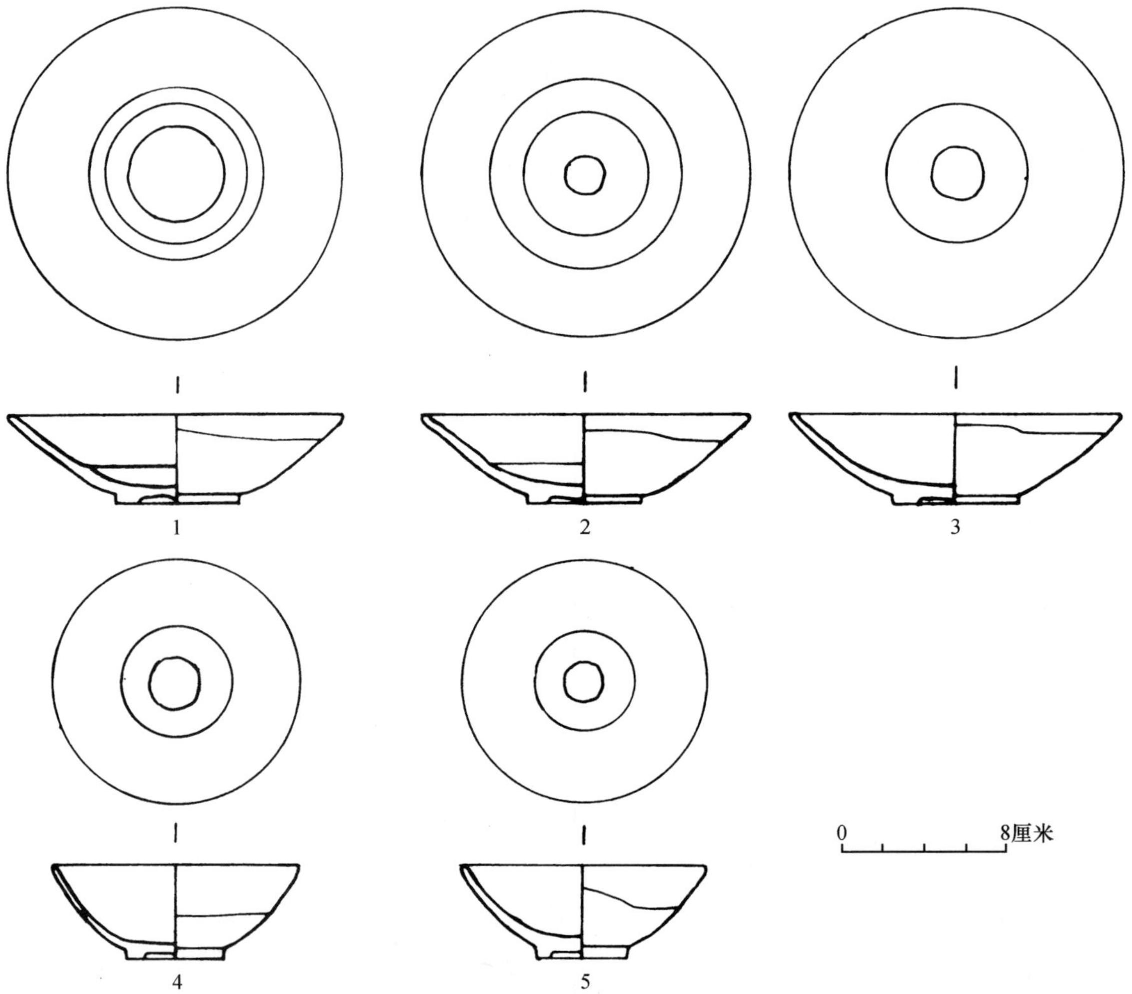

图 4-140　M161 出土瓷碗

1. M161∶1　2. M161∶2　3. M161∶4　4. M161∶5　5. M161∶3

量料姜石。墓门宽 0.88、高 0.6 米，用不规则石块封堵。墓室弧顶（残），直壁、平底，底部平面近长方形，长 1.32、宽 0.86、残高 1.34 米。未发现葬具痕迹，人骨已粉化。随葬品有 2 件（组），其中瓷罐 1 件，放置于墓室东南部；铜钱 11 枚（1 组），放置于墓室中部（图 4-142）。

瓷罐　1 件（M181∶2）。淡黄色胎，紫红釉，外施半釉，不包底。直口微敛，圆唇，鼓肩，斜弧腹，平底中心外凸，矮圈足。最大径偏上，口和肩部附加 1 对桥形耳，对称分布。口径 9.2、腹径 14.2、底径 6.8、高 11、壁厚 0.3~0.5 厘米（图 4-143）。

铜钱　11 枚。“元祐通宝”2 枚，篆书 1 枚（M181∶1-1），旋读，直径 2.4 厘米（图 4-144，1）；行书 1 枚（M181∶1-2），旋读，直径 2.5 厘米（图 4-144，2）。“熙宁元宝”1 枚（M181∶1-3），楷书，旋读。直径 2.4 厘米（图 4-144，3）。“淳化元宝”1 枚（M181∶1-4），楷书，旋读。直径 2.4 厘米（图 4-144，4）。“政和通宝”1 枚（M181∶1-5），楷书，直读。直径 2.4 厘米（图 4-144，5）。“景德元宝”1 枚（M181∶1-6），楷书，旋读。直径 2.5 厘米（图 4-144，6）。“天圣元宝”1 枚（M181∶1-7），篆书，旋读。直径 2.5 厘米（图 4-144，7）。“五铢”2 枚，M181∶1-8、9，直径 2.6 厘米（图 4-144，8、9）。“至和元宝”2 枚，楷书，旋读。M181∶1-10、11，直径 2.4 厘米（图 4-144，10、11）。“至和通宝”1 枚（M181∶1-12），篆书，直读。直径 2.4 厘米（图 4-144，12）。“皇宋通宝”2 枚，

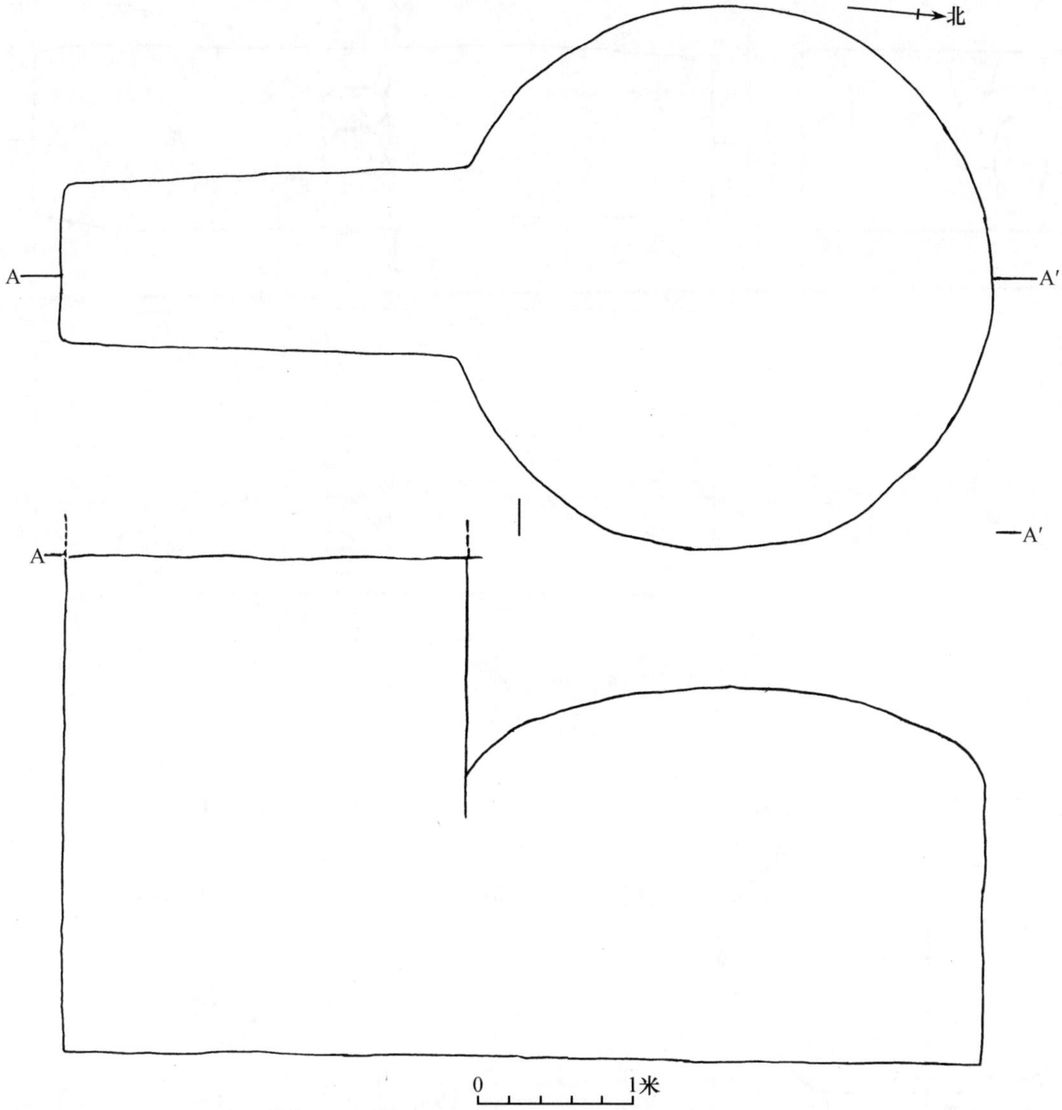

图 4-141　M164 平、剖面图

楷书 1 枚（M181∶1-13），直读，直径 2.4 厘米（图 4-144，13）；篆书 1 枚（M181∶1-14），直读，直径 2.4 厘米（图 4-144，14）。

二十七、M202

M202 位于第Ⅱ发掘区东北部，T1528 西北部，开口于扰土层下，距地表 2.4 米。墓葬形制为土坑洞室墓，方向 270° ，由墓道、墓门和墓室三部分组成，上部被破坏。墓道平面呈梯形，残长 2、宽 0.7~1、残深 1.8 米。填土为黄褐色，含红褐土块、少量料姜石等。墓门宽 1、高 1 米。墓室弧顶，直壁、平底，底部平面呈梯形，长 2.6、宽 1.24~1.64、高 1.3 米。墓底有葬具 1 棺，平面呈梯形，长 2.12、宽 0.5~0.74 米。随葬品有 3 件，其中铜钱 1 枚，位于棺中北部；瓷罐 1 件、瓷碗 1 件，位于棺南端（图 4-145；图版 8-3）。

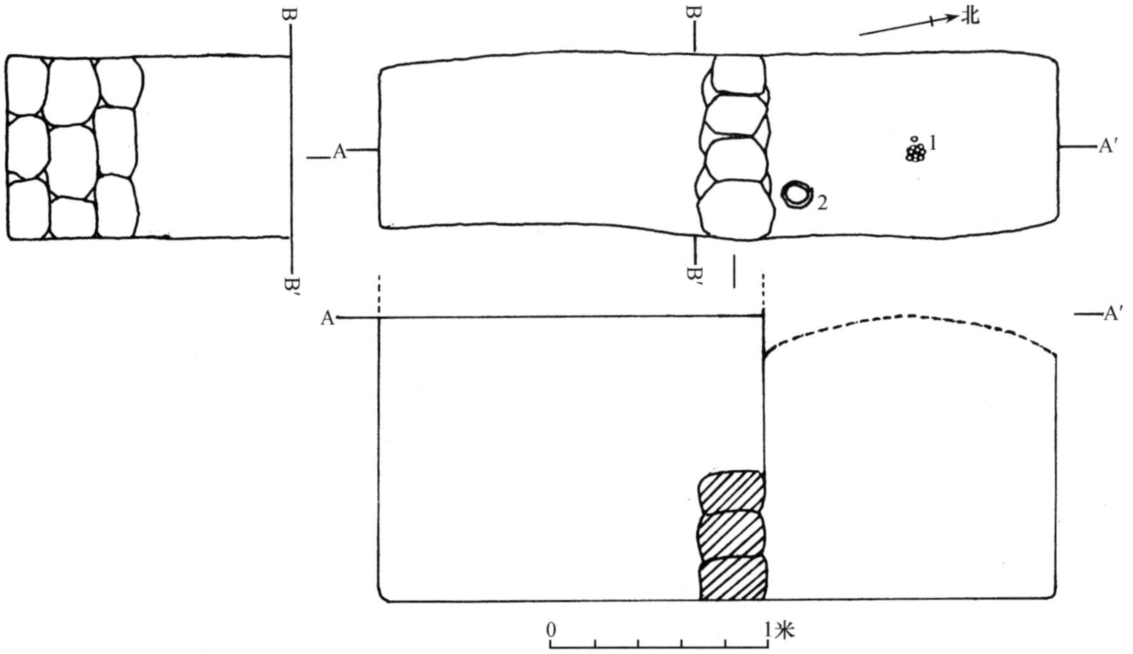

图 4-142　M181 平、剖面图

1. 铜钱　2. 瓷罐

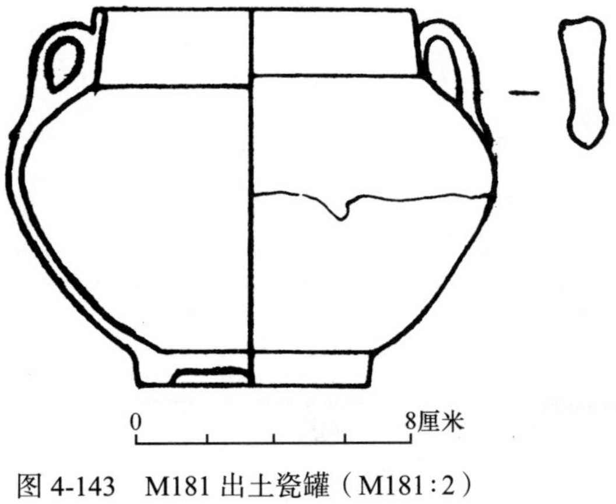

图 4-143　M181 出土瓷罐（M181∶2）

铜钱　1 枚（M202∶1）。字迹不清。

瓷罐　1 件（M202∶2）。残碎不能修复。

瓷碗　1 件（M202∶3）。残碎不能修复。

二十八、M206

M206 位于第Ⅱ发掘区南部，T1326 的南部，部分延伸至 T1226 内。开口于扰土层下，距地表 3.2 米，上部被 M173 打破。墓葬形制为土坑洞室墓，方向 185°。墓道未清理。墓室顶部被破坏，直壁，平底，平面呈梯形，长 2.8、宽 0.8~1.3、残高 1 米。墓室内有葬具 2 棺，已朽，棺平面均为梯形，东侧棺长 1.6、宽 0.28~0.42 米；西侧棺长 1.6、宽 0.4~0.44 米。人骨已粉化。无随葬品（图 4-146）。

二十九、M218

M218 位于第Ⅱ发掘区西部，T1322 东北部，开口于扰土层下，距地表 2 米，上部被 M217 打破。墓葬形制为土坑洞室墓，方向 194°，由墓道和墓室两部分组成，上部已被破坏。墓道位于墓室的南部，平面呈梯形，直壁平底，长 2.4、宽 0.6~1.16、残深 0.9 米。填土呈浅黄褐色，土质略硬，含红土块、料姜石。墓室顶残，直壁、平底，底部平面呈梯形，长 2.6、宽 1.16~1.6、残高 0.9 米。墓底有葬具 1 棺，已朽，平面呈梯形，长 1.9、宽 0.4~0.6 米。棺内有人骨 1 具，葬式为仰身直肢，头向北，墓主头枕

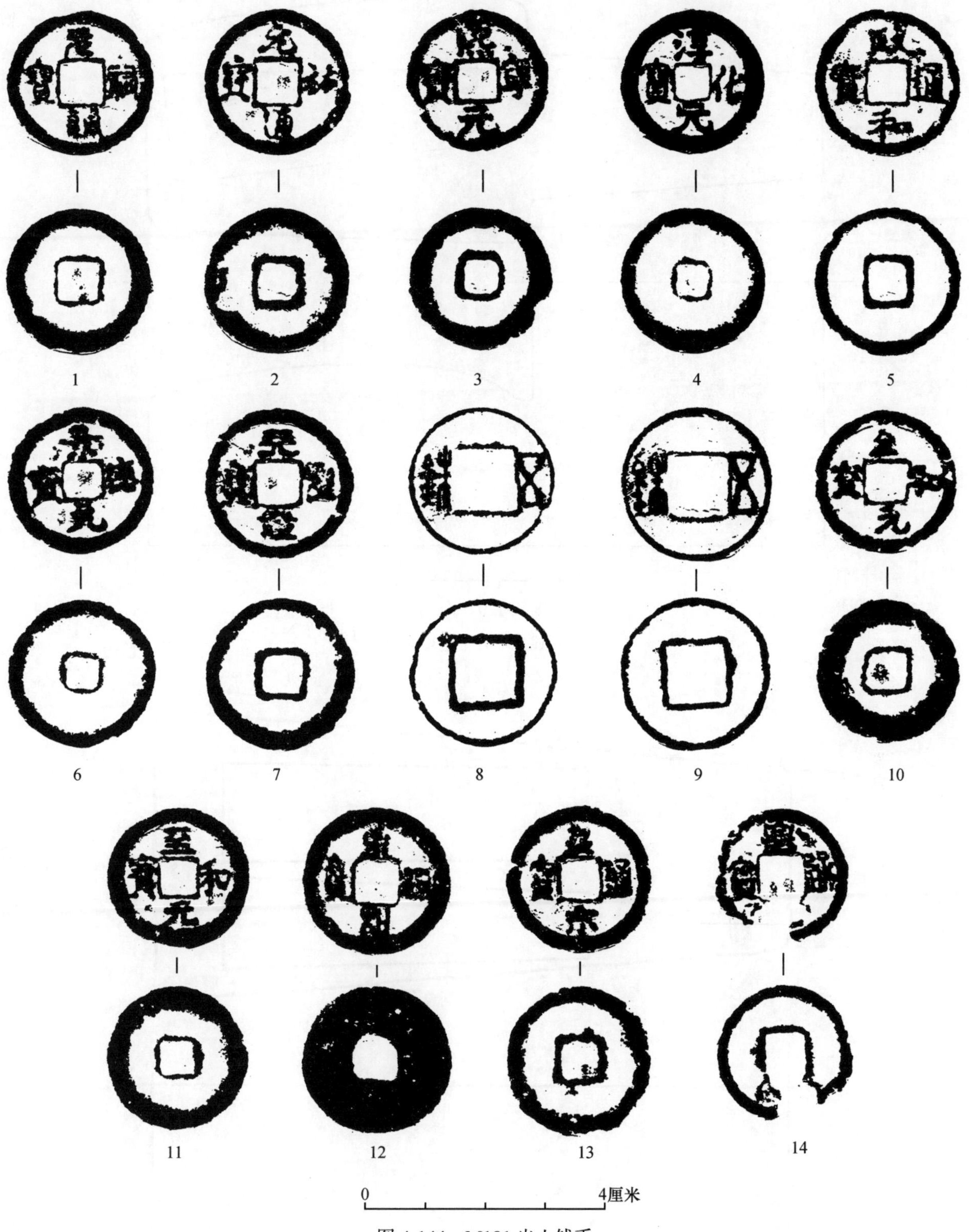

图 4-144　M181 出土钱币

1、2. 元祐通宝（M181∶1-1、M181∶1-2）　3. 熙宁元宝（M181∶1-3）　4. 淳化元宝（M181∶1-4）　5. 政和通宝（M181∶1-5）　6. 景德元宝（M181∶1-6）　7. 天圣元宝（M181∶1-7）　8、9. 五铢（M181∶1-8、M181∶1-9）　10、11. 至和元宝（M181∶1-10、M181∶1-11）　12. 至和通宝（M181∶1-12）　13、14. 皇宋通宝（M181∶1-13、M181∶1-14）

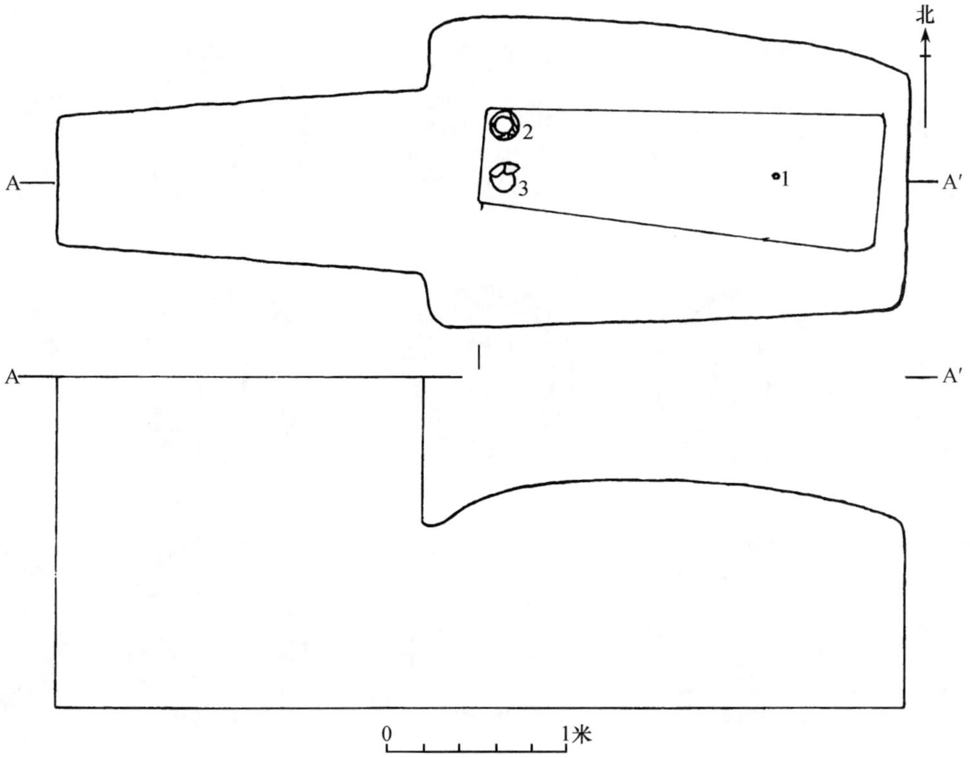

图 4-145　M202 平、剖面图

1. 铜钱　2. 瓷罐　3. 瓷碗

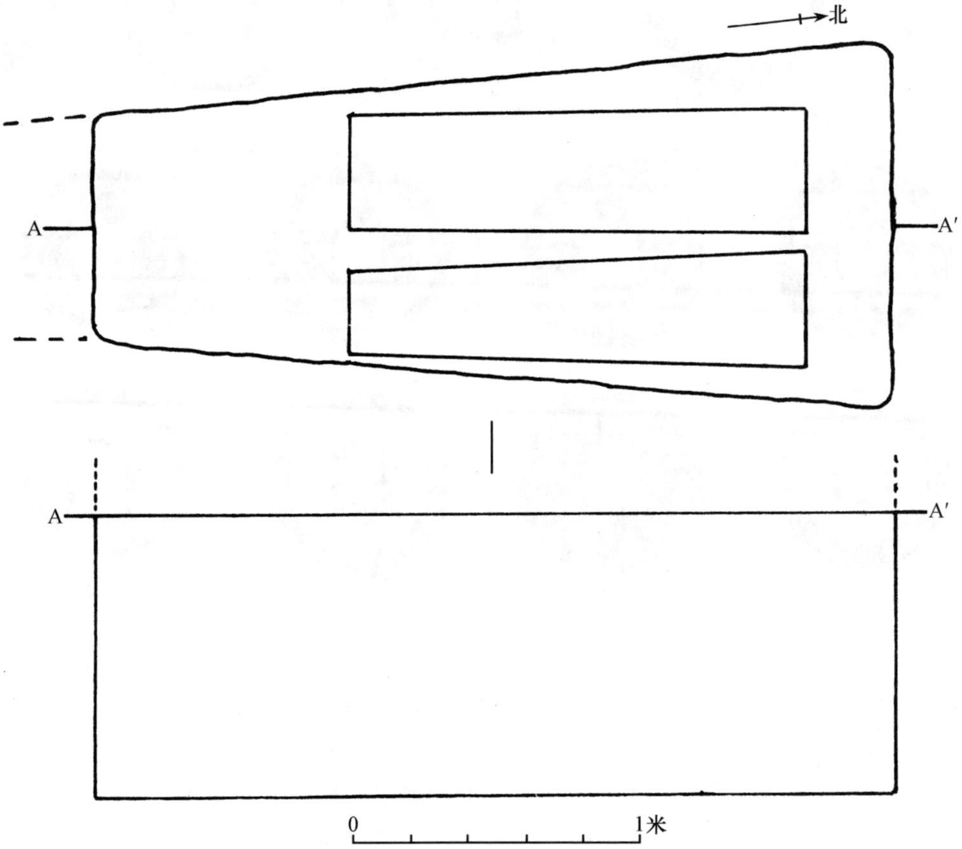

图 4-146　M206 平、剖面图

土坯一块。随葬品有铜钱5枚，分放置于人骨颈部及下肢骨东侧（图4-147）。

铜钱　5枚。“至道元宝”1枚（M218∶1-1），草书，旋读。直径2.35厘米（图4-148，1）。“祥符元宝”1枚（M218∶1-2），楷书，旋读。直径2.4厘米（图4-148，2）。“天圣元宝”1枚（M218∶1-3），篆书，旋读。直径2.4厘米（图4-148，3）。“熙宁元宝”1枚（M218∶1-4），篆书，旋读。直径2.4厘米（图4-148，4）。“元丰通宝”1枚（M218∶1-5），行书，旋读。直径2.3厘米。

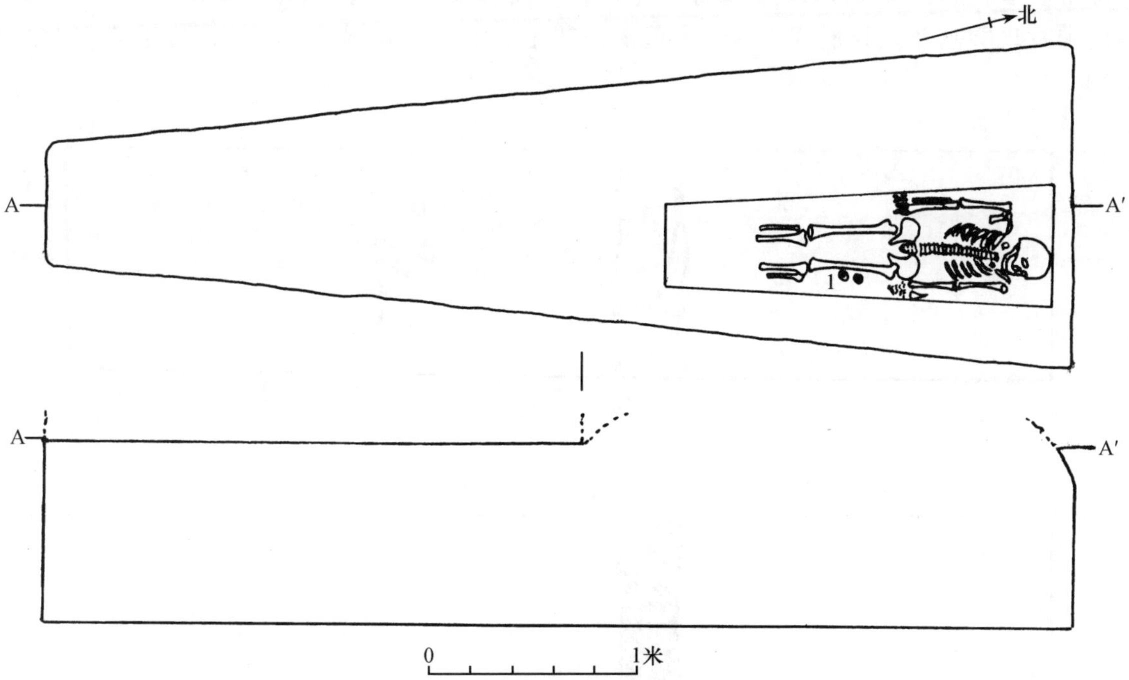

图4-147　M218平、剖面图

1. 铜钱

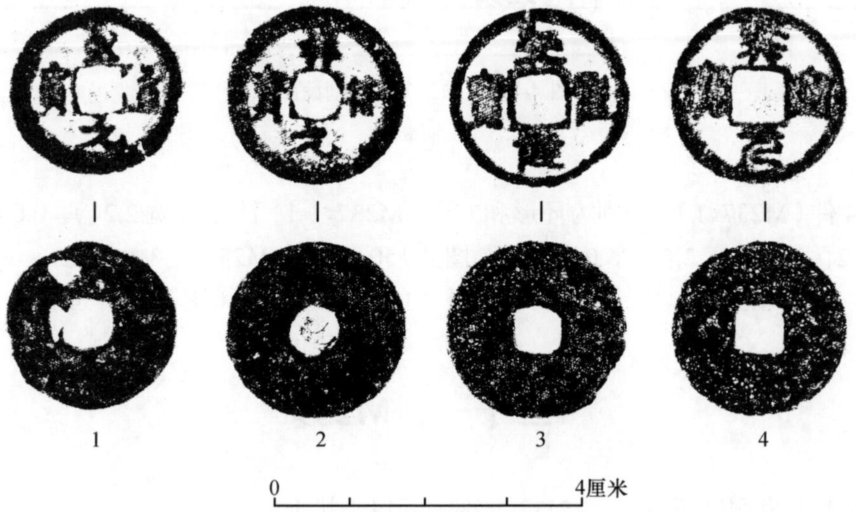

图4-148　M218出土钱币

1. 至道元宝（M218∶1-1）　2. 祥符元宝（M218∶1-2）　3. 天圣元宝（M218∶1-3）　4. 熙宁元宝（M218∶1-4）

三十、M237

M237位于第Ⅳ发掘区的南部，T1716北部。开口扰土层下，距地表2.2米。墓葬形制为土坑洞室墓，方向177°，由墓道、墓门和墓室三部分组成，上部被破坏。墓道平面呈长方形，直壁、平底，长1.18、宽0.6、残深0.84米。墓门宽0.6、残高0.84米，封门墙由不规则的石块砌成。墓室位于墓道北侧，顶部被破坏，直壁、平底，平面呈长方形，长1.42、宽0.6、残高0.84米。墓室内未发现葬具及人骨痕迹。填土为黄褐色花土。随葬品有铜带饰4件，位于墓底中部（图4-149）。

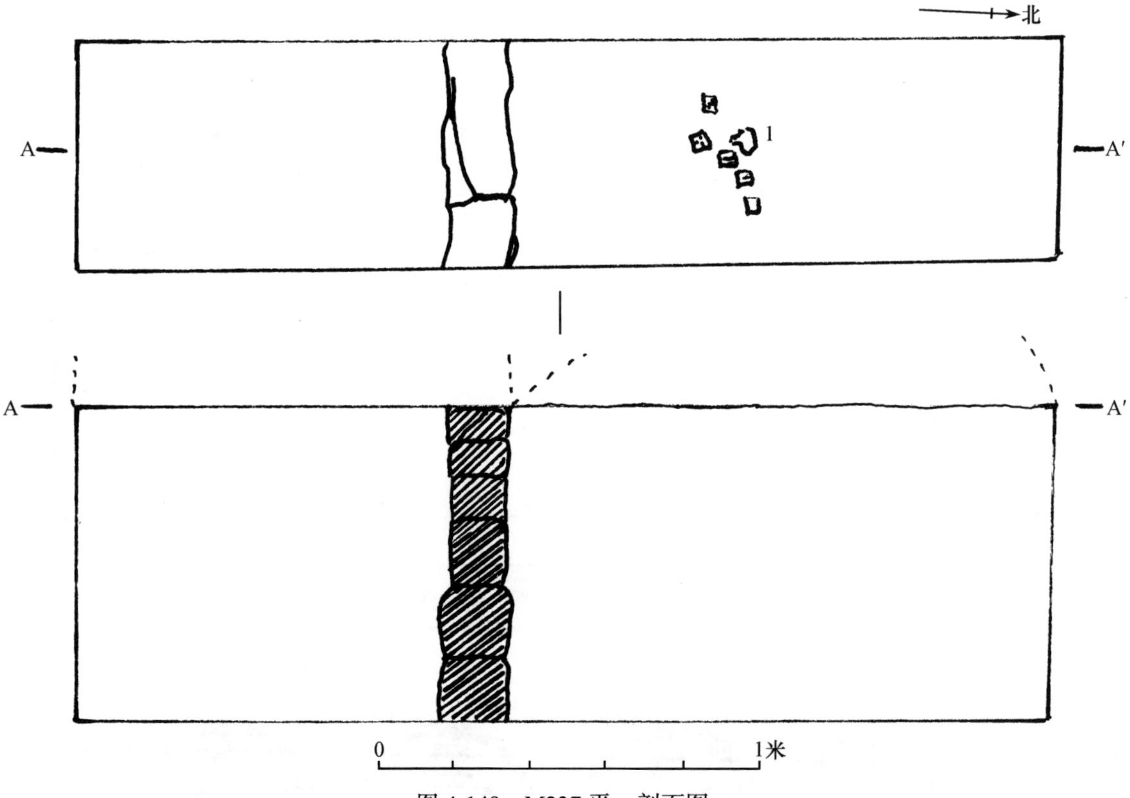

图4-149 M237平、剖面图

1. 铜带饰

铜带饰 4件（M237∶1）。分别为环形和方形。M237∶1-1，长2.6、宽2.2、厚0.6厘米（图4-150，1）。M237∶1-2，长3、宽2.4、厚0.6厘米（图4-150，2）。M237∶1-3，长2.1、宽1.4、厚0.5厘米（图4-150，3）。M237∶1-4，长径3.9、短径2.1、厚0.4厘米（图4-150，4）。

三十一、M259

M259位于第Ⅴ发掘区西北部，T2113北部，开口于扰土层下，距地表1.8米，北部被M260的墓道打破。墓葬形制为土坑洞室墓，方向201°，由墓道、墓门和墓室三部分组成，墓的上部被破坏，仅存墓底。墓道位于墓室的南侧，平面呈梯形，直壁、平底，长1.02、宽0.8~0.88、残深0.1米。

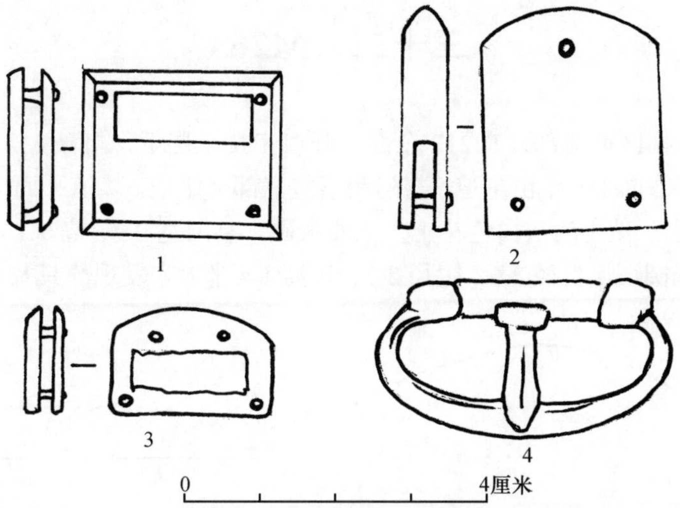

图 4-150 M237 出土铜带饰

1. M237∶1-1 2. M237∶1-2 3. M237∶1-3 4. M237∶1-4

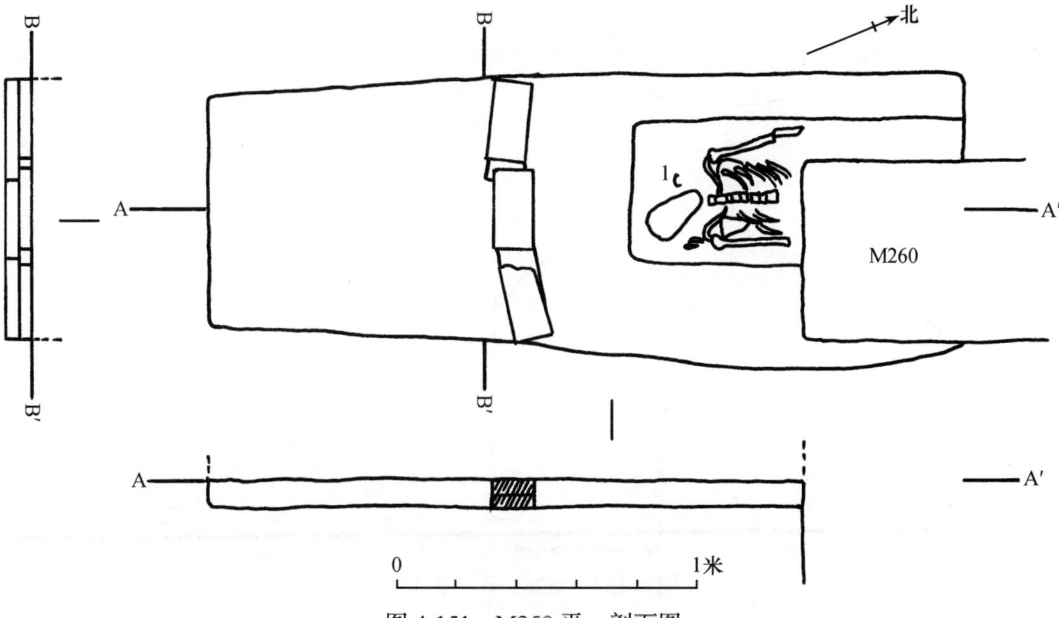

图 4-151 M259 平、剖面图

1. 铜耳坠

墓门宽 0.88 米，用青砖横向错缝平砌封门墙，残高 0.1 米。砖均素面，长 26、宽 13、厚 4 厘米。墓室顶部被破坏，底部平面近长方形，长 1.4、宽 0.9~0.96、残深 0.1 米。墓底有葬具 1 棺，已朽，平面呈长方形。棺内有人骨 1 具，仅存上半身，葬式为仰身直肢，头向南。随葬品有铜耳坠 1 对，置于头骨两侧（图 4-151）。

铜耳坠 1 对（M259∶1）。形制一致，“U” 字形。长约 2.5 厘米（图 4-152）。

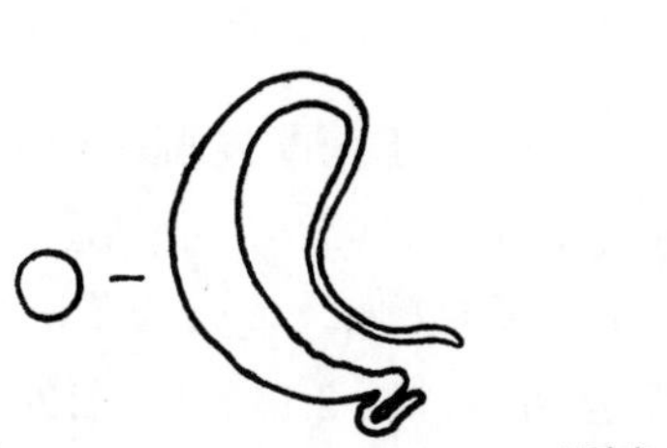

图 4-152 M259 出土铜耳坠（M259∶1）

三十二、M263

M263位于第Ⅴ发掘区西北部，T2212东部。开口于扰土层下，打破M258，距地表2.2米。墓葬形制为土坑洞室墓，方向180°，由墓道、墓门和墓室三部分组成。墓道平面为长方形，直壁、平底，长2、宽0.9、残深2米。填土为灰白色花土，土质较硬。墓门宽0.9、高1.1米。墓室弧顶（残），直壁、平底，平面呈椭圆形，长径2.6、短径2.2、残高1.4米。未发现葬具及人骨架。无随葬品（图4-153）。

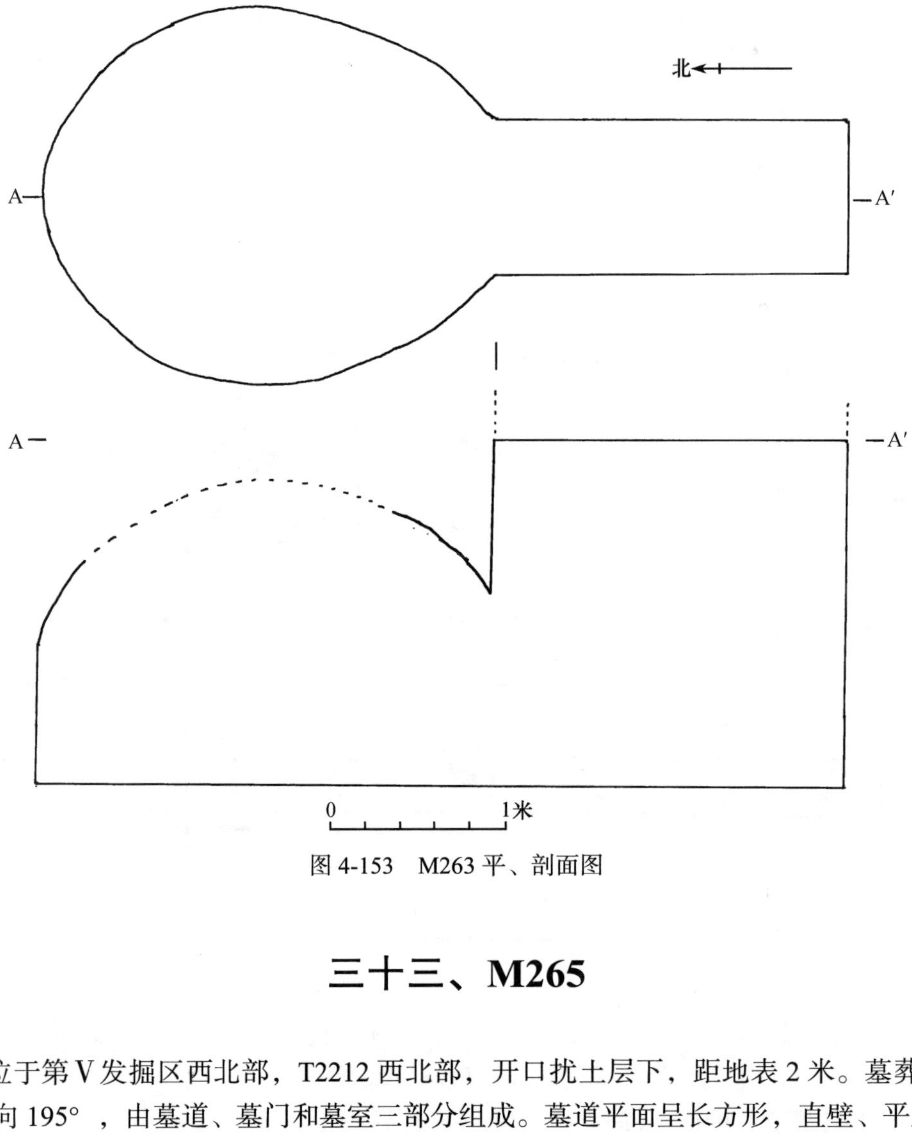

图4-153　M263平、剖面图

三十三、M265

M265位于第Ⅴ发掘区西北部，T2212西北部，开口扰土层下，距地表2米。墓葬形制为土坑洞室墓，方向195°，由墓道、墓门和墓室三部分组成。墓道平面呈长方形，直壁、平底，长2.14、宽1.1、深1.7米。填土为黄褐色花土。墓门为弧形，宽1.1、高0.86米。墓室弧顶、直壁、平底，平面近梯形，长2.14、宽1.12~1.4、高1.15米。墓底未发现葬具及人骨。随葬品有骨饰1件，位于墓室中部（图4-154）。

骨饰　1件（M265∶1）。平面近“亚”字形，长约2、宽约1.5厘米（图4-155）。

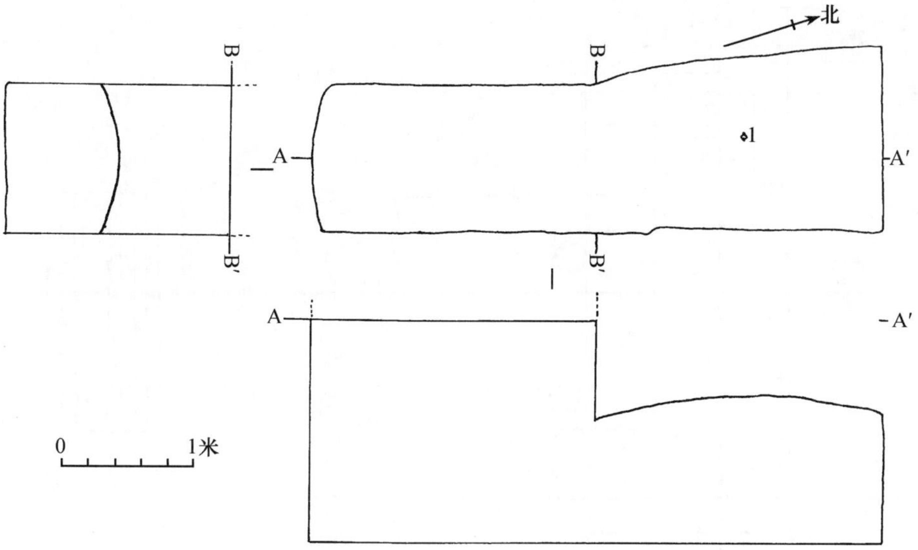

图 4-154　M265 平、剖面图

1. 骨饰

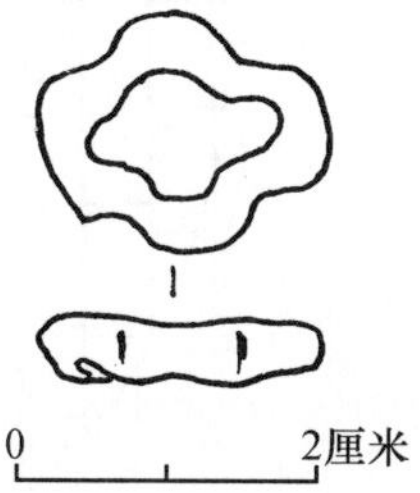

图 4-155　M265 出土骨饰

（M265∶1）

三十四、M267

M267 位于第Ⅴ发掘区中部，T2216 东南角，延伸至 T2217 内，开口于扰土层下，距离地表 2 米。墓葬形制为土坑洞室墓，方向 178°，由墓道、墓门、甬道和墓室四部分组成，墓葬上部遭严重破坏，墓道未清理。墓门宽 0.96、残高 0.76 米，用青砖砌成封门墙，斜向平砌。甬道宽 0.96、残高 0.71、进深 0.48 米。墓室平面为圆形，直径 2.5、残高 0.76 米。墓底铺有一层铺地砖，自墓门处延伸至整个墓底，铺地砖主体横向错缝平铺。墓底设有棺床，呈倒“凹”字形，高 0.4 米，南缘用砖砌成须弥座式，束腰部分饰有壶门。所用青砖均素面，长 26、宽 13、厚 5 厘米，两砖之间用黄泥黏接。未发现葬具痕迹及人骨。随葬品有 4 件（组），其中铜钱 31 枚（1 组），位于棺床中部；铁环 4 件（1 组），位于棺床的东西两部；瓷钵 2 件，位于墓底南端（图 4-156）。

瓷钵　2 件。M267∶3，白胎，白釉、局部浅绿色，釉上有微小开片，釉不包底。直口，尖唇，深腹，平底，矮圈足略外撇。口径 12、底径 6、高 8、壁厚 0.3~0.6 厘米（图 4-157，2）。M267∶4，黄褐胎，白釉，釉上细小开片，釉不包底。敛口，斜折沿，尖圆唇，深弧腹，平底，矮圈足。口径 13.8、底径 6、高 6.6、壁厚 0.5~0.6 厘米（图 4-157，3）。

铁环　4 件。形制相同。M267∶2-1，内径 6.6 厘米，断面圆形、直径 1.5 厘米（图 4-157，1）。

铜钱　31 枚。“景德元宝”5 枚，楷书，旋读。M267∶1-1~5，直径 2.5 厘米（图 4-158，1~5）。“祥符通宝”1 枚（M267∶1-6），楷书，旋读。直径 2.5 厘米（图 4-158，6）。“祥符元宝”1 枚（M267∶1-7），楷书，旋读。直径 2.5 厘米（图 4-158，7）。“熙宁元宝”4 枚，楷书，旋读。M267∶1-8，直径 2.5 厘米（图 4-158，8）；M267∶1-9，直径 2.3 厘米（图 4-158，9）；M267∶1-10，花穿，直径 2.4 厘米（图 4-158，10）。“明道元宝”2 枚，楷书，旋读。M267∶1-11、12，直径 2.6 厘米（图 4-158，11、12）。“咸平元宝”1 枚（M267∶1-13），楷书，旋读。直径 2.5 厘米（图 4-158，13）。“太平通宝”1 枚（M267∶1-14），楷书，直读。直径 2.4 厘米（图 4-158，14）。“治平元宝”1 枚（M267∶1-15），篆书，旋读。直径 2.4 厘米（图 4-158，15）。“绍圣元宝”2 枚，行书 1 枚（M267∶1-16），旋读，直径 2.5 厘米（图 4-158，16）；篆书 1 枚（M267∶1-18），旋读，直径 2.4 厘米（图 4-158，

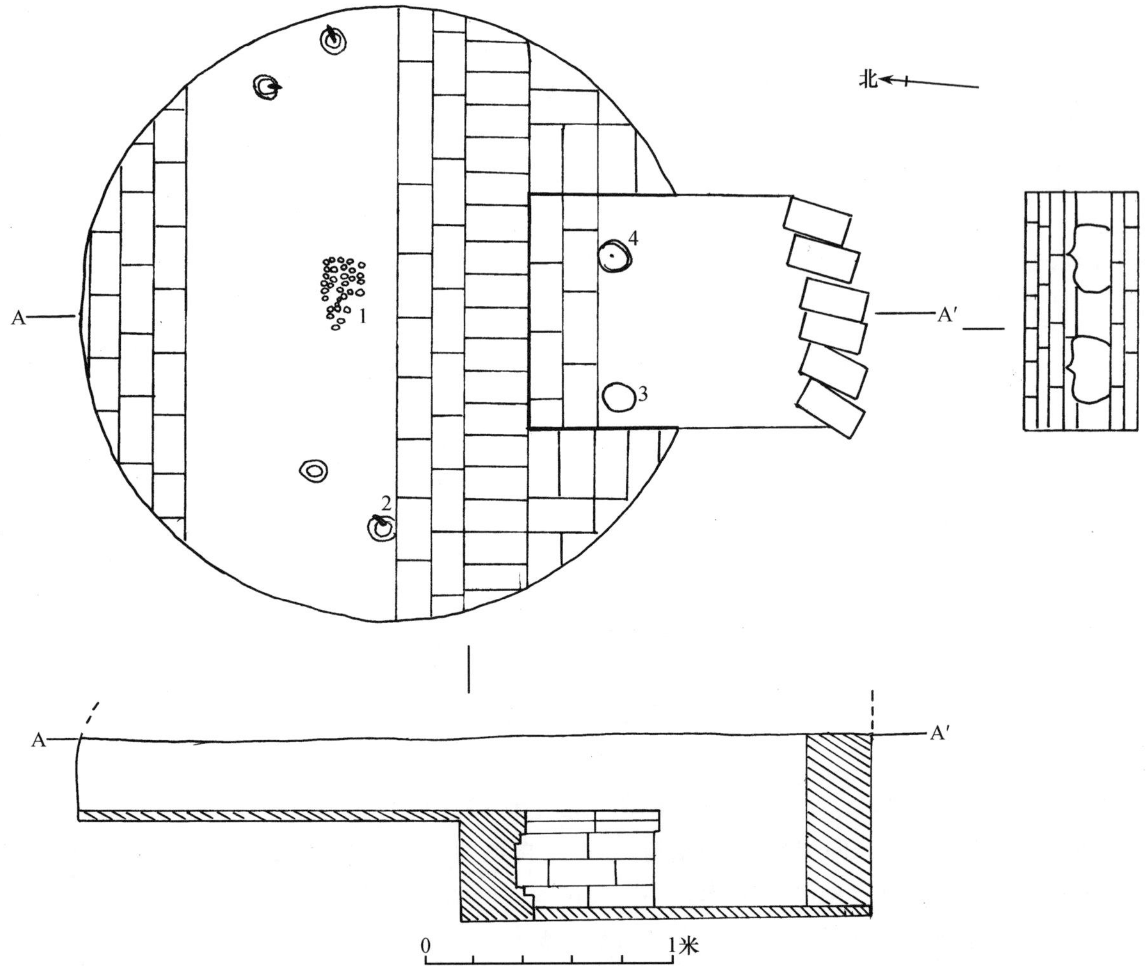

图 4-156　M267 平、剖面图

1. 铜钱　2. 铁环　3、4. 瓷钵

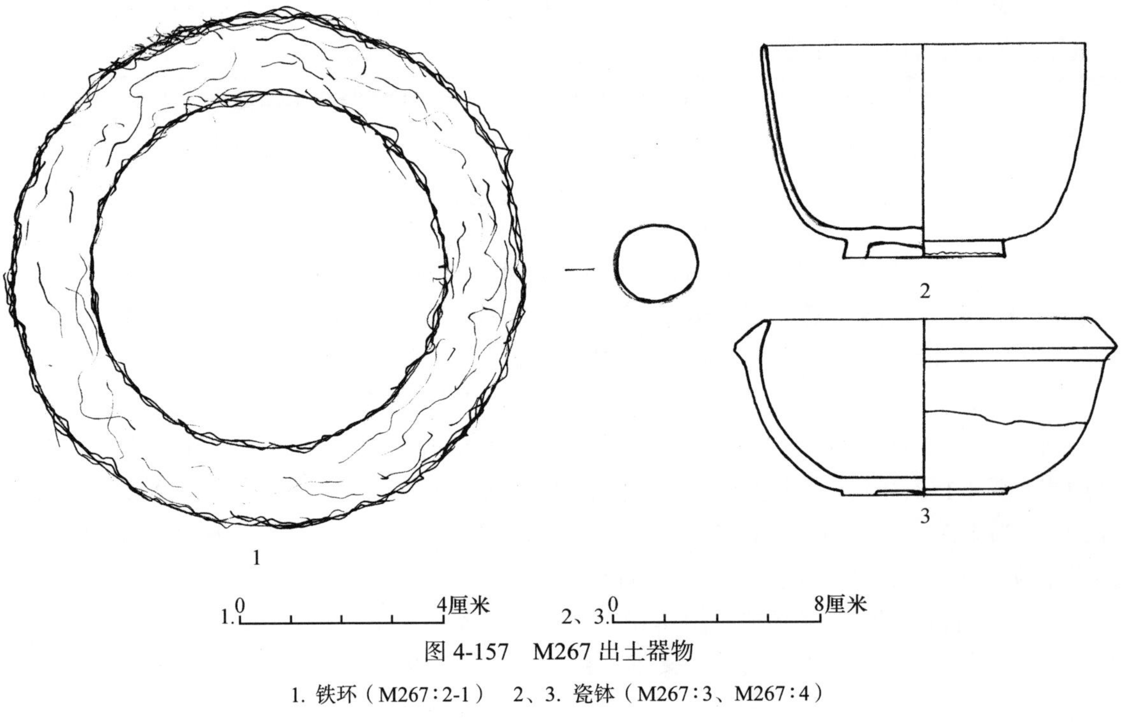

图 4-157　M267 出土器物

1. 铁环（M267∶2-1）　2、3. 瓷钵（M267∶3、M267∶4）

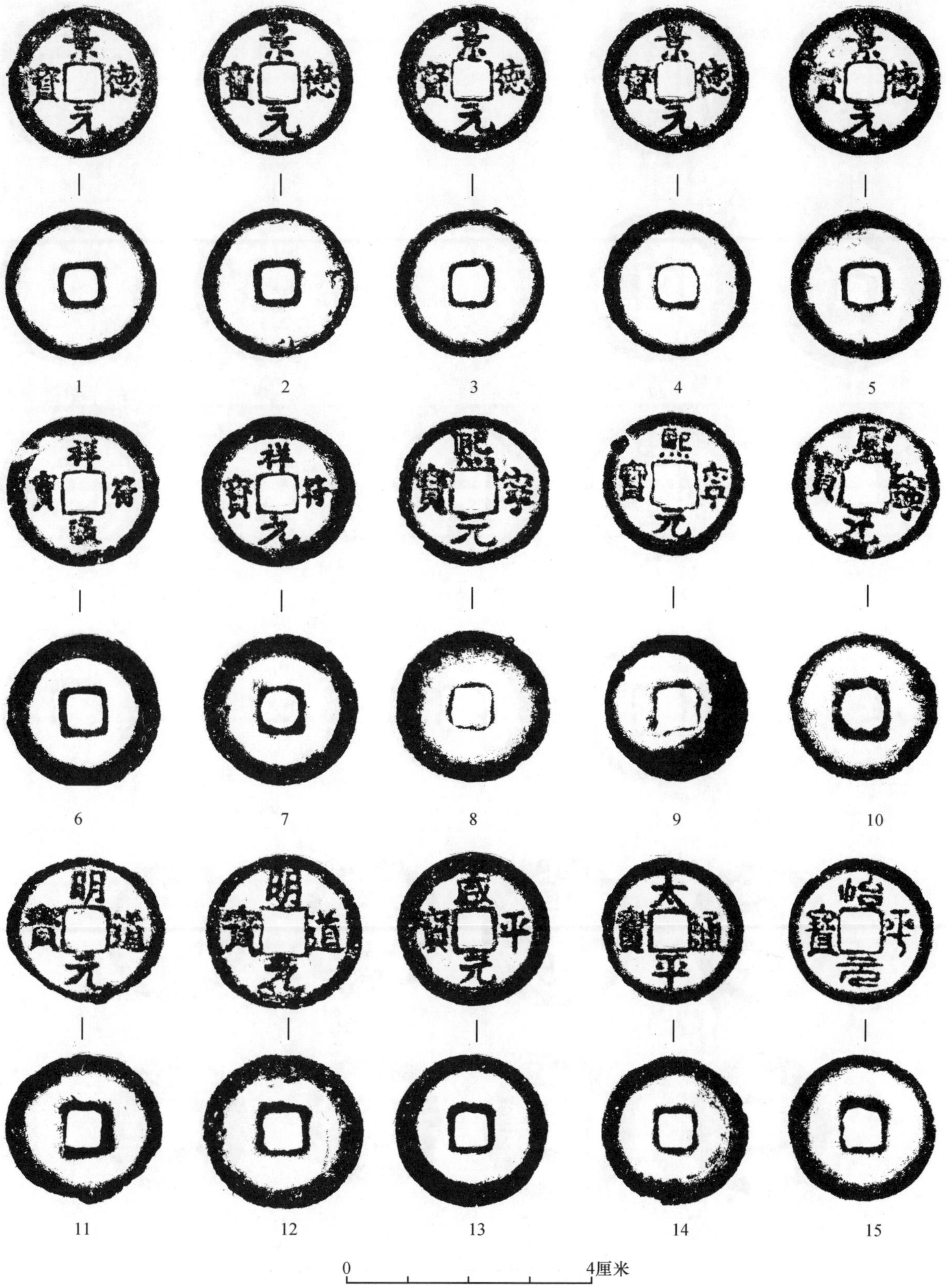

图 4-158 M267 出土钱币

1~5. 景德元宝（M267∶1-1、M267∶1-2、M267∶1-3、M267∶1-4、M267∶1-5） 6. 祥符通宝（M267∶1-6） 7. 祥符元宝（M267∶1-7） 8~10. 熙宁元宝（M267∶1-8、M267∶1-9、M267∶1-10） 11、12. 明道元宝（M267∶1-11、M267∶1-12） 13. 咸平元宝（M267∶1-13） 14. 太平通宝（M267∶1-14） 15. 治平元宝（M267∶1-15）

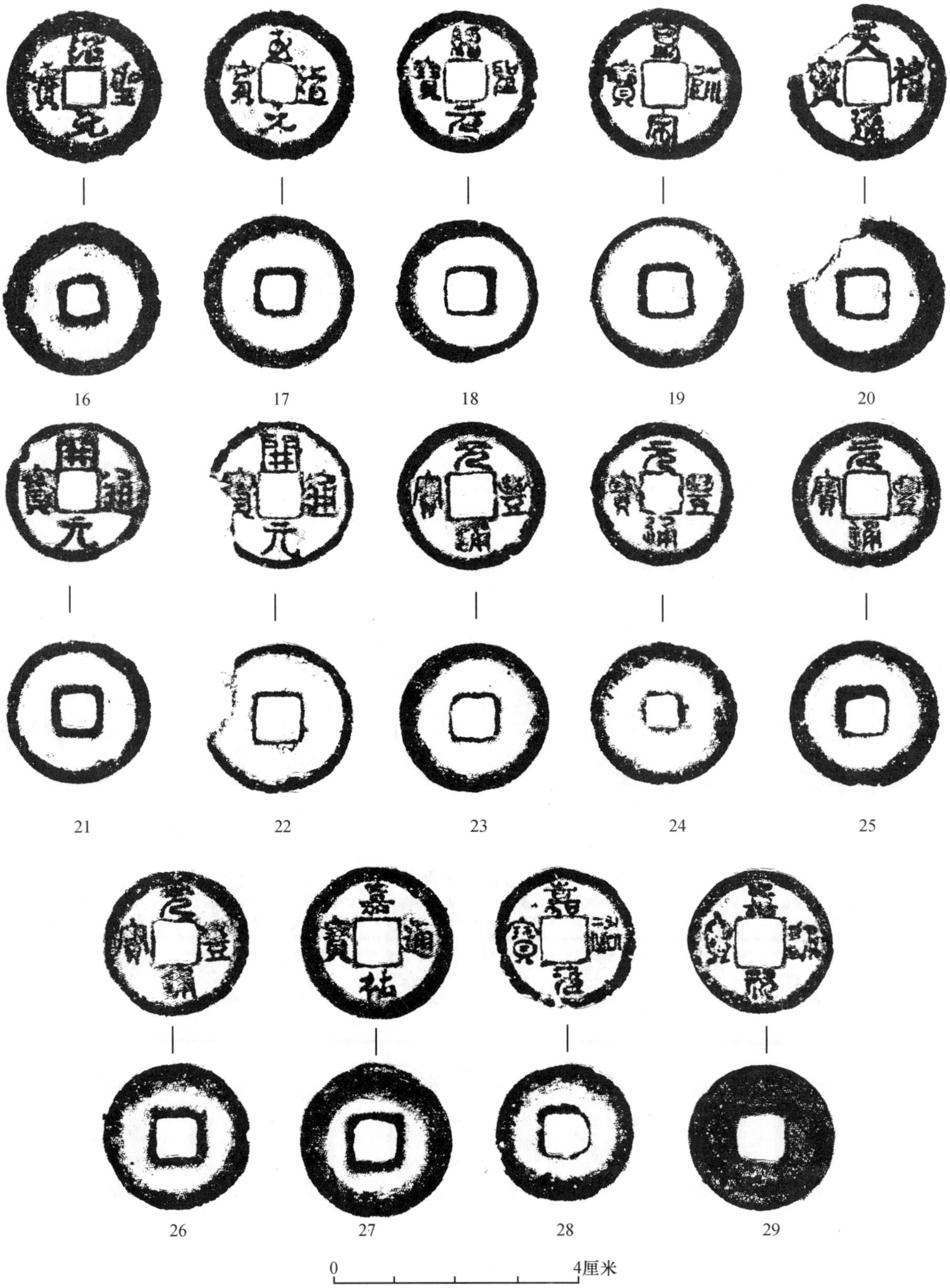

图 4-158　M267 出土钱币（续）

16、18. 绍圣元宝（M267∶1-16、M268∶1-18）　17. 至道元宝（M267∶1-17）　19. 皇宋通宝（M267∶1-19）　20. 天禧通宝（M267∶1-20）　21、22. 开元通宝（M267∶1-21、M267∶1-22）　23~26. 元丰通宝（M267∶1-23、M267∶1-24、M267∶1-25、M267∶1-26）　27、29. 嘉祐通宝（M267∶1-27、M267∶1-29）　28. 嘉祐元宝（M267∶1-28）

18）。“至道元宝”1枚（M267∶1-17），草书，旋读。直径2.5厘米（图4-158，17）。“皇宋通宝”2枚，篆书，直读。M267∶1-19，直径2.4厘米（图4-158，19）。“天禧通宝”1枚（M267∶1-20），楷书，旋读。直径2.5厘米（图4-158，20）。“开元通宝”2枚，楷书，直读。M267∶1-21，直径2.4厘米（图4-158，21）；M267∶1-22，直径2.3厘米（图4-158，22）。“元丰通宝”4枚，篆书，旋读。M267∶1-23~26，直径2.4厘米（图4-158，23~26）；M267∶1-24，花穿。“嘉祐元宝”1枚（M267∶1-28），篆书，旋读。直径2.3厘米（图4-158，28）。“嘉祐通宝”2枚，楷书1枚（M267∶1-27），直读，直径2.4厘米（图4-158，27）；篆书1枚（M267∶1-29），直读，直径2.3厘米（图4-158，29）。

三十五、M271

M271位于第Ⅵ发掘区西北部，T2111东北部，延伸至T2211东南部，距地表2米。墓葬形制为土坑洞室墓，方向184°，由墓道和墓室两部分组成。墓道平面为梯形，直壁、平底，长2.3、宽1.2~1.3、残深1.24米。填土为黄褐色花土。墓室顶部遭破坏，直壁、平底，底部平面为圆形，直径2.2、残高1.24米。墓室内未发现葬具及人骨痕迹。无随葬品（图4-159）。

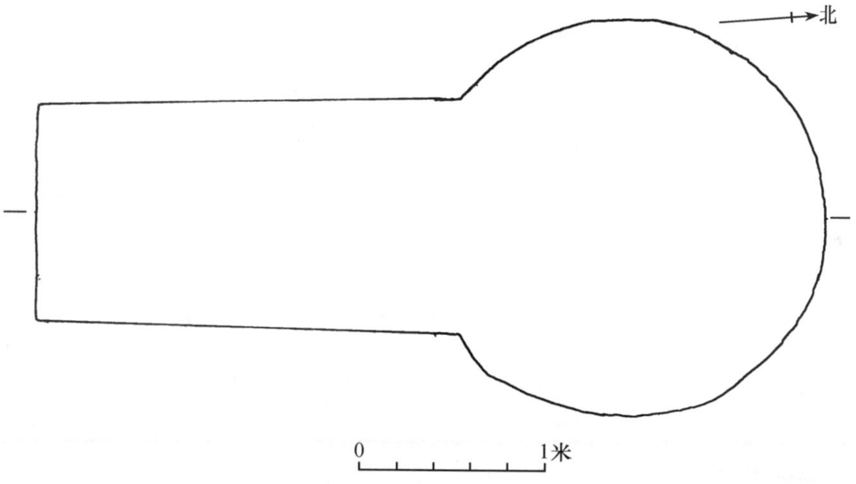

图4-159　M271平面图

三十六、M289

M289位于第Ⅳ发掘区北部，T1915东南部，开口于扰土层下，距地表2米。墓葬形制为土坑洞室墓，方向180°，由墓道、墓门和墓室三部分组成。墓道平面呈梯形，直壁、平底，残长2.3、宽1.36~1.5、残深1.5米。填土为红褐色，含黄褐色花土。墓门呈弧形，宽1.36、高1.1米。墓室弧顶、直壁、平底，平面近长方形，长2、宽1.36~1.4、高1.3米。未见葬具和人骨。随葬品有3件，其中瓷钵1件、瓷罐2件，均放置于墓室东南部（图4-160）。

瓷罐　2件。M289∶1，乳白胎，白釉，釉不包底，外釉至近圈足处，釉上有微小开片。直口微敞，圆唇，束领。鼓腹，平底，矮圈足。口径10、腹径13.2、底径7.6、高7.2、壁厚0.5~0.7厘米（图4-161，1）。M289∶2，淡黄胎，白釉，釉不包底，外釉至下腹部，釉上有微小开片。直口圆唇，

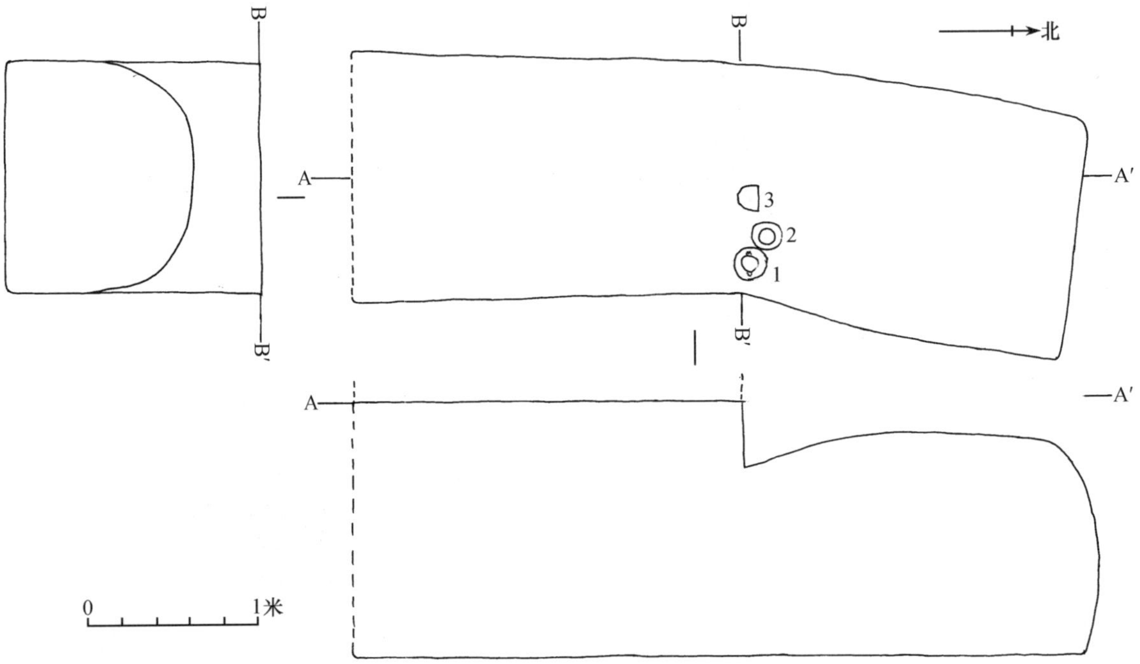

图 4-160　M289 平、剖面图

1、2. 瓷罐　3. 瓷钵

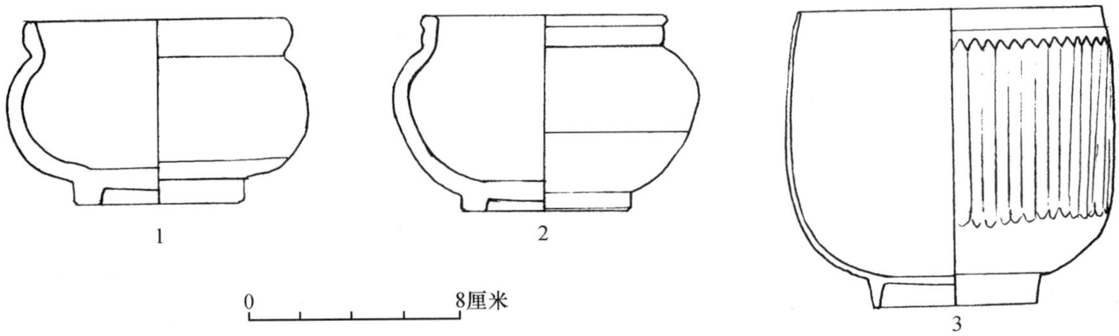

图 4-161　M289 出土器物

1、2. 瓷罐（M289∶1、M289∶2）　3. 瓷钵（M289∶3）

鼓腹，平底，矮圈足。口外部两周凹槽。口径 9.2、腹径 11.6、底径 6.4、通高 7.4、壁厚 0.4~0.7 厘米（图 4-161，2）。

瓷钵　1 件（M289∶3）。白胎，通体包釉。直口，尖唇，深直腹，平底，窄圈足。腹部刻饰近竹叶形竖棱。口径 12、腹径 12、底径 6、高 11.2、壁厚 0.2~0.3 厘米（图 4-161，3；图版 19-3）。

三十七、M302

M302 位于第Ⅴ发掘区中部，T2015 中部，开口于扰层下，距地表 1.8 米。墓葬形制为土坑洞室墓，方向 180°，由墓道、墓门和墓室三部分组成，上部被破坏。墓道位于墓室的南部，直壁、平底，平面近长方形，长2.7、宽1、残深1.08米。填土呈黄褐色。墓门为青砖砌成的券顶门洞，门洞高0.8、宽0.6、进深0.27米。两壁为单砖纵向平砌；券顶分两层，下层侧立砖纵券、上层平砖纵券；两层券顶上垫一层土后，再纵向平铺一层青砖。所用青砖均素面，长27、宽13、厚5厘米。墓室顶部被破坏，直壁、平底，底部平面近长方形，长2.2、宽1.2~1.4、残高1.08米。未发现葬具痕迹及人骨。随葬品有2件，其中铜钱1枚，位于墓室中部；瓷罐1件，位于墓室南端（图4-162）。

瓷罐　1件（M302∶1）。乳白胎，白釉，釉不包底。直口，圆唇，鼓腹，平底，中心突起，矮圈足。口径10.4、腹径13.6、底径7.2、高9.4、壁厚0.4~0.5厘米（图4-163）。

铜钱　1枚（M302∶2）。“景德元宝”，楷书，旋读。直径2.4厘米（图4-164）。

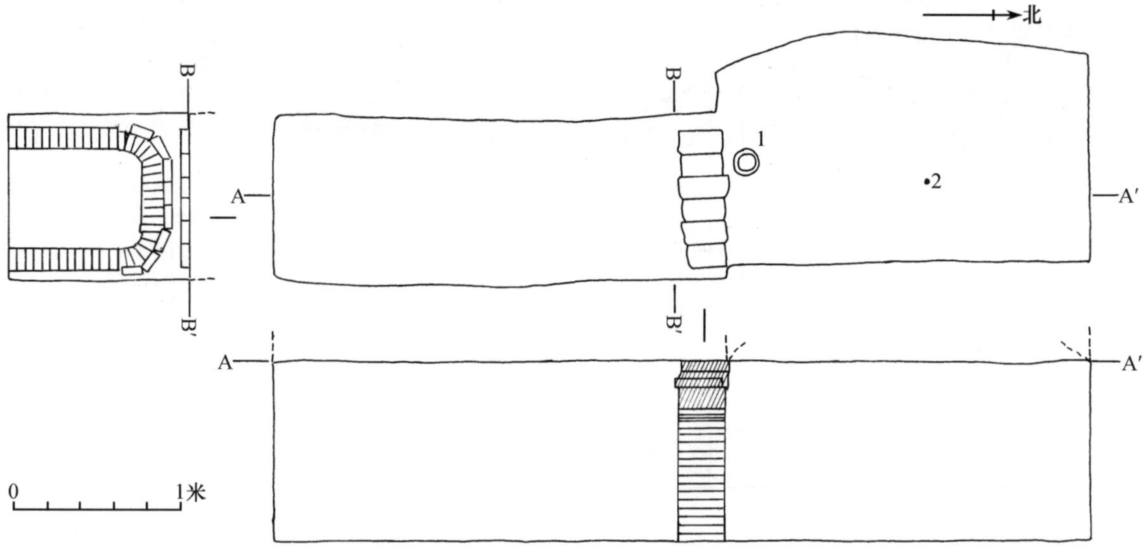

图4-162　M302平、剖面图

1. 瓷罐　2. 铜钱

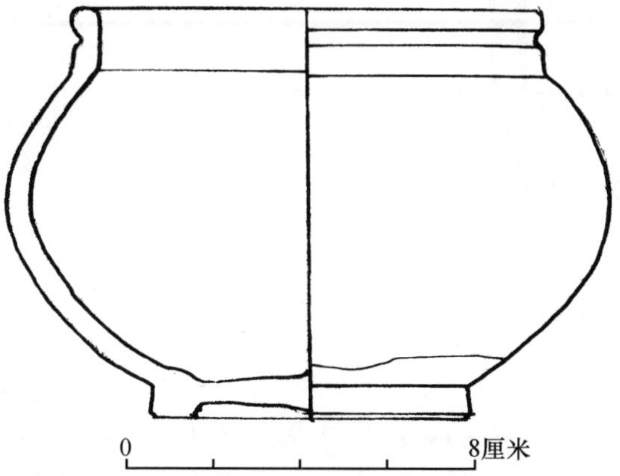

图4-163　M302出土瓷罐（M302∶1）

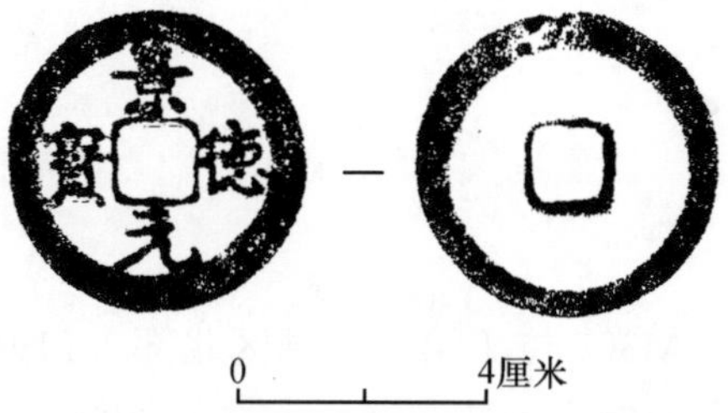

图4-164　M302出土景德元宝（M302∶2）

三十八、M304

M304位于第Ⅴ发掘区中部，T2016北部，开口于扰土层下，距地表2.5米。墓葬形制为土坑洞室墓，方向178°，由墓道、墓门、甬道和墓室组成，上部已被破坏。墓道位于墓室南端，残存部分平面呈梯形，直壁、平底，长1.54、宽0.68~1.02、残深1米。填土呈黄褐色，土质略硬，含料姜石。墓门宽0.72、残高1米，用青砖砌成封门墙，残高0.4米，单砖错缝平砌，略呈弧形。甬道宽、残高同墓门，进深0.26米，两壁单砖平砌，未见铺地砖。墓室平面为椭圆形，长径2.3、短径2.08、残高1米。墓底设有棺床，呈倒“凹”字形，高0.2米。棺床表面铺砖，主体横向错缝平铺；南缘砌砖、直壁。所用青砖均素面，长26、宽13、厚5厘米，两砖之间用黄泥黏接。未发现葬具痕迹、人骨及随葬品（图4-165）。

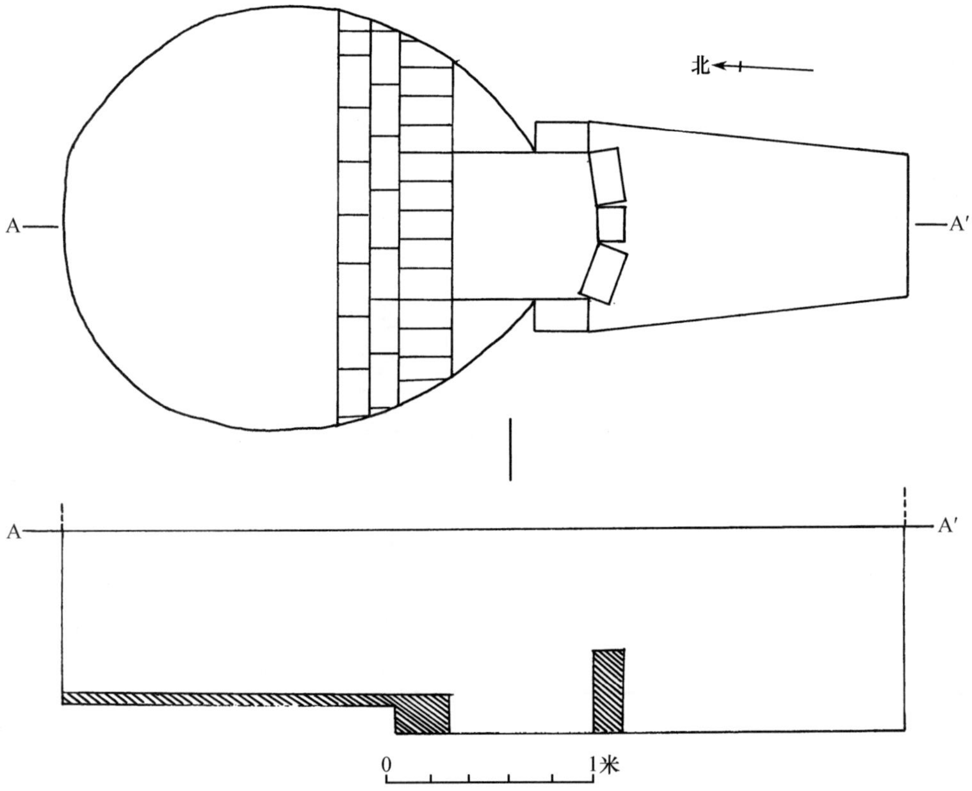

图4-165　M304平、剖面图

三十九、M307

M307位于第Ⅳ发掘区北部，T1916北部，延伸至T2016内，开口于扰土层下，距地表2米。墓葬形制为土坑洞室墓，方向186°，由墓道、墓门和墓室三部分组成，上部被破坏。墓道位于墓室的南部，平面大致呈梯形，长2.9、宽0.9~1、残深1.76米。墓门呈拱形，宽1、高1.22米，未见封门墙痕迹。墓室弧顶（残），直壁、平底，底部平面呈长方形，长2.9、宽2.2、残高1.1米。整个墓底可能原来铺砖作为棺床，由于破坏严重，仅残存南部正立面，宽0.84、高0.34米，呈“须弥座”式，上下叠涩部分用横砖错缝平砌，中间束腰部分分别用纵向侧立砖与横向侧立砖交错砌成，饰有变形壶门。所用青砖均素面，长 27、宽 13、厚 4 厘米。未发现葬具痕迹及人骨。填土呈红褐色，含料姜石块。随葬品有 2 件（组），其中瓷盘 1 件，放置于棺床南端；铜钱 2 枚（1 组），放置于墓室中部（图 4-166）。

瓷盘　1 件（M307∶2）。白胎，白釉，外釉至中部，釉不包底，内底有刮圈。敞口，尖圆唇，浅折腹，平底，矮直圈足。口径 16、底径 5.6、高 3.8、壁厚 0.4~0.6 厘米（图 4-167）。

铜钱　2 枚。“天圣元宝”，篆书，旋读。M307∶1-1，直径 2.6 厘米（图 4-168，1）；M307∶1-2，残，直径 2.5 厘米（图 4-168，2）。

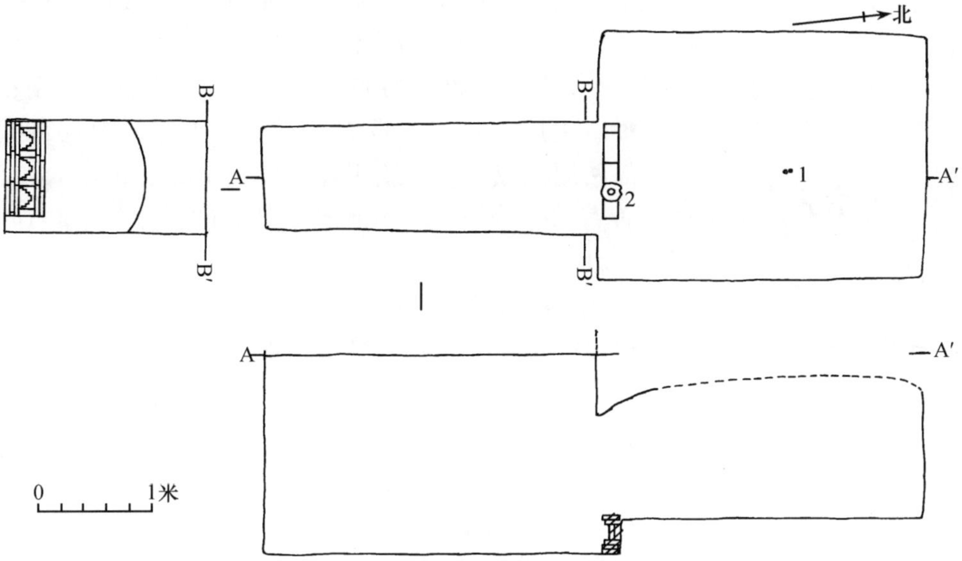

图 4-166　M307 平、剖面图

1. 铜钱　2. 瓷盘

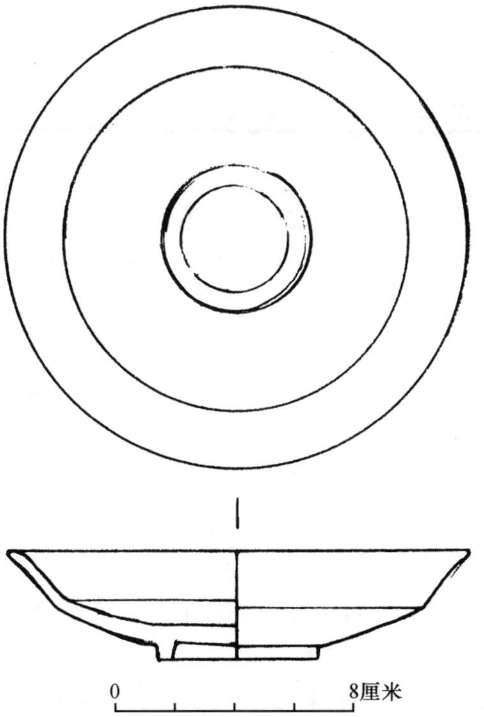

图 4-167　M307 出土瓷盘（M307∶2）

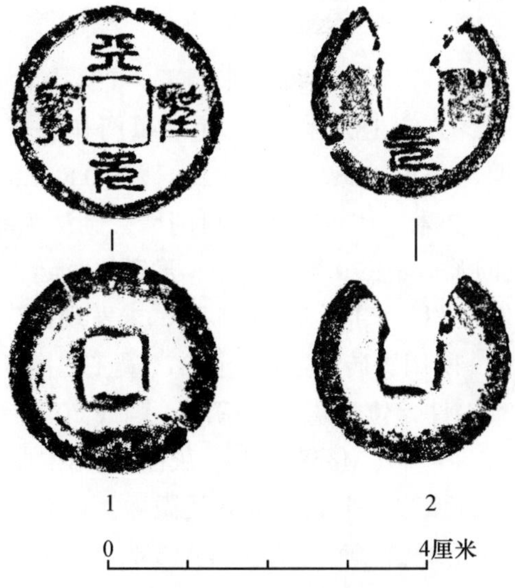

图 4-168　M307 出土天圣元宝

1. M307∶1-1　2. M307∶1-2

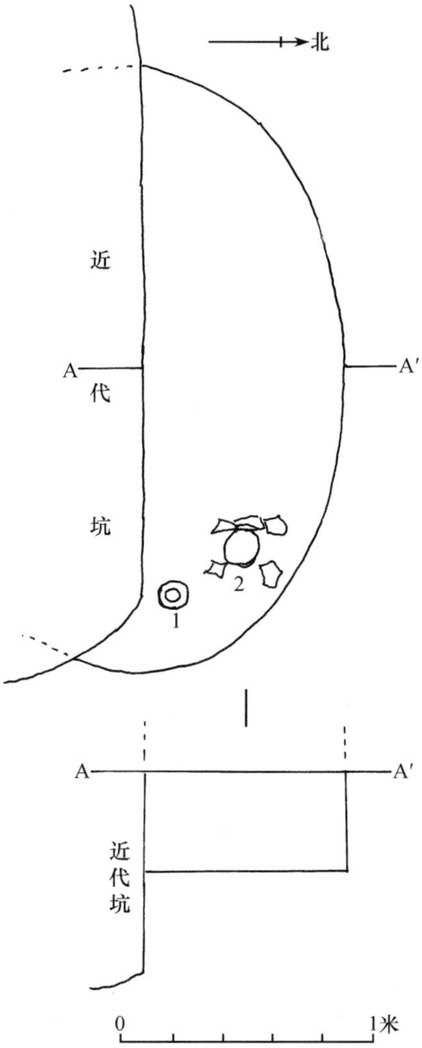

图 4-169 M314 平、剖面图
1、2. 瓷罐

四十、M314

M314 位于第Ⅳ发掘区北部，T1915 东北部，延伸至 T1916 西北部，开口于扰土层下，距地表 2 米。墓葬形制为土坑洞室墓，被近代扰坑破坏，仅存洞室底部的北半部，方向不明。墓室残长 2.4、宽 0.8、残高 0.4 米。填土为黄褐色。未发现葬具痕迹及人骨。随葬品有 3 件（组），其中瓷罐 2 件，均放置于墓室东北角；铜钱 6 枚（1 组），填土中发现（图 4-169）。

瓷罐　2 件。M314∶2，白胎，茶绿釉，剔花，花纹酱釉。尖唇，直口，折肩，直腹，平底，圈足略撇。腹壁上部两周凹弦纹，中绘黑花。口径 13.2、腹径 15.2、底径 8、通高 10、壁厚 0.6~1 厘米（图 4-170，2）。M314∶3，白胎，白釉，釉不包底。口部残。鼓腹，喇叭状圈足。腹壁上刻 12 竖条形装饰。口径不详，腹径 13.6、底径 6.4、残高 9、壁厚 0.5~0.6 厘米（图 4-170，1）。

铜钱　6 枚。“皇宋通宝”1 枚（M314∶1-1），篆书，直读。直径 2.5 厘米（图 4-171，1）。“景祐元宝”1 枚（M314∶1-2），篆书，旋读。直径 2.5 厘米（图 4-171，2）。“开元通宝”1 枚（M314∶1-3），楷书，直读。直径 2.3 厘米（图 4-171，3）。“熙宁元宝”1 枚（M314∶1-4），楷书，旋读。直径 2.4 厘米（图 4-171，4）。“至道元宝”1 枚（M314∶1-5），草书，旋读。直径 2.4 厘米（图 4-171，5）。“嘉祐通宝”1 枚（M314∶1-6），楷书，直读。直径 2.5 厘米（图 4-171，6）。

四十一、M358

M358 位于第Ⅵ发掘区东南部，T2419 西部，开口于扰土层下，距地表 2.2 米。墓葬形制为土坑洞室墓，方向 182°，由墓道、墓门和墓室三部分组成，上部被破坏。墓道为斜坡式，平面呈梯形，直壁，残长 2.86、宽 1~1.2、残深 0.8~1.5 米。填土为黄褐色花土，含料姜石。墓门呈拱形，宽 0.96、高 1.2 米。用青砖砌筑封门墙，砌法为单砖交替斜向平砌，砖长 27、宽 13、厚 5 厘米。墓室顶部呈弧形，高 1.29 米，直壁，底部平面近圆角梯形，长 2.28、宽 1.52~2.22 米。墓室底部有棺床，平面呈倒“凹”字形，高 0.15 米，未发现铺砖痕迹。棺床的南部东、北、西三壁包砖，砌法为单砖错缝平砌，所用青砖均素面，长 27、宽 13、厚 5 厘米。未发现葬具，人骨已粉化。随葬品有 2 件（组），其中瓷罐 1 件，位于墓底西南部；铜钱 20 枚（1 组），位于棺床中部（图 4-172）。

瓷罐　1 件（M358∶1）。灰白胎，白釉，釉上有开片，釉至下腹，不包底。直口微敛，尖圆唇，鼓肩，弧腹，平底，矮圈足微撇。口和肩部附加 1 对桥形耳，对称分布，耳上刻 2 道竖槽。口径 11、腹径 15.2、底径 7.8、高 13.4、壁厚 0.4 厘米（图 4-173；图版 20-5）。

铜钱　20 枚。“开元通宝”1 枚（M358∶2-1），楷书，直读，背面穿上一月。直径 2.5 厘米（图

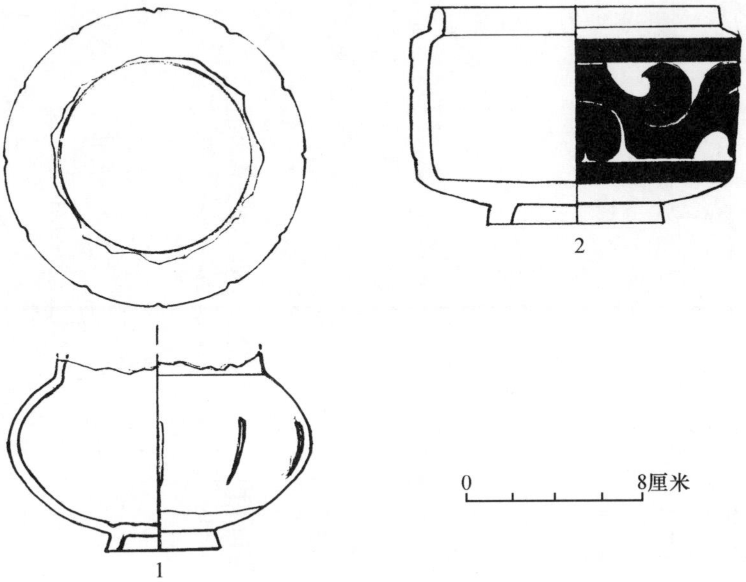

图 4-170　M314 出土瓷罐

1. M314∶3　2. M314∶2

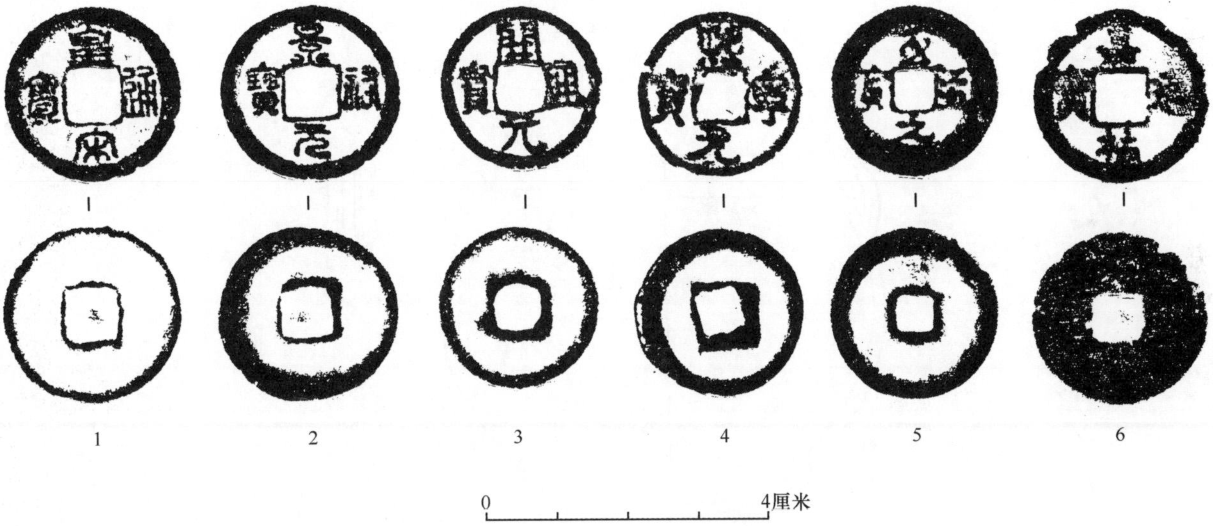

图 4-171　M314 出土钱币

1. 皇宋通宝（M314∶1-1）　2. 景祐元宝（M314∶1-2）　3. 开元通宝（M314∶1-3）　4. 熙宁元宝（M314∶1-4）　5. 至道元宝（M314∶1-5）　6. 嘉祐通宝（M314∶1-6）

4-174，1）。“至和元宝”1枚（M358∶2-2），楷书，旋读。直径2.4厘米（图4-174，2）。“天禧通宝”2枚，楷书，旋读。M358∶2-3、4，直径2.5厘米（图4-174，3、4）。“祥符元宝”2枚，楷书，旋读。M358∶2-5、6，直径2.5厘米（图4-174，5、6）。“天圣元宝”2枚，楷书，旋读。M358∶2-7，直径2.5厘米（图4-174，7）。“元祐通宝”1枚（M358∶2-8），篆书，旋读。直径2.4厘米（图4-174，8）。“元丰通宝”2枚，篆书1枚（M358∶2-9），旋读，直径2.4厘米（图4-174，9）；行书1枚（M358∶2-10），旋读，直径2.4厘米（图4-174，10）。“熙宁元宝”1枚（M358∶2-11），篆书，旋读。直径2.3厘米（图4-174，11）。“明道元宝”1

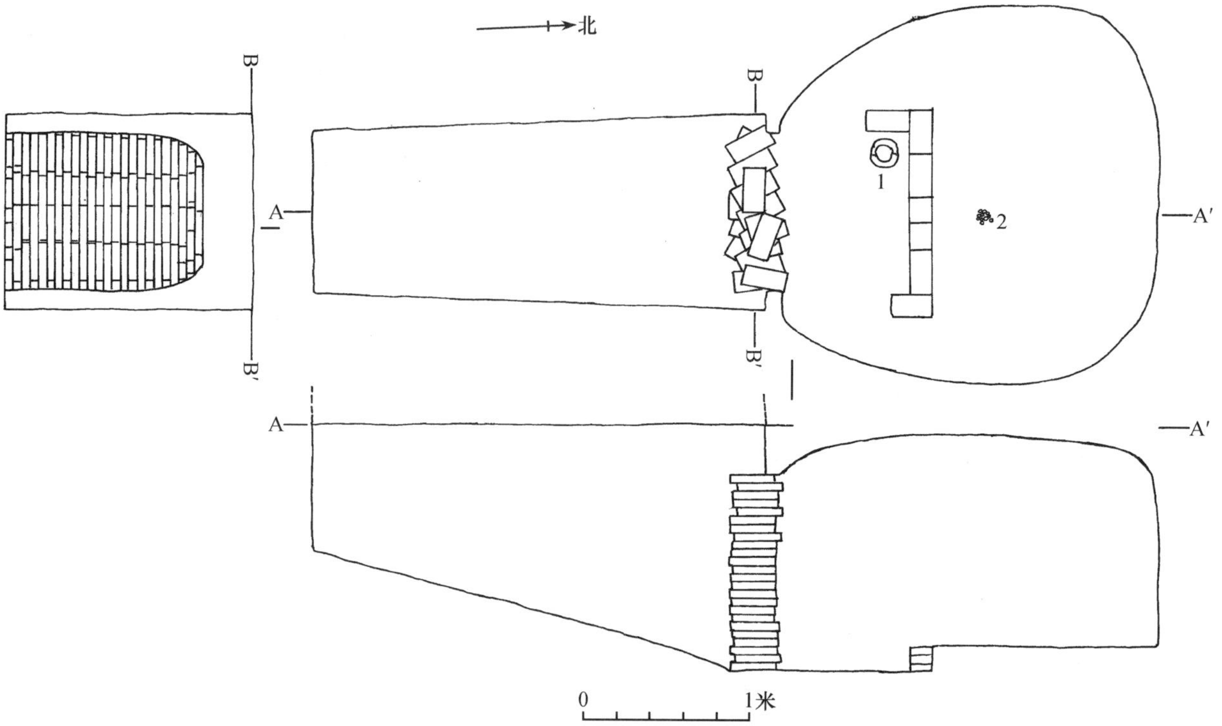

图 4-172 M358 平、剖面图

1. 瓷罐 2. 铜钱

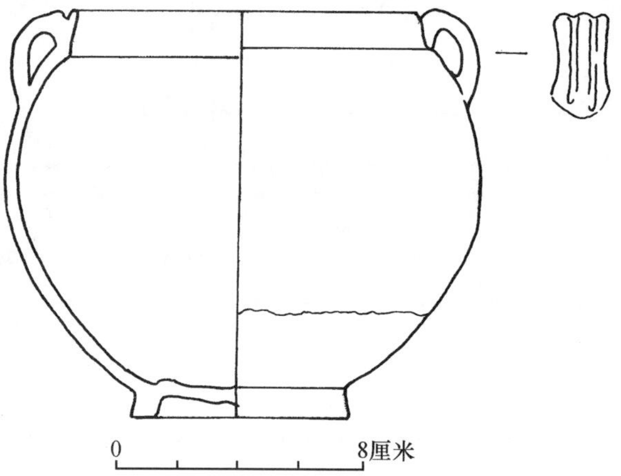

图 4-173 M358 出土瓷罐（M358∶1）

枚（M358∶2-12），楷书，旋读。直径 2.4 厘米（图 4-174，12）。“嘉祐通宝”2 枚，楷书，直读。M358∶2-13，直径 2.4 厘米（图 4-174，13）。“景祐元宝”1 枚（M358∶2-14），篆书，旋读。直径 2.4 厘米（图 4-174，14）。“绍圣元宝”1 枚（M358∶2-15），行书，旋读。直径 2.5 厘米。“治平元宝”1 枚（M358∶2-16），楷书，旋读。直径 2.4 厘米。年号不清者 3 枚。

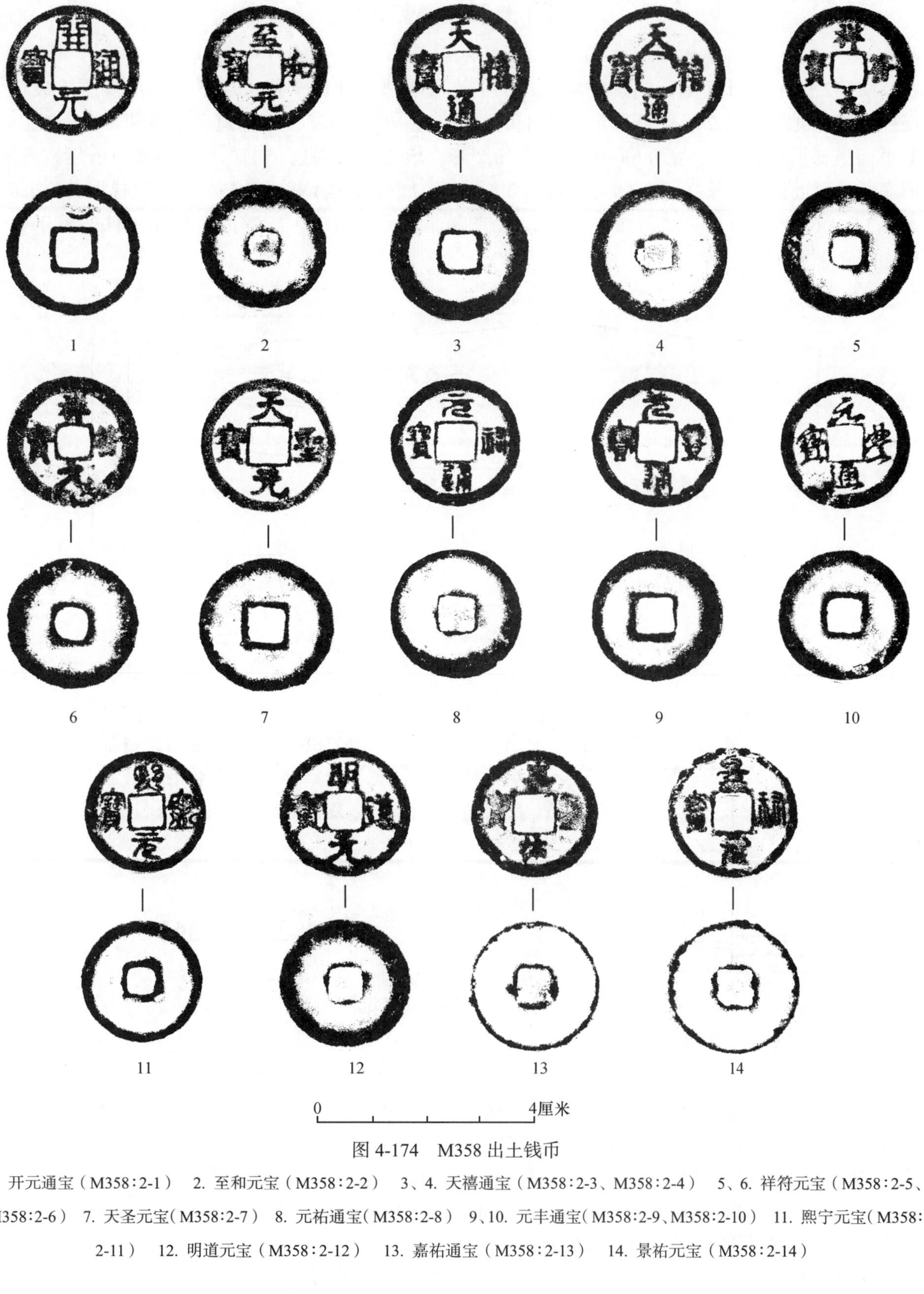

图 4-174　M358 出土钱币

1. 开元通宝（M358∶2-1）　2. 至和元宝（M358∶2-2）　3、4. 天禧通宝（M358∶2-3、M358∶2-4）　5、6. 祥符元宝（M358∶2-5、M358∶2-6）　7. 天圣元宝（M358∶2-7）　8. 元祐通宝（M358∶2-8）　9、10. 元丰通宝（M358∶2-9、M358∶2-10）　11. 熙宁元宝（M358∶2-11）　12. 明道元宝（M358∶2-12）　13. 嘉祐通宝（M358∶2-13）　14. 景祐元宝（M358∶2-14）

四十二、M362

M362位于第Ⅵ发掘区的东南部，T2319的东南部，开口于扰土层下，上部被严重破坏，现存墓口距地表深2.2米。墓葬形制为土坑洞室墓，方向182°，由墓道和墓室两部分组成。墓道平面呈梯形，长1.2、宽0.69~0.9、残深0.2米。填土为黄褐色花土。墓室顶部遭破坏，直壁、平底，平面近梯形，长2、宽0.9~1、残高0.2米。墓底有葬具1棺，已朽，平面呈梯形，长1.84、宽0.34~0.62米。棺内有人骨1具，葬式为仰身直肢，头向南。随葬品有瓷罐1件，置于头骨东南部（图4-175）。

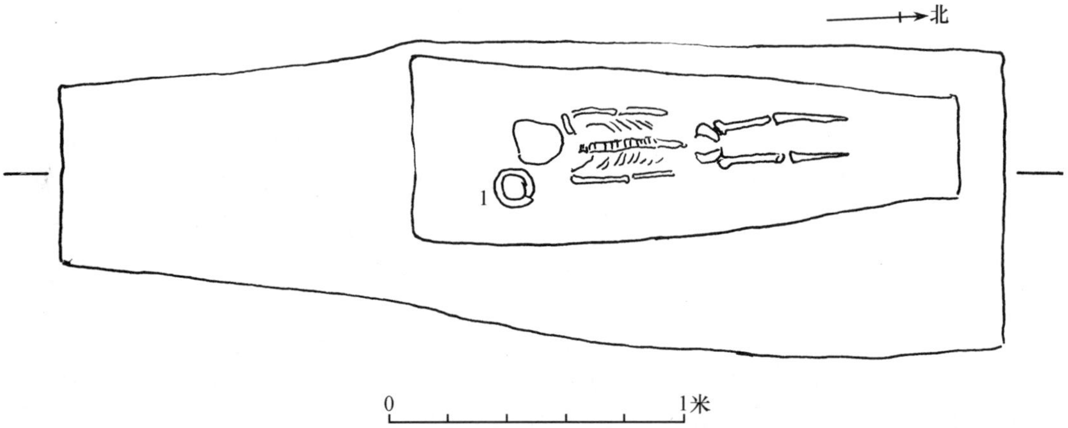

图4-175　M362平面图

1. 瓷罐

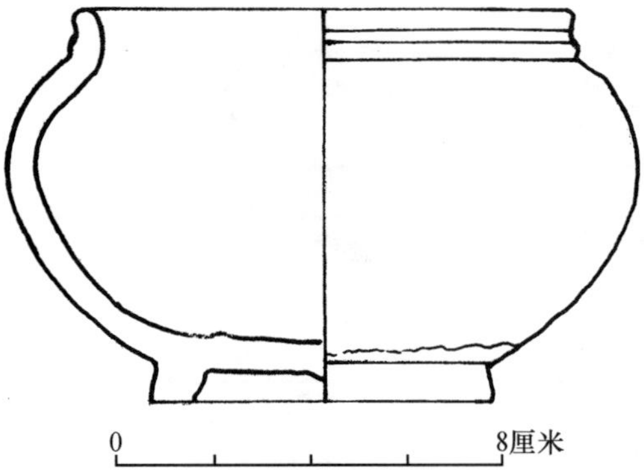

图4-176　M362出土瓷罐（M362:1）

瓷罐　1件（M362:1）。灰白胎，白釉，外釉至近圈足处，不包底。矮口微敞，矮卷沿，鼓腹，平底，圈足微撇。口径9.8、腹径12.6、底径6.8、通高8、壁厚0.6厘米（图4-176）。

四十三、M363

M363位于第Ⅵ发掘区西北部，T2613东南部，部分延伸至T2513东北部。开口于扰土层下，距地表2.2米。墓葬形制为土坑洞室墓，方向190°，由墓道、墓门和墓室三部分组成。墓道位于墓门南端，平面呈长方形，长1.6、宽1.14米，底部南高北低，呈坡状，残深1.3~1.5米。填土为浅黄褐色花土，土质较硬，含料姜石。墓门位于墓室南端，宽1、高1.03米，用长25、宽14、厚5厘米青砖砌筑，仅残存东侧倚柱一小部分。墓室弧顶（残），直壁、平底，平面近梯形，南北长2.4、宽2~2.5、残高1.3米。墓室内无葬具，人骨保存较差，已粉化。随葬品有铜钱1枚，置于墓室北部（图4-177）。

铜钱　1枚（M363:1）。"绍圣元宝"，行书，旋读，直径2.4厘米（图4-178）。

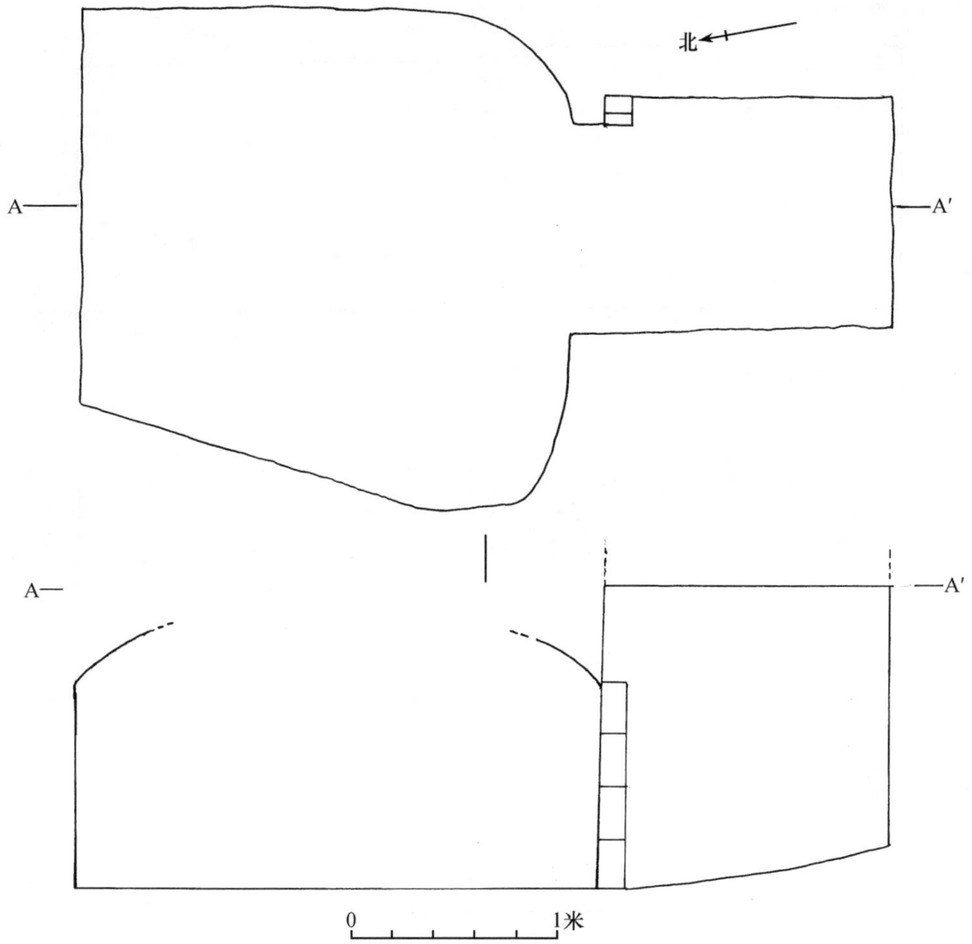

图 4-177　M363 平、剖面图

四十四、M379

M379 位于第Ⅵ发掘区的西北部，T2413 的西部，开口于扰土层下，上部被 M350 打破，距地表 2.5 米。墓葬形制为土坑洞室墓，方向 195°，由墓道、墓门和墓室三部分组成。墓道位于墓室的南端，平面呈梯形，直壁、平底，南北长 2、宽 1.3~1.45、残深 1.6 米。墓门呈弧形，宽 1.45、高 1.2 米。墓室弧顶（残），直壁、平底，平面呈长方形，长 2.02、宽 0.16、残高 1.6 米。未发现葬具痕迹及人骨。填土呈黄褐色，土质略硬，内含红土块、灰土块及料姜石块。随葬品有2件，其中铜钱1枚、瓷碗1件，均放置于墓室的西北角(图4-179)。

瓷碗　1件（M379∶2）。白胎，白釉，外釉至足部近底处。敞口，尖圆唇，斜直腹，平底，矮圈足。口径 18、底径 6.4、高 7.6、壁厚 0.4~0.5 厘米（图 4-180）。

铜钱　1枚（M379∶1）。“咸平元宝”，楷书，旋读。直径 2.4 厘米（图 4-181）。

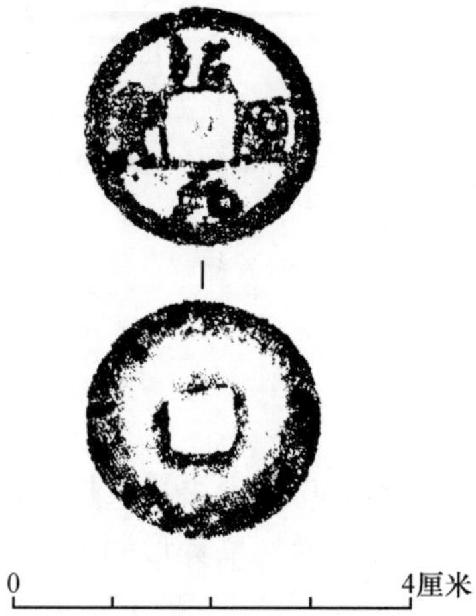

图 4-178　M363 出土绍圣元宝（M363∶1）

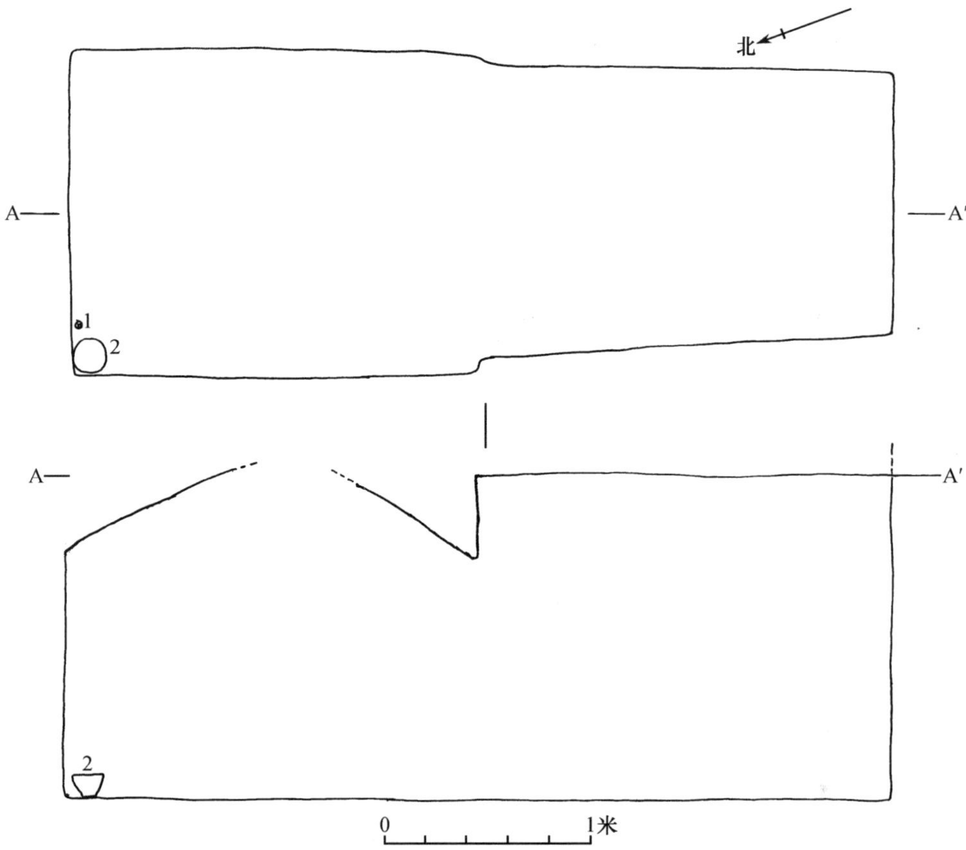

图 4-179　M379 平、剖面图

1. 铜钱　2. 瓷碗

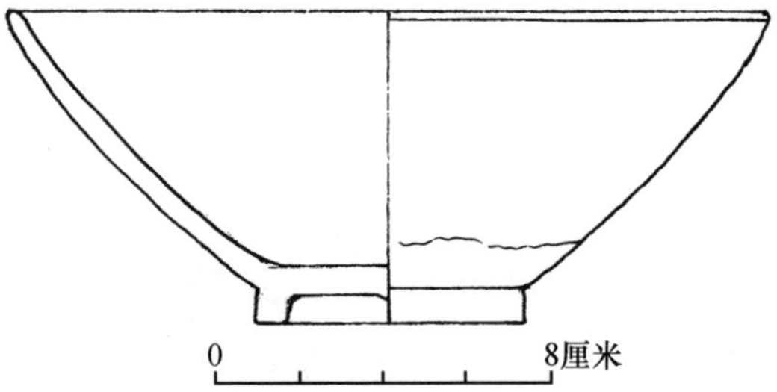

图 4-180　M379 出土瓷碗（M379：2）

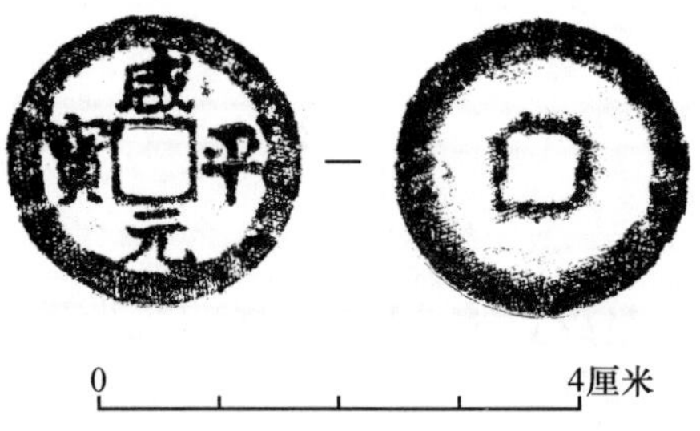

图 4-181　M379 出土咸平元宝（M379：1）

四十五、M380

M380 位于第Ⅵ发掘区的东南部，T2319 的东南部，部分压在东隔梁下，开口于扰土层下，距地表 2.4 米。墓葬形制为土坑洞室墓，方向 184°，由墓道、墓门和墓室三部分组成。墓道平面近长方形，长 2.2、宽 0.72~0.8、深 2 米。填土为黄褐色花土。墓门用数块自然石块封堵，顶部呈弧形，高 0.8、宽 0.8 米。墓室弧顶、直壁、平底，底部平面呈梯形，长 2.3、宽 1.2~1.48、高 1.04 米。未发现葬具痕迹，人骨保存较差，已粉化。随葬品有瓷罐 2 件，放置于墓室的东南角，紧贴封门石（图 4-182）。

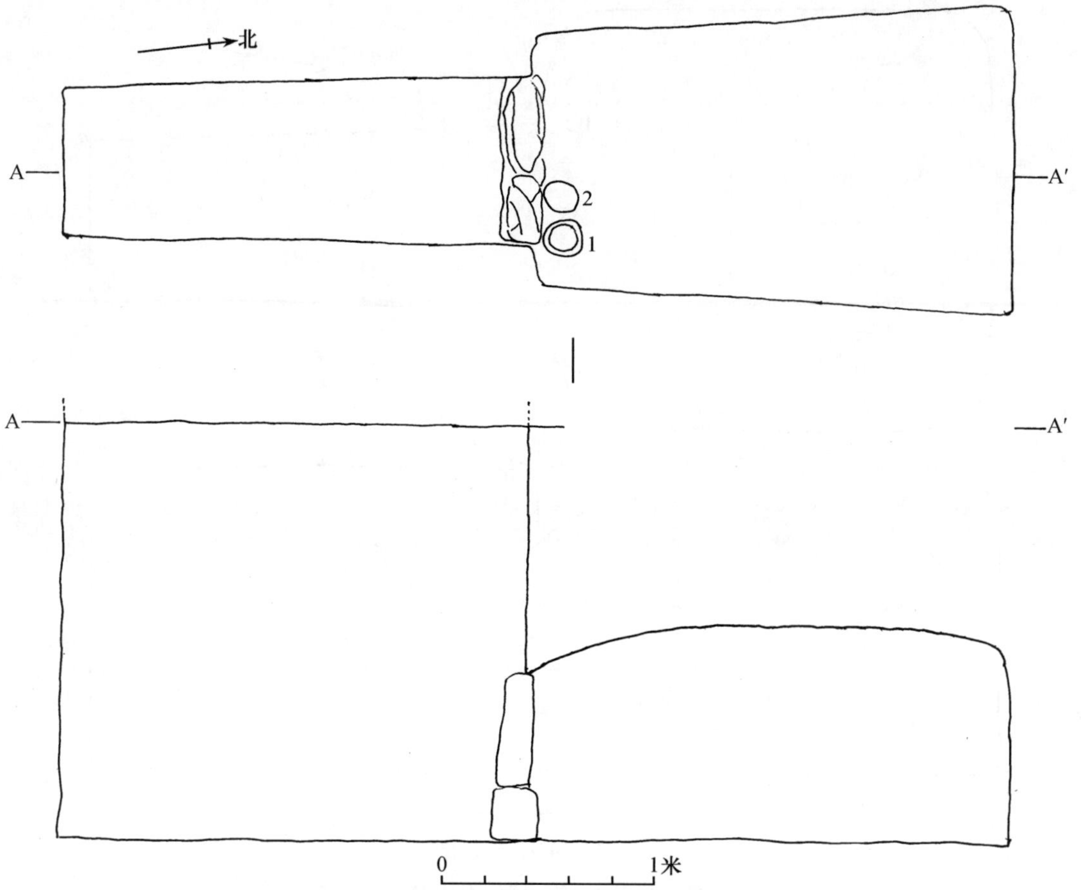

图 4-182　M380 平、剖面图

1、2. 瓷罐

瓷罐　2件。M380∶1，黄褐胎，白釉，釉不包底。敛口，圆唇，鼓肩，斜腹，平底，矮圈足。口与肩部1对桥形耳，对称分布。口径11、腹径14、底径6.8、高8、壁厚0.4厘米（图4-183）。M380∶2，形制同M380∶1。

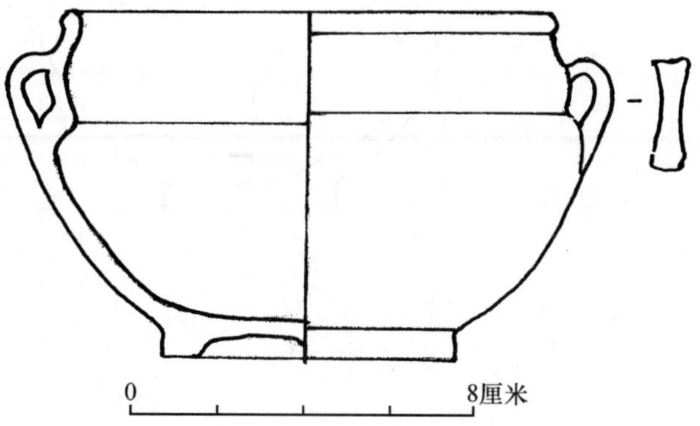

图 4-183　M380 出土瓷罐（M380∶1）

四十六、M385

M385位于第Ⅵ发掘区的西北部，T2513的西南部，开口于扰土层下，距地表2.5米，墓的上部已被破坏。墓葬形制为土坑洞室墓，方向190°，由墓道、墓门和墓室三部分组成。墓道位于墓室的南端，平面呈梯形，直壁、平底，南北长2.3、宽0.8~1、残深1.6米。填土呈浅黄褐色，土质略松，内含许多红土块，灰土块。墓门呈弧形，宽1、高1.2米。墓室平面为圆角长方形，顶残、直壁、平底，壁面未经加工，略显粗糙，南北长2.4、宽2.2、残高1.4米。因破坏严重，葬具及人骨夹杂在填土内，葬式不详。随葬品有5件，其中铜镜和铜钗各1件，置于墓室的东北部；瓷碗、瓷钵、粉盒各1件，置于墓室的东南部（图4-184）。

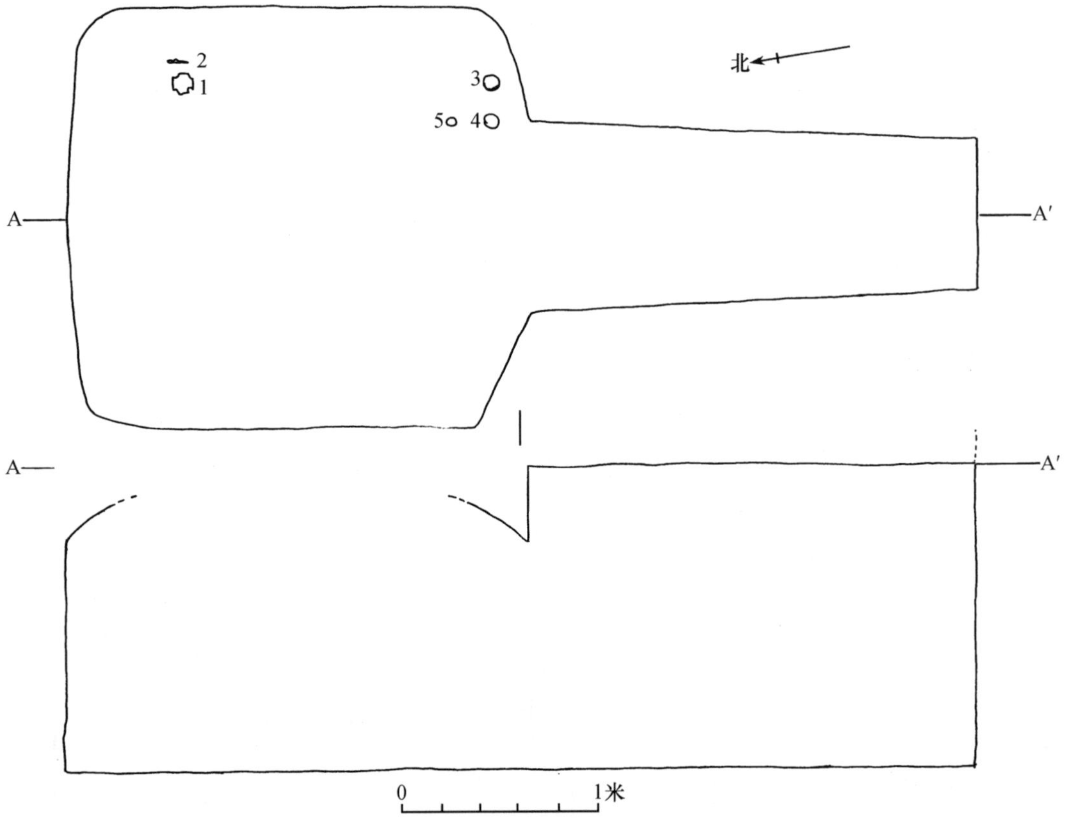

图 4-184 M385 平、剖面图

1. 铜镜 2. 铜钗 3. 瓷碗 4. 瓷钵 5. 粉盒

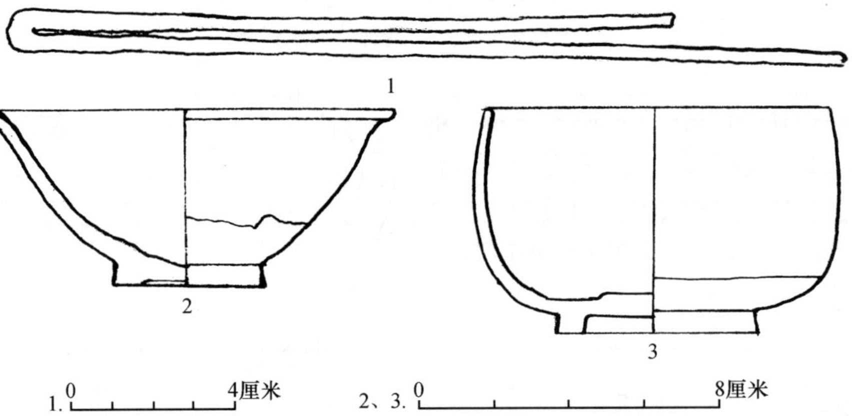

图 4-185 M385 出土器物

1. 铜钗（M385∶2） 2. 瓷碗（M385∶3） 3. 瓷钵（M385∶4）

铜镜 1件（M385∶1）。"亚"字形，圆纽，花瓣纹纽座。座外饰1周圆形联珠纹，其外饰4朵缠枝花卉，花头对着"亚"字形的四边，花卉外饰1周圆形联珠纹。素缘。镜体宽10.4、厚0.15厘米（图4-186；图版31-6）。

铜钗 1件（M385∶2）。铜条对折而成。长11.1厘米（图4-185，1）。

瓷碗 1件（M385∶3）。白胎，黑釉，外釉至下腹部。敞口，圆唇，斜直壁，平底，矮圈足。口径11、底径4、高4.8、壁厚0.3~0.5厘米（图4-185，2）。

瓷钵　1件（M385∶4）。黄褐胎，酱釉，釉不包底，口沿处釉磨去。直口微敛，圆唇，深弧腹，平底较厚，矮圈足、外釉至下腹部。口径9.2、腹径9.6、底径5.2、高6、壁厚0.3~0.5厘米（图4-185，3）。

粉盒　1件（M385∶5）。已碎，无法复原。

四十七、M391

M391位于第Ⅰ发掘区南部，T1627东北部，开口于扰土层下，距地表2米。墓葬形制为土坑洞室墓，方向177°，由墓道、墓门和墓室三部分组成，上部被破坏，仅存底部。墓道残存部分平面呈长方形，直壁、平底，长1.26、宽1、深1米。填土为黄褐色，

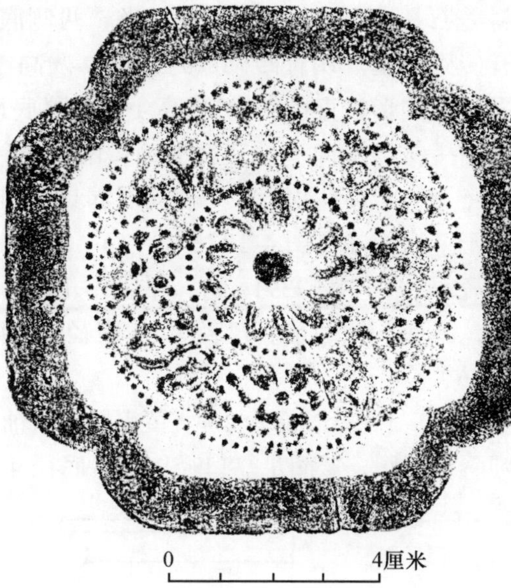

图4-186　M385出土铜镜（M385∶1）

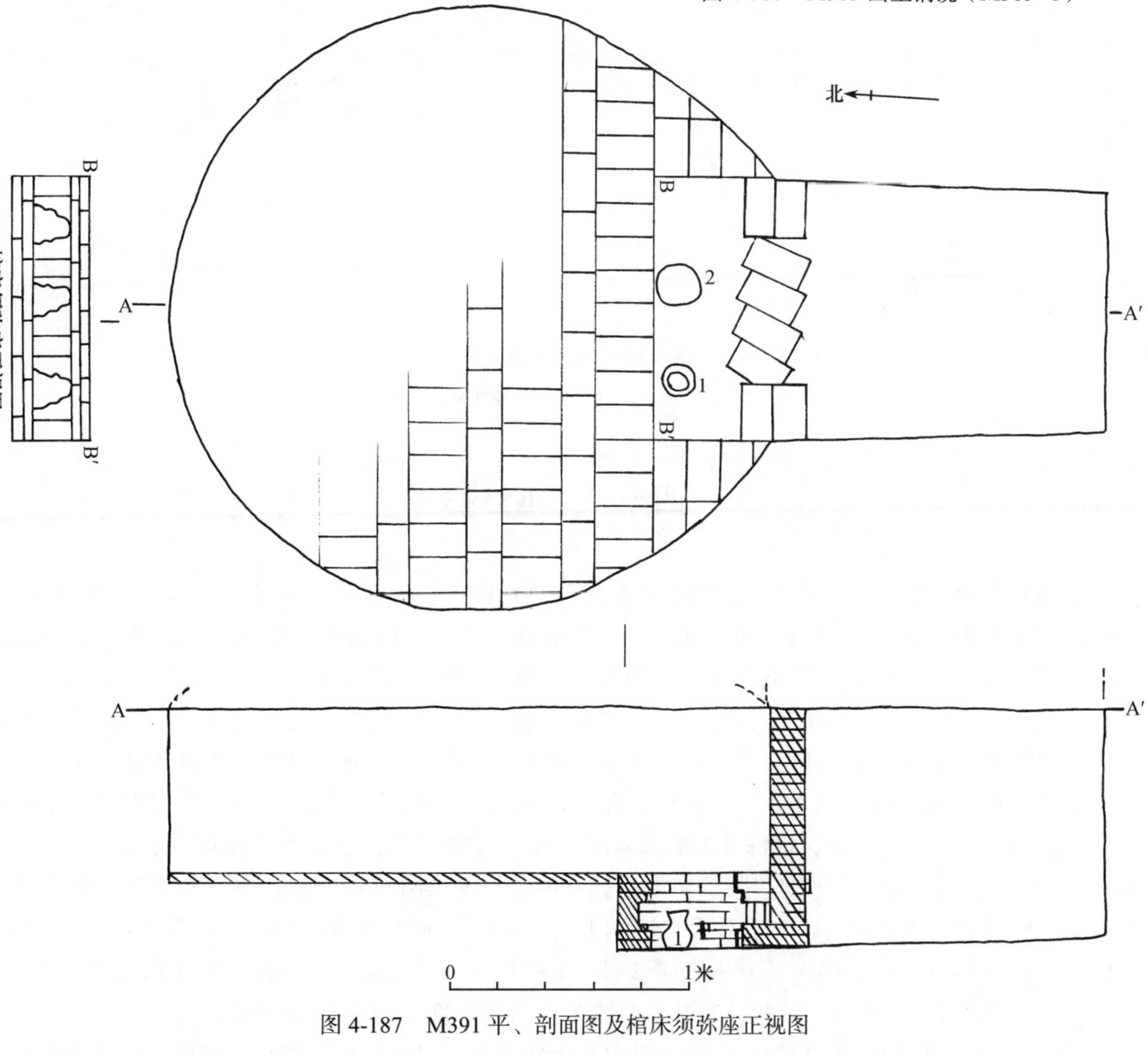

图4-187　M391平、剖面图及棺床须弥座正视图

1. 瓷罐　2. 瓷碗

含料姜石。墓门宽 0.6、残高 1 米，两侧底部有砖砌须弥座、束腰部分用侧立砖斜砌，但是座上没有砖砌门框。用青砖砌成封门墙，残高 1 米，下部用单砖斜向平砌、上部用横砖错缝平砌。墓室平面呈圆形，直径 2.5、残高 1 米。墓底设有棺床，呈倒“凹”字形，高 0.3 米。棺床表面铺砖，为纵向一排、横向一排交替平铺；南缘用砖砌成须弥座，束腰部分饰有壶门。所用青砖均素面，长 24、宽 14、厚 4 厘米。未发现葬具痕迹及人骨。随葬品有 2 件，其中瓷罐 1 件、瓷碗 1 件，发现于墓底南端（图 4-187）。

瓷罐　1 件（M391∶1）。白胎，白釉，釉上有开片，釉不包底。侈口，圆唇，束颈，微鼓腹较深，平底，矮圈足。口径 8.4、腹径 8、底径 6.6、通高 11、壁厚 0.4~0.6 厘米（图 4-188，1；图版 20-6）。

瓷碗　1 件（M391∶2）。黄褐胎，白釉、口沿有 1 周酱釉，釉不包底，釉上有微小开片。敞口，尖圆唇，弧腹，矮圈足。口径 15.2、底径 4、高 6、壁厚 0.4~0.5 厘米（图 4-188，2；图版 18-6）。

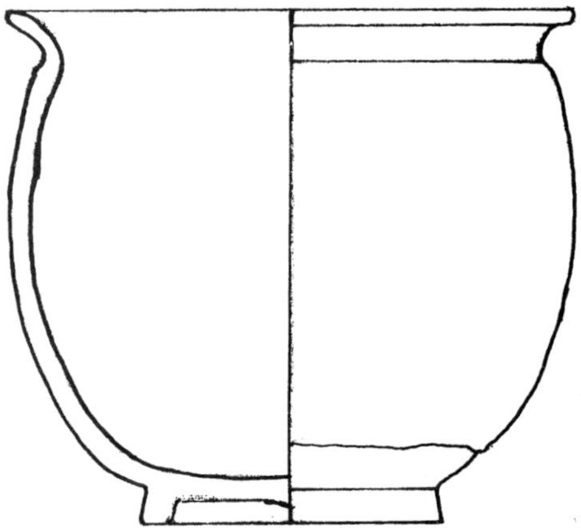
1

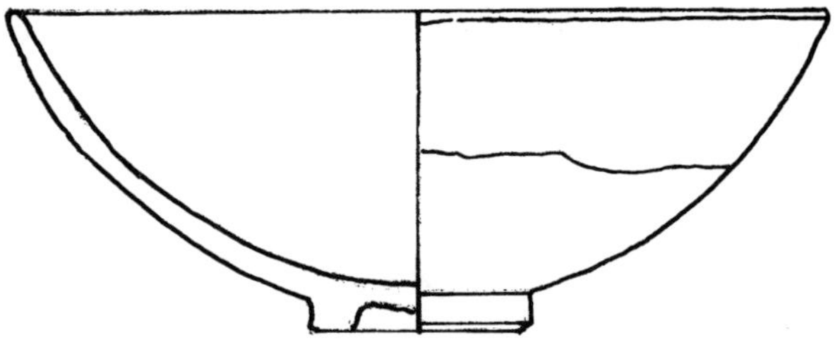
2

图 4-188　M391 出土器物

1. 瓷罐（M391∶1）　2. 瓷碗（M391∶2）

四十八、M393

M393 位于第Ⅰ发掘区西南部，T1624 东北部，开口于扰土层下，距地表 3 米，上部被 M388 打破。墓葬形制为土坑洞室墓，方向 185°，由墓道、墓门、甬道和墓室四部分组成，上部已被破坏。墓道位于墓室南端，平面呈梯形，直壁、底部斜坡状，长 2.06、宽 1~1.2、残深 1.26~1.46 米。填土呈浅黄褐色，土质略硬，含料姜石。墓门为砖砌仿木式门楼，上部残损，宽 1.2、残高 1.46 米。门楼两侧下部砌出须弥座，座上砌出上额、槫柱、门额、立颊，门额上砌出砖雕“花卉形”门簪 2 枚。门洞宽 0.64、高 1.2 米，为单层券顶，用侧立砖纵券，券顶与门框之间用残砖平铺填充。甬道宽 1.2、残高 1.46、进深 0.2 米。墓室顶残，直壁平底，底部平面呈圆形，直径 2.5、残高 1.46 米。墓底设棺床，呈倒“凹”字形，高 0.4 米，南缘用砖砌成须弥座，束腰部分留有长方形孔洞。所用青砖均素面，长 26、宽 13、厚 4 厘米，两砖之间用黄泥黏接。葬具及人骨保存较差，已腐朽。随葬品有 5 件（组），其中瓷罐 2 件，1 件位于棺床东部、1 件位于棺床西北部；瓷盘 2 件，位于棺床西北部；铜钱 32 枚（1 组），散布于棺床中部（图 4-189；图版 8-2）。

瓷罐　2 件。M393∶1，白胎，白釉，釉上有微小开片，釉不包底。侈口，圆唇，束颈，鼓肩，

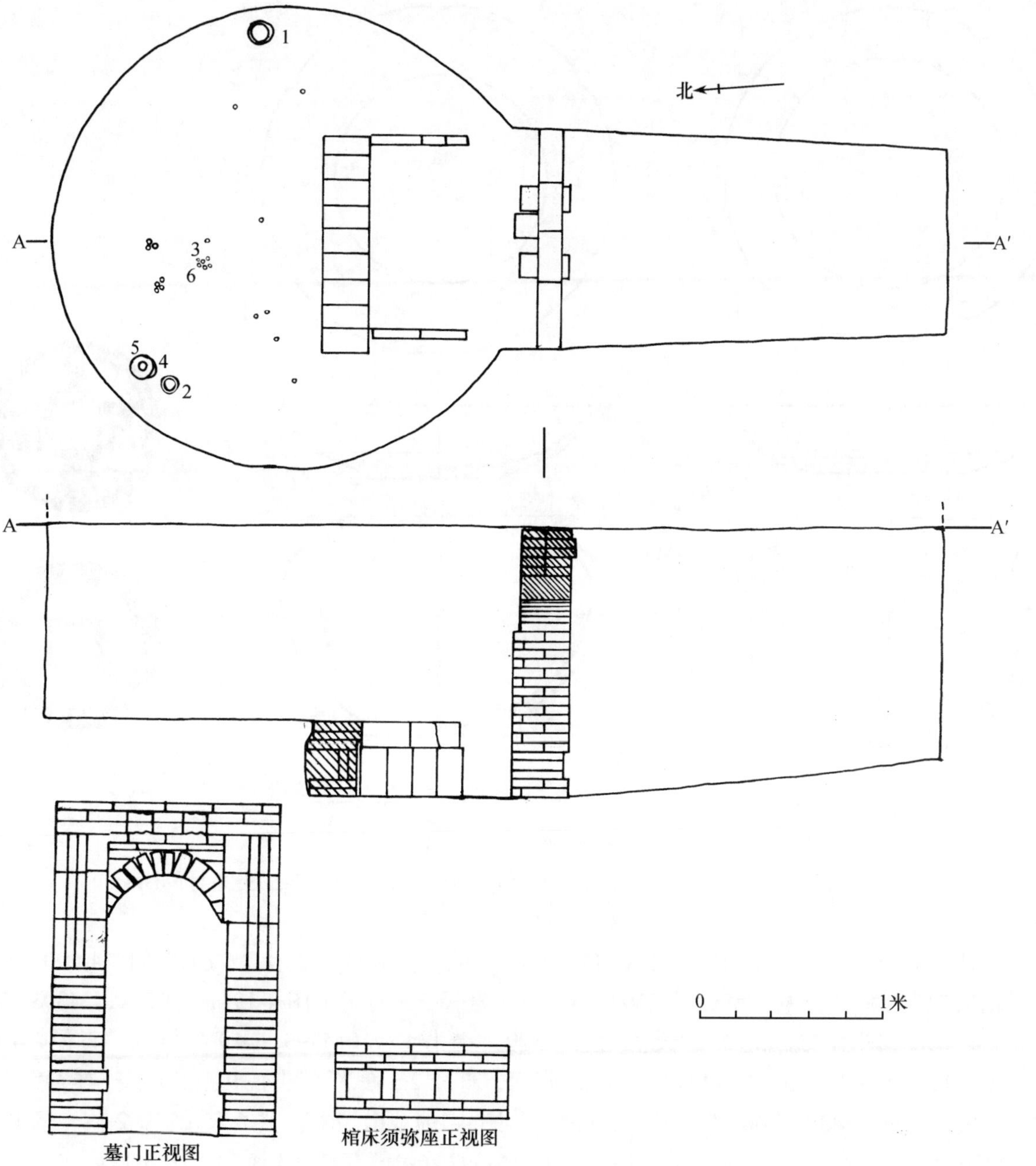

图 4-189　M393 平、剖面图及墓门、棺床须弥座正视图
1、2. 瓷罐　3、6. 铜钱　4、5. 瓷盘

弧腹，平底，矮圈足。腹部饰 7 道竖凹槽。口径 10、腹径 12、底径 6、高 8.4、壁厚 0.4~0.5 厘米（图 4-190，4）。M393∶2，黄褐胎，白釉，釉不包底，釉上有微小开片。直口微敛，尖圆唇，微鼓腹，平底，矮圈足外撇。口部 2 个竖耳，对称分布，耳上刻凹槽。口径 8.4、底径 5.8、高 8.8、壁厚 0.4~0.6 厘米（图 4-190，2）。

瓷盘　2 件，形制相同。M393∶4，乳白胎，白釉，釉不包底，釉上有微小开片。花瓣形敞口，尖圆唇，矮折腹，平底。底书“廉□”二字。口径 17.8、底径 6、高 2.6、壁厚 0.3~0.6 厘米（图 4-190，1）。M393∶5，底书“廉丘”二字。口径 13.4、底径 5.2、高 2.8、壁厚 0.2~0.5 厘米（图 4-190，3）。

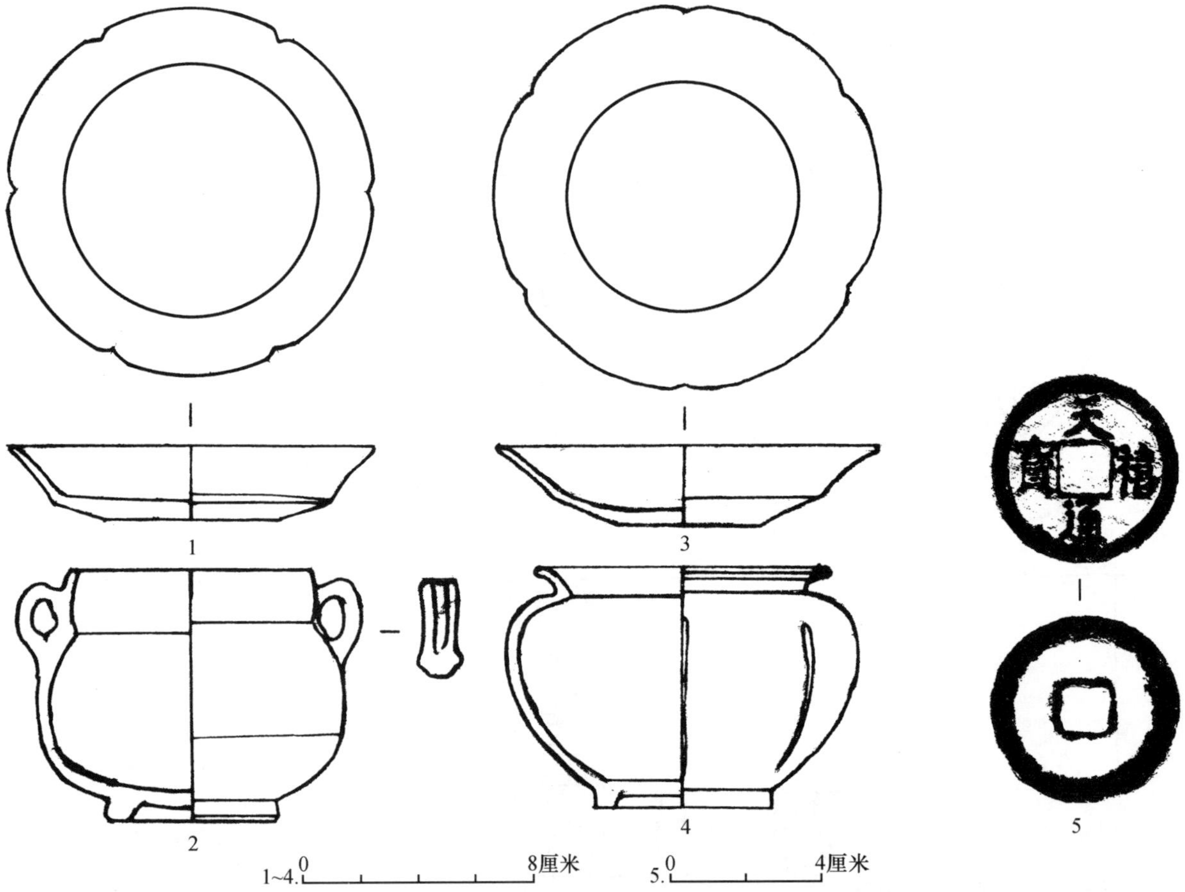

图 4-190　M393 出土器物

1、3. 瓷盘（M393∶4、M393∶5）　2、4. 瓷罐（M393∶2、M393∶1）　5. 天禧通宝（M393∶3）

铜钱　32 枚。“天禧通宝”1 枚（M393∶3），楷书，旋读。直径 2.5 厘米（图 4-190，5）。“元祐通宝”3 枚，行书，旋读。M393∶6-1、2，直径 2.3 厘米（图 4-191，1、2）；M393∶6-3，直径 2.4 厘米（图 4-191，3）。“天圣元宝”2 枚，楷书 1 枚（M393∶6-4），旋读，直径 2.4 厘米（图 4-191，4）；篆书 1 枚（M393∶6-5），旋读，直径 2.5 厘米（图 4-191，5）。“祥符元宝”2 枚，楷书，旋读。M393∶6-6、7，直径 2.5 厘米（图 4-191，6、7）。“圣宋元宝”2 枚，篆书，旋读。M393∶6-8，直径 2.4 厘米（图 4-191，8）；M393∶6-9，直径 2.3 厘米（图 4-191，9）。“皇宋通宝”5 枚，篆书 2 枚，直读，M393∶6-10，直径 2.3 厘米（图 4-191，10），M393∶6-11，直径 2.5 厘米（图 4-191，11）；楷书 3 枚，直读，M393∶6-12、13，直径 2.4 厘米（图 4-191，12、13），M393∶6-14，花穿，直径 2.4 厘米（图 4-191，14）。“元丰通宝”4 枚，行书 2 枚，旋读，M393∶6-15、16，直径 2.4 厘米（图 4-191，15、16）；篆书 2 枚（M393∶6-17），旋读，直径 2.3 厘米（图 4-191，17），M393∶6-18，直径 2.5 厘米（图 4-191，18）。“治平元宝”1 枚（M393∶6-19），篆书，旋读。直径 2.4 厘米（图 4-191，19）。“明道元宝”1 枚（M393∶6-20），篆书，旋读。直径 2.5 厘米（图 4-191，20）。“淳化元宝”1 枚（M393∶6-21），行书，旋读。直径 2.4 厘米（图 4-191，21）。“开元通宝”1 枚（M393∶6-22），楷书，直读。直径 2.3 厘米（图 4-191，22）。“政和通宝”1 枚（M393∶6-23），楷书，直读。直径 2.4 厘米（图 4-191，23）。“至道元宝”1 枚（M393∶6-24），草书，旋读。直径 2.45 厘米（图 4-191，24）。“景德元宝”1 枚（M393∶6-25），楷书，旋读。直径 2.4 厘米（图 4-191，

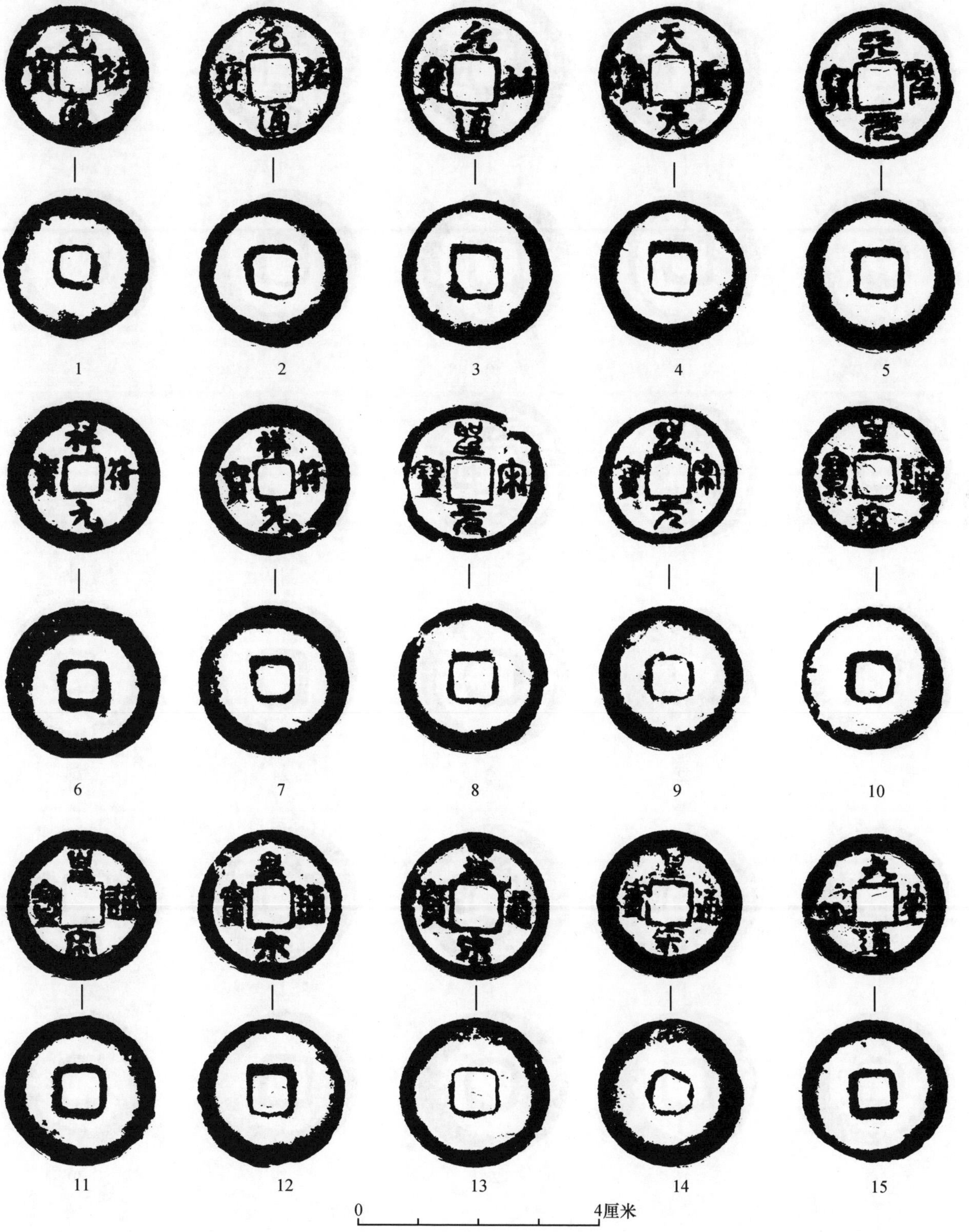

图 4-191 M393 出土钱币

1~3. 元祐通宝（M393∶6-1、M393∶6-2、M393∶6-3） 4、5. 天圣元宝（M393∶6-4、M393∶6-5） 6、7. 祥符元宝（M393∶6-6、M393∶6-7） 8、9. 圣宋元宝（M393∶6-8、M393∶6-9） 10~14. 皇宋通宝（M393∶6-10、M393∶6-11、M393∶6-12、M393∶6-13、M393∶6-14） 15. 元丰通宝（M393∶6-15）

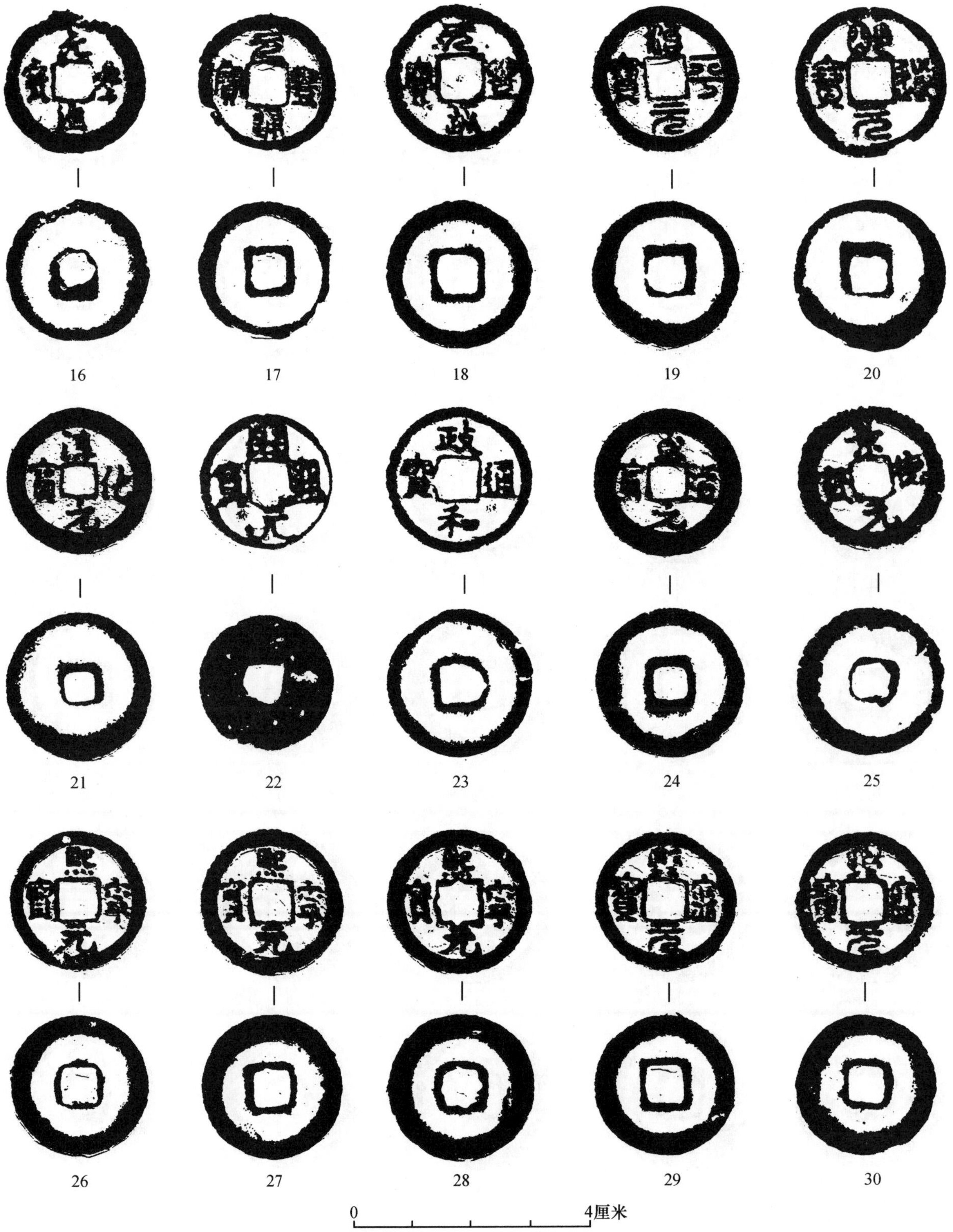

图 4-191 M393 出土钱币（续）

16~18. 元丰通宝（M393∶6-16、M393∶6-17、M393∶6-18） 19. 治平元宝（M393∶6-19） 20. 明道元宝（M393∶6-20）
21. 淳化元宝（M393∶6-21） 22. 开元通宝（M393∶6-22） 23. 政和通宝（M393∶6-23） 24. 至道元宝（M393∶6-24）
25. 景德元宝（M393∶6-25） 26~30. 熙宁元宝（M393∶6-26、M393∶6-27、M393∶6-28、M393∶6-29、M393∶6-30）

25）。“熙宁元宝”6枚，楷书3枚，旋读，M393∶6-26，直径2.3厘米（图4-191，26），M393∶6-27，直径2.4厘米（图4-191，27），M393∶6-28，花穿，直径2.4厘米（图4-191，28）；篆书3枚，旋读，M393∶6-29、30，直径2.3厘米（图4-191，29、30），M393∶6-31，直径2.4厘米。

第四节　砖　室　墓

一、M6

M6位于第Ⅰ发掘区西部，T1824西南部，开口于耕土层下，打破M60，距地表0.3米。墓葬形制为圆形砖室墓，方向193°，由墓道、墓门、甬道和墓室四部分组成，墓葬上部仅西北部被破坏，仅存部分墓道和墓室底部。墓道位于墓室南端，平面呈梯形，直壁、底部为斜坡式，残长2.36、宽0.96~1.54、残深1.6~1.9米。墓门宽0.76、残高0.46米，外侧用整块大石板封堵。甬道宽、残高同墓门，进深0.54米，两壁用单砖错缝平砌，底部未铺砖。墓圹直径3.16、残深1.9米。圹内用青砖砌筑墓室，直径2.48、残高0.04米，仅残存零星铺地砖和最下层的部分壁砖。墓底设棺床，呈倒“凹”字形，高0.5米，南缘用砖砌成须弥座，残，束腰部分饰有壸门。用砖均素面，长28、宽14、厚4厘米，两砖之间用黄泥黏接。填土为灰褐色，土质较硬，含料姜石。未发现葬具痕迹和人骨。随葬品有陶罐1件，位于墓底东南部（图4-192）。

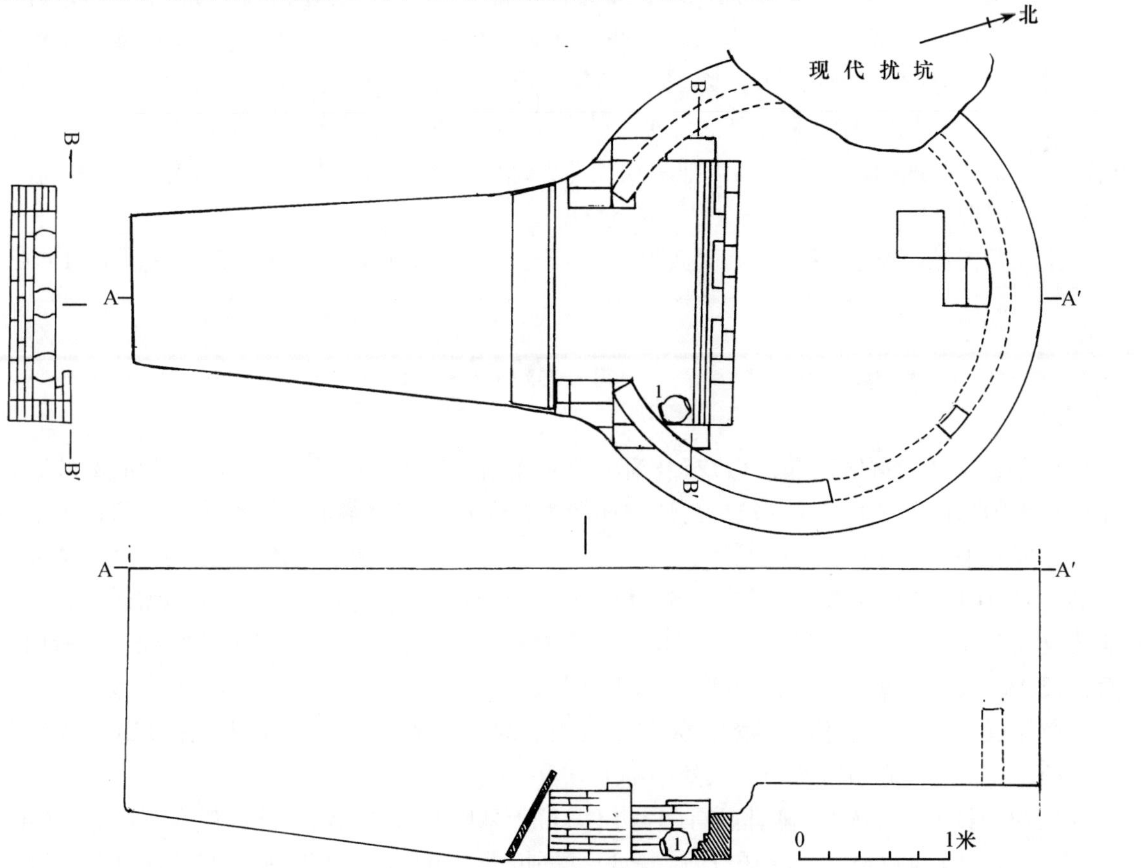

图4-192　M6平、剖面图

1. 陶罐

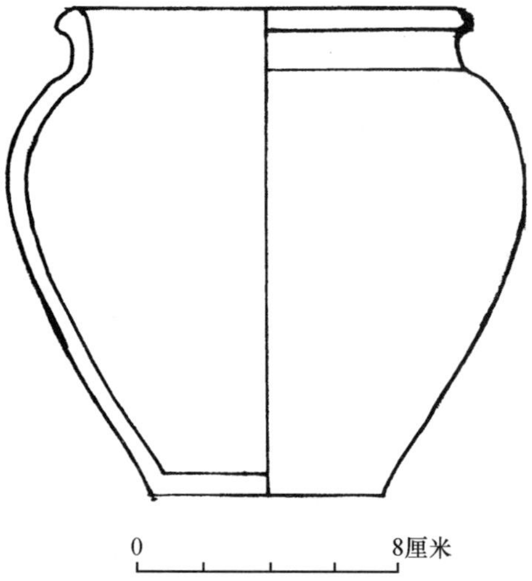

图4-193　M6出土陶罐（M6:1）

陶罐　1件（M6:1）。泥质红陶。直口微敞，方圆唇，矮领，鼓肩，斜腹，平底。口径12.4、腹径16、底径7.2、高15、壁厚0.5~0.7厘米（图4-193；图版21-2）。

二、M49

M49位于第Ⅰ发掘区西部，T1824东南角，开口于耕土层下，距地表0.5米，打破M67。墓葬形制为圆形砖室墓，方向170°。由墓道、墓门、甬道和墓室四部分组成，上部被破坏，东北部被一晚期坑打破。墓道位于墓室南端，残存部分平面呈梯形，底部斜坡，长2.42、宽1.4~1.6、深1.42~2.48米。墓门为砖砌仿木式门楼，上部残失，宽1.6、残高2.4米。门楼下部设须弥座、束腰部分饰有壶门，上砌门额、立颊、上额、槫柱，门额上饰两枚长方形门簪。门洞宽0.9、高1.82米，为双层券顶，下层侧立砖纵券、上层平砖纵券，上层刻饰为波浪形。门洞外侧用横长方形石板封砌。甬道宽、高同门洞、进深0.4米，铺地砖为平铺一排横砖、一排纵砖；两壁下部为须弥座、束腰部分饰有壶门，上部错缝平砌；券顶同门洞。墓圹直径2.84、残深2.48米。圹内用青砖砌筑墓室，直径2.52、残高2.32米。墓底设棺床，呈倒“凹”字形，高0.62米，南缘用砖砌成须弥座，束腰部分饰有壶门。建造时先在墓底铺一层地砖，再砌筑墓室。棺床南侧的铺地砖为一排纵砖、两排横砖，棺床表面为方砖错缝平铺；墓壁用单砖错缝平砌；穹隆顶，残。用砖均素面，长28、宽14、厚4厘米，两砖之间用白灰黏接。

墓壁上用青砖雕砌出仿木结构。立砌4根倚柱，将墓壁分成四部分。倚柱上承普柏枋，枋上置柱头铺作4朵、补间铺作3朵，均为把头绞项造，铺作上承替木、素枋，素枋之上开始内收为穹隆顶。墓壁及门楼外壁均用白灰涂抹，大部分已脱落。

填土为黄褐色，结构较紧密，含碎砖块、料姜石。未见葬具痕迹、人骨及随葬品（图4-194A、B）。

三、M77

M77位于第Ⅰ发掘区南部，T1725中部，开口于耕土层下，距地表0.3米，上部被M73打破。墓葬形制为圆形砖室墓，方向172°，被破坏严重，仅残余部分墓道和墓室下部。墓道位于墓室南端，残存部分平面呈梯形，直壁平底，残长0.98、宽1.4~1.16、残深1.42米。墓圹直径2.98、残深1.42米。圹内用青砖砌筑墓室，直径2.5、残高0.9米。建造时，先在墓底铺一层地砖，再砌筑墓室。铺地砖仅残余北壁下两块，横向平铺；墓壁主体用单砖错缝平砌；墓顶可能为穹隆顶。所用青砖均素面，长28、宽14、厚4厘米，两砖之间用黄泥黏接。

墓壁上用青砖雕砌出仿木结构，大部分残失。北壁中部下方设一假门，宽0.28、高0.28米，外砌门额、立颊，内砌版门两扇。北壁中部上方设一散斗。

未发现葬具痕迹和人骨。随葬品有陶盆1件，位于墓底西南部；铜钱6枚，散布于墓底（图4-195）。

陶盆　1件（M77:1）。泥质红陶。敞口，平折沿，方唇，斜腹略弧，平底略凹。下腹部通体饰瓦棱纹。口径37.2、底径18、高11.6、壁厚1~1.4厘米（图4-196）。

铜钱　6枚（M77:2）。锈蚀严重。

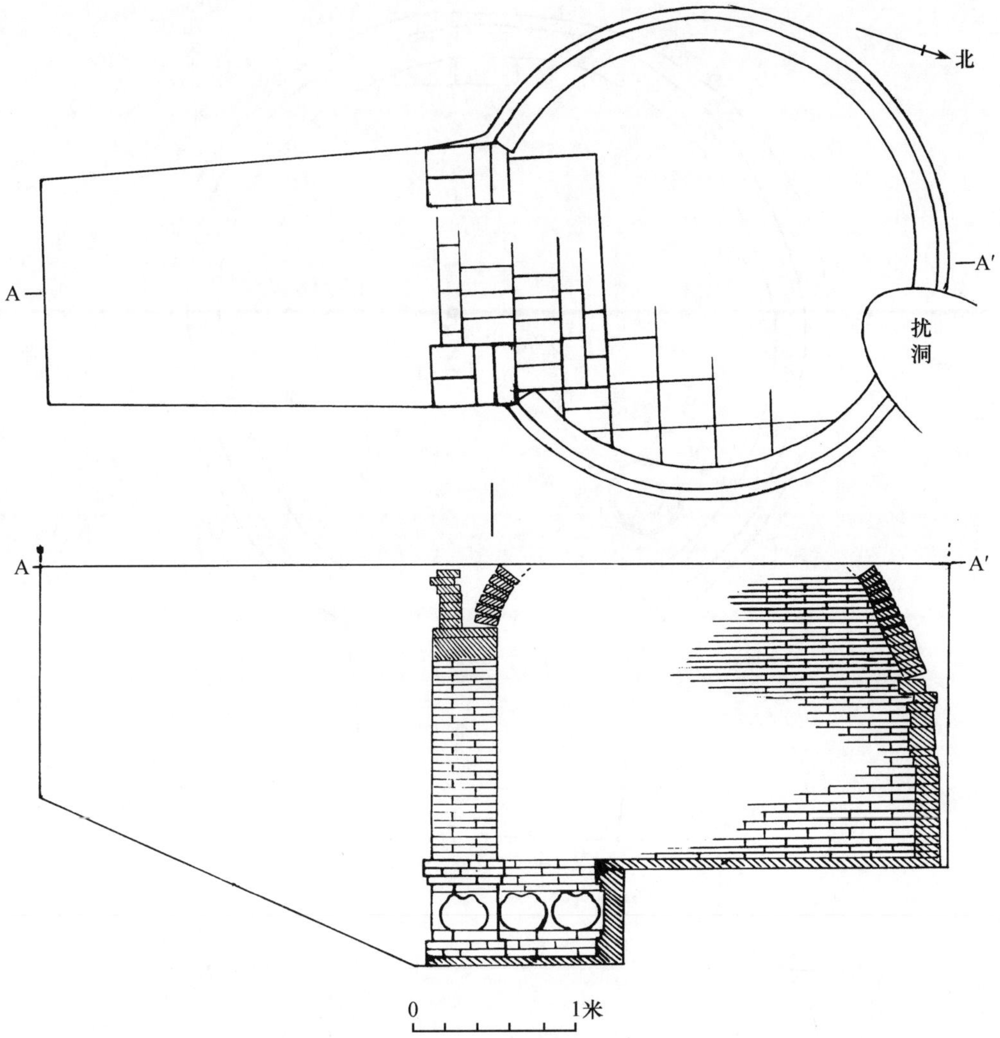

图 4-194A M49 平、剖面图

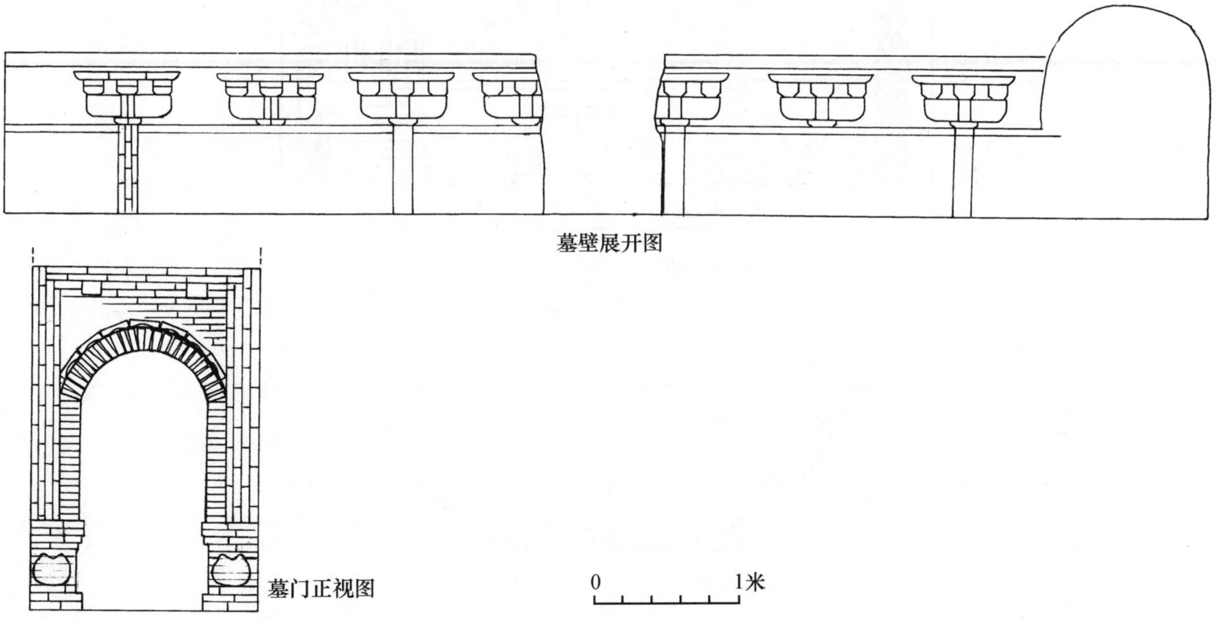

图 4-194B M49 墓壁展开图及墓门正视图

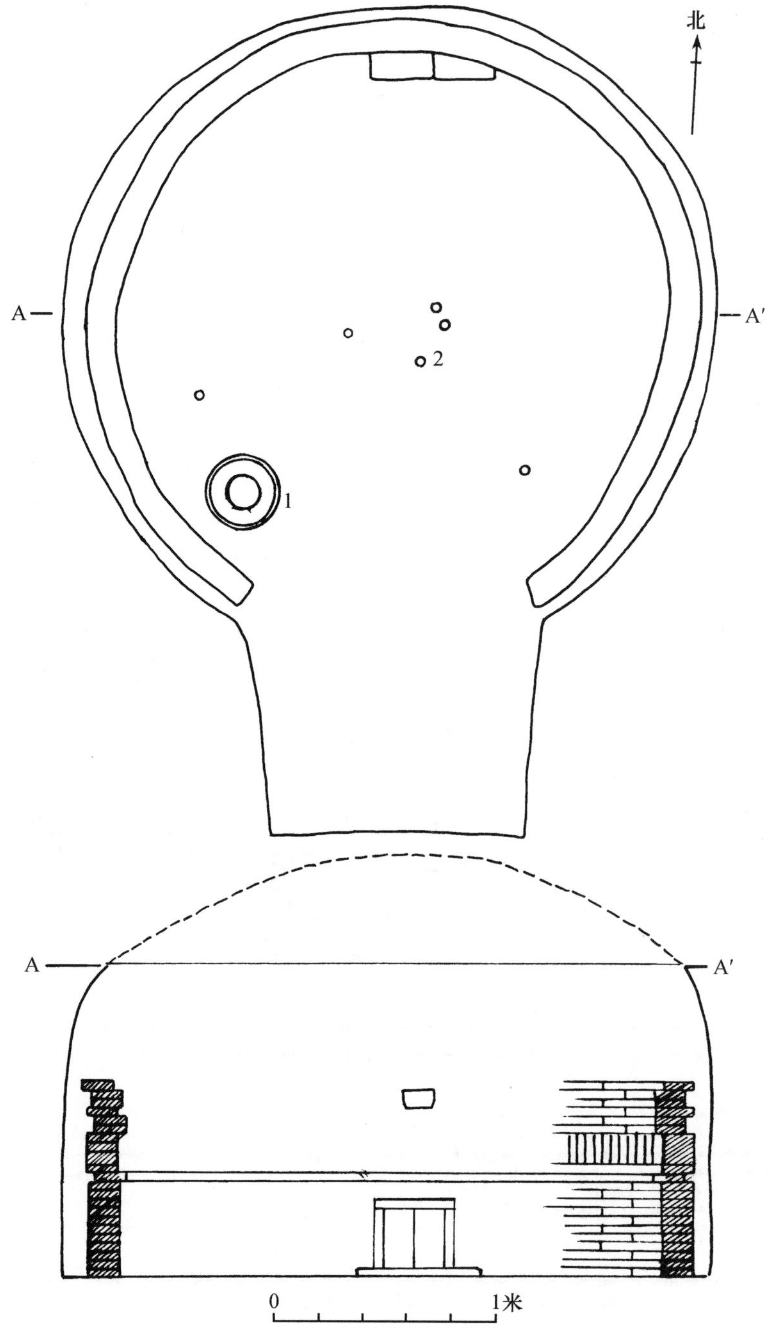

图 4-195　M77 平、剖面图
1. 陶盆　2. 铜钱

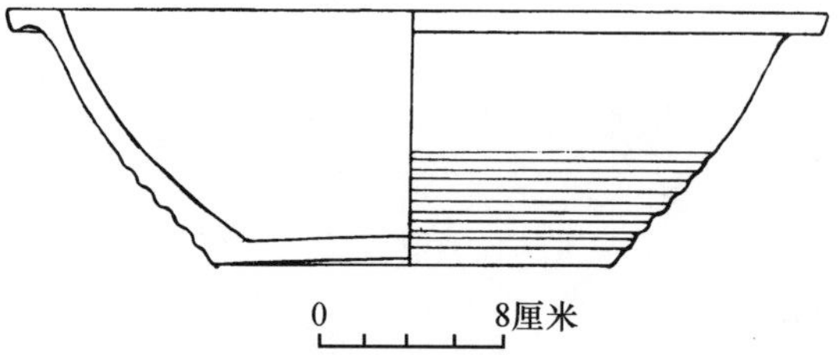

图 4-196　M77 出土陶盆（M77∶1）

四、M94

M94位于第Ⅰ发掘区东部，T1831北部，开口于耕土层下，距地表0.26米。墓葬形制为圆形砖室墓，方向169°，被严重破坏，仅存部分墓道、墓室下部的西半部分和东南角。墓道位于墓室南端，残存部分平面呈梯形，直壁、平底，残长2.16、宽0.9~1、残深1.07米。墓圹直径3.1、残深1.07米。圹内用青砖砌筑墓室，直径2.7、残高1.04米。未见铺地砖，墓壁主体用单砖错缝平砌，墓顶不存。所用青砖均素面，长28、宽14、厚5厘米，两砖之间用黄泥黏接。墓壁上用青砖雕砌出仿木结构，大部分残失。仅存西壁北部的一根倚柱中段、西壁中部一柜、西壁南部一衣架。墓壁上均涂白灰，大部分脱落。填土为黄褐色，结构较紧密，含料姜石。未发现葬具痕迹、人骨及随葬品（图4-197）。

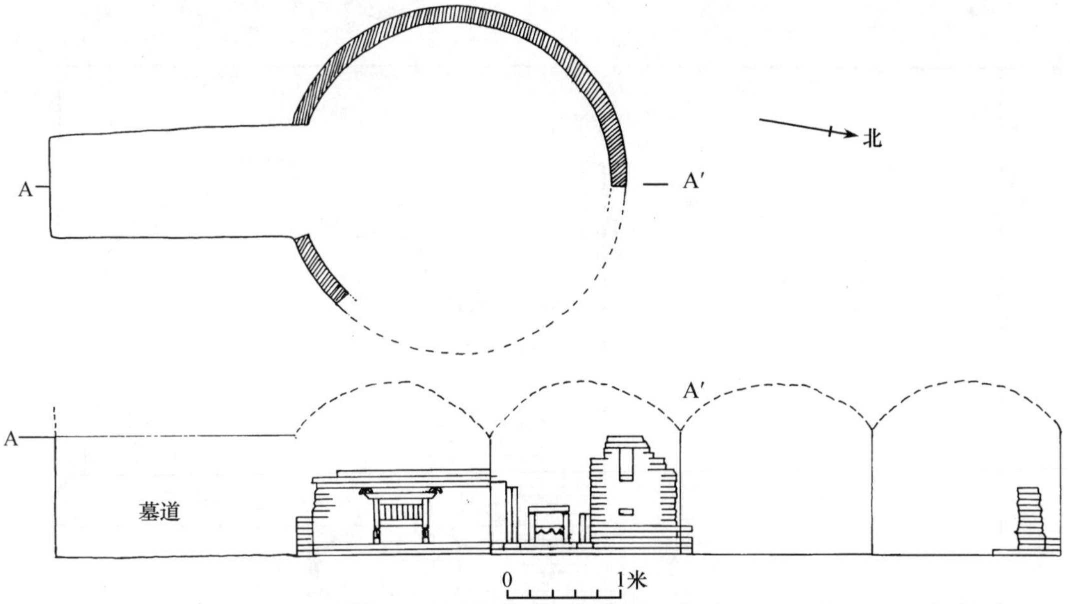

图4-197　M94平面图及墓壁展开图

五、M104

M104位于第Ⅱ发掘区西南部，T1123东南部，开口于耕土层下，距地表0.3米。墓葬形制为圆形砖室墓，方向176°，由墓道、墓门、甬道、墓室四部分组成（图4-198A、B；图版9-1）。墓道位于墓室南端，平面呈梯形，直壁、平底，长2.4、宽1.2~1.7、深2.84米。墓门为砖砌仿木式门楼，顶部略残，高3.2、宽1.7米。门楼下部设须弥座，上砌门额、立颊、上额、榑柱，门额上饰2枚方形门簪。上额上方置普柏枋，枋上置1朵斗拱。上置替木、撩檐枋，撩檐枋上置檐椽、飞檐椽、板瓦、筒瓦、门脊。门楼外壁用白灰涂抹，并有彩绘，大部分已脱落。拱形门洞宽0.9、高1.66米，为双层券顶，下层侧立砖纵券、上层平砖纵券。门洞外侧用青砖错缝平砌成封门墙（图版9-2）。甬道宽、高同门洞、进深0.92米，两壁下部为须弥座，上部错缝平砌；券顶同门洞。墓圹直径3、深2.84米。圹内用青砖砌筑墓室，直径2.56、高2.14米。墓底未铺砖；墓壁下部用一层正立丁砖、中上部用两层侧立丁砖砌成，层间砌以平砖；顶部错缝平砌成穹隆顶。墓底设棺床，呈倒“凹”字形，高0.46米，南缘用砖砌成须弥座，束腰部分饰有壶门。用砖均素面，长27、宽13、厚5厘米，

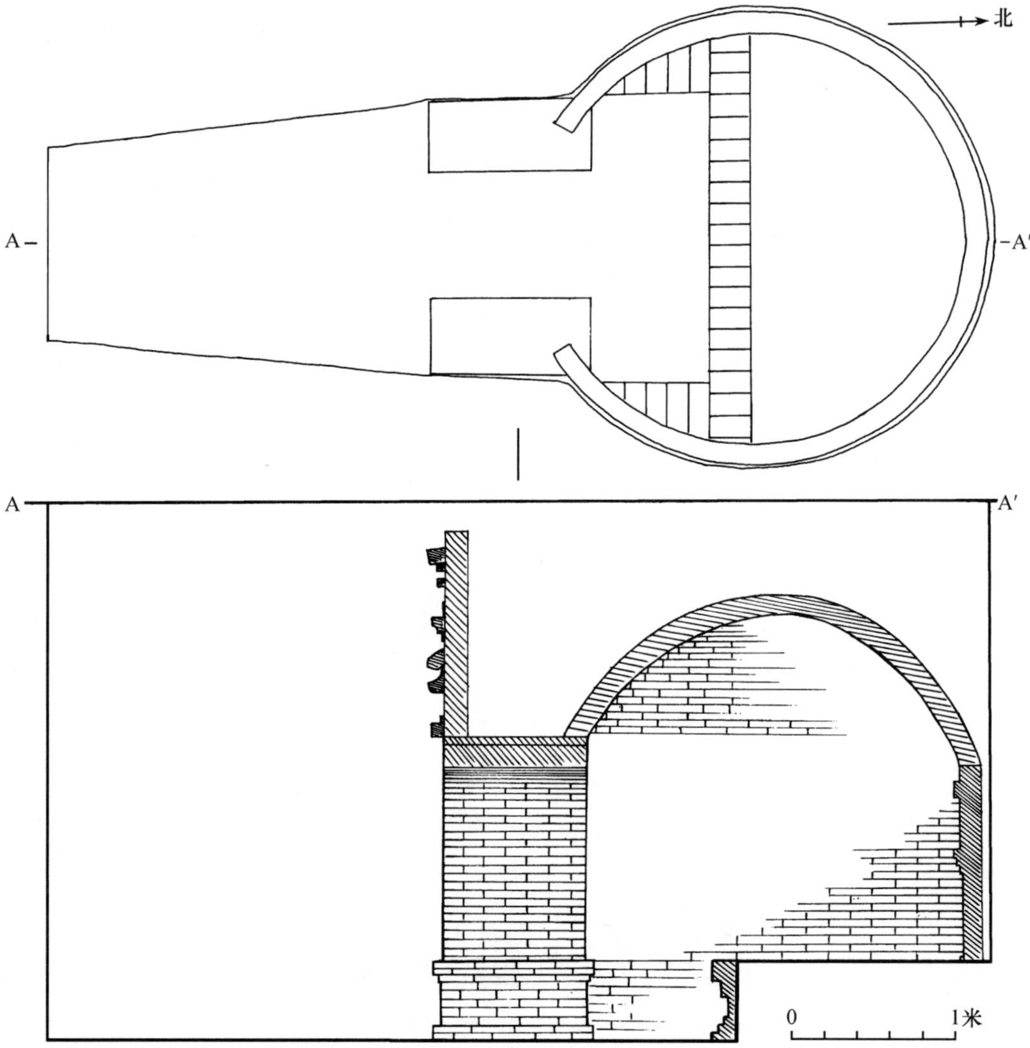

图 4-198A　M104 平、剖面图

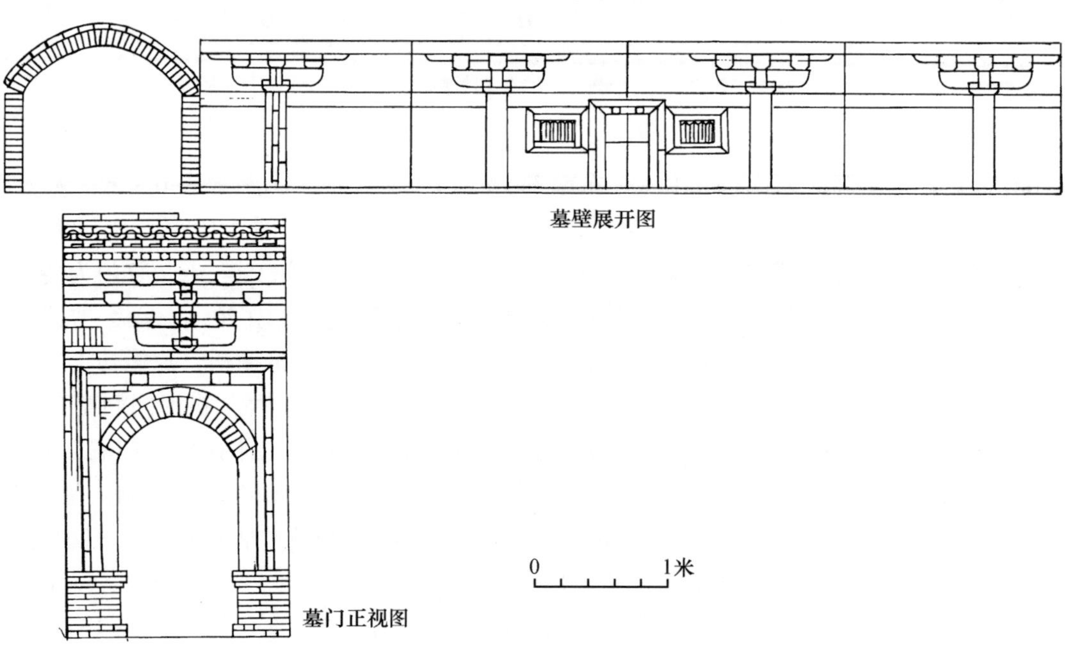

图 4-198B　M104 墓壁展开图及墓门正视图

两砖之间用黄泥黏接（图版 9-3）。

墓壁上用青砖雕砌出仿木结构。立砌四根倚柱，将墓壁分成四部分。倚柱上承普柏枋，枋上置柱头铺作 4 朵，均为把头绞项造，铺作上承替木、素枋，素枋之上开始内收为穹隆顶。北壁中部下方设一假门，高 0.54、宽 0.28 米，外砌门额、立颊、上额、槫柱，门额上饰方形门簪 2 枚；内砌版门两扇。假门两侧上部各置一破子棂窗。假门上方有一散斗，上承替木（图版 9-4）。墓壁均用白灰涂抹，大部分已脱落。

墓道填土为黄褐色，结构较紧密，含料姜石；墓室全被淤土填满。未见葬具痕迹及人骨。随葬品有铜钱 4 枚，位于棺床中部。

铜钱　4 枚。“景德元宝”1 枚（M104：1-1），楷书，旋读。直径 2.4 厘米（图 4-199，1）。“皇宋通宝”1 枚（M104：1-2），篆书，直读。直径 2.4 厘米（图 4-199，2）。“熙宁重宝”1 枚（M104：1-3），楷书，旋读。直径 2.9 厘米（图 4-199，3）。“熙宁元宝”1 枚（M104：1-4），篆书，旋读。直径 2.4 厘米（图 4-199，4）。

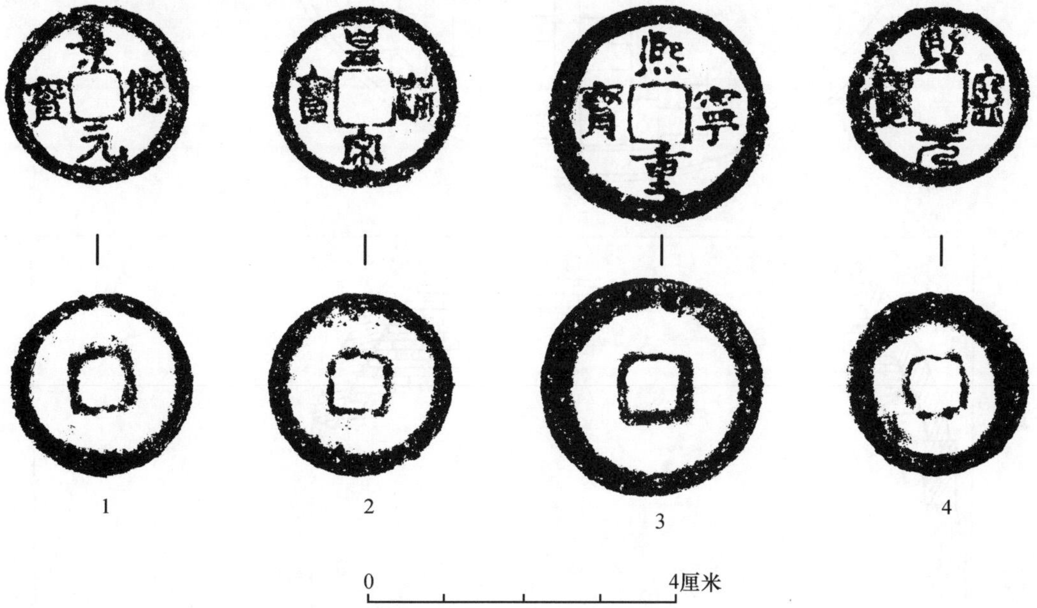

图 4-199　M104 出土钱币

1. 景德元宝（M104：1-1）　2. 皇宋通宝（M104：1-2）　3. 熙宁重宝（M104：1-3）　4. 熙宁元宝（M104：1-4）

六、M106

M106 位于第Ⅱ发掘区西南部，T1121 西北部，开口于耕土层下，距地表深 0.3 米。墓葬形制为圆形砖室墓，方向 175°。由墓道、墓门、甬道和墓室四部分组成。墓道、墓门、甬道被严重破坏，均已残损，形制不详。墓圹直径 3.94、残深 3.08 米。圹内用青砖砌筑墓室，直径 3.48、残高 2.6 米。建造时先在墓底铺一层地砖，再砌筑墓室。铺地砖为纵向一排、横向一排交替平铺；墓壁用单砖错缝平砌；穹隆顶，残。墓底设棺床，呈倒“凹”字形，高 0.44 米，南缘用砖砌成须弥座，束腰部分饰有壶门。用砖均素面，长 28、宽 14、厚 5 厘米，两砖之间用白灰黏接。

墓壁上用青砖雕砌出仿木结构。立砌 4 根倚柱，将墓壁分成四部分。倚柱上承普柏枋，枋上置柱头铺作 4 朵，补间铺作 3 朵，均为把头绞项造，铺作上承替木、素枋，素枋之上开始内收为穹隆顶。

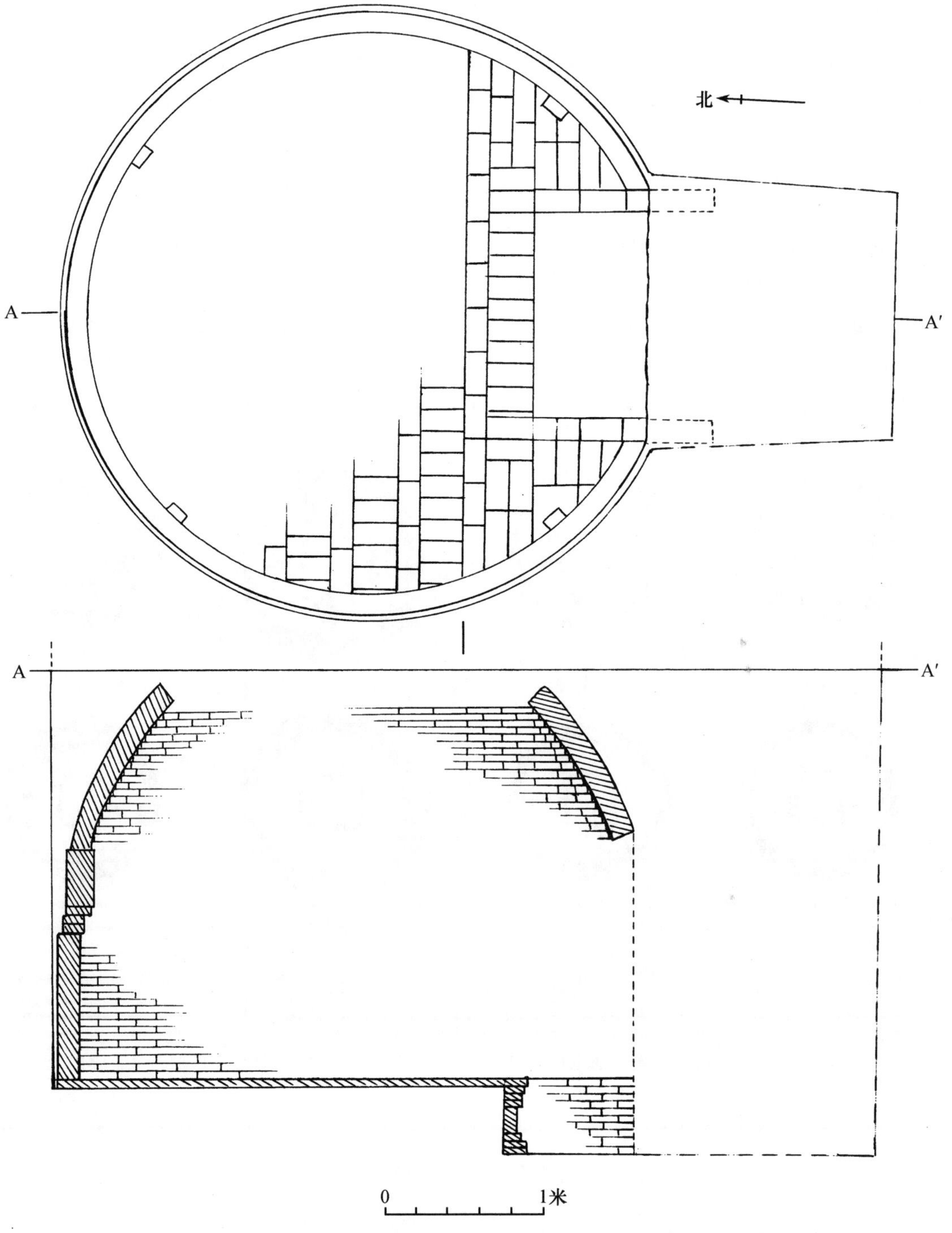

图 4-200A　M106 平、剖面图

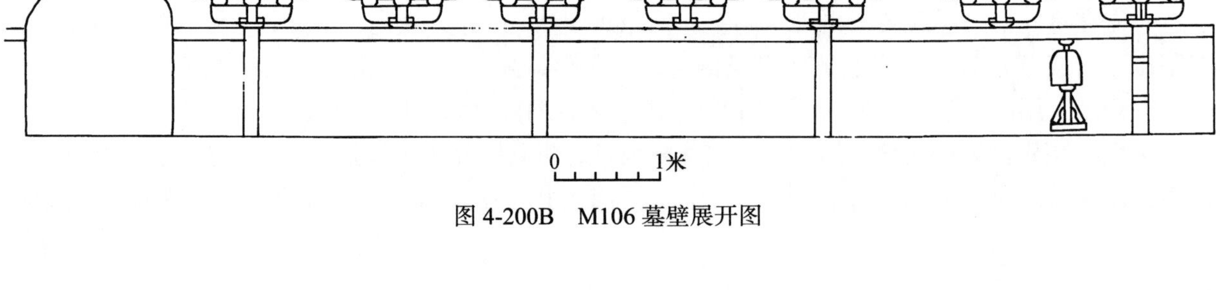

图 4-200B　M106 墓壁展开图

东壁南部设一灯台。墓壁均用白灰涂抹，原绘有彩绘，大部分脱落，仅残存零星红色、褐色彩。

填土为黄褐色，含碎砖块、料姜石。未见葬具痕迹。墓底原有人骨两具，被扰乱严重。随葬品有铜钱46枚，发现于墓室填土中（图4-200A、B）。

铜钱　46枚。“崇宁重宝”4枚，隶书，直读，M106∶1-1、2，直径3.3厘米（图4-201，1、2），M106∶1-3、4，直径3.5厘米（图4-201，3、4）。“皇宋通宝”4枚，楷书3枚，直读，M106∶1-5、7，

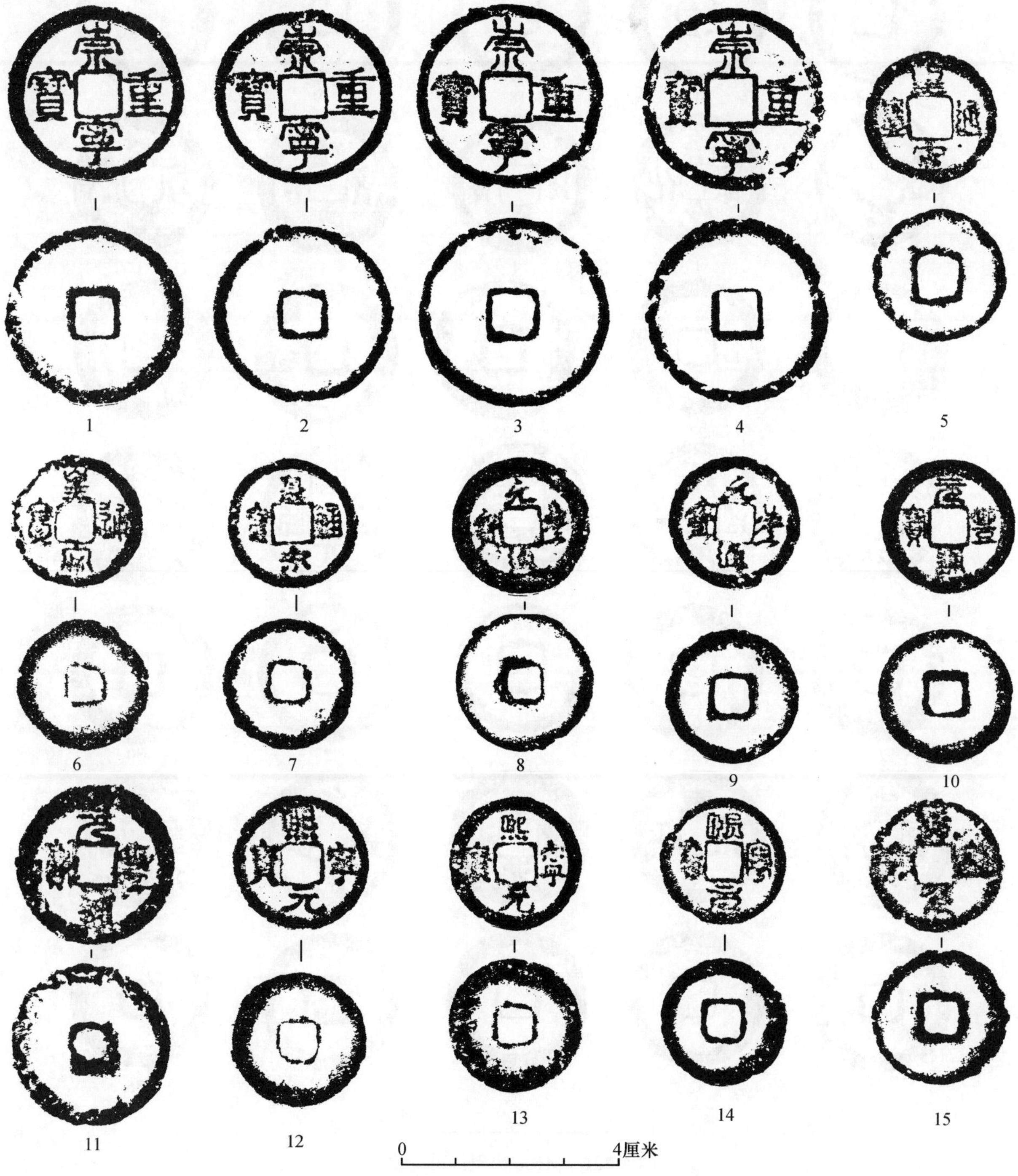

图4-201　M106出土钱币

1~4. 崇宁重宝（M106∶1-1、M106∶1-2、M106∶1-3、M106∶1-4）　5~7. 皇宋通宝（M106∶1-5、M106∶1-6、M106∶1-7）　8~11. 元丰通宝（M106∶1-8、M106∶1-9、M106∶1-10、M106∶1-11）　12~15. 熙宁元宝（M106∶1-12、M106∶1-13、M106∶1-14、M106∶1-15）

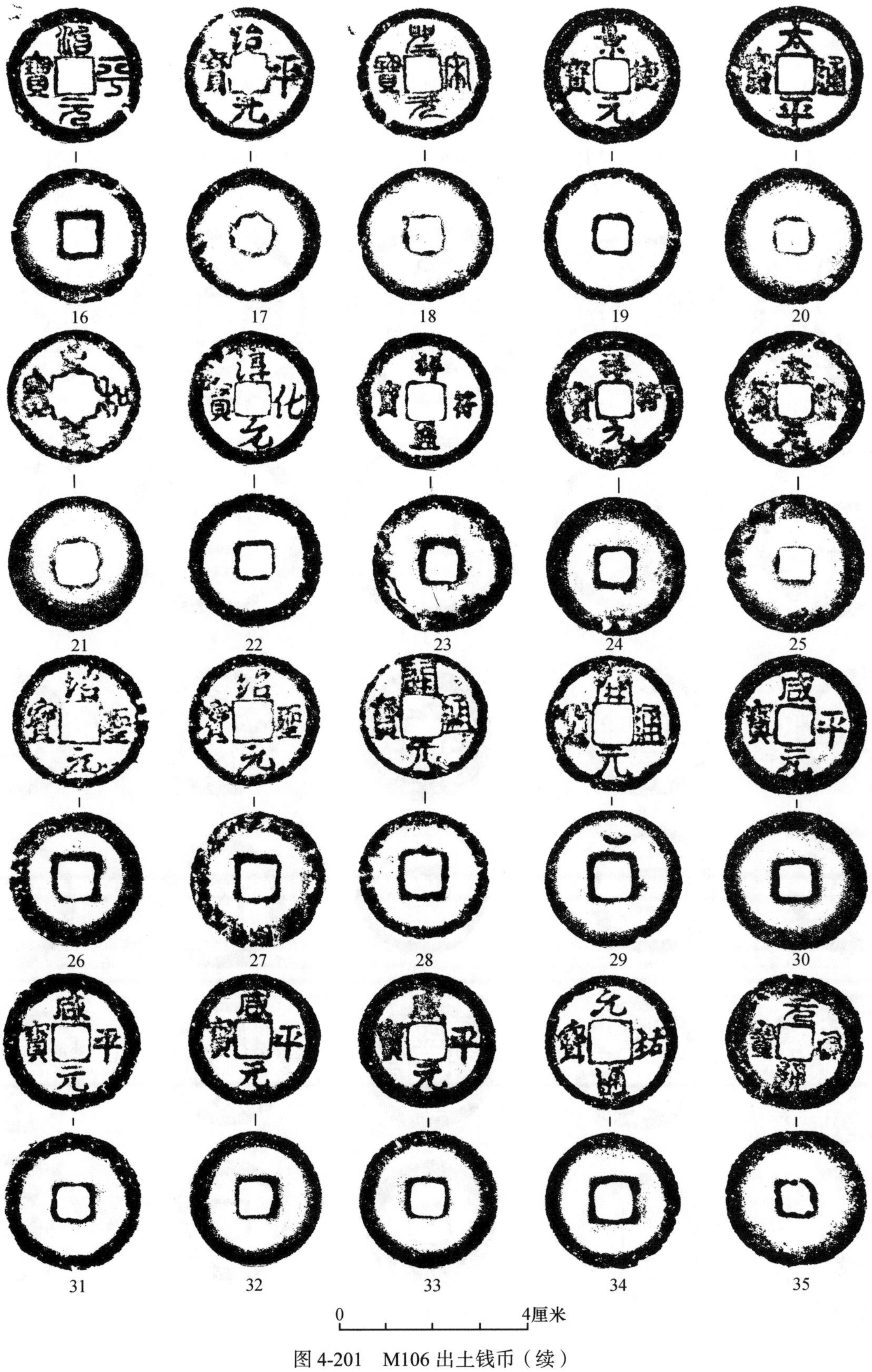

图 4-201　M106 出土钱币（续）

16、17. 治平元宝（M106∶1-16、M106∶1-17）　18. 圣宋元宝（M106∶1-18）　19. 景德元宝（M106∶1-19）　20. 太平通宝（M106∶1-20）　21. 至和元宝（M106∶1-21）　22. 淳化元宝（M106∶1-22）　23. 祥符通宝（M106∶1-23）　24. 祥符元宝（M106∶1-24）　25. 天圣元宝（M106∶1-25）　26、27. 绍圣元宝（M106∶1-26、M106∶1-27）　28、29. 开元通宝（M106∶1-28、M106∶1-29）　30~33. 咸平元宝（M106∶1-30、M106∶1-31、M106∶1-32、M106∶1-33）　34、35. 元祐通宝（M106∶1-34、M106∶1-35）

直径2.4厘米（图4-201，5、7）；篆书1枚（M106∶1-6），直读，直径2.5厘米（图4-201，6）。“元丰通宝”5枚，行书2枚，旋读，M106∶1-8、9，直径2.5厘米（图4-201，8、9）；篆书3枚，旋读，M106∶1-10，直径2.5厘米（图4-201，10），M106∶1-11，直径3厘米（图4-201，11）。“熙宁元宝”5枚，楷书3枚，旋读，M106∶1-12、13，直径2.5厘米（图4-201，12、13）；篆书2枚，旋读，M106∶1-14，直径2.4厘米（图4-201，14），M106∶1-15，直径2.5厘米（图4-201，15）。“治平元宝”2枚，篆书1枚（M106∶1-16），旋读，直径2.45（图4-201，16）；楷书1枚（M106∶1-17），旋读，花穿，直径2.4厘米（图4-201，17）。“圣宋元宝”1枚（M106∶1-18），篆书，旋读。直径2.4厘米（图4-201，18）。“景德元宝”1枚（M106∶1-19），楷书，旋读。直径2.5厘米（图4-201，19）。“太平通宝”1枚（M106∶1-20），楷书，直读。直径2.5厘米（图4-201，20）。“至和元宝”1枚（M106∶1-21），篆书，旋读，花穿。直径2.4厘米（图4-201，21）。“淳化元宝”2枚，行书1枚（M106∶1-22），旋读，直径2.4厘米（图4-201，22）；楷书1枚，旋读，直径2.5厘米。“祥符通宝”1枚（M106∶1-23），楷书，旋读。直径2.4厘米（图4-201，23）。“祥符元宝”2枚，楷书，旋读，M106∶1-24，直径2.4厘米（图4-201，24）。“天圣元宝”1枚（M106∶1-25），楷书，旋读。直径2.5厘米（图4-201，25）。“绍圣元宝”2枚，行书，旋读，M106∶1-26、27，直径2.4厘米（图4-201，26、27）。“开元通宝”5枚，楷书，直读。M106∶1-28，直径2.3厘米（图4-201，28）；M106∶1-29，背面穿上一月，直径2.5厘米（图4-201，29）。“咸平元宝”4枚，楷书，旋读。M106∶1-30~33，直径2.5厘米（图4-201，30-33）。“元祐通宝”4枚，行书1枚（M106∶1-34），旋读，直径2.4厘米（图4-201，34）；篆书3枚，旋读，M106∶1-35，直径2.5厘米（图4-201，35）。年号不清者1枚。

七、M108

M108位于Ⅱ发掘区西南部，T1123西部，开口于耕土层下，距地表0.28米。墓葬形制为圆形砖室墓，方向182°，由墓道、墓门和墓室三部分组成，墓葬上部被破坏，墓道前端、墓门及墓室的西半部分被近代墓打破。墓道位于墓室南端，平面呈长方形，直壁、平底，长2.8、宽1、残深3.04米。墓门呈拱弧形，高1.25、宽0.7、进深0.28米，为双层券顶，下层侧立砖纵券、上层平砖纵券。墓圹直径3.1、残深3.04米。圹内用青砖砌筑墓室，直径2.7、残高3米。建造时先在墓底铺一层地砖，再砌筑墓室。铺地砖为纵向一排、横向一排交替平铺；墓壁主体用单砖错缝平砌；穹隆顶，残。用砖均素面，长28、宽14、厚4厘米，两砖之间用白灰黏接。

墓壁上用青砖雕砌出仿木结构。现存东壁上2根倚柱，倚柱上承普柏枋，枋上置柱头铺作2朵，均为把头绞项造，铺作上承替木、素枋，素枋之上开始内收为穹隆顶。墓壁均用白灰涂抹，大部分脱落。

墓道填土为灰褐色，土质较硬，含料姜石；墓室内为坍塌土和淤土，结构较松。未发现葬具痕迹、人骨及随葬品（图4-202）。

八、M116

M116位于第Ⅱ发掘区西北部，T1421东南部，开口于耕土层下，距地表0.5米。墓葬形制为圆形砖室墓，方向165°，被严重破坏，仅存墓室下部的西半部分。墓圹直径2.7、残深1.48米。圹内用单砖砌筑墓室，直径2.34、残高1.36米。未见铺地砖，墓壁主体用单砖错缝平砌，穹隆顶残。

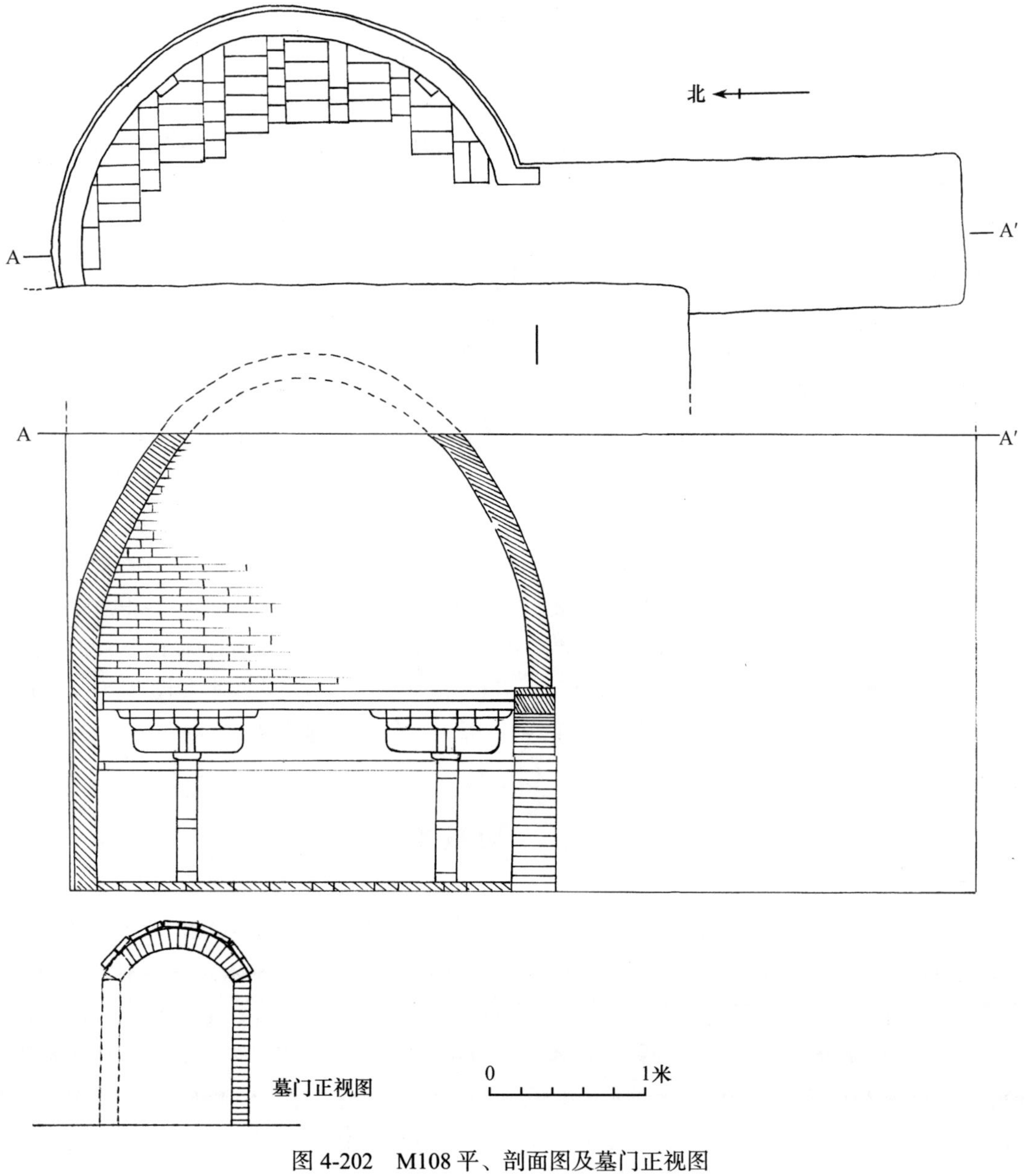

图 4-202　M108 平、剖面图及墓门正视图

所用砖均素面，长 26、宽 14、厚 4 厘米，两砖之间用白灰黏接。

墓壁上用青砖雕砌出仿木结构。西壁上残存 2 根贴砌的倚柱，倚柱上承普柏枋，枋上置柱头铺作 2 朵，补间铺作 2 朵。柱头铺作均为把头绞项造，补间铺作仅雕砌出泥道拱、齐心斗。其中，泥道拱均用整砖表示，没有卷杀。铺作上承素枋，素枋之上开始内收为穹隆顶。北壁中部下方设一假门，高 0.26、宽 0.28 米，外砌门额、立颊、上额、榑柱，门额上饰方形门簪两枚；内砌版门两扇。墓壁均用白灰涂抹，大部分已脱落。

填土为黄褐色，结构疏松，含大量青砖块。未发现葬具痕迹及人骨。随葬品有 5 件（组），其中陶盆 1 件、瓷碗 1 件、瓷罐 1 件、铜镜 1 件、铜钱 23 枚（1 组），发现于填土中（图 4-203）。

陶盆　1 件（M116∶1）。泥质红陶。直口略敞，卷圆唇，直腹，平底。口径 8.8、底径 8、高 7、壁厚 0.3~0.6 厘米（图 4-204，3）。

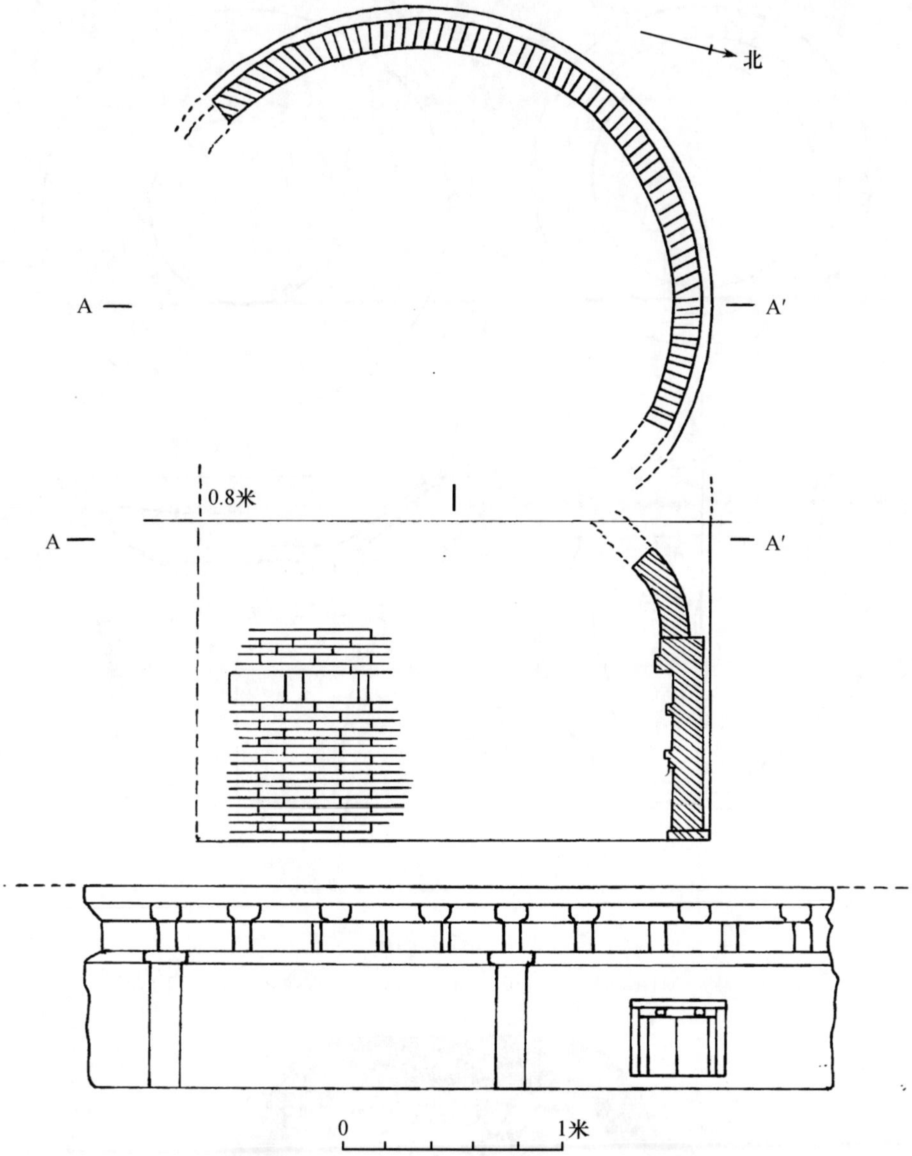

图 4-203　M116 平、剖面图及墓壁展开图

瓷碗　1 件（M116∶2）。白胎，酱釉，釉不包底。敞口，圆唇，斜直腹微弧，矮圈足。口径 12.8、底径 5.6、高 3.2、壁厚 0.3~0.5 厘米（图 4-204，2）。

瓷罐　1 件（M116∶4）。浅黄胎，白釉，釉不包底，釉上有微小开片。敞口，圆唇，高领，鼓肩，弧腹，矮圈足外撇。腹部 8 道竖槽。口径 9.2、腹径 11.2、底径 5.6、通高 11.6、壁厚 0.3~0.6 厘米（图 4-204，1；图版 19-2）。

铜镜　1 件（M116∶5）。缠枝四花镜。“亚”字形，桥形纽，花瓣纹纽座，座外 1 周圆形细联珠纹。其外饰 4 朵缠枝花卉，花头均对“亚”字形内角。花卉外饰 1 周“亚”字形联珠纹。素缘，镜体宽 13.4、体厚 0.1、缘厚 0.2 厘米（图 4-205；图版 31-5）。

铜钱　23 枚。“天禧通宝”2 枚，楷书，旋读。M116∶3-1、2，直径 2.5 厘米（图 4-206，1、2）。“元丰通宝”5 枚，行书 2 枚，旋读，M116∶3-3、4，直径 2.4 厘米（图 4-206，3、4）；篆书 3 枚，旋读，M116∶3-5~7，直径 2.4 厘米（图 4-206，5~7）。“元祐通宝”5 枚，行书 3 枚，旋读，M116∶

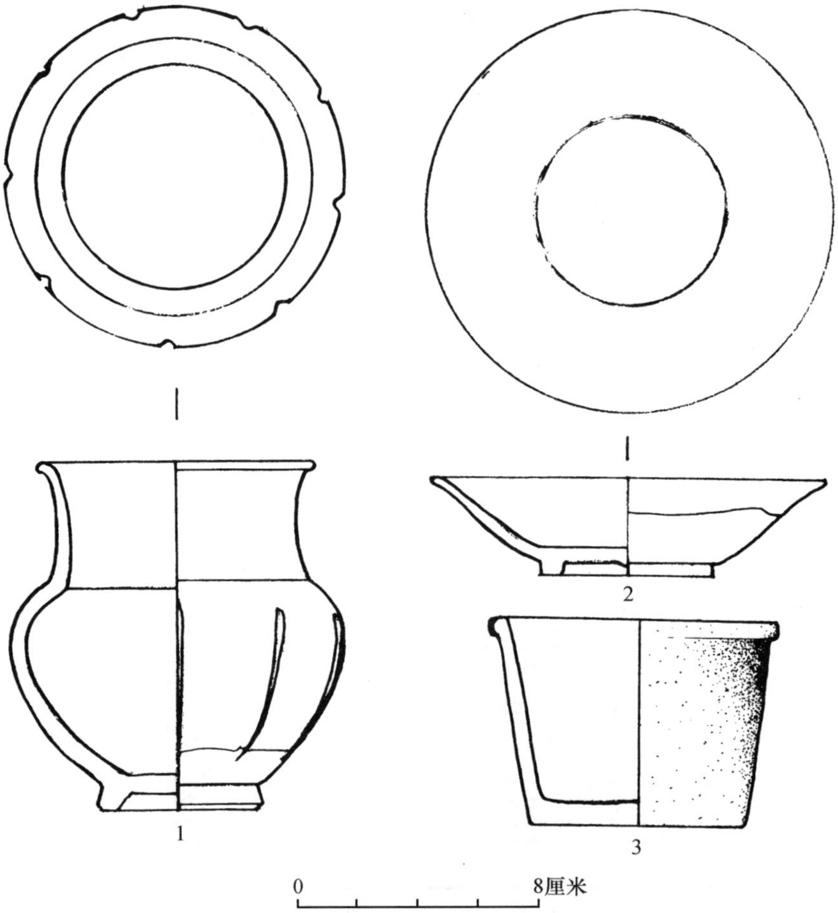

图 4-204　M116 出土器物

1. 瓷罐（M116∶4）　2. 瓷碗（M116∶2）　3. 红陶盆（M116∶1）

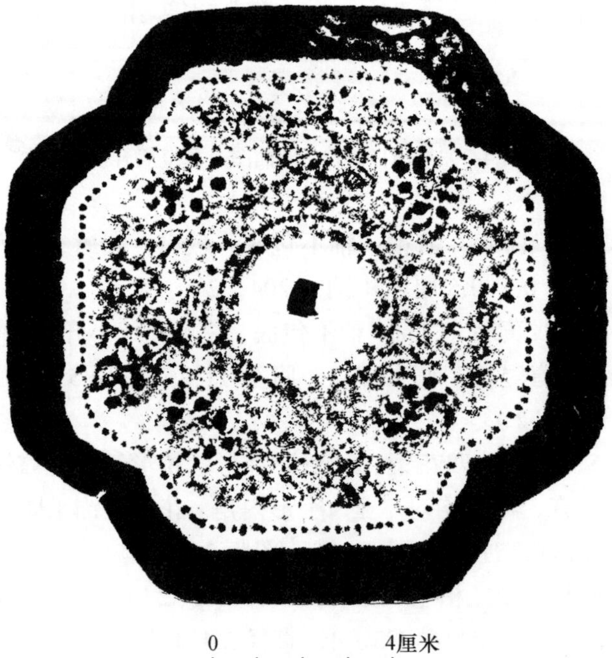

图 4-205　M116 出土铜镜（M116∶5）

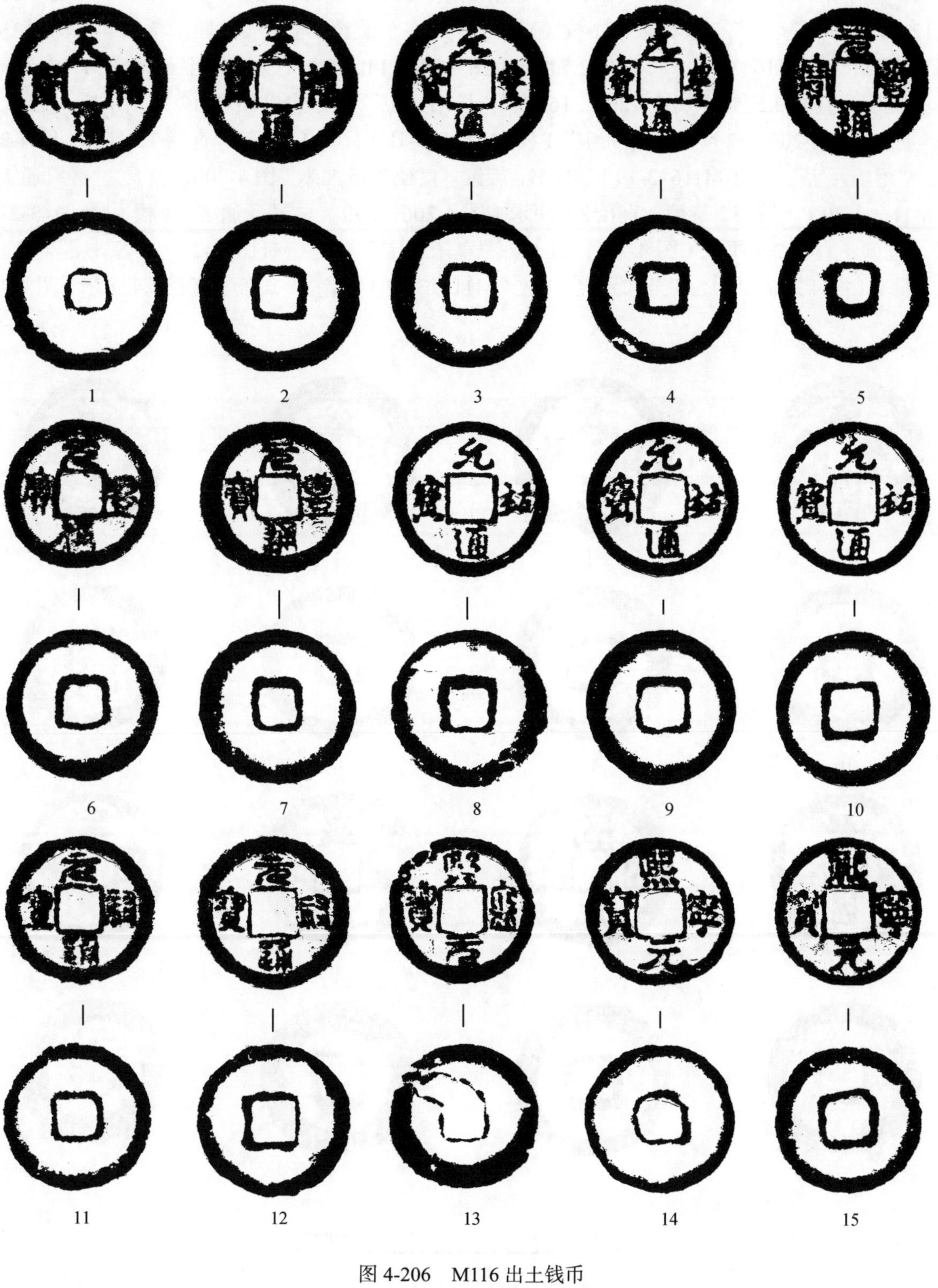

图 4-206　M116 出土钱币

1、2. 天禧通宝（M116：3-1、M116：3-2）　3~7. 元丰通宝（M116：3-3、M116：3-4、M116：3-5、M116：3-6、M116：3-7）　8~12. 元祐通宝（M116：3-8、M116：3-9、M116：3-10、M116：3-11、M116：3-12）　13~15. 熙宁元宝（M116：3-13、M116：3-14、M116：3-15）

3-8~10，直径 2.4 厘米（图 4-206，8~10）；篆书 2 枚，M116∶3-11、12，直径 2.4 厘米（图 4-206，11、12）。“熙宁元宝”3 枚，篆书 1 枚（M116∶3-13），旋读，直径 2.4 厘米（图 4-206，13）；楷书 2 枚，旋读，M116∶3-14、15，直径 2.5 厘米（图 4-206，14、15）。“元符通宝”1 枚（M116∶3-16），行书，旋读。直径 2.5 厘米（图 4-206，16）。“景祐元宝”1 枚（M116∶3-17），楷书，旋读。直径 2.5 厘米（图 4-206，17）。“至道元宝”1 枚（M116∶3-18），草书，旋读。直径 2.5 厘米（图 4-206，18）。“绍圣元宝”1 枚（M116∶3-19），行书，旋读。直径 2.35 厘米（图 4-206，19）。“祥符通宝”1 枚（M116∶3-20），楷书，旋读。直径 2.5 厘米（图 4-206，20）。“开元通宝”1 枚（M116∶3-21），楷书，直读。直径 2.5 厘米（图 4-206，21）。“皇宋通宝”1 枚（M116∶3-22），篆书，直读。直径 2.5 厘米（图 4-206，22）。“至和元宝”1 枚（M116∶3-23），楷书，旋读。直径 2.4 厘米（图 4-206，23）。

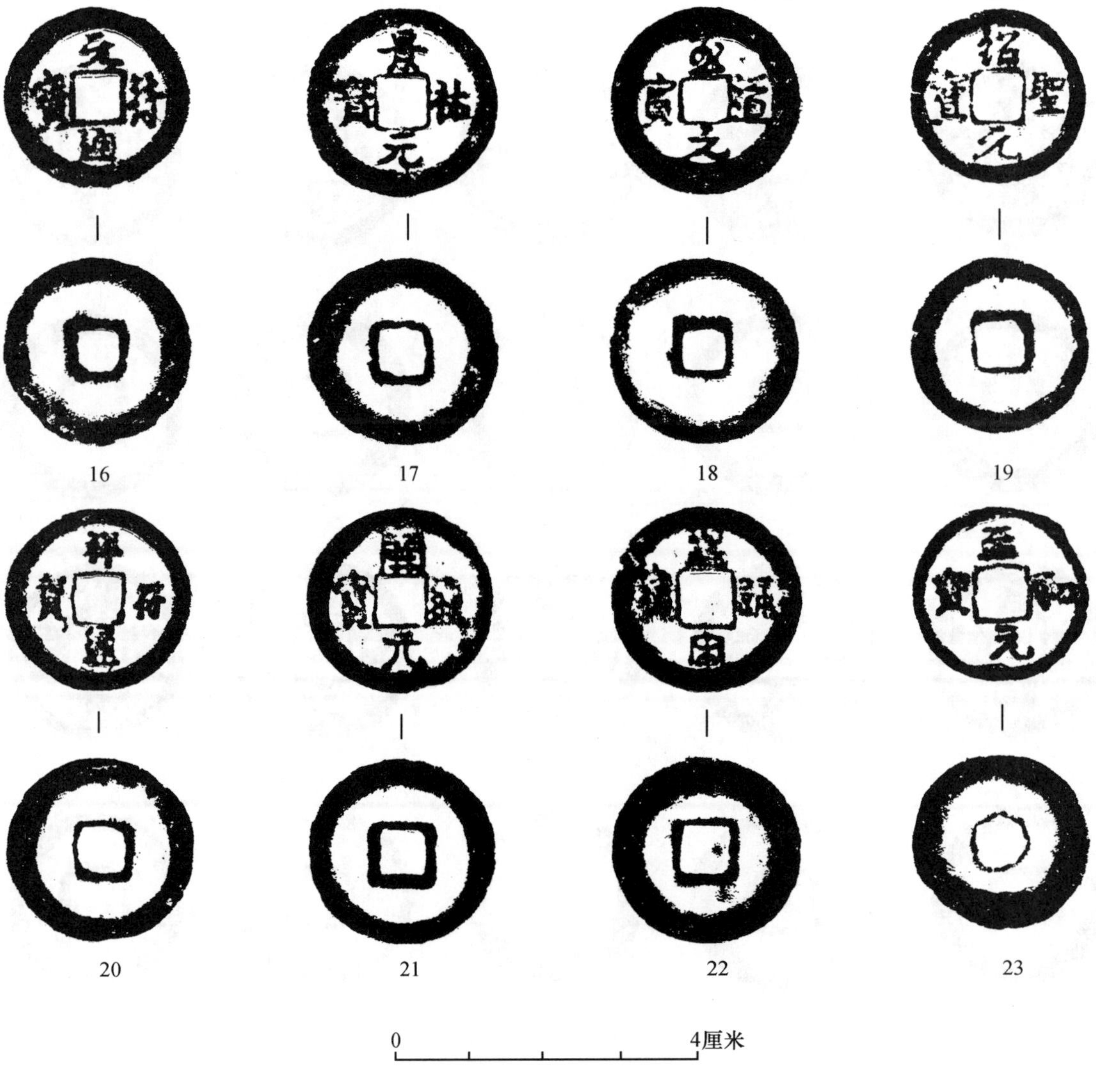

图 4-206 M116 出土钱币（续）

16. 元符通宝（M116∶3-16） 17. 景祐元宝（M116∶3-17） 18. 至道元宝（M116∶3-18） 19. 绍圣元宝（M116∶3-19）
20. 祥符通宝（M116∶3-20） 21. 开元通宝（M116∶3-21） 22. 皇宋通宝（M116∶3-22） 23. 至和元宝（M116∶3-23）

九、M118

M118位于第Ⅱ发掘区中部，T1425西北部，开口于耕土层下，距离地表0.4米。墓葬形制为圆形砖室墓，方向177°，大部分被破坏至底部，只残存墓葬下部的北半部分。墓圹直径2.94、残深1.66米。圹内用青砖砌筑墓室，直径2.5、残高1.5米。建造时先在墓底铺一层地砖，再砌筑墓室。铺地砖仅残存北壁下一排，为横向平铺；墓壁及顶部为单砖错缝平砌，据残存部分推测为直壁、穹隆顶。用砖均素面，长28、宽14、厚4厘米，两砖之间用白灰黏接。

墓壁上用青砖雕砌出仿木结构，现存倚柱2根。倚柱上承普柏枋，普柏枋上置柱头铺作2朵，为把头绞项造，铺作上承替木、素枋，素枋之上开始内收为穹隆顶。北壁中部下方设一假门，宽0.26、高0.28米，砌出上额、槫柱、门额、立颊，未见门板。墓壁均用白灰涂抹，大部分已脱落。

填土呈黄褐色，土质略硬，含大量碎砖、红土块、淤土及料姜石。未发现葬具痕迹、人骨及随葬品（图4-207A、B）。

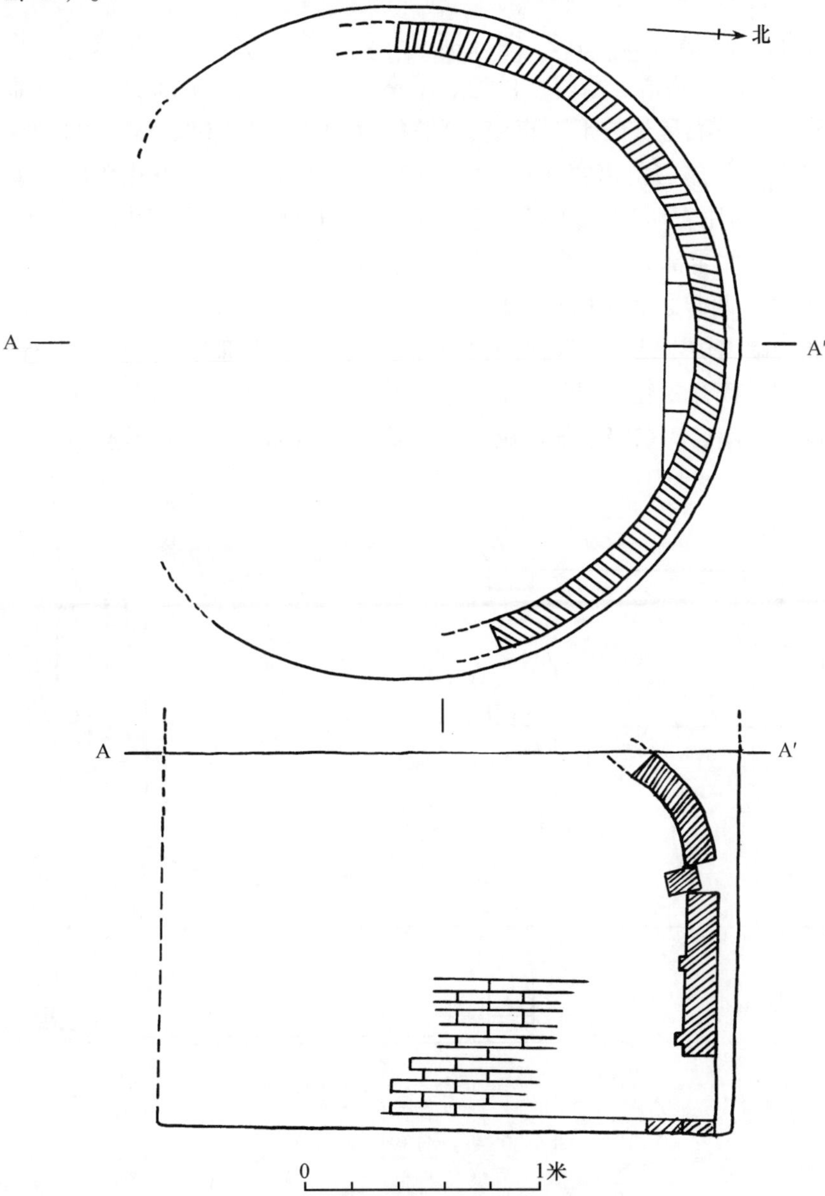

图4-207A　M118平、剖面图

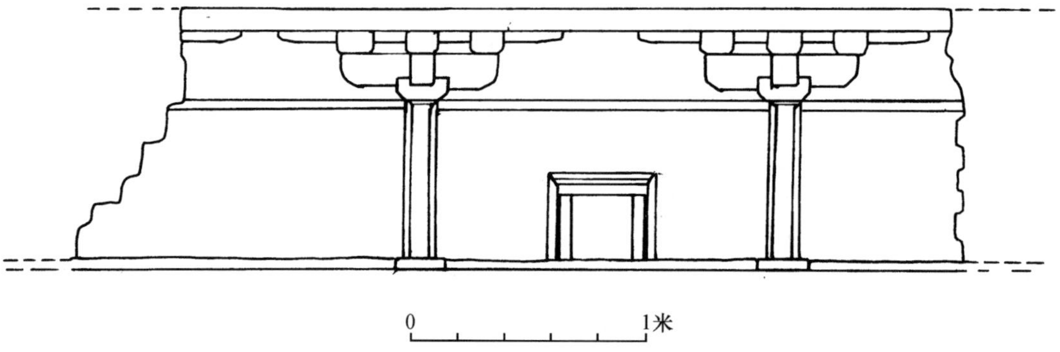

图 4-207B　M118 墓壁展开图

十、M139

M139 位于第Ⅲ发掘区中部，T1027 西北部，开口于耕土层下，距地表 0.4 米。墓葬形制为圆形砖室墓，方向 174°，由墓道、墓门、甬道、墓室四部分组成，上部及墓室西部被破坏。墓道位于墓室南端，残存部分平面呈长方形，直壁、平底，长 1.7、宽 1.08、残深 0.8 米。墓门宽 0.8、残高 0.34 米，未发现封门设施。甬道宽 0.8、残高 0.34、进深 0.28 米，壁用单砖平砌而成。墓圹直径 3.24、残深 0.8 米。圹内用青砖砌筑墓室，直径 3、残高 0.56 米。建造时先在墓底铺一层地砖，再砌筑墓室。铺地砖仅存北半部分，横向错缝平铺；墓壁为单砖错缝平砌；顶不存。用砖均素面，长 28、宽 14、厚 4 厘米，两砖之间用白灰黏接。

墓壁上用青砖雕砌出仿木结构。残存四根倚柱，均只有下半部分。倚柱间砌有砖雕家具等器物。北壁中部下方设假门，残存榑柱、门额、立颊、地栿、门砧，下设台基和一级台阶，门额、立颊内砌版门两扇，右扇向南微启。东壁中部雕砌一桌两椅，东南部砌一长方形家具（图 4-208A、B）。

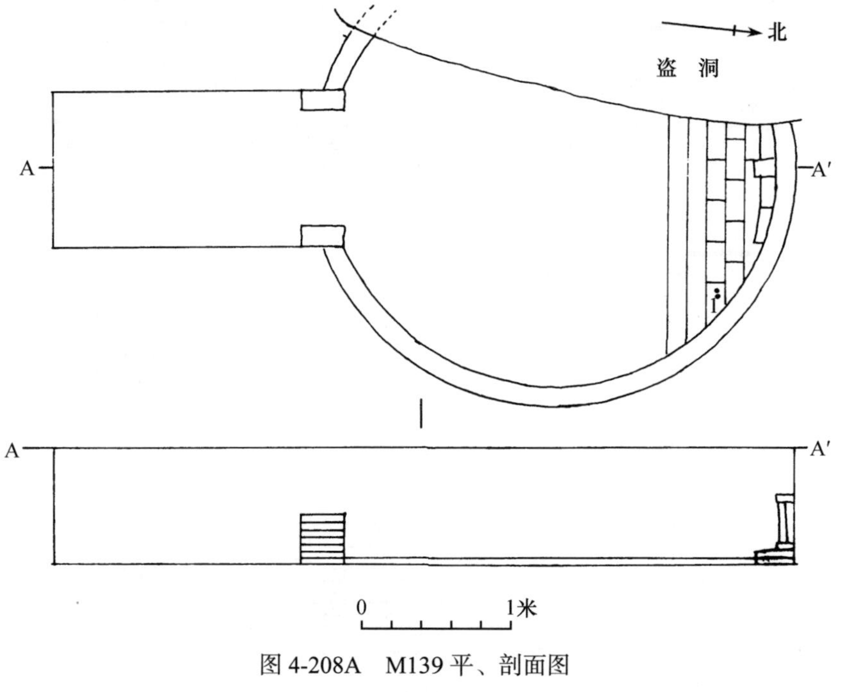

图 4-208A　M139 平、剖面图

1. 铜钱

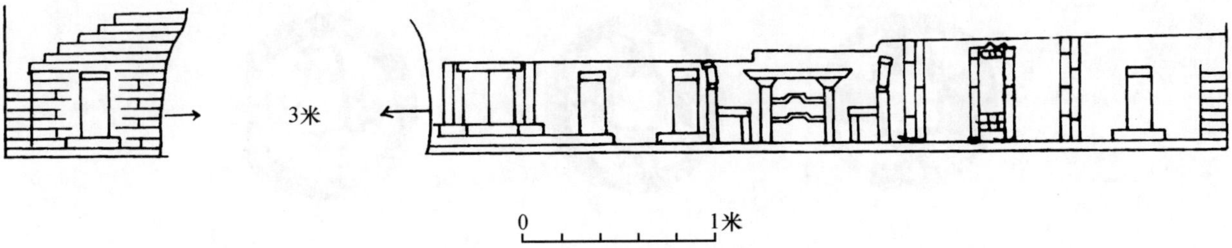

图4-208B　M139墓壁展开图

填土为红褐色，结构略疏松。未发现葬具痕迹及人骨。随葬品有铜钱2枚，发现于墓室东北部。

铜钱　2枚。锈蚀严重。

十一、M174

M174位于第Ⅱ发掘区南部，T1326南部，延伸至T1226内，开口于扰土层下，距地表2米，被M173打破。墓葬形制为圆形砖室墓，方向178°，已被破坏至墓底，残存部分墓道和墓室部分壁砖。墓道位于墓室南端，残存部分平面呈长方形，直壁、平底，残长1.3、宽1、残深0.5米。墓圹直径3.4、残深0.5米。圹内用青砖砌筑墓室，直径3、残高0.24米。未发现铺地砖，墓壁用单砖错缝平砌而成。用砖均素面，长30、宽15、厚5厘米，两砖之间用白灰黏接。填土呈黄褐色，土质略硬，含红土块、料姜石。未发现葬具痕迹及人骨。随葬品有铜钱4枚，放置于墓室的东南部（图4-209）。

铜钱　3枚。“熙宁元宝”1枚（M174∶1-1），楷书，旋读。直径2.4厘米（图4-210，1）。“绍

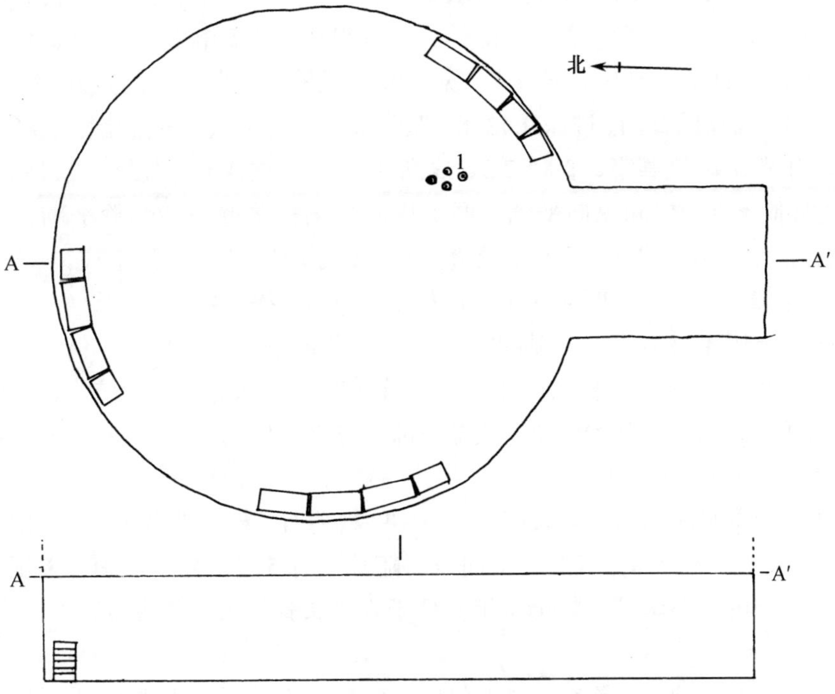

图4-209　M174平、剖面图

1. 铜钱

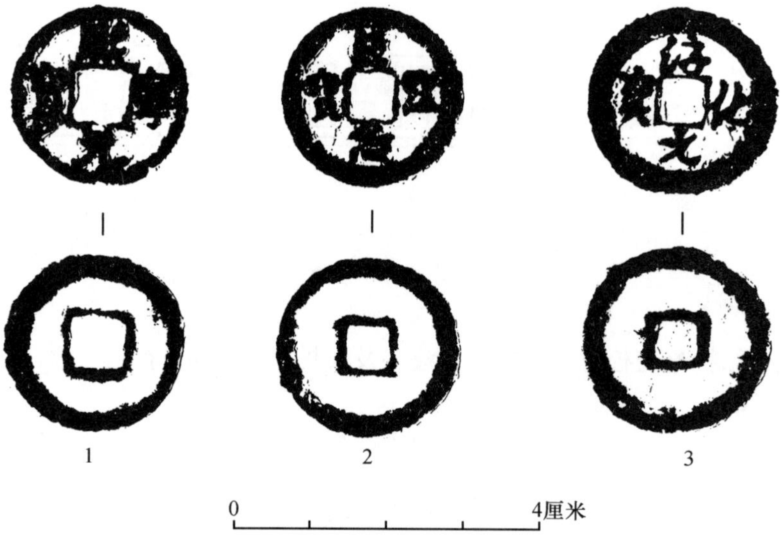

图 4-210 M174 出土钱币

1. 熙宁元宝（M174∶1-1） 2. 绍圣元宝（M174∶1-2） 3. 淳化元宝（M174∶1-3）

圣元宝”1 枚（M174∶1-2），篆书，旋读。直径 2.4 厘米（图 4-210，2）。“淳化元宝”1 枚（M174∶1-3），草书，旋读。直径 2.5 厘米（图 4-210，3）。

十二、M208

M208 位于第Ⅱ发掘区西部，T1323 东南部，开口于扰土层下，距离地表 2 米。墓葬形制为圆形砖室墓，方向 187°，由墓道、墓门、甬道、墓室组成，上部被破坏。墓道位于墓室南端，残存部分平面呈长方形，直壁、平底，长 1.7、宽 1.06、残深 1.3 米。墓门宽 0.72、残高 1.3 米，未见封门设施。甬道宽、残高同墓门，进深 0.42 米，仅残余两壁部分砖，单砖错缝平砌。墓圹直径 2.72、残深 1.3 米。圹内用青砖砌筑墓室，直径 2.3、残高 0.82 米。建造时，先铺一层地砖，再砌筑墓室。铺地砖仅存南侧少部分砖，中间纵向平铺、两侧横向平铺；墓壁单砖错缝平砌；顶部残，推测为穹隆顶。墓底设有棺床，呈倒“凹”字形，高 0.5 米，南缘用砖砌成须弥座式，束腰部分饰有壸门。所用青砖均素面，长 28、宽 14、厚 4 厘米，两砖之间用黄泥黏接。

墓壁上用青砖雕砌出仿木结构。贴砌四根倚柱，将墓壁平分成四部分。倚柱上承普柏枋，枋上置柱头铺作 4 朵，补间铺作 3 朵。柱头铺作为把头绞项造，上承替木、素枋。补间铺作均只有齐心斗，上承替木、素枋。素枋之上开始内收。北壁中部下方设一假门，宽 0.26、高 0.28 米。砌出门额、立颊、地栿，门额、立颊内砌版门两扇。

填土呈黄褐色，土质略硬，含许多青砖块、红土块、料姜石。未发现葬具痕迹。棺床上有人骨 1 具，只残存下肢骨及头骨，葬式为仰身直肢，头向东。随葬品有 5 件（组），其中瓷碗 3 件，2 件位于棺床东北部，1 件位于棺床东南部；蚌饰 1 组，位于人骨头骨下方；铜钱 50 枚（1 组），置于人骨腹部（图 4-211）。

瓷碗 3 件。M208∶1，白胎酱釉，釉不包底。敞口，卷圆唇，弧腹，矮圈足。口径 11.6、底径 3.8、高 4.2、壁厚 0.3~0.4 厘米（图 4-212，3）。M208∶2，白瓷，通体包釉，釉上有微小开片。敞口，尖圆唇，斜直腹，矮圈足。口径 14、底径 3.6、高 5、壁厚 0.2~0.5 厘米（图 4-212，4；图版

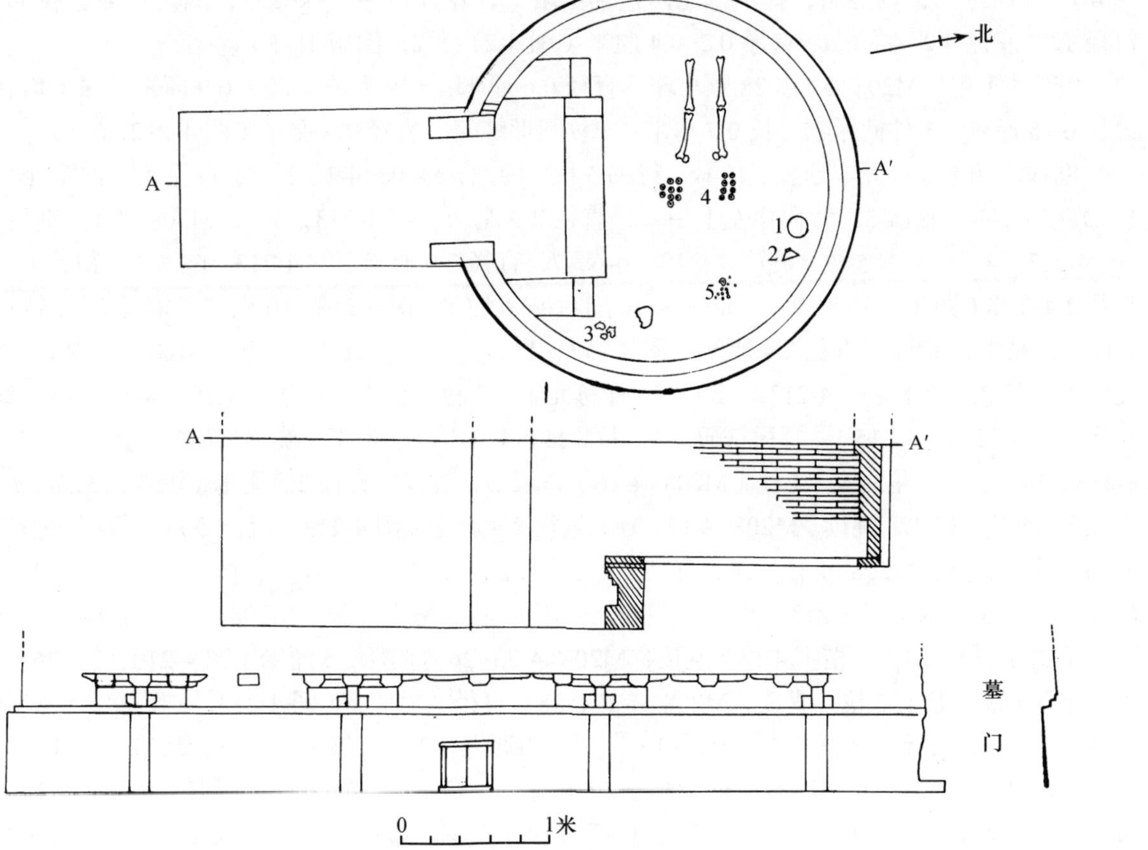

图 4-211　M208 平、剖面图及墓壁展开图

1~3. 瓷碗　4. 铜钱　5. 蚌饰

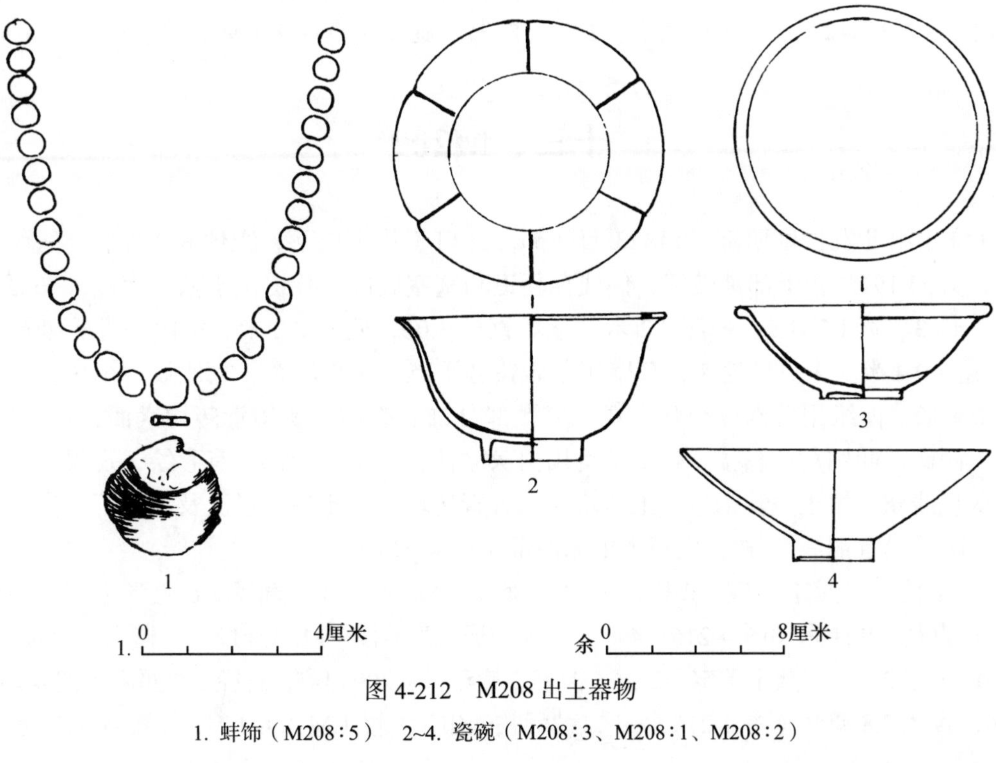

图 4-212　M208 出土器物

1. 蚌饰（M208∶5）　2~4. 瓷碗（M208∶3、M208∶1、M208∶2）

18-4）。M208∶3，黄褐胎，青釉，通体包釉。敞口，花瓣口沿，深弧腹，圈足稍高。腹部 6 棱。口径 12、底径 4.2、高 6.6、壁厚 0.2~0.4 厘米（图 4-212，2；图版 18-5）。

蚌饰　1 组（M208∶5）。28 颗小珠，直径 0.6 厘米；1 颗大珠，直径 0.9 厘米，珠上均有方孔，边长 0.15 厘米；1 件柄形物，长 0.7 厘米；1 枚圆形蚌壳，直径 2.5 厘米（图 4-212，1）。

铜钱　50 枚。“元丰通宝”10 枚，行书 5 枚，旋读，M208∶4-1、2、5，直径 2.8 厘米（图 4-213，1、2、5），M208∶4-3，背面穿左上一星，直径 2.9 厘米（图 4-213，3），M208∶4-4，直径 3 厘米（图 4-213，4）；篆书 5 枚，旋读，M208∶4-6、7，直径 2.9 厘米（图 4-213，6、7），M208∶4-8、9，直径 2.4 厘米（图 4-213，8、9），M208∶4-10，直径 2.5 厘米（图 4-213，10）。“圣宋元宝”1 枚（M208∶4-11），篆书，旋读。直径 2.4 厘米（图 4-213，11）。“天圣元宝”1 枚（M208∶4-12），篆书，旋读。直径 2.4 厘米（图 4-213，12）。“祥符元宝”2 枚，楷书，旋读。M208∶4-13、15，直径 2.5 厘米（图 4-213，13、15）。“祥符通宝”1 枚（M208∶4-14），楷书，旋读，花穿。直径 2.5 厘米（图 4-213，14）。“景祐元宝”1 枚（M208∶4-16），篆书，旋读。直径 2.5 厘米（图 4-213，16）。“治平元宝”3 枚，楷书，旋读。M208∶4-17、18，直径 2.4 厘米（图 4-213，17、18）。“熙宁重宝”3 枚，篆书 2 枚，旋读，M208∶4-19、20，直径 2.9 厘米（图 4-213，19、20）；楷书 1 枚（M208∶4-22），旋读，直径 3 厘米（图 4-213，22）。“熙宁元宝”5 枚，篆书 1 枚（M208∶4-21），旋读，直径 2.4 厘米（图 4-213，21）；楷书 4 枚，旋读，M208∶4-23~26，直径 2.5 厘米（图 4-213，23~26）。“皇宋通宝”4 枚，篆书 2 枚，直读，M208∶4-27、28，直径 2.5 厘米（图 4-213，27、28）；楷书 2 枚，直读，直径 2.4 厘米（图 4-213，29、30）。“嘉祐通宝”2 枚，篆书，直读。M208∶4-31，直径 2.3 厘米（图 4-213，31）；M208∶4-32，直径 2.5 厘米。“嘉祐元宝”1 枚，楷书，旋读。M208∶4-33，直径 2.4 厘米（图 4-213，33）。“开元通宝”4 枚，楷书，直读，M208∶4-34、35，背面穿上一月，直径 2.5 厘米（图 4-213，34、35），M208∶4-36，直径 2.5 厘米（图 4-213，36）。“景德元宝”2 枚，楷书，旋读。M208∶4-37、38，直径 2.5 厘米（图 4-213，37、38）。“元祐通宝”4 枚，篆书 3 枚，旋读，M208∶4-39~41，直径 2.5 厘米（图 4-213，39~41）；行书 1 枚（M208∶4-42），旋读，直径 2.5 厘米（图 4-213，42）。“天禧通宝”1 枚，楷书，旋读。直径 2.4 厘米。年号不清者 5 枚。

十三、M209

M209 位于第Ⅱ发掘区西部，T1323 西南部，开口于扰土层下，距地表 1.8 米。墓葬形制为圆形砖室墓，方向 194°，上部被破坏，仅残存墓道和墓室底部。墓道位于墓室南端，平面呈梯形，直壁平底，长 3、宽 1.2~1.5、残深 2.2 米。墓圹直径 3.06、残深 2.2 米。圹内用青砖砌筑墓室，直径 2.34、残高 0.4 米。未见铺地砖，墓壁用单砖错缝平砌，顶部不存。墓底设有棺床，呈倒“凹”字形，高 0.4 米，南缘用砖砌成须弥座式，束腰部分饰有壶门。所用青砖均素面，长 28、宽 14、厚 4 厘米，两砖之间用黄泥黏接。残墓壁均用白灰涂抹，原来可能都绘有彩绘，现仅棺床须弥座处留有简单褐色线条。填土呈黄褐色，土质略松，含青砖块、红土块、淤土及料姜石。未发现葬具痕迹及人骨。随葬品有铜钱 11 枚，发现于棺床西部（图 4-214）。

铜钱　11 枚。“元丰通宝”2 枚，篆书，旋读。M209∶1-1，直径 2.8 厘米（图 4-215，1）；M209∶1-4，直径 2.9 厘米（图 4-215，4）。“政和通宝”1 枚（M209∶12），楷书，直读。直径 2.9 厘米（图 4-215，2）。“熙宁重宝”2 枚，楷书，旋读。M209∶1-3，直径 2.9 厘米（图 4-215，3）；M209∶1-6，直径 2.8 厘米（图 4-215，6）。“元祐通宝”1 枚（M209∶1-5），篆书，旋读。直径 2.9

图 4-213　M208 出土钱币

1~10. 元丰通宝（M208∶4-1、M208∶4-2、M208∶4-3、M208∶4-4、M208∶4-5、M208∶4-6、M208∶4-7、M208∶4-8、M208∶4-9、M208∶4-10）　11. 圣宋元宝（M208∶4-11）　12. 天圣元宝（M208∶4-12）　13、15. 祥符元宝（M208∶4-13、M208∶4-15）　14. 祥符通宝（M208∶4-14）　16. 景祐元宝（M208∶4-16）　17、18. 治平元宝（M208∶4-17、M208∶4-18）　19、20. 熙宁重宝（M208∶4-19、M208∶4-20）　21. 熙宁元宝（M208∶4-21）

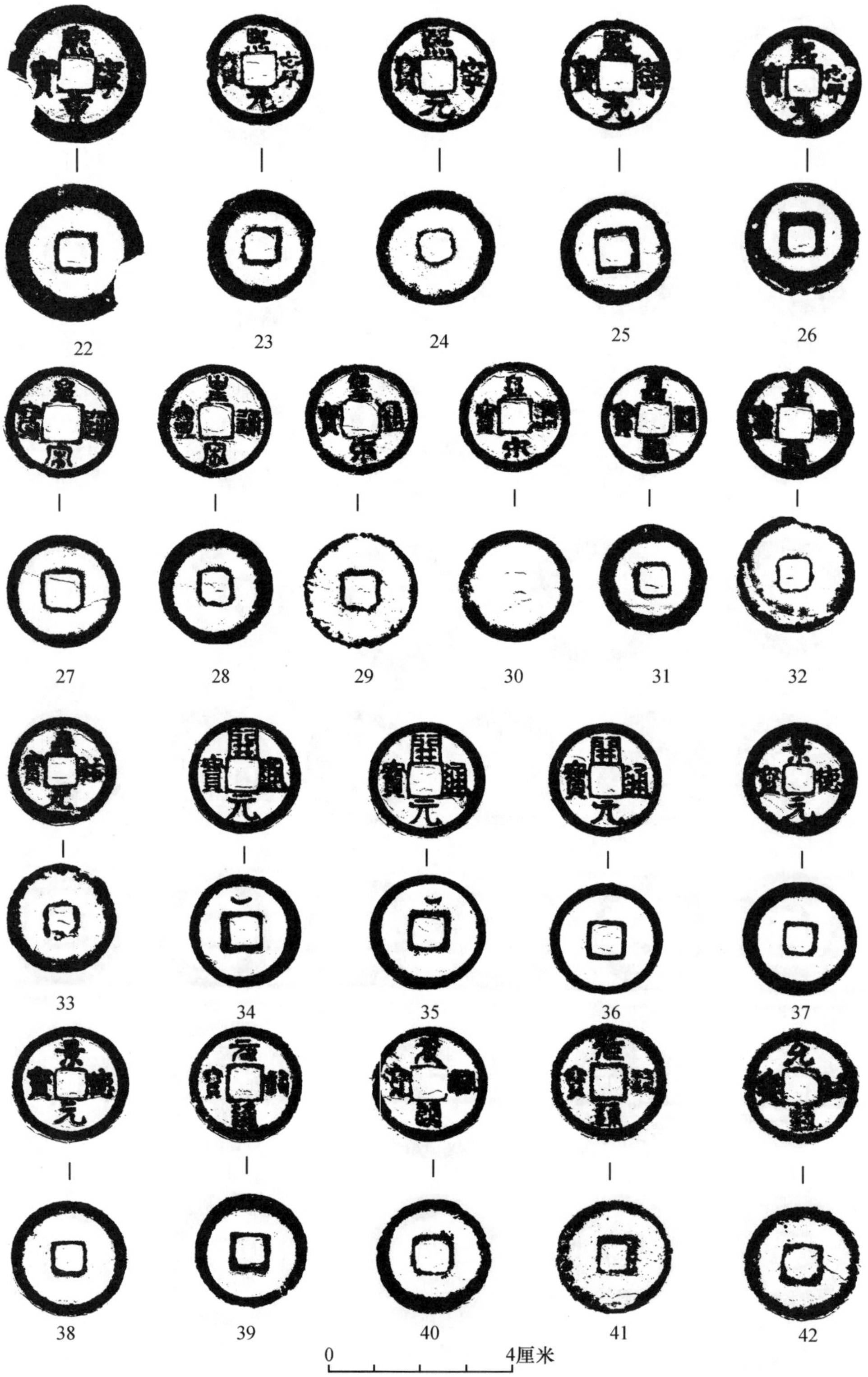

图 4-213　M208 出土钱币（续）

22. 熙宁重宝（M208∶4-22）　23~26. 熙宁元宝（M208∶4-23、M208∶4-24、M208∶4-25、M208∶4-26）　27~30. 皇宋通宝（M208∶4-27、M208∶4-28、M208∶4-29、M208∶4-30）　31、32. 嘉祐通宝（M208∶4-31、M208∶4-32）　33. 嘉祐元宝（M208∶4-33）　34~36. 开元通宝（M208∶4-34、M208∶4-35、M208∶4-36）　37、38. 景德元宝（M208∶4-37、M208∶4-38）　39~42. 元祐通宝（M208∶4-39、M208∶4-40、M208∶4-41、M208∶4-42）

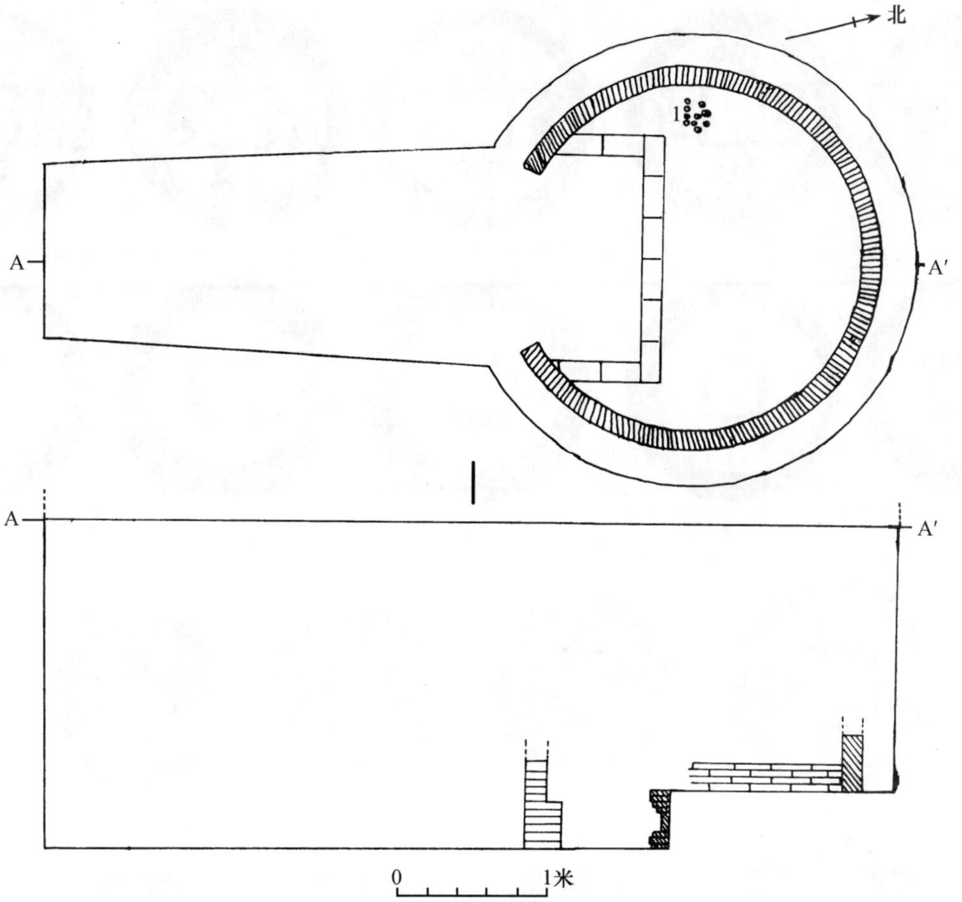

图 4-214　M209 平、剖面图

1. 铜钱

厘米（图 4-215，5）。“咸平元宝”1 枚（M209∶1-7），楷书，旋读。直径 2.5 厘米（图 4-215，7）。“熙宁元宝”2 枚，篆书 1 枚（M209∶1-8），旋读，直径 2.35 厘米（图 4-215，8）；楷书 1 枚，旋读，直径 2.4 厘米。“至道元宝”1 枚（M209∶1-9），草书，旋读。直径 2.4 厘米（图 4-215，9）。年号不清者 1 枚。

十四、M350

M350 位于第Ⅵ发掘区西北部，T2413 西南部，开口于扰土层下，距地表 2.2 米，打破 M379。墓葬形制为圆形砖室墓，方向 190°，由墓道、墓门、甬道和墓室四部分组成，上部已被破坏，墓室东南部被一近代洞室墓打破。墓道位于墓室的南端，残存部分平面呈梯形，直壁、底部斜坡，长 2.04、宽 1~1.62、残深 1.6~1.9 米。墓门宽 0.8、残高 0.76 米，原为砖砌仿木式门楼，仅残存须弥座及一侧立颊、槫柱的下端，须弥座南侧束腰部分饰有壶门。用青砖砌成封门墙，两层砖为一组、斜向交替砌筑，残高 0.4 米。甬道宽、残高同墓门、进深 0.54 米，未见铺地砖；两壁下部为须弥座、束腰部分饰有壶门，上部错缝平砌。墓圹直径 2.9、残深 1.9 米。圹内用青砖砌筑墓室，直径 2.3、残高 0.6 米。未见铺地砖，墓壁用单砖错缝平砌。墓底设有棺床，呈倒“凹”字形，高 0.5 米，南缘用砖砌

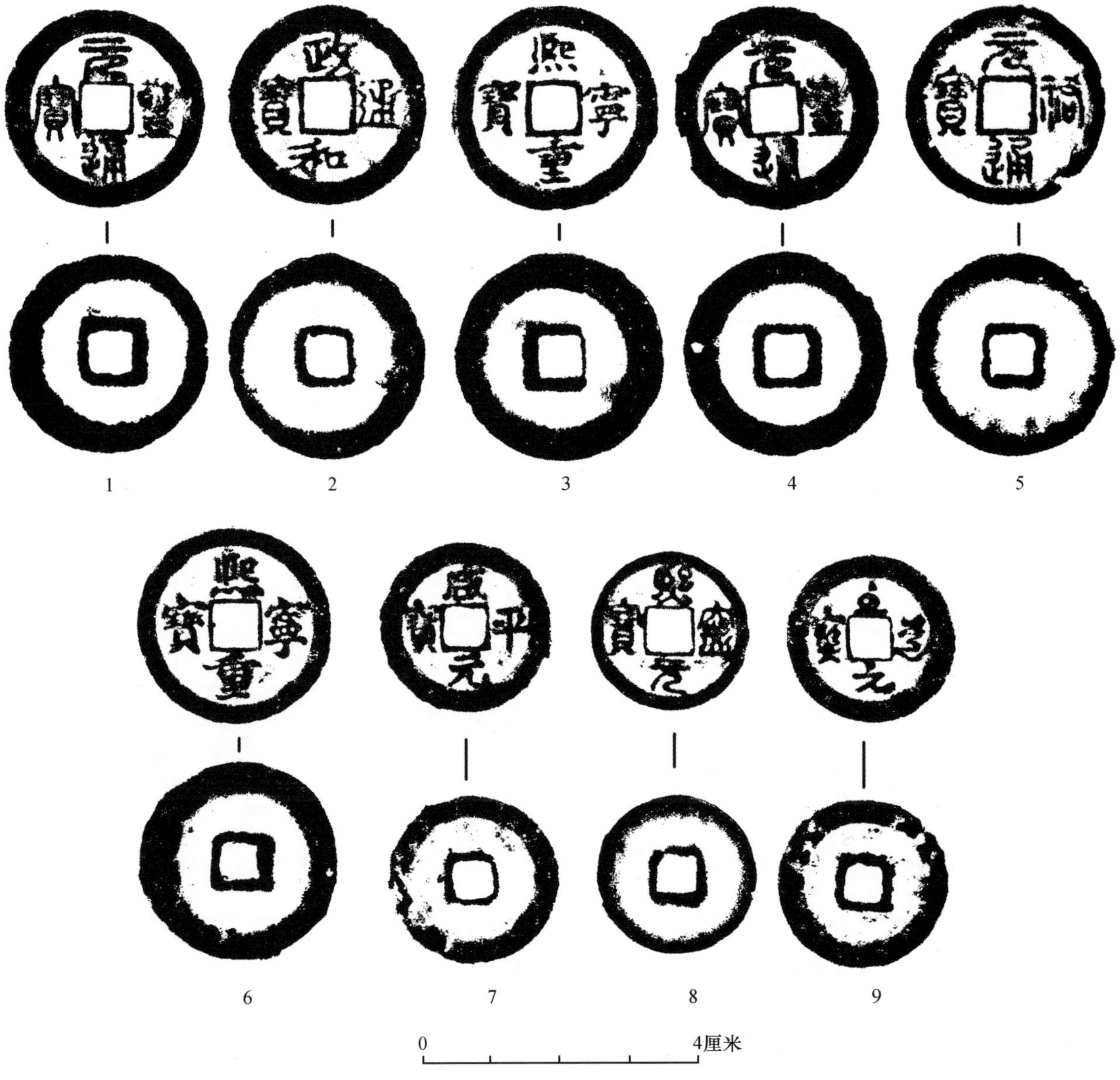

图 4-215　M209 出土钱币

1. 元丰通宝（M209∶1-1）　2. 政和通宝（M209∶1-2）　3. 熙宁重宝（M209∶1-3）　4. 元丰通宝（M209∶1-4）　5. 元祐通宝（M209∶1-5）　6. 熙宁重宝（M209∶1-6）　7. 咸平元宝（M209∶1-7）　8. 熙宁元宝（M209∶1-8）　9. 至道元宝（M209∶1-9）

成须弥座式，束腰部分饰有壶门。所用青砖均素面，长 26、宽 13、厚 5 厘米，两砖之间用黄泥黏接。墓壁上可能原有仿木结构，现仅存 3 根倚柱。填土呈浅灰褐色，土质略松，含料姜石。未发现葬具痕迹及人骨。随葬品有 3 件，其中瓷灯 1 件、陶盆 1 件、陶罐 1 件，均发现于棺床东部（图 4-216）。

瓷灯　1 件（M350∶1）。乳白胎，白釉，釉不包底。直口，宽折沿，尖唇，短柄，喇叭状矮圈足。柄上有数周凹槽，足上有 1 周凸棱。口内径 5.2、口外径 13.2、底径 6.4、通高 11.4 厘米（图 4-217，1）。

陶盆　1 件（M350∶2）。泥质红陶。敞口，宽折沿，圆唇，斜直腹，大平底。口径 47、底径 25.8、高 13.6、壁厚 0.8~1 厘米（图 4-217，2）。

陶罐　1 件（M350∶3）。残碎，未能修复。

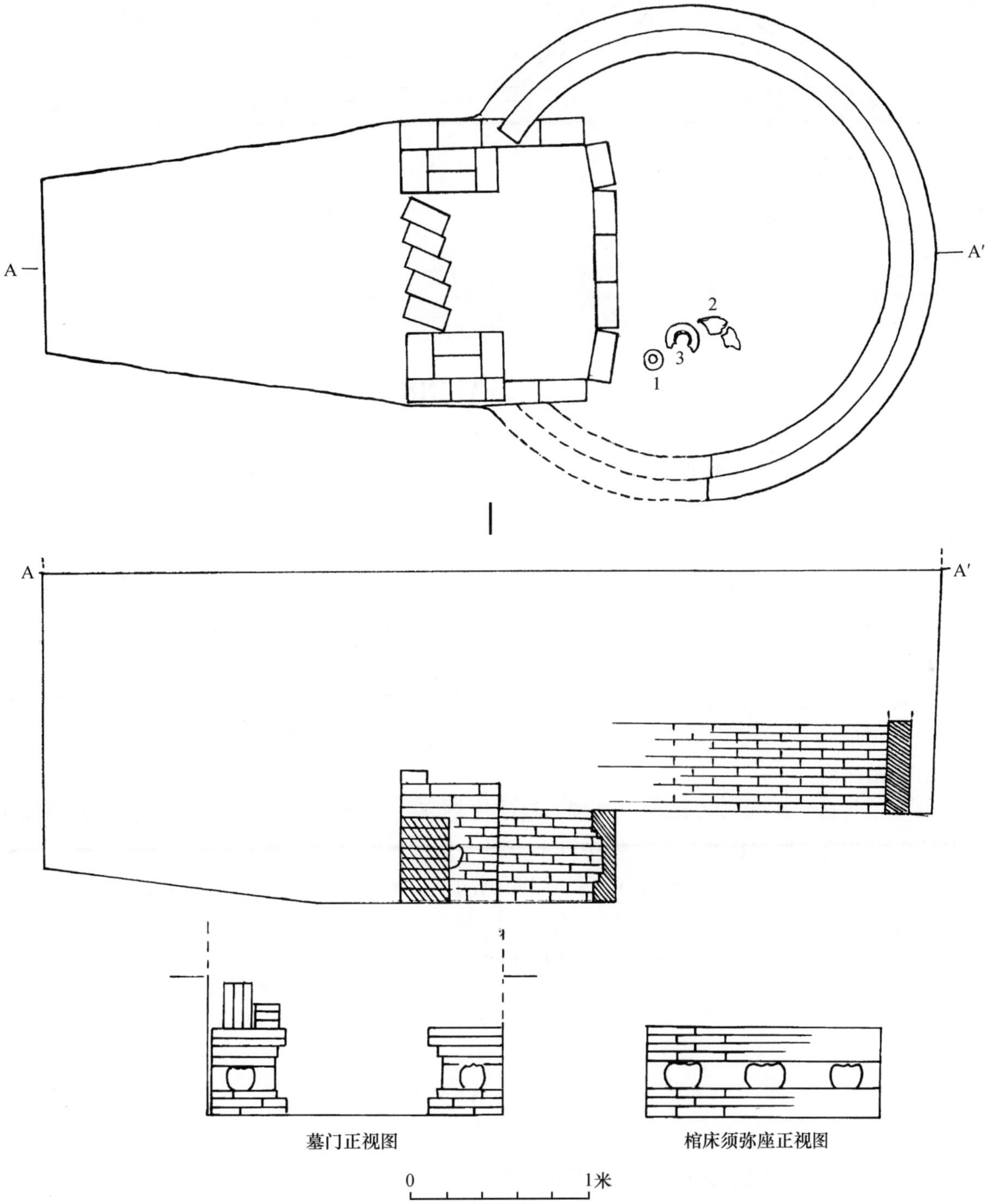

图 4-216　M350 平、剖面图及墓门、棺床须弥座正视图

1. 瓷灯　2. 陶盆　3. 陶罐

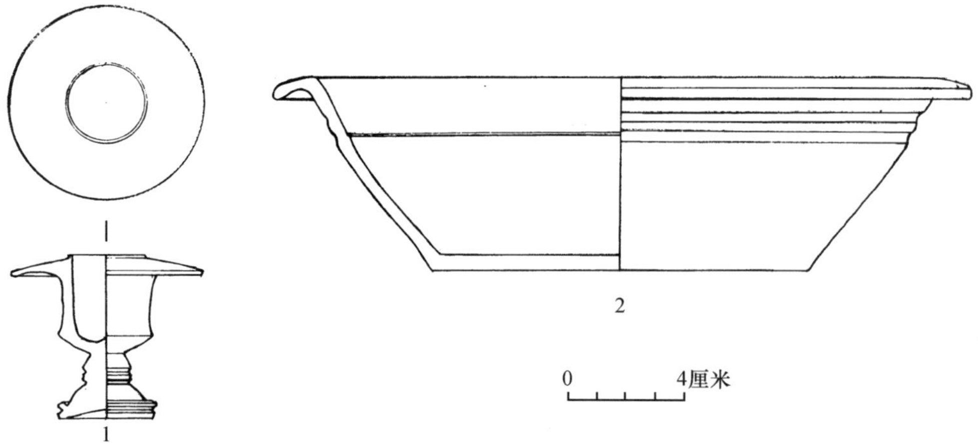

图 4-217 M350 出土器物

1. 瓷灯（M350∶1） 2. 陶盆（M350∶2）

十五、M388

M388 位于第Ⅰ发掘区西北部，T1624 中部，开口于扰土层下，距地表 3 米，打破 M393。墓葬形制为近圆形砖室墓，方向 185°，由墓道、墓门、甬道和墓室四部分组成，上部被破坏，仅存墓室下部。墓道位于墓室南端，残存部分平面呈梯形，直壁、平底，长 2.2、宽 1.3~1.8、残深 1.7 米。墓门为砖砌仿木式门楼，宽 0.96、残高 1 米，残存须弥座、倚柱、槫柱、立颊，须弥座束腰部分饰有壸门。甬道宽、残高同墓门、进深 0.5 米，未见铺地砖，两壁下部须弥座与门楼须弥座一致、上部错缝平砌。墓圹直径 2.6、残深 1.7 米。圹内用青砖砌筑墓室，直径 2.1、残高 0.7 米。未见铺地砖，墓壁主体用单砖错缝平砌，顶部残。墓底设有棺床，呈倒“凹”字形，高 0.5 米，南缘用青砖砌成须弥座式，束腰部分饰有壸门。所用青砖均素面，长 26、宽 13、厚 4 厘米，两砖之间用黄泥黏接。

墓壁上用青砖雕砌出仿木结构。立砌 4 根倚柱将墓壁平分成四部分。倚柱上各置柱头铺作 1 朵，为把头绞项造，部分已残失。北壁中部下方设一假门，宽 0.24、高 0.3 米，外砌门额、立颊，门额上砌 2 枚近菱形门簪；内砌版门两扇。门两侧的上方设有破子棂窗。东壁中部设有一桌两椅。西壁中部设有一衣架、一柜。墓壁上均涂白灰，大部分脱落。

填土呈灰褐色，土质略松，含许多红土块、料姜石。未发现葬具痕迹、人骨及随葬品（图 4-218；图版 10-1）。

十六、M389

M389 位于第Ⅰ发掘区南部，探方 T1624 东部，延伸至 T1625 内，开口于扰土层下，距地表 3 米。墓葬形制为圆形砖室墓，方向 185°，被严重破坏，仅存墓道和墓室底部。阶梯式墓道位于墓室南端，平面呈梯形，残长 1.96、宽 1.32~1.48、残深 0.62~1.4 米；残存三级台阶，高 0.22、宽 0.22~0.54 米。墓圹直径 3.3、残深 1.4 米。圹内用青砖砌筑墓室，直径 2.9 米，只残存最底层部分壁砖，推测为单砖错缝平砌。墓底中北部比南端高 0.8 米，可能原设有棺床。所用青砖均素面，长 26、宽 13、

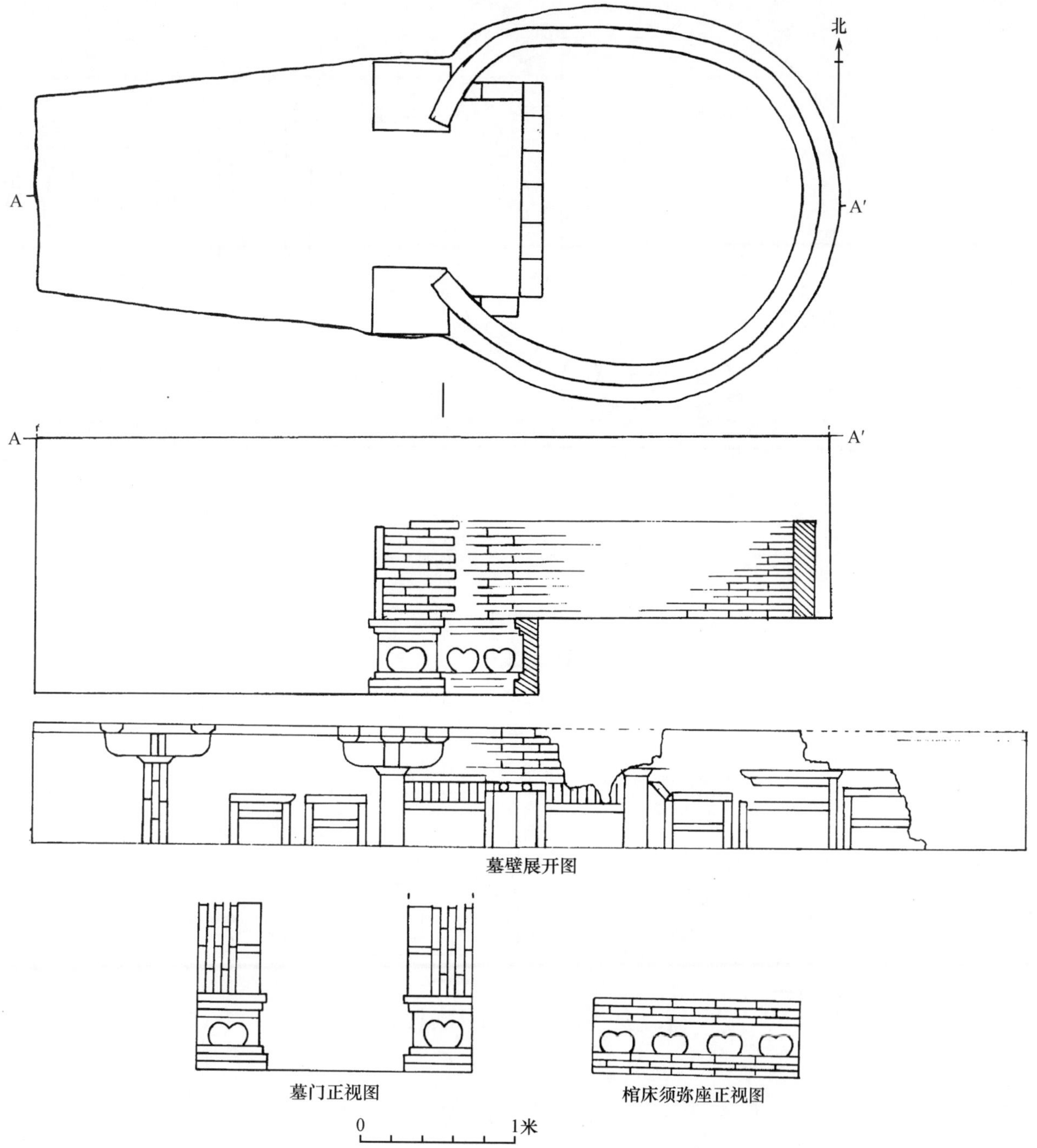

图 4-218　M388 平、剖面图、墓壁展开图及墓门、棺床须弥座正视图

厚 4 厘米。填土呈浅黄褐色，土质略硬，含红土块、料姜石。未发现葬具痕迹及人骨。随葬品有陶盆 1 件，发现于墓室的东南部（图 4-219）。

陶盆　1 件（M389∶1）。泥质红陶。大敞口，宽平折沿，尖圆唇，斜腹，平底微凹。腹部饰 3 周凹槽。口径 52、底径 26、高 14.8、壁厚 0.8~1.2 厘米（图 4-220）。

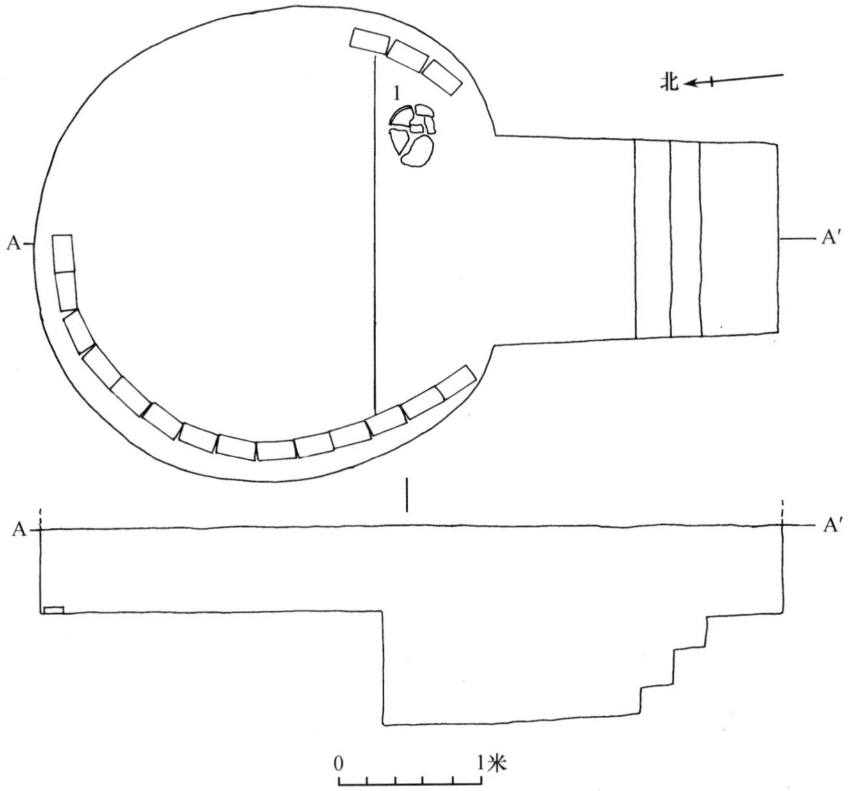

图 4-219　M389 平、剖面图

1. 陶盆

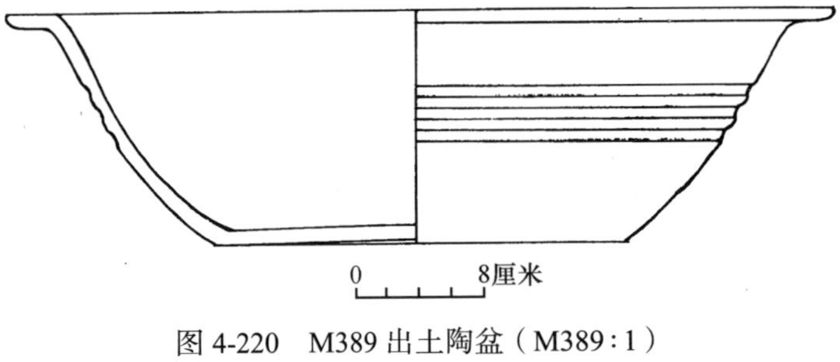

图 4-220　M389 出土陶盆（M389∶1）

十七、M394

M394 位于第 I 发掘区南部，T1625 中部，开口于扰土层下，距地表 2.5 米。墓葬形制为圆形砖室墓，方向 185°，被严重破坏，仅存部分墓道和墓室下部的南半部。墓道位于墓室南端，残存部分平面呈梯形，直壁平底，残长 1、宽 1.2~1.36、残深 0.9 米。墓圹直径 2.54、残深 0.9 米。墓圹内用青砖砌筑墓室，直径 2、残高 0.85 米。建造时，先在墓底铺一层地砖，再砌筑墓室。铺地砖仅存北半部分，为纵向错缝平铺；墓壁用单砖错缝平砌。所用青砖均素面，长 26、宽 13、厚 5 厘米，两砖之间用黄泥黏接。墓壁上原砌有砖雕仿木结构，绝大部分被破坏，仅存西南壁上一根倚柱的下段。填土为浅灰色，含红土块、青砖块及近代杂物。未发现葬具痕迹、人骨及随葬品（图 4-221）。

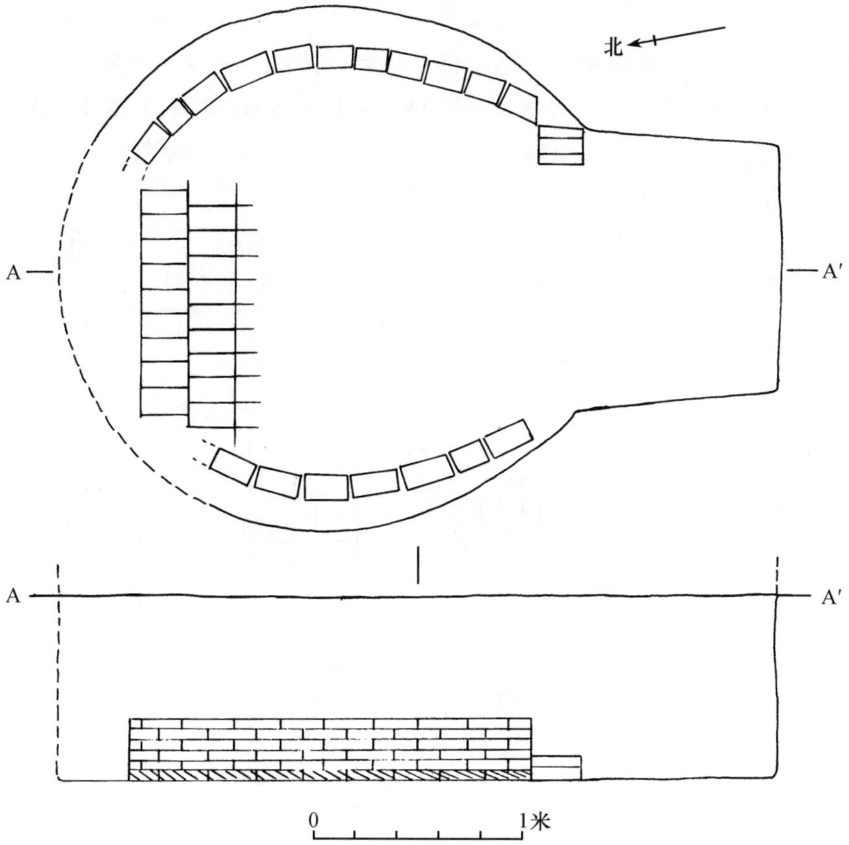

图 4-221 M394 平、剖面图

十八、M395

M395 位于第Ⅰ发掘区西南部，T1623 西北部，开口于扰土层下，距地表 3 米。墓葬形制为圆形砖室墓，方向 170° ，由墓道、墓门、甬道和墓室四部分组成，上部已被破坏。墓道位于墓室南端，残存部分平面呈梯形，直壁、底部斜坡，长 2.4、宽 1.2~1.66、残深 1.42~1.58 米。墓门为砖砌仿木式门楼，宽 0.8、残高 1.04 米，残存须弥座、立颊、槫柱、倚柱，须弥座束腰部分饰有壸门。甬道宽、残高同墓门，进深 0.5 米，两壁下部设有须弥座、束腰部分饰有壸门，其上单砖错缝平砌。墓圹直径 3.04、残深 1.6 米。圹内用青砖砌筑墓室，直径 2.52、残高 1.04 米。墓底设有棺床，呈倒“凹”字形，高 0.52 米。建造时，先在棺床表面铺一层砖，再砌筑墓室。铺地砖为纵向一排、横向一排交替平铺；墓壁主体为单砖错缝平砌。棺床南缘用砖砌成须弥座式，束腰部分饰有壸门。所用青砖均素面，长 26、宽 13、厚 4 厘米，两砖之间用黄泥黏接。

墓壁上用青砖雕砌出仿木结构。立砌四根倚柱，将墓壁分成四部分。倚柱上承普柏枋，枋上可能原有斗拱，现已不存。北壁中部下方设一假门，高 0.34、宽 0.24 米。假门外砌上额、槫柱、门额、立颊，门额上饰 2 枚近圆形门簪；内砌版门两扇。北壁中部上方普柏枋上置补间铺作 1 朵，把头绞项造，残。东壁雕砌一桌两椅。西壁雕砌一衣架、一柜。南壁上甬道两侧各砌一破子棂窗。墓室砖壁上遍涂白灰，原来可能绘有彩绘，大部分脱落，仅棺床须弥座上保留有墨线花卉。

填土为黄褐色，含红土块、青砖块。未见葬具痕迹及人骨。随葬品有 3 件（组），其中瓷罐 1 件，位于棺床东部；铜镜 1 件，位于棺床南部；铜钱 22 枚（1 组），位于棺床中部（图 4-222，1~5；

图版 10-2）。

瓷罐　1 件（M395∶1）。黄褐胎，白釉，釉不包底。侈口，尖唇，束颈，鼓肩近折，斜弧腹，平底，矮圈足。口径 10、腹径 14、底径 6.8、高 9.8、壁厚 0.4~0.6 厘米（图 4-223）。

铜镜　1 件（M395∶2）。圆形，纽残，主体纹饰因锈蚀不清。宽素缘。缘内侧饰 1 周联珠纹。直径 11、体厚 0.1 厘米（图 4-224）。

铜钱　22 枚。“嘉祐元宝”1 枚（M395∶3-1），楷书，旋读。直径 2.3 厘米（图 4-225，1）。“至和元宝”1 枚（M395∶3-2），楷书，旋读，花穿。直径 2.5 厘米（图 4-225，2）。“淳化元宝”1 枚（M395∶3-3），楷书，旋读。直径 2.5 厘米（图 4-225，3）。“祥符元宝”2 枚，楷书，旋读。

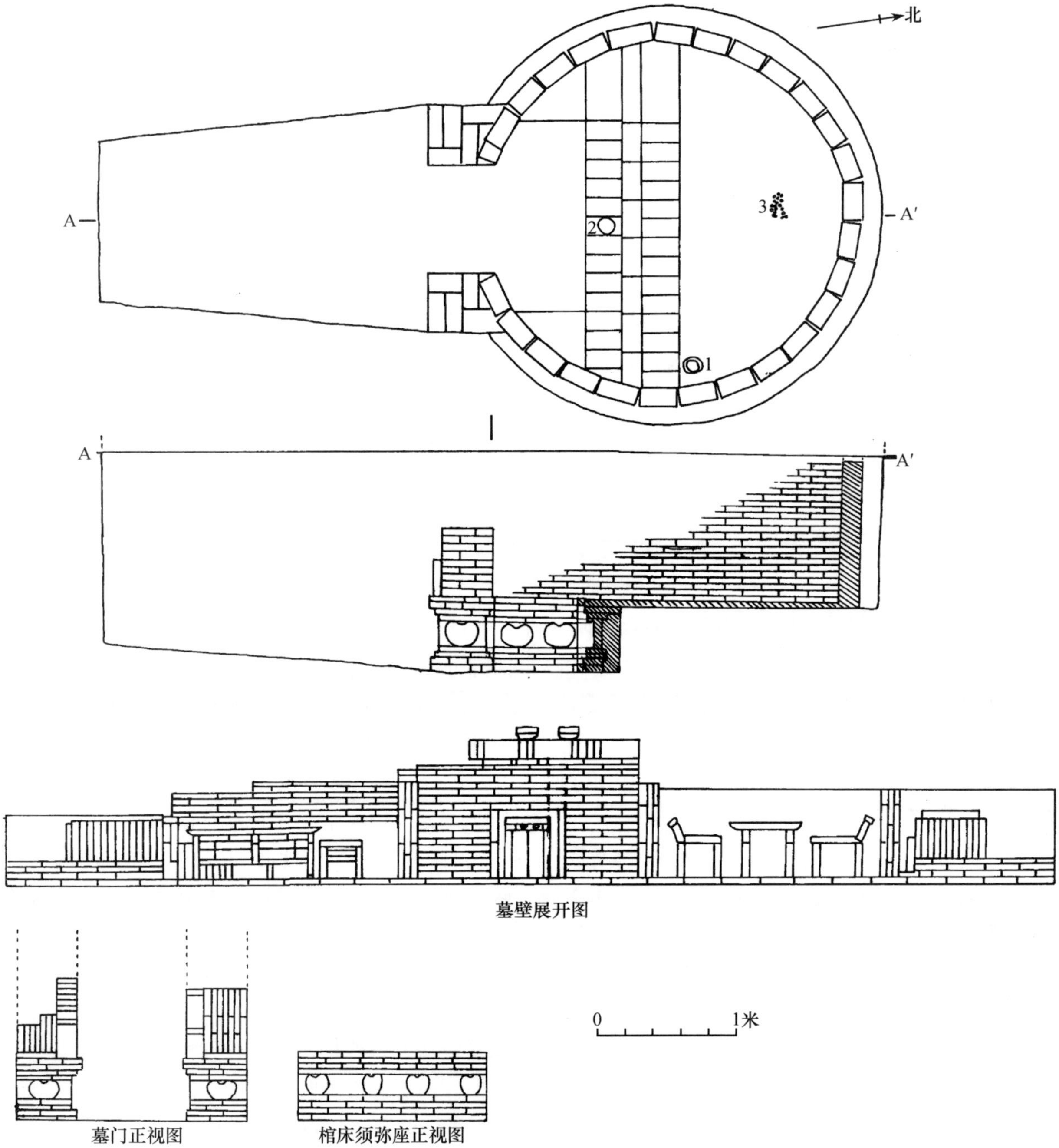

图 4-222　M395 平、剖面图、墓壁展开图及墓门、棺床须弥座正视图

1. 瓷罐　2. 铜镜　3. 铜钱

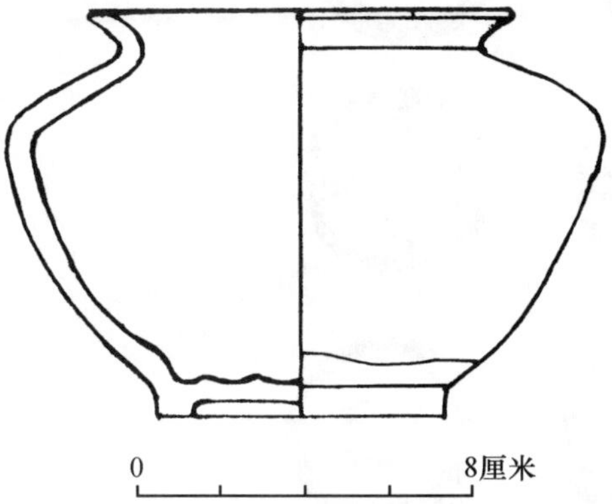

图 4-223　M395 出土瓷罐（M395∶1）

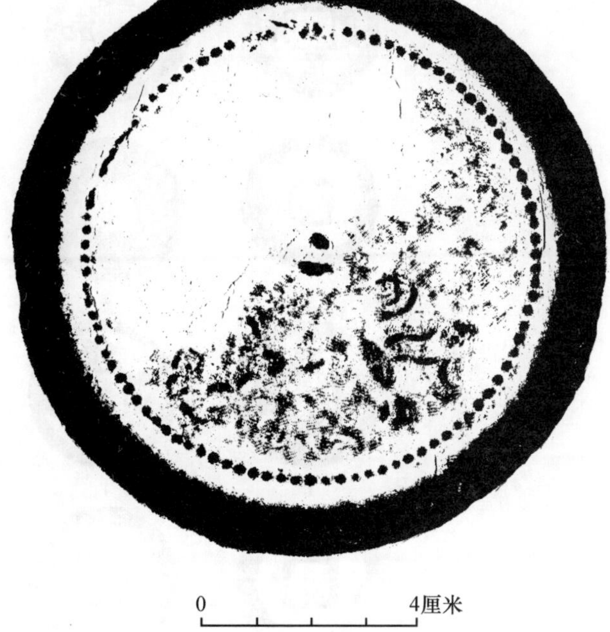

图 4-224　M395 出土铜镜（M395∶2）

M395∶3-4，花穿，直径 2.5 厘米（图 4-225，4）。“天禧通宝”1 枚（M395∶3-5），楷书，旋读。直径 2.5 厘米（图 4-225，5）。“天圣元宝”1 枚（M395∶3-6），篆书，旋读。直径 2.5 厘米（图 4-225，6）。“景祐元宝”1 枚（M395∶3-7），篆书，旋读。直径 2.5 厘米（图 4-225，7）。“元祐通宝”1 枚（M395∶3-8），篆书，旋读。直径 2.4 厘米（图 4-225，8）。“元丰通宝”7 枚，行书 4 枚，旋读，M395∶3-9~11，直径 2.5 厘米（图 4-225，9~11）；篆书 3 枚，旋读，M395∶3-12、14，直径 2.5 厘米（图 4-225，12、14），M395∶3-13，直径 2.4 厘米（图 4-225，13）。“熙宁元宝”4 枚，篆书 3 枚，旋读，M395∶3-15，直径 2.3 厘米（图 4-225，15），M395∶3-16，直径 2.5 厘米（图 4-225，16）；楷书 1 枚，旋读，直径 2.3 厘米。“皇宋通宝”2 枚，篆书 1 枚（M395∶3-17），直读，直径 2.4 厘米（图 4-225，17）；楷书 1 枚（M395∶3-18），直读，直径 2.5 厘米（图 4-225，18）。

十九、M411

M411 位于发掘区以外，在第Ⅵ区西北方，开口于扰土层下，距地表 2.2 米。墓葬形制为圆形砖室墓，方向 192°，被严重破坏，仅存部分墓道和墓室底部。墓道位于墓室南端，残存部分平面呈长方形，直壁平底，残长 1.02、宽 0.8、残深 1 米。墓圹直径 2.54、残深 1 米。圹内用青砖砌筑墓室，未见铺地砖，壁砖仅存最下层的一部分，推测为单砖错缝平砌。墓底设有棺床，呈倒“凹”字形，高 0.2 米，南缘用砖砌，仅存底层部分砖。所用青砖均素面，长 26、宽 13、厚 4 厘米，两砖之间用黄泥黏接。填土为浅黄褐色，土质略松，含红土块、料姜石。未发现葬具痕迹及人骨。随葬有瓷碗 1 件，发现于棺床西北部（图 4-226）。

瓷碗　1 件（M411∶1）。白胎，白釉，釉不包底。敞口，尖圆唇，斜弧腹，平底，矮圈足略撇。口径 12.2、底径 4.8、高 5、壁厚 0.4~0.6 厘米（图 4-227）。

图 4-225　M395 出土钱币

1. 嘉祐元宝(M395∶3-1） 2. 至和元宝(M395∶3-2） 3. 淳化元宝(M395∶3-3） 4. 祥符元宝(M395∶3-4） 5. 天禧通宝(M395∶3-5） 6. 天圣元宝（M395∶3-6） 7. 景祐元宝（M395∶3-7） 8. 元祐通宝（M395∶3-8） 9~14. 元丰通宝（M395∶3-9、M395∶3-10、M395∶3-11、M395∶3-12、M395∶3-13、M395∶3-14） 15、16. 熙宁元宝（M395∶3-15、M395∶3-16） 17、18. 皇宋通宝（M395∶3-17、M395∶3-18）

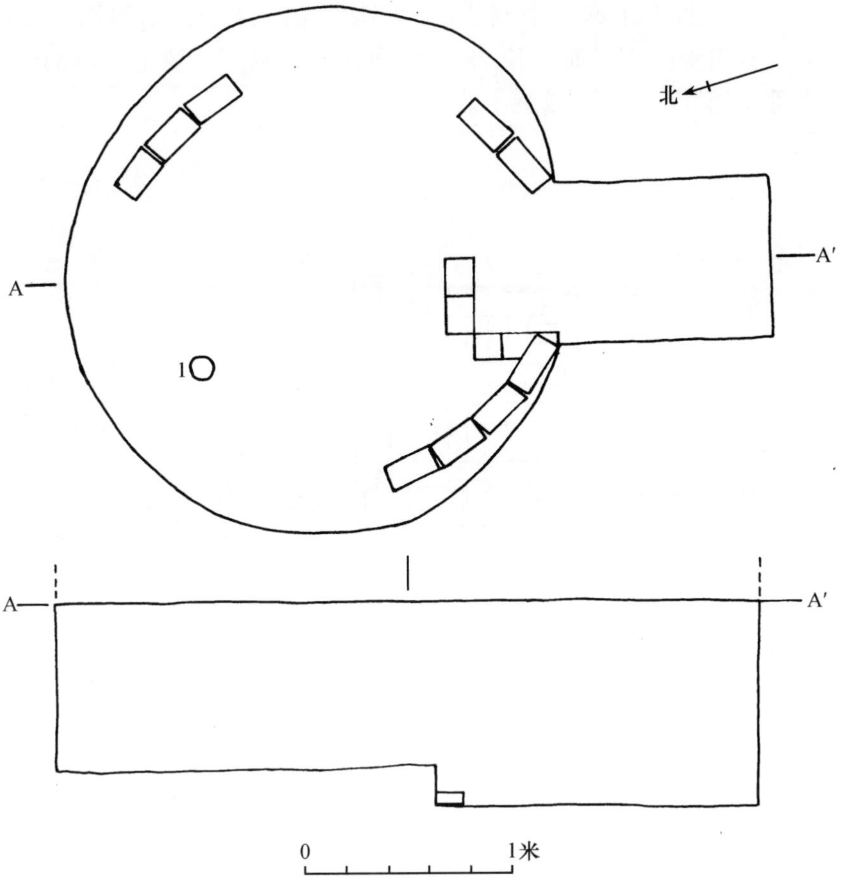

图 4-226　M411 平、剖面图

1. 瓷碗

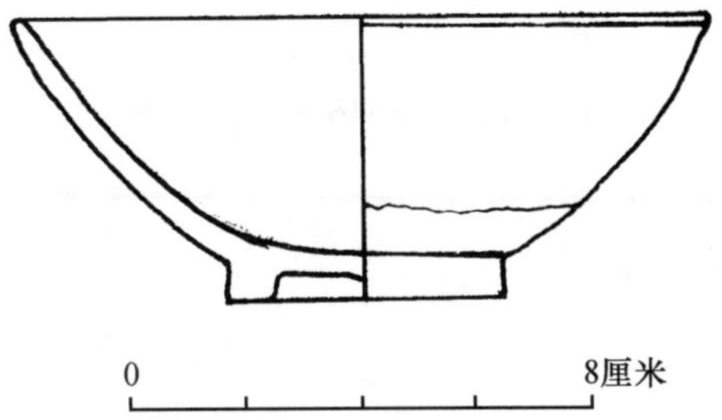

图 4-227　M411 出土瓷碗（M411∶1）

二十、M416

M416 位于第Ⅴ发掘区西北 300 米处，开口于扰土层下，距地表 2 米。墓葬形制为圆形砖室墓，方向 190°，由墓道、墓门、甬道、墓室四部分组成，被破坏至底，东部被晚期坑打破。阶梯式墓道位于墓室南端，平面呈梯形，残长 1.56、宽 1.32~1.48、残深 1.78 米；残存一级台阶，台面宽 0.36、台高 0.22 米。墓门宽 0.68、残高 0.12 米，两侧残存须弥座的下部。甬道宽、残高同墓门，进深 0.9 米，两壁仅存须弥座的下部，铺地砖为纵向一排、横向一排错缝平铺。墓圹直径 3.26、残深 1.78 米。圹内用青砖砌筑墓室，直径 2.56 米，只残存最底层部分壁砖，推测为单砖错缝平砌。墓底设有棺床，呈倒“凹”字形，高0.4米，南缘用砖砌成须弥座，束腰部分留有方形孔洞。所用青砖均素面，长28、宽14、厚6厘米。填土呈黄褐色，土质略硬。未发现葬具痕迹、人骨及随葬品（图4-228）。

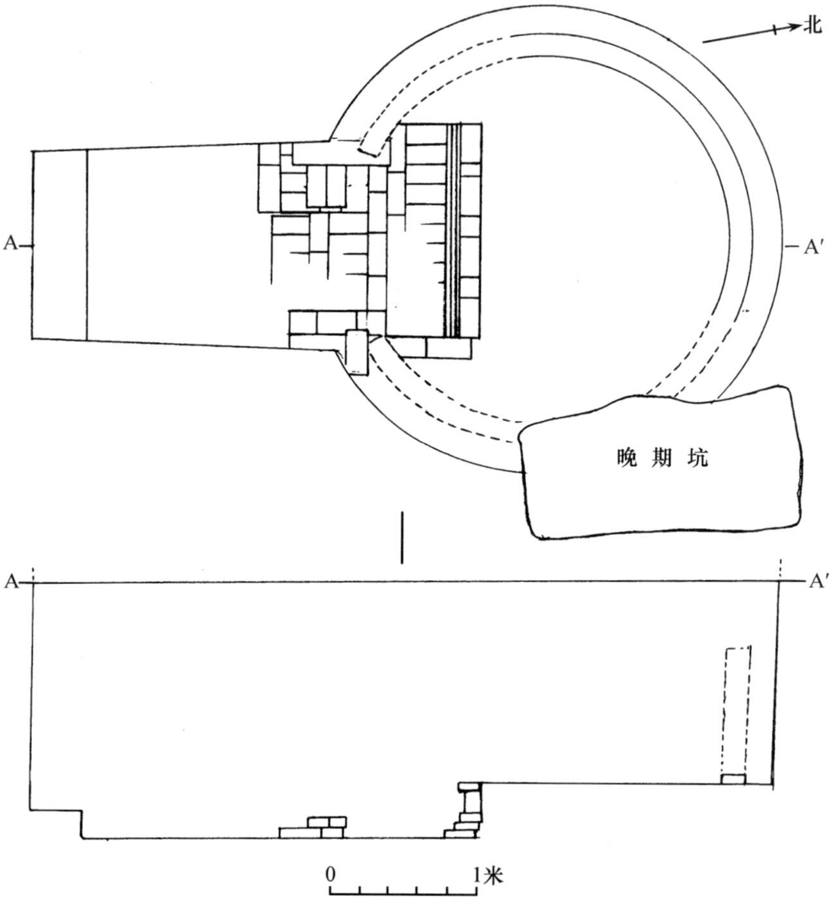

图4-228 M416平、剖面图

第五章　金代墓葬

第一节　土坑竖穴墓

一、M317

M317位于第Ⅵ发掘区东南部，T2318的中部，开口于扰土层下，距地表2米。墓葬形制为土坑竖穴墓，方向182°。墓圹上部被破坏，平面呈梯形，直壁、平底，长1.9、宽0.9~1.04、残深0.2米。墓底葬具已朽，人骨保存较差，葬式为仰身直肢，头向南。填土为黄褐色花土，含红褐色土块。随葬品有6件（组），其中铜钱9枚（1组），放置于人骨架头骨下方；铜耳坠1对，放置于头骨左右侧；瓷罐2件、瓷碗1件、瓷瓶1件，均放置于墓室北端（图5-1）。

瓷罐　2件。M317∶3，白胎，白釉，釉上有开片，釉不包底。敞口，高领，鼓腹，最大腹径居上，平底略凸，宽圈足略撇。腹壁上饰3条竖槽。口径10、腹径14、底径7.2、高13、壁厚0.4~0.6厘米（图5-2，1）。M317∶4，白胎，釉至底部近足处，釉上有开片。尖圆唇，鼓腹，平底，宽圈足略撇。口外1周凸棱。口径8.4、腹径10.4、底径5.6、高6.8、壁厚0.5~0.6厘米（图5-2，4）。

瓷瓶　1件（M317∶5）。白胎，茶绿釉，釉不包底。局部脱釉，内底有刮圈。口径15.6、底径5.6、高7.2、壁厚0.3~0.5厘米（图5-2，3）。

瓷碗　1件（M317∶6）。白胎，酱釉，通体包釉，仅圈足磨去。尖唇，深腹略弧，平底，高

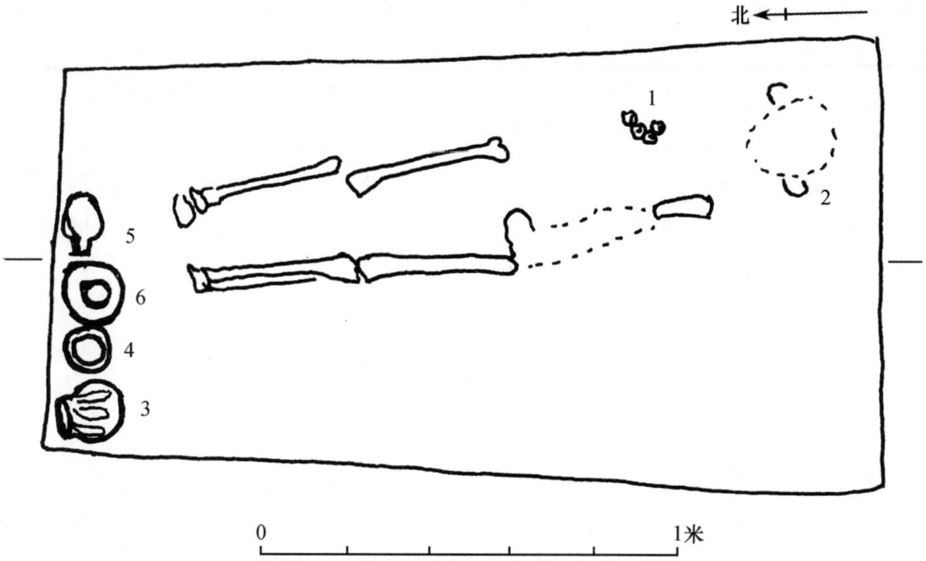

图5-1　M317平面图

1. 铜钱　2. 铜耳坠　3、4. 瓷罐　5. 瓷瓶　6. 瓷碗

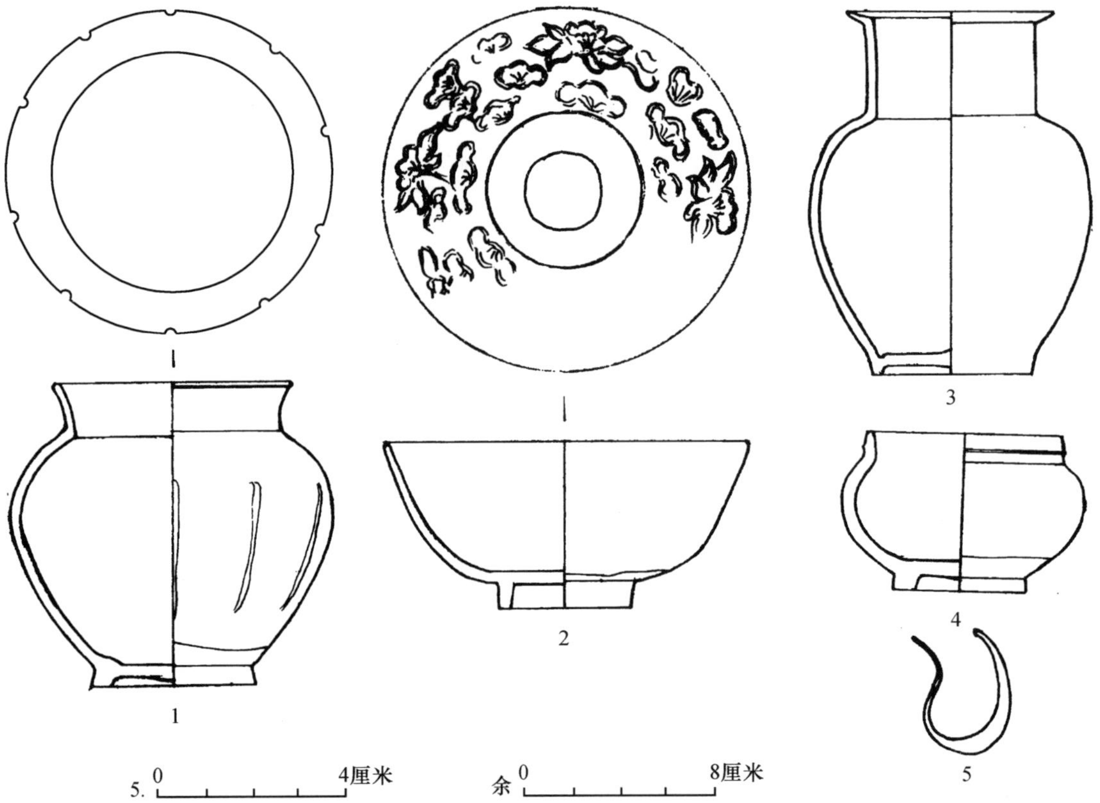

图 5-2 M317 出土器物

1、4. 瓷罐（M317∶3、M317∶4） 2. 瓷碗（M317∶6） 3. 瓷瓶（M317∶5） 5. 铜耳坠（M317∶2）

直圈足。碗内壁上绘花，碗心刮圈。口径 8.6、腹径 12、底径 6.8、高 7.2、壁厚 0.4~0.6 厘米（图 5-2，2）。

铜耳坠 1 对（M317∶2）。两件形制相同，“U”字形。长约 3.2 厘米（图 5-2，5）。

铜钱 9 枚。“治平元宝”1 枚（M317∶1-1），篆书，直读。直径 2.4 厘米（图 5-3，1）。“绍圣元宝”1 枚（M317∶1-2），篆书，旋读。直径 2.4 厘米（图 5-3，2）。“祥符元宝”1 枚（M317∶1-3），楷书，旋读。直径 2.5 厘米（图 5-3，3）。“开元通宝”1 枚（M317∶1-4），楷书，直读。直径 2.5 厘米（图 5-3，4）。“淳化元宝”1 枚（M317∶1-5），行书，旋读。直径 2.4 厘米（图 5-3，5）。“熙宁元宝”3 枚，篆书，旋读。M317∶1-6，直径 2.5 厘米（图 5-3，6）；M317∶1-7，直径 2.3 厘米（图 5-3，7）；M317∶1-8，直径 2.4 厘米（图 5-3，8）。“元丰通宝”1 枚（M317∶1-9），篆书，旋读。直径 2.4 厘米（图 5-3，9）。

二、M322

M322 位于第Ⅵ发掘区的中部，T2317 的中部，开口于扰土层下。墓葬形制为土坑竖穴墓，方向 180° 。墓圹平面呈长方形，直壁、斜坡状底，长 2.1、宽 0.8、深 0.6~0.7 米。填土为黄褐色花土。墓底有葬具 1 棺，已朽，平面呈长方形，长 1.75、宽 0.6 米。棺内有人骨 1 具，葬式为仰身直肢。随葬品有 3 件。其中铜钱 1 枚，放置于人骨架盆骨下方；瓷碗 2 件，放置于墓室南部（图 5-4）。

瓷碗 2 件。M322∶2，浅黄胎，酱釉，釉不包底。内底有刮圈。敞口，斜直腹，平底。宽

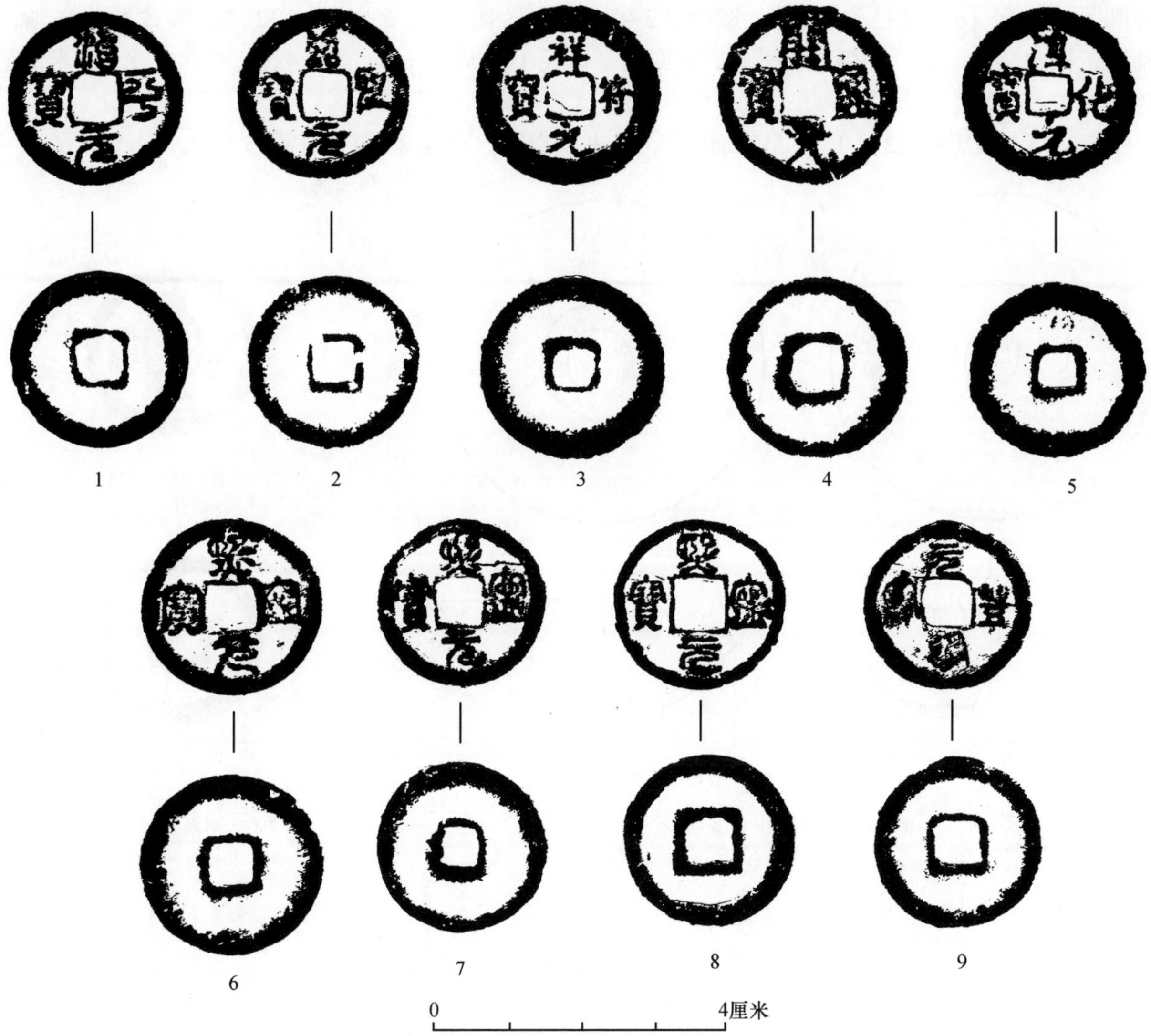

图 5-3　M317 出土钱币

1. 治平元宝（M317∶1-1）　2. 绍圣元宝（M317∶1-2）　3. 祥符元宝（M317∶1-3）　4. 开元通宝（M317∶1-4）　5. 淳化元宝（M317∶1-5）　6~8. 熙宁元宝（M317∶1-6、M317∶1-7、M317∶1-8）　9. 元丰通宝（M317∶1-9）

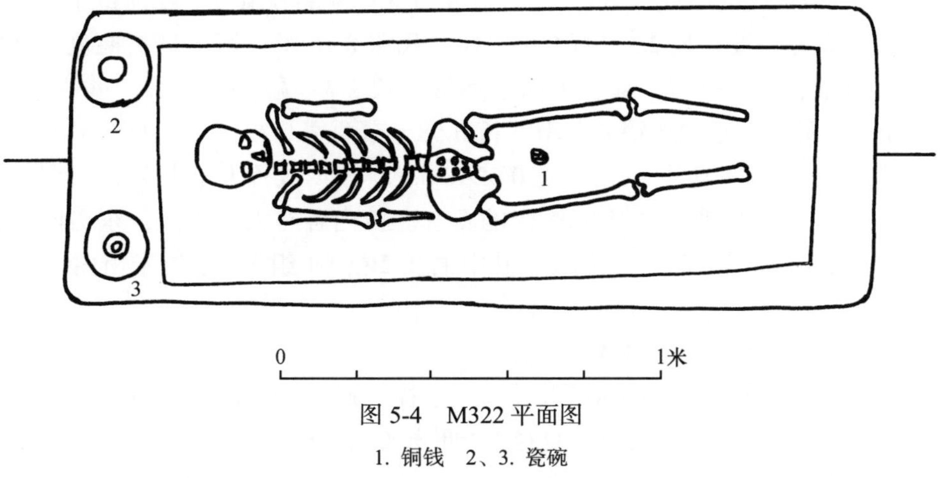

图 5-4　M322 平面图

1. 铜钱　2、3. 瓷碗

直圈足。口径 16、底径 6、高 6、壁厚 0.3~0.5 厘米（图 5-5，2）。M322∶3，淡黄胎，酱釉，釉至近圈足处。敞口，斜弧腹，平底，宽圈足。口径 16、底径 6.4、高 5.4、壁厚 0.2~0.5 厘米（图 5-5，1）。

铜钱　1 枚（M322∶1）。“皇宋通宝”，楷书，直读。直径 2.4 厘米（图 5-6）。

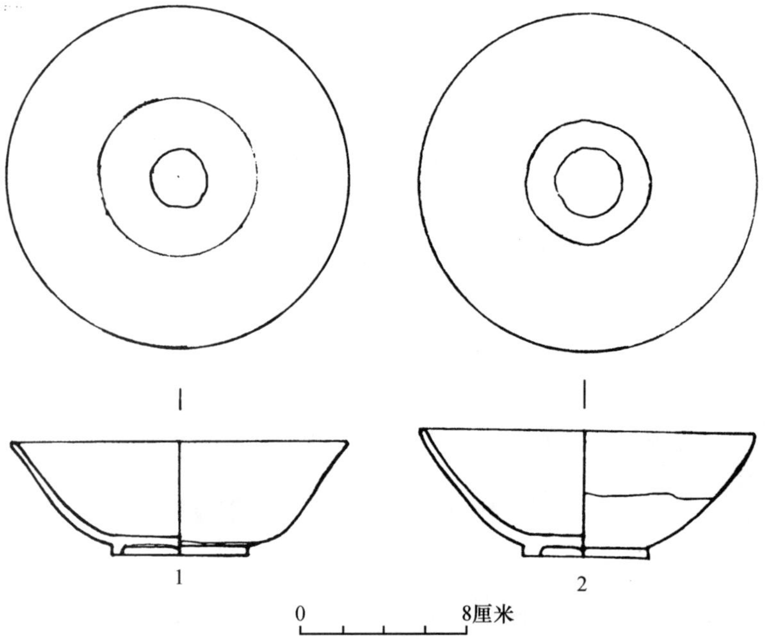

图 5-5　M322 出土瓷碗

1. M322∶3　2. M322∶2

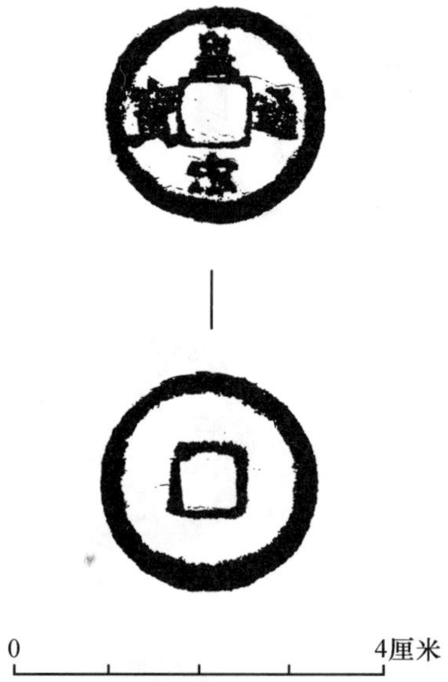

图 5-6　M322 出土皇宋通宝（M322∶1）

第二节　土坑洞室墓

一、M7

M7 位于第Ⅰ发掘区的北部，T2025 的西南部，开口于耕土层下，距地表 0.3 米，打破 M23。墓葬形制为土坑洞室墓，方向 175°，由墓道和墓室两部分组成。墓道位于墓室的南部，平面呈梯形，直壁、底为斜坡，长 2.3、宽 0.6~1.14、残深 0.18 米。填土呈灰白色，结构疏松。墓室顶部遭破坏，直壁、底为斜坡，墓底平面呈梯形，长 2.7、宽 1.14~2.12、残高 0.24~0.42 米。墓室及墓道西壁交界处有一近圆形壁龛，南北长 0.58、东西宽 0.32 米。墓底有葬具 2 棺，东西并列排放，均已朽，东棺平面呈梯形，长 2、宽 0.32~0.6 米，棺内放置大量木炭块；西棺平面呈梯形，长 1.64、宽 0.46 米，棺底部铺一层厚 0.03 米的石灰。棺内各有人骨 1 具，东男西女，葬式均为仰身直肢，头皆向北。随葬品有 2 件（组），其中铜钱 2 枚（1 组），放置于棺内；瓷缸 1 件，残，放置于墓室（图 5-7）。

瓷缸（残）　1 件（M7∶2）。残碎，未复原。

铜钱　2 枚。“元丰通宝”1 枚（M7∶2-1），行书，旋读。直径 2.5 厘米（图 5-8，1）。“元祐通宝”1 枚（M7∶2-2），篆书，旋读。直径 2.4 厘米（图 5-8，2）。

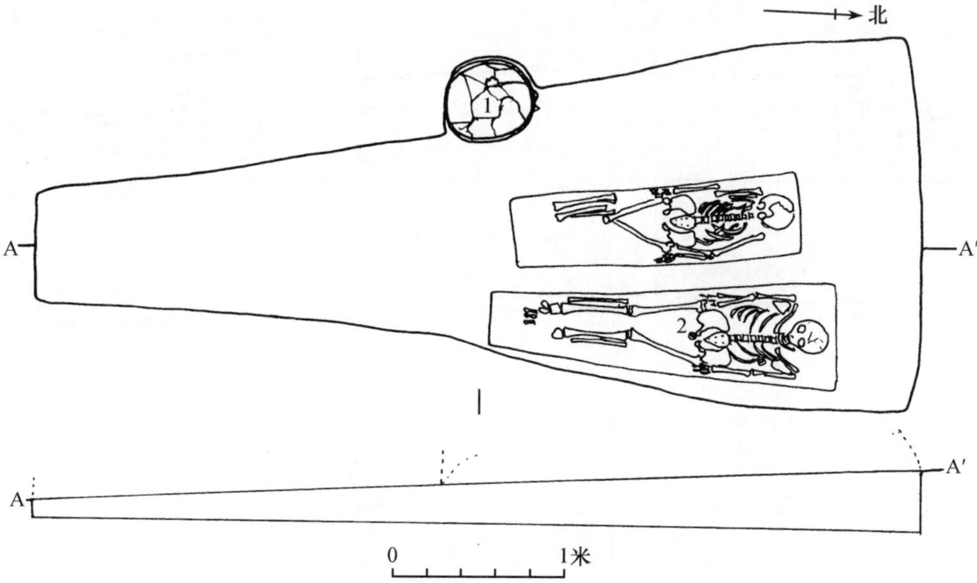

图 5-7　M7 平、剖面图

1. 瓷缸　2. 铜钱

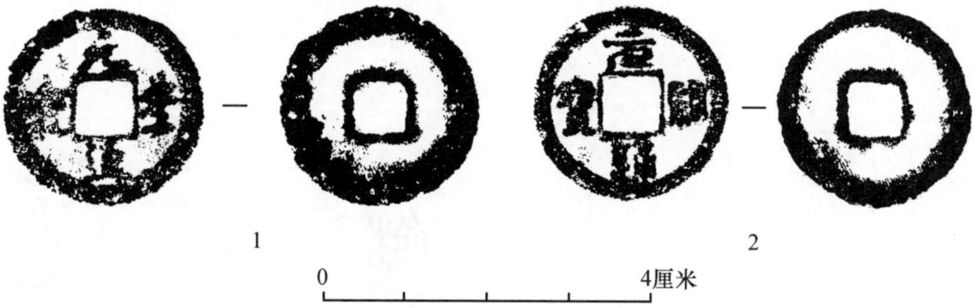

图 5-8　M7 出土钱币

1. 元丰通宝（M7∶2-1）　2. 元祐通宝（M7∶2-2）

二、M22

M22 位于第Ⅰ发掘区的东部，T1729 的西北部，开口于耕土层下，距地表 1.8 米。墓葬形制为土坑洞室墓，方向 195°，由墓道、墓门和墓室三部分组成。墓道平面呈梯形，直壁、底为斜坡，长 1.5、宽 0.6~0.7、深 1.6~1.8 米。填土为灰褐色，结构较疏松，包含少量料姜石。墓门用石块封堵，高 0.8、宽 0.64 米。墓室弧顶、弧壁、平底，平面呈长方形，长 2.1、宽 0.8、高 1 米。墓底有葬具 1 棺，已朽，平面呈长方形，长 1.86、宽 0.54 米。棺内有人骨 1 具，葬式为仰身直肢，头向南。随葬品有 2 件（组），其中铜钱 2 枚（1 组），放置于骨架脊椎正下方；瓷碗 1 件，残，放置于墓室南端（图 5-9）。

瓷碗　1 件（M22∶1）。浅黄胎，酱釉，釉不包底，内底有刮圈。敞口略内敛，深腹，斜直壁，平底圈足。内壁略低。口径 18、底径 7、高 6、壁厚 0.4~0.5 厘米（图 5-10）。

铜钱　2 枚。均为五铢钱。铸造较好，外郭清晰，方形穿，穿反面有郭，钱径均 2.6 厘米。M22∶2-1，“五”字中间两笔弯曲，“铢”字的“金”字头呈等边三角形，“朱”字头圆折（图 5-11，1）。M22∶2-2，“五”字中间两笔弯曲，“铢”字的“金”字头呈镞形，“朱”字头方折（图 5-11，2）。

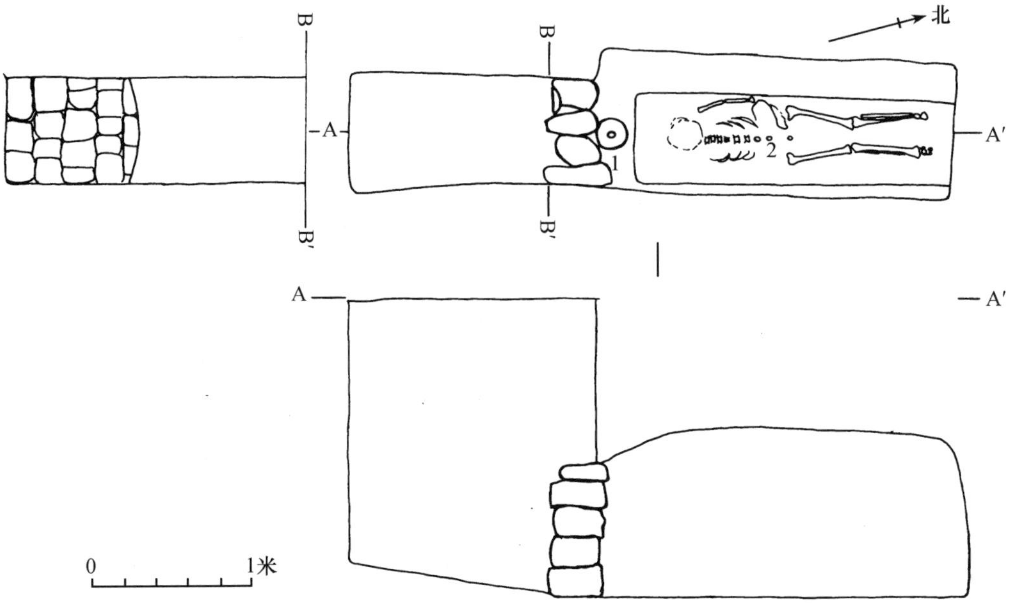

图 5-9　M22 平、剖面图

1. 瓷碗　2. 铜钱

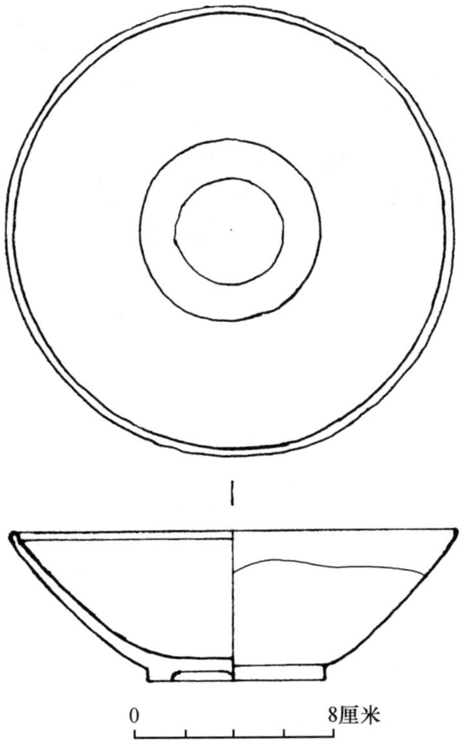

图 5-10　M22 出土瓷碗（M22∶1）

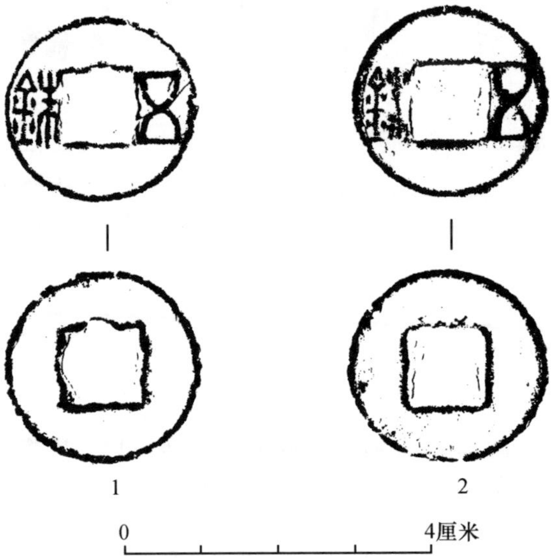

图 5-11　M22 出土五铢钱

1. M22∶2-1　2. M22∶2-2

三、M29

M29 位于第Ⅰ发掘区的西北部，T1922 的东南部，开口于耕土层下，距地表 1.6 米。墓葬形制为土坑洞室墓，方向 190°，由墓道、墓门甬道和墓室四部分组成。墓道位于墓室的南部，平面呈梯形，底部呈斜坡状，南北长 1.96、宽 1.18~1.6、残深 1.45 米。墓门位于墓室的南部，由双行纵砖错缝筑砌。

甬道东西内宽 1.04、进深 0.34 米，3 层砖，东西两壁为单行纵砖错缝筑砌。墓室平面呈圆形，直径 2.48、残高 1.45 米。未发现葬具。人骨架只残留三节肢骨及头骨。随葬品有 5 件（组），其中瓷碗 2 件，1 件放置于墓门处，1 件放置于棺床上；陶罐 1 件、瓷罐 1 件、铜钱 3 枚（1 组），均放置于洞室内棺床上（图 5-12）。

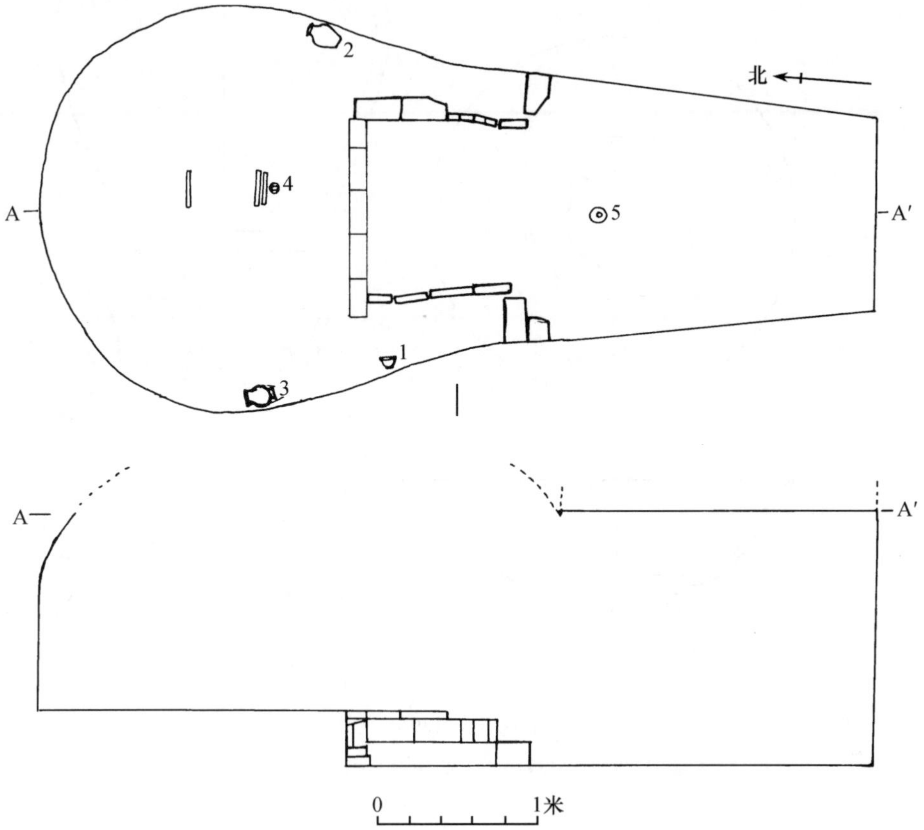

图 5-12　M29 平、剖面图

1、5. 瓷碗　2. 陶罐　3. 瓷罐　4. 铜钱

瓷碗　2 件。M29∶1，黄褐胎，白釉，釉上微小开片，釉不包底。敞口略敛，尖唇，深腹，腹壁较直，平底圈足。内平于外，足根与地垂直。口径 16、底径 5.6、高 6.6、壁厚 0.3~0.6 厘米（图 5-13，1）。M29∶5，乳白胎，黑釉，釉不包底，内底有刮圈。敞口，尖唇，深腹，腹壁先收后鼓，平底小圈足。口径 16.4、底径 6.4、高 5.2、壁厚 0.2~0.4 厘米（图 5-13，2）。

陶罐　1 件（M29∶2）。泥质红陶。圆唇，宽折沿，束颈，鼓腹居中，平底。素面。口径 22、腹径 24、底径 9.2、高 21.6、壁厚 0.6~1 厘米（图 5-13，3；图版 21-3）。

瓷罐　1 件（M29∶3）。白胎，白釉，釉不包底，釉上有微小开片。直口微侈，高领，鼓肩，斜直腹急收，高圈足外撇，圈足下部外折。口径 10.4、腹径 13.8、底径 6.4、高 14、壁厚 0.4~1.6 厘米（图 5-13，4；图版 19-6）。

铜钱　3 枚。“景德元宝”1 枚（M29∶4-1），楷书，旋读。直径 2.4 厘米（图 5-14，1）。“开元通宝”1 枚（M29∶4-2），楷书，直读。直径 2.4 厘米（图 5-14，2）。“熙宁元宝”1 枚（M29∶4-3），楷书，旋读。直径 2.4 厘米（图 5-14，3）。

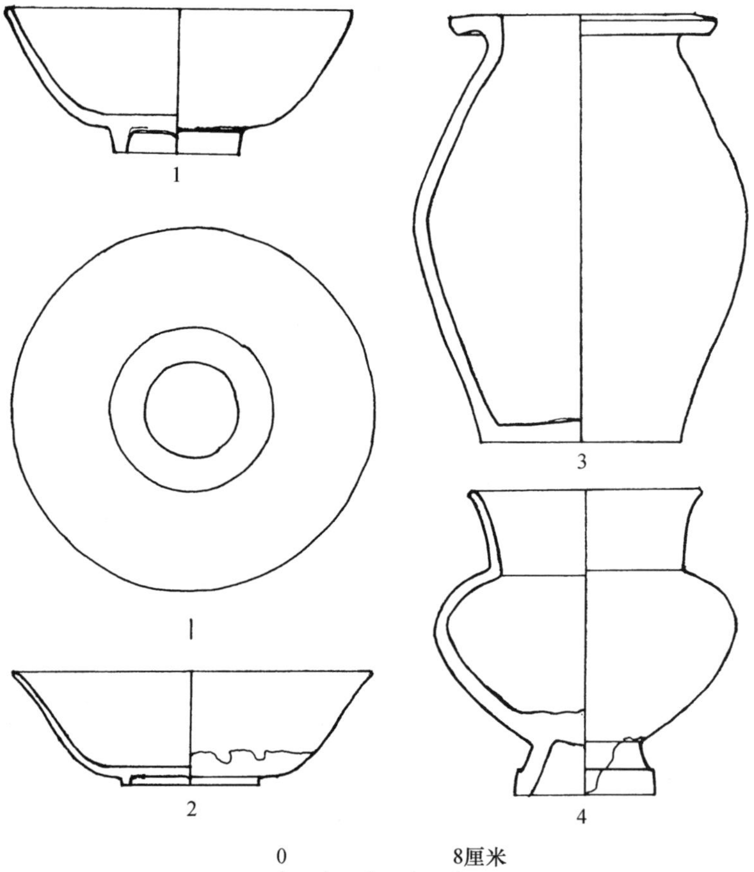

图 5-13　M29 出土器物

1、2. 瓷碗（M29∶1、M29∶5）　3. 陶罐（M29∶2）　4. 瓷罐（M29∶3）

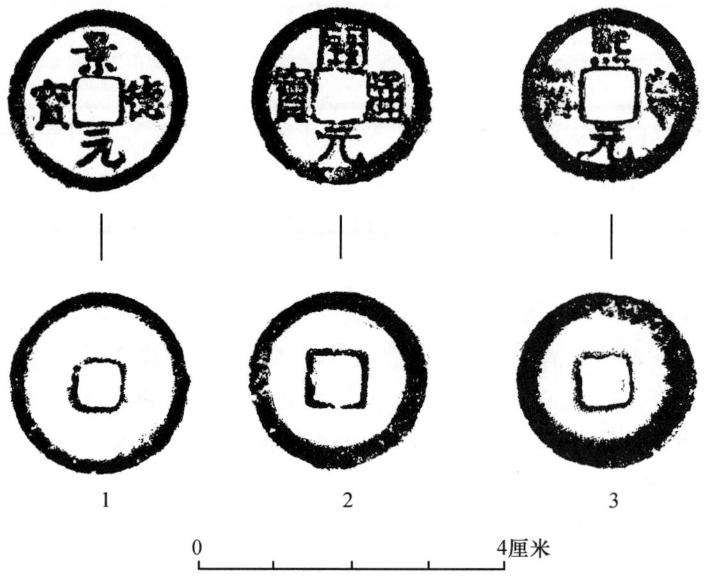

图 5-14　M29 出土钱币

1. 景德元宝（M29∶4-1）　2. 开元通宝（M29∶4-2）　3. 熙宁元宝（M29∶4-3）

四、M74

M74位于第Ⅰ发掘区的西南部，T1624的北部，部分延伸至T1724内，开口于耕土层下，距地表0.3米。墓葬形制为土坑洞室墓，墓道未清理，方向185°。墓室顶部遭破坏，平底，平面呈梯形，长3.2、宽0.8~1.4、残高0.8米。墓底有葬具1棺，已朽，平面呈梯形，长1.8、宽0.4~0.5米。棺内有人骨1具，保存较差，葬式为仰身直肢，头向南。随葬品有3件（组），其中陶罐1件、陶盆1件，发现于填土中；铜钱12枚（1组），放置于墓主的胸部及下肢骨两侧（图5-15）。

陶罐　1件（M74:1）。泥质红陶，侈口微敛，圆唇，溜肩，鼓腹，下腹斜收，小平底。肩部两侧附加1对桥形耳。口径20.8、腹径34、底径12.8、高33、壁厚0.6~0.8厘米（图5-16，1；图版21-4）。

陶盆　1件（M74:2）。泥质灰陶。圆唇，宽平折沿，直腹，平底。口径17.2、底径9.2、高7.2、壁厚0.6~0.9厘米（图5-16，2）。

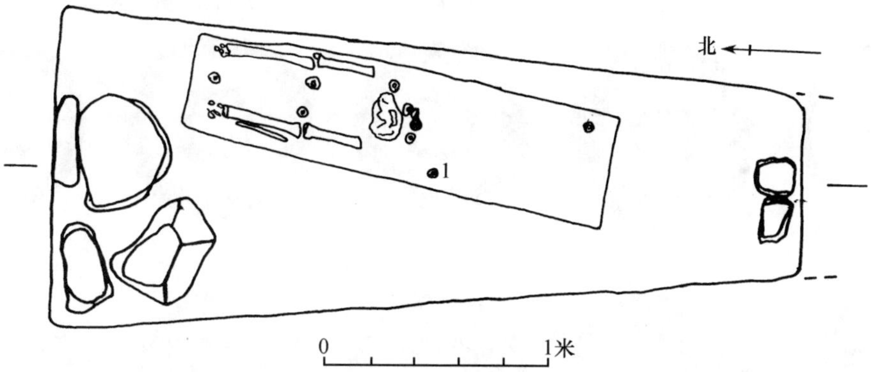

图5-15　M74平面图

1. 铜钱

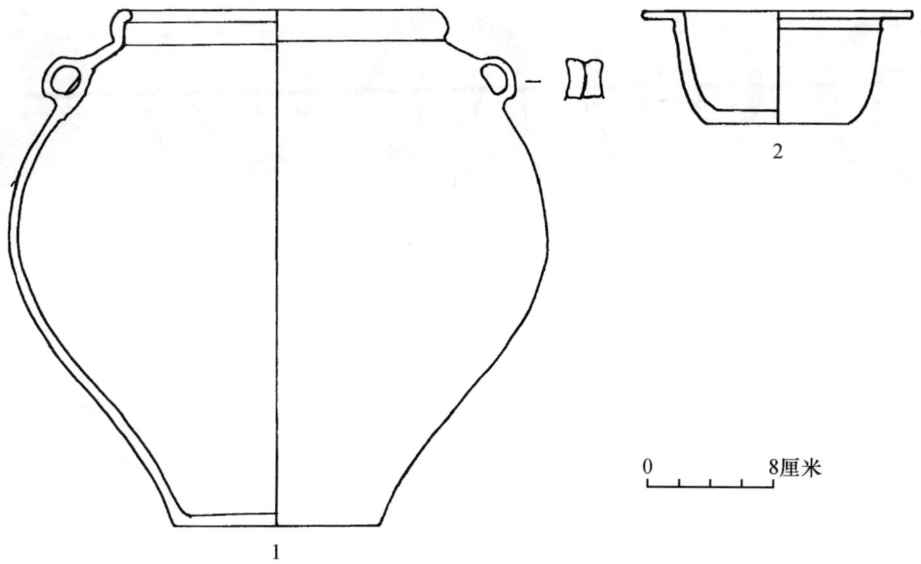

图5-16　M74出土器物

1. 陶罐（M74:1）　2. 陶盆（M74:2）

铜钱 12枚。“大定通宝”1枚（M74∶3-1），楷书，直读。直径2.4厘米（图5-17，1）。“元祐通宝”1枚（M74∶3-2），篆书，旋读。直径2.4厘米（图5-17，2）。“嘉祐通宝”1枚（M74∶3-3），楷书，旋读。直径2.4厘米（图5-17，3）。“元丰通宝”2枚，行书1枚（M74∶3-4），旋读，花穿，直径2.5厘米（图5-17，4）；篆书1枚（M74∶3-5），旋读，直径2.4厘米（图5-17，5）。“开元通宝”2枚，楷书，直读。M74∶3-6，直径2.3厘米（图5-17，6）；M74∶3-7，直径2.5厘米（图5-17，7）。“熙宁元宝”3枚，楷书2枚，旋读，M74∶3-8，直径2.4厘米（图5-17，8）；篆书1枚（M74∶3-9），旋读，直径2.4厘米（图5-17，9）。“皇宋通宝”1枚（M74∶3-10），楷书，直读。直径2.5厘米（图5-17，10）。“祥符通宝”1枚，楷书，旋读。直径2.5厘米。

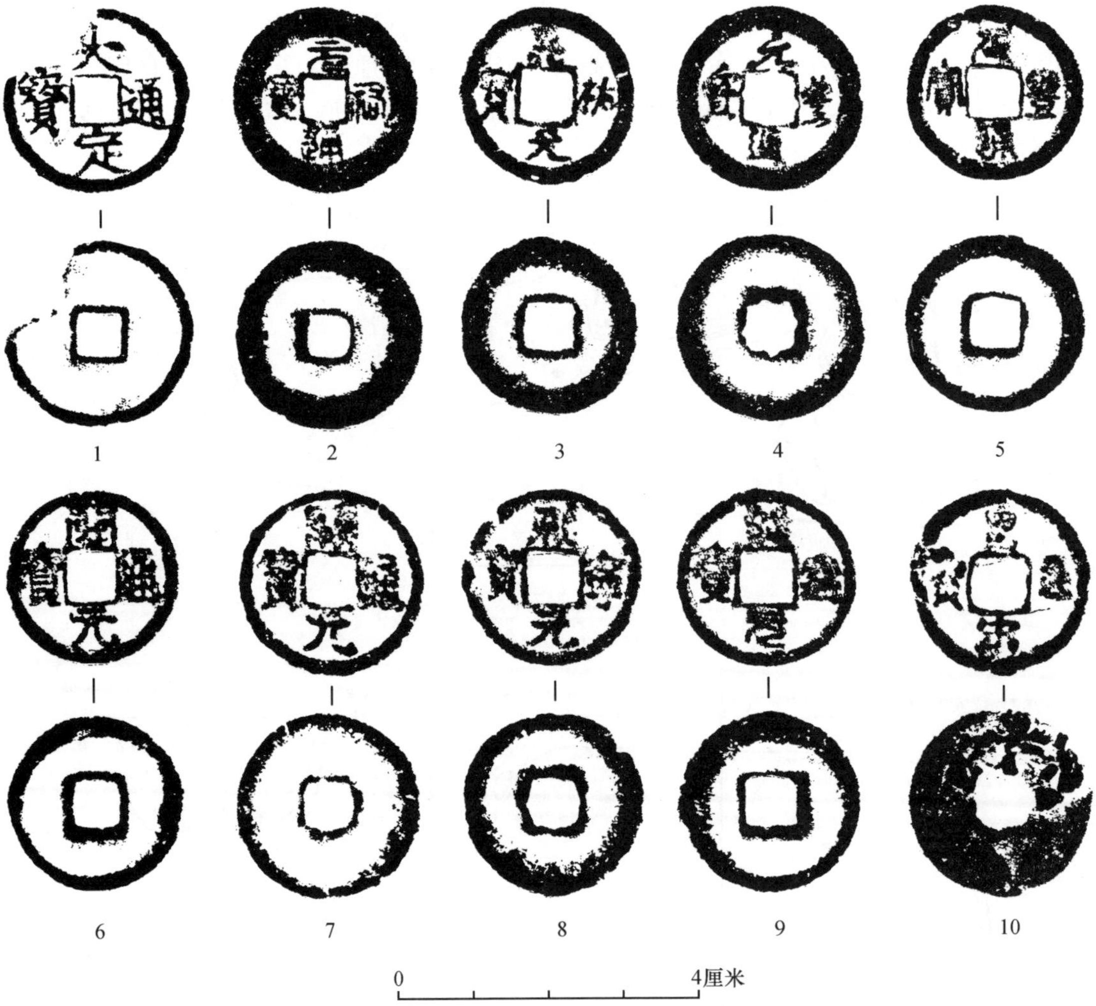

图5-17 M74出土钱币

1. 大定通宝（M74∶3-1） 2. 元祐通宝（M74∶3-2） 3. 嘉祐元宝（M74∶3-3） 4、5. 元丰通宝（M74∶3-4、M74∶3-5） 6、7. 开元通宝（M74∶3-6、M74∶3-7） 8、9. 熙宁元宝（M74∶3-8、M74∶3-9） 10. 皇宋通宝（M74∶3-10）

五、M239

M239位于第Ⅳ发掘区南部，T1814东南部，开口于扰土层下，距地表约1.8米。墓葬形制为土坑洞室墓，方向185°，由墓道、墓门和墓室三部分组成，上部被破坏。墓道位于墓室南部，平面呈长方形，直壁、平底，长 2.94、宽 0.86、残深 2.4 米。填土为红褐色。墓门宽 0.86、高 1 米。墓室弧顶、直壁、平底，底部平面呈长方形，长 2.56、宽 1.76、残高 1.1 米。墓底未发现葬具痕迹及人骨架。随葬品有铜钱 5 枚，位于墓室中部（图 5-18）。

铜钱　5 枚（M239∶1）。字迹不清。

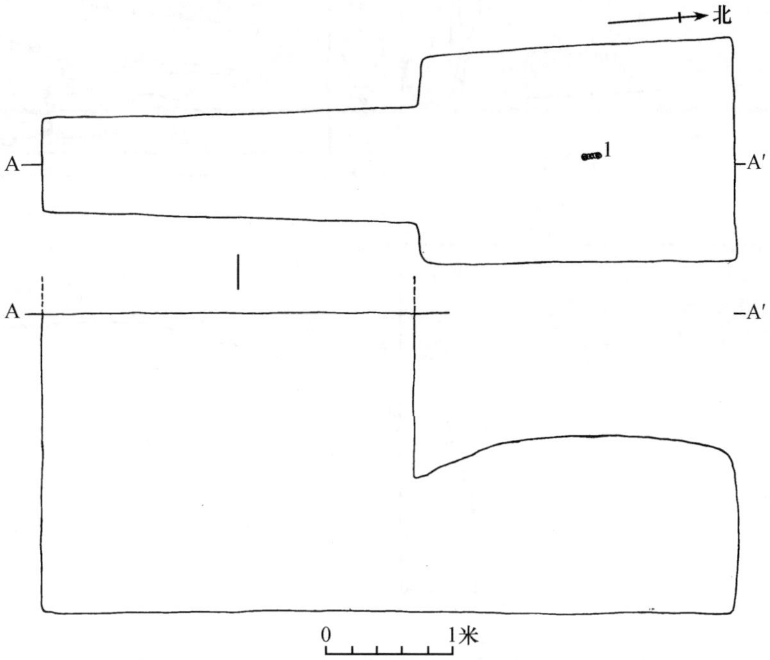

图 5-18　M239 平、剖面图

1. 铜钱

六、M329

M329 位于第Ⅵ发掘区东南部，T2319 西部，开口于扰土层下，距地表 2.2 米。墓葬形制为土坑洞室墓，方向 176°，由墓道、墓门和墓室三部分组成。墓道平面呈梯形，直壁、平底，长 2.1、宽 0.6~0.9、残深 1.68 米。填土为黄褐色花土，含料姜石、草木灰等。墓门呈拱形，宽 0.9、高 0.98 米，用不规则的石块砌成封门墙。墓室顶部为弧形，直壁、平底，底部平面呈长方形，长 2.2、宽 1.46、高 1.3 米。墓底有葬具 1 棺，已朽，平面近梯形，长 1.92、宽 0.8~0.9 米。棺内有人骨 2 具，为夫妻合葬，人骨保存较差，葬式均为仰身直肢，东女西男，头向北。随葬品有 5 件（组），其中瓷瓶 1 件、瓷碟 1 件、瓷碗 2 件，均置于墓室的南端；铜钱 4 枚（1 组），置于棺中部（图 5-19）。

瓷瓶　1 件（M329∶2）。灰白胎，酱釉，釉至中部。盘形口，细直颈，宽肩，斜直腹，矮圈足。口径 5.8、腹径 13.6、底径 7.2、高 16.4、壁厚 0.5 厘米（图 5-20，1）。

瓷碟　1 件（M329∶3）。青花，圈足内底不包釉。敞口，浅弧腹，尖圈足。内口沿处 1 周青花线，碗心 1 周青花线。口径 13、底径 8、高 3、壁厚 0.3~0.5 厘米（图 5-20，2）。

瓷碗　2 件。M329∶4，浅黄褐胎，酱釉，釉不包底。碗心刮圈。敞口，尖唇，斜直腹，平底，宽平圈足。口径 15.4、底径 6.4、高 4、壁厚 0.3~0.4 厘米（图 5-20，3）。M329∶5，灰白胎，酱釉，

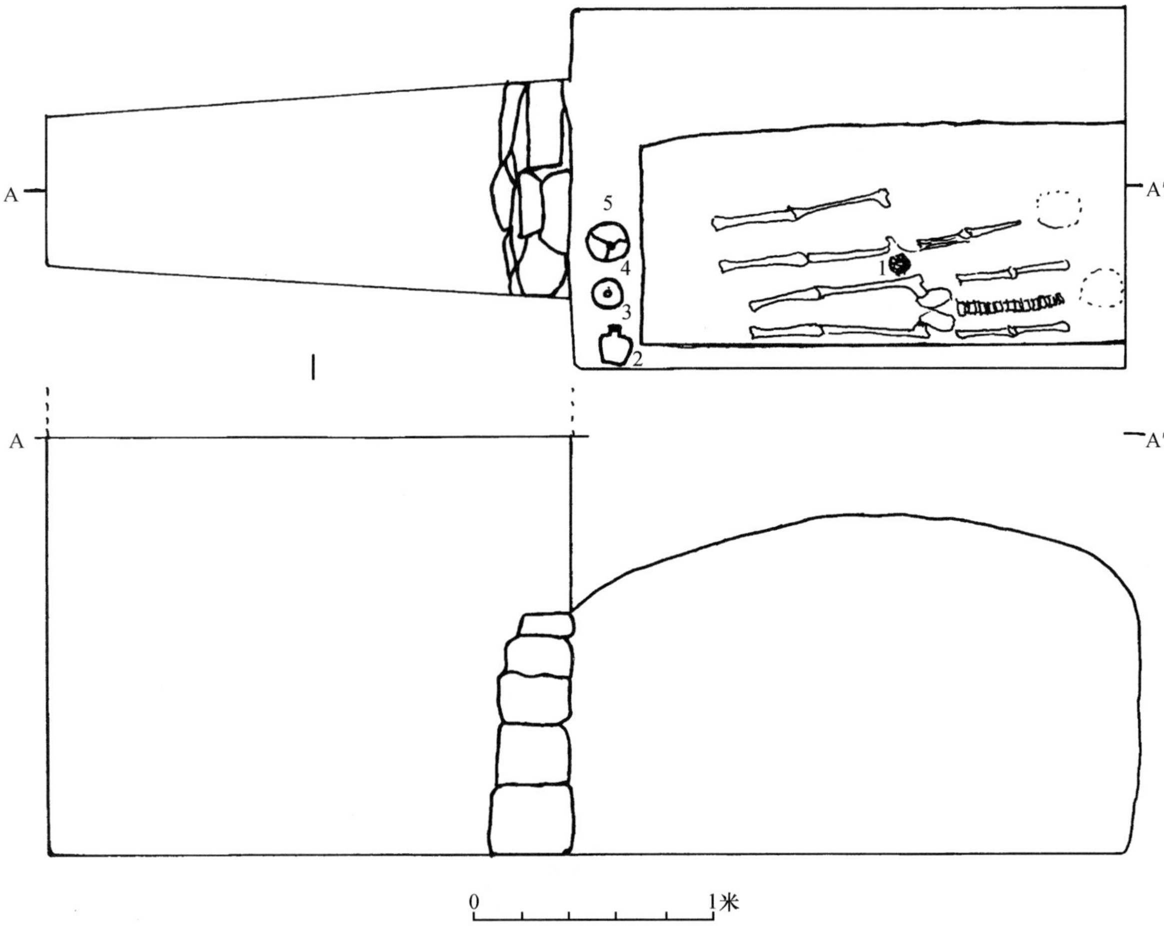

图 5-19 M329 平、剖面图

1. 铜钱 2. 瓷瓶 3. 瓷碟 4、5. 瓷碗

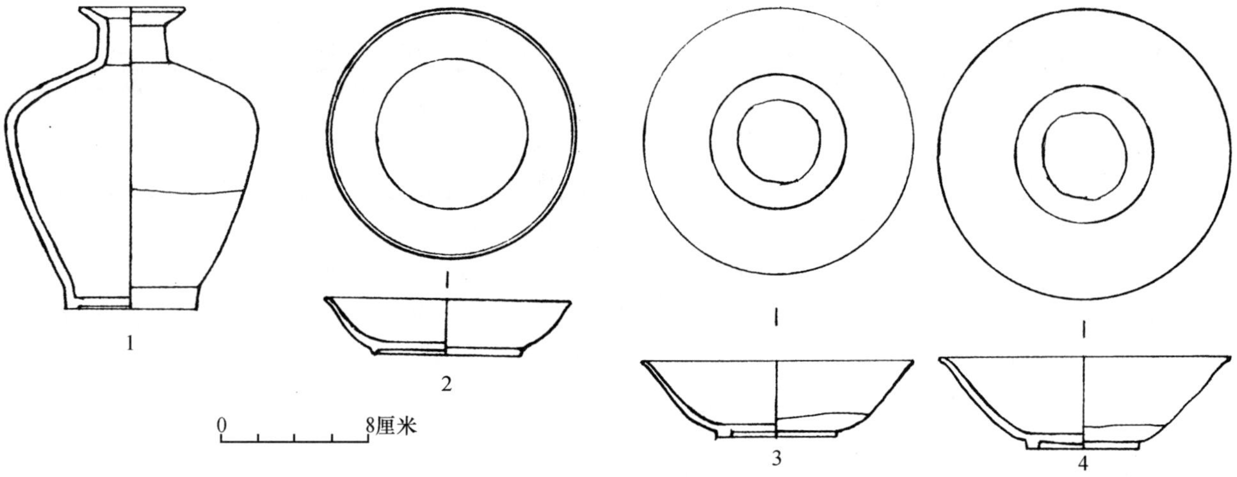

图 5-20 M329 出土器物

1. 瓷瓶（M329∶2） 2. 瓷碟（M329∶3） 3、4. 瓷碗（M329∶4、M329∶5）

釉不包底，内底有刮圈。敞口，尖唇，斜直腹，平底，宽平圈足。口径15.8、底径6、高5、壁厚0.3~0.5厘米（图5-20，4）。

铜钱　4枚。“景祐元宝”2枚，楷书，旋读。M329∶1-1，直径2.4厘米（图5-21，1）；M329∶1-2，直径2.5厘米（图5-21，2）。“祥符元宝”1枚（M329∶1-3），楷书，旋读。直径2.4厘米（图5-21，3）。“元祐通宝”1枚，篆书，旋读。直径2.4厘米。

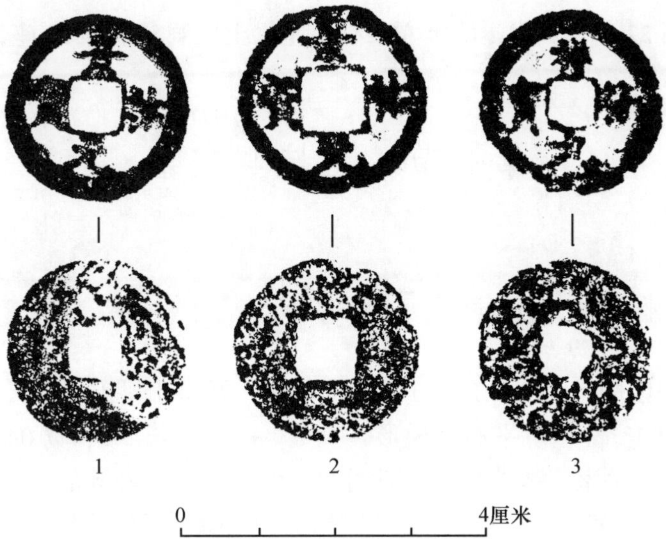

图5-21　M329出土钱币

1、2. 景祐元宝（M329∶1-1、M329∶1-2）　3. 祥符元宝（M329∶1-3）

第六章　元代墓葬

元代的墓葬共发掘22座，其中土坑竖穴墓有6座，土坑洞室墓有10座，砖室墓有6座。

第一节　土坑竖穴墓

一、M31

M31位于第Ⅰ发掘区的东北部，T1930的中部偏南，开口于耕土层下，距地表0.3米。墓葬形制为土坑竖穴墓，方向3°。墓圹平面呈梯形，直壁、平底，长3.2、宽0.9~1.2、深1.3米。填土为红褐色，结构较紧密。墓室底部葬具及人骨粉化，保存较差。随葬品有6件，其中瓷碟4件，3件放置于墓室中部，1件放置于墓室北部；瓷碗1件，位于墓室中部；瓷罐1件，放置于墓室北部（图6-1）。

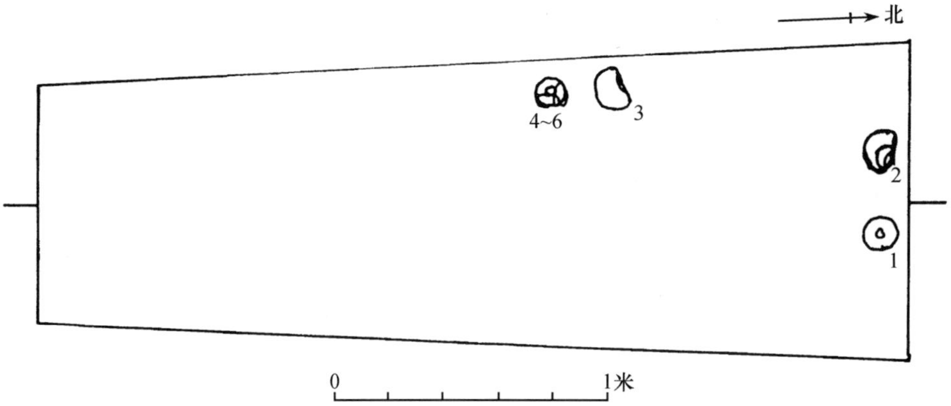

图6-1　M31平面图

1、4~6. 瓷碟　2. 瓷罐　3. 瓷碗

瓷碟　4件。M31∶1，黄褐胎，白釉，脱釉严重，釉不包底。大敞口，尖圆唇，浅直腹，平底，矮圈足。口径11.2、底径6.8、高2.6、壁厚0.2~0.3厘米（图6-2，3）。M31∶4~6，形制与M31∶1相同。

瓷罐　1件（M31∶2）。灰白胎，黑釉，釉不包底。敛口，鼓肩，弧腹，假圈足，平底。口部四系十字形分布。口径12、腹径16、底径8.4、高13.4、壁厚0.5~0.6厘米（图6-2，2）。

瓷碗　1件（M31∶3）。淡黄胎，黑釉，釉不包底，内底有刮圈。大敞口，尖唇，深腹，腹壁先收后鼓，平底，矮圈足。口径15.2、底径6、高5.2、壁厚0.2~0.4厘米（图6-2，1）。

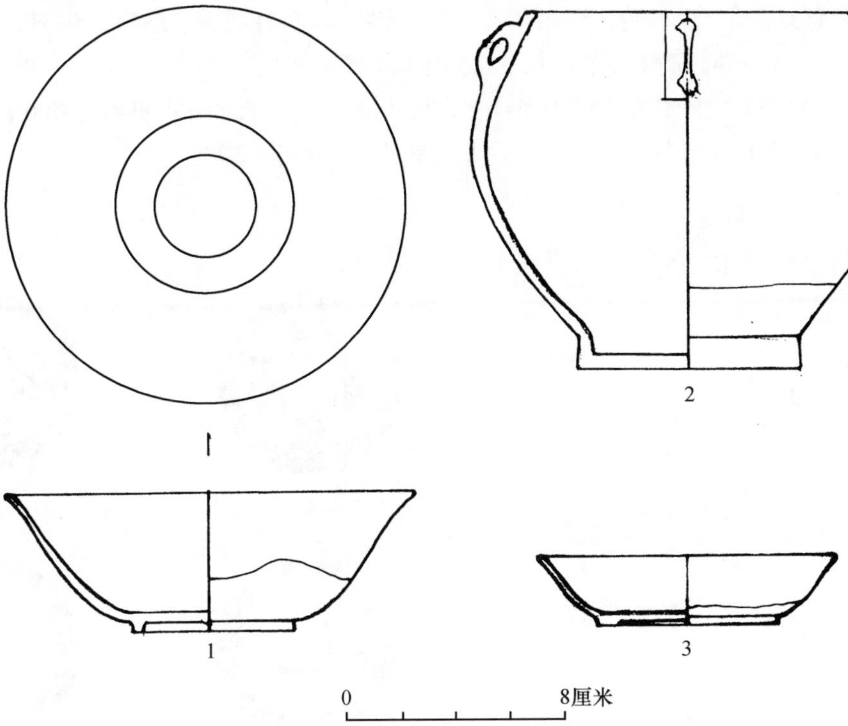

图 6-2　M31 出土器物

1. 瓷碗（M31∶3）　2. 瓷罐（M31∶2）　3. 瓷碟（M31∶1）

二、M80

M80 位于第 I 发掘区的中部，T1727 的中部，开口于耕土层下，被 M79 打破，距地表 0.3 米。墓葬形制为土坑竖穴墓，方向 6°。墓圹平面呈长方形，直壁、平底，长 2.4、宽 0.8、深 0.4 米。填土为黄褐色，结构较疏松，含红褐色土块，少量料姜石等。墓底有葬具 1 棺，已朽，平面呈长方形，长 1.6、宽 0.5 米。棺内有人骨 1 具，葬式为仰身直肢，头向北。随葬品有 2 件（组），其中铜钱 2 枚（1 组），放置于人骨右侧肋骨处；瓷碗 1 件，放置于棺外南（图 6-3）。

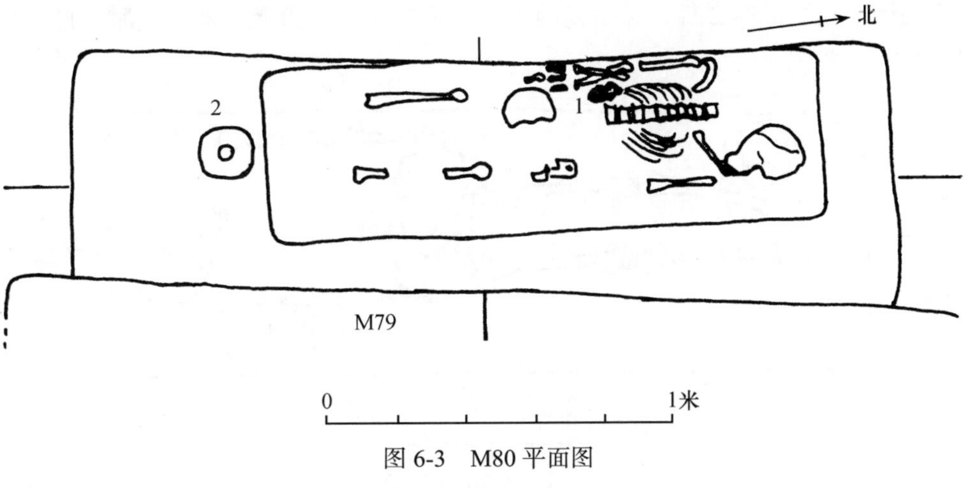

图 6-3　M80 平面图

1. 铜钱　2. 瓷碗

瓷碗　1 件（M80∶2）。浅黄胎，红褐釉，外施半釉，内底有刮圈。敞口，尖唇，弧腹，平底，矮圈足。口径 16.2、底径 6.4、高 6、壁厚 0.3~0.5 厘米（图 6-4）。

铜钱　2 枚。“治平元宝”1 枚（M80∶1-1），楷书，旋读。直径 2.4 厘米（图 6-5，1）。“元丰通宝”1 枚（M80∶1-2），篆书，旋读。直径 2.5 厘米（图 6-5，2）。

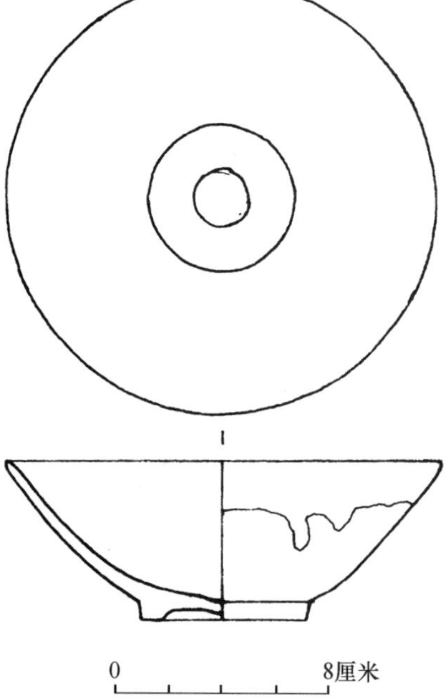

图 6-4　M80 出土瓷碗

（M80∶2）

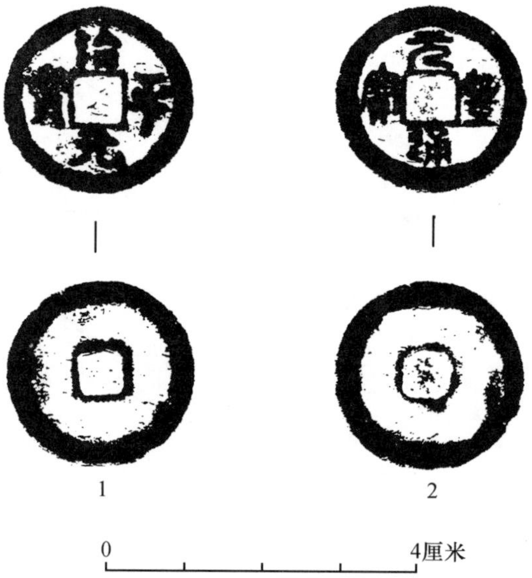

图 6-5　M80 出土钱币

1. 治平元宝（M80∶1-1）　2. 元丰通宝（M80∶1-2）

三、M81

M81 位于第Ⅰ发掘区的西部，T1724 的西北部，开口于耕土层下，距地表 0.25 米。墓葬形制为土坑竖穴墓，方向 170° 。墓圹平面呈长方形，直壁、平底，长 1.8、宽 0.62、深 0.2 米。填土为灰白色，内含料姜石、硬土块。墓底有葬具 1 棺，已朽，仅存少量灰痕。棺内有人骨 1 具，葬式为仰身直肢，头向南。随葬品有 2 件，其中瓷碗 1 件，放置于人骨上肢西侧；瓷罐 1 件，放置于墓底东北角（图 6-6）。

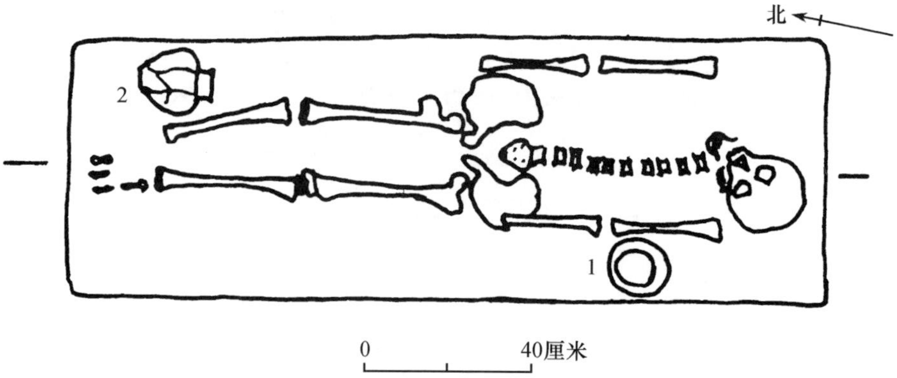

图 6-6　M81 平面图

1. 瓷碗　2. 瓷罐

瓷碗　1件（M81∶1）。乳白胎泛黄，酱釉，釉不包底，内底有刮圈。侈口，尖圆唇，弧腹，平底，矮圈足，内低于外。口径17.2、底径6、高5.4、壁厚0.3~0.6厘米（图6-7，1）。

瓷罐　1件（M81∶2）。乳白胎，酱釉泛绿，釉不包底。侈口，尖圆唇，束颈，鼓肩，弧腹，平底，矮圈足。器身1周竖向瓜棱。口径10、腹径12、底径5.6、高12.4、壁厚0.4~0.5厘米（图6-7，2）。

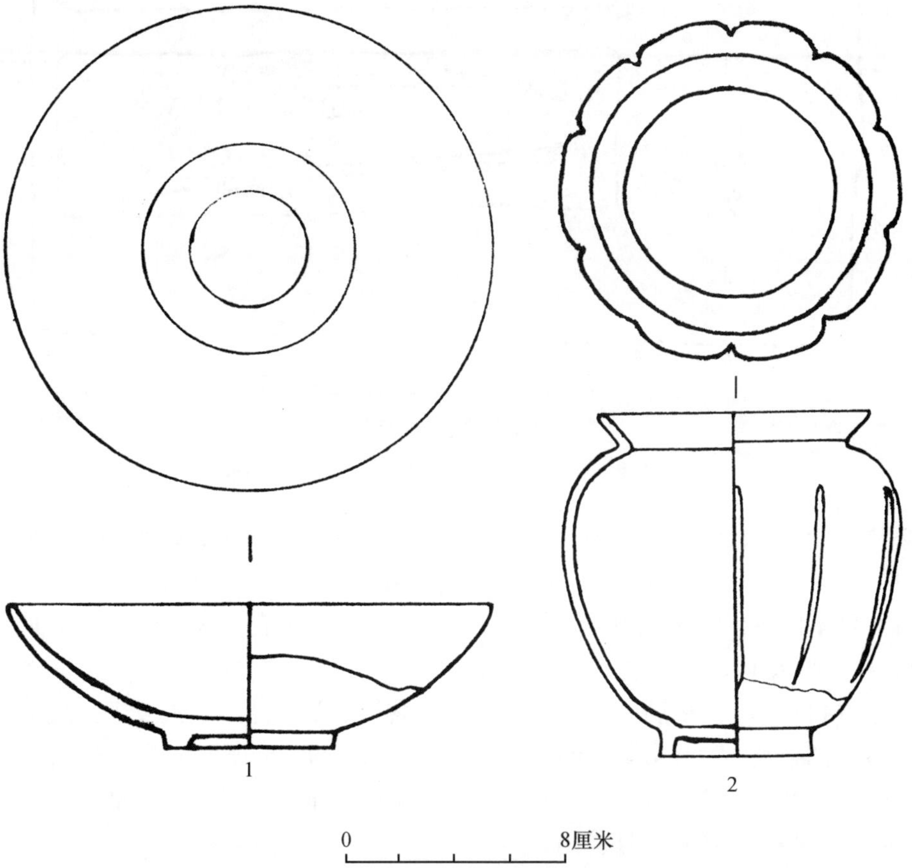

图6-7　M81出土器物

1. 瓷碗（M81∶1）　2. 瓷罐（M81∶2）

四、M82

M82位于第Ⅰ发掘区的东南部，T1630的西北部，开口于耕土层下，打破M84，距地表0.35米。墓葬形制为土坑竖穴墓，方向353°，墓圹平面呈长方形，直壁、平底，长2.7、宽1.75、深1.6米。填土为黄褐色，结构略疏松。墓底有葬具2棺，近长方形，东侧棺长1.83、宽0.6米；西侧棺长1.83、宽0.5米。棺内人骨保存较差仰身直肢，头向北。随葬品有6件，其中瓷罐1件，放置于墓室西北角；铜钱1枚，放置于墓室东侧棺内中部；瓷碗2件、瓷瓶1件，放置于墓室东南部；铜镜1件，位于东侧棺内中部（图6-8）。

瓷罐　1件（M82∶1）。浅酱色釉，除圈足外通体包釉。小直口，斜折沿，尖圆唇，溜肩，鼓腹，下腹斜收，最大腹径居上，矮圈足。口径6.4、腹径20.4、底径9.6、高26、壁厚0.6厘米（图6-9，4）。

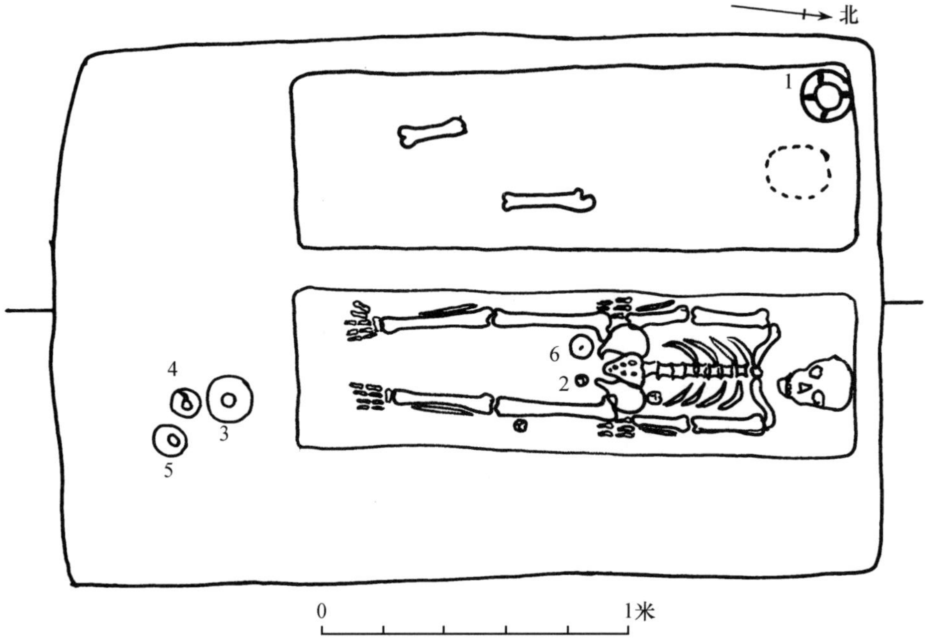

图 6-8　M82 平面图

1. 瓷罐　2. 铜钱　3、5. 瓷碗　4. 瓷瓶　6. 铜镜

瓷碗　2 件。M82∶3，红胎，黑釉，口沿下不包釉。侈口，尖圆唇，弧腹，平底，矮圈足。外壁有纵横刻划纹，内底有刮圈。口径 16、底径 6.4、高 6.2、壁厚 0.3~0.5 厘米（图 6-9，1）。M82∶5，淡黄胎，酱釉，釉不包底，内底有刮圈。侈口，圆唇，弧腹，平底，矮圈足。口径 17.2、底径 6.4、高 4、壁厚 0.3~0.7 厘米（图 6-9，2）。

瓷瓶　1 件（M82∶4）。黄褐胎，酱釉，釉不包底。侈口，方圆唇，束颈，鼓腹，底微内凹，矮圈足，平足。腹部饰 6 道凹弦纹。口径 6.4、腹径 14、底径 8、高 24、壁厚 0.5~1 厘米（图 6-9，3）。

铜钱　1 枚（M82∶2）。剪轮五铢，“五”字中间两笔弯曲，“铢”字的“金”字头呈等腰三角形，“朱”字头圆折。直径 2.3 厘米（图 6-10）。

铜镜　1 件（M82∶6）。湖州孙家镜。圆形，银铤纽。纽左右两侧各有一长方形框，框上饰云纹，下饰花卉。框内均有铭文：右为“湖州孙家”，左为“青鸾宝鉴”。框外饰 1 周凸弦纹。窄素缘。直径 7.8、缘厚 0.4 厘米（图 6-11；图版 32-2）。

五、M141

M141 位于第Ⅱ发掘区的西北部，T1522 的南部，开口于扰土层下，距地表 1.5 米，打破 M156。墓葬形制为土坑竖穴墓，方向 350°。墓圹平面呈梯形，直壁、平底，长 2.3、宽 0.8~1.1、残深 0.8 米。填土呈黄褐色，土质较松，内含许多红土块、淤土及姜石块。墓底有葬具 1 棺，平面为梯形，长 2、宽 0.42~0.6 米。棺内有人骨 1 具，葬式为仰身直肢，头向北。随葬品有铜钱 4 枚，放置于墓主腹部及下肢骨外侧（图 6-12）。

铜钱　4 枚。“景德元宝”1 枚（M141∶1-1），楷书，旋读。直径 2.4 厘米（图 6-13，1）。“元祐通宝”1 枚（M141∶1-2），篆书，旋读。直径 2.4 厘米（图 6-13，2）。“元丰通宝”1 枚（M141∶1-3），行书，旋读。直径 2.4 厘米（图 6-13，3）。年号不清者 1 枚。

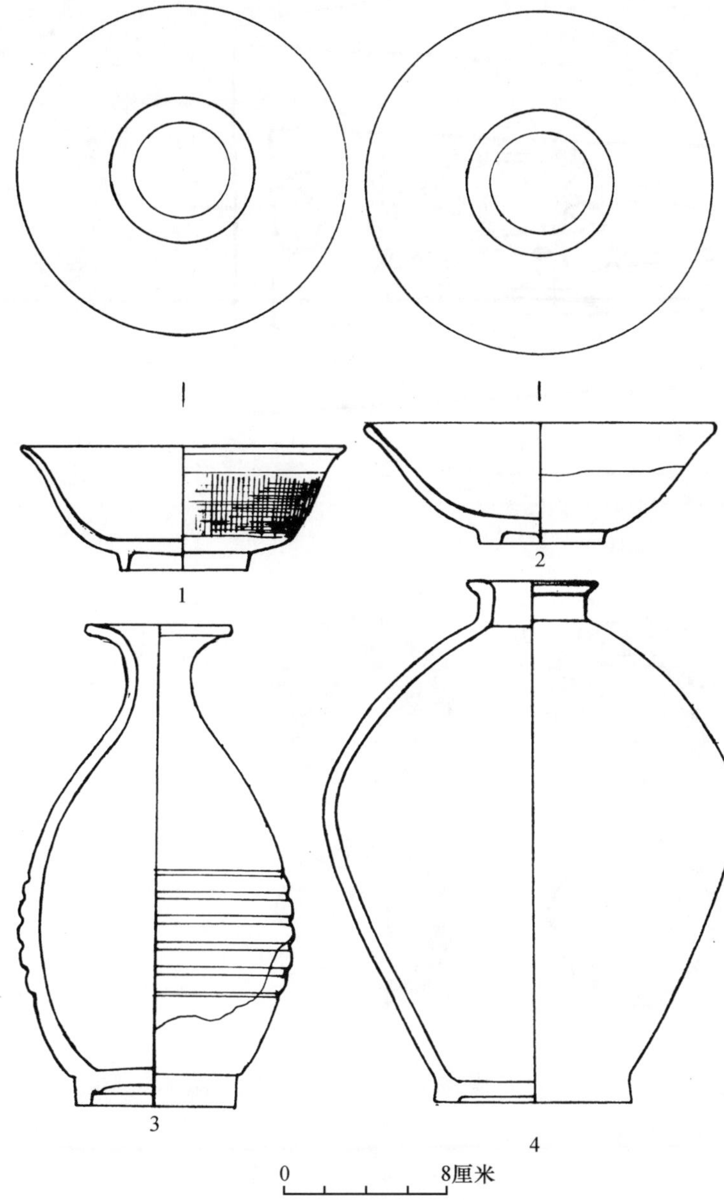

图 6-9　M82 出土器物

1、2. 瓷碗（M82∶3、M82∶5）　3. 瓷瓶（M82∶4）　4. 瓷罐（M82∶1）

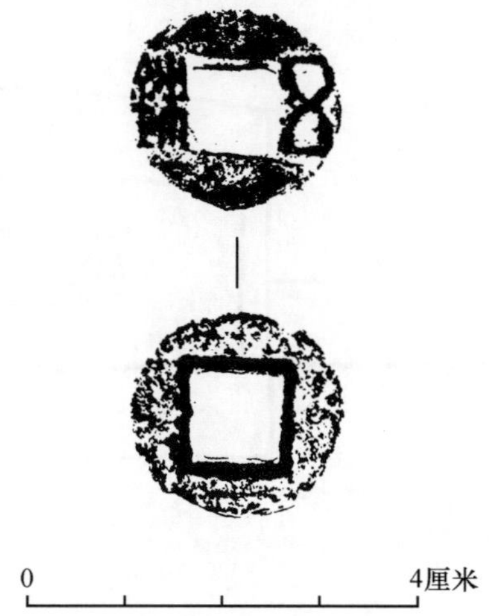

图 6-10　M82 出土五铢钱（M82∶2）

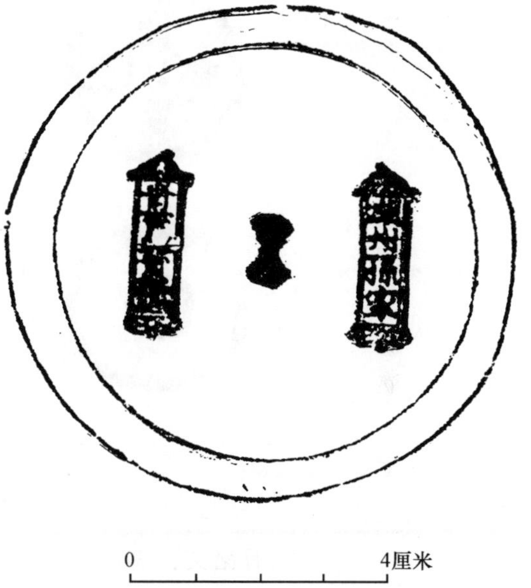

图 6-11　M82 出土铜镜（M82∶6）

六、M247

M247 位于第Ⅴ发掘区的东北部，T2019 的东北部，开口于扰土层下，距地表 2 米。墓葬形制为土坑竖穴墓，方向 3°。墓圹上部被破坏，平面呈长方形，直壁、平底，长 1.8、宽 0.72、深 1.5 米。填土呈黄褐色，土质略硬，含许多红土块、淤土及料姜石。墓底未发现葬具和人骨。随葬品有 2 件（组），其中瓷碗 1 件、铜钱 8 枚（1 组），均置于墓室东南角（图 6-14）。

瓷碗　1 件（M247∶1）。黄褐胎，酱釉，外釉至口沿下，内底有刮圈。敞口，尖圆唇，深弧腹，平底中心略突，圈足稍高。口径 17.2、底径 6.8、高 8、壁厚 0.5~0.6 厘米（图 6-15）。

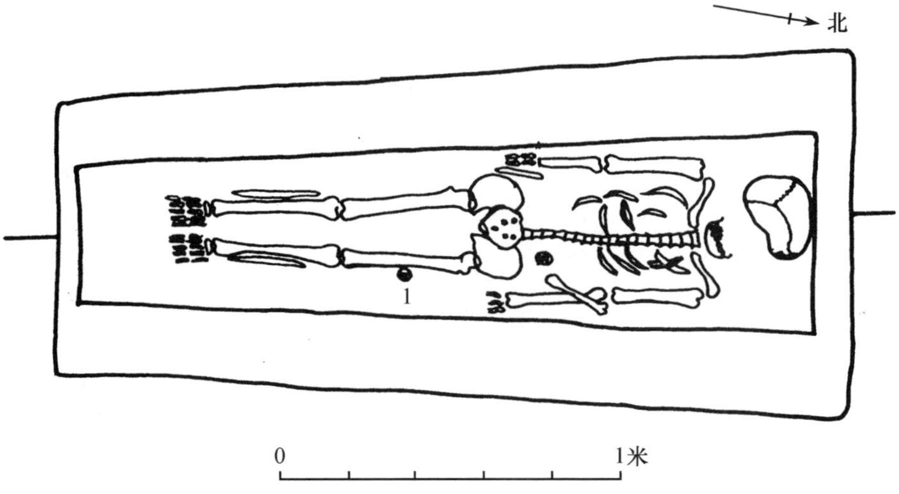

图 6-12　M141 平面图

1. 铜钱

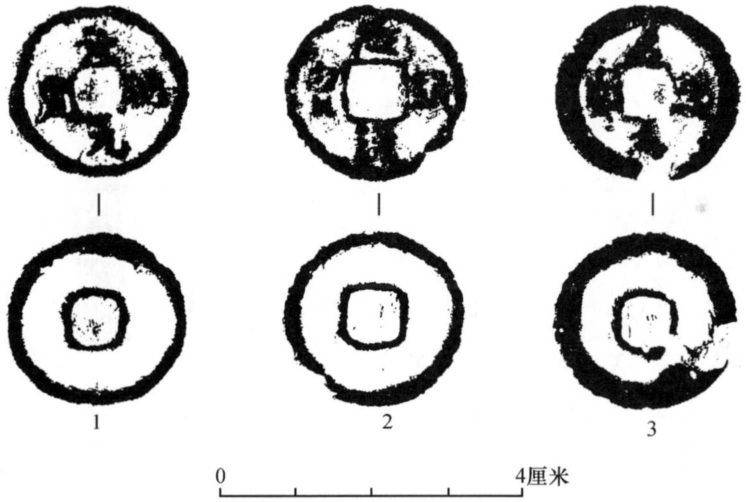

图 6-13　M141 出土钱币

1. 景德元宝（M141∶1-1）　2. 元祐通宝（M141∶1-2）　3. 元丰通宝（M141∶1-3）

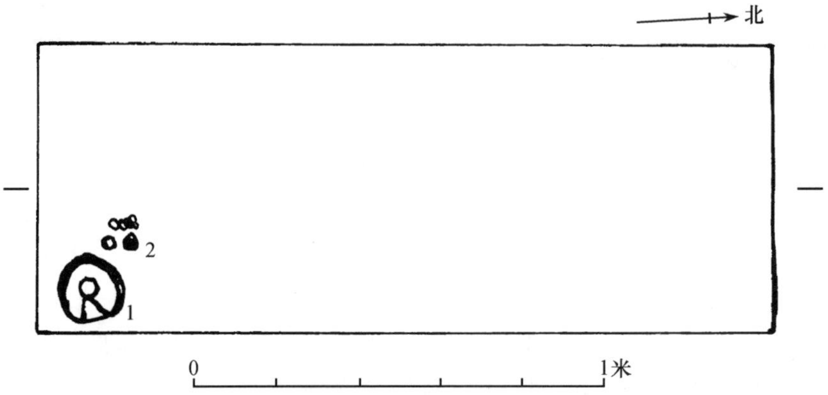

图 6-14　M247 平面图

1. 瓷碗　2. 铜钱

铜钱　8枚。"熙宁重宝"1枚(M247∶2-1),楷书,旋读。直径2.8厘米(图6-16,1)。"太平通宝"1枚(M247∶2-2),楷书,直读。直径2.3厘米(图6-16,2)。"祥符元宝"1枚(M247∶2-3),楷书,旋读。直径2.4厘米(图6-16,3)。"祥符通宝"1枚(M247∶2-4),楷书,旋读。直径2.4厘米(图6-16,4)。字迹不清者4枚。

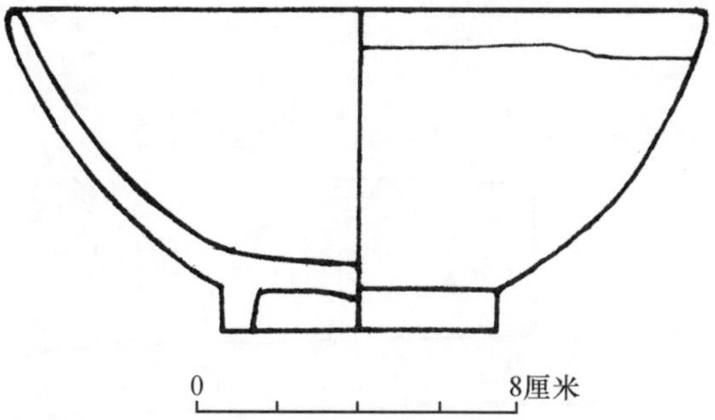

图6-15　M247出土瓷碗(M247∶1)

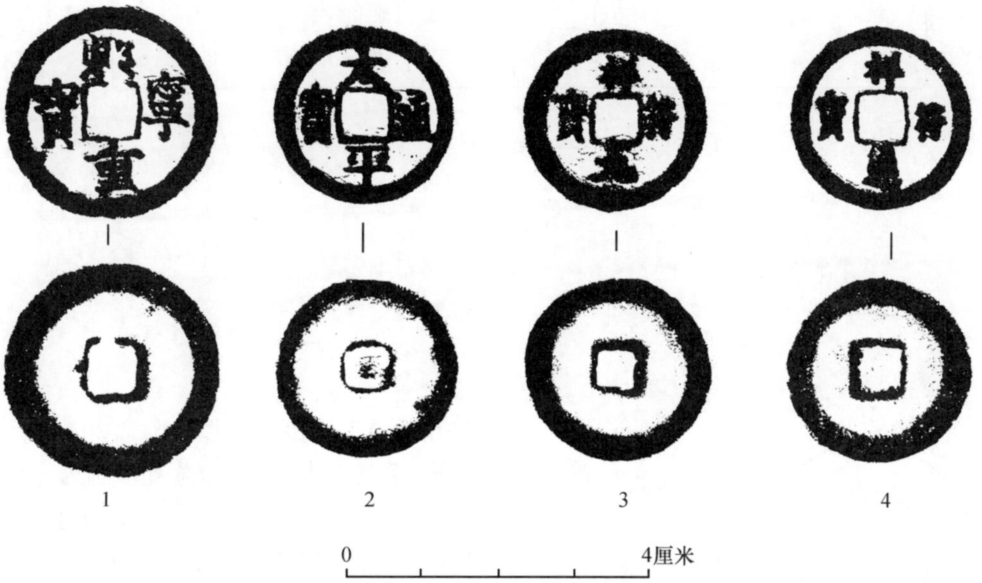

图6-16　M247出土钱币

1. 熙宁重宝(M247∶2-1)　2. 太平通宝(M247∶2-2)　3. 祥符元宝(M247∶2-3)　4. 祥符通宝(M247∶2-4)

第二节　土坑洞室墓

一、M56

M56位于第Ⅰ发掘区的中部,T1727的北部,向北延伸至T1827南部,开口于耕土层下,距地表0.8米。墓葬形制为土坑洞室墓,方向190°,由墓道、墓门和墓室三部分组成。墓道位于墓室的南部,平面呈长方形,直壁、平底,长2、宽0.8、深0.8米。填土为黄褐色,结构疏松。墓门残高0.8、宽0.8米,用不规则石块砌成封门墙。墓室顶部遭破坏,直壁、平底,底部平面呈梯形,长2.6、宽1.1~1.4、残高0.8米。墓室内有葬具1棺,已朽,平面呈梯形,长1.95、宽0.64~0.8米。棺内有人骨1具,葬式为仰身直肢,头向北。随葬品有瓷碗1件,放置于墓室南端(图6-17)。

瓷碗　1件(M56∶1)。淡黄胎,酱釉,釉不包底。敞口,尖圆唇,斜弧腹,平底,矮圈足。口径16、底径5.2、高5、壁厚0.3~0.4厘米(图6-18)。

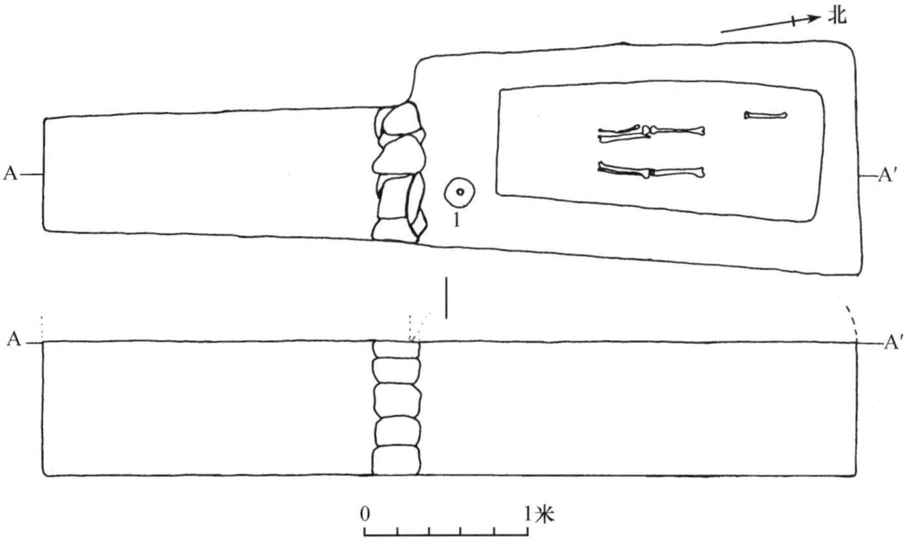

图 6-17 M56 平、剖面图

1. 瓷碗

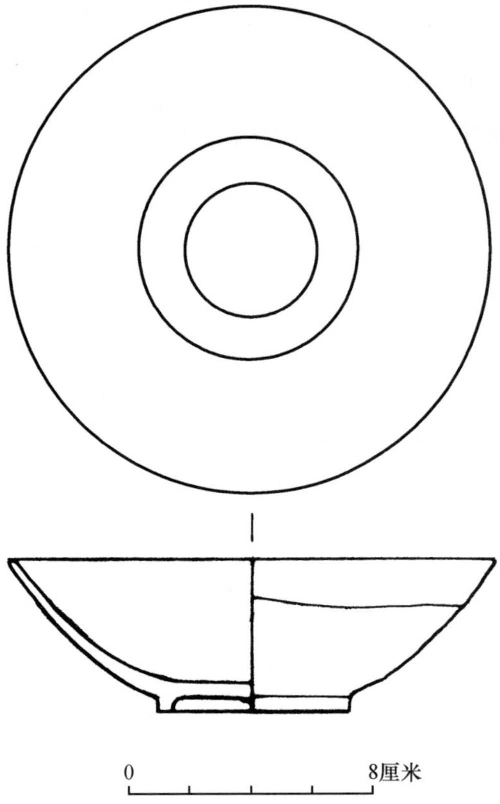

图 6-18 M56 出土瓷碗（M56∶1）

二、M83

M83 位于第Ⅰ发掘区的西北部，T2023 的南部，开口于耕土层下，距离地表 0.35 米。墓葬形制为土坑洞室墓，方向 184°，由墓道、墓门和墓室三部分组成，被破坏严重。墓道位于墓室的南部，平面呈梯形，直壁、平底，残长 0.9、宽 0.87~1.1、残深 0.7 米。填土呈红褐色，土质略硬，内含黄土块、淤土及姜石块。墓门宽 1.1、残高 0.7 米，用不规则石块砌成封门墙。墓室顶部被破坏，直壁、平底，底部平面呈梯形，长 2.9、宽 1.6~2.08、残高 0.7 米。墓室内东西并排放置 2 棺，已朽，平面呈梯形。东侧棺长 1.9、宽 0.46~0.6 米；西侧棺长 1.62、宽 0.42~0.6 米。棺内人骨保存较差，只存部分下肢骨。随葬品有 2 件（组），其中玉壶春瓶 1 件，放置于墓室西北部；铜钱 5 枚（1 组），放置于西棺中北部（图 6-19）。

玉壶春瓶 1 件（M83∶1）。白胎，茶绿色釉，釉不包底，釉下刻花。敞口，圆唇，束颈，鼓腹，最大腹径居下，矮圈足。上腹部刻花草纹。口径 7.6、腹径 16.8、底径 7、高 22.6、壁厚 0.4~0.8 厘米（图 6-20）。

铜钱 5 枚。“皇宋通宝”1 枚（M83∶2-1），楷书，直读，花穿。直径 2.5 厘米（图 6-21，1）。“元丰通宝”1 枚（M83∶2-2），篆书，旋读。直径 2.4 厘米（图 6-21，2）。“元祐通宝”2 枚，行书，旋读。M83∶2-3，直径 2.3 厘米（图 6-21，3）。字迹不清者 1 枚。

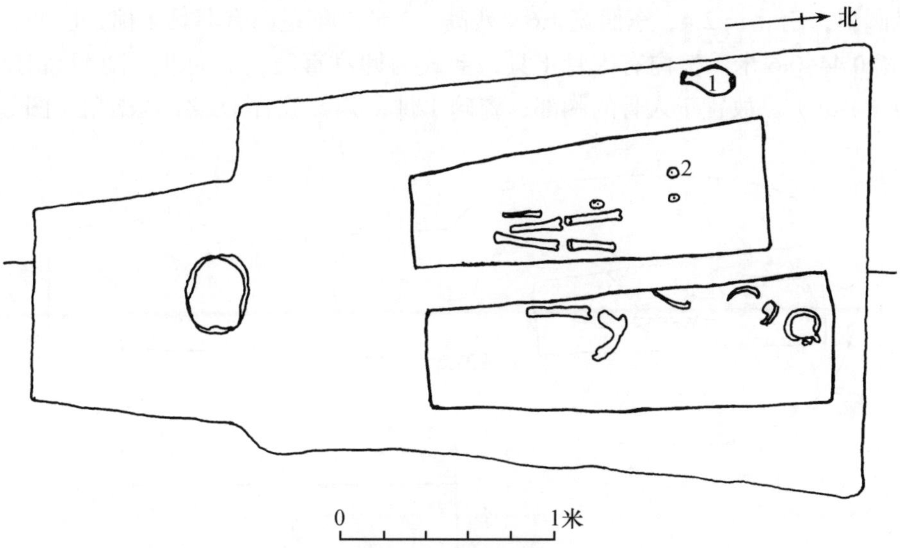

图 6-19　M83 平面图

1. 玉壶春瓶　2. 铜钱

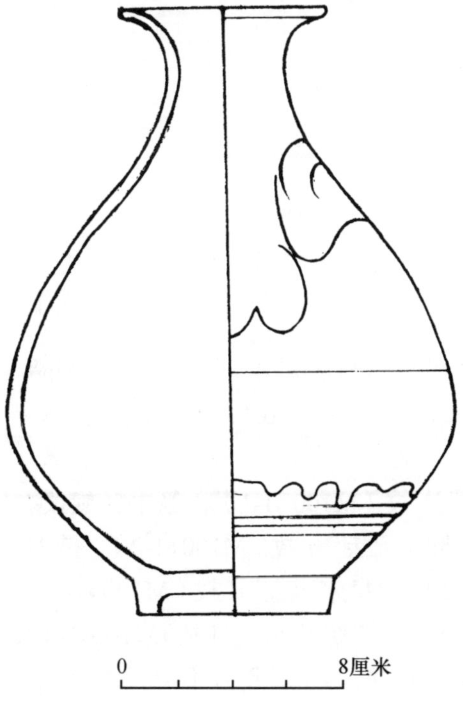

图 6-20　M83 出土玉壶春瓶（M83∶1）

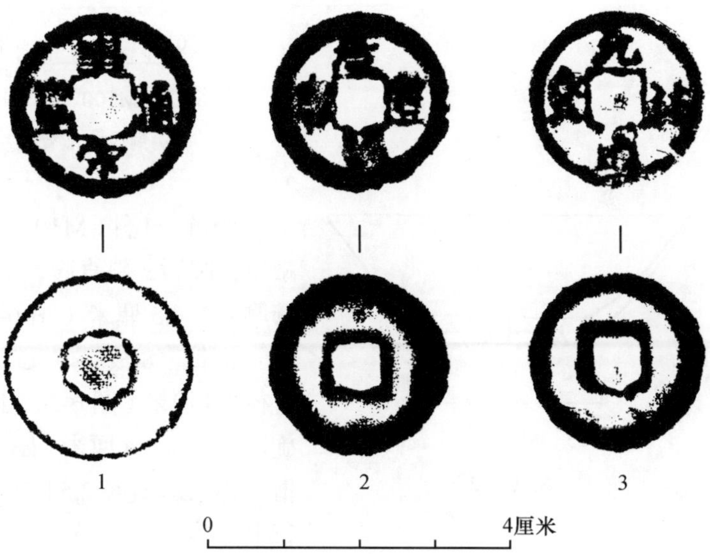

图 6-21　M83 出土钱币

1. 皇宋通宝（M83∶2-1）　2. 元丰通宝（M83∶2-2）　3. 元祐通宝（M83∶2-3）

三、M100

M100位于第Ⅱ发掘区的西南部，T1626的北部，开口于耕土层下，打破M102，墓口距地表0.5米。墓葬形制为土坑洞室墓，方向 175°，由墓道和墓室两部分组成。墓道位于墓室南端，平面呈梯形，直壁、平底，长 2.42、宽 0.56~0.78、深 2 米。填土呈灰白色，土质松散。墓室顶部坍塌，直壁、平底，底部平面近椭圆形，南北长 2.4、东西宽 1.6、残高 1.2 米。墓室内有葬具 1 棺，已朽，平面呈梯形，南北长 1.7、宽 0.44~0.6 米。棺内有人骨 1 具，葬式为仰身直肢，头向北。随葬品有 2 件（组），其中铜钱 8 枚（1 组），放置于人骨的胸部；瓷碗 1 件，残，放置于墓室西南角（图 6-22）。

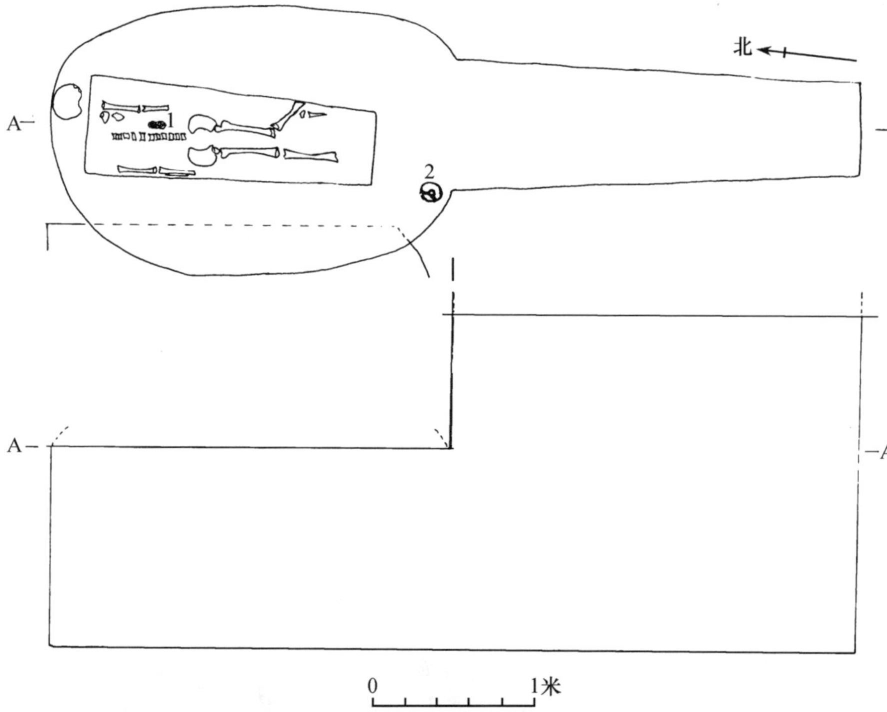

图 6-22　M100 平、剖面图

1. 铜钱　2. 瓷碗

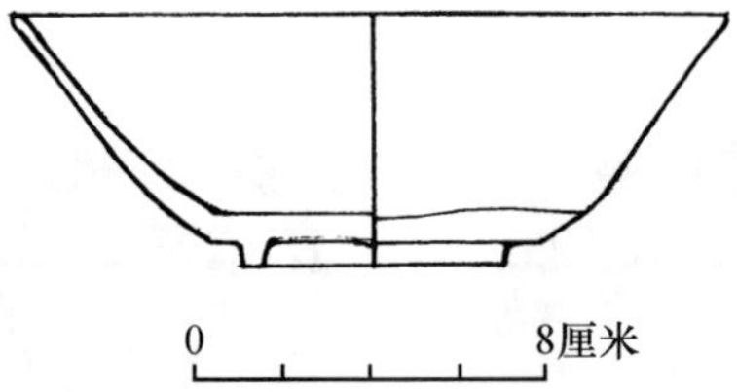

图 6-23　M100 出土瓷碗（M100∶2）

瓷碗　1 件（M100∶2）。黄褐胎，黑釉，釉不包底，内底有刮圈。敞口，圆唇，斜直腹，平底，矮圈足。口径 16.4、底径 6、高 5.8、壁厚 0.2~0.5 厘米（图 6-23）。

铜钱　8 枚。"元丰通宝" 1 枚（M100∶1-1），篆书，旋读。直径 2.4 厘米（图 6-24，1）。"熙宁元宝" 1 枚（M100∶1-2），楷书，旋读。直径 2.4 厘米（图 6-24，2）。"皇宋通宝" 1 枚（M100∶1-3），楷书，直读。直径 2.5 厘米（图 6-24，3）。"绍圣元宝" 1 枚（M100∶1-4），行书，旋读。直径 2.35 厘米（图 6-24，4）。年号不清者 4 枚。

四、M125

M125 位于第Ⅱ发掘区北部，T1426 东南，延伸至 T1326 内，开口于耕土层下，距地表 0.3 米，被 M124 打破。墓葬形制为土坑洞室墓，方向 177°，由墓道、墓门和墓室三部分组成。墓道位于墓室的南部，平面呈梯形，直壁、平底，长 1.6、宽 0.7~1、深 1.68 米。填土呈黄褐色，土质略松，含红土块、碎骨及料姜石。墓门呈弧形，宽 1、高 1.1 米。墓室弧顶塌陷，直壁、平底，底部平面呈近圆形，直径 2.6、残高 1.7 米。墓室内未发现葬具痕迹及人骨。随葬品有 4 件（组），其中瓷

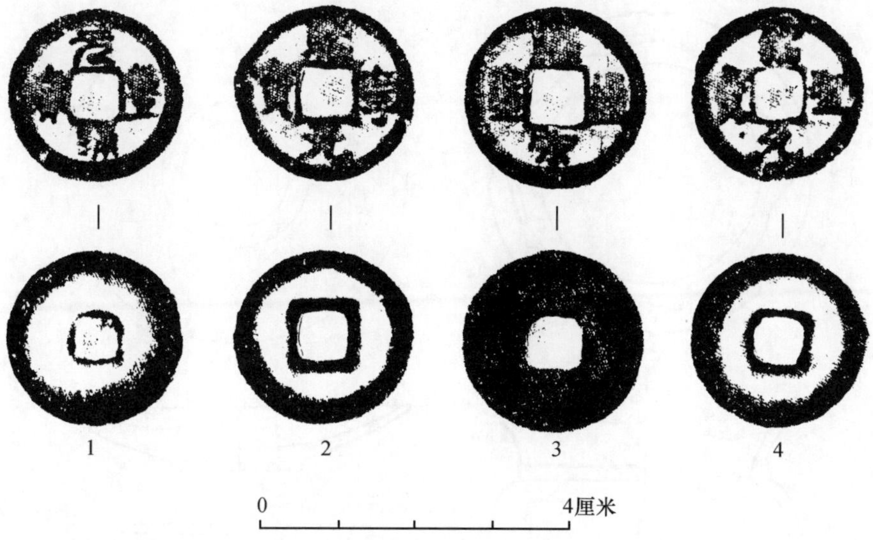

图 6-24 M100 出土钱币

1. 元丰通宝（M100∶1-1） 2. 熙宁元宝（M100∶1-2） 3. 皇宋通宝（M100∶1-3） 4. 绍圣元宝（M100∶1-4）

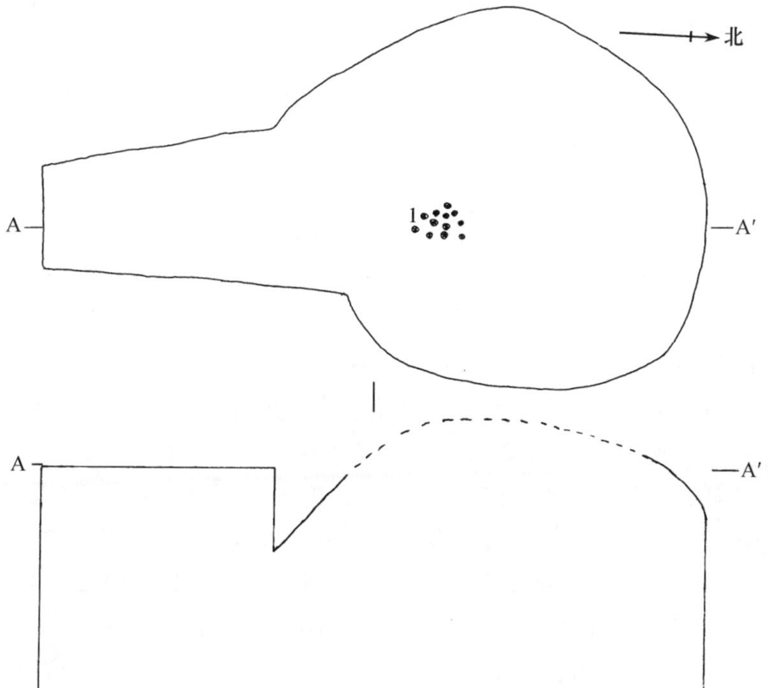

图 6-25 M125 平、剖面图

1. 铜钱

罐 2 件、瓷盘 1 件，发现于墓室底部的填土中；铜钱 12 枚（1 组），位于墓室南部（图 6-25）。

瓷罐 2 件。M125∶1，乳白胎，白釉，釉上有细小开片，釉不包底。侈口（残），束颈，鼓腹，喇叭形，矮圈足。腹部饰 8 条竖槽。口径 13.2、底径 7.2、高 14、壁厚 0.4~0.8 厘米（图 6-26，1）。M125∶3，红褐胎，口沿及内面白釉，外包酱釉，底面不覆釉。侈口，方圆唇，鼓肩，弧腹，小平底。

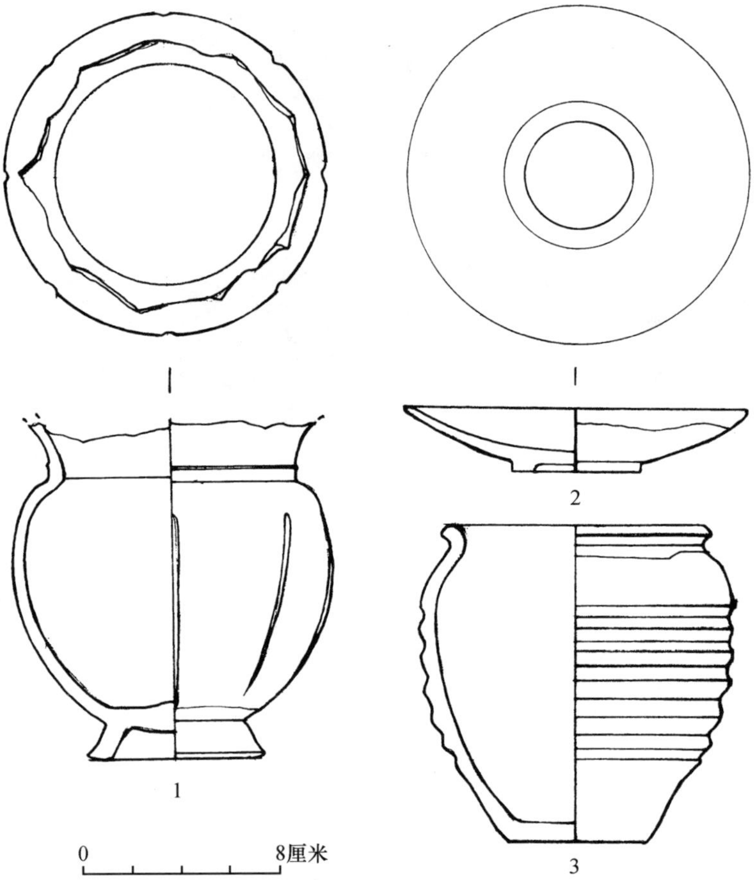

图 6-26 M125 出土器物

1、3. 瓷罐（M125∶1、M125∶3） 2. 瓷盘（M125∶2）

腹部饰瓦纹。口径 10.8、腹径 12.8、底径 5.6、高、壁厚 0.5~0.6 厘米（图 6-26，3）。

瓷盘 1 件（M125∶2）。黄褐胎，酱釉，釉不包底，内底有刮圈。敞口，尖圆唇，斜直浅腹，平底，矮圈足。口径 14、底径 5.2、高 2.6、壁厚 0.3~0.6 厘米（图 6-26，2）。

铜钱 12 枚。“祥符元宝”1 枚（M125∶4-1），楷书，旋读。直径 2.5 厘米（图 6-27，1）。“熙宁元宝”4 枚，篆书 1 枚（M125∶4-2），旋读，直径 2.5 厘米（图 6-27，2）；楷书 3 枚，旋读，M125∶4-3、4，直径 2.4 厘米（图 6-27，3、4）。“圣宋元宝”1 枚（M125∶4-5），篆书，旋读。直径 2.5 厘米（图 6-27，5）。“景德元宝”1 枚（M125∶4-6），楷书，旋读。直径 2.5 厘米（图 6-27，6）。“皇宋通宝”3 枚，楷书，直读。M125∶4-7，直径 2.5 厘米（图 6-27，7）。字迹不清者 2 枚。

五、M185

M185 位于第Ⅱ发掘区的南部，探方 T1326 的东南角，开口于扰土层下，距地表 2 米。墓葬形制为土坑洞室墓，墓向 179°，由墓道和墓室两部分组成。墓道位于墓室的南部，平面呈长方形，长 1.8、宽 1、残深 1 米。墓室顶部遭破坏，直壁、平底，底部平面呈梯形，直壁，平底。长 2.2、宽 1.8~2.2、残高 1 米。填土呈黄褐色，土质略硬，内含许多红土块、淤土块及姜石块。墓室内东西并排放置 2 棺，平面梯形，东侧棺长 1.8、宽 0.4~0.6 米；西侧棺长 1.74、宽 0.4~0.6 米。棺内各有人骨 1 具，西侧人骨保存较好，仰身

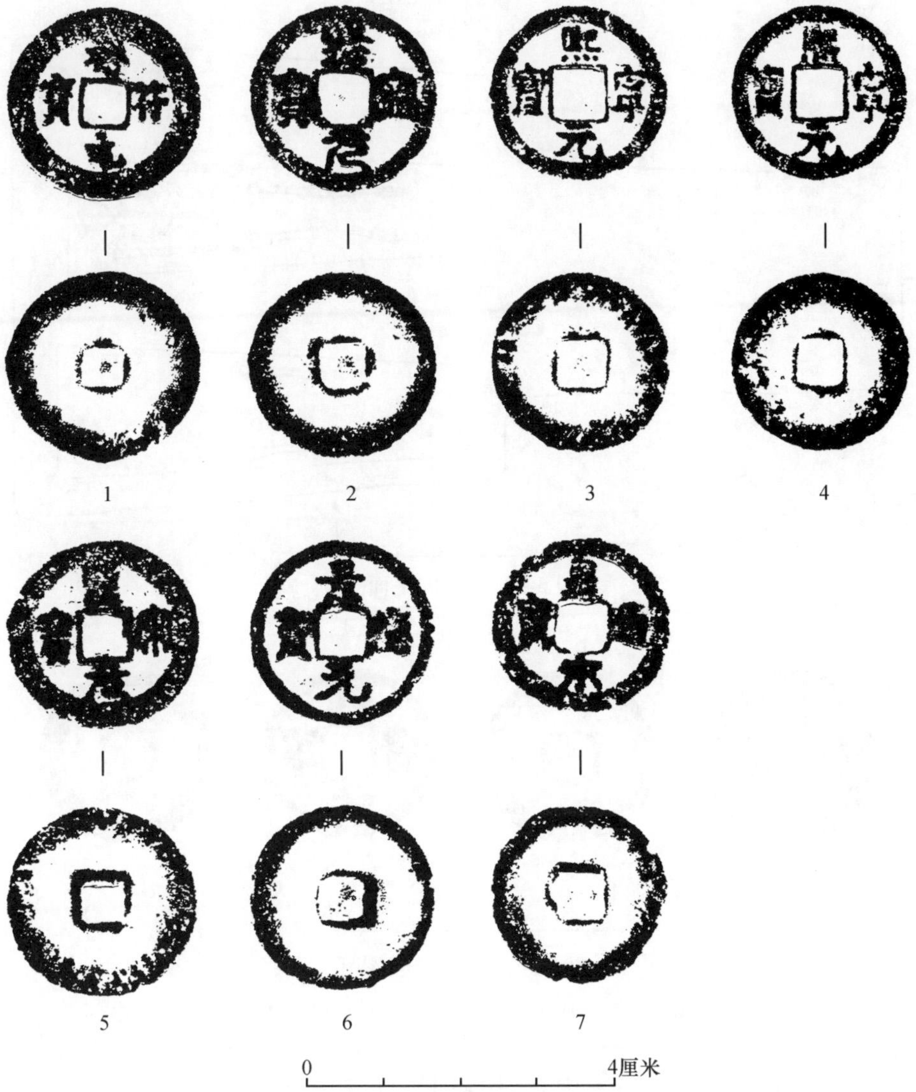

图 6-27　M125 出土钱币

1. 祥符元宝（M125∶4-1）　2~4. 熙宁元宝（M125∶4-2、M125∶4-3、M125∶4-4）

5. 圣宋元宝（M 125∶4-5）　6. 景德元宝（M125∶4-6）　7. 皇宋通宝（M125∶4-7）

直肢，头向北，东侧人骨仅存部分下肢骨。随葬品有铜钱 2 枚，散置于西侧人骨腹部（图 6-28）。

铜钱　2 枚。“元丰通宝”1 枚（M185∶1-1），行书，旋读。直径 2.3 厘米（图 6-29，1）。“熙宁元宝”1 枚（M185∶1-2），楷书，旋读。直径 2.4 厘米（图 6-29，2）。

六、M279

M279 位于第Ⅴ发掘区西北部，T2212 东北部，延伸至 T2312 内，开口于扰土层下，距地表 2 米。墓葬形制为土坑洞室墓，方向 192°，由墓道、墓门和墓室三部分组成，上部被破坏。墓道位于墓室的南部，平面近长方形，直壁、平底，长 2.4、宽 0.8~0.9、残深 1.2 米。填土呈黄褐色，含大量料姜石。墓门宽 0.9 米，残高 0.8 米，未发现封门墙。墓室弧顶残，直壁、平底，底部平面近长方形，

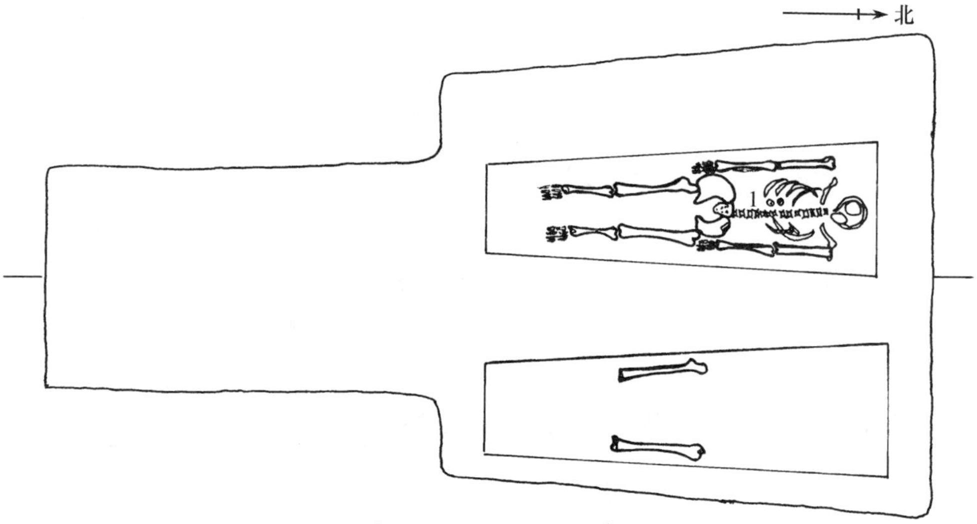

图 6-28 M185 平面图

1. 铜钱

图 6-29 M185 出土钱币

1. 元丰通宝（M185：1-1） 2. 熙宁元宝（M185：1-2）

长 2.2、宽 0.88~1.06、残高 0.8 米。墓室内有葬具 1 棺，已朽，平面近梯形，长 2.1、宽 0.5~0.8 米。棺内人骨保存极差，仅余头骨及一段上肢骨，头向北。随葬品有 9 件（组），其中瓷缸 1 件、瓷瓶 1 件、瓷碟 4 件、灯盏 1 件、镇墓瓦 1 件均放置于墓室南部；铜钱 2 枚（1 组），位于头骨南部（图 6-30）。

瓷缸　1 件（M279∶2）。砖红胎，口沿以下至器底均施酱釉，器内相同位置亦施酱釉。卷沿，尖圆唇，鼓腹居中，平底。口径 29.6、最大腹径 31.6、底径 15.6、高 35.8、厚 0.4~0.6 厘米（图 6-31，1）。

瓷瓶　1 件（M279∶3）。黄褐胎，酱釉，釉不包底，外釉至下腹部。敞口，圆唇，口内侧 1 周凹槽，束颈，溜肩，鼓腹，矮圈足近平。口径 6、腹径 11、底径 6.4、高 16.4、壁厚 0.3~0.4 厘米（图 6-31，2）。

瓷碟　4 件。M279∶4，灰褐胎，白釉，外施半釉，釉不包底。敞口，尖圆唇，浅弧腹，平底，矮圈足。口径 11、底径 5.6、高 2.4、壁厚 0.2~0.4 厘米（图 6-31，3）。M279∶5、6，形制同 M279∶4。M279∶7，灰褐胎，白釉，外施半釉，釉不包底。敞口，圆唇，浅弧腹，平底，矮圈足。口径 11、底径 5.6、高 2.4、壁厚 0.2~0.4 厘米（图 6-31，4）。

灯盏　1 件（M279∶8）。黄胎，酱釉。敞口，深腹，平底。一侧有圆形把手，内中空。口径 8.4~10、高 3.8 厘米（图 6-31，5）。

镇墓瓦　1 件（M279∶9）。板瓦形。

铜钱　2 枚。“熙宁元宝”1 枚（M279∶1-1），楷书，旋读。直径 2.4 厘米（图 6-32，1）。“祥符元宝”1 枚（M279∶1-2），楷书，旋读。直径 2.4 厘米（图 6-32，2）。

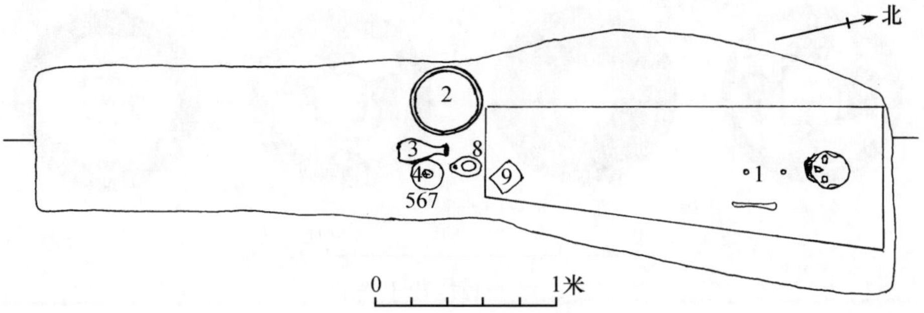

图 6-30　M279 平面图

1. 铜钱　2. 瓷缸　3. 瓷瓶　4~7. 瓷碟　8. 灯盏　9. 镇墓瓦

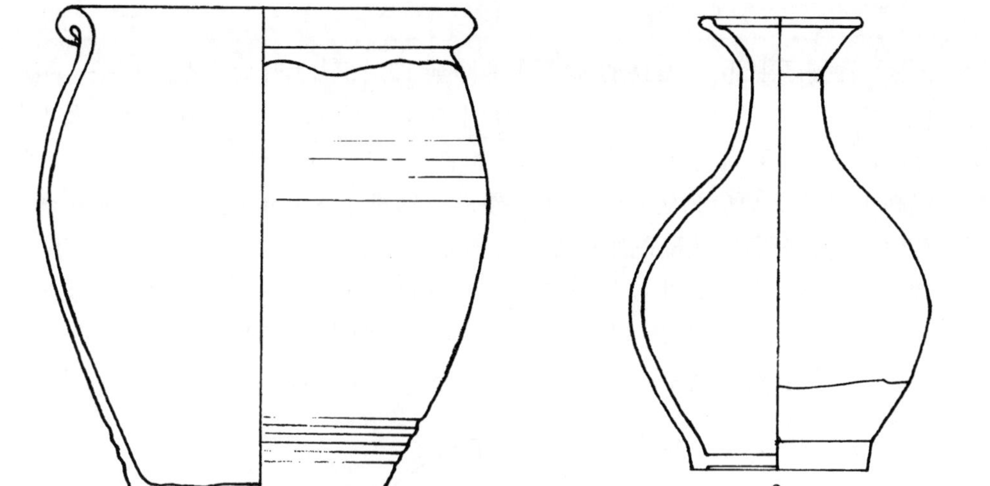

图 6-31　M279 出土器物

1. 瓷缸（M279∶2）　2. 瓷瓶（M279∶3）　3、4. 瓷碟（M279∶4、M279∶7）　5. 灯盏（M279∶8）

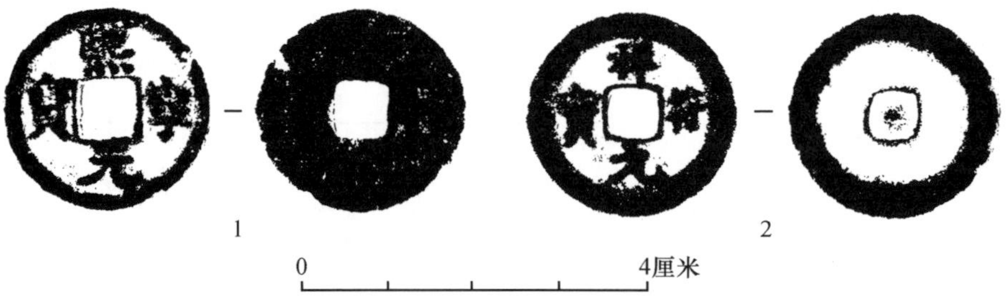

图 6-32　M279 出土钱币

1. 熙宁元宝（M279：1-1）　2. 祥符元宝（M279：1-2）

七、M282

M282 位于第Ⅴ发掘区中部，T2116 西北部，延伸至 T2216 内，开口于扰土层下，距地表 1.6 米。墓葬形制为土坑洞室墓，方向 185°，由墓道、墓门、甬道、墓室组成，墓葬南部及上部被严重破坏。墓道位于墓室南端，残存部分平面呈长方形，直壁、平底，残长 0.56、宽 1.18、残深 1.54 米。墓门宽 0.74、残高 1.54 米，原应为砖砌仿木式门楼，现只残存下半部分立颊、槫柱。甬道宽 1.18、残高 1.54 米。墓室弧壁、平底，底部平面为圆形，直径 2.6、残高 1.54 米。墓底设有棺床，呈倒“凹”字形，高 0.44 米。棺床表面铺砖，主体为纵向一排、横向一排交替平铺；南缘用砖砌成须弥座式，束腰部分饰有壶门。所用青砖均素面，长 26、宽 13、厚 5 厘米。填土呈黄褐色，土质略硬，含红土块、青砖块、淤土及料姜石。墓室内未发现葬具痕迹、人骨及随葬品（图 6-33）。

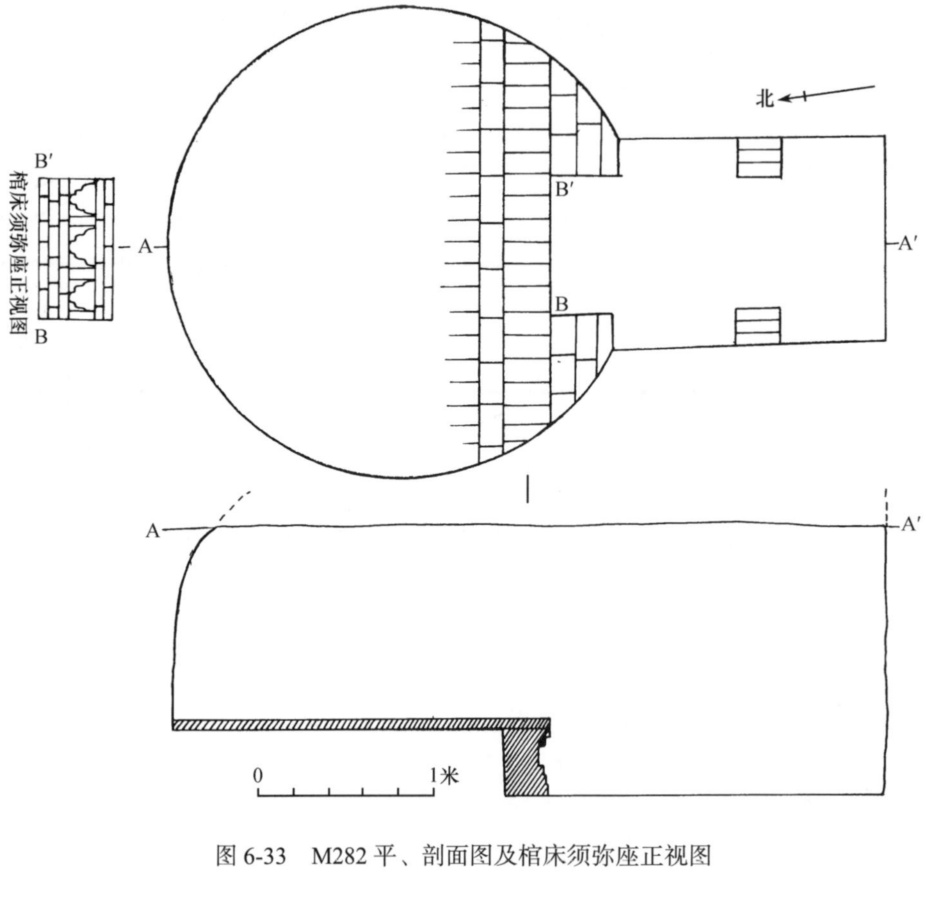

图 6-33　M282 平、剖面图及棺床须弥座正视图

八、M356

M356位于第Ⅵ发掘区西北部，T2612东南部，开口于扰土层下，距地表2米。墓葬形制为土坑洞室墓，方向190°，由墓道、墓门、甬道、墓室四部分组成。墓道位于墓室南端，残存部分平面呈长方形，直壁，平底，长1.66、宽1.34、残深2.6米。墓门为砖砌仿木式门楼，被破坏严重，仅存东侧基座、立颊、榑柱、倚柱；门洞呈拱形，宽0.92、高1.3米；未见封门设施。甬道宽、高同门洞，进深0.54米，直壁、拱形顶。墓室弧壁，穹隆顶，平底，平面为圆形，直径2.5、高1.5米。墓底设有棺床，呈倒“凹”字形，高0.4米。棺床表面铺砖，纵向一排、横向一排交替平铺；南缘用砖砌成须弥座式，束腰部分饰有壶门。所用青砖均素面，长26、宽14、厚5厘米。墓道填土呈灰褐色，土质较松；墓室内为淤土。未见葬具痕迹。人骨保存较差，仅存几段下肢骨。未发现随葬品（图6-34；图版8-4）。

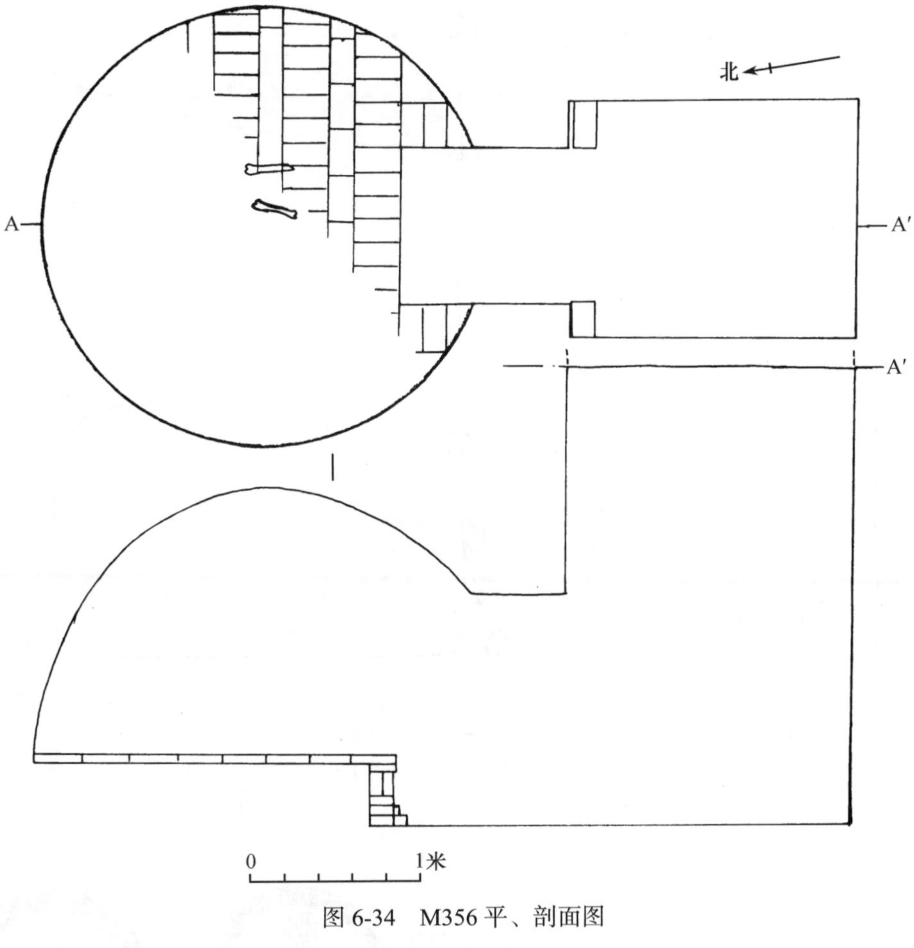

图6-34　M356平、剖面图

九、M366

M366位于第Ⅵ发掘区东南部，T2519南部，开口于扰土层下，距地表2.2米。墓葬形制为土坑洞室墓，方向 182° ，由墓道、墓门和墓室三部分组成，全长 4.7 米。墓道位于墓室南部，平面近长方形，直壁、平底，长 2.4、宽 1~1.1、深 2.4 米。填土为黄褐色，夹杂红褐色花土。墓门顶部呈弧形，高 1.3、宽 1.1 米，用石墙封堵，底部为不规则石块、上部为石板。墓室顶部呈拱形，近直壁、平底，底部平面近长方形，长 2.3、宽 0.8~1.1、高 1.53 米。墓室内未发现葬具及人骨痕迹。随葬品有 2 件（组），其中铜钱 4 枚（1 组），位于墓室中部；瓷碗 1 件，位于墓室东南部（图 6-35）。

瓷碗　1 件（M366∶2）。乳白胎，酱釉，外釉至半，不包底，内底有刮圈。敞口，微折沿，尖圆唇，斜弧腹，腹内壁下部略折，矮圈足。口径 15.8、底径 6、高 4、壁厚 0.3~0.6 厘米（图 6-36）。

铜钱　4 枚。“祥符通宝”1 枚（M366∶1-1），楷书，旋读。直径 2.4 厘米（图 6-37）。其余 3 枚字迹不清。

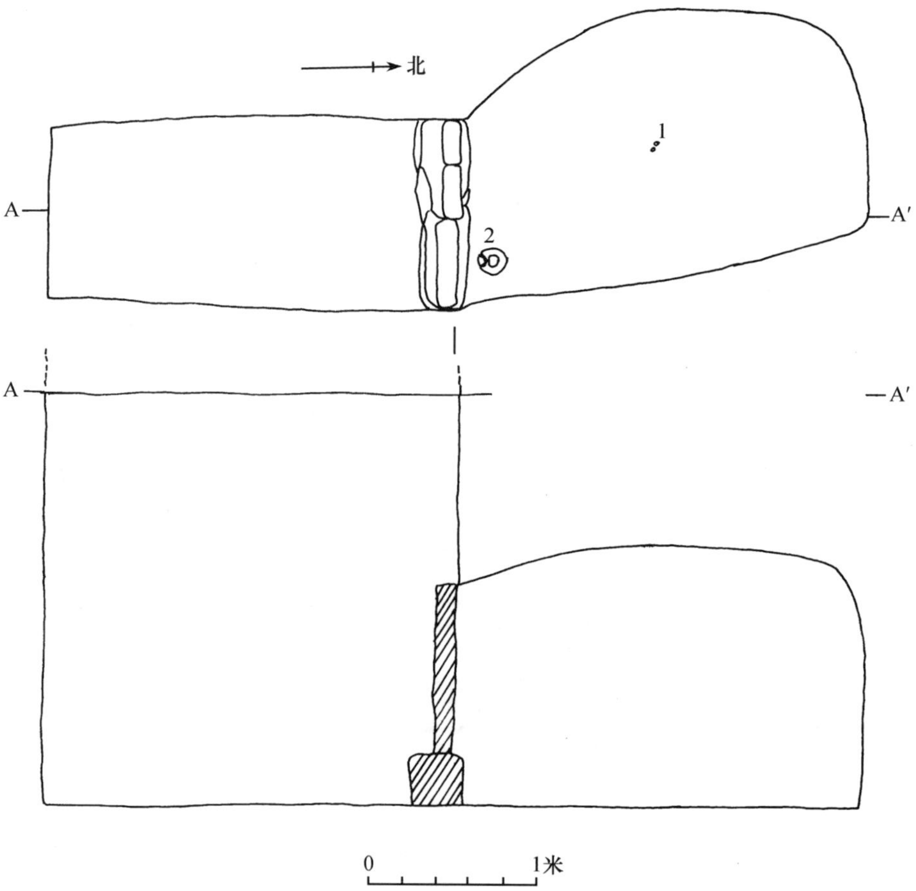

图 6-35　M366 平、剖面图

1. 铜钱　2. 瓷碗

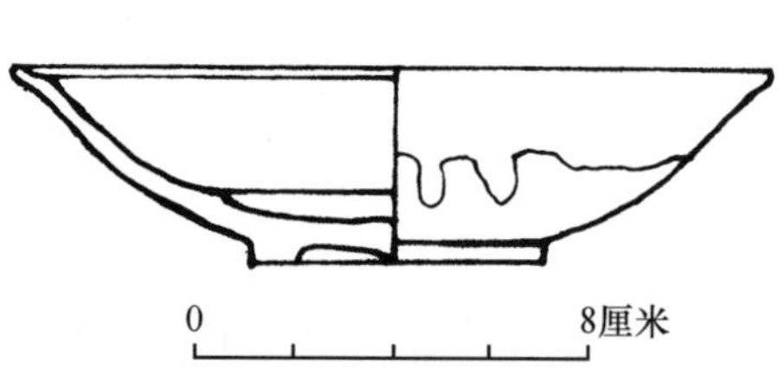

图 6-36　M366 出土瓷碗（M366∶2）

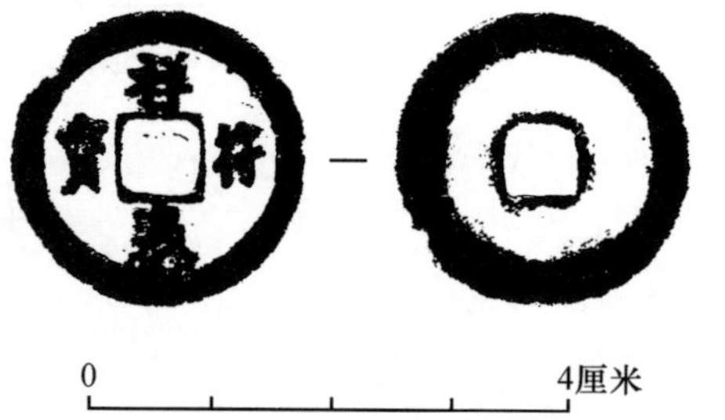

图 6-37　M366 出土祥符通宝（M366∶1-1）

十、M373

M373位于第Ⅵ发掘区西北部，T2514北部。开口于扰土层下，打破M384，墓口距地表2米。墓葬形制为土坑洞室墓，方向185°，由墓道和墓室两部分组成。墓道位于墓室南端，平面呈长方形，直壁、平底，长3.2、宽1.26、残深3米。填土呈灰褐色，土质较松。墓门顶部弧形，宽1.26、高1.6米。墓室顶部拱形，直壁，底部平面近梯形，南北长2.76、东西宽1.26~2.48、高2.1米。墓室内的骨架较乱，后期曾被盗。随葬品有2件（组），瓷碗1件，位于墓室西部填土中；铜钱9枚（1组），位于墓室中部填土中（图6-38）。

瓷碗　1件（M373∶2）。乳白胎，白釉，釉不包底。敞口，尖圆唇，弧腹较深，平底，矮圈足。口径15.8、底径5.2、高5.2、壁厚0.3~0.5厘米（图6-39）。

铜钱　9枚。“开元通宝”1枚（M373∶1-1），楷书，直读。直径2.4厘米（图6-40，1）。“皇宋通宝”1枚（M373∶1-2），篆书，直读。直径2.5厘米（图6-40，2）。“熙宁元宝”1枚（M373∶1-3），楷书，旋读。直径2.3厘米（图6-40，3）。“淳化元宝”1枚（M373∶1-4），行书，旋读。直径2.4厘米（图6-40，4）。“元丰通宝”2枚，行书1枚（M373∶1-5），旋读，直径2.4厘米（图6-40，5）；篆书1枚（M373∶1-6），旋读，直径2.4厘米（图6-40，6）。年号不清者3枚。

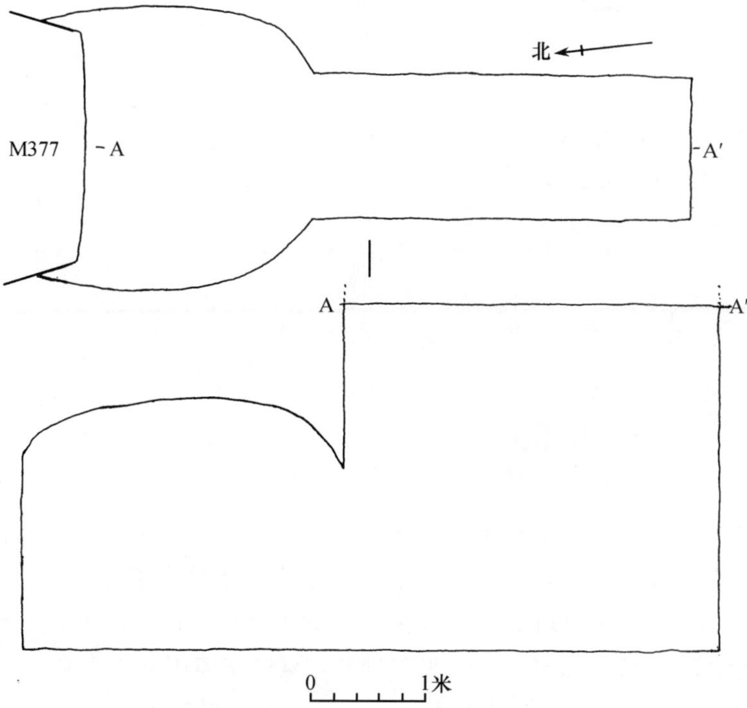

图6-38　M373平、剖面图

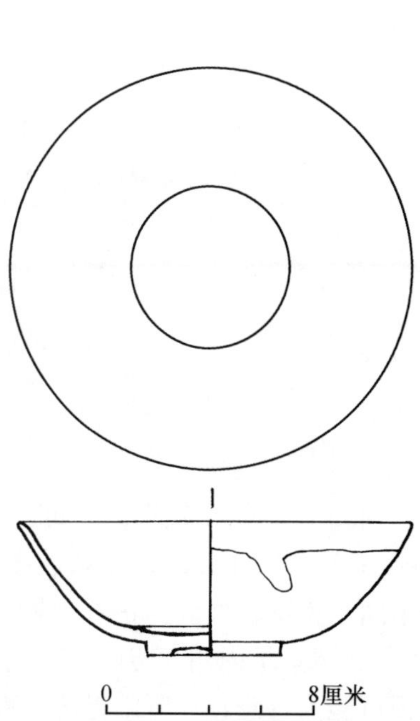

图6-39　M373出土瓷碗（M373∶2）

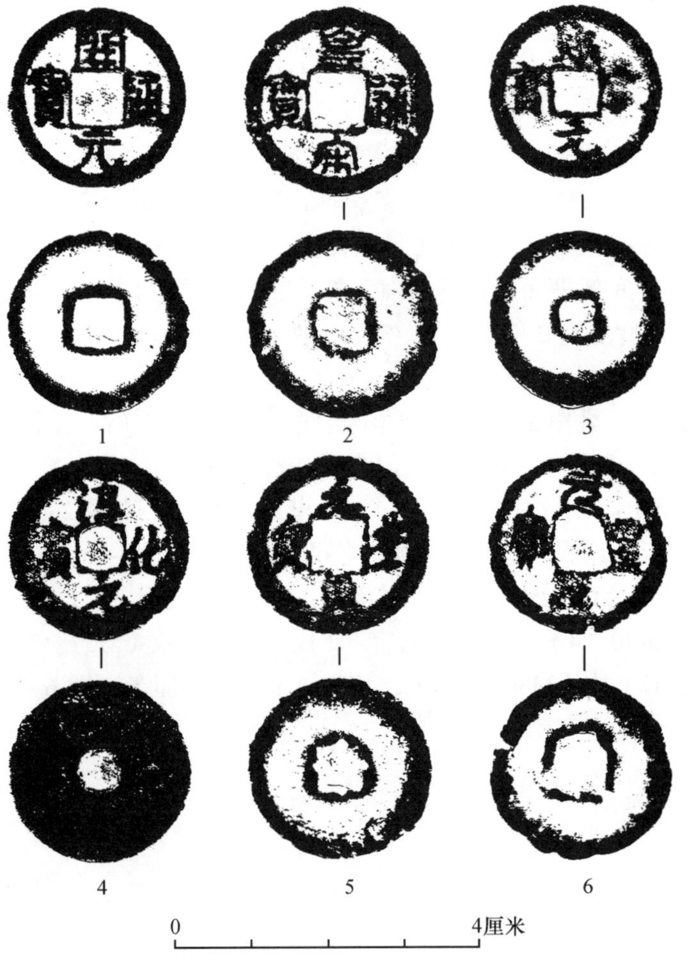

图 6-40 M373 出土钱币

1. 开元通宝（M373：1-1） 2. 皇宋通宝（M373：1-2） 3. 熙宁元宝（M373：1-3）
4. 淳化元宝（M373：1-4） 5、6. 元丰通宝（M373：1-5、M373：1-6）

第三节 砖 室 墓

一、M55

M55 位于第Ⅰ发掘区中部，T1727 西北部，开口于耕土层下，距地表 0.22 米。墓葬形制为圆形砖室墓，方向 181°，该墓被破坏严重，仅存部分墓道和墓室下部。墓道位于墓室南端，残存部分平面呈梯形，直壁、平底，残长 2.2、宽 1.3~1.4、残深 1.2 米。墓圹平面为圆形，直壁，直径 2.78、残深 1.2 米。圹内用青砖砌筑墓室，直径 2.5、残高 1.04 米。未见铺地砖，墓壁主体用单砖错缝平砌，墓顶可能为穹隆顶。所用青砖均素面，长 28、宽 14、厚 4 厘米，两砖之间用黄泥黏接。

墓壁上用青砖雕砌出仿木结构，大部分残失。立砌 4 根倚柱，将墓壁分成四部分。倚柱下有柱础、上承普柏枋，枋上置斗拱、残存柱头铺作 1 朵、补间铺作 1 朵，均为把头绞项造，铺作上承替木、素枋，素枋之上开始内收为穹隆顶。北壁中部下方设一假门，宽 0.28、高 0.41 米，外砌门额、立颊、上额、榑柱，门额上砌 2 枚近长方形门簪；内砌两扇版门。门两侧的上方设有破子棂窗。东壁设有一桌两椅（图版 10-3）。西壁设有一衣架、一柜。墓壁上均涂白灰，大部分脱落。

填土呈浅灰褐色，土质较硬，含料姜石。墓室内未发现葬具痕迹及人骨。随葬品有 6 件，其中陶罐 1 件、铜钱 1 枚、瓷碗 4 件，均放置于墓室底部（图 6-41）。

瓷碗　4 件。M55∶1，白胎，酱釉，釉不包底，内底有刮圈。敞口，尖圆唇，弧腹，矮圈足。口径 16、底径 6、高 6.4、壁厚 0.3~0.4 厘米（图 6-42，1）。M55∶2，白胎，白釉，釉不包底。敞口，圆唇，深弧腹，矮圈足。口径 9、底径 3.6、高 4、壁厚 0.2~0.4 厘米（图 6-42，2）。M55∶3，白胎，白釉，釉不包底。敞口，尖圆唇，深斜腹，圈足稍高。口径 11.6、底径 4.8、高 5.6、壁厚 0.3~0.4 厘米（图 6-42，3）。M55∶4，白釉，灰胎，釉不包底。直口微敞，尖圆唇，深直腹，平底，矮圈足略撇。口径 9、底径 3.4、高 4.1、厚 0.15~0.5 厘米（图 6-42，4）。

陶罐　1 件（M55∶5）。泥质红陶。直口，圆唇，鼓腹，平底。口径 11.2、腹径 15.2、底径 9.2、高 13.6、壁厚 0.5~0.8 厘米（图 6-42，5）。

铜钱　1 枚（M55∶6）。钱文模糊不清。

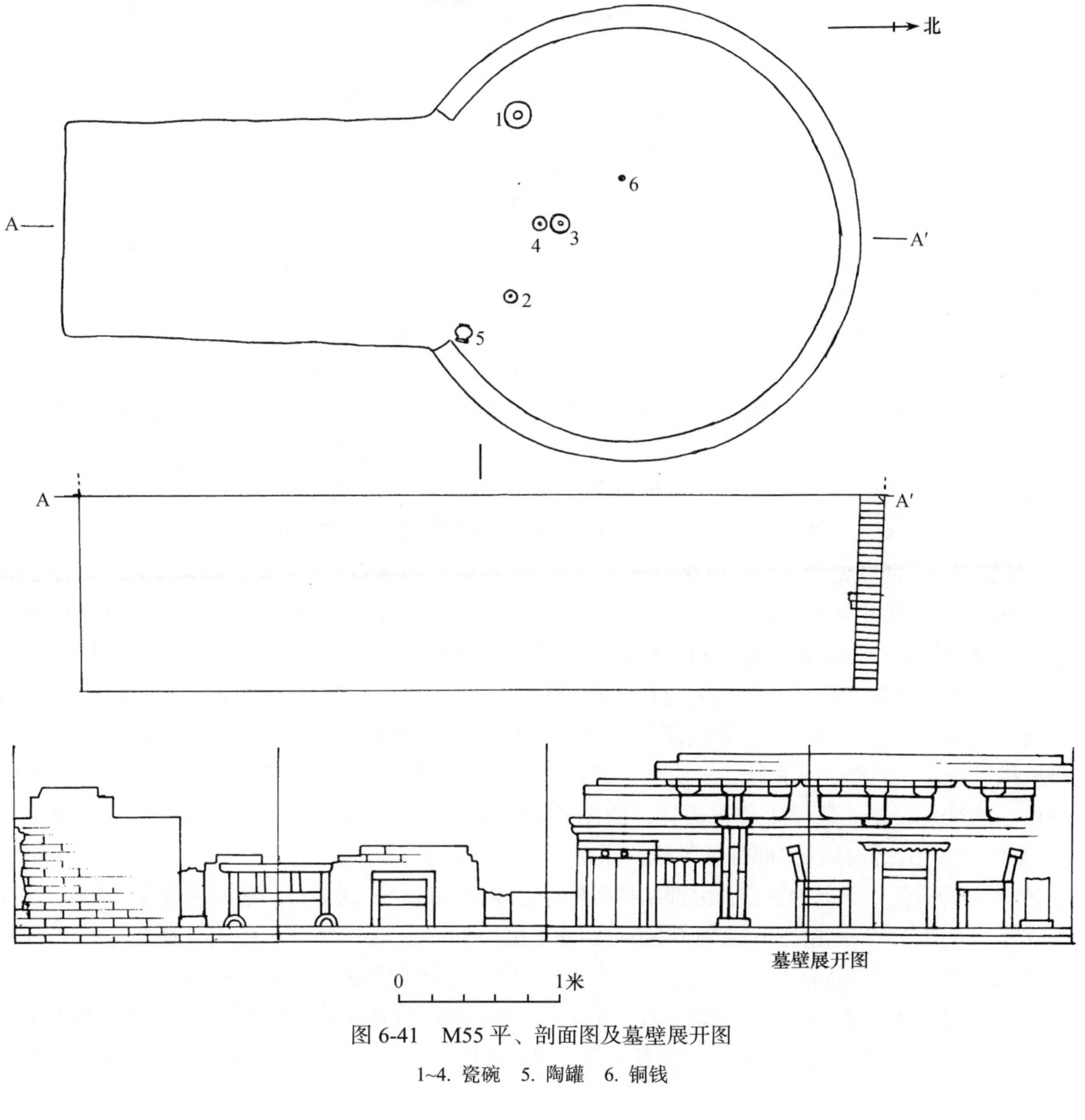

图 6-41　M55 平、剖面图及墓壁展开图

1~4. 瓷碗　5. 陶罐　6. 铜钱

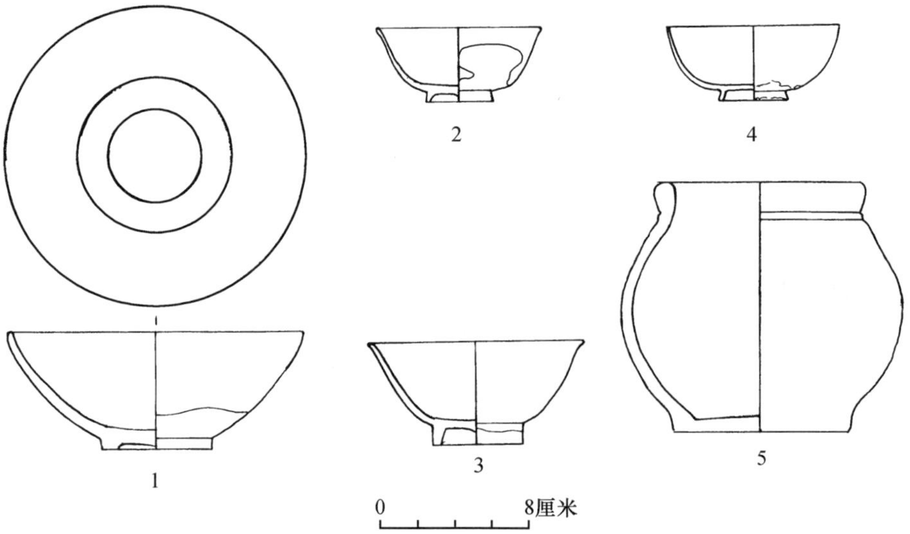

图 6-42　M55 出土器物

1~4. 瓷碗（M55∶1、M55∶2、M55∶3、M55∶4）　5. 陶罐（M55∶5）

二、M99

M99位于第Ⅰ发掘区西南部，T1623东北部，开口于耕土层下，距地表0.42米，上部被M40打破。墓葬形制为圆形砖室墓，方向180°，由墓道、墓门、甬道、墓室四部分组成，顶部及南部被破坏，墓壁北部中下方有一盗洞。墓道位于墓室南端，残存部分平面呈长方形，直壁、平底，长1.8、宽1.14、深2.36米。墓门为砖砌仿木式门楼，上部残，门洞宽0.9、高1.3米，券顶为单层侧立砖纵券。门洞上部及两侧砌出门额、立颊、上额、槫柱、倚柱，门额上饰有2枚长方形门簪。倚柱上置普柏枋，枋上置柱头铺作2朵（均为半朵）、补间铺作1朵，均残。墓门外壁均用白灰涂抹，绘有彩绘，大部分脱落，现仅个别斗拱上存有缠枝牡丹。门洞外侧用不规则条石封砌。甬道宽、高同门洞、进深0.4米，未见铺地砖；两壁错缝平砌；顶部为双层券顶，下层侧立砖纵券、上层平砖纵券。墓圹直径2.64、残深2.36米。圹内用青砖砌筑墓室，直径2.4、残高2.06米。墓底未铺砖；墓壁用单砖错缝平砌，东壁大部分经修补；穹隆顶，残。用砖均素面，长26、宽13、厚5厘米，两砖之间用黄泥黏接。

墓壁上用青砖雕砌出仿木结构。立砌4根倚柱，将墓壁分成四部分。倚柱上承普柏枋，枋上置柱头铺作4朵（其中1朵残）、补间铺作5朵（其中甬道两侧的为半朵、中间的有2朵残），均为双昂重拱五铺作，铺作上承素枋，素枋之上开始内收为穹隆顶。墓室南壁甬道两侧各置一破子棂窗。西壁设一衣架、一柜。北壁中部被破坏，两侧各置一柜。东壁修补部分的两侧各置一椅（图版10-4）。墓壁均用白灰涂抹，大部分已脱落，原来可能绘有彩绘。

填土为黄褐色，下部为淤土，上部结构较松，含少量碎砖块、料姜石。墓室内有葬具2棺，东西并列放置，近梯形，东侧棺长1.5、宽0.4~0.45；西侧棺长1.6、宽0.4~0.6米。棺内各有1具人骨，均仰身直肢，头向北。随葬品有14件（组），其中铜镜1件，位于西侧人骨中部；瓷碗3件，位于墓室西北部；瓷罐1件，位于墓室西侧；瓷碟5件，位于墓室西南部；瓷瓶1件，位于墓室东北部；灯盏1件，位于墓室东南部；镇墓瓦2件，两棺南侧各1件；铜钱6枚（1组），分别位于两具人骨下（图6-43）。

瓷罐　1件（M99:2）。浅黄胎，白釉，釉不包底，口部及肩部饰以黑釉。直口，圆唇，圆肩，弧腹，圈足很矮。肩有4系。口径15.2、腹径23.2、底径10、高25.4、壁厚0.6~0.8厘米（图6-44，1）。

瓷碗　3件。M99:3，浅黄胎，酱釉，釉不包底，内底有刮圈。敞口，尖唇，浅弧腹，矮圈足。口径16、底径6、高4.4、壁厚0.2~0.4厘米（图6-44，7）。M99:4，黄褐胎，黑釉，釉不包底，内底一刮圈。敞口，尖唇，深腹，矮圈足。口径17.2、底径6.8、高6.2厘米（图6-44，8）。M99:5，浅红褐胎，酱釉，釉不包底，内底一刮圈。敞口，尖唇，浅弧腹，矮圈足。口径16、底径6.8、高4厘米（图6-44，9）。

瓷碟　5件。M99:6~10，形制相同，红胎，内蓝釉，外白釉。敞口，平折沿，尖圆唇，浅弧腹，矮圈足。内底1周黑色圈带。口径10.4、底径5.2、高1.8、壁厚0.2~0.3厘米（图6-44，5）。

瓷瓶　1件（M99:11）。红胎，酱釉，釉不包底。敞口，尖圆唇，直颈，鼓肩，斜腹，平底。口径5.6、底径4.4、高9.4厘米（图6-44，3）。

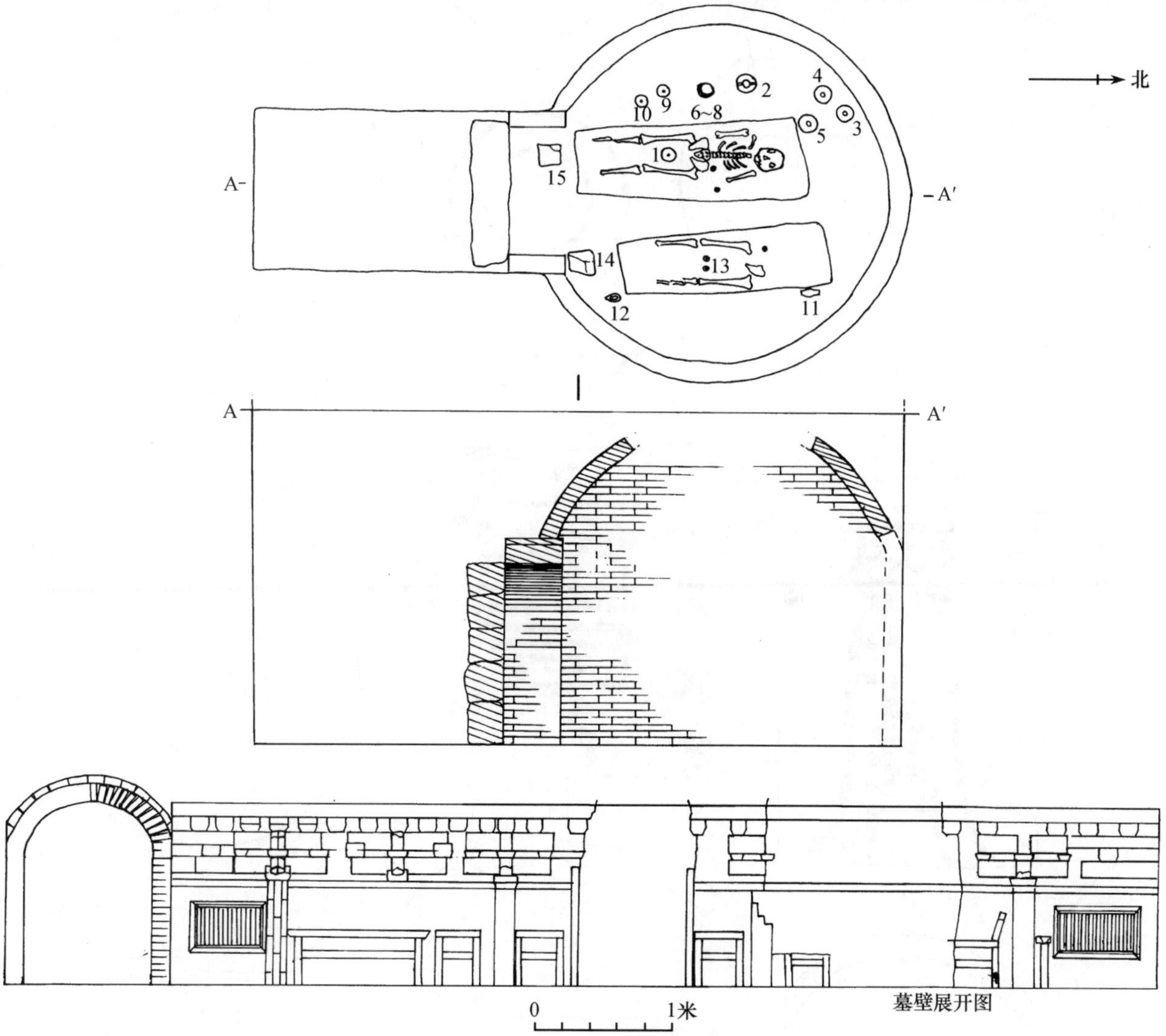

图6-43　M99平、剖面图及墓壁展开图

1. 铜镜　2. 瓷罐　3~5. 瓷碗　6~10. 瓷碟　11. 瓷瓶　12. 灯盏　13. 铜钱　14、15. 镇墓瓦

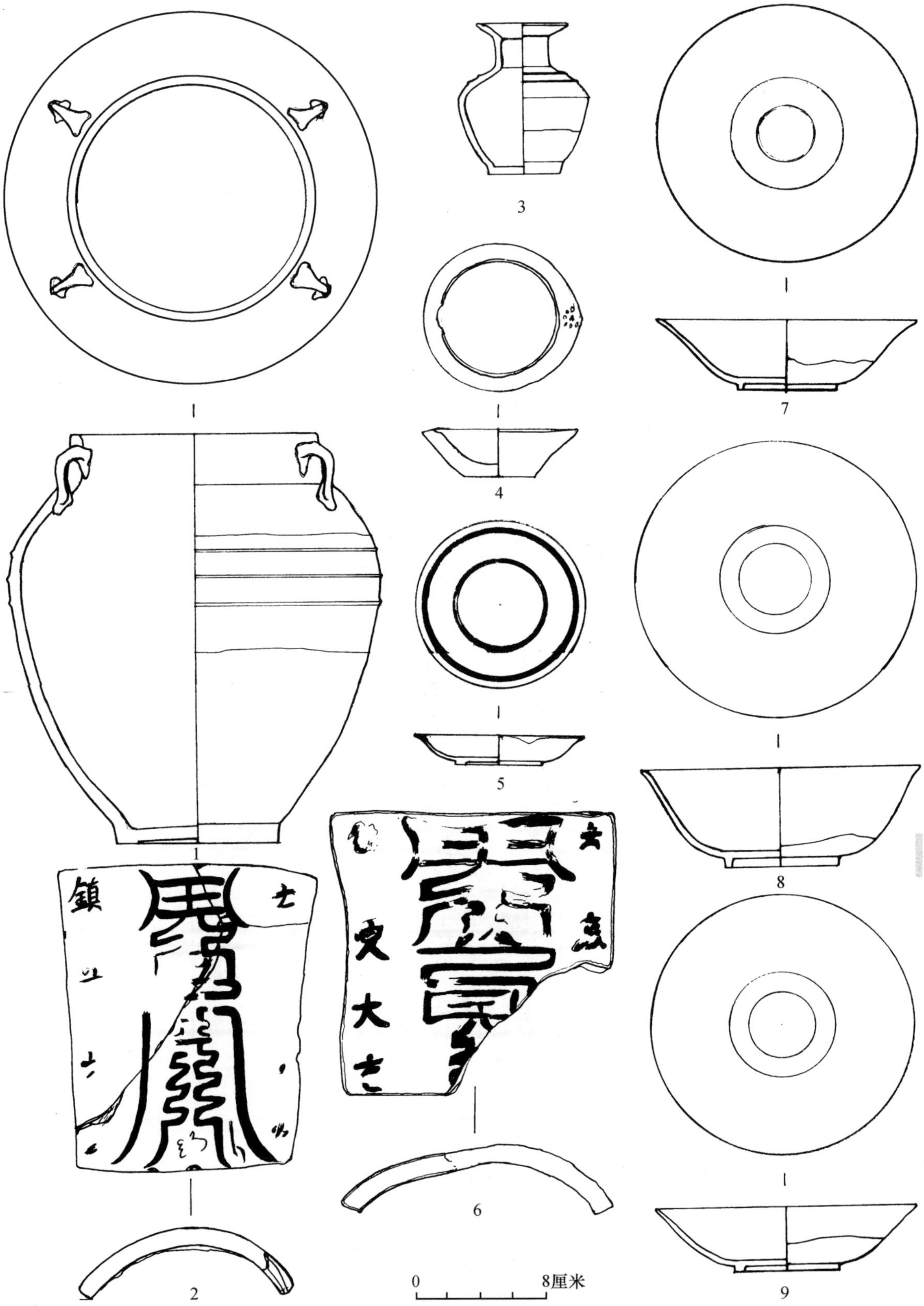

图 6-44 M99 出土器物

1. 瓷罐（M99∶2） 2、6. 镇墓瓦（M99∶14、M99∶15） 3. 瓷瓶（M99∶11） 4. 灯盏（M99∶12）
5. 瓷碟（M99∶6） 7~9. 瓷碗（M99∶3、M99∶4、M99∶5）

灯盏　1件（M99∶12）。红褐胎，酱釉，釉不包底。敞口，浅斜腹，平底。一侧有把手，上饰简单纹饰。口径8~8.4、底径4.4、高3厘米（图6-44，4）。

镇墓瓦　2件。M99∶14，泥质灰陶。平面梯形，断面弧形。长19.2、宽14.2~16.3、厚1.1厘米。正面有朱书镇墓文（图6-44，2）。M99∶15。泥质灰陶。平面为梯形，断面弧形，残一角，长18.5、宽6.4~18.5、厚1.2厘米。正面有朱书镇墓文，文字模糊不清（图6-44，6）。

铜钱　6枚。"祥符通宝"1枚（M99∶13-1），楷书，旋读。直径2.5厘米（图6-45，1）。"祥符元宝"1枚（M99∶13-2），楷书，旋读。直径2.5厘米（图6-45，2）。"熙宁元宝"2枚，楷书，旋读。M99∶13-3、4，直径2.4厘米（图6-45，3、4）。"天禧通宝"1枚（M99∶13-5），楷书，旋读。直径2.55厘米（图6-45，5）。"嘉祐通宝"1枚（M99∶13-6），篆书，直读。直径2.5厘米（图6-45，6）。

铜镜　1件（M99∶1）。瑞兽葡萄纹镜。圆形，伏兽纽。纽外侧饰1周凸弦纹将镜背分成内外两区。内区环列四瑞兽，瑞兽之间饰缠枝花卉；外区饰禽鸟与葡萄纹。云纹缘。镜体直径9.6、缘厚0.8厘米（图6-46；图版30-6）。

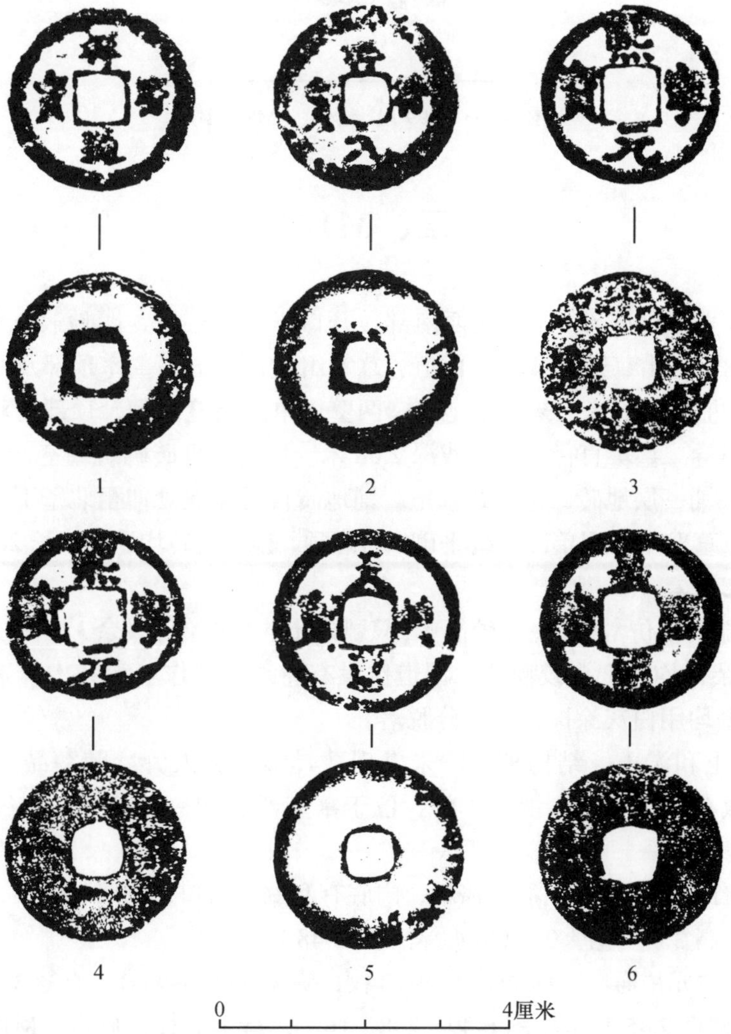

图6-45　M99出土钱币

1. 祥符通宝（M99∶13-1）　2. 祥符元宝（M99∶13-2）　3、4. 熙宁元宝（M99∶13-3、M99∶13-4）

5. 天禧通宝（M99∶13-5）　6. 嘉祐通宝（M99∶13-6）

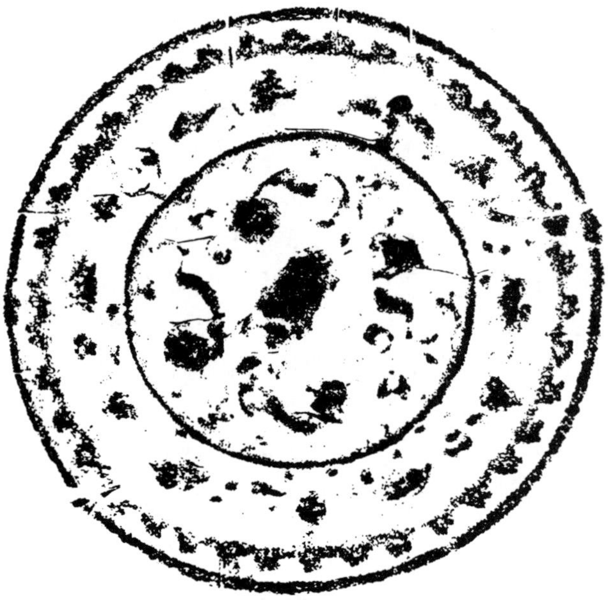

图 6-46　M99 出土铜镜（M99∶1）

三、M109

M109 位于第Ⅱ发掘区南部，T1127 西南部，开口于耕土层下，距地表 0.5 米。墓葬形制为圆形砖室墓，方向 178°，由墓道、墓门、甬道、墓室组成，墓道、墓室顶部及西侧下部被破坏。甬道宽 0.8、高 0.96、进深 0.46 米，未见铺地砖，两壁用单砖错缝平砌，顶部为双层券顶，下层侧立砖纵券、上层平砖纵券。墓圹直径 3.56、残深 2.08 米。圹内用青砖砌筑墓室，直径 3.24、残高 2.04 米。建造时先在墓底铺一层地砖，再砌筑墓室。铺地砖自甬道底延伸至北壁下，主体为纵向一排、横向一排交替平铺；墓壁主体用单砖错缝平砌；穹隆顶，残。用砖均素面，长 28、宽 14、厚 4 厘米，两砖之间用白灰黏接。

墓壁上用青砖雕砌出仿木结构，比较简单，只雕砌出斗拱图像。残余 3 根倚柱，倚柱上承普柏枋，枋上置柱头铺作 3 朵，均为把头绞项造，泥道拱没有卷杀。铺作上承替木、素枋，素枋之上开始内收为穹隆顶。墓壁均用白灰涂抹，大部分脱落。

墓室内为坍塌土和淤土，结构较松。未发现葬具痕迹和人骨。随葬品有 3 件（组），铜钱 231 枚（1 组），散布于墓室内；铜镜 1 件，位于墓室西北侧；瓷碗 1 件，位于墓室东南部（图 6-47）。

瓷碗　1 件（M109∶3）。灰白胎，酱釉，内底有刮圈。敞口，圆唇，弧腹，矮圈足为刀削状。口径 10、底径 4.4、高 3.6、壁厚 0.3~0.6 厘米（图 6-48）。

铜钱　231 枚。“元祐通宝”18 枚，篆书 10 枚，旋读，M109∶1-1，直径 3 厘米（图 6-49，1），M109∶1-2~8、16，直径 2.45 厘米（图 6-49，2~8、16）；行书 8 枚，旋读，M109∶1-9，直径 2.8 厘米（图 6-49，9），M109∶1-10~15，直径 2.35 厘米（图 6-49，10~15）。“天圣元宝”9 枚，楷书 4 枚，旋读，M109∶1-17~20，直径 2.5 厘米（图 6-49，17~20）；篆书 5 枚，旋读，M109∶1-21~25，

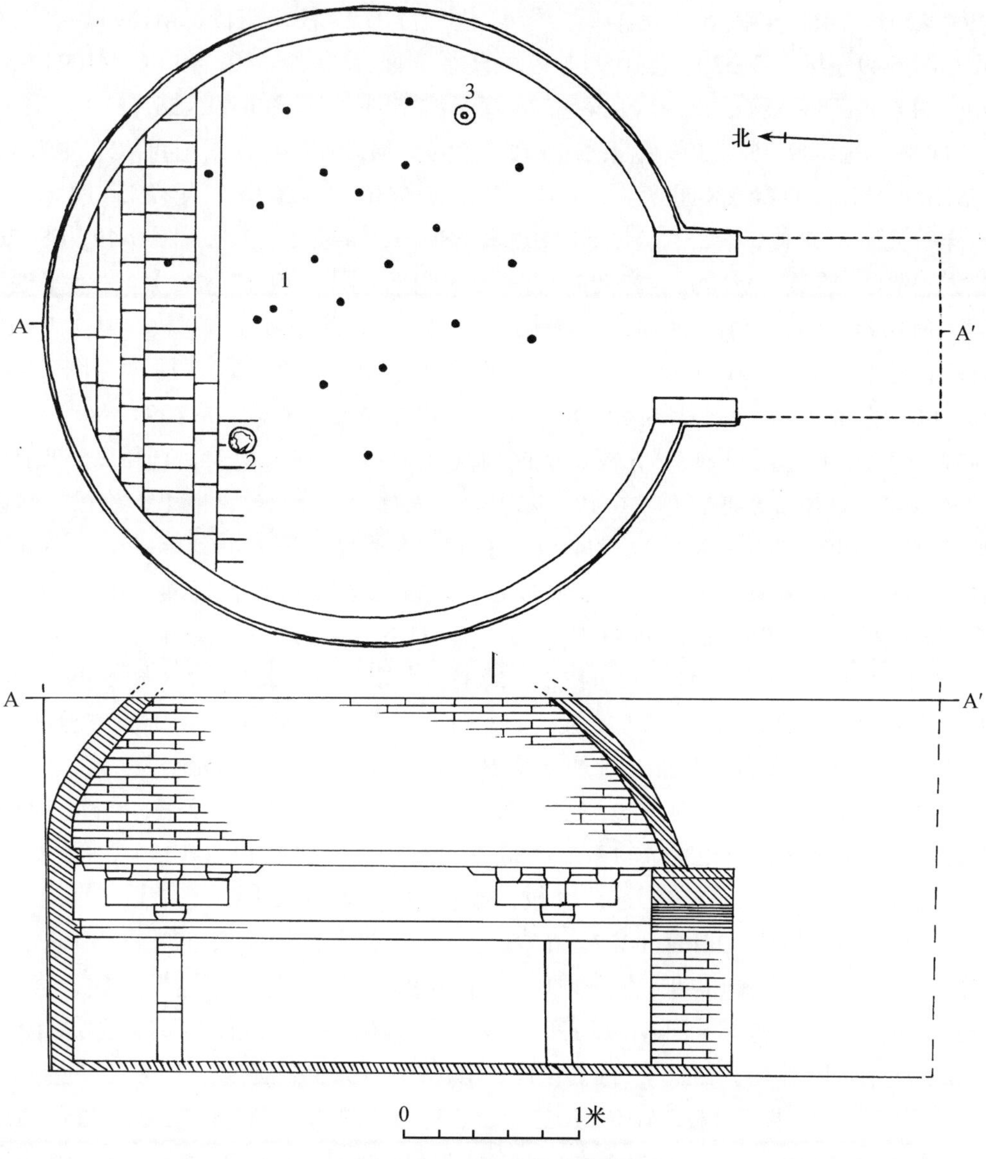

图 6-47　M109 平、剖面图

1. 铜钱　2. 铜镜　3. 瓷碗

直径 2.55 厘米（图 6-49，21~25）。“政和通宝”4 枚，篆书 2 枚，直读，M109∶1-26，直径 3 厘米（图 6-49，26），M109∶1-27，直径 2.4 厘米（图 6-49，27）；楷书 2 枚，直读，M109∶1-28、29，直径 2.55 厘米（图 6-49，28、29）。“咸平元宝”5 枚，楷书，旋读，M109∶1-30~32，直径 2.4 厘米（图 6-49，30~32）。“景祐元宝”3 枚，篆书 2 枚，旋读，M109∶1-33、34，直径 2.5 厘米（图 6-49，33、34）；楷书 1 枚，旋读，直径 2.5 厘米。“崇宁重宝”8 枚，隶书，直读，M109∶1-35、37、39、41，直径 3.5 厘米（图 6-49，35、37、39、41），M109∶1-36、38、40、45，直径 3.3 厘米（图 6-49，36、38、40、45）。“崇宁通宝”5 枚，瘦金体，旋读，M109∶1-42~44、46、47，直径 3.3 厘

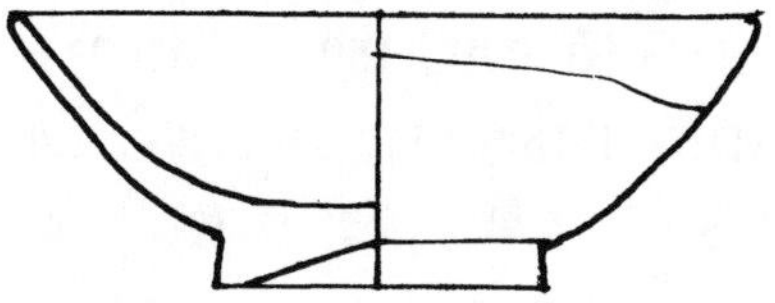

图 6-48　M109 出土瓷碗

（M109∶3）

米（图 6-49，42~44、46、47）。“元丰通宝”44 枚，行书 29 枚，旋读，M109∶1-48、50~52，直径 2.8 厘米（图 6-49，48、50~52），M109∶1-49，直径 3 厘米（图 6-49，49），M109∶1-53~55，直径 2.4 厘米（图 6-49，53~55），M109∶1-56、57，直径 2.5 厘米（图 6-49，56、57），M109∶1-58、59，直径 2.3 厘米（图 6-49，58、59）；篆书 15 枚，旋读，M109∶1-60、62，直径 2.9 厘米（图 6-49，60、62），M109∶1-61，直径 2.8 厘米（图 6-49，61），M109∶1-63~67，直径 2.4 厘米（图 6-49，63~67）。“祥符元宝”11 枚，楷书，旋读，M109∶1-68~76，直径 2.5 厘米（图 6-49，68~76）。“祥符通宝”7 枚，楷书，旋读，M109∶1-77~83，直径 2.5 厘米（图 6-49，77~83）。“治平通宝”1 枚，篆书，直读，M109∶1-84，直径 2.4 厘米（图 6-49，84）。“治平元宝”9 枚，篆书 7 枚，旋读，M109∶1-85，直径 2.3 厘米（图 6-49，85），M109∶1-87，花穿，直径 2.3 厘米（图 6-49，87），M109∶1-86、88，直径 2.4 厘米（图 6-49，86、88）；楷书 2 枚，旋读，M109∶1-89、90，直径 2.4 厘米（图 6-49，89、90）。“元符通宝”3 枚，行书，旋读。M109∶1-91，花穿，直径 2.5 厘米（图 6-49，91）；M109∶1-92，直径 2.5 厘米（图 6-49，92）。“天禧通宝”5 枚，楷书，旋读，M109∶1-93，直径 2.4 厘米（图 6-49，93）；M109∶1-94~96，直径 2.5 厘米（图 6-49，94~96），M109∶1-97，花穿，直径 2.5 厘米（图 6-49，97）。“皇宋通宝”21 枚，篆书 10 枚，直读，M109∶1-99~106，直径 2.4 厘米（图 6-49，99~106）；楷书 11 枚，直读，M109∶1-107~112，直径 2.4 厘米（图 6-49，107~112）。“宋元通宝”1 枚（M109∶1-113），楷书，直读，直径 2.4 厘米（图 6-49，113）。“绍圣元宝”1 枚（M109∶1-114），篆书，旋读，直径 2.4 厘米（图 6-49，114）。“至和元宝”1 枚（M109∶1-116），楷书，旋读，直径 2.45 厘米（图 6-49，116）。“景德元宝”7 枚，楷书，旋读，M109∶1-117~122，直径 2.4 厘米（图 6-49，117~122）。“至道元宝”2 枚，草书，旋读，M109∶1-123、124，直径 2.5 厘米（图 6-49，123、124）。“明道元宝”1 枚（M109∶1-125），篆书，旋读，直径 2.5 厘米（图 6-49，125）。“圣宋元宝”4 枚，行书 1 枚（M109∶1-126），旋读，直径 2.4 厘米（图 6-49，126）；篆书 3 枚，旋读，M109∶1-127，花穿，直径 2.4 厘米（图 6-49，127），M109∶1-128，直径 2.4 厘米（图 6-49，128），M190∶1-98，直径 3 厘米（图 6-49，98）。“淳化元宝”2 枚，草书，旋读，M109∶1-129、130，直径 2.4 厘米（图 6-49，129、130）。“嘉祐元宝”2 枚，篆书 1 枚（M109∶1-131），旋读，直径 2.3 厘米（图 6-49，131）；行书 1 枚（M109∶1-132），旋读，直径 2.3 厘米（图 6-49，132）。“嘉祐通宝”5 枚，楷书 4 枚，M109∶1-133、136，直径 2.4 厘米（图 6-49，133、136），M109∶1-135，花穿，直径 2.4 厘米（图 6-49，135）；篆书 1 枚（M109∶1-134），直读，直径 2.5 厘米（图 6-49，134）。“熙宁重宝”5 枚，楷书，旋读，M109∶1-137，直径 3.1 厘米（图 6-49，137），M109∶1-138、139、141，直径 2.8 厘米（图 6-49，138、139、141），M109∶1-140，直径 2.9 厘米（图 6-49，140）。“熙宁元宝”19 枚，楷书 9 枚，旋读，M109∶1-142~145，直径 2.4 厘米（图 6-49，142~145），M109∶1-146，直径 2.3 厘米（图 6-49，146）；篆书 10 枚，M109∶1-115、147，直径 2.3 厘米（图 6-49，115、147），M109∶1-148，直径 2.5 厘米（图 6-49，148），M109∶1-149，直径 2.3 厘米（图 6-49，149），M109∶1-150，直径 2.4 厘米（图 6-49，150），M109∶1-151，直径 3 厘米（图 6-49，151）。“开元通宝”17 枚，楷书，直读，M109∶1-152~154、156，直径 2.4 厘米（图 6-49，152~154、156），M109∶1-155，直径 2.3 厘米（图 6-49，155）。年号不清者 11 枚。

铜镜　1 件（M109∶2）。花卉镜。八瓣葵花形，纽残，圆纽座。以纽座为中心，回旋放射出的弯曲线条组成 1 朵较大花卉，素缘。花瓣外饰 1 周圆形联珠纹。素缘，镜体直径 13、厚 0.15 厘米（图 6-50；图版 31-4）。

图 6-49　M109 出土钱币

1~16. 元祐通宝（M109∶1-1~16）　17~20. 天圣元宝（M109∶1-17~20）

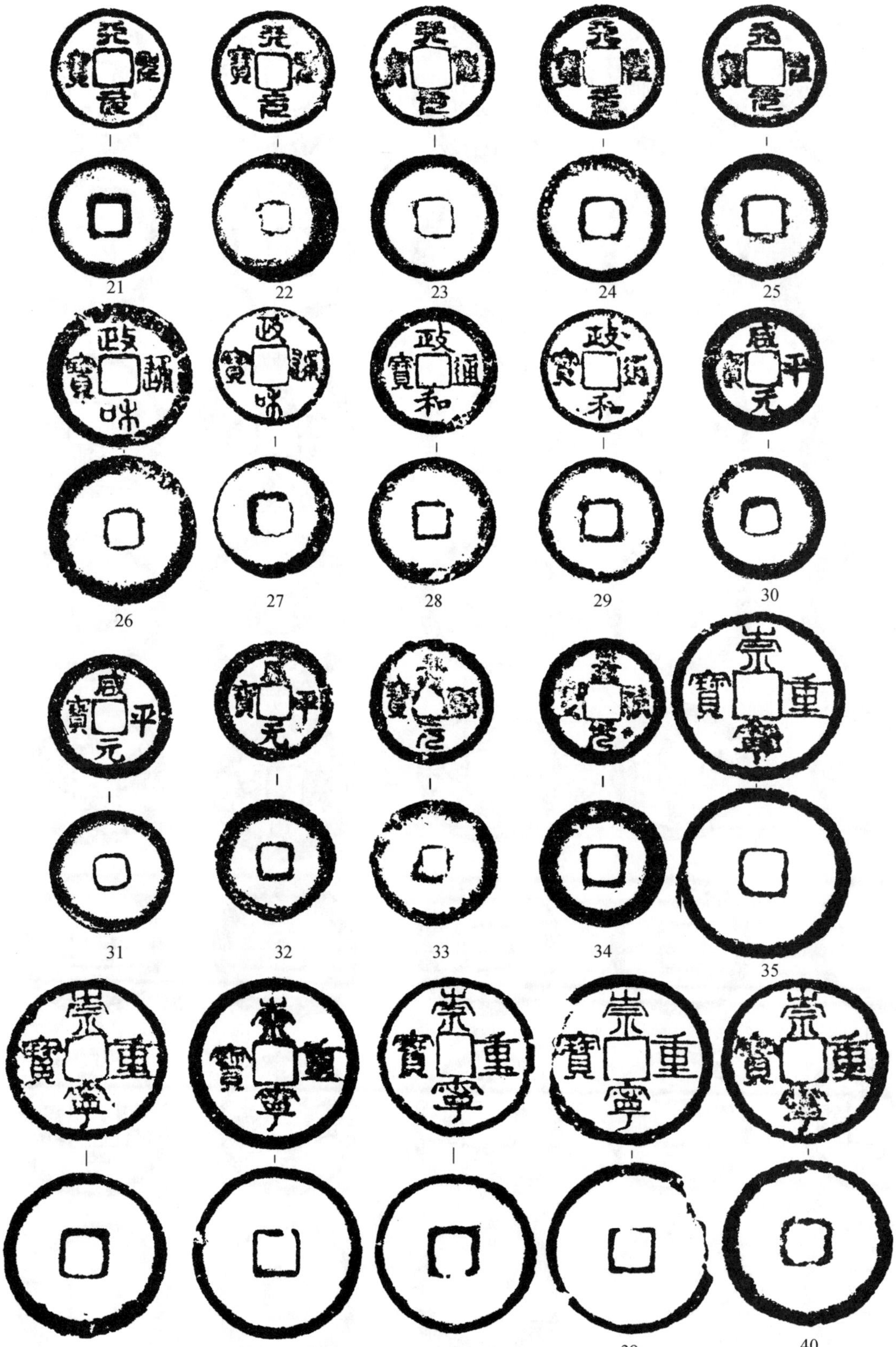

图 6-49 M109 出土钱币（续）

21~25. 天圣元宝（M109∶1-21~25） 26~29. 政和通宝（M109∶1-26~29） 30~32. 咸平元宝（M109∶1-30~32）
33、34 景祐元宝（M109∶1-33、34） 35~40. 崇宁重宝（M109∶1-35~40）

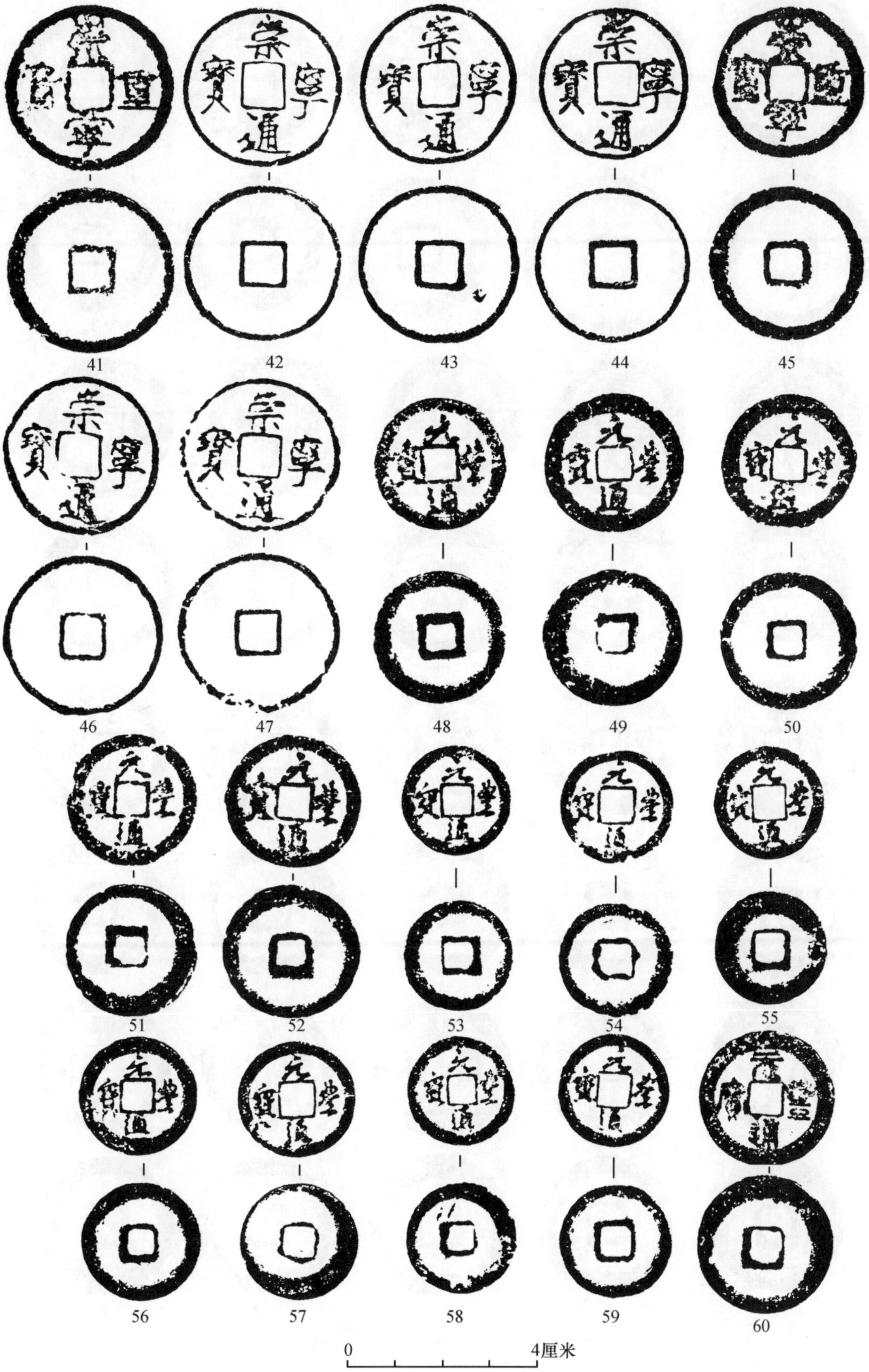

图 6-49　M109 出土钱币（续）

41、45. 崇宁重宝（M109∶1-41、45）　42~44、46、47. 崇宁通宝（M109∶1-42~44、46、47）　48~60. 元丰通宝（M109∶1-48~60）

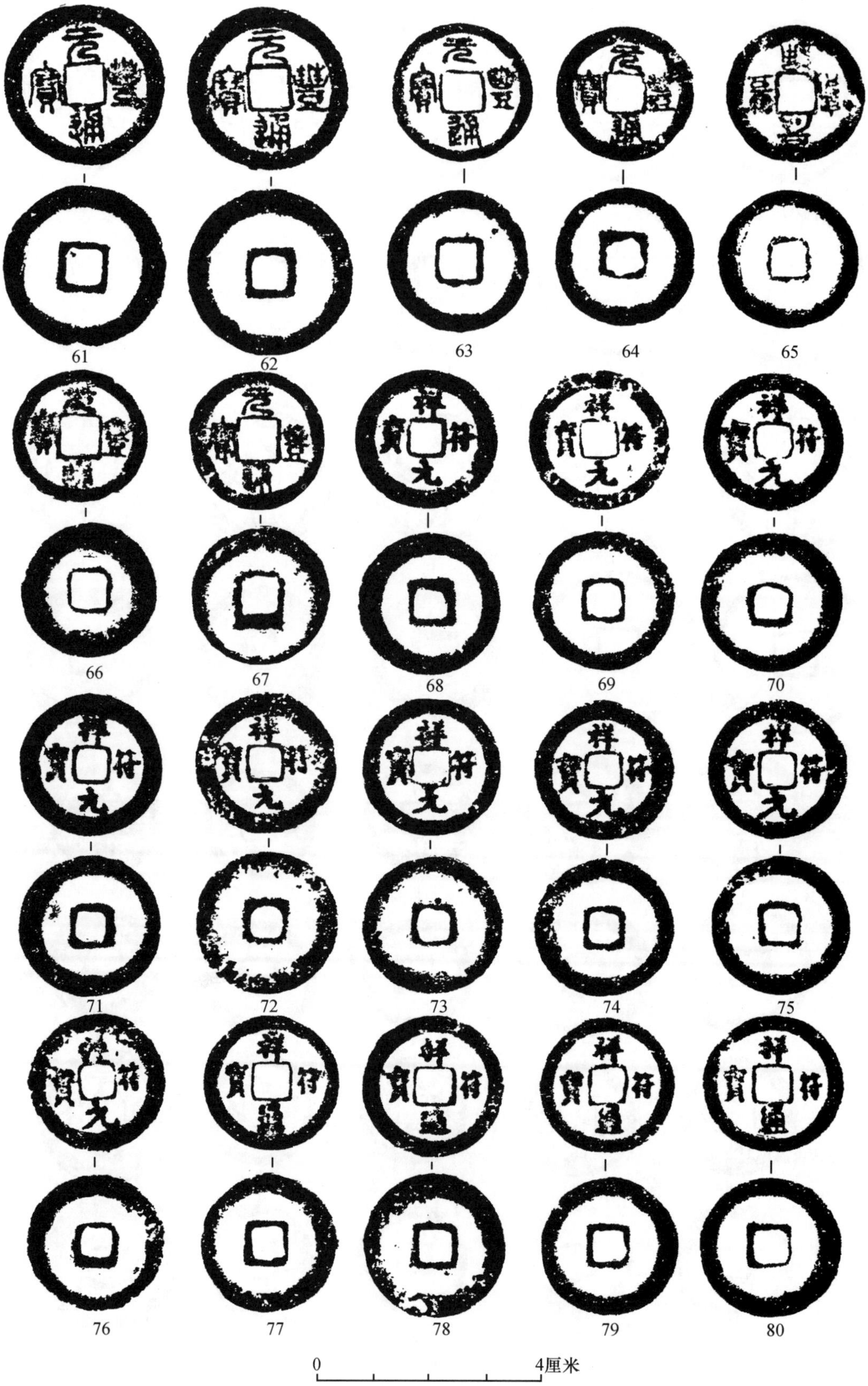

图 6-49　M109 出土钱币（续）

61~67. 元丰通宝（M109∶1-61~67）　68~76. 祥符元宝（M109∶1-68~76）　77~80. 祥符通宝（M109∶1-77~80）

图 6-49　M109 出土钱币（续）

81~83. 祥符通宝（M109∶1-81~83）　84. 治平通宝（M109∶1-84）　85~90. 治平元宝（M109∶1-85~90）　91、92. 元符通宝（M109∶1-91、92）　93~97. 天禧通宝（M109∶1-93~97）　98. 圣宋元宝（M109∶1-98）　99、100. 皇宋通宝（M109∶1-99、100）

图 6-49　M109 出土钱币（续）

101~112. 皇宋通宝（M109∶1-101~112）　113. 宋元通宝（M109∶1-113）　114. 绍圣元宝（M109∶1-114）　115. 熙宁元宝（M109∶1-115）　116. 至和元宝（M109∶1-116）　117~120. 景德元宝（M109∶1-117~120）

图 6-49　M109 出土钱币（续）

121、122. 景德元宝（M109：1-121、122）　123、124. 至道元宝（M109：1-123、124）　125. 明道元宝（M109：1-125）　126~128. 圣宋元宝（M109：1-126~128）　129、130. 淳化元宝（M109：1-129、130）　131、132. 嘉祐元宝（M109：1-131、312）　133~136. 嘉祐通宝（M109：1-133~136）　137~140. 熙宁重宝（M109：1-137~140）

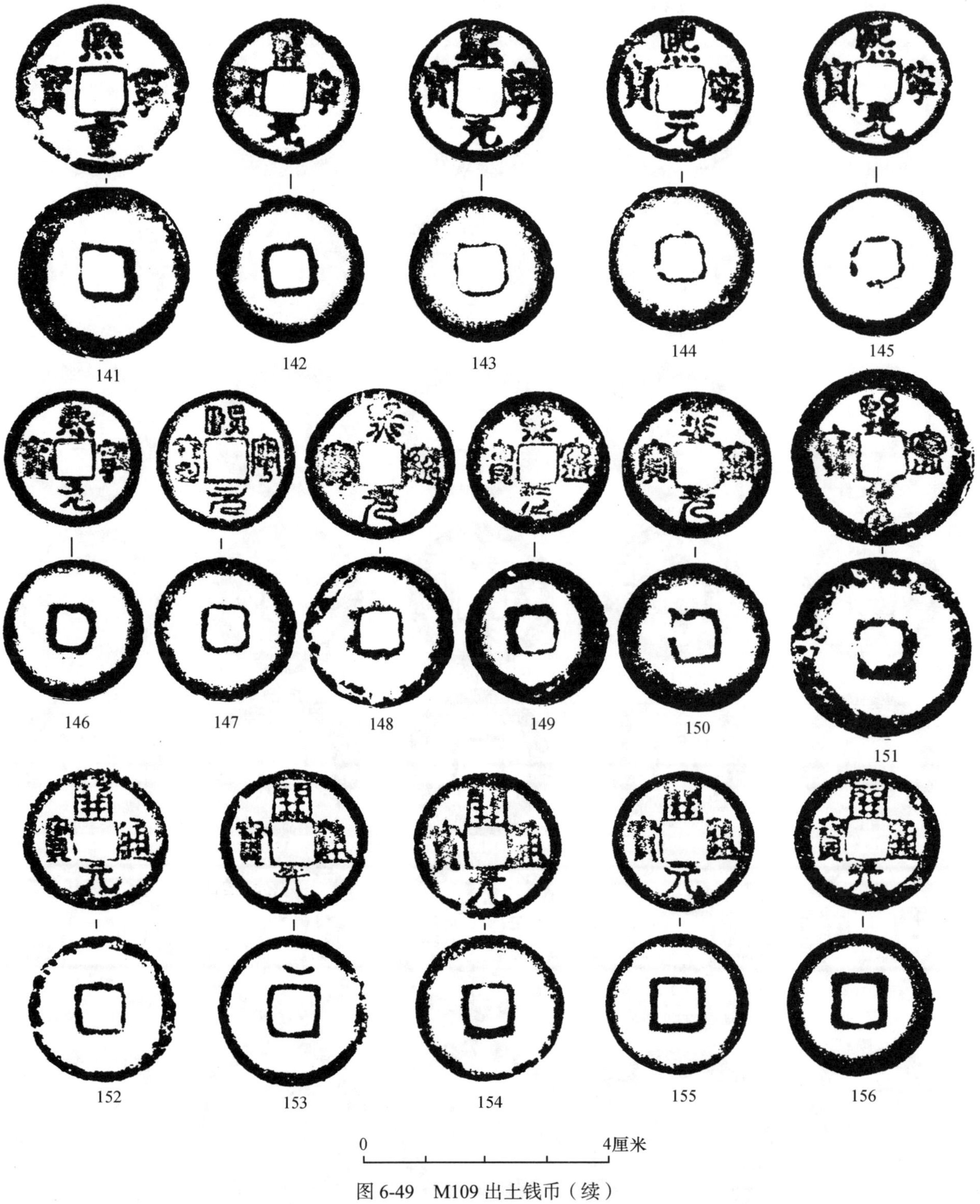

图 6-49 M109 出土钱币（续）

141. 熙宁重宝（M109∶1-141） 142~151. 熙宁元宝（M109∶1-142~151）

152~156. 开元通宝（M109∶1-152~156）

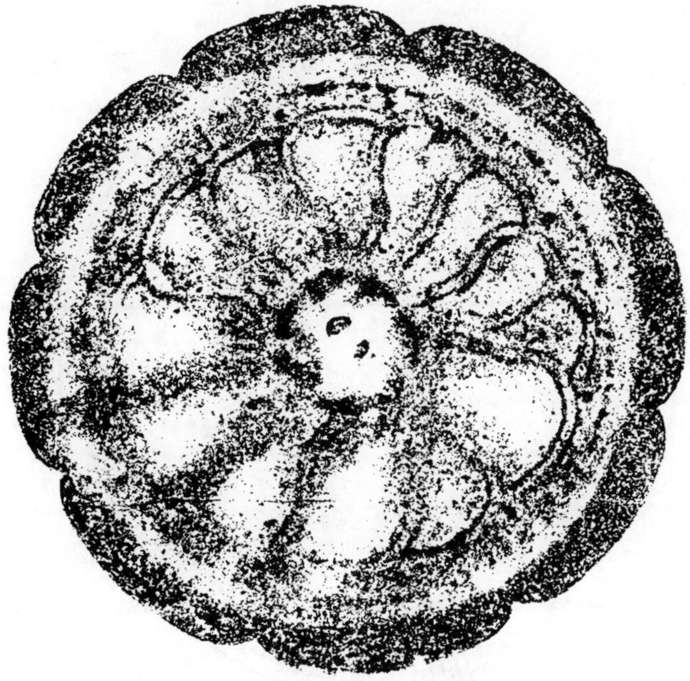

0　4厘米

图 6-50　M109 出土铜镜（M109∶2）

四、M133

M133 位于第Ⅱ发掘区北部，T1327 西北部，开口于耕土层下，距地表 0.4 米。墓葬形制为圆形砖室墓，方向 175°，大部分被破坏至底，仅残存墓葬下部的北半部分。墓圹直径 2.8、残深 0.63 米。圹内用青砖砌筑墓室，直径 2.4、残高 0.56 米。建造时先在墓底铺一层地砖，再砌筑墓室。铺地砖仅存墓壁下的零星几块，推测为横向错缝平铺；墓壁直，为单砖错缝平砌；顶部不存。用砖均素面，长 28、宽 14、厚 4 厘米，两砖之间用黄泥黏接。填土中有大量的青砖块和较多的瓷器碎片。未见葬具痕迹和人骨。随葬品有瓷瓶 1 件，发现于填土内（图 6-51）。

瓷瓶　1 件（M133∶1）。浅黄胎，肩部白釉，腹部至底部酱釉。肩部饰荷花。小口微敞，平折沿，圆唇，束颈，圆肩，斜腹，矮圈足。口径 4.8、腹径 15.6、底径 10、高 29、壁厚 0.6~1.2 厘米（图 6-52；图版 22-5）。

五、M224

M224 位于第Ⅱ发掘区西部，T1323 南部，开口于扰土层下，距地表约 2 米。墓葬形制为圆形砖室墓，方向 194°，上部被 M215 打破，仅残存部分墓道和墓室底部。墓道残存部分平面呈长方形，直壁，平底，长 2.28、宽 1.4、残深 1.4 米。墓圹直径 3.06、残深 1.4 米。圹内用青砖砌筑墓室，直径 2.32、残高 0.16 米。未见铺地砖，墓壁用单砖错缝平砌，顶部不存。墓底设有棺床，呈倒“凹”字形，高 0.4

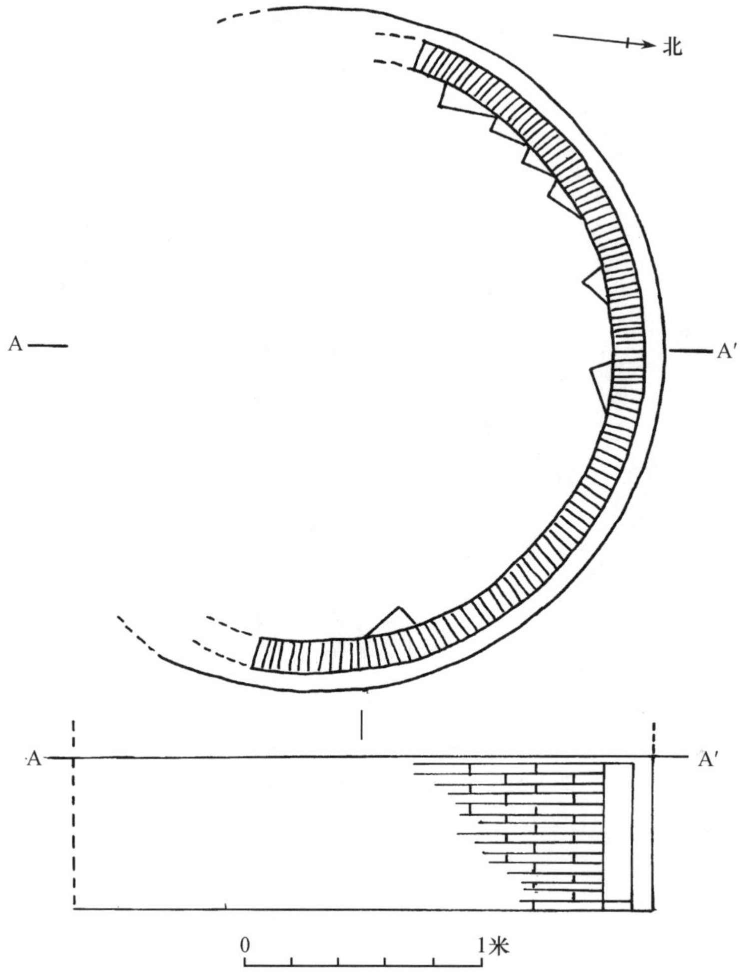

图 6-51 M133 平、剖面图

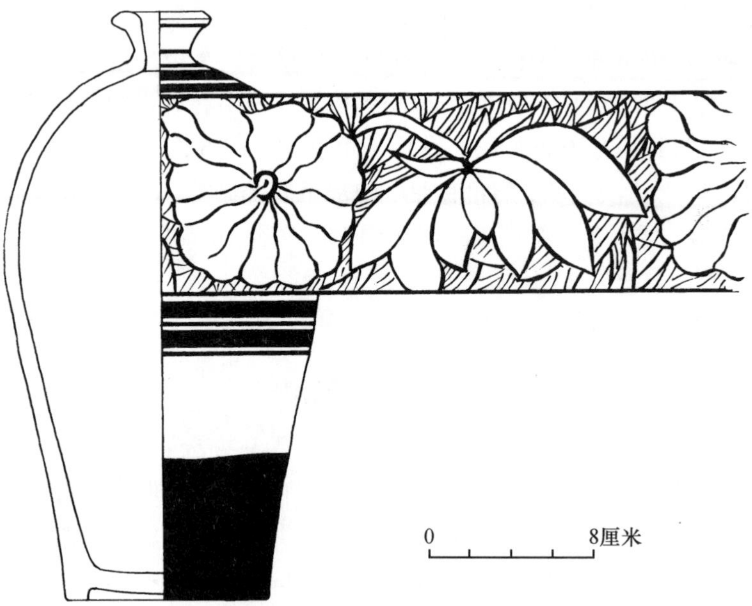

图 6-52 M133 出土瓷瓶（M133：1）

米，南缘砌砖，仅存最下一层。所用青砖均素面，长28、宽14、厚4厘米，两砖之间用白灰黏接。填土为黄褐色，土质疏松，含碎砖块、料姜石。未发现葬具痕迹及人骨。随葬品有2件（组），铜钱2枚（1组），位于棺床北部；瓷碗1件，发现于墓道下部填土中（图6-53）。

瓷碗　1件（M224:2）。黄褐胎，酱釉，釉不包底，内底有刮圈。敞口，圆唇，深斜直腹，平底，矮圈足。口径16、底径6、高6、壁厚0.3~0.5厘米（图6-54）。

铜钱　2枚。“熙宁元宝”1枚（M224:1-1），篆书，旋读。直径2.4厘米（图6-55，1）。“皇宋通宝”1枚（M224:1-2），篆书，直读。直径2.5厘米（图6-55，2）。

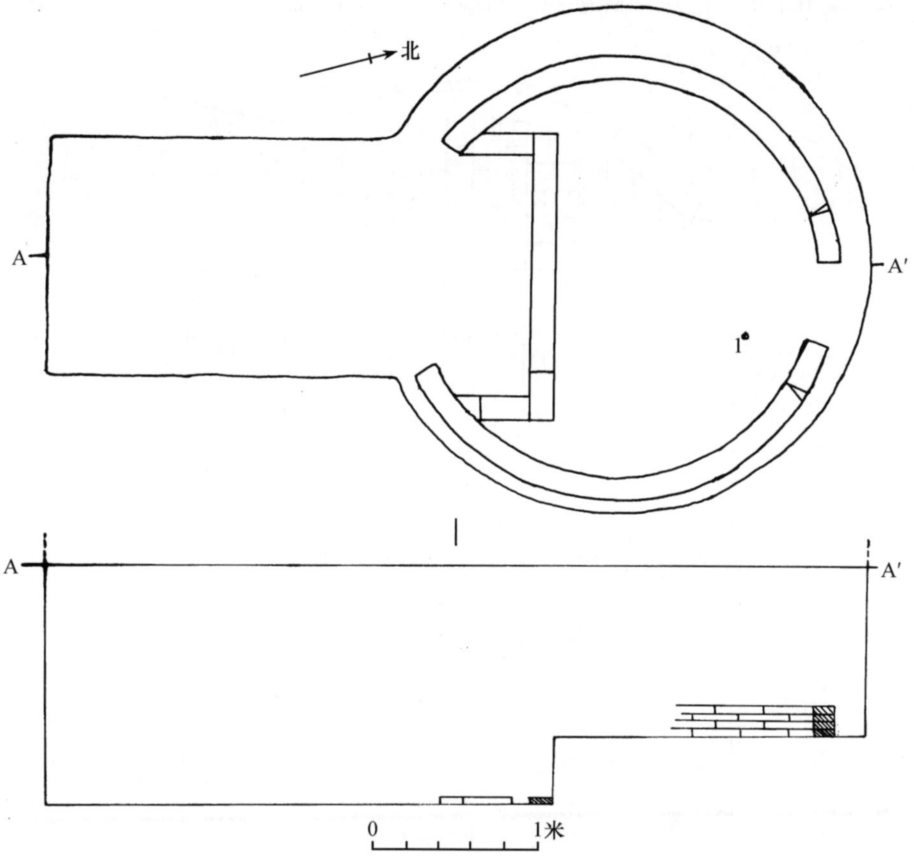

图6-53　M224平、剖面图

1. 铜钱

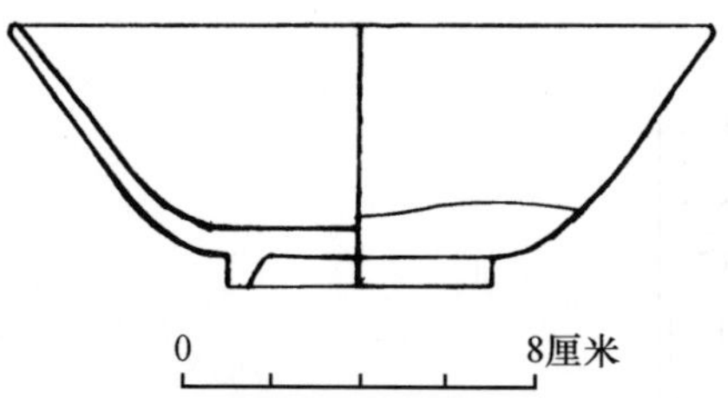

图6-54　M224出土瓷碗

（M224:2）

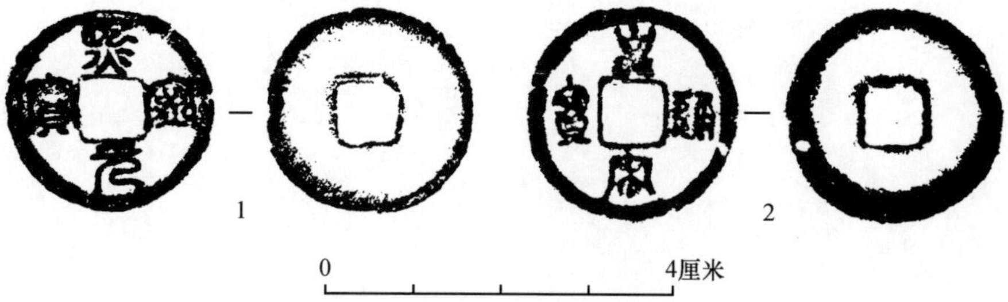

图6-55　M224出土钱币

1. 熙宁元宝（M224:1-1）　2. 皇宋通宝（M224:1-2）

六、M277

M277位于第Ⅴ发掘区西北部，T2112北部，开口于扰土层下，距离地表1.5米。墓葬形制为圆形砖室墓，方向191°，大部分被破坏至底，只残存墓葬下部。墓圹直径2.84、残深3.06米。圹内用青砖砌筑墓室，直径2.48、残高1米。建造时先在墓底铺一层地砖，再砌筑墓室。铺地砖主体为横向错缝平铺；墓壁及顶部为单砖错缝平砌，据残存部分推测为直壁、穹隆顶。墓底设有棺床，呈倒“凹”字形，高0.4米，南缘用砖砌筑、直壁。用砖均素面，长26、宽13、厚5厘米，两砖之间用黄泥黏接（图6-56A）。

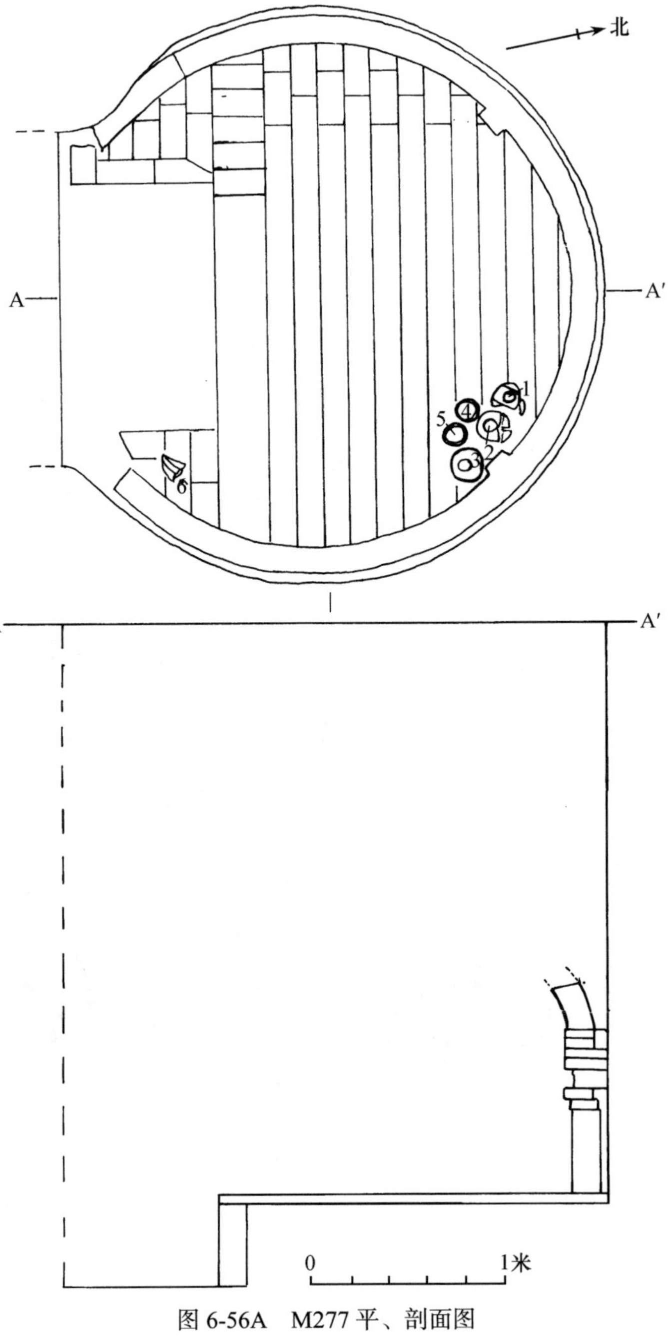

图6-56A M277平、剖面图

1~3. 瓷碗 4、5. 瓷碟 6. 铁犁铧

墓壁上用青砖雕砌出仿木结构，比较简单，仅雕砌出斗拱图像。现存倚柱2根，倚柱上承普柏枋，枋上置柱头铺作2朵、补间铺作4朵（其中2朵残），均为把头绞项造，铺作上承替木、素枋，素枋之上开始内收为穹隆顶。墓壁上未见其他装饰（图6-56B）。

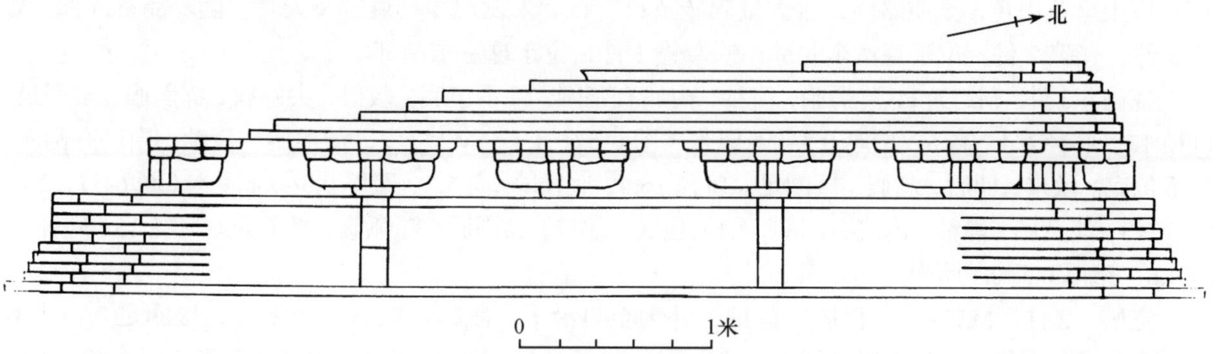

图6-56B　M277墓壁展开图

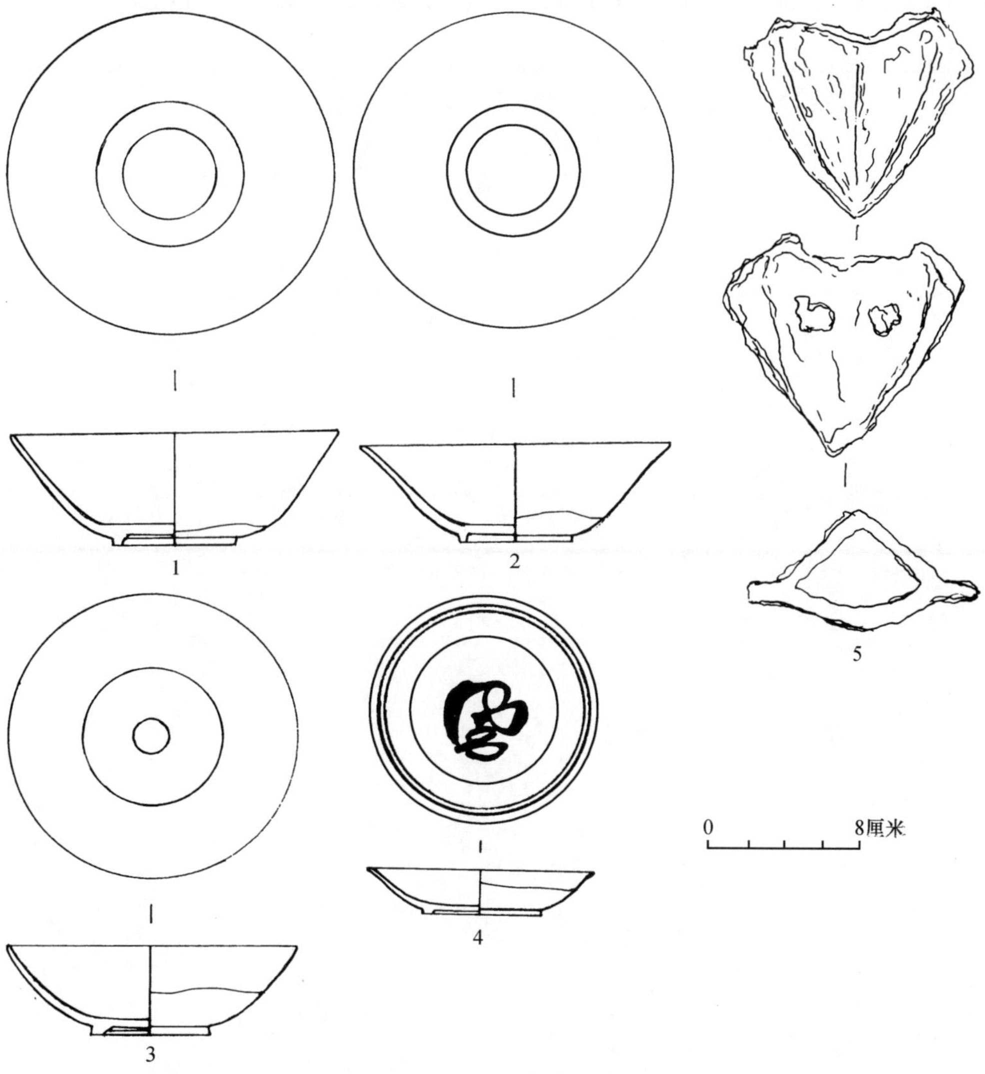

图6-57　M277出土器物

1~3. 瓷碗（M277∶1、M277∶2、M277∶3）　4. 瓷碟（M277∶4）　5. 铁犁铧（M277∶6）

墓壁上用青砖雕砌出仿木结构，比较简单，仅雕砌出斗拱图像。现存倚柱 2 根，倚柱上承普柏枋，枋上置柱头铺作 2 朵、补间铺作 4 朵（其中 2 朵残），均为单抄单拱 4 铺作，铺作上承替木、素枋，素枋之上开始内收为穹隆顶。墓壁上未见其他装饰。

填土呈黄褐色，土质略硬，含大量碎砖及料姜石。未发现葬具痕迹及人骨。随葬品有 6 件，瓷碗 3 件、瓷碟 2 件，位于墓室东北部；铁犁铧 1 件，位于墓室东南部。

瓷碗　3 件。M277∶1，黄褐胎，酱釉，内底有刮圈，釉不包底。敞口，尖圆唇，深斜腹，矮圈足。口径 17、底径 6.4、高 6、壁厚 0.3~0.5 厘米（图 6-57，1）。M277∶2，黄褐胎，酱釉，内底有刮圈，釉不包底。敞口，圆唇，斜腹，矮圈足。口径 16.4、底径 6、高 5.2、壁厚 0.3~0.4 厘米（图 6-57，2）。M277∶3，淡黄胎，黑釉，内底有刮圈，釉不包底。敞口，尖圆唇，深弧腹，矮圈足。口径 15、底径 6、高 4.8、壁厚 0.3~0.4 厘米（图 6-57，3）。

瓷碟　2 件。M277∶4，白胎，蓝釉，外釉至口沿下。敞口，圆唇，浅斜腹，矮圈足。口内侧及内底有黑色圈带，内底有黑色图案。口径 12、底径 6.4、高 2.4、壁厚 0.2~0.3 厘米（图 6-57，4）。M277∶5 与之形制相同。

铁犁铧　1 件（M277∶6）。锈蚀严重，平面呈三角形，銎腔呈三角形。长 11、宽 13、高 6.6 厘米（图 6-57，5）。

第七章　明代墓葬

明代墓葬共发掘 84 座，其中，土坑竖穴墓 6 座，土坑洞室墓 76 座，砖（石）室墓 2 座。

第一节　土坑竖穴墓

一、M12

M12 位于第Ⅰ发掘区东北部，T2031 东北部，开口于耕土层下，距地表 0.22 米，被破坏至底部。墓葬形制为土坑竖穴墓，方向 2°。墓圹平面呈长方形，直壁、平底，长 2.6、宽 1.2~1.32、残深 0.1~0.2 米。墓内填土为浅灰褐色花土，质较疏松，含红褐色硬土块、白色料姜石颗粒等。墓底有葬具 1 棺，已腐朽，平面为长方形，长 1.9、宽 0.52~0.62 米。棺内有人骨 1 具，保存较差，已腐朽，葬式为仰身直肢。随葬品有瓷瓶 1 件，放置于墓室东北角（图 7-1）。

瓷瓶　1 件（M12∶1）。浅灰胎，酱釉，除底面外通体包釉。敞口、方唇，细长颈，圆腹下垂，平底，矮圈足。口沿面上饰 1 周凹槽。颈上饰 2 周凸棱纹，中间饰 1 周花草纹。上腹部饰 1 周凸棱纹。口径 7.2、腹径 13.2、底径 7.2、高 20.6、壁厚 0.3~0.6 厘米（图 7-2；图版 26-1）。

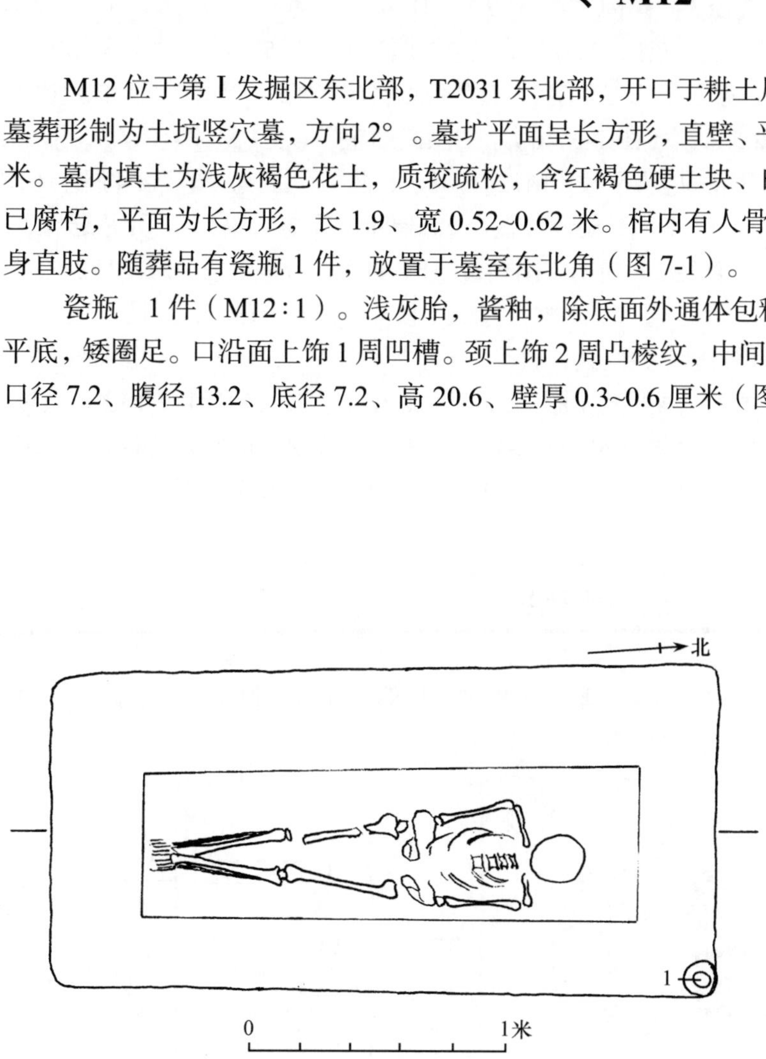

图 7-1　M12 平面图

1. 瓷瓶

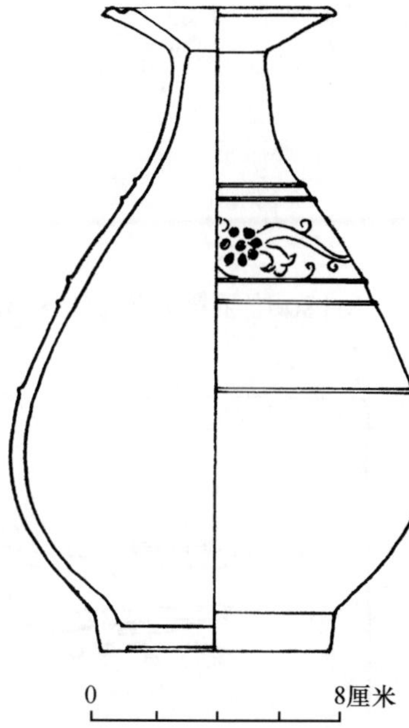

图 7-2　M12 出土瓷瓶

（M12∶1）

二、M124

M124位于第Ⅱ发掘区中部，T1426东南部，开口于耕土层下，距地表0.3米，打破M125、M158，被破坏至底。墓葬形制为土坑竖穴墓，方向175°。墓圹平面呈长方形，直壁、平底，长2.1、宽1、残深0.5米。墓内填土呈黄褐色，土质略松，内含红土块及料姜石。墓底有人骨1具，无葬具，葬式为仰身直肢，头向南。随葬品有2件（组），其中瓷罐1件，放置于墓底东南角；铜钱23枚（1组），放置于人骨腹部及下肢骨两侧（图7-3）。

瓷罐　1件（M124∶1）。浅黄褐胎，白釉，外釉至腹部，有垂釉。敛口，卷圆唇，鼓肩，下腹斜收，平实足。口径12、腹径13、底径7.2、高9.6、壁厚0.6~1.2厘米（图7-4）。

铜钱　23枚。“熙宁重宝”1枚（M124∶2-1），楷书，旋读，花穿。直径3.1厘米（图7-5，1）。“崇宁重宝”2枚，隶书，直读。M124∶2-2，直径3.4厘米（图7-5，2）；M124∶2-3，直径3.5厘米（图7-5，3）。“大元通宝”1枚（M124∶2-4），八思巴文，旋读，圆穿。直径4.2厘米（图7-5，4）。“皇宋元宝”，1枚（M124∶2-5），楷书，旋读，背面穿上一“三”字。直径3厘米（图7-5，5）。“政和通宝”1枚（M124∶2-6），篆书，直读。直径2.5厘米（图7-5，6）。“洪武通宝”1枚（M124∶2-7），楷书，直读。直径2.1厘米（图7-5，7）。“开元通宝”1枚（M124∶2-8），楷书，直读。直径2.4厘米（图7-5，8）。“天禧通宝”1枚（M124∶2-9），楷书，旋读。直径2.5厘米（图7-5，9）。“元祐通宝”3枚，篆书2枚，旋读，M124∶2-10、11，直径2.4厘米（图7-5，10、11）；行书1枚（M124∶2-12），旋读，直径2.4厘米（图7-5，12）。“元丰通宝”2枚，行书1枚（M124∶2-13），旋读，直径2.4厘米（图7-5，13）；篆书1枚（M124∶2-14），旋读，直径2.4厘米（图7-5，14）。“皇宋通宝”2枚，篆书1枚（M124∶2-15），直读，直径2.4厘米（图7-5，15）；楷书1枚（M124∶2-16），直读，直径2.4厘米（图7-5，16）。“熙宁元宝”1枚（M124∶2-17），篆书，旋读。直径2.4厘米（图7-5，17）。“天圣元宝”1枚（M124∶2-18），篆书，旋读。直径2.4厘米（图7-5，18）。年号不清者5枚。

三、M180

M180位于第Ⅲ发掘区中部，T1027东南部，延伸至T0927北部，开口于耕土层下，距地表0.3

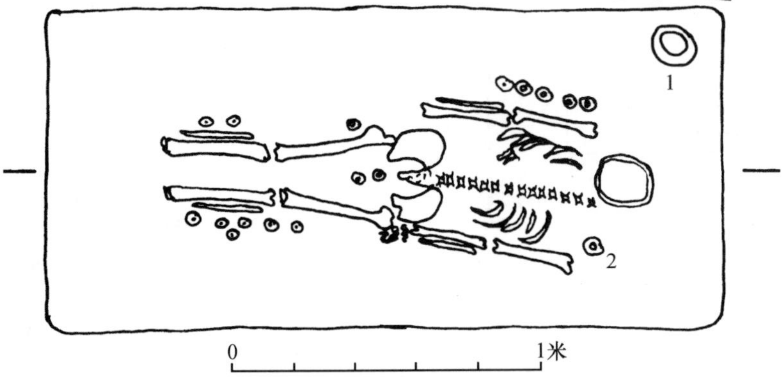

图7-3　M124平面图

1. 瓷罐　2. 铜钱

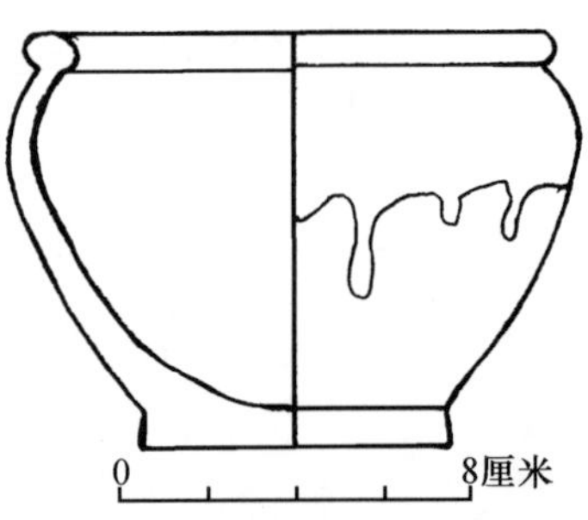

图7-4　M124出土瓷罐

（M124∶1）

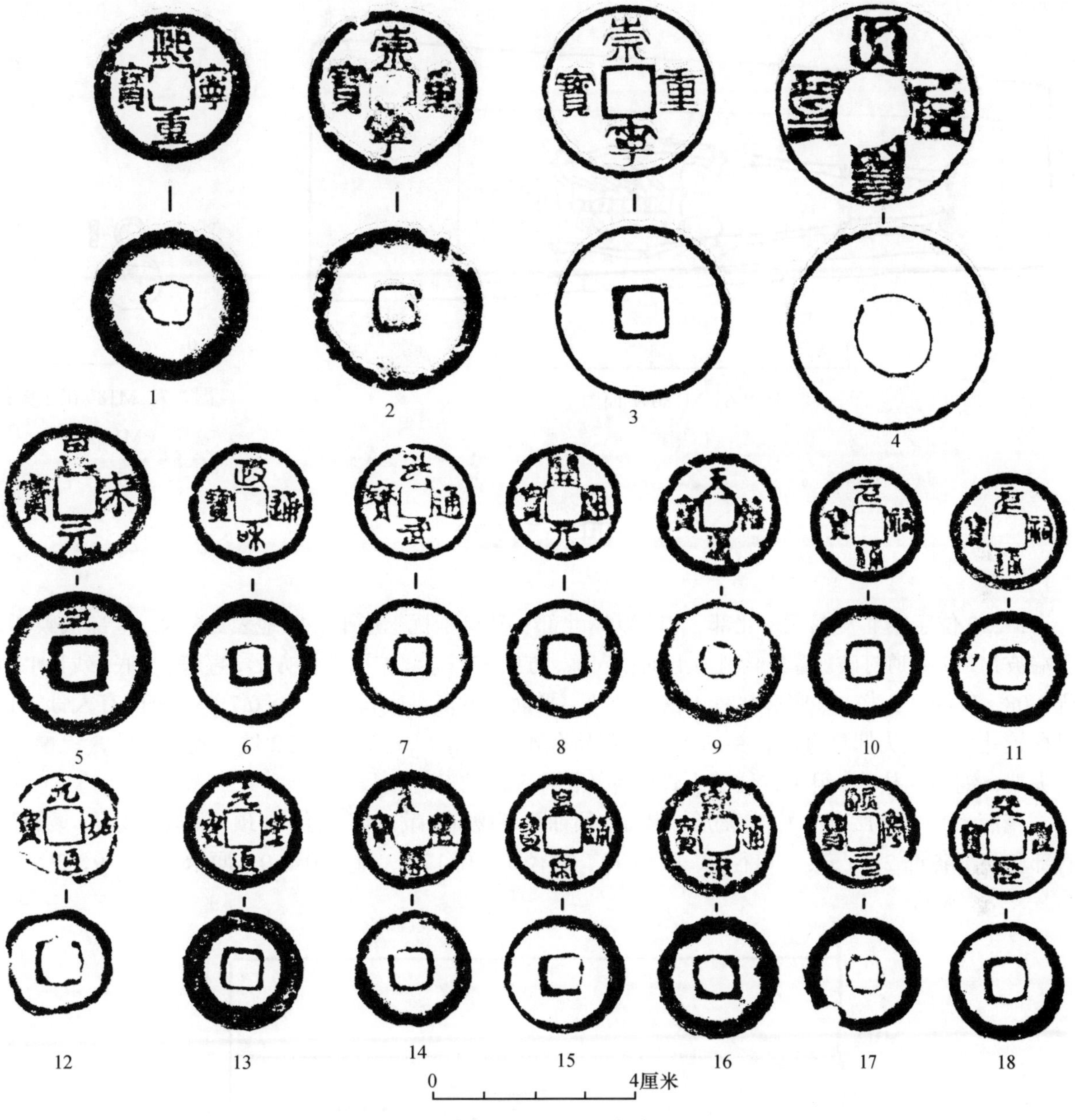

图 7-5 M124 出土钱币

1. 熙宁重宝（M124∶2-1） 2、3. 崇宁重宝（M124∶2-2、M124∶2-3） 4. 大元通宝（M124∶2-4） 5. 皇宋元宝（M124∶2-5） 6. 政和通宝（M124∶2-6） 7. 洪武通宝（M124∶2-7） 8. 开元通宝（M124∶2-8） 9. 天禧通宝（M124∶2-9） 10~12. 元祐通宝（M124∶2-10、M124∶2-11、M124∶2-12） 13、14. 元丰通宝（M124∶2-13、M124∶2-14） 15、16. 皇宋通宝（M124∶2-15、M124∶2-16） 17. 熙宁元宝（M124∶2-17） 18. 天圣元宝（M124∶2-18）

米。墓葬形制为土坑竖穴墓，方向 346°。墓圹平面呈梯形，直壁、平底，长 2.24、宽 0.6~0.8、深 1.25 米。墓内填土为黄褐色花土。墓底有葬具 1 棺，平面呈长方形，长 1.8、宽 0.44~0.56 米。棺内有人骨 1 具，女性，葬式为仰身直肢，头向北。随葬品有铜扣 2 枚，位于人骨胸部（图 7-6）。

铜扣 2 枚（M180∶1）。形制相同，圆球形，环形纽。直径 0.8、纽径 0.4 厘米（图 7-7）。

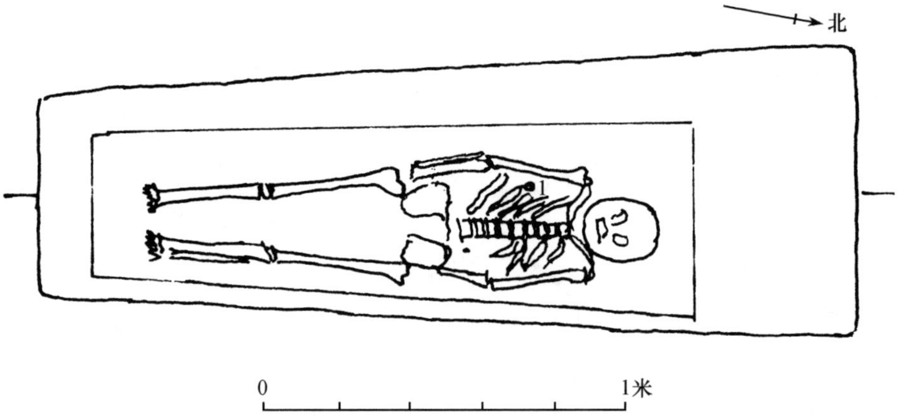

图 7-6　M180 平面图

1. 铜扣

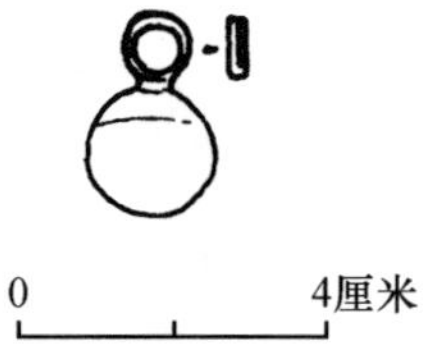

图 7-7　M180 出土铜扣（M180∶1）

四、M220

M220 位于第Ⅱ发掘区东北部，T1529 东北部，开口于扰土层下，距地表 2.6 米，上部被破坏，西端被 M212 墓道打破。墓葬形制为土坑竖穴墓，方向 83°。墓圹平面长方形，直壁、平底，残长 1.54、宽 1.08、残深 0.7 米。墓底有葬具 1 棺，已朽，平面长方形，残长 1.5、宽 0.7 米。棺内有人骨 1 具，保存较差，葬式为仰身直肢，头向东。随葬品有 4 件（组），其中瓷碗 2 件、瓷瓶 1 件，皆置于棺内头端；铜钱 3 枚（1 组），位于人骨中部（图 7-8）。

瓷瓶　1 件（M220∶1）。黄褐胎，黑釉，外釉至下腹部。敞口，圆唇，细颈，溜肩，鼓腹，矮圈足。肩部和腹部各饰 2 周凸棱。口径 7、腹径 12、底径 7、高 17.6、壁厚 0.4~0.6 厘米（图 7-9，3）。

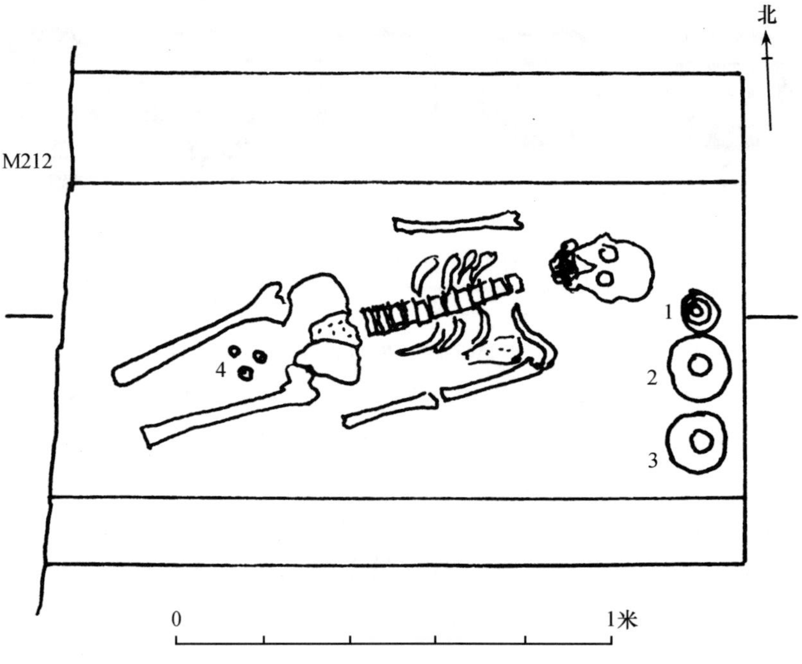

图 7-8　M220 平面图

1. 瓷瓶　2、3. 瓷碗　4. 铜钱

瓷碗　2件。M220∶2，浅黄胎，黑釉，内底有刮圈，外釉至近圈足处。敞口，深弧腹，平底，矮圈足。口径16、底径6.4、高5.2、壁厚0.3~0.4厘米（图7-9，2）。M220∶3，黄褐胎，酱釉，内底有刮圈，外釉至近圈足处。敞口，深弧腹，平底，矮圈足。口径17.2、底径6、高6.4、壁厚0.4~0.5厘米（图7-9，1）。

铜钱　3枚。“咸平元宝”1枚（M220∶4-1），楷书，旋读。直径2.4厘米（图7-10，1）。“元丰通宝”1枚（M220∶4-2），篆书，旋读。直径2.4厘米（图7-10，2）。“皇宋通宝”1枚（M220∶4-3），篆书，直读，花穿。直径2.4厘米（图7-10，3）。

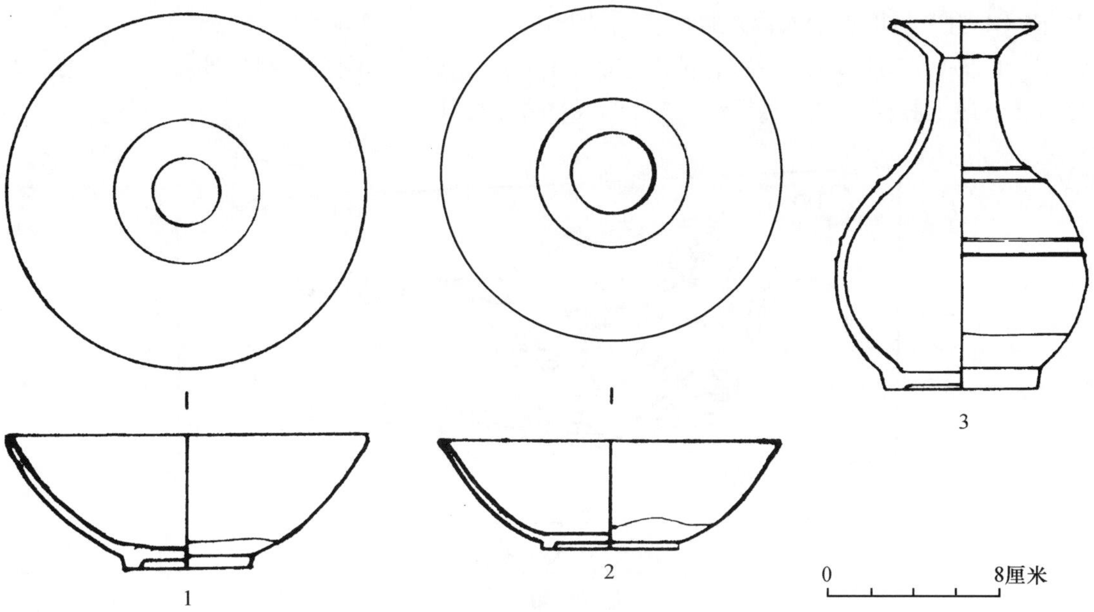

图7-9　M220出土器物

1、2. 瓷碗（M220∶3、M220∶2）　3. 瓷瓶（M220∶1）

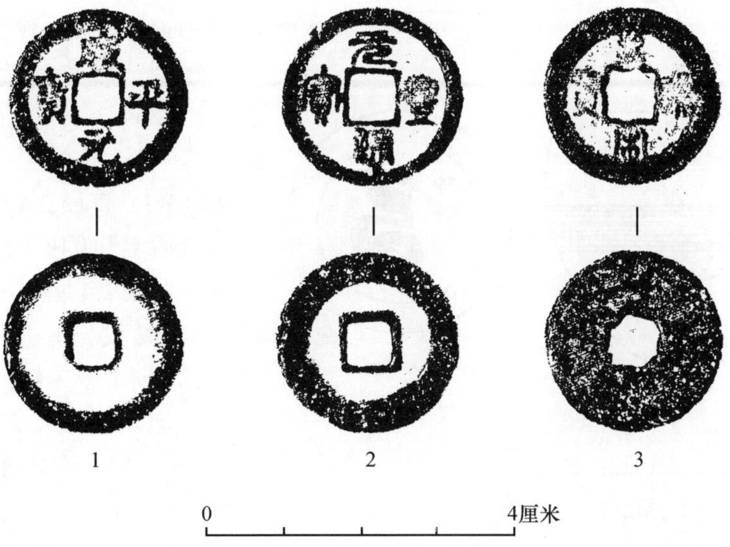

图7-10　M220出土钱币

1. 咸平元宝（M220∶4-1）　2. 元丰通宝（M220∶4-2）　3. 皇宋通宝（M220∶4-3）

五、M264

M264位于第Ⅴ发掘区中部，T2117西北部，开口于扰土层下，距地表2.2米，被破坏至底，打破M272。墓葬形制为土坑竖穴墓，方向8°。墓圹平面呈梯形，直壁、平底，长1.9、宽0.6~0.8、残深0.16米。墓内填土呈黄褐色，土质略松，内含红土块、淤土及料姜石。墓底有人骨1具，无葬具，葬式为仰身直肢，头向北。随葬品有3件（组），其中瓷瓶1件、陶盅1件，均置于墓室东北角；铜钱19枚（1组），均置于人骨架腹部（图7-11）。

瓷瓶　1件（M264∶1）。青釉，釉不包底。口残，垂腹，矮圈足。圈足外底有一墨书“冯”字。残高约16.5、最大腹径15.3、底径约7.5厘米（图7-12，1）。

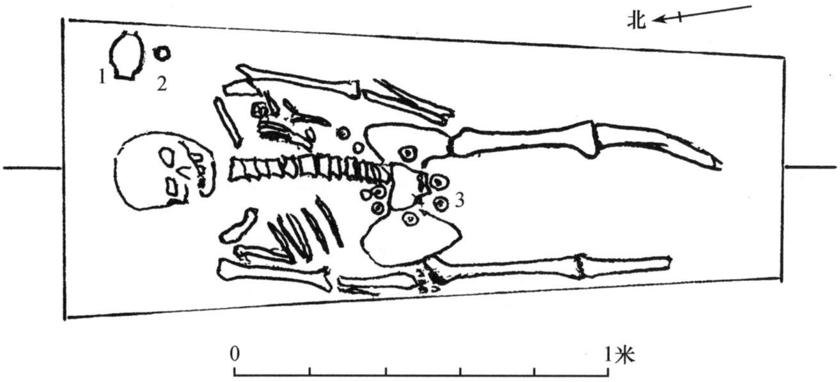

图7-11　M264平面图

1. 瓷瓶　2. 陶盅　3. 铜钱

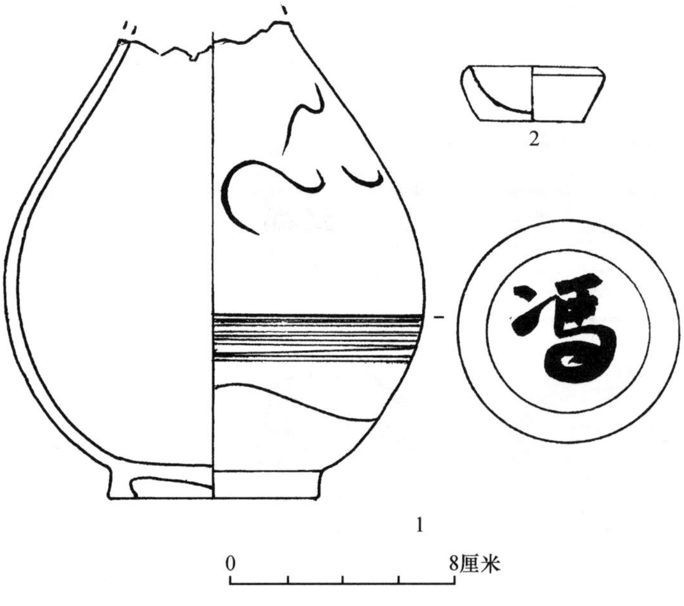

图7-12　M264出土器物

1. 瓷瓶（M264∶1）　2. 陶盅（M264∶2）

陶盅　1件（M264∶2）。红褐陶。敞口，尖唇，弧腹，平底。口径5.2、底径3.6、高2.3厘米（图7-12，2）。

铜钱　19枚。“弘治通宝”4枚，楷书，直读。M264∶3-1~4，直径2.4厘米（图7-13，1~4）。“祥符通宝”2枚，楷书，旋读。M264∶3-5，直径2.4厘米（图7-13，5）。“大观通宝”1枚（M264∶3-6），楷书，直读。直径2.4厘米（图7-13，6）。“天禧通宝”2枚，楷书，旋读。M264∶3-7，直径2.3厘米（图7-13，7）。“祥符元宝”2枚，楷书，旋读。M264∶3-8，直径2.3厘米（图7-13，8）。“元丰通宝”2枚，行书1枚（M264∶3-9），旋读，直径2.4厘米（图7-13，9）；篆书1枚（M264∶3-10），旋读，直径2.4厘米（图7-13，10）。“政和通宝”1枚（M264∶3-11），篆书，直读。直径2.4厘米（图7-13，11）。“元符通宝”1枚（M264∶3-12），行书，旋读。直径2.3厘米（图7-13，12）。“至道元宝”1

枚（M264∶3-13），楷书，旋读。直径 2.4 厘米（图 7-13，13）。“圣宋元宝”1 枚（M264∶3-14），行书，旋读。直径 2.4 厘米（图 7-13，14）。“皇宋通宝”1 枚（M264∶3-15），篆书，直读。直径 2.4 厘米（图 7-13，15）。“宣和通宝”1 枚，楷书，直读。直径 2.3 厘米。

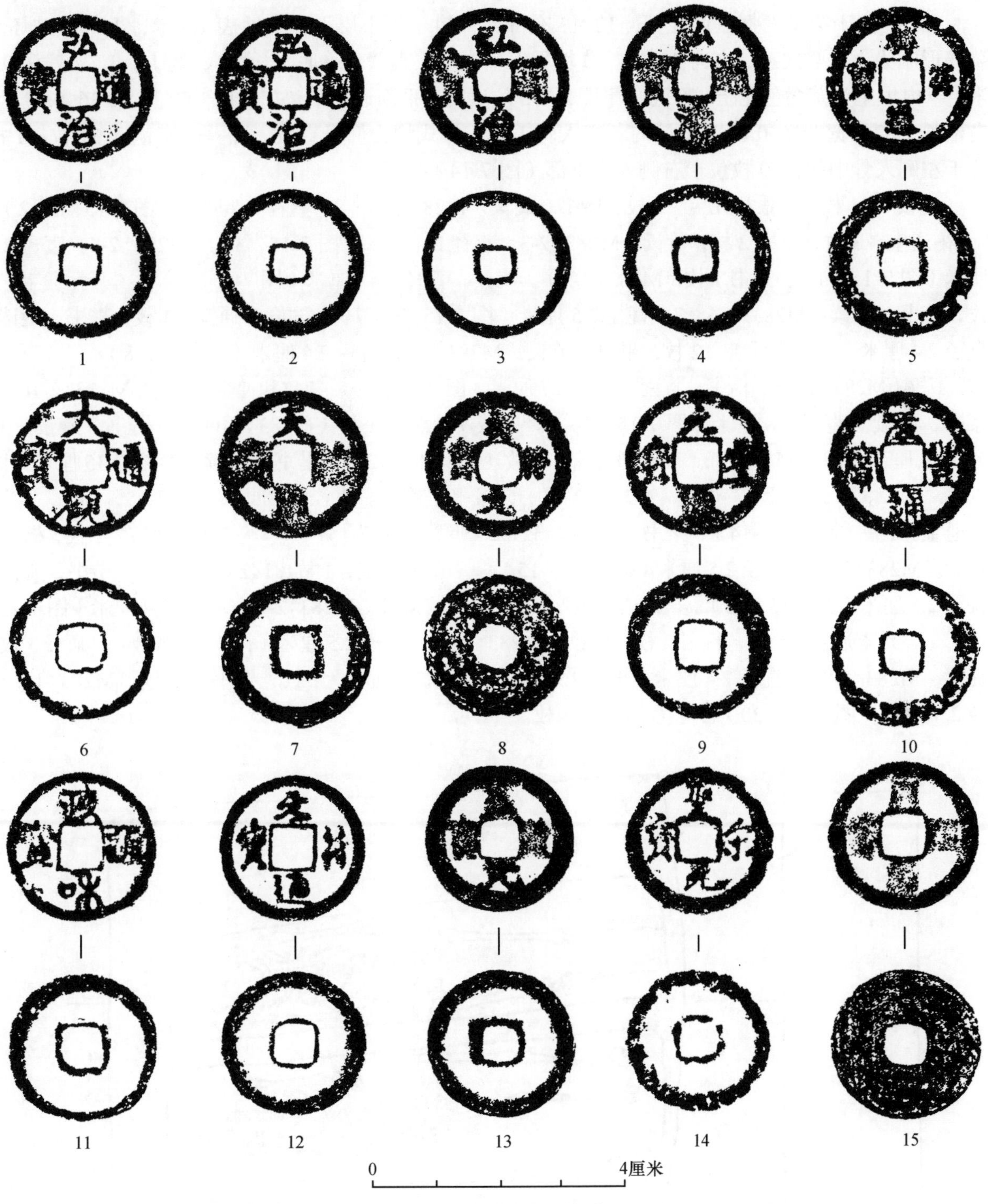

图 7-13　M264 出土钱币

1~4. 弘治通宝（M264∶3-1、M264∶3-2、M264∶3-3、M264∶3-4）　5. 祥符通宝（M264∶3-5）　6. 大观通宝（M264∶3-6）　7. 天禧通宝（M264∶3-7）　8. 祥符元宝（M264∶3-8）　9、10. 元丰通宝（M264∶3-9、M264∶3-10）　11. 政和通宝（M264∶3-11）　12. 元符通宝（M264∶3-12）　13. 至道元宝（M264∶3-13）　14. 圣宋元宝（M264∶3-14）　15. 皇宋通宝（M264∶3-15）

六、M283

M283位于第Ⅴ发掘区西北部，T2213东部，开口于扰土层下，距地表1.9米，上部被破坏。墓葬形制为土坑竖穴墓，方向289°。墓圹平面呈梯形，直壁、平底，长2.1、宽1.4~1.7、残深0.5米。墓内填土为黄褐色花土。墓底有葬具2棺，均已朽，平面近梯形，左棺长1.82、宽0.36~0.46米，右棺长1.82、宽0.36~0.44米。棺内各有人骨1具，葬式均为仰身直肢。随葬品有铜钱31枚，1枚位于左侧人骨中部，30枚位于右侧人骨中部（图7-14）。

铜钱 31枚。“景祐元宝”2枚，楷书，旋读。M283∶2-1、2，直径2.5厘米（图7-15，1、2）。“元祐通宝”3枚，行书2枚，旋读，M283∶2-3，直径2.4厘米（图7-15，3），M283∶2-4，直径2.5厘米（图7-15，4）；篆书1枚（M283∶2-5），旋读，直径2.45厘米（图7-15，5）。“开元通宝”2枚，楷书，直读。M283∶2-6、7，直径2.5厘米（图7-15，6、7）。“熙宁通宝”1枚，楷书，旋读。直径2.4厘米。“熙宁元宝”2枚，楷书，旋读。M283∶2-8，直径2.4厘米（图7-15，8）。“宣和通宝”1枚（M283∶2-9），楷书，直读。直径2.7厘米（图7-15，9）。“政和通宝”1枚（M283∶2-10），篆书，直读。直径2.8厘米（图7-15，10）。“咸平元宝”1枚（M283∶2-11），楷书，旋读。直径2.35厘米（图7-15，11）。“至道元宝”1枚（M283∶2-12），楷书，旋读。直径2.35厘米（图7-15，12）。“天圣元宝”1枚（M283∶2-13），篆书，旋读。直径2.5厘米（图7-15，13）。“万历通宝”1枚（M283∶2-14），楷书，直读。直径2.4厘米（图7-15，14）。“祥符通宝”2枚，楷书，旋读。M283∶2-15，直径2.5厘米（图7-15，15）。“嘉祐元宝”1枚（M283∶2-16），楷书，旋读。直径2.5厘米（图7-15，16）。“天禧通宝”2枚，楷书，旋读。M283∶2-17，直径2.4厘米（图7-15，17）。“元丰通宝”5枚，行书2枚，旋读，M283∶2-18，直径2.5厘米（图7-15，18）；篆书3枚，旋读，M283∶2-19，直径2.4厘米（图7-15，19）。“嘉祐通宝”1枚，楷书，直读。M283∶1，直径2.4厘米（图7-15，20）。年号不清者4枚。

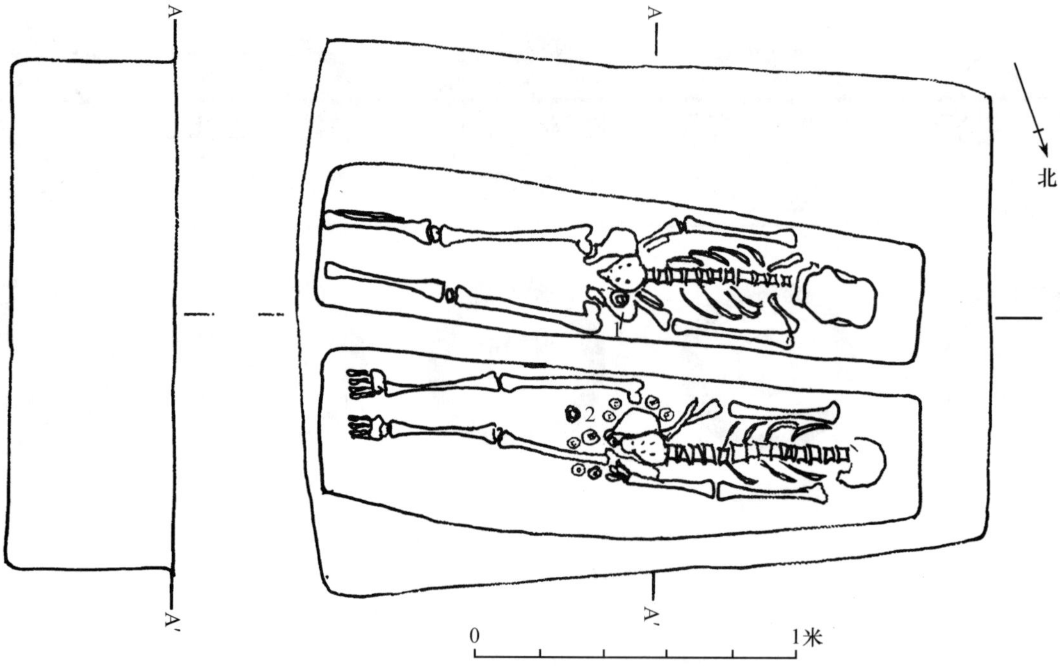

图7-14 M283平、剖面图
1、2. 铜钱

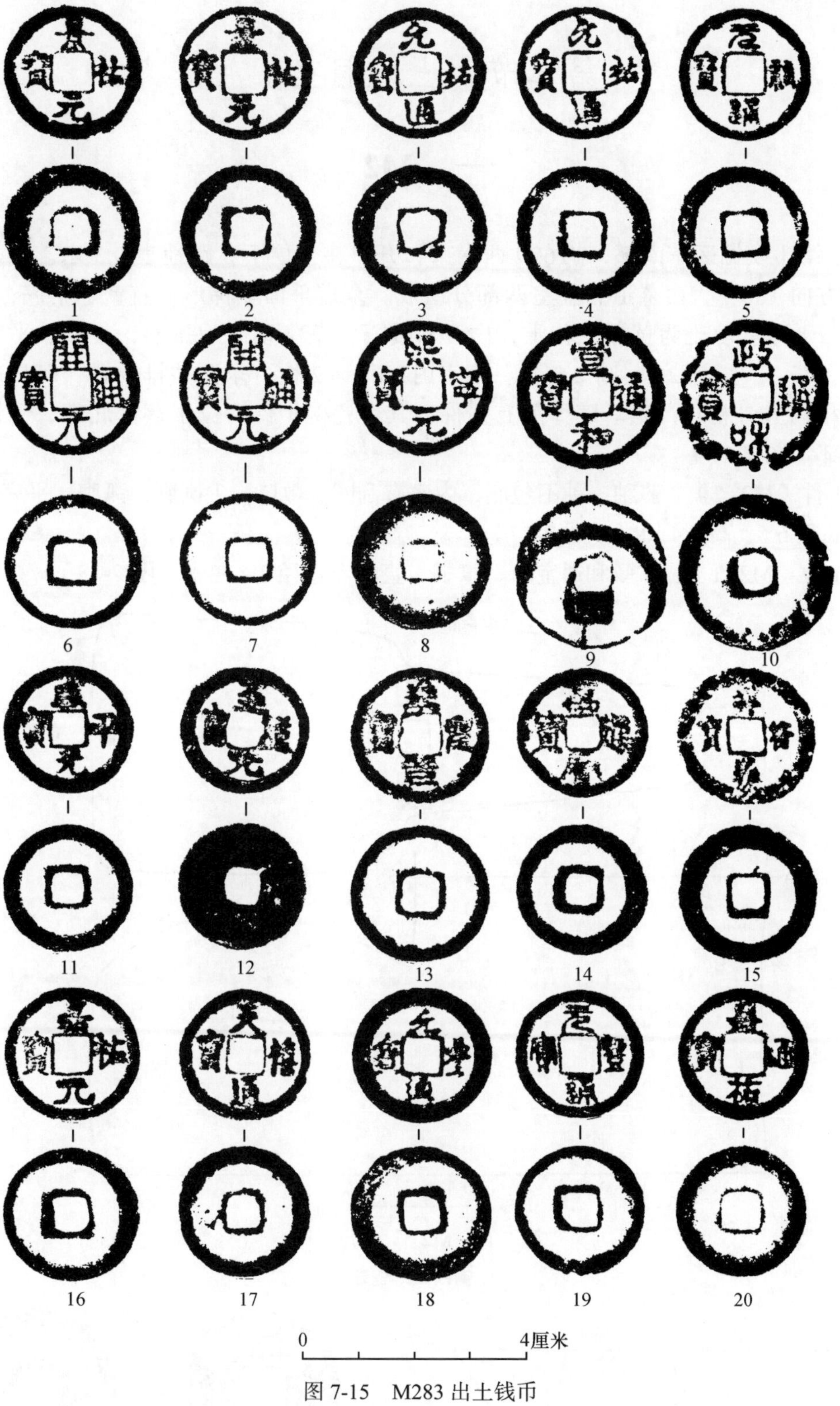

图 7-15 M283 出土钱币

1、2. 景祐元宝（M283∶2-1、M283∶2-2） 3~5. 元祐通宝（M283∶2-3、M283∶2-4、M283∶2-5） 6、7. 开元通宝（M283∶2-6、M283∶2-7） 8. 熙宁元宝（M283∶2-8） 9. 宣和通宝（M283∶2-9） 10. 政和通宝（M283∶2-10） 11. 咸平元宝（M283∶2-11） 12. 至道元宝（M283∶2-12） 13. 天圣元宝（M283∶2-13） 14. 万历通宝（M283∶2-14） 15. 祥符通宝（M283∶2-15） 16. 嘉祐元宝（M283∶2-16） 17. 天禧通宝（M283∶2-17） 18、19. 元丰通宝（M283∶2-18、M283∶2-19） 20. 嘉祐通宝（M283∶1）

第二节 土坑洞室墓

一、M2

M2位于第Ⅰ发掘区东南部，T1629西南部，开口耕土层下，距地表0.3米。墓葬形制为土坑洞室墓，方向186°，由墓道和墓室两部分组成。墓道平面呈梯形，直壁、平底，长3.4、宽0.8~1.4、深2.8米。填土为黄褐色花土，内含料姜石。墓室顶部为弧形，直壁、平底，底部平面近长方形，长3、宽2~2.4、高2.5米。墓室内有葬具2棺，东西并排放置，腐朽严重，仅存少量灰痕。棺内人骨粉化严重。随葬品有2件，其中瓷碗1件，位于墓室北部；铜钱1枚，位于墓室西北部（图7-16）。

瓷碗 1件（M2∶2）。酱釉，釉不包底，内底有刮圈。敞口，尖圆唇，弧腹，平底，矮圈足。口径16.2、底径6.6、高6.4厘米（图7-17）。

铜钱 1枚（M2∶1）。“政和通宝”，隶书，直读。直径2.4厘米（图7-18）。

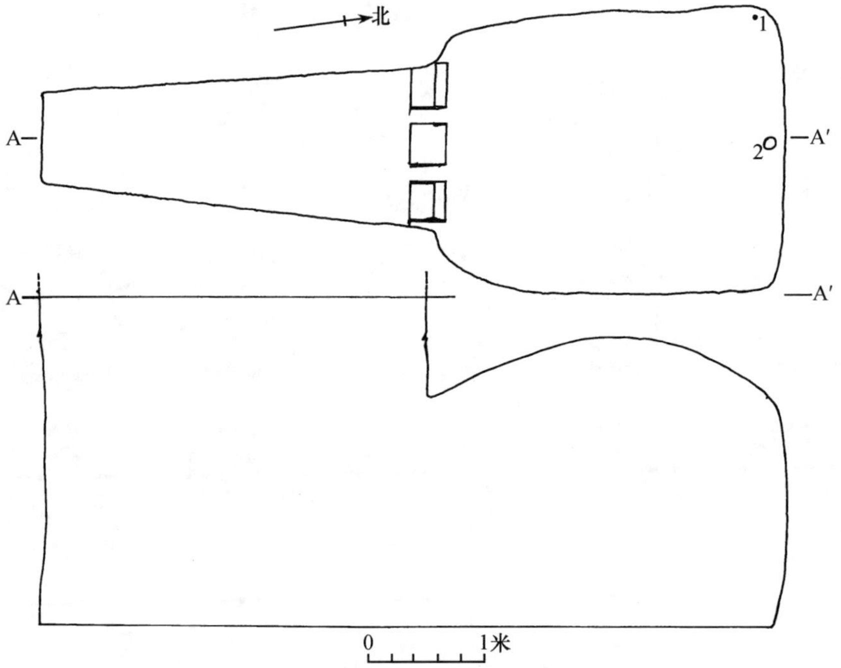

图7-16 M2平、剖面图
1. 铜钱 2. 瓷碗

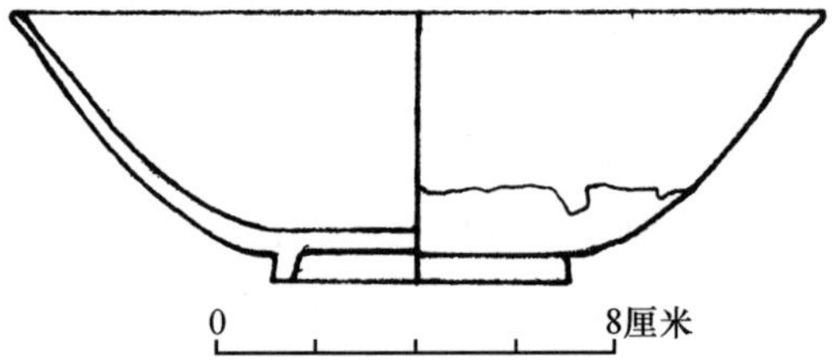

图7-17 M2出土瓷碗（M2∶2）

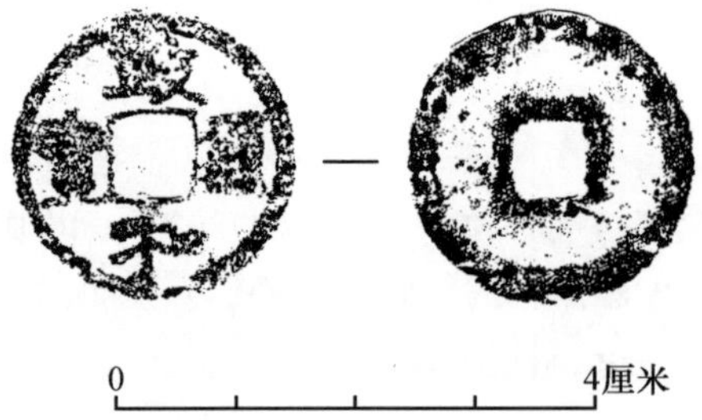

图7-18 M2出土政和通宝（M2∶1）

二、M4

M4位于第Ⅰ发掘区西南部，T1823东北角，延伸到T1824内，开口于耕土层下，距地表0.3米，上部被破坏。墓葬形制为土坑洞室墓，方向190°，由墓道和墓室两部分组成。墓道位于墓室的南部，残存部分平面呈梯形，直壁、底部略有斜坡，长2.4、宽0.66~0.86、残深0.98~1.3米。填土呈黄褐色，内含许多红土块、淤土及料姜石。墓室为弧顶、已坍塌，直壁、平底，底部平面近梯形，长2.6、宽0.86~2、残高1.34米。墓室内有葬具2棺，均已腐朽，平面均呈梯形，西棺长1.98、宽0.5~0.7米；东棺长2、宽0.44~0.68米。西棺内有人骨1具，保存较好，葬式为仰身直肢，头向北；东棺内无人骨。随葬品有7件（组），其中灯盏1件、铜钱1枚，发现于墓室东南角的填土内；铜钱6枚（1组）置于西棺内；瓷碗3件、瓷瓶1件，置于西棺南侧靠墓壁处；铜镜1件，置于东棺中部（图7-19；图版12-1）。

瓷碗　3件。M4:2，浅黄褐胎，酱釉，釉不包底，内底有刮圈。敞口，尖圆唇，斜直壁，深腹，宽平圈足，足内壁略低，足底较平。口径17.2、底径6.4、高6.4、壁厚0.4~0.6厘米（图7-20，1）。M4:3，乳白胎，酱釉，釉不包底，内底有刮圈。敞口，尖圆唇，深弧腹，宽平圈足，足内壁略低，足底较平。口径16.4、底径6、高5.8、壁厚0.3~0.5厘米（图7-20，2）。M4:5，乳白胎，酱釉，

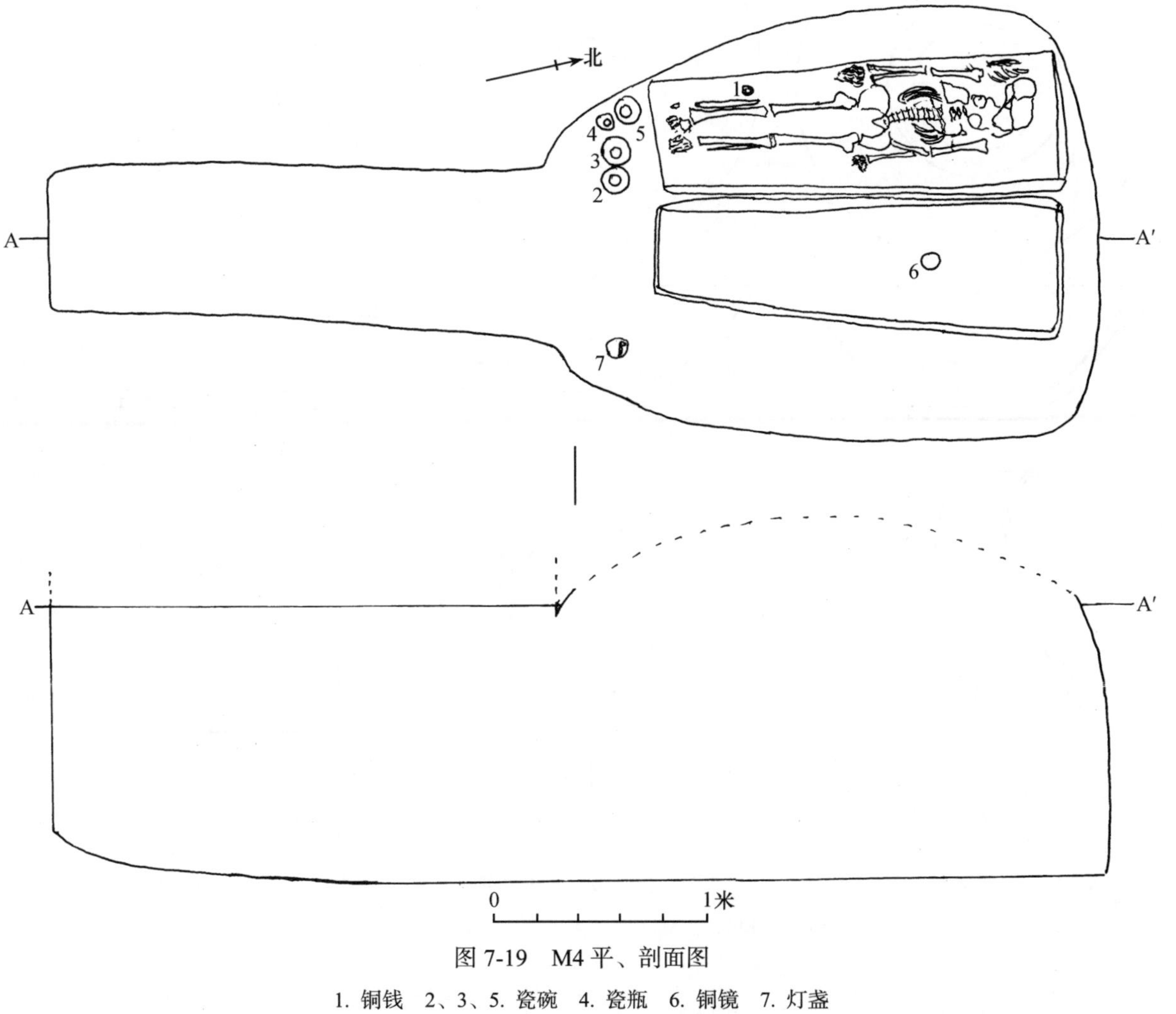

图7-19　M4平、剖面图

1. 铜钱　2、3、5. 瓷碗　4. 瓷瓶　6. 铜镜　7. 灯盏

釉不包底，内底有刮圈。敞口，尖圆唇，浅弧腹，宽圈足，足内壁略低，足底较平。口径 28、底径 7.2、高 7、壁厚 0.3~0.5 厘米（图 7-20，3）。

瓷瓶 1 件（M4∶4）。灰白胎，茶绿色釉，釉不包底。敞口，方唇，细长颈，圆腹下垂，矮圈足、内低于外。颈中部和腹上部各饰 2 周凸棱。口径 5.8、腹径 11、底径 6、高 16.8、壁厚 0.4 厘米（图 7-20，4）。

灯盏 1 件（M4∶7）。浅黄胎，酱釉，釉不包底。敞口，浅腹，圜底，片状把手。靠近把手的沿面上饰小花。口径 9~9.6、高 3.4 厘米（图 7-20，5）。

铜钱 7 枚。“咸平元宝”2 枚，楷书，旋读。M4∶1~1，直径 2.5 厘米（图 7-21，1）。“天禧通宝”1 枚（M4∶1-2），楷书，旋读。直径 2.4 厘米（图 7-21，2）。“元丰通宝”3 枚，篆书 2 枚，旋读，M4∶1-3，直径 2.4 厘米（图 7-21，3）；行书 1 枚（M4∶1-4），旋读，直径 2.5 厘米（图 7-21，4）。年号不清者 1 枚。

铜镜 1 件（M4∶6）。“为善最乐”镜。圆形、银铤纽。纽左右两侧各有铭文：右侧“为善”，左侧“最乐”。素窄缘，缘边上卷。镜面微凸。直径 8.2、缘厚 0.4 厘米（图 7-22，1；图版 32-1）。

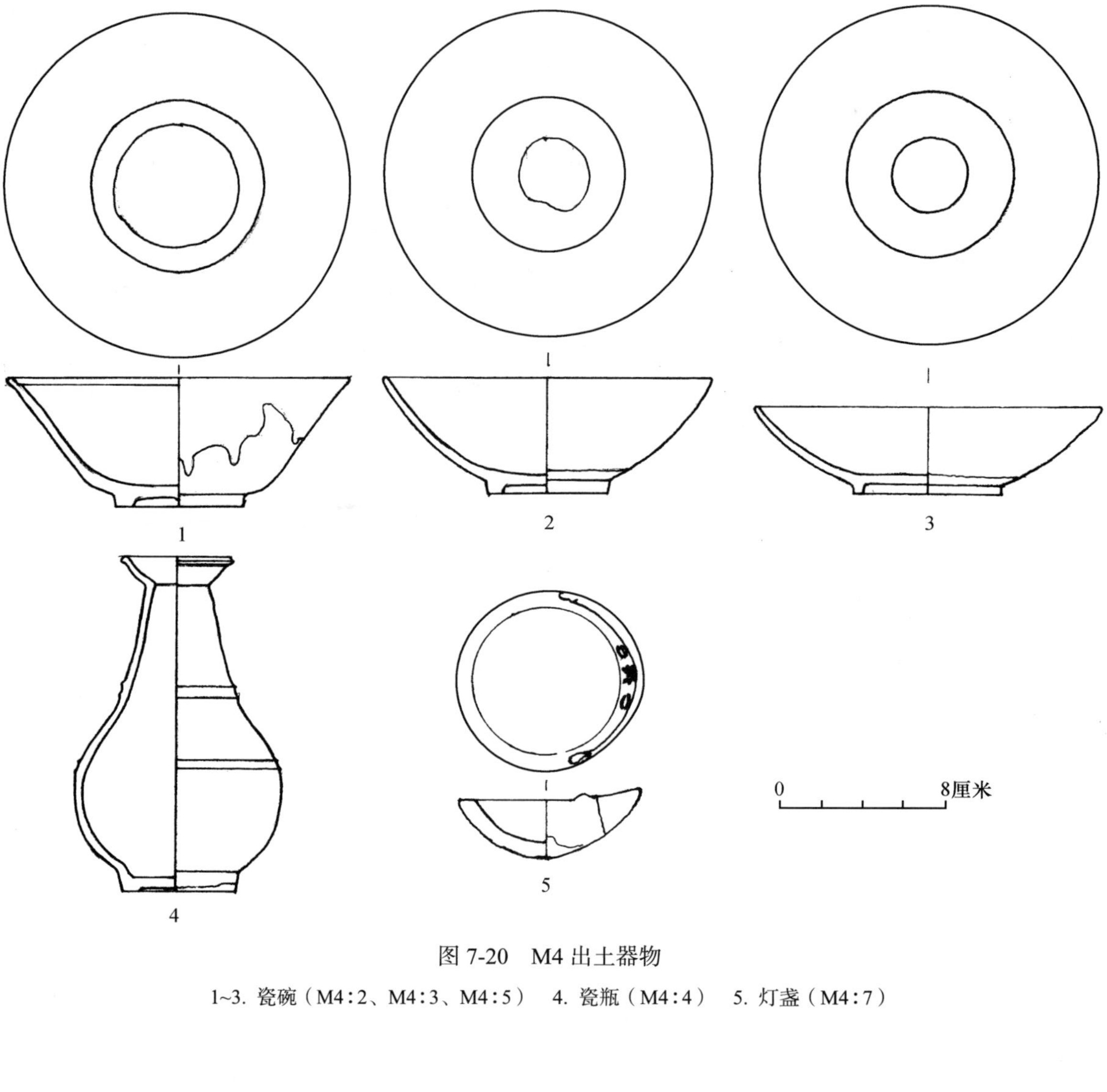

图 7-20　M4 出土器物

1~3. 瓷碗（M4∶2、M4∶3、M4∶5）　4. 瓷瓶（M4∶4）　5. 灯盏（M4∶7）

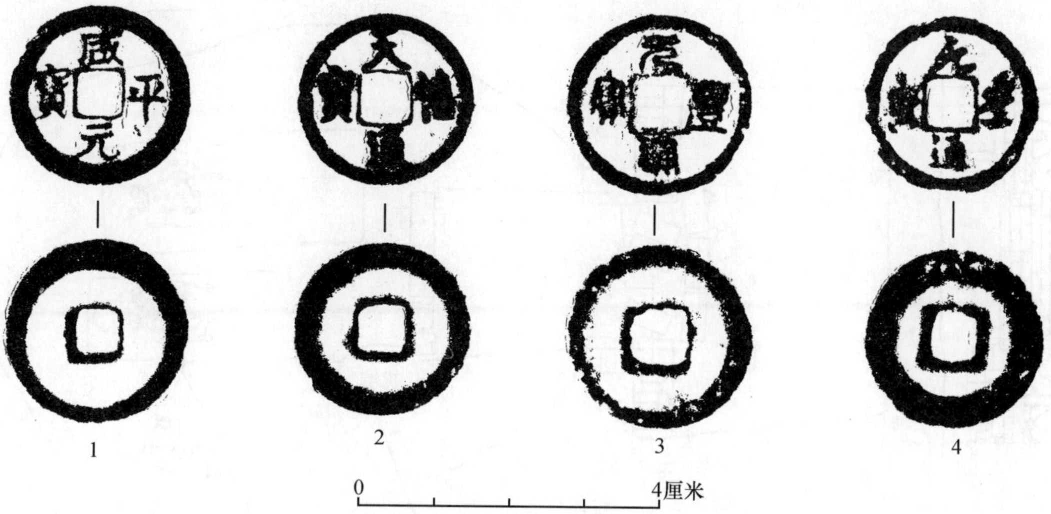

图 7-21　M4 出土钱币

1. 咸平元宝（M4∶1-1）　2. 天禧通宝（M4∶1-2）　3、4. 元丰通宝（M4∶1-3、M4∶1-4）

三、M8

图 7-22　M4 出土铜镜（M4∶6）

M8 位于第Ⅰ发掘区西北部，T2024 东北部，开口于耕土层下，距地表 0.3 米，被破坏至底。墓葬形制为土坑洞室墓，方向 177°，由墓道、墓门、甬道和墓室组成。墓道残存部分平面呈梯形，直壁、平底，长 1.14、宽 1.8~1.92、残深 0.24 米。填土呈灰褐色，土质疏松，含红土块、淤土及料姜石。墓门为砖砌仿木式门楼，只残存最下部分，宽 1.92、残高 0.7 米。门洞宽 0.74 米。门框两侧下部用砖砌出基座，基座中间雕砌出壶门。基座上砌出立颊、榑柱、倚柱等。门洞用青砖砌筑两重封门墙，砌筑方式一致，均为先斜向平铺两层、再横向错缝平铺两层，依次交替砌成，残高 0.54 米。甬道宽、残高与门洞一致，进深 0.52 米，两壁外侧用单砖错缝平砌、内侧用侧立砖贴砌。墓室仅残余底部，平面近椭圆形，长径 3.2、短径 2.6、残高 0.66 米。墓底设棺床，平面呈倒“凹”字形，高 0.4 米，南缘用砖砌呈须弥座。墓室内有葬具 2 棺，东西并排放置，均已朽，平面均为长方形，西棺长 1.44、宽 0.62 米；东棺残长 1.06、宽 0.46 米。棺内各有人骨 1 具，保存较差，葬式均为仰身直肢，头向北。随葬品有 3 件（组），其中铜钱 12 枚（1 组），置于西棺人骨腹部；瓷罐 1 件、瓷碗 1 件，置于墓室北部（图 7-23）。

瓷罐　1 件（M8∶1）。灰白胎，酱釉。敛口，圆唇，鼓腹，平底，矮圈足。口径 13、底径 9.6、高 14.6 厘米（图 7-24，1）。

瓷碗　1 件（M8∶2）。浅黄褐胎，黑釉，釉不包底，内底有刮圈。敞口，尖唇，深腹，斜直壁，

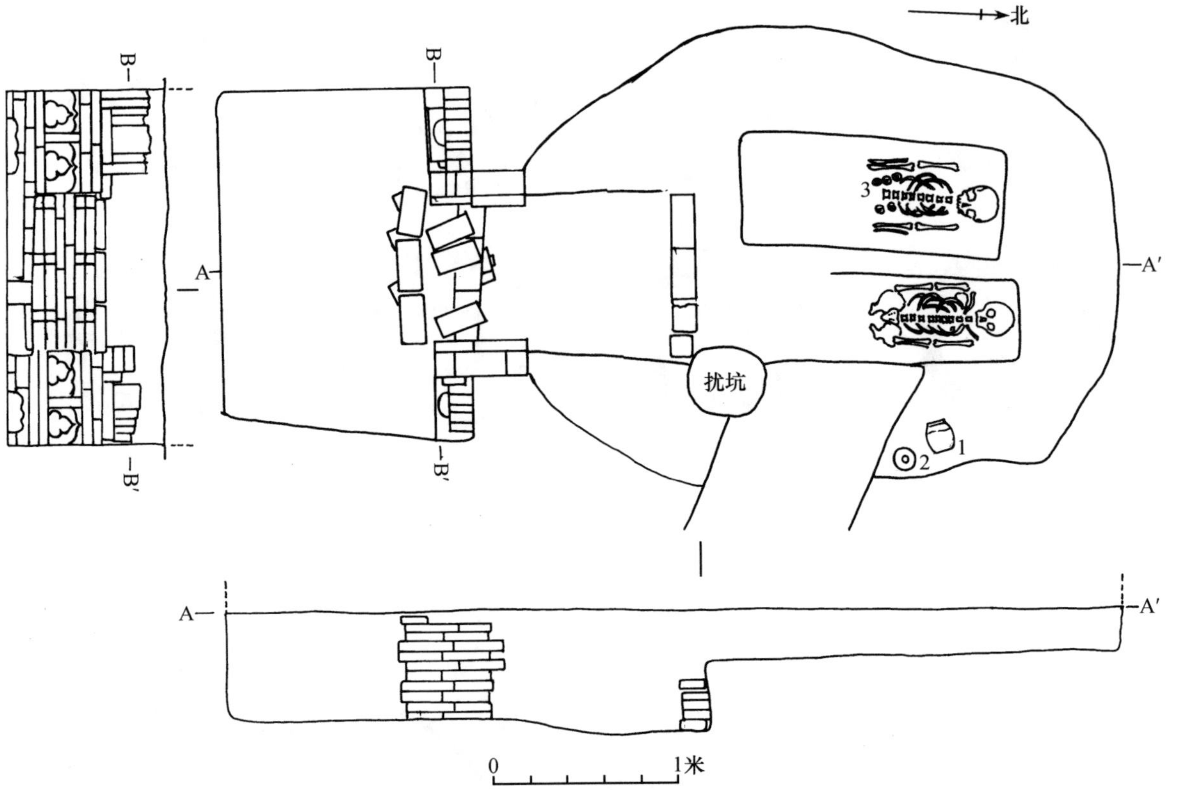

图 7-23　M8 平、剖面图

1. 瓷罐　2. 瓷碗　3. 铜钱

平底，矮圈足。口径 15.2、底径 5.6、高 5.2、壁厚 0.3~0.4 厘米（图 7-24，2）。

铜钱　12 枚。“洪武通宝”1 枚（M8∶3-1），楷书，直读。直径 2.4 厘米（图 7-25，1）。“治平元宝”1 枚（M8∶3-2），楷书，旋读。直径 2.3 厘米（图 7-25，2）。“天禧通宝”2 枚，楷书，旋读。M8∶3-3、4，直径均 2.45 厘米（图 7-25，3、4）。“皇宋通宝”2 枚，篆书 1 枚（M8∶3-5），直读，直径 2.5 厘米（图 7-25，5）；楷书 1 枚（M8∶3-6），直径 2.5 厘米（图 7-25，6）。“元丰通宝”2 枚，行书 1 枚（M8∶3-7），旋读，直径 2.3 厘米（图 7-25，7）；篆书 1 枚（M8∶3-8），旋读，直径 2.9 厘米（图 7-25，8）。“天圣元宝”1 枚（M8∶3-9），篆书，旋读。直径 2.5 厘米（图 7-25，9）。“嘉祐通宝”1 枚（M8∶3-10），楷书，直读。直径 2.35 厘米（图 7-25，10）。“景祐元宝”1 枚（M8∶3-11），花穿，楷书，旋读。直径 2.35 厘米（图 7-25，11）。年号不清者 1 枚。

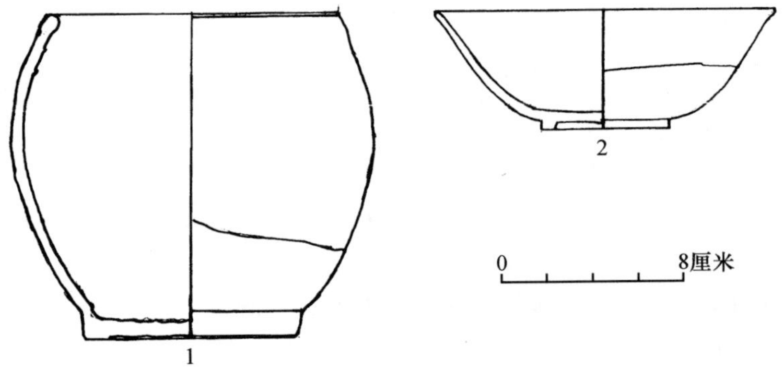

图 7-24　M8 出土器物

1. 瓷罐（M8∶1）　2. 瓷碗（M8∶2）

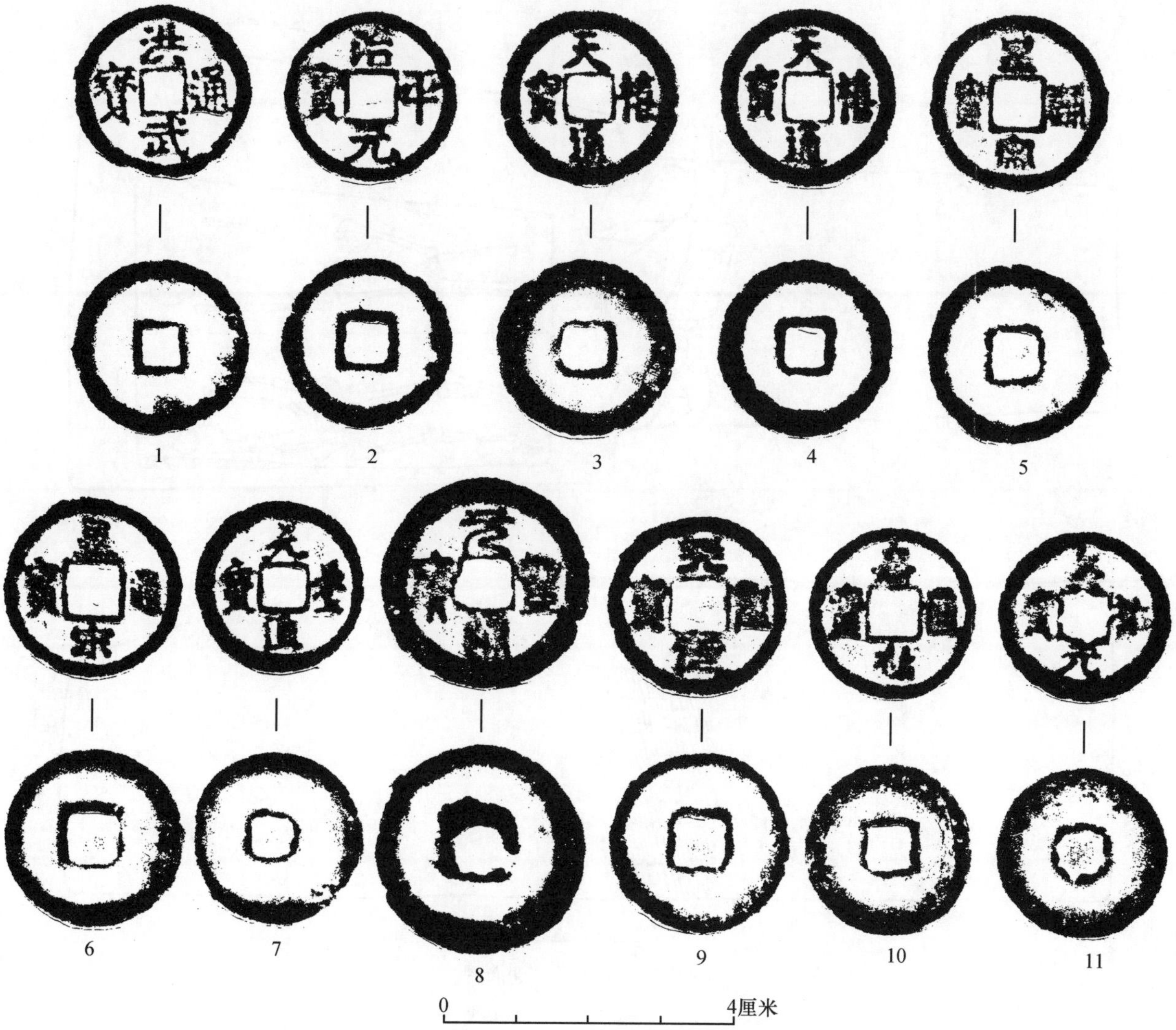

图 7-25　M8 出土钱币

1. 洪武通宝（M8：3-1）　2. 治平元宝（M8：3-2）　3、4. 天禧通宝（M8：3-3、M8：3-4）　5、6. 皇宋通宝（M8：3-5、M8：3-6）　7、8. 元丰通宝（M8：3-7、M8：3-8）　9. 天圣元宝（M8：3-9）　10. 嘉祐通宝（M8：3-10）　11. 景祐元宝（M8：3-11）

四、M9

M9 位于第 I 发掘区的南部，T1928 的北部，开口于耕土层下，距地表 0.2 米。墓葬形制为土坑洞室墓，方向 189°，由墓道、墓门和墓室三部分组成。墓道平面呈长方形，长 2.2、宽 1~1.2、深 1.2 米。填土呈红褐色，结构疏松，包含黄褐色土块、少量料姜石等。墓门高 1、宽 1.2 米。墓室为弧顶（坍塌），直壁、平底，平面呈梯形，长 2.4、宽 1.6~2、高 1.2 米。墓室内有葬具 2 棺，已朽，东西并列排放。东棺平面呈长方形，长 1.82、宽 0.58 米；西棺墓圹平面呈长方形，长 1.82、宽 0.52~0.7 米。棺内各有人骨 1 具，葬式为仰身直肢，头向北。随葬品有 5 件（组），铜钱 5 枚（1 组），放置于右侧人骨下肢处；铁犁铧 1 件，放置于墓室西侧；瓷碗 2 件，放置于墓门北侧；鹅卵石 1 块，位于右侧人骨下肢处（图 7-26）。

铁犁铧　1 件（M9：3）。断面呈菱形。

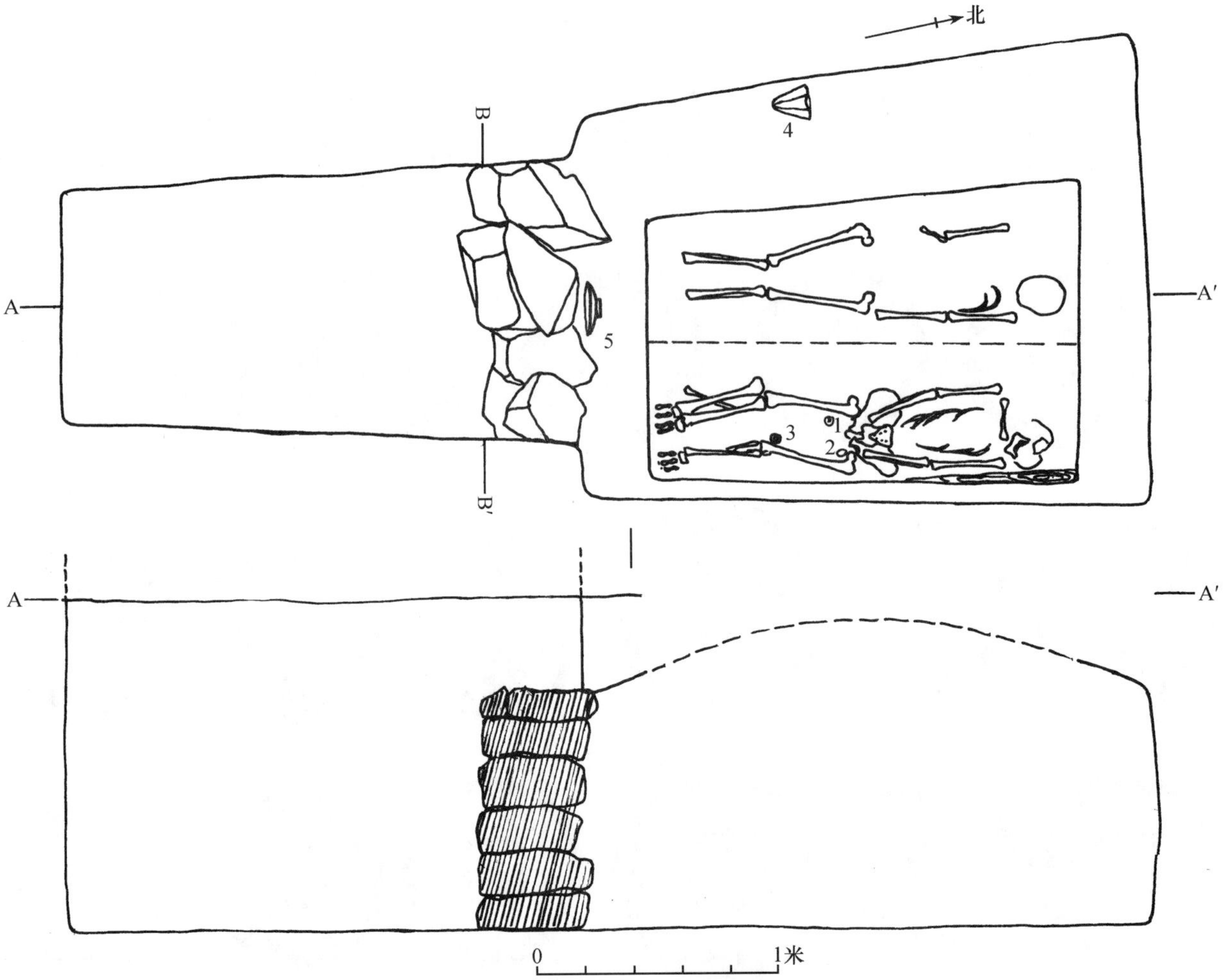

图 7-26　M9 平、剖面图

1、3. 铜钱　2. 鹅卵石　4. 铁犁铧　5. 瓷碗

瓷碗　2 件。M9∶5，浅黄胎，酱釉，釉不包底，内底有刮圈。敞口，尖唇，深腹，斜直壁，平底圈足。口径 17.2、底径 6.4、高 5.4、壁厚 0.4~0.5 厘米（图 7-27）。M9∶4 形制同 M9∶5。

鹅卵石　1 块（M9∶2）。卵圆形。长约 4 厘米。

铜钱　5 枚。“元祐通宝”1 枚（M9∶1-1），行书，旋读。直径 2.4 厘米（图 7-28，1）。“皇宋通宝”1 枚（M9∶1-2），楷书，直读。直径 2.4 厘米（图 7-28，2）。“至和通宝”1 枚（M9∶1-3），楷书，直读。直径 2.4 厘米（图 7-28，3）。“政和通宝”1 枚（M9∶1-4），篆书，直读。直径 2.4 厘米（图 7-28，4）。“治平元宝”1 枚（M9∶1-5），楷书，旋读。直径 2.4 厘米（图 7-28，5）。

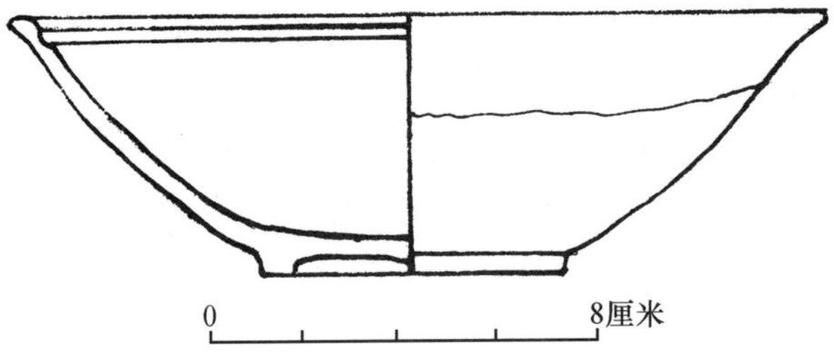

图 7-27　M9 出土瓷碗（M9∶5）

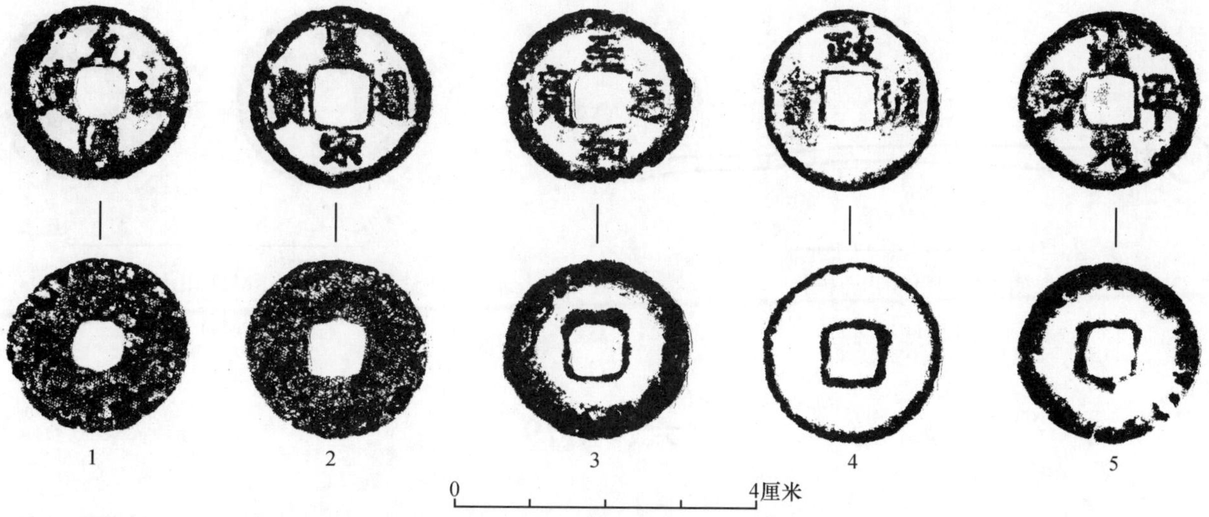

图 7-28　M9 出土钱币

1. 元祐通宝（M9∶1-1）　2. 皇宋通宝（M9∶1-2）　3. 至和通宝（M9∶1-3）　4. 政和通宝（M9∶1-4）　5. 治平元宝（M9∶1-5）

五、M11

M11位于第Ⅰ发掘区中部，T1927西北部，开口于耕土层下，距地表约0.2米。墓葬形制为土坑洞室墓，方向178°，由墓室和墓道两部分组成。墓道位于墓室的南部，墓道平面呈长方形，直壁、平底，长2、宽1、残深0.2米。填土为黄褐色花土，颗粒粗糙，结构略疏松。墓室为弧顶（坍塌），直壁、平底，平面近长方形形，长2.5、宽1.5、残深0.2米。墓室内有葬具1棺，平面呈长方形，长1.8、宽0.8米。棺内有人骨1具，保存较差。随葬品有2件，铜簪1件、铜钱1枚，均位于棺内人骨头部（图7-29）。

铜簪　1件（M11∶1）。环首，圆格，体尖长。长约19.6厘米（图7-30）。

铜钱　1枚（M11∶2）。“熙宁元宝”，篆书，旋读。直径2.4厘米（图7-31）

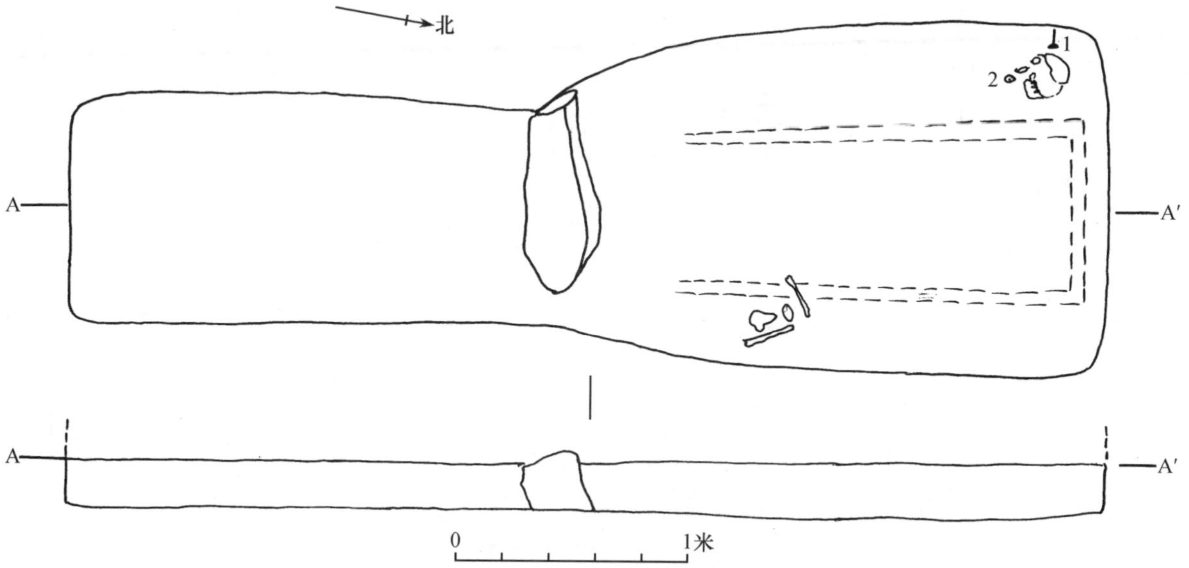

图 7-29　M11 平、剖面图

1. 铜簪　2. 铜钱

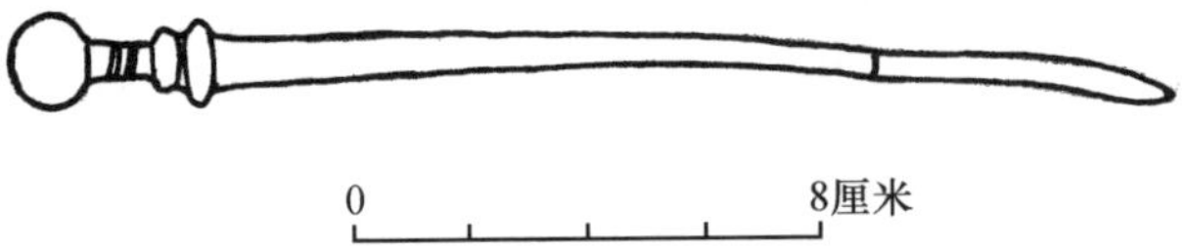

图 7-30　M11 出土铜簪
（M11：1）

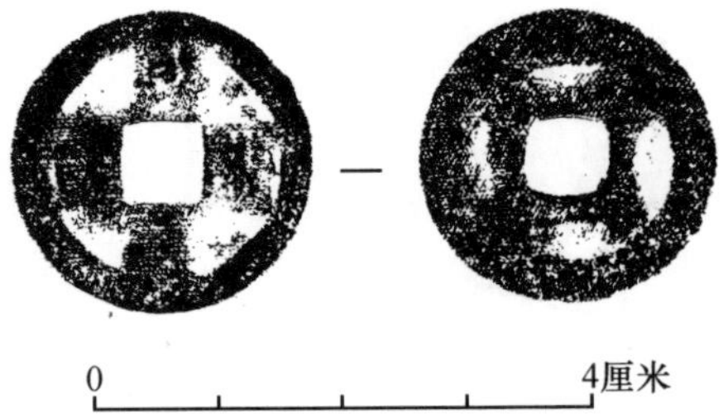

图 7-31　M11 出土熙宁元宝
（M11：2）

六、M19

M19 位于第Ⅰ发掘区的西北部，T1924 西部，开口于耕土层下，距地表 0.4 米。墓葬形制为土坑洞室墓，方向 190°，由墓道和墓室两部分组成。墓道位于墓室南部，平面梯形，南北长 3.58、宽 0.8~1.12、残深 1.36 米。填土为黄褐色花土。墓室为弧顶（坍塌），直壁、平底，平面呈长方形，南北长 2.44、宽 1.8、残高 1.16 米。墓室内有葬具 2 棺，东西并列排放。东棺呈梯形，南北长 1.46、宽 0.45~0.35 米，棺内无骨架；西棺也呈梯形，南北长 1.62、宽 0.64~0.4 米。随葬品有 3 件（组），铜钱 4 枚，置于棺的中部左侧位置；瓷缸 1 件，置于墓室右上角；在墓室左下角距墓口 0.7 米有一高 16 厘米的壁龛，内置瓷碗 1 件，已残（图 7-32）。

瓷缸　1 件（M19：1）。残碎。无法修复。

瓷碗　1 件（M19：2）。乳白胎，酱釉。釉不包底，内底有刮圈。敞口，深腹，腹壁略外鼓，平底，圈足。足壁内外一致。口径 17.2、底径 6.4、高 6、壁厚 0.4~0.5 厘米（图 7-33）。

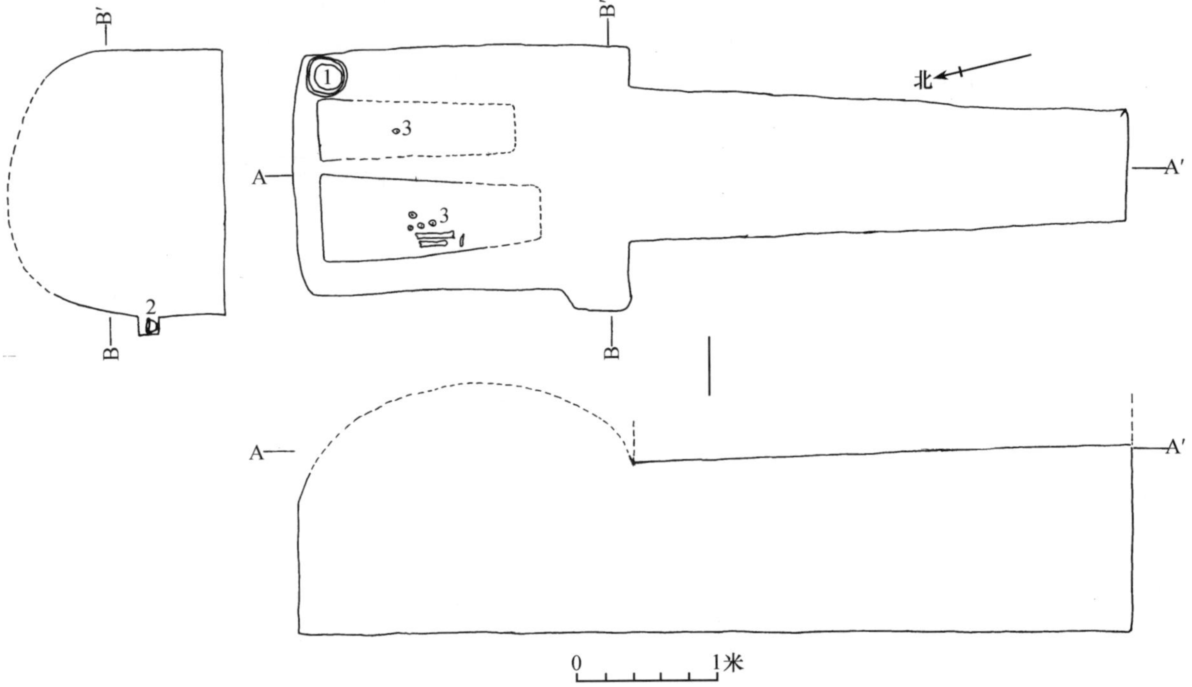

图 7-32　M19 平、剖面图
1. 瓷缸　2. 瓷碗　3．铜钱

铜钱　4枚。“元丰通宝”1枚（M19∶3-1），篆书，旋读。直径2.3厘米（图7-34，1）。“祥符通宝”1枚（M19∶3-2），楷书，旋读。直径2.45厘米（图7-34，2）。“淳化元宝”1枚（M19∶3-3），行书，旋读。直径2.45厘米（图7-34，3）。年号不清者1枚。

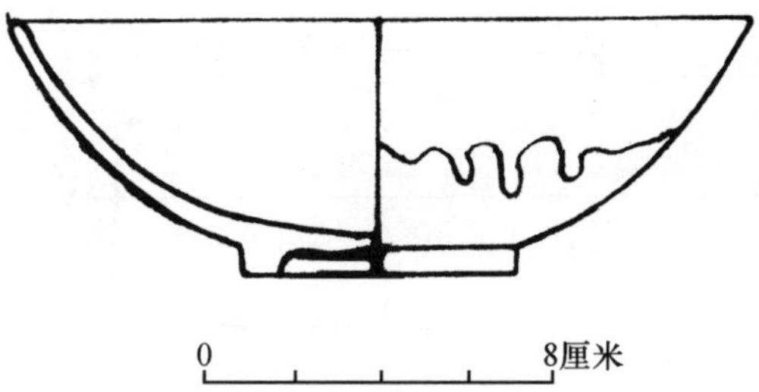

图7-33　M19出土瓷碗（M19∶2）

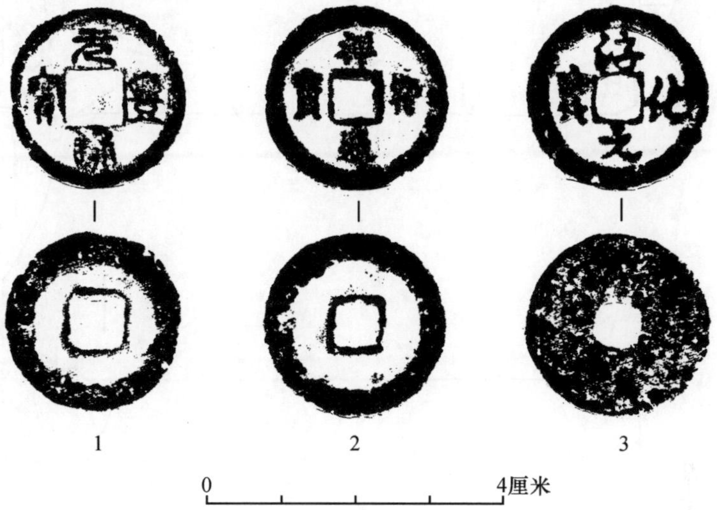

图7-34　M19出土钱币
1. 元丰通宝（M19∶3-1）　2. 祥符通宝（M19∶3-2）
3. 淳化元宝（M19∶3-3）

七、M20

M20位于第Ⅰ发掘区中部，T1927东北部，开口于耕土层下，打破M25。墓葬形制为土坑洞室墓，方向184°，由墓道、封门石和墓室三部分组成。上半部分被晚期堆积破坏，仅残存底部约0.7米。墓道位于墓室南部，平面长方形，直壁、平底，南北长2.6、宽1、残深0.7米。填土为黄褐色花土，土质较硬，结构较紧密，颗粒较粗，含褐色硬土块，白色料姜石颗粒较多。墓门处以不规则形方石堆砌封堵，残高0.76、宽0.4米左右。墓室位于墓道北侧，顶及上半部分已被破坏掉，墓室为弧顶（坍塌），直壁、平底，平面呈不规则方形，南北最长2.2、东西最宽处2、残高0.7米。墓室内有葬具为2棺，东西并列排放，均已腐朽，两棺平面均呈长方形，西侧棺长1.7、宽0.5~0.6米；东侧棺长2、宽0.54~0.6米。棺内各有人骨1具，保存较差，均葬式为仰身直肢，头向北。随葬品有3件（组），其中瓷碟2件，均置于墓门处；铜钱6枚（1组），置于棺内（图7-35）。

瓷碟　2件。M20∶2，白胎，蓝釉，釉不包底。大敞口，浅腹斜直，平底，窄圈足。内壁饰两道黑彩。口径11.7、底径6.2、高2.4、壁厚0.5厘米（图7-36，2）。M20∶3，黄褐胎，蓝釉，釉不包底。口径12、底径5.6、高2.2、厚0.3~0.4厘米（图7-36，1）。

铜钱　6枚。“淳祐元宝”1枚（M20∶1-1），背面穿上一“三”字，楷书，旋读。直径2.65厘米（图7-37，1）。“天启通宝”1枚（M20∶1-2），背面穿上一“户”字，楷书，直读。直径2.7厘米（图7-37，2）。“祥符元宝”1枚（M20∶1-3），楷书，旋读。直径2.45厘米（图7-37，3）。“元祐通宝”1枚（M20∶1-4），行书，旋读。直径2.4厘米（图7-37，4）。“万历通宝”1枚（M20∶1-5），背面穿上一“工”字符号，楷书，直读。直径2.5厘米（图7-37，5）。“崇祯通宝”1枚（M20∶1-6），楷书，直读。直径2.7厘米（图7-37，6）。

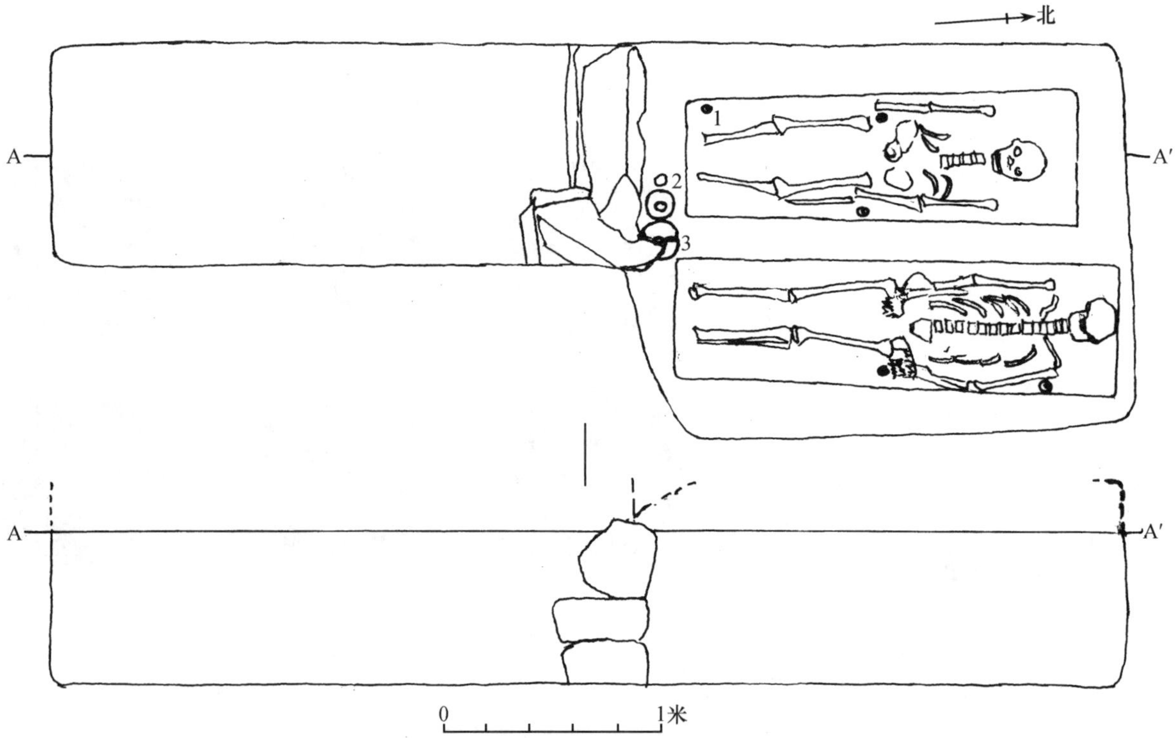

图 7-35　M20 平、剖面图

1. 铜钱　2、3. 瓷碟

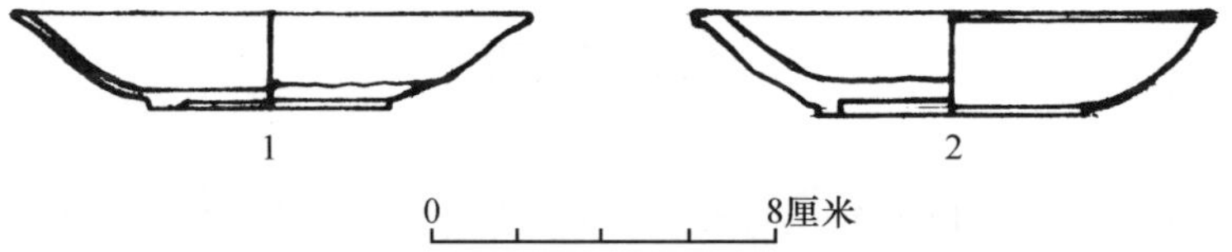

图 7-36　M20 出土瓷碟

1. M20：3　2. M20：2

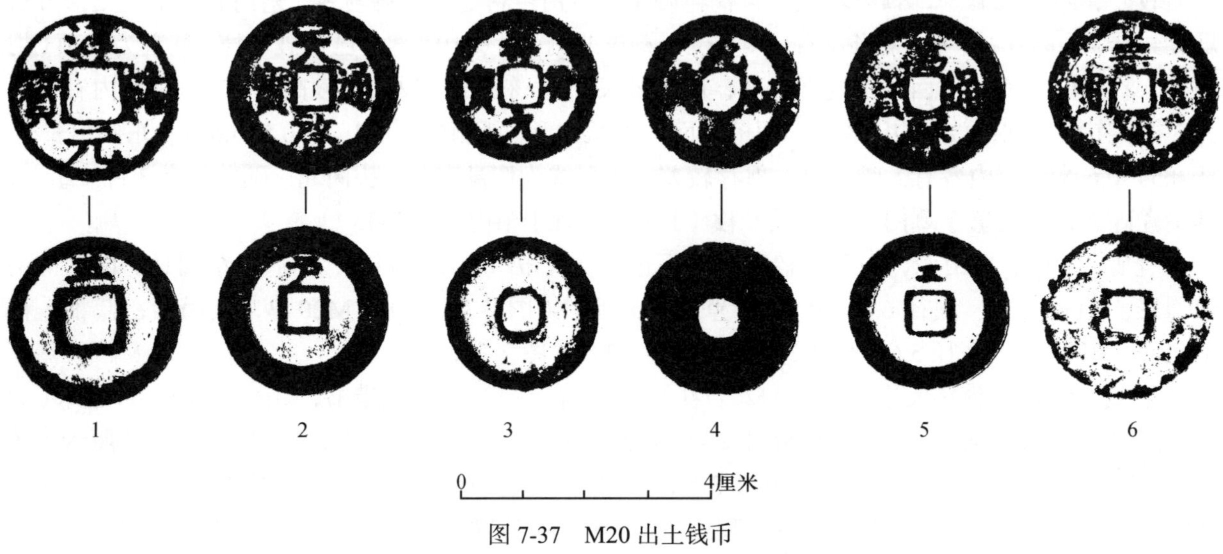

图 7-37　M20 出土钱币

1. 淳祐元宝（M20：1-1）　2. 天启通宝（M20：1-2）　3. 祥符元宝（M20：1-3）　4. 元祐通宝（M20：1-4）
5. 万历通宝（M20：1-5）　6. 崇祯通宝（M20：1-6）

八、M21

M21 位于第Ⅰ发掘区中部，T1926 西部，延伸至 T1925 内。开口于耕土层下，打破生土，残墓口距离地表 0.3 米。墓葬形制为土坑洞室墓，方向 188°，由墓道和墓室两部分组成。墓道位于墓室西南部，平面呈梯形，直壁，斜坡底。长 4、宽 1.6~1.9、残深 1.16~2.5 米。填土为红褐色花土，内含黄土块、淤土及硬石块。墓室为弧顶（坍塌），直壁、平底，平面呈圆形，直径 3.14、残高 2.5 米。因遭破坏较严重，在清理时未清理出人骨、葬具及随葬品（图 7-38）。

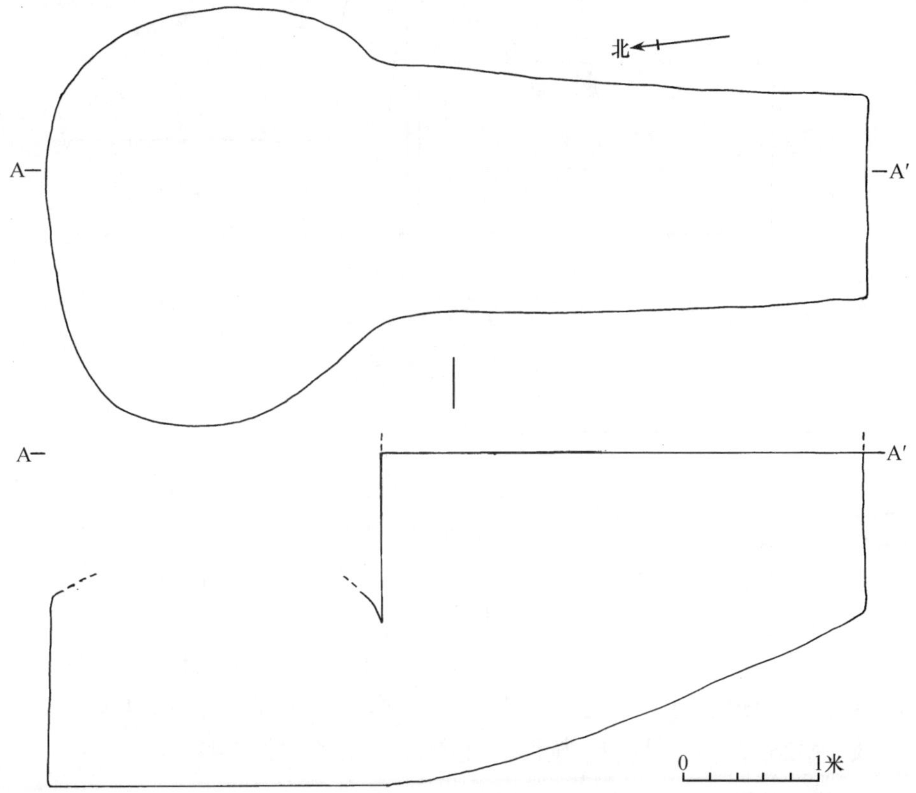

图 7-38　M21 平、剖面图

九、M25

M25 位于第Ⅰ发掘区中部，T1927 的东部，延伸至 T1928 内，开口于耕土层下，距地表 0.22 米，被 M20 打破。墓葬形制为土坑洞室墓，方向 181°，由墓道、墓门和墓室三部分组成。墓道位于墓室的南部，平面呈梯形，直壁、平底，长 2.5、宽 0.7~1、深 1.1 米。填土为浅褐色，较硬，含褐土块、料姜石等。墓门以条石封堵，高 1、宽 1、厚 0.08 米。墓室顶部被 M20 打破，直壁，底部平面大致呈长方形，西半部部分微外凸，长 2.6、宽 2.1~2.4、残高 0.6 米。葬具和人骨腐朽严重。随葬品有 2 件（组），黑釉瓷碟 1 件，放置于墓室西部；铜钱 6 枚（1 组），位于墓室西部（图 7-39）。

黑釉瓷碟　1 件（M25∶1）。黄褐胎，蓝釉，浅灰胎，酱釉，釉不包底，内底有刮圈。尖圆唇，大敞口，浅腹，宽平矮圈足。口径 14.2、底径 6、高 3、壁厚 0.4~0.6 厘米（图 7-40）。

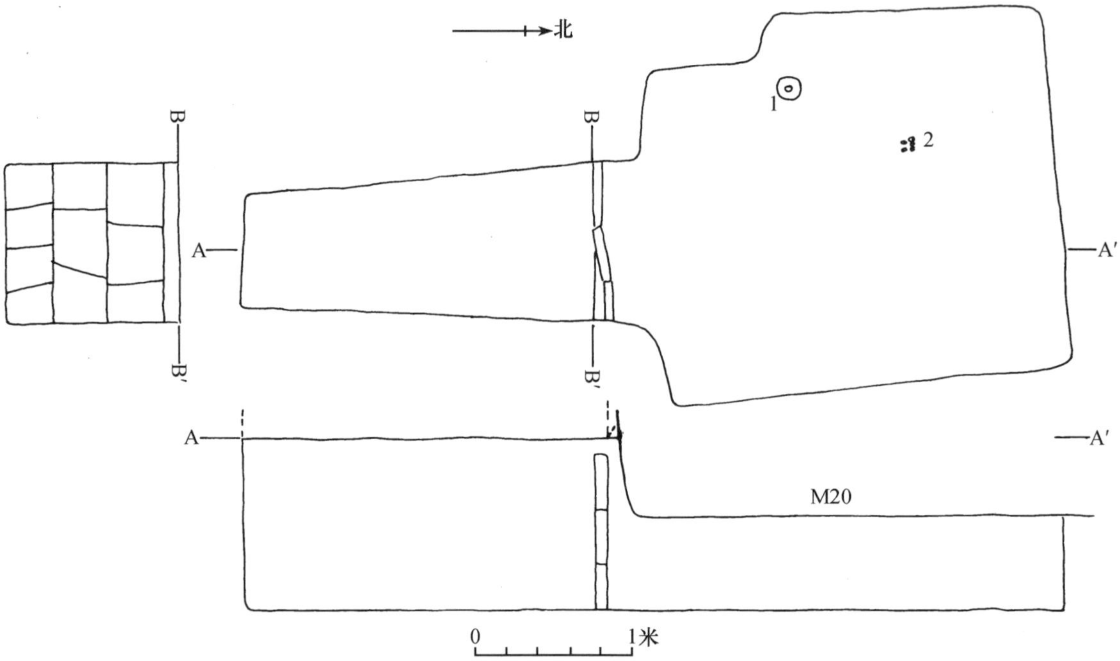

图 7-39　M25 平、剖面图

1. 瓷碟　2. 铜钱

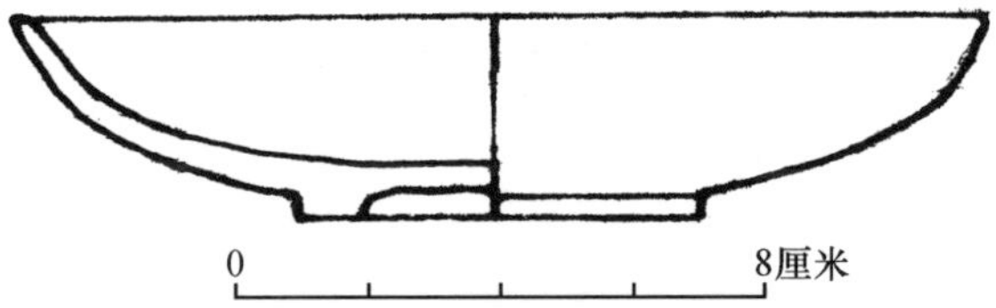

图 7-40　M25 出土瓷碟（M25∶1）

铜钱　6 枚。“嘉祐通宝”1 枚（M25∶2-1），篆书，直读。直径 2.55 厘米（图 7-41，1）。“治平元宝”1 枚（M25∶2-2），楷书，旋读。直径 2.4 厘米（图 7-41，2）。“洪武通宝”1 枚（M25∶2-3），楷书，直读。直径 2.3 厘米（图 7-41，3）。“天圣元宝”1 枚（M25∶2-4），楷书，旋读。直径 2.5 厘米（图 7-41，4）。“圣宋元宝”1 枚（M25∶2-5），楷书，旋读。直径 2.4 厘米（图 7-41，5）。“元丰通宝”1 枚（M25∶2-6），行书，旋读。直径 2.55 厘米（图 7-41，6）。

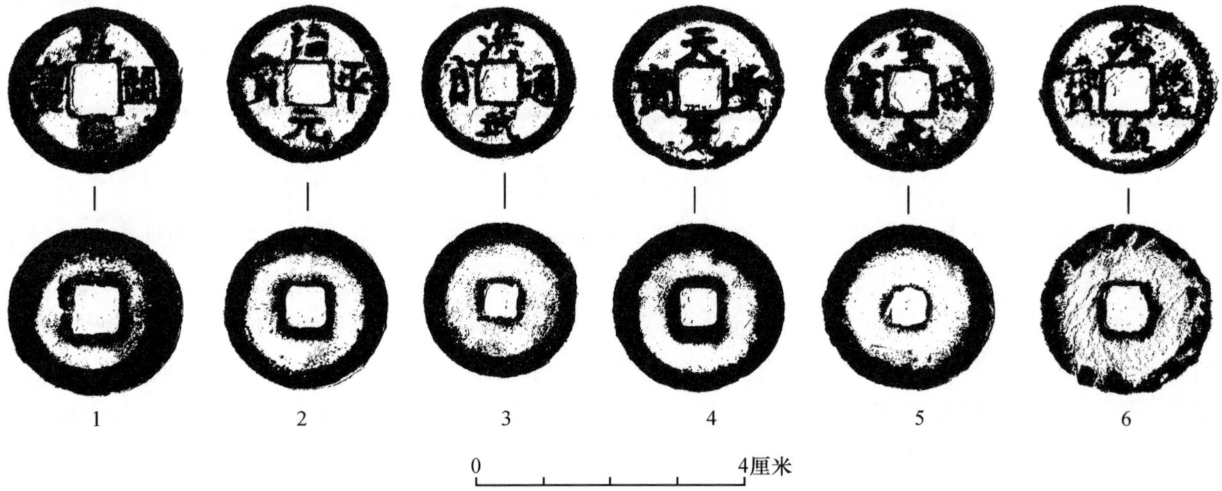

图 7-41　M25 出土钱币

1. 嘉祐通宝（M25∶2-1）　2. 治平元宝（M25∶2-2）　3. 洪武通宝（M25∶2-3）　4. 天圣元宝（M25∶2-4）　5. 圣宋元宝（M25∶2-5）　6. 元丰通宝（M25∶2-6）

十、M30

M30位于第Ⅰ发掘区西北部，T1923的西部，开口于耕土层下，距地表深0.3米，打破M44。墓葬形制为土坑洞室墓，方向175°，由墓道和墓室两部分组成。墓道位于墓室南部，平面梯形，直壁、平底，残长0.7、宽0.9~1、残深1.1米。填土为黄褐色花土，内含有料姜石。墓室为弧顶（坍塌），直壁、平底，平面近长方形，长2.3、宽1~1.4、残高1.1米。墓室内有葬具2棺，东西并列排放。已腐朽，棺平面均为梯形，东棺长1.74、宽0.36~0.56米；西棺长1.74、宽0.32~0.6米。棺内各有人骨1具，保存较好，葬式为仰身直肢，夫妻合葬，东男西女，头皆向北。随葬品有9件（组），其中瓷碗2件、瓷壶2件、瓷碟4件，均位于棺的南部右侧；铜簪1件，位于女墓主头部（图7-42）。

瓷碟　4件。M30∶1，红胎，蓝釉，釉不包底。圆唇，大敞口，浅腹，宽平矮圈足。内底有墨书字。口径12.4、底径6、高2.2、壁厚0.2~0.4厘米（图7-43，3）。M30∶2、M30∶7同M30∶1。M30∶3，红胎，施白色化妆土，内底有4道墨线勾勒成的圆圈，内底有墨书字迹者1枚。口径18.5、底径8、高3.4、厚0.3厘米（图7-43，2）。

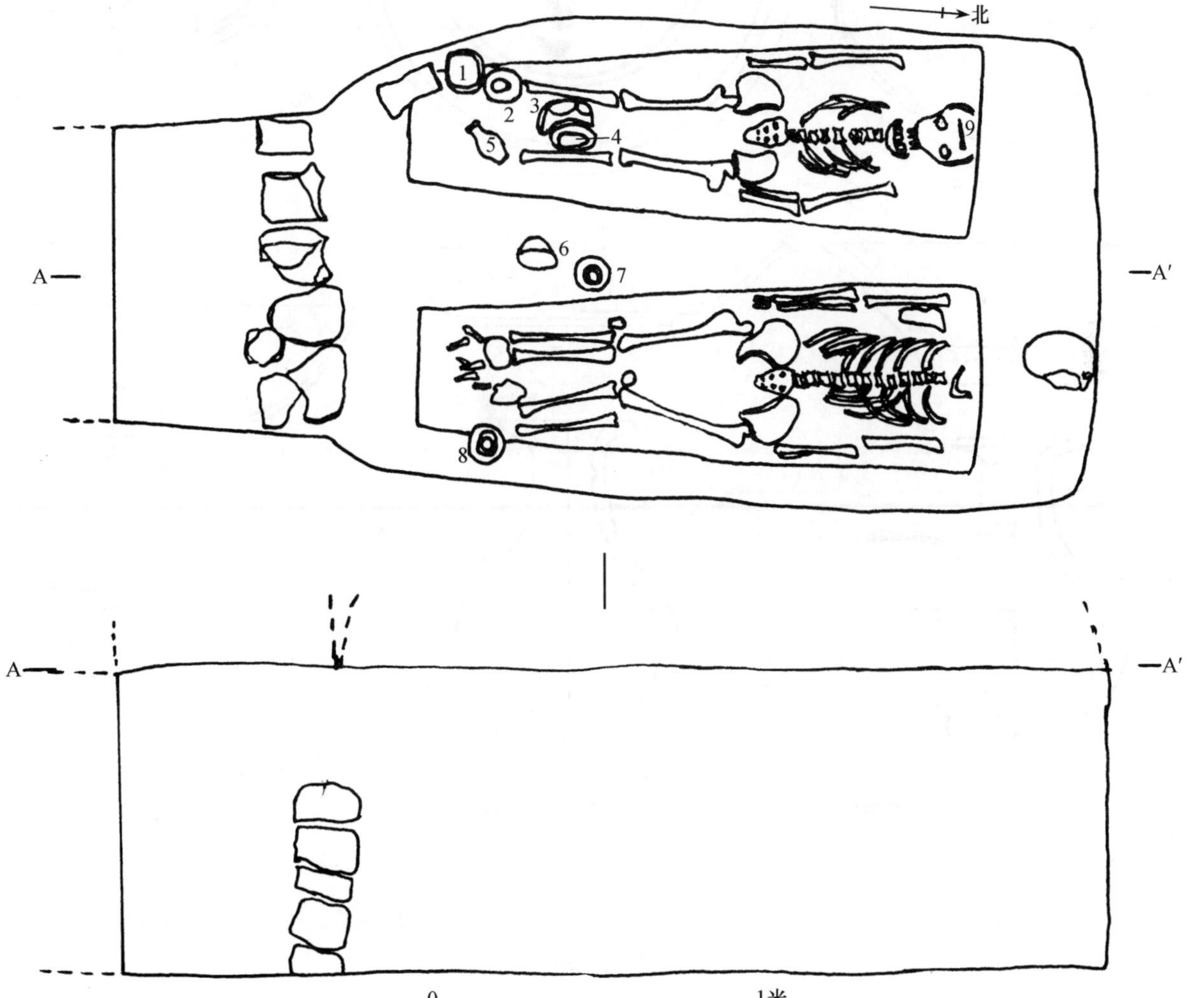

图7-42　M30平、剖面图

1~3、7. 瓷碟　4、6. 瓷碗　5、8. 瓷壶　9. 铜簪

瓷碗　2件。M30∶4，灰白胎，酱釉，釉不包底。尖圆唇，斜直腹，平底，窄圈足。口径16.2、底径6.2、高5.8、厚0.4厘米（图7-43，1）。M30∶6，通体施黑釉。碗心有刮圈痕。尖唇，深腹，平底，窄圈足。口径16、底径5.6、高5.3、厚2.5厘米（图7-43，7）。

瓷壶　2件。M30∶5，灰白胎，黑釉，釉不包底。敞口，细颈，垂鼓腹，平底，矮圈足。口径5.6、底径5.8、最大腹径9.2、高13、厚0.6厘米（图7-43，4）。M30∶8，灰白胎，黑釉，釉不包底。尖唇，斜折沿，直颈，垂鼓腹，平底，宽圈足。颈部肩部各饰2周凹弦纹。口径5.4、底径5.8、高13.2、最大腹径9.2、壁厚0.6厘米（图7-43，5）。

铜簪　1件（M30∶9）。一头粗，一头细。长约13厘米（图7-43，6）。

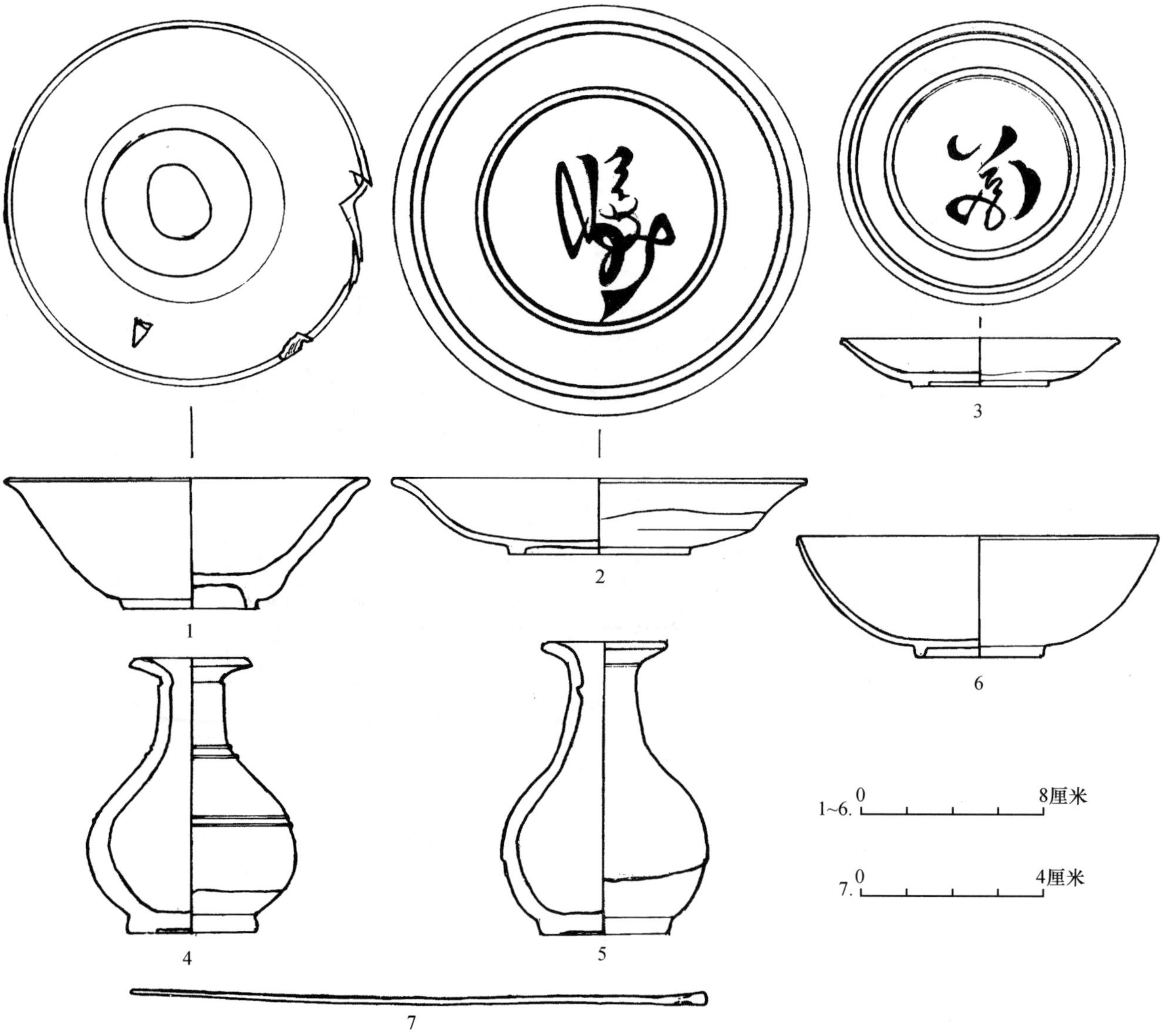

图7-43　M30出土器物

1、7. 瓷碗（M30∶4、M30∶6）　2、3. 瓷碟（M30∶3、M30∶1）　4、5. 黑釉壶（M30∶5、M30∶8）
6. 铜簪（M30∶9）

十一、M44

M44 位于第Ⅰ发掘区西部，T1823 的西部，开口于耕土层下，上部被 M30 打破。墓葬形制为土坑洞室墓，方向 183°，由墓道和墓室两部分组成。墓道平面呈梯形，长 2、宽 1~1.14、残深 1.5 米。填土为黄褐色花土，土质软，内含有姜石。墓门用青砖单砖砌筑起券，券上用单砖平砌，墓门用两块条石封堵。墓室为弧顶（坍塌），直壁、平底，平面近椭圆形。长径 2.52、宽 2.16、残高 1.5 米。墓室内有葬具 1 棺，已朽，平面近长方形，长 1.72、宽 0.44~0.5 米。骨架保存较好，葬式为仰身直肢，女性，头向西，头骨一侧有 1 残断银耳坠（图 7-44）。

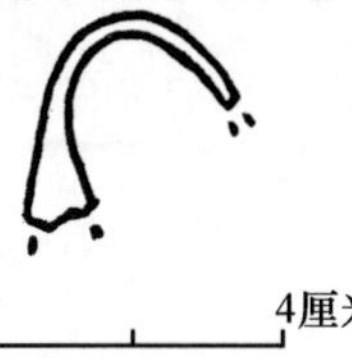

图 7-45　M44 出土银耳坠（M44∶1）

银耳坠　1 件（M44∶1）。残断（图 7-45）。

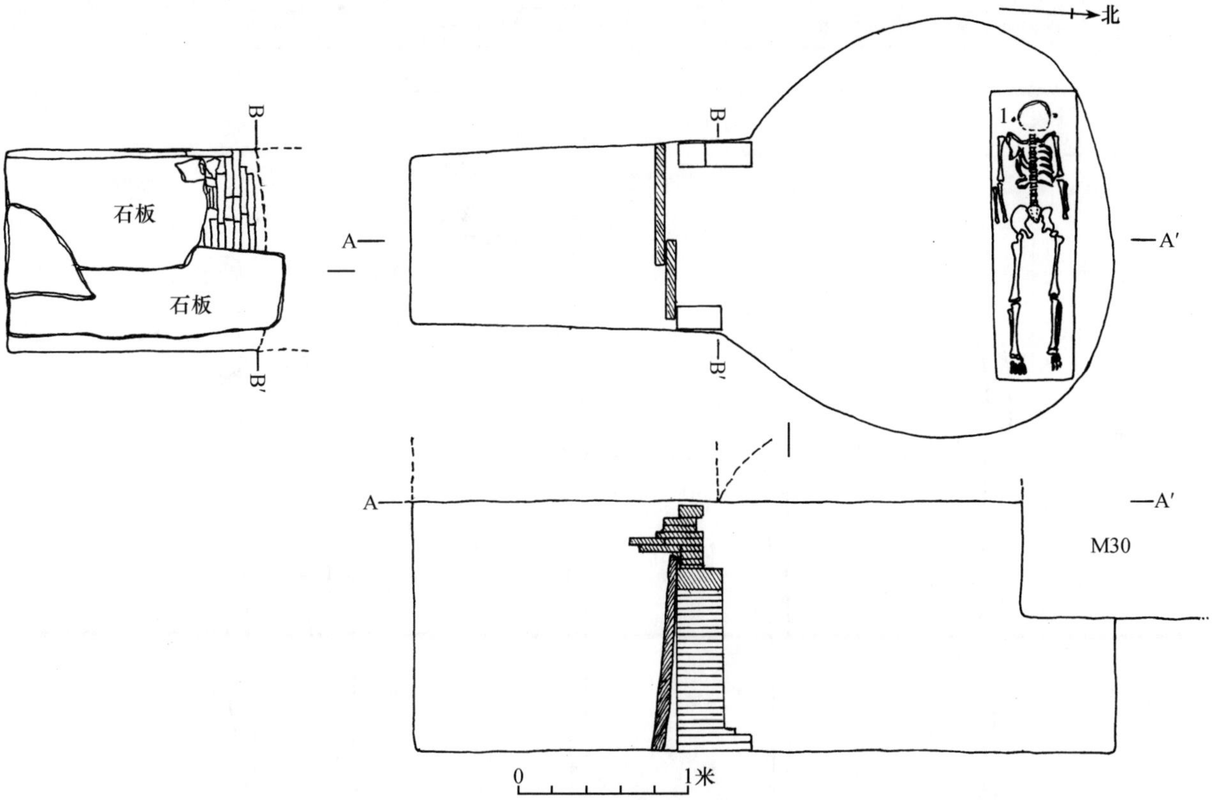

图 7-44　M44 平、剖面图

1. 银耳坠

十二、M46

M46 位于第Ⅰ发掘区的东部，T1830 的南部，T1730 的北部，开口于耕土层下，距地表深 0.2 米。墓葬形制为土坑洞室墓，方向 189°，由墓道、墓门和墓室三部分组成。墓道位于墓室的南部，平面呈长方形，直壁、平底，长 1.98、宽 0.72、深 1.2 米。填土为黄色，质稍硬，结构紧密，含褐色硬土块、料姜石颗粒等。墓门以不规则状岩石堆砌，残高 1、厚 0.22~0.3 米。墓室位于墓道的北侧，

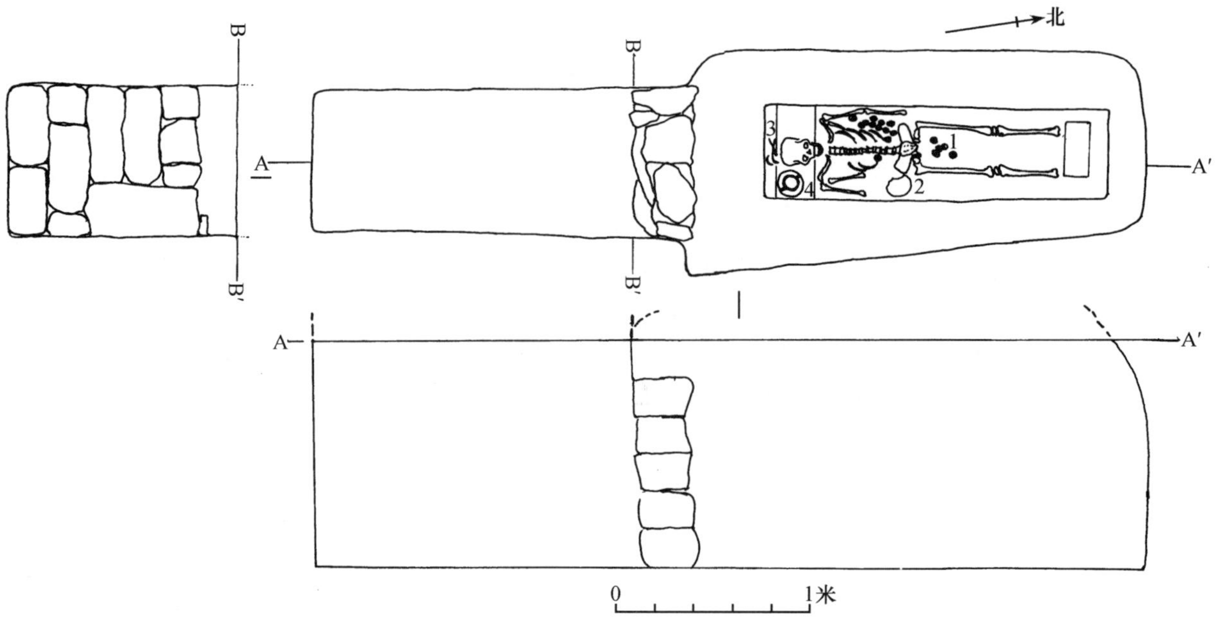

图 7-46　M46 平、剖面图

1. 铜钱　2. 瓷碟　3. 玉簪　4. 瓷罐

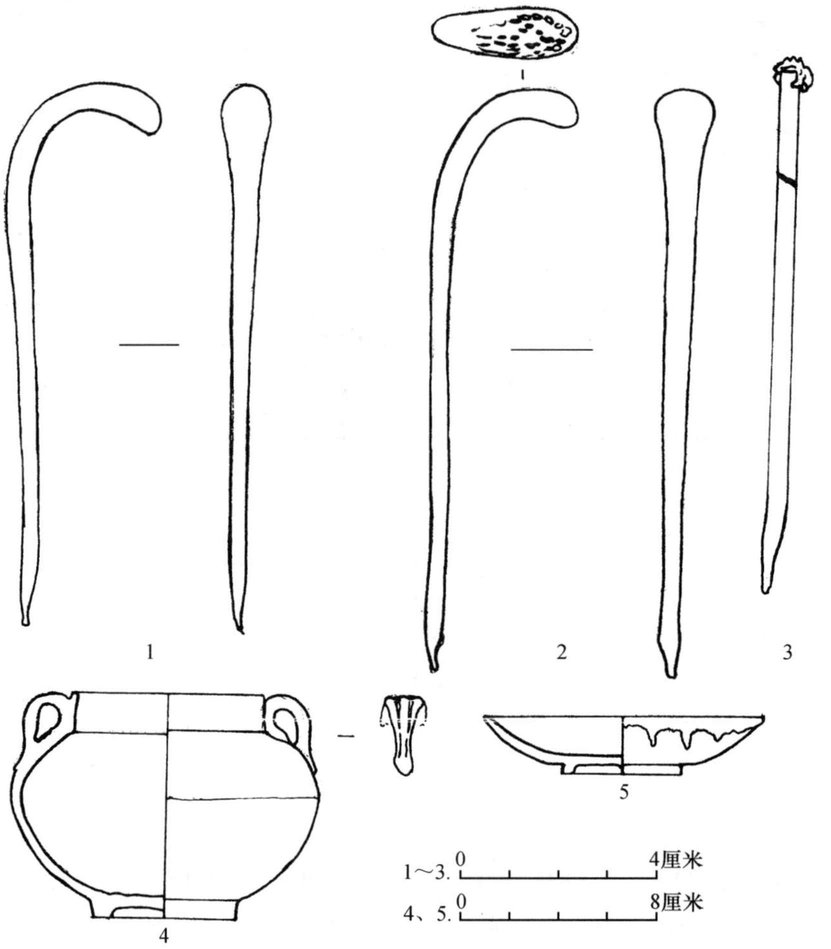

图 7-47　M46 出土器物

1~3. 玉簪（M46∶3-3、M46∶3-2、M46∶3-1）　4. 瓷罐（M46∶4）　5. 瓷碟（M46∶2）

平面近长方形，平底，内弧形壁，长2.22、宽0.96~1.2、高1.2米，墓顶部塌落。墓室内有葬具1棺，已朽，平面呈长方形，长1.8、宽0.5、高0.2米。棺内有人骨1具，保存较好，女性，葬式为仰身直肢，头向南。随葬品有6件（组），其中铜钱33枚（1组），放置于人骨下部；瓷罐1件，放置于头骨左侧；瓷碟1件，置于人骨腰部；玉簪3支，放置于头骨顶部（图7-46）。

瓷碟　1件（M46∶2）。黄褐胎，白釉，釉不包底。敞口，尖圆唇，平底圈足。口径11.6、底径4.8、高2.4、壁厚0.4~0.6厘米（图7-47，5）。

玉簪　3件。M46∶3-1，长条形，断面扁圆形，首部弯曲，尾部尖。长11.3厘米，断为两截（图7-47，3）。M46∶3-3，长条形，断面扁圆形，首部弯曲，尾部尖。长12.3厘米（图7-47，1）。M46∶3-2，首部刻花瓣。长12.3厘米（图7-47，2）。

瓷罐　1件（M46∶4）。红褐胎，酱釉，釉不包底。尖圆唇，直口微敛，宽肩，鼓腹，平底圈足。口与肩部有1对竖耳，对称分布。口径8、腹径13、底径6、高9.4厘米（图7-47，4；图版25-1）。

铜钱33枚。"洪武通宝"1枚（M46∶1-1），楷书，直读。直径2.25厘米（图7-48，1）。"咸平元宝"1枚（M46∶1-2），楷书，旋读。直径2.5厘米（图7-48，2）。"至道元宝"1枚（M46∶1-3），草书，旋读。直径2.45厘米（图7-48，3）。"政和通宝"2枚，篆书，直读。M46∶1-4，直径2.5厘米（图7-48，4）。"开元通宝"3枚，楷书2枚，直读，M46∶1-5、6，直径均2.4厘米（图7-48，5、6）。篆书1枚（M46∶1-7），直读，直径2.4厘米（图7-48，7）。"祥符元宝"1枚（M46∶1-8），楷书，旋读。直径2.4厘米（图7-48，8）。"淳化元宝"1枚（M46∶1-9），楷书，旋读。直径2.4厘米（图7-48，9）。"嘉祐通宝"1枚（M46∶1-10），楷书，直读。直径2.5厘米（图7-48，10）。"元祐通宝"3枚，行书2枚，旋读，M46∶1-11、12，直径2.4厘米（图7-48，11、12）；篆书1枚，旋读，M46∶1-13，直径2.4厘米（图7-48，13）。"天圣元宝"4枚，楷书1枚，旋读，M46∶1-14，直径2.5厘米（图7-48，14）；篆书3枚，旋读，M46∶1-15，直径2.45厘米（图7-48，15）。"元丰通宝"4枚，行书2枚，旋读，M46∶1-16、17，直径2.4厘米（图7-48，16、17）；篆书1枚，旋读，直径2.45厘米；楷书1枚，旋读，直径2.5厘米。"皇宋通宝"6枚，楷书4枚，直读，M46∶1-18，直径2.45厘米（图7-48，18）；篆书2枚，直读，M46∶1-19，直径2.4厘米（图7-48，19）。"熙宁元宝"5枚，楷书3枚，楷书，旋读，M46∶1-20，直径2.4厘米（图7-48，20）；篆书2枚，旋读，M46∶1-21，直径2.4厘米（图7-48，21）。

十三、M52

M52位于第Ⅰ发掘区的东南部，T1730的中部，开口于耕土层下，距地表约0.3米，打破M58。墓葬形制为土坑洞室墓，方向182°，由墓道、墓门和墓室三部分组成。墓道位于墓室的南部，平面呈梯形，直壁、平底，长2.6、宽1.42、深2.8米。填土为红褐色，结构较紧密。墓门封门石厚0.54、高1.2米。墓室为弧顶（坍塌），直壁、平底，平面近长方形，长3.4、宽2.34、高2.8米。墓室内有葬具2棺，棺内各有1具人骨，葬具及人骨保存极差。随葬品有8件（组），其中瓷缸1件、瓷壶1件、瓷罐1件、瓷碗1件、瓷碟1件、高柄杯1件、铜镜1件、铜钱15枚（1组），均放置于墓室西北处的壁龛内（图7-49）。

瓷缸　1件（M52∶1）。灰白胎，肩部酱釉。口沿外垂泪釉明显。圆唇，卷沿，鼓腹居上，平底。肩部以下饰斜苇纹，下腹部饰瓦纹。器底有5点梅花压印纹饰。口径33、底径17、高53、厚0.8~1.6厘米（图7-50，1）。

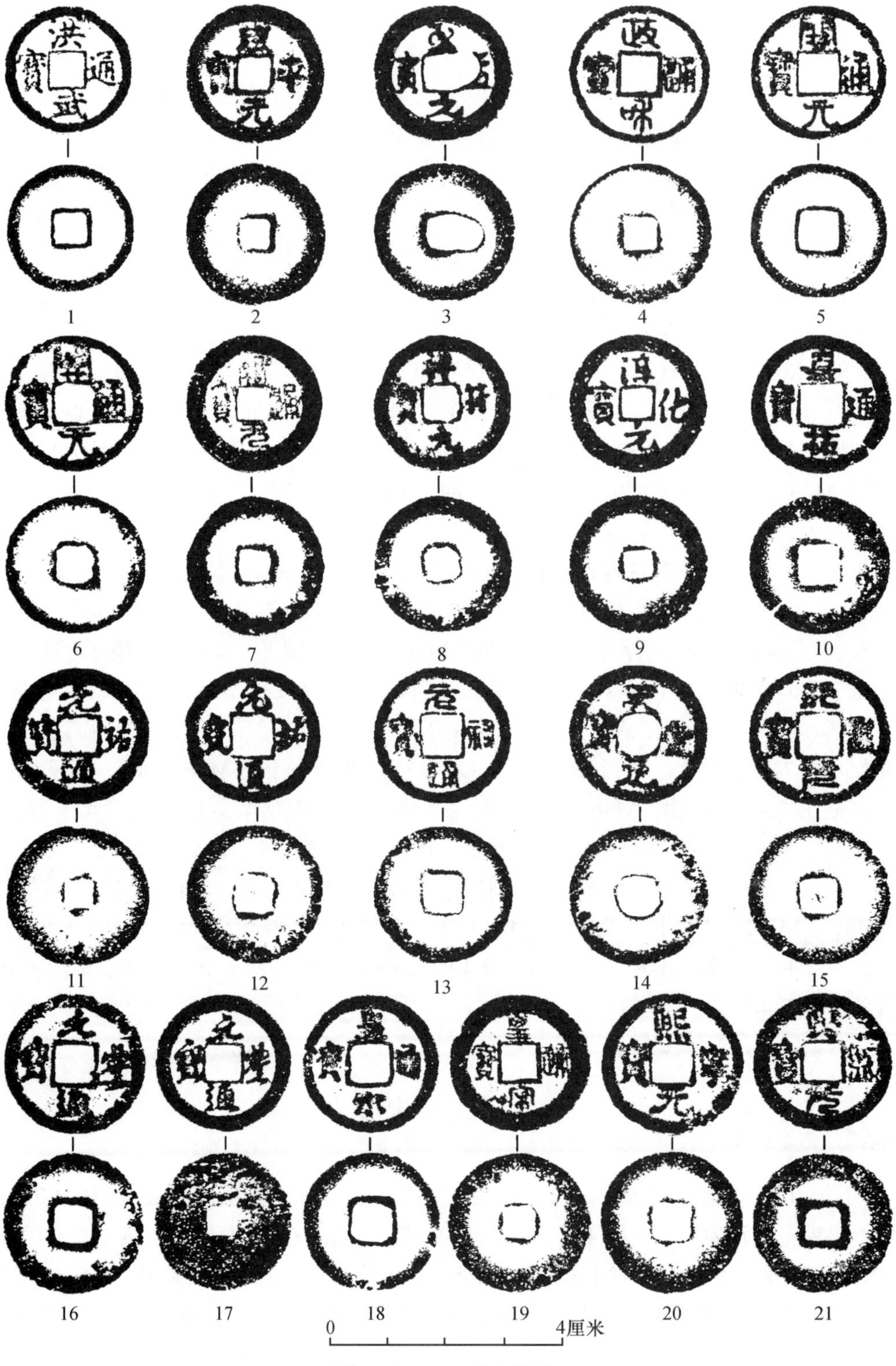

图 7-48 M46 出土钱币

1. 洪武通宝（M46：1-1） 2. 咸平元宝（M46：1-2） 3. 至道元宝（M46：1-3） 4. 政和通宝（M46：1-4） 5~7. 开元通宝（M46：1-5、M46：1-6、M46：1-7） 8. 祥符元宝（M46：1-8） 9. 淳化元宝（M46：1-9） 10. 嘉祐通宝（M46：1-10） 11~13. 元祐通宝（M46：1-11、M46：1-12、M46：1-13） 14、15. 天圣元宝（M46：1-14、M46：1-15） 16、17. 元丰通宝（M46：1-16、M46：1-17） 18、19. 皇宋通宝（M46：1-18、M46：1-19） 20、21. 熙宁元宝（M46：1-20、M46：1-21）

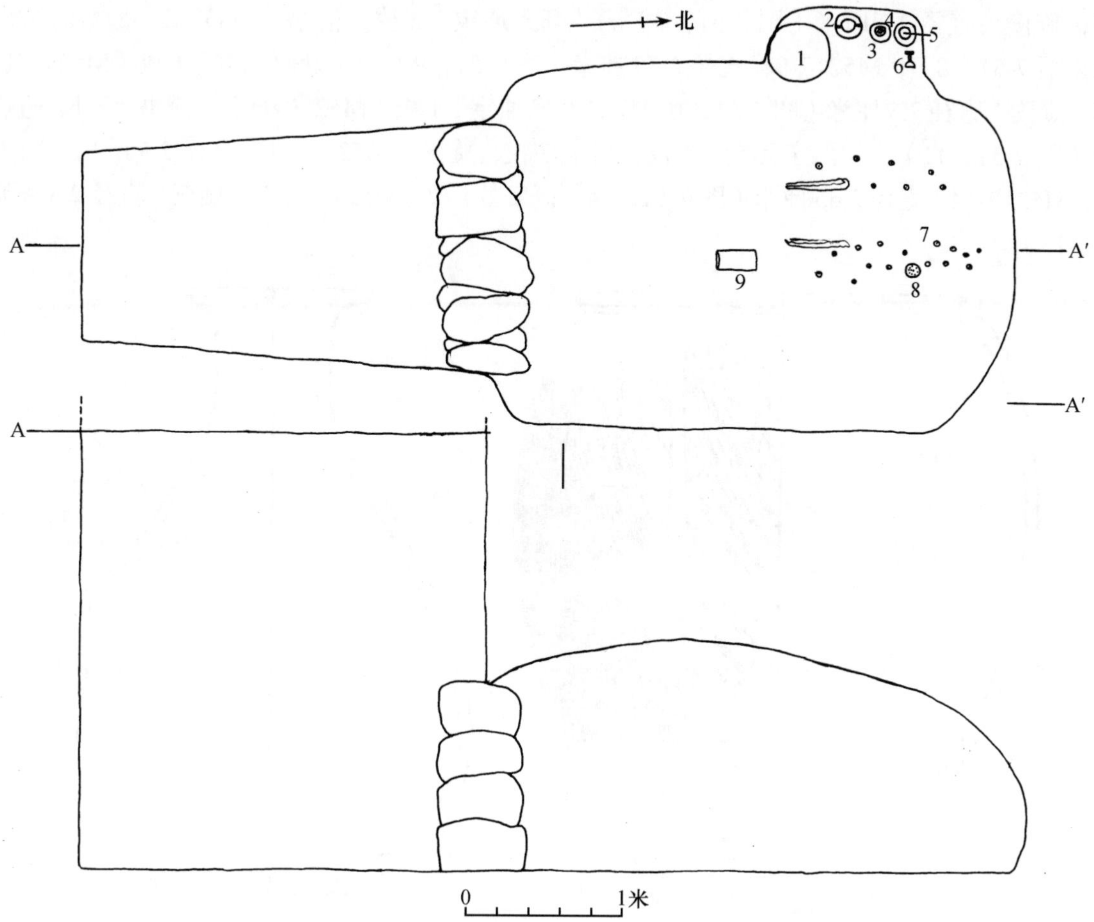

图 7-49 M52平、剖面图

1. 瓷缸 2. 瓷壶 3. 瓷罐 4. 瓷碗 5. 瓷碟 6. 高柄杯 7. 铜钱 8. 铜镜 9. 镇墓瓦

瓷壶 1件（M52∶2）。灰白胎，淡青色釉。壶身玉壶春形，敞口，尖圆唇，竖颈，垂鼓腹，圈足底，腹部一侧有一残流，把手残。口径8、腹径16、底径9.2、高24.8、壁厚0.4~0.5厘米（图7-50，2）。

瓷罐 1件（M52∶3）。黄褐胎，酱釉，釉不包底。尖圆唇，直口微敛，宽肩，鼓腹，平底圈足。口与肩部有对称双竖耳。口径11.6、腹径18、底径12、高12、壁厚0.4厘米（图7-50，3）。

瓷碗 1件（M52∶4）。黄褐胎，内淡青釉，外上部淡青釉，下部黑釉，釉不包底。敞口，圆唇，深斜腹，平底圈足。口径18.8、底径6.8、高7.8、壁厚0.4~0.6厘米（图7-50，4）。

瓷碟 1件（M52∶5）。乳白胎，白釉，釉不包底。侈口，浅腹，平底，宽圈足。口径11、底径5.4、高2.4、壁厚0.3~0.4厘米（图7-50，5）。

高柄杯 1件（M52∶6）。红胎，淡青色釉，釉上有开片。侈口，尖圆唇，深腹，竹节柄，圈足宽于柄。口径8、底径3.8、高8.6、壁厚0.3~0.6厘米（图7-50，6）。

铜钱 15枚。"洪武通宝"1枚（M52∶7-1），楷书，直读。直径2.3厘米（图7-51，1）。"元祐通宝"1枚（M52∶7-2），行书，旋读。直径2.5厘米（图7-51，2）。"祥符元宝"1枚（M52∶7-3），楷书，旋读。直径2.5厘米（图7-51，3）。"元丰通宝"1枚（M52∶7-4），行书，旋读。直径2.4厘米（图7-51，4）。"治平元宝"1枚（M52∶7-5），篆书，旋读。直径2.4厘米（图7-51，5）。"至道元宝"1枚（M52∶7-6），楷书，旋读。直径2.5厘米（图7-51，6）。"绍圣元宝"1枚（M52∶7-7），篆书，旋读。直径2.5厘米（图7-51，7）。“开元通宝”2枚，楷书，直读。M52∶7-8，直径2.4厘米（图7-51，8）；M52∶7-9，直径2.55厘米（图7-51，9）。“景德元宝”1枚（M52∶7-10），楷书，旋读。直径2.5厘米（图7-51，10）。“皇宋通宝”1枚（M52∶7-11），楷书，直读。直径2.5厘米（图7-51，11）。“熙宁元宝”4枚，楷书3枚，旋读，M52∶7-12，直径2.5厘米（图7-51，12），M52∶7-14，直径2.45厘米（图7-51，14）；篆书1枚（M52∶7-13），旋读，直径2.5厘米（图7-51，13）。

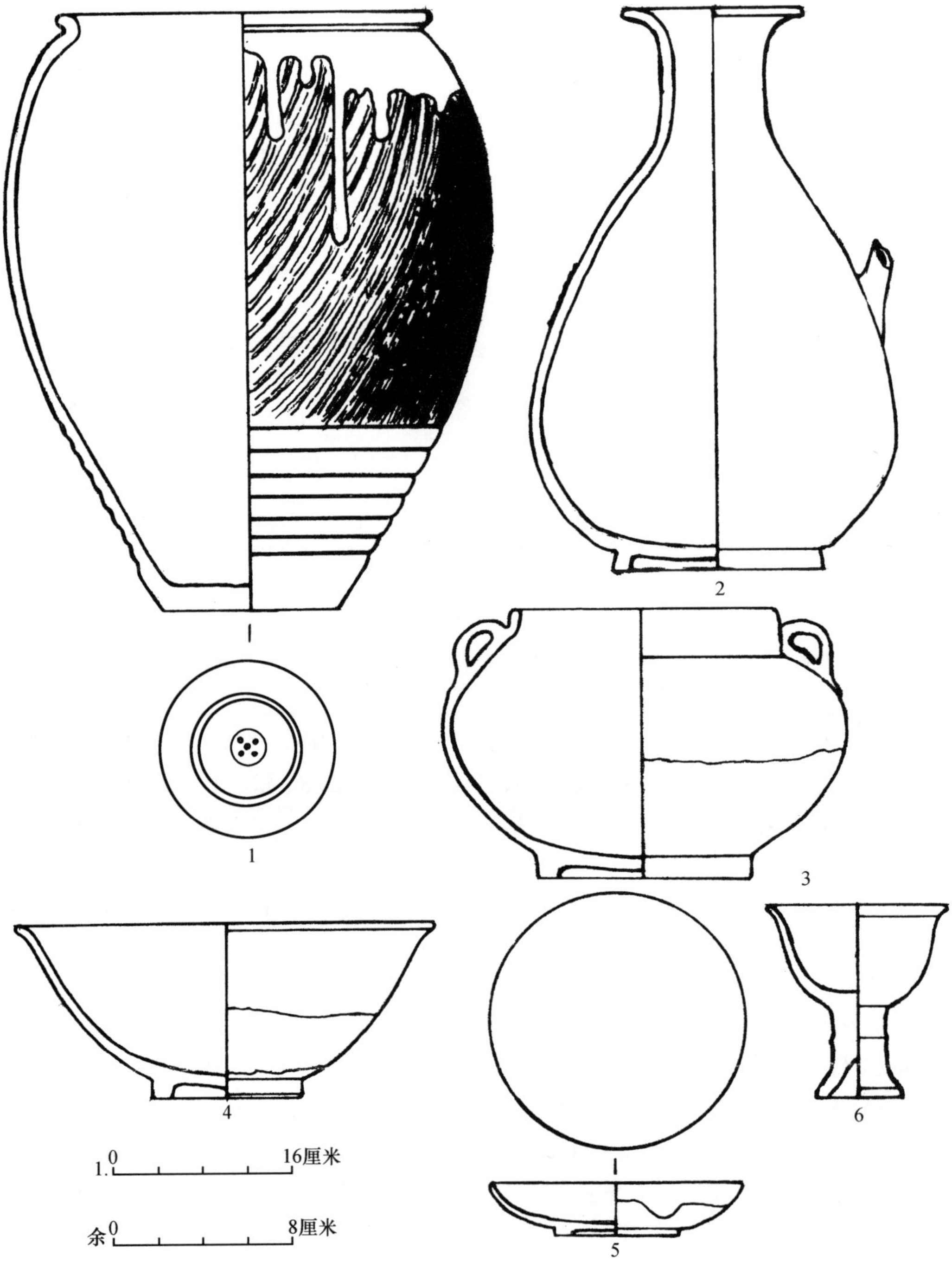

图7-50　M52出土器物

1. 瓷缸（M52∶1）　2. 瓷壶（M52∶2）　3. 瓷罐（M52∶3）　4. 瓷碗（M52∶4）　5. 瓷碟（M52∶5）　6. 高柄杯（M52∶6）

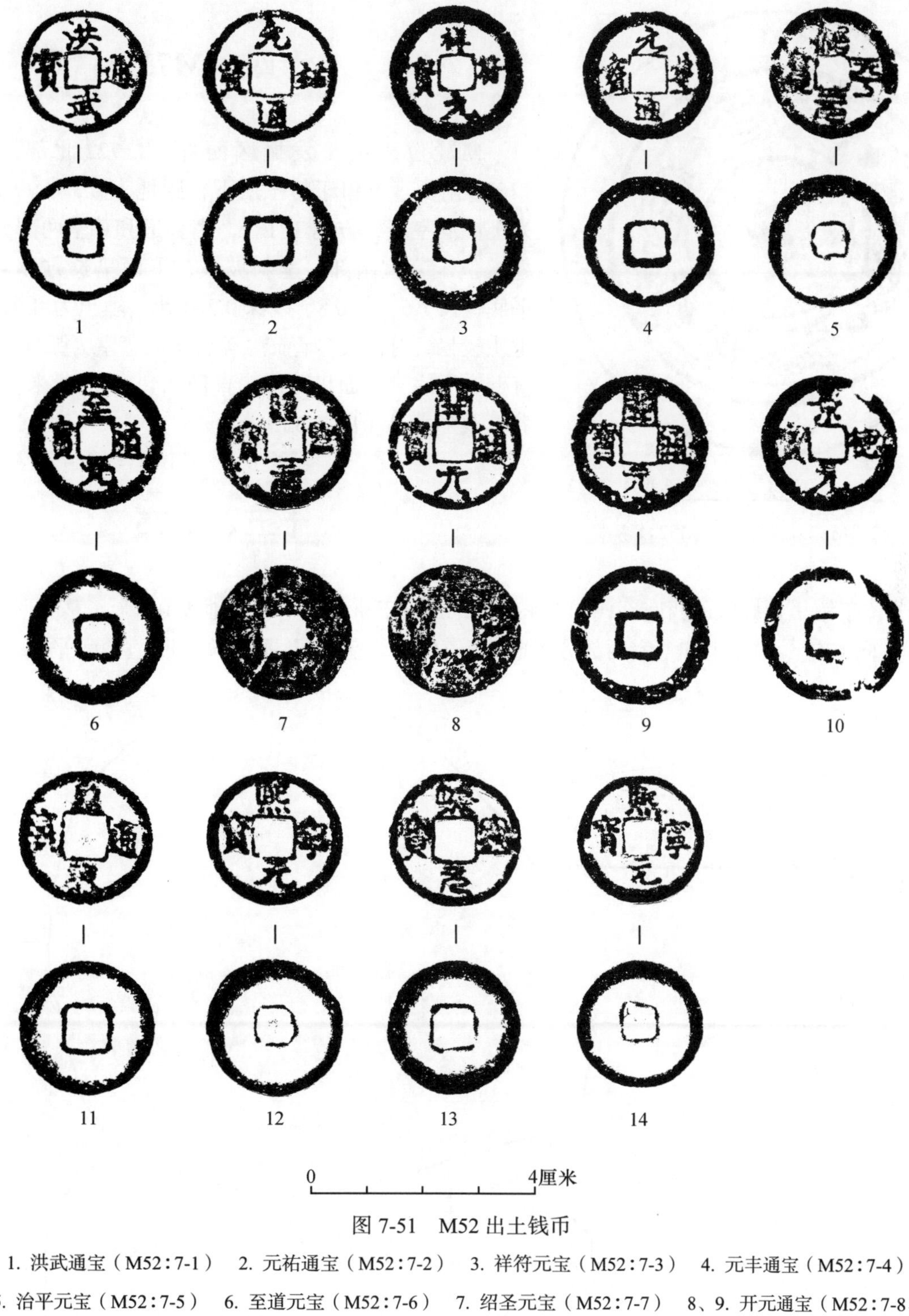

图 7-51　M52 出土钱币

1. 洪武通宝（M52∶7-1）　2. 元祐通宝（M52∶7-2）　3. 祥符元宝（M52∶7-3）　4. 元丰通宝（M52∶7-4）
5. 治平元宝（M52∶7-5）　6. 至道元宝（M52∶7-6）　7. 绍圣元宝（M52∶7-7）　8、9. 开元通宝（M52∶7-8、M52∶7-9）　10. 景德元宝（M52∶7-10）　11. 皇宋通宝（M52∶7-11）　12~14. 熙宁元宝（M52∶7-12、M52∶7-13、M52∶7-14）

铜镜　1件（M52∶8）。明仿汉四乳四螭镜。圆形，圆纽。纽外2周凹弧面圈带。圈带之内为主纹，均匀分布4个乳钉，乳钉之间饰有4条虺纹。宽素缘。镜体直径8.1、缘厚0.2厘米（图 7-52）。

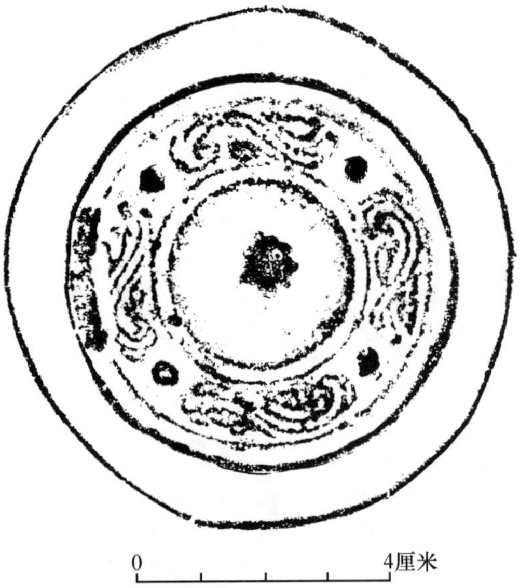

图 7-52　M52 出土铜镜（M52：8）

十四、M71

M71 位于第Ⅰ发掘区西部，T1722 北部，延伸至 T1822 南部。开口于耕土层下，距地表 0.3 米。墓葬形制为土坑洞室墓，方向 171°，由墓道和墓室两部分组成。墓道位于墓室南部，呈斜坡式，平面呈长方形，直壁、平底，长 1.6、宽 0.8、残深 0.2~1 米。填土为红褐色花土，土质较松，内含较多青砖、碎骨头。墓室为弧顶（坍塌），直壁、平底，平面呈圆形，直径 2.4、残高 1 米。无人骨、葬具及随葬品（图 7-53）。

十五、M75

M75 位于第Ⅰ发掘区的西南部，T1724 南部，开口于耕土层下，距地表 0.3 米。墓葬形制为土坑洞室墓，方向 175°，由墓道和墓室两部分组成。墓道位于墓室南部，平面长方形，直壁、平底，残长 0.9、

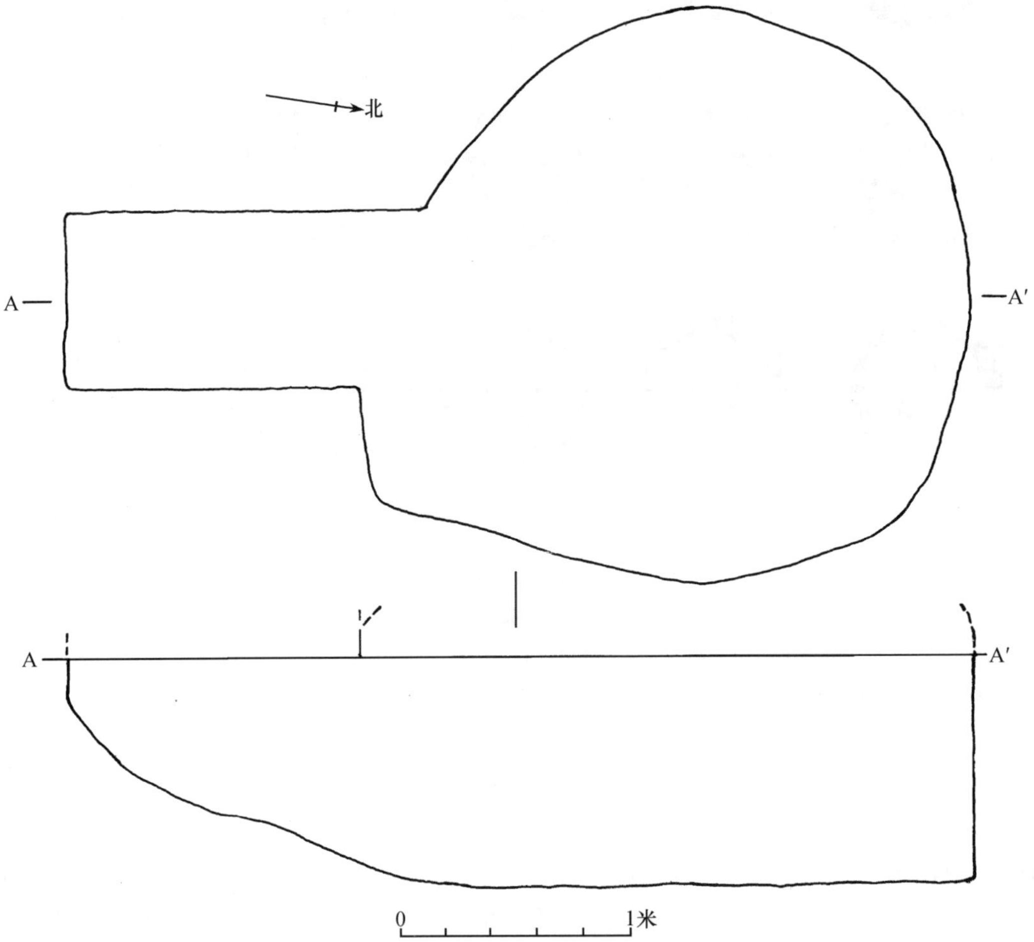

图 7-53　M71 平、剖面图

宽0.66、残深1.5米。填土呈黄褐色，土质略硬，内含红土块、淤土及料姜石。墓道北端用不规则的石块封堵。墓室为弧顶（坍塌），直壁、平底，平面近圆形，直径2.2~2.5、残高1.5米。墓室内有葬具2棺，均呈梯形，东西并列排放东棺长1.74、宽0.4~0.52米。西棺长1.8、宽0.38~0.42米。棺内各有人骨1具，腐朽严重。东棺内只余部分头骨及上肢骨。葬式均为仰身直肢。随葬品有2件（组），其中瓷碗1件，放置于东墓主棺的后端；铜钱9枚（1组），分别置于东墓主的胸部（图7-54）。

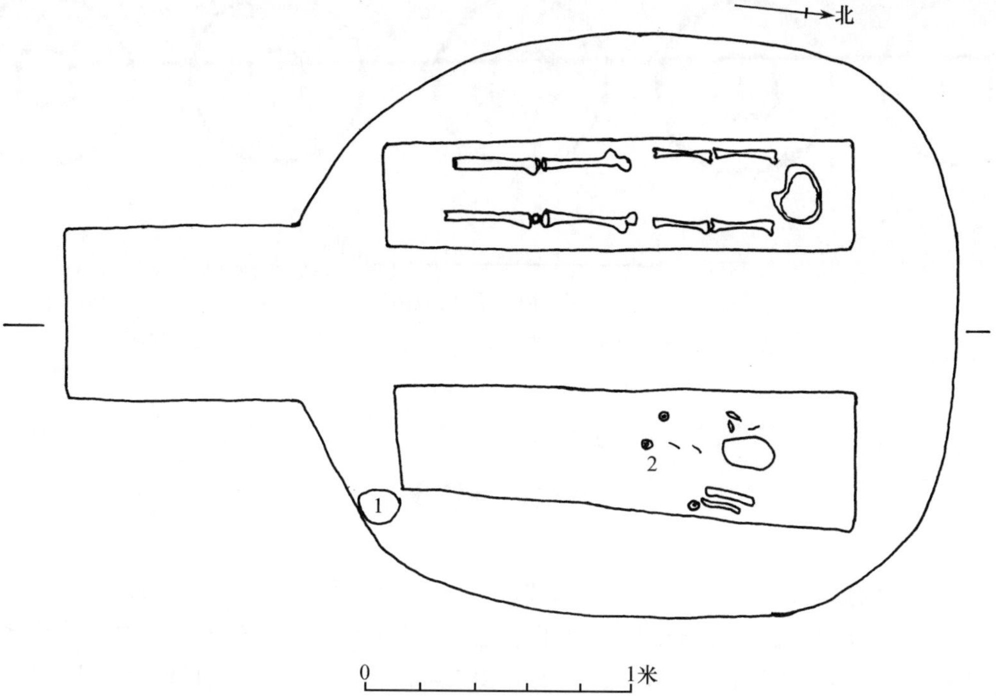

图7-54　M75平面图

1. 瓷碗　2. 铜钱

瓷碗　1件（M75∶1）。乳白胎，酱釉，釉不包底，内底有刮圈。尖圆唇，敞口，弧直腹，平底圈足，内外等高。口径16、底径5.6、高6、壁厚0.3~0.4厘米（图7-55）。

铜钱　9枚。“祥符元宝”1枚（M75∶2-1），楷书，旋读。直径2.3厘米（图7-56，1）。“元祐通宝”1枚（M75∶2-2），行书，旋读。直径2.4厘米（图7-56，2）。“元丰通宝”2枚，篆书1枚（M75∶2-3），旋读，直径2.3厘米（图7-56，3）；楷书1枚（M75∶2-5），旋读，直径2.3厘米（图7-56，5）。“嘉祐元宝”1枚（M75∶2-4），楷书，旋读。直径2.3厘米（图7-56，4）。“皇宋通宝”1枚，楷书，直读。直径2.4厘米。“至和元宝”1枚，楷书，直读。直径2.3厘米。年号不清者2枚。

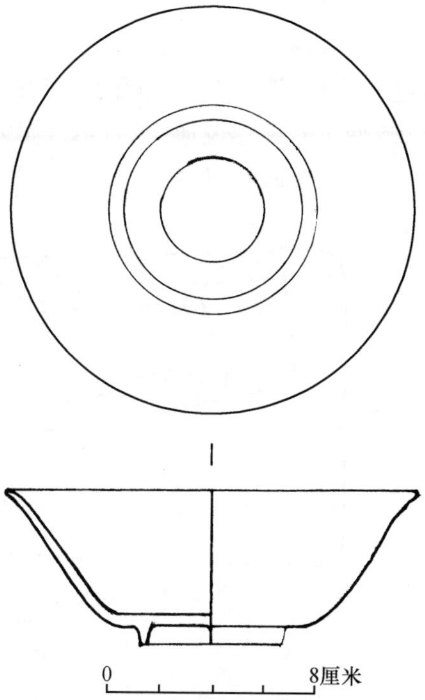

图7-55　M75出土瓷碗（M75∶1）

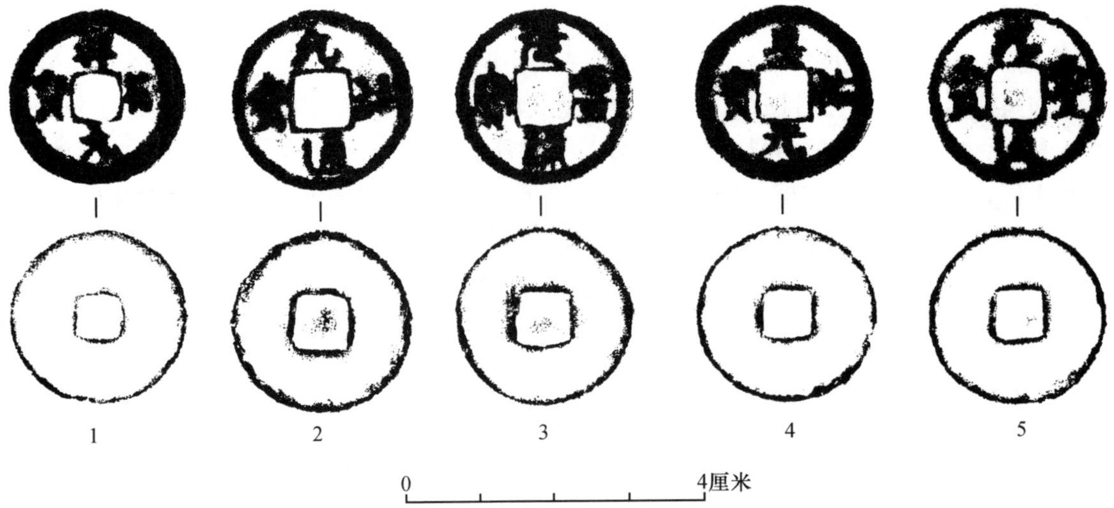

图 7-56 M75 出土钱币

1. 祥符元宝（M75∶2-1） 2. 元祐通宝（M75∶2-2） 3、5. 元丰通宝（M75∶2-3、M75∶2-5）
4. 嘉祐元宝（M75∶2-4）

十六、M93

M93 位于第Ⅰ发掘区的东部，T1731 的西北部，开口于耕土层下，距地表深 0.5 米。墓葬形制为土坑洞室墓，方向 173°，由墓道和墓室两部分组成。填土为黄褐色花土。墓道位于墓室的南侧，平面梯形，直壁，斜坡底。残长 0.92、宽 0.9~1、残深 0.36~0.5 米。墓室位于墓道的北侧，平面长方形，长 2.08、宽 0.9~1、残高 0.5 米。墓室内有葬具 1 棺，已朽，平面呈梯形，长 1.92、宽 0.34~0.52 米。棺内有人骨 1 具，葬式为仰身直肢，头向南。随葬品有铜钱 40 枚，散置于人骨下方（图 7-57）。

铜钱 40 枚。"宋元通宝" 2 枚，楷书，直读。M93∶1-1，直径 2.5 厘米（图 7-58，1）。"元丰通宝" 5 枚，篆书 4 枚，旋读，M93∶1-2，直径 2.9 厘米（图 7-58，2）；行书 1 枚，旋读，花穿，直径 2.5 厘米。"建炎通宝" 1 枚（M93∶1-3），篆书，直读。直径 2.9 厘米（图 7-58，3）。"庆历重宝" 1 枚（M93∶1-4），楷书，旋读。直径 2.9 厘米（图 7-58，4）。"政和通宝" 3 枚，楷书

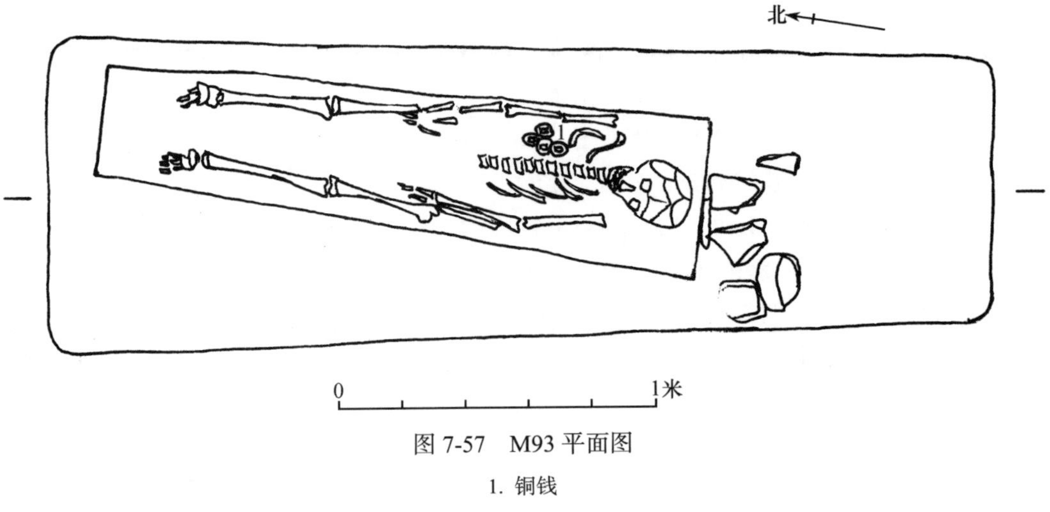

图 7-57 M93 平面图

1. 铜钱

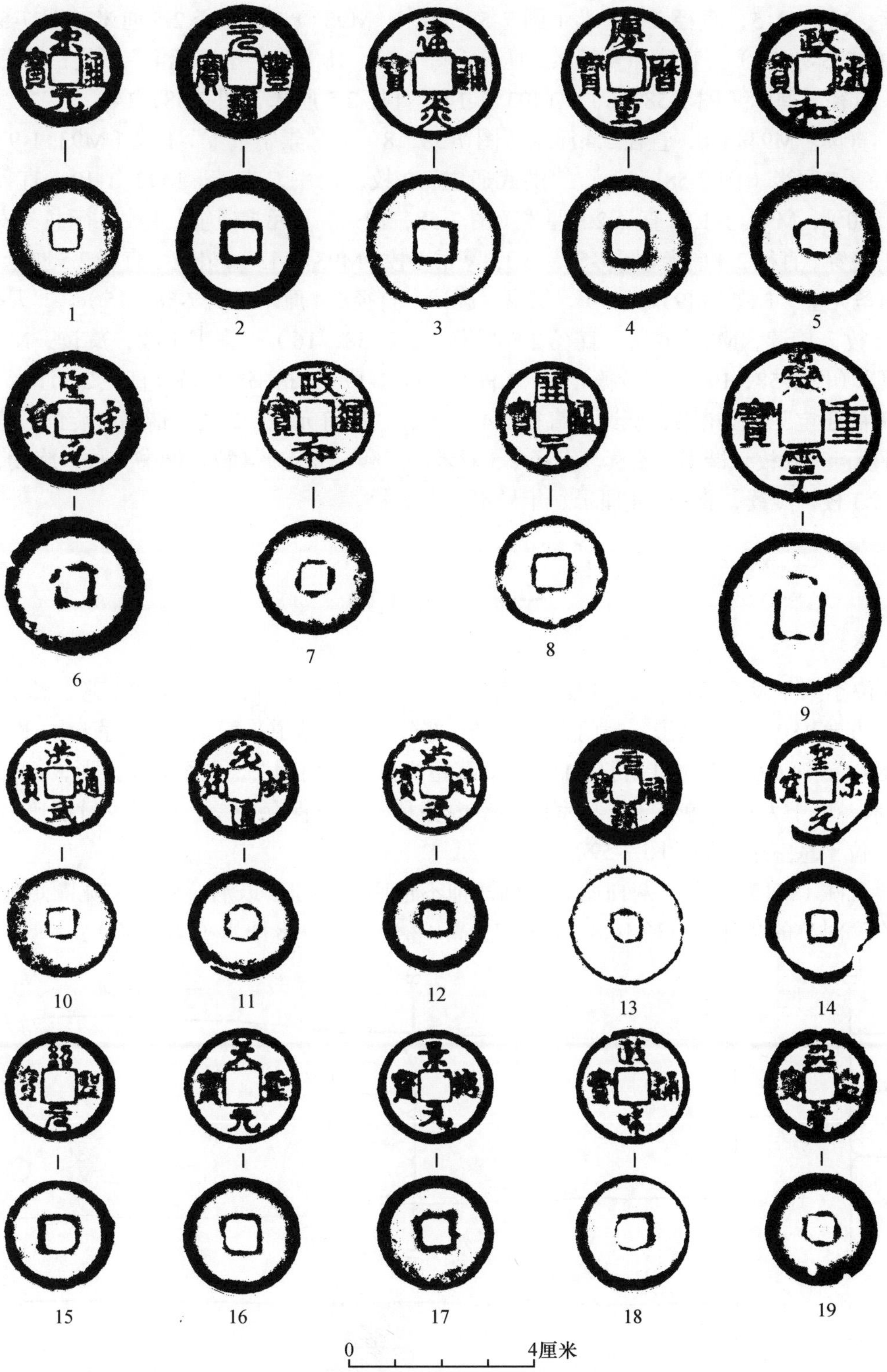

图 7-58　M93 出土钱币

1. 宋元通宝（M93∶1-1）　2. 元丰通宝（M93∶1-2）　3. 建炎通宝（M93∶1-3）　4. 庆历重宝（M93∶1-4）　5、7、18. 政和通宝（M93∶1-5、M93∶1-7、M93∶1-18）　6、14. 圣宋元宝（M93∶1-6、M93∶1-14）　8. 开元通宝（M93∶1-8）　9. 崇宁重宝（M93∶1-9）　10、12. 洪武通宝（M93∶1-10、M93∶1-12）　11、13. 元祐通宝（M93∶1-11、M93∶1-13）　15. 绍圣元宝（M93∶1-15）　16、19. 天圣元宝（M93∶1-16、M93∶1-19）　17. 景德元宝（M93∶1-17）

2枚，直读，M93∶1-5，直径2.9厘米（图7-58，5），M93∶1-7，直径2.5厘米（图7-58，7）；篆书1枚（M93∶1-18），直读，直径2.5厘米（图7-58，18）。“圣宋元宝”2枚，行书，旋读。M93∶1-6，直径3厘米（图7-58，6）；M93∶1-14，直径2.5厘米（图7-58，14）。“开元通宝”2枚，楷书，直读。M93∶1-8，直径2.4厘米（图7-58，8）。“崇宁重宝”1枚（M93∶1-9），楷书，直读。直径3.5厘米（图7-58，9）。“洪武通宝”2枚，楷书，直读。M93∶1-10，直径2.4厘米（图7-58，10）；M93∶1-12，直径2.3厘米（图7-58，12）。“元祐通宝”4枚，行书3枚，旋读，M93∶1-11，花穿，直径2.4厘米（图7-58，11）；篆书1枚（M93∶1-13），花穿，直径2.5厘米（图7-58，13）。“绍圣元宝”1枚（M93∶1-15），篆书，旋读。直径2.4厘米（图7-58，15）。“天圣元宝”3枚，楷书2枚，旋读，M93∶1-16，直径2.5厘米（图7-58，16）；篆书1枚，旋读，M93∶1-19，直径2.4厘米（图7-58，19）。“景德元宝”1枚（M93∶1-17），楷书，旋读。直径2.5厘米（图7-58，17）。“天禧通宝”1枚楷书，旋读。直径2.4厘米。“祥符元宝”2枚，楷书，旋读。直径2.5厘米。“咸平元宝”3枚，楷书，旋读。直径2.5厘米。“熙宁元宝”4枚，楷书1枚，旋读，直径2.4厘米；篆书3枚，旋读，直径2.4厘米。年号不清者2枚。

十七、M130

M130位于第Ⅲ发掘区中部，T1026西南部，开口于耕土层下，距地表0.5米。墓葬形制为土坑洞室墓，方向180°，由墓道、封门石和墓室三部分组成。墓道平面呈梯形，直壁、平底，长2、宽0.80~0.88、残深0.68米。封门石高0.68米。墓室为弧顶（坍塌），平面近长方形，长2、宽0.94、残高0.68米。填土为黄褐色花土。墓室内墓室内葬具及人骨保存极差，仅留少量痕迹。随葬品有瓷罐1件，位于墓室东北侧（图7-59）。

瓷罐　1件（M130∶1）。灰白胎。酱釉，釉不包底。敛口，鼓肩，弧腹，宽圈足较矮。口外侧及肩部有两对称的竖耳。口径10.8、底径7、高12.4、壁厚0.8厘米（图7-60）。

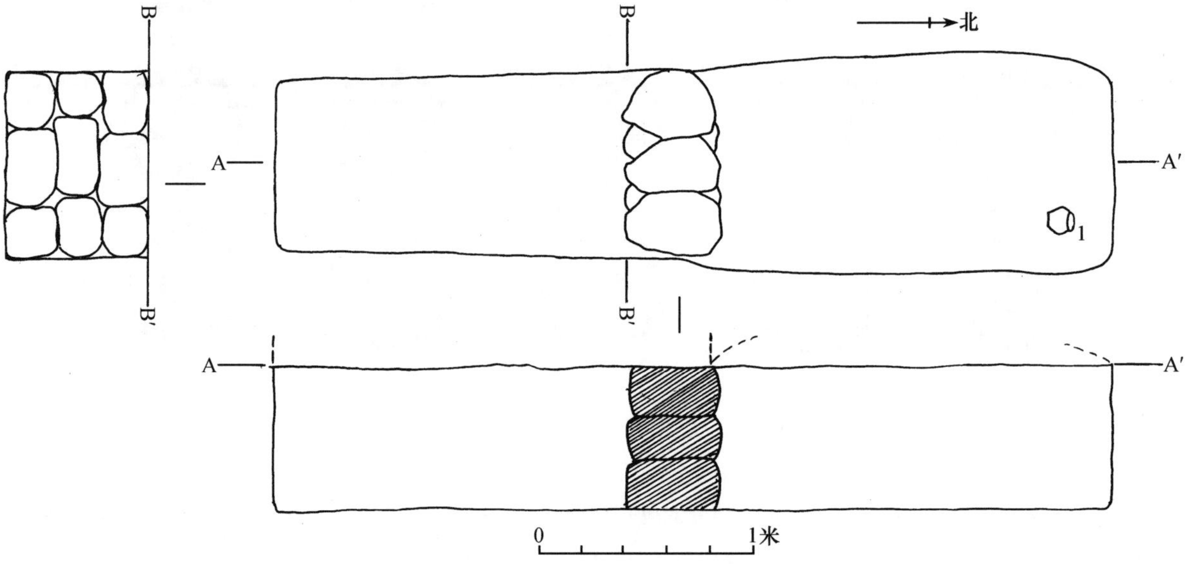

图7-59　M130平、剖面图

1. 瓷罐

十八、M138

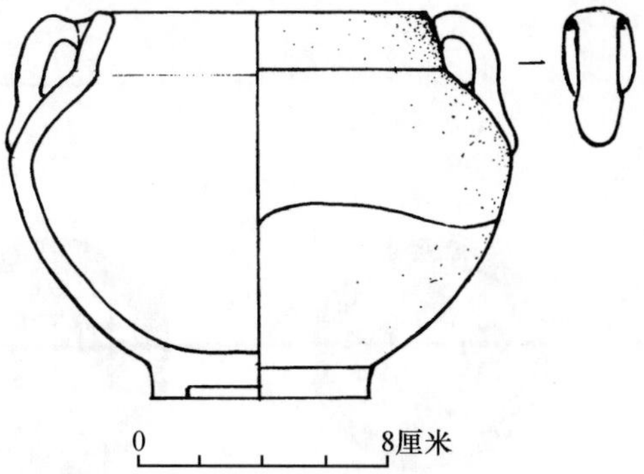

图 7-60　M130 出土瓷罐（M130∶1）

M138 位于第Ⅱ发掘区的北部，T1425 的西北部。开口于耕土层下，距地表 0.6 米，打破 M118。墓葬形制为土坑洞室墓，方向 177°，由墓道和墓室两部分组成，全长 3.64 米。墓道位于墓室的南部，平面呈梯形，直壁、平底，残长 1.5、宽 0.8~1、深 3.4 米。填土呈黄褐色，土质较松，内含红土块、淤土块及料姜石。墓室为弧顶（坍塌），直壁、平底，平面亦呈梯形，直壁、平底，长 2.1、宽 1.4~1.8、高 1.2 米。墓室内有葬具 2 棺，均呈梯形，东西并列排放。东棺长 1.3、宽 0.4~0.5 米；西棺长 1.3、宽 0.42~0.5 米。棺内各有人骨 1 具，头向北，均为仰身直肢。随葬品有 2 件（组），其中铜簪 1 件，置于西侧人骨头部；铜钱 9 枚（1 组），置于东墓主下肢骨内侧（图 7-61）。

铜簪　1 件（M138∶1）。平面长条形，断面圆形。短首，长身，中间有格。格成花瓣状。长约 5.1 厘米（图 7-62）。

铜钱　9 枚。“祥符元宝”1 枚（M138∶2-1），楷书，旋读。直径 2.4 厘米（图 7-63，1）。“万历通宝”2 枚，楷书，直读。M138∶2-2，直径 2.4 厘米（图 7-63，2）；M138∶2-7，直径 2.6 厘米（图 7-63，7）。“天启通宝”2 枚，楷书，直读。M138∶2-3，背面穿右一“日”字，直径 2.6 厘米（图 7-63，3），M138∶2-4，背面穿上一“户”字，直径 2.6 厘米（图 7-63，4）。“崇祯通宝”2 枚，楷书，直读。M138∶2-5、6，直径 2.6 厘米（图 7-63，5、6）。“开元通宝”1 枚（M138∶2-8），楷书，直读。直径 2.5 厘米（图 7-63，8）。年号不清者 1 枚。

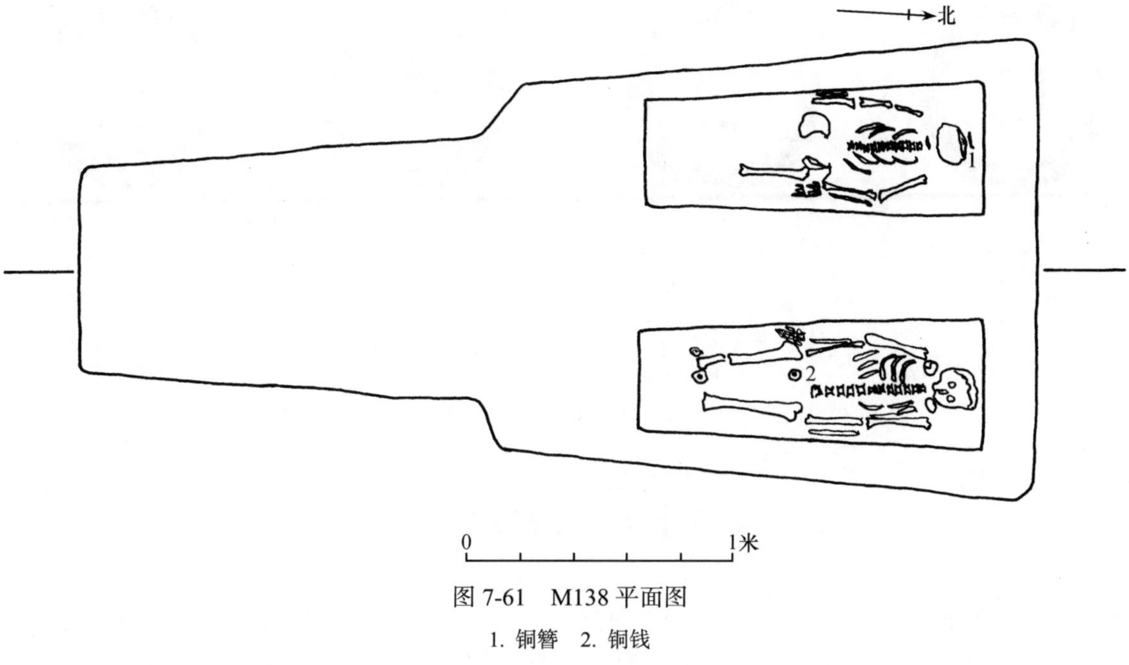

图 7-61　M138 平面图

1. 铜簪　2. 铜钱

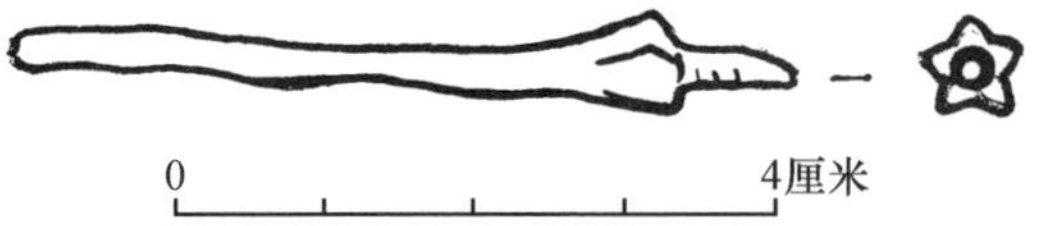

图 7-62　M138 出土铜簪（M138∶1）

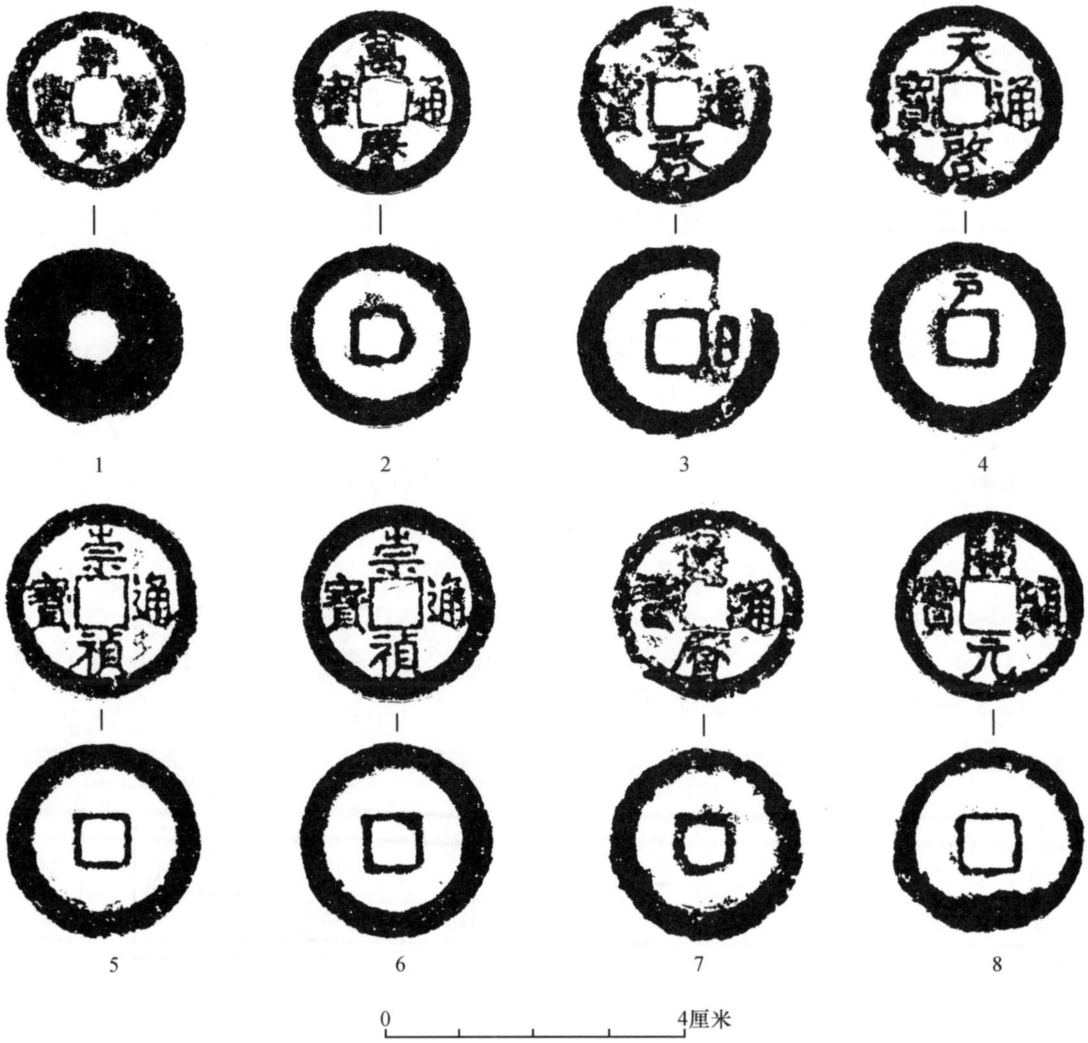

图 7-63　M138 出土钱币

1. 祥符元宝（M138∶2-1）　2、7. 万历通宝（M138∶2-2、M138∶2-7）　3、4. 天启通宝（M138∶2-3、M138∶2-4）
5、6. 崇祯通宝（M138∶2-5、M138∶2-6）　8. 开元通宝（M138∶2-8）

十九、M152

M152 位于第Ⅱ发掘区的西北部，T1522 的东南部，开口于扰土层下，打破 M156，墓口距地表 1.9 米。墓葬形制为土坑洞室墓。方向 175°。墓道被破坏，墓室为弧顶（坍塌），直壁、平底，平面为长方形，长 2.38、宽 1、残高 1 米。墓室内有葬具 1 棺，已朽，平面呈梯形，长 1.66、宽 0.48~0.54 米。棺内有人骨 1 具，为女性，葬式为仰身直肢，头向北，面朝南。随葬品有 10 件

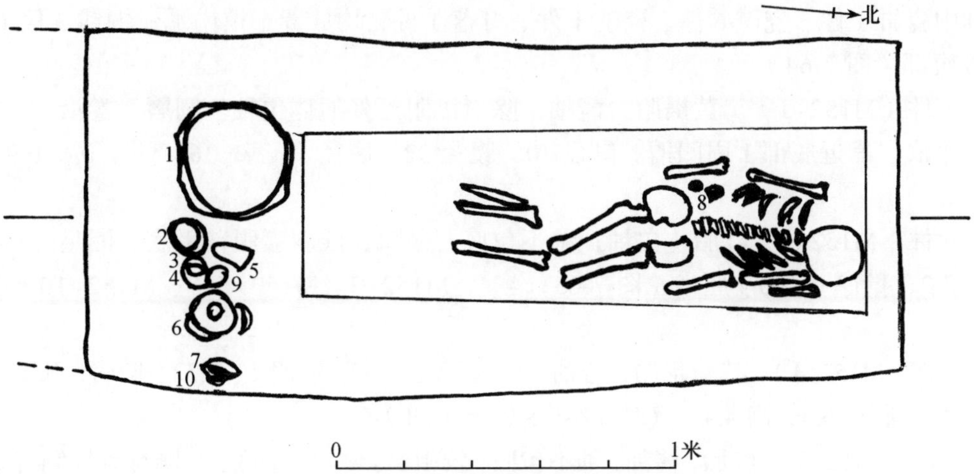

图 7-64 M152 平面图

1. 瓷缸 2、3、5~7、10. 瓷碟 4. 瓷碗 8. 铜钱 9. 灯盏

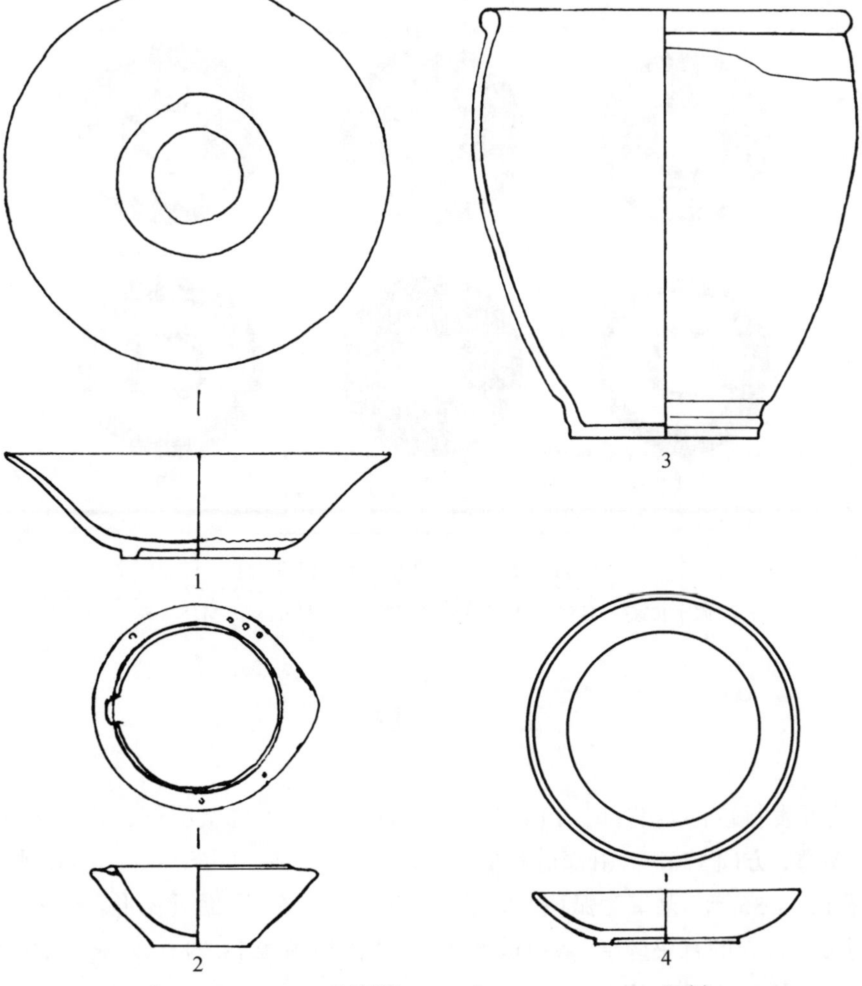

图 7-65 M152 出土器物

1. 瓷碗（M152：4） 2. 灯盏（M152：9） 3. 瓷缸（M152：1） 4. 瓷碟（M152：2）

（组），其中瓷缸 1 件、瓷碟 6 件、瓷碗 1 件、灯盏 1 件，均放置于棺南端；铜钱 3 枚（1 组），放置于人骨腹部（图 7-64）。

瓷缸　1 件（M152∶1）。黄褐胎，酱釉，除口沿附近外通体包釉。圆唇，卷沿，上腹微鼓，下腹斜收，平底。靠近底部 1 周凹槽。口径 30、腹径 32、底径 16、高 36、壁厚 0.6~0.9 厘米（图 7-65，3）。

瓷碟　6 件。M152∶2，红胎，白釉，釉不包底。敞口，浅斜弧腹，平底，圈足。口径 11.4、底径 6、高 2.2、壁厚 0.3~0.4 厘米（图 7-65，4）。M152∶3、M152∶5~7、M152∶10 形制与尺寸同 M152∶2。

瓷碗　1 件（M152∶4）。浅黄褐胎，酱釉，釉至下腹，内底有刮圈。敞口，圆唇，弧直腹，平底，圈足。口径 16、底径 6.4、高 4.4、壁厚 0.3~0.5 厘米（图 7-65，1）。

灯盏　1 件（M152∶9）。红胎，酱釉，釉不包底，较粗糙。敞口，平底，一侧有流一侧有饼形把手。口径 9~9.6、高 3.4 厘米（图 7-65，2）。

铜钱　3 枚。“熙宁元宝”2 枚，楷书，旋读；M152∶8-1，直径 2.3 厘米（图 7-66，1）；M152∶8-2，花穿，直径 2.4 厘米（图 7-66，2）。“淳化元宝”1 枚（M152∶8-3），楷书，旋读。直径 2.5 厘米（图 7-66，3）。

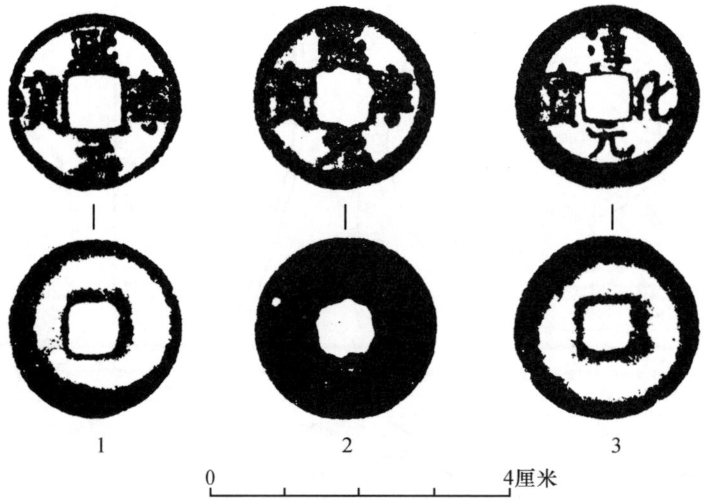

图 7-66　M152 出土钱币

1、2. 熙宁元宝（M152∶8-1、M152∶8-2）　3. 淳化元宝（M152∶8-3）

二十、M153

M153 位于第Ⅱ发掘区的西北部，T1424 的西南部，开口于耕土层下，距地表深约 0.3 米。墓葬形制为土坑洞室墓，方向 170°，由墓道和墓室两部分组成。墓道位于墓室南部，平面梯形，直壁、平底，长 1.5，宽 1.2~1.36 米。墓室为弧顶（坍塌），直壁、平底，平面近梯形。长 3.6、宽 1.28~2.82、高 0.9 米。墓壁用形状各异的石块垒砌，墓顶被破坏，墓室内填满泥土，内有较多的石块和散乱的人骨。随葬品有瓷枕 1 件，残碎（图 7-67）。

瓷枕　1 件（M153∶1）。残片。三彩釉陶器。泥质红陶。施黄、绿两彩。腰形。长约 16.2、高 4.7、残片厚 0.5 厘米（图 7-68）。

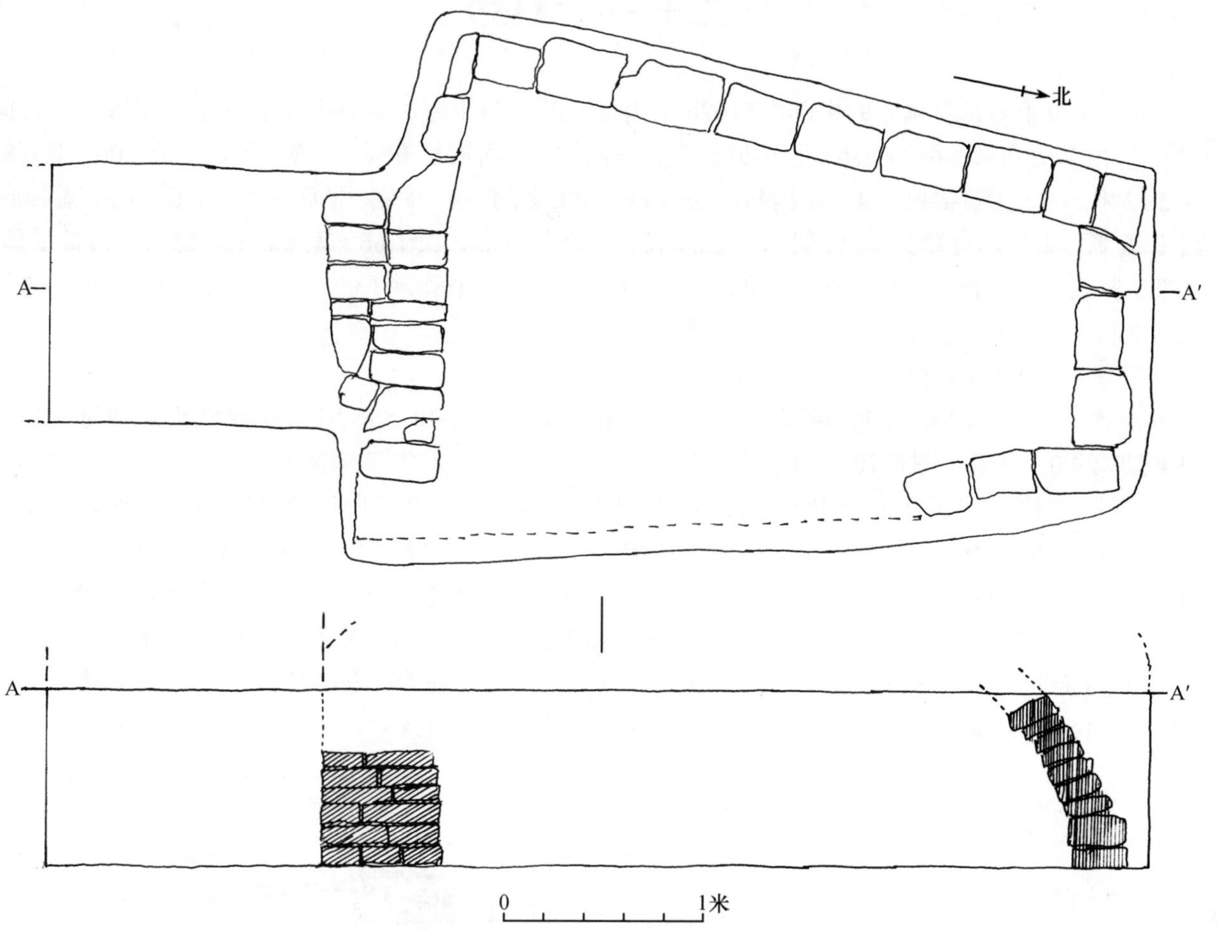

图 7-67　M153 平、剖面图

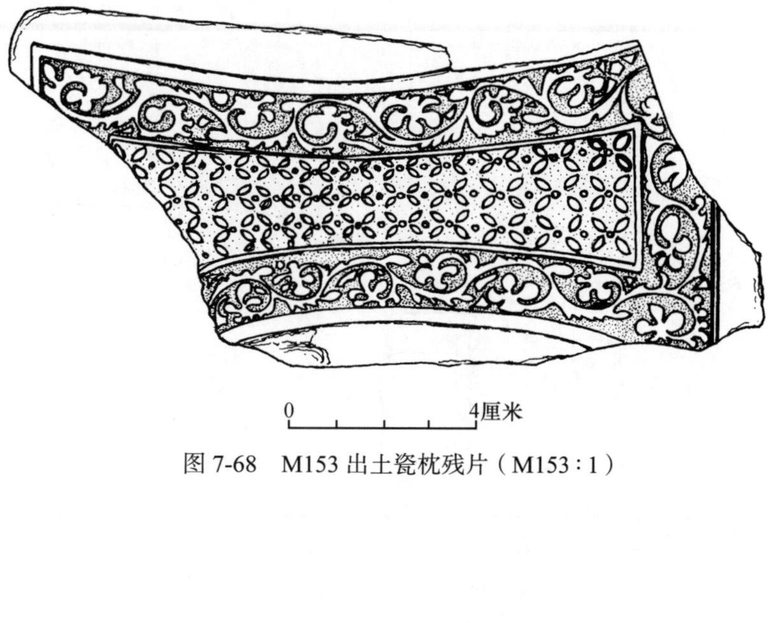

图 7-68　M153 出土瓷枕残片（M153∶1）

二十一、M155

M155位于第Ⅲ发掘区的中部，T1026东南部，开口耕土层下。墓葬形制为土坑洞室墓，方向173°，由墓道和墓室两部分组成。墓道位于墓室南部，平面近长方形，直壁、平底，长2.06、宽0.8、深2.12米。填土为黄褐色花土，结构略疏松。墓室为弧顶，直壁、平底，平面长方形，长2.08、宽1.06、高1.36米。墓室内有葬具1棺，木质，已腐朽，平面长方形，长1.66、宽0.6米。棺内有人骨1具，女性，葬式为仰身直肢，保存较好。随葬品有4件（组），其中瓷罐1件、铜钗2件，位于头骨右侧；铜钱7枚（1组），散置于人骨上半身（图7-69）。

瓷罐　1件（M155∶1）。残碎，未复原。

铜钗　2件。M155∶2-1，麻花形首，残（图7-70，2）。M155∶2-2，麻花状头，细尾。长约13.4、厚约0.1厘米（图7-70，1）。

铜钱　7枚。“开元通宝”1枚（M155∶3-1），楷书，直读。直径2.4厘米（图7-71，1）。“政和通宝”1枚（M155∶3-2），篆书，直读。直径2.5厘米（图7-71，2）。“大观通宝”1枚（M155∶3-3），楷书，直读。直径2.5厘米（图7-71，3）。“洪武通宝”1枚（M155∶3-4），楷书，直读。直径2.3厘米（图7-71，4）。“皇宋通宝”1枚（M155∶3-5），篆书，直读。直径2.5厘米（图7-71，5）。“元丰通宝”1枚（M155∶3-6），篆书，旋读。直径2.4厘米（图7-71，6）。“天禧通宝”1枚（M155∶3-7），楷书，旋读。直径2.5厘米（图7-71，7）。

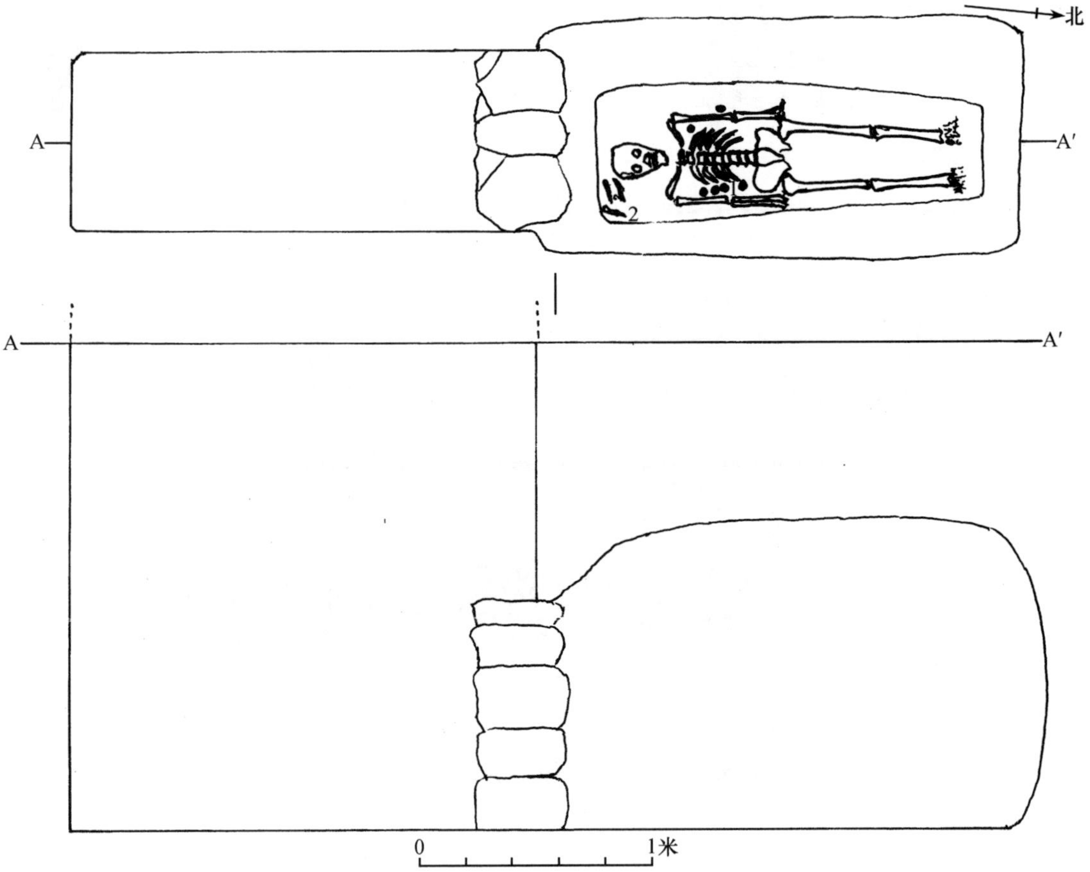

图7-69　M155平、剖面图

1. 铜钱　2. 铜钗

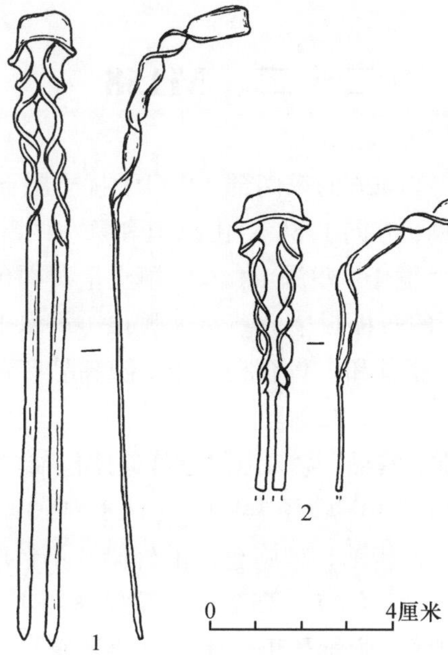

图 7-70　M155 出土铜钗

1. M155∶2-2　2. M155∶2-1

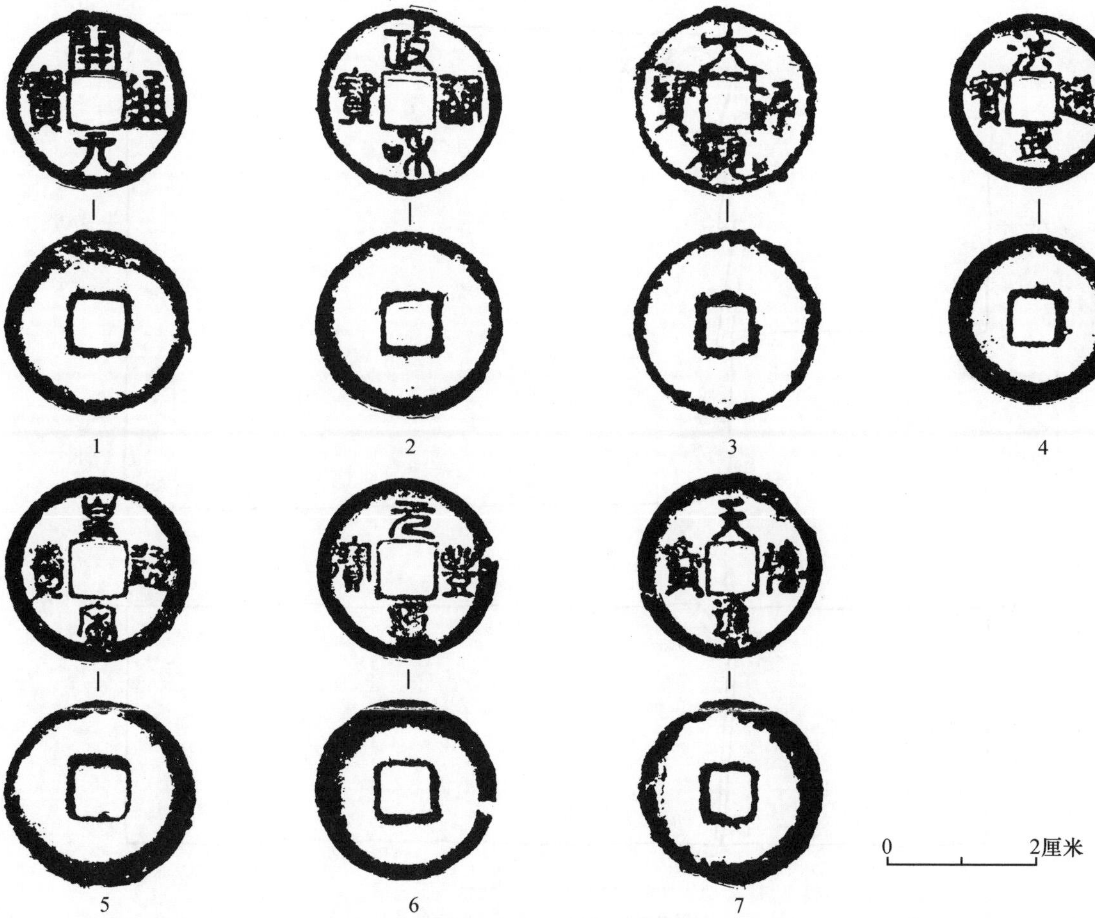

图 7-71　M155 出土钱币

1. 开元通宝（M155∶3-1）　2. 政和通宝（M155∶3-2）　3. 大观通宝（M155∶3-3）　4. 洪武通宝（M155∶3-4）

5. 皇宋通宝（M155∶3-5）　6. 元丰通宝（M155∶3-6）　7. 天禧通宝（M155∶3-7）

二十二、M158

M158位于第Ⅱ发掘区的北部，T1426的东南部，开口于扰土层下，距地表2.3米，被M124打破，打破M125。墓葬形制为土坑洞室墓，方向175° ，由墓道和墓室两部分组成。墓道位于墓室的南部，平面长方形，直壁、平底，长1.2、宽1、残深1.1米。填土呈黄褐色，土质较黏硬，内含红土块、淤土及料姜石。墓道北端用不规则的石板封堵。墓室为弧顶（坍塌），直壁、平底，平面呈圆角长方形，长2.8、宽2.3、残高1.1米。葬具和人骨腐朽严重。随葬品有瓷缸1件、瓷碟2件、瓷碗1件、灯盏1件，均放置于墓室的西南角（图7-72）。

瓷缸　1件（M158∶1）。黄褐胎，酱釉，除口沿附近外通体包釉。圆唇，折沿，微鼓腹，下腹斜收，平底微内凹。下腹部饰数周凹槽。口径30、腹径34、底径14.8、高39、壁厚0.8~1厘米（图7-73，1）。

瓷碟　2件。M158∶2，浅黄胎，酱釉，釉施至口沿外侧，不包底。圆唇，敞口，弧腹，平底，圈足。碗心饰1周黑圈。口径11.6、底径4.8、高2.6、壁厚0.3~0.4厘米（图7-73，2）。M158∶5，浅黄胎，浅蓝釉，灰绿彩，釉不包底，脱釉严重。敞口，浅弧腹，平底，圈足。内饰2周圆圈，碗心书字。口径11.6、底径6、高2.6、壁厚0.3~0.4厘米（图7-73，4）。

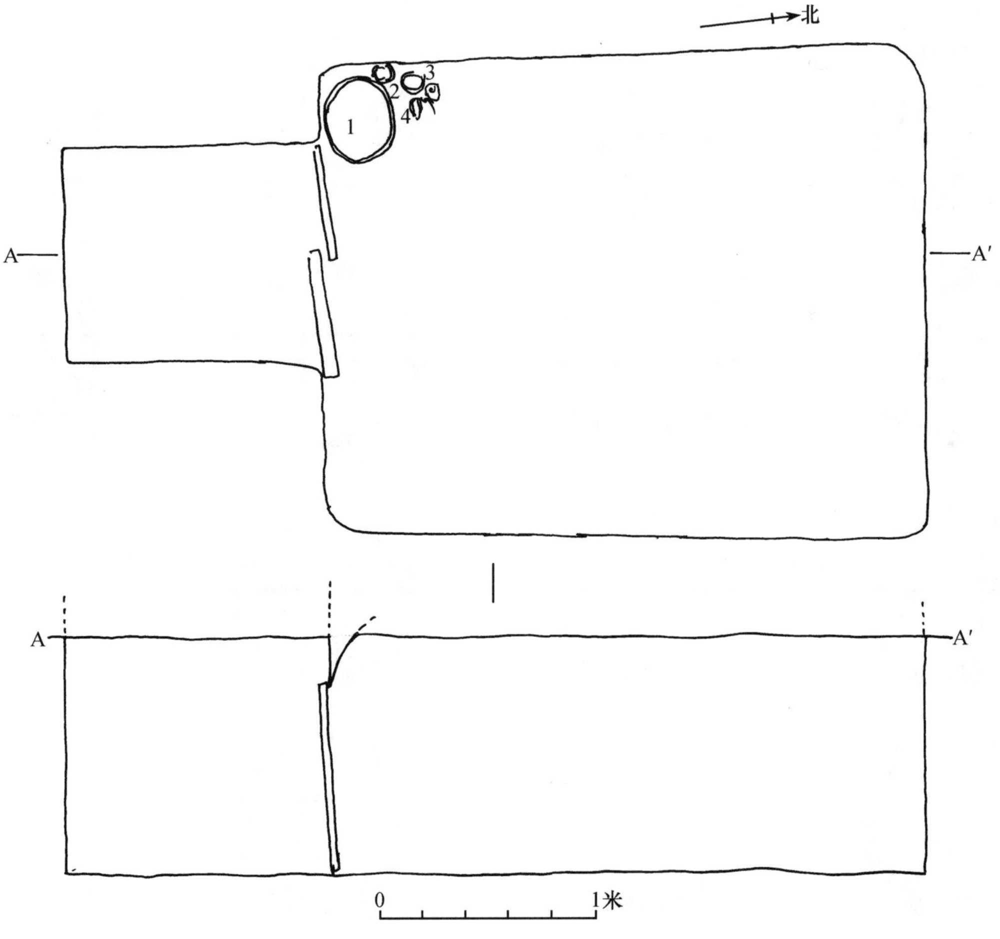

图7-72　M158平、剖面图

1. 瓷缸　2. 瓷碟　3. 瓷碗　4. 灯盏

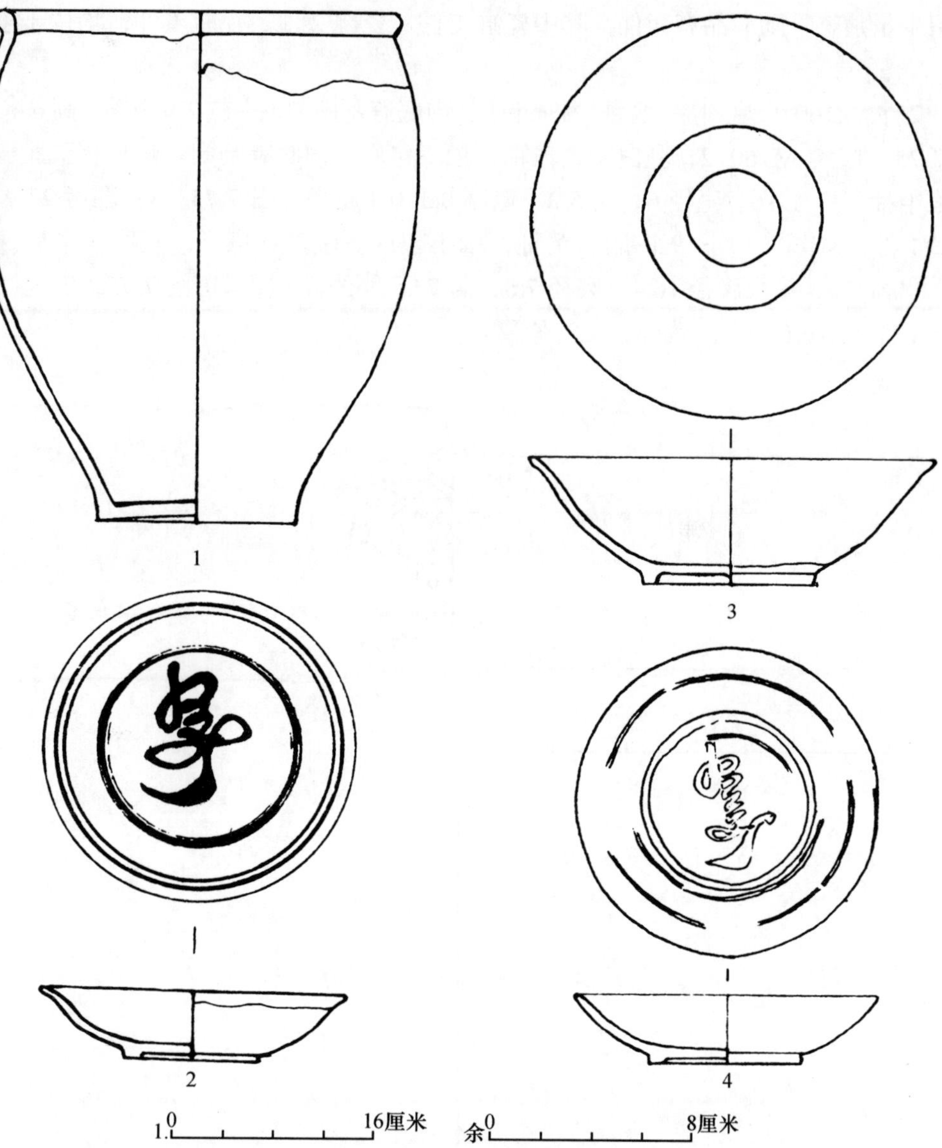

图 7-73 M158 出土器物

1. 瓷缸（M158∶1） 2、4. 瓷碟（M158∶2、M158∶5） 3. 瓷碗（M158∶3）

瓷碗 1件（M158∶3）。淡黄胎，黑釉，釉至下腹部，内底有刮圈。圆唇，敞口，弧腹，平底，圈足。口径15.6、底径6.8、高4.8、壁厚0.3~0.4厘米（图7-73，3）。

灯盏 1件（M158∶4）。残碎不全。无法复原。

二十三、M160

M160位于第Ⅲ发掘区的中部，T1025西部，开口耕土层下。墓葬形制为土坑洞室墓，方向178°，由墓道和墓室两部分组成。墓道平面为长方形，直壁、平底，长2.52、宽1、深4米。封门高1.4、宽0.26米。封门砖均为整砖，长27、宽13、厚5厘米。墓室为弧顶（坍塌），直壁、平底，平面为长方形，长2.48、宽1.3、高1.76米。填土为红褐色花土，土质略疏松。墓室内葬具及人骨保存极差，仅留少量痕迹。随葬品有4件，其中瓷缸1件、瓷碗2件、瓷瓶1件，均位于墓室南部（图7-74）。

瓷碗　2件。M160:1，乳白胎，酱釉，釉不包底，内底有刮圈。口径17.2、底径6、高6.4、壁厚0.3~0.7厘米（图7-75，1）。M160∶2，乳白胎，酱釉，釉不包底，内底有刮圈。敞口，弧腹微鼓，平底，圈足。外施半釉。口径16、底径6、高5.2、壁厚0.3~0.4厘米（图7-75，3；图版23-2）。

瓷瓶　1件（M160∶3）。灰白胎，黄釉，釉不包底。敞口，束颈，垂腹，平底，窄圈足。上刻草叶纹。口径7.5、最大腹径16.4、底径7.8、高24、厚约0.5厘米（图7-75，2）。

瓷缸　1件（M160∶4）。残碎，无法修复。

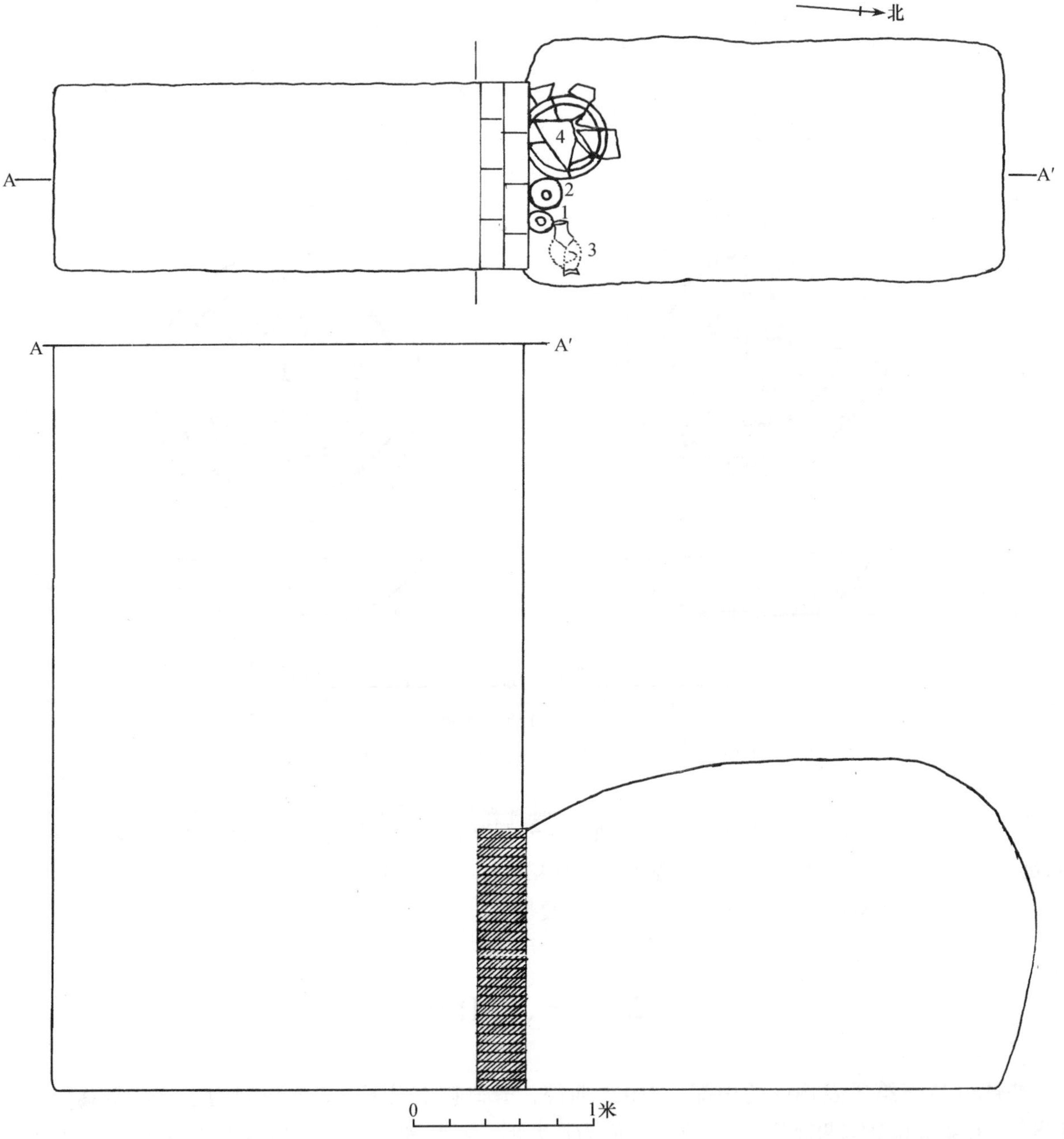

图7-74　M160平、剖面图
1、2. 瓷碗　3. 瓷瓶　4. 瓷缸

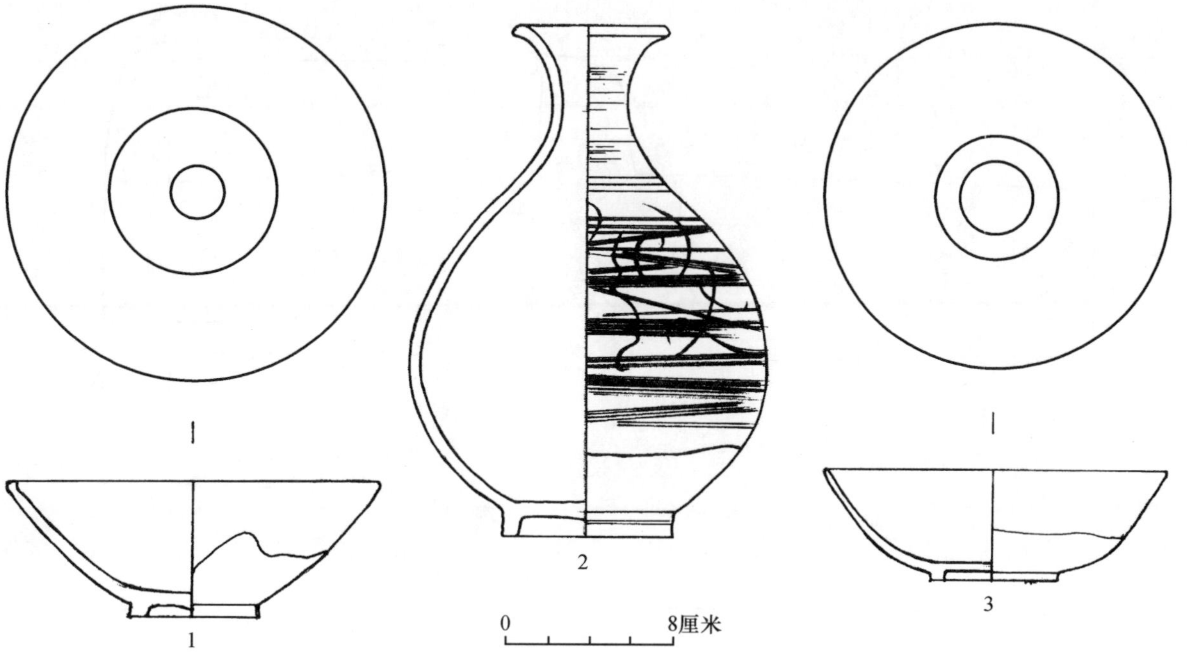

图 7-75　M160 出土器物

1. 瓷碗（M160∶1）　2. 瓷瓶（M160∶3）　3. 瓷碗（M160∶2）

二十四、M177

M177 位于第Ⅲ发掘区的中部，T0925 东部，开口扰土层下，距地表约 2 米。墓葬形制为土坑洞室墓，方向 186°，由墓道和墓室两部分组成。墓道平面为长方形，直壁、平底，长 2.2、宽 0.8~0.9、深 2 米。填土为黄褐色花土，土质略疏松。封门石高 1.1、厚 0.36 米。墓室为弧顶（坍塌），直壁、平底，平面为长方形，长 2.56、宽 2.16、残高 1.26 米，墓室顶距墓底约 1.34 米。墓室内有葬具为三棺，东中西并列排放，棺平面均为长方形，均已朽。东棺长 1.76、宽 0.5 米；中棺长 1.8、宽 0.51 米；西棺长 1.78、宽 0.5 米。棺内人骨散乱不堪。随葬品有 8 件（组），其中瓷碗、瓷碟各 2 件，玉壶春瓶、瓷缸各 1 件，均位于墓室南部；铜镜 1 件，位于人骨头部；铜钱 5 枚（1 组），散于墓室内（图 7-76）。

瓷碗　2 件。M177∶3，酱釉，釉不包底。尖圆唇，微敛口，内口下 1 周凹槽，缓弧腹，平底，宽圈足。口径 17.2、底足径 6.7、圈足高 0.8、高 6.8、厚 0.5 厘米（图 7-77，4）。M177∶1，形制同 M177∶3。

瓷碟　3 件。M177∶4，淡黄胎，外酱釉，内白釉，通体包釉。圆唇，窄沿，敞口，弧腹略鼓，下腹折成平底，圈足。碗心黑书 2 圈，碗心内画花。口径 14、底径 6、高 3.2、壁厚 0.4~0.6 厘米（图 7-77，1）。M177∶6，淡黄胎，外酱釉，内白釉，通体包釉。圆唇，窄沿，敞口，弧腹略鼓，下腹折成平底，圈足。碗心黑书 2 圈，碗心内书字。口径 14、底径 6、高 3.2、壁厚 0.4~0.6 厘米（图 7-77，3）。M177∶7，形制同 M177∶6。

玉壶春瓶　1 件（M177∶8）。浅黄胎，黑釉，釉上有微小开片，釉不包底。尖唇，宽斜折沿，唇面 1 周凸棱，细颈，垂鼓腹，平底，圈足。口径 5.2、腹径 8.4、底径 5.2、高 11.4、壁厚 0.3~0.4 厘米（图 7-77，2）。

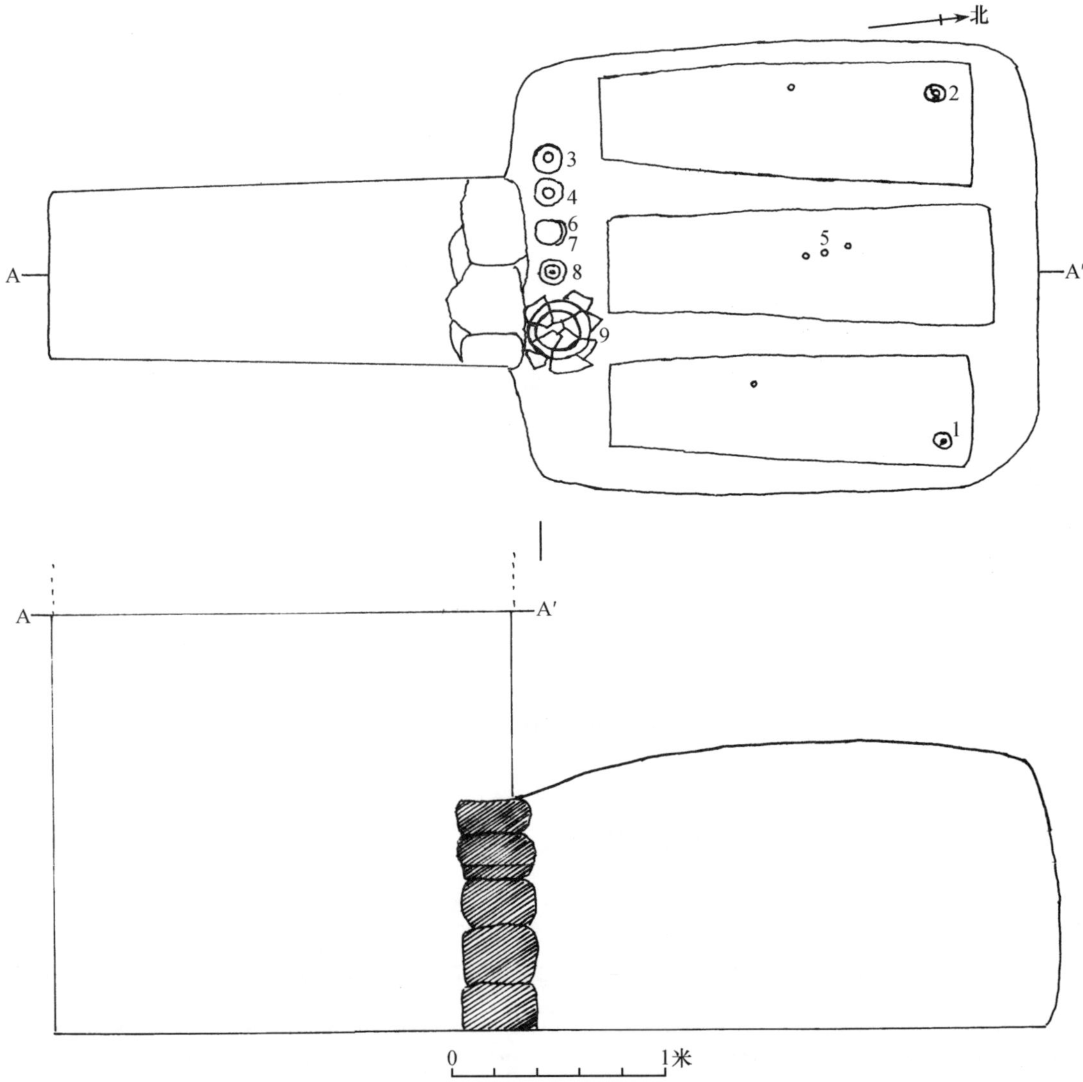

图 7-76 M177 平、剖面图

1、3. 瓷碗 2. 铜镜 4、6、7. 瓷碟 5. 铜钱 8. 瓷瓶 9. 瓷缸

瓷缸 1件（M177∶9）。残碎，无法复原。

铜钱 5枚。“祥符元宝”1枚（M177∶5-1），楷书，旋读。直径2.3厘米（图7-78，1）。“绍圣元宝”1枚（M177∶5-2），行书，旋读。直径2.3厘米（图7-78，2）。“治平元宝”1枚（M177∶5-3），篆书，旋读。直径2.4厘米（图7-78，3）。“熙宁元宝”1枚（M177∶5-4），篆书，旋读。直径2.4厘米（图7-78，4）。“元丰通宝”1枚，篆书，旋读。直径2.4厘米。

铜镜 1件（M177∶2）。圆形，银锭纽，纽残。纽两侧各有铭文：左为“青鸾宝鉴”，右为“湖州孙家”。铭文外侧1周凸弦纹圈带。素窄缘。直径8.3、厚0.15厘米（图7-79）。

二十五、M178

M178位于第Ⅲ发掘区的中部，T0926西部，开口扰土层下，距地表约2米。墓葬形制为土坑

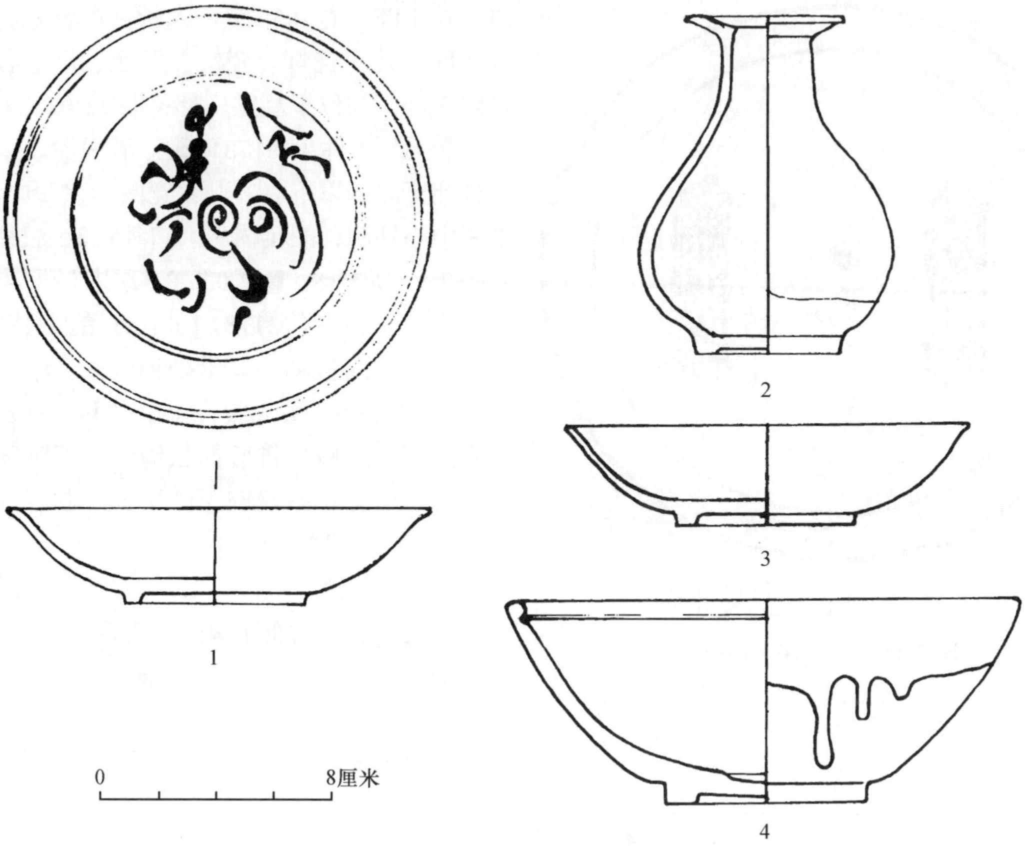

图 7-77　M177 出土器物

1、3. 瓷碟（M177:4、M177:6）　2. 瓷瓶（M177:8）　4. 瓷碗（M177:3）

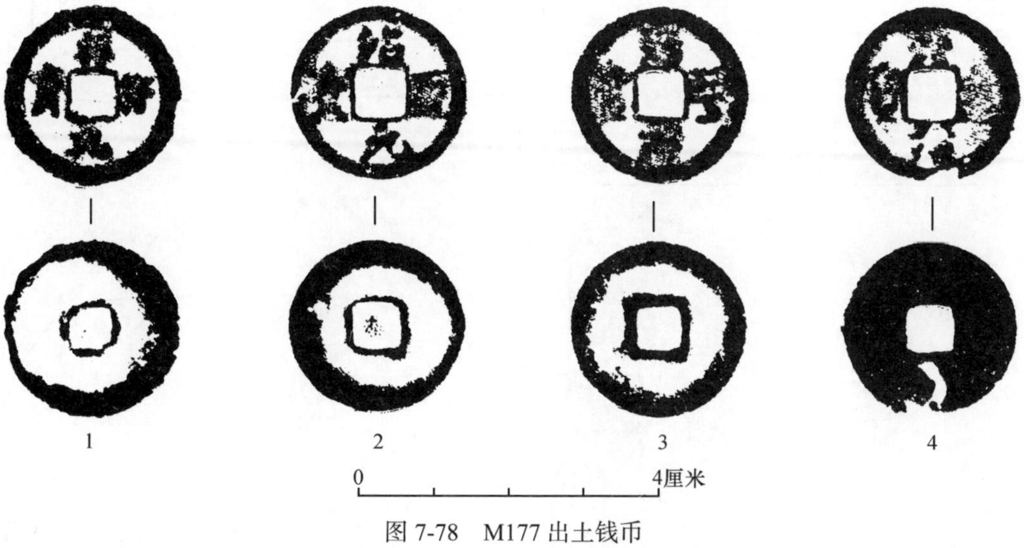

图 7-78　M177 出土钱币

1. 祥符元宝（M177:5-1）　2. 绍圣元宝（M177:5-2）　3. 治平元宝（M177:5-3）　4. 熙宁元宝（M177:5-4）

洞室墓，方向 184°，由墓道和墓室两部分组成。墓道平面为长方形，直壁、平底，长 2.22、宽 0.9、深 1.94 米。填土为黄褐色花土，土质略疏松。墓室为弧顶，直壁、平底，平面亦为长方形，长 2.68、宽 1.52、高 1.42 米。墓室内有葬具 2 棺，东西并列排放。平面均为长方形，东棺长 1.8、宽 0.52 米；

图 7-79　M177 出土铜镜（M177∶2）

西棺长 1.88、宽 0.56 米。人骨保存较差。随葬品有 7 件，其中瓷灯、瓷缸、瓷瓶、灯盏各 1 件，瓷碗 3 件，均位于墓室南部（图 7-80）。

瓷瓶　1 件（M178∶1）。乳白胎，茶绿釉，外釉施至腹部以下。尖圆唇，宽圈沿，细颈，垂鼓腹，平底中心外凸，圈足内斜。口径 7.2、腹径 15.2、底径 7.2、高 23.6、壁厚 0.3~0.5 厘米（图 7-81，5）。

瓷缸　1 件（M178∶2）。红胎，酱釉，内部及口沿下 1 周包釉，口沿处釉磨去。厚方圆唇，窄卷沿，微鼓腹，最大腹径位于口下，下腹弧斜收，平底微凹，上腹部饰竖向粗绳纹，下腹部饰横向瓦纹。内壁有轮制痕迹。口径 34、腹径 38.4、底径 19、高 48、壁厚 0.8~1.2 厘米（图 7-81，1）。

瓷碗　3 件。M178∶3，黄褐胎，茶绿色釉，釉不包底，内底有刮圈。敞口，圆唇，敞口，微折沿，斜直壁、平底，圈足。口径 15.6、底径 6.4、高 4.6、

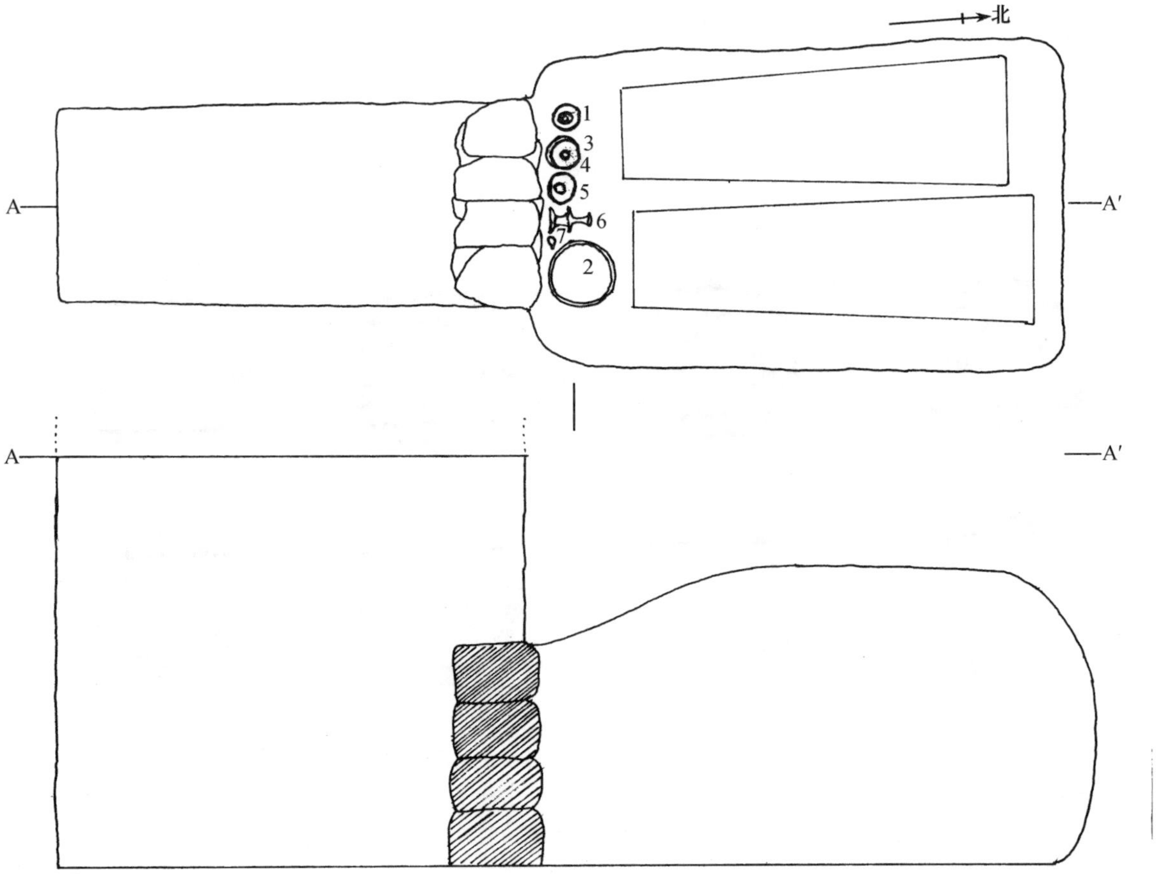

图 7-80　M178 平、剖面图

1. 瓷瓶　2. 瓷缸　3~5. 瓷碗　6. 瓷灯　7. 灯盏

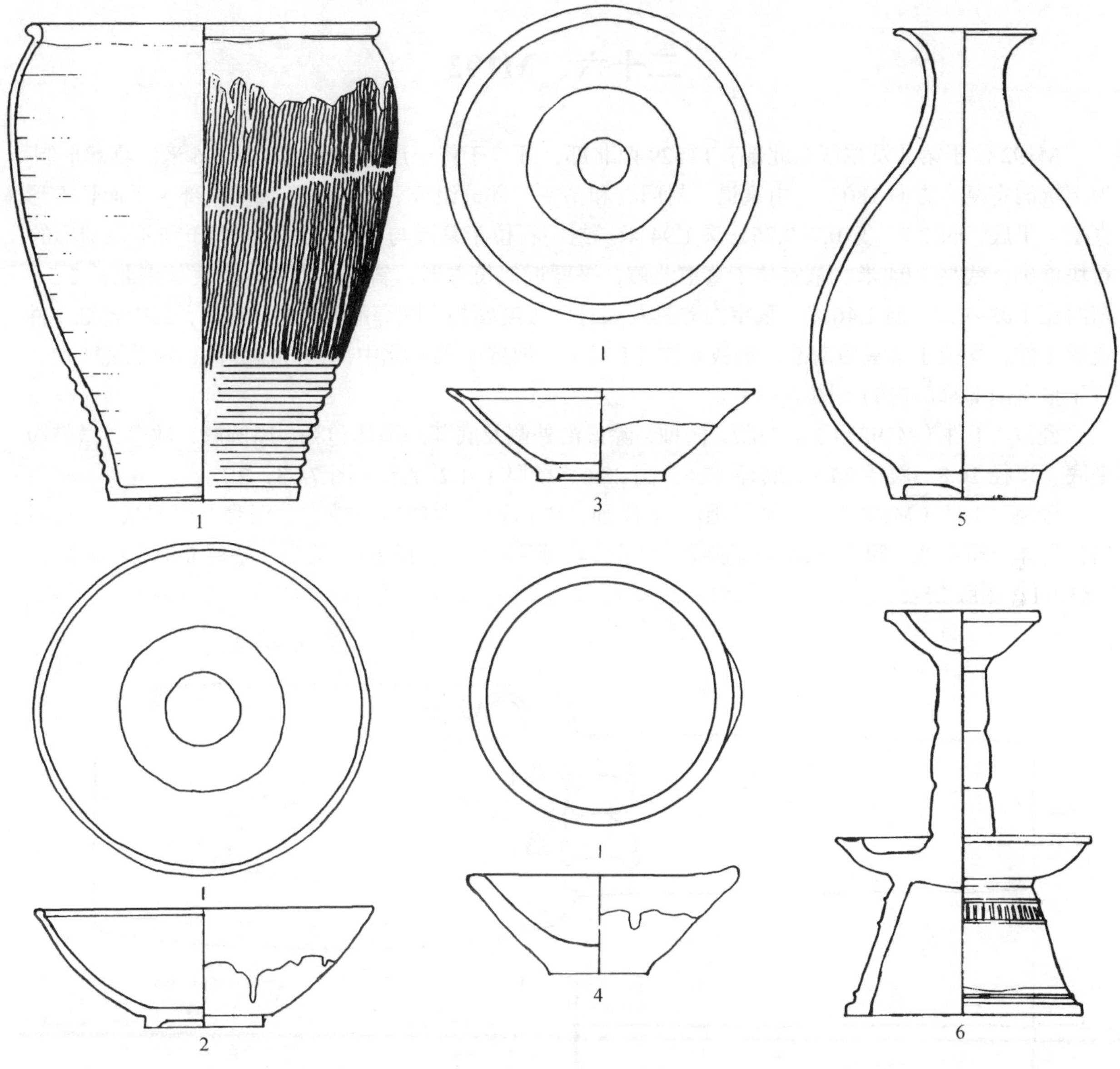

图 7-81　M178 出土器物

1. 瓷缸（M178：2）　2、3. 瓷碗（M178：4、M178：3）　4. 灯盏（M178：7）
5. 瓷瓶（M178：1）　6. 瓷灯（M178：6）

壁厚 0.4~0.6 厘米（图 7-81，3）。M178：4，乳白胎，酱釉，釉不包底，内底有刮圈，釉分布不均。圆唇，唇缘内凸，深弧腹，平底，矮圈足。口径 17、底径 6、高 6、壁厚 0.3~0.4 厘米（图 7-81，2）。M178：5，黄褐胎，茶绿色釉，釉不包底，内底有刮圈。口径 15.6、底径 6.4、高 4.6、壁厚 0.4~0.6 厘米。

瓷灯　1 件（M178：6）。红褐胎，酱釉，釉不包底。盏托：方唇、平折沿，圜底；灯柱：实心竹节形；承盘：尖唇，折沿，沿面 1 周凹槽；高圈足：外撇，足根斜折成台，圈足上饰凸棱纹。盏托口径 7.6、盘口径 12.8、底径 12、高 20.4 厘米（图 7-81，6）。

灯盏　1 件（M178：7）。浅黄胎，酱釉，釉不包底。敞口，斜直壁，平底。一侧短柄，外施半釉。口径 13.2、底径 4.8、高 5.4 厘米（图 7-81，4）。

二十六、M192

M192位于第Ⅱ发掘区东北部，T1529西北部，开口于扰土层下，距地表深2.6米。墓葬形制为土坑洞室墓，方向180°，由墓道、封门石和墓室三部分组成。墓道位于墓室南部，平面长方形，直壁、平底，长2.2、宽0.7~0.76、深1.94米。封门石位于墓道与墓室之间，由若干块不规则形的石块堆砌，残高1.04米。墓室位于墓道北侧，平面近似长方形，斜壁、拱形顶，底部南北长2.5、东西宽1.08~1.25、高1.46米。墓室内葬具及人骨已极度腐朽。随葬品有6件（组），其中瓷缸1件、瓷罐1件，均位于墓室西南部；铜钱6枚（1组），散置于墓室北中部；灯盏2件、镇墓瓦1块，位于墓室南部墓门内侧（图7-82）。

瓷缸　1件（M192∶1）。白胎，酱釉，除口沿外侧及底部外通体包釉。厚圆唇，敛口，微鼓腹，平底。口径16.8、腹径24.8、底径17.6、高28.6、壁厚1~1.2厘米（图7-83，2）。

瓷罐　1件（M192∶2）。红褐胎，上酱釉，中白釉。微敛口，鼓肩，深腹，厚平底。肩部均匀分布4个桥形系，腹上部饰3周弦纹。口径14、腹径22、底径10、高25、壁厚0.8~1.4厘米（图7-83，1；图版25-2）。

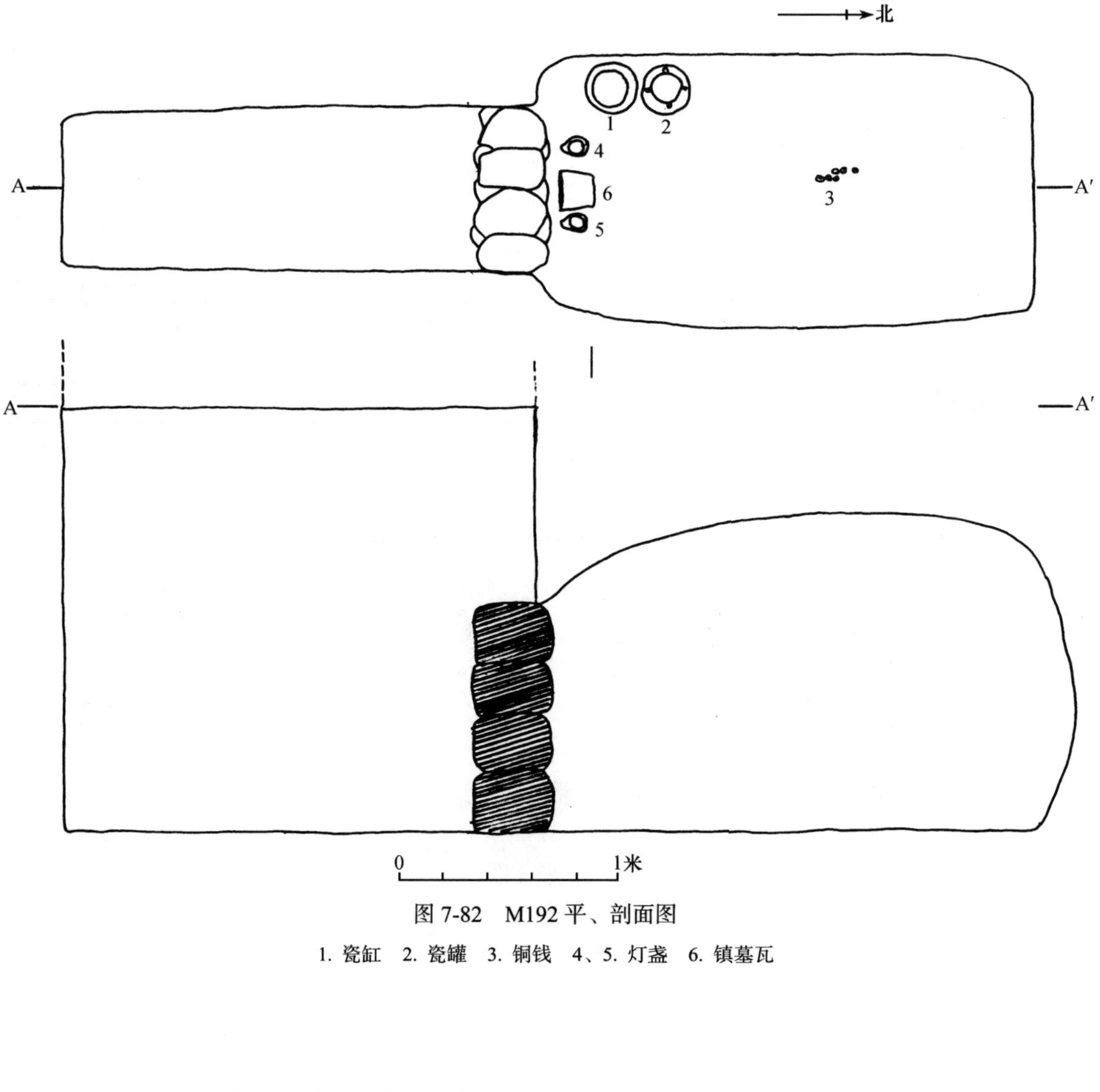

图7-82　M192平、剖面图

1. 瓷缸　2. 瓷罐　3. 铜钱　4、5. 灯盏　6. 镇墓瓦灯盏 2件。M192∶5，灰黄胎，仅内面包釉。尖圆唇，敞口，斜直壁、平底，一侧有流，一侧有柄。上刻点纹。口径9.2-10、底径4.2、高2.8厘米（图7-83，3）。M192∶4与M192∶5形制相同。

镇墓瓦 1件（M192∶6）。长方形板瓦，正面朱书：“明故祖母尹氏之灵，享年八十四岁，卒于天启二年十月二十九日，酉时辞世，天啓二年十一月廿日吉。”

铜钱 6枚。“元符通宝”1枚（M192∶3-1），篆书，旋读。直径2.4厘米（图7-84，1）。“景祐元宝”1枚，楷书，旋读。直径2.5厘米（图7-84，2）。“元丰通宝”2枚，篆书，旋读。直径2.5厘米。年号不清者2枚。

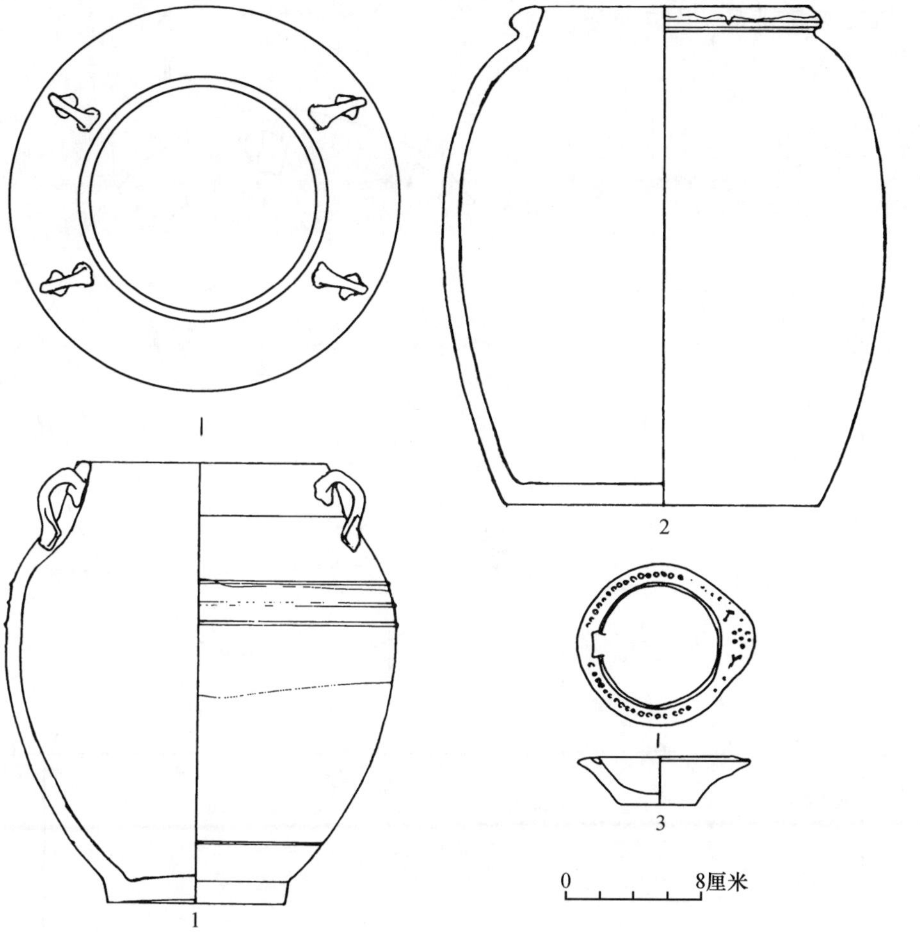

图7-83 M192出土器物

1. 瓷罐（M192∶2） 2. 瓷缸（M192∶1） 3. 灯盏（M192∶5）

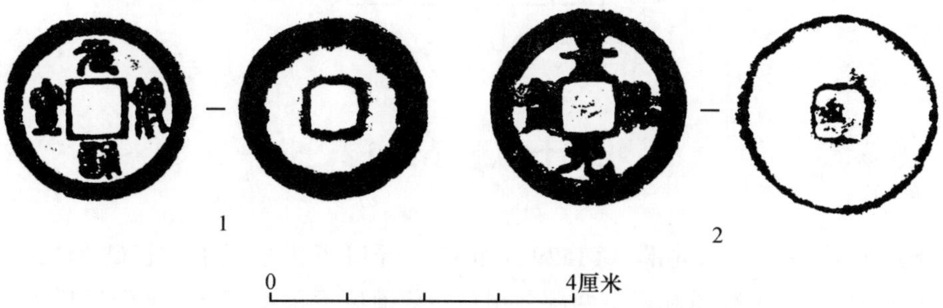

图7-84 M192出土钱币

1. 元符通宝（M192∶3-1） 2. 景祐元宝（M192∶3-2）

二十七、M210

M210位于第Ⅱ发掘区的西部，T1323的西南部，扰土层下开口，距地表1.7米，打破M214。墓葬形制为土坑洞室墓，方向190°，由墓室和墓道两部分组成。墓道位于墓室南部，平面长方形，直壁、平底，残长1.5、宽0.8、深1米。填土为黄褐色，土质松软，内含姜石。墓室为弧顶（坍塌），直壁、平底，平面呈椭圆形，长径2.4、短径2、残高1米。墓室被破坏，棺木全朽，骨架散乱，头向和葬式不清。无随葬品（图7-85）。

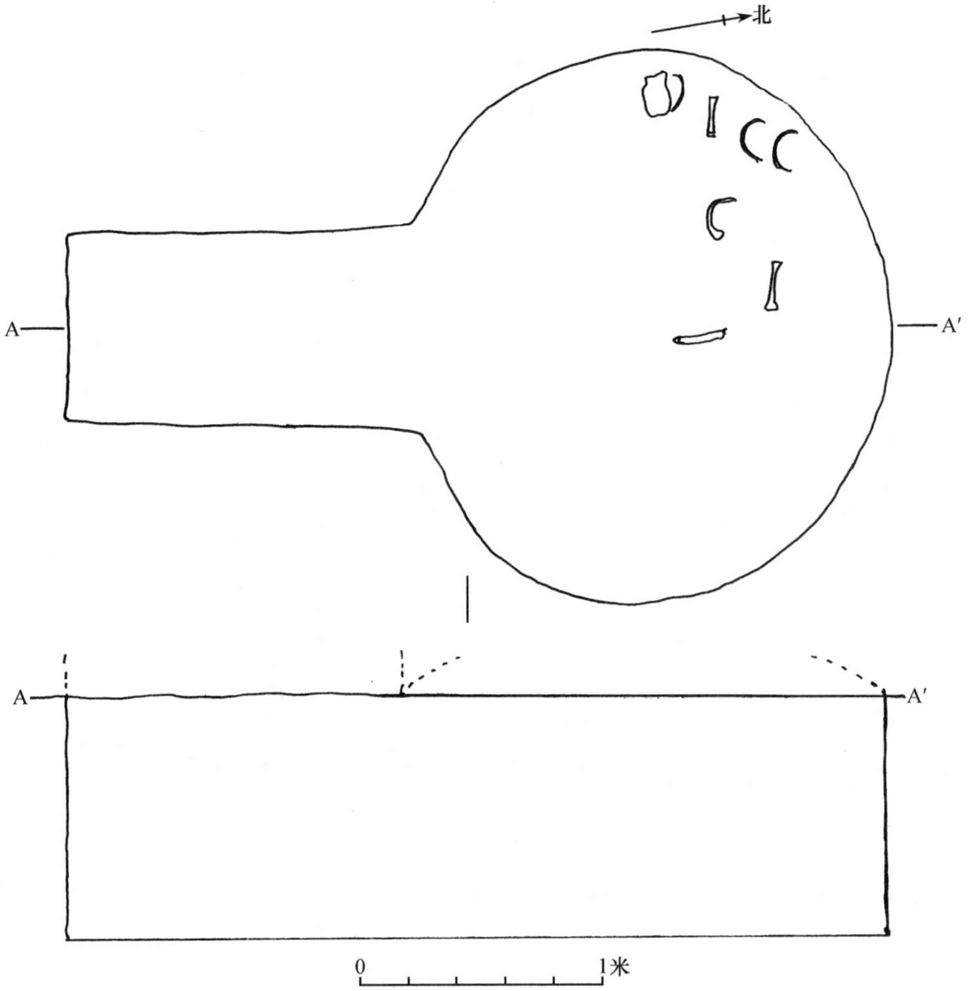

图7-85　M210平、剖面图

二十八、M212

M212位于第Ⅱ发掘区的东北部，T1529东北部，开口于扰土层下，打破M220。墓葬形制为土坑洞室墓，方向183°，由墓道和墓室两部分组成。墓道位于墓室南部，平面呈梯形，直壁、平底，长2.1、宽0.66~0.8、深2米。墓室位于墓道北侧，底平面近长方形，南北长2.4、东西宽1.52、高1.58

米。墓室内葬具及人骨皆已朽。随葬品有 11 件，其中瓷碗 8 件、瓷瓶 1 件、灯盏 1 件和铜钱 1 枚，皆放置于墓室南端墓门内侧（图 7-86）。

瓷碗 8 件。M212∶1，浅黄胎，酱釉，内底有刮圈，外釉至腹部以下。敞口，弧腹，圈足，平底中心突起。口径 16、底径 6、高 6、壁厚 0.3~0.5 厘米（图 7-87，4）。M212∶2，浅黄胎，酱釉，施釉至口沿外侧，内底有刮圈。敞口，弧腹，平底，圈足。口径 16、底径 6、高 4.2、壁厚 0.3~0.4 厘米（图 7-87，6）。M212∶3，浅黄胎，酱釉，内底有刮圈，外釉至口沿外侧，不齐。敞口，弧腹，平底，圈足。口径 16、底径 6、高 4.2、壁厚 0.3~0.4 厘米（图 7-87，7）。M212∶4，浅黄胎，酱釉，内底有刮圈，外釉至腹部以下。敞口，弧腹，平底中心突起，圈足。口径 16、底径 6、高 4.2、壁厚 0.3~0.4 厘米（图 7-87，2）。M212∶5，浅黄胎，酱釉，内底有刮圈，外釉至腹部以下。敞口，深弧腹，平底中心突起，圈足。口径 16、底径 6、高 6、壁厚 0.3~0.5 厘米（图 7-87，3）。M212∶6，灰白胎，黑釉，釉不包底。敞口，圆唇，深弧腹，平底，圈足，足底平。内底有刮圈。口径 16、底径 6.4、高 5.6、壁厚 0.3~0.4 厘米（图 7-87，5）。M212∶7，黄褐胎，黑釉，除圈足内通体包釉，内底有刮圈。敞口，圆唇，深弧腹，平底，圈足微撇。口径 16、底径 6.4、高 6.2、壁厚 0.3~0.6 厘米（图 7-87，1）。M212∶8，形制同 M212∶6。

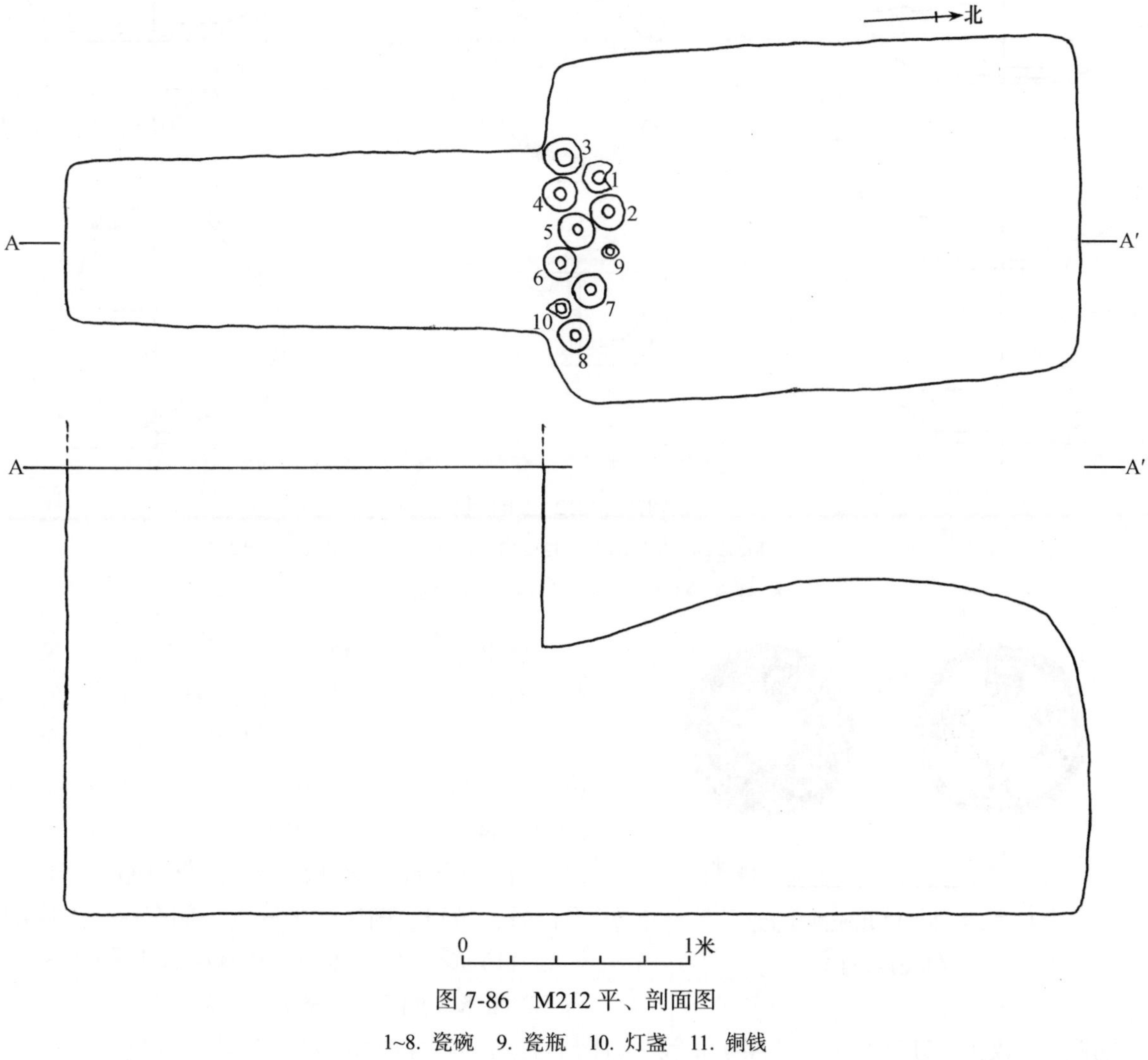

图 7-86 M212 平、剖面图

1~8. 瓷碗 9. 瓷瓶 10. 灯盏 11. 铜钱

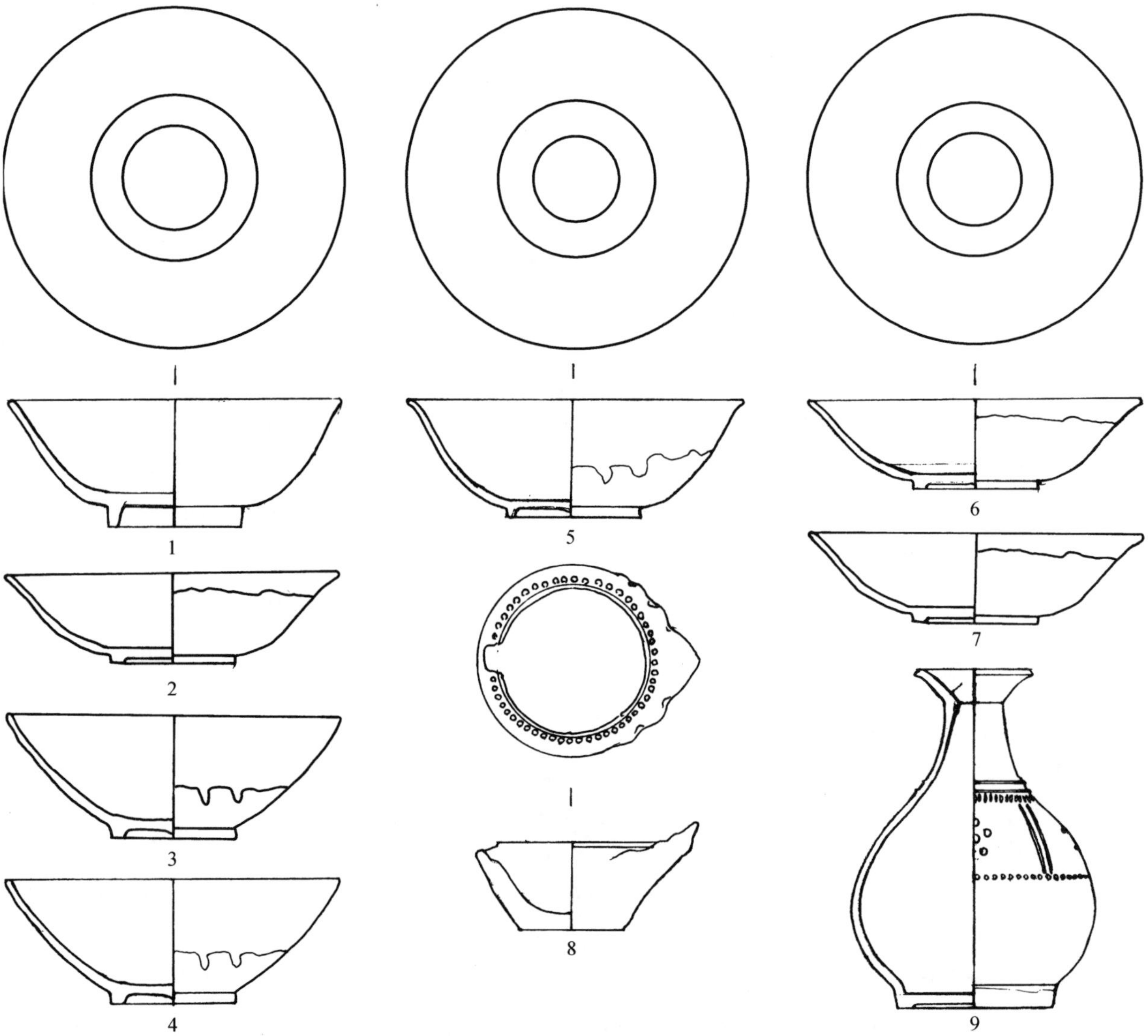

图 7-87 M212 出土器物

1~7. 瓷碗（M212∶7、M212∶4、M212∶5、M212∶1、M212∶6、M212∶2、M212∶3）

8. 灯盏（M212∶10） 9. 瓷瓶（M212∶9）

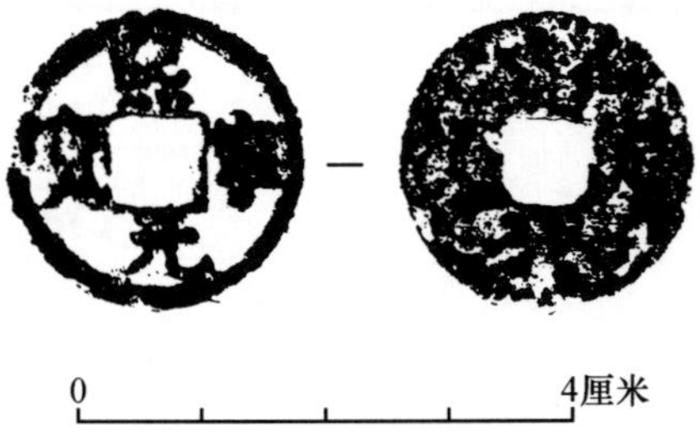

图 7-88 M212 出土熙宁元宝（M212∶11）

瓷瓶 1件（M212∶9）。浅黄褐胎，酱釉，釉至圈足中部。尖圆唇，敞口，细颈，溜肩，垂鼓腹，矮圈足。肩部2周凸棱，上腹部2周戳印中间饰刻花。口径5.6、腹径11.6、底径7.2、高16.4、壁厚0.3~0.4厘米（图7-87，9）。

灯盏 1件（M212∶10）。灰白胎，酱釉，釉不包底。敞口，斜壁，平底。一侧有流，对应的另一侧有饼状把手。沿面上刻印点纹。口径9.2~10.6、高5.2厘米（图7-87，8）。

铜钱 1枚（M212∶11）。“熙宁元宝”，楷书，旋读。直径2.4厘米（图7-88）。

二十九、M213

M213位于第Ⅱ发掘区的东北部，T1529南部，开口于扰土层下，距地表2.7米。墓葬形制为土坑洞室墓，方向182°，由墓道、封门石和墓室三部分组成。墓道位于墓室南部，平面长方形，直壁、平底，长2.48、宽0.98、深1.76米。墓门以不规则形状的石块堆砌封堵，残高1、厚0.44米。墓室为弧顶，直壁、平底，平面近梯形，长2.2、宽1.7~2、高1.26米。墓内葬具已极度腐朽，未见人骨。随葬品有5件，其中铜镜1件，位于墓室西北部；瓷碗2件、瓷瓶1件、灯盏1件，皆位于墓室南端墓门内侧处（图7-89）。

瓷碗 2件。M213∶3，黄褐胎，酱釉，釉不包底，内底有刮圈。敞口，尖圆唇，弧腹，圈足，平底。口径16、底径6.6、高5.4、壁厚0.2~0.5厘米（图7-90，3）。M213∶2形制同M213∶3。

瓷瓶 1件（M213∶4）。黄褐胎，酱釉，除底面外通体包釉。圆唇，唇缘下垂，卷沿，沿面上1周凹槽。细颈，溜肩，垂鼓腹，矮圈足。口径6.4、腹径11.4、底径7、高14.6、壁厚0.3~0.4厘米（图7-90，1）。

灯盏 1件（M213∶5）。浅黄胎，酱釉，釉不包底。敞口，圜底。一侧有流，对应的另一侧有饼状把手。口径8.8~10.8、高4.2厘米（图7-90，2）。

铜镜 1件（M213∶1）。圆形，银铤纽。纽两侧各有铭文：左侧“青鸾宝鉴”，右侧“湖州孙家”。

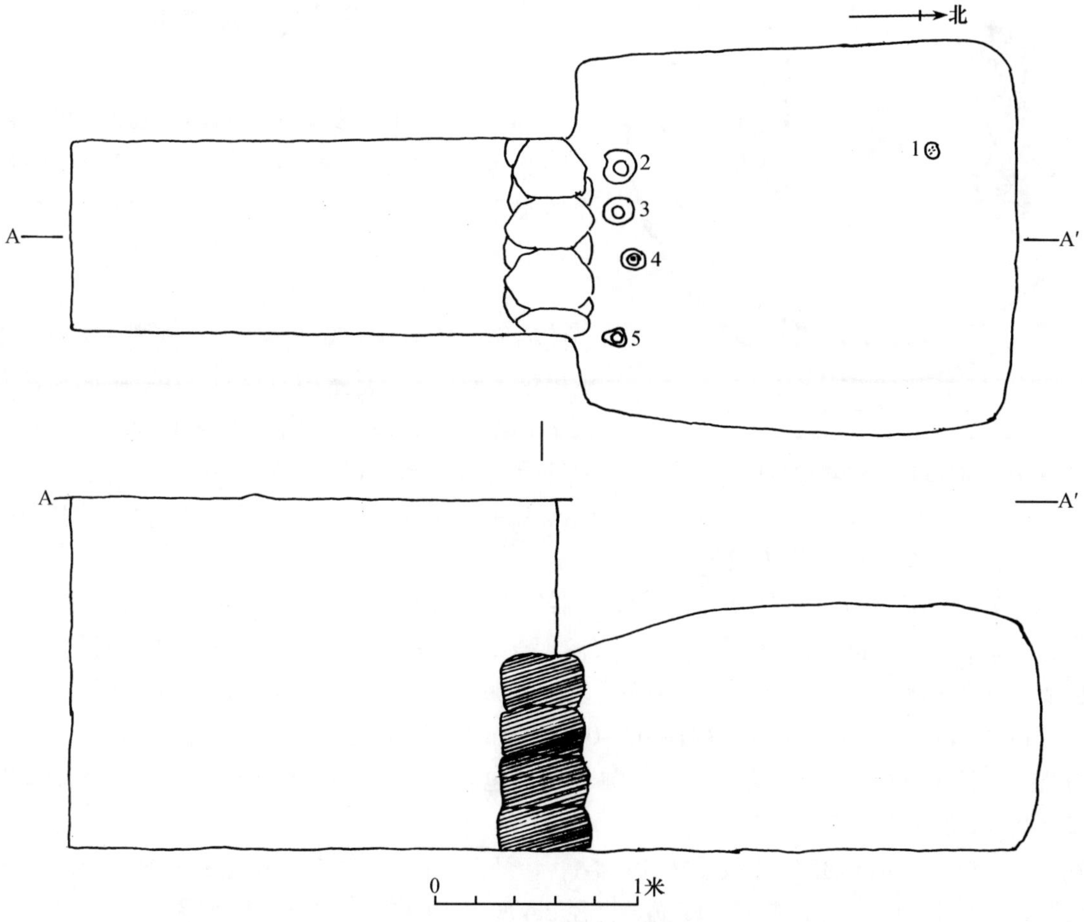

图7-89 M213平、剖面图

1. 铜镜 2、3. 瓷碗 4. 瓷瓶 5. 灯盏

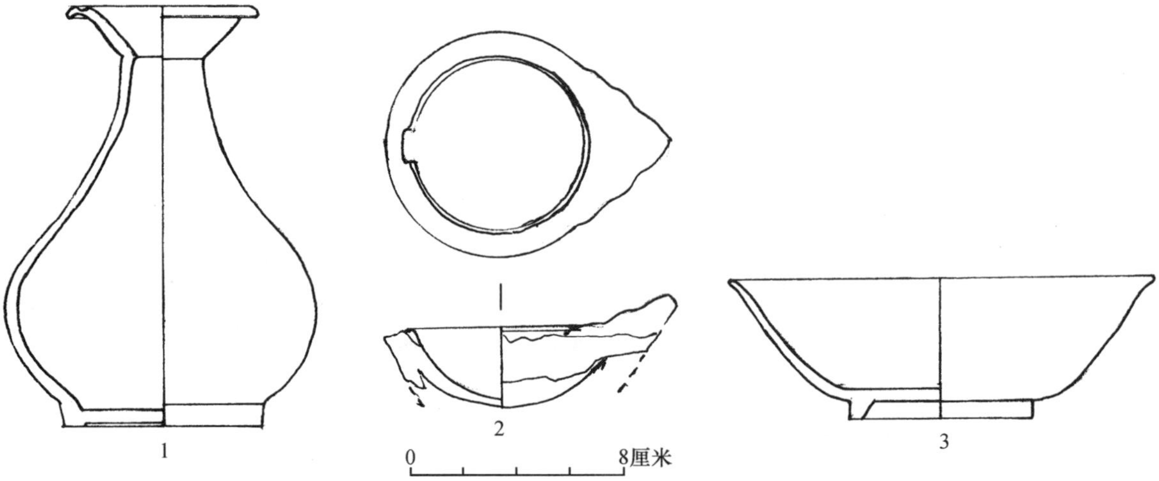

图 7-90　M213 出土器物

1. 瓷瓶（M213∶4）　2. 灯盏（M213∶5）　3. 瓷碗（M213∶3）

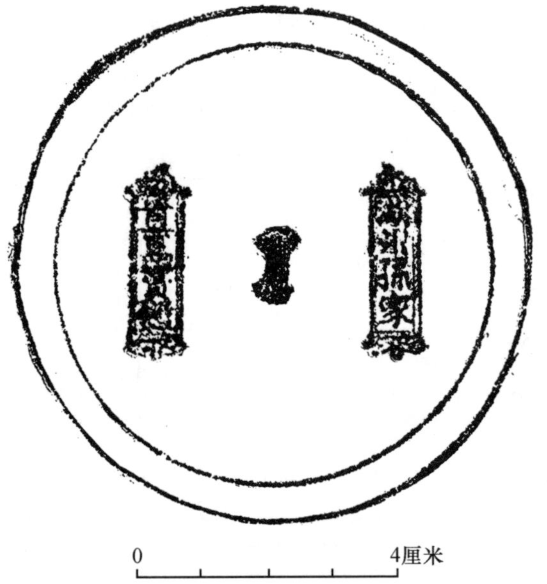

图 7-91　M213 出土铜镜（M213∶1）

铭文外侧 1 周细凸弦纹圈带。素窄缘。直径 8.3、厚 0.2 厘米（图 7-91；图版 32-3）。

三十、M214

M214 位于第Ⅱ发掘区的西部，T1323 的西部，扰土层下开口，距地表深 1.5 米，上部被 M210 打破。墓葬形制为土坑洞室墓，方向 182°，由墓道和墓室两部分组成。墓道平面呈梯形，直壁、平底，长 1.5、宽 0.88~0.91、深 1.7 米。墓室为弧顶（坍塌），直壁、平底，平面梯形，长 2.28、宽 1.28~1.6、残高 1.7 米。填土为黄褐色土质松软。墓室内有葬具 1 棺，平面为长方形，长 2、宽 0.4~0.6 米。棺内有人骨 1 具，头向北，葬式为仰身直肢。随葬品有 4 件（组），其中瓷碟 1 件、瓷碗 1 件、灯盏 1 件，位于墓室西南角；铜钱 6 枚（1 组），位于棺内人骨中部（图 7-92）。

瓷碟　1 件（M214∶1）。器内施孔雀蓝釉，器外无釉，器内饰 2 周墨线绘成的圈带。圆唇，敞口，浅弧腹有波折，平底，圈足。口径 11、底径 5.6、高 2.2、厚 0.3 厘米（图 7-93，3；图版 23-1）。

瓷碗　1 件（M214∶2）。黄褐胎，酱釉，釉不包底，内底有刮圈。敞口，斜直腹，平底，圈足，足底平。口径 16、底径 4.4、高 6、壁厚 0.3~0.5 厘米（图 7-93，1）。

灯盏　1 件（M214∶3）。黄褐胎，酱釉，釉不包底。敞口，圜底。饼状把手。整体厚重。口径 11.2、高 4.2 厘米（图 7-93，2）。

铜钱　6 枚。“皇宋通宝”1 枚（M214∶4-1），篆书，直读。直径 2.4 厘米（图 7-94，1）。“至和元宝”1 枚（M214∶4-2），楷书，旋读。直径 2.4 厘米（图 7-94，2）。“绍圣元宝”1 枚（M214∶4-3），篆书，旋读。直径 2.5 厘米（图 7-94，3）。年号不清者 3 枚。

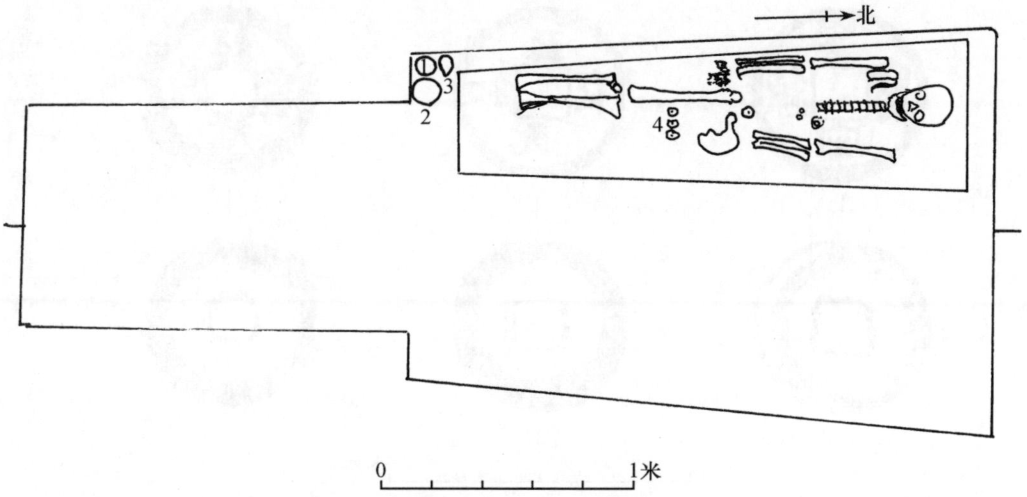

图 7-92　M214 平面图

1. 瓷碟　2. 瓷碗　3. 灯盏　4. 铜钱

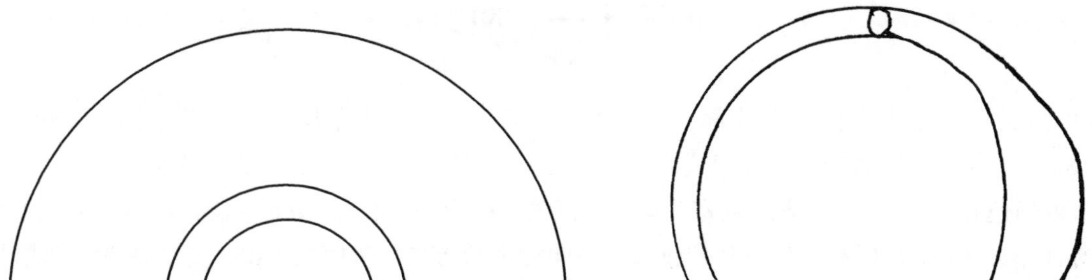

图 7-93　M214 出土器物

1. 瓷碗（M214∶2）　2. 灯盏（M214∶3）　3. 瓷碟（M214∶1）

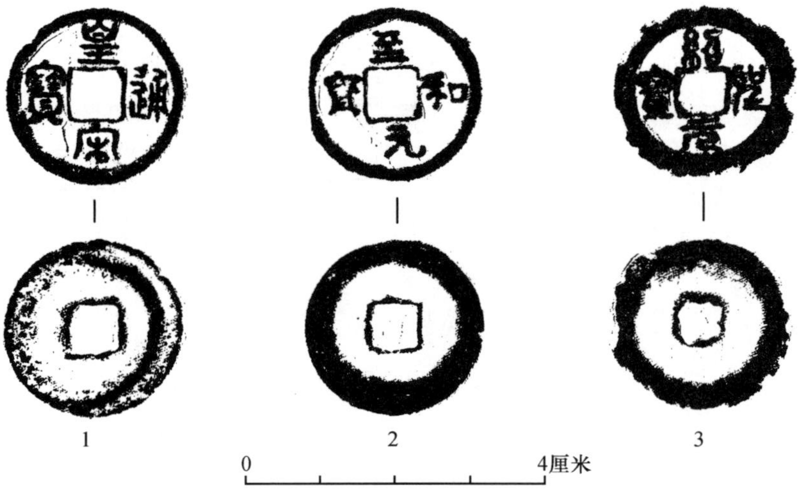

图 7-94　M214 出土钱币

1. 皇宋通宝（M214∶4-1）　2. 至和元宝（M214∶4-2）　3. 绍圣元宝（M214∶4-3）

三十一、M216

M216 位于第Ⅱ发掘区的东北部，T1530 西北部，开口于扰土层下。墓葬形制为土坑洞室墓，方向 188°，由墓道和墓室两部分组成。墓道平面呈长方形，直壁、平底，长 2.5、宽 0.8、深 1.7 米。填土为黄褐色花土，土质略疏松。墓室为弧顶，直壁、平底，平面呈长方形，长 2.4、宽 1.99、高 1.14 米。墓室内有葬具 2 棺，均已朽，东西并列排放，平面均为长方形。东棺长 1.86、宽 0.48 米；西棺长 1.86、宽 0.4 米。棺内各有人骨 1 具。葬式均为仰身直肢。东侧棺内为男性，西侧棺内为女性。随葬品有 4 件（组），其中瓷碗 2 件，位于墓室南部；瓷瓶 1 件，置于男墓主头部；铜镜 1 件，置于女墓主头部；铜钱 4 枚（1 组），位于男墓主盆骨下（图 7-95）。

瓷碗　2 件。M216∶3，灰白胎，茶色釉，釉不包底，内底有刮圈。敛口，圆唇，深弧腹，平底，圈足。口径 16、底径 5.8、高 6.4、壁厚 0.3~0.5 厘米（图 7-96，3）。M216∶4，乳白胎，酱釉，釉不包底，内底有刮圈。敛口，圆唇，深弧腹，平底，圈足。口径 16、底径 5.6、高 5.4、厚 0.3~0.4 厘米（图 7-96，1）。

瓷瓶　1 件（M216∶5）。淡黄胎，黑釉，外釉至下腹部。方唇，细颈，溜肩，垂鼓腹，矮圈足。肩部与腹部 2 周凸棱，间饰纹饰。口径 4、腹径 7.6、底径 4.4、高 11.4、壁厚 0.3~0.5 厘米（图 7-96，2）。

铜钱　4 枚。“元祐通宝”1 枚（M216∶2-1），行书，旋读。直径 2.3 厘米（图 7-97，1）。“皇宋通宝”1 枚（M216∶2-2），篆书，直读。直径 2.4 厘米（图 7-97，2）。“弘治通宝”1 枚（M216∶2-3），楷书，直读。直径 2.4 厘米（图 7-97，3）。“洪武通宝”1 枚（M216∶2-4），楷书，直读。直径 2.3 厘米（图 7-97，4）。

铜镜　1 件（M216∶1）。圆形，银铤纽。纽两侧铸有铭文，右侧“湖州孙家”，左侧“青鸾宝鉴”。素窄缘边，铭文外围饰 1 周凸弦纹。镜面微凸。直径 8.2 厘米（图 7-98）。

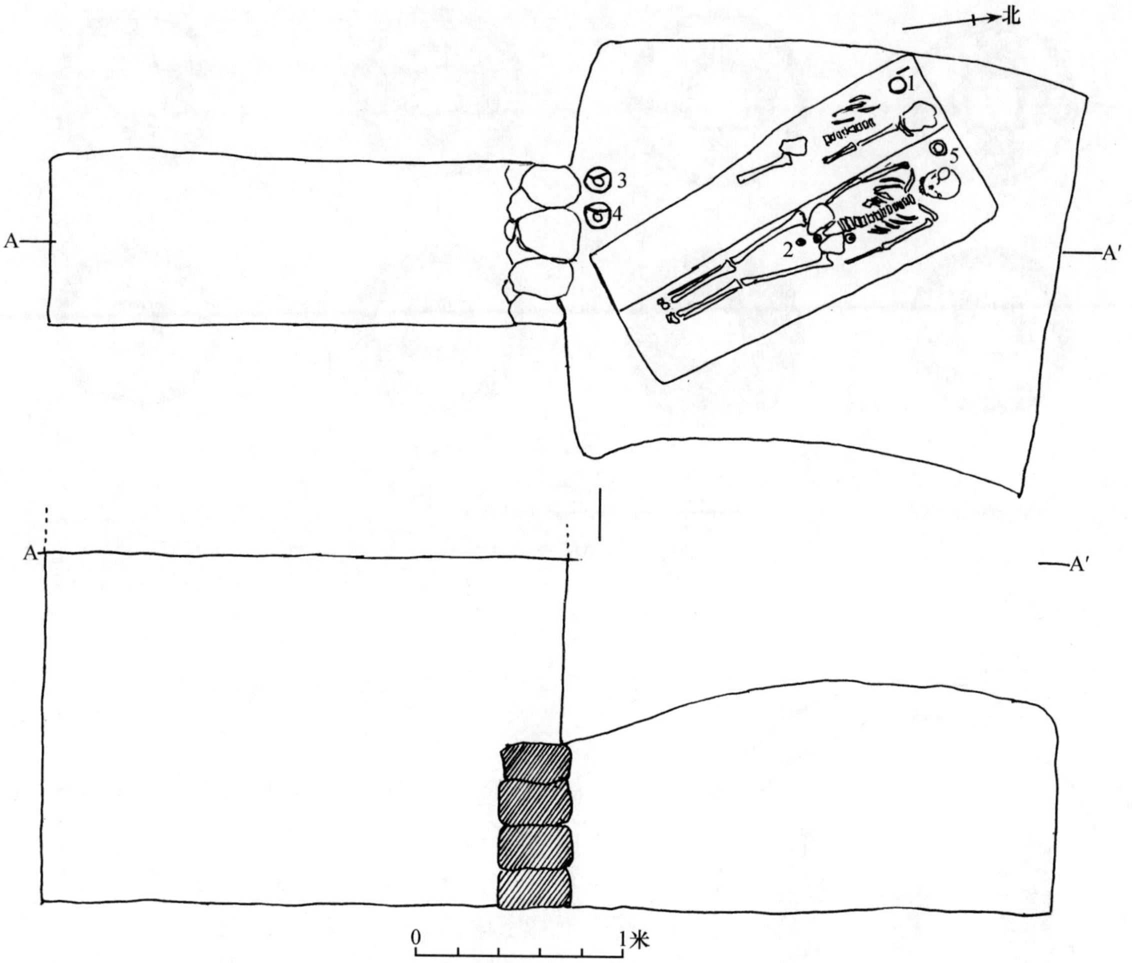

图 7-95　M216 平、剖面图

1. 铜镜　2. 铜钱　3、4. 瓷碗　5. 瓷瓶

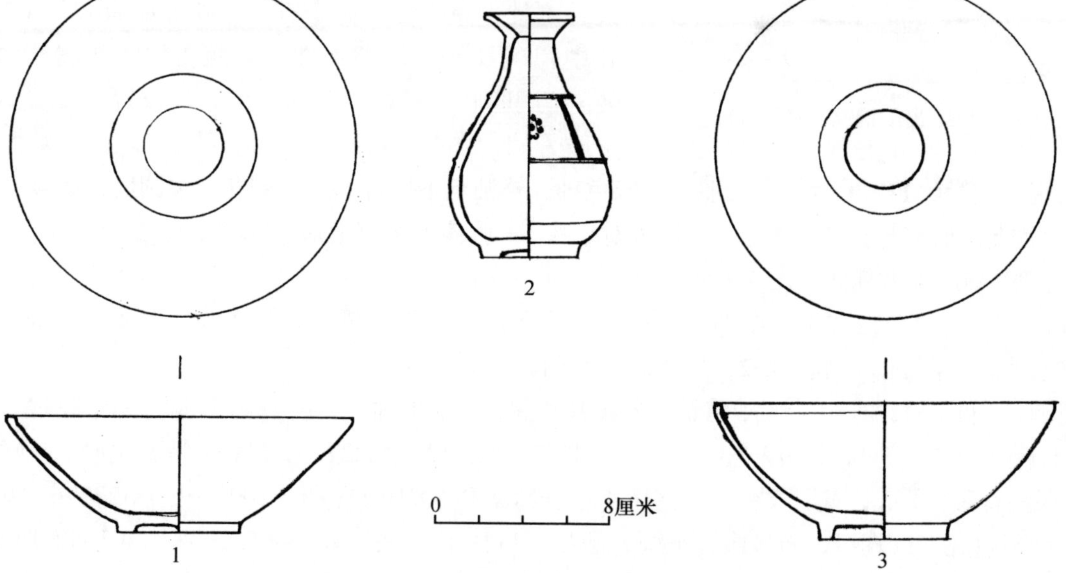

图 7-96　M216 出土器物

1、3. 瓷碗（M216∶4、M216∶3）　2. 瓷瓶（M216∶5）

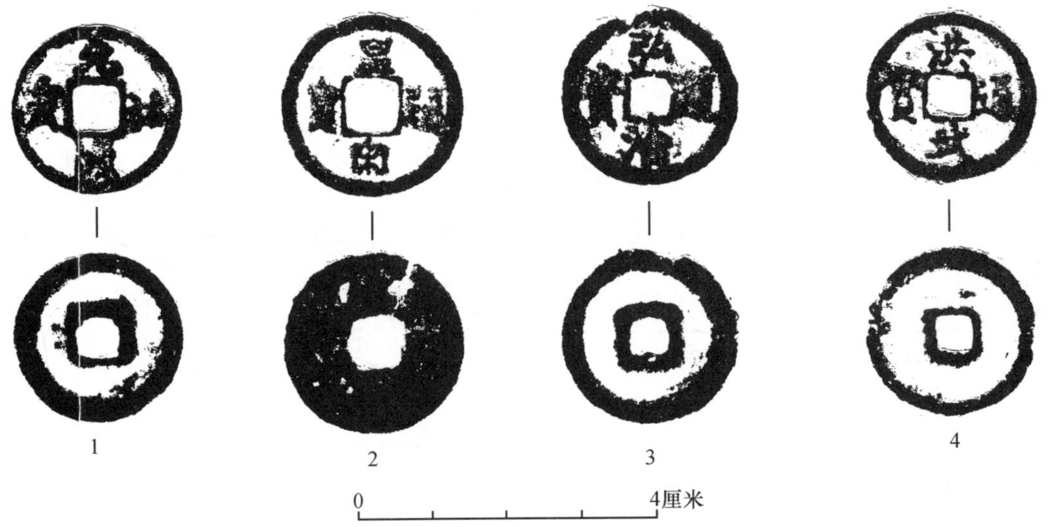

图 7-97　M216 出土钱币

1. 元祐通宝（M216∶2-1）　2. 皇宋通宝（M216∶2-2）　3. 弘治通宝（M216∶2-3）　4. 洪武通宝（M216∶2-4）

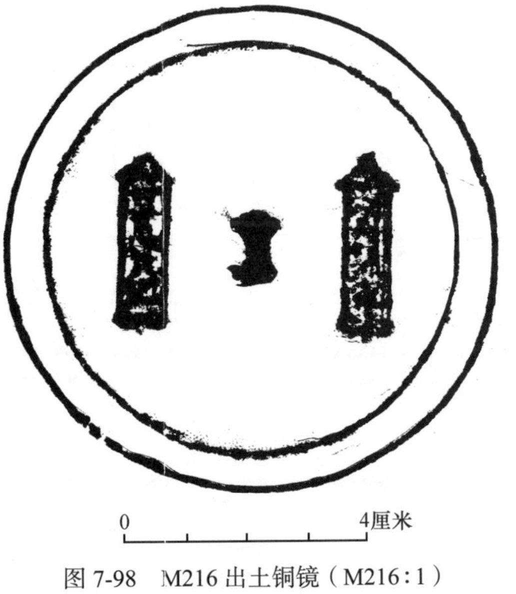

图 7-98　M216 出土铜镜（M216∶1）

三十二、M222

M222 位于第Ⅱ发掘区的东北部，T1530 中部，扰土层下开口，上部被 M226 打破。墓葬形制为土坑洞室墓，方向 185°，由墓道和墓室两部分组成。墓道位于墓室南部，平面梯形，直壁、平底，长 2.2、宽 1.1~1.4、深 2.8 米。墓室位于墓道北侧，弧顶，底平面近长方形，南北长 2.4、宽 1.6、残高 1 米。墓室内东西并排 2 棺，均已朽，平面皆为长方形。西侧棺长 1.96、宽 0.5 米；东侧棺长 1.96、宽 0.6 米。棺内各有人骨 1 具，葬式均为仰身直肢。随葬品有 8 件（组），其中瓷碗 5 件、灯盏 1 件、瓷瓶 1 件，放置于墓室南端墓门里侧；铜钱 32 枚（1 组），放置于 2 具人骨的下肢骨间（图 7-99）。

瓷瓶　1 件（M222∶2）。乳白胎，茶绿色釉，外釉至下腹部，釉下刻花。尖圆唇，细颈，溜肩，垂鼓腹，圈足。肩部与腹部 2 周弦纹，其间刻花卉。下腹残留磨制痕迹。口径 6.8、腹径 17.6、底径 8、高 23.8、壁厚 0.3~0.8 厘米（图 7-100，7）。

灯盏　1 件（M222∶3）。白胎，酱釉，釉不包底。圆唇，敞口，斜直壁、平底，一侧口沿部微凸成把手。口径 11.2、底径 5.2、高 4.2 厘米（图 7-100，3）。

瓷碗　5 件。M222∶4，白胎，酱釉，内底有刮圈，外施半釉。尖唇，敞口，弧直腹，平底，圈足。口径 14、底径 5.2、高 3.6、壁厚 0.3~0.4 厘米（图 7-100，2）。M222∶5，酱釉，釉不包底。圆唇内突，敞口，深斜直腹，平底，圈足微撇。口径 16.4、底径 6、高 5.8 厘米（图 7-100，1）。M222∶6，黄褐胎，酱釉，釉不包底。近直口，斜弧腹，平底，圈足。口径 14、底径 6、高 5.4、壁厚 0.3~0.5 厘米（图 7-100，4）。M222∶7，淡黄胎，黑釉，内底有刮圈，外施半釉。近直口，斜弧腹，平底中心突起，

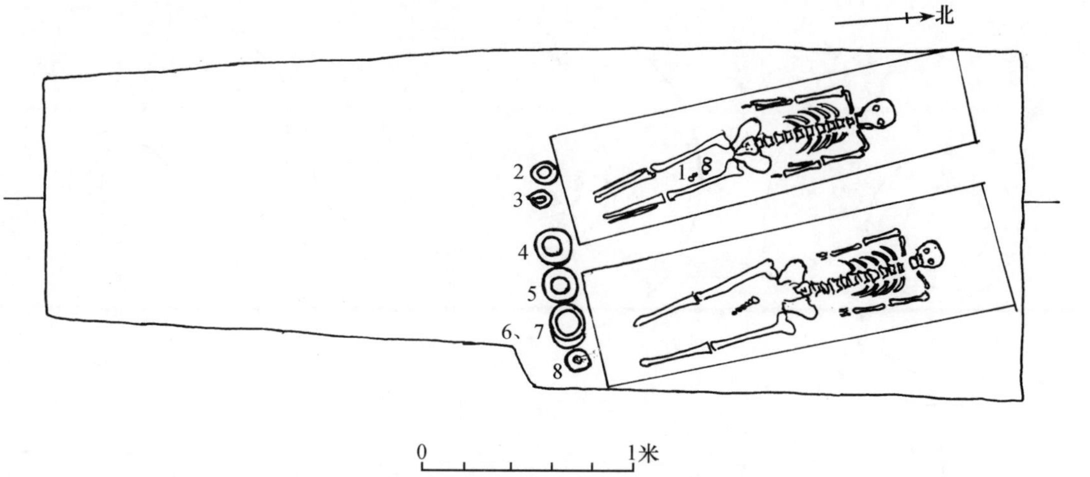

图 7-99　M222 平面图
1. 铜钱　2. 瓷瓶　3. 灯盏　4~8. 瓷碗

圈足。口径 16、底径 6、高 6、壁厚 0.3~0.4 厘米（图 7-100，6）。M222∶8，黄褐胎，酱釉，釉不包底，内底有刮圈。近直口，斜弧腹，平底，圈足。口径 13.2、底径 5.2、高 5、壁厚 0.3~0.5 厘米（图 7-100，5）。

铜钱　32 枚。“绍圣元宝”1 枚（M222∶1-1），篆书，旋读。直径 2.35 厘米（图 7-101，1）。“开元通宝”1 枚（M222∶1-2），楷书，直读。直径 2.35 厘米（图 7-101，2）。“圣宋元宝”1 枚（M222∶1-3），篆书，旋读。直径 2.4 厘米（图 7-101，3）。“至道元宝”2 枚，草书，旋读。M222∶1-4，直径 2.3 厘米（图 7-101，4）；M222∶1-5，直径 2.4 厘米（图 7-101，5）。“熙宁元宝”5 枚，楷书 2 枚，旋读，M222∶1-6、20，直径 2.3 厘米（图 7-101，6、20）；篆书 3 枚，旋读，M222∶1-9，直径 2.4 厘米（图 7-101，9）。“政和通宝”2 枚，楷书，直读。M222∶1-7、8，直径 2.4 厘米（图 7-101，7、8）。“天圣元宝”1 枚（M222∶1-10），篆书，旋读。直径 2.4 厘米（图 7-101，10）。“至和通宝”1 枚（M222∶1-11），楷书，直读。直径 2.4 厘米（图 7-101，11）。“皇宋通宝”3 枚，篆书 1 枚（M222∶1-12），直读，直径 2.4 厘米（图 7-101，12）；楷书 2 枚，直读，直径 2.4 厘米。“咸平元宝”1 枚（M222∶1-13），楷书，旋读。直径 2.35 厘米（图 7-101，13）。“元符通宝”1 枚（M222∶1-14），篆书，旋读。直径 2.35 厘米（图 7-101，14）。“元祐通宝”2 枚，行书，旋读。M222∶1-15，直径 2.4 厘米（图 7-101，15）。“祥符通宝”2 枚，楷书，旋读。M222∶1-16，直径 2.35 厘米（图 7-101，16）。“治平元宝”1 枚（M222∶1-17），楷书，旋读。直径 2.4 厘米（图 7-101，17）。“天禧通宝”1 枚（M222∶1-18），楷书，旋读。直径 2.4 厘米（图 7-101，18）。“嘉祐元宝”1 枚（M222∶1-19），楷书，旋读。直径 2.3 厘米（图 7-101，19）。“嘉祐通宝”1 枚，楷书，直读。直径 2.4 厘米。“景祐元宝”1 枚，篆书，旋读。直径 2.4 厘米。“元丰通宝”2 枚，行书 1 枚，旋读，直径 2.4 厘米；篆书 1 枚，旋读，直径 2.4 厘米。年号不清者 2 枚。

三十三、M223

M223 位于第Ⅱ发掘区的东北部，T1530 东部，开口于扰土层下，距地表 2.4 米。墓葬形制为土坑洞室墓，方向 189°，由墓道和墓室两部分组成。墓道平面呈长方形，长 2、宽 0.8、深 2 米。填土为黄褐色花土，土质疏松。墓室为弧顶（坍塌），直壁、平底，平面呈梯形，长 2.6、宽 1.4~1.6、

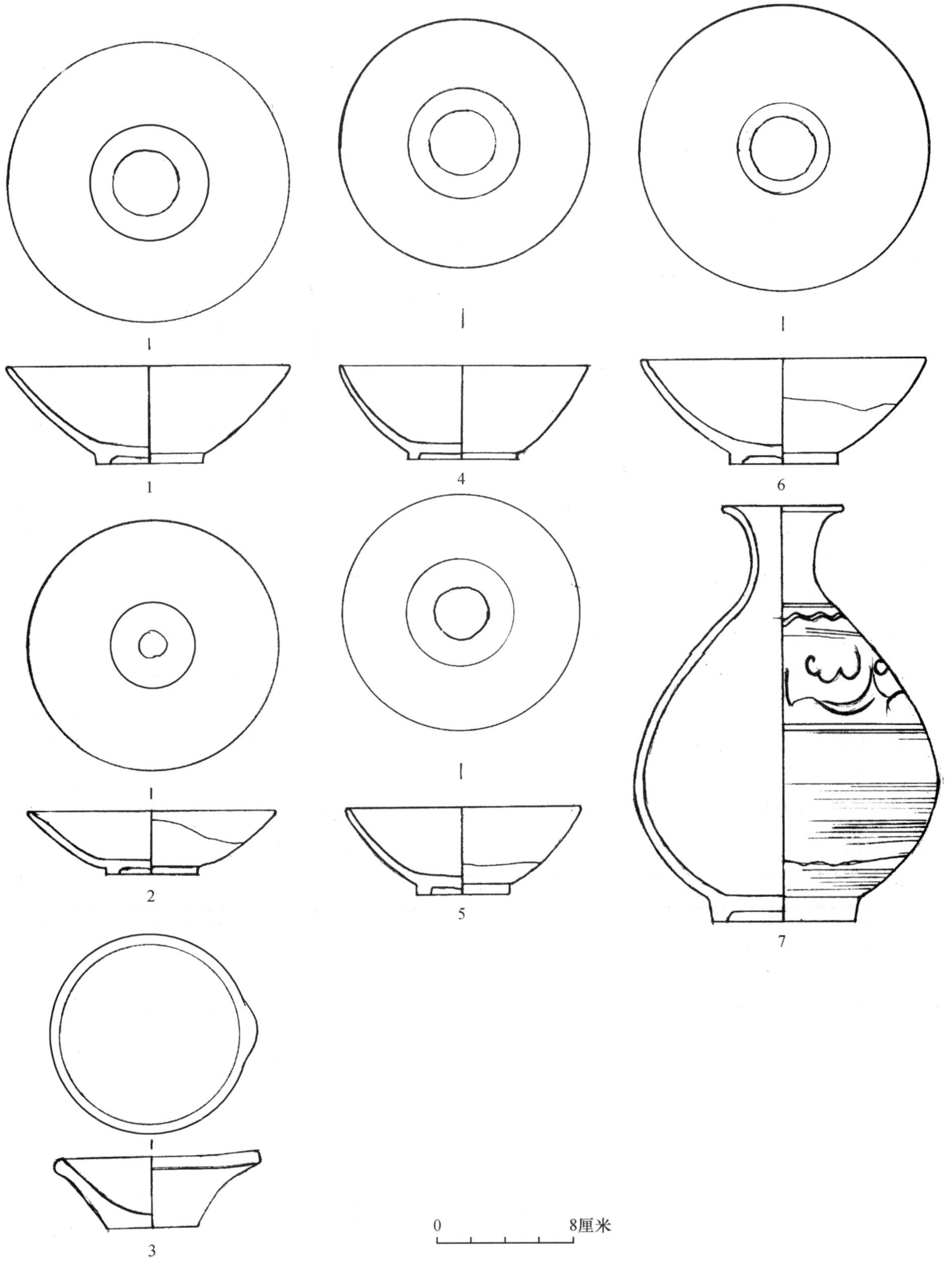

图 7-100　M222 出土器物

1、2、4~6. 瓷碗（M222∶5、M222∶4、M222∶6、M222∶8、M222∶7）　3. 灯盏（M222∶3）　7. 瓷瓶（M222∶2）

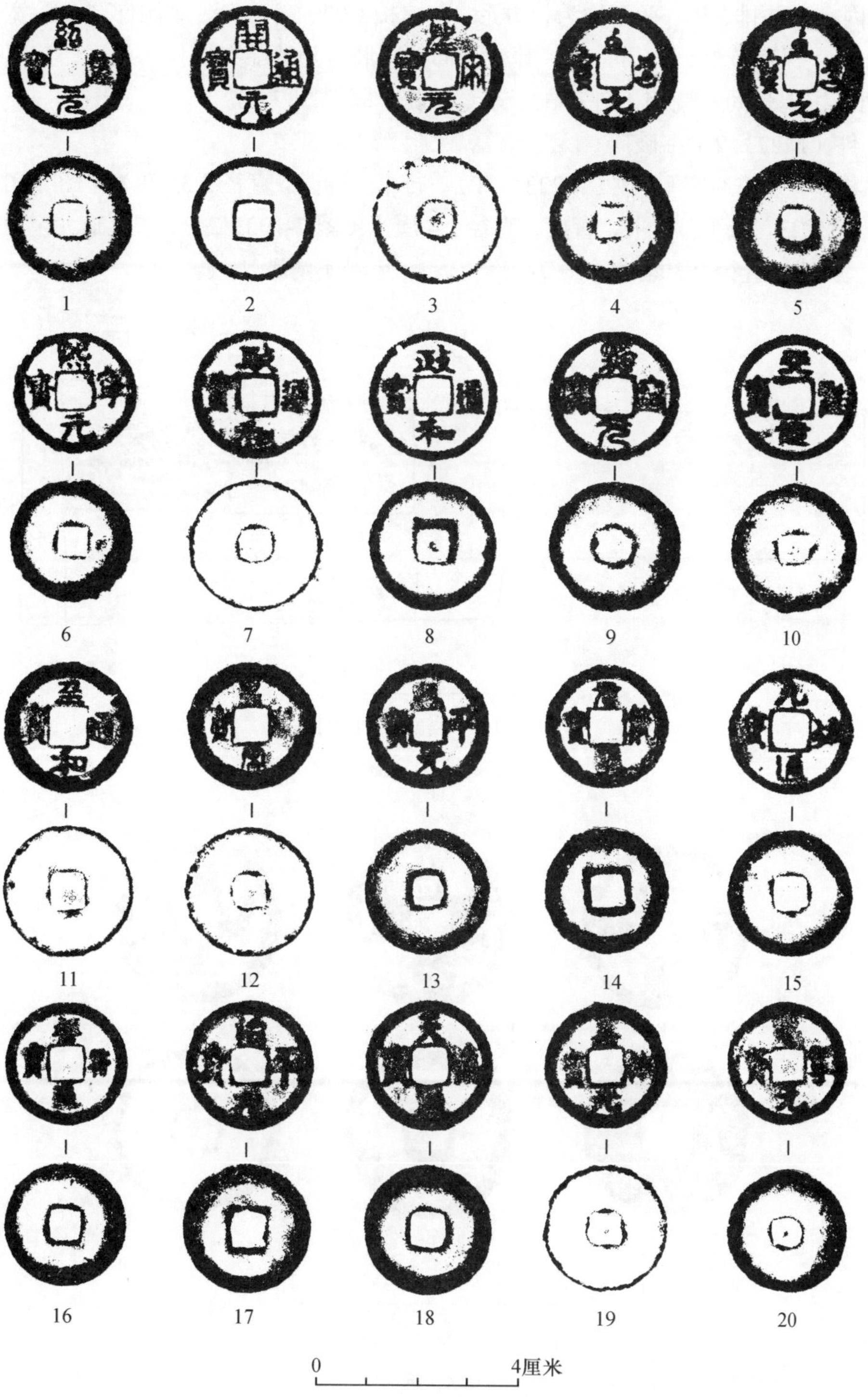

图 7-101 M222 出土钱币

1. 绍圣元宝（M222∶1-1） 2. 开元通宝（M222∶1-2） 3. 圣宋元宝（M222∶1-3） 4、5. 至道元宝（M222∶1-4、M222∶1-5） 6、9、20. 熙宁元宝（M222∶1-6、M222∶1-9、M222∶1-20） 7、8. 政和通宝（M222∶1-7、M222∶1-8） 10. 天圣元宝（M222∶1-10） 11. 至和通宝（M222∶1-11） 12. 皇宋通宝（M222∶1-12） 13. 咸平元宝（M222∶1-13） 14. 元符通宝（M222∶1-14） 15. 元祐通宝（M222∶1-15） 16. 祥符通宝（M222∶1-16） 17. 治平元宝（M222∶1-17） 18. 天禧通宝（M222∶1-18） 19. 嘉祐元宝（M222∶1-19）

高2米。墓室内东西并排2棺，平面均为长方形。东棺长1.92、宽0.6米；西棺长1.92、宽0.56~0.7米。棺内有人骨2具，保存较好，一男一女，葬式为仰身直肢。随葬品有2件（组），其中铜钱5枚（1组），位于西墓主腿骨间；瓷碗1件，位于东墓主腿骨间（图7-102）。

瓷碗 1件（M223∶2）。破碎，无法修复。

铜钱 5枚。“元祐通宝”1枚（M223∶1-1），行书，旋读，直径2.35厘米（图7-103，1）。“弘治通宝”1枚（M223∶1-2），楷书，直读，直径2.4厘米（图7-103，2）。“至道元宝”1枚（M223∶1-3），楷书，旋读。直径2.3厘米（图7-103，3）。年号不清者2枚。

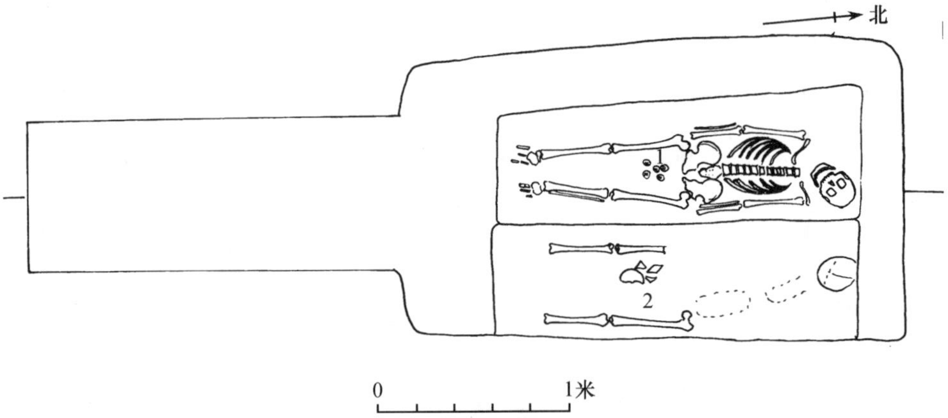

图7-102 M223平面图

1. 铜钱 2. 瓷碗

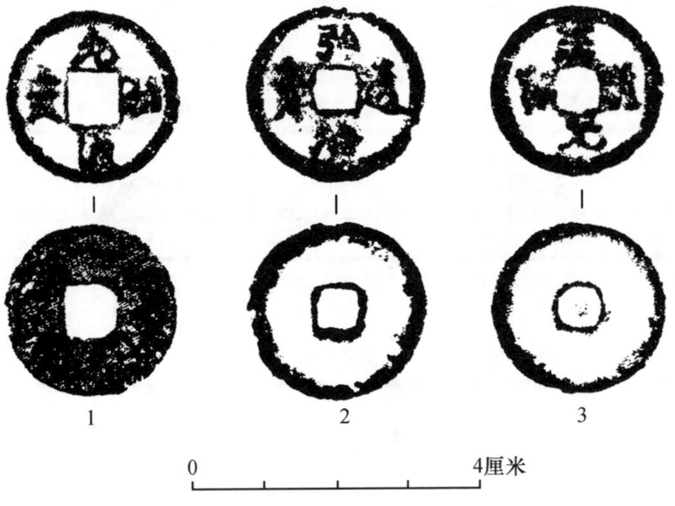

图7-103 M223出土钱币

1. 元祐通宝（M223∶1-1） 2. 弘治通宝（M223∶1-2） 3. 至道元宝（M223∶1-3）

三十四、M233

M233位于第Ⅳ发掘区的南部，T1716东北部，T1816东南部，开口于扰土层下，距地表深2.7米。墓葬形制为土坑洞室墓，方向175°，由墓道、封门石和墓室三部分组成。墓道位于墓室南部，平面长方形，直壁、平底，长2.06、宽0.68~0.8、深2.38米。封门石位于墓道与墓室之间，由若干不

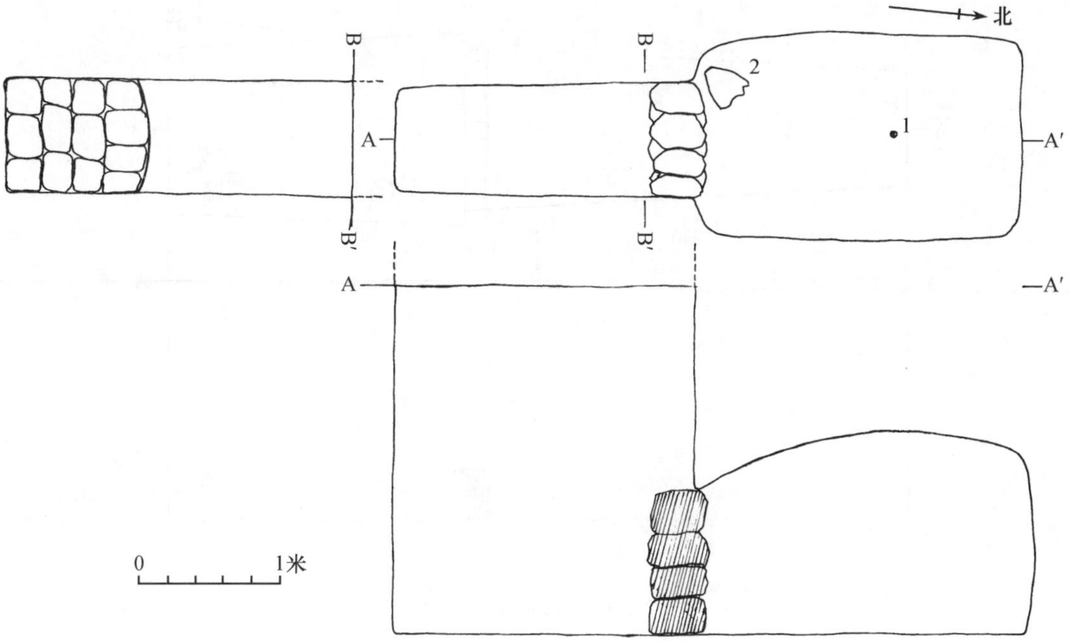

图 7-104　M233 平、剖面图
1. 铜钱　2. 瓷罐

规则形状的方石堆砌而成，高 0.98、宽 0.8、厚 0.38~0.4 米。墓室为弧顶（坍塌），直壁、平底，平面近长方形，长 2.26、宽 1.4、残高 1.26 米。随葬品有 2 件，其中铜钱 1 枚，放置于墓室中部；瓷罐 1 件，侧置于墓室西南角，口部朝向东北，出土时已破碎（图 7-104）。

瓷罐　1 件（M233∶2）。残碎，无法复原。

铜钱　1 枚（M233∶1）。“皇宋通宝”，篆书，直读。直径 2.4 厘米（图 7-105）。

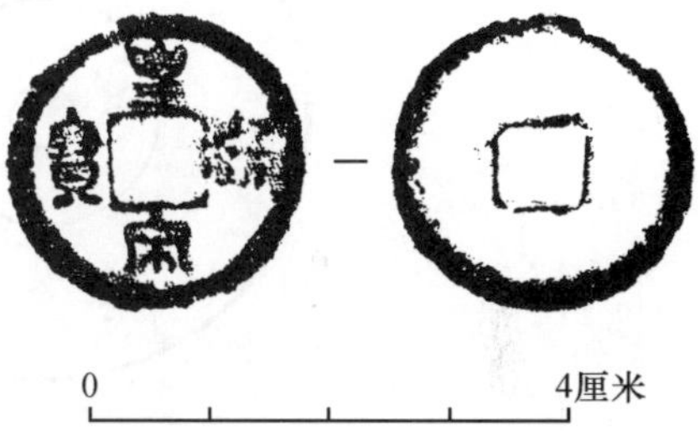

图 7-105　M233 出土皇宋通宝
（M233∶1）

三十五、M234

M234 位于第Ⅳ发掘区东部，T1818 南部，开口于扰土层下，距地表 2.4 米。墓葬形制为土坑洞室墓，方向 188°，由墓道、墓门和墓室三部分组成，上部被破坏。墓道位于墓室南端，平面呈梯形，直壁、平底，长 2.7、宽 0.7~1、残深 1.5 米。填土为黄褐色，含料姜石。墓门宽 1 米，用青砖砌成封门墙，单砖横向错缝平砌，残高 0.25 米。墓室顶部残，直壁、平底，底部平面呈梯形，长 1.8、宽 1.06~1.2、残高 1.5 米。葬具和人骨腐朽严重。随葬品有瓷碗 4 件，置于墓室东北部（图 7-106）。

瓷碗　4 件。M234∶1，浅黄胎，酱釉，外釉至口沿下，不包底，内底有刮圈。敞口，圆唇，斜弧腹，平底，圈足。口径 18、底径 6.8、高 5、壁厚 0.2 ~ 0.6 厘米（图 7-107，1）。M234∶2，乳白胎，酱釉，外施半釉，不包底，内底有刮圈。敞口，尖圆唇，浅弧腹，平底中心略突，圈足。外书“甲子年田氏合葬”七字。口径 18、底径 7、高 5、壁厚 0.3 ~ 0.4 厘米（图 7-107，3）。M234∶3，乳白胎，酱釉，釉不包底，内底有刮圈。敞口，圆唇，斜弧腹，平底，圈足。外书“甲子年田氏合葬”七字。口径 18、底径 7.2、

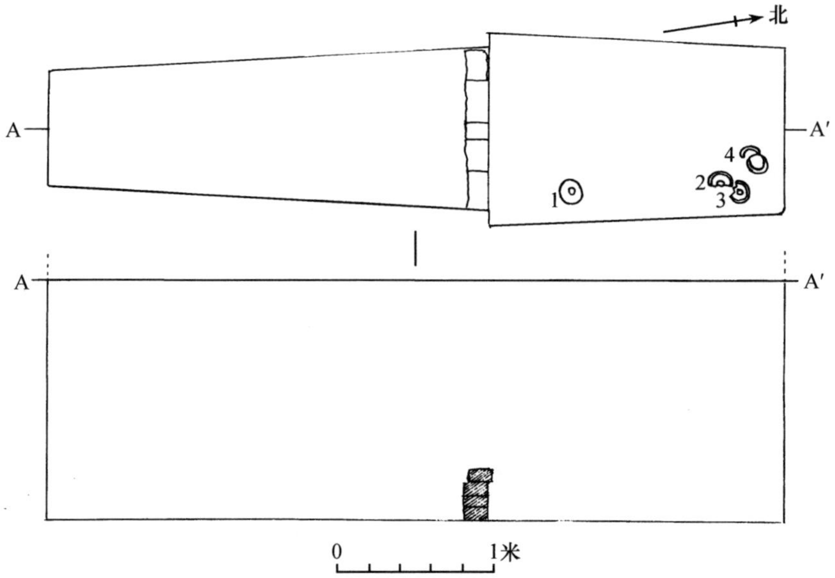

图 7-106　M234 平、剖面图

1~4. 瓷碗

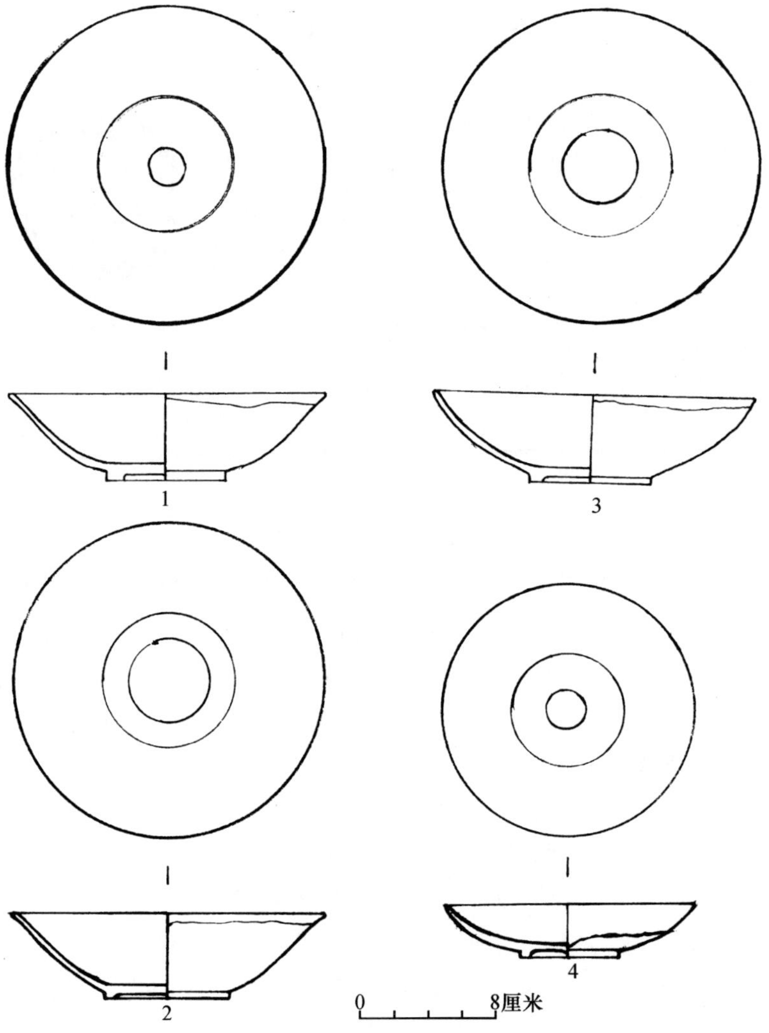

图 7-107　M234 出土瓷碗

1. M234：1　2. M234：3　3. M234：2　4. M234：4

高 4.8、壁厚 0.3 ~ 0.5 厘米（图 7-107，2）。M234:4，灰黄胎，茶色釉，釉不包底，内底有刮圈。尖唇，敞口，浅弧腹，圈足，平底。口径 14.2、底径 5.6、高 3、壁厚 0.3 ~ 0.6 厘米（图 7-107，4）。

三十六、M244

M244位于第Ⅳ发掘区的东南部，T2119中部，开口扰土层下，距地表约2.4米，上部被M253打破。墓葬形制为土坑洞室墓，方向 176°，由墓道和墓室两部分组成。墓道平面近长方形，直壁、平底，长 2.4、宽 0.9~1 米，深 2.3 米。填土为黄褐色花土。墓室为弧顶（坍塌），直壁、平底，平面呈长方形，长 2.2、宽 1.3、高 2.3 米。墓室内有人骨 1 具，葬式为仰身直肢。无葬具。随葬品有 7 件（组），其中瓷碟 3 件、瓷碗 1 件、灯盏 1 件，均位于墓室东南部贴近墓道处；瓷瓶 1 件，置于墓室北部；铜钱 3 枚（1 组），位于人骨下（图 7-108）。

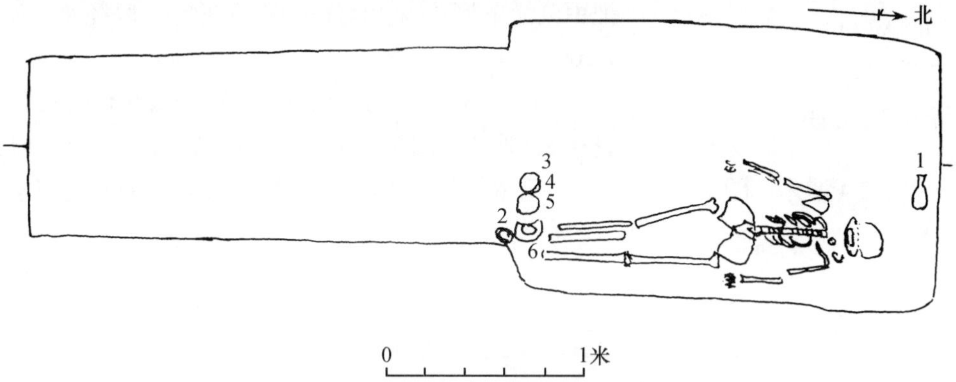

图 7-108　M244 平面图

1. 瓷瓶　2. 灯盏　3~5. 瓷碟　6. 瓷碗

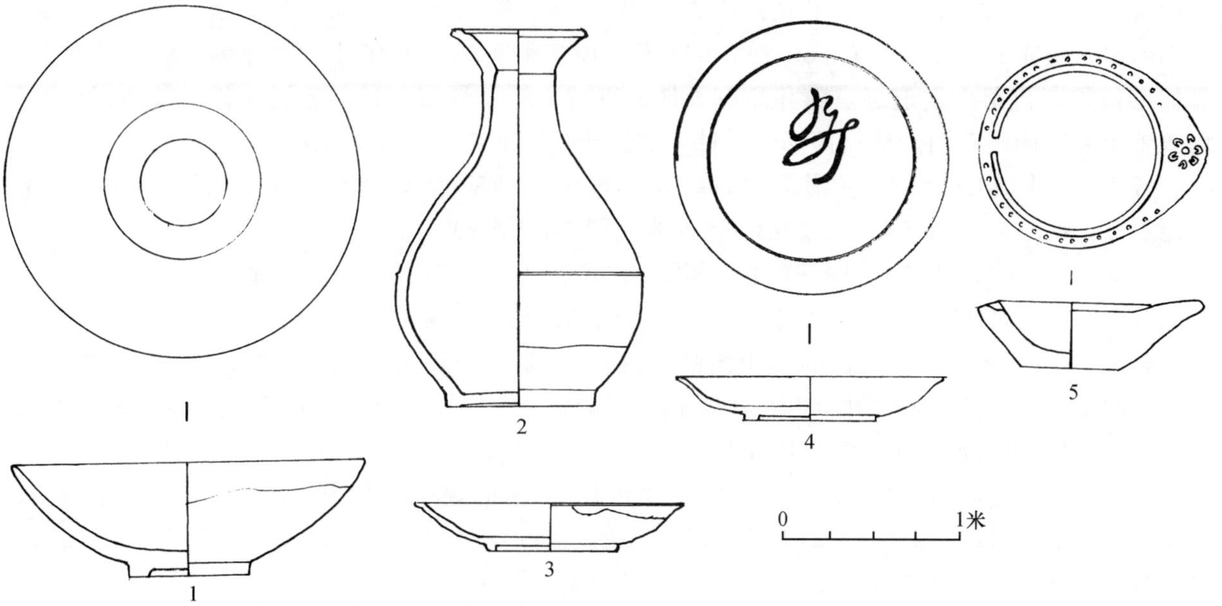

图 7-109　M244 出土器物

1. 瓷碗（M244:6）　2. 瓷瓶（M244:1）　3、4. 瓷碟（M244:4、M244:5）　5. 灯盏（M244:7）

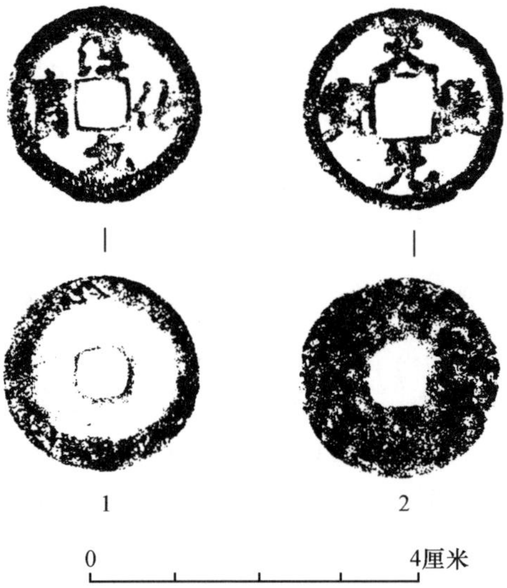

图 7-110 M244 出土钱币
1. 淳化元宝（M244∶2-1）
2. 天圣元宝（M244∶2-2）

瓷瓶 1件（M244∶1）。黄褐胎，黑釉，釉不包底。撇口，细颈，垂腹、厚平底。口径6、底径6.8、高17.2、壁厚0.4~0.5厘米（图7-109，2）。

瓷碟 3件。M244∶5，红胎，蓝釉，釉不包底。敞口，浅弧腹，平底，宽圈足。碟心绘1周黑彩线，其间绘制不规则图案。口径12、底径6、高2、厚0.2~0.4厘米（图7-109，4）。M244∶3、M244∶4，形制同M244∶5（图7-109，3）。

瓷碗 1件（M244∶6）。淡黄胎，酱釉，釉不包底。尖唇，敞口，弧腹，平底，小圈足，足壁厚，足底平。口径16、底径5.6、高5.2、壁厚0.3~0.8厘米（图7-109，1）。

灯盏 1件（M244∶7）。红褐胎，黑釉，釉不包底。敞口，斜直壁、平底，一侧有饼状把手，一侧有流。沿面一周圆点纹，把手刻简单梅花纹。整体厚重。口径7、底径4、高3厘米（图7-109，5）。

铜钱 3枚。“淳化元宝”1枚（M244∶2-1），行书，旋读。直径2.4厘米（图7-110，1）。“天圣元宝”1枚（M244∶2-2），楷书，旋读。直径2.4厘米（图7-110，2）。“嘉祐元宝”1枚（M244∶2-3），楷书，直读。直径2.35厘米。

三十七、M261

M261位于第Ⅴ发掘区的西北部，T2212东南部，T2213西南部，开口扰土层下，距地表2.1米，打破M257。墓葬形制为土坑洞室墓，方向192°，由墓道和墓室两部分组成。墓道位于墓室南部，平面长方形，直壁、平底，长2.3、宽0.84、深1.96米。墓室为弧顶，直壁、平底，平面略呈长方形，长2.4、宽1.66、高1.43米。顶部距底部深1.46米。墓室内墓室内葬具及人骨保存极差，仅留少量痕迹。随葬品有6件，瓷碗1件、灯盏1件、瓷罐1件，镇墓瓦2件，均放置于墓室南端墓门内侧；镇墓砖1件，放置于墓室北端（图7-111）。

瓷碗 1件（M261∶1）。黄褐胎，黑釉，釉不包底，内底有刮圈。敞口，下腹斜收，平底，圈足。口径15.2、底径5.6、高5.4、壁厚0.3~0.5厘米（图7-112，3）。

灯盏 1件（M261∶2）。浅灰色胎，酱釉，釉不包底。敞口，斜直壁、平底，一侧有饼状把手，一侧有流。把手刻简单梅花纹。整体厚重。直径9、底径2.2、高4.2厘米（图7-112，2）。

瓷罐 1件（M261∶3）。红褐胎，上酱釉，下白釉，釉不包底。直口微敛，溜肩，鼓腹，下腹斜收，平底实圈足。肩和口部对称附加4个条形耳。肩部有4周凸棱。口径12.4、腹径20.4、底径8.4、高20.8、壁厚0.4~1厘米（图7-112，1）。

镇墓瓦 2件。M261∶4，灰色，弧形小板瓦。正面朱书文字。长19.2、宽17、高4.3、厚1厘米（图7-112，4）。M261∶5，残。灰色，弧形小板瓦。正面朱书文字。残长18、宽16、厚1厘米（图7-112，5）。

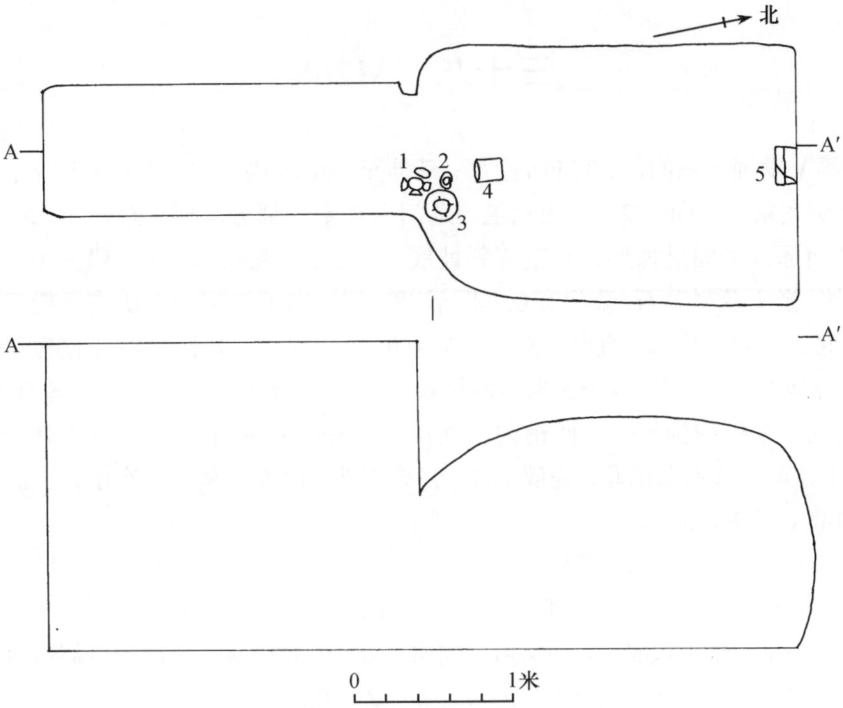

图 7-111　M261 平、剖面图

1. 瓷碗　2. 灯盏　3. 瓷罐　4、5. 镇墓瓦

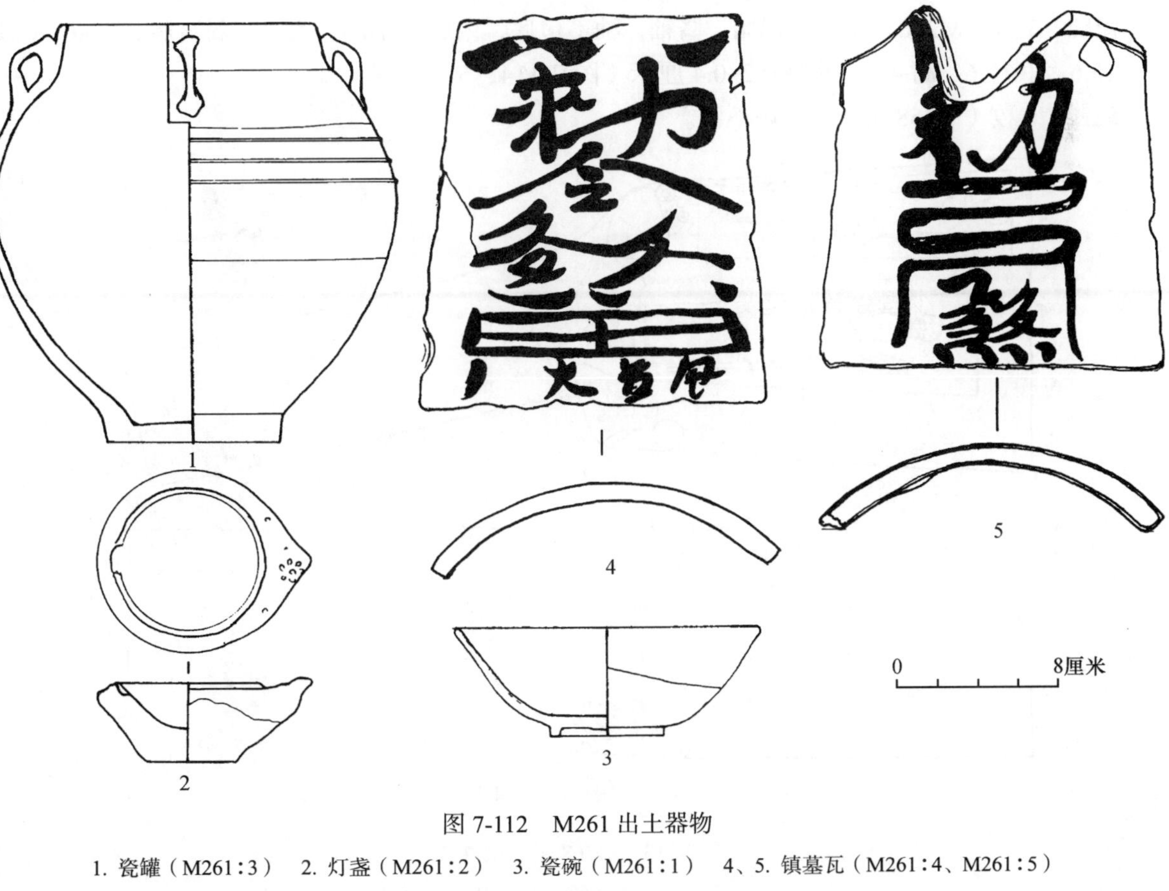

图 7-112　M261 出土器物

1. 瓷罐（M261∶3）　2. 灯盏（M261∶2）　3. 瓷碗（M261∶1）　4、5. 镇墓瓦（M261∶4、M261∶5）

三十八、M268

M268位于第Ⅴ发掘区东南部，T2118南部，延伸至T2018内，开口于扰土层下，距地表3.34米。墓葬形制为土坑洞室墓，方向182°，由墓道、墓门和墓室三部分组成，总长5.1米，上部被破坏。墓道位于墓室的南部，平面呈梯形，直壁、斜坡底，长2.5、宽0.76~0.9、残深1.1~1.3米。填土呈黄褐色，含红土块、淤土及料姜石。墓门宽0.9米，高度不详，用不规则的石块砌成封门墙，残高0.3米。墓室顶部不详，底部平面呈梯形，直壁，长2.6、宽0.9~1.8、残高0.7米。墓室内东西并排2棺，已朽，平面均呈梯形，东棺长1.8、宽0.4~0.5米；西棺长1.9、宽0.4~0.6米。两棺内各有1具人骨，均为仰身直肢，头向北。东棺内为男性，西棺内为女性。随葬品有6件（组），其中瓷罐2件，1件置于墓室西南角，1件至于墓室东南角；瓷碟2件、瓷碗1件，均置于墓室的东南角；铜钱6枚（1组），均放置于人骨胸部（图7-113）。

瓷罐　2件。M268∶1，灰白胎，黑釉，釉不包底。直口微敛，溜肩，鼓腹，平足实底。肩部和口部附加4个条形耳，十字形分布。口径12、腹径15.2、底径8.4、高13.6、壁厚0.5~0.6厘米（图7-114，1）。M268∶2，浅黄胎，黑釉，釉不包底。直口微敛，溜肩，鼓腹，矮圈足。肩部和口部附加4个条形耳，十字形对称分布。口径12、腹径15.2、底径8.4、高13.6、壁厚0.3~0.5厘米（图7-114，2；图版25-3）。

瓷碟　2件。M268∶3，红胎，白釉，外釉至下腹部，不包底。敞口，浅弧腹，平底，宽圈足。口径11.2、底径5.2、高2.2、壁厚0.3~0.4厘米（图7-114，3）。M268∶4，红胎，白釉，外釉至下腹部，不包底。敞口，浅弧腹，平底，宽圈足。口径12、底径5.2、高2.4、壁厚0.3~0.4厘米（图7-114，4）。

瓷碗　1件（M268∶5）。黄褐胎，酱釉，釉不包底，内底有刮圈。敞口，斜直腹，平底，圈足。口径15.6、底径6、高4.8、壁厚0.2~0.4厘米（图7-114，5）。

铜钱　6枚（M268∶6）。字迹不清。

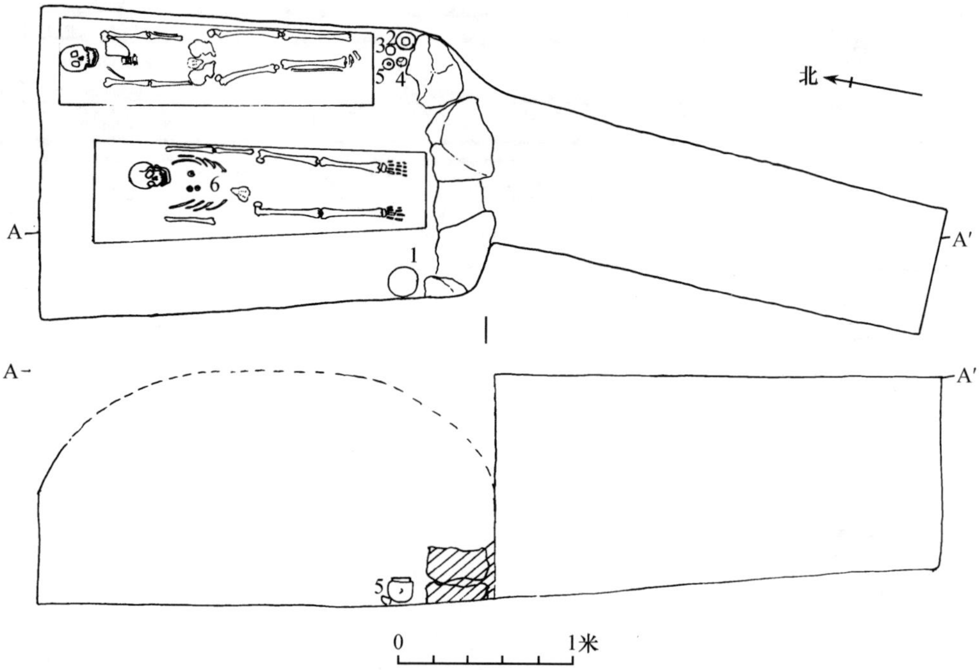

图7-113　M268平、剖面图

1、2. 瓷罐　3、4. 瓷碟　5. 瓷碗　6. 铜钱

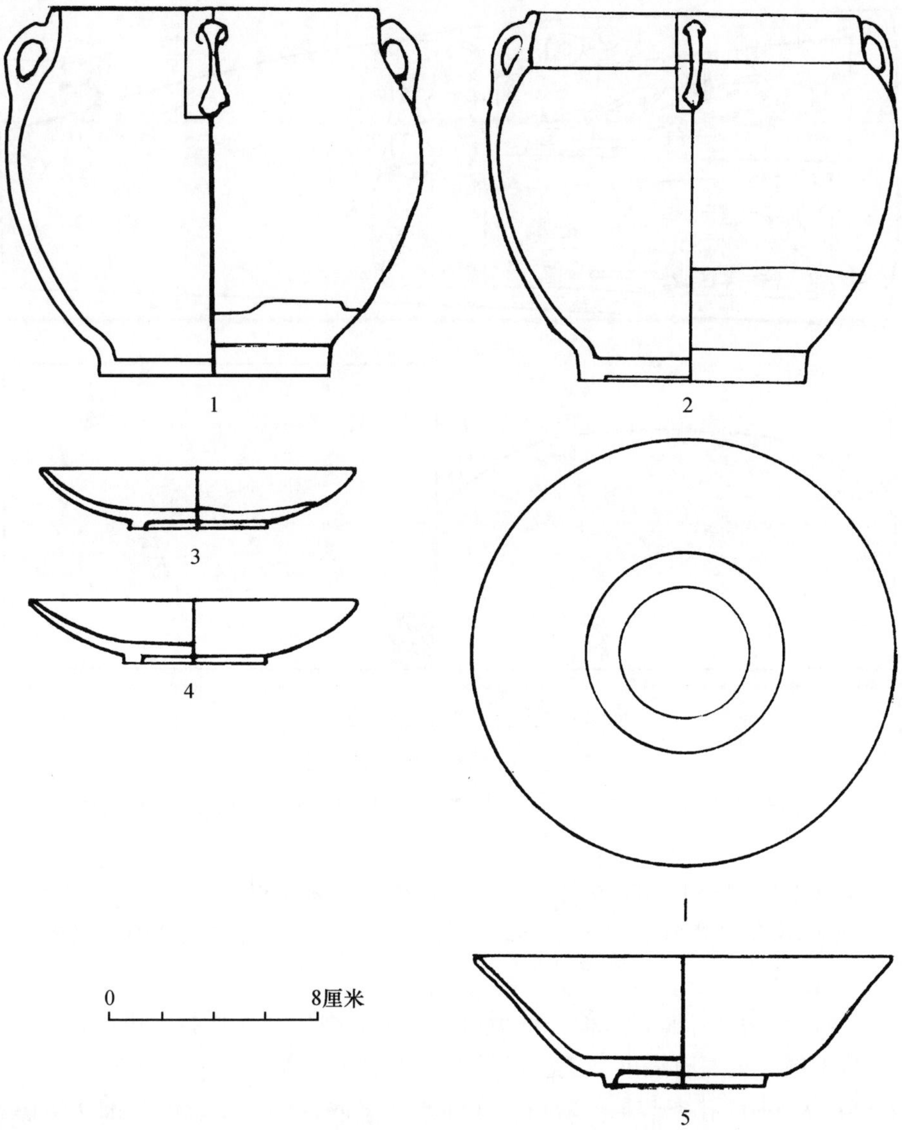

图 7-114　M268 出土器物

1、2. 瓷罐（M268：1、M268：2）　3、4. 瓷碟（M268：3、M268：4）

5. 瓷碗（M268：5）

三十九、M269

M269 位于第Ⅴ发掘区东南部，T2118 北部。开口于扰土层下，距地表 2 米。墓葬形制为土坑洞室墓，方向 188°，由墓道、墓门和墓室三部分组成。墓道平面呈梯形，直壁、平底，长 2.24、宽 0.84~1.32、深 1.6 米。填土为灰白色花土，土质较松。墓室为弧顶，直壁。平面呈梯形，长 2.4、宽 1.68~1.4 米、高 1.24 米。墓室内并排 2 棺，均已腐朽，平面呈梯形。东棺长 1.84、宽 0.4~0.66 米；西棺长 1.8、宽 0.5~0.66 米。棺内各有人骨 1 具，仰身直肢。头向北。东男西女，随葬品有 13 件（组），其中瓷碗 1 件、瓷碟 6 件、瓷罐 1 件、瓷瓶 2 件、灯盏 1 件、铁犁铧 1 件、铜钱 15 枚（1 组），以上器物均置于墓室东南部（图 7-115）。

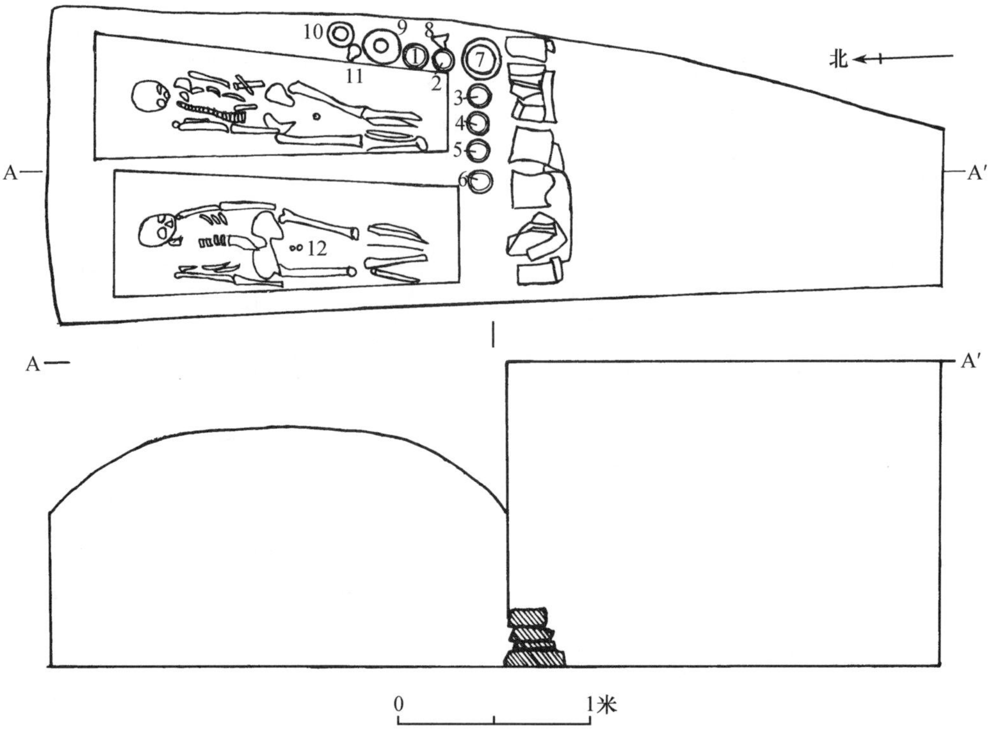

图 7-115 M269 平、剖面图

1. 瓷碗 2~6、13. 瓷碟 7. 瓷罐 8. 铁犁铧 9、10. 瓷瓶 11. 灯盏 12. 铜钱

瓷碗 1件（M269∶1）。白胎，青花。尖圆唇，敞口，深弧腹，圈足。口沿内外各饰1周锦纹。外腹壁1周花，碗心双线内绘画。口径14.4、底径5.2、高5.2、壁厚0.2~0.5厘米（图7-116，5；图版29-3）。

瓷碟 6件。M269∶4，红胎，蓝釉，釉至口沿外侧。敞口，浅弧腹，平底，宽圈足。口沿下1周双线，碗心1周双线，内底有墨书字迹。口径12、底径6、高2.4、壁厚0.3~0.4厘米（图7-116，2）。M269∶2，红胎，内施孔雀蓝釉。敞口，浅弧腹，平底，大圈足。内壁饰2道黑彩，碟心有墨书字迹。口径11.2、底径6.7、高2.2厘米（图7-116，4）。M269∶3，红胎，内施孔雀蓝釉。敞口，浅弧腹，平底，宽圈足。釉至口沿外侧，口沿下1周双线，碗心1周双线内绘字，口径12.2、底径6、高2.6厘米（图7-116，10）。M269∶5，形制同M269∶4，内底有墨书字迹。口径12、底径7.2、高2.6、壁厚0.2~0.4厘米（图7-116，8）。M269∶6，红胎，蓝釉。敞口，浅弧腹，平底，宽圈足。碟内饰4圈黑彩，中间墨书字迹。口径11.9、底径6.2、高2.4、壁厚0.6厘米（图7-116，9）。M269∶13，形制、大小同M269∶2。

瓷罐 1件（M269∶7）。浅黄褐胎，酱釉，釉不包底，口沿处釉刮去。敛口，溜肩，鼓腹，下腹斜收，平底，实足。口和肩部附加4个条形耳，耳下3周凸棱。口径14、腹径22、底径9、高24、壁厚0.8~1.2厘米（图7-116，7）。

铁犁铧 1件（M269∶8）。断面四棱形。长11、厚6厘米（图7-116，1）。

瓷瓶 2件。M269∶9，浅黄褐胎，上黑釉，下酱釉，外釉至下腹部。圆唇，宽斜折沿，敞口，细颈，鼓肩，下腹斜收。平底。口径5.4、腹径13.4、底径6.8、高16.4、壁厚0.5厘米（图7-116，3）。M269∶10，淡黄胎，黑釉，釉不包底。尖唇，宽斜折沿，细颈，下垂腹，矮圈足，平底。口径6.4、腹径12.4、底径6.4、高16、壁厚0.3~0.4厘米（图7-116，6；图版26-2）。

图 7-116 M269 出土器物

1. 铁犁铧（M269：8） 2、4、8~10. 瓷碟（M269：4、M269：2、M269：5、M269：6、M269：3） 3、6. 瓷瓶（M269：9、M269：10） 5. 瓷碗（M269：1） 7. 瓷罐（M269：7） 11. 灯盏（M269：11）

灯盏　1件（M269∶11）。黄褐胎，黑釉，釉不包底。敞口，弧腹，平底，一侧有流。口径9.2、底径5.2、高5.4厘米（图7-116，11）。

铜钱　15枚。“元丰通宝”4枚，行书，旋读。M269∶12-1、2、11、12，直径2.3厘米（图7-117，1、2、11、12）。“祥符元宝”1枚（M269∶12-3），楷书，旋读。直径2.3厘米（图7-117，3）。“天圣元宝”1枚（M269∶12-4），楷书，旋读，背面穿上一星。直径2.3厘米（图7-117，4）。“至

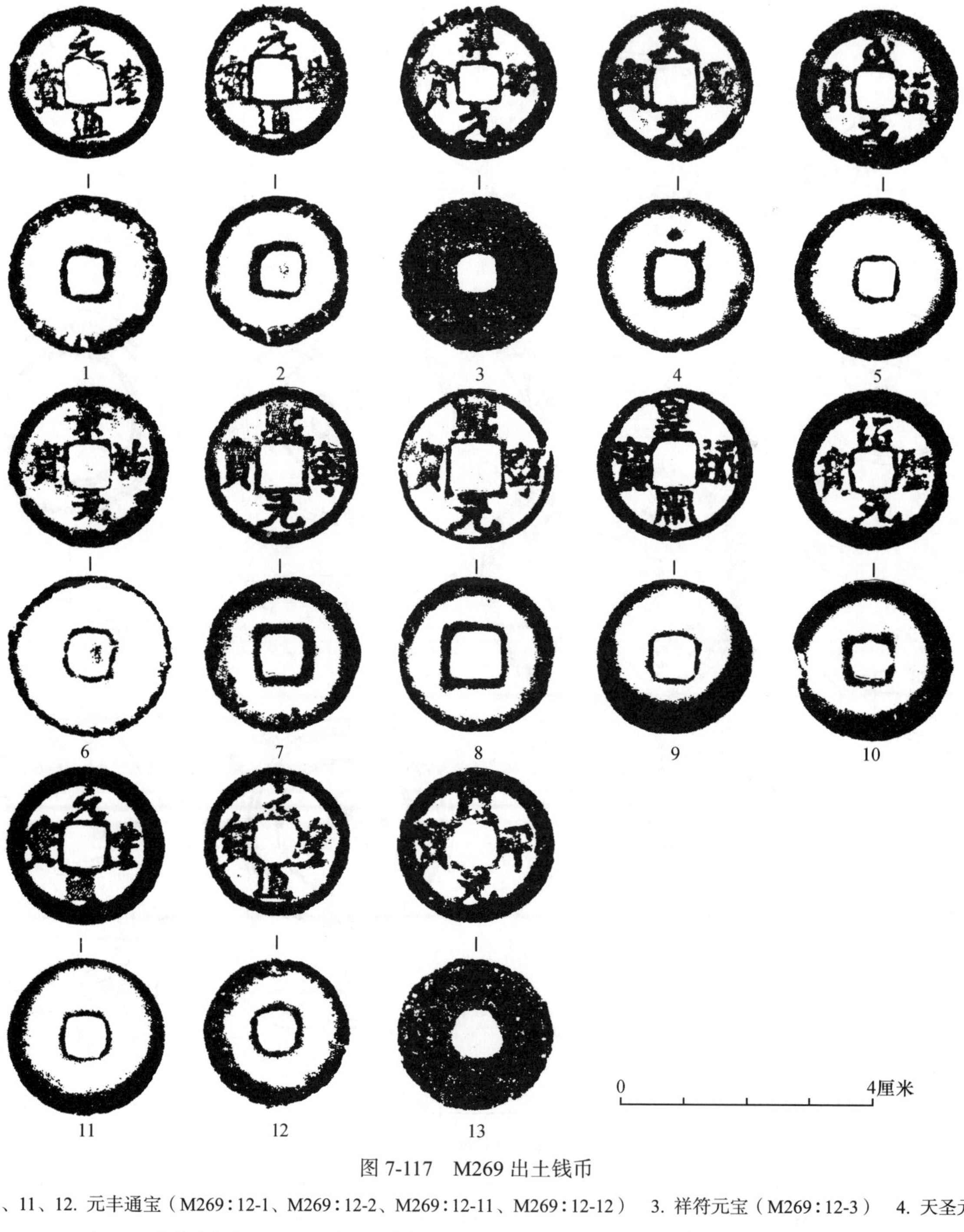

图7-117　M269出土钱币

1、2、11、12. 元丰通宝（M269∶12-1、M269∶12-2、M269∶12-11、M269∶12-12）　3. 祥符元宝（M269∶12-3）　4. 天圣元宝（M269∶12-4）　5. 至道元宝（M269∶12-5）　6. 景祐元宝（M269∶12-6）　7、8. 熙宁元宝（M269∶12-7、M269∶12-8）　9. 皇宋通宝（M269∶12-9）　10. 绍圣元宝（M269∶12-10）　13. 咸平元宝（M269∶12-13）

道元宝”1枚（M269∶12-5），草书，旋读。直径2.4厘米（图7-117，5）。“景祐元宝”1枚（M269∶12-6），楷书，旋读。直径2.4厘米（图7-117，6）。“熙宁元宝”3枚，楷书2枚，旋读，M269∶12-7、8，直径2.4厘米（图7-117，7、8）；篆书1枚，旋读，直径2.4厘米。“皇宋通宝”2枚，篆书1枚，直读，M269∶12-9，直径2.4厘米（图7-117，9）；楷书1枚，直读，直径2.4厘米。“绍圣元宝”1枚（M269∶12-10），行书，旋读，花穿。直径2.4厘米（图7-117，10）。“咸平元宝”1枚（M269∶12-13），楷书，旋读。直径2.4厘米（图7-117，13）。

四十、M270

M270位于第Ⅴ发掘区的西北部，T2312西南部，扰土层下开口，距地表深1.9米。墓葬形制为土坑洞室墓，方向193°，由墓道和墓室两部分组成。墓道位于墓室南部，平面梯形，直壁、平底，长3.2、宽1.2~1.3、深2.2米。南端两侧各有5个半圆形脚窝，深0.2米，上下间距0.4~0.6米。墓门呈拱形，宽1.4、高1.5米。墓室位于墓道北侧，底平面近长方形，直壁，拱形顶，长4.4、宽2.46~2.7、高1.74米。墓室南端两侧壁上各凿一方壁龛，长1、宽0.68、进深0.5米，壁龛内原供奉一些泥俑，但俱已损坏，只是在墓室北部和东侧壁龛附近填土中发现13件泥俑头和散件。墓室内葬具及人骨保存极差，仅留少量痕迹。痕迹。随葬品有铜钱6枚，位于墓室西北部（图7-118）。

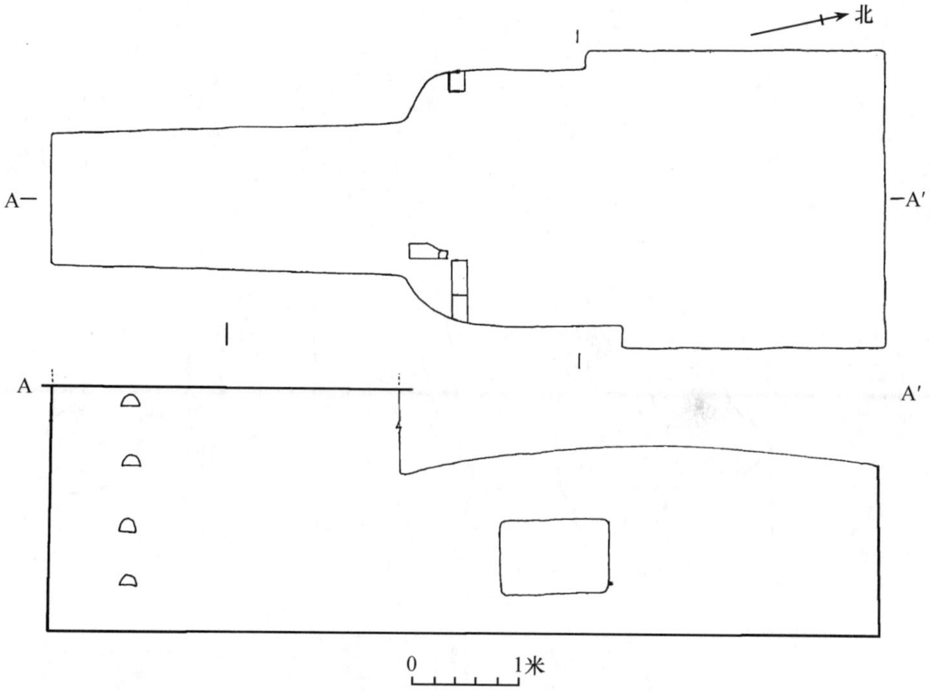

图7-118　M270平、剖面图

泥俑头　12件。均为泥胎。颈中皆有细孔，当为连接头与身体的木棍腐朽后所致。M270∶3，高冠、长发。脸庞清瘦。高冠涂黑，面施白粉，眉、发、眼涂黑彩，唇涂朱。长6.7、宽3厘米（图7-119，1；图版28-3）。M270∶5，脸庞略胖。发髻高束。涂黑，面施白粉，眉、发、眼涂黑彩。长6.4、宽3.8厘米（图7-119，2；图版28-11）。M270∶1，高冠、长发。脸庞微胖。高冠涂黑，面施白粉，眉、发、眼涂黑彩，唇涂朱。高冠、长发。长6.7、宽3厘米。长7.1、宽3.3厘米（图7-119，3；

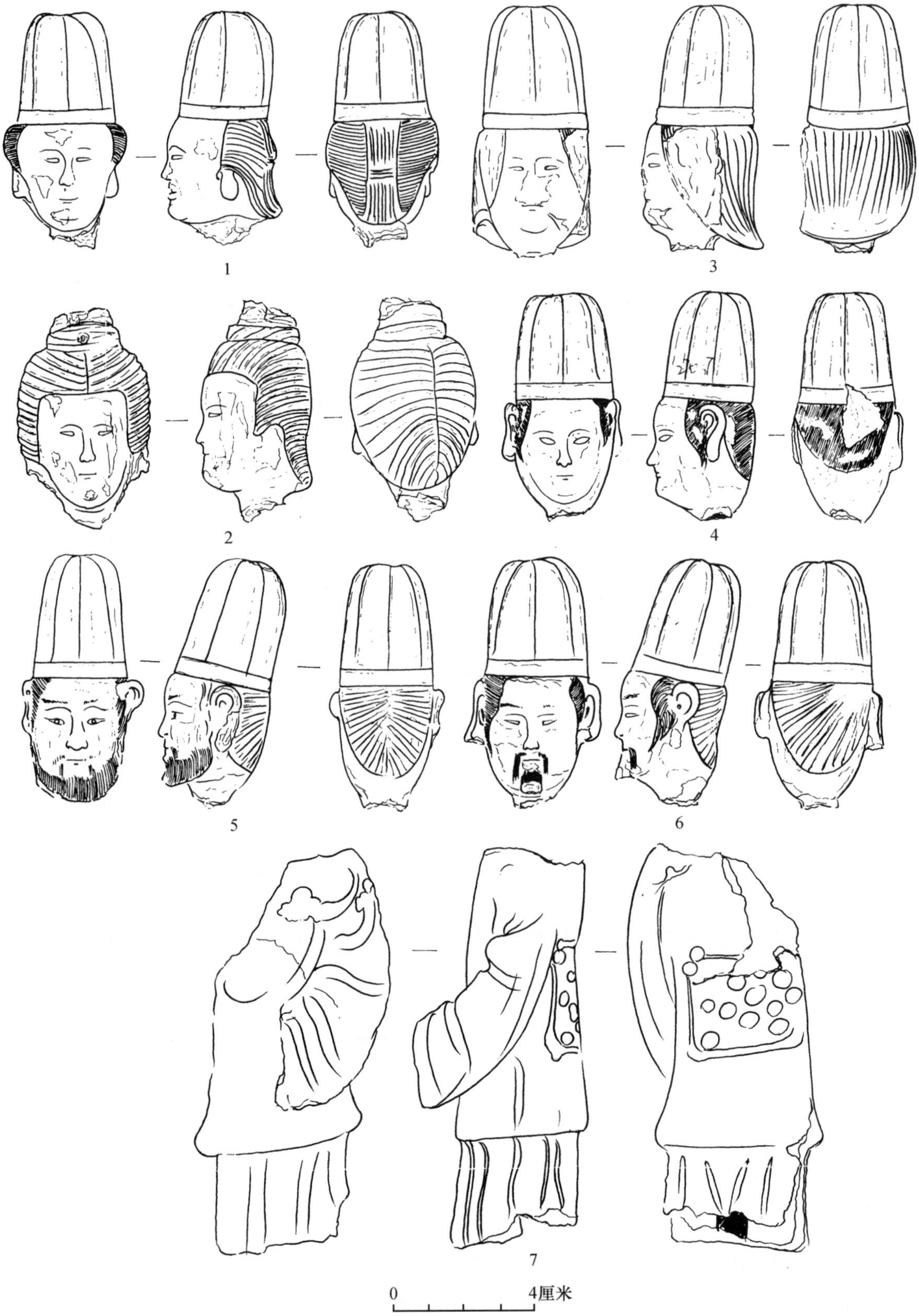

图 7-119　M270 出土泥俑

1~6. 泥俑头（M270∶3、M270∶5、M270∶1、M270∶7、M270∶2、M270∶6）　7. 俑身（M270∶14-1）

图版 28-1）。M270∶7，脸庞略胖。高冠、短发。高冠涂黑，面施白粉，眉、发、眼涂黑彩，唇涂朱。长 6.9、宽 3.4 厘米（图 7-119，4；图版 28-7）。M270∶2，高冠、短发、胡须连至耳边。脸庞微胖。高冠涂黑，面施白粉，眉、发、眼涂黑彩。长 7、宽 2.9 厘米（图 7-119，5；图版 28-2）。M270∶6，唇涂朱。高冠、短发。颧骨略高。高冠涂黑，面施白粉，眉、发、眼涂黑彩。长 7.1、宽 3.8 厘米（图 7-119，6；图版 28-6）。M270∶4，高冠、长发。长 6.7、宽 3 厘米（图版 28-4）。M270∶8，高冠（残），大耳。长 6.5、宽 3.2 厘米（图版 28-8）。M270∶9，发髻较高，大方脸。长 6、宽 3.5 厘米（图版 28-9）。M270∶10，梳发髻（残），两鬓留长发。长 5.9、宽 3.7 厘米（图版 28-10）。M270∶11，高冠，留八字胡须。长 6.4、宽 3 厘米（图版 28-5）。M270∶12，高冠。长 6.8、宽 3 厘米（图版 28-12）。

俑身 1 组（M270∶14）。墓室北部填土中。长袖、红袍、白裙。腰部前后，有补子。腹部隆起。身体中部有木棍腐烂后留下的孔。M270∶14-1，残高 11.4、宽 4.7、厚 3.1 厘米（图 7-119，7；图版 28-13）。M270∶14-2，仅剩下身，残高 11.6、宽 3.8、厚 3 厘米（图版 28-14）。

铜钱 6 枚。“万历通宝”5 枚，楷书，直读。M270∶8-1~5，直径 2.5 厘米（图 7-120，1~5）。“天禧通宝”1 枚，楷书，旋读。直径 2.4 厘米。

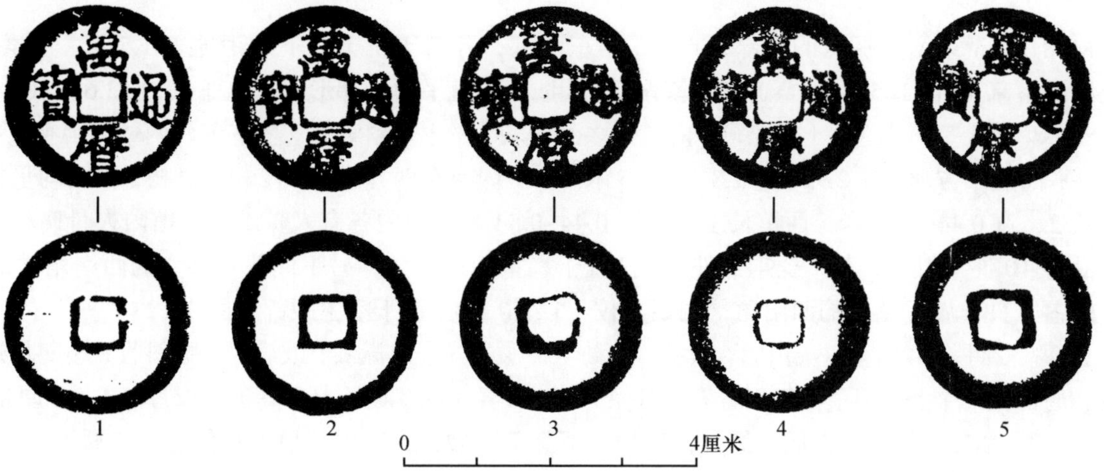

图 7-120 M270 出土万历通宝

1. M270∶8-1 2. M270∶8-2 3. M270∶8-3 4. M270∶8-4 5. M270∶8-5

四十一、M275

M275 位于第Ⅴ发掘区的中部，T2216 的中部，开口于扰土层下，距地表 2 米。墓葬形制为土坑洞室墓，方向 175°，由墓道和墓室两部分组成。墓道位于墓室的南部，平面呈梯形，直壁、平底，

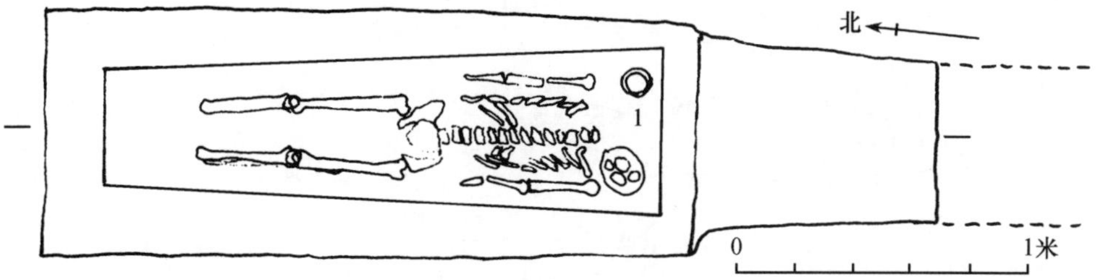

图 7-121 M275 平面图

1. 瓷罐

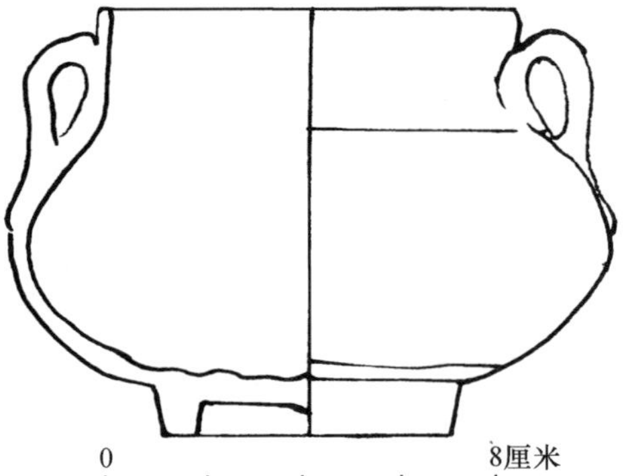

图 7-122 M275 出土瓷罐（M275∶1）

长 0.8、宽 0.52~0.76、残深 1.1 米。填土呈黄褐色，土质略松，内含许多红土块、淤土及料姜石。墓室为弧顶（坍塌），直壁、平底，平面近长方形，长 2.1、宽 0.76~0.8、高 1.1 米。墓室内有葬具 1 棺，已朽为板灰，平面梯形，长 1.8、宽 0.4~0.6 米。墓主骨架保存较好，葬式为仰身直肢，头向南。随葬品有瓷罐 1 件，置于棺的东南角（图 7-121）。

瓷罐 1 件（M275∶1）。乳白胎，紫色釉，外釉至近圈足处。直口，溜肩，鼓腹，平底，圈足。口和肩部附件 1 对桥形耳。口径 8、腹径 12、底径 5.8、高 8.4、壁厚 0.3~0.5 厘米（图 7-122）。

四十二、M281

M281 位于第 V 发掘区的中部，T2215 的东南部，开口于扰土层下，距地表 1.5 米。墓葬形制为土坑洞室墓，方向 185° ，由墓道和墓室两部分组成。墓道平面呈梯形，直壁、平底，长 2.6、宽 0.8~1.2、深 1.58 米。填土呈黄褐色，土质略硬，内含许多红土块、淤土及料姜石。墓室东西两壁为弧壁，弧顶，平底，平面近长方形，长 2.92、宽 2.8、高 1.5 米。墓室内有东西并排葬具 2 棺，已朽，平面均呈梯形。东棺长 2、宽 0.44~0.66 米，西棺长 1.84、宽 0.44~0.54 米。棺内各有人骨 1 具，棺内人骨腐朽严重。随葬品有 10 件（组），其中瓷罐 2 件，1 件置于墓室的东南角，另 1 件置于墓室的西南角；瓷碟 6 件、灯盏 1 件，置于墓室的西南角；铜钱 4 枚（1 组），分置于墓主腹部（图 7-123）。

瓷罐 2 件。M281∶1，灰白胎，黑釉，外釉至下腹部。直口微敛，鼓肩，下腹斜收，矮圈足近平。口沿和肩部附 4 个条形耳，十字形分布。口径 14.6、腹径 19.6、底径 10、高 18、壁厚 0.4~0.6 厘米（图 7-124，1）。M281∶9，灰白胎，黑釉，外釉至下腹部。敛口，鼓腹，最大腹径居上，矮圈足近平。口外附加 4 个条形耳。口径 12、腹径 16、底径 9.2、高 13.6、壁厚 0.4~0.6 厘米（图 7-124，3）。

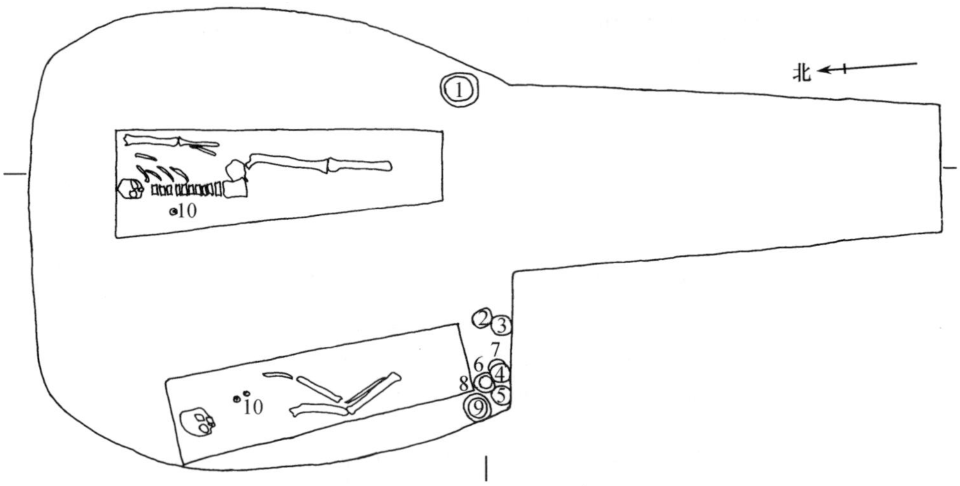

图 7-123 M281 平面图

1、9. 瓷罐 2~7. 瓷碟 8. 灯盏 10. 铜钱

瓷碟　6件。M281∶2，红胎，白色粗釉，外釉至近圈足处。敞口，浅斜弧腹，平底，圈足。口径10.5、底径5.4、高3、壁厚0.3~0.5厘米（图7-124，2）。M281∶3~7形制大小同M281∶2。

灯盏　1件（M281∶8）。浅黄胎，酱釉，釉不包底。敛口，深圜底，一侧有把手，上刻一花。口径7~8、高3.6厘米（图7-124，4）。

铜钱　4枚。“万历通宝”1枚（M281∶10-1），楷书，直读。直径2.5厘米（图7-125，1）。“皇宋通宝”1枚（M281∶10-2），篆书，直读。直径2.4厘米（图7-125，2）。“熙宁元宝”1枚，篆书，旋读。直径2.3厘米。年号不清者1枚。

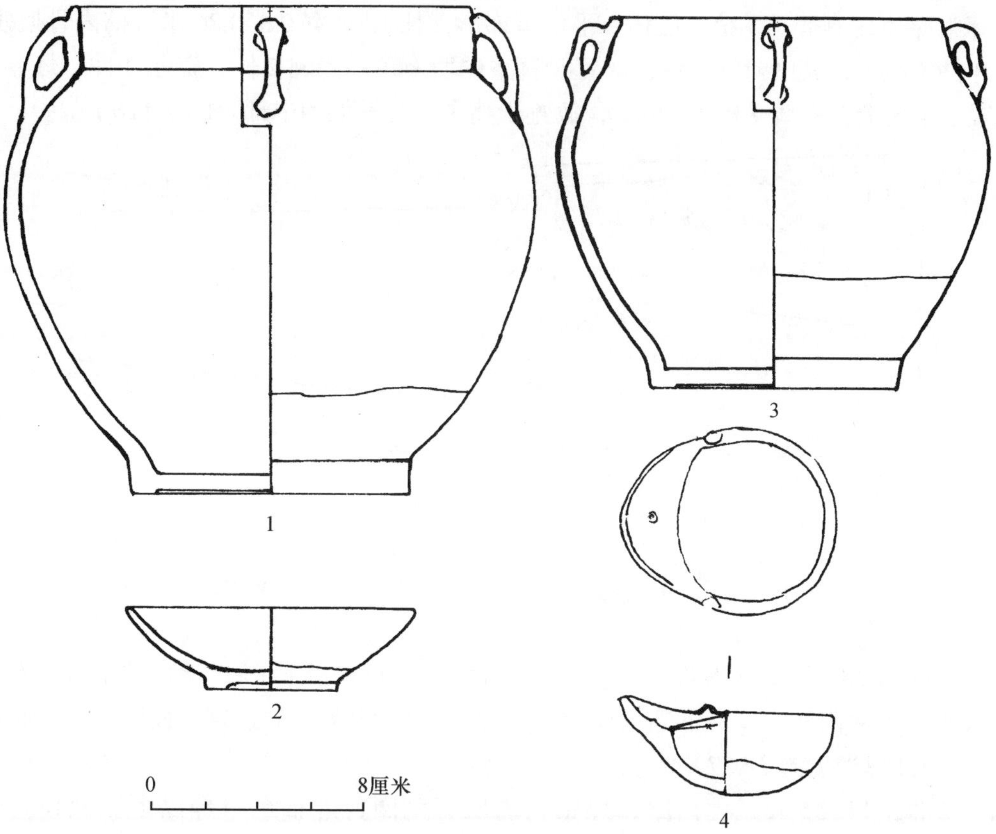

图7-124　M281出土器物

1、3. 瓷罐（M281∶1、M281∶9）　2. 瓷碟（M281∶2）　4. 灯盏（M281∶8）

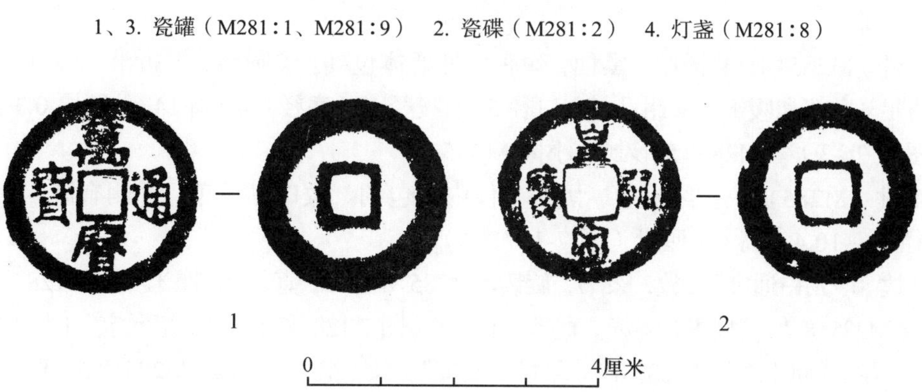

图7-125　M281出土钱币

1. 万历通宝（M281∶10-1）　2. 皇宋通宝（M281∶10-2）

四十三、M285

M285位于第Ⅴ发掘区的东南部，T2119的西部，开口于扰土层下，距地表1.5米。墓葬形制为土坑洞室墓，方向188°，由墓道和墓室两部分组成。墓道位于墓室的南端，直壁、平底，平面呈梯形，长2.1、南宽0.8~1.04、残深2.6米。填土呈黄褐色，土质略硬，内含少量的红土块、淤土及料姜石。墓室位于墓道的北端，弧顶（坍塌），直壁、平底、平面呈梯形，长2.5、宽1.04~1.88、残高1.38米。墓室内有葬具1棺，已朽，平面呈梯形，长1.7、宽0.6~0.86米。棺内骨架残缺不全。随葬品有8件（组），其中瓷缸1件，放置于墓室的西南角；瓷碗2件、瓷瓶2件、灯盏1件、铜镜1件，置于棺南端；铜钱9枚（1组），放置于墓主零乱骨架的中部（图7-126）。

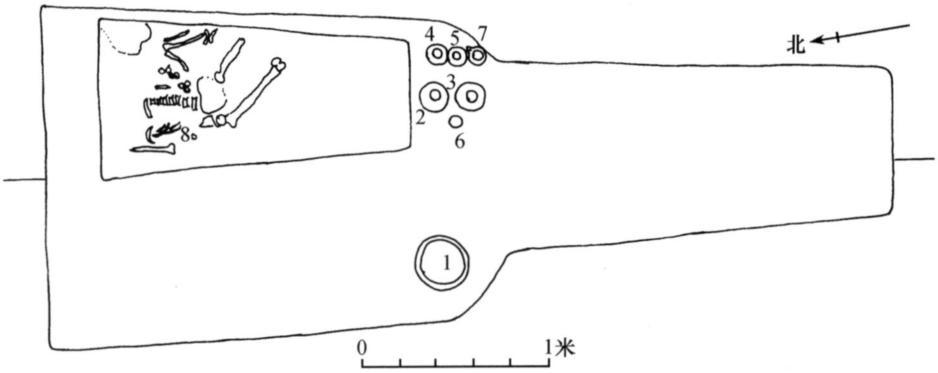

图7-126　M285平面图

1. 瓷缸　2、3. 瓷碗　4、5. 瓷瓶　6. 铜镜　7. 灯盏　8. 铜钱

瓷缸　1件（M285∶1）。红褐胎，酱釉，内部包釉，外部仅口沿下1周包釉，口沿处釉磨去。圆唇，溜肩，微鼓腹，平底内凹。口沿下饰粗绳纹，下腹部数周凹槽。口径34、腹径38.4、底径16、高49、壁厚0.8~1.2厘米（图7-127，1）。

瓷碗　2件。M285∶2，乳白胎，黑釉，内底有刮圈，外釉至口部以下。敞口，斜弧腹，平底，圈足。口径16、底径6.4、高3.8、壁厚0.4~0.7厘米（图7-127，3）。M285∶3形制与M285∶2相同。

瓷瓶　2件。M285∶4，黄褐胎，黑釉，除底面外通体包釉。尖圆唇，平折沿，侈口，细颈，溜肩，垂鼓腹，矮圈足。肩部和腹部饰2组凸棱。口径5.6、腹径10、底径6.4、高14.6、壁厚0.3~0.4厘米（图7-127，2；图版26-3）。M285∶5形制大小同M285∶4。

灯盏　1件（M285∶7）。红褐胎，黑釉，仅内面包釉。敞口，平底。一侧有流，一侧有把手。上刻花。直径8.8~10.4、高4.4厘米（图7-127，4）。

铜钱　9枚。“元祐通宝”2枚，篆书，旋读。M285∶8-1、2，直径2.4厘米（图7-128，1、2）。“正隆元宝”1枚（M285∶8-3），楷书，旋读。直径2.4厘米（图7-128，3）。“景德元宝”1枚（M285∶8-4），楷书，旋读。直径2.4厘米（图7-128，4）。“咸平元宝”2枚，楷书，旋读。M285∶8-5，直径2.3厘米（图7-128，5）。“祥符通宝”1枚（M285∶8-6），楷书，旋读。直径2.5厘米（图7-128，6）。“熙宁元宝”1枚（M285∶8-7），楷书，旋读。直径2.3厘米（图7-128，7）。“嘉祐元宝”1枚（M285∶8-8），楷书，旋读。直径2.2厘米（图7-128，8）。

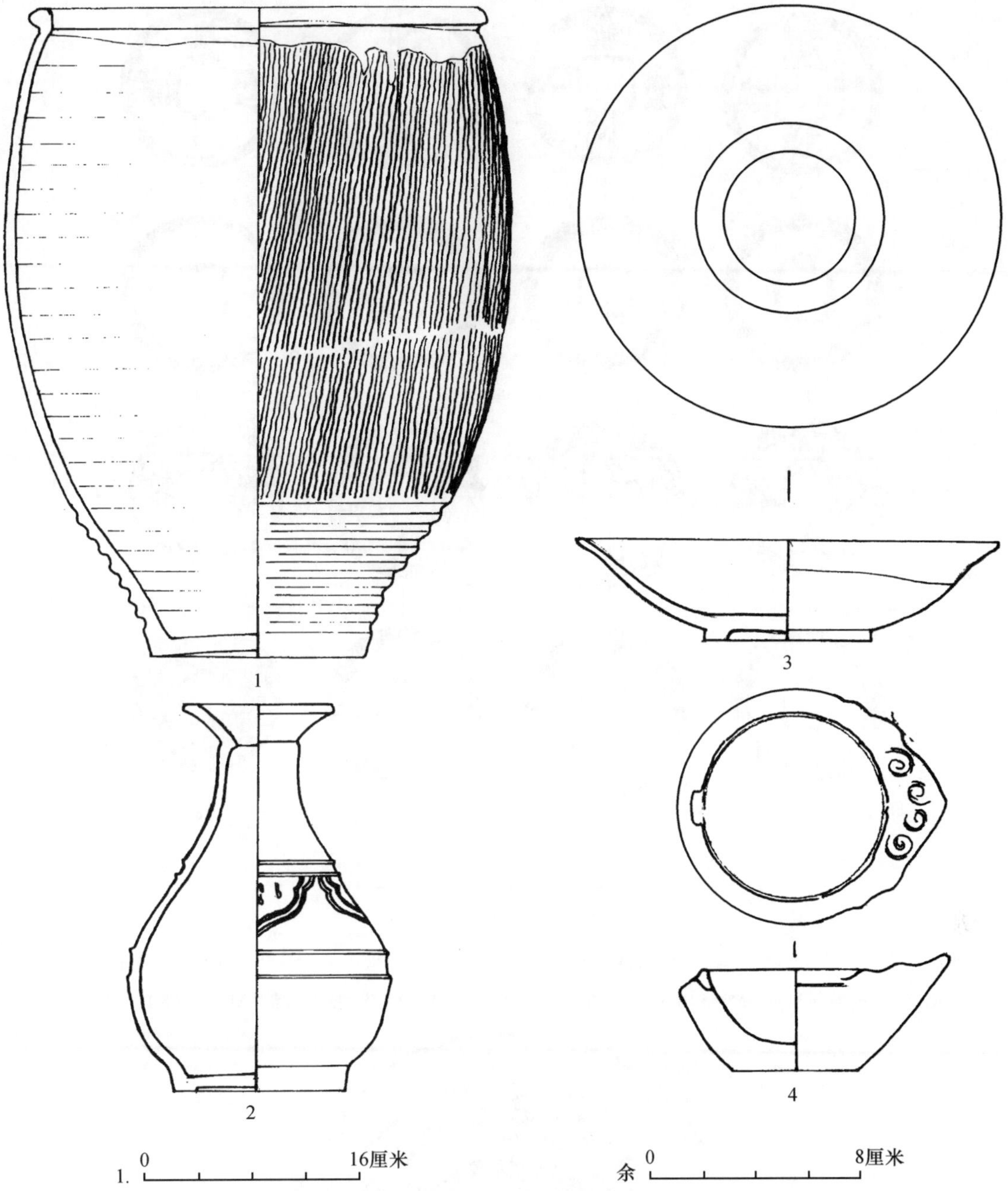

图 7-127 M285 出土器物

1. 瓷缸（M285∶1） 2. 瓷瓶（M285∶4） 3. 瓷碗（M285∶2） 4. 灯盏（M285∶7）

铜镜 1件（M285∶6）。圆形，圆纽。纽外1周凸弦纹。2周细凸弦纹之间为铅纹“见日之光，天下大明”。每字间隔一口或“e”纹符号。直径6、厚0.15厘米（图7-129；图版32-5）。

四十四、M286

M286位于第Ⅴ发掘区的西北部，T2213东北部，现存墓口距地表2米。墓葬形制为土坑洞室

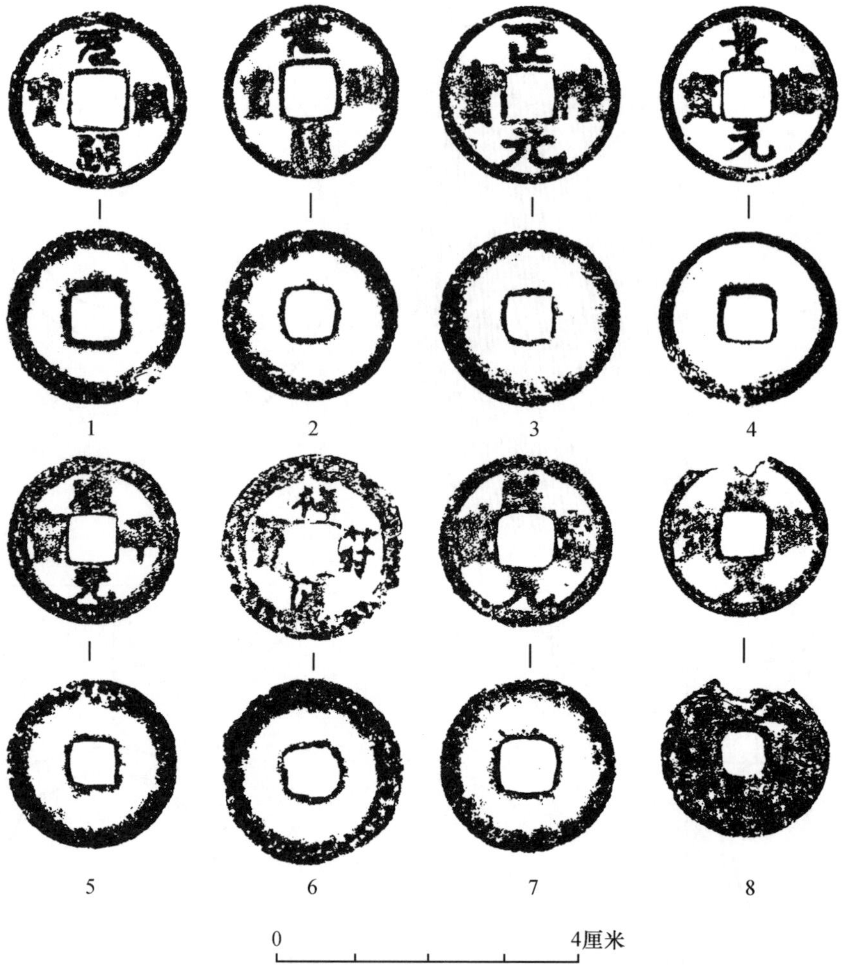

图 7-128 M285 出土钱币

1、2. 元祐通宝（M285∶8-1、M285∶8-2） 3. 正隆元宝（M285∶8-3） 4. 景德元宝（M285∶8-4） 5. 咸平元宝（M285∶8-5） 6. 祥符通宝（M285∶8-6） 7. 熙宁元宝（M285∶8-7） 8. 嘉祐元宝（M285∶8-8）

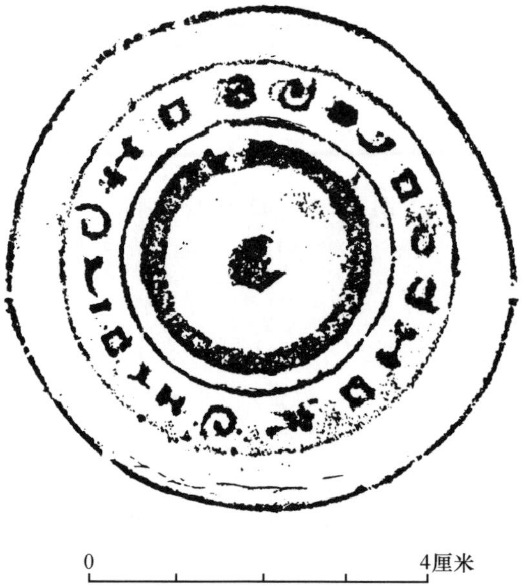

图 7-129 M285 出土铜镜（M285∶6）

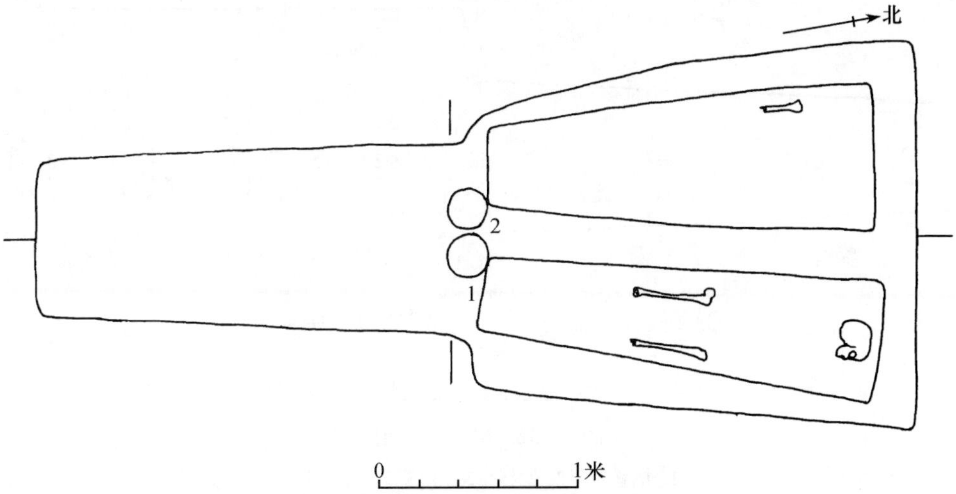

图 7-130 M286 平面图

1、2. 瓷碗

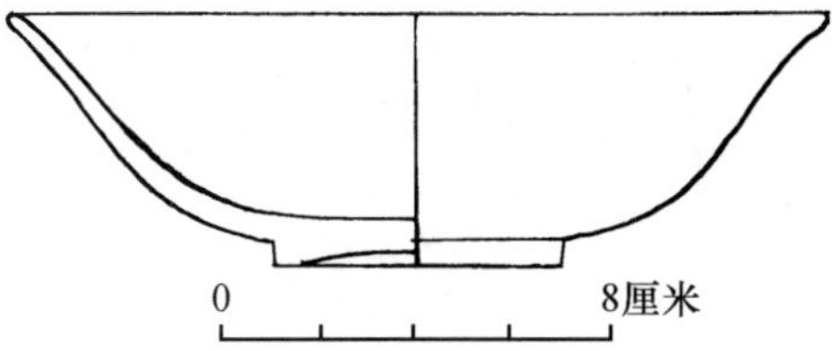

图 7-131 M286 出土瓷碗（M286∶2）

墓，方向 189°，由墓道和墓室两部分组成。墓道平面为梯形，直壁、平底，长 2.16、宽 0.8~1、深 1.9 米。填土为红褐色花土。墓室弧顶、直壁、平底，平面梯形长 2.34、宽 1~2、高 5.8 米。墓室内东西并排放置 2 棺，平面均为梯形，东棺长 2.04、宽 0.4~0.6 米；西棺长 2、宽 0.4~0.64 米。棺内人骨保存极差，葬式为葬式为仰身直肢。随葬品有瓷碗 2 件，位于墓室中南部紧贴墓道处（图 7-130）。

瓷碗　2 件。M286∶2，黄褐胎，酱釉，釉不包底，内底有刮圈。敞口，深弧腹，平底，宽圈足微内凹。口径 16.8、底径 6、高 5.2、壁厚 0.3~0.5 厘米（图 7-131）。M286∶1 形制与 M286∶2 相同。

四十五、M288

M288 位于第Ⅳ发掘区的北部，T1915 北部，现存墓口距地表 2 米。墓葬形制为土坑洞室墓，方向 25°，由墓道和墓室两部分组成。墓道位于墓室南部，平面为梯形，直壁，底为斜坡，长 3.3、宽 0.7~1、深 2.78~4.38 米。墓室弧顶、直壁、平底，平面近长方形，长 3.2、宽 1.8~2.2、高 2 米。随葬品有 5 件（组），其中灯盏 1 件、瓷碗 2 件，均位于墓室中南部；镇墓砖 1 件，位于墓室中北部；铜钱 10 枚（1 组），位于墓室中部（图 7-132）。

镇墓砖　1 块（M288∶1）。字迹漫漶不清。灰色，长方形。长 36、宽 36、厚 6 厘米。

瓷碗　2 件。M288∶3，浅黄胎，黑釉，外釉至近圈足处。内底有刮圈。敞口微敛，深腹，平底，圈足。口径 14.8、底径 6、高 5.2、壁厚 0.3~0.4 厘米（图 7-133，1）。M288∶4，浅黄胎，黑釉，外釉至近圈足处，内底有刮圈。敞口，深弧腹，腹壁先收后鼓，平底，圈足。口径 15.2、底径 5.6、高 5.6、壁厚 0.2~0.5 厘米（图 7-133，2）。

灯盏　1 件（M288∶5）。黄褐胎，酱釉，釉不包底。敞口，圜底。一侧有把手上有刻花。直径 9.8~11.6、高 5.2 厘米（图 7-133，3）。

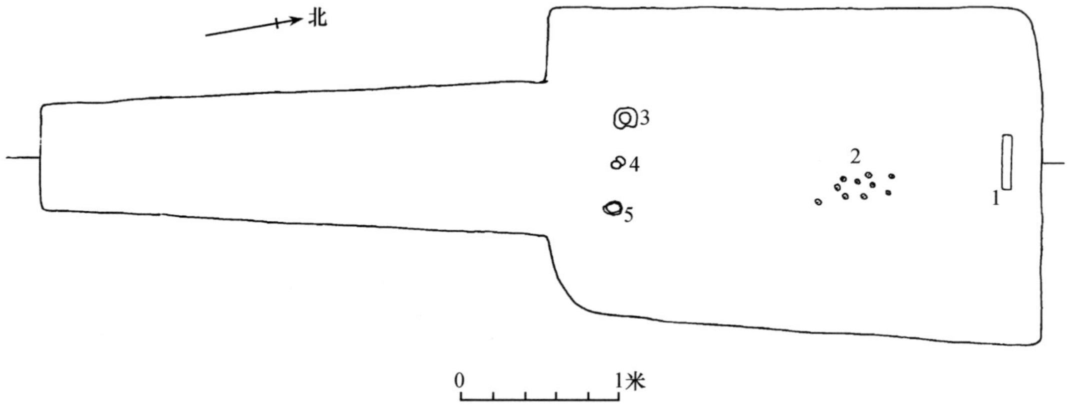

图 7-132　M288 平面图

1. 镇墓砖　2. 铜钱　3、4. 瓷碗　5. 灯盏

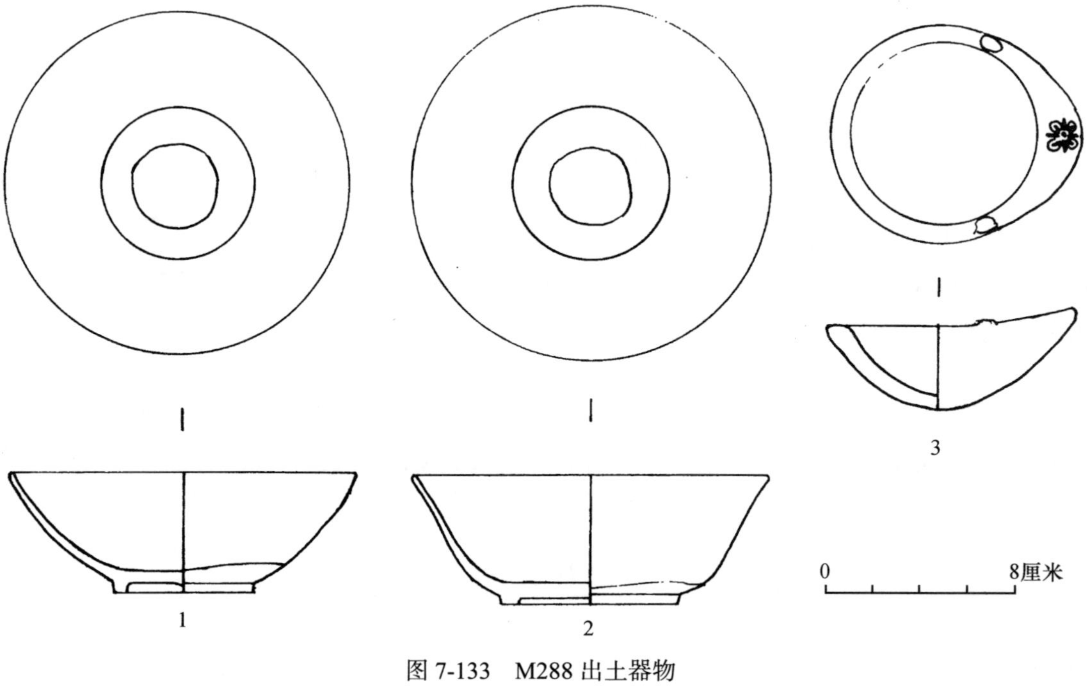

图 7-133　M288 出土器物

1、2. 瓷碗（M288∶3、M288∶4）　3. 灯盏（M288∶5）

铜钱　10 枚。“天圣元宝”1 枚（M288∶2-1），楷书，旋读。直径 2.3 厘米（图 7-134，1）。“崇宁通宝”1 枚（M288∶2-2），楷书，旋读。直径 2.3 厘米（图 7-134，2）。“洪武通宝”1 枚（M288∶2-3），楷书，直读。直径 2.2 厘米（图 7-134，3）。“元祐通宝”1 枚（M288∶2-4），篆书，旋读。直径 2.3 厘米（图 7-134，4）。“祥符元宝”1 枚（M288∶2-5），楷书，旋读。直径 2.4 厘米（图 7-134，5）。“政和通宝”1 枚（M288∶2-6），楷书，直读。直径 2.35 厘米（图 7-134，6）。“嘉祐通宝”1 枚（M288∶2-7），篆书，直读。直径 2.4 厘米（图 7-134，7）。“天圣元宝”1 枚（M288∶2-8），篆书，旋读。直径 2.4 厘米（图 7-134，8）。“元丰通宝”2 枚，行书，旋读。M288∶2-9、10，直径 2.4 厘米（图 7-134，9、10）。

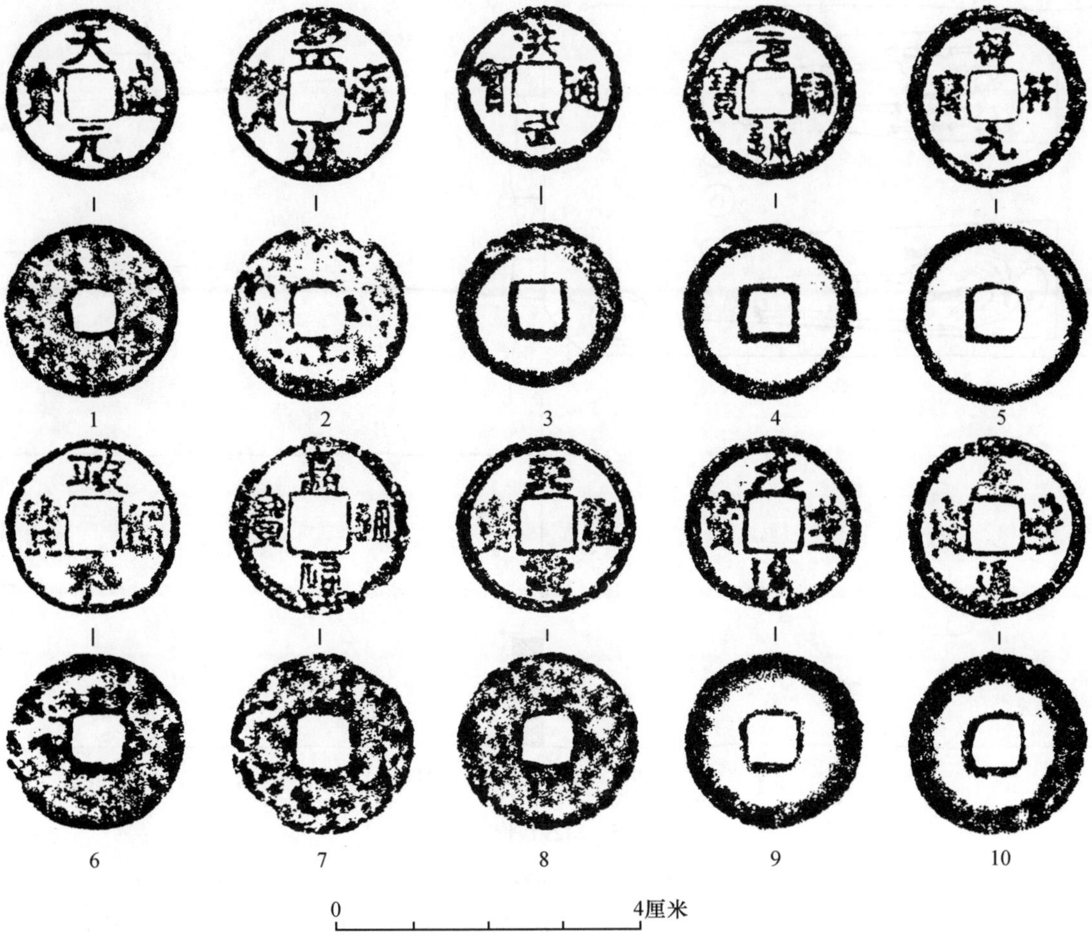

图 7-134 M288 出土钱币

1、8. 天圣元宝（M288∶2-1、M288∶2-8） 2. 崇宁通宝（M288∶2-2） 3. 洪武通宝（M288∶2-3） 4. 元祐通宝（M288∶2-4） 5. 祥符元宝（M288∶2-5） 6. 政和通宝（M288∶2-6） 7. 嘉祐通宝（M288∶2-7） 9、10. 元丰通宝（M288∶2-9、M288∶2-10）

四十六、M291

M291位于第Ⅴ发掘区的中部，T2215的西部。开口于扰土层下，打破M312，墓口距离地表1.8米。墓葬形制为土坑洞室墓，方向182°，由墓道和墓室两部分组成。墓道位于墓室南部，呈梯形，直壁、平底，长2.8、宽0.62~1.2、残深1.5米。填土呈黄褐色，土质略硬，内含红土块、淤土及料姜石。墓道的北端用不规则的残砖封堵。墓室为弧顶（坍塌），直壁、平底，平面呈长方形，长2.8、宽1.8、残高1.5米。墓室内东西并排放置2棺，平面呈梯形，东棺长1.8、宽0.4~0.6米，西棺长1.84、宽0.44~0.6米。棺内各有人骨1具，葬式均为仰身直肢。头向北。东棺人骨为男性，西棺内为女性。随葬品有2件，其中瓷缸1件，放置于墓室的西南角；瓷碗1件，放置于两棺南端中部（图7-135）。

瓷缸　1件（M291∶1）。侈口，厚卷唇，鼓腹偏上，平底。外釉至上腹部。口径30.8、底径15.6、高34.4、壁厚0.5~1.5厘米（图7-136，2）。

瓷碗　1件（M291∶2）。敞口，浅弧腹，平底，圈足。外釉至近圈足处。浅红褐胎，茶色釉，釉不包底，内底有刮圈。口径16、底径6.4、高4.6、厚0.2~0.4厘米（图7-136，1）。

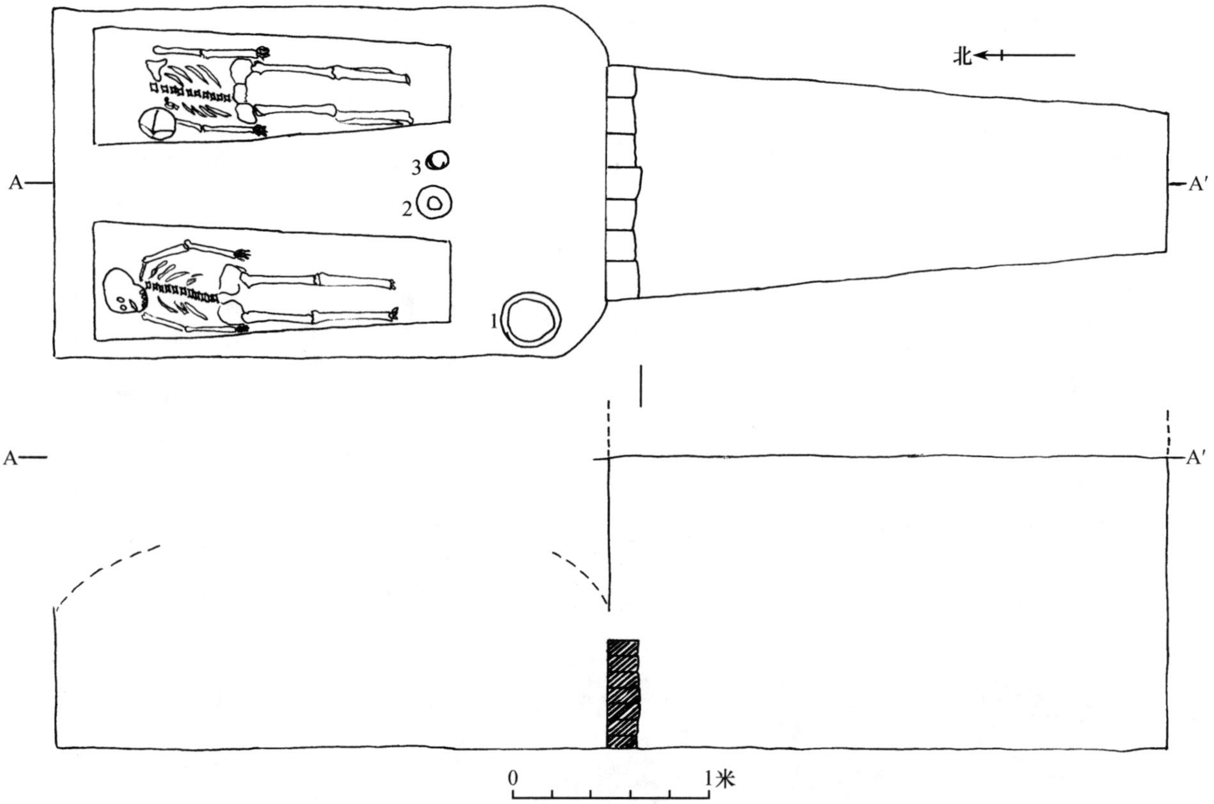

图 7-135　M291 平、剖面图

1. 瓷缸　2. 瓷碗　3. 灯盏

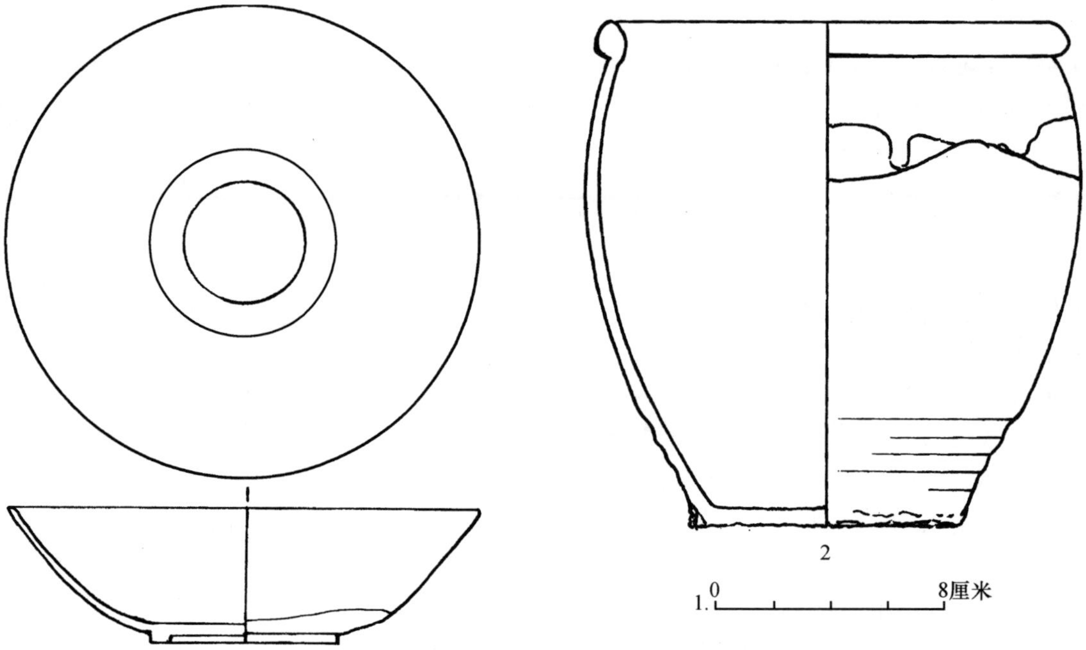

图 7-136　M291 出土器物

1. 瓷碗（M291：2）　2. 瓷缸（M291：1）

四十七、M296

M296位于第Ⅳ发掘区的北部，T2014的西北部，开口于扰土层下，距地表1.5米。墓葬形制为土坑洞室墓，方向193°，由墓道和墓室两部分组成。墓道位于墓室的南部，平面呈长方形，长为3.3、宽0.8~0.9、深1.4米。填土为黄褐色花土。墓室为弧顶（坍塌），直壁、平底，平面近长方形，长为1.8、宽0.8~0.88、高1.4米，为拱顶，高度为1.14米。葬具和人骨腐朽严重。随葬品有2件，瓷碗1件、瓷罐1件，均放置于墓室南部，贴近墓门处（图7-137）。

瓷碗　1件（M296∶1）。灰白胎，酱釉，釉不包底，内底有刮圈。敞口微敛，斜弧腹，平底，圈足。口径16、底径5.6、高5.2、壁厚0.3~0.6厘米（图7-138，1）。

瓷罐　1件（M296∶2）。黄褐胎，酱釉，釉不包底，外釉至下腹部。高直口，小鼓腹，平底，圈足。口和肩部附加1对桥形耳，对称分布，耳上有3道竖槽。口径9.2、腹径14、底径6、高9、壁厚0.4~0.8厘米（图7-138，2）。

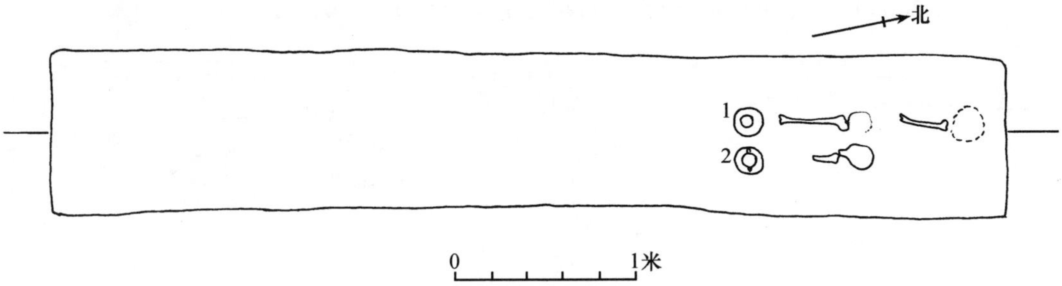

图7-137　M296平面图

1. 瓷碗　2. 瓷罐

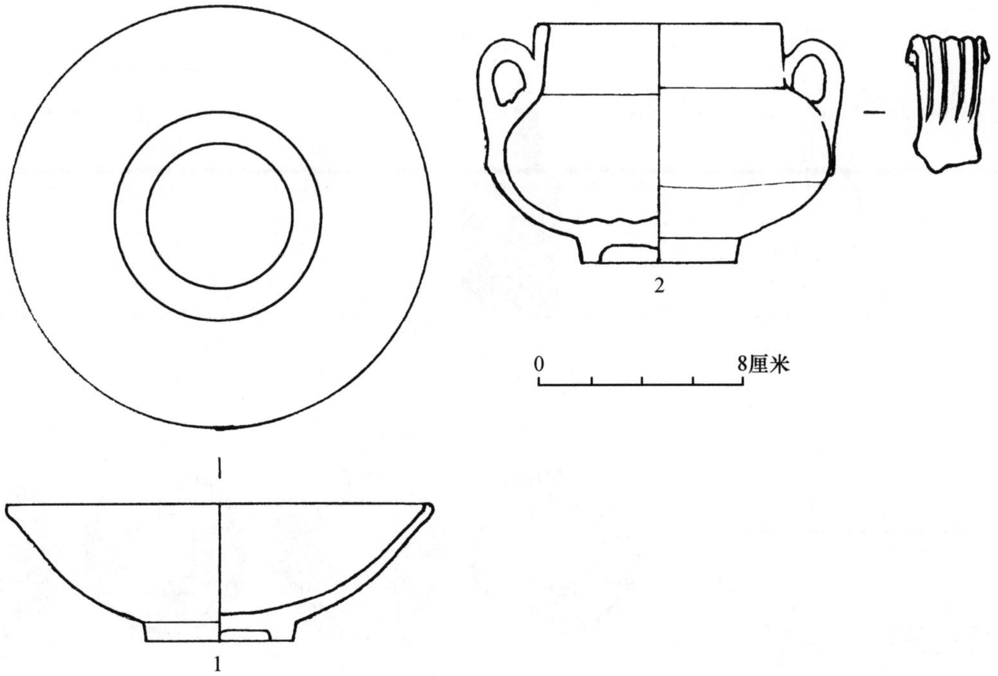

图7-138　M296出土器物

1. 瓷碗（M296∶1）　2. 瓷罐（M296∶2）

四十八、M300

M300位于第Ⅴ发掘区的西北部，T2113东北部，延伸至T2213和T2214内。现存墓口距地表2米，距墓底1.4米。墓葬形制为土坑洞室墓，方向196°，由墓道、封门墙和墓室三部分组成。墓道平面呈梯形，直壁、平底，长2.7、宽0.6~0.84、深1.38米。封门墙由不规则的石块堆积而成，宽0.36、高1.04米。墓室为弧顶（坍塌），直壁、平底，平面呈长方形，长2.28、宽1.2、高1.14米。墓室内有葬具1棺，平面为长方形，木质，长2.14、宽0.8米。棺内人骨保存较差，葬式为仰身直肢。填土为黄褐色花土。随葬品有3件（组），其中瓷碗1件，位于人骨右侧大腿骨处；灯盏1件，位于墓室西南角；铜钱2枚（1组），位于头骨及脚趾骨处（图7-139；图版12-2）。

瓷碗 1件（M300∶2）。浅黄褐胎，酱釉，釉不包底。碗心1周刮圈。尖唇，敞口，直壁略弧，矮直圈足。圈足内高外低。口径15、底径6、高4.4、壁厚0.2~0.4厘米（图7-140）。

铜钱 2枚。“治平元宝”1枚（M300∶1-1），篆书，旋读。直径2.3厘米（图7-141，1）。“熙宁元宝”1枚（M300∶1-2），楷书，旋读。直径2.3厘米（图7-141，2）。

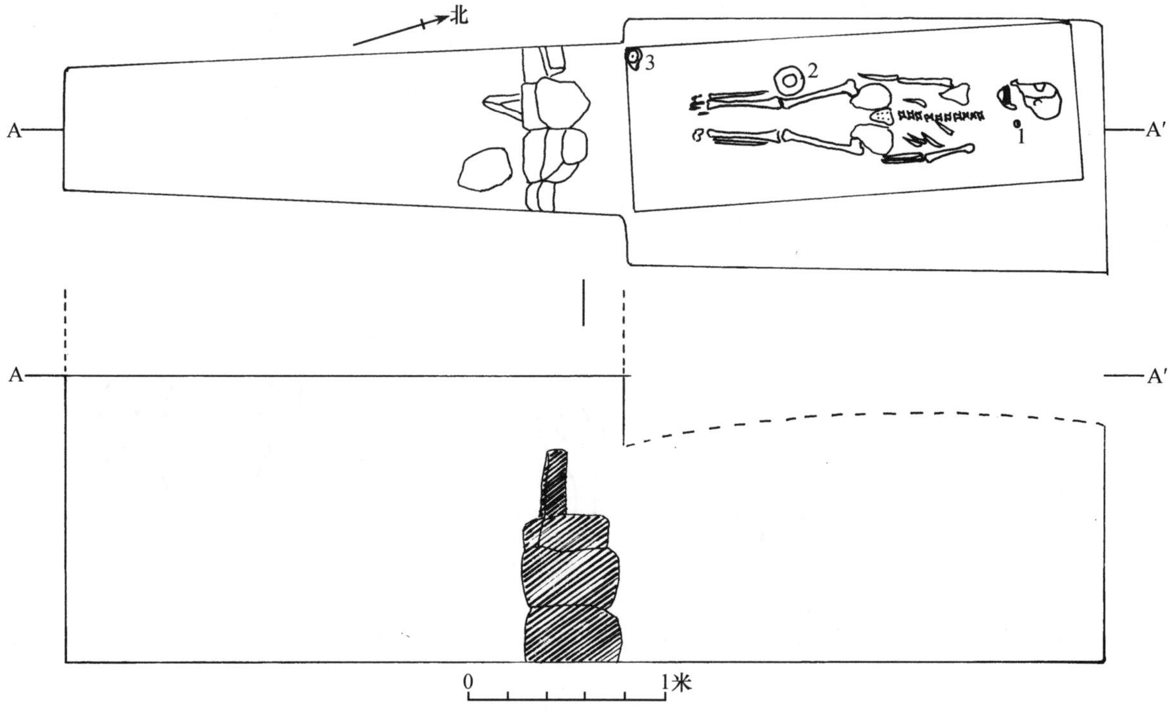

图7-139 M300平、剖面图

1. 铜钱 2. 瓷碗 3. 瓷盏

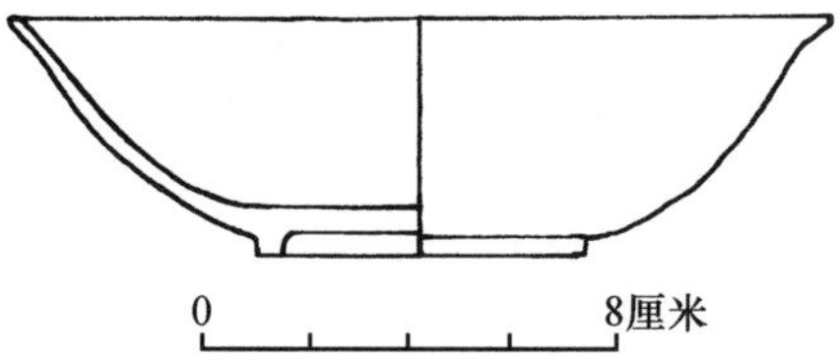

图7-140 M300出土瓷碗

（M300∶2）

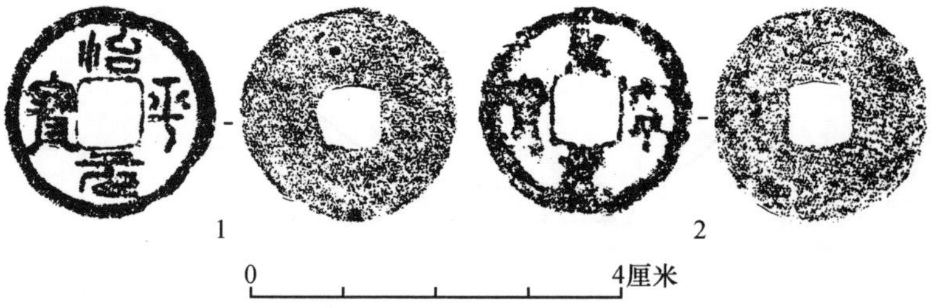

图7-141 M300出土钱币

1. 治平元宝（M300∶1-1） 2. 熙宁元宝（M300∶1-2）

四十九、M306

M306位于第V发掘区的中部，T2115的西北部，部分过隔梁延伸至T2114内。墓的上部已被破坏，开口于扰土层下，距地表2米。墓葬形制为土坑洞室墓，方向170°，由墓道和墓室两部分组成。墓道位于墓室的南部，平面呈梯形，直壁、平底，长2.7、宽0.8~0.96、残深2.1米。填土呈黄褐色，土质略硬，内含红土块、淤土及料姜石。墓道北端用不规则的石块封堵。墓室为弧顶（坍塌），直壁、平底，平面呈梯形，长2.7、宽1.6~2、残高1.4米。墓室东西并排放置2棺，平面均为梯形，东棺长1.76、宽0.46~0.7米，西棺长1.76、宽0.5~0.6米。棺内各有人骨1具，东男西女，均为仰身直肢，头向北。随葬品有6件（组），其中瓷缸1件、瓷碗2件，置于墓室东南部；瓷碟2件，置于墓室南部；铜钱2枚，放置于西墓主腹部（图7-142）。

瓷缸　1件（M306∶1）。红胎，酱釉，内部包釉，外部口沿下1周包釉，口沿处釉磨去。厚圆唇，折沿，深直腹微鼓，平底，中心略凹。外施浅凹槽。口径32、腹径34.4、底径18、高50、壁厚0.8~1.2厘米（图7-143，1）。

瓷碟　2件。M306∶2，红胎，淡青色釉，外釉至近足处，底面不包釉，釉上有微小开片。敞口，

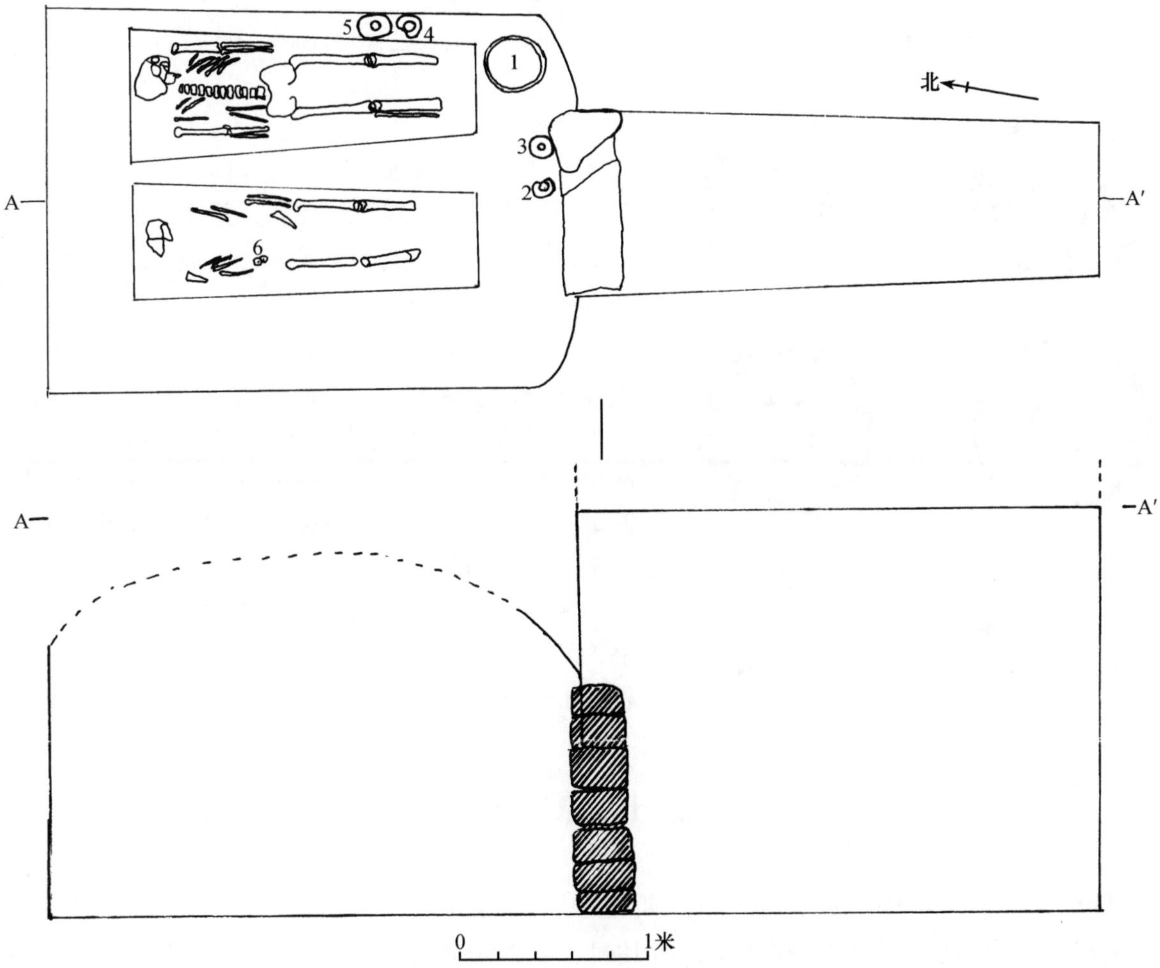

图7-142　M306平、剖面图

1. 瓷缸　2、3. 瓷碟　4、5. 瓷碗　6. 铜钱

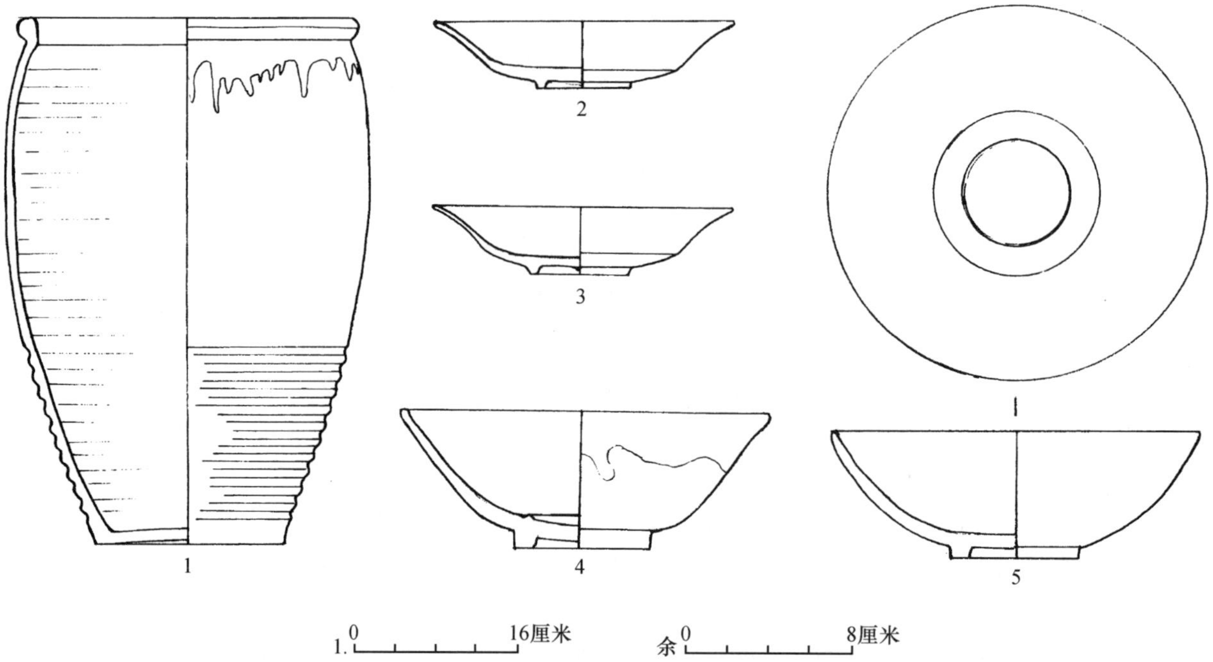

图 7-143　M306 出土器物

1. 瓷缸（M306∶1）　2、3. 瓷碟（M306∶2、M306∶3）　4、5. 瓷碗（M306∶5、M306∶4）

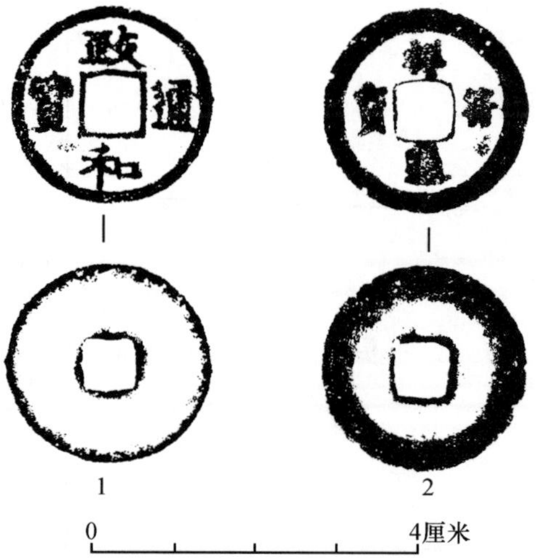

图 7-144　M306 出土钱币

1. 政和通宝（M306∶6-1）　2. 祥符通宝（M306∶6-2）

斜壁，折腹折成平底，圈足足尖平。口径 14、底径 4.4、高 3.2、壁厚 0.3~0.5 厘米（图 7-143，2）。M306∶3，灰白胎，青白釉，圈足釉磨去。尖唇，斜弧腹，圈足。圈足内外壁等高。口径 14、底径 4.8、高 3.2、壁厚 0.2~0.4 厘米（图 7-143，3）。

瓷碗　2 件。M306∶4，黄褐胎，酱釉，釉至中部，内底有刮圈。尖唇微敛，斜弧腹，圈足。碗心略塌。口径 17.2、底径 6、高 6、壁厚 0.5~0.6 厘米（图 7-143，5）。M306∶5，淡黄胎，白釉，釉不包底。敞口，折腹成底，圈足。平底。口径 17.6、底径 6.4、高 6.6、壁厚 0.3~0.6 厘米（图 7-143，4）。

铜钱　2 枚。“政和通宝”1 枚（M306∶6-1），楷书，直读。直径 2.4 厘米（图 7-144，1）。“祥符通宝”1 枚（M306∶6-2），楷书，旋读。直径 2.4 厘米（图 7-144，2）。

五十、M308

M308 位于第Ⅳ发掘区的北部，T1917 西北部，洞室延伸至 T2017 内。墓口距地表 2.1 米，距墓底深 3.2 米。墓葬形制为土坑洞室墓，方向 184°，由墓道和墓室两部分组成。墓道平面为长方形，直壁、平底，长 2.8、宽 0.9~1 米。填土为红褐色花土。墓室弧顶，直壁，平面近长方形。长 2.3、宽 1.7~1.76、高 1.59 米。墓室内葬具及人骨粉红严重。随葬品有 8 件，其中铜簪 1 件，位于洞室东北部；铜饰 1 件，位于洞室东北部；瓷瓶、瓷碗、灯盏各 1 件、瓷碟 3 件，均位于墓室南部（图 7-145）。

瓷瓶　1 件（M308∶1）。灰白胎，黑釉，外釉至下腹部。敞口，宽折沿，细长颈，垂鼓腹，矮圈足。口径 5.2、腹径 10、底径 6.2、高 13、壁厚 0.4~0.6 厘米（图 7-146，2）。

瓷碗　1 件（M308∶2）。红褐胎，黑釉，除圈足釉磨去外通体包釉，内底有 1 周刮圈。敞口，深弧腹，窄圈足。口径 14.8、底径 5.6、高 5.6、壁厚 0.2~0.6 厘米（图 7-146，3）。

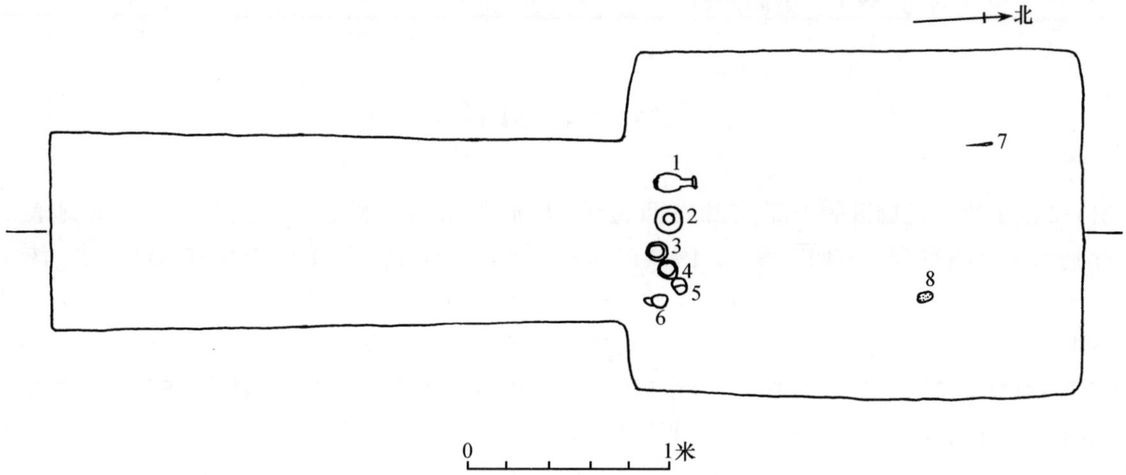

图 7-145　M308 平面图

1. 瓷瓶　2. 瓷碗　3~5. 瓷碟　6. 灯盏　7. 铜簪　8. 铜饰

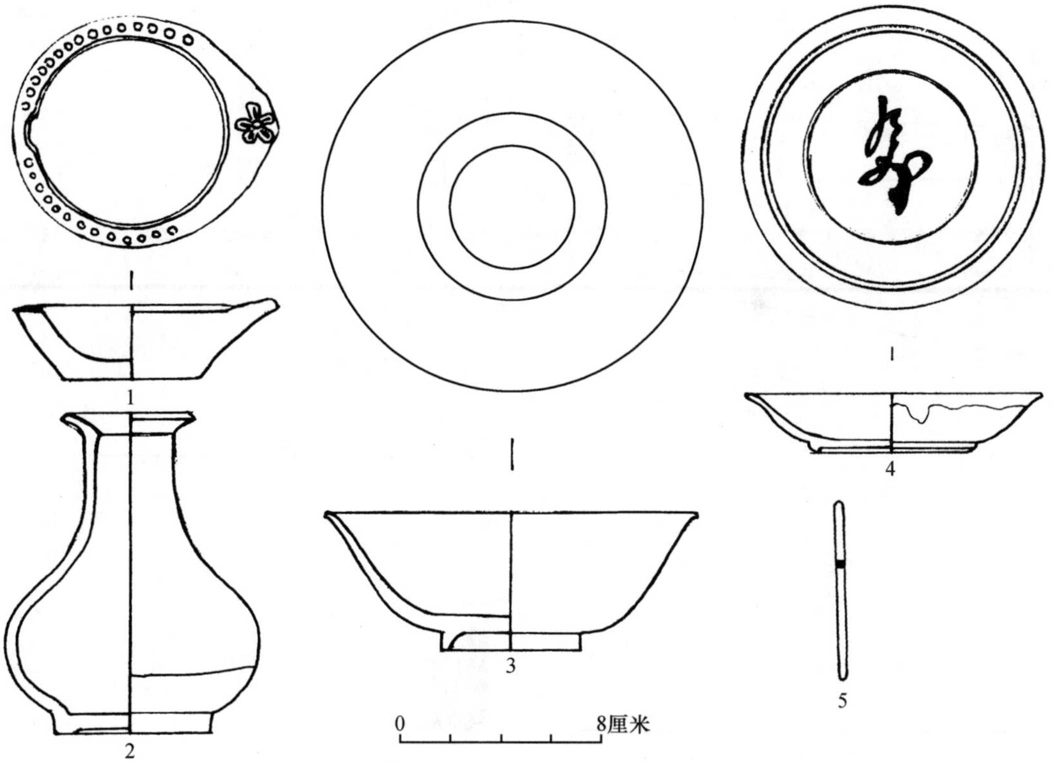

图 7-146　M308 出土器物

1. 灯盏（M308∶6）　2. 瓷瓶（M308∶1）　3. 瓷碗（M308∶2）　4. 瓷碟（M308∶3）　5. 铜簪（M308∶7）

瓷碟　3 件。M308∶3，红胎，蓝釉，黑彩。敞口，平沿，斜弧腹，尖圈足。外釉至碗外口下。内饰 2 周圆圈，碗心饰黑字。口径 12、底径 6.8、高 2.4、壁厚 0.3~0.4 厘米（图 7-146，4）。M308∶4、5，形制、尺寸同 M308∶3。

灯盏　1 件（M308∶6）。黄褐胎，酱釉，釉不包底。腹壁斜直，平底。沿上 1 周凹点纹。把手刻花。一侧有流。口径 9.6~10.6、底径 5.6、高 3.2 厘米（图 7-146，1）。

铜簪　1 件（M308∶7）。断面呈方形。残长 3.6 厘米（图 7-146，5）。

铜饰　1 件（M308∶8）。破碎严重。

五十一、M312

M312 位于第Ⅴ发掘区的中部，T2215 西北部。上部被 M291 打破，开口于扰土层下，距地表 2 米。墓葬形制为土坑洞室墓，方向 188°，由墓道和墓室两部分组成。墓道位于墓室南部，平面梯形，直壁、平底，长 2.4、宽 1~1.1、残深 1.3 米。填土为黄褐色花土，土质硬，内含料姜石。墓道北端用不规则石块封堵。墓室为弧顶（坍塌），直壁、平底，平面呈梯形，长 2.8、宽 1.1~2、残高 1.55 米。墓室内有葬具 2 棺，东西并排放置。东棺长 2、宽 0.4~0.68 米。棺内无人骨。西棺长 2、宽 0.4~0.6 米。棺内有 1 具人骨，被严重破坏，仅残存头骨，头向北。随葬品有 6 件（组），其中瓷缸 1 件、瓷碗 2 件、瓷碟 2 件，均置于墓室南部；铜钱 2 枚（1 组），置于东侧棺内南端（图 7-147）。

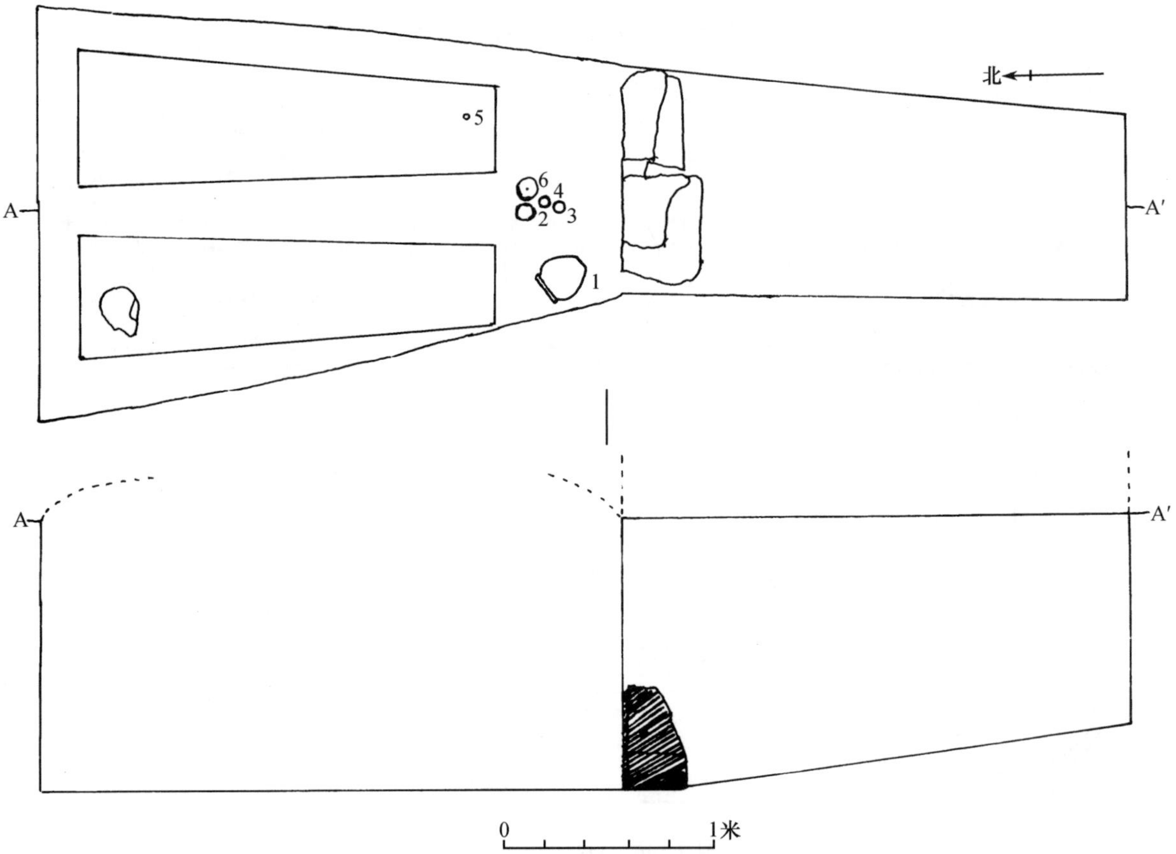

图 7-147　M312 平、剖面图

1. 瓷缸　2、6. 瓷碗　3、4. 瓷碟　5. 铜钱

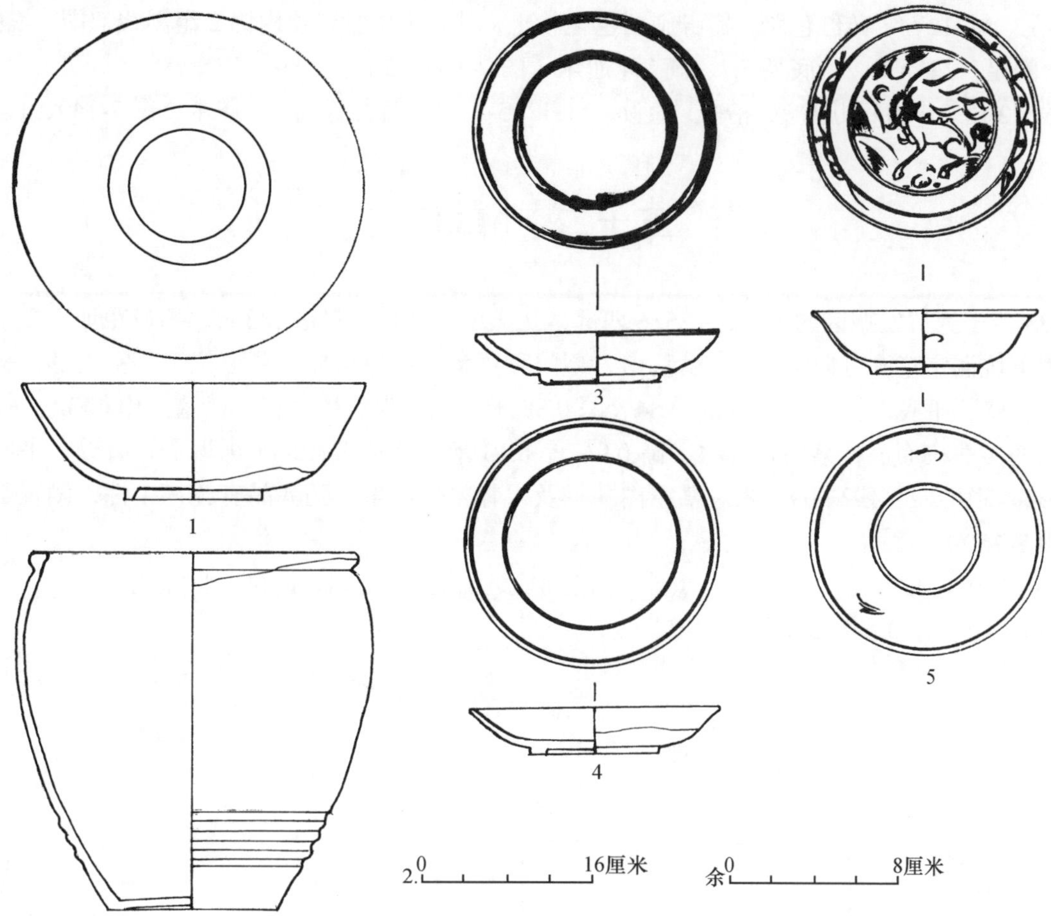

图 7-148　M312 出土器物

1、5. 瓷碗（M312∶2、M312∶6）　2. 瓷缸（M312∶1）　3、4. 瓷碟（M312∶4、M312∶3）

瓷缸　1件（M312∶1）。黄褐胎，酱釉，除口沿附近外通体包釉。圆唇，敛口，折沿，鼓腹居上，下腹斜收。平底微凹。下腹部饰数周瓦纹。口径30、腹径33、底径16、高34、壁厚0.6~0.8厘米（图7-148，2）。

瓷碗　2件。M312∶2，黄褐胎，黑釉，釉至近底部，内底有刮圈。敞口，深腹略斜，圈足高直。口径16、底径6.4、高5.6、壁厚0.3~0.4厘米（图7-148，1）。M312∶6，青花瓷。敞口，腹壁先收后鼓，平底，矮圈足。碗内自上而下绘3组青花线。碗内壁第1组至第2组间绘花草纹，碗心绘麒麟。口径10.6、底径5.2、高3、壁厚0.2~0.4厘米（图7-148，5）。

瓷碟　2件。M312∶3，红胎，白釉，釉不包底。敞口，斜直腹，平底，宽直圈足。碗内口绘1周黑圈，碗心绘1周黑花。口径12、底径6、高2.2、壁厚0.2~0.4厘米（图

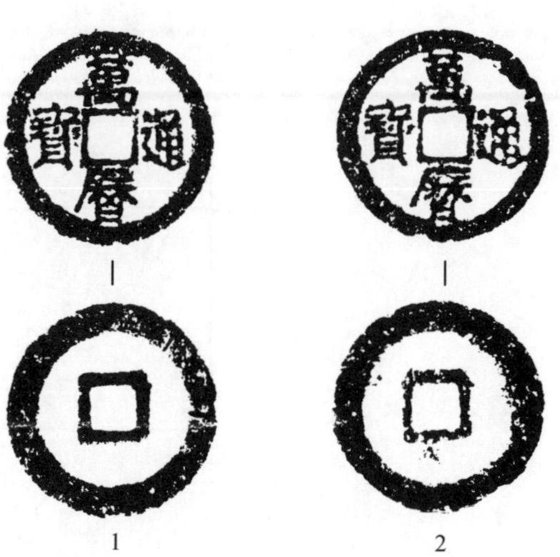

图 7-149　M312 出土万历通宝

1. M312∶5-1　2. M312∶5-2

7-148，4）。M312∶4，砖红色胎，器身施白色化妆土，其上饰白釉，器内饰2组墨线双圈。浅弧腹，平底，矮圈足。口径11.2、底径5.7、高2.4厘米（图7-148，3）。

铜钱 2枚。皆为万历通宝，楷书，直读。M312∶5-1、2，直径皆为2.5厘米（图7-149，1、2）。

五十二、M338

M338位于第Ⅵ发掘区的中部，T2516西部，扰土层下开口，打破M340，墓口距地表2米。墓葬形制为土坑洞室墓，方向190°，由墓道、墓门和墓室三部分组成。墓道位于墓室南部，平面为长方形，直壁、平底，长1.6、宽0.8~0.84、深0.88米。填土为黄褐色花土。墓门由长32、宽13、高6厘米的砖垒砌而成，墓门宽0.84、高0.9、厚0.13米。墓室为弧顶（坍塌），直壁、平底，平面近圆形，直径2.2、残高0.88米。墓室内葬具及人骨粉化严重。随葬品有瓷杯1件，侧置于墓室中部（图7-150）。

瓷杯 1件（M338∶1）。淡黄胎，黑釉，釉至足底近圈足处。直口，深腹，平底。直圈足。口径7.2、底径4、高5.4、壁厚0.2~0.3厘米（图7-151）。

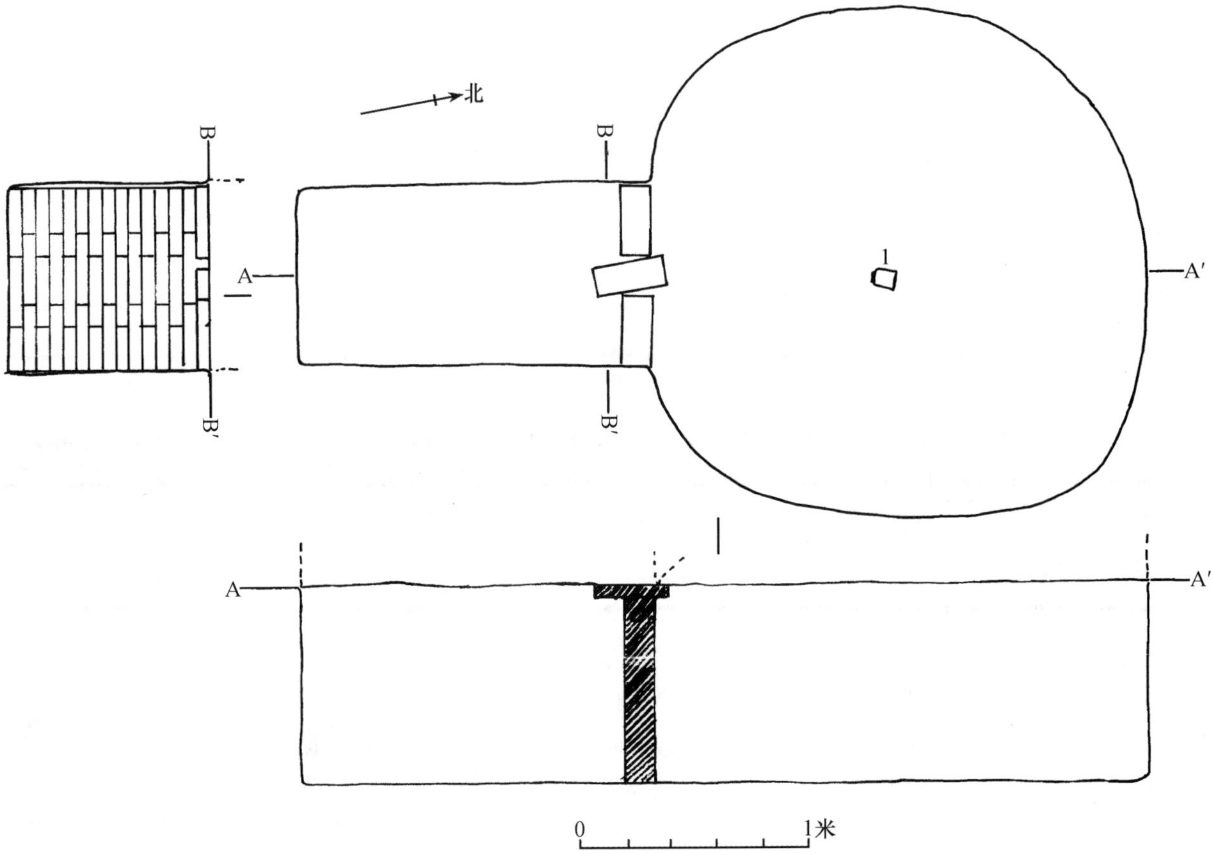

图7-150 M338平、剖面图

1. 瓷杯

五十三、M344

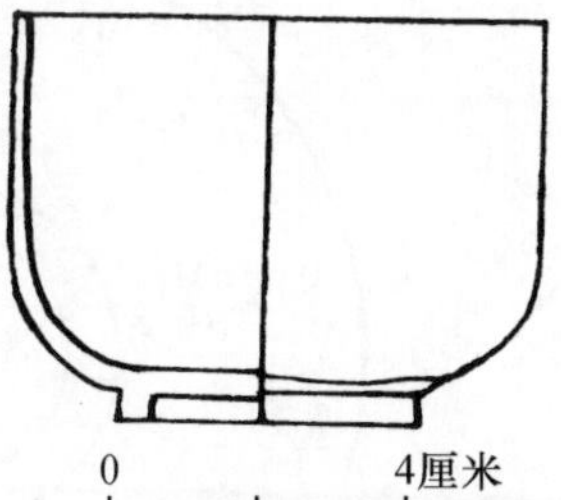

图 7-151 M338 出土瓷杯（M338∶1）

M344位于第Ⅵ发掘区的中部，T2417西部，开口于扰土层下，距地表1.8米。墓葬形制为土坑洞室墓，方向187°，由墓道和墓室两部分组成。墓道平面梯形，直壁、平底，长2.2、宽0.64~0.82、深2.36米；墓室拱形顶，直壁、平底，平面长方形，长2.1、宽1.24、高1.32米。墓门用自然石块封堵，高1.06、宽0.84米。墓室内葬具及人骨极度腐朽。随葬品有3件，其中灯盏2件、瓷碗1件，均位于洞室内东南部洞口处（图7-152）。

灯盏 2件。M344∶1，黄褐胎，酱釉，釉不包底。半球形，一侧有柄。柄上刻梅花。口径10~10.8、高4.6厘米（图7-153，2）。M344∶2，灰白胎，酱釉，釉不包底。敞口，厚斜壁，平底。一侧有柄，另一侧有流，沿上刻圆点纹和花。口径8.4、高2.8厘米（图7-153，3）。

瓷碗 1件（M344∶3）。乳白胎，酱釉，釉不包底，内底有刮圈。敞口，弧壁，平底，略突，直圈足。口径16.8、底径6、高6.2、壁厚0.3~0.5厘米（图7-153，1）。

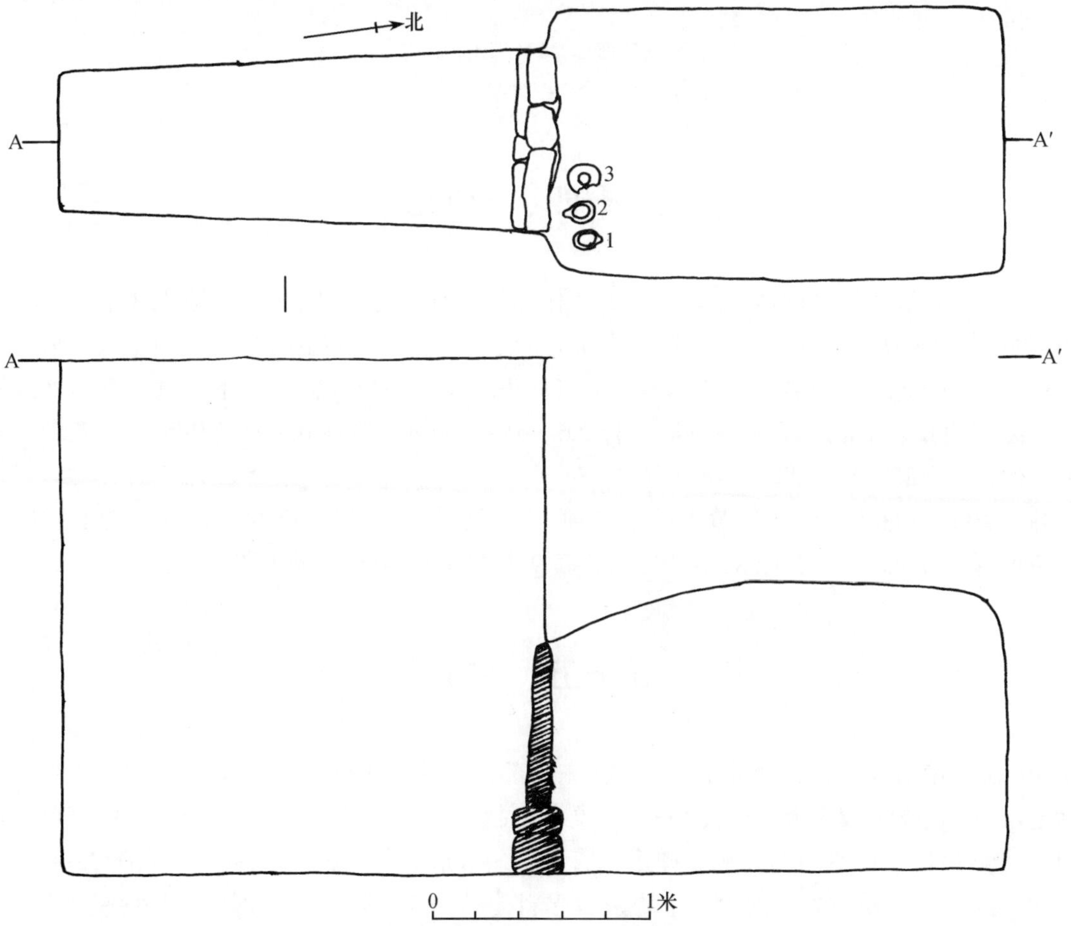

图 7-152 M344 平、剖面图

1、2. 灯盏 3. 瓷碗

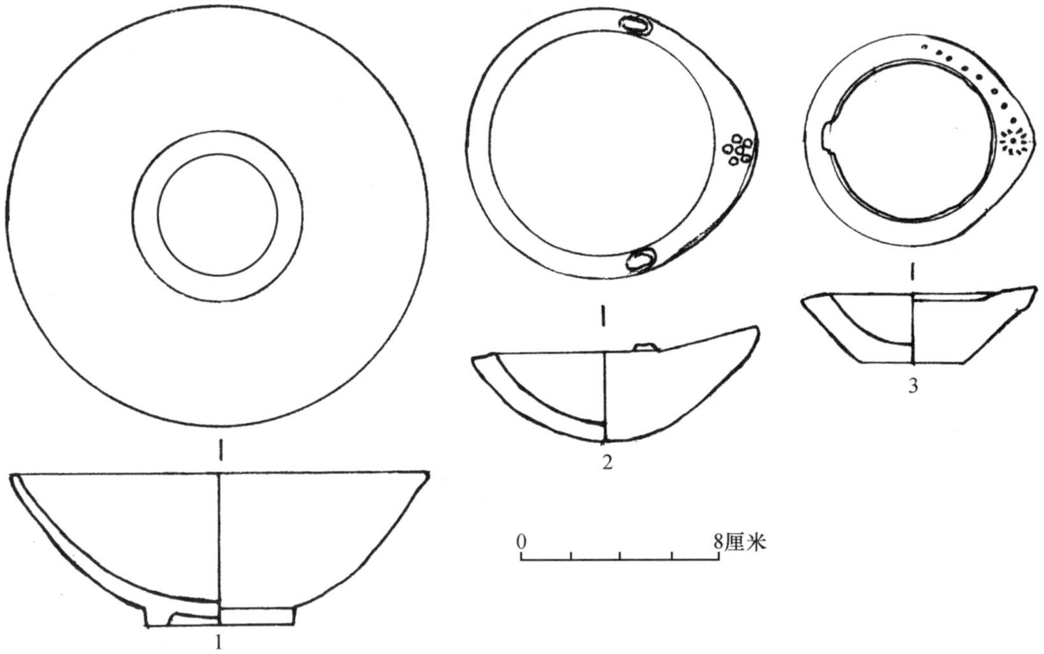

图 7-153　M344 出土器物

1. 瓷碗（M344∶3）　2、3. 灯盏（M344∶1、M344∶2）

五十四、M345

M345 位于第Ⅵ发掘区的西北部，T2612 西南部，开口于扰土层下，距地表 2 米。墓葬形制为土坑洞室墓，方向 210° ，由墓道和墓室两部分组成。墓道位于墓室南端，平面呈长方形，直壁、平底，长 1.26、宽 0.64、残深 0.5 米，填土呈灰褐色，土质略松，含少量生土块。墓门处残留两层封门石。墓室直壁、平底，平面呈舟形。长 2.5、宽 0.7~1.4、残高 0.3 米。墓室内无人骨。随葬品有瓷罐 1 件，位于墓室东南部墓口处（图 7-154）。

瓷罐　1 件（M345∶1）。浅黄褐胎，黑釉，釉不包底。直口，鼓腹，平底，圈足。口和肩部有 1 对桥形耳口径 8.8、腹径 12.8、底径 4.8、高 9、壁厚 0.3~0.5 厘米（图 7-155）。

五十五、M346

M346 位于第Ⅵ发掘区的西北部，T2513 东南部，延伸至 T2413 东北部。墓上部已被破坏，开口于扰土层下，距地表 2.5 米，打破 M342。墓葬形制为土坑洞室墓，方向 175° ，由墓道和墓室两部分组成。墓道位于墓室南部，平面梯形，直壁，斜坡底，长 3.6、宽 1~1.2、残深 3.6~4.2 米。填土为红褐色花土，土质较硬，内含淤土块及较多料姜石。墓室弧顶，弧形壁，平面呈梯形，长 2、宽 1.2~1.4、高 1.44 米。墓室内无葬具痕迹，人骨腐朽严重仅残存一根腿骨。随葬品有玉壶春瓶 1 件，置于墓室西南部（图 7-156）。

玉壶春瓶　1 件（M346∶1）。白胎，酱釉，釉至下腹部。小敞口，束颈，垂鼓腹，平底，直圈足。口径 7.2、腹径 15.2、底径 6.8、高 23.2、壁厚 0.4 厘米（图 7-157；图版 26-4）。

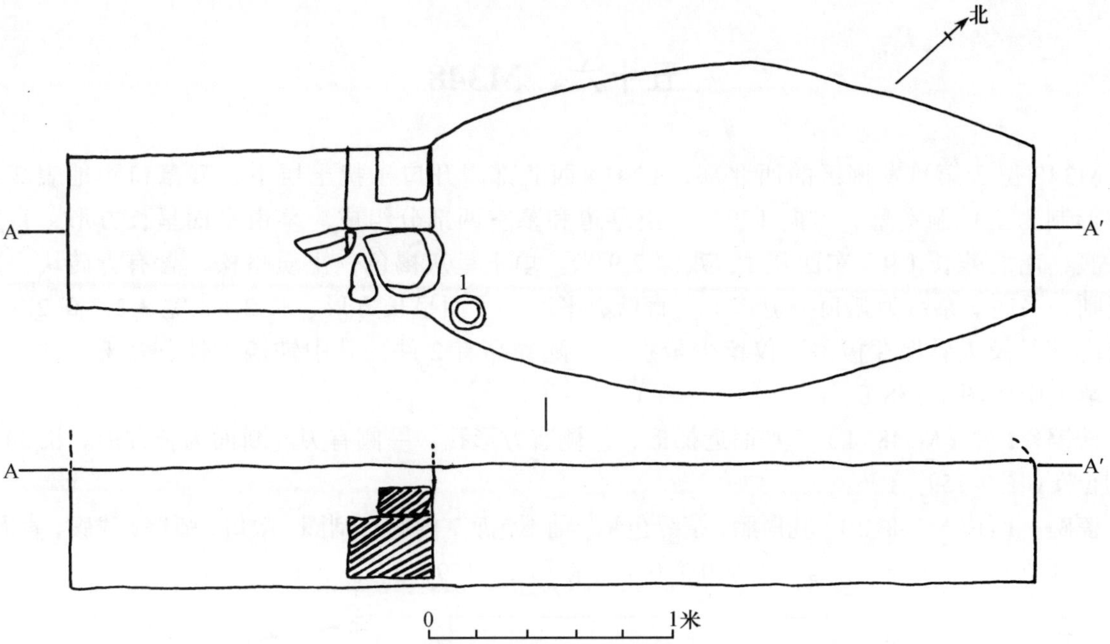

图 7-154　M345 平、剖面图

1. 瓷罐

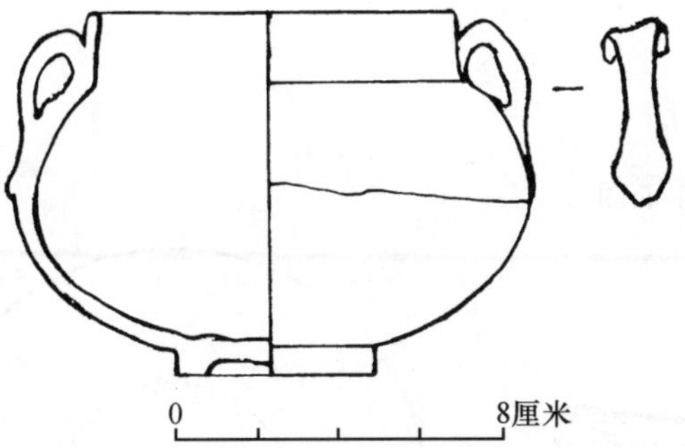

图 7-155　M345 出土瓷罐（M345∶1）

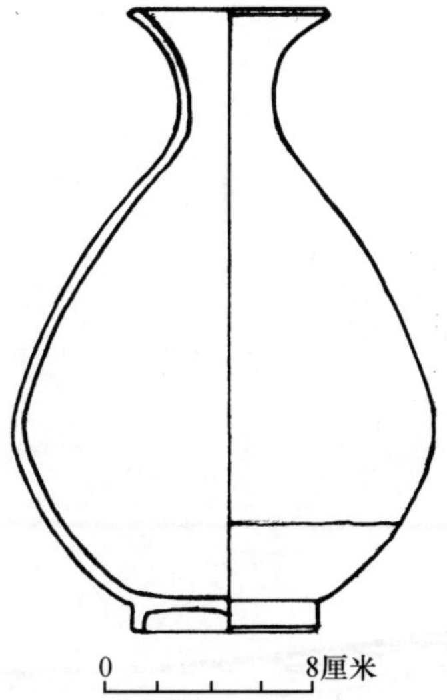

图 7-157　M346 出土玉壶春瓶（M346∶1）

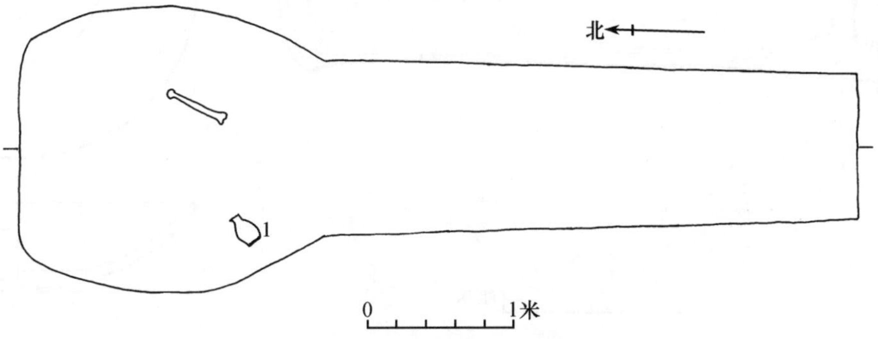

图 7-156　M346 平面图

1. 瓷瓶

五十六、M348

M348位于第Ⅵ发掘区的西北部，T2414西北部。开口于扰土层下，残墓口距地表2米。墓葬形制为土坑洞室墓，方向170°，由墓道和墓室两部分组成。墓道平面呈长方形，直壁，近平底，南北残长1.9、东西宽1、残深2.9米。填土呈灰褐色，土质略松，含有青砖块。墓壁不规则，平底。墓室为弧顶（坍塌），直壁、平底，平面呈长方形，长3.6、宽3.2、高2.9米。墓室内葬具及人骨保存极差，仅留少量痕迹。随葬品有2件，其中铁镐1件、瓷碗1件，置于墓室填土中（图7-158）。

铁镐 1件（M348∶1）。平面近梯形，一侧有方形孔。一侧有刃。断面为长方形。长34、宽6~9厘米（图7-159，1）。

瓷碗 1件（M348∶2）。乳白胎，茶绿色釉，釉不包底，内底有刮圈。敞口，弧壁，浅腹，直圈足。平底。口径16、底径6、高4、壁厚0.3~0.8厘米（图7-159，2）。

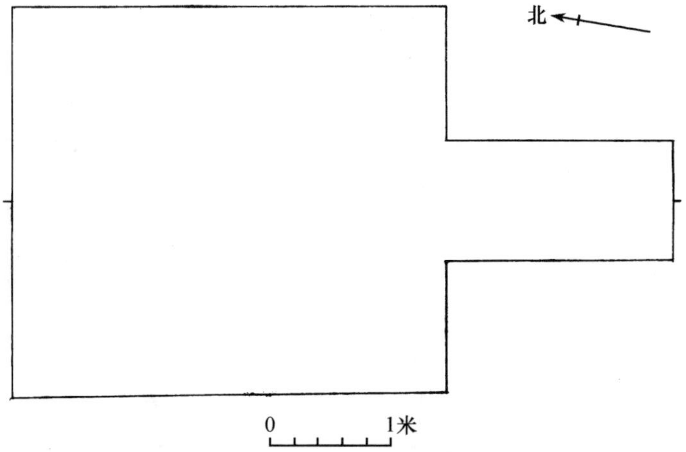

图7-158 M348平面图

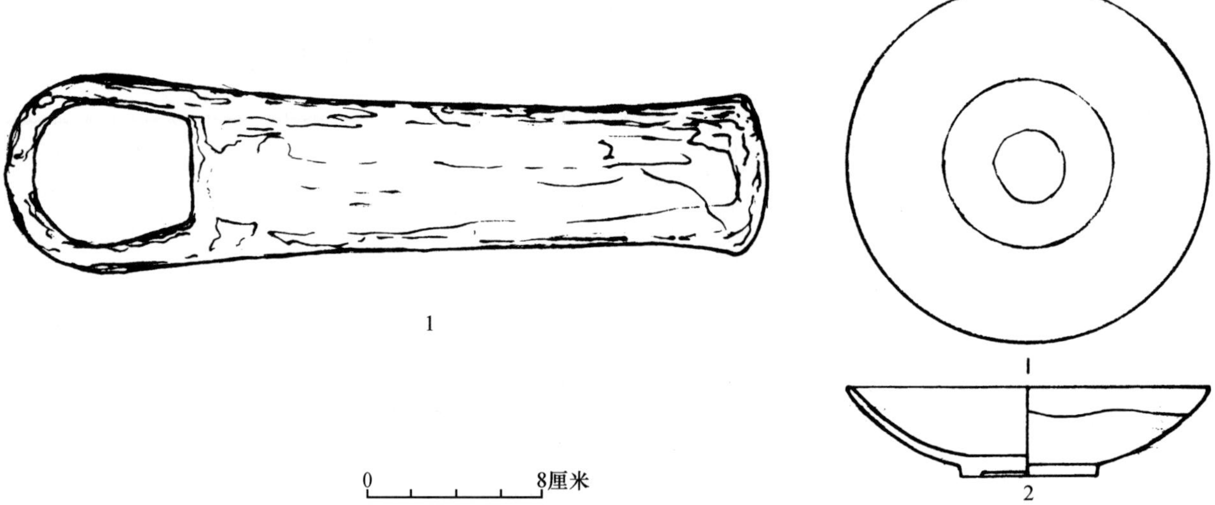

图7-159 M348出土器物

1. 铁镐（M348∶1） 2. 瓷碗（M348∶2）

五十七、M352

M352位于第Ⅵ发掘区的中部，T2416东部，开口于扰土层下，距地表2.2米。墓葬形制为土坑洞室墓，方向183°，由墓道、封门石和洞室三部分组成。墓道位于墓室南部，平面为长方形，直壁、平底，长2.1、宽0.8、深1.98米。填土为红褐色黏土。洞室口用自然石块封堵，洞口顶部为拱形，高0.98、宽0.8米。墓室拱形顶，直壁，平面椭圆形，长径2.2、短径1.12~2、高1.28米。墓室内有葬具1棺，木质，已腐朽，平面呈长方形，长1.62、宽0.7~0.84米。棺内有人骨1具，葬式为仰身直肢，头骨下方枕一块砖坯，长38、宽8、厚10厘米。无随葬品（图7-160）。

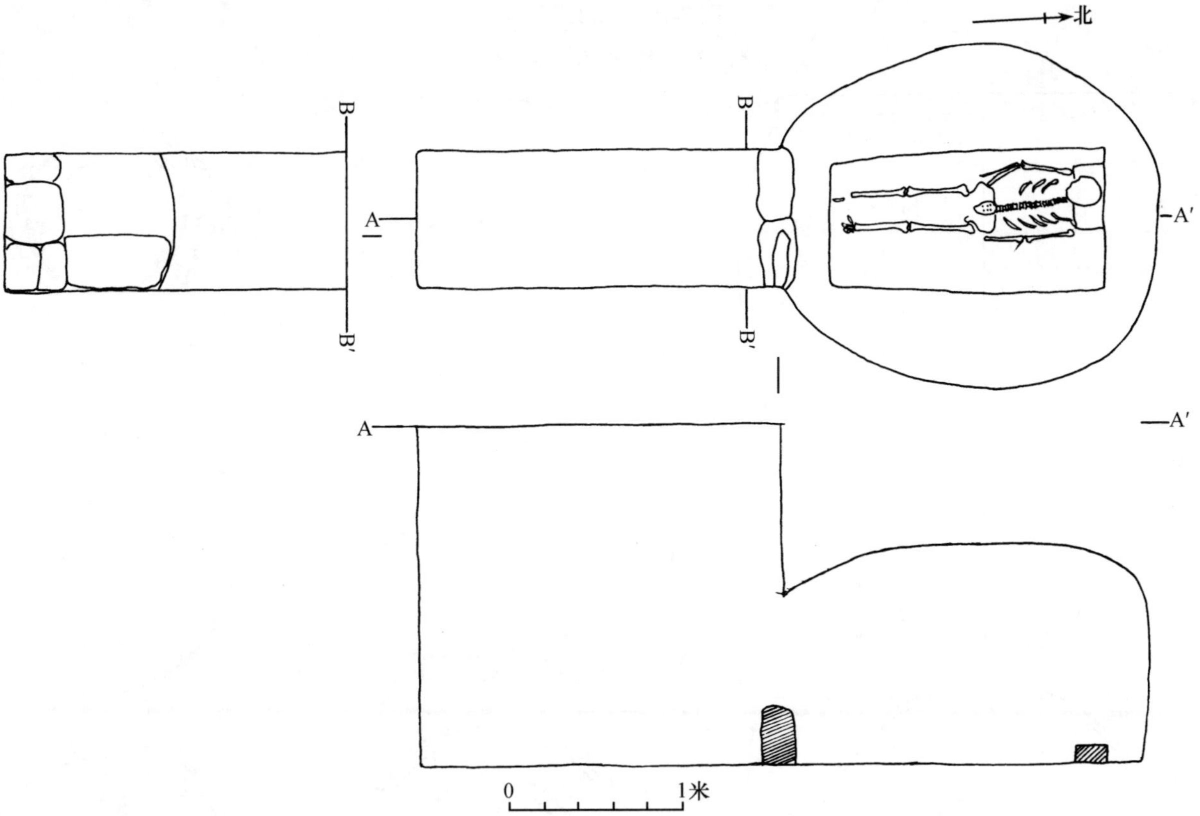

图7-160　M352平、剖面图

五十八、M353

M353位于第Ⅵ发掘区的中部，T2517西部，开口于扰土层下，距地表2.2米。墓葬形制为土坑洞室墓，方向182°，由墓道和墓室两部分组成。墓道位于墓室的南部，平面呈梯形，直壁、平底，长3、宽0.92~1.08、深2.56米。填土为黄褐色花土。洞室口拱顶高1.1、宽1.08米。墓室拱形顶，弧壁，平面近长方形，长2.2、宽1.6、高1.46米。无葬具，无人骨。随葬品有7件，其中瓷缸、灯盏各1件，瓷碟3件，瓷碗2件，均位于洞室南部洞口处（图7-161）。

瓷缸　1件（M353∶1）。黄褐胎，酱釉，除口沿附近外通体包釉。尖圆唇，矮直口，鼓腹，

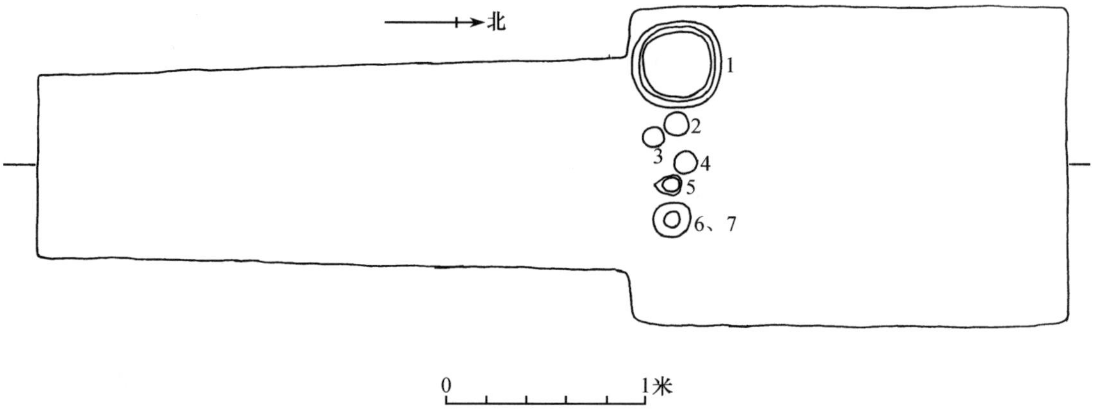

图 7-161　M353 平面图

1. 瓷缸　2~4. 瓷碟　5. 灯盏　6、7. 瓷碗

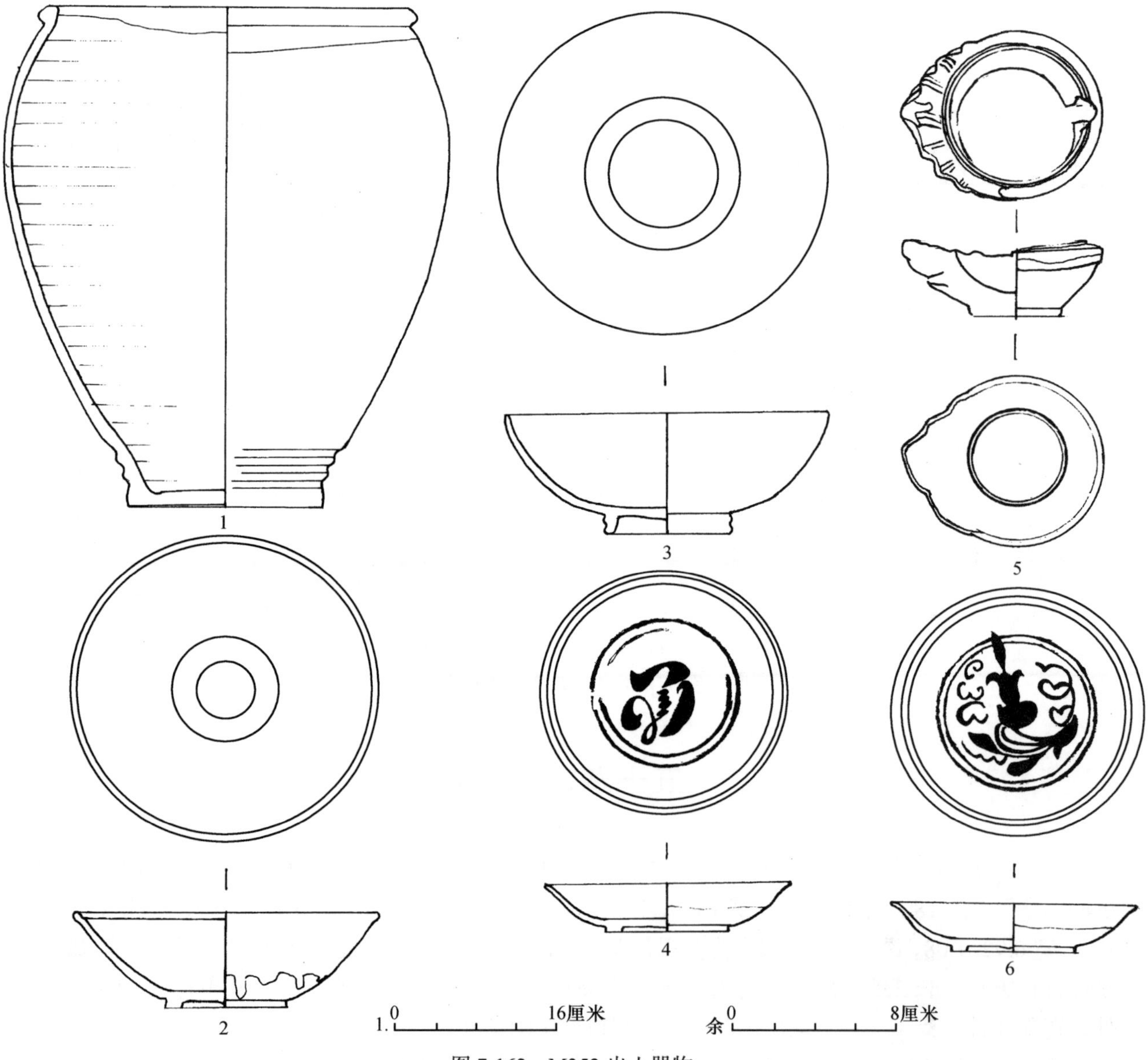

图 7-162　M353 出土器物

1. 瓷缸（M353∶1）　2、3. 瓷碗（M353∶6、M353∶7）　4、6. 瓷碟（M353∶2、M353∶4）　5. 灯盏（M353∶5）

最大腹径居上，下腹斜收，平底。通体有打磨痕迹。近底部数周凹槽。口径38、腹径44、底径19、高50、壁厚0.8~1.2厘米（图7-162，1）。

瓷碟　3件。M353∶2，浅红褐胎，蓝釉，腹外壁饰半釉。脱釉严重。敞口，浅弧腹，平底，宽圈足。碗内口沿处饰数周圆圈，碗心1圆，圆心绘字。口径12、底径6、高2.4、壁厚0.4~0.6厘米（图7-162，4）。M353∶3形制尺寸同M353∶2。M353∶4，红褐胎，蓝釉，釉不包底。脱釉严重。敞口，浅弧腹，平底，宽圈足。碗内口沿处绘数道圆，碗心绘1圆，圆心绘花草纹。口径12、底径6、高2.4、壁厚0.4~0.6厘米（图7-162，6）。

灯盏　1件（M353∶5）。灰白胎，酱釉。敞口，圜腹，平底。把手粗短，上刻花，一侧有流。长10.2、口径7、底径4.6、高3.8、厚约1.2厘米（图7-162，5）。

瓷碗　2件。M353∶6，黄褐胎，酱釉，内底有刮圈，外釉至下腹近足出。敞口，微折沿，弧腹，平底，圈足。口径15.2、底径6、高4.8、壁厚0.3~0.5厘米（图7-162，2）。M353∶7，浅黄褐胎，黑釉，通体包釉，内底有刮圈。直口，弧腹，平底，高圈足。口径16、底径6、高6、壁厚0.3~0.5厘米（图7-162，3）。

五十九、M354

M354位于第Ⅵ发掘区的中部，T2516西部，开口于扰层下，距地表2.2米。墓葬形制为土坑洞室墓，方向183°，由墓道和墓室两部分组成。墓道位于墓室的南部，平面呈长方形，直壁、平底，墓道长2.38、宽0.98~1.2、深2.5米。洞口顶部为拱形，高1.28、宽1米。墓室为弧顶，直壁、平底，平面近长方形，长2.28、宽1.66~1.7、高1.52米。随葬品有9件，其中瓷碟7件，灯盏、瓷碗各1件，均位于洞室东南角（图7-163）。

瓷碟　7件。M354∶1，红褐胎，蓝釉，釉不包底，黑彩。敞口，浅折腹，平底，宽圈足。内沿处绘1圆周，碗心绘1圆，圆内书字。口径12.8、底径6.4、高3、壁厚0.3~0.4厘米（图7-164，2）。M354∶3，红褐胎，白釉，釉不包底。口微敛，浅折腹，平底，宽圈足。外施半釉，内沿处绘1圆周，碗心绘1圆。口径11.6、底径6、高2.6、壁厚0.3~0.4厘米（图7-164，1）。M354∶2、4～6，形制尺寸同M354∶3（图7-164，3）。M354∶7，器内施孔雀蓝釉，内饰四周黑彩，内底碗心有一墨书字迹。敞口，微卷沿，弧腹，平底，大圈足。口径12.1、底径6.4、高2.9、厚0.4厘米（图7-164，4）。

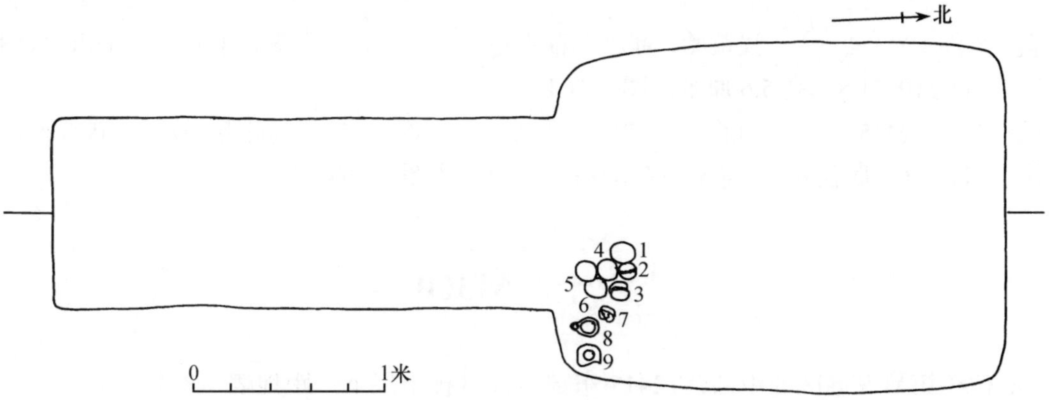

图7-163　M354平面图

1~7. 瓷碟　8. 灯盏　9. 瓷碗

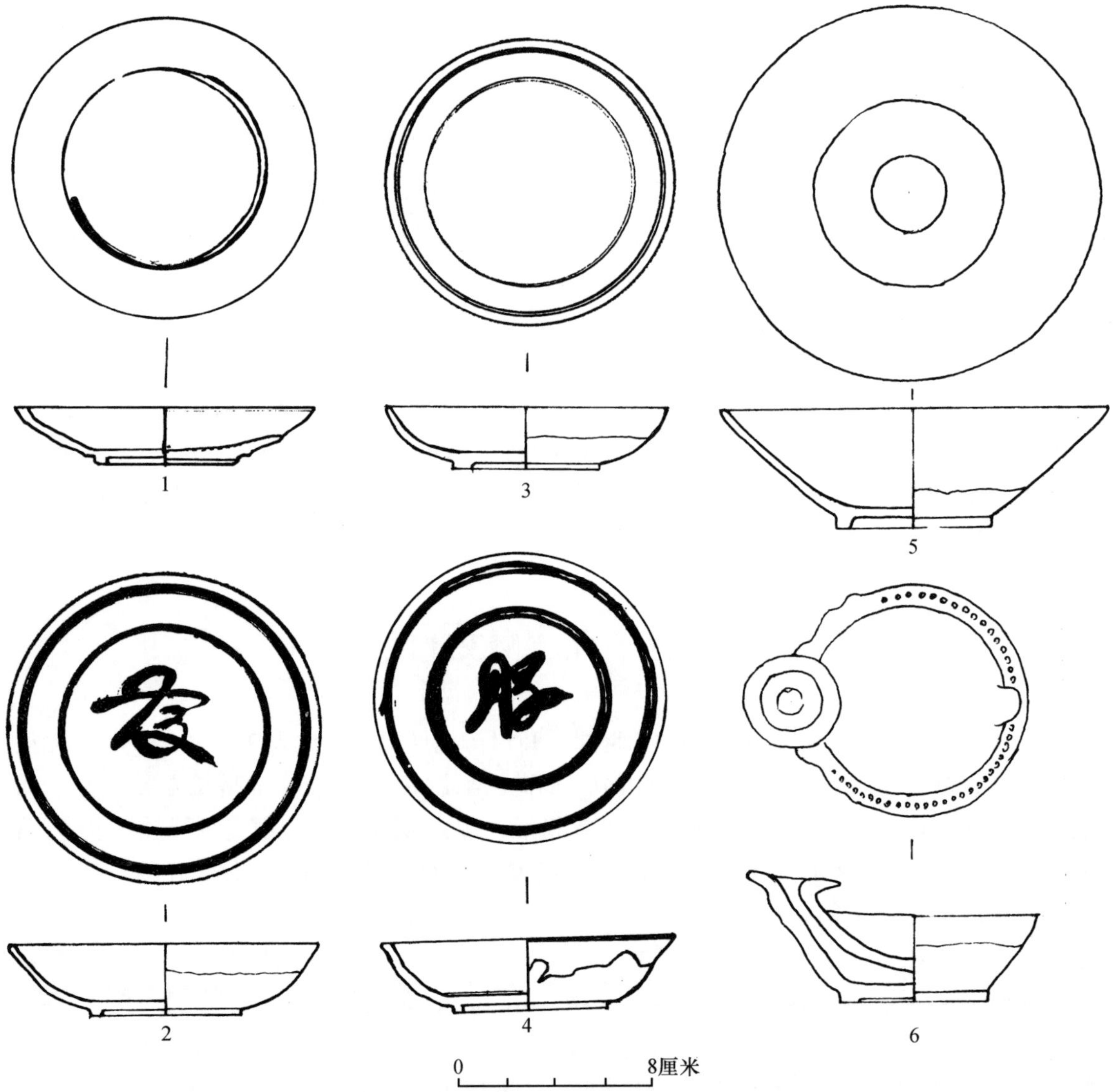

图 7-164 M354 出土器物

1~4. 瓷碟（M354∶3、M354∶1、M354∶2、M354∶7） 5. 瓷碗（M354∶9） 6. 灯盏（M354∶8）

灯盏 1件（M354∶8）。浅黄胎，酱釉，釉不包底。敞口，斜直腹，平底。把手粗短，上刻花，一侧有流。口径10~11.8、高5.6厘米（图7-164，6）。

瓷碗 1件（M354∶9）。乳白胎，酱釉，外釉至下腹部。内底有刮圈。敞口，斜直腹，平底，高直圈足。口径16、底径6.4、高5、壁厚0.3~0.4厘米（图7-164，5）。

六十、M360

M360位于第Ⅵ发掘区的中部，T2417东部，开口扰土层下，距地表1.8米。墓葬形制为土坑洞室墓，方向187°，由墓道和墓室两部分组成。墓道平面呈长方形，直壁、斜底，长2.4、宽0.8、深1.4~1.98米。洞口顶部为拱形，高1.06、宽0.8米。墓室拱形顶，弧壁、平底，平面近长方形，长 2.3、宽 1.8、高 1.44 米。人骨保存较差。无葬具。随葬品有 4 件，其中瓷瓶 1 件、瓷碗 1 件、瓷碟 2 件，均位于洞室南洞口处（图 7-165）。

瓷瓶　1 件（M360∶1）。灰白胎，黑釉，釉不包底。宽折沿，直口，宽肩，下腹弧收。平底略凹口径 6.8、腹径 14、底径 8、高 13、壁厚 0.4~0.6 厘米（图 7-166，2；图版 26-5）。

瓷碗　1 件（M360∶2）。红褐胎，酱釉，釉至下腹部，内底有刮圈。敞口，深弧腹，平底，直圈足。口径 15.2、底径 5.6、高 5.2、壁厚 0.3~0.5 厘米（图 7-166，1）。

瓷碟　2 件。M360∶3，红胎，白釉，外施半釉。敞口，浅弧腹，平底，宽圈足。口径 12、底径 5.6、高 3、壁厚 0.2~0.3 厘米（图 7-166，3）。M360∶4，红胎，白釉，外施半釉。直口微敞，浅弧腹折成平底，宽圈足。口径 12、底径 6.4、高 2.4、壁厚 0.2~0.4 厘米（图 7-166，4）。

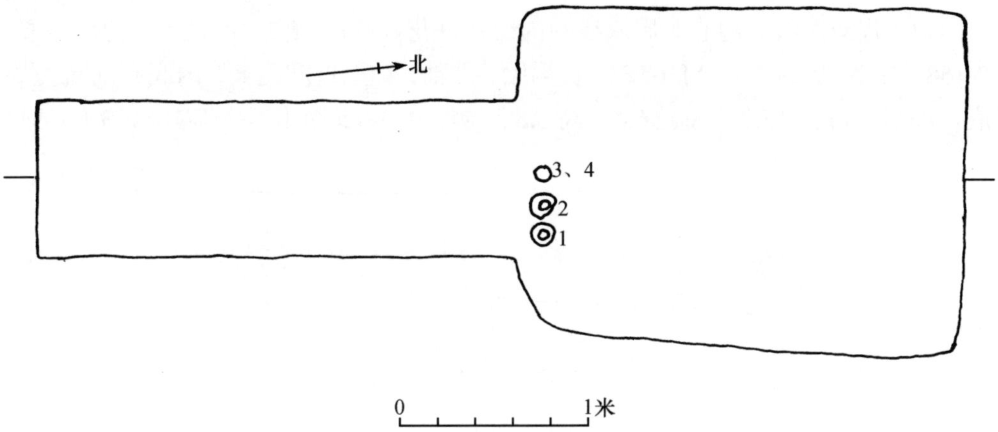

图 7-165　M360 平面图

1. 瓷瓶　2. 瓷碗　3、4. 瓷碟

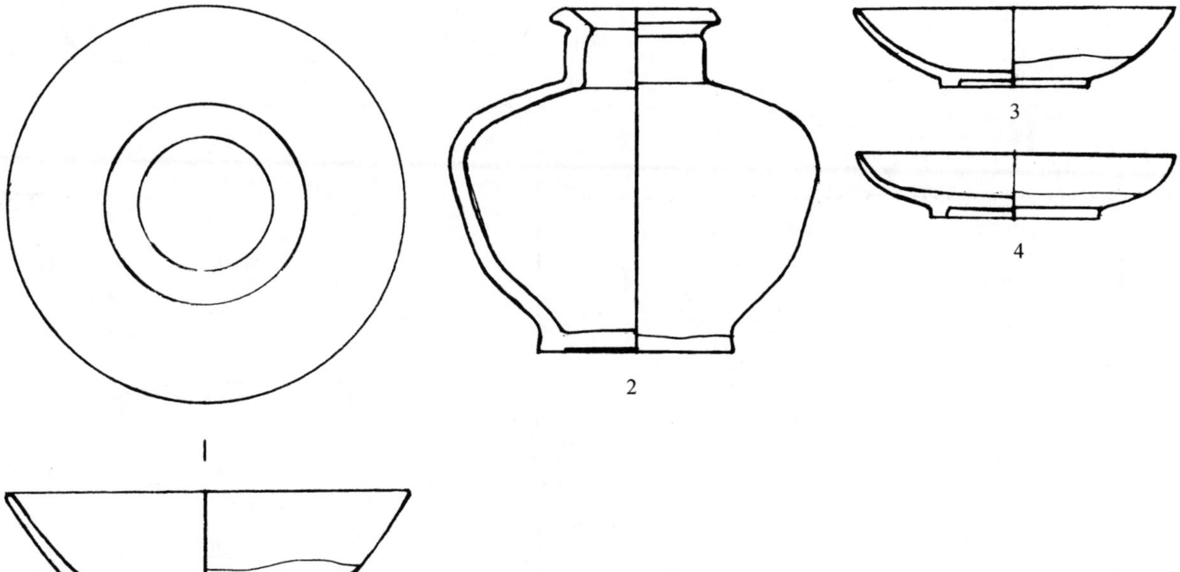

图 7-166　M360 出土器物

1. 瓷碗（M360∶2）　2. 瓷瓶（M360∶1）　3、4. 瓷碟（M360∶3、M360∶4）

六十一、M365

M365位于第Ⅵ发掘区的东南部，T2519东南部，开口于扰土层下，距地表2.2米。墓葬形制为土坑洞室墓，方向181°，由墓道、封门石和洞室三部分组成。墓道位于洞室南部，平面为梯形，直壁、平底，长2.8、宽0.9~1.2、深2.1米。填土为黄褐色花土。墓室拱形顶，弧壁、平底，平面近长方形，长2.3、宽2.1、高1.2米。墓室内葬具及人骨已腐朽，只残留部分棺灰痕迹。随葬品有6件，其中瓷碗4件、瓷碟1件、瓷壶1件，均位于洞室东南角（图7-167）。

瓷碗 4件。M365∶1，白胎，白釉，青花。尖唇，敞口，深弧腹，平底，直圈足。外壁通体缠枝花卉，内口1周双边线，碗心1周双线圆内绘牡丹花。口径15.2、底径5.6、高6、壁厚0.2~0.4厘米（图7-168，1；图版29-5）。M365∶2，黄褐胎，黑釉，釉至近圈足处，内底有刮圈。尖唇，深腹，弧壁，平底，圈足。口径15.2、底径6.4、高5.8、壁厚0.3~0.5厘米（图7-168，3）。M365∶3，黄

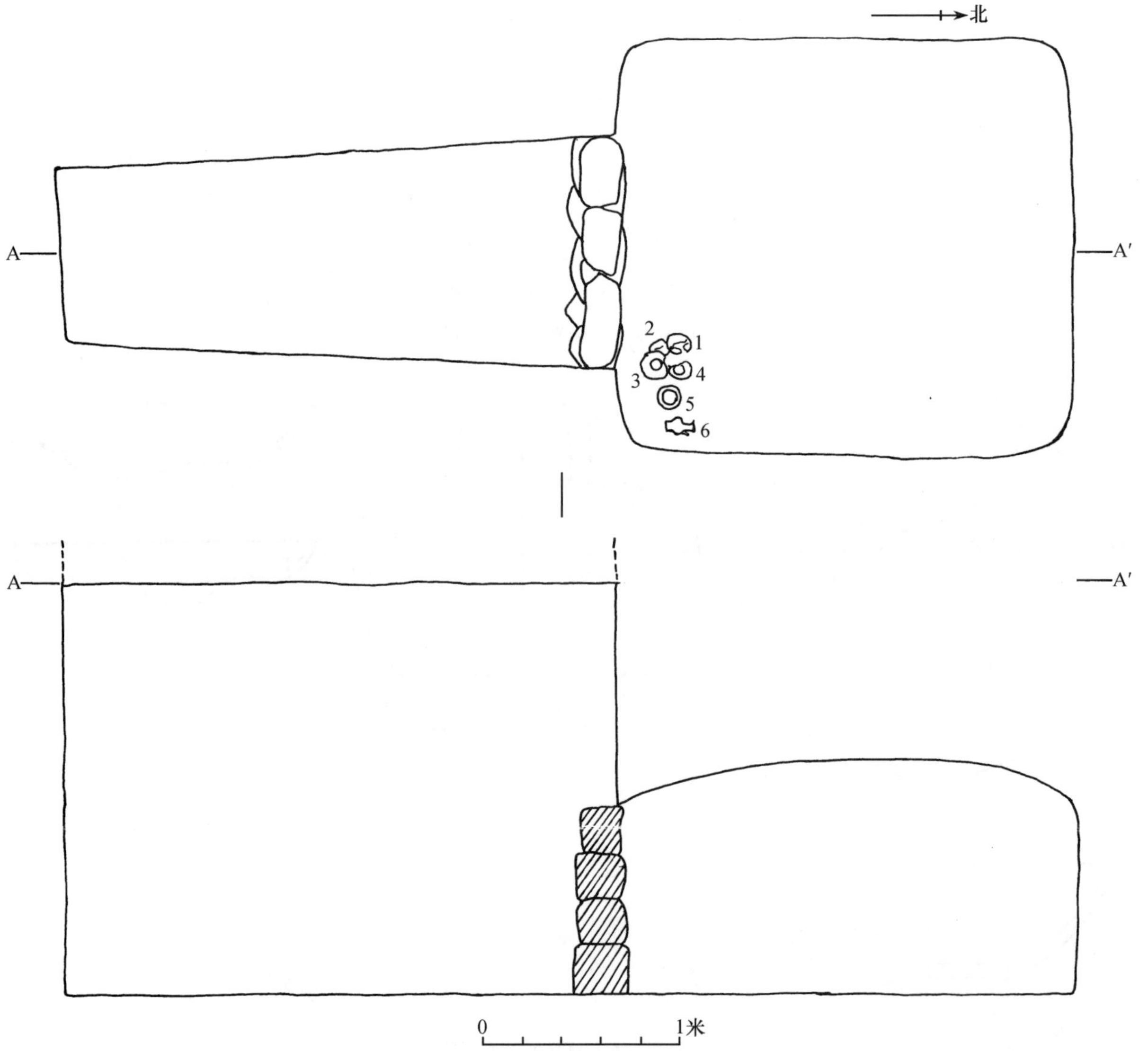

图7-167 M365平、剖面图

1~4. 瓷碗 5. 瓷碟 6. 瓷壶

图 7-168　M365 出土器物

1、3~5. 瓷碗（M365∶1、M365∶2、M365∶4、M365∶3）　2. 瓷壶（M365∶6）　6. 瓷碟（M365∶5）

褐胎，黑釉，釉至近圈足处，内底有刮圈。敞口，尖唇，深腹，弧壁，平底，圈足。口径 16、底径 6.4、高 6.2、壁厚 0.3~0.4 厘米（图 7-168，5）。M365∶4，浅红褐胎，酱釉，釉至近圈足处，内底有刮圈。敞口，斜弧腹，平底，圈足。口径 16.8、底径 6、高 6.8、壁厚 0.3~0.5 厘米（图 7-168，4）。

瓷碟　1 件（M365∶5）。乳白胎，黑釉，釉至圈足处，内底有刮圈。尖唇，宽平折沿，浅弧腹，大平底，圈足。口径 13.2、底径 5.6、高 2.4、壁厚 0.3~0.5 厘米（图 7-168，6）。

瓷壶　1 件（M365∶6）。黄褐胎，黑釉，除底面外通体包釉。小口，宽斜折沿，细长颈，鼓腹，矮圈足。上腹部一流，低于弧口。腹部 2 周点纹，把手残。口径 5.2、腹径 10.8、底径 6.8、高 15.8、壁厚 0.2~0.5 厘米（图 7-168，2）。

六十二、M367

M367位于第Ⅵ发掘区的东南部，T2419中部，开口于扰土层下，距地表2米。墓葬形制为土坑洞室墓，方向185°，由墓道和洞室两部分组成。墓道位于洞室南部，直壁、平底，平面呈长方形，长2.2、宽1~1.1、深1.74米。填土为红褐色花土。墓室拱形顶，直壁，底平面长方形，平底长2.5、宽1.82、高1.74米。墓室内葬具及人骨保存较差，仅留少量痕迹。随葬品有5件，其中瓷缸1件、瓷碗3件、灯盏1件，均位于洞室西南角紧贴封门石处（图7-169）。

瓷缸 1件（M367:1）。黄褐胎，酱釉，内部包釉，外部口沿下1周包釉。圆唇，矮折沿，长深鼓腹，下腹内收，小平底。口径26.4、腹径33、底径16、高46、壁厚0.8~1.2厘米（图7-170，3）。

瓷碗 3件。M367:2，黄褐胎，黑釉，釉至下腹，内底有刮圈。敞口，斜弧腹，平底，矮圈足。

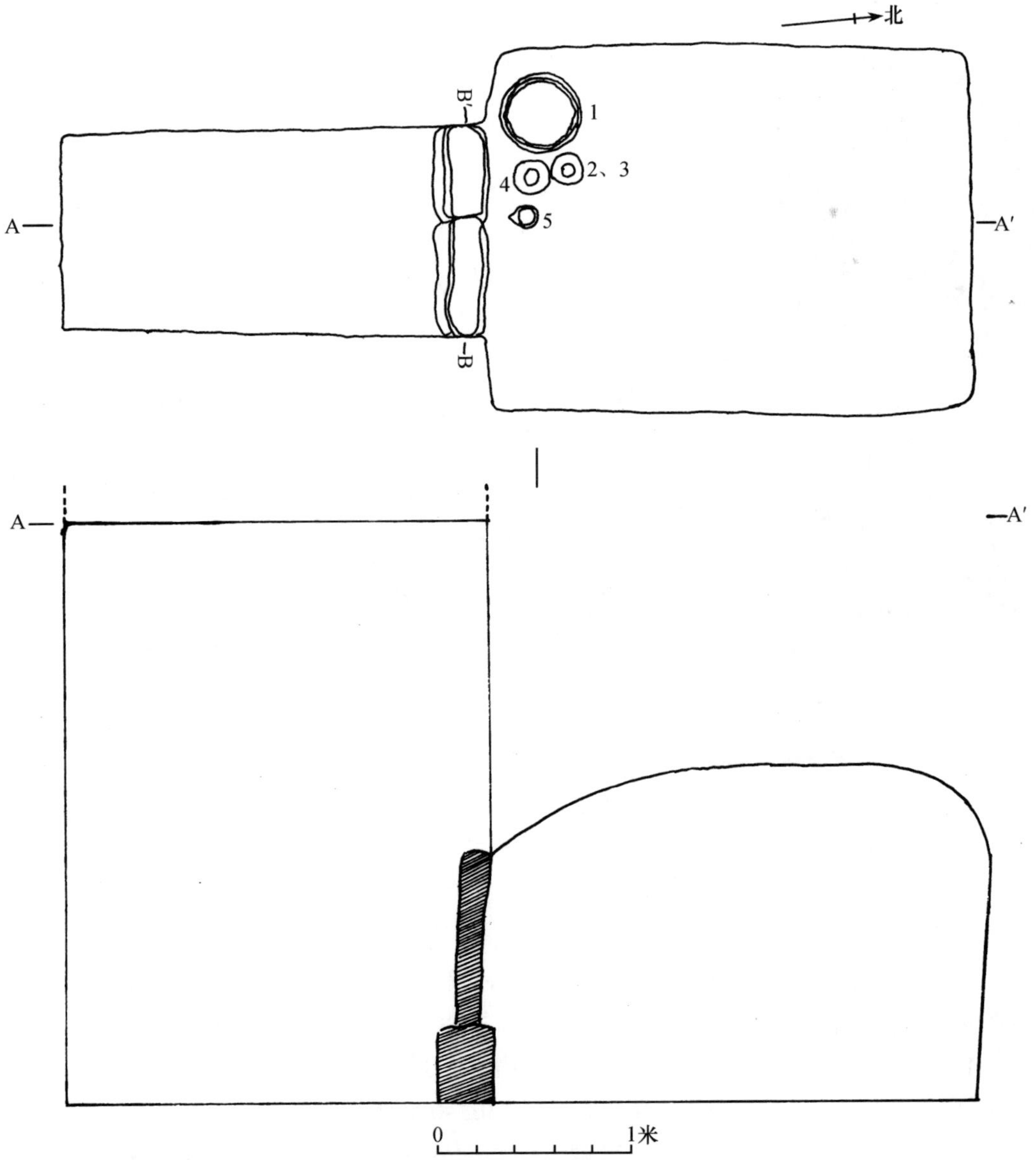

图7-169 M367平、剖面图
1. 瓷缸 2~4. 瓷碗 5. 灯盏

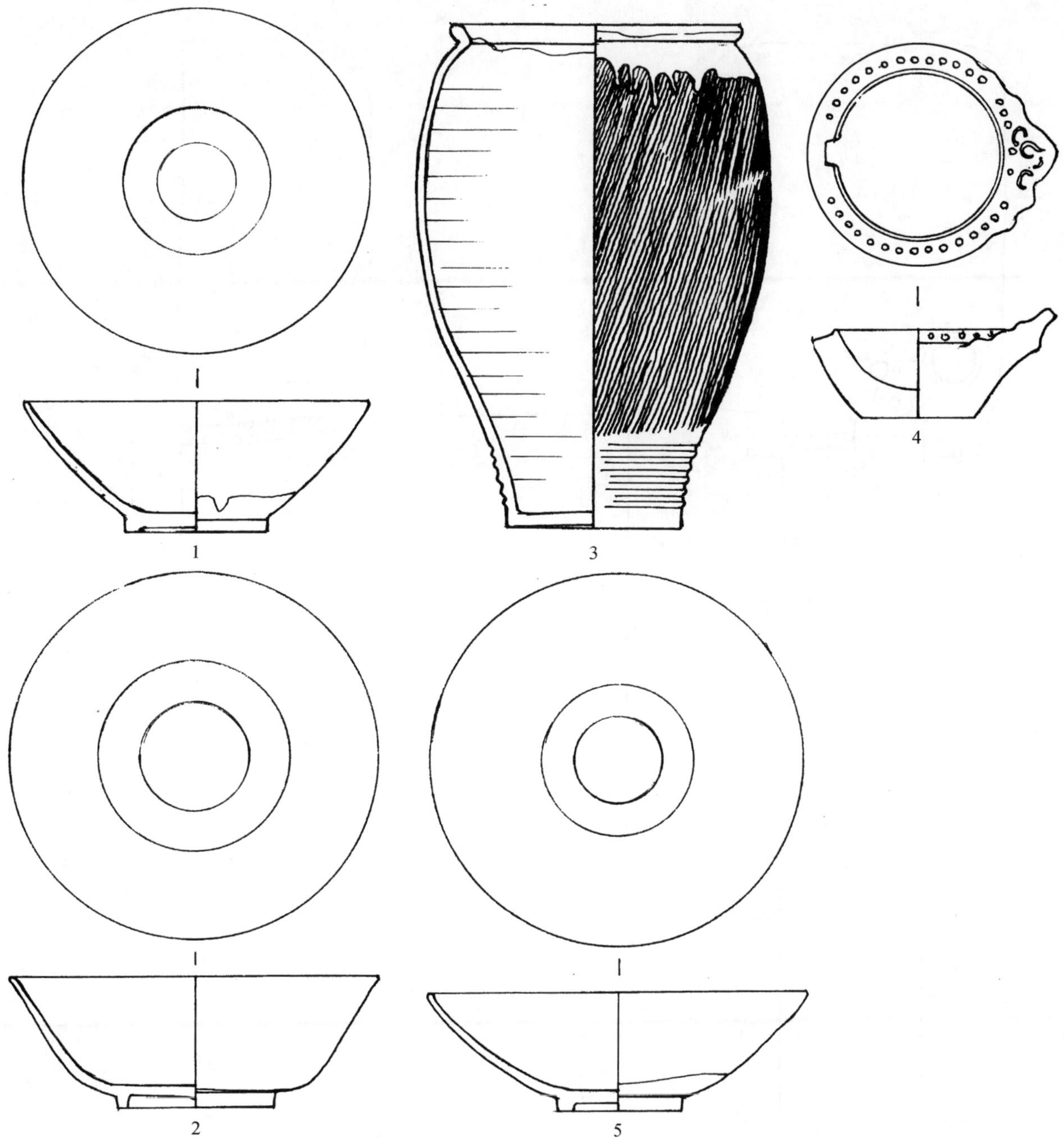

3. 0 16厘米 余 0 8厘米

图 7-170 M367 出土器物

1、2、5. 瓷碗（M367∶3、M367∶4、M367∶2） 3. 瓷缸（M367∶1） 4. 灯盏（M367∶5）

口径 17.2、底径 5.6、高 5.4、壁厚 0.3~0.4 厘米（图 7-170，5）。M367∶3，乳白胎，黑釉，釉至下腹，内底有刮圈。敞口微敛，斜弧腹较直，平底，矮圈足。口径 15.8、底径 6.4、高 6、壁厚 0.3~0.6 厘米（图 7-170，1）。M367∶4，浅黄胎，酱釉，釉不包底，内底有刮圈。敞口，弧腹较深，平底，矮圈足。口径 16.8、底径 7、高 6、壁厚 0.3~0.4 厘米（图 7-170，2）。

灯盏 1 件（M367∶5）。灰白胎，酱釉，釉不包底。敞口，平底。一侧有柄，一侧有流。沿面上刻圆点纹。口径 10~11.4、高 8.8 厘米（图 7-170，5）。

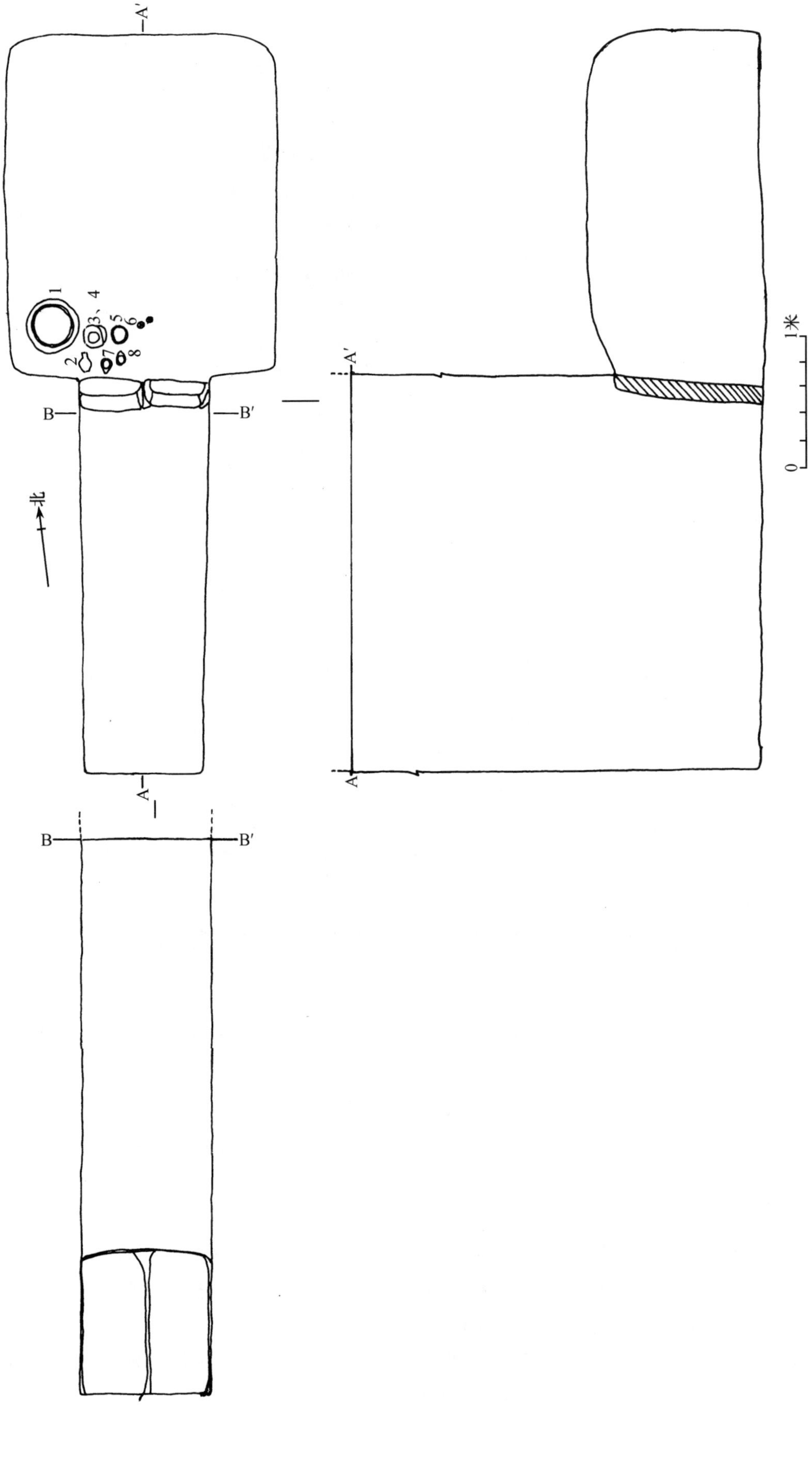

图 7-171　M368 平、剖面图

1. 瓷缸　2. 瓷瓶　3、4. 瓷碗　5. 瓷碟　6. 铜钱　7、8. 灯盏

六十三、M368

M368位于第Ⅵ发掘区的东南部，T2418东部，开口于扰土层下，距地表2.2米。墓葬形制为土坑洞室墓，方向187°，由墓道、封门石和洞室三部分组成。墓道平面为长方形，直壁、平底，长3、宽0.9~1、深7.3米。填土为红褐色花土。洞口顶部呈弧形，高1.1、宽1米。墓室拱形顶，弧壁，平底，平面长方形，长2.6、宽2、高1.32米。墓室内葬具及人骨保存极差，仅留少量痕迹。痕迹。随葬品有8件（组），其中瓷缸、瓷碟、瓷瓶各1件，瓷碗、灯盏各2件，均置于洞室西南角紧贴洞室口处；铜钱3枚（1组），位于墓室中部（图7-171；图版12-3）。

瓷缸　1件（M368∶1）。红胎，酱釉，内部及外部口沿下1周包釉，口沿处釉磨去。圆唇，矮折沿，深鼓腹，最大腹径居上，下腹斜收，小平底微凹。下腹部有数周凹槽。口径36、腹径40.8、底径16、高56、壁厚0.8~1.2厘米（图7-172，3）。

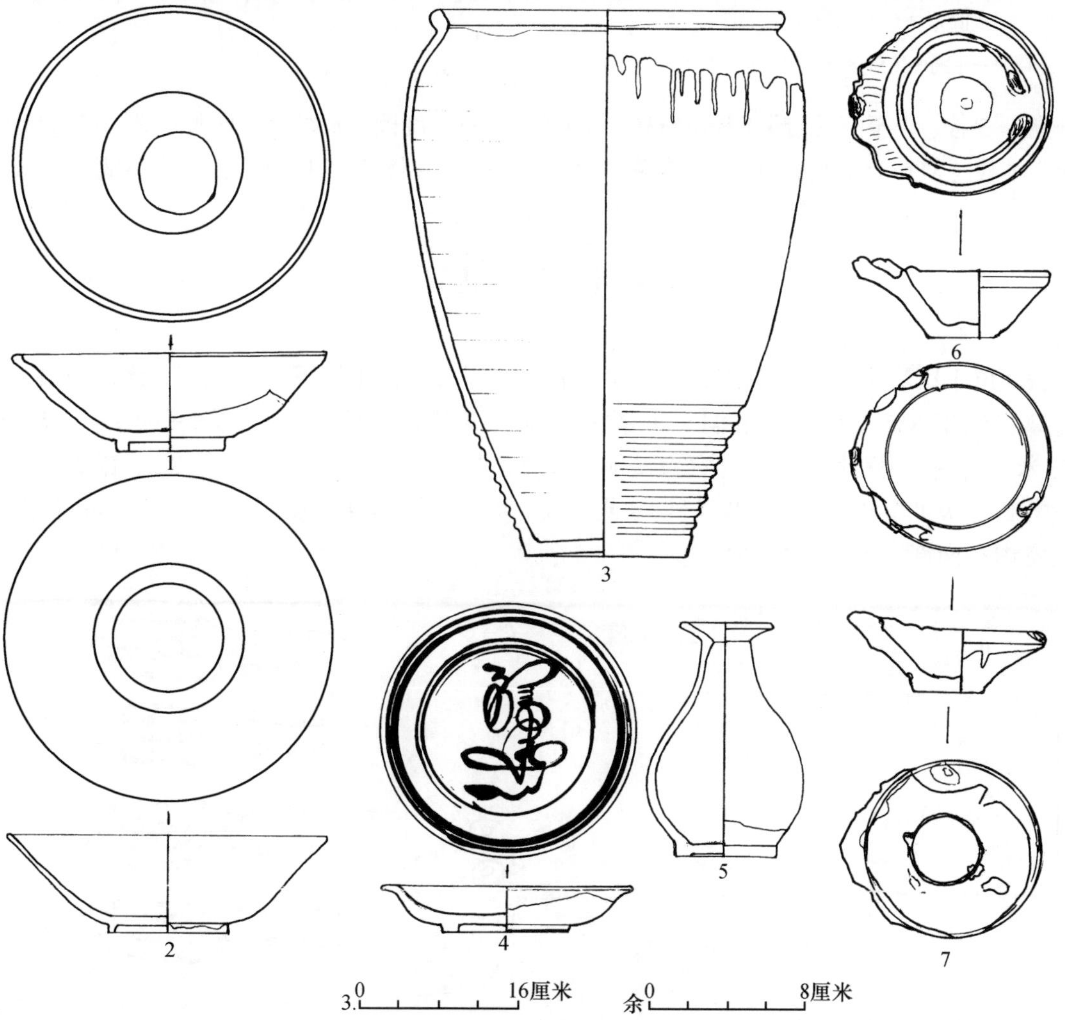

图7-172　M368出土器物

1、2. 瓷碗（M368∶4、M368∶3）　3. 瓷缸（M368∶1）　4. 瓷碟（M368∶5）　5. 瓷瓶（M368∶2）

6、7. 灯盏（M368∶7、M368∶8）

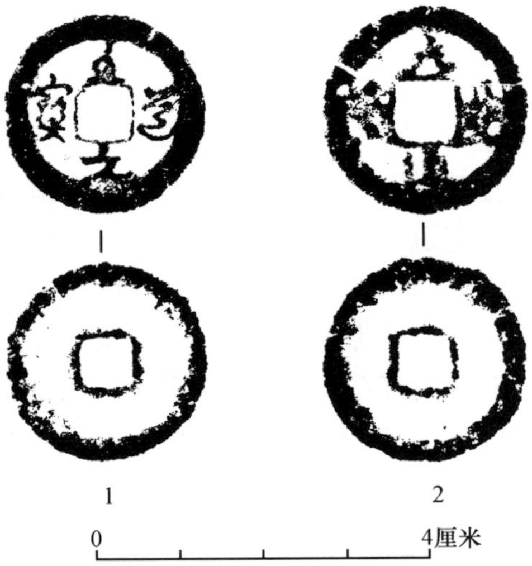

图 7-173 M368 出土钱币

1. 至道元宝（M368∶6-1）

2. 元丰通宝（M368∶6-2）

瓷瓶 1件（M368∶2）。黄褐胎，酱釉，釉不包底，外釉至下腹部。敞口，宽斜折沿，垂鼓腹，矮圈足。口径4.8、腹径8.4、底径5.2、高12、厚0.3~0.4厘米（图7-172，5）。

瓷碗 2件。M368∶3，酱釉，外釉至圈足部。敞口，斜直腹，平底，矮圈足（图7-172，2）。M368∶4，酱釉，釉不包底，碗内底有刮圈。敞口，斜直腹，平底，圈足。口径16、底径5.6、高5厘米（图7-172，1）。

瓷碟 1件（M368∶5）。器内施孔雀蓝釉，内底有墨书字迹。圆唇，宽平沿，浅弧腹，平底，圈足。口径12.8、底径6.6、高2.4、厚0.5厘米（图7-172，4）。

灯盏 2件。M368∶7，酱釉，釉不包底。敞口，斜腹，平底。一侧有短把。长10.2、口径9.2、底径3.8、高4、厚0.8厘米（图7-172，6）。M368∶8，酱釉，釉不包底。敞口，斜直腹，平底。把手粗短，一侧有流。长10.6、口径9.6、高3.9、厚0.6厘米（图7-172，7）。

铜钱 3枚。“至道元宝”1枚（M368∶6-1），草书，旋读。直径2.4厘米（图7-173，1）。“元丰通宝”1枚（M368∶6-2），行书，旋读。直径2.5厘米（图7-173，2）。年号不清者1枚。

六十四、M369

M369位于第Ⅵ发掘区的东南部，T2518南部，开口于扰土层下，距地表2米。墓葬形制为土坑洞室墓，方向185°，由墓道和洞室两部分组成。墓道平面为长方形，直壁、平底，长2.8、宽1.05、深2.76米。洞室口用石块封堵。墓室为弧顶，直壁、平底，平面为长方形，长2.7、宽2.06、高2米。墓室内葬具已极度腐朽，仅存人骨4具，1男3女，均葬式为仰身直肢，头向北。随葬品有瓷碗2件，位于洞室内东南部（图7-174）。

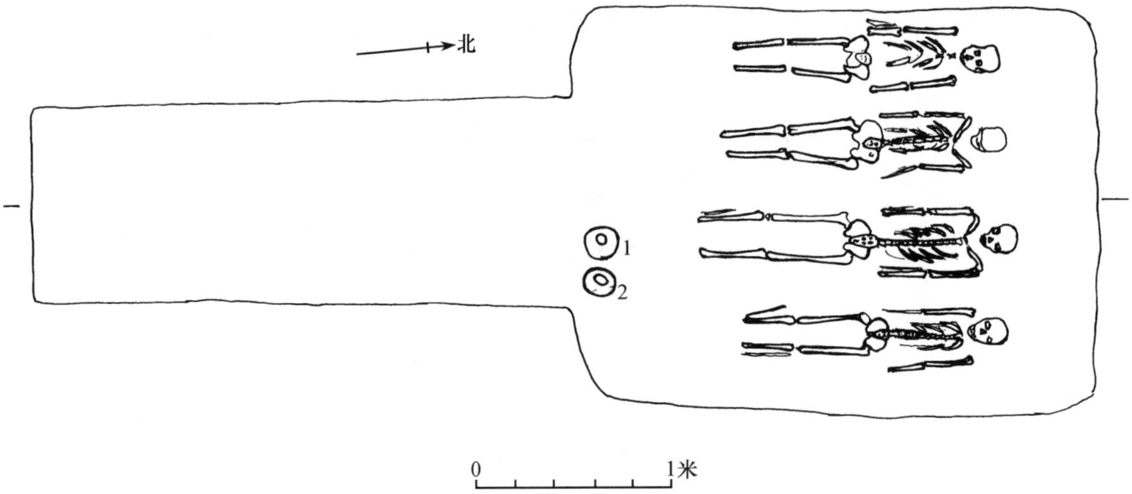

图 7-174 M369 平面图

1、2. 瓷碗

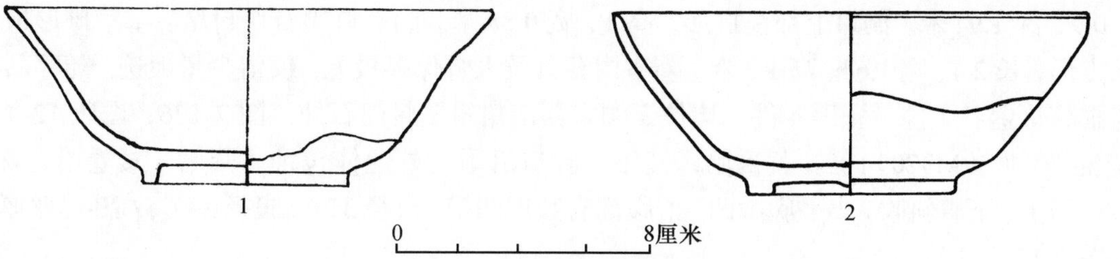

图 7-175　M369 出土瓷碗

1. M369∶1　2. M369∶2

瓷碗　2 件。M369∶1，浅黄胎，酱釉，釉不包底，内底有刮圈，外釉至近圈足部。敞口，弧腹，平底，矮圈足。口径 15、底径 6.4、高 5.6、壁厚 0.3~0.5 厘米（图 7-175，1）。M369∶2，白胎，酱釉，釉不包底。敞口，深腹，圈足，平底。口径 15.2、底径 6.4、高 5.5 厘米（图 7-175，2）。

六十五、M370

M370 位于第Ⅵ发掘区的中部，T2417 中部。开口于扰土层下，距地表 2 米。墓葬形制为土坑洞室墓，方向 185°，由墓道、封门石和洞室三部分组成。墓道平面呈梯形，直壁、平底，长 2.1、

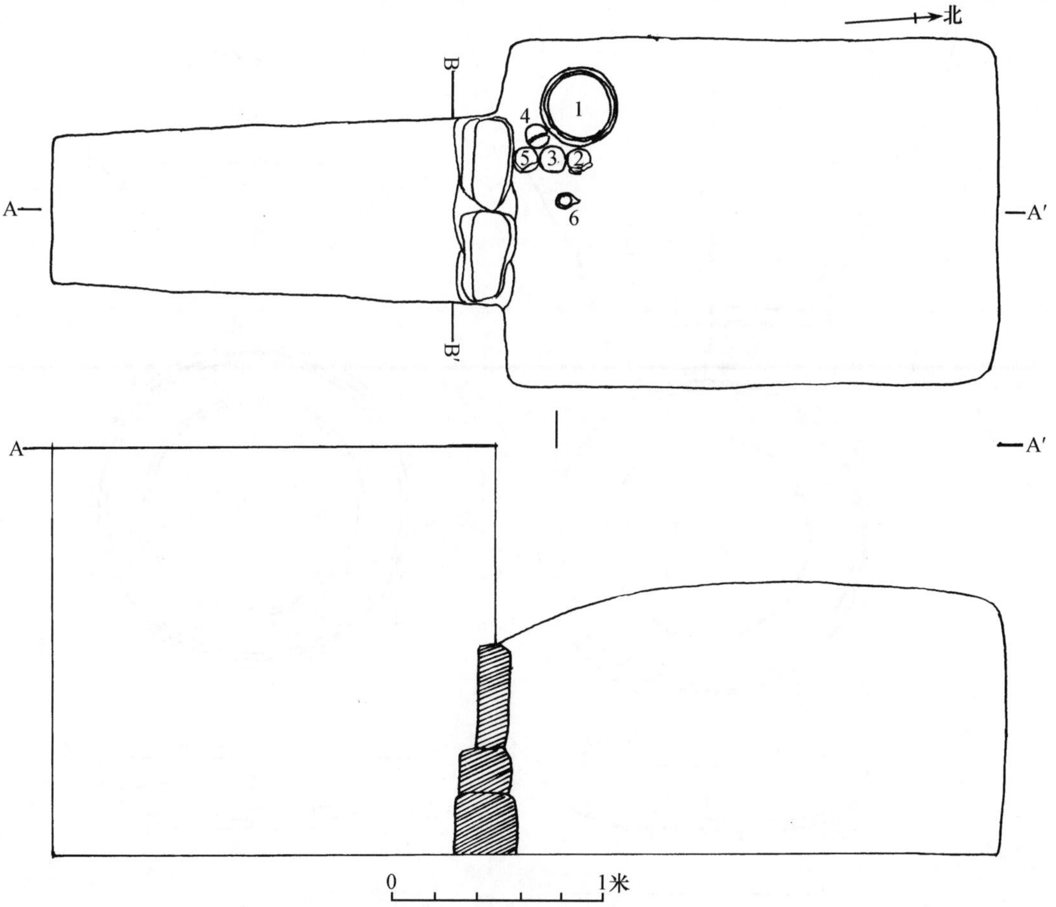

图 7-176　M370 平、剖面图

1. 瓷缸　2~5. 瓷碟　6. 灯盏

宽 0.7~0.9、深 1.94 米。洞口上部呈拱形，高 1、宽 0.88 米。洞室口用石块封堵。墓室拱形顶，直壁，底部长方形，长 2.4、宽 1.64、高 1.3 米。墓室内葬具及人骨保存极差，仅留少量痕迹。随葬品有 6 件，其中瓷缸、灯盏各 1 件，瓷碟 4 件，均位于洞室西南角紧贴封门石处（图 7-176；图版 12-4）。

瓷缸　1 件（M370∶1）。黄褐胎，酱釉，除口沿附近外通体包釉。圆唇，矮卷沿，深鼓腹，最大腹径居上，下腹斜收，小平底微凹。下腹部有数周凹槽。口径 31.6、腹径 33.6、高 34、壁厚 0.8~1.2 厘米（图 7-177，1）。

瓷碟　4 件。M370∶2，红褐胎，白釉，釉不包底。直口，大平底，宽圈足。内口沿和碗心分别绘 2 周黑圆线。口径 11.2、底径 5.2、高 2.4、壁厚 0.2~0.3 厘米（图 7-177，2）。M370∶3，敞口，弧腹，大平底，宽圈足。内口沿和碗心分别绘 2 周黑圆线。口径 11、底径 5.5、高 2.5（图 7-177，4）。M370∶4，浅红褐胎，白釉，釉不包底，酱色环状纹。口径 10.8、底径 5.2、高 2.4、壁厚 0.3~0.4 厘米。M370∶5 形制尺寸同 M370∶4。

灯盏　1 件（M370∶6）。黄褐胎，酱釉，釉不包底。敞口，斜直壁、平底，整体厚重。一侧有柄，一侧有流。沿面上刻简单圆点。口径 8.2~10、高 3.4 厘米（图 7-177，3）。

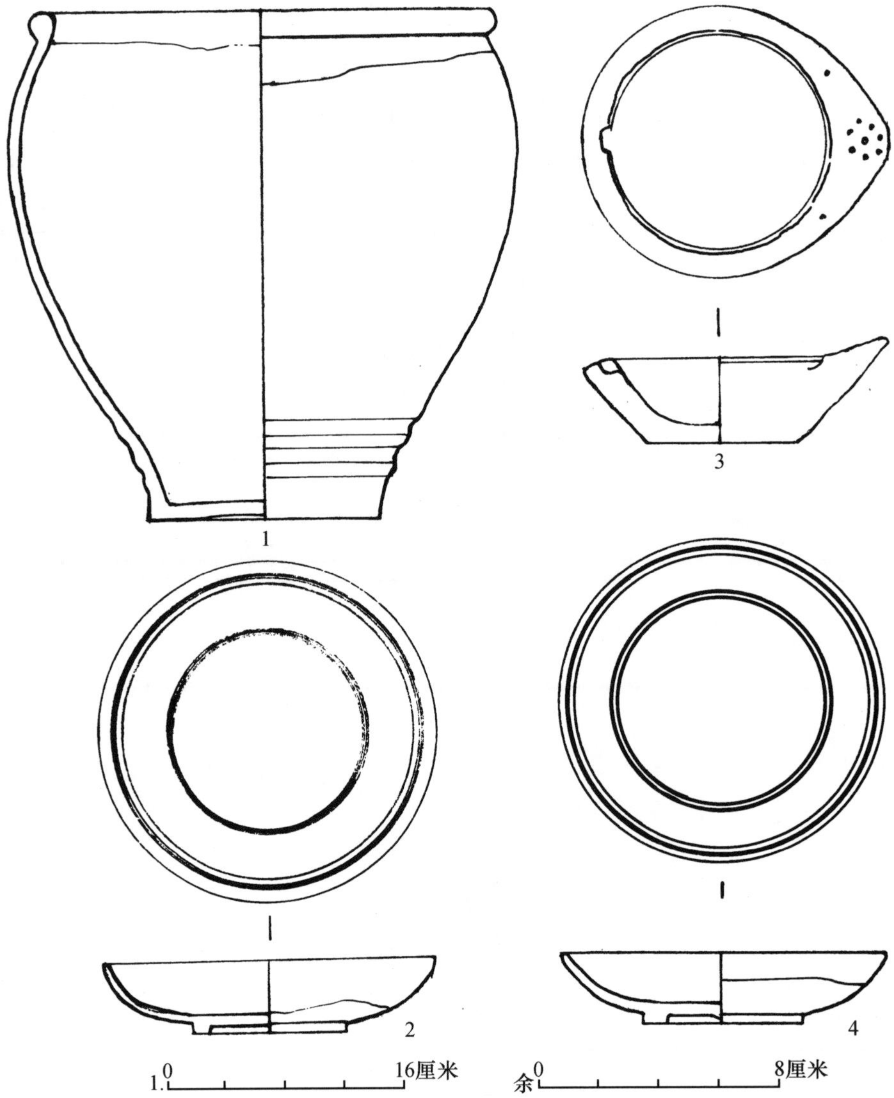

图 7-177　M370 出土器物

1. 瓷缸（M370∶1）　2、4. 瓷碟（M370∶2、M370∶3）　3. 灯盏（M370∶6）

六十六、M375

M375位于第Ⅵ发掘区的中部，T2414东部，并延伸至T2415西部。开口于扰土层下，距地表2.1米，打破M332、M333及M334。墓葬形制为土坑洞室墓，方向195°，由墓道和墓室两部分组成。墓道平面呈梯形，直壁、平底，长4、宽1.2~1.6、残深2.6米。填土呈灰褐色，土质较硬，含有大量料姜石。墓室为弧顶（坍塌），直壁、平底，平面呈长方形，长4.1、宽3.5、高2.6米。墓室内骨架较乱，葬具、葬式不清。随葬品有15件（组），其中瓷缸1件，置于墓室西南部；瓷瓶2件、瓷碗7件，置于墓室东南部；铁环4件，置于墓室西北部；铜钱62枚（1组），分布于整个墓室（图7-178）。

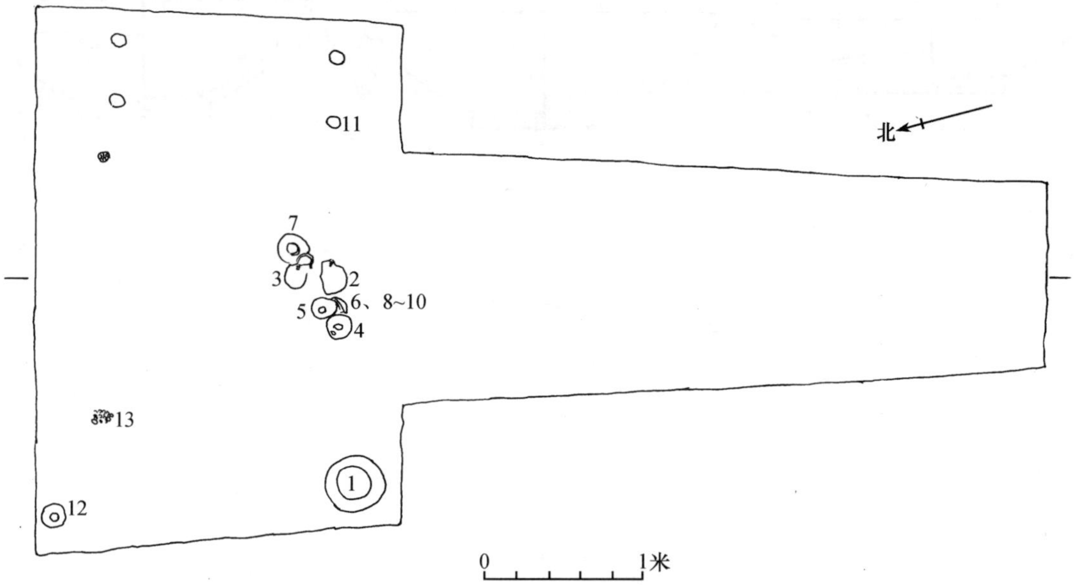

图7-178　M375平面图

1. 瓷缸　2、3. 瓷瓶　4~10、12. 瓷碗　11. 铁环　13. 铜钱

瓷缸　1件（M375∶1）。红褐胎，酱釉，内部包釉，外部口沿下1周包釉，口沿处釉磨去。圆唇，侈口，折沿，鼓腹居上，平底略凹。上腹部饰竖向苇纹，下腹部饰瓦纹。口径33、腹径38、底径18、高46、壁厚0.8~1.2厘米（图7-179B，4）。

瓷瓶　2件。M375∶2，黄褐胎，酱釉，釉不包底。敛口，微鼓腹，圈足，底中心突起。腹深2周凹弦纹。口外4个桥形系"十"字形分布，系上有2道竖槽。口径7.2、腹径13、底径7.6、高22.6、壁厚0.8~1厘米（图7-179B，2）。M375∶3，黄褐胎，上白釉，下酱釉，圈足釉磨去。小长口，束颈，微鼓腹，圈足外撇，底中心突起。腹深2周凹弦纹。口外4个桥形系。口径5、腹径14、底径10、高28.2、壁厚0.4~1.2厘米（图7-179B，1）。

瓷碗　7件。M375∶4，浅黄褐胎，酱釉，外施半釉，内底有刮圈。圆唇，平沿，斜直壁、平底，圈足。口径18、底径7.4、高3.8、壁厚0.4~0.6厘米（图7-179A，1）。M375∶5，红褐胎，内白釉，外酱釉，釉不包底。敞口，弧腹，平底，矮圈足。碗心与碗壁交界处有1周凸棱。碗心有圆饼形痕迹。口径18、底径7.2、高6、壁厚0.4~0.6厘米（图7-179A，2）。M375∶6，淡黄胎、酱釉，外施半釉，内底有刮圈。敞口，弧壁，平底，圈足。口径17.2、底径6.4、高6、壁厚0.3~0.5厘米（图7-179A，3）。M375∶7，灰白胎，酱釉，釉不包底，内底有刮圈。敞口，弧壁，平底，圈足。口径17.2、底径6.8、

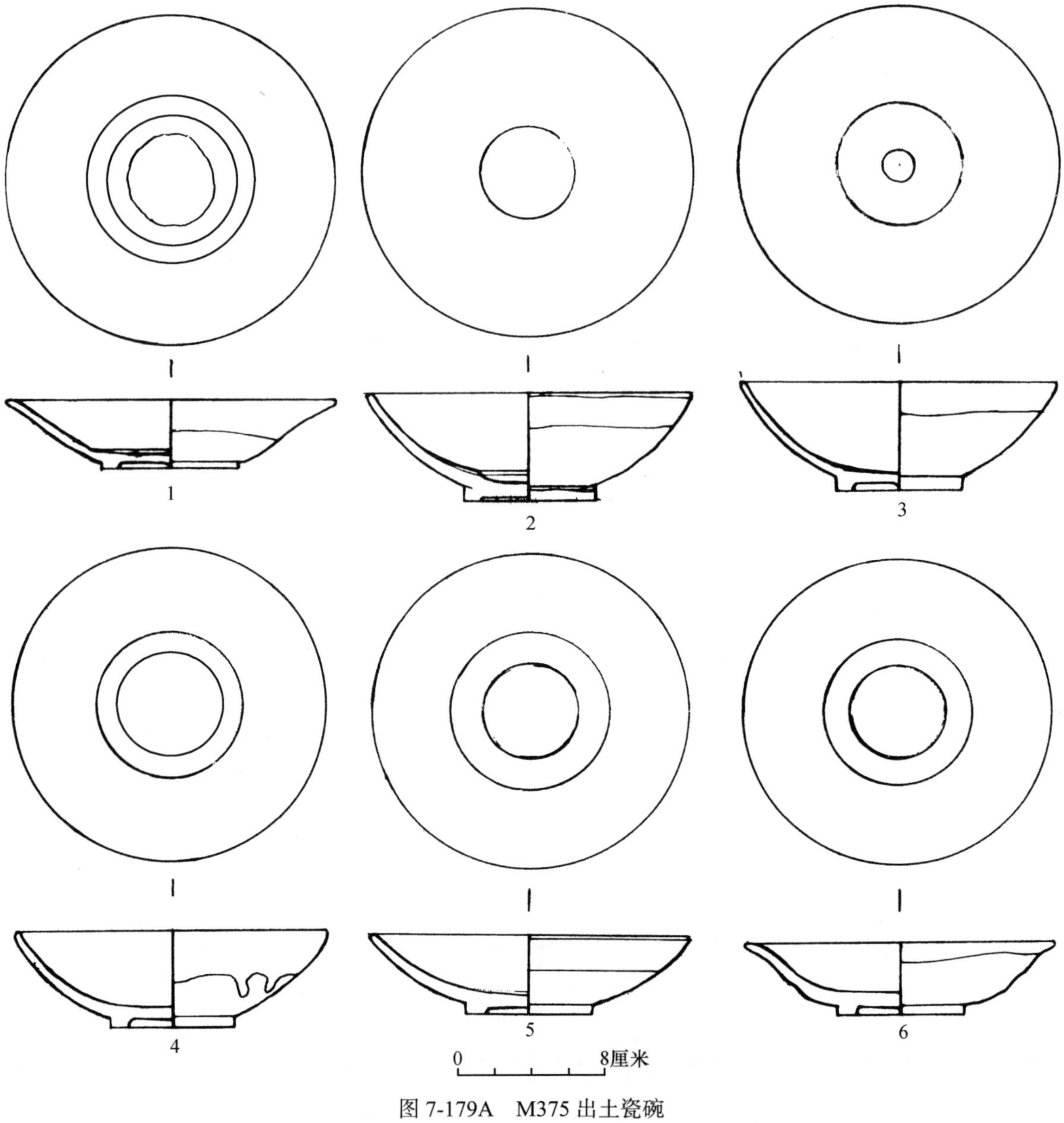

图 7-179A　M375 出土瓷碗

1. M375∶4　2. M375∶5　3. M375∶6　4. M375∶7　5. M375∶8　6. M375∶9

高 5.4、壁厚 0.4~0.6 厘米（图 7-179A，4）。M375∶8，乳白胎，酱釉，釉不包底，内底有刮圈。敞口，弧壁，平底，圈足。口径 17.6、底径 6.8、高 4.4、壁厚 0.4~0.6 厘米（图 7-179A，5）。M375∶9，乳白胎，酱釉，外施半釉，内底有刮圈。敞口，尖圆唇，弧壁，平底，圈足。口径 16.8、底径 6.8、高 4、壁厚 0.5~0.8 厘米（图 7-179A，6）。M375∶10，乳白胎，酱釉，内底有刮圈，外釉至下腹部。敞口，圆唇，唇缘明显，斜弧腹，平底，圈足。口径 16.8、底径 6.4、高 6.2、壁厚 0.3~0.7 厘米（图 7-179B，5）。M375∶12，淡黄胎，酱釉，外釉至口沿下，内底有刮圈。敞口，圆唇，斜弧腹，平底，圈足。口径 18、底径 6.4、高 6、壁厚 0.4~0.5 厘米（图 7-179B，6）。

铁环　4 件（M375∶11）。形制、尺寸相同。环形。断面圆形。直径 11.4 厘米（图 7-179B，3）。

铜钱　62 枚。“开元通宝”22 枚，楷书，直读。M375∶13-1、9，直径 2.5 厘米（图 7-180，1、9）；M375∶13-2，直径 2.4 厘米（图 7-180，2）。“圣宋元宝”3 枚，篆书 1 枚（M375∶13-3），旋读，

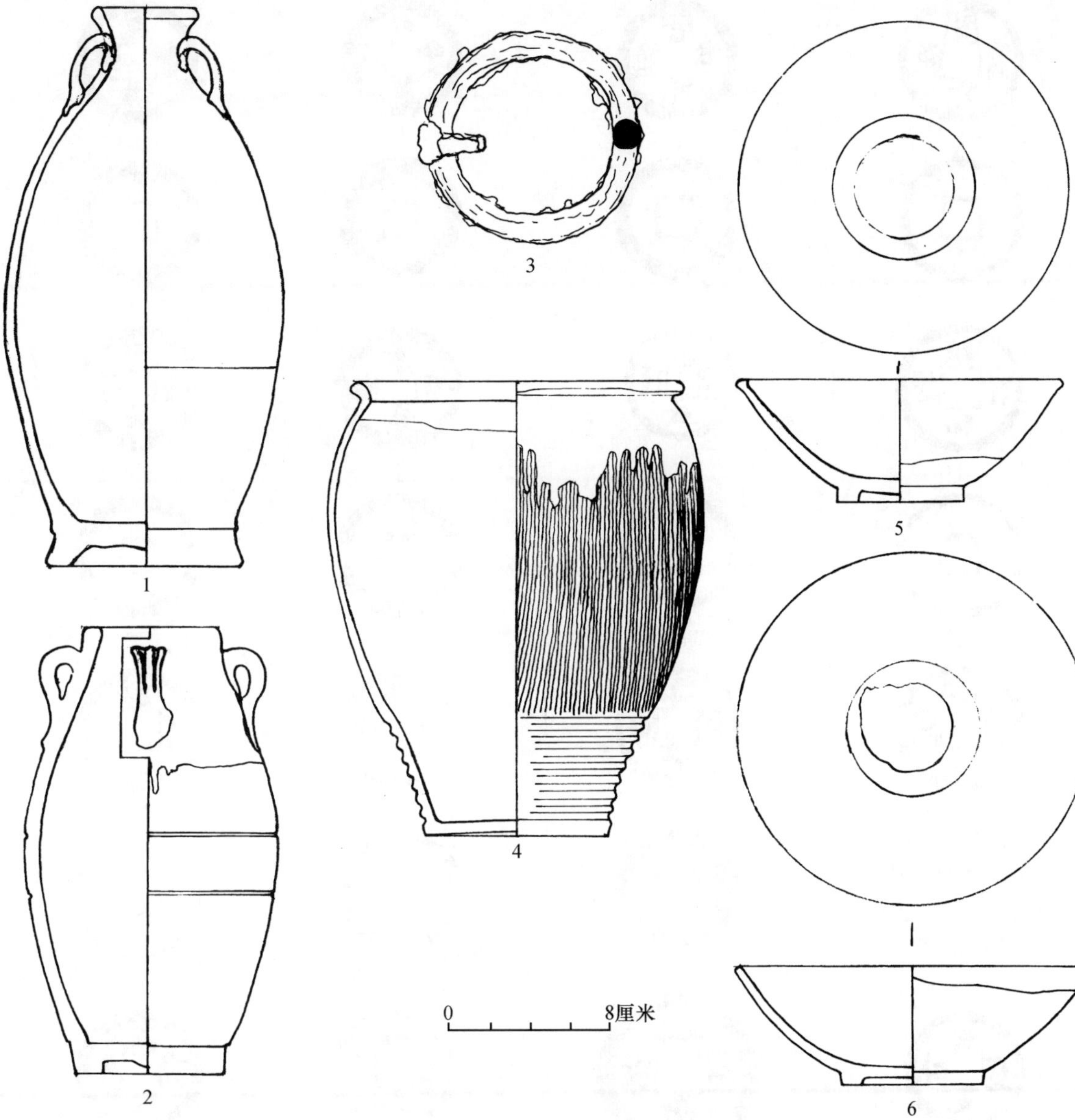

图 7-179B　M375 出土器物

1、2. 瓷瓶（M375∶3、M375∶2）　3. 铁环（M375∶11）　4. 瓷缸（M375∶1）　5、6. 瓷碗（M375∶10、M375∶12）

直径 2.4 厘米（图 7-180，3）；行书 2 枚，旋读，M375∶13-13，直径 2.4 厘米（图 7-180，13）。"元丰通宝" 8 枚，行书 7 枚，旋读，M375∶13-4，直径 2.4 厘米（图 7-180，4），M375∶13-16，花穿，直径 2.5 厘米（图 7-180，16）；篆书 1 枚，旋读，直径 2.4 厘米。"政和通宝" 2 枚，楷书，直读。M375∶13-5，锯齿郭，直径 2.5 厘米（图 7-180，5）；M375∶13-15，直径 2.4 厘米（图 7-180，15）。"洪武通宝" 1 枚（M375∶13-6），楷书，直读。直径 2.3 厘米（图 7-180，6）。"景德元宝" 1 枚（M375∶13-7），楷书，旋读。直径 2.5 厘米（图 7-180，7）。"咸平元宝" 2 枚，楷书，旋读。M375∶13-8，直径 2.4 厘米（图 7-180，8）。"熙宁元宝" 4 枚，楷书 3 枚，旋读，M375∶13-10，直径 2.4 厘米（图 7-180，10）；篆书 1 枚，旋读，直径 2.4 厘米。"皇宋通宝" 5 枚，楷书 3 枚，直读，M375∶13-11，花穿，直径 2.35 厘米（图 7-180，11）；篆书 2 枚，直读，M375∶13-12，直径 2.45

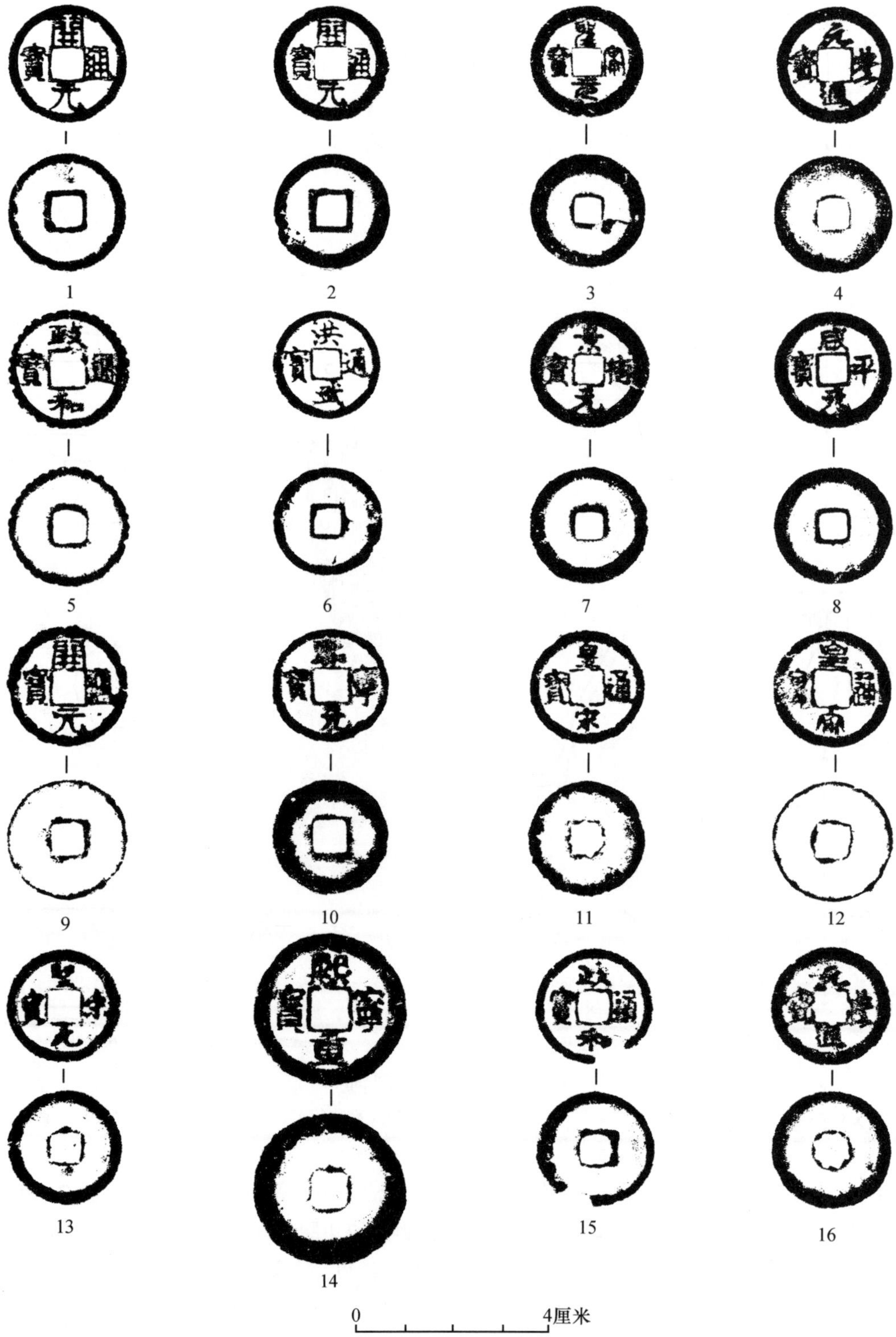

图 7-180 M375 出土钱币

1、2、9. 开元通宝（M375∶13-1、M375∶13-2、M375∶13-9） 3、13. 圣宋元宝（M375∶13-3、M375∶13-13） 4、16. 元丰通宝（M375∶13-4、M375∶13-16） 5、15. 政和通宝（M375∶13-5、M375∶13-15） 6. 洪武通宝（M375∶13-6） 7. 景德元宝（M375∶13-7） 8. 咸平元宝（M375∶13-8） 10. 熙宁元宝（M375∶13-10） 11、12. 皇宋通宝（M375∶13-11、M375∶13-12） 14. 熙宁重宝（M375∶13-14）

厘米（图 7-180，12）。“熙宁重宝”2 枚，楷书，旋读。M375∶13-14，直径 3.2 厘米（图 7-180，14）。“祥符元宝”1 枚，楷书，旋读。直径 2.5 厘米。“绍圣元宝”1 枚，篆书，旋读。直径 2.4 厘米。年号不清者 10 枚。

六十七、M376

M376 位于第Ⅵ发掘区中部，T2415 东北部，延伸至 T2515 内，开口于扰土层下，距地表 2 米，打破 M335。墓葬形制为土坑洞室墓，方向 190°，由墓道、墓门和墓室三部分组成，上部被破坏。墓道残余部分平面呈梯形，平面呈梯形，直壁、斜底，长 3.8、宽 1~1.2 米、深 1.9 米。填土呈灰褐色，土质较硬，含有大量料姜石。墓室为弧顶，直壁、平底，平面呈长方形，长 2.8、宽 2.6~2.8、深 2.08 米。墓室内葬具为 3 棺，东中西并排放置。东棺长 1.7、宽 0.54 米，中棺长 1.7、宽 0.6 米，西棺长 1.6、宽 0.54~0.68 米。棺内各有人骨一部，葬式为仰身直肢。随葬品有 12 件（组），其中瓷碗 6 件，3 件置于墓室东南部、3 件置于墓室南部；瓷缸 1 件，置于墓室东南部；瓷瓶 2 件，1 件置于墓北部，1 件置于西棺和中棺之间；铜镜 1 件，置于中墓主头右侧；铜钱 167 枚（1 组），置于中墓主、西墓主骨架周围；铜簪 1 件，置于西墓主头骨北部（图 7-181）。

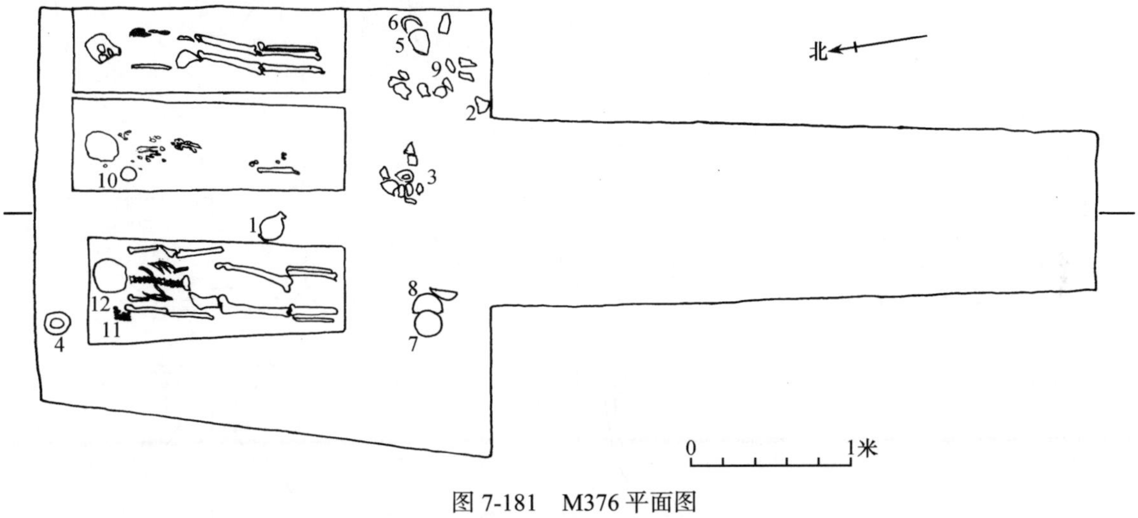

图 7-181　M376 平面图

1、4. 瓷瓶　2、3、5~8. 瓷碗　9. 瓷缸　10. 铜镜　11. 铜钱　12. 发饰

瓷瓶　2 件。M376∶1，红褐胎，上酱釉，下白釉，通体包釉。小敞口，束颈，垂鼓腹，圜底，圈足外撇。腹部饰 1 周凹弦纹。口径 6.8、腹径 14、底径 8、高 21.2、壁厚 0.6~0.8 厘米（图 7-182，6）。M376∶4，浅黄胎，酱釉，釉至底部近足处。小敞口，宽折沿，细颈，垂鼓腹，平底，圈足。上腹部饰数周凹弦纹。口径 7.8、腹径 15、底径 8、高 23、壁厚 0.5~0.6 厘米（图 7-182，5）。

瓷碗　6 件。M376∶2，乳白胎，酱釉，外施半釉，内底有刮圈。直口，斜弧腹，平底，圈足。口径 18、底径 6.8、高 6、壁厚 0.3~0.5 厘米（图 7-182，2）。M376∶3，黄褐胎，酱釉，外釉至口沿下，内底有刮圈。敞口，斜直腹，平底，圈足。口径 17.6、底径 6.4、高 6.4、壁厚 0.3~0.8 厘米（图 7-182，3）。M376∶5、6，形制同 M376∶2。M376∶7，黄褐胎，白釉，外釉至口沿下。敞口，斜直腹，平底，圈足。口径 16.4、底径 6.4、高 5.8、壁厚 0.4~0.6 厘米（图 7-182，4）。M376∶8，浅黄色胎，酱釉，内底有刮圈，外釉至口沿下。斜直腹，平底，圈足。口径17.2、底径6.8、高6、壁厚0.4~0.6厘米（图7-182，1）。

瓷缸　1件（M376∶9）。残碎无法修复。

铜簪　1件（M376∶12）。扁长条形。长12.3厘米（图7-182，7）。

铜钱　167枚（M376∶11）。“开元通宝”11枚，楷书，直读。M376∶11-1、2、4 ~ 6、8、10，直径2.4厘米（图7-183，1、2、4 ~ 6、8、10）；M376∶11-3、7、9、11，直径2.3厘米（图7-183，3、7、9、11）。“祥符元宝”15枚，楷书，旋读。M376∶11-12、13、15~18，直径2.4厘米（图7-183，12、13、15~18）；M376∶11-14，直径2.5厘米（图7-183，14）。“祥符通宝”8枚，楷书，旋读。M376∶11-19~21，直径2.4厘米（图7-183，19~21）。M376∶11-22，花穿，直径2.4厘米（图7-183，22）。“宣和通宝”10枚，篆书7枚，直读，M376∶11-23，直径2.6厘米（图7-183，23），M376∶11-24，直径2.9厘米（图7-183，24），M376∶11-25，直径2.7厘米（图7-183，25），M376∶11-26、27，直径2.4厘米（图7-183，26、27）；楷书3枚，直读，M376∶11-28，直

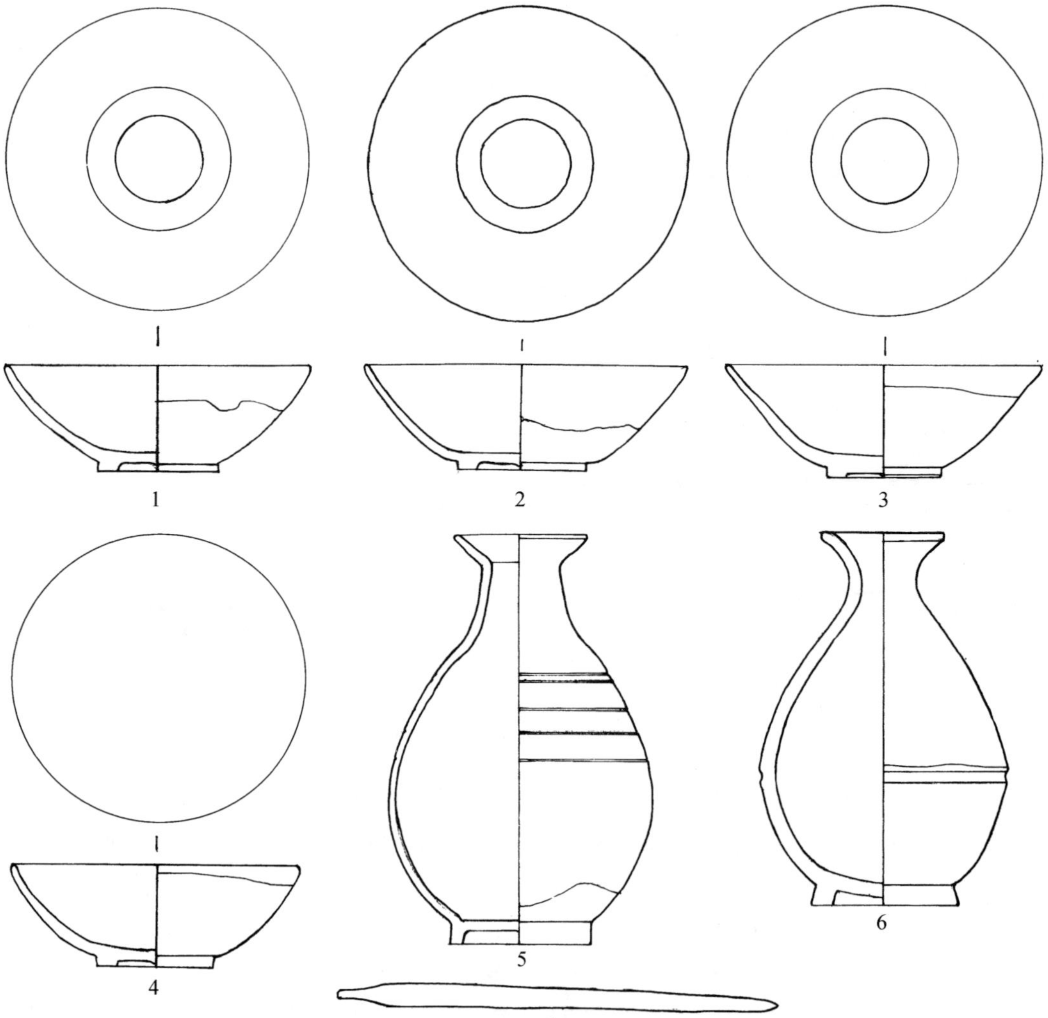

图7-182　M376出土器物

1~4. 瓷碗（M376∶8、M376∶2、M376∶3、M376∶7）　5、6. 瓷瓶（M376∶4、M376∶1）　7. 铜簪（M376∶12）

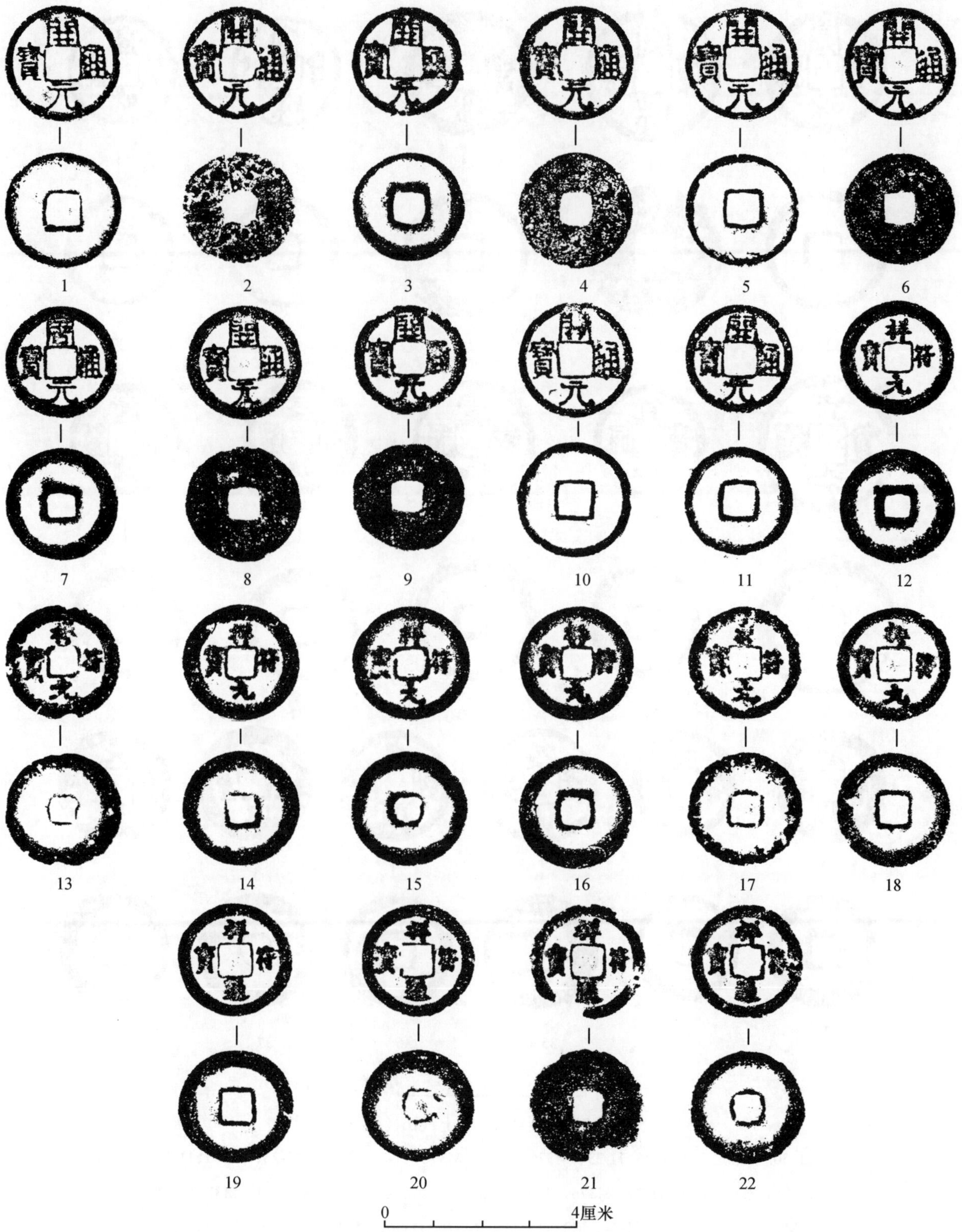

图 7-183 M376 出土钱币

1~11. 开元通宝（M376∶11-1、M376∶11-2、M376∶11-3、M376∶11-4、M376∶11-5、M376∶11-6、M376∶11-7、M376∶11-8、M376∶11-9、M376∶11-10、M376∶11-11） 12~18. 祥符元宝（M376∶11-12、M376∶11-13、M376∶11-14、M376∶11-15、M376∶11-16、M376∶11-17、M376∶11-18） 19~22. 祥符通宝（M376∶11-19、M376∶11-20、M376∶11-21、M376∶11-22）

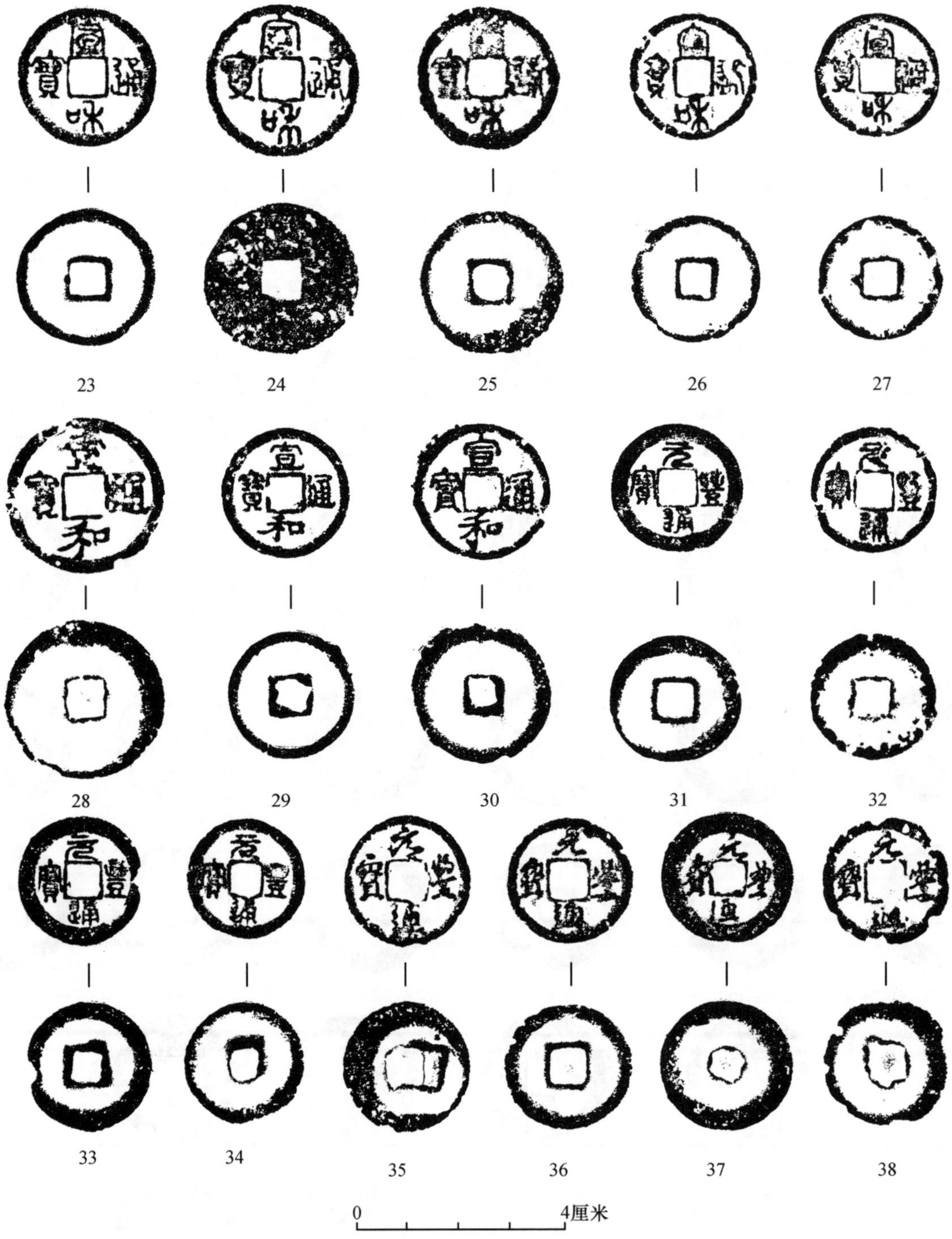

图 7-183　M376 出土钱币（续）

23~30. 宣和通宝（M376∶11-23、M376∶11-24、M376∶11-25、M376∶11-26、M376∶11-27、M376∶11-28、M376∶11-29、M376∶11-30）　31~38. 元丰通宝（M376∶11-31、M376∶11-32、M376∶11-33、M376∶11-34、M376∶11-35、M376∶11-36、M376∶11-37、M376∶11-38）

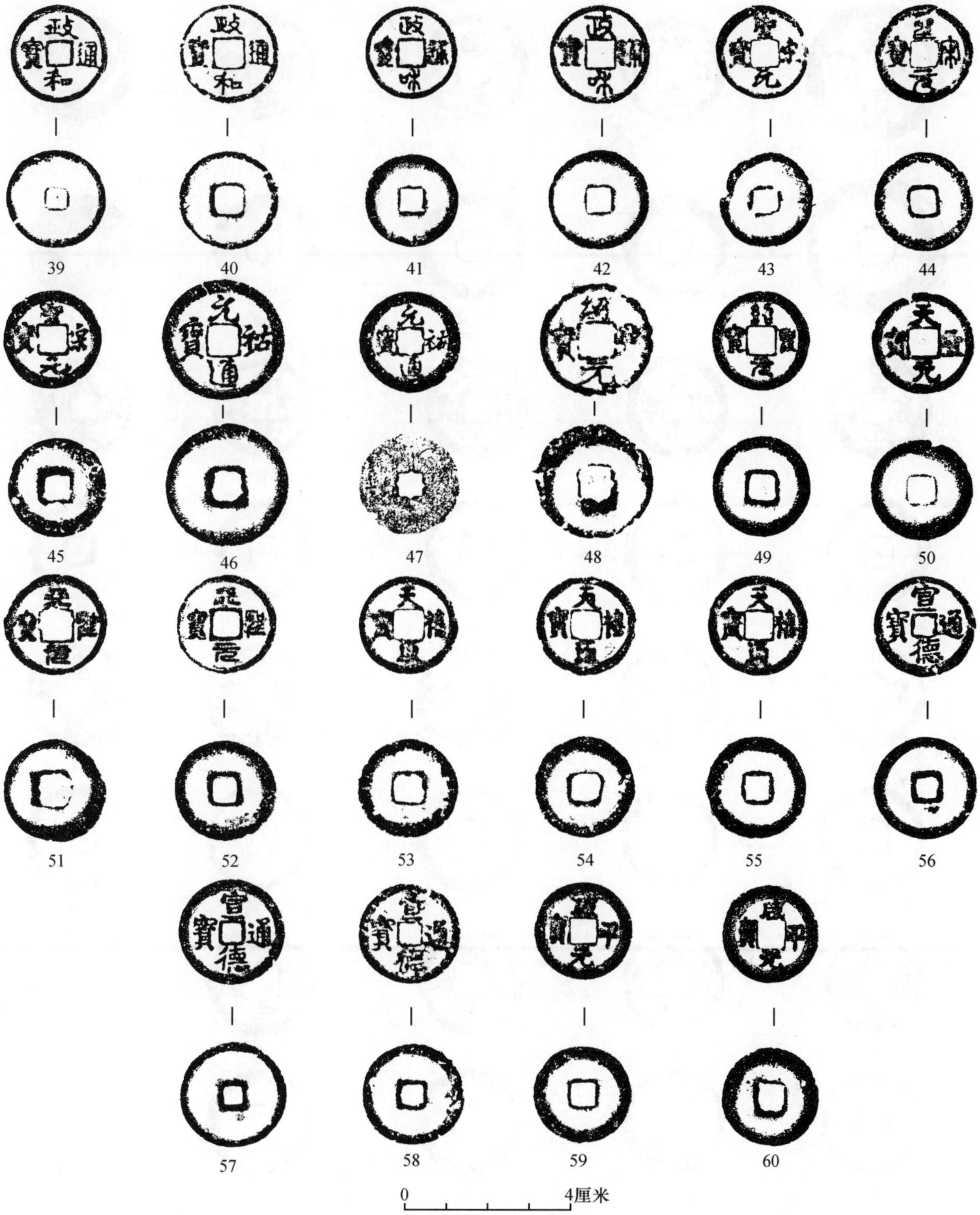

图 7-183 M376 出土钱币（续）

39~42. 政和通宝（M376：11-39、M376：11-40、M376：11-41、M376：11-42） 43~45. 圣宋元宝（M376：11-43、M376：11-44、M376：11-45） 46、47. 元祐通宝（M376：11-46、M376：11-47） 48、49. 绍圣元宝（M376：11-48、M376：11-49） 50~52. 天圣元宝（M376：11-50、M376：11-51、M376：11-52） 53~55. 天禧通宝（M376：11-53、M376：11-54、M376：11-55） 56~58. 宣德元宝（M376：11-56、M376：11-57、M376：11-58） 59、60. 咸平元宝（M376：11-59、M376：11-60）

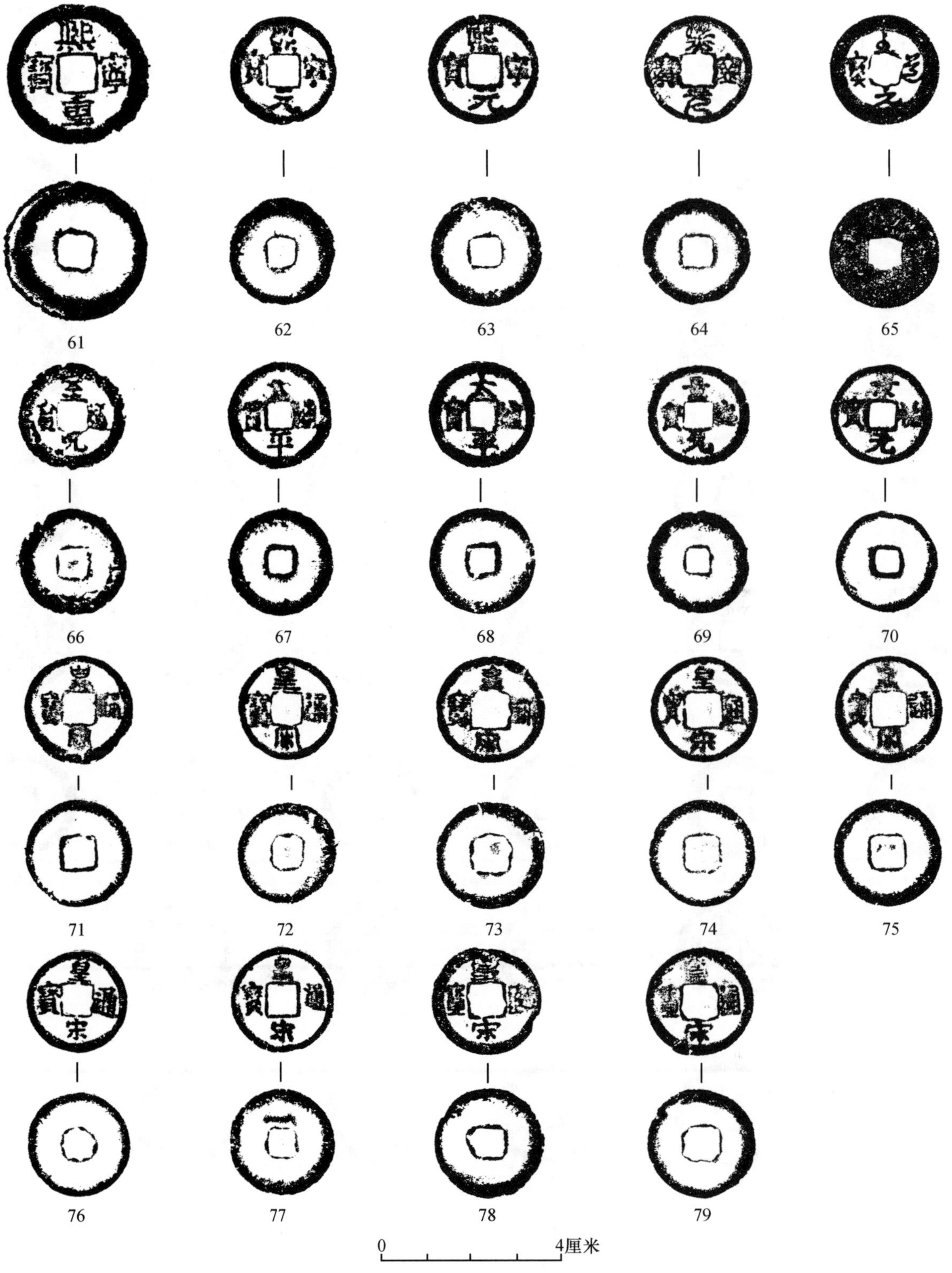

图 7-183 M376 出土钱币（续）

61. 熙宁重宝（M376：11-61） 62~64. 熙宁元宝（M376：11-62、M376：11-63、M376：11-64） 65、66. 至道元宝（M376：11-65、M376：11-66） 67、68. 太平通宝（M376：11-67、M376：11-68） 69、70. 景祐元宝（M376：11-69、M376：11-70） 71~79. 皇宋通宝（M376：11-71、M376：11-72、M376：11-73、M376：11-74、M376：11-75、M376：11-76、M376：11-77、M376：11-78、M376：11-79）

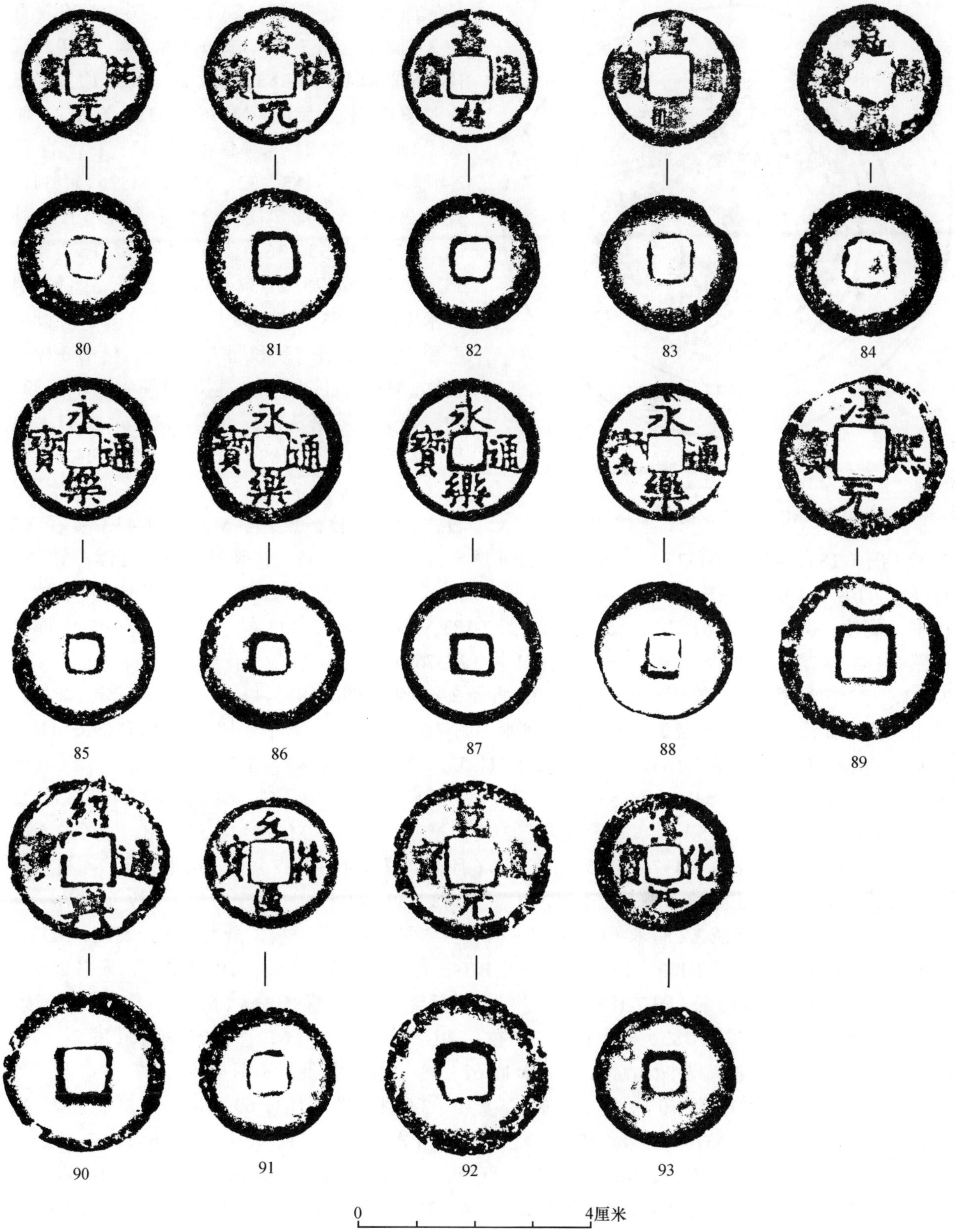

图 7-183　M376 出土钱币（续）

80、81. 嘉祐元宝（M376∶11-80、M376∶11-81）　82~84. 嘉祐通宝（M376∶11-82、M376∶11-83、M376∶11-84）　85~88. 永乐通宝（M376∶11-85、M376∶11-86、M376∶11-87、M376∶11-88）　89. 淳熙元宝（M376∶11-89）　90. 绍兴通宝（M376∶11-90）　91. 元符通宝（M376∶11-91）　92. 乾元通宝（M376∶11-92）　93. 淳化元宝（M376∶11-93）

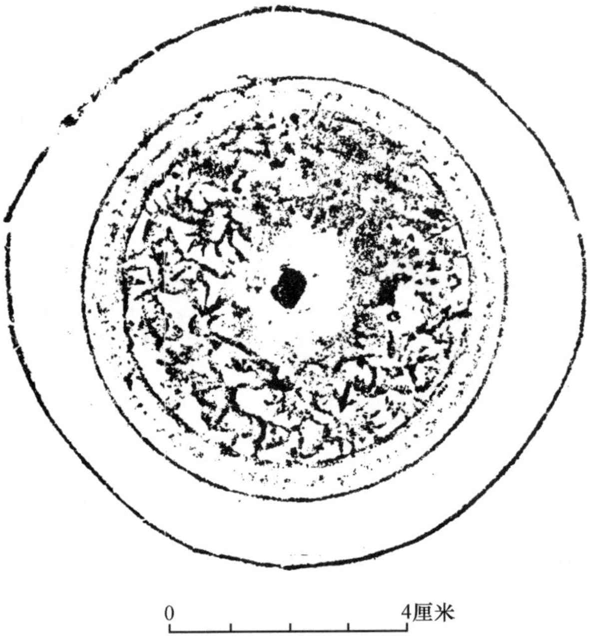

图 7-184 M376 出土铜镜（M376∶10）

径 3 厘米（图 7-183，28），M376∶11-29，直径 2.4 厘米（图 7-183，29），M376∶11-30，直径 2.6 厘米（图 7-183，30）。“元丰通宝”15 枚，篆书 7 枚，旋读，M376∶11-31，直径 2.5 厘米（图 7-183，31），M376∶11-32、33，直径 2.4 厘米（图 7-183，32、33），M376∶11-34，直径 2.3 厘米（图 7-183，34）；行书 4 枚，旋读，M376∶11-35、36，直径 2.4 厘米（图 7-183，35、36），M376∶11-37、38，花穿，直径 2.4 厘米（图 7-183，37、38）；楷书 3 枚，旋读，直径 2.4 厘米。“政和通宝”5 枚，楷书 3 枚，直读，M376∶11-39、40，直径 2.4 厘米（图 7-183，39、40）；篆书 2 枚，直读，M376∶11-41，直径 2.2 厘米（图 7-183，41），M376∶11-42，直径 2.4 厘米（图 7-183，42）。“圣宋元宝”5 枚，行书 2 枚，旋读，M376∶11-43，直径 2.3 厘米（图 7-183，43），M376∶11-45，直径 2.4 厘米（图 7-183，45）；篆书 2 枚，旋读，M376∶11-44，直径 2.4 厘米（图 7-183，44）；楷书 1 枚，旋读，直径 2.4 厘米。“元祐通宝”3 枚，行书，旋读，M376∶11-46，直径 2.95 厘米（图 7-183，46）；M376∶11-47，花穿，直径 2.45 厘米（图 7-183，47）。“绍圣元宝”3 枚，楷书 1 枚（M376∶11-48），旋读，花穿，直径 2.7 厘米（图 7-183，48）；篆书 2 枚，旋读，M376∶11-49，直径 2.4 厘米（图 7-183，49）。“天圣元宝”8 枚，楷书 3 枚，旋读，M376∶11-50，直径 2.45 厘米（图 7-183，50）；篆书 5 枚，旋读，M376∶11-51 花穿，直径 2.5 厘米（图 7-183，51）。M376∶11-52，直径 2.5 厘米（图 7-183，52）。“天禧通宝”9 枚，楷书，旋读，M376∶11-53、54，直径 2.4 厘米（图 7-183，53、54），M376∶11-55，直径 2.5 厘米（图 7-183，55）。“宣德通宝”3 枚，楷书，直读，M376∶11-56、58，直径 2.4 厘米（图 7-183，56、58）。M376∶11-57，直径 2.6 厘米（图 7-183，57）。“咸平元宝”4 枚，楷书，旋读，M376∶11-59、60，直径 2.4 厘米（图 7-183，59、60）。“熙宁重宝”1 枚（M376∶11-61），楷书，旋读，直径 3.2 厘米（图 7-183，61）。“熙宁元宝”4 枚，楷书 2 枚，旋读，M376∶11-62，直径 2.4 厘米（图 7-183，62），M376∶11-63，直径 2.5 厘米（图 7-183，63）；篆书 2 枚，M376∶11-64，直径 2.4 厘米（图 7-183，64）。“至道元宝”3 枚，草书 1 枚（M376∶11-65），旋读，花穿，直径 2.5 厘米（图 7-183，65）；楷书 2 枚，旋读，M376∶11-66，直径 2.4 厘米（图 7-183，66）。“太平通宝”3 枚，楷书，直读，M376∶11-67、68，直径 2.4 厘米（图 7-183，67、68）。“景祐元宝”2 枚（M376∶11-69、70），楷书，旋读，直径 2.3 厘米（图 7-183，69、70）。“皇宋通宝”12 枚，篆书 7 枚，直读，M376∶11-71、75，直径 2.4 厘米（图 7-183，71、75），M376∶11-73，花穿，直径 2.4 厘米（图 7-183，73），M376∶11-72，直径 2.3 厘米（图 7-183，72）；楷书 5 枚，直读，M376∶11-74、77、79，直径 2.4 厘米（图 7-183，74、77、79），M376∶11-76，花穿，直径 2.35 厘米（图 7-183，76），M376∶11-78，花穿，直径 2.45 厘米（图 7-183，78）。“嘉祐元宝”2 枚，楷书，旋读，M376∶11-80，直径 2.3 厘米（图 7-183，80），M376∶11-81，直径 2.4 厘米（图 7-183，81）。“嘉祐通宝”3 枚，楷书，直读，M376∶11-82，直径 2.3 厘米（图 7-183，82），M376∶11-

83，直径2.4厘米（图7-183，83），M376∶11-84，花穿，直径2.5厘米（图7-183，84）。“永乐通宝”6枚，楷书，直读，M376∶11-85、87、88，直径2.4厘米（图7-183，85、87、88），M376∶11-86，直径2.5厘米（图7-183，86）。“淳熙元宝”1枚（M376∶11-89），楷书，旋读，背面穿上一月。直径2.9厘米（图7-183，89）。“绍兴通宝”1枚（M376∶11-90），楷书，直读。直径2.8厘米（图7-183，90）。“元符通宝”1枚（M376∶11-91），行书，旋读。直径2.3厘米（图7-183，91）。“乾元通宝”1枚（M376∶11-92），楷书，直读。直径2.7厘米（图7-183，92）。“淳化元宝”3枚，楷书1枚（M376∶11-93），旋读，直径2.4厘米（图7-183，93）；行书2枚，旋读，直径2.4厘米。25枚年号不清。

铜镜　1件（M376∶10）。圆形，半环形纽，花瓣纽座。两周联珠纹之间为主纹，主纹为环绕四朵折枝菊花，花头对着四边缘的中部。素缘。直径9、缘高0.5厘米（图7-184；图版32-6）。

六十八、M377

M377位于第Ⅵ发掘区的西北部，T2514北部，延伸至T2614南部。开口于扰层下，距地表2.2米，打破M373。墓葬形制为土坑洞室墓，方向178°，由墓室和墓道两部分组成。墓道位于墓室南部，平面梯形直壁、平底，长2.2、宽0.8~1.2、残深1.2米。填土为黄褐色花土，土质较硬，内含料姜石。墓室为弧顶（坍塌），直壁、平底，平面呈长方形，长2.6、宽2、残高1.2米。墓室内东西并排放置2棺，平面梯形，东棺东长1.7、宽0.4~0.6米，西棺长1.7、宽0.36~0.54米。棺内各有人骨1具。葬式为仰身直肢。头向北。东棺内为男性，西棺内为女性。随葬品有9件（组），其中瓷缸1件，置于墓室南部；瓷碗6件，5件置于墓室南部，1件置于西墓主头部；瓷瓶1件，置于墓室西北角；铜钱26枚（1组），分置于人骨底部（图7-185）。

瓷缸　1件（M377∶1）。黄褐胎，茶绿色釉，除口沿附近外通体包釉。圆唇，侈口，鼓腹，最大腹径居上，小平底略凹。通体有轮制痕迹。腹部刻印菊花。口径32、腹径40、底径16、高48、壁厚0.8~1.4厘米（图7-186，4）。

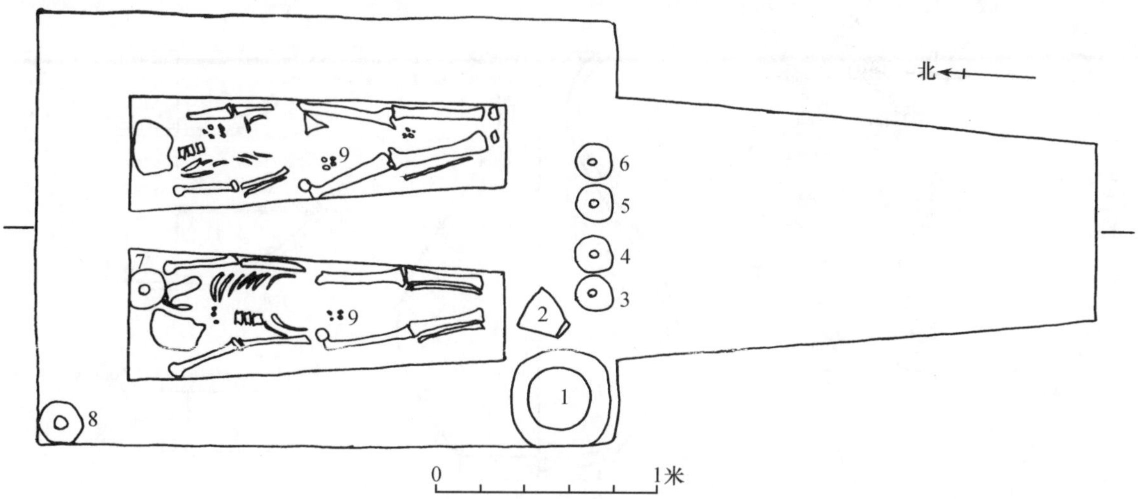

图7-185　M377平面图

1. 瓷缸　2~7. 瓷碗　8. 瓷瓶　9. 铜钱

瓷碗 6件。M377∶2、乳白胎，黑釉，外施半釉，内底有刮圈。敞口，深弧腹，平底，高圈足。口径18、底径6.8、高8.4、厚0.3~0.6厘米（图7-186，1）。M377∶3，浅黄胎，酱釉，外釉至口沿下方，内底有刮圈。敞口，斜直腹，平底，圈足。口径17、底径5.6、高6、壁厚0.3~0.5厘米（图7-186，2）。M377∶4，乳白胎，酱釉，外釉至口沿下，内底有刮圈。敞口，斜直腹，平底，圈足。口径15、底径5.6、高5.4、壁厚0.4~0.6厘米（图7-186，3）。M377∶5，淡黄胎，茶绿色釉，外釉至口沿下，内底有刮圈。敞口，斜直腹，平底，圈足。口径16、底径6.4、高4.4、壁厚0.3~0.5厘米（图7-186，6；图版23-3）。M377∶6，形制同M377∶5。M377∶7，灰黄胎，茶绿色釉，外釉至下腹部，内底有刮圈。敞口，斜直腹，平底，圈足。口径15.6、底径6.4、高4.8、壁厚0.3~0.4厘米（图7-186，7）。

瓷瓶 1件（M377∶8）。淡青色釉，釉不包底。小敞口，束颈，垂鼓腹，圜底，圈足。口径7.2、腹径14.4、底径8、高22.2、壁厚0.5~0.6厘米（图7-186，5；图版22-6）。

铜钱 26枚。"祥符元宝"4枚，楷书，旋读。M377∶9-1，直径2.3厘米（图7-187，1）；M377∶9-2、3，直径2.4厘米（图7-187，2、3）。"熙宁元宝"2枚，篆书1枚（M377∶9-4），旋读，

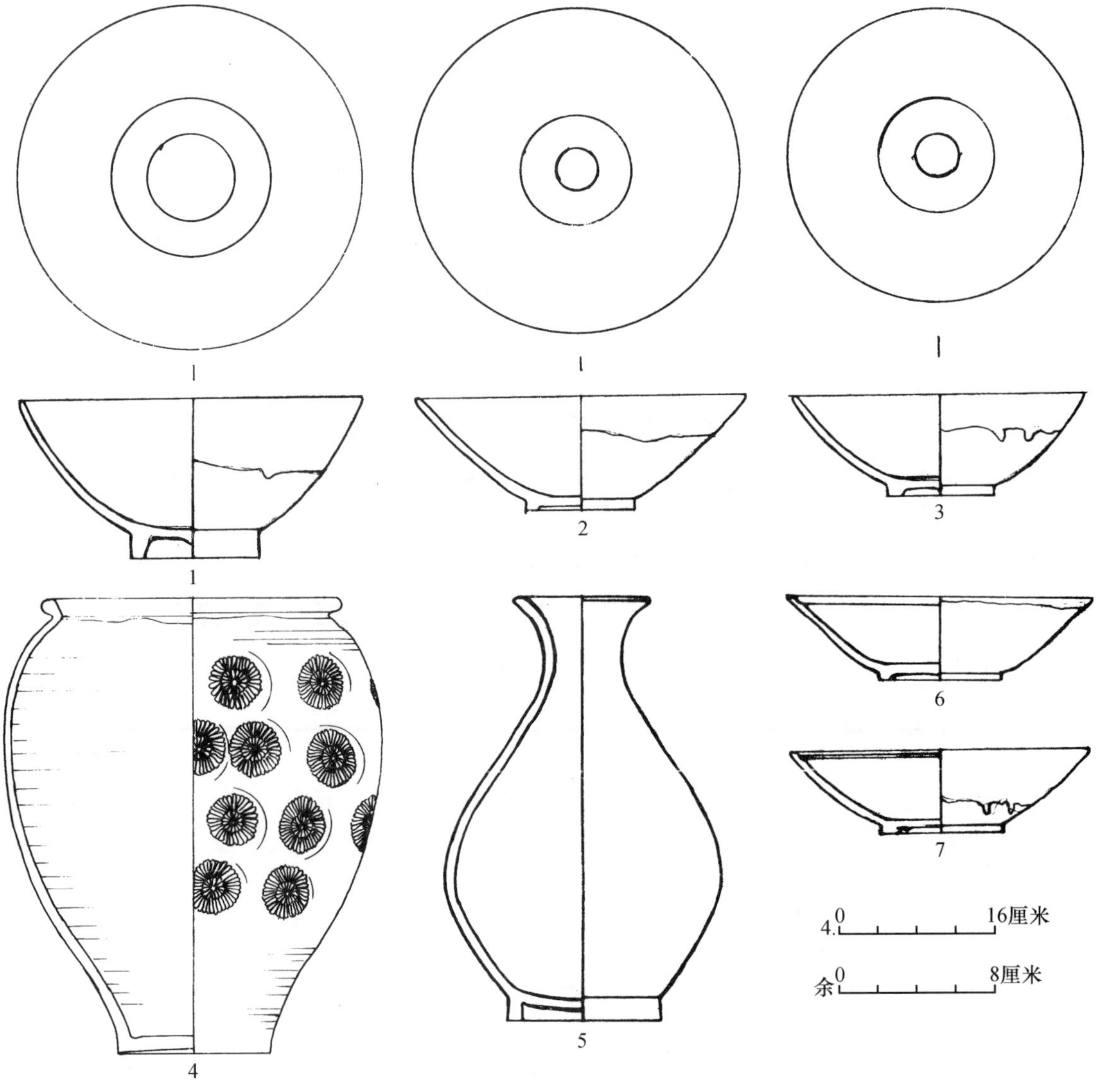

图7-186 M377出土器物

1~3、6、7. 瓷碗（M377∶2、M377∶3、M377∶4、M377∶5、M377∶7） 4. 瓷缸（M377∶1） 5. 瓷瓶（M377∶8）

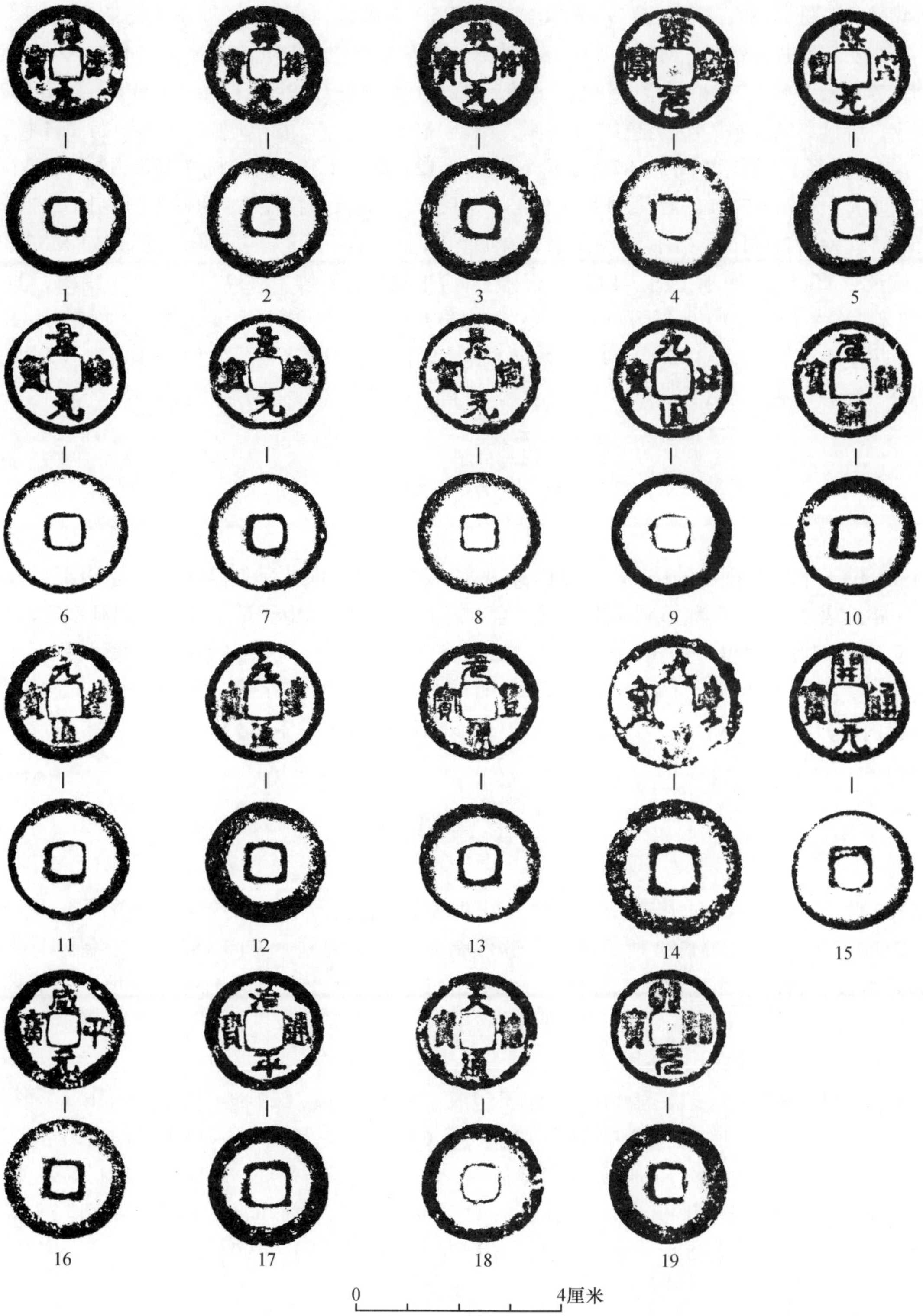

图 7-187　M377 出土钱币

1~3. 祥符元宝（M377∶9-1、M377∶9-2、M377∶9-3）　4、5. 熙宁元宝（M377∶9-4、M377∶9-5）　6~8. 景德元宝（M377∶9-6、M377∶9-7、M377∶9-8）　9、10. 元祐通宝（M377∶9-9、M377∶9-10）　11~14. 元丰通宝（M377∶9-11、M377∶9-12、M377∶9-13、M377∶9-14）　15. 开元通宝（M377∶9-15）　16. 咸平元宝（M377∶9-16）　17. 治平通宝（M377∶9-17）　18. 天禧通宝（M377∶9-18）　19. 明道元宝（M377∶9-19）

直径2.4厘米（图7-187，4）；楷书1枚（M377∶9-5），旋读，直径2.3厘米（图7-187，5）。“景德元宝”3枚，楷书，旋读。M377∶9-6、8，直径2.4厘米（图7-187，6、8）；M377∶9-7，直径2.3厘米（图7-187，7）。“元祐通宝”5枚，行书2枚，旋读，M377∶9-9，直径2.4厘米（图7-187，9）；篆书3枚，旋读，M377∶9-10，直径2.4厘米（图7-187，10）。“元丰通宝”5枚，行书4枚，旋读，M377∶9-11，直径2.3厘米（图7-187，11），M377∶9-12，直径2.35厘米（图7-187，12），M377∶9-14，直径2.7厘米（图7-187，14）；篆书1枚（M377∶9-13），旋读，直径2.3厘米（图7-187，13）。“开元通宝”1枚（M377∶9-15），楷书，直读。直径2.4厘米（图7-187，15）。“咸平元宝”1枚（M377∶9-16），楷书，旋读。直径2.4厘米（图7-187，16）。“治平通宝”1枚（M377∶9-17），楷书，直读。直径2.4厘米（图7-187，17）。“天禧通宝”1枚（M377∶9-18），楷书，旋读。直径2.4厘米（图7-187，18）。“明道元宝”1枚（M377∶9-19），篆书，旋读。直径2.3厘米（图7-187，19）。“天圣通宝”1枚，篆书，旋读。直径2.3厘米。“皇宋通宝”1枚，篆书，直读。直径2.4厘米。

六十九、M381

M381位于第Ⅵ发掘区的中部，T2417东北部，墓室部分向北延伸至T2517东南部。开口于扰土层下，距地表2.2米。墓葬形制为土坑洞室墓，方向为182°，由墓道、封门石和洞室三部分组成。墓道平面为长方形，直壁、平底，长3、宽1.16、深3.8米。填土为红褐色黏土。墓门用石块封堵，顶部呈弧形，顶高1.08、宽1.16米。墓室弧顶，直壁、平底，平面长方形，墓底长2.38、宽1.9、高1.28米。墓室内葬具及人骨保存极差，仅留少量痕迹。无随葬品（图7-188）。

七十、M382

M382位于第Ⅵ发掘区的东南部，T2319的西南部，部分压在T2219的北隔梁下。开口于扰土层下，距地表2.2米，被M383所打破。墓葬形制为土坑洞室墓，方向182°，由墓道、墓门和墓室三部分组成。墓道平面呈梯形，直壁、平底，长2.3、宽0.88~1、深1.38米。填土呈黄褐色。墓室拱形顶，底部近长方形，长2.1、宽1.1、高1.1米。顶墓室内葬具和人骨腐朽严重。随葬品有瓷碗2件，位于墓室底部填土内（图7-189）。

瓷碗　2件。M382∶1，乳白胎，白釉，釉不包底。圆唇，敞口，深弧腹，平底中心下突，平直圈足。碗心绘双线，内底有墨书“王”字。口径18、底径6.4、高7、壁厚0.6~0.8厘米（图7-190，1）。M382∶2，淡黄胎，酱釉，釉不包底，内底有刮圈。敞口，弧壁，平底，宽圈足。口径8.2、底径3.6、高2.8、壁厚0.4厘米（图7-190，3）。M382∶3，淡黄胎，酱釉，釉不包底，内底有刮圈。敞口，弧壁，平底微凸，宽圈足。口径18.4、底径6、高7、壁厚0.6厘米（图7-190，2）。

七十一、M384

M384位于第Ⅵ发掘区的西北部，T2514西北部，开口于扰土层下，距地表2.2米，打破M373。墓葬形制为土坑洞室墓，方向195°，由墓道和墓室两部分组成。墓道呈长方形，直壁、平底，

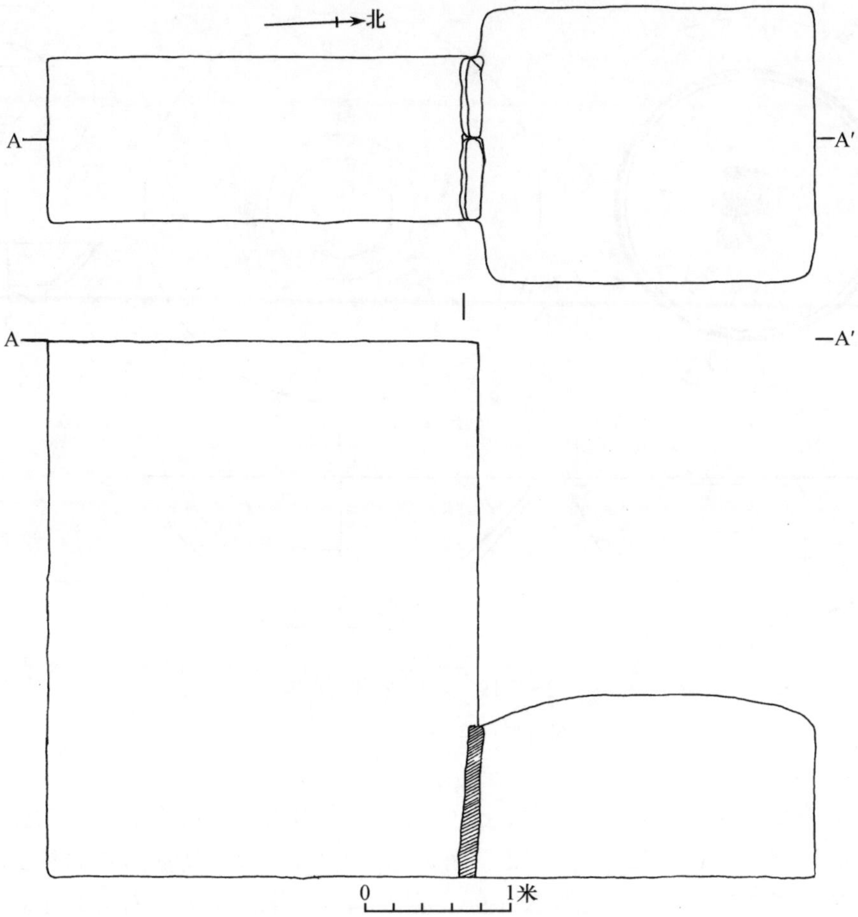

图 7-188 M381 平、剖面图

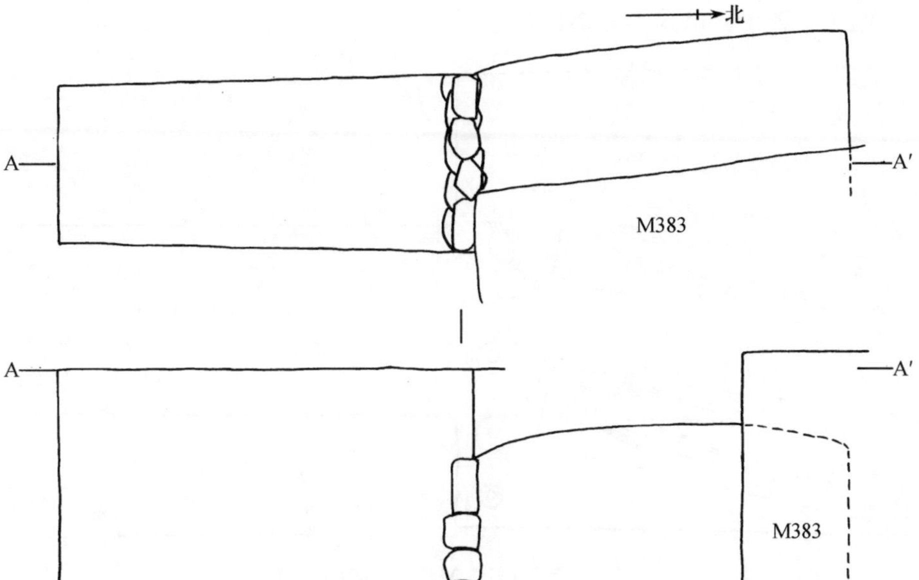

图 7-189 M382 平、剖面图

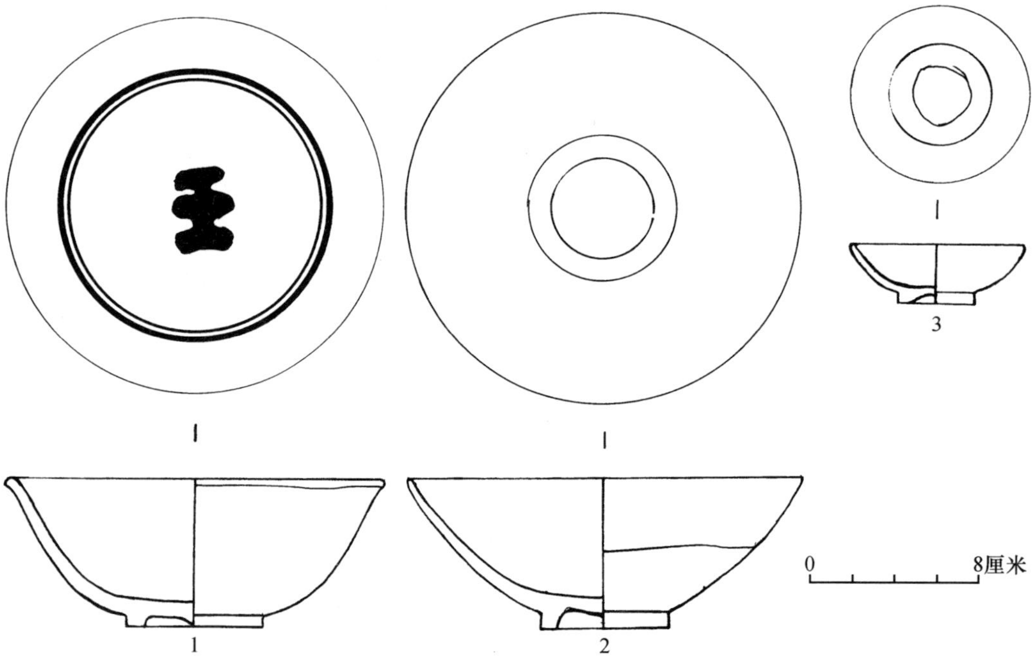

图 7-190 M382 出土瓷碗

1. M382∶1 2. M382∶3 3. M382∶2

长 2.9、宽 1、残深 2.7 米。填土呈灰褐色，土质疏松，含有大量料姜石。墓室为弧顶（坍塌），直壁、平底，平面近梯形，长 2.72、北宽 2.5、南宽 2.4、高 1.9 米。墓室内有葬具 2 棺，东西并列放置。东棺长 1.76、宽 0.54~0.6 米，西棺长 1.96、宽 0.44~0.6 米。棺内各有人骨 1 具，保存较差，葬式均为仰身直肢，头向北。随葬品有 9 件（组），其中瓷罐 2 件，其中 1 件置于墓室西北部，1 件置于墓室西南部；瓷碗 4 件，1 件置于墓室西南部，3 件置于墓门；瓷瓶、瓷盘各 1 件，置于墓门；铜钱 30 枚（1 组），置于西棺内（图 7-191）。

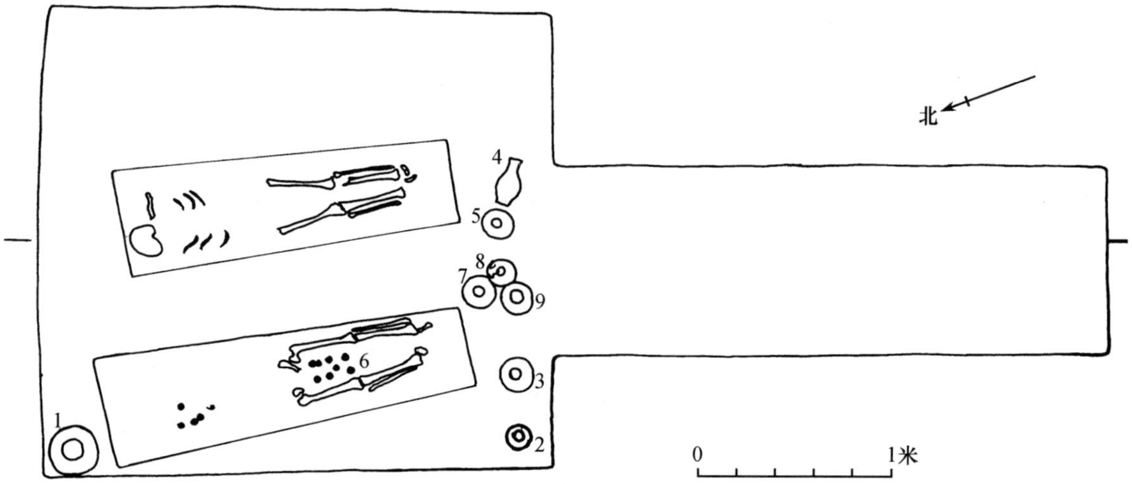

图 7-191 M384 平面图

1. 瓷罐 2. 瓷缸 3、5、7、9. 瓷碗 4. 瓷瓶 6. 铜钱 8. 瓷盘

瓷罐　2件。M384∶1，红褐胎，前酱色釉，通体包釉。微敞口，竖颈，溜肩，鼓腹，平底。口外1周凹槽。口径11、腹径19、底径8.2、高24、壁厚0.6~0.9厘米（图7-192A，4）。M384∶2，淡黄胎，酱釉，釉不包底腹部饰2道凸弦纹。圆唇，直口，鼓腹，平底微内凹。口径12、腹径15.2、底径8.8、高16、壁厚0.3~0.4厘米（图7-192B，1）。

瓷碗　4件。M384∶7，浅黄胎，酱釉，釉不包底，内底有刮圈。口径16.8、底径6、高6.2、壁厚0.4~0.6厘米（图7-192A，1）。M384∶3，浅黄胎，酱釉，釉不包底，内底有刮圈。敞口，弧腹，平底，圈足。外口沿外下施釉。口径17.2、底径8.4、高6.2、壁厚0.4~0.7厘米（图7-192A，3）。M384∶5，淡黄胎，酱釉，釉不包底，内底有刮圈。敞口，弧腹，平底，圈足。外施半釉。口径16、底径6、高

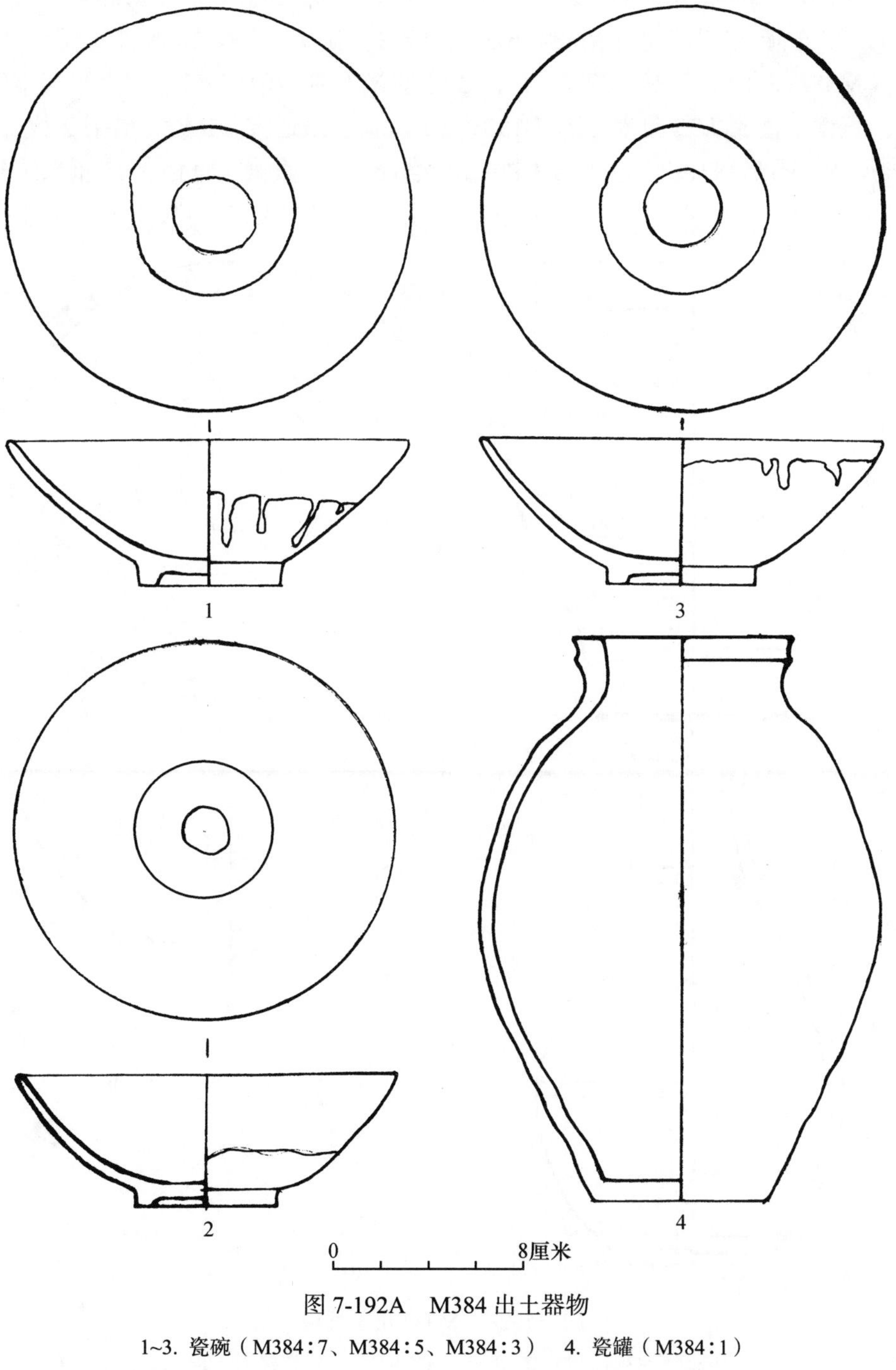

图7-192A　M384出土器物

1~3. 瓷碗（M384∶7、M384∶5、M384∶3）　4. 瓷罐（M384∶1）

5.6、壁厚 0.4~0.6 厘米（图 7-192A，2）。M384∶9，浅黄褐胎，酱釉，内底有刮圈，外釉至外口沿下。敞口，深弧腹，底中心下突，喇叭状高圈足。口径 17.2、底径 6、高 8.4、壁厚 0.4~0.8 厘米（图 7-192B，3；图版 23-4）。

瓷瓶　1 件（M384∶4）。浅黄褐胎，酱釉，釉不包底。圆唇，敞口，束颈，溜肩，垂鼓腹，平底，圈足。肩上部饰 3 周凹槽，腹部 1 周凹槽。口径 7.4、腹径 12.8、底径 7.2、高 22、壁厚 0.5~0.6 厘米（图 7-192B，2；图版 26-6）。

瓷盘　1 件（M384∶8）。破碎。未复原。

铜钱　30 枚。“圣宋元宝”1 枚（M384∶6-1），行书，旋读。直径 2.4 厘米（图 7-193，1）。“开元通宝”2 枚，楷书，直读。M384∶6-2，直径 2.4 厘米（图 7-193，2）；M384∶6-6，直径 2.3 厘米（图 7-193，6）。“正隆元宝”1 枚（M384∶6-3），楷书，旋读。直径 2.4 厘米（图 7-193，3）。“景祐元宝”1 枚（M384∶6-4），篆书，旋读。直径 2.45 厘米（图 7-193，4）。“太平通宝”1 枚（M384∶6-5），楷书，直读。直径 2.35 厘米（图 7-193，5）。“皇宋通宝”3 枚，楷书 2 枚，直读，M384∶6-7，直径 2.4 厘米（图 7-193，7）；篆书 1 枚（M384∶6-9），直读，直径 2.45 厘米（图 7-193，9）。“政和通宝”1 枚（M384∶6-8），楷书，直读。直径 2.4 厘米（图 7-193，8）。年号不清者 20 枚。

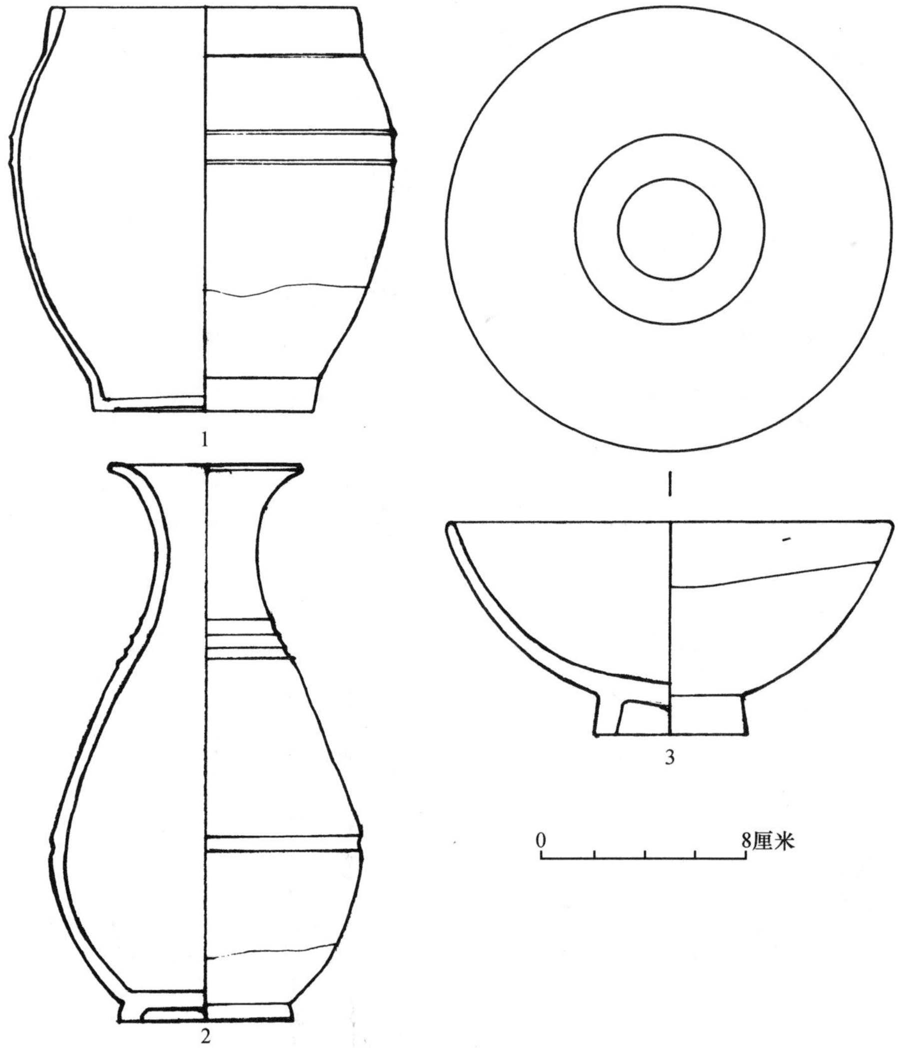

图 7-192B　M384 出土器物

1. 瓷罐（M384∶2）　2. 瓷瓶（M384∶4）　3. 瓷碗（M384∶9）

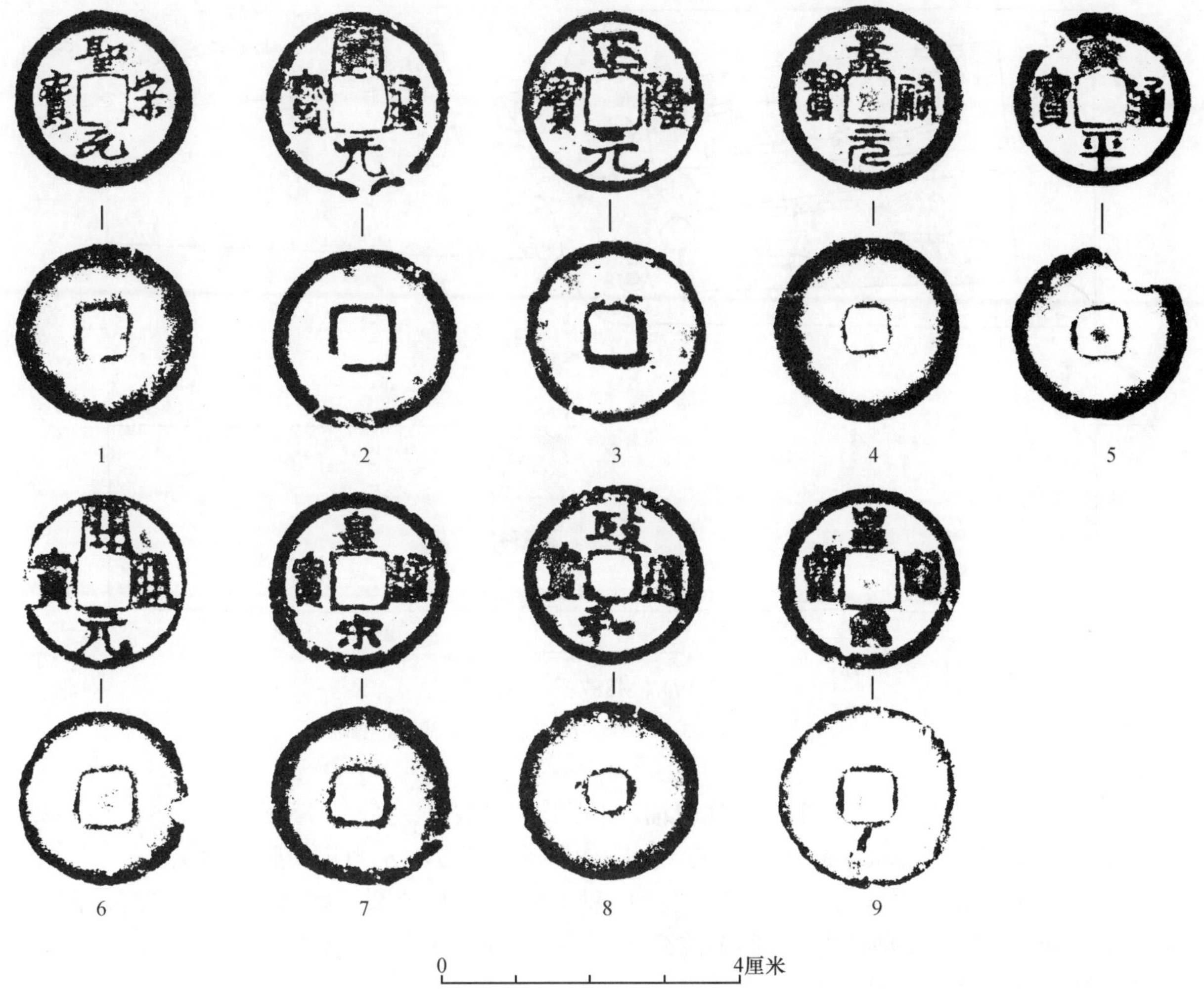

图 7-193　M384 出土钱币

1. 圣宋元宝（M384∶6-1）　2、6. 开元通宝（M384∶6-2、M384∶6-6）　3. 正隆元宝（M384∶6-3）　4. 景祐元宝（M384∶6-4）　5. 太平通宝（M384∶6-5）　7、9. 皇宋通宝（M384∶6-7、M384∶6-9）　8. 政和通宝（M384∶6-8）

七十二、M387

M387 位于第 I 发掘区的西南部，T1623 的南部。墓的上部已被破坏，开口于扰土层下，距地表 3 米。墓葬形制为土坑洞室墓，方向 170°，由墓道和墓室两部分组成。墓道位于墓室南端，直壁、平底，平面呈梯形，长 2.4、宽 0.7~1、残深 1 米。墓道的北端用不规则的石块封堵。填土呈浅黄褐色，土质略松，内含许多红土块，灰土块及料姜石。墓室为弧顶（坍塌），直壁、平底，平面呈长方形，长 2.8、宽 1.7、残高 1 米。墓室内有葬具 2 棺，东西并列放置。平面呈梯形，东棺长 1.9、宽 0.5~0.6 米，西棺长 1.8、宽 0.4~0.6 米。棺内各有人骨 1 具。葬式均为仰身直肢，头向北。随葬品有 8 件（组），其中瓷罐 1 件，放置于墓室西北角；瓷瓶 1 件、瓷碗 3 件，置于两棺的南端；灯盏 1 件，置于墓室的东南角；瓷缸 1 件，置于墓室的西南角；铜钱 5 枚（1 组），放置于东墓主上肢骨下端（图 7-194）。

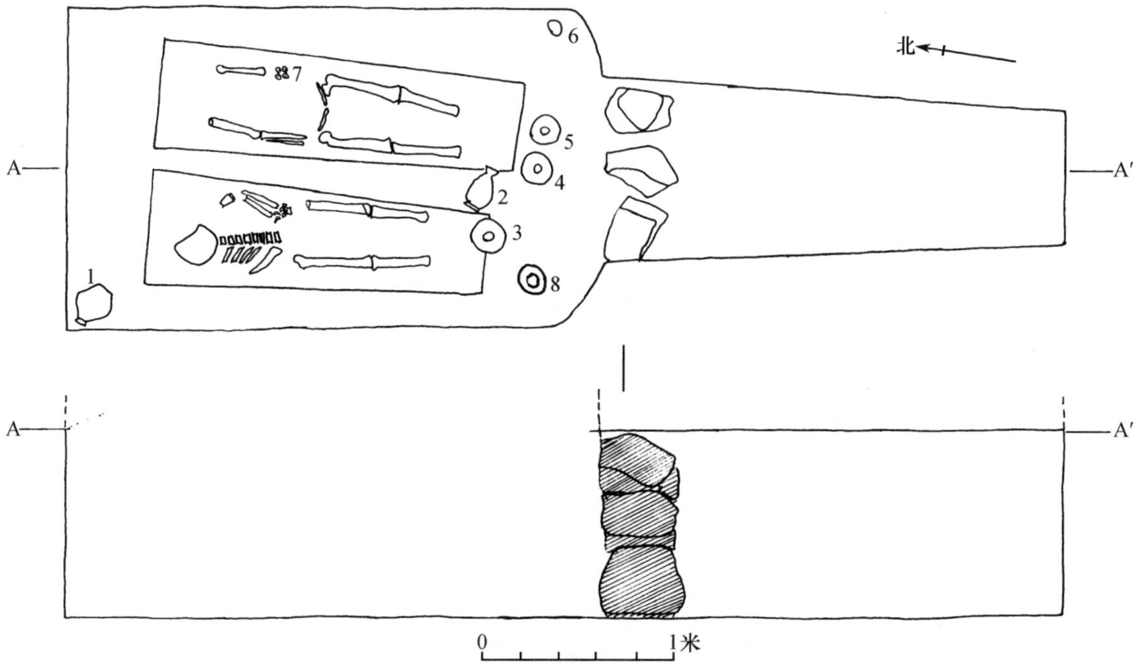

图 7-194 M387 平、剖面图

1. 瓷壶 2. 瓷瓶 3~5. 瓷碗 6. 灯盏 7. 铜钱 8. 瓷缸

瓷罐 1件（M387∶1）。酱釉，通体包釉。小敞口，大鼓腹，平底，矮圈足。口外2对桥形耳。口径8.4、腹径23.6、底径8、高22.2、壁厚0.6~0.8厘米（图7-195，1；图版25-4）。

瓷瓶 1件（M387∶2）。乳白胎，茶绿色釉，釉不包底，釉下刻花。敞口，束颈，溜肩，垂鼓腹，平底，直圈足。颈部饰2周横线，中间饰波浪纹，下线下刻花草纹。口径7.6、腹径13.6、底径7.8、高22、壁厚0.4~1厘米（图7-195，6）。

瓷碗 3件。M387∶4，青釉，釉不包底。碗口沿有砂粒，有匣钵叠烧痕迹。敞口，弧腹，平底，圈足。碗内口沿和碗心各绘2周黑线。口径16.8、底径5.8、圈足0.7、高4.8、厚约0.4厘米（图7-195，5）。M387∶5，灰白胎，黑釉，圈足无釉。内底有刮圈。敞口，弧腹，平底，圈足。口径16、底径5.8、圈足高0.5、高5.6、厚约0.3厘米（图7-195，2）。M387∶3形制同M387∶5。

灯盏 1件（M387∶6）。酱釉，釉不包底。敞口，斜直壁、平底，口径10.8、底径4.8、高3.8、厚0.8厘米（图7-195，3）。

瓷缸 1件（M387∶8）。黄褐胎，酱釉，内部包釉，外部口沿下1周包釉，口沿处釉磨去。圆唇，侈口，鼓腹，下腹斜收，平底微凹。肩部之下饰斜向芦苇纹，近低处饰横向凹槽。口径32、腹径40、底径16、高50、壁厚0.8~1.2厘米（图7-195，4）。

铜钱 5枚。“治平元宝”1枚（M387∶7-1），篆书，旋读。直径2.3厘米（图7-196，1）。“天禧通宝”1枚（M387∶7-2），楷书，旋读。直径2.4厘米（图7-196，2）。“元祐通宝”1枚（M387∶7-3），篆书，旋读。直径2.3厘米（图7-196，3）。“圣宋元宝”1枚（M387∶7-4），行书，旋读。直径2.4厘米（图7-196，4）。年号不清者1枚。

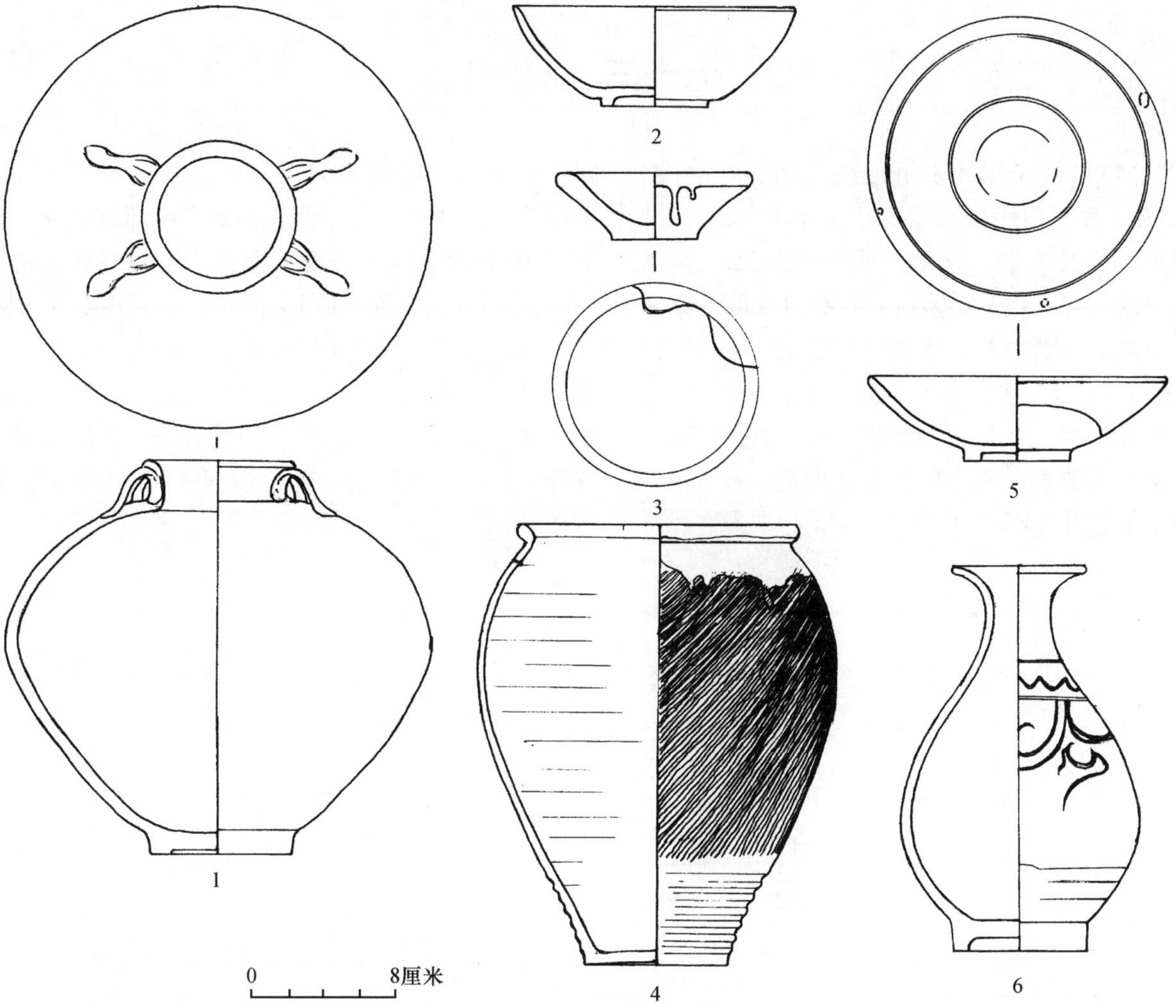

图 7-195　M387 出土器物

1. 瓷罐（M387∶1）　2、5. 瓷碗（M387∶5、M387∶4）　3. 灯盏（M387∶6）　4. 瓷缸（M387∶8）　6. 瓷瓶（M387∶2）

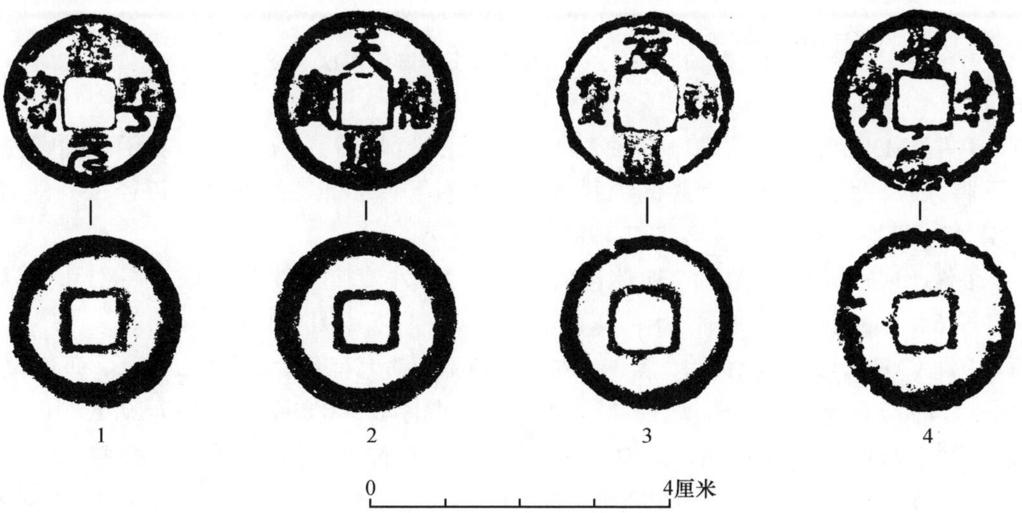

图 7-196　M387 出土钱币

1. 治平元宝（M387∶7-1）　2. 天禧通宝（M387∶7-2）　3. 元祐通宝（M387∶7-3）　4. 圣宋元宝（M387∶7-4）

七十三、M392

M392位于第Ⅰ发掘区的西南部，T1624西部。墓的上部已被破坏，开口于扰土层下，打破M396，残墓口距离地表3米。墓葬形制为土坑洞室墓，方向178°，由墓道和墓室两部分组成。墓道平面呈长方形，直壁、平底，长2.2、宽1.2、残深0.68米。填土呈浅黄褐色，土质略硬，内含红土块、灰土块及料姜石。墓室为弧顶（坍塌），直壁、平底，平面呈圆形，直径2.8、残高0.7米。墓室内有葬具2棺，东西并列放置，平面均为梯形，东棺长1.6、宽0.44~0.6米；西棺长1.72、宽0.38~0.62米。棺内各有人骨1具，腐朽严重。随葬品有12件（组），其中瓷缸1件，放置于墓室西南角；瓷壶1件、铁犁铧1件，放置于墓室西部；瓷碗5件，1件放置于墓室西部，4件置于东棺南端；瓷瓶1件，置于东棺南端；铜镜1件、铜簪1件，置于西棺北部；铜钱5枚（1组），置于东棺北部（图7-197）。

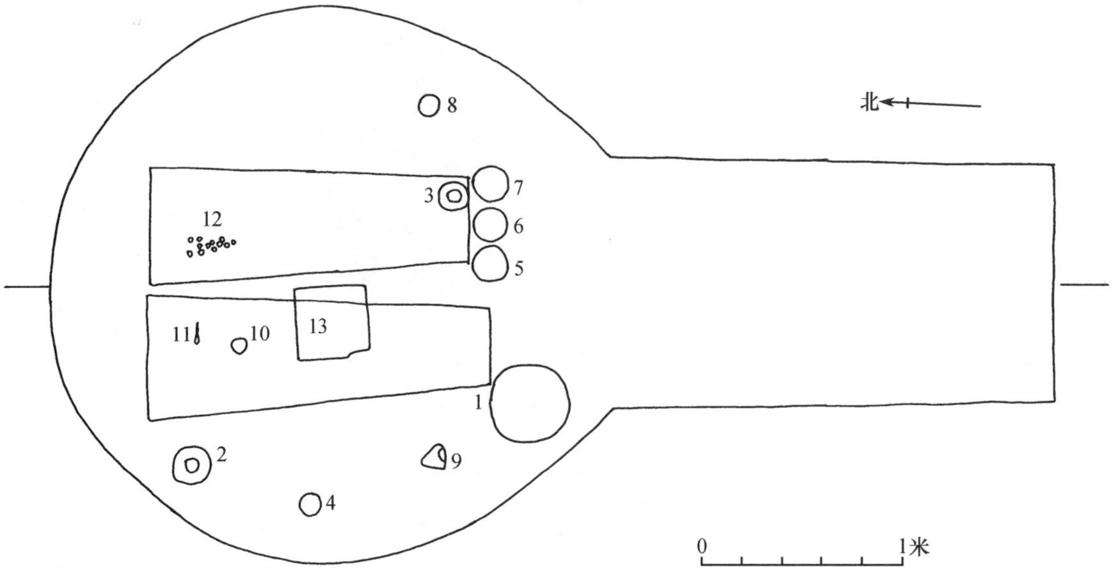

图7-197 M392平面图

1. 瓷缸 2. 瓷壶 3. 瓷瓶 4~8. 瓷碗 9. 铁犁铧 10~12. 铜钱 13. 石块

瓷缸 1件（M392∶1）。红褐胎，酱釉，内部包釉，外部口沿下1周包釉，口沿处釉磨去。圆唇，长鼓腹，下腹弧收，平底内凹。上腹部饰斜向芦苇纹，下腹部饰数周凹槽。口径33、腹径36.4、底径16、高47、壁厚0.8~1.2厘米（图7-198B，1）。

瓷壶 1件（M392∶2）。酱釉，通体包釉。斜折沿，小直口，鼓腹，平底，圈足。腹部中央1周凹槽。口径6.8、腹径20.8、底径8.8、高23、壁厚0.6厘米（图7-198B，4）。

瓷瓶 1件（M392∶3）。浅黄胎，黑釉，釉至下腹部，釉上有开片。敞口，束颈，垂鼓腹，平底，矮圈足近平。口径7.6、腹径15.6、底径7.2、高24.4、壁厚0.5~0.8厘米（图7-198A，4）。

瓷碗 5件。M392∶5，乳白胎，酱釉，内底有刮圈，外釉至中部。口微敛，弧腹，平底，圈足。口径17、底径5.6、高6.4、壁厚0.3~0.5厘米（图7-198A，1）。M392∶6，乳白胎，酱釉，内底有刮圈，外釉至下腹部。直口微敞，深腹，平底，小圈足。口径16、底径5.2、高6.4、壁厚0.3~0.4厘米（图

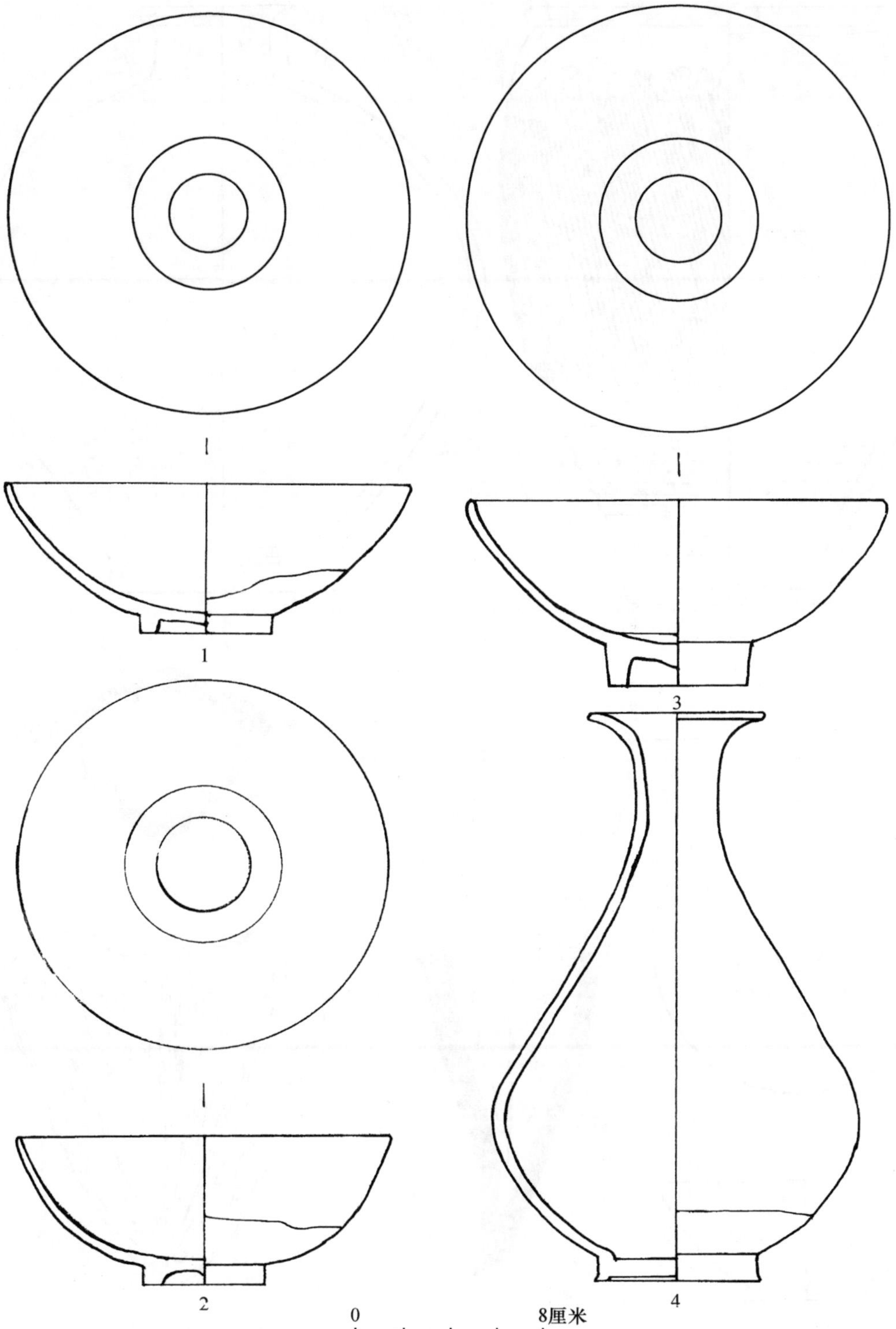

图 7-198A　M392 出土器物

1~3. 瓷碗（M392∶5、M392∶6、M392∶7）　4. 瓷瓶（M392∶3）

7-198A，2）。M392∶7，浅灰褐胎，黑釉，釉不包底，内底有刮圈。直口微内敛，斜弧腹，底中心外凸，高直圈足。口径 18、底径 6、高 8、壁厚 0.4~0.9 厘米（图 7-198A，3）。M392∶8，淡黄胎，酱釉，釉不包底，内底有刮圈。敞口微敛，腹壁较直，平底，圈足，足平。口径 11.6、底径 4.8、

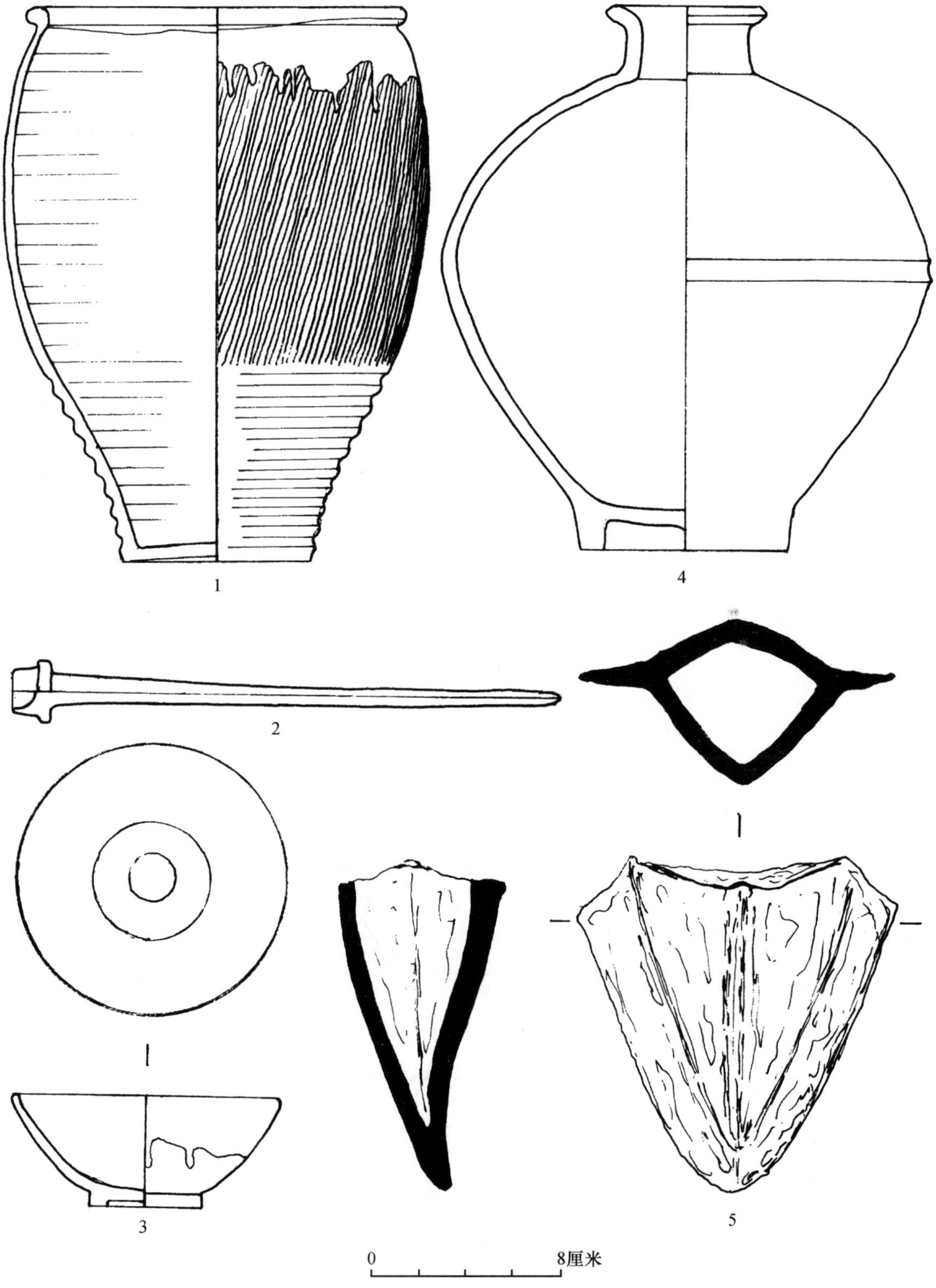

图 7-198B　M392 出土器物

1. 瓷缸（M392∶1）　2. 铜簪（M392∶11）　3. 瓷碗（M392∶8）　4. 瓷壶（M392∶2）

5. 铁犁铧（M392∶9）

高 4.8、壁厚 0.3~0.4 厘米（图 7-198B，3）。M392∶4 形制与 M392∶8 相同。

铁犁铧　1 件（M392∶9）。断面为菱形。长 14、宽 13.6、厚 7 厘米（图 7-198B，5）。

铜镜　1 件（M392∶10）。为善最乐镜。圆形，银锭纽。纽左右两侧各有铭文二字，合为“为善最乐”。素窄卷边。直径 8.2、厚 0.15 厘米（图 7-200）。

铜簪　1 件（M392∶11）。断面三棱形，尾部有尖。长约 11.8 厘米（图 7-198B，2）。

铜钱　5 枚。“皇宋通宝”1 枚（M392∶12-1），篆书，直读，直径 2.3 厘米（图 7-199，1）；楷书 1 枚（M392∶12-2），直读，直径 2.4 厘米（图 7-199，2）。“熙宁元宝”1 枚（M392∶12-3），篆书，旋读。直径 2.3 厘米（图 7-199，3）。“元祐通宝”1 枚（M392∶12-4），行书，旋读。直径 2.4 厘米（图 7-199，4）。“嘉祐元宝”1 枚（M392∶12-5），篆书，旋读。直径 2.3 厘米（图 7-199，5）。

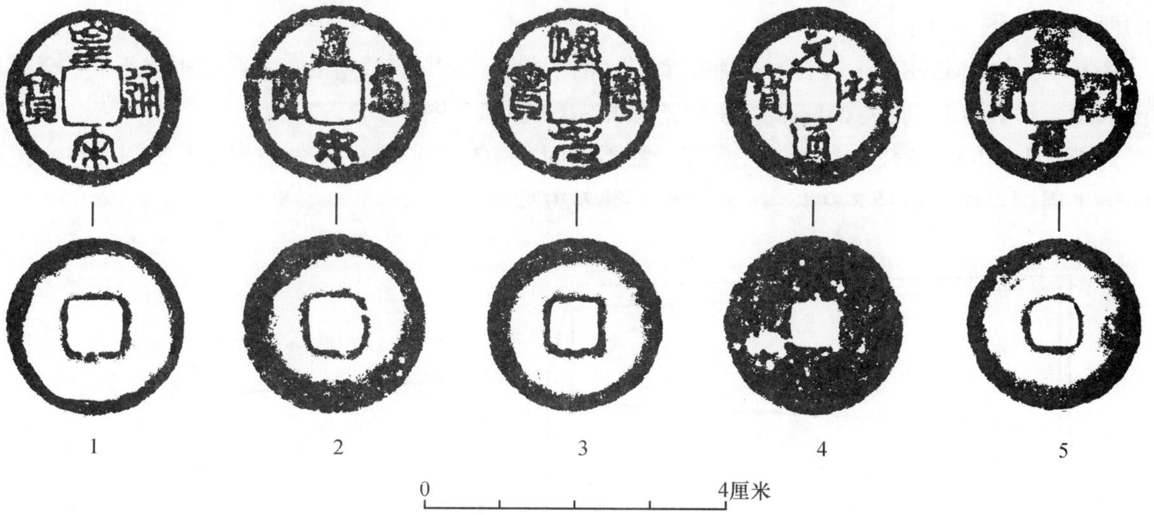

图 7-199　M392 出土钱币

1、2. 皇宋通宝（M392∶12-1、M392∶12-2）　3. 熙宁元宝（M392∶12-3）　4. 元祐通宝（M392∶12-4）
5. 嘉祐元宝（M392∶12-5）

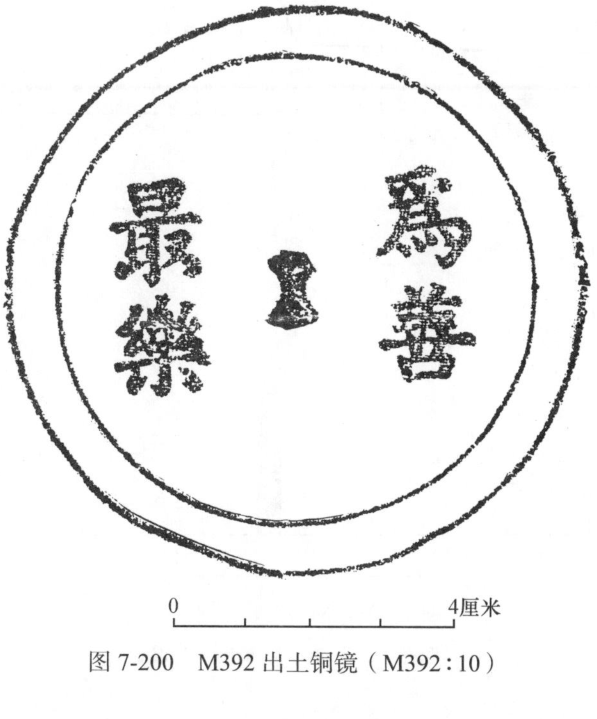

图 7-200　M392 出土铜镜（M392∶10）

七十四、M398

M398位于第Ⅰ发掘区的南部，T1627西南部。墓的上部已被破坏，开口于扰土层下，距地表2.8米。墓葬形制为土坑洞室墓，方向190°，由墓道和墓室两部分组成。墓道位于墓室的南端，平面呈梯形，直壁、平底，长2、宽0.8~1、残深1.8米。填土呈浅黄褐色，土质略硬，内含红土块及料姜石。墓道的北端用一厚约0.08米的石板封堵。墓室为弧顶（坍塌），直壁、平底，平面近长方形，坑壁未经加工，略显粗糙，长2.2、宽1.8~1.9、残高1.3米。墓室内有葬具1棺，棺紧贴墓室东壁，棺内无人架。随葬品有4件，其中瓷杯、灯盏、瓷碗、瓷缸各1件，均放置于墓室的西南端（图7-201）。

瓷杯　1件（M398:1）。白胎，白釉，青花，釉不包底。敞口，微卷沿，深直腹折成平底，窄圈足。绘山水画。口径6.4、底径2.4、高3.8、壁厚0.2~0.3厘米（图7-202，3）。

灯盏　1件（M398:2）。黄褐胎，酱釉，釉不包底。整体厚重。敞口，斜直壁、平底圆形空心把手，沿面上1周圆点纹。口径8~9.4、高4厘米（图7-202，2）。

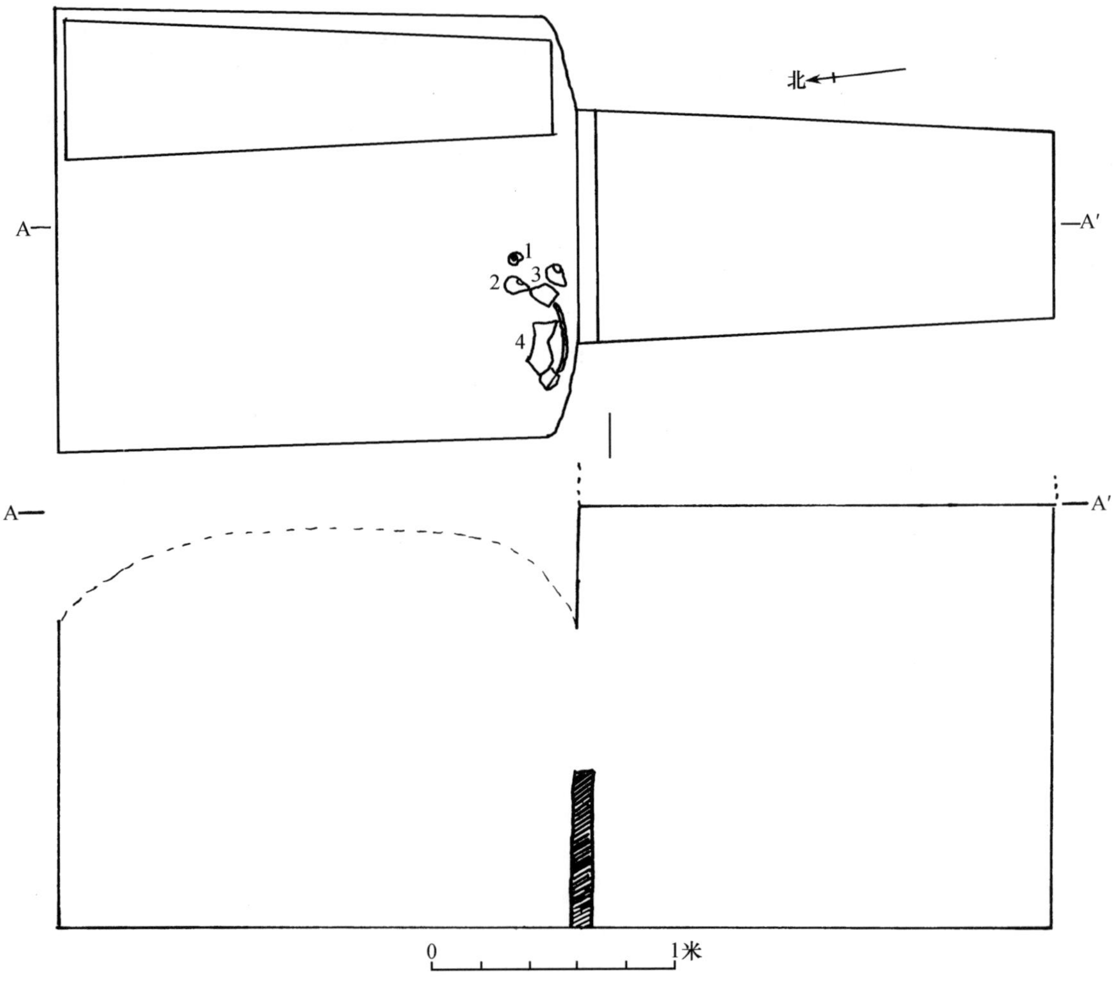

图7-201　M398平、剖面图

1. 瓷杯　2. 灯盏　3. 瓷碗　4. 瓷缸

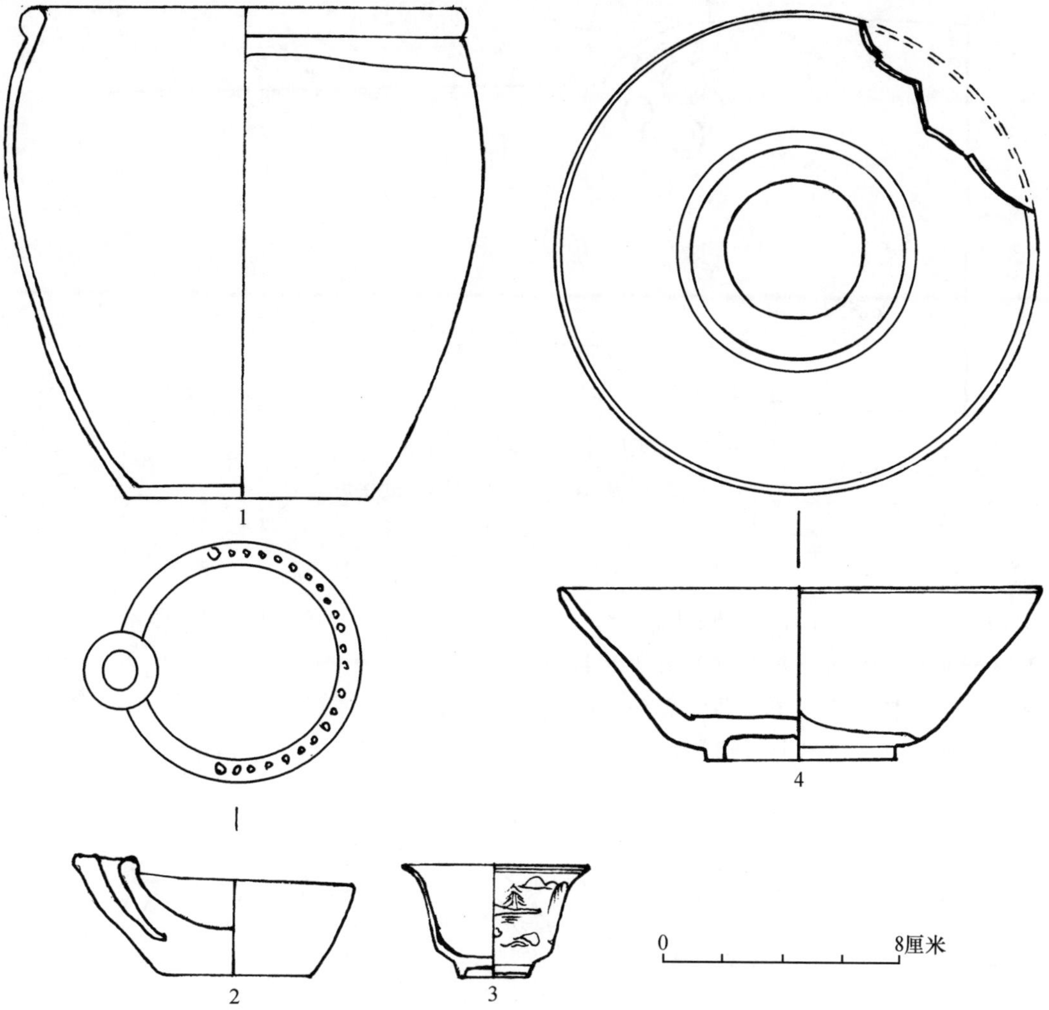

图 7-202　M398 出土器物

1. 瓷缸（M398∶4）　2. 灯盏（M398∶2）　3. 瓷杯（M398∶1）　4. 瓷碗（M398∶3）

瓷碗　1 件（M398∶3）。酱釉，釉不包底，碗内底有涩圈。敞口，斜直壁、平底，圈足。口径 16.2、底径 6.4、高 5.8、壁厚 0.3 厘米（图 7-202，4）。

瓷缸　1 件（M398∶4）。黄褐胎，酱釉，除口沿附近外通体包釉。圆唇，微鼓腹，平底。口径 30、腹径 32、底径 16、高 33、壁厚 0.6~0.8 厘米（图 7-202，1）。

七十五、M408

M408 位于第Ⅴ发掘区西北 300 米处，开口于扰土层下，距地表 2 米。墓葬形制为土坑洞室墓，方向 216°，由墓道和墓室两部分组成，上部被破坏。墓道位于墓室南端，平面呈梯形，直壁、平底，残长 2、宽 0.8~1、深 1 米。填土为黄褐色花土，含少量料姜石。墓室顶残，直壁、平底，底部平面呈梯形，长 1.4、宽 1~1.5、残高 1 米。墓室内人骨 1 具，腐朽严重，仅存部分朽痕。无葬具。随葬品有 5 件（组），其中瓷罐 2 件，灯盏 1 件，瓷炉 1 件，均位于墓室东南角；铜钱 6 枚（1 组），位于墓室西北部（图 7-203）。

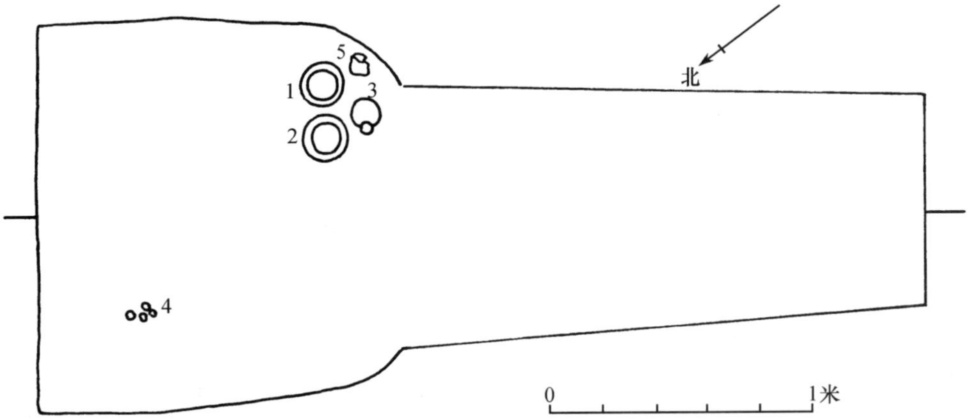

图 7-203　M408 平面图

1、2. 瓷罐　3. 灯盏　4. 铜钱　5. 香炉

瓷罐　2件。M408∶1，黄褐胎，酱釉，釉不包底。直口，尖圆唇，肩微鼓，弧腹，圈足很矮。肩上部均匀分布有4系。口径10.8、底径8、腹径14.8、高14.4、壁厚0.4~0.6厘米（图7-204，2）。M408∶2与M408∶1形制基本一致（图7-204，1）。

灯盏　1件（M408∶3）。黄褐胎，酱釉，釉不包底。盏口圆形，敞口，斜壁，平底，一侧有圆形把手，把手及盏体内部中空。口沿上压印有大半周联珠纹。口径8.4、底径6、高3.6厘米（图7-204，3）。

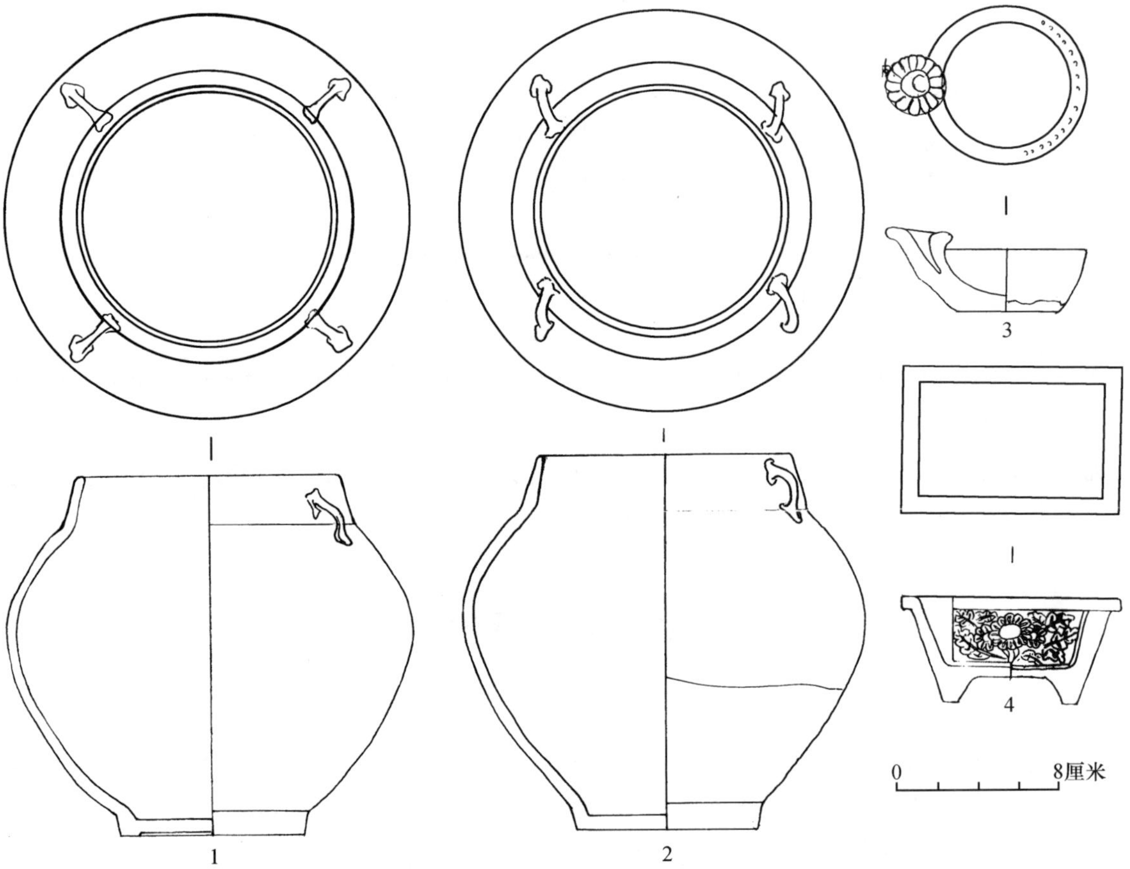

图 7-204　M408 出土器物

1、2. 瓷罐（M408∶2、M408∶1）　3. 灯盏（M408∶3）　4. 瓷炉（M408∶5）

瓷炉 1件（M408:5）。黄褐胎，蓝釉，仅口沿附近包釉。平面长方形，敞口，平折沿，方唇，斜直腹，底附四矮方足。腹部四面均压印有缠枝花卉。上口长10.4、宽7.2、高5.2厘米（图7-204，4）。

铜钱 6枚。“元丰通宝”1枚（M408:4-1），篆书，旋读，直径2.4厘米（图7-205，1）。“景德元宝”1枚（M408:4-2），楷书，旋读，直径2.4厘米（图7-205，2）。“至和通宝”1枚（M408:4-3），楷书，直读，直径2.4厘米（图7-205，3）。年号不清者3枚。

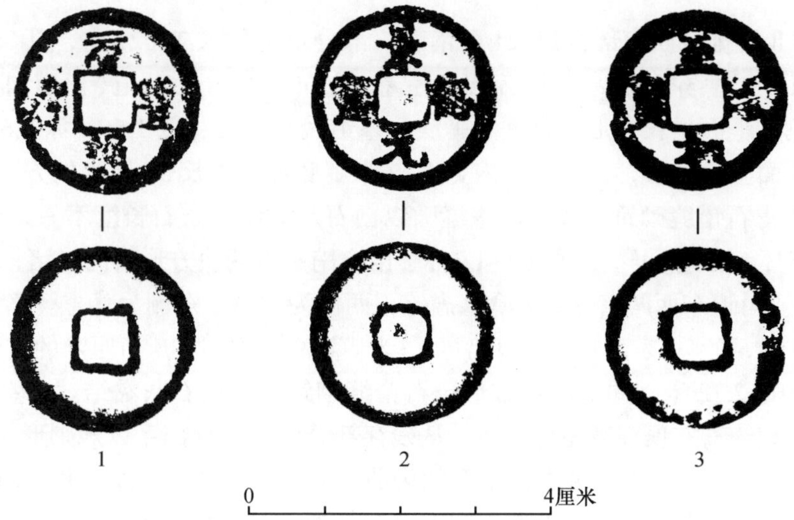

图7-205 M408出土钱币

1. 元丰通宝（M408:4-1） 2. 景德元宝（M408:4-2） 3. 至和通宝（M408:4-3）

七十六、M413

M413位于第Ⅴ发掘区西北300米处，开口于扰土层下，距地表2米。墓葬形制为土坑洞室墓，方向203°，由墓道和墓室两部分组成，墓室被近代墓打破。墓道位于墓室南端，平面呈长方形，直壁、平底，残长1.4、宽0.6、深0.6米。填土为黄褐色花土，含少量料姜石。墓室顶残，直壁、平底，底部平面呈长方形，长1.8、宽1.4、残高0.6米。墓室内葬具和人骨腐朽严重。随葬品有1件瓷罐，位于墓室西南部（图7-206）。

瓷罐 1件（M413:1）。白胎，酱釉，釉至下腹部。直口微敛，深直腹，假圈足。口和上腹部附加2个竖耳，耳上刻2道竖槽。口径12.4、腹径13.8、底径8.6、高17.3厘米（图7-207）。

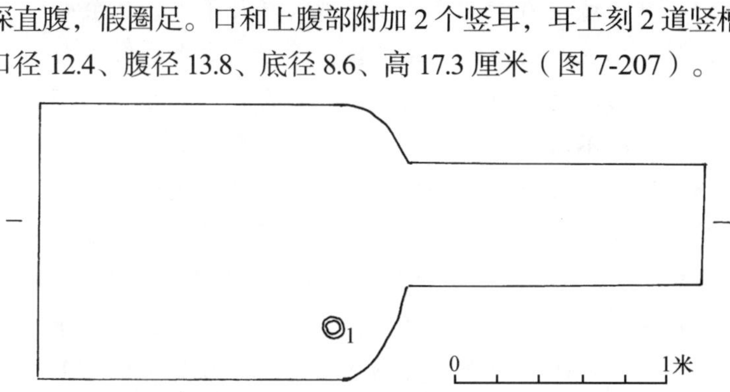

图7-206 M413平面图

1. 瓷罐

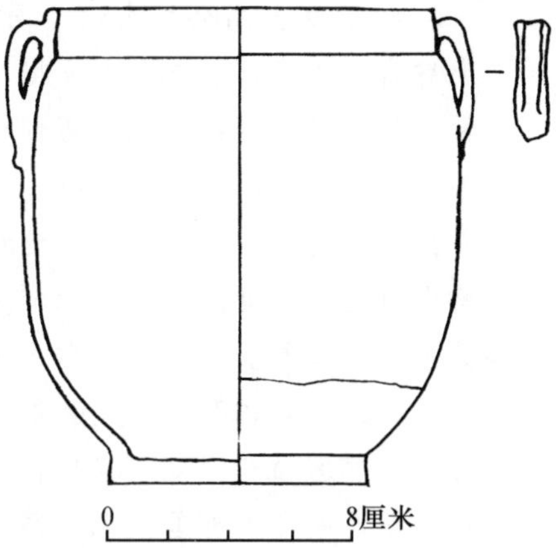

图7-207 M413出土瓷罐（M413:1）

第三节 砖、石室墓

一、M150

M150位于第Ⅱ发掘区西南部，T1121西南部，部分墓道伸入T1021内，开口于耕土层下，打破M106墓道和M170。墓葬形制为“甲”字形石室墓，方向353°，由墓道、甬道和墓室三部分组成。墓道位于甬道南侧，平面呈长方形，直壁、平底，墓道残长1.52、宽1.56、深8.6米。甬道位于墓道与墓门之间，平面呈长方形，长1.48、内宽1.12米。底部以边长36厘米的方形青砖错缝平铺，两侧墙壁以长条形青石错缝砌筑而成，墙壁缝隙以白石灰黏结。条石长度不一，厚度约20厘米。顶部遭晚期盗扰破坏，情况不详，残高1.1~1.3米。甬道南端以两块方形石门封堵，每扇石门宽0.54、高1.1、厚0.12米。甬道东西两壁分立1盒墓志铭，西侧为志盖，东侧为墓志。墓室位于甬道北侧，底墓圹平面呈长方形，墓室圹东西长4.2、南北宽3.3米。墓室底部以边长36厘米的方形青砖错缝平铺，东西长3.28、南北宽2.72米。周壁以长方形条石错缝砌筑，以白石灰黏结。墓室外壁与墓室圹之间的空隙以碎石填充。墓室顶部遭盗扰破坏，从残存部分辨知，顶部系以规则形长条石并砌起券，缝隙间以白石灰黏接。墓室北壁0.8米以上开始内收起券，南壁1.1米以上开始内收起券，现存墓室顶部距墓室底部深2.1米。墓室与甬道之间有墓门相通，墓门宽0.9、高1.02米。墓室顶部上端填充一层厚约1米、大小不一的乱石，作为防盗设施。墓室内因多次被盗扰而显得较为零乱不堪，葬具及人骨散乱无序。人骨仅残存一头骨，位于墓室东北角。墓门内侧设一石供香案。被掀向一边。墓内填土呈红褐色，经夯打，含大量料姜石，墓圹外侧有多个斜向圆形盗洞。随葬品有5枚铜钱（图7-208）。

铜钱　5枚。“崇宁重宝”2枚，隶书，直读。M150∶1-1、2，直径3.6厘米（图7-209，1、2）。“景德元宝”1枚（M150∶1-3），楷书，旋读。直径2.3厘米（图7-209，3）。“天禧通宝”1枚（M150∶1-4），楷书，旋读。直径2.4厘米（图7-209，4）。“咸平元宝”1枚，楷书，旋读。直径2.4厘米。年号不清者1枚。

墓志铭　1盒。均为方形青石制成。志盖长65、宽65、厚13厘米。上篆书：“明故处士高公之墓”。墓志长65、宽65、厚13厘米（图7-210）。上楷书：

> 明故处士高公墓志铭　同邑举人春生袁公冕撰　弟邑学生端冕书并篆　邑有隐君子高翁者，以寿终。邑之人士惜之，咸曰：翁，诚信君子也。天乎酷哉。翁孙子进，从余弟学。廼一日因余弟授状，丐铭于余，余辞未已也，廼为之。铭文曰：呜呼，自世降俗毕而弗古也，于是乎忠厚之务弃，浮薄之尚兴，而大道日益以离矣。余忧其将遂，慼慼乎不可复振也，廼亦有敦本崇质不为移易者，此其人不足称哉。于是乎曰：诚信君子兹非其孔子所谓直道行之邪。状言翁性孝友。其事父母，父母曰是能事我。其事兄，兄曰是能事我。其宗与人曰然。翁自少服贾人，事善生生，比老累巨万矣。或问其术，翁曰吾亡能，吾求售也缓，故其积厚，取直也廉，故其获愽。吾亡能，或效其所为竟不翁若也。翁平居甚约，至于奉宾客佐公上则一無所悋。毅皇帝戊寅（1518）岁，邑大水，居民被漂溺。翁尝为哺饥掩胔。明年己卯复大歉，翁又尝为出粟于官以赈。其全活者颇多。邑人弭姓负翁责几千缗，翁以其厄，悉蠲其偿。此皆其大可指推者。若其属纩之际，神朗气冲，遗言示诫，约而能理。兹非其资之近厚邪。昔太史公传货殖，至拟以封君载籍，亦称陶朱之富，翁岂其

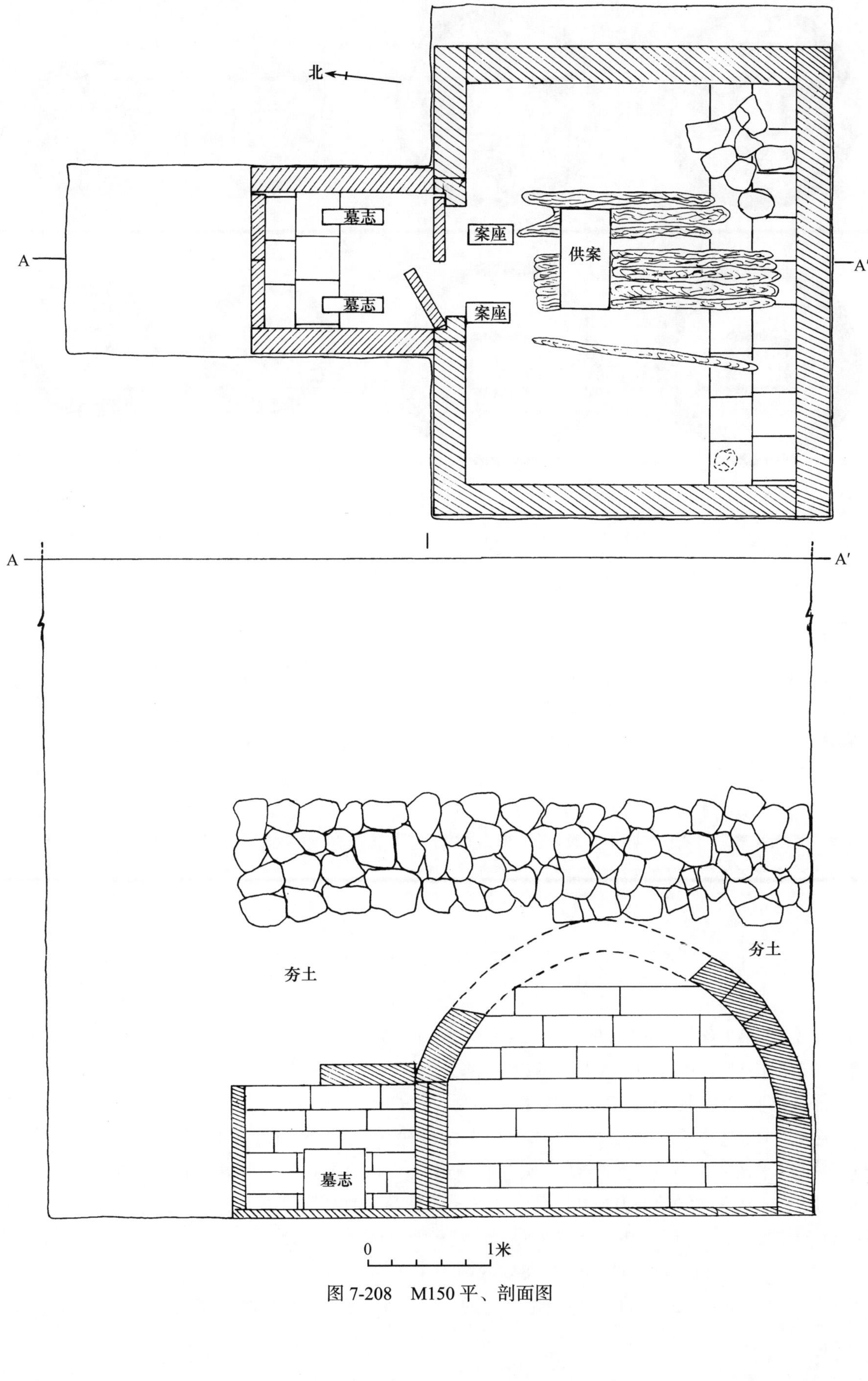

图 7-208 M150 平、剖面图

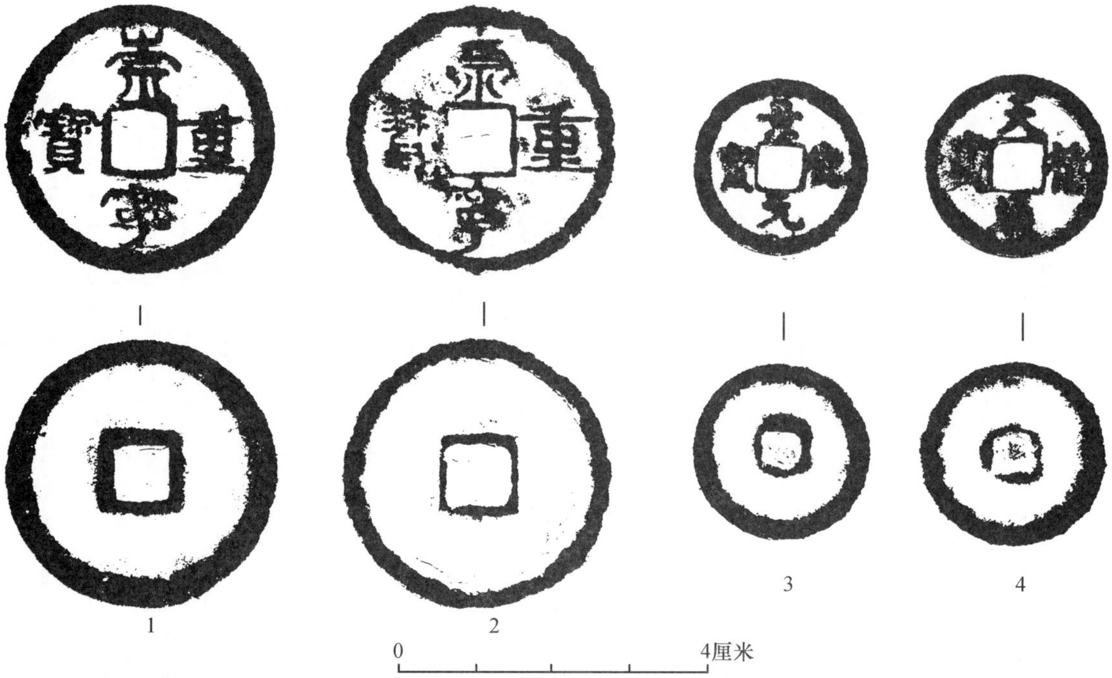

图 7-209　M150 出土钱币

1、2. 崇宁重宝（M150∶1-1、M150∶1-2）　3. 景德元宝（M150∶1-3）　4. 天禧通宝（M150∶1-4）

俦与，要亦何可少也。余自为诸生时，尝及识翁，乐易而有礼，樸然长者也，居久益信。呜呼，诚信之说不其然乎，不其然乎？翁讳淮，字宗阳。世为章丘人。其先曰：仁兴。曾大父曰：伯岗。大父曰：谦。父谦生四子，而翁少以得年称。翁云翁配王继牛，先卒。继宋次。王与翁曰宜子。男一，曰智，听选官。女三，一適士人王国珎，一適士人张一元，一尚幼。孙男子二，曰进，国子生；曰运，幼。孙女子一，幼。翁生于正统十三年（1448）四月初六日，殁于正德十六年（1521）四月十三日，春秋为七十又四岁。用嘉靖元年（1522）十一月十八日葬于城北女郎山故茔之西。铭曰：厚其生不失其名，是之谓荣。斯翁之所以为人之称亦天有以成之乎　镌字匠夏瓒夏文玘。

二、M228

M228 位于第Ⅱ发掘区的西部，T1224 的西北部，扰土层下开口，距地表 1.5 米。墓葬形制为砖室墓，方向 185° ，由墓道、墓门和墓室三部分组成。墓道位于墓室南部，平面长方形，长 2.2、宽 1.6、深 3.9 米。墓门位于墓室南壁中部，券顶，门高 1.3、宽 1 米。墓室底部墓圹平面呈长方形，长 7.1、宽 4.2 米。墓室四壁下部用大小不等的石块砌垒，墙厚 0.58 米。距墓底 1.54 米高处开始起券，采用青砖错缝平砌、白灰勾缝的方法逐层内收成券顶。券顶高 0.94、厚 0.5 米。所用青砖长 32、宽 16、厚 8 厘米。墓室内淤土厚 0.6~0.9 米。墓室内葬具及人骨朽腐严重，头向北，葬式为仰身直肢。随葬品有 11 件，其中瓷罐 2 件、瓷碗 2 件、青花瓷盘 2 件、青花酒杯 1 件、银簪 1 件、铜镜 1 件、铜带饰 1 件、铜钱 6 枚，随葬器物分布在墓内填土中（图 7-211）。

瓷碗　2 件。M228∶2，酱釉，灰白胎，外釉至下腹部。碗内底有垫圈支烧的痕迹。敞口，深弧腹，

明故處士高公墓誌銘
同邑舉人眷生袁公冕撰　郡邑學生端冕書并篆
邑有隱君子高翁者以壽終邑之人士惜之咸曰翁誠信君子也天乎酷
哉翁孫子進從余弟學迺一日因余弟授狀丐銘於余余辭未巳也迺爲
之銘文曰嗚乎自世降俗卑而弗古也於是乎忠厚之務棄浮薄之尚興
而大道日益以離矣余憂其將遂逕逕乎不可復振也迺亦有敦本崇質
不爲移易者此其人不足稱哉於是乎曰誠信君子茲非其孔子所謂直
道行之邪狀言翁性孝友其事父母父母曰是能事我其事兄兄曰是能
事我其宗與人曰然翁自少服賈人事善生生比老累巨萬矣或問其術
翁曰吾亡能吾求售也緩故其積厚取直也廉故其獲博吾亡能或效其
所爲竟不翁若也翁平居甚約至於奉賓客佐公上則一無所恡
毅皇帝戊寅歲邑大水居民被漂溺翁嘗爲哺餞掩骼明年己卯復大歉翁
又嘗爲出粟於官以賑其全活者頗多邑人弭姓負翁責幾千緡翁以其
厄悉蠲其償此皆其大可指推者若其屬纊之際神朗氣冲遺言示誡約
而能理茲非其貲之近厚邪昔太史公傳貨殖至擬以封君載籍亦稱陶
朱之富翁豈其儔與要亦何可少也余自爲諸生時嘗及識翁樂易而有
禮樸然長者也居久益信嗚乎誠信之說不其然乎不其然乎翁諱淮字
宗陽世爲章丘人其先曰仁興曾大父曰伯嵩大父曰譓父譓生四子而
翁少以得年稱翁云翁配王繼牛先卒繼宋次王與翁曰宜子男一曰智
聽選官女三一適士人王國珎一適士人張一元一尚幼孫男子二曰進
國子生曰運幼孫女子一幼翁生於正統十三年四月初六日歿於正德
十六年四月十三日春秋爲七十又四歲用嘉靖元年十一月十八日葬
於城北文郎山故塋之西銘曰厚其生不失其名是之謂榮斯翁之所以
爲人之稱亦天有以成之乎　鐫字匠夏瓚夏文玘

图 7-210　M150 出土墓志

平底，圈足。口径 16.6、底径 6.6、高 5.8、厚 0.4 厘米（图 7-212，1）。M228∶10，乳白胎，黑釉，内底有刮圈，外釉至口下部。敛口，斜弧腹，平底，圈足。口径 17.2、底径 6、高 7、壁厚 0.3~0.5 厘米（图 7-212，2）。

银簪　1 件（M228∶5）。长锥形，剖面六边形，簪头为五瓣花形。长 8.7 厘米（图 7-212，7）。

瓷罐　2 件。M228∶6，浅黄胎，黑釉，外釉至下腹部。敛口，溜肩，鼓腹，最大腹径偏下，平底实足。肩部和口部附加 1 对桥形耳。口径 5、腹径 8、底径 3.6、高 8.8、壁厚 0.3~0.4 厘米（图 7-212，4）。M228∶3，形制同 M228∶6。

青花瓷盘　2 件。M228∶7，白胎，白釉，青花。敞口，尖圆唇，浅弧腹，平底，宽圈足。外壁饰花卉纹，盘心双线圈内饰小桥花卉纹。口径 14.8、底径 8、高 3.6、壁厚 0.2~0.5 厘米（图 7-212，6；图版 29-1）。M228：8，白胎，白釉，青花。敞口，尖圆唇，浅弧腹，平底，宽圈足。外壁饰花卉纹，盘心双线圈内饰小桥花卉纹。口径 15.2、底径 9.6、高 3.4、壁厚 0.2~0.3 厘米（图 7-212，3；图版 29-2）。

青花瓷杯　1 件（M228:9）。白胎，白釉，青花。敞口，尖圆唇，深弧腹，圈足。外施饰花草纹。内壁口沿下 1 周锦纹，杯心双线圈内绘山水图案。底书“宣德年造”款。口径 6.8、底径 2.8、高 3.2、壁厚 0.2~0.3 厘米（图 7-212，8；图版 29-4）。

铜带饰　1 件（M228：11）。形状似龟。长约 5.2、最宽 3.2 厘米（图 7-212，5）。

铜钱　61 枚。“元丰通宝”6 枚，篆书 4 枚，旋读，M228：4-1，直径 3 厘米（图 7-213，1），M228：4-2，直径 2.4 厘米（图 7-213，2），M228：4-27，直径 2.3 厘米（图 7-312，27）；行书 2 枚，旋读，M228：4-3，直径 2.4 厘米（图 7-213，3）。“元祐通宝”6 枚，行书 4 枚，旋读，M228：4-4，直径 3 厘米（图 7-213，4），M228：4-5，直径 2.5 厘米（图 7-213，5）；篆书 2 枚，旋读，M228：4-6，直径 2.9 厘米（图 7-213，6），M228：4-7，直径 2.3 厘米（图 7-213，7）。“嘉祐通宝”3 枚，篆书，直读，M228：4-8，直径 2.4 厘米（图 7-213，8）。“淳化元宝”1 枚（M228：4-9），楷书，旋读。直径 2.4 厘米（图 7-213，9）。“大观通宝”7 枚，楷书，直读。M228:4-10~16，直径 2.4 厘米（图 7-213，10~16）。“明道元宝”2 枚，篆书，旋读。M228：4-17、18，直径 2.5 厘米（图 7-213，17、18）。“咸

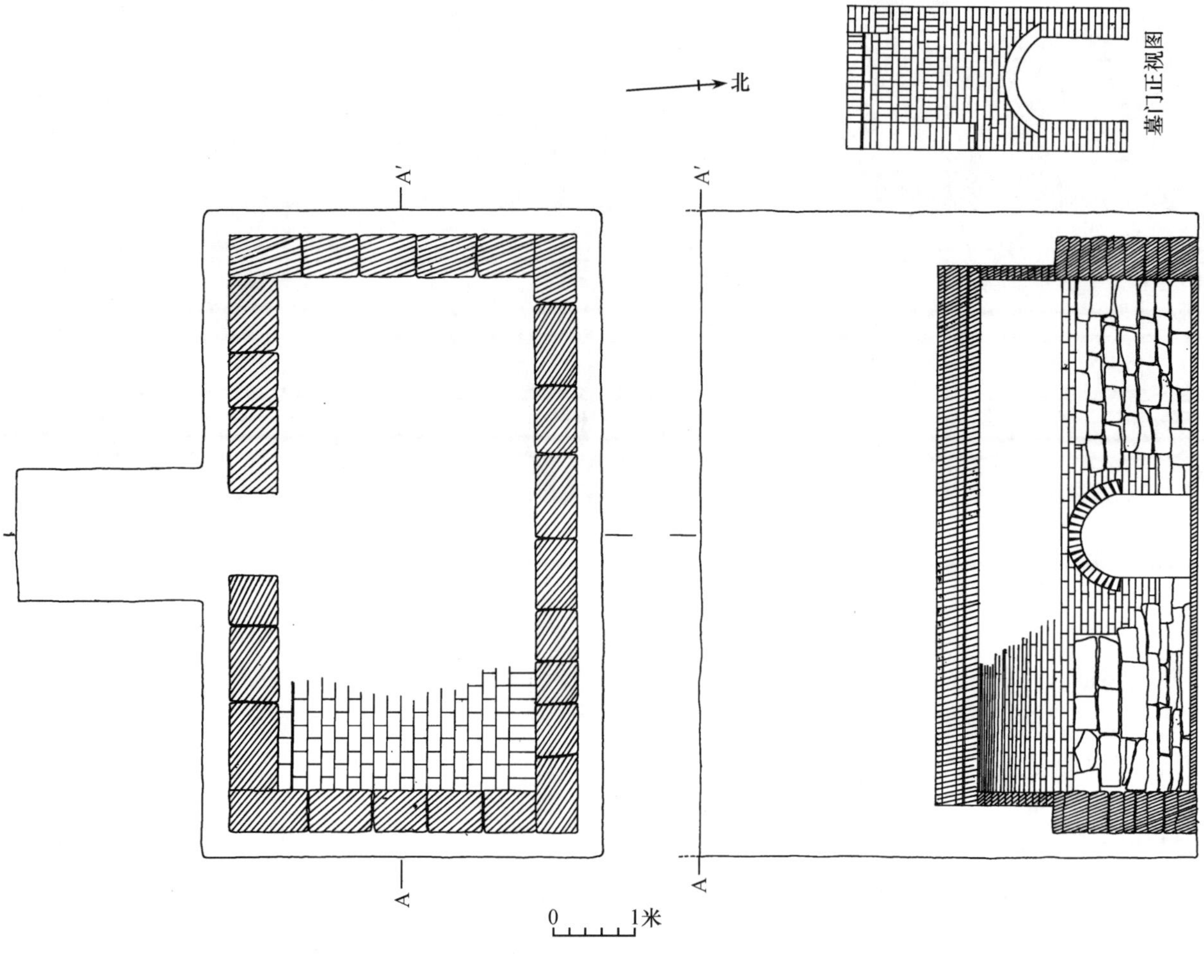

图 7-211　M228 平、剖面图

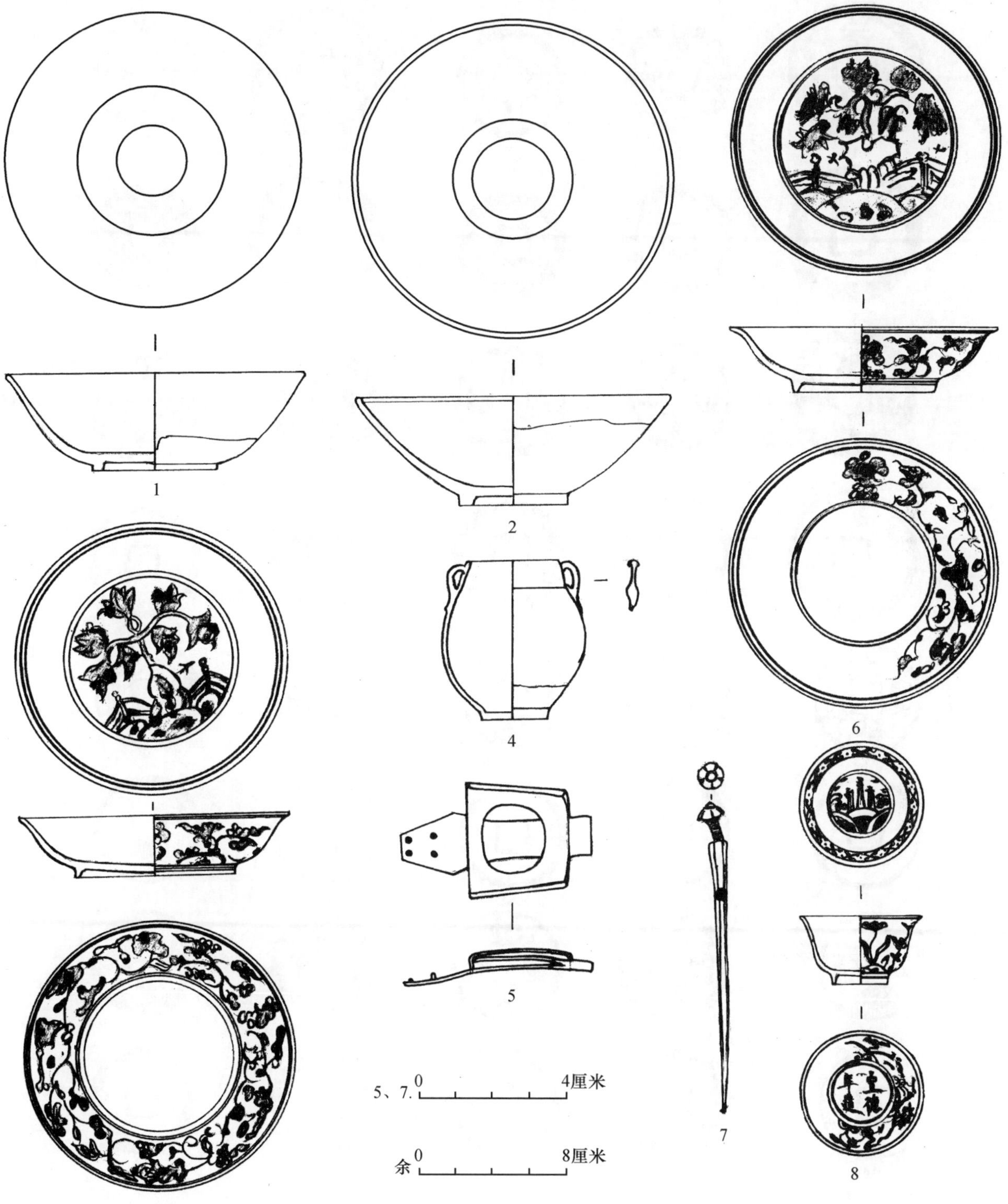

图 7-212　M228 出土器物

1、2. 瓷碗（M228∶2、M228∶10）　3、6. 青花瓷盘（M228∶8、M228∶7）　4. 瓷罐（M228∶6）
5. 铜带饰（M228∶11）　7. 银簪（M228∶5）　8. 青花瓷杯（M228∶9）

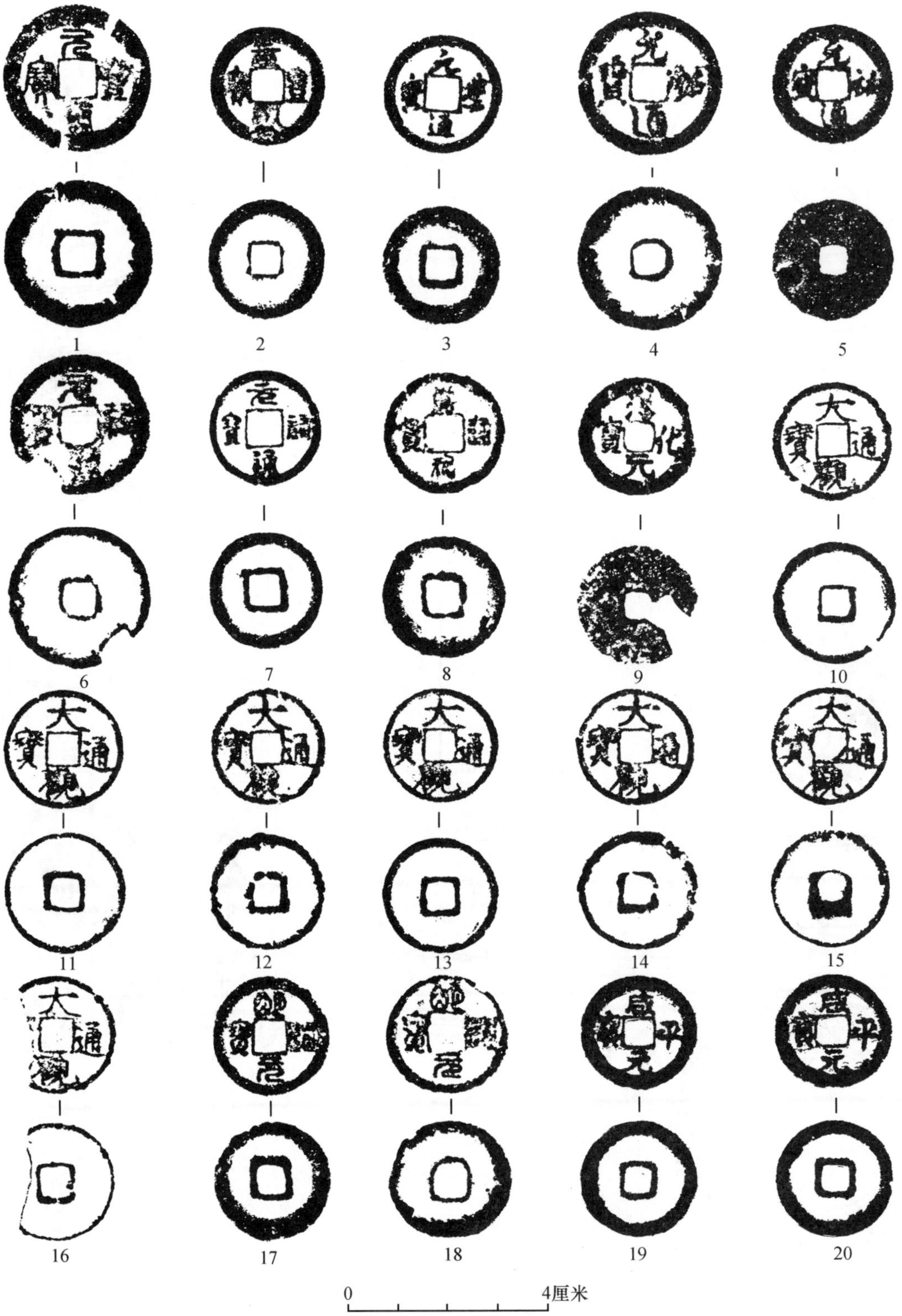

图 7-213　M228 出土钱币

1~3. 元丰通宝（M228∶4-1、M228∶4-2、M228∶4-3）　4~7. 元祐通宝（M228∶4-4、M228∶4-5、M228∶4-6、M228∶4-7）　8. 嘉祐通宝（M228∶4-8）　9. 淳化元宝（M228∶4-9）　10~16. 大观通宝（M228∶4-10、M228∶4-11、M228∶4-12、M228∶4-13、M228∶4-14、M228∶4-15、M228∶4-16）　17、18. 明道元宝（M228∶4-17、M228∶4-18）　19、20. 咸平元宝（M228∶4-19、M228∶4-20）

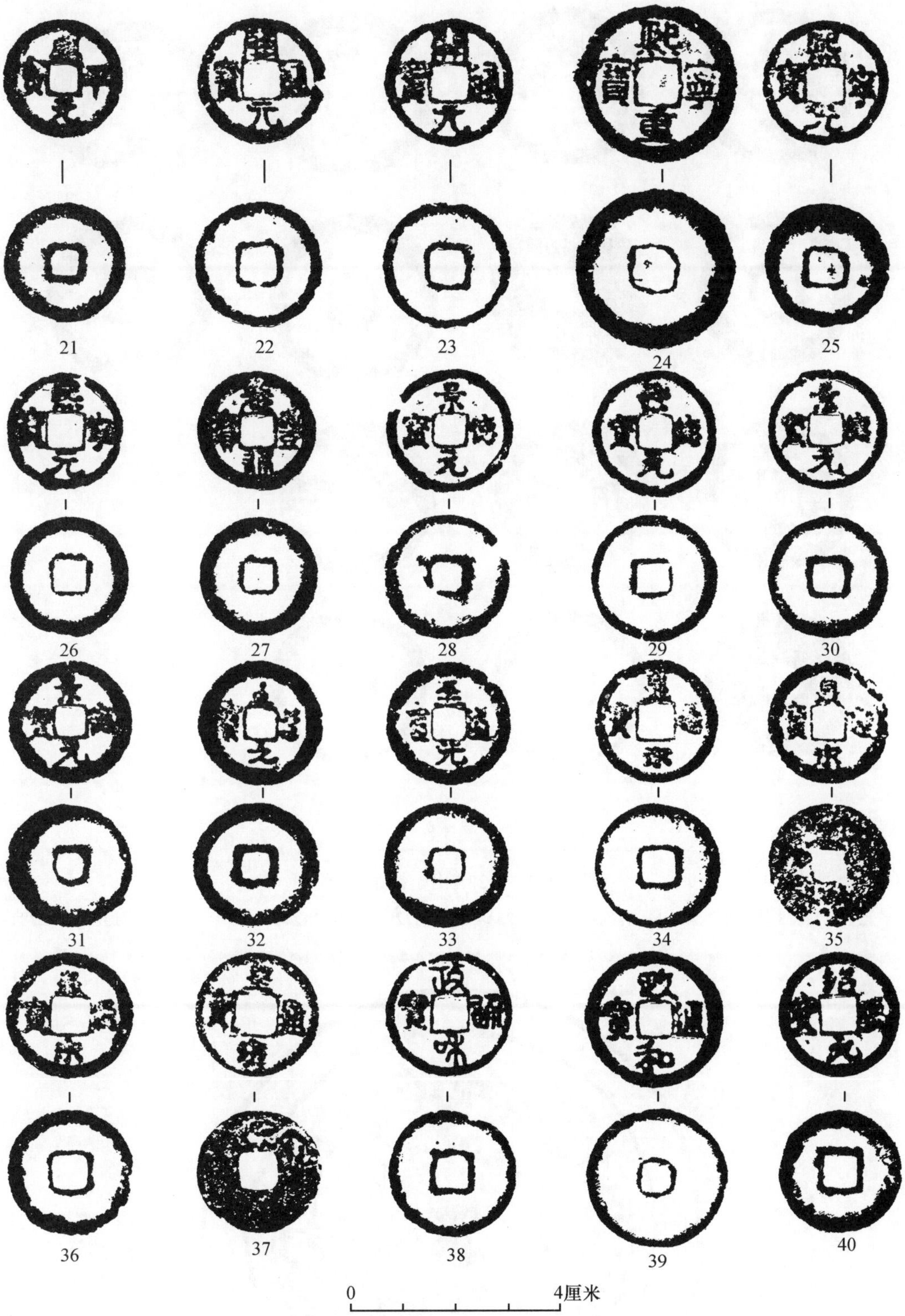

图 7-213 M228 出土钱币（续）

21. 咸平元宝（M228∶4-21） 22、23. 开元通宝（M228∶4-22、M228∶4-23） 24. 熙宁重宝（M228∶4-24） 25、26. 熙宁元宝（M228∶4-25、M228∶4-26） 27. 元丰通宝（M228∶4-27） 28~31. 景德元宝（M228∶4-28、M228∶4-29、M228∶4-30、M228∶4-31） 32、33. 至道元宝（M228∶4-32、M228∶4-33） 34~37. 皇宋通宝（M228∶4-34、M228∶4-35、M228∶4-36、M228∶4-37） 38、39. 政和通宝（M228∶4-38、M228∶4-39） 40. 绍圣元宝（M228∶4-40）

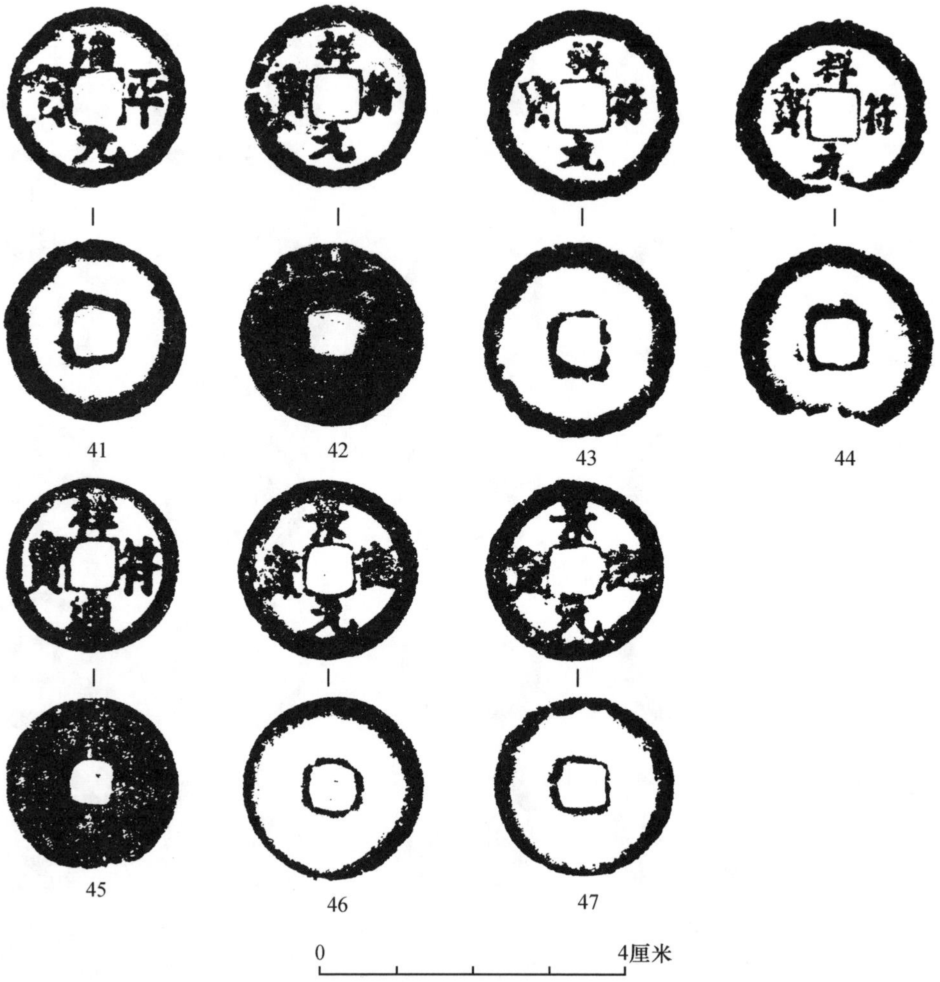

图 7-213　M228 出土钱币（续）

41. 治平元宝（M228∶4-41）　42~44. 祥符元宝（M228∶4-42、M228∶4-43、M228∶4-44）　45. 祥符通宝（M228∶4-45）
46、47. 景德元宝（M228∶4-46、M228∶4-47）

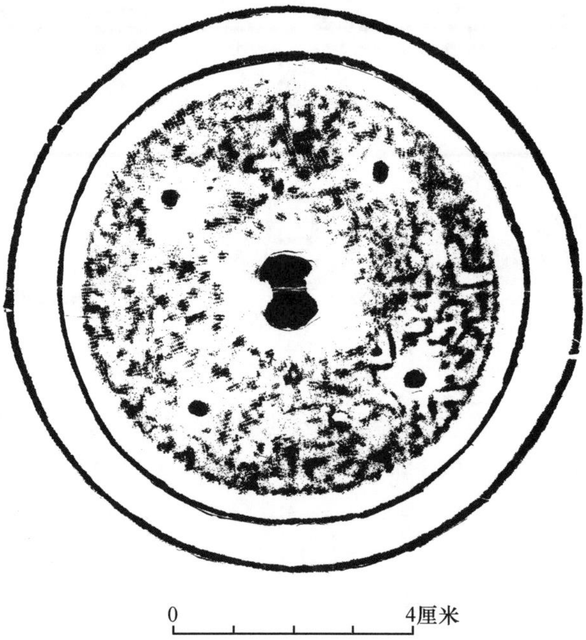

图 7-214　M228 出土铜镜（M228∶1）

平元宝”3枚，楷书，旋读。M228∶4-19~21，直径2.4厘米（图7-213，19~21）。“开元通宝”2枚，楷书，直读。M228∶4-22、23，直径2.5厘米（图7-213，22、23）。“熙宁重宝”1枚（M228∶4-24），楷书，旋读，花穿。直径3.1厘米（图7-213，24）。“熙宁元宝”2枚，楷书，旋读。M228∶4-25，直径2.5厘米（图7-213，25）；M228∶4-26，直径2.3厘米（图7-213，26）。“景德元宝”6枚，楷书，旋读。M228∶4-28~31、46、47，直径2.4厘米（图7-213，28~31、46、47）。“至道元宝”2枚，草书1枚（M228∶4-32），旋读，直径2.4厘米（图7-213，32）；楷书1枚（M228∶4-33），旋读，直径2.4厘米（图7-213，33）。“皇宋通宝”5枚，楷书4枚，直读，M228∶4-34~37，直径2.5厘米（图7-213，34~37）；篆书1枚，直读，直径2.4厘米。“政和通宝”2枚，篆书1枚（M228∶4-38），直读，直径2.5厘米（图7-213，38）；楷书1枚（M228∶4-39），直读，直径2.8厘米（图7-213，39）。“绍圣元宝”1枚（M228∶4-40），行书，旋读。直径2.4厘米（图7-213，40）。“治平元宝”1枚（M228∶4-41），楷书，旋读。直径2.4厘米（图7-213，41）。“祥符元宝”3枚，楷书，旋读。M228∶4-42、43，直径2.5厘米（图7-213，42、43）；M228∶4-44，直径2.4厘米（图7-213，44）。“祥符通宝”1枚（M228∶4-45），楷书，旋读。直径2.3厘米（图7-213，45）。年号不清者1枚。

铜镜　1件（M228∶1）。明仿汉四乳博局纹镜。圆形，银铤纽，纽外方格“T”、“L”、“V”纹，素窄缘，缘内高低2圈凸弦纹。四乳钉，镜面微凸。直径9.7厘米（图7-214；图版32-4）。

第八章　清代墓葬

清代墓葬共发掘105座，其中土坑竖穴墓50座，土坑洞室墓51座，砖室墓4座。

第一节　土坑竖穴墓

一、M13

M13位于第Ⅰ发掘区的东北部，T1930东北部，打破M14，墓葬形制为长方形土坑竖穴墓。上部遭严重破坏，去掉耕土层即发现葬具及人骨痕迹。墓圹底部长2.6、宽1.6、残深0.1米。墓底有葬具2棺，其中1棺未完全腐朽，该墓为晚清墓葬（图8-1）。

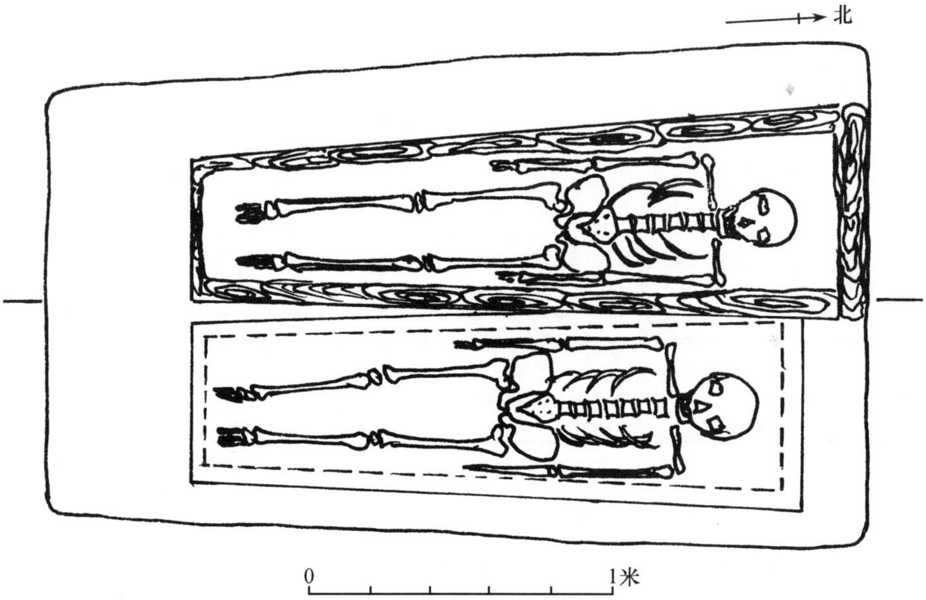

图8-1　M13平面图

二、M14

M14位于第Ⅰ发掘区的东北部，T1930东北处，开口耕土层下，距地表约0.35米，东南部被M13所打破。墓葬形制为土坑竖穴墓，方向357°，墓圹平面呈长方形，直壁、平底，长3、宽1.28、深1米。填土为黄褐色花土，结构疏松。墓底有葬具1棺，棺木腐朽严重，平面呈长方形，长2.2、宽0.8米。人骨保存较差，葬式为仰身直肢。无随葬品（图8-2）。

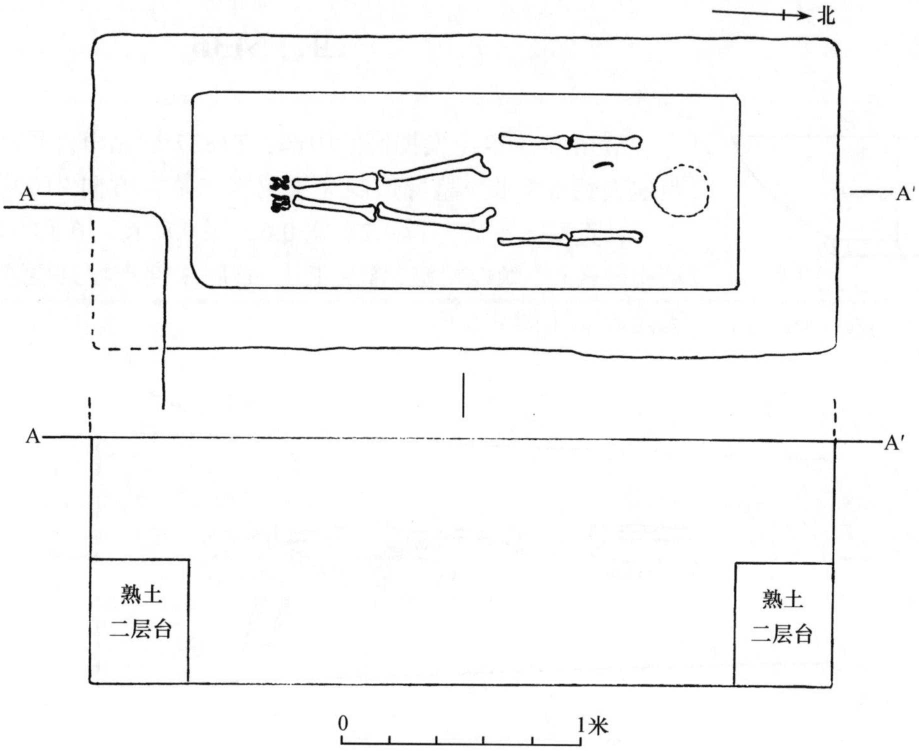

图 8-2　M14 平、剖面图

三、M35

M35 位于第Ⅰ发掘区的中部，T1827 东北部，开口于耕土层下，距地表约 0.3 米。墓葬形制为土坑竖穴墓，方向 28°。墓圹平面呈长方形，直壁、平底，长 2.2、宽 0.6、深 1 米。墓底有葬具 1 棺，木质，平面呈长方形，长 1.8、宽 0.6 米。填土为黄褐色花土，结构略紧密，颗粒粗糙。棺内有人骨 1 具，葬式为仰身直肢，头向北。随葬品有瓷碗 1 件，放置于棺内东北角（图 8-3）。

瓷碗　1 件（M35：1）。浅黄胎，酱釉，釉不包底，内底有刮圈。敞口，尖唇，深腹，腹壁斜直，平底小圈足。口径 17.2、底径 6.4、高 6、壁厚 0.4~0.6 厘米（图 8-4）。

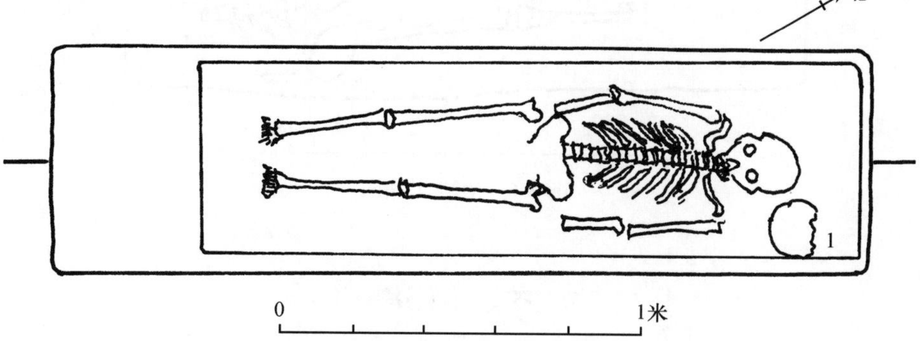

图 8-3　M35 平面图

1. 瓷碗（M35：1）

四、M36

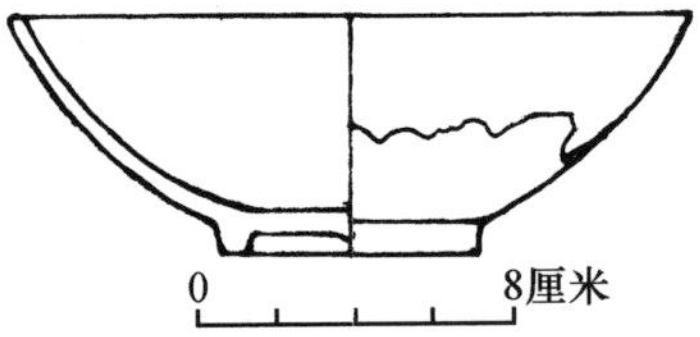

图 8-4 M35 出土瓷碗（M35:1）

M36 位于第 I 发掘区的中部，T1827 东北角，开口耕土层下，距地表约 0.3 米。墓葬形制为土坑竖穴墓，方向 210°，平面呈长方形，直壁，平底。长 2.2、宽 0.6、深 0.8 米。填土为黄褐色花土，结构较疏松，颗粒粗糙，含灰土块。墓底未发现葬具痕迹。人骨零乱。无随葬品（图 8-5）。

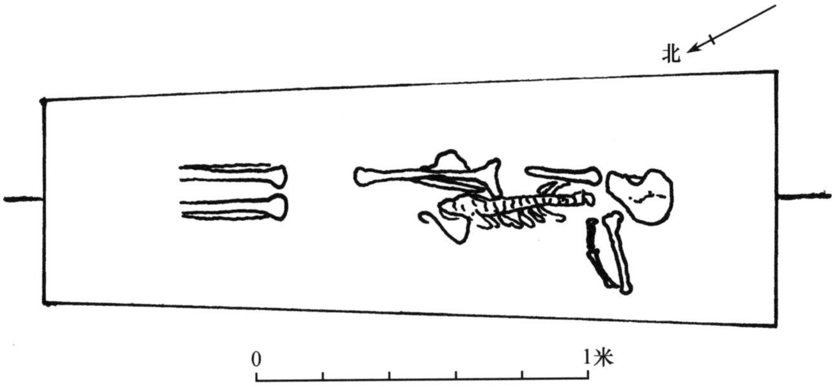

图 8-5 M36 平面图

五、M37

M37 位于第 I 发掘区的中部，T1828 西北处，开口于耕土层下，距地表深约 0.3 米。墓葬形制为土坑竖穴墓，方向 195°，平面近长方形，长 1.8、宽 0.59、深 0.3 米。填土为黄褐色花土，结构略紧密，包含少量灰土块。墓底葬具已腐朽，保存极差。棺内人骨零乱，应属于迁葬。无随葬品（图 8-6）。

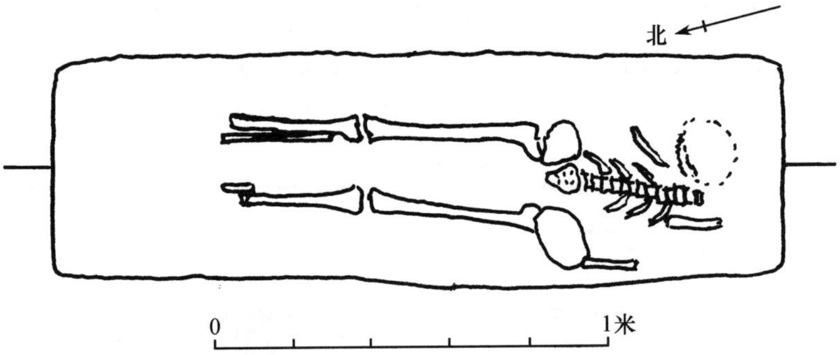

图 8-6 M37 平面图

六、M38

M38 位于第 I 发掘区的中部，T1827 中北部，开口耕土层下，距地表约 0.3 米。墓葬形制为土坑竖穴墓，方向 6°。墓圹平面呈长方形，直壁、平底，长 2.4、宽 1.02、深 0.6 米。填土为红褐色花土，结构略疏松，颗粒粗糙。墓底有葬具2棺，棺平面呈长方形，长1、宽0.74米，棺底铺有一层约3厘米厚的红褐色煤灰渣。棺内人骨保存较差，骨架零乱，属迁葬。随葬品有5件（组），其中铜扣4枚（1组），位于墓室中部；灯台1件、瓷罐1件、瓷碗1件，均位于墓室西南角，铜钱3枚（1组），位于墓主肋骨右侧（图8-7）。

铜扣　4枚（M38∶1）。环形纽。直径0.9厘米（图8-8，3）。

灯台　1件（M38∶2）。浅黄胎，酱釉，釉不包底。灯碗口径7.8、灯盘直径10、圈足径10厘米。原高不详（图8-8，2）。

瓷罐　2件（M38∶3）。白胎，酱釉，釉不包底。直口，微敛，溜肩，鼓腹，矮圈足。肩部饰2周凸棱。口径12、底径8.3、最大腹径14.8、高16、厚约0.3厘米（图8-8，1）。M38∶4形制同M38∶3。

瓷碗　1件（M38∶5）。白胎，酱釉，釉不包底。碗内底有涩圈，敞口，深弧腹，平底，圈足。圈足上墨书“刘成”二字。口径14.6、底径6、高4.4厘米（图8-8，4）。

铜钱　3枚（M38∶4）。字迹不清。

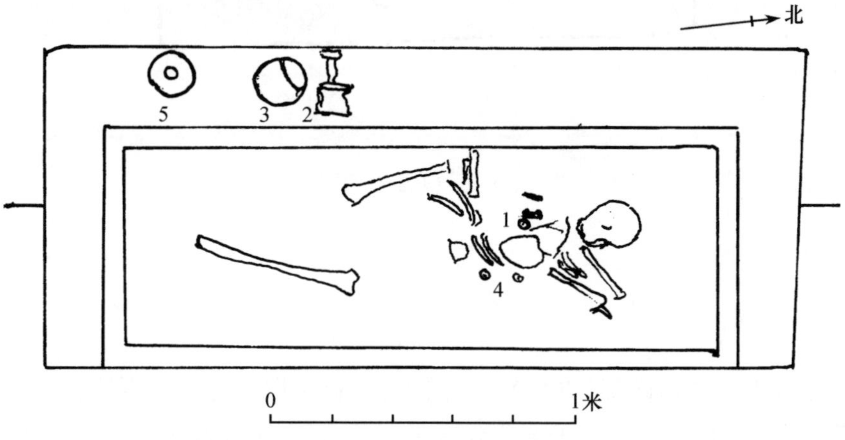

图8-7　M38平面图

1. 铜扣　2. 灯台　3. 瓷罐　4. 铜钱　5. 瓷碗

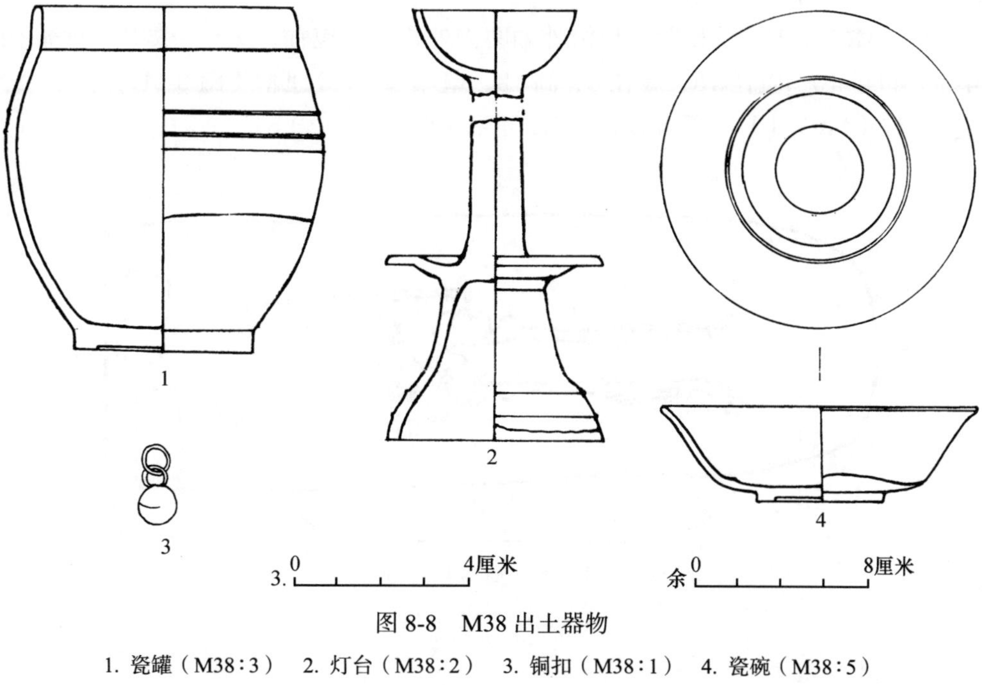

图8-8　M38出土器物

1. 瓷罐（M38∶3）　2. 灯台（M38∶2）　3. 铜扣（M38∶1）　4. 瓷碗（M38∶5）

七、M62

M62位于第Ⅰ发掘区的东南部，T1630西部。开口于耕土层下，距地表约0.4米。墓葬形制为土坑竖穴墓，方向180° 。墓圹平面呈长方形，长1.4、宽0.52、深0.2米。墓底未发现葬具痕迹，人骨极其零乱，应为二次葬。填土为黄褐色花土，结构略疏松颗粒粗糙。无随葬品（图8-9）。

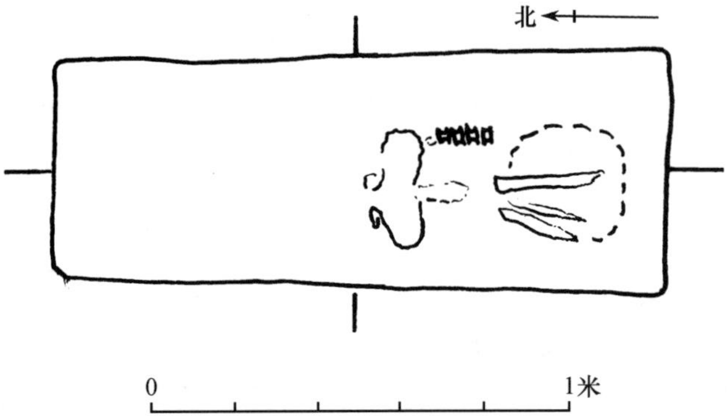

图8-9 M62平面图

八、M63

M63位于第Ⅰ发掘区的西南部，T1723的东南部，耕土层下开口，距地表深约0.3米。墓葬形制为土坑竖穴墓，方向113° 。墓圹平面为长方形，长2.2、宽0.52~0.78、残深0.2米。墓底有人骨1具，保存较完好，女性，葬式为仰身直肢，头向南。无葬具。随葬品有2件，其中瓷罐1件、铜耳坠1件，均位于头部（图8-10）。

瓷罐 1件（M63∶2）。黄褐胎，口沿外釉磨去外，通体包釉。敛口，鼓腹，平底内凹。口下部饰对称4系。口径10、腹径16、底径8、高18、壁厚0.4~0.8厘米（图8-11，1）。

铜耳坠 1件（M63∶1）。弯钩形。长3.2厘米（图8-11，2）。

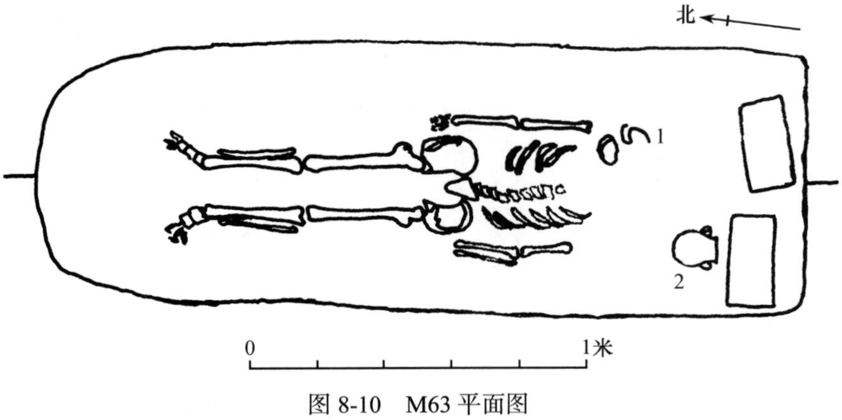

图8-10 M63平面图

1. 铜耳坠 2. 瓷罐

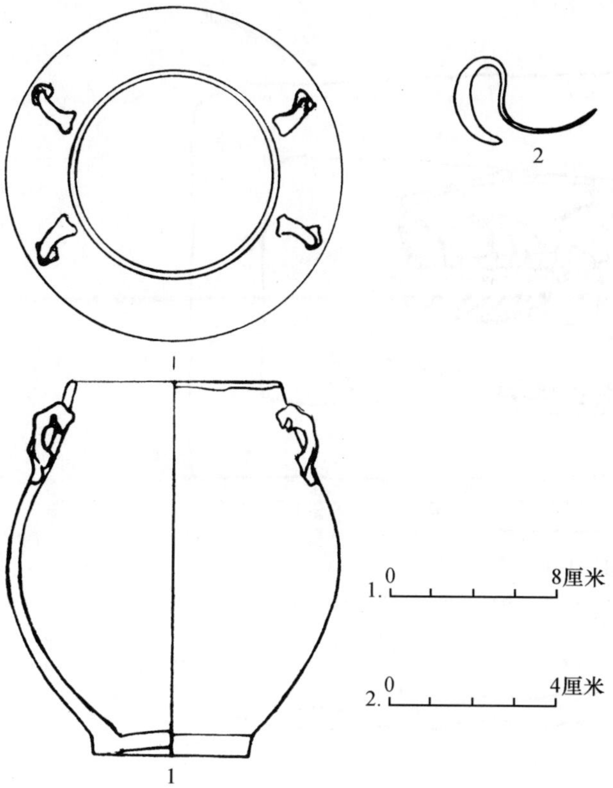

图 8-11　M63 出土器物
1. 瓷罐（M63∶2）　2. 铜耳坠（M63∶1）

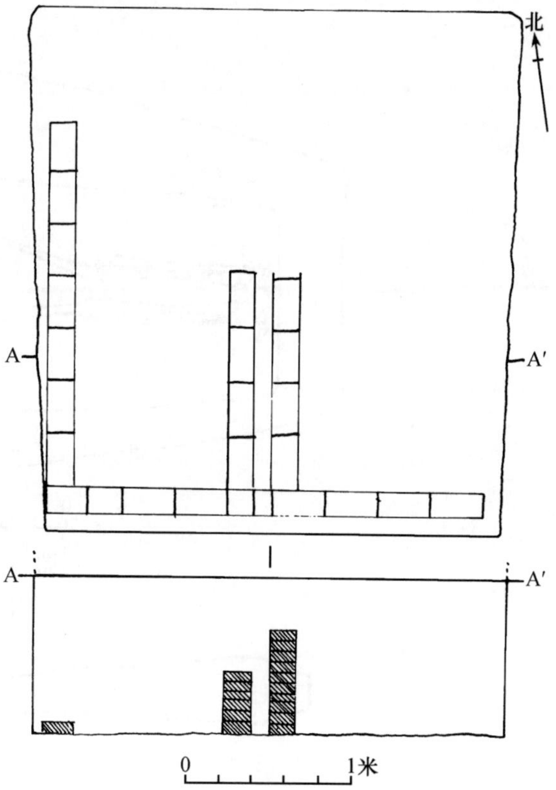

图 8-12　M66 平、剖面图

九、M66

M66 位于第 I 发掘区的西部，T1721 东北部，开口于耕土层下，距地表 0.3 米。墓葬形制为土坑竖穴墓，方向 8°，该墓已被破坏。从残存部分看，两室均用长 30、宽 14、厚 6 厘米的青砖，单砖错缝平砌而成，砖素面，两砖之间用白灰黏接。东室残长 1.2、宽 0.8、残高最高 0.6 米。西室残长 2.06、宽 0.88、残高 0.37 米。葬具及葬式不详。填土呈浅灰褐色，土质松软，内含草木灰、红土块，碎骨及砖块。无随葬品（图 8-12）。

十、M101

M101 位于第 I 发掘区西南部，T1621 东北部，开口于耕土层下，距地表 0.3 米。墓葬形制为土坑竖穴墓，方向 28°。墓圹平面近梯形，直壁、平底，长 2.4、宽 0.7~1.1、深 1.6 米。填土为黄褐色花土，结构疏松。墓底有葬具 1 棺，已朽，平面呈长方形，长 2、宽 0.7 米。棺内有人骨 1 具，保存较好，葬式为仰身直肢，头向北。随葬品有 3 件（组），其中铜簪 1 件，位于棺内东北角；铜钱 2 枚（1 组），分别位于人骨双手处；铜扣 5 枚（1 组），位于人骨脊椎处（图 8-13）。

铜簪　1 件（M101∶1）。长条形，簪身扁平，首部近方形，至尾部渐窄。长 11.5、厚 0.1 厘米（图 8-14）。

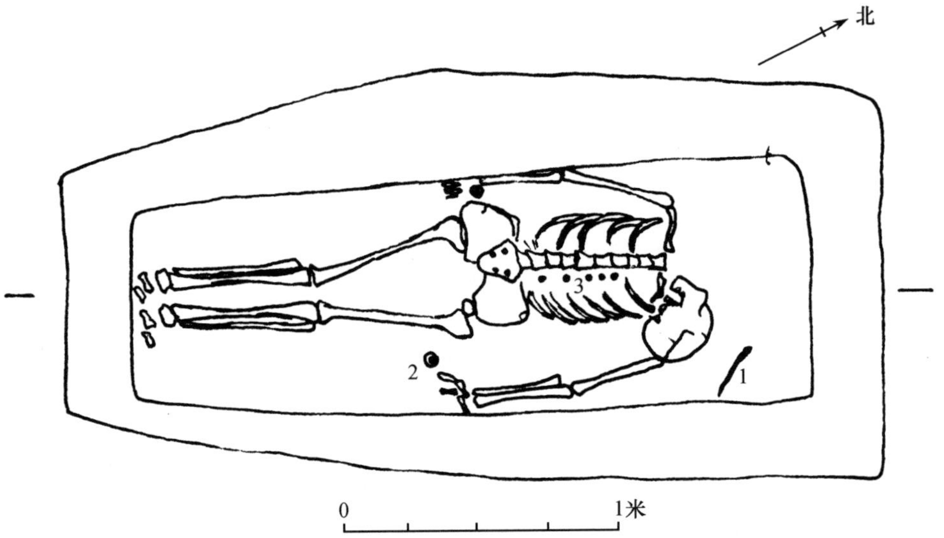

图 8-13 M101 平面图

1. 铜簪 2. 铜钱 3. 铜扣

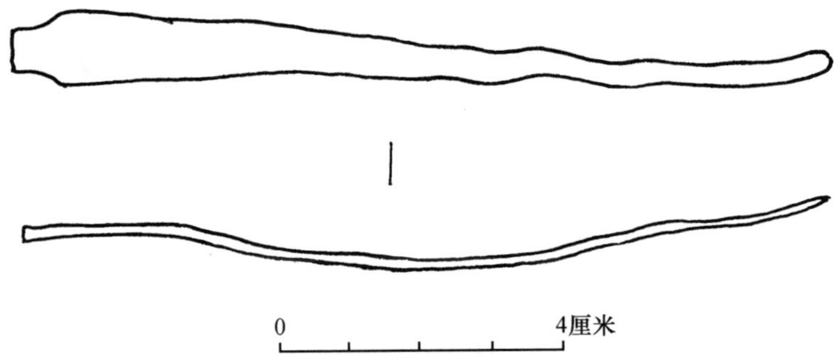

图 8-14 M101 出土铜簪（M101∶1）

铜钱 2 枚（M101∶2）。年号不清。

铜扣 5 枚（M101∶3）。圆球形，环纽。纽径 0.4、扣径 0.7 厘米。

十一、M103

M103 位于第Ⅰ发掘区的西南部，T1623 中偏北，开口于耕土层下，距地表 0.4 米。墓葬形制为土坑竖穴墓，方向 26°。墓圹平面为长方形，直壁、平底，长 2.6、宽 1、深 1.38 米。填土为黄褐色花土，颗粒粗糙。墓底有葬具 1 棺，木质，已腐朽，棺平面为长方形，长 1.6、宽 0.4~0.6 米。无骨架。无随葬品（图 8-15）。

十二、M110

M110 位于第Ⅱ发掘区的西部，T1324 东南部，开口于耕土层下，距地表 1.8 米。墓葬形制为土坑竖穴墓，方向 176°。墓圹平面呈长方形，直壁、平底，长 2.18、宽 1.5~1.6、深 0.5 米。填土

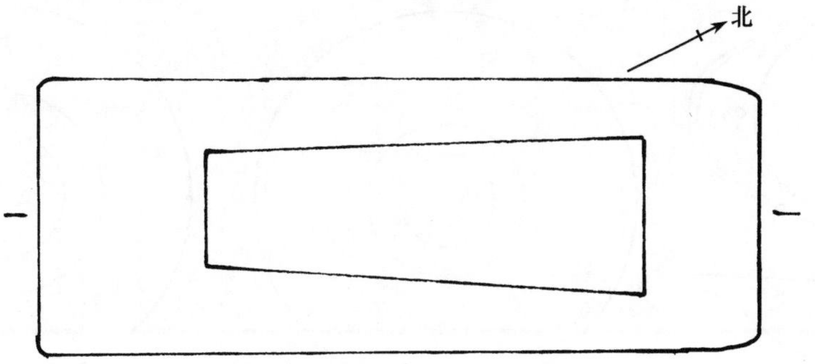

图 8-15　M103 平面图

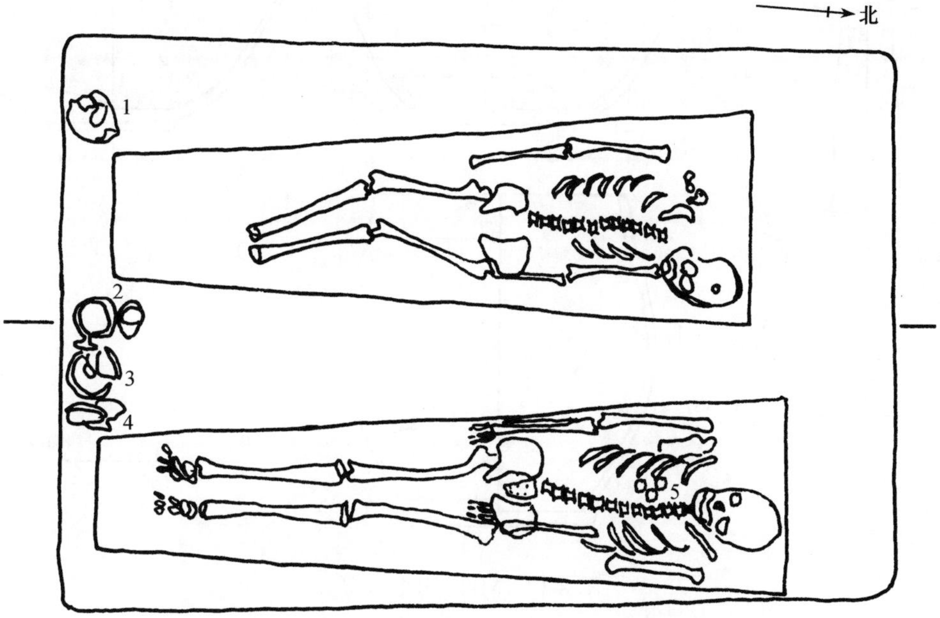

图 8-16　M110 平面图

1. 瓷罐　2. 瓷灯　3、4. 瓷碗　5. 铜钱

为黄褐色花土，质较硬，含大量料姜石。墓底有东西并排 2 棺，均为梯形。东棺长 1.9、宽 0.3~0.55 米，西棺长 1.76、宽 0.34~0.6 米。棺内各有人骨 1 具，葬式为仰身屈肢，头向北，面朝南。东侧为男性，西侧为女性。随葬品有 5 件（组），其中瓷罐 1 件、瓷灯 1 件，瓷碗 2 件，均置于墓室南部；铜钱 3 枚（1 组），置于东墓主胸部（图 8-16）。

瓷罐　1 件（M110∶1）。淡黄胎，黑釉，外施半釉。直口微敛，微鼓腹，矮圈足。口径 11.2、腹径 14、底径 8.4、通高 15、壁厚 0.3~0.4 厘米（图 8-17，3）。

瓷灯　1 件（M110∶2）。灯由碗形灯盏和灯台组成。灯盏，黄胎，酱釉，仅内面包釉。敞口，浅腹，圜底，一侧有饼形把手，上刻花。灯台由盏托、承盘、灯柱，圈足组成。盏托为圆唇，圜底，唇面上 1 周凹槽。承盘，似灯盏，大于灯盏。灯柱，红褐胎，酱釉，釉不包底。上细下粗的圆柱形。高圈足，外撇，底部折成足根。上有 2 周不明显的凸棱。盏口径 7.4、盏托口径 9.2、盘口径 11.6、足径 11.6、通高 20 厘米（图 8-17，1；图版 24-2）。

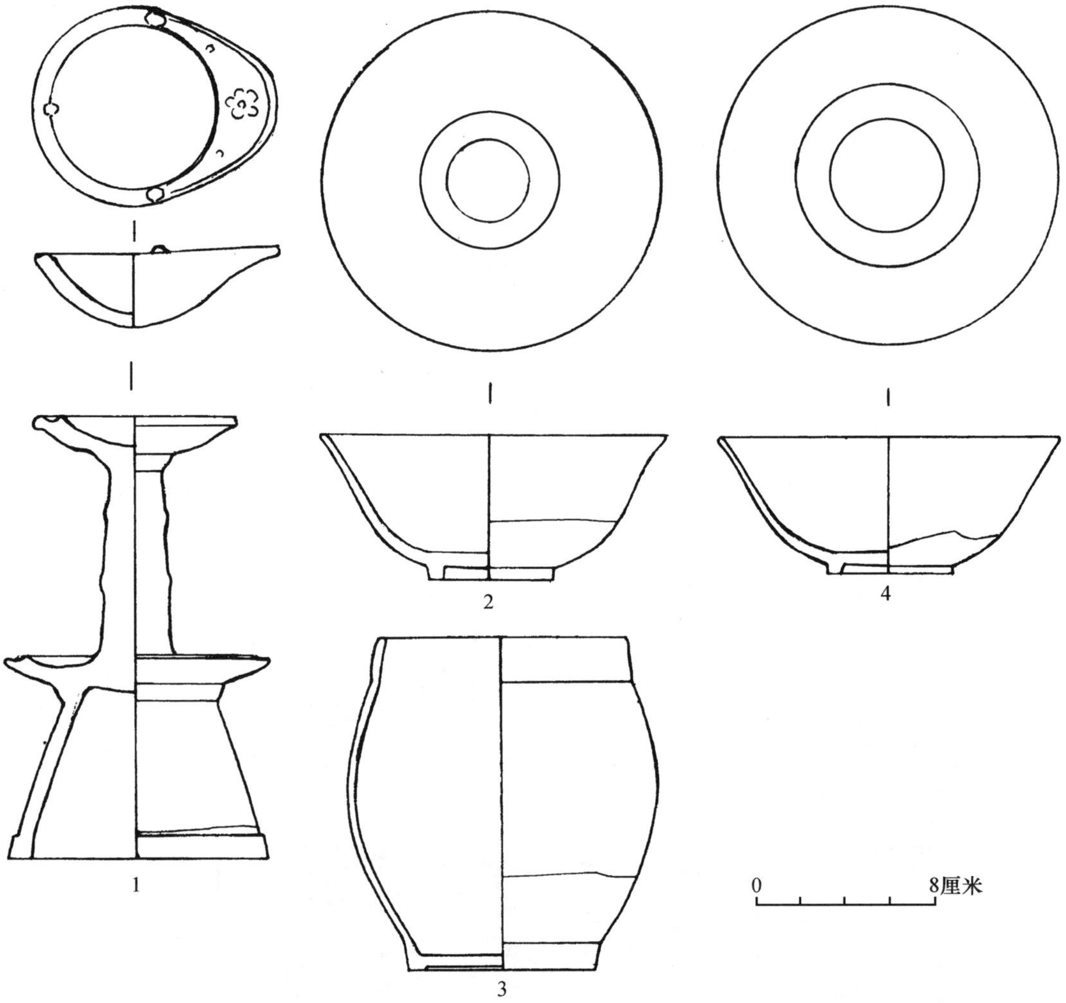

图 8-17　M110 出土器物

1. 瓷灯（M110∶2）　2、4. 瓷碗（M110∶3、M110∶4）　3. 瓷罐（M110∶1）

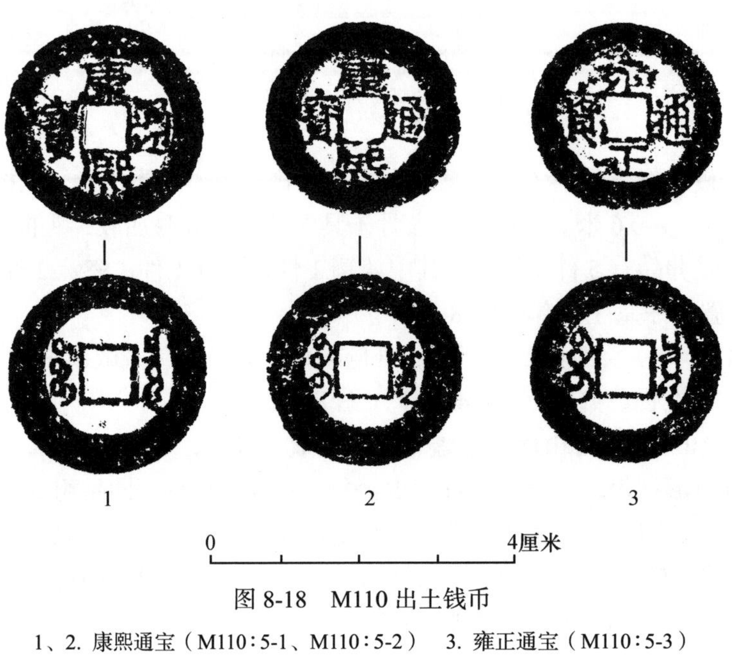

图 8-18　M110 出土钱币

1、2. 康熙通宝（M110∶5-1、M110∶5-2）　3. 雍正通宝（M110∶5-3）

瓷碗　2件。M110∶3，红胎，茶绿釉，外施半釉，内底有刮圈。侈口，深腹，平底，圈足。内外等高。口径15.6、底径5.6、高6.6、壁厚0.3~0.6厘米（图8-17，2）。M110∶4，红胎，黑釉，釉不包底，内底有刮圈。侈口，深腹，平底，圈足。内外等高。口径15.2、底径5.6、高6.2、壁厚0.3~0.5厘米（图8-17，4）。

铜钱　3枚。“康熙通宝”2枚，楷书，直读。M110∶5-1、2，直径2.6厘米（图8-18，1、2）。“雍正通宝”1枚（M110∶5-3），楷书，直读。直径2.5厘米（图8-18，3）。

十三、M111

M111位于第Ⅱ发掘区的西北部，T1421西北部，开口耕土下，距地表0.8米。墓葬形制为土坑竖穴墓，方向10°。墓圹平面呈梯形，直壁、平底，长1.96、宽0.38~0.8、残深0.48米。填土为灰白色花土，土质紧密，含料姜石。墓底有葬具1棺，平面呈梯形，长1.78、0.34~0.6米。棺已腐朽。棺内人骨保存较好，葬式为仰身直肢，头向北，女性。棺底有2厘米左右的白灰铺底。随葬品有2件（组），其中铜扣7枚（1组），位于墓主胸前位置；铜耳环1对，位于墓主头骨两侧（图8-19）。

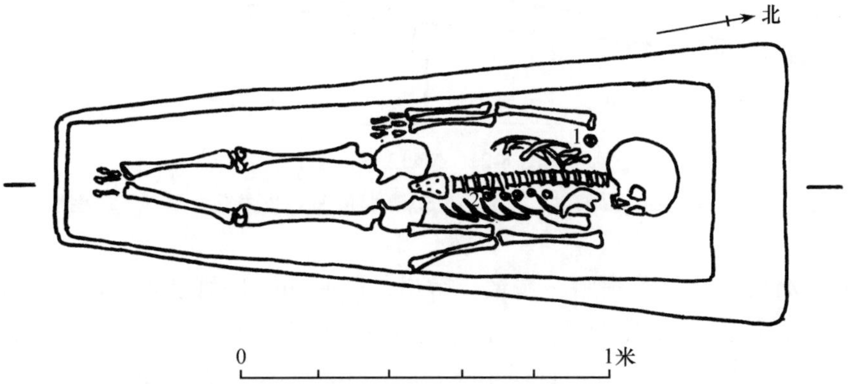

图8-19　M111平面图
1. 铜耳环　2. 铜扣

铜耳环　1对（M111∶1）。环形，首尾有空隙。直径1.5厘米（图8-20，1）。

铜扣　7枚（M111∶2）。环纽，球形扣。素面。纽径0.4、扣径0.7、通高1厘米（图8-20，2）。

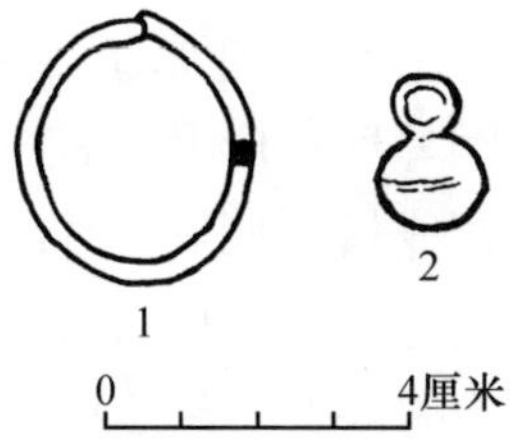

图8-20　M111出土器物
1. 铜耳环（M111∶1）
2. 铜扣（M111∶2）

十四、M112

M112位于第Ⅱ发掘区的西北部，T1521西南部，开口耕土层下，距地表0.8米。墓葬形制为土坑竖穴墓，方向195°。墓口平面呈梯形，南北长2.22、宽1.1~1.4、残深1米。填土为黄褐色花土。墓底有葬具1棺，平面呈梯形，南北长1.84、北宽0.4~0.6米。棺已腐朽，墓底有2厘米左右的白灰铺底。棺内人骨保存较差，头向北，葬式为仰身直肢，女性。随葬品有 8 件（组），其中铜耳环 1 对，置于墓主头骨两侧；铜戒指 1 枚，置于墓主左手指骨；铜扣 2 枚（1 组）、铜钱 1 枚，置于墓主胸前左侧；灯台、灯盏、瓷碗、瓷罐各 1 件，分别置于墓室西南角（图 8-21）。

瓷罐　1 件（M112∶1）。灰白胎，黑釉，釉不包底。圆唇，直口微敛，微鼓腹，假圈足，平底。口径 12、底径 8.4、腹径 15.2、高 16、壁厚 0.4~0.5 厘米（图 8-22，1）。

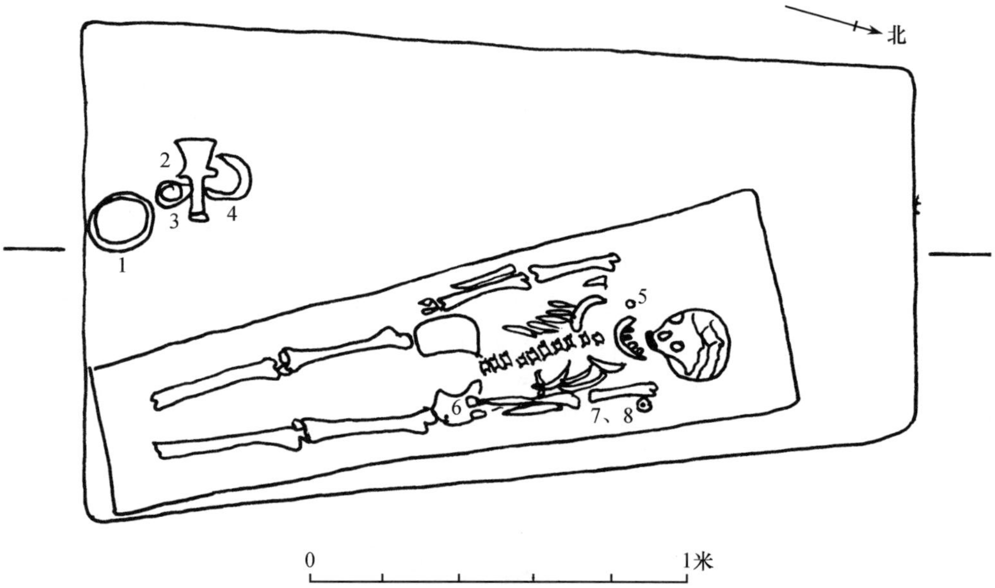

图 8-21　M112 平面图

1. 瓷罐　2. 灯台　3. 灯盏　4. 瓷碗　5. 铜耳环　6. 铜戒指　7. 铜钱　8. 铜扣

灯台　1 件（M112∶2）。黄褐胎，酱釉，敞口，圜底的碗形灯盏，下粗上细的圆柱形灯柱，柱上刻花，尖唇，斜折沿，浅圜底的承盘，上饰三角纹，釉不包底。高圈足，外撇，底部折成足根，下部 2 周凸棱纹。灯盏托口径 8、灯盘直径 10.8、底径 10.4、通高 20 厘米（图 8-22，3）。

灯盏　1 件（M112∶3）。黄褐胎，酱釉，浅圜底，敞口，碗形，一侧有饼形把手，把手面上刻花。釉不包底。口径 9.2~10.6、高 3.6 厘米（图 8-22，2）。

瓷碗　1 件（M112∶4）。白胎，酱釉，釉不包底。敞口，弧腹，平底，圈足。口径 14.8、底径 5.8、高 5、壁厚 5.8 厘米（图 8-22，4）。

铜耳环　1 对（M112∶5）。环形，接头处动物首吞尾。直径 2.3 厘米（图 8-22，6）。

铜戒指　1 枚（M112∶6）。环形，接头处一缺口。直径 2、高 0.3、厚 0.15 厘米（图 8-22，7）。

铜扣　2 枚（M112∶8）。环形纽，圆身，上有花瓣图案。M112∶8-1，长 1.7、宽 1.2、厚 2.5 厘米（图 8-22，5 左）；M112∶8-2，长 1.2、宽 0.9、厚 2 厘米（图 8-22，5 右）。

铜钱　1 枚（M112∶7）。年号不清。

十五、M119

M119 位于第Ⅱ发掘区的西部，T1324 的北部，开口耕土层下，距地表 0.3 米。墓葬形制为土坑竖穴墓，方向 5°。墓圹平面呈梯形，直壁、平底，长 2.2、宽 11.5~1.7、深 1.34 米。填土呈黄褐色，

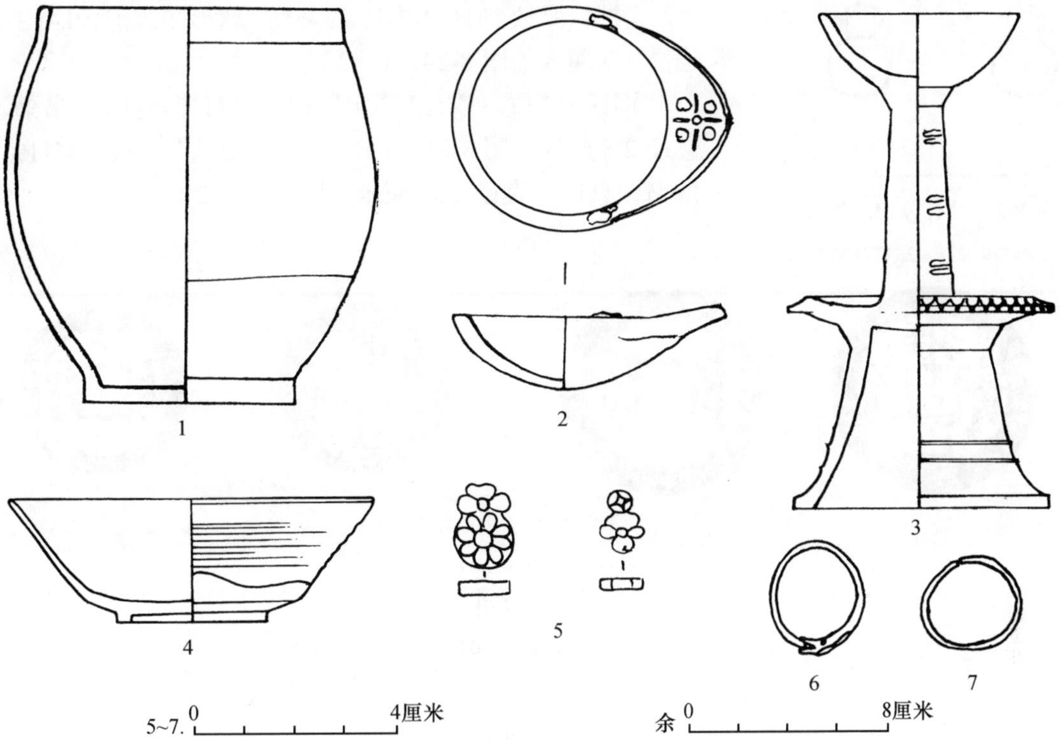

图 8-22　M112 出土器物

1. 瓷罐（M112∶1）　2. 灯盏（M112∶3）　3. 灯台（M112∶2）　4. 瓷碗（M112∶4）　5. 铜扣（M112∶8）
6. 铜耳环（M112∶5）　7. 铜戒指（M112∶6）

土质略松，内含红土块、淤土及姜石块。墓底有葬具2棺，东西并列排放，平面均为梯形。东棺长2.1、宽0.3~0.5米；西棺长1.7、宽0.28~0.46米。棺内各有人骨1具，葬式均为仰身直肢，东侧为男性，西侧为女性。随葬品有2件（组），其中铜钱2枚（1组），置于西墓主下肢右侧；铜扣2枚（1组），置于东墓主腹部（图 8-23）。

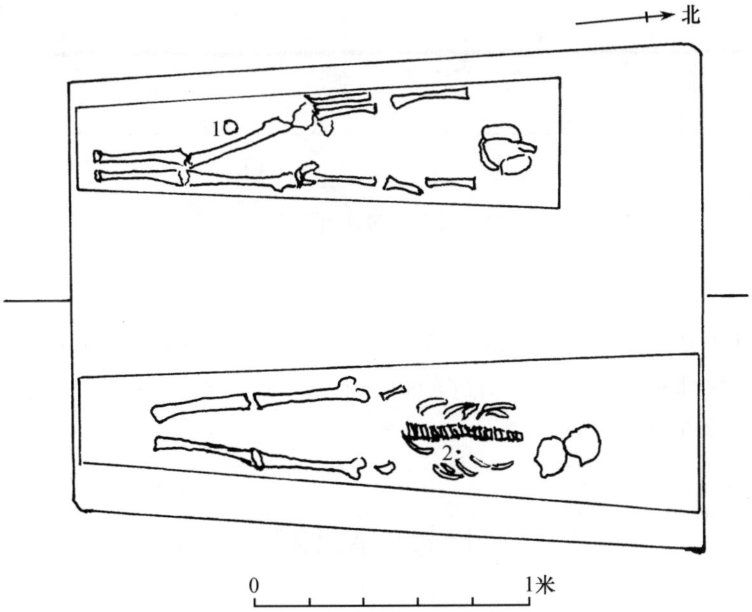

图 8-23　M119 平面图

1. 铜钱　2. 铜扣

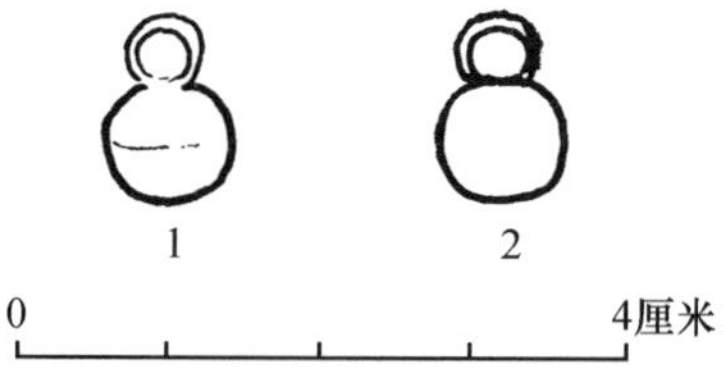

图 8-24 M119 出土铜扣

1. M119∶2-1 2. M119∶2-2

铜扣 2枚。M119∶2-1，2，环纽，球形扣。纽径0.4、扣径0.9、通高1.3厘米（图8-24，1、2）。

铜钱 2枚。“雍正通宝”1枚（M119∶1-1），楷书，直读。直径2.8厘米（图8-25，1）。“乾隆通宝”1枚（M119∶1-2），楷书，直读。直径2.35厘米（图8-25，2）。

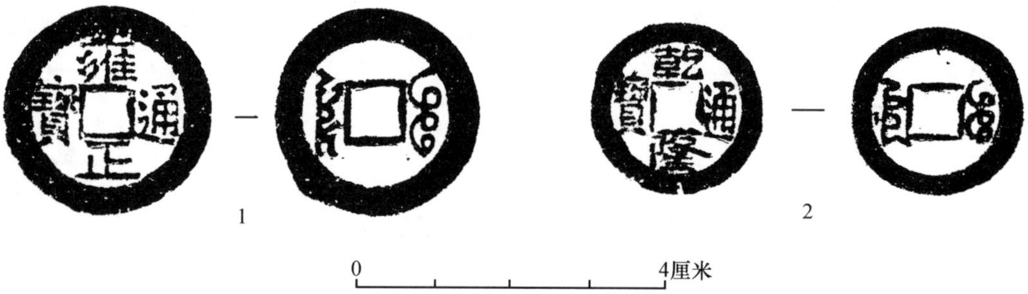

图 8-25 M119 出土钱币

1. 雍正通宝（M119∶1-1） 2. 乾隆通宝（M119∶1-2）

十六、M120

M120位于第Ⅱ发掘区的南部，T1127中偏南部，开口耕土层下，距地表约0.4米。墓葬形制为土坑竖穴墓，方向6°。墓圹平面为长方形，直壁、平底，长2.6、宽0.9、残深0.2米。墓底葬具及人骨凌乱。填土为黄褐色花土。随葬品有瓷罐1件，位于墓室中偏西部（图8-26）。

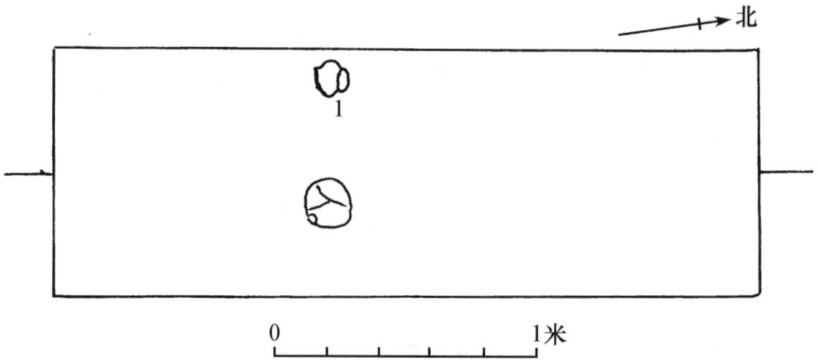

图 8-26 M120 平面图

1. 瓷罐

瓷罐 1件（M120∶1）。浅黄胎，酱釉，釉施至腹部以下。尖圆唇，直口，鼓腹，最大腹径居中，圈足，平底。口部与肩部有两桥形耳，对称分布，上刻3道凹槽。口径9、腹径14、底径6、通高10.4、壁厚0.2~0.5厘米（图8-27）。

十七、M123

M123位于第Ⅱ发掘区的南部，T1326的东北角，开口于耕土层下，距地表0.3米。墓葬形制为土

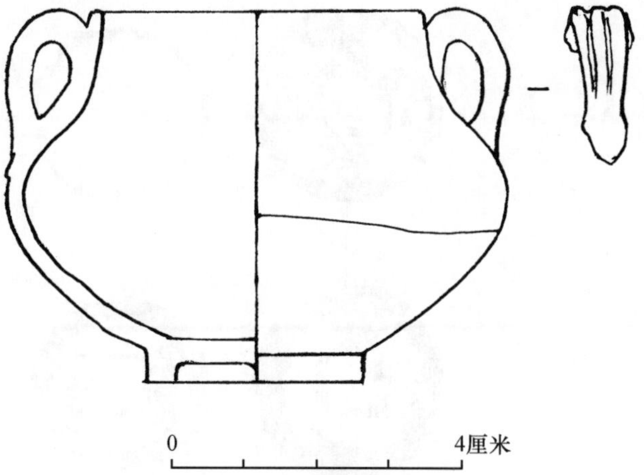
图 8-27　M120 出土瓷罐（M120∶1）

坑竖穴墓，方向 355°。墓圹平面呈梯形，直壁、平底，长 1.7、宽 0.4~0.6、深 0.5 米。填土呈黄褐色，土质略松，内含红土块、淤土及姜石块。未发现葬具痕迹。墓底有人骨 1 具，葬式为仰身直肢，头向北，面朝南。随葬品有 3 件（组），其中烟锅 1 件，放置于人骨右手指骨内侧；铜扣 3 件（1 组）、铜钱 4 枚（1 组），均放置于人骨的腹部（图 8-28）。

铜烟锅　1 件（M123∶1）。铜质。由碗形锅，圆筒形拐弯和柄组成。锅口径 1.8、高 1.5 厘米，碗口径 1、长 2.3 厘米（图 8-29，1）。

铜扣　3 枚。M123∶2-1，环纽，球形扣。纽径约 0.5、扣径 1.2、高 1.8 厘米。荔枝皮纹（图 8-29，2）。M123∶2-2，环纽，椭圆形扣。纽径约 0.6、扣径 1、高 2 厘米（图 8-29，3）。M123∶2-3，环纽，球形扣。素面。纽径 0.4、扣径 1.3、高 1.4 厘米（图 8-29，4）。

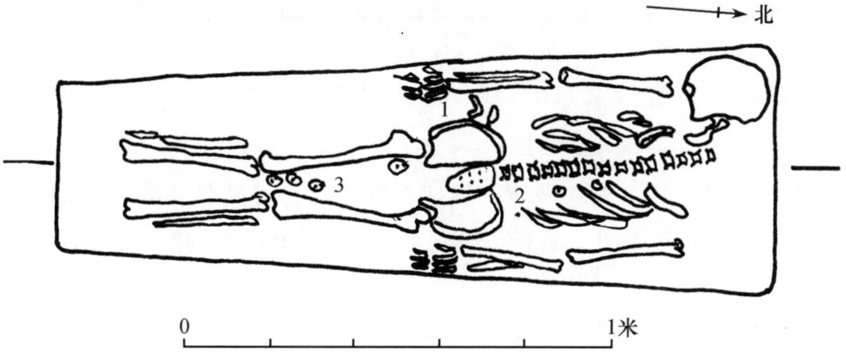
图 8-28　M123 平面图
1. 铜烟锅　2. 铜扣　3. 铜钱

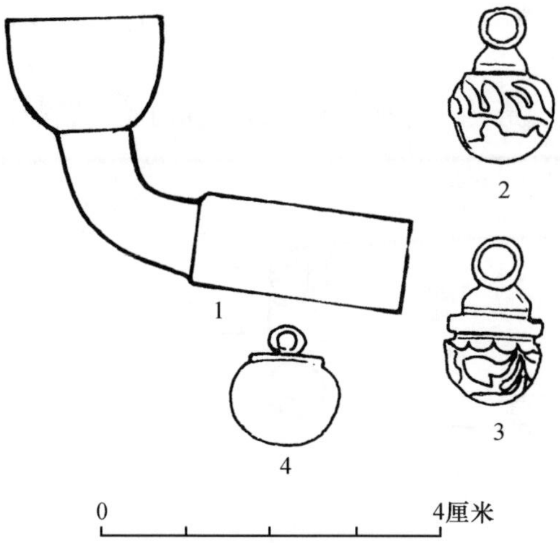
图 8-29　M123 出土器物
1. 铜烟锅（M123∶1）　2~4. 铜扣（M123∶2-1、M123∶2-2、M123∶2-3）

铜钱　4 枚。“天启通宝”1 枚（M123∶3-1），楷书，直读，背面穿上一字，模糊不清，直径 2.4 厘米（图 8-30，1）。清代铜钱 1 枚（M123∶3-2），年号不清（图 8-30，2）。日本钱币 2 枚，1 枚字迹不清（M123∶3-3），圆穿，直径 1.8 厘米（图 8-30，3）；“宽永通宝”1 枚（M123∶3-4），楷书，直读，直径 2.2 厘米（图 8-30，4）。

十八、M134

M134 位于第Ⅱ发掘区的西北部，T1422 的西北部。开口于耕土层下，距地表 1.4 米。墓葬形制为土坑竖穴墓，方向 350°。墓圹平面呈梯形，直壁、平底，长 1.8、宽 0.4~0.6、深 0.16 米。填土为黄褐色花土，质略松，内含灰土、红土块、淤土及姜石块。

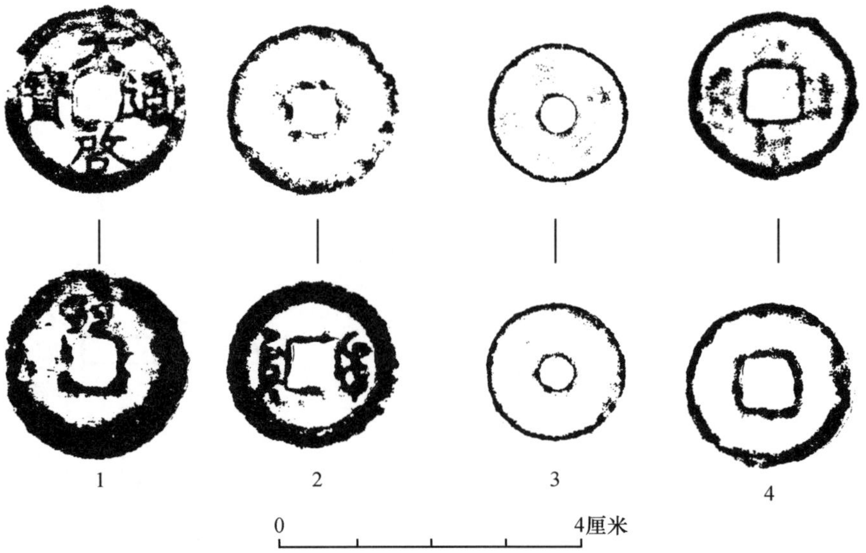

图 8-30 M123 出土钱币

1. 天启通宝（M123∶3-1） 2. 清代铜钱（M123∶3-2） 3. 日本铜钱（M123∶3-3） 4. 宽永通宝（M123∶3-4）

未见葬具痕迹，墓底有人骨 1 具，腐朽严重，只残存部分头骨及肢骨，葬式为仰身直肢，头向北。随葬品有 6 件（组），其中瓷罐 2 件，瓷碗、瓷灯各 1 件，均放置于墓室南端；铜钱 3 枚（1 组）、铜扣 1 件，分别置于墓主的腹部及下肢骨内侧（图 8-31）。

瓷碗 1 件（M134∶1）。乳白胎，黑釉，外釉至圈足之上，内底有刮圈。敞口，圆唇，弧腹，平底，圈足。口径 15.6、底径 6、通高 4.6、壁厚 0.3~0.5 厘米（图 8-32，1）。

瓷罐 2 件。M134∶2，白胎，酱釉，外釉至下腹部。敛口，微鼓腹，矮圈足，上腹部 1 周凹槽。口径 9、腹径 11、底径 6.8、通高 10.6、壁厚 0.3~0.4 厘米（图 8-32，3）。M134∶4，乳白胎，黑釉，釉至下腹中央。圆唇，敛口，微鼓腹，平底。上腹部 2 周凸棱。口径 12、腹径 14.8、底径 8.4、通高 16、壁厚 0.4~0.6 厘米（图 8-32，2）。

灯台 1 件（M134∶3）。碗形盏托，平盘上有刻花，覆碗形足，灯柱上有握纹。乳白胎，黑釉，釉不包底。盏托径 5、盘径 6、圈足径 6、高 9 厘米（图 8-32，4）。

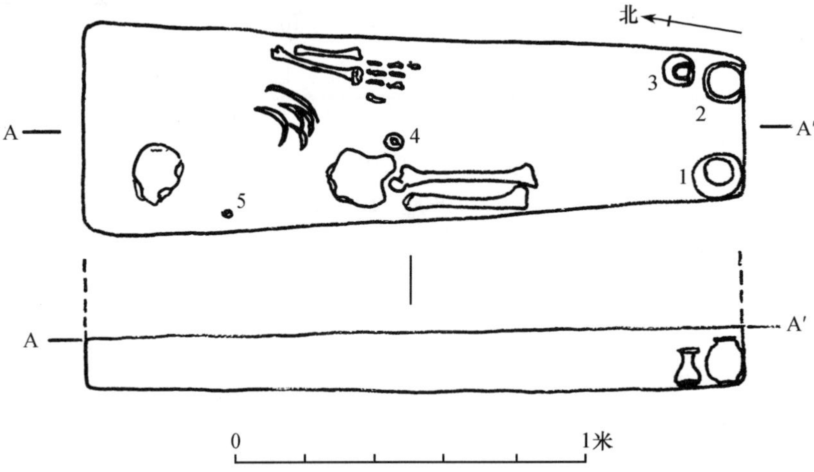

图 8-31 M134 平、剖面图

1. 瓷碗 2、4. 瓷罐 3. 瓷灯 5. 铜扣 6. 铜钱

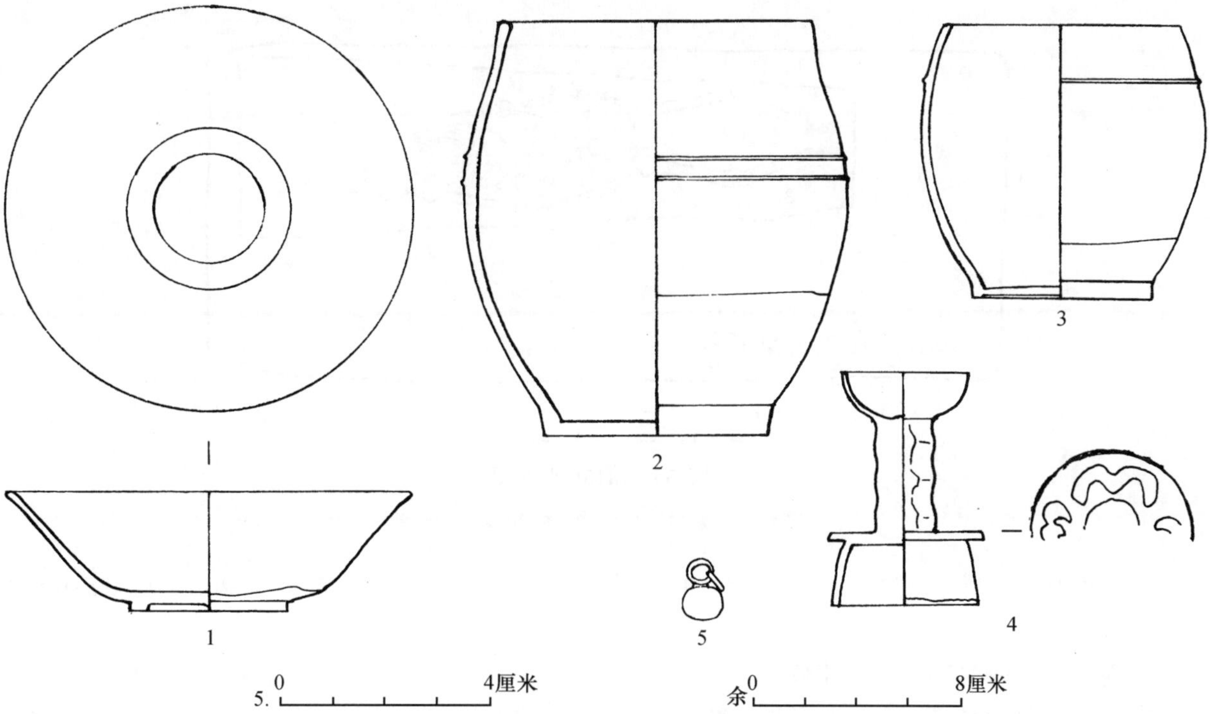

图 8-32　M134 出土器物

1. 瓷碗（M134∶1）　2、3. 瓷罐（M134∶4、M134∶2）　4. 灯台（M134∶3）　5. 铜扣（M134∶5）

铜扣　1枚（M134∶5）。环纽，球形扣，纽上带一小环。纽径0.6、扣径0.8、高1.2厘米（图8-32，5）。

铜钱　3枚。“乾隆通宝”2枚，楷书，直读。M134∶4-1，直径2.2厘米（图8-33，1）。“顺治通宝”1枚（M134∶4-2），楷书，直读，背面穿右一“宣”字。直径2.7厘米（图8-33，2）。

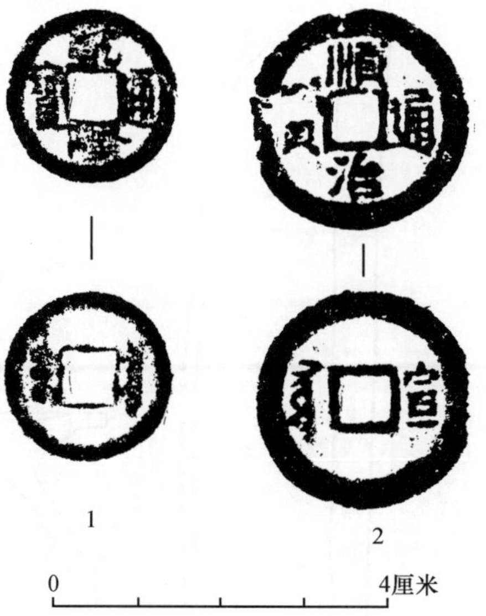

图 8-33　M134 出土钱币

1. 乾隆通宝（M134∶4-1）　2. 顺治通宝（M134∶4-2）

十九、M135

M135位于第Ⅱ发掘区的西北部，T1422西北部，开口耕土层下，距地表0.5米。墓葬形制为土坑竖穴墓，方向350°。墓圹平面呈长方形，直壁、平底，长2.6、宽1.05、深0.64米。填土为灰白色花土，含料姜石，土质略松。墓底有葬具1棺，棺已腐朽。骨架保存完好，仰身直肢。墓底有2厘米左右的灰铺底。随葬品有4件（组），其中瓷碗、瓷灯各1件，置于墓室东壁；铜簪1件，置于墓主头骨顶部；铜钱3枚（1组），分别置于墓主胸部及腿部（图8-34）。

瓷碗　1件（M135∶1）。乳白色胎，黑釉，釉至底部，内底有刮圈。侈口，深弧腹，平底，圈足。口径14.4、底径5.8、通高5.6、壁厚0.2~0.6厘米（图8-35，3）。

灯台　1件（M135∶2）。碗形盏，竹节形柱，方唇，折沿，浅圜底盘，高圈足外撇，底部平折成台。

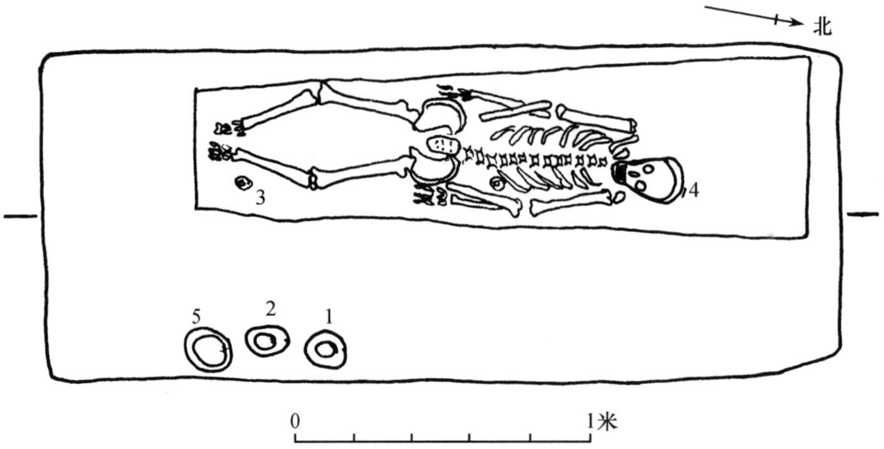

图 8-34　M135 平面图

1. 瓷碗　2. 灯台　3. 钱币　4. 铜簪　5. 瓷罐

盘的唇面和沿面上刻花，除口沿外和灯台内通体黑釉。口径 10.2、底径 7.2、高 20.6、厚 0.5~0.8 厘米（图 8-35，2）。

瓷罐　1 件（M135∶5）。未修复。

铜簪　1 件（M135∶4）。长条形，断面扁平。长度 15.7 厘米（图 8-35，1）。

铜钱　3 枚。“乾隆通宝” 3 枚，楷书，直读。M135∶3-1，直径 2.4 厘米（图 8-36，1）；M135∶3-2，直径 2.2 厘米（图 8-36，2）；M135∶3-3，直径 2.3 厘米（图 8-36，3）。

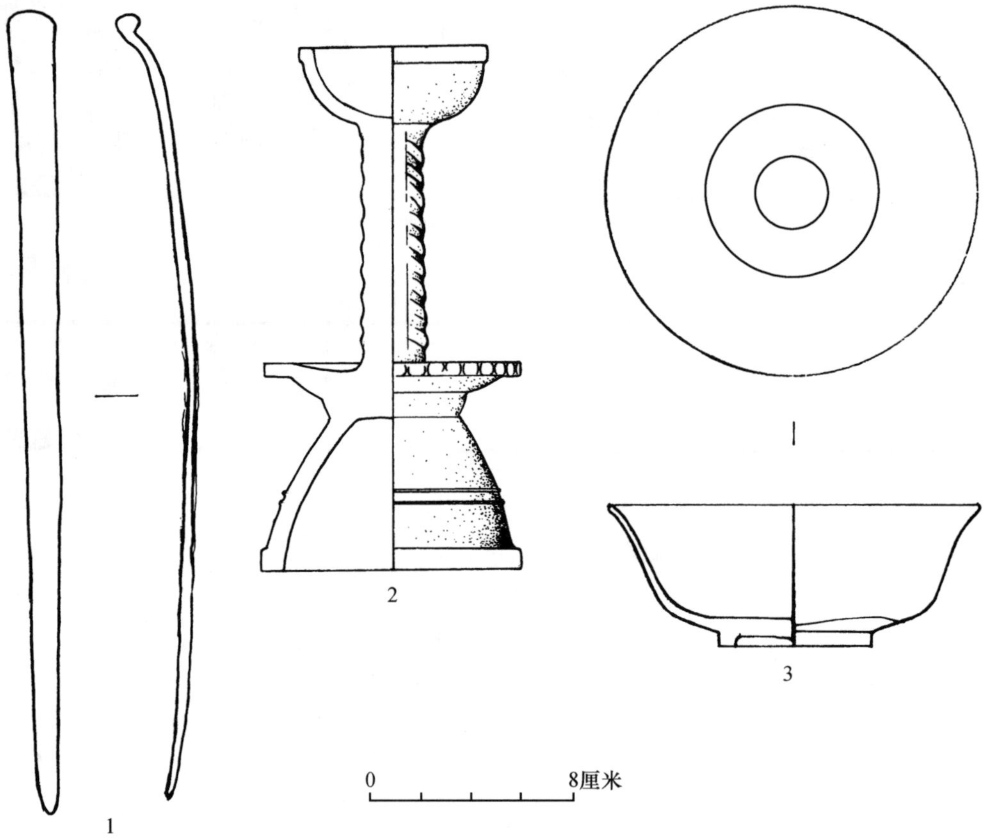

图 8-35　M135 出土器物

1. 铜簪（M135∶4）　2. 灯台（M135∶2）　3. 瓷碗（M135∶1）

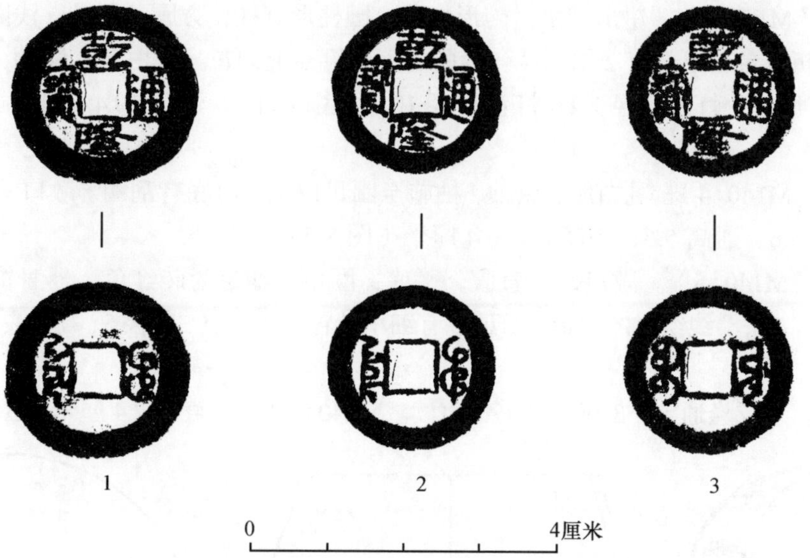

图 8-36　M135 出土乾隆通宝

1. M135∶3-1　2. M135∶3-2　3. M135∶3-3

二十、M140

M140 位于第Ⅱ发掘区的西北部，T1521 东南部，开口扰土层下，距地表 1.5 米。墓葬形制为土坑竖穴墓，方向 5°。墓圹平面呈梯形，直壁、平底，长 2.4、宽 0.76~1.2、残深 0.6 米。填土为灰白色花土，土质略松。墓底有葬具 1 棺，棺已腐朽，平面呈梯形，南北长 2.18、宽 0.44~0.7 米。棺内有人骨 1 具，保存较好，头向北，葬式为仰身直肢。随葬品有 5 件（组），其中瓷罐、瓷灯、瓷碗、瓷碟各 1 件，全部置于墓室东南部；铜钱 3 枚（1 组），分别置于墓主胸骨及腿骨部位（图 8-37）。

瓷罐　1 件（M140∶1）。乳白胎，酱釉，外釉施至腹部以下。敛口，圆唇，微鼓腹，矮圈足。口径 12、腹径 15.2、底径 8.8、高 16、壁厚 0.4~0.5 厘米（图 8-38，2）。

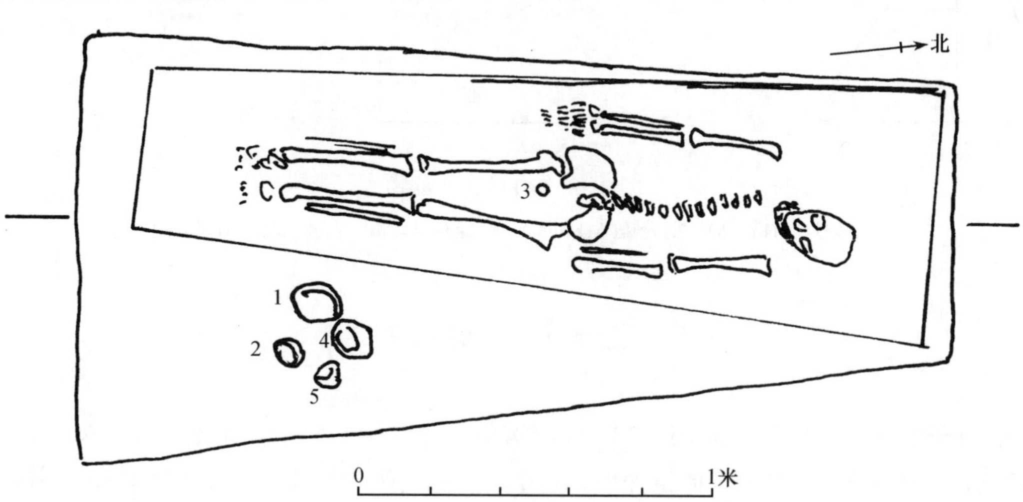

图 8-37　M140 平面图

1. 瓷罐　2. 瓷灯　3. 铜钱　4. 瓷碗　5. 瓷碟

瓷灯　1件（M140:2）。饼形把手，碗形灯盏，圆柱形灯柱，方唇，折沿，浅圜底盘，高圈足中部外折，底部平折成台。下部有2周凸棱。盘的唇面和沿面上刻花。灰白胎，酱釉，釉不包底。灯盏口径8~10、高3厘米；灯碗口径7.2、灯盘直径10.8、底径11.2、通高19.4厘米（图8-38，1；图版24-3）。

瓷碗　1件（M140:4）。乳白胎，黑釉，釉施至圈足以上，内底有刮圈。敞口，深弧腹，矮圈足。口径15.2、底径5.6、通高5.6、壁厚0.2~0.4厘米（图8-38，3）。

瓷碟　1件（M140:5）。敞口，浅直腹，平底，圈足。圈足为砖红色，器身饰白色化妆土，其上施白釉。器内有4条墨线绘成的圈带。圈足上有细小砂粒。口径11、底径5、高2.4、壁厚0.4厘米（图8-38，4）。

铜钱　3枚。“乾隆通宝”3枚，楷书，直读。M140:3-1~3，直径2.4厘米（图8-39，1~3）。

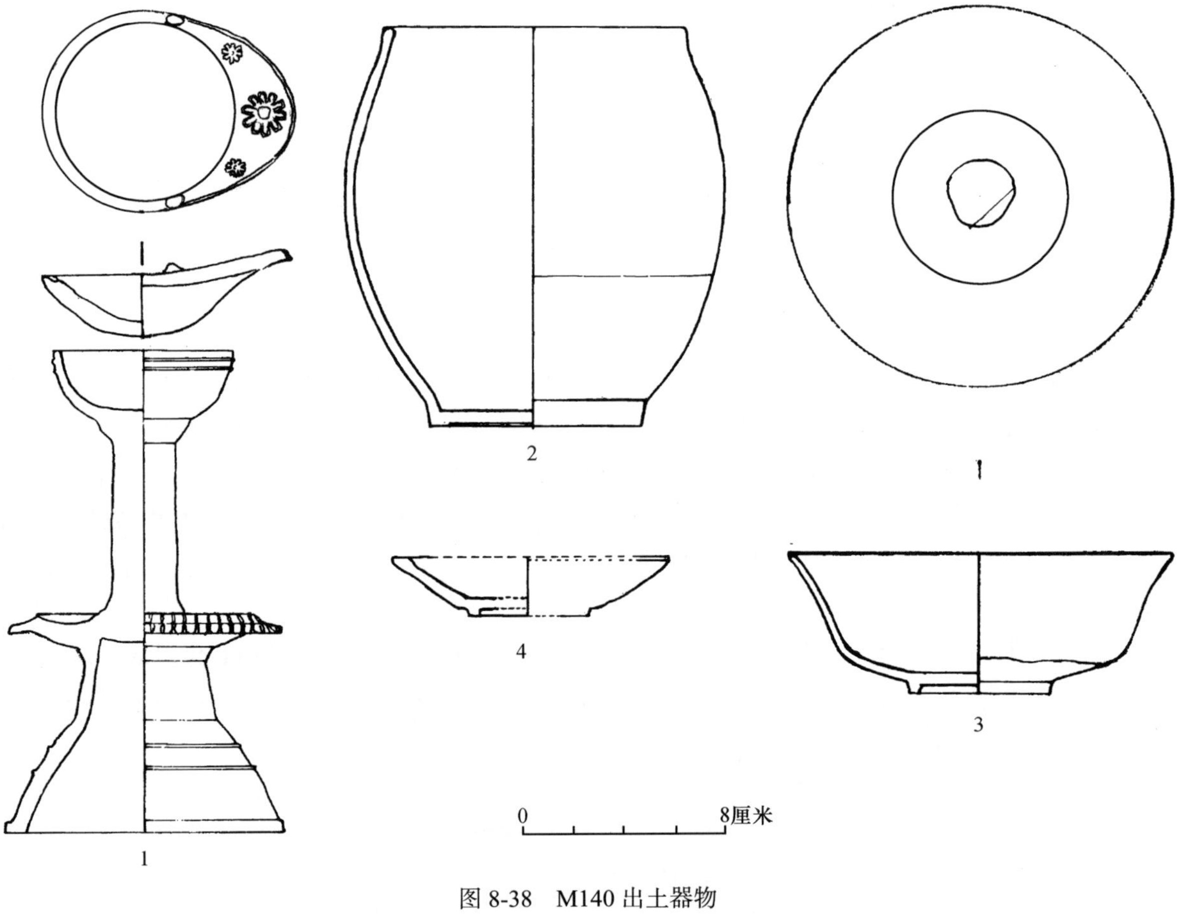

图8-38　M140出土器物

1. 瓷灯（M140:2）　2. 瓷罐（M140:1）　3. 瓷碗（M140:4）　4. 瓷碟（M140:5）

二十一、M143

M143位于第Ⅱ发掘区的西北部，T1522西南部，开口扰土层下，距地表1.5米。墓葬形制为土坑竖穴墓，方向353°。墓圹平面呈梯形，直壁、平底，南北长2.34、宽1.26~1.2、残深0.58米。填土为灰白色花土，含有料姜石，土质较硬。墓底无葬具，无骨架。随葬品有2件。其中瓷碗1件、瓷壶1件，均位于墓室西南部（图8-40）。

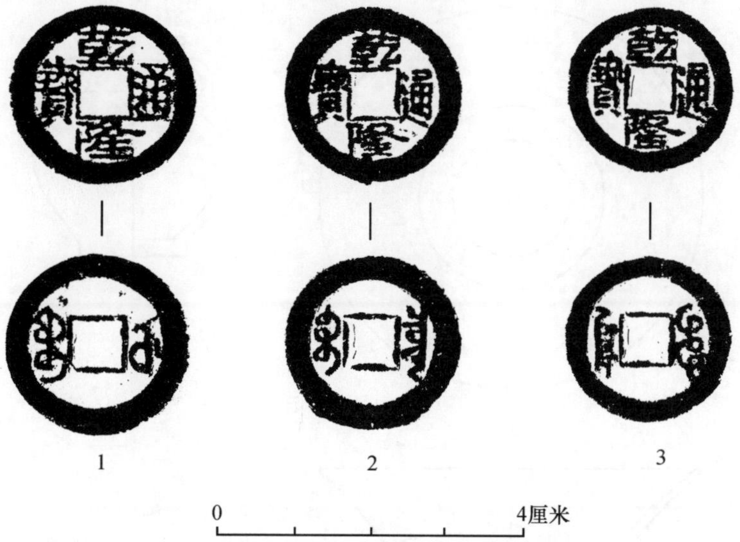

图 8-39　M140 出土乾隆通宝

1. M140∶3-1　2. M140∶3-2　3. M140∶3-3

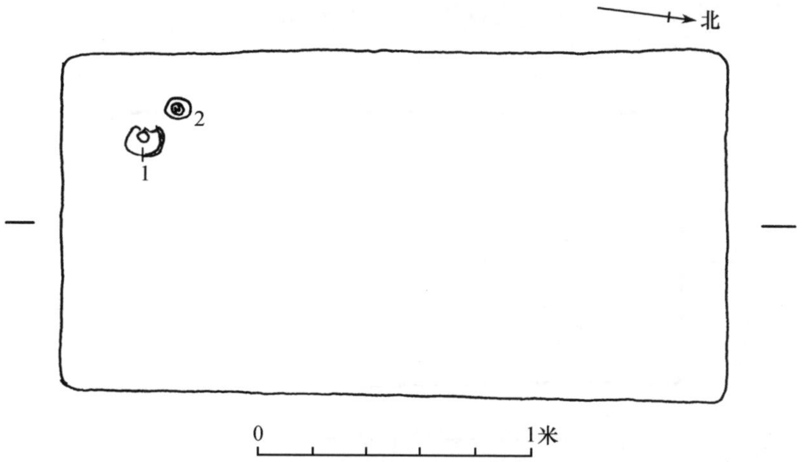

图 8-40　M143 平面图

1. 瓷碗　2. 瓷壶

瓷碗　1 件（M143∶1）。浅黄褐胎，酱釉，釉至下部，内底有刮圈。敞口，尖圆唇，弧直壁，平底，矮圈足。口径 15.6、底径 6、通高 4.6、壁厚 0.2~0.5 厘米（图 8-41，1）。

瓷壶　1 件（M143∶2）。浅黄胎，黑釉，釉不包底。圆唇，宽斜折沿，矮颈，宽肩，鼓腹，实足内凹。颈部和肩部 1 对桥形耳。口径 4.2、腹径 8、底径 4.4、高 9、厚 0.3~0.4 厘米（图 8-41，2）。

二十二、M145

M145 位于第Ⅱ发掘区的西北部，T1424 的东南部。开口于扰土层下，打破 M146，距地表 1.2 米。墓葬形制为土坑竖穴墓，方向 350° 。墓圹平面呈长方形，直壁、平底，长 1.6、宽 0.76、深 0.28 米。填土呈黄褐色，土质略硬，内含红土块、姜石。无葬具，墓底人骨腐朽严重。无随葬品（图 8-42）。

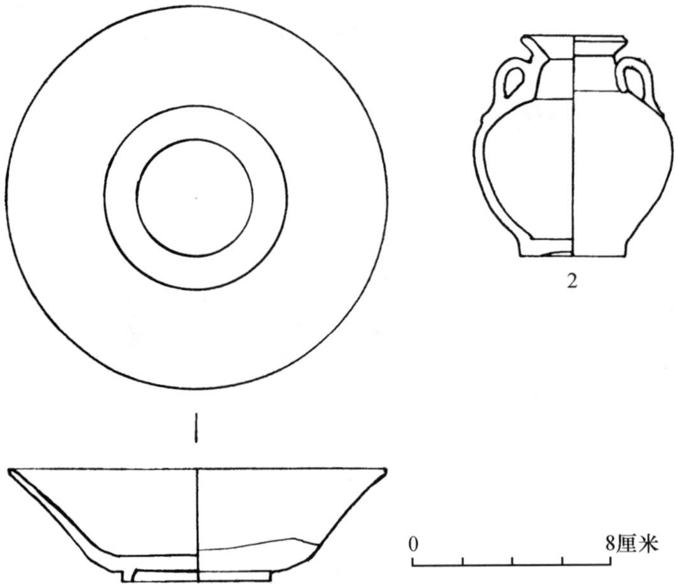

图 8-41 M143 出土器物

1. 瓷碗（M143∶1） 2. 瓷壶（M143∶2）

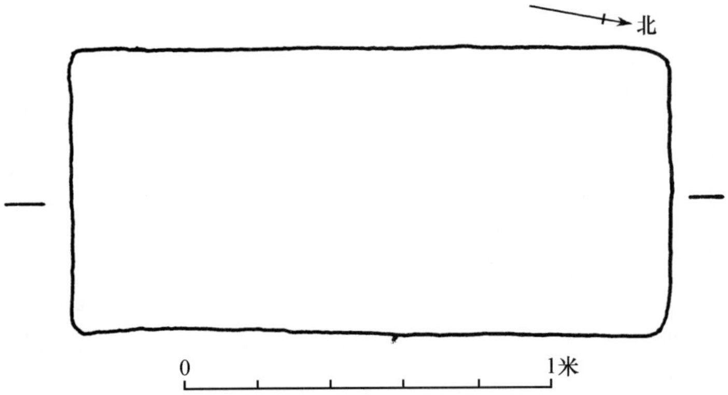

图 8-42 M145 平面图

二十三、M146

M146 位于第Ⅱ发掘区的西北部，T1424 的东南部，开口于扰土层下，上部被 M145 打破，距地表 1.2 米。墓葬形制为土坑竖穴墓，方向 160° 。墓圹平面呈梯形，直壁、平底，长 2.4、宽 1~1.2、深 1.4 米。填土呈黄褐色，土质黏硬，内含许多红土块、淤土及姜石块。葬具及葬式不详。随葬品有 2 件（组），其中瓷灯 1 件、铜钱 2 枚（1 组），均置于墓室的西南部（图 8-43）。

瓷灯 1 件（M146∶1）。黄褐胎，黑釉，釉不包底。灯碗敞口，圜底，灯勺一侧有饼形耳，面上刻花；方唇圜底灯盏；圆柱形柱；方唇，折沿平底盘；喇叭状圈足。底部 1 周凹槽。灯盏口径 9.2~10.8、高 4.4 厘米；灯碗口径 8、灯盘直径 14、底径 12、高 20 厘米（图 8-44）。

铜钱 2 枚。“康熙通宝”，楷书，直读。M146∶3-1，直径 2.3 厘米（图 8-45，1）；M146∶3-2，直径 2.7 厘米（图 8-45，2）。

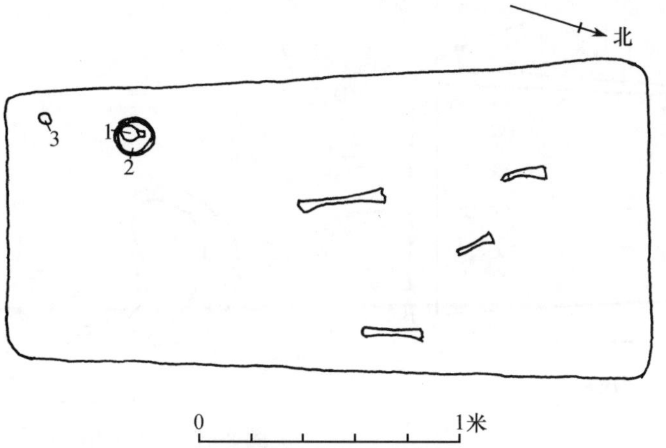

图 8-43　M146 平面图

1. 瓷灯　2、3. 铜钱

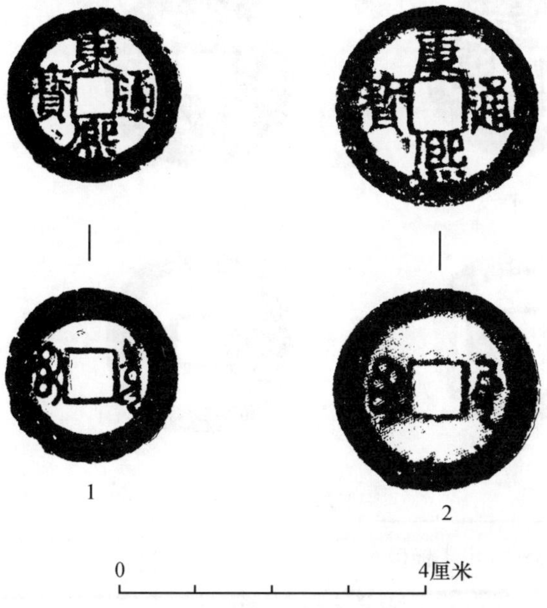

图 8-45　M146 出土康熙通宝

1. M146∶2-1　2. M146∶2-2

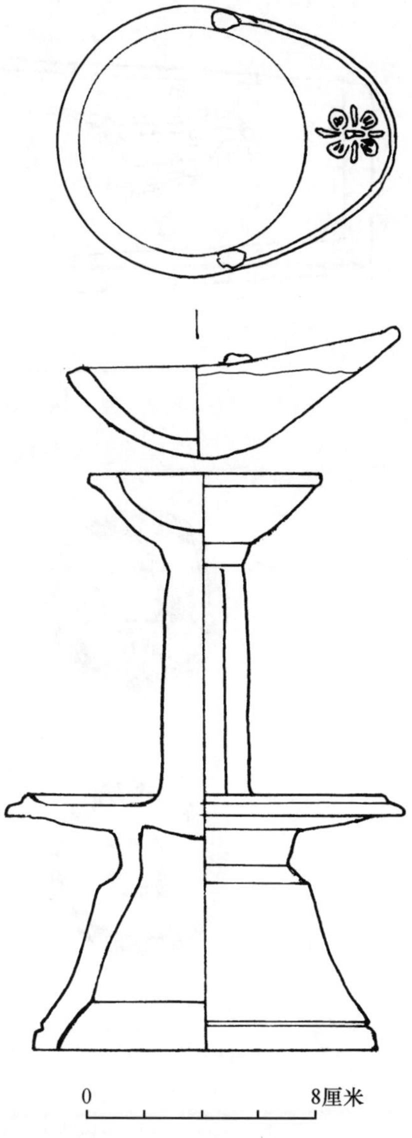

图 8-44　M146 出土瓷灯

（M146∶1）

二十四、M148

M148 位于第Ⅱ发掘区的西北部，T1424 中南部，开口于扰土层下，距地表 1.2 米。墓葬形制为土坑竖穴墓，方向 340°。墓圹平面呈梯形，直壁、平底，长 2.3、北宽 0.9、南宽 0.6、残深 0.6 米。填土为灰白色花土，土质略松。墓底有葬具 1 棺，形状不详，骨架残存部分下肢骨。随葬品有 2 件（组），其中耳坠 1 件，置于墓室北部；铜钱 3 枚（1 组），分别置于墓室北部及下肢骨部位（图 8-46）。

耳坠　1 件（M148∶2）。铜质。豆芽形。长 3 厘米（图 8-47）。

铜钱　3 枚。“万历通宝”1 枚，楷书，直读。M148∶1-1，直径 2.5 厘米（图 8-48，1）。“乾隆通宝”2 枚，楷书，直读。M148∶1-2，直径 2.4 厘米（图 8-48，2）；M148∶1-3，直径 2.5 厘米（图 8-48，3）。

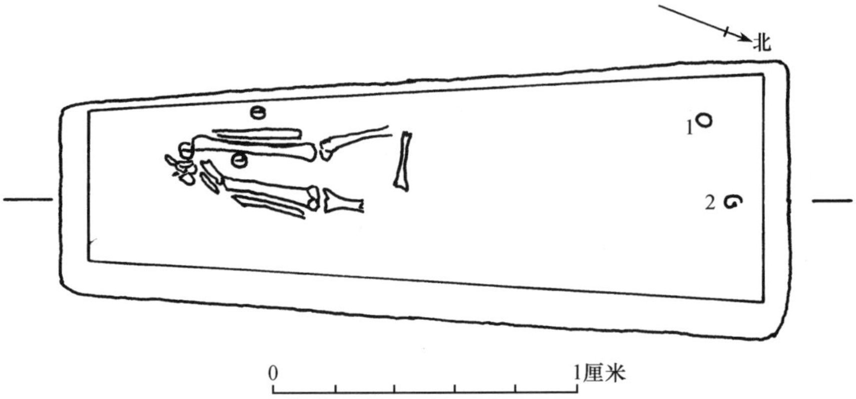

图 8-46　M148 平面图
1. 铜钱　2. 耳坠

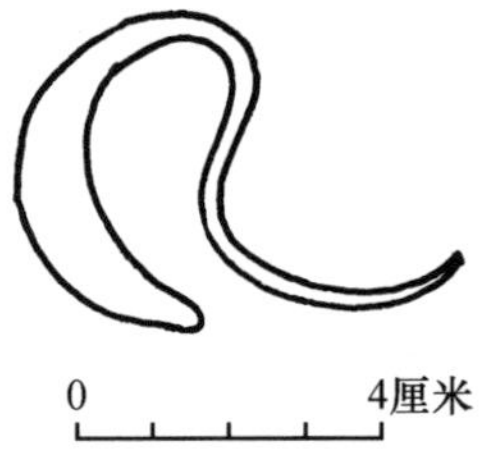

图 8-47　M148 出土铜耳坠
（M148：2）

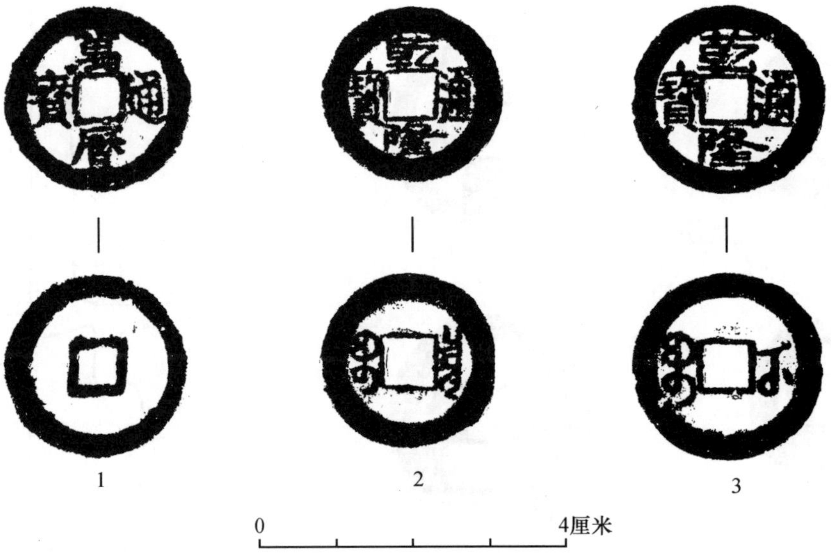

图 8-48　M148 出土钱币
1. 万历通宝（M148：1-1）　2、3. 乾隆通宝（M148：1-2、M148：1-3）

二十五、M149

M149 位于第Ⅱ发掘区的西北部，T1424 东北部，开口于扰土层下，距地表 1.2 米。墓葬形制为土坑竖穴墓，方向 355°。墓圹平面呈梯形，直壁、平底，长 1.9、宽 0.8~1 米、残深 0.2 米。填土为灰白色花土，土质略松。墓底有葬具 1 棺，腐朽严重。棺内人骨保存较好，女性，葬式为仰身直肢，头向北。无随葬品（图 8-49）。

二十六、M151

M151 位于第Ⅱ发掘区的西北部，T1522 的南部，开口于扰土层下，打破 M159 及 M156，距地

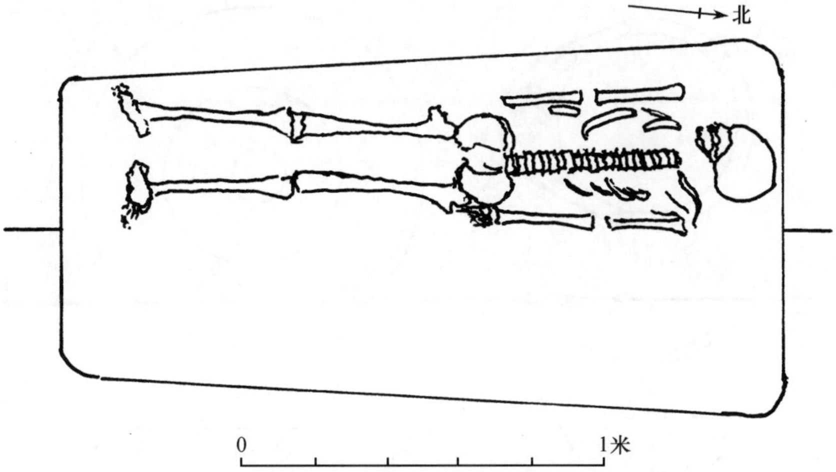

图 8-49　M149 平面图

表 1.3 米。墓葬形制为竖穴土坑墓，方向 352°。墓圹平面近长方形，长 1.8、宽 0.8~0.9、残深 0.3 米。填土呈黄褐色，土质黏硬，内含红土块、淤土及姜石块。未见葬具痕迹，墓底有人骨 1 具，仰身直肢，头向北。随葬品有 7 件（组），其中瓷罐、瓷碗、瓷灯各 1 件，置于墓主下肢骨外侧；铜扣 3 件、铜钱 1 枚，置于墓主胸部；铜簪 1 件、玉饰 1 件，置于墓主头骨两侧（图 8-50）。

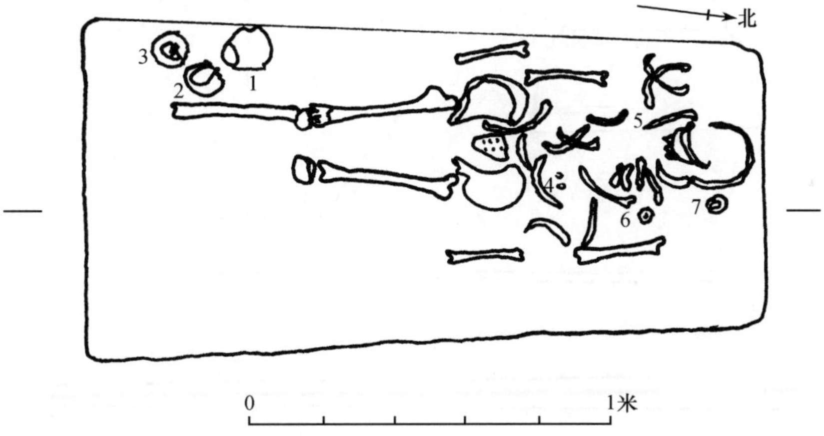

图 8-50　M151 平面图

1. 瓷罐　2. 瓷碗　3. 瓷灯　4. 铜扣　5. 铜簪　6. 铜钱　7. 玉饰

瓷罐　1 件（M151∶1）。乳白胎，酱釉，釉至下腹部。敛口，微鼓腹，矮圈足。口径 12、腹径 14.8、底径 8.4、通高 14.8、壁厚 0.4~0.6 厘米（图 8-51，3）。

瓷碗　1 件（M151∶2）。乳白胎，黑釉，釉至下腹部。敞口，深弧腹，圈足。口径 14、底径 5.6、高 5.4、壁厚 0.3~0.5 厘米（图 8-51，2）。

瓷灯　1 件（M151∶3）。圜底灯盏，一侧有流，一侧有饼状把手，上刻花。碗形盏托，灰白胎，酱釉，釉不包底，方唇，折沿。灯台红褐胎，酱釉，釉不包底。浅圜底盘，高圈足，中部外折，底部平折，上有 2 周凸棱。盘唇面沿面上刻花。灯盏口径 8.8~10.6、高 3 厘米；盏托口径 7.6、承盘径 10.8、底径 9.6、通高 19.6 厘米（图 8-51，1）。

铜扣　3 件（M151∶4）。环纽，球形扣。纽径 0.5、扣径 0.8、通高 1.3 厘米（图 8-51，6）。

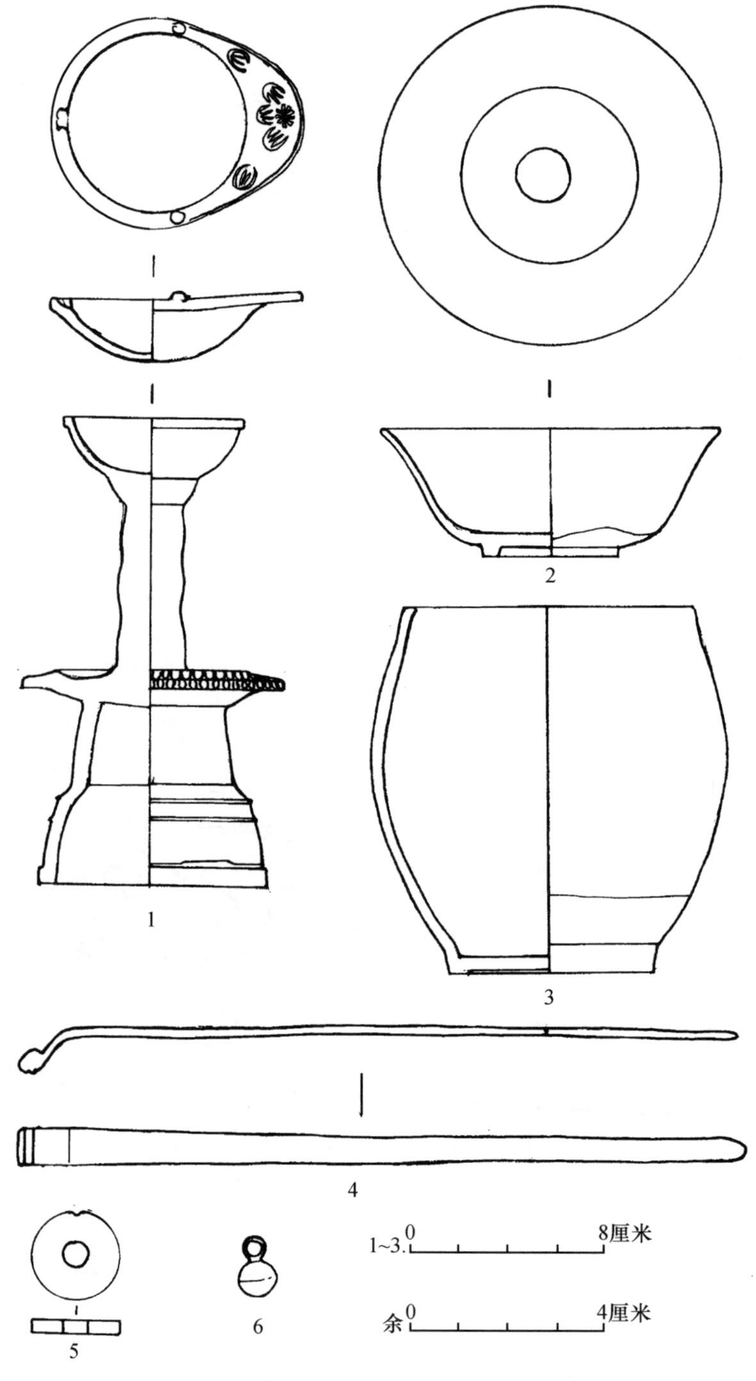

图 8-51 M151 出土器物

1. 瓷灯（M151∶3） 2. 瓷碗（M151∶2） 3. 瓷罐（M151∶1） 4. 铜簪（M151∶5）
5. 玉饰（M151∶7） 6. 铜扣（M151∶4）

铜簪 1 件（M151∶5）。尾部尖身扁平，首翘起。长约 15.2、宽 0.5~0.9、厚 0.2~0.4 厘米（图 8-51，4）。

玉饰 1 件（M151∶7）。璧形。孔径 0.5、直径 4 厘米（图 8-51，5）。

铜钱 1 枚（M151∶6）。“乾隆通宝”，楷书，直读。直径 2.35 厘米（图 8-52）。

二十七、M154

M154位于第Ⅱ发掘区的西北部，T1424北部，开口于扰土层下，距地表1.1米。墓葬形制为土坑竖穴墓，方向355°。墓圹平面呈梯形，直壁、平底，南北残长1.6、宽0.5~0.68、残深0.4米。填土为灰白色花土，土质略松。墓底有葬具1棺，形状不详，骨架腐朽严重只残存部分下肢骨。无随葬品（图8-53）。

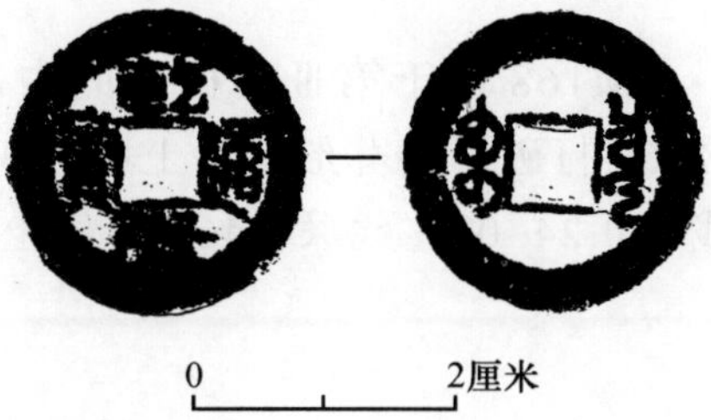

图8-52　M151出土乾隆通宝（M151:6）

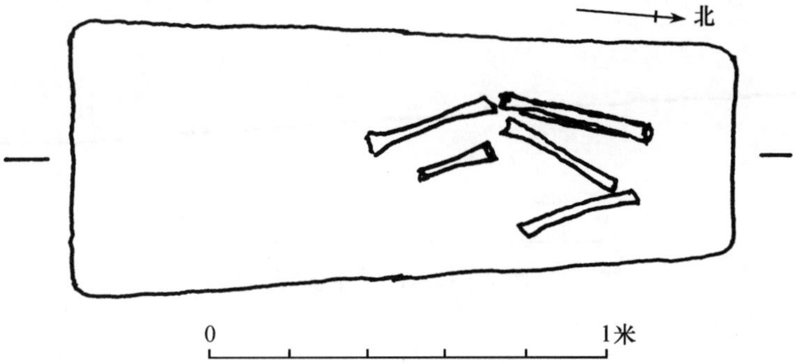

图8-53　M154平面图

二十八、M163

M163位于第Ⅲ发掘区的中部，T0927东北部，开口耕土层下，距地表0.4米。墓葬形制为土坑竖穴墓，方向345°。墓圹平面呈长方形，直壁、平底，长2.6、宽0.8~1、深1.4米。填土为黄褐色花土，内含料姜石。无葬具，无人骨，无随葬品（图8-54）。

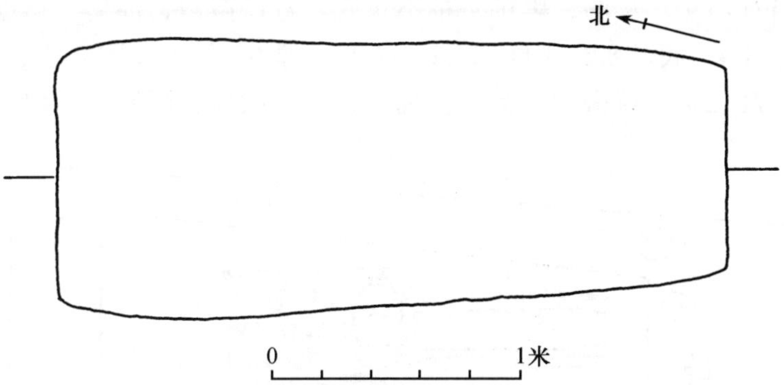

图8-54　M163平面图

二十九、M168

M168位于第Ⅲ发掘区的中部，T0927东部。开口于耕土层下，距地表0.4米，上部被M169打破。墓葬形制为土坑竖穴墓，方向333°。墓圹平面呈长方形，直壁、平底，残长2、残宽0.24~0.5、残深1.46米。填土为黄褐色花土。墓底未发现葬具及人骨，无随葬品（图8-55）。

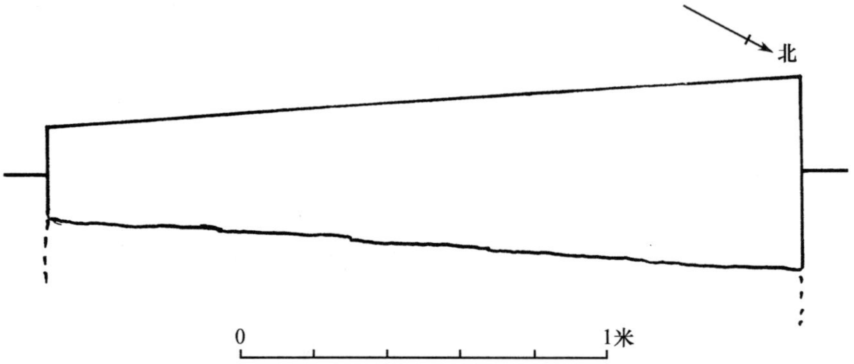

图8-55　M168平面图

三十、M171

M171位于第Ⅱ发掘区南部，T1226东部。扰土层下开口，距地表1.8米。墓葬形制为土坑竖穴墓，方向15°。墓圹平面呈梯形，直壁、平底，长2.6、宽0.72~1.1、残深0.4米。填土为灰白色花土，含白灰料姜石，土质疏松。墓底有葬具1棺，已腐朽，平面呈梯形，南北长1.8、宽0.38米。棺内有人骨1具，保存较差，葬式为仰身直肢，头向北，墓主为女性。随葬品有5件（组），其中铜耳坠1件，置于头骨右侧；铜钱5枚（1组），置于胸骨及下肢骨内侧；瓷罐1件，已残；瓷灯1件、瓷碗1件，均置于墓室南端（图8-56）。

瓷罐　1件（M171∶1）。灰胎，黑釉，釉不包底。直口微敛，溜肩，微鼓腹，实圈足。肩部腹部饰凸弦纹。口径11.4、底径8.2、腹径14.2、高15、厚0.4厘米（图8-57，3）。

瓷灯　1件（M171∶2）。黄褐胎，酱釉，釉不包底。敞口，圜底，一侧有柄。方唇，平沿，

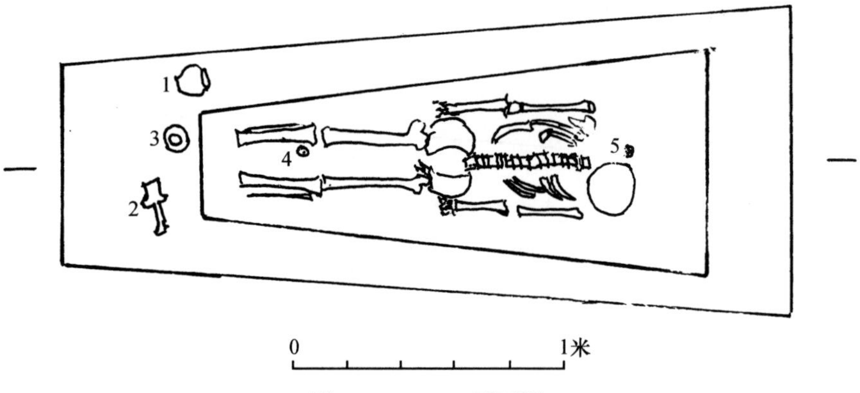

图8-56　M171平面图

1. 瓷罐　2. 瓷灯　3. 瓷碗　4. 铜钱　5. 耳坠

圜底灯盏，圆柱形实心灯柱，尖唇，平沿，平底盘，高圈足外撇，底部折成台。盏口径 8.6~11、高 3.4 厘米。灯碗口径 7.6、灯盘直径 11.4、足径 9.4、通高 19.8 厘米（图 8-57，1）。

瓷碗　1 件（M171∶3）。灰白胎，酱釉，釉不包底。圆唇，敞口，弧腹，平底，圈足。腹部 2 周凸棱。口径 15.3、底径 5.8、高约 5.6、厚约 0.3 厘米（图 8-57，4）。

铜耳坠　1 件（M171∶5）。弯钩形，球形坠。长 3 厘米（图 8-57，2）。

铜钱　5 枚。“康熙通宝” 3 枚，楷书，直读。M171∶4-1~3，直径 2.5 厘米（图 8-58，1~3）。“皇宋通宝” 1 枚，楷书，直读。直径 2.5 厘米。年号不清者 1 枚。

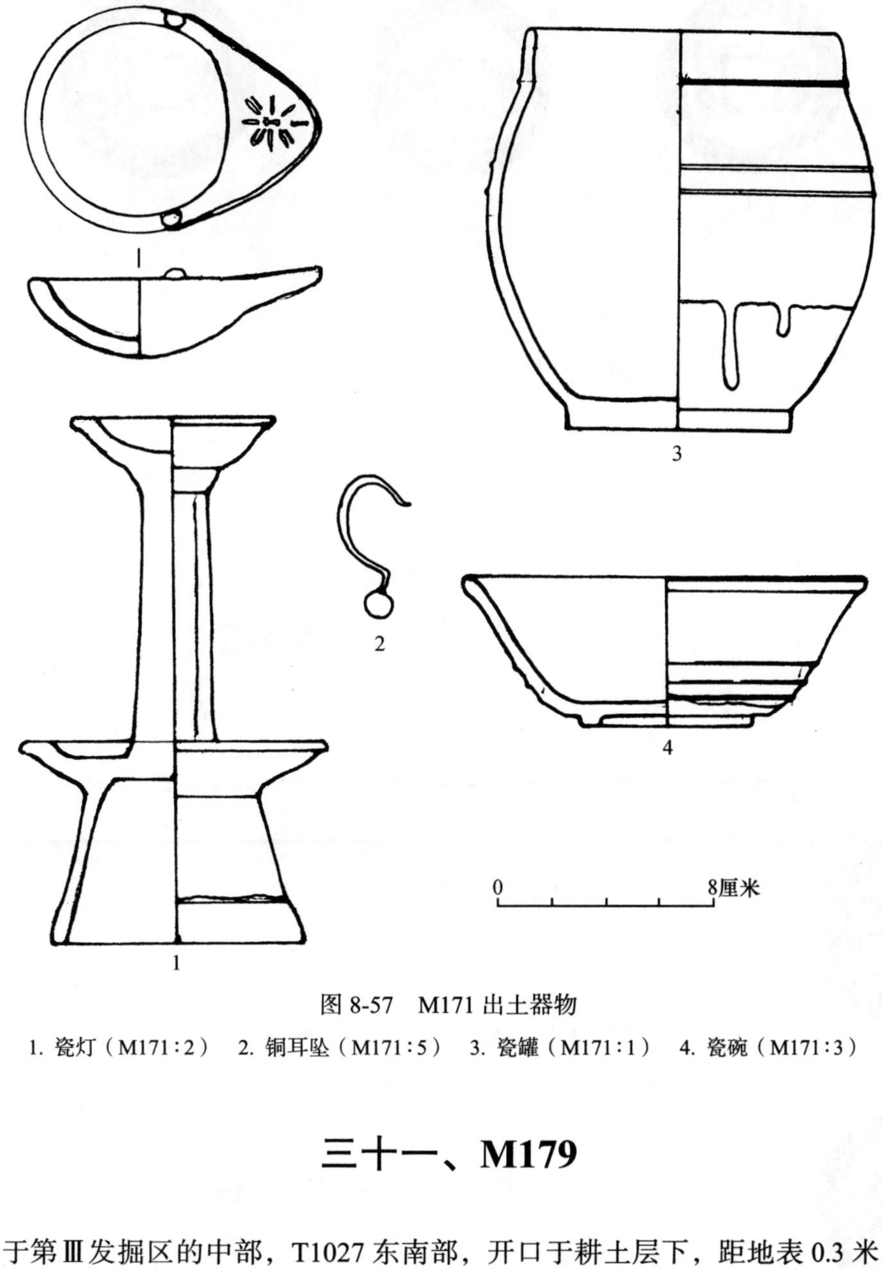

图 8-57　M171 出土器物

1. 瓷灯（M171∶2）　2. 铜耳坠（M171∶5）　3. 瓷罐（M171∶1）　4. 瓷碗（M171∶3）

三十一、M179

M179 位于第Ⅲ发掘区的中部，T1027 东南部，开口于耕土层下，距地表 0.3 米。墓葬形制为土坑竖穴墓，方向 347°。墓圹平面呈长方形，直壁、平底，长 2.7、宽 1、残深 1.44 米。填土为黄褐色花土，土质略疏松。墓底有葬具 1 棺，已腐朽，棺平面为长方形，长 1.8、宽 0.5~0.58 米。棺内有人骨 1 具，葬式为仰身直肢。随葬品有铜钱 1 枚，位于肋骨处（图 8-59）。

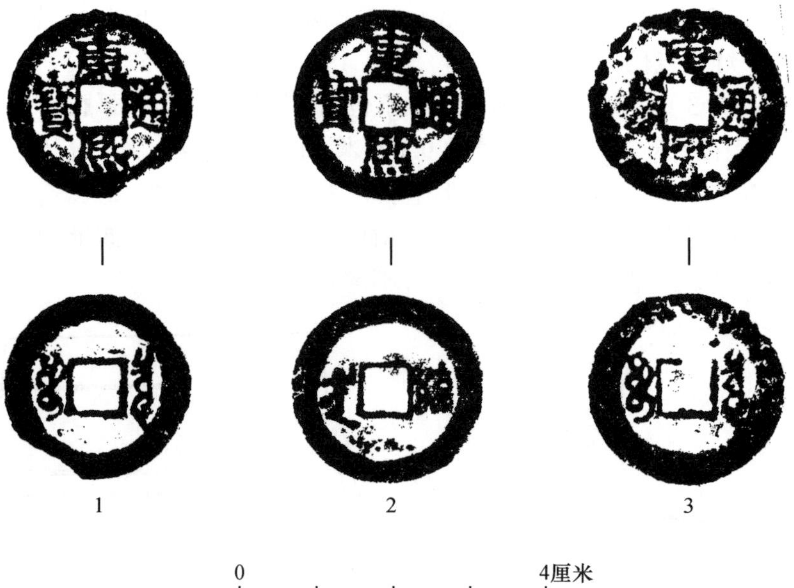

图 8-58 M171 出土康熙通宝

1. M171∶4-1 2. M171∶4-2 3. M171∶4-3

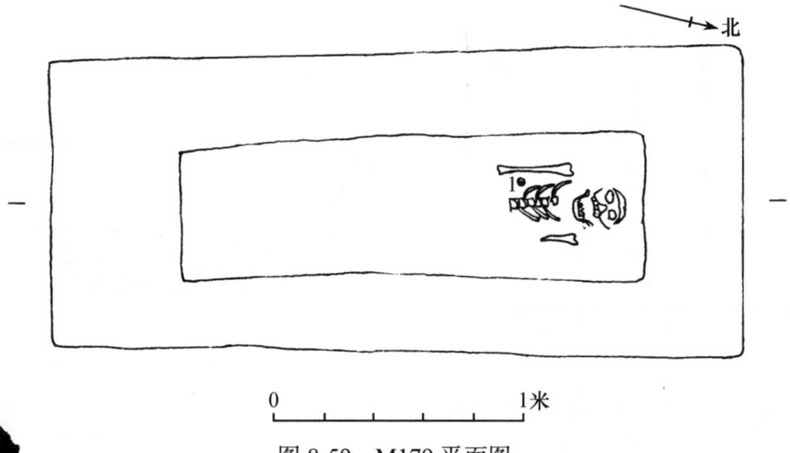

图 8-59 M179 平面图

1. 铜钱

图 8-60 M179 出土乾隆通宝（M179∶1）

铜钱 1 枚（M179∶1）。“乾隆通宝”楷书，直读。直径 2.6 厘米（图 8-60）。

三十二、M187

M187 位于第Ⅱ发掘区的南部，T1227 北部，发掘区中东部，开口于扰土层下，距地表 1.8 米。墓葬形制为土坑竖穴墓，方向 178°。墓圹平面呈梯形，直壁、平底，长 3.6、宽 1~1.12、残深 0.6 米。填土为灰白色花土，土质松软。无葬具，无骨架，白灰铺底。随葬品有瓷碗 1 件，置于墓室南端（图 8-61）。

瓷碗　1件（M187∶1）。白胎，黑釉，釉不包底。碗内底有刮圈。尖圆唇，斜直腹，平底，窄圈足。口径 16.2、底径 6.6、高 5.4、厚约 0.4 厘米（图 8-62）。

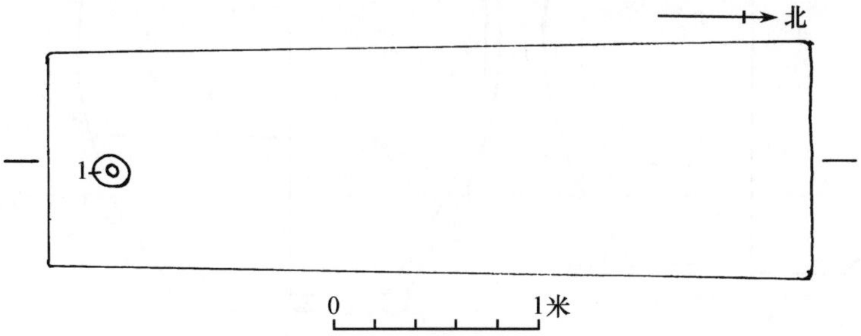

图 8-61　M187 平面图

1. 瓷碗

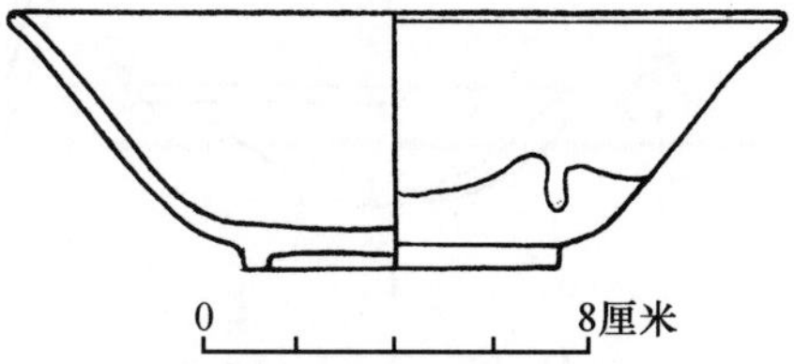

图 8-62　M187 出土瓷碗

（M187∶1）

三十三、M189

M189 位于第Ⅳ发掘区南部，T1718 东南部。开口于耕土层下。墓葬形制为土坑竖穴墓，方向 16°。墓圹平面呈长方形，直壁、平底，长 2.5、宽 1.65、深 2 米。晚清墓葬，只采集器物，未予清理。随葬品有 5 件，其中瓷罐 2 件、瓷碗 1 件、瓷灯 1 件、灯台 1 件，均置于墓圹内南端。

瓷罐　2 件。M189∶1，乳白胎，黑釉，外釉施至腹部偏下。圆唇直口，溜肩，微鼓腹，最大腹径偏上。矮圈足。口径 12.4、腹径 14.8、底径 8.4、通高 16.4、壁厚 0.4~0.6 厘米（图 8-63，4）。M189∶2，乳白胎，酱釉，外釉施至腹部偏下。圆唇直口微敛，溜肩，微鼓腹，最大腹径偏上。平底实足。肩部饰 1 周凸棱。口径 12、腹径 15.2、底径 8.4、高 15.8、壁厚 0.4~0.8 厘米（图 8-63，2）。

瓷碗　1 件（M189∶3）。乳白胎，酱釉，外釉施至腹部以下，内底有刮圈。敞口，深腹，下腹折成平底，圈足。口径 14.8、底径 6、高 5.6、壁厚 0.3~0.6 厘米（图 8-63，3）。

瓷灯　1 件（M189∶4）。黄褐胎，酱釉，釉不包底。由灯盏和灯台组成。灯盏敞口，圜底。一侧有饼形把手，一侧有流，把手面上刻花。灯盏直径 8.8~10.4、高 2.8 厘米。灯台由碗形盏托、竹节形柱、折沿浅底承盘和高喇叭状圈足组成。圈足上饰 2 周凸棱。盏托口径 7.6、盘径 10.8、底径 10.8、高 20.6 厘米（图 8-63，1）。

灯台　1 件（M189∶5）。碗形灯碗，圆柱形灯柱，方唇斜折沿圜底灯盘，折腹高圈足。黄褐胎，酱釉，釉不包底。碗口径 7.6、盘口径 10.8、底径 10.8、通高 20.4 厘米（图 8-63，5）。

三十四、M199

M199 位于第Ⅱ发掘区的南部，T1227 东南部，发掘区中东部，扰土层下开口，距地表 2 米。墓葬形制为土坑竖穴墓，方向 17°。墓圹平面呈梯形，直壁、平底，长 4、宽 1.1~1.4、残深 0.5 米。填土为灰白色花土，土质松软。墓底有葬具 1 棺，已腐朽，棺平面呈梯形，南北长 2.14、宽 0.5~0.7 米。棺内无人骨，棺底部有 2 厘米左右厚的白灰铺底。随葬品有 3 件，其中瓷碗 1 件、瓷碟 1 件、

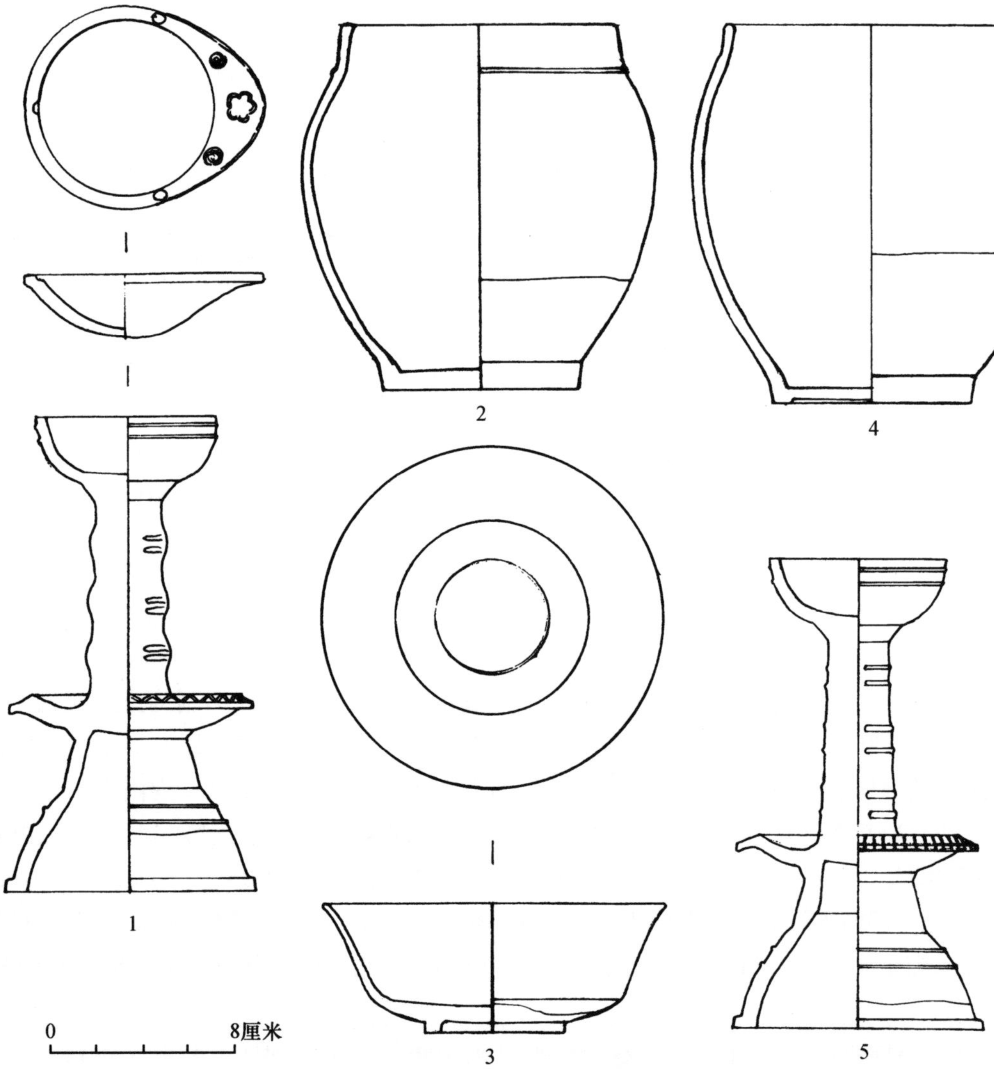

图 8-63 M189 出土器物

1. 瓷灯（M189∶4） 2、4. 瓷罐（M189∶2、M189∶1） 3. 瓷碗（M189∶3） 5. 灯台（M189∶5）

铜钱 1 枚，均置于墓室中部（图 8-64）。

瓷碗 1 件（M199∶1）。浅黄胎，白釉，脱釉严重。敞口，浅弧腹，平底，宽圈足。口径 15.4、底径 7.2、通高 3.6、壁厚 0.2~0.3 厘米（图 8-65，1）。

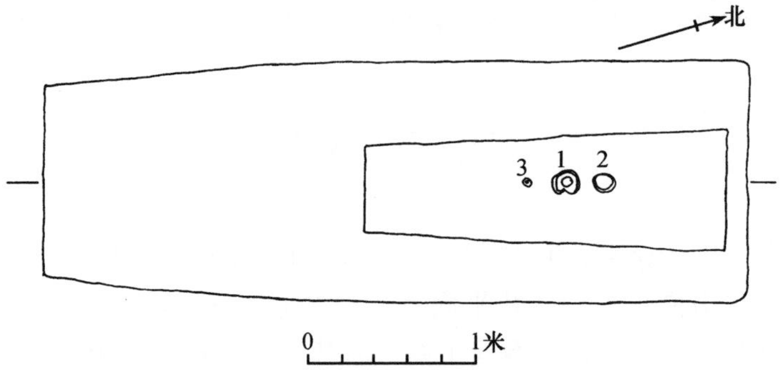

图 8-64 M199 平面图

1. 瓷碗 2. 瓷碟 3. 铜钱

瓷碟　1件（M199∶2）。红褐胎，白色釉较粗糙，釉不包底。敞口，浅弧腹，平底，宽圈足。口径11.6、底径6、通高3、壁厚0.3~0.4厘米（图8-65，2）。

铜钱　1枚（M199∶3）。“康熙通宝”，楷书，直读。直径2.7厘米（图8-66）。

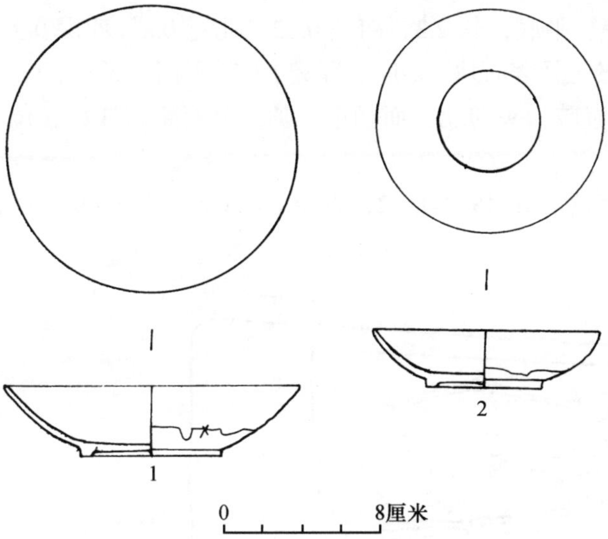

图8-65　M199出土器物

1. 瓷碗（M199∶1）　2. 瓷碟（M199∶2）

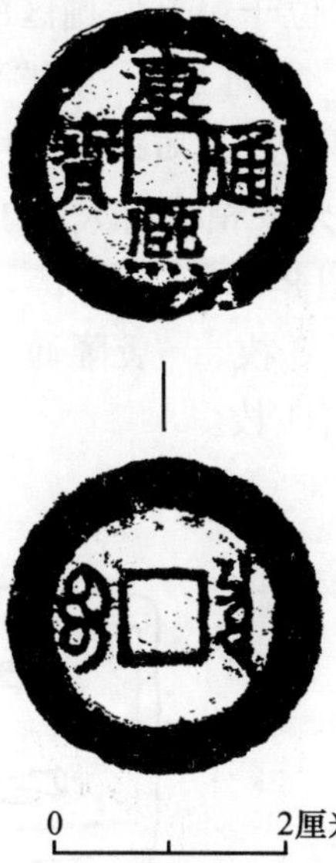

图8-66　M199出土康熙通宝（M199∶3）

三十五、M226

M226位于第Ⅱ发掘区的东北部，T1530东部，开口于扰土层下，打破M222，墓口距地表2.4米。墓葬形制为竖穴土坑墓，方向10°。墓圹平面呈长方形，直壁、平底，长2.1、宽0.8~0.9、残深0.7米。填土为黄褐色花土。无葬具。墓底有人骨1具，葬式为仰身直肢，头向北。无随葬品（图8-67）。

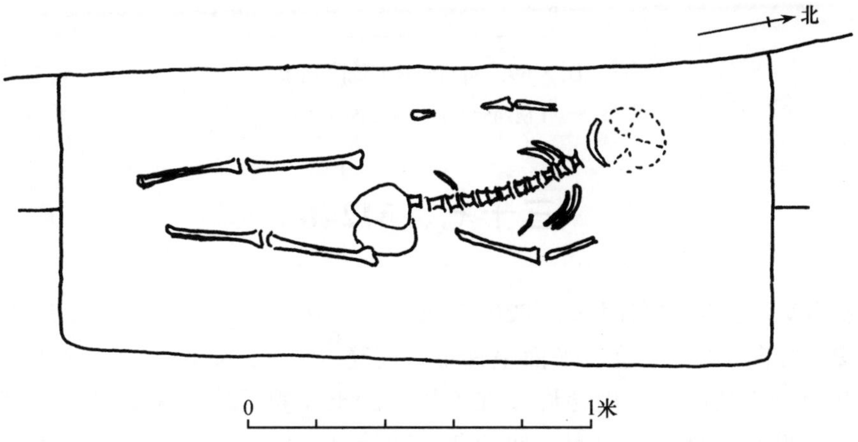

图8-67　M226平面图

三十六、M245

M245位于第Ⅴ发掘区的中部，T2017北部，开口于扰土层下，距地表1.2米。墓葬形制为土坑竖穴墓，方向5°。墓圹平面呈梯形，直壁、平底，长2.3、南宽0.52、北宽0.8、残深0.9米。填土呈黄褐色，土质疏松，内含许多红土块、淤土及姜石块。墓底有葬具1棺，平面呈梯形，长1.88、宽0.4~0.6米。棺内有人骨1具，葬式为仰身直肢，头向北，面朝东。随葬品有铜钱3枚，位于墓主胸部（图8-68）。

铜钱　3枚。“乾隆通宝”2枚，楷书，直读。M245∶1-1、2，直径2.4厘米（图8-69，1、2）。年号不清者1枚。

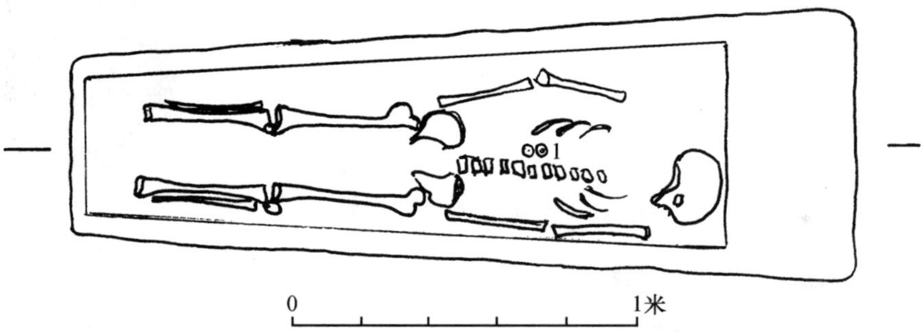

图8-68　M245平面图

1. 铜钱

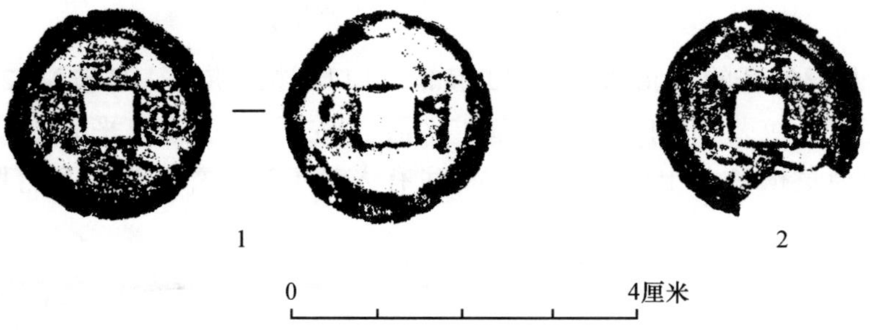

图8-69　M245出土乾隆通宝

1.M245∶1-1　2.M245∶1-2

三十七、M246

M246位于第Ⅴ发掘区的东南部，T2019的北部。开口于扰土层下，距地表2米。墓葬形制为土坑竖穴墓，方向182°。墓圹平面呈梯形，直壁、平底，长1.9、宽0.8~0.9、残深1.5~1.7米。填土呈黄褐色，土质略硬，内含许多红土块、淤土及姜石块。无葬具。墓底有人骨1具，保存较差，葬式为仰身直肢，头向南，面朝北。随葬品有瓷碗1件，放置于人骨右侧腰部（图8-70）。

瓷碗　1件（M246∶1）。乳白胎，黑釉，内底有刮圈，外施半釉。尖唇，敞口，深弧腹，平底，小圈足。口径17.2、底径6、通高6.4、壁厚0.4~0.6厘米（图8-71）。

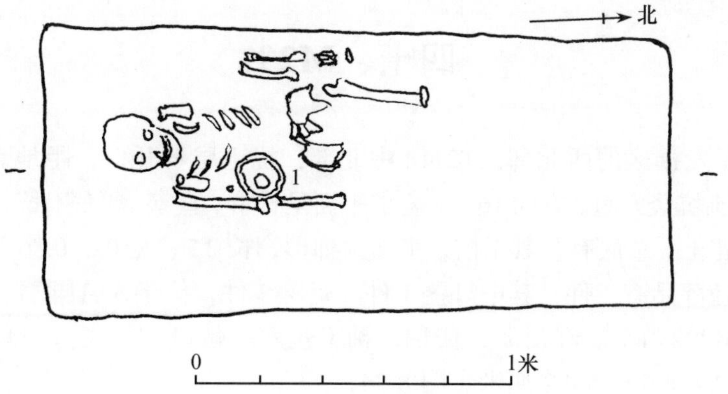

图 8-70 M246 平面图

1. 瓷碗

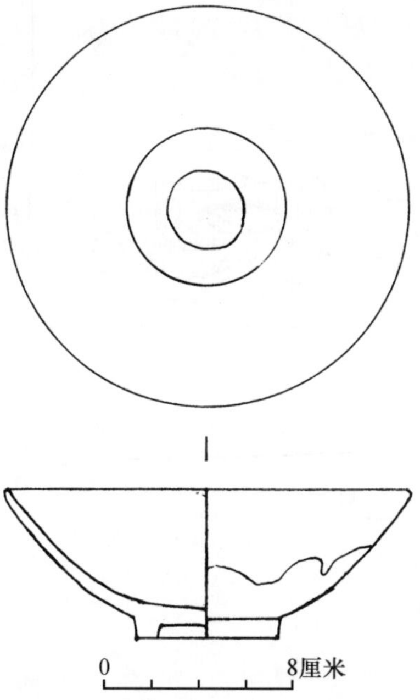

图 8-71 M246 出土瓷碗（M246:1）

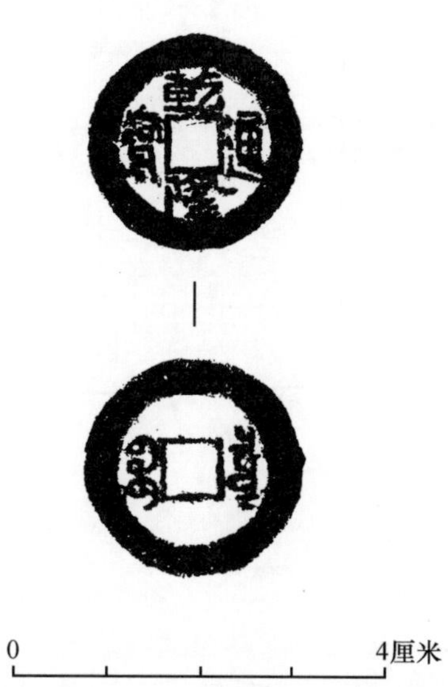

图 8-72 M249 出土乾隆通宝（M249:1）

三十八、M249

该墓为晚清墓葬，未清理。采集铜钱 1 枚（M249:1），“乾隆通宝”，楷书，直读。直径 2.3 厘米（图 8-72）。

三十九、M250

该墓为晚清墓葬，未清理。

四十、M292

M292位于第Ⅴ发掘区的西北部，T2114中北部，扰土层下开口，距地表2米，打破M321及M295。墓葬形制为土坑竖穴墓，方向16°。墓圹平面呈梯形，直壁、平底，长3.56、宽1.6~1.7、深1.4米。填土为黄褐色花土。墓底有葬具1棺，平面为梯形，长2.2、宽0.6~0.86米。棺内有人骨1具，葬式为仰身直肢。随葬品有4件，其中灯盏1件、瓷碗3件，位于人骨脚端（图8-73）。

灯盏 1件（M292：1）。红褐胎，酱釉，釉不包底。敞口，圜底。一侧有饼形把手。把手上刻3个圆点。口径7.2~8.6、高4.2厘米（图8-74，3）。

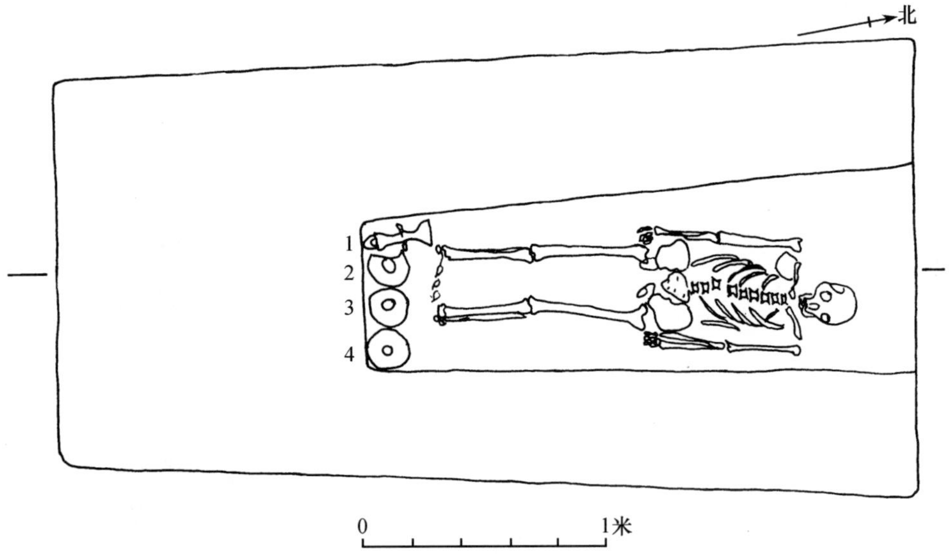

图8-73 M292平面图

1. 灯盏 2~4. 瓷碗

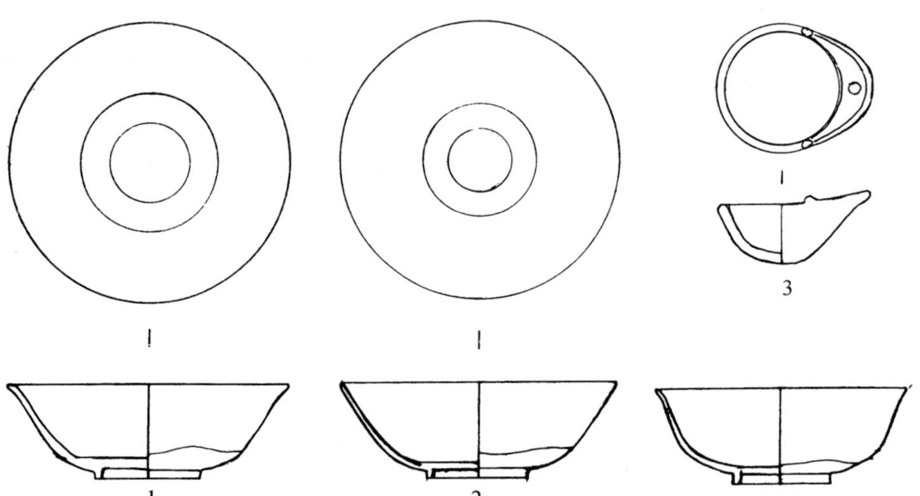

图8-74 M292出土器物

1、2、4. 瓷碗（M292：2、M292：3、M292：4） 3. 灯盏（M292：1）

瓷碗　3件。M292∶2，浅红褐胎，黑釉，釉不包底。内底有刮圈。敞口，斜直壁，宽平底，宽直圈足，足底平。口径16、底径6、高5.4、壁厚0.3~0.5厘米（图8-74，1）。M292∶3，黄褐胎，酱釉，釉不包底。敞口微敛，斜直深腹，宽平底，宽直圈足，足平。内底有刮圈。口径15.6、底径5.6、高5.4、壁厚0.3~0.5厘米（图8-74，2）。M292∶4，灰白胎，黑釉，釉不包底。敞口，尖唇，深腹，平底，圈足。口径14、底径5.4、高5.4、壁厚0.3~0.4厘米（图8-74，4）。

四十一、M297

M297位于第V发掘区西北部，T2113东南部，墓葬形制为土坑竖穴墓，方向19°。上部被破坏，墓圹平面呈梯形，直壁、平底，长2.15、宽0.95~1.1、残深0.36米。填土为黄褐色花土。墓底无葬具，未发现人骨及随葬品（图8-75）。

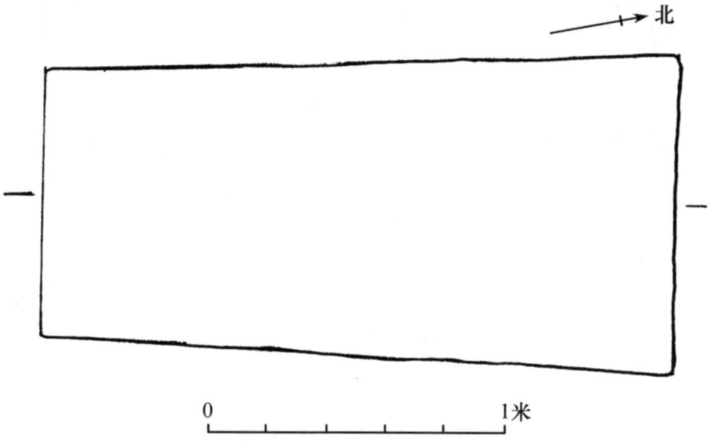

图8-75　M297平面图

四十二、M298

M298位于第V发掘区西北部，T2113东部，开口于扰土层下，距地表2米。墓葬形制为土坑竖穴墓，方向11°。上部被破坏，墓圹平面呈长方形，直壁、平底，长1.53、宽0.8、残深0.22米。填土为黄褐色花土。墓底无葬具，未发现人骨及随葬品（图8-76）。

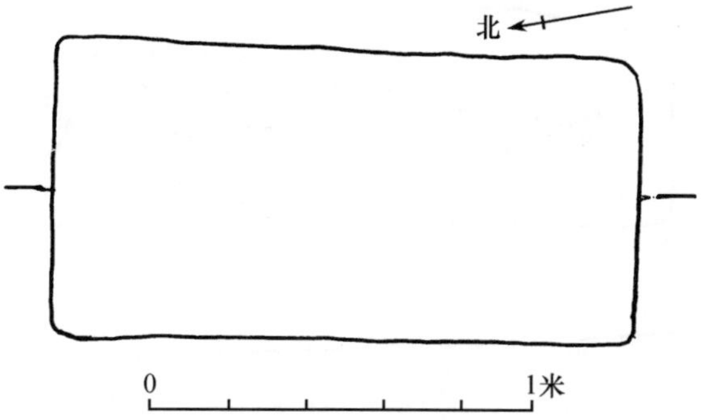

图8-76　M298平面图

四十三、M323

M323位于第Ⅴ发掘区东部，T2218北部。开口于扰土层下，距地表2米。墓葬形制为竖穴土坑墓，方向4°。墓圹平面呈长方形，直壁、平底，长2.4、宽1.2、残深1.2米。填土为黄褐色，土质较松，含料姜石。墓底有葬具1棺，腐朽严重，平面呈梯形，长2、宽0.46~0.66米。未发现人骨痕迹及随葬品（图8-77）。

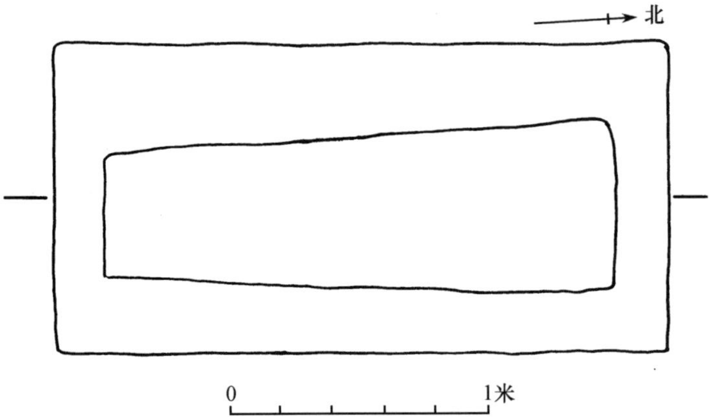

图8-77　M323平面图

四十四、M327

M327位于第Ⅵ发掘区的东南部，T2318东部，扰土层下开口，距地表约2米。墓葬形制为土坑竖穴墓，方向15°。墓圹平面近梯形，直壁、平底，长2.26、宽0.9~1、残深0.3米。填土为黄褐色花土。墓底有葬具1棺，木质，已腐朽，只残留板灰痕迹，棺长1.68、宽0.48米。人骨保存较差，葬式为仰身直肢。随葬品有5件（组），其中瓷罐2件、灯盏1件、瓷灯1件，均位于墓室南部；铜钱5枚（1组），位于人骨盆骨下方（图8-78）。

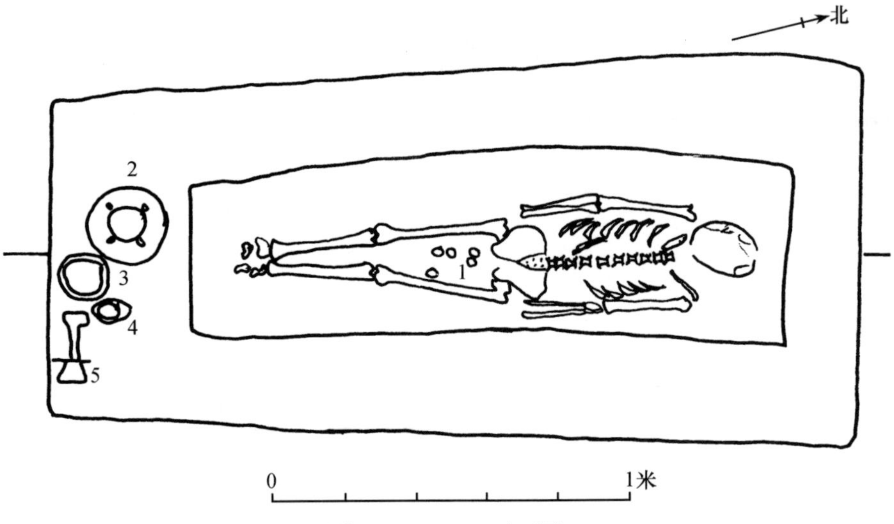

图8-78　M327平面图

1. 铜钱　2、3. 瓷罐　4. 灯盏　5. 灯台

瓷罐　2件。M327:2，浅黄褐胎，黑釉，釉至下腹部。直口略敛，鼓腹，最大腹径居上，下腹弧收，矮圈足近平。口和肩部附加4个竖向系。口径10、腹径17、底径7.6、通高17、壁厚0.4~0.8厘米（图8-79，1；图版25-6）。M327:3，淡黄胎，酱釉，釉至下腹部。敛口，弧鼓腹，平底。外壁数周凸棱。口径11.6、腹径14.8、底径8.2、通高15.2、壁厚0.6厘米（图8-79，4）。

灯盏　1件（M327:4）。白胎，酱釉，釉不包底。半圆形。一侧有柄形把手。口径8.4~10、高2.8厘米（图8-79，2）。

灯台　1件（M327:5）。浅黄褐胎，酱釉，釉不包底。盏托，碗形，圆唇，圜底。承盘，斜折沿，浅圜底。灯柱，竹节形。筒形高圈足，外撇，上有数周凸棱。碗口径7.2、盘口径11.2、圈足径10、高21厘米（图8-79，3）。

铜钱　5枚。“康熙通宝”2枚，楷书，直读。直径2.5厘米。“乾隆通宝”1枚，楷书，直读。直径2.4厘米。M327:1-1、3，五铢钱，字体较瘦，“五”字中间两笔弯曲，“铢”字的“金”字头呈等腰三角形，“金”字头方折。直径2.5厘米（图8-80，1、3）。M327:1-2，五铢钱，字体较瘦，“五”字中间两笔弯曲，“铢”字的“金”字头呈镞形，“金”字头圆折。直径2.5厘米（图8-80，2）。

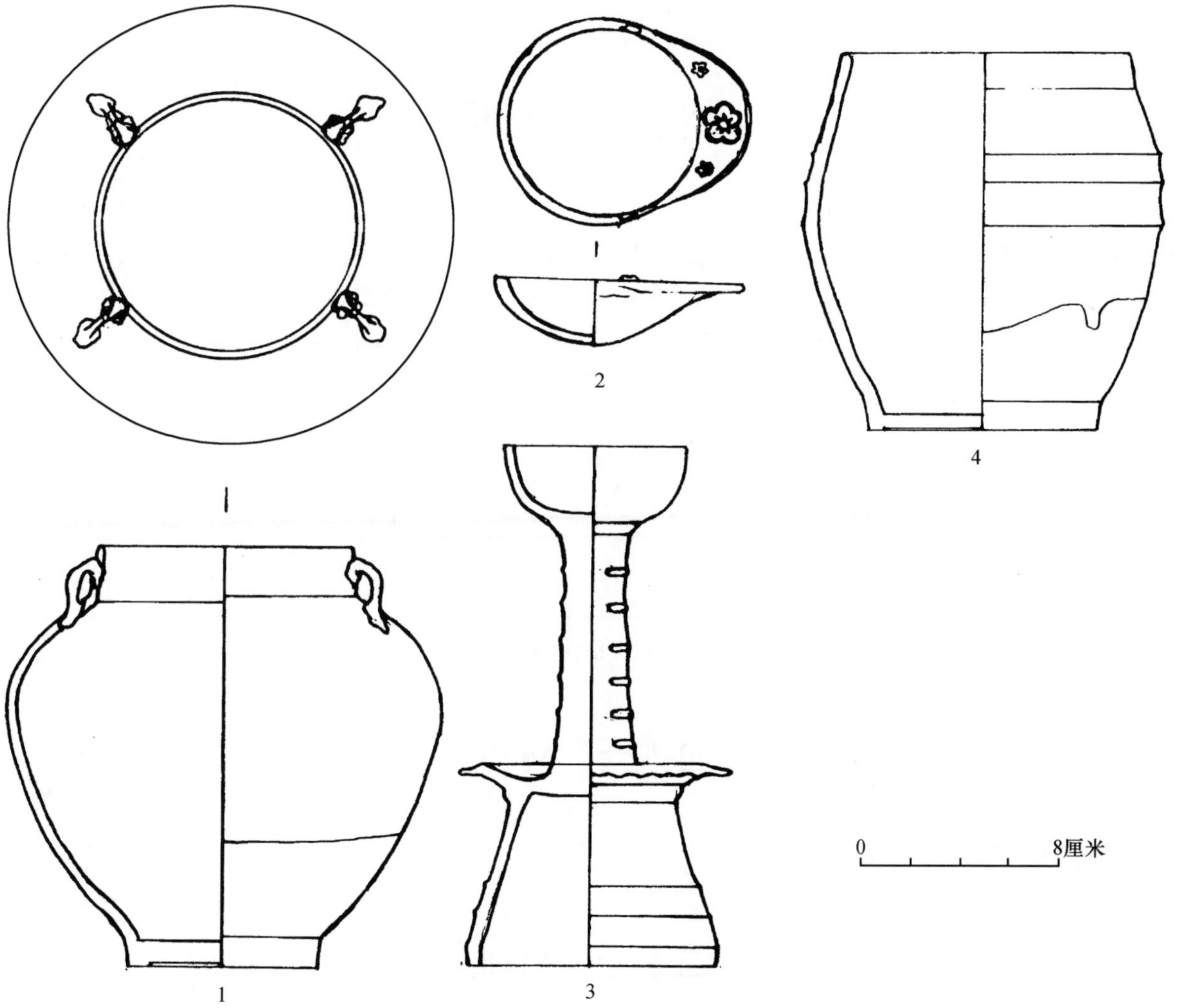

图8-79　M327出土器物

1、4. 瓷罐（M327:2、M327:3）　2. 灯盏（M327:4）　3. 灯台（M327:5）

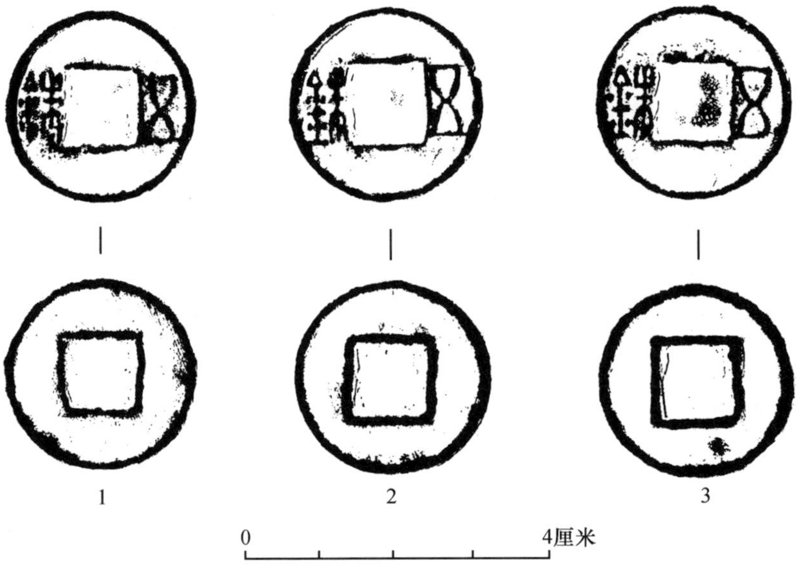

图 8-80 M327 出土五铢钱

1.M327∶1-1 2.M327∶1-2 3.M327∶1-3

四十五、M383

M383 位于第Ⅵ发掘区东南部，T2319 西部。开口于扰土层下，距地表 2.2 米，打破 M382。墓葬形制为土坑竖穴墓，方向 3° 。墓圹平面呈长方形，直壁、平底，长 2.2、宽 0.8、深 1.5 米。填土为黄褐色花土，土质略疏松。墓底人骨腐朽严重。无葬具，无随葬品（图 8-81）。

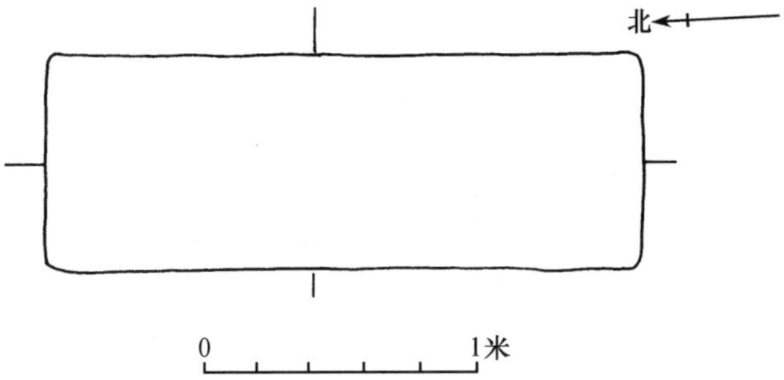

图 8-81 M383 平面图

四十六、M402

该墓为晚清墓葬，未清理。

四十七、M403

该墓为晚清墓葬，未清理。

四十八、M406

该墓为晚清墓葬，未清理。

四十九、M409

M409位于第Ⅴ发掘区的西北部300米处。开口于扰土层下，距地表2米。墓葬形制为土坑竖穴墓，方向20°。墓圹平面呈长方形，直壁、平底，长2.8、宽1、深1米。填土为红褐色花土。人骨腐朽严重。无葬具，无随葬品（图8-82）。

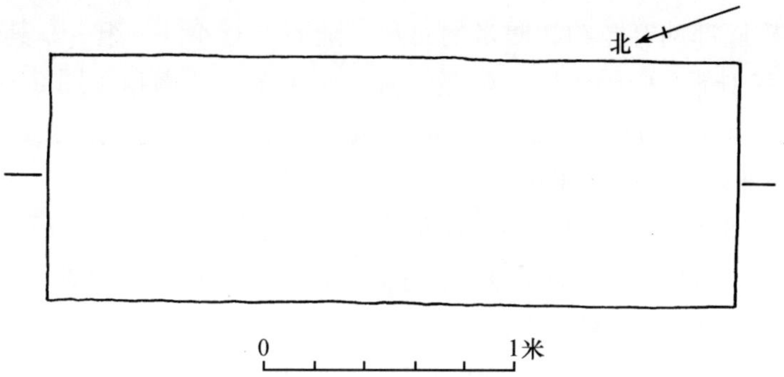

图8-82　M409平面图

五十、M410

M410位于第Ⅴ发掘区的西北部300米处，开口于扰土层下，距地表2米。墓葬形制为土坑竖穴墓，方向20°。墓圹平面呈长方形，直壁、平底，长2.4、宽1.6、深0.8米。填土为黄褐色花土。墓底人骨腐朽严重。无葬具，无随葬品（图8-83）。

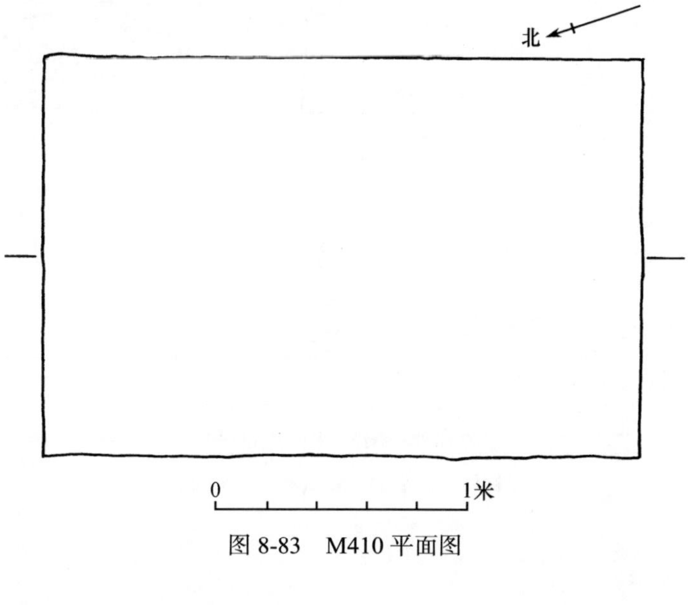

图8-83　M410平面图

第二节 土坑洞室墓

一、M24

M24 位于第Ⅰ发掘区东部，T1830 西北部，开口于耕土层下，距地表深约 0.3 米，打破 M41 及 M47。墓葬形制为土坑洞室墓，方向 196°，由墓道、封门和墓室三部分组成。墓道平面呈梯形，直壁、斜底，长 2.4、宽 1.4~1.38、残深 0.46~1 米。填土为黄褐色花土。封门砖厚 0.18、高 0.8 米。墓室弧顶（坍塌），直壁、平底，平面近长方形，长 2.76、宽 1.4~1.56、残高 0.74 米。墓室内东西并排放置 2 棺，均已腐朽。东棺长 1.8、宽 0.6 米；西棺长 1.52、宽 0.4 米。棺内各有人骨 1 具，葬式均为仰身直肢。棺底部铺有厚约 2 厘米的石灰。随葬品有 4 件（组），其中铜钱 3 枚（1 组）、镇墓瓦 1 块，位于墓室中部；瓷碗 1 件、瓷罐 1 件，位于墓室西南角（图 8-84）。

瓷罐 1 件（M24∶2）。黄褐胎，酱釉，釉不包底。敛口，口外侧鼓腹，矮圈足。口径 11、腹径 14、底径 8.4、通高 14、壁厚 0.3~0.4 厘米（图 8-85，2）。

瓷碗 1 件（M24∶3）。浅黄胎，黑釉，釉不包底，内底有刮圈。敞口，尖唇，深腹，腹壁先收后鼓，平底小圈足。内平于外。口径 15.2、底径 6.4、通高 5.6、壁厚 0.2~0.3 厘米（图 8-85，1）。

镇墓瓦 1 块（M24∶4）。已残碎。

铜钱 3 枚。"雍正通宝"1 枚（M24∶1-1），楷书，直读。直径 2.6 厘米（图 8-86，1）。"顺治通宝"1 枚（M24∶1-2），楷书，直读，背面穿右一"东"字。直径 2.8 厘米（图 8-86，2）。"康熙通宝"1 枚（M24∶1-3），楷书，直读，背面穿右一"临"字。直径 2.8 厘米（图 8-86，3）。

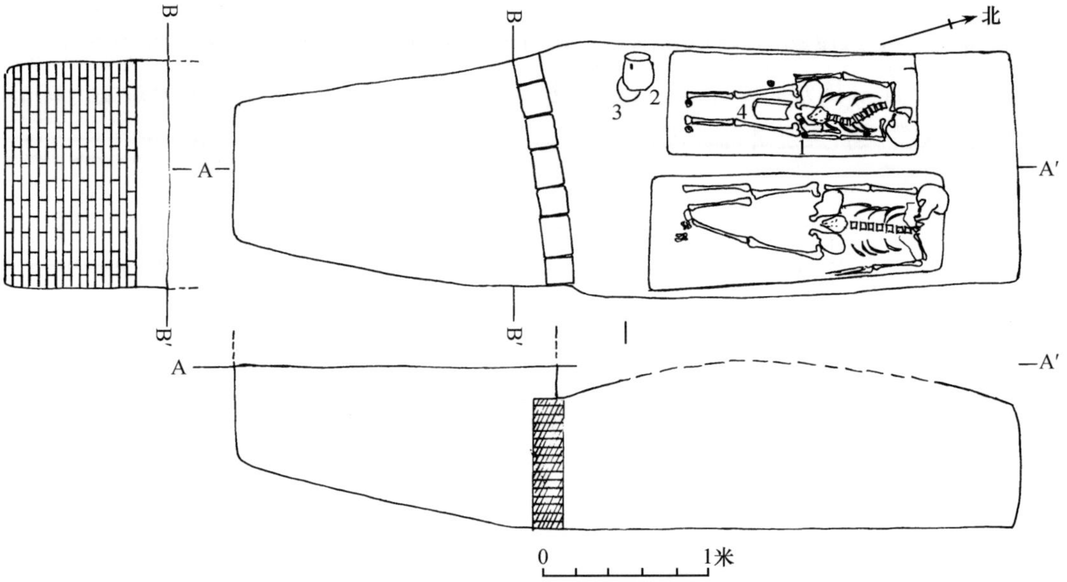

图 8-84 M24 平、剖面图

1. 铜钱 2. 瓷罐 3. 瓷碗 4. 镇墓瓦

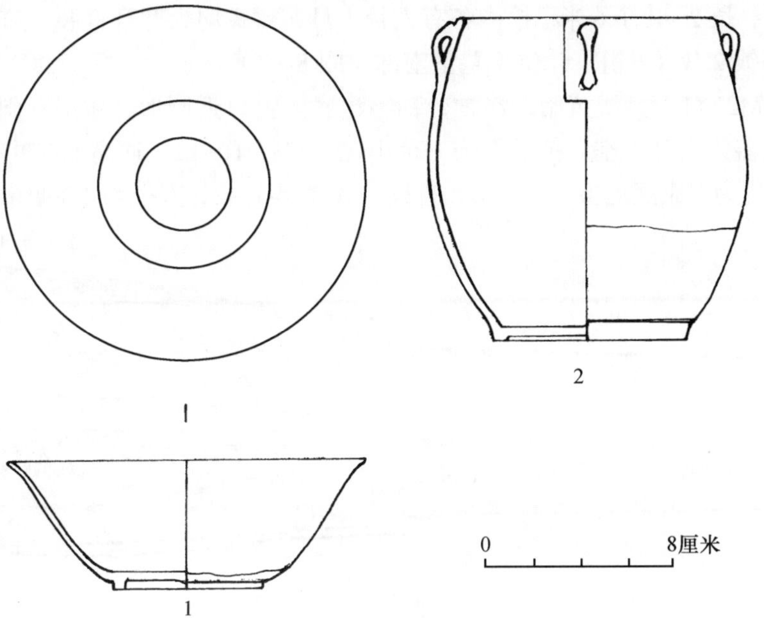

图 8-85　M24 出土器物

1. 瓷碗（M24∶3）　2. 瓷罐（M24∶2）

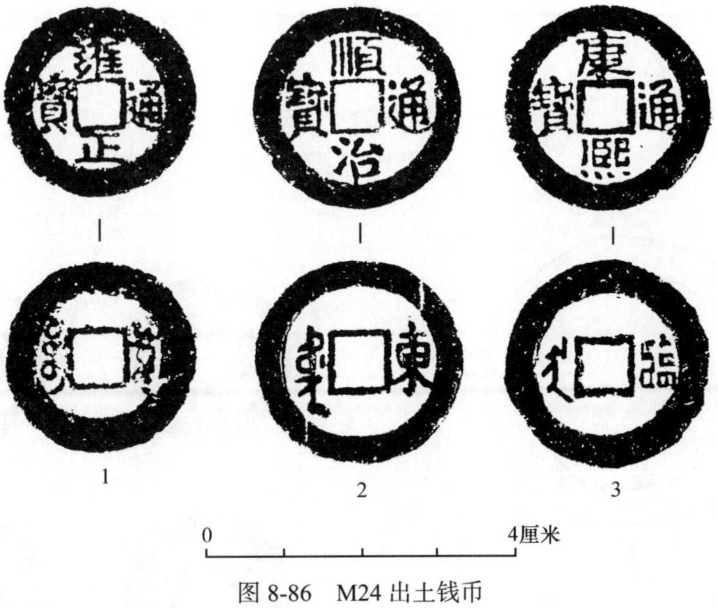

图 8-86　M24 出土钱币

1. 雍正通宝（M24∶1-1）　2. 顺治通宝（M24∶1-2）　3. 康熙通宝（M24∶1-3）

二、M27

M27 位于第Ⅰ发掘区中部，T1827 西北部，开口于耕土层下，距地表 0.4 米。墓葬形制为土坑洞室墓，方向 181°，由墓道、封门石和墓室三部分组成。墓道平面呈梯形，直壁、平底，长 1.7、宽 0.7~0.8、残深 0.6 米。填土为黄褐色花土，含少量料姜石等。封门石高 0.4、宽 0.8 米。墓室弧顶（残），直壁、平底，平面呈梯形，长 2.3、宽为 1~1.3、残高 0.6 米。墓室内东西并排放置 2 棺，平面均为长方形，大小形同，长 2、宽 0.6 米。棺内各有人骨 1 具，葬式均为仰身直肢。随葬品有 2 件（组），其中灯盏 1 件、铜钱 2 枚（1 组），位于墓室南部（图 8-87）。

灯盏　1 件（M27∶1）。浅黄胎，酱釉，釉不包底。盏口近圆形，敞口，斜壁，平底，一侧有圆形把手，把手及盏体内部中空。把手上饰一朵小花。口径 10~12、通高 6.6 厘米（图 8-88）。

铜钱　2 枚。均为“康熙通宝”，楷书，直读。M27∶4-1、2，直径均 2.3 厘米（图 8-89，1、2）。

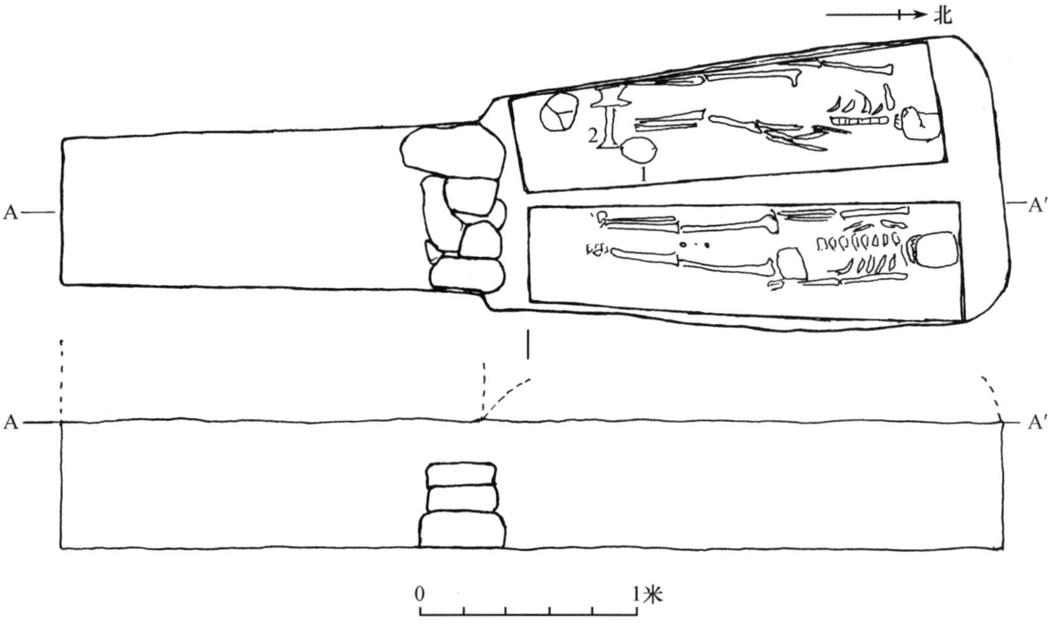

图 8-87　M27 平、剖面图

1. 铜钱　2. 瓷灯

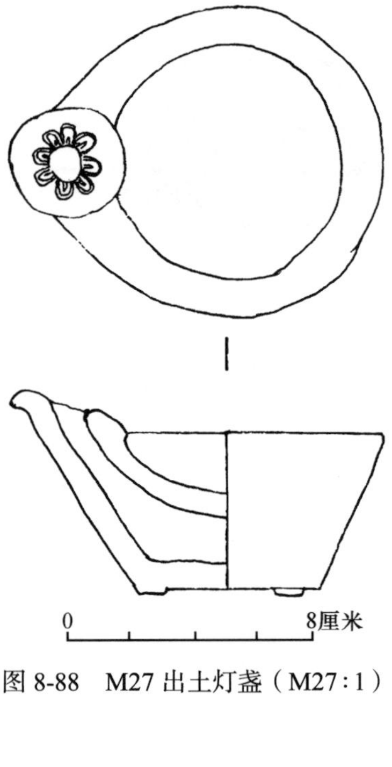

图 8-88　M27 出土灯盏（M27∶1）

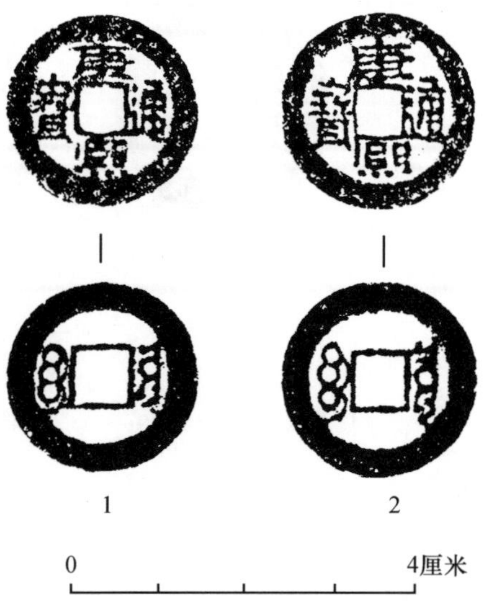

图 8-89　M27 出土康熙通宝

1. M27∶4-1　2. M27∶4-2

三、M28

M28位于第Ⅰ发掘区的中部，T1927西北部，向西延伸至T1926东隔梁下，开口于耕土层下，打破M26。墓葬形制为土坑洞室墓，方向177°，由墓道、封门石和墓室三部分组成。墓道平面呈长方形，直壁、斜底，长1.4、宽0.8、残深1.16~1.5米。填土为黄褐色花土，包含少量料姜石。封门石高1、宽0.8米。墓室弧顶，直壁、平底，平面为长方形，长2.3、宽1.1、高1.12米。墓室内葬具及人骨已腐朽、粉化。无随葬品（图8-90）。

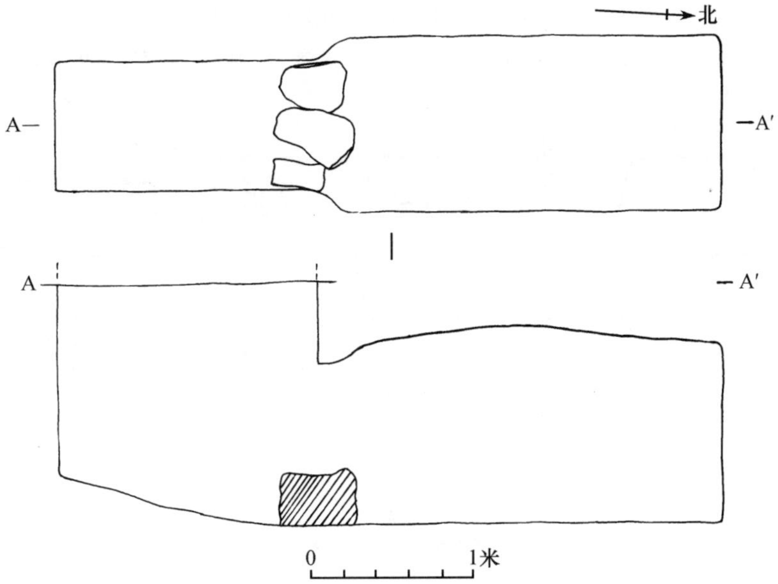

图8-90　M28平、剖面图

四、M34

M34位于第Ⅰ发掘区的西部，T1823的西北部，耕土层开口下。墓葬形制为土坑洞室墓，方向290°。墓道未清理，墓室顶部遭破坏，直壁、平底，平面近长方形，长2.74、宽0.62~0.8、残高0.7米。墓室内有葬具1棺，已朽，平面为梯形，长1.9、宽0.54~0.6米。棺内有人骨1具，保存较好，女性，葬式为仰身直肢。随葬品有9件，其中瓷罐2件、瓷碗1件、灯台1件、灯盏1件，均置于墓主头骨上方；铜发饰1件、耳环1只，位于墓头骨顶部；铜扣1枚，位于肋骨下；铜钱1枚，位于两腿骨之间（图8-91）。

瓷碗　1件（M34∶1）。乳白胎，黑釉，釉不包底，内底有刮圈。敞口，尖唇，深腹，腹壁斜直，平底小圈足。口径16、底径6.8、通高5.4、壁厚0.3~0.6厘米（图8-92，5；图版23-6）。

瓷罐　2件。M34∶2，乳白胎、酱釉，除圈足外通体包釉。敛口，溜肩，深腹，腹略鼓，平底假圈足。肩部2周凹弦纹。口径6.8、腹径20.8、底径8.8、通高23、壁厚0.6厘米（图8-92，3）。M34∶3，淡黄胎，黑釉，釉不包底，内不包釉。侈口，溜肩，深腹，腹略鼓，圈足外高内低。上腹部2周凸弦纹。口径12、腹径14.6、底径6、通高15、壁厚0.3~0.7厘米（图8-92，1）。

灯台　1件（M34∶4）。酱釉，釉不包底。碗形盏，圆柱形柱，碗形盏托，高喇叭状圈足。盏托和柱之间有一把手。圈足底座四周绘花草纹。上径7.4、下径11.7、通高19.5厘米（图8-92，7；图版24-1）。

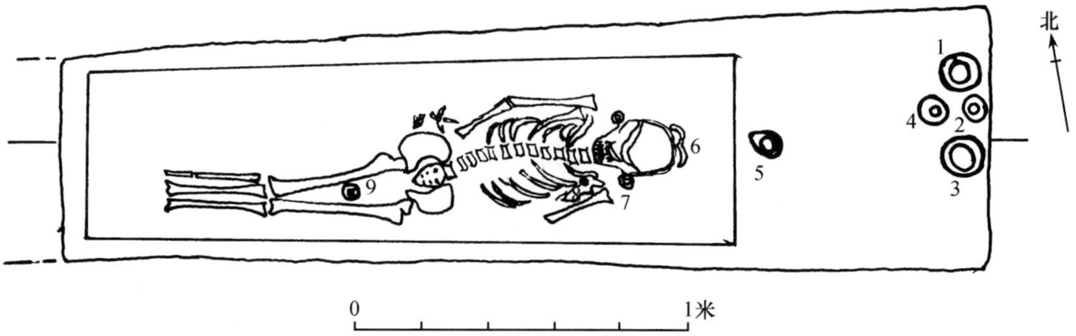

图 8-91　M34 平面图

1. 瓷碗　2、3. 瓷罐　4. 瓷灯　5. 灯盏　6. 发饰　7. 耳环　8. 铜扣　9. 铜钱

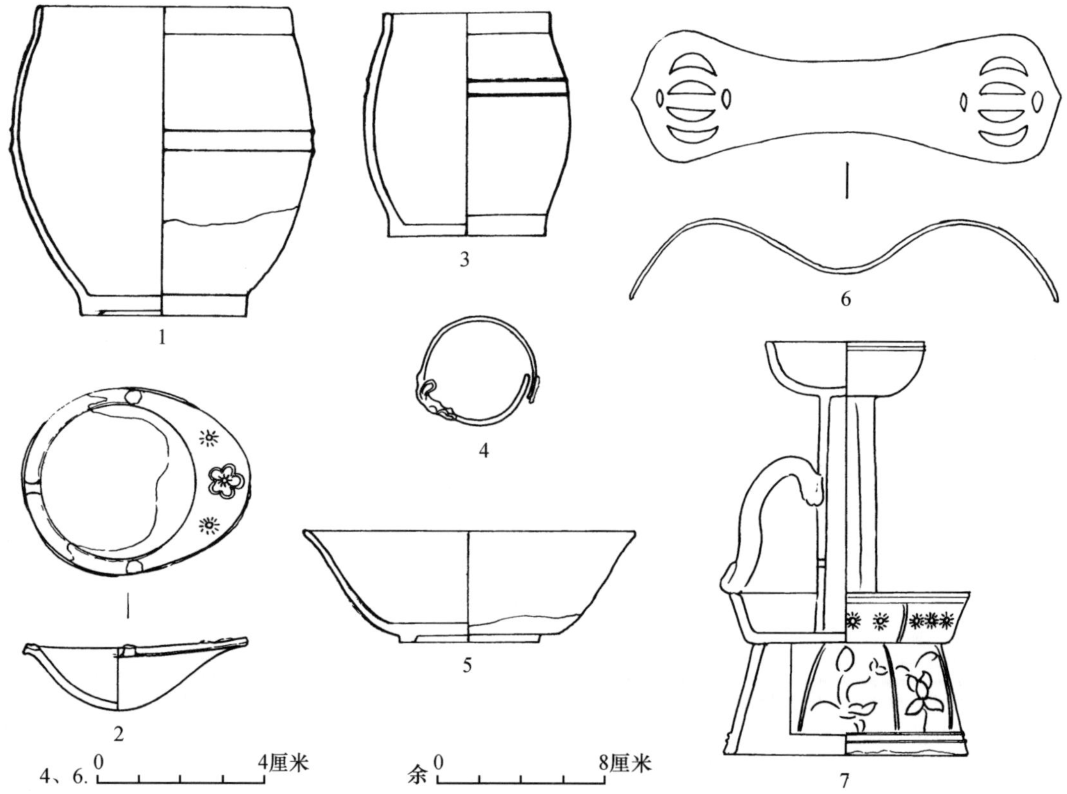

图 8-92　M34 出土器物

1、3. 瓷罐（M34∶3、M34∶2）　2. 灯盏（M34∶5）　4. 戒指（M34∶7）　5. 瓷碗（M34∶1）　6. 发饰（M34∶6）　7. 灯台（M34∶4）

灯盏　1 件（M34∶5）。环形，一侧有把手，一侧有流。把手上面刻花草纹。盏内局部有酱釉。内径 7.4、高度 2.7、长度约 10.2、厚约 0.5 厘米（图 8-92，2）。

发饰　1 件（M34∶6）。铜质。波浪形，两段有镂孔。长 10.2 厘米（图 8-92，6）。

耳环　1 件（M34∶7）。铜质。圆环形。直径 2.6 厘米（图 8-92，4）。

铜扣　1 枚（M34∶8）。环形纽，球形体。环径 0.4、球径 1 厘米。

铜钱　1 枚（M34∶9）。锈蚀严重，字迹不清。

五、M42

M42位于第Ⅰ发掘区的东部，T1830东北部，开口于耕土层下，墓室北部被现代坑打破。墓葬形制为土坑洞室墓，方向176°，由墓道和墓室两部分组成。墓道平面为长方形，直壁、斜底，长1.4、宽0.8、残深0.3~0.7米。填土为黄褐色花土，含少量料姜石。墓室大部被破坏，平面长方形，残长1.6、宽0.8~1.5、残高0.7米。墓室内东西并排放置2具人骨，被现代坑所扰乱，仅存下肢。随葬品有瓷罐2件，放置于腿骨两侧（图8-93）。

瓷罐　2件。M42∶1，浅黄褐胎，黑釉，釉不包底。侈口，尖圆唇，鼓腹，矮圈足。腹部饰2周凸棱纹。口径16、腹径14.6、底径5.4、通高15、壁厚0.4~0.6厘米（图8-94，1）。M42∶2，四系罐。浅黄胎，黑釉，釉不包底。侈口，尖圆唇，鼓腹，实圈足。四立耳均匀地分布于口沿外侧。口径12、腹径16、底径8.8、通高14、壁厚0.5~0.6厘米（图8-94，2）。

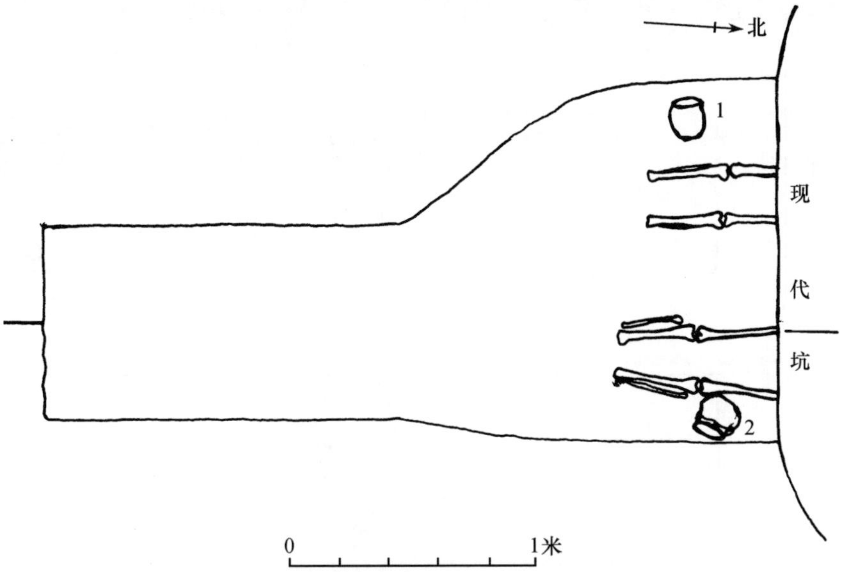

图8-93　M42平面图

1、2. 瓷罐

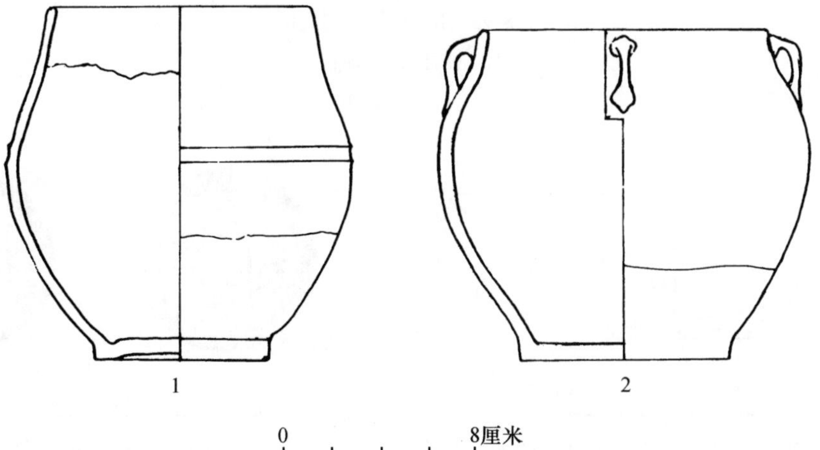

图8-94　M42出土瓷罐

1.M42∶1　2.M42∶2

六、M43

M43位于第Ⅰ发掘区的中部，T1828西北处，开口于耕土层下，距地表约0.35米。墓葬形制为土坑洞室墓，方向195°，由墓道、封门石和墓室三部分组成。墓道平面为长方形，长1.9、宽0.8、深1.2米。填土为黄褐色花土，结构较紧密。墓室弧顶（残），直壁、平底，平面为长方形，长2.3、宽1.28、残高1.2米。墓室内东西并排放置2棺，木质，已腐朽。东侧棺长1.7、宽0.58米，西侧棺长1.66、宽0.4米。东侧棺内人骨保存较差，为二次葬。西侧人骨保存较好，葬式为仰身直肢。随葬品有2件，其中瓷碗1件、铜钱1枚，放置于棺内中部（图8-95）。

瓷碗 1件（M43∶2）。淡黄胎，酱釉，釉不包底，内底有刮圈。敞口，斜直腹，腹由上之下先收后鼓，平底，圈足。口径17、底径6、通高5.6、壁厚0.3~0.4厘米（图8-96）。

铜钱 1枚（M43∶1）。“乾隆通宝”，楷书，直读。直径2.4厘米（图8-97）。

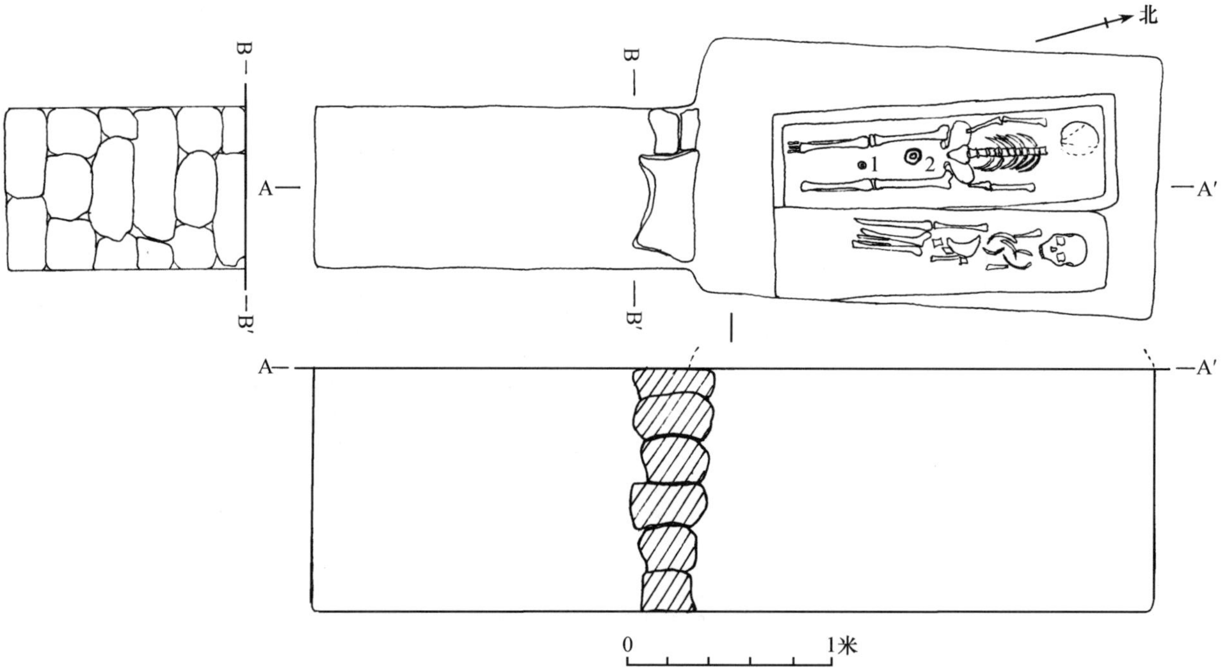

图8-95 M43平、剖面图

1. 铜钱 2. 瓷碗

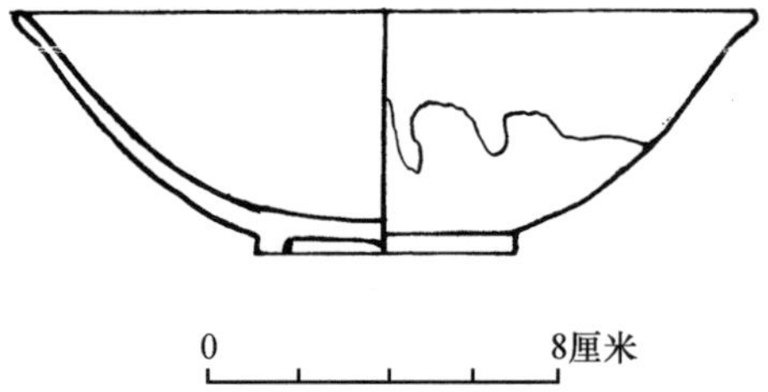

图8-96 M43出土瓷碗（M43∶2）

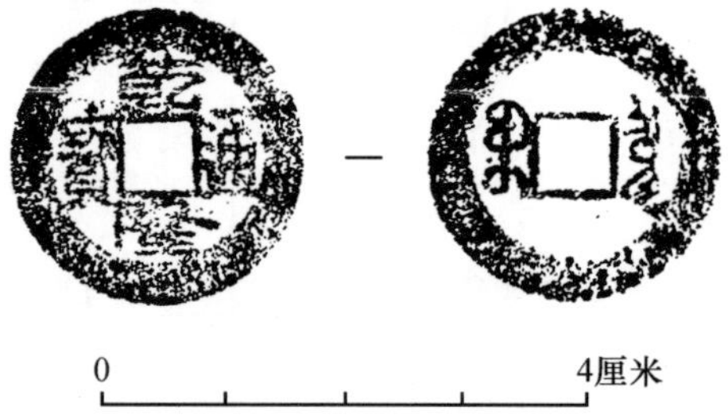

图8-97 M43出土乾隆通宝（M43∶1）

七、M65

M65位于第Ⅰ发掘区的中部，T1727西北部，耕土层下开口，打破M55。墓葬形制为土坑洞室墓，方向179°，上部绝大部分被晚期堆积所破坏，由墓道、封门石和墓室三部分组成。墓道位于墓室南侧，平面呈梯形，长1.8、宽0.8~1.02、残深0.4米。填土为黄褐色花土，结构较疏松，颗粒较粗，含灰褐色硬土块和白色料姜石。墓门系用不规则石块封堵，残高0.4米。墓室顶部被破坏，底部平面近长方形，长2.2、宽1.2、残高0.4米。墓室内东西并排放置2棺，平面均呈长方形。东侧棺长1.6、宽0.45米，西侧棺长1.72、宽0.5米。棺内各有人骨1具，葬式均为仰身直肢。保存较好，东男西女。随葬品有2件，其中瓷碗1件，位于东侧人骨胸部；铜钱1枚，位于人骨下方（图8-98）。

瓷碗 1件（M65:1）。乳白胎，酱釉，外施半釉，内底有刮圈。敞口，斜直腹，平底圈足。口径15.6、底径5.6、通高5.2、壁厚0.3~0.4厘米（图8-99，1）。

铜钱 1枚（M65:2）。“绍圣元宝”，楷书，旋读。直径2.4厘米（图8-100）。

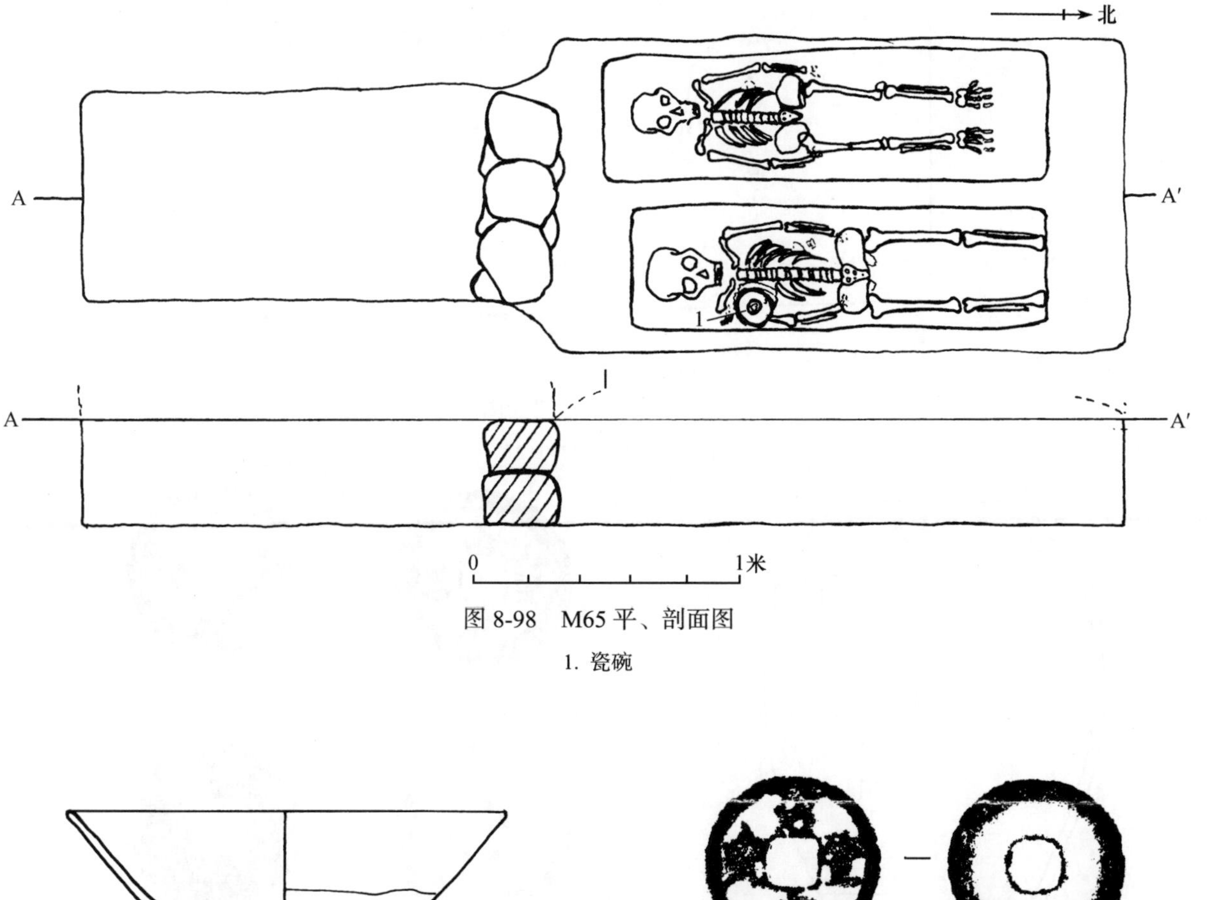

图8-98 M65平、剖面图

1. 瓷碗

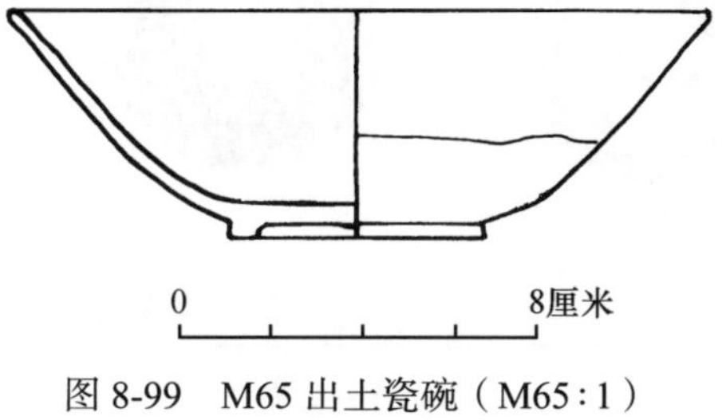

图8-99 M65出土瓷碗（M65:1）

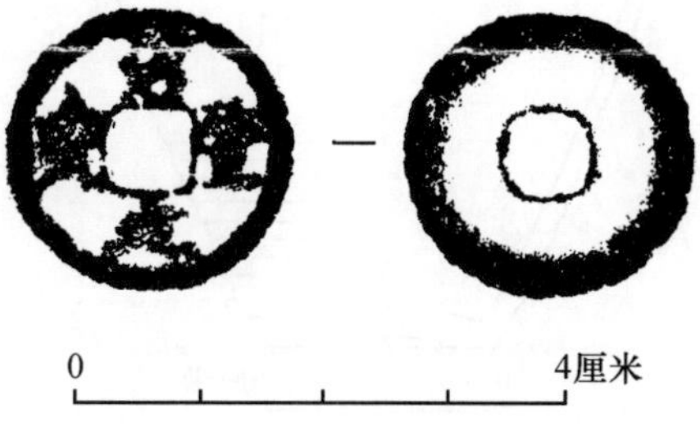

图8-100 M65出土绍圣元宝（M65:2）

八、M90

M90位于第Ⅰ发掘区的西北部，T2023西北部，开口耕土层下，距地表0.8米。墓葬形制为土坑洞室墓，方向175°。墓道遭破坏未清理。墓室弧顶残坍塌，直壁、平底，平面呈长方形，南北长2.5、宽1.58、残高0.4米。此墓被严重破坏，骨架散乱。随葬品有2件（组），其中瓷缸1件，位于墓室南部；铜钱2枚，位于墓室中部（图8-101）。

瓷缸　1件（M90∶3）。红胎，肩部施酱釉，有明显垂泪痕。圆唇，宽卷沿，微鼓肩，深腹，凹底。口径28.5、底径15.8、腹径36、高51.6、厚约1厘米（图8-102）。

铜钱　2枚。“至道元宝”1枚（M90∶1），草书，旋读。直径2.4厘米（图8-103，1）。“元丰通宝”1枚（M90∶2），篆书，旋读。直径2.3厘米（图8-103，2）。

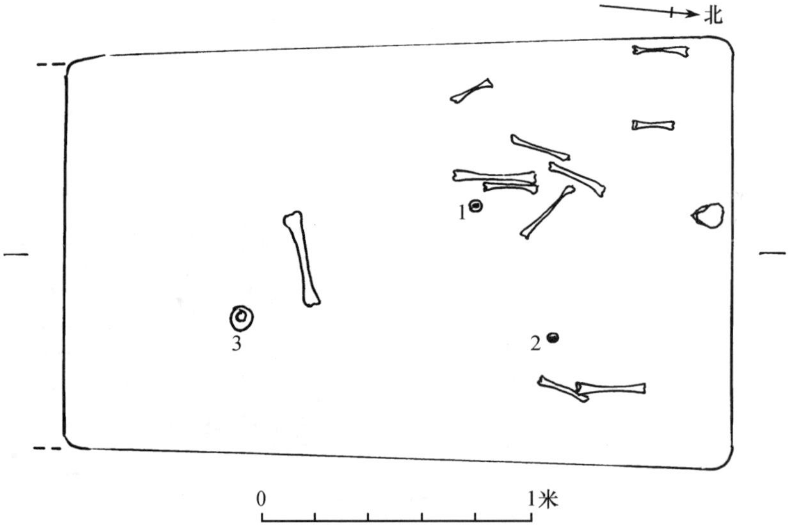

图8-101　M90平面图

1、2. 铜钱（M90∶1、M90∶2）　3. 瓷缸

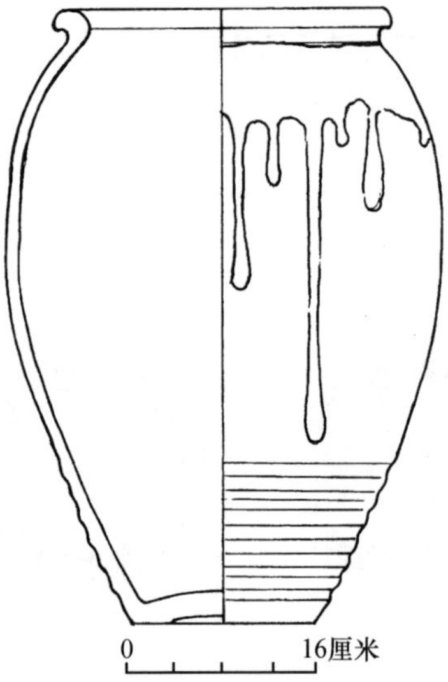

图8-102　M90出土瓷缸（M90∶3）

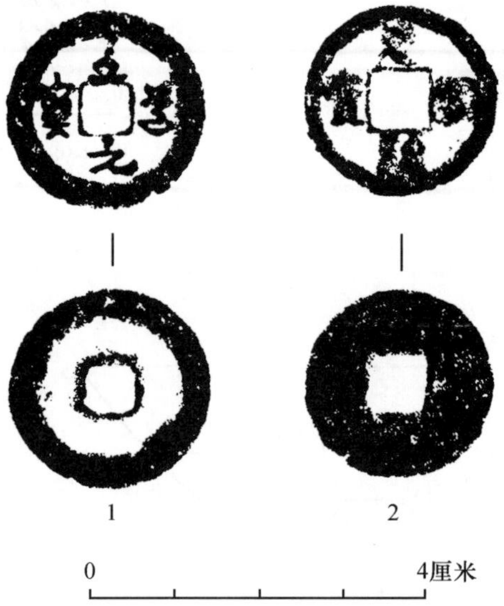

图8-103　M90出土钱币

1. 至道元宝（M90∶1）　2. 元丰通宝（M90∶2）

九、M96

M96位于第Ⅰ发掘区的南部，T1626西北部。开口于扰土层下，打破M102，残墓口距离地表1.9米。墓葬形制为土坑洞室墓，方向195°，由墓道和墓室两部分组成，墓道未清理。墓室平面为梯形，长2.1、宽0.4~0.6、残深0.12米。葬具及人骨腐朽严重。底部有约2厘米厚的白灰。随葬品有4件，其中瓷碗、灯盏、瓷罐各1件，均放置在墓室的中部和南端；铜钱1枚，位于墓室北端（图8-104）。

瓷碗　1件（M96∶1）。白胎，酱釉，釉不包底。敞口，深腹，平底，平圈足。口径16、底径5.8、高6、厚0.4厘米（图8-105，3）。

灯盏　1件（M96∶2）。黄褐胎，酱釉，釉不包底。尖唇，浅腹，圜底，一侧捏出一把手。面上刻花。口径9~11.2、通高4.2厘米（图8-105，1）。

瓷罐　1件（M96∶3）。浅黄褐胎，酱釉，腹部釉不至底。尖圆唇，直口，短颈，溜肩，鼓腹下内收，平底。口径12、腹径15.2、底径9.2、通高16、壁厚0.3~0.4厘米（图8-105，2）。

铜钱　1枚（M96∶4）。“康熙通宝”，楷书，直读。直径2.5厘米（图8-106）。

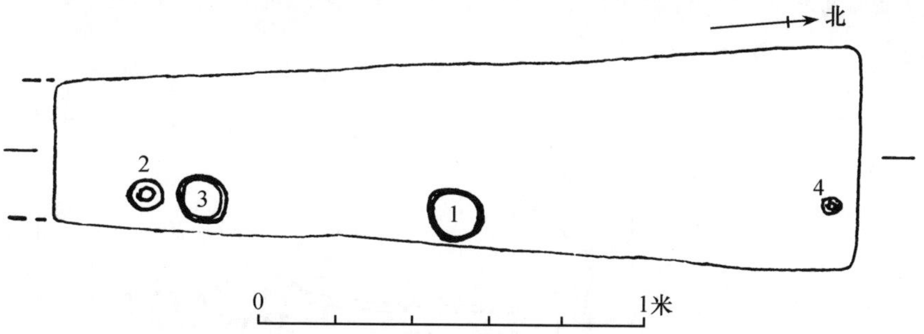

图8-104　M96平面图

1. 瓷碗　2. 灯盏　3. 瓷罐　4. 铜钱

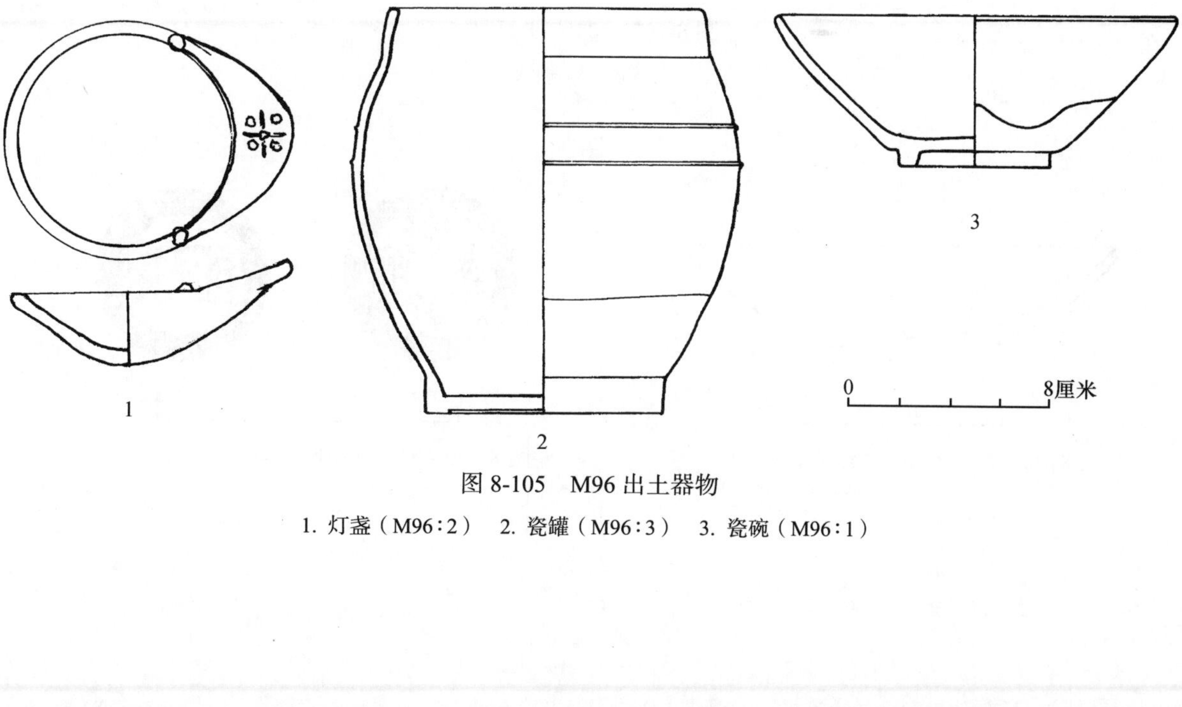

图8-105　M96出土器物

1. 灯盏（M96∶2）　2. 瓷罐（M96∶3）　3. 瓷碗（M96∶1）

十、M107

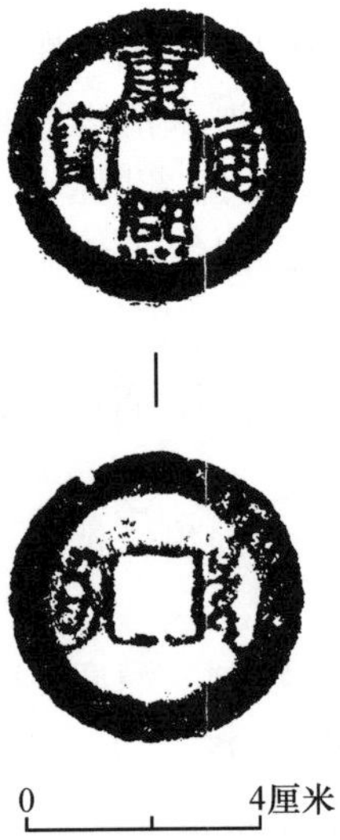

图 8-106 M96 出土康熙通宝（M96:4）

M107位于第Ⅱ发掘区西部，T1323东南部。开口耕土层下，距地表1.8米。墓葬形制为土坑洞室墓，方向175°，由墓道、墓门和墓室三部分组成。墓道位于墓室南端，平面呈梯形，直壁、平底，长1.04、宽0.9~0.98、残深0.6米。填土为灰白色花土，土质略松，含料姜石。墓门位于墓室南端，用数块不规则的石块封堵。墓室弧顶（坍塌）、直壁、平底，平面呈梯形，南北长2、宽1~1.2、残高0.6米。墓室内放置1棺，已腐朽，平面呈梯形，南北长1.8、宽0.3~0.5米。棺内有人骨1具，葬式为仰身直肢，头向北，头枕土坯一块。随葬品有瓷碗1件，已残，置于墓室西南部；铜钱1枚，置于墓主下肢骨中间位置（图8-107）。

瓷碗　1件（M107:1）。灰白胎，茶绿釉，外施半釉，内底有刮圈。敞口，圆唇，斜弧腹，平底圈足，内低于外。口径17.2、底径6、通高4.6、壁厚0.5~0.6厘米（图8-108）。

铜钱　1枚（M107:2）。“康熙通宝”楷书，直读。直径2.4厘米（图8-109）。

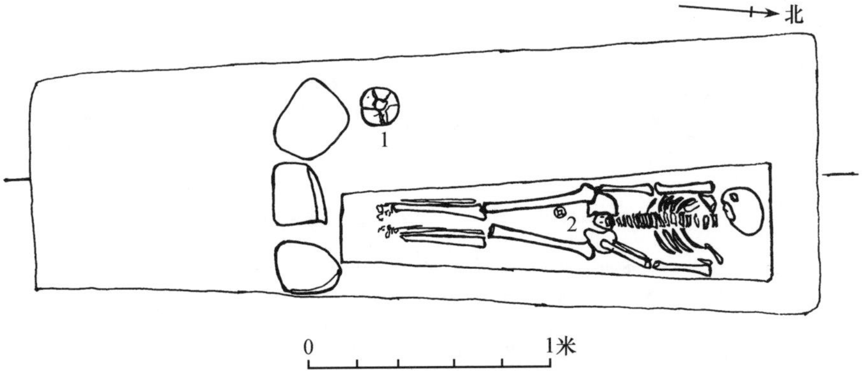

图 8-107 M107 平面图

1. 瓷碗 2. 铜钱

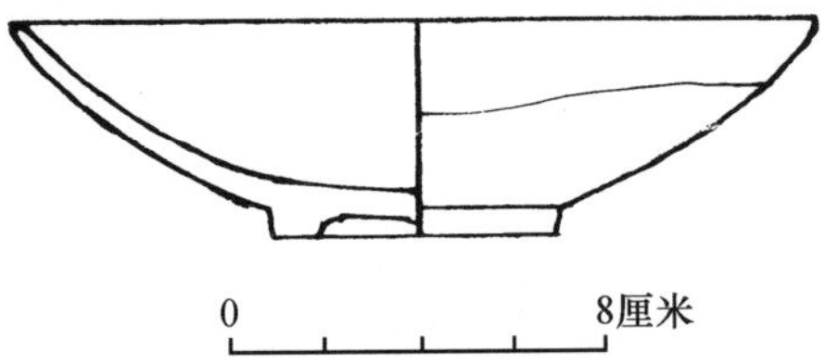

图 8-108 M107 出土瓷碗（M107:1）

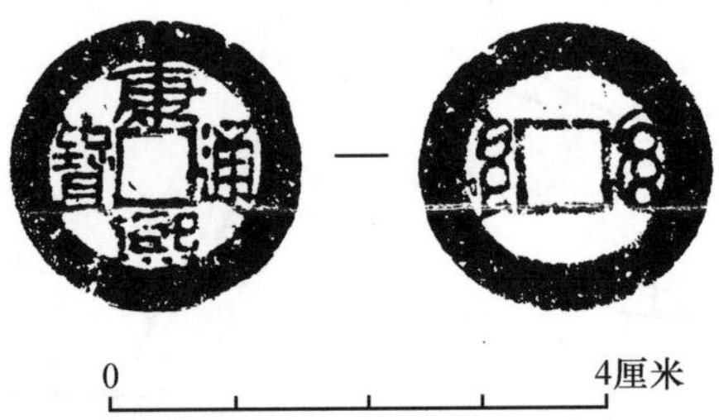

图 8-109 M107 出土康熙通宝（M107:2）

十一、M117

M117位于第Ⅱ发掘区的西北部，T1421中北部，开口耕土层下，距地表0.5米。墓葬形制为土坑洞室墓，方向170°，由墓道和墓室两部分组成。墓道平面呈梯形，直壁、平底，长0.76、宽0.42~0.5、残深0.62米。填土呈黄褐色，内含料姜石。墓道与墓室间用石块封堵。墓室弧顶（坍塌），直壁，平底，平面呈长方形，长1.5、宽0.54~0.72、残高0.62米。墓室内有葬具1棺，已朽，平面呈梯形，长1、宽0.4~0.6米。棺内人骨保存较差，葬式为仰身直肢，头向北。墓底有2厘米厚的白灰铺底。随葬品有4件（组），其中铜钱2枚（1组），置于墓主胸前位置；瓷罐、瓷碗、瓷灯各1件，置于墓室东南角（图8-110）。

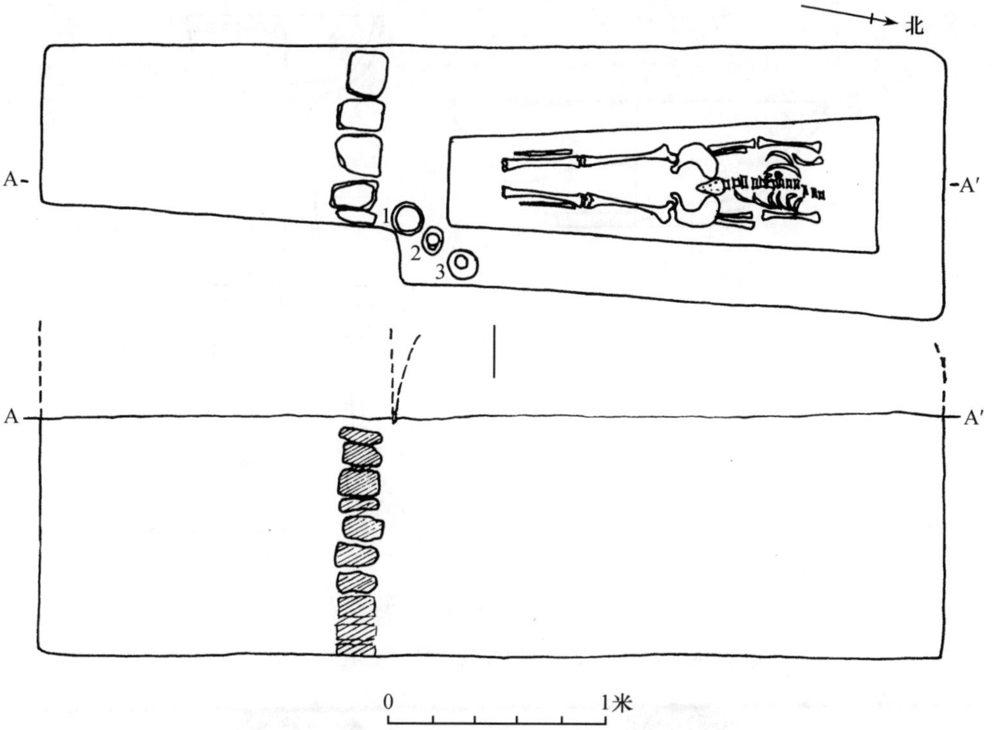

图8-110　M117平、剖面图

1. 瓷罐　2. 瓷灯　3. 瓷碗

瓷罐　1件（M117:1）。浅黄胎，黑釉，釉施至腹部以下。尖唇，直口，微鼓腹，矮圈足。口径12、腹径15.2、底径8、高15.2厘米（图8-111，1）。

瓷灯　1件（M117:2）。黄褐胎，黑釉，釉不包底。碗形盏，尖唇，敛口，鼓腹，平底，饼形把手，上刻花，白胎，黑釉，釉不包底。口径6、腹径8、通高3厘米。灯柱下粗上细。承盘尖唇，折沿，圜底。高圈足中部外折，底部撇折成足根。盏托口径6.8、承盘口径10.8、底径10、通高20厘米（图8-111，2）。

瓷碗　1件（M117:3）。酱釉，釉不包底。微直口，深弧腹，平底，平圈足。口径14、底径5.6、高4.5、厚0.35厘米。器内底有垫圈垫烧的痕迹（图8-111，3）。

铜钱　2枚。“乾隆通宝”，楷书，直读。M117:4-1、2，直径2.4厘米（图8-112，1、2）。

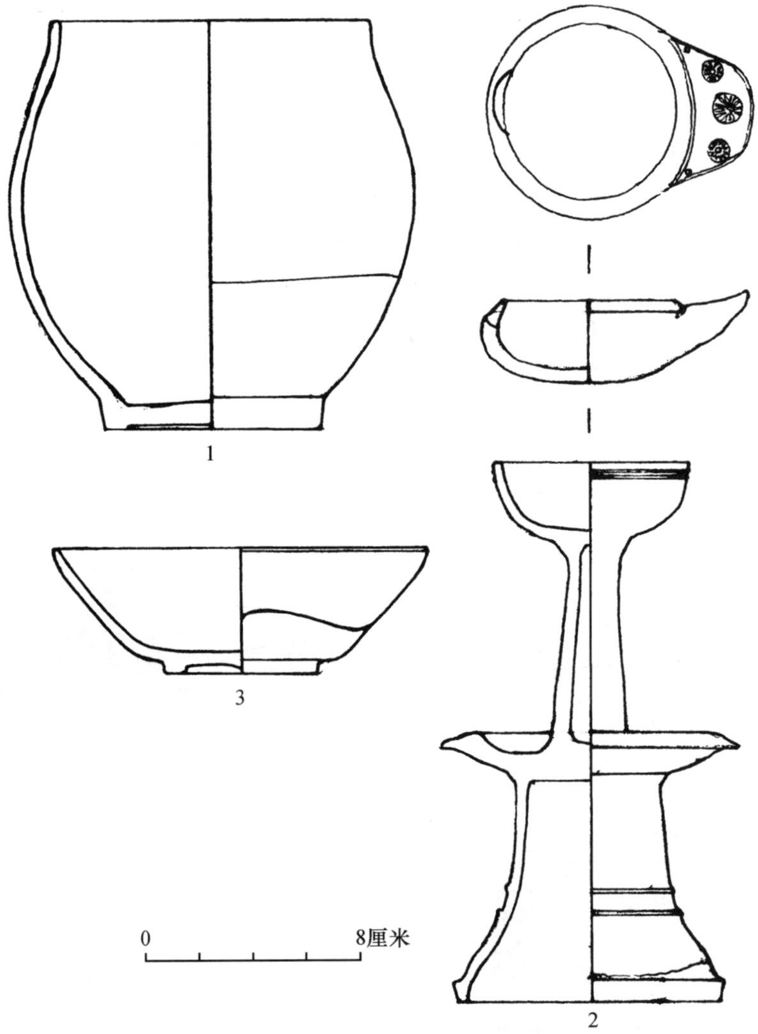

图 8-111　M117 出土器物

1. 瓷罐（M117:1）　2. 瓷灯（M117:2）　3. 瓷碗（M117:3）

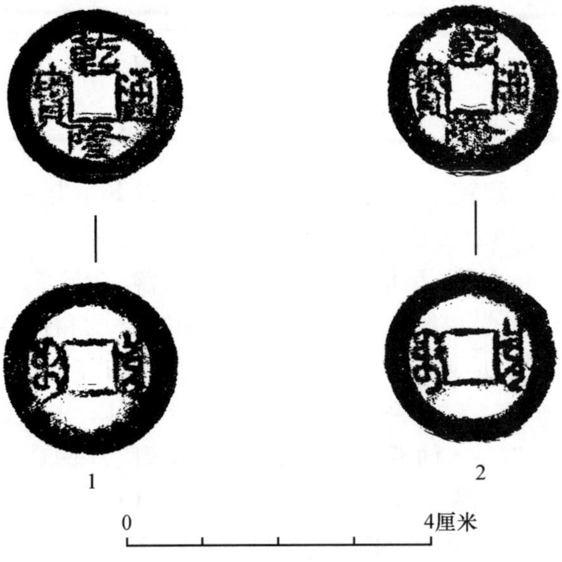

图 8-112　M117 出土钱币

1. 乾隆通宝（M117:4-1）　2. 乾隆通宝（M117:4-2）

十二、M121

M121位于第Ⅱ发掘区的东南部，T1129南部，开口于耕土层下，距地表0.3米。墓葬形制为土坑洞室墓，方向173°，由墓道和墓室两部分组成。墓道平面呈长方形，直壁、平底，长2.2、宽1、残深0.4米。填土为黄褐色花土。墓室顶部坍塌，直壁、平底，平面呈横长方形，长2.1、宽0.8、残高0.4米。墓室内残存部分肢骨。无葬具，随葬品有3件，其中瓷碗、瓷瓶、瓷罐各1件，均位于墓室西北侧（图8-113）。

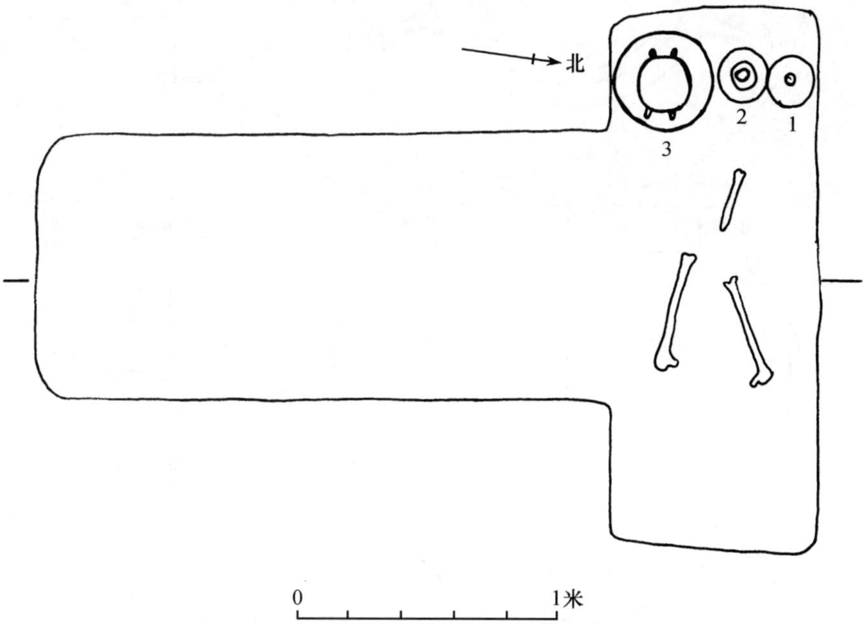

图8-113 M121平面图

1. 瓷碗 2. 瓷瓶 3. 瓷罐

瓷碗 1件（M121∶1）。黄褐胎，酱釉，外釉不至底，内底有刮圈。侈口，弧腹，平底，圈足。口径15.6、底径6、通高4.4、壁厚0.2~0.4厘米（图8-114，2）。

瓷瓶 1件（M121∶2）。浅黄褐胎，酱釉，釉至下腹部。尖唇，敞口，唇面上1周凹槽，宽斜折沿，细长颈，圆肩，鼓腹，矮圈足。肩部和腹部中间2周凸棱。口径7、腹径11、底径7、通高17、壁厚0.4~0.6厘米（图8-114，3）。

瓷罐 1件（M121∶3）。黄褐胎，腹中部泛红，酱釉，釉不包底，口沿釉磨去。直口内敛，方唇内倾，鼓肩，鼓腹，最大腹径居上，下腹斜收，小平底，矮圈足，口和肩部对称分布4个桥形耳。口径16.8、腹径32.8、底径9.2、通高30.4、壁厚0.6~1.2厘米（图8-114，1）。

十三、M122

M122位于第Ⅱ发掘区的东南部，T1128南部，开口耕土层下，距地表约0.4米。墓葬形制为土坑洞室墓，方向177°，由墓道和墓室两部分组成。墓道平面为长方形，直壁、平底，长1.8、宽0.9、残深0.6米。填土为黄褐色花土。墓室顶部遭破坏，直壁、平底，平面为长方形，长2.4、宽0.9、残高0.6米。墓室内有人骨2具，一男一女，均仰身直肢。未见葬具痕迹。无随葬品（图8-115）。

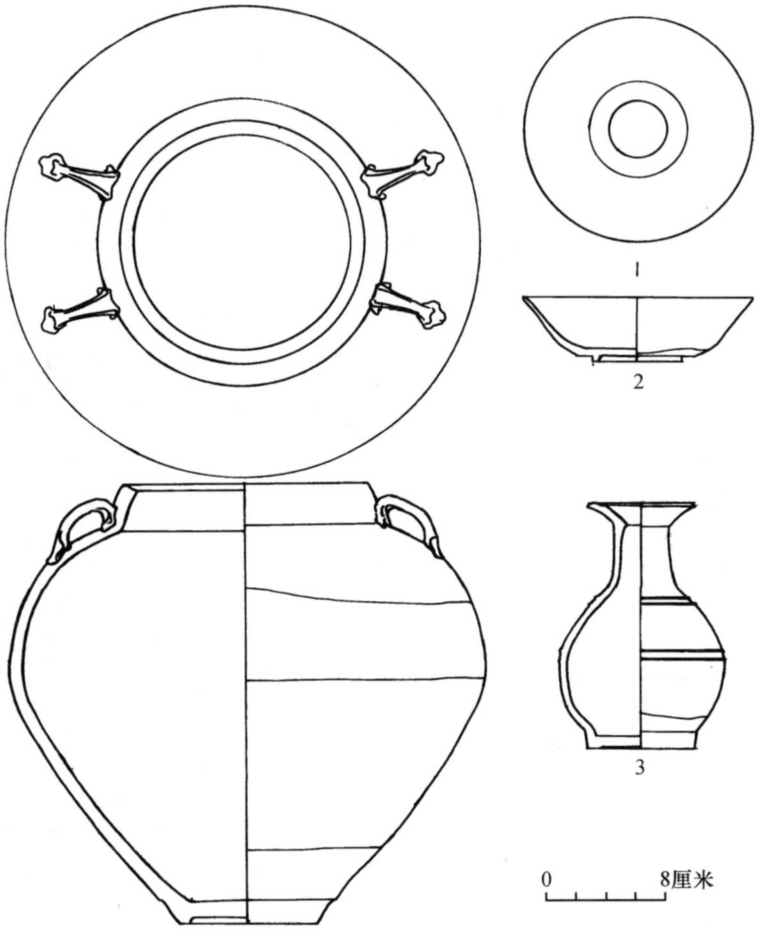

图 8-114 M121 出土器物

1. 瓷罐（M121∶3） 2. 瓷碗（M121∶1） 3. 瓷瓶（M121∶2）

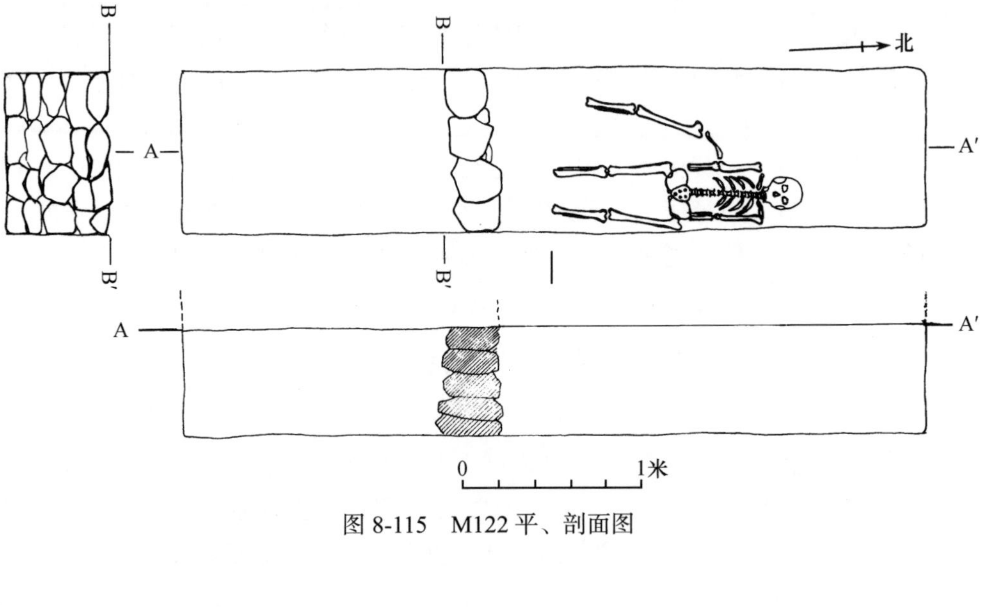

图 8-115 M122 平、剖面图

十四、M132

M132位于第Ⅱ发掘区的东南部，T1128东南，开口耕土层下，距墓室底深0.6米。墓葬形制为土坑洞室墓，方向185°，由墓道、封门石和墓室三部分组成。墓道位于墓室南部，平面呈梯形，直壁、平底，长2、宽0.6~0.8、深0.6米。封门石位于墓道与墓室之间墓门之间，残高0.4米，封门石厚0.42米。墓室位于墓道北侧，顶部遭破坏，底平面近长方形，长2.4、宽1.04、残高0.6米。墓室内未发现葬具及人骨痕迹。随葬品有瓷碗1件，位于墓室东南部（图8-116）。

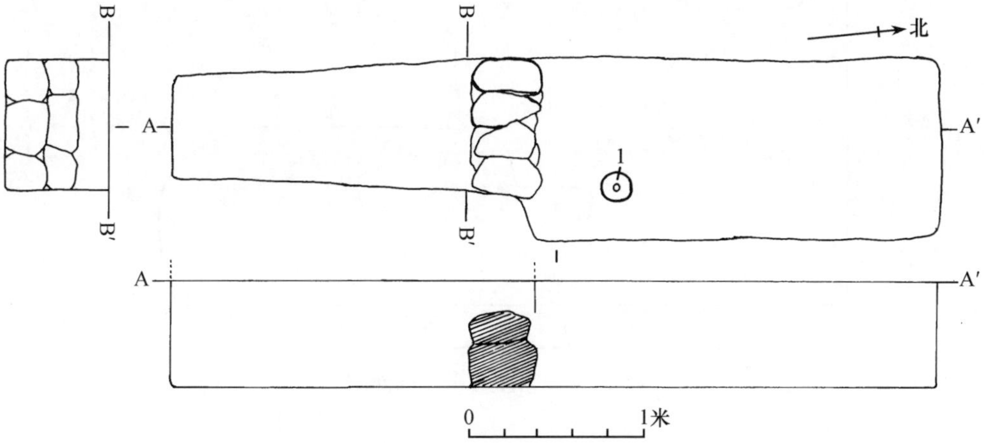

图8-116　M132平、剖面图

1. 瓷碗

瓷碗　1件（M132:1）。红褐胎，黑釉，釉不包底，内底有刮圈。敞口，深弧腹，平底，圈足口径17.2、底径6、通高6、厚0.3~0.4厘米（图8-117）。

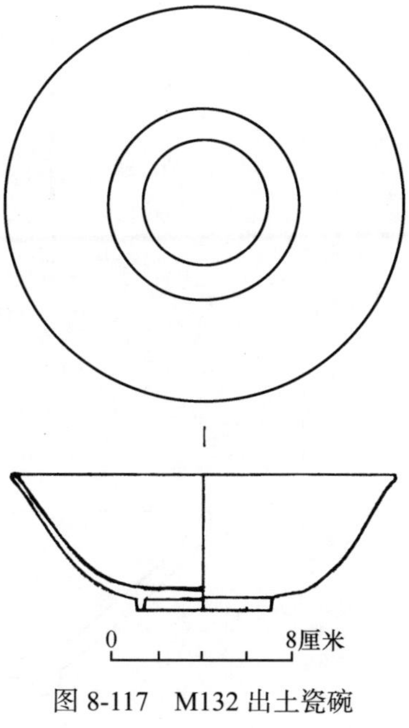

图8-117　M132出土瓷碗（M132:1）

十五、M136

M136位于第Ⅲ发掘区的中部，T0928西南部，向西延伸至T0927内，开口于耕土层下，距地表0.3米。墓葬形制为土坑洞室墓，方向93°，由墓道、墓门、封门石和墓室四部分组成。墓道平面呈长方形，直壁、平底，长2.2、宽0.8、深3.38米。填土为红褐色黏土。封门墙宽0.8、高0.9米。墓室弧顶、直壁、平底，平面呈长方形，长2.5、宽1.3、高1.37米。墓室内未见葬具及人骨痕迹。无随葬品（图8-118）。

十六、M144

该墓为近代墓，只采集随葬品（图8-119）。

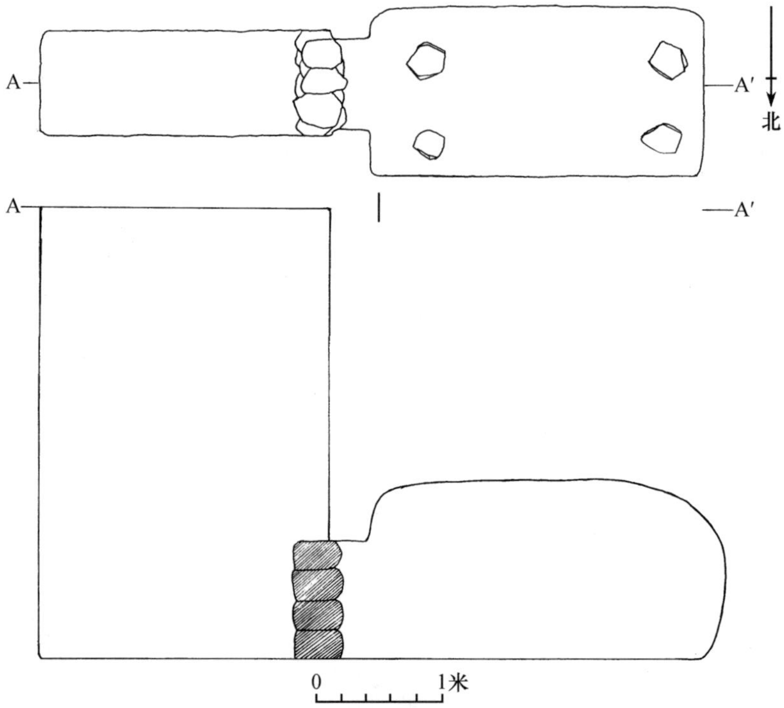

图 8-118 M136平、剖面图

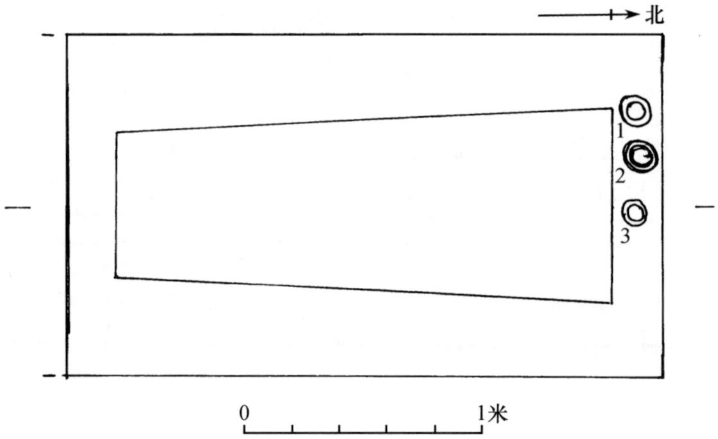

图 8-119 M144平面图

1~3. 瓷碗

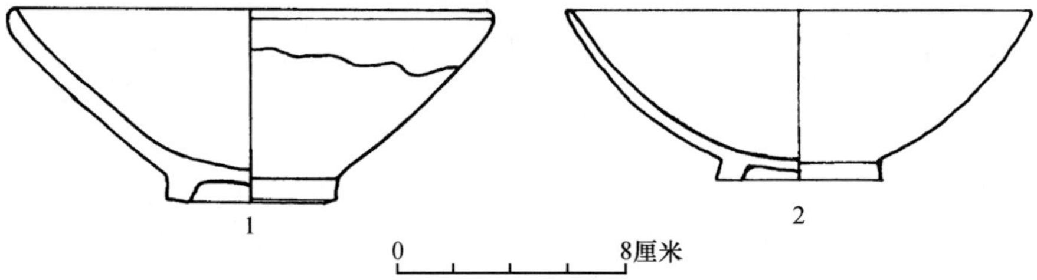

图 8-120 M144出土瓷碗

1. M144:1 2. M144:2

瓷碗　3 件。M144∶2，浅黄胎，酱釉，釉不包底，内底有刮圈。敞口，弧腹，圜底，圈足外撇。口径 16、底径 5.6、高 6、壁厚 0.3~0.4 厘米（图 8-120，2）。M144∶1，酱釉，釉不包底。微敛口，深斜腹，平底，小圈足。口径 17、底径 6、高 6.8、厚约 0.4 厘米（图 8-120，1）。M144∶3 形制同 M144∶1。

十七、M157

M157 位于第Ⅲ发掘区的中部，T1325 的北部，开口于耕土层下，距地表 2 米，打破 M147。墓葬形制为土坑洞室墓，方向 164°，由墓道、墓门和墓室三部分组成。墓道位于墓室的南部，平面呈长方形，直壁、平底，长 0.7、宽 1.4、残深 0.4 米。墓门宽 1.4、残高 0.2 米，由青砖块封堵。填土为黄褐土，土质松软，含料姜石、青砖块。墓室顶部坍塌，直壁、平底，平面不规则，长 2.5、宽 1.6~1.8、残高 0.4 米。墓室内东西并排放置 2 棺，均已朽，平面呈梯形，东侧棺长 1.9、宽 0.32~0.64 米；西侧棺长 1.66、宽 0.32~0.56 米。两棺内各有人骨 1 具，东男西女，均仰身直肢，头向北。随葬品有 5 件（组），其中铜钱 10 枚（1 组），放置于东棺人骨上肢骨及下肢骨部位；铜簪 2 件，放置于西棺人骨头骨顶部；瓷碗 1 件、瓷缸 1 件，放置于墓室东南部壁龛内（图 8-121）。

瓷缸　1 件（M157∶1）。黄褐色陶胎，酱釉，除口沿内外通体包釉。厚圆唇，口微敛，微鼓腹，下腹内收，平底微凹。口沿下数周凹槽。口径 29.6、腹径 31.6、底径 16、通高 29.8、壁厚 0.5~1.4 厘米（图 8-122，1）。

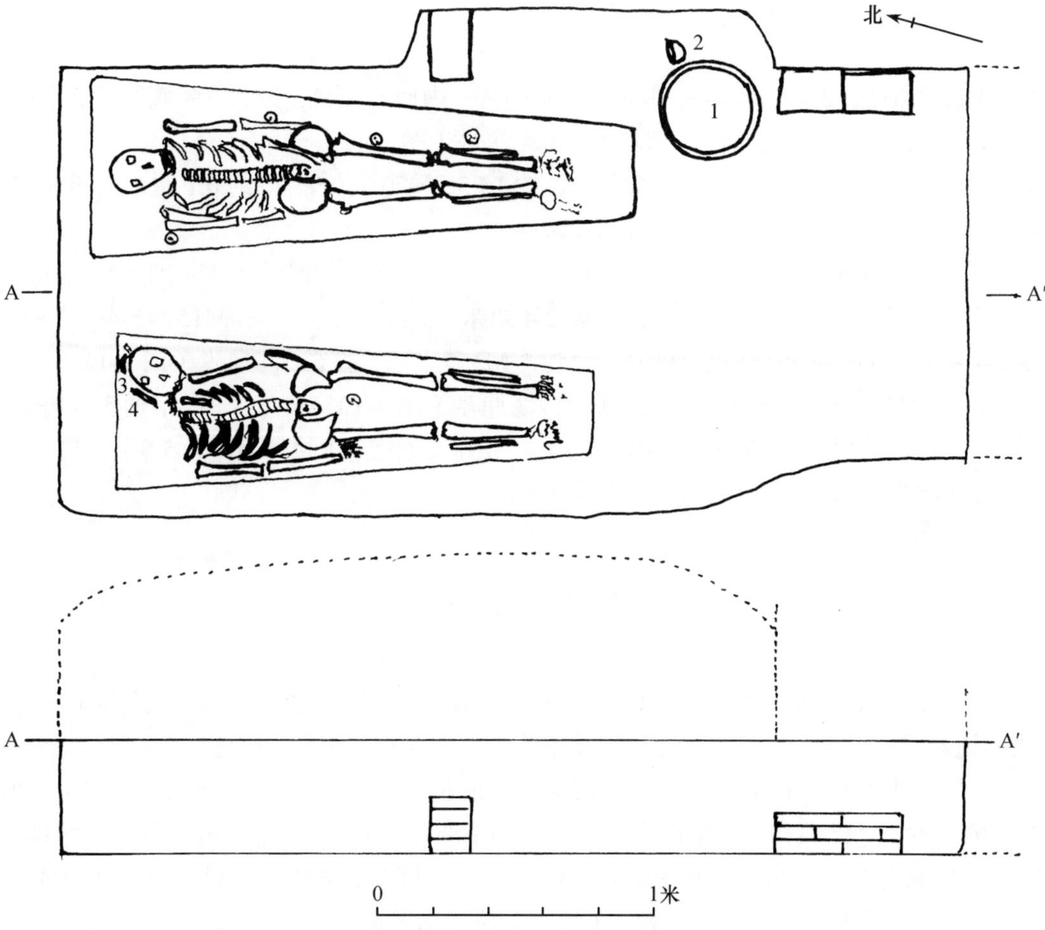

图 8-121　M157 平、剖面图

1. 瓷缸　2. 瓷碗　3、4. 铜簪

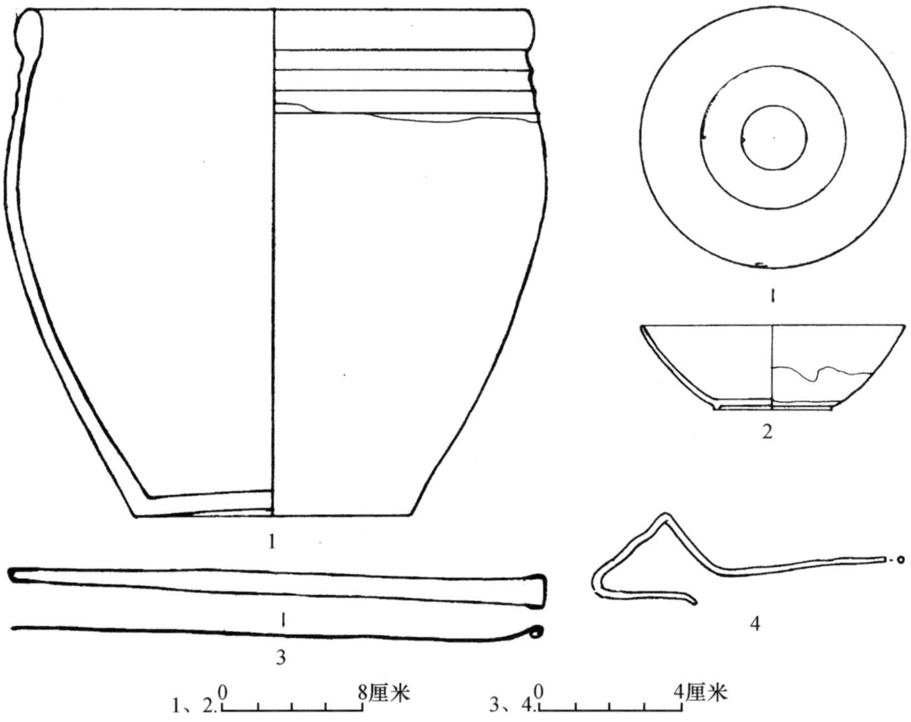

图 8-122　M157 出土器物

1. 瓷缸（M157∶1）　2. 瓷碗（M157∶2）　3、4. 铜簪（M157∶3、M157∶4）

瓷碗　1件（M157∶2）。淡黄胎，黑釉，釉不包底，内底有刮圈。敞口，弧腹微鼓，平底，圈足。外施半釉。口径15.2、底径7、高5、壁厚0.2~0.4厘米（图8-122，2）。

铜簪　2件。M157∶3，身扁平，首蜷曲。长约15.5、宽0.3~0.9、厚约0.1厘米（图8-122，3）。M157∶4，条形，卷曲。长约14厘米（图8-122，4）。

铜钱　10枚。"康熙通宝"2枚，楷书，直读。M157∶5-1、2，直径2.8厘米（图8-123，1、2）。"乾隆通宝"2枚，楷书，直读。M157∶5-3，直径2.4厘米（图8-123，3）；M157∶5-4，直径2.5厘米（图8-123，4）。"万历通宝"2枚，楷书，直读。M157∶5-5，直径2.4厘米（图8-123，5）。"崇祯通宝"1枚（M157∶5-6），楷书，直读。直径2.3厘米（图8-123，6）。"顺治通宝"1枚（M157∶5-7），楷书，直读。直径2厘米（图8-123，7）。"开元通宝"1枚（M157∶5-8），楷书，直读，花穿。直径2.4厘米（图8-123，8）。年号不清1枚。

十八、M162

M162位于第Ⅲ发掘区的中部，T1025西南，开口耕土层下。墓葬形制为土坑洞室墓，方向165°，由墓道和墓室两部分组成。墓道位于墓室南部，平面呈长方形，直壁、平底，长2.5、宽0.92、残深0.3米。填土为黄褐色花土。墓室顶部坍塌，平面呈长方形，长2.5、宽1、残高0.3米。墓室内有葬具1棺，木质，已腐朽，棺平面为长方形，长1.88、宽0.5~0.7米。棺内有人骨1具，女性，仰身直肢。随葬品有7件（组），其中瓷罐2件，灯台、灯盏、瓷碗各1件，均位于墓室北部；铜钱2枚（1组），位于腿骨下；铜扣4枚（1组），位于人骨胸部（图8-124）。

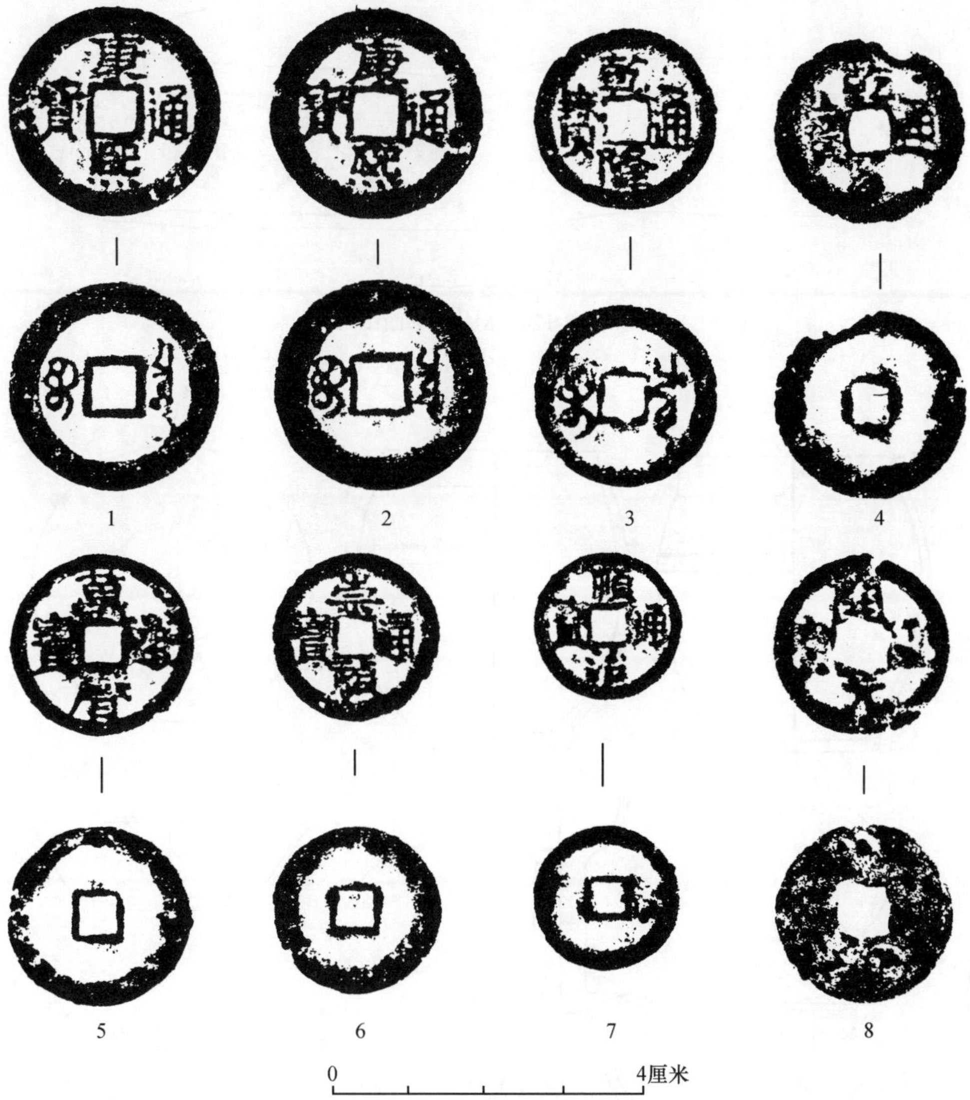

图 8-123 M157 出土钱币

1、2. 康熙通宝（M157:5-1、M157:5-2） 3、4. 乾隆通宝（M157:5-3、M157:5-4） 5. 万历通宝（M157:5-5） 6. 崇祯通宝（M157:5-6） 7. 顺治通宝（M157:5-7） 8. 开元通宝（M157:5-8）

瓷罐 2件。M162:1，浅黄胎，酱釉，釉不包底。口径 12、腹径 15.2、底径 9.2、通高 16.4、壁厚 0.4~0.6 厘米（图 8-125，1）。M162:5，乳白胎，黑釉，釉不包底。直口略敛，微鼓腹，矮圈足，上腹 2 周凸棱。口径 12、腹径 15.2、底径 8.4、通高 16.4 厘米（图 8-125，2）。

瓷灯 1件。灰白胎，酱釉。灯盏（M162:2）口径 8~10、高 3 厘米（图 8-125，4）。灯台（M162:3）：灯碗口径 7.6、灯盘直径 10、底径 10、高 19.4 厘米（图 8-125，5）。

瓷碗 1件（M162:4）。白胎，酱釉，釉不包底，内底有刮圈。口径 15.2、底径 6、通高 4.8 厘米（图 8-125，3）。

铜扣 1枚（M162:7）。铜质，环形纽（图 8-125，6）。

铜钱 2枚。“嘉庆通宝”1枚（M162:6-1），楷书，直读。直径 2.4 厘米（图 8-126，1）。“乾隆通宝”1枚（M162:6-2），楷书，直读。直径 2.5 厘米（图 8-126，2）。

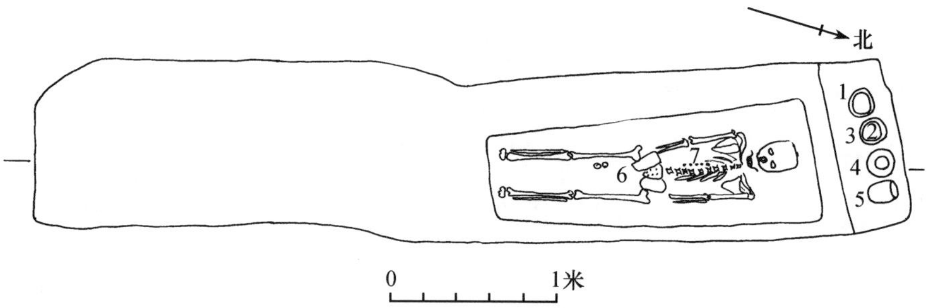

图 8-124　M162 平面图

1、5. 瓷罐　2. 灯盏　3. 灯台　4. 瓷碗　6. 铜钱　7. 铜扣

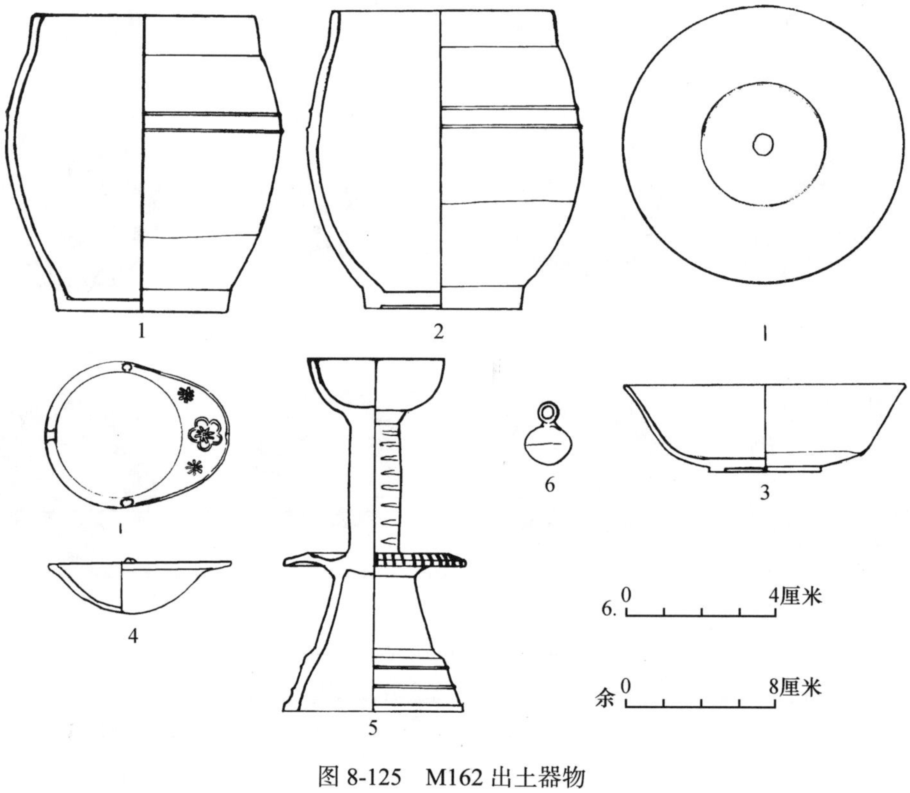

图 8-125　M162 出土器物

1、2. 瓷罐（M162∶1、M162∶5）　3. 瓷碗（M162∶4）　4. 灯盏（M162∶2）　5. 灯台（M162∶3）　6. 铜扣（M162∶7）

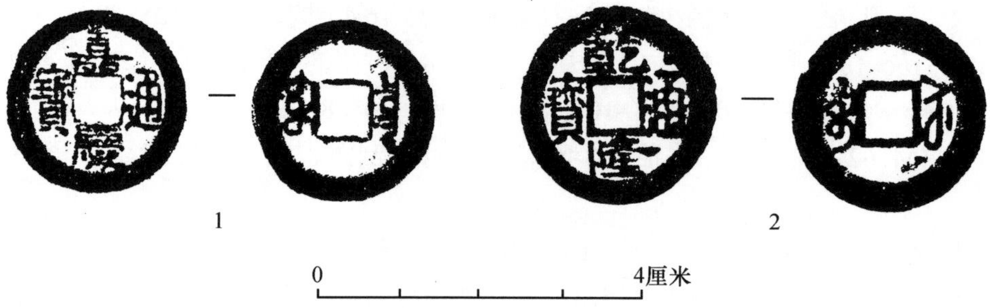

图 8-126　M162 出土钱币

1. 嘉庆通宝（M162∶6-1）　2. 乾隆通宝（M162∶6-2）

十九、M165

M165位于第Ⅱ发掘区的东部，T1330中部，开口于扰土层下，距地表1.7米。墓葬形制为土坑洞室墓，方向175°。墓道未清理，墓室顶部遭破坏，直壁、平底，平面呈不规则形，南北长3、宽0.68、残高0.6米。无葬具，无人骨。随葬品有铜扣2枚（图8-127）。

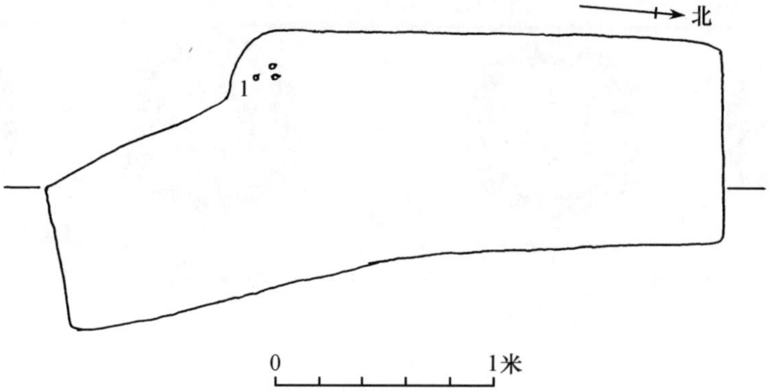

图8-127　M165平面图

1. 铜扣

铜扣　2枚。M165∶1-1，长约1.8厘米（图8-128，1-1）。M165∶1-2，环形纽。纽径约0.5厘米（图8-128，1-2）。

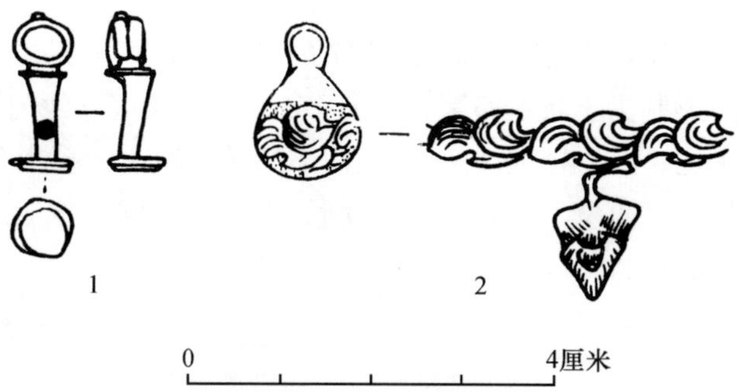

图8-128　M165出土铜扣

1. M165∶1-1　2. M165∶1-2

二十、M166

M166位于第Ⅱ发掘区的东部，T1230的西北部，开口于扰土层下，距地表1.6米。墓葬形制为土坑洞室墓，方向160°，由墓道和墓室两部分组成。墓道平面呈长方形，直壁、平底，长0.7、宽0.34~0.4、残深1.3米。填土呈黄褐色，土质略硬，内含红土块、淤土及姜石块。墓室顶残、直壁平底，平面近长方形，长1.14、宽0.4~0.5、残高1.3米。墓室内有葬具1棺，棺已朽为板灰，长2.1、宽0.6~0.84米。棺内无人骨。随葬品有2件（组），其中铜钱2枚（1组）、铜扣3枚（1组），均置于棺内右侧（图8-129）。

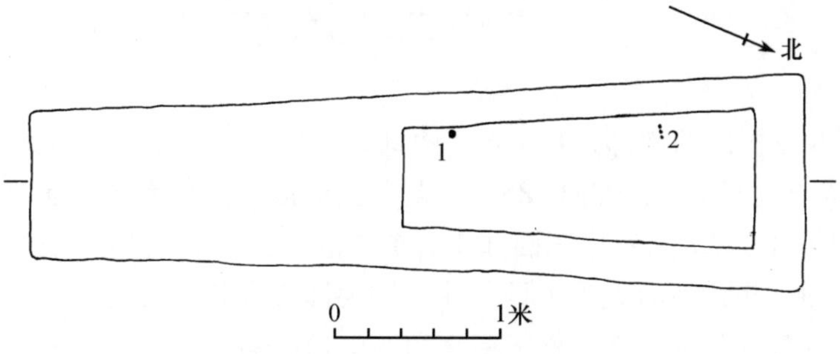

图8-129　M166平面图

1. 铜钱　2. 铜扣

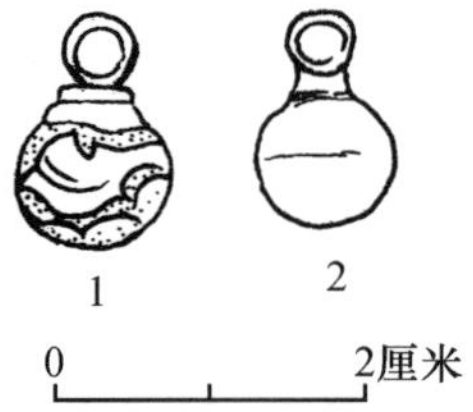

图 8-130　M166 出土铜扣
1. M166∶2-1　2. M166∶2-2

铜扣　3 枚。2 枚素面。M166∶2-1，荔枝皮纹，环纽，球形扣。纽径 0.5、扣径 1、通高 1.6 厘米（图 8-130，1）。M166∶2-2，环纽，球形扣。纽径 0.5、扣径 1、通高 1.4 厘米（图 8-130，2）。M166∶2-3 形制与纹饰同 M166∶2-2。

铜钱　2 枚。“道光通宝”，楷书，直读。M166∶1-1、2，直径 2.4 厘米（图 8-131，1、2）。

图 8-131　M166 出土道光通宝
1. M166∶1-1　2. M166∶1-2

二十一、M169

M169 位于第Ⅲ发掘区的中部，T0927 东部。开口于耕土层下，距地表 0.4 米，打破 M168。墓葬形制为土坑洞室墓，方向 165°，由墓道、封门石和墓室三部分组成。墓道平面呈长方形，直壁、平底，长 2.4、宽 0.6~1、残深 1.38 米。填土为黄褐色花土封门石被破坏，残高 0.26 米。墓室弧顶（坍塌），直壁、平底，平面呈长方形，长 2.4、宽 1、残高 1.3 米。未发现葬具及人骨，无随葬品（图 8-132）。

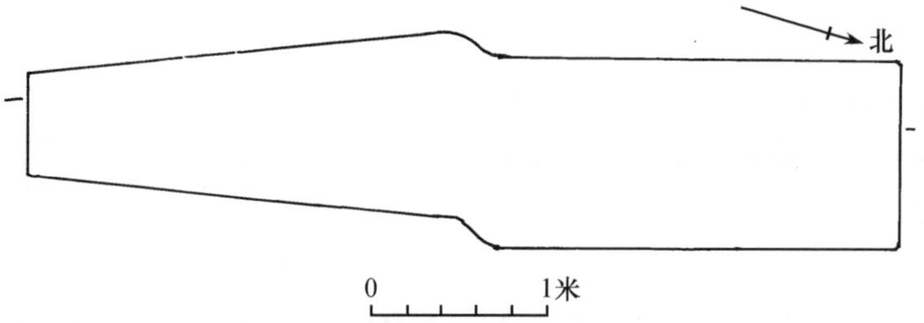

图 8-132　M169 平面图

二十二、M173

M173 位于第Ⅱ发掘区的南部，T1326 西南部，开口于扰土层下，距地表 2 米，打破 M206 及 M174。墓葬形制为土坑洞室墓，方向 185°。墓葬上部被破坏，墓室直壁、平底，平面呈长方形，长 2.3、宽 1.52、残高 1.2 米。墓室内东西并排放置 2 棺，棺平面呈梯形。东侧棺长 1.74、宽 0.4~0.52 米，西侧棺腐朽严重。棺内各有人骨 1 具，葬式均为仰身直肢，头向北。东男西女。随葬品有 5 件（组），其中瓷罐 2 件、灯盏 1 件，置于墓室的西南角；铜簪 1 件，置于西墓主的头骨上端；铜钱 3 枚（1 组），置于西墓主的腹部（图 8-133）。

瓷罐　2件。M173∶1，浅黄胎，黑釉，釉不包底。敛口，溜肩，腹微鼓，下腹斜收，平底，矮圈足。上腹部3周凸棱。口径11.4、腹径14.4、底径8.4、通高15、壁厚0.4~0.6厘米（图8-134，1）。M173∶2，浅黄胎，黑釉，釉不包底。直口，微敛，微鼓腹，实足平底。上腹部2周凸棱。口径12.4、腹径15.2、底径8.8、通高16、厚0.3~0.5厘米（图8-134，2）。

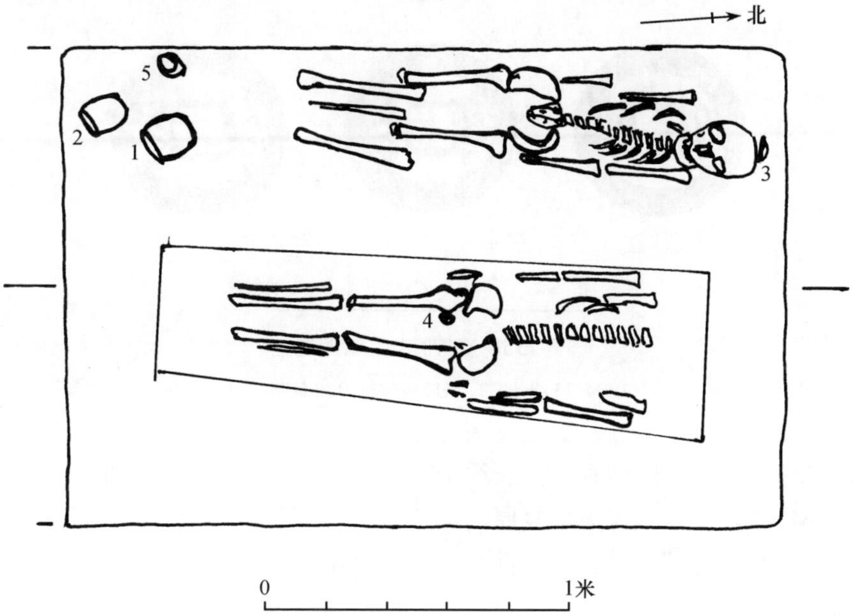

图8-133　M173平面图

1、2. 瓷罐　3. 铜簪　4. 铜钱　5. 灯盏

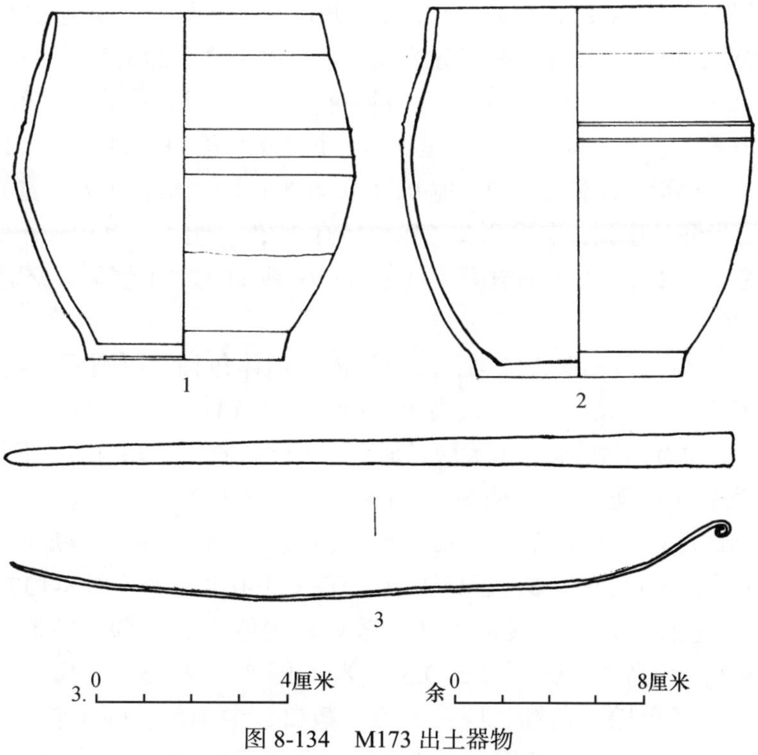

图8-134　M173出土器物

1、2. 瓷罐（M173∶1、M173∶2）　3. 铜簪（M173∶3）

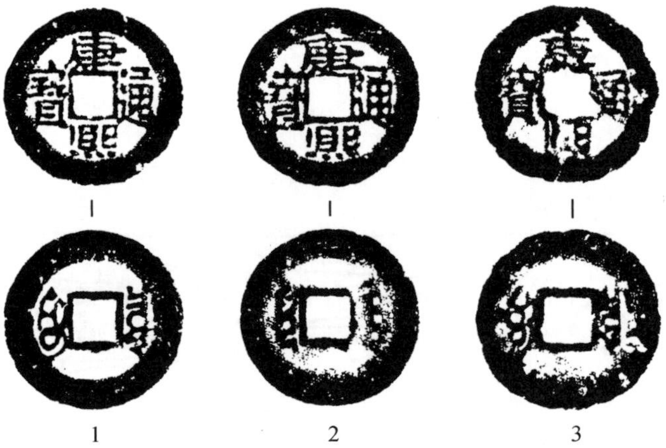

图 8-135 M173 出土康熙通宝

1. M173∶3-1 2. M173∶3-2 3. M173∶3-3

铜簪 1 件（M173∶3）。断面扁平。长约 15.8、宽 0.3~0.7、厚约 0.1 厘米（图 8-134，3）。

灯盏 1 件（M173∶5）。残碎无法复原。

铜钱 3 枚。“康熙通宝”，楷书，直读。M173∶4-1~3，直径 2.3 厘米（图 8-135，1~3）。

二十三、M175

M175 位于第Ⅱ发掘区的南部，T1326 的中部。开口于扰土层下，距地表 2 米。墓葬形制为土坑洞室墓，方向 185°，由墓道和墓室两部分组成。墓道位于墓室的南部，平面呈长方形，直壁、平底，残长 1.3、宽 0.94、残深 1.3 米。填土呈黄褐色，土质略硬，内含许多红土块、淤土块及料姜石块。墓室顶部坍塌，直壁、平底，平面呈梯形，长 2.9、宽 1.8~2.4、残高 1.3 米。墓室内东西并排放置 2 棺，平面为梯形，东侧棺长 2、宽 0.22~0.66 米；西侧棺长 1.96、宽 0.6~0.7 米。棺内各有人骨 1 具，葬式均为仰身直肢，东男西女。随葬品有 21 件（组），其中瓷罐 2 件、瓷碟 12 件、灯盏 2 件、灯台 2 件、碗 2 件，均放置在墓室的南端；铜钱 11 枚（1 组），分别置于西墓主腹部和头骨右侧外（图 8-136）。

瓷罐 2 件。M175∶1，黄褐胎，黑釉，除口沿内外通体包釉。厚圆唇，敛口，上腹微鼓，实足平底。口径 30、腹径 31.6、底径 16.8、通高 30 厘米（图 8-137，10）。M175∶13，红褐胎，酱釉，通体包釉。厚方唇，窄卷沿，微鼓腹，最大腹径居上。下腹斜收，平底内凹。下腹至底部数周凹槽。口径 28、腹径 28、底径 16、通高 30、壁厚 0.8~1 厘米（图 8-137，8）。

瓷碟 12 件。M175∶2，红褐胎，白釉，釉不包底。圆唇，敞口，弧腹，平底，宽圈足。外釉施至下腹部。口径 12.4、底径 6、通高 3.2、壁厚 0.3~0.5 厘米（图 8-137，3）。M175∶4，浅黄胎，白釉，釉不包底，外釉至腹部中间。敞口，尖圆唇，深腹，下腹折成平底，圈足。口径 12.4、底径 5.2、通高 3、壁厚 0.2~0.3 厘米（图 8-137，5）。M175∶5、9~11 形制同 M175∶4。M175∶14，浅黄胎，白釉，脱釉严重。敞口，尖圆唇，弧腹斜直，平底，宽圈足。口径 11.4、底径 5.2、通高 2.8、壁厚 0.2~0.4 厘米（图 8-137，7）。M175∶15~17、20、21

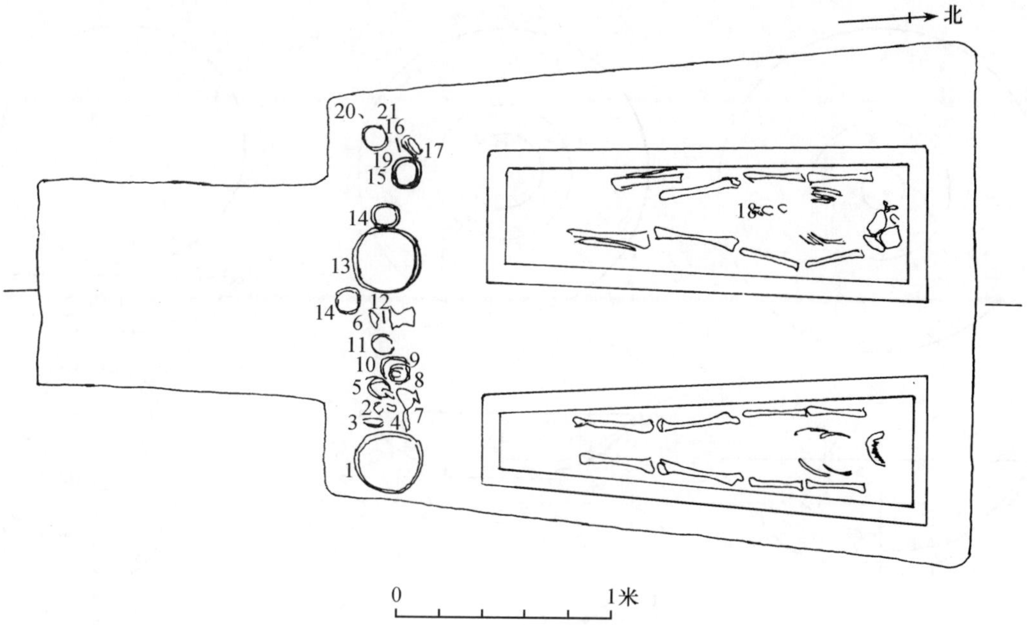

图 8-136　M175 平面图

1、13. 瓷罐　2、4、5、9~11、14~17、20、21. 瓷碟　3、12. 灯台　6、8. 灯盏　7、19. 瓷碗　18. 铜钱

形制同 M175∶14。

灯台　2 件。M175∶3，黄褐胎，茶绿釉，釉至台部。盏托：方唇，折沿，沿面上 1 周凹槽，弧腹，圜底，竹节形灯实心灯柱，圆唇，平底，唇面上 1 周宽凹槽，高圈足，足底折成台。盏托口径 8、盘口径 14、底径 11.6、通高 20 厘米（图 8-137，9；图版 24-4）。M175∶12 形制同 M175∶3。

灯盏　2 件。灰白胎，酱釉，釉不包底。M175∶6，敞口，圜底，一侧有柄，上刻花。口径 10.4~12、高 4.8 厘米（图 8-137，6）。M175∶8，灰白胎，酱釉，釉不包底。敞口，圜底，一侧有柄，上刻花。口径 6.8~8.2、高 3.4 厘米（图 8-137，4）。

瓷碗　2 件。M175∶7，黄褐胎，酱釉，外施半釉，内底有刮圈。敞口，深腹，下腹微折，平底，圈足。口径 16.8、底径 5.6、通高 6、壁厚 0.3~0.8 厘米（图 8-137，1）。M175∶19，灰白胎，酱釉，外施半釉，内底有刮圈。敞口，弧腹斜直，下腹折成平底，中心外凸，圈足。口径 14.4、底径 5.6、通高 3.4、壁厚 0.2~0.4 厘米（图 8-137，2）。

铜钱　11 枚。“康熙通宝”8 枚，楷书，直读。M175∶18-1~7，直径 2.8 厘米（图 8-138，1~7）；M175∶18-5，穿右一“临”字；M175∶18-6，穿右一“浙”字。“顺治通宝”3 枚，楷书，直读。M175∶18-8~10，直径 2.8 厘米（图 8-138，8~10）；M175∶18-10，穿右一“宁”字。

二十四、M176

M176 位于第Ⅲ发掘区的中部，T1025 东南部，开口于扰土层下。墓葬形制为土坑洞室墓，方向 183°，由墓道和墓室两部分组成。墓道平面为长方形，直壁、平底，长 2.4、宽 0.8、残深 2 米。填土为黄褐色花土，土质略疏松。墓室弧顶、直壁、平底，顶部平面为长方形，长 2.3、

图 8-137 M175 出土器物

1、2. 瓷碗（M175∶7、M175∶19） 3、5、7. 瓷碟（M175∶2、M175∶4、M175∶14） 4、6. 灯盏（M175∶8、M175∶6）
8、10. 瓷罐（M175∶13、M175∶1） 9. 灯台（M175∶3）

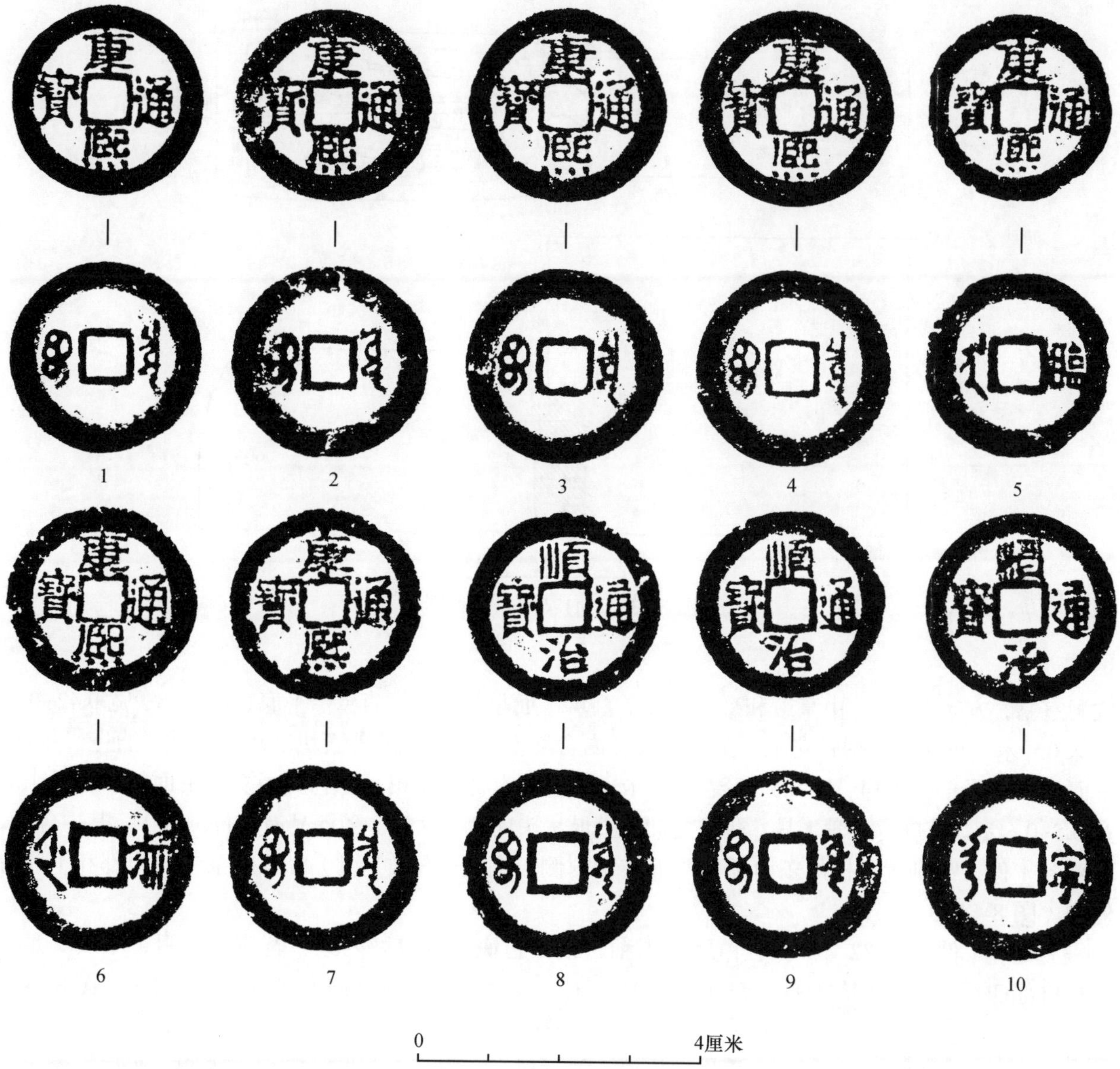

图 8-138　M175 出土钱币

1~7. 康熙通宝（M175∶18-1、M175∶18-2、M175∶18-3、M175∶18-4、M175∶18-5、M175∶18-6、M175∶18-7）　8~10. 顺治通宝（M175∶18-8、M175∶18-9、M175∶18-10）

宽 1.16、残高 1.18 米。墓室内东西并排放置 2 棺，木质，均已朽，棺平面均为长方形。东侧棺长 1.6、宽 0.48 米，西侧棺长 1.7、宽 0.47 米。棺内各有人骨 1 具，东男西女，葬式均为仰身直肢。无随葬品（图 8-139）。

二十五、M182

M182 位于第Ⅱ发掘区的南部，T1227 西部，开口于扰土层下，距地表 1.7 米。墓葬形制为土

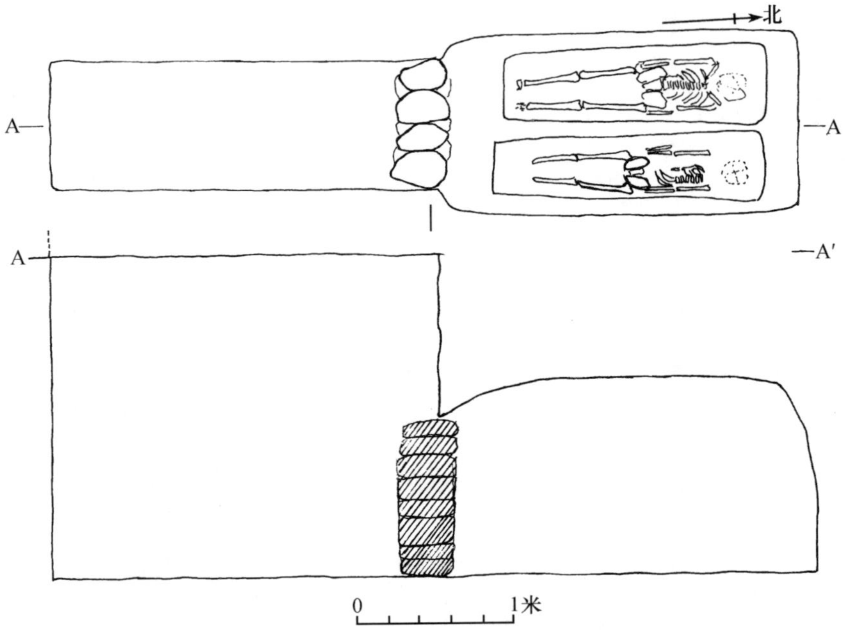

图 8-139 M176 平、剖面图

坑洞室墓，方向 175°，由墓道和墓室组成。墓圹平面呈长方形，直壁、平底，长 1.18、宽 0.42~0.5、残深 0.8 米。填土为黄褐色花土，土质略硬，内含红土块、淤土及姜石块。墓室顶残，直壁、平底，平面为长方形，长 1.14、宽 0.5、残高 0.8 米。墓室内有葬具 1 棺，已朽为板灰，平面梯形，长 1.8、宽 0.5~0.6 米。棺内有人骨 1 具，葬式为仰身直肢，头向北，女性。随葬品有 3 件（组），其中瓷罐、瓷碗各 1 件，分别置于棺的东南部和两下肢骨内侧；铜钱 8 枚（1 组），置于墓主的腹部和下肢骨外侧（图 8-140）。

瓷罐 1 件（M182∶1）。乳白胎，黑釉，釉不包底。直口微内敛，宽肩，鼓腹，平底实足。肩和口部四系“十”字形对称分布。口径 12、腹径 16、底径 8.4、通高 14、厚 0.4~0.5 厘米（图 8-141，2）。

瓷碗 1 件（M182∶2）。淡黄胎，酱釉，釉不包底，内底有刮圈。敞口，弧腹，平底，圈足。口径 15、底径 6.4、通高 4.4、壁厚 0.3~0.4 厘米（图 8-141，1）。

铜钱 8 枚。“康熙通宝”7 枚，楷书，直读。M182∶3-1~3、6，背面穿右一“东”字，直径 2.5 厘米（图 8-142，1~3、6）；M182∶3-4，背面穿右一“浙”字，直径 2.7 厘米（图 8-142，4）；M182∶3-5，直径 2.7 厘米（图 8-142，5）。“治平通宝”1 枚，篆书，旋读。直径 2.4 厘米。

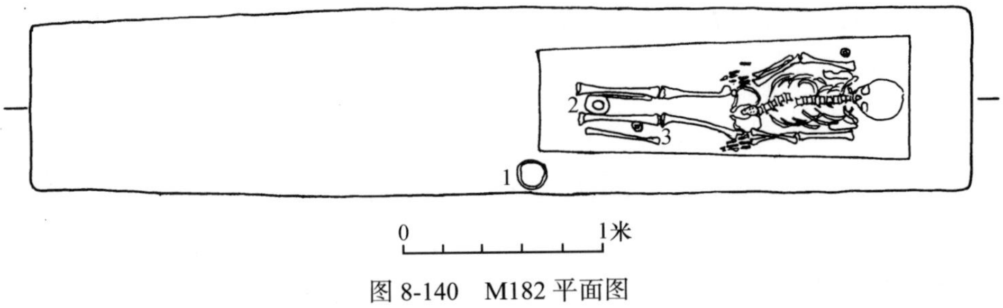

图 8-140 M182 平面图

1. 瓷罐 2. 瓷碗 3. 铜钱

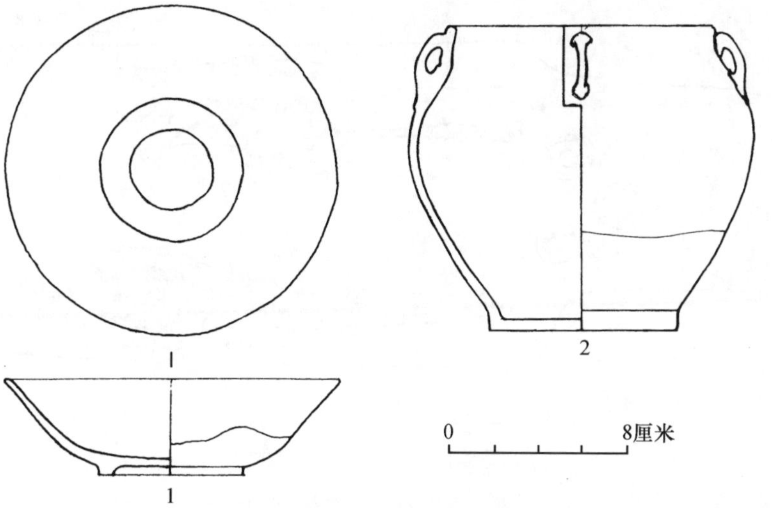

图 8-141　M182 出土器物

1. 瓷碗（M182∶2）　2. 瓷罐（M182∶1）

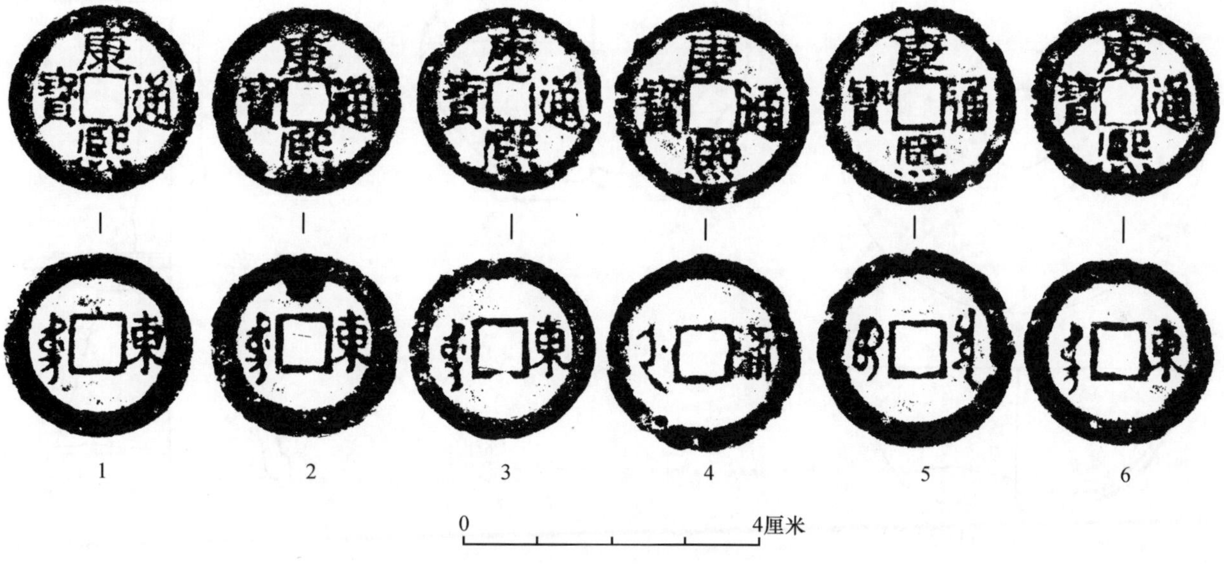

图 8-142　M182 出土康熙通宝

1. M182∶3-1　2. M182∶3-2　3. M182∶3-3　4. M182∶3-4　5. M182∶3-5　6. M182∶3-6

二十六、M183

M183 位于第Ⅱ发掘区的南部，T1325 西南部，开口于扰土层下，距地表 1.9 米。墓葬形制为土坑竖穴墓，方向 190°。墓圹平面呈梯形，直壁、平底，长 2.02、宽 1.14~1.2、残深 0.8 米。填土为灰白色花土，土质略松，含料姜石。墓底有葬具 2 棺，形状不详。棺内各有人骨 1 具，葬式均为仰身直肢，头向北。东棺内为男性，西棺内为女性。随葬品有 4 件，其中瓷罐 1 件、灯台 1 件、瓷碗 1 件，均置于墓室南端；铜钱 1 枚，置于东墓主盆骨下方（图 8-143）。

瓷罐　1 件（M183∶1）。淡黄胎，酱釉，外釉施至肩部，不包底。直口微内敛，宽肩，鼓腹，平底，圈足。肩和口部对称分布双系，系上饰竖向凹槽。口径 9、腹径 14、底径 6、通高 11、壁厚

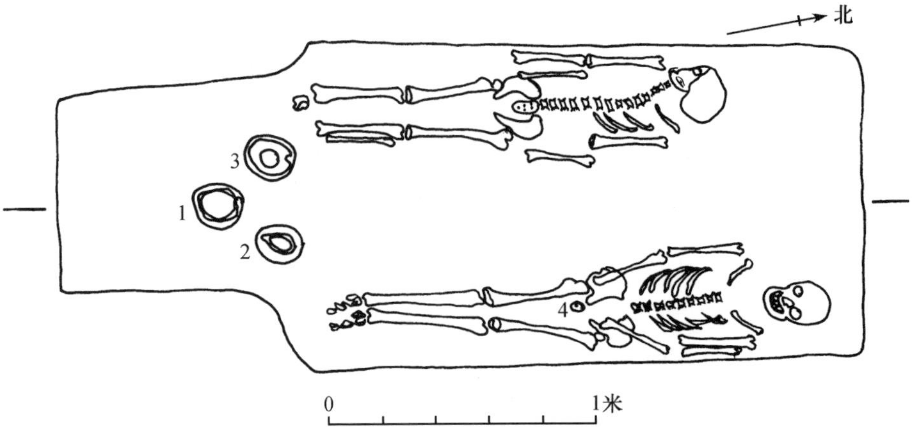

图 8-143　M183 平面图

1. 瓷罐　2. 灯台　3. 瓷碗　4. 铜钱

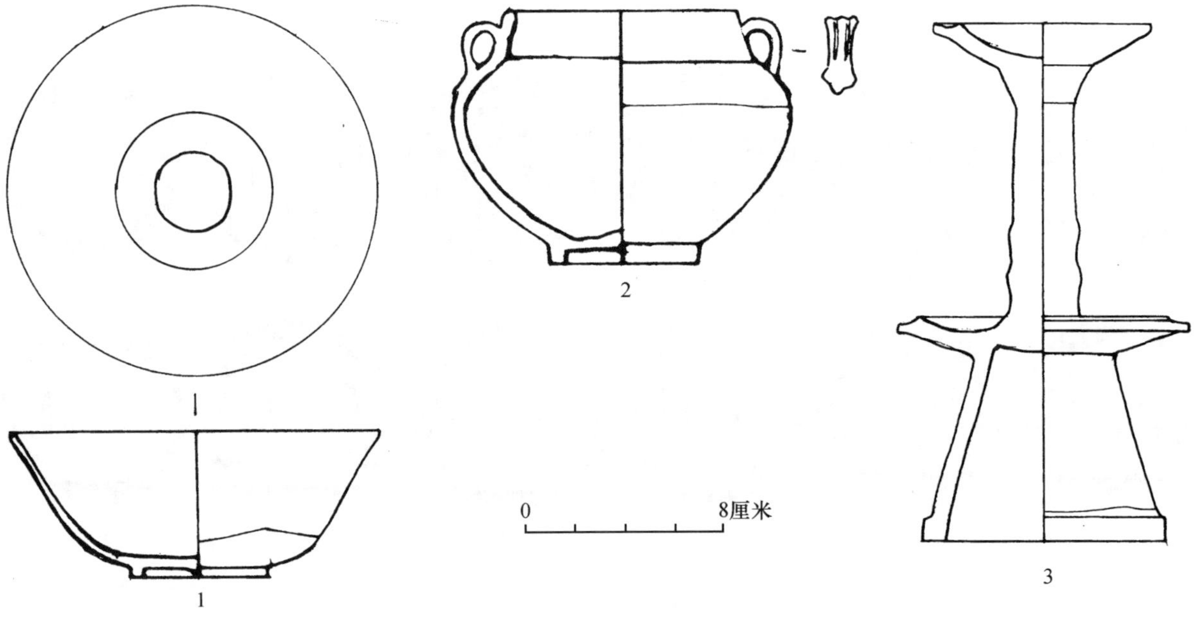

图 8-144　M183 出土器物

1. 瓷碗（M183∶3）　2. 瓷罐（M183∶1）　3. 灯台（M183∶2）

0.5~0.6 厘米（图 8-144，2）。

灯台　1 件（M183∶2）。浅黄胎，黑釉，釉不包底。盏托：方唇，圜底，唇面 1 周凹槽。圆柱状实心灯柱。方唇，斜折沿，圜底承盘。高圈足外撇，底部折成台。盏托口径 8.8、灯盘直径 12、底径 10、通高 21.2 厘米（图 8-144，3）。

瓷碗　1 件（M183∶3）。乳白胎，黑釉，釉不包底，内底有刮圈。口径 15.2、底径 5.6、高 6、壁厚 0.3~0.4 厘米（图 8-144，1）。

铜钱　1 枚（M183∶4）。“康熙通宝”，楷书，直读。直径 2.3 厘米（图 8-145）。

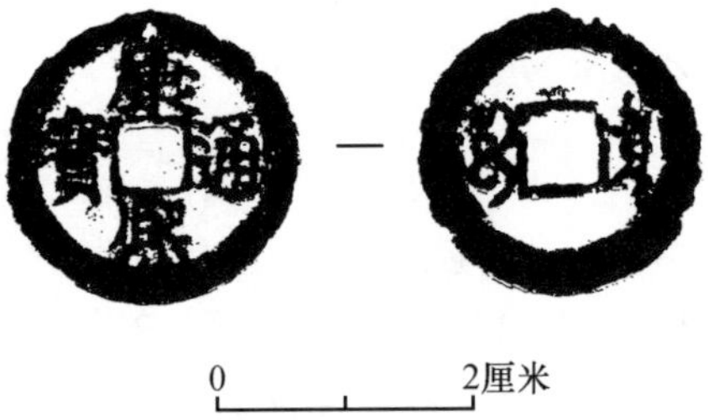

图 8-145　M183 出土康熙通宝（M183∶4）

二十七、M184

M184位于第Ⅱ发掘区的南部，T1227的东部，开口于扰土层下，距地表1.5米。墓葬形制为土坑洞室墓，方向190°，由墓道和墓室两部分组成。墓道平面为长方形，直壁、平底，长0.9、宽0.62~0.72、残深0.7米。填土呈黄褐色，土质松。未见葬具痕迹。墓室平面呈长方形，长1.04、宽0.62~0.72、残深0.7米。墓底有人骨1具，葬式为仰身直肢，男性，头向南。随葬品有瓷罐1件，放置于人骨的胸部（图8-146）。

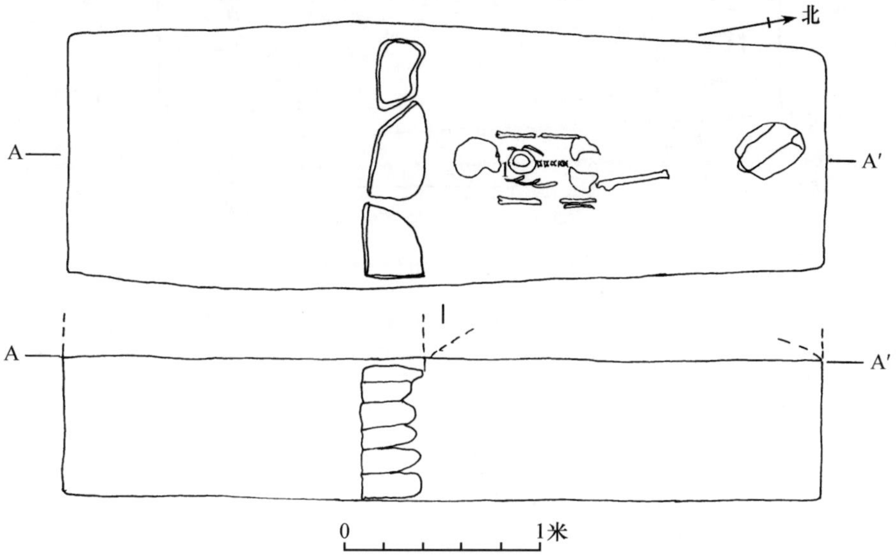

图8-146 M184平、剖面图
1.瓷罐

瓷罐 1件（M184:1）。灰白胎，浅酱釉，外施半釉，不包底，口沿处釉磨去。直口微敛，宽肩，鼓腹，最大腹径居中。平底，圈足。肩部和口部附加1对桥形耳，对称分布。口径10、腹径15.2、底径7.6、通高10.8、壁厚0.5~0.7厘米（图8-147）。

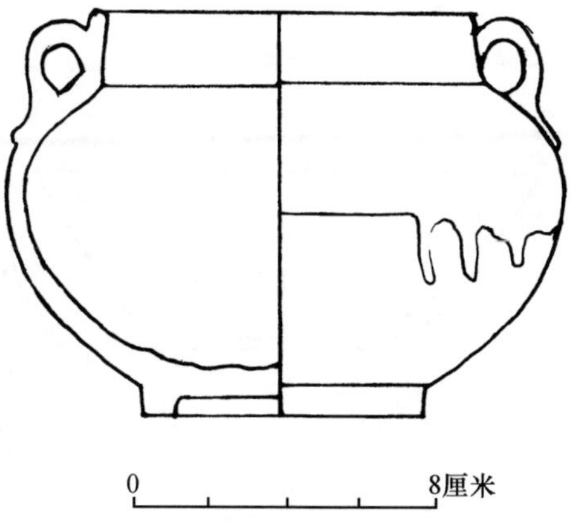

图8-147 M184出土瓷罐（M184:1）

二十八、M188

M188位于第Ⅱ发掘区的东部，T1328的西南部，开口于扰土层下，距地表1.5米。墓葬形制为土坑洞室墓，方向170°。墓道未清理，墓室顶部被破坏，直壁、平底，底部平面为长方形，长2.4、宽1.4~1.6、残高1.2米。墓室内东西并排放置2棺，木质，全朽，平面均为长方形。东侧棺长1.76、宽0.44~0.58米，西侧棺长1.8、宽0.44~0.58米。棺内各有人骨1具，东为男性，西为女性，均为仰身直肢，头向北。随葬品7件（组），其中瓷碗、灯盏各2件，灯台、瓷缸各1件，位于墓室南部；铜钱7枚（1组），位于棺内人骨附近（图8-148）。

瓷碗 2件。M188:1，浅黄褐胎，黑釉，外釉不包底，内底有刮圈。敞口，深弧腹，平底，圈足。口径15.2、底径6、通高5.4、壁厚0.3~0.6厘米（图8-149，1）。M188:6形制同M188:1。

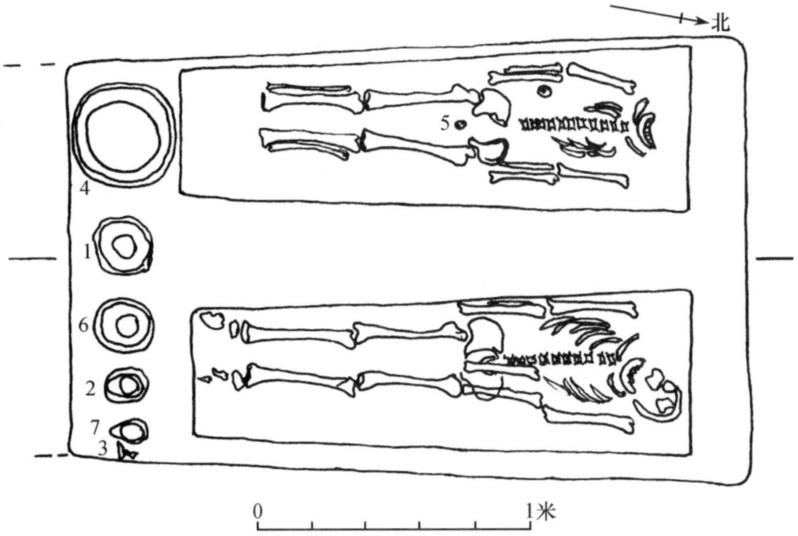

图 8-148　M188 平面图

1、6. 瓷碗　2、7. 灯盏　3. 灯台　4. 瓷缸　5. 铜钱

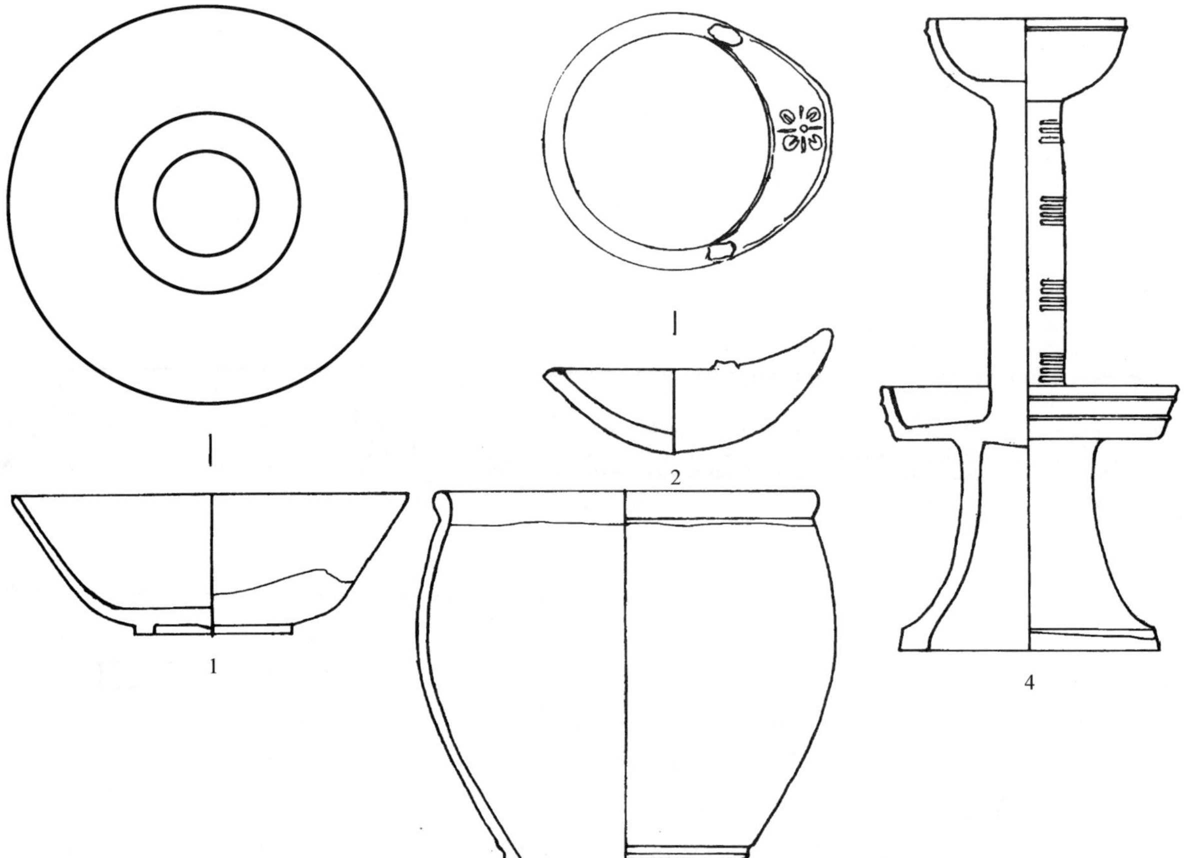

图 8-149　M188 出土器物

1. 瓷碗（M188∶1）　2. 灯盏（M188∶2）　3. 瓷缸（M188∶4）　4. 灯台（M188∶3）

灯盏 2件。M188∶2，乳白胎，酱釉，釉不包底。圜底，一侧有柄，一侧有流。柄上刻花。直径10~11、高4.8厘米（图8-149，2）。M188∶7形制同M188∶2。

灯台 1件（M188∶3）。红褐胎，黑釉，釉不包底。碗形盏托，深腹平底。圆柱状灯柱，外侧刻花。直口平承盘，喇叭状圈足。盏托口径7.6、灯盘直径11.2、底径10、通高24.4、壁厚0.4~0.6厘米（图8-149，4；图版24-5）。

瓷缸 1件（M188∶4）。黄褐胎，酱釉，除口沿附近外通体包釉。圆唇，窄卷沿，微鼓腹，下腹斜收，平底微内凹。下腹与底部饰数周凹槽。口径29.2、腹径32、底径16、通高32.4、壁厚0.8~1.2厘米（图8-149，3）。

铜钱 7枚。均“康熙通宝”，楷书，直读。M188∶5-1，背面穿右一“东”字，直径2.7厘米（图8-150，1）；M188∶5-2，背面穿右一“临”字，直径2.7厘米（图8-150，2）；M188∶5-3~7，直径2.4厘米（图8-150，3~7）。

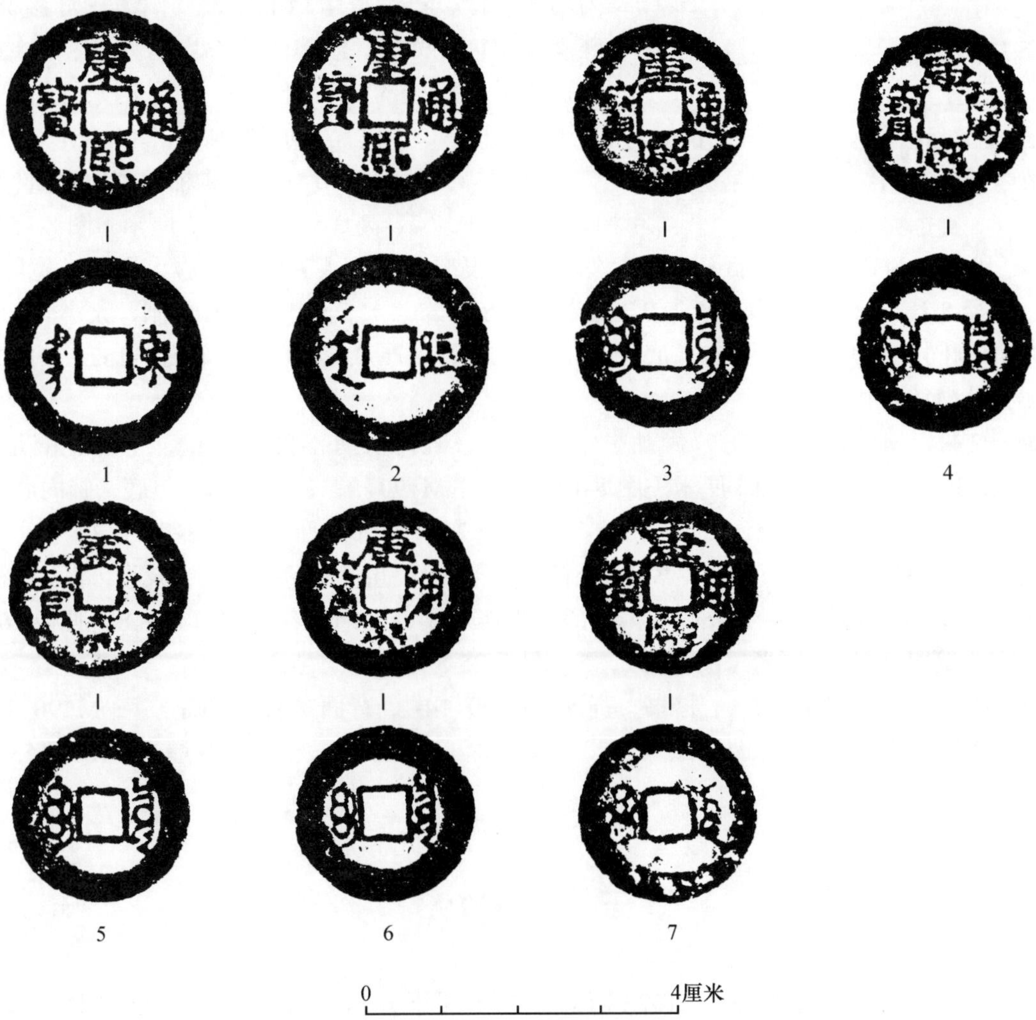

图8-150 M188出土康熙通宝

1. M188∶5-1 2. M188∶5-2 3. M188∶5-3 4. M188∶5-4 5. M188∶5-5 6. M188∶5-6 7. M188∶5-7

二十九、M190

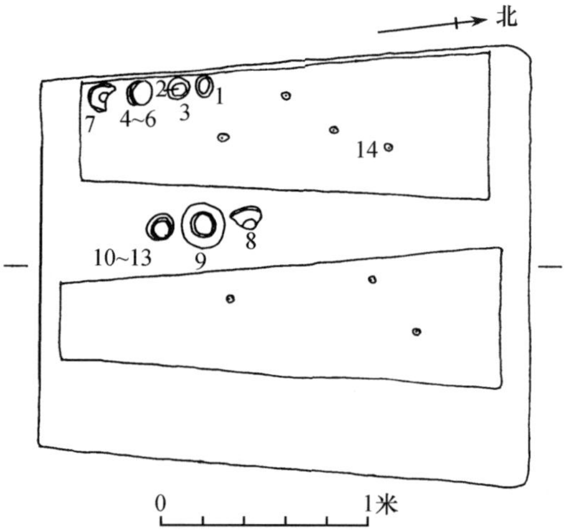

图 8-151 M190 平面图

1. 灯盏 2~6、10~13. 瓷碟 7、8. 瓷碗 9. 瓷罐 14. 铜钱

M190 位于第Ⅱ发掘区的东部，T1328 东南部，发掘区东部，扰土层下开口，距地表 1.8 米。墓葬形制为土坑洞穴墓，方向 187°，由墓道和墓室组成。墓道平面呈长方形，直壁、平底，残长 0.82、宽 0.5、深 2.2 米。填土为灰白色花土，土质略松，含料姜石。墓室顶残，直壁、平底，平面呈梯形。长 2.3、宽 1.8~2.2、深 2.2 米。墓室内有葬具 2 棺，东西并列排放，平面呈梯形。东棺长 2.17、宽 0.7~0.38 米，西棺长 2、宽 0.7~0.46 米。棺内均无人骨。随葬品有 14 件（组），其中灯盏 1 件、瓷碟 9 件（1 件残）、瓷碗 2 件（均已残）、瓷罐 1 件，分别置于墓室西部与中部位置；铜钱 7 枚（1 组），4 枚置于西侧棺内，3 枚置于东侧棺内（图 8-151）。

灯盏 1 件（M190∶1）。酱釉。整体厚重，圜底。口径 6.8、长 7.7、高 3.5、壁厚 0.6 厘米（图 8-152，6）。

瓷碟 9 件。M190∶2，红胎，白釉，外釉至下腹部。敞口，尖唇，弧腹，平底，宽圈足。口径 10.4、底径 5.2、通高 2.8、壁厚 0.2~0.3 厘米（图 8-152，4）。M190∶3~6 形制、大小同 M190∶2。M190∶10 形制同 M190∶2。口径 12、底径 6、通高 2.8、壁厚 0.3~0.4 厘米（图 8-152，3）。M190∶11~13 大小同 M190∶10。

瓷碗 2 件。M190∶7，尖唇，酱釉，釉不包底，碗内底有涩圈。直壁，平底，圈足。口径 15.4、底径 6.3、高 5.4、壁厚 0.5 厘米（图 8-152，1）。M190∶8，酱釉，釉不包底，碗内底有涩圈。尖唇，直壁，平底，圈足。口径 15.2、底径 5.8、高 5.2、壁厚 0.6 厘米（图 8-152，2）。

瓷罐 1 件（M190∶9）。黄褐胎，黑釉，外釉施至下腹部。直口微敛，圆肩，鼓腹，最大腹径偏上，平底实足。肩部与口部附加 4 个条形系。肩部 1 周连弧纹，内饰梅花点。口径 8.8、腹径 16、底径 10、高 16.4、壁厚 0.4~0.6 厘米（图 8-152，5；图版 25-5）。

铜钱 7 枚。均“康熙通宝”，楷书，直读，M190∶14-1，背面穿右一“临”字，M190∶14-1、2、4、7，直径 2.7 厘米（图 8-153，1、2、4、7），M190∶14-3、5、6，直径 2.8 厘米（图 8-153，3、5、6）。

三十、M193

M193 位于第Ⅰ发掘区南部，T1628 西北，扰土层下开口。墓葬形制为土坑洞室墓，方向 170°，由墓道和墓室两部分组成。墓道平面近长方形，直壁、平底，长 2.4、宽 1.22、残深 1.24 米。墓室弧顶，直壁、平底，平面近长方形，长 2.2，宽 1.6~1.8，高 1.24 米。墓底有葬具 2 棺，已腐朽成灰，平面呈梯形，大小相同。棺长 1.7、宽 0.3~0.58 米。棺内未见人骨。随葬品有 4 件，其中瓷碟 3 件、灯盏 1 件，皆放置于墓室南部墓门口处，保存完好（图 8-154）。

瓷碟 3 件。M193∶1，白胎，蓝釉黑彩，釉不包底。尖圆唇，窄卷沿，斜直腹，平底，宽圈足。

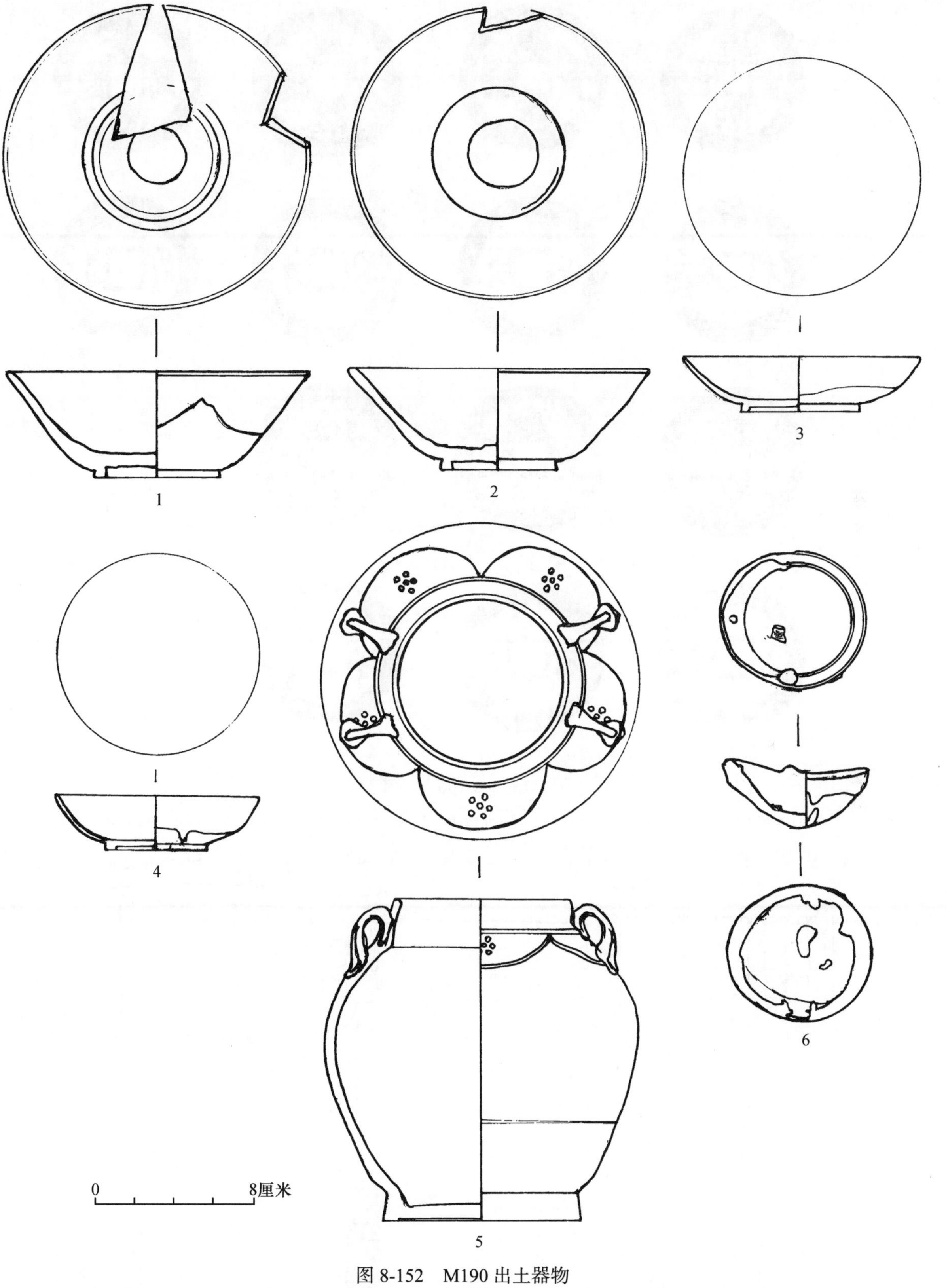

图 8-152　M190 出土器物

1、2. 瓷碗（M190∶7、M190∶8）　3、4. 瓷碟（M190∶10、M190∶2）　5. 瓷罐（M190∶9）　6. 灯盏（M190∶1）

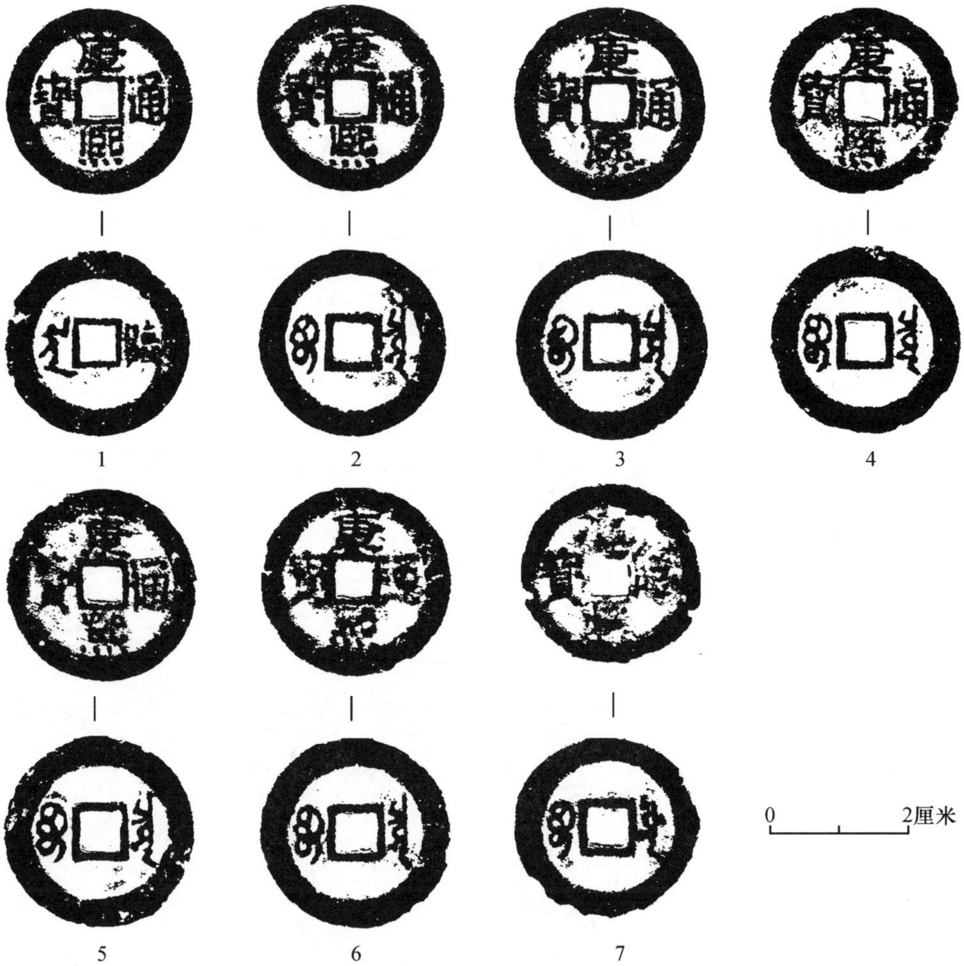

图 8-153 M190 出土康熙通宝

1.M190：14-1 2.M190：14-2 3.M190：14-3 4.M190：14-4 5.M190：14-5 6.M190：14-6 7.M190：14-7

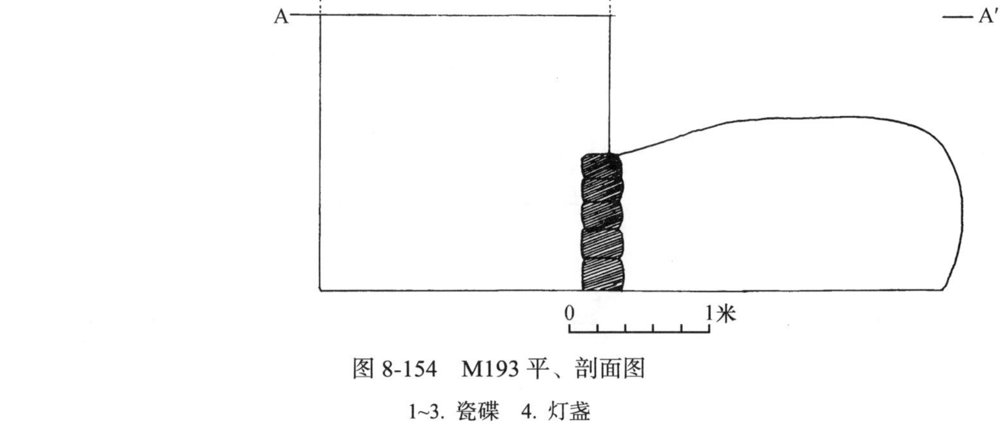

图 8-154 M193 平、剖面图

1~3. 瓷碟 4. 灯盏

口径 12、底径 6.4、通高 2、壁厚 0.3~0.4 厘米（图 8-155，3；图版 23-5）。M193∶2 形制、大小同 M193∶1（图 8-155，2）。M193∶3，形制大小同 M193∶1。

灯盏　1 件。M193∶4，浅黄胎，酱釉，釉不包底。尖圆唇，敞口，斜直壁，平底。一侧有流，一侧有柄。上刻点纹。口径 4.2~5.2、通高 3 厘米（图 8-155，1）。

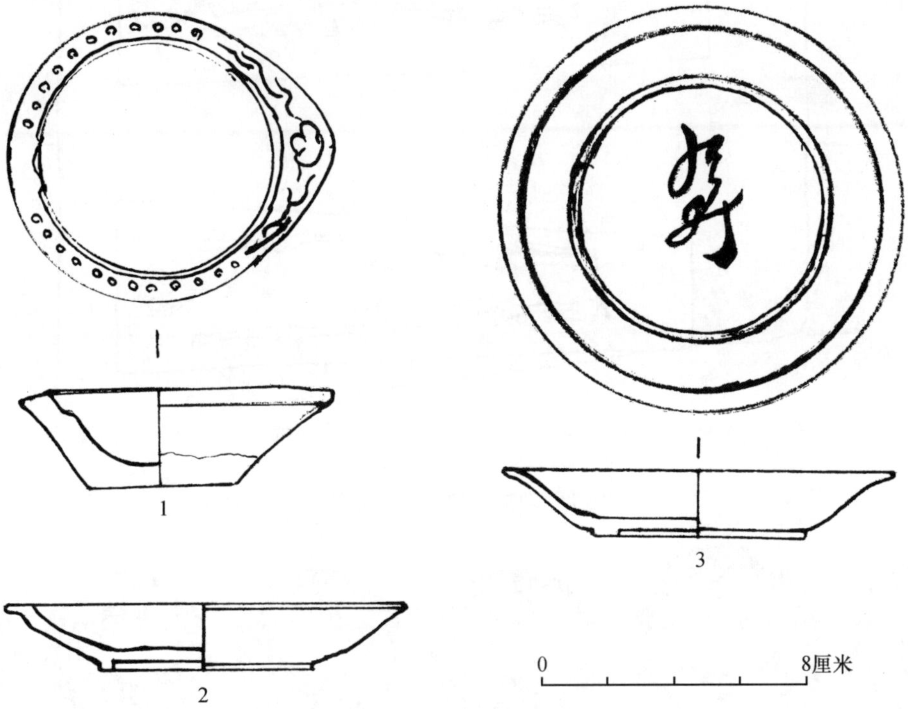

图 8-155　M193 出土器物

1. 灯盏（M193∶4）　2、3. 瓷碟（M193∶2、M193∶1）

三十一、M194

M194 位于第Ⅱ发掘区的南部，T1226 的北部，开口于扰土层下，距地表深 1.6 米。墓葬形制为土坑洞室墓，方向 178°。墓道未清理。墓室顶部被破坏，直壁、平底，底部平面呈梯形，长 2.58、宽 1.3~2、残高 0.7 米。墓室内东西并排放置 2 棺，已朽。东侧棺长 2、宽 0.4~0.6 米，西侧棺长 2.1、宽 0.4~0.6 米。棺内各有人骨 1 具，保存较差，葬式均为仰身直肢，头向北。随葬品有铜钱 6 枚（1 组），置于棺内人骨底部（图 8-156）。

铜钱　6 枚。均为“康熙通宝”，楷书，直读。M194∶1-1、2，直径 2.7 厘米（图 8-157，1、2）；M194∶1-3~6，直径 2.3 厘米（图 8-157，3~6）。

三十二、M195

M195 位于第Ⅱ发掘区的西部，T1322 南部，开口于扰土层下，距地表 1.7 米。墓葬形制为土坑洞室墓，方向 175°，由墓道和墓室两部分组成。墓道位于墓室南端，平面呈梯形，直壁、平底，长 2.5、宽 1.36~1.62、残深 2.2 米。填土为灰色花土，土质略松，含料姜石。墓室弧顶，直壁，平底，

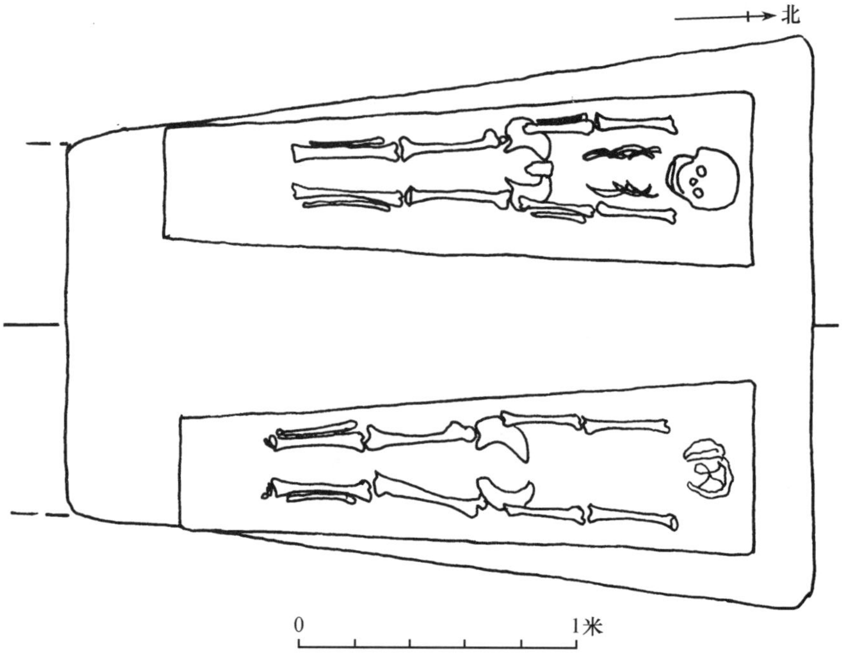

图 8-156 M194 平面图

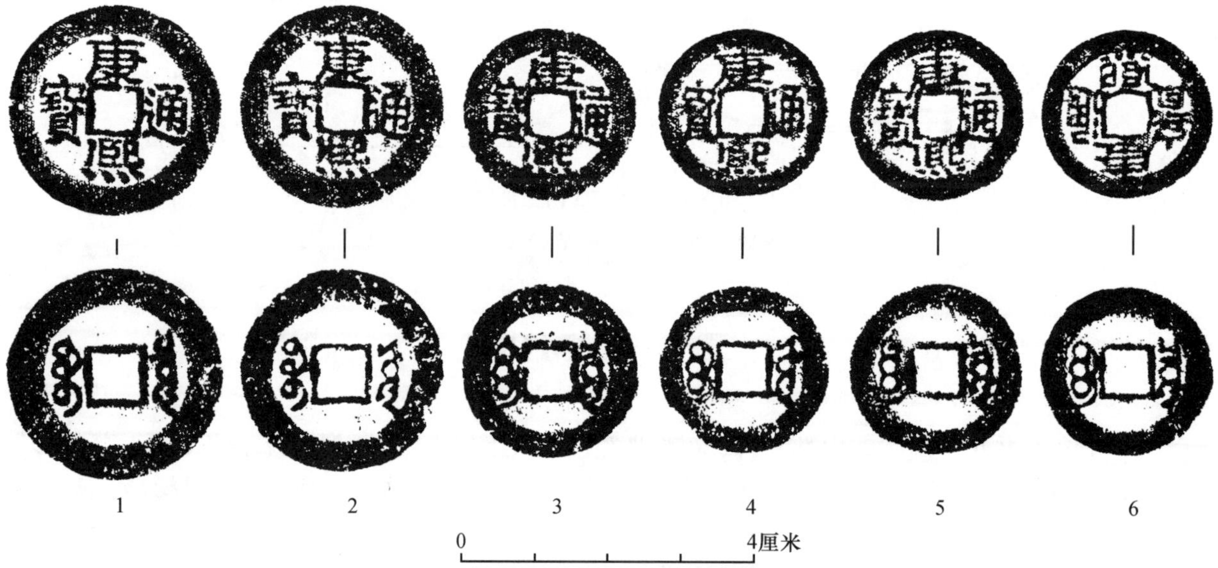

图 8-157 M194 出土康熙通宝

1. M194∶1-1 2. M194∶1-2 3. M194∶1-3 4. M194∶1-4 5. M194∶1-5 6. M194∶1-6

平面呈梯形，南北长 3.6、宽 2.8~3、高 2.2 米。墓室内东西并排放置 2 棺，均已腐朽，平面呈梯形。东侧棺长 1.9、宽 0.6~0.44 米，西侧棺长 2、宽 0.38~0.6 米。棺内各有人骨 1 具，保存较差，东南西女，葬式均为仰身直肢，头向北，各枕土坯一块。随葬品有 3 件（组），其中铜镜 1 件，置于东侧人骨腿骨中部；铜簪 1 件，置于西墓主头骨顶部；铜钱 7 枚（1 组），分别置于东西侧人骨腿骨及胸骨位置（图 8-158）。

铜镜　1 件（M195∶1）。圆形，圆纽，纽座外 1 周凸弦纹，窄素缘。直径 7、厚 0.3 厘米。

铜簪　1 件（M195∶2）。首部呈圆球状，尾部渐尖。长 5 厘米（图 8-159）。

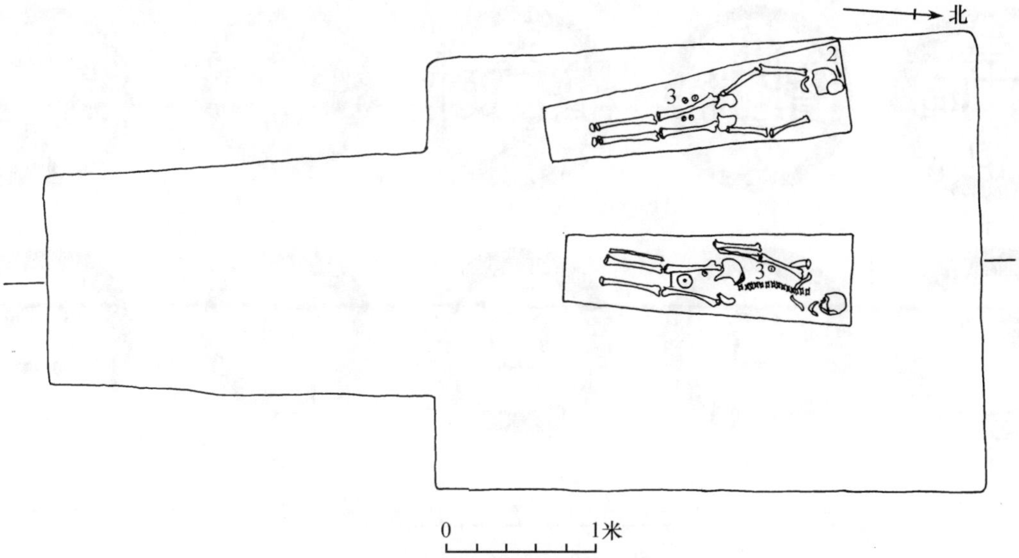

图 8-158　M195 平面图

1. 铜镜　2. 铜簪　3. 铜钱

铜钱　7 枚。“崇祯通宝”1 枚（M195∶3-1），楷书，直读。直径 2.6 厘米（图 8-160，1）。“万历通宝”1 枚（M195∶3-2），楷书，直读。直径 2.6 厘米（图 8-160，2）。“天启通宝”1 枚（M195∶3-3），楷书，直读，背面穿上一“户”字，穿右上及穿右各一星号。直径 2.5 厘米（图 8-160，3）。“熙宁元宝”2 枚，篆书 1 枚（M195∶3-4），旋读，直径 2.3 厘米（图 8-160，4）；楷书 1 枚，旋读，直径 2.3 厘米。“景祐元宝”1 枚（M195∶3-5），篆书，旋读，花穿。直径 2.5 厘米（图 8-160，5）。“天圣元宝”1 枚，行书，旋读。直径 2.4 厘米。

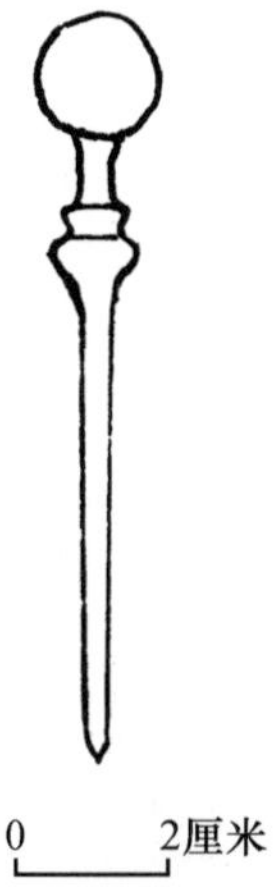

图 8-159　M195 出土铜簪（M195∶2）

三十三、M197

M197 位于第Ⅱ发掘区的南部，T1227 的南部，开口距地表深约 1.5 米。墓葬形制为土坑洞室墓，方向 170°。墓道被破坏。墓室顶部坍塌，直壁、平底，平面呈长方形，长 3.2、宽 1~1.34、残高 0.7 米。墓室内放置 1 棺，木质，全朽，平面为梯形，长 1.9、宽 0.46~0.5 米。棺内无人骨。随葬品有 6 件，其中瓷罐 1 件，置于棺外的东部；瓷碗、灯台各 1 件，瓷碟 3 件，均置于棺外的南部（图 8-161）。

瓷罐　1 件（M197∶1）。黄褐胎，黑釉，外釉施至下腹部。敛口，溜肩，微鼓腹，最大腹径居下，平底实足。肩部 1 周凸棱。口径 11、腹径 14、底径 8、通高 14.4、壁厚 0.4~0.6 厘米（图 8-162，4）。

瓷碗　1 件（M197∶2）。浅红褐胎，酱釉，釉不包底，内底有刮圈。敞口，深弧腹，平底，圈足。口径 15.6、底径 6、高 6、壁厚 0.3~0.5 厘米（图 8-162，1）。

瓷碟　3 件。M197∶3，红胎，白釉，外釉至腹部中。敞口，浅弧腹，平底，宽圈足。口径 12、底径 6、通高 3、壁厚 0.2~0.4 厘米（图 8-162，2）。M197∶5，敞口，浅弧腹，平底，宽圈足。

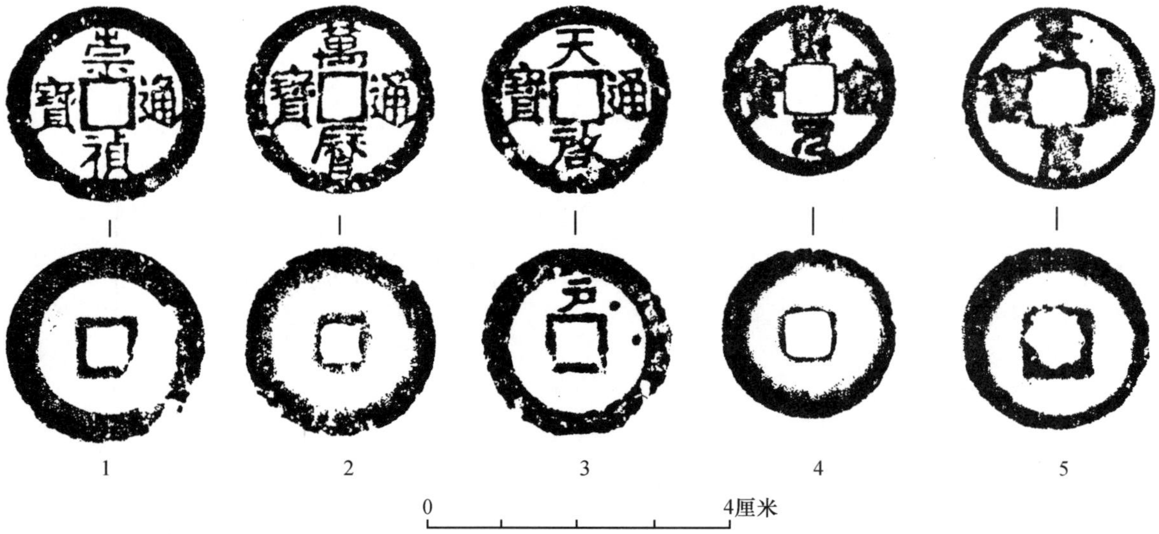

图 8-160 M195 出土钱币

1. 崇祯通宝（M195∶3-1） 2. 万历通宝（M195∶3-2） 3. 天启通宝（M195∶3-3） 4. 熙宁元宝（M195∶3-4）

5. 景祐元宝（M195∶3-5）

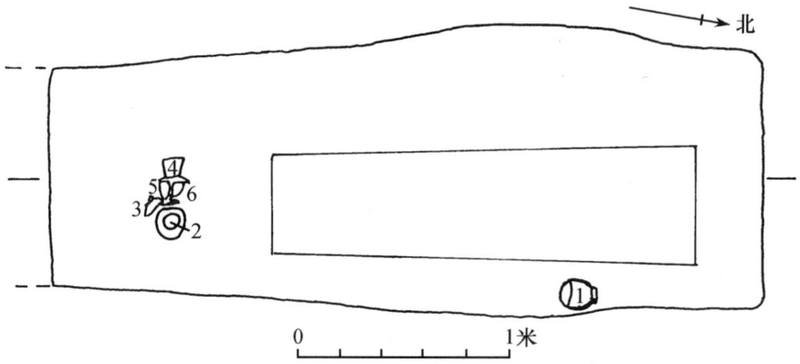

图 8-161 M197 平面图

1. 瓷罐 2. 瓷碗 3、5、6. 瓷碟 4. 灯台

外釉至腹部中口径 12.5、底径 6.2、高 3 厘米。M197∶6，敞口，浅弧腹，平底，宽圈足。外釉至腹部中（图 8-162，3）。

灯台 1 件（M197∶4）。黄褐胎，黑釉。方唇，圜底，唇面 1 周凹槽盏。圆柱形柱。尖圆唇，宽折沿，平底盘，喇叭状高圈足。足根折成台。盏托口径 7.6、承盘直径 12.8、底径 12、高 18.8 厘米（图 8-162，5）。

三十四、M198

M198 位于第Ⅱ发掘区的南部，T1327 的东南部，开口于扰土层下，距地表 2 米。墓葬形制为土坑洞室墓，方向 173°，由墓道和墓室两部分组成。墓道位于墓室的南部，平面呈梯形，直壁、平底，长 3.7、宽 0.7~0.9、深 1.6 米。填土呈黄褐色，土质黏硬，内含许多红土块、淤土块及姜石块。墓室弧顶、直壁、平底，平面呈梯形，长 2.2、宽 1.6~2、残高 1.6 米。墓室内未见葬具痕迹，只残

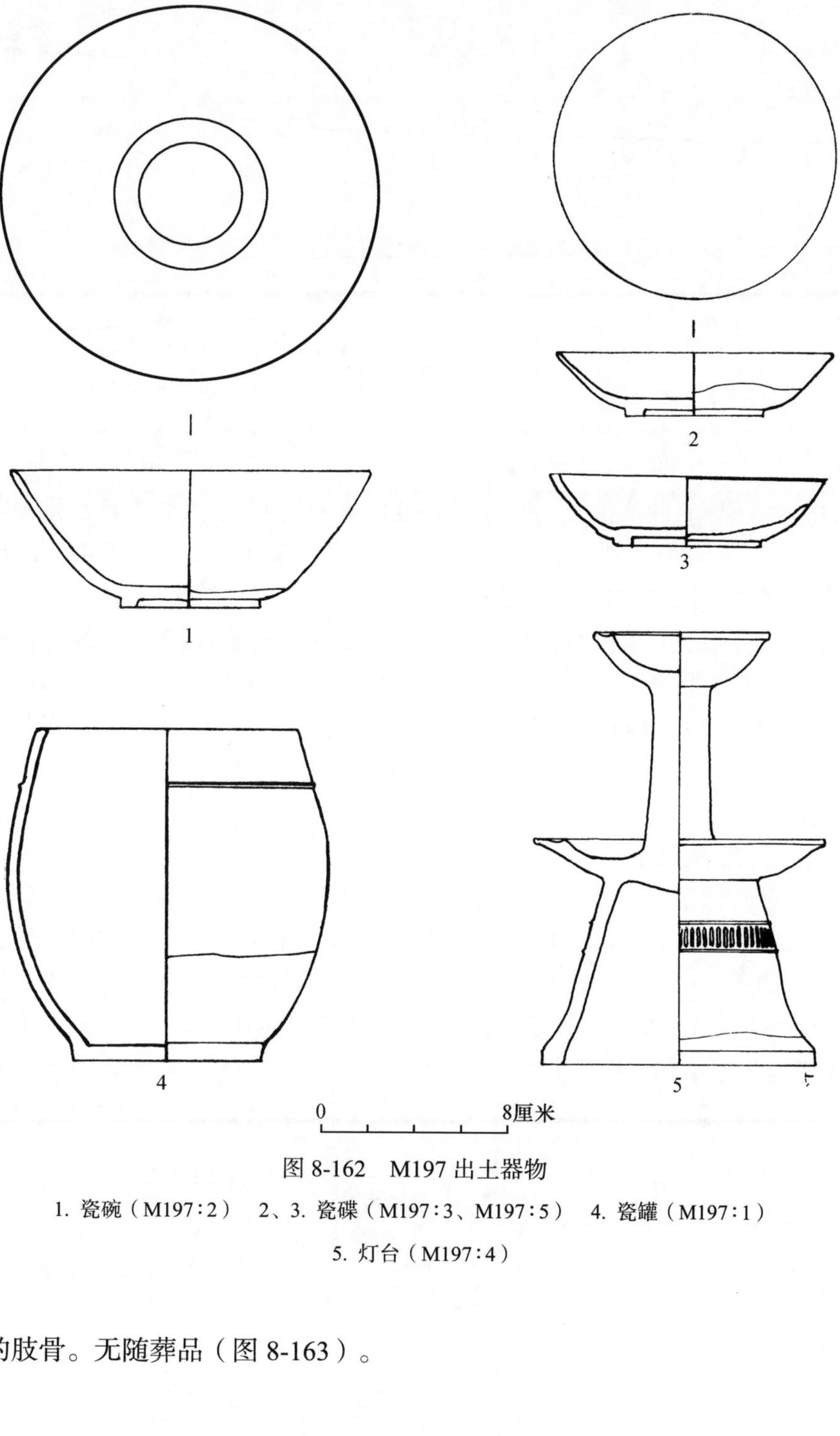

图 8-162　M197 出土器物

1. 瓷碗（M197∶2）　2、3. 瓷碟（M197∶3、M197∶5）　4. 瓷罐（M197∶1）
5. 灯台（M197∶4）

存胫骨及零星的肢骨。无随葬品（图 8-163）。

三十五、M215

M215 位于第Ⅱ发掘区的西部，T1323 东南部，开口于扰土层下，距地表 2 米，打破 M208 及 M224。墓葬形制为土坑洞室墓，方向 175°，由墓道和墓室两部分组成。墓道位于墓室南部，平面呈长方形，直壁、平底，残长 1.6、宽 1、残深 0.7 米。填土为黄褐色花土。墓室顶部遭破坏，直壁、平底，平面呈梯形，长 2.6、宽 1.6~2、残高 0.7 米。墓室内东西并排放置 2 棺，平面均为梯形，东

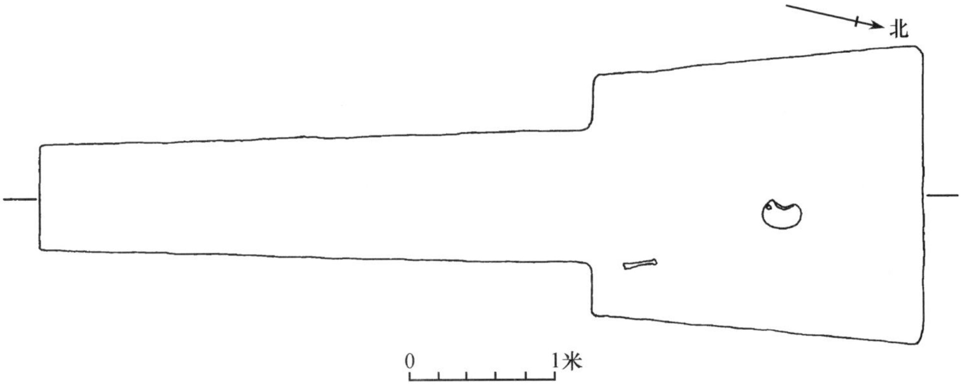

图 8-163　M198 平面图

侧棺长 1.9、宽 0.34~0.6 米；西侧棺长 1.9、宽 0.4~0.6 米。棺内各有人骨 1 具，葬式均为仰身直肢，头向北，东男西女。随葬品有 4 件（组），其中瓷罐 1 件、瓷碗 1 件、灯盏 1 件，置于墓室南部；铜钱 8 枚（1 组），置于东墓主胸部（图 8-164）。

瓷罐　1 件（M215∶1）。黄褐胎，黑釉，外釉施至下腹。直口微敛，微鼓腹，平底，矮圈足。肩部 1 周凸棱。口径 12、腹径 14、底径 8.4、通高 15、壁厚 0.4~0.5 厘米（图 8-165，1）。

瓷碗　1 件（M215∶2）。白胎，酱釉，内底有刮圈，外釉施至近圈足处。敞口，深弧腹，平底，圈足。口径 14、底径 5.2、通高 4.8、壁厚 0.2~0.4 厘米（图 8-165，2）。

灯盏　1 件（M215∶3）。黄褐胎，酱釉，釉不包底。敞口，圜底。一侧有饼状把手，上刻花。口径 9.2~10.6、高 3.8 厘米（图 8-165，3）。

铜钱　8 枚。“乾隆通宝”3 枚，楷书，直读。M215∶4-1，直径 2.5 厘米（图 8-166，1）；M215∶4-2，直径 2.4 厘米（图 8-166，2）；M215∶4-3，直径 2.55 厘米（图 8-166，3）。“康熙通宝”3 枚，楷书，直读。M215∶4-4，直径 2.6 厘米（图 8-166，4）；M215∶4-5，直径 2.3 厘米（图 8-166，5）。“雍正通宝”1 枚（M215∶4-6），楷书，直读。直径 2.5 厘米（图 8-166，6）。“咸平元宝”1 枚，楷书，旋读。直径 2.4 厘米。年号不清者 1 枚。

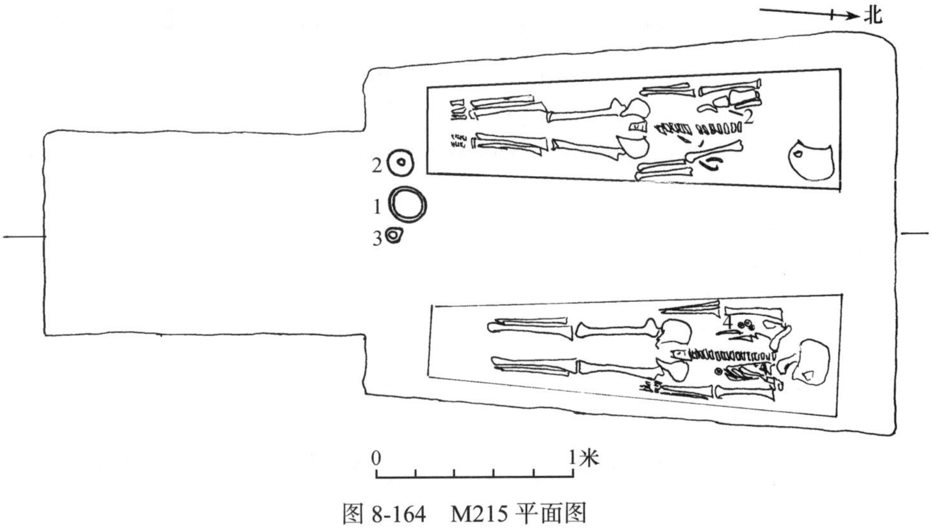

图 8-164　M215 平面图

1. 瓷罐　2. 瓷碗　3. 灯盏　4. 铜钱

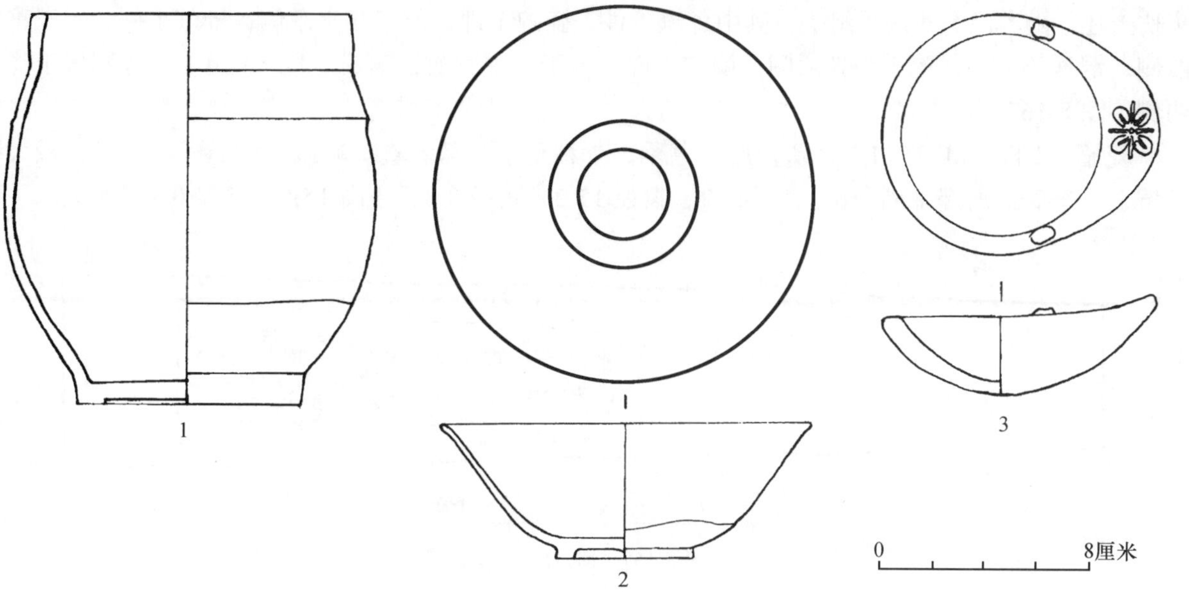

图 8-165 M215 出土器物

1. 瓷罐（M215∶1） 2. 瓷碗（M215∶2） 3. 灯盏（M215∶3）

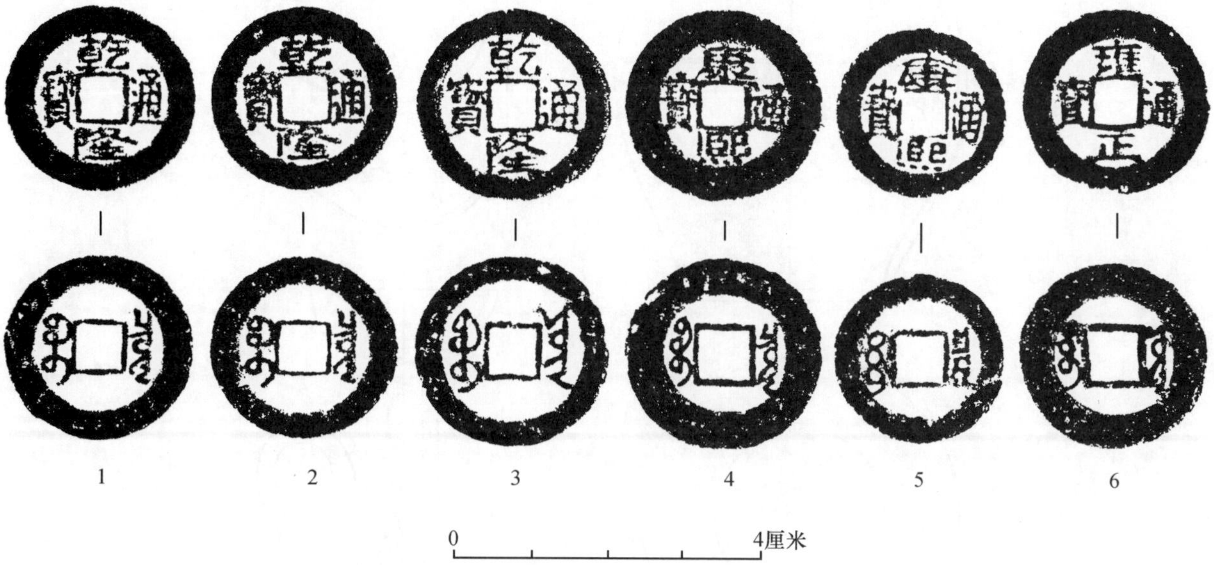

图 8-166 M215 出土钱币

1~3. 乾隆通宝（M215∶4-1、M215∶4-2、M215∶4-3） 4、5. 康熙通宝（M215∶4-4、M215∶4-5） 6. 雍正通宝（M215∶4-6）

三十六、M225

M225 位于第Ⅱ发掘区的西部，T1222 西北部，延伸至 T1322。开口于扰土层下，距地表 1.7 米。墓葬形制为土坑洞室墓，方向 164°，由墓道和墓室两部分组成。墓道位于墓室南端，平面呈梯形，直壁、平底，长 1.9、宽 0.6~0.7、残深 0.2 米。填土为灰白色花土，土质略松，底部铺 2 厘米厚的白灰。墓室上部被破坏，直壁、平底，平面呈梯形，南北长 2.4、宽 0.7~0.8、残高 0.3 米。墓室内放置 1 棺，已腐朽，平面呈梯形，南北长 1.82、宽 0.6、深 0.2 米。棺内有人骨 1 具，葬式为仰身直肢，头向北，头枕土坯。随葬品有6件（组），其中瓷罐1件、瓷碗1件，位于墓室东侧；瓷灯1件，置于墓室西侧；铜耳环1对，置于头骨两侧；铜扣1件，置于墓主胸前；铜钱3枚（1组），分别置于腿骨两侧（图8-167）。

瓷罐 1件（M225∶1）。灰白胎，酱釉，外釉至下腹部。直口略敛，溜肩，微鼓腹，最大腹径偏上，平底。肩部1周凸棱。口径12、腹径15.2、底径8.8、通高15.8、壁厚0.3~0.4厘米（图

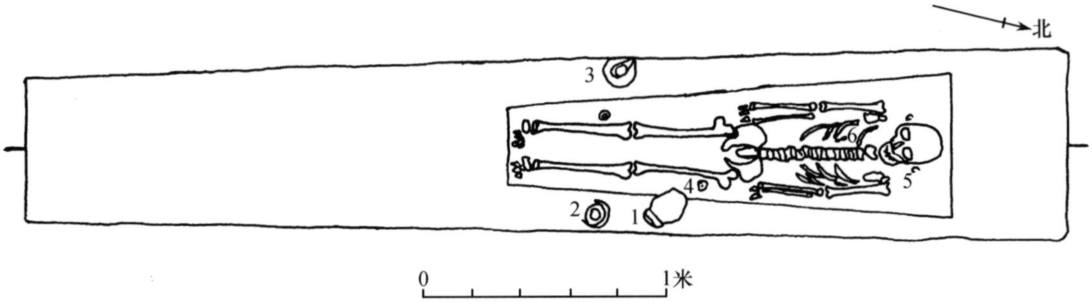

图8-167 M225平面图

1. 瓷罐 2. 瓷碗 3. 瓷灯 4. 铜钱 5. 铜耳环 6. 铜扣

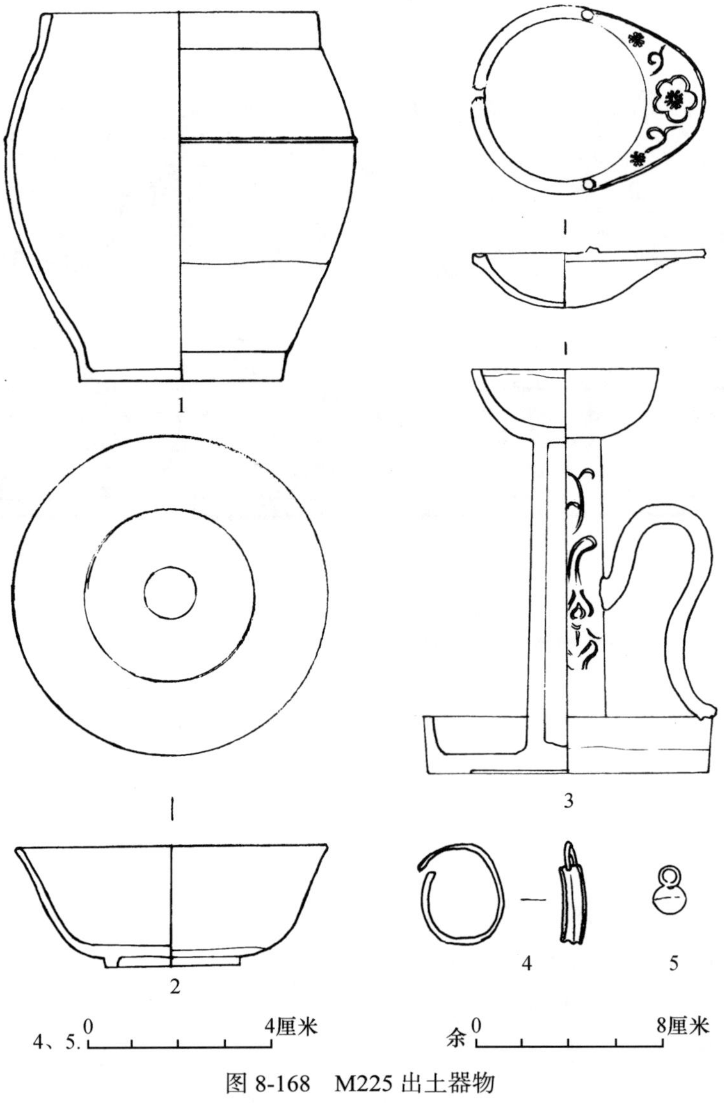

图8-168 M225出土器物

1. 瓷罐（M225∶1） 2. 瓷碗（M225∶2） 3. 瓷灯（M225∶3） 4. 铜耳环（M225∶5） 5. 铜扣（M225∶6）

8-168，1）。

瓷碗　1件（M225∶2）。乳白胎，黑釉，内底有刮圈。外釉至近圈足处。敞口，圆唇，深腹，平底，圈足。口径13.6、底径6、通高5.2、壁厚0.3~0.4厘米（图8-168，2）。

瓷灯　1件（M225∶3）。灰白胎，酱釉，釉不包底。盏敞口，圜底，一侧有把手，对应另一侧有流。灯台圆柱形空心柱，直口平底承盘。承盘与柱上附加一弧形把手。灯柱上釉下黑花。灯盏口径8~10、通高2.4厘米，灯台碗口径8、盘口径12、通高17.4厘米（图8-168，3）。

铜耳环　1对（M225∶5）。环形，首尾不接。直径1.5厘米（图8-168，4）。

铜扣　1件（M225∶6）。环纽，球形扣。纽径0.4、口径0.7、通高1厘米（图8-168，5）。

铜钱　3枚。"乾隆通宝"，楷书，直读。M225∶4-1，直径2.5厘米（图8-169，1）；M225∶4-2，直径2.3厘米（图8-169，2）；M225∶4-3，直径2.2厘米（图8-169，3）。

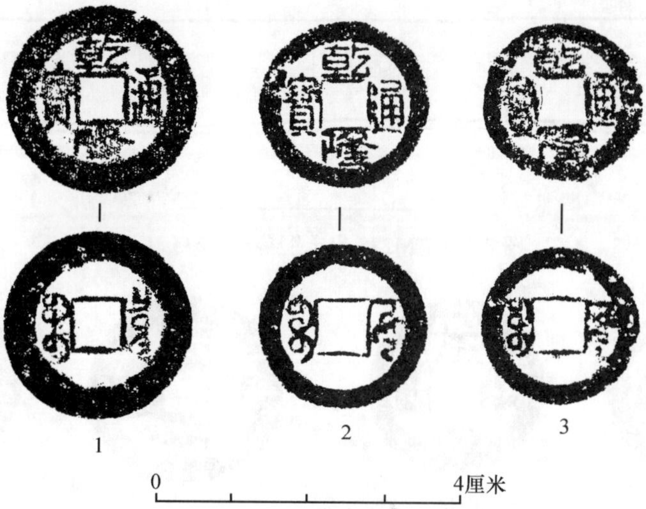

图8-169　M225出土乾隆通宝

1. M225∶4-1　2. M225∶4-2　3. M225∶4-3

三十七、M235

M235位于第Ⅳ发掘区南部，T1716东北部，T1816东南部。开口扰土层下，距地表2.9米。墓葬形制为土坑洞室墓，方向178°，由墓道和墓室两部分组成。墓道平面呈梯形，直壁、平底，长1.6、宽0.88~1、残深0.56米。墓室位于墓道北侧，底部平面呈梯形，直壁、顶残，长2.7、宽1~1.2、残高0.58米。墓室内放置1棺，已腐朽，平面为梯形，长1.96、宽0.32~0.68米。人骨保存较差，葬式为仰身直肢，女性。随葬品有3件（组），其中铜簪1件，放置于人骨头端；铜钱4枚（1组），放置于人骨下；铜扣1枚，位于人骨胸部（图8-170）。

铜簪　1件（M235∶1）。尾部略尖，首部卷曲，身扁平。长约10、宽约0.6、厚约0.2厘米（图8-171）。

铜钱　4枚。"政和通宝"1枚（M235∶2-1），楷书，直读，直径2.5厘米（图8-172，1）。"元丰通宝"1枚（M235∶2-2），篆书，旋读，直径2.4厘米（图8-172，2）。"乾隆通宝"2枚，楷书，直读，M235∶2-3，直径2.6厘米（图8-172，3），M235∶2-4，直径2.4厘米（图8-172，4）。

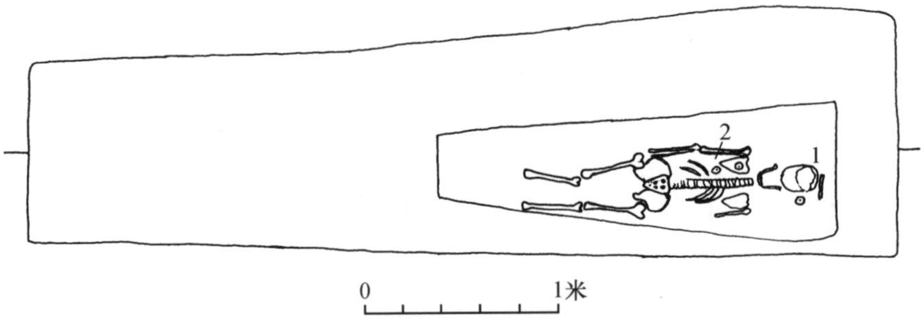

图 8-170　M235 平面图

1. 铜簪　2. 铜钱

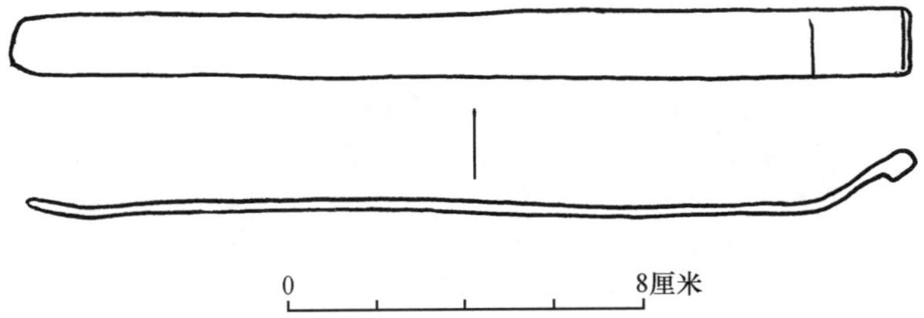

图 8-171　M235 出土铜簪（M235∶1）

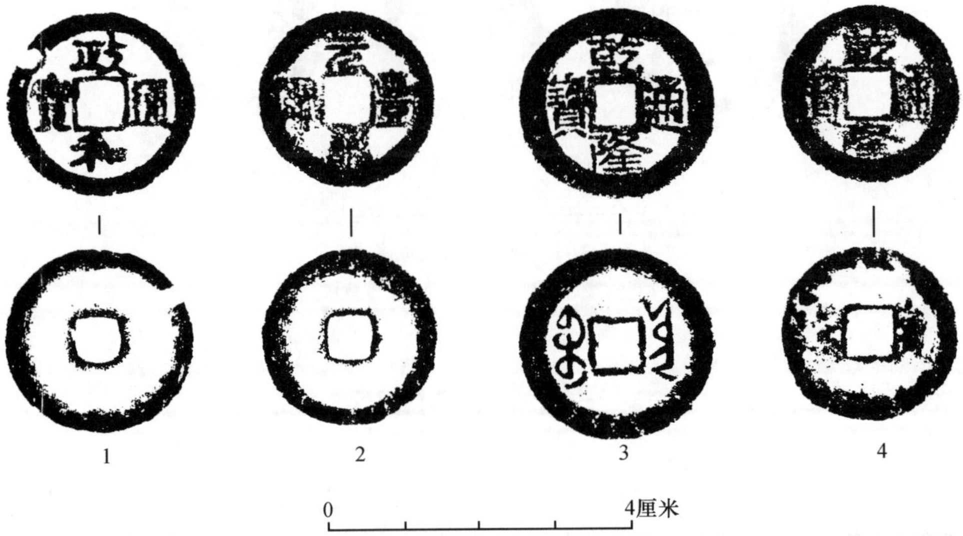

图 8-172　M235 出土钱币

1. 政和通宝（M235∶2-1）　2. 元丰通宝（M235∶2-2）　3、4. 乾隆通宝（M235∶2-3、M235∶2-4）

三十八、M236

M236 位于第Ⅳ发掘区南部，T1716 西北部，开口扰土层下，距地表 2.8 米。墓葬形制为土坑洞室墓，方向 181°，由墓道和墓室两部分组成。墓道位于墓室南侧，平面呈长方形，直壁、平底，长 2.2、宽 0.8、残深 0.56 米。墓室位于墓道北侧，底平面大体呈梯形，顶残，直壁、平底，长 2.8、宽 1.7~2.3、残高 0.56 米。墓室内东西并排放置 2 棺，平面均为梯形。东侧棺长 2、宽 0.62 米，西侧棺长 1.94、宽 0.4~0.7 米。棺内各有人骨 1 具，葬式均为仰身直肢。随葬品有 6 件（组），其中瓷罐 1 件，放置两棺之间；灯盏 1 件，放置于西侧棺室南端；灯台 2 件，分置于东西棺室南端；瓷碗 1 件，被放置于东侧棺室南端；铜钱 5 枚（1 组），分置于两人骨双腿之间（图 8-173）。

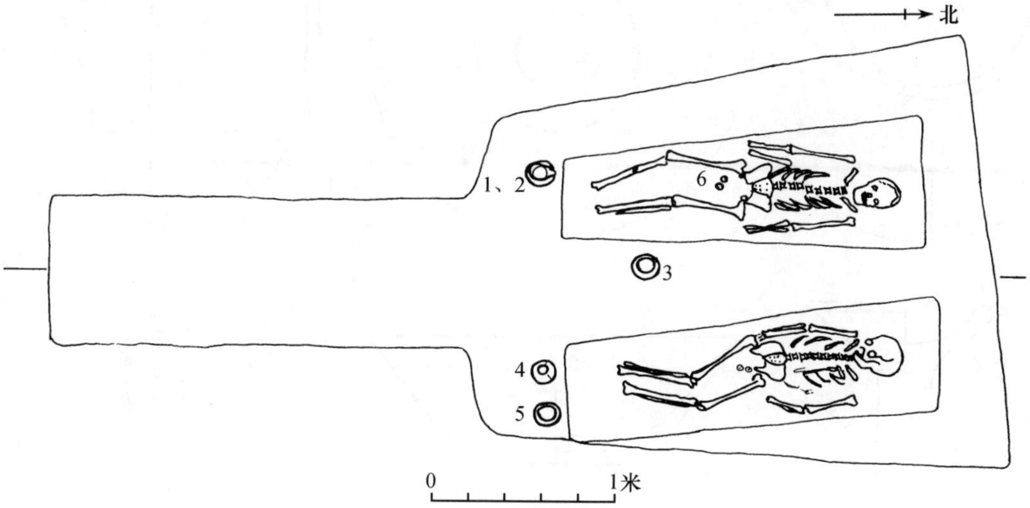

图 8-173 M236 平面图

1. 灯盏 2、5. 灯台 3. 瓷罐 4. 瓷碗 6. 铜钱

灯盏 1 件（M236∶1）。黄褐胎，黑釉，釉不包底。敞口，圜底。一侧有柄，上刻花。口径 9~11.6、通高 3 厘米（图 8-174，1）。

灯台 2 件。M236∶2，红褐胎，黑釉，外釉施至圈足底部。尖唇，折沿，沿上 1 周凹槽，圜底近平。圆柱状灯柱。方圆唇，浅圜底盘，喇叭状高圈足。盏托口径 9、灯盘直径 12、底径 10、通高 20 厘米（图 8-174，2）。M236∶5，黄褐胎，黑釉，釉不包底。碗形盏托，圆柱状灯柱上有不明显的凸棱，方圆唇，斜折沿，浅圜底灯盘，沿面上刻花。圈足下部鼓腹，通体饰 4 周凸棱。灯碗口径 7.4、灯盘直径 10、底径 10、通高 21 厘米（图 8-174，5；图版 24-6）。

瓷罐 1 件（M236∶3）。乳白胎，酱釉，外釉至下腹部。直口微敛，溜肩，微鼓腹，最大腹径居中，平底。口径 12、腹径 14.4、底径 8、通高 15.4、壁厚 0.4 厘米（图 8-174，4）。

瓷碗 1 件（M236∶4）。淡红褐胎，黑色泛茶绿釉，釉不包底，内底有刮圈。口径 16、底径 5.8、通高 5.6、壁厚 0.3~0.5 厘米（图 8-174，3）。

铜钱 5 枚。“乾隆通宝”3 枚，楷书，直读。M236∶6-1，直径 2.3 厘米（图 8-175，1）。“康熙通宝”2 枚，楷书，直读。M236∶6-2，直径 2.6 厘米（图 8-175，2）。

三十九、M243

M243 位于第Ⅴ发掘区的东南部，T2120 西南部。开口于扰土层下，距地表约 1.8 米。墓葬形制为土坑洞室墓，方向 185°，由墓道、封门石和墓室三部分组成。墓道位于墓室南部，平面呈长方形，直壁、平底，长 2.9、宽 1、残深 0.36 米。填土为黄褐色花土。墓室顶部遭破坏，直壁、平底，平面呈长方形，长 2.9、宽 1.22~1.48、残高 0.36 米。墓室内放置 1 棺，木质，已腐朽，平面呈长方形，长 2.08、宽 0.66 米。棺内有人骨 1 具，保存较差。无随葬品（图 8-176）。

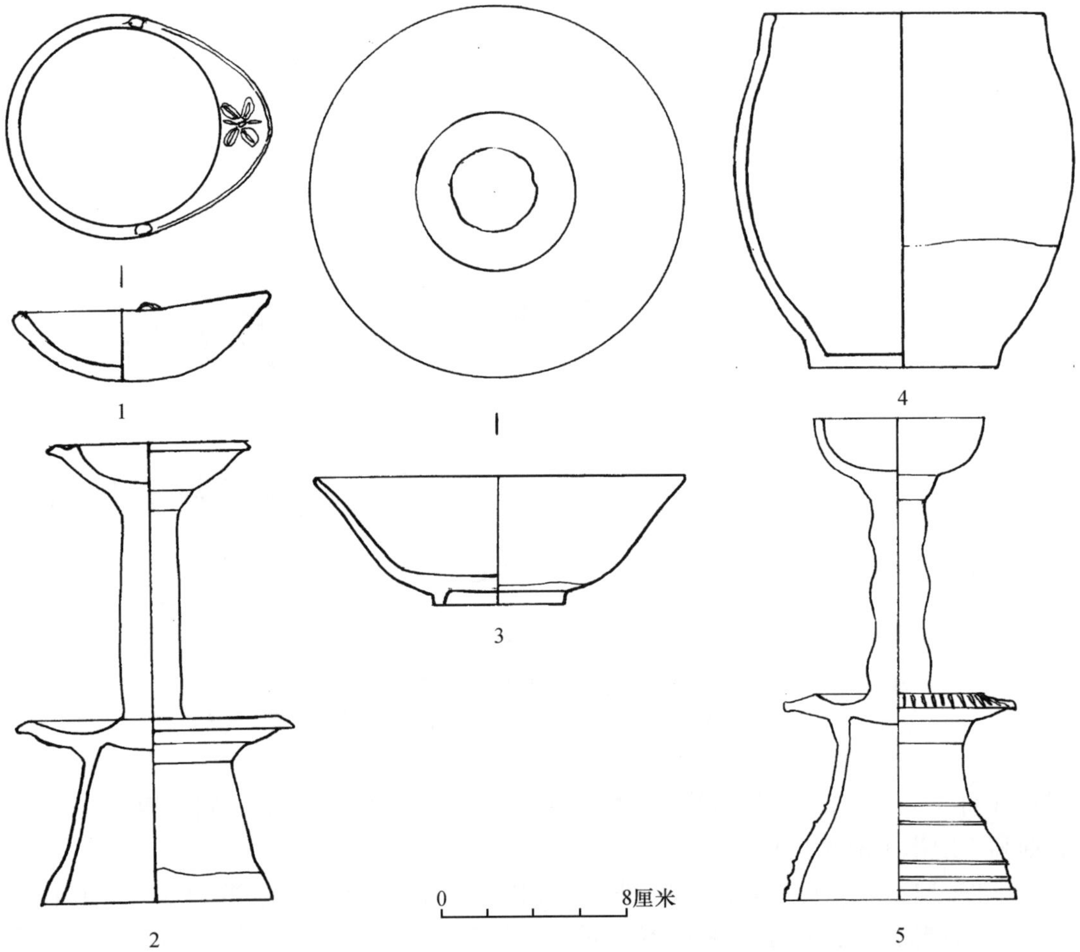

图 8-174　M236 出土器物

1. 灯盏（M236∶1）　2、5. 灯台（M236∶2、M236∶5）　3. 瓷碗（M236∶4）　4. 瓷罐（M236∶3）

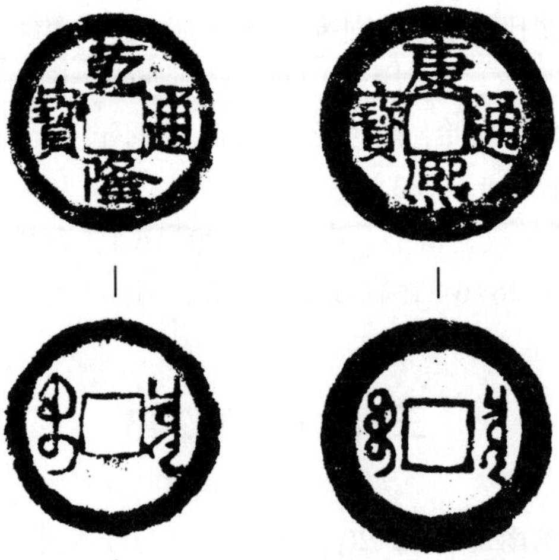

图 8-175　M236 出土钱币

1. 乾隆通宝（M236∶6-1）　2. 康熙通宝（M236∶6-2）

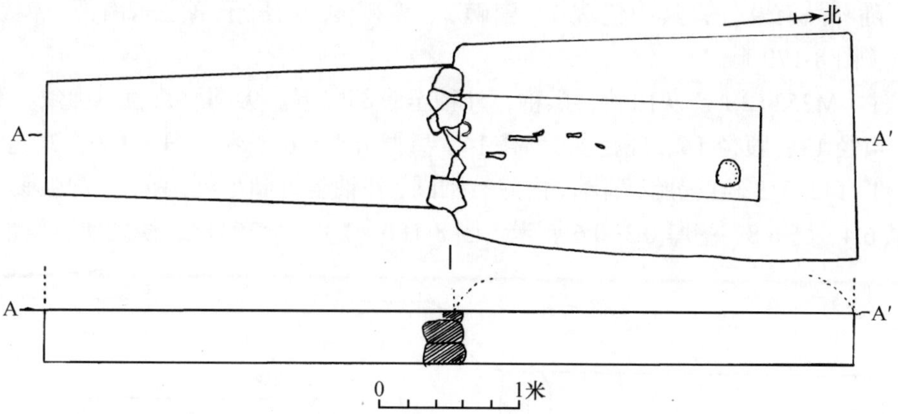

图 8-176　M243 平、剖面图

四十、M248

M248 位于第Ⅴ发掘区的东南部，只采集随葬品（图 8-177）。

灯台　1 件（M248∶1）。淡黄褐胎，酱釉，除圈足内部外通体包釉。直口碗形盏托，圆形实心灯柱，上布满不明显的凸棱。宽平沿，浅圜底盘，覆豆形圈足。盏托口径 7.2、灯盘直径 10.4、圈足径 10.4、通高 20.2 厘米（图 8-178）。

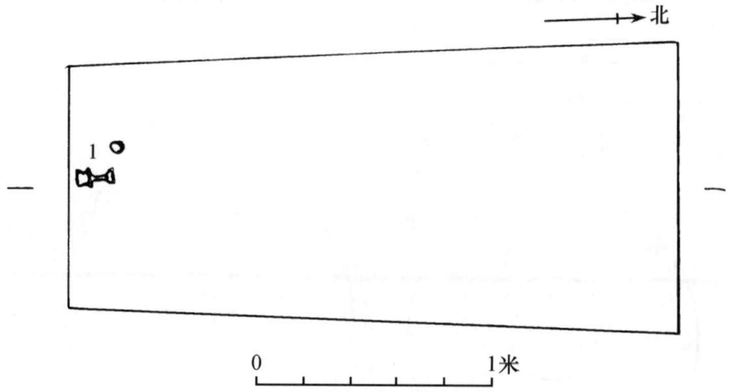

图 8-177　M248 平面图

1. 灯台

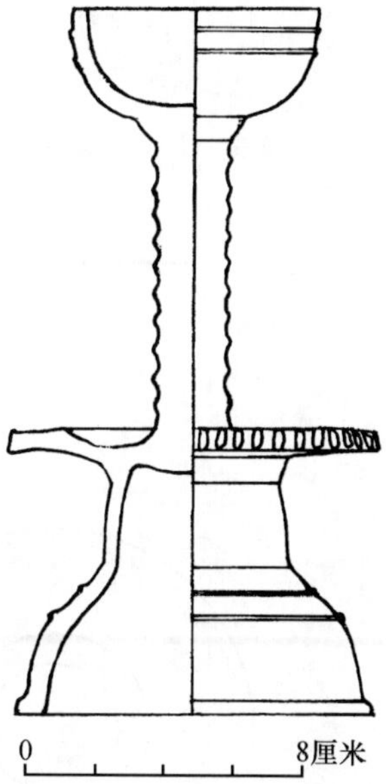

图 8-178　M248 出土灯台（M248∶1）

四十一、M253

M253 位于第Ⅴ发掘区的东南部，T2119 东南部，扰土层下开口，距地表深 1.7 米，打破 M244。墓葬形制为土坑洞室墓，方向 176°，由墓道、封门石和墓室三部分组成。墓道位于墓室南部，平面略呈梯形，直壁、平底，长 1.9、宽 0.8~0.88、残深 1.04 米。封门石位于墓道与墓室之间，由若干块不规则形状的石块堆砌而成，残高 1.04、厚 0.16~0.38 米。墓室位于墓道北侧，西部被 M244 墓道所打破，底平面呈半椭圆形，直壁、顶残，南北长 2.46、东西残长 1.7、残高 1.04 米。墓室内放置 1 棺，已腐朽，棺平面呈长方形，长 1.88、宽 0.72 米。棺内人骨保存较差，仅存下肢，葬式为仰身直肢。随葬品有9件，其中瓷罐1、瓷碗3、瓷碟4，均位于墓室东南部；铜钱1枚，置于人骨胸部下面（图8-179）。

瓷罐　1件（M253∶2）。灰白胎，黑釉，外釉至腹部以下。尖圆唇，直口微敛，溜肩，鼓腹，实足，平底。口径12、腹径14、底径8.8、高14、壁厚0.4~0.6厘米（图8-180，3）。

瓷碗　3件。M253∶3，红褐胎，酱釉，内底有刮圈，外釉至近圈足处。敞口，深弧腹，平底，圈足。口径16、底径6.4、高6.8、壁厚0.3~0.6厘米（图8-180，1）。M253∶4，淡黄胎，黑釉，釉不包底，

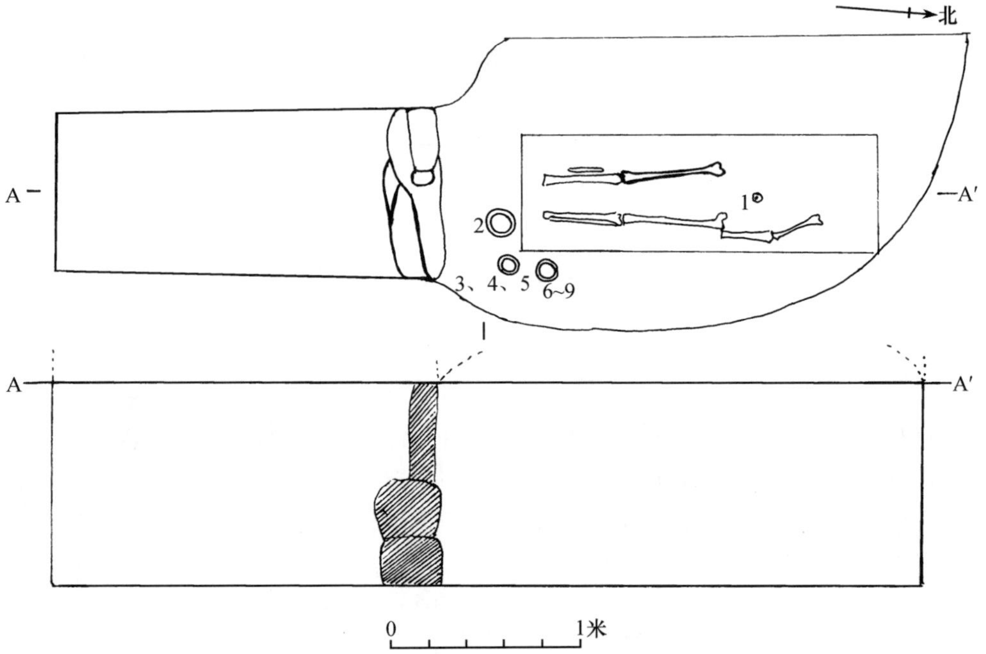

图8-179　M253平、剖面图

1. 铜钱　2. 瓷罐　3~5. 瓷碗　6~9. 瓷碟

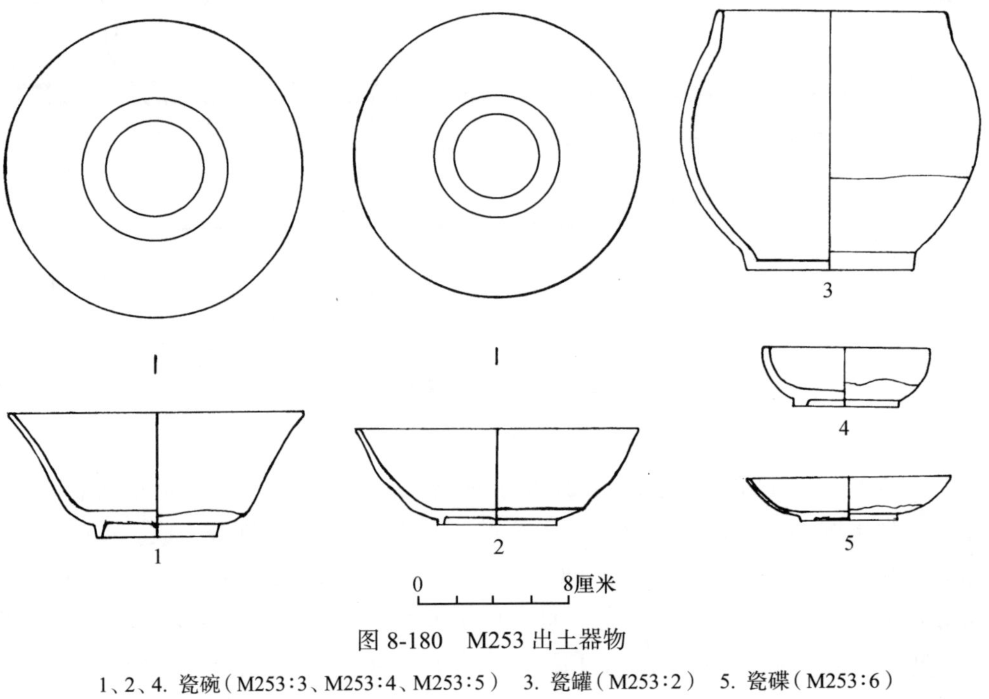

图8-180　M253出土器物

1、2、4. 瓷碗（M253∶3、M253∶4、M253∶5）　3. 瓷罐（M253∶2）　5. 瓷碟（M253∶6）

内底有刮圈。敞口，深腹，上腹微折，平底，圈足。口径 15.2、底径 6.4、高 5、厚 0.2~0.4 厘米（图 8-180，2）。M253∶5，直口微敛，浅弧腹，平底，圈足微撇。红褐胎，酱釉，外釉至腹部中央。口径 8.8、底径 5.6、通高 3.2、壁厚 0.4 厘米（图 8-180，4）。

瓷碟　4 件。M253∶6，黄褐胎，白釉，脱釉严重，釉不包底。敞口，浅弧腹，平底，宽圈足。外施半釉。口径 10.8、底径 5.2、通高 2.4、壁厚 0.2~0.3 厘米（图 8-180，5）。M253∶7 形制尺寸同 M253∶6。

铜钱　1 枚（M253∶1）。“皇宋通宝”，楷书，直读，花穿。直径 2.4 厘米（图 8-181）。

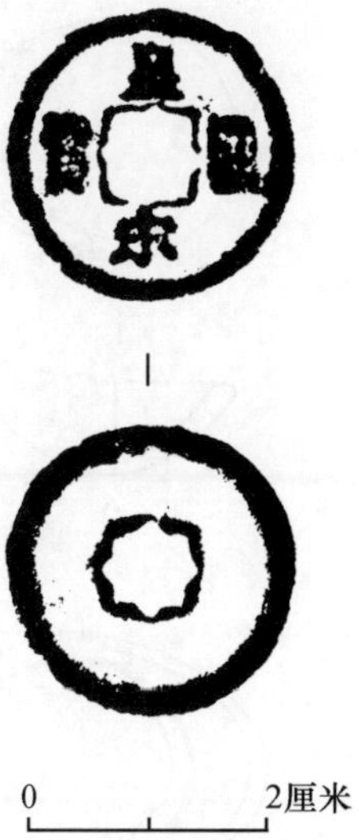

图 8-181　M253 出土皇宋通宝（M253∶1）

四十二、M260

M260 位于第Ⅴ发掘区的西北部，T2213 中南部，开口于扰土层下，距地表 2 米，打破 M259。墓葬形制为土坑洞室墓，方向 202°，由墓道和墓室两部分组成。墓道位于墓室南部，平面为长方形，直壁、平底，长 1.6、宽 1、残深 2.18 米。填土为黄褐色花土。墓室弧顶、直壁、平底，平面呈梯形，长 2.4、宽 1.1~1.9、高 1.2 米。墓室内东西并排放置 2 棺，木质，平面均为长方形。东侧棺长 1.94、宽 0.5~0.6 米，西侧棺长 1.84、宽 0.56~0.64 米。棺内各有人骨 1 具，东男西女，葬式均为仰身直肢。随葬品有 7 件（组），灯盏 2 件、瓷碗 1 件、瓷罐 1 件、镇墓瓦 1 块、铁犁铧 1 件，均位于墓室南部；铜钱 9 枚（1 组），分别位于两棺内（图 8-182）。

灯盏　2 件。M260∶1，黄褐胎，黑釉，釉不包底。敞口，圜底。一侧有把手，上刻简单纹饰。直径 7.2~8.6、高 3.8 厘米（图 8-183，1）。M260∶7，酱釉。口径 8.2、高 3.5、壁厚 0.7 厘米（图 8-183，3）。

镇墓瓦　1 块（M260∶2）。破碎（图 8-183，2）。长 15.5、宽 12.8 厘米。

铁犁铧　1 件（M260∶3）。锈蚀严重。

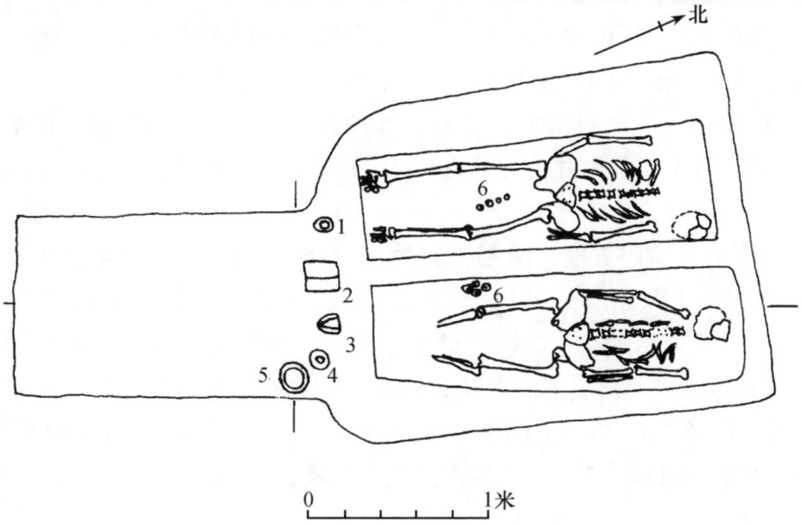

图 8-182　M260 平面图

1. 灯盏　2. 镇墓瓦　3. 铁犁铧　4. 瓷碗　5. 瓷罐　6. 铜钱

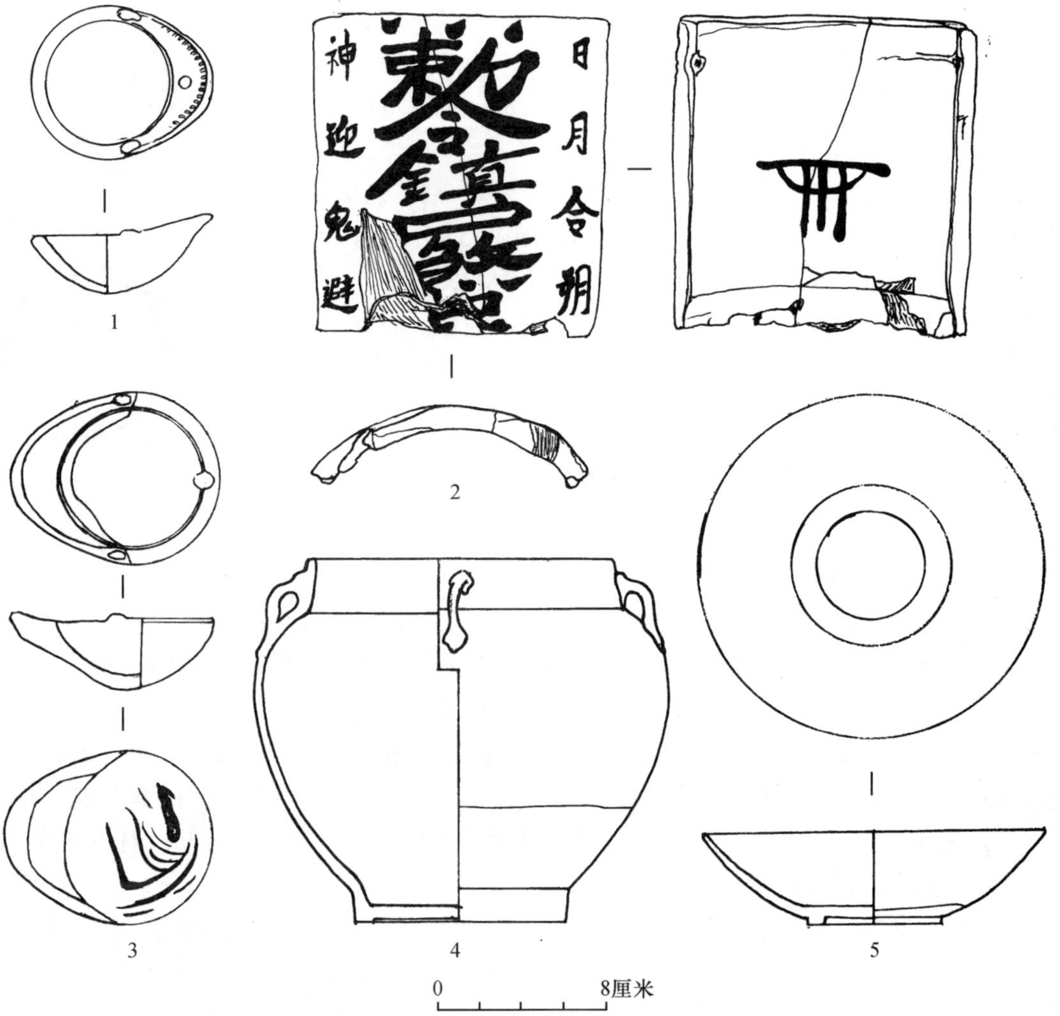

图 8-183　M260 出土器物

1、3. 瓷灯盏（M260∶1、M260∶7）　2. 镇墓瓦（M260∶2）　4. 瓷罐（M260∶5）　5. 瓷碗（M260∶4）

瓷碗　1件（M260∶4）。淡黄胎，酱釉，内底有刮圈，外釉至腹部以下。敞口，浅弧腹，平底，圈足。口径16、底径6.4、通高4.4、壁厚0.3~0.5厘米（图8-183，5）。

瓷罐　1件（M260∶5）。浅灰白胎，酱釉，外釉至下腹部。直口微敛，鼓肩，下腹斜收，矮圈足。肩和口部对称附加4个条形耳。口径14.4、腹径19.6、底径10、高17.2、壁厚0.4~0.5厘米（图8-183，4）。

铜钱　9枚。"康熙通宝"2枚，楷书，直读。M260∶6-1，直径2.4厘米（图8-184，1）；M260∶6-2，直径2.6厘米（图8-184，2）。"元丰通宝"1枚，行书，旋读。M260∶6-3，直径2.3厘米（图8-184，3）。"天启通宝"2枚，楷书，直读。M260∶6-4，直径2.5厘米（图8-184，4）；M260∶6-5，背面穿上一"户"字，直径2.5厘米（图8-184，5）。"弘治通宝"1枚（M260∶6-6），楷书，直读。直径2.35厘米（图8-184，6）。"元祐通宝"1枚（M260∶6-7），行书，旋读。直径2.5厘米（图8-184，7）。"皇宋通宝"2枚，楷书，直读。M260∶6-8、9，直径2.4厘米（图8-184，8、9）。

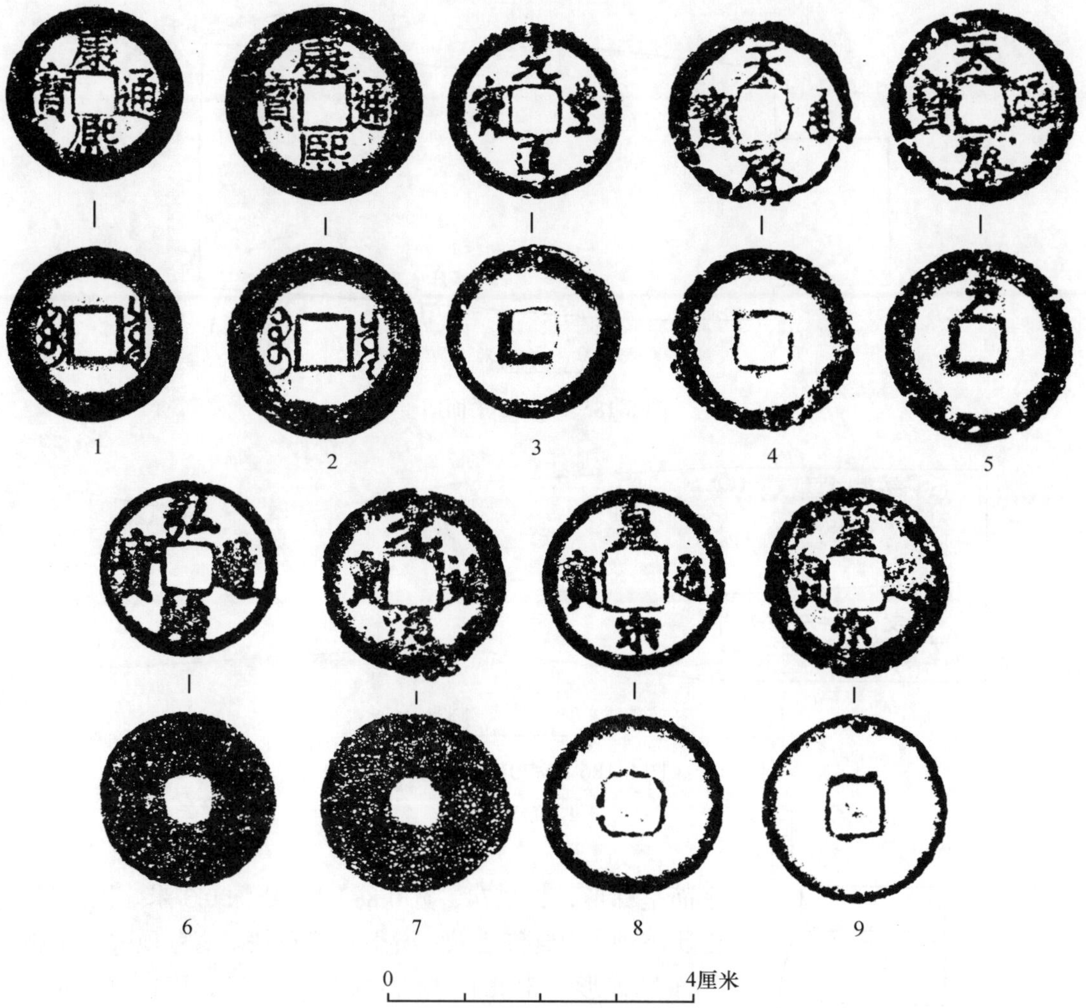

图 8-184 M260 出土钱币

1、2. 康熙通宝（M260∶6-1、M260∶6-2） 3. 元丰通宝（M260∶6-3） 4、5. 天启通宝（M260∶6-4、M260∶6-5） 6. 弘治通宝（M260∶6-6） 7. 元祐通宝（M260∶6-7） 8、9. 皇宋通宝（M260∶6-8、M260∶6-9）

四十三、M278

M278 位于第Ⅴ发掘区的西北部，T2112 西北部。开口扰土层下，距地表 2 米，打破 M277。墓葬形制为土坑洞室墓，方向 172°，墓葬总长 8.8、宽 1.9~3.14 米。墓道平面为长方形，直壁、平底，残长 1.5、宽 1.86、残深 0.7 米。填土为黄褐色花土。墓室弧顶残，直壁、平底，底部平面近长方形，长 7.2、宽 3.34、残高 0.7 米。墓室内未发现葬具及人骨。无随葬品（图 8-185）。

四十四、M301

M301 位于第Ⅴ发掘区的东南部，T2118 的西北部，墓的上部已被破坏，开口于扰土层下，距地表 1.8 米。墓葬形制为土坑洞室墓，方向 190°，由墓道和墓室两部分组成。墓道位于墓室南部，

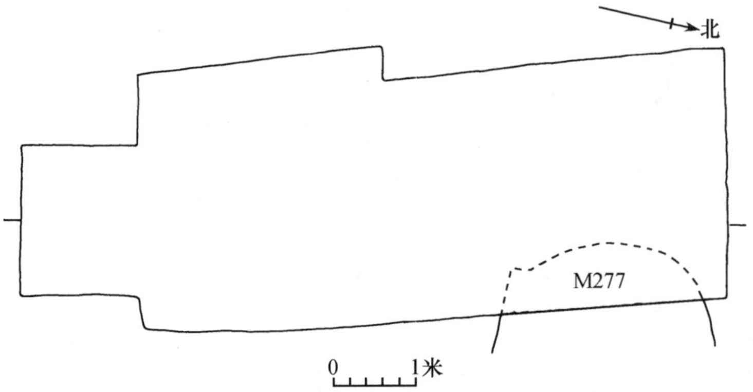

图 8-185　M278 平面图

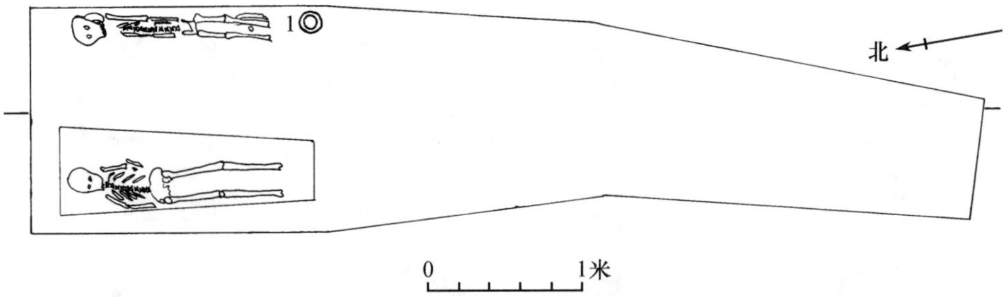

图 8-186　M301 平面图

1. 瓷罐

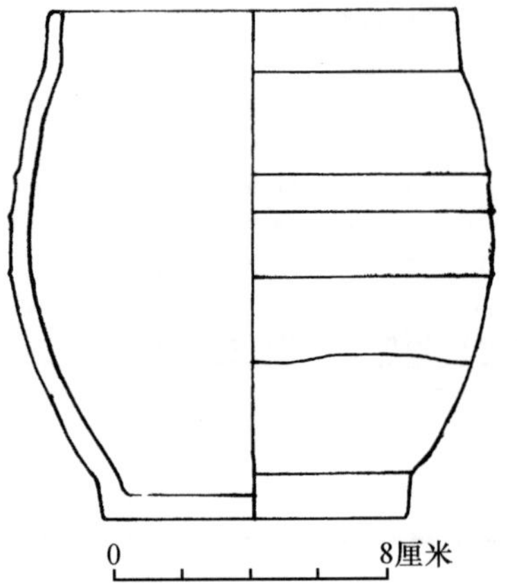

图 8-187　M301 出土瓷罐（M301∶1）

平面呈梯形，长 2.74、宽 0.8~1.1、残深 0.3 米。填土呈黄褐色，土质略硬，内含红土块、淤土及姜石块。墓室顶残，直壁、平底，平面呈梯形，南北长 3.8、宽 1.16~1.52、残深 0.3 米。墓室内有人骨 2 具，东墓主为迁葬，无葬具，葬式均为仰身直肢，头向北，男性。西墓主骨架保存较差。棺平面为梯形，长 1.7、宽 0.4~0.6 米。随葬品有瓷罐 1 件，放置于东墓主足下端（图 8-186）。

瓷罐　1 件（M301∶1）。浅黄褐胎，黑釉，釉至下腹部。直口略敛，深腹微鼓，最大腹径偏下，平实足。上腹部有 1 周凹槽。腹中部 1 周凸棱。口径 12、腹径 14、底径 8.6、通高 15、壁厚 0.5~0.6 厘米（图 8-187）。

四十五、M303

M303 位于第 V 发掘区的中部，T2016 的北部。墓的上部已被破坏，开口于扰土层下，打破 M310，残墓口距地表 2.5 米。墓葬形制为土坑洞室墓，方向 170°，由墓道和墓室两部分组成。墓道位于墓室的南部，平面呈梯形，直壁、平底，长 2.2、宽 0.76~1.08、残深 1.1 米。填土呈黄褐色，土质略硬，内含红土块、淤土及姜石块。墓室顶部坍塌，直壁、平底，平面为梯形，长 2.8、宽 1.48、残高 1 米。墓室内有人骨 2 具，东西并排放置，东南西女。无葬具，葬式均为仰身直肢、头向北。随葬品有 3 件，其中瓷罐、瓷碗、灯盏各 1 件，均置于墓室南端（图 8-188）。

瓷罐　1件（M303∶1）。黄褐胎，酱釉，外釉至下腹部。微敛口，微鼓腹较深，最大腹径偏下，矮圈足近平。四耳“十”字形分布，皆残。口径12.4、腹径13.8、底径9.6、通高15、厚0.4~0.5厘米（图8-189，1）。

瓷碗　1件（M303∶2）。白胎，酱釉，外釉至下腹。尖唇，敞口，深斜弧腹，圈足。口径15、底径6、高5.6厘米（图8-189，3）。

灯盏　1件（M303∶3）。灰白胎，黑釉，釉不包底。敞口，圜底。把手上刻花。口径10~12、通高5.2厘米（图8-189，2）。

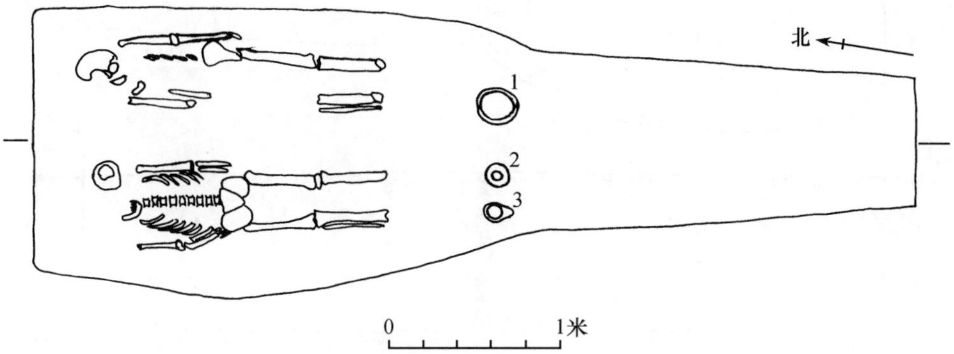

图8-188　M303平面图

1. 瓷罐　2. 瓷碗　3. 灯盏

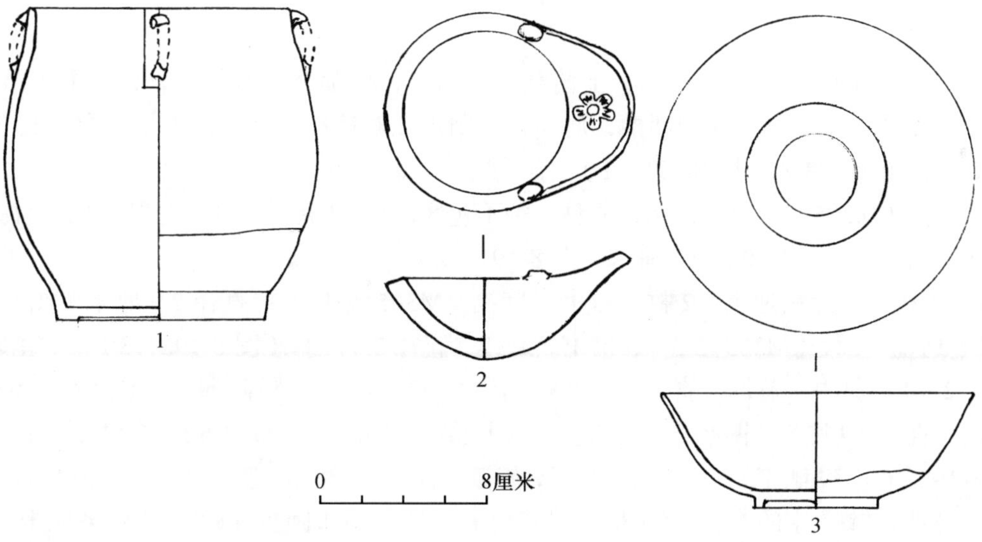

图8-189　M303出土器物

1. 瓷罐（M303∶1）　2. 灯盏（M303∶3）　3. 瓷碗（M303∶2）

四十六、M305

M305位于第Ⅴ发掘区的中部，T2017的东北角，开口于扰土层下，距地表1.6米。墓葬形制为土坑洞室墓，方向195°，由墓道和墓室两部分组成。墓道位于墓室的南部，平面呈梯形，直壁、平底，长2.3、宽0.6~0.9、残深0.92米。填土呈黄褐色，土质略硬，内含红土块、淤土及碎石骨块，白灰、姜石块等。墓道的北部用不规则的石块封堵。墓室的东西两壁稍外弧，平面北宽南窄呈等腰梯形，长 2.3、南宽 0.9、北宽 1.36、残高 0.9 米。墓室内无人骨及葬具痕迹，只残存少量的铺底白灰。随葬品有 3 件（组），其中瓷罐 1 件、灯盏 1 件，均放置于墓室的东南角；铜钱 11 枚（1 组），位于瓷罐内（图 8-190）。

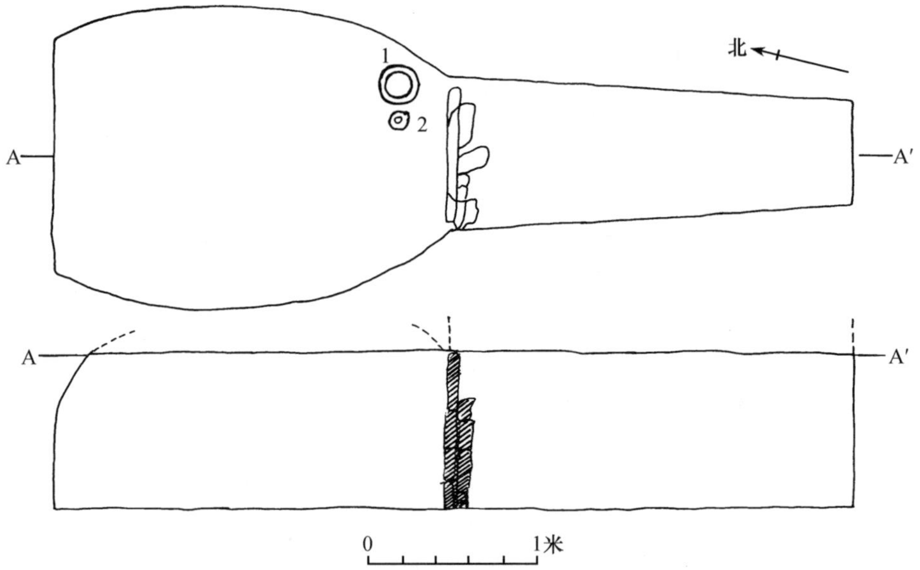

图 8-190　M305 平、剖面图

1. 瓷罐　2. 灯盏

瓷罐　1 件（M305∶1）。红褐胎，上酱釉，中白釉，外釉至下腹部。直口，上腹微鼓，下腹斜直，矮圈足近平。上腹部饰 3 周凹槽，肩与口部附加 2 对桥形耳。口径 14、腹径 22、底径 10、通高 24.6、壁厚 0.8~1 厘米（图 8-191，1）。

灯盏　1 件（M305∶2）。黄褐胎，酱釉，釉不包底。外壁略斜，圜底。把手刻 3 组梅花点纹。口径 7.6~9、通高 4.6、壁厚 0.5~0.7 厘米（图 8-191，2）。

铜钱　11 枚。“元祐通宝”2 枚，行书，旋读。M305∶2-1、2，直径 2.9 厘米（图 8-192，1、2）。“治平通宝”1 枚（M305∶2-3），楷书，旋读。直径 2.4 厘米（图 8-192，3）。“圣宋元宝”1 枚（M305∶2-4），篆书，旋读。直径 2.4 厘米（图 8-192，4）。“乾隆通宝”1 枚（M305∶2-5），楷书，直读。直径 2.4 厘米（图 8-192，5）。“元丰通宝”1 枚（M305∶2-6），行书，旋读。直径 2.5 厘米（图 8-192，6）。“熙宁元宝”2 枚，篆书，旋读。直径 2.4 厘米。五铢钱 3 枚，M305∶2-7，“五”字中间两笔弯曲，“铢”字的“金”字头呈等边三角形，“朱”字头圆折外撇，直径 2.4 厘米（图 8-192，7）；M305∶2-8，“五”字中间两笔弯曲，“铢”字的“金”字头不清，“朱”字头圆折外撇，直径 2.3 厘米（图 8-192，8）；M305∶2-9，“五”字中间两笔弯曲，“铢”字不清（图 8-192，9）。

四十七、M351

M351 位于第Ⅵ发掘区的中部，T2317 北部，开口于扰土层下，距地表 2 米。墓葬形制为土坑洞室墓，方向 185°，由墓道和墓室两部分组成，墓道平面呈长方形，直壁、平底，长 1.85、宽 0.7、深 0.42 米。填土为黄褐色花土。墓室弧顶，直壁、平底，平面呈长方形，长 2.1、宽 1.21、高 1.3 米。墓室内未发现人骨及葬具。随葬品有 5 件，其中灯盏 2 件、灯台 2 件、瓷碗 1 件，均置于洞室南部

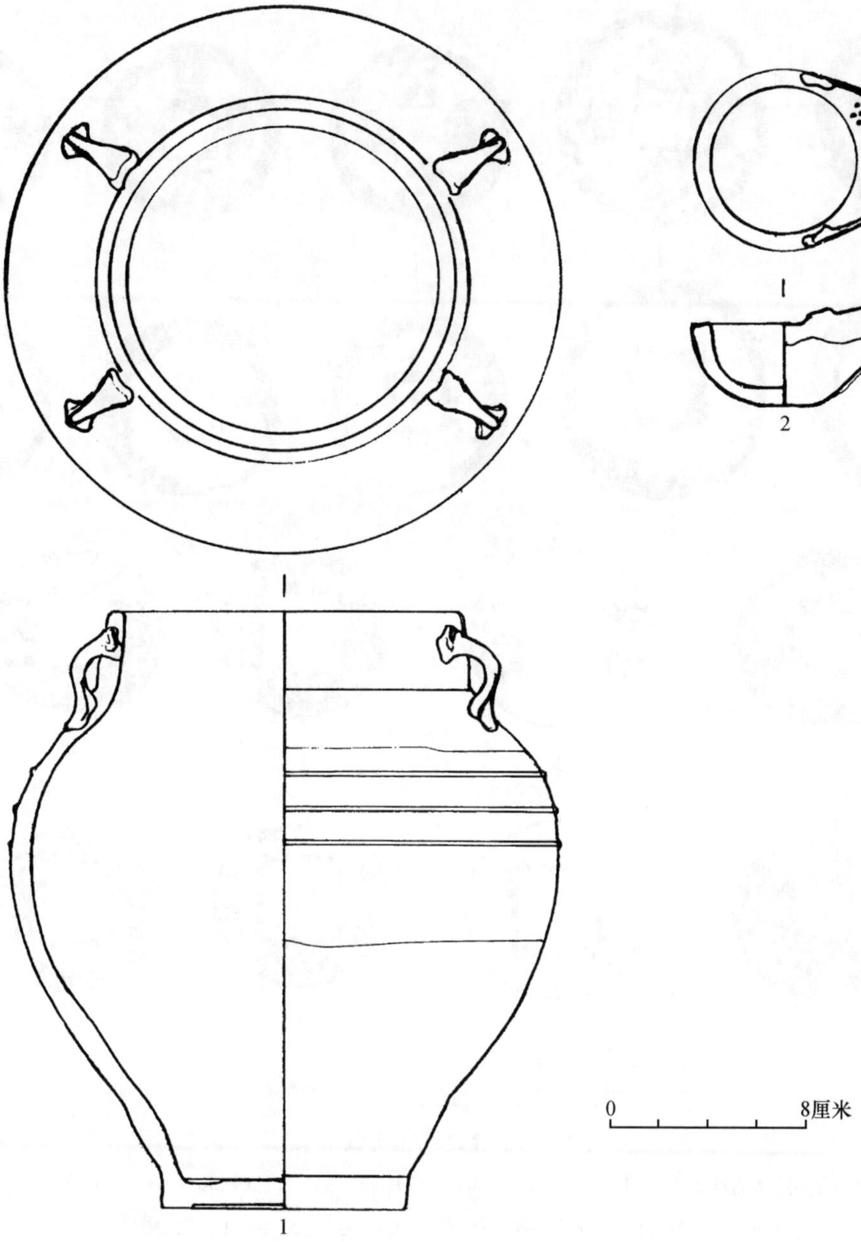

图 8-191 M305 出土器物

1. 瓷罐（M305∶1） 2. 灯盏（M305∶2）

紧贴封门石处（图 8-193）。

灯盏 2件。M351∶1，黄褐胎，黑釉，釉不包底。半球形，一侧有柄。沿面上刻花。口径 9.2~10.8、高 3.4 厘米（图 8-194，5）。M351∶2，红胎，酱釉，釉不包底。半球形，一侧有柄，一侧有流。沿面上刻圆点纹。口径 8.4~11、通高 2.6 厘米（图 8-194，3）。

灯台 2件。M351∶3，淡黄褐胎，酱釉，釉不包底。浅圜底盏托，圆柱形灯柱，浅盘形承盘，喇叭状圈足。圈足上有 2 道凸棱，下部饰波浪纹。盏托口径 8.4、灯盘直径 10.8、底径 9.8、通高 19.2 厘米（图 8-194，4）。M351∶4，黄褐胎，黑釉，釉不包底。敞口圜底灯盏，沿面上刻花。圆唇，敞口平底盏托，类竹节形灯柱，浅盘形承盘，圆筒形圈足，下部外撇，底部折成足根，中

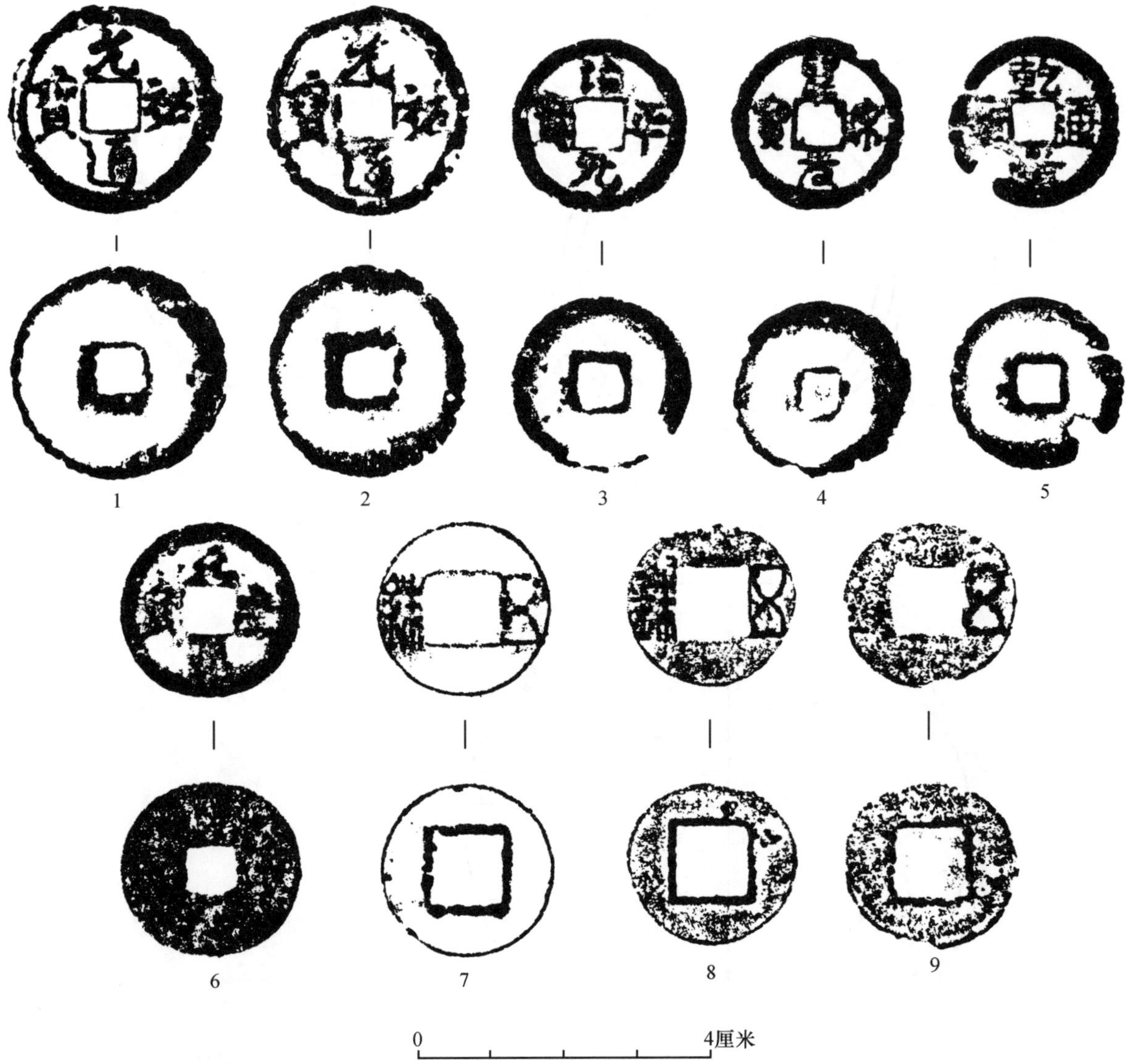

图 8-192 M305 出土钱币

1、2. 元祐通宝（M305∶3-1、M305∶3-2） 3. 治平元宝（M305∶3-3） 4. 圣宋元宝（M305∶3-4） 5. 乾隆通宝（M305∶3-5）
6. 元丰通宝（M305∶3-6） 7~9. 五铢钱（M305∶3-7、M305∶3-8、M305∶3-9）

部饰波浪纹。灯盏口径 9~10.6、高 3.2 厘米；灯碗口径 8、灯盘直径 13.2、底径 11.6、通高 20.4 厘米（图 8-194，1）。

瓷碗 1 件（M351∶5）。浅黄胎，酱釉，釉不包底，内底有刮圈。尖唇，弧壁，敞口，平底，矮圈足。碗底有刮圈。口径 18、底径 6.4、通高 6.4、壁厚 0.3~0.5 厘米（图 8-194，2）。

四十八、M386

M386 位于第Ⅵ发掘区的西北部，T2513 的东北角，开口于扰土层下，距地表 2.2 米，打破 M378 及 M363。墓葬形制为土坑洞室墓，方向 190°，由墓道和墓室两部分组成。墓道位于墓室南端，平面呈梯形，直壁、平底，长 2.6、宽 1~1.2、残深 1.8 米。填土呈黄褐色，土质略松，内含许多

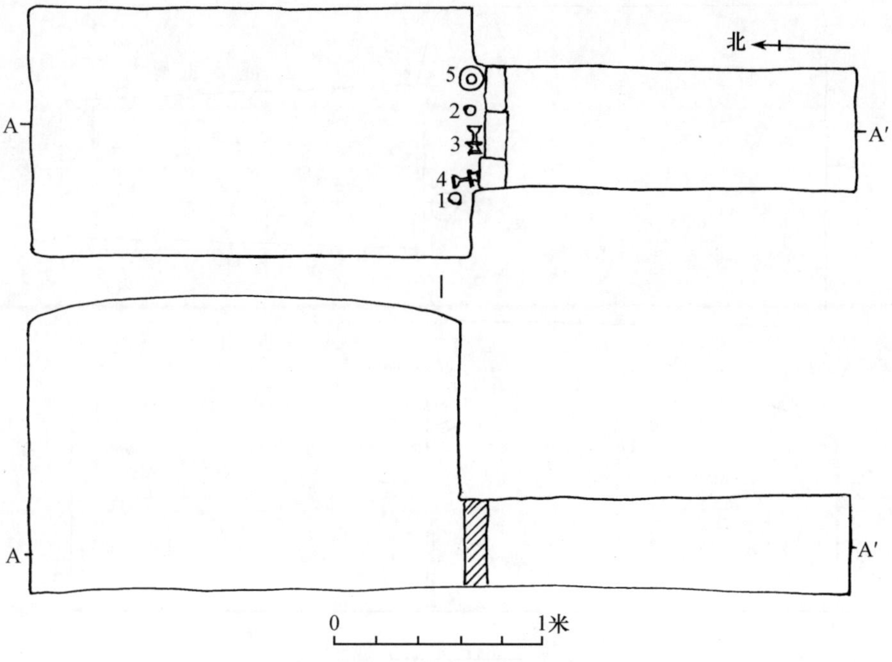

图 8-193 M351 平、剖面图

1、2. 灯盏 3、4. 灯台 5. 瓷碗

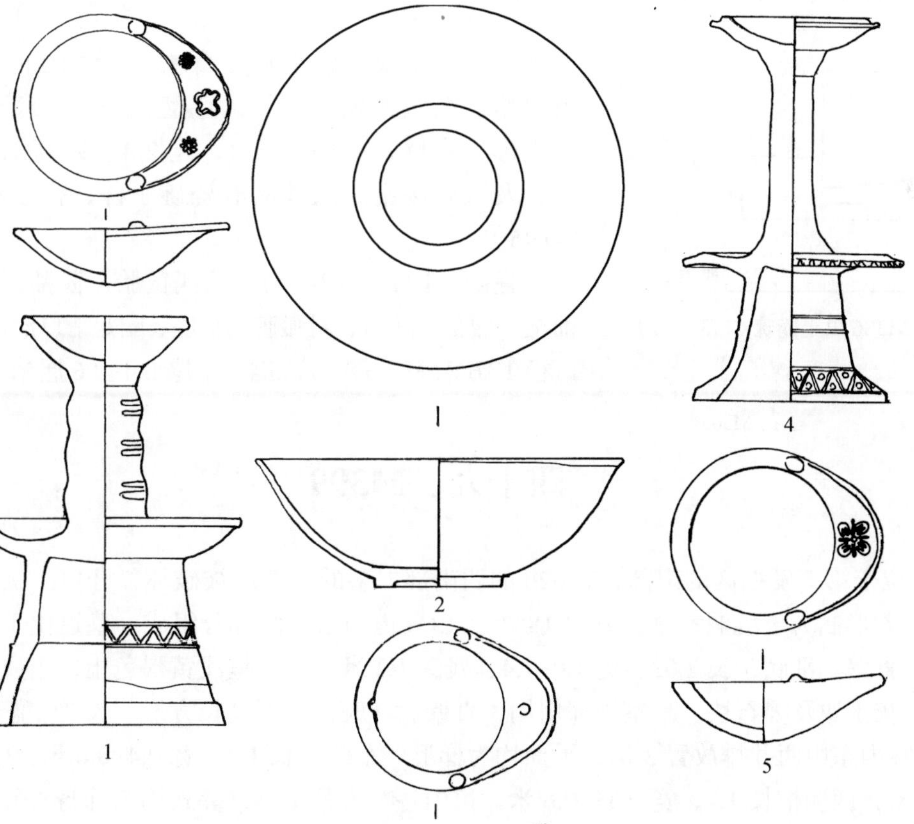

图 8-194 M351 出土器物

1、4. 灯台（M351∶4、M351∶3） 2. 瓷碗（M351∶5） 3、5. 灯盏（M351∶2、M351∶1）

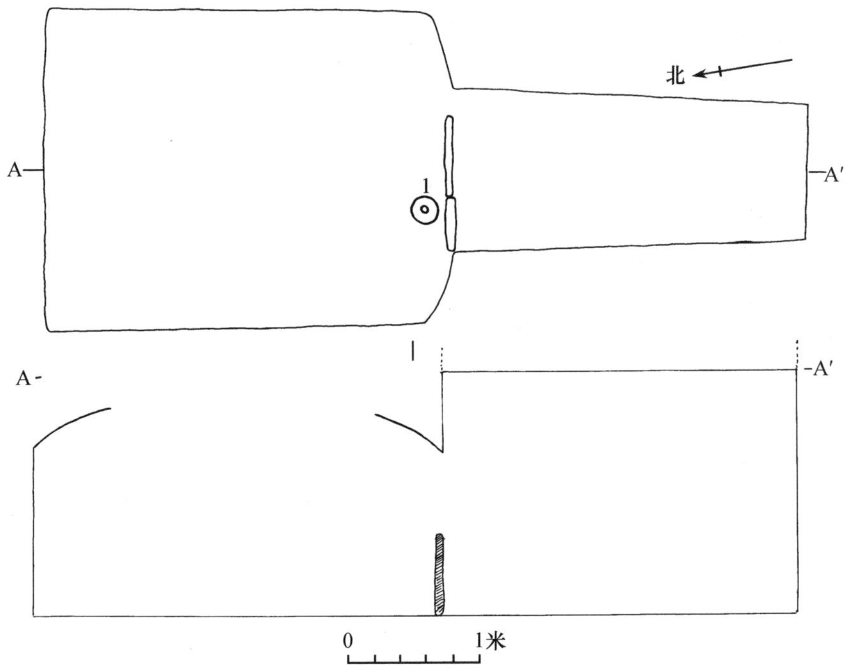

图 8-195 M386 平、剖面图

1. 瓷碗

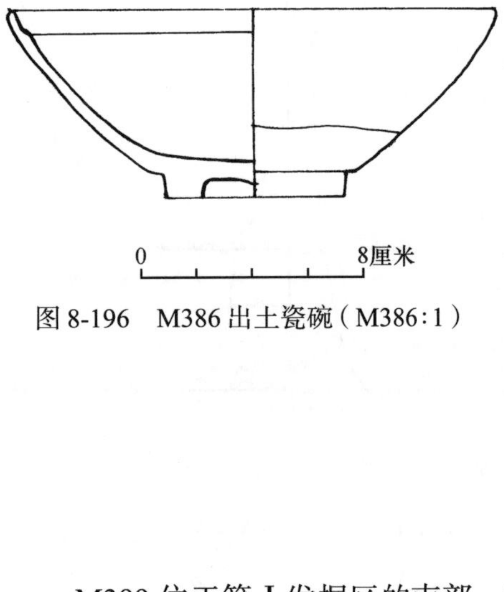

图 8-196 M386 出土瓷碗（M386∶1）

黄土块、红土块、淤土及姜石块。墓道的北端用不规则石板封堵。墓室弧顶（残），直壁、平底，底部平面呈圆角长方形，直壁、平底，长 3、宽 2.4、残高 1.2 米。墓室内葬具及人骨凌乱。随葬品有瓷碗 1 件，位于墓室南端（图 8-195）。

瓷碗 1 件（M386∶1）。淡黄胎，酱釉，内底有刮圈，釉至下腹部。敞口，斜弧腹，平底，圈足。口沿内侧 1 周凹槽。口径 17.6、底径 6.8、高 6.4、壁厚 0.4~0.6 厘米（图 8-196）。

四十九、M399

M399 位于第 I 发掘区的南部，T1626 的西南部。墓的上部已被破坏，开口于扰土层下，距地表 3 米。墓葬形制为土坑洞室墓，方向 185° ，由墓道和墓室两部分组成。墓道位于墓室南部，平面为梯形，直壁、平底，长 2.02、宽 1.0~1.4、残深 1.2 米。填土呈浅黄褐色土，土质略硬，内含许多红土块、灰土块及姜石块。墓室顶部坍塌，直壁、平底，平面呈长方形，长 3、宽 2.4~2.6、残高 1.2 米。墓室内东中西并排放置 3 棺，平面均为梯形。东侧棺长 1.7、宽 0.4~0.6 米，中间棺长 1.8、宽 0.4~0.6 米，西侧棺长 1.7、宽 0.38~0.6 米。棺内各有人骨 1 具，葬式均为仰身直肢，头向北。中棺内为男性，两侧为女性。随葬品有 22 件（组），瓷碟 13 件、瓷碗 2 件、灯台 2 件、灯盏 3 件、瓷盆 1 件，均放置于墓室南端；铜钱 7 枚（1 组），置于西侧棺内（图 8-197）。

瓷碟 13 件。M399∶1，黄褐胎，蓝釉，釉不包底敞口，弧壁，平底，宽圈足。内口沿和

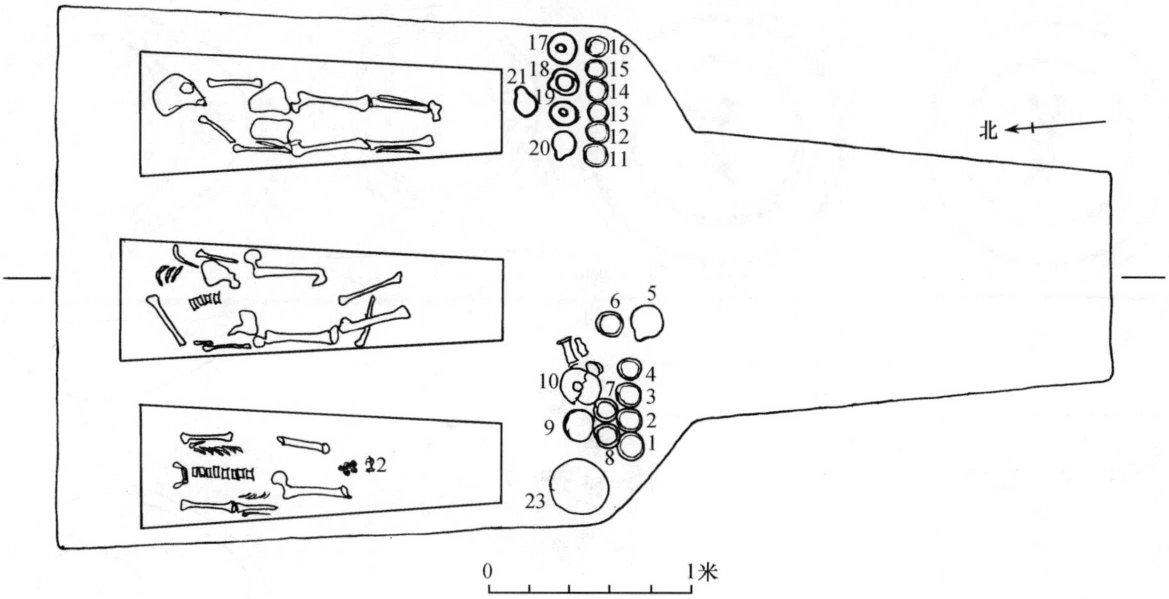

图 8-197 M399 平面图

1~4、6~8、11~16. 瓷碟 5、20、21. 灯盏 9、17、19. 瓷碗 10、18. 灯台 22. 铜钱 23. 瓷盆

碗心分黑彩绘 2 周圆线。口径 12、底径 5.6、通高 2.2、壁厚 0.3~0.4 厘米（图 8-198，1）。M399∶2，白胎，白釉，釉不包底。敞口，弧壁，平底，宽圈足。口径 11.6、底径 5.8、高 3.1、厚约 0.3 厘米（图 8-198，2）。M399∶3，淡黄褐胎，白釉，外釉至腹外壁，釉上有微小开片。敞口，弧壁，平底，宽圈足。口径 11.2、底径 5.4、高 3、壁厚 0.3~0.4 厘米（图 8-198，3）。M399∶4、7 形制同 M399∶2。M399∶8，上施白色化妆土，无釉。敞口，斜弧腹，平底，圈足。口径 10.8、底径 5.6、高 2.3、厚约 0.3 厘米（图 8-198，5）。M399∶11，器内施孔雀蓝釉，内饰 4 道黑彩，内底有墨书字迹。口径 12、底径 6.2、高 2.3、壁厚 0.6 厘米（图 8-198，7）。M399∶12，淡红褐胎，白釉，外釉至腹中部。敞口，弧腹，宽圈足。平底。口径 10.8、底径 5.4、通高 2.4、壁厚 0.3~0.4 厘米（图 8-198，6）。M399∶13~16 形制尺寸同 M399∶12。M399∶6，黄褐胎，白釉，外釉至腹中部，釉上有微小开片。敞口，弧腹，宽圈足。平底。口径 11.2、底径 5.2、通高 3、壁厚 0.2~0.5 厘米（图 8-198，4）。

灯盏 3 件。M399∶5，灰黄胎，仅内面包釉。敞口，斜直壁，平底。一侧有流，一侧为柄形把手。沿面上刻圆点。口径 9.2~10、底径 4.2、高 2.8 厘米（图 8-198，8）。M399∶20，酱釉。短把，一侧有内流，圜形体。把面刻花。长 11.8、口径 10、高 4、壁厚 0.8 厘米（图 8-198，11）。M399∶21 形制同 M399∶20。

瓷碗 3 件。M399∶9，红褐胎，白釉，釉不包底。口径 10.8、底径 6、通高 2、壁厚 0.2~0.4 厘米。M399∶17，酱釉，釉不包底。敞口，深腹微斜弧，平底，小圈足，足平。口径 15、底径 6、高 5.4、厚 0.6 厘米（图 8-198，10）。M399∶19 形制同 M399∶17。

灯台 2 件。M399∶10，灰白胎，上施青釉，釉不包底。底座处有兰花纹饰，顶部灯碗残。承盘径 14.1、底径约 12、残高 20 厘米（图 8-198，9）。M399∶18，砖红胎，青釉。残，仅剩承盘，高圈足。承盘，沿面 1 周凹槽，浅盘。底径 12.6、高 9.6 厘米（图 8-198，12）。

铜钱 7 枚。均为“康熙通宝”，楷书，直读。M399∶22-1，背面穿右一“临”字，直径 2.7 厘米（图 8-199，1）；M399∶22-2，直径 2.7 厘米（图 8-199，2）；M399∶22-3，直径 2.8 厘米（图 8-199，

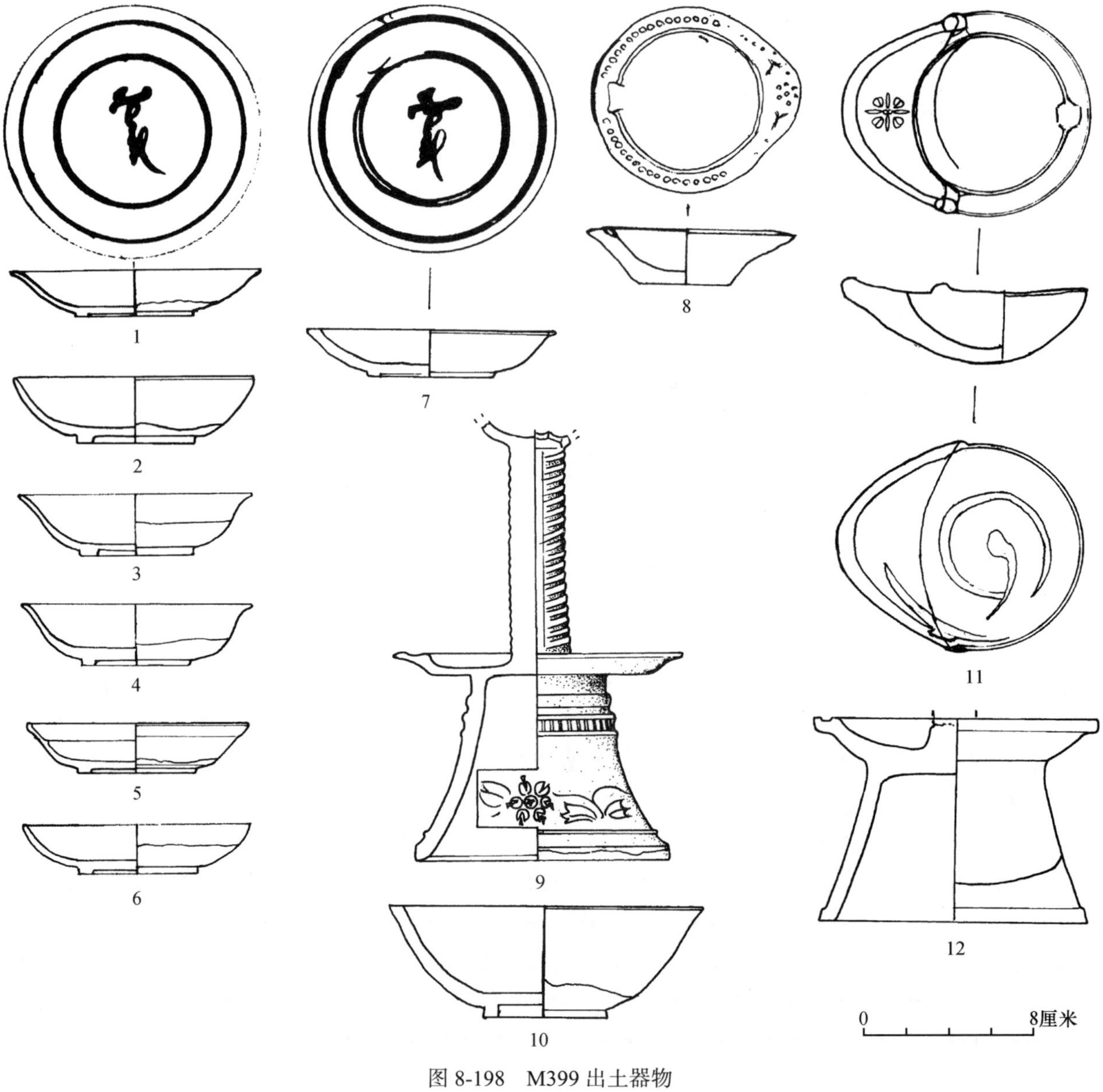

图 8-198 M399 出土器物

1~7. 瓷碟（M399∶1、M399∶2、M399∶3、M399∶6、M399∶8、M399∶12、M399∶11） 8、11. 灯盏（M399∶5、M399∶20） 9、12. 灯台（M399∶10、M399∶18） 10. 瓷碗（M399∶17）

3）；M399∶22-4，直径 2.3 厘米（图 8-199，4）；M399∶22-5、6，直径 2.4 厘米（图 8-199，5、6）；M399∶22-7，直径 2.2 厘米（图 8-199，7）。

瓷盆 1 件（M399∶23）。破碎，无法复原。

五十、M414

M414位于第Ⅴ发掘区的西北部300米处。开口于扰土层下，距地表2米。墓葬形制为土坑洞室墓，方向为165°，由墓道和洞室两部分组成。墓道位于洞室的南端，平面呈梯形，直壁、平底，长 1.4、

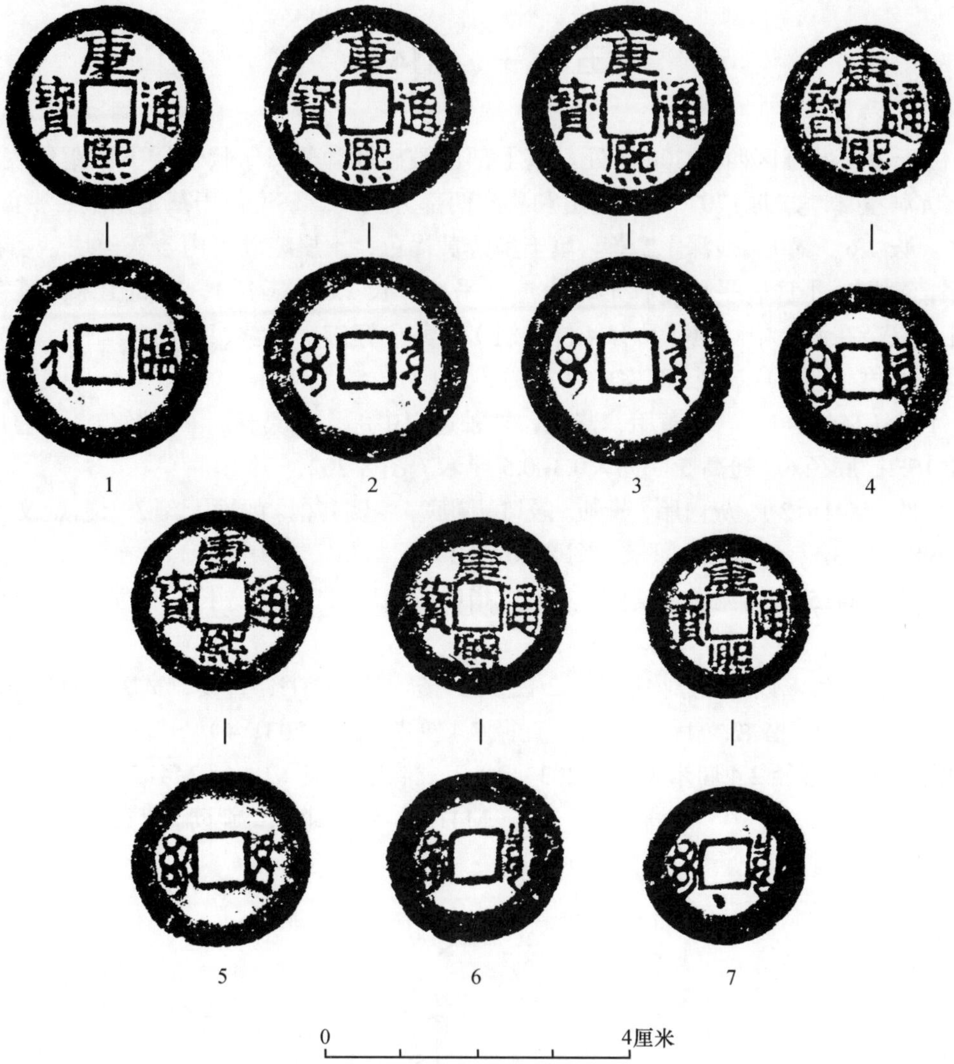

图 8-199　M399 出土康熙通宝

1. M399：22-1　2. M399：22-2　3. M399：22-3　4. M399：22-4　5. M399：22-5　6. M399：22-6　7. M399：22-7

宽 0.6~0.8、残深 0.78 米。填土为黄褐色花土。洞室坍塌，直壁、平底，底部呈长方形，长 1.8、宽 1.4、残高 0.78 米。墓室内未发现任何葬具及人骨痕迹。无随葬品（图 8-200）。

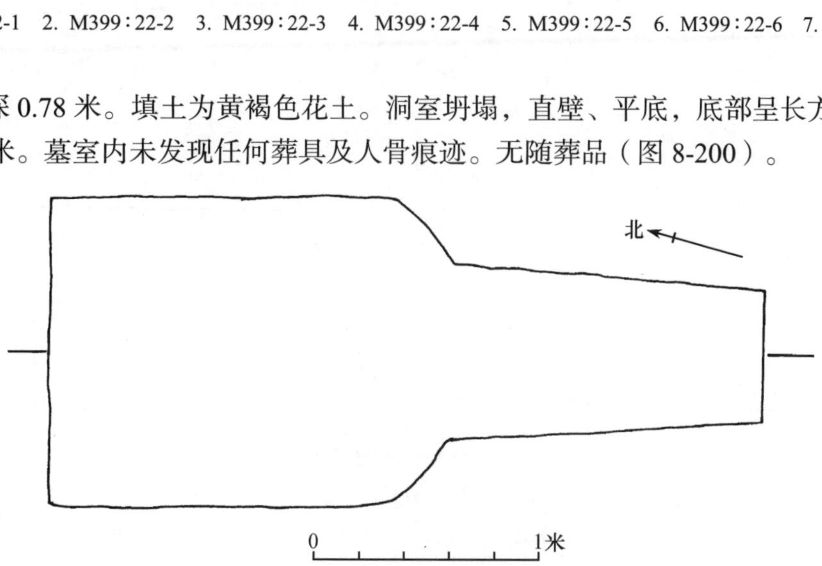

图 8-200　M414 平面图

五十一、M415

M415位于第Ⅴ发掘区西北300米处。墓上部已被破坏，开口于扰土层下，距地表2.5米。墓葬形制为土坑洞室墓，方向170°，由墓道和墓室两部分组成。墓道位于墓室南端，平面呈长方形，直壁、平底。长1.6、宽1、残深1.2米。填土呈浅黄褐色，土质略硬，内含灰土块、姜石块。墓室弧顶残坍塌，直壁，平底，平面呈梯形，直壁，平底。长2.6、宽1~3、残高1米。墓室内葬具及人骨均散乱，夹杂在淤土中。随葬品有4件（组），其中瓷碗、灯盏、泥俑各1件，均置于墓室的东南角，铜钱5枚（1组），位于墓室中部（图8-201）。

瓷碗　1件（M415∶1）。浅黄胎，酱釉，外釉过腹中部，内底有刮圈。敞口，斜直腹，平底，圈足。口径15.2、底径6、通高5、壁厚0.3~0.5厘米（图8-202，1）。

灯盏　1件（M415∶2）。灰白胎，酱釉。敞口，圜底，一侧有柄。颜面上刻3个圆点纹。整体厚重，长8、口径6.8、高3.5、壁厚0.6厘米（图8-202，2）。

泥俑　1件（M415∶3）。泥质黄褐陶，其上以指甲按出眉目口鼻等。长5.4、宽1.9厘米（图8-202，3）。

铜钱　5枚，均为宋钱。“嘉祐通宝”2枚，M415∶4-1，楷书，直读，宽廓。直径2.5厘米（图8-203，1）。M415∶4-4，楷书，直读，窄廓。直径7.4厘米（图8-203，4）。“元丰通宝”1枚（M415∶4-2），篆书，旋读。直径2.4厘米（图8-203，2）。“熙宁元宝”1枚（M415∶4-3），楷书，旋读。直径2.4厘米（图8-203，3）。“天禧通宝”1枚（M415∶4-5），隶书，旋读。直径2.5厘米（图8-203，5）。

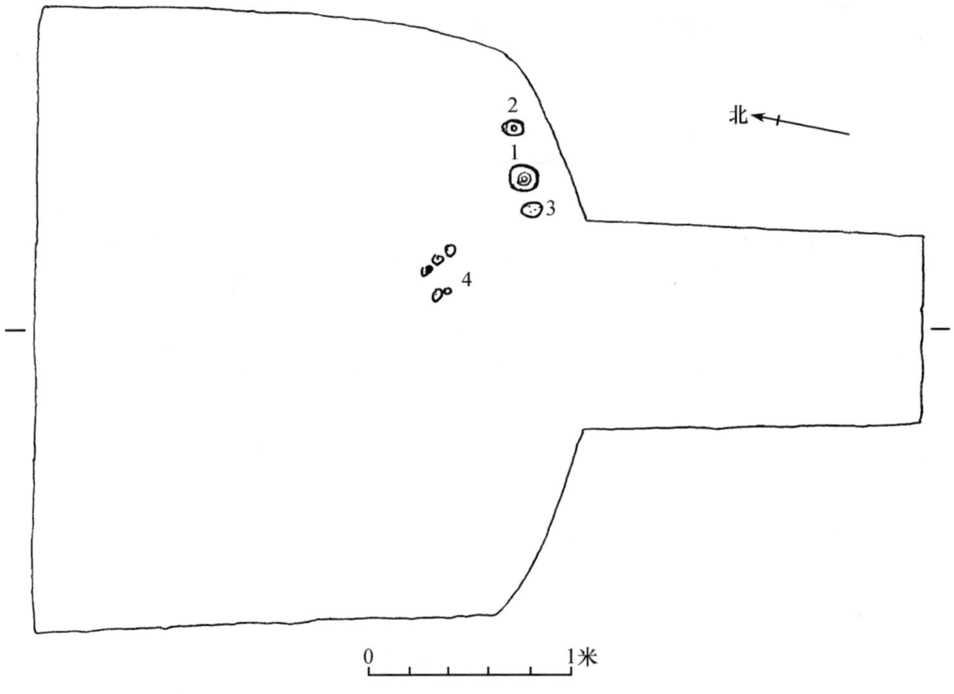

图8-201　M415平面图

1. 瓷碗　2. 灯盏　3. 泥俑　4. 铜钱

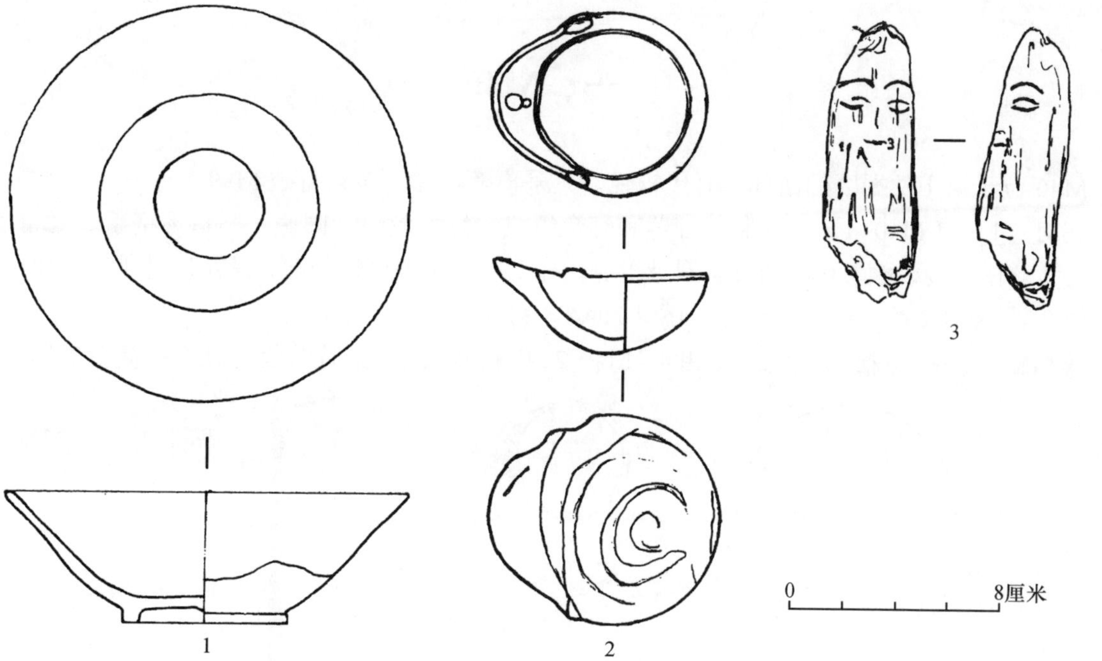

图 8-202 M415 出土器物

1. 瓷碗（M415∶1） 2. 灯盏（M415∶2） 3. 泥俑（M415∶3）

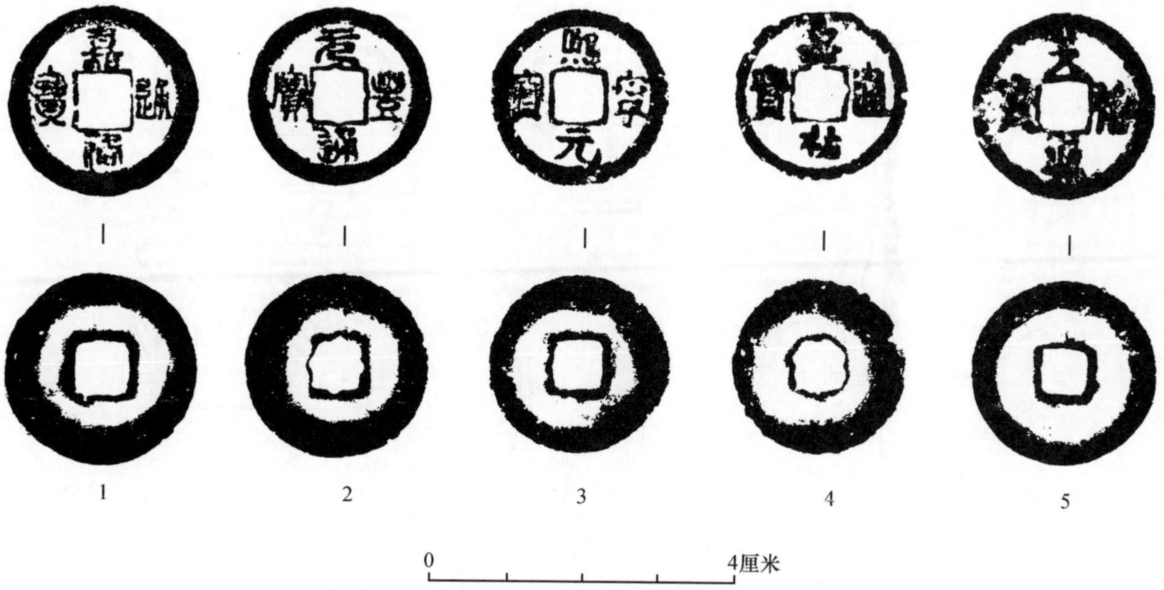

图 8-203 M415 出土钱币

1、4. 嘉祐通宝（M415∶4-1、M415∶4-4） 2. 元丰通宝（M415∶4-2）

3. 熙宁元宝（M415∶4-3） 5. 天禧通宝（M415∶4-5）

第三节 砖 室 墓

一、M40

M40位于第I发掘区的西部。时代较晚。只采集随葬品。该墓打破M99。

锡灯 1件（M40:1）。锡制。灯盏和灯台组成。灯盏敞口，圜底，竖饼形把手。灯台由盘形盏、圆筒形柱、盆形承盘和高喇叭状圈足组成。柱下端有2个球形凸起，圈足底部平折。口径4.6、盘口径9.4、足径6.4、通高15厘米（图8-204A，1；图版27-8）。

锡烛台 2件。锡制。大小、形制相同。M40:2，由斜壁烛盘、盆形承盘、圆形柱、高覆盆形足组成。

图8-204A M40出土器物

1. 锡灯（M40:1） 2. 瓷碗（M40:12） 3. 瓷灯（M40:17） 4. 锡盅（M40:9）
5. 锡烛台（M40:2） 6. 瓷缸（M40:14） 7. 瓷罐（M40:15）

烛盘上有一矮柱。口径 5.6、盘口径 8.2、足径 6.6、通高 17.4 厘米（图 8-204A，5；图版 27-1）。M40∶3，形制同 M40∶2。

锡香炉 1 件（M40∶4）。锡制。直口平折，高直颈，钵形腹，花楞足。片状多边形耳连接口颈部。连接处采用焊接工艺。口径 8、底径 6、高 12、厚约 0.2 厘米（图 8-204B，1；图版 27-2）。

锡壶 2 件。M40∶5，锡制。圜形盖，矮直口，罐形身，平底。下腹部一长流，肩部一高环形提手。口径 4.2、底径 4.6、高 11.8、壁厚 0.2~0.3 厘米（图 8-204B，2；图版 27-3）。M40∶6，锡制。矮直口，

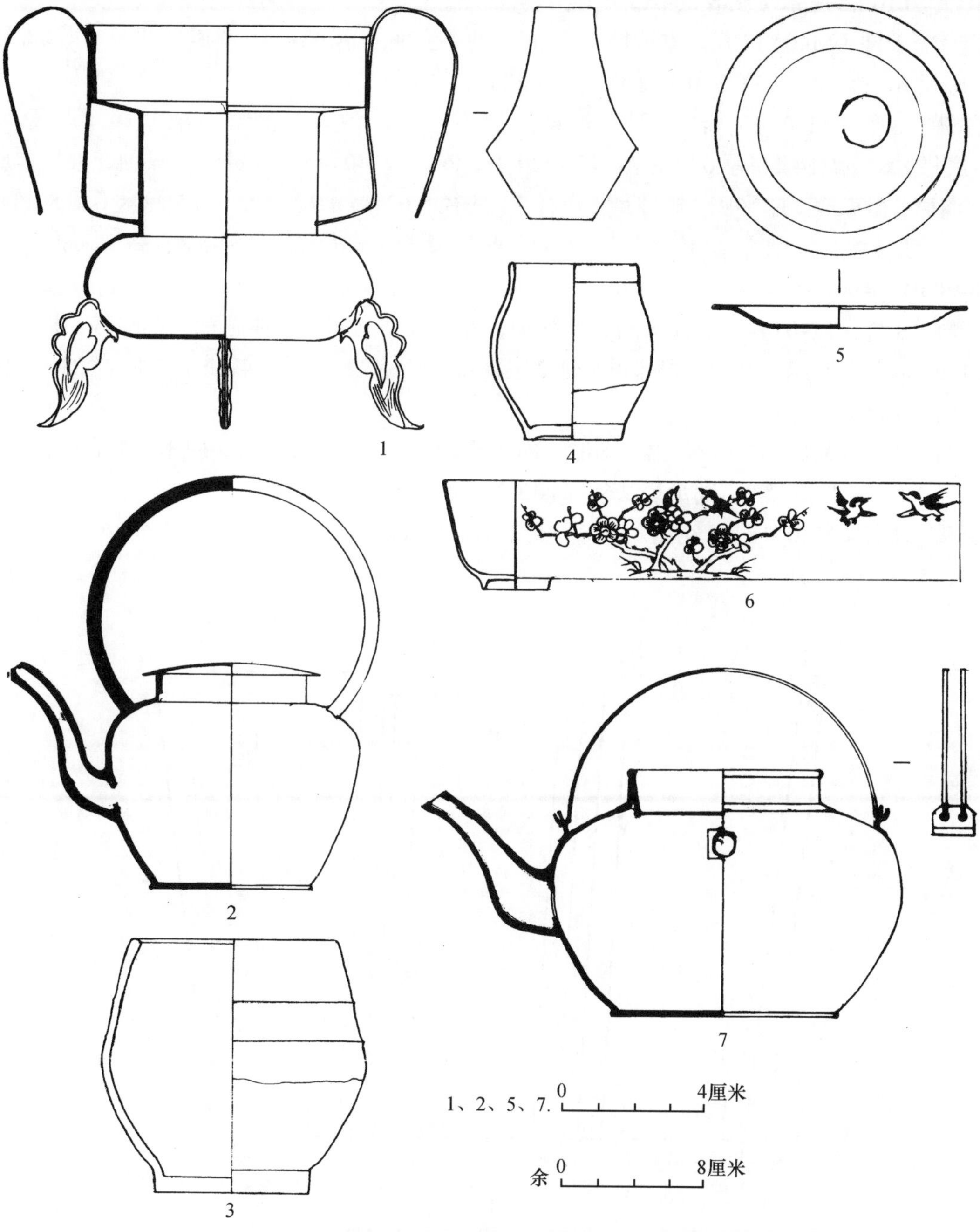

图 8-204B M40 出土器物

1. 锡香炉（M40∶4） 2、7. 锡壶（M40∶5、M40∶6） 3、4. 瓷罐（M40∶13、M40∶16） 5. 锡碟（M40∶18）
6. 粉彩瓷杯（M40∶7）

矮罐形身，平底。下腹部一短流，肩部一扁环形提手。肩部饰饼形纽。口径 5.4、腹径 10.2、底径 6.4、高 7 厘米（图 8-204B，7；图版 27-4）。

瓷杯　2 件。形制、尺寸相同。M40∶7、8，粉彩。敞口，尖圆唇，平底，窄圈足。杯身饰喜鹊和梅花。杯底有“同治年制”款。口径 8、底径 3.6、高 6.3、厚 0.2~0.3 厘米（图 8-204B，6；图版 29-6）。

锡盅　3 件。形制、尺寸均相同。M40∶9~11，锡制。敞口，斜直壁，小平底。口径 4.5、底径 1.8、高 2.6、厚 0.1~0.2 厘米（图 8-204A，4）。

瓷碗　1 件（M40∶12）。浅黄胎，酱釉，釉不包底。敞口，尖圆唇，平底，窄圈足。口径 15.2、底径 6、高 4.8、厚 0.3~0.4 厘米（图 8-204A，2）。

瓷罐　3 件。M40∶13，浅黄胎，黑釉，釉不包底。敛口，溜肩，微鼓腹，厚平底。口径 11.6、底径 8.8、高 14.4、厚 0.5 厘米（图 8-204B，3）。M40∶15，浅黄胎，黑釉，釉不包底。敛口微直，溜肩，微鼓腹，厚平底，矮圈足。口径 7、底径 5.6、高 4.9、厚 0.3~0.5 厘米（图 8-204A，7）。M40∶16，浅黄胎，黑釉。直口，溜肩，鼓腹，平底微凹。口径 7、底径 5.8、高 5、厚 0.3~0.5 厘米（图 8-204B，4）。

瓷缸　1 件（M40∶14）。浅黄胎，茶绿釉，除底部和刮圈外整体施釉。厚圆唇，折沿，鼓腹，平底内凹。肩部饰数组三角纹。腹部正中饰 2 组瓦纹。口径 22、底径 14、腹径 24、高 21.6、厚 0.6~0.8 厘米（图 8-204A，6）。

瓷灯　1 件（M40∶17）。灯盏，白胎，内底施酱釉；口径约 8、高 2 厘米。灯台，白胎，酱釉；灯碗口径 5.6、承盘口径 9、圈足径 9.6、高 13.2 厘米（图 8-204A，3）。

锡碟　1 件（M40∶18）。锡制。敞口，宽平沿，平底。口径 7.2、底径 4、高 0.6、厚 0.1 厘米（图 8-204B，5）。

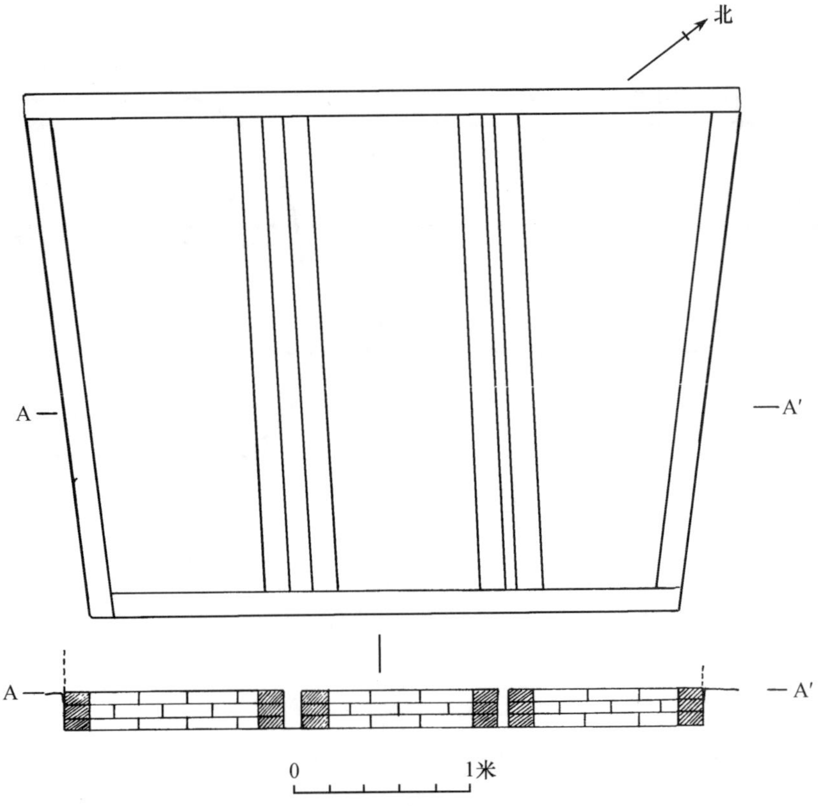

图 8-205　M73 平、剖面图

二、M73

M73位于第Ⅰ发掘区南部，T1725西南部，开口于耕土层下，距地表0.3米，打破M77。墓葬形制为土坑砖室墓，方向330°。墓圹平面呈梯形，长2.96、宽3.3~4.04、残深0.2米。墓圹内用长28、宽14、厚6厘米的素面青砖错缝平砌3个砖室，两砖之间用白灰黏接。东室平面南窄北宽呈梯形，长2.68、宽0.53~1.08、残高0.22米。中室平面近长方形，长2.68、宽0.8~0.82、残高0.22米。西室平面亦呈梯形，长2.68、宽0.88~1.06、残高0.22米。填土呈浅灰褐色，土质略硬，含碎砖块。人骨腐朽严重。无葬具，无随葬品（图8-205）。

三、M97

M97位于第Ⅰ发掘区的西南部，T1621外西南部，耕土层下开口。墓葬形制为长方形双室砖室墓，方向10°。墓圹平面为长方形，长3、宽1.86、深1.5米。西室为长方形，墓顶覆长方形条石，墓壁由长方形青砖错缝砌成，墓室北壁上下各有一壁龛，内置锡灯1件、锡炉1件、锡盅2件、锡壶1件、锡碟2件等随葬品。瓷罐3件置于室内。东室平面呈长方形，券顶，墓室北壁有一壁龛，置1件瓷碗和1件瓷罐。双室内棺木及人骨尚未完全腐朽，此墓只收集随葬品。

瓷罐　4件。M97∶1，黄色胎，黑釉，除底部外通体包釉。圆唇，斜折沿，溜肩，鼓腹，平底。上腹部有3周凹弦纹，中间画松竹梅图。口径20、腹径22、底径12.8、通高21、壁厚0.5~1厘米（图8-206B，1）。M97∶2，黄褐胎，黑釉，釉不包底。敛口，溜肩，腹壁微鼓，平底。肩部1周凸棱纹。口径11.2、腹径14、底径8.4、通高13.8、壁厚0.4~0.6厘米（图8-206A，7）。M97∶3，酱釉，釉不包底。直口微敛，溜肩，鼓腹居中，厚实圈足。肩部2周凸棱。口径11.6、底径8.6、最大腹径14、高约13、厚约0.5厘米（图8-206-A，4）。M97∶9，浅黄褐胎，酱釉，釉不包底。敛口，溜肩，腹壁微鼓，平底。肩部1周凸棱纹。口径12、腹径15、底径8、通高15、壁厚0.3~0.5厘米（图8-206A，8）。

灯盏　1件（M97∶4）。红褐胎，酱釉，釉不包底。圆形，敞口，厚斜壁，平底，一侧扁平把手。沿面上1周联珠纹。直径9.6~10.3、通高5厘米（图8-206-A，5）。

灯台　1件（M97∶14）。黄褐胎，酱釉。灯盏圆形，敞口，厚斜壁，平底，一侧扁平把手。把手面上刻花。口径7.2、长9.2、高2.4、壁厚0.4厘米。灯台由碗形盏托、竹节形灯柱、圆形承盘、高圈足组成，盏托直径5.6、盘径11、圈足直径9、高13.3厘米（图8-206A，3）。

瓷碗　1件（M97∶5）。黄褐胎，黑釉，釉不包底。敞口，圆唇，折腹，平底，矮圈足。口径15、底径6、高4.8、厚约0.3厘米（图8-206B，2）。

锡壶　1件（M97∶6）。裙形，环形把手，底部长流，平盖。口径3、底径5.8、流长度4.6厘米。壶带盖，有提梁（图8-206A，6；图版27-5）。

锡灯　1件（M97∶7）。圆形灯盏、圆筒形灯柱、承盘大于灯盏，高喇叭形底座。盏托径3.7、灯柱高6.8、直径0.8~1.4、托盘直径6.8、底座直径上径6.8、下径约5.4、高12.3厘米（图8-206A，2；图版27-6）。

锡香炉　1件（M97∶8）。高喇叭形口，扁折腹，平底，叶形足，颈下两多边形耳。连接处采用焊接工艺。口径5.6、底径2.6、高4.6、通高9厘米（图8-206A，1；图版27-7）。

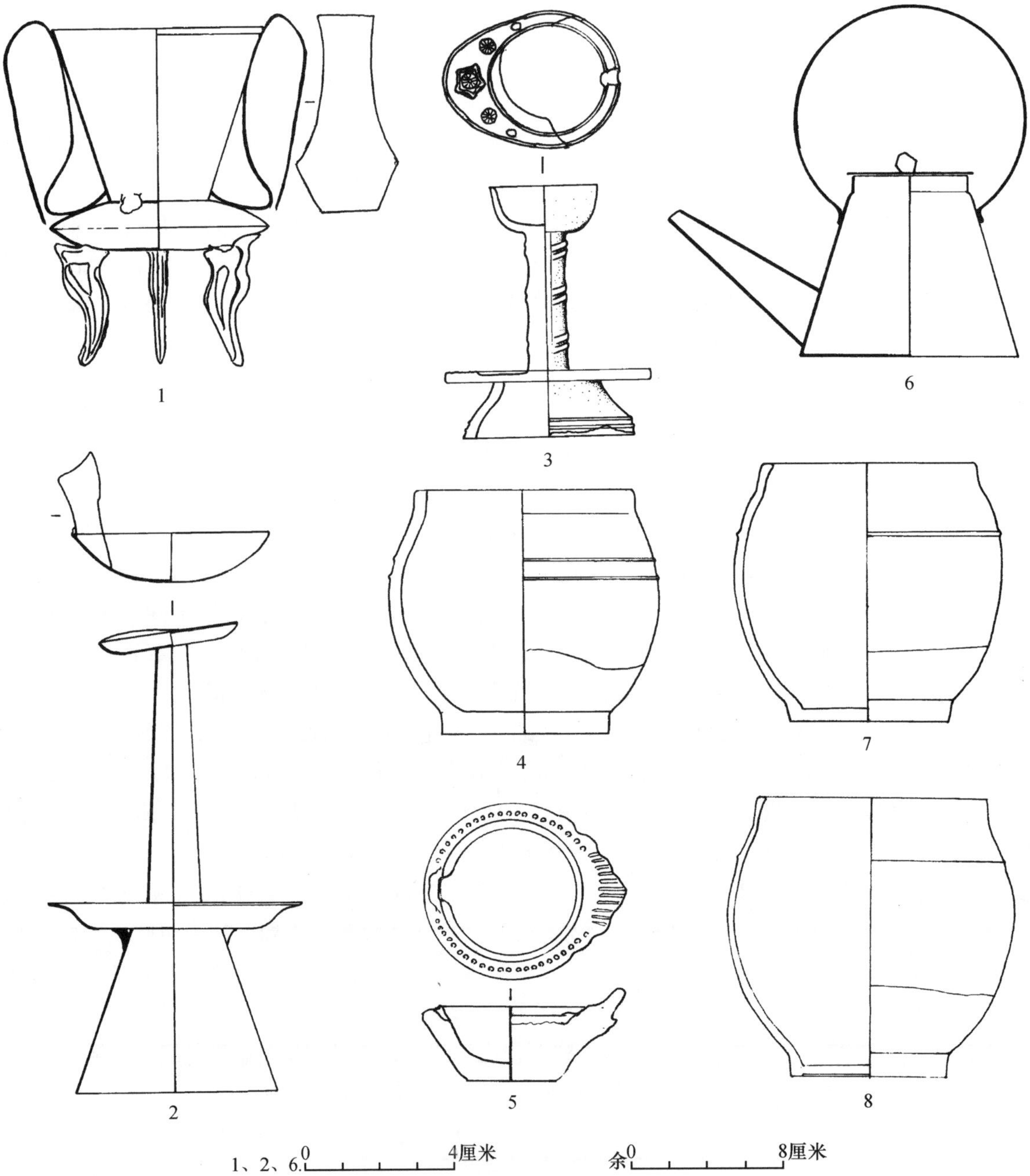

图 8-206A　M97 出土器物

1. 锡香炉（M97∶8）　2. 锡灯（M97∶7）　3. 瓷灯台（M97∶14）　4、7、8. 瓷罐（M97∶3、M97∶2、M97∶9）　5. 灯盏（M97∶4）　6. 锡壶（M97∶6）

锡盅　2 件。M97∶10，形制同 M97∶13。敞口，斜深腹，平底。口径约 3、底径约 1.4、高约 2、厚约 0.05 厘米。

锡碟　2 件。M97∶11、M97∶12，形制相同。宽平沿，敞口，浅弧腹，平底。口径 5.8、底径 2.2、高 0.7 厘米（图 8-206B，3）。

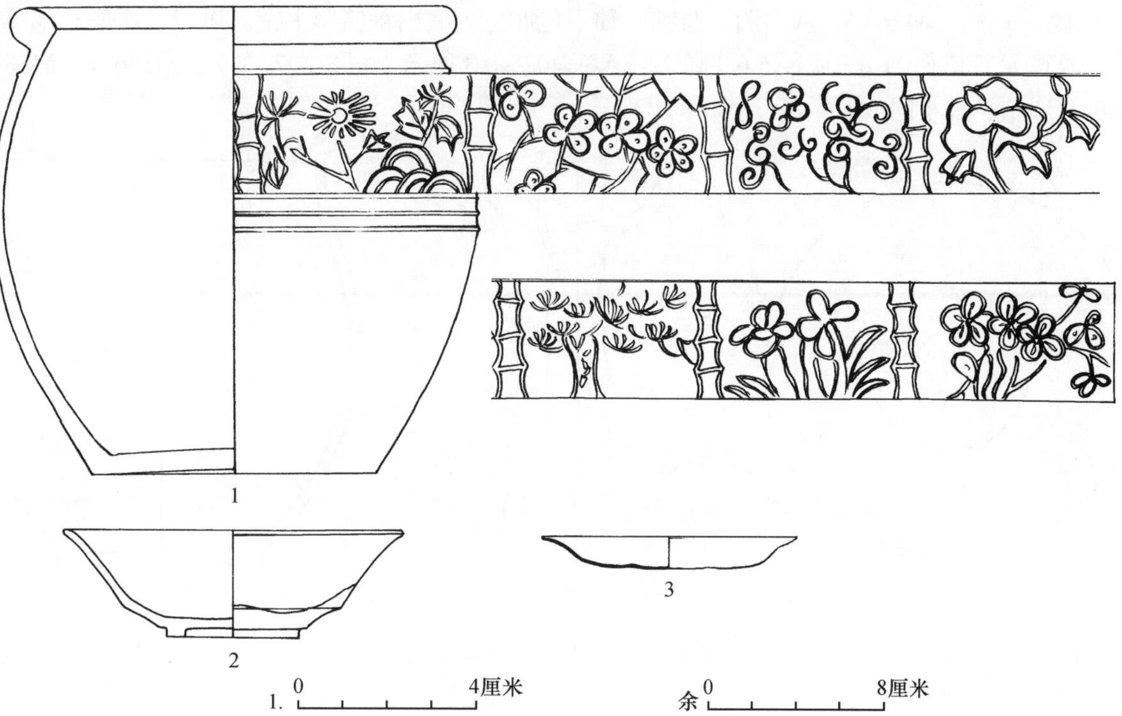

图 8-206B M97 出土器物

1. 瓷罐（M97∶1） 2. 瓷碗（M97∶5） 3. 锡碟（M97∶11）

四、M186

M186位于第Ⅱ发掘区的西南部，T0925南部，开口于扰土层下，距地表1.2米。墓葬形制为长方形砖室墓，由东、西、中3个长方形砖室组成。方向30°，长3、宽1.2、深1.5米。该墓棺木尚未腐朽，只采集随葬品。随葬品有10件，其中瓷碟4件、瓷碗1件、瓷罐2件、瓷灯1件、香炉2件，均位于中室北部的壁龛内。

瓷香炉 2件。M186∶1，酱釉，釉不包底。方唇，敞口，上腹斜直，折腹，下腹微鼓，平底矮圈足。双鋬状耳，腹下部饰梅树枝干一周，枝上立4人，开6朵梅花，基本对称分布，镂空。口径9.6、底径6.4、通高9.2厘米（图8-207，2）。M186∶10，方唇，卷沿，粗颈，鼓腹，平底，矮圈足。1对条形耳，连接于腹部和口沿。炉身上有连枝梅花6朵，供养人4躯。下腹有条带状泥条贴塑，上有戳刺纹。口径9.2、腹径8.2、底径6、高9.1、厚约0.4厘米（图8-207，7）。

瓷灯 1件（M186∶2）。浅黄褐胎，酱釉，釉不包底。碗形盏托，方唇平沿圜底盘，类竹节形灯柱、高圈足，下部外折。盏托口径7.2、灯盘直径10.2、底径10.2、高18.6厘米（图8-207，3）。

瓷罐 2件。M186∶3，乳白胎，黑釉，釉不包底。直口微侈，溜肩，微鼓腹，圈足。最大腹径居中。口径12、腹径12.8、底径7.6、通高15.6、壁厚0.4~0.6厘米（图8-207，5）。M186∶8，乳白胎，釉不包底直口，溜肩，微鼓腹，平底，矮圈足。腹部饰2周凹弦纹。口径12、底径8、腹径14.2、高15.5、厚约0.6厘米（图8-207，6）。

瓷碗 1件（M186∶4）。淡黄胎，酱釉，釉不包底，内底有刮圈。口径14、底径5.4、通高5.2、壁厚0.3~0.4厘米（图8-207，1）。

瓷碟 4件。M186∶5，灰白胎，酱釉，釉不包底，内底白釉酱彩书字。敞口，圆唇，浅弧腹，平底，宽圈足。口径11.6、底径5.6、高2.8、壁厚0.2~0.3厘米（图8-207，4）。M186∶6、M186∶7、M186∶9形制、大小同M186∶5。

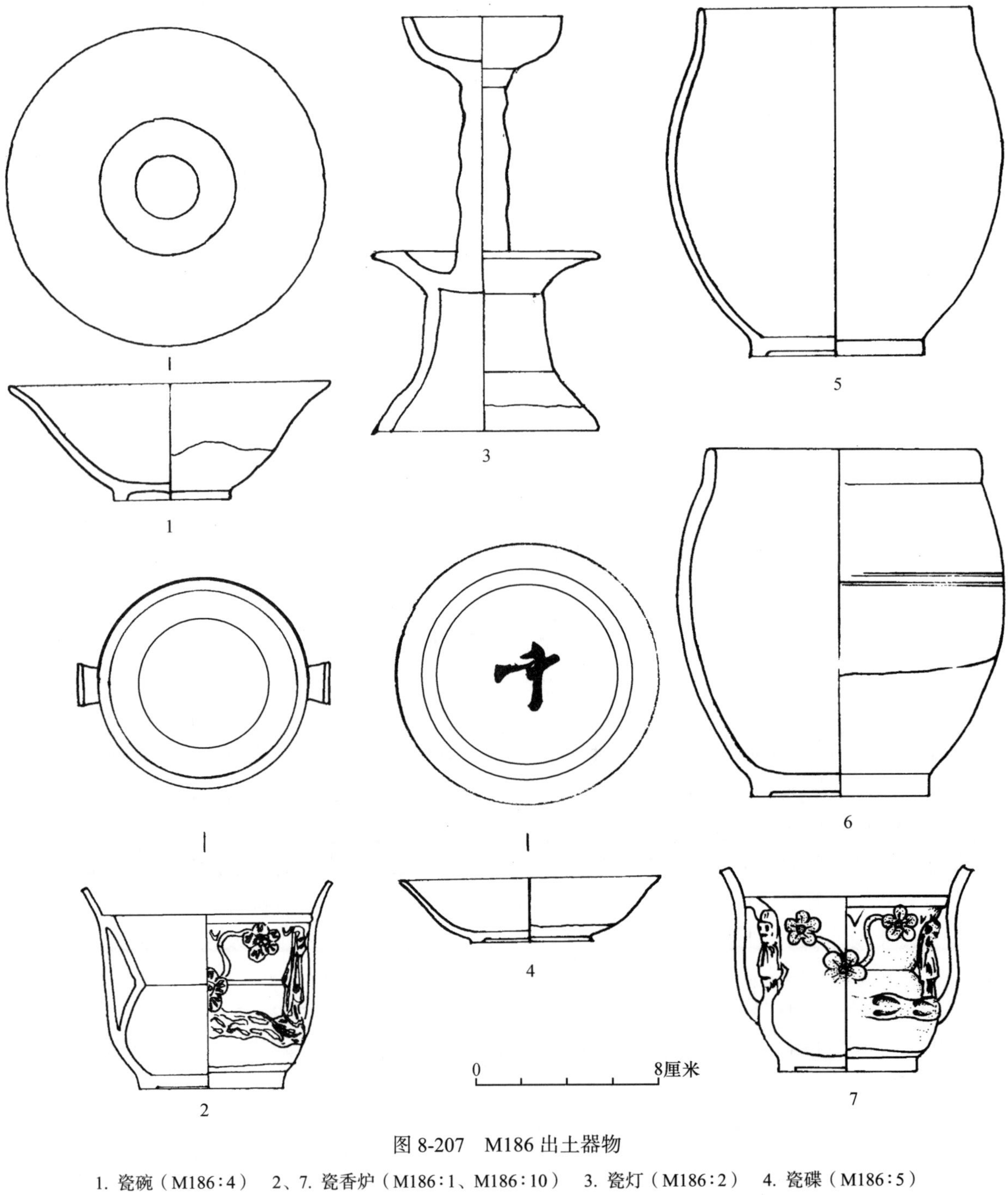

图8-207 M186出土器物

1. 瓷碗（M186∶4） 2、7. 瓷香炉（M186∶1、M186∶10） 3. 瓷灯（M186∶2） 4. 瓷碟（M186∶5）
5、6. 瓷罐（M186∶3、M186∶8）

第九章　对女郎山各时期墓葬的初步认识

2009年女郎山发掘区域共发现并清理两汉至明清时期墓葬417座，发掘的墓葬数量众多、种类丰富、形制多样。每个时期墓葬的不同的形制特征及随葬器物组合表明了在社会发展、思想变革的背景下，葬制葬俗也随之逐渐变化。

一、汉代墓葬

汉代墓葬共80座，其形制有土坑竖穴墓、土坑竖穴砖椁墓、砖室墓三种。土坑竖穴墓有46座，占汉墓总数的一半以上；砖椁墓和砖室墓各有17座。

1. 土坑竖穴墓

土坑竖穴墓作为一种传统的墓葬形制，在中国历史的各个时期都普遍存在，但是在不同时期、不同地区，其形制及所占比例略有不同。此次发掘的汉代土坑竖穴墓基本特点是埋葬较深，部分墓葬带有生土二层台，有的带有熟土二层台或壁龛，个别墓葬还设有器物箱。随葬品绝大部分为少量陶器，主要是陶罐或陶壶；个别墓葬还随葬有铜钱、铜带钩、铜镜、铁剑、铜鐏等。一般每座墓随葬2件陶罐或陶壶，二者极少共出，这类形制的墓葬占总数的一半以上，其中随葬2件陶罐的墓葬数量略多；少数墓葬随葬1件陶罐，约占总数的1/4；个别墓葬随葬3件陶罐或者是1件陶壶；还有少数墓葬没有随葬品。随葬陶罐或陶壶的种类较多，具有一定的时代性和地域性。这类墓葬时代跨度较大，几乎可以涵盖汉代的各个时期。M405出土的折肩折腹罐与长岛王沟M18[1]出土的同类陶罐形制相似，其时代或可早至战国时期。M23、M200、M273、M417等墓葬出土的直口鼓肩陶罐与济南腊山汉墓M13[2]出土的B型陶罐形制相似，其时代大致为西汉早期。M58、M320、M412等墓葬出土的敛口小平底罐与寿光三元孙M14、M140[3]出土的陶罐（M14∶1、M140∶1）相似，其时代约为西汉中期。M3、M211等墓葬出土的小口有领罐与济宁师专M10[4]出土的陶罐（M10∶8）形制相似，其时代约为西汉晚期。M32、M370、M311等墓葬出土的陶壶盘口、短束颈、圆鼓腹、圈足很矮，在山东其他地区较少见，具有明显的地域特征，结合之前山东省文物考古研究所在此发掘后所做报告[5]的分析，这些墓葬时代大概为西汉中期。M359出土的陶壶侈口、短颈、鼓腹略垂、矮圈足，与济宁潘庙M32[6]出土的陶壶形制相似（M32∶2），其时代约为西汉中期。M203出土的陶壶盘口、束颈较长、平底、高圈足，与长清大觉寺村M1[7]出土的陶壶（M1∶15）形制相似，其时代约为东汉后期。M319、M324出土的陶壶盘口、短束颈、鼓腹、平底较大，与潍坊后埠下M90[8]出土的陶壶（M90∶2）形制相似，其时代约为东汉前期。

2. 砖椁墓

山东地区的砖椁墓是西汉时期新兴的一种墓葬形制，主要分布在鲁北地区，具有一定的地域性。其墓葬形制与土坑墓相似，主要是在墓底有用青砖垒砌的砖椁。绝大部分砖椁带有铺地砖，铺地砖的排列方式主要有错缝平铺和“人”字形平铺两种。椁壁的垒砌方法有两种，大部分是用单砖错缝平砌，少数用立砖斜向贴砌在墓壁或生土二层台上、上表面再平铺一层顺砖。砖椁的顶部设施不明确，推测可能铺有木制盖板。随葬品以陶壶为主、陶罐较少，大部分墓葬还随葬有铜钱，个别墓葬随葬有铜带钩、铜镜、铁斧等。其中随葬 2 件陶壶的墓葬占总数的一半以上，少数墓葬随葬有 1 件陶壶或 1 件陶罐或 2 件陶罐，少数墓葬没有随葬品。砖椁墓出土的陶壶大部分均为具有地域特征的盘口、短束颈、圆鼓腹、矮圈足壶，时代大致为西汉中期左右。M397 出土 2 件侈口、短颈、鼓腹、大平底壶，形制与枣庄渴口 M8[9]出土的陶壶（M8∶19）形制相似，其时代大致为西汉晚期。M242 出土的直口鼓肩陶罐与腊山汉墓 M1[10]出土的 B 型罐形制相似，应为西汉早期。M254 出土的小口有领罐与济宁师专 M10 出土的陶罐（M10∶8）形制相似，时代约为西汉晚期。

3. 砖室墓

山东地区的砖室墓是西汉晚期以后，在全国汉文化发展的大背景下，受中原地区影响产生的。本次发掘的砖室墓均遭到破坏，大部分仅残余墓底，以单室墓为主，另有 2 座前、后室墓，2 座前、中、后室墓。其基本特点是带有墓道，在墓圹内用青砖砌筑墓室，绝大部分墓葬设有铺地砖，铺地砖的排列方式以“人”字形平铺为主、另有部分为横向或斜向错缝平铺；墓壁的砌法主要为“两顺一丁”或“一顺一丁”；墓室顶部均被破坏，根据少量残余部分推测应为券顶。单室墓的平面形状绝大部分呈刀把形，个别带有耳室，有的还在墓底西南部砌有砖台。多室墓部分墓葬带有耳室和壁龛，大部分在前室或中室底部砌有砖台。砖室墓由于被严重破坏，大多仅残余少量随葬品。少数墓葬仅出土有陶罐、陶壶、铜镜等器物；大多数砖室墓除陶罐、陶壶外，还出土有陶案、陶耳杯、陶盘、陶樽、陶魁、陶勺等器物，但是组合已多不完整。大部分墓葬出土有铜钱。砖室墓出土的陶罐敛口、鼓肩、大平底，形制与章丘黄土崖 M1[11]出土的陶罐（M1∶30、M1∶34）形制相似，时代大致为东汉后期。而出土陶案、陶耳杯、陶盘、陶勺等器物组合的墓葬在济南地区出现较晚，发现较多，如济南大观园汉墓[12]、济南青龙山汉墓[13]、长清大觉寺村汉墓[14]、济南闵子骞祠堂东汉墓[15]等，其时代大都为东汉后期。M284 是该发掘区域唯一一座画像石墓，规模较大，墓室主体用青砖砌筑，墓门处用青石搭砌、且雕刻有画像，门楣上雕刻羊头的习俗在济南地区的东汉晚期墓中较为常见，如上述章丘黄土崖、济南大观园、济南青龙山等汉墓中均在门楣处雕刻有羊头画像。

从墓葬形制和随葬品来看，土坑竖穴墓的规格最低，仅随葬有少量陶器，随葬铜钱的很少，其墓主应为普通平民；砖椁墓的规格稍高，尤其是随葬铜钱的数量及比例都较大，其墓主可能为生活水平较高的平民；前两类墓葬规模较小，属于小型墓葬。砖室墓的规模较大，应属于中小型墓葬，个别墓葬还带有画像石，虽大部分遭到破坏，但是还出土有较多的随葬品，说明其墓主为生活较富裕的平民，有些可能为地主或低级官吏。

二、唐代墓葬

唐代墓葬仅发现 8 座，其中土坑竖穴墓 3 座，土坑洞室墓 5 座。土坑竖穴墓随葬器物很少，每墓 1~3 件，主要有陶罐、瓷碗、瓷瓶等。土坑洞室墓随葬器物较多，基本的器物组合为陶罐、瓷罐、瓷碗、瓷瓶，有的墓葬还随葬有铜带扣、三彩陶器等。其中 M204 出土的三彩炉（M204∶5）在济南地区唐墓中较少见，仅在济南刘家庄唐墓中出土过2件[16]，而M238出土的三彩骑俑（M238∶2）表现少数民族形象，造型生动，在济南地区是第一次发现。M191、M204、M238等墓中出土的陶罐敛口、束颈、鼓肩、平底较小、肩部饰两个桥形耳。M238、M191出土的瓷碗（M238∶9、M191∶3）均饼足微凹，分别与淄川磁村窑出土的Ⅰ式瓷碗（苹T1II∶3）、Ⅲ式碗（苹T1II∶4）[17]造型一致，时代大致为唐代中期。

从墓葬形制和随葬品来看，土坑竖穴墓的规格较低，仅随葬有少量陶、瓷器，未见随葬铜钱，其墓主应为普通平民。土坑洞室墓虽然随葬铜钱很少，但是其他器物较多，尤其是铜带扣和三彩陶器的出土表明墓主人生活较为富裕，有些可能为地主或低级官吏。

三、宋代墓葬

宋代墓葬共发现110座，墓葬形制有土坑竖穴墓、舟形墓、土坑洞室墓、圆形砖室墓四种。其中土坑洞室墓的数量最多，有48座，占宋墓总数的近一半；土坑竖穴墓次之，有36座，约占宋墓总数的1/3；其次为圆形砖室墓，有20座；舟形墓数量最少，只有6座。

土坑竖穴墓的墓葬形制和随葬品都很简单。约1/3的墓葬仅随葬1件瓷罐，其中有的还随葬有很少量的铜钱；个别墓葬随葬有瓷罐和瓷碗各1件，有的还伴出有瓷缸、瓷灯等其他器物；近一半的墓葬只有很少的铜钱，甚至没有随葬品。出土瓷罐大多为白瓷罐，主要有双系罐和瓜棱罐两种。M142出土的双系罐（M142∶1）和济南十亩园M58[18]出土的双系罐（M58∶1）形制相似，时代为北宋时期。M337、347出土的瓜棱罐（M337∶1、M347∶3）和十亩园“熙宁六年”墓M36[19]出土的瓜棱罐（M36∶1）形制相似，时代大致为北宋中晚期。

土坑洞室墓的数量和比例都有了较大的提高，其修建方式为先下挖长方形或梯形的竖穴墓道，然后再掏出圆形、长方形、椭圆形或不规则形的洞室，一般为弧形顶或穹隆顶。洞室内放置1棺或2棺，少数为3棺。有些土洞墓的墓门处用石块垒砌成封门墙，个别的还用青砖砌出仿木式门楼或用青砖铺地。土洞墓的随葬品较土坑竖穴墓略多，但也较简单。约1/4的墓葬仅随葬1件瓷罐，少数有2件，只是铜钱数量略多；个别墓葬随葬有1~5件瓷碗或同时随葬1件瓷罐和瓷碗；近1/3的墓葬仅随葬有少量铜钱，甚至没有随葬品。少量墓葬还出土有瓷缸、瓷钵、瓷瓶、瓷盘、瓷碟、铜镜以及铜钗、铜簪、玉簪、铜耳坠等饰品。出土的瓷罐大多为白瓷罐，主要有双系罐、瓜棱罐、侈口鼓肩（腹）罐等。瓷碗多数为白瓷碗；极少为黑釉或酱釉，内底有刮圈。M358出土的双系罐与济南十亩园M21[20]出土的双系罐（M21∶1）形制相似，结合铜钱推断时代为北宋中晚期。M289出土的侈口鼓腹罐（M289∶1）与十亩园M24出土的同类器（M24∶1）基本一致，时代为北宋时期。M26出土瓷碗（M26∶1）与淄川磁村窑出土的瓷碗Ⅱ式碗（北G1II∶1）[21]形制近似，时代大概为北宋晚期。

圆形砖室墓是这一时期该区域新出现的墓葬形制，规格较高，均由墓道和墓室组成。建造墓室时，通常先挖一圆形或近圆形的墓圹，然后再在墓圹内用青砖砌筑墓室，墓室一般为圆形或近圆形。有的在墓门处修建仿木结构的门楼，墓壁上用青砖雕砌出仿木结构的斗拱、门窗、桌椅、晾衣架、木柜等，墓底多数设有棺床、用青砖铺地。有些砖室墓的墓门及墓壁上用白灰涂抹后绘有彩色壁画，可惜大多数已经脱落，仅个别墓存有零星的彩绘。这些墓葬埋藏较浅，早期均遭到不同程度的破坏，没有发现完整的穹隆顶，但是在发掘中未发现底部有顶砖坍塌的痕迹，说明顶部的墓砖有可能被拆走了，也可能由于经济或其他原因，有些墓葬当初建成时就没有完整的穹隆顶。由于大部分砖室墓被破坏严重，发现的随葬品数量很少，大多数墓葬只剩1件或几件，有些未发现随葬品。发现的随葬品主要有瓷罐、瓷碗、陶盆等，有些还有铜镜、蚌饰等。出土铜钱的数量较多。M116出土的器物组合有陶盆、瓷罐、瓷碗，结合出土的“亚”字形缠枝四花镜和铜钱，推断M116年代为北宋晚期。

舟形墓也是这一时期新出现的墓葬形制，在山东地区发现较少。其形制主要是用青砖砌筑成舟形墓室，规模较小。本次发掘的大部分舟形墓上部都被破坏，仅存墓室下部，且随葬品仅存零星铜钱。M70墓室较为完整，且带有长方形墓道，可作为舟形墓的典型代表。墓室底部呈舟形，两侧壁以青砖错缝平砌起券，顶部南高北低呈阶梯状。随葬品也较完整，有瓷罐1件、铜镜1件、铜钗1件、铜钱42枚，铜镜为“亚”字形双凤花卉镜，结合出土铜钱推断其时代为北宋中晚期。

从墓葬形制和随葬品来看，土坑竖穴墓和土坑洞室墓虽然形制不同，但是随葬品的种类和数量都基本一致，都以随葬1件瓷罐和少量铜钱为主，因此其墓主都应为一般平民，可能是因丧葬习俗不同或其他原因，而选择了不同的埋葬方式。圆形砖室墓和舟形墓的规格稍高，其墓葬形制都较为复杂，随葬品种类较多，尤其是随葬铜钱的数量较多，因此其墓主可能为生活较富裕的平民，有些可能为地主或低级官吏。

四、金代墓葬

金代的墓葬数量较少，仅有8座，其中2座土坑竖穴墓，6座土坑洞室墓。随葬器物仍以瓷罐、瓷碗为主，多为1~2件；有的墓葬还随葬有陶罐、瓷瓶、瓷碟等。随葬铜钱的情况较为普遍，但是数量很少。

从墓葬形制和随葬品来看，这一时期的墓葬延续了宋代墓葬的特点，但是瓷器的形制略有变化，瓷碗多为酱釉，内底有刮圈；瓷罐多为白釉。土坑竖穴墓和土坑洞室墓的墓主都应为一般平民。

五、元代墓葬

元代墓葬共发现22座，其形制有土坑竖穴墓、土坑洞室墓、圆形砖室墓三种。其中土坑洞室墓的数量最多，约占总数的一半；土坑竖穴墓和圆形砖室墓的数量相当，各占总数的近1/3。

土坑竖穴墓的形制和随葬器物都比较简单，随葬品以瓷器为主，一般每墓随葬1~2件，主要器形有瓷碗和瓷罐；个别墓葬还随葬有瓷碟、瓷瓶、铜镜等，数量极少。大多数墓葬随葬有很少量的铜钱。

土坑洞室墓的形制延续了宋金时期土坑洞室墓的形制，有个别墓葬设有砖砌仿木式门楼和铺地砖。随葬品也比较简单，以瓷器为主，近一半的墓葬仅随葬有1件瓷碗；少数墓葬随葬有瓷瓶、瓷罐、瓷盘等；个别墓葬因被破坏，未发现随葬品。大多数墓葬都随葬有少量铜钱。

圆形砖室墓的形制也延续了宋金时期的形制，同样由于被破坏严重，发现的随葬品数量很少，瓷器种类仍以瓷碗、瓷罐为主，还有少量瓷瓶、瓷碟、铜镜等。大多数墓葬铜钱残存很少，但M109发现了160多枚铜钱。M99随葬品保存较多，计有瓷碗3件、瓷罐1件、瓷碟5件、瓷瓶1件、灯盏1件、镇墓瓦2件、铜镜1件、铜钱6枚，或可代表这一时期砖室墓的随葬品组合。

从墓葬形制和随葬品来看，这一时期的葬制葬俗基本上延续了宋金时期的习俗。但是瓷器的形制稍有变化，绝大部分瓷器为黑釉或酱釉。瓷碗大多数内底有刮圈、底部凸起、矮圈足；瓷罐有四系罐、瓜棱罐、小口鼓肩罐等。

土坑竖穴墓和土坑洞室墓的墓葬形制和随葬品都比较简单，墓主都应为一般平民。圆形砖室墓的规格稍高，其墓葬形制都较为复杂，随葬品种类较多，尤其是随葬铜钱的数量较多，因此其墓主可能为生活较富裕的平民、有些可能为地主或低级官吏。

六、明代墓葬

明代墓葬共发现84座，墓葬形制有土坑竖穴墓、土坑洞室墓、砖（石）室墓三种。其中土坑洞室墓的数量最多，共76座，占据总数的90%以上。土坑竖穴墓只有6座，砖（石）室墓仅发现2座。

土坑竖穴墓的形制很简单，随葬品较少，以瓷器为主，一般每墓1~3件，主要为瓷瓶，另外还有少量瓷碗、瓷罐、瓷盅等。大多墓葬都随葬有少量铜钱。

土坑洞室墓的形制基本延续前期的形制，只是有些墓葬的深度大为增加，个别墓葬深达6米。随葬器物较多，以瓷器为主，主要的器物组合有瓷缸、瓷碗、瓷碟、瓷灯（灯盏）、瓷瓶、瓷罐等；有些墓葬的组合不完整；少数墓葬仅出1件或没有随葬品。大多数墓葬都随葬有少量铜钱，有的还随葬有泥俑、铜镜、铜钗、铜簪等。其中M269、M312、M365各出土1件青花碗，M398出土1件青花杯。在济南地区发现的明代墓葬中随葬青花瓷的现象这还是第一次发现。M270在墓室的东西两壁南端设有壁龛，在墓室北部和东侧壁龛附近填土中发现12件泥俑头和2件俑身，这也是济南地区的首次发现，这些泥俑造型生动，惟妙惟肖，各不相同，应具有特定的意义。

砖（石）室墓共有2座，规模较大。M150墓圹长4.2、宽3.3、深8.6米，墓室除用方砖铺地外，其余均用条石垒砌。该墓早期被盗，仅出土墓志铭一盒。M228墓圹长7.1、宽4.2、深3.9米，墓室除墓壁下部用条石垒砌外，其余均用青砖砌筑。墓底北部中间紧贴北壁竖置一较大方砖，可能象征墓志，但是没有文字。该墓随葬品较多，出土瓷罐2件、瓷碗2件、青花瓷盘2件、青花酒杯1件、银簪1件、铜镜1件、铜带饰1件、铜钱61枚。

从墓葬形制和随葬品来看，这一时期的葬制葬俗发生了较大变化。圆形砖室墓的消失，土坑洞室墓的比例剧增。随葬品中瓷缸、瓷瓶、瓷灯（瓷灯盏）、瓷碟的数量大大增加，且多与瓷碗、瓷罐成组合的方式出现，瓷碟多为蓝釉或白釉，其余瓷器大多为黑釉或酱釉。

土坑竖穴墓的随葬品比较简单，墓主应为一般平民。土坑洞室墓的随葬品较多，墓主可能为生活水平稍好的平民。出土青花瓷和泥俑的墓葬应是该时期同类墓中规格最高的墓葬。砖（石）室中M150规模巨大，出有墓志。从墓志内容来看，墓主的身份只是一个处士，未有官职。墓主身份可能为生活较富裕的平民或地主。相对M150，其他墓葬规模较小，其墓主身份应不会超越它。

有的洞室墓和砖室墓中发现了少量宋元时期的器物和大量的宋代钱币。极有可能由于该区域墓地密集，晚期墓葬建造者发现了早期的墓葬并取走了随葬品作为晚期入葬者的随葬品。该区域中一定数量的墓葬只有随葬品，而无葬具和人骨，这种现象应属于迁葬葬俗。有的墓葬人骨凌乱，可能因为墓室内进水，棺椁漂移所致，而集中堆放人骨的现象则是二次葬的典型表现。

七、清代墓葬

清代墓葬共发现105座，墓葬形制有土坑竖穴墓、土坑洞室墓和砖室墓三种。其中土坑竖穴墓有50座，占总数的一半；土坑洞室墓有51座，其比例有所下降；砖室墓仅发现4座。个别墓葬时代较晚，棺木多未腐朽，未予清理。

土坑竖穴墓和土坑洞室墓的随葬品基本一致，都较为简单，以瓷器为主，器物组合主要是瓷罐1、瓷碗1、瓷灯（灯盏）1，个别墓葬随葬数量可能稍多，有些墓葬组合不完整或仅出1件器物，瓷碟、瓷瓶、瓷缸的数量大为减少，而随葬灯的现象明显增多。有的还出土有铜簪、铜耳坠、铜扣、铜烟袋等器物。有近1/3的墓葬没有随葬品。

砖室仅有4座，规模较小，但制作讲究，多为小砖砌成、券顶，长方形双砖室并列，砖与砖间上白灰。砖室的北壁多设有壁龛，龛中放置随葬品，数量较多，有瓷碗、瓷罐、瓷灯（灯盏）等，有的还有瓷缸、瓷碟、瓷杯、瓷香炉等。其中2座墓还有成组的锡器，形制有灯台、壶、盅、香炉、碟等。

从墓葬形制和随葬品来看，这一时期的葬制葬俗发生了一定变化。土坑竖穴墓的比例上升，占到总数的一半以上；土坑洞室墓的比例下降；小型砖室墓出现。随葬品中瓷器大多仍为黑釉或酱釉，变为瓷碗、瓷罐、瓷灯（灯盏）的组合，瓷缸、瓷瓶、瓷碟的数量大为减少。

土坑竖穴墓和土坑洞室墓的形制和随葬品都比较简单，但是数量稍多，从总体情况来看，无随葬品或随葬品极少的墓葬其墓主身份可能为贫民或生活水平较低的人；随葬品稍多的墓主身份为一般平民。小型砖室墓的墓葬规格稍高，随葬品较多，墓主身份可能为生活水平稍好的平民。

2009年女郎山发掘区域只是女郎山墓地中很小的一部分，它紧邻20世纪90年代山东省文物考古研究所发掘区域[22]，但文化面貌又有较大差异。因而对它的分析只能建立在此发掘内。

注　释

［1］ 烟台市文物管理委员会：《山东长岛王沟东周墓群》，《考古学报》1993年1期。

［2］ 济南市考古研究所：《济南市腊山汉墓发掘简报》，《考古》2004年8期。

［3］ 山东省文物考古研究所：《山东寿光县三元孙墓地发掘报告》，《华夏考古》1996年2期。

［4］ 济宁市博物馆：《山东济宁师专西汉墓群清理简报》，《文物》1992年9期。

［5］ 济青公路文物考古队绣惠分队：《章丘女郎山战国、汉代墓地发掘报告》，《济青高级公路章丘工段考古发掘报告集》，齐鲁书社，1993年。

［6］ 国家文物局考古领队培训班：《山东济宁郊区潘庙汉代墓地》，《文物》1991年12期。

［7］ 济南市考古研究所等：《济南市长清区大觉寺村一、二号汉墓清理简报》，《考古》2004年8期。

［8］ 山东省文物考古研究所、寒亭区文物管理所：《山东省高速公路考古报告集（1997）》，科学出版社，2000年。

［9］ 山东省枣庄市博物馆：《山东枣庄市渴口汉墓》，《考古学集刊·14》，文物出版社，2004年。

［10］ 济南市考古研究所：《济南市腊山汉墓发掘简报》，《考古》2004年8期。

［11］ 章丘市博物馆：《山东章丘市黄土崖东汉画像石墓》，《考古》1996年10期。

［12］ 山东省文物管理委员会：《济南大观园的一个汉墓》，《考古通讯》1955年4期。

［13］ 济南市文化局文物处：《山东济南青龙山汉画像石壁画墓》，《考古》1989年11期。

[14] 济南市考古研究所等：《济南市长清区大觉寺村一、二号汉墓清理简报》，《考古》2004年8期。

[15] 济南市考古研究所：《济南市闵子骞祠堂东汉墓》，《考古》2004年8期。

[16] 资料现存济南市考古所。

[17] 山东淄博陶瓷史编写组：《山东淄博市淄川区磁村古窑址试掘简报》，《文物》1978年6期。

[18] 济南市考古研究所：《济南市十亩园遗址发掘报告》，《东方考古》第6集，科学出版社，2009年。

[19] 同上。

[20] 同上。

[21] 山东淄博陶瓷史编写组：《山东淄博市淄川区磁村古窑址试掘简报》，《文物》1978年6期。

[22] 山东省文物考古研究所：《济青高级公路章丘工段考古发掘报告集》，齐鲁书社，1993年。

后　记

章丘女郎山墓地如此大规模的发掘整理工作凝聚着大量工作人员的辛勤汗水，显示出一个单位的集体力量。

在发掘过程中，济南市文物局局长崔大庸、副局长于茸多次到现场指导发掘，协调地方配合，为考古发掘工作创造了良好的外部环境。章丘市文体局、章丘市博物馆、章丘市第三职业中专、绣惠镇政府、绣惠镇中学等在发掘过程中也给予了大力支持和配合，保证了发掘工作的顺利进行。在此一并表示感谢。

李铭、张幼辉、郭俊峰、王兴华、孙涛、赵辉、孙贵红、邓文山等20余人参加了发掘工作。仝艳锋、姜桥、刘保福、于贺昌等10余人参加了文物修复工作。房振、刘剑、鲍雪飞、吕凯、赵辉、綦高华等参加了绘图、资料整理工作。刘丽丽、郝素梅、商大鹏等也为文物的存放、照相、绘图、整理给予了帮助。

本书前言由李铭执笔；第一章由李铭执笔；第二章由李铭、房振、郭俊峰执笔；第三章由张幼辉、郝素梅、刘秀玲执笔；第四章由房振、刘剑、孙涛、郭俊峰执笔；第五章由王兴华、房振、赵辉执笔；第六章由王兴华、何利、姜桥、郭俊峰执笔；第七章由郭俊峰、姜桥、刘丽丽执笔；第八章由郭俊峰、刘秀玲、孙涛执笔；第九章由郭俊峰、房振、王兴华执笔。工地照由王兴华、赵辉拍摄，器物照由桑鲁刚、郭俊峰、王兴华等拍摄。

编　者

2012年10月

1. 女郎山远景

2. 女郎山近景

周边环境

图版2

1. 第Ⅴ、Ⅵ区全景

2. 发掘场景

发掘全景

1．原山东省文物局副局长王永波视察发掘现场

2．济南市文物局局长崔大庸视察工地

领导视察

图版4

1．M50壁龛

4．M102

2．M211（北→南）

3．M374

5．M390

汉代·土坑竖穴墓

1. M33

2. M254

3. M293彩陶壶出土时情形

4. M64（南→北）

5. M397

汉代·土坑砖椁墓

图版6

1. M231

2. M262

3. M276

4. M321

汉代·砖室墓

1．M284

4．M284右侧门柱

2．M284墓门

3．M284右侧铺首

5．M284左侧门柱

图版8

1．宋代M15

2．宋代M393

3．宋代M202

4．元代M356

宋元・洞室墓

1. M104远景

2. M104墓门正面（南→北）

3. M104墓室俯拍

4. M104墓室砖雕

宋代·砖雕墓

图版10

1. 宋代M388

2. 宋代M395

3. 元代M55（西→东）

4. 元代M99砖雕第2组

宋元·砖雕墓

1．M70(北→南)

2．M167

3．M217

4．M257

宋代·舟形墓

1．M4

2．M300

3．M368

4．M370

明代 • 洞室墓

1. M33：2

2. M50：2

3. M64：2

4. M72：2

5. M203：2

6. M231：1

汉代·陶壶

1．M272：1

2．M293：1

3．M315：2

4．M319：2

5．M359：1

6．M397：4

汉代·陶壶

1. M53：10

2. M102：1

3. M262：2

4. M320：2

5. M371：1

6. M417：1

汉代 • 陶罐

1. 陶案（M231：4）

2. 陶簋（M231：20）

3. 陶魁（M84：3）

4. 陶犀牛（M262：5）

5. 陶樽（M255：2）

6. 陶熏炉（M284：26）

汉代 • 陶器

1．唐代三彩炉（M204：5）

2．唐代三彩骑俑（M238：2）

3．唐代三彩瓷枕（M238：8）

4．宋代三彩瓷枕（M347：2）

5．采集：1背面

6．采集：1正面

唐宋·三彩器

1．唐代瓷碗（M191：3）

2．宋代瓷碗（M76：2）

3．宋代瓷钵（M167：1）

4．宋代瓷碗（M208：2）

5．宋代瓷碗（M208：3）

6．宋代瓷碗（M391：2）

唐宋·瓷钵、瓷碗

1. 宋代瓷罐（M70：2）

2. 宋代瓷罐（M116：4）

3. 宋代瓷钵（M289：3）

4. 宋代瓷罐（M318：1）

5. 宋代瓷罐（M332：1）

6. 金代瓷罐（M29：3）

宋金 • 瓷罐、瓷钵

图版20

1. 唐代瓷罐（M238：7）

2. 宋代瓷罐（M142：1）

3. 宋代瓷罐（M294：2）

4. 宋代瓷罐（M316：1）

5. 宋代瓷罐（M358：1）

6. 宋代瓷罐（M391：1）

唐宋·瓷罐

1．唐代陶罐（M238：4）

2．宋代陶罐（M6：1）

3．金代陶罐（M29：2）

4．金代陶罐（M74：1）

唐宋金·陶罐

1．唐代瓷瓶（M114：1）

2．唐代瓷瓶（M238：6）

3．宋代瓷瓶（M15：22）

4．宋代瓷瓶（M15：19）

5．元代瓷瓶（M133：1）

6．明代瓷瓶（M377：8）

唐宋元明·瓷瓶

1. 明代瓷碟（M214：1）

2. 明代瓷碗（M160：2）

3. 明代瓷碗（M377：5）

4. 明代瓷碗（M384：9）

5. 清代瓷碟（M193：1）

6. 清代瓷碗（M34：1）

明清•瓷碟、瓷碗

1. M34：4

2. M110：2

3. M140：2

4. M175：3

5. M188：3

6. M236：5

清代 • 瓷灯

1．明代瓷罐（M46：4）

2．明代瓷罐（M192：2）

3．明代瓷罐（M268：2）

4．明代瓷罐（M387：1）

5．清代瓷罐（M190：9）

6．清代瓷罐（M327：2）

明清·瓷罐

图版26

1．M12：1

2．M269：10

3．M285：4

4．M346：1

5．M360：1

6．M384：4

明代・瓷瓶

1．烛台（M40：2）

2．香炉（M40：4）

3．壶（M40：5）

4．壶（M40：6）

5．壶（M97：6）

6．灯（M97：7）

7．香炉（M97：8）

8．灯台（M40：1）

清代·锡器

图版28

1. M270：1

2. M270：2

3. M270：3

4. M270：4

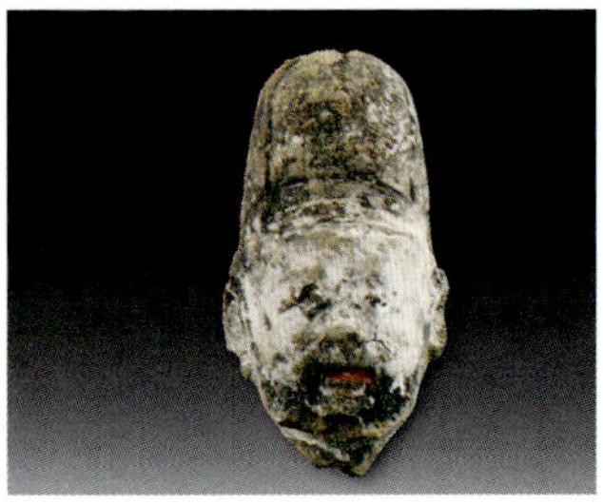
5. M270：11

6. M270：6

7. M270：7

8. M270：13

9. M270：9

10. M270：10

11. M270：5

12. M270：12

13. 俑身（M270：14-1）

14. 俑身（M270：14-2）

1. 明代青花瓷盘（M228：7）

2. 明代青花瓷盘（M228：8）

3. 明代青花瓷碗（M269：1）

4. 明代青花瓷杯（M228：9）

5. 明代青花瓷碗（M365：1）

6. 清代粉彩瓷杯（M40：7、8）

1. 汉代飞鸟镜（M255：1）

2. 汉代蟠螭菱纹镜（M273：1）

3. 汉代圈带叠压蟠螭纹镜（M364：2）

4. 汉代神人龙虎铭带镜（M284：3）

5. 汉代昭明连弧铭带镜（M53：1）

6. 元代瑞兽葡萄纹镜（M99：1）

汉元·铜镜

1．宋代缠枝四花“亚”字形镜（M15：23）

2．宋代素面镜（M18：1）

3．宋代双凤花卉纹“亚”字形镜（M70：1）

4．元代葵花镜（M109：2）

5．宋代缠枝四花联珠纹“亚”字形镜（M116：5）

6．宋代缠枝四花联珠纹“亚”字形镜（M385：1）

1．为善最乐镜（M4：6）

2．湖州孙家镜（M82：6）

3．湖州孙家镜（M213：1）

4．仿汉四乳博局纹镜（M228：1）

5．仿汉日光镜（M285：6）

6．花卉纹镜（M376：10）

首届低渗与非常规油气储层改造及增产稳产新技术研讨会论文集

本书编委会　编

中国石化出版社
·北京·

图书在版编目(CIP)数据

首届低渗与非常规油气储层改造及增产稳产新技术研讨会论文集 / 本书编委会编. — 北京 : 中国石化出版社, 2023.11
ISBN 978-7-5114-7356-1

Ⅰ. ①首… Ⅱ. ①本… Ⅲ. ①油气藏-储集层-改造-文集②油气藏-储集层-增产-文集 Ⅳ. ①P618.130.2-53

中国国家版本馆 CIP 数据核字(2023)第 213373 号

中国石化出版社出版发行
地址:北京市东城区安定门外大街 58 号
邮编:100011 电话:(010)57512500
发行部电话:(010)57512575
http://www.sinopec-press.com
E-mail:press@sinopec.com
北京富泰印刷有限责任公司印刷
全国各地新华书店经销
*
880 毫米×1230 毫米 16 开本 57.5 印张 1718 千字
2023 年 11 月第 1 版 2023 年 11 月第 1 次印刷
定价:380.00 元

《首届低渗与非常规油气储层改造及增产稳产新技术研讨会论文集》

编　委　会

前　言

当前，百年未有之大变局加速演进，新一轮科技革命和产业变革突飞猛进，能源格局深度调整，全球普遍进入低渗与非常规油气、难动用储量开发时代，油气行业面临的发展机遇与风险挑战前所未有。北美率先通过水平井多段多簇压裂技术的大规模应用，引发了页岩油气革命性突破，许多传统的勘探禁区不断被点亮，已成为石油勘探开发领域实现低成本战略、提高单井产量、有效动用低品位储量的关键核心技术。

纵观世界能源格局，我国油气安全的地位更加凸显，保障压力进一步加大，党和国家号召我们要加大油气增储上产及勘探开发力度。"十三五"以来，我国广大储层改造技术者、科技工作者和工程技术人员，针对油气勘探开发中存在的致密油气藏/页岩油气单井产量低、难动用储量动用率低、综合成本高等关键难题，以提高低渗和非常规油气田单井产量、最终采收率、探明率和经济有效性为目标，积极跟踪行业技术发展前沿，持续加大科技攻关力度，运用多学科交叉融合，深化储层改造机理、压裂新材料、工具及压裂工艺研究，形成了页岩油气体积、薄互层多层细分压裂、深层碳酸盐岩储层酸压技术和干热岩体积压裂等技术，有力支撑了低渗与非常规油气藏的规模有效开发，未来低渗与非常规油气藏仍是我国油气勘探开发的主要领域，储层改造和增产稳产技术将继续发挥不可替代的作用。

为深入贯彻落实党的二十大关于"深入推进能源革命""加大油气资源勘探开发和增储上产力度"的决策部署，进一步解决低渗和非常规资源在勘探开发过程中面临的资源分布预测困难和可动用储量开发成本高等瓶颈问题，全面助力我国陆相低渗及非常规油气资源的高效利用，天津市石油学会、四川省石油学会、新疆石油学会、山东石油学会、辽宁省石油石化学会、甘肃省石油学会、中国石油学会海洋石油分会以"推进低渗及非常规油气储层改造及增产稳产新技术，助力我国低渗及非常规油气资源高效开发"为主题组织召开"首届低渗与非常规油气储层改造及增产稳产新技术研讨会"。

本次大会的论文征集得到了中国石油、中国石化、中国海油、延长石油、大专院校及科研院所等相关单位和领导的大力支持，共征集论文200余篇。这些论文涵盖主要内容包括：低渗与非常规油气藏开发储层改造技术、增产稳产技术、提高采收率技术，以及国内外油气田开发新技术、新方法、新材料等，一定程度上反映了我国低渗与非常规油气开发领域近年来取得的新理论、新方法、新技术、新工艺及新装备等创新成果，具有较高的学术与应用价值。

会议论文是一笔宝贵的精神财富，需要广泛交流、传承与推广，大会主办方特此组织专家组认真筛选出优秀论文135篇集册成集并公开出版发行。在本届会议组织和书稿梳理、编辑出版过程中，得到广大科技工作者、专家和教授的积极参与，在此深表感谢。期望论文集的出版能够惠及更多同行科技工作者和社会相关人士，并在我国低渗与非常规油气开发提质增效进程中发挥更好作用。

本书编委会

2023年11月

目　录

济阳页岩油水平井密切割压裂技术研究及应用

张子麟[1] 周广清[1] 张 峰[1] 钟安海[1] 王小山[1] 谷长岳[1] 李连崇[2] 陆 健[2]

(1. 中国石油化工股份有限公司胜利油田分公司；2. 东北大学)

摘 要 纹层状富灰页岩是渤海湾盆地济阳坳陷页岩油的主要的甜点层岩相类型。受岩石结构的影响，水力压裂的空间扩展形态并不明确。为揭示纹层状富灰质陆相页岩水力压裂路径的扩展规律，首先对页岩岩心进行了矿物含量和岩石力学测试。其次，对标准尺寸和大尺寸的相似材料岩心进行制造和加工。最后，结合物理模拟试验、声发射和矩张量反演技术，对不同应力差下的大尺寸岩心进行了水力压裂试验。实验结果表明，地应力(围应力)、层状结构和岩性分布共同影响裂缝的扩展方式。随着水平应力差的增大，SRV逐渐减小，剪切裂缝数量也相应减少。从宏观上看，在水平应力差较小的情况下，泵压曲线表现出明显的波动，这是水力压裂起裂-受阻-转向-再起裂-受阻-转向的外在表现。脆性和塑性矿物的含量对裂缝的复杂性有显著影响，特别是高泥质含量的地层对裂缝的扩展有显著的抑制作用。层理容易捕获裂缝并使其沿层理面传播，从而增加了裂缝网络的复杂性。依据试验结果开展了压裂缝网仿真模拟研究，提出了针对富灰页岩的水平井密切割压裂技术并开展了矿场试验。

关键词 富灰页岩；水力压裂；裂缝扩展；水平井密切割

1 引言

济阳坳陷陆相页岩有利岩相以层状泥质灰岩为主。储层主要位于Es2、Es3、Es4段，碳酸盐含量为主要脆性矿物，脆性矿物含量通常超过60%。胜利油田陆相页岩油藏早期开发试验表明，各压裂段加砂量差异较大。

作为一种复杂的岩相，页岩表现出显著的各向异性，其复杂的破坏模式受到应力差的极大影响。江等采用声发射(AE)和示踪剂对厚夹层进行水力压裂试验，从能量角度分析泵压曲线和声发射信号。基于对页岩中矿物含量的分析，张等人发现，高脆性更有可能在外部载荷下产生更多的分支和转折裂缝。徐等人研究了当管道路径和页岩层压形成不同角度时，由于水力裂缝传播模式，每个影响因素的敏感性。Garcia-Teijeiro等人研究了裂缝的扩展行为，如裂纹尖端诱发应力引起的水力裂缝的逼近、剪切、穿透和转向。指出页岩储层物理各向异性导致的力学参数和脆性差异对压裂区块的选择和水力压裂参数的优化有重要影响。Weijers等人使用数值模拟优化了压裂参数，发现压裂后的模拟储层体积(SRV)和油气产量密切正相关。随着实验技术的提高，近年来一些学者进行了许多新的水力压裂实验，包括用新的相似材料进行实验。

为了进一步揭示层流结构对裂缝扩展空间形态的影响，本研究首先对济阳凹陷井的岩心进行了矿物含量和基本岩石力学测试。其次，对标准尺寸和大尺寸的相似材料岩心进行制造和加工。最后，结合物理模拟试验、声发射和矩张量反演技术，对不同应力差下的大尺寸岩心进行了水力压裂试验。

2 页岩岩心力学特征研究

本研究中的陆相页岩岩心取自胜利油田X1井深度4221m、X2井深度3653.1m、X3井深度3678m和X4井深度3054.2m。利用XRD技术计算了各岩心的泥灰含量。用Rockman岩石力学实验机测试了岩心的单轴抗压强度和抗拉强度。

2.1 岩心矿物含量

X射线衍射(XRD)技术用于测试典型岩心的矿物含量，如图1所示。根据2θ-d换算表，如图2所示，找出各峰点对应的d值矿物，确定矿物成分含量，获得全岩矿物分析结果。每个泥质钙质岩心的含量如表1所示。虽然岩心的矿物成分不是力学参数，但本节的实验为后续制备人造岩心提供了基本参考。由于泥质灰岩陆相页岩中脆性和塑性矿物的含量对压裂裂缝的复杂性有显著影响，在制备人造岩心时，有必要参考黏土和石灰石矿物含量的比例。

图1　纹层状富灰页岩岩心

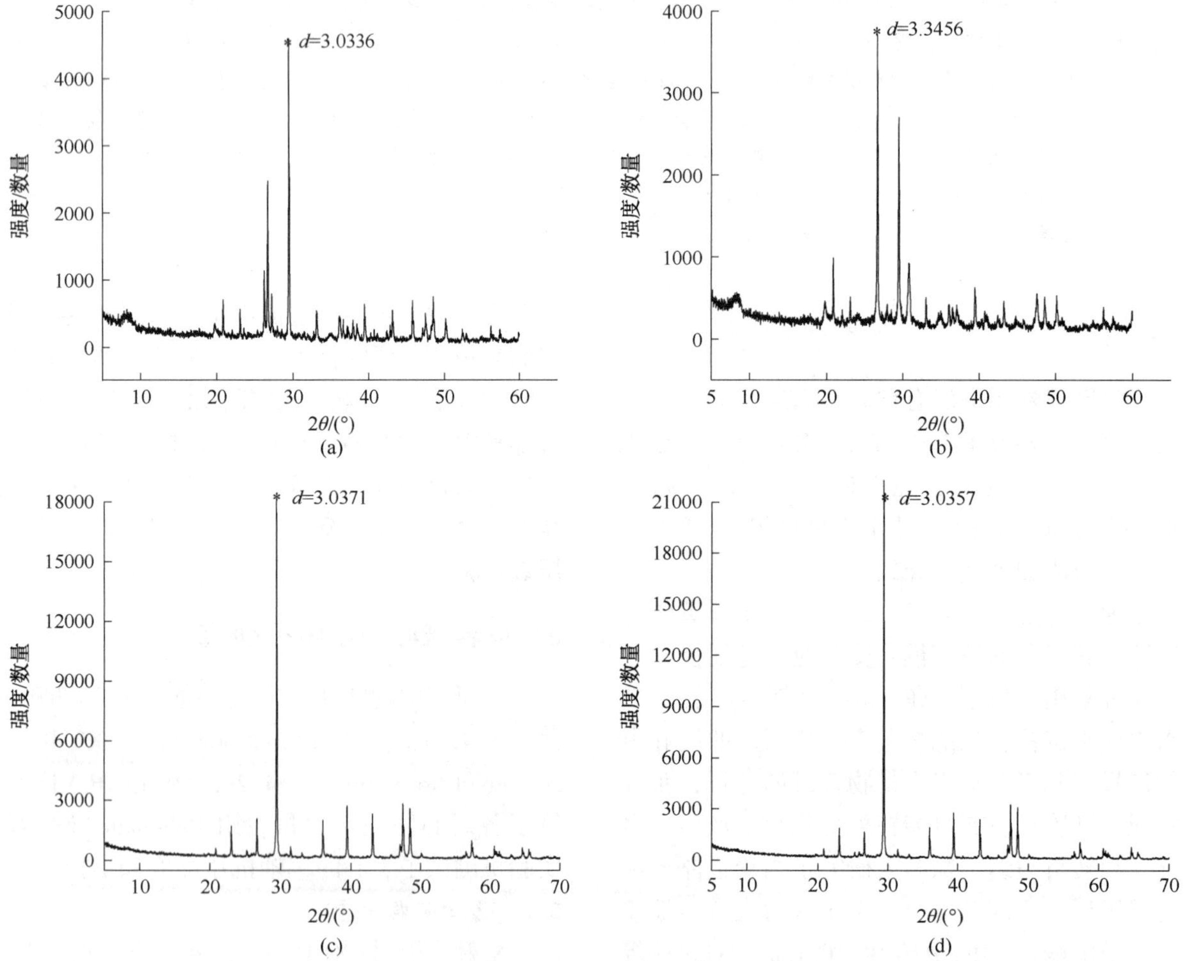

图2　岩心的XRD矿物含量特征值d(a)X1，(b)X2，(c)X3，(d)X4

表1　岩心矿物含量分析

井号	深度/m	含量/%									
		石英	钾长石	斜长石	方解石	白云石	铁白云石	黄铁矿	硬石膏	黏土	菱铁矿
X1	4221.0	9.1	0.0	0.7	0.0	68.2	0.0	1.5	0.3	1.2	19.1
X2	3653.1	23.5	0.1	1.5	30.7	0.0	0.0	4.0	1.1	17.6	21.4
X3	3678.0	7.2	0.0	0.2	86.0	0.0	0.9	1.6	0.0	3.9	0.3
X4	3054.2	7.3	0.0	0.3	85.8	1.6	0.0	2.7	0.0	2.3	0.0

钙质矿物以白云石和方解石为主，其他碳酸盐矿物很少，泥质矿物以黏土为主，含少量石英、钾长石和斜长石。钙质矿物含量越高，脆性越强，越容易发生断裂，形成复杂的裂缝网络；泥质矿物含量越高，塑性越强，越不容易发生断裂，从而形成简单的扁平裂缝。据观察，钙质含量可高达50%~80%，每个岩心的矿物含量差异很大。因此，进行矿物含量分析将有助于对岩心或储层的脆性和可压性进行全面分类和评价。

2.2 单轴压缩强度和抗拉强度

将上述页岩岩心加工成直径50mm、高25mm的圆柱形岩心。选择四个岩心进行单轴压缩试验。图3是岩心和相应的应力-应变曲线。试验结果表明，岩心的强度特性与矿物含量有很好的一致性。灰岩的强度明显高于泥岩，脆性也明显优于泥岩，说明灰岩水力裂缝的复杂性可能更高。岩心力学参数分析为后续的人工岩心参数提供基础参考，确保人工岩心的力学参数不出现明显偏差。

岩心被加工成直径为25mm、高度为12.5mm的标准圆柱岩心。与上述单轴压缩试验相对应，选择X2井3653.1m深度的三个岩心进行巴西劈裂试验。测试结果如图4和表2所示。如图4所示，岩心拉伸破坏发生在层理平面上，页岩岩心均表现出多个断裂面，表明大多数层理面胶结强度较低。在水力压裂过程中，弱胶结层倾向于“捕获”裂缝，并使其沿层状界面扩展，从而增加裂缝带宽并限制向裂缝高度方向扩展。

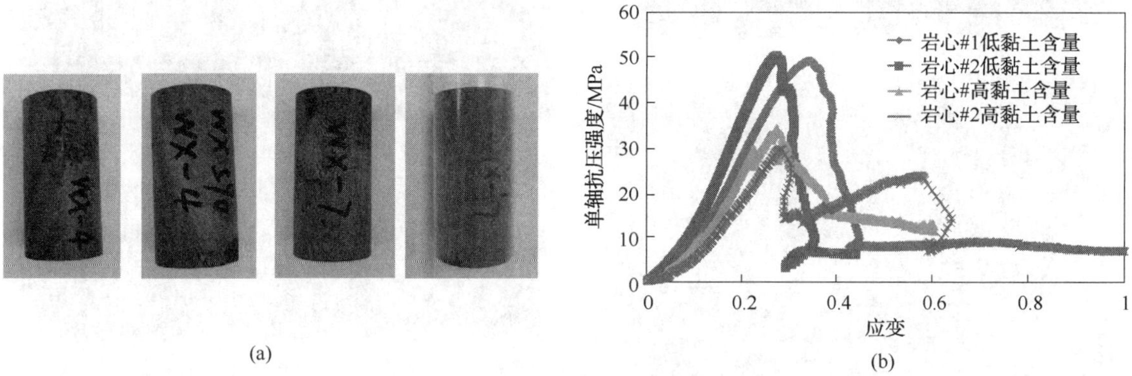

图3 灰质岩心(低黏土含量)和泥质岩心(高黏土含量)

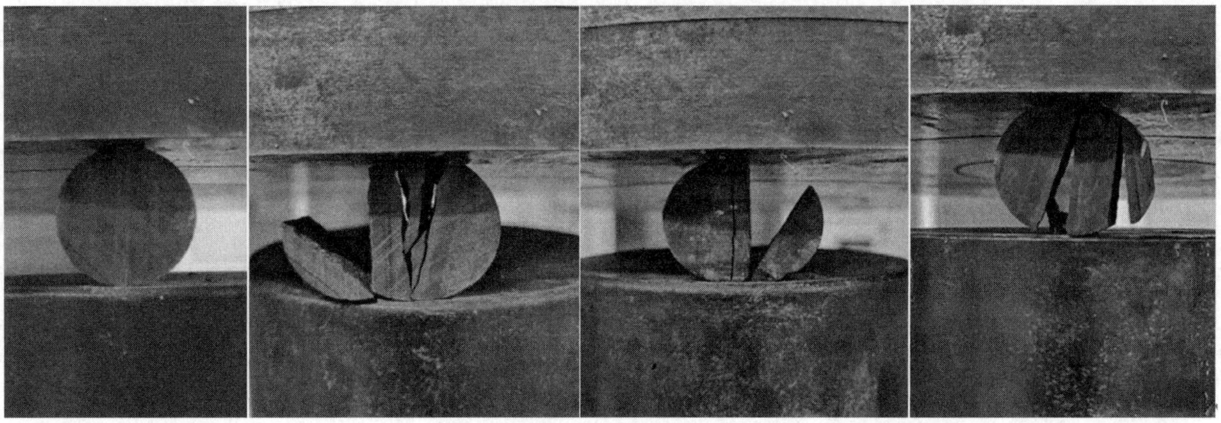

图4 巴西劈裂前后的页岩岩心

表2 巴西页岩岩心劈裂试验结果

数量	井号	深度/m	峰值载荷/kN	抗拉强度/MPa	平均强度/MPa
1	X2	3653.1	0.78	1.59	1.76
2	X2	3653.1	0.94	1.92	
3	X2	3653.1	0.86	1.76	

3 纹层状页岩裂缝扩展研究

由于难以就地收集大尺寸深度岩心，本研究利用相似的材料来设置岩心并进行水力压裂试验。

3.1 人工岩心

在浇筑大尺寸岩心前，还浇筑标准圆柱形岩心，以确定相似材料的力学参数。一般来说，32.5 目硅酸盐水泥、20~40 目石英砂、325 目高岭土(瓷土)和水，用于人工岩心的制作。图 5 为浇筑的相似材料标准圆柱形岩心，相应的岩石力学参数通过在 Rockman 岩石力学机上进行测试并获取。测试后相似材料的岩心如图 6 所示。表 3 列出了相似材料岩心和原位尺度陆页岩岩心的综合力学参数。两种岩心的模量和强度参数基本符合相似准则。经多次配比，灰质岩类材料中水泥、砂、高岭土的配比为 2∶2∶1，泥质岩类材料中水泥、砂、高岭土的配比为 1∶1∶3。另外，消泡剂占 1%左右。

图 5　标准尺寸人工岩心脱模前后

(a)

(b)

图 6　人工岩心的单轴压缩与巴西劈裂模式

表 3　天然岩心与人工岩心力学参数比较

		单轴抗压强度/MPa	抗拉强度/MPa	弹性模量/GPa
天然岩心	泥质岩	33.4	1.59	17.4
	灰质岩	50.2	1.92	23.5
人工岩心	泥质岩	23.2	1.41	13.5
	灰质岩	35.5	1.85	18.2

确定相似材料比例，浇筑大尺寸岩心。浇筑尺寸为 $300 \times 300 \times 300mm^3$ 的立方层压芯。材料的底部需要一个摇床，而振动器的上部需要去除泡沫。岩心的浇筑工艺和参数如图 7 所示。实验过程包括以下步骤，即模具表面上油、填充模具、内部振动、外部振动、表面光滑、预置井筒。在实际浇筑过程中，灰质层和泥质层交替铺设，即先铺设一定厚度的灰质层，再铺设 1cm 厚度的泥质层，再铺设灰质层，重复上述过程。在整个过程中，需要控制泥岩的总体积含量(30%左右)。此外，层间铺设时间间隔不应超过 10min，这不仅防止了层间的完全硬化和分层，还允许相邻层的轻微侵入，使它们成为一个完整的实体。共浇筑了 6 个岩心。

3.2 实验设备和流程

水力压裂模拟试验在自行开发的真三轴水力压裂试验系统上进行，如图 8 所示。该系统由三个主要部分组成，即真三轴伺服加载系统，注液伺服控制系统，以及自动数据采集和处理系统，如图 8 所示。将最大允许尺寸为 300mm 的立方

图 7　水力压裂试验中相似材料岩心的浇筑工艺

试样放置在由加压活塞包围的测试框架中。使用真三轴水力压裂系统加载围压，最大可达 10MPa。采用注液伺服控制系统精确确定注射速率和压力。最大注入速率为 10mL/min，最大注入压力为 40MPa。应用美国声学公司制造的声发射(AE)监测系统分析水力压裂的震源机制，如图 9 所示。

三轴围压分别为垂直应力 σ_v、最大水平主应力 σ_H 和最小水平主应力 σ_H。在本研究中，A 组围压为 10-8-2MPa，B 组为 10-6-2MPa，C 组为 10-4-2MPa，每组包含两个岩心。为了模拟流体注入，嵌入了内径为 20mm 的单簇射孔裂缝管。压裂液为水，泵注入速率为 10mL/min，直到泵停止，压力没有显著变化。在整个过程中，在声发射监测系统中使用了 8 个声发射探头，以获得与 HFs 起裂和扩展相关的声发射信号。在本研究中，对压裂试验中的每个岩心进行了声发射监测。布置 AE 探头，如图 10 所示。左下角为坐标原点(0，0，0)，坐标点为(200，200，300)、(100，100，300)、(200，0，200)、(100，0，100)、(200，100，0)、(100，200，0)、(200，200，0)、(200，100，300)、(100，200，300)。坐标单位是毫米。

(a)安装声发射探头　　(b)试样放入三轴伺服加载系统

图 8　真三轴水力压裂试验系统

(a)AE工作站　　(b)放大器

图 9　声发射监测系统

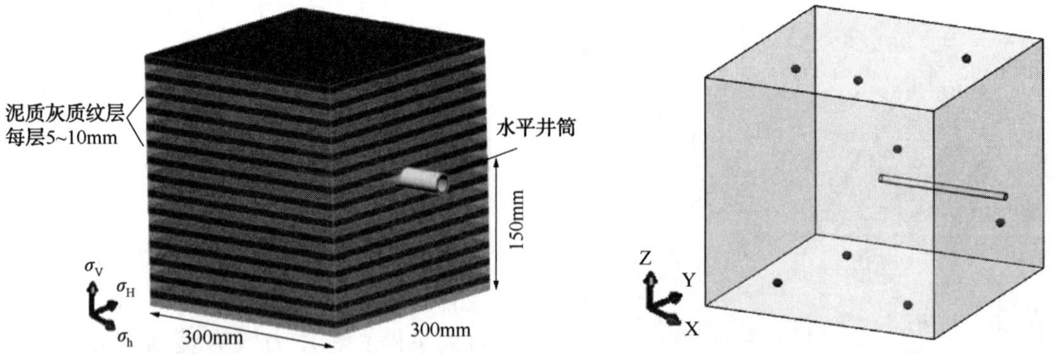

图 10　核心配置及声发射检测点布局

3.3　实验结果

应用声发射测试系统采集信息，同时比较探头触发信息，有助于更好地了解岩心中的损伤、裂缝起裂和扩展。通过对有效声发射事件轨迹和波形分析，计算初始振幅。然后利用矩张量反演分析具体的拉伸和剪切破坏模式。考虑到与地震学的相似性，将矩张量理论引入到声发射测试中，以判断岩心的断裂破坏模式。破裂源处的力被分解成各向同性源、双耦合源和补偿线性偶极子。基于矩张量反演，得到了源机制的各个分量。因此，剪切和拉伸破坏是根据相应的成分及其比例来判断的。水力压裂后的声发射监测结果用矩张量反演，如图 11 所示。在这些图中，蓝点代表剪切破坏，红点代表拉伸破坏，绿点代表混合破坏。随着水平应力差的减小，声发射事件增加，断裂模式变得更加复杂。此外，断裂类型(剪切、拉伸和混合破坏)也反映了一个趋势，即随着水平应力差的增加，剪切断裂率显著降低。将压裂过程中 AE 事件点包围的体积视为重建体积 SRV，应力差-SRV-剪切断裂比之间的关系如图 12 所示。SRV 是一个统计值，具体来说，SRV 是每个离散声发射事件的三维包络空间。由于 SRV 在物理模型实验中非常小，因此对 SRV 进行了归一化。曲线表明，虽然实验数据有轻微的离散性，但 SRV 的变化趋势一致。

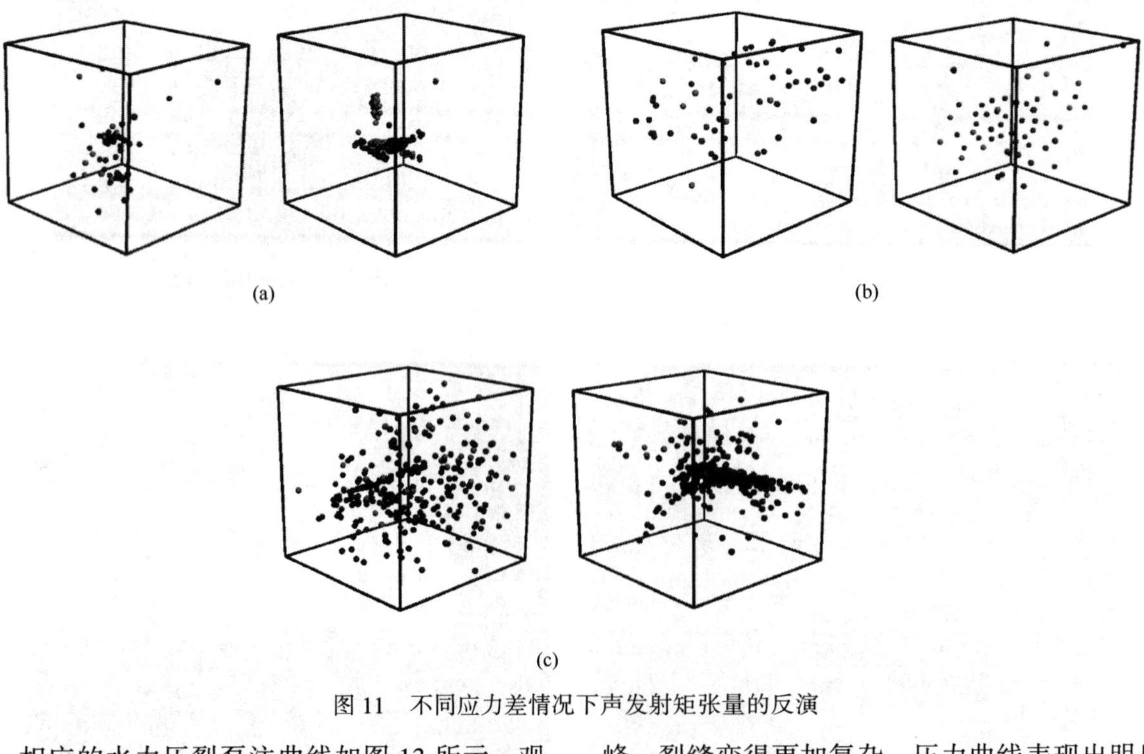

(a)　　(b)

(c)

图 11　不同应力差情况下声发射矩张量的反演

相应的水力压裂泵注曲线如图 13 所示。观察到，随着水平应力差的减小，压力值出现多峰，裂缝变得更加复杂，压力曲线表现出明显的波动。其内在原因可能是裂缝不断重复“起始-

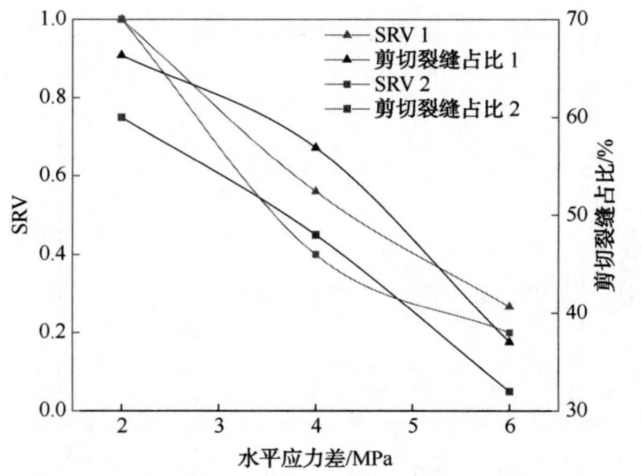

图 12　应力差、SRV 与剪切断裂比的关系

阻塞-转折-穿透-阻塞-转折”的传播过程。一旦起始裂缝遇到泥质岩层，裂缝就会被堵塞，不得不沿着界面扩展。水力裂缝沿泥质-灰质层状界面扩展一定距离后，可再次转向并沿最大水平主应力方向继续扩展。压裂液通过层板会引起泵压曲线的微小波动。在钙质或灰质岩层中，渗透率相对较高。随着压裂液的注入，压力逐渐增加，达到再次穿过地层所需的压力，并再次扩展。如果有更多的裂缝转向，将有更多的剪切裂缝，这与图 11 中的声发射响应一致。

为了证实上述推测，将 B 组的一个岩心手工切成片。图 14 为示踪剂洋红色在裂缝发育带中有明显的扩散。裂缝重建后，裂缝形态呈现多组平行裂缝，在泥质-灰质材料界面的非均质点发生偏转，特别是高泥质含量的岩层对裂缝扩展有显著的抑制作用。因此，裂缝的高度相对较小。实验中观察到的这些裂缝扩展模式是不同泥灰剖面压力波动明显的内在原因。

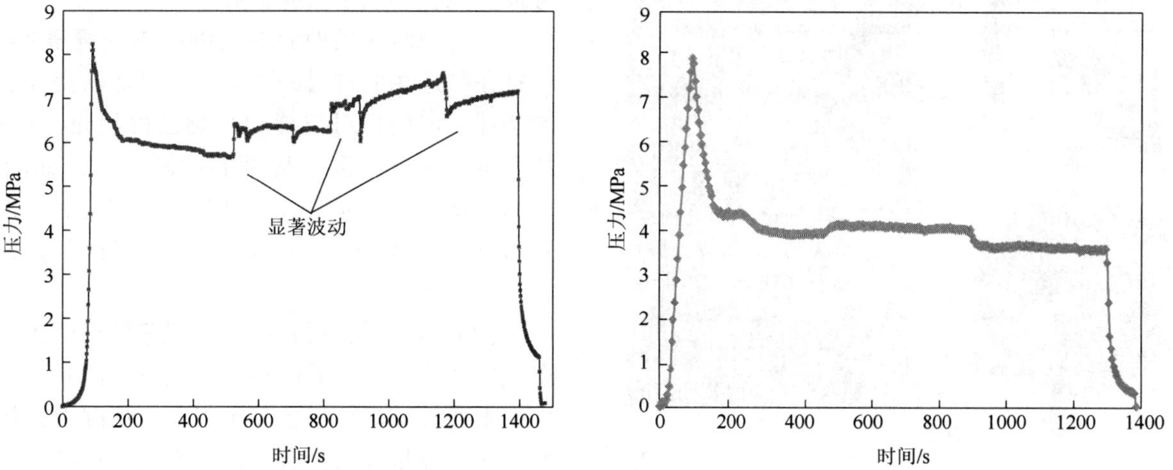

(a)围压为10-8-2MPa

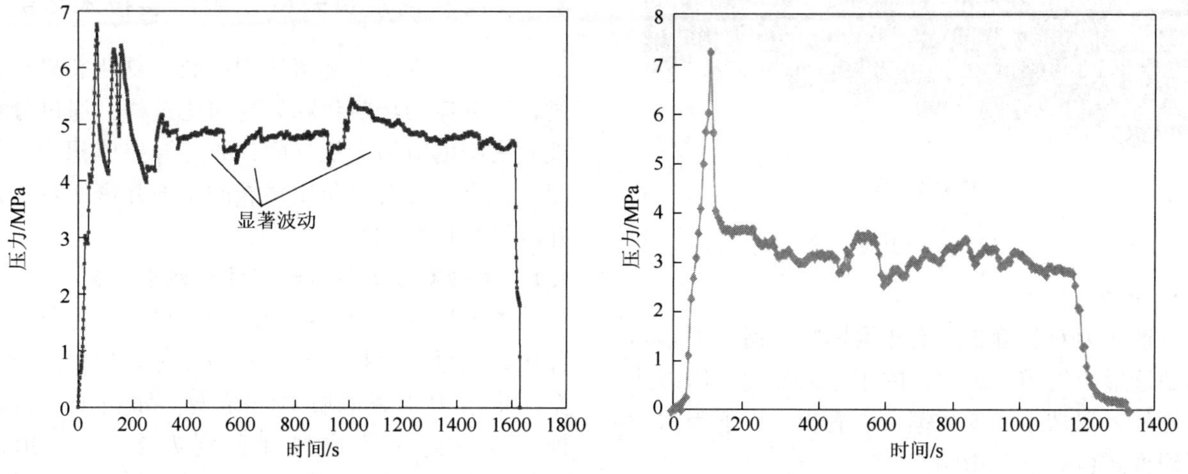

(b)围压为10-6-2MPa

图 13　不同应力差下的水力压裂泵压力曲线

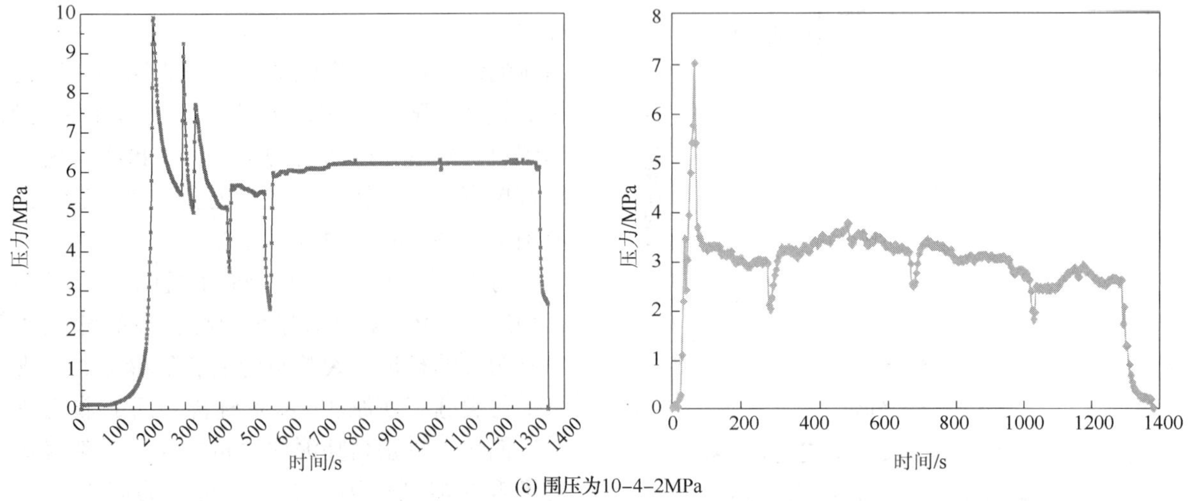

(c) 围压为10-4-2MPa

图 13 不同应力差下的水力压裂泵压力曲线(续)

(a)手动切片

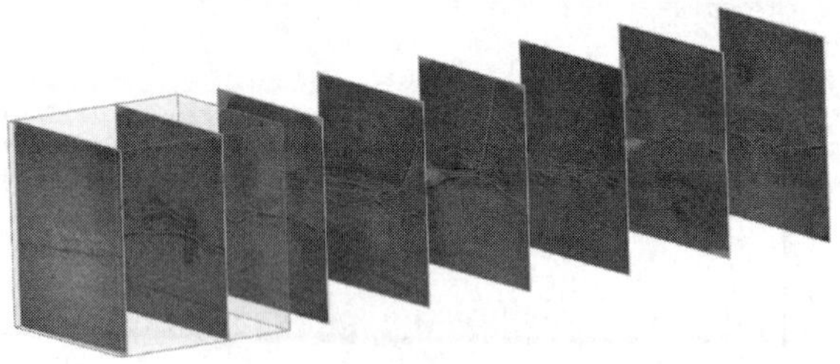

(b)裂缝重建

图 14 压裂裂缝重建

3.4 小结

地应力对裂缝扩展有重要影响，但它不是影响裂缝形成的唯一因素。除了注入速度和压裂液黏度外，仅从本实验数据可以看出，以下因素对压裂方式也有显著影响。

（1）根据裂缝类型和压力曲线的波动特征，可以认识到泥质岩和灰质岩的含量对裂缝路径有显著影响，特别是在灰质含量高的情况下，这可能更有利于促成复杂裂缝。泥质层通常被认为具有强塑性，不利于裂缝扩展。

（2）层压或层理面对裂缝扩展有显著影响。虽然在制造相似材料的岩心时不可能获得高密度的层理，但层理对裂缝的影响已得到充分证明，特别是对裂缝高度有显著的抑制作用，如图 14 所示。在后续研究中，可以尝试使用全尺寸天然岩心进行高密度夹层对裂缝扩展路径影响的实验。

（3）多个射孔可轻微改变裂缝网络的整体形态。虽然应力阴影效应在目前流行的闭式压裂设计中重要性减弱，但在多组射孔的情况下，压裂液的注入能量及其分布会改变裂缝沿层理面传播并穿过泥质层的能力。

4 纹层状富灰页岩密切割压裂技术研究

本章研究水平井密切割压裂，复杂裂缝扩展过程中的应力场演化和裂缝演化过程，通过分析裂缝之间的应力干扰强度，研究缝控体积变化规律，提出了针对富灰质页岩的水平井密切割工艺并开展了矿场试验。

4.1 密切割压裂仿真模拟优化技术研究

本节以 X 井为参考井，开展陆相页岩水平井压裂三维裂缝扩展规律及参数优化分析。建立全三维水力压裂地质力学模型，如图 15 所示。模型 X、Y、Z 方向尺寸分别为 200m、420m、60m。页岩油层厚度为 40m，在页岩层的上下分别设置 10m 厚的隔层用以减弱边界效应对裂缝扩展的影响。

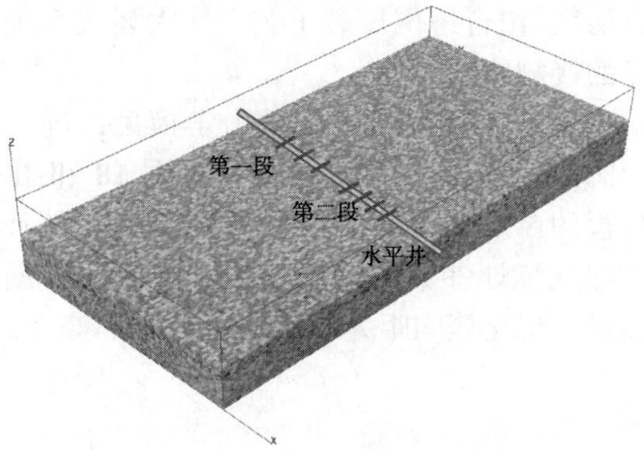

图 15　水平井分段压裂数值模型图

图 16、图 17 是簇间距分别为 12m 和 10m 情况下，相邻两段压裂裂缝的扩展路径及应力场演化图。可以看出，在簇间距小时，段内区域储层基本都被改造，并形成了复杂的缝网结构。簇间应力干扰非常严重，裂缝起裂后非均匀扩展，而是受应力和地层非均匀性联合控制，在水平主应力平面上，呈椭圆形外包络线的缝网(多簇相互干扰、并压碎贯通，裂缝形状不再像单簇裂缝的“树枝”形状)。

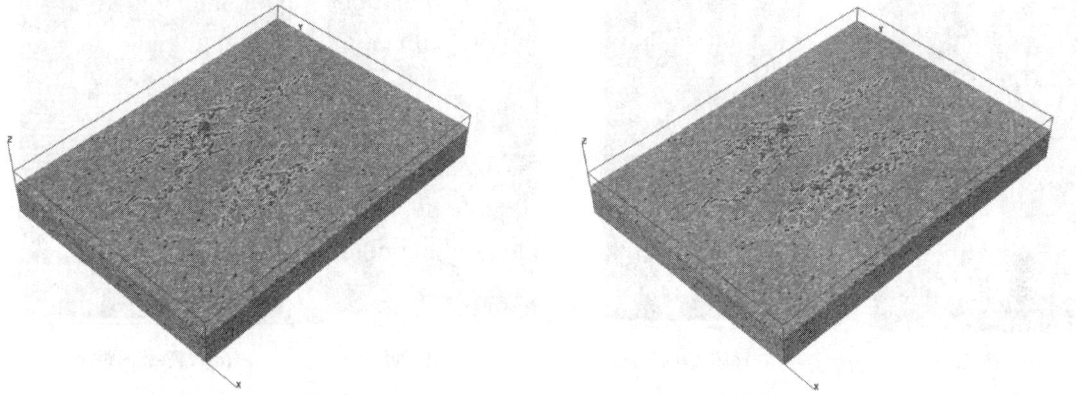

图 16　簇间距为 12m 和 10m 时缝网形成过程

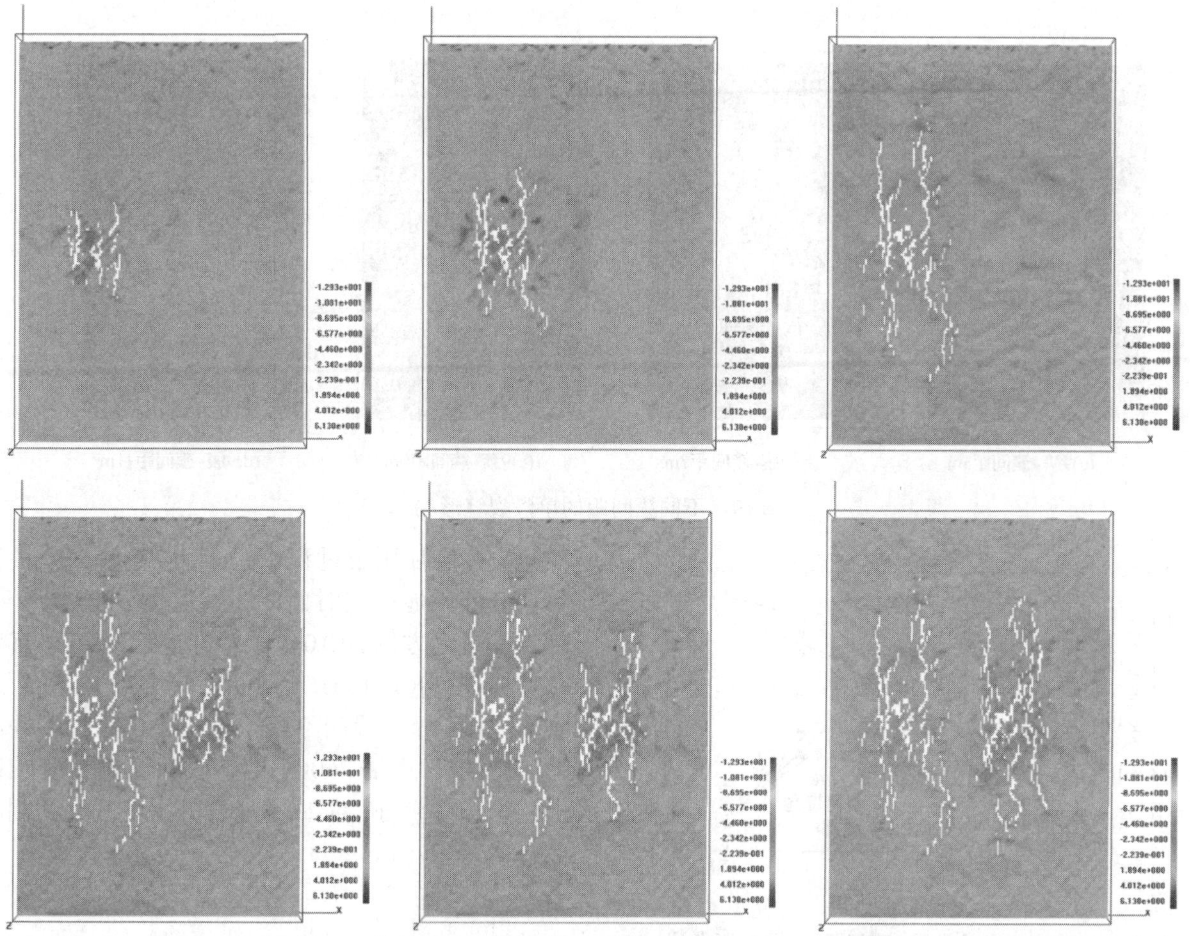

图 17　簇间距为 12m 和 10m 时缝网形成过程中的应力场

4.2 富灰质页岩密切割压裂工艺研究

选区 X 井进行水平井密切割压裂工艺研究，X 水平井设计垂深 3855.00m，A 靶垂深 3780.00m，完钻井深 5794.00m，垂深 3840.98m，实际钻探在沙四上纯上见到油气显示。基于该井资料、邻井分析、力学实验及可压性评价，借鉴前期成功理念，为了实现缝控储量储层的最大化改造，总体设计思路是：采用水平井密切割+组合缝网压裂工艺，增大裂缝系统与油藏的接触体积。

建立了 X 井的三维地质力学模型，进行裂缝形态及改造体积 SRV 的模拟。图 18 和图 19 是数模的单段裂缝形貌，利用数模裂缝的统计数据，建立统计参数曲线图版，如图 20，根据图版曲线，优化簇间距为 7~9m。

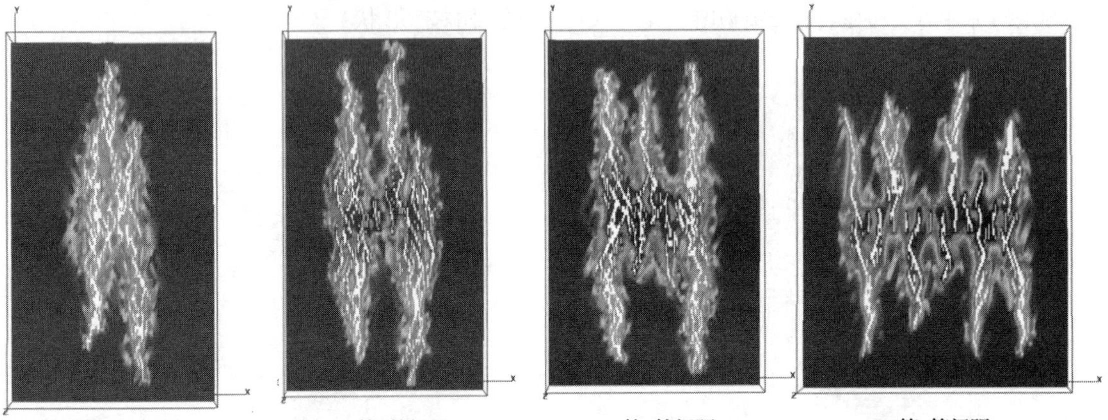

(a)4簇-簇间距7m　(b) 6簇-簇间距7m　(c)9簇-簇间距7m　(d)12簇-簇间距7m

图 18　簇间距 7m-不同簇数的单段裂缝形貌

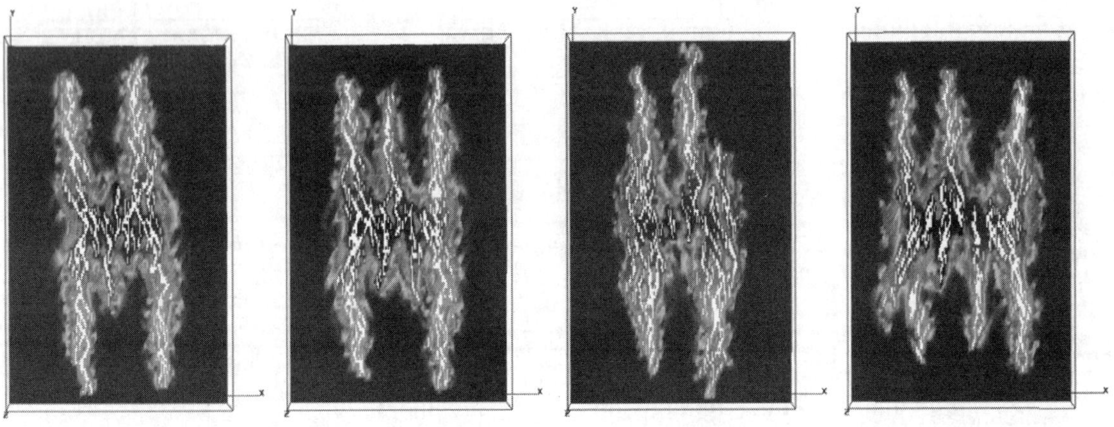

(a)9簇-簇间距5m　(b) 9簇-簇间距7m　(c)9簇-簇间距9m　(d)9簇-簇间距11m

图 19　不同簇间距的单段裂缝形貌

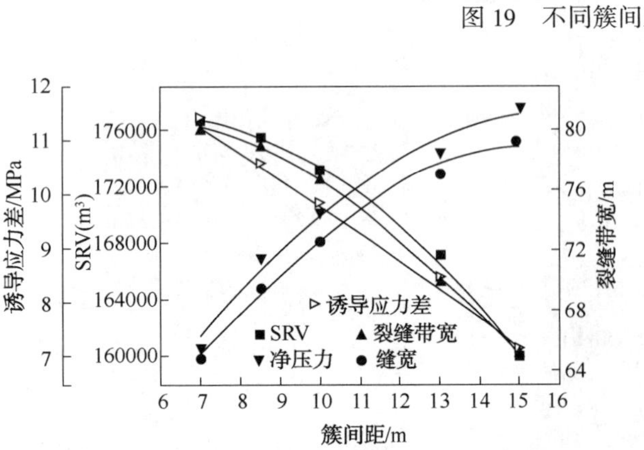

图 20　X 井人工裂缝参数(簇间距)优化图版曲线

X 井实际压裂过程中，采用 50 台三分量节点仪开展微地震实时监测，共监测到 2346 个事件点，裂缝方位 NE104°，平均缝长 349m，有效改造体积(SRV)1361.1 万 m^3，单段平均 SRV 达到 54.4 万 m^3。段间不窜，改造体积比临近井高 9%；峰值日产油 260t，年累计产油量 2 万吨以上，稳产效果好，形成了适合的水平井密切割压裂技术。

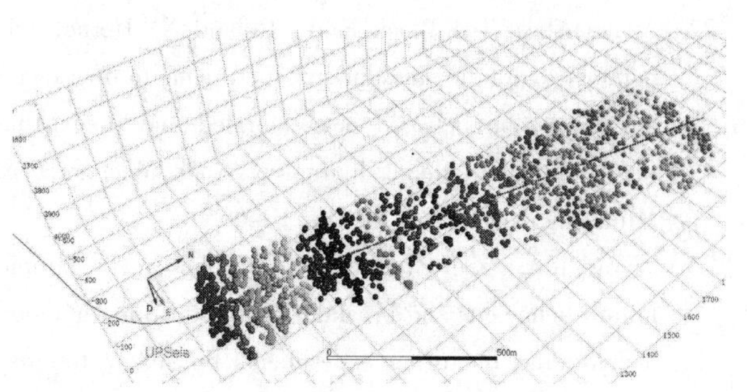

图 21　X 井微地震裂缝监测结果

5　结论

（1）地应力对裂缝扩展有重要影响。随着水平应力差的增大，SRV 逐渐减小，剪切裂缝数量也相应减少。在水平应力差较大的情况下，裂缝不易滑动和偏转。如果有更多的裂缝转向，就会有更多的剪切裂缝，这与声发射响应一致。

（2）页岩中脆性和塑性矿物的含量对裂缝的复杂性有显著影响，特别是黏土含量高的岩层对裂缝的扩展有显著的抑制作用。此外，由于纹层开启、低胶结强度的特点，层理和岩相共同影响裂缝的扩展方式。

（3）建立了纹层状富灰页岩的裂缝扩展力学模型，分析了水平井密切割压裂段、簇对应力干扰和裂缝扩展的影响规律，提出分段分簇原则。以 X 井为例优化形成了水平井密切割压裂压裂技术并开展了矿场应用，年累计产油量 2 万吨以上。

参 考 文 献

[1] Vasin, R. N.; Wenk, H. -R.; Kanitpanyacharoen, W.; Matthies, S.; Wirth, R., Elastic anisotropy modeling of Kimmeridge shale. Journal of Geophysical Research-Solid Earth 2013, 118, (8), 3931-3956.

[2] Weijermars, R.; Wang, J.; Nelson, R., Stress concentrations and failure modes in horizontal wells accounting for elastic anisotropy of shale formations. Earth-Science Reviews 2020, 200.

[3] Wu, Z.; Zuo, Y.; Wang, S.; Yi, T.; Chen, S.; Yu, Q.; Li, W.; Sunwen, J.; Xu, Y.; Wang, R.; Li, B., Numerical simulation and fractal analysis of mesoscopic scale failure in shale using digital images. Journal of Petroleum Science and Engineering 2016, 145, 592-599.

[4] Jiang, Z.; Li, Q.; Hu, Q.; Liang, Y.; Xu, Y.; Liu, L.; Wu, X.; Li, X.; Wang, X.; Hu, L., Acoustic emission characteristics in hydraulic fracturing of stratified rocks: A laboratory study. Powder Technology 2020, 371, 267-276.

[5] Stanchits, S.; Burghardt, J.; Surdi, A., Hydraulic fracturing of heterogeneous rock monitored by acoustic emission. Rock Mechanics and Rock Engineering 2015, 48, (06), 2513-2527.

[6] Li, N.; Zhang, S.; Zou, Y.; Ma, X.; Zhang, Z.; Li, S.; Chen, M.; Sun, Y., Acoustic emission response of laboratory hydraulic fracturing in layered shale. Rock Mechanics and Rock Engineering 2018, 51, (11), 3395-3406.

[7] Zhang, D.; Ranjith, P. G.; Perera, M. S. A., The brittleness indices used in rock mechanics and their application in shale hydraulic fracturing: A review. Journal of Petroleum Science and Engineering 2016, 143, 158-170.

[8] Hattori, G.; Trevelyan, J.; Augarde, C. E.; Coombs, W. M.; Aplin, A. C., Numerical Simulation of Fracking in Shale Rocks: Current State and Future Approaches. Archives of Computational Methods in Engineering 2017, 24, (2), 281-317.

[9] Dan, X.; Ruilin, H.; Wei, G.; Jiaguo, X., Effects of laminated structure on hydraulic fracture propagation in shale. Petroleum Exploration and Development 2015, 42, (4), 573-579.

[10] Zhao, L.; Liu, F.; Wang, P.; Liu, P.; Luo, Z.; Li, N., A review of creation and propagation of complex hydraulic fracture network. Oil and gas geology 2014, 35, (4), 562-569.

[11] Garcia-Teijeiro, X.; Rodriguez-Herrera, A.; Fischer, K., The interplay between natural fractures and stress as controls to hydraulic fracture geometry in depleted reservoirs. Journal of Natural Gas Science and Engineering 2016, 34, 318-330.

[12] Taghichian, A.; Zaman, M.; Devegowda, D., Stress shadow size and aperture of hydraulic fractures in unconventional shales. Journal of Petroleum Science and Engineering 2014, 124, 209-221.

[13] Ju, Y.; Li, Y.; Wang, Y.; Yang, Y., Stress shadow effects and microseismic events during hydrofracturing of multiple vertical wells in tight reservoirs: A three - dimensional numerical model. Journal of Natural Gas Science and Engineering 2020, 84, 103684.

[14] Rogers, S.; Elmo, D.; Dunphy, R.; Bearinger, D. In Understanding hydraulic fracture geometry and interactions in the Horn River Basin through DFN and numerical modeling, Canadian Unconventional Resources

and International Petroleum Conference, 2010; OnePetro: 2010.

[15] Almutairi, A. In Evaluation of the Impact of Scale on the Well Test Behaviour of Fissured Reservoirs(Single-Phase), International Discrete Fracture Newwork Engineering Conference, Vncouver, Canada, 2014; Vncouver, Canada, 2014.

[16] Ghahfarokhi, P. K., The structured gridding implications for upscaling model discrete fracture networks(DFN) using corrected Oda's method. Journal of Petroleum Science and Engineering 2017, 153, 70-80.

[17] Thomsen, L. In On the use of isotropic parameters to understand anisotropic shale behavior: 83rd Annual International Meeting, SEG, Expanded Abstracts, 320-324, 2013; Abstract: 2013.

[18] Weijers, L.; Wright, C.; Sugiyama, H.; Sato, K.; Zhigang, L. In Simultaneous propagation of multiple hydraulic fractures - evidence, impact and modeling implications, International Oil and Gas Conference and Exhibition in China, 2000; OnePetro: 2000.

[19] Ju, Y.; Wang, Y.; Xu, B.; Chen, J.; Yang, Y., Numerical analysis of the effects of bedded interfaces on hydraulic fracture propagation in tight multilayered reservoirs considering hydro - mechanical coupling. Journal of Petroleum Science and Engineering 2019, 178, 356-375.

[20] Lu, Q.; Guo, J.; Zhu, H.; Zhao, X. In Cluster spacing optimization based on a multi-fracture simultaneous propagation model, SPE/IATMI Asia Pacific Oil & Gas Conference and Exhibition, 2015; OnePetro: 2015.

[21] McClure, M. W.; Horne, R. N., Discrete Fracture Network Modeling of Hydraulic Stimulation_ Coupling Flow and Geomechanics. 2013.

[22] Ayaka Abe, Tae Wook Kim, Roland N. Horne. Laboratory hydraulic stimulation experiments to investigate the interaction between newly formed and preexisting fractures. International Journal of Rock Mechanics & Mining Sciences 2021, 141, 104665

[23] Wang Jun, Xie Heping, Li Cunbao, Anisotropic failure behaviour and breakdown pressure interpretation of hydraulic fracturing experiments on shale. International Journal of Rock Mechanics & Mining Sciences 2021, 142, 104748

[24] Zheng Siping, Lin Mian, Jiang Wenbin, Qiu Xin, Chen Zhuo, New method of in situ high-resolution experiments and analysis of fracture networks formed by hydraulic fracturing. Journal of Petroleum Science and Engineering 2022, 217, 110849

[25] Zhai H, Chang X, Zhu W, Lei X, Xue Z. Study on anisotropy of Longmaxi shale using hydraulic fracturing experiment. Science China Earth Sciences, 2021, 64(2): 260-277

[26] Yang Wendong, Huang Chenchen, Zhang Yin, Lv Xianxian, Yu Rangang, Yao Jun, Study on the influence of stress differences on hydraulic fracturing based on true triaxial experiments and discrete element numerical simulations. Geomech. Geophys. Geo-energ. Geo-resour. 2022, 8: 139

[27] Sharifigaliuk, H.; Mahmood, S. M.; Ahmad, M.; Rezaee, R., Use of Outcrop as Substitute for Subsurface Shale: Current Understanding of Similarities, Discrepancies, and Associated Challenges. Energy & Fuels 2021, 35, (11), 9151-9164.

[28] Shi, P.; Angus, D.; Nowacki, A.; Yuan, S.; Wang, Y., Microseismic Full Waveform Modeling in Anisotropic Media with Moment Tensor Implementation. Surveys in Geophysics 2018, 39, (4), 567-611.

长庆页岩油 CO_2 区域增能体积压裂技术研究与实践

陶　亮　齐　银　薛小佳　陈　强　张同伍　武安安　赵国翔　曹　炜

（中国石油长庆油田分公司油气工艺技术研究院）

摘　要　针对鄂尔多斯盆地页岩油低压储层流体流动阻力大和增能效率低等难题，提出了 CO_2 区域增能体积压裂新理念。本文首先开展了不同注入介质压裂物模实验，利用高能 CT 扫描实现了 CO_2 压裂裂缝动态扩展在线可视化监测，揭示了 CO_2 压裂裂缝扩展规律，评价形成复杂缝网可行性；其次采用油藏数值模拟方法，优化了 CO_2 注入关键参数，形成了 CO_2 区域增能体积压裂技术模式。研究表明：前置 CO_2 压裂可提高长 7 页岩油裂缝复杂程度，裂缝沿层理弱面扩展并纵向穿层形成缝网；增能理念由单井段间交替增能向平台化整体注入实现井间、段间协同一体化增能转变，优化增能模式为全井段注入，可实现缝控区域全覆盖，优化单段注入排量 4~6 方/分钟，液态 CO_2 注入量为 300 方，闷井时间为 5 天。在庆城油田开辟页岩油 CO_2 区域增能体积压裂示范平台，试验井井均压力保持程度提高 2.1 倍，单井初期产油量由 16.8 吨/天提高到 21.6 吨/天，展现出较好的提产潜力，研究成果可为其他同类型页岩油藏高效开发提供新思路。

关键词　庆城油田；页岩油；CO_2 区域增能；增能模式；闷井时间

中国页岩油资源丰富，技术可采资源量为 145×10^8t，是最具有战略性的石油接替资源，成为中国“十四五”原油增储上产的主力军，其中鄂尔多斯盆地庆城油田为我国发现的首个 10 亿吨级页岩油大油田，经过多年技术攻关，形成了水平井细分切割体积压裂主体技术，单井产量大幅度提升。然而随着产建区域扩大，储层地质特征认识逐渐加深，盆地页岩油部分区域存在砂泥薄互层交互、低压、黏度相对较高特征，现有体积压裂技术与储层匹配性面临巨大挑战，矿场微地震监测显示庆城油田页岩油体积改造裂缝总体呈现主裂缝为主、分支缝为辅的条带状缝网形态，形似“仙人掌”，同时现有滑溜水增能方式相对较单一，压裂液向多尺度微纳米孔隙扩散难度大，能量波及范围有限，导致单井产量下降快、稳产期短，亟需探索提产新方向，进一步提高单井产量。

在国家“十四五”双碳目标大背景下，近年 CO_2 因具有黏度低易注入、扩散系数高、溶解性能强、增能效果明显、节约水资源等独特优势，在各大油田广泛应用。CO_2 增产机理研究与应用在非常规页岩油气开发领域一直被广泛关注，国内外学者主要采用实验与数值模拟手段聚焦 CO_2 压裂裂缝扩展规律、CO_2 增产影响因素分析、矿场应用 3 个方面的研究。目前我国陆相页岩油前置 CO_2 体积压裂还处于矿场探索试验阶段，CO_2 注入工艺、关键施工参数、压后返排制度等方面大多依靠矿场施工能力与经验实施，缺乏相关技术支撑。因此，本文以庆城油田长 7 页岩油为研究对象，采用物模实验与数值模拟方法，评价 CO_2 在长 7 页岩油提高缝网复杂度可行性，优化形成适合目标区块 CO_2 体积压裂高效施工模式，助力 10 亿吨级页岩油庆城油田高效开发。

1　长 7 页岩油地质力学特征

鄂尔多斯盆地晚三叠世发育典型的大型内陆坳陷湖盆，庆城油田位于盆地南部，主要含油层系为延长组，自上而下划分为长 1-长 10 共 10 个含油层组，长 7 为最大湖泛期，沉积了一套广覆式富有机质泥页岩与细粒砂质沉积，自生自储、源内成藏，为典型的陆相页岩油[图 1(a)]。长 7 自上而下划分为长 7_1、长 7_2、长 7_3 共 3 个亚段，主要以半深湖—深湖亚相沉积为主[图 1(b)]。

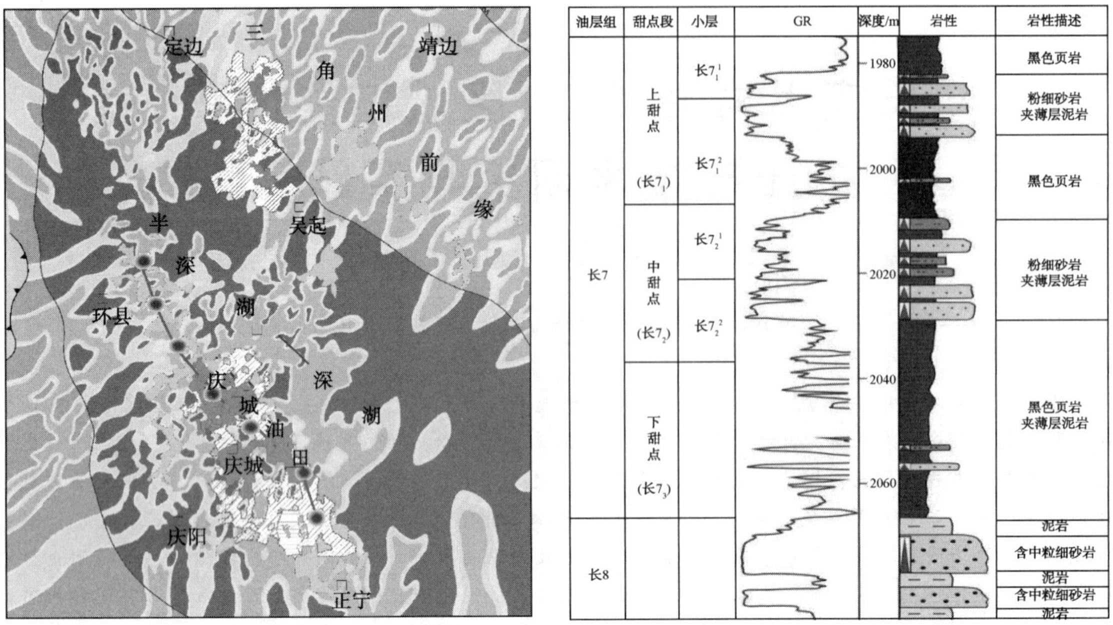

(a)长7沉积相平面分布图　　(b)长7岩性综合柱状图

图1　鄂尔多斯盆地延长组长7沉积相平面分布与岩性综合柱状图

盆地页岩储层埋深1600~2200m，基质渗透率0.11~0.14mD，孔隙度6%~12%，含油饱和度67.7%~72.4%，压力系数0.77~0.84。通过对盆地360块井下岩心232组岩石力学参数测试实验和80组地应力测试实验得出，研究区块页岩油样品脆性指数主要介于35%~45%，平均值为43.3%，水平应力差主要介于4~6MPa，平均值为5.1MPa。对比北美二叠盆地和国内页岩油，盆地页岩油具有岩石脆性指数低、水平应力差相对较高、地层压力系数低等特点(表1)。

表1　鄂尔多斯盆地页岩油与国内外页岩油特征参数对比表

特征参数	鄂尔多斯盆地	国内			国外
		准噶尔芦草沟组	三塘湖条湖组	松辽白垩系	北美二叠盆地
沉积环境	湖相	湖相	湖相	湖相	浅海相
埋深/m	1600~2200	2700~3900	2000~2800	1700~2200	2134~2895
油层厚度/m	5~15	10~13	5~20	10~30	400~600
孔隙度/%	6~11	8~14.6	8~18	5~18	8~12
渗透率/mD	0.11~0.14	0.01~0.012	0.1~0.5	0.02~0.5	0.01~1.0
含油饱和度/%	67.7~72.4	78~80	55~76.5	48~55	75~88
油气比/m^3/t	75~122	18~22	/	/	50~140
原油黏度/mPa·s	1.2~2.4	11.7~21.5	58~83	4.0~8.0	0.15~0.53
压力系数	0.77~0.84	1.2~1.6	0.9	1.1~1.32	1.05~1.5
水平应力差/MPa	4~6	5~9	1~5	3~6	1~3
脆性指数/%	35~45	50~51	31~54	/	45~60

长7页岩油储层发育微纳米孔隙，以溶孔、粒间孔组合为主，面孔率低，平均1.74%，孔隙半径主要集中在2~8mm，喉道一般为20~100nm。粒间孔含量相对较低，中值半径相对较小，排驱压力相对较高，两区渗流阻力相对较大(图2、图3)。

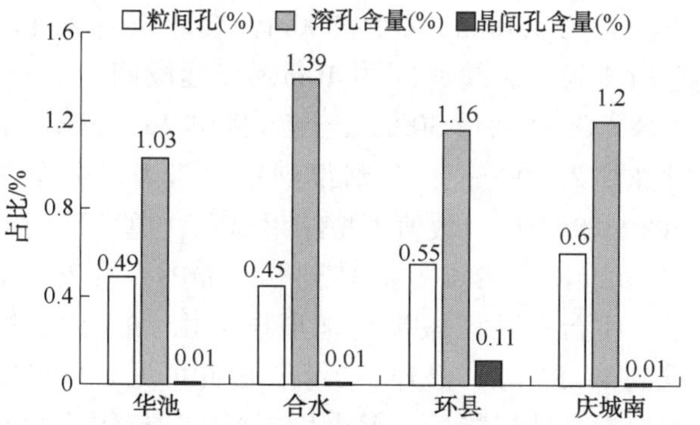

图 2　不同区带不同孔隙类型占比图

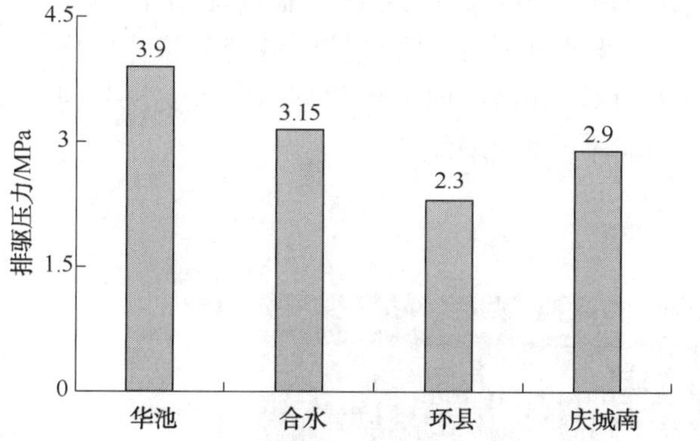

图 3　不同区带不排驱压力对比图

2　长 7 页岩油 CO_2 压裂裂缝特征

为了刻化盆地页岩油前置 CO_2 体积压裂缝网形态与扩展机制，开展不同注入介质拟三轴压裂物模实验(图 4)，获取了长 7 页岩油储层露头，加工成尺寸 50mm×100mm 圆柱岩样，为了模拟地层压裂过程，在岩样中心钻取直径 8mm、深度 45mm 的圆柱形孔眼，用于固结模拟井筒。根据长 7 页岩油储层实测地应力加载实验应力，并利用相似原理，由矿场施工排量计算实验注入排量，对比分析滑溜水和 CO_2 裂缝起裂与扩展规律，采用高能 CT 对裂缝起裂动态监测和缝网形态精细刻化(图 4)，从图中可以看出 CO_2 压裂裂缝更复杂，沿层理弱面扩展并纵向穿层形成缝网，诱导裂缝面积和裂缝体积均较大，实验证实 CO_2 压裂可提高长 7 页岩油储层缝网复杂程度与改造体积。

图 4　长 7 露头岩心不同注入介质压裂裂缝扩展实验实物图和 CT 扫描图

3　CO_2 区域增能油藏数值模拟研究

3.1　CO_2 组分模型建立

获取研究区块储层地质力学参数，油藏埋深 2000m，平均油层厚度 12m，孔隙度 8.6%，渗透率 0.12mD，原始地层压力 15.8MPa，地温梯度 2.76℃/100m，压力系数 0.81，油藏温度 60℃。采用 CMG 软件的三维三相组分模型(GEM 模块)进行数值模拟，分别为单段缝压裂增能模拟模型和全井段全生产过程模拟模型，模型的网格数量分别为 80×100×3 及 150×50×3，平面网格步长分别为 5m 和 10m，垂向上网格步长均为 4m，单段模型如图 5 所示，该模型考虑了 CO_2 随地层压力和温度变化发生相态变化气体膨胀增能驱油，反映 CO_2 在孔介质中真实流动规律，为区域增能关键参数优化提供基础依据。

3.2　CO_2 区域增能参数优化

结合研究区块储层流体、相渗曲线、压裂改造参数、生产动态参数，开展 CO_2 增能理念、增能模式、注入排量、注入量、闷井时间等优化，形成 CO_2 区域增能体积压裂技术模式，为

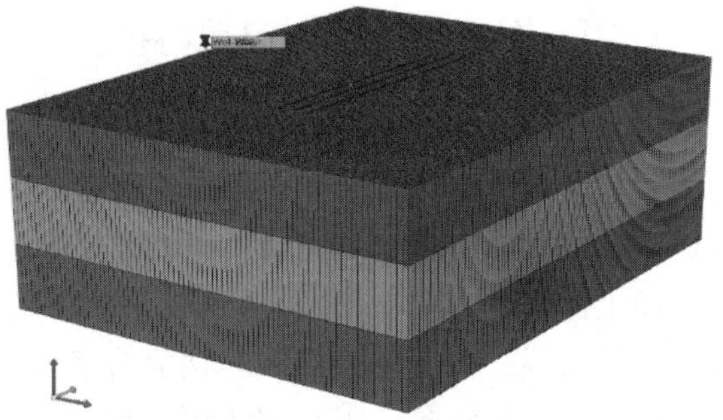

图5　页岩油单段缝压裂油藏数值模型3D图

CO_2压裂方案设计优化和矿场实践提供依据。

3.2.1　CO_2增能理念优化

基于CO_2组分基础模型，分别建立页岩油水平井全井段单井和平台多井油藏数值模型，水平段长为1500m，井距300m，设计压裂20段，单段3簇，裂缝簇间距10m，裂缝段间距20m，单段CO_2注入量300m^3，注入排量4m^3/min，单井总注入6000m^3，分别得到地层压力场分布图（图6和图7）。数值模拟结果显示，单井平均地层压力由15.8MPa提高到23.4MPa，提升1.4倍，平台多井区域平均地层压力由15.8MPa提高到31.5MPa，提升2.0倍，由此可见CO_2可以大幅提高地层能量，解决长7页岩油低压能量不足问题，同时CO_2区域增能可提高平台整体能量，波及范围可实现缝控区域全覆盖，优化增能理念由单井增能向平台化整体注入实现井间、段间协同一体化增能转变。

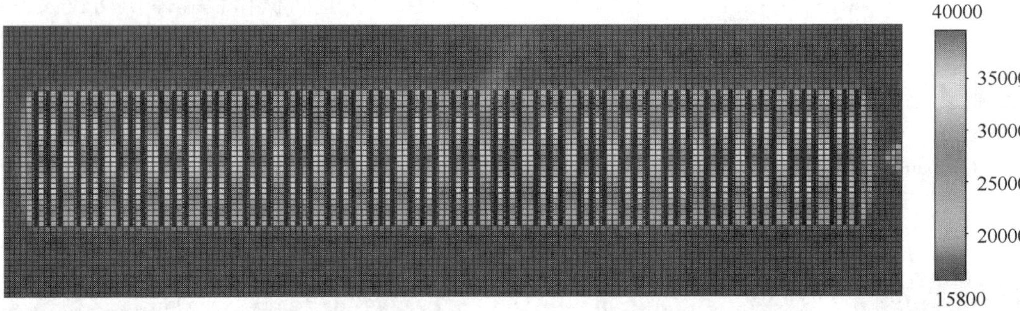

图6　单井CO_2注入地层压力分布场图

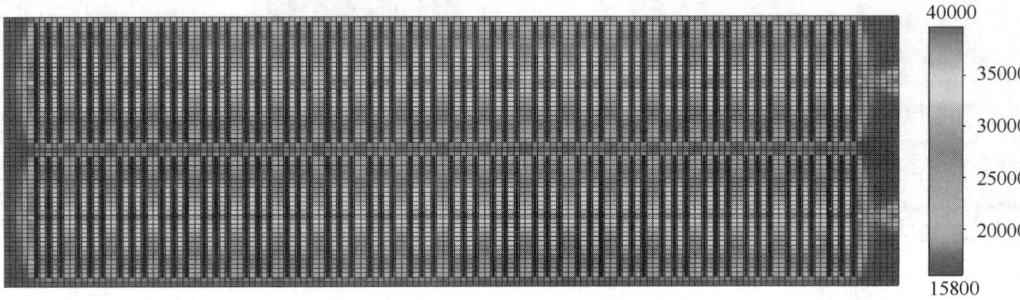

图7　平台多井区域CO_2注入地层压力分布场图

3.2.2　CO_2增能模式优化

不同增能模式基础参数设置水平段长为1500m，井距300m，设计压裂20段，单段3簇，裂缝簇间距10m，裂缝段间距20m，其中全井段注入模式单段CO_2注入量300m^3，注入排量4m^3/min，单井总注入6000m^3，段间交替注入模式单段CO_2注入量300m^3，注入排量4m^3/min，单井总注入3000m^3，得到地层压力场分布图（图8）。模拟结果显示段间交替注入波及范围5~10m，对相邻段有一定增能与驱替作用，由于储层致密，多尺度微纳孔隙扩散流动能力相对较弱，段间相邻段未得到有效波及，因此，优化目标区域CO_2增能模式为全井段注入。

3.2.3　CO_2增能效率对比

利用单段CO_2组分模型，分别注入CO_2与滑溜水，以动态泄流面积内地层平均压力为指标，研究不同注入流体的增能效果。单段3簇，裂缝簇间距10m，单段液态CO_2注入量300m^3，单段滑溜水注入300m^3，注入排量4m^3/min，闷井30天，得到注入与闷井阶段地层压力随时间变化曲线(图9)，其中注入结束阶段，CO_2 注入后平均地层压力为36.2MPa，滑溜水注入后平均地层压力为30.8MPa，相比滑溜水增能效果提高35.0%。闷井结束阶段 CO_2 注入后平均地层压力为37.4MPa，滑溜水注入后平均地层压力为29.8MPa，相比滑溜水增能效果提高54.3%，闷井过程中注入流体向地层扩散，CO_2 相态变化气体膨胀能够使地层平均压力进一步提升，而滑溜水难以维持增能效果，地层平均压力呈现下降趋势。

图8　段间交替注入模式地层压力分布场图

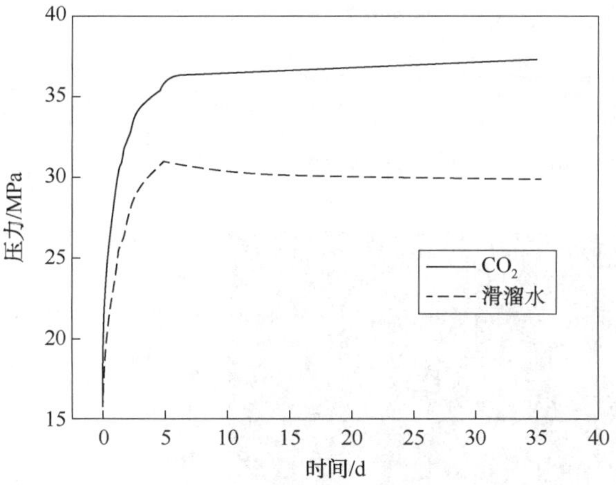

图9　注入与闷井过程中地层压力变化图

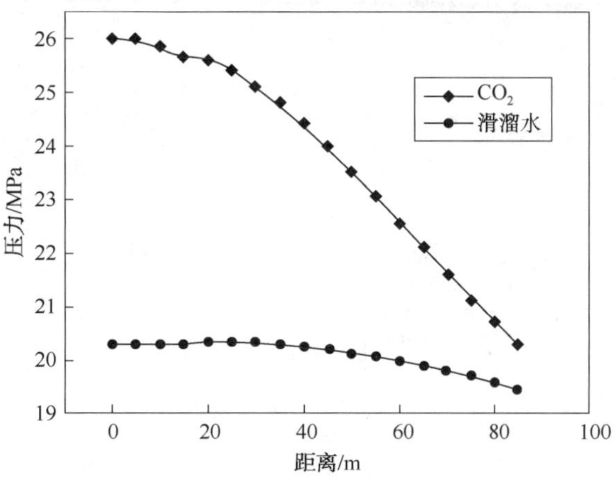

图10　闷井结束后地层压力随距离变化图

为进一步评价不同注入介质增能效果，得到缝控区域不同位置地层压力分布图(图10)，对比分析 CO_2 与滑溜水的增能效果，在近裂缝区域内，由于 CO_2 相态变化导致体积膨胀，CO_2 增能效果较滑溜水提高3%~25%，CO_2 较滑溜水能显著提高基质内压力，在距离裂缝50m范围内的基质区域压力提高12%~33%。

3.2.4　CO_2 注入量与排量优化

数值模型设置液态 CO_2 注入量分别为100~400m^3，单段3簇，注入排量为4m^3/min，得到不同注入量下地层压力变化场图(图11)，能量波及范围与注入量成正相关，进一步通过模型获取不同注入量下能量动态波及面积和横向波及距离(图12)，随 CO_2 注入增加，能量波及面积和地层压力逐渐增加，在200~300m^3 时，提升幅度显著增加，当超过300m^3 后，继续提高注入量能量波及面积提升幅度减小，因此优化注入量为300m^3。

在注入量优化的基础之上，数值模型设置液态 CO_2 注入排量为2~8m^3/min，单段3簇，注入量为300m^3，得到不同注入排量下地层压力变化场图(图13)，能量波及范围与注入排量呈正相关，进一步通过模型获取不同注入排量下地层压力随时间变化图(图14)，CO_2 注入排量越高，在相同时间内注入量越多，压力上升幅度越快，有利于 CO_2 快速向储层小孔隙扩散，提高波及范围，增能效果主要体现在注入前期，在注入后期，压力逐渐趋于平稳，压力上升幅度减小，优化注入排量为4~6m^3/min。

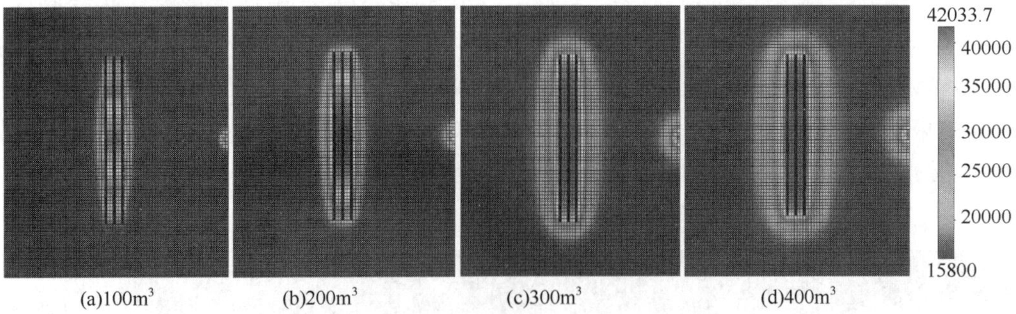

图 11　不同 CO_2 注入量下地层压力变化图

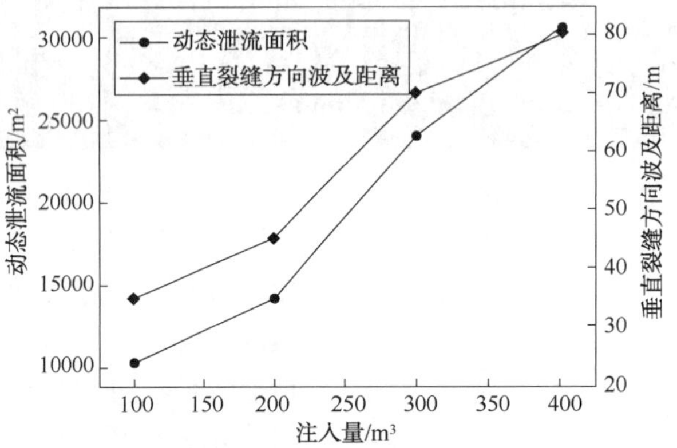

图 12　不同 CO_2 注入量对应能量波及面积、垂直裂缝方向距离图

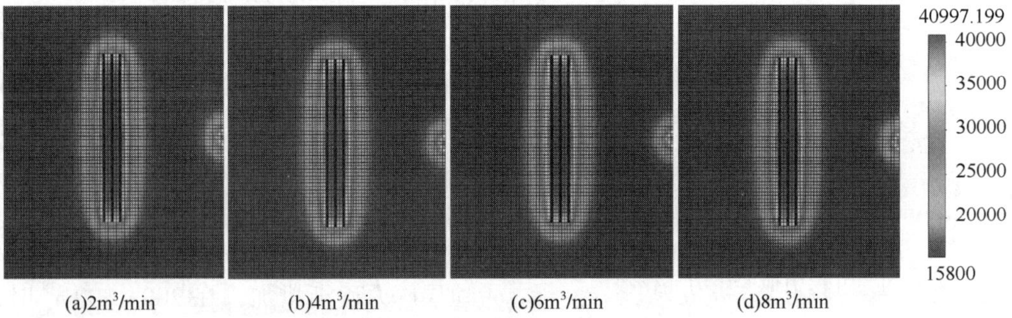

图 13　不同 CO_2 注入排量下地层压力变化图

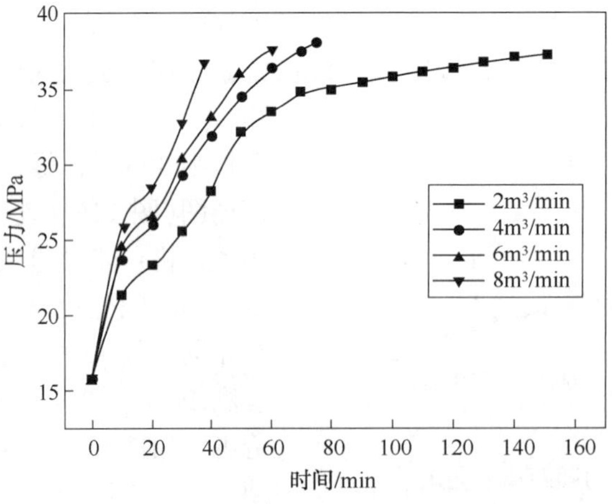

图 14　不同注入排量下地层压力随时间变化图

3.2.5　CO_2 注入闷井时间优化

压后返排是衔接压裂与生产的重要环节，闷井时间直接影响能量波及范围与有效利用率，闷井过程是流体与基质孔隙压力平衡从而提高地层能量过程，数值模型设置闷井时间分别为 0～30 天，单段 3 簇，注入量为 300m³。得到不同闷井时间下近裂缝区域地层压力变化曲线图(图 15)，分为簇间区域、缝控区域、和基质区域，其中随着闷井时间的增加，簇间压力呈现快速递减的趋势，压力储层深部扩散，最终达到平衡。闷井时间为 5 天时，缝控区域内压力较高，且相邻基质区域内增压效果好，结合段间波及范围和协同作用，闷井 5 天时为合理闷井时间，其动态泄流面积内地层压力 37.4MPa，是初始地层压力的 2.38 倍。

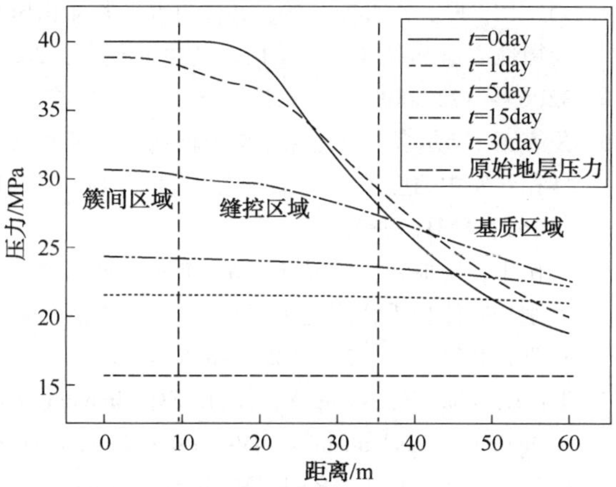

图 15　不同闷井时间下近裂缝区域地层压力变化曲线图

4　典型示范平台应用

庆城油田合水-庆城南能量整体偏低，地层原油黏度相对较高，2022 年在前期单井试验基础上，开展 CO_2 区域增能体积压裂试验，探索提产新方向，平台试验 3 口井，施工排量 4m³/min，累计注碳 1.06×10⁴t。压裂阶段，对比相邻平台压裂 115 段停泵压力(图 16)，试验井井均停泵压力由 13.7 ↑ 15.5MPa，提高 1.8MPa，表明 CO_2 压裂可提高缝内净压力，进一步提高缝网复杂程度。

放喷阶段相同排液制度和时间下，试验井井均井口压力高于对比井 2.6MPa(图 17)，试验井生产压力保持程度 55.1%，对比井 38.0%，压力保持程度提高 1.5 倍(压力保持程度为目前井口压力与初始井口压力比值)，说明 CO_2 可以快速有效补充地层能量。

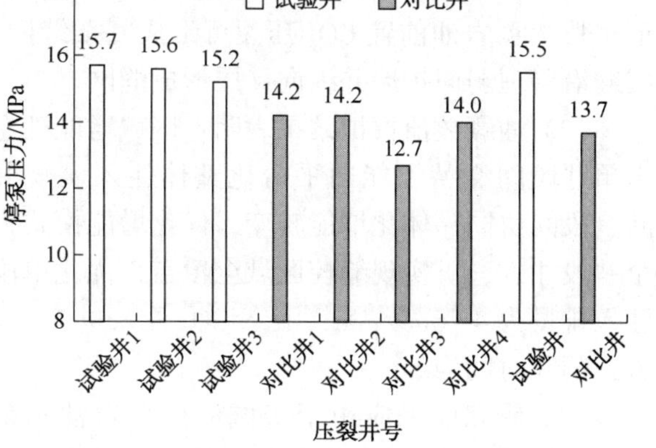

图 16　试验井与相邻平台井停泵压力对比图

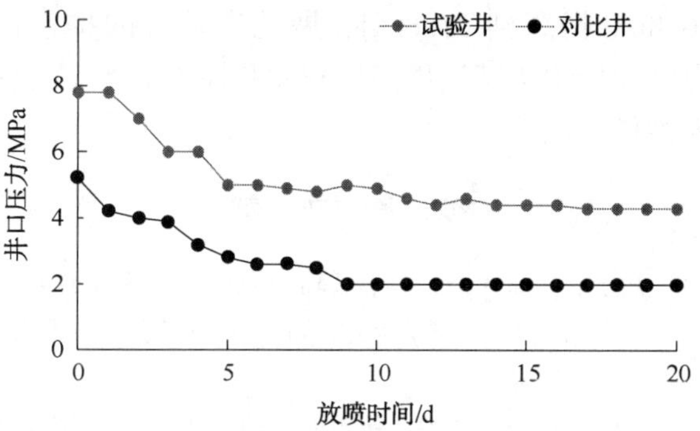

图 17　试验井与相邻平台井放喷井段井口压力对比图

试验平台 3 口井正常投产生产，截止目前生产 90d，井均初期日产量达到 21.6t/d，相邻平台井 16.8t/d，提高 4.8t。进一步对比典型井在储层特征相近，压裂改造规模一致情况下百米油层日产油变化规律(图 18)，试验井百米日产油 1.5t/d，对比井百米日产油 1.0t/d，矿场实践证实 CO_2 区域增能体积压裂试验显示较好的单井提产潜力。

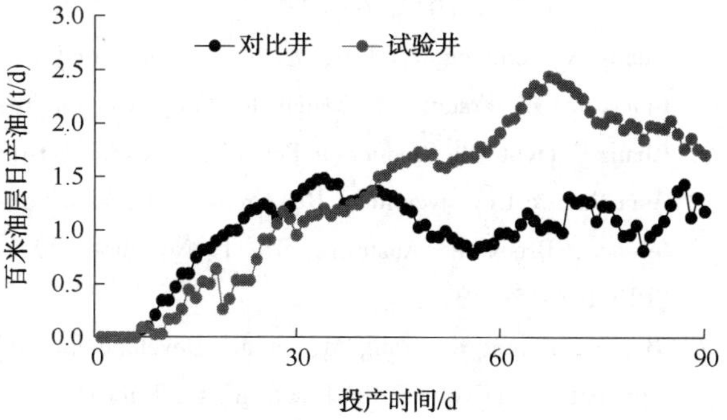

图 18　典型试验井与相邻平台井百米油层日产油对比图

5 结论

（1）基于 CO_2 压裂物模实验和高能 CT 扫描证实长 7 页岩油前置 CO_2 压裂可形成复杂缝网，裂缝沿层理弱面扩展并纵向穿层形成缝网。

（2）油藏数值模拟结果表明：区域增能理念由单井段间交替增能向平台化整体注入实现井间、段间协同一体化增能转变，优化增能模式为全井段注入，可实现缝控区域全覆盖，优化单段注入排量为 4~6m^3/min，液态 CO_2 注入量为 300 方，闷井时间为 5d。

（3）研究成果应用于庆城油田页岩油示范区，矿场证实 CO_2 区域增能体积压裂试验井井均压力保持程度提高 2.1 倍，单井初期产油量由 16.8t/d 提高到 21.6t/d，展现出较好的提产潜力，为加快庆城油田高效开发和探索提产新方向提供科学依据。

参 考 文 献

[1] 焦方正，邹才能，杨智. 陆相源内石油聚集地质理论认识及勘探开发实践[J]. 石油勘探与开发，2020，47(6)：1-12.

[2] 雷群，胥云，才博，等. 页岩油气水平井压裂技术进展与展望[J]. 石油勘探与开发，2022，49(1)：1-8.

[3] 付锁堂，姚泾利，李士祥，等. 鄂尔多斯盆地中生界延长组陆相页岩油富集特征与资源潜力[J]. 石油实验地质，2020，42(5)：699-710.

[4] 付金华，李士祥，牛小兵，等. 鄂尔多斯盆地三叠系长 7 段页岩油地质特征与勘探实践[J]. 石油勘探与开发，2020，47(5)：870-883.

[5] Fu S，Yu J，Zhang K，et al. Investigation of Multistage Hydraulic Fracture Optimization Design Methods in Horizontal Shale Oil Wells in the Ordos Basin [J]. Geofluids，2020，65，1-7.

[6] Zhang K，Zhuang X，Tang M，et al. Integrated Optimisation of Fracturing Design to Fully Unlock the Chang 7 Tight Oil Production Potential in Ordos Basin. Asia Pacific Unconventional Resources Technology Conference，Brisbane，Australia，18-19 November 2019. SPE-198315-MS.

[7] Bai X，Zhang K，Tang M，et al. Development and Application of Cyclic Stress Fracturing for Tight Oil Reservoir in Ordos Basin[C]. Abu Dhabi International Petroleum Exhibition & Conference. 2019.

[8] 慕立俊，赵振峰，李宪文，等. 鄂尔多斯盆地页岩油水平井细切割体积压裂技术[J]. 石油与天然气地质，2019，40(3)：626-635.

[9] 吴顺林，刘汉斌，李宪文，等. 鄂尔多斯盆地致密油水平井细分切割缝控压裂试验与应用[J]. 钻采工艺，2020，43(3)：53-55.

[10] 胥云，雷群，陈铭，等. 体积改造技术理论研究进展与发展方向[J]. 石油勘探与开发，2018，45(05)：874-887.

[11] 李士祥，牛小兵，柳广弟，等. 鄂尔多斯盆地延长组长 7 段页岩油形成富集机理[J]. 石油与天然气地质，2020，41(4)：719-729.

[12] 付金华，郭雯，李士祥，等. 鄂尔多斯盆地长 7 段多类型页岩油特征及勘探潜力[J]. 天然气地球科学，2021，32(12)：719-729.

[13] 李树同，李士祥，刘江艳，等. 鄂尔多斯盆地长 7 段纯泥页岩型页岩油研究中的若干问题与思考[J]. 天然气地球科学，2021，32(12)：1785-1796.

[14] 刘博，徐刚，纪拥军，等. 页岩油水平井体积压裂及微地震监测技术实践[J]. 岩性油气藏，2020，32(6)：172-180.

[15] 焦方正. 鄂尔多斯盆地页岩油缝网波及研究及其在体积开发中的应用[J]. 石油与天然气地质，2021，42(5)：1181-1187.

[16] 张矿生，唐梅荣，杜现飞，等. 鄂尔多斯盆地页岩油水平井体积压裂改造策略思考[J]. 天然气地球科学，2021，32(12)：1859-1866.

[17] Tao L，Zhao Y，Wang Y，et al. Experimental study on hydration mechanism of shale in the Sichuan Basin，China. 55th U. S. Rock Mechanics/Geomechanics Symposium，20-23 June 2021. ARMA-1159.

[18] Tao L，Guo J，Halifu M，et al. A New Mixed Wettability Evaluation Method for Organic-Rich Shales. SPE Asia Pacific Oil & Gas Conference and Exhibition，17-19 November，2020. SPE-202466.

[19] 郭建春，陶亮，陈迟，等. 川南龙马溪组页岩储层水相渗吸规律[J]. 计算物理，2021，38(5)：565-572.

[20] 袁士义，马德胜，李军诗，等. 二氧化碳捕集、驱油与埋存产业化进展及前景展望[J]. 石油勘探与开发，2022，49(4)：828-834.

[21] 戴厚良，孙义脑，刘吉臻，等. 碳中和目标下我国能源发展战略思考[J]. 石油科技论坛，2022，41(1)：1-8.

[22] 袁士义，王强，李军诗，等. 提高采收率技术创新支撑我国原油产量长期稳产[J]. 石油科技论坛，2021，40(3)：24-32.

[23] 刘合，陶嘉平，孟诗炜，等. 页岩油藏 CO_2 提高采收率技术现状及展望[J]. 中国石油勘探，2022，

27(1)：127-134.

[24] 黄兴，李响，张益，等. 页岩油储集层二氧化碳吞吐纳米孔隙原油微观动用特征[J]. 石油勘探与开发，2022，49(3)：557-563.

[25] 黄兴，倪军，李响，等. 页岩油储集层二氧化碳吞吐纳米孔隙原油微观动用特征致密油藏不同微观孔隙结构储层 CO_2 驱动用特征及影响因素[J]. 石油学报，2020，41(7)：853-864.

[26] 伦增珉，吕成远，等. 页岩油注二氧化碳提高采收率影响因素核磁共振实验[J]. 石油勘探与开发，2021，48(3)：603-612. 石油学报，2020，41(7)：853-864.

[27] 史晓东，孙灵辉，展建飞等. 松辽盆地北部致密油水平井二氧化碳吞吐技术及其应用[J]. 石油学报，2022，43(7)：998-1006.

鄂尔多斯盆地东部致密碳酸盐岩加砂压裂技术研究与试验

叶 亮[1,2] 牟春国[1,2] 问晓勇[1,2] 王文雄[1,2]

(1. 中国石油长庆油田分公司油气工艺研究院；2. 低渗透油气田勘探开发国家工程实验室)

摘 要 盆地东部致密碳酸盐岩分布面积大，资源量大，是长庆油田天然气增储上产的重要接替领域。与靖边气田马五$_1{}^3$相比，具有储层致密、高灰岩含量、孔隙充填程度高等特征，常规酸压适应性较差，试气产量整体偏低。通过深化致密碳酸盐岩增产机理、水力裂缝延伸规律研究，明确裂缝形态为“主裂缝+多分支裂缝”，创新形成了“高黏液造主缝、滑溜水沟通微裂缝、暂堵转向扩支缝、三级缝网支撑”的压裂技术模式，单段加砂量实现60~90方，裂缝平均导流由86mD·m提高到182mD·m。直井试验单井产量达前期酸压井2倍以上，工业气流井比例提升30%以上；水平井试验9口均获高产，相比酸压直井产量提升8倍以上。该技术实现了单井大幅提产和效益开发，加快推进了太原组灰岩、奥陶系盐下新类型致密碳酸盐岩勘探开发进程，已逐渐成为长庆油田致密碳酸盐岩提产的主体技术。

关键词 致密碳酸盐岩、加砂压裂、体积改造、裂缝网络、多尺度裂缝

鄂尔多斯盆地东部致密碳酸盐岩气藏资源量大，主要包括奥陶系中上组合、奥陶系盐下、太原组灰岩，是长庆油田天然气增储上产的重要接替领域，实现致密碳酸盐岩高效勘探和开发的经济与社会意义重大。

与靖边气田马五$_1{}^3$相比，盆地东部碳酸盐岩储层致密、溶孔不发育、灰岩含量高，常规酸压改造增产效果不理想，低产井比例高。其中盆地东部马五$_{1+2}$前期主体采用酸压改造，试气平均产量1.39×10^{4}m^3/d，<1×10^{4}m^3/d的低产井占比达到60.4%，太原组灰岩、奥陶系盐下马四致密碳酸盐岩酸压产量也较低，酸压改造工艺表现出不适应性，增产效果较差，亟需转变增产改造技术思路，探索新的储层改造工艺技术，提高单井产量。如表1所示。

表1 不同区块/领域碳酸盐岩储层特征对比表

区块	盆地东部			靖边气田
碳酸盐领域	中上组合	奥陶系盐下	灰岩	中上组合
主力层	马五$_{1+2}$	马四	太原组	马五$_1{}^3$
埋深/m	2000~2900	2700~3600	2100~3900	3000~3500
岩性	灰质白云岩	灰岩、薄层云岩	灰岩	白云岩
孔隙类型	晶间孔	晶间孔	晶间孔、微裂缝	溶孔
孔隙度/%	3.90	2.62	0.4~9.8	6.20
渗透率/mD	0.41	0.089	0.01~0.1	2.63
酸不溶物/%	6.2~10.6	4.3~8.5	3.4~6.3	1.3~3.6

碳酸盐岩储层受成岩作用及自生矿物充填的影响，储层物性变差，采用常规的酸压改造措施产量较低，难以达到工业气流标准，对于致密碳酸盐岩储层，水力加砂压裂由于压裂液与地层不易发生化学反应，液体滤失低、造缝效率高，能够实现深穿透造长缝的目的，有效地提高渗流面积。通过提高裂缝改造距离和裂缝网络复杂程度来提高单井产量。LIU Zhiyuan 等学者通过开展酸压物理模拟实验，对控制碳酸盐岩酸压裂缝体形态的影响因素进行了研究，天然裂缝、溶洞的

展布及地应力差异对水力裂缝扩展的影响，郭建春等人开展马五$_5$酸压裂缝体形态与流动能力的控制因素分析，在压裂造缝基础上酸压可形成复杂裂缝体，提高裂缝导流。对于闭合压力较高的地层，在裂缝闭合后，加砂压裂支撑的裂缝能维持更高的裂缝导流能力。

1 储层改造工艺技术转变

1.1 酸压改造增产面临困难

影响酸压改造效果的关键因素是酸蚀裂缝的有效长度和导流能力。该区致密碳酸盐岩储层灰岩含量高。为了明确白云岩、灰岩的酸岩反应动力学差异，选取方解石含量分别为10%、25%、44%和93%的4种岩样，在酸液浓度为20%，实验温度为90℃，转速为500r/min的条件下开展酸岩反应动力学实验研究。实验结果(表2)表明：相同条件下，随着储层方解石含量增加，酸岩反应速率加快，白云岩的酸岩反应速度远小于灰岩，灰岩储层因酸液过度溶蚀造成酸蚀裂缝距离较白云岩缩短。

表2 不同条件下酸岩反应动力学实验结果

岩性	方解石含量/%	反应前质量/g	反应后质量/g	质量差/g	酸液浓度 C0/(mol/L)	浓度差/(mol/L)	反应速度/(10^{-6}mol/cm^2·s)	lgC0	lgJ
白云岩	10	14.74	13.40	1.34	6.02	0.0268	3.7614	0.861	-5.425
灰质白云岩	25	14.08	12.62	1.46	6.02	0.0292	4.09825	0.861	-5.387
灰质白云岩	44	15.85	13.37	2.48	6.02	0.0496	6.9614	0.861	-5.157
灰岩	93	13.78	7.18	6.60	6.02	0.1320	18.5263	0.861	-4.732

采用三维扫描电镜等实验方法，对不同岩性酸蚀前后裂缝导流能力对比评价，结果显示：灰岩刻蚀程度较高，但缝面均匀刻蚀，裂缝闭合后导流能力较低；白云岩刻蚀程度较低，溶蚀主要沿节理面和微裂缝刻蚀，裂缝闭合后非均匀导流能力较高。

盆地东部储层特别是马五$_1^3$发育泥质充填的角砾白云岩，酸蚀后大量黏土析出并吸附在裂缝壁面，堵塞裂缝通道，降低裂缝导流能力。

根据盆地东部致密碳酸盐岩酸岩反应实验评价结果，储层方解石含量高，泥质等酸不溶物含量增加，酸压改造的酸蚀裂缝距离短、裂缝导流能力低、非均匀刻蚀程度差是造成该类储层低产的主要原因。因此，针对盆地东部致密碳酸盐岩储层改造，转变增产技术思路，开展加砂压裂技术研究与试验。

1.2 体积压裂改造可行性

体积改造的储层影响因素包括天然微裂缝发育程度、岩石脆性、水平应力差等。实验测试表明，盆地东部碳酸盐岩储层脆性指数57.6%~61.2%，水平两向应力差4.5~9.6MPa，且天然裂缝较发育，综合评价认为，该区致密碳酸盐岩储层开展体积加砂压裂，具备形成复杂裂缝的条件(表3)。

表3 盆地东部致密碳酸盐岩储层岩石力学及地应力实验数据表

层位	气藏埋深/m	水平应力差/MPa	杨氏模量/GPa	泊松比	脆性指数/%	裂缝密度/(条/m)
苏里格盒8	2800~3500	6.5~10.3	23.6~35.2	0.13~0.21	35.0	不发育
中上组合马五$_{1+2}$	2000~2900	4.5~9.6	32.4~50.3	0.18~0.23	57.6	1~3
盐下马四	2700~3600	5.6~7.8	34.4~57.2	0.18~0.25	59.4	2~6
太原组灰岩	2000~3400	4.5~5.2	33.2~52.5	0.20~0.25	61.2	3~7

2 体积压裂裂缝特征实验研究

2.1 物模实验研究

太原组灰岩物模露头选自山西省临汾市乡宁县。参考现场施工参数，并结合相似原理计算室内物模实验压裂液排量及黏度。基于Kaiser效应测地应力结果确定新层系物模压裂的三向应力差，试件的尺寸被加工为30cm×30cm×30cm，其中井筒长度为15cm，设置声发射监测点2个。

在灰岩物模露头的压裂实验中，本文采用

0.4%滑溜水体系压裂液，注液排量设为 8mL/min，基于 Kaiser 效应测地应力结果，三向应力分别设为：$\sigma_h = 15MPa$、$\sigma_H = 26MPa$、$\sigma_v = 37MPa$。其中针对灰岩露头，本文分别设置了两组不同露头的实验，一个是天然裂缝不发育的露头，一个是天然裂缝发育的露头。两块灰岩露头实验前照片及地应力施加示意如图 1 和图 2 所示。

天然裂缝不发育灰岩和天然裂缝发育灰岩压裂过程中的注液加载-声发射曲线表明，天然裂缝不发育灰岩的破裂压力较高达到 50～60MPa，注液曲线表明裂缝呈间歇式扩展；天然裂缝发育灰岩开展水力压裂时，破裂压力 15～20MPa 较低，水力裂缝会沟通天然裂缝，形成多条裂缝。声发射幅值是反映裂缝扩展速率的关键参数，实验发现灰岩裂缝扩展速率高低交错，进一步表明了裂缝扩展具有间歇式特征。图 3 为天然裂缝不发育灰岩压裂实验后结果，图 4 为天然裂缝发育灰岩实验后结果。

由于水力压裂裂缝表面特征对缝内压裂液的流动具有重要影响，采用岩石断面三维扫描系统对破裂面的信息进行提取，可以为计算裂缝面粗糙度及裂缝面面积提供依据。图 5 为灰岩裂缝面 3D 扫描结果。基于 3D 扫描裂缝面高度偏差数据的离散程度(标准差)，去计算裂缝面粗糙程度。计算标准差越大，表明监测点之间高度差异越大，即裂缝面粗糙度越大。计算发现灰岩裂缝面粗糙度为 4.95。

图 1　天然裂缝不发育灰岩物模试样

图 2　天然裂缝发育灰岩物模试样

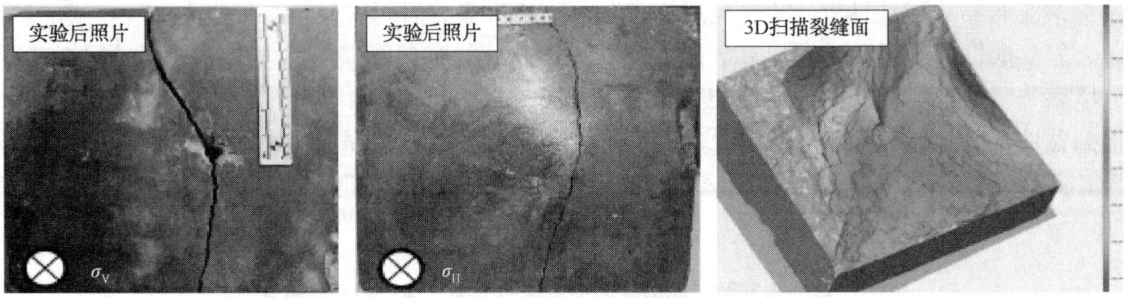

图 3　天然裂缝不发育灰岩实验后照片与裂缝面扫描

图 4　天然裂缝发育灰岩实验后照片与裂缝面扫描

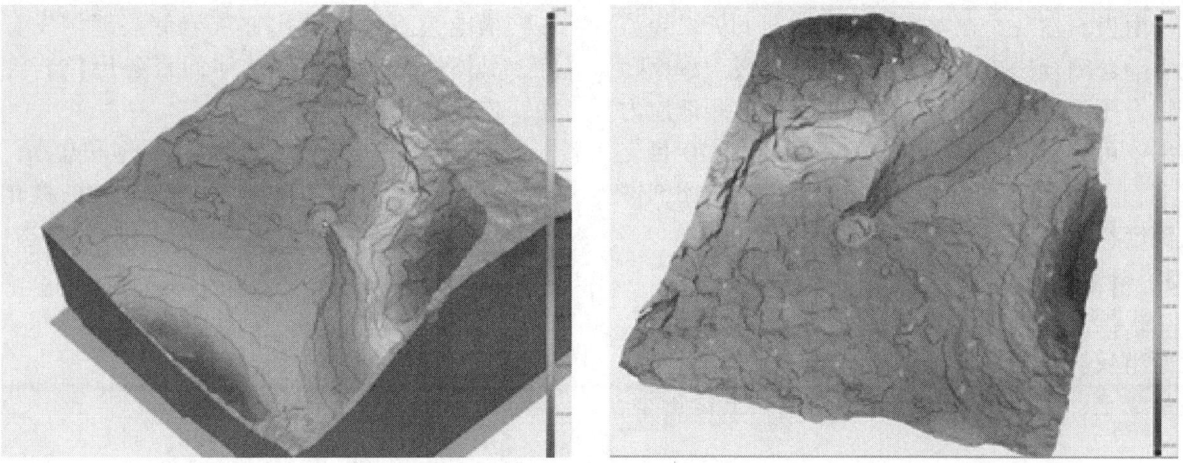

图5 灰岩裂缝面3D扫描

2.2 支撑剂嵌入实验研究

选取了靳21井太原组灰岩全直径岩心，并加工成长宽厚为为139.7mm×38mm×15mm的标准导流岩板。参考现场压裂设计参数设置泵注排量、最大闭合压力、铺砂密度，如表4所示。

其中，加载最高有效闭合压力为70MPa，本实验采用10MPa、20MPa、30MPa、40MPa、50MPa、60MPa、70MPa共计7个有效闭合压力点开展支撑剂充填层导流能力测试。需要说明的是，实验测试温度为室温(25℃)条件，测量介质为2wt% KCl溶液，本文开展的实验为短期导流能力的测试。首先进行金属板导流能力测试(对照组)，随后进行岩板导流能力测试，由于金属板为刚性材料，支撑剂对其的嵌入程度可忽略不计，通过对比钢板和岩板裂缝宽度的变化来计算不同闭合压力下支撑剂嵌入深度，最后通过显微镜观察嵌入情况。

针对灰岩，本文专门研究了支撑剂粒径对裂缝导流能力的影响，支撑剂规格分别为40/70目、70/110目，支撑剂铺置浓度设定为5kg/m^2。

对灰岩岩板开展支撑剂导流能力测试，不同闭合压力下灰岩导流能力与支撑剂嵌入深度如表5所示。

表4 灰岩导流能力测试实验方案

实验编号	深度	岩性	注入排量/(mL/min)	最大闭合压力/MPa	置入方式	铺砂密度/(kg/m^2)	支撑剂粒径/目
1#	3408.2	灰岩	6	60	静态置入	4	70/140
2#	3408.7	灰岩	6	60	静态置入	4	40/70
3#	3409.8	灰岩	8	70	静态置入	5	40/70
4#	3410.2	灰岩	8	70	静态置入	5	70/140
5#	3410.6	灰岩	10	80	静态置入	6	40/70

表5 编号3#支撑剂导流能力及嵌入程度测试结果

铺砂浓度：5kg/m^2	钢板			灰岩岩板			嵌入深度/mm
闭合压力/MPa	导流能力/Dc.cm	渗透率/Dc	缝宽/mm	导流能力/Dc.cm	渗透率/Dc	缝宽/mm	
10	38.44	116.48	3.30	41.75	126.52	3.3	0.00
20	31.77	99.59	3.19	30.47	95.82	3.18	0.01
30	25.45	82.36	3.09	25.50	83.06	3.07	0.02
40	19.63	65.43	3.00	19.48	65.81	2.96	0.04
50	14.63	50.27	2.91	14.05	49.13	2.86	0.05
60	10.71	37.58	2.85	10.10	36.33	2.78	0.07
70	7.84	28.10	2.79	6.89	25.52	2.70	0.09

由表5发现，在40/70目支撑剂下灰岩导流能力随着闭合压力线性下降，支撑剂嵌入深度随着闭合压力线性上升。结合Kaiser效应测地应力结果，可知在灰岩储层地应力条件下40/70目支撑下，导流能力约为14.05μm^2·cm，支撑剂嵌入深度约为50μm。

2.3 储层伤害与压裂液优化

根据XRD的图(图6)解结果中可以得到，太原组灰岩主要是碳酸盐岩，含有少量的石英和微量黏土，白云石主要为胶结物，黏土含量小。在扫描电镜下可以看出，灰岩储层缝洞发育更好，晶体结构明显；但总体而言各层位岩性致密，连通性差，渗透率低。

将岩心中心进行剖缝，烘干后饱和盐水，测得岩心原始渗透率，再用0.1%和0.3%稠化剂压裂液驱替岩心，测得压裂液伤害后的渗透率。实验获得的岩心伤害率为12.5%~27.6%，随着稠化剂浓度增大，岩心的伤害增大。如表6所示。

图6 米120扫描电镜图片

表6 灰岩岩心压裂液伤害评价实验结果

取心井号	井深/m	盐水驱初始渗透率 K0/mD	0.1%稠化剂压裂液驱渗透率 K1/mD	0.3%稠化剂压裂液驱渗透率 K2/mD	渗透率伤害率/%
麒71	2852.1	9.78	8.56	/	12.5
麒71	2852.4	8.63	/	6.54	24.2
米120	2544.6	2.16	1.82	/	15.7
米120	2544.7	2.82	/	2.04	27.6

根据储层致密、高杨氏模量、低缝宽的特点，压裂液优选低浓度交联胍胶造主裂缝，提高裂缝宽度，低黏滑溜水携砂扩微裂缝，增大裂缝改造体积。盐下马四储层优选0.35%的低浓度胍胶体系，太原组灰岩优选0.3%的低浓度胍胶体系，滑溜水优选EM60滑溜水体系，优化体系降阻性能，在80~110℃范围内，现场测试降阻率达到75~83%，降阻性能良好。

3 加砂压裂工艺技术优化

3.1 压裂注入模式

根据碳酸盐岩储层脆性程度高、两向主应力差较小、天然裂缝发育等特征，以“提高裂缝长度、形成复杂裂缝、支撑高导流裂缝”为目标，创新形成了“高黏液造主缝、滑溜水沟通微裂缝、暂堵转向扩支缝、三级缝网支撑”的压裂技术模式。第一阶段采用高黏压裂液、较大排量造长主裂缝，沟通远井端；第二阶段采用滑溜水、大排量开启微裂缝；第三阶段采用变黏滑溜水造分支缝，暂堵转向提高裂缝改造体积，携带小粒径支撑剂支撑裂缝，实现裂缝有效支撑和高导流通道。

针对“主裂缝、分支缝、微裂缝”三级裂缝系统，利用Stimplan三维压裂软件建立碳酸盐岩体积加砂压裂数值模型，采用正交实验方法开展加砂压裂三个阶段的关键影响因素的压裂模拟研究，初步明确了不同阶段影响裂缝扩展的关键因素及影响程度。高黏压裂液造主裂缝阶段，影响主裂缝长度的因素及影响程度为：压裂液液量>压裂液造缝效率>压裂排量>储层厚度；滑溜水压支缝阶段，影响裂缝成网改造体积的因素及影响程度为：储层发育微裂缝的密度>压裂液液量>压裂排量>压裂液的黏度；变黏携砂支撑缝阶段，影响主裂缝支撑导流能力的因素及影响程度为：主裂缝的宽度>支裂缝的密度>平均加砂浓度>携砂液比例。

3.2 多尺度裂缝支撑技术

碳酸盐岩水力压裂裂缝为“主裂缝+多分支裂缝”或“主裂缝+网状微裂缝”的形态，主裂缝、分支缝或微裂缝的裂缝宽度不同。另外，碳酸盐岩储层闭合压力梯度较大，盆地东部碳酸盐岩储层闭合压力梯度为0.018~0.022MPa/m。在高闭合压力条件下，裂缝如果支撑不好，闭合后的裂缝导流能力大幅下降，影响裂缝渗流能力。因此，实现不同尺度裂缝高效支撑是加砂压裂提高裂缝导流能力的技术手段。结合压裂注入模式，优选不同粒径支撑剂充填不同尺度裂缝，开展不同阶段裂缝分级支撑，提高整个裂缝系统的支撑程度和导流能力。

基于压裂设计模式与模拟研究结果，以评价优选最佳支撑剂运移距离与铺置效果为目标，按照主裂缝宽度2.0~6.0mm，分支裂缝宽度1.0~2.5mm，利用多裂缝平板实验装置开展多分支裂缝、多尺度裂缝的支撑剂运移与沉降平板实验。根据多裂缝平板实验支撑剂运移与沉降结果，主裂缝采用40/70目陶粒时，支撑剂铺置形态较好，加砂浓度可达到320kg/m^3，分支裂缝采用70/90目陶粒时，支撑剂铺置形态较好，加砂浓度可达到220kg/m^3。综合实验结果，优选主裂缝采用40/70目陶粒支撑剂，分支裂缝采用70/90目陶粒支撑剂。不同支撑剂在分支缝中的支撑剂铺置特征如图9、图10所示。

如图7和图8所示，在主缝和分支缝中，水平方向支撑剂铺置高度为“前高后低”，而且支撑剂粒径越大，铺置高度越大。主裂缝中砂堤平衡阶段比在分支缝中更长，砂堤形态相对更为平缓。在主缝中，受滑溜水携砂能力限制，砂浓度越大，在缝口出的堆积作用明显，砂堤平衡高度越高。在分支缝中，支撑剂浓度越大，分支裂缝中陶粒的运移距离越小。

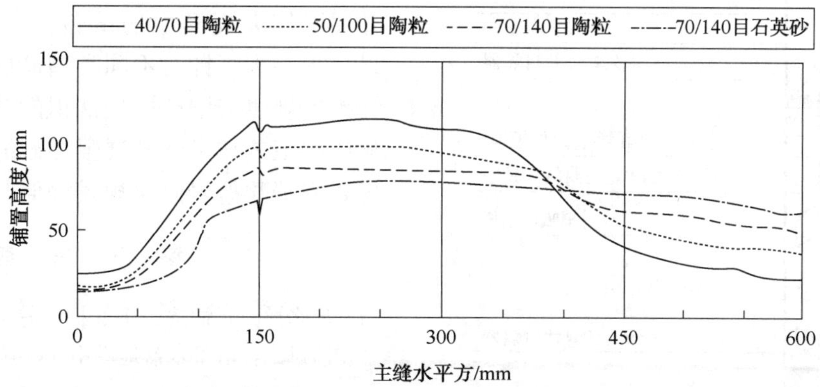

图7　不同支撑剂主缝中的支撑剂铺置特征

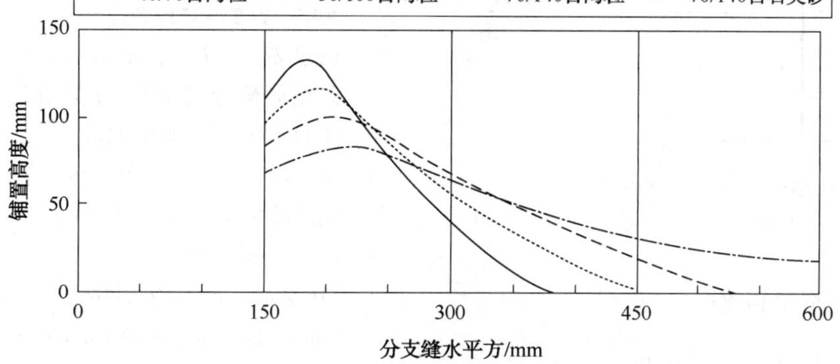

图8　不同支撑剂在分支缝中的支撑剂铺置特征

3.3 盐下高压高含硫分层压裂工艺

奥陶系盐下马四发育多段气层、气水关系复杂，大规模合层压裂存在气层段有效改造程度低等问题，且储层高压高含硫化氢，综合套管保护、大排量分压、分层测试、安全压井等要求，对比分析现有分层压裂工艺均无法满足马四分层压裂技术需求。优化形成了“4½″油管+完井封隔器+悬挂封隔器”的两段大排量分压试气工艺管柱，避免了含硫气体与生产套管直接接触，大幅降低作业井控风险。配套优化形成盐下高压、高含硫储层三开7″套管井身结构，并围绕“压裂工具材料配套、分层压裂工艺技术优化、安全试气地面流程优化”三方面进行配套优化，满足分层压裂，实现压裂、排液、测试安全可控。

针对段内多个气层段多簇射孔合压，优选暂堵材料，优化“前置酸压+暂堵加砂压裂”技术模式，降低复杂工序作业风险、试气费用，缩短施工周期。如图9所示。

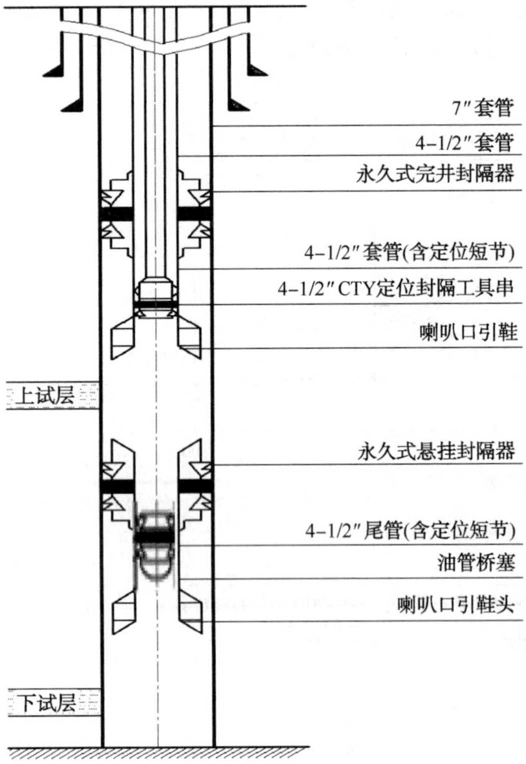

图9 奥陶系盐下高压高含硫储层两段分压试气工艺管柱

4 现场试验与效果评价

直井试验60余口，压裂排量5~10m^3/min，加砂量30~95m^3，入地液量500~1840m^3，改造后试气产量平均产量6.16×10^4m^3/d，与同区块酸压井相比，提产1.4~3.2倍，其中，MT1井马四段试气获得无阻流量35.24×10^4m^3/d高产气流，实现奥陶系盐下重大突破。水平井试验9口，平均压裂15段，排量6~14m^3/min，平均单段砂量50~150m^3，单段液量700~1300m^3，试气均获得高产，相比酸压直井产量提高8~20倍，太原组灰岩QT1H广域电磁监测缝长137~232m，波及面积4800~10400m^2，实现了缝网改造。

该技术实现了单井大幅提产和效益开发，加快推进了太原组灰岩、奥陶系盐下新类型致密碳酸盐岩勘探开发进程，仅用三年时间发现了长庆油田第10个千亿方储量规模气田—横山气田，已逐渐成为长庆油田致密碳酸盐岩提产的新主体技术。

5 结论

针对鄂尔多斯盆地东部太原组灰岩、盐下马四等致密碳酸盐岩储层地质条件较差，以提高裂缝长度和改造体积，增大裂缝支撑程度和导流能力为目的，攻关形成了碳酸盐岩加砂压裂技术，开展了较大规模现场试验，取得了较好增产效果。下一步，针对不同类型储层特征，在加大裂缝扩展规律与增产机理认识的基础上，进一步优化压裂工艺技术，开展强加砂缝网压裂试验，实现致密碳酸盐岩储层规模增储与效益提产。

参考文献

[1] 吕修祥，屈怡倩，于红枫，等. 碳酸盐岩盖层封闭性讨论：塔里木盆地塔中北斜坡奥陶系为例[J]. 石油实验地质，2014，36(5)：532-538.

[2] 张烨，李新勇，米强波，等. 塔河油田深层碳酸盐岩水力加砂压裂试验与认识[J]. 新疆石油天然气，2006，2(2)：73-77.

[3] 白建文，胡子见，侯东红，等. 交联酸携砂压裂工艺在碳酸盐岩储层的应用[J]. 石油钻采工艺，2009，31(5)：116-118.

[4] 王永辉，李永平，程兴生，等. 高温深层碳酸盐岩储层酸化压裂改造技术[J]. 石油学报，2012，33(2)：166-172.

[5] LIU Zhiyuan，LU Qianli，SUN Yuan，et al. Investigation of the influence of natural cavities on hydraulic fracturing using phase field method[J]. Arabian Journal for Science and Engineering，2019，44(12)：10481-10501.

[6] LIU Baohua, JIN Yan, CHEN Mian. Influence of vugs in fractured-vuggy carbonate reservoirs on hydraulic fracture propagation based on laboratory experiments[J]. Journal of StructuralGeology, 2019, 124: 143-150.

[7] LUO Bo, GUO Jianchun, FU Wei, et al. Experimental investigation of shear slippage behavior in naturally fractured carbonate reservoirs using X-ray CT [J]. International Journal of Rock Mechanics and Mining Sciences, 2019, 122: 104066.

[8] 郭建春，陈付虎，苟波，等. 酸压裂缝体形态与流动能力的控制因素[J]. 天然气工业，2020，40(6)：69-77.

[9] KALFAYAN Leonard J. Fract ure acidizing: hist ory, present st ate, and f ut ure[R]. SPE 106371, 2007.

[10] 李宪文，侯雨庭，古永红，等. 白云岩储层酸蚀裂缝导流能力实验研究[J]，油气地质与采收率，2021，28(1)：88-93.

[11] Soeder D J. The successful development of gas and oil re-sources from shales in North America[J]. Journal of Pe-troleum Science and Engineering, 2018(163): 399-420.

[12] 才博，赵贤正，沈华，等. 束鹿凹陷致密油复合体积压裂技术[J]. 石油学报，2015，36(S1)：76-82.

非常规储层颠覆式开发技术
——自支撑压裂技术创新与实践

裴宇昕[1] 何岩峰[1] Shamaz Khan[1] 周华兴[2] 祝 琦[3] 师 雷[2]

(1. 常州大学石油与天然气工程学院能源学院；2. 中国石油天然气股份有限公司大港油田分公司；
3. 中国石油渤海钻探工程公司)

摘 要 非常规油气资源已然成为世界石油工业勘探与开发的重点，中国非常规油气资源储量丰富、前景广阔。然而因技术与经济原因，目前非常规储层勘探开发程度仍然较低。由于非常规油气资源渗透率极低、不利用水力压裂技术无法实现有效经济开采，因此同时具备质量与经济效益的压裂改造技术是非常规油气储层得以投产与增产的关键。本文针对目前水力压裂技术，特别是非常规压裂技术存在的技术难点，创造性地提出了仅注入液体即可形成可供油气渗流的高导流支撑裂缝的自支撑压裂技术。并详细传输介绍了液体自支撑压裂技术的原理、自支撑压裂液体系的性能与自支撑压裂技术现场试验情况。经过多井次成果的现场试验，验证出该技术可实现全裂缝的支撑，解决加砂压裂支撑剂运移距离短、潜在砂堵风险的技术难题。

关键词 非常规储层；自支撑压裂；自支撑压裂液；储层改造；体积压裂；缝控储量

1 引言

1934 年 McCologh 提出的“圈闭学说”是常规圈闭油气成藏理论形成的重要标志，推动了常规油气探勘的发展；1995 年 Schmoker 等提出“连续型油气聚集”理论，树立了非常规油气地质理论的里程碑，为非常规油气勘探提供指导。1956 年美国学者 Hubbert 预测美国油气产量在 1970 年前后达到高峰，然后石油工业将进入衰竭阶段。然而，新技术、新材料的开发与应用诱发的非常规油气资革命使得油气产量不断创新高。

国家崛起取决于“战略、创新、能源”3 个驱动力。中国推动“能源革命”战略，保障“立足国内、加强国外、多元供给”能源安全。油气勘探研究的资源类型从常规向非常规转变。中国非常规油气资源丰富，已成为常规油气资源的重要补充，在能源供应比例中日渐增加。由于非常规油气资源渗透率极低、不利用水力压裂技术无法实现有效经济开采，因此同时具备质量与经济效益的压裂改造技术是非常规油气储层得以投产与增产的关键。

总结目前加砂压裂普遍存在以下技术痛点：①支撑剂的携带问题：通过降低支撑剂密度、增大施工排量等方法提高携砂效果，但砂堤分布形态仍然不是很理想。②压裂液的伤害问题：为了更好地携带支撑剂、应对高温下压裂液黏度的损失，而增加交联剂浓度，使破胶后的伤害显著增加。③支撑剂铺置问题：支撑剂的铺置效果经常不理想，压裂液携带支撑剂很难进入裂缝尖端，同时对于裂缝张开度小的微裂缝支撑剂很难进入，导致压开的裂缝的利用率低。④导流能力有限：在分支裂缝与微裂缝加砂时往往选择粉砂与粉陶，形成的支撑裂缝导流能力不足。⑤导流能力难以保持：支撑剂易发生嵌入、回流、破碎等问题，造成施工有效期大幅缩短。⑥存在砂堵风险：扰乱正常施工流程、破坏地层渗流情况、严重浪费压裂材料，导致失败。⑦降低施工效率：注入固体支撑剂对井筒与生产与作业管线存在明显的冲蚀作用，导致设备的提前破坏与引发井下事故，不但提高作业成本，并且降低了施工效率。对于页岩气等非常规油气压裂时普遍采用体积压裂的改造方式，为了尽可能增加改造体积，大规模采用低黏度滑溜水携带粉砂与粉陶对缝网进行加砂的方式，以上技术难题会更加突出。

因此，需要突破现有加砂压裂的技术瓶颈，必须寻求新的压裂技术与材料，进一步提高非常规油气藏的开发效果，加快油气开采速度，提高经济效益。本文创新性地提出了自支撑压裂技术（SPFL），可根本性地改变加砂压裂技术的诸多问题，为非常规油气资源的高效开发带来重要突破。

2 自支撑压裂液技术原理及关键技术

2.1 自支撑压裂技术理论的提出

以通道压裂液(Channelized fracturing fluid，CFL)压开储层，待地层被压开后，迅速注入SPFL，其中CFL为水相液体(连续相状态)，SPFL为油相液体(非连续相状态)，如图1(a)所示；SPFL在注入过程中控制两相的界面张力、两相密度、两相的注液排量、两相注入比例等参数即可控制SPFL在形成裂缝内的分布形态。图1(b)中形成的自支撑固相为颗粒状，通过施工参数与液体性质可以形成块状自支撑固相。同时，SPFL的注入比例可灵活调整，注入比例越高越高，自支撑固相的铺置浓度越高；受到地层传递给裂缝壁面的热量，SPFL温度逐渐升高，裂缝远端的SPFL先升温至相变温度，逐渐形成自支撑固相，如图1(c)所示；在地层裂缝持续的加热作用下，裂缝内的自支撑固相逐渐形成，近井地带SPFL的相变时间更短(改变配方浓度可改变相变时间)，如图1(d)所示；开井，使CFL迅速返排。CFL流出后将让出油气渗透的通道，进而形成具有高导流能力的自支撑裂缝，如图1(e)所示；待CFL彻底返排后，油气将从自支撑裂缝内的油气渗流通道中高速采出，如图1(f)所示。

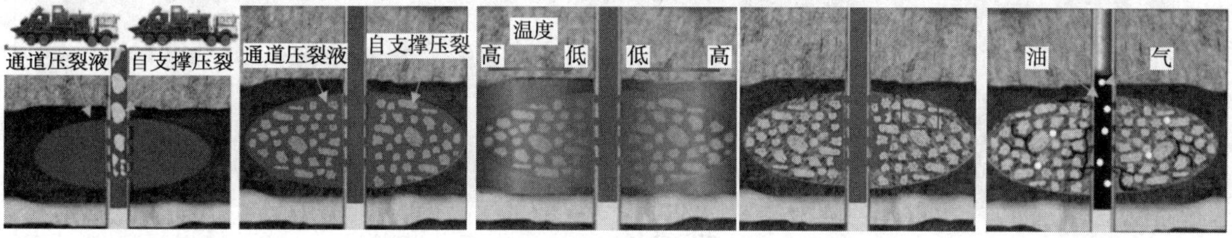

(a) (b) (c) (d) (e)

图1 自支撑压裂工艺示意图

2.2 自支撑压裂技术优势

(1) 增产效果优异：地下生成的自支撑固相的形状、尺寸可控，强度大，同时分布可控，易于返排，形成导流能力要显著高于填砂裂缝。

(2) 彻底解决支撑剂铺置的问题：液体自支撑压裂技术是在裂缝内才形成自支撑固相，可进入裂缝远端，可避免传统的支撑剂铺置不理想的问题。

(3) 杜绝了砂堵风险：极大地降低施工风险，提高成功率，同时避免固体支撑剂对井筒的冲蚀与破坏，降低作业成本，提高施工效率。

3 自支撑压裂技术性能指标

自支撑压裂液体系(SPFLS)的典型相变过程如下，①将油浴锅中放入插入冷凝管与温度计的四口烧瓶，将各构筑单元、功能单元等材料按照之前探索出的配方组成加入四口烧瓶；将配置好的通道压裂液按照一定的比例加入自支撑压裂液中；②开启搅拌开关并设置合适的搅拌速度，使压裂液被良好地分散；③以2℃为梯度提高油浴锅温度，观察烧瓶内自支撑压裂液是否有颜色、形状变化，并时刻观察是否有固相生成；④烧瓶内外温度稳定后，如果样品仍无明显变化，则保持同样搅拌速度并再次提高油浴锅温度继续观察；⑤如实验现象出现明显变化，则记下样品出现明显变化的时刻。保持该温度下持续观察自支撑压裂液(SPFL)的变化，不断将自支撑压裂液取出，观察是否有液相向固相转变的趋势，记录初始发生相变的时间。⑥对生成的自支撑固相(SPS)强度进行测试，待取出样品具有足够的强度时，记下对应的时刻，得出相变的总时间。⑦关闭集热式磁力搅拌器上的加热与搅拌开关，将之前取出的自支撑固相抽滤并洗涤得珠状或块状物，实验过程中的现象如图2所示。

3.1 自支撑压裂液体系的相变温度与时间

由于不同深度的地层温度各异，且压裂过程中近井地带裂缝温度与远端裂缝的温度具有较大差距，因此自支撑压裂液的相变时间与温度必须具有可调控的性质，相变调节剂对自支撑压裂液相变温度的影响变化如表1所示。

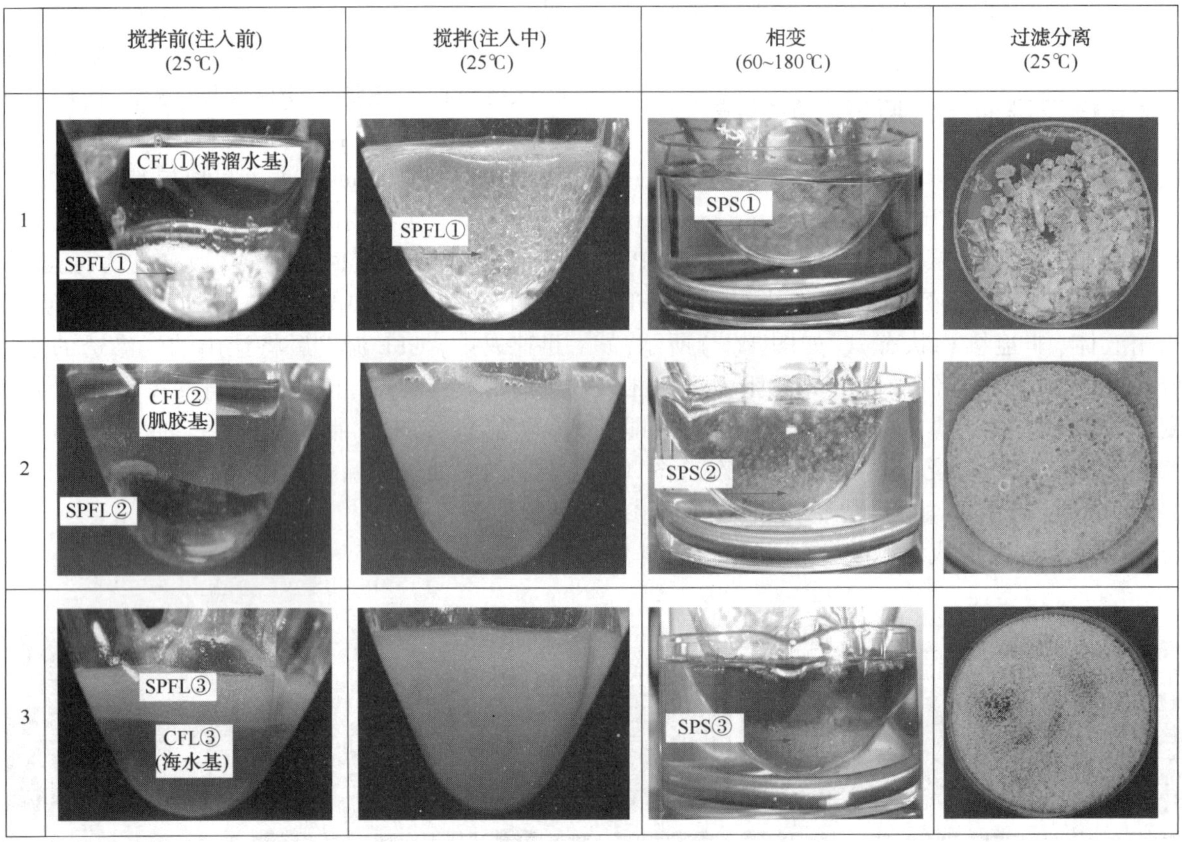

图 2　自支撑压裂液体系典型相变过程

表 1　自支撑压裂的相变时间与相变温度

相变调节剂浓度/%	时间/℃	开始相变时间/min	形成耐压自支撑固相所需时间/min
0	80	17	35
0.05	60	9	24
	80	7	18
	90	6	18
0.1	60	7	17
	80	5	13
	90	4	12
	120	3	6
	150	2	4
	180	2	3
0.2	60	5	14
	80	4.5	12
	90	3.5	11

自支撑压裂液体系在 60℃ 的温度下即可发生相变，最高相变温度可达 180℃。开始相变的时间范围为 2~17min，总相变时间为 5~52min，见表 1。自支撑压裂液宽泛的相变温度范围显示出自支撑压裂技术适应于多种温度区间的待压裂储层，具备替代加砂压裂的可行性。

3.2　自支撑压裂固相性能指标

3.2.1　自支撑固相的体、视密度

采用支撑剂测试行业标准，对相变后的自支撑固相进行筛析，分别测试不同粒尺寸的自支撑

固相的体、视密度，实验结果表2所示。

表2 自支撑固相的体密度与视密度

自支撑固相密度/目数	体积密度/(g/cm^3)	Apparent density/(g/cm^3)
6/20	0.55~0.67	1.05~1.07
20/40	0.59~0.73	1.06~1.08

自支撑固相的体密度与视密度均远远低于石英砂与陶粒，其视密度与压裂液相近，在相变过程中产生的自支撑固相更加容易均匀分散于裂缝中，改善传统压裂中砂堤分布效果不理想而引起的裂缝利用率低的情况，提高整体压裂液效果。自支撑固相在不同浓度的盐水中悬浮现象如图3所示。

3.2.2 自支撑固相的破碎率

为了方便与常规支撑剂中的陶粒进行对比，将相变后的自支撑固相进行筛析，采取支撑剂破碎率测试标准对自支撑固相开展详细测试，测试结果如图4所示。

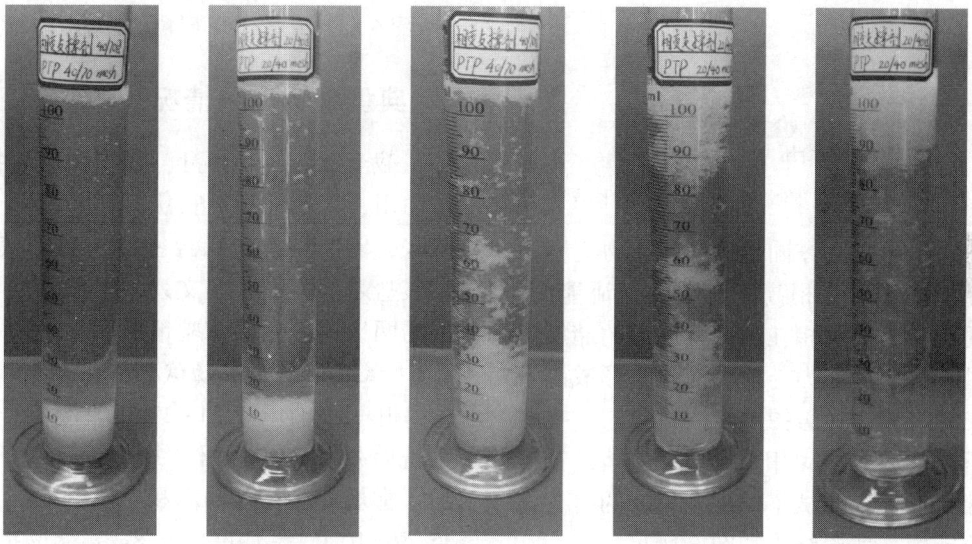

(a)0%　(b)2%　(c)4%　(d)6%　(e)8%

图3 自支撑固相在不同浓度KCL水溶液中的悬浮现象

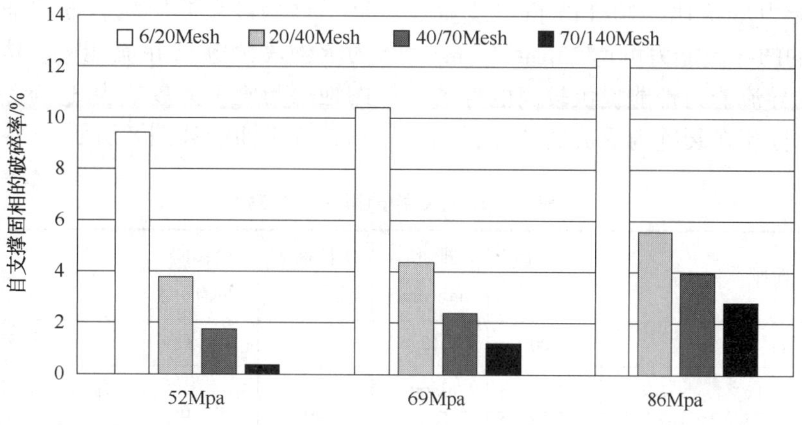

图4 不同目数的自支撑固相自支撑固相

如图4所示，所有目数的自支撑的破碎率均优于行标对陶粒破碎率的测试要求。特别是两种大粒径(6/20目与20/40目)的自支撑固相的破碎率非常低。由于自支撑压裂液是在地层裂缝内才可发生相变作用，形成自支撑固相，因此可以根据裂缝张开的几何尺寸，尽可能控制形成大粒径的自支撑固相，以提供最大的导流能力。同时，由于自支撑固相极低的破碎率，将极大程度上避免破碎的固体发生的运移后在裂缝内的堆积，而引起裂缝导流能力降低。从自支撑固相的抗破碎性能显示出自支撑固相更加有助于保持长期的裂缝导流能力，提高施工有效期。

3.2.3 自支撑固相的导流能力

为了对比自支撑固相与传统支撑剂的性能，依照行业标准在 10kg/m² 的铺置浓度下测试 20/40 目的自支撑固相、陶粒和石英砂的导流能力，实验结果如图 5 所示。

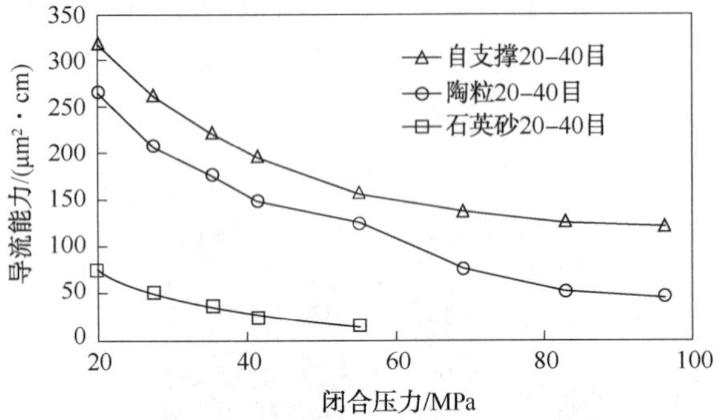

图 5 自支撑固相与常规支撑剂导流能力对比结果

如图 5 所示，自支撑固相的导流能力远高于石英砂的导流能力，并稍高于陶粒的导流能力。实验结果证明自支撑固相在高闭合压力的储层内仍能提供足够的支撑能力与流动通道，形成高导流能力自支撑裂缝，显著提高增产效果。

将筛析后的自支撑固相采取 10kg/m² 的铺砂浓度，依照行业标准测试不同粒径尺寸的自支撑固相的导流能力，实验结果如图 6 所示。

如图 6 所示，4 种粒径尺寸的自支撑固相的导流能力均高于 20/40 目的石英砂，且自支撑固相的粒径与导流能力呈正比。70/140 目自支撑固相在 55MPa 下的的导流能力可达 23μm²·cm。因此自支撑固相的导流能力都能提供较高的导流能力。由于自支撑固相在裂缝内形成的特点，相比于加砂压裂工艺，自支撑压裂施工设计时中可控制形成更大粒径的自支撑固相，为地层裂缝提供最高的导流能力。

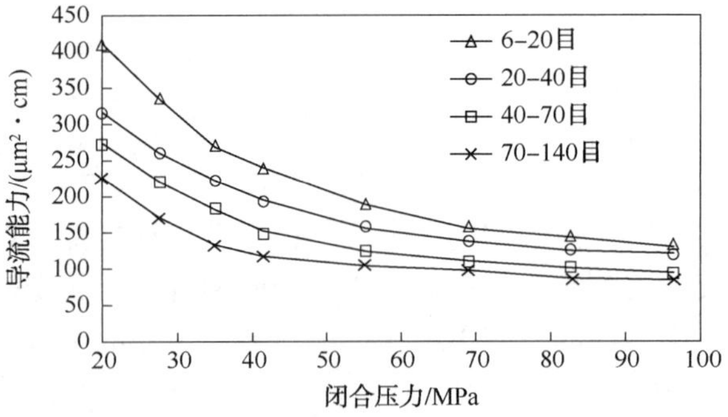

图 6 自支撑固相不同粒径的导流能力实验结果

4 典型现场应用情况

截至 2023 年 10 月，自支撑压裂技术已在华北油田、大港油田、长庆油田、渤海油田试验 7 井次，储层类型包括致密油、致密气、低渗透、碳酸盐岩等类型，本文列举了致密油与低渗透储层的两口典型井的实验情况。

4.1 致密油储层现场试验

叶三拨油田叶 21-22 断块层位位于孔店组，覆盖储量：824×10^4t，井型设计为大斜度井采油、常规井注，含油面积 237.69km²，可采储量 35.66×10^4t，平均厚度 9.8m、渗透率 0.07×10^{-3} μm²、孔隙度 11.52%。该区块设计井距：350～600m。为试验 SPFLS 的远端裂缝支撑性能，开展了远端自支撑压裂、近端加砂压裂工艺试验，力求构建全缝长导流能力。大港油田叶 21X 井的地层与施工参数如表 3、施工作业图如图 7 所示，施工曲线如图 8 所示。

表 3 叶 21X 井地层施工参数

序号	阶段		净液量/m³	排量/(m³/min)	支撑剂浓度/%	阶段时间/min	备注
1	前置液		100	12	/	8.3	造缝、降温
2	自支撑压裂液体系	自支撑压裂液	10	0.66	20	16.6	形成 20m³70 目 SPS，支撑远端裂缝提高缝控储量
		滑溜水基通道压裂液	100	6.6			
3	携砂液(石英砂)		540	12	6～16	45	石英砂 48m³ 支撑中部裂缝
4	携砂液(陶粒砂)		500	12	16～28	41.6	撑近井底裂缝
5	顶替液		43.6	12	/	3.63	将井筒内携砂液全部顶替进入裂缝
6	关井不泄压		0	0	/	300	确保裂缝内自支撑压裂液全部固化
合计	/		1293.6	/		115.1	/

图 7　叶 21X 井自支撑压裂工艺现场试验

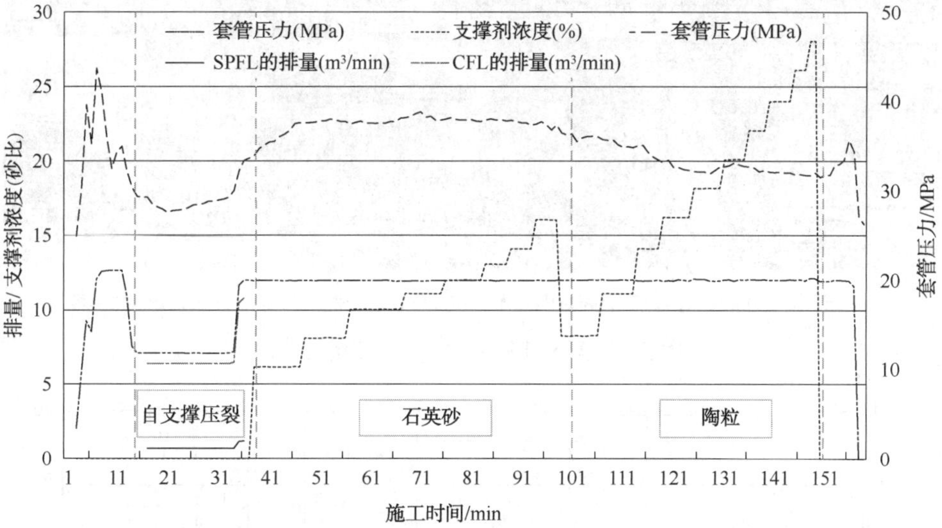

图 8　叶 24 井自支撑压裂施工曲线

防喷后初期日产液 9.4m^3/油 4.8m^3，初期日产比同规模常规压裂改造的临井高 2.3 倍，开井 300d，累产油 1973.9t，且日产油连续稳定，累产油是相比同规模压裂临井的 2.7 倍，验证了 SPFLS 体系可有效增加缝控储量，增加原油稳产时间。

在现有体积压裂施工设备及供液模式下，无需额外增加作业车辆，施工工艺简便高效。将 SPFLS 应用于体积压裂，具备如下优势：无需加砂，不用运砂车、输砂车、混砂车可变为供液撬；可低排量、高比例注入，可滑溜水携带连续泵送、摩阻低、减少压裂车数量。

4.2　低渗透储层现场试验

随后为验证 SPFLS 独立施工的有效性，在低渗透储层的板 17X 井，进行只注入了 SPFL 来支撑裂缝的现场试验。储层性质见表 4，关键处理参数见表 5，处理示意图如图 9 所示。

表 4　板 17X 井地层施工参数表

压裂目的层深度	3337.8~3339.8m	井斜角度	7.7°
层数	1	压裂层段原油饱和度	47.9%
压裂层段平均渗透率	9.3mD	压裂层渗透率	9.3%
CFL 类型	滑溜水基	原油黏度(20℃)	52.54mPa·s

表5　板17X井关键泵注参数表

施工阶段	CFL流量/Q_{CFL} m^3/min	SPFL流量/Q_{SPFL} m^3/min	相变调节剂流量 L/min	Q_{CFL}/Q_{SPFL}
前置	5.95	0	0	/
SPFL体系①	5.60	0.28	11.20	20：1
SPFL体系②	5.40	0.54	21.60	10：1
SPFL体系③	5.05	1.01	30.30	5：1
SPFL体系④	4.00	2.00	32.00	2：1
顶替	5.90	0	0	/
总液量(m^3)	332.05	20.13	0.61(m^3)	/

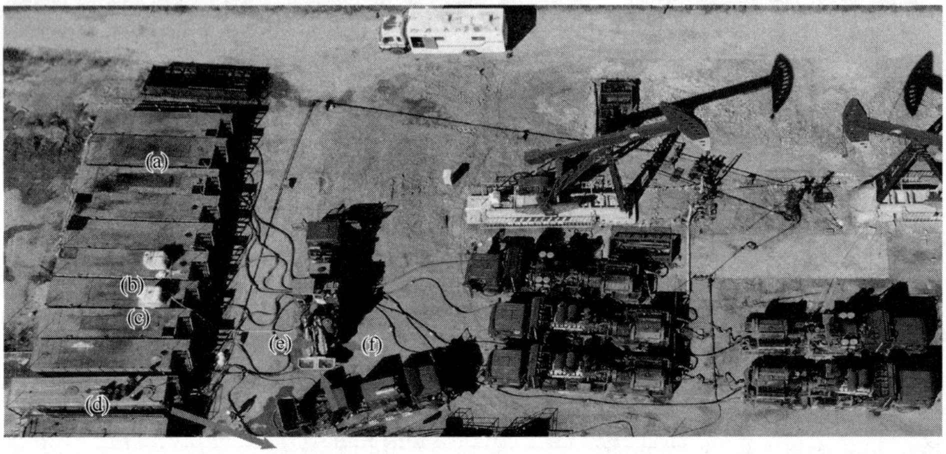

(a)清水；(b)滑溜水；(c)变黏(高黏)滑溜水；(d) SPFL；(e)相变调节剂；(f)通道压裂液基液

图9　板17X井自支撑压裂工艺现场试验

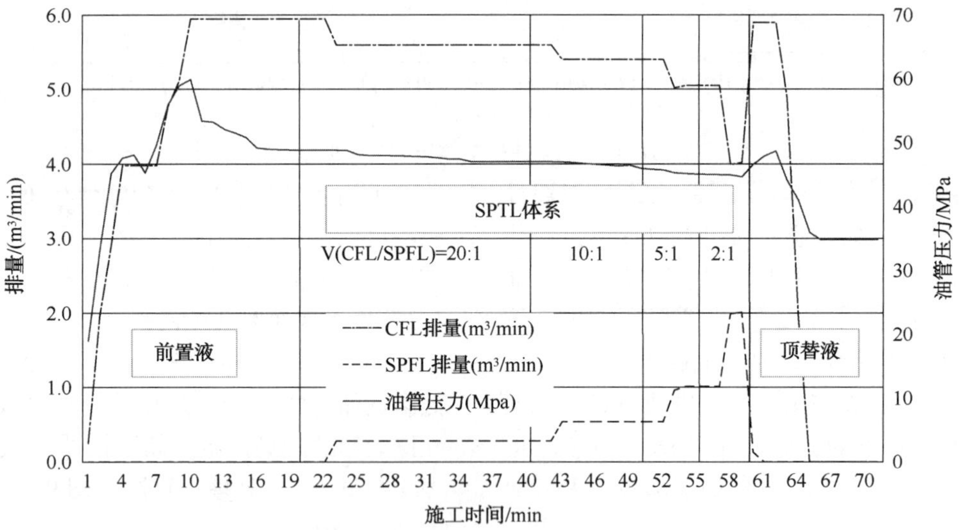

图10　板17X井自支撑压裂施工曲线

措施后开井生产天60天，累计产液2217.5m^3，产油1595m^3，放喷后产量一直稳定在产液39m^3/d、产油29m^3/d左右，高于同区块临井40%以上，证明了无需加入固体石英砂(陶粒)，仅依靠SPFLS就可以形成高导流自支撑裂缝。

试验结果证明无需单独为自支撑压裂液的泵注增添混砂车，便于排量控制，可减少压裂车数量，因无需地面固体加砂，压裂车泵头与胶套等易损件无磨损，可降低施工费用60%以上。

5 结论与建议

（1）自支撑压裂液相变温度范围广且时间可控，适合于多种井身结构与储层条件，自支撑压裂技术在储层改造上具有广泛的推广性。

（2）自支撑固相的体密度与视密度低、抗破碎强度高、导流能力能力高，形成的自支撑裂缝可为地下油气的渗流提供高速稳定的流动通道，大幅提高增产效果。

（3）非常规油气藏压裂时由于滑溜水携砂的诸多难题，将缝网裂缝的加砂工艺改用自支撑压裂技术，将大幅度提高缝网的利用率，在自支撑压裂技术现场试验初期，具备极高的可行性。

（4）成功应用此技术将从根本上提高非常规油气储层的增产改造效果，为非常规油气资源的高效开发做出突出贡献。

（5）自支撑压裂技术为首创的压裂技术，在国际上处于前沿地位，实验结果表明此技术具有极高的理论与现实价值。

（6）自支撑压裂液具备可多水源（海水、淡水）配制、可在线混配、易于施工的技术优势。该体系的成功研发与试验，为常规低渗储层与非常规储层压裂带来了全新的压裂液体系与技术方向。

参考文献

[1] Hughes JD. Energy: A reality check on the shale revolution. NATURE. 2013; 494: 307.

[2] Wang Q, Chen X, Jha AN, Rogers H. Natural gas from shale formation-the evolution, evidences and challenges of shale gas revolution in United States. Renewable and Sustainable Energy Reviews. 2014; 30: 1-28.

[3] Stevens P. The'Shale Gas Revolution': Hype and Reality.: Chatham House London; 2010. p.

[4] Zou C, Dong D, Wang S, Li J, Li X, Wang Y, et al. Geological characteristics and resource potential of shale gas in China. PETROL EXPLOR DEV+. 2010; 37: 641-653.

[5] Gandossi L. An overview of hydraulic fracturing and other formation stimulation technologies for shale gas production. Eur. Commisison Jt. Res. Cent. Tech. Reports. 2013; 26347.

[6] Shaffer DL, Arias Chavez LH, Ben - Sasson M, Romero-Vargas Castrillo N S, Yip NY, Elimelech M. Desalination and reuse of high - salinity shale gas produced water: drivers, technologies, and future directions. ENVIRON SCI TECHNOL. 2013; 47: 9569-9583.

[7] Wang Z, Krupnick A. A retrospective review of shale gas development in the United States: What led to the boom? ECON ENERGY ENV POL. 2015; 4: 5-18.

[8] González Á. Issue: Global Oil and Gas Industry Global Oil and Gas Industry. 2019.

[9] Van Eyden R, Difeto M, Gupta R, Wohar ME. Oil price volatility and economic growth: Evidence from advanced economies using more than a century's data. APPL ENERG. 2019; 233: 612-621.

[10] Melek NC, Plante M, Yucel MK. Resource Booms and the Macroeconomy: The Case of US Shale Oil. 2018.

[11] Chengzao J, Zheng M, Zhang Y. Unconventional hydrocarbon resources in China and the prospect of exploration and development. PETROL EXPLOR DEV +. 2012; 39: 139-146.

[12] Davies RJ, Almond S, Ward RS, Jackson RB, Adams C, Worrall F, et al. Oil and gas wells and their integrity: Implications for shale and unconventional resource exploitation. MAR PETROL GEOL. 2014; 56: 239-254.

[13] Passey QR, Bohacs K, Esch WL, Klimentidis R, Sinha S, "From oil-prone source rock to gas-producing shale reservoir-geologic and petrophysical characterization of unconventional shale gas reservoirs," in International oil and gas conference and exhibition in China, (Society of Petroleum Engineers, 2010).

[14] Orangi A, Nagarajan NR, Honarpour MM, Rosenzweig JJ, "Unconventional shale oil and gas-condensate reservoir production, impact of rock, fluid, and hydraulic fractures," in SPE hydraulic fracturing technology conference, (Society of Petroleum Engineers, 2011).

[15] Qi W, Yun X, Xiaoquan W, Tengfei W, Zhang S. Volume fracturing technology of unconventional reservoirs: Connotation, design optimization and implementation. PETROL EXPLOR DEV +. 2012; 39: 377-384.

[16] Warpinski NR, Mayerhofer MJ, Vincent MC, Cipolla CL, Lolon EP. Stimulating unconventional reservoirs: maximizing network growth while optimizing fracture conductivity. Journal of Canadian Petroleum Technology.

2009; 48: 39-51.

[17] Li Q, Xing H, Liu J, Liu X. A review on hydraulic fracturing of unconventional reservoir. Petroleum. 2015; 1: 8-15.

[18] Gupta S, "Unconventional fracturing fluids: what, where and why," in Technical workshops for the hydraulic fracturing study, US EPA, presented at Arlington, VA(February 2011), (2011).

[19] Cramer DD, "Stimulating unconventional reservoirs: lessons learned, successful practices, areas for improvement," in SPE Unconventional Reservoirs Conference, (Society of Petroleum Engineers, 2008).

[20] Romanson R, Pongratz R, East L, Stanojcic M, "Novel, multistage stimulation processes can help achieve and control branch fracturing and increase stimulated reservoir volume for unconventional reservoirs," in SPE EUROPEC/EAGE Annual Conference and Exhibition, (Society of Petroleum Engineers, 2011).

[21] Alotaibi MA, Miskimins JL. Slickwater Proppant Transport in Hydraulic Fractures: New Experimental Findings and Scalable Correlation. SPE PROD OPER. 2018; 33: 164-178.

[22] Dayan A, Stracener SM, Clark PE. Proppant Transport in Slickwater Fracturing of Shale Gas Formations. SPE Annual Technical Conference and Exhibition. New Orleans, Louisiana: Society of Petroleum Engineers; 2009. p. 9.

[23] Li N, Li J, Zhao L, Luo Z, Liu P, Guo Y. Laboratory Testing on Proppant Transport in Complex - Fracture Systems. SPE PROD OPER. 2017; 32: 382-391.

[24] Woodworth TR, Miskimins JL. Extrapolation of Laboratory Proppant Placement Behavior to the Field in Slickwater Fracturing Applications. SPE Hydraulic Fracturing Technology Conference. College Station, Texas, U. S. A.: Society of Petroleum Engineers; 2007. p. 12.

[25] Kostenuk NH, Browne DJ, "Improved proppant transport system for slickwater shale fracturing," in Canadian unconventional resources and international petroleum conference, (Society of Petroleum Engineers, 2010).

[26] Zou Y, Ma X, Zhang S, Zhou T, Ehlig Economides C, Li H. The Origins of Low - Fracture Conductivity in Soft Shale Formations: An Experimental Study. ENERGY TECHNOL-GER. 2015; 3: 1233-1242.

[27] Guo J, Wang J, Liu Y, Chen Z, Zhu H. Analytical analysis of fracture conductivity for sparse distribution of proppant packs. J GEOPHYS ENG. 2017; 14: 599.

[28] Jackson K, Orekha O. Low Density Proppant in Slickwater Applications Improves Reservoir Contact and Fracture Complexity - A Permian Basin Case History. SPE Liquids-Rich Basins Conference-North America. Midland, Texas, USA: Society of Petroleum Engineers; 2017. p. 20.

[29] Liqiang Z, Yong Y, Zhifeng L, Donghe YU, DU Juan, Guohua L, et al. PHASE - CHANGE HYDRAULIC FRACTURING PROCESS. 2019. p.

[30] Zhao L, Chen Y, Du J, Liu P, Li N, Luo Z, et al. Experimental Study on a new type of self - propping fracturing technology. ENERGY. 2019.

[31] Liqiang Z, Yang Y, Du G, Donghe YU, Du J, Hang C, et al. Phase change fracturing fluid system for phase change fracturing.: Google Patents; 2019. p.

[32] Luo Z, Zhang N, Zhao L, Pei Y, Liu P, Li N. Thermoresponsive in Situ Generated Proppant Based on Liquid-Solid Transition of a Supramolecular Self-Propping Fracturing Fluid. ENERG FUEL. 2019; 33: 10659-10666.

[33] Pei Y, Zhang N, Zhou H, Zhang S, Zhang W, Zhang J. Simulation of multiphase flow pattern, effective distance and filling ratio in hydraulic fracture. Journal of Petroleum Exploration and Production Technology. 2019: 1-10.

[34] Zhang C, Zhao L, Yu D, Liu G, Pei Y, Huang F, et al. The evaluation on physical property and fracture conductivity of a new self-generating solid proppant. J PETROL SCI ENG. 2019.

玛湖深层页岩油水平井体积改造关键参数优化研究及应用

郝丽华　潘丽燕　俞天喜　郑伟杰　刘凯新　邹娜娜

（新疆油田公司工程技术研究院）

摘　要　玛湖页岩埋藏深、纵向岩性变化快、力学应力强度高，且普遍发育天然裂缝，压裂过程中水力裂缝扩展规律认识不清，国内外尚无该类深层页岩油藏压裂经验可借鉴。本文结合储层力学应力特征，建立考虑天然裂缝影响的水力裂缝扩展数值模型，开展裂缝扩展规律及压裂关键参数优化研究。结果表明，玛湖深层页岩油水力裂缝纵向扩展受控，延伸方位主要受地应力控制，部分沟通天然裂缝可形成复杂分支缝；以安全加砂、增大改造体积、确保支撑裂缝长期导流能力为压裂理念，对段簇间距、改造规模、施工排量、支撑剂粒径及压裂液黏度开展优化研究，形成玛湖深层页岩油水平井配套体积改造关键参数优化方法。该套方法应用于重点风险探井 MY1H 井，施工成功率 100%，压后最高日产油 $108m^3/d$，150d 累产油 $6000m^3$，实现了玛湖深层页岩油藏勘探重大突破，为后续准噶尔盆地页岩油资源有效动用奠定了技术，同时为国内外类似深层页岩油藏体积改造参数优化提供了重要借鉴经验。

关键词　玛湖凹陷；深层页岩油；水平井；体积改造

准噶尔盆地非常规资源储量丰富，页岩油是其中重要勘探领域之一，2019 年吉木萨尔页岩油建成首个国家级陆相页岩油建设示范区，随着油气勘探程度不断深入，玛湖深层页岩油成为继吉木萨尔页岩油之后重要接替区域。玛湖深层页岩油具有储层厚度大、原油成熟度高、天然裂缝较发育等优势，2019 年针对该套储层部署重点风险探井 MY1 井，采用直井大规模分级压裂获最高日产 $50.6m^3$，一年期累产油 $5480m^3$，实现勘探阶段的重大突破，此后部署 5 口直井压后均获工业油流，试油效果好、获油率高。但采用直井试产普遍存在改造范围小、产量递减快、持续稳产能力差等问题，为加快探索玛湖页岩油储层效益开发模式，近年来陆续部署了 MY1H、M48H 等水平井，开展提产潜力探索与实践。

目前，国内外规模建产的页岩油藏埋深普遍较浅，其中国内古龙、陇东、吉木萨尔等页岩油藏埋深 2500~4500m，国外巴肯、鹰滩等页岩油藏埋深 3000~4000m，且以上中浅层页岩油藏力学应力性质普遍中等偏低，采用水平井体积压裂施工难度小，压裂易于形成复杂裂缝网络、改造效果普遍较好。玛湖页岩埋深 4500~5500m，为目前国内外页岩油领域垂深最深储层，且纵向岩性变化快、力学应力强度极高、发育天然裂缝、纹层层理等弱面，直井压裂施工难度及砂堵风险相对较高，国内外尚无类似储层水平井体积改造经验可借鉴，亟需形成配套水平井压裂工艺及关键参数优化方法，指导油藏充分改造、效益动用。

本文结合储层力学应力特征，建立考虑天然裂缝影响的三维数值模型，结合水力裂缝扩展形态及改造范围，优化形成玛湖深层页岩油水平井体积改造关键参数优化方法，指导 MY1H 井施工成功率 100%，压后最高日产油 $108m^3$，为该区后续规模开发提供了技术储备，同时为国内外同类型深层页岩油藏勘探开发提供了重要借鉴经验。

1　储层地质力学特征

1.1　岩性、物性及含油性特征

玛湖深层页岩油藏位于准噶尔盆地玛湖凹陷–西北缘斜坡区，目的层位为二叠系风城组二段、三段，地层厚度 200.0~1200.0m，岩性以灰质、云质粉砂岩及泥岩为主，砂质泥质条带呈厘米–毫米级交互沉积，夹层矿物成分包括白云质、石英、方解石、黏土等，纵向岩性变化快、整体非均质性强。玛湖页岩油藏为细粒沉积的低孔特低渗储层，测井解释核磁总孔隙度 3.0%~

6.5%，核磁有效孔隙度 1.6%～4.0%，基质渗透率普遍小于 0.05mD。录井解释热解烃总量 33～130mg/g，反映储层含油丰度较高、轻质含量占比大。根据热模拟实验结果，玛湖页岩油 R_0值平均 1.4%，表明储层处于成熟-高成熟阶段，TOC 值平均 1.1%，反映整体有机质丰度高。返排油样测试结果表明该区以中偏重质油为主(原油密度 0.84～0.92g/cm^3)。

1.2 岩石矿物成分

针对玛湖页岩岩心开展全岩矿物 X 衍射分析，结果表明储层矿物成分以硅质、碳酸盐类矿物为主，其中硅质成分主要为石英、长石、黄铁矿，碳酸盐类矿物主要成分为白云石、方解石、锐钛矿等，整体以石英、白云石、黄铁矿、长石为主，含方解石、锐钛矿。黏土矿物含量相对较少，平均占比 7.0%，主要以伊利石(47.2%)、蒙脱石(34%)为主，岩粉在清水中膨胀高度 0.1～0.5mm，岩心浸泡及 CST 实验均反映储层水敏性弱。此外，矿物测试过程中同一块岩心不同位置处成分差异显著，表明储层具有强非均质性。

1.3 天然裂缝特征

根据井下岩心描述及 FMI 成像测井解释结果，玛湖深层页岩储层天然裂缝普遍较发育，且有效性好，高导缝占比约 46.0%。其中 MY1 井储层以低角度微细裂缝为主，裂缝密度 3～10 条/10cm，个别见高角度斜交缝及直劈缝，缝宽普遍较窄(0.1～0.5mm)，此外部分层段发育溶蚀孔，孔径 1.0～5.0mm；MY1H 井储层发育高角度微细裂缝，个别见 1.0mm 高角度斜交缝，多被方解石、白云石等矿物充填-半充填，整体裂缝发育程度较 MY1 高。两井岩性特征一致，均呈灰质、云质及硅质条带交互沉积，导致水平及波状纹层层理普遍较为发育，岩心含油主要分布在裂缝及层理面。

玛湖页岩储层天然裂缝优势走向划分两类，一类为北东-南西走向，与最大水平主应力方位一致，另一类为北西-南东走向，与最大水平主应力方位近乎垂直，因此水力裂缝与天然裂缝交互规律研究十分必要。

1.4 力学应力特征

根据井下岩心全应力应变三轴压缩测试，玛湖深层页岩储层弹性模量 40～65GPa，泊松比 0.19～0.30，抗压强度 440～580MPa，巴西劈裂实验测试的岩心抗拉强度为 7～23MPa。结果表明储层整体力学强度极高，反映压实程度高、抗破碎能力强，易造成水力裂缝延伸难度大、缝宽窄、砂比敏感程度高等问题。

玛湖深层页岩现今最大水平主应力方位为北东-南西向，以正断层应力机制为主，利用 Kaiser 效应测试岩心最小水平主应力 79.8～87.6MPa，最大水平主应力 87.8～99.7MPa，两向应力差 7.0～10.0MPa。采用声学动态测井参数计算储层力学应力参数，经实验值校正后计算最小水平主应力 72.7～118.7MPa，最大水平主应力 87.8～122.8MPa，两向应力差 7.0～25.0MPa，部分层段水平两向应力差异系数达 29.0%，针对该类层段形成复杂裂缝网络难度大幅提升，需优化压裂工艺参数提高有效改造体积。

2 深层页岩油水力裂缝扩展规律

玛湖深层页岩储层纵向岩性呈厘米-毫米级交互沉积，发育水平状纹层层理等弱面，水力缝高扩展能力尚不明确，普遍发育天然裂缝，且部分层段走向与最大水平主应力方位近乎垂直，水力裂缝与天然裂缝交互规律认识不清。为此，本文基于储层地质力学应力特征，建立考虑天然裂缝影响的三维裂缝扩展数值模型，开展玛湖深层页岩储层水力裂缝扩展规律研究。基于单井常规、核磁共振、微电阻率成像测井数据体，建立地质力学及裂缝扩展数值模型，模型尺寸 2200m×600m×106m，平面网格大小为 10m×10m，总网格数 1399200 个，针对水力裂缝纵向扩展能力及其与天然裂缝交互关系开展研究。

2.1 水力裂缝纵向扩展能力评估

国内外研究结果表明，水力缝高扩展能力主要受储层地质特征与压裂施工参数的影响，其中储层特征相近时施工排量及压裂液黏度对缝高扩展影响最为显著。为明确玛湖页岩水力缝高扩展能力，结合矿场参数模拟排量 5.0～15.0m^3、压裂液黏度 80.0～120.0mPa·s 条件下缝高延伸范围。结果表明(图 1、图 2)，受层间力学应力性质影响，单簇动态缝高约 25.0m，随段内簇数增加、均衡扩展情况下单簇动态缝高不断减小，单段 2～3 簇时动态缝高约 15.0～20.0m，且实际压裂过程中受水平纹层层理滤失影响，缝高扩展范围进一步受控。结合前期 MY1 直井压后封隔器验窜结果，单缝排量 4.0m^3/min 时压裂缝高约 10.0~15.0m，综合考虑该区储层水力缝高整体受控，因此宜采用大排量、高黏液、大规模改造方式提高缝内净压力，促使水力裂缝沿缝长方向延伸，不断扩大改造范围。

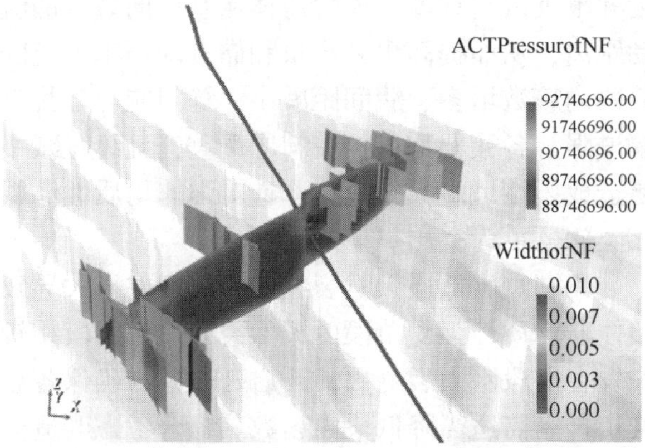

图 1　MY1H 井单簇裂缝缝高扩展模拟结果

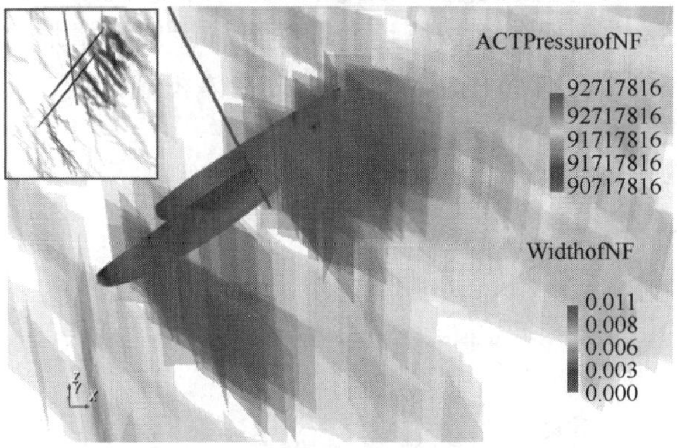

图 2　MY1H 井两簇裂缝缝高扩展模拟结果

2.2　水力裂缝与天然裂缝交互规律分析

采用三维数值模型设置两类天然裂缝（北东-南西走向、北西-南东走向），模拟结果表明水力裂缝主体均沿最大水平主应力方向延伸，部分可沟通天然裂缝形成复杂分支缝。水力裂缝能否沟通开启天然裂缝取决于水平两向应力差、水力裂缝与天然裂缝夹角、天然裂缝胶结强度等因素，其中水平两向应力差对水力裂缝扩展轨迹影响最为显著，如图 3、图 4 所示，随两向应力差增加，水力裂缝形态趋于简单，沟通开启天然裂缝数量减少，压后裂缝复杂程度大幅降低。综合考虑，玛湖页岩储层水力裂缝延伸形态首先受控于地应力、其次为天然裂缝，在水平两向应力差较低区域及层段压后裂缝形态相对复杂，较高区域及层段相对简单、仅局部沟通开启天然裂缝，当水平两向应力差相近时，天然裂缝发育层段压后裂缝形态更为复杂。

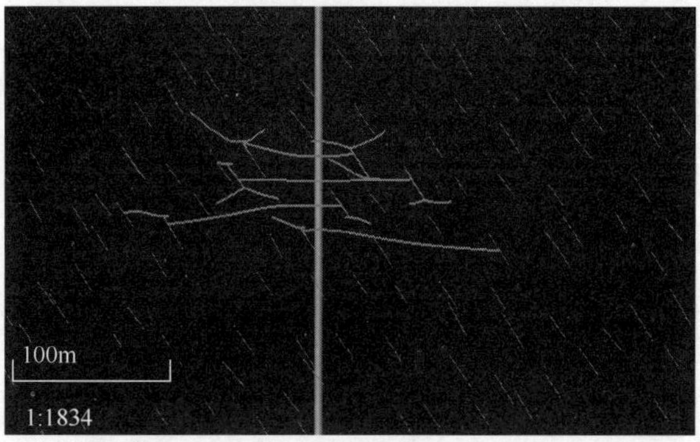

图 3　水平应力差 10~15MPa 条件下
水力裂缝扩展形态

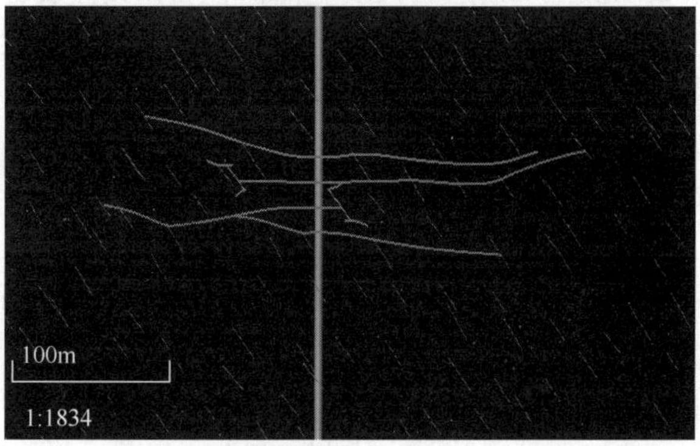

图 4　水平应力差 15~20MPa 条件下
水力裂缝扩展形态

水力裂缝与天然裂缝夹角对于压裂裂缝形态影响较为显著，设置最大水平主应力方向为 45°，开展不同天然裂缝影响的压裂裂缝扩展规律模拟。结果表明（图 5），随水力裂缝与天然裂缝夹角不断减小，压裂裂缝复杂程度先增加后减小。当两者夹角 30°~60°时，沟通开启的天然裂缝数量较多，压裂裂缝形态复杂程度最高；当两者夹角偏大时（天然裂缝走向 15°），受天然裂缝影响水力缝长延伸范围易受抑制，且沟通开启天然裂缝造成额外滤失增加压裂施工难度；当两者夹角偏小时（天然裂缝走向 75°），水力裂缝易沿天然裂缝方向延伸导致整体裂缝形态相对简单。玛湖页岩油藏两类天然裂缝与最大水平主应力夹角主要为 10°~30°、60°~70°，结合模拟结果预测压后裂缝形态较为简单，需优化压裂工艺参数提高裂缝复杂程度。

3　水平井体积改造关键参数优化方法

玛湖页岩油储层埋藏深、基质物性致密、力学应力强度高，水力裂缝纵向扩展受控，且与天然裂缝交互关系不利于形成复杂裂缝网络。为此

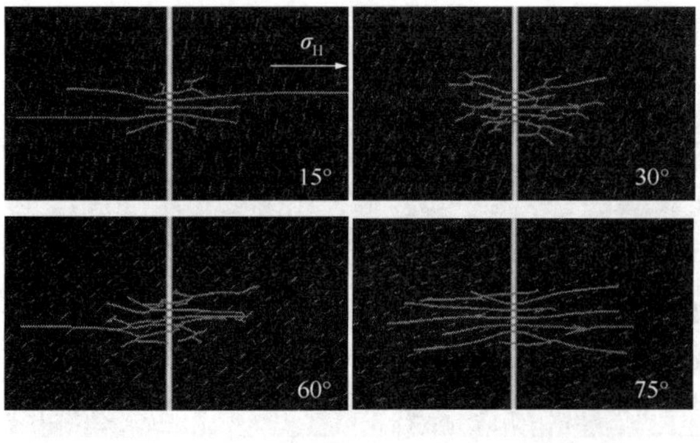

图5　不同天然裂缝走向影响水力裂缝扩展形态模拟结果

本文以安全加砂、增大改造体积、确保支撑裂缝长期导流能力为压裂理念，开展压裂工艺及关键参数优化研究，旨在充分释放储层产能、推进区块规模效益动用进程。

3.1　段簇间距

针对水平井压裂分段分簇，北美页岩油气近年来多采用段长更短、簇数更多的划分方式提高压裂效率、降低改造成本，目前普遍段间距 30.0~60.0m、段内 4~10 簇、簇间距 3.0~12.0m，配套暂堵技术；国内古龙、陇东及沧东等页岩油储层多采用“密切割分段+短簇距布缝”工艺，段间距 50.0~70.0m、段内 5~7 簇、簇间距 9.0~12.0m。通过增加裂缝条数、缩短簇间距可提高近井范围改造程度，缩短流体从基质向裂缝的流动距离，从而提高单井产量和储量动用率，但随着段内簇数增多、簇间距减小，缝间应力干扰大幅增强，各簇非均衡扩展问题严重，且缝宽减小易造成砂堵风险大幅提高，针对强非均质性储层该类问题更为突出。

玛湖页岩储层天然裂缝发育程度差异大导致整体非均质性强，单段内天然裂缝发育层段相较欠发育层段水力裂缝更易开启延伸，为确保各簇均衡扩展需适当降低段内簇数。综合考虑改造体积、射孔簇有效率及支撑缝高分布情况(图6、图7)，优化主体采用段内 2~3 簇、簇间距 10~15m，确保各簇裂缝均衡起裂延伸，同时增加每簇裂缝延伸范围，确保整体改造体积最大化。

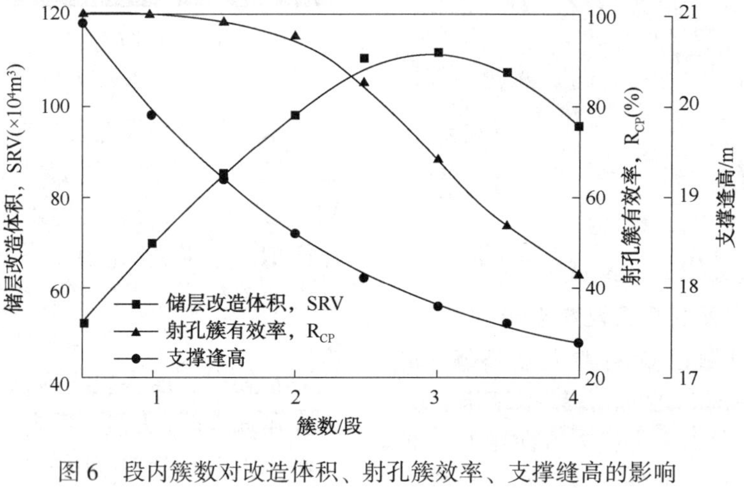

图6　段内簇数对改造体积、射孔簇效率、支撑缝高的影响

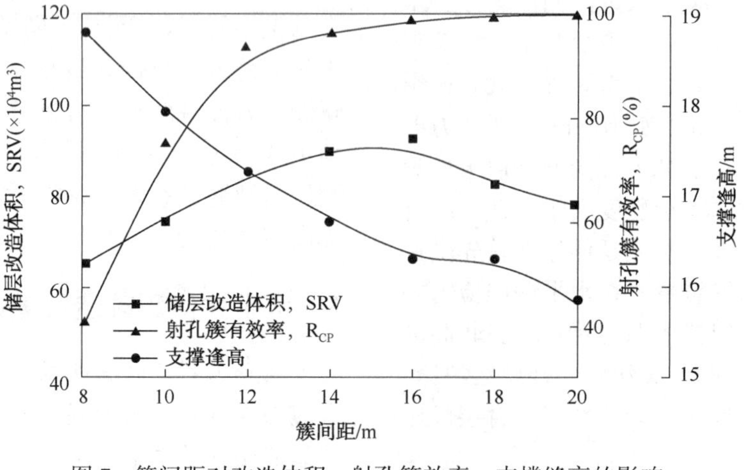

图7　簇间距对改造体积、射孔簇效率、支撑缝高的影响

3.2 改造规模

针对压裂改造强度，根据吉木萨尔页岩油开展的高强度改造矿产试验，相较常规改造用液强度由 25m³/m 提至 45m³/m，加砂强度由 2.0m³/m 提至 4.0m³/m，压后 100 天内井口压力下降速度较常规改造井下降 0.12MPa/d，一年期平均日产油提高 16m³/d，反映高强度改造利于保持生产压力稳定、充分释放储层产能。根据模拟结果(图 8、图 9)，随液量、砂量增加，改造范围及支撑体积不断增加，但单段液量大于 2000m³ 时，压后改造体积增速显著降低，此外还需结合成本进一步优化。鉴于水力裂缝延伸难度大，弹性模量高导致缝宽窄，需采用低砂比降低砂堵风险，结合砂比提升范围及支撑剂铺置浓度，优化单簇砂量 30~40m³。

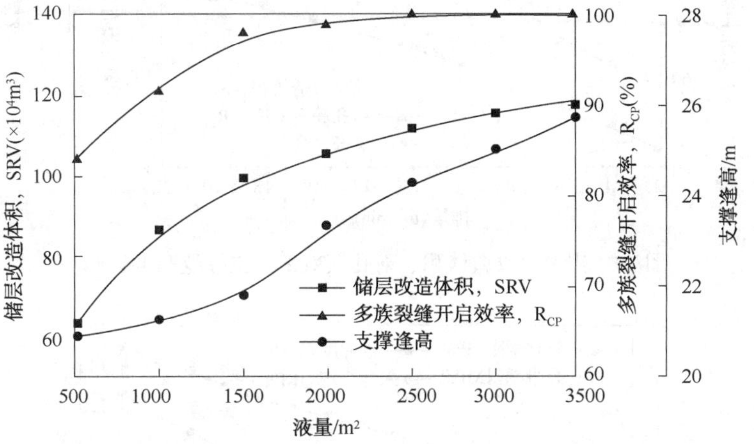

图 8 单段液量对改造体积、射孔簇效率、支撑缝高的影响

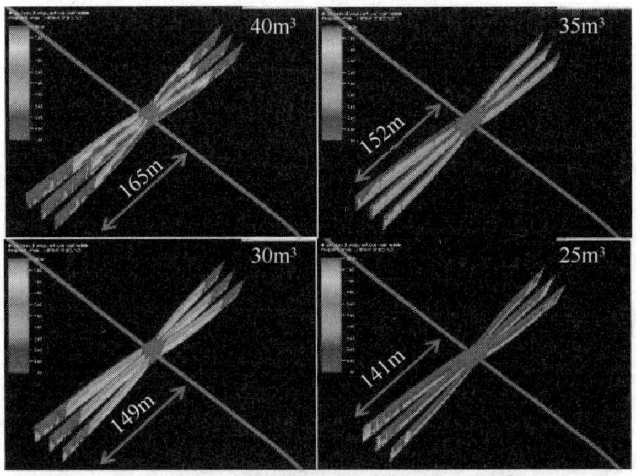

图 9 加砂规模对水力裂缝扩展及支撑形态影响结果

3.3 施工排量

玛湖深层页岩油前期直井压裂实践表明，单簇排量大于 4.0m³/min 时利于确保水力裂缝正常起裂延伸，且提高排量易促进水力裂缝扩展程度、降低砂堵风险，单簇排量较小时砂堵风险大幅提升。模拟玛湖页岩储层水平井多簇压裂不同排量影响下裂缝扩展规律，结果表明(图 10)施工排量较低时难以开启多簇裂缝，如排量 4.0~6.0m³ 时，射孔簇有效率 85%~95%，不利于水力裂缝均衡起裂，当排量大于 8.0~10.0m³ 时各簇均衡起裂效果较好。此外，随施工排量增加，储层改造体积、射孔簇有效率及支撑缝高均呈增大趋势，且针对天然裂缝群发育带、水力裂缝与天然裂缝高交角储层，可大幅缓解额外滤失造成的施工风险。结合前期分析结果，玛湖深层页岩缝高扩展整体受控，提高排量利于充分释放储层产能的同时确保安全加砂。但施工排量过高，压裂过程中产生的沿程摩阻、孔眼摩阻大幅提高(图 11)，且玛湖深层页岩水力裂缝延伸梯度高(0.022MPa/m)，井口泵压过高时易超过管柱及地面管线等设备承压能力影响井筒完整性，为此宜采用限压不限排量方式，尽可能提高施工排量，增大储层有效改造体积。

3.4 支撑剂粒径

储层弹性模量与压裂裂缝缝宽呈负相关性，鉴于玛湖深层页岩储层存在弹性模量高、压后缝宽窄问题，压裂支撑剂应以小粒径为主，确保缝内输送效果。但支撑剂粒径过小时，易导致支撑裂缝导流能力偏低，影响长期改造效果，为此本文针对不同支撑剂粒径开展长期导流能力测试。此外，为明确石英砂替代可能性，测试了不同配比石英砂及陶粒混合支撑剂的长期导流能力。测试结果(图 12)表明，30/50 目陶粒、40/70 目陶

粒、40/70 目陶粒与石英砂 2：1 混配均能满足水力裂缝长期导流能力需求，但 40/70 目陶粒与石英砂 2：1 混配后导流能力下降速度相对较快。综合考虑优化主加砂以 40/70 目陶粒为主，采用 70/140 目支撑剂为前置段塞，充填微细裂缝，确保多尺度裂缝有效支撑。

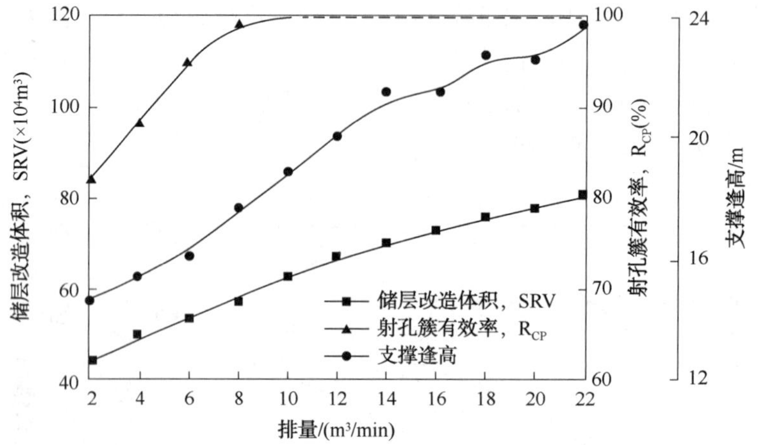

图 10　排量对改造体积、射孔簇效率、支撑缝高的影响

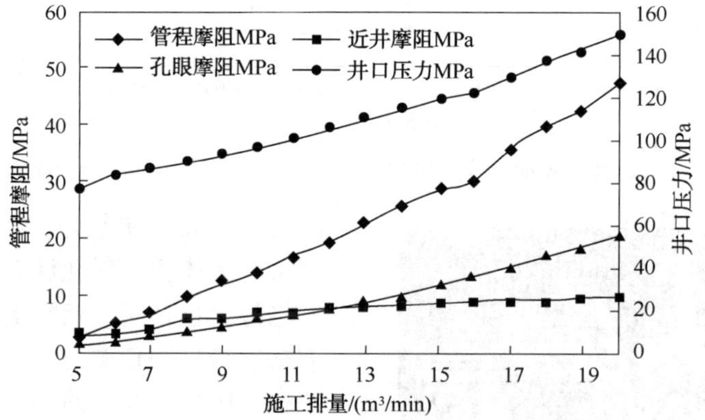

图 11　不同施工排量条件下摩阻及井口压力预测图

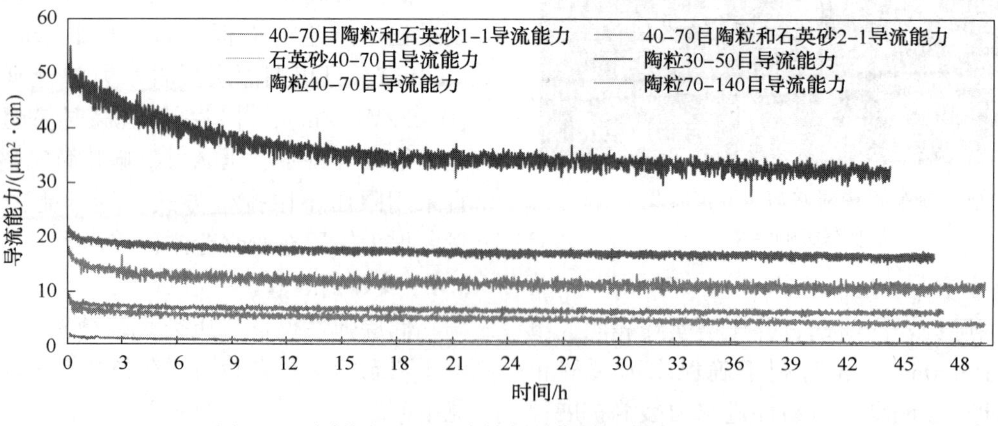

图 12　不同粒径及配比支撑剂长期导流能力测试结果

3.5　压裂液黏度

压裂液黏度对水力裂缝扩展形态及支撑剂铺置距离影响显著。根据模拟结果(图 13、图 14)，采用非交联低黏压裂液，水力裂缝更易沟通天然裂缝等弱面，导致近井范围裂缝复杂程度较高，但整体缝长延伸范围及支撑剂铺置距离相对较短；采用交联冻胶压裂液，水力裂缝易穿透天然裂缝形成优势主缝，可沟通远端储层、增加支撑剂铺置距离，但整体裂缝形态相对简单。为提高压裂波及范围，同时尽可能沟通近井天然裂缝等

弱面、达到充分改造储层目的，宜采用“交联冻胶启缝+非交联低黏液携粉陶充填微细裂缝+交联冻胶连续携砂”的逆混合压裂工艺，提高改造效果。

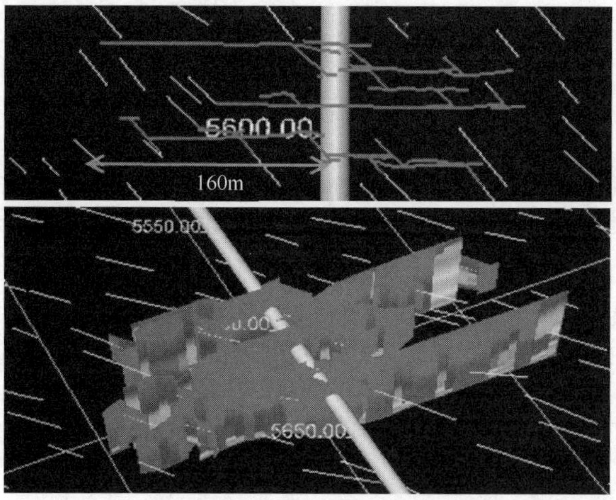

图 13　低黏液对水力裂缝形态及支撑剂铺置效果的影响

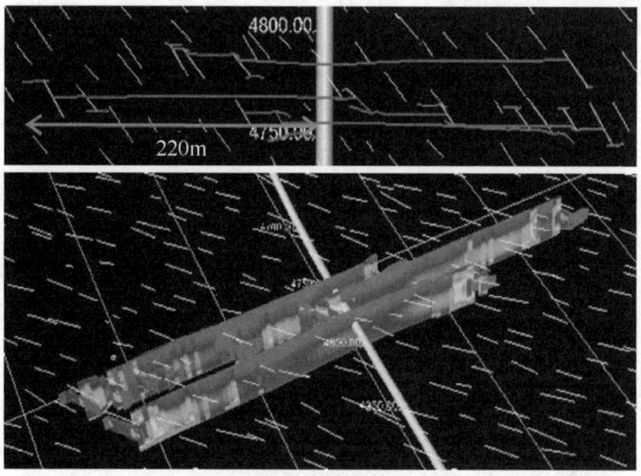

图 14　冻胶对水力裂缝形态及支撑剂铺置效果的影响

4　现场试验

玛湖页岩油储层首口水平井 MY1H 井，9-28 段采用上述压裂工艺参数优化结果，相较先导试验 1-8 段优化了段簇组合参数，同时提高了施工排量、压裂液黏度及改造强度(具体参数见表 1)，压裂施工难度大幅降低，施工成功率由 75% 提升至 100%，加砂符合率由 29% 提升至 87%。

根据地面微地震监测结果，1-28 段压后裂缝方位 51～85°，较最大主应力方向偏转 10～50°，形成了近似垂直井筒的横切缝，表明水力裂缝延伸方位主要受地应力控制，局部受天然裂缝影响，且纵向缝高整体受控。根据施工曲线反演结果，9-28 段相较 1-8 段施工净压力提升 8.0MPa，压后裂缝横纵比由平均 0.50 降至 0.36，表明 9-28 段压裂裂缝在缝长方向扩展更为充分，形成了优势高渗通道，且激活的天然裂缝数量多，有效改造体积提升 25%；1-8 段近井范围内裂缝复杂程度较高，但整体裂缝扩展范围受限。

试油期间返排特征进一步证明了上述观点，1-8 段见油快、含油率上升快，具有显著近井多裂缝供液特征，压力保持程度较差，压降速度快、稳产能力差，反映远井沟通范围受限，远端供给能力差；9-28 段由于入井液量大，见油返排率相对较高，但压力保持程度好、稳产能力强，反映改造范围大。MY1H 井压后采用 2.0～5.0mm 油嘴，最高日产油 $108m^3$，150d 累产油 $6000m^3$，实现了玛湖深层页岩油勘探重大突破，后续该区后续水平井规模建产提供了技术储备。

表 1　MY1H 井压裂参数、裂缝反演结果及试油参数

项目	施工参数				裂缝形态			试油参数		
	施工排量/(m^3/min)	单段液量/m^3	液体类型	施工/加砂符合率/%	动态缝长/m	动态缝高/m	动态缝宽/mm	见油返排率/%	压降速度/(MPa/d)	最高日产油/(m^3/d)
1-8 段	6-8	<1500	非交联	75/29	90-320/160	5-16/9	2-6/4	0.6	0.54	50
9-28 段	10-13	≥1600	交联	100/87	100-400/230	9-20/13	2-8/5	2.0	0.24	108

5　结论与建议

(1) 玛湖页岩储层埋藏深、纵向岩性变化快，力学应力强度高，普遍发育天然裂缝，整体非均质性强，水力压裂裂缝延伸及安全加砂难度大。

(2) 玛湖深层页岩油藏水力裂缝纵向扩展范围受控，普遍小于 25.0m，平面主体沿最大水平主应力方向延伸。压后裂缝复杂程度首先受控于水平两向应力差，其次受天然裂缝发育程度影响，且当水力裂缝与天然裂缝夹角30°~60°时，易沟通开启天然裂缝形成复杂程度较高的多分支缝，综合水平两向应力差、水力裂缝与天然裂缝夹角分布，认为玛湖页岩储层形成复杂多缝难度相对较高。

（3）结合玛湖深层页岩油藏地质力学及水力裂缝扩展特征，优化采用“2-3簇/段+10-15m簇间距+大规模+高排量改造”，配套70/140+40/70目组合粒径支撑剂、“冻胶启缝+低黏液携粉陶+冻胶携砂”逆混合压裂工艺，显著降低砂堵风险、提高有效改造体积。

参 考 文 献

[1] 雷群，翁定为，熊生春，等. 中国石油页岩油储集层改造技术进展及发展方向[J]. 石油勘探与开发，2021，48(05)：1035-1042.

[2] 郝丽华，甘仁忠，潘丽燕，等. 玛湖凹陷风城组页岩油巨厚储层直井体积压裂关键技术[J]. 石油钻探技术，2021，49(04)：99-105.

[3] 闫林，陈福利，王志平，等. 我国页岩油有效开发面临的挑战及关键技术研究[J]. 石油钻探技术，2020，48(03)：63-69

[4] 孙龙德，刘合，何文渊，等. 大庆古龙页岩油重大科学问题与研究路径探析[J]. 石油勘探与开发，2021，48(3)：453-463

[5] 李海涛，罗红文，向雨行，等. DTS/DAS技术在水平井压裂监测中的应用现状与展望[J]. 新疆石油天然气，2021，17(04)：62-73.

[6] 支东明，唐勇，何文军，等. 准噶尔盆地玛湖凹陷风城组常规-非常规油气有序共生与全油气系统成藏模式[J]. 石油勘探与开发，2021，48(01)：38-51.

[7] 张士诚，陈铭，马新仿，等. 水力压裂设计模型研究进展与方向[J]. 新疆石油天然气，2021，17(03)：67-73.

[8] 栾飞. 沁水盆地羽状多分支水平井组压裂技术应用与研究[J]. 新疆石油天然气，2020，16(03)：62-66+4-5.

[9] 李威，张元元，倪敏婕，等. 准噶尔盆地玛湖凹陷下二叠统古老碱湖成因探究：来自全球碱湖沉积的启示[J]. 地质学报，2020，94(06)：1839-1852.

[10] 支东明，唐勇，郑孟林，等. 准噶尔盆地玛湖凹陷风城组页岩油藏地质特征与成藏控制因素[J]. 中国石油勘探，2019，24(05)：615-623.

[11] 刘凯新，郑伟杰，戴丽娅，等. X井区低成本体积压裂技术探索及实践[J]. 新疆石油天然气，2022，18(01)：80-85.

[12] 杨智峰，唐勇，郭旭光，等. 准噶尔盆地玛湖凹陷二叠系风城组页岩油赋存特征与影响因素[J]. 石油实验地质，2021，43(05)：784-796.

[13] 许琳，常秋生，冯玲丽，等. 准噶尔盆地玛湖凹陷二叠系风城组页岩油储层特征及控制因素[J]. 中国石油勘探，2019，24(5)：649-660.

[14] 支东明，宋永，何文军，等. 准噶尔盆地中-下二叠统页岩油地质特征、资源潜力及勘探方向[J]. 新疆石油地质，2019，40(4)：389-401.

[15] 李庆辉，李少轩，刘伟洲. 深层页岩气储层岩石力学特性及对压裂改造的影响[J]. 特种油气藏，2021，28(03)：130-138.

[16] 陈勉，金衍，卢运虎. 页岩气开发：岩石力学的机遇与挑战[J]. 中国科学：物理学力学天文学，2017，47(11)：6-18.

[17] 王丽忱. 页岩气藏岩石力学性质的测井评价方法与应用[D]. 中国地质大学(北京)，2013.

[18] 潘林华，程礼军，陆朝晖，等. 页岩储层水力压裂裂缝扩展模拟进展[J]. 特种油气藏，2014，21(04)：1-6+151.

[19] 周彤，王海波，李凤霞，等. 层理发育的页岩气储集层压裂裂缝扩展模拟[J]. 石油勘探与开发，2020，47(05)：1039-1051.

[20] 侯冰，常智，武安安，等. 吉木萨尔凹陷页岩油密切割压裂多簇裂缝竞争扩展模拟[J]. 石油学报，2022，43(01)：75-90.

[21] 许江文，韩少博，罗兆，等. 水平井薄互层大段多缝纵向扩展影响因素分析[J]. 科学技术与工程，2020，20(07)：2667-2673.

[22] 曾波，王星皓，黄浩勇，等. 川南深层页岩气水平井体积压裂关键技术[J]. 石油钻探技术，2020，48(05)：77-84.

考虑热效应的深层页岩水平井分段压裂多簇裂缝扩展研究

蒋　豪[1]　任　岚[2]　杨亚东[1]　李彦超[1]　肖剑锋[1]　林　然[2]

(1. 中国石油川庆钻探工程有限公司；2. 西南石油大学石油与天然气工程学院)

摘　要　深部页岩多簇裂缝扩展行为除了受缝间应力干扰等因素影响，低温压裂液注入高温地层引起的温度扰动及由此产生的热效应(黏温效应、压裂液温敏动态滤失和热应力)亦对其产生影响。鉴于此，本文基于有限体积法和位移不连续法，构建了考虑热效应的分段多簇压裂非平面裂缝扩展数值模型，通过双缝数值解验证了模型的正确性。系统对比分析了有\无热效应情况下多裂缝参数演化、多裂缝空间展布。研究结果表明，热应力促进单裂缝宽度增加，压裂液温敏动态滤失占主导导致裂缝扩展长度缩短；考虑热效应作用时，有效开启裂缝的裂缝宽度增加，裂缝长度方向的缩颈现象减少；热效应加剧裂缝间的挤压，导致多簇裂缝非均衡扩展更加严重，施工时对诸如段内和缝内暂堵等多裂缝均衡扩展调控措施的需求更为迫切。

关键词　深层页岩；水力压裂；多裂缝扩展；热效应；位移不连续法

1　引言

我国深层页岩气资源量巨大，以涪陵江东、永川、丁山等区域为例，深层页岩气资源达 $4612\times10^8\,m^3$。因此，深层页岩气必将成为我国非常规气藏的重要能源接替。

深层页岩储层具有高温、高压、高应力差等特点。由于深层地层主应力差增大，导致裂缝转向难度增大，缝网建造困难。北美、国内长宁、威远等典型页岩气区块现场裂缝监测数据发现，多簇射孔可能并非全部开启，水力裂缝常严重非均衡延伸，增产改造效果往往未达预期。由此可知，优化裂缝空间展布是深层页岩气压裂设计中一项必要工作，其关键在于深刻理解分段多簇压裂过程中裂缝扩展规律。

近年来，大量国内外学者从缝间应力干扰、射孔磨蚀、动态流量分配等因素开展了研究，并获得了关于裂缝扩展机理的重要认识。但是，低温压裂液注入高温地层引起的温度扰动及由此产生的热应力、黏温效应和压裂液温敏动态滤失可能对多簇裂缝扩展行为产生影响，这一方面的研究鲜有报道。为此，本文建立热效应下分段多簇压裂裂缝扩展数值模型，通过数值模拟研究揭示热效应下的多簇裂缝竞争扩展规律，为进一步优化分段压裂设计以及提高储层改造效果提供指导。

2　数学模型

2.1　流体流动控制方程

1）井筒流动模型

采用基尔霍夫定律计算各簇的流量分配，假定如井总流量为 Q_T，第 k 簇裂缝分流出的流量为 Q_k，忽略井筒储集效应，井筒内的流量守恒方程可表示为：

$$Q_T=\sum_{k=1}^{N_f}Q_k,\qquad Q_k=Q_{k,1}+Q_{k,2}\tag{1}$$

式中，Q_T 为压裂液总流量，m^3/s；Q_k 为裂缝 k 的注入流量，m^3/s；$Q_{k,1}$、$Q_{k,2}$ 分别为上下半支裂缝注入量，m^3/s。

根据基尔霍夫第二定律，井筒内的压力具有连续性。井筒跟部的压力为井筒内流动摩阻、射孔摩阻和缝口压力之和，即

$$p_{in}=p_{w,k}+p_{pf,k}+p_{wf,k},\quad k=1,\cdots,N_f\tag{2}$$

式中，p_{in} 为井筒跟部压力，Pa；$p_{w,k}$ 为第 k 条裂缝缝口处的压力，Pa；$p_{pf,k}$ 为第 k 条裂缝射孔摩阻，Pa；$p_{wf,k}$ 为第 k 裂缝与第 $k-1$ 条裂缝之间水平井筒段内流动摩阻($k=2,\cdots,N_f$)，Pa；$k=1$ 时，$p_{wf,1}$ 为井筒跟部到第 1 条裂缝距离内流动摩阻。

射孔摩阻是入口流量、射孔数目、射孔孔径

的函数，可由下式进行计算：

$$p_{\mathrm{pf},k}=\frac{0.2369\rho_f}{n_{\mathrm{pf},k}^2 d_{\mathrm{pf},k}^4 K_\mathrm{d}^2}Q_k^2 \qquad (3)$$

式中，$n_{\mathrm{pf},k}$为第k条裂缝射孔孔眼数量，个；$d_{\mathrm{pf},k}$为第k条裂缝射孔孔眼直径，m；K_d为孔眼流量系数，无量纲；ρ_f为压裂液密度，$\mathrm{kg/m^3}$。

井筒流动摩阻与流动距离呈正比，Valko 和 Economides 给出了牛顿流体流动时，各簇裂缝对应的摩阻计算式，如下：

$$P_{\mathrm{wf},k}=\frac{128u}{\pi d_\mathrm{w}^4}\sum_{j=1}^{k}L_{\mathrm{w},k}\left(Q_T-\sum_{j=1}^{k-1}Q_j\right) \qquad (4)$$

式中，μ为黏度，Pa·s；d_w为井筒直径，m；$L_{\mathrm{w},k}$为第k段水平井长度，m。

2）缝内流动模型

水力裂缝内的压裂液的流动满足物质平衡方程，即每条裂缝的注入液体体积等于裂缝体积的变化和滤失量的总和，其连续性方程为：

$$\frac{\partial w}{\partial t}+\nabla\cdot q+q_\mathrm{L}=\delta(x-x_{in,k})q_k \qquad (5)$$

式中，w为缝宽，m；t为时间，s；q为压裂液缝内流速，m/s；q_L为压裂液滤失速度，m/s；$\delta(x-x_\mathrm{in})$为注入点源x_in狄拉克拉函数；q_k为k裂缝的单位面积注入流量，m/s。

假定水力裂缝垂向横截面为矩形，对于使用滑溜水压裂液体系的压裂施工形成的水力裂缝，其缝内的流动主要为层流状态，因此可用泊肃叶定律描述缝内流体的流动，单位裂缝高度的缝内流动控制方程为：

$$q=-\frac{w^3}{\mu'}\nabla p,\ \mu'=12u \qquad (6)$$

式中，p为裂缝内压力，Pa；

缝内流体黏度μ随温度的变化由 Kress 等提出的指数黏温关系式描述：

$$\mu(T)=\mu_0\exp[-C_\mathrm{T}(T-T_0)] \qquad (7)$$

式中，μ_0为参考温度T_0下的流体黏度，Pa·s；C_T是温敏系数，1/℃。

采用经典的压裂液滤失模型——Carter 滤失模型表征页岩压裂过程中的液体滤失，其表达式为：

$$q_\mathrm{L}=\frac{2C_\mathrm{leak}}{\sqrt{t-\tau(x)}} \qquad (8)$$

式中，C_leak为滤失系数，$\mathrm{m\cdot s^{1/2}}$；$\tau(x)$为缝内流体到达x处的时刻，s。

根据压裂液滤失理论，液体黏度的降低将导致滤失增大，流体黏度与滤失系数的关系可表示为：

$$C_\mathrm{leak}\propto\frac{1}{\sqrt{\mu}} \qquad (9)$$

结合式(7)和(9)，可得到滤失系数与温度的关系，如下：

$$C_\mathrm{leak}=\frac{C_\mathrm{leak}^0}{\sqrt{\exp(-C_T(T-T_0))}} \qquad (10)$$

式中，C_leak^0为参考温度T_0下的滤失系数，$\mathrm{m\cdot s^{1/2}}$。

将式(6)和式(8)代入，描述缝内流动的连续性方程式(11)可转化为：

$$\frac{\partial w}{\partial t}-\nabla\cdot\left(\frac{w^3}{\mu'}\nabla p\right)+\frac{2C_{leak}}{\sqrt{t-\tau(x)}}=\delta(x-x_{in,k})q_k \qquad (11)$$

2.2 温度控制方程

大规模体积压裂背景下，储层被压裂水平井分段多簇改造，内部形成多簇裂缝。由于大量计算表明，近缝地层周围的温度变化范围小于 1m，而目前工程实践中，多簇压裂的簇间距的极限仍大于 5m，因此，为简化模型，仅在经典的 KDR 模型上增加缝与缝之间的温度分布互不干扰的假设，从而得到描述多簇裂缝温度场的修正 KDR 模型。

1）缝内液体的能量守恒方程

假定裂缝中的压裂液为不可压缩流体，其缝内的能量守恒方程的控制方程为：

$$W_\mathrm{f}\frac{\partial T_\mathrm{f}}{\partial t}=-W_\mathrm{f}V_\mathrm{f}\frac{\partial T_\mathrm{f}}{\partial x}+\frac{2\alpha_\mathrm{T}}{\rho_\mathrm{f}c_\mathrm{f}}(T_\mathrm{fw}-T_\mathrm{f}) \qquad (12)$$

式中，W_f为裂缝宽度，m；T_f为裂缝内液体的温度，℃；t为时间，s；V_f为平均缝宽下的液体流速，m/s；x为任意点距裂缝端部的距离，m；ρ_f为液体密度，$\mathrm{kg/m^3}$；c_f为液体比热容，J/(kg·℃)；T_fw裂缝壁面的温度，℃；α_T为换热系数，$\mathrm{W/(m^2\cdot ℃)}$，其计算参见文献。

2）裂缝壁面的能量守恒方程

裂缝壁面是地层岩石与液体的过渡地带，其内部能量方程如下：

$$\frac{\partial T_\mathrm{fw}}{\partial t}=\frac{1}{\delta}\left[\frac{\rho_\mathrm{f}c_\mathrm{f}}{(\rho c)_\mathrm{eff}}q_L(T_\mathrm{f}-T_\mathrm{fw})+\frac{\alpha_\mathrm{T}}{(\rho c)_\mathrm{eff}}(T_\mathrm{f}-T_\mathrm{fw})+\frac{k_\mathrm{ef}}{(\rho c)_\mathrm{eff}}\left.\frac{\partial T_\mathrm{r}}{\partial y}\right|_{y=0}\right] \qquad (13)$$

式中，δ 为滤失带厚度，m。由于滤失带厚度极小，其温度梯度忽略不计；T_r为地层岩石温度,℃；y 为任意点距裂缝壁面的垂向距离，m；k_{eff}为多孔介质有效热传导系数，W/(m·℃)；$(\rho c)_{eff}$为液体和岩石有效比热容和密度的乘积。

多孔介质有效热传导系数可由式(14)计算，$(\rho c)_{eff}$可由式(15)计算。

$$k_{eff}=\varphi k_f+(1-\varphi)k_r \tag{14}$$

$$(\rho c)_{eff}=\varphi\rho_f c_f+(1-\varphi)\rho_r c_r \tag{15}$$

式中，φ 为岩石孔隙度,%；k_f为液体的热传导系数，W/(m·℃)；k_r为地层岩石的热传导系数，W/(m·℃)；ρ_r为地层岩石密度，kg/m^3；c_r为地层岩石比热容，J/(kg·℃)；

3）地层岩石能量守恒方程

地层岩石能量变化与岩石向裂缝壁面的热传递直接相关，裂缝壁面进一步与缝内液体存在热交换，根据热平衡原理，地层岩石的能量方程如下：

$$\frac{\partial T_r}{\partial t}=\frac{k_{eff}}{(\rho c)_{eff}}\frac{\partial^2 T_r}{\partial y^2}-\frac{\rho_f c_f}{(\rho c)_{eff}}q_L\frac{\partial T_r}{\partial y} \tag{16}$$

2.3 固体变形控制方程

岩石的弹性变形由位移不连续方法解决。图1显示了无限大弹性固体内的不连续位移单元，其中点位于坐标原点，x 方向为单元长度方向，y 方向为单元宽度方向，不连续位移的大小由式(17)定义。裂缝面法向和切向位移不连续量(D_x，D_y)在任意一点(x，y)产生的应力可由表达式(18)计算。对于不连续位移坐标中点不在全局坐标系(x，y)的原点时(图2)，需通过坐标变换，得全局坐标系下任意一点(x，y)的应力，详细方法参见文献[ ]。

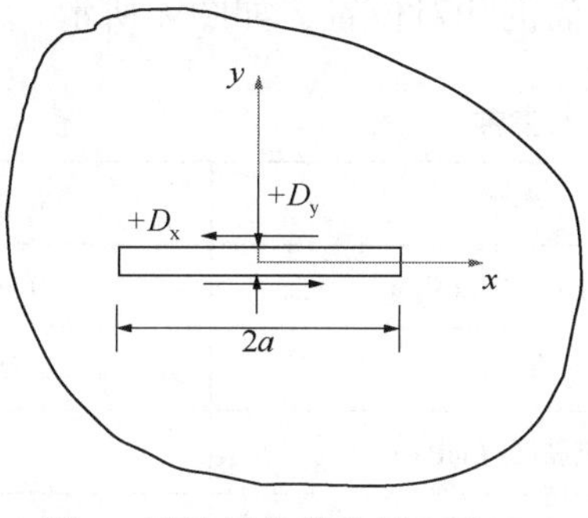

图1　不连续位移分量 D_x和 D_y

$$\begin{aligned}D_x&=u_x(x,\ 0_-)-u_x(x,\ 0_+)\\ D_y&=u_y(y,\ 0_-)-u_y(y,\ 0_+)\end{aligned} \tag{17}$$

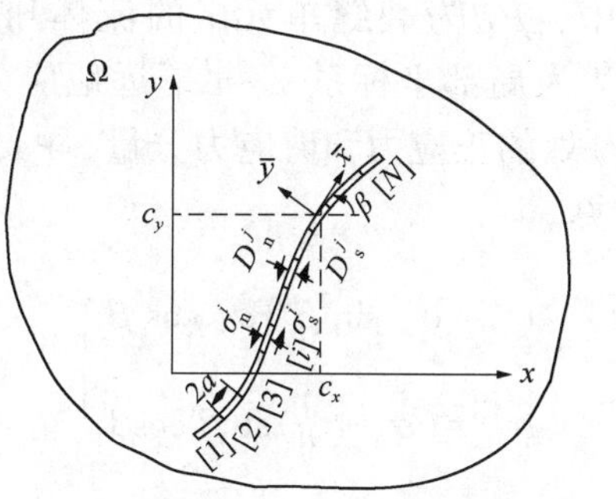

图2　任意方向不连续量坐标转换示意图

$$\begin{aligned}\sigma_{xx}&=2GD_x(2f_{,xy}+yf_{,xyy})+2GD_y(f_{,yy}+yf_{,yyy})\\ \sigma_{yy}&=2GD_x(-yf_{,xyy})+2GD_y(f_{,yy}-yf_{,yyy})\\ \sigma_{xy}&=2GD_x(f_{,yy}+yf_{,xyy})+2GD_y(-yf_{,xyy})\end{aligned} \tag{18}$$

其中，$f(x,\ y)$见文献[15]。D_x、D_y分别为全局坐标系下的垂向位移和剪切位移，m；u_x、u_y分别为 x、y 方向的位移，m；正号代表裂缝上表面，负号代表裂缝下表面。G 为岩石剪切模量，Pa；σ_{xx}、σ_{yy}、σ_{xy}为全局坐标系(x-0-y)下的正应力和剪应力，Pa；ν 为岩石泊松比；$f_{,xy}$、$f_{,xx}$、$f_{,xyy}$、$f_{,yyy}$为函数 $f(x,\ y)$的各阶偏导数；a 为裂缝单元的半长，m；$\bar{x}$、$\bar{y}$ 为局部坐标系下的横纵坐标。

对于多簇裂缝而言，N_f条裂缝被等分成 N_f*N 个不连续位移单元。根据叠加原理将 N_f*N 个不连续位移单元在该处的应力相加可得全局坐标下的任意裂缝单元 i 处的正向应力 σ_n^i 和剪应力 σ_s^i，计算表达式为式(19)。

$$\left.\begin{aligned}\sigma_s^i&=\sum_{j=1}^{N_f*N}A_{ss}^{ij}D_s^j+\sum_{j=1}^{N_f*N}A_{sn}^{ij}D_n^j\\ \sigma_n^i&=\sum_{j=1}^{N_f*N}A_{ns}^{ij}D_s^j+\sum_{j=1}^{N_f*N}A_{nn}^{ij}D_n^j\end{aligned}\right\},\quad i=1,\ 2,\ \cdots,\ N_f*N \tag{19}$$

求解式(19)中 $2N_f*N$ 个未知项(D_s^j 和D_n^j，$j=1,\ 2,\ \cdots,\ N_f*N$)，需要知道式子左边的应力边界，其由缝内压力和远场应力构成，裂缝单元 i 局部坐标系 s^j-n^i下的应力边界条件为：

$$\left.\begin{aligned}\sigma_n^i&=P_f^i-\sigma_n^{\infty i}-\sigma_{\Delta T}^i\\ \sigma_s^i&=-\sigma_s^{\infty i}\end{aligned}\right\},\quad i=1,\ 2,\ \cdots,\ N_f*N \tag{20}$$

其中，P_{if}为裂缝单元 i 的流体压力，Pa；$\sigma_n^{\infty i}$、$\sigma_s^{\infty i}$ 为局部坐标系 s^i-n^i 下远地应力场在裂缝单元 i 处的正应力和剪应力分量，Pa，可由式(21)计算。

$$\left.\begin{aligned}\sigma_n^{\infty i}&=\sigma_H\sin^2\beta^i+\sigma_h\cos^2\beta^i\\ \sigma_s^{\infty i}&=(\sigma_h-\sigma_H)\sin\beta^i\cos\beta^i\end{aligned}\right\},\quad i=1,\ 2,\ \cdots,\ N_f*N \tag{21}$$

裂缝单元所受热应力 $\sigma_{\triangle T}$可由式(22)计算：

$$\sigma_{\Delta T}=\frac{E\alpha_e}{1-\nu}(T_{\text{fnear}}-T_0)f(\beta) \tag{22}$$

式中，α_e为岩石热膨胀系数,℃$^{-1}$；T_{fnear}为近缝单元中心温度,℃；T_0为参考温度,℃；$f(\beta)$是与冷却区域相关的系数，其计算可参考文献[31]，本文取0.7。

2.4 裂缝扩展判据

利用 F 准则作为裂缝扩展的判据，该准则适用于混合模式的裂缝扩展的 F 准则，其表达式为

$$F(\theta)=\frac{G_{\mathrm{I}}(\theta)}{G_{\mathrm{Ic}}}+\frac{G_{\mathrm{II}}(\theta)}{G_{\mathrm{IIc}}} \tag{23}$$

式中，$G_{\mathrm{I}}(\theta)$、$G_{\mathrm{II}}(\theta)$分别 θ 方向为 I 型、II 型裂缝的能量释放率，Pa·m；G_{Ic}、G_{IIc}分别为 I 型、II 型裂缝的能量释放率，Pa·m。其中，$G_i(\theta)$的计算表达式如下：

$$G_i(\theta)=\frac{(1-\nu^2)}{E}K_{ie}^2 \tag{24}$$

其中，

$$\begin{cases}K_{\mathrm{Ie}}(\theta)=\dfrac{1}{2}\cos\left(\dfrac{\theta}{2}\right)[K_{\mathrm{I}}(1+\cos\theta)-3K_{\mathrm{II}}\sin\theta]\\ K_{\mathrm{IIe}}(\theta)=\dfrac{1}{2}\cos\left(\dfrac{\theta}{2}\right)[K_{\mathrm{I}}\sin\theta-K_{\mathrm{II}}(3\cos\theta-1)]\end{cases} \tag{25}$$

式中，θ 为裂缝尖端与某点连线方向和裂缝延长线上的夹角,°；K_{Ie}、K_{IIe}为 I 型、II 型裂缝的等效应力强度因子，Pa·m$^{0.5}$。

3 模型验证

为了验证本文的裂缝扩展数值模型能够准确有效地模拟多裂缝同步扩展的裂缝形态，采用 Wu 等给出的非平面裂缝扩展模型的计算结果作为参考，对比了不同水平地应力差条件下平行双裂缝扩展的裂缝形态，计算基本参数见表1。需要说明的是，与本文的模型不同的是，文献中忽略了井筒和孔眼摩阻，且认为同一条水力裂缝各裂缝单元不存在流量梯度。

图 3 给出了水平应力差分别为 0MPa 和 0.9MPa 下双缝同步扩展裂缝形态模拟结果。结果对比表明，本文建立的压裂模型在未考虑热效应时的计算结果与文献中的结果具有较好的吻合度，而考虑热效应时(热力学参数见表2)，裂缝缝长略短于 Wu 等数值结果，原因是模拟时间较短，热效应作用并不显著，因此两种情况的差异较小。

4 案例分析与讨论

选取案例井的目标储层深度为3650m，地层温度为115.6℃，套管尺寸为5½，取井口注入的压裂液温度为25℃，其它计算基本参数设置如表2，模拟时长设置为20min。裂缝编号以及与水平井筒的相对位置，如图4所示。

表1 与双缝扩展数值解对比的输入参数

参数	取值	参数	取值
最大水平主应力/MPa	47.6	水平应力差/MPa	0.9
杨氏模量/GPa	30	泊松比	0.35
注入排量/(m^3/min)	6.36	压裂液黏度/(mPa·s)	1
裂缝间距/m	47.6	裂缝高度/m	120
断裂韧性/(MPa·m$^{0.5}$)	1.1	滤失系数/(m/min$^{0.5}$)	0

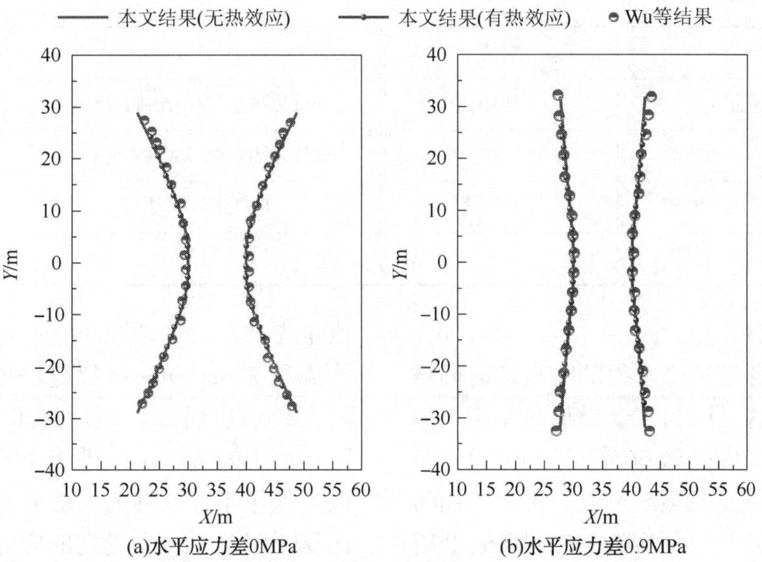

图 3　不同水平应力差下双缝扩展裂缝形态模拟结果对比

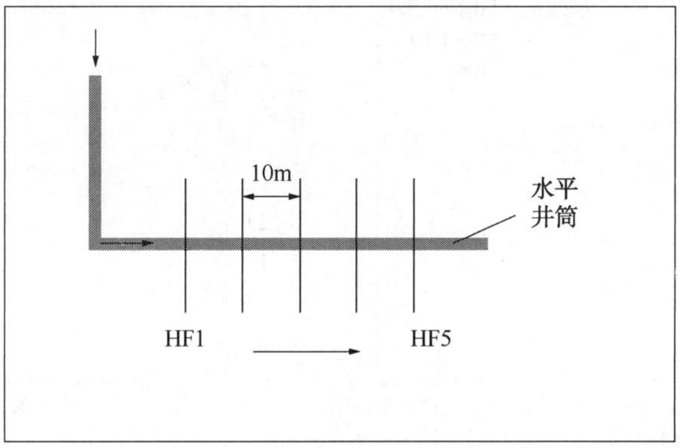

图 4　裂缝位置编号及水平井筒示意图

表 2　多裂缝扩展计算基本参数设置

参数	数值	参数	数值
最小水平主应力/MPa	81.2	簇间距/m	10
主应力差/MPa	6	每簇射孔数/无因次	16
杨氏模量/GPa	25	射孔直径/mm	11.4
泊松比/无因次	0.25	射孔磨蚀系数/无因次	0.85
Ⅰ型断裂韧性/$MPa\cdot m^{0.5}$	1.5	井筒内径/mm	138.2
Ⅱ型断裂韧性/$MPa\cdot m^{0.5}$	3	排量/(m^3/min)	12
滤失系数/($10^{-4}m/min^{0.5}$)	1.6	裂缝高度/m	55
压裂液黏度/mPa·s	10	热膨胀系数/(10^{-6}/K)	1.0
压裂液温敏系数/(1/℃)	0.02	岩石比热容/[J/(kg·℃)]	1045
岩石密度/(kg/m^3)	2100	水泥环比热容/[J/(kg·℃)]	880
水泥环密度/(kg/m^3)	1950	套管比热容/[J/(kg·℃)]	430
套管密度/(kg/m^3)	7800	压裂液比热容/[J/(kg·℃)]	4180

续表

参数	数值	参数	数值
压裂液密度/(kg/m^3)	1050	套管导热系数/[W/(m·℃)]	53
岩石导热系数/[W/(m·℃)]	3	流体导热系数/[W/(m·℃)]	0.65
水泥环导热系数/[W/(m·℃)]	10.6	地层恒温半径/m	0.5
水泥环半径/m	0.1		

5.1 多裂缝参数演化

由图5可知，各簇裂缝获得的流量随时间增加呈现波动特征。这是因为流动遵循最小阻力原理。对比可知，未考虑热效应时[图5(a)]，各簇均有进液，流量由波动逐渐过渡至平稳。而考虑热效应时[图5(b)]，外侧缝(HF1/HF5)获得流量先增加后逐渐减小，并过渡到平稳，高于平均流量2.4m^3/min；裂缝(HF2-HF4)获得的流量先减小后增加，而后逐渐增大至平均流量附近，而中间缝(HF3)进液几乎为零。这是因为热应力的作用，裂缝壁面法向受到张性热应力作用而易于张开，中间受到的应力干扰增强。

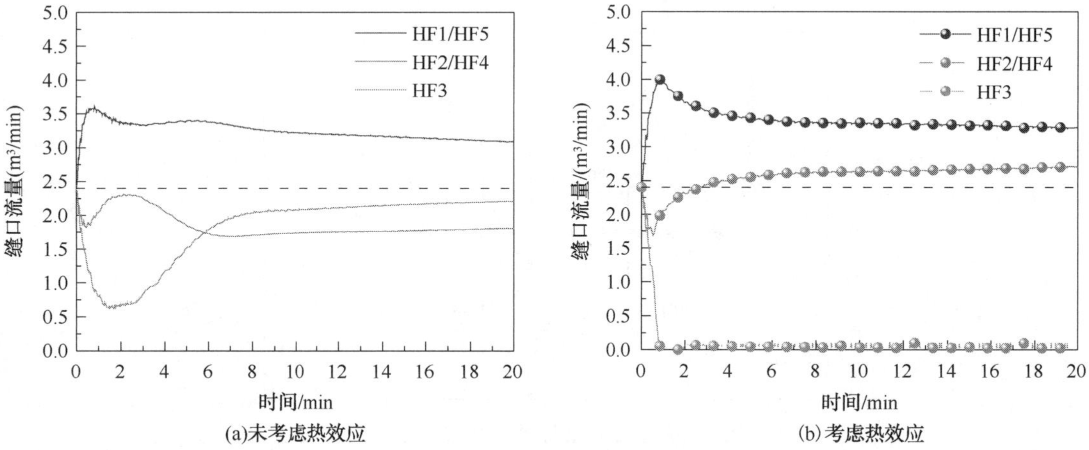

图5 缝口流量分配对比

由图6可见，裂缝间相互干扰随时间增强，裂缝扩展速度出现差异。对比两种情况可知，本案例中未考虑热效应时各簇裂缝半长大于考虑热效应时的情况，这是因为考虑热效应时，一方面，由于热应力的存在使得裂缝使得宽度更宽，因而长度方向的扩展相对较慢；另一方面，高温加热下液体黏度降低，尽管黏度降低减少了流动摩阻，但液体滤失增加，滤失机制占主导，有效造缝液体体积减少，故裂缝缝长更短。

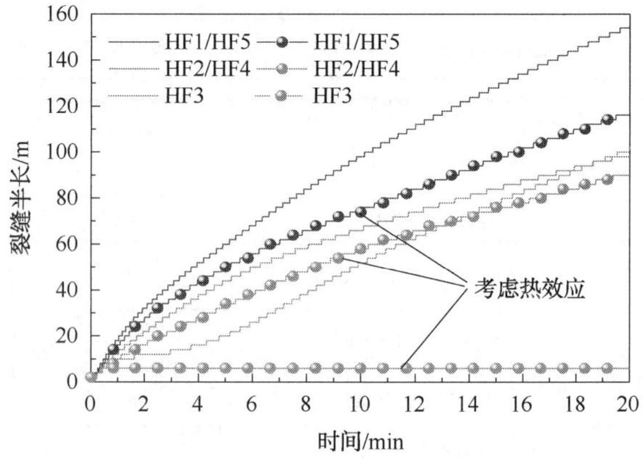

图6 裂缝半长对比(实线：无热效应；含点实线：考虑热效应)

由图7可见，缝口宽度随压裂施工时间的增加而逐渐增大，但增加的幅度逐渐减小，最后趋于平稳。外侧缝(HF1/HF5)由于受到的应力干扰弱，在裂缝起裂之后其流量迅速大于平均流量(图5)，缝口宽度明显高于内侧三条裂缝(HF2-HF4)。考虑热效应时，外侧缝和内侧缝在张性热应力的促进下，裂缝宽度更大，导致中间裂缝受挤压大，中缝宽度几乎为零。对比显示，考虑热效应时，开启裂缝宽度均高于与之对应的未考虑热效应的情况。从选择支撑剂的角度来讲，热效应作用给作业人员提供更为灵活地支撑剂粒径选择，如早期加入小粒径支撑剂支撑保证裂缝趾端的有效支撑，后期选择较大粒径的支撑剂保证裂缝端部形成较大导流能力。

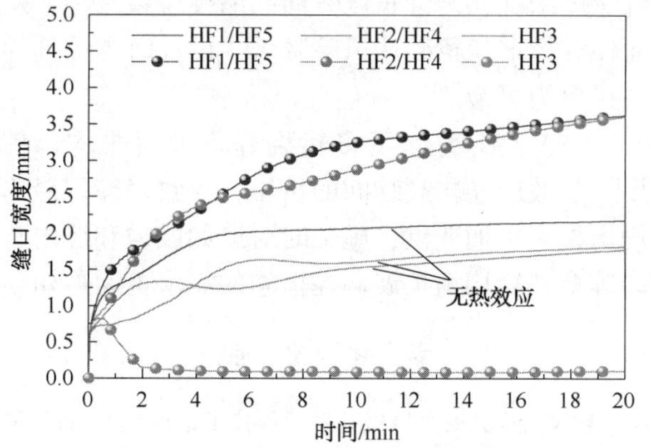

图 7　缝口宽度对比(实线：无热效应；含点实线：考虑热效应)

5.2　多裂缝空间特征

裂缝几何形态的空间展布预测是裂缝扩展模拟的关键要素。由图 8 可知，热效应下多簇裂缝出现严重非均匀扩展，中间缝的长度仅为初始模拟设置的缝长，外侧缝的半缝长为 116m，内侧缝半长为 90m，裂缝长度变异系数达到 0.541，而裂缝宽度由缝口的 3.5mm 逐渐递减为缝尖端的 1mm。由于内外侧裂缝长度差异小，裂缝扩展速度一致，裂缝缩颈现象不严重。

由图 9 可知，两种情况下缝内净压力由缝口向缝尖端递减，与 Detournay 提出的黏性解析解得出的结论一致。同时，对比两种情况的缝内净压力可知，考虑热效应情况的缝口净压力(约 2.5MPa)较未考虑热效情况(约 1.6MPa)大，这是因为张性热应力抵消了部分地层压应力，因此，裂缝壁面的闭合压力减小。热效应作用下的裂缝宽度较宽与该现象相互印证。

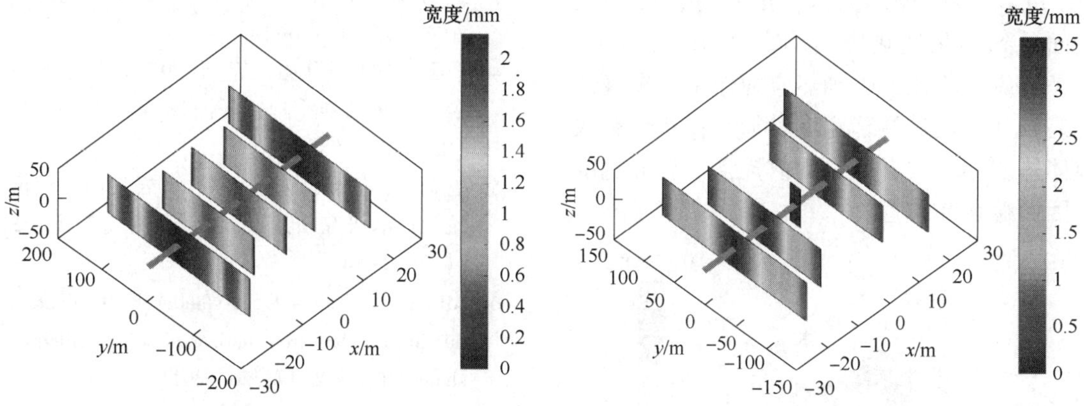

图 8　裂缝宽度剖面对比(左图：未考虑热效应；右图：考虑热效应，应力差=6MPa)

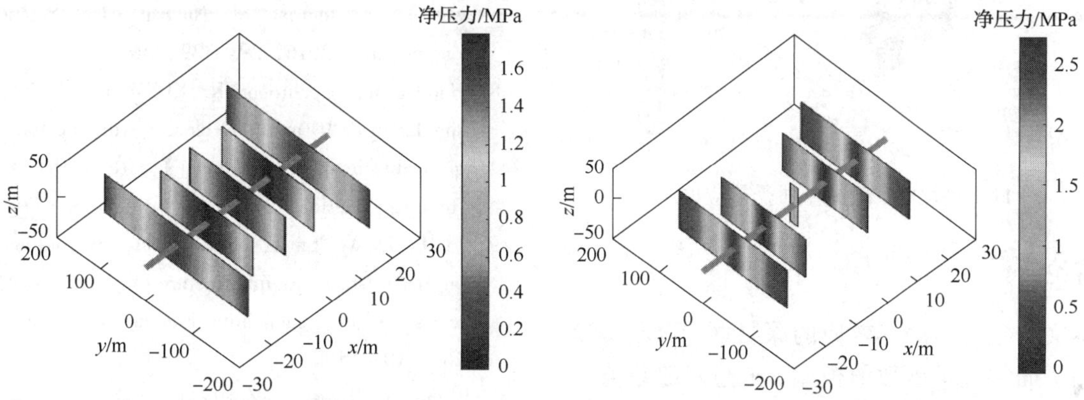

图 9　缝内净压力对比(左图：未考虑热效应；右图：考虑热效应，应力差=6MPa)

热效应包含两个方面，即黏温效应和热应力作用。图 10 和图 11 分别显示热效应下缝内流体沿缝长的黏度剖面和缝壁面所受热应力。图 10 显示，各簇裂缝内的压裂液由于地层岩石的热交换而温度升高，从而使压裂液的黏度降低，裂缝剖面大部分压裂液黏度在 4mPa·s 以下，压裂液黏度降低导致滤失增加，从而有效造缝液体体积减少。尽管，压裂液黏度的减少降低了缝内流动阻力，但低黏情况下滤失增加可能占主导，从而导致缝长变短。

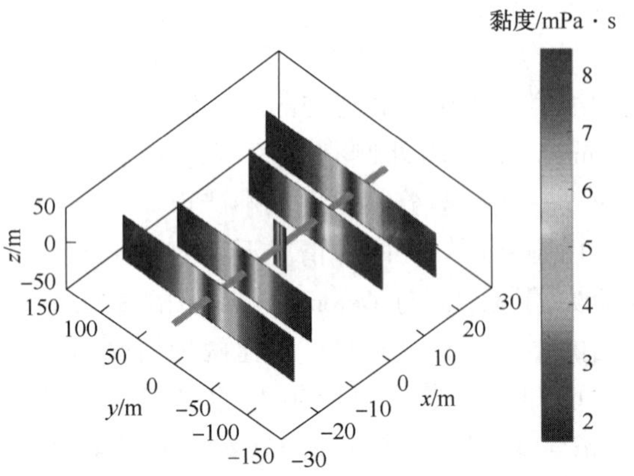

图 10　热效应下的缝内流体黏度剖面

另一方面，各簇裂缝缝口处缝壁的所受张性热应力约 1.8MPa，其余位置由缝口向缝尖端递减(见图 11)。以外侧缝为例，距井筒 50m 内的裂缝壁面受到的张性热应力均在 0.6MPa 以上。与不考虑热应力相比，受到热应力作用的裂缝部分更容易张开，促进裂缝宽度增加。在获得有效造缝液体体积相当或者更少的前提下，裂缝宽度越宽，因而缝长亦越短。

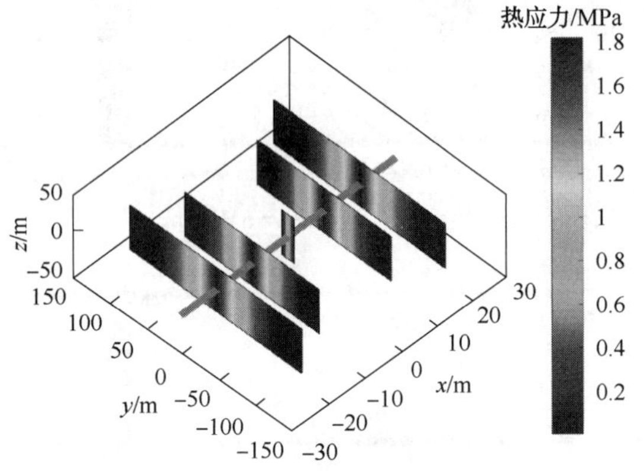

图 11　热效应下的缝壁所受热应力

5　结论

本文构建了考虑热效应的深层页岩分段多簇压裂非平面裂缝扩展数值模型，通过双缝数值解验证了模型的正确性。基于此模型系统对比分析了深层页岩压裂时是否考虑热效应情况下裂缝参数演化和空间展布，取得如下认识：

(1) 低温压裂液诱导产生的热应力和压裂液黏度沿裂缝长度方向递减。热应力促进单裂缝宽度增加，高温导致低黏压裂液滤失增加，压裂液温敏动态滤失占主导导致裂缝扩展长度缩短。

(2) 考虑热效应作用时，有效开启裂缝的裂缝宽度增加，裂缝长度方向的缩颈现象减少，从而使支撑剂架桥砂堵风险降低，设计时支撑剂的选择更为灵活。

(3) 高应力差下多簇裂缝呈平面非均匀扩展；热效应加剧裂缝间的挤压，导致多簇裂缝非均衡扩展更加严重，施工时对诸如段内和缝内暂堵等多裂缝均衡扩展调控措施的需求更为迫切。

参　考　文　献

[1] 曾义金. 深层页岩气开发工程技术进展[J]. 石油科学通报，2019，4(03)：233-241.

[2] 赵金洲，任岚，蒋廷学，等. 中国页岩气压裂十年：回顾与展望[J]. 天然气工业，2021，41(08)：121-142.

[3] 陈勉，金衍，卢运虎. 页岩气开发：岩石力学的机遇与挑战[J]. 中国科学：物理学力学天文学，2017，47(11)：6-18.

[4] 胥云，雷群，陈铭，等. 体积改造技术理论研究进展与发展方向[J]. 石油勘探与开发，2018，45(05)：874-887.

[5] 赵金洲，任岚，沈骋，等. 页岩气储层缝网压裂理论与技术研究新进展[J]. 天然气工业，2018，38(03)：1-14.

[6] Miller C，Waters G，Rylander E. Evaluation of production log data from horizontal wells drilled in organic shales[R]. SPE 144326，2011.

[7] Liu C，Wang X L，Deng D W，et al. Optimal spacing of sequential and simultaneous fracturing in horizontal well [J]. Journal of Natural Gas Science and Engineering，2016，29：329-336.

[8] Haddad M，Sepehrnoori K. XFEM-based CZM for the simulation of 3D multiple-cluster hydraulic fracturing in quasi-brittle shale formations[J]. Rock Mechanics and Rock Engineering，2016，49(12)：4731-4748.

[9] Li M，Lv W，Liu J，et al. Effect of perforation friction on 3D In-stage multiple fracture propagation：A numerical study[J]. Engineering Fracture Mechanics，2022，267：108415.

[10] Duan K，Kwok C，Zhang Q，et al. On the initiation，propagation and reorientation of simultaneously -induced multiple hydraulic fractures [J]. Computers and Geotechnics，2020，117：1-15.

[11] 赵金洲，陈曦宇，李勇明，等. 水平井分段多簇压裂模拟分析及射孔优化[J]. 石油勘探与开发，

2017, 44(01): 117-124.

[12] 李勇明，陈曦宇，赵金洲，等. 射孔孔眼磨蚀对分段压裂裂缝扩展的影响[J]. 天然气工业，2017, 37(07): 52-59.

[13] Bao J Q, Liu H, Zhang G, et al. Fracture propagation laws in staged hydraulic fracturing and their effects on fracture conductivities[J]. Petroleum Exploration and Development, 2017, 44(2): 306-314.

[14] Peirce A P, Bunger A P. Interference fracturing: nonuniform distributions of perforation clusters that promote simultaneous growth of multiple hydraulic fractures[J]. SPE Journal, 2015, 20(02): 384-395.

[15] Olson J E. Multi-fracture propagation modeling: Applications to hydraulic fracturing inshales and tight gas sands[C]//The 42nd U. S. rock mechanics symposium. American Rock Mechanics Association, San Francisco, 2008.

[16] Siriwardane H J, Layne A W. Improved model for predicting multiple hydraulic fracture propagation from a horizontal well[R]. SPE 23448, 1991.

[17] Elbel J L, Piggott A R, Mack M G. Numerical modeling of multilayer fracture treatments[R]. SPE 23982, 1992.

[18] Crump J B, Conway M W. Effects of perforation-entry friction onbottomhole treating analysis[J]. Journal of petroleum technology, 1988, 40(08): 1041-1048.

[19] Valkó P, Economides M J. Hydraulic fracture mechanics[M]. Chichester: Wiley, 1995.

[20] Lecampion B, Zia H. Slickwater hydraulic fracture propagation: near-tip and radial geometry solutions[J]. Journal of Fluid Mechanics, 2019, 880: 514-550.

[21] Dontsov E V, Suarez-Rivera R. Propagation of multiple hydraulic fractures in different regimes[J]. International Journal of Rock Mechanics and Mining Sciences, 2020, 128: 1-17.

[22] Lecampion B, Desroches J. Simultaneous initiation and growth of multiple radial hydraulic fractures from a horizontal wellbore[J]. Journal of the Mechanics and Physics of Solids, 2015, 82: 235-258.

[23] Peirce A P, Bunger A P. Interference fracturing: nonuniform distributions of perforation clusters that promote simultaneous growth of multiple hydraulic fractures[J]. SPE Journal, 2015, 20(02): 384-395.

[24] 赵金洲，陈曦宇，李勇明，等. 水平井分段多簇压裂模拟分析及射孔优化[J]. 石油勘探与开发，2017, 44(01): 117-124.

[25] Chen X Y, Zhao J Z, Yan W Y, et al. Numerical investigation into the simultaneous growth of two closely spaced fluid-drivenfractures[J]. SPE Journal, 2019, 24(01): 274-289.

[26] Cohen C E, Weng X, Kresse O. Influence of fracturing fluid and reservoir temperature on production for complex hydraulic fracture network in shale gas reservoir[R]. SPE 167097, 2013.

[27] 王鸿勋，张士诚. 水力压裂设计数值计算方法[M]. 北京：石油工业出版社，1998, 87-88.

[28] Kamphuis H, Davies D R, Roodhart L P. A new simulator for the calculation of the in situ temperature profile during well stimulation fracturing treatments[J]. Journal of Canadian Petroleum Technology, 1993, 32(05): 38-47.

[29] Crouch S. Solution of plane elasticity problems by the displacement discontinuity method. I. Infinite body solution[J]. International Journal for Numerical Methods in Engineering, 1976, 10(2): 301-343. Zhuang D, Yin T, Li Q, et al. Effect of injection flow rate on fracture toughness during hydraulic fracturing of hot dry rock (HDR)[J]. Engineering Fracture Mechanics, 2022, 260: 108207.

[30] Zhuang D, Yin T, Li Q, et al. Effect of injection flow rate on fracture toughness during hydraulic fracturing of hot dry rock (HDR)[J]. Engineering Fracture Mechanics, 2022, 260: 108207.

[31] Collin M, Rowcliffe D. Analysis and prediction of thermal shock in brittle materials[J]. Acta materialia, 2000, 48(8): 1655-1665.

[32] Shen B, Stephansson O. Modification of the G-criterion of crack propagation in compression[J]. International Journal of Engineering Fracture Mechancis, 1993, 47(2): 177-189.

[33] Wu R, Kresse O, Weng X, et al. Modeling of interaction of hydraulic fractures in complex fracture networks[R]. SPE 152052, 2012.

[34] Detournay E. Propagation Regimes of Fluid-Driven Fractures in Impermeable Rocks[J]. International Journal of Geomechanics, 2004, 4(1): 35-45.

渤海深部低渗储层压裂粗糙裂缝内支撑剂运移铺置规律数值模拟研究

张　超　王晓鹏　张启龙　董平华　谢宗财

[中海石油(中国)有限公司天津分公司]

摘　要　随着渤海开发的深入，对应目标储层深、地应力高、渗透率低、埋藏地质条件复杂，水力压裂是该类油藏实现经济有效动用的主体工艺。对于高应力条件下低渗储层的压裂，实现主缝及粗糙迂曲裂缝的支撑是提高压裂有效性的重要指标。本文以渤海某区块深部低渗非均质储层为研究对象，考虑复杂裂缝壁面形态，基于分形插值理论建立粗糙裂缝模型，采用 CFD-DEM 双向耦合方法开展了具有真实裂缝壁面形态的输砂模拟，以此详细跟踪不同排量、液体黏度、砂比、颗粒粒径等施工参数条件下裂缝中支撑剂动态铺置情况，明确不同工程条件下粗糙裂缝内支撑剂铺置变化规律。结果表明：粗糙壁面显著改变支撑剂运移路径，降低水平运移速度，支撑剂由光滑平板裂缝内常见的“砂堤”堆积型向“砂团”分散型转化；基于本文模拟条件下泵注前期“较高注入流速(>3m^3·min^{-1})+线性胶(基液)+小粒径(40/70 目或 70/140 目)+中、高砂比(10~20%)”和泵注后期“中、高注入流速(3~5m^3·min^{-1})+线性胶(交联)+大粒径(20/40 目或 30/50 目)+低、中砂比(5~10%)”组合的施工方式既能有效提高裂缝远端及天然裂缝的铺置面积，也能保证近井筒区域的充填；不同粒径大小的混合支撑剂注入粗糙窄缝时，增加了支撑剂沉降和堆积的几率，能够获得了比单一粒径注入时更大的缝内覆盖率，但也存在砂堵的风险。

关键词　低渗储层；粗糙迂曲裂缝；分形插值理论；CFD-DEM；支撑剂动态铺置

渤海低渗油气资源是实现 2025 年增储上产 4000 万吨的主力军和重要接替领域，而压裂是实现该类储量有效动用的重要手段。受海上环境限制，目前压裂施工井数少，作业成本高，迫切需要保证单井压裂质量，以提高单井产量，实现“少井高产”。而裂缝质量是压裂质量的核心，支撑剂在裂缝中的铺置情况直接影响裂缝导流能力，进而影响油气井产能，因此，研究裂缝中支撑剂输送、铺置规律具有重要意义。渤海探明低渗储量埋藏深度平均>3000m，中深层、超深层，占总体的 90%对于这类油气藏，高应力条件下压裂产生的裂缝以大量窄缝为主，裂缝交错分布，壁面粗糙。支撑剂沿这些窄缝的沉降及最终铺砂形态对天然裂缝的激活和复杂裂缝网络的形成具有重要意义。

目前对支撑剂在粗糙裂缝内的运移研究主要从实验和数值模拟两方面展开。实验方面，Raimbay 和 Babadagli 等采用不同岩石劈裂复刻而成的粗糙裂缝模型开展一系列垂直、水平粗糙裂缝输砂实验，实验显示裂缝表面粗糙度对缝内携砂液流动和输送具有控制作用，其在粗糙裂缝中更容易形成非均匀分布，受限于岩石劈裂及复刻工艺的复杂性，上述涉及粗糙裂缝内输砂实验均基于正方形裂缝模型进行，与真实裂缝形态有所差距，而实际输砂过程中裂缝的高度和长度也会对支撑剂的输送产生影响。数值模拟方面目前大部分基于光滑平板裂缝进行，包括单缝或组合裂缝，垂直、水平或倾斜一定角度的裂缝类型；针对粗糙裂缝的模拟基于二维三维模型展开，但裂缝尺度以及模拟参数设置与真实压裂过程中输砂施工均存在较大差异。本文基于分形插值理论建立具有真实复杂粗糙壁面的不规则裂缝几何数值模型，采用 CFD(计算流体力学)与 DEM(离散元法)耦合方法，通过设定目标储层地层物性参数，结合现场通过相似原理分析不同施工参数对粗糙垂直窄裂缝内支撑剂运移沉降的影响规律，探讨粗糙裂缝输砂优化方法，从而实现提高粗糙裂缝支撑效果的目的。本研究对于揭示海上深部低渗储层粗糙裂缝水力输砂，科学指导压裂参数设计具有重要指导意义。

1　模拟方法及模型建立

本文通过 CFD-DEM 耦合的固液两相流动理论模型，分别对流体流动和质点运动进行求解，实现裂缝内携砂液运移过程的模拟，由于该模拟是对实际情况的近似，故做以下假设：

（1）支撑剂颗粒为规则球形，粒径取目数范围内平均粒径，运移过程无形变相变；

（2）支撑剂颗粒与流体相在模型入口处混合均匀；

（3）模拟压裂液连续不可压缩，且在运移过程中的物性参数保持恒定；

（4）忽略压裂液滤失对支撑剂输送影响。

1.1 模型建立

裂缝壁面粗糙结构分布特征比较复杂，是导致实际输砂过程中支撑剂铺置异于理想平板模型的主要原因。渤中区域深部低渗储层物性复杂，高温高压条件下易形成复杂粗糙窄裂缝结构。针对粗糙窄缝考虑携砂液三维流动为主，利用 ICEM-CFD 进行网格划分。

为使模拟更加贴近实际，假设某地层压裂后产生高 30m，宽 2mm 粗糙窄缝。本文以长为 x 轴，高为 y 轴，宽为 z 轴，建立了长 400mm、高 100mm 矩形粗糙窄裂缝，以此近似模拟体积压裂过程中出现的一段人工裂缝，上下裂缝面之间形成缝宽 2mm 的均匀、节理匹配输砂通道。本研究设计同尺寸平板模型进行对比输砂模拟，粗糙 & 平板裂缝模型见图 1。

图 1　粗糙 & 平板裂缝几何数值模型

模拟过程中裂缝、支撑剂颗粒材料力学性质参考模拟区块平均数值确定如表 1、接触参数见表 2。

表 1　材料力学性质

材料	泊松比	杨氏模量/GPa	密度/(kg/m^3)
裂缝壁	0.250	35	3500
支撑剂	0.200	0.5	1800

表 2　接触参数

碰撞形式	恢复系数	静摩擦系数	滚动摩擦系数
支撑剂-支撑剂	0.5	0.30	0.01
支撑剂-裂缝壁	0.5	0.30	0.01

1.2 模拟方法

本文采用 CFD-DEM 耦合方法模拟了支撑剂在真实粗糙裂缝中的运移。EDEM 能够计算支撑剂-支撑剂、支撑剂-裂缝壁面的相互作用，将其与 CFD 模拟结合，能真实考虑压裂过程中流体的流动状态和真实的固体颗粒特征，为现有模拟技术的主流技术之一。本次仿真液相流动基于文献所述控制方程，通过固液两相流动相互耦合，其耦合计算流程如图 2 所示。

现场采用座封封隔器憋压注入，地层破裂、携砂液进入裂缝施工压力随注入时间略降随后平衡波动，研究中简化为恒压边界条件；流体和固相颗粒模拟主压过程，从注入点以定流速注入，出口边界设定为压力出口，与文献换算过程一致，基于相似原理模拟工况设置见表 3。

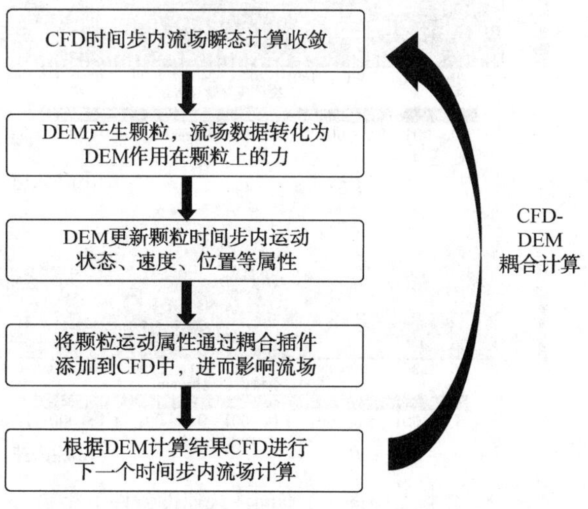

图 2　CFD-DEM 耦合计算流程示意图

表 3　模拟工况设置

影响因素	模拟取值	对应现场数据
携砂液注入速度	0. 24m · s^{-1}、0. 48m · s^{-1}、0. 69m · s^{-1}	1. 5m^3 · min^{-1}、3. 5m^3 · min^{-1}、5m^3 · min^{-1}、
压裂液黏度	10mPa · s、30mPa · s、60mPa · s	10mPa · s、30mPa · s、60mPa · s
砂比	4866 颗/s、9372 颗/s、19464 颗/s、	5%、10%、20%
支撑剂混合注入粒径占比（20/40 目：40/70 目）	1：4、2：3、1：1、3：2	20/40 目(平均 0. 64mm)：40/70 目(平均 0. 32mm)

2　模拟结果分析

2.1　携砂液注入速度

如图 3 展示了不同携砂液注入速度条件下粗糙、平板裂缝模型内支撑剂铺置分布形态。

模拟结果显示，携砂液注入速度对粗糙、光滑平板裂缝内支撑剂铺置影响较大，注入速度越大，支撑剂覆盖裂缝面积越小。直观显示粗糙缝内携砂液流速过低支撑剂易在入口处堆积；随着携砂液注入速度增加，支撑剂向裂缝深处运移，由于模型长度有限裂缝入口附近形成一定“无砂区”；基于本文模拟条件，当流速大于 0. 4m/s（3m^3/min）时，能够满足有效携砂，减小砂堵风险，实现支撑剂在缝内的运移铺置。

2.2　砂比

如图 4 展示了不同砂比条件下粗糙、平板裂缝模型内支撑剂铺置分布形态。

粗糙裂缝内低砂比工况下砂团形成周期长，支撑剂覆盖率较低，随着砂比增大，颗粒间以及与裂缝壁面之间的碰撞进一步加剧，会严重干扰其在水平方向的运移，使得固相颗粒发生堆积、成簇，一方面有利于缝内砂团的铺置，但在较大浓度工况下会进一步阻滞缝内流动，直至堵塞裂缝。工程建议适当提高砂比（5%~20%），有利于支撑剂更好更快铺置，但需要相匹配的流体载体及对应泵注排量。

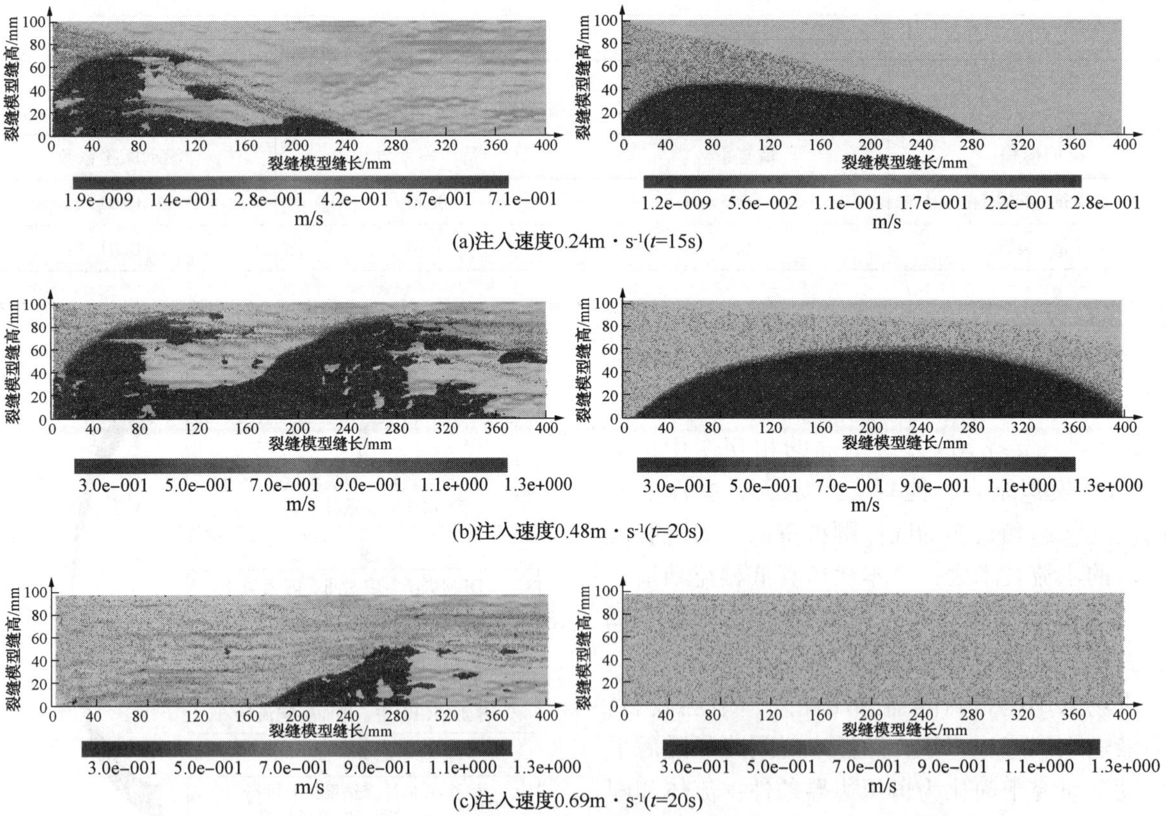

图 3　不同注入速度条件下粗糙(左)和光滑平板裂缝(右)内支撑剂铺置形态

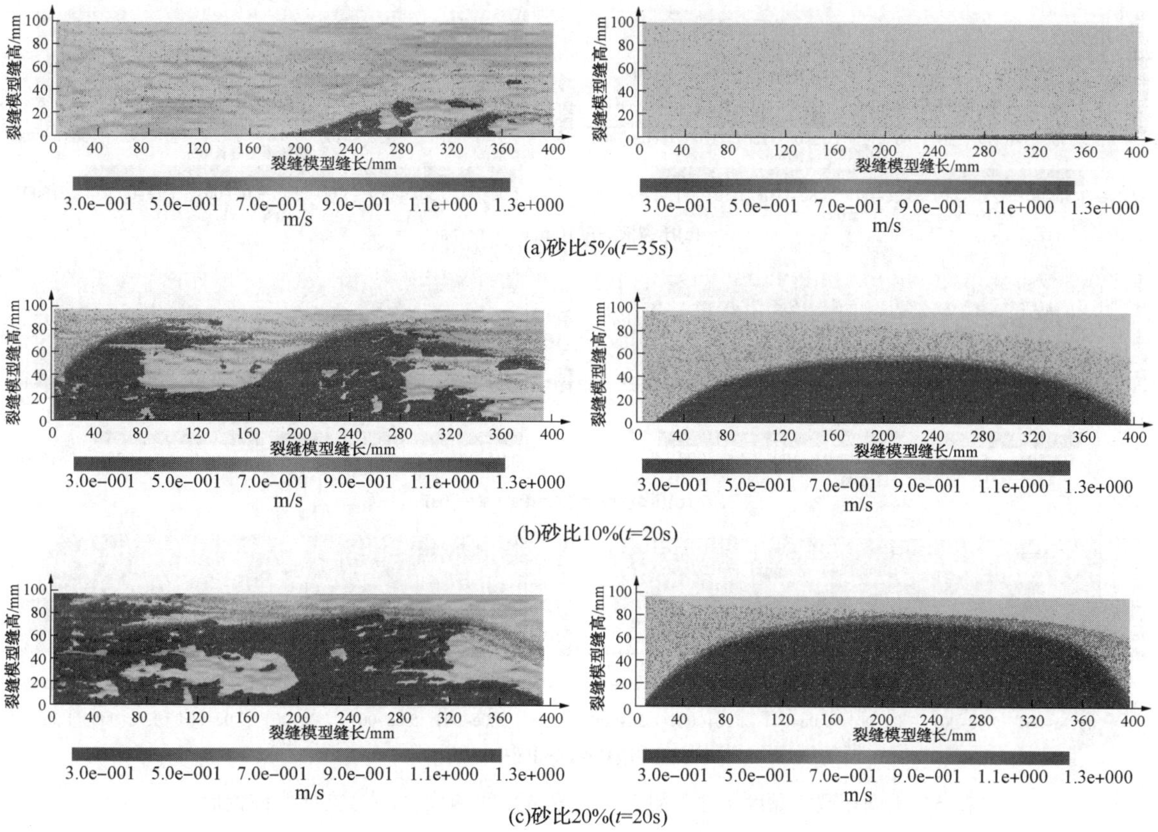

图 4　不同砂比条件下粗糙(左)和光滑平板裂缝(右)支撑剂铺置形态

2.3　压裂液黏度

图 5 分别展示了不同压裂液黏度条件下粗糙、平板裂缝模型内支撑剂铺置分布形态。

随着压裂液黏度的增加，粗糙、平板裂缝内支撑剂分布趋势接近，沉降堆积减少。通过提高黏度增强流动性，砂堤高度和裂缝充填比例明显降低。若裂缝足够长，压裂液黏度越大，对粗糙裂缝内支撑剂的最终相对覆盖范围具有促进作用。但高黏压裂液也容易在裂缝前端形成大的颗粒未充填区，影响最终压裂效果。海上实际作业中通过基液交联满足高砂比支撑剂的远距离铺置，通过停交联或降排量获得较好的近井区域填充，工程建议根据实际情况及经济评价改变压裂液黏度。

2.4　支撑剂粒径

图 6、图 7 展示了不同支撑剂粒径配比条件下粗糙、平板裂缝模型内支撑剂铺置分布形态。其中红色颗粒粒径为 0.32mm，绿色颗粒粒径为 0.64mm。

不同粒径支撑剂运移受两种因素控制：一是粒径越大越容易沉降；二是受流体拖曳力影响，即与流速、黏度相关，如图 8 两种不同粒径在缝内运移沉降剖面角显著不同。粗糙裂缝内大粒径支撑剂占比越多，运移过程中颗粒−颗粒、颗粒−壁面碰撞概率增大，导致其在粗糙裂缝中更早沉降卡槽堆积；当小粒径支撑剂占比增大在粗糙裂缝内通过效率高，能够实现对大粒径铺置范围内空隙的再次填充，由此使粗糙缝内支撑剂填充越致密。在平板裂缝内，大粒径占比越大，有利于形成高度较大、较均匀的砂堤。模拟显示在粗糙裂缝中小粒径颗粒占比大于 50%，支撑剂填充较致密。因此工程建议施工初期采用小粒径支撑剂(40/70 目或 70/140 目)一方面打磨孔眼降低摩阻，同时增加增加运移距离，在裂缝远端铺置形成有效厚度；泵注后期采用大粒径支撑剂(20/40 目或 30/50 目)，提高近井筒的铺置。

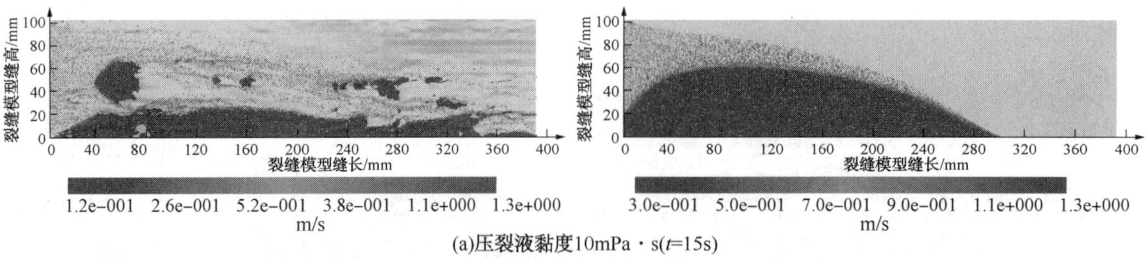

(a)压裂液黏度10mPa·s(t=15s)

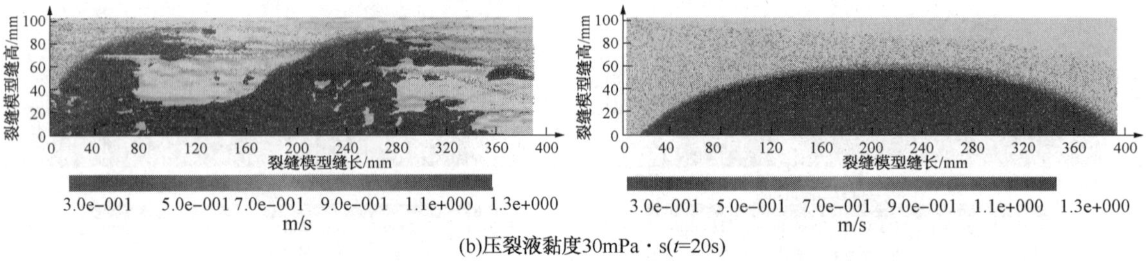

(b)压裂液黏度30mPa·s(t=20s)

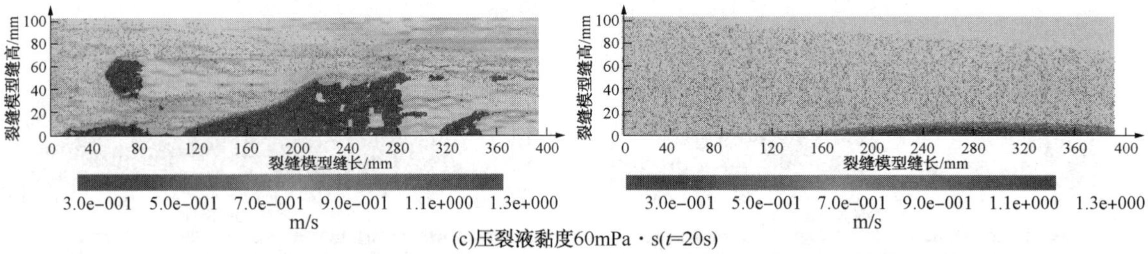

(c)压裂液黏度60mPa·s(t=20s)

图5 不同压裂液黏度条件下粗糙(左)和光滑平板裂缝(右)支撑剂铺置形态

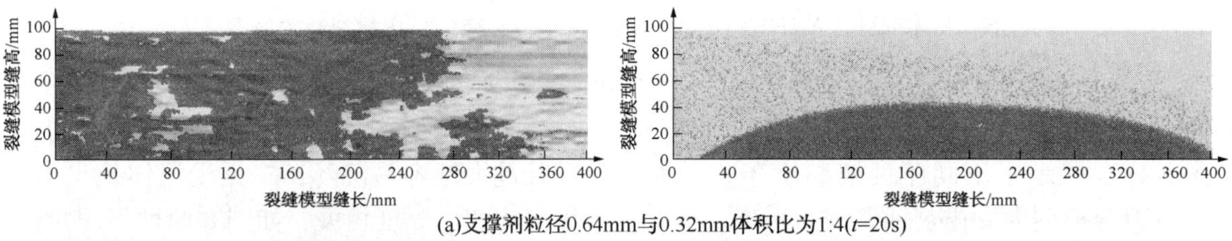

(a)支撑剂粒径0.64mm与0.32mm体积比为1:4(t=20s)

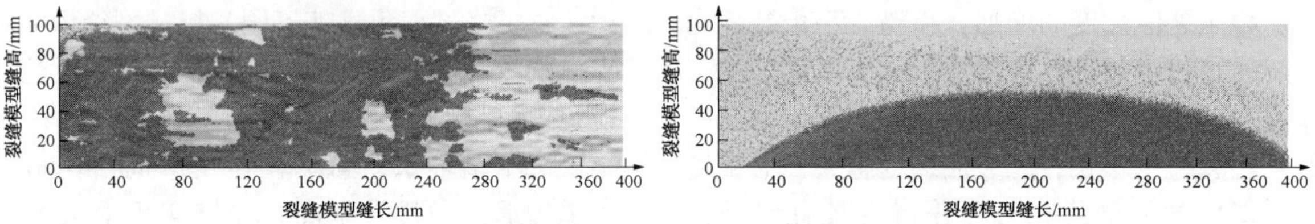

(b)支撑剂粒径0.64mm与0.32mm体积比为2:3(t=20s)

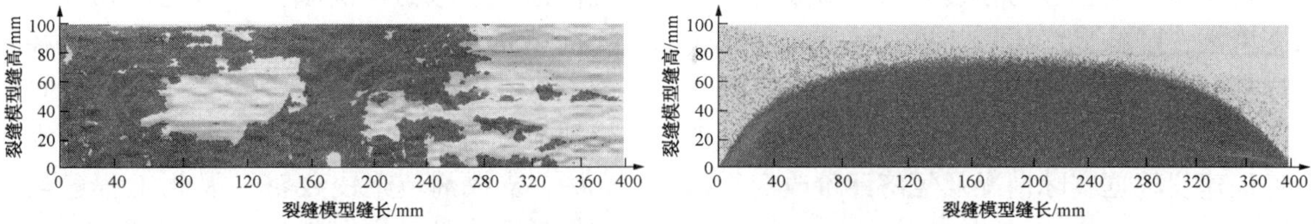

(c)支撑剂粒径0.64mm与0.32mm体积比为1:1(t=20s)

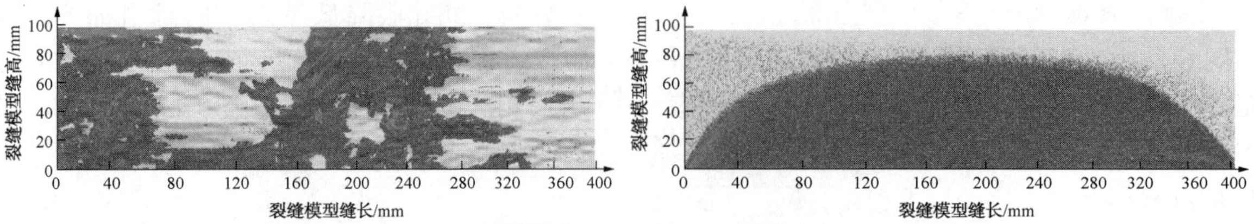

(d)支撑剂粒径0.64mm与0.32mm体积比为3:2(t=20s)

图6 不同支撑剂粒径占比条件下粗糙(左)和光滑平板裂缝(右)支撑剂铺置形态

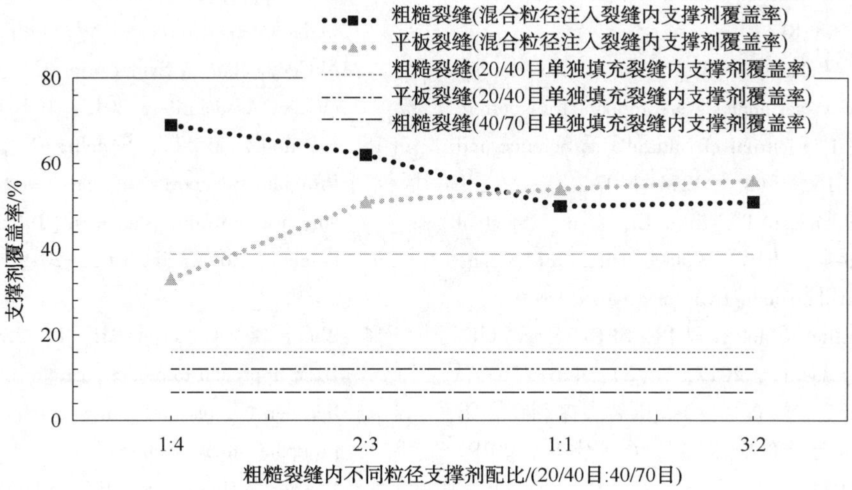

图 7 粗糙和平板裂缝内支撑剂覆盖率

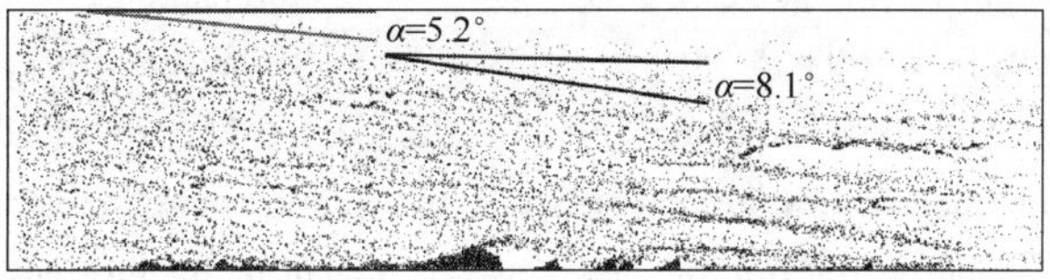

图 8 粗糙和平板裂缝内支撑剂沉降剖面角(红色为小粒径、黑色为大粒径)

3 结论

本文建立了基于渤海深部低渗储层物性的、具有真实粗糙壁面形态的裂缝几何数值模型，采用 CFD-DEM 双向耦合方法对复杂裂缝输砂过程进行模拟，研究了各施工因素对粗糙裂缝输砂的影响规律，得到结论和认识如下：

（1）粗糙壁面改变支撑剂运移路径，降低水平运移速度，支撑剂由光滑平板裂缝内常见的“砂堤”堆积型向“砂团”分散型转化。

（2）通过控制变量法研究表明携砂液流速、压裂液黏度、砂比及支撑剂粒径能明显影响支撑剂输送能力。现场施工将有利于支撑剂输送的参数与促进支撑剂沉降的参数进行组合：基于本文模拟条件下泵注前期“较高注入流速（$>3m^3\cdot min^{-1}$）+线性胶（基液）+小粒径（40/70 目或 70/140 目）+中、高砂比（10%～20%）”和泵注后期“中、高注入流速（$3\sim5m^3\cdot min^{-1}$）+线性胶（交联）+大粒径（20/40 目或 30/50 目）+低、中砂比（5%～10%）”组合的施工方式既能有效提高裂缝远端及天然裂缝的铺置面积，也能保证近井筒区域的充填。

（3）不同粒径大小的混合支撑剂注入粗糙窄缝时，增加支撑剂沉降和堆积的几率，能够获得了比单一粒径注入时更大的缝内覆盖率，本文模拟条件下小粒径体积占比大于 50%，粗糙裂缝内支撑剂填充更加致密。

参 考 文 献

[1] 姜瑞忠，蒋廷学，汪永利. 水力压裂技术的近期发展及展望[J]. 石油钻采工艺，2004(4)：52-57.

[2] 胥云，雷群，陈铭，等. 体积改造技术理论研究进展与发展方向[J]. 石油勘探与开发，2018，45(05)：874-887.

[3] 张启龙，王晓鹏，董平华，等. 海上压裂液体系综合评价方法研究与应用[J]. 天然气与石油，2023，41(04)：74-80.

[4] 蒲春生，郑恒，杨兆平，等. 水平井分段体积压裂复杂裂缝形成机制研究现状与发展趋势[J]. 石油学报，2020，41(12)：1734-1743.

[5] Raimbay A., Babadagli T., Kuru E., et al. Quantitative and visual analysis of proppant transport in rough fractures and aperture stability [C]. SPE173385, 2015.

[6] Babadagli T., Ren X., Develi K.. Effects of fractal surface roughness and lithology on single and multiphase flow in a single fracture: an experimental investigation [J]. International Journal of Multiphase Flow, 2015, 68(3): 40-58.

[7] Babadagli T., Raza S., Ren X., et al. Effect of surface roughness and lithology on the water-gas and water-oil relative permeability ratios of oil-wet single

fractures[J]. International Journal of Multiphase Flow, 2015, 75(5): 68-81.

[8] Raimbay A., Babadagli T., Kuru E., et al. Quantitative and visual analysis of proppant transport in rough fractures[J]. Journal of Natural Gas Science and Engineering, 2016, 33(3): 1291-1307.

[9] Raimbay A., Babadagli T., Kuru E., et al. Effect of fracture roughness, shear displacement, fluid type, and proppant on the conductivity of a single fracture: a visual and quantitative analysis[J]. SPE Reservoir Evaluation & Engineering, 2017, 20(2): 446-470.

[10] 徐加祥，丁云宏，杨立峰，等. 压裂支撑剂在迂曲微裂缝中输送与分布规律[J]. 石油学报，2019，40(8)：965-974.

[11] 郭天魁，宫远志，刘晓强，等. 复杂裂缝中支撑剂运移铺置规律数值模拟[J]. 中国石油大学学报(自然科学版)，2022，46(03)：89-95.

[12] Zeng J., Li H., Zhang D.. Numerical simulation of proppant transport in hydraulic fracture with the upscaling CFD-DEM method[J]. Journal of Natural Gas Science and Engineering, 2016, 33(7): 264-277.

[13] 郭天魁，吕明锟，陈铭，等. 体积压裂多分支裂缝支撑剂运移规律[J]. 石油勘探与开发，2023，50(04)：832-844.

[14] Fernández M. E., Baldini M., Pugnaloni L. A., et al. Proppant transport and settling in a narrow vertical wedge-shaped fracture[A]. 49th US Rock Mechanics & Geomechanics Symposium[C]. American Rock Mechanics Association, 2015: 109-118.

[15] Fernández M. E., Sánchez M., Pugnaloni L. A.. Proppant transport in a scaled vertical planar fracture: vorticity and dune placement[J]. Journal of Petroleum Science and Engineering, 2019, 173(2): 1382-1389.

[16] Zhang G., Gutierrez M., Li M.. A coupled CFD-DEM approach to model particle-fluid mixture transport between two parallel plates to improve understanding of proppant micromechanics in hydraulic fractures[J]. Powder Technology, 2017, 308(06): 235-248.

[17] Develi K., Babadagli T.. Quantification of natural fracture surfaces using fractal geometry[J]. Mathematical Geology, 1998, 30(8): 971-998.

[18] Develi K., Babadagli T., Comlekci C.. A new computer-controlled surface-scanning device for measurement of fracture surface roughness[J]. Computers & geosciences, 2001, 27(3): 265-277.

[19] 尹邦堂，张超，王志远，等. 非常规油气储集层粗糙压裂裂缝内支撑剂运移机理[J]. 石油勘探与开发，2023，50(03)：624-632.

海上特低渗异常高压凝析气藏产能评价新方法
——以渤海S凝析气藏为例

王美楠　王少鹏　葛丽珍　章　威　李　功　陈晓明　阳晓燕

[中海石油(中国)有限公司天津分公司]

摘　要　渤海S凝析气藏为特低渗异常高压凝析气藏，储层的应力敏感性、测试时的反凝析现象和气水两项流动等因素，均会影响气井产能评价，传统二项式气井产能方程仅适用于常规气藏，未考虑上述影响因素，计算绝对无阻流量存在误差。基于渗流理论，综合考虑应力敏感、储层污染、气水两相流动等影响，建立中深层异常高压凝析气藏气井产能评价方法，应用于渤海S凝析气田产能评价。研究表明：储层渗透率越低，应力敏感效应越强，井底污染对产能的影响越大；气井产水会降低气井产能。新方法更适用于特低渗储层异常高压凝析气藏的产能评价，具有较大的推广应用价值。

关键词　异常高压；应力敏感；反凝析；无阻流量；产能评价

1　前言

渤海S气藏为低孔特低渗凝析气藏，主要层位为孔店组和太古界潜山，孔隙度0.08，渗透率9.1mD，地层压力系数达到1.3(MPa/100m)。该凝析气藏S1井孔店组酸化后生产压差增加，产气量降低，表现出应力敏感性；且测试过程中，由于残酸反排不彻底，导致测试产水；同时压力降低使近井地带储层析出大量的凝析油，凝析油随着气体的流动，聚集在井底，形成储层污染。传统二项式气井产能方程仅适用于常规气藏，未考虑上述影响因素，计算绝对无阻流量存在误差。为准确评价S凝析气藏气井产能，开展特低渗异常高压凝析气藏气井产能评价研究。基于渗流理论，综合考虑应力敏感、储层污染、气水两相流动等因素影响，建立特低渗异常高压凝析气藏气井产能评价新方法，开展敏感性分析，指导S凝析气藏的气井产能评价。

2　常规二项式气井产能评价方法

常规拟稳定流的气井二项式产能公式为：

$$Pe^2-P_{wf}^2=A\cdot Q_{sc}+B\cdot Q_{sc}^2 \tag{1}$$

$$A=\frac{P_{SC}\cdot T}{\pi Kh\cdot T_{sc}}\ln\frac{r_e}{r_w} \tag{2}$$

$$B=\frac{\beta\cdot Z_{SC}\cdot\rho_{SC}\cdot P_{SC}\cdot T}{2\pi^2K^2h^2\cdot T_{sc}\cdot\mu_g}\cdot\left(\frac{1}{r_w}-\frac{1}{r_e}\right) \tag{3}$$

式中，P_e为地层静压，MPa；P_{wf}为井底流压，MPa；Q_{sc}为产气量，$\times10^4m^3/d$；A为层流系数；B为紊流系数。

式(1)两端同时除以Q_{sc}，可将方程改写为：

$$\frac{Pe^2-P_{wf}^2}{Q_{sc}}=A\cdot+B\cdot Q_{sc} \tag{4}$$

当$P_{wf}=0.101$MPa时的气井流量为绝对无阻流量，可由下式表示：

$$Q_{AOF}=\frac{-A+\sqrt{A^2+4B(Pe^2-0.101^2)}}{2B} \tag{5}$$

依据公式(4)，在实测数据处理时，可在直角坐标系上进行线性回归，利用直线的斜率和截距求取产能方程中的常数A和B，进而确定处二项式产能方程和绝对无阻流量。

依据S1井酸化前后的测试结果(表1)，绘制$(P_e{}^2-P_{wf}{}^2)/Q_{sc}$与$Q_{sc}$的关系曲线，如图1所示，求得$A=650.61$，$B=-59.498$。由于$\Delta=-18152.6<0$，因此无法求出绝对无阻流量$Q_{AOF}$。主要原因是S1井酸化后生产压差增大，产能降低，导致斜率出现负值，无法用常规方法求出绝对无阻流量。

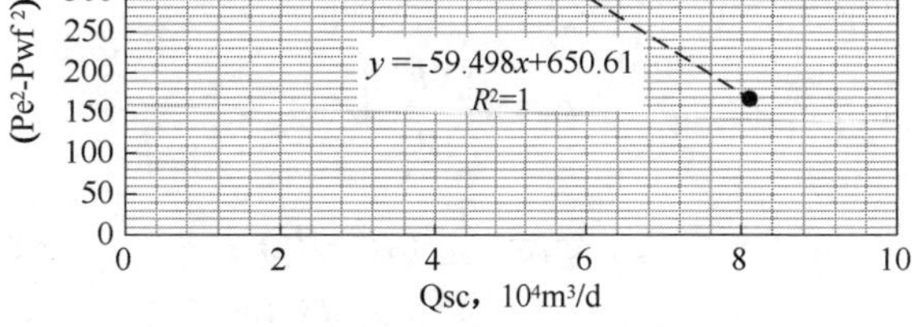

图1　气井S1的$(P_e{}^2-P_{wf}{}^2)/Q_{sc}$与$Q_{sc}$的关系曲线

3 气井产能主要影响因素

3.1 储层应力敏感性

S 气藏孔店储层组埋深 3566.80m ~ 3634.00m，静压达到 45.711MPa，压力系数为 1.334，渗透率小于 1mD，为异常高压特低渗气藏，孔店组岩心铸体薄片如图 2 所示，其应力敏感性实验表明：岩心原始渗透率为 0.666mD，围压从 3MPa 升至 50MPa 后，渗透率变为 0.405mD，下降 39%；再降压至 3MPa 后，渗透率变为 0.537mD，恢复到原始的 80%(如图 3 所示)。S 气藏孔店组储层的异常高压特征和特低渗的物性特点，使其具有应力敏感特征，随着生产压差的增加，岩石发生弹塑性形变，储层渗透率出现不可以的降低。

3.2 反凝析现象

S1 井试井解释表皮系数为 51.7，主要是由于凝析气藏的反凝析现象造成的，当井底压力下降到露点压力以下时，凝析液将在井筒周围区域聚积，造成近井地带污染，使得有效生产压差降低，产能大幅度下降。

3.3 含水率

S1 井酸化测试后残酸返排不彻底，导致测试过程中含水(残酸)，使气体的单相流动变为气水两相流动，井筒附近气相渗透率降低，进而影响油气产量，酸化前后的测试结果对比情况见表 1。

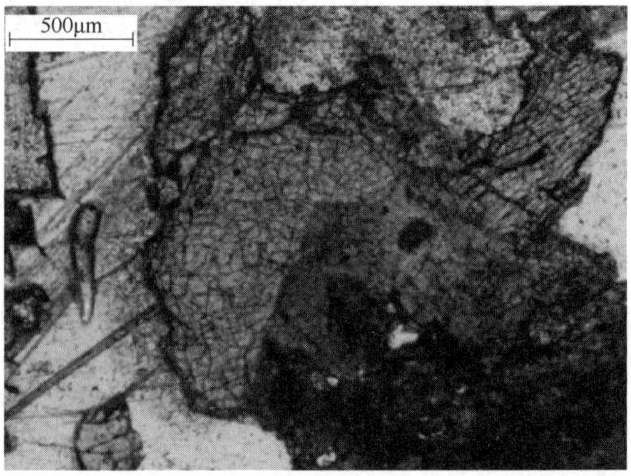

图 2　孔店组铸体薄片

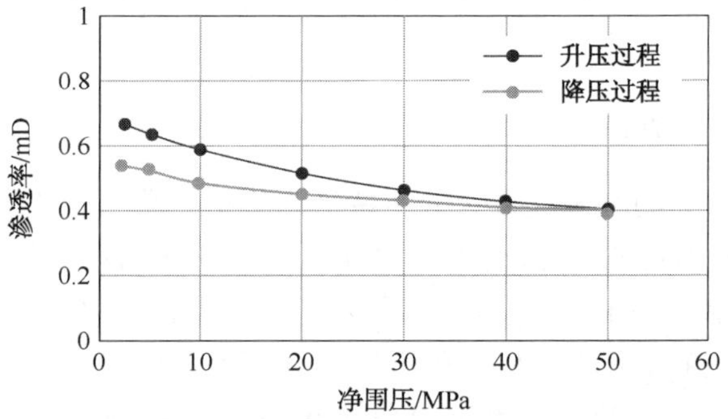

图 3　孔店组岩心变围压实验渗透率变化曲线

表 1　S1 井孔店组酸化前后的测试结果对比表

井号	层位	测试井段/m	测试描述	日产油/m^3	日产气/m^3	气油比	含水率/%	压差/MPa
S1	孔店组	3566.80~3634.00	酸化前	73.24	81037	1106	5	22.004
			酸化后	40.49	38508	951	15(残酸)	30.159

4 特低渗异常高压凝析气藏产能评价新方法

对于异常高压凝析气藏，气体在储层中流速较高，气体运动方程采用二项式表示：

$$\frac{dP}{dr}=\frac{\mu_g}{K}\cdot V+\beta\cdot\rho_g\cdot V^2 \tag{6}$$

定义拟压力为：

$$\varphi=2\int_{P_a}^{P}\frac{P}{\mu_g}dP \tag{7}$$

$$\varphi_2-\varphi_1=\frac{1}{\mu_g z}(P_2^2-P_1^2) \tag{8}$$

气相的相对渗透率为：

$$K_g=K\cdot K_{rg} \tag{9}$$

渗透率与压差之间存在指数函数关系：

$$K=K_i\cdot e^{-\alpha(P_e-P)} \tag{10}$$

在高压条件下，拟压力与压力为直线关系，则渗透率与拟压力之间依然满足指数函数关系：

$$K=K_i\cdot e^{-\alpha_\varphi(\varphi_e-\varphi)} \tag{11}$$

$$\alpha_\varphi=\alpha\cdot\frac{P_e-P}{\varphi_e-\varphi} \tag{12}$$

由式(6)和式(7)可得

$$\frac{d\varphi}{dr}=\frac{2P}{\mu_g z}\frac{dP}{dr}=\frac{2P}{\mu_g z}\left(\frac{\mu_g}{K}\cdot V+\beta\cdot\rho_g\cdot V^2\right) \tag{13}$$

考虑到气体体积流量随压力变化比较明显，

方程中采用质量流量 F 进行推导。当气体的质量流量 F 不变，渗流速度与压力的关系表示为：

$$V=\frac{F}{A\cdot\rho}=\frac{Q_{sc}P_{sc}\cdot TZ}{2\pi rh\cdot T_{sc}\cdot P} \tag{14}$$

将式(14)代入式(13)可得：

$$\frac{d\varphi}{dr}=\frac{2P}{\mu_g z}\left[\frac{\mu_g}{K}\cdot\frac{Q_{sc}P_{sc}\cdot TZ}{2\pi rh\cdot T_{sc}\cdot P}+\beta\cdot\rho_g\cdot\left(\frac{Q_{sc}P_{sc}\cdot TZ}{2\pi rh\cdot T_{sc}\cdot P}\right)^2\right] \tag{15}$$

气体密度和地面标准状况下气体密度的关系为：

$$\rho_g=\frac{T_{sc}\cdot Z_{sc}\cdot\rho_{sc}}{P_{sc}}\cdot\frac{P}{TZ} \tag{16}$$

将式(16)代入式(15)可得：

$$\frac{d\varphi}{dr}=\frac{1}{K}\cdot\frac{P_{sc}\cdot T}{\pi rh\cdot T_{sc}}Q_{sc}+\frac{\beta\cdot Z_{sc}\cdot\rho_{sc}\cdot P_{sc}\cdot T}{2\pi^2r^2h^2\cdot T_{sc}\cdot\mu_g}Q_{sc}^2 \tag{17}$$

式中 β 值可用以下经验公式确定：

$$\beta=\frac{\mu_g\cdot h\cdot r_w}{2.212\times10^{-14}\cdot K\cdot\gamma_g}\cdot D \tag{18}$$

将式(18)代入式(17)可得

$$\frac{d\varphi}{dr}=\frac{1}{K}\cdot\frac{P_{sc}\cdot T}{\pi rh\cdot T_{sc}}Q_{sc}+\frac{\mu_g\cdot h\cdot r_w\cdot D}{2.212\times10^{-14}\cdot K\cdot\gamma_g}\cdot\frac{Z_{sc}\cdot\rho_{sc}\cdot P_{sc}\cdot T}{2\pi^2r^2h^2\cdot T_{sc}\cdot\mu_g}Q_{sc}^2 \tag{19}$$

$$\frac{d\varphi}{dr}=\frac{1}{K_i\cdot e^{-\alpha_\varphi(\varphi_e-\varphi)}\cdot K_{rg}}\left(\frac{P_{sc}\cdot T}{\pi rh\cdot T_{sc}}Q_{sc}+\frac{4.52\times10^{13}\cdot r_w\cdot D}{\gamma_g}\cdot\frac{Z_{sc}\cdot\rho_{sc}\cdot P_{sc}\cdot T}{2\pi^2r^2h\cdot T_{sc}}Q_{sc}{}^2\right) \tag{20}$$

$$K_{rg}\cdot e^{-\alpha_\varphi(\varphi_e-\varphi)}\,d\varphi=\frac{P_{sc}T}{\pi hT_{sc}K_i}\frac{dr}{r}Q_{sc}+\frac{4.52\times10^{13}\cdot r_wDZ_{sc}\rho_{sc}P_{sc}T}{2\pi^2h\,K_i\gamma_gT_{sc}}\cdot\frac{dr}{r^2}Q_{sc}{}^2 \tag{21}$$

将式(21)积分可得：

$$\int_{\varphi_{wf}}^{\varphi_e}K_{rg}e^{-\alpha_\varphi(\varphi_e-\varphi)}\,d\varphi=\frac{P_{sc}T}{\pi hT_{sc}K_i}\int_{r_w}^{r_e}\frac{dr}{r}Q_{sc}+\frac{4.52\times10^{13}r_wDZ_{sc}\rho_{sc}P_{sc}T}{2\pi^2hK_i\gamma_gT_{sc}}\cdot\int_{r_w}^{r_e}\frac{dr}{r^2}Q_{sc}{}^2 \tag{22}$$

$$K_{rg}\frac{1-e^{-\alpha_\varphi(\varphi_e-\varphi)}}{\alpha_\varphi}=\frac{P_{sc}T}{\pi hT_{sc}K_i}\ln\frac{r_e}{r_w}Q_{sc}+\frac{4.52\times10^{13}r_wDZ_{sc}\rho_{sc}P_{sc}T}{\pi^2hK_i\gamma_gT_{sc}}\cdot\left(\frac{1}{r_w}-\frac{1}{r_e}\right)Q_{sc}{}^2 \tag{23}$$

令：

$$A=\frac{P_{sc}\cdot T}{\pi h\cdot T_{sc}\cdot K_i}\ln\frac{r_e}{r_w} \tag{24}$$

$$B=\frac{4.52\times10^{13}\cdot r_w\cdot D\cdot Z_{sc}\cdot\rho_{sc}\cdot P_{sc}\cdot T}{\pi^2h\cdot K_i\cdot\gamma_g\cdot T_{sc}}\cdot\left(\frac{1}{r_w}-\frac{1}{r_e}\right) \tag{25}$$

式(25)可简写为：

$$K_{rg}\cdot\frac{1-e^{-\alpha_\varphi(\varphi_e-\varphi)}}{\alpha_\varphi}=A\cdot Q_{sc}+B\cdot Q_{sc}{}^2 \tag{26}$$

将式(12)代入式(26)，可得：

$$K_{rg}\cdot\frac{1-e^{-\alpha(P_e-P)}}{\alpha_\varphi}=A\cdot Q_{sc}+B\cdot Q_{sc}{}^2 \tag{27}$$

考虑凝析气藏的反凝析现象造成的近井地带污染，会产生附加压力降，可将式(27)改写为：

$$K_{rg}\cdot\frac{1-e^{-\alpha[P_e-(P-\Delta P)]}}{\alpha_\varphi}=A\cdot Q_{sc}+B\cdot Q_{sc}{}^2 \tag{28}$$

$$\Delta P=\frac{10^4Q_{SC}\mu_g}{345.6\pi Kh}\cdot2S \tag{29}$$

式(29)两端同时除以 Q_{sc}，可将方程改写为：

$$\frac{K_{rg}}{Q_{sc}}\cdot\frac{1-e^{-\alpha[P_e-(P-\Delta P)]}}{\alpha_\varphi}=A+B\cdot Q_{sc} \tag{30}$$

当 $P=0.101$MPa 时，特低渗异常高压凝析气藏的气井绝对无阻流量可由下式表示，该公式考虑了应力敏感、污染、气水两相流动对气井产能的影响。

$$Q_{AOF}=\frac{-A+\sqrt{A^2-4BK_{rg}\cdot\dfrac{1-e^{-\alpha[P_e-(P-\Delta P)]}}{\alpha_\varphi}}}{2B} \tag{31}$$

为验证新方法的准确性，选取该油田 S2 井进行验证，S2 井测试数据见表 2。

表2　S2井测试数据及产能评价结果统计表

井号	测试序号	静压/MPa	流压/MPa	日产气当量/($10^4m^3/d$)	视表皮	机械表皮	附加压力降/MPa	应力敏感因子	$C=K_{rg}\cdot\{1-e-\alpha[P_e-(P_{wf}\Delta P)]\}/\alpha_\varphi$	C/Q_{SC}
S2井	1	46.927	42.452	11.95	−2.23	−2.23	−0.27	0.0235	3260.24	272.729
	2	46.927	39.444	15.78	−2.23	−2.23	−0.35	0.0235	5115.81	324.128
	3	46.927	35.806	20.46	−2.23	−2.23	−0.45	0.0235	6996.21	341.934

S2井进行了3次产能测试，日产气当量分别为$11.95\times10^4m^3/d$、$15.78\times10^4m^3/d$、$20.46\times10^4m^3/d$。绘制S2井的C/Q_{sc}与Q_{sc}的关系曲线，如图4所示。从图中可以看出，新方法的三个数据点的线性回归$R^2=0.915$，精度较高，能够较为准确的评价气井产能。根据回归线的斜率和截距，可计算出$A=184.76$，$B=7.98$，S2井的产能曲线如图5所示，计算绝对无阻流量为$31.75\times10^4m^3/d$。

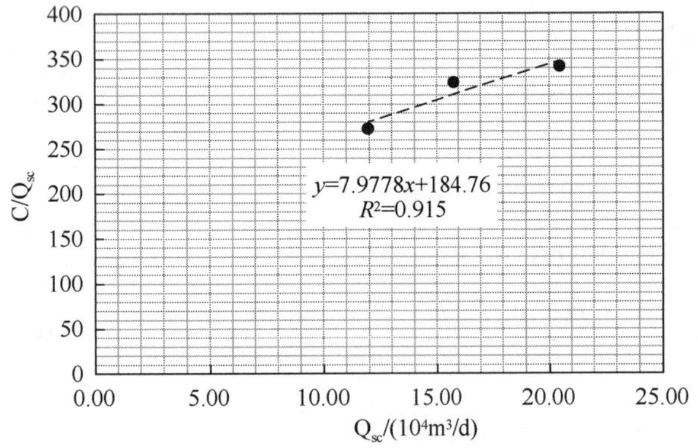

图4　S2井C/Q_{sc}与Q_{sc}的关系曲线

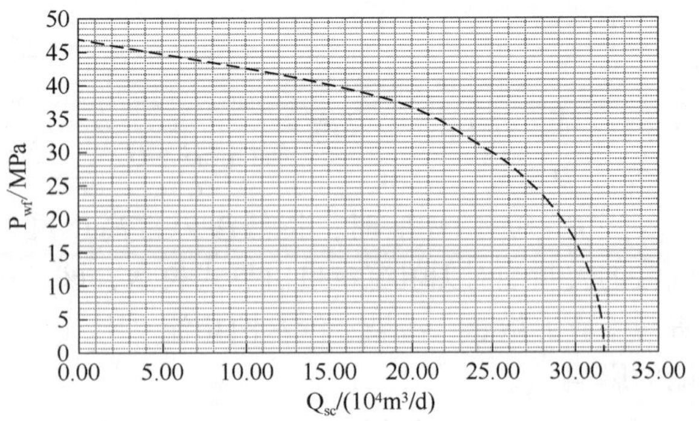

图5　S2井气井产能曲线

5　敏感性分析

5.1　应力敏感性的影响

绘制不同应力敏感系数下渗透率与压差的关系曲线，如图6所示。考虑应力敏感性时，渗透率随着压差的增加而降低。应力敏感系数越大，渗透率降幅越大。

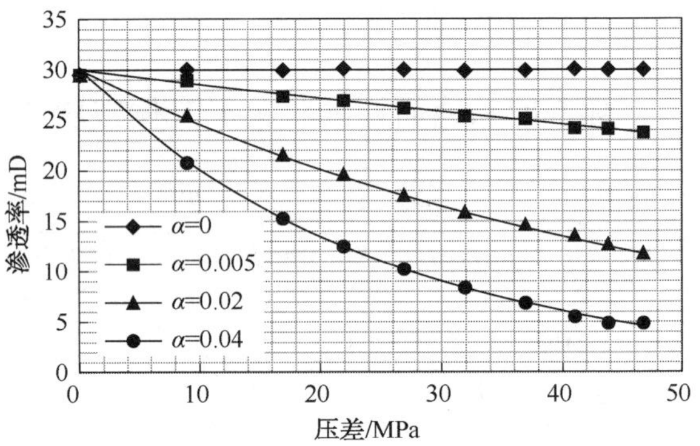

图6　不同应力敏感系数下渗透率与压差的关系

绘制了不同渗透率条件下应力敏感性对气井产能曲线的影响，如图7所示。从图中可以看出，不同渗透率条件下，考虑应力敏感的气井绝对无阻流量均有不同程度的降低。渗透率为30mD时，绝对无阻流量由$98.71\times10^4m^3/d$降低至$96.48\times10^4m^3/d$，下降2.3%；渗透率为10mD时，绝对无阻流量由$51.47\times10^4m^3/d$降低至$48.38\times10^4m^3/d$，下降6.0%；渗透率为5mD时，绝对无阻流量由$34.32\times10^4m^3/d$降低至$29.98\times10^4m^3/d$，下降13.0%；渗透率为1mD时，绝对无阻流量由$12.55\times10^4m^3/d$降低至$8.34\times10^4m^3/d$，下降33.6%；储层渗透率越低，应力敏感效应越强；特低渗储层，考虑应力敏感的气井绝对无阻流量降幅达36%，对产能影响较大。

5.2　反凝析现象的影响

反凝析现象造成的近井地带污染，其影响可由表皮因子表征。绘制了不同渗透率条件下表皮因子对气井产能曲线的影响，如图8所示。从图中可以看出，随着表皮因子的增加，绝对无阻流量逐渐降低。渗透率为30mD时，绝对无阻流量由$92.93\times10^4m^3/d$降低至$85.75\times10^4m^3/d$，下降8.0%；渗透率为10mD时，绝对无阻流量由$41.14\times10^4m^3/d$降低至$48.83\times10^4m^3/d$，下降17.0%；渗透率为5mD时，绝对无阻流量由$31.54\times10^4m^3/d$降低至$23.32\times10^4m^3/d$，下降

26.0%；渗透率为1mD时，绝对无阻流量由$9.93\times10^4m^3/d$降低至$3.97\times10^4m^3/d$，下降33.6%；储层渗透率越低，反凝析现象造成的近井地带污染对产能影响越大；特低渗储层，考虑反凝析现象的气井绝对无阻流量降幅达60.0%，对产能影响较大。

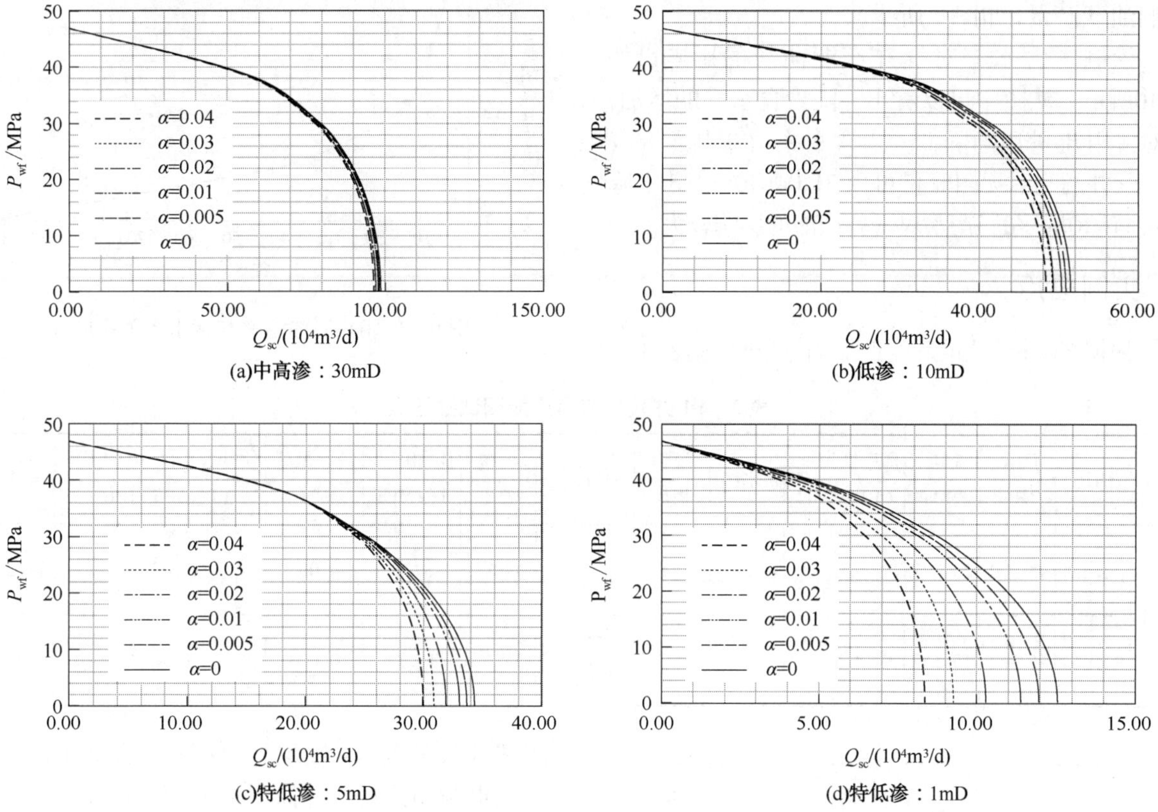

图7　不同渗透率条件下应力敏感性对气井产能曲线的影响对比

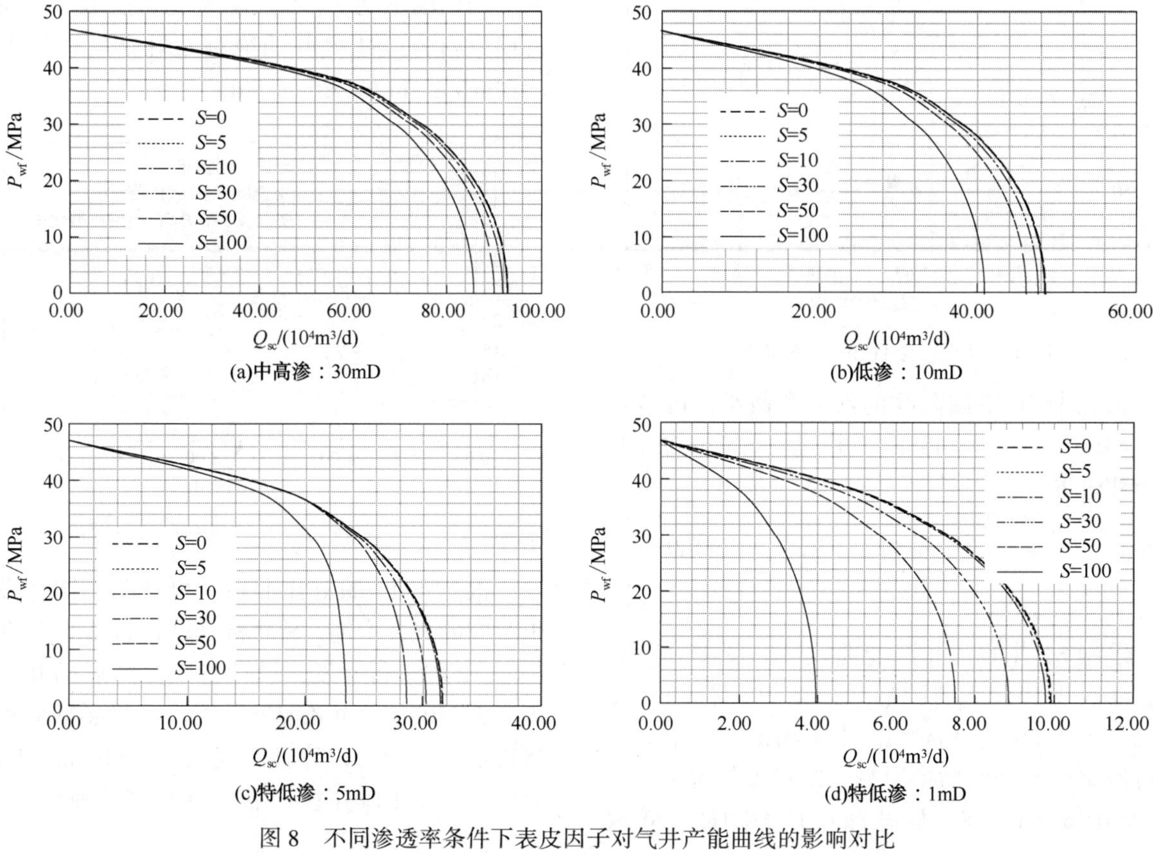

图8　不同渗透率条件下表皮因子对气井产能曲线的影响对比

5.3 气水两项流动的影响

当测试过程中产水时，气体的单相流动变为气水两相流动，井筒附近气相渗透率降低，进而影响油气产量(如图9所示)。

绘制了含水率对气井产能曲线的影响，如图10所示。从图中可以看出，随着含水率的增加，绝对无阻流量逐渐降低。当含水率由0升至80%时，气井的绝对无阻流量可由31.04×$10^4m^3/d$下降至4.11×$10^4m^3/d$，产水对气井产能的影响较大。

6 实例应用

根据S1井酸化前后的产能测试资料(见表3)，绘制 C/Q_{sc} 与 Q_{sc} 的关系曲线，如图10所示。

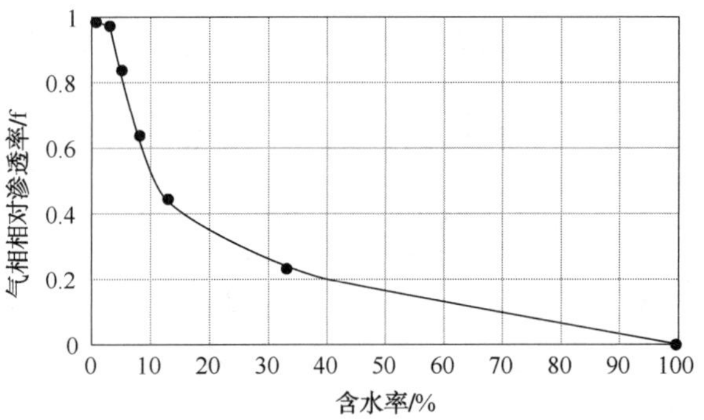

图9 气相相对渗透率与含水率关系曲线

表3 S1井酸化前后产能测试数据表

井号	描述	静压/MPa	流压/MPa	日产气当量/($10^4m^3/d$)	含水/%	气相相渗	视表皮	机械表皮	附加压力降/MPa	应力敏感因子	$C=K_{rg}\cdot\{1-e-\alpha[P_e-(P_{wf}\Delta P)]\}/\alpha_\varphi$	C/Q_{SC}
S2井	酸化前	45.711	23.707	9.07	5	0.8	45.0(酸化前)	44.92	9.38	0.003	13352.28	1472.59
	酸化后	45.711	15.552	4.38	15	0.3	51.7(酸化后)	51.65	13.37	0.003	5514.29	1257.97

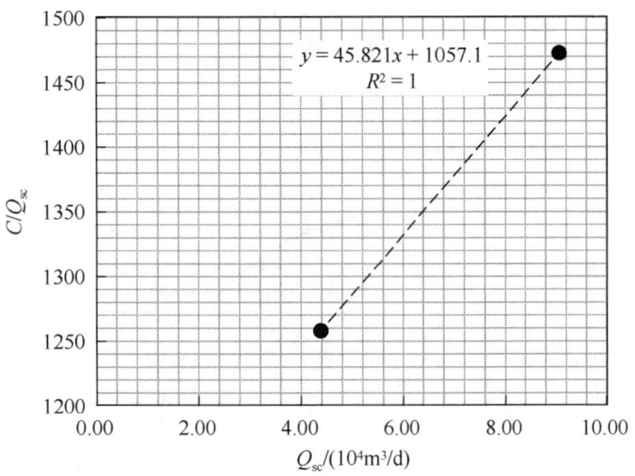

图10 C/Q_{sc} 与 Q_{sc} 的关系曲线

根据图10中回归线的斜率和截距，可计算出 $A=1057.12$，$B=45.82$，并建立S1井的气井产能评价方程，如下：

$$K_{rg}\cdot\frac{1-e^{-\alpha[P_e-(P-\Delta P)]}}{\alpha_\varphi}=1057.12Q_{sc}+45.82Q_{sc}^2 \tag{32}$$

绘制S1井的气井产能曲线，如图11所示。当忽略表皮和含水的影响时，S1井理论绝对无阻流量为11.68×$10^4m^3/d$。由于测试过程中的反凝析现象造成井底污染影响，绝对无阻流量降为9.79×$10^4m^3/d$，酸化后残酸反排不彻底，导致测试过程中含水(残酸)，使气体的单相流动变为气水两相流动，井筒附近气相渗透率降低，绝对无阻流量进一步降低至4.39×$10^4m^3/d$。考虑到生产初期不见水，但受到应力敏感效应和反凝析现象影响，S1气井的绝对无阻流量应为9.79×$10^4m^3/d$~11.68×$10^4m^3/d$。

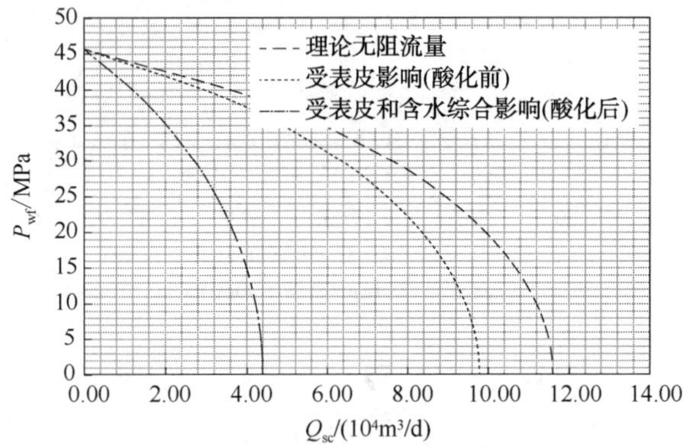

图11 S1气井产能曲线

根据图11的IPR曲线，可预测不同井底流压对应的气井产能。S凝析气藏设计2口开发井A1、A2井进行开发，设计稳定生产后的井底流压为20MPa，气井不见水，受应力敏感效应和反凝析现象影响，设计日产气为8.4×$10^4m^3/d$~10×$10^4m^3/d$。2口井投产后，日产气分别为9.7×

$10^4m^3/d$和$8.8\times10^4m^3/d$，采用新方法，预测精度较高，准确可靠，可以有效指导海上特低渗异常高压凝析气藏的产能评价。

5 结论

（1）基于渗流理论，综合考虑应力敏感、储层污染、气水两相流动等影响，建立中深层异常高压凝析气藏气井产能评价新方法，实测数据线性回归精度达到91.5%。

（2）考虑应力敏感性时，储层渗透率越低，应力敏感效应越强；特低渗储层，考虑应力敏感性的气井绝对无阻流量降幅达36%。

（3）反凝析现象造成近井地带污染，降低了气井产能，储层渗透率越低，反凝析现象的影响越大；特低渗储层，考虑反凝析现象的气井绝对无阻流量降幅达60.0%。

（4）随着含水率的增加，使气体的单相流动变为气水两相流动，井筒附近气相渗透率降低，绝对无阻流量逐渐降低，产水对气井产能的影响不可忽略。

（5）采用新方法预测S凝析气藏2口气井产能，设计日产气为$8.4\times10^4m^3/d\sim10\times10^4m^3/d$，实际日产气分别为$9.7\times10^4m^3/d$和$8.8\times10^4m^3/d$，新方法预测精度较高，可以有效指导海上特低渗异常高压凝析气藏的产能评价。

附录　符号说明

P_e——原始地层压力，MPa；

P_{wf}——井底流压，MPa；

P_a——平均地层压力，MPa；

P——地层压力，MPa；

P_{sc}——地面标状下的压力，MPa；

T——气层温度，K；

T_{sc}——地层温度，K；

T_{sc}——地面标况下的温度，K；

Q_{sc}——气井地面标况下的产量，$10^4m^3/d$；

Q_{AOF}——气井绝对无阻流量，$10^4m^3/d$；

K——渗透率，$10^{-3}\mu m^2$；

h——气层厚度，m；

r_e——供给半径，m；

r_w——井筒半径，m；

β——湍流系数，m^{-1}；

Z——气体偏差系数，无量纲；

Z_{sc}——地面标况下的气体偏差系数，无量纲；

ρ_g——气体密度，kg/m^3；

ρ_{sc}——地面标况下的气体密度，kg/m^3；

μ_g——气体黏度，mPa·s；

V——渗流速度，m/s；

φ——拟压力，$MPa^2/(mPa\cdot s)$；

F——气体质量流量，t/d；

γ_g——气体相对密度，无量纲；

K_i——原始条件下渗透率，$10^{-3}\mu m^2$；

α——渗透率变异系数，无量纲；

α_φ——拟压力对应的渗透率变异系数，无量纲；

K_{rg}——气体相对渗透率，无量纲；

γ_g——气体相对密度，无量纲；

D——非达西流动常数，$(10^4m^3/d)^{-1}$；

S——表皮系数，无量纲；

ΔP——附加压力降，MPa。

参考文献

[1] 涂兴万，邓瑞健，谷维成，等. 低渗透非均质异常高压深层砂岩油藏的高效开发[J]. 大庆石油地质与开发，2002，21(6)：29-31.

[2] 宋传真，郑荣臣. 致密低渗透气藏储层应力敏感性及其对单井产能的影响[J]. 大庆石油地质与开发，2006，25(6)：47-49.

[3] 何亚宁，刘莉莉，王心敏，等. 苏里格气田压力敏感性分析及对气井动态影响研究[J]. 石油工业技术监督，2012，28(1)：1-5.

[4] 阮敏，王连刚. 低渗透油田开发与压敏效应[J]. 石油学报，2002. 23(3)：73-76.

[5] 黎洪，彭苏萍. 高压气井产能评价方法研究[J]. 石油勘探与开发，2001，28(6)：77-79.

[6] 贾永禄，匡晓东，聂仁仕，等. 考虑应力敏感的产水气井产能方程[J]. 世界科技研究与发展，2016，38(1)：1-4.

[7] 罗金丽，邓美洲，胡秀玲. 高压高产气井高表皮系数分解方法探讨与应用[J]. 油气井测试，2009，18(4)：20-22.

[8] 李元生，李相方，藤赛男，等. 气藏高速湍流系数新的经验公式的确定[J]. 断块油气田，2011，18(5)：607-610.

[9] 陈元千，董宁宇. 确定气井湍流系数和湍流表皮系数的新方法[J]. 断块油气田，2001，8(1)：20-23.

[10] 董文秀，王家航，郑欣，等. 异常高压定容气藏生产特征及开采措施探讨——以东海X气井为例

[J]. 海洋石油，2022，42(3)：36-40.
[11] 范家伟，伍藏原，余松，等. 异常高压含水凝析气藏有效库容影响因素[J]. 新疆石油地质，2022，43(4)：463-467.
[12] 陈元千，王鑫，常宝华. 评价异常高压高产气井产能的新方法[J]. 中国海上油气. 2022，34(06)：93-100.
[13] 刘进博，朱志勇，洪将领，等. 基于生产资料特征分析的气井分类方法[J]. 石油钻采工艺，2021，43(4)：510-517.
[14] 邓勇，马成，孙宝，等. 基于生产数据分析的气井产能动态评价方法[J]. 油气井测试，2022，31(2)：74-78.
[15] 洪舒娜，秦峰，陈斯宇，等. 海上生产气井动态产能评价新方法[J]. 非常规油气. 2021，8(6)：60-67.
[16] 谭先红，梁斌，王帅，等. 一种低渗储层凝析气藏气井产能评价方法研究[J]. 油气藏评价与开发. 2021，11(5)：724-729.
[17] 舒志国，刘莉，梁榜，等. 基于物质平衡原理的页岩气井产能评价方法[J]. 天然气地球科学. 2021，32(2)：262-267.
[18] 乔霞，罗明高，王洪峰，等. 一种利用生产动态历史评价异常高压气井产能的新方法[J]. 天然气地球科学. 2017，28(12)：1908-1913.
[19] 张小涛，陈满，蒋鑫，等. 页岩气井产能评价方法研究[J]. 天然气地球科学. 2016，27(3)：549-553.
[20] 何书梅，杨波，王哲，等. 高凝析油含量凝析气井产能试井方法及应用[J]. 天然气地球科学. 2007(6)：894-896.

基于高频压力曲线相似性的暂堵评价方法研究

张 庆[2] 周广清[1] 张子麟[1] 陈 磊[1] 王小山[1] 潘树林[2]

(1. 中国石油化工股份有限公司胜利油田分公司；2. 西南石油大学)

摘 要 在油田开发中，随着水平井的数量不断增加，只有少数簇(矿藏单元)对产量有实际贡献。为了提高这些簇的产量，通常需要进行额外的井筒干预作业。然而，在水平井压裂的过程中，难以实时准确评估不同井段的压裂情况。通常需要依赖经验丰富的专业人员在压裂完成后进行解释，这不仅低效，还难以在施工过程中即时采取调整措施。高频压力监测技术用于采集高频数据以进行实时分析，同时我们还使用倒谱分析等方法分析进液情况。本文基于高频压力监测技术，提出另一种实时分析方法(相似性分析法)，用以评估干预措施的有效性，以协助施工人员及时做出经济合理的决策。我们已在多次压裂和重复压裂作业中实地验证了这一方法。研究结果表明，该方法与专业人员的后续解释相一致，这一方法具有广泛的应用潜力，特别适用于水平井压裂评估。该技术将有助于提高施工效率，使油田开发更具可持续性。

关键词 水平井；压裂；油田开发；高频压力检测；相似性分析

1 引言

在非常规油藏的开发过程中，通常使用化学暂堵剂，这种材料在处理后会自行降解，用以提升井的产量。利用化学暂堵剂，我们能够有效封堵先前形成的裂缝，从而最大化多次压裂作业的增产潜力。然而，以往对化学暂堵剂效果的评估主要依赖地面压力的监测。通常情况下，我们观察泵入暂堵剂后地面压力是否上升至操作人员定义的阈值以上，以评估暂堵效果。另一种方法是评估初始静态压力(ISIP)，因为将流体引导至高应力区域需要更高的压裂压力，从而导致 ISIP 上升。然而，这些方法无法考虑泵送速率、泥浆密度的变化以及相关因素(如摩擦压力)，因此不能准确测量井底压力的变化。

此外，亦经常出现与井下机械隔离装置(如桥塞或带球的压裂挡板)性能有关的问题。桥塞可能发生泄漏，或压裂球可能失效，导致流体绕过目标层，无意中重新增产之前处理的层。不能仅通过 ISIP 的差异来确定这些事件。因此，井下测量数据可能提供更可靠的结果。例如，使用光纤电缆部署技术，可以通过分析井筒内的温度或振动变化来检测流体进入点的变化。微地震测量可通过比较放置导流丸前后的增产体积来评估暂堵效果。作业的最后阶段还可以采用无放射性示踪支撑剂，通过脉冲中子测井工具来识别受刺激的簇。

然而，尽管这些方法被广泛使用，它们仍然无法直接测量注入点。此外，由于这些工具必须在返排或处理过程后才能部署到井中，其硬件成本较高，通常需要后续干预才能完成所需的测量。

本文中，我们介绍了一种更为有效的方法，即基于高频压力监测(HFPM)技术，通过对水击曲线进行相似性分析来实时评估暂堵效果，这一方法相较于传统的压力分析技术更准确和实用。

2 方法原理

2.1 高频压力检测

通常，水平井分割成多个压裂段，数量可达 30~40 个，如图 1 所示。每当完成一个段的施工后，通常会使用桥塞进行隔离，且相邻段之间的距离通常在 50~100 米之间。这种多段压裂的策略的主要目标是提高井的总产量。为了实现这一目标，所有的压裂段都必须能够被有效地隔离，以确保流体能够有序地泵入下一段。然而，在实际操作中，化学暂堵剂不一定能够完全封堵之前压裂过的段落，此外，压裂球也可能导致泄漏或在压裂过程中损坏。

在这种情况下，流体可能会不受控制地被泵送到已经压裂过的段，进而降低作业效率。如果能及时发现这些情况，作业人员就可以采取最佳的增产措施，如修复受影响的井段、更换化学暂堵剂类型等。这种操作需要在实时或接近实时的基础上进行，以确保能够实现有效的增产效果。

为了应对这些挑战，我们使用了高频压力监测技术，将硬件设备安装在井口，并将其连接至仪表车上，以实时采集高频压力数据。通过分析实时采集的数据，及时为现场作业人员提供策略建议，以应对各种情况。

图 2 展示了高频压力检测技术在不同频率下检测到的水击信号。随着频率的升高，可以观察到水击信号的复杂性显著增加，而在较低频率下信号更为平滑。高频采集的信号可以提供更多有用信息，但也伴随着噪声的增加。因此，解决噪声对信号的影响至关重要，这将有助于有效地进行信号分析。

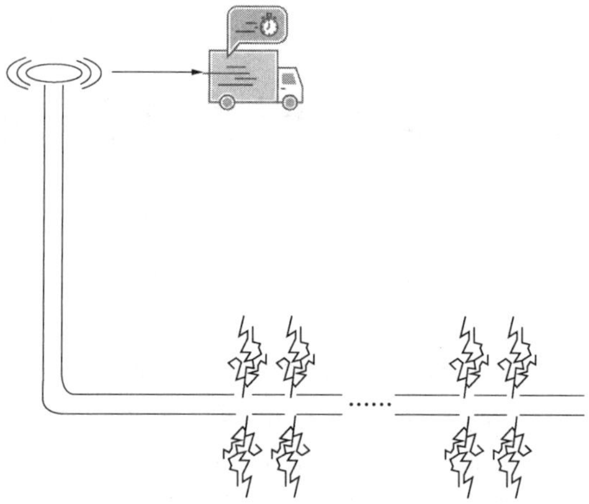

图 1　水平井示意图

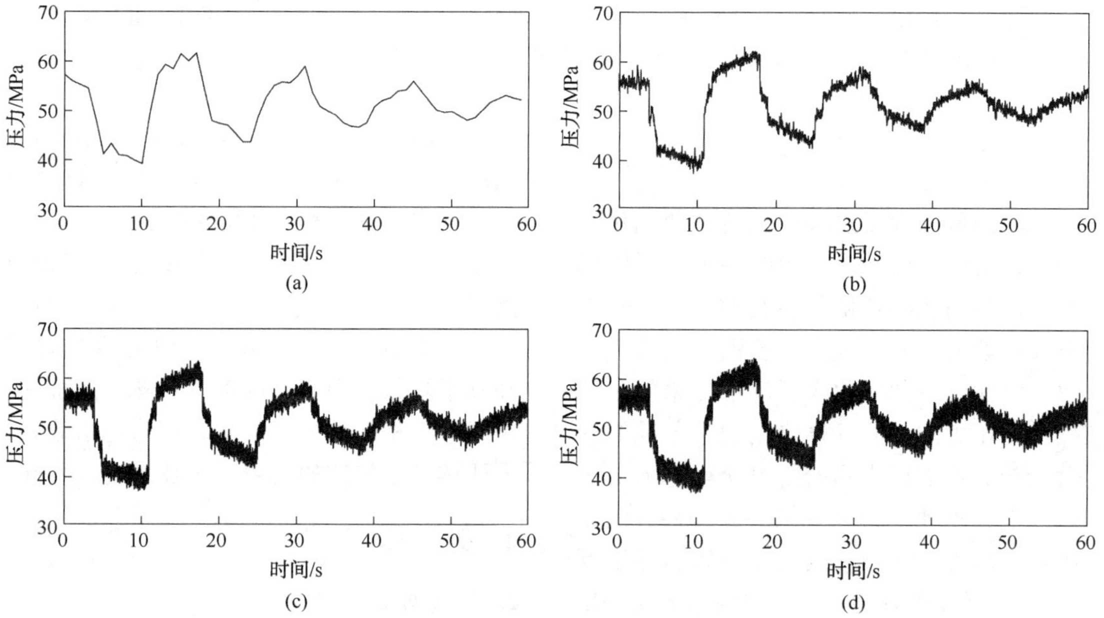

图 2　不同频率采集的数据，其中(a)~(d)的采集频率分别为 1Hz，50Hz，500Hz，2000Hz

2.2　数据处理

在实际的压裂过程中会面临两种不同类型的噪声：随机噪声和固定频率的噪声。随机噪声指的是那些没有明确的频率和传播方向规律的噪声。固定频率的噪声是指在一段时间内频率保持不变的噪声。

由于采用了高频压力检测技术，数据的波动更加敏感，因此噪声问题在该过程中显得尤为突出。为了应对这一挑战，本文首先对高频压力数据进行去噪处理，然后采用相似性分析的方法来评估化学暂堵剂是否达到了预期效果。这个过程有助于有效地判断压裂过程中的暂堵措施是否达到了理想效果。

（1）叠加平均滤波

本研究强调了采集到的数据主要受到随机噪声的影响，并认为叠加平均方法在去除这种随机噪声方面效果显著。数据中包括噪声和有用信号，它们在频谱特性上可分为两种情况：一是当它们的频谱没有重叠时，我们可以相对容易地使用数字滤波器将它们的频谱分开；二是当它们的频谱有重叠时，在特定条件下，可以采用叠加平均滤波方法去除噪声，以提高信噪比。

叠加平均方法的基本原理是通过多次采集同一信号并累加，最后取均值，以抵消噪声对信号的干扰。这一过程显著减小了随机噪声对信号的干扰，提高了信噪比，使数据更加可靠。

$$\mathbf{X}=\{x_1, x_2, \cdots, x_n\} \tag{1}$$

式(1)为原始数据，n 表示使用高频压力检测技术每秒能够采集到的数据量。式(2)则是经过叠加平均后得到的数据：

$$\overline{\mathbf{X}}=\{\overline{x}_1, \overline{x}_2, \cdots, \overline{x}_{\overline{n}}\} \tag{2}$$

其中 $\overline{n}$ 为步长，通过设置 $\overline{n}$ 来改变采样次数，即 $N=\frac{n}{}$，具体计算的公式如下：

$$\overline{x}_i=\frac{1}{N}\sum_{k=1}^{N}x_{i+(k-1)\times\overline{n}} \tag{3}$$

（2）FIR 低通滤波

FIR 低通滤波器是一种线性时不变系统，其目的是通过去除高频信号分量而保留低频信号分量，以实现信号的去噪和频谱调整。FIR 低通滤波器通过应用一组权重系数(通常称为滤波器系数)对信号进行加权求和，从而生成输出信号。

FIR 低通滤波器具有线性相位特性，这意味着它能够处理信号而不引入相位扭曲，这对于对时域特性要求高的应用尤为关键。用户可以根据需要自定义 FIR 滤波器的系数，以满足不同的频率响应需求，这种可调性使其适用于多种信号处理任务，包括去噪、信号恢复和频率选择。此外，FIR 低通滤波器能够有效去除信号中的高频噪声，从而提高信号质量和可读性。

然而，对于需要实时响应的应用，较高阶 FIR 滤波器可能会引入不可接受的延迟，因此不适用于实时性要求较高的情况。此外，处理复杂信号时，FIR 低通滤波器可能无法提供满意的去噪效果。

FIR 低通滤波器的输出信号 Y 可以表示为：

$$Y(n)=\sum_{k=0}^{N}h(k)\cdot X(n-k) \tag{4}$$

其中，$Y(n)$ 是输出信号，$X(n)$ 是输入信号，$h(k)$ 是，N 是滤波器的阶数。

2.3 相似性分析

相似性分析是一项广泛应用于多个领域的技术，其目的是评估数据之间的相似性或相关性。在相似性分析的原理中，关键概念是确定数据之间的相似性度量。这个过程涉及选择适当的距离或相似性度量标准，如欧氏距离、余弦相似度等。选择的度量方法会因数据的性质和应用领域而有所不同。

在实际分析之前，需要对数据进行特征提取，以便选择用于比较的关键特征。这可以包括降维技术、特征选择或特征工程等方法，以确保所使用的特征适用于分析任务。

实际压裂操作中，通过对水击信号进行倒谱分析，可以部分反映压裂段的进液状态，因此水击信号的特征在某种程度上可用于代表进液信息。

为了迅速评估暂堵效果，我们通过对当前停泵时获得的水击信号与上一次停泵时的水击信号进行相似性分析，来判断当前的暂堵是否有效。这种方法充分利用了水击信号的信息，将其作为一个关键的指标，用于监测和评估压裂过程中的暂堵效果。

相似性分析的公式为：

$$r=\frac{\sum_{i=1}^{n}(X_i-\overline{x})(Y_i-\overline{Y})}{\sqrt{\sum_{i=1}^{n}(X_i-\overline{x})^2\sum_{i=1}^{n}(Y_i-\overline{Y})^2}} \tag{5}$$

其中 X_i 和 Y_i 为两次停泵采集到的水击信号，由于压裂过程中压力会有一定的变化，因此在这里，我们会对进行相似性分析的数据进行归一化处理，即

$$X_{\text{normalized}}=\frac{X-X_{\min}}{X_{\max}-X_{\min}} \tag{6}$$

3 测试分析

3.1 FIR 低通滤波去噪效果分析

将采集到的水击信号使用 FIR 低通滤波公式进行去噪。如图 3 所示，我们设置了不同的截止频率以研究滤波的效果。

通过观察图 3，我们可以得出以下结论：当截止频率较低时，获得的信号较平滑，去除了部分高频噪声；而当截止频率较高时，信号中仍存在明显的噪声。

3.2 叠加平均滤波去噪效果分析

使用叠加平均的方法对采集到的水击信号进行滤波。如图 4 所示，我们使用不同的步长来研究滤波效果。

通过观察图 4，我们可以得出如下结论：当步长参数(记为 $\overline{n}$)较小时，所获得的信号较为平滑，但却容易丧失有效信息。相反，当步长参数较大时，信号中仍然存在明显的噪声。为了确定

最合适的步长参数，我们进行了多次尝试(尽管未在此处展示所有尝试的结果)，最终选择了步长为25作为最佳参数。与低通滤波法相比，我们观察到使用特定参数的整体去噪效果显著更好。因此，我们将这一参数应用于多口井采集的水击信号，并展示在图5中。

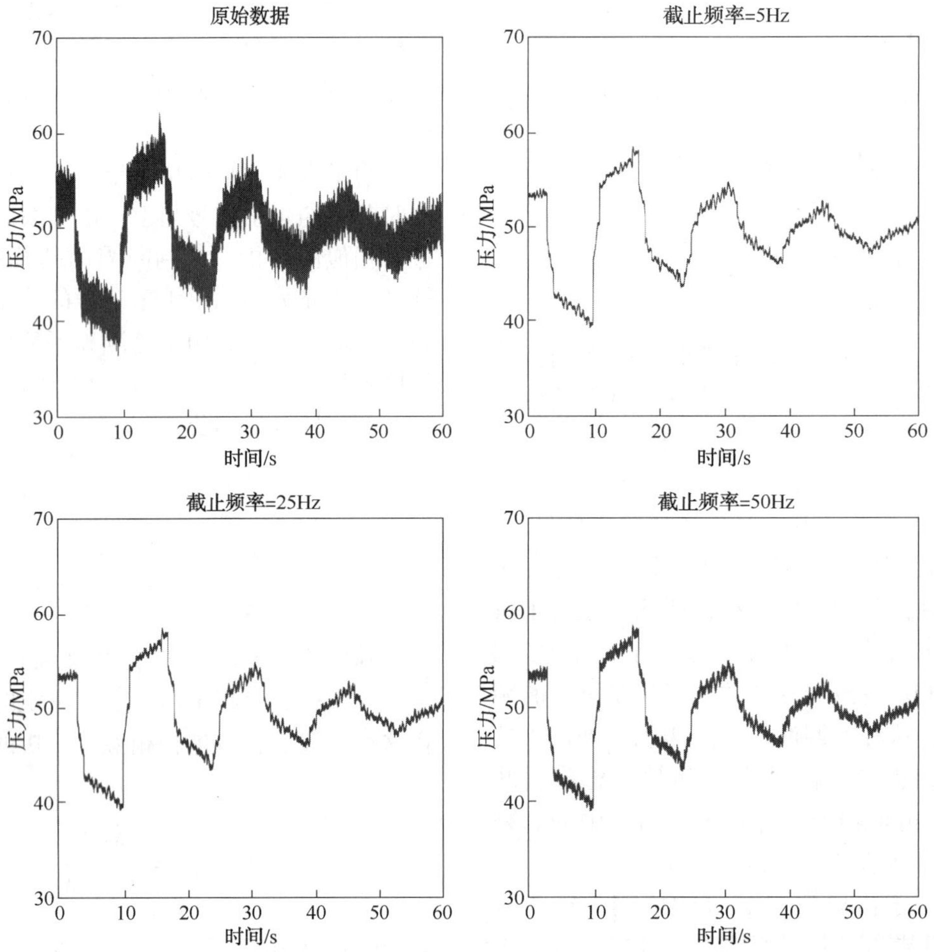

图3　对水击信号做不同截止频率的低通滤波处理，分别选用截止频率为5，25，50

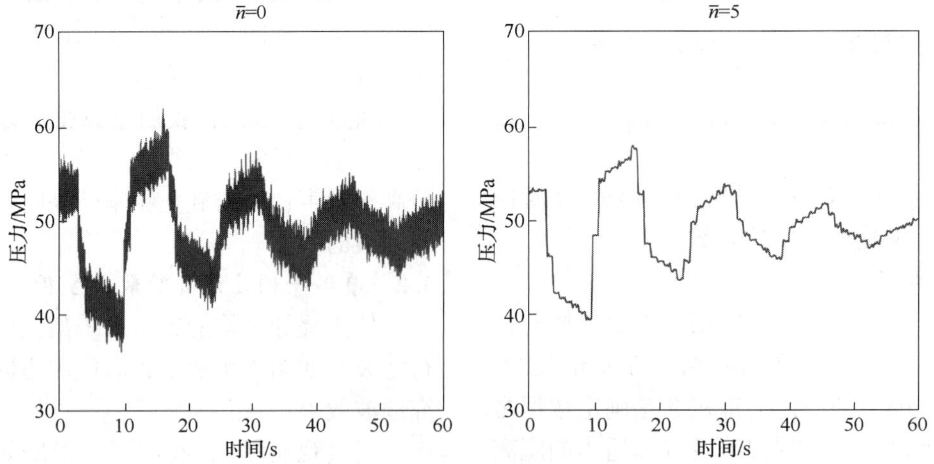

图4　对水击信号做不同步长的叠加平均处理，分别选用步长为0，5，25，50，这里步长为0相当于原始数据

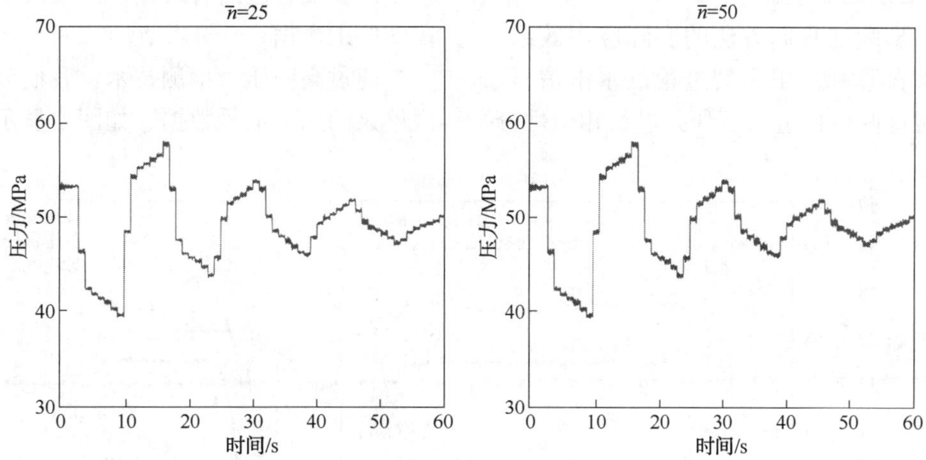

图 4　对水击信号做不同步长的叠加平均处理，分别选用步长为 0，5，25，50，
这里步长为 0 相当于原始数据(续)

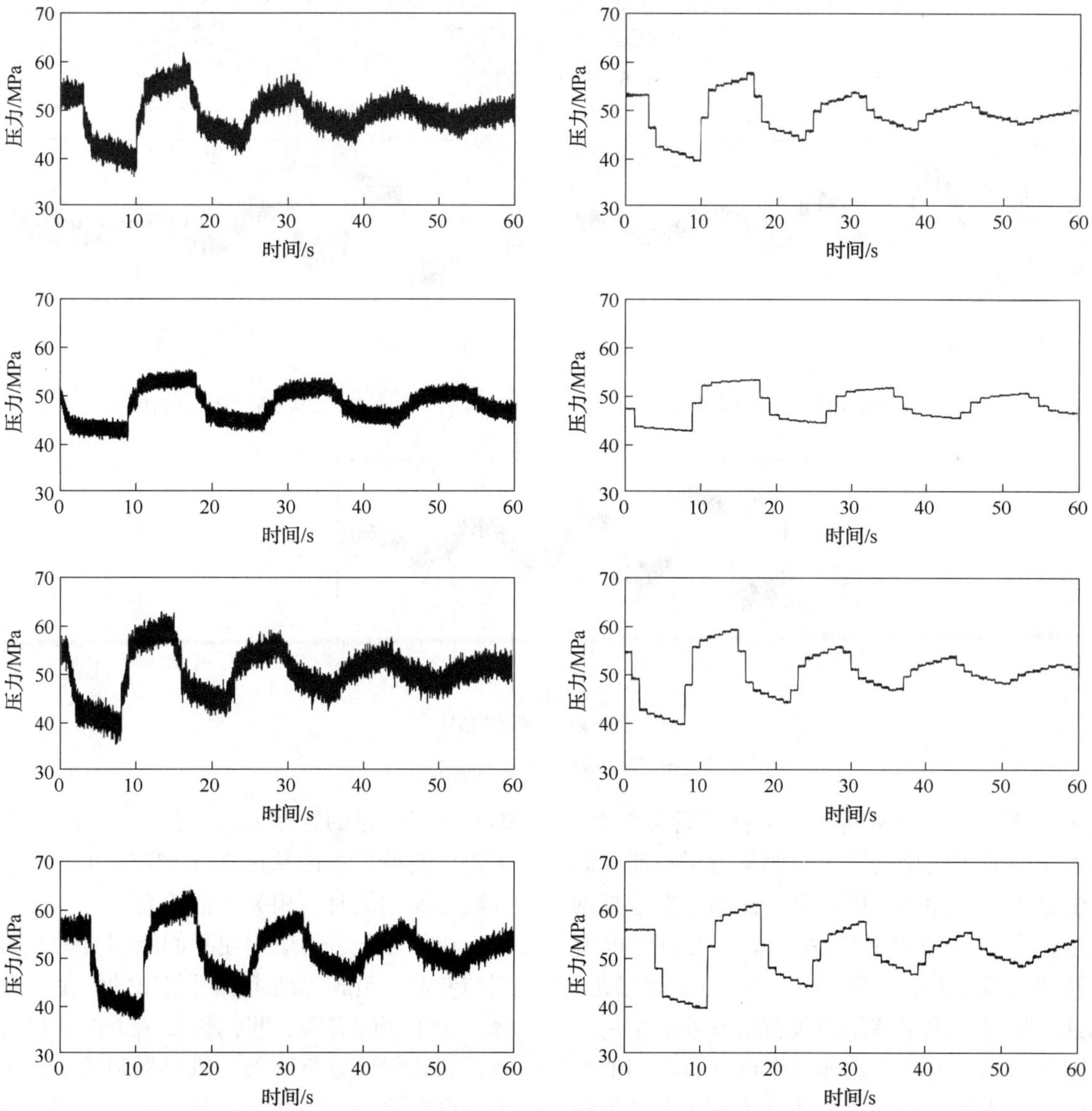

图 5　选用某工区采集到的四段水击信号进行叠加平均处理，左边为原始数据，
右边为处理后的数据，步长 $\bar{n}=25$

3.3 相似性处理效果分析

为了进一步验证我们方法的实际应用效果，我们采集了来自胜利油田压裂过程的水击信号。随后，我们对这些数据进行解释并进行相似性分析，以验证方法的有效性。图6展示了本次压裂段的施工数据。

通过高频压力检测技术，我们分别得到了三次停泵的水击信号数据，如图7显示。

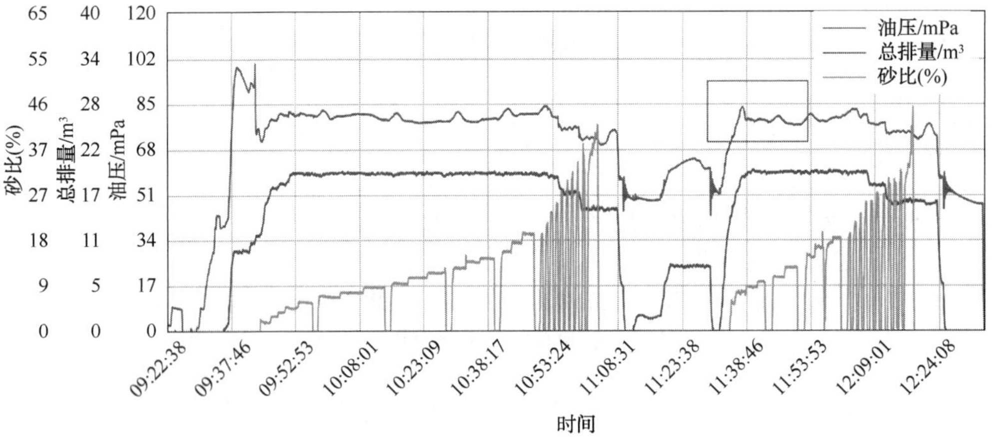

图6 某工区施工数据

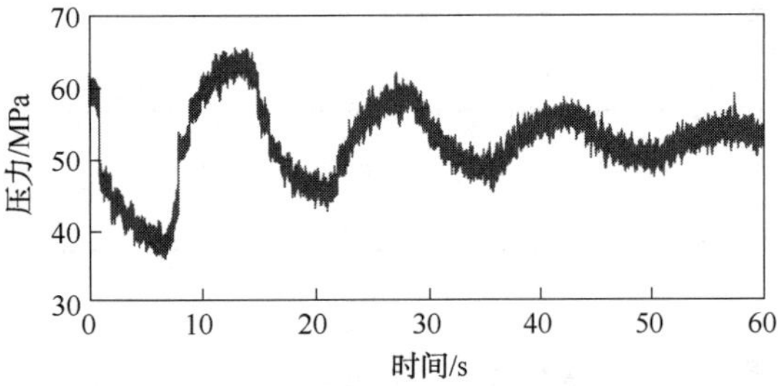

(a)第一次停泵产生的水击信号

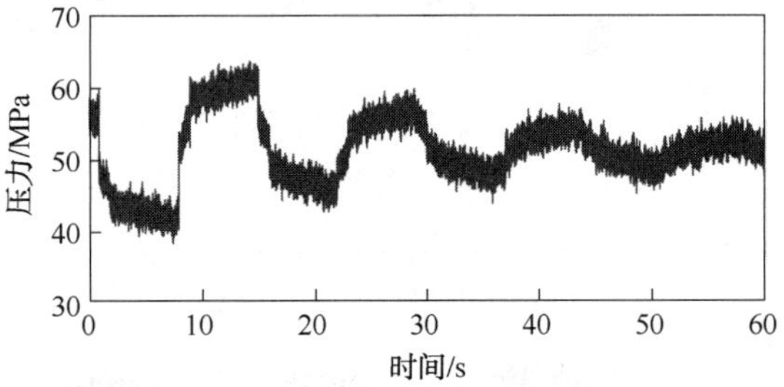

(b)第二次停泵产生的水击信号

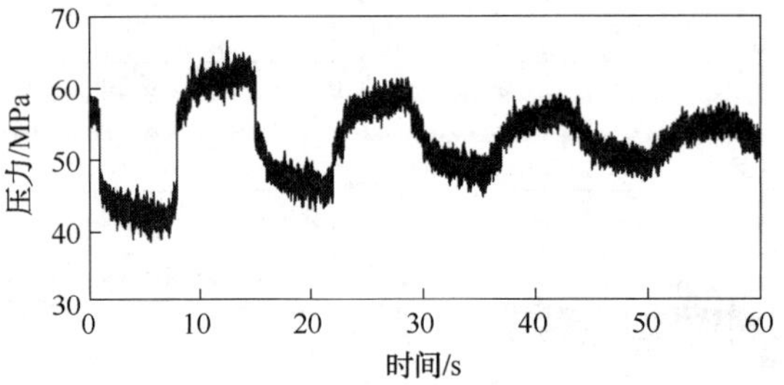

(c)第三次停泵产生的水击信号

图7 三次停泵产生的水击信号

在对该压裂段的不同停泵事件进行分析时，我们首次投放了暂堵剂，第二次是为了验证我们的方法是否有效评估暂堵效果，而第三次停泵则是常规操作。经过专业评估，如图六的红框所示，暂堵剂投放后，排量上升时压力显著增加，根据这一情况得出了该压裂段暂堵有效的结论。

图8展示了对这几次停泵事件进行的相似性分析结果。本研究将相关系数低于0.8定义为暂堵有效。从图8(a)可见，首次投放暂堵剂后，即产生了一定的暂堵效果。图8(c)进一步验证了暂堵的效果。而从图8(b)我们可以看出，当进液情况相似时，相关系数较高。

相似性分析的应用使我们能够实时监测中得到与专业人员施工结束后所得出的结论一致的解释。由于篇幅有限，我们仅展示了部分现场施工数据和相似性分析结果。值得强调的是，我们的方法已在多口水平井上广泛实验，其结果与专业人员的结论基本一致。

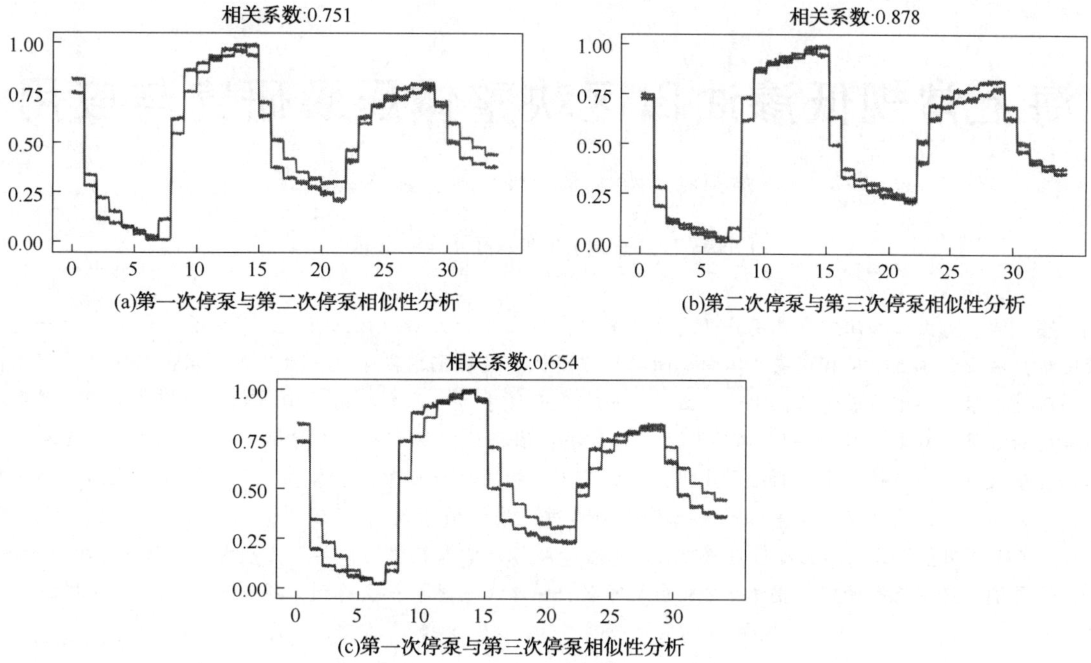

图 8　不同水击信号做相似性对比

4　结论

本研究提出了一种创新的实时压裂效果监测方法，结合了水击信号特征和相似性分析技术，通过去除噪声和相似性分析，有效评估了压裂暂堵情况，实现了实时监测。实际数据示例表明，该方法在地下监测中具有广泛的应用潜力，为页岩油水平井的开发提供了有力支持和指导。本研究引入了新的实时监测技术，为油田开发领域带来了创新，未来有望在工程实践中发挥关键作用。

参 考 文 献

[1] Parkhonyuk, S, et al. “Measurements While Fracturing: Nonintrusive Method of Hydraulic Fracturing Monitoring.” SPE Hydraulic Fracturing Technology Conference and Exhibition 2018.

[2] Kabannik, Artem, et al. “Can We Trust the Diversion Pressure as a Decision-Making Tool: Novel Technique Reveals the Truth.” Abu Dhabi International Petroleum Exhibition & Conference Society of Petroleum Engineers, 2018.

[3] Parkhonyuk, Sergey, et al. “Novel monitoring technology helps to make Informed decisions and maximize the efficiency of completion strategy.” Unconventional Resources Technology Conference, Houston, Texas, 23-25 July 2018. Society of Exploration Geophysicists, American Association of Petroleum Geologists, Society of Petroleum Engineers, 2018.

[4] 李德伟. “数字滤波技术的现状与发展.” 电子技术与软件工程 19(2017)：1.

[5] 周百花. “地震资料处理中提高信噪比的处理技术.” 中国石油和化工标准与质量 24(2019)：2.

[6] 田仁飞，and 曹俊兴. “倒谱法检测信号异常的灵敏度分析.” 地球物理学进展 26. 004 (2011)：1298-1303.

[7] 刘百红等. “微地震监测技术及其在油田中的应用现状.” 勘探地球物理进展 28. 5(2005)：5.

[8] 胡晓东等. “压裂停泵水击压力波信号滤波方法与特征分析.” 石油科学通报 6. 1(2021)：13.

[9] 李勇根等. “相似性分析在地震反演中的应用.” 石油天然气学报 31. 1(2009)：5.

[10] 胡晓东，et al. “基于井场实测数据水击压力波波速特征分析.” 水利水电技术(中英文)(2023).

海上常规低渗油田区块整体压裂研究与应用

郑 旭 雷 源 邹 剑 兰夕堂

[中海石油(中国)有限公司天津分公司]

摘 要 海上低渗油田少井高产开发矛盾突出，注采井距大难以建立有效注采体系，低渗区块产能释放困难，区块整体上动用程度差、纵向剖面动用程度低。在短期内很难进一步完善井网，因此需要寻求高效的压裂技术。整体压裂作为低渗透油藏的一项有效开发手段，已在陆地油田得到了规模化应用，并取得显著增油效果。本文以BZ常规低渗区块为目标区块，依托地质工程一体化的技术思路，从裂缝参数、施工工艺参数、入井材料三个方面进行优化，形成了与目标区块相匹配的整体压裂工艺。通过渤海低渗整体压裂攻关与实践，累计完成整体压裂现场实施10口井，累计增油超过15万吨，压裂增产量占区块总产量80%。实践证明整体压裂工艺可有效解决海上低渗油藏低产低效的难题，具有良好的应用前景与推广价值。

关键词 海上低渗油田；整体压裂；裂缝参数；施工工艺参数；支撑剂；压裂液

渤海低渗油田的高效开采是海洋油气增储上产的重要战场。BZ某油田为渤海典型低渗油田，由于储层物性差、注入海水结垢、注水受效不明显等因素影响，导致该油田目前采油速度低，调整井产能大幅低于油田投产初期老井。为恢复产能，近年来多次采用酸化，螯合解堵，爆燃压裂等措施，但措施效果并不明显，亟需寻求更高效的海上低渗油藏增产技术。整体压裂作为一项有效的低渗储层开发手段，已经规模化应用于陆地油田，并取得了显著增油效果。本文以BZ常规低渗区块为目标区块，依托地质工程一体化的技术思路，根据油藏储层及生产特征，从整体上对裂缝参数、施工工艺参数、支撑剂及压裂液开展优化，形成了与目标区块相匹配的整体压裂工艺。目前该技术已在BZ常规低渗区块完成6口井的应用，压后增产效果十分显著，为渤海低渗透油藏储量的有效动用提供了技术支撑。

1 BZ常规低渗区块开发现状及存在问题

BZ常规低渗区块为典型低孔低渗油藏，其主力生产区块BZ常规低渗区块储层平均孔隙度12%，平均渗透率42.3mD。该区块于1990年投产，1992年采用注海水开发模式，初期井网为3注5采。开发初期油井产能较高，至1996年平均年采油速度接近3%。1997年后该区块开始局部调整，井网调整为3注7采，但由于注入海水突破、注入海水结垢等原因，油田采油速度逐步降至0.5%左右，至2015年，区块采出程度达到23.7%，含水上升至70%。

2015年至2020年，BZ常规低渗油田增加6口综合调整井，形成3注11采的注采井网。但这6口综合调整井中仅有B5井投产效果达到预期。至2020年，整个区块仅有5口生产井开井，油井利用率仅45%，采油速度仅0.4%，平均单井日产油30方/天，日产液87方/天，产液水平远低于区块投产初期水平。为了恢复油井产能，针对油田沙河街组储层多次采用酸化，螯合解堵，爆燃压裂等解堵增产措施。其中酸化效果整体较差；螯合解堵第一轮效果相对较好，但第二轮效果大幅下降；爆燃压裂有一定的增产效果，但有效期短，难以根治油田的低产低效问题。因此有必要采用整体压裂工艺，形成高导流能力的人工裂缝，从而增大油藏的整体泄油面积，降低储层渗流阻力，实现油田整体高效增产。

2 BZ常规低渗区块整体压裂方案研究

2.1 裂缝参数优化

2.1.1 数值模型建立

基于BZ常规低渗油藏的地质参数与储层特征，建立区块压裂井裂缝模型，考虑油水井的注采平衡，考虑原地应力场、压裂裂缝方位、压裂井与断层距离等因素，从而提高了油井生产动态模拟的准确性，如图1所示。

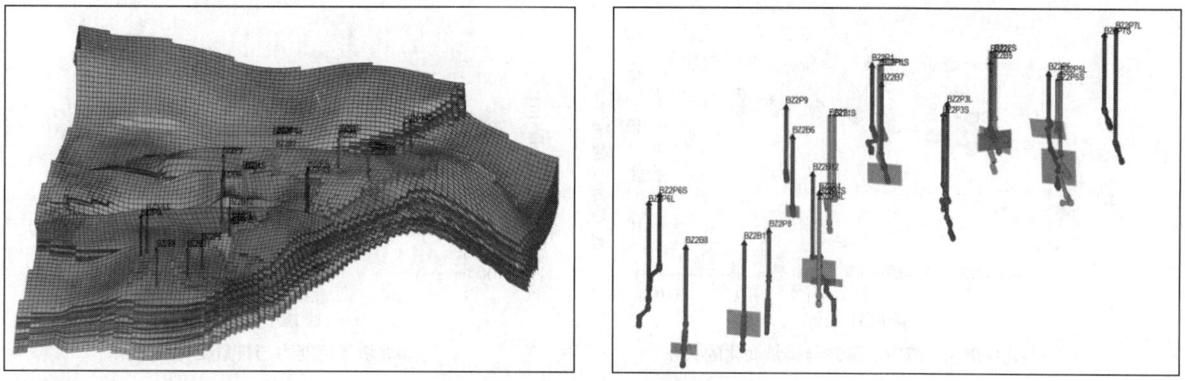

图 1　区块压裂井裂缝模型设计

2.1.2　裂缝缝长优化

在油藏整体数值建模的基础上，模拟计算了油井裂缝长度对生产动态的影响，如图 2 所示。从模拟计算结果可以看出，当裂缝半缝长达到 100m 后增油幅度明显减缓，达到 120m 后增油量提高效果不明显，因此优选区块整体压裂的裂缝半长为 90~110m。

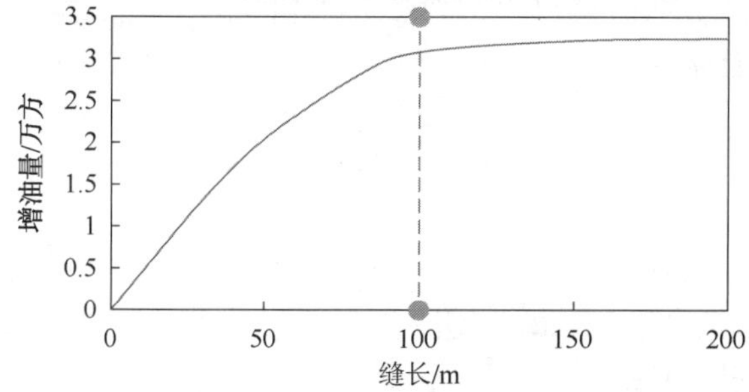

图 2　不同油井裂缝长度下增油量对比

2.1.3　裂缝导流能力优化

在油藏整体数值建模的基础上，模拟计算了油井裂缝导流能力对生产动态的影响，如图 3 所示。从模拟计算结果可以看出，当裂缝导流能力达到 500mD · m 后增油幅度明显减缓，达到 650mD · m 后增油量提高效果不明显，因此优选区块整体压裂的裂缝导流能力为 500 ~ 600mD · m。

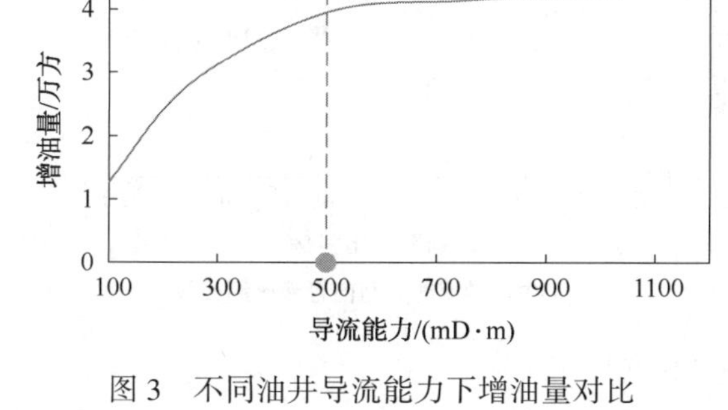

图 3　不同油井导流能力下增油量对比

2.2　工艺参数优化

2.2.1　施工排量优化

根据优化后的裂缝模型进行模拟计算得出：当排量逐渐增加时，缝宽、缝高随之变化的幅度较小，而裂缝长度及导流能力变化明显，如图 4 所示。随着排量的增加，缝长呈线性上升趋势，而导流能力呈下降趋势。结合北中块裂缝参数优化结果，优选最优排量 3~4m^3/min。

2.2.2　前置液比例优化

根据优化后的裂缝模型进行模拟计算得出：当前置液比例逐渐增加时，缝宽、缝高随之变化的幅度较小，而裂缝长度及导流能力变化明显，如图 5 所示。随着前置液比例的增加，缝长呈线性上升趋势，而导流能力呈下降趋势。结合北中块裂缝参数优化结果，优选北块前置液比例为 40% ~ 45%，中块前置液比例为 37% ~ 45%。

2.2.3　平均砂比优化

根据优化后的裂缝模型进行模拟计算得出：当平均砂比逐渐增加时，缝长、缝高随之变化的幅度较小，而裂缝宽度及导流能力变化明显，如图 6 所示。随着平均砂比的增加，缝宽与导流能力均呈上升趋势。结合北中块裂缝参数优化结果，优选北块平均砂比为 22% ~ 24%，中块平均砂比为 25% ~ 27%。

2.2.4　加砂强度优化

根据优化后的裂缝模型进行模拟计算得出：当加砂强度逐渐增加时，缝长、缝高随之变化的幅度较小，而裂缝宽度及导流能力变化明显，如图 7 所示。结合北中块裂缝参数优化结果，优选北块加砂强度最优为 2 ~ 3m^3/m，中块加砂强度最优为 2.5~4m^3/m。

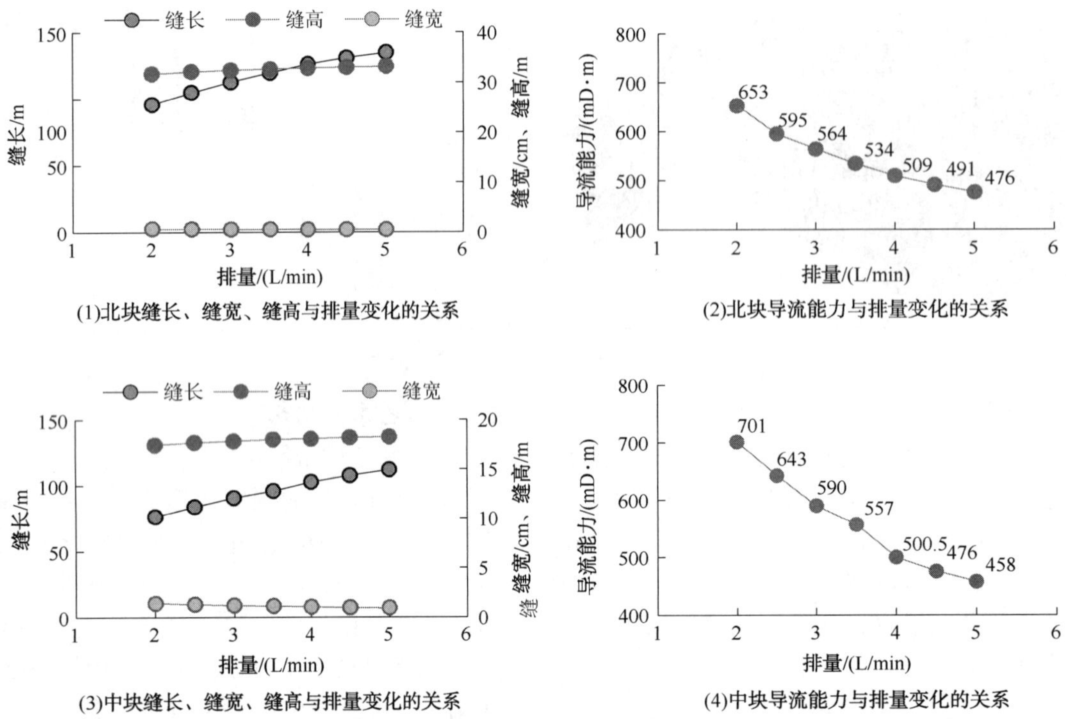

(1)北块缝长、缝宽、缝高与排量变化的关系

(2)北块导流能力与排量变化的关系

(3)中块缝长、缝宽、缝高与排量变化的关系

(4)中块导流能力与排量变化的关系

图 4　裂缝参数与排量变化关系

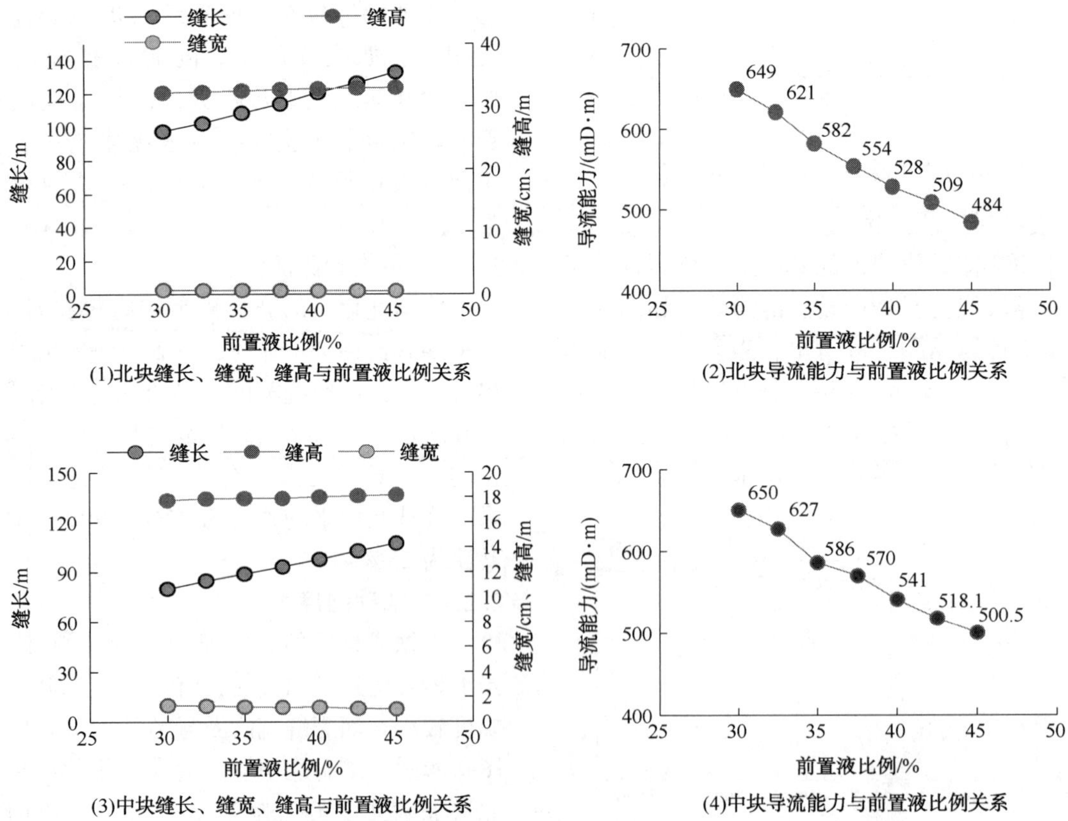

(1)北块缝长、缝宽、缝高与前置液比例关系

(2)北块导流能力与前置液比例关系

(3)中块缝长、缝宽、缝高与前置液比例关系

(4)中块导流能力与前置液比例关系

图 5　裂缝参数与前置液比例关系

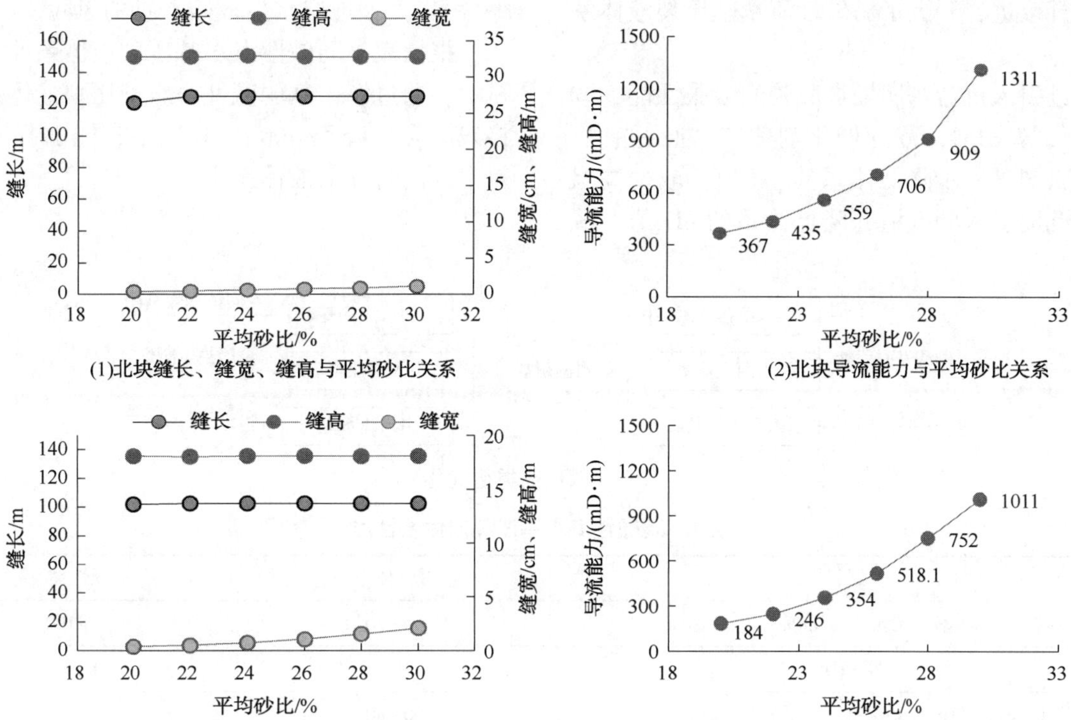

(1)北块缝长、缝宽、缝高与平均砂比关系　(2)北块导流能力与平均砂比关系

(3)中块缝长、缝宽、缝高与平均砂比关系　(4)中块导流能力与平均砂比关系

图 6　裂缝参数与平均砂比关系

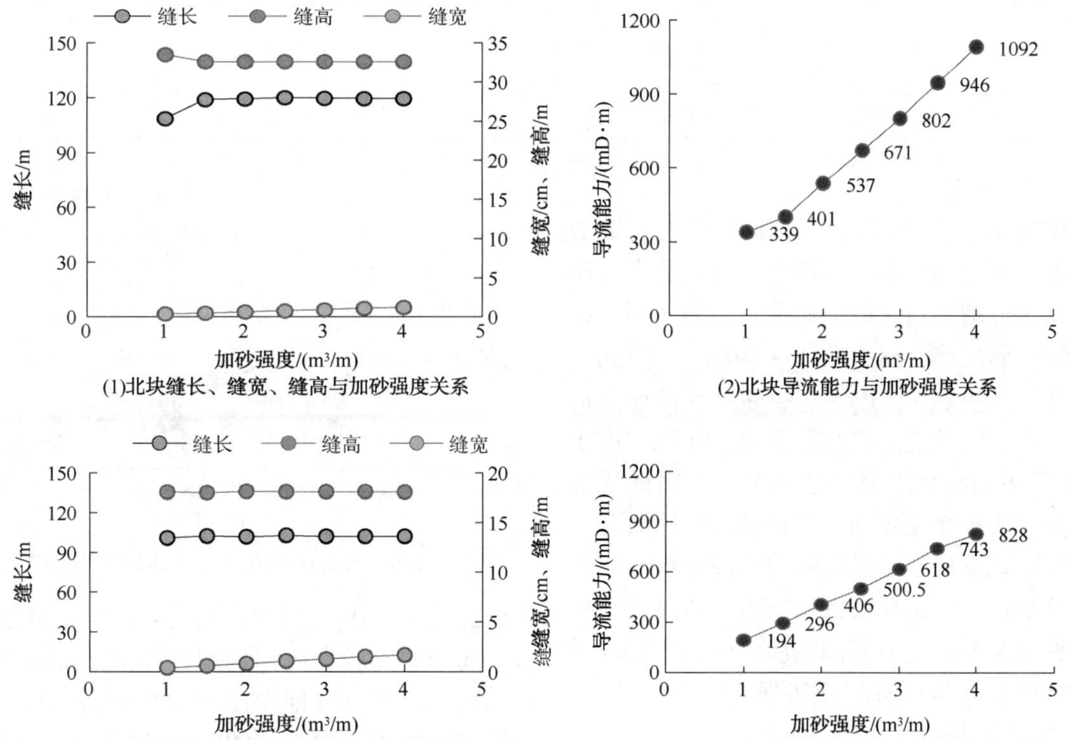

(1)北块缝长、缝宽、缝高与加砂强度关系　(2)北块导流能力与加砂强度关系

(3)中块缝长、缝宽、缝高与加砂强度关系　(4)中块导流能力与加砂强度关系

图 7　裂缝参数与加砂强度关系

2.3　入井材料优化

2.3.1　压裂液优化

BZ 常规低渗区块储层温度 135℃左右，岩石敏感性为强水敏，淡水基压裂液易引起储层黏土膨胀。同时考虑到海上淡水资源缺乏，制约压裂规模及压裂施工效率，为实现压裂液低滤失低伤害控制，在原有海水基压裂液体系的基础上，引入耐盐羧甲基羟丙基瓜胶、有机钛交联剂对压

裂液进行改进，开展了弱碱性海水基压裂液体系研发。

通过引入抗盐基团增加胍胶的溶胀性能，改性胍胶代替 HPG，减少稠化剂残渣。通过有机金属交联剂进一步降低体系的 pH 值，减少高温下钙镁沉淀引入的残渣，降低体系的 pH 值，减少含 $CaCl_2$ 型地层水生成碳酸钙的风险。

根据表 1 弱碱性海水基压裂液体系性能评价显示，通过海水基弱碱性海水基压裂液体系成功将残渣含量降至 400mg/L 以下，能够提高造缝效率的同时降低液体伤害。

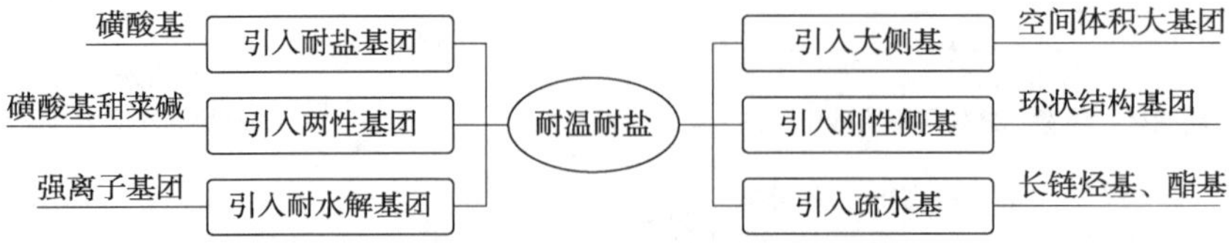

图 8 稠化剂类型优化

表 1 弱碱性海水基压裂液体系性能

项目		碱性体系	弱碱性体系
基液表观黏度/mPa·s		50~70	70~100
交联 pH 值		12	8~9
130℃、170S-1 剪切 2 小时后黏度/mPa·s		50~80	80~110
破胶性能	破胶时间/min	60~240	60~240
	破胶液黏度/mPa·s	1.9	1.1
	破胶液表面张力/(mN/m)	27	25
破乳率/%		100	100
残渣含量/(mg/L)		500~600	300~400

2.3.2 支撑剂优化

支撑剂用于支撑水力压裂所形成的人工裂缝，当人工裂缝闭合后在储层中形成具有高导流能力的流体流动通道。根据北中块小型压裂测试结果可知，储层闭合压力约 43~50MPa，因此优选支撑剂抗压级别 52MPa。根据裂缝导流能力优化结果需求，优选支撑剂粒径为 20/40 目。由于 BZ 常规低渗油藏含水率已达到 70%，因此优选支撑剂类型为控水支撑剂，以控制油井压后含水大幅上升。该支撑剂通过特殊的表面处理，具备常规支撑剂没有的选择性控水能力，通过实验得出，在相同驱替压差下其油相渗流能力大幅高于水相渗流能力，从而有利于实现地层深部控水，避免裂缝水淹(图 9)。

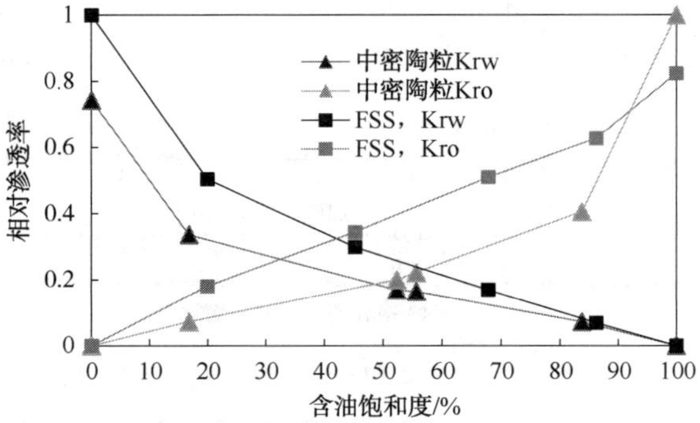

图 9 普通陶粒和控水砂渗透率测试结果

3 BZ 常规低渗区块整体压裂应用与认识

3.1 BZ 常规低渗区块整体压裂认识

3.1.1 造缝能力

BZ 常规低渗区块属于中低模量储层，该类储层平均静态杨氏模量约 8GPa，岩石力学脆性指数 0.35~0.4，脆性虽然明显强于疏松砂岩，但弱于陆地压裂典型的脆性储层。如表 2 所示，储层平均裂缝延伸净压力 6.2MPa，明显大于陆地脆性砂岩储层(<4MPa)，虽然可形成较大规模张性裂缝，但相对脆性储层缝长延伸能力偏弱，缝宽扩展能力较强，整体易形成具有一定缝长兼具较大缝宽的“宽裂缝”。

3.1.2 造缝形态

BZ 常规低渗区块压裂总体趋于形成单一裂缝。说明在相对较弱的脆性条件下该类储层难以产生复杂人工裂缝形态。结合岩石力学与压后分析发现，不同于疏松砂岩油藏，中低模量油藏储、隔层存在较明显的脆性及断裂韧性差异，3m 以下隔层易于沟通，但泥质含量>85%的 5m 隔、夹层即可实现缝高的有效遮挡(图 10)。

表 2　中低模量储层造缝能力

储层类型	疏松砂岩储层	中低模量储层	脆性储层
杨氏模量	<1GPa	平均约 8GPa	≥20GPa
泊松比	>0.28	平均约 0.26	<0.25
脆性指数	<0.2	0.35~0.4	≥0.5
缝长延伸能力	弱	偏弱-中等	强
缝宽扩展能力	强	中等-较强	弱

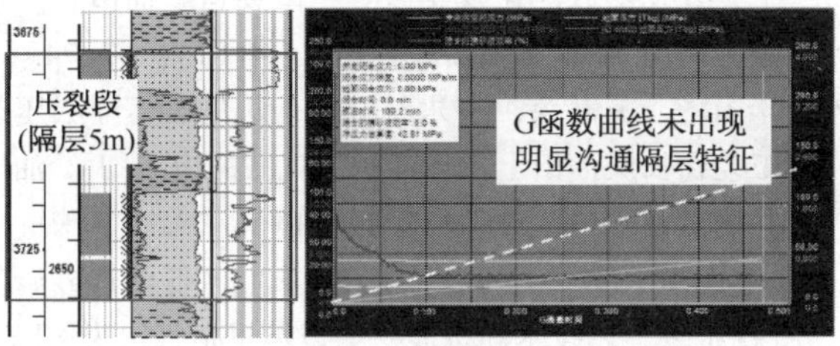

图 10　BZ 常规低渗区块压裂 G 函数曲线

3.1.3　造缝效率

由于中低模量储层缝长延伸能力偏弱，横向变化快，造成压裂施工净压力较高、普遍压力系数偏低，导致了施工中较大的滤失压差(根据 BZ 常规低渗区块前期 5 口井压后分析得出，主压裂平均施工净压力达到 12MPa，平均缝内滤失压差近 30MPa，造缝效率 5%~19%，平均 11.3%)。高滤失压差大幅提高了压裂液的动态滤失系数，从而导致造缝效率相对于常规低渗储层偏低(图 11)。

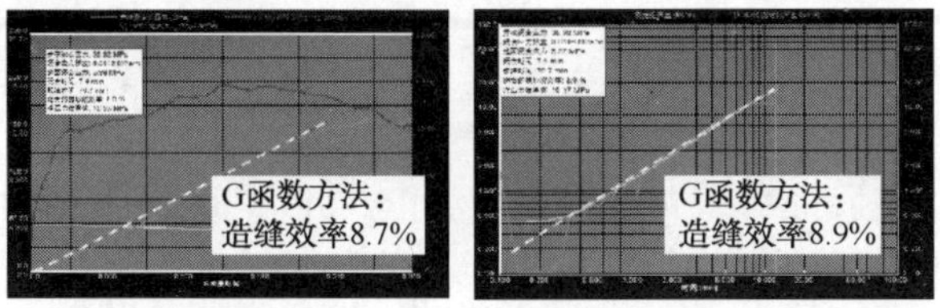

G函数法求解液体效率-B6　　渗流流态法求解液体效率-B6

图 11　BZ 常规低渗区块压裂液体效率

3.2　应用效果

2020~2022 年，通过海上油田整体低渗压裂攻关与应用，累计在 BZ 常规低渗区块完成现场实施 10 口井，累计增油超过 15 万吨，压裂增产量占区块总产量 80%，有效提升了区块采油速度与采出程度。实践表明，基于 BZ 常规低渗区块研究形成的整体压裂技术可有效实现海上低渗储层的增产挖潜改造，显著提升海上低渗储层的开发效果及单井产量。随着勘探开发的进行，渤海油田在生产油田压裂增产措施比重将越来越大。基于 BZ 常规低渗区块进行研发的整体压裂技术增油效果明显，已经成为低渗储层生产老井的增产“新利器”，具有大规模推广应用的价值(图 12)。

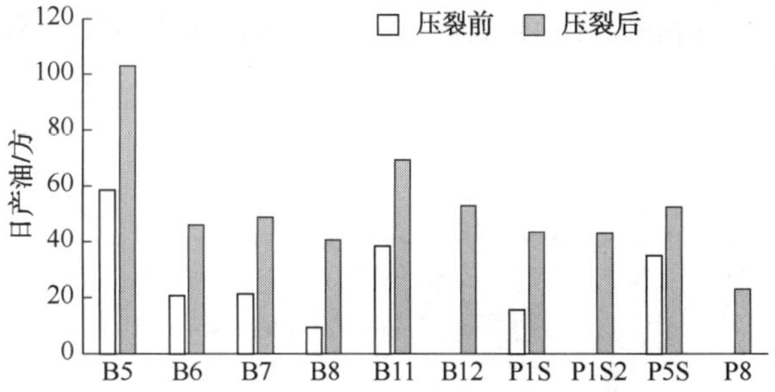

图 12　整体压裂效果对比

4　结论及建议

(1) 根据 BZ 常规低渗区块的地质参数与储层特征，并考虑注入水结垢影响，建立了油藏整体数值模拟模型。基于该模型优选区块整体压裂的裂缝半长为 90~110m，裂缝导流能力为 500~600mD・m。

(2) 在裂缝参数优化的基础上对 BZ 常规低渗区块整体压裂工艺参数进行模拟计算，优选施工排量 3~4m^3/min、加砂强度 2~4m^3/m、平均砂比 22%~27%、前置液比例 37%~45%。

(3) 根据储层特征及海上施工特点，优选弱碱性耐高温海水基压裂液及 20/40 目控水支撑剂作为 BZ 常规低渗区块整体压裂施工材料；由现场实践得出，优选的耐高温海水基压裂液在储层高温下具有较好的造缝及携砂性能，优选的控水支撑剂在支撑裂缝的同时可有效控制压后产水。

(4) BZ 常规低渗区块属于中低模量储层，虽然可形成较大规模张性裂缝，但相对脆性储层缝长延伸能力偏弱，缝宽扩展能力较强，整体易形成具有一定缝长兼具较大缝宽的“宽裂缝”。

(5) 通过渤海整体低渗压裂攻关与实践，累计在 BZ 常规低渗区块完成现场实施 10 口井，累计增油超过 15×10^4t，压裂增产量占区块总产量超 80%，有效提升了区块采油速度与采出程度。基于 BZ 常规低渗区块进行研发的整体压裂技术增油效果明显，已经成为低渗储层生产老井的增产“新利器”，具有大规模推广应用的价值。

参 考 文 献

[1] 谭绍栩，林家昱，张艺耀，等. 渤海油田低渗透储层笼统压裂实践与认识[J]. 石油化工应用，2021，40(01)：99-103.

[2] 张旭东，陈科，何伟，等. 渤海西部海域某区块油田注水过程储层伤害机理[J]. 中国石油勘探，2021，21(04)：121-126.

[3] 王鸿勋. 水力压裂原理[M]. 北京：石油工业出版社，1987.

[4] 张龙，郑云磊. 低渗透油藏分段压裂水平井流入动态曲线研究[J]. 当代化工研究，2021(13)：104-106.

[5] 贾磊. 低渗透油田开发技术新进展[J]. 石化技术，2019，26(08)：98.

[6] 胡文瑞，魏漪，鲍敬伟. 中国低渗透油气藏开发理论与技术进展[J]. 石油勘探与开发，2018，45(04)：646-656.

[7] 蒋廷学，卞晓冰，左罗，等. 非常规油气藏体积压裂全生命周期地质工程一体化技术[J]. 油气藏评价与开发，2021，11(03)：297-304+339.

[8] 贾自力，石彬，罗麟，等. 延长油田超低渗油藏水平井开发参数优化及实践——以吴仓堡油田长 9 油藏为例[J]. 非常规油气，2017，4(01)：67-74.

[9] 李国华，王素荣，古永红，等. 直井连续分层压裂工艺在长庆油田上古低渗砂岩气藏的应用[J]. 油气井测试，2013，22(02)：59-61+66+78.

[10] 李宪文，凌云，马旭，等. 长庆气区低渗透砂岩气藏压裂工艺技术新进展——以苏里格气田为例[J]. 天然气工业，2011，31(02)：20-24+121-122.

海上不同类型裂缝油气藏精细表征新方法与应用

徐　静　刘宗宾　陈建波　廖　辉　缪飞飞

[中海石油(中国)有限公司天津分公司渤海石油研究院]

摘　要　以渤海不同类型裂缝油气藏研究面临的裂缝预测和精细表征难题为导向，引进新技术，结合数值模拟、沉积模拟反演等多方法研究，形成不同类型裂缝油气藏精细表征新方法。首先，针对渤海大型变质岩潜山裂缝气田规模大且埋藏深、储层类型多样且纵向分布差异大、裂缝非均质性强等精细表征难题，提出多方法耦合的变质岩裂缝储层分带分尺度表征技术：①为精细刻画储层纵向差异性和多尺度裂缝的非均质性，创新引入非结构化网格剖分方法，形成多信息约束的裂缝系统分带分尺度表征方法，实现大、中尺度裂缝原样表征，解决复杂裂缝系统精细表征难题；②创新提出基于露头裂缝原型模型的不同尺度裂缝渗流特征表征方法，形成小尺度裂缝等效的基质表征新方法，实现复杂内幕带基质精细表征。对于渤海首个砂砾岩裂缝油藏，针对微裂缝分布预测和表征难题，引入反演的思路，首次将基于目标的建模方法用于裂缝储层表征，结合沉积演化模拟，形成基于目标模拟的砂砾岩砾内缝储层表征技术，实现微裂缝展布预测和定量表征。两套表征方法在BZ气田和LD油田应用表明，模型能较好地反映储层空间非均质性及油气藏开发风险，成功指导10余口开发井高效实施，为类似复杂裂缝油气藏的高效开发提供借鉴。

关键词　分尺度裂缝表征；非结构化网格；内幕表征；基于目标；沉积演化模拟

裂缝储层是世界范围内油气藏的重要组成部分，据统计，裂缝性油藏约占已探明总储量的一半。目前，我国油田开发逐渐转向深层、低渗等复杂储层及非常规储层，油气开发难度进一步增大；天然裂缝在储层评价与油田开发中扮演着越来越重要的角色，裂缝储层表征与预测经历了定性-半定量-定量的过程，并逐渐形成了一套储层裂缝综合表征、预测的技术。

由于裂缝的相对高渗性与基质的低渗性导致了注水开发过程中的矛盾，因此，裂缝研究应贯穿于油田开发的整个过程中。实践表明，裂缝储层本身的复杂性决定了油气田开发的复杂性，主要表现在储层岩性复杂多样，包括变质岩、碳酸盐岩、砂砾岩等，裂缝成因不同、发育规律复杂等多方面。裂缝储层含油气性和产能对天然裂缝以及后期开发方案的依赖性强，对裂缝识别、表征等方面研究提出了更高的要求。目前，裂缝识别和表征趋向于精细化、定量化的方向发展。基于裂缝成因机理与影响因素的复杂性，采用单一方法或单一参数很难准确刻画裂缝的三维分布，逐渐形成了多手段、多尺度、多参数的裂缝储层综合表征的思路。但目前普遍存在多尺度裂缝精细表征难、非典型裂缝储层预测难等问题，特别是对潜山内幕及微尺度裂缝储层的表征研究还很少，主要受资料少和强非均质性的制约，常规单一的裂缝储层表征方法难以满足精细研究和油气田开发的需要。面对这类业界难题，迫切需要从储层成因出发，从理论、认识困难和方法、技术匮乏的现状着手，以提高裂缝储层表征精度为目标，开展裂缝储层预测及表征攻关，提出不同类型裂缝油气藏精细表征方法。

由于不同类型裂缝油气藏地质条件差异较大、岩性不同、发育裂缝尺度不同，制约其储层三维表征的核心难题不同。以渤海油田面临的两类裂缝油气藏为研究目标，聚焦渤中(BZ)、旅大(LD)等典型油田地质概况及开发难题，从裂缝表征和预测困难的根源着手深入研究，寻求突破，解决不同类型裂缝油气藏储层精细表征难题。

1　海上不同类型裂缝油气藏表征难题

1.1　变质岩潜山不同尺度裂缝预测及精细表征难

渤海相继发现几个大型潜山变质岩裂缝油气藏，随着BZ气田的发现，逐步向着深层、低渗、复杂油气藏发展，开发难度日益增大，变质岩潜山裂缝储层描述技术已成为渤海持续上产的关键技术。对于这类油气田方案编制和高效开发，摸清裂缝分布并定量表征都是关键，然而目前裂缝储层精细表征还面临许多难题，例如BZ气田大型潜山储层表征，面临三方面难题：(1)受多期构造运动影响，断裂系统复杂，构造建模难度大；(2)储层厚度大，储层类型多样，不同储层带主控因素不同，纵向分布差异大，多尺度裂缝同时发育；(3)内幕储层埋藏很深、地震分辨率低，微裂缝描述难，基质表征难。直接制约着优势储层带的研究及气藏高效开发。

1.2 砂砾岩储层微裂缝表征难度大

海上油田开发成本高及平台条件限制，井网密度低、资料少，尤其在开发方案设计阶段，仅有极少量的岩心、探井测井以及分辨率有限的地震资料，对于微裂缝分布的预测存在很大困难。LD油田是渤海首个发育裂缝的砂砾岩油藏，目的层为沙河街组地层，为三角洲相储层，定量预测面临以下难题：(1)储层埋藏深，横向变化快，地震资料分辨率低，储层沉积微相展布及岩性预测困难；(2)不同于常规构造缝，其裂缝尺度小、成因复杂，空间分布预测难；(3)砂砾岩储层微裂缝的表征尚没有方法可借鉴，直接制约前期方案研究。

2 海上不同类型裂缝油气藏精细表征技术

2.1 多方法耦合的变质岩裂缝储层分带分尺度表征技术

BZ气田位于渤中凹陷西南部，整体是被一系列小断层复杂化的背斜构造，目前是全球最大的变质岩凝析气田。主要钻遇新生界和太古界潜山地层，主力区为太古界变质岩潜山。太古界潜山储层的形成受构造、风化淋滤、古地貌等多种地质因素的影响。根据断裂和风化作用的影响和改造程度不同，结合储层发育特征，潜山自上而下可划分为砂砾岩、风化带和内幕带。储层为低孔低渗，单重、双重介质复合，以裂缝储层为主，为裂缝型储层；发育多期裂缝，不同尺度裂缝共存；储集空间类型多样，发育孔隙型、裂缝孔隙型、孔隙裂缝型、裂缝型等四类储层，以孔隙裂缝型、裂缝型为主。综合研究表明研究区储层非均质性强，其预测和定量表征难度大。

针对研究难题，采用“分步实施”的思路，从构造、裂缝系统表征、到内幕基质逐一攻关，创新裂缝系统分尺度表征和内幕带基质表征方法，通过储层分带、裂缝分尺度、基质等效模拟等多方法耦合和改进，实现不同储层带、不同级次裂缝和基质的精细表征，解决大型潜山裂缝储层表征难题。

2.1.1 复杂构造精细建模

BZ气田规模大，断裂系统发育，四期断裂相互交织；垂向储层段跨度大，断层发育规模差异大，且中生界地层在西南部尖灭，造成不整合接触，给构造建模带来巨大挑战。常规构造建模方法面临三方面难题：(1)难以表征复杂断层交切关系；(2)难以准确表征断裂形态分布，只能通过层面近似控制断层延伸距离，无法精细体现中小型断层形态；(3)地层尖灭容易造成网格畸形，影响网格正交性。无法满足表征需要。

研究表明，常规构造建模方法主要是受角点网格制约，无法灵活准确体现复杂构造特征。采用新的基于阶梯状网格的复杂构造建模方法，通过网格的阶梯状排列，精细刻画断层的空间走向和发育范围，且能表征不整合层面接触。综合井点分层数据和地震解释的构造层面、断层成果，精细建立了研究区复杂构造模型(图1)，反映了复杂断裂结构，精细还原了复合“X”型等复杂断层模式。

2.1.2 多信息约束裂缝系统分带分尺度表征

BZ气田潜山储层整体呈块状、厚度大，纵向分布差异大，要实现储层精细表征，首先要综合测井、地震、岩心等资料分析储层发育特征和发育模式，进行小层精细划分。综合动静态研究，潜山储层呈带状分布，由上至下分别发育砂砾岩带、风化带和内幕带。

2.1.2.1 潜山纵向分带性及储层预测

不同潜山带储层的主要控制因素不同、裂缝发育特征也不同，需研究有效的预测方法。综合分析不同类型储层的分布特征和组合，开展多信息融合潜山储层分带预测(图2)：(1)顶部砂砾岩带，主要受古地貌控制，储层叠合连片分布，采用基于古地貌恢复的方法预测；(2)风化带，裂缝较发育，是主力层带，储层呈似层状特征，其主控因素是古地貌和风化淋漓程度等，采用地震属性融合方法，融合优势方向蚂蚁体和最大似然体属性预测裂缝，较好地反映优势裂缝带的空间差异性。(3)内幕带主要受构造应力影响，储层呈条带状分布，已钻井揭示其裂缝以高角度为主，与地震反射特征有较强相关性。因此，研究地震属性响应特征并进行FK滤波，得到两组反映断裂特征的属性，分别预测两组优势裂缝。

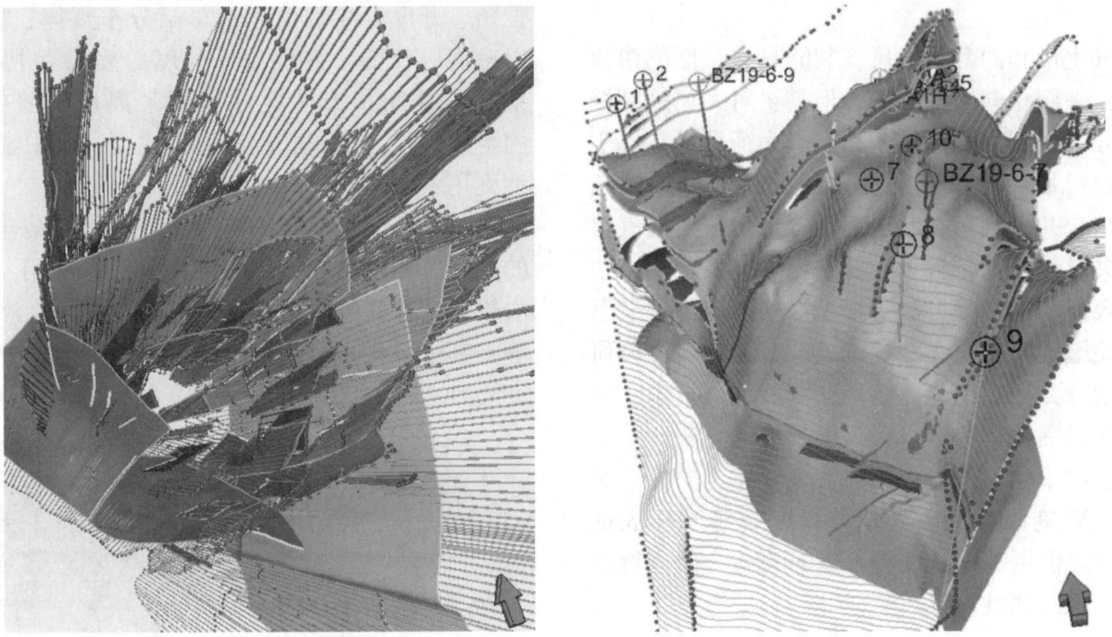

图 1　BZ 气田复杂构造模型

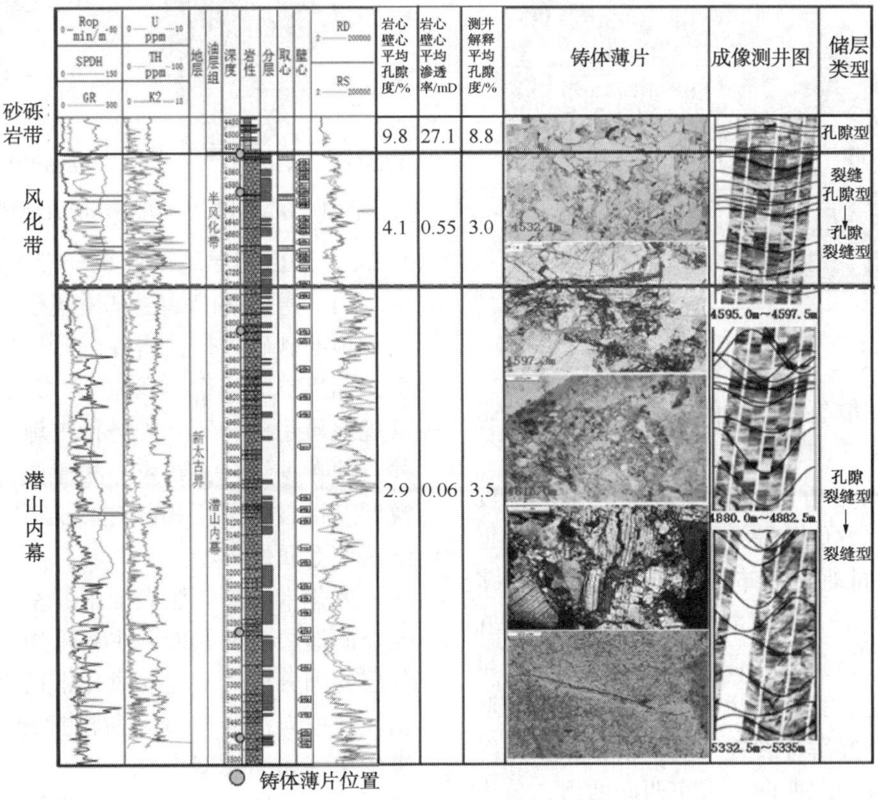

图 2　潜山纵向储层特征及分带性

2.1.2.2　潜山裂缝系统分带分尺度表征

潜山裂缝储层表征主要包含裂缝系统和基质表征两部分，通常裂缝表征是采用离散裂缝网络（DFN）方法，将离散裂缝粗化到网格中，得到等效的裂缝属性模型，难以反映不同尺度裂缝网络的渗流非均质性。根据储层分带特征和不同尺度裂缝对低渗油气藏的作用和渗流影响的差异，提出裂缝系统分带分尺度表征方法：（1）基于非结构化网格的大尺度裂缝原样表征；（2）基于离散裂缝网络的中小尺度裂缝分带表征。

（1）基于非结构化网格的大尺度裂缝原样表征

风化带和内幕带大尺度裂缝具有相似的渗流作用，采用相同表征方法，但需要对大尺度裂缝进行分带识别，提高描述精度。表征目标是基于断层和蚂蚁体分带识别提取的大尺度等裂缝信息，结合井点倾角与断层断距分析，将对油气渗流起关键作用的部分大裂缝采用确定性建模方法精细表征。但常规方法受模型网格限制，裂缝系统等关键地质特征无法精细表征，通过多方调研网格剖分方法，引入非结构化网格剖分技术，充分发挥灵活性优势，以大尺度裂缝的真实产状为硬数据约束网格剖分，用能实现任意走向的三棱柱面准确刻画裂缝，实现大尺度裂缝原样表征(图3)。根据裂缝长度与开度的关系，计算每条离散裂缝的属性。

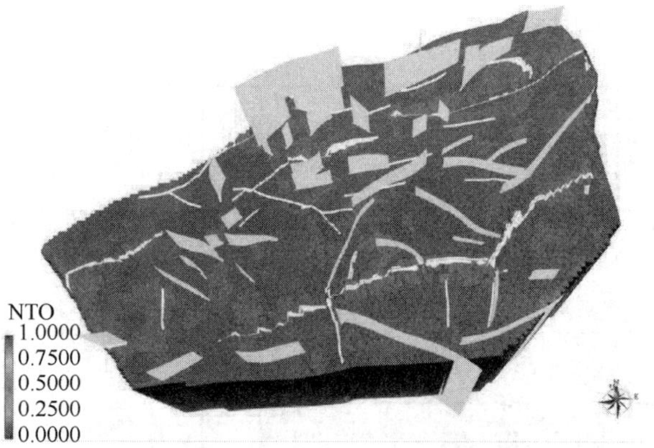

图3　BZ气田4井区大尺度裂缝原样表征

（2）基于离散裂缝网络的中小尺度裂缝分带表征

离散裂缝网络方法(DFN)的关键在于密度体、长度分布、方位角等参数的精细描述。根据BZ气田垂向不同地层带储层预测成果，采用多信息约束分带表征方法建立中小尺度裂缝模型。长度分布需通过露头、岩心等精细描述统计的幂律分布规律确定，接下来密度模型建立很关键：分析井点成像测井解释裂缝密度，根据方位角等信息分组，划分为北西向、近东西向两组，分组计算裂缝密度，作为密度体预测的硬数据。结合不同地层带主控因素和优势属性模拟井间区域，分别建立密度模型。

首先，对于风化带储层，基于分组井点密度数据，以地震融合属性为井间三维趋势，建立BZ气田风化带裂缝密度模型(图4)；在此基础上，统计北西向、近东西向两组裂缝的倾角、方位角、开度等参数信息，总结分布规律；接着，以密度、长度、方位角、开度等多参数协同约束，采用DFN方法建立风化带离散裂缝模型。内幕用同样方法建立离散裂缝模型，其中密度模型则用FK滤波属性约束模拟(图4)。

基于不同地层带的离散裂缝模型，结合裂缝的长度、开度与渗透率的统计关系，采用oda方法粗化计算裂缝属性模型，包括孔隙度、渗透率等，其中风化带、内幕带裂缝平均渗透率分别为2.5mD、2.0mD。

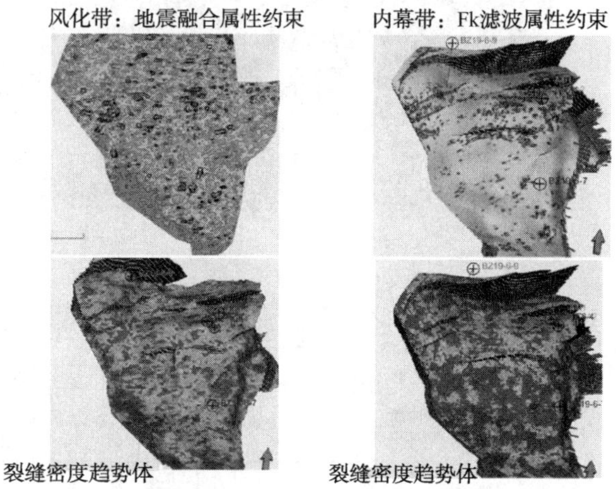

图4　BZ气田潜山储层分带表征裂缝密度模型

2.1.3　潜山储层基质系统分带表征

（1）潜山裂缝储层基质建模

顶部砂砾岩带，岩性以砂砾岩、砂质砾岩为主，储集空间类型为孔隙型，其储层表征方法与常规地质建模一致，先进行古地貌恢复研究，与井点硬数据结合，约束岩相建模，建立单孔介质模型。接着，采用相控建模方法，建立孔隙度、渗透率等属性模型。

风化带裂缝储层表征中，基质模型与常规单孔介质储层表征相似，主要采用平面分区、垂向分层的细分模式，建立风化带精细相模型，采用相控建模方法，序贯高斯模拟建立基质孔隙度、渗透率等属性模型。

（2）内幕裂缝型基质表征新方法

BZ气田潜山钻遇内幕储层厚度大，据探井统计，内幕储层厚度达数百米到上千米，且埋藏深，均在海拔-4500m以下，几乎不受风化作用改造，储层以裂缝型储层为主。该类型储层钻遇井资料很少，缺乏直接资料，储层表征面临巨大挑战，特别是对于基质储层表征缺乏有效方法。

通过数字岩心方法精细研究微观基质储集空间类型，内幕基质中孔隙及少，以微裂缝为主，表明该类型基质属于微裂缝型基质，即以微裂缝为主要储集和渗流通道。根据裂缝长度发育的幂定律，微观尺度的裂缝频率很大，对气藏的主要贡献是改善储集空间，它的表征目标是体现到基质中。依据等效表征方法思路，提出基于小尺度裂缝等效的基质表征新方法，同时，针对裂缝预测资料少、全尺度裂缝表征难题，创新提出基于露头裂缝原型模型的不同尺度裂缝渗流特征表征方法。

该方法主要包含三方面：

① 露头裂缝精细描述。通过国外文献调研，选择挪威的经典的多尺度裂缝露头描述资料开展研究。该露头长宽均为720m，发育从米级到数百米级不同尺度裂缝，可描述裂缝4000多条，是很好的研究资料。首先，对这个露头进行精细数字化描述，统计密度、长度等参数分布。将裂缝转化成三维裂缝片，并建立离散裂缝和基质模型。

② 露头裂缝原型模型精细表征。根据不同尺度和规模裂缝在储层中的数量和作用的不同，在常规双重介质建模（DPDK）基础上，提出离散裂缝原样建模（DFM）和等效基质建模（EQM）2种表征新方法，对全尺度裂缝分别进行离散表征（图5）：（a）双重介质建模方法，将裂缝片粗化为双重介质裂缝模型；（b）离散裂缝原样建模方法，用裂缝原样约束非结构化网格剖分，真实表征裂缝片，建立离散裂缝模型，该方法为理想的精确表征模型，可作为等效表征方法的对比；（c）等效基质建模方法，将裂缝片用基于流动模拟的方法，等效计算成基质模型，建立单重介质模型。

(a)双重介质建模方法

(b)离散裂缝建模方法

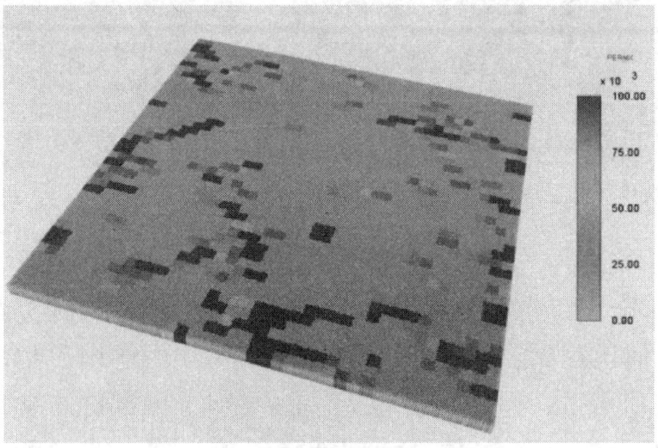

(c)等效基质建模方法

图5 露头裂缝原型模型裂缝渗透率模型

③ 研究不同方法对复杂裂缝渗流差异表征的影响。在此基础上，建立水驱油数模模型对比分析：离散裂缝模型中，水主要通过裂缝不均匀快速窜流，双重介质和等效基质模型则呈现较均匀的大范围驱替，不同表征方法对裂缝渗流刻画精度影响差异较大。但受裂缝数量大和研究工具

等的限制，很多尺度小的裂缝难以准确描述，需通过新方法优化裂缝等效尺度。通过敏感性分析，建立了不同尺度裂缝等效对数模影响的定量关系图版(图6)，由此可确定出合理的裂缝等效尺度，根据目标油田裂缝特征，等效表征裂缝尺度界限在30m左右。

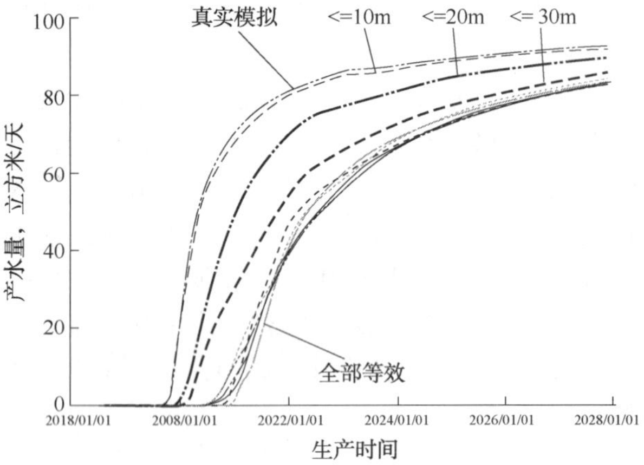

图6　不同尺度裂缝等效表征对油藏生产动态的影响

将新方法和研究成果应用在BZ气田，形成基于小尺度裂缝等效的基质表征新方法，实现裂缝型内幕带基质表征。解决了裂缝储层建模中内幕资料少、预测难、软硬件负荷大等难题。该方法建立的内幕裂缝型基质模型能较好地反映内幕条带状裂缝的分布特征。

2.2　基于目标模拟的砂砾岩砾内缝储层表征技术

渤海LD油田发育低孔、中-低渗储层，储量规模小，结合1井的测试结果及钻井液漏失分析，漏失井段与储层段具有较好相关性，微裂缝的有效预测和表征对油田能否投入开发具有关键作用。探索形成有效的微裂缝砂砾岩储层的定量预测方法迫在眉睫。

综合地震、测井和岩心分析化验资料研究裂缝发育成因。通过壁心薄片裂缝描述，储层主要发育砾内缝、砾缘缝和基质缝，其中砾内缝占90%，属于非构造成因的微裂缝。不同砾石中发育的砾内裂缝没有一致的方向性(图7)，大部分未贯穿颗粒，尺度非常小，与构造裂缝不同。结合测试资料分析表明，裂缝主要发育在优势储层段，说明裂缝与砾岩存在良好的相关性。由此可通过砾岩的分布预测裂缝的分布。

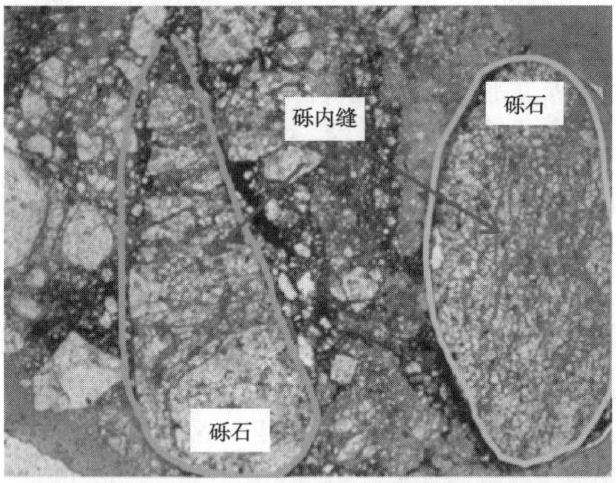

LD-1Sa井，2446.9m

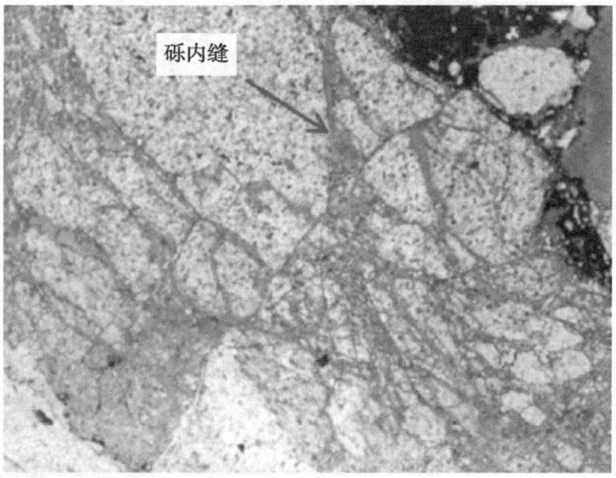

LD-1Sa井，2428.2m

图7　铸体薄片裂缝特征图

要实现砾内缝的表征，首先要明确砾岩的展布，由于砾岩的分布受河道控制，表明水下分流河道为砾内缝发育的有利相带。但地震资料无法直接刻画中深层的水下分流河道砂体。面对难题，创新引入反演的思路，采用多方法结合逐级预测优势目标体的思路。首先，影响砂砾岩储层展布的因素为沉积，采用储层沉积演化模拟方法反演砾岩和砂岩的空间分布(图8)，约束建立全区三维岩性模型，基本反映扇三角洲砾岩体的分布趋势，为预测水下分流河道提供基础。

由于扇三角洲沉积内部水下分流河道变化剧烈、内部砾岩含量变化快，直接影响裂缝分布密度，进一步预测多期次水下分流河道展布。根据沉积模式和测井响应特征研究，划分单期微相，结合滦平野外露头及相似油田类比，扇三角洲前缘水下分流河道的宽厚比在20~100之间，平均为60左右。相对常规基于象元的方法，基于目标的方法能更好地刻画河道砂体的形态、规模及

期次。采用基于目标的模拟方法，以河道参数为约束，建立单期水下

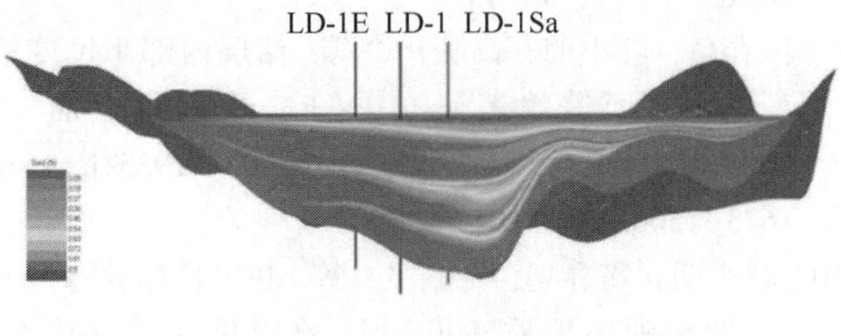

图 8 LD 油田砾岩分布模型三维图

分流河道模型(图 9)；提取水下分流河道归一化属性，约束裂缝密度趋势体。最后，用DFN 的方法，多条件约束裂缝建模，并粗化模拟等效裂缝属性模型(图 9)，实现裂缝孔隙型储层定量表征。

可以看出，沿河道主流线往边缘方向，裂缝属性逐渐变差，可有效体现前期研究阶段储层的非均质性，且与地质认识一致。该模型为方案研究提供了可靠的物质基础，注采井网充分考虑裂缝展布方向，部署 4 口开发井，预测采收率为 24.2%，与相似油田类比结果较一致，相比不考虑微裂缝时模型预测的 48%可靠性大幅提高。

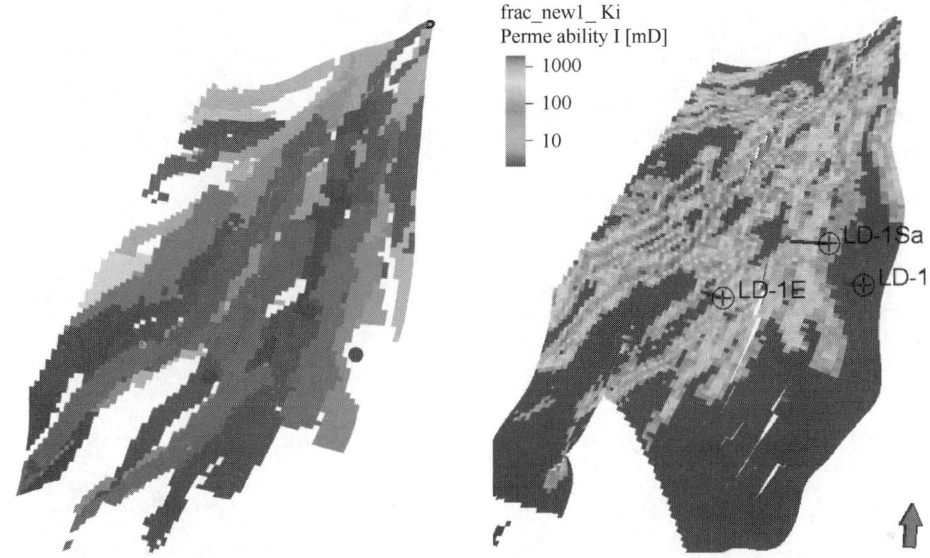

图 9 LD 油田沙二段单期水下分流河道模型(左)及裂缝水平渗透率模型(右)

3 结论

针对不同类型裂缝储层研究难点和表征关键，提出裂缝分带分尺度表征、基质等效表征、基于目标模拟等 3 项不同类型裂缝储层表征技术，克服常规裂缝系统统一表征方法中，渗流差异性被大大弱化的难题；破除潜山内幕表征资料缺乏的桎梏，弥补常规序贯指示模拟不能很好再现模拟目标体形态和规模的缺点，实现了渤海复杂裂缝油气藏不同尺度裂缝、裂缝型内幕以及砂砾岩微裂缝储层的精细表征。

方法成果已应用到渤海 BZ、LD 等油气田，解决了不同类型裂缝储层研究和表征难题，为全球最大变质岩凝析气田、渤海首个砂砾岩油藏方案研究及优化提供坚实保障，表明该裂缝表征技术新颖有效、运用灵活。已指导 BZ 气田 10 余口开发井部署和实施，可为更多相似复杂油气田精细研究提供可靠依据。

参 考 文 献

[1] 周新桂，操成杰，袁嘉音. 储层构造裂缝定量预测与油气渗流规律研究现状和进展[J]. 地球科学进展，2003，18(3)：398-403.

[2] 任双坡. 运用多方法、多尺度表征美国怀俄明州拉勒米地区 Blair Wallis 研究区裂缝性花岗岩储层渗透率[D]. 武汉：中国地质大学(武汉)2018.

[3] 刘敬寿，丁文龙，肖子亢，戴俊生. 储层裂缝综合表征与预测研究进展[J]. 地球物理学进展，2019，34(06)：2283-2300.

[4] 吕文雅，曾联波，刘静，等. 2016. 致密低渗透储层裂缝研究进展[J]. 地质科技情报，35(4)：74-83.

[5] Baytok S，Pranter M J. 2013. Fault and fracture distribution within a tight - gas sandstone reservoir：Mesaverde Group，Mamm CreekField，Piceance Basin，

Colorado, USA[J]. Petroleum Geoscience, 19(3): 203-222.

[6] 叶小明，王鹏飞，霍春亮，等. 海上复杂碎屑岩储层油气藏地质建模关键技术[J]. 中国海上油气, 2018, 30(3): 110-115.

[7] Bin Gong, Junchao Li, Ying Shan. An integrated approach of fractured reservoir modelling based on seismic interpretation and discrete fracture characterization. Paper IPTC 16562 presented at the the International Petroleum Technology Conference held in Beijing, China on March 26-28, 2013.

[8] 徐静，霍春亮，叶小明，等. 基于多尺度融合的巨厚复杂裂缝性储层精细表征[J]. 中国海上油气, 2021, 33(3): 93-99.

[9] 霍春亮，叶小明，高振南，等. 储层内部小尺度构型单元界面等效表征方法[J]. 中国海上油气, 2016, 28(1): 54-59. DOI 10. 11935/j. issn. 1673-1506. 2016. 01. 008.

[10] 叶小明，霍春亮，王鹏飞，等. 基于目标的海上三角洲相油田地质建模[J]. 物探化探计算技术, 2018, 40(3): 404-410.

渤海首个规模化低渗压裂项目关键技术研究与应用

李文忠　李　超　刘文政　王　雨　江远鹏　黄建廷

[中海石油(中国)有限公司天津分公司]

摘　要　渤海B油田是一个已有30多年开发历史的轻质油油田，其主力低渗区块开发层系为古近系沙河街组，渗透率为40mD。油田投产多年来逐渐暴露出注海水导致储层结垢、油井产能低等问题。常规的解堵措施效果较差，只能通过水力压裂技术恢复油井产能。对海上油田的压裂地质油藏方案进行了研究，提出了低渗压裂“甜点”地质油藏一体化预测技术，从地质-油藏-工程的角度出发，识别出最适合压裂的井和层位，从物质基础上保障了压裂的效果；创新海上压裂井产能预测及裂缝参数优化技术，首次提出基于改进嵌入式离散裂缝模型的人工裂缝表征及数值模拟技术，形成海上人工裂缝表征及产能预测方法，大幅提高预测精度。矿场试验实施后，油井含水率稳定，增油量达到设计，取得了较好的效果，对海上油田压裂技术的推广起到了重要的指导作用。

关键词　水力压裂；剩余油；甜点；离散裂缝模型；增产倍数

渤海B油田位于渤海南部海域，属于中低渗轻质油油田。油田于1990年6月投产，其开发主要分为三个阶段。第一阶段，初期稳产阶段：投产初期利用弹性能量开采，两年后转入注海水开发，形成3注6采的开发井网，注水井和采油井管柱均采用长短管的形式。这一阶段平均单井日产油近200m^3/d，采油速度2.6%，含水仅为2.0%～3.0%。第二阶段，产能递减阶段：1995年以后随着生产的进行，含水逐渐上升，油田产量出现递减。随着含水的上升，井筒积液严重，油井开始出现停喷。由于没有接替产量，且油井井况复杂，从而造成产量大幅度下降。这一阶段平均单井日产油70m^3/d，采油速度逐渐下降到0.5%，含水上升至40.0%。第三阶段，综合调整阶段：2014年9月，渤海B油田综合调整方案实施6口采油井，其中5口采油井由于低渗、污染等原因，投产初期产能较低。

经过30余年的生产，油田面临的主要问题是产能低，故障井多等问题。分析认为主要原因是储层渗透率较低，注海水造成的储层伤害和近井地带结垢。为了恢复油井产能，多次进行了酸化、螯合解堵、水力压裂等措施，其中酸化效果较差，第一轮螯合解堵效果好，第二轮螯合解堵效果较差，水力压裂效果最好。为了充分释放油田产能潜力，制定了水力压裂增产，先试验后推广的总体策略。2020～2023年在渤海B油田进行了海上油田水力压裂的研究与实践，对海上油田压裂关键技术进行了研究与应用。

1　地质油藏特征

渤海B油田平面上主力井区为北中块，主要含油层系为沙河街组。沙河街组平均孔隙度12.0%，平均渗透率$40\times10^{-3}\mu m^2$。地层原油具有黏度低、溶解气油比高、地饱压差大等特点，原油黏度为0.348～0.757mPa·s，地饱压差为5.0～10.0MPa，溶解气油比为127～152m^3/m^3，主要油藏类型为构造层状油藏。如图1所示。

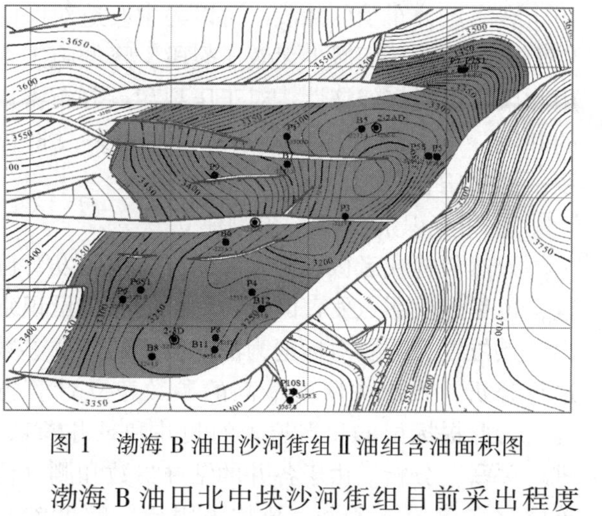

图1　渤海B油田沙河街组Ⅱ油组含油面积图

渤海B油田北中块沙河街组目前采出程度为27.9%，含水74.2%，采油速度0.4%，根据童氏图版的预测，油田剩余可采储量较大。多口油井停产前含水率处于中低含水阶段，数值模拟显示在北中块沙河街组Ⅱ油组剩余可采储量丰度较高，沙河街组Ⅲ、Ⅳ油组剩余可采储量丰度较低。沙河街组Ⅱ油组压裂潜力较大，油井区域依然有大量剩余油富集，如图2所示。

2020至2021年，渤海B油田先后实施了4口压裂试验井，2023年渤海B油田实施了压裂推广项目，共压裂6井次。渤海首次规模化压裂取得了较好的效果，平均单井日增油 $25m^3/d$，压裂后油井含水率稳定。因此对油井进行压裂，解除近井地带污染恢复油田的正常生产具有重要意义。

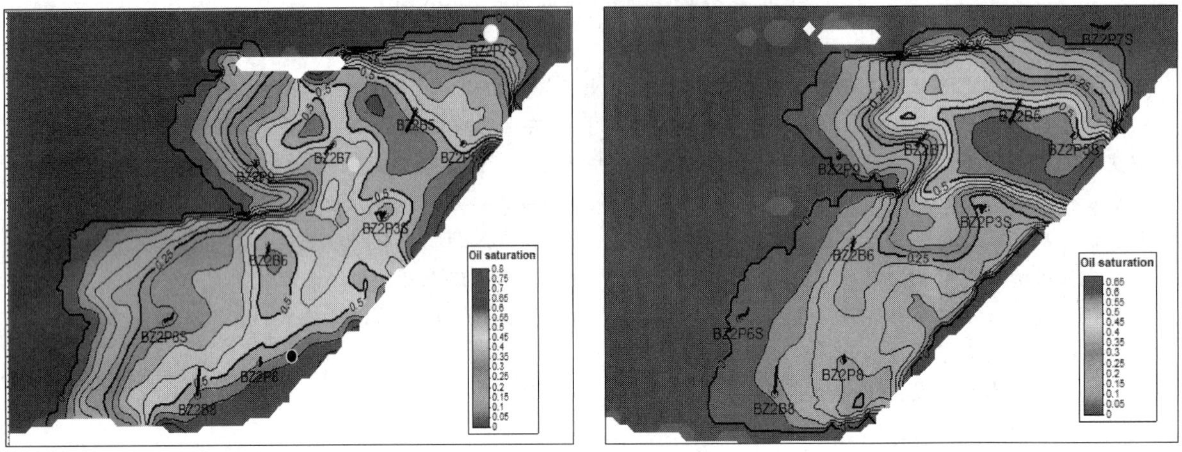

(a)沙河街组Ⅱ油组剩余油丰度图　　(b)沙河街组Ⅲ油组剩余油丰度图

图2　渤海B油田沙河街组剩余油丰度图

2　海上油田压裂关键技术研究

2.1　低渗压裂地质"甜点"预测技术

在压裂时向地层中注入高压流体，地层受到挤压后产生破裂，在此过程中，破裂的位置一般是应力薄弱发育位置，通常伴随着高孔渗优势储层发育区、天然裂缝或者微裂缝发育的位置即所谓的甜点位置。甜点越发育，压裂产能越高。对于压裂甜点分布少的井段，可以集中改造对应的应力薄弱段，从而减少无效压裂段，降低施工费用和风险，提高经济性；对于压裂甜点分布密集的井段，可以细分压裂段数，增加压裂改造体积，提高压裂产能。

① 甜点识别参数 K_{tr} 模型建立

天然裂缝或者微裂缝发育的应力薄弱发育位置，也是地质甜点发育区域，为了能够定量识别出甜点位置，需要对标记为甜点位置的各个参数进行分析，找出关联度最高的参数建立计算方程。为此提标记的甜点位置的测井和录井参数，进行关联度分析。由于各井的钻井参数和测井仪器间存在差异，各个参数均采用异常幅度参与分析。

关联度计算主要是通过数据序列曲线的相似程度来判别各个因素之间的关联程度，关联程度越高，对目标的影响越显著。本次主要选择邓氏关联度分析法计算，它是立足于变量(影响因素)的相关关系的R型分析。通过关联度分析，录井的全烃和钻时对水平段甜点位置的关联度最高，应用这两个参数可以表征甜点识别参数 K_{tr}，并采用试凑法建立了计算式(公式1)。由于不同井的钻井参数不同，在表征甜点时采用背景值之比，消除录井的环境差异，保证计算式的通用性。为了能够找出甜点识别参数 K_{tr} 的截取值和计算式，分别设置钻时和全烃的权重为a、b。由于钻时的异常倍数差异较少，全烃的异常倍数高，为了两个参数处于同一量级均进行取对数处理，且为了保证 K_{tr} 值的范围在0~1之间，进行求取指数。最后的表达式为：

$$K_{tr}=\exp\left[a\cdot\lg\left(\frac{R_{op1}}{R_{op}}-1\right)+b\cdot\lg\left(\frac{T_g}{T_{g1}}-10\right)\right] \tag{1}$$

式中，K_{tr} 为甜点识别参数，无量纲；a，b 为钻时和全烃的分配权重，无量纲；R_{op}、R_{op1} 分别为砂岩段的钻时和邻近非储层段的钻时基线值，min/m；T_g、T_{g1} 分别为砂岩段全烃最大值和邻近非储层段的全烃基线值，%；

由于(1)式中对应的 K_{tr} 值仅为截取值，并非一个特定的参数，因此对应的 a、b 组合方式有多种，限制 $a+b<1$，采用试凑法求解。通过对比

甜点位置和非甜点位置，其截取值为 0.85，即高于 0.85 表示甜点发育，值越大表示甜点发育程度越高(图 3)。

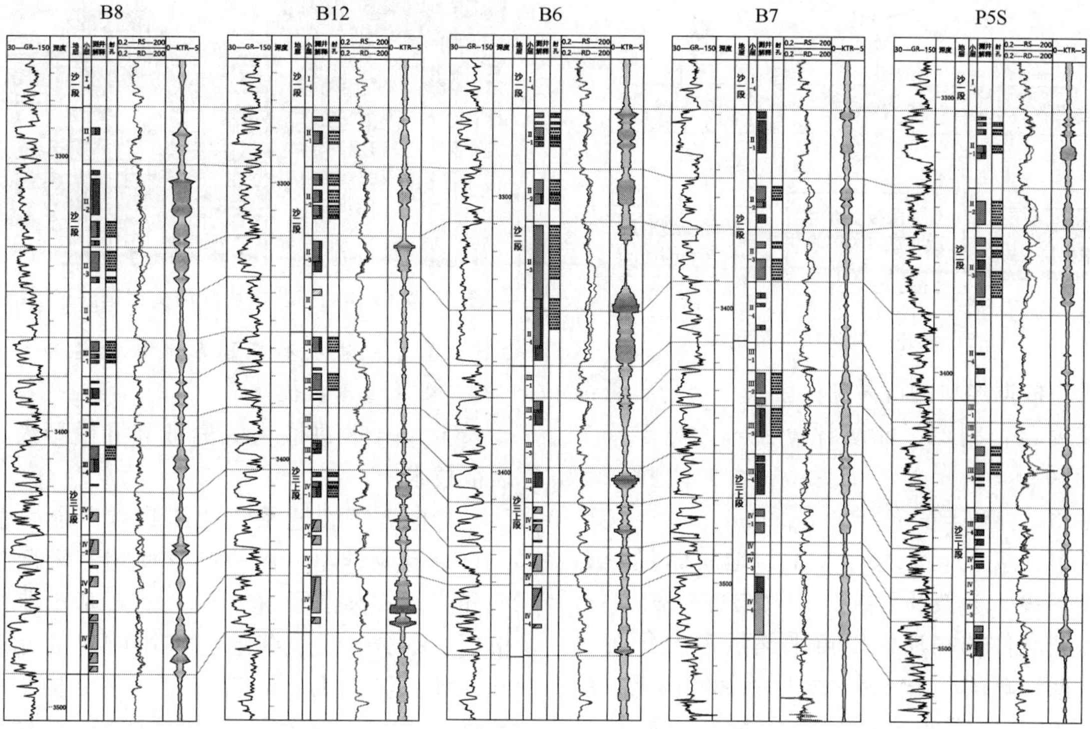

图 3 渤海 B 油田北中块沙河街组 Ktr 解释对比图

② 断裂-裂缝展布预测

首先利用发射系数反演技术和构造导向滤波技术对地震资料进行目标处理，在提升地震资料分辨率的同时，突出地震数据的断裂特征。随后在处理后的地震资料上提取地震相干、曲率、倾角偏差裂缝属性和蚂蚁体属性等多个和断裂相关性较高的属性对断裂-裂缝的展布情况开展大致预测，多种属性对比后发现这些单一属性虽然都能不同程度反映裂缝发育，但都有各自的不足。为了提高裂缝预测的效果，弥补单一属性的缺陷，本次研究将以上几类属性进行筛选，最终优选出曲率属性和蚂蚁体属性，在优化之后的曲率属性上进行蚂蚁体计算，并减小蚂蚁体的追踪步长，计算得到新的融合属性体，新方法计算的融合体属性反映出的裂缝连续性更好，分布规律更加清晰，裂缝预测精度进一步提高，能有效预测断裂-裂缝发育带(图 4)。

综合研究表明，B5 和 B6 井工程甜点发育且位于应力薄弱区，容易形成多个方向的复杂裂缝；B11 井工程甜点段发育程度低且应力薄弱不发育，压裂形成单一裂缝为主，故压裂时增加压裂规模，沟通主要储层。

图 4 渤海 B 油田北中块沙河街组断裂-裂缝发育带预测图

2.2 基于剩余可采储量的油藏甜点评价方法

根据《油、气、水井压裂设计与施工及效果评估方法》SY/T 5289—2008 等标准的要求和行业推荐做法，结合本油田实际情况制定的压裂选层决策树如图 5 所示：

常规选井选层指导原则是定性标准，无法满足海上高效开发对油藏甜点的识别需求。精细地质油藏研究是筛选压裂层的基础，剩余可采储量是选井选层的决定性因素。常规的油藏数值模拟存在更新地质油藏认识时间成本高，灵活性不足

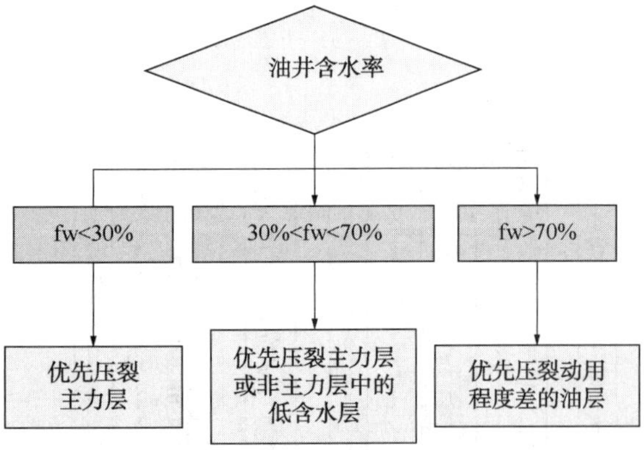

图 5 油井压裂选层决策树

等问题。根据经典的可采储量公式，结合压裂选层主控因素，制定了储层评分公式。对于整个油藏：

$$N_R = N \times E_R = N \times E_D \times E_V \tag{2}$$

式中，N_R为可采储量；N为地质储量；E_R为采收率；E_D为波及系数；E_V为洗油效率。

压裂层位选择应该以可采储量最大化为目标，根据油藏的可采储量公式剔除油藏因素，综合考虑单井因素得到待评价压裂层甜度评分公式：

$$S = \varphi h A (S_o - S_{or}) \times L \times P_D \tag{3}$$

式中，S为储层评分，表征待评价压裂层甜度；φ为待评价压裂层孔隙度；h为待评价压裂层厚度；A为待评价压裂层展布范围；S_o为待评价压裂层目前含油饱和度；S_{or}为残余油饱和度；L为注采连通系数，表征与注水井的连通程度；P_D为无因次压力系数，表征待评价压裂层压力与生产层平均压力的比值。

公式中孔隙度，厚度可以通过测井解释成果直接获取。展布面积可以通过精细油藏描述获取。待评价压裂层目前含油饱和度可以通过油井生产、测试以及油藏数值模拟方法得到。如图 6、图 7 所示。注采连通系数可以通过待评价压裂层与注水井的连通程度，取值在 0~1 之间。

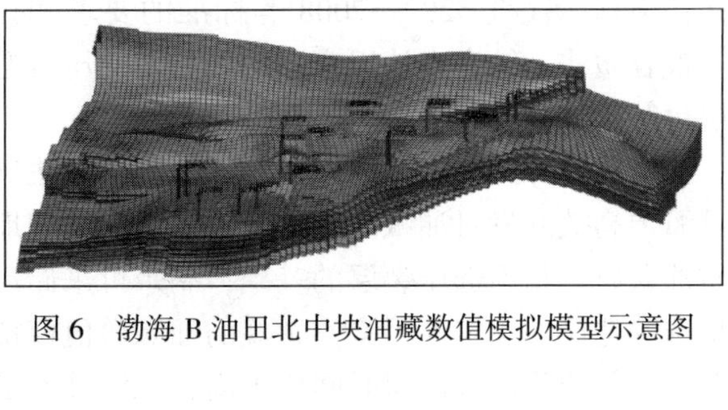

图 6 渤海 B 油田北中块油藏数值模拟模型示意图

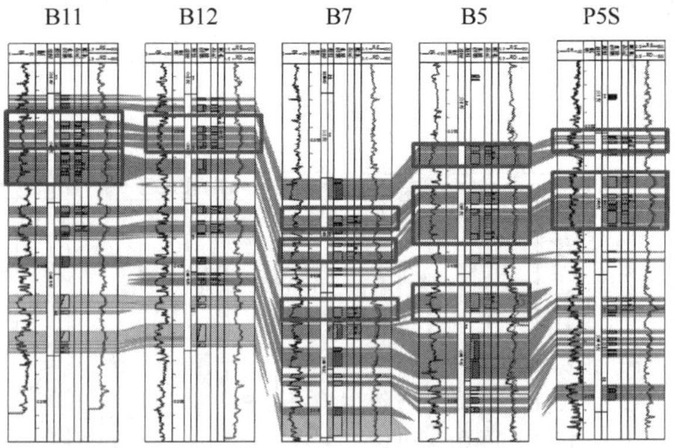

图 7 渤海 B 油田北中块沙河街组选井选层结果图

2.3 基于改进嵌入式离散裂缝模型的产能预测及裂缝参数优化

① 基于改进嵌入式离散裂缝模型人工裂缝表征技术

考虑人工裂缝系统的压裂井产能数值模拟一直是行业难题，目前广泛使用有离散裂缝模型和嵌入式离散裂缝模型。前者基于非结构网格进行划分，受裂缝形态的影响，剖分过程繁琐，计算量庞大；后者直接采用结构化的基质网格，然后将裂缝嵌入到基质网格中作为额外网格，大幅降低了计算复杂度，然而海上压裂目前具有“大井距、短裂缝”特征，基质网格与裂缝半长尺寸相当，导致很难准确描述近井地带复杂渗流过程。

针对上述问题，本文提出一种改进嵌入式裂缝模型(见图 8)，打破基质和裂缝网格依附关系，基质和裂缝单独进行网格剖分，保证裂缝刻画精度，同时降低基质网格划分复杂度。因为基质单独进行网格剖分，因此该方法支持任意角点网格，可以在现有油藏网格模型基础上，通过直接嵌入，实现任意形态(方向、倾角)水力裂缝精确表征。

② 人工裂缝模型

为了考虑裂缝的空间和时间变导流特征，本文采用指数模型和对数模型两种模式来描述压裂后裂缝导流能力在空间上的非均匀分布特征：

$$C_f = \begin{cases} C_{f0} e^{(-aX_{fD})} \\ C_{f0}\left[1 - b\lg(X_{fD}+1)\right] \end{cases} \tag{4}$$

同时，分别通过对裂缝渗透率随压力的衰竭和裂缝宽度随生产时间的闭合两个过程的描述，刻画裂缝导流能力随生产时间延长的衰减过程：

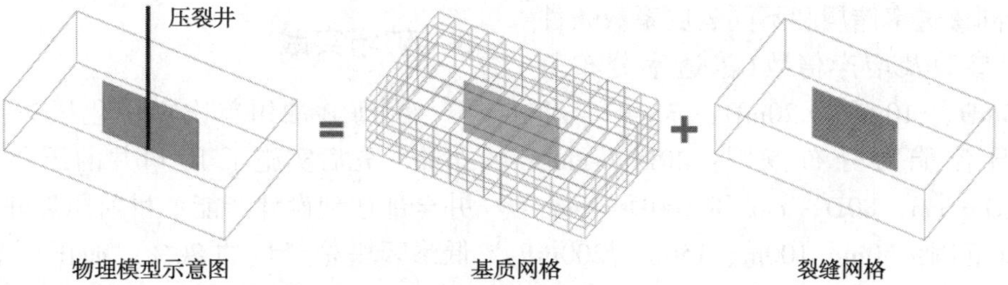

图 8　改进嵌入式离散裂缝模型示意图

$$K_f=K_{f0}e^{-\lambda(p_i-p)} \tag{5}$$

$$w_f=\begin{cases} w_{f0}e^{(-\alpha t)} \\ w_{f0}[1-\beta\lg(t+1)] \end{cases} \tag{6}$$

式中，a、b 等衰减系数均可通过实验得到。

在压裂生产过程中，由于基岩孔隙流体压力高于裂缝内流体压力，二者间的窜流主要为地层流体向水力裂缝中的窜流，采用达西定律描述该过程：

$$q_{mf}=\frac{k_m A_{mf}}{\mu}\frac{p_m-p_f}{d_{mf}}=\frac{k_m A_{mf}}{\mu d_{mf}}(p_m-p_f) \tag{7}$$

式中，A_{mf}表示裂缝单元与基质单元的接触面积，m^2；d_{mf}表示基质单元与裂缝单元的距离，m。

对于改进嵌入式离散裂缝模型，裂缝单元位于基质单元内部，d_{mf}为基质单元和裂缝单元的等效距离，定义为：

$$d_{mf}=-\frac{\int x_n \mathrm{d}V}{V_m} \tag{8}$$

式中，x_n表示基质单元内任意一点到裂缝单元的垂直距离，m。

③ 压裂井产能预测

将上述方法应用至 B 油田 B8 井，考虑储层污染，开展压裂井产能预测与评价研究。根据 B8 井实际施工参数，利用压裂模拟软件(FracProPT)对裂缝生长进行了模拟，并进行表征刻画，如图 9 所示。

表 1 展示了 B8 井在内的部分压裂井产能预测结果，本文所建立的海上人工裂缝表征及数值模拟技术对于压裂井产能预测准确度超 90%，而传统方法预测准确度仅 42%～79%，大幅提高预测精度。

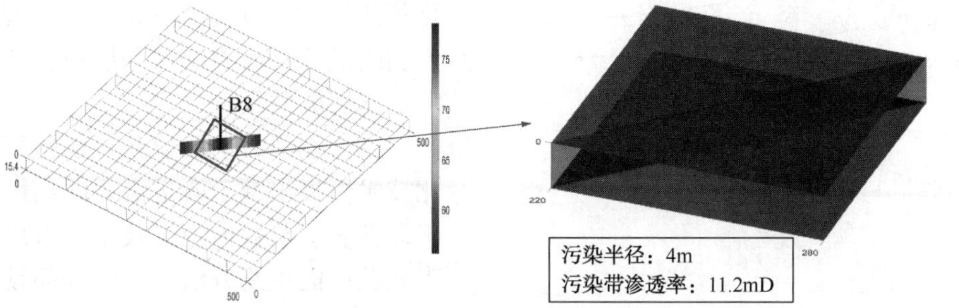

图 9　B8 井压裂模型-导流能力分布

表 1　海上压裂井产能预测——传统方法对比新方法

井号	基质渗透率/mD	裂缝半长/m	导流能力/D·cm	导流能力衰减系数	生产实际			传统方法预测增液倍数						本方法预测			
					压差	产液量	增液倍数	Prats法	准确度	M&S法	准确度	蒋廷学法	准确度	压差	产液量	增液倍数	准确度
B8	67.9	69.4	645	0.05	8.05	237	2.2	2.7	77.3	1.6	72.7	3.5	41.9	10	270	2.1	93.2
P1S	48.6	80	50	0.05	9.65	187	2.1	2.5	79.6	1.5	71.4	3.3	43.9	10	179	2.0	95.2
P8	57.7	100	50	0.05	11.73	75	1.8	2.4	66.7	1.4	77.7	2.8	45.5	10	71	1.6	91.1

④ 压裂井参数优化

如图 10 所示，针对低渗改造和解除污染两种情况下的压裂设计开展了裂缝参数优化研究，研究不同渗透率级别海上低渗油藏人工压裂增产规律，给出不同渗透率储层和不同表皮系数条件下的最优裂缝参数及增产倍数（渗透率分布范围：1mD、5mD、10mD、20mD、35mD 和 50mD；裂缝导流能力分布范围：20D · cm、40D · cm、60D · cm、80D · cm 和 100D · cm；裂缝半长分布范围：50m、100m、150m、200m 和 250m；污染表皮系数分布范围：10、20 和 30）。

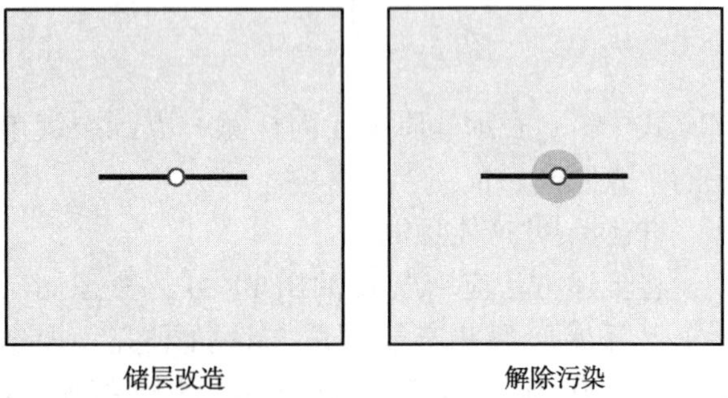

图 10 机理模型示意图

开展不同参数下的压裂生产模拟，绘制增产倍数响应曲面，通过对响应曲面做导数分解，获取最佳人工裂缝地质油藏设计参数，绘制了海上低渗油藏压裂地质油藏设计裂缝参数优化图版如图 11 所示。

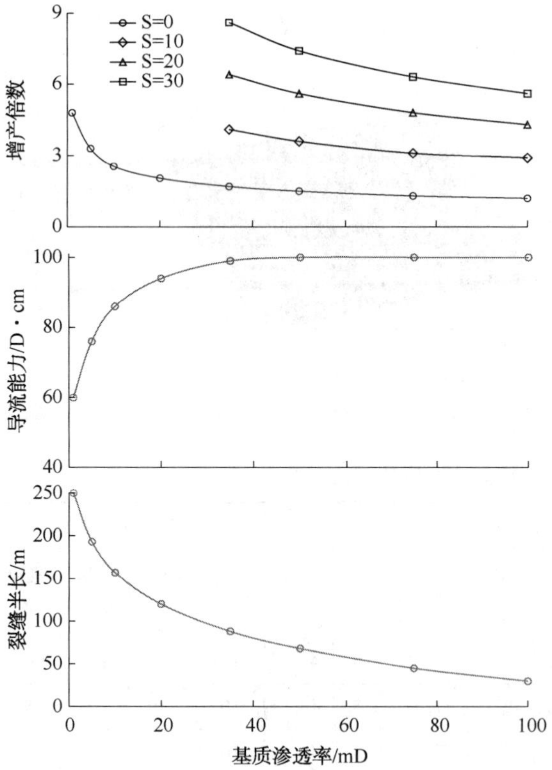

图 11 海上低渗油藏压裂地质油藏设计裂缝参数优化图版

3 矿场实践

渤海 B 油田首次规模化压裂按照两步走的策略，先后实施了 10 口井的压裂，所有的压裂井全部达到设计产能。目前压裂井产量达到油田低渗区块总产量的 80%，油田压裂井累增油量 15.5×10^4t，效果显著。

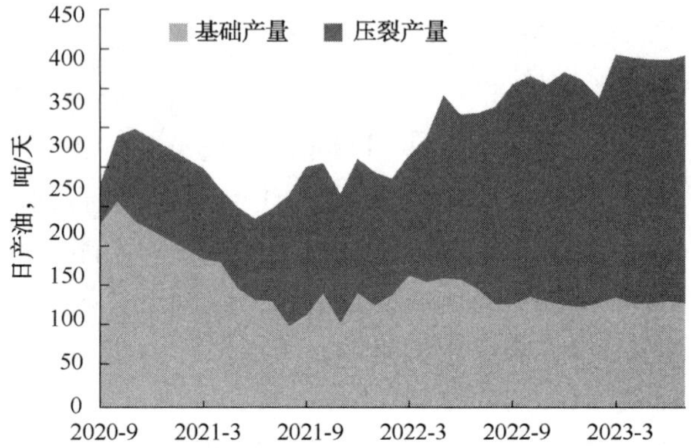

图 12 渤海 B 油田产量构成图

4 结论

（1）渤海 B 油田水力压裂实践表明，地质油藏精细研究是综合调整的基础。针对油田不同油井的特点进行合理的选井选层，可以控制油井含水率并实现较高的增油量。

（2）提出了低渗压裂“甜点”地质油藏一体化预测技术。从地质-油藏-工程的角度出发，识别出最适合压裂的井和层位，从物质基础上保障了压裂的效果。

（3）创新海上压裂井产能预测及裂缝参数优化技术。提出基于改进嵌入式离散裂缝模型的人工裂缝表征及数值模拟技术，形成海上人工裂缝表征及产能预测方法，大幅提高预测精度。

参 考 文 献

[1] 郭太现，王世民，王为民. 埕北油田综合调整实践[J]. 中国海上油气，2005，17(5)：311~315.

[2] 周海燕，王为民，王世民，等. 渤中 34-2/4 油田开发实践与认识[J]. 中国海上油气，2005，17(5)：322~324.

[3] 王传军，赵春明，赵秀娟. 渤海 BZ34 低渗断块油田调整实践及其效果分析[J]. 断块油气田，2011，18(2)：244~247.

[4] 王飞琼. 埕北油田开发特点与认识[J]. 中国海上油气(地质)，2001，15(6)：399~404.

[5] 杨兆中，杨晨曦，李小刚，等. 基于灰色关联的逼

近理想解排序法的煤层气井重复压裂选井——以沁水盆地柿庄南区块为例[J]. 科学技术与工程，2020，20(12)：4680-4686.

[6] 刘子雄，李敬松，黄子俊，等. 利用气测录井全烃评价压裂产能方法研究[J]. 录井工程，2015，26(1)：1-4，84.

[7] 印森林，程乐利，刘子雄，等. 基于测录井曲线的致密砂岩储层产能评价方法[J]. 天然气地球科学，2018，29(11)：1627-1638.

[8] 张庆福，黄朝琴，姚军，等. 多尺度嵌入式离散裂缝模型模拟方法[J]. 计算力学学报，2018，35(4)：507-513.

[9] MOINFAR A，VARAVEI A，SEPEHRNOORI K，et al. Development of a coupled dual continuum and discrete fracture model for the simulation of unconventional reservoirs[R]. SPE 163647-MS，2013.

[10] MOINFAR A，VARAVEI A，SEPEHRNOORI K，et al. Development of an efficient embedded discrete fracture model for 3D compositional reservoir simulation in fractured reservoirs [J]. Society of Petroleum Engineers Journal，2014，19(2)：289-303.

[11] LI X，ZHANG D X. A multi-continuum multiple flow mechanism simulator for unconventional oil and gas recovery[J]. Journal of Natural Gas Science & Engineering，2015，26：652-669.

[12] PALAGI C L，AZIZ K. Modeling vertical and horizontal wells with voronoi grid[J]. SPE Reservoir Engineering，1994，9(1)：15-21.

水平结构弱面影响下页岩油纵向动用程度研究

何 睿 杨 建 陈伟华 陈 艳 刘 飞 曾 冀 吕泽飞 王 洋

(中国石油西南油气田公司工程技术研究院)

摘 要 四川盆地侏罗系页岩油储层普遍发育层理面，水力裂缝与层理面作用规律复杂，可能导致裂缝高度受限等不利的影响。本文采用三维离散格子法建立了含层理页岩油储层压裂三维裂缝扩展模型，该模型可以考虑流固耦合作用以及压裂液在层理面的流动。采用该模型研究了垂向应力、层理内聚力、层理渗透率、排量和压裂液黏度等关键参数对裂缝扩展的影响。采用裂缝穿透系数和垂直裂缝面积系数来评价裂缝穿层理的能力，并利用灰色关联分析(GRA)对各因素对裂缝穿越能力的影响程度进行分析和排序。模拟结果表明，在高垂向应力、高层理面内聚力、低层理面渗透率、高排量和高压裂黏度的条件下，水力裂缝倾向于穿透层理面。由于层理面的存在，水力裂缝的形态更加复杂，裂缝形状呈现出多种形式，典型地包括“I”、“工“以及”“丰”型。当裂缝穿越系数和垂直裂缝面积系数较高时，水力裂缝更有可能直接穿过层理。与其他因素相比，垂向应力对裂缝高度增长的影响最为显著。本文建立的模型为定量分析水力裂缝与层理的交互作用提供了一种有效的方法，研究成果在X1井得到现场应用，裂缝形态预测结果与监测结果吻合度高，通过参数优化达到了预期的增产效果。

关键词 页岩；层理；裂缝扩展；三维离散格子法；流固耦合

四川盆地页岩油资源丰富，具有较大的资源潜力。根据十三五资评结果，四川盆地页岩油资源量为20.93×10^8t。四川盆地侏罗系陆相页岩纵向上岩相复杂，不同岩相对应的岩石力学参数、地应力存在差异，页岩油储层普遍发育厘米-米级互层，层理发育程度差别较大，部分区域层理十分发育(比如平安1井凉高山组)。由于层理的遮挡效应，层理发育页岩油储层压裂改造过程中可能出现裂缝高度受限的情形，导致储层纵向改造程度不充分，降低体积压裂的改造范围。因此揭示含层理页岩油储层的裂缝网络形成机制对提高改造效果至关重要。当水力裂缝遇到层理面时，若水力裂缝穿层能力强，则直接穿过层理面，几乎不受层理影响；若穿层能力弱，则裂缝受到层理阻碍，水力裂缝遇层理面后中止或沿层理扩展。因此，解决水力裂缝缝高限制问题应首先厘清水力裂缝与层理面的相互作用机制。

随着层理发育地层水力压裂技术的开展，学者已逐渐关注层理面对裂缝高度的影响。Xing等用透明材料模拟分层油藏，开展了水力压裂高度限制实验研究。学者们还采用不同的数值方法模拟了层理面对缝高的限制作用。Wang等使用Abaqus建立了三维流固耦合模型模拟水力压裂问题，结果表明当界面的抗剪强度低于临界值时，隔层和目标层之间会发生明显的滑动，并且断裂尖端发生钝化。Tang等基于边界元法模拟水平界面的滑动并分析了界面滑动对缝高增长的影响。Weng和Chuprakov等开发了FracT模型模拟了层状界面的剪切滑移。结果表明，裂缝尖端滑动会导致裂缝钝化，从而阻碍裂缝高度增长。

综上，前人在水力裂缝与层理(岩性弱界面)交互作用问题上已取得了一定的认识，但是也存在一些不足。第一，前人数值模拟方法主要包括有限元、离散元等，以二维模拟和拟三维为主，缺乏准确模拟复杂裂缝扩展的全三维数学模型；第二，前人较少考虑压裂液在层理面的流动效应，没有研究层理渗透性对裂缝扩展的影响。本文采用三维离散格子方法建立了两条层理条件下页岩油储层全三维裂缝扩展模型，模拟了不同地质和工程参数条件下的裂缝扩展几何形态，揭示了含层理页岩油储层裂缝三维扩展规律。并提出了裂缝穿透系数和垂直裂缝面积系数来定量评价裂缝穿越层理的能力，并对各因素对穿越能力的影响程度进行了分析和排序，模拟结果可以在一定程度指导页岩油压裂工程参数优化。

1 数值方法

三维离散格子方法的思想核心包括合成岩体

技术(Synthetic rock mass)和格点理论(Lattice method)，其中合成岩体技术采用离散元颗粒流方法中的粘结颗粒模型(Bonded particle model)来模拟岩石的变形和破坏；格点理论是指对颗粒粘结模型进行简化，采用节点和弹簧分别表示颗粒和接触。格点网络包含若干随机分布的节点，节点之间由弹簧连接(图1)。当弹簧受力超过弹簧强度时，弹簧就会断裂并形成微裂缝。并且，流体单元位于弹簧的中心，通过连接流体单元的管网来模拟流体流动。与传统离散元压裂模型求解相比，三维离散格子法大幅度提高了计算效率，能够直观准确描述水力裂缝的起裂和三维扩展过程。

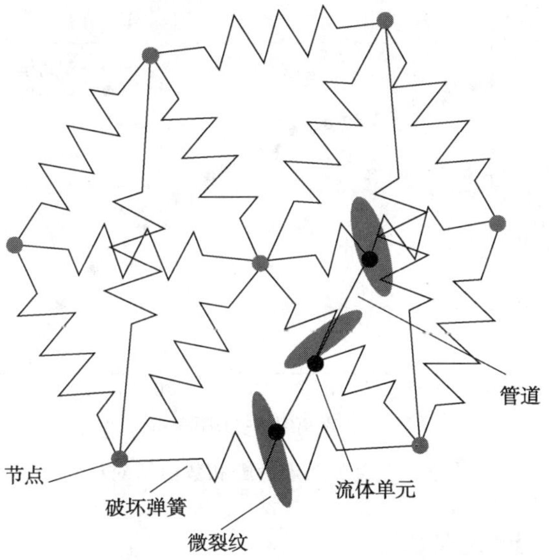

图1 格点网络示意图

1.1 接触本构模型

模型中使用显示差分方法进行求解计算，采用线性动量平衡方程和位移速度关系来计算节点的平动自由度，即：

$$\dot{u}_i^{(t+\Delta t/2)} = \dot{u}_i^{(t-\Delta t/2)} + \sum F_i^{(t)} \Delta t/m \tag{1}$$

$$u_i^{(t+\Delta t)} = u_i^{(t)} + \dot{u}_i^{(t+\Delta t/2)} \Delta t \tag{2}$$

式中，$\dot{u}_i{}^t$、$u_i{}^t$ 分别表示时间 t 时刻 $i(i=1, 2, 3)$ 分量的速度和位移；$\sum F_i^{(t)}$ 表示时间 t 时刻作用在质量为 m 节点处 $i(i=1, 2, 3)$ 分量的合力；Δt 表示时间步长；m 表示质点质量。

i 分量在 t 时刻的角速度 ω_i 由中心差分方程计算：

$$\omega_i^{(t+\Delta t)} = \omega_i^{(t-\Delta t/2)} + \frac{\sum M_i^{(t)}}{I}\Delta t \tag{3}$$

式中，$\sum M_i^{(t)}$ 表示 t 时刻所有分量的合力矩；I 表示转动惯量。

作用于弹簧的应力可通过节点位移进行计算：

$$\Delta F_i^N = \dot{u}_i^N k^N \Delta t \tag{4}$$

$$\Delta F_i^s = \dot{u}_i^s k^s \Delta t \tag{5}$$

式中，ΔF_n、ΔF_i^s 分别表示弹簧的法向应力和切向应力；$\dot{u}_i^N$、$\dot{u}_i^s$ 分别表示节点的法向和切向速度；k^N、k^s 分别表示弹簧的法向刚度和切向刚度。

当作用于弹簧的法向应力大于弹簧的抗拉强度或切向应力大于弹簧剪切强度时，弹簧将会发生断裂，并在相应位置产生微裂纹，此时弹簧作用力变为零。

1.2 流动模型

流体单元之间通过管道相互连接，在新产生的微裂纹处产生新的流动单元，并与已有的流体单元相连接而形成新的管道，管道网络得到更新。采用经典润滑方程来描述流体在管道中的流动。流体从节点 A 到节点 B 沿的管道流量可由下式计算：

$$q = \beta K_r \frac{a^3}{12\mu}\left[p^A - p^B + \rho_w g(z^A - z^B)\right] \tag{6}$$

式中，q 表示节点 A 与节点 B 之间的管道流量；β 表示无量纲修正参数；K_r 表示流体相对渗透率；a 表示裂纹宽度；p^a、p^b 分别表示节点 A 及节点 B 处的流体压力；ρ_w 表示流体密度；g 表示重力加速度；z^a、z^b 分别表示节点 A 及节点 B 的高度。

流体相对渗透率是其饱和度的函数，二者关系可表示为：

$$K_r = S^2(3-2S) \tag{7}$$

式中，S 表示流体饱和度。

在一个流动时间步中，水压增量表示为：

$$\Delta p = \frac{QK_f \Delta t_f}{V} \tag{8}$$

式中，Q 表示所有节点流量之和；K_f 表示流体体积模量；Δt_f 表示流体流动时间步长；V 表示节点处的流体体积。

在三维离散格子理论中，固体变形和流体流动二者是完全耦合的。在一个时间步中，流体压力作用在岩石裂缝表面，并导致岩石变形，使得流体压力更新。一个时间步后，更新后的流体压力导致裂缝宽度，从而改变裂缝渗透率。

1.3 模型验证

采用三维离散格子法建立了尺寸为 50m×50m×50m 的页岩油水力压裂模型，如图 2 所示。在模型中预设了两个水平节理来表示层理面，层理面设置在注入点两侧 25m 的距离处，并且井筒垂直于层理面的井筒。Khrisianovic 和 Zheltov 在 1955 年首次提出了一种二维平面应变条件下的裂缝扩展解析模型。此后，在不考虑压裂液滤失的情况下，Dontsov 开发了一种粘性控制机制条件下三维币状裂缝的快速理论解，裂缝宽度和裂缝半长的计算公式见式(9)至(11)。

$$w=1.1901\left(\frac{\mu'^2Q_0^3t}{E'^2}\right)^{1/9}(1+x/l)^{0.487}(1-x/l)^{2/3} \tag{9}$$

$$l=0.6944\left(\frac{Q_0^3E't^4}{\mu'}\right)^{1/9} \tag{10}$$

$$E'=\frac{E}{1-\nu^2} \qquad \mu'=12\mu \tag{11}$$

式中，w 表示裂缝宽度，l 表示裂缝半长，Q_0 表示压裂液注入速率，t 表示压裂液注入时间，E 表示弹性模量，ν 表示泊松比，μ 表示压裂液黏度，x 表示裂缝某位置与裂缝中心距离。

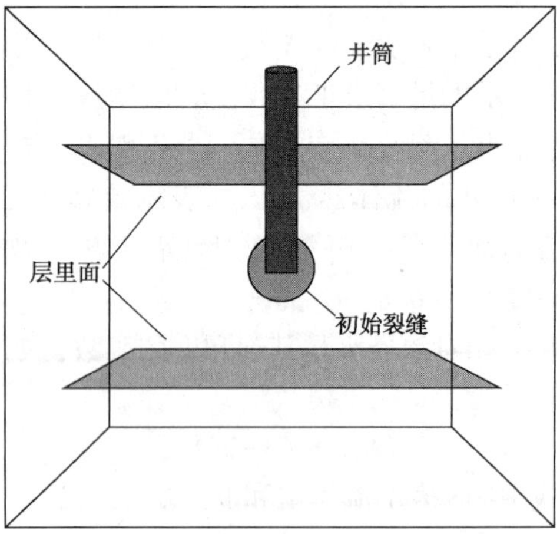

图 2 建立的含层理页岩油裂缝扩展模型

模拟输入参数见表 1，裂缝扩展解析解和数值解对比见图 3。可知数值解能较好的与理论解匹配，验证了三维离散格子法模拟裂缝扩展的准确性。

表 1 模型验证输入参数表

参数类型	单位	取值
压裂液注入速率	m^3/s	0.04
压裂液黏度	mPa·s	10
注入时间	s	60
弹性模量	GPa	40
泊松比	无量纲	0.23
断裂韧性	$MPa\cdot m^{0.5}$	1.0

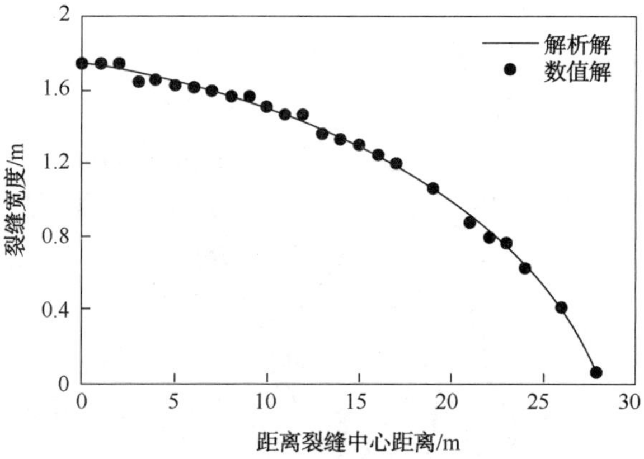

图 3 裂缝扩展理论解和数值解对比

2 输入参数

本文采用三维离散格子法研究了垂向应力、层理内聚力、层理渗透率、排量和压裂液黏度对含层理页岩油储层裂缝扩展形态的影响。通过控制单因素变量，共完成了 11 组算例模拟。每组模拟的输入参数如表 2 所示，其中算例 A 为基础算例，参数来源于四川盆地侏罗系凉高山页岩油储层，储层弹性模量为 42GPa，泊松比为 0.2，断裂韧性为 1.1MPa·$m^{0.5}$，层理抗拉强度为 2.5MPa。

表 2 数值模拟输入参数

算例	地应力$\sigma_H/\sigma_V/\sigma_h$/MPa	层理内聚力/MPa	层理渗透率/mD	排量/(m^3/min)	压裂液黏度/(mPa·s)
A	69/64/59	4	50	4	20
B	69/61/59	4	50	4	20
C	69/67/59	4	50	4	20
D	69/64/59	1	50	4	20
E	69/64/59	7	50	4	20

续表

算例	地应力$\sigma_H/\sigma_V/\sigma_h$/MPa	层理内聚力/MPa	层理渗透率/mD	排量/(m^3/min)	压裂液黏度/(mPa·s)
F	69/64/59	4	5	4	20
G	69/64/59	4	100	4	20
H	69/64/59	4	50	2	20
I	69/64/59	4	50	6	20
J	69/64/59	4	50	4	3
K	69/64/59	4	50	4	200

注：σ_H代表最大水平主应力，σ_h代表最小水平主应力，σ_V代表垂向应力

3 评价方法

本文提出了裂缝穿透系数和垂直裂缝面积系数来定量评价不同地质和工程参数下含层理页岩油储层裂缝沿缝高扩展能力。裂缝穿透系数表示水力裂缝在遇到层理面后继续沿垂直方向扩展的能力。裂缝穿透系数越高，有效缝高越大，水力裂缝穿越层理的能力越强。裂缝穿透系数可由以下方程表示：

$$\eta=\frac{H_f}{H_m} \tag{12}$$

式中，H_f 表示裂缝高度，H_m 表示模型高度。

垂直裂缝面积系数代表裂缝在三维空间的扩展能力，同时考虑了层理面的激活和沟通程度。该参数反映了用于主裂缝扩展的压裂液比例。垂直裂缝面积系数可以由以下方程表示：

$$\beta=\frac{A_m}{A_m+A_b}\times100\% \tag{13}$$

式中，A_m 表示垂直主裂缝面积，A_b 表示被激活层理的面积。

对于页岩油增产改造，层理面对水力裂缝通常具有明显的抑制作用。在这种情况下，裂缝穿透系数和垂直裂缝面积系数越高，就越有利于水力裂缝的垂向扩展。通常情况下，压裂后会形成一个由主裂缝和许多激活层理面组成的复杂裂缝系统形成。

4 模拟结果分析

4.1 裂缝扩展规律研究

基于表2的模拟方案开展研究，不同地质和工程参数条件下的裂缝扩展模拟结果见图4和图5。具体分析如下：

(1) 垂向应力

对比算例A、B、C研究垂向应力对裂缝三维扩展的影响。对于基准算例A，当水力裂缝接近层理面时，部分压裂液滤失进入层理，层理面在一定程度上被激活，形成了“キ”型复杂裂缝。裂缝穿透系数为0.702，垂直裂缝面积系数为75.2%。靠近下部的层理面被激活的面积比靠近上部的层理面大，表明裂缝扩展是不对称的，这可以解释为层理的强度分配采用高斯正态随机分布函数，层理面之间胶结强度并非完全一致。当水力裂缝接近层理时，粘结强度较弱的层理面更有可能首先被打开。与算例A相比，算例B的垂向应力更低，此时流入层理的压裂液更多，裂缝几乎无法直接穿过下部层理，产生“士”型裂缝。裂缝穿透系数为0.627，垂直裂缝面积系数为66.4%。表明在较低的垂向应力条件下，垂向应力对水平层理面的夹持作用较弱，更有利于水力裂缝转向并沿层理扩展，导致缝高增长受限。反之，算例C的垂向应力更大，水力裂缝在遇到层理面时直接穿透，并进一步沿着垂直方向扩展，少量压裂液流入层理，只有井筒附近的极小面积层理面被激活，从而形成相对单一的裂缝形态(“I”型)。裂缝穿透系数为0.758，垂直裂缝面积系数为96.9%。总之，垂向应力越大，垂向应力对水平层理面的夹持作用较强，水力裂缝倾向于沿垂直方向扩展，裂缝高度更大。根据莫尔-库仑准则，随着垂向应力的增加，层理发生剪切破坏的临界应力增加，水力裂缝更有可能穿透层理。

(2) 层理黏聚力

黏聚力是反映层理面力学性能的重要参数之一，主要受充填矿物粘结强度的影响。对比算例A、D、E可以研究黏聚力对裂缝三维扩展的影响。可知当黏聚力只有1MPa时(算例D)，层理

极容易被激活并捕获水力裂缝，产生“工”型裂缝，裂缝沿层理扩展至模型边界附近。裂缝穿透系数为0.5，垂直裂缝面积系数为41.2%。算例E的层理面内聚力更高(7MPa)，水力裂缝直接穿越层理并沿垂直方向扩展。只有极少量的压裂液进入层理面，层理几乎没有被激活，可以观察到一些短分支裂缝。裂缝穿透系数为0.766，垂直裂缝面积系数为92.6%。根据莫尔-库仑准则，随着层理面内聚力的增加，层理面剪切破坏的临界应力增加。因此，剪切破坏更难发生，使水力裂缝更容易穿越层理面。

(3) 层理面渗透率

层理面渗透率影响压裂液在层理的滤失性，从而影响水力裂缝和层理面的交互作用。但是前人在模型中很少考虑层理面的渗透性。对比算例A、F、G可以研究层理面渗透率对裂缝三维扩展的影响。算例F的层理面渗透率较低(5mD)，可见水力裂缝直接穿透层理面，层理面几乎没有激活，表明由于其渗透率极低，几乎没有压裂液进入层理面。裂缝穿透系数为0.785，垂直裂缝面积系数为98.6%。当层理面渗透率较高(200mD)时，水力裂缝完全被层理面捕获并沿着层理面扩展，最终产生了“工”字型裂缝。裂缝穿透系数为0.505，垂直裂缝面积系数为58.2%。总之，层理面的渗透率对水力裂缝和层理交互作用有显著影响。随着层理面渗透率增加，水力裂缝更难穿透层理面，裂缝高度的增长将受到限制。

(4) 排量

对比算例A、H、I可以研究压裂排量对裂缝三维扩展的影响。算例H的排量较低($2m^3/min$)。可以看出，水力裂缝在层理面相遇后被层理面捕获，一部分层理面被激活并打开，最终产生“工”型裂缝。裂缝穿透系数为0.5，垂直裂缝面积系数为62.5%。当排量较高($6m^3/min$)时，水力裂缝可以在穿越层理面的同时，还激活了小面积的层理面，这是由于高排量导致净压力较高，在主裂缝产生了几条分支裂缝，并在模型底部附近分布更多。裂缝穿透系数为0.752，垂直裂缝面积系数为90.3%。结果表明，提高排量能同时提高裂缝高度及宽度，有利于提高储层的纵向利用率。分析认为，增加排量将产生更高的净压力。当裂缝前缘到达层理面时，会在裂缝尖端附近产生更高的诱导拉应力，更容易导致层理面剪切破坏以及基质的裂缝起裂，水力裂缝更有可能穿越层理面。

在设备满足要求的情况下，工程师通常希望提高排量，以改善裂缝几何形状和支撑剂铺置。然而排量过高时，水力裂缝很容易穿越层理面，导致缝高失控。此时，有必要在一定程度上保持排量，并考虑使用其他手段来控制裂缝高度。另一方面，高排量不利于沟通层理面。然而，使用低黏滑溜水会增加压裂液在层理的滤失，促进缝网的生成。因此，工程师通常将排量和压裂液黏度作为一个整体来考虑，以获得最佳的储层改造效果。

(5) 压裂液黏度

对比算例A、J、K可以研究压裂液黏度对裂缝三维扩展的影响。算例J的压裂液黏度较低(3mPa·s)，可见水力裂缝完全被层理面捕获，产生了“工”型裂缝。裂缝穿透系数为0.5，垂直裂缝面积系数为49.3%。当压裂液黏度较高(200mP·s)时，水力裂缝可以直接穿越层理面，层理面几乎没有被激活。水力裂缝在垂向扩展较长距离后停止，黏度压裂液难以滤失进入层理面，导致裂缝形态相对单一。裂缝穿透系数为0.973，垂直裂缝面积系数为95.1%。分析认为，增加压裂液黏度也会增加净压力，促进水力裂缝在垂向上的扩展。

对于压裂施工，建议使用高黏度胶作为压裂液，通过穿透层理面来增加裂缝的纵向沟通距离。此外，采用黏度较低的滑溜水，充分激活层理面，提高水平方向的扩展距离，从而增大裂缝复杂程度，降低原油从基质到裂缝的渗流距离，提高原油产量(图4、图5)。

4.2 主控影响因素分析

前面讨论了各个因素对裂缝扩展的影响，但各种因素对裂缝形态的影响程度尚不清楚。灰色关联分析是一种灰色系统分析方法，是一种基于因素发展趋势的相似或不同程度来衡量因素之间相关性的客观方法，也称为“灰色关联度”。灰色关联分析可用于获得权重，以确定关键影响因素。

根据灰色关联理论，灰色相关系数可以计算如下：

$$\zeta_{0j}(i)=\frac{\Delta_{\min}+\rho\Delta_{\max}}{\Delta_{0j}(i)+\rho\Delta_{\max}} \tag{14}$$

式中，ρ 是分辨率系数，0-1，Δ 是比较序列中样本数据的绝对差。

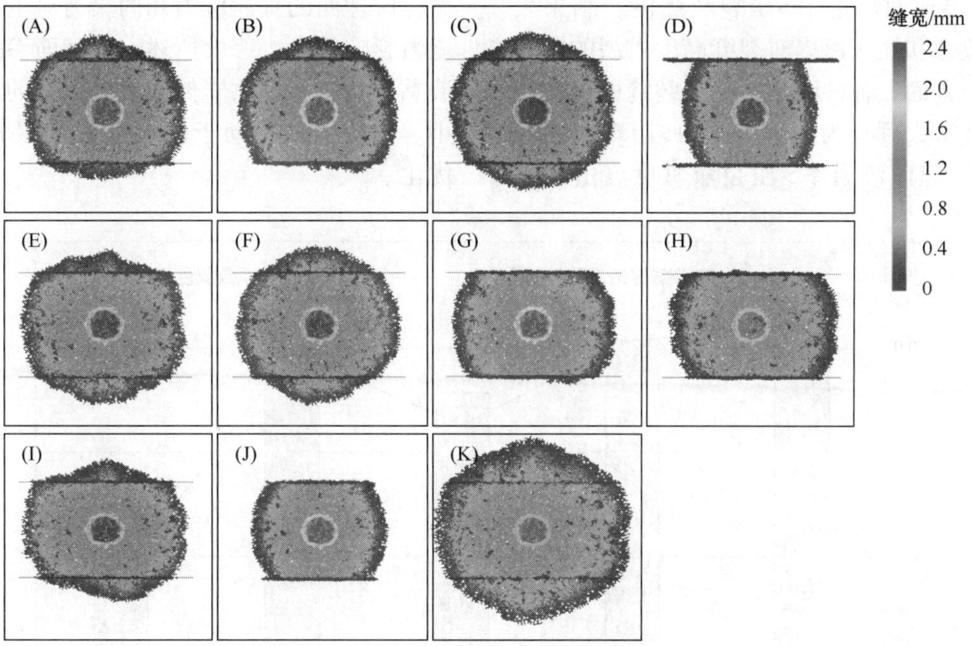

图 4　不同地质和工程参数条件下裂缝扩展形态(侧视图)

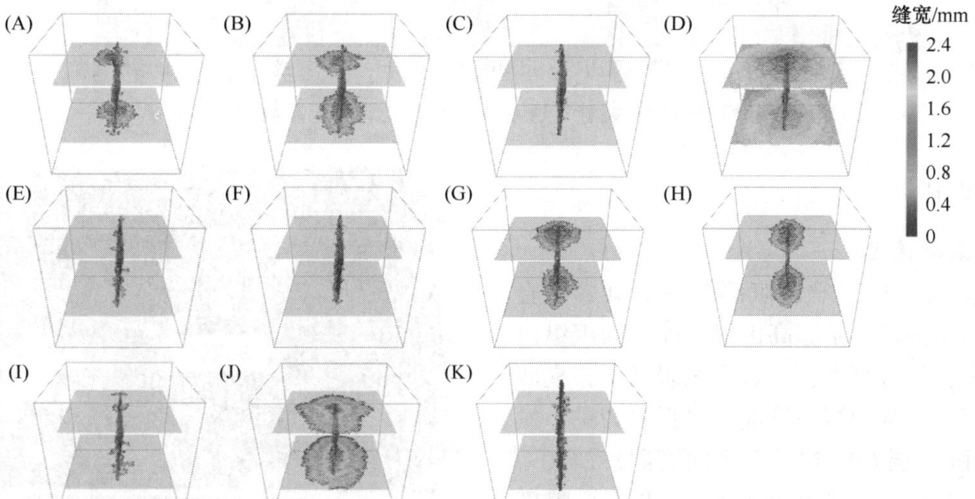

图 5　不同地质和工程参数条件下裂缝扩展形态(三维视图)

然后得到灰度相关系数的矩阵为：

$$(\zeta_{01},\ \cdots\zeta_{0j},\ \cdots\zeta_{0m})=\begin{pmatrix}\zeta_{01}(1) & \cdots & \zeta_{0j}(1) & \cdots & \zeta_{0m}(1)\\ \vdots & & \vdots & & \vdots\\ \zeta_{01}(i) & \cdots & \zeta_{0j}(i) & \cdots & \zeta_{0m}(i)\\ \vdots & & \vdots & & \vdots\\ \zeta_{01}(n) & \cdots & \zeta_{0j}(n) & \cdots & \zeta_{0m}(n)\end{pmatrix}_{n\times m}\quad i=1,\ 2,\ \cdots,\ n;\ j=1,\ 2,\ \cdots,\ m \tag{15}$$

第 j 个阵列与因变量阵列之间的灰色关联度为：

$$\gamma_{0j}=\frac{1}{n}\sum_{i=1}^{n}\zeta_{0j}(i)\quad i=1,\ 2,\ \cdots,\ n;\ j=1,\ 2,\ \cdots,\ m \tag{16}$$

以裂缝穿透系数和垂直裂缝面积系数为目标，采用灰色关联分析方法计算各因素的灰色关联度。灰色关联度越大，各因素对目标的影响就越显著。图 6 可以看出，各因素对裂缝穿透系数的影响程度从大到小为：垂向应力>排量>层理面内聚力>层理面渗透率>压裂液黏度。结果表明，垂向应力和注入速率对裂缝高度扩展的影响较大。另一方面，各种因素对垂直裂缝面积系数的影响程度从大到小为：垂向应力>层理面内聚力>排量>层理面渗透率>压裂液黏度。由此可见，层理面的垂向应力和内聚力对主裂缝的扩展能力影响较大。综上所述，层理面渗透率和压裂液黏度对含层理页岩储层裂缝扩展的影响相对较小。分析结果有助于压裂选井选层和压裂参数优化。

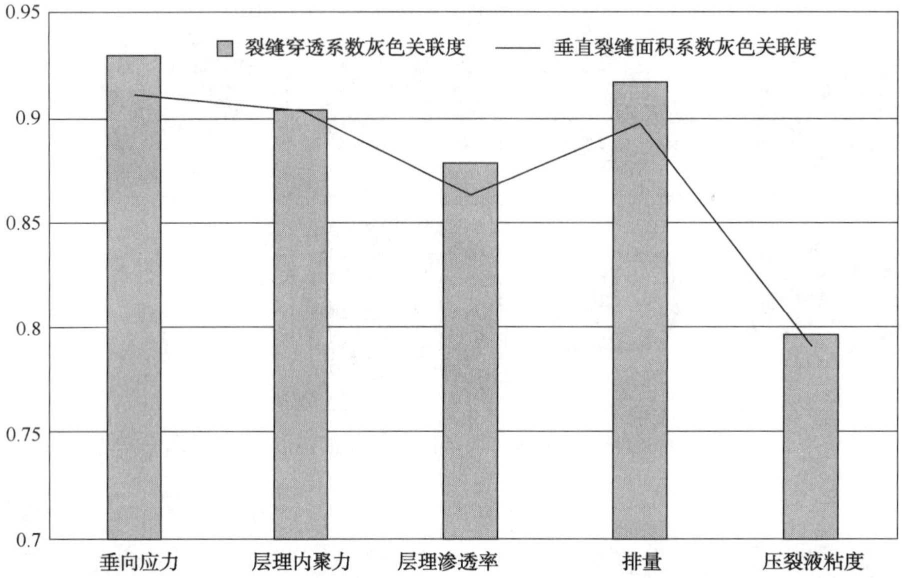

图 6　各影响因素对裂缝穿透系数和垂直裂缝面积系数的影响权重

5　现场应用

5.1　井的基本情况

X1 井是位于四川盆地东部的一口页岩油直井，目标储层为侏罗系凉高山组。凉高山组纵向上岩性复杂，发育页岩、砂岩、泥岩互层，夹薄砂及介壳灰岩。其中第一试油层以页岩为主，发育水平缝和纹层(图 7)。试油段深度 2450～2458m，试油段内储层厚度 6.6m，平均孔隙度 5.43%，渗透率偏低，平均渗透率 0.054mD，S1 平均含量 1.23%。初始储层压力 56.8MPa，属于异常高压储层。储层石英含量为 34.3%，弹性模量为 41.4GPa，泊松比为 0.183，储层岩石普遍呈脆性，有利于复杂缝网形成。

本井地应力剖面解释结果见图 8，最大水平主应力平均为 69.9MPa，最小水平主应力平均为 59.3MPa，垂向应力平均为 62.2MPa，差应力系数介于 0.17～0.18，有利于形成复杂缝网。纵向上垂向应力与最小主应力之间的差异相对较小，介于 2.6～3.0MPa，表明层理容易被激活。此外，层理面的粘结强度与基体的抗拉强度之间的差值为 3.0MPa，二者差异较小，有利于层理面的激活。

图 7　X1 井岩心(2458.90-2459.07m，层理缝发育)

5.2　应用分析

第一试油段页岩段脆性指数较高，水平缝、纹层发育，应力差异值较小。试油段内 2454.6～2457m 处应力值较低，岩性较纯，含油气性较好(TOC 值 1.7%，S1 值 1.3mg/g)，选择在该段单簇射孔。采用“混合”压裂工艺造复杂缝网，先采用低黏度滑溜水激活和打开层理面，以增加裂缝的复杂性，然后采用高黏度聚合物压裂液，促进主裂缝沿高度方向扩展，提升储层纵向动用程度以及支撑剂运移距离。另一方面，采用前置二氧化碳压裂工艺，以促进大量微裂缝的产生，同时增加地层能量并增大返排能力。支撑剂采用

70/140 目、40/70 目和 30/50 目支撑剂组合，以提高裂缝导流能力。

该井压裂施工曲线见图 9。整体施工较为顺利，加砂量和胶液用量与设计相吻合，支撑剂使用 66t，胶液使用 100m^3。由于前置二氧化碳增压、压裂车超压、停泵整改、近井摩阻高等原因，滑溜水比设计用量多 121.4m^3，实际共用 741.4m^3。因液体摩阻高于设计摩阻，实际施工排量低于设计施工排量，为 11.6~13.5m^3/min。从施工曲线看，前置二氧化碳成功弱化岩石强度，显著降低破裂压力，裂缝延伸压力较主压裂低 15.1~26.3MPa。

施工净压力拟合见图 10，图 10(a) 为施工曲线拟合结果，图 10(b) 为拟合裂缝剖面。可见在压裂过程中净压力大幅上涨，表明高黏压裂液和前置二氧化碳增压增能作用显著。拟合裂缝半缝长为 135.4m，缝高为 36.3m，裂缝有效突破了层理限制，达到了改造目的。解释裂缝因子中滤失因子大多为 2.0，显示压裂过程中有多条裂缝滤失，表明主裂缝在一定程度上沟通了层理，提升了裂缝复杂程度。

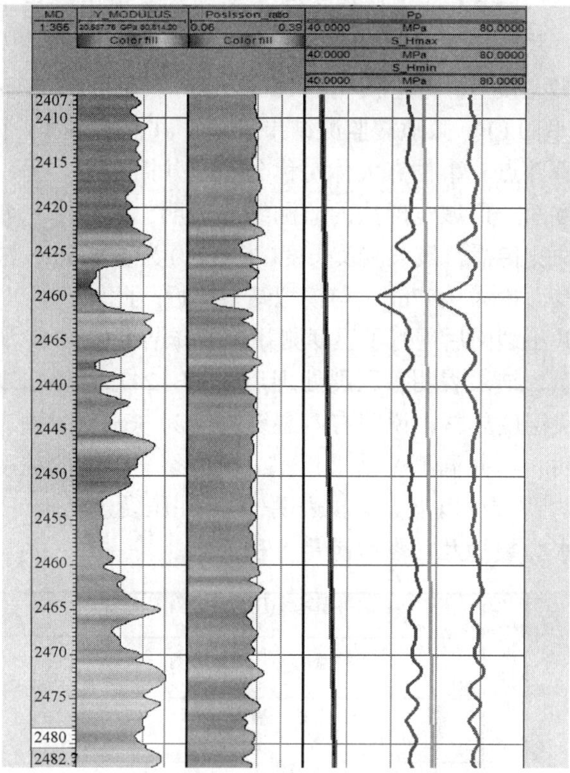

图 8　X1 井地应力解释结果(基于实验标定)

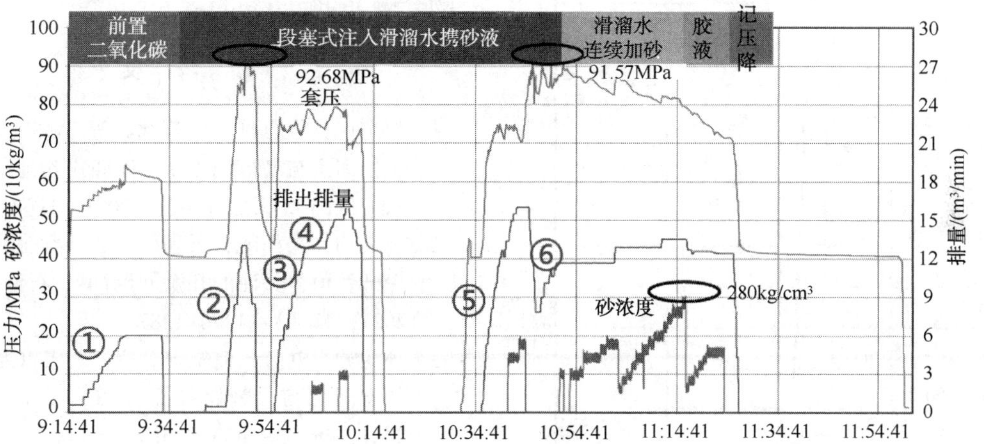

图 9　X1 井第 1 段压裂施工曲线

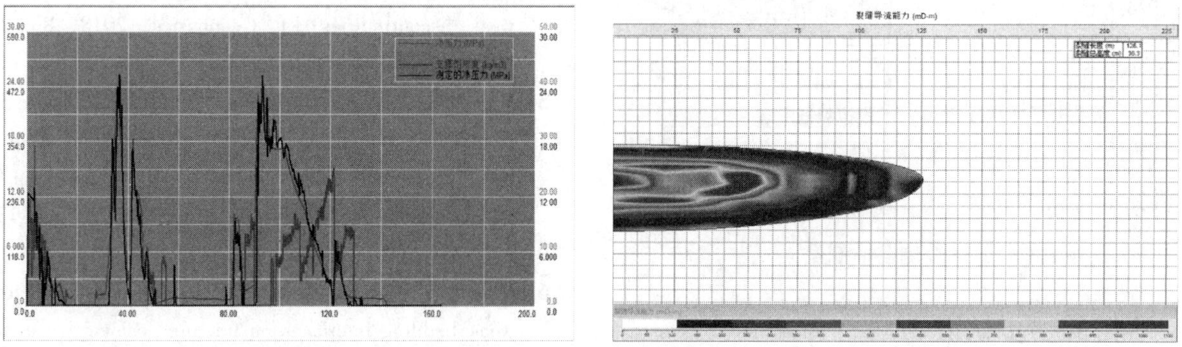

(a)施工曲线拟合

(b)裂缝剖面

图 10　X1 井第 1 段压裂净压力拟合

以X1井为输入参数，采用本文提出的三维离散格子法对裂缝几何形态进行了预测。结果表明，模拟半缝长为126m，模拟缝高为31m（图11）。微地震监测结果表明，共监测到13个事件点，事件点大体对称分布在井筒两侧。另一方面，广域电磁法的监测结果表明，裂缝沿东西两侧传播，最大波及长度(半缝长)为133.8m，波及面积为9827m²，与模拟结果接近。此外，对X1井压裂前后进行了温度测井，解释结果如图11所示。结果表明，压裂处理后2437~2473m处出现负温度异常，说明有效裂缝高度为36m。结果表明，与井温测井结果相比，模拟裂缝高度的精度达到85%以上。分析表明，X1井压裂效果较好，水力裂缝几何参数满足工程要求。

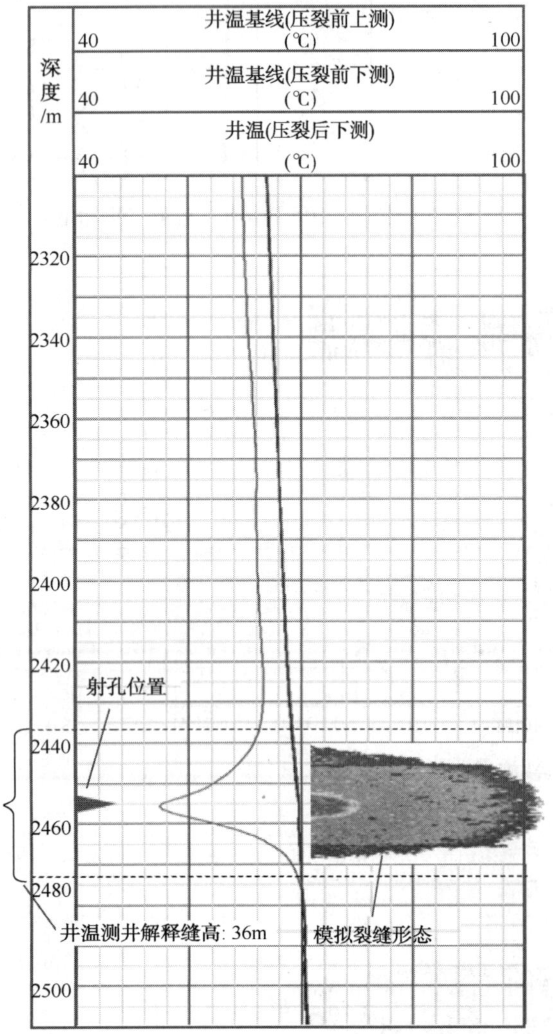

图11　井温测井监测结果

6　取得的初步认识

本文提出采用三维离散格子方法建立了含水平层理页岩油储层压裂模型。基于该模型研究了地质和工程参数对裂缝三维扩展的影响。采用灰色关联分析法对各种因素对裂缝穿透能力的影响程度进行了定量评估。主要结论如下：

（1）水力裂缝和层理相互作用模拟结果表明，在高垂向应力、高层理面黏聚力、低层理面渗透率、高注入速率和高压裂液黏度条件下，水力裂缝倾向于穿透层面。由于层理面的存在，裂缝的三维空间形态更加复杂，裂缝形状呈现出多种形式，主要包括“I”型、“工”型以及”キ”型。

（2）提出采用裂缝穿透系数和垂直扩展裂缝面积系数来定量评价含层理页岩储层裂缝沿缝高方向扩展能力，并对各因素对渗透率的影响程度进行了分析和排序。结果表明，垂向应力对裂缝高度增长的影响最为显著。

（3）根据本文研究结果对X1井的压裂施工参数进行了优化，该井采用“混合+前置二氧化碳”压裂工艺进行改造。施工过程顺利，穿层作用显著，裂缝复杂程度较高。与井温测井结果相比，模拟裂缝高度的精度达到85%以上。模拟结果与净压力拟合、广域电磁法和微地震监测均吻合较好。

参　考　文　献

[1] 胡东风，魏志红，刘若冰，等. 湖相页岩油气富集主控因素与勘探潜力——以四川盆地涪陵地区侏罗系为例[J]. 天然气工业，2021，41(8)：113-120.

[2] 金之钧，朱如凯，梁新平，等. 当前陆相页岩油勘探开发值得关注的几个问题[J]. 石油勘探与开发，2021，48(6)：1276-1287.

[3] 孙龙德，刘合，何文渊，等. 大庆古龙页岩油重大科学问题与研究路径探析[J]. 石油勘探与开发，2021，48(3)：453-463.

[4] Xing P J, Yoshioka K, Adachi J, et al. Laboratory demonstration of hydraulic fracture height growth across weak discontinuities[J]. Geophysics, 2018, 83(2): 1-36.

[5] Wang H, Liu H, Wu H A, et al. A 3D numerical model for studying the effect of interface shear failure on hydraulic fracture height containment[J]. Journal of Petroleum Science and Engineering, 2015, 133: 280-284.

[6] Tang J Z, Wu K, Zeng B, et al. Investigate effects of weak bedding interfaces on fracture geometry in unconventional reservoirs[J]. Journal of Petroleum Science and Engineering, 2018, 165: 992-1009.

[7] Weng X W, Chuprakov D, Kresse O, et al. Hydraulic fracture-height containment by permeable weak bedding interfaces[J]. Geophysics, 2018, 83(3): 137-152.

[8] Chuprakov D A, Prioul R. Hydraulic fracture height containment by weak horizontal interfaces[C]// SPE Hydraulic Fracturing Technology Conference: Society of Petroleum Engineers, 2015.

[9] Damjanac B, Detournay C, Cundall P A. Application of particle and lattice codes to simulation of hydraulic fracturing[J]. Computational Particle Mechanics, 2016, 3(2): 249-261.

[10] Potyondy D O, Cundall P A. A bonded-particle model for rock[J]. International Journal of Rock Mechanics and Mining Sciences, 2004, 41(8): 1329-1364.

[11] Damjanac B, Cundall P A. Application of distinct element methods to simulation of hydraulic fracturing in naturally fractured reservoirs[J]. Computers and Geotechnics, 2016, 71: 283-294.

[12] Batchlor G K. An introduction to fluid dynamics[M]. Cambridge: Cambridge University Press, 1967.

[13] Khristianovic S, Zheltov Y. Formation of vertical fractures by means of highly viscous fluids[C]. Presented at 4th World Petroleum Congress, Rome, Italy, June 1955.

[14] Dontsov E V. An approximate solution for a plane strain hydraulic fracture that accounts for fracture toughness, fluid viscosity, and leak-off[J]. International Journal of Fracture, 2017, 205: 221-237.

[15] Yang Z Z, He R, Chen J L, et al. A hybrid model for selecting horizontal candidate wells for re-fracturing of tight oil reservoirs—A case study in the Baikouquan Formation, North Mahu Oil Field, Western China[C]// Presented at the SPE Russian Petroleum Technology Conference, Moscow, Russia, 22 - 24 October, 2019. SPE-196975.

英雄岭高碳酸盐岩、高应力页岩油储层改造对策与实践

万有余[1] 程长坤[1] 林 海[1] 申颖浩[1,2] 谢贵琪[1] 赵文凯[1]

[1. 青海油田公司钻采工艺研究院；2. 中国石油大学(北京)非常规研究院]

摘 要 柴达木盆地有着丰富的非常规油气资源，近期英雄岭页岩油取得重要突破，拉开了我国首个高原页岩油效益开发的序幕。但由于柴达木盆地受到强改造和抬升作用，其地质-工程条件复杂，英雄岭页岩油的勘探及开发面临较大的挑战性。本文通过系统的评价与分析，明确英雄岭页岩油具有“巨厚多箱体、高应力、强非均质性、高灰云质、高频旋回”等独特的地质工程特征，基于地质与工程一体化的研究手段，结合岩石力学压缩CT扫描、高灰云岩渗析等实验评价手段，提出了英雄岭页岩油体积压裂以“三段式施工主动裂缝控制、冻胶滑溜水逆复合及高排量施工工艺、极限射流提高裂缝开启程度、组合支撑剂及中粘滑溜水连续加砂强化支撑、闷井及控压生产保持裂缝长期有效”等对策，现场效果表明，冻胶及高排量可以突破纹层提升纵向上穿透能力，低黏滑溜水激活层理弱面提高改造体积，体积改造效果显著；复合支撑剂及连续加砂使得裂缝系统的导流能力强，实现长期的稳产；压后闷井提高高灰云质储层渗析置换效果；控压生产确保压后渗流特征稳定及裂缝的长期有效，避免因排液过快而产生分支缝失效及“应力敏感”导致的负面效应。结论认为，高碳酸盐岩含量、高应力地层的改造对策制定合理、针对性强，对该区页岩油高效评价及开发具有较强指导意义。

关键词 柴达木盆地；页岩油；体积压裂；高碳酸盐含量；高应力

柴达木盆地页岩油资源丰富，地质资源量为 21×10^8t，具有广阔的勘探开发前景。其中英雄岭页岩油已落实有利面积 $42km^2$，预测石油地质储量超3亿吨，已完成测试的11口井均获高产工业油流，日产油 $5.4\sim113m^3$。但由于地处高原，不仅高海拔缺氧、气候寒冷且干旱缺水、地面条件复杂。盆地在经历了喜马拉雅期较强的地质改造，强的挤压和提升作用使得英雄岭页岩油地质构造复杂，使得页岩油的勘探开发难度加大。目前体积改造是实现页岩油高效动用和开发的关键手段，深入认识英雄岭页岩油的地质工程特征，采取针对性的体积改造对策在英雄岭的勘探评价阶段具有重要的意义。笔者立足分析柴达木古近系下干柴沟组上段页岩油藏，从非常规体积压裂的角度，重点分析英雄岭页岩油地质特征，建立了高效体积压裂改造思路方法和技术对策，以期实现柴达木盆地页岩油藏规模勘探与效果开发提供技术支持。

1 英雄岭构造带区域地质背景

柴达木盆地位于青藏高原北部，被昆仑山、祁连山和阿尔金山环抱，海拔在 $2800\sim3600$m，平均海拔为2950m，沉积岩分布面积为 $9.6\times10^4km^2$，是中国陆上七大含油气盆地之一。自古生代以来，柴达木盆地经历了海西期台缘裂陷、燕山期断陷-坳陷复合、早喜马拉雅期挤压坳陷、晚喜马拉雅期挤压隆升4期演化。受新生代青藏高原隆升影响，形成现今构造复杂的叠加改造型山间盆地。

英雄岭构造带经历了“早期凹陷、晚期隆起”的演化过程，发育柴达木盆地古近系最优质的烃源岩系统，沉积环境为半深湖—深湖亚相；构造带在沉积期整体表现为咸化湖盆，水体盐度较大；沉积物的镜质体反射率(Ro)主体大于0.8%，沉积厚度达 $1000\sim2000$m，面积为 $1500km^2$。下干柴沟组上段在纵向上划分为23个箱体，其中，准层序4—6、11—16和19—21的累积厚度近600m，构成了英雄岭构造带最优的上、中、下3套一类“甜点”集中段。

2 英雄岭页岩油地质及工程特征

2.1 巨厚多箱体

根据区域沉积特征，结合地面地质调查及邻井钻探、地震资料分析，英雄岭页岩油主要分布

在Ⅳ~Ⅵ油组，厚1000~1300m。依据高分辨率层序地层学频谱趋势分析结果，E32可进一步划分出12个准层序组(四级层序)，32个准层序(五级层序)，其中Ⅳ~Ⅵ油组页岩层系包括23个准层序，即23个箱体，进一步可划分为44个小层(其中Ⅳ油组14个小层，Ⅴ油组19个小层，Ⅵ油组11个小层)。

2.2 高应力

通过压裂施工统计，页岩油破裂压力梯度0.0226~0.0295MPa/m，平均0.0269MPa/m，地面施工压力72~89MPa，通过室内地应力测试实验，利用声发射仪记录加载过程中声发射事件数量，通过声发射时间突变点对应的应力值来确定岩心历史承受的最大载荷，即地应力值。测试得水平主应力差12~18MPa。分析表明该区页岩油岩石整体表现为高应力、高施工压力特性。

2.3 强非均质性

利用地震反演成果，对英雄岭页岩油上、中、下三个甜点段进行预测。反演结果表明，上、中、下三个甜点段有机碳含量、孔隙度及脆性指数相对较高，且横向分布稳定。干柴沟页岩油储层孔隙度、有机碳含量、基质脆性在平面上优质储集体大面积分布，但非均质性比较强、甜点段变化快。

2.4 高灰云质

英雄岭页岩油的岩性以纹层状灰云/云灰岩和层状灰云/云灰岩为主，灰质含量高，储层亲水，对闷井油水渗吸置换有利。储层黏土矿物21%(伊利石占80%)。

高灰云质含量有以下三个特征：(1)岩石易发生脆性破坏，具有形成复杂缝网的能力，如图所示，其破裂特征是没有明显变形，在应力达到其强度限制时迅速破裂；(2)岩石的强度高，压裂的难度提升；(3)压裂液与岩石相互作用后，原油容易析出。如图1所示。

利用岩石压缩实验、物模实验和微观破裂监测实验，评价不同岩相的裂缝扩展规律，初步研究表明，纹层状灰云岩和层状灰云岩均易形成复杂缝，其中纹层状的强度更低、破裂形成的裂缝更加复杂，纹层对裂缝形态的控制作用显著，裂缝的纵向延伸难度较大。

渗吸实验表明，不同岩相均具有渗吸特征，其中纹层状灰云岩渗吸强度高于层状灰云岩，低矿化度加表面活性剂的液体更容易与地层发生渗吸(图2)。

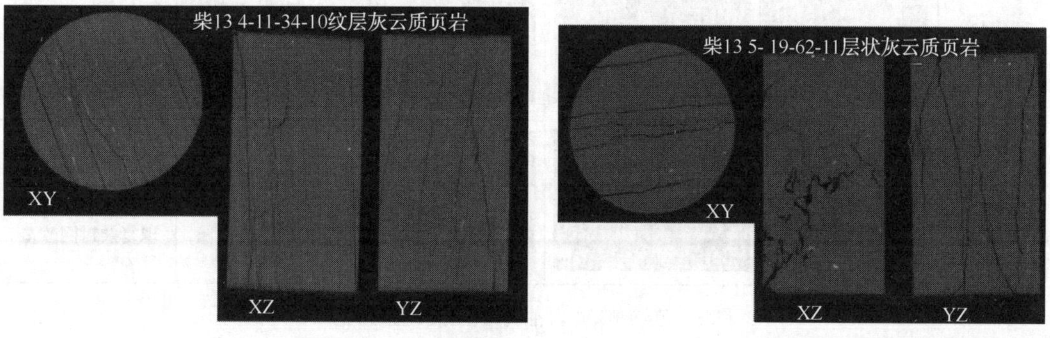

图1 不同岩相的微观破裂实验

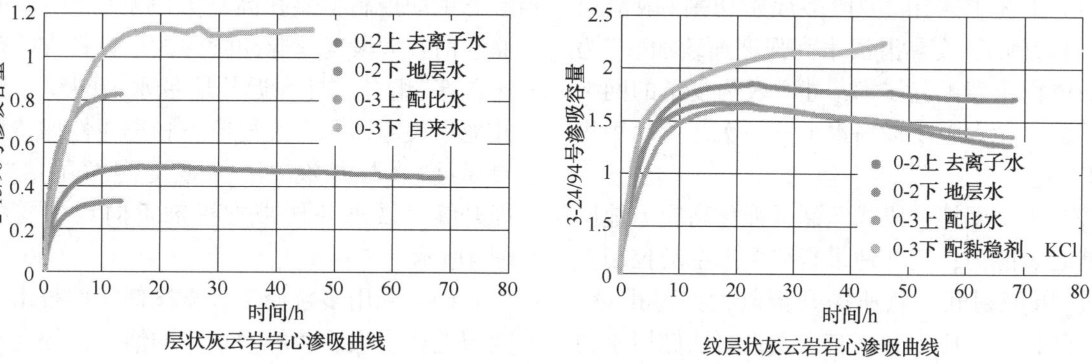

图2 英雄岭页岩油不同岩相渗析实验

2.5 高频旋回

基于层序地层学理论，逐级构建等时格架，明确英雄岭页岩油 $E_3{}^2$ 为一个完整层序（三级层序）组成。依据高分辨率层序地层学频谱趋势分析结果，$E_3{}^2$ 可进一步划分出 12 个准层序组（四级层序），32 个准层序（五级层序），其中Ⅳ～Ⅵ油组页岩层系包括 23 个准层序，层理/纹层发育，层间差异大，裂缝下纵向延伸过程中，容易受到层理和纹层的影响而发生偏折，裂缝纵向上、横向上改造受限。

2.6 高孔压

英雄岭页岩油压力系数 1.8～1.9，属于异常高压。上甜点埋深 2750～3100m，压力为 53～57MPa；中甜点埋深 3200～3600m，压力为 60～63MPa。压力系数 1.88～1.96。

2.7 低黏油

地下原油密度 $0.71g/cm^3$，原油黏度 0.50mPa · s；地面原油密度为 $0.81 \sim 0.85t/m^3$，平均 $0.83t/m^3$；黏度 4.76～12.1mPa · s，平均为 8.49mPa · s；含蜡量 4.05～6.15%，平均 4.71%，属于轻质低黏原油。气油比介于 89～$385m^3/m$ 之间，整体表现为低黏度。

2.8 小结

根据英雄岭页岩油的地质工程特征，其纵向含油井段长、箱体多，非均质性强，因此需要树立多箱体储量立体开发理念及方法，而该区块高应力高孔压低黏油的特征也对施工设备和施工工艺提出了高的要求。

3 英雄岭页岩油体积压裂改造对策

3.1 页岩油体积改造思路

通过天然岩心岩石力学实验，明确层理/纹层发育储层增大有效改造体积的关键是克服层理剪切滑移；同时，结合受地应力约束水平应力差大储层易形成长缝的认识，明确了不同储层改造方式。针对纹层状页岩油采用“冻胶+滑溜水”的逆复合压裂理念，冻胶突破层理、滑溜水提高复杂程度；针对层状页岩油：脆性矿物高、裂缝受层理影响小，采用全程滑溜水最大程度提高改造复杂程度（图 3）。

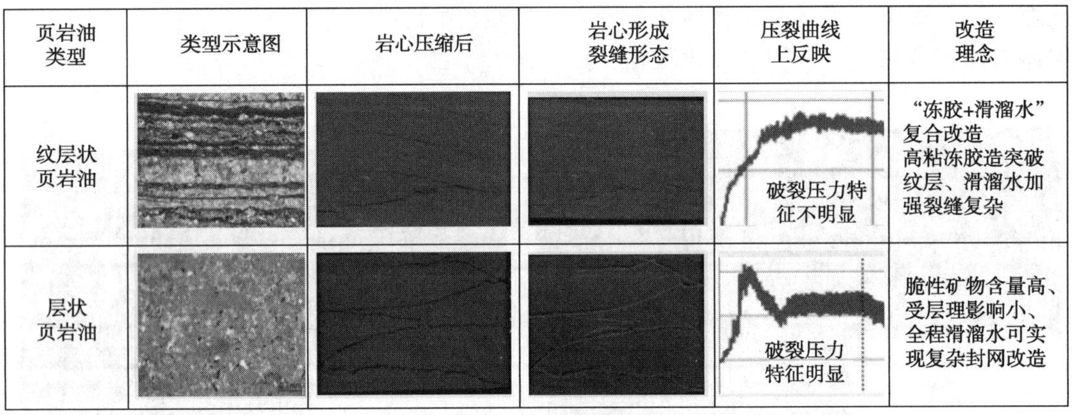

图 3 英雄岭页岩油体积压裂改造理念

3.2 体积压裂改造对策

（1）工艺上采用“多段多簇密切割+限流射孔+大排量施工+变黏滑溜水高强度连续加砂”为核心的体积压裂工艺技术，建立较为复杂的网络裂缝系统，最大限度提高水平井一次开发动用程度及 EUR。

（2）采用坚持三段式压裂，强化高应力地层的裂缝起裂能力；近井地带裂缝形态主动控制主要通过“限流射孔、急速提升至最大许可排量”组合，强化在高应力和高灰云质页岩油储层水力裂缝起裂能力；使用“定向射孔、高排量和高黏前置大段塞”组合提升纵向穿层能力；远场裂缝形态主动控制主要在高黏大段塞后“尾追低黏滑溜水前置大段塞、脉冲阶梯式小粒径支撑剂低砂比砂塞”组合，打磨近井地带水力裂缝、扩大远井地带裂缝体积；裂缝形态和连通性保持控制主要通过“多粒径混合、高强度陶粒尾追”组合，提升缝口及近井地带支撑剂垂向均匀支撑。如图 4所示。

（3）采用多粒径组合支撑剂支撑技术，根据微裂缝体量大、接触面积大的情况，提高小粒径支撑剂的比例，同时结合闭合压力高的特征，尾追高强度陶粒，确保原油流动主通道导流能力及流动性。

（4）采用等孔径+极限限流射孔工艺，实现孔眼均匀、裂缝均衡起裂的目标，尽可能避免形成超级炮眼，提高压裂改造均匀性和改造效果。

（5）压后闷井给予高灰云质储层充分渗析置换；控压生产确保压后渗流特征稳定，避免因排液过快而产生分支缝“包饺子”及“应力敏感”而导致的负面效应。

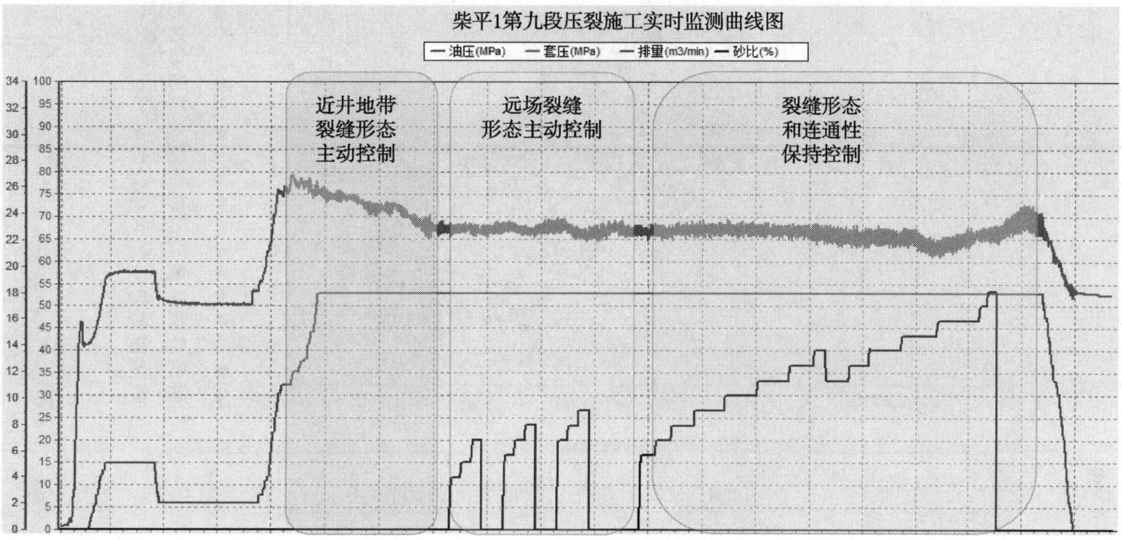

图 4　三段式压裂示意图

4　现场应用及效果评价

4.1　现场应用情况

在英雄岭页岩油上甜点 5 箱体部署 CP1 井和 CP3 井，中甜点 14 箱体和 15 箱体部署 CP2 井和 CP4 井。4 口水平井总进尺 16569.33m，平均水平段长 1018m，水平段平均储层钻遇率 84% 以上。

CP1 井目的层为上甜点 5 箱体，靶层主要为层状灰云岩与纹层状灰云岩的组合，围岩主要为纹层。黏土质页岩与纹层状灰云岩组合。水平段长 997.3m，全烃显示 3%~8%，S1 为 2~4mg/g，解释一类层 771m，二类层 125.3m，三类层 101m，一二类层钻遇率 93%。2021 年 10 月 11 日分 21 段 124 簇压裂，施工排量 $18m^3/min$，总液量 $34677m^3$，总砂量 $3301m^3$，平均破裂压力 74.2MPa。

CP4 井目的层为中甜点 15 箱体，靶层主要为层状灰云岩，围岩主要为纹层黏土质页岩与纹层状灰云岩组合。水平段长 1008m，岩屑见荧光 964m，S1 平均 2.87%，S2 平均 8.21%，解释一类层 407m/6 层，二类层 248m/31 层，甜点钻遇率 96.9%。2022 年 7 月 1 日对水平段分 20 段 117 簇压裂，施工排量 $18m^3/min$，总液量 $38445.8m^3$，总砂量 $3509m^3$，平均破裂压力 87.02MPa。

4.2　效果评价

本文主要选取上甜点 CP1 和中甜点 CP4 为案例进行详细分析。

4.2.1　CP1 体积压裂评价

（1）井下微地震监测

为评价英雄岭页岩油水平体积压裂人工裂缝长度、高度、裂缝复杂程度、裂缝波及体积等参数，在 CP1 井压裂施工时，采用井下微地震方式进行压裂监测，监测结果如图 5 所示。

CP1 井微地震监测，人工裂缝方位北东-南西向，缝长 438m，缝高 58m，裂缝复杂因子 0.39，总改造体积 $2322\times10^4m^3$，控制地质储量 35×10^4t。

（2）生产效果

上甜点 CP1 井焖井 18 天，焖井第 2 天见油，压力由 35Mpa 下降至 33Mpa，氯根为 118130mg/L。投产初期 2~4mm 油嘴进行产能试井，4mm 油嘴，最高日产液 $170.8m^3$，含水 33%，日产油 93t，日产气 $1.6\times10^4m^3$；目前 3mm 油嘴，油压 7.5Mpa，日产液 $80m^3$，含水

76%，日产油 16t；累计产液 34332m³，累计产油 11021t，累计产气 158×10⁴m³，返排率 68.48%（图 6）。

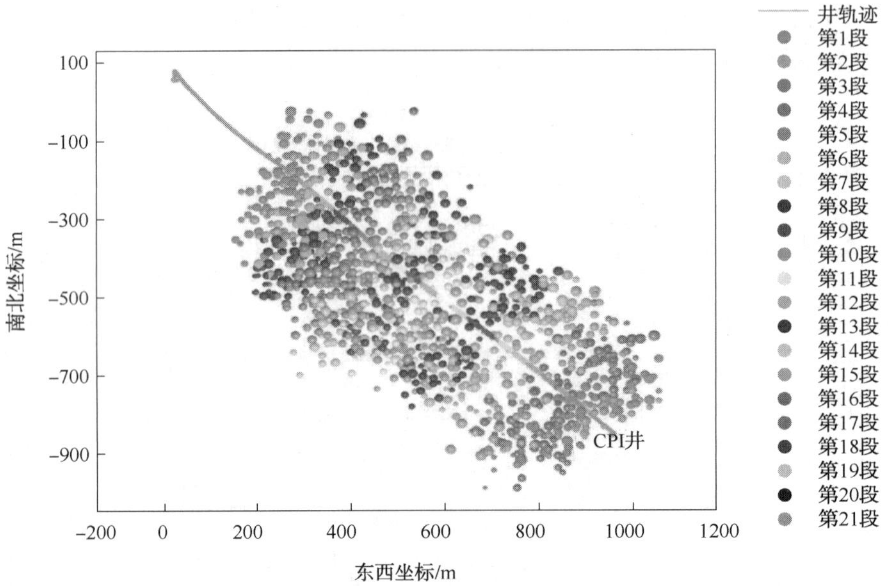

图 5　CP1 井井下微地震俯视图

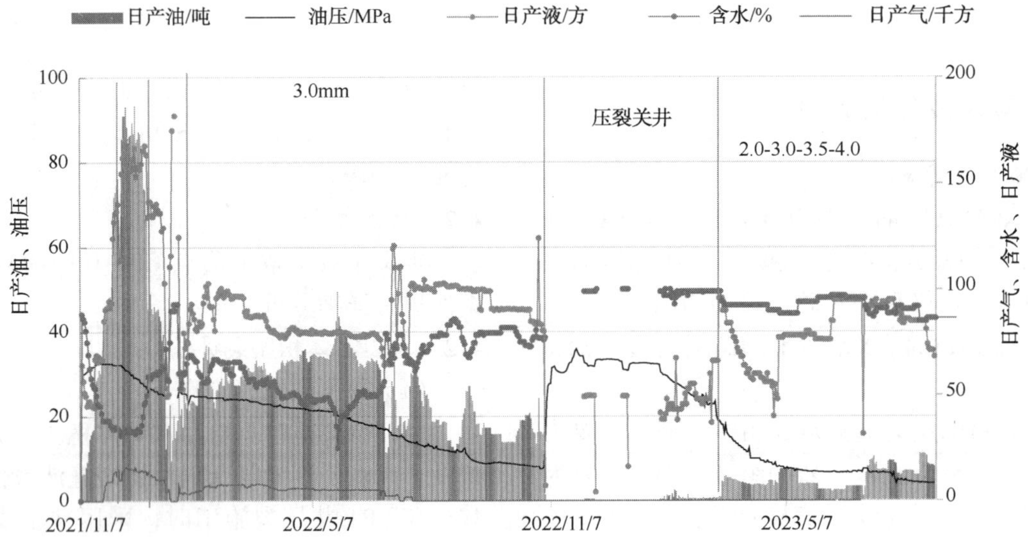

图 6　CP1 井压后生产动态曲线

4.2.2　CP4 体积压裂评价

（1）井下微地震监测

CP4 井微地震监测见图 7，人工裂缝方位北东-南西向，缝长 348m，缝高 37m，裂缝复杂因子 0.3，总改造体积 1759×10⁴m³，控制地质储量 25.8×10⁴t，。

（2）生产效果

中甜点 CP4 焖井 16d，开井见油。2～3mm 油嘴，最高日产油 32t/d，累计生产 285d，累计产油 4287m³，返排率 46.6%（图 6）。

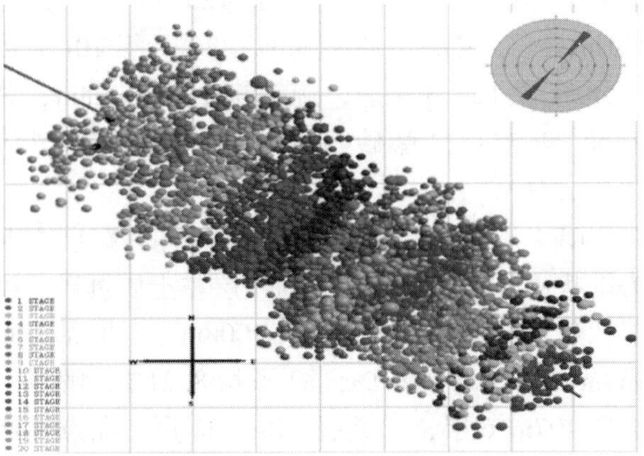

图 7　CP4 井井下微地震俯视图

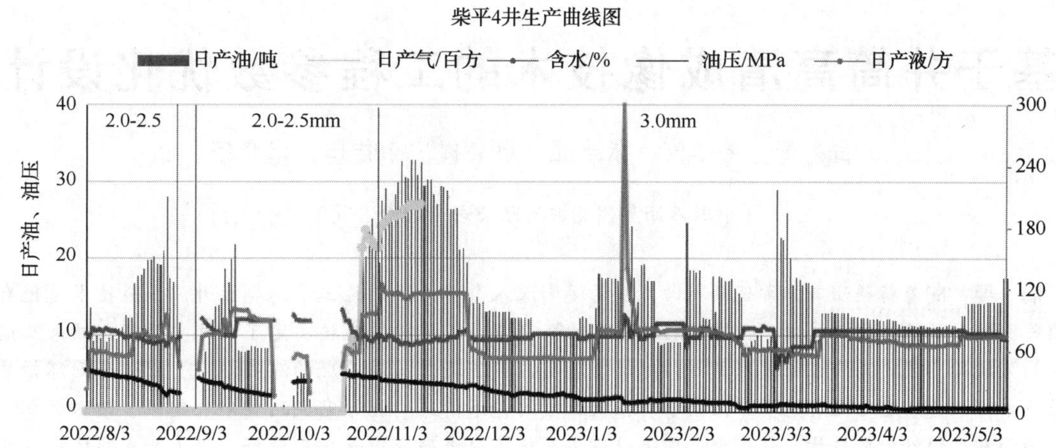

图 8　CP4 井压后生产动态曲线

5　结论

（1）英雄岭页岩油具有“巨厚多箱体、高应力、强非均质性、高灰云质、高频旋回、高孔压、高度缺水”独特的工程地质特性。

（2）高应力、高频旋回特征是制约英雄岭页岩油勘探开发的首要难题，但随着主动式人工裂缝干扰压裂技术的逐步完善，这一难度得到有效解决。

（3）通过“多段多簇密切割+限流射孔+大排量施工+变黏滑溜水高强度连续加砂”为核心的体积压裂工艺技术，能够建立较为复杂的网络裂缝系统。

（4）建议英雄岭页岩油在开发初期实施永久光纤、井下鹰眼等监测和压裂后新钻井连续取芯工作，开展页岩油体积压裂段簇开启、改造复杂程度及支撑剂支撑等评价，支撑后期扩大方案体积压裂方案优化等工作。

参 考 文 献

[1] 焦方正. 非常规油气之“非常规”再认识[J]. 石油勘探与开发，2019，46(5)：803-810.

[2] 李国欣，张永庶，陈琰，等. 柴达木盆地油气勘探进展、方向与对策[J]. 中国石油勘探，2022，27(03)：1-19.

[3] 李国欣，伍坤宇，朱如凯等. 巨厚高原山地式页岩油藏的富集模式与高效动用方式——以柴达木盆地英雄岭页岩油藏为例[J]. 石油学报，2023，44(01)：144-157.

[4] 伍坤宇，廖春，李翔等. 柴达木盆地英雄岭构造带油气藏地质特征[J]. 现代地质，2020，34(02)：378 - 389. DOI：10. 19657/j. geoscience. 1000 - 8527. 2020. 02. 16.

[5] 鲜成钢，李国欣，李曹雄等. 陆相页岩油效益开发的若干问题[J]. 地球科学，2023，48(01)：14-29.

[6] 谢军，鲜成钢，吴建发等. 长宁国家级页岩气示范区地质工程一体化最优化关键要素实践与认识[J]. 中国石油勘探，2019，24(02)：174-185.

[7] 包汉勇，梁榜，郑爱维等. 地质工程一体化在涪陵页岩气示范区立体勘探开发中的应用[J]. 中国石油勘探，2022，27(01)：88-98.

[8] 吴宝成，李建民，邬元月等. 准噶尔盆地吉木萨尔凹陷芦草沟组页岩油上甜点地质工程一体化开发实践[J]. 中国石油勘探，2019，24(05)：679-690.

[9] 李国欣，石亚军，张永庶等. 柴达木盆地油气勘探、地质认识新进展及重要启示[J]. 岩性油气藏，2022，34(06)：1-18.

[10] 朱超，刘占国，宋光永等. 柴达木盆地英雄岭构造带古近系湖相碳酸盐岩沉积模式、演化与分布[J]. 石油学报，2022，43(11)：1558-1567+1622.

[11] 张道伟，薛建勤，伍坤宇等. 柴达木盆地英西地区页岩油储层特征及有利区优选[J]. 岩性油气藏，2020，32(04)：1-11.

[12] 李亚锋，伍坤宇，高树芳等. 英西地区混积碳酸盐岩有效储集层评价[J]. 新疆石油地质，2019，40(05)：520-527.

[13] 袁建强. 济阳坳陷页岩油多层立体开发关键工程技术[J]. 石油钻探技术，2023，51(01)：1-8.

[14] 李国欣，吴志宇，李桢等. 陆相源内非常规石油甜点优选与水平井立体开发技术实践——以鄂尔多斯盆地延长组 7 段为例[J]. 石油学报，2021，42(06)：736-750.

基于井筒高清成像技术的工程参数优化设计

吕　征　姜冰宣　张永亮　唐　健　李作阳　宋晓宇

（中国石油集团测井有限公司新疆分公司）

摘　要　随着新疆油田非常规油气田开发的逐渐深入，水力压裂施工量急剧上升。压裂技术是现有改造油气井储层物性的重要手段，在储层物性一定的情况下，压裂效果直接决定了油气井的产出效果及储层油气的采收率。井筒高清成像技术是一种能够直观反应井下施工前后井况的测井技术，通过阵列环扫井下成像技术可以360度无死角连续环扫测量射孔及压后的井下情况。能够完成测量射孔炮眼、炮眼面积、炮眼冲蚀面积，评价射孔质量。分析单个炮眼进砂量及段簇内进砂分布等压后数据。以单井或同区块多井数据进行大数据分析，反馈出压后评价及同区块井的优化建议。为后期区块井射孔、压裂施工给予技术支撑。本文通过文献调研归纳了井下光学成像的发展历程及现状；总结了井筒高清成像技术在新疆油田的应用情况。

关键词　井筒高清成像技术；炮眼面积；压后评价；炮眼冲蚀面面积；进砂分布

1　国内外发展现状

19世纪20年代出现成像技术；1963年，Shell Development Company研发的井下电视，至今井下成像技术发展了近百余年。1999年，美国DHV发明“鹰眼”技术，并在世界范围内推广；2015年，EV发明了高清成像技术，实现了在单芯和多芯测井电缆上实时传输帧率为25帧/秒的彩色井下视频。2022年，EverGreen提出SED理论，建立了进砂量与冲蚀面积的线性模型，开创了进砂分布作为压裂效果评价的方法。目前井筒高清成像技术发展较为成熟，对油气井压后评价的认知较全面，能够对段簇孔设计、暂堵选择、压裂规模等施工参数进行合理优化。井筒高清成像技术在国外已完成大量油气井的施工，取得了良好的效果。国内应用发展尚处于起步实验阶段，该技术的应用能够为我国油气田开发提供良好的技术支撑，有着广大的发展前景。

2　井筒高清成像技术现有主要成果及应用价值

井筒高清成像技术是一种通过高清摄像头拍摄能够直观反应井下井况的测井技术，中油测井新疆分公司应新疆油田市场需求，前期在新疆油田进行了井下高清成像的施工作业，在现场施工时，射孔完成后第一次下入井下高清成像仪器，完成射孔效果评价，桥塞坐封评价及测量基值炮眼面积等工作。压裂完成后第二次下入井下高清成像仪器对压后井况进行测量。完成压后炮眼面积测量、桥塞坐封效果评价、井筒完整性评价等工作。通过压裂前后两次测量和软件计算得出炮眼的侵蚀面积，后期根据段砂量及进砂系数计算得出单个炮眼进砂量评价单个炮眼压效，得出段、簇内的进砂分布、暂堵评价等压效评价。通过区块内几口井的施工，能够对后期同区块内井的施工给予孔簇设计优化，段间距/簇间距优化，液量砂量优化，暂堵优化等优化建议。

目前井筒高清成像技术现阶段可以完成：

炮眼测量：测量炮眼深度、井斜、方位(重力高边为零度)孔眼直径、长宽、圆度、面积等参数；

射孔评价：复核段簇孔深度及数量，总体评价与设计的一致性；

进砂分布：计算孔眼进砂量、确定各段进砂分布；

分布评价：直径/面积/相位/冲蚀面积分布、根趾比；

冲蚀测量：测量炮眼面积，计算孔眼冲蚀面积；

单项评价：桥塞座封、套变评价、漏失评价、节箍射孔；

压裂总体评价：孔簇设计、暂堵评价、液量砂量评价、段间距评价、簇间距评价；

井筒高清成像技术有着以下几点应用价值：

压前压后炮眼直观认识，射孔总体评价，桥塞座封及井筒异常检查段内进砂分布，压裂效率评价，孔簇设计优化及建议，段间距/簇间距优化及建议，液量砂量优化及建议，暂堵评价及建议。

3 基本原理和分析方法

3.1 炮眼侵蚀理论

在压裂施工过程中，压裂砂或其他支撑剂通过炮眼不断进入地层中，在这个过程中压裂砂会不断侵蚀炮眼周围的金属套管产生侵蚀压降，导致炮眼面积增大。

根据 Veatch(Veatch，1983)描述，如下所示：

$$P_{pf}(t)=\frac{0.1461Q^2(t)\rho}{A^2(t)N_p^2C_p^2(t)}$$

式中，$P_{pf}(t)$为炮眼处的侵蚀压降，单位为 Psi；$Q(t)$为时间 t 时的砂流量，单位为 m^3；$A(t)$为时间 t 时的炮眼面积，单位为 cm^2；N_p 为炮眼孔数，单位为个；$C_p(t)$为时间 t 时的流量系数。

根据 Grose(R. GrosE，1985)，Cramer(D. D. Cramer，1988)，Crump and Conway(Crump，1988，August 1)炮眼侵蚀可以分为两个阶段：

初始侵蚀：发生在压裂开始阶段很短的时间内，只会导致炮眼周边变平滑，不会导致炮眼扩大。

稳定侵蚀：在初始侵蚀之后开始稳定侵蚀，稳定侵蚀导致炮眼进一步平滑的同时会侵蚀扩大炮眼这种侵蚀发生在最初的侵蚀之后，导致穿孔孔扩大。

3.2 进砂理论

进砂理论如下所示：

$$M_s=\gamma A_e$$

式中，M_s 为稳定侵蚀的进砂总量，单位为吨；γ 为进砂系数；A_e 为单孔侵蚀面积。

3.3 分析方法

3.3.1 测量冲蚀面积，依据进砂方程计算进砂量

通过压裂前后两次下入仪器分别测量出基值炮眼和压后炮眼面积，根据段加砂量、冲蚀面积和进砂方程计算单各炮眼进砂量。根据单个炮眼进砂量将压后炮眼分为欠压炮眼、饱压炮眼和过压炮眼。(炮眼进砂量：S；段内炮眼平均进砂量：S。S<S 欠压；S≤S≤n·S 饱压；S>n·S 过压。n 值的取值取决于压裂设计及油藏特性)。如图 1~图 3 所示。

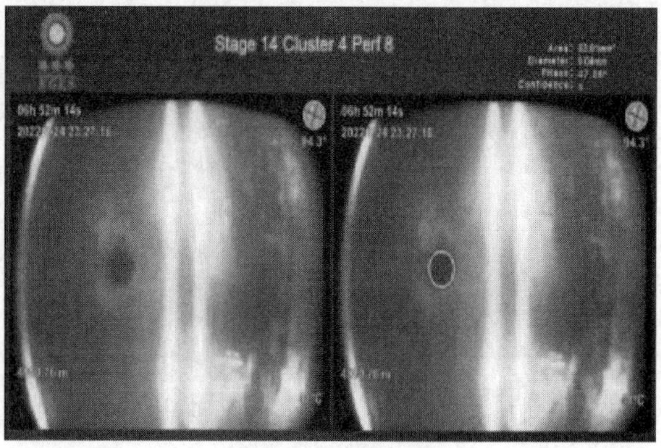

图 1 欠压炮眼

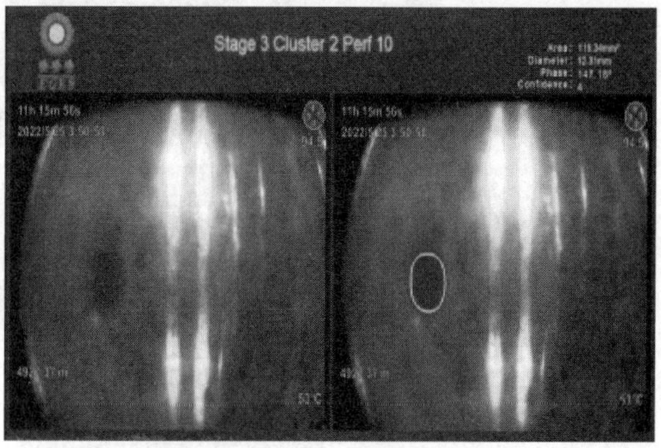

图 2 饱压炮眼

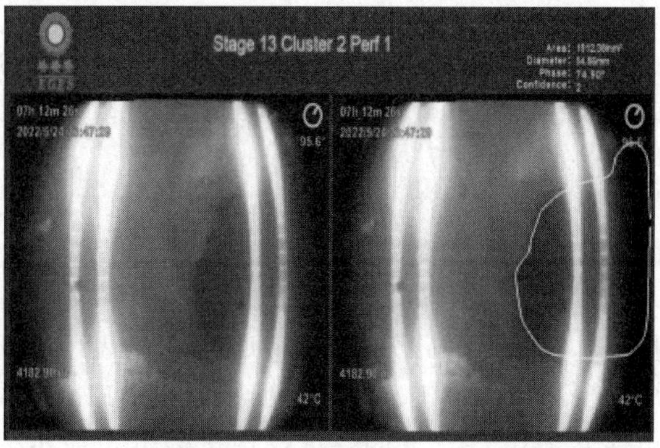

图 3 过压炮眼

3.3.2 展示段内微观至炮眼或簇的进砂分布

根据单个炮眼进砂量计算 FEI 系数，根据 FEI 系数定性划分为脉冲进砂，离散进砂，选择性进砂及展布进砂。

展布进砂：相当多饱压炮眼，过压占比少。FEI 指数小于 0.7。展布进砂意味着大概率砂液突破段内某个炮眼后，向周边扩展并最终形成较为均匀的进砂量分布。这个分布不论从空间上，还是进砂量上，都展示为更为均衡的分配；从裂

缝看，大概率形成多条裂缝，且缝间应力云干扰低，故存在较为复杂的主缝联通。从储层看，裂缝间存在复杂缝网。SRV 体积显著提高，压裂效率高。如图 4 所示。

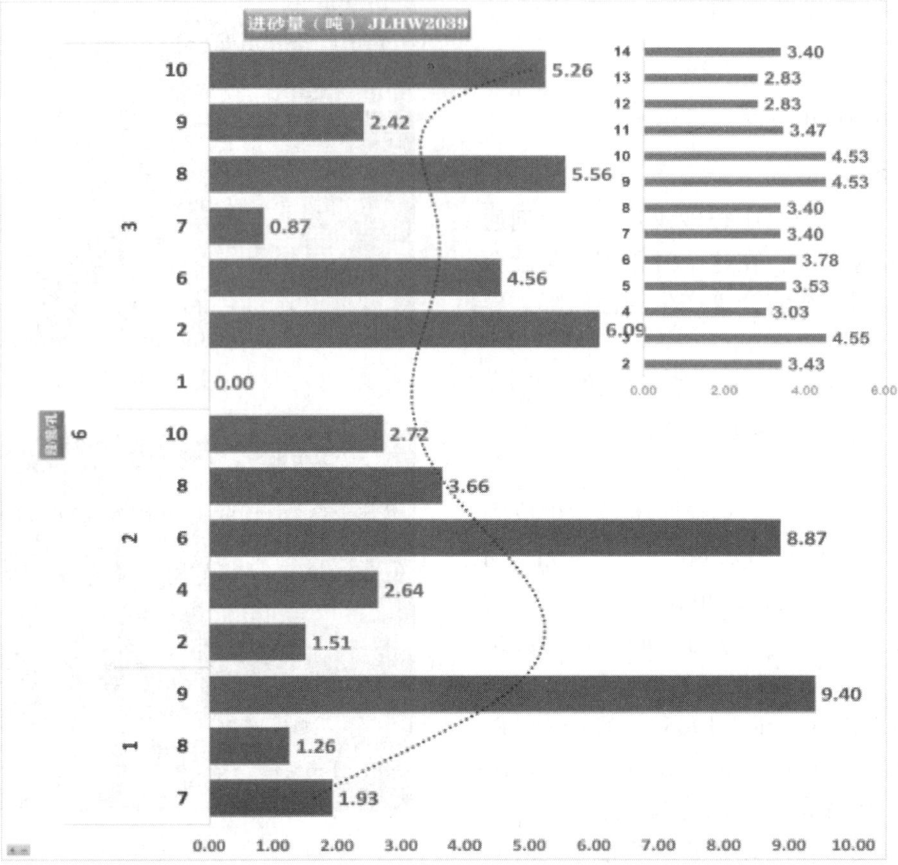

图 4　展布进砂

选择性进砂：一簇或者有限个炮眼进砂充分或过度，导致其他炮眼进砂少或无法进砂。通常 FEI 指数介于 0.7~1.8 之间。同展布进砂，选择性进砂可能在段内的某个区域呈现为展布进砂，而其他区域则显然没有足够的进砂。

选择性进砂分布分为弱选择，选择及强选择。弱选择性进砂分布显示为某些区域表现为近展布分布，总体进砂较为均衡及连续。FEI 指数可能介于 0.7~1 之间。选择性进砂分布显示为某些区域表现为近展布分布，总体进砂或者离散，或者均衡性差。FEI 指数可能介于 1.0~1.4 之间。强选择性进砂分布显示为某个区域或某几个炮眼主力进砂。导致其他区域进砂困难。FEI 指数可能介于 1.4~1.8 之间。

从裂缝看，选择性进砂分布只在某个区域形成一定程度的复杂缝网。其他区域没有有效缝网。从储层看，选择性进砂分布只在段内的某个区域实现了体积改造，有一定的 SRV 规模。但从整个段来看，其压裂效率中等。细分为中等偏好，中等和中等偏差。如图 5 所示。

离散进砂：有一定展布或选择性分布，总体进砂分布离散，总体进砂量分布不均匀。FEI 指数 1.4 以上。

从裂缝看，簇间及炮眼间应力云效应存在，导致起裂的裂缝之间耦合困难。从储层看，SRV 体积有限，压裂效率差或者中等偏差。如图 6 所示。

脉冲进砂：1~5 个炮眼强烈过度进砂，占用了整个进砂量的 30% 以上，导致本段内其他炮眼无法进砂，或者进砂十分有限。FEI 指数通常大于 1.8。

从裂缝看，脉冲进砂分布是线性缝的具象表现。表明某些炮眼被突破后，不能实现周边扩展而过量进砂。导致其他炮眼严重欠压；从储层看，应力云效应严重，导致单缝无法形成鱼刺效应，只能沿最大主应力垂直面向远端不断延伸。既导致可能的井间干扰，也不会形成规模 SRV 体积。因此，脉冲进砂分布的压裂效率差。如图 7所示。

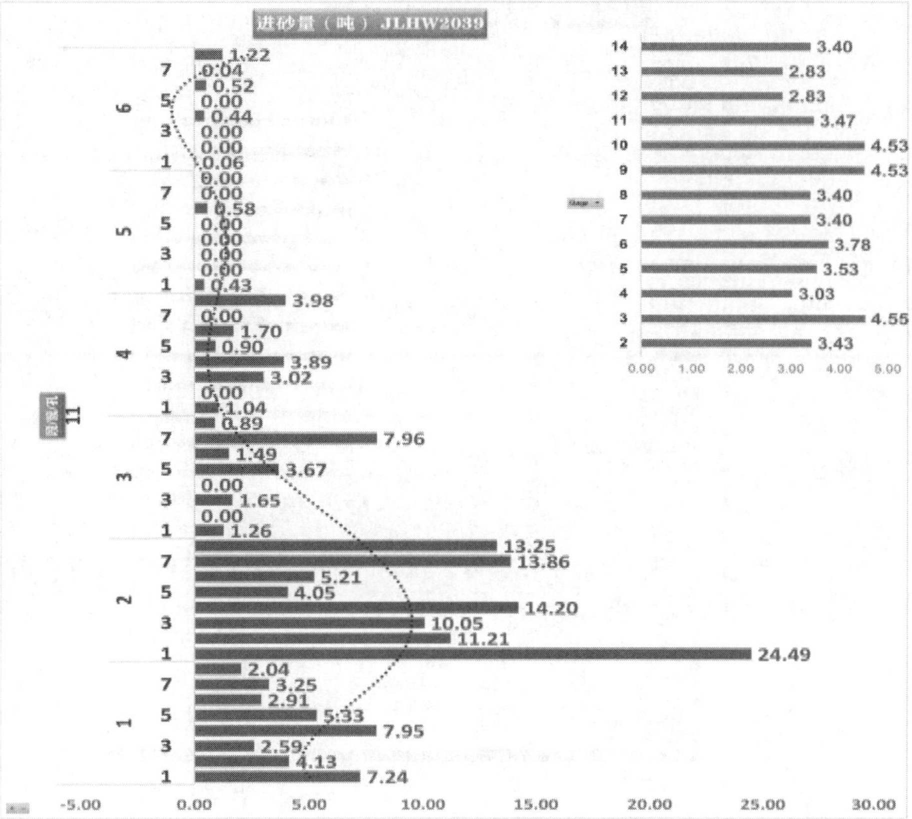

图 5　选择性进砂

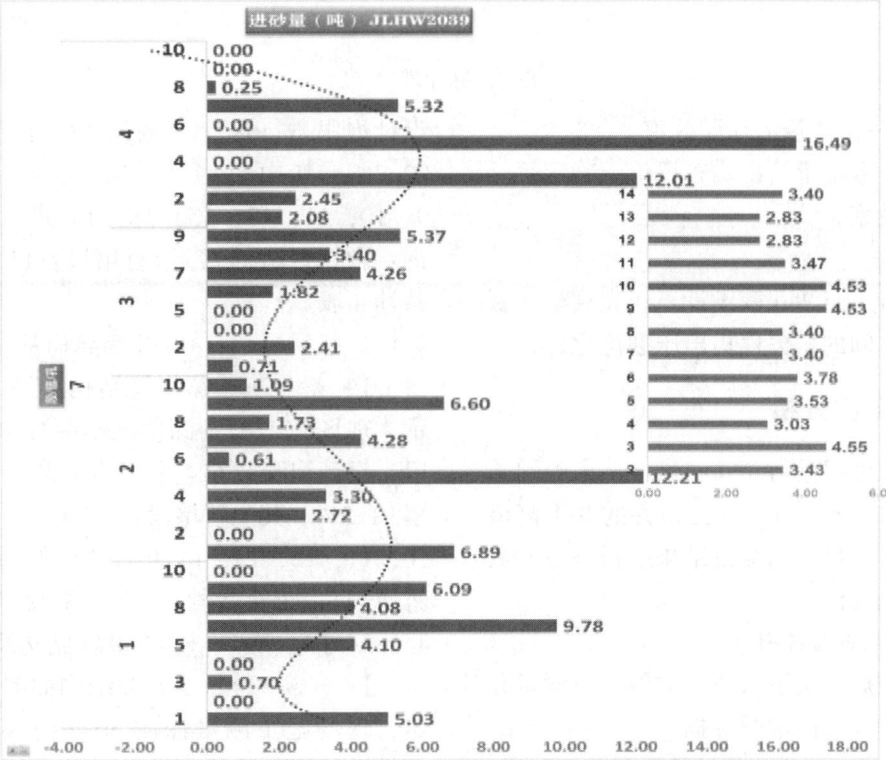

图 6　离散进砂

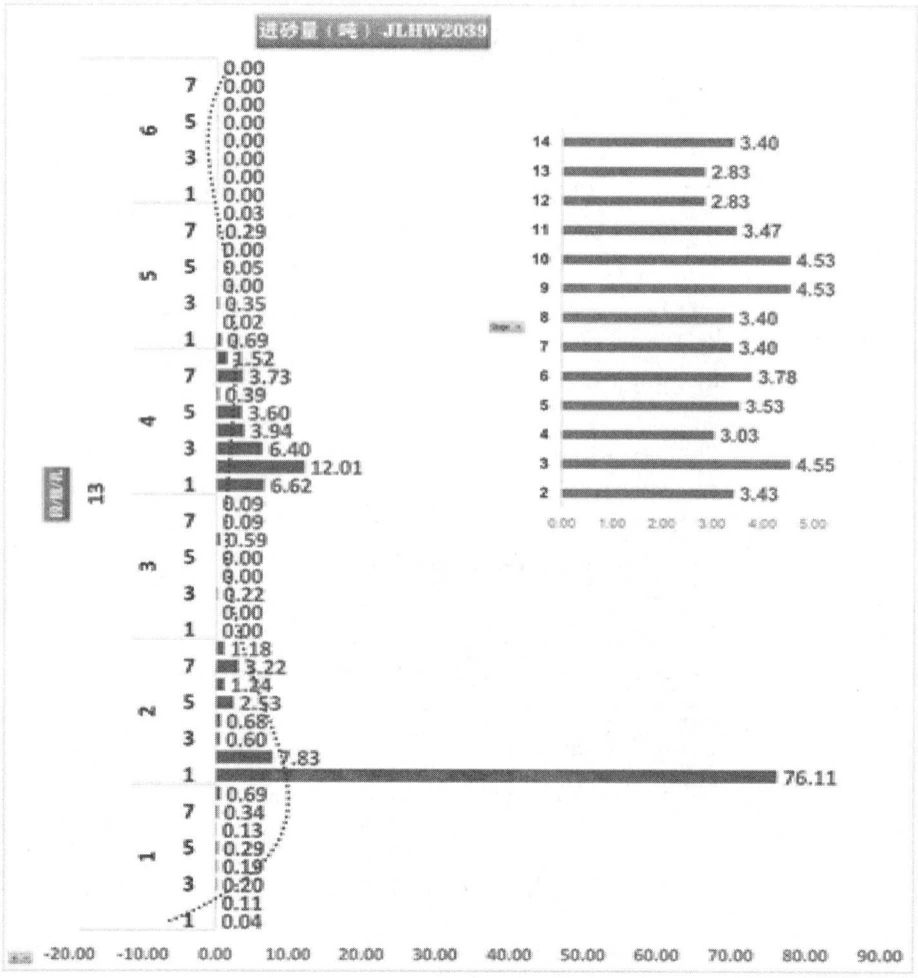

图 7 脉冲进砂

3.3.3 确定每一段或簇的压裂效率。

根据 FEI 指数定量给出均布评价。确定每一段或簇的压裂效率。

3.3.4 归纳总结

大数据分析。归纳孔簇设计，压裂规模，暂堵与压裂效率之间的相关性提出压裂优化建议

4 现场应用案例分析

前期在新疆油田进行了 J＊＊＊＊＊9、J＊＊＊＊＊＊9、J＊＊＊＊＊0 三口井的井下高清成像施工，现对三口井的测量结果进行阐述并数据分析反馈优化建议。

4.1 现场测量及数据统计

通过压裂前后两次下入高清成像仪器测量井下射孔及压裂后井筒内炮眼数据

4.1.1 J＊＊＊＊＊9 井井筒结构及段簇孔统计

J＊＊＊＊＊9 井筒结构如图 8、图 9 所示，现场施工测量深度：5310～3870m，测量 18 段，设计炮眼数 468 个，测量 434 个，炮眼检出率 92.7%。其中暂堵段：2，3，4，5，6，7，8，9，10，11，12，15，18，19 共计 14 段（暂堵剂：颗粒暂堵剂），未暂堵段：13，14，16，17 共计 4 段。

4.1.2 J＊＊＊＊＊0 井筒结构及段簇孔统计

J＊＊＊＊＊0 井筒结构如图 10、图 11 所示，现场施工测量深度 5390－4190 米，测量 13 段，设计炮眼数 624 个，测量 570 个，炮眼检出率 91.3%。其中暂堵段：2，3，4，6，7，8，9，10，11，12，13，14 共计 12 段（暂堵剂：绳结暂堵剂），未暂堵段：5 共计 1 段。

4.1.3 J＊＊＊＊＊＊9 井筒结构及段簇孔统计

J＊＊＊＊＊＊9 井筒结构如图 12、图 13 所示，现场施工测量深度 5085～4045m，测量 13 段，设计炮眼数 464 个，测量 380 个，炮眼检出率 81.9%。J＊＊＊＊＊＊9 采用避光纤定向射孔，设计相位于我方测量相位基本一致。其中暂

堵段：3，6，7，9，11，12，13，14 共计 8 段(暂堵剂：绳结暂堵剂和暂堵剂颗粒)，未暂堵段：2，4，5，8，10 共计 5 段。

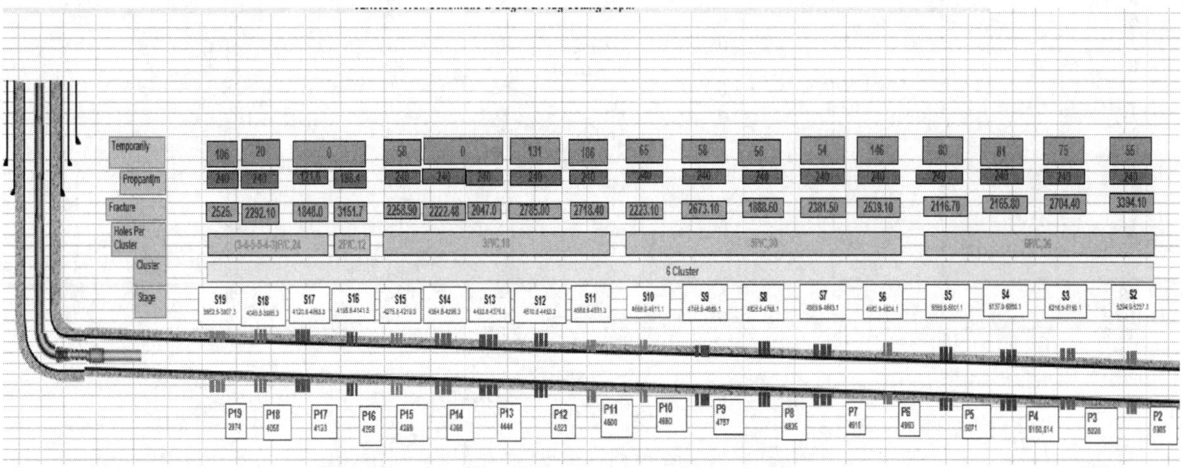

图 8　J＊＊＊＊＊9 井筒结构图

Stage	设计段数	测量段数	设计簇数	测量簇数	设计孔数	测量孔数	目视冲蚀孔数	测量冲蚀孔数
2	1	1	6	6	36	33	29	30
3	1	1	6	6	36	36	35	34
4	1	1	6	6	36	36	35	32
5	1	1	6	6	36	34	34	32
6	1	1	6	6	30	29	23	24
7	1	1	6	5	30	21	21	18
8	1	1	6	4	30	12	11	11
9	1	1	6	6	30	30	28	28
10	1	1	6	6	30	30	30	28
11	1	1	6	6	18	18	18	16
12	1	1	6	6	18	18	18	18
13	1	1	6	6	18	17	15	15
14	1	1	6	6	18	18	16	16
15	1	1	6	6	18	18	18	18
16	1	1	6	6	12	12	12	12
17	1	1	6	6	24	24	24	22
18	1	1	6	6	24	24	24	24
19	1	1	6	6	24	24	24	23
	18	18	108	105	468	434	415	401

图 9　J＊＊＊＊＊9 段簇孔统计

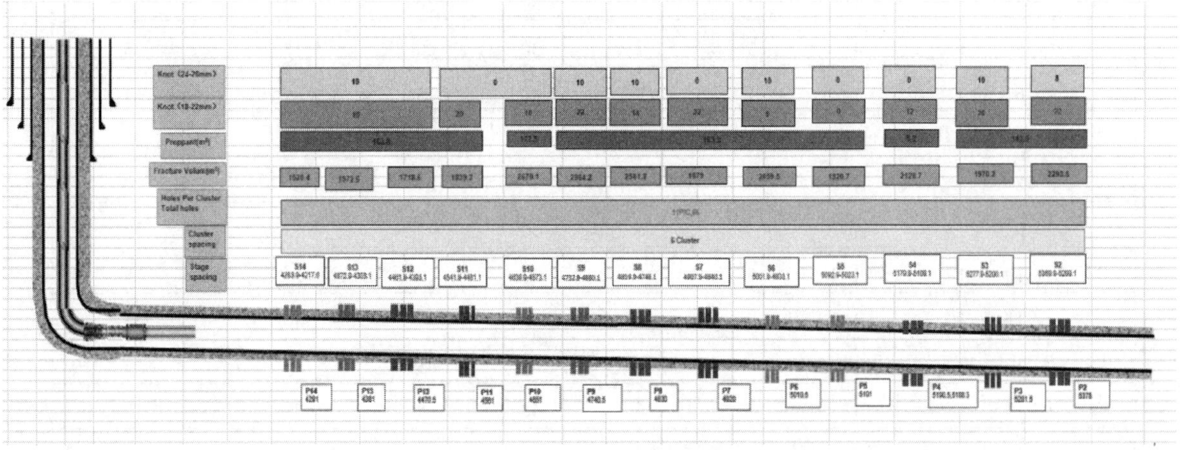

图 10　J＊＊＊＊＊0 井筒结构

Stage	设计段数	测量段数	设计簇数	测量簇数	设计孔数	测量孔数	目视冲蚀孔数	测量冲蚀孔数
2	1	1	6	6	36	33	29	30
3	1	1	6	6	36	36	35	34
4	1	1	6	6	36	36	35	32
5	1	1	6	6	36	34	34	32
6	1	1	6	6	30	29	23	24
7	1	1	6	5	30	21	21	18
8	1	1	6	4	30	12	11	11
9	1	1	6	6	30	30	28	28
10	1	1	6	6	30	30	30	28
11	1	1	6	6	18	18	18	16
12	1	1	6	6	18	18	18	18
13	1	1	6	6	18	17	15	15
14	1	1	6	6	18	18	16	16
15	1	1	6	6	18	18	18	18
16	1	1	6	6	12	12	12	12
17	1	1	6	6	24	24	24	22
18	1	1	6	6	24	24	24	24
19	1	1	6	6	24	24	24	23
	18	18	108	105	468	434	415	401

图 11　J＊＊＊＊＊9 段簇孔统计

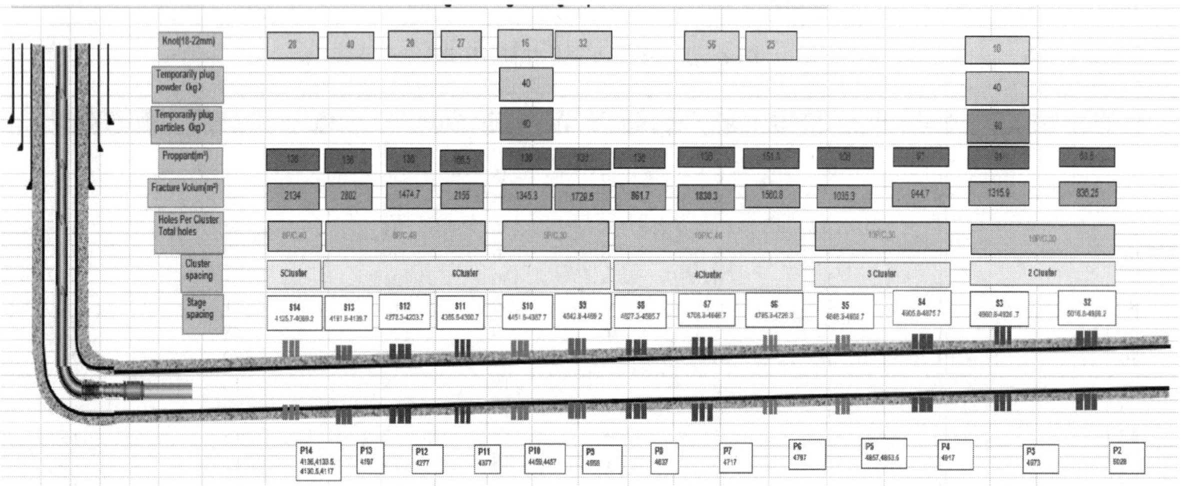

图 12　J＊＊＊＊＊＊9 井筒结构

Stage	设计段数	测量段数	设计簇数	测呈簇数	设计孔数	测呈孔数	目视冲蚀孔数	测呈冲蚀孔数
2	1	1	2	2	20	20	16	19
3	1	1	2	2	20	20	19	18
4	1	1	3	3	30	30	23	2
5	1	1	3	2	30	20	18	16
6	1	1	4	3	40	15	6	14
7	1	1	4	4	40	37	21	26
8	1	1	4	1	40	2	2	2
9	1	1	6	6	30	23	13	18
10	1	1	6	6	30	29	16	25
11	1	1	6	6	48	48	36	33
12	1	1	6	6	48	48	29	25
13	1	1	6	6	48	48	39	23
14	1	1	5	5	40	40	17	22
	13	13	57	52	464	380	255	270

图 13　J＊＊＊＊＊＊9 段簇孔统计

4.2　单井数据分析反馈及优化建议

根据射孔孔、段、簇设计，压裂加砂量，是否采取暂堵及暂堵剂类型的不同给出以下数据分析反馈和优化建议。

4.2.1　J＊＊＊＊＊9 井数据分析反馈

本井中 222222 孔簇设计压裂效率好及中等偏好的段共 4 段，占比 40%；333333 孔簇设计的段共 5 段，在测量段中占比 28%，333333 孔簇设计压裂效率好及中等偏好的段共 3 段，在压裂效率好及中等偏好的段内占比 30%；345543 孔簇设计的段共 3 段，在测量段中占比 17%，345543 孔簇设计压裂效率中等偏好的段共 2 段，在压裂效率好及中等偏好的段内占比 20%；555555 孔簇设计的段共 5 段，在测量段中占比 28%，555555 孔簇设计压裂效率好及中等偏好的段共 3 段，在压裂效率好及中等偏好的段内占比 30%；666666 孔簇设计的段共 4 段，在测量段中占比 22%，66666 孔簇设计压裂效率好及中等偏好的段共 1 段，在压裂效率好及中等偏好的段内占比 10%。簇数相同，孔数越少越有利于均布。

如图 14、图 15 所示，按孔簇指数排序：345543，333333，555555，666666；按 FEI 指数均值排序：345543，66666-555555，333333；本井最优孔簇设计：345543。

Values

WellNun	Stage	段内孔簇设	各段段间距	各段段内簇间距离序列	各段液量m3	各段砂量	FEI指数无量纲	平均冲蚀面积m2	平均(MT/mm	平均(度)	过压孔	过压孔占	饱压孔	饱压孔占	欠压孔	欠压孔占	各段球	各段颗粒g	各段粉末g	各段绳结	各段绳结	分布	压裂效率
JLHW219	3	6-6-6-6-6-6	79	11-11-9-11-10	2,704.40	240.00	0.53	27.63	23.76	4.48	1	3%	17	47%	18	50%	0	75	0	0	0	展布进砂分布	压裂效率好
JLHW219	16	2-2-2-2-2-2	78	11-12-12-10-12	3,151.70	198.40	0.65	106.46	15.14	13.17			6	50%	6	50%	0	0	0	0	0	展布进砂分布	压裂效率好
JLHW219	15	3-3-3-3-3-3	77	11-11-10-11-13	2,258.90	240.00	0.72	97.45	13.38	12.33	1	6%	6	33%	11	61%	0	58	0	0	0	弱选择性进砂分布	压裂效率中等偏好
JLHW219	8	5-5-5-5-5-5	79	14-9-10-9-10	1,888.60	240.00	0.72	40.84	19.03	6.14	1	8%	3	25%	8	67%	0	56	0	0	0	弱选择性进砂分布	压裂效率中等偏好
JLHW219	6	5-5-5-5-5-5	79	12-9-12-10-10	2,539.10	240.00	0.84	27.78	27.83	4.34	3	10%	10	34%	16	55%	0	146	0	0	0	弱选择性进砂分布	压裂效率中等偏好
JLHW219	12	3-3-3-3-3-3	78	11-12-13-9-12	2,785.00	240.00	0.87	79.17	16.38	10.34	1	6%	5	28%	12	67%	0	131	0	0	0	弱选择性进砂分布	压裂效率中等偏好
JLHW219	18	3-4-5-5-4-3	78	12-11-10-11-11	2,292.10	240.00	0.91	113.01	8.46	12.93	5	21%	3	13%	16	67%	0	20	0	0	0	弱选择性进砂分布	压裂效率中等偏好
JLHW219	9	5-5-5-5-5-5	78	11-11-11-9-10	2,673.10	240.00	0.92	63.58	12.12	8.58	2	7%	10	33%	18	60%	0	58	0	0	0	弱选择性进砂分布	压裂效率中等偏好
JLHW219	13	3-3-3-3-3-3	78	12-10-12-10-13	2,047.00	240.00	0.93	88.09	14.36	10.75	3	18%	4	24%	10	59%	0	0	0	0	0	弱选择性进砂分布	压裂效率中等偏好
JLHW219	19	3-4-5-5-4-3		10-12-11-12-10	2,525.70	240.00	0.96	109.01	8.77	12.62	3	13%	6	25%	15	63%	0	106	0	0	0	弱选择性进砂分布	压裂效率中等偏好
W219	17	3-4-5-5-4-3	80	12-11-13-12-9	1,848.00	121.60	1.02	65.13	7.41	8.49	5	21%	2	8%	17	71%	0	0	0	0	0	选择性进砂分布	压裂效率中等
W219	7	5-5-5-5-5-5	78	11-10-10-11-13	2,381.50	240.00	1.14	53.27	14.23	7.15	3	14%	4	19%	14	67%	0	51	0	0	0	选择性进砂分布	压裂效率中等
W219	4	6-6-6-6-6-6	78	10-11-10-11-10	2,165.80	240.00	1.18	58.79	10.73	7.09	4	11%	8	22%	24	67%	0	81	0	0	0	选择性进砂分布	压裂效率中等
W219	2	6-6-6-6-6-6	78	11-9-11-10-11	3,391.10	240.00	1.22	76.21	8.25	9.27	4	12%	5	15%	24	73%	0	55	0	0	0	选择性进砂分布	压裂效率中等
JLHW219	5	6-6-6-6-6-6	77	11-10-13-8-11	2,116.70	240.00	1.46	83.04	7.46	9.31	6	18%	1	3%	27	79%	0	80	0	0	0	强选择或离散进砂分布	压裂效率中等偏差
JLHW219	11	3-3-3-3-3-3	78	12-11-13-10-11	2,718.40	240.00	1.75	45.85	27.18	5.95	1	6%	3	17%	14	78%	0	186	0	0	0	强选择或离散进砂分布	压裂效率中等偏差
JLHW219	14	3-3-3-3-3-3	79	12-12-10-11-13	2,222.40	240.00	1.81	80.17	15.11	8.32	2	11%	3	17%	13	72%	0	0	0	0	0	脉冲进砂分布	压裂效率差
JLHW219	10	5-5-5-5-5-5	80	10-11-11-11-9	2,223.10	240.00	1.90	175.34	4.10	12.51	5	17%	1	3%	24	80%	0	65	0	0	0	脉冲进砂分布	压裂效率差

图 14　J＊＊＊＊＊9 数据统计

JLHW219

孔簇设计	FEI 指数均值
3-4-5-5-4-3	0.96
6-6-6-6-6-6	1.10
5-5-5-5-5-5	1.10
3-3-3-3-3-3	1.22

JLHW219孔簇设计统计

孔簇设计	测量段占比	效率较好占比	孔簇指数
3-4-5-5-4-3	17%	20%	1.2
3-3-3-3-3-3	28%	30%	1.08
5-5-5-5-5-5	28%	30%	1.08
6-6-6-6-6-6	22%	10%	0.45

图 15

4.2.2　J＊＊＊＊＊0 井数据分析反馈

本井测试段均采用 8×6(888888) 设计，FEI 指数较差，压裂效率差，未见压裂效率好的段。各段进砂分布多为离散、脉冲及强选择分布。孔数相同，孔簇设计相同，加砂量基本相当，除 4 段压裂异常外，所有段均布差，油藏非均质性强，需结合油藏参数进行分析。本井暂堵段虽然暂堵剂组合工艺不同，但是暂堵未改善均布。现有压裂规模足够实现建缝。增加规模将提高选择性，并不能实现更好的均布。本井脉冲段多，易形成少量大炮眼，不易形成复杂缝网，可参考应力分布进行分析。如图 16 所示。

4.2.3　J＊＊＊＊＊＊9 井数据分析反馈

本井中 10×4(10101010)，10×3(101010) 较

好。5/6 段测量的炮眼样本数不充分；10×2(101010)，5×6(555555)位于一般至较差范围；8×6(888888)最差。本井未见压裂效率好的段。在 5 段压裂效率一般的段中，3 段(5/4/2)未暂堵。压裂效果相对较好的段中(6/5/4/9/2)，中等压裂规模和低压裂规模都有。但高压裂规模的 11/13/14 压裂效果差。

孔数变化的前提下：簇数增加，选择性增强，导致均布变差。本井相对压裂效果较好的段中有 3 段为未暂堵段，暂堵未改善均布。现有压裂规模足够实现建缝，增加规模将提高选择性，并不能实现更好的均布。本井脉冲段为 12/13，非均质性强，需结合油藏参数进一步评价。如图 17所示。

4.3 区块井综合分析及优化建议

施工的三口井均在同一区块内综合三口井施工后的数据，给出以下区块内优化建议。

井号	段	段内孔簇设计	各段段间距(米)	各段段内簇间距序列，间距序列，米)	各段液量(m3)	各段砂量(MT)	FEI指数(无量纲)	平均冲蚀面积(mm2)	平均Y(MT/mm2)	平均θ(度)	过压孔数	过压孔占比	饱压孔数	饱压孔占比	欠压孔数	欠压孔占比	各段绳结数-I	各段绳结数-II	各段颗粒(m3)
JLHW220	3	8-8-8-8-8-8	98	32-10-10-8-12	1,970.20	163.80	1.14	40.00	8.04	5.13	7	20%	7	20%	21	60%	26	10	135
JLHW220	13	8-8-8-8-8-8	89	10-9-13-19-13	1,572.60	163.80	1.38	49.47	6.39	5.84	8	17%	7	15%	31	67%	10	10	114
JLHW220	6	8-8-8-8-8-8	94	25-10-9-12-7	2,659.50	163.80	1.40	56.51	5.54	6.51	5	21%	4	17%	15	63%	0	10	54
JLHW220	10	8-8-8-8-8-8	98	10-19-14-9-10	2,670.10	172.54	1.45	42.47	7.78	5.09	13	28%	4	9%	30	64%	10	0	120
JLHW220	12	8-8-8-8-8-8	89	10-13-18-13-9	1,718.60	163.80	1.52	38.48	8.17	4.69	8	17%	7	15%	31	67%	10	10	114
JLHW220	2	8-8-8-8-8-8	92	13-10-9-22-11	2,293.80	163.80	1.73	5.36	61.22	0.82	9	19%	6	13%	33	69%	22	8	137
JLHW220	7	8-8-8-8-8-8	88	10-21-9-11-11	1,879.00	163.80	1.74	7.62	42.72	1.12	7	16%	7	16%	30	68%	22	10	152
JLHW220	8	8-8-8-8-8-8	87	11-12-20-10-14	2,581.20	163.80	1.74	38.38	8.07	4.42	9	19%	4	8%	35	73%	14	10	68
JLHW220	5	8-8-8-8-8-8	91	12-11-12-10-19	1,920.70	163.80	1.95	19.80	15.96	2.63	7	16%	7	16%	30	68%	0	0	0
JLHW220	11	8-8-8-8-8-8	80	14-9-10-11-12	1,839.30	163.80	2.12	39.32	7.78	4.30	7	15%	3	6%	37	79%	20	0	142
JLHW220	9	8-8-8-8-8-8	93	13-12-10-19-13	2,964.20	81.90	2.66	56.49	2.70	5.49	7	15%	4	9%	36	77%	22	10	141
JLHW220	14	8-8-8-8-8-8		10-11-7-13-20	1,520.40	163.80	2.72	13.92	22.28	1.75	4	9%	6	13%	36	78%	10	10	108

图 16　J＊＊＊＊＊0 数据统计

段	孔簇设计	各段液量	各段砂量	平均冲蚀面积	EGI指数	FEI指数	平均Y	平均θ	各段根趾比	过压孔数	过压孔占比	饱压孔数	饱压孔占比	欠压孔数	欠压孔占比	各段绳结数	各段颗粒(Kg)	各段粉末(kg)
6	10x4(10101010)	1,560.80	151.30	33.74	0.69	0.72	10.95	5.09	47.12%:52.88%	2	13%	4	27%	9	60%	25	0	0
5	10x3(101010)	1,035.30	106.00	20.52	0.78	0.80	16.79	3.27	0.00%:100.00%	2	10%	6	30%	12	60%	0	0	0
4	10x3(101010)	944.70	91.00	40.40	0.85	0.90	7.27	6.11	26.46%:73.54%	3	10%	10	33%	17	57%	0	0	0
9	5x6(555555)	1,729.50	136.00	40.75	0.91	0.94	10.63	6.27	62.24%:37.76%	3	13%	9	39%	11	48%	32	0	0
2	10x2(1010)	836.25	68.50	80.44	0.93	0.99	4.12	9.77	33.82%:66.18%	1	5%	7	35%	12	60%	0	0	0
7	10x4(10101010)	1,830.30	136.00	19.82	1.12	1.15	16.43	3.16	46.00%:54.00%	5	14%	11	30%	21	57%	56	0	0
3	10x2(1010)	1,315.90	91.00	82.46	1.19	1.26	5.21	9.55	79.00%:21.00%	4	20%			16	80%	10	40	40
10	5x6(555555)	1,345.30	136.00	35.09	1.34	1.41	12.17	5.13	33.89%:66.11%	4	14%	6	21%	19	66%	16	40	40
11	8x6(888888)	2,155.00	166.50	39.51	1.37	1.43	8.09	6.30	11.56%:88.44%	9	19%	7	15%	32	67%	27	0	0
14	8x5(88888)	2,134.00	136.00	26.69	1.87	1.93	11.44	4.51	61.76%:38.24%	6	15%	4	10%	30	75%	28	0	0
12	8x6(888888)	1,474.70	136.00	55.79	2.02	2.07	4.45	6.07	79.85%:20.15%	8	17%	1	2%	39	81%	20	0	0
13	8x6(888888)	2,802.00	136.00	71.62	3.72	3.87	3.40	6.27	30.25%:69.75%	5	10%	4	8%	39	81%	40	0	0
Grand Total		20,025.45	1,626.30	45.42	2.49	1.75	8.80	5.82		52	**14%**	70	18%	258	68%	254	80	80

图 17　J＊＊＊＊＊＊9 数据统计

4.3.1　主要压裂工程参数优化建议(表 1)

表 1　主要压裂工程参数优化建议

区块井	J＊＊＊＊＊＊9、J＊＊＊＊＊9、J＊＊＊＊＊0
建议砂量/吨	150
建议孔簇设计	10-10-10-10；10-10-10；3-4-5-5-4-3
建议段内长度/m	35
建议簇间距序列	14-11-14；11-11-9-11-10；11-12-12-10-12；11-11-10-11-13；14-9-10-9-10；20-20-16；12-9-12-10-10
建议簇间距/m	6 簇：10 米左右；4 簇：14 米左右；3 簇：15 米左右

续表

孔平均进砂量/吨	3~4
暂堵建议	建议继续评价
建议	1. 建议采用或部分采用本优化建议 2. 补充多井数据，继续迭代优化

4.3.2 暂堵优化建议(表2)

表2 暂堵优化建议

区块井	J＊＊＊＊＊＊9、J＊＊＊＊＊9、J＊＊＊＊＊0
段颗粒暂堵/kg	颗粒暂堵压效好于未暂堵压效。建议每段投颗粒100公斤。
段粉末暂堵/kg	粉末暂堵压效好于未暂堵压效。但压效不如颗粒暂堵。
段暂堵绳结-I	不建议绳结暂堵
段暂堵绳结-II	不建议绳结暂堵
建议	1. 3口井的数据表明，颗粒暂堵及粉末暂堵压效好于未暂堵压效。 2. 绳结暂堵压效差于未暂堵压效。 3. 建议继续评价

从表3中可以直观的看出绳结暂堵是造成蝌蚪型炮眼的主因，由于绳结暂堵的几何结构，导致在压裂暂堵过程中，射流冲蚀绳结的周边，导致产生“蝌蚪型”炮眼。

表3 蝌蚪型炮眼分析表

井号	蝌蚪型炮眼(个)	暂堵剂类型
J＊＊＊＊＊9	0	颗粒暂堵剂
J＊＊＊＊＊0	14	绳结暂堵剂
J＊＊＊＊＊＊9	21	绳结暂堵剂和颗粒暂堵剂

4.3.3 区块压效建议

从压效看，J＊＊＊＊＊9好于J＊＊＊＊＊＊9好于J＊＊＊＊＊0，有理由认为，最终采收率排名：J＊＊＊＊＊9>J＊＊＊＊＊＊9>J＊＊＊＊＊0

砂量优化建议：150t左右段砂量较优。加砂强度3~4t/孔。

段间距优化建议：本井段内长度35m左右较优！对应二塞距离50~60m。

簇间距优化建议：建议簇间距6簇10m左右，4簇14m左右，3簇15m左右。

孔簇设计优化建议：本井孔簇设计较优，建议尝试10×3、10×4、3-4-5-5-4-3，建议取消2×6孔簇设计。

暂堵优化建议：颗粒及粉末暂堵有效，绳结暂堵无效。建议继续评价。

根部簇进砂及压效好于趾部簇，表现为跟倾。6簇及6簇以内的压效好于7~12簇。

关注桥塞承受负压的能力。提高桥塞固能力。

未改造孔、过压孔及强过压孔占比与压效负相关，饱压孔占比与压效正相关。力争压后未改造孔占比<13%，饱压孔占比>25%，强过压孔占比<3%，异常孔占比<1%。

建议今后作业，补充并完善各段油藏参数，采用PFEO®评价油藏参数与压效的相关性。

引入其他方法，互为验证。建议光纤声波，长效示踪测试评价。

5 结论

压裂技术是现有改造油气井储层物性的重要手段，在储层物性一定的情况下，压裂效果直接决定了油气井的产出效果及储层油气的采收率，井筒高清成像技术能够通过阵列环扫技术直观的反应出井内射孔效果，炮眼压裂前后的变化、桥塞坐封受否良好、井筒完整性是否存在隐患等关键信息。并通过数据分析反馈出压裂效果及压后评价，通过前期在新疆油田施工井的反馈结果看，井筒高清成像技术能够对后期施工的同区块井的孔簇设计、段簇设计、液量砂量、是否暂堵及暂堵剂的种类选择等施工参数给出优化建议，寻求最优区间。对提升油气井开发及提高储层采收率有着较好效果。

参 考 文 献

[1] Cramer, D. D. 1987, January 1. The Application of Limited-Entry Techniques in Massive Hydraulic Fracturing Treatments. *Society of Petroleum Engineer*. 1987, January 1.

[2] Crump, J. B., & Conway, M. W. 1988, August 1. Effects of Perforation - Entry Friction on Bottomhole Treating Analysis. *Society of Petroleum Engineers*. 1988, August 1.

[3] Grose, R. 1985. Orifice Contraction Coefficient for Inviscid Incompressible Flow. *Journal of Fluids Engineering*. 1985.

[4] Horton, Blake. 2021. A Shot in the Dark: How Your Post-Fracture Perforation Imaging can be Misleading and How to Better Understand Cluster Efficiency and Optimize Limited Entry Perforating. SPE - 204177. April 27, 2021.

[5] Jacobs, Trent. 2021. What is really happening when parent and child wells interact? s. l.: Journal Of Petroleum Technology, *Journal Of Petroluem Technology*, 2021.

[6] Rassenfose, Stephen. 2021. Getting Perforation In A Line Can Mean More-Productive Fracturing. [*Journal Of Petroleum Technology*] 2021.

[7] Roberts, Glyn, Whittaker, Jeff, &McDonald, Joe, et al 2020. Proppant Distribution Observations from 20,000+Perforation Erosion Measurement. SPE Hydraulic Fracturing Technology Conference and Exhibition. 2020, Vols. SPE 199693-MS.

[8] Roberts, Glyn, Saha, Souvick, and Johanna Waldheim. 2022. An Expanded Study of Proppant Distribution Trends from a Database of Eroded Perforation Images. SPE International Hydraulic Fracturing Technology Conference & Exhibition. 2022, Vols. SPE-205334-MS.

[9] Synder, Jon et al 2021. *Improved Treatment Distribution Through Oriented Perforating*. SPE-204203. 2021.

[10] Veatch, R. W. 1983. Overview of Current Hydraulic Fracturing Design and Treatment Technology-Part 2. *J Pet Technol* 35(1983): 853-864. 1983.

2-D 纳米黑卡结构优选

冯　阳[1]　张丽平[1]　代磊阳[1]　张晓封[1]　侯吉瑞[2]　潘定成[1]　曾　旭[1]　刘　棚[1]　高　尚[1]

[1. 中海石油(中国)有限公司天津分公司；2. 中国石油大学(北京)非常规油气科学技术研究院]

摘　要　新型纳米材料 2-D 纳米黑卡已被证实可有效提高低渗-致密油藏采收率，并展现出优异的油水界面特性。但其主要成分两亲性硫化钼纳米片的微观结构尚不明确。运用量子力学计算和分子动力学模拟，确定两亲性硫化钼纳米片最优吸附态和共价态结构。采用量子力学计算硫化钼纳米片与 18 碳直链烷烃间吸附能，明确两亲性硫化钼纳米片最优吸附态结构。通过分子动力学模拟计算两亲性硫化钼纳米片各个共价态结构达到稳定后的总能量，给出能量最低结构为最优两亲性硫化钼纳米片结构。本研究明确两亲性硫化钼纳米片最优结构，为后续驱油体系及驱油机理的研究奠定基础。

关键词　2-D 纳米黑卡；结构优选；分子动力学模拟；量子力学计算；LAMMPS

学者已经就 2-D 纳米黑卡体系的微观特性及其驱油机理进行了研究，也运用分子动力学模拟研究了该体系主要成分硫化钼纳米片对油水界面特性的影响，为后续对该体系的研究奠定了基础。

为了明确两亲性硫化钼纳米片分子的最优构型以及在溶液中的存在形式，在优选最优硫化钼纳米片尺寸的基础上，运用量子力学和分子动力学模拟，确定两亲性硫化钼纳米片最优结构，为后续进一步理论研究奠定基础。

通过原子力显微镜(Dimension Icon，BRUKER，Germany)测量，硫化钼纳米片的厚度约为 1.2nm，这与模拟中的双层硫化钼晶格结构的厚度一致，且通过理论分析初步判断选择 2H 晶格结构构件硫化钼纳米片模型。在此基础上，就硫化钼纳米片进行量子力学计算(5.0ORCA[1])，确定其最优吸附态；通过分子动力学模拟(LAMMPS)，确定硫化钼纳米片最优共价态结构。

1　吸附态——量子力学计算

为了确定两亲性硫化钼纳米片与 18 碳直链烷烃最优吸附态，运用量子力学计算不同构型硫化钼纳米片不同位置与 18 碳直链烷烃结合能，结合能最大为其最稳定的吸附态，即硫化钼纳米片与 18 碳直链烷烃的最优吸附构型和位点。

1.1　量子力学理论及模型

通过量子化学软件 ORCA[1] 的 5.0 版本，调用半经验程序 GFN2-xTB，Grimme 提出的 GFN-xTB(Geometry，Frequency，Noncovalent，eXtended TB)，期望可以以更精简的方式把几何优化、频率计算、弱相互作用等问题进行合理计算，能用于上千原子大体系。GFN2-xTB[2] 是第二代的 GFN-xTB，改进了第一代的计算形式，结合了 DFT-D4，基本可以做到在计算弱相互作用方面优于一般半经验方法。

确定合理分子数量。模型以硫化钼的 1T、2H 和 3R 结构为基础进行构建，确定模型构建中合理硫化钼的分子数量，数量过大耗费计算量，数量过小丧失物理真实性。通过对 1T 结构进行 3Å×3Å、5Å×5Å、11Å×11Å、15Å×5Å 的扩展结构进行测试，最终确定 5Å×5Å 结构可兼顾精度和计算量，因为 5Å×5Å 的结构不会像 3Å×3Å 结构内部原子团簇缺乏自由度，不会因结构过大而难以收敛。

确定合理约束。团簇量化计算的合理设置方法为设置固定边界上的原子以及使边界的原子呈现饱和状态，由于硫化钼边界也是电中性，因而只需要固定边界上原子即可。本次研究选择固定四周边界的两层原子，而不固定上下边界，因为上下边界要与 18 碳直链烷烃进行交互，而作为层状结构的硫化钼，下边界固定会严重影响计算的准确性。18 碳直链烷烃以垂直的角度与硫化钼接触是最为合理的，因为这时候所需要克服的能垒最小，可以直接吸附。研究中，通过两个二面角可以实现对 18 碳直链烷烃进行竖直方向的约束，保证优化过程中分子构型合理。

确定计算参数。为了探索不同结构的硫化钼

以及不同位点与18碳直链烷烃的结合程度，因此选取结合能为本次计算的主要参数，计算公式如下：

$$E\_bind = E(AB) - E(A) - E(B) \tag{1}$$

结合本研究实际，结合能计算公式如下：

$$E\_bind = E(\text{结合结构}) - E(\text{硫化钼基底}) - E(\text{18碳直链烷烃}) \tag{2}$$

1.2 边缘效应判定

为确定边缘效应的影响，以1T-硫化钼基底结构为例，大小为5Å×5Å，对18碳直链烷烃在基底左上、左下、右上、右下和中心位置进行结构优化和结合能的计算。5Å×5Å的1T-硫化钼基底原子总数为75个，其中Mo原子个数为25个，S原子个数为50个。其结构图如图1所示。

对5种位置进行结合能的计算，结果见表1。对比可知，中心位置结合能最低，对18碳直链烷烃的吸附性低于其他边缘位置。中心位置处硫化钼受到硬性限制性低于其他边缘位置，更能反映18碳直链烷烃和体相接触的真实物理过程，因此在硫化钼结构优选分析中选用中心位置进行接触。

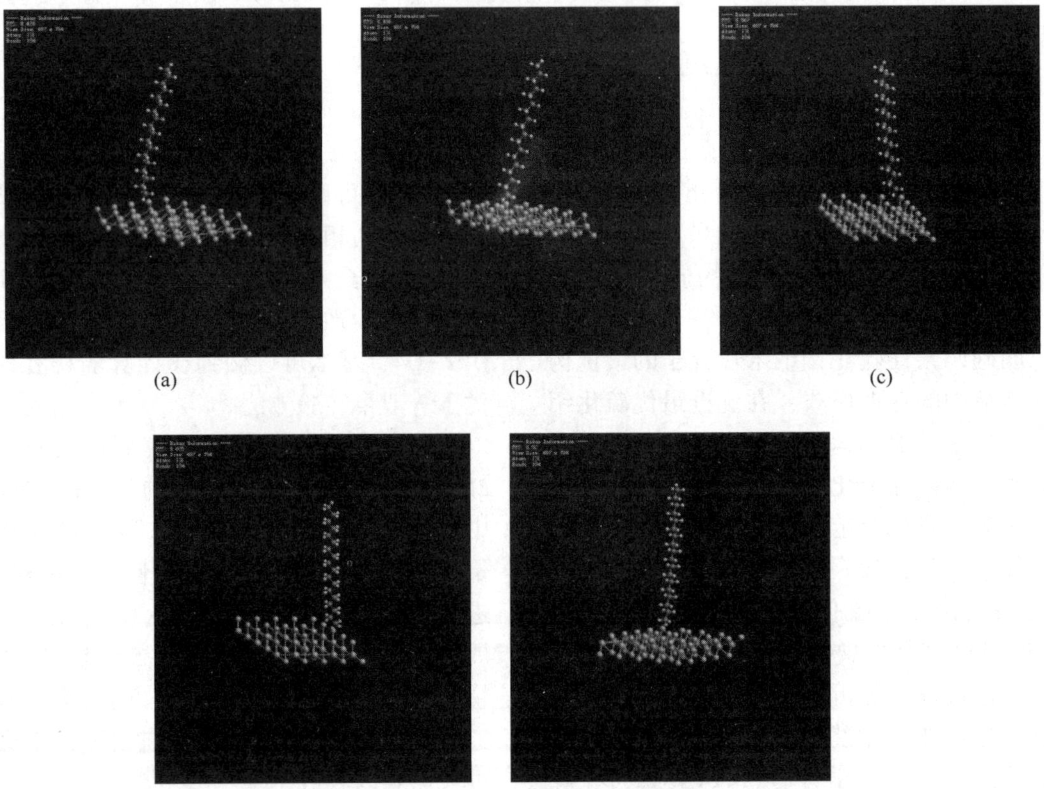

(a) (b) (c) (d) (e)

图1 1T-硫化钼边缘效应结构优化图

注：(a)左上位置；(b)左下位置；(c)右上位置；(d)右下位置；(e)中心位置

表1 5种位置结合能计算结果表

位置	E(AB)	E(A)	E(B)	E_ bind		
	/Hartree	/Hartree	/Hartree	/Hartree	/(kcal/mol)	/(kJ/mol)
左上	-275.1372	-217.1566	-57.9659	-0.0147	-9.2207	-38.5792
左下	-275.1372	-217.1566	-57.9663	-0.0143	-8.9889	-37.6097
右上	-275.1379	-217.1566	-57.9660	-0.0153	-9.5977	-40.1569
右下	-275.1369	-217.1567	-57.9662	-0.0140	-8.8106	-36.8637
中心	-275.1348	-217.1565	-57.9662	-0.0121	-7.5916	-31.7633

1.3 硫化钼吸附构型优选

通过量子力学计算来确定 1T、2H 和 3R 三种硫化钼晶体结构的最优结构。将 18 碳直链烷烃分别与 5Å×5Å 硫化钼三种晶体构型中心位置的正反面进行接触，结构优化图如图 2 所示。1T-硫化钼基底原子总数为 131 个，其中 Mo 原子个数为 25 个，S 原子个数为 50 个；2H-硫化钼基底原子总数为 150 个，其中 Mo 原子个数为 50 个，S 原子个数为 100 个；3R-硫化钼基底原子总数为 225 个，其中 Mo 原子个数为 75 个，S 原子个数为 150 个。

18 碳直链烷烃分别与硫化钼三种晶体构型中心位置接触，模型结合能计算结果见表 2。根据计算结果可知，2H-硫化钼晶体构型与 18 碳直链烷烃结合能的绝对值无论是正面还是反面相较于其他构型最高，与 18 碳直链烷烃的结合稳定性最好。

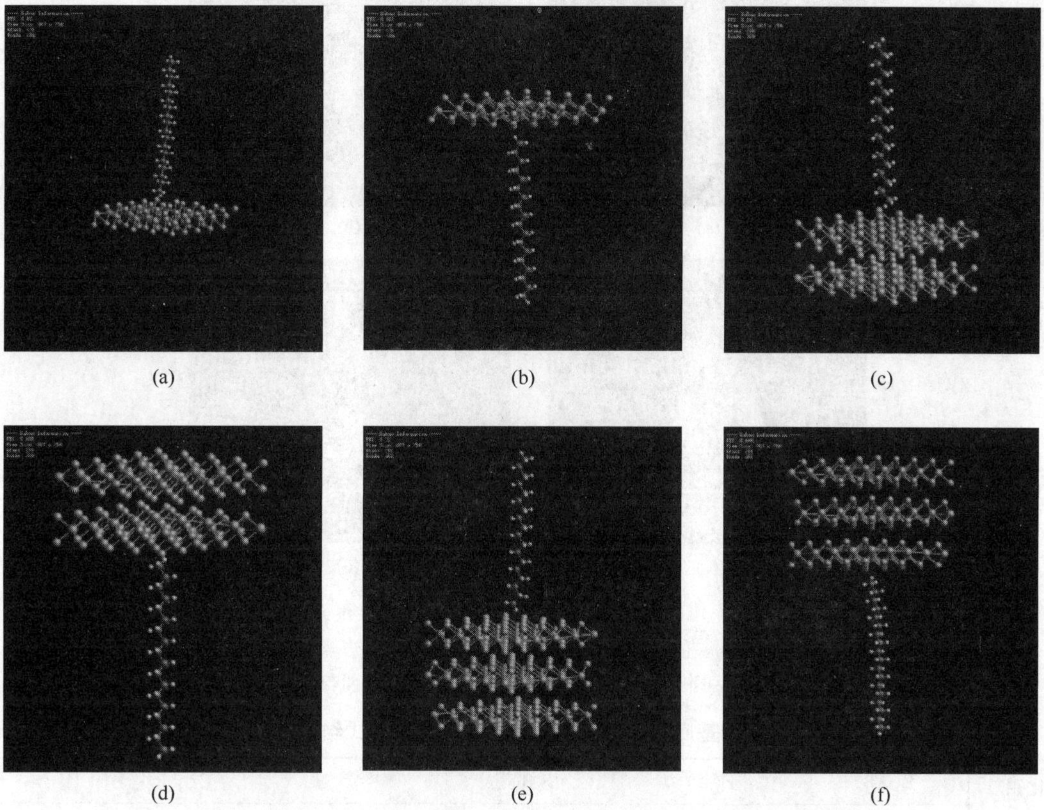

图 2　18 碳直链烷烃分别与三种硫化钼晶体构型接触结构优化图

注：(a)1T-硫化钼正面接触；(b)1T-硫化钼反面接触；(c)2H-硫化钼正面接触；(d)2H-硫化钼反面接触；(e)3R-硫化钼正面接触；(f)3R-硫化钼反面接触。

表 2　18 碳直链烷烃分别与硫化钼三种晶体构型中心位置接触结合能计算结果表

位置		E(AB)	E(A)	E(B)	E_ bind		
		/Hartree	/Hartree	/Hartree	/Hartree	/(kcal/mol)	/(kJ/mol)
1T	正面	-275. 1348	-217. 1565	-57. 9662	-0. 0121	-7. 5916	-31. 7633
	反面	-275. 1344	-217. 1566	-57. 9662	-0. 0115	-7. 2474	-30. 3233
2H	正面	-493. 7347	-435. 7513	-57. 9657	-0. 0177	-11. 1238	-46. 5419
	反面	-493. 7341	-435. 7513	-57. 9658	-0. 0171	-10. 7124	-44. 8205
3R	正面	-710. 9488	-652. 9674	-57. 9656	-0. 0158	-9. 9333	-41. 5608
	反面	-710. 9479	-652. 9674	-57. 9659	-0. 0146	-9. 1347	-38. 2194

1.4 2H-硫化钼基底与18碳直链烷烃排布方式优选

运用大小为5Å×5Å的2H-硫化钼边缘与18碳直链烷烃分别进行平行和垂直两个方向接触，将边缘的2层原子保持松弛，而其他原子保持约束，对18碳直链烷烃分别在水平和垂直方向上使用二面角进行约束。运用2H-硫化钼表面与18碳直链烷烃分别进行平行面面接触，要实现平行排布则需要扩大硫化钼基底的范围，要使得18碳直链烷烃能够被基底所包围，因此对硫化钼进行了15Å×5Å的扩展，同样对边界进行了约束，而18碳直链烷烃与2H-硫化钼基底平行排布，不进行约束，如图3所示。计算不同排布方式下体系的结合能，见表3。

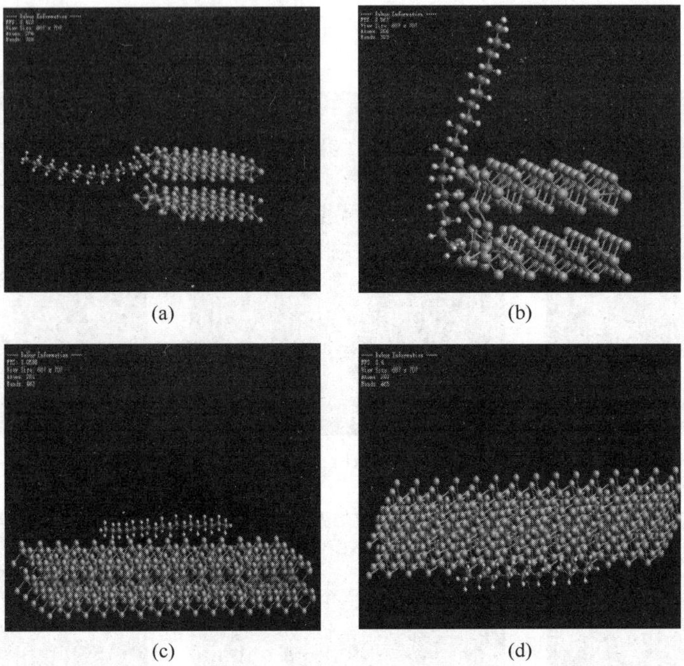

图3 2H-硫化钼基底与18碳直链烷烃不同排布方式结构图

注：(a)2H-硫化钼边缘与18碳直链烷烃平行接触；(b)2H-硫化钼边缘与18碳直链烷烃垂直接触；(c)2H-硫化钼平面与18碳直链烷烃正面接触；(d)2H-硫化钼平面与18碳直链烷烃反面接触。

表3 2H-硫化钼基底与18碳直链烷烃不同排布方式结合能计算结果表

2H-硫化钼接触位置	E(AB) /Hartree	E(A) /Hartree	E(B) /Hartree	E_ bind /Hartree	E_ bind /(kcal/mol)	E_ bind /(kJ/mol)
边缘-平行	-493.8490	-435.8513	-57.9628	-0.0349	-21.8942	-91.6053
边缘-垂直	-493.9135	-435.8519	-57.9563	-0.1053	-66.1069	-276.5914
平面-正面	-911.2805	-853.2490	-57.9638	-0.0678	-42.5176	-177.8938
平面-反面	-911.2890	-853.2489	-57.9637	-0.0764	-47.9456	-200.6042

通过不同排布方式结合能的计算可知，就边缘接触的两种排布方式对比分析可知，垂直排布时，18碳直链烷烃与2H-硫化钼边界处活性位点接触面积大，结合能大，相较于平行接触更稳定。2H-硫化钼边缘与18碳直链烷烃垂直接触时，结合能最大，其次为2H-硫化钼平面与18碳直链烷烃反面接触，虽然平面接触面要大于边缘垂直接触面，但是结合能却低于边缘垂直接触，这是由于2H-硫化钼边缘处原子属于活性位点，其活性高于2H-硫化钼平面理想状态下无活性位点的接触面导致的。

2 共价态——分子动力学模拟

两亲性硫化钼纳米片不仅存在吸附态，也存在共价态，为了研究其共价态最优结构，建立可能的共价态结构和共价键数量，计算不同数量共价键和不同结构的模型总能量，能量最低其结构最稳定。

2.1 两亲性硫化钼纳米片共价态结构建模

通过2H-硫化钼晶格结构可知，可用于接枝的多个活性位点位于纳米片的边缘，如图4所示。用18个碳的直链烷烃对硫化钼纳米片进行改性。

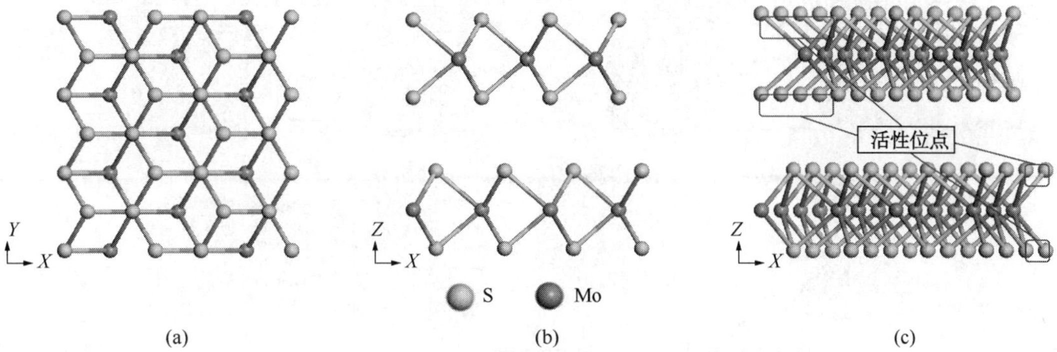

图4 双层硫化钼的棒-球模型晶体机构图

注：(a)俯视图；(b)侧视图；(c)测试图旋转45°

双层硫化钼纳米片模型，其尺寸大小为30Å×40Å×12Å，如图5所示，原子总数为886个，其中Mo原子286个，S原子572个，H原子28个。

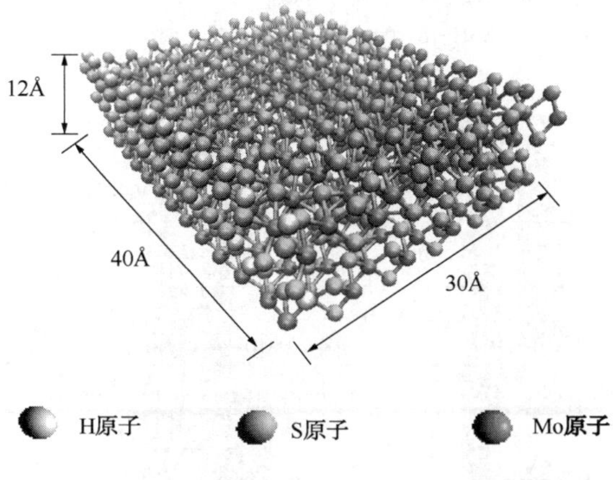

图5 硫化钼纳米片模型结构图

假设在理想状态下硫化钼纳米片无晶格缺陷，不同数量的18碳直链烷烃接枝到双层硫化钼纳米片活性位点上存在不同的接枝方式，两亲性硫化钼纳米片的接枝结构，如图6所示。

图6中按顺序，直链烷烃接枝数量分别为：0、1、2、2、3、4、5、6、7、7、7、7、14、14、14、28。其中，NS2和NS2I；NSQ-Ba、NSQ-Bb、NSQ-Ia和NSQ-Ib；NSH-B、NSH-Ia和NSH-Ib是相同接枝数量的不同接枝方式。活性位点的数量随着硫化钼纳米片尺寸的增大而增加。我们的模型(30Å×40Å×12Å)共有28个活性位点可接枝，其中26个位点对称分布在2H晶格结构一侧的一个分子层上，剩余的2个位点分布于对立侧的另一个分子层上，且对称分布。全部接枝的两亲性硫化钼纳米片(NSA)，接枝位置固定，只能出现一种接枝结构。然而，硫化钼纳米片在未完全接枝的情况下，即接枝直链烷烃数量少于活性位点的数量时，接枝位置是可以选择的，因此存在多种接枝结构。

以半接枝片(NSH)为例进行说明，即接枝了14个活性位点。为了简化模型，确定了其中13个接枝位点，研究第14个碳链接枝位置的变化。根据第14个碳链接枝位置的不同，可以将三种接枝结构分为NSH-B、NSH-Ia和NSH-Ib，如图7所示。

同理，NSQ模型的四种接枝结构示意图如图8所示。

2.2 两亲性硫化钼纳米片共价态结构模拟

运用分子动力学模拟，对不同数量不同接枝结构进行结构优化。首先对各个接枝结构进行能量优化，然后进行几何优化。该优化过程选用cvff力场，各原子带电量采用力场自带电荷，静电相互作用力和范德华相互作用力都采用原子基模拟方法。优化后，可得到各个不同结构总能量，通过总能量对比可知，能量越低，结构越稳定，各接枝结构能量结果见表4。

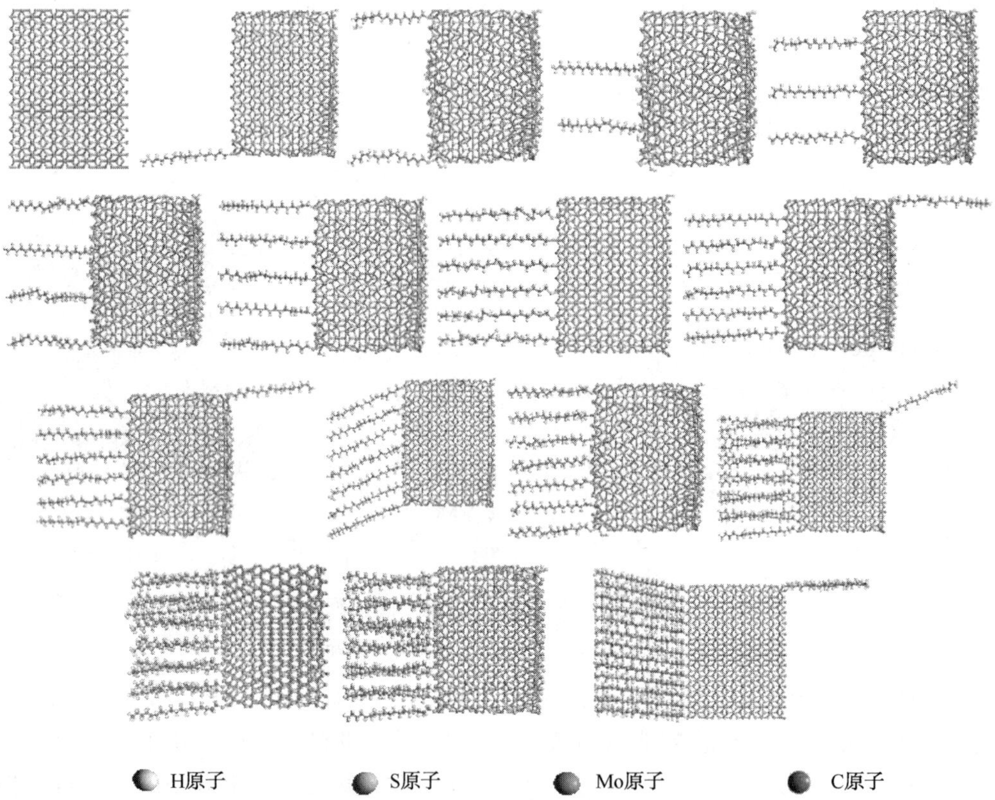

图6　两亲性硫化钼纳米片模型结构图

注：模型依次为：NSZ、NS1、NS2、NS2I、NS3、NS4、NS5、NS6、NSQ-Ba、NSQ-Bb、NSQ-Ia、NSQ-Ib、NSH-B、NSH-Ia、NSH-Ib、NSA

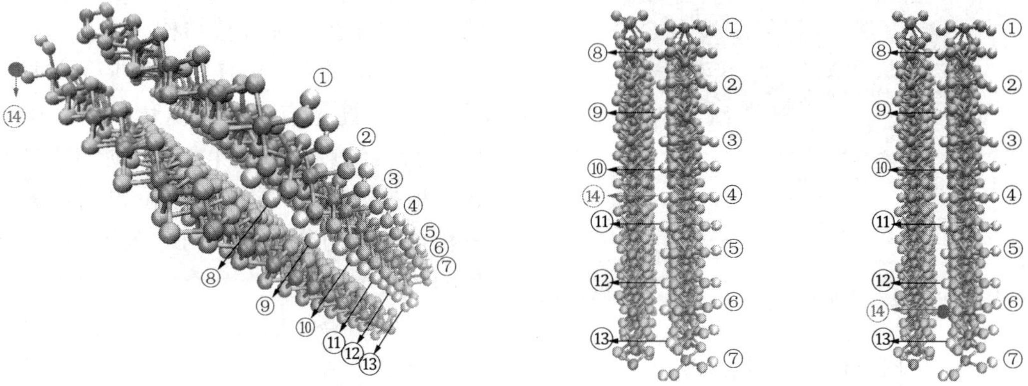

(a)　(b)　(c)

图7　半接枝两亲性硫化钼纳米片的三种接枝结构示意图

(a)NSH-B；(b)NSH-Ia；(c)NSH-Ib

根据表中数据可知，当接枝直链烷烃数量逐渐增大时，两亲性硫化钼纳米片总能量逐渐增大，当两亲性硫化钼纳米片完全接枝时，能量最大，该种接枝方式最不稳定，发生的概率也最小，是由于在活性位点接枝时，既存在活性位点与直链烷烃间相互吸引力，也存在烷烃链与链之间的排斥力，同时，活性位点间距也是直链烷烃能否稳定接枝在硫化钼纳米片上的关键因素。因此全部接枝的两亲性硫化钼纳米片存在的可能性很小且不稳定。当接枝数量为7条，接枝方式为NSQ-Ia时，两亲性硫化钼纳米片的总能量最小，为112305.625802Kcal/mol。从接枝直链烷烃数量来看较为适中，不到硫化钼纳米片总活性位点数的四分之一；从接枝方式来看，接枝的18碳直链烷烃均匀间隔分布在硫化钼纳米片活性位点的单侧。故 NSQ-Ia 为硫化钼纳米片和 18 碳的直链烷烃共价态的最优结构。在后续对两亲性硫化钼纳米片的研究中都选用该共价态模型。

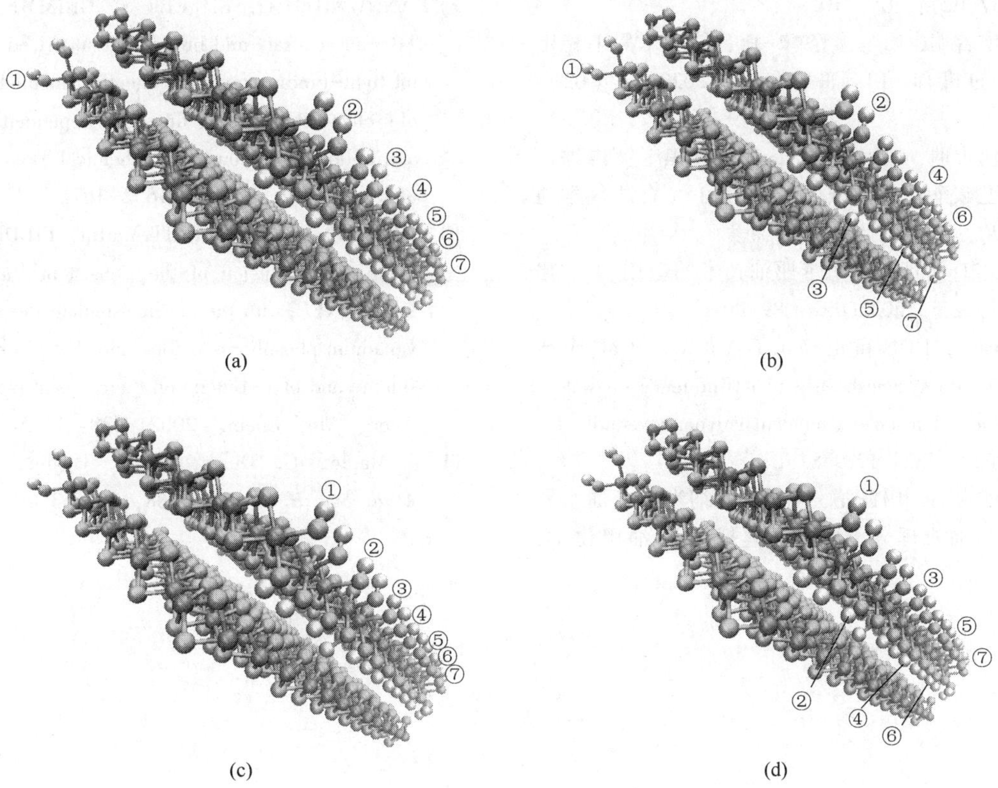

图 8　NSQ 模型的四种接枝结构示意图

注：(a)NSQ-Ba；(b)NSQ-Bb；(c)NSQ-Ia；(d)NSQ-Ib

表 4　两亲性硫化钼不同接枝结构总能量表

Model	Total energy /(Kcal/mol)	Model	Total energy /(Kcal/mol)
NSZ	117397. 882984	NSQ-Ba	136836. 599927
NS1	113620. 562672	NSQ-Bb	134872. 419080
NS2	121293. 758278	NSQ-Ia	112305. 625802
NS2I	121330. 526583	NSQ-Ib	121764. 181229
NS3	121534. 400938	NSH-B	113618. 563939
NS4	121802. 609175	NSH-Ia	119646. 699676
NS5	131203. 949763	NSH-Ib	134597. 583694
NS6	129146. 491064	NSA	251650. 105895

3　结论及展望

(1) 就硫化钼 3 种构型进行量子力学计算，对比其与 18 碳直链烷烃的结合能，确定其与 18 碳直链烷烃结合的稳定构型为 2H 结构。综合文献调研及量子力学计算，最终确定硫化钼纳米片与 18 碳直链烷烃结合的稳定构型为 2H 结构。

(2) 通过量子力学计算硫化钼纳米片与 18 碳直链烷烃间吸附能，明确了中心垂直位置处吸附能最低，边缘位置高于中心位置。当硫化钼纳米片边缘与垂直 18 碳直链烷烃吸附时，吸附能高于其他排布方式，由于 2H-硫化钼边缘处原子属于活性位点，其活性高于 2H-硫化钼平面理想状态下无活性位点的接触面导致的。

(3) 通过分子动力学模拟计算两亲性硫化钼纳米片各个共价态结构达到稳定后的总能量，确定接枝数量为 7 的 2H-NSQ-Ia 结构能量最低，为最优共价态结构。

(4) 本研究对 2-D 纳米黑卡主要成分两亲性硫化钼纳米片的结构进行了优选，明确其最优结构，为后续研究其与表面活性剂的配伍性、与油水相分子间的微观作用机理等提供了重要的基础。

参　考　文　献

[1] 吴伟鹏，侯吉瑞，屈鸣，等. 2-D 智能纳米黑卡微观驱油机理可视化实验[J]. 油田化学，2020，37

(01)：133-137.

[2] 杨景斌，侯吉瑞，屈鸣，等. 2-D智能纳米黑卡在低渗透油藏中的驱油性能评价[J]. 油田化学，2020，37(02)：305-310.

[3] 梁拓，侯吉瑞，屈鸣，等. 2-D智能纳米黑卡稳定乳状液的机理[J]. 油田化学，2020，37(02)：297-304.

[4] 梁拓，侯吉瑞，屈鸣，等. 2-D纳米黑卡室内评价及缝洞型碳酸盐岩油藏矿场应用[J]. 石油科学通报，2020，5(03)：402-411.

[5] 袁美玉. 2D智能纳米黑卡驱油技术的应用[J]. 化学工程与装备，2022(09)：89-90.

[6] FENG Yang，HOU Jirui，YANG Yulong，et al. Morphology of MoS_2 nanosheets and its influence on water/oil interfacial tension：A molecular dynamics study[J]. Fuel，2022，312：122938.

[7] 冯阳，侯吉瑞，杨钰龙，等. 2-D纳米黑卡油水界面微观驱油机理分子动力学模拟[J]. 油田化学，2022，2(39)：311-317.

[8] 冯阳，侯吉瑞，兰夕堂，等. 硫化钼纳米片油水界面特性影响研究[J]. 油田化学，2023.

[9] BANNWARTH C，EHLERT S，GRIMME S. GFN2-xTB—an accurate and broadly parametrized self-consistant tight-binding quantum chemical method with multipole electrostatics and density-dependent dispersion contributions[J]. Journal of Chemical Theory and Computation，2019，15(3)：1652-1671.

[10] RITSCHL Friedrich，FAIT Martin，FIEDLER Klaus，et al. An extension of the Consistent Valence Force Field(CVFF) with the aim to simulate the structures of vanadium phosphorus oxides and the adsorption of n-Butane and of 1-Butene on their crystal planes[J]. Z. Anorg. Allg. Chem.，2002，628：1385-1396.

[11] J. Maple，U. Dinur，A. T. Hagler，*Proc. Nat. Acad. Sci. U. S. A.*，1988，85，5350.

渤海疏松砂岩筛管井压裂增产机理及主控因素分析

张云鹏 张丽平 高 尚 敬季昀 袁晓南 牟 媚 陈 旭 王子权 李 乾

[中海石油(中国)有限公司天津分公司]

摘 要 针对渤海油田疏松砂岩过筛管压裂增产主控因素，统计分析了不同油田储层参数、压裂施工参数与增产效果的关系，通过G函数等方法分析了主压裂压降曲线。从压后日产液量、日产油量、增液倍比、增油倍比综合分析，疏松砂岩过筛管压裂增产效果显著；岩石固结较好的油田增产效果最好，疏松不固结的油田效果最差；压后40%的井含水率降低。8口井降排量分析，近井摩阻以孔眼摩阻为主；不同油田平均增液与增油倍比与液体效率有明显正相关关系；G函数叠加导数曲线显示滤失模式多以PDL或Storage滤失，较少出现基质滤失模式，裂缝形态复杂，缝高容易突破。通过优选低滤失液体体系，增加胶粉浓度，加入降滤失剂等手段提高液体效率，提高过筛管压裂增产效果。研究为后续过筛管压裂选井选层及工艺参数优化提供了新的技术方向。

关键词 渤海油田；疏松砂岩；过筛管压裂效果；主控因素；工艺参数

渤海油田以疏松砂岩油藏为主，生产过程需要下筛管防砂。经过多年的开发，储层非均质性、油藏深部复杂堵塞等导致部分油井产液能力下降严重，常规解堵措施已难以有效解决。针对这些问题，渤海油田提出了先对筛管射孔再加砂压裂最后化学固砂封堵射孔孔眼的过筛管压裂工艺，并进行了21口井的现场试验，取得了较好的增产效果。但针对过筛管压裂工艺，在疏松砂岩压后增产效果主控因素方面尚未完全认识清楚，化学防砂有效期短的问题尤为突出，大部分井压后快速出砂导致无法生产，严重限制了压后增产效果，也影响了该工艺的推广应用。为进一步提高过筛管压裂增产效果，在总结前期过筛管压裂井效果及裂缝延伸形态的基础上，开展了储层参数及过筛管压裂工艺参数对压裂效果影响因素的分析，得出疏松砂岩增产效果主控因素，为后续过筛管压裂工艺参数优化提供借鉴。

1 已施工过筛管压裂井分析

1.1 已施工过筛管压裂井改造效果分析

统计了渤海油田已完成施工的19口过筛管压裂井，措施前后日产液量、日产油量、增液倍比、增油倍比、含水率变化等参数见表1。

表1 过筛管压裂井压后产量数据统计

序号	井号	日产液/m³		增液幅度/%	增液倍比	日产油/m³		增油幅度/%	增油倍比	含水/%		含水率变化/%
		措施前	措施后			措施前	措施后			措施前	措施后	
1	A-1	35	77.4	121.1	1.2	6.7	18.6	177.61	1.78	81	76	-5.0
2	A-2	20.7	120.7	483.1	4.8	4	11.9	197.50	1.98	80.8	90	9.2
3	A-3	16.6	60.8	266.3	2.7	5	13	160.00	1.60	69	78	9.0
4	A-4	232.8	407	74.8	0.7	36	56	55.56	0.56	84.5	88	3.5
5	A-5	248.5	647.55	160.6	1.6	22.1	35.5	60.77	0.61	91.1	94.5	3.4
6	A-6	61.6	341.61	454.6	4.5	7	42.4	505.71	5.06	89.0	86.5	-2.5
7	A-7	198.1	323.67	63.4	0.6	16.47	24.12	46.45	0.46	91.7	92.6	0.8
8	A-8	265.8	131.31	新层	∞	6.6	8.56		∞	97.5	93.5	-4.0
9	B-1	174	404	132.2	1.3	19.1	46.4	142.93	1.43	89.0	90.0	1.0

续表

序号	井号	日产液/m^3		增液幅度/%	增液倍比	日产油/m^3		增油幅度/%	增油倍比	含水/%		含水率变化/%
		措施前	措施后			措施前	措施后			措施前	措施后	
10	B-2	26.4	236.2	796.1	8.0	6.3	31.9	409.58	4.10	76.0	86.0	10.0
11	B-3	112.5	277	146.2	1.5	34.0	58.1	70.88	0.71	72.0	78.0	6.0
12	B-4	90.9	246	170.6	1.7	25.0	24.3	-2.80	-0.03	72.0	92.6	20.6
13	B-5	98.7	251	154.3	1.5	18.0	39.9	121.67	1.22	81.0	84.0	3.0
14	C-1	18.3	314.6	1619.1	16.2	14.1	75.0	431.70	4.32	22.6	76.2	53.6
15	C-2	66.9	267.18	299.4	3.0	12.2	69.1	465.98	4.66	81.7	74.2	-7.5
16	D-1	133.8	390.92	192.2	1.9	26.8	134.8	402.84	4.03	80.0	65.5	-14.5
17	D-2	25.8	90.4	250.4	2.5	9	20.7	130.00	1.30	85.0	77.1	-7.9
18	D-3	23.7	29.9	26.2	0.3	11.7	22.5	92.31	0.92	45.8	24.8	-21.0
19	E-1	33.4	125	274.3	2.7	14.9	56.0	275.34	2.75	55.3	55.0	-0.3
合计		平均增液幅度		315.8	3.2	平均增油幅度		208.00	2.1	76.1	79.1	3.0

根据统计结果，过筛管压裂井压后平均增液倍比 3.2 倍，产液量从压前平均 99.1m^3/d 提高到 249.6m^3/d，平均增油倍比 2.1 倍，产油量从压前平均 15.5m^3/md 上升到 41.5m^3/d。根据统计结果，疏松砂岩过筛管压裂，增产效果显著。另外，根据数据统计，压后产油量是投产初期产油量的 1.2~1.5 倍，表明过筛管压裂不仅具有解堵作用，同时具有改造储层增产的效果。

从图 1 可以看出，不同油田措施后产液量：C>B>A>E>D，C 油田最高，D 油田最低。措施后产油量：C>E>B>A>D，C 油田最高，D 油田最低，与增液效果基本一致，E 油田除外。

不同油田增液倍比：C>B>E>A>D；增油倍比：C>E>A>B>D。从压后日产液量、日产油量、增液倍比、增油倍比综合分析，C 油田增产效果最好，D 油田增产效果最差。如图 2 所示。

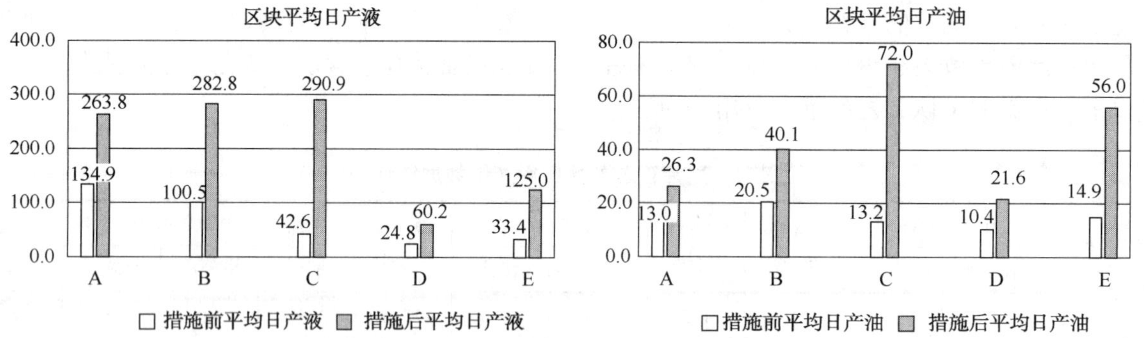

图 1　过筛管压裂井措施前后产量情况

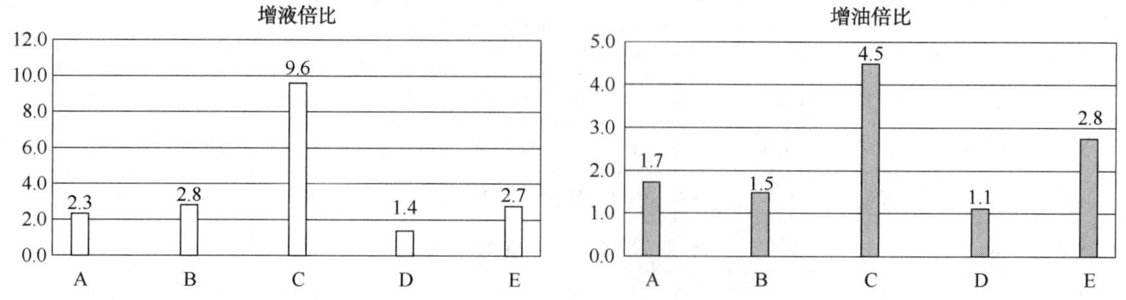

图 2　过筛管压裂井措施前后增产倍比情况

措施后 7 口井含水率降低，占 36.8%，B 油田含水全部上升，D 油田含水全部下降。措施后含水率变化：C>B>A>E>D，C 油田平均含水率上升最多，A、E 油田变化不大，D 油田含水下降明显。疏松砂岩油藏过筛管压裂，通过压开新层可有效实现含水率的降低，并非通常认识的压裂往往会将束缚水变为可动水，导致压后含水上升。如图 3 所示。

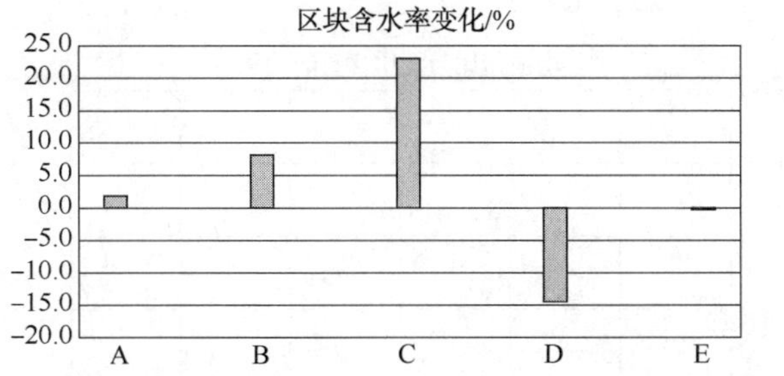

图 3　过筛管压裂井措施后含水变化情况

不同油田增油有效期：C>B>D>A>E。整体来看，增油有效期普遍较短，平均 90 天左右。有效期短的主要原因是压后生产过程快速出砂，导致停泵，无法生产。分析现场情况，得到快速原因主要包括三个方面：一是已施工井过筛管压裂采用尾追树脂覆膜砂、欠顶替、候凝，最后钻塞的方式进行二次防砂，覆膜砂分散在高黏压裂液体系中，密实程度较差，导致胶结后防砂效果差。二是通过实验分析原覆膜砂在低温条件下，胶结强度较低，生产过程容易被破坏失去防砂效果。三是现场施工过程欠顶替量不好控制，欠顶量过多，容易出现压裂管柱内留有砂塞，起管柱困难。欠顶量过少情况下，因为误差可能出现过顶现象，导致被射开的筛管无法被封堵，造成压后快速出砂。D 油田 A8 井过筛管压裂后 6 个月因出砂导致无法生产，该井采用了人工井壁进行防砂，恢复生产，随后稳产近 2 年，累增油超过 2 万方。由此可见，提高压后二次防砂有效期能够有效提高过筛管压裂增产有效期，获得更好的增产效果。如图 4 所示。

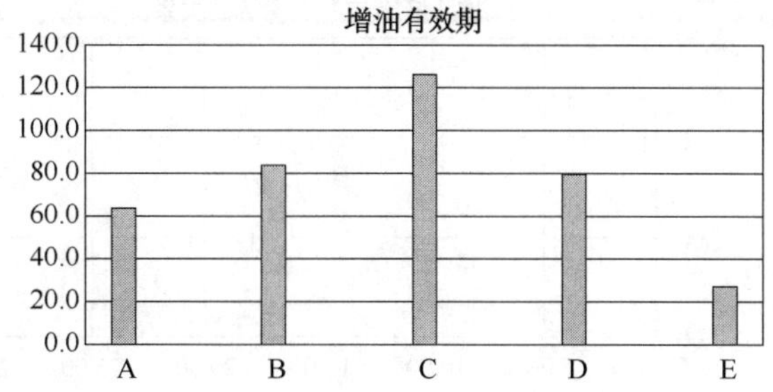

图 4　过筛管压裂井措施有效期

针对二次防砂压后有效期提升方面的措施方向包括：①在原筛管内进行机械二次防砂，如小筛管充填、预充填筛管、筛管补贴等工艺；②采用人工井壁加诱导脱砂的方式提高覆膜砂压实程度；③提高固结剂低温下的固结性能。

1.2　增产效果与储层参数关系分析

统计分析了已施工井的平均有效厚度、渗透率、孔隙度、泥质含量、埋深、加砂强度、液量、平均砂比、Kh 等储层参数与增产效果的关系。如图 5~图 10 所示。

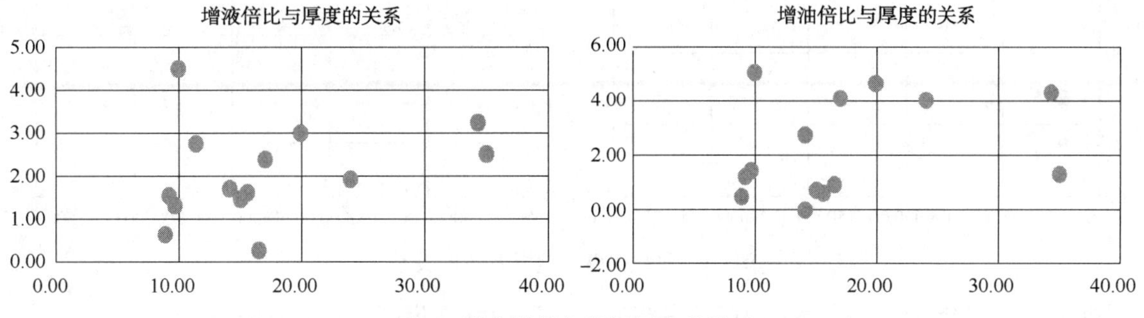

图 5　增产效果与储层厚度的关系

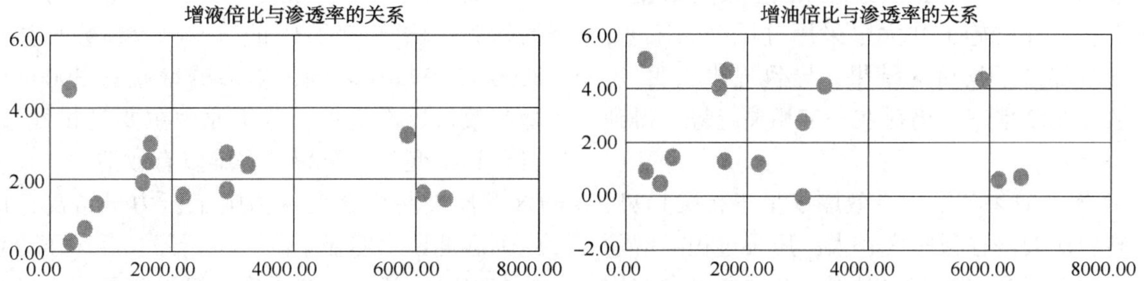

图 6　增产效果与渗透率的关系

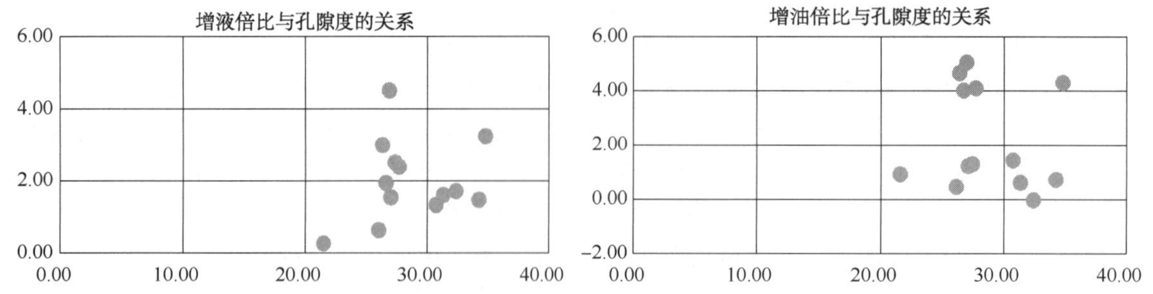

图 7　增产效果与孔隙度的关系

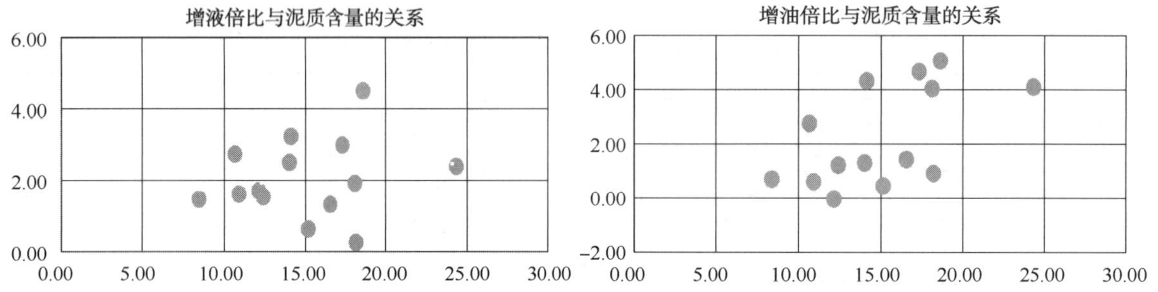

图 8　增产效果与泥质含量的关系

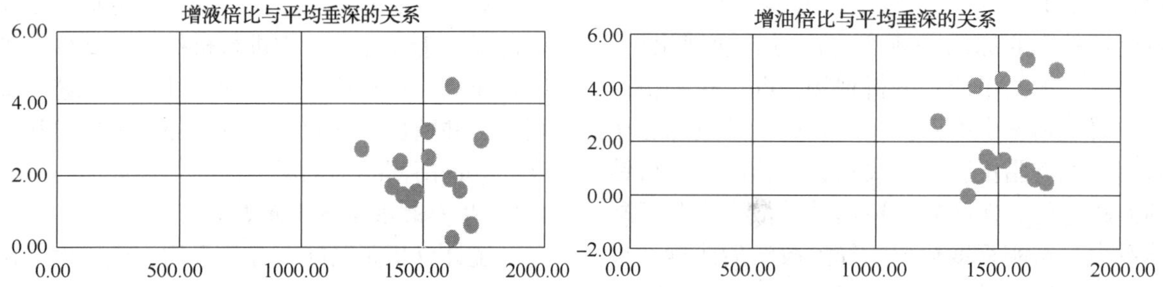

图 9　增产效果与储层埋深的关系

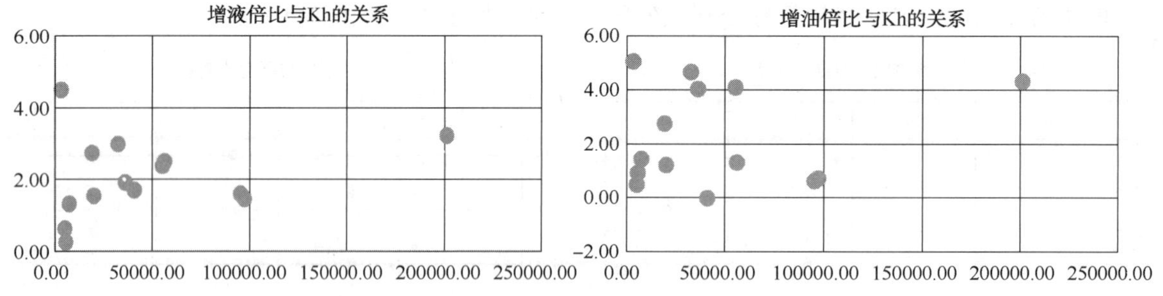

图 10　增产效果与地层系数的关系

根据散点图拟合趋势，整体上增产效果与储层参数相关规律不明显，分析原因主要是数据样本有限，另外已施工井大多采用分压合采工艺，相关参数都是平均后的结果，导致规律不明显，但从散点图结果来看仍存在一定相关趋势。得到认识如下：

① 增产效果与平均有效厚度呈正相关趋势，疏松砂岩压裂段往往厚度较大，压裂过程会解除近井及深部复杂堵塞，同时裂缝会沟通纵向非均质油气富集区，扩大供油面积。

② 增产效果与测井渗透率呈先升高后降低的趋势，增产效果好的井测井渗透率主要在2000～3000mD之间，当渗透率超过3000mD后增产效果反而变差，分析原因主要是物性过高，岩石胶结变差，压裂过程难以有效造缝，C油田C8井压裂曲线就表现为施工压力异常高，即便施工后期压力明显下降，分析停泵后净压力仍高达13MPa，说明裂缝未有效延伸甚至未有效形成

裂缝。

③ 增产效果与测井孔隙度趋势不明显，但增产效果好的井，孔隙度分布在25%左右。目前，已施工井整体孔隙度主要分布在25%左右。

④ 泥质含量20%以内，增产效果与泥质含量呈正相关趋势。原因可能是随着泥质含量升高，胶结程度更好，更有利于造缝。

⑤ 增产效果与地层系数Kh相关性较差，无明显趋势。

根据以上认识，后续过筛管压裂选井建议：储层有效厚度相对较大，建议10m以上；选择岩石胶结程度更高的储层，尽量避免选取不胶结岩石储层。针对不同胶结程度的储层，优化压裂工艺参数，提高造缝效率。

1.3 增产效果与压裂施工参数关系分析

统计分析了液量、平均砂比、加砂强度、前置液占比等压裂施工参数与增产效果的关系，结果如图11~图14所示。

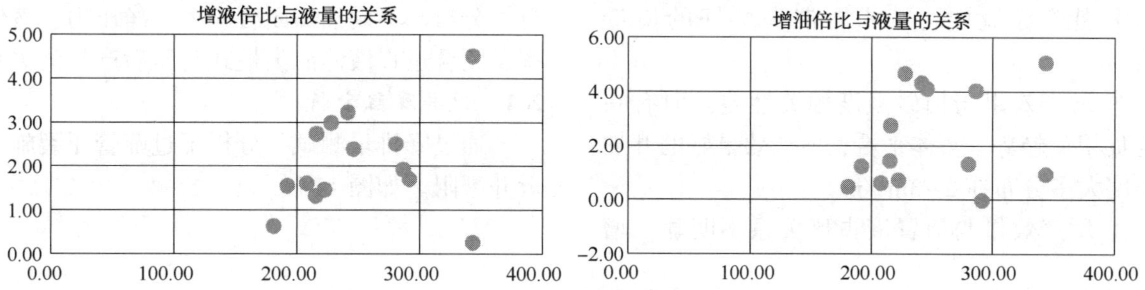

图11　增产效果与液量的关系

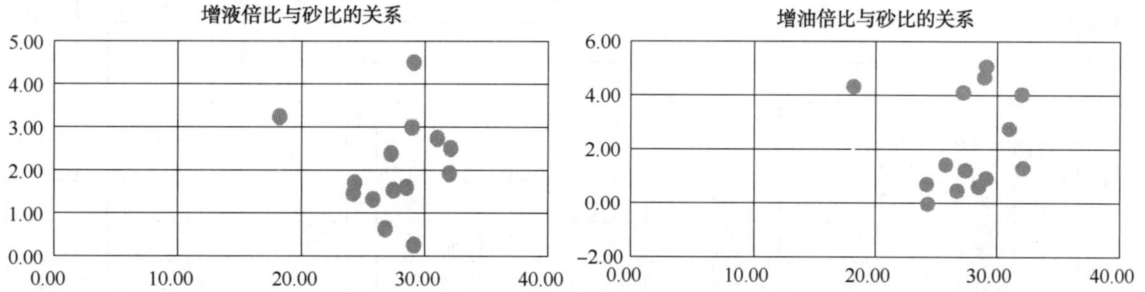

图12　增产效果与砂比的关系

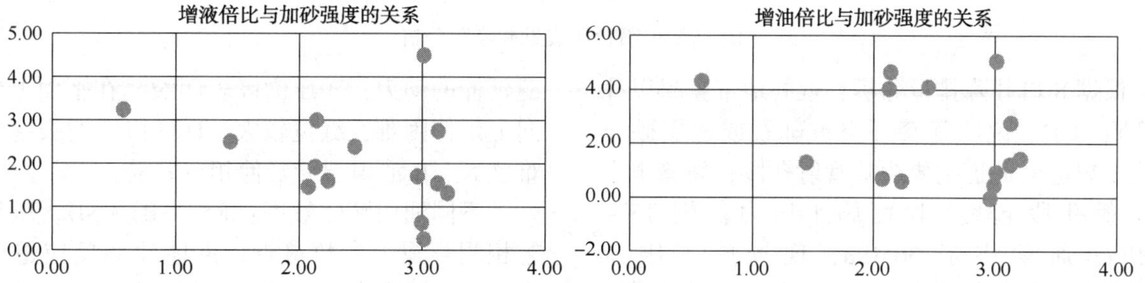

图13　增产效果与加砂强度的关系

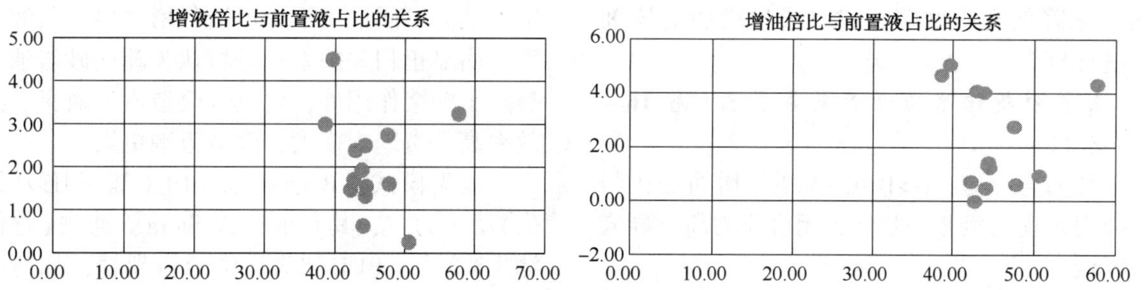

图14　增产效果与前置液占比的关系

根据散点图拟合趋势，整体上增产效果与压裂施工参数相关规律不明显，同样存在数据样本有限，分压合采等因素影响，但从散点图结果来看仍存在一定趋势，认识如下：

① 增产效果与与液量呈一定的正相关趋势。分析认为液量增大，裂缝波及体积变大更大，增大了改造体积。

② 增产效果与平均砂比呈正相关趋势。较高的平均砂比带来更高的导流能力，疏松砂岩储层本身物性较高，需要提高裂缝导流能力，提高无因次裂缝导流能力，才能带来更好的增产效果。

③ 增产效果与加砂强度相关性差，但有一定的负相关趋势。整体来看，增产效果好的井加砂强度大多分布在 2~3m^3/m。

④ 增产效果与前置液占比关系不明显。增产效果好的井前置液占比大多分布在 40%左右。

后续过筛管压裂工艺参数优化建议：从压裂效果来看，现有工艺参数条件下整体增产效果较好，除二次防砂方式以外，不建议进行大的变动，可在原工艺基础上进行适当调整。前置液占比、加砂强度不宜过高，在条件允许的情况下适当提高平均砂比。

2 过筛管压裂施工曲线分析

通过对过筛管压裂井主压裂施工压降曲线进行了分析。不同油田闭合应力、净压力、液体效率及闭合过程液体滤失模式与压后产量的关系。

2.1 近井摩阻分析

通过降排量测试，分析了过筛管压裂施工的近井摩阻。如图 15 所示。

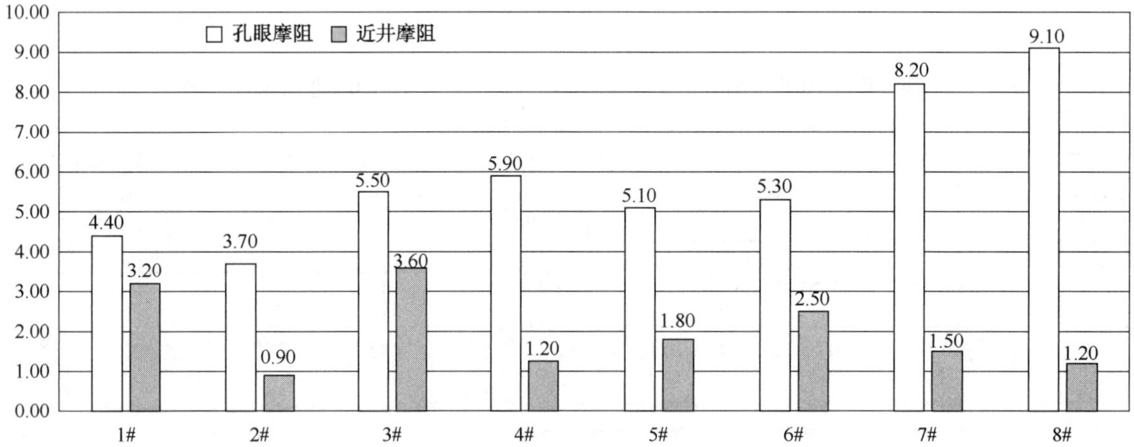

图 15 过筛管压裂近井摩阻分析

根据 8 口井降排量分析，近井地带摩阻以孔眼摩阻为主。说明筛套环空被砾石或地层砂充填，压裂进液通道主要为筛管射孔段，裂缝也主要从射孔段起裂。地面施工压力范围 15~40MPa，通常小于 30MPa，现场施工限压 50MPa，安全系数 1.25 以上，考虑二次防砂，沿用目前射孔参数，射孔相位 60/120°，孔密 16 孔/m。未降低孔眼摩阻，建议通过增加支撑剂段塞进行打磨。

2.2 压裂分析结果与增产效果关系(图 16~图 22)

平均闭合压力：D>B>C>A>E。增油倍比与闭合应力表现为负相关趋势，闭合应力高，导流能力降低。

主压裂净压力：D>A>C>B>E。净压力是裂缝延伸的动力，净压力高表明裂缝在平面上或纵向上延伸困难，缝宽较大。D 油田压裂裂缝延伸难度大，B 油田裂缝延伸相对容易。

不同油田液体效率：E>C>B>A>D。压裂工艺相同，施工参数接近，液体效率反应造缝能力。E 油田液体效率最高，但只有 1 口井，不具有代表性。C 油田液体效率其次，D 油田液体效率最低。不同油田平均增液与增油倍比与液体效率有明显正相关关系。分析认为疏松砂岩油藏压裂除了解堵作用外，也具有改造增产效果，液体效率高，裂缝规模大，改造范围更大。

滤失模式：B 油田以 PDL(基于压力的滤失)滤失为主，其它油田以 Storage 滤失(存储式滤失)为主。PDL 滤失：沟通微裂缝，加速滤失(亏空区)。Storage 滤失：较宽横切缝/沟通隔层，减缓滤失。

FOP(fissure open pressure)：C>A>D>E>B。疏松砂岩FOP整体较低，裂缝净压力高于FOP便会开启，缝高易沟通。C油田FOP最高，微缝开启相对困难，有利于主裂缝延伸。B油田FOP最低，可能为地层出现大量亏空通道，压裂易沟通。建议采用补能或暂堵后压裂的方式，填补亏空，延伸主裂缝。

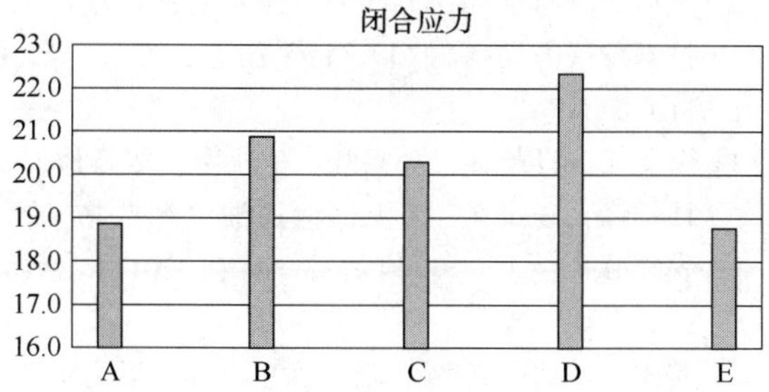

图16　不同油田闭合应力情况

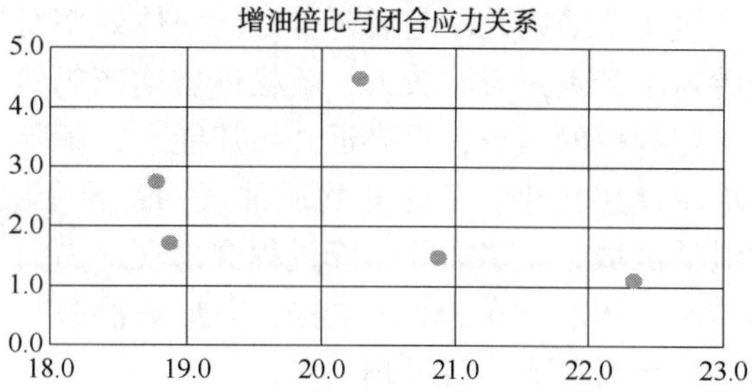

图17　增产效果与闭合应力的关系

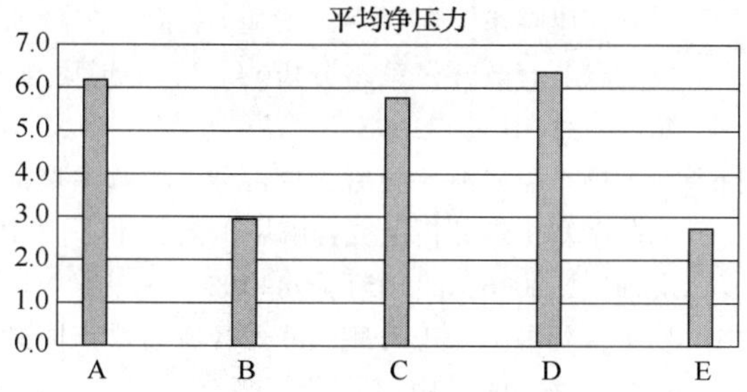

图18　不同油田净压力分布情况

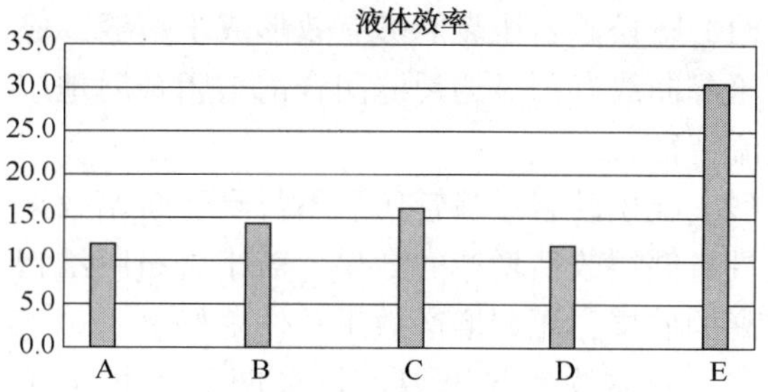

图19　不同油田液体效率分布情况

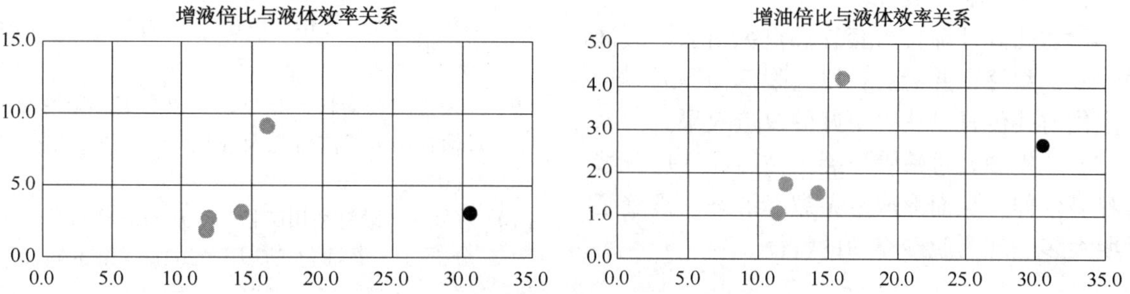

图20　不同油田增产效果与液体效率的关系

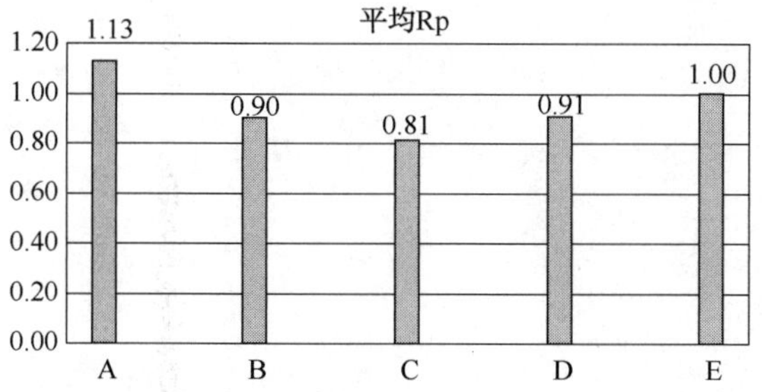

图21　不同油田滤失模式分布情况

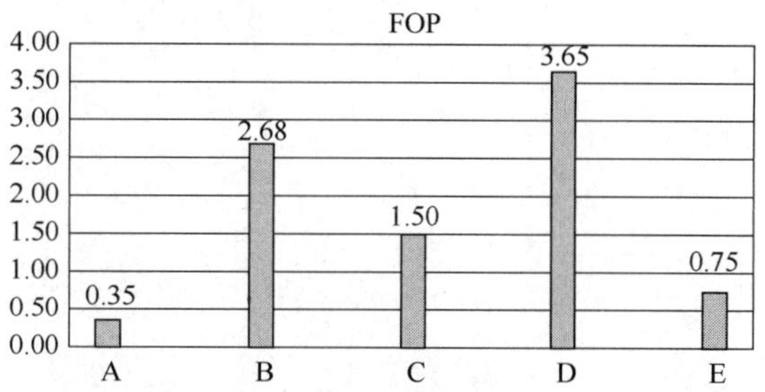

图22　不同油田为裂缝开启压力的分布情况

通过压后分析，得到以下认识：①疏松砂岩压裂能够形成主裂缝，双对数曲线观察到明显的裂缝闭合前后的裂缝线性流及闭合压力点，但由于封隔器解封及地层压力系数低等原因未观测到拟径向流。②G函数叠加导数曲线多以PDL或Storage滤失，较少出现基质滤失模式，表明裂缝形态复杂，缝高容易突破隔层。③B油田以PDL滤失为主，分析认为该油田储层存在大孔道亏空区域，其它油田以 Storage 滤失为主(缝高方向易延伸或横切缝)。④整体微裂缝开启压力较低，表明最大最小水平主应力差较小，一定程度增加了裂缝复杂程度。⑤近井摩阻以孔眼摩阻为主，射孔段之外筛套环空纵向上压裂液流动较差，裂缝主要沿射孔段起裂延伸。⑥液体效率对疏松砂岩增产效果影响较大，疏松砂岩增产仍然需要一定规模的裂缝，提高近井导流能力，解除近井地带储层污染，沟通非均质油气构造富集，增大泄油区域。⑦多数井压降过程会出现压力突变的情况，压力点在 3MPa 左右，即封隔器解封压力，对分析造成一定影响。

3 结论

(1) 疏松砂岩压裂能够有效形成主裂缝，停泵后压降曲线有明显的裂缝闭合前与闭合后地层线性流特征。

(2) 疏松砂岩过筛管压裂不仅具有解堵效果而且具有储层改造增产的效果，对于岩石胶结程度较高的储层，压裂增产效果整体更好。

(3) 液体效率与压裂产量呈明显正相关关系，疏松砂岩增产仍然需要一定规模的裂缝突破污染带，改造储层，实现增产。

(4) 射孔段外筛管与套管环空纵向上压裂液流动较差，裂缝主要沿射孔段起裂延伸，后续进一步优化射孔位置，获得更好的改造效果。

(5) 疏松砂岩过筛管压裂微裂缝易开启，缝高易容易延伸，从而形成复杂裂缝形态，裂缝延伸后期大多表现为脱砂充填的特征。

参 考 文 献

[1] 王坤，吴增智，邹鸿江. 海上中高渗储层压裂工艺技术研究与实践[J]. 钻采工艺，2016，39(6)：54-57.

[2] 马英文，邓建明，赵少伟. 海上老油田增产的工程技术发展方向探讨[J]. 钻采工艺，2019，42(04)：110-111.

[3] 徐文江，肖茂林，孙兴旺，王永刚，贾云林，姜安，杜景锋，姜维东. 海上低渗透油田水平井多级压裂先导试验[J]. 中国海上油气，2017，29(06)：108-114.

[4] 龚宁，李进，陈娜，张启龙，徐涛. 渤海油田水平井出水特征及控水效果评价方法[J]. 特种油气藏，2019，26(05)：147-152.

[5] 梁丹，康晓东，何春百，王旭东. 海上三低油田开发难点及有效开发策略分析[J]. 石油地质与工程，2019，33(01)：72-75.

[6] 卢大艳，孟祥海，吴威，周际永. 渤海注聚油田堵塞井堵塞机理分析及复合解堵工艺设计[J]. 中国海上油气，2016，28(05)：98-103.

[7] 杨子，刘国振，王万鹏. 过筛管压裂增产防砂技术在海上油田的应用[J]. 辽宁化工，2021，50(04)：569-571.

[8] 陈勇军，郑旭，郭秩瑛，李彪，王曼依. 过筛管压裂技术在海上油田的应用[J]. 石化技术，2019，26(09)：3-4.

[9] 王绪性，郭布民，徐延涛，袁文奎，李湾湾. 海上过筛管压裂工艺研究及应用[J]. 钻采工艺，2022，45(02)：56-60.

[10] 张丽平. 渤海油田疏松砂岩压裂起裂参数影响因素分析[J]. 石油化工应用，2021，40(09)：81-85.

CO_2 驱分层注气工艺管柱适用性分析及展望

廖朝辉　杨树坤　李　越　赵广渊　蔡洪猛

（中海油田服务股份有限公司油田生产事业部）

摘　要　CO_2 驱油技术是一项兼顾经济效益、社会效益、环境保护的驱油技术，而注气管柱是 CO_2 进入到地层的通道，是保证 CO_2 驱油技术顺利实施的关键环节。目前我国现场应用的注气管柱多为笼统注气管柱、同心双管分层注气管柱及偏心投捞分层注气管柱。笼统注气管柱仅适用于吸气剖面较为均匀、层间差异较小的储层；同心双管分层注气管柱作业复杂、费用高、地面设备占地大、只能实现分两层注气；偏心投捞分层注气管柱测调效率及精度较低，且测调成本高，均不满足 CO_2 驱油田的精细、高效开发需求。针对这一现象，在现有成熟分层注水管柱的基础上，设计了三种分层注气管柱，并对所设计管柱进行了技术适应性分析和实施难点分析，分析发现：所设计的三种分层注气管柱各有优势，配套井下气体流量计的研制既是设计管柱的主要实施难点也是实现精细化注气的关键。最后各类流量测量技术进行了技术特性及研究难度分析，并对井下气体流量计的设计选型提出了建议和展望。

关键词　注气管柱；CO_2 驱；分层注气；井下气体流量计；展望

CO_2 驱油技术作为三次采油的一种，不仅可以显著提高原油采收率，还能有效地将 CO_2 封存于地层，是一项兼顾经济效益、社会效益、环境保护的驱油技术。CO_2 驱油的主要优点是易于达到超临界状态，CO_2 在温度高于临界温度 31.26℃、压力高于临界压力 7.2MPa 时处于超临界状态，CO_2 性质发生显著变化，其密度近于液体，黏度似于气体且扩散系数为液体的 100 倍，因而具有较大的溶解能力。原油溶有 CO_2 时，其性质会发生变化，甚至油藏性质也会得到改善，这就是 CO_2 提高原油采收率的关键。具体来讲，CO_2 驱油的机理有：降低油水界面张力；降低原油黏度；使原油体积膨胀；与原油实现混相驱油。

CO_2 驱油技术在国外已有近七十年发展历史，应用较为成熟，是国外提高原油采收率和 CO_2 地质封存的重要途径，自 1990 年来，国内各油田积极发展引进 CO_2 驱油技术，但由于国内外油藏类型差别较大，不能照搬引用国外成熟技术，需因地制宜，形成一套适用于我国油藏的 CO_2 驱油技术。CO_2 驱注气管柱是 CO_2 气体进入地层的通道，是保证 CO_2 驱油顺利进行的关键，由于 CO_2 的注入提出了管柱的耐腐蚀性、气密性、防气窜等各种要求，所以，必须设计专门的 CO_2 驱注气管柱。

目前我国各油田所使用的 CO_2 驱注气管柱多为笼统注气管柱，该类管柱在注气初期时能有较好的驱油效果，可满足一定的注气需求，但随着注气的持续进行，存在着吸气剖面不均匀、气窜现象逐渐严重、部分低渗层动用程度较低等问题，CO_2 驱油效果严重受限，笼统注气管柱逐渐不适用。分层注气管柱使用较少，我国常见的分层注气管柱主要有同心双管分层注气管柱、偏心投捞分层注气管柱等。其中，同心双管分层注气管柱测调精度较高，但作业成本高、最大分层数仅 2 层；偏心投捞分层注气管柱最高可分 6 层注气，但测调精度及测调效率较低、仅适用井斜 ≤60°。

上述两种分层注气管柱均存在一定局限性，不利于大范围推广应用。针对这一问题，本文在现有成熟分层注水管柱的基础上设计了三种分层注气管柱，可满足 CO_2 驱油田的精细、高效开发需求，提高 CO_2 驱油技术普及率。

1　CO_2 驱注气管柱发展现状

1.1　笼统注气管柱现状

目前我国各油田所使用的 CO_2 驱注气管柱多为笼统注气管柱，常见的有以下几种：

1.1.1　分体式丢手注气管柱(图 1)

张瑞霞等人研究了一种分体式丢手注气管柱，该管柱采用分体式丢手结构，更换上部注气管柱时，无需起出下部管柱，同时可以实现锚定、反洗、免压井作业等功能。该管柱主要由反洗阀、水力锚、密封插头、丢手及回接筒、蝶板单向阀、Y441封隔器、底部止回阀等组成，具体管柱结构如图1所示。

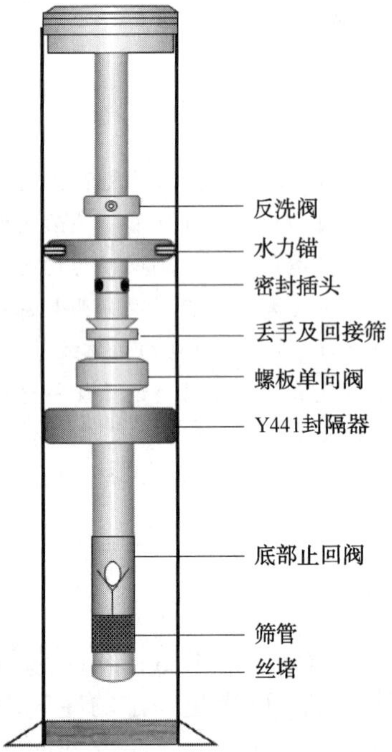

图1　分体式丢手注气管柱结构图

1.1.2　二次压缩防返吐式注气管柱(图2)

曹力元等人设计一种二次压缩防返吐式注气管柱，该管柱结构简洁，气密封较好，可实现防返吐、反洗、免压井作业等功能。该注气管柱组成结构从下至上为：多功能注气阀+ϕ73.02mmN80外加厚油管+Y445J封隔器+滑套+ϕ73.02mmN80-3Cr-BGT1扣气密封油管。

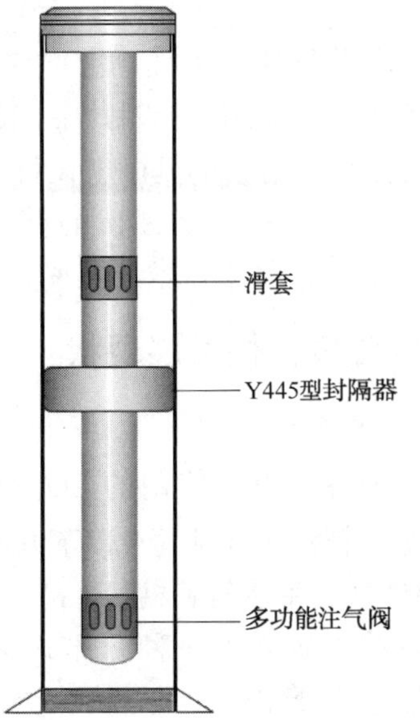

图2　二次压缩防返吐式注气管柱结构图

该管柱的下入步骤为：①按照上述管柱结构连接工具并下入，管柱下入到位后替环空保护液；②磁定位校深，待封隔器下至指定位置后，上提油管挂，投球，油管打压坐封Y445J封隔器，同时关闭多功能注气阀反循环孔；③下放注气管柱，坐油管挂，利用管柱自身重量二次加压坐封封隔器；④试注水，逐级提高注入压力直至30MPa，记录吸水指数，开套闸观察套管是否有水流出，确保管柱密封性；⑤开始正常注气作业。

该注气管柱主要具备以下特点：①封隔器以上采用N80-3Cr-BGT1扣气密封油管，油管气密性及耐腐蚀性较高，可确保油管在注气过程中不发生渗漏；②采用二次压缩Y445J封隔器，该封隔器坐封过程包括液压坐封和管柱加压坐封两个步骤，液压坐封后双卡瓦锚定机构张开锚定，之后管柱加压，利用注气管柱自重持续压缩胶筒，确保后期胶筒与套管内壁的接触应力持续不变，该封隔器坐封后具备锚定及长期双向承高压能力，进一步提高管柱气密性；③滑套、封隔器及注气阀等工具的主要钢体均采用30Cr13不锈钢，耐腐蚀性较高；④多功能注气阀反循环孔关闭后具备返吐功能，在停注时可防止注入气返吐。

二次压缩防返吐式注气管柱作为目前苏北油田最常用的注气管柱，已现场应用30余井次，应用效果较好，现场最高注气压力达30MPa，部分井超过三年仍保持套压为0，管柱的可靠性及气密性得到了验证。但该管柱在后期起出时出现了封隔器丢手失败和打捞遇卡等问题，仍需进一步改进完善。

1.2　分层注气管柱现状

针对笼统注气工艺管柱存在的不足，许多专家学者开始研究分层注气工艺管柱，部分分层注气工艺管柱已完成初期现场实验。

1.2.1　油套分层注气管柱

油套分层注气管柱结构十分简单，从下至上由喇叭口+封隔器+水力锚组成，水力锚实现锚定功能，可防止注气时管柱蠕动而导致的封隔器胶筒磨损、失效；通过油套环空通道对上层注气，通过油管通道对下层注气；井口装有两套地面计量控制装置，可实现在地面分别对上下两层的注气量进行计量和控制，达到精细注气。

油套分层注气管柱作为最易实现的分层注气

管柱的同时，也存在着一些缺陷：封隔器上部套管长期承受注气高压和 CO_2 腐蚀，易发生套管断裂；无井下安全阀缺少井下安全控制机构，管柱风险性较高；气密封性及可靠性较差，修井作业时封隔器解封困难。

1.2.2　同心双管分层注气管柱(图3)

曹力元根据苏北油田的注气需求研究了一套同心双管分层注气管柱，该注气管柱可实现防返吐、锚定、高气密性和地面高精度高效率调配等功能，可实现分两层注气。该管柱由注气外管柱和注气内管柱两部分组成，注气外管柱由上至下管柱结构为：气密封油管+外管滑套+Y445 型封隔器+分注器+注气丢手接头+Y441 型封隔器+注气阀，注气内管柱由上至下管柱结构为空心杆+内管滑套+中心管+内插管。井口装有两套地面计量控制装置，分别控制上下层的注气量。

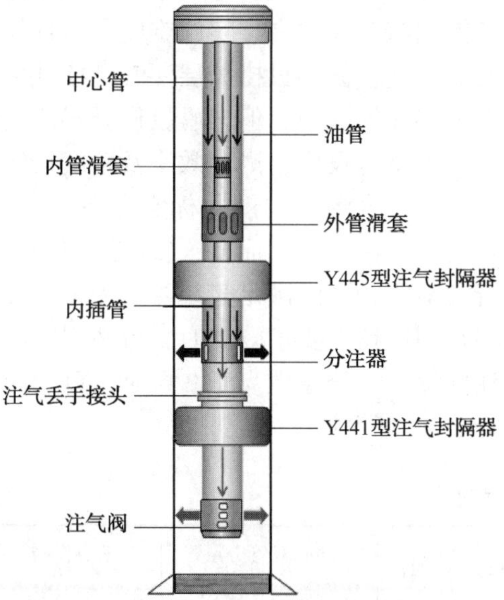

图3　同心双管分层注气管柱结构图

该管柱的的下入步骤为：①依照管柱结构设计，依次组装连接注气外管柱并下入，管柱下至指定深度后向油套环空注缓蚀剂；②磁定位校深，待封隔器下至指定位置后，上提油管挂，投球，油管打压坐封 Y445J 封隔器和 Y441 封隔器，同时打开多功能注气阀；③组装连接注气内管柱并下入，管柱下至设计深度后，打开分注器，加压，验证封隔器、空心杆等的气密封性。④连接地面分注调配系统，调整阀门试注；⑤开始正常注气作业，通过调节地面控制阀门，分别控制上、下层位注气量。

该管柱的分注器起封隔和枢纽作用，注气内管柱的内插管插入到分注器密封机构中，完成内外管连接与封隔；同时分注器设有侧通道和中心通道，分注器在径向上外壳和密封外管之间形成侧通道，通过侧通道对上层注气；密封内插管和密封外管轴向芯部共同构成中心通道，通过中心通道对下层注气。

该管柱上部采用 Y445 型封隔器，下部采用 Y441 型封隔器，这两种封隔器均采用双向锚定，可长期双向承压，有效防止管柱蠕动；两种封隔器均采用液压坐封和管柱加压坐封，液压坐封锚定后，可依靠油管自重持续加压坐封功能，进一步提升密封性和可靠性。

该管柱配套的地面计量控制装置选用质量流量计，对该流量计进行精度测试发现，测量误差最大为 0.45%，精度较高，满足油田精细分层注气调配要求。

苏北油田于 2021 年进行了同心双管分层注气管柱的现场应用，管柱下入后对油管环空挤液打压至 30MPa，油套环空及空心杆均无液体返出，验封合格。之后对该井进行了分层注气调配，配注量为：上层 20t/d、下层 10t/d，调配后实际注入量为：上层 20.12t/d、下层 9.9t/d，调配效率及调配精度均较高。截至 2022 年，该井已累计注入 6500t CO_2。

1.2.3　偏心投捞分层注气管柱(图5)

偏心投捞分层注气工艺通过钢丝作业反复投捞堵塞器，对各层进行吸气指数测试，计算得出各层所需节流压差，然后分别对各层更换不同尺寸气嘴，控制产生足够的节流压差，从而达到实现分层注气的目的。该工艺配套的气嘴需在地面模拟井下环境进行测试试验，标定出详细的嘴损图版，以便指导现场调配作业时气嘴选型，调高分层配气精度。一般来说，所需的节流压差较小，则采用单级气嘴；所需的节流压差较大，则采用多级串联气嘴设计。如图 4 所示。

偏心投捞分层注气管柱组成结构从下至上为：丝堵+2#止回配注器+Y341 封隔器+1#止回配注器+Y444 封隔器+Y341 封隔器+交替注入调节器+防腐油管。

该管柱具有满足多层分注要求、停注防返吐设计、一趟钢丝实现投捞多个堵塞器等技术特点；但同时也存在着测调效率低、误差大、钢丝作业风险大的问题，经常出现投不进、捞不出等钢丝掉卡事故，且不满足大斜度井应用需求。

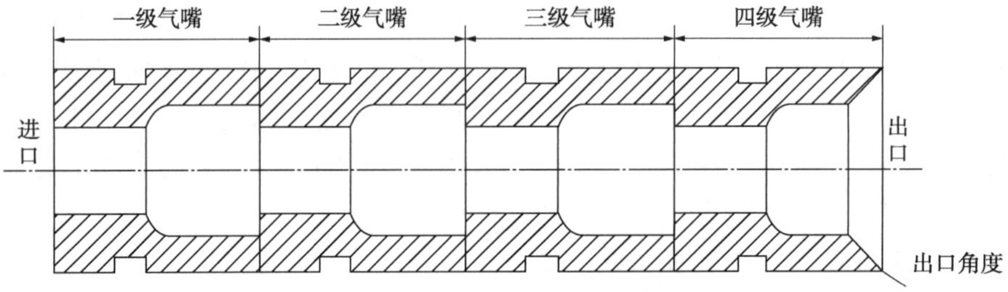

图 4　同心多级气嘴

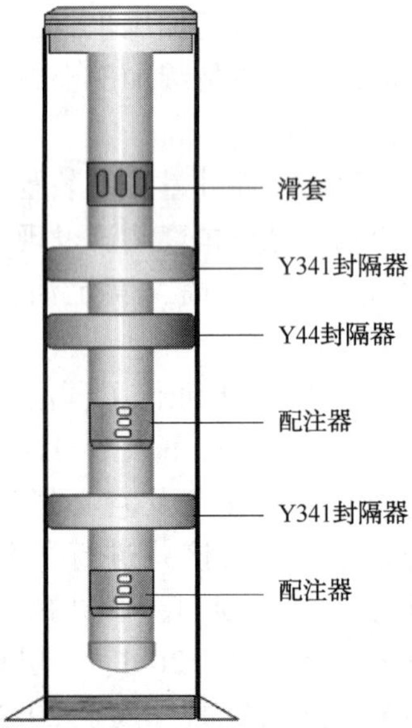

图 5　偏心投捞分层注气管柱结构图

1.3　现有注气工艺技术对比

对现有的注气管柱进行技术对比，详情见表 1。

由表 1 可知，目前所使用的注气管柱均不具备井下数据监测能力，无法实时获取井下注入情况；分体式丢手注气管柱和二次压缩防返吐式注气管柱不具备分层注气能力，但二者整体可靠性较高；油套分层注气管柱可分两层注气，但整体可靠性较差，后期套管腐蚀严重；同心双管分层注气管柱通过开关地面阀门即可调节对应层注气量，无额外测调成本且测调效率及精度较高，但该管柱前期施工成本高、实施难度大，且仅能实现分两层注气；偏心投捞分层注气管柱具备三层及以上分层注气能力，但偏心投捞分层注气管柱测调方式为钢丝投捞，测调效率及精度较低，测调成本高，且气嘴嘴损图版标定存在一定难度。针对目前现有注气管柱而言，二次压缩防返吐式注气管柱能够较好的满足笼统注气需求；分层数为 2 层且测调精度要求较高时，可选用同心双管分层注气管柱；分层数大于 2 层时，可选用偏心投捞分层注气管柱。

表 1　现有注气管柱技术对比

管柱类型	分体式丢手注气管柱	二次压缩防返吐式注气管柱	油套分层注气管柱	同心双管分层注气管柱	偏心投捞分层注气管柱
最大分层数	笼统注气	笼统注气	2 层	2 层	6 层
井斜限制	≤60°	≤60°	无	无	≤60°
温度等级/℃	150	150	150	150	150
井下数据监测能力	无	无	无	无	无
测调方式	–	–	地面阀门调节	地面阀门调节	钢丝投捞
测调效率	–	–	高	高	低
测调精度	–	–	高	高	低
测调成本	–	–	无	无	高
整体可靠性	较高	较高	低	较高	中等
实施难度	中等	较低	低	高	较高，气嘴嘴损图版标定
下管柱成本	较高	较低	较低	高	中等

2　CO_2 驱注气管柱设计改进

如同注水管柱发展历程一样，注气管柱也必将朝着高效化、自动化、智能化、一体化方向发展，以满足 CO_2 驱油田的精细、高效开发需求，而目前所使用的注气管柱并不能满足该需求，针对这一现象，本文分析借鉴了现有成熟的分层注水管柱，并在此基础上设计了三种分层注气管柱。

2.1　液控分层注气管柱（图 6）

自 2016 年以来，液控分层注采技术已在渤海油田应用近 90 井次，取得了良好应用效果。鉴于这一情况，设计了一套液控分层注气管柱。液控分层注气管柱是利用地面控制系统通过井下多根永置的液控管线，来实现对井下各注气层配注器气嘴开度的实时调节。该注气管柱的组成结构从下至上为：3#液控配注器+2#可穿越插入密封+2#液控配注器+1#可穿越插入密封+1#液控配注器+可穿越定位密封+水力锚+滑套+井下安全阀，同时地面配套有地面控制系统。

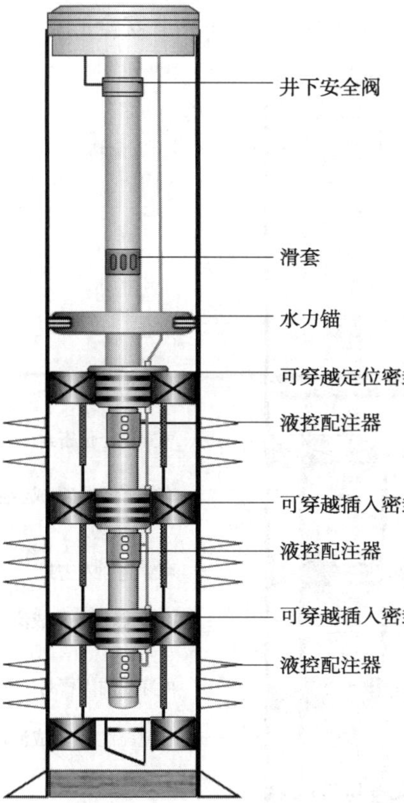

图 6　液控分层注气管柱结构图

2.1.1　液控分层注气管柱技术适应性分析

液控分层注气管柱具有以下几个优点：

（1）该注气管柱可在地面调配，无需钢丝反复投捞作业，不占用井口，调配效率较高；

（2）可满足大斜度井、水平井应用需求，最高可分 6 层注气；

（3）该管柱所用到的工具均采用全机械结构，无电子元器件，在井下长期高温、高压复杂工况下稳定性及可靠性高。

该管柱的缺点也较为明显，主要有以下几点：

（1）多层注水井液控管线数量较多，液控管线下入过程中不可被挤压，现场施工难度大；

（2）目前液控配注器最高调节级数为 8 级，调节级数较少，分层调配精度有限；

（3）地面无法实时监测井下各层注气情况，无法直观判断各层注气情况。

2.1.2　液控分层注气管柱实施难点

（1）所有井下工具均需具备较好的防 CO_2 腐蚀性能，井下工具的钢体需选用高性能不锈钢材质，插入密封的胶筒及液控配注器的密封部件需选用耐高温、耐高压、抗 CO_2 气侵的特制橡胶；

（2）需配套防 CO_2 腐蚀液控管线，成本较高；

（3）需设计一套可穿越多根液控管线的插入密封，该插入密封坐封后需具备良好气密性和耐腐蚀性；

（4）需设计一套气嘴配置，包括气嘴选型、气嘴尺寸组合，气嘴过大则调配精度低，气嘴过小则容易被沥青质堵塞；

（5）液控分层注气技术的分层注气量是根据嘴损曲线、单层吸水指数及全井吸水指数计算得到的，而气嘴嘴损图版的标定较为困难，尤其是高流量区间的气嘴标定，实验条件难以满足。

2.2　测调一体分层注气管柱（图 7）

设计了一套测调一体分层注气管柱，该管柱是通过电缆作业下入测调仪来实现水嘴调节、井下数据测量的技术。测调一体配注器内置无极可调气嘴，测调仪内置压力传感器、温度传感器、流量计、定位机构、调节结构，测调仪随着电缆下入后，通过定位机构找准准确位置，实现测调仪与配注器对接，对接成功后即可通过地面仪器监测温度、流量、压力曲线并实时调整注水阀水嘴大小。该注气管柱的组成结构从下至上为：3#

测调一体配注器+2#插入密封+2#测调一体配注器+1#插入密封+1#测调一体配注器+定位密封+水力锚+滑套+井下安全阀。

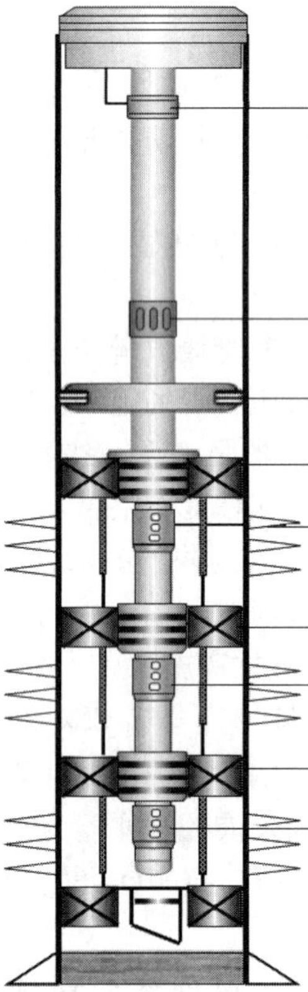

图7　测调一体分层注气管柱结构图

同时针对注气井需求，设计了一套适用于注气井的井口防喷器，该井口防喷器采用三级密封，具有较高的气密性，配套特制钢管电缆使用时，可做到起下阻力小、不产生明显磨损，满足注气时下入电缆进行测调作业井口防泄漏、防喷需求。

2.2.1　测调一体分层注气管柱技术适应性分析

测调一体分层注气管柱的优点主要有：

（1）水嘴采用线性无级调节设计，单层调配控制精度较高；

（2）分层级数不限；

（3）下入测调仪测调时，温度、流量、压力等测试数据可在地面实时直接读取，实测测调，确保测调精度，可验层间封隔器，且测调仪一次下入即可完成所有层段的测试与调配；

（4）具有防返吐与地层静压测试功能。

该管柱的缺点主要有：

（1）测调作业所需作业人员及设备较多，测调成本较高；

（2）测调需占用井口，作业窗口紧张；

（3）注气井注入压力高，井口操作风险较高；

（4）不适用于大斜度井、水平井。

2.2.2　测调一体分层注气管柱实施难点

（1）测调一体分层注气管柱的测调作业需要配套特制耐腐蚀耐高压钢管电缆，配套成本较高；

（2）测调仪上需集成气体流量计，目前所使用的常规井下流量计不适用于 CO_2 的流量测量，且 CO_2 流体特征与水差异较大，无法通过简单改进现有井下流量计来实现对 CO_2 的流量测量，需重新设计一种适用于 CO_2 的井下流量计。

2.3　有缆智能分层注气管柱（图8）

有缆智能分层注气技术是通过在油管外下入一根永置电缆连接各层配注器，为配注器供电并实现双向信号传输。配注器上集成有控制电路、电机、流量计、温度传感器、压力传感器等模块，可实现温度、压力、流量等数据的实时测量和气嘴开度大小调节。有缆智能分层注气管柱的组成结构从下至上为：3#有缆配注器+2#插入密封+2#有缆配注器+1#插入密封+1#有缆配注器+定位密封+水力锚+滑套+井下安全阀。

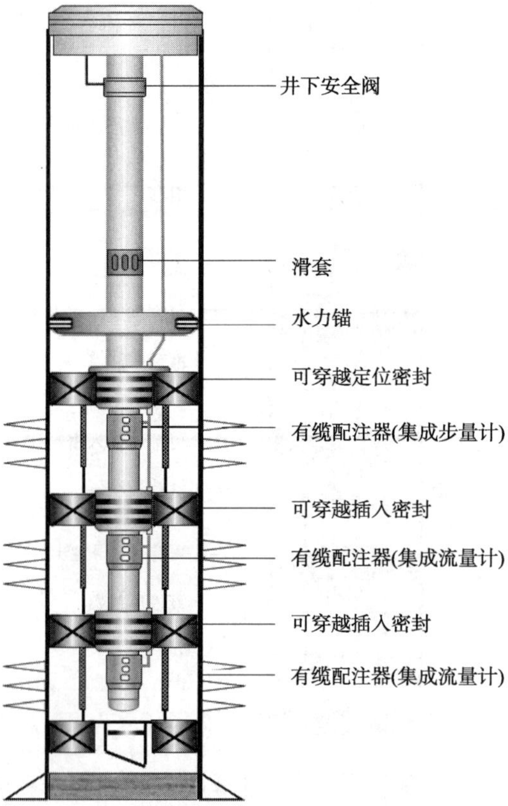

图8　有缆智能分层注气管柱结构图

2.3.1 有缆智能分层注气管柱技术适应性分析

有缆智能分层注气管柱的优点主要有：

(1) 电缆永置井下，在工具生命周期内，可在地面长期实时监测井下各层的温度、流量、压力等参数，为油藏分析提供详实数据，进一步提高油田开发效果，符合未来智能化、自动化、一体化的应用需求；

(2) 水嘴采用线性无级调节设计，调配控制精度高；

(3) 可实时验证封隔器密封性；

(4) 可实现远程操控测调。

该管柱的缺点主要有：

(1) 管柱需带电缆下入，下入过程中电缆磕碰导致工具失联的风险较高，施工难度大且施工质量要求高；

(2) 各层配注器需通过电缆接头来连接电缆，整趟电缆风险点较多；

(3) 有缆配注器中集成大量电子元器件，井下高温高压环境下电子元器件可靠性较低；

(4) 配注器上的气体流量计长期置于井下，易发生零点漂移现象。

2.3.2 有缆智能分层注气管柱实施难点

(1) 需研制出可长期置井的气体流量计，该流量计不同于测调一体注气管柱所需的流量计，该流量计还需具备较强的抗干扰能力和长期耐高温高压能力，实现难度较大；

(2) 需配套耐腐蚀、耐高温高压、可永置井下的电缆，材质性能要求较高，成本较高；

(3) 需研制配套的可过电缆封隔器，该封隔器需具备一个电缆穿越孔，且承压等级较高，要求不低于35MPa；

(4) 需配套地面流量标定校准装置，流量计长期置于井下，零点漂移现象不可避免，需定期对井下各层流量进行标定，目前常见标定装置均需在室内标定，无法模拟井下真实状态，该标定装置需实现不起管柱对井下流量计在线标定校准；

(5) 需研制高气密性的电缆接头，电缆长期置井，电缆接头处是主要风险点之一，因此电缆接头可靠性需进一步提高。

2.4 技术对比

通过对上述三种分层注气管柱的归纳对比(表2)可知，三种分层注气管柱各有优势。液控分层注气管柱不具备数据监测能力但实施难度低，可满足早期的分层注气需求，将现有液控分层注水管柱进行气密性优化改进后，可初步进行现场应用。测调一体分层注气管柱具备数据监测能力且可靠性高，但受限于井斜和测调成本高，配套测调仪上需集成体积小、可短期入井的气体流量计，具有一定实施难度，将现有测调一体注水管柱进行气密性优化改进并设计研发配套气体流量计后，可初步进行现场应用。有缆智能分层注气管柱具备长期监测功能，可满足智能化、精细化注气需求，但需研发配套可长期置井、可靠性强的气体流量计，实施难度较高，目前不具备现场应用能力。

表2 三种分层注气管柱技术对比

管柱类型	液控分层注气管柱	测调一体分层注气管柱	有缆智能分层注气管柱
最大分层数	6层	9层	不限
气嘴调节级数	8档	无极调节	无极调节
井斜限制	无	≤65°	无
温度等级/℃	200	150	125
井下数据监测能力	无	下入测调仪时可监测流量、温度、压力	可长期实时监测井下各层流量、温度、压力等数据
下管柱成本	较高	中等	高
测调成本	无，地面测调	高，电缆作业测调	无，地面测调
整体可靠性	较高	高	中等
实施难度	较低	较高	高

3 CO_2 驱注气管柱发展趋势与展望

由上述研究可以得知，配套井下气体流量计的研制是注气管柱实现高效化、自动化、智能化、一体化的关键，没有井下气体流量计，便无法实现大于 2 层注气井井下各层注气量的测量检测，也就无法实现 CO_2 驱油田精细注气、高效开发，因此配套井下气体流量计的研制是下一步 CO_2 驱注气管柱研究工作的重点。

目前注水井井下流量测量多采用电磁流量计和超声波流量计，但考虑到水与 CO_2 物性差别极大，无法直接照搬使用，需进行一系列的理论验证和现场实验，为寻找合适井下气体流量计，对各类型流量测量方法进行了调研分析和技术对比，详情见表 3。

表 3 各类型流量测量方法对比

测量方法	优点	缺点	适用范围
电磁流量计	可应用于脏污流、腐蚀流的测量；无压力损失，测量范围大，口径范围大	不能测量电导率很低的液体；不能测量气体、蒸汽和含有较大气泡的液体；不能用于较高温度。	大口径多应用于给排水工程；中小口径常用于高要求或难测场合；微小口径常用于医药工业等有卫生要求的场所
超声波流量计	无压力损失，维修方便；可做非接触式测量；灵敏度很高，输出特性曲线范围宽，无零漂问题，通用性较好；使用寿命长	多普勒法测量精度不高，只能用于测量含有一定量悬浮颗粒和气泡的液体；传播时间法只能用于清洁液体和气体；	工厂排放液、液化天然气等；适于解决流量测量困难问题的一类流量计，特别在大口径流量测量方面有较突出的优点
涡街流量计	结构简单，使用寿命长；性能稳定，可靠性高；量程范围大，精度高；压力损失较小	抗振性差；耐温功能差；对丈量脏污介质适应性差；直管道要求高	可测气体、液体、蒸汽、低压介质及腐蚀流、放射性物质等。
涡轮流量计	测量精度高，测量范围宽；耐压高、耐腐蚀、适应性很强，抗干扰能力强；	易受到被测流体的黏度、密度等因素影响；涡轮在高速转动时顶尖易磨损	适用于流体洁净的油井中
科里奥利流量计	直接测量质量流量，测量精度高可测量流体范围广泛，对应对迎流流速分布不敏感，因而无上下游直管段要求。	对外界振动干扰较为敏感，安装固定要求较高，压力损失大，价格昂贵。	可测量流体范围广，包括高黏度液的各种液体、含有固形物的浆液、含有微量气体的液体、有足够密度的中高压气体。
热式流量计	直接测量质量流量，不受 CO_2 超临界状态的影响，可以更好地实现分层注气流量测量。结构简单，准确度较高，压损小，测量范围度宽。	多采用接触式测量，需要接触被测介质，无法适应井下高压环境。抗振性差，上下游必须有足够的直管段。	可测各类单一或混合气体，含尘、含沙等，各种腐蚀性气体。
差压式流量计	结构简单、制造成本低；性能稳定可靠；使用寿命长、适应性强；	压损大、测量范围窄；测量精度较低；现场安装条件高	流体方面：单相、混相、洁净、脏污、粘性流等；工作状态方面：常压、高压、真空、常温、高温、低温等

由表 3 可知，超声波流量计、涡街流量计、涡轮流量计、科里奥利流量计、热式流量计、差压式流量计理论上均可用于井下气体流量测量，而电磁流量计要求被测介质需具有一定的电导率，因此不适于 CO_2 流量的测量。

超声波流量计则是基于超声波在流动介质中传播速度等于被测介质的平均流速和声波本身速度的几何和这一原理所设计的流量计，根据测量方法的不同，超声波流量计又可分为多普勒法超声波流量计和传播时间法。超声波流量计是一种非接触式仪表，测量准确度很高，几乎不受被测介质的各种参数的干扰，可以用于井下气体流量的测量，但须克服以下挑战：

（1）对环境温度、振动、电气噪声等使用环境要求较高；

（2）测量精度受气体成分的影响，需对不同气体进行校准；

（3）不适用于粘稠气体，粘稠气体会吸收或散射超声波；

（4）超声波流量计的测量线路较为复杂，且井下空间小。

涡街流量计是基于应用流体振荡原理所设计的流量计，流体经过时，在旋涡发生体后上下交替产生正比于流速的两列旋涡，旋涡的释放频率与流过旋涡发生体的流体平均速度有关，该流量计用于井下气体流量测量目前面临着以下问题：

（1）需在管道中间安装涡街发生体，占用中心管道；

（2）抗振性差，流体高速流动会使涡街发生体的悬臂产生附加震动，进而导致精度降低；

（3）不适用于低雷诺数流体测量。

涡轮流量计是采用涡轮进行测量，通过将流速转换为涡轮的转速，再将转速转换成与流量成正比的电信号，电信号的频率与被测流体的流量成正比，该流量计用于井下气体流量测量目前面临着以下问题：

（1）涡轮流量计需要在管道中心安放一个涡轮，占用中心管道；

（2）涡轮流量计的叶轮易受污染，影响测量精度和稳定性；

（3）涡轮流量计需要定期进行清洁和校准，否则其测量精度和稳定性会逐渐降低；

（4）当气体流动速度较大或气体流动状态为湍流状态时，测量精度将受到影响。

科里奥利流量计是通过直接或者间接地测量出在旋转管道中流动的流体作用于管道上的科里奥利力，从而测得流体通过管道的质量流量，属于质量流量计，该类流量计直接测量流体的质量流量，无需考虑 CO_2 流体的压力、温度和密度的影响，且测试精度较高，该流量计用于井下气体流量测量主要面临以下挑战：

（1）弯曲形的测量管，压损较大，且占用空间大；

（2）对外界振动干扰较为敏感，安装固定要求较高，价格较贵；

（3）流量较低时，科里奥利力小，测量精度下降；

（4）测量精度受到磁场干扰和气体非均匀性等因素的影响，需要校准和修正。

热式流量计是基于热扩散原理所设计的一类流量计，属于直接式质量流量计，不受 CO_2 超临界状态的影响，该类流量计现已成为气体流量测量领域应用最广泛的一类流量计，但考虑到井下环境复杂、空间受限，该类流量计应用于井下气体流量测调需克服以下困难：

（1）现有的热式流量计主要采用接触式测量，需要接触被测介质，易造成敏感部件污染，影响测量精度；

（2）实际测量过程中受到气体成分、温度、压力等多种因素的影响，精度有一定的局限性；

（3）需安装加热源，对井下工具电路耐高温性能提出了更高要求；

（4）当气体流动速度较大或气体流动状态为湍流状态时，热式流量计的测量精度会受到一定程度的影响。

差压式流量计通过测量节流件前后产生静压力差实现对流量的测量，该类流量计由于其结构简单、测量范围广、可靠性高、适用性强等优点，广泛应用于石油、化工、冶金、电力、供热、供水等领域的流量测量，常见的差压式流量计有孔板流量计、喷嘴流量计和文丘里管流量计。考虑井下环境复杂、空间受限，该类流量计应用于井下气体流量测调需克服以下困难：

（1）采用侵入式设计，需直接接触气体，存在泄漏和污染等问题；

（2）受湍流干扰，当气体流动速度较大或气体流动状态为湍流状态时，测量精度受影响。

（3）不适用于粘稠气体的测量，粘稠气体会堵塞测量孔口或传感器。

4 结论与建议

（1）目前我国各油田多采用笼统注气管柱注气，经过多年的完善改进，笼统注气管柱取得了一定应用成果，但同时也伴随着吸气剖面不均匀、气窜现象逐渐严重、部分低渗层动用程度较低等现象。分层注气管柱相对应用较少，其主要有同心双管分层注气管柱、偏心投捞分层注气管柱，同心双管分层注气管柱测调效率及精度较高，但施工成本高、实施难度大，且仅能实现分两层注气；偏心投捞分层注气管柱具备三层及以上分层注气能力，但测调效率及精度较低且测调成本高，二者均存在一定局限性。

（2）针对现有注气管柱存在的不足以及 CO_2 驱油田精细、高效开发的切实需求，在现有成熟分层注水管柱的基础上，设计了三种分层注气管柱。所设计的三种分层注气管柱各有优势，液控分层注气管柱测调效率高、可靠性高、实施难度低；测调一体分层注气管柱具备数据监测能力、可靠性高、实施难度较高；有缆智能分层注气管柱具备长期监测功能，可满足智能化、精细化注气需求，但实施难度高。

（3）综合各类流量计的技术特性及研究难度考虑，建议优先开展研究热式流量计、超声波流量计、压差式流量计用于长期井下气体流量测量，涡轮流量计可用作短期井下气体流量测量，科里奥利流量计应用难度较大，可作为技术储备。

参考文献

[1] 刘合，曹刚. 新时期采油采气工程科技创新发展的挑战与机遇[J]. 石油钻采工艺，2022，44(5)：529-539.

[2] 张宗檩，吕广忠，王杰. 胜利油田 CCUS 技术及应用[J]. 油气藏评价与开发，2021，11(6)：812-822.

[3] 秦积舜，韩海水，刘晓蕾. 美国 CO_2 驱油技术应用及启示[J]. 石油勘探与开发，2015，42(2)：209-216.

[4] 袁士义，王强，李军诗，等. 注气提高采收率技术进展及前景展望[J]. 石油学报，2020，41(12)：1623-1632.

[5] 曹绪龙，吕广忠，王杰，等. 胜利油田 CO_2 驱油技术现状及下步研究方向[J]. 油气藏评价与开发，2020，10(3)：51-59.

[6] 李阳，黄文欢，金勇，等. 双碳愿景下中国石化不同油藏类型 CO_2 驱提高采收率技术发展与应用[J]. 油气藏评价与开发，2021，11(6)：793-804.

[7] 李阳. 低渗透油藏 CO_2 驱提高采收率技术进展及展望[J]. 油气地质与采收率，2020，27(1)：1～10

[8] 蒋永平. 复杂断块油藏高含水期化学剂强化 CO_2 复合驱提高采收率技术[J]. 石油钻采工艺，2018，40(5)：654-658.

[9] 杨勇. 胜利油田特低渗透油藏 CO_2 驱技术研究与实践[J]. 油气地质与采收率，2020，27(1)：11～19.

[10] 胡永乐，郝明强，陈国利，等. 中国 CO_2 驱油与埋存技术及实践[J]. 石油勘探与开发，2019，46(4)：716-727.

[11] 曹力元，钱卫明，宫平，等. 苏北油田二氧化碳驱油注气工艺应用实践及评价[J]. 新疆石油天然气，2022，18(2)：46-50.

[12] 李士伦，汤勇，侯承希. 注 CO_2 提高采收率技术现状及发展趋势[J]. 油气藏评价与开发，2019，9(3)：1-8.

[13] 李璇. 特低渗透油藏超临界 CO_2 分层注入工艺技术研究[J]. 采油工程，2021(002)：000.

[14] 贾凯锋，计董超，高金栋，等. 低渗透油藏 CO_2 驱油提高原油采收率研究现状[J]. 非常规油气，2019，6(01)：107-114，61.

[15] 范灵颐，黎保廷. 页岩油藏注 CO_2 提高采收率开发研究现状及展望[J]. 石油化工应用，2022，v. 41；No. 243(02)：1-7.

[16] 张守军. 水平井分段优化注气技术及其应用[J]. 大庆石油学院学报，2010，v. 34；No. 162(04)：62-66+127.

[17] 钱卫明，曹力元，胡文东，等. 我国 CO_2 驱油注采工艺技术现状及下步研究方向[J]. 油气藏评价与开发，2019，9(3)：66-72.

[18] 薛承文，麻慧博，高涵，张国红，池明. 牙哈高压凝析气田同心油管分层注气工艺[J]. 天然气工业，2016，36(04)：48-54.

[19] 娄兆彬. 一种简易高压注气管柱的探讨与应用[J]. 石油钻采工艺，2003，25(1)：77-79.

[20] 张红梅，安九泉，吴国华，等. 深层稠油油藏 CO_2 吞吐采油工艺试验[J]. 石油钻采工艺，2002，24(4)：53-55.

[21] 程百利，钱卫明. CO_2 驱油注入管柱的研制与应用试验[J]. 油气藏评价与开发，2012，2(2)：4.

[22] 张绍辉，王凯，王玲，等. CO_2 驱注采工艺的应用与发展[J]. 石油钻采工艺，2016，38(6)：869-875.

[23] 张瑞霞，刘建新，田启忠，等. CO_2 驱注气管柱技术研究[J]. 石油机械，2013，41(12)：88-91.

[24] 张瑞霞，刘建新，王继飞，等. CO_2 驱免压井作业注气管柱研究及应用[J]. 钻采工艺，2014，37(1)：78-80.

[25] 曹力元. 一种新型 CO_2 驱油注气管柱的研制及应用[J]. 油气藏评价与开发，2019，9(3)：73-76.

[26] 曹力元. 苏北油田 CO_2 驱油同心双管分层注气技术[J]. 石油钻探技术，2022，50(4)：109-113.

威远页岩气微裂缝暂堵支撑协同增效性能评价及应用

易发新[1]　刘轩宇[1,2]　刘福建[2]　郭向磊[2]

（1. 长城钻探工程有限公司；2. 长城钻探工程有限公司压裂公司）

摘　要　四川盆地及其周缘地区是我国页岩气的主要产区，体积改造压裂技术成为保障页岩气井高效开发的关键，但其开发实践显示，页岩气储层水平主应力差大、天然裂缝复杂，体积改造效果并不理想。暂堵转向压裂技术是激活沟通天然裂缝、提高缝网复杂程度的主要手段，为此本文基于暂堵支撑协同增效机理，评价了威X井区天然裂缝发育特征、岩石力学及地应力特征，利用CFD-DEM建立了井筒-炮眼-裂缝模型，探究了暂堵剂封堵机制，并提出了一种可调缝宽的动态封堵强度评价装置，模拟了暂堵剂在裂缝内的动态封堵，在威A井应用了暂堵支撑协同增效技术，暂堵压力平均涨幅2.9MPa，暂堵前后微地震事件点分布差异性明显。

关键词　体积压裂；暂堵剂；页岩气；CFD-DEM

1　前言

四川盆地及其周缘地区是我国页岩气的主要产区，其页岩气勘探开发技术水平始终处于国内前沿。页岩气储层体积改造压裂技术成为保障页岩气井高效开发的关键。页岩气储层体积改造形成了由主裂缝、次生裂缝和微裂缝组成的多级尺度裂缝系统，与天然裂缝交叉互通构成体积缝网，是天然气快速产出的运移通道。如图1所示。

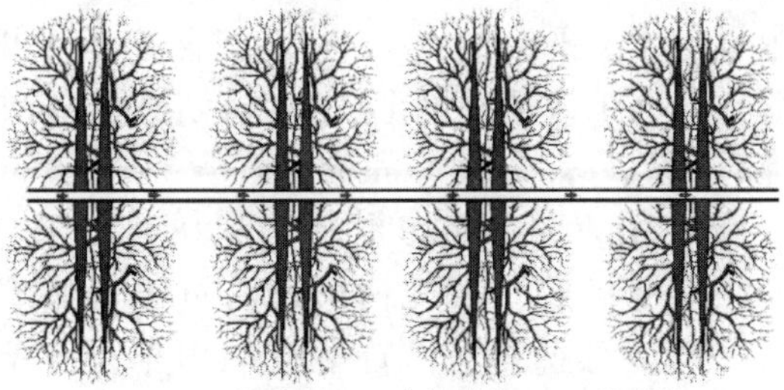

图1　页岩气长水平井多簇分段压裂多级尺度裂缝体系示意图

暂堵转向压裂技术是激活沟通天然裂缝、提高缝网复杂程度的主要手段。其中缝端暂堵转向压裂技术通常指采用携带液将暂堵剂运移至裂缝端部形成封堵层，从而减小优势裂缝过度生长，防止井间压窜，同时增大封堵层与裂缝入口间流体净压力，沟通天然裂缝，迫使裂缝转向延伸。

暂堵转向压裂的施工依赖于选择合适的暂堵剂，以期通过封堵原压裂裂缝，迫使压裂裂缝发生偏离、转向，打开更多的微裂缝，提高储层的压裂改造效果。近年来，随着材料科学的发展，国内外研制了以下不同类型（表1）的压裂用暂堵剂。

本文拟通过室内实验、软件模拟等工作，评价压裂工程地质及微裂缝扩展特征，基于暂堵剂和支撑剂在裂缝中的暂堵支撑协同作用机理，开展暂堵支撑协同改造增效性能评价，分析暂堵剂参数对封堵效果的影响规律，形成暂堵支撑协同改造增效工艺，并在现场应用。

表1　不同类型的压裂用暂堵剂性能参数对比

暂堵剂类型	100℃降解率/%	降解液黏度/mPa·s	残渣含量/(mg/L)	承压能力/MPa
PLA类胶结型	96.9	1.31	0	40
PVA类架桥型、增粘型	94.3	10.64	280	40
明胶类增粘型	62.3	23.43	35260	40
SAP膨胀型	93.8	4	800	1.6

2 页岩气压裂工程地质及微裂缝扩展特征

2.1 岩石力学及地应力特征

威X井区的最大主应力近东西向，水平地应力值变大，应力差大。威A井的测井解释水平段(3630~5130m)如图2所示，龙一的最大水平主应力为91.6~92.8MPa，平均为92.23MPa；最小水平主应力为79.1~80.5MPa，平均为79.85MPa；垂向应力为86.2~87.6MPa，平均为87.13MPa；水平主应力差平均为12.36MPa，水平主应力差异系数平均为0.155。当水平应力差异系数小于0.3时，易产生复杂缝网，可压性好；当水平应力差异系数大于0.5时，压裂裂缝形态单一，可压性差，因此该井区易形成复杂缝网。

杨氏模量为37.2~40.3GPa，平均为38.73GPa；泊松比为0.22~0.25，平均为0.24，脆性指数平均为0.41，《页岩脆性指数测定及评价方法》(NB/T 10248—2019)规定脆性指数Brit<0.3的页岩储层脆性评价为差，0.3<Brit<0.55的评价为中等脆性储层，Brit>0.55的脆性评价为较好~好。研究区页岩脆性指数介于0.34~0.48，属于中等脆性储层。因此，威A井可压性好，中等脆性，可进行水平井体积压裂，易产生复杂缝网。如图2、表2所示。

表2 威A井岩石力学测井解释成果表

序号	层位	厚度/m	最大水平主应力/MPa	最小水平主应力/MPa	垂向应力/MPa	杨氏模量/GPa	泊松比	水平应力差/MPa	应力差异系数
1	龙一$_1^4$	80	92.1	79.5	87.2	39.3	0.22	12.53	0.158
2	龙一$_3^3$	20	92.4	80.3	87.5	37.2	0.25	12.06	0.150
3	龙一$_1^2$	48	92.8	80.5	87.6	38.1	0.24	12.29	0.153
4	龙一$_1^1$	1527	91.6	79.1	86.2	40.3	0.24	12.55	0.159

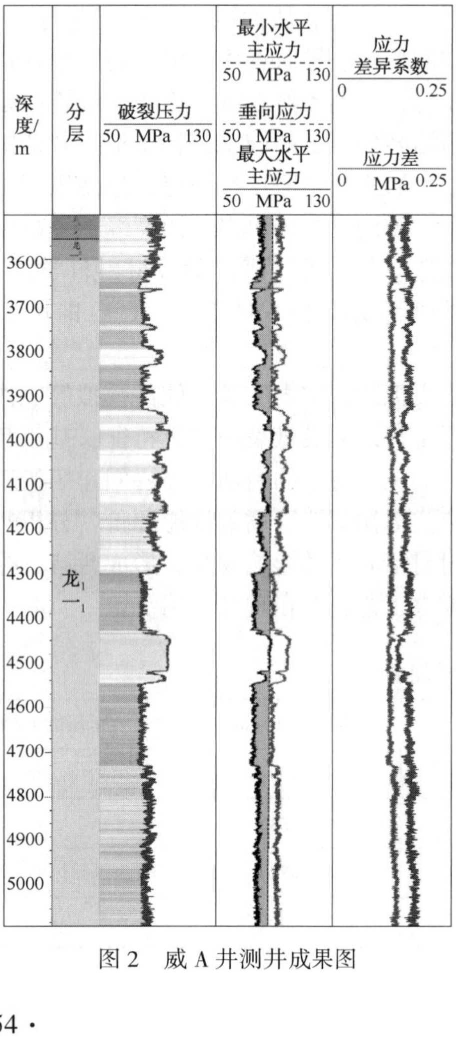

图2 威A井测井成果图

2.2 天然裂缝发育特征

页岩气储层天然裂缝发育主要包括：层理缝、构造缝及其他因素引起的微裂缝。储层体积改造时，天然裂缝对水力压裂裂缝的扩展具有明显控制作用，有利于页岩气储层水力压裂体积网缝的形成。根据地震曲率和蚂蚁体属性显示A平台井间发育呈东西向裂缝，且与临近平台存在压窜风险。A平台的1、2井之间存在平行井筒裂缝，对人工改造缝网形成存在一定影响。如图3、图4所示。

2.3 微裂缝扩展几何形态

微裂缝扩展及其几何形态与页岩气储层压后气井产能息息相关。钟颖选取川东下志留统龙马溪组露头页岩岩样开展真三轴页岩立方体水力压裂试验，试样水力压裂试验形成的压裂缝由新生裂缝和激活及沟通的微裂缝组成。该试验利用高清电子数码显微放大镜对水力压裂试验后试样表面的微裂缝(激活及沟通的天然裂缝和层理缝)宽度进行观察测量。结果表明，裂缝宽度主要分布在0.146~0.417mm，平均裂缝宽度为0.261mm。根据常用70/140目支撑剂计算，支撑剂粒度为0.106~0.212mm，平均为0.159mm，此时支撑剂平均粒度与微裂缝平均宽度的比为0.61。根据1/3架桥理论原则，现场常用支撑几乎不能有效进入水力压裂激活及沟通的微裂缝系统，也就无法对微裂缝起到有效支撑作用。如表3所示。

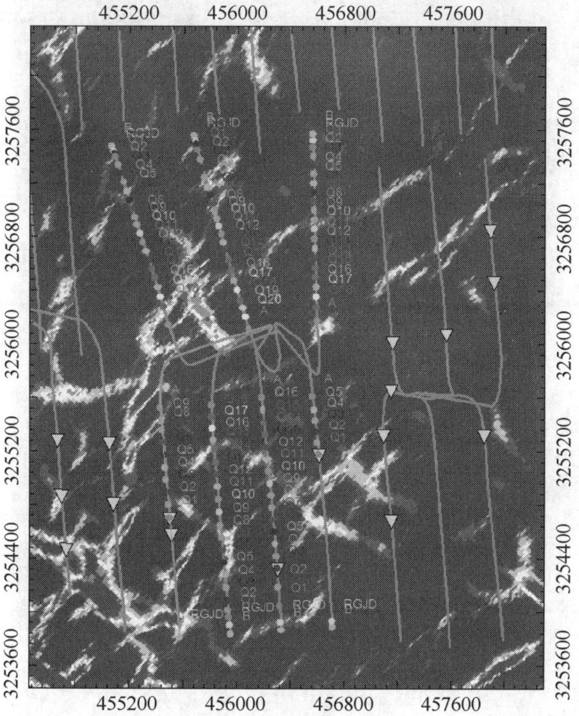

图3 威A平台宝塔组顶界曲率图

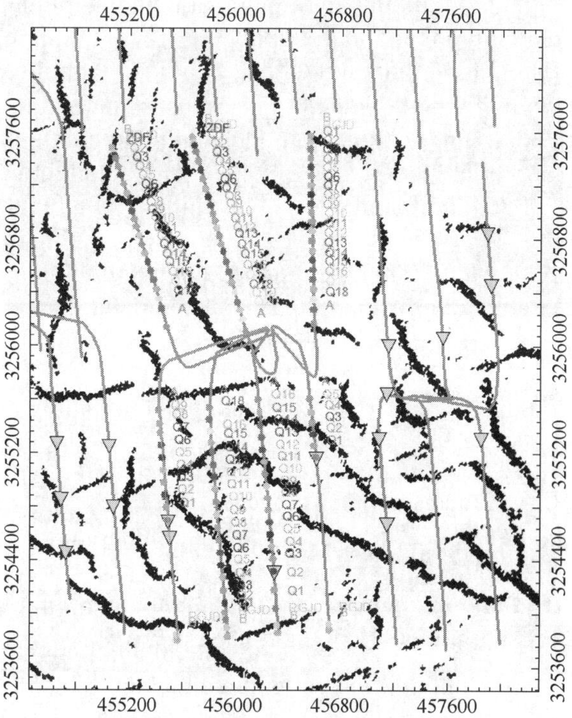

图4 威A平台宝塔组顶界蚂蚁体图

表3 水力压裂试验激活及沟通的微裂缝宽度测量结果统计表

mm

微裂缝	缝宽1	缝宽2	缝宽3	平均缝宽
#1	0.238	0.275	—	0.257
#2	0.207	0.257	—	0.232
#3	0.307	0.301	0.230	0.279
#4	0.146	0.232	0.417	0.265
平均值	0.261			

3 暂堵支撑协同增效技术概述

当页岩具有较大水平主应力差时，水力裂缝会穿过层理缝，沿着最大主应力方向扩展和延伸，部分层理缝未能得到有效的激活和沟通，而激活及沟通的微裂缝缝宽较小，现场常用支撑剂无法进入形成有效支撑裂缝，微裂缝的导流能力无法满足页岩气储层体积改造井所需的最优微裂缝导流能力。如图5所示为天然气运移路径，微裂缝系统是微纳米空隙基质运移进行高速渗流通道的主要渠道，且随生产时间推移，其导流能力还会逐步下降，从而导致其供气能力的有效性进一步下降。

为进一步提高激活及沟通微裂缝程度，采用缝内暂堵工艺提高流体净压力，达到层理面抗拉强度时，提高微裂缝激活程度，扩大微裂缝宽度，保障支撑剂进入微裂缝支撑。

暂堵支撑协同改造增效技术思路如图6、图7所示。支撑剂与暂堵剂在宏观水力裂缝内形成暂堵带，实现了水力裂缝“暂堵”，阻断了缝内流体压力向缝尖的压力传递，提高缝内净压力迫使裂缝发生多次转向，以便激活和沟通更多的微裂缝。同时，暂堵剂的降解恢复了宏观水力裂缝的导流能力，形成了支撑水力裂缝，更小支撑剂也会同步进入微裂缝中，形成支撑微裂缝，最终建立多级渗流的“支撑”裂缝系统。

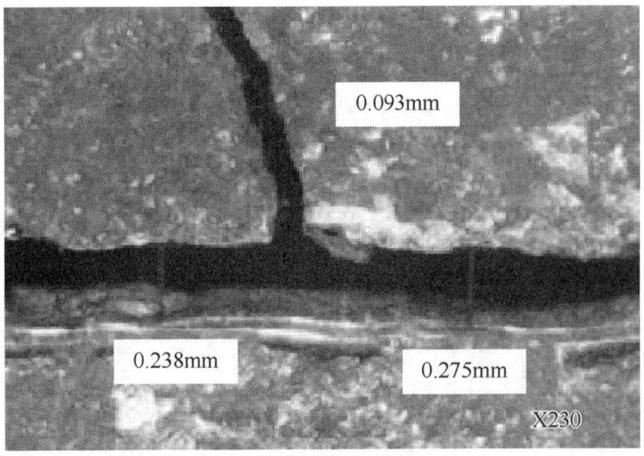

(a)微裂缝1号

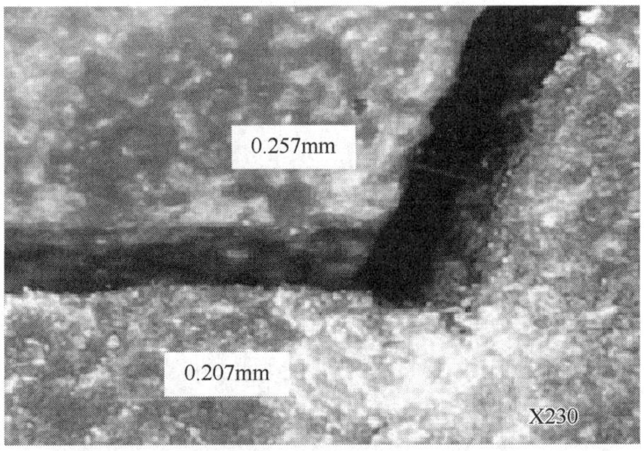

(b)微裂缝2号

(c)微裂缝3号

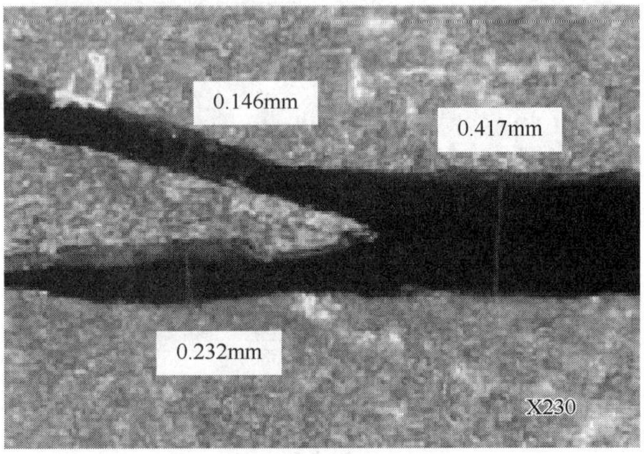

(d)微裂缝4号

图 5　激活及沟通的微裂缝照片及其裂缝宽度测量结果

(a)支撑剂暂堵剂悬浮液段塞式注入

(b)暂堵剂支撑剂复合暂堵带的形成

(c)激活沟通弱结构面形成新微裂缝

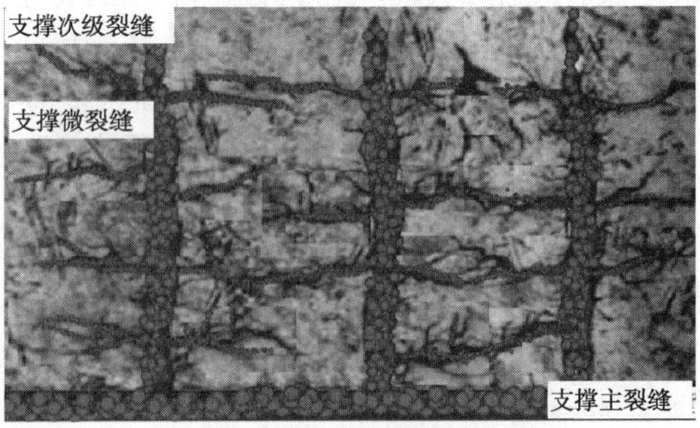

(d)暂堵解除形成多级支撑裂缝系统

图 6　暂堵支撑协同改造增效技术实施思路

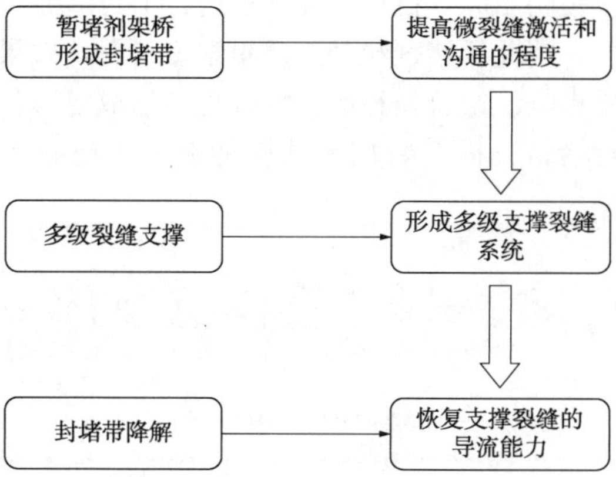

图 7　暂堵支撑协同改造增效技术思想

其中暂堵带封堵承压性能公式如下：

$$P_{plug}=f(P_{con},\ W^{-1},\ L_1,\ L)+f(E,\ \mu_f,\ d,\ \sigma,\ \varphi_p^{-1},\ \omega,\ P_a\cdots)$$

式中，P_{plug} 为暂堵带的封堵承压性能；P_{con} 为裂缝闭合应力；W 为裂缝宽度；L_1 为暂堵带长度；L 为裂缝长度；E 为封堵材料的弹性模量；μ_f 封堵材料颗粒间的摩擦系数；d 为封堵材料的粒径；σ 为封堵材料的抗压强度；φ_P 为封堵材料的孔隙率；ω 为封堵材料的几何形状决定了颗粒间接触面积；P_a 为颗粒间附加作用力如胶结粘附力。

暂堵带材料的力学性能、孔隙度、几何形状及粒度等影响着暂堵带的力链网络强度。暂堵带由弹性模量较大的架桥颗粒组成时，在外载荷作用下，此时毗邻颗粒间的作用力和力链的强度增加，暂堵带整体的抗压抗剪切性能较强，封堵性能好。如图 8 所示。

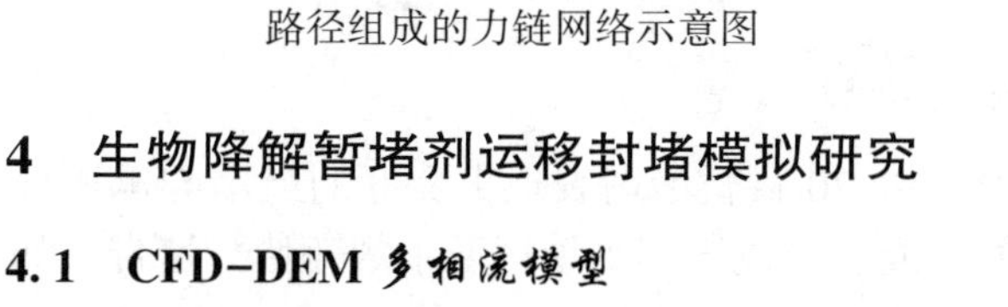

图 8　复合暂堵带接触颗粒间力传播路径组成的力链网络示意图

4　生物降解暂堵剂运移封堵模拟研究

4.1　CFD-DEM 多相流模型

本文利用 CFD-DEM 多相流模型建立生物降解暂堵剂运移封堵模拟模型，构建了主裂缝内暂堵带，裂缝宽度为 5mm，暂堵剂粒径为 10 目、20/70 目，浓度为 1.0%、1.5%、2.0%。如图 9、图 10、图 11 所示。

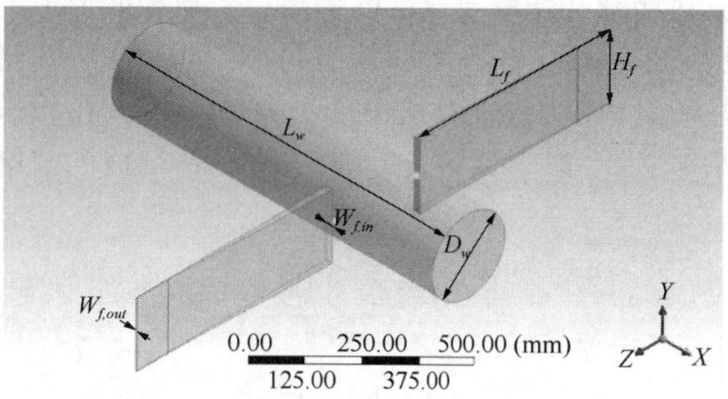

图 9　井筒-炮眼-裂缝模型示意图

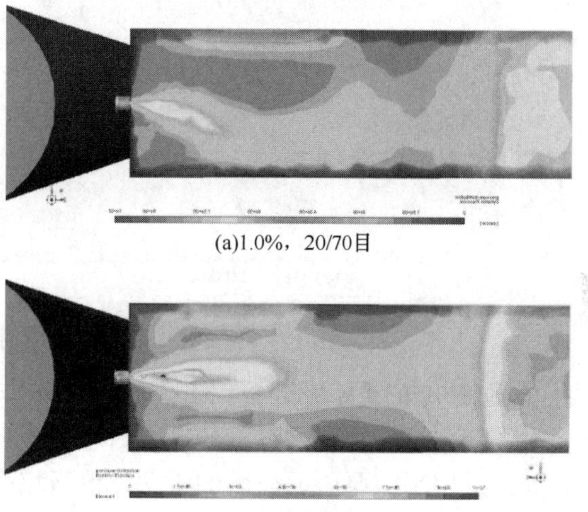

(a)1.0%，20/70目

(b)2.0%，20/70目

图 10　封堵模型压力分布图

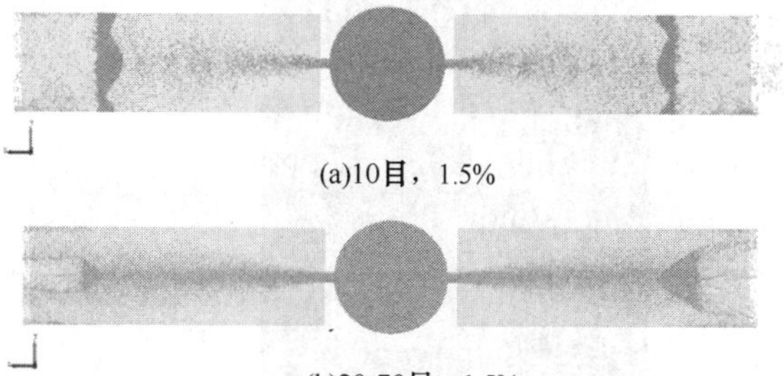

(a)10目，1.5%

(b)20-70目，1.5%

图 11　暂堵剂封堵机制图

若暂堵剂浓度满足颗粒架桥要求时，对应裂缝出口处的压力将显著上升，表明暂堵剂能够有效封堵裂缝，产生升压效应；若暂堵剂浓度未满足颗粒架桥要求时，则无法在裂缝中形成有效封堵段，对应裂缝出口处压力未显著上升。

粗粒径暂堵剂能够在裂缝壁面间的中心部位同时开始架桥，有利于提升暂堵效率；中粒径暂堵剂从壁面之间的中心部位开始架桥，适合用来对粗粒径架桥结构进行填充。

从图 12 中可以看出，在 1.0% 质量浓度时，大粒径暂堵剂更容易架桥，且从壁面开始堆积形成封堵带；随着质量浓度提高，大粒径所形成的封堵带逐渐加长，封堵效果明显，同时20/70目在质量浓度1.5%时从中心处开始架桥，在质量浓度2.0%时封堵带长度大于10目所形成的封堵带，表明20/70目在不同粒径组合下封堵效果更明显。因此暂堵剂粒径、质量浓度对封堵效果有重要影响，组合粒径的暂堵剂更易形成足够长度的封堵带，提升暂堵剂浓度能够显著改善封堵效率。

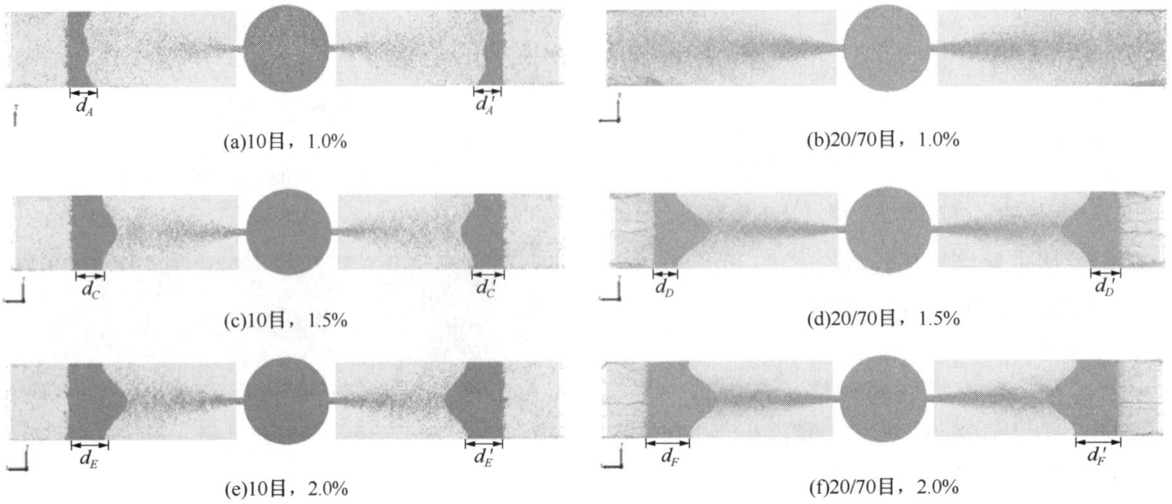

图12 不同粒径、浓度暂堵剂封堵5mm裂缝在同一时刻的封堵情况

4.2 动态封堵强度评价实验

本文提出了一种可调缝宽的动态封堵强度评价装置，采用平流泵压力监测的方法评价暂堵效果，在中间容器设置搅拌叶片，避免暂堵剂沉降。动态封堵强度评价装置整体结构见图13，该实验装置包括泵送系统、带搅拌叶片的中间容器、可调缝宽的裂缝模拟装置、测量装置。本评价实验中暂堵剂携带液为滑溜水，其配方为0.08%~0.15%减阻剂+0.01%杀菌剂，黏度2~3mm^2/s；

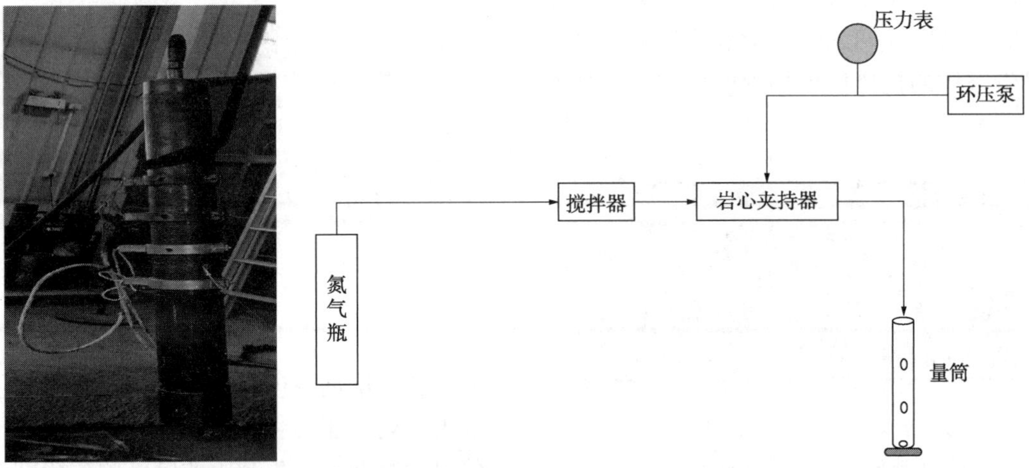

图13 可调缝宽的动态封堵强度评价装置

实验时，通过温度控制装置将温度设定为指定温度，将暂堵材料与滑溜水混合搅拌制成暂堵液，将配好的暂堵液放入中间容器，围压设置为60.00MPa。待温度传感器显示温度达到设定温度时，启动平流泵推动中间容器内的活塞运动。暂堵液从中间容器内进入模拟裂缝中。实验过程中，20/70目暂堵剂表现出良好的封堵与承压性能，成功形成了满足承压要求的暂堵封堵带。如图14、图15所示。

在进行5mm缝宽动态封堵实验中时，生物降解暂堵剂存在反复封堵的情况，即渗透率骤变，暂堵剂在多次架桥后在13min分钟时最终形成封堵带，暂堵剂可承压 40MPa。如图 16、图 17 所示。

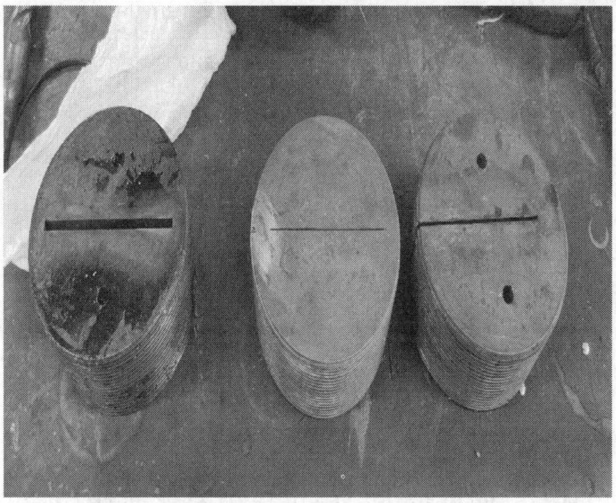

图 14　不同缝宽的裂缝模拟装置

图 15　5mm 的裂缝模拟装置

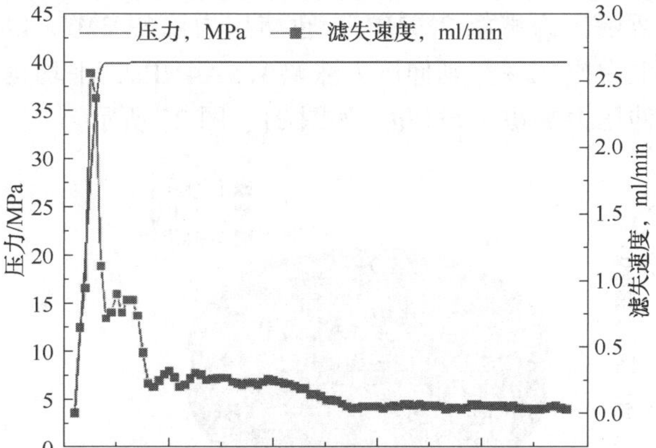

图 16　生物降解暂堵剂封堵带压力变化曲线

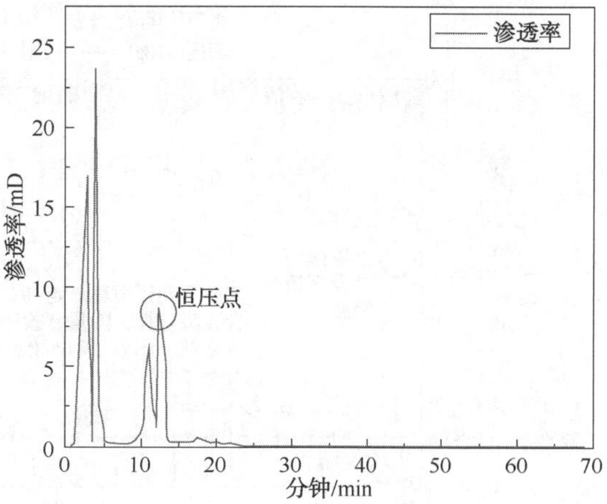

图 17　生物降解暂堵剂封堵带渗透率响应曲线

5　暂堵支撑协同增效技术在现场应用效果

基于暂堵支撑协同增效技术，优选出 20/70 目暂堵剂在威 A 井应用，威 A 井共计施工 19 段，总液量 33355.37m^3，总砂量 2202.12t，平均单段砂量 74.77m^3，其中 100 目粉砂 45.07m^3，40/70 目陶粒 29.7m^3。平均单段液量 1755.55m^3，其中滑溜水 1601.7m^3，胶液 147.68m^3，前置酸 6.1m^3。平均单段砂液比为 0.043，加砂强度 1.51t/m，用液强度 22.85m^3/m。如图 18 所示。

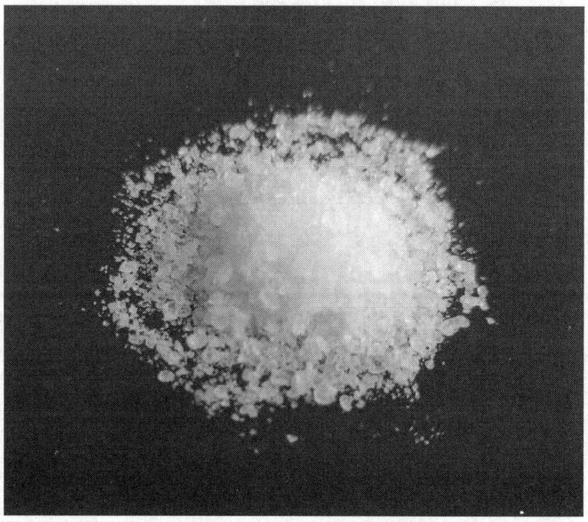

图 18　20/70 目生物降解暂堵剂

第 4 段采取前置酸+前置胶液造缝，整体段塞式加砂，10%砂比时压力逐渐上涨，高砂比敏感，期间进行暂堵，压力涨幅明显，暂堵压力上涨 7.6MPa；裂缝延伸压力较暂堵前高 2～3MPa，暂堵前后延伸压力有较明显区别；本段暂堵后，暂堵起压明显，对后续施工有一定影响。如图 19 所示。

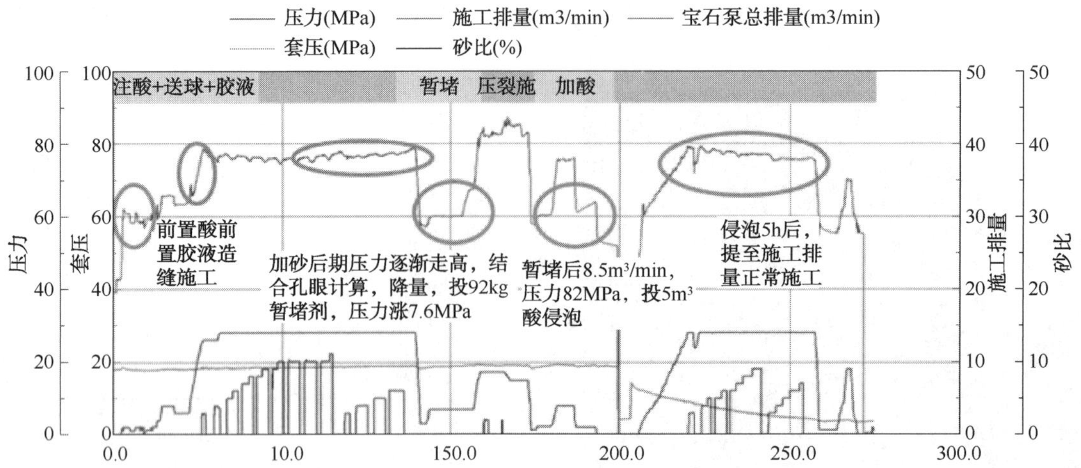

图 19　第 4 段施工曲线

第 6 段采取前置酸+前置胶液造缝，加砂方式为连续加砂，提高加砂强度，粉砂最高砂比 10%，陶粒最高砂比 9%，顺利完成本段施工，期间进行暂堵，压力涨幅明显，暂堵压力上涨 2.2MPa；同排量下，施工压力对比暂堵后最高上涨 5MPa，破裂迹象明显，表明有新裂缝开启。如图 20 所示。

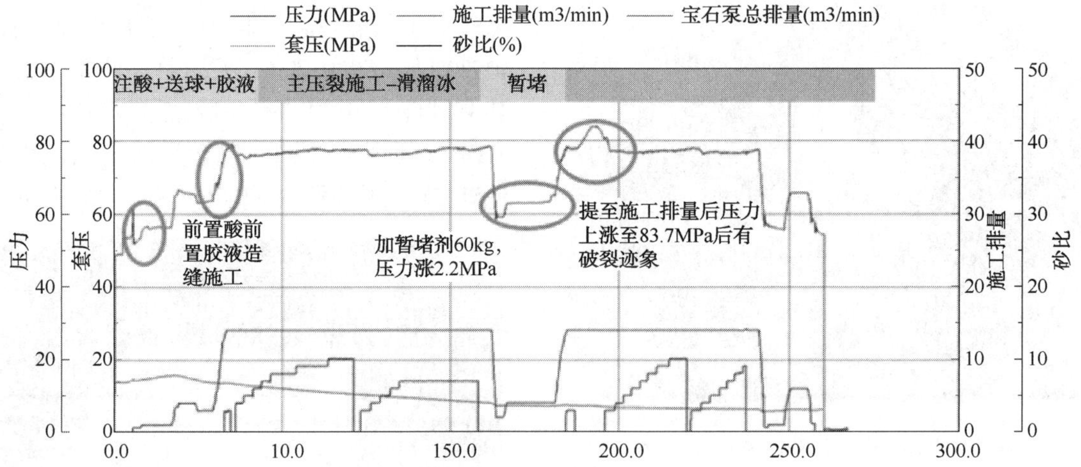

图 20　第 6 段施工曲线

在威 A 井共计实施 11 段次暂堵转向，4-6 段、14-17 段为段内多簇簇间暂堵，7-8 段、10-11 段、18-19 段为套变合压段间暂堵，平均暂堵压力涨幅 2. 9MPa。暂堵压力涨幅 2MPa 以上占比 91%。延伸压力涨幅 1. 5~4MPa，平均延伸压力涨幅 2. 6MPa。如图 21、图 22 所示。

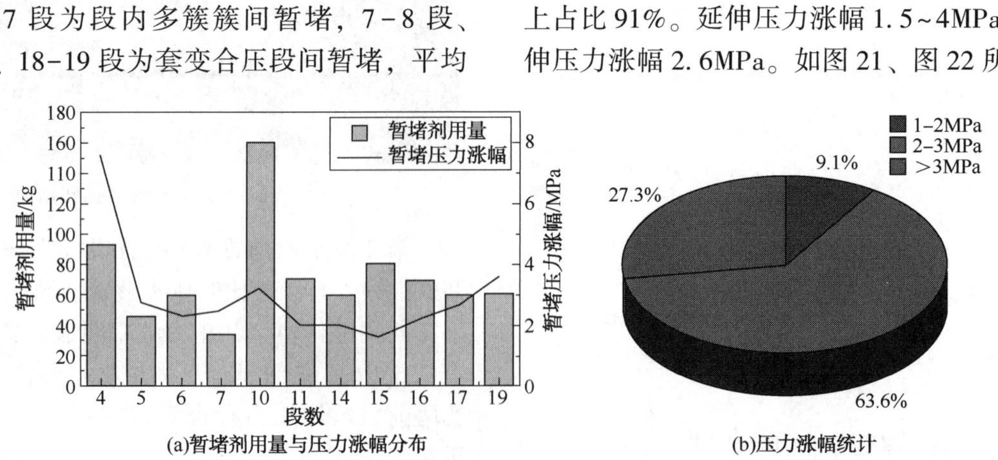

图 21　暂堵剂用量与压力涨幅分布

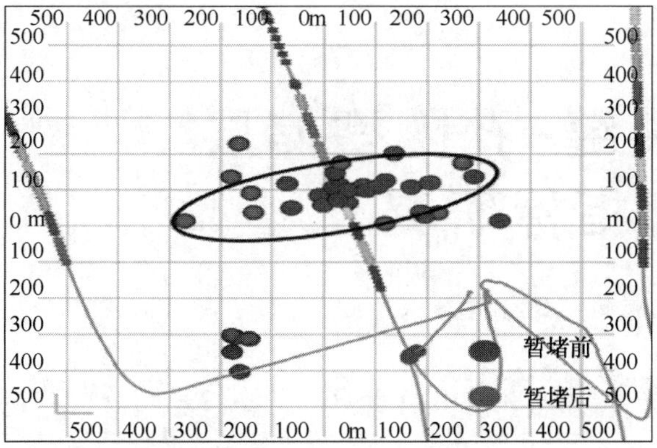

图 22　暂堵前后微地震事件点分布差异性明显

6　结论

（1）评价了威 X 井区天然裂缝发育特征、岩石力学及地应力特征，水平主应力差平均为 12.36MPa，水平主应力差异系数平均为 0.155，易产生复杂缝网，可压性好，杨氏模量平均为 38.73GPa；泊松比平均为 0.24，脆性指数平均为 0.41，中等脆性。

（2）基于暂堵支撑协同增效技术思路，利用 CFD-DEM 建立了井筒-炮眼-裂缝模型，探究了暂堵剂封堵机制，分析暂堵剂粒径及质量浓度对封堵效果的影响。

（3）本文提出了一种可调缝宽的动态封堵强度评价装置，采用平流泵压力监测的方法评价暂堵效果，在中间容器设置搅拌叶片，可模拟暂堵剂在不同裂缝形态内的动态封堵。

（4）在威 A 井应用了暂堵支撑协同增效技术，共计实施 11 段次暂堵转向，暂堵压力平均涨幅 2.9MPa。暂堵压力涨幅 2MPa 以上占比 91%。延伸压力涨幅 1.5~4MPa，延伸压力平均涨幅 2.6MPa，暂堵前后微地震事件点分布差异性明显。

参考文献

[1] 胥云，雷群，陈铭等．体积改造技术理论研究进展与发展方向[J]．石油勘探与开发，2018，45(05)：874-887.

[2] ZHANG R，ZHANG L，TANG H，et al. A simulator for production prediction of multistage fractured horizontal well in shale gas reservoir considering complex fracture geometry[J]. JOURNAL OF NATURAL GAS SCIENCE AND ENGINEERING，2019，67：14-29.

[3] 黄朵，王金玉，郑存川．聚乳酸颗粒暂堵剂的降解规律及性能[J]．应用化工，2022，51(11)：3240-3244+3250.

[4] FENG H，ZHANG J，YANG W，et al. Transparent Janus Hydrogel Wet Adhesivefor Underwater Self-Cleaning [J]. Acs Applied Materials & Interfaces，2021，13(42)：50505-15.

[5] 刘少克．水溶性压裂暂堵剂的研制及性能评价[D]．东北石油大学，2018.

[6] 孔祥伟，郭照越，许洪星等．致密砂岩新型水溶低温暂堵剂研制及性能测试[J]．应用化工，2023，52(04)：1005-1009+1014.

[7] 郭建春，尹建，赵志红．裂缝干扰下页岩储层压裂形成复杂裂缝可行性[J]．岩石力学与工程学报，2014，33(08)：1589-1596.

[8] 钟颖．页岩气储层压裂改造暂堵支撑协同增效机理[D]．成都理工大学，2021.

[9] 林鹤，李德旗，周博宇等．天然裂缝对压裂改造效果的影响[J]．石油地球物理勘探，2018，53(S2)：156-161+167+13.

[10] Abrams，A.，Mud design to minimize rock impairment due to particle invasion. Journal of petroleum technology，1977. 29(05)：p. 586-592.

渤海潜山碳酸盐岩裂缝-孔隙型储层注水水质关键指标研究

方 涛 王宇飞 陈华兴 赵顺超 庞 铭 吴华晓

[中海石油(中国)有限公司天津分公司]

摘 要 渤海油田主力开发的油田多为中浅层碎屑岩油藏，随着开发的不断进行，中深层潜山碳酸盐岩油藏开始进入视野，并且具有较大的开发潜力。渤海C油田储层属于潜山碳酸盐岩储层，以低孔特低孔中低渗储层为主，局部发育中孔高渗储层，并发育裂缝，拟采用注水开发方式。目前，针对注水水质指标的研究多集中于碎屑岩储层，并形成了行业、企业标准，但暂时没有关于碳酸盐岩储层注水水质的研究方法及标准。本文以C油田为目标开展了注水水质关键指标研究，根据油藏孔隙结构和裂缝物性特征，采用激光雕刻技术重构了裂缝-孔隙型刻蚀模型，并进行了悬浮固体颗粒堵塞机理实验评价，在此基础上开展了人工造缝岩心驱替实验，评价筛选出了注水水质关键指标。本文建立了一套碳酸盐岩储层注水水质指标研究方法，对碳酸盐岩油藏的开发及提高采收率具有重要指导意义。

关键词 注水水质；碳酸盐岩储层；低渗；裂缝；刻蚀模型

渤海C油田储层为潜山碳酸盐岩储层，测井总孔隙度2.5%~6.0%，平均3.6%，测井渗透率4.8~85.4mD，平均46.3mD；试井渗透率27.0~127.0mD，以低孔特低孔中低渗储层为主，局部发育中孔高渗储层。裂缝发育，测井解释裂缝孔隙度0.34%~1.18%，占总孔隙度的13.1%~28.4%，平均16.5%，储集类型以裂缝-孔隙型为主。该油田采用注水开发方式，渤海油田注水水质指标依据行业标准和企业标准制定，这两部标准均针对碎屑岩储层，对碳酸盐岩储层不适用。针对碳酸盐岩油藏的开发，目前已有学者开展大量研究，但主要集中在开发技术理论、开发动态分析方法、注采井网优化等方面，而针对碳酸盐岩储层注水水质指标的研究较少，有待进一步探索。

1 裂缝-孔隙型储层悬浮物堵塞机理可视化实验研究

1.1 可视化孔隙结构模型制作与评价方法

在分析目标区大量铸体薄片的基础上，采取激光雕刻技术制作了可视化孔隙结构模型，如图1所示。微观可视化模型大小为4.5×1.5cm的长方形，其内刻蚀有1个入口端1个出口端。雕刻模型最小孔喉半径为50μm，刻蚀深度为0.3mm。其中，裂缝-孔隙型储层平均缝宽$\overline{W}_f=50\mu m$，规则缝缝宽100~150μm。

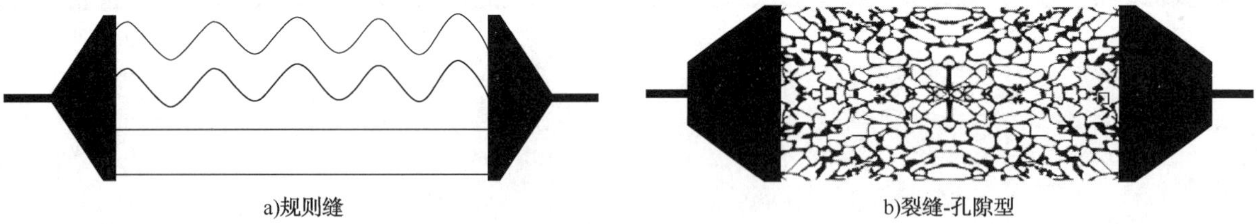

图1 可视化微观物理模型

实验装置由模拟井眼、可视物理模型、模拟储层环境系统、数据采集与测量系统组成，如图2所示。模拟井眼为一带有搅拌装置的釜体，避免颗粒沉降。可视化孔隙结构模型的最大承压能力为1MPa。数据采集系统和测量系统包括高清摄像机、压力表(精度0.01MPa)、流量传感器、显微镜和数据采集设备。

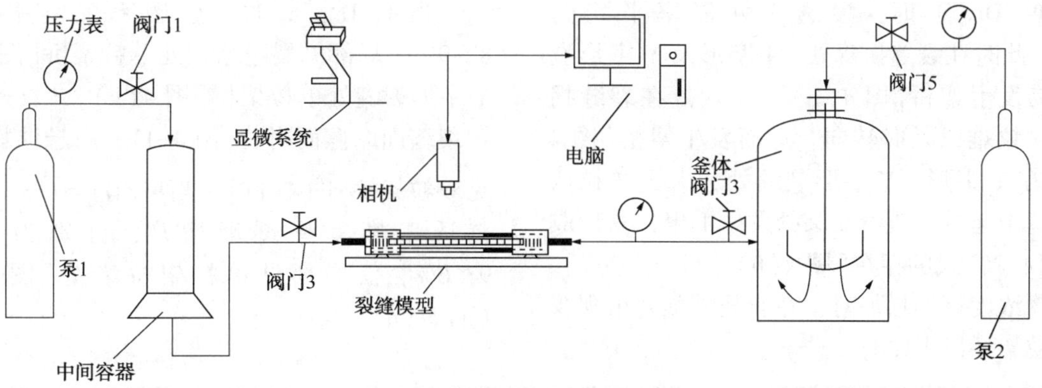

图 2　可视化实验装置示意图

悬浮物堵塞机理实验步骤如下：

(1) 润湿性恢复。将模型置于去离子水中地层水在储层温度条件下浸泡 24h 以上以恢复润湿性，然后在烤箱中干燥；

(2) 饱和地层水并测试初始渗透率 K_i；

(3) 注入水模拟循环实验。将悬浮物颗粒、硅油及模拟地层水装入釜体并充分搅拌 30min 以上，在一定正压差下进行驱替实验，驱替时间为 10min；

(4) 渗透率恢复实验。在一定正压差下使用模拟地层水正向驱替，至流量稳定后测试驱替后的渗透率 K_{fb}。渗透率恢复率按下式计算：

$$R=K_{fb}/K_i\times 100\% \tag{1}$$

(5) 实验后，用稀盐酸将颗粒溶蚀，孔隙结构模型可重复使用。

为考虑平均缝宽/悬浮物粒径比($\overline{W}_f/D_{90}$)、颗粒浓度等因素对颗粒架桥的影响，设计实验方案见表 1。

表 1　裂缝型储层悬浮物堵塞机理可视化实验评价方案

储层类型	$\overline{W}_f/D_{90}$	悬浮物浓度/(mg/L)	正压差
规则缝	0.6~4.5	10、15、20	0.1MPa
裂缝型(天然储层)	0.8、1、1.3、1.5		

1.2　悬浮固体颗粒堵塞机理实验评价

规则裂缝中悬浮固体颗粒堵塞评价实验结果如图 3 所示。由图 3 可知，同一 $\overline{W}_f/D_{90}$ 条件下，悬浮物浓度对渗透率恢复率影响较小。当 $\overline{W}_f/D_{90}<1$ 时，渗透率恢复率小于 80%，即模型中发生一定程度堵塞；而随着 $\overline{W}_f/D_{90}\geqslant 1$ 且不断增加，模型的渗透率恢复率逐渐增加，渗透率伤害程度为弱，即只需要保证悬浮物粒径小于裂缝平均缝宽就可以顺利通过，且对储层造成较小的伤害。

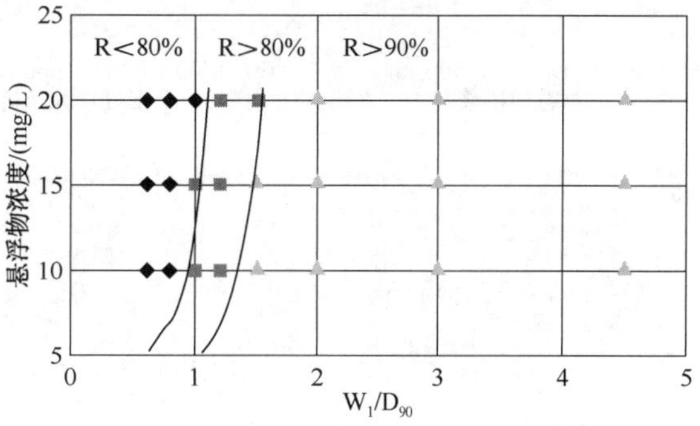

图 3　规则裂缝中 $\overline{W}_f/D_{90}$ 的架桥匹配关系

裂缝-孔隙型刻蚀模型悬浮固体颗粒堵塞评价实验结果如表 2 所示。同一 $\overline{W}_f/D_{90}$ 条件下，不同悬浮物浓度对渗透率恢复率影响较小。随着 $\overline{W}_f/D_{90}\geqslant 1$ 且不断增加，模型的渗透率恢复率逐渐增加。

表 2　微观可视化孔隙结构模型评价实验结果

模型类型	$\overline{W}_f/D_{90}$	悬浮物浓度/(mg/L)	R/%	$\overline{R}$/%
裂缝-孔隙型	0.8	10	72.5	74.2
	0.8	15	75.3	
	0.8	20	74.7	
	1.0	10	82.4	82.9
	1.0	15	79.9	
	1.0	20	86.4	
	1.3	10	80.6	86.4
	1.3	15	88.2	
	1.3	20	90.4	
	1.5	10	93.3	93.6
	1.5	15	94.9	
	1.5	20	92.7	

当$\overline{W}_f/D_{90}<1$时，渗透率恢复率平均为74.2%，此时在裂缝拐弯处、T字形及Y字形裂缝处更易发生架桥[图4(b)、(c)]。在裂缝拐弯处，颗粒难以及时转向，进而发生架桥[图4(b)]。在T字形、Y字形裂缝处，由于颗粒从多条裂缝中运移至裂缝交叉处发生汇聚，易形成类似“河心岛”式的存在[图4(b)、(c)、(e)]。当悬浮物浓度逐渐增加时，在裂缝缩颈处出现双粒、多粒架桥[图4(d)、(g)]。

当$\overline{W}_f/D_{90}=1$时，渗透率恢复率平均为82.9%，局部见裂缝缩颈处单粒架桥[图4(i)]、Y字形裂缝处单粒架桥[图4(k)]、长条状颗粒因裂缝面摩擦而附着(图4-l)，高悬浮物浓度可见双粒架桥[图4(j)]。当$\overline{W}_f/D_{90}=1.3$、1.5时，渗透率恢复率逐渐增加，分别为86.4%、93.6%，仅局部见单粒架桥堵塞[图4(m)、(n)、(o)、(p)]。

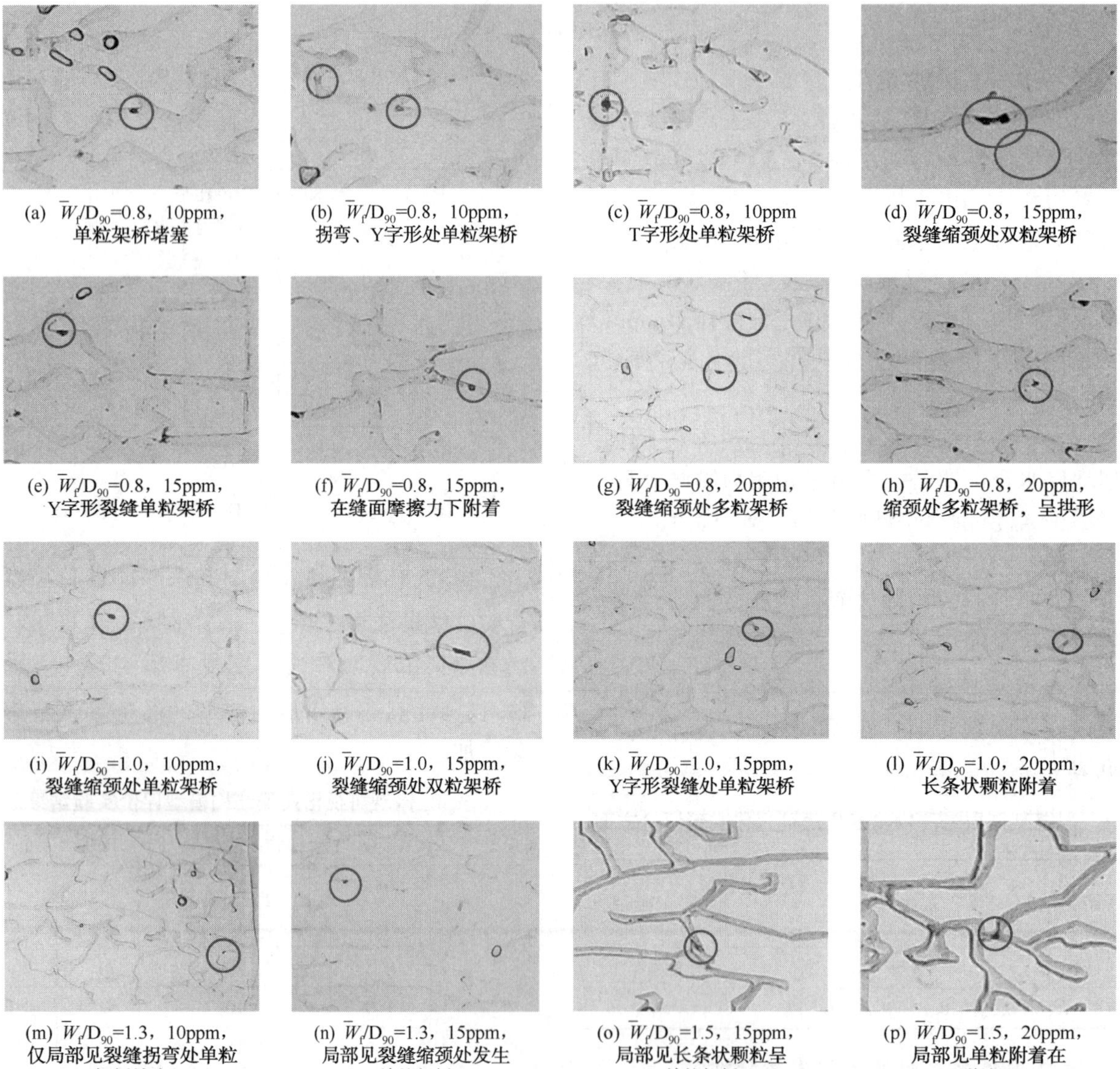

(a) $\overline{W}_f/D_{90}$=0.8，10ppm，单粒架桥堵塞
(b) $\overline{W}_f/D_{90}$=0.8，10ppm，拐弯、Y字形处单粒架桥
(c) $\overline{W}_f/D_{90}$=0.8，10ppm T字形处单粒架桥
(d) $\overline{W}_f/D_{90}$=0.8，15ppm，裂缝缩颈处双粒架桥
(e) $\overline{W}_f/D_{90}$=0.8，15ppm，Y字形裂缝单粒架桥
(f) $\overline{W}_f/D_{90}$=0.8，15ppm，在缝面摩擦力下附着
(g) $\overline{W}_f/D_{90}$=0.8，20ppm，裂缝缩颈处多粒架桥
(h) $\overline{W}_f/D_{90}$=0.8，20ppm，缩颈处多粒架桥，呈拱形
(i) $\overline{W}_f/D_{90}$=1.0，10ppm，裂缝缩颈处单粒架桥
(j) $\overline{W}_f/D_{90}$=1.0，15ppm，裂缝缩颈处双粒架桥
(k) $\overline{W}_f/D_{90}$=1.0，15ppm，Y字形裂缝处单粒架桥
(l) $\overline{W}_f/D_{90}$=1.0，20ppm，长条状颗粒附着
(m) $\overline{W}_f/D_{90}$=1.3，10ppm，仅局部见裂缝拐弯处单粒架桥堵塞
(n) $\overline{W}_f/D_{90}$=1.3，15ppm，局部见裂缝缩颈处发生单粒架桥
(o) $\overline{W}_f/D_{90}$=1.5，15ppm，局部见长条状颗粒呈单粒架桥
(p) $\overline{W}_f/D_{90}$=1.5，20ppm，局部见单粒附着在裂缝面

图4 裂缝型储层悬浮物堵塞产状及形式

总的来说，在悬浮物浓度为10~20mg/L情况下，当悬浮物粒径>裂缝平均缝宽时，颗粒架桥形态以单粒~双粒架桥为主；当悬浮物粒径≤裂缝平均缝宽时，悬浮物颗粒对模型渗透率伤害程度为弱，仅局部可见单粒架桥堵塞，与规则缝实验结果一致。

2 碳酸盐岩油藏注水水质指标设计方法

大部分碳酸盐岩储层在编制注水工艺方案时，仍然参照碎屑岩储层注水水质行业标准，根据各自油藏具体条件来确定。实践表明，对水质的要求应根据储层孔隙结构和渗透性、流体物理化学性质及水源水水来确定。注水水质指标包括7项主控指标和3项辅助指标，其中涉及到地面处理工艺选型、处理设备投资决策的最主要指标是悬浮固体含量、悬浮颗粒直径中值、含油率，因此，本次针对此三项主要指标通过系列实验评价确定。

2.1 粒径中值设计方法

典型“暂堵”理论认为，当颗粒粒径小于喉道直径的15%时(即1/7原则)，颗粒能顺利通过喉道，不会造成损害；当颗粒粒径为喉道直径的15%~30%(1/7~1/3)时，颗粒进入地层，并造成深部损害；当颗粒粒径大于喉道直径的30%(≥1/3)时，颗粒极易在喉道处“架桥”，从而限制后面的颗粒继续进入，导致颗粒在“桥塞”处堆积；颗粒尺寸大于喉道直径的73%(≥3/4)时，颗粒不能进入地层，在外表形成堵塞。渤海C油田储集空间组合类型主要为裂缝-孔隙型，由于基质的物性极差，裂缝是储层的主要渗流通道，因此选用裂缝宽度的1/3作为悬浮颗粒直径中值筛选的主要依据。按照测井解释渗透率反演获得的裂缝宽度，粒径中值取值为3.1μm；按照岩石力学数据获得的裂缝宽度，粒径中值取值为5.2μm。综合上述各方法，确定开展实验评价的注水悬浮固体粒径中值为4、5、6μm。

2.2 悬浮物浓度设计方法

悬浮物颗粒侵入储层的孔隙喉道，在孔隙喉道内被捕集、滞留和沉积，堵塞油气流动通道，造成储层绝对渗透率下降，影响油田产量。悬浮物浓度设计参照碎屑岩储层注水水质标准。C油田渗透率分布在>50 81≤500mD范围，确定悬浮物浓度为3-30mg/L作为实验评价的设计基础，根据地面水处理工艺常用末端过滤设备设计出口水质指标，结合该油田悬浮悬浮物粒径中值初选结果，设置悬浮物浓度10、15、20、25mg/L进行筛选评价。

2.3 含油率设计方法

渤海C油田渗透率分布在>50~≤500mD范围，确定含油率在5~50mg/L作为实验评价的设计基础，设计为15、20、25、30、35mg/L进行筛选评价。

3 水质指标评价实验方法及步骤

3.1 实验仪器及耗材

实验仪器主要包括CFP-1500AEX毛管流动孔隙结构仪、ME-500型高剪切混合乳化机、JL-1197型激光粒度分布测试仪、磁力搅拌的中间容器、溶剂过滤器、TOG/TPH红外分析仪、滤膜、一次性注射器、正己烷、石油醚等。水质指标评价实验采用的岩心流动实验装置如图5所示。

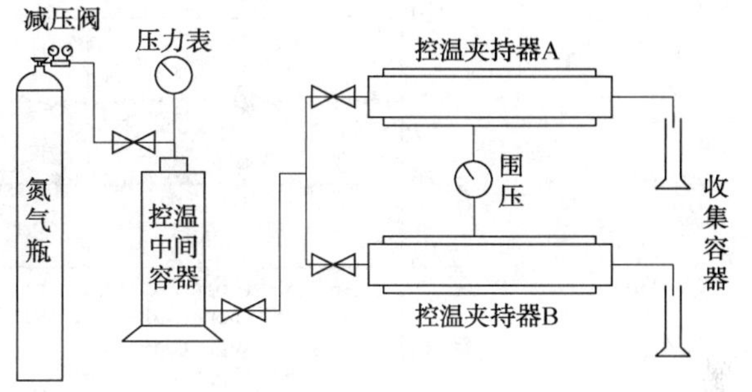

图5 流动实验装置图

3.2 实验岩心处理方法

为了近似模拟实际成岩、沉积过程中形成的微裂缝宽度，采用天然岩心进行人工造缝，实验所用的微裂缝岩心是通过劈缝法制备而成的。人造裂缝岩心的开度通常利用在裂缝中添加胶片、锡箔、石英砂作为充填裂缝的物质，必要时可用环氧树脂将裂缝断面黏接为一体，或利用透明胶布缠紧岩心。

3.3 水质指标评价实验步骤

① 配制工作液；

② 单一指标和综合指标初步评价实验岩心为人造岩心，首先测定其气测渗透率K_g；

③ 岩心抽空饱和蒸馏水20h以上，装入岩心夹持器，保持其地层温度条件下，蒸馏水高速冲刷，避免加工中引入的微粒物质对实验结果的影响；

④ 在恒定流速下注入标准的工作液，记录注入不同的PV与渗透率间的关系；注入5PV时测得的渗透率K_i作为基准值；

⑤ 评价标准工作液对岩心渗透率的损害程度。

用实验过程中测得的两个水相渗透率计算污水注入后渗透率损害率，公式如下：

$$C=(1-K_r/K_i)\times 100\% \qquad (2)$$

式中，K_i为初始渗透率，mD；K_r为不同PV

时所测得的渗透率，mD；C 为工作液对岩心渗透率的损害率。

4 单因素水质指标筛选与评价

4.1 悬浮物浓度及粒径中值评价

悬浮物浓度和粒径中值对不同缝宽造缝岩心的损害评价实验结果如图 6 所示。由图可知：(1) $d\leqslant4\mu m$ 时，SS 从 10mg/L 增加到 15mg/L 时，驱替体积为 80PV 后，渗透率损害率从 10.4%增加到 29.2%，随着注入水中悬浮物含量的增加，岩心渗透率损害程度增加，当悬浮物浓度增加到 15mg/L 时，损害率超过 20%。(2) $d\leqslant5\mu m$ 时，SS 为 10mg/L、15mg/L 时，驱替体积为 80PV 后，渗透率损害率基本小于 20%，为储层可接受的范围，当增加至 20mg/L 时，损害率达 35%。(3) $d\leqslant6\mu m$ 时，SS 为 15mg/L 时，驱替体积为 80PV 后，渗透率损害率小于 20%，为储层可接受的范围，当增加至 20mg/L、25mg/L 时，岩心渗透率损害率均超过 20%。

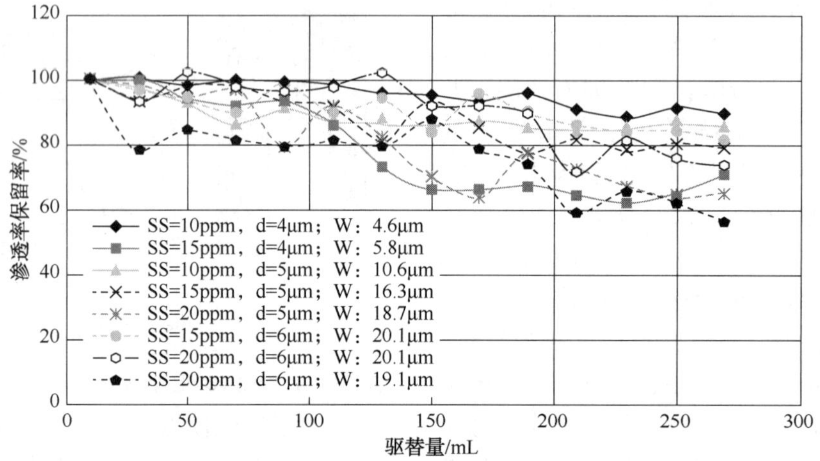

图 6 悬浮物浓度和粒径中值对造缝岩心的损害对比

因此，对于单一悬浮物浓度和粒径而言，以渗透率损害率<20%为标准，若悬浮物粒径 $d\leqslant4\mu m$，能接受的悬浮物浓度为 SS≤10mg/L；若悬浮物粒径 $d\leqslant5\mu m$，能接受的悬浮物浓度为 SS≤15mg/L；若悬浮物粒径 $d\leqslant6\mu m$，能接受的悬浮物浓度为 SS≤15mg/L，以此作为综合水质指标筛选的依据。

4.2 含油率筛选评价

单一含油率筛选实验评价结果如图 7 所示。由图可知，对于小缝岩心(缝宽<10μm)，含油率为 15mg/L、20mg/L 时，岩心损害程度小于 20%，当含油率达 25mg/L 时，岩心损害程度达 31.9%。对于中缝岩心(缝宽 10~20μm)，当含油率为 20~30mg/L 时岩心损害率均小于 20%，为储层可接受的范围。对于大缝岩心(缝宽>20μm)，含油率为 25mg/L、30mg/L 时岩心损害率基本小于 20%；当增加至 35mg/L 时，损害程度均超过 30%，对岩心渗透率的损害程度较大。

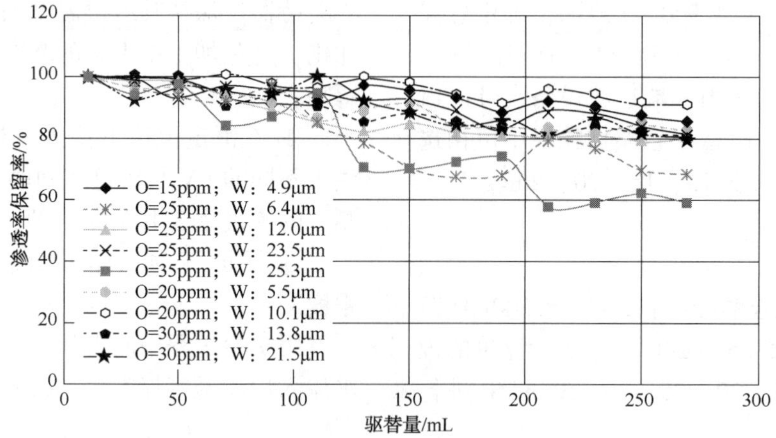

图 7 含油率对曹妃甸 2-2 油田造缝岩心的损害对比

对于单一含油率而言，以渗透率损害率<20%为标准，小缝储层(缝宽<10μm)应将含油率控制在≤20mg/L以内，中缝(缝宽10~20μm)、大缝储层(缝宽>20μm)储层均应将含油率控制在≤30mg/L以内。

5 综合水质指标的筛选和评价

模拟了7组综合水质指标实验，每组分别开展不同缝宽的岩心实验各3块，其中岩心裂缝孔隙度占总孔隙度的比例为9.2%~49.1%，平均25.8%，属于裂缝-孔隙型储层，与目标研究区块的储层物性类似。造缝岩心的缝宽为4.2~29.5μm，处于目标研究区块的的裂缝宽度分布区间范围内。注入水综合水质指标对造缝岩心的损害评价实验结果见表3。

表3 水质综合因素对造缝岩心的损害评价实验结果

序号	岩心号	参数水平				250mL损害率/%	平均损害率/%	综合指标
		基质气测渗透率/mD	造缝后岩心孔隙度/%	裂缝孔隙度占比/%	裂缝宽度/μm			
1	L1	0.046	3.4	49.1	5.9	56.8	41.2	SS/d/O=20/6/30
	L2	0.002	3.1	9.2	11.9	32.8		
	L3	0.004	2.6	18.2	11.9	33.9		
2	L4	0.009	4.0	23.4	4.3	43.1	39.0	SS/d/O=15/6/30
	L5	0.005	1.2	12.2	13.5	38.0		
	L6	0.006	4.8	41.7	19.2	35.8		
3	L7	0.006	3.1	16.7	6.4	24.3	25.8	SS/d/O=15/5/30
	L8	0.003	6.0	20.0	9.8	32.9		
	L9	0.002	3.3	31.3	18.3	20.0		
4	L10	0.002	0.8	23.7	4.2	5.6	11.2	SS/d/O=10/5/30
	L11	0.005	2.6	30.7	20.3	17.8		
	L12	0.002	2.2	11.1	28.0	10.2		
5	L13	0.005	8.2	22.3	5.6	15.3	21.7	SS/d/O=15/5/20
	L14	0.004	4.5	17.7	7.1	35.5		
	L15	0.027	3.3	10.6	29.5	14.3		
6	L16	0.002	3.9	40.8	5.2	8.1	18.0	SS/d/O=10/5/20
	L17	0.004	1.4	15.6	5.8	22.4		
	L18	0.002	2.2	30.8	8.1	23.4		
7	L19	0.276	5.9	46.5	5.0	9.6	9.0	SS/d/O=10/4/20
	L20	0.021	4.3	27.7	5.3	9.4		
	L21	0.148	5.9	42.5	5.4	8.1		

由表3可知：(1)随着综合水质指标不断放宽，注入水对岩心的渗透率损害程度不断增加。用SS≤20mg/L、d≤6μm、O≤30mg/L的注入水进行驱替，注入体积为250mL时，岩心渗透率损害率平均为41.2%；随裂缝岩心缝宽增加，渗透率损害程度相对降低，当岩心中裂缝宽度小于悬浮物粒径中值时损害程度最大达56.8%。(2)将悬浮物浓度降低，用SS≤15mg/L、d≤6μm、O≤30mg/L的液体进行驱替，注入体积为250mL时，岩心渗透率损害率平均为39.0%。(3)降低悬浮物粒径中值大小，用SS≤15mg/L、d≤5μm、O≤30mg/L的液体进行驱替，注入体积为250mL时，岩心渗透率损害率平均为25.8%，属弱损害程度；进一步降低悬浮物浓度至SS≤10mg/L，岩心渗透率平均损害率降至11.2%。(4)分别用SS≤15mg/L、d≤5μm、O≤20mg/L；SS≤10mg/L、d≤5μm、O≤20mg/L；SS≤10mg/L、d≤4μm、O≤20mg/L的液体进行

驱替，岩心的最终渗透率损害率分别为21.7%、18.0%、9.0%，均为储层可接受的水质指标范围。

综上所述，对于C油田裂缝-孔隙型储层，以损害率≤20%为标准，该类储层能接受的水质指标上限为：SS≤10mg/L、d≤5μm、O≤20mg/L；由于C油田基质渗透率极低，实验结果显示SS≤10mg/L、d≤5μm、O≤20mg/L的注入水对岩心渗透率的伤害率比SS≤10mg/L、d≤4μm、O≤20mg/L的注入水对岩心的伤害率高9%，从更利于储层保护和注水开发的角度，推荐以SS≤10mg/L、d≤4μm、O≤20mg/L作为渗透率损害率≤20%的指标上限。

6 结论

本文通过刻蚀模型评价了悬浮固体颗粒堵塞机理，并建立了裂缝-孔隙型碳酸盐岩储层水质指标筛选评价方法，针对渤海C油田，开展了固悬物含量、粒径中值、含油率单因素水质指标筛选及综合水质指标的筛选。考虑到C油田基质渗透率极低，储层宏观和微观非均性强，水井可能钻遇为裂缝不发育区，从更利于储层保护和注水开发的角度，建议水质设计标准采取严格的推荐方案，推荐以固悬物含量≤10mg/L、粒径中值≤4μm、含油率≤20mg/L作为注水水质指标。

参 考 文 献

[1] SY/T 5329—2012，碎屑岩油藏注水水质指标及分析方法[S].

[2] Q/HS 2042—2014，海上碎屑岩油藏注水水质指标及分析方法[S].

[3] 余义常，郭睿，林敏捷，等．中东地区碳酸盐岩储层孔喉结构特征及开发对策——以伊拉克X油田M组为例[J]．石油学报，2023，44(02)：369-384.

[4] 谢鹏，陈鹏羽，赵海龙，等．碳酸盐岩裂缝—孔隙型储集层水侵特征及残余气分布规律[J]．新疆石油地质，2023，44(05)：583-591.

[5] 袁长忠．塔河油田缝洞型碳酸盐岩油藏回注水水质指标对渗透率的影响[J]．油气地质与采收率，2014，21(03)：108-110.

[6] Bennion D B, Bennion D W, Thomas F B, et al. Injection water quality-a key factor to successful waterflooding[J]. Journal of Canadian Petroleum Technology, 1998, 37(06).

[7] Mahzari P, Jones A P, Oelkers E H. An integrated evaluation of enhanced oil recovery and geochemical processes for carbonated water injection in carbonate rocks[J]. Journal of Petroleum Science and Engineering, 2019, 181: 106188.

[8] 陈堃，李东昊，刘春辉，等．油田注水系统管路腐蚀及主控因素研究[J]．腐蚀与防护，2023，44(01)：63-67+74.

碎软煤层水平井地质工程一体化压裂技术研究

邱　伟[1,2]　刘银仓[1,2]　肖　兵[1,2]　卢战区[1,2]　张建涛[1,2]

（1. 中石化中原石油工程公司井下特种作业公司；2. 中石化石油工程压裂酸化技术中心）

摘　要　我国碎软煤层煤层气资源丰富，但其煤体破碎、质地松软，钻完井及压裂难度大，效果差，至今没有得到有效开发。通过对碎软煤层地质特点分析，根据煤层顶板压裂机理及优势，提出了顶板水平井钻井、穿层压裂技术，对水平井井眼轨迹控制提出要求，，优化了水平井射孔参数及压裂工艺参数。并在安徽省淮北、淮南矿区碎软煤层进行了水平井地质工程一体化现场应用。应用结果表明：①水平井眼轨迹控制在距离煤层顶面1～3m最为合适；②最佳射孔方式是定向垂直向下射孔，2～4簇/段，每簇射孔长度1～1.5m；③最佳压裂施工排量10～12m^3/min，单段注入液量1000m^3、加砂量70m^3，加砂平均砂比10-15%。结论认为：煤层顶板水平井穿层压裂技术可以避免水平井钻进时煤层易垮塌的问题，可以产生较长且与煤层沟通良好的压裂裂缝，具有降低入井液对煤层的伤害、提高排采效果的优势。

关键词　碎软煤层；水平井；地质工程一体化；穿层压裂

中国具有丰富的煤层气资源量，约占世界总量的14%，其中埋藏浅于2000m的煤层气资源量高达36.81×10^4m^3，但煤层气产量远低于其他富煤国家。由于煤层渗透性较差，为了获得较高的煤层气产量，煤层一般需经过压裂改造方式来增产。

我国煤层气储层地质条件相对复杂，大量煤层气赋存于碎软变形严重、煤体破碎、质地松软的碎软煤层中。碎软煤层性脆、块状、污手、条痕褐色，为半光亮型煤，质地破碎、松软，如图1所示，地面煤层气抽采难度很大，例如安徽的淮北、淮南，河南的焦作、平顶山，江西的丰城等矿区。对于碎软煤层，采用常规的在煤层内部进行水平井钻井和压裂改造方法难以实现有效的改造，主要原因在于：①由于碎软煤层碎软，水平井眼极易发生井壁失稳、垮塌，甚至引发卡钻、埋钻事故；②由于碎软煤低杨氏模量、高泊松比的力学性质及裂隙发育的特点，使得裂缝长度受到限制，加之煤层裂缝中支撑剂的镶嵌明显、煤粉堵塞等原因，压裂缝的有效长度更短，其压裂增产效果很不尽人意。碎软煤层压裂改造难度大、增产效果差，制约了国内煤层气大规模工业开发步伐。

图1　碎软煤层宏观特征

针对碎软煤层压裂改造难题，笔者根据煤层顶板水平井穿层压裂技术，即在煤层顶板选择距离煤层合适距离进行水平井钻井、定向射孔和分段压裂施工，可以造出较长且与煤层沟通良好的压裂裂缝，形成高导流渗流通道，并有效降低入井液对煤层的伤害，提高煤层气排采效果的作用，建立了煤层及其顶底板岩层水力压裂数值模拟模型，开展了穿层压裂缝扩展规律模拟计算，优化了水平井分段参数、射孔参数及压裂工艺参数，并在安徽淮北进行了现场应用实践。结果表明在煤层顶板进行水平钻井和分段压裂具有较好的优越性。

1 煤层顶板压裂机理及优势

1.1 碎软煤层压裂裂缝特点

水力压裂过程中，压裂液首先在井筒附近憋压，当压力大于地层岩石的破裂极限时，裂缝起裂，并在裂缝尖端延伸；由于在裂缝尖端存在应力集中现象，故裂缝延伸压力小于裂缝起裂压力。然而对于煤层来说，尤其是碎软煤，由于其中存在天然裂隙或碎软破碎裂缝，水力压裂缝将在原有裂隙处开启并延伸，这时破裂压力不明显。

碎软煤结构分散松软，具有相对较差的力学强度，水力压裂缝在碎软煤中的延伸比较困难。由于各种裂缝(隙)的存在、且这些裂缝(隙)交叉且不均匀分布的特征，压裂缝延伸极易转向并形成复杂裂缝，后续压裂液在这些复杂裂缝中流动阻力增加，缝内净压力也增加，从而进一步造成新的压裂缝，并在整个压裂过程中煤中的不同位置不断发生，造成碎软煤中很难形成简单而长的压裂缝。因此，煤层水力压裂缝的起裂和延伸特点表现为极易起裂但难以延伸，压裂增产的效果较差。

1.2 压裂裂缝沟通煤层机理

煤层顶底板一般为泥岩、泥质砂岩、细砂岩或灰岩。由于煤层脆性大、强度低，极易破碎，在后期碎软作用下极易遭到破坏而演变为碎软煤，但其顶底板岩层由于强度高或柔性强受破坏程度较小，故保存完整。煤层顶板压裂就是在煤层顶板岩层内进行水平井钻井，并通过定向射孔及分段压裂对顶板和煤层进行改造，在顶板与煤层之间建立具有高导流能力的裂缝通道和网络，达到有效沟通富含甲烷、塑性强、不易成缝的煤层的目的。

当对煤层顶板进行压裂作业时，裂缝首先在顶板岩层中产生，裂缝在这些岩层较容易延伸，能形成长的压裂缝，同时压裂缝能够在垂向上从高应力值的顶板岩层向下穿层扩展到较低应力值的煤层，在垂向上进入煤层后，裂缝同时在岩层和煤层中横向扩展，裂缝在顶板岩层中表现为脆性断裂扩展，而煤层中表现为韧性断裂扩展，所以煤层虽然易起裂但不易延伸，压裂缝在煤层中仅扩展一定范围。图2展示了裂缝在顶板岩层与煤层中的扩展过程，表明裂缝横向扩展是由顶板岩层中脆性扩展主导的，在扩展过程中裂缝尖端始终位于煤层顶板岩层中，即顶板岩层中裂缝扩展更快更长，尖端扩展造成“拉扯”作用带动煤层中的裂缝横向同时扩展，这样在煤层中形成的裂缝比直接在煤层中压裂形成的裂缝要长的多，改造煤层体积更大，压裂效果更好。

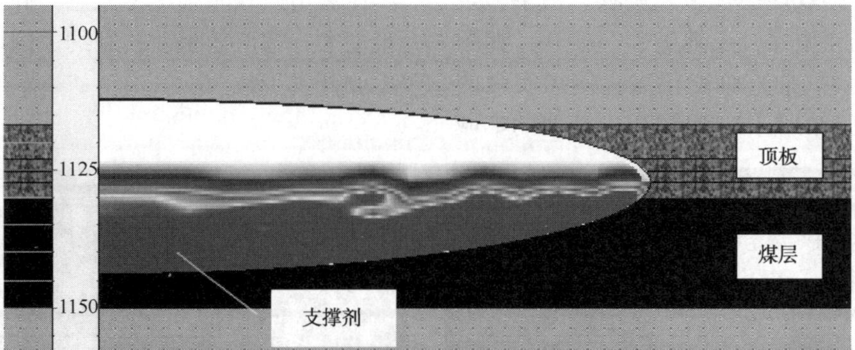

图2 煤层顶板压裂裂缝形态模拟图

1.3 水平井穿层压裂技术优势

煤层顶板水平井穿层压裂优势主要体现在降低钻井风险、降低入井液(钻井液和压裂液)对煤层的伤害、造缝效果好和利于后期排采等5个方面：①煤层顶板具有较高的力学强度，在顶板岩层中进行水平井钻井，井眼的稳定性较高，降低钻进过程中发生钻孔坍塌、埋钻等风险；②对于顶板水平井，由于井筒在钻井阶段不与煤层接触，避免了钻井液对煤层的浸泡和伤害，这一点对于欠压高渗储层尤为重要；③煤层顶板岩性为砂岩、砂泥岩、灰岩或脆性泥岩时，其脆性矿物含量远高于煤层，可压裂指数远高于煤层，易形成长度更长、更加稳定的导流裂缝，沟通更大的煤层体积；④压裂后由于支撑剂的重力沉降作用，大量支撑剂在顶板与煤层交界处的裂缝中充填，这种形态的裂缝铺砂剖面更加利于煤层气的产出；⑤在顶板岩层中压裂产生的煤粉很少，对压裂通道的堵塞降到最低；在排采过程中砂粒和煤粉在重力的作用下难以向上运移进入井筒，煤层气排采通道流畅，排采效果提高。

2　煤层顶板水平井分段压裂技术

2.1　水平井眼轨迹与煤层距离优化

碎软低渗煤层顶板岩层水平井压裂裂缝垂向上能否穿层进入煤层及其扩展范围在很大程度上决定于水平井井眼与煤层距离，它是决定压裂成败的一个关键因素。

一般在中(顶板上覆岩层)—高(顶板)—低(煤层)应力剖面条件下，水力裂缝更趋向于往地应力小的层位延伸。应用压裂软件模拟水平井眼距煤层不同距离时裂缝形态(图3)及计算出水平井眼距煤层不同距离时在煤层内的裂缝占总的裂缝面积比例(图4)。从图2中可以得到一般规律，既水平井眼距煤层顶面的距离越大，扩展进煤层的裂缝面积越小；由图4可以看出，当水平段距离煤层顶面1m时，煤层裂缝的面积占总改造面积的90%以上；而当水平段距离煤层顶面7m时，煤层裂缝的面积仅占总改造面积的25%左右，由此可见在低—高—低应力剖面下水平段距煤层顶面的距离对有效裂缝面积及有效裂缝面积比例有较大影响。这是由于顶板处于高应力层，裂缝在顶板内扩展受到阻力最大，因此裂缝一旦突破顶板层进入到低应力的煤层，裂缝将会主要在煤层扩展。水平井离顶面距离越小，裂缝从顶板层扩展到煤层的距离越小，更容易进入煤层，提高改造煤层的能力。

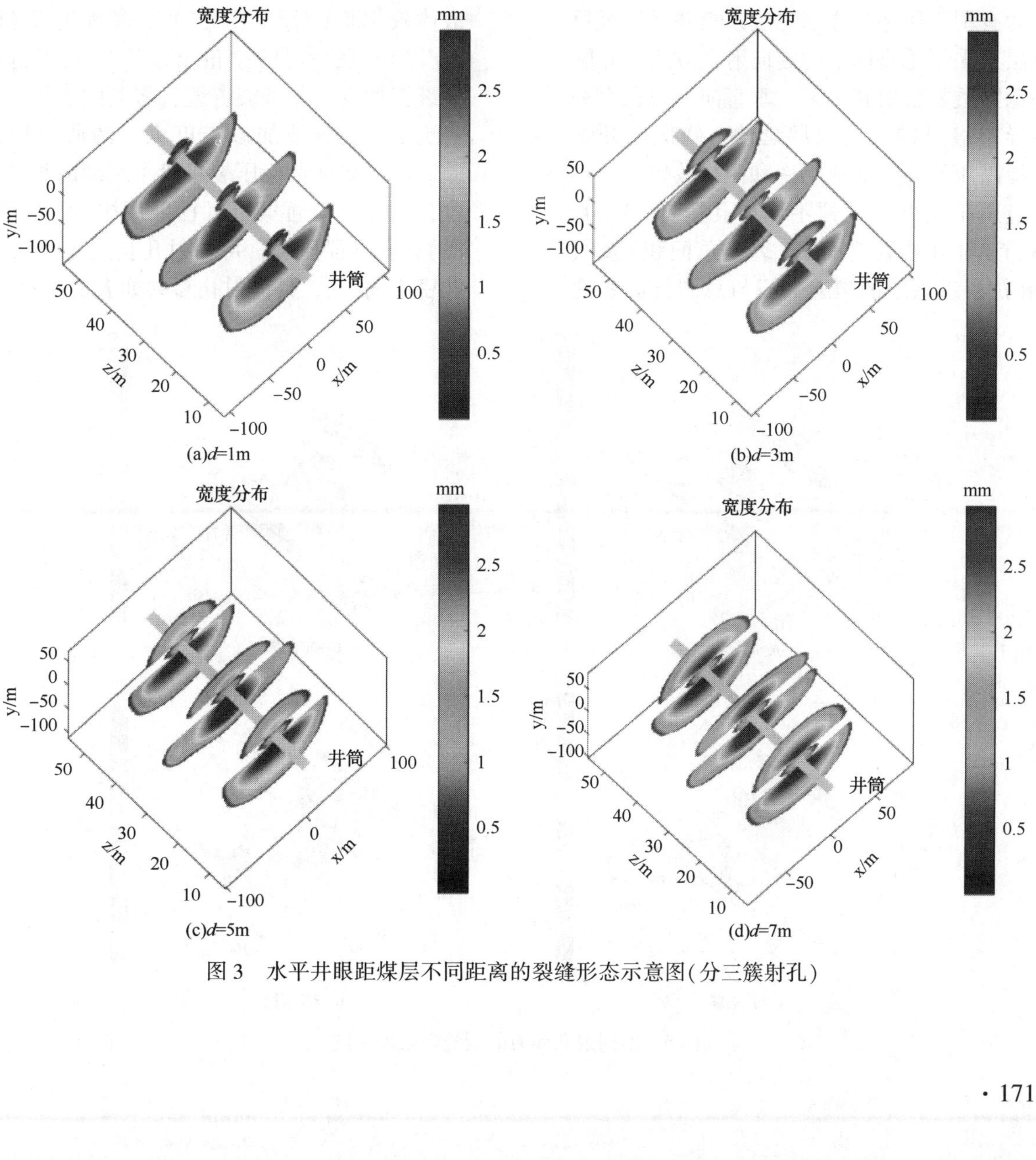

图3　水平井眼距煤层不同距离的裂缝形态示意图(分三簇射孔)

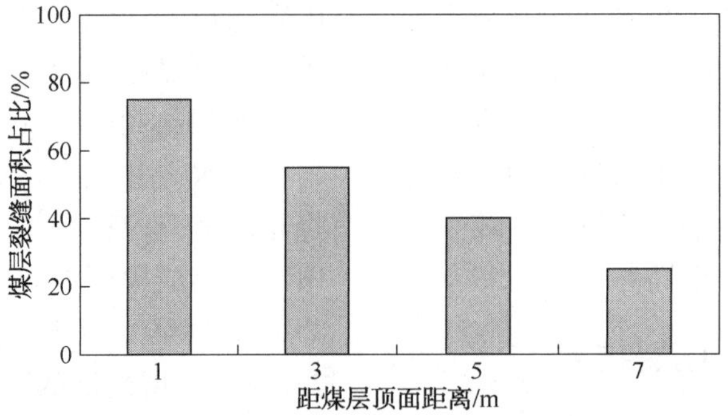

图4 距煤层不同距离的煤层裂缝有效面积比例变化图

在现场施工时，一般有效裂缝面积占总改造面积的比例大于70%时即认为该地应力剖面适合进行顶板压裂施工，则在常规中(顶板上覆岩层)—高(顶板)—低(煤层)应力剖面下，水平井眼轨迹距离煤层顶面1~3m较为合适。

2.2 射孔工艺参数优化

为有利于压裂缝穿透煤层顶板并延伸至目的煤层，采用垂直向下的定向射孔方式、并配合超深穿透复合射孔工艺。垂直向下射孔有利于诱导裂缝纵向上向煤层延伸，确保压开煤层，提高压裂施工的成功率和压裂效果。

应用压裂软件模拟不同射孔簇数(3、4、6、8簇)对有效裂缝面积(裂缝总面积)及其比例(扩展进煤层的裂缝面积与总裂缝面积之比)的影响。

由图5、图6可以看出，裂缝簇数对总有效面积影响较小，对有效面积比例影响较为明显。随着裂缝簇数增多(从3簇增加到8簇)，有效裂缝面积比例呈逐渐减小趋势，射孔簇数越小，沟通煤层效果越好。此外由于煤层压裂活性水造缝性能差，煤层层理、裂缝发育致使液体效率低，若采用密切割多簇射孔(6~8簇/段)，在一定的排量下，压裂液流量被多条裂缝拥有，各条裂缝缝长将变的更短，缝宽将更窄，会导致加砂难度大，沟通煤层效果差。所以保证顶板压裂每段主裂缝的长度和宽度，并有效沟通煤层，宜采用少簇(2~4簇/段)射孔分段压裂，每簇射孔长度1.0~1.5m，孔密10m/孔，具体射孔参数如表1所示。

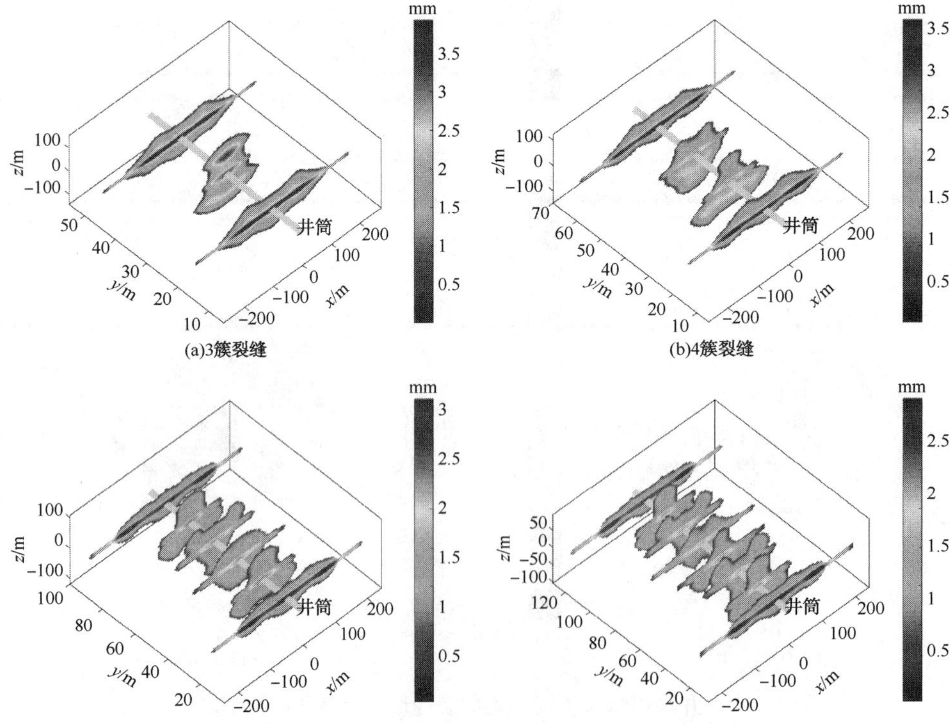

(a)3簇裂缝 (b)4簇裂缝 (c)6簇裂缝 (d) 8簇裂缝

图5 不同射孔簇时的裂缝形态展示图

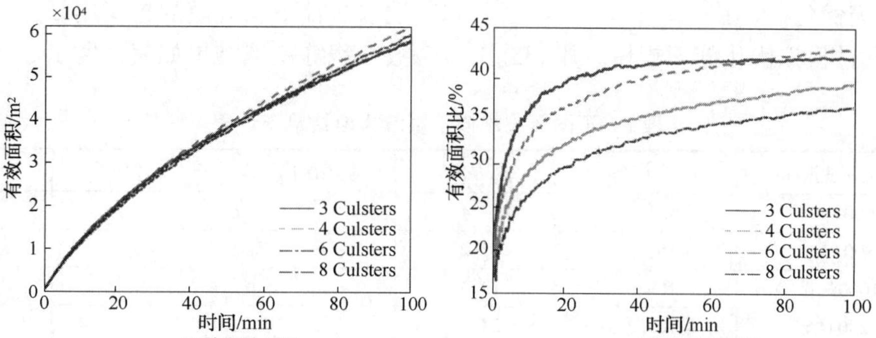

(a)总有效面积　(b)有效面积比例

图 6　不同射孔簇数时煤层裂缝总有效面积和有效面积比例图

表 1　煤层顶板压裂射孔参数一览表

射孔枪	射孔弹型号	孔密度	相位	射孔弹穿深	射孔孔径
89mm	102 深穿透弹	10 孔/m	垂直向下	≥900mm	9~10mm

2.3 压裂施工参数优化

2.3.1 排量优化

顶板压裂沟通煤层的效果与施工排量密切相关，排量的大小在一定程度上可以反映净压力的大小。通过压裂软件模拟可知(图 7)，随着排量的增加，缝高增大，且顶界变浅、底界变深，当水平井与煤层的距离为 3m 时，施工排量越小，裂缝压开煤层的程度越小，当排量为 10.0m^3/min 时，缝高贯穿整个煤厚，当施工排量小于 6.0m^3/min 时，顶板压裂裂缝几乎不能沟通煤层。排量可以促使裂缝垂向向下扩展，当最小主应力差相差不大时或煤层塑性较大时，可以通过加大排量促使裂缝扩展，表明必须较高的施工排量能使一定范围内的顶板水平井取得较好的压裂效果。综合可得最佳施工排量 10~12m^3/min。

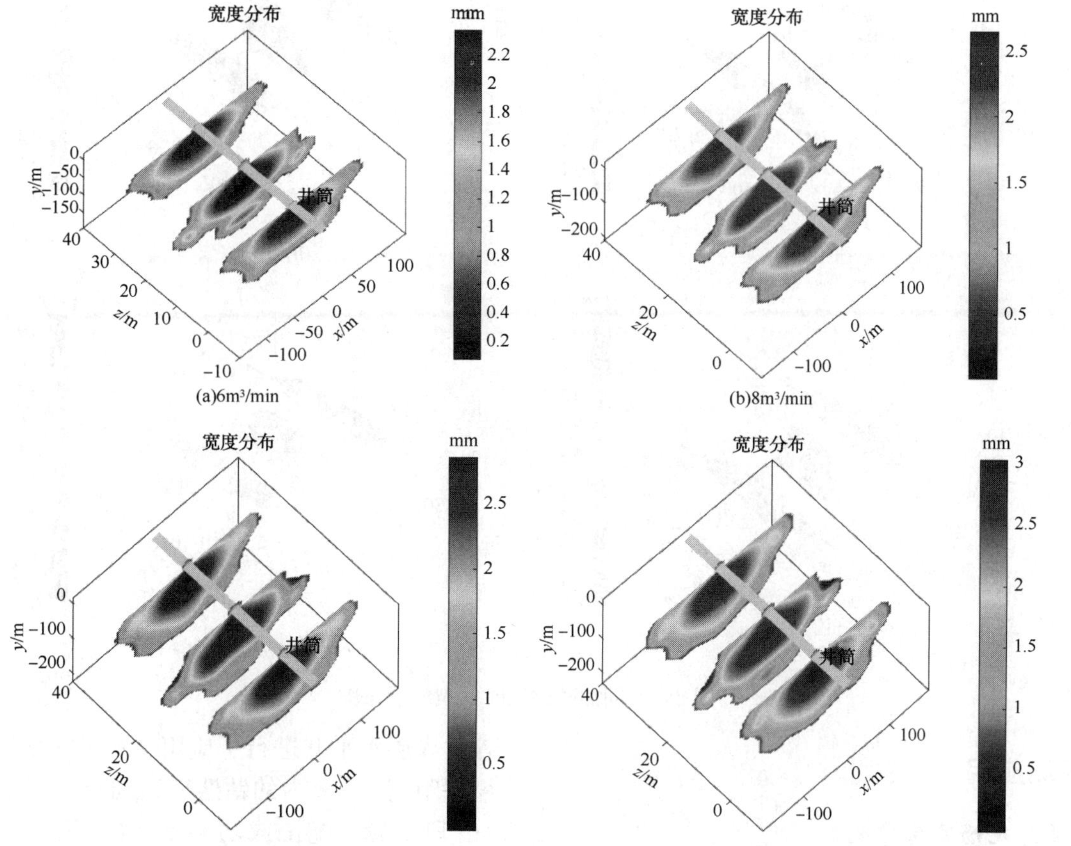

(a)6m^3/min　(b)8m^3/min　(c)10m^3/min　(d)12m^3/min

图 7　三簇裂缝下不同施工排量时的裂缝形态图

2.3.2 施工规模优化

利用压裂软件模拟优化施工规模。压裂施工选取 3 种不同规模的施工用量，输入相关地层参数，裂缝模拟结果如表 2 所示。

表 2 不同压裂规模下裂缝模拟结果统计表

方案	总液量+砂量/m^3	半缝长/m	缝高/m	在煤层内裂缝体积/($\times10^4 m^2$)	煤层裂缝面积占比
1	600+40	121.4	13.4	6.5	36%
2	800+55	154.5	17.2	1.1	56%
3	1000+70	169.9	19.3	1.4	68%
4	1200+85	185.3	23.8	1.6	74%

从表 2 可以看到，当压裂规模达到一定规模时，随着规模的增加，半缝长和在煤层内的裂缝体积的增加趋势逐步减缓。综合考虑，压裂施工规模采用方案 3：液量 $1000m^3$+支撑剂 $70m^3$。

2.3.3 施工砂比优化

应用压裂软件模拟分析不同加砂浓度(10%、15%、20%、25%)对顶板压裂效果的影响(图 8)。由图 7 可以看出，加砂浓度超过 20%后，由于加砂浓度较高，靠近水平井井筒区域支撑剂浓度接近 100%，远离水平井井筒区域支撑剂浓度远低于 50%，造成支撑剂极不均匀分布，近井地带出现高浓度支撑剂分布，容易造成砂堵，导致裂缝渗透率降低，影响裂缝导流能力，从而影响增产效果。此外，由于煤层的高滤失性，压裂液易于滤失入煤层，失去了压裂液的携带作用，支撑剂容易在裂缝端部积聚，造成“端部脱砂”效应，受到重力作用，密度较大的石英砂支撑剂容易沉积在裂缝底部。综上所述，支撑剂的砂比推荐为 10%~15%。

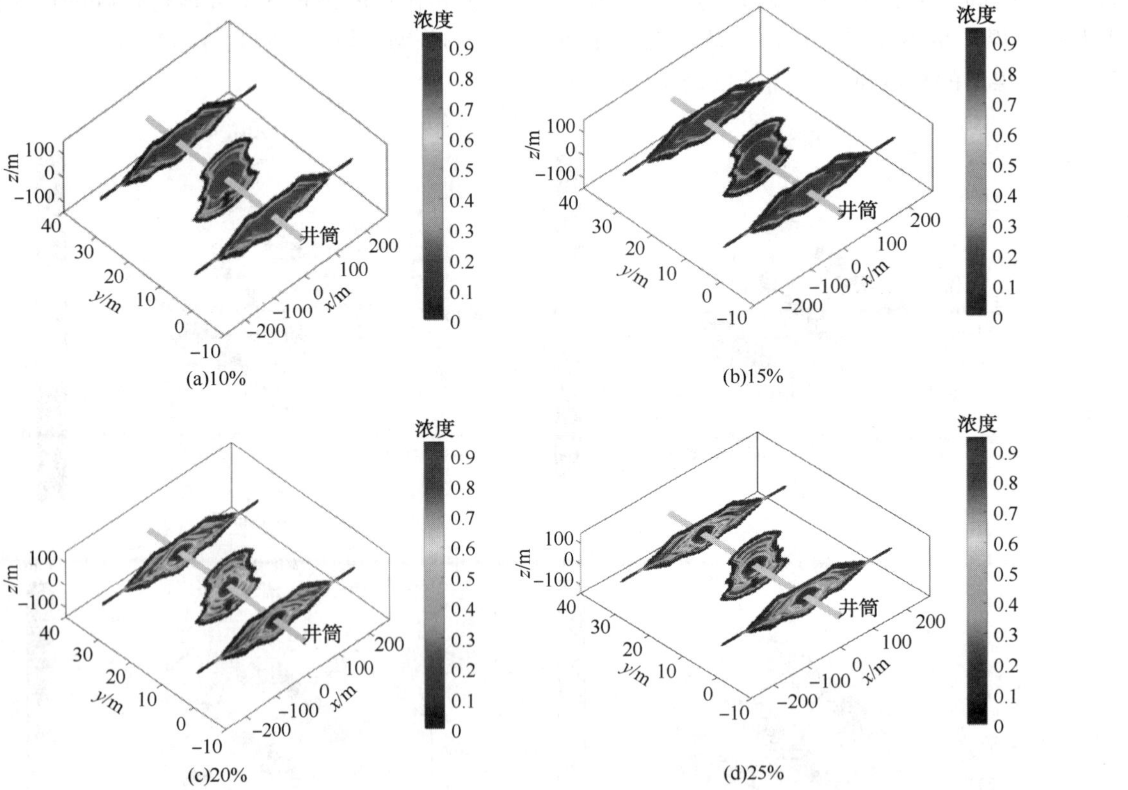

图 8 不同加砂砂比时的裂缝形态图

3 现场应用

3.1 总体现场应用情况

该技术在安徽淮北及淮南煤矿进行 17 口井碎软煤层水平井进行了应用，水平井眼轨迹距离煤层距离在 3m 内的钻遇率达到 90%以上，共分 215 段压裂，施工成功率 100%，压裂平均单段加砂量 $73.2m^3$，平均砂比 10.2%，淮北 LG-X-

H 井压后经过排采日产气最高达到 4200m³/d，淮南 PE1-1、PE1-2、PE2-1 井压后经过排采日产气量最高达到 5500m³/d，其余井处于排采阶段并有良好出气显示。

3.2 典型井应用分析

LG-X-H 井位于安徽省淮北芦岭煤矿区，完钻井深 1558m，水平段长 676m。压裂改造目的层为上石盒子组的 8 煤，埋深 723.92～737.33m。8 号煤层为特厚煤层，全区可采，平均厚度 8.96m。

该井共分 9 段进行射孔及压裂，采用泵送桥塞-射孔联作方式进行分段压裂工艺技术；射孔弹采用 102 深穿透弹，垂直向下定向射孔，孔密 10 孔/m，每段射孔 2～3 簇，射孔总长度 3.0m/段，一般施工排量 10～12m³/min，压裂施工共注入活性水 18502.6m³，共加入石英砂 723.6m³，平均单段加砂量 80.3m³，平均砂比达到 13.5%。

该井整个压裂施工过程中来看，第 1 段、第 2 段的水平井轨迹距离煤层较远(3～6m)，施工压力较高，加砂困难，排量提升慢，砂比低，此 2 段都进行了 3 次压裂施工，期间出现 5 次砂堵[图 9(a)]，施工砂比一般在 7%～10%，施工泵压 34.4～38.1MPa，沟通煤层效果较差。第 3 段至第 9 段井眼轨迹距离煤层较近(1～3m)施工较为顺利，细砂(40/70 目石英砂)砂比 3%～14%，中砂(20/40 目石英砂)砂比 8%～18%，单段加砂量在 75～85m³，单段液量在 1000～1100m³ 一般施工压力在 19.2～33.1MPa[图 9(b)]，沟通煤层效果较好。表明了水平井眼轨迹与煤层顶面的距离是压裂成功的关键。

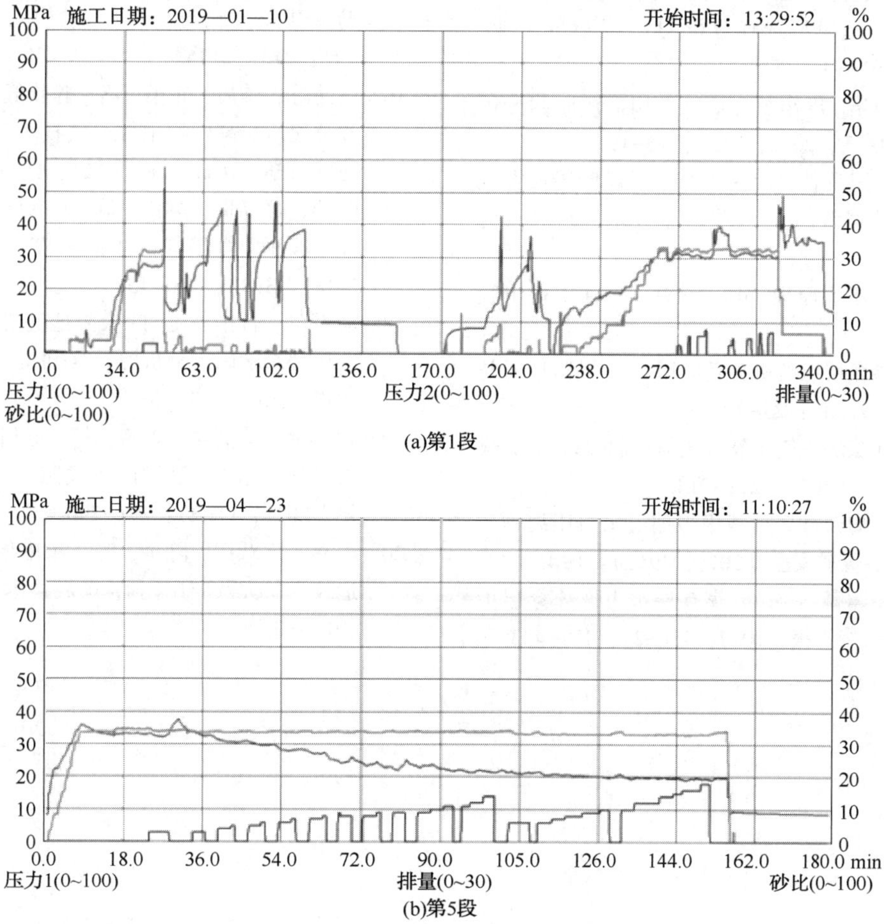

图 9 LG-X-H 井压裂施工曲线图

淮北矿区 LG-X-H 井在正式排采半年后最高产气量达到 4200m³/d，井口套压 0.35MPa；目前稳产 2000m³/d 左右，井口套压 0.19MPa，而且产气量稳定，已经连续产气 518 天，截至 2021 年 7 月，已累计产气量达到 100×10⁴m³/d，压后效果显著。

4 结论

(1) 煤层顶板水平井钻井、穿层压裂技术可以避免水平井钻进时煤层易垮塌的问题，可以产生较长且与煤层沟通良好的压裂裂缝，具有降低入井液对煤层的伤害、提高排采效果的优势。

（2）水平井眼轨迹控制在距离煤层顶面 1～3m 最为合适；最佳射孔方式是定向垂直向下射孔，2～4 簇/段，每簇射孔长度 1～1.5m；最佳压裂施工排量 10～12m^3/min，单段注入液量 1000m^3、加砂量 70m^3，加砂平均砂比 10%～15%。

（3）在安徽淮北及淮南煤矿进行 17 口井碎软煤层进行水平井地质工程一体化压裂现场应用，取得了好的效果。

参考文献

[1] 张金山，薛泽民，董红娟. 我国煤层气资源产业发展现状及展望[J]. 煤炭技术，2016，35(12)：316—318.

[2] 李安启，姜海，陈彩虹．我国煤层气井水力压裂的实践及煤层裂缝模型选择分析[J]. 天然气工业，2004，24(5)91-94.

[3] 尹清奎，焦中华. 焦作某煤层气井田低产原因分析[J]. 中国煤层气，2012，9(3)：16-19.

[4] 杨宇，曹煜，田慧君．压裂中煤粉对煤储层损害机理分析与防控对策[J]. 煤炭科学技术，2015(2)：84-87.

[5] 王鸿勋．水力压裂原理[M]. 北京：石油工业出版社，2010

[6] 韩保山．低渗煤层压裂机理及应用[J]. 煤田地质与勘探，2016，44(3)：25-29.

[7] 韩保山．碎软煤煤层气压裂方式与机制探讨[J]. 煤矿安全，2019，50(7)：211-214.

[8] 马耕，冯丹，陶云奇．顶板虚拟储层水力压裂物理模拟试验[J]. 煤矿安全，2018，49(2)：1-4.

[9] 高杰，侯冰，谭鹏，等. 砂煤互层水力裂缝穿层扩展机理[J]. 煤炭学报，2017，42(S2)：428-433.

[10] 巫修平，张群．碎软低渗煤层顶板水平井分段压裂裂缝扩展规律及控制机制[J]. 天然气地球科学，2018，29(2)：268-275.

[11] 李丹琼，张遂安，张士诚. 煤层气水平井穿层压裂裂缝扩展机理[J]. 煤炭科学技术，2016，44(5)：84-88.

[12] 张帆，马耕，刘晓. 等. 煤岩起裂压力和水力压裂裂缝扩展机制实验研究[J]. 煤田地质与勘探，2017，45(6)：84-89.

[13] 方良才，李贵红，李丹丹，等．淮北芦岭煤矿煤层顶板水平井煤层抽采效果分析[J]. 煤田地质与勘探，2020，48(6)：155-160.

[14] 岳前升，邹来方，蒋光忠，田中兰，胡友林，黄志强．煤层气水平井钻井过程储层损害机理[J]. 煤炭学报，2012，37(1)：91-95.

[15] 赵贤正，朱庆忠，孙粉锦，杨延辉，王勃，左银卿，申建，穆福元，李梦溪．沁水盆地高阶煤层气勘探开发实践与思考[J]. 煤炭学报，2015，40(9)：2131-2136.

[16] 贾建称，陈晨，董夔，等. 碎软低渗煤层顶板水平井分段压裂高效抽采煤层气技术研究[J]. 天然气地球科学，2017，28，(12)：1873-1881

[17] 张群，葛春贵，李伟，等. 碎软低渗煤层顶板水平井分段压裂煤层气高效抽采模式[J]. 煤炭学报，2018，43(1)：150-159.

[18] 万军凤，肖阳，王明. 大牛地气田泥砂岩间互层穿层压裂影响因素分析[J]. 石油化工高等学校学报，2017，30(3)：32-38.

[19] 姚红生，陈贞龙，郭涛，等．延川南深部煤层气地质工程一体化压裂增产实践[J]. 油气藏评价与开发，2021，11(3)：291-296.

[20] 李春，田跃儒，陈星，等．沁南地区 15# 煤压裂改造技术研究及应用[J]. 煤炭技术，2017，36(6)：191-193.

高频压力监测评价技术

古聪华　龚仓仓　杨　乐　张永亮　姜冰宣　马　涛

（中国石油集团测井有限公司新疆分公司）

摘　要　该技术属于一套综合应用技术，针对增产阶段压裂井，在井口侧翼取压法兰处安装高频压力采集装置，在压裂施工、闷井返排和试油试气期间持续以最高1ms间隔采集井口压力，结合波动压力的倒谱图与渗流压力的停泵压力降落试井模型等，对压裂期间的射孔簇开启情况、暂堵情况、坐封封隔有效性、裂缝规模、改造规模、地层流动参数等进行定量化解释，对闷井返排和试油试气期间的开井时机、地层裂缝动态、返排油嘴更换、产能预测等各种信息进行分析，优化压裂设计。同时能够用于多井同时压裂的压窜监测，为现场生产决策提供有效支撑。

关键词　压裂效果评价；倒谱图；试井图版拟合；优化压裂设计

1　引言

非常规油气田的开采及开发技术自20世纪末从外国引进后，在短短的二十几年中已经发挥了巨大的作用。而压裂效果的评价与分析技术是压裂技术进步的重要影响因素之一，为下一步压裂施工和方案设计调整、气藏工程参数评价提供更加可靠的依据。大型体积压裂效果评价包含两部分，一是对裂缝的实时监测和评估，二是压后产能的评价，优化压裂设计。评价可以验证或修正水力压裂中使用的模型、选择压裂液、确定加砂量及加砂程序，进而降低压裂成本和提高油气采收率，达到合理高效开发油气的目的。

目前国内外压裂效果监测评价技术包括斯伦贝谢的井筒听诊技术、Seismos高频声呐技术、微地震、广域电磁法、高频压力监测评价技术等。井筒听诊技术使用高灵敏度的听筒设备，安装在井口旁，借助声波传导原理实现对井筒内声响的实时监测与记录，可以确定进液点位置，但裂缝及渗流参数无法准确获取；高频声呐技术是将高频声波信号从声源发出，通过井筒及流体进行传播和反射，最终被探测器接收到，形成回波信息，在此基础上对裂缝系统、导流能力等进行监测和分析，但是该技术无法分解出渗流参数，只要压裂规模大产能一定高；微地震原理是监测裂缝扩展时应力释放形成的微地震，可以通过监测到的数据分析裂缝长、宽及高并通过裂缝长宽高计算SRV体积，然而应力波可以在固体中传播，而流体只能通过孔隙渗流，不能在固体中流动，因此应力波达到的地方，流体未必能够波及，所以计算所得的SRV体积偏大30%；广域电磁法通过供入井筒交流电，井筒和压裂液形成一体化的地下导体，通过地表部署的测点，测量压裂改造区域的电信号分布，推断压裂液波及范围，所得结果即压裂液所到位置相当于渗流面积，但渗流参数无法得到，只要压裂规模大改造边界就大。前这些技术大部分需要大型专用设备，评价结果也不够全面，而高频压力监测评价技术融合波动压力倒谱分析、渗流压力试井解释、油气藏数值模拟，可以获得产能计算所有参数，且所用设备小巧，安装便捷，不增加压裂流程。

2　技术背景

2.1　硬件参数

高频压力监测评价技术所用的高频压力监测仪的压力量程为140MPa，压力分辨率为0.0001MPa，压力采样频率达到1000Hz，即每秒采集1000个压力点，高采样频率的压力计的成功研制是该技术应用的硬件条件。使用高采样频率的压力监测仪可以提供更准确、更全面的数据，因为在停泵阶段，水击波效应(水锤效应)的压力变化会非常迅速，并且会发生非常细微的变化，如果采样频率不够高，就可能无法捕捉到这些变化，从而无法准确获取波的周期和变化率等重要参数，进而影响后续评价工作的进行。

2.2　大数据分析——试井图版库

图版拟合可以得到压裂和闷井返排期间的裂缝参数、流动参数等，每个图版的地层参数、井类型及边界都是惟一的，不同裂缝形态展现不同的压力导数趋势。中科大近 40 年累积 9 万多个图版，并组成图版库，可处理不同地质情况和井型，完全满足当前国内各种解释需求。

2.3 语音识别技术和声呐定位技术的应用

对水击波产生的波动压力进行处理，应用语音识别技术结合频谱特征识别出射孔簇开启和桥塞的反射；应用声呐定位技术反演出进液点距离井口的深度。

2.4 非结构网格数值模拟技术

非结构网格数值模拟技术将计算区域分割成不规则网格，针对这些网格上的不规则区域建立数值公式，通过计算机算法求解数学模型，并模拟井下物理现象的过程。相比于结构网格数值模拟，非结构网格数值模拟的优势在于灵活性强、精度高、计算效率高，能够更加清楚准确地描述压裂液波及范围及 SRV 体积大小。

3 技术原理

3.1 监测环节及压窜监测

在压裂井和邻井安装侧翼取压法兰处安装高频压力监测仪，通过有线传输自动化采集压力数据，进行压裂及返排阶段全过程监测，及时反馈邻井压窜情况。

3.2 高频压力波分解

流体因前方运动路径突然改变产生的弹性波，在温度一定情况下，压力的变化(压力波)即是这种弹性波的直接表现。

压裂停泵后，由于裂缝开启或流量突变会产生水击波，遇到桥塞及裂缝时发生反射，产生次声波动，由井口采集的高频次压力波动，即为高频压力波，与声波、弹性波、稀疏波本质相同。使用信号分析算法将高频压力波分解为波动与渗流压力，波确定进液点位置，渗流反演地层参数。如图 1、表 1 所示。

表 1

内容	水击波分析	渗流压力反演
获得地质参数及信息	桥塞漏失/射孔质量	裂缝类型：缝网缝、长直缝、缝网复杂程度
	进液点位置	压裂规模：裂缝长度、裂缝高度、SRV 体积
	暂堵转向效果	流动参数：渗透率、平均压力、裂缝导流能力
	转向新启裂缝位置	计算参数：压裂液波及范围、地层压力分布

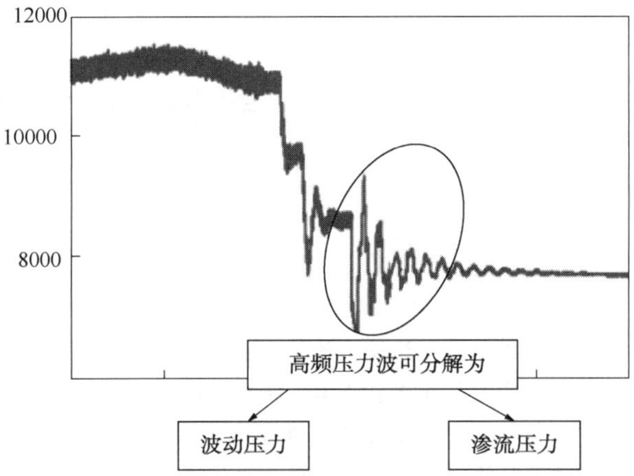

图 1　高频压力波

3.3 水击波分析

进液点深度的计算需要波准确的周期及波速。射孔及桥塞坐封时都会产生波事件，通过高频采样获得两个事件的时间，而桥塞的位置相对固定，这时候获得的波速就非常准确。对水击波产生的波动压力进行处理，由频谱特征识别出射孔簇开启和桥塞的反射，从而准确判断桥塞漏失情况及射孔质量，同时利用获得的波速进一步分析出进液点距离井口的深度。

3.4 渗流压力反演

对高频压力波的滤波求导然后通过压裂停泵期间试井模型图版确定裂缝类型及流动参数。由井筒存储常数的定义和质量守恒定律建立方程结合地层参数通过差分法计算得到裂缝的规模。结合倒谱及渗流分析所得的裂缝半长、地层渗透率、SRV 区域平均压力、裂缝导流系数、裂缝高度等参数通过数值模拟得到压裂改造区域。

为了准确获取压裂停泵后水击效应，需在每一段压裂施工结束后需焖井 1 小时。为准确判断停泵时间，折算井底压力，结合工程数据解释，需要收集压裂过程中的压力、排量及砂比随时间变化数据。除了以上数据，为了评价的合理性，还需井筒及流体的参数包括孔隙度、流体压缩系数、流体密度、流体黏度、支持剂密度、产层中深等。

4 高频压力监测评价技术在玛湖区块的应用情况

4.1 HW＊＊＊9 井所在区域储层岩性及物性

段井所处储层岩性主要以褐灰色、杂色砂砾岩、不等粒砾岩、砾岩为主，其次为含砾不等粒砂岩，含油级别以油斑和油浸为主。砾石的含量为54%~90%，砾石成分复杂，包括中、酸性喷出岩、凝灰岩、花岗岩、沉积岩，砾岩中的砂质成分与砾石成分大体相同，并见有少量的石英与长石(含量小于4.0%)。砾石大小混杂，分选差，直径介于5~100mm之间，储层胶结物以泥质为主，其次为硅质、方解石、沸石、石膏、黄铁矿。砾石以次圆状-次棱角状为主，其次为次棱角状。砾石之间多为线性接触，岩石的胶结类型为孔隙-接触式和接触式两种类型。

储集层孔隙度为5.1%~14.8%，平均孔隙度为8.82%，渗透率主要范围为0.1~422mD，平均渗透率为6.06mD；油层孔隙度为6.4%~14.8%，平均孔隙度为10.53%，渗透率主要范围为0.474mD~422mD，平均9.94mD，属低孔、特低渗的砂砾岩储层。

4.2 HW＊＊＊9井基本信息

该井采用二氧化碳前置加桥塞射孔分段压裂，前两段为趾端阀，部分段施工进行了酸化处理。该井水平段长1237m，采用139.70mm×10.54mm P110套管固井完井，中部深度3040m，中部海拔-2775m，原始地层压力为38.5MPa，压力系数为1.26，油藏中部温度为82.9℃。

4.3 波确定进液点位置

以地震波为例，分析一个地层模型，由均质水平地层构成，厚度相当于采样间隔。一个地层的地震波阻抗定义为$I=\rho v$，这里ρ为密度，v为层内压缩波速度。第k层地震波阻抗的瞬时值为：$I_k=\rho_r v_k$，对于垂直入射平面波，一个界面产生的压力振幅反射系数为：$C_k=(I_{k+1}-I_k)/(I_{k+1}+I_k)$。

频谱是压力波反射得到的，那么哪一部分是桥塞反射回来的？通过桥塞反射波的特征，识别桥塞反射波的位置，然后根据进液点与桥塞反射波的波峰的距离定量计算，可以得出进液点相对于桥塞的相对准确位置。如何识别进液点反射的波和桥塞反射的波成了关键点。桥塞相当于一个镜面，波在这里会进行一个类似全反射的过程，这时候压力波的能量衰减是最小的。因此在倒谱图中桥塞位置的能量最大为黄颜色是一个正波。裂缝处的波会多次随机反射，那么进液点位置压力波经过裂缝开启处能量会衰减，并且衰减非常大，程度和裂缝开启程度有关，开启的越好，衰减的越大。通过识别倒谱图中能量最小的部分就是进液点的位置。

倒谱图中(图2)两个能量最低的狭长部分即该段两处进液点位置，顶部能量最强的位置即桥塞位置。第14段一共两簇，全部开启，且桥塞密封良好。

4.4 停泵渗流压力反演地层参数、裂缝规模及裂缝形态

4.4.1 地层参数及裂缝形态反演

为准确判断停泵时间，折算井底压力，结合工程数据(图3)解释，需要收集压裂过程中的压力、排量及砂比随时间变化数据。

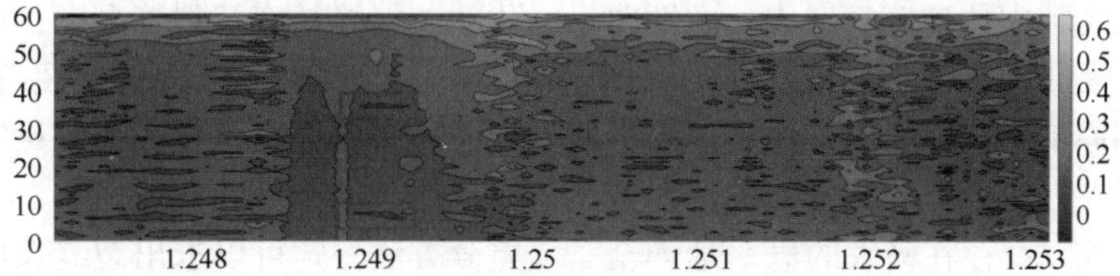

图2 HW＊＊＊9井第14段倒谱图

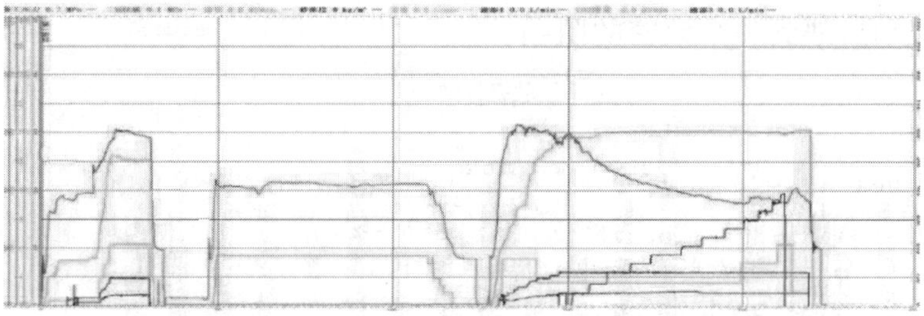

图3 HW＊＊＊9井第14段工程曲线

对高频压力波的滤波求导然后通过压裂停泵期间试井模型图版确定裂缝参数及裂缝形态。每个图版地层参数、井类型及边界都是惟一的，不同裂缝形态展现不同的压力导数趋势。导数特征

线为水平直线的曲线，流体流动特征为径向流，呈缝网缝，缝网形态系数趋近 1，通常为均质的砂岩；晚期斜率达到 1 的曲线，可以考虑地层在附近是否有断层或者封闭的边界；晚期导数曲线快速下降的压力恢复曲线，可能也是封闭边界；1/2 斜率直线的导数曲线，可能形成导流能力很强的裂缝或单方向发育的裂缝系统；1/4 斜率直线的导数曲线，裂缝单向导流能力有限；上翘后趋向于变平的曲线，可能外围地层变差，存在不渗透边界；下倾后趋向于变平的曲线，外围地层变好，地层压裂充分，前期的下倾可能是液体在射开的地层缝隙中快速流动的现象；后期下倾的曲线，油层可能存在活跃的边底水，遇到定压的外边界；出现下凹的谷值的曲线，可能形成双重介质地层或双渗地层的过渡流。如图 4 所示。

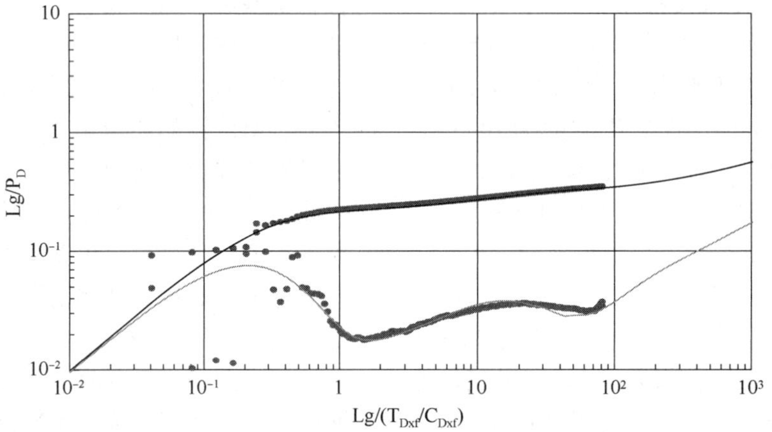

图 4　HW＊＊＊9 井第 14 段压力导数拟合曲线

该段工艺为二氧化碳前置压裂，未进行酸化。曲线前部分突起小，表明该段表皮系数小为 0.2，结合工程数据，前置液阶段施工顺畅，能够相互印证；早期曲线快速下降，表明流体在进入刚压开地层时流动性好，这里存在两个原因，一是该段所处地层岩性为砂砾岩，压裂液进入地层快速填充孔隙，二是该段所注二氧化碳在地层中以气体的状态在孔隙中快速流动造成；中期曲线程 1/2 直线段，是典型的线性流，形成长直缝，该段砂砾岩层厚不大于 80m，距地层顶部不大于 20m，该地层上方以致密的泥岩为主，而该段平均缝长为 120.62m，存在极大的概率延伸至泥岩，形成线性流为主的长直缝；后期导数曲线先是短暂下倾的线段，后曲线上升斜率接近 1，表明流体先是快速流动后遇到一个致密的阻挡，进入了类似井筒的裂缝，该井附近 HW＊＊＊＊1、HW＊＊＊＊2、HW＊＊＊6 等多井在钻井过程中出现井漏现象，存在裂缝的可能性。

4.4.2　裂缝规模计算

由井筒存储常数的定义可知，地面流量=井储流量+渗流流量，停泵期间地面流量是零，而渗流流量可以通过达西定律计算。所需的压力变化率与裂缝长度及裂缝高度，由于渗透率已经计算出来，只有裂缝长度及裂缝高度两个参数未知，还需要补充另外一个质量守恒方程，井筒溢出流体量=漏失到地层的量。联立两个方程采用差分方法一定可以求出裂缝长度及高度，只不过算法十分复杂，只能通过计算实现。如图 5、图 6 所示。

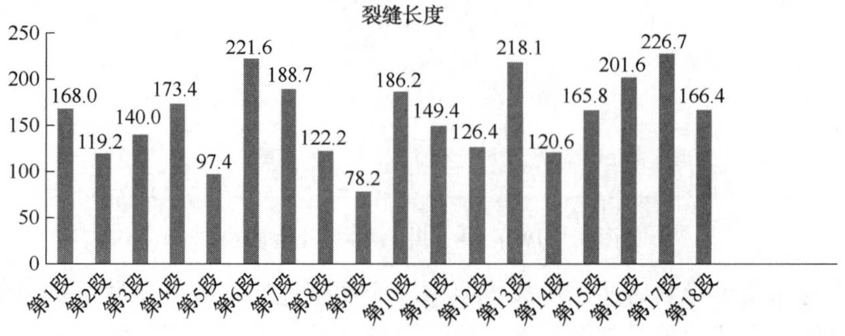

图 5

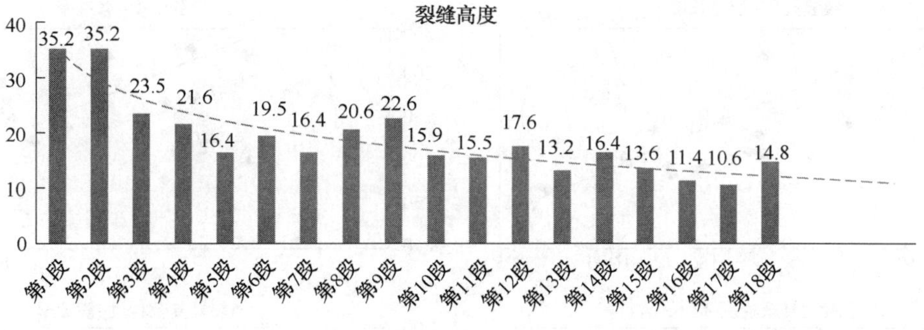

图 6

上述过程未有裂缝宽度参与，通常根据该区块实际情况设置，一般设置为 5mm。因裂缝体积要小于井筒体积，因此宽度在 3～5mm 范围内，对裂缝长度及高度有影响，但误差一般小于 10%。

通常受压裂规模限制，在固定裂缝宽度的情况下，一般裂缝长度与高度成反比。第 6、13、17 段裂缝长度相对较长，裂缝形态为长直缝，具有很强的线性导流能力，而第 1、2 的裂缝高度相对较高，而长度中等，裂缝形态为缝网，两者相互印证。说明裂缝长度与高度、缝网形态系数成强负相关。

平均裂缝半长(79.72m)和区域内邻井压后的有效裂缝半长(81.6m)一致。如表 2 所示。

表 2　邻井有效半缝长

序号	井与	措施	监测日期	有效裂缝半天
1	50041	压裂	2019.9.04	88.9
2	50044	压裂	2019.5.28	76.7
3	50061	压裂	2019.5.17	75.4
4	50070	压裂	2019.6.12	86.8
5	JW48	压裂	2019.6.11	80
平均				81.6

4.5　压裂改造区域大小

参考倒谱及渗流分析的裂缝半长、地层渗透率、SRV 区域平均压力、裂缝导流系数、裂缝高度等参数结合地质建模，由非结构网格数值模拟计算 SRV 区域及 SRV 区域平均压力。如图 7、图 8 所示。

核心 SRV 区域的体积约为 $80.33\times10^4m^3$，SRV 总体积约为 $739.04\times10^4m^3$，原始地层压力(蓝色部分)38MPa 与区域地层压力 38.5MPa 一致，水平井附近形成高压带，增加地层能量，最高压力(红色部分)约 51MPa，高出原始地层压力约 13MPa，有利于地层气体的开发。如图 9 所示。

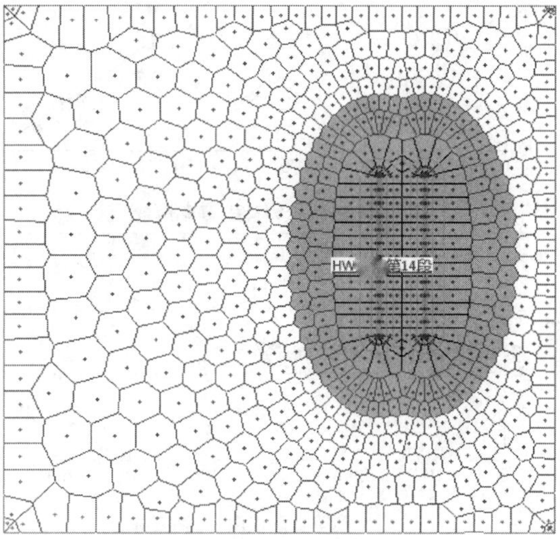

图 7　HW＊＊＊9 井第 14 段

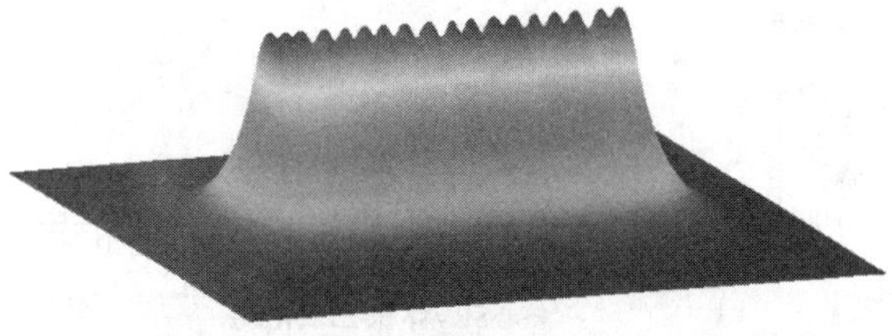

图 8　第 1-18 段压裂中导致地层压力分布三维图

4.6　压裂效果评价结果与压裂施工参数分析(表 3)

针对该区块，压裂液量的提高有助于核心 SRV 改造体积的提高，与裂缝长度、裂缝复杂程度及渗透率有一定的相关性，但相关性较小；高粘液量超过 320 方时，高粘液量的提高有助于改造体积的提高，但与渗透率和裂缝复杂程度关系较小。本井二氧化碳波及区域不明显，这和地层物性较差，天然裂缝不发育有关系，但是这也能充分说明二氧化碳进入地层可以更好地降低原油的黏度，起到降黏增能的作用。

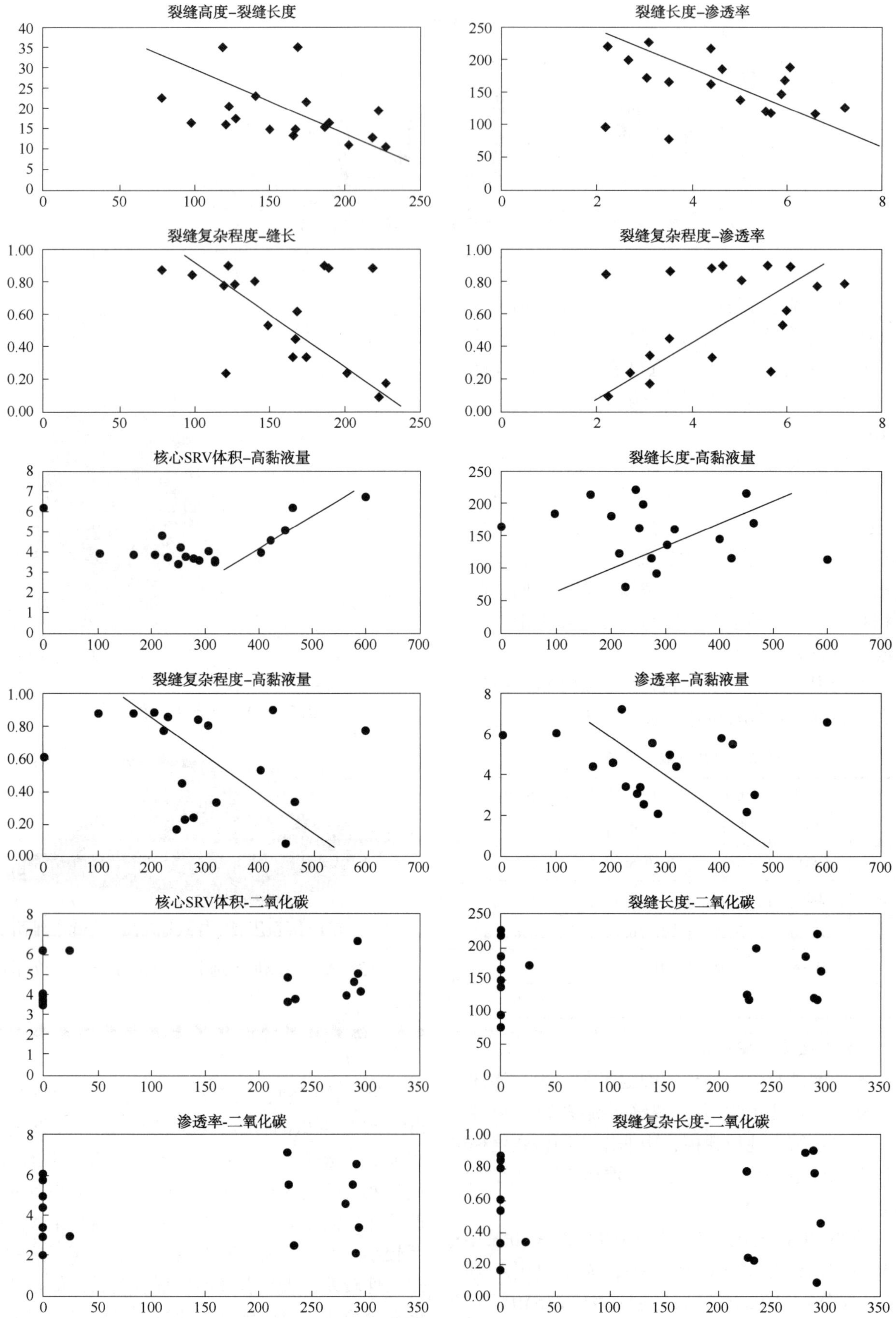
裂缝高度-裂缝长度
裂缝长度-渗透率
裂缝复杂程度-缝长
裂缝复杂程度-渗透率
核心SRV体积-高黏液量
裂缝长度-高黏液量
裂缝复杂程度-高黏液量
渗透率-高黏液量
核心SRV体积-二氧化碳
裂缝长度-二氧化碳
渗透率-二氧化碳
裂缝复杂长度-二氧化碳

图 9

表 3　根据每段的压裂效果解释参数和压裂施工液量等形成汇总表格

段数	压裂液量/m^3	砂量/m^3	二氧化碳	酸液量/m^3	高粘液量/m^3	射孔簇数	开启族数	原始地层压力/MPa	压后地层压力/MPa	渗透率/mD	裂缝长度/m	裂缝高度/m	核心 SRV 体积/10^4m^3	裂缝复杂程度	裂缝形态
第 1 段（滑套）	864.1	50	0	0		1	1	38.52	46.44	5.94	168	35.22	6.25	0.62	有一条主缝的缝网缝
第 2 段（滑套）	2243.6	150	290	0	595.9	3	3	38.05	45.06	6.56	119.23	35.22	6.7	0.78	裂缝形态为缝网缝
第 3 段	1427.4	100	0	0	303.4	2	2	39.51	49.05	4.98	140	23.47	4.12	0.81	裂缝形态为缝网缝
第 4 段	2134.8	90	24.6	0	462.6	2	2	37.96	45.27	3.05	173.42	21.64	6.19	0.35	裂缝形态以长直缝为主，含有部分缝网
第 5 段	1301.9	95	0	0	284.5	2	2	38.58	50.25	2.16	97.43	16.42	3.66	0.85	裂缝形态为缝网缝
第 6 段	1721.3	90	291	0	447.2	2	2	37.45	47.16	2.2	221.6	19.53	5.08	0.10	裂缝形态为长直缝
第 7 段	1346.7	90	0	5	99.8	2	2	38.11	46.6	6.03	188.7	16.42	4.01	0.89	裂缝形态为缝网缝，还形成次生缝
第 8 段	1945.8	90	287	0	421.8	2	2	39.22	51.71	5.54	122.2	20.64	4.68	0.91	裂缝形态为缝网缝，还形成次生缝
第 9 段	2011.6	95	0	0	226.6	2	2	37.85	45.13	3.48	78.24	22.63	3.81	0.87	裂缝形态为缝网缝
第 10 段	1539.5	95	280	0	203.3	2	2	38.34	48.57	4.59	186.2	15.92	4.02	0.90	裂缝形态为缝网缝，还形成次生缝
第 11 段	1601.2	95	0	3	400.8	2	2	37.94	46.47	5.86	149.37	15.48	4.12	0.54	裂缝形态为长直缝，但沟通少量缝网
第 12 段	1542.5	95	225.6	0	218	2	2	38.03	46.39	7.19	126.42	17.55	4.89	0.79	裂缝形态为缝网缝
第 13 段	1349.5	95	0	0	164	2	2	38.08	47.03	4.36	218.05	13.22	3.94	0.89	裂缝形态为缝网缝，在后期次生缝形成裂缝
第 14 段	1308.3	95	227	0	274	2	2	39.49	49.61	5.62	120.62	16.42	3.73	0.25	裂缝形态为长直缝
第 15 段	1245.3	100	0	5	316.7	2	2	37.74	44.65	4.37	165.8	13.61	3.59	0.34	裂缝形态为长直缝
第 16 段	1334	95	233	0	259	2	2	37.97	46.39	2.63	201.6	11.38	3.8	0.24	裂缝形态为长直缝
第 17 段	1212.6	001	0	0	245.9	2	2	38.16	47.53	3.04	226.74	10.63	3.51	0.18	裂缝形态为长直缝
第 18 段	1458.7	100	293	0	253	2	2	37.85	47.42	3.45	166.42	14.83	4.23	0.46	裂缝形态为长直缝，沟通少量缝网

4.7　排采验证（图 10）

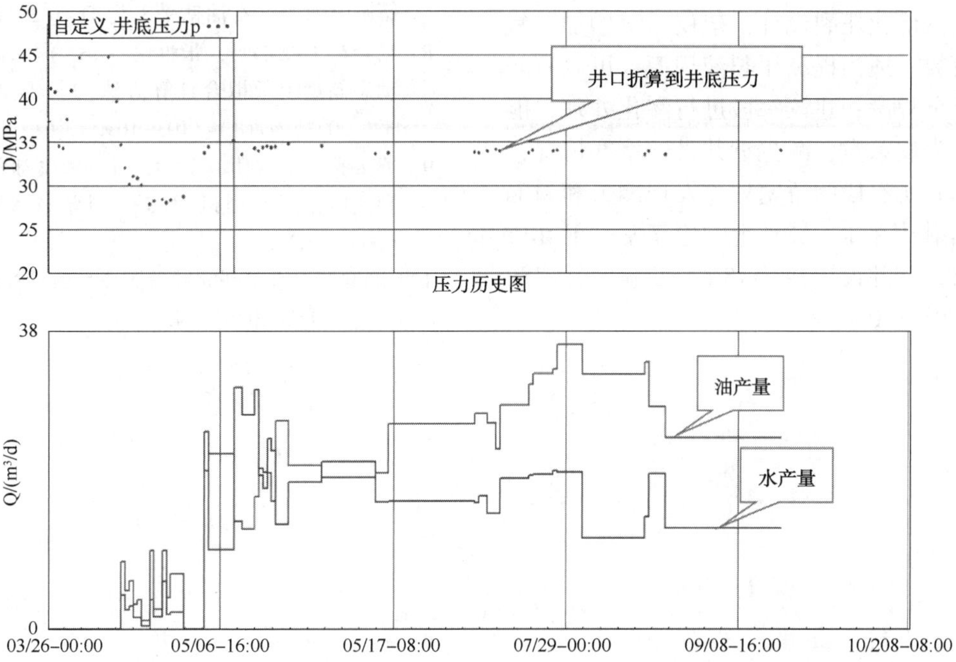

图 10　2023 年 3 月 26～19 日压力生产数据日产油、日产水及折算的井底压力曲线图

含水饱和度基本稳定在0.4，CO_2与油混相抑制了水相流动，相当于水相黏度远高于原油与CO_2混合物黏度，使得水保持在地下，体现在含水饱和度较小。

改造后的渗透率为4.5md，当前平均有效裂缝半长为65m(停泵时的有效半长约80m)，导致水平井18段压裂产液量也只有40m³/d。所以渗流是主导，渗透率、有效半长及平均压力是核心参数。

平均40m³/d产液量(最高也没有超过60m³/d)，且水平井18段压裂说明渗透率不会很大，有效裂缝半长不可能超过100m，验证停泵压裂给出的结果可靠性。

由于渗透率低、裂缝有效半长小(65~80m)，该井保压非常成功，这是长期自喷的根本保障。

微地震、广域电磁等只能给出泄油区域，不是有效裂缝半长，18段只有40m³/d产液，裂缝有效长度不可能达300~500m，压裂不能只强调压裂规模；对产能影响最大的是渗透率、裂缝有效长度及地层压力这些参数，当然泄油面积也很重要；渗透率、裂缝有效长度及地层压力这些参数只能通过压力反演得到，这也是试井存在100年的最重要原因，非常规油气很少试井，压裂期间高频压力解释显得更加重要。

5 结论

(1) 结合HW＊＊＊9井压裂效果评价结果与工程参数，优化压裂设计，建议后续增加二氧化碳注入段数，适当提高压裂液规模，可以有效提高缝网复杂程度；建议每段进行酸化处理，能够有效降低表皮系数，减少近井带的堵塞情况；

(2) 本井所有段的桥塞处没发现漏失和封隔问题、各簇射孔在压力波动上响应正常，射孔质量符合要求，该井设计共计18段36簇，开启簇数36，开启率100%；

(3) 通过和区域压裂后的资料对比，该区域压后的有效裂缝长度平均为81.6m，高频压力解释的平均裂缝半长79.72m，和区域内邻井压后的有效裂缝半长一致；

(4) 通过后期生产数据分析，进一步验证了该井解释的裂缝规模的可靠性，同时也说明了微地震、广域电磁解释的裂缝规模紧紧相当于泄油面积，实际压后的裂缝长度并没有那么大，同时也进一步证明了只有高频压力才能进行后期的产能分析；

(5) 区块平均地层压力为38.5MPa，井口高频压力解释的原始地层压力为38.27MPa，与区域的原始地层压力吻合。

参考文献

[1] 唐颖，唐玄，王广源，等．页岩气开发水力压裂技术综述[J]．地质通报，2011，

[2] 姚舒恬，方世良．倒谱定深法在目标识别中的应用[J]．声学与电子工程，

[3] 胡俊杰等．井筒听诊器技术在川南页岩气田的应用研究．钻采工艺 45.6(2022)：65-69.

[4] 平自红．高频声呐阵高声强发射声非线性传播特性的研究．声学与电子工程 1(2006)：3.

[5] 刘百红等．微地震监测技术及其在油田中的应用现状．勘探地球物理进展 28.5(2005)：5.

[6] 余云春．广域电磁法一维正反演[D]．中南大学，2010. DOI：10.7666/d.y1720548.

[7] 周波等．体积压裂水锤效应对页岩气井屏障完整性影响及对策．石油钻采工艺 41.5(2019)：6.

[8] 马奔腾，段永刚，张哲伦，等．深层高压有水气藏动态储量图版拟合计算方法[J]．陕西科技大学学报，2023，41(1)：103-109.

[9] 苏玉亮，王程伟，李蕾，等．致密油藏CO_2前置压裂流体相互作用机理[J]．科学技术与工程，2021(008)：021.

[10] 刘健等．水平井完井总表皮系数计算新方法．钻采工艺 29.2(2006)：4.

高温高压气体封隔器密封单元的增强方法与安全分析

程文佳[1,2] 李 越[1,2] 徐凤祥[1,2] 魏瑞涛[1,2] 葛 垣[1,2] 王雷鹏[3]

（1. 海洋油气高效开发全国重点实验室；2. 中海油田服务股份有限公司天津分公司；3. 陕西思锐机电科技有限公司）

摘 要 气体封隔器胶筒是实现气井分层分段开采的关键部件。常规三单元胶筒结构在坐封时易发生初始破坏，将导致胶筒整体应力水平降低，密封安全性储备不足。提出了一种多材料组合式密封单元的增强方法，用于HPHT105-232-V0型含硫化氢高温高压气密封隔器密封单元的设计；基于拉伸实验和Yeoh理论获得橡胶的本构模型参数；在温度204℃、坐封力20T和环空压力70MPa下，分析了胶筒的应力和形变规律；实验测试了增强单元的密封安全性。分析表明：HPHT105-232-V0型封隔器密封单元胶筒的最大变形量为94.785mm；最大接触应力为240MPa，位于金属护环与套管接触区域。以API 11D1 V0标准为基础，对HPHT105-232-V0型封隔器实物进行测试实验，坐封时胶筒未发生初始破坏，密封单元的整体应力水平提高；稳压过程胶筒压降幅度小于1%；整个实验测试过程中，密封单元无气泡溢出，封隔器卸载后胶筒结构无明显的塑性变形。上述研究表明，采用本增强方法所设计的多材料组合式密封单元具有良好的密封性能，满足极端环境下的密封安全性要求。

关键词 多材料组合式密封单元；安全性实验测试；高温高压气体封隔器；含硫化氢气体封隔器

封隔器是油气井分层分段开采的关键工具。近年来，随着钻井深度不断增加，井底温度和压力不断增大，高温高压井已成为新的常态。封隔器胶筒在高温高压载荷工况下极易发生失效泄漏，不仅会影响油气井的生产安全，也会造成了较为严重的经济损失。因此设计满足高温高压下的封隔器胶筒，就显得尤为重要。

目前国内外学者对不同使用工况下封隔器胶筒的密封性能进行了分析，并取得了一定的成果。郭飞等设计研制了一种能够适用于井下350℃高温和20MPa高压的封隔器密封性能测试装置，分析了恶劣工况下胶筒紫铜包覆量、环空腔体内介质种类对胶筒力学性能、密封性能的影响。张付英等使用有限元的方法分析了不同条件下胶筒与套管间接触应力以及温度对封隔器胶筒密封性能的影响，发现温度变化对封隔器的密封性能影响较大，升温可提高胶筒与套管之间的接触应力，而降温会使胶筒与套管的接触应力减小。于桂杰等通过在胶筒与中心管一侧的中间开设圆槽，该方法可提高胶筒接触应力分布均匀性和密封压力。卢明等考虑橡胶材料、几何形状和受力状态等多重非线性特征，设计了自重“长硬胶筒-短软胶筒-长硬胶筒”的密封结构，发现工作阶段封隔器主要依靠中胶筒实现密封。水浩澈利用有限元方法分析了胶筒在不同温度下的最大接触应力及密封吸能系数K，发现轴向载荷不变时，随着温度的升高，胶筒的最大接触应力增加，密封性能提升。Hassani等研究了HNBR弹性体封隔器在热老化中的机械性能。发现老化可能引发密封元件的弹性失效和断裂。当施加的压应力没有达到填料元件膨胀和密封间隙所需的力，就会造成弹性失效。当使用温度超过150℃，就会发生断裂。Polonsky和Tyurin将封隔器圆柱形胶筒设计为圆锥形，同时使用软硬胶筒组合和弹簧环防突装置，提高了封隔器的密封性能。Wang等通过对封隔器胶筒不同参数的研究，指出橡胶的压缩距离及橡胶和套管的接触压力与设定载荷均成正比。

前人的研究多集中于单一工况下封隔器胶筒结构的密封性能，缺乏综合考虑封隔器胶筒运动、材料、受力、结构及高温高压条件下密封性能的研究。鉴于此，笔者对常规三单元密封胶筒结构进行区域化增强和再设计，通过拉伸实验和Yeoh理论获得橡胶的本构模型参数，建立组合式三单元胶筒有限元三维模型，研究井下极端工况下（环境温度204℃、密封压力10000psi）胶筒的应力和形变规律，结合气体封隔器胶筒密封实验对所得数据进行安全分析，以期提高坐封压力值，保证密封压差，使胶筒能够在坐封时避免发生初始破坏，提高结构整体的应力水平，满足高温高压工况下的密封要求。

1 封隔器密封单元增强方法

1.1 传统三单元胶筒结构

传统的单一橡胶密封件在高温作用下，材料的自身刚度和强度极大的减弱。在轴向坐封力下的变形量增大，极易发生结构性失稳，而组合密封形式可通过不同材料密封组件优势互补来满足井下复杂环境的要求。但目前一些常规的组合密封形式胶筒在实际应用中仍存在许多问题。一是胶筒坐封压力小，在高压下容易压溃，如图1所示；二是在高温高压环境下，封隔器胶筒稳压效果差，无法达到现场使用要求。

图1 常规三单元胶筒破坏图

1.2 多材料组合式增强方案

鉴于现有封隔器三胶筒结构所存在的问题，以及含硫化氢气体封隔器对密封单元的要求，提出了多材料、多串联的封隔器胶筒结构增强方案，使胶筒能够在坐封时避免发生初始破坏，提高结构整体的应力水平，防止局部高应力水平造成胶筒破损，降低胶筒长时间在极端工况下老化疲劳带来的性能损失。所设计的HPHT105-232-V0型含硫化氢高温高压气密封隔器密封单元结构如图2所示；胶筒总成最大外径207.5mm，最小内径173.0mm，试验套管最大内径222.5mm。

相较于常规三单元胶筒结构，新结构的上下边胶筒与金属护肩之间有护环，同时在金属护肩上方依次增加三角环、支撑环、压环。护环材料为聚四氟乙烯(PTFE)，PTFE护环能够诱导下部胶筒变形，防止胶筒在承受极端载荷时出现失稳而发生结构性破坏。三角环材料为聚醚醚酮(PEEK)，在封隔器胶筒工作过程中起填充作用。金属护肩可防止PTFE护环由于流动应力挤出套筒，防止密封性能下降。压环材料为20CrNiMo，用于支撑上部非金属护肩及边胶筒。胶筒材料为耐腐蚀、耐高温的四丙氟橡胶(AFLAS)，上、中、下胶筒依次为AFLAS90、AFLAS80、AFLAS90的硬-软-硬组合。胶筒之间设有42CrMo的金属隔环，使胶筒能够各自变形而互不影响，保证胶筒的应力平衡。中胶筒在封隔器整体结构中起主要密封作用，中胶筒内部中间位置设计有U型槽，诱导其充分变形从而获得更高的接触应力，以提高封隔器的密封能力。封隔器密封单元的材料参数如表1所示。

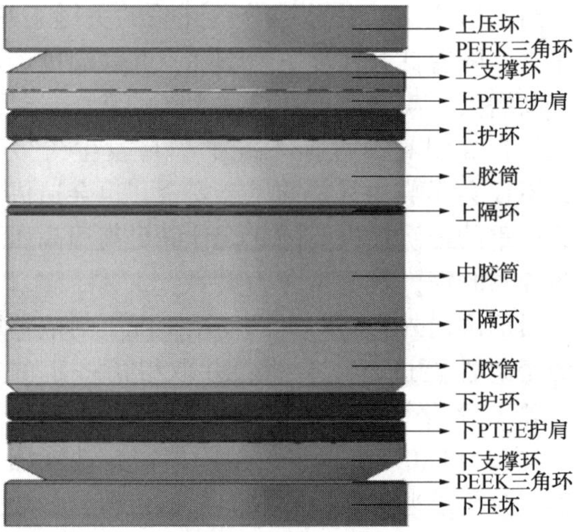

图2 多材料组合式胶筒结构

表1 封隔器材料参数表

名称	材料	密度/($g\cdot cm^{-3}$)	弹性模量/MPa	泊松比	拉伸强度/MPa
上胶筒	AFLAS90	1.61	7.8	0.48	18
中胶筒	AFLAS80	1.61	7.8	0.48	18
下胶筒	AFLAS90	1.61	7.8	0.48	18
压环	20CrNiMo	7.8	208000	0.295	≥980
护环	PTFE	2.1	1400	0.4	20
三角环	PEEK	1.28	3800	0.4	97
金属隔环	42CrMo	7.8	212000	0.28	≥1080

2 密封单元材料的性能测试

2.1 测试标准与方法

AFLAS90 试样的制作参考 GB/T 528—2009，试样尺寸如图 3(左上)所示。首先将试样安装在 204℃恒温箱中，温度的调节参考 GB/T 2941—91。橡胶试样的测试过程参考 GB/T 528—2009，试验前检查试样是否对中，确认无误后，试验机以速率为 400mm/min 的速度加载，直至试样断裂，并记录数据。

2.2 实验结果分析

测试共进行三组平行试验，测试结果如下图 3 所示。实验结果表明，同一材料在重复实验下，性能稳定，三条曲线基本重合。其次，在拉力不断加载中，材料的应力都呈近直线上升，且断裂区间在 2.5MPa 和 3MPa 之间。

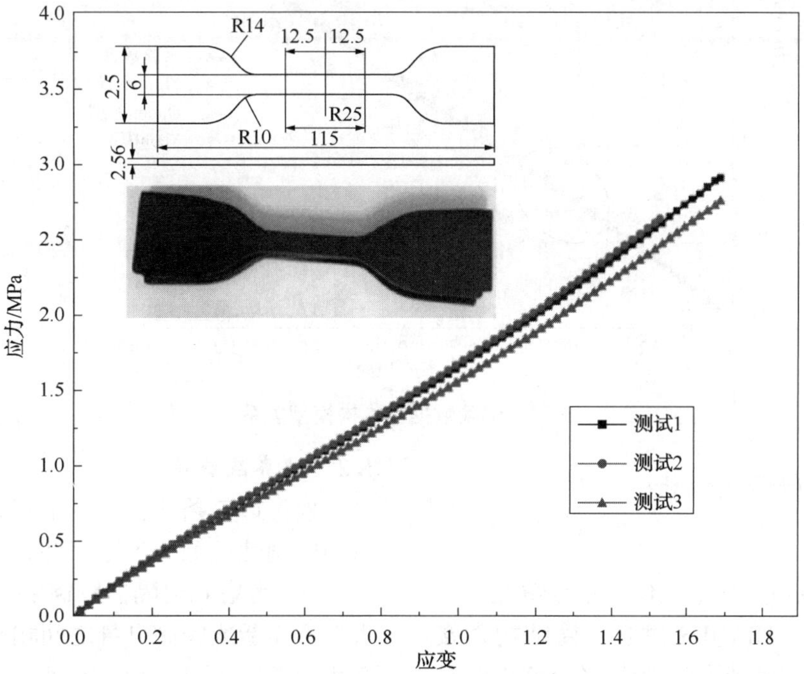

图 3 204℃温度下 AFLAS90 拉伸测试结果

2.3 胶筒材料本构模型

由于橡胶材料的非线性力学特征不能利用弹性模量和泊松比进行简单描述，在橡胶性能测试实验数据的基础上形成了许多能够表征橡胶变形的理论模型。其中典型的有 Mooney-Rivlin 模型、Yeoh 模型和 Ogden 模型。考虑 Moonry-Rivlin 模型和 Ogden 模型不能有效描述橡胶的压缩变形，Gregory 提出应变能密度函数三阶表达式，即：

$$W=C_{10}(I_1-3)+C_{01}(I_2-3)+C_{20}(I_1-3)^2+C_{11}(I_1-3)(I_2-3)+C_{30}(I_1-3)^3 \tag{1}$$

式中，I_i 为第 i 方向的应变不变量；C_{ij}是材料常数。

研究表明，$\partial W/\partial I_2$ 远小于 $\partial W/\partial I_1$，且近似于零。因此，Yeoh 假设 $\partial W/\partial I_2=0$，式(1)对$I_2$取偏导数，可得：

$$\frac{\partial W}{\partial I_2}=C_{01}+C_{11}(I_1-3) \tag{2}$$

可得 $C_{01}=0$，$C_{11}=0$。代入式(1)，可表示为：

$$W=C_{10}(I_1-3)+C_{20}(I_1-3)^2+C_{30}(I_1-3)^3 \tag{3}$$

式(3)即为 Yeoh 模型，适用于不同的变形方式的拉伸试验。

取试验获得数据的平均值与 Mooney-Rivlin 本构模型、Yoeh 本构模型和 Ogden 本构模型曲线进行拟合并比较，结果如图 4 所示。可以发现，Yeoh 模型模拟橡胶力学性能较为精确。故选用了 Yeoh 本构模型更符合该橡胶试样的应力-应变曲线，根据其应变能函数和材料试验数据确定该橡胶材料参数。通过拟合试验数据即可得到待定 C_{10}，C_{20}，C_{30}，其中 C_{10}是单轴拉伸应力应变曲线的零度系数值，即 $C_{10}=0.323$；C_{20}是曲线的一次项系数的 1/2，即 $C_{20}=0.038$；C_{30}是曲线的二次项系数的 1/3，即 $C_{30}=-0.002$；将其作为输入参数输入到材料属性中即可完成对橡胶本构的设定。

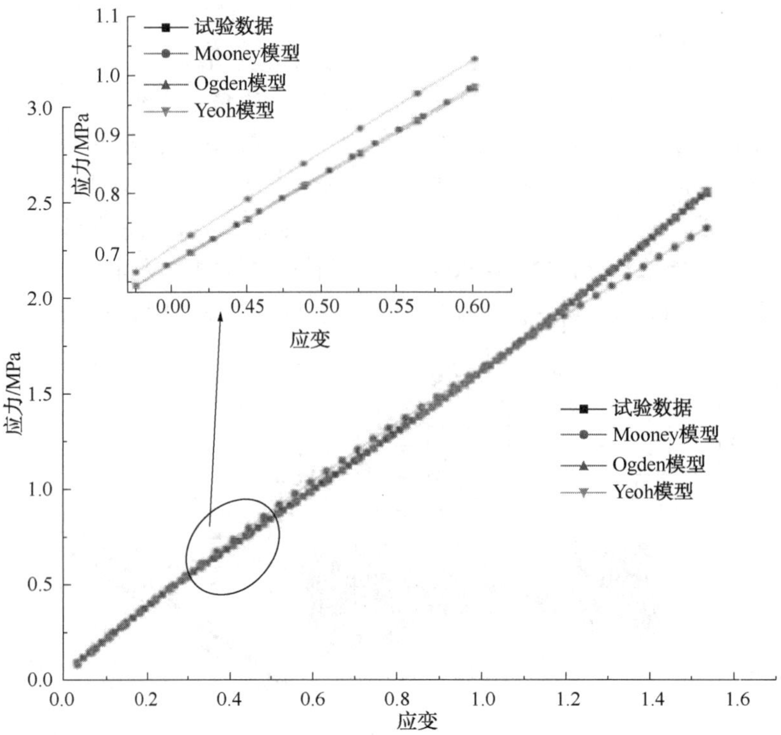

图4 试验数据与本构模型关系

3 增强单元的有限元分析

3.1 几何模型

根据封隔器胶筒在井下工作的承载情况，利用有限元分析软件 ABAQUS 建立胶筒结构发接触有限元模型，考虑到封隔器胶筒各个部件都是类圆筒结构，本文将封隔器胶筒各个部件简化为轴对称结构，各个草图绘制的区域以对称轴为参考与各个零部件横截面的空间分布区域完全一致，如图5所示。

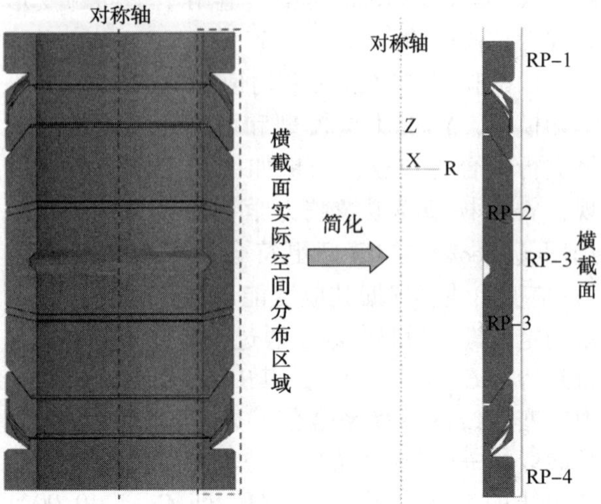

图5 封隔器胶筒横截面空间分布

3.2 边界及载荷

模型边界条件：在各个零部件之间设置了面对面的刚性接触，各零部件之间的摩擦系数设置为0.3。考虑到封隔器胶筒在承载过程中会产生大变形而造成胶筒自身之间相互侵入，在各个胶筒表面设置了自接触。模型使用 C3D8R 网格单元，上部的压环限制 X、Z 方向的位移和 X、Y、Z 方向的转动，下部压环和套筒结构施加固定约束，将轴向载荷施加到压环上。在施加轴向力坐封封隔器胶筒之后，在压环和支撑环与液压油接触的区域施加压力载荷，压力载荷分段线性加载拟针对封隔器胶筒在20T轴向力坐封后，胶筒结构在10000psi(68.947MPa)密封压力下的工作情况进行数值模拟。

载荷：第一步先计算封隔器胶筒在承受20T轴向力的承载情况(包括应力、位移和应变)；第二步计算封隔器胶筒在承受20T轴向力坐封之后，封隔器胶筒承受10000psi(68.947MPa)环空压差的情况。

3.3 计算结果分析

封隔器胶筒的密封性能主要由胶筒与套管内壁的接触压力决定，胶筒承受载荷变形后与套管内壁接触从而产生接触应力。图6展示了胶筒在承受坐封载荷和密封载荷的变形云图。

由图6(a)可知，胶筒在承受坐封力时胶筒最大变形量在87.137mm，此时胶筒与金属护肩已经完全贴合在金属套管上，上部护肩支撑环卡死，胶筒具有一定的密封能力。中胶筒中部U型槽未被完全填充，仍有一定间隙，底部金属支撑环变形较大，但与下部压环依然有间隙。

在此基础上施加密封压力后，如图6(b)所示。此时胶筒的最大变形量达到94.785mm，中胶筒U型槽上下开口完全贴合在一起，底部金属支撑环进一步变形与压环完全贴合，封隔器胶筒各个部件充分变形且已完全填充套管的内壁，各零部件之间无明显的间隙，胶筒已充分变形且达到最大接触压力。

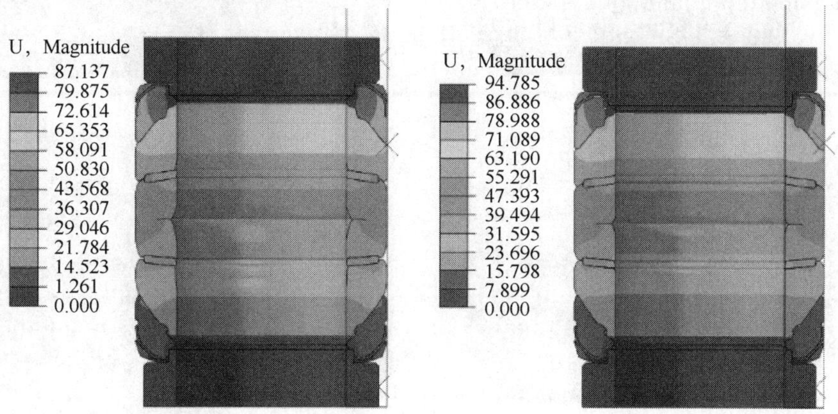

(a) 20T坐封力　　(b)20T坐封力70MPa密封压力

图6　胶筒不同条件下变形位移图

图7展示了胶筒的接触应力分布图。图中可以看出最大接触应力位于金属护环与套管接触区域，幅值为240MPa；支撑环下端金属护肩和PTFE护环与套管应力的最大接触应力分别为160MPa和130MPa，大于封隔器工作压差70MPa，可以保证封隔器胶筒具有较为优良的防突功能。同时，金属结构也能够充当次级密封功能。此外，上部边胶筒与套管的接触应力幅值在85MPa，大于工作压差70MPa，能够保证封隔器胶筒稳定工作而不发生泄漏。下部胶筒的接触应力逐渐减小，中胶筒的最大密封应力在60MPa，下部边胶筒的峰值接触压力仅为40MPa。

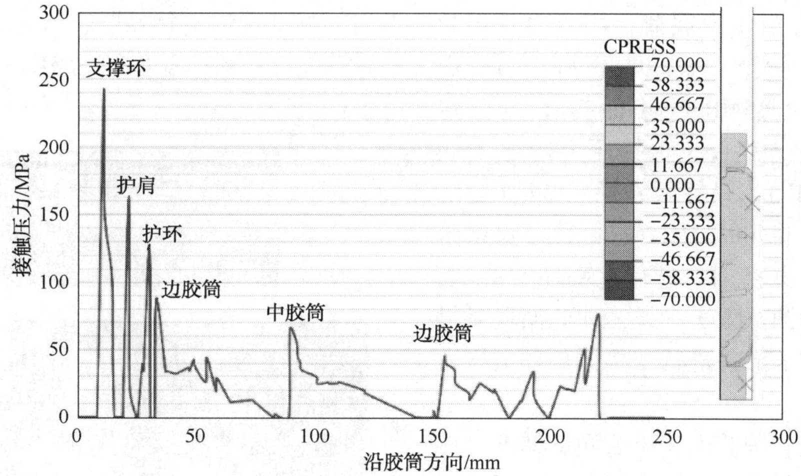

图7　封隔器胶筒接触应力

封隔器胶筒在工作时本身的应力状态是评价胶筒是否损坏的重要参考指标，橡胶筒在受压作用下的应力情况如图8所示。

端部胶筒在与上部PTFE护环接触区域存在局部应力集中，轴向方向胶筒橡胶材料的最大拉应力不超过10.185MPa，最大Mises应力为50.686MPa。同时，由于胶筒在承载过程中隔环挤压胶筒造成较大的剪切应力集中，但胶筒的剪切应力幅值不超过11.546MPa。胶筒在充分变形后，中胶筒U型开口槽引导中胶筒充分变形，中胶筒中部开始贴合。说明，端部胶筒具有良好的基体弹性及强度储备；中胶筒具有良好的潜在密封功能；依次，下部胶筒具有强大的代替密封能力。

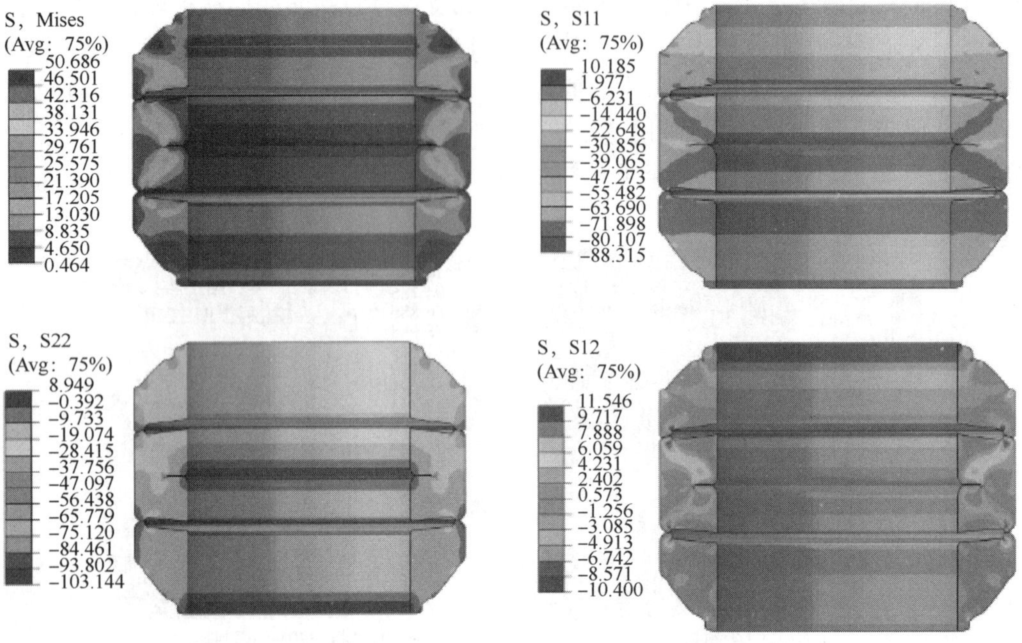

图 8　204℃温度下封隔器密封条件下橡胶筒应力云图

4　增强单元的密封安全性测试

4.1　密封安全性测试方法及标准

HPHT105-232-V0 型含硫化氢高温高压气密封隔器密封单元的测试方法，遵循 API 11D1 V0 条款和实验规程；在 204℃高温下对封隔器胶筒施加 20T 坐封力，记录胶筒压缩距，对胶筒下部施加 15MPa 环空压力载荷；待压力稳定后保压 2min，持续加压至 25MPa 并保持压力稳定 2min，继续加压至 35MPa，并保持压力稳定 2min 后继续加压至 50MPa，保持压力稳定 2min 后继续加压至 60MPa，保持压力稳定 2min 后继续加压至 70MPa，稳定压力 120min 后记录试验数据。接下来泄压并换向，进行上部环空测试，方法与胶筒下部的测试方法一致，如此循环对封隔器胶筒的上部和下部各进行三次循环环空压力测试。

保持温度不变，按照上述压力测试梯度，再次对下部环空和上部环空分别进行各 3 次压力测试，测试结束后，降温至 120℃后对封隔器下部进行循环加压至 70MPa 并保持压力稳定 120min，随后，泄压换向并升温至 204℃对封隔器胶筒上部环空加压至 70MPa 并保持压力稳定 120min，记录数据，下部环空无气泡溢出为合格。

4.2　测试结果

封隔器胶筒试验后的形貌图如图 9 所示，对比可以观察到封隔器胶筒上部和下部金属支撑环、护肩和 PTFE 护环有一定的塑性变形，金属护肩能够完全包覆 PTFE 护环，PTFE 护环能够完全包覆端部胶筒。

封隔器胶筒向外侧扩张，外表面无明显的损伤，测试过程中封隔器胶筒无漏气现象，设计的胶筒能在 204℃温度和 70MPa 的环空压力下正常工作。

图 9　封隔器胶筒测试形貌图

4.3　综合分析

由数值模拟和实验结果可知，所设计的组合胶筒结构在密封过程中可以承受较大的轴向载荷，金属支撑环和护肩塑性变形能够提供较大的接触应力，防止发生肩突现象。

上部端胶筒是整个密封单元受载最严重的部件。它与护环接触的区域，存在局部应力集中，但应力等级和变形量并不大，其最大拉应力不超过强度极限的61%，具有充分的安全性储备。因此，整个密封单元具有足够的工作安全性。

5 结论

（1）提出了一种多材料组合式封隔器密封单元的增强方法，优化了传统硬-软-硬三胶筒结构，在上下边胶筒与金属护肩之间增加护环，同时在金属护肩上方依次增加支撑环、三角环和压环。新的密封单元具有良好的密封性能和安全性。

（2）采用增强方法设计的HPHT105-232-V0型含硫化氢高温高压气密封隔器密封单元，在20T坐封力和10000psi(68.947MPa)环空压力下，胶筒的最大变形量为94.785mm；最大接触应力位于金属护环与套管接触区域，幅值为240MPa。支撑环下端金属护肩和PTFE护环与套管的最大接触应力分别为160MPa和130MPa。上部边胶筒与套管的最大接触应力85MPa。封隔器各部件与套管内壁的接触应力均大于70MPa的环空压力，满足高压环境下的密封性要求。

（3）对HPHT105-232-V0型含硫化氢高温高压气密封隔器，在高温高压下进行了增强单元的密封安全性测试，结果显示封隔器胶筒向外侧扩张，外表面无明显的损伤，测试过程中封隔器胶筒无漏气现象，所设计的多材料组合式胶筒结构能在204℃温度下20T坐封力和70MPa的环空压力下正常工作，具有足够的密封安全性。

参 考 文 献

[1] 庞振力，刘孝强，季鹏，等.139.7mm套管高温高压测试封隔器研制[J]. 油气井测试，2021，30(6)：22-27.

[2] 岳欠杯，王岗，刘巨保，等. 高温、高压下扩张式封隔器胶筒非线性流动仿真计算[J]. 计算力学学报，2022，17(09)：1-9.

[3] 李斌，于富盛，郑旭，等. 高温下橡胶应力松弛行为对封隔器密封性能的影响研究[J]. 应用力学学报，2020，37(05)：2153-2159+2330-2331.

[4] 郭飞，温天政，黄毅杰，等. 封隔器胶筒高温高压密封性能检测试验研究[J]. 润滑与密封，2020，45(07)：23-27.

[5] 张付英，水浩澈，张玉飞，等. 温度变化对压裂用封隔器胶筒密封性能的影响[J]. 润滑与密封，2019，44(07)：35-40.

[6] 于桂杰，李长江，孙宝全，等. 压缩式封隔器异型胶筒密封性能分析[J]. 润滑与密封，2015，40(01)：45-48.

[7] 卢明，廖华林，武琳娜，等. 井下暂堵可取封隔器密封结构设计与评价[J]. 钻采工艺，2020，43(06)：84-87+11.

[8] 水浩澈. 考虑温度时压裂式封隔器胶筒的可靠性研究[D]. 天津科技大学，2019.

[9] Hassani F, Faisal N H, Nish R, et al. The impact of thermal ageing on sealing performance of HNBR packing elements in downhole installations in oilfield wellhead applications[J]. Journal of Petroleum Science and Engineering, 2021(1)：109200.

[10] Polonsky VL & Tyurin AP. Design of packers for sealing of the inter-tube space in equipment used for recovery of oil and gas[J]. Chemical and Petroleum Engineering, 2015, 51(1/2)：37-40.

[11] Wang J N, Wu G, Xie W Y, et al. Analysis of Packer Rubber Mechanics Properties[J]. Advanced Materials Research, 2014, 971-973：380-389.

[12] 张智，祝效华，许建波. 基于正交试验的压缩式封隔器胶筒的结构参数优化[J]. 天然气工业，2019，39(03)：80-84.

[13] 王旱祥，张砚雯，车家琪，等. 锦纶帘线封隔器胶筒工作性能及其影响因素[J]. 天然气工业，2020，40(01)：97-103.

[14] GB/T 528—2009，硫化橡胶或热塑性橡胶拉伸应力应变性能的测定[S].

[15] GB/T 2941—1991，橡胶试样环境调节和试验的标准温度、湿度及时间[S].

[16] 张晓林，张棣，武玉贵，等. 封隔器胶筒结构优化及优化方法比较[J]. 石油机械，2013，41(06)：101-105.

[17] Dong L L, Liu J L. Failure analysis and optimization method research on sealing of deep shale gas ultra-high-pressure fracturing packer rubber[J]. Proceedings of the Institution of Mechanical Engineers, Part C: Journal of Mechanical Engineering Science, 2022, 236(19).

[18] Zhang F Y, Shui H C, Yang J M. Sealing performance and fatigue life of the fracturing packer rubber of various materials[J]. Proceedings of the Institution of Mechanical Engineers, Part C: Journal of Mechanical Engineering Science, 2019, 233(17).

[19] 马卫国，张亚昌，张德彪，等. 双胶筒封隔器胶筒

密封性能分析[J]. 石油机械，2010，38(11)：51-53+68.

[20] DONG L，LI K，LI B，et al. Study in deep shale gas well to prevent shoulder protruding packer with high pressure sealing [J]. Engineering Failure Analysis，2020，118：104871.

[21] 彭惠芬，王程，王鹏. 不同温度下受压封隔器胶筒有限元分析[J]. 润滑与密封，2014，39(08)：44-47+52.

[22] ZHANG F Y，JIANG X M，WANG H T，et al. Mechanical analysis of sealing performance for compression packer rubber tube [J]. MECHANICS & INDUSTRY，2018，19(3).

[23] WANG H X，CHEN S S，LIU Y X，et al. Numerical simulation and experimental validation for design improvement of packer rubber [J]. Int. J. of Simulation and Process Modelling，2017，12(5).

[24] 张付英，张玉飞，李天天，等. 封隔器胶筒变形稳定性分析[J]. 润滑与密封，2019，44(05)：34-39.

[25] 郭飞，黄毅杰，宋炜，等. 封隔器胶筒力学仿真模型的建立[J]. 润滑与密封，2020，45(06)：22-27+48.

[26] Yeoh O H. Some forms of the strain energy function for rubber[J]. Rubber Chemistry and technology，1993，66(5)：754-771.

[27] 刘练，张佳，王峰，等. 超高温高压裸眼封隔器的改进及应用[J]. 钻采工艺，2012，35(05)：77-79+11-12.

[28] Taylor R，Doane J，Anderson G，et al. API 11D1/ISO 14310 Grade V0 Qualified Ultra-HPHT Permanent Production Packer [C]//Offshore Technology Conference. OnePetro，2014.

大港油田孔二段页岩油水平井体积压裂技术研究与应用

田福春　赵　涛　刘学伟　贾云鹏　王　爽

（中国石油大港油田公司）

摘　要　大港油田沧东凹陷孔二段页岩油属于典型的湖相环境页岩油，是页岩油勘探开发的主力区。针对大港油田页岩油闭合应力高、可压性差、难以形成复杂缝网，基质物性差、原油黏度高、地层能量低、流动能力差的特点，建立基于岩石脆性、天然裂缝和地应力的裂缝复杂程度评价模型，创新密切割分段改造模式，提高裂缝复杂程度；研发变黏滑溜水压裂液体系，形成全程滑溜水连续加砂工艺，砂液比由3.4%提高至10%；建立多级裂缝导流能力优化方法，形成多级缝网高效支撑工艺技术，石英砂占比80%；形成趾端蓄能+前置二氧化碳增能体积压裂技术，溶蚀碳酸盐岩扩大孔喉尺寸，降低原油黏度提高流动能力，补充地层能量提高压裂效果；2022年官页5号平台应用页岩油水平井体积压裂技术，压裂后放喷即见油，2.5毫米油嘴单井日产油稳定在40~50t，预测单井首年产油可超1×10^4t、EUR 4.1×10^4t。

关键词　页岩油；水平井；体积压裂；连续加砂；沧东凹陷

常规石化资源凋零是近十年来全世界面临的重要能源问题，目前的能源背景下，非常规油气资源的开采比重逐年加大。中国页岩油勘探起步晚，面临着开发难度大、成本高的困难，目前仅在以准噶尔盆地吉木萨尔组、鄂尔多斯盆地延长组长7段等页岩油实现规模效益开发。纯页岩型页岩油尚未取得工业突破。渤海湾盆地沧东凹陷古近系孔店组二段(Ek2)页岩直井压裂获得日产油5~30t，但试采产量递减快，不能实现工业化开发。水平井体积压裂是实现页岩油工业化开发的重要手段。本文针对大港油田页岩油可压性低、基质物性差、原油黏度高、流动能力差的特点，创新密切割分段改造模式，提高裂缝复杂程度，形成全程滑溜水连续加砂多级缝网高效支撑工艺，优化了趾端蓄能+前置二氧化碳增能体积压裂技术，形成了适用于沧东凹陷页岩油的水平井体积压裂技术，实现了页岩型陆相页岩油勘探开发的重大突破，为页岩型页岩油水平井体积压裂提供借鉴。

1　孔二段页岩油储层特征

大港探区发育沧东、歧口两大富油凹陷，主力烃源岩发育层段有三套，分别为沧东凹陷孔二段、歧口凹陷沙三段、沙河街组一段中—下亚段，是页岩油气富集层段。沧东凹陷孔二段埋深3000~5000m，厚度400m，有利面积260km^2，是页岩油勘探开发的主力区。沧东凹陷孔二段页岩油是典型的湖相环境页岩油，属于高凝中粘高含蜡中质油。按照X射线衍射矿物组分三端元与结构构造相结合的岩性分类方案，孔二段主要有长英质页岩、混合质页岩。

长英质页岩长英质含量高，石英+长石含量60%~67%，其中石英17%~34%，黏土矿物3~19%；纹层发育程度大，纹层密度40条/dm，杨氏模量17880MPa，泊松比0.118，Rickman脆性指数为0.64，峰值应力139.3MPa，岩心为劈裂多缝形态，由多组贯穿岩样的劈裂张拉裂纹构成，破裂形态复杂；混合质页岩石英+长石含量25%~29%，其中石英15%~18%，黏土矿物7%~17%；纹层发育程度小，纹层密度20条/dm；杨氏模量29038MPa，泊松比0.213，Rickman脆性指数0.75，峰值应力314.9MPa。混合质页岩岩心一条贯通性劈裂裂缝和一条剪切裂缝，伴随少量横断裂缝，破裂形态简单。

2　页岩油体积压裂工艺技术

2.1　密切割压裂技术提高裂缝复杂程度，提高渗流速度

大港油田页岩油闭合应力高、可压性差、难以形成复杂缝网，建立基于岩石脆性、天然裂缝

和地应力的裂缝复杂程度评价模型，创新密切割分段改造模式，提高裂缝复杂程度。

2.1.1 缝网指数可压性评价方法

通过三轴实验确定地层的杨氏模量、泊松比、断裂能等岩石力学参数，采用理学 DMAX-3C 衍射仪对岩石三轴破裂岩样进行了 X 射线衍射全岩定量分析，依据盒子法计算岩样的岩石破裂复杂程度系数。结果表明 Rickman 指数与破裂复杂程度相关性差，相关性系数为 0.329，Jarvie 指数与岩石破裂复杂程度相关性更差，相关性系数为 0.0183。岩石破裂复杂程度与杨氏模量的相关性系数为 0.4883，与峰值应变相关性系数达 0.597，与剪胀角相关性系数 0.6162。杨氏模量、剪胀角和峰值应变可以分别反映页岩抵抗变形的能力、变形的速率和变形的大小，可以较好的描述岩石的脆性特征。建立适合陆相页岩油的脆性评价方法如式(1)所示：

$$B_I = 0.262E_n + 0.353\psi_n + 0.385\varepsilon_{pn} \quad (1)$$

式中，B_I 为脆性指数；E_n 为归一化的杨氏模量；ψ_n 为归一化的剪胀角；ε_{pn} 为归一化的峰值应变。

可压性不仅包含岩石本身脆性破裂性质，也包含地层天然裂缝发育情况、地应力差大小，单独一个参数不能充分评价页岩岩石形成复杂裂缝程度，因此基于岩石脆性、天然裂缝、地应力三个因素，建立页岩油裂缝复杂程度计算模型，定义缝网指数(式 2)为：

$$F_I = B_I(w_4F_n + w_5S_I) \quad (2)$$

式中，F_I 为缝网指数；B_I 为脆性指数；F_n 为天然裂缝张开影响因子；S_I 为地应力影响因子；w_4 为天然裂缝张开影响因子权重系数；w_5 为地应力影响因子权重系数；

利用室内水力压裂实验岩样的数据进行分析，如图 2 所示，缝网指数与水力裂缝形态有较好的一致性。$F_r \leqslant 0.3$ 时，压裂裂缝呈水力单缝形态；$0.3 < F_r \leqslant 0.4$ 时，压裂裂缝沿天然裂缝开启；$F_r > 0.4$ 时，压裂裂缝穿过天然裂缝。如图 1 所示。

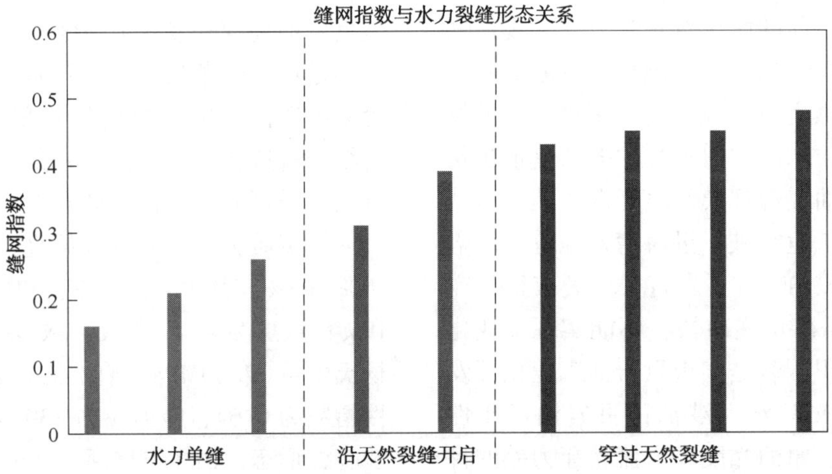

图 1 缝网指数与水力裂缝形态之间的关系

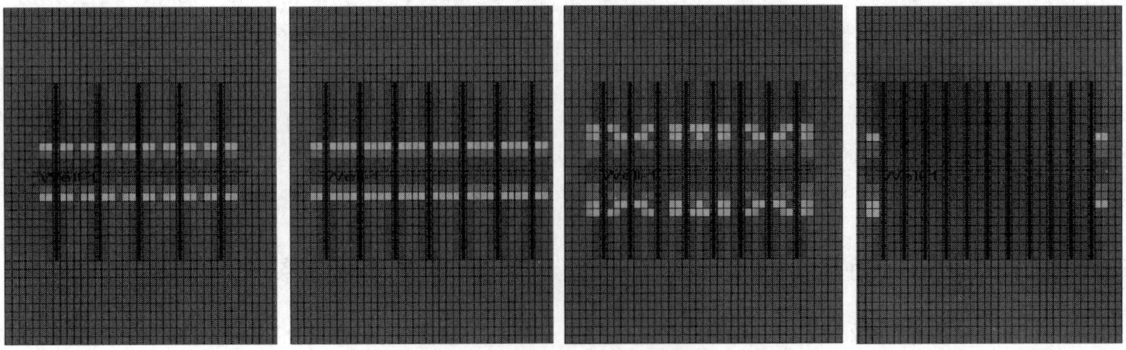

图 2 沧东页岩油不同簇间距储量动用程度对比

1—30m 簇间距；2—20m 簇间距；3—15m 簇间距；4—10m 簇间距

2.1.2　油藏模拟优化簇间距缩短渗流距离

页岩油与常规低渗透储层最大的差别在于存在较强的启动压力梯度，页岩油储层，启动压力梯度高，即使实施压裂改造可动的范围小，产量短时间就降为0。页岩油储层启动压裂梯度高，启动压力梯度的大小直接决定了储层的可动用范围。采用“缝控储量”压裂改造技术，减少非流动区域面积，降低流体在基质中的渗流距离，提高基质中的油气驱动压力梯度，可大幅度提高页岩油水平井可动用储量。油藏模拟软件评价分析，10m簇间距与30m簇间距相比，缝控程度由50%提高至100%，初期日产量提高70%，累产量提高25%。簇间距缩短累产量提高，簇间距10m与5m相比累产量相当，优化簇间距10m左右。如图3、图4所示。

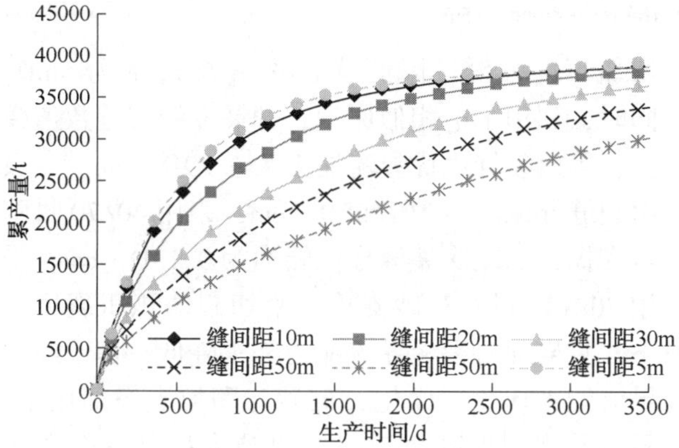

图3　沧东页岩油不同簇间距累产对比

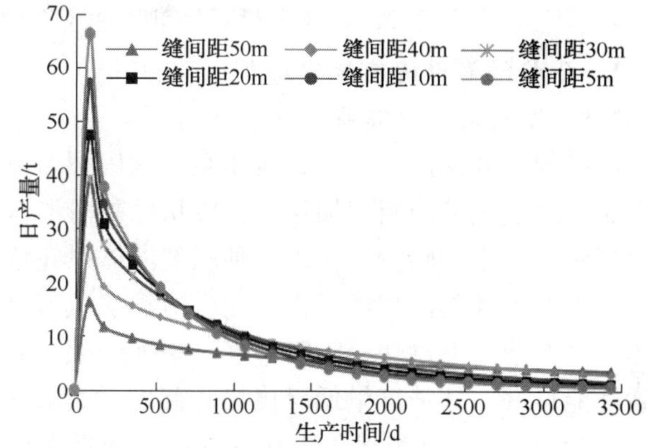

图4　沧东页岩油不同簇间距日产对比

2.1.3　裂缝扩展模拟优化簇间距提高裂缝复杂程度

孔二段页岩油岩石缝网指数差异性大，以小于0.4的缝网指数为主，难以形成复杂压裂裂缝。页岩油岩石压裂裂缝形态跟脆性、天然裂缝、地应力密切相关，脆性、天然裂缝为页岩油岩石自身特性，无法改变。地应力为页岩油岩石所处外部环境，利用诱导应力场分析，等间距内随着裂缝条数的增加，即簇间距的缩短，地应力干扰越大，水平应力差异系数减小，如图5所示，缝网指数变大，容易形成复杂裂缝。

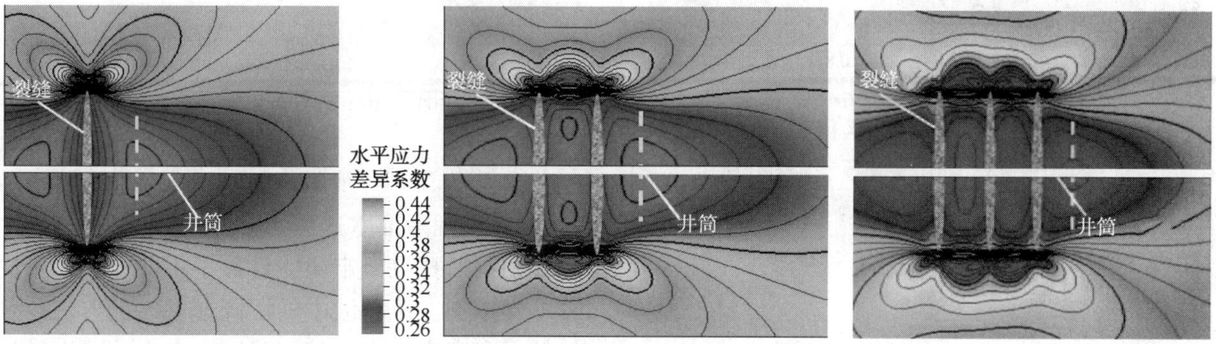

图5　压裂不同裂缝条数后地层差异系数分布

1—压裂1条缝；2—压裂2条缝；3—压裂三条缝

2.1.4　多级缝网支撑+全程连续加砂技术提高裂缝导流能力

压裂裂缝模拟发现，随着簇间距的缩小，缝间应力干扰尖端孔隙压力叠加，造成裂缝吸引、重合；簇间距至10m时，即可以利用缝间应力干扰增加裂缝复杂程度，又可以使压裂裂缝独立延伸，获得更大的改造面积，优化簇间距10m左右。如图6所示。

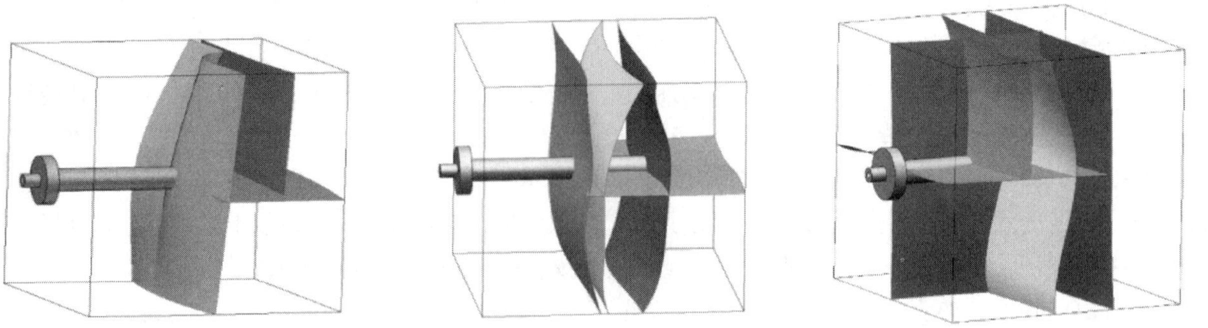

图6　不同簇间距下裂缝扩展形态

1—簇间距5m；2—簇间距10m；3—簇间距15m

2.2　全程滑溜水连续加砂技术

2.2.1　变黏滑溜水体系

研制了变黏滑溜水压裂液体系，该压裂液体系能够通过调节减阻剂加量，完成从低黏滑溜水向高黏滑溜水的转变，实现一种压裂液体系完成不同类型支撑剂的携砂工作。变黏滑溜水压裂液体系具有溶解速度快、降阻率高、精准变频、悬砂性能良好、残渣含量低等优势。首先，其溶解速度为40s，可以实现在线连续混配，降低劳动强度，提高施工效率，与瓜胶压裂液相比，简化了配液流程及配液工序。其次，其不同黏度滑溜水降阻率≥70%，有效降低施工摩阻，瓜胶压裂液降阻率≥65%，相比之下，该体系的降阻率有明显的提升。如图7、图8所示。

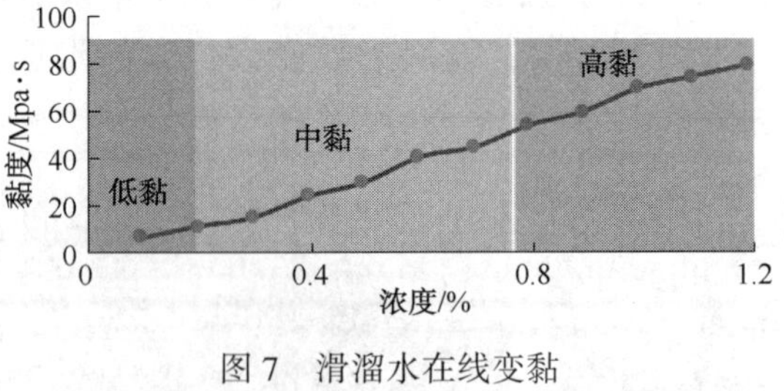

图7　滑溜水在线变黏

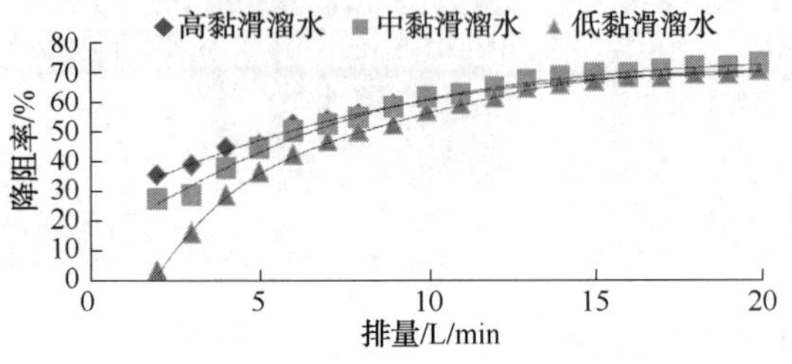

图8　滑溜水降阻曲线

2.2.2　石英砂+陶粒支撑剂组合优化

结合页岩油储层物性及分段分簇情况，利用Eclipse软件模拟不同裂缝导流能力下的产能。结果发现，随着储层渗透率增加，累计产量也在逐渐增大，当渗透率增加到5mD时，累计产量增加幅度减缓，因此优选裂缝渗透率为5mD。同时，利用水电相似原理，开展多级裂缝数值模拟，等效裂缝最优导流能力为6.29D·cm，一级次裂缝导流能力为1.55D·cm，采用40/70目陶粒支撑，二级次裂缝导流能力为0.13D·cm，采用70/140目石英砂支撑。密切割体积压裂模式下，页岩油对裂缝导流能力需求降低，基于经济导流能力理念，优化石英砂与陶粒支撑剂用量，石英砂比例提高至70%，单吨支撑剂综合费用降低至1500元。同时优化滑溜水组合，低黏滑溜水使用比例由47%提高至80%，压裂液综合成本降低至69元/方。如图9所示。

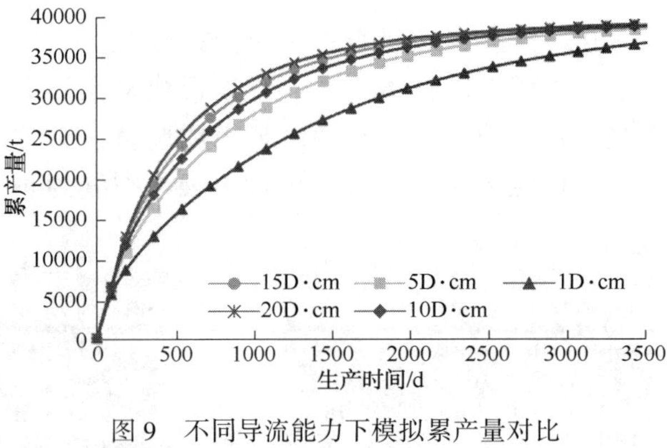

图9　不同导流能力下模拟累产量对比

2.2.3　全程滑溜水连续加砂工艺

根据斯托克斯定律，计算了不同粒径、不同密度支撑剂在压裂液中的沉降速度，随着支撑剂的粒径和密度减小，其沉降速度变慢，可以被压裂液携带至裂缝更远处，打破了传统的黏度携砂理论，结合压裂液性能及可视化沉降实验，形成流速-温度-浓度耦合图版，如图10所示。

在G页2H井进行了连续加砂试验，探索不同黏度滑溜水压裂液携带不同砂比支撑剂的可行性，形成了一套全程滑溜水连续加砂压裂工艺：1)应用低黏滑溜水(黏度2~5mPa·s，降阻剂B

质量分数 0.1%)携带砂比 7%~10%的 70/140 目石英砂小段塞压裂，打磨近井炮眼，然后连续注入砂比为 8%~14%的石英砂连续加砂压裂；2)应用高黏滑溜水(黏度 50~80mPa·s，降阻剂 B 质量分数 0.5%~0.7%)携带砂比 12%~22%的 40/70 目陶粒连续加砂压裂。连续加砂工艺与传统段塞加砂工艺相比，有效提高了单位液体的携砂量，与应用传统段塞加砂压裂的邻井相比，施工效率提高了 37.5%，每米加砂量提高 73%，节约压裂液用量 31.7%。

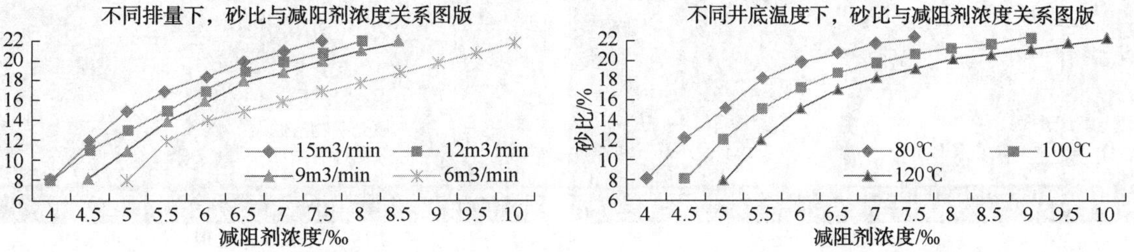

图 10　不同排量下及井底温度下，砂比与减阻剂浓度关系图版

2.3　趾端蓄能+前置二氧化碳增能补充地层能量，提高原油流动能力

2.3.1　形成趾端蓄能工艺，补充地层能量

水力增能改造以压裂增能和渗吸置换为主，压裂增能是指大规模注入压裂液改变地层压力场和含油饱和度场，驱动裂缝基质间流体作用；渗吸置换是注入液体在毛管力、化学渗透协同作用下，自发吸入储层孔隙排出孔隙原油。基于增能改造作用机理，开展静动态渗吸实验，明确含油饱和度和油藏润湿性是影响渗吸置换效果主要因素。基于渗吸置换主要影响因素，创建页岩油水力增能数学模型。利用数值模拟方法对比不同压裂方式阶段累计产量，与常规体积压裂技术相比，趾端蓄能体积压裂，阶段产能提高 25.8%。基于压力场分布、含油饱和度场分布等数值模拟分析，开展不同蓄能规模阶段累产研究，优化趾端蓄能 5000m^3，提升地层能量，延长压后稳产期。如图 11 所示。

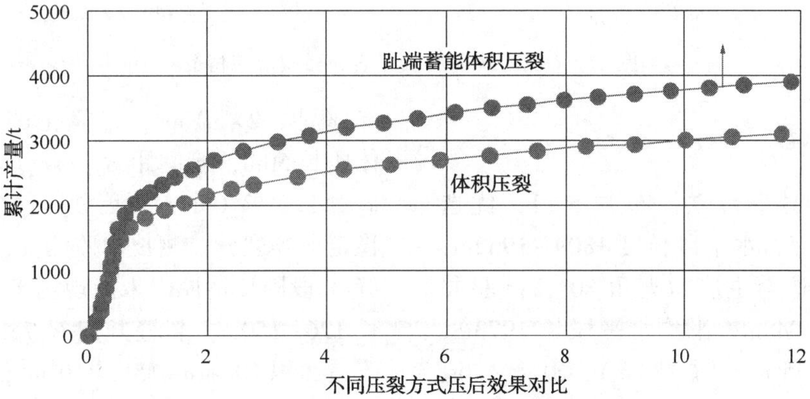

图 11　不同压裂方式压后效果对比

2.3.2　优选前置二氧化碳压裂工艺，提高原油流动能力

孔二段页岩油原油黏度较高，原油流动性差。CO_2-原油体系 PVT 实验显示，CO_2-原油体系的饱和压力达到地层压力(35MPa)时，地层原油分子量由 283 降为 84，原油黏度由 28.75mPa·s 降低到 4.21mPa·s，CO_2对页岩地层油有较强的降黏效果。利用 CO_2 水溶液与页岩开展采收率物理模拟实验，核磁共振监测表明微孔(0.01~0.1 μm)、小孔(0.1~0.2 μm)、中孔(0.2~0.5 μm)和大孔(>0.5 μm)采出程度分别为 9.33%、12.12%、21.52%和 35.34%，说明 CO_2可有效提高页岩油采收率。

CO_2水溶液呈酸性，对碳酸盐岩溶蚀作用较强，溶蚀能力方解石最大，其次是白云石。孔二段页岩 CO_2水溶液浸泡页岩后由图 12 扫描电镜结果发现，CO_2处理后的页岩表面微观形貌发生明显变化，部分原有矿物颗粒被溶蚀，使得粒间孔孔径增大；CO_2水溶液的溶蚀作用也使得原来被方解石充填的微裂缝开度增加。CO_2水溶液与岩石充分接触并溶蚀碳酸盐岩，扩大原有孔喉尺寸，形成新的孔喉，提高了储集层物性。

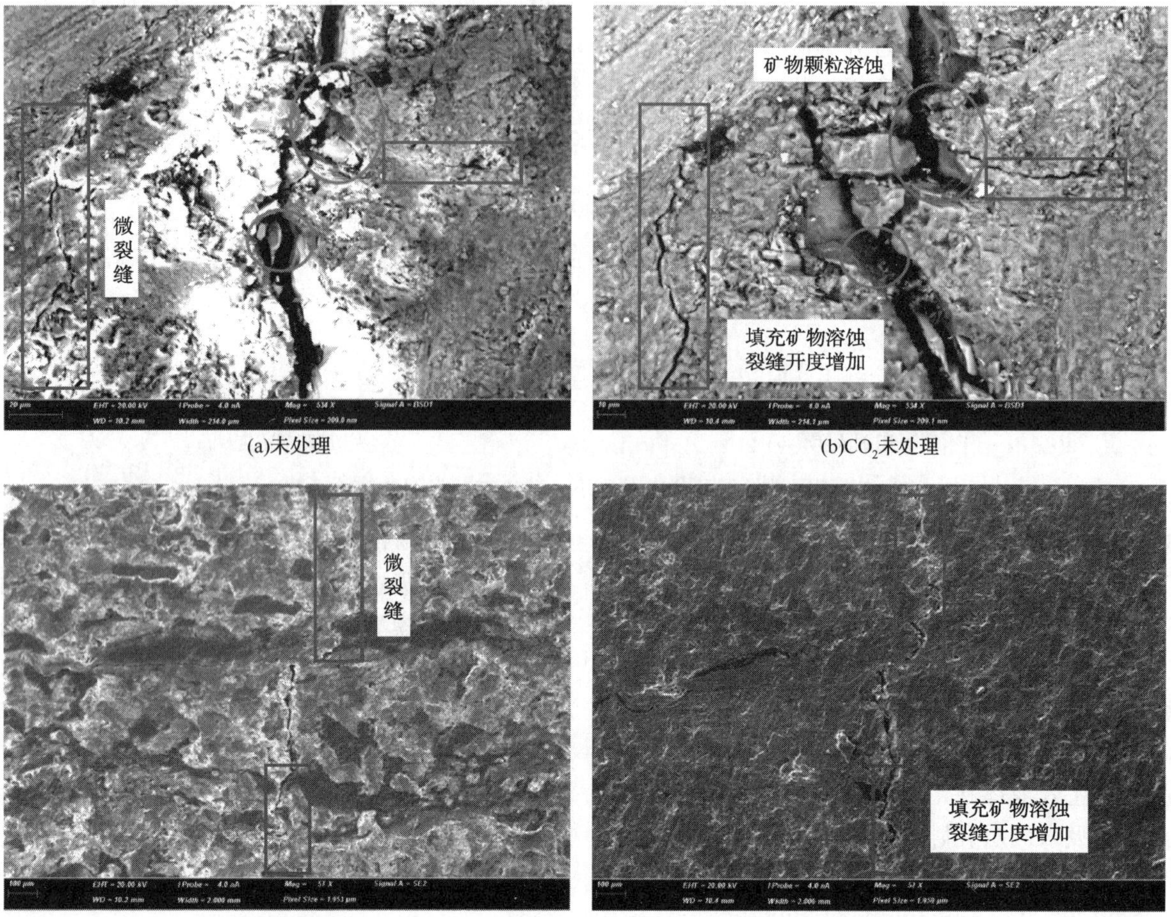

(a)未处理　(b)CO_2未处理

(c)未处理　(d)CO_2未处理

图 12　CO_2处理前后页岩表面微观形貌特征

3　现场应用效果

2022 年 GY5 号平台立体布井 5 口，优选 C1、C3 层位着陆点，水平段长度 1809~1952m，井距 300m，井轨迹与主应力夹角 80°，试验井组单井平均进尺 6048m，平均水平段长 1973m，I 类甜点钻遇率 95%（以往 73%），S1 * 数值 9.5~12.1mg/g。GY5 号平台于 2022 年 11 月完成 5 口井 179 段压裂，注入液量 $27.8\times10^4m^3$，支撑剂 $2.2\times10^4m^3$，二氧化碳 $1.37\times10^4m^3$；主体段长 50m，簇间距 8~11m，米液量 $35m^3$、米砂量 $2.0\sim3.0m^3$，石英砂比例 74%~83%。采用稳定电场裂缝监测技术监测 5 口井 171 段压裂裂缝（8 段因疫情原因未能现场布点监测），裂缝半长 126~150m，裂缝开启率 73.4%~96%，单井改造面积 $10.4\%\sim15.3\times10^4m^2$，改造体积 $76.8\sim138.9\times10^4m^3$。

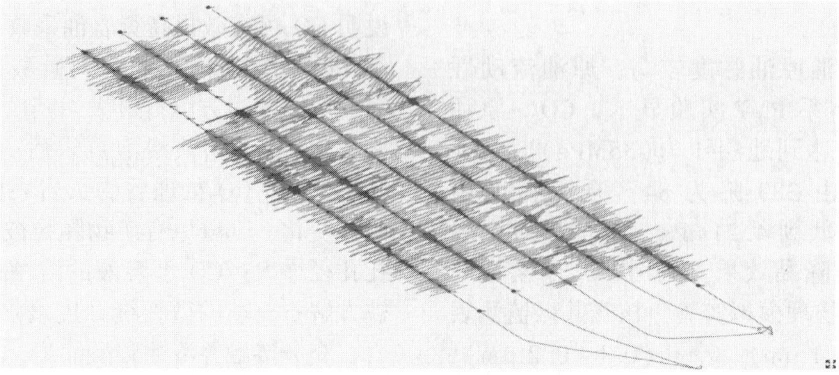

图 13　GY5 号平台压裂裂缝检测图

2022 年 GY5 号平台 5 口井压裂后放喷 1～2 天即见油早，见油返排率 0.07%～0.37%，4mm 油嘴产量测试单井日产油 80～122t，12h 压降 1.05～1.7MPa，压力保持情况好，高产稳产效果好；预计单井首年平均日产油 35.8t，新建产能 5.68×10^4t，预计十五年累产油 26.42×10^4t。

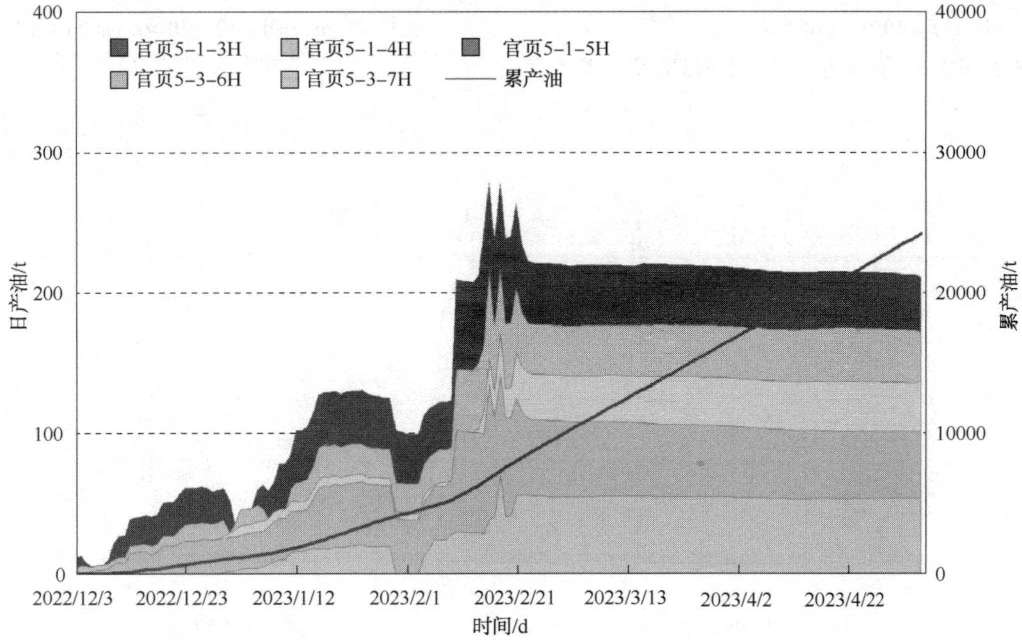

图 14　沧东页岩油 5 号试验平台生产曲线

4　结论与认识

（1）针对大港油田页岩油闭合应力高、可压性差、难以形成复杂缝网特点，建立基于岩石脆性、天然裂缝和地应力的裂缝复杂程度评价模型，创新密切割分段改造模式，簇间距 10m 左右可以提高裂缝复杂程度，压裂缝长、裂缝改造体积与 300m 井网相符，实现了井间储量高效动用；

（2）全程滑溜水连续加砂工艺砂液比提高至 10%，多级缝网高效支撑工艺技术石英砂占比 80%，加砂强度提高到 2.5～3.0m^3/m，解决了页岩油基质物性差、流动能力差的难点，能够实现页岩油的高效支撑，导流能力满足页岩油开发需求；

（3）针对页岩油原油黏度高、地层能量低的特点优选的趾端蓄能+前置二氧化碳增能体积压裂技术，降低原油黏度提高流动能力，补充地层能量，提高压裂效果；实现了 GY5 号平台高产稳产，为页岩型页岩油勘探开发提供了技术支撑。

参　考　文　献

[1] 赵贤正，蒲秀刚，金凤鸣，等．黄骅坳陷页岩型页岩油富集规律及勘探有利区[J]．石油学报，2023，44(01)：158-175.

[2] 赵贤正，金凤鸣，周立宏，等．渤海湾盆地风险探井歧页 1H 井沙河街组一段页岩油勘探突破及其意义[J]．石油学报，2022，43(10)：1369-1382.

[3] 赵贤正，陈长伟，宋舜尧，等．渤海湾盆地沧东凹陷孔二段页岩层系不同岩性储层结构特征[J]．地球科学，2023，48(01)：63-76.

[4] 姜文亚，王娜，汪晓敏等．黄骅坳陷沧东凹陷孔店组石油资源潜力及勘探方向[J]．海相油气地质，2019，024(002)：55-63.

[5] 邓远，陈世悦，蒲秀刚，等．渤海湾盆地沧东凹陷孔店组二段细粒沉积岩形成机理与环境演化[J]．石油与天然气地质，2020(4).

[6] 刘小平，董清源，李洪香，等．黄骅坳陷沧东凹陷孔二段页岩层系致密油形成条件[C]．中国石油地质年会；中国石油学会；中国地质学会，2013.

[7] 周立宏，刘学伟，付大其，等．陆相页岩油岩石可压裂性影响因素评价与应用——以沧东凹陷孔二段为例[J]．中国石油勘探，2019，24(05)：670-678.

[8] 田福春，刘学伟，张胜传，等．大港油田陆相页岩油滑溜水连续加砂压裂技术[J]．石油钻探技术，2021，49(04)：118-124.

[9] 雷群，杨立峰，段瑶瑶，等. 非常规油气“缝控储量”改造优化设计技术[J]. 石油勘探与开发，2018，

45(4)：719-726.

[10] 周立宏，赵贤正，柴公权，等．陆相页岩油效益勘探开发关键技术与工程实践——以渤海湾盆地沧东凹陷古近系孔二段为例[J]. 石油勘探与开发，2020，47(05)：1059-1066.

[11] 李东平，杨立永，田福春，等．沧东凹陷孔二段页岩油体积压裂技术研究与应用[C]//上海联合非常规能源研究中心，上海市经济学会能源经济研究专业委员会．ECF 国际页岩气论坛 2021 第十一届亚太页岩油气暨非常规能源峰会论文集．[出版者不详]，2021：41-48. DOI：10.26914/c.cnkihy.2021.047920.

深层页岩含爆炸裂缝水力二次扩展规律研究

代朝辉　李　沁　任　杰　郑　环

（成都理工大学）

摘　要　深层页岩储层开发潜力巨大，目前的水力压裂储层改造技术大多获得单一的裂缝，不利于深层页岩储层缝网的有效形成，难以指导现场压裂施工改造。提出爆炸-水力复合压裂新方法，利用爆炸技术在深层页岩储层中形成初始裂缝，继而进行水力二次压裂扩展裂缝，最终形成复杂的裂缝网络，实现深层页岩储层高效改造。本文通过爆炸实验建立含爆炸初始裂缝物理模型，利用有限元 Cohesive 单元建立数值模型，模拟了不同爆炸初始裂缝数量、裂缝角度和裂缝长度条件下的水力二次扩展规律。结果表明：随着爆炸初始裂缝数量增加，水力二次扩展裂缝总长逐渐增大，裂缝长度差异性增大呈不均匀扩展，且横向波及范围增加 15.8%；无优势爆炸初始裂缝比有优势裂缝二次扩展得出的总缝长增大 3.49m，横向波及范围增大 0.29m，裂缝复杂程度相对较高；随着爆炸初始裂缝长度的减小，水力二次扩展裂缝总缝长逐渐减小，横向波及范围下降幅度为 22.43%，通过控制炸药量得到较大的初始缝长有利于实现水力裂缝二次扩展更远。该研究可为深层页岩储层增产改造提供理论参考，实现深层页岩气复合压裂新技术的规模应用。

关键词　深层页岩；爆炸初始裂缝；水力二次压裂；爆炸实验；数值模拟

随着常规油气资源的逐渐减少和枯竭，转战非常规油气的高效开发成为缓解我国能源供需矛盾、保障能源供给安全的重大战略措施。作为一种典型的非常规油气资源，页岩气开发潜力巨大，其中根据国土资源部统计，我国深层页岩气可采资源量为 $55.45\times10^{12}m^3$，资源量丰富。深层页岩储层具有埋藏深（部分已经达到 5000m）、地应力复杂且应力差大（大于 15MPa）、横向非均质强、塑性更大等特征，压裂改造的难度大。此前，为了实现页岩储层的长效开发，多采用水平井多段压裂、重复压裂和拉链式压裂等技术对中浅层页岩储层进行改造。针对深层页岩储层，借鉴现有技术，采取更大排量或更大规模的压裂方式，但起裂后多易扩展成单一主裂缝，水力压裂改造效果较差，且稳产时间短。据此，提出一种利用钻完井机器人爆炸-水力复合压裂新方法，采用爆炸压裂技术在小井眼周围产生复杂初始裂缝，再利用水力压裂技术二次扩展形成复杂裂缝网络，实现深层页岩储层的充分改造。

爆炸压裂增产技术最早始于 20 世纪 70 年代，随着液体燃料技术发展，成本低、操作安全、无套损的液体药爆炸压裂技术成功应用于储层增产改造中。此后，因爆炸压裂技术多方位、易复合等特点，逐渐进入非常规和低渗透油气储层增产改造领域。孙志宇等分析高能气体作用下裂缝尖端动态响应规律以及气体在裂缝内流动规律。李海涛等获得地应力、初始裂缝长度、升压速率以及岩石断裂韧性对裂缝起裂的影响规律。针对爆炸压裂形成裂缝的研究，国内外学者多采用数值模拟的方法，其中林英松等采用有限元法，开展了爆生气体作用下孔壁岩石开裂的机理及影响因素研究。吴飞鹏等借助节点系统分析法求解多级脉冲爆炸压裂耦合过程。Goodarzi 等基于扩展有限元法模拟了裂缝在高能气体作用下的扩展规律。刘长印等基于有限元法建立了水平井爆炸压裂数值模拟模型。王胡振等、谢贤东等研究了爆炸后的裂缝长度、裂缝数量和任意缝分布对渗流规律和油井产能的影响，发现裂缝长度越长，裂缝数量越多产能越高。然而，利用爆炸产生的人工裂缝往往长度有限，尤其在深层页岩储层中，无法简单的使用高炸药量进行压裂改造，因此，笔者所在课题组提出有必要在爆炸压裂形成初始裂缝的基础上，进行二次水力压裂，从而探究含爆炸裂缝的水力裂缝二次扩展规律以及对深层页岩储层改造的效果。

本文结合课题组前期研究成果，在自制岩样爆炸实验的基础上，利用有限元数值模拟方法，建立含爆炸初始裂缝、爆炸塑性分区的流-固耦合模型，模拟分析不同爆炸裂缝参数特征下水力二次加载裂缝扩展规律。研究结果可为深层页岩储层增产改造提供理论参考，使得深层页岩气复合压裂新技术实现规模应用。

1 含爆炸裂缝物理模型

1.1 爆炸岩体划分

岩石中经过爆炸作用，产生冲击波和爆生气体，爆孔周围储层形成粉碎区，该区域在二次水力扩展的过程中相当于初始流动通道，建模中不予考虑其性质变化；冲击波传播到更远处对储层岩石造成破坏形成破碎区；进一步作用下，更远处的储层会形成弹性振动区。如图 1 所示。

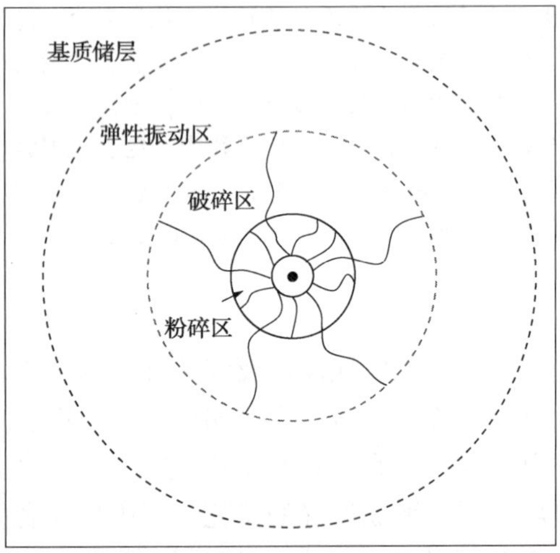

图 1　岩体爆破破坏分区示意图

（据杨建华，2020 修改）

1.2 爆炸裂缝特征

爆炸作用过程中，除了对爆孔周围储层岩石力学性质产生影响外，爆炸后形成的初始裂缝特征也会出现差异。爆炸形成的初始裂缝长度、裂缝数量、以及裂缝角度均会受炸药量的大小而发生变化。为了明确炸药量对爆炸初始裂缝特征的具体影响，本课题组采用自制水泥岩样进行了室内微爆炸损伤岩体实验。实验使用直径 400mm、高 400mm 的水泥圆柱，炸药预置在高 200mm 处的中心位置。通过改变炸药量为 1.0g、3.5g、6.0g，进行三组不同炸药量的爆炸实验，获得实验结果如图 2 所示，记录爆炸裂缝结果如表 1 所示。

表 1　不同炸药量下实验爆炸裂缝形态

炸药量	爆炸裂缝数量	爆炸裂缝形态特征
1.0g	若干条微裂缝	爆孔附近出现少量微裂缝
3.5g	2 条对称主裂缝	主裂缝对称，贯穿岩体
6.0g	6 条主裂缝	主裂缝呈不同角度，贯穿岩体

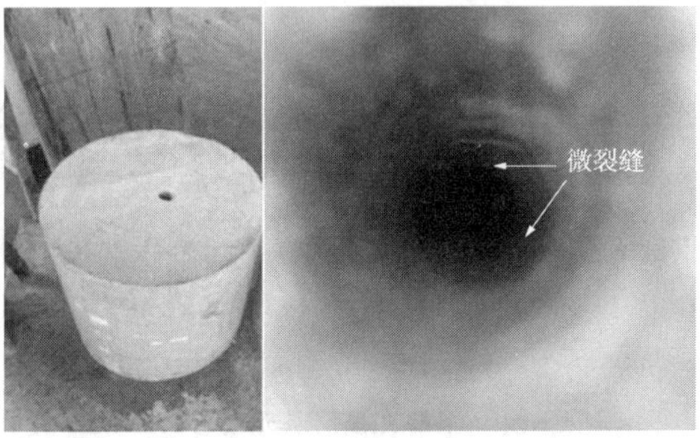

(a)1.0g炸药量

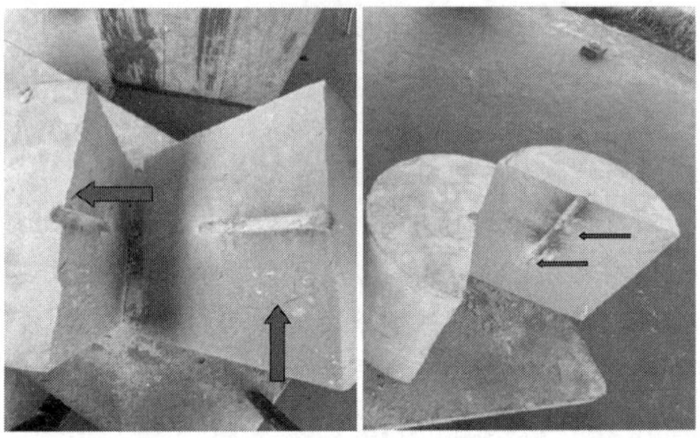

(b)3.5g炸药量

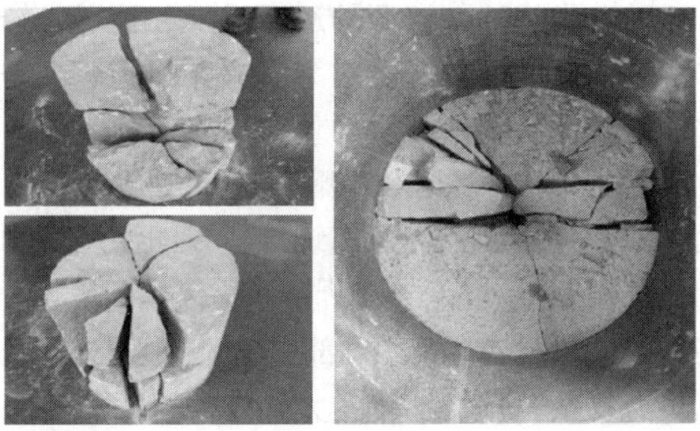

(c)6.0g炸药量

图 2　不同炸药量下爆炸实验裂缝结果

1.3 爆炸裂缝模型

物理实验结果表明，不同炸药量可产生形态和数量均不同的爆炸初始裂缝，结合爆炸对储层岩石本身性质的影响。将爆炸后距爆孔中心不同位置区域依次划分为破碎区 a、弹性振动区 b 和岩石基质区 c（未损伤区域），爆孔中心向外形成的爆炸裂缝简化为不同长度的初始直缝，建立含爆炸裂缝的二维水力压裂基础物理模型，如图 3 所示。

2 水力二次压裂数值模型

2.1 Cohesive 单元损伤模型

本文根据最大应力准则描述爆炸裂缝水力二次扩展的过程，采用双线性 T-S 本构模型，其中，当 Cohesive 单元在任意方向上受到的应力达

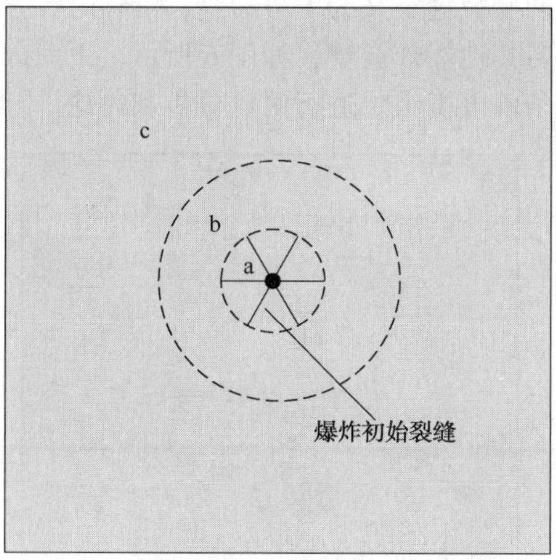

图 3　含爆炸裂缝二维水力压裂物理模型

到其临界应力时，该单元开始发生起裂，其表达式为：

$$\max\left\{\frac{\langle t_n\rangle}{t_n^0},\ \frac{t_s}{t_s^0}\right\}=1 \tag{1}$$

式中，t_n为 Cohesive 单元法线方向上的施加应力，N；t_s为单元切向上的施加应力，N；t_n^0为单元法线方向所能承受最大应力，N，即岩石的抗拉强度；t_s^0为单元切向方向所能承受最大应力，N；符号〈 〉为 Macaulay 括号，表示当 Cohesive 单元承受压应力或者出现压缩变形时不会出现损伤。如图 4 所示。

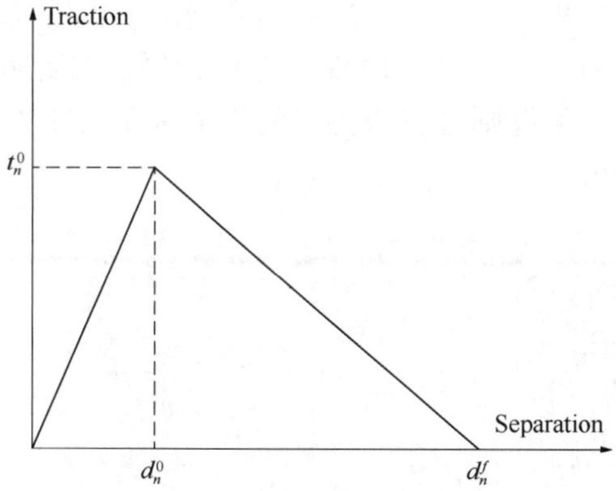

图 4　双线性 T-S 本构模型

2.2　缝内流体流动模型

缝内流体在切向上的流动采用牛顿流体公式：

$$Q\delta=\frac{\delta^3}{12\mu}\nabla p \tag{2}$$

式中，Q 为 Cohesive 单元内的体积流量，m^3/min；δ 为 Cohesive 单元张开位移，m；p 为单元中压裂液黏性系数，mPa·s；∇p 为单元切向流动流体压力梯度。

2.3　力学平衡方程

基于有效应力原理，总应力 σ 由有效应力 σ'和孔隙压力 u 组成：

$$\sigma=\sigma'+uI \tag{3}$$

式中，I 为单位矩阵。

岩石材料的应力平衡方程则由虚功原理表示，即在某一时刻 t，岩石材料的虚功与作用在该材料上的作用力(包括面力和体力)产生的虚功相等，具体表达式为：

$$\iiint_V(\sigma'+uI):\delta\varepsilon\mathrm{d}V=\iint_S T\delta v\mathrm{d}S+\iint_V f\delta v\mathrm{d}V+\iiint_V s\phi\rho_{\mathrm{w}}g\delta v\mathrm{d}V \tag{4}$$

式中，δv 为虚位移场；$\delta\varepsilon$ 为虚应变；T 为单位面的表面力；f 为单位体积的体积力；ϕ 为孔隙率；V 为体积；S 为面积边界；ρ_{w}为流体密度；g 为重力加速度。

同时，流经微体积单元 dV 的流体应满足连续性方程，使得在某事件增量内流入的流体流量等于流体体积的增加速率，表达式为：

$$\frac{\mathrm{d}}{\mathrm{d}t}\left(\iiint_V\frac{\rho_{\mathrm{w}}}{\rho_{\mathrm{w}}^0}sndV\right)=-\iint_S\frac{\rho_w}{\rho_{\mathrm{w}}^0}s\phi nv_{\mathrm{w}}\mathrm{d}S \tag{5}$$

式中，v_{w}为从边界 S 流入的平均速度；n 为边界 S 的外法线方向向量；ρ_{w}^0为流体的密度。

2.4　有限元数值模型

根据以上有限元理论，建立如图 5 所示尺寸为 20m×20m 的二维数值模型。模型由内到外依次为破碎区(半径 1m)，弹性振动区(半径 4m)，岩石基质(外侧)，中心为压裂液注入点，以及多条长度为 1m 的爆炸初始裂缝。模型采用带孔隙压力自由度的 CPE4P 黏聚力单元，网格划分使用单精度的加密网格，加密区域为破碎区和弹性振动区，在模型的 Y 方向施加最大水平主应力，X 方向施加最小水平主应力，模型其他参数设置见表 2。

表 2　模型具体参数设置

参数	破碎区 a	弹性振动区 b	岩石基质区 c
半径范围/m	0~1	1~4	>4
杨氏模量/GPa	16	28.8	32
泊松比	0.2	0.22	0.25
最大水平主应力/MPa	20		
最小水平主应力/MPa	5		

续表

参数	破碎区 a	弹性振动区 b	岩石基质区 c
注入流量/(m^3/min)	6		
黏度/mPa·s	10		
滤失系数/(m·(Pa·s)$^{-1}$)	1×10^{-14}		
渗透率/mD	0.1		

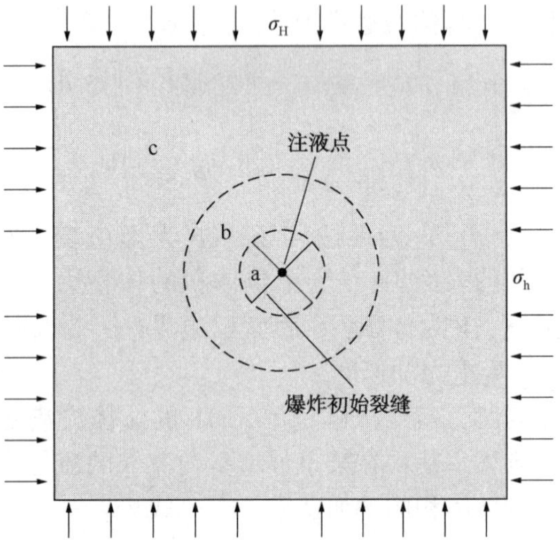

图5　含爆炸初始裂缝水力压裂数值模型

3　数值模拟结果及分析

基于上述有限元模型，对含爆炸初始裂缝的水力二次加载裂缝扩展进行数值模拟计算，考虑不同爆炸裂缝数量、爆炸裂缝角度以及爆炸裂缝长度影响下的二次扩展规律，为便于对多条爆炸裂缝模拟结果进行分析，将Y轴正方向最近的爆炸初始裂缝定义为1号裂缝，沿顺时针方向依次命名其他爆炸裂缝，如图6所示。下面分别对不同条件模拟结果进行对比分析和讨论。

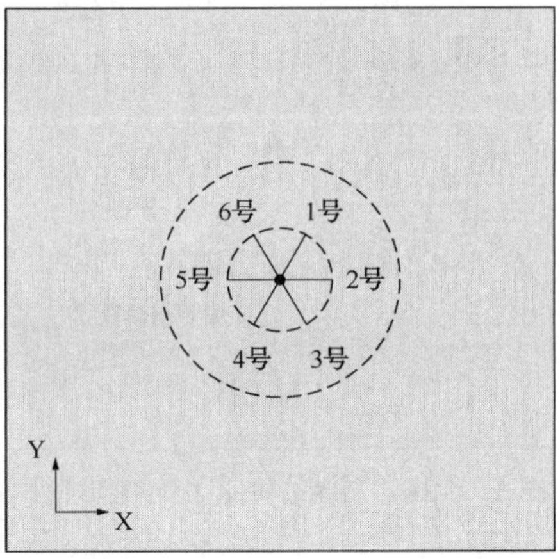

图6　不同编号爆炸初始裂缝有限元模型

3.1　爆炸裂缝数量

通过数值模拟爆炸初始裂缝数量为3条、4条、5条、6条时水力二次扩展的裂缝延伸规律，得到注入时间10s后不同数量爆炸初始裂缝的扩展形态模拟结果，如图7所示。从图中可以看出，受到弹性振动区应力影响，不同爆炸初始裂缝均沟通并逐渐向最大主应力方向偏转延伸。随着爆炸初始裂缝数量的增加，近井范围内裂缝均完全沟通，其中5条、6条爆炸裂缝情况下[图7(c)、图7(d)]，2号初始裂缝由于受最大水平主应力影响，延伸出现一定的抑制，与此同时，其相邻裂缝则会获得更多的流量从而延伸效果显著增大。

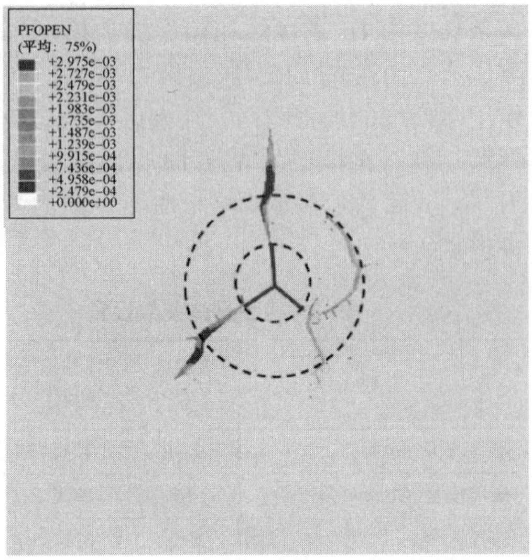

(a)3条爆炸初始裂缝

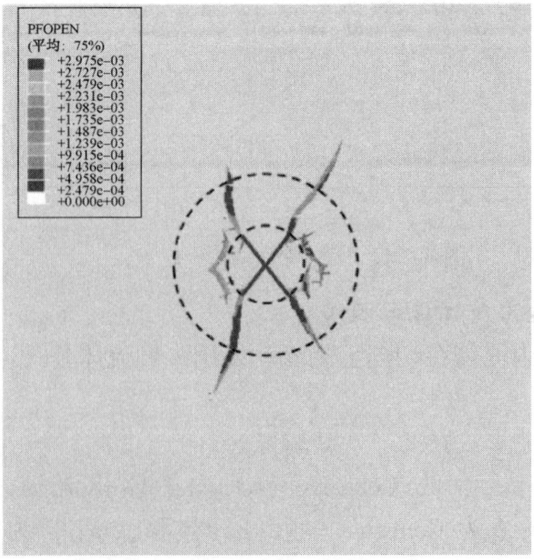

(b)4条爆炸初始裂缝

图7　不同爆炸初始裂缝数量水力二次扩展裂缝形态

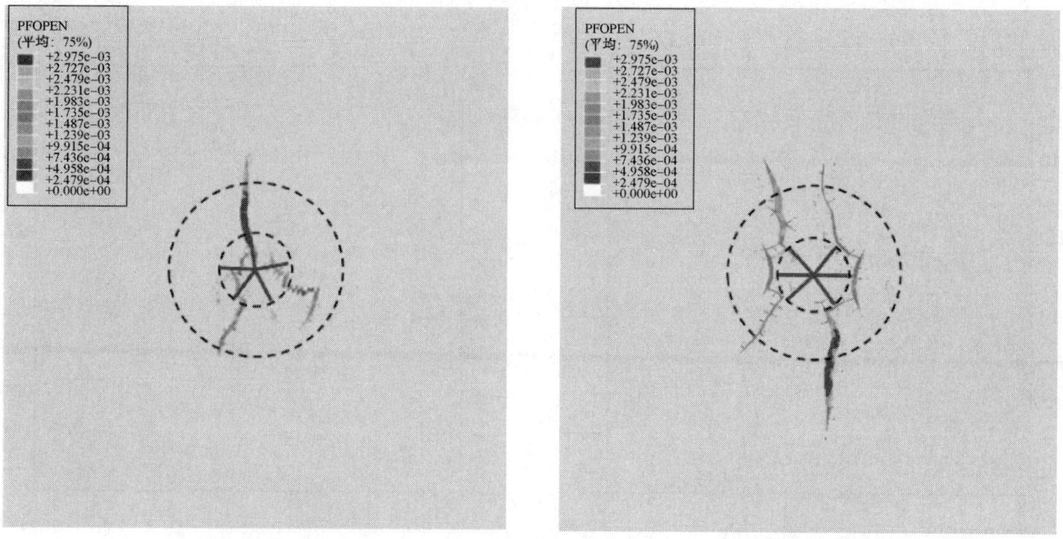

(c)5条爆炸初始裂缝　　　　(d)6条爆炸初始裂缝

图 7　不同爆炸初始裂缝数量水力二次扩展裂缝形态(续)

对数值模拟结果所得的缝长进行数据处理，得到如图 8 所示的不同裂缝条数下不同裂缝的缝长图。分析可知，随着裂缝条数的增多，5 条裂缝的总缝长最长为 17.262m，缝长偏差系数为 1.798；4 条裂缝的总缝长为 13.671m，缝长偏差系数为 1.065，说明在总缝长增长的同时不同裂缝之间缝长差异性增加。裂缝在沿最小主应力方向的延伸定义为裂缝的横向波及范围。对不同裂缝条数下的横向波及范围进行统计，分析发现，随着裂缝条数的增加，裂缝横向波及范围也在增加；3 条裂缝的横向波及范围为 2.575m，6 条裂缝的横向波及范围为 2.982m，横向波及范围增加了 15.8%。

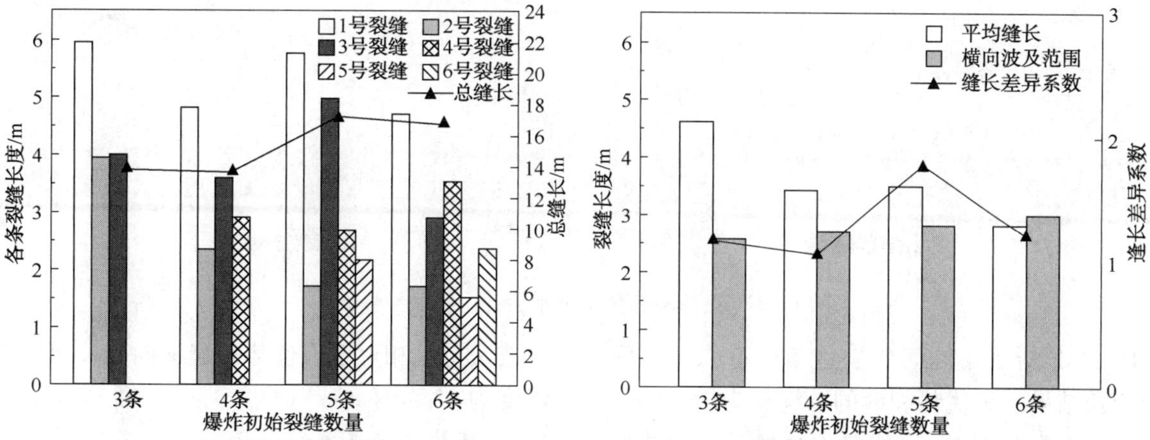

(b)不同裂缝缝长及总缝长　　　　(b)缝长偏差系数及横向波及范围

图 8　不同爆炸初始裂缝数量对水力二次扩展影响

3.2　爆炸裂缝角度

深层页岩储层高应力差的特征易使裂缝延最大水平主应力方向扩展，相反与最大水平主应力夹角较大的裂缝则会受到抑制。因此，当爆炸初始裂缝与最大水平主应力方向呈一定角度时，各条裂缝的延伸必然有所差异。本文以 6 条爆炸初始裂缝为基础模型，定义存在优势裂缝即为存在爆炸初始裂缝方向与最大主应力方向相同，和不存在优势裂缝两种情况，在保证其他条件不变的情况，模拟不同爆炸初始裂缝角度对水力裂缝二次扩展的影响规律，图 10 为注入 10s 后的水力二次裂缝扩展结果。由裂缝扩展形态图可得，总进液量一致的情况下，无优势裂缝模拟得出的裂缝形态比有优势裂缝模拟得出的裂缝形态复杂。

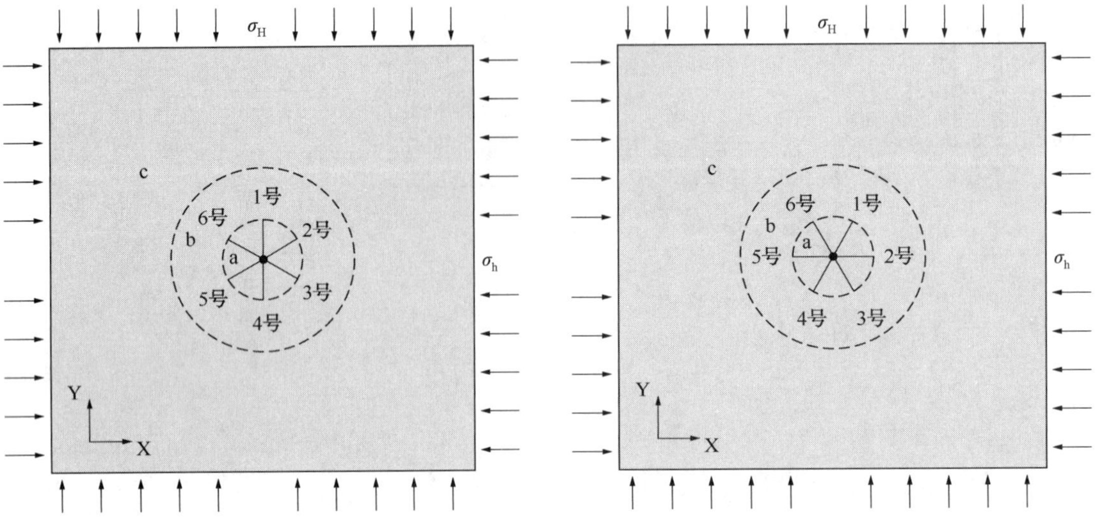

(a)有优势裂缝　　(b)无优势裂缝

图 9　不同爆炸裂缝角度模型示意图

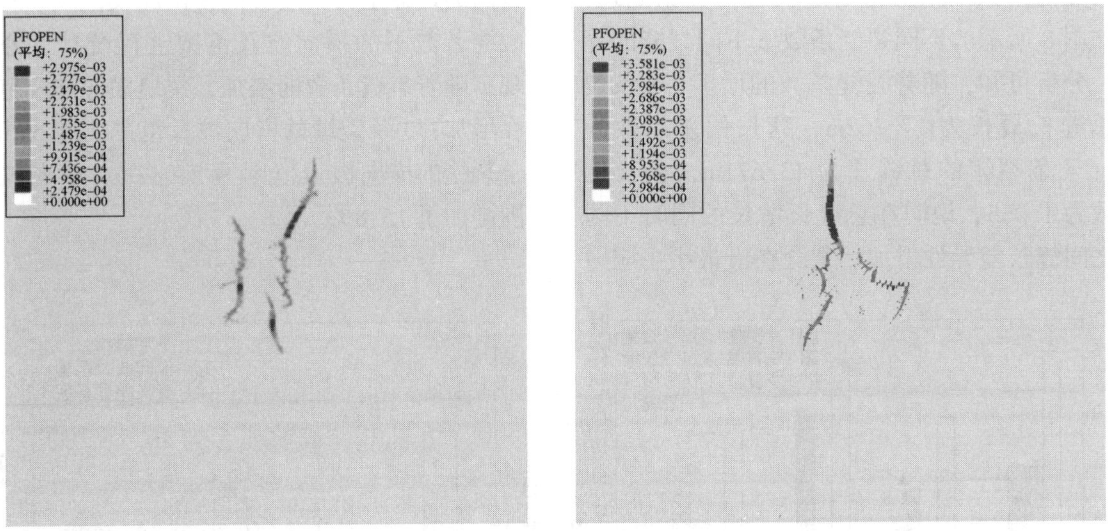

(a)有优势裂缝　　(b)无优势裂缝

图 10　不同爆炸裂缝角度下水力二次扩展裂缝形态

图 11 分析了不同爆炸裂缝角度下二次扩展裂缝缝长结果，无优势裂缝的总缝长为 16.71m，缝长偏差系数为 1.1；有优势裂缝情况下的总缝长为 13.02m，缝长偏差系数为 1.74，无优势裂缝总缝长相对于有优势裂缝缝长增长幅度为 28.34%，说明在无优势裂缝情况下，裂缝缝长虽有所减小，但裂缝延伸相对来说更均匀，更有利于裂缝沟通。对有无优势裂缝下的横向波及范围对比，无优势裂缝下横向波及范围 2.48m，有优势裂缝下横向波及范围 2.19m，无优势裂缝横向波及范围相对于有优势裂缝横向波及范围增长幅度为 13.24%。

3.3　爆炸裂缝长度

根据前期实验结果，爆炸裂缝长度与炸药量呈正相关关系，在保证其他因素不变条件下，通过数值模拟对爆炸裂缝初始长度对水力二次扩展的延伸规律进行研究。以 5 条爆炸初始裂缝为基础模型，按照平均爆炸裂缝长度分别为 0.4m、0.6m、0.8m、1m、1.2m 分别设置各条裂缝的长度，具体见表 3 所示。

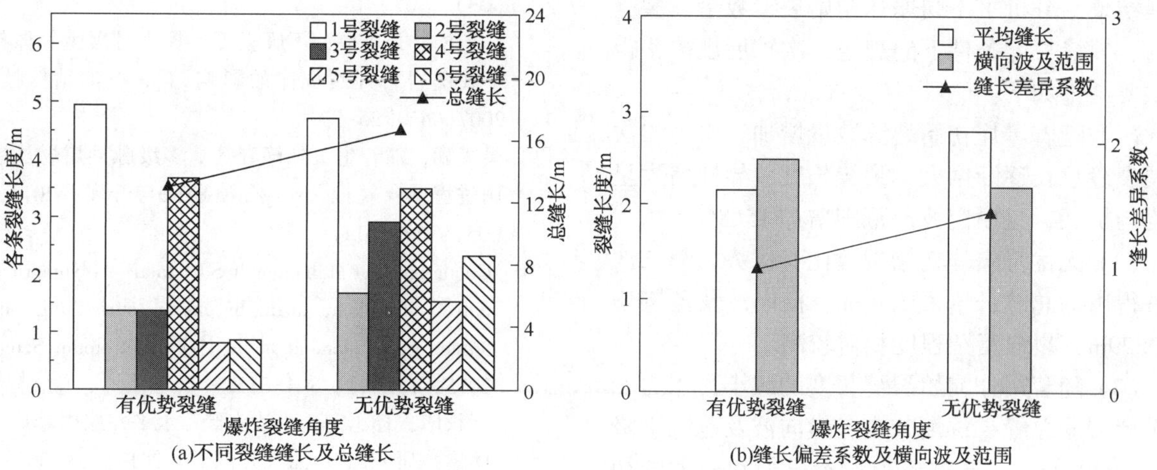

图 11　不同爆炸初始裂缝角度对水力二次扩展影响

表 3　爆炸初始裂缝长度设置

平均裂缝长度/m	1 号裂缝/m	2 号裂缝/m	3 号裂缝/m	4 号裂缝/m	5 号裂缝/m
1.2	1.2	1.4	1.0	1.4	1.0
1	1.0	0.8	1.2	0.6	1.4
0.8	0.8	1.0	0.6	1.0	0.6
0.6	0.8	1.0	0.6	0.2	0.4
0.4	0.5	0.4	0.2	0.3	0.6

模拟得到不同爆炸裂缝长度下的水力二次扩展缝长结果，如图 12 所示。分析可得，随着爆炸初始裂缝长度的减小，裂缝延伸总缝长也在随着减小；爆炸初始裂缝长度为 1.2m 时，裂缝延伸总缝长为 17.21m，爆炸初始裂缝长度为 0.4m 时，裂缝延伸总缝长为 13.68m；随着爆炸初始裂缝长度的减小，裂缝延伸长度下降幅度为 20.51%。随着爆炸初始裂缝长度的减小，裂缝的横向波及范围随之减小；爆炸初始裂缝长度为 1.2m 时，裂缝横向波及范围为 3.21m，爆炸初始裂缝长度为 0.4m 时，裂缝横向波及范围为 2.49m,；随着爆炸初始裂缝长度的减小，横向波及范围下降幅度为 22.43%。

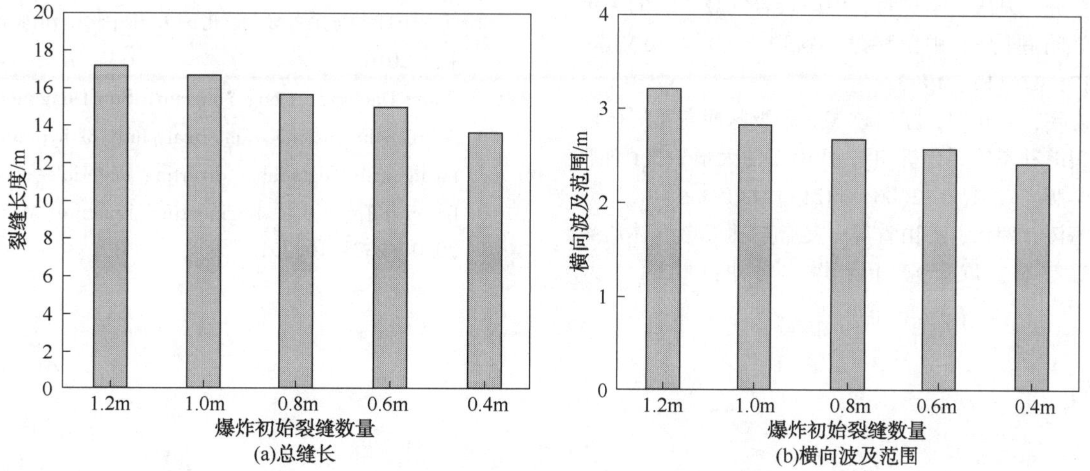

图 12　不同爆炸初始裂缝长度对水力二次扩展影响

4　结论

通过微爆炸室内物理实验获取爆炸后岩石分区的含爆炸裂缝物理模型，再通过有限元理论方法建立数值模型，以 Cohesive 单元损伤理论为依据，模拟得到了深层页岩含爆炸裂缝的水力裂缝扩展结果，分析了不同爆炸初始裂缝数量、裂缝角度、裂缝长度条件下的裂缝二次扩展规律，得到主要结论如下：

（1）随着爆炸初始裂缝数量增加，水力二次扩展裂缝总长逐渐增大，裂缝长度差异性增大呈不均匀扩展，且横向波及范围增加 15.8%。

（2）无优势爆炸初始裂缝比有优势裂缝二次扩展得出的总缝长增大 3.49m，横向波及范围增大 0.29m，裂缝复杂程度相对较高。

（3）随着爆炸初始裂缝长度的减小，水力二次扩展裂缝总缝长逐渐减小，横向波及范围下降幅度为 22.43%，通过控制炸药量得到较大的初始缝长有利于实现水力裂缝二次扩展更远。

参 考 文 献

[1] 侯冰，张其星，陈勉．页岩储层压裂物理模拟技术进展及发展趋势[J/OL]．石油钻探技术：1-17[2023-10-20].

[2] 何治亮，聂海宽，蒋廷学．四川盆地深层页岩气规模有效开发面临的挑战与对策[J]．油气藏评价与开发，2021，11(02)：1-11+41.

[3] ZHANG Qixing，HOU Bing，LIN Botao，et al. Integration of discrete fracture reconstruction and dual porosity/dual permeability models for gas production analysis in a deformable fractured shale reservoir[J]. Journal of Natural Gas Science and Engineering，2021，93：104028.

[4] 王安仕，刘发喜．高能气体压裂液体火药理论配方优选设计[J]．西安石油学院学报(自然科学版)，1994(04)：4-6+12.

[5] 赵金洲，尹庆，李勇明．中国页岩气藏压裂的关键科学问题[J]．中国科学：物理学 力学 天文学，2017，47(11)：19-32.

[6] 孙志宇，刘长印，苏建政等．多级脉冲高能气体压裂裂缝动态扩展分析[J]．西南石油大学学报(自然科学版)，2010，32(06)：121-124+193.

[7] 李海涛，罗伟，姜雨省等．复合射孔爆燃气体压裂裂缝起裂扩展研究[J]．爆炸与冲击，2014，34(03)：307-314.

[8] 林英松，孙丰成，丁雁生等．损伤对爆生气体作用下孔壁岩石开裂规律的影响[J]．石油钻探技术，2007(04)：25-27.

[9] 吴飞鹏，蒲春生，陈德春等．多级脉冲爆燃压裂作用过程耦合模拟[J]．石油勘探与开发，2014，41(05)：605-611.

[10] Goodarzi M，Mohammadi S，Jafari A. Numerical analysis of rock fracturing by gas pressure using the extended finite element method[J]. Petroleum Science，2015，12(02)：304-315.

[11] 刘长印，孙志宇，张汝生等．水平井层内爆炸裂缝体模拟研究[J]．油气井测试，2014，23(06)：4-8+73.

[12] 王胡振．“层内爆炸”数值模拟研究[D]．大庆石油学院，2010.

[13] 谢贤东．爆炸压裂后储层裂缝的渗流机理研究[D]．中国石油大学，2010.

[14] 杨建华，吴泽南，姚池等．地应力对岩石爆破开裂及爆炸地震波的影响研究[J]．振动与冲击，2020，39(13)：64-70+90. DOI：10.13465/j.cnki.jvs.2020.13.010.

[15] 程远方，寇永强，徐鹏等．水泥试样爆炸压裂模拟试验[J]．中国石油大学学报(自然科学版)，2010，34(05)：69-72+76.

[16] 赵君忠．页岩气层液体药爆炸压裂多裂缝形成机理与工艺研究[D]．西安石油大学，2020. DOI：10.27400/d.cnki.gxasc.2020.000404.

[17] 杜芳利，景旗．页岩储层液态药爆炸压裂机理研究[J]．石油化工应用，2018，37(11)：1-4.

[18] 陈卫忠，伍国军，贾善坡．ABAQUS 在隧道及地下工程中的应用[M]．北京：中国水利水电出版社，2010.

[19] Wang Daobing，Dong Yongcun，Sun Dongliang，etal. Athree-dimensional numerical study of hydraulic fracturing with degradable diverting materials via CZM-based FEM [J]. Engineering Fracture Mechanics，2020，237：107251.

电核成像测井技术在储层缝洞评价上的新方法研究与实践

段云峰[1]　张雄辉[2]　陈　超[2]　游　畅[2]　叶传涛[2]　阳成军[2]　华远飞[2]　杨　波[2]

(1. 中国石油集团测井有限公司西南分公司；2. 中国石油集团测井有限公司物资装备公司西南中心)

摘　要　电核成像测井技术是一种新型应用于非均质储存中的测井技术，它利用核磁共振提供的基质孔隙结构和电成像显示的缝洞连通性来分析岩石基质的孔隙度和缝洞储层有效性，从而分析岩石构造和地质构造。本文介绍了电核成像技术的测井原理与适用条件，分析了电成像、核磁共振仪在不同岩性和缝洞的响应图谱及特性，在油田开发实际应用中，根据多口井的电核成像图谱解释应用结果，建立了储层产能分级量化评价标准与储层产能预测模型，梳理了溶蚀缝、缝洞、溶蚀孔洞、基质孔隙结构等多种储层特征，形成了“双尺度双谱交会”评价缝洞储层有效性的方法，深化了对储层有效性认识。

关键词　成像测井；核磁共振；缝洞；响应图谱；基质孔隙结构

随着我国油田开采量的加大，为提质增效，实现高效开发，需要更多的地层信息和参数来进行精细解释评价，在这种背景下，应用新的组合测井技术及解释评价方法对油田储层进行分析，寻找新的储层，是促进我国油田可持续发展的根本途径。在川西北地区有超过半数的油气资源埋藏在深部地层，勘探主体与以往常见油气藏的区别主要是储层的复杂化给岩石物理带来的难题，比如岩性多样、孔隙空间多样、流体特征多样等，在一切地质情况复杂的油气区，岩层机制空隙和结构复杂，常规的测井技术难以对储层进行深入分析，难以判定准确的流体性质。电核组合技术作为一种测井新技术，为所测物理性质提供有直接应用价值信息的测井方法，已开始应用于西南油气田。研究电核成像测井技术在储层缝洞识别中的应用对于评价缝洞储层有效性和提高复杂地质层测井的准确性有着很重要的意义。

1　电核成像技术的测井原理与适用条件

1.1　微电阻率扫描成像测井

1.1.1　测井原理

成像仪器由侧向测井发展而来，在极板上排列有多个小纽扣电极，纽扣电极与极板间保持良好的绝缘，给极板和电极供相同极性的电流(I_a、I_b)，仪器上部的金属外壳作为回路电极。极板的电位恒定，极板上发射的电流对纽扣电极的电流起聚焦作用，记录每一个钮口电极的电流强度和对应的电位差，并按照侧向测井原理将它们刻度成地层电阻率，公式如下：

$$R_{ai}=K(U/I_{bi})$$

其中：R_{ai}为第i个电极测量的井壁岩石视电阻率；U为电极表面电位；I_{bi}为电极发射的电流强度。

当极板与钮扣电极的电位相等，钮扣电极接触的井壁地层的电阻率不同时，电流强度发生变化：$R_a\uparrow$，$I_b\downarrow$；$R_a\downarrow$，$I_b\uparrow$。然后对测量小电极电流的变化进行特殊的图像处理，就可以把井壁附近各点电阻率的差别转换成图像。常用的几种微电阻率扫描成像测井仪器主要有国内的MCI5570，国外的FMI和XRMI等，主要技术指标如表1所示。

表1　三种微电阻率扫描成像测井仪器技术指标对比

仪器型号	MCI5570	FMI	XRMI
最高耐温	155℃	175℃	175℃
最大耐压	100MPa	138MPa	138MPa
纽扣数	144	192	150
纵向分辨率	0.2in	0.2in	0.2in
图像覆盖率	60%	80%	60%
地层范围	0.2~2000Ω·m	0.2~10000Ω·m	

微电阻率扫描成像测井仪FMI有8块极板，192个纽扣电极，如图1所示。MCI5570与XRMI类似，都是6块极板，纽扣电极数稍有差别，分别是144和150，如图2所示。三种成像

仪器分辨率一样，周向为 0.2in、垂向为 0.2in (5.08mm)。通过成像图像就可识别裂缝成因，确定其为天然裂缝还是诱导裂缝。对诱导裂缝，可进一步分析裂缝类型，确定其为钻井振动产生的裂缝、重泥浆压裂缝、应力释放裂缝中的哪一种。解释裂缝的参数包括：裂缝长度、密度、开度、面积、孔隙度。

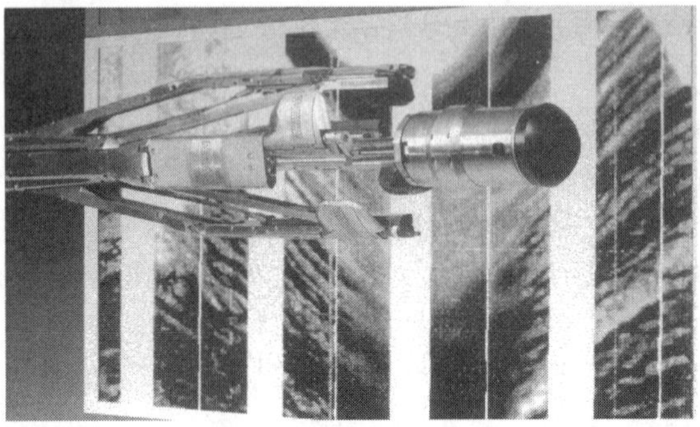

图 1　FMI 极板示意图

图 2　XRMI 和 MCI5570 极板示意图

1.1.2　适用条件

上述微电阻率扫描成像测井仪适用于水基泥浆，且地层电阻率与泥浆电阻率之比应小于2000，井眼直径为 6.3～21.3in 的井眼中。在有井眼影响的情况下，不同井眼直径和不同 R_t/R_m，对电极电流 Ib 和聚焦电流 If 的比值(I_b/I_f))有不同的影响，井眼直径增大，R_t/R_m 增大，均使 I_b/I_f 减小，导致测量难度增加，如表 2 所示。

表 2　井眼直径和 I_b/I_f、R_t/R_m 的关系

I_b/I_f (1/2000) \ R_t/R_m / D_h, in	1	10	100	1000
6	1	0.45	0.27	0.09
8	1	0.4	0.17	0.045
10	1	0.33	0.12	0.04
12	1	0.3	0.1	0.03

另外，电成像极板和井壁之间的间隙会降低仪器垂向分辨率，而且这种间隙对极板上中心电扣和位于边缘部分的电扣垂向分辨率的影响是不一样的，对边缘部分的电扣影响应更大些。在进行井壁微电阻率成像的数据处理和地层解释中应注意极板和井壁的贴合程度。

1.2　核磁共振测井

1.2.1　测井原理

核磁共振测量氢核信号，能同时反映地层孔隙结构和流体信息，在复杂及非常规储层评价中已取得显著效果，其基本原理主要是通过观察回波串来获取地层信息，如图 3 所示，可采用多指数反演方法将原始回波数据转化得到 T2 谱分布。测量的回波串是孔隙结构和流体信息的直接反映，包含孔隙类型、孔径大小、连通性、流体类型、流动特性等丰富信息。

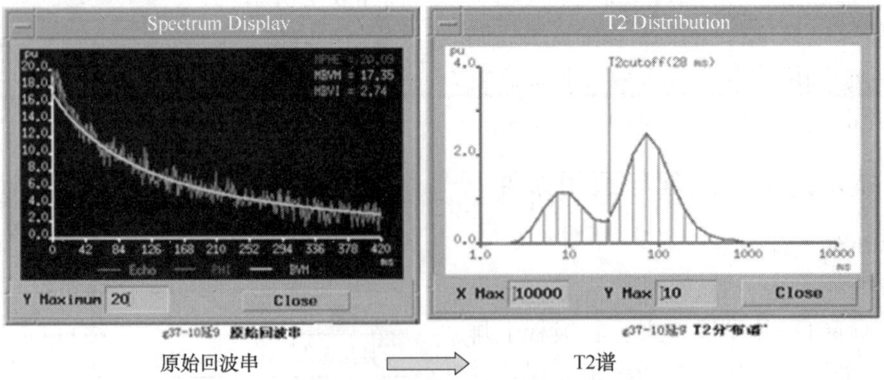

图 3　回波串多指数反演

测量 T2 的最常用脉冲序列是由 Carr, Purcell, Meiboom 和 Gill 设计的 CPMG 工作序列，时序为 90°x-τ-180°y-τ-echo-τ-180°y-τ-echo-τ…，即首先在 x 方向施加一个 90°脉冲，经 τ 时间后，再在 y 方向(即相对于初始 90°x 脉冲相移 90°)施加偶数个间隔相同的 180°y 脉冲，

在 180°脉冲间测量自旋回波(echo)信号，时间间隔 TE=2τ，称为回波间隔，180°脉冲与 90°脉冲的施加方向不同，施加在 Y 轴上，避免因 180°脉冲不精确而引起的测量误差。脉冲序列-CPMG 大大缩短了 T2 的测量时间，偶数个 180°脉冲有补偿不精确度的功能，使误差不会积累，时序图如图 4 所示。

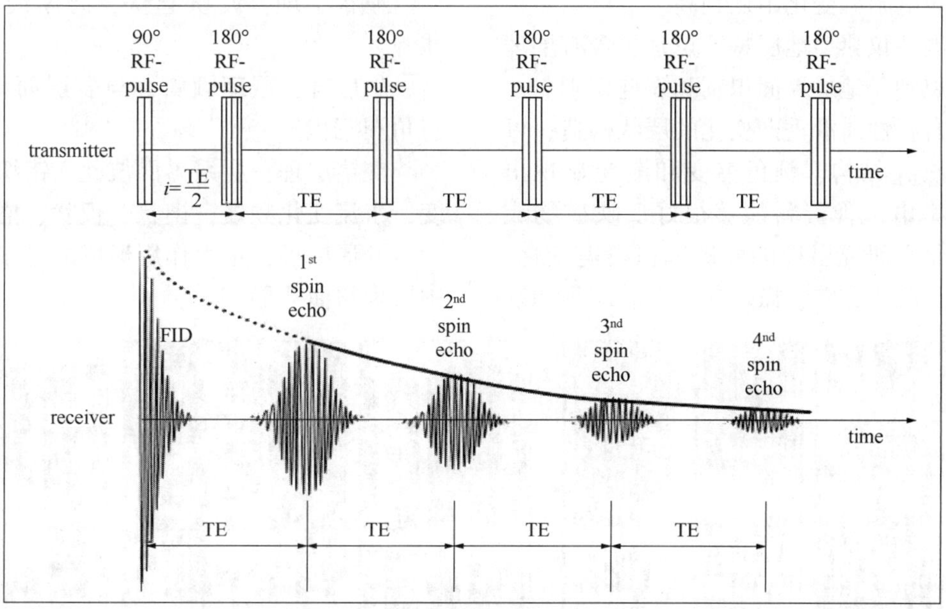

图 4 CPMG 时序图

常用的几种核磁共振测井仪器主要有国内的 iMRT 偏心核磁，国外哈里伯顿公司的 MRIL-P、阿特拉斯公司的 MRex 和斯伦贝谢公司的 CMR 等，主要技术指标如表 3 所示。

表 3 几种核磁共振测井仪器技术指标对比

仪器型号	iMRT	MRex	MRIL-P	CMR 系列
测量原理	梯度磁场-脉冲方法	梯度磁场-脉冲方法	梯度磁场-脉冲方法	局部均匀磁场-脉冲方法
仪器位置	偏心	偏心	居中	偏心
工作频率	5 频	12 频(目前实现 6 频)	9 频	2 频
共振频率范围	550~920kHz	450~880kHz	500~800kHz	2MHz
最小回波间隔	0. 3ms	0. 6ms	0. 6ms	0. 2ms
泥浆电阻率	不受限制	大于 0. 02ohm. m	大于 0. 02ohm. m	不受限制
适应井眼范围	>5in	6~14in	7~16in	>6. 5in
仪器外径	4. 875in	5in	6in/4. 875in	5. 3in
耐温	175℃	177℃	177℃	175℃

1.2.2 适用条件

除 CMR 外，其余核磁共振适用于泥浆电阻率大于 0. 02ohm. m 的井眼中，对探测区域距井眼的径向距离具有选择性-通过调节工作频率，降低井眼和泥浆的影响。核磁共振测井信息不受地层矿物成分的影响，只对距井眼一定距离的地层孔隙流体进行测量，是目前唯一能提供孔隙结构的测井方法。

核磁共振影响因素除了地层水矿化度外，主要还包含有回波间隔 TE、等待时间 TW、回波个数、仪器主频、内部梯度、信噪比 SNR 等。

2 电核成像在典型地层特征识别及测井响应图谱

2.1 电成像测井仪典型地层特征识别及测井响应图谱

地层中不同岩石(泥岩、砂岩、石灰岩)、流体，电阻率不一样，通过测量井壁各点电阻率值，然后把电阻率值相对高低用灰度（黑白图）或色度（彩色图）来表示，井壁就可表示成一张彩色图象，通常按“黑—黄—白”顺序对成像测井数据进行颜色级别划分，由黑到白，微电阻率扫描成像代表电阻率变化由低到高。

电成像测井仪典型地层特征识别包含有层理识别、断层识别、地层界面识别和裂缝识别。

层理是岩石性质沿垂向变化的层状构造，可通过矿物成分、结构、颜色突变和渐变显现出来。高分辨率电成像资料能够很好反映矿物成分、结构变化，研究层理能分析沉积环境变化、搬运的岩性、沉积方向、搬运途径等。层理识别按形态分为五类，如图 5 所示。

水平层理：层理呈水平状，互相平行，细粒和泥质，湖、海深水地带、闭塞海湾、沼泽等环境。

波状层理：波状起伏，海湖浅水带、河漫滩等。

斜层理：层理倾斜，与岩层面相交，河床、三角洲沉积。

交错层理：层系界面彼此交错切割，倾向多变，水流变化频繁，楔状、板状、槽状。

变形层理：重力作用形成的滑塌，成岩过程中层理扭曲变形。

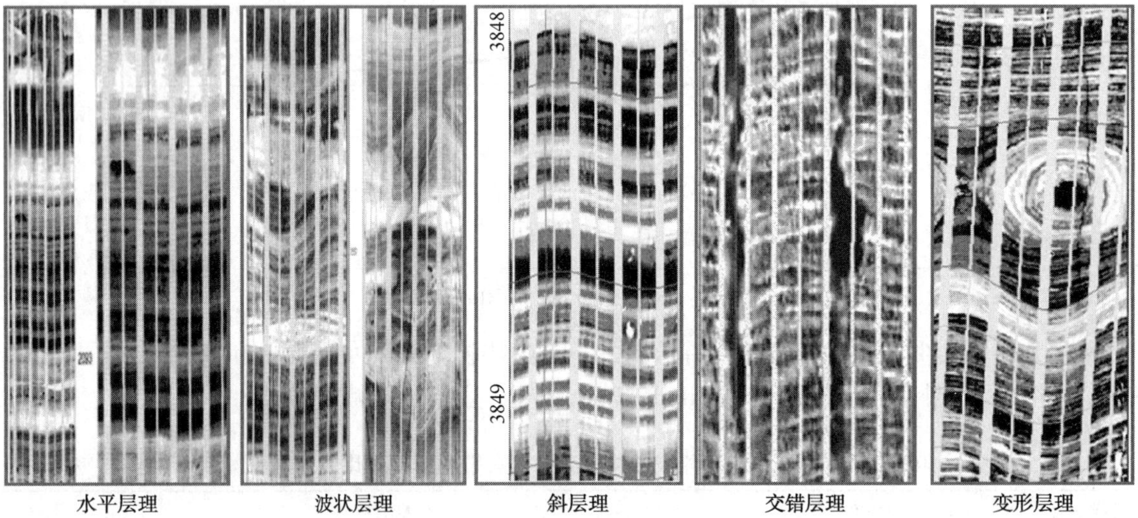

图 5　五类层理识别示意图

断层面两侧地层则有不同程度的错位，如图 6 所示。根据图像特征可分析产状（倾向、倾角）、断距、性质（正断层和逆断层）、有无牵引或拖曳现象，断面特征及断面充填情况等。

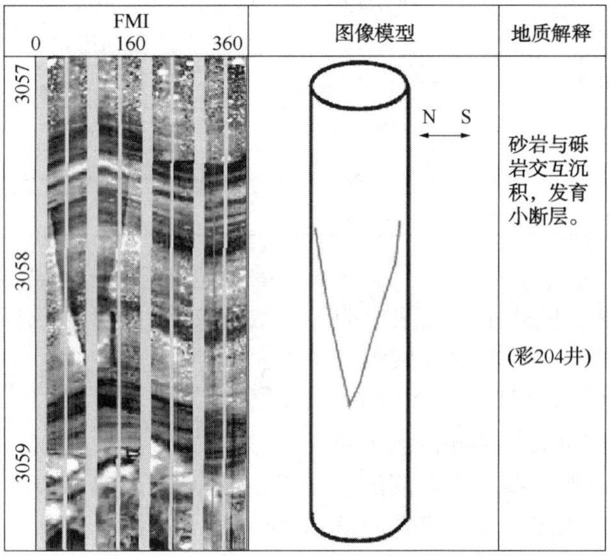

图 6　断层面示意图

地层界面总是相互平行或相切，绝不交叉，相邻两层界面的色度相同(或相似)；常常是一组相互平行或接近平行的正弦线，有一定的宽度且厚度均匀；在图像上显示为连续、完整正弦线，与地层往往有一定的颜色过渡关系，如图7所示。

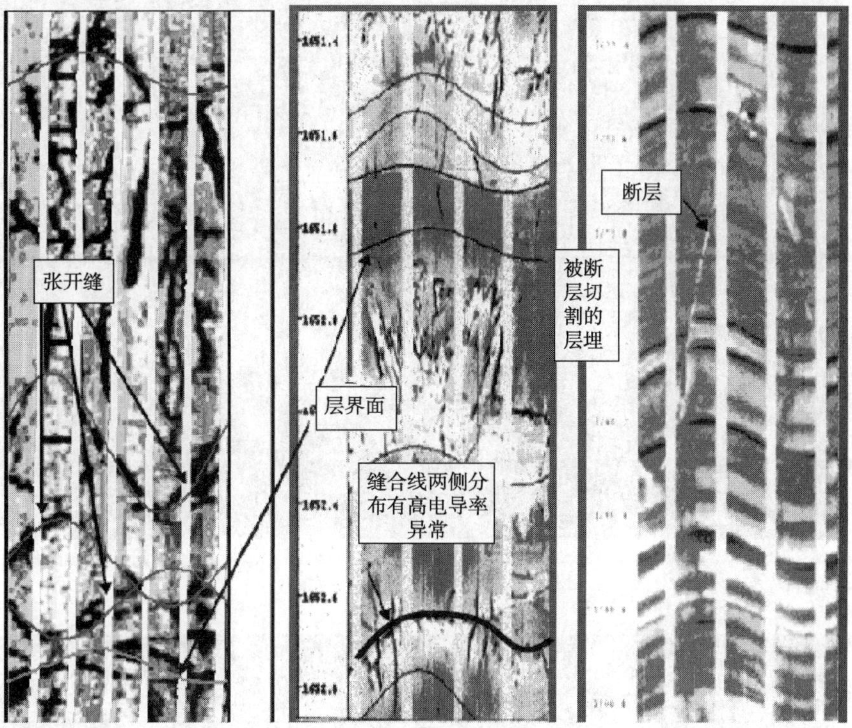

图7　地层界面示意图

裂缝识别首先是分辩真假裂缝，确定其为天然裂缝还是诱导裂缝。对诱导裂缝，可进一步分析裂缝类型，确定其为钻井振动产生的裂缝、重泥浆压裂缝、应力释放裂缝中的哪一种。天然裂缝又可分为水平缝、低角度缝、高角度缝和网状缝，如图8所示。

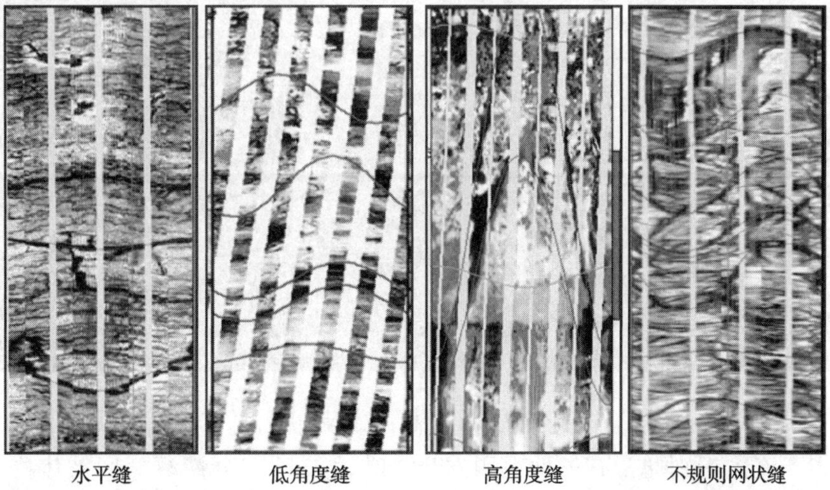

图8　裂缝类型示意图

2.2　核磁共振典型响应特征及测井响应图谱

核磁共振测量的目标是从CPMG脉冲序列记录的自旋回波串映射到与地层信息相关的横向弛豫时间T2，而T2值的分布可以用下式描述：

$$M(t) = \sum M_i(0)e^{\frac{t}{T2i}} \qquad (1)$$

理论和实验研究结果都表明，岩石样品的T2分布可以用于描述孔径分布。如图9岩石孔径的大小与T2谱峰的位置和幅度相对应。岩石中的孔径越小，T2谱峰越靠前，孔径越大，T2

谱峰越靠后，随着孔径的复杂程度提高，T2 谱的形状也相应地变得更为复杂，如图 10 所示。

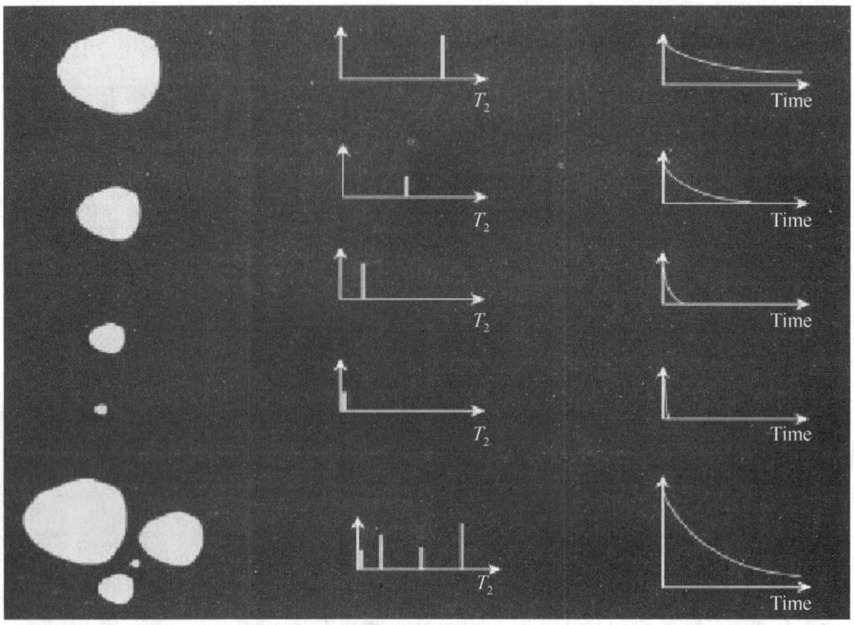

图 9　不同孔径下的 T2 驰豫时间

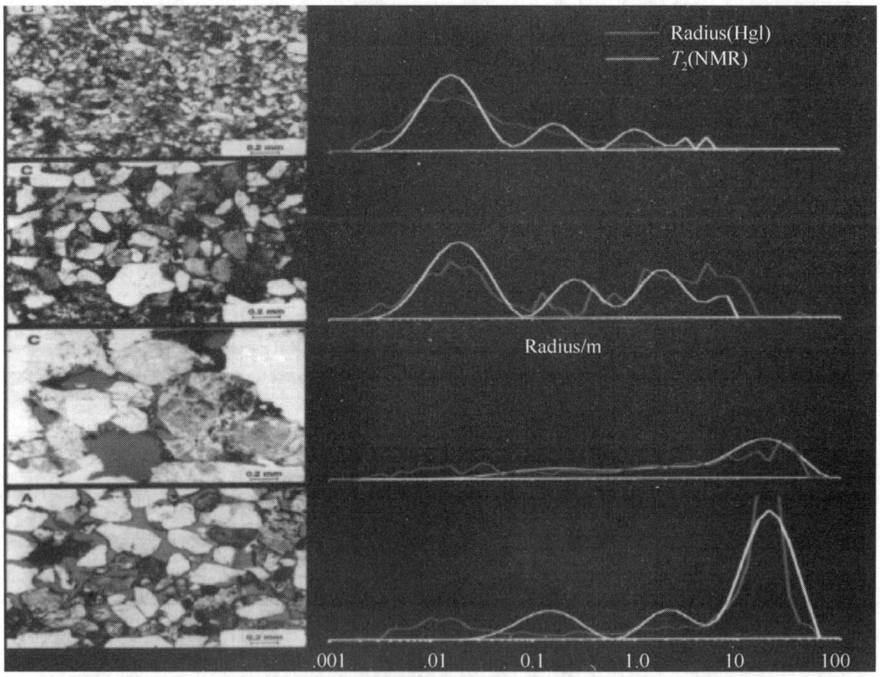

图 10　不同孔径下的 T2 谱

核磁共振应用于流体识别通常有三种观测方式，即标准 T2、双 TW 和双 TE 方式，其中双 TW 和双 TE 是为判别储层流体性质而设计。

核磁共振的双 TW 测井是利用水和烃之间纵向弛豫时间 T1 的差异来识别产层，如图 11 所示，即选择两个不同的恢复时间 TRL 和 TRS 观测，由于 TRL 恢复时间长，使得水、油气纵向磁化矢量完全恢复，回波串得到的 T2 分布中，油、气、水各相都包含在其中；TRS 恢复时间短，能将水的纵向磁化矢量完全恢复，但烃的信号只恢复很小一部分，因此回波串得到的 T2 分布中，水的信号完全包含在内，而油气信号只有很小的一部分，两者相减，水的信号被消除，剩下的就是油与气的信号。

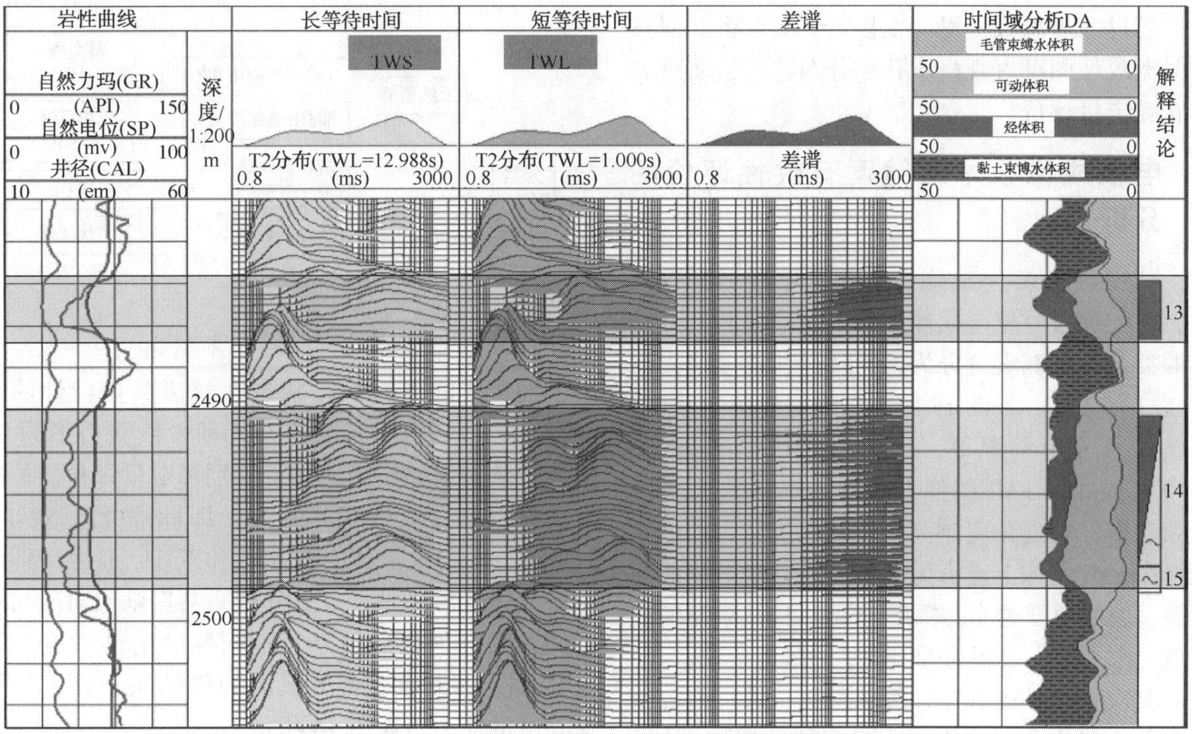

图 11 核磁共振的双 TW 测井差谱图

双 TE 测井是利用横向弛豫时间 T2 的差异来区分油与气，如图 12 所示，即选择两个不同回波间隔时间 TEL 和 TES 观测，由于气体扩散性大，衰减快，在长回波间隔 TEL 得到的 T2 分布上，还没被观测到就衰减了，剩下只有油和水的信号被测到；而短回波间隔 TES 得到的 T2 分布上主要观测的为气信号，因此可区分出油和气。

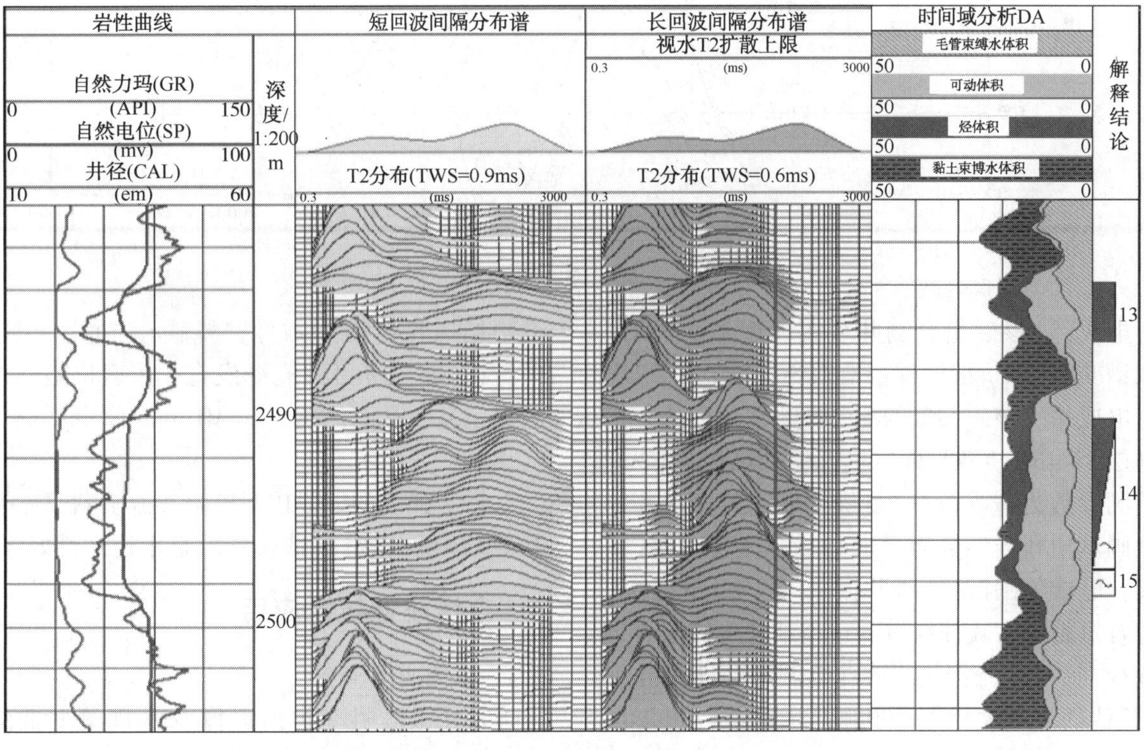

图 12 核磁共振的双 TE 测井移谱图

另外基于自旋回波脉冲的核磁共振成像信号，通过二维离散傅里叶变换得到的致密砂岩核磁共振成像图可直观显示孔隙分布特征，实现岩芯孔隙定量评价。

3 电核成像技术对缝洞有效性评价的分析

利用电成像-核磁组合评价判定缝洞有效性时，首先通过井壁电成像图像来识别缝洞，分辩真假裂缝，把真裂缝分为天然裂缝和诱导缝，评价裂缝有效性，如图 13 所示，确定缝洞的密度、产状以及充填情况等，比如用 FMI 识别裂缝，高角度裂缝在 FMI 图像上表现为暗色的大幅度正弦条带，裂缝角度越高，正弦幅度越大；低角度缝在 FMI 图像上显示为暗色的低幅度正弦曲线形态，裂缝角度越小，幅度越低；小于 5°时的裂缝就为水平缝，表现为近似水平的暗色条纹。

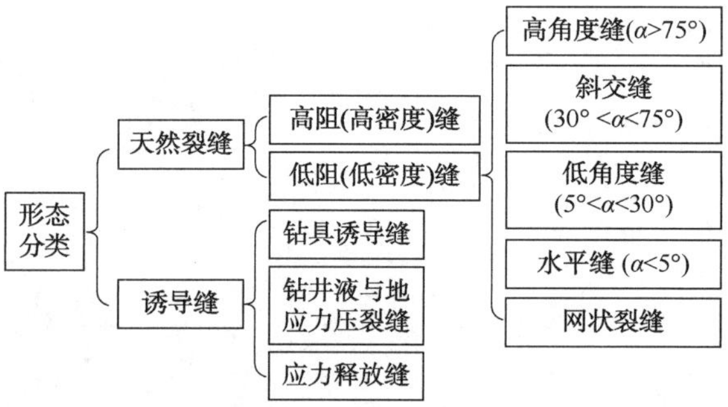

图 13　裂缝识别分类

其次根据核磁共振计算储层孔、渗、饱等物理参数，确定孔隙流体性质等，利用不同流体及相同流体的不同赋存状态在核磁共振特性的差异，通过采用不同测井方式和参数获得不同 T2 谱，从而对储层流体进行识别和定量评价。核磁共振通常有三种观测方式，即标准 T2、双 TW 和双 TE 方式，其中双 TW 和双 TE 是为判别储层流体性质而设计。另外核磁共振弛豫时间与油的黏度有很强的关系，不同黏度的油对应不同 T2 值，因此核磁测井具有提供储层条件下流体黏度的能力，如图 14 所示。

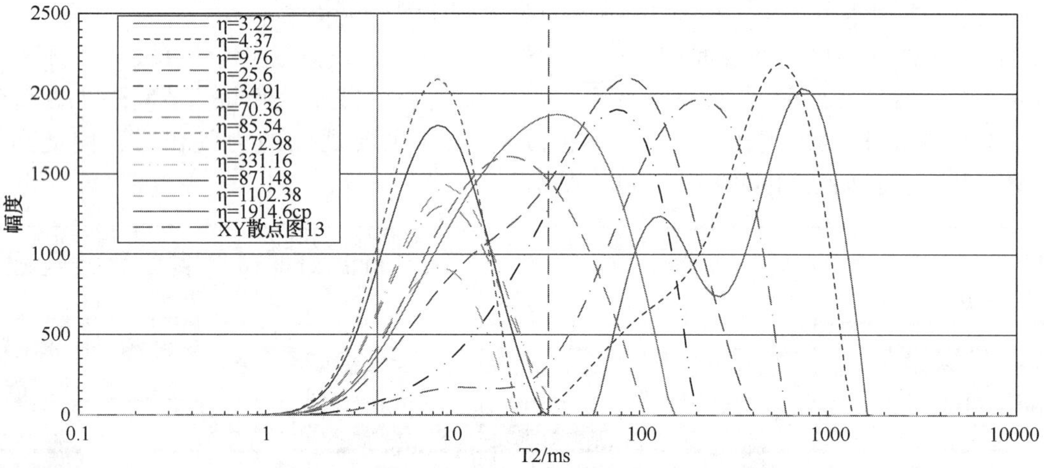

图 14　不同黏度原油的 T2 分布

电成像-核磁组合测井可实现近井壁“双尺度双谱交会”评价缝洞储层有效性，“近井壁”含义：电成像、核磁共振的测井探测深度为从井壁到地层 3~4in；“双尺度”的含义：电成像提取刻画缝洞参数为毫米(mm)量级，核磁共振测井提取刻画基质孔喉参数为微米(μm)量级；“双谱”含义：电成像图谱+核磁共振 T2 谱。电成像-核磁组合资料加常规曲线资料可精细评价储层有效性和级别，有效性≈连通性(缝洞溶蚀面面孔率×骨架线的复杂度)×基质孔喉发育程度。可形成如下三种评价结论：

(1) 溶蚀孔洞：P 型核磁共振资料显示基质孔隙结构好+FMI 电成像资料显示连通性一般；

(2) 溶蚀孔洞+裂缝发育：P 型核磁共振资料显示基质孔隙结构好+FMI 电成像资料显示连通性好；

(3) 孤立的缝：P 型核磁共振资料显示基质孔隙结构差+FMI 电成像资料显示连通性好。

4 电核成像技术应用

4.1 应用效果评价

FMI 微电阻率扫描成像及常规测井曲线资料，可提取缝洞溶蚀面的边界、溶蚀不均匀信息，采用模式识别对真假缝洞进行甄别。为深化对缝洞储层有效性认识，结合核磁共振孔径分布谱建立了近井壁“双尺度双谱交会”评价缝洞储层有效性的评价方法。

图 15 是川渝地区双探某井电成像－核磁组合测井资料图，核磁共振及电成像测井资料分析表明，在上端 7065～7068m 区间标识所示处的缝洞连通性较好，基质孔隙结构好，孔隙－裂缝发育。在中间 7080～7091m 区间标识所示处的缝洞连通性一般，基质孔隙结构好，主要为溶蚀孔洞发育。在下端 7100～7103m 区间标识所示处的缝洞连通性较好，基质孔隙结构差，主要为裂缝储层。

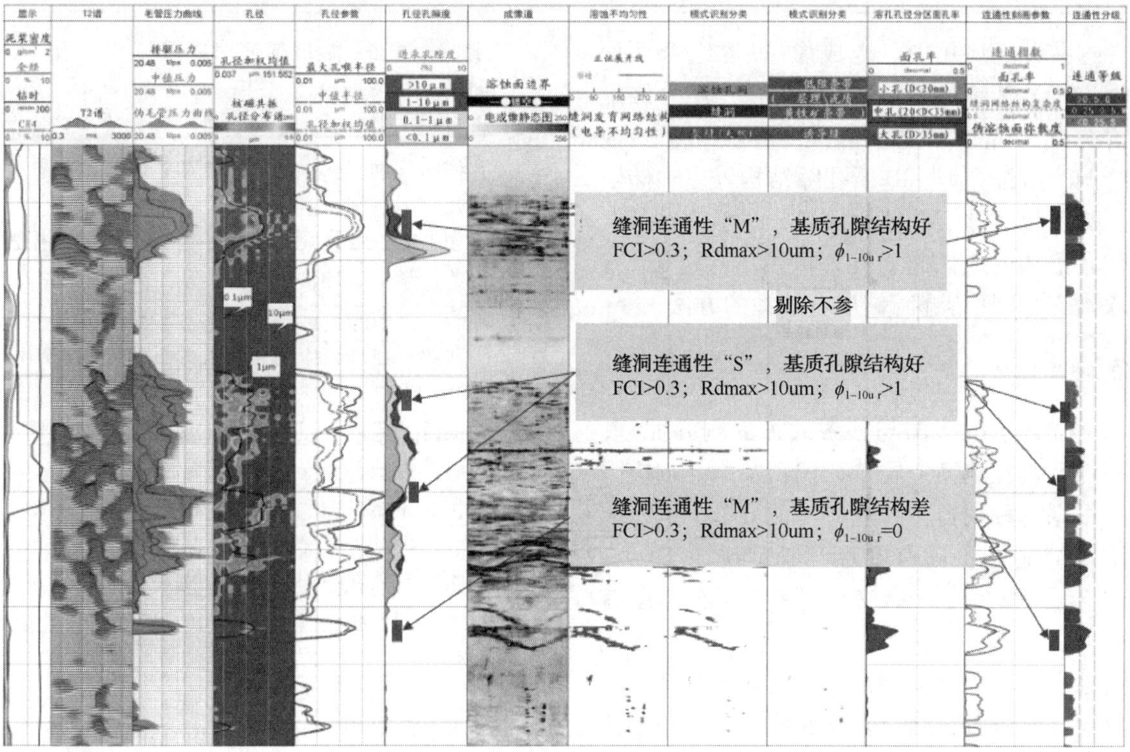

图 15　双探某井缝洞有效评价性

4.2　应用统计分析

2022 年川渝地区成像+核磁组合测井应用的有 13 井次，统计如表 4 所示。

表 4　某地区测井数据

井号	井深	位置	泥浆密度	泥浆黏度	井底压力	井底温度	测井内容
永浅 XX	1910	资阳	1.65	62	30.9	55	综合+成像+核磁+元素俘获
大安 XX	4150	永川	2.2	64	85.0	124	综合+能谱+交叉偶极+元素俘获 ECS+成像+核磁+VDL
永浅 XX	1877	简阳	1.65	55	30.4	62	综合+能谱+交叉偶极+核磁+成像+井壁取芯
永浅 XX	1989	简阳	1.64	55	32.0	66	综合+能谱+交叉偶极+成像+核磁
永浅 XX	1880	简阳	1.63	58	30.0	67	综合+能谱+交叉偶极+成像+核磁+元素俘获(SLB)+VDL
宜 XX	3082	宜宾	1.27	45	38.4	89	成像+核磁
永浅 XX	2100	资阳	1.63	54	33.5	69	核磁+成像+元素俘获
宁 XXX	4334	泸州	2.06	67	87.5	128	综合+能谱+交叉偶极+成像+核磁
永浅 2XX	2162	简阳	1.65	52	35.0	67	电成像+核磁+元素俘获
永浅 2XX	2334	简阳	1.5	52	36.0	67	综合+能谱+交叉偶极+成像+核磁

续表

井号	井深	位置	泥浆密度	泥浆黏度	井底压力	井底温度	测井内容
宁 2XX	3100	宜宾	1.9	57	57.7	88	综合+能谱+交叉偶极+成像+核磁
永浅 2XX	2210	金堂	1.38	59	33.0	70	综合+能谱+交叉偶极+元素俘获 ECS+成像+核磁
文浅 XX	3100	绵阳	1.65	47	50.1	70	综合+能谱+交叉偶极+元素俘获 ECS+成像+核磁

在这些井的应用中，电成像-核磁组合评价对缝洞进行了精细刻画，建立了储层产能分级量化评价标准与储层产能预测模型，梳理了溶蚀缝、缝洞、溶蚀孔洞、基质孔隙结构等多种储层特征，为深化对储层有效性认识，基于核磁共振孔径分布谱和电成像连通性评价图谱建立了“双尺度双谱交会”评价缝洞储层有效性的方法。

5 结论

本文描述了电成像与核磁共振的测井原理、适用条件及其在典型地层特征识别及测井响应图谱，并根据两种仪器测井响应特征分析了电核成像技术对缝洞评价的有效性，通过现场实际应用，建立了“双尺度双谱交会”评价缝洞储层有效性的方法，形成了三种评价结论，可分类出储层为溶蚀孔洞、孤立的缝或溶蚀孔洞+裂缝发育三种储层的哪一种，结合常规曲线，还可精细评价储层级别。通过川渝地区多口井的应用和数据分析，建立了储层产能分级量化评价标准与储层产能预测模型，测井解释符合率和产能预测符合率都较高，满足一些复杂储层的需求。

参 考 文 献

[1] 周亚楠，邓媛，霍威，马轮，石月，张晓东，杨刚．油气储层裂缝描述综述[J]．辽宁化工，2012(10)：1008-1011.

[2] 唐明明，张金亮．基于随机扩展方法的致密油储层裂缝建模研究[J]．西南石油大学学报(自然科学版)，2017(01)：63-72.

[3] 肖立志．核磁共振成像测井与岩石核磁共振及其应用．科学出版社，1998 年专著．

[4] 张晶，王利霞，杨瑾，申义，张敏．MRIL-P 型核磁测井解释原理与应用．内蒙古石油化工，2013 年第 5 期：21-23.

[5] 韩玉娇，范宜仁，高衍武，岳海玲，刘家雄．基于核磁共振成像的岩心非均值性定量评价．测井技术，2016 年 8 月，第 40 卷第 4 期：427-431.

[6] 袁龙，张凤声，吴思仪，司马立强，肖华，青松．中东地区高孔隙度低渗透率碳酸盐岩存储测井评价技术．测井技术，2016 年 10 月，第 40 卷第 5 期：564-571.

[7] 邹文，贺振华，陈爱萍，杜洪，梁波，汤述安．定量交会图技术及其在流体识别中的应用．石油物探，2008 年 1 期．

[8] 张雄辉等，FMI 电成像结合 P 型核磁测井在川渝地区重点井的应用与研究，2023 油气田勘探与开发国际会议(IFEDC).

[9] 戴亚婷．非均匀溶蚀对裂缝导流能力影响研究．成都理工大学，2016 年硕士论文．

苏北致密油藏 CO_2 驱开发实验研究

夏 玮 饶大骞 贾金赟 薛鹏飞

（中国石油天然气股份有限公司浙江油田分公司）

摘 要 通过物理模拟实验和数值模拟实验，研究苏北油区 CO_2 混相驱过程中的开发特点。分析 CO_2 驱替压力、井网、地层原油黏度、裂缝导流能力、储层渗透率对油气采收的影响，通过灰色关联分析影响因素对最终采收率的影响程度。结果表明，CO_2 混相驱原油黏度越高，采收效果越好；五点井网对提高最终采收率提高最有效；裂缝存在将大幅提前 CO_2 气窜；驱替压力达到混相后继续增加驱替压力无明显变化；储层非均质性将加剧 CO_2 从储层边部区域的突破现象，降低开发效果。

关键词 CO_2 驱；CO_2 混相；影响因素；数值模拟

1 引言

苏北油区海安油田位于苏北盆地泰州—姜堰油气勘查区的东部，地表以第四系灰褐色粉砂黏土为主。其中吉 2 西断块位于海安凹陷曲塘次凹曲北陡断带，是受断层遮挡的单斜构造，北高南低，含油面积 2.4 平方公里，南北长约 2km，东西约 5km，构造线与东西方向基本平行，构造东西向(水平方向)渗流距离长，南北向驱替空间有限，断块内地层倾角 30°~49°。储层岩石结构成熟度中等，填隙物含量平均为 9.6%、最高 19%。胶结物以钙质为主(多为方解石，其次为白云石)，其次为黏土矿物和硅质。杂基为泥质。钙质胶结物可被碳酸水溶蚀，从而增加孔隙空间，改善渗流能力。地面分析原油密度 0.85~0.87g/cm^3，平均为 0.86g/cm^3，地面原油黏度(50℃)为 14.6~69.2mPa·s，平均为 21.5mPa·s；含硫量 0.14%~0.16%，凝固点为 31~40℃，平均 34.7℃，初馏点为 111.0~147.9℃，平均为 119.3℃。该区块井组注采对应性好，但整体注入量太少，注采规律并不明显。注水井普遍呈现注水初期注入量较高，随后迅速下降，直至无法注入，注 CO_2 可能可以避免因水质差而造成堵塞的情况，提高开发效果。

目前，国内外学者研究 CO_2 驱替主要是通过室内驱替实验和数值模拟两种手段。赵凤兰等人通过室内试验和数值模拟分析 CO_2 混相驱条件下注气速率对重力超覆盖的影响规律，认为在不发生气窜的条件下适当增加注气速率减弱重力超覆影响。汤勇等人为了提高原油采收率，对 CO_2 混相驱替展开可行性评价研究，认为 CO_2 混相成功的重点是保证油藏中较高的混相程度和 CO_2 波及效率。LiZhang 等人通过室内试验和数值模拟，研究了塔河油田 9 区块 CO_2 在油水中的溶解扩散和驱油机理，发现 CO_2 驱可以控制水锥进，提高原油产量。在注入过程的早期，CO_2 由于重力分化而垂直膨胀，而在中后期，在强底层水的作用下横向扩展。郭晓艳等人认为在注 CO_2 气驱过程中，渗透率、层间非均质性、剩余油饱和度以及原油黏度等因素会对提高采收率效果产生较大影响。但目前的研究对于 CO_2 混相驱的非均质储层、裂缝储层开发特性以及混相驱的主控因素重要程度方面不足，任然有待探究。

本研究为提高吉 2 西断块的开发效果，通过室内试验和数值模拟分析 CO_2 混相驱替过程中的影响因素，以及油藏裂缝及油藏的非均质性对 CO_2 混相驱的开发效果进行研究。

2 实验测试及油藏机理模型

2.1 CO_2 驱物理模拟实验

2.1.1 材料与仪器

实验岩心为尺寸 30cm×2cm 的岩心，渗透率为 6mD，孔隙度为 16.23%；实验原油为该油田某区块脱气原油，密度为 0.8552g/cm^3，地面原油黏度为 14.61mPa·s，CO_2 与该实验用油的最小混相压力经细小管实验测得 32.8MPa；实验用水为 $NaHCO_3$ 型地层水，矿化度为 25265mg/L，主要离子质量浓度为 Na^+K^+ 9567.1mg/L、Ca^+ 168.6mg/L、Mg^{2+} 40.8mg/L、Cl^- 14581.3mg/L、

SO_4^{2-} 346.5mg/L、HCO_3^- 561.1mg/L。

实验装置主要包括环压泵、平流泵、气液分离装置、岩心夹持器、计量装置、传感器及配套数据处理设备。实验装置流程见图1。

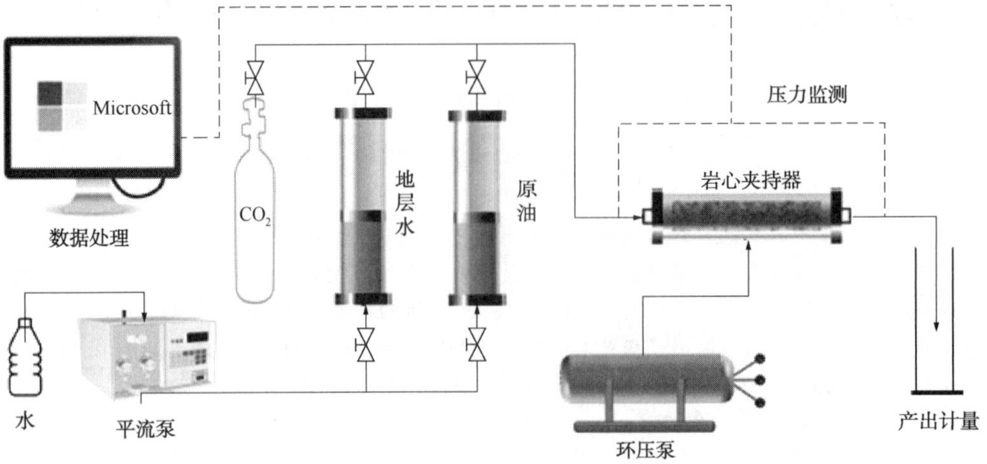

图1 CO_2混相驱替实验装置

2.1.2 物理模拟实验

岩心饱和油后根据设计不同压力梯度的CO_2驱替压力展开驱替实验，由于吉2西区块原始地层压力为36MPa，经过衰竭开发，地层压力降低，当前地层压力约为20MPa，细长管实验测量得到最小混相压力为32.8MPa，因此，短期内只能实现CO_2非混相驱或近混相驱。因此调节岩心回压阀4个压力梯度围绕在CO_2的混相和非混相驱范围，分别为25MPa、30MPa、35MPa、37.5MPa。控制CO_2流体以0.1mL/min速率注入，直至气油比3000m^3/m^{3}时停止实验，记录实验驱油效率。

2.2 CO_2驱数值模拟模型

2.2.1 机理模型

通过借鉴相似油藏二氧化碳驱的开发经验，结合吉2西的条件，选择各项注采参数，并进行机理模型模拟开发，初步选择不同开发方式及井网形式等，并评价采收率情况。

此外，黏度、渗透率条件不同时分析采收效果。在渗透率非均质条件下，从平面和纵向两个角度分析采收效果。机理模型及具体数据见表1、图2。

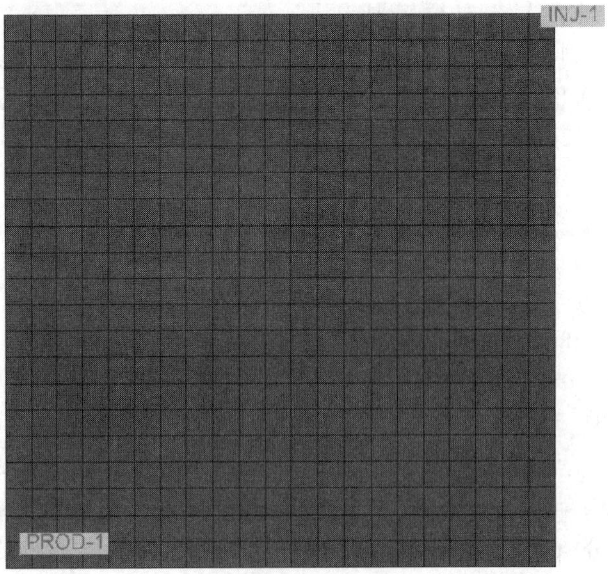

图2 五点井网模型

表 1　CO_2 驱机理研究数值模型数据表

参　数	数　值	参　数	数　值
I 方向网格/个×米	21×30	井网	五点、反九点、线性井网
J 方向网格/个×米	21×30	井距/m	300
K 方向网格/个×米	3×1	日注气量/(10^4m^3/d	1.0
倾角/°	40	累计注气量/(10^4m^3/d)	3300(0.6PV)
渗透率/mD	5.9	深度/m	3400
孔隙度/%	16	初始压力/MPa	25
含油饱和度/%	60	/	/

2.2.2　黏度

利用布氏黏度计测定吉 2 西块吉 2-42 井黏温关系曲线，见图 3。指数拟合出黏度 y 与温度 x 的关系式，见公式 1，相关系数 $R^2=0.97$。计算得到 120 摄氏度下油藏黏度为 2.4mPa·s。

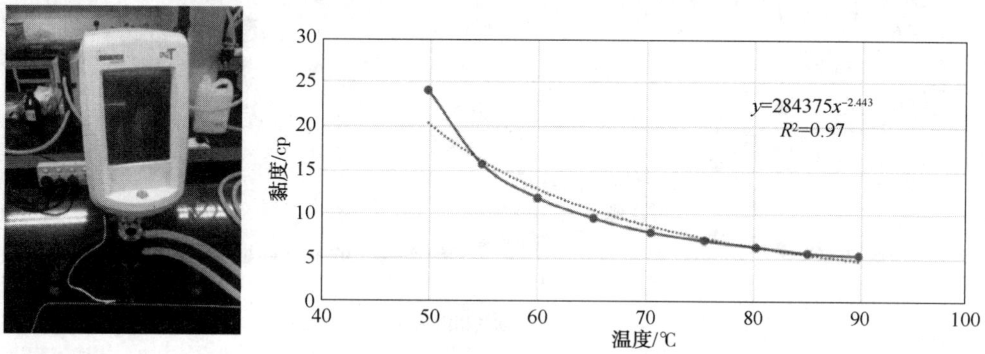

图 3　吉 2-42 井黏温曲线及多项式拟合公式

2.2.3　全烃色谱

根据收集到的吉 2-42 井脱气原油全烃色谱数据，对比模型设置组分情况(表 2)。考虑到地层原油溶解气的影响，模型中碳原子数小于 C_{15} 的占 24%，$C_{15}\sim C_{22}$ 占 56%，大于 C_{22} 的占 44%。模型设置见表 2。

表 2　全烃色谱数据表

模型组分名称	CO_2	FC10	FC15	FC20	FC30	FC40	N_2
相对分子质量/(g/mol)	44.01	134	206	275	394	495	28.013
临界压力/atm	72.8	25.01	18.25	14.36	10.118	7.9	33.5
临界温度/K	304.2	622.1	718.6	782.9	872.53	934.3	126.2
黏度/mPa·s	0.094	0.521	0.777	1.027	1.4036	2.78	0
比重/无量纲	0.818	0.782	0.836	0.866	0.905	0.931	0.809
偏心因子/无量纲	0.225	0.443774	0.651235	0.816053	1.08228	1.25875	0.04
全烃色谱含量/%	/	3.7	15.4	21.8	49.7	0	/
模型组分含量/%	/	5	20	20	35	20	/

2.2.4　相渗曲线

油水相渗曲线借用袁家块实验测试得到的曲线。气液相渗曲线采用 CMG-GEM 默认的曲线，见图 4，具有一定的代表性。

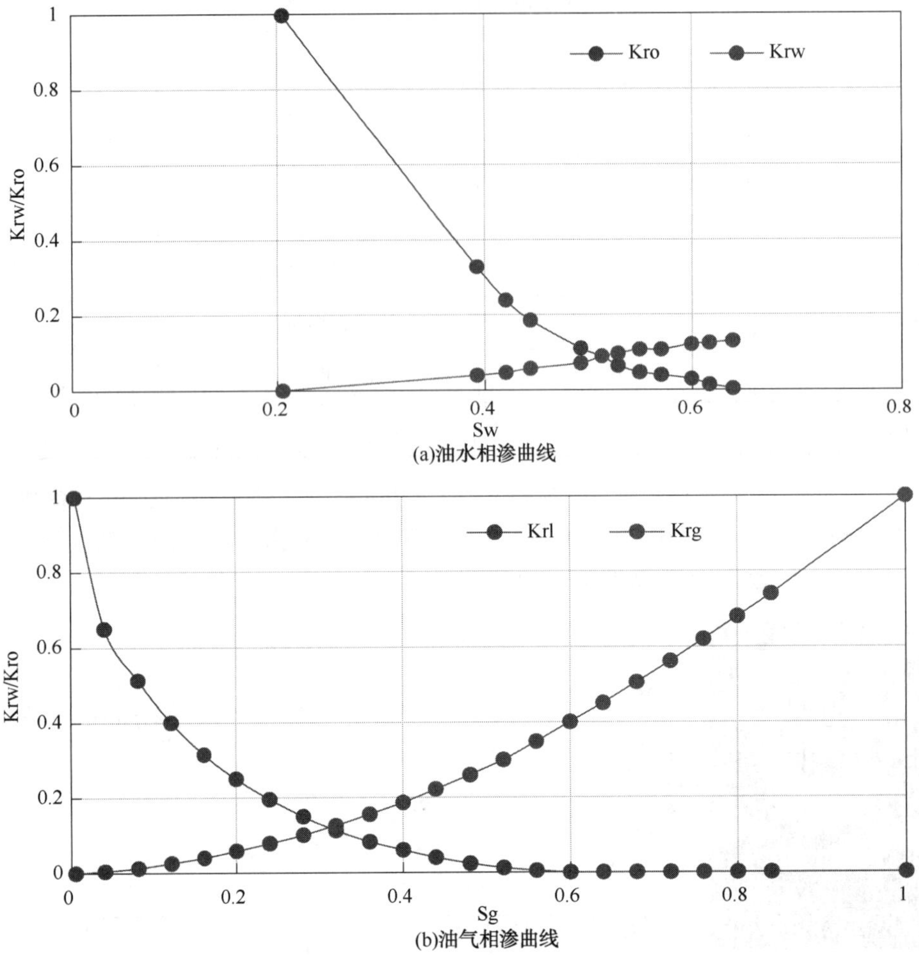

图 4 相渗曲线

3 结果与讨论

3.1 CO_2驱油效率物理模拟分析

在相同的 0.1mL/min 的注气速率下，岩心的驱油效率在不同注入 PV 下的曲线如图 5 所示。随回压的升高，即 CO_2驱替压力的升高，岩心的最终采收率存在明显提高，当压力较低，为 25MPa 时，最终采收率仅为 68.10%，当增大到 37.5MPa 时，最终驱油效率为 96.23%。同时，由于压力升高，采收率显著变化的节点延后，从非混相驱替的 0.66PV，延后到混相驱替的 1.07PV。由于驱替压力从 CO_2非混相到 CO_2混相变化，可以判断，CO_2达到混相驱替后，CO_2在原油中溶解后，原油黏度降低，原油流动性提高，将大幅度提高驱油效率。

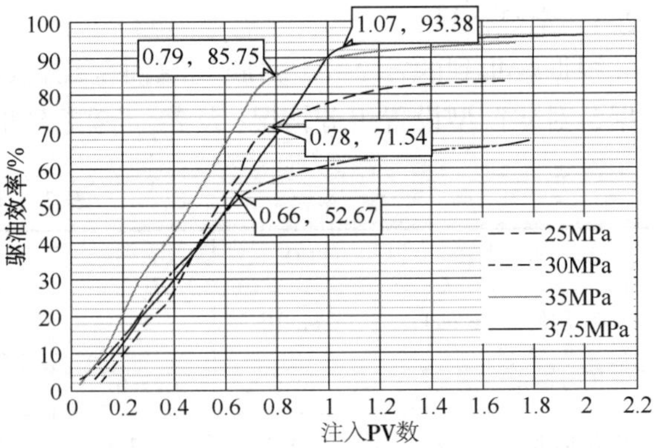

图 5 压力-驱油效率关系曲线

3.2 CO_2混相驱替规律数值模拟分析

3.2.1 井网影响

根据机理模型混相驱替条件参数设置模型，分析模型分别采用五点井网、反九点井网、线性井网布置时的 CO_2混相开发效果。将三种井网在相同的注气量下进行比较，如图 6(a)、(b)、(c)所示，不同井网类型开发后的含油饱和度分布显示，五点式井网采出井见效范围最大，受效程度显著。并且根据图 6(d)显示的不同时间的采收率结果分析，五点式井网在初期的采收率增加幅度缓慢，但随时间推移，采收率逐步上升，效果明显优于其余井型，最终采收率可达 43.2%。

从驱替压力分布方向分析，均质模型五点井网下，可以发现地层压力随着注入时间先增大后减小，压力最初为 25MPa，中期压力最大约 32MPa，如图 7 所示。因为注二氧化碳在前期非混相状态时，压力随着注入时间逐渐增大，一旦达到混相，压力迅速下降。由此判断达到了混相状态或近混相状态。

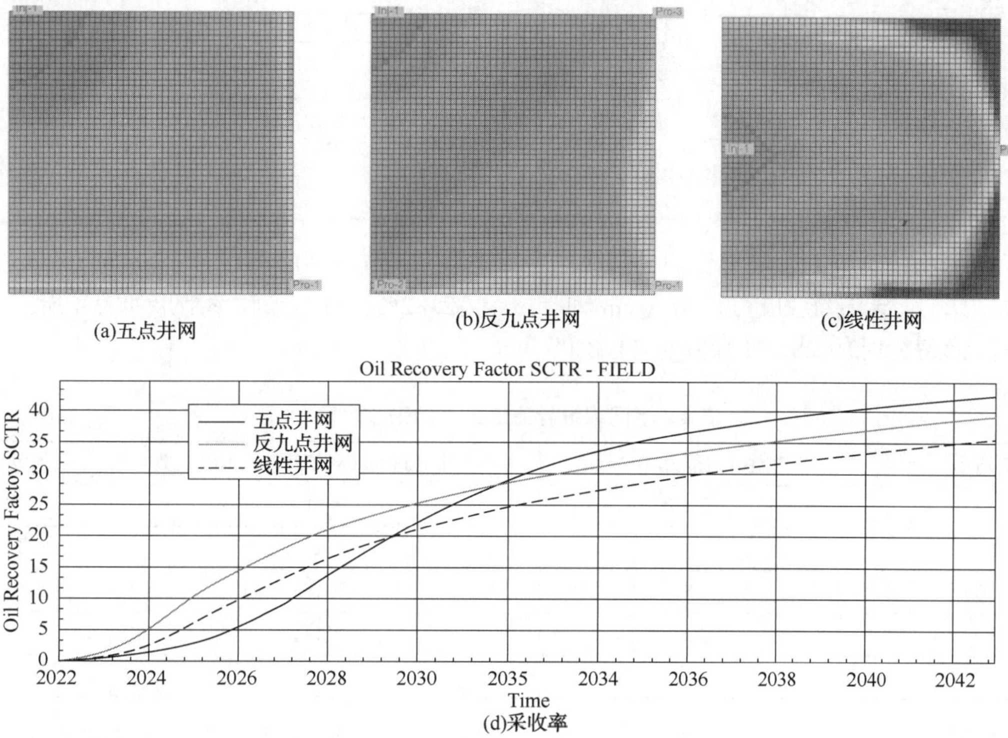

图 6　不同井网类型下的采收效果

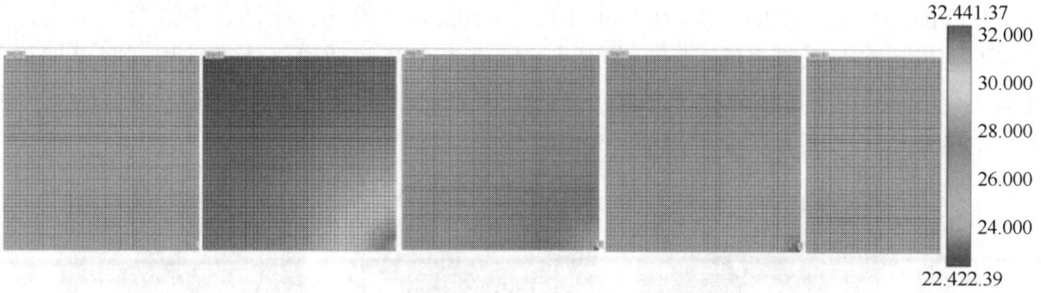

图 7　均质模型五点井网地层压力变化图

3.2.2　地层原油黏度

地下原油黏度对 CO_2 驱采收率影响显著，黏度越大的原油在地层中的流动性越差，常规驱替手段可动用的油量较低。针对地层原油黏度变化对 CO_2 混相驱替采收率的影响分析，设置三组黏度原油，分别为：0.4mPa・s、2.5mPa・s、3.4mPa・s。不同原油黏度条件下，采收率曲线如图 8 所示，当原油黏度 3.4mPa・s 时，CO_2 驱采收率仅 40%，当原油黏度降低，为 0.4mPa・s 时，最终采收率可达 47%。并且当原油黏度较低时，采收率在初期采收率增长速度远大于黏度较高时的速度，产出井 CO_2 混相驱见效状况较好。

根据现场数据，吉 2 西块地层原油黏度约为 2.4mPa・s，黏度较高，是制约 CO_2 驱开发效果的一个不利因素。

3.2.3　裂缝

由于吉 2 西块水井经过了水力压裂，转 CO_2 之后，CO_2 会优先沿裂缝运移，过早见气，极大降低波及效率，从而影响采收率的提高，因此需在机理模型中设置裂缝条带以分析裂缝对 CO_2 混相驱替的影响。设置多个裂缝导流能力的裂缝，分别为无裂缝、1D・cm、5D・cm、10D・cm、100D・cm。

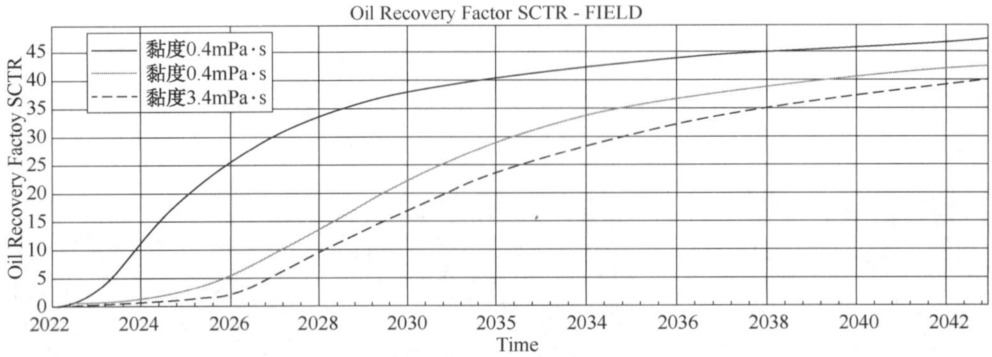

图 8　不同黏度下的采收率曲线

不同导流能力的裂缝对采收率影响的数模结果分析，如果裂缝导流能力超过 1D · cm 时，CO_2采收率从无裂缝时的 28.3%骤降至 11.8%，当裂缝导流能力为 100D · cm 时，CO_2驱采收率仅 2.82%，具体采收率结果如表 4 所示。

表 4　不同裂缝导流能力下的采收率表

基质渗透率/mD	裂缝导流能力/D · cm	换油率超过 5t/t 时累计注入 HCPV 数	采收率/%
50	无裂缝	0.51	28.3
50	1	0.23	11.8
50	5	0.18	9.73
50	10	0.14	7.17
50	100	0.03	2.82

3.2.4　渗透率

在平面非均质模型的基础上，设置平均渗透率分别为 14.6mD、7.3mD、2.4mD、0.5mD 的模型，研究不同渗透率对采收率的影响。发现非均质渗透率变化相近时，20 年采收率相似。整体渗透率变化倍数越大，突破现象越提前，如图 9 所示，第 20 年非均质与均值模型采收率分别为约 35%和 45%。非均质模型中，注入井附近采收效果较好，原油几乎被全部采出，但沿右侧与左侧高渗通道气体突破程度明显加重，高渗通道使气窜提前，发生突破现象，降低开发效果。

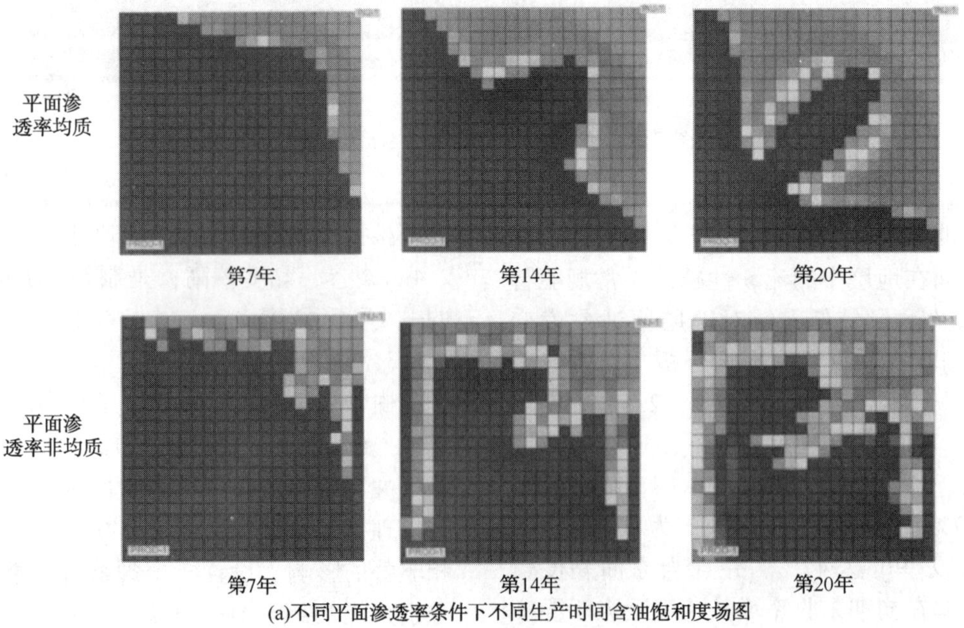

(a)不同平面渗透率条件下不同生产时间含油饱和度场图

图 9　不同渗透率条件下原油饱和度分布与采收率结果

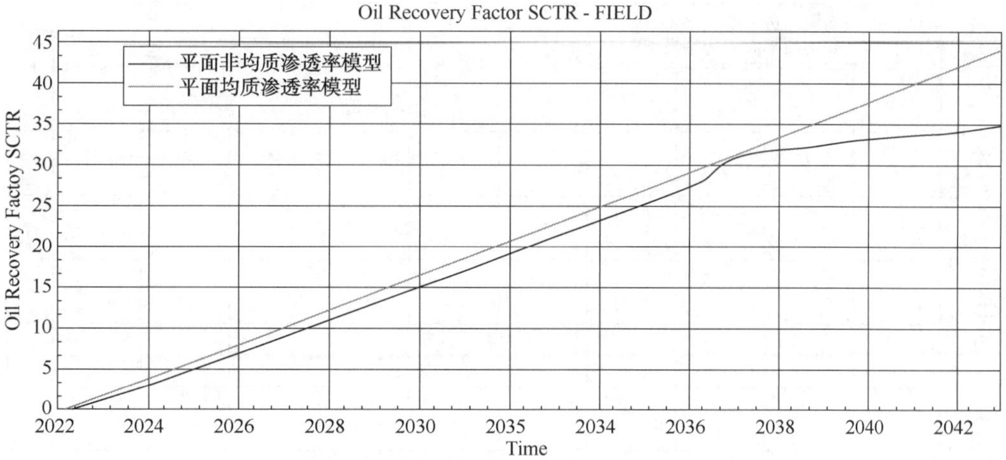

(b)不同平面渗透率条件下不同生产时间采收率曲线

图 9　不同渗透率条件下原油饱和度分布与采收率结果(续)

纵向非均质性对模型采收出程度影响较平面非均质强，非均质与均值模型 20 年采出程度分别为约 8.6% 和 13.3%，相差 4.7%。气窜出现在注入约 0.05HCPV 二氧化碳时，较平面非均质模型更早看到突破。纵向网格分辨率越高，非均质对采收率影响越大，见图 10。

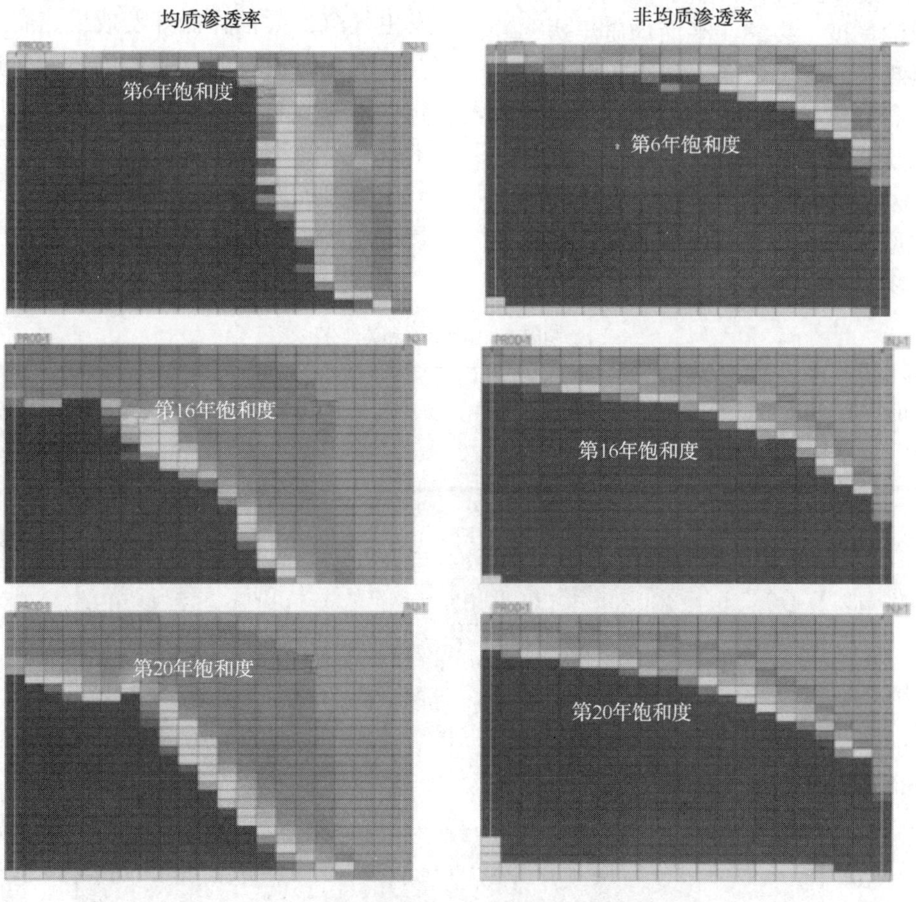

(a) 不同纵向渗透率条件不同身缠时间饱和度场图

图 10　不同纵向渗透率条件下不同生产时间含油饱和度场图

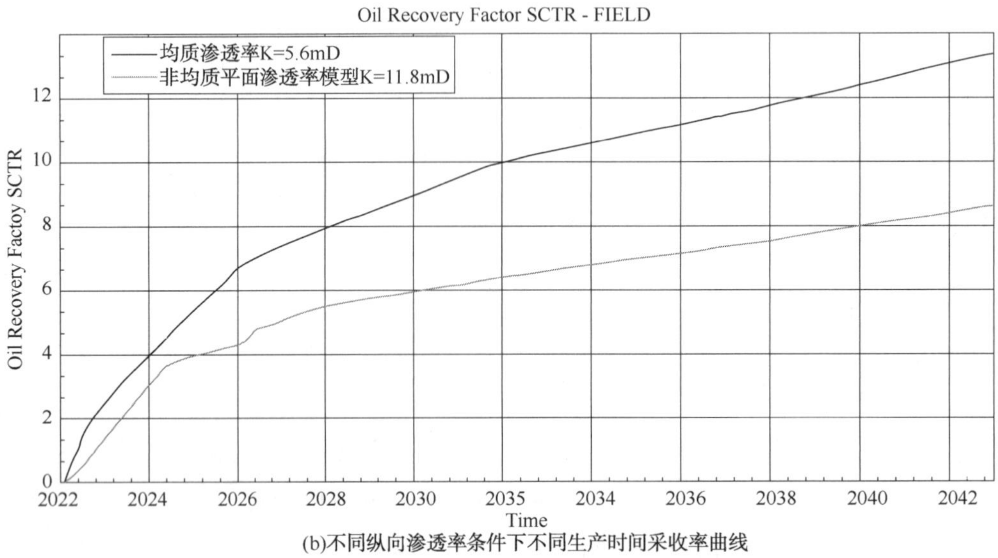

(b)不同纵向渗透率条件下不同生产时间采收率曲线

图 10　不同纵向渗透率条件下不同生产时间含油饱和度场图(续)

3.3　CO_2驱主控因素分析

根据物理模型实验的CO_2混相和非混相压力驱替及机理模型数值分析的采收率结果分析压力、井网、原油黏度、裂缝、平面均质渗透率等因素对CO_2驱效果的影响程度，利用灰色关联法对影响因素进行重要度排序。如图 11 所示，原油黏度对CO_2驱的影响效果最大。原油黏度越大，CO_2混相驱的效果越好，同时侧面反应CO_2混相驱的地层原油降黏效果越好。其次，井网对CO_2混相驱的影响效果也较大，机理模型分析表示，五点式井网收效结果最好。裂缝导流能力对采收率的影响也较大，根据机理模型结果分析，裂缝导流能力越高，CO_2混相驱替过程中越容易发生气窜，大幅降低开发效果。而CO_2驱替压力在非混相时没有明显驱油优势，达到混相或近混相，采收效果大幅增加，但继续增加驱替压力对采收效果影响较小。渗透率对采收率的影响程度最小，可能原因是，CO_2较小的分子使CO_2更容易进入岩石孔隙，在低渗储层中的驱替效果不会存在明显变化。

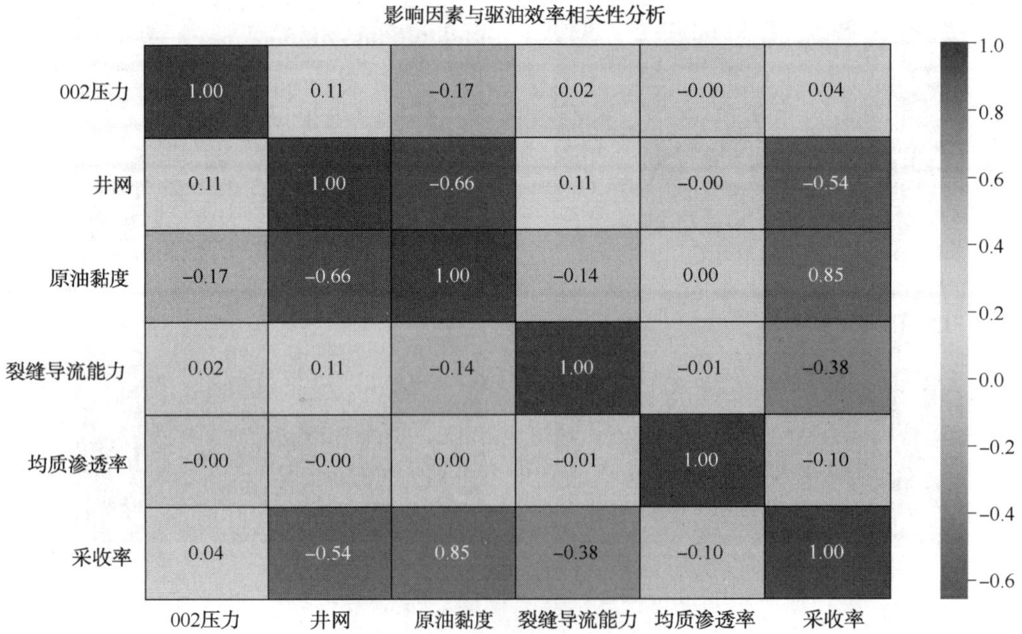

图 11　灰色关联系数

4 结论

（1）CO_2驱替由非混相驱转变为混相或近混相驱的驱油效率存在明显提高，驱油效率显著转变的时间点延后。

（2）井网完善性对CO_2驱油开发效果具有重要影响，完善的反五点井网有利于改善波及效率，具有较高的采收率。

（3）CO_2驱开发效果对地层原油黏度极为敏感，原油黏度的增加不仅影响CO_2驱的驱油效率还影响波及效率。15mPa·s原油CO_2驱采收率仅为0.5mPa·s原油的一半。

（4）地层高渗通道的存在对CO_2波及效率影响严重，注入的CO_2优先从高渗通道或裂缝流动，降低了CO_2驱的采收率。因此，CO_2注入井排方向应该与裂缝（或高渗条带）方向一致，以提高波及效率。

（5）CO_2驱的影响因素中，原油黏度>井网>裂缝高渗通道>CO_2压力>均质渗透率。

参 考 文 献

[1] 郗鹏．海安油田戴南组扇三角洲沉积特征[J]．承德石油高等专科学校学报，2019，21（1）：13-16，33.

[2] 黄小青，郭鹏，杜悦，等．海安油田袁家断块阜三段储集层宏观非均质性研究[J]．能源与环保，2017，39(6)：35-43.

[3] 袁渊，芮昀，高燕，等．苏北油区海安油田祝家圩断块滚动开发实践与认识[C].//浙江省地质学会2016年学术年会论文集．2016：98-106.

[4] 郭鹏，袁晓俊，杨景堂，等．吉2西块阜三下欠注原因及对策分析[J]．中国化工贸易，2018，10(29)：227.

[5] 赵凤兰，刘森淼，黄世军，等．CO_2混相驱注气速率对重力超覆的影响规律[J]．油田化学，2023，40(2)：322-329.

[6] 汤勇，尹鹏，汪勇，等．CO_2混相驱的可行性评价[J]．西南石油大学学报(自然科学版)，2014(2)：133-138.

[7] Li Zhang，Haiying Liao，MaoleiCui，Effect of CO_2 flooding in an oil reservoir with strong bottom-water drive in the Tahe Oilfield，Tarim Basin，Northwest China，Energy Geoscience，2022，100127.

[8] 郭晓艳．注CO_2气驱提高采收率效果影响因素分析[J]．中国化工贸易，2020，12(15)：239-240.

[9] Tengfei Wang，Liangliang Wang，Xingbang Meng，Yi Chen，Wei Song，ChengdongYuan，Key parameters and dominant EOR mechanism of CO_2 miscible flooding applied in low-permeability oil reservoirs，Geoenergy Science and Engineering，Volume 225，2023，211724.

[10] 朱争，李鹏真，何吉波，等．延长油田南部长8致密油藏注CO2吞吐实验[J]．非常规油气，2022，9(5)：117-122.

[11] 李金志．胜利油田低渗透油藏CO2混相驱合理注采井距研究[J]．油气地质与采收率，2020，27(3)：64-69.

海上中低渗高温高盐油藏自生沉淀深部调驱体系研究与应用

郑玉飞　宫汝祥　李　翔　柏　溢　朱彤宇　高亚慧　薄振宇

（中海油田服务股份有限公司）

摘　要　目的：针对常规调驱体系因注入困难、耐温抗盐性差及价格昂贵，难以满足海上中低渗高温高盐油藏深部调驱需求的问题，研发出一种以 Na_2SiO_3 为主剂的自生沉淀深部调驱体系。方法：通过化学分析、仪器检测和物理模拟等多种方法对体系进行了配方优化和性能评价。结果：室内研究结果表明：调驱体系的最佳母液配方组成为7%硅酸钠+30%沉淀控制剂 A+1.0%沉淀控制剂 B，该配方可与现场注入水中的成垢离子反应生成粒径为67.0~123.1nm的颗粒，在向地层深部运移过程中由小到大逐渐聚并成粒径为42.6~47.4μm的无机沉淀，封堵水窜通道最终实现深部液流转向。该调驱体系耐温150℃，在50~500mD岩心均具有良好的注入性，沉淀后封堵率可达95.9%，对于渗透率级差为8~20的双岩心提高采收率幅度可达11.0%~16.4%。结论：矿场试验表明，自生沉淀调驱体系注入性好、工艺简单，稳油控水效果显著，W油田A井组措施后日增油超 $25m^3$，含水率平均下降13.3%，累计增油达到 $7675m^3$。技术对于海上中低渗高温高盐油田开发具有良好的示范作用。

关键词　自生沉淀；高温高盐；性能评价；深部调驱；矿场试验

1　引言

随着海上油田开发力度不断加大，中深层高温高盐油藏等难采储量占比逐年增加，目前探明储量达1.4亿立方米。由于中深层高温高盐油藏埋藏深，孔喉细小、储层连通性差，导致水驱开发效果不佳，目前海上中低渗油田采出程度仅为8.8%，远低于陆地油田平均水平。

目前调驱技术作为海上油田改善水驱开发效果的重要手段已得到广泛应用。早在2003年渤海油田即开展了早期注聚矿场试验累积增油量已超过 $500\times10^4m^3$，但聚合物调驱体系不能承耐高温、高矿化度，在高温高盐条件下易降解失效。卢祥国等针对海上高温高盐油田开展了无机调驱体系研究，获得的 Na_2SiO_3 和 $CaCl_2$ 无机凝胶调驱体系耐温抗盐、封堵能力强，但调驱体系反应速度快、注入性差，只能对近井地带进行小规模处理，不易注入地层深部，无法实现大剂量深部增阻改流要求。唐孝芬等利用地层水中的成垢离子，研发出单液法无机涂层调驱体系，并成功应用于多个油田，但体系凝胶生成时间仅为1~6h，深部运移性能仍有待提升。

为满足海上高温高盐油田的深部调驱需求，本文以南海W油田作为研究对象，开展了自生沉淀无机调驱技术研究，通过化学分析、仪器检测及物理模拟等手段对体系的配方组成、注入性能、封堵性能和耐温性能进行了优化评价，最终获得了适用于该油田的自生沉淀调驱母液配方（7% Na_2SiO_3 +30%控制剂A+1.0%控制剂B），并将其成功应用到南海W油田A井组，措施后增油 $7675m^3$，井组平均含水下降13.3%，对海上高温高盐油田深部调驱具有很好的借鉴意义。

2　自生沉淀调驱液的配制

2.1　试剂与仪器

试剂：沉淀主剂，Na_2SiO_3；沉淀控制剂A，β-萘磺酸甲醛缩合物钠盐；沉淀控制剂B，羟基乙叉二膦酸钠；氯化钠、氯化镁、氯化钙、碳酸氢钠、硫酸钠和去离子水等；南海A油田注入海水，离子组成为：钠离子6486mg/L，钾离子4325mg/L，钙离子1347mg/L，氯离子19127mg/L，碳酸氢根离子149mg/L，硫酸根离子2848mg/L。

仪器：烧杯、玻璃棒、量筒、容量瓶、电子天平、比色管、试管、搅拌器、激光粒度仪、恒温箱和岩心驱替实验装置(图1)等。

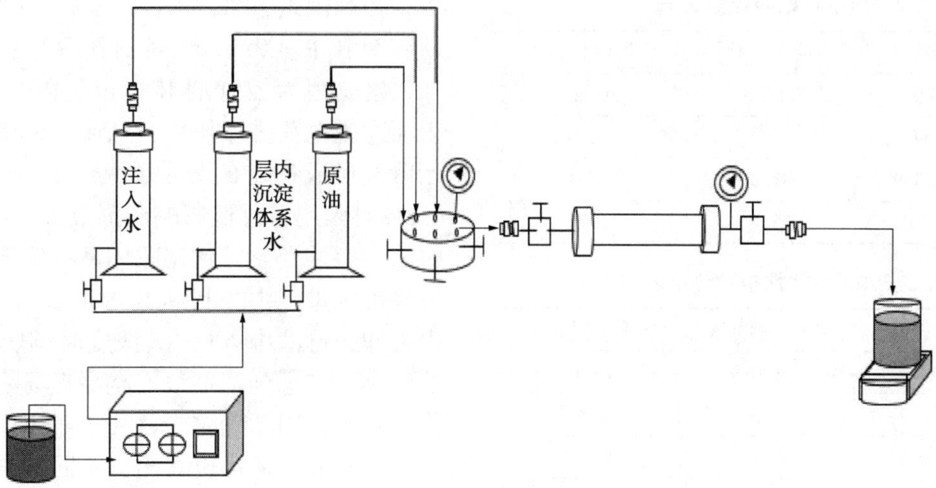

图 1　自生沉淀调驱体系物模实验流程

2.2　自生沉淀调驱技术原理

常规 Na_2SiO_3 调驱体系与注入水中的成垢离子会迅速反应生成粒径为几十微米的沉淀颗粒，严重影响调驱体系的注入性。自生沉淀调驱体系通过引入沉淀控制剂 A 和沉淀控制剂 B 两种药剂，实现了沉淀颗粒的初始粒径及聚并和沉降速度可控。沉淀控制剂 A 是一种 β-萘磺酸甲醛缩合物钠盐，可吸附在无机沉淀颗粒表面通过位阻作用延缓颗粒聚并增大，沉淀控制剂 B 为羟基乙叉二膦酸钠，可以吸附在沉淀颗粒表面通过静电效应延缓颗粒聚并沉淀。利用沉淀控制剂 A 与沉淀控制剂 B 的协同作用可有效延缓硅酸钠与注入水中成垢离子的反应速度，可将沉淀颗粒控制在纳米级并长时间维持。随着体系向地层深处运移，两种沉淀控制剂会不断稀释、失效，纳米级颗粒会逐渐聚并沉淀，因此最终沉淀的数量和粒径不会受沉淀控制剂影响。

2.3　自生沉淀调驱体系优化

为筛选最佳的自生沉淀调驱配方体系，实验中首先将沉淀主剂与沉淀控制剂用淡水配成不同浓度的母液，然后用现场注入水稀释至 100 倍，使用多重光散射仪测量溶液中无机颗粒的初始生成粒径、最终沉淀粒径和稳定性指数(TSI)。为减少实验组数，本文采用正交试验来筛选最优体系配方。Na_2SiO_3 浓度越高则最终沉淀量越大，封堵效果越好，但 Na_2SiO_3 浓度过高则溶解困难，在本实验中选择 Na_2SiO_3 质量分数分别为 3%、5%和 7%；沉淀控制剂 A 浓度越高则生成无机颗粒的初始粒径越小，但沉淀控制剂 A 用量过大会导致施工成本过高，因此在本实验中选择沉淀控制剂 A 质量分数分别为 10%、20%和 30%；沉淀控制剂 B 浓度越高则无机颗粒聚并沉降速度越慢，但沉淀控制剂 B 溶解性较差，使用浓度不宜过高，在本实验中选择沉淀控制剂 B 质量分数分别为 0.5%、1.0%和 1.5%。具体实验方案及测试结果如表 1～表 3 所示。

表 1　自生沉淀调驱体系配方优化实验统计表

编号	Na_2SiO_3/%	沉淀控制剂 A/%	沉淀控制剂 B/%	初始粒径/nm	最终粒径/μm	稳定性指数
1	3.0	10	0.5	95.1	42.6	8.6
2	3.0	20	1.0	114.3	44.3	15.9
3	3.0	30	1.5	67.0	44.5	10.6
4	5.0	10	1.0	121.2	43.7	8.9
5	5.0	20	1.5	117.1	47.7	14.6
6	5.0	30	0.5	103.3	44.6	9.5
7	7.0	10	1.5	123.1	45.3	11.2
8	7.0	20	0.5	93.0	42.8	9.5
9	7.0	30	1.0	91.2	44.8	6.9

表 2　体系初始粒径分析表

	Na_2SiO_3	沉淀控制剂 A	沉淀控制剂 B
K1	92.2	113.1	97.2
K2	109.8	107.5	108.9
K3	113.9	87.2	102.4
R	21.7	25.9	11.75

表 3　体系稳定性指数分析表

	Na_2SiO_3	沉淀控制剂 A	沉淀控制剂 B
K1	11.7	9.5	13.1
K2	10.1	12.3	8.3
K3	10.1	8.9	11.4
R	1.6	3.4	4.8

从实验结果可知，沉淀控制剂 A 是体系初始粒径的主要控制因素，Na_2SiO_3与控制剂 B 浓度一定时，控制剂 A 浓度越高，体系初始粒径越小，综合考虑药剂效果和成本，确定母液中控制剂 A 浓度为 30%。控制剂 B 是体系稳定性的主要控制因素，Na_2SiO_3与控制剂 A 浓度一定时，控制剂 B 浓度为 1.0%时稀释后的溶液稳定性最佳，这是因为控制剂 B 可以吸附在生成颗粒的表面产生电荷排斥作用，从而保证调驱体系在初始阶段形成稳定的分散颗粒，控制剂 B 溶度为 0.5%时因用量过低影响药剂效果，浓度为 1.5%时因溶解性变差导致调驱体系稳定性下降，因此最终确定母液中控制剂 B 的浓度为 1.0%。从表中可知，母液中 Na_2SiO_3浓度对调驱体系性能影响较小，考虑到药剂浓度越高现场配制母液的工作量越小，因此确定母液中 Na_2SiO_3浓度为 7%。另外，从表中还可以看出，不同配方的自生沉淀调驱体系完全沉淀后的颗粒最终粒径基本相同。

由图 2 也可以看出，无控制剂时，7%的沉淀主剂加到注入水中会瞬间反应发生聚沉，而筛选出的 7%沉淀主剂+30%控制剂 A+1.0%控制剂 B 稀释到注入水中则具有很好的稳定性，能够在较长时间(7 天)内维持分散均匀的溶液状态。

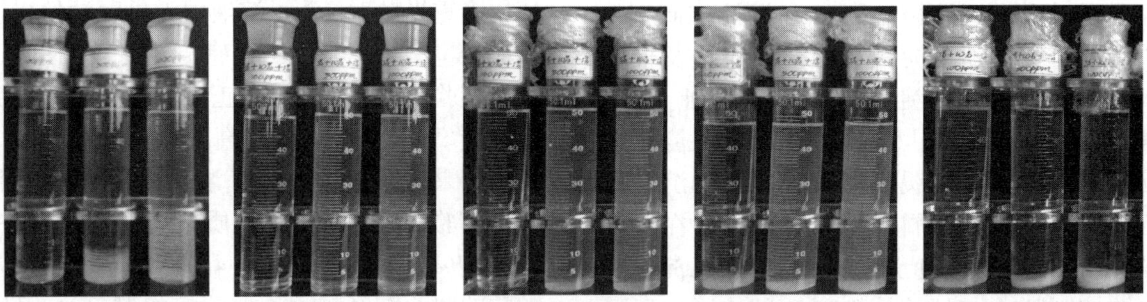

(a)无控制剂　(b)加控制剂静置1d　(c)加控制剂静置　(d)加控制剂静置7d　(e)加控制剂静置11d

图 2　自生沉淀调驱体系稳定性评价

3　自生沉淀调驱液性能评价

3.1　耐温性能

自生沉淀调驱体系的耐温性能评价方法是将优选出的自生沉淀调驱体系母液用注入水稀释至不同浓度，然后在不同温度下测试体系的初始粒径与稳定性指数变化规律，实验结果如图 3 所示。从图中可以看出，150℃下和室温下体系的初始粒径无明显差别，表明体系耐温性能良好。

3.2　注入性能

选取水测渗透率为 50~500mD 的柱状岩心，首先用注入水饱和，然后使用优选出的自生沉淀母液配方(用注入水分别稀释至 100 倍)和注入水以 1mL/min 的速度水驱至岩心两端压差保持稳定，然后计算水测渗透率，评价体系在不同渗透率条件下的注入性能，实验结果见图 4。从图中可以看出，不同稀释倍数下调驱体系的系注入阻力系数为 1.2~2.6，与空白水驱接近，表明体系具有良好的注入性能。

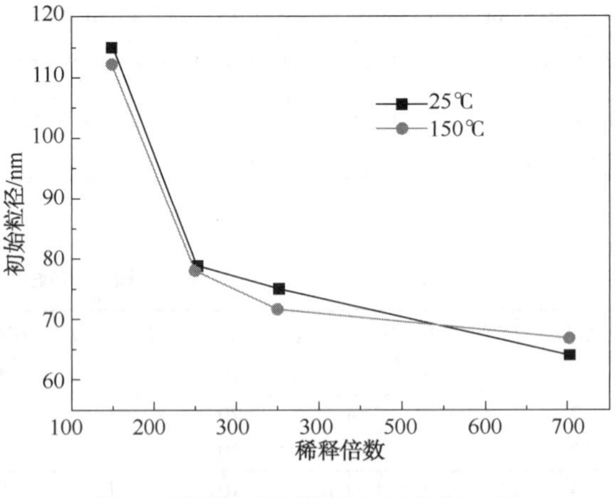

图 3　不同温度下体系初始粒径对比

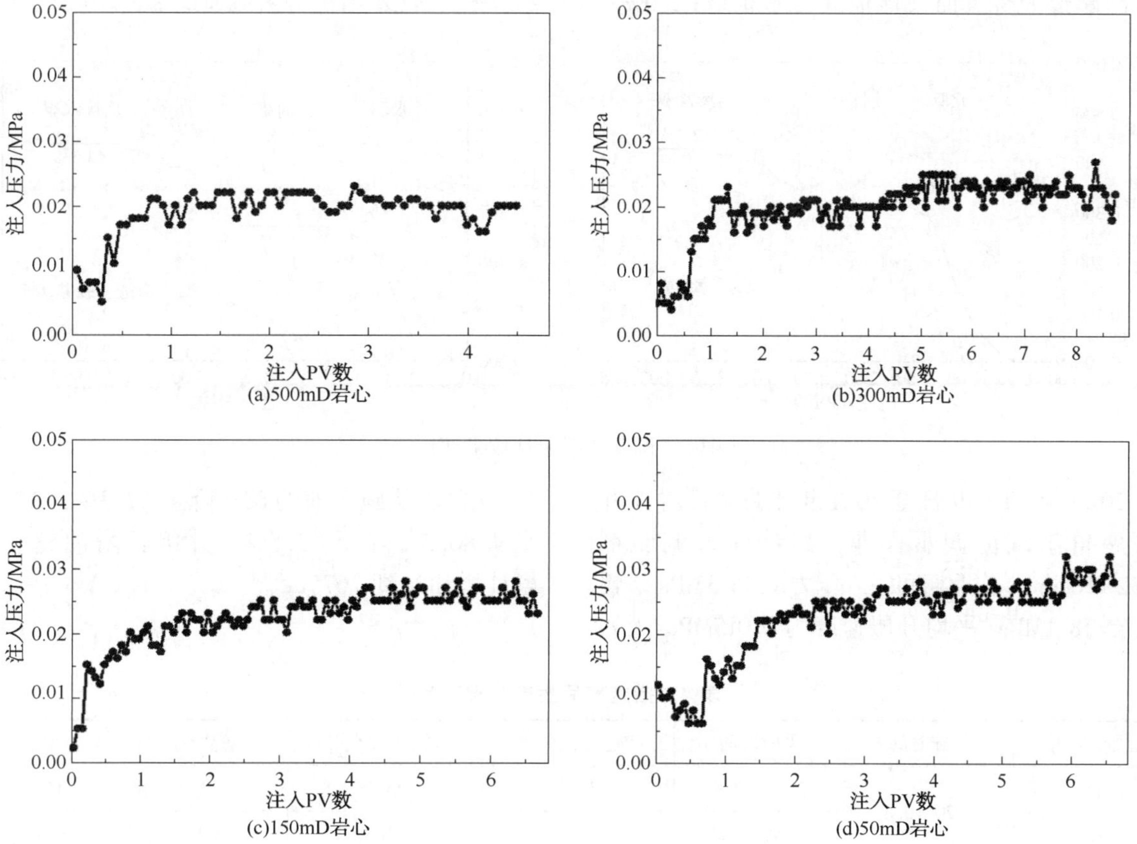

图 4　不同渗透率下体系注入性评价

3.3　封堵性能

选择不同渗透率的岩心，以 1mL/min 的速度注入 1.0PV 的优化自生沉淀调驱体系(用注入水稀释 100 倍)，分别静置 10d，测试残余阻力系数和封堵率，实验结果见图 5。由图可知，在水驱和自生沉淀调驱阶段，注入阻力系数仅为 1.25~2.00，表明体系注入性良好，可以快速向地层深部运移；调驱体系注入结束后，静置 10 天再进行后续水驱，此时药剂体系已经在岩心中充分沉淀，因此注入压力显著增高，残余阻力系数可达 8.75 ~ 24.50，封堵率达到 88.6% ~ 95.9%，证明体系封堵强度很高，可以有效封堵地层深部的水窜通道。从图中还可以看出，随着岩心渗透率增加，调驱体系封堵效果略有降低，但最终封堵率仍维持在 88.6%，进一步证明该体系具有良好的封堵能力。

3.4　驱油效果

采用双岩心并联实验进行驱油效果评价，实验方案为：水驱至 98%+0.5PV 自生沉淀调驱体系(用注入水稀释 100 倍，注入后静置 10 天)+后续水驱至 98%，计算调驱体系的提高采收率程度，实验结果见图 6。从图中可以看出，随岩

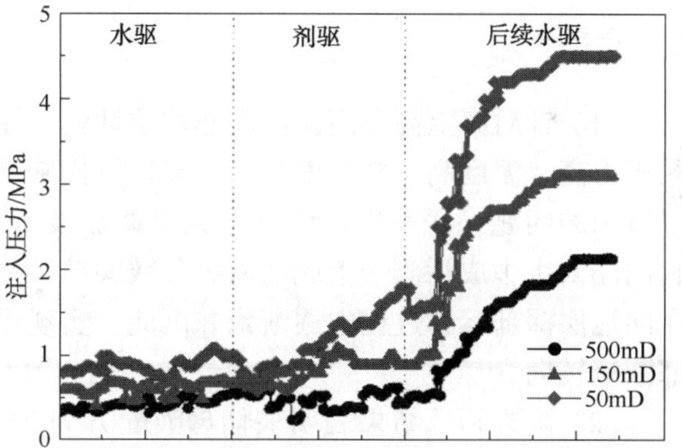

图 5　不同渗透率下残余阻力系数和封堵率

心渗透率级差的增加，水驱采收率降低。注入调驱体系后再进行后续水驱，采收率显著增加，且增幅随着渗透率级差增加而增大，最高可达 16.4%，表明该体系可以有效实现液流转向，扩大水驱波及体系，提高原油采收率。

4　现场试验

W 油田储层温度高达 143℃，注水矿化度超过 3×10^4 mg/L，渗透率为 34~478mD。该油田 A 井组为 1 注 6 采井网，受效油井中 A1 井和 A2 井

含水已超过 80%，而其他油井含水很低(2.0%~23.7%)，注水沿优势渗流通道窜进严重。

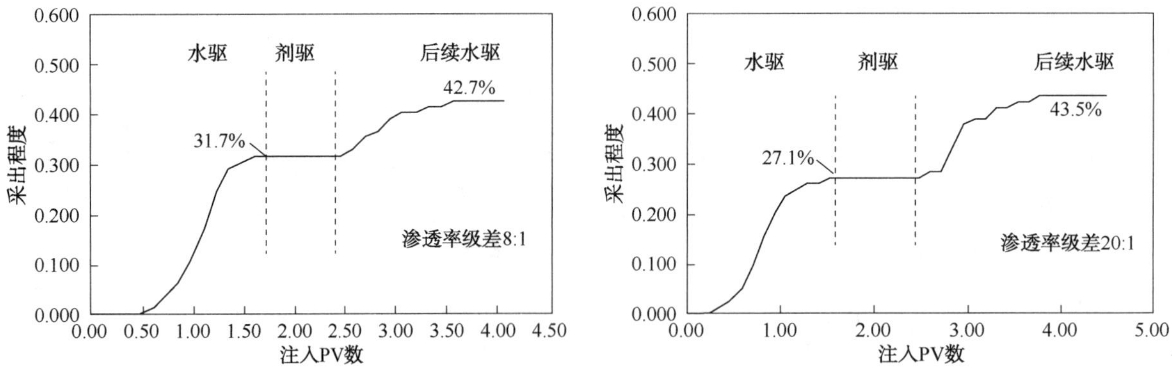

图 6　调驱体系驱油效果评价

2020 年 10 月 9 日至 2021 年 4 月 9 日对 A 井组开展自生沉淀调驱作业，累计注入调驱剂 $10.32\times10^4m^3$，作业期间注入压力从 15.3MPa 缓慢上升至 18.1MPa(平均升压速度为 0.015MPa/天)，A1 井含水从施工前的 82%降至 62.3%，A2 井含水从 80.5%降至 73.5%，井组日增油超 $25m^3$，累计增油达到 $7675m^3$。

表 4　措施前后生产状况对比

主要受效井	措施时间	见效时间	措施前含水/%	措施后含水/%	日增油/m^3	累计增油/m^3
A1	2020.10.8	2020.12.8	78.1	73.1	9.1	1665
A2		2020.11.21	82.5	61.8	15.8	6010
合计					24.9	7675

5　结论

(1) 针对海上高温高盐油田非均质性强、注入压力高、温度高、矿化度高，常规调驱措施难以适用的问题，研发出自生沉淀无机调驱技术，利用注入水中成垢离子生成纳米级分散颗粒，并在向地层深部运移过程中逐渐聚并沉淀，实现深部液流转向。

(2) 配方筛选结果表明最佳母液配方为 7%的 Na_2SiO_3+30%的控制剂 A+1.0%的控制剂 B，该配方稀释到注入水中具有良好的稳定性，能够在较长时间内维持分散均匀的溶液状态。性能评价结果表明自生沉淀调驱体系耐温性强，在渗透率为 50~500mD 的岩心中都具有很好的注入性和封堵性，对渗透率级差为 8~20 的双岩心提高采收率幅度可达 11.0%~16.4%。

(3) 矿场试验结果表明，自生沉淀调驱体系可采用浓缩母液在线注入，施工工艺简单、升压平稳，措施后井组含水率平均下降 13.3%，累计增油达到 $7675m^3$，稳油控水效果显著，表明技术在海上油田具有良好的应用前景。

参 考 文 献

[1] 徐文江，谭先红，余焱冰，等．海上低渗透油田开发基本矛盾和主控因素研究[J]．石油科技论坛，2013，32(05)：12-16+64-65.

[2] 张冲，杨朝强，汪新光，等．北部湾盆地复杂低渗储层品质分级表征[J]．断块油气田，2022，29(04)：483-488.

[3] 范白涛，陈峥嵘，姜浒，等．中国海油非常规和海上低渗储层压裂技术现状与展望[J]．中国海上油气，2021，33(04)：112-119.

[4] 邓运华，徐建永，孙立春，等．国家科技重大专项支撑中国海油增储上产[J]．石油科技论坛，2021，40(03)：56-71.

[5] 何宏，王业飞，张健，等．海上油田深部调驱用冻胶体系强度调控机制及运移特性[J]．油气地质与采收率，2015，22(02)：98-102.

[6] 张恩臣．高温凝胶调剖剂的研制及应用[J]．钻采工艺，2011，34(05)：107-109+11.

[7] 于萌，铁磊磊，李翔，等．驱油用聚合物在渤海油田中高渗储层的适应性实验研究[J]．油气藏评价与开发，2020，10(6)：40-45.

[8] 周长静，陈定朝，曹宝格，等．渤海绥中油田 J3 井

疏水缔合聚合物驱注入程序及段塞优化设计[J]. 钻采工艺，2005，28(6)：40-42.
[9] 杨光，张凤英，康晓东，等. 多孔介质中两亲聚合物驱稠油渗流规律实验研究[J]. 中国海上油气，2016，28(5)：61-65.
[10] 张凤久. 海上稠油油藏早期注聚最佳时机的确定[J]. 中国海上油气，2018，30(03)：89-94.
[11] 郭宇. 纳米微球与表面活性剂复合调驱体系研究与应用[J]. 钻采工艺，2018，41(4)：95-98.
[12] 李翔，瞿瑾，鞠野，等. 深部调驱用纳米聚合物微球的研究进展[J]. 化学工业与工程，2021，38(02)：48-54.
[13] 曹伟佳，卢祥国，田中原，等. 无机凝胶在18m长岩心内的传输运移能力[J]. 油田化学，2020，37(3)：427-431.
[14] 宋立志，郑华安，王闯，等. 本源无机凝胶传输运移能力和封堵效果实验[J]. 大庆石油地质与开发，2020，39(06)：126-134.
[15] 唐孝芬，刘玉章，常泽亮，等. 适宜高温高盐地层的无机涂层调剖剂室内研究[J]. 石油勘探与开发，2004(06)：92-94.
[16] 唐孝芬，邵黎明，覃和，等. 利用储层成垢离子物源实现优势通道调整提高水驱效率[J]. 油田化学，2018，35(02)：257-262.
[17] 唐孝芬，杨立民，刘玉章，等. 新型无机凝胶涂层深部液流转向剂[J]. 石油勘探与开发，2012，39(01)：76-81.

深层页岩气复杂裂缝网络渗吸储能压裂技术研究

邸士莹[1,2] 马 收[1] 刘明明[1] 程时清[2] 缪立南[3]

[1. 中国石化华东石油工程公司华美孚泰公司；2. 中国石油大学(北京)石油工程教育部重点实验室；3. 中国石油大庆油田测试分公司]

摘 要 深层页岩气结构复杂、低孔低渗，孔隙发育但连通性差，导致压裂改造难，压裂效果不理想。为了提高层状页岩压裂效果，基于某深层页岩气藏，分析脆性矿物含量、储层微观结构，依据复杂裂缝原理，利用优势裂缝暂堵技术，制定提高页岩裂缝复杂程度的设计方案；运用渗吸原理，提高压裂强度，增加渗吸体积。提出采用“复杂裂缝网络渗吸储能”的压裂方案，提高基质动用程度，增加页岩气产量。现场应用结果表明，最高日产气量 $6\times10^4 m^3/d$，实现了的超深层页岩勘探的新突破，研究成果为页岩气藏压裂增产措施提供理论指导和技术支撑。

关键词 深层页岩气；脆性矿物含量；储层微观结构；复杂裂缝；暂堵技术；渗吸作用

我国非常规页岩气藏储量巨大，开发进入快速发展的黄金时期，产量不断提高。页岩气藏孔隙度和渗透率低，岩石脆性大，天然裂缝发育，必须通过大规模压裂工艺技术实现工业化开采。为了实现页岩气的有效开发，水平井分段多簇压裂技术逐渐成为非常规油气资源开发的重要增产措施，该项技术增加了裂缝复杂程度，提高了储层压裂效果，促使单井产量大幅增加。研究结果表明页岩气的产量主要取决于复杂裂缝发育程度，天然裂缝发育决定了压裂改造区裂缝网络的复杂性，Zhang 等通过三维压裂实验证实，压裂裂缝的几何形态受储层中地应力和天然裂缝的影响。随着井深增加，大量压裂液滞留于页岩储层中，导致基质和孔隙内页岩气难以采出。目前的研究表明，在压差和内部渗吸作用下，压裂液会通过裂缝-基质区域侵入到储层的深部，储层矿物成分、孔喉结构及压裂液类型因素会对储层中的渗流通道造成不同程度的影响。马新仿等运用分形理论对孔隙结构的分布函数进行了研究，认为分形维数越大，孔隙结构的复杂程度越大，非均质性越强。郁伯铭、蔡建超等根据多孔介质的分形特征以及毛管束模型推导各向同性多孔介质的渗透率的解析表达式。

以上方法研究有利于压裂改造，但在深层页岩气应用较少。本文基于某深层页岩气藏研究储层矿物组成和孔隙结构，在前人研究的基础上，运用岩石力学建立适合研究区块的压裂设计方案，运用渗吸机理探究压裂增产的页岩气藏中的渗流规律。研究结果为页岩气藏压裂设计方案提供理论依据和技术借鉴。

1 深层页岩气储层特征

某页岩气藏位于川渝黔交界处，埋深 3300~4500m，目标区块面积 405.22km^2，孔隙度介于 1.2~7.32% 之间，平均 3.49%；水平渗透率分布在 0.001~0.1mD 之间，压力系数 1.3~1.85 之间，含气量均值 2.697m^3/t，含气饱和度主要分布在 50%~70%，均值为 56.98%。为了充分开采该区块页岩气，实现长期稳产，研究矿物含量及储层孔隙结构是优化压裂工艺的重要的环节。

1.1 页岩脆性矿物含量及岩石力学参数

页岩储层的脆性评价是压裂工艺的主要控制因素与影响因素，开展全岩矿物组成测试实验，为压裂设计提供可靠依据。

该区由下至上共分为 9 个层，以 5 口井岩心数据为例分析，页岩脆性矿物含量分析结果见图 1。研究结果表明该区块页岩脆性矿物由石英、长石、方解石、白云石组成。脆性含量变化范围大，①~⑨层平均 43.69%(10.0%~76.6%)，其中硅质平均 37.21%，钙质平均 10.45%。①~④层平均 48.86%，其中硅质平均 43.14%，钙质平均 11.11%。脆性矿物含量自上而下逐渐增加。黏土矿物以伊蒙混层和伊利石为主(28.25%~56.80%)，其次为绿泥石(0.78%~4.36%)。①~④层平均 36.4%(13%~70%)。

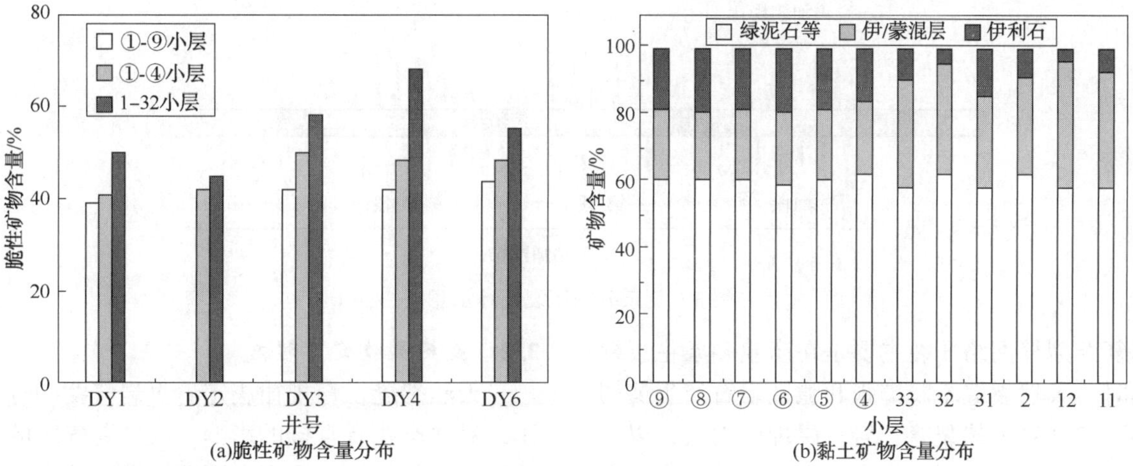

(a)脆性矿物含量分布　(b)黏土矿物含量分布

图1　典型井全岩矿物组成分布图

分析典型井岩石力学参数和地应力分布情况可知，水平最大主应力102.9~158.75MPa，平均121.08MPa；水平最小主应力87~136.6MPa，平均103.42MPa；垂向应力111.6MPa，水平主应力差12.07~24.45MPa，平均17.66MPa。杨氏模量26.96~40.03GPa，平均为32.29GPa，泊松比0.02~0.33，平均为0.20。该区块水平段的井眼轨迹与水平最大主应力方向近似垂直，有利于压裂。水平应力差异系数均小于0.13，储层压裂改造时易于形成网状缝。断层发育，而大量文献研究认为地应力受断层影响，随着埋深增加，地应力大小逐渐增大的趋势，存在一定非均质性。

1.2 页岩微观结构特征及孔隙分布特征

丁山区块五峰-龙马溪组页岩气储层段孔隙比较发育，孔隙类型有无机孔隙、有机孔隙；微裂缝发育，主要为有机质接触界面形成的微裂缝，见图2。

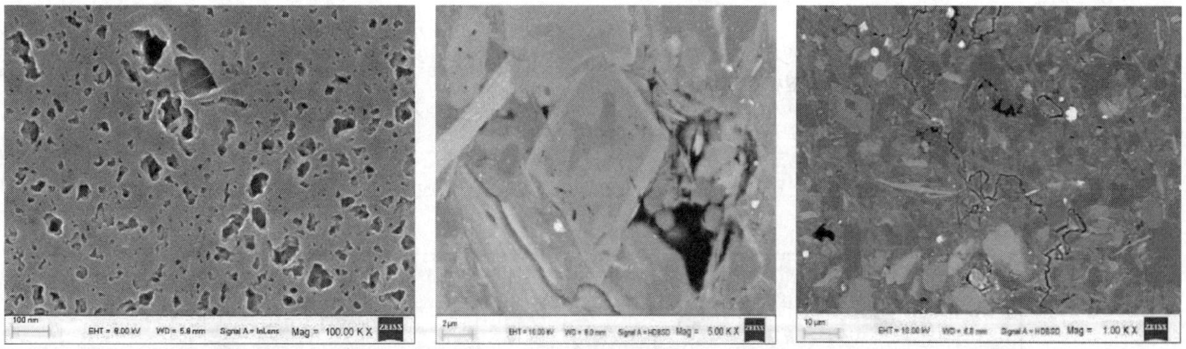

(a)有机孔　(b)无机立间孔　(c)微裂缝

图2　丁山区孔隙和微裂缝扫描电镜照片

孔隙结构对页岩的储集能力具有显著的控制作用。低压氮气吸附实验研究结果表明，孔隙从微孔到大孔各个孔径段大的孔隙均发育，以介孔为主。

上述研究明确了该页岩储层矿物含量及储层微观结构、岩石力学特征，发现该区块页岩气开采增产措施有几个难点：储层脆性矿物含量高，压裂造缝相对容易，但硅质含量高，裂缝比较不规则；天然裂缝发育、断层发育，施工难度大，压裂后裂缝扩展不均匀；该区块孔隙发育且分布不连续，浅层页岩气压裂方法已经不再适合。因此，亟需优化压裂工艺以达到提高压裂效果、增加深层页岩气产量的问题。

2 复杂裂缝网络压裂技术

2.1 复杂裂缝形成原理

常规压裂技术是假设压裂人工裂缝起裂为张开型，且沿井筒射孔层段形成双翼对称裂缝。由于页岩气藏埋存较深，裂缝的起裂与扩展不再是简单的张性破坏，而且还存在剪切、滑移、错断等复杂的力学行为。针对储层脆性矿物含量高、硅质含量高特征，增加压裂段、增加段内簇数，以期增加裂缝复杂程度，见图3。

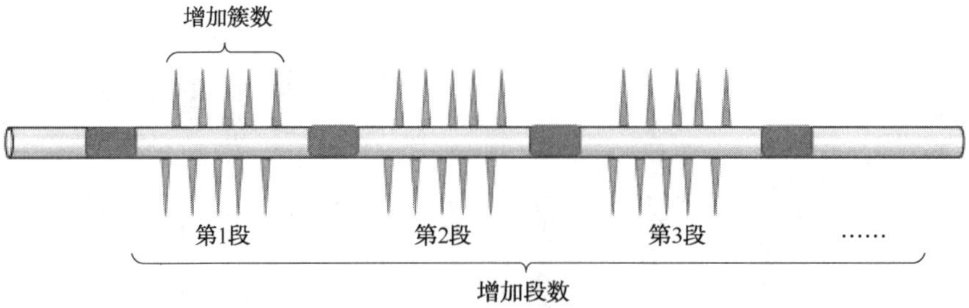

图 3　复杂缝网压裂设计示意图

复杂裂缝网络压裂主要是在产生多条主裂缝的同时，天然裂缝不断扩张和脆性岩石产生剪切滑移，实现对天然裂缝、岩石层理的沟通，以及在主裂缝的侧向强制形成次生裂缝，并在次生裂缝上继续分支形成二级次生裂缝，以此类推，形成天然裂缝与压裂裂缝相互交错的裂缝网络(图4)，增大渗流面积及导流能力，提高初始产量和采收率。

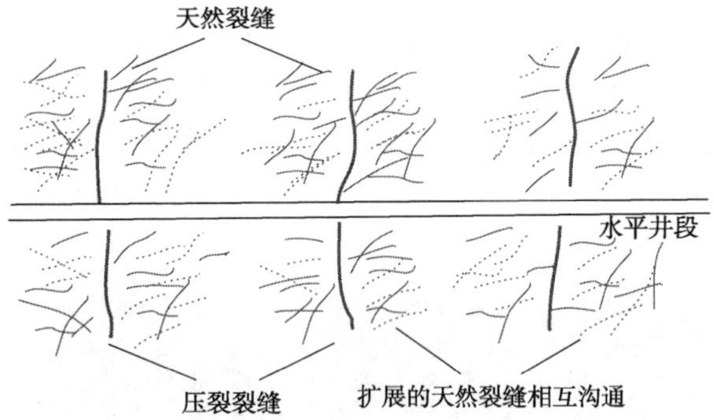

图 4　复杂裂缝示意图

2.2　天然裂缝发育程度

天然裂缝发育规律决定着页岩气藏的分布规律，对井产能有直接的影响，决定着气藏的开发效果。因此，正确识别和预测天然裂缝发育程度是决定页岩气藏经济有效地开发亟待解决的技术难题。

天然裂缝发育分布及开启现象将导致水平井在相同压裂参数的情况下与实际生产差异较大，因此，为明确天然裂缝发育程度，引入天然裂缝发育系数参数，该系数表达式

$$F_{\text{nature}}=\left[(1-aR_{\text{fb}})+\left(\frac{Q_{\text{r}}}{Q_{\text{e}}}\times 0.5\right)\right]\Big/2 \qquad (1)$$

F_{nature}表示天然裂缝发育系数，小数；R_{fb}表示返排率,%；Q_{r}表示措施前实际产量，m^3；Q_{e}表示加砂量预估产量，m^3，a归一化系数。将近井地带的裂缝网格表征为SRV区，未受压裂波及区域表征为USRV区(图5)。

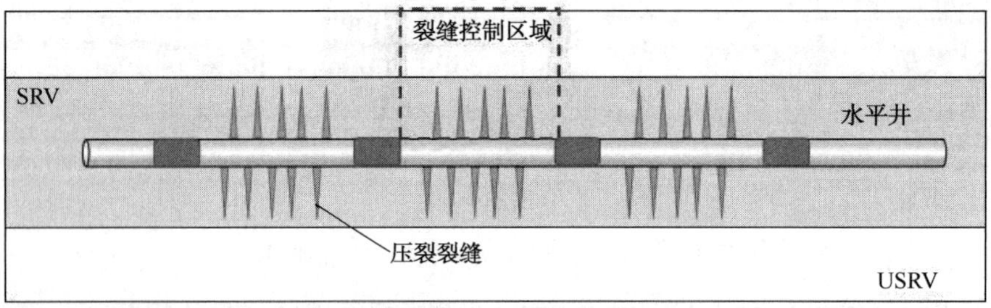

图 5　压裂裂缝与SRV区示意图

2.3　暂堵技术

对于天然裂缝发育的页岩气藏，压裂施工时，当地层压力达到破裂压力50%，天裂缝发育储层优先被压开，被压开的天然裂缝具有先进液的优势，导致后开启的部分裂缝进入的压裂液减少，进而影响了压裂影响。为了削弱先进液裂缝的优势，根据储层天裂缝发育分布特点，在施工时投入高强度可溶暂堵颗粒，封堵易进液层段孔道，提高井底的净压力，促使新裂缝开启并得到有效延伸，促使压裂液流转向后开启的储层，实现多簇均衡开启并延伸扩展，见图6。压裂后暂堵颗粒在地层条件下一定时间内降解完全，随压裂液从地层排出，不会对地层造成污染。断层发育的储层采用暂堵技术，避免沟通断层，降低对裂缝的影响。

该项技术改变压裂裂缝的形态，促使压裂裂缝更加错综复杂。针对水平井多簇压裂液难以均匀向前推进，为促使各簇压裂裂缝充分改造，提

高改造体积和裂缝的复杂性，设计投球暂堵+投剂暂堵相结合的双暂堵工艺，实现缝口+缝内双封堵，图 7 是段内暂堵技术示意图。

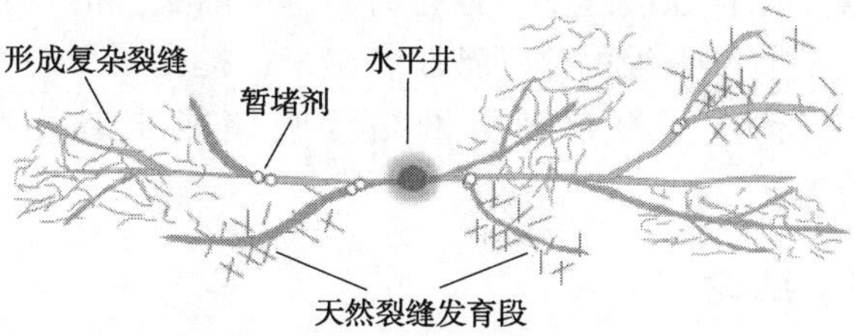

图 6　暂堵剂缝内封堵示意图

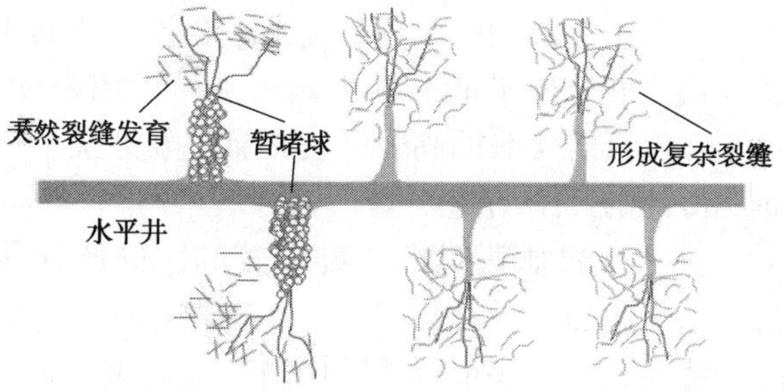

图 7　暂堵球段内封堵示意图

随着页岩气的开发，目前主要是“水平井+密切割”压裂技术成为主要趋势，根据不同区块各个储层分布特点，天然裂缝和断层发育，孔隙发育的特点，常规一贯制方法不再适用，

本文采取“一段一策”方案，优化裂缝参数，明确压裂规模，降低段缝干扰，以其达到增加裂缝复杂程度、提高压裂效果的目的，下面是具体内容。

（1）天然裂缝较发育段：优化压裂制度，增加压裂强度和规模，双暂堵(1 次投球+2 次投剂)促进复杂裂缝形成；

（2）天然裂缝欠发育段：优化压裂工艺，1 次投球暂堵保证裂缝均匀性；

（3）近井筒裂缝欠发育但靠近断层段；降低压裂强度避免沟通断层，1 次投球暂堵提升压裂裂缝均匀性。

3　渗吸储能原理

大规模的压裂可以改变地层的压力场和饱和度场，形成势梯度，驱动基质和孔隙中的页岩气流动。由储层孔隙结构分析可知，该区块孔隙发育，储层毛管力发挥主要作用。在毛管力作用下，页岩油气藏发生大规模的逆向渗吸，将基质和孔隙中的页岩气置换到复杂缝网中。复杂缝网中聚集了更多的页岩气和部分压裂液(图 8)，这为压裂返排储备了大量可驱替的页岩气。开井返排后，在压差的作用下，大量气体和压裂液将会返排到地面。因此，将渗吸机理与压裂技术相结合对页岩气藏开发具有重大的指导意义。

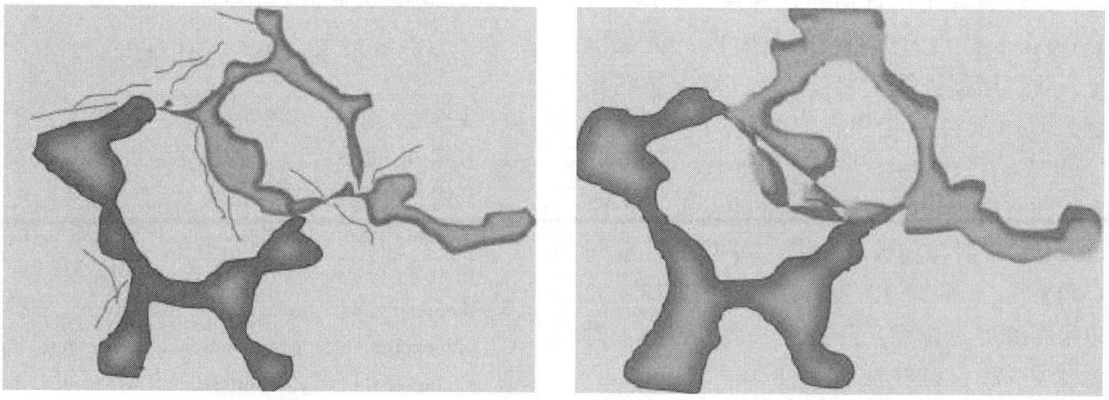

(a)裂缝中的页岩气　　(b)渗吸置换和储存更多页岩气

图 8　渗吸储能原理示意图

大量研究表明，页岩气藏具有低孔、低渗的特征，储层渗吸过程毛管力比常规油藏大。毛管力支配渗吸过程，与基质的接触面主要发生逆向渗吸。对于逆向渗吸而言，水相与油气相运动方向相反，吸入压裂液的体积等于排出的油的体积，采用经典 Handy 渗吸理论模型的计算结果作为标准，逆向渗吸吸入体积公式为

$$V_{imb}=A_c\sqrt{\frac{2p_c k_w \phi S_{wf}}{\mu_w}}\sqrt{t}=2.9\times10^{-6}\sqrt{t}\,(m^3) \quad (2)$$

式中，V_{imb}为吸入液体的体积，m^3；A_c 为渗吸面积，m^2；p_c 为毛细管力平均值，MPa；k_w 为水相渗透率，mD；S_{wf}为前缘含水饱和度,%；μ_c 为流体黏度，mPa · s；t 为渗吸时间，s；可近似认为是焖井时间。由公式(2)可知，增加压

裂液强度能够增加储层压力，加速裂缝基质间形成高势梯度，毛细管力不断增加，渗吸作用增强，置换更多体积的原油，提高压裂效果。

4 实例分析

某页岩气藏典型井，目的层埋深 4357.24~4363.5m，储层厚度 6.26m，孔隙度 6.35%。水平段长 1500m，井距 300m，与断层最小距离 150m。该井硅质平均 58.36%，黏土含量平均 26.20%，脆性矿物含量平均 66.99%，矿物脆含量较高。杨氏模量平均 31.72GPa，泊松比平均 0.2。

该区块储层研究结果表明页岩硅质含量高，岩石在压裂过程中易产生剪切破坏，不是形成单一裂缝，而是有利于形成复杂的网状缝，从而大幅度提高了裂缝体积。天然裂缝发育，且天然裂缝方位与最小主地应力方位一致，压裂裂缝方位与天然裂缝方位垂直，容易形成相互交错的网络裂缝。大规模裂缝网络为天然气生产提供了更大的通道，同时也使压裂液进入到储层中更加的容易。

综合该井地质工程参数特征、天然裂缝发育程度分析，以增改造体积、促复杂裂缝、提导流能力为目标，对天然裂缝较发育段、天然裂缝欠发育段、天然裂缝欠发育但靠近断层，采取“一段一策”方案。针对天然裂缝较发育段：优化压裂制度，双暂堵促进复杂裂缝形成，增加裂缝复杂程度；增加压裂强度和规模，增加渗吸置换作用。

第 8~11、22~27 段天然裂缝较发育，单段段长 40~48m、射孔簇数 3~4 簇，平均射孔簇间距 8.5~13.5m，平均 10.2m。第 3~6、28~32 段为天然裂缝欠发育段，压裂段长 42~50m、射孔簇数 4~5 簇，射孔簇间距 8.9m。第 1~2、16~21 段近井筒裂缝欠发育但靠近断层，增加单段射孔簇数、降低裂缝长度避免沟通断层，段长 50~56m、射孔簇数 4~5 簇(主体 5 簇为主)、平均簇间距 9.3m。

压裂后单井产量 $6\times10^4m^3/d$，实现了的超深层页岩勘探的新突破。分析压裂效果好的原因，该井采取“多段多簇+双暂堵+高强度”压裂方案，减少缝的阻力及簇间的应力干扰，形成了复杂缝网网络。储层低孔、低渗的特征导致页岩储层毛细管力高，逆向渗吸为主。增加压裂强度能够提高压裂液入地液量，增加压裂液储层接触时间和压裂液波及面积，充分发挥逆向渗吸置换储能作用，促使压裂液将基质和孔隙中更多的页岩气置换并储存在裂缝中，返排时裂缝中的更多的页岩气随着压裂液的流动被驱替出来，提高了压裂效果，形成了复杂裂缝网络渗吸储能压裂技术方案。

5 结论

通过岩心数据明确储层矿物组成及微观结构，以增加储层裂缝复杂程度、提高压裂效果为目标，运用渗吸储能原理，提出适合该区块的压裂方式，研究成果能够增加储层基质动用程度，对非常规页岩气藏的高效开发具有重要意义。下面是得到的几个结论。

(1) 页岩油藏脆性矿物含较高，硅质含量高，水平应力差异系数较小，具有较好的可压裂性的特点，为压裂形成复杂网络裂缝提供了有利通道。

(2) 增加压裂段数、每段簇数，提高单井缝控产量；运用暂堵技术降低段间和缝间干扰，以增加裂缝的复杂程度。

(3) 运用渗吸储能原理，增加排量和施工规模，扩大压裂液波及面积，置换和储存更多页岩气，提高渗吸储能压裂效果。

参 考 文 献

[1] 朱维耀，陈震，宋智勇等．中国页岩气开发理论与技术研究进展[J]．工程科学学报，2021，43(10)：1397-1412.

[2] 邹才能，赵群，丛连铸，等．中国页岩气开发进展、潜力及前景[J]．天然气工业，2021，41(1)：1-14.

[3] Ikonnikova S.，Browning J.，Guelen G.，etal. Factors influencing shale gas production forecasting：Empirical studies of Barnett，Fayetteville，Haynesville，and Marcellus Shaleplays[J]. Economics of Energy and Environmental Policy，2015，4(1)：19-35.

[4] 陈铭，张士诚，胥云等．水平井分段压裂平面三维多裂缝扩展模型求解算法[J]．石油勘探与开发，2020，47(01)：163-174.

[5] 亓倩．页岩气储层多级压裂水平井多场耦合非线性渗流理论研究[D]．北京科技大学，2021.

[6] Zhang C H. Discrete-contact-fracture analysis of rock and concrete[J]. Chinese Journal of Rock Mechanics &Engineering，2008，27(2)：217-235.

[7] Chen C. Solutions for Radionuclide Transport From an

Injection Well Into a Single Fracture in a Porous Formation[J]. Water Resources Research, 2010, 22(22): 508-518.

[8] 邹国栋. 页岩气藏压裂液运移规律研究[D]. 北京科技大学, 2023.

[9] 马新仿, 李宁, 尹丛彬等. 页岩水力裂缝扩展形态与声发射解释——以四川盆地志留系龙马溪组页岩为例[J]. 石油勘探与开发, 2017, 44(06): 974-981.

[10] 蔡建超, 郁伯铭. 多孔介质自发渗吸研究进[J]. 力学进展, 2012, 42(06): 735-754.

[11] 蔡建超, 郭士礼, 游利军, 等. 裂缝-孔隙型双重介质油藏渗吸机理的分形分析[J]. 物理学报, 2013, 62(01): 228~232.

[12] 邸士莹. 致密油藏注水裂缝扩展机理及有效开发方式研究[D]. 中国石油大学(北京), 2023.

基于全三维物模实验的储层改造实验研究与应用

曾瑞华[1]　邓校国[1]　杨战伟[2]　杜建洪[1]　王　辽[2]　严建波[3]

(1. 南方石油勘探开发有限责任公司；2. 中国石油勘探开发研究院；3. 渤海钻探井下技术服务分公司)

摘　要　目前施工参数对储层改造的影响分析多以经验和理论研究为主，而实验研究较少。已有实验多数是以柱塞岩心或小尺寸岩样为研究对象开展的，实验结果不能反映储层改造的真实规律。为此，参照某典型高应力储层岩石力学参数制作了大尺度实验样品，采用水力压裂物理模拟系统开展了全三维水力压裂实验，讨论了泵注排量、液体黏度对水力压裂的影响及声音发射振幅与泵注压力的关系。结果表明：(1)随着初期泵注排量的增加储层改造所需的破裂压力逐渐增加，达到一定数值后排量对破裂压力影响很小。(2)排量对起裂瞬间裂缝尺度大小有影响，但对整个压裂过程的影响很小。(3)施工初期采用低粘滑溜水可明显降低破裂净压力，也有利于降低施工压力。(4)声发射振幅大小与泵注净压力压力大小正相关，起裂净压力压力越大振幅越大。研究成果为高应力超深井压裂施工参数优化设计提供了参考。

关键词　水力压裂；排量；黏度；破裂压力；裂缝

近年来，随着国内油气资源的劣质化，油气勘探主要以“低渗透、深层、海洋、非常规”为主，大多储层需要改造才能取得经济效益，储层改造已经成为与物探、钻井并列的“三大”工程技术之一。方案优化设计对确保储层改造效果具有重要意义，国内外学者做了大量研究。Simon Falser、Haimson 和 Fairhurst 等研究了不同射孔方式、泵注速度对起裂压力的影响，认为平面射孔有利于降低破裂压力，加载速率增加破裂压力升高，开发了基于 Griffith 能量平衡的线弹性压裂机理模型。Lhomme、Lecampion 等分别用实验和数值模拟两种方法研究了液体黏度对砂岩水力压裂起裂的影响。结果显示高黏度流体导致破裂压力远大于裂缝起裂压力。魏元龙等开展了致密砂岩水力压裂实验，表明破裂压力与排量呈正相关关系，地应力差异系数没有明显规律。郭建春等建立了弹塑性地层的起裂压力预测模型，结果表明弹塑性地层起裂压力比线弹性理论预测值要大，起裂模式存在拉张和剪切两种方式。

通过以上总结可以发现，施工参数对储层改造的影响分析多以理论研究为主。部分学者开展了岩石破裂实验，总结了岩石起裂的影响因素。但实验样品以岩心柱塞或较小尺寸岩样为主，实验条件与真实的地层破裂环境差异较大。本文通过室内大尺寸全三维水力压裂物理模拟实验，分析了施工参数与液体性能对压裂时人工裂缝起裂及延伸的影响。

1　储层改造实验及实验分析

1.1　实验样品制备

样品采用 G 级(HSR)油井水泥浇筑凝固而成，水泥、石英粉、水混合比例为 25：10：14。样品浇筑后在标准环境养护 28 天，强度达到表 1 要求。在样品中间钻孔，下入内径 19mm 钢管模拟套管，采用固井胶固井，采用裸眼方式完井。裸眼井段位于样品中心，裸眼井段长度为 100mm(图 1)，井筒底部填充胶塞。

表 1　样品力学参数

岩心号	岩性	密度/(g/cm³)	杨氏模量/MPa	泊松比	抗压强度/MPa
1 号	水泥	2.07	14850	0.20	45.8
2 号	水泥	2.07	14920	0.18	27.7
3 号	水泥	2.08	15090	0.21	50.5

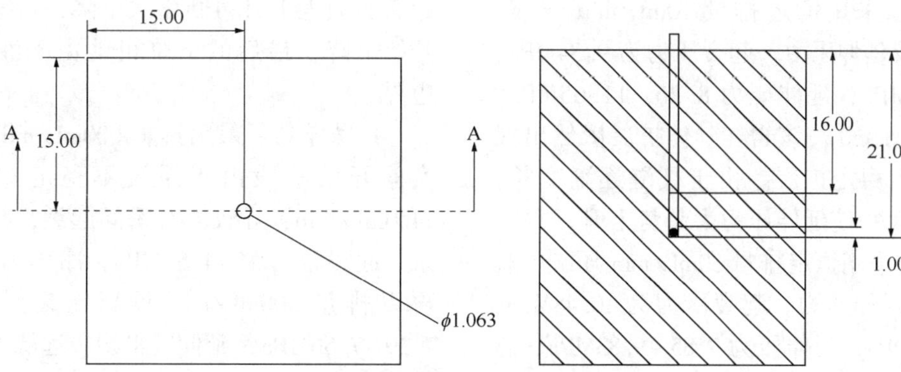

图 1　井筒设计俯视及侧视图

1.2　实验设备

利用全三维大尺度水力压裂物理模拟系统进行了水力压裂模拟实验，实验设备主要分为五大部分：围压系统、井筒注入系统、应力加载框架、声发射监测系统和实时控制系统。围压最大为69MPa，井筒注入压力最高为82MPa，可一次性泵入最多3L压裂液体。声发射监测采用德国Vallen AMSY-6声发射系统，具有24个通道。为减少端部效应，加压板与样品间垫聚四氟乙烯垫板。

1.3　实验方案

实验主要研究排量和液体黏度对水力压裂起裂压力和裂缝形态的影响，实验方案见表2。实验参数设计原则：(1)实验应力场以长宁-威远页岩气区块地质条件为参考，应力差保持不变，同时减小三向主应力大小。(2)实验液体选滑溜水与线性胶，实际页岩气井改造中大量采用两者结合的方式，作为大规模改造的液体类型，同时加入示踪染料，便于实验后可视化观察。压裂液为线性胶与滑溜水，与页岩气现场水力压裂压裂液体系相同。为便于观察裂缝形态，在压裂液中添加染料做示踪剂，示踪剂对压裂液性质无影响。(3)排量主要考虑相似准则进行设计。(4)声发射传感器频率为50~500kHz，24只传感器均匀布设在除底面外的五个表面。

表 2　实验方案

编号	加载应力/MPa		压裂液	黏度/(mPa·s)	排量/(mL/min)	是否声发射监测
	$\sigma_{V,H,h}$	$\sigma_H-\sigma_h$				
A号	13，13，7	6	线性胶	25	5	否
B号	13，13，7	6	线性胶	25	10	否
C号	13，13，7	6	滑溜水	5	30	否
D号	13，13，7	6	线性胶	5	60	是
E号	13，13，7	6	线性胶	25	300	否
F号	13，13，7	6	线性胶	30	2400	是
G号	9，9，7	2	线性胶	15	10	是
H号	9，9，7	2	线性胶	27,	30	是

1.4　实验结果

1.4.1　泵压曲线分析

表3总结了所有岩样的实验结果。破裂压力为压力曲线的最大值，将泵压减去水平最小主应力得到净压力曲线。

A号样品：采用120mL/min排空管线和注入井筒，采用恒定排量5mL/min压裂，观察破裂压力及延伸压力。起裂压力为8.87MPa，净压力为1.87MPa，延伸压力9.15~11.97MPa。岩样起裂后又重新起裂，有三个连续明显起伏。判断原因为裂缝憋压起裂，排量较小来不及填充新扩展的裂缝段，压力降低，填满液体后裂缝再起裂，再憋压，如此反复。裂缝延伸到一定距离，由于杠杆作用，裂缝开始较平稳扩展，直到接近设计的总液量1000mL停泵，最终注入的总液量为1007mL。

B 号样品：采用恒定排量 10mL/min 压裂，观察破裂压力及延伸压力。起裂压力为 9.34MPa，净压力为 2.34MPa，延伸压力 8.26～11.65MPa，总液量为 1194.18mL。该岩样延伸扩展依然出现 5 个波峰，为不稳定扩展。由于裂缝逐渐变长，摩阻和渗滤变大，使延伸压力大趋势上升。

C 号样品：采用恒定排量 30mL/min 压裂，观察破裂压力及延伸压力。起裂压力为 10.48MPa，净压力为 3.48MPa，延伸压力 7.85～9.83MPa，总液量为 2006mL。

D 号样品：采用排量 2mL/min 压裂，压力增长缓慢，后采用 60mL/min 压裂。起裂压力为 10.02MPa，净压力为 3.02MPa，总液量为 1056mL。该实验排量变换频繁，相应压力变化曲线较复杂，难以统计延伸压力，但对起裂压力无影响，认为排量为 60mL/min 下的起裂。

E 号样品：采用排量 300mL/min 压裂，起裂后再提高至 600mL/min，研究提高排量后对延伸压力的影响，观察破裂压力及延伸压力。起裂压力为 14.41MPa，净压力为 7.41MPa，延伸压力 9.93～11.52MPa。从图中可以看到，提高排量后压力先上升再断崖式下降，再缓慢升高后又开始下降，最后的下降可能由于液体已经突破边界。

F 号样品：采用排量 600mL/min 压裂，但在实验开始阶段由于系统不稳定，排量飙升至 2400mL/min，导致岩石瞬间起裂，起裂后立即停泵。起裂压力为 14.51MPa，净压力为 7.51MPa。再以排量 300mL/min 重新压裂，延伸压力为 7.39～7.56MPa、延伸较平稳，远低于 E 号岩样延伸压力。

G 号样品：考察较低地应力差 2MPa 下相同排量压裂时裂缝形态和施工压力。采用恒定排量 10mL/min 压裂，稳定注入 1060.74mL。起裂压力为 9.048MPa，净压力为 2.048MPa，延伸压力 7.58～10.6MPa，延伸压力曲线出现多次波动。

H 号样品：考察较低地应力差 2MPa 下的裂缝形态和施工压力。采用恒定排量 30mL/min 压裂，稳定注入 1199.67mL。起裂压力为 15.55MPa，净压力为 7.55MPa，延伸压力 7.61～10.34MPa，延伸压力与 G 号样品相当，延伸压力曲线较平稳。

表 3　实验结果

编号	排量/(mL/min)	液量/mL	起裂压力/MPa	起裂净压力/MPa	延伸压力/MPa
A 号	5	1007	8.87	1.87	9.15-11.97
B 号	10	1194.18	9.34	2.34	8.26-11.65
C 号	30	2006	10.48	3.48	7.85-9.83
D 号	60	1056	10.02	3.02	7.24
E 号	300	1220	14.41	7.41	9.93-11.52
F 号	2400	2401	14.51	7.51	7.39-7.56
G 号	10	1060.74	9.048	2.048	7.58-10.6
H 号	30	1199.67	15.55	7.55	7.61-10.34

1.4.2　起裂压力计算

Hubbert 和 Willis 推导了不考虑渗透情况下破裂压力公式：

$$P_0 = 3\sigma_h - \sigma_H + T_0 - p \tag{1}$$

式中，P_0为破裂压力，MPa；σ_h为最小主应力，MPa；σ_H为最大主应力，MPa；T_0为拉伸强度，MPa；p 为地层孔隙压力，MPa。

由于不考虑储层渗透性 p 值为恒定值，但实际储层改造过程中液体类型、施工排量及完井后目的层状态均会影响 p 值。公式(1)没考虑排量对起裂压力的影响，即排量相同起裂压力也相同，通常认为公式(1)计算得到破裂压力的上限值。

Valko 等人将线弹性断裂力学理论应用到了水力压裂分析。假设水力压裂服从 Griffith 能量守恒原理，实验产生的裂缝简化为平面应变条件下的线性裂缝，破裂压力与排量关系推导过程如下：

假设裂缝扩展的整个长度为 δ，mm；沿 Z 轴方向，单翼缝长为 c，mm；得到应变能w_0为：

$$w_0 = \frac{1}{2}\delta\int_0^c p_n(x)w(x)\mathrm{d}x \tag{2}$$

$p_n(x)$为 x 点处的压力值，MPa；$w(x)$为 x 点处的宽度值，mm。

$$w_0 = \frac{4\delta}{\pi E'}\int_0^c \xi [g(\xi)]^2 \mathrm{d}\xi \qquad (3)$$

引入平面应变模量 E'，Pa；当压力$p_n(x)$为恒定值时，采用 Griffith 能量守恒，引入断裂韧性，假定排量恒定可得：

$$P_0 = \sqrt[3]{\frac{\pi\delta K_{IC}^4}{qt_p E'}} \qquad (4)$$

式中，P_0为破裂压力，MPa；E'为平面应变模量，Pa；q 为排量，m^3/min；t_p为泵注时间，s；K_{IC}为断裂韧性，$MPa \cdot m^{1/2}$。

公式(4)没考虑黏度对起裂压力的影响，而液体黏度直接影响裂缝起裂处的孔隙压力，即$p_n(x)$为变量。通过公式(4)可计算得出破裂压力与排量的关系，计算结果可与物模实验进行相互验证。

计算模型所需参数如表 4 所示，表 4 中泵注时间为开始注入到裂缝起裂所持续的时间，断裂韧性、杨氏模量和泊松比采用实测值。δ 为岩石破裂时，瞬间起裂的裂缝长度，该值选取大小对其他参数有明显影响，如假定该值恒定，可得出随排量增加起裂压力降低的结论。起裂瞬间裂缝开启的长度，该值的大小设置至关重要。部分学者在计算时裂缝长度 δ 采用恒定值，得出的结论为随排量增加起裂压裂减小的结论。然而物模实验和声发射监测结果显示，排量不同有效缝长不同，泵注压力越大起裂有效缝长越长。因此，本实验裂缝长度根据经验赋值。

把表 4 所有参数代入公式(1)得到表 5 中的起裂压力计算值P_0。Hubbert 和 Willis 起裂压力计算模型中未考虑围压影响，理论计算出的P_0与起裂净压力值更接近。Hubbert 和 Willis 推导的破裂压力计算模型中并没有考虑围压对起裂压力的影响，计算得到的起裂压力值P_0更接近于起裂净压力。因此，将P_0加上最小主应力得到修正后的起裂压力值，计算结果如表 5 所示。得到的起裂压力值与实验结果趋势相同，即排量越大起裂压力也越大。所得起裂压力值与实验结果有很大差别，分析认为是井筒周围储层孔隙压力变化引起，说明理论模型中孔隙压力假设为静态值与实际施工过程不符。

表 4　计算模型参数

编号	排量 $q/(m^3/min)$	裂缝长度 δ/m	断裂韧性$K_{IC}/(MPa \cdot m^{1/2})$	泵注时间t_p/min	杨氏模量 E/MPa	泊松比 ν
A 号	5 * 10(-6)	0.1	1.56	17.25	15542	0.2
B 号	10 * 10(-6)	0.15	1.56	8.35	15542	0.2
C 号	30 * 10(-6)	0.2	1.56	3.05	15542	0.2
D 号	60 * 10(-6)	0.25	1.56	1.67	15542	0.2
E 号	300 * 10(-6)	0.3	1.56	0.65	15542	0.2
F 号	2400 * 10(-6)	0.3	1.56	0.01167	15542	0.2
G 号	10 * 10(-6)	0.15	1.56	7.8	15542	0.2
H 号	30 * 10(-6)	0.2	1.56	3.83	15542	0.2

表 5　计算结果

编号	起裂压力/MPa	起裂净压力/MPa	起裂压力计算值P_0/MPa	修正后起裂压力计算值/MPa
A 号	8.87	1.87	1.12	8.12
B 号	9.34	2.34	1.29	8.29
C 号	10.48	3.48	1.38	8.38
D 号	10.02	3.02	1.44	8.44
E 号	14.41	7.41	1.23	8.23
F 号	14.51	7.51	2.46	9.46
G 号	9.048	2.05	1.32	8.32
H 号	15.55	7.55	1.28	8.28

2 影响压裂效果的主要因素

2.1 排量对水力压裂影响

利用全三维大尺度水力压裂模拟系统进行了8块水泥样品裂缝起裂及扩展模拟实验，排量分别为5mL/min、10mL/min、30mL/min、60mL/min、300mL/min和2400mL/min，得到了压后裂缝几何形态和压裂过程中压力随时间变化规律。实验可分为两组：A号、B号、C号、D号、E号和F号为一对比组，主要研究不同排量对水力压裂的影响；A号、B号、G号和H号为另一对比组，主要研究不同应力差对水力压裂的影响。虽然D号、E号和F号整个实验过程中排量不恒定，但对起裂压力不会有影响。

图2为A号、B号、C号、D号、E号和F号样品实验泵注压力，图3为破裂压力和排量关系曲线。由图2和图3可知：达到破裂压力之前施工压力(施工压力与泵注压力一个意思-看后删除)随时间呈线性增长，排量越大增长速率越快。排量高破裂压力值越高，破裂净压力就越高，排量提高到一定程度后对破裂压力影响变小。排量越高破裂压力越高，起裂净压力也越高，排量达到一定值对起裂压力影响很小。

图2中A号、B号、G号和H号排量较低，压力曲线震荡，出现几个峰值，由于水泥样品较脆，形成憋压-扩展-再憋压型扩展，水力裂缝是非连续延伸扩展的。C号、D号、E号和F号排量较高，延伸扩展阶段压力曲线平稳上升，随着裂缝的扩展裂缝长度增大、摩阻变大，导致延伸压力逐渐升高。

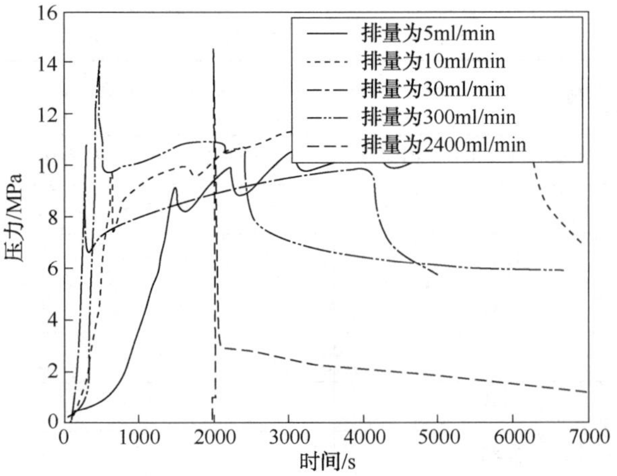

图2 岩样压力曲线

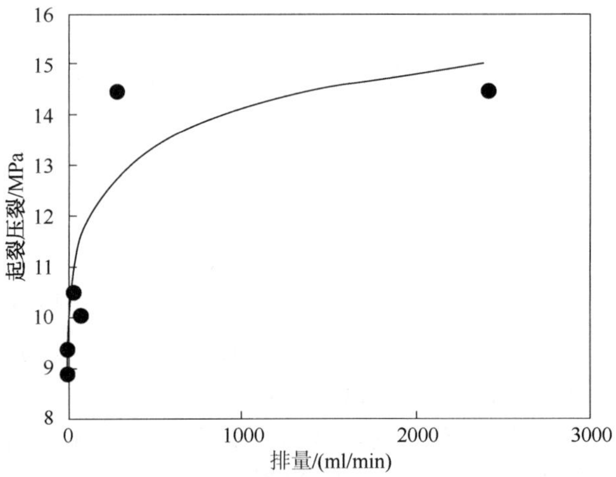

图3 排量与破裂压力的关系

A、B、E号样品加载三向应力相同、注入的总液量相当，只存在排量差异，具有可比性。实验后沿井筒附近相同位置剖开三块岩样，发现排量的改变对裂缝最终长度影响不明显，裂缝尺寸只和最终注入的液量相关。这可能由于固井水泥渗透率较低导致液体滤失较少，排量对滤失的影响可忽略。但对于高渗地层，应考虑排量对滤失的影响。声发射定位结果显示，排量增大裂缝内压力上升较快，裂缝延伸距离较远、起裂半径较大。因此，在保证能憋压的前提下，采取低排量泵注施工能够降低储层破裂压力，也降低了施工压力。

2.2 压裂液黏度对裂缝起裂的影响

实验中B和G、C和H样品设置了相同的泵注排量，依据人工裂缝起裂净压力值大小来研究液体黏度对裂缝起裂的影响，如图4。B和G号泵注排量均为30mL/min，B号岩样采用黏度为25mPa·s线性胶，G号岩样为15mPa·s线性胶；B号岩样破裂净压力为2.34MPa，比G号岩样高14.1%；H号岩样液体黏度为C号的4.4倍，其起裂净压力比C号岩样高116.9%。实验结果表明，液体黏度对人工裂缝起裂有直接影响，高黏液体能显著提高储层起裂的破裂压力，低黏液体能较低净压力下压开储层，净压力降低20%~50%。

2.3 施工参数对声发射影响

为考察排量对声发射的影响，研究了D号、F号、G号和H号样品声发射振幅与泵注压力间的关系，4块样品采集设置相同门槛值30dB。如图5所示，振幅大小与泵注压力大小正相关，起裂压力越大振幅越大。F号、H号样品稳定扩展阶段，声发射振幅也较稳定，振幅值低于起裂压力阶段，样品能量均匀释放。G 号样品压力曲线波动较大，声发射振幅也相应起伏，证实了扩展的非连续性。

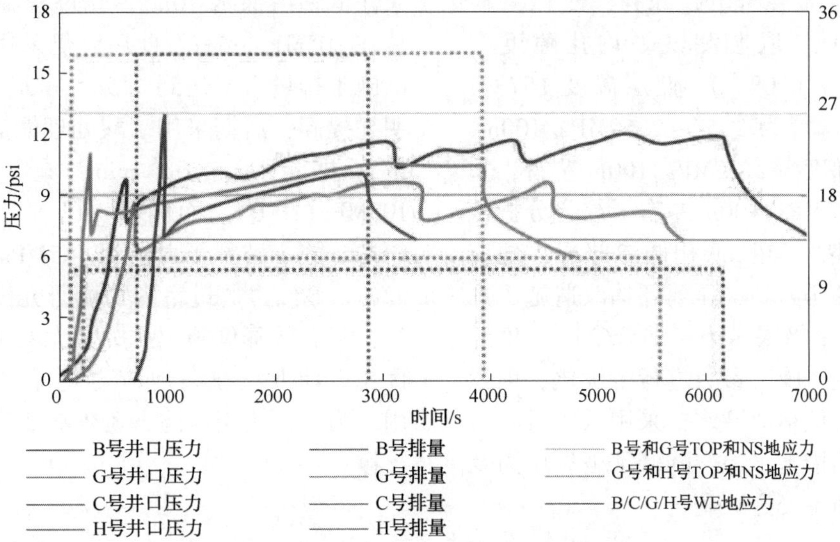

图 4　水力压裂物模实验压力曲线

对比不同黏度的液体实验时声发射信号响应，D 岩样实验液体黏度为 5mPa · s 的滑溜水，其声发射响应信号显著高于 F 岩样线性胶压裂实验，且 F 岩样排量远大于 D 号岩样，一般认为大排量导致的声发射信号数量较多；同样，对比 G 号与 H 号岩样，H 号排量为 G 号的 3 倍，G 号岩样采用的液体黏度较低，对比两者声发射信号数量较相近。实验证实，低黏液体容易产生更多的声发射信号，可认为改造体积较大，其作用权重高于增加排量。

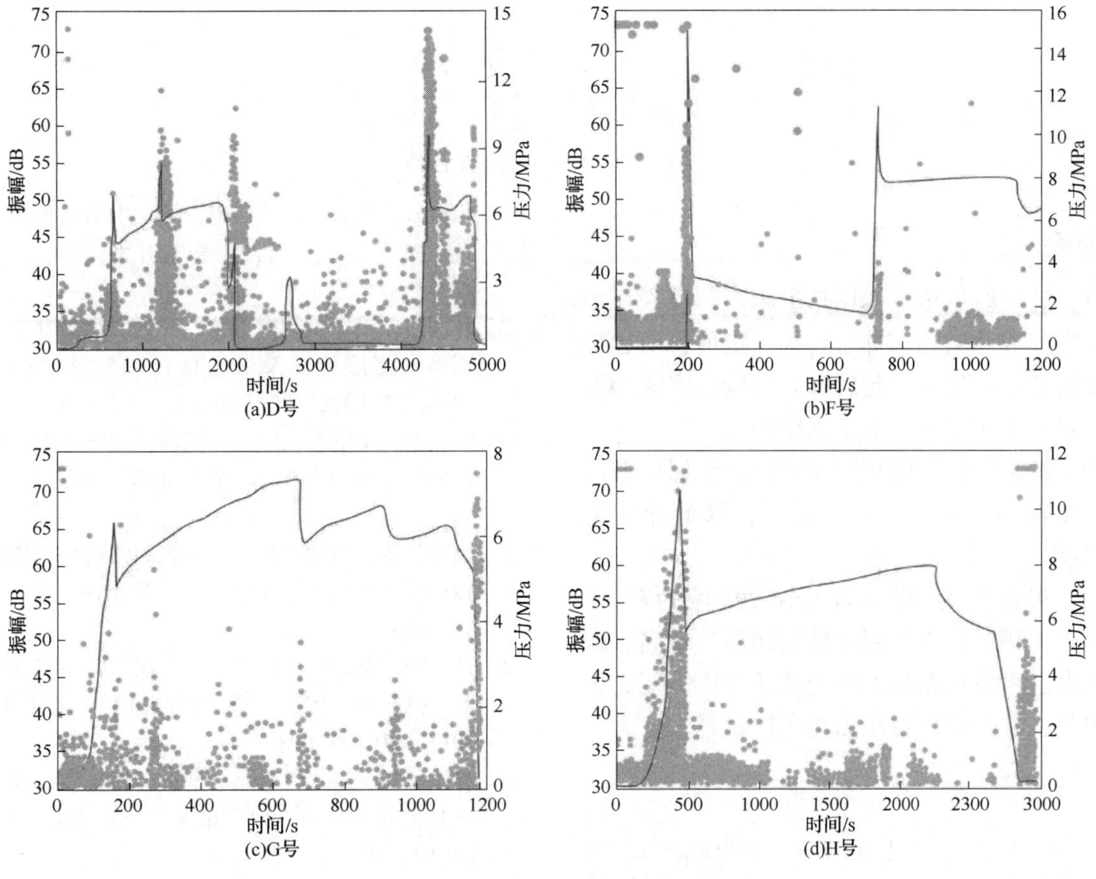

图 5　声发射振幅和泵注压力随时间变化

3 应用实例

TH-1 井是西部某油田超深井，改造井段 7081.00~7205.00m，取芯测试平均孔隙度在 4.2%，平均渗透率 0.08mD，储层温度 157℃；水平最大主应力梯度为 2.55~2.69MPa/100m，水平最小主应力梯度为 2.25MPa/100m 左右，垂向应力梯度为 2.43MPa/100m 左右。综合分析该井改造段属于典型"三超"低孔低渗储层，地应力梯度偏高，破裂压力高，压前评估改造施工井口可能超过 120MPa 极限压力。结合室内物模研究成果，对该井改造施工参数进行了优化，前置液造缝前首先泵注低粘滑溜水，采用低排量、缓慢提升排量的工艺措施，综合降低了破裂压力及施工压力，保证施工安全顺利。

该井施工过程，正式施工前采用滑溜水替换井筒完井液。坐封后，首先以 0.5m^3/min 排量泵注低粘滑溜水 10m^3，此过程施工压力始终维持在 105MPa 左右；此后，仍采用滑溜水缓慢提高施工排量直至达到 4.5m^3/min，施工压力没有明显提高；后期采用了酸处理能措施，整个施工最高排量达 5.2m^3/min，施工压力未超过 105MPa(图 6)。而同区块已改造 7100m 以上超深井，施工破裂压力达到 115MPa 以上井比例占 92%。显然，通过室内物模研究优化压裂施工设计，可有效降低施工压力，尤其破裂压力。本文优化设计方法在高地应力超深井中得到大量应用，为降低施工风险，确保施工安全提供了有力支撑。

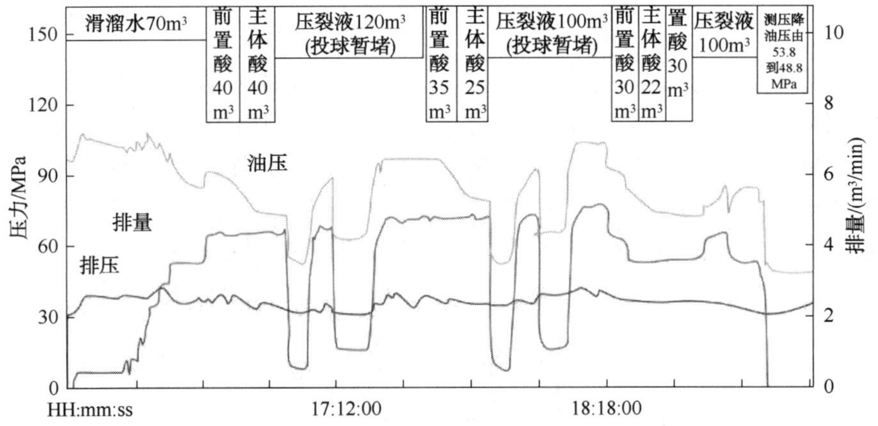

图 6 TH-1 井改造施工曲线

4 结论

(1) 储层改造施工初期排量越高，破裂压力越高，为非线性增加。排量达到一定值，对起裂压力影响变小；排量对起裂瞬间裂缝尺度大小有影响，对整个压裂过程基本无影响。

(2) 低粘液体可明显降低高应力储层破裂压力，可在较小净压力下压开储层，降低净压力 20%~50%。

(3) 实验中泵注净压力大小与测得到声发射振幅大小正相关，人工裂缝破裂净压力越高，振幅就越大。声发射振幅大小与泵注净压力压力大小正相关，起裂净压力压力越大振幅越大。

参 考 文 献

[1] 赵政璋，胡素云，李小地．能源：历史回顾与 21 世纪展望[M]．北京：石油工业出版社，2007.

[2] 胡素云，朱如凯，吴松涛，等．中国陆相致密油效益勘探开发[J]．石油勘探与开发，2018，45(4)：737-748.

[3] 杜世涛，田继军，李沼鹅，等．准噶尔盆地二叠系页岩气储层特征及潜力区优[J]．特种油气藏，2018，25(02)，49-55+69.

[4] 赖世新，李艳平，宁良．滴南凸起石炭系油气勘探再突破条件分析[J]．新疆地质，2018，36(04)，490-496

[5] 姚旭．致密油水平井分段压裂裂缝延伸规律数值模拟[J]．大庆石油地质与开发，2019，38(06)，162-168.

[6] 汪海阁，葛云华，石林．深井超深井钻完井技术现状、挑战和"十三五"发展方向[J]．天然气工业，2017，37(4)：1-8.

[7] 林永茂，王兴文，刘斌．威荣深层页岩气体积压裂工艺研究及应用[J]．钻采工艺，2019，42(4)：67-69+116.

[8] 胥云，雷群，陈铭，等．体积改造技术理论研究进

展与发展方向[J]. 石油勘探与开发, 2018, 45(5): 874-887.

[9] Simon Falser, Weijian Mo. Reducing breakdown pressure and fracture tortuosity by in-plane perforations and cyclic pressure ramping. ARMA 16-191, the 50th US Rock Mechanics/Geomechanics Symposium. in Houston, Texas, USA, 26-29 June 2016.

[10] Haimson, B. C, and Fairhurst, c. Hydraulic fracturing in porous permeable materials. SPE 2354, JPT 21: 811-817.

[11] Zoback, M. D., Rummel, F., Jung, R. and Raleigh, C. B. Laboratory hydraulic fracturing experiments in intact and pre - fractured rock [J]. Int. J. Rock Mech. Min. Sci. & GEOMECH. Abstr. 1977, 14(2): 49-58.

[12] Yashwanth Chitrala, Carl Sondergeld and Chandra Rai. Microseismic Studies of hydraulic fracture evolution at different pumping rates. SPE 155768.

[13] Zhengwen Zeng, Jean-Claude Roegiers. Experimental observation of Injection rate influence on the hydraulic fracturing behavior of a tight gas sandstone. SPE/ISRM 78172.

[14] T. P. Lhomme, C. J. de Pater, P. H. Helfferich. Experimental study of hydraulic fracture initiation in Colton Sandstone. SPE/ISRM 78187.

[15] B. Lecampion, J. Desroches, R. G. Jeffrey, A. P. Bunger, J. Burghardt. Initiation versus breakdown pressure of transverse radial hydraulic fracture: theory and experiments. ISRM-13congress-2015-285.

[16] 魏元龙, 杨春和, 郭印同, 刘伟, 王磊, 侯振坤, 徐峰. 须家河组致密砂岩水力压裂裂缝形态的试验研究[J]. 岩石力学与工程学报, 2016, 35(S1): 2720-2731. [2017-09-13].

[17] 郭建春, 何颂根, 邓燕. 弹塑性地层水力压裂起裂模式及起裂压力研究[J]. 岩土力学, 2015, 36(09): 2494-2500+2509. [2017-09-13].

[18] 张勇, 王志晨, 甘宇明, 等. 高应力差裂缝储层缝网压裂技术可行性研究及应用[J]. 钻采工艺, 2019, 42(4): 50-54.

[19] Hubbert, M. K and Willis, D. G.. Mechanics of Hydraulic Fracturing [J]. Trans. Am. Inst. Min. Eng. 1957, 210: 53-168.

[20] Valko, P. and Economides, M. J. Hydraulic fracture mechanics. Joho Wiley & Sons, Chichester, UK(1995).

裂缝性储层应力敏感性分析与预测

王宇飞　方　涛　赵顺超　陈华兴　吴华晓　尚宝兵

[中海石油(中国)有限公司天津分公司]

摘　要　裂缝的形成会增加储层的敏感性和非均匀性，对油田的开发效果造成严重影响，研究和定量评估裂缝型储层的应力敏感性具有重要意义。本文以渤海C油田低渗裂缝性储层为案例，引入裂缝分析新技术，采用有限元方法建立了数值模型，模拟了不同产状下裂缝在地应力作用下的闭合规律，并对其应力敏感程度进行了深入评估。此外，我们还借助大数据分析方法开发了高效的应力敏感程度预测模型。研究结果显示：在目标油田中，裂缝倾角越小、长度越长、宽度越小，其应力敏感程度越显著。裂缝倾角对应力敏感性的影响取决于地应力场的情况。当水平应力小于垂直应力时，裂缝倾角越小，应力敏感程度越高。裂缝倾角对裂缝应力敏感性的影响最大，其次是侧压力系数、裂缝长度和裂缝宽度。最后，采用XG-Boost方法建立的应力敏感程度预测模型，实测值与预测值之间的相关性达到0.87，具备了方便、实用和准确的特点。这项研究成果对研究分析裂缝性储层裂缝应力以及渗流特性和生产动态具有重要的参考价值。

关键词　裂缝型储层；应力敏感；裂缝倾角；侧压力系数；预测模型

在碳酸盐岩储层的开发过程中，随着有效应力的增加，储层的渗流能力降低，这现象被称为储层的应力敏感性。碳酸盐岩储层通常伴随着裂缝的存在，这会加剧储层的应力敏感性和非均质性，从而对储层的渗流和有效开发产生严重的制约。因此，对于裂缝型储层的应力敏感性进行研究和定量评价具有重要的意义。本文以渤海C油田奥陶系裂缝性储层为例，采用有限元方法建立了裂缝在两向应力作用下的数值模拟模型。研究了不同裂缝倾角、裂缝长度、裂缝宽度以及侧压力系数对裂缝在地应力作用下的闭合规律的影响，并借助大数据分析方法建立了多因素影响下的裂缝应力敏感程度预测模型。这些研究成果为碳酸盐岩裂缝型储层的产能预测和生产制度优化提供了有力依据。

1　虑内压变化的有限元力学模型

1.1　数值模拟模型

采用ABAQUS有限元软件模拟了在水平和垂直两个方向的应力作用下，理想裂缝的闭合过程。在数值分析中，使用了平面应变模型，并将裂缝的形状设定为长方形，通过在模型中间切槽的方式来预制裂缝。图1展示了数值分析模型以及相应的边界条件。在模拟中，裂缝受到了上覆岩层的垂直应力(Y方向)和水平应力(X方向)的共同作用，而后者与前者的比值被称为侧压力系数。在模型分析中，考虑了以下假设：

(1) 通过在预制裂缝面的上下左右四个面加载位移量，模拟了裂缝的闭合过程，从而等效地考虑了水平和垂直应力的同时作用。位移的大小是根据侧压力系数值和裂缝的初始宽度进行设定的。

(2) 假定裂缝面的接触变形是弹性的。

通过改变模型中裂缝的长度(L)、宽度(w)、倾角(θ)、以及侧压力系数(K)等参数，旨在探究它们对于裂缝闭合过程的影响规律。

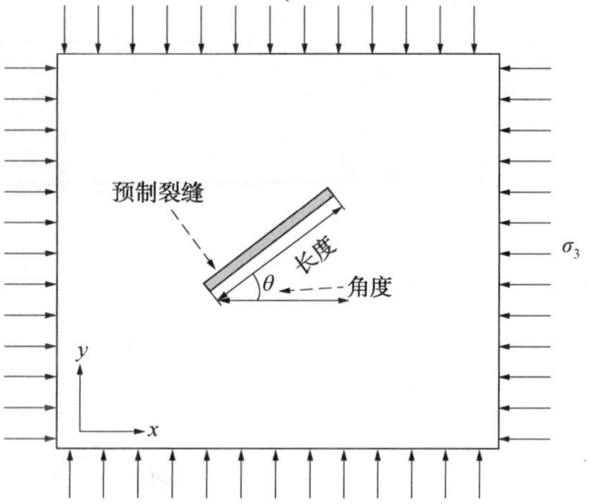

图1　数值分析模型

模型中储层岩石力学参数依据渤海C油田奥陶系裂缝性储层的实测值进行设定，裂缝参数和侧压力系数值根据研究的不同情况进行调整。

表 1　模型岩石力学参数

储层参数	数值	单位
弹性模量	45.06	GPa
剪切模量	17.92	GPa
泊松比	0.257	无因次
内摩擦角	45.59	°
单轴抗压强度	62.21	MPa
抗拉强度	5.18	MPa
水平应力	50	MPa
垂向应力	66	MPa

1.2　破裂准则

破裂准则采用了最大拉伸强度准则和摩尔-库仑准则损伤阈值进行单元损伤判断。在判断模型单元的损伤情况时，以是否满足拉伸准则为依据。带拉伸破坏准则的表达式如下：

$$\begin{cases}\sigma_1-\dfrac{1+\sin\phi}{1-\sin\phi}\sigma_3\geqslant\sigma_c,\ \sigma_1>\sigma_c-\lambda\,\sigma_t\\ \sigma_3\leqslant-\sigma_t,\ \sigma_1\leqslant-\sigma_c-\lambda\,\sigma_t.\end{cases}\tag{1}$$

式中，σ_1、σ_3 分别为最大水平主应力、最小水平主应力，MPa；ϕ 为摩擦角，(°)；λ 为残余强度系数；σ_t 为抗拉强度，MPa；σ_c 为极限应力条件下单轴抗压强度，MPa。

以此可计算并动态演示裂缝闭合的整个过程，将水平和垂向输出应力值转化成裂缝内压的不断变化，同时输出每个闭合步长的裂缝流动空间，可计算不同闭合程度下的裂缝渗透率。

2　裂缝闭合及应力敏感性计算结果分析

2.1　不同影响因素下裂缝闭合规律

通过 ABAQUS 有限元软件计算得到不同裂缝长度 L、宽度 w、倾角 θ、侧压力系数 K 等影响因素下裂缝的闭合过程。图 2 不同角度裂缝（缝长 1m/缝宽 1mm）最终时刻受力特征示意图。

裂缝在受到应力作用后，压力呈现出椭圆形的等值线分布，从裂缝自身向外部扩散。从靠近裂缝的低应力值开始，压力值逐渐增加，这表明应力作用是围绕裂缝呈椭圆向内部传递压力。同时，在裂缝的两端观察到应力集中的现象，并且这些应力逐渐向外减小，随着两向应力的增加，裂缝内部的地层压力不断下降，导致裂缝逐渐受到挤压变形，最终宽度减小，直至裂缝完全闭合。

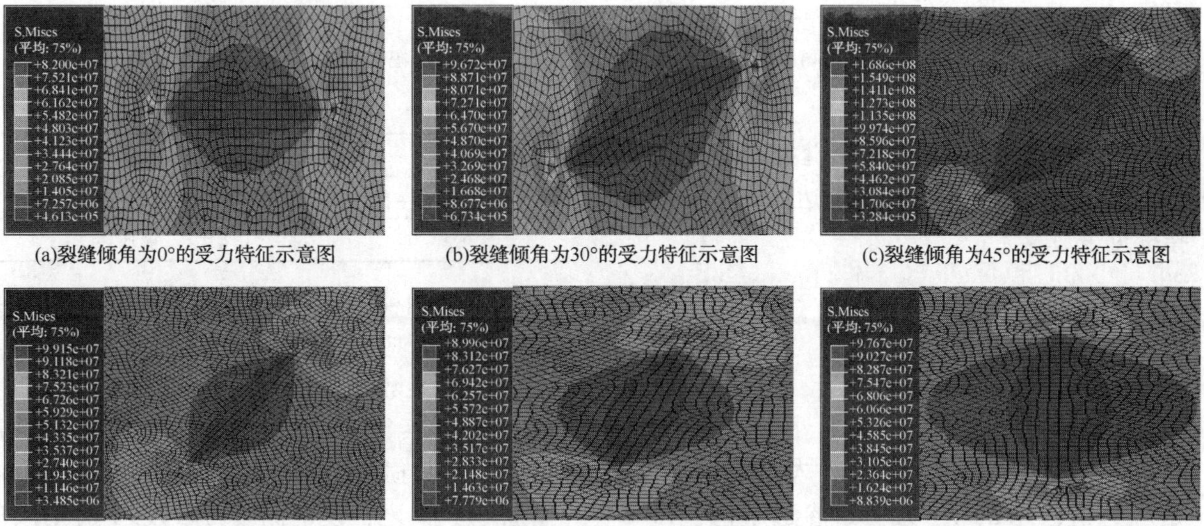

(a)裂缝倾角为0°的受力特征示意图　(b)裂缝倾角为30°的受力特征示意图　(c)裂缝倾角为45°的受力特征示意图

(d)裂缝倾角为60°的受力特征示意图　(e)裂缝倾角为75°的受力特征示意图　(f)裂缝倾角为90°的受力特征示意图

图 2　不同角度裂缝（缝长 1m/缝宽 1mm）最终时刻受力特征示意图（侧压力系数<1）

图 3 展示了不同产状裂缝的渗透率比值随地层压力降幅的变化曲线。这反映了裂缝的渗流能力随地层压力的降低而减小，即裂缝在受地应力作用时会发生变形和闭合，从而导致裂缝宽度的不断减小。当我们考虑不同裂缝倾角时，发现当侧压力系数小于 1 时，倾角越小越容易发生闭合[如图 3(a)所示]，而当侧压力系数大于 1 时，倾角越大越容易发生闭合[如图 3(b)所示]。这是因为在侧压力系数小于 1 的地层中，较小的倾角受到最大主应力的拉张作用，更容易导致闭合。相反，在水平应力大于垂向应力的地层中，倾角较小的裂缝更难闭合。此外，保持侧压力系数<1，固定裂缝倾角为 45°、缝宽为 1mm 时，当裂缝长度增加时，更容易发生闭合[如图 3(c)

所示]，而当裂缝宽度减小时，也更容易发生闭合[如图3(d)所示]。

以渤海C油田奥陶系裂缝性储层为例，由于水平应力小于垂向应力的特点，在这类储层中，裂缝倾角越小、长度越长、宽度越小则越容易发生闭合进而影响其渗流能力。

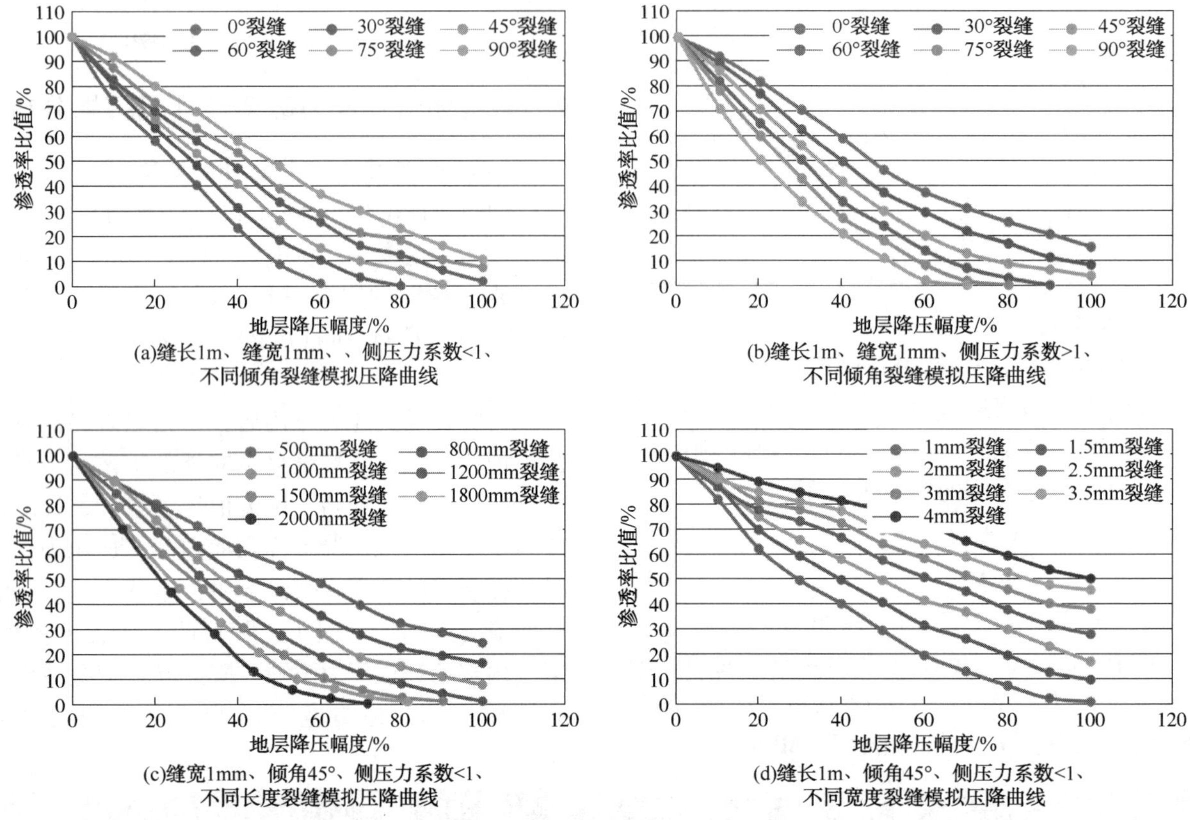

图3 不同产状裂缝的渗透率比值随地层压力降幅变化曲线

2.2 应力敏感性分析

采用应力敏感系数法评价裂缝型储层的应力敏感程度，应力敏感系数S的表达如式(2)，评价指标见表2。

$$S_s=\frac{1-\left(\frac{K_i}{K_o}\right)^{\frac{1}{3}}}{Lg\frac{\sigma_i}{\sigma_o}} \tag{2}$$

式中，S_s为应力敏感系数，无量纲；σ_o为初始应力值，MPa；K_o为初始渗透率值，$10^{-3}\mu m^2$；σ_i为各实验点的有效应力值，MPa；K_i为各实验点的对应的渗透率值，$10^{-3}\mu m^2$。

表2 应力敏感系数评价指标

续表

S_s	应力敏感程度
$S_s<0.05$	无
$0.05\leqslant S_s\leqslant 0.30$	弱
$0.30<S_s\leqslant 0.50$	中等偏弱
$0.50<S_s\leqslant 0.70$	中等偏强
$0.70<S_s\leqslant 1.00$	强
$S_s>1.00$	极强

对前述四种不同影响因素下裂缝闭合规律的模拟结果进行应力敏感性评价，结果见表3。当设定侧压力系数<1，模拟不同倾角裂缝闭合时，其应力敏感系数为0.51~0.96，平均0.67，属中等偏强~强损害，倾角越小应力敏感程度越强(模拟1)；反之，设定侧压力系数>1时则倾角越大应力敏感程度越强，其应力敏感系数为0.45~0.90，平均0.69，属中等偏弱~强损害(模拟2)。设定侧压力系数<1，单因素影响模拟结果显示不同长度裂缝闭合时，应力敏感系数为0.35~0.87，平均0.65，属中等偏弱~强损害，裂缝越长应力敏感程度越强(模拟3)；模拟不同宽度裂缝闭合时，应力敏感系数为0.19~0.72，平均0.37，属弱~强损害，缝宽越小应力敏感程度越强(模拟4)。其中裂缝倾角的变化对

于应力敏感性的影响最大，其次为裂缝长度、宽度。

表 3 基于 ABAQUS 的不同产状裂缝应力敏感性模拟结果

序号	模拟类型	缝长/mm	缝宽/mm	角度/°	敏感系数 S	敏感程度
1	不同倾角裂缝闭合，侧压力系数<1	1000	1.0	0	0.96	强
				30	0.76	强
				45	0.64	中等偏强、
				60	0.60	中等偏强
				75	0.56	中等偏强
				90	0.51	中等偏强
2	不同倾角裂缝闭合，侧压力系数>1	1000	1.0	0	0.45	中等偏弱
				30	0.55	中等偏强
				45	0.65	中等偏强
				60	0.74	强
				75	0.85	强
				90	0.90	强
3	不同长度裂缝闭合，侧压力系数<1	500	1.0	45	0.35	中等偏弱
		800			0.43	中等偏弱
		1000			0.56	中等偏强
		1200			0.76	强
		1500			0.78	强
		1800			0.83	强
		2000			0.87	强
4	不同宽度裂缝闭合，侧压力系数<1	1000	1.0	45	0.72	强
			1.5		0.50	中等偏弱
			2.0		0.41	中等偏弱
			2.5		0.31	中等偏弱
			3.0		0.25	弱
			3.5		0.20	弱
			4.0		0.19	弱

3 裂缝应力敏感程度预测

为考虑多因素作用对于应力敏感程度的影响，采用主成分分析法对各因素影响应力敏感程度的权重大小进行计算，并借助大数据分析手段建立裂缝应力敏感程度预测模型，为裂缝性储层应力敏感性评价提供依据。

3.1 主成分分析

主成分分析法是将一组相关的多个数据指标转变为几个综合指标(主成分)的多元统计方法，用于分析每个属性对于目标的重要程度，其步骤如下：

对属性数据进行中心化：

$$x^{(i)} = x^{(i)} - \frac{1}{m}\sum_{j=1}^{m} x^{(j)} \tag{3}$$

计算样本协方差矩阵：

$$XX^{\mathrm{T}} = \begin{Bmatrix} \mathrm{cov}(x_1,\ x_1)\ \mathrm{cov}(x_1,\ x_n) \\ \mathrm{cov}(x_m,\ x_1)\ \mathrm{cov}(x_m,\ x_m) \end{Bmatrix} \tag{4}$$

求解 XX^{T} 的特征值：

$$XX^{T} v = \lambda v \tag{5}$$

式中，λ 为特征值，v 为特征向量，求解出 n 个特征值，λ_1，$\lambda_2 \cdots \lambda_n$。

可解释性方差w_{war}：

$$w_{\mathrm{war}} = \frac{\lambda_i}{\sum_{i=1}^{n} \lambda_i} \tag{6}$$

使用 Python3.6 中 Sklearn 作为编程平台，将裂缝倾角、侧压力系数、裂缝长度和裂缝宽度作为输入特征，应力敏感系数 S 作为分析目标序列，计算结果如表 4 所示，裂缝倾角对于应力敏感系数 S 的权重系数最大，其次为侧压力系数、缝长、缝宽，这与前述软件模拟得到的计算结果相吻合。

表 4 各特征参数对于应力敏感系数 S 的权重

(样本数=215)

属性	裂缝倾角	侧压力系数	裂缝长度	裂缝宽度
权重因子	40.01%	28.51%	18.33%	13.15%

3.2 裂缝应力敏感程度预测模型建立

XGBoost 是一种近年来先进的机器学习算法，是一个集成模型，通过集成多个决策树作为基学习器而使得其性能强大。每个基学习器不断学习前一个基学习器的残差，使得残差越来越小直至收敛而不再增加新的基学习器，该方法能够克服学习样本数少、及变量相对单一的问题。XGBoost 原理如下：

设有样本 $X_i=\{x^1, x^2, \cdots x^n\}$ 其对应的标签为 Y_i，XGBoost 使用 K 个树的中的每个树对于样本的预测值的和作为输出，其学习目标：

$$\hat{y}_i=\sum_{k=1}^{K} f_k(x_i) \tag{7}$$

式中，$f_k(x_i)$ 为每个基学习器的预测值。

学习过程中的损失函数：

$$l(\varphi)=\sum_i l(\hat{y}_i, y_i)+\sum_k \Omega(f_k) \tag{8}$$

$$\Omega(f)=\gamma T+\frac{1}{2}\lambda\|w\|^2 \tag{9}$$

式中，$\sum_i l(\hat{y}_i, y_i)$ 为训练误差，$\sum_k \Omega(f_k)$ 为正则化项，控制模型的复杂度，不至于模型过拟合。T 为每个基学习器的叶子节点数目，w 是每个基学习器叶子节点分数集合，λ 和 γ 表示惩罚系数，为超参数。

可将上式写为：

$$l^{(t)}=\sum_{i=1}^{n} l(y_y, \hat{y}_i^{(t-1)}+f_t(x_i))+\Omega(f_t) \tag{10}$$

继续转换：

$$\begin{aligned} l^{(t)} &= \sum_{i=1}^{n}\{y_i-[\hat{y}_i(t-1)+f_t(x_i)]\}^2+\Omega(f_t) \\ &= \sum_{i=1}^{n}[2(\hat{y}_i(t-1)-y_i)f_t(x_i)+f_t(x_i)^2]+\Omega(f_t) \end{aligned} \tag{11}$$

根据泰勒展示定理，可将上式展开为：

$$\tilde{l}^{(t)}\sum_{i=1}^{n}[l(y_i, \hat{y}^{(t-1)})+g_i f_t(x_i)+\frac{1}{2}h_i f_t^2(x_i)]+\Omega(f_t) \tag{12}$$

其中：$g_i=\dfrac{\partial l(y_i, \hat{y}_i^{(t-1)})}{\partial \hat{y}_i^{(t-1)}}$，$h_i=\dfrac{\partial^2 l(y_i, \hat{y}_i^{(t-1)})}{\partial(\hat{y}_i^{(t-1)})^2}$。

最终化为：

$$l^{(t)}\approx\sum_{j=1}^{T}\left[(\sum_{i\in I_j} g_i)w_j+\frac{1}{2}(\sum_{i\in I_j} h_i+\lambda)w_j^2\right]+\gamma T \tag{13}$$

最终的求解目标是得到每个基学习器叶子节点 j 的分数 w_j，将每棵树的分数相加即可得到最终结果。上式对 w_j 求偏导，令之为 0 即可求得 w_j。

$$\hat{w}_j=-\frac{\sum_{i\in I_j} g_i}{\sum_{i\in I_j} h_i+\lambda} \tag{14}$$

基于 ABAQUS 的不同产状裂缝应力敏感性模拟结果，输出每个闭合步长的裂缝倾角、长度、宽度和侧压力系数作为模型的输入训练参数，应力敏感系数作为模型训练的标签，将 70%的数据样本作为训练数据，剩余 30%作为测试样本。模型拟合结果显示实测与预测应力敏感系数较为接近，且模型稳定性高(图 4)，实测与预测应力敏感系数呈线性相关，相关系数达 0.8685(图 5)，因此依据 XGBoost 方法建立的应力敏感系数预测模型具良好的可靠性及适用性。

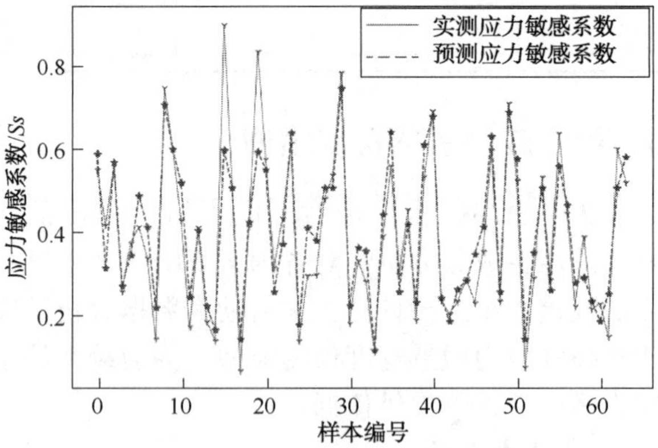

图 4 XGBoost 预测模型拟合曲线

4 结论

(1) 裂缝倾角对应力敏感的影响与所处地应力场有关，当水平应力小于垂向应力时，裂缝倾

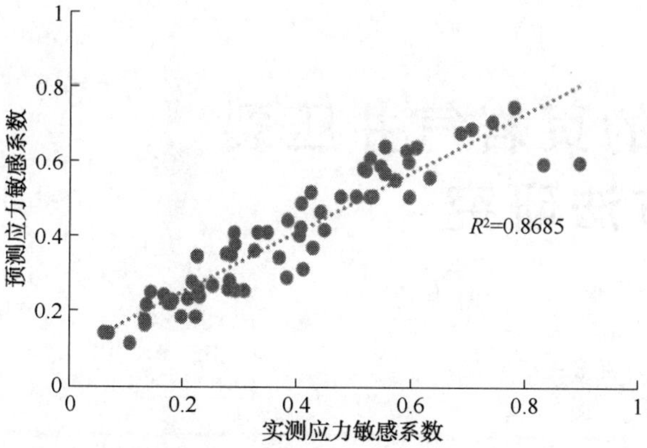

图 5　实测与预测应力敏感系数相关性

角越小应力敏感程度越强；反之，水平应力大于垂向应力时，裂缝倾角越大应力敏感程度越强。

（2）对于渤海 C 油田奥陶系裂缝性储层，裂缝倾角越小、长度越长、宽度越小则应力敏感程度越强，开发过程中应尽量选择发育高角度裂缝、裂缝长度短且缝宽大的地层进行开采，尽量减小裂缝应力敏感伤害。

（3）基于 XGBoost 机器学习方法建立了依据裂缝倾角、长度、宽度和侧压力系数的应力敏感程度预测模型，对于裂缝型储层产能预测及开发方案制定具有参考价值，为此类油田开发提供理论依据。

参 考 文 献

[1] 李嘉瑞，张炜，沈妍斐，等．富黏土低渗透砂岩应力敏感性实验和微观变形机理[J]．断块油气田，2011，18(5)：645-648.

[2] 曹耐，雷刚，董平川，等．裂缝型储层渗透率应力敏感评价及对生产影响[J]．断块油气田，2019，26(2)：195-199.

[3] 薛仁江，郭建春，赵志红，等．济阳拗陷页岩储层水平井裂缝扩展数值模拟[J]．西南石油大学学报(自然科学版)，2019，41(2)：84-96.

[4] 王超，张强勇，刘中春，等．缝洞型油藏裂缝宽度变化预测模型及其应用[J]．中国石油大学学报(自然科学版)，2016，40(1)：86-91.

[5] 康毅力，李潮金，游利军，等．塔里木盆地深层致密砂岩气层应力敏感性[J]．天然气地球科学，2020，31(4)：532-541.

[6] 金瑞蒙，曾歆，韩静远，等．基于主成分分析和聚类码本的物理层密钥生成方案[J]．南京邮电大学学报(自然科学版)，2020，40(1)：15-22.

基于停泵压降分析的页岩气井压裂效果评价方法研究

盛舒遥　季晓靖　胡　燕　常　程　谢维扬

（中国石油西南油气田公司页岩气研究院）

摘　要　页岩气压裂改造效果的动态监测评价方法较多，这些方法之间的适用性不同，结果之间甚至存在矛盾，很难得到一个相对精准的定论，分析效果差异性较大。因此，亟待提出一套既具备理论基础又适应性强的压裂改造效果评价方法。本文利用压裂施工过程中的停泵压降阶段数据进行分析，根据所绘制出的双对数曲线即可快速分类判断气井该段压裂的改造效果好坏，该结果与动态监测数据协同分析，使得压裂改造效果评价结果更为可靠，能有效提高后续压裂施工的针对性与有效性，满足工程人员"一段一策"式精细压裂设计与方案实时调整的需要，为气井下一步压裂施工工作提供技术支撑。

关键词　页岩气；压裂；停泵压降；试井分析

页岩气作为一种产自低孔低渗储层岩系的非常规天然气，具有开采技术要求高、开采寿命长、生产周期长等特点。自二十一世纪以来，中国借鉴北美经验，开展了大量页岩气勘探开发先导性试验，并积极探索适用于我国页岩气井的勘探开发技术，已取得了一定的进展。多年来，国内页岩气勘探开发提速快，使得部分区块逐渐由试验评价向规模化开发调整转变，提高生产效率的同时也降低了管理成本。规模化开发不仅可以产生具有导流能力的裂缝，还可以沟通储层内的天然裂缝，进而形成复杂的裂缝网络，大大提高单井产能及最终采收率。因此，准确评价气井压裂改造效果是进一步优化工程改造参数、提高单井产量、增加储量动用、合理部署开发的必要前提。

目前，压裂改造效果的评价方法主要有动态监测方法和数据统计方法。动态监测方法以微地震监测、示踪剂监测、光纤监测和广域电磁法监测为主，尽管这些方法测试精准度高，但价格昂贵且耗时费力，方法之间的适用性差异大，结果之间甚至存在矛盾，很难得到一个相对精准的定论。而数据统计方法主要依赖于数据质量、受限于资料数量，分析效果差异性大，同时也缺乏一定的理论支撑。因此，亟待提出一套既具备理论基础又适应性强的压裂改造效果评价方法。为此，本文利用压裂施工过程中的停泵压降阶段数据进行分析，根据所绘制出的双对数曲线即可快速判断气井该段压裂的改造效果好坏以及是否与邻井间发生压力窜通情况，该结果与动态监测数据协同分析，使得压裂改造效果评价结果更为可靠，能有效提高后续压裂施工的针对性与有效性，满足工程人员"一段一策"式精细压裂设计与方案实时调整的需要，为气井下一步压裂施工工作提供技术支撑。

1　页岩气井停泵压降试井分析机理

为评价页岩气井单井单段压裂改造效果，需利用单段压裂阶段停泵压降数据进行分析，1979年，Nolte等学者提出压力分析G函数模型，由于数学表达式简单、直接，对于现场数据分析可操作性较强。然而，Nolte模型基于一系列严苛的假设条件，包括：只针对单一的水力裂缝而没有天然裂缝，不考虑井筒储集效应与流体流动过程中的摩擦阻力，同时整个裂缝随压力递减而闭合的过程中滤失系数、裂缝柔度、缝长和缝高等参数都是定值。但是，某些基础性假设可能会导致分析结果差异性较大，误差也较大。因此，本文基于试井理论对压裂施工停泵后的压降数据进行了分析，同样具有较强的可操作性。

试井分析理论的基本微分方程就是流体在多孔介质中渗流的数学描述。根据达西定律，在介质中的任何地方，其渗流速度与流动方向的压力梯度成正比，在一维情形下，达西定律表达为：

$$v=\frac{q}{S}=-a\frac{\mathrm{d}p}{\mathrm{d}x}=-\frac{K}{\mu}\frac{\mathrm{d}p}{\mathrm{d}x} \tag{1}$$

式中，v 为渗流速度，$cm^3/(s \cdot cm^2)$；q 为流量，cm^3/s；S 为横截面积，cm^3；a 为正比系数；p 为压力，atm；x 为距离长度，cm；K 为地层渗透率，D；μ 为介质中流动流体的黏度，mPa · s。

那么利用试井分析理论则可对停泵后的压力进行解释分析，通常情况下，压力随时间的变化，往往是以图形的方式进行展示的，可以绘制成压力与时间的直角坐标图、单对数图、压力及其导数的双对数图等，由于双对数图最能体现储层渗流特征，因此本文通过双对数曲线图进行停泵压降数据的分析。然而，在不同的物理模型、渗流状态条件下，所绘制出的压力双对数图也不尽相同。

1.1 径向流特征

如图 1 所示，假设地层是均质等厚的，且气井打开了整个地层，即地层中的流体沿水平面从四周流向井底，此时可以看作是地层中任何一个与井筒垂直的水平面上，流线总是从四面八方向井筒汇集成的射线，此为平面径向流，是一种典型的不稳定流动状态，表明井底附近在该范围内储层大体是表现为均质的，储层物性较好。平面径向流在压力双对数图上的表现为导数线段呈水平直线，即压力导数曲线斜率为 0。

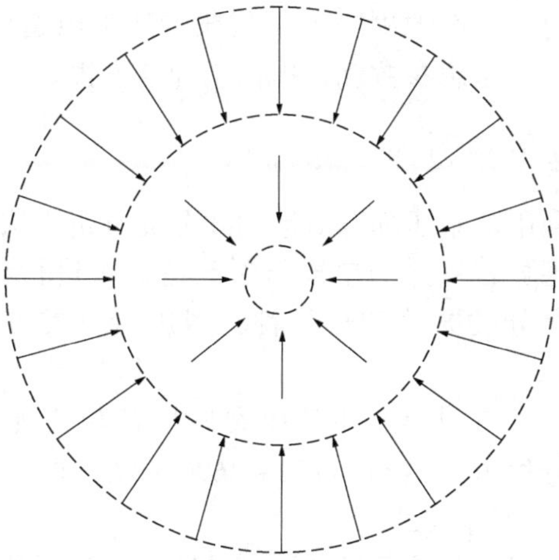

图 1　平面径向流示意图

1.2 线性流特征

如图 2 所示，储层流体沿垂直于井筒的方向发生线性流，形成的往往是沿井筒垂直的单一主缝，此时裂缝内的渗透率一般都很大，形成所谓的“无限导流裂缝”，正是由于形成的都是平行的流线，因而等压面应是平面。线性流在压力双对数图上的表现为压力导数曲线斜率为 0.5。

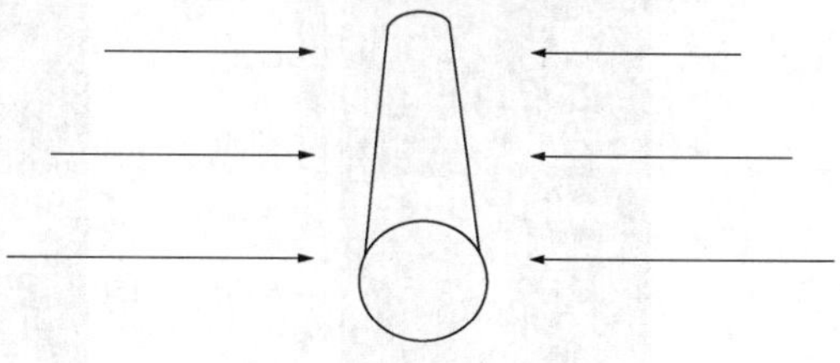

图 2　线性流示意图

1.3 长井储与边界流特征

初开井时，在井筒充满液体的情况下，仅有靠膨胀产生压降才能排出流体，即井筒储集效应。同时，气井产量只来源于储集在井筒中或井筒周围流体的膨胀，储层几乎无贡献。井储流在压力双对数图上的表现为压力和压力导数曲线近乎重合，斜率均为 1。

如图 3 所示，假设气井在一个封闭区块内，则后期压力会波及周围的所有边界，进而封闭区块中各点的压力将以相同的速度下降，形成拟稳态流动，此时压力已波及到整个控制范围。边界流在压力双对数图上的表现为压力导数尾部呈斜率为 1 的直线。

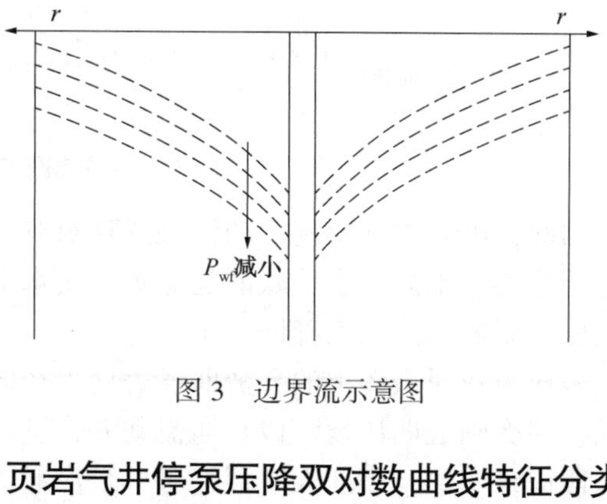

图 3　边界流示意图

2 页岩气井停泵压降双对数曲线特征分类

利用王飞等人所提出的体积改造模式下的停泵压降模型，改变物理模型的主、次裂缝宽度、密度及渗透率(图 4)，可绘制出不同缝网特征类型的停泵压降双对数曲线如图 5 所示。

图 4(a)中物理模型设置主裂缝宽度为 7.76mm，次裂缝宽度为 3.54mm，次缝密度为 17 条，缝网渗透率为 5000mD。

图 4(b)中物理模型设置主裂缝宽度为 2.76mm，次裂缝宽度为 1.83mm，次缝密度为 5 条，缝网渗透率为 10000mD。

图 4(c)中物理模型设置主裂缝宽度为

1.15mm，次裂缝宽度为1.00mm，次缝密度为3条，缝网渗透率为3000mD。

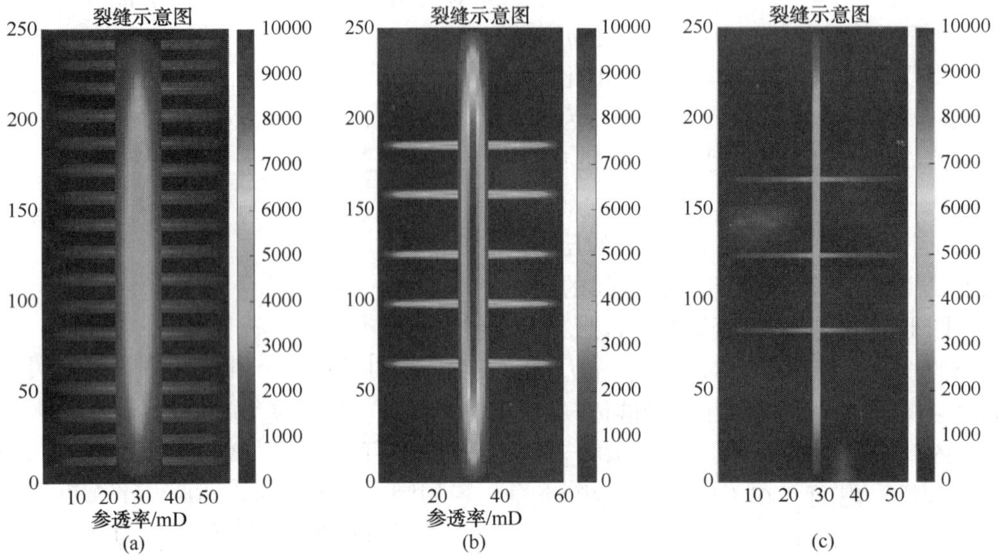

图4 不同条件下的物理模型设置示意图

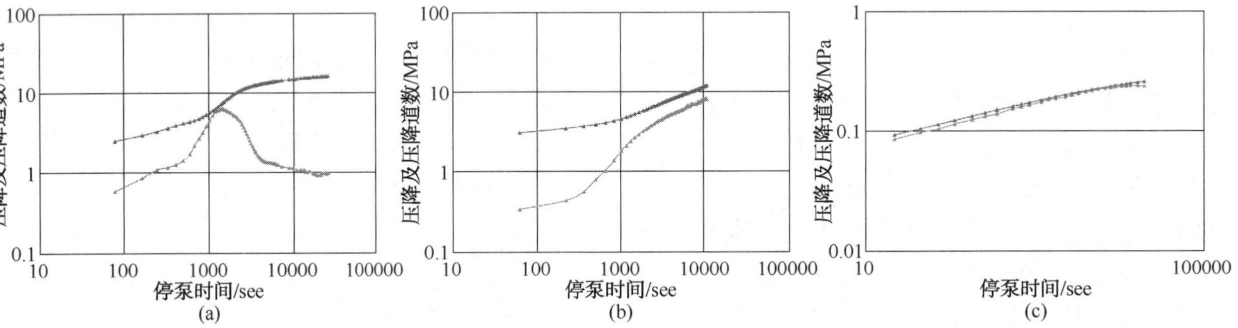

图5 不同缝网特征类型的停泵压降双对数曲线

因此，可以根据绘制出的停泵压降双对数曲线进行分类，不同类型反映的是是页岩气水平井单段压裂后的不同人工缝网形态。

若压力双对数图中的导数曲线表现为径向流特征，那么则表明压裂液以径向流动方式进入该压裂段周缘储层，表征人工裂缝进一步沟通周缘储层或微细裂缝带，缝网导流能力增加，缝网复杂程度高。

若压力双对数图中的导数曲线表现为线性流特征，那么则表明压裂液以线性流动方式进入该压裂段周缘储层，表征压后缝网以单一主缝方式进行延伸，缝网复杂程度一般。

若压力双对数图中的导数曲线表现为长井储流或者边界流特征，那么则表明持续保持井筒储集特征或过快到达边界流，表征压裂液主要集中在井筒周缘无法突破，改造区域受限，缝网复杂程度低。

因此，通过压力双对数图中的导数曲线形态可以简单快速地判断该压裂段的压裂改造效果，为下一步压裂参数优化提供指导与支撑。

3 应用实例

利用停泵压降双对数曲线分类分析方法对川南地区页岩气井的单段压裂改造效果进行分析。为确保分类方法的可靠性，需进行分类方法的验证。

页岩气井X1井某压裂段层位位于龙马溪组，分段井深位于4752~4690m处，垂深位于4253m，段长62m。

根据该段停泵后的井底压降秒点数据所绘制出的压力双对数及导数曲线形态(图6)，可初步判断曲线表现为径向流特征。进一步地，获取该段微地震监测数据，如图7所示，观察到该段微地震事件点多且分布呈现出明显的不均匀性。进一步地，获取该井各段分布式光纤测试数据，如图8所示，观察到该段分布式光纤产气剖面(图中红色柱）相较于其他压裂段（图中蓝色柱）占比大，表明该段产气贡献占比较高。综上，可判断该压裂段压裂改造效果好。

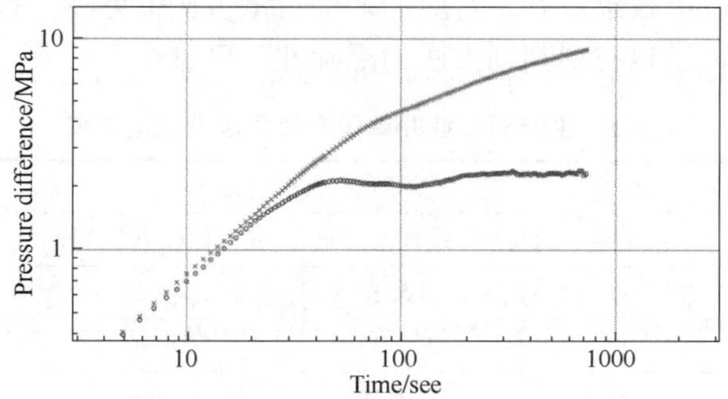

图 6　X1 井某段停泵压降双对数曲线

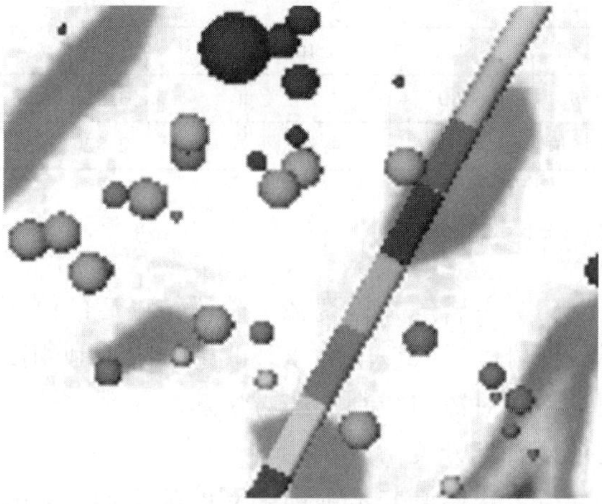

图 7　X1 井某段微地震监测图

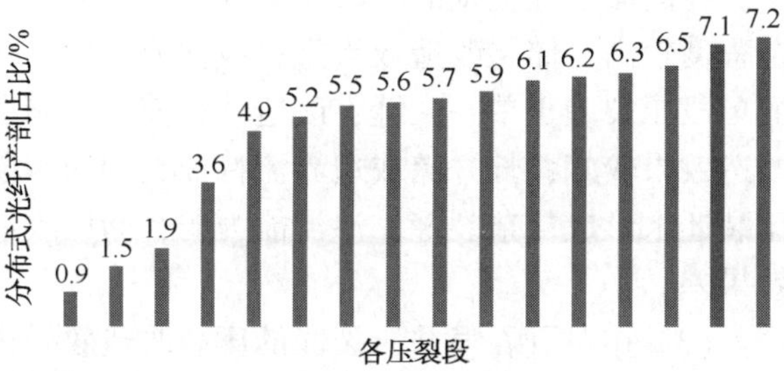

图 8　X1 井某段光纤监测产气贡献占比图

页岩气井 X2 井某压裂段层位位于龙马溪组，分段井深位于 4814～4752m 处，垂深位于 4253m，段长 62m。

根据该段停泵后的井底压降秒点数据所绘制出的压力双对数及导数曲线形态（图 9），可初步判断曲线表现为线性流特征。进一步地，获取该段微地震监测数据，如图 10 所示，观察到该段微地震事件点较多且明显沿着垂直井筒的天然裂缝分布。进一步地，获取该井各段分布式光纤测试数据，如图 11 所示，观察到该段分布式光纤产气剖面（图中红色柱）在所有压裂段中占中间位置，表明该段产气贡献占比中等偏高。综上，可判断该压裂段压裂改造效果较好，但不及 X1 井。

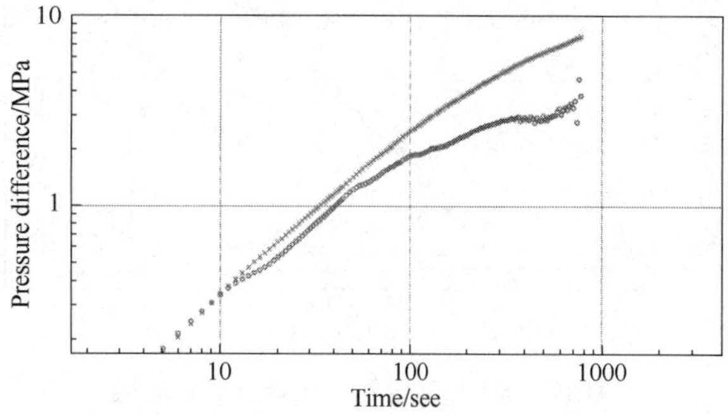

图 9　X2 井某段停泵压降双对数曲线

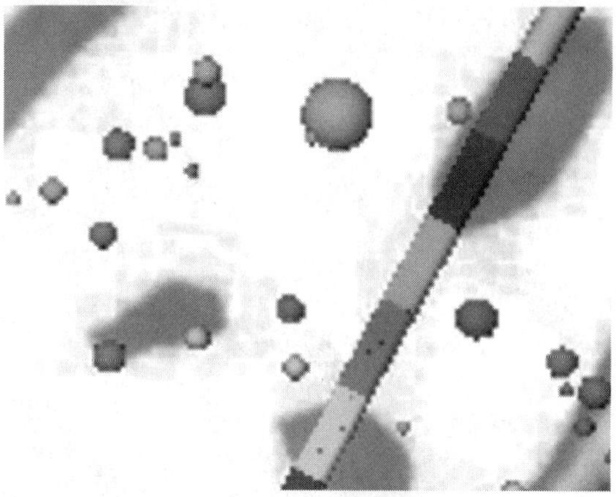

图 10　X2 井某段微地震监测图

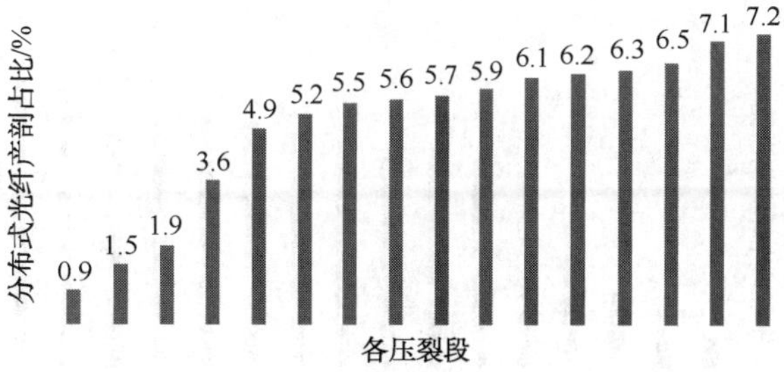

图 11　X2 井某段光纤监测产气贡献占比图

页岩气井 X3 井某压裂段层位位于龙马溪组，分段井深位于 5752～5689m 处，垂深位于 3936～3941m，段长 63m。

根据该段停泵后的井底压降秒点数据所绘制出的压力双对数及导数曲线形态（图 12），可初步判断曲线表现为井储流特征。进一步地，获取该段微地震监测数据，如图 13 所示，观察到该段微地震事件点很少，呈零星分布状。进一步地，获取该井各段分布式光纤测试数据，如图 14 所示，观察到该段分布式光纤产气剖面（图中红色柱）相较于其他压裂段（图中蓝色柱）占比小，表明该段产气贡献占比较低。综上，可判断该压裂段压裂改造效果差。

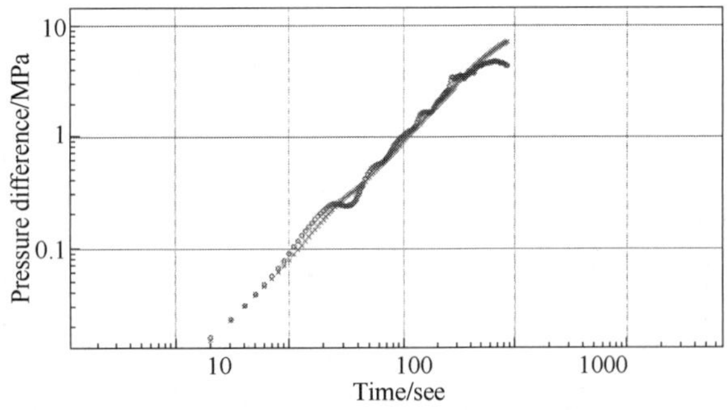

图 12　X2 井某段停泵压降双对数曲线

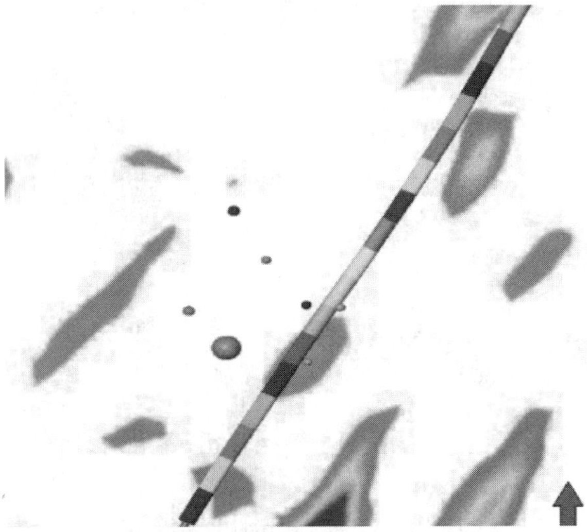

图 13　X2 井某段微地震监测图

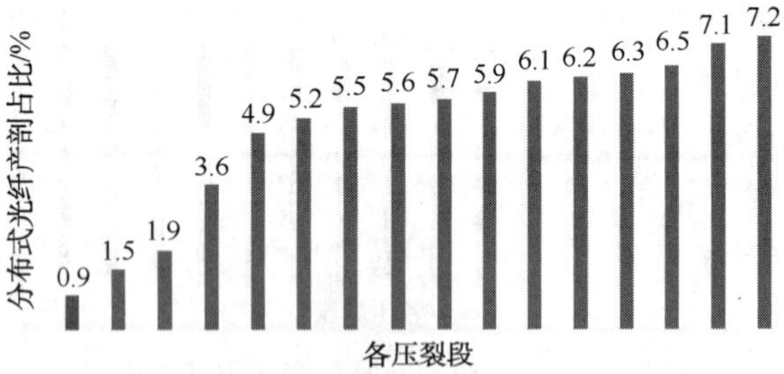

图 14　X2 井某段光纤监测产气贡献占比图

综上所述，停泵压降双对数曲线类型与微地震监测结果、生产效果之间存在一定的相关性，利用光纤监测结果可验证该方法的可靠性。统计川南地区数口页岩气井光纤监测解释结果（产气贡献占比）与停泵压降双对数曲线类型的关系如表 1 所示。

生产测井资料比对结果表示，汇总各井的单段停泵双对数曲线，径向流特征类别的平均产气贡献占比为 4.53%，线性流特征类别的平均产气贡献占比为 4.39%，远高于长井储或边界流特征类别的平均产气贡献占比 2.82%。因此可以说明径向流特征类别与线性流特征类别的压裂改造效果更好，对应的产气贡献占比也更高，验证了该类型判别方法的准确性与可靠性。

表 1　生产测井各井单段产气贡献占比汇总表

井号	单段产气贡献占比/%		
	径向流特征	线性流特征	长井储或边界流特征
Y1	5.83	5.37	4.34
Y2	3.49	3.22	1.92
Y3	3.73	3.38	1.6
Y4	4.06	3.74	2.03
Y5	5.90	5.80	3.70
Y6	/	6.10	3.40
Y7	4.80	4.20	3.30
平均值	4.53	4.39	2.82

4　结论与建议

（1）页岩气井压裂施工阶段结束后的停泵压降数据可以反映该段的压裂改造效果，利用试井理论与双对数曲线判别法可快速对压裂改造效果进行分析与分类。

（2）根据试井基础理论对停泵压降双对数曲线可进行分类，不同类别代表不同的压裂改造效果，径向流特征类别的单段压裂缝网体积大，复杂程度较高，储层改造效果好；线性流特征类别的单段压裂趋于单一主缝，改造体积较大，储层改造效果较好；长井储或边界流特征类别的单段压裂还未形成复杂裂缝，渗流能力弱，储层改造效果差。

（3）在对页岩气井压裂段的压裂改造效果进行分类分析的基础上，还与压裂阶段其他动态数据如微地震监测、分布式光纤产剖监测协同验证、共同分析，侧面验证了该判别方法的准确性。

（4）目前页岩气井压裂阶段停泵时间相对较短，停泵压降数据或不能呈现完整的渗流曲线阶段，因此下步建议气井增加停泵时长，以进一步提升该分类评价方法的可靠性。

参考文献

[1] 柯玉彪. 多重运移机制页岩气藏压裂水平井产能研究[D]. 西南石油大学，2016.

[2] 董大忠，邹才能，杨桦，等. 中国页岩气勘探开发进展与发展前景[J]. 石油学报，2012，33(A01)：8.
[3] 马新华，张晓伟，熊伟等. 中国页岩气发展前景及挑战[J]. 石油科学通报，2023，8(04)：491-501.
[4] 刘吉. 页岩气水平井不同压裂模式改造效果分析[J]. 重庆科技学院学报(自然科学版)，2018，20(04)：24-27.
[5] 陈仙江，刘腾蛟，刘进军等. 微地震事件密度在压裂评价中的应用——以准噶尔盆地玛湖凹陷为例[J]. 断块油气田，2023，30(03)：488-494.
[6] 王嘉文，李璐，吴凯等. 分段压裂示踪剂在油田中的应用[J]. 石油化工应用，2023，42(02)：11-14+20.
[7] 王振宇，林伯韬，艾白布·阿不力米提. DAS 与 DTS 光纤测试技术在水平井中的应用[J]. 测井技术，2022，46(04)：478-486.
[8] 杨军，刘娅. 广域电磁法在黄 202 井区深层页岩水平井压裂监测中的应用[J]. 中国石油和化工标准与质量，2023，43(04)：130-132.
[9] 夏德斌. 低渗/致密油藏直井体积压裂效果数值评价方法研究及应用[D]. 中国科学院大学(中国科学院渗流流体力学研究所)，2022.
[10] 任勇. 酸压裂停泵压力分析模型和解释方法研究[D]. 西南石油学院，2005.
[11] 周彤，苏建政，李凤霞等. 基于停泵压力降落曲线分析的压后裂缝参数反演[J]. 天然气地球科学，2019，30(11)：1646-1654.
[12] NOLTE K G. Determination of fracture parametersfrom-fracturing pressure decline [C]. SPE8341，1979：1-16.
[13] 姜礼尚等. 试井分析理论基础[M]. 石油工业出版社，1985.
[14] 廖新维，沈平平. 现代试井分析[M]. 石油工业出版社，2002.
[15] 庄惠农. 气藏动态描述和试井[M]. 石油工业出版社，2004.
[16] 王飞，许佳鑫，周彤等. 考虑压裂缝网动态滤失的停泵压降模型[J]. 石油勘探与开发，2023，50(02)：416-423.
[17] 周珺，邓睿，韩旭等. 基于停泵压降分析的致密砂岩压裂效果评价[J]. 特种油气藏，2017，24(02)：165-169.

非常规油气藏全域充填全悬浮携砂压裂液技术研究

杨 荻[1,2] 任 敏[2] 姜宗均[2] 刘 玉[2] 杨 波[1] 张 浩[2]

(1. 成都理工大学油气藏地质及开发工程国家重点实验室；2. 成都理工大学能源学院)

摘 要 非常规油气藏压裂对滑溜水的携砂性能提出了更高的要求，为实现支撑剂远距离高效输送，需要开发具有高效悬浮性能的携砂压裂液。本研究通过一种低分子阳离子聚合物与活性增效剂在水溶液中自组装，获得了一种具有高弹性特征的全悬浮携砂压裂液。该压裂液具有明显的假塑性流体特征，在聚合物DF-10使用浓度为0.125%，活性增效剂MF-10加量为300mg/L时，压裂液黏度为53.7mPa·s，弹性模量为2.58Pa，黏性模量仅为0.51Pa；同时其具有良好的耐温耐剪切能力，温度增加到80℃，弹性模量几乎不变。保持黏度一致，支撑剂在常规滑溜水中5min内完全沉降，而在全悬浮压裂液中30min不沉降，聚合物用量0.2%时，可满足支撑剂在125℃温度下90min仍悬浮一半以上。动态平板输砂实验进一步证实了全悬浮压裂液可实现“砂随液走，液到砂到”的远距离输送、全域填充目标。通过减阻测试及推算，在现场施工排量为$16m^3/min$时减阻率为71%，可满足大排量施工要求。全悬浮压裂液携砂性能远优于常规滑溜水，该项液体技术在提升非常规油气压裂效益方面具有重要意义。

关键词 非常规油气藏；支撑剂运移；滑溜水；弹性压裂液

我国非常规油气资源丰富，2020年全国天然气产量$1888\times10^8m^3$，其中非常规气产量超过$770\times10^8m^3$，占比超过40%。然而我国非常规气藏开发难度大，与常规储层压裂不同，非常规储层压裂需要形成大规模缝网进而连接错综复杂的天然裂缝，才能提高油气泄流面积。该项工艺目标对压裂液性能提出了更高的要求，主要表现在压裂液对支撑剂的高浓度远距离输送能力。当前采用滑溜水压裂的非常规气井改造后普遍表现出递减速度快，经济效益差的特点，严重阻碍了非常规油气藏大规模上产的进度。

工程上目前主要采用提高排量、降低支撑剂浓度和粒径来克服低黏滑溜水携砂能力的不足，但效果并不理想。在页岩气压裂中，泵注排量达到甚至超过$16m^3/min$，而支撑剂浓度通常仅在$30\sim120kg/m^3$，且以非常细粒的70/140目为主。细粒支撑剂导流能力低，需要通过加大砂量来保障足够的导流能力，目前四川施工的页岩气和致密气井单井用砂量通常达到3000t~5000t，耗水量达到$2\sim5\times10^4m^3$，造成了巨大的环境和成本压力。即使如此，裂缝充填较差的问题依然十分突出。研究显示，在页岩气井现场微地震监测到的缝网体积较大，但支撑缝网的体积却只占很小一部分，往往不到改造体积的10%。因此，亟需一种新型的携砂压裂液技术，兼顾低黏度和高携砂特性。

本研究基于聚合物分子与表面活性剂在水溶液中自组装缔合原理，获得了一种具有高弹性特征的全悬浮压裂液。通过剪切流变及粘弹性测试明确了压裂液性能特征，进一步对比全悬浮压裂液与常规线性聚合物携砂性能差异，明确了全悬浮压裂液的携砂方式。通过减阻率测试分析了压裂液在施工排量下的减阻性能。综合以上研究提出了一种可实现支撑剂全域充填的全悬浮压裂液技术，旨在实现低渗储层增产目标。

1 实验部分

1.1 实验材料

低分子阳离子改性聚合物DF-10($Mn=1.2\times10^6$)，活性增效剂MF-10均来自成都与盛能源科技有限公司；超高分子量线性聚合物L-1和常规线性聚合物L-2均为油田在用药剂；另外所用的支撑剂均为现场在用常规支撑剂。

1.2 实验方法

1.2.1 全悬浮压裂液的制备

室温下，量取500mL蒸馏水倒入烧杯中机械搅拌，转速为450r/min；称取一定量DF-10试样，缓慢均匀抖动加入水中(加样时间小于30s)；搅拌直至DF-10完全溶解无结块，随后以300mg/L浓度加入活性增效剂，搅拌均匀后得到 DF-10 全悬浮压裂液，离心去除气泡备用。

1.2.2　压裂液剪切流变测试

室温下，使用 HAKKE 流变仪测试压裂液在 $170s^{-1}$剪切速率下的表观黏度以及剪切速率为 $0.01s^{-1}$~$511s^{-1}$范围内黏度变化。

配制 0.15%DF-10 浓度全悬浮压裂液，测试其在 90℃条件下耐剪切性能。

1.2.3　压裂液黏弹性测试

室温下，配制不同 DF-10 浓度的全悬浮压裂液，使用 HAKKE 流变仪测试其在应力为 0.1Pa，频率为 1Hz 条件下的黏弹性参数。

配制 DF-10 浓度 0.15%的全悬浮压裂液，使用 HAKKE 流变仪测试其在应力为 0.1Pa，频率为 1Hz 条件下，黏弹性在温度 30℃-80℃范围内变化规律。

1.2.4　静态携砂性能测试

单颗粒沉降实验：测试 1mm 玻璃珠在不同压裂液中的静态沉降速率(cm/s)，其计算公式如下：

$$沉降速率=沉降距离/沉降时间 \qquad (1)$$

压裂液静态携砂性能：参照石油天然气行业标准 SY/T 5185—2016《砾石充填防砂水基携砂液性能评价方法》。具体测试方法为取 40mL 支撑剂，加到盛有 100mL 压裂液的烧杯中，充分搅拌以分散支撑剂，然后置于 100mL 量筒中，记录支撑剂沉降情况。

以相同方法配制好携砂液，将其倒入可视化高温密闭釜中，观察在 125℃高温下不同时间支撑剂沉降情况。

1.2.5　平板裂缝动态输砂实验

使用平板裂缝动态输砂实验装置模拟不同压裂液动态携砂性能。平板长度 4m，高度为 0.4m，模拟裂缝宽度 8mm。

1.2.6　减阻性

采用直径为 8mm、循环管道长度为 3m 的减阻率测试仪，监测循环管道系统的压降与流量的关系，通过公式(2)计算不同压裂液的减阻率，并对比不同流速下减阻率的变化趋势。

$$DR=\frac{\Delta P_0-\Delta P}{\Delta P_0}\times 100\% \qquad (2)$$

2　结果与讨论

2.1　压裂液变剪切流变性能

配制不同浓度 DF-10 溶液，向其中加入 300mg/L 的活性增效剂 MF-10，制备成全悬浮压裂液，并在 $170s^{-1}$下测定增效前后的压裂液的黏度，结果如图 1a 所示。当 DF-10 质量浓度为 0.05%时，加入活性增效剂对其黏度几乎无影响，这是因为当前聚合物浓度小于临界缔合浓度(CAC)，聚合物分子间不能发生缔合，因而无明显增稠作用。当 DF-10 浓度进一步上升，活性增效剂提升黏度效果越来越显著，在增效作用下，0.1%的 DF-10 溶液黏度由 9.0mPa · s 增加至 44.6mPa · s；0.3%的 DF-10 溶液黏度由 48.4mPa · s 增加至 295.6mPa · s，以上结果说明活性增效剂大幅增强了聚合物链之间的缔合进而使其在较低用量下获得更高的黏度。

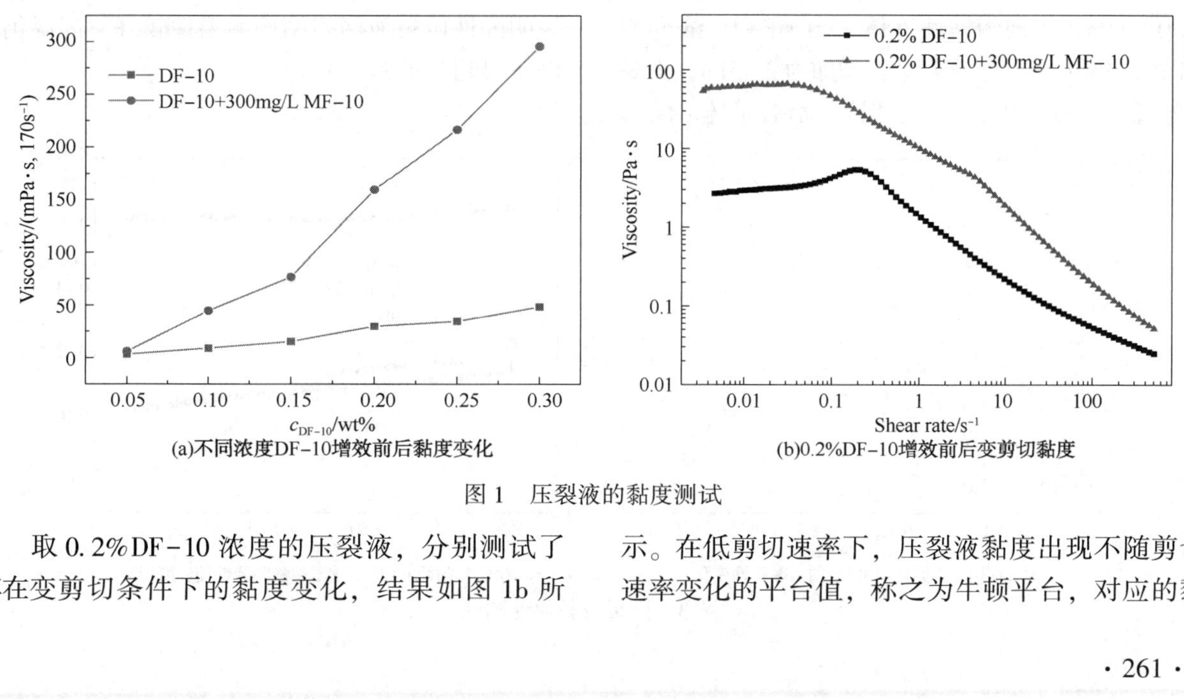

(a)不同浓度DF-10增效前后黏度变化　(b)0.2%DF-10增效前后变剪切黏度

图 1　压裂液的黏度测试

取 0.2%DF-10 浓度的压裂液，分别测试了其在变剪切条件下的黏度变化，结果如图 1b 所示。在低剪切速率下，压裂液黏度出现不随剪切速率变化的平台值，称之为牛顿平台，对应的黏度值为零剪切黏度，随着剪切速率的继续增加，两种液体均表现为剪切变稀特性，属于假塑性流体。在加入 MF－10 之前零剪切黏度值为 3.1Pa·s，当加入 MF－10 后，零剪切黏度值增加为 62.4Pa·s，该结果说明全悬浮压裂液在低剪切条件下具有更稳定的结构。

取 DF－10 浓度为 0.15%的全悬浮压裂液，测定其在 90℃温度下的变剪切黏度，结果如图 2 所示。在前 30min 的升温过程中，$170s^{-1}$剪切下的压裂液黏度由 75.8mPa·s 下降至 37.4mPa·s，黏度保持率为 49.3%，随后 60min 内压裂液黏度几乎无变化；恒温过程中三次降低剪切速率至 $26.6s^{-1}$，对应黏度均能保持在 80mPa·s 左右，说明该压裂液在高温下仍具有很好的剪切恢复性能。

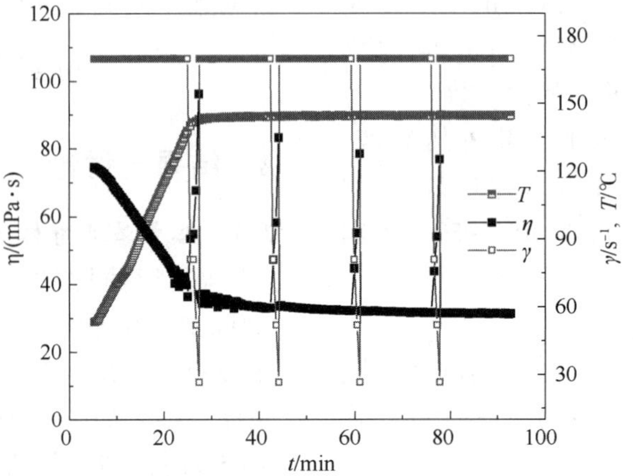

图 2　0.15%浓度 DF－10 全悬浮压裂液高温流变性能

2.2　黏弹性

压裂液黏弹性参数包括弹性模量(G')和黏性模量(G'')，并使用损耗因子($\tan\delta$)表示压裂液的弹性特征，计算公式如下：

$$\tan\delta = G''/G' \tag{3}$$

配制不同 DF－10 浓度的全悬浮压裂液，测试不同浓度压裂液的黏弹性参数，结果如图 3a 所示。当 DF－10 浓度为 0.05%时，聚合物处于未缔合状态，弹性模量仅为 0.02Pa，黏性模量为 0.11Pa，表现为黏性液体，当 DF－10 浓度增加至 0.1%后，弹性模量急剧增加为 2.13Pa，而黏性模量仅为 0.55Pa，开始表现为高弹性液体。随着聚合物浓度的进一步增加至 0.3%，液体弹性模量增加至 15.82Pa，而黏性模量仅为 1.36Pa，液体弹性特征愈发明显。

进一步测试 DF－10 浓度为 0.15%的全悬浮压裂液在不同温度下的黏弹性变化，结果如图 3b 所示。在整个升温过程中，压裂液的弹性模量由 30℃ 时的 5.36Pa 小幅下降至 80℃ 时的 4.74Pa；而其黏性模量却从 0.68Pa 大幅下降至 0.38Pa，此时损耗因子 tanδ 仅为 0.08。该结果说明弹性压裂液网络结构耐温性较好，高温仍然保持出超强的弹性特征。

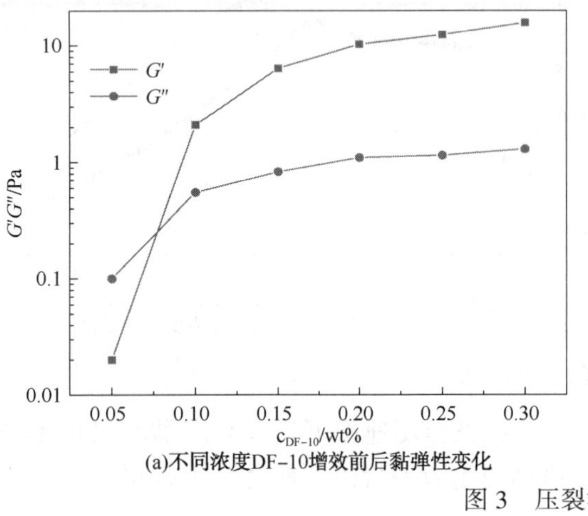

(a)不同浓度DF－10增效前后黏弹性变化

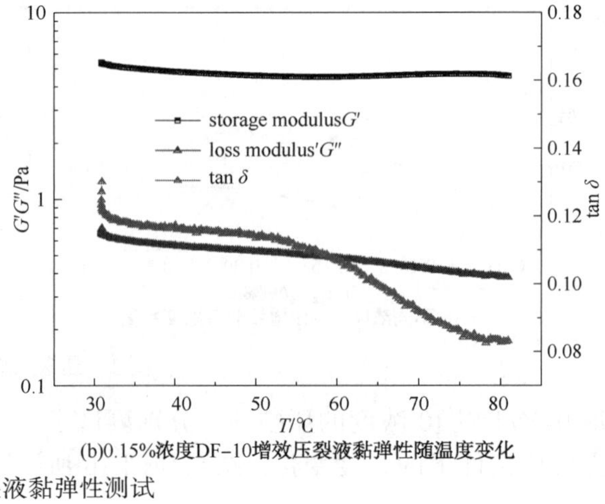

(b)0.15%浓度DF－10增效压裂液黏弹性随温度变化

图 3　压裂液黏弹性测试

2.3 静态携砂性能

采用单颗粒沉降实验可直观表示压裂液的携砂性能，对比了全悬浮压裂液以及现场在用线性聚合物 L-1 和 L-2 三种压裂液在不同黏度下 1mm 玻璃珠沉降速率，结果如图 4a 所示，当压裂液黏度小于 15mPa·s 时，三种压裂液携砂能力无较大差别，这是因为低浓度条件下 DF-10 没有形成强缔合结构，没有强弹性特征。随着黏度的增加，增效后的 DF-10 压裂液单颗粒沉降速率开始慢于 L-1 和 L-2。对比黏度为 26mPa·s 时单颗粒在三种压裂液中的沉降速率，结果显示单颗粒在 DF-10 增效压裂液沉降速率为 0.0095cm/s，L-1 的沉降速率为 0.165cm/s，L-2 的沉降速率为 0.263cm/s。DF-10 全悬浮压裂液不依靠黏度携砂，同黏度条件下其携砂能力远超常规线性聚合物压裂液。

进一步配制不同浓度的 L-1、L-2 和全悬浮压裂液，其性能参数如下表 1 所示，使用以上配制的压裂液开展 40% 砂比的静态携砂实验，结果如图 4b 所示。在线性聚合物中，低黏液体悬浮 40/70 目石英砂和高黏液体悬浮 20/40 目陶粒均在 5min 内基本完全沉降，然而在 DF-10 全悬浮压裂液中，两种支撑剂分别在低黏(26.4mPa·s)和高黏液(53.7mPa·s)中 30min 内几乎不发生沉降。对比其黏弹性参数发现 0.08% 浓度的 DF-10 全悬浮压裂液弹性模量为 1.56Pa，小于 0.3% 浓度的 L-1(1.94Pa)和 0.3% 浓度的 L-1(2.69Pa)，然而其黏性模量仅为 0.33Pa，因此损耗因子低至 0.21。仅仅依靠黏度单一参数不足以充分表现压裂液的携砂性能，研究证实评价压裂液的携砂性能更应该考虑压裂液的弹性特征。

表 1　不同压裂液性能参数

样品	表观黏度($170s^{-1}$，mPa·s)	弹性模量 G′(0.1Pa，1Hz)	黏性模量 G″(0.1Pa，1Hz)	损耗因子 $\tan\delta$
0.3% L-1 悬浮液	24.3	1.94	1.22	0.63
0.6%L-1 悬浮液	52.1	5.04	2.46	0.49
0.3% L-2 悬浮液	33.5	2.69	1.54	0.57
0.6% L-2 悬浮液	68.4	5.42	2.57	0.47
0.08% DF-10+300mg/L MF-10	26.4	1.56	0.33	0.21
0.125% DF-10+300mg/L MF-10	53.7	2.58	0.51	0.2

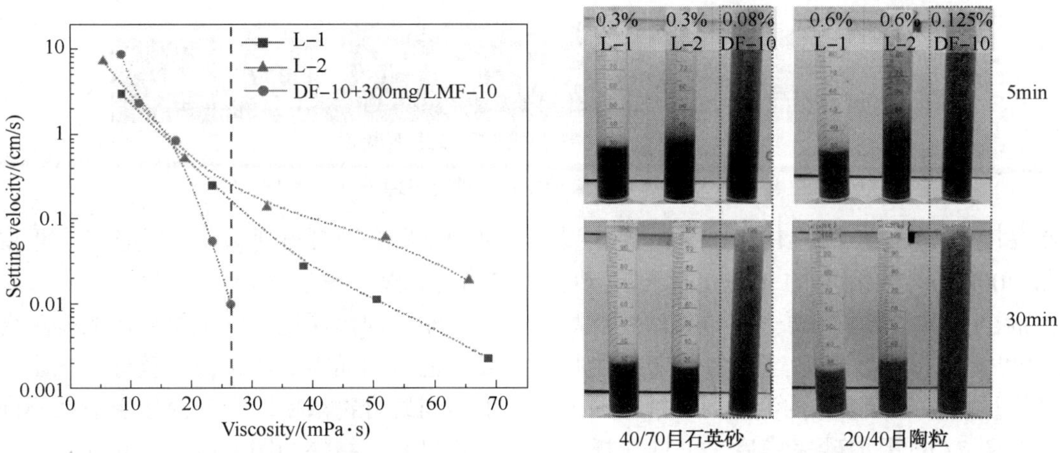

(a)单颗粒沉降实验　(b)支撑剂静态悬浮实验

图 4　不同压裂液常温静态携砂性能

在 125℃ 高温下，使用 0.2% 浓度的 DF-10 全悬浮压裂液悬浮 30% 砂比的 20/40 目陶粒支撑剂，在可视化密闭单元中观察支撑剂的沉降情况，结果如图 6 所示。在不加入破胶剂的情况下[图 5(a)]，支撑剂在 60min 内仅有少量沉降，120min 时仍然能够保持一半高度的悬浮状态。在加入 100ppm 胶囊破胶剂后[图 5(b)]，90min 后仍能保持一半以上高度的悬浮状态。DF-10 全悬浮压裂液在高温条件下具有很好的剪切恢复性以及弹性保持能力，聚合物依旧保持高强度网络结构，支撑剂在压裂液中仍然可以依靠弹性悬浮。

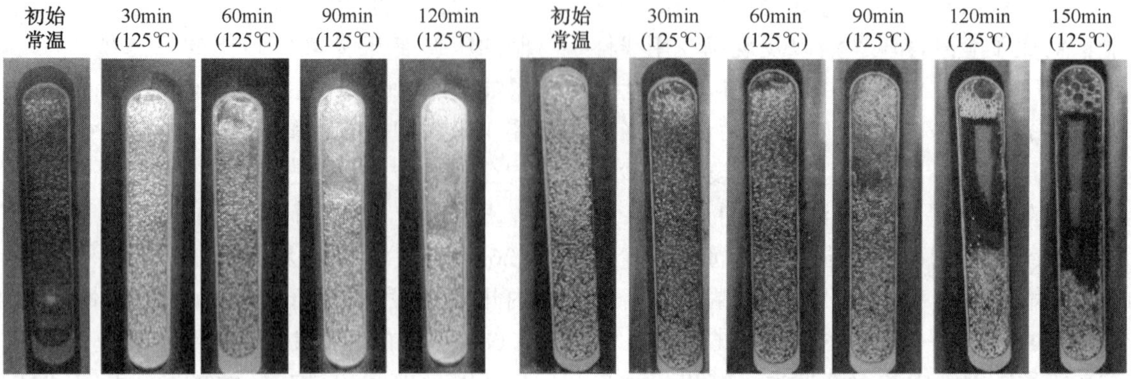

(a)0.2%聚合物增效压裂液，20/40陶粒砂浓度400kg/m³ 不含破胶剂

(b)0.2%聚合物增效压裂液，20/40陶粒砂浓度400kg/m³ 100ppm胶囊破胶剂

图5　全悬浮压裂液高温携砂性能

2.4　支撑剂裂缝全域充填性能分析

低渗及非常规油气藏压裂改造以创造并支撑复杂缝网实现高导流通道为目的，这对压裂液携砂能力提出了极高要求。通过对比不同压裂液动态携砂性能，进一步分析了压裂液在裂缝中的携砂规律。实验使用平板裂缝动态输砂装置模拟了携砂液在裂缝中流动时支撑剂的悬浮规律。

使用线性聚合物 L-1 模拟常规滑溜水携砂过程，配制压裂液黏度为 21mPa · s，40/70 目支撑剂加砂浓度为 300kg/m³，分析常规滑溜水携砂规律。加砂过程中，支撑剂与压裂液混合后随即在入口处开始沉降，从图 6(a)左侧可以看到，支撑剂沉积后导致入口处流速较大，支撑剂仍旧依靠携砂液快速冲刷，翻滚式前进；加砂完毕后支撑剂在裂缝中形成有限长度的砂丘，如图 6(b)所示，在该种携砂方式下，支撑剂难以被携带到远端裂缝以及进入微小裂缝，无法形成对复杂裂缝的有效支撑。

(a)加砂过程：支撑剂迅速沉降，依靠液流带动

(b)加砂完毕：堆积形成砂丘，运移距离短

图6　滑溜水动态携砂结果分析(压裂液裂缝流速：0.18m/s)

配制黏度为 24mPa · s 的 DF-10 全悬浮压裂液，携带 300kg/m³ 砂浓度的 40/70 目石英砂，分析支撑剂全悬浮状态下在裂缝中的填充规律。由图 7(a)可知支撑剂在加砂过程中以全悬浮状态在裂缝中运移，随着液体的流动而平推式向远端输送，在图 7(b)中加砂完毕后，可见支撑剂几乎无沉降，在裂缝中实现了“砂随液走，液到砂到”的全充填状态。全悬浮压裂液能够长时间高效悬浮支撑剂，使支撑剂进入复杂裂缝实现全域充填，在低渗储层中大幅提升支撑效果，进一步提升裂缝导流能力。在低渗及非常规储层改造中，全悬浮压裂液解决了传统低黏滑溜水携砂不足的难题，对提升压裂增产效益具有重要意义。

2.5　减阻率评价

非常规储层压裂中主要采用大排量滑溜水压裂工艺，因而需要压裂液有较好的减阻性。测试了不同聚合物浓度的全悬浮压裂液在不同排量下的减阻率，结果如图 8 所示，并计算出当前测试设备以及现场 5 寸半套管不同排量对应流速，如表 2 所示。当实验排量达到 4m³/min 时，液体管道流速为 1326.9m/s，对应施工排量 16m³/min，0.1%聚合物用量下的减阻率为 71%，且排量越大减阻率越高。以上结果说明该压裂液可满足大排量施工需求。

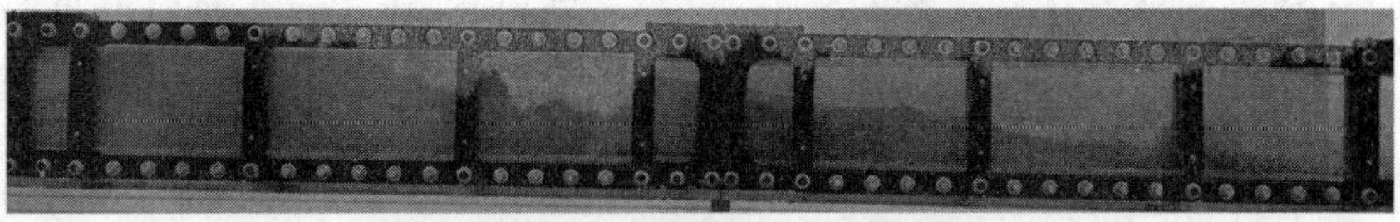

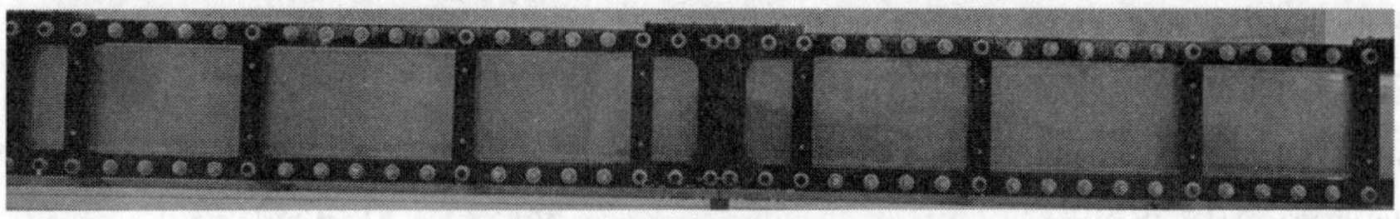

图 7　DF-10 全悬浮压裂液动态携砂结果分析(压裂液裂缝流速：0. 16m/s)

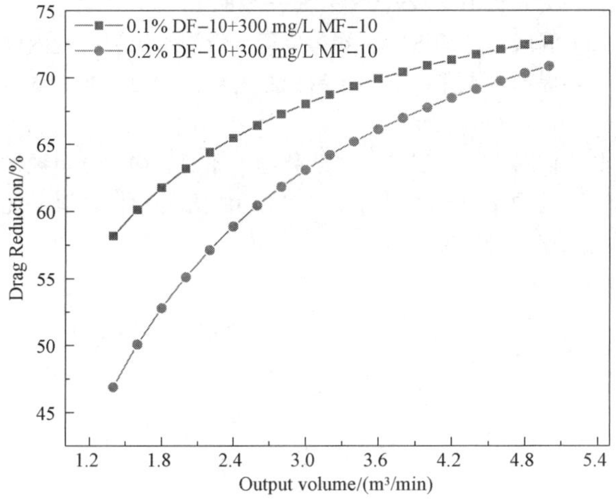

图 8　不同浓度 DF-10 全悬浮压裂液减阻性能

表 2　实验参数与施工参数对照

参数类别	测试/施工参数对照			
实验排量/(m^3/min)	1	2	3	4
实验流速/(m/s)	331. 7	663. 5	995. 2	1326. 9
施工排量/(m^3/min)	10	11	12	16
施工流速/(m/s)	825	907. 5	990	1320

3　结论

本研究针对于低渗及非常规储层，使用低分子阳离子聚合物 DF-10 和活性增效剂构建了一种具有高弹性特征的全悬浮压裂液，用以增强压裂液携砂性能，提升改造效果。通过一系列实验研究得出如下结论：

（1）聚合物 DF-10 与活性增效剂 MF-10 在水溶液中自组装缔合，实现压裂液在低聚合物用量下获得高黏度。该压裂液属于假塑性流体，0. 2%浓度 DF-10 增效前后零剪切黏度可由 3. 1Pa · s 增加至 62. 4Pa · s，具有较高的结构强度。

（2）全悬浮压裂液具有强弹性特征，DF-10 浓度为 0. 1%时，弹性模量为 2. 13Pa，而黏性模量仅为 0. 55Pa，随着聚合物浓度增加，弹性特征愈发明显。

（3）全悬浮压裂液具有较好的耐温耐剪切性能，90℃高温剪切 60min 黏度仍能保持常温的 49. 3%；从常温升至 80℃过程中弹性模量几乎无变化。

（4）静态携砂实验说明同黏度下全悬浮压裂液大幅优于常规线性聚合物。在 0. 125%聚合物 DF-10 用量下，可实现 20/40 目陶粒常温全悬浮；0. 125%聚合物 DF-10 用量下，在 125℃条件下 90min 内仍保持一半以上悬浮；而同黏度下支撑剂在常规滑溜水中 5min 内基本沉降。

（5）全悬浮压裂液区别于普通滑溜水推进砂丘携砂的方式，可使支撑剂在裂缝中以全悬浮方式推进，实现全域充填。

（6）全悬浮压裂液具有良好的减阻性能，实验排量为 4m^3/min 时，对应施工排量 16m^3/min，减阻率为 71%，满足大排量施工需求。

参 考 文 献

[1] 邹才能，杨智，何东博，位云生，李剑，贾爱林，陈建军，赵群，李易隆，李君，杨慎．常规-非常规天然气理论、技术及前景[J]．石油勘探与开发 2018，45(04)：575-587.

[2] Cipolla CL，Lolon E，Mayerhofer MJ，Warpinski NR. The Effect of Proppant Distribution and Un－Propped Fracture Conductivity on Well Performance in Unconventional Gas Reservoirs. SPE Hydraulic Fracturing Technology Conference. The Woodlands，Texas：Society of Petroleum Engineers；2009. p. 10.

[3] 郭建春，赵志红，路千里，尹丛彬，陈朝刚．深层页岩缝网压裂关键力学理论研究进展[J]．天然气工业 2021，41(01)：102-117.

[4] Kaufman PB，Penny GS，Paktinat J. Critical Evaluation

of Additives Used in Shale Slickwater Fracs. SPE Shale Gas Production Conference; 2013 1990-11-01; Fort Worth, Texas, USA; 2013.

[5] Palisch TT, Vincent M, Handren PJ. Slickwater Fracturing: Food for Thought. 2013, 25(3): 327-344.

[6] McKenna JP. Where Did The Proppant Go? SPE/AAPG/SEG Unconventional Resources Technology Conference. Denver, Colorado, USA: Unconventional Resources Technology Conference; 2014. p. 6.

[7] Maxwell SC, Cipolla CL. What Does Microseismicity Tell Us About Hydraulic Fracturing? SPE Annual Technical Conference and Exhibition. Denver, Colorado, USA: Society of Petroleum Engineers; 2011. p. 14.

[8] Cipolla CL, Maxwell SC, Mack MG. Engineering Guide to the Application of Microseismic Interpretations. SPE Hydraulic Fracturing Technology Conference. The Woodlands, Texas, USA: Society of Petroleum Engineers; 2012. p. 24.

[9] Fu Y, Dehghanpour H, Ezulike DO, Jr. Jones RS. Estimating Effective Fracture Pore Volume from Flowback Data and Evaluating Its Relationship to Design Parameters of Multistage - Fracture Completion. SPE PROD OPER 2017, 32(04): 423-439.

[10] 王中泽，黄晶，曾昊等．一种新型清洁压裂液体系的研究及应用[J]．石油与天然气化工，2014，43(06)：639-644.

[11] 钟传蓉，练小飞，蒋留峰．接枝丙烯酰胺共聚物在水溶液中的缔合与黏弹行为[J]．石油学报，2013，34(03)：518-522.

[12] 李美蓉，曲彩霞，刘坤等．疏水缔合聚丙烯酰胺的结构表征及其缔合作用[J]．石油学报(石油加工)，2013，29(03)：513-518.

[13] 温庆志，胡蓝霄，翟恒立等．滑溜水压裂裂缝内砂堤形成规律[J]．特种油气藏，2013，20(03)：137-139+158.

[14] 侯腾飞．页岩储层复杂裂缝支撑剂非均匀分布规律及导流能力研究[D]．中国石油大学(北京)，2020.

深层特低渗透油藏碳驱油优势定量评价与研究

刘成君　梁　飞　高　丽

（辽河油田勘探开发研究院）

摘　要　近年来辽河油田新增探明储量中低渗-低渗-特低渗、特殊岩性油藏占比逐年增高，此类低品位储量开发特征往往呈现“四低一高”的生产特征，难以通过常规水驱建立有效驱替系统，获得可观的采收率与经济效益。在“双碳”背景下，以S区块为典型的深层特低渗透油藏效益开发迎来机遇，通过三项室内实验研究，从气介质驱替可行性评价开始，量化CO_2对原油流体性质的改善程度、相比于水驱方式启动压力梯度的缩减程度、不同混相程度对采收率的贡献程度，定量评价了CCUS-EOR在该区块的开发优势所在。结果表明二氧化碳可最大程度改善原油性质，膨胀原油增加油藏弹性能量；最小启动压力梯度与渗透率呈幂函数变化关系，且气介质对储层物性变化敏感性较差；CO_2混相驱能够延缓气体突破，增加突破前采出程度，气体突破后依然能够通过CO_2扩散、萃取作用继续缓慢提高采出程度。

关键词　碳驱油；碳埋存；CCUS；低渗透；室内实验；机理研究；提高采收率

辽河油田是国内陆上最大的稠油生产基地，千万吨规模开发30余年，但是辽河油田绝大多数探明地质储量为低渗透和特殊岩性油藏，新区资源品质逐年变差，低渗-特低渗、特殊岩性油藏成为主要建产目标，新井初期单井日产油持续下降，产能建设难度逐年加大。目前辽河油田的主力油田进入特高含水期，可采储量采出程度大于80%，蒸汽吞吐稠油油藏处于较高周期，高成本产量比例持续增加，油田控递减保稳产难度增大。辽河油田深度开发面临剩余可采储量逐年降低、现有开发方式适应性差、高成本与低效益的矛盾等技术瓶颈，要积极发挥开发理论的指导作用，发挥开发技术的助推作用，大力开展各类开发先导试验。

S区块位于辽河清水洼陷北部，为目前辽河油田发现埋藏最深的大型整装砂岩薄互油藏，揭露的地层自下而上发育新生界古近系沙河街组沙三段、沙二段、沙一段、东营组以及新近系馆陶组，目的层上部发育大段厚层状深灰色泥岩，下部为深灰色泥岩夹薄层灰褐色油页岩，为碳封存与利用提供了基础条件。

S区块作为一个探明新区，前期曾尝试注水开发，出现注水压力高、不能连续注入的问题，在后期更换高压注入泵后仍只能依靠间歇注水缓解注入压力较高的矛盾。“双碳”目标下，二氧化碳驱油为该区块提供了前所未有的机遇。通过国内外调研表明，气驱开发技术是改善低渗透油藏开发效果的有效途径，具有注入能力高、储集层伤害小、波及体积大、驱油效率高等优势。CO_2驱在注气开发方式中，效果较为显著。且CCUS技术是响应国家“双碳”目标的重要方式，CCUS技术应用具有良好的资源基础和迫切需求。目前，辽河油田CCUS矿场实施方面取得初步进展。且具备一定能力的碳捕集能力，捕获到的二氧化碳可应用于特低渗油藏碳驱油碳封存，进一步提升了开发效果。

通过室内实验开展深层特低渗透油藏注气开发可行性研究，模拟此类油藏所表现出的高温高压特性下的CO_2驱油与动用效果，对辽河低渗区块的有效开发具有非常现实的指导意义。

1　区块碳驱油可行性研究

国内外的研究与实践证明，CO_2的超临界流体性质，在低渗透油田的开发中CO_2比水更有优势，超临界状态的CO_2对介质有很强的渗透能力（进入微小孔隙），对物质溶解能力比气体大得多，甚至比液体还要强。而S区块油藏条件符合混相驱筛选标准，通过室内试验评价，地层条件下注二氧化碳可实现混相驱。

1.1　不同气驱介质对流体改善作用

PVT实验结果表明，注气具有膨胀原油体积、降低黏度、改善物性作用，在S区块油藏压力条件下，空气溶解量为13.2%，N_2溶解量为12.1%，天然气溶解量为23.4%，CO_2的溶解气量为53.3%(图2)，远大于常见气体介质。溶解气量的多少直接影响了原油体积的膨胀程度(图3)，进而增加油藏弹性能量，与此同时降低原油的黏度，改善原油物性，使得原油更易进入井底，综合PVT试验结果表明该区块注入二氧化碳效果最佳。

由图2～图4可以综合认为，该区块注入二氧化碳气驱效果最佳，能最大程度发挥气驱膨胀降黏作用，与原油组分相似的天然气效果次之，空气与氮气效果相对较差。

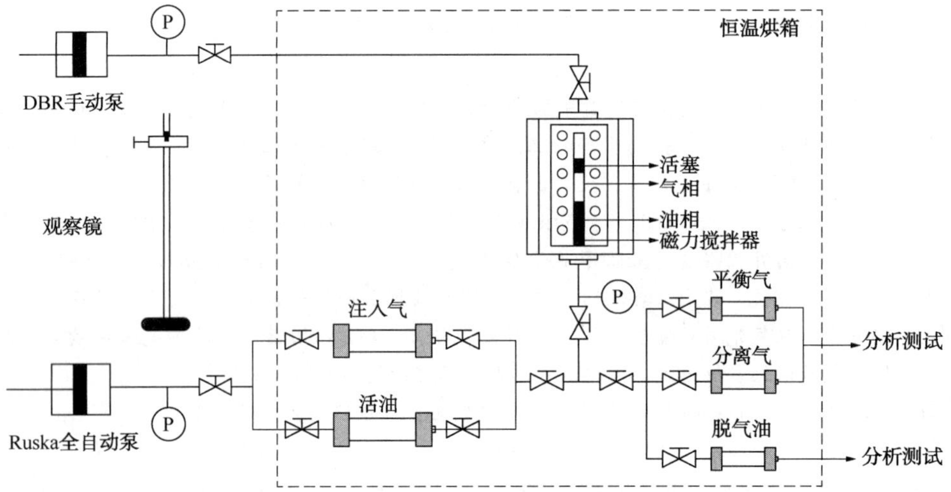

图1　PVT实验流程图

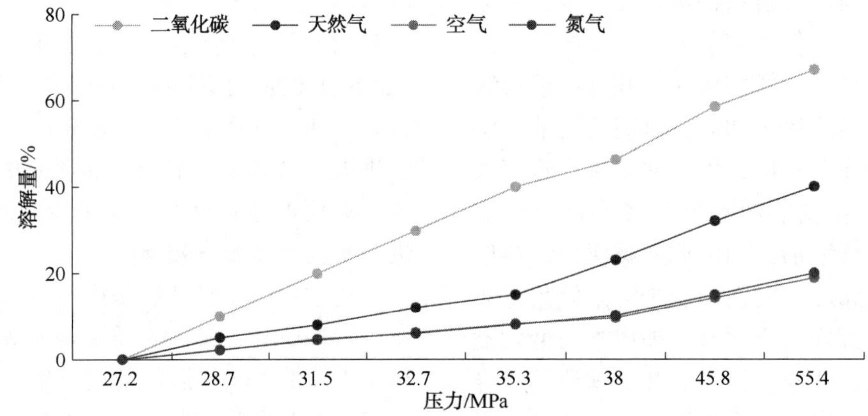

图2　注入不同气体溶解量与压力关系曲线

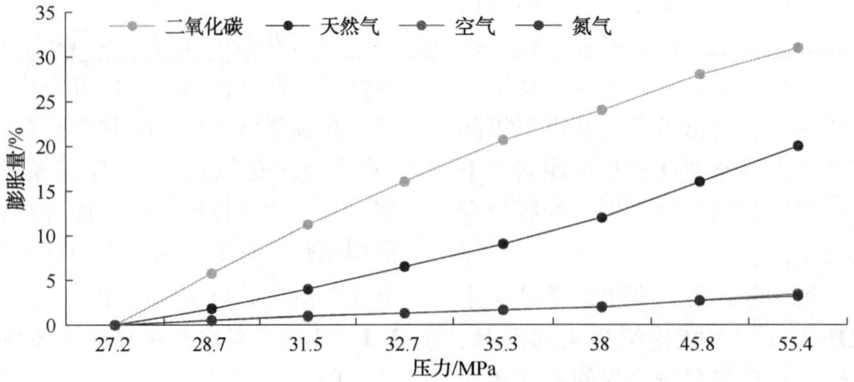

图3　注入不同气体膨胀量与压力关系曲线

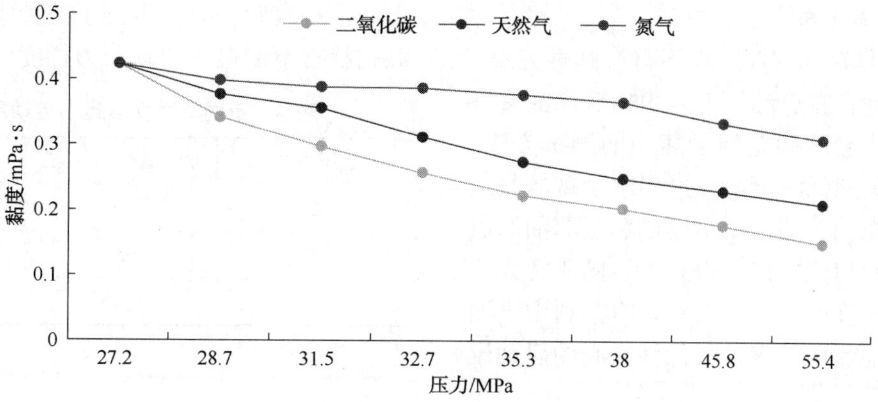

图4　注入不同气体原油黏度与压力关系曲线

1.2　S区块CO_2驱在地层压力下可实现混相

气液两相达到混相后，消除界面张力，通过气-原油间传质作用实现混相驱替，驱油效率可达到90%以上。S块地层压力35.36~42.43MPa，通过细管实验法测定该区块混相压力为31.8MPa，注入CO_2可实现混相，且区块地混压差较大，能在合理开发方式与生产制度下较长期维持混相驱替，(图5)。

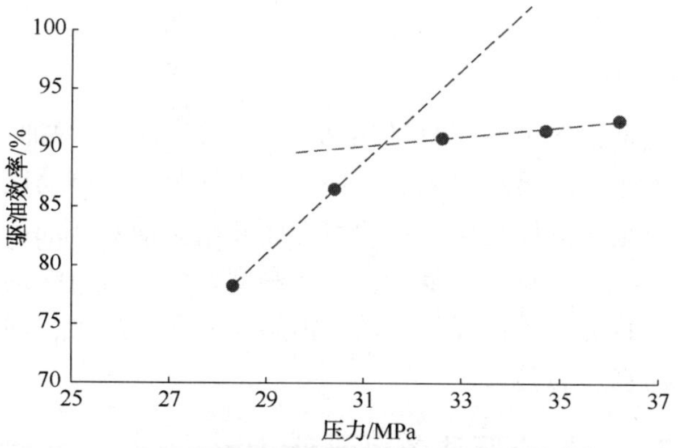

图5　细管实验不同驱替压力下注入孔隙体积与采收率关系

2　启动压力梯度分析

2.1　实验材料与方案设计

本次研究共进行启动压力梯度测试实验14组，确定不同注入介质(水/CO_2)最小启动压力梯度，启动压力梯度是表征低渗储层非线性渗流的重要参数。本次研究目标储层属于特低渗透储层，其中流体流动需要克服启动压力，在测定最小启动压力梯度值时，采用“毛细管平衡法”与“压差-流量法”相结合的测定方法。将收集到的天然岩心洗油、除杂、烘干后测得岩心的物性参数，后将不同渗透率岩心聚类分析为3类(表1)。根据所得材料设计两相最小启动压力实验(表2)，设计混相压力下不同渗透率岩心两相最小启动压力实验两个方案(表3)。

表1　岩心聚类分析结果

聚类分析	平均渗透率/mD
聚类1(较低渗)	0.47
聚类2(较中渗)	1.44
聚类3(较高渗)	3.03

表2　两相最小启动压力实验设计

驱替介质	实验温度	实验压力	原油黏度	实验岩心	实验组数
地层水	110℃	非混相25MPa 近混相30MPa 混相35MPa	1.7cP	K=1.32mD φ=13.2% L=6.52cm	6组
CO_2					

表3　大于混相压力下不同渗透率岩心两相最小启动压力实验方案

驱替介质	实验温度	实验压力	原油黏度	岩心气测渗透率/mD	岩心长度/cm	实验组数
地层水	110℃	混相35MPa	1.7cP	0.815	5.196	8组
				1.260	5.128	
CO_2				6.180	5.684	
				14.452	5.289	

2.2 实验结果与分析

低渗油藏孔隙细小，渗流不符合达西定律，流体在其中流动存在启动压力。根据低渗油藏渗流特点，设计了合理确定启动压力的测试方法。利用辽河油田天然低渗岩心、产出水及现场脱气原油配制的模拟油，测定了水驱油和气驱油的启动压力及非线性渗流规律，得到了不同驱替介质最小启动压力梯度(表4)。结果表明，利用该测试方法能准确地测定低渗及特低渗岩心的启动压力。根据实验，分别得到了两种驱替介质在三种混相状态下的最小启动压力梯度(图6)。

表4 不同驱替介质最小启动压力梯度

实验压力/MPa	水驱油/(MPa/m)	气驱油/(MPa/m)
25	0.31	0.135
30	0.3	0.104
35	0.28	0.068

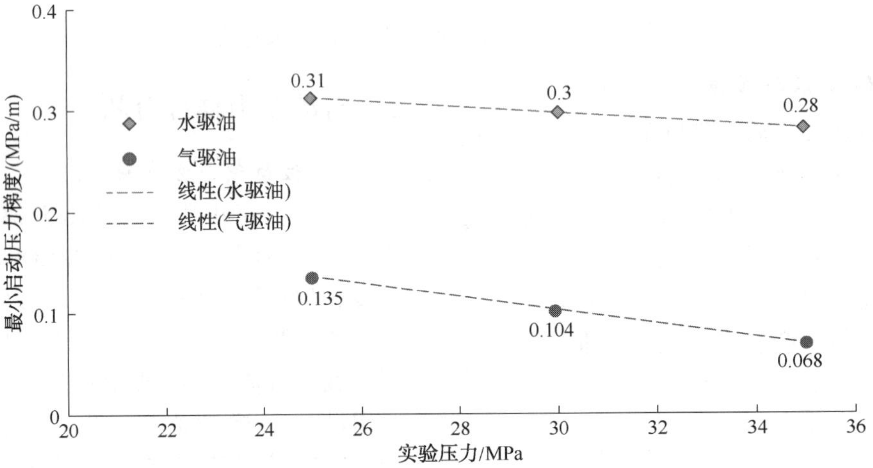

图6 不同驱替介质最小启动压力梯度

由图6可以看出，CO_2可以降低最小启动压力梯度，提高流体的注入及流动能力，混相时CO_2驱油最小启动压力梯度为0.068MPa/m，较水驱减小75%，效果明显。

利用实验测得数据，绘制启动压力梯度与渗透率的关系曲线，得出S区块油藏启动压力梯度的特点，启动压力梯度与渗透率呈幂函数关系，启动压力梯度随着渗透率的增大而减小。低压力梯度下存在非线性渗流段，且随渗透率的降低，曲线右移，非线性渗流段增长。因为所有孔隙中的流体全部参与流动后，流速-压差才呈现线性关系，岩心渗透率越低，使所有孔隙中的流体参与流动所需的压力越大，因此非线性段加长。气测渗透率越小即岩石的渗透率越小，启动压力梯度就越大。原因在于岩石吼道越细，固体表面对边界层流体作用力越大，流体流动所需克服的阻力越大。当渗透率小于0.5mD时，随着渗透率的降低，水驱的启动压力梯度迅速增加，而对CO_2驱的影响很小。由曲线拟合可得到水驱和CO_2驱的启动压力梯度经验公式，并且拟合程度较高。油的启动压力梯度与岩石气测渗透率比值呈幂指数关系，且随渗透率的降低而迅速增加。水驱油的最小启动压力梯度高于气驱油。启动压力是使流体克服岩石的引力而开始流动的外加压力，其影响因素复杂，流体黏度越大、岩石渗透率越低，流体开始流动时需施加的压力越大，即启动压力越大。

3 长岩心驱油效率研究

3.1 实验方案设计

本次研究共进行3组高温高压长岩心CO_2驱替实验，厘清非混相、近混相、混相条件下的驱油-埋存效率及特征。根据现场测得原油与CO_2的最小混相压力压力为31.8MPa，利用商业数值模拟软件CMG中Winprop模块模拟的最小混相压力为35.1MPa。故设计25MPa(非混相)、30MPa(近混相)、35MPa(混相)三组实验来厘清不同条件下的驱油-埋存效率及特征(表5)。

3.2 实验结果与分析

对岩心进行超临界CO_2驱替，驱替速度为0.1mL/min，回压为25MPa，而此区块原油与岩心的混相压力在31.8MPa，该驱替条件下整个岩心夹持器中的压力低于31.8MPa，因此属于非混相驱。注气0.187PV之前为无气采油阶段，油主要是由于注气溶解后体积膨胀由弹性能段塞式驱出，采出速度慢；注气0.187PV~0.5PV为产气阶段，主要为溶解气驱及气体流动携带驱替原油，原油采出程度迅速增加；注气1PV后，气相已经形成连续性通道，原油流动能力大幅降低，气体流动性大幅增强，驱油效率低，最终采收率为62.27%。

表5　不同混相程度实验基础数据表

实验压力/MPa	实验温度/℃	拼接岩心长度/cm	实验方式	驱替速度/(mL/min)	岩心渗透率/mD	岩心体积/mL	饱和水/mL	孔隙度/%	饱和油/mL	含油饱和度/%
25	110	61.8	恒速驱替	0.1	1.86	303.36	48.23	15.89	40.52	84.01
30	110	59.7	恒速驱替	0.1	1.13	293.05	45.26	15.44	38.4	84.84
35	110	53.2	恒速驱替	0.1	1.98	261.14	36.61	14.02	30.65	83.72

对岩心进行超临界CO_2驱替，驱替速度为0.1mL/min，回压为30MPa，而此区块原油与岩心的混相压力在31.8MPa，该驱替条件下整个岩心夹持器中的压力接近31.8MPa，因此属于近混相驱。注气0.221PV之前为无气采油阶段，油主要是由于注气溶解后体积膨胀由弹性能段塞式驱出，采出速度慢；注气0.221PV~0.7PV为产气阶段，主要为溶解气驱及气体流动携带驱替原油，原油采出程度迅速增加；注气1.5PV后，气相已经形成连续性通道，原油流动能力大幅降低，气体流动性大幅增强，驱油效率低，最终采收率为73.18%。

对岩心进行超临界CO_2驱替，驱替速度为0.1mL/min，回压为35MPa，而此区块原油与岩心的混相压力在31.8MPa，该驱替条件下整个岩心夹持器中的压力高于31.8MPa，因此属于混相驱。注气0.266PV之前为无气采油阶段，油主要是由于注气溶解后体积膨胀由弹性能段塞式驱出，采出速度慢；注气0.266PV~1PV为产气阶段，主要为溶解气驱及气体流动携带驱替原油，原油采出程度迅速增加；注气1.66PV时，气相已经形成连续性通道，原油流动能力大幅降低，气体流动性大幅增强，采出程度为76.38%。

在混相条件下，CO_2和原油可以以任意比例混合，消除界面张力从而获得更高的CO_2驱油效率，而CO_2非混相驱油容易造成早期的CO_2突破。混相驱替时CO_2可以进入更小尺寸的孔隙中有效的驱替原油，减弱了岩石孔喉结构非均质性对注入CO_2分布的影响。原油被动用的孔隙尺寸下限值更低。在CO_2混相驱过程中，气体在0.266PV时突破，突破后生产气油比开始缓慢增加，在1PV之后，生产气油比开始有大幅度上升，采出程度先快速增加后缓慢上升，最终采收率可达到80.62%。

对比CO_2非混相驱和CO_2近混相驱，CO_2混相驱的采出程度是最高的，且前期采油速度是三种驱替方式中最快的，其次为CO_2近混相驱，最后为CO_2非混相驱。说明CO_2混相驱对于提高采收率而言是更有效的一种驱替方式(图7)。

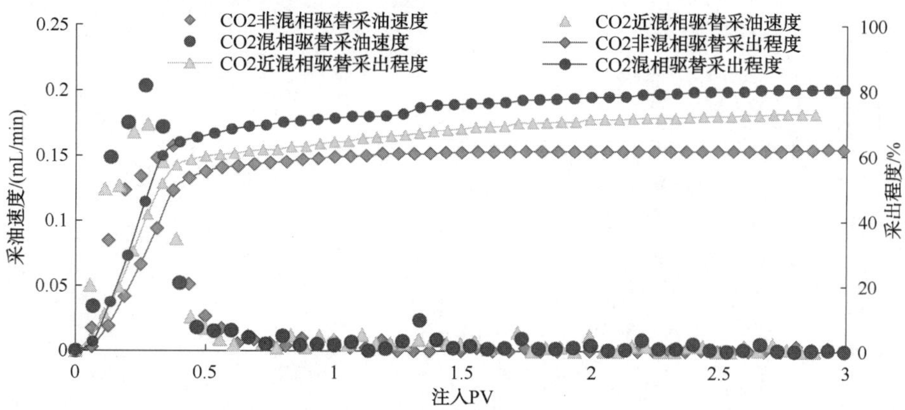

图7　长岩心CO_2驱油特征图

三组实验中，CO_2非混相驱气体突破时间较快，其次为CO_2近混相驱，突破时间最长是CO_2混相驱。由于突破时间不同，故在突破前的采收率也按照突破时间的长短从低到高排列，CO_2混相驱的无气采收率是最高的。说明CO_2混相驱能延长气体的突破时间，更好提高采收率。

4 结论

结合S区块开发实践，气驱开发方式适合区块特征，且相比于其他常见气体介质，CO_2具有得天独厚的优势，可最大化发挥气驱膨胀降黏的作用。

CO_2可以降低驱替过程中的最小启动压力梯度，油气发生混相时，CO_2驱油的最小启动压力梯度为0.068MPa/m，较水驱减小了75%；非混相时CO_2驱最小启动压力梯度为0.135MPa/m，较水驱减小了56%。岩心渗透率越低，驱替时最小启动压力梯度越大，研究表明最小启动压力梯度与渗透率呈幂函数变化关系。

CO_2混相驱能够延缓气体突破，增加突破前采出程度，气体突破后依然能够通过CO_2扩散、萃取作用继续缓慢提高采出程度。

结合启动压力梯度测试与长岩心驱替测试，证实CO_2驱优势明显，相比于水驱“驱得动、驱得好”，同时也要追求更大的混相程度，以图求更长的气体突破前采出程度和更高的驱油效率。

参考文献

[1] 向勇，侯力，杜猛等．中国CCUS-EOR技术研究进展及发展前景[J/OL]．油气地质与采收率：1-17.

[2] 王栋明．双229—洼111区块深层特低渗强水敏油藏开发[J]．新疆石油地质，2020，41(04)：464-470.

[3] 夏惠芬，徐勇．低渗透油藏CO_2驱油机理及应用现状研究[J]．当代化工，2017，46(03)：471-474.

[4] 李阳．低渗透油藏CO_2驱提高采收率技术进展及展望[J]．油气地质与采收率，2020，27(01)：1-10.

[5] Narendra Kumar，Marcio Augusto Sampaio，Keka Ojha et al. Fundamental aspects，mechanisms and emerging possibilities of CO_2 miscible flooding in enhanced oil recovery：A review. Fuel，Volume 330 (2022) 125633.

[6] 刘丽，孙志刚，顾辉亮．低渗透非均质砂岩油藏启动压力梯度研究[J]．科学技术与工程，2015，15(03)：66-70.

[7] 窦宏恩，马世英，邹存友等．正确认识低和特低渗透油藏启动压力梯度[J]．中国科学：地球科学，2014，44(08)：1751-1760.

[8] 章星，杨胜来，文博等．低渗油藏CO_2混相驱启动压力梯度实验研究[J]．石油实验地质，2013，35(05)：583-586.

[9] 郭省学．高温高压条件下CO_2驱稠油微观运移特征[J]．油气地质与采收率，2019，26(03)：99-104.

[10] 赵凤兰，宋黎光，冯海如等．长岩心CO_2非混相驱中注气速率对重力超覆的影响[J]．油田化学，2021，38(02)：273-278+295.

水平井重复改造工艺现状及适应性分析

任 勇[2,3] 慕立俊[1,3] 耿 君[4] 王尚卫[2,3] 蒙 鑫[2,3] 桂 捷[2,3]

(1. 长庆油田分公司；2. 长庆油田分公司油气工艺研究院；
3. 低渗透油气田勘探开发国家工程实验室；4 长庆油田分公司第十采油厂)

摘 要 随着水平井开发的不断深入，水平井数量也快速增加，而部分水平井在产量下降后如何通过重复压裂恢复其产量将会变得越来越重要。本文对国外水平井重复改造工艺现状进行了调研，重点对巴肯油田和鹰滩油田在商业成功率和重复改造技术现状进行了调研，并对工艺优缺点和适应性进行了分析。结果表明，北美水平井重复改造区块中，巴肯油田重复改造的效果最好，其主要原因之一是巴肯油田水平井开发历史长，初期水平井在设计理念、改造规模等方面偏小，为后期重复改造提供更大的空间；国外水平井主体改造工艺以动态多级暂堵压裂工艺为主，因其成本低、风险小而得到规模应用，但改造效果存在很大不确定性；多级滑套、井筒再造等重复压裂管柱采用机械封隔提升了改造有效率，但存在工序多、费用高、无法解决管外窜等问题，还处于尝试阶段；连续油管跨式封隔器压裂管柱因其排量受限，仅适合低排量酸化解堵、补孔压裂等小型措施；但国内采用大直径油管作业后，作业排量大幅提升，若配合高强度封隔器，集成带压拖动、填砂、暂堵等方法，作业效率将得到大幅提升，为长庆油田水平井重复改造工艺发展方向提供参考和依据。

关键词 超低渗透油藏；水平井重复改造工艺；动态多级暂堵；井筒再造；跨隔式压裂；多级滑套

1 北美水平井重复改造整体情况

1.1 北美水平井重复改造背景

2015 年以来，受国际油价走低影响，北美非常规油气钻机数量锐减，但产量基本保持稳定，主要依靠重复压裂技术恢复老井产量，各大服务公司近年来重复压裂工作量也逐步增大，重复改造来替代加密，如图 1 所示。在北美，钻一口新井成本需要 800~1600 万美元；而重复改造成本仅为 100~300 万美元，有更好的经济效益潜力。据统计，主要油服公司 2000~2015 年作业井次约 600 口，各公司作业量如表 1 所示。

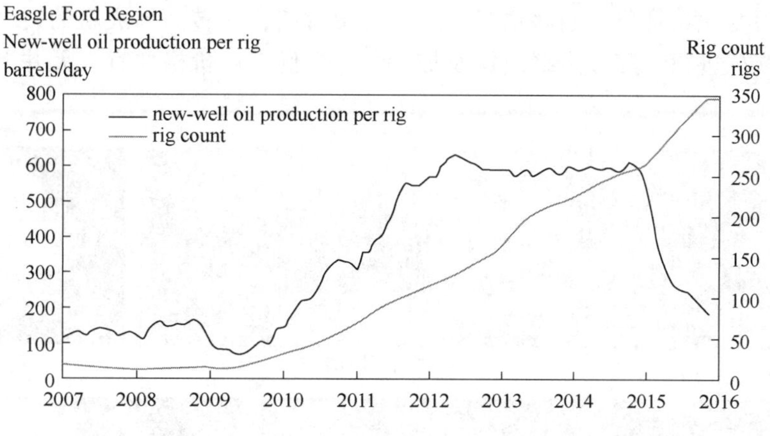

图 1 北美 EagleFord 致密油钻机数量在 2015 年大幅下滑

表 1 主要油服公司 2000~2015 年重复改造井数统计

服务公司	工作量	主要油气田
斯伦贝谢	200 余口	Bakken、Eagle Ford、Hynesville 等
贝克休斯	160 余口	Eagle Ford、Marcellus 等

续表

服务公司	工作量	主要油气田
哈里伯顿	130 余口	Bakken、Hynesville 等
威德福	180 余口	Eagle Ford、Marcellus 等

1.2 北美水平井重复改造典型区块商业成功率对比

由表2可以看出：

(1) 巴肯(商业成功率86%)比鹰滩(商业成功率56%)重复改造效果好，重复改造成本相对较低100万美元。

(2) 巴肯油田水平井开发历史长，初期水平井在设计理念、改造规模等方面偏小，为后期重复改造提供更大的空间。

(3) 鹰滩油田开发相对较晚，水平井初次改造作业规模大，后期改造空间相对较小，是重复改造效果较差的工程原因之一。

表2 巴肯和鹰滩重复改造效果及经济参数对比

区块	开采年限/月	统计油井数/口	无效井数/口	有效井数/口	重复改造成本/美元	投资回收期/个月	初期产量比(重复改造/初次改造)
鹰滩	9~43	16	7	9	280万	6~38	0.74
巴肯	21~75	22	3	19	180万	3~35	0.92

2 国外水平井重复改造主体工艺

以恢复单井产量及提高技术可采储量为目标，针对非常规储层的水平井重复压裂工艺迅速发展，调研发现，目前水平井重复改造主体工艺包括但不限于以下四类(表3)。

表3 水平井重复改造工艺应用情况

重复改造工艺	服务公司	应用情况
动态多级暂堵转向压裂	斯伦贝谢、哈里伯顿、威德福、贝克休斯等	在Barnett、Bakken、Eagle Ford、Marcellus等油气田应用较为广泛
连续管跨隔封隔器重复压裂	贝克休斯等	酸化、小型补孔压裂等措施
多级滑套重复压裂	Packers Plus Energy Services	在加拿大阿尔贝塔、北美等应用5口水平井重复改造
井筒再造重复压裂	Enventure全球技术公司	在Barnett、Marcellus、Eagle Ford应用15口井重复压裂作业

2.1 动态多级暂堵转向压裂

从井口注入暂堵材料，对已压裂段进行动态暂堵，根据井口压力变化特征判断封堵情况；通过压裂与暂堵转向交替进行，完成老缝复压及加密新缝压裂作业。

如图2所示，国外暂堵材料种类繁多，关键在于如何通过材料粒径设计和泵注优化实现原裂缝暂堵，并转向形成新的裂缝。

优点：价格便宜，无井下封隔工具。

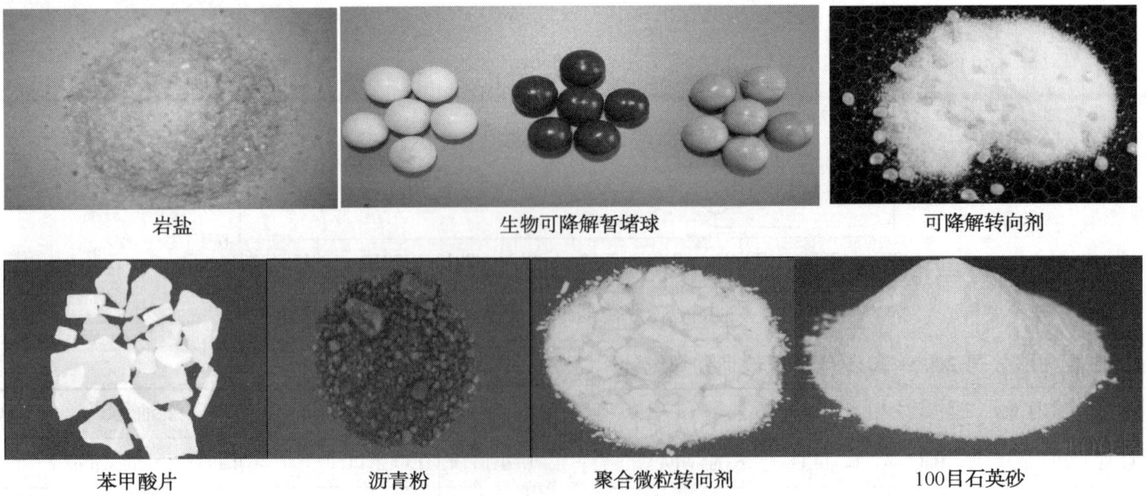

图2 国外常用的暂堵剂类型

缺点：不确定性太差。如图3所示，在鹰滩区块应用的5口井，重复改造后的产量与初期产量之比在31%~76%之间变化。

根据实时监测显示，整体改造成功率25%，尽管产量增加了，但是水平井段的全覆盖（改造）的挑战依然存在。许多微地震、光纤电缆、注入测试、示踪剂跟踪和生产测井都表明，能得到改造的水平井段百分比低至25%，同时这些得到改造的段其改造程度（范围）接近80%（SPE 175920-MS）。

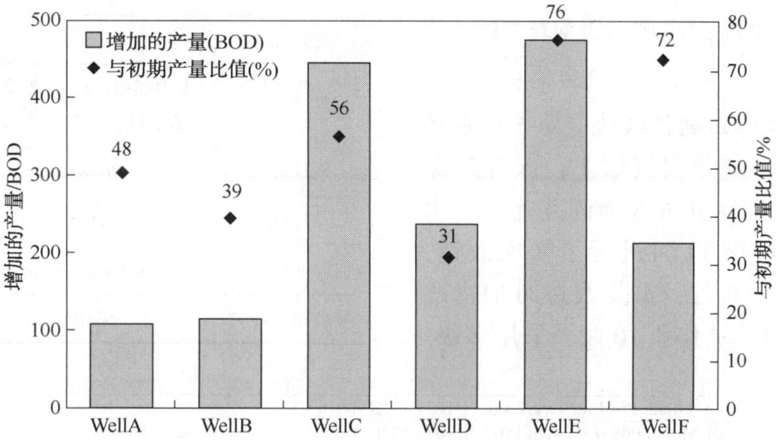

图3 在鹰滩油田应用的5口井效果对比

2.2 连续管跨隔封隔器重复压裂工艺（国内称为双封单卡压裂工艺）

国外连续油管跨隔式封隔器应用初步认识：（1）连续油管排量及砂量小，作业规模受限（2）采用大尺寸连续油管及工具，存在砂卡管柱风险（3）仅在巴肯油田早期的裸眼管柱完井小型重复改造用过，后期基本未见在重复改造中的应用报道。如图4、表4所示。

图4 连续管跨隔封隔器重复压裂工艺及配套工具

表4 四种流体介质下连续管所达到的最大排量（深度1600m，限压56MPa）

介质	清水	滑溜水	常规压裂液	低摩阻压裂液
压力/MPa	56.2	55.0	55.6	54.1
排量/($m^3 \cdot min^{-1}$)	2.1	3.5	3.5	3.8

2.3 多级滑套重复压裂工艺

2.3.1 管柱配置

详见图5、表5。

表5 水平井重复改造工艺及工具性能参数表

井筒尺寸	原套管内径/mm	重复改造配套管柱外径/mm	重复改造配套管柱内径/mm	可连续分压段数
4.5	99.57	73	62	16段
5.5	118.6	88.9	76	32段

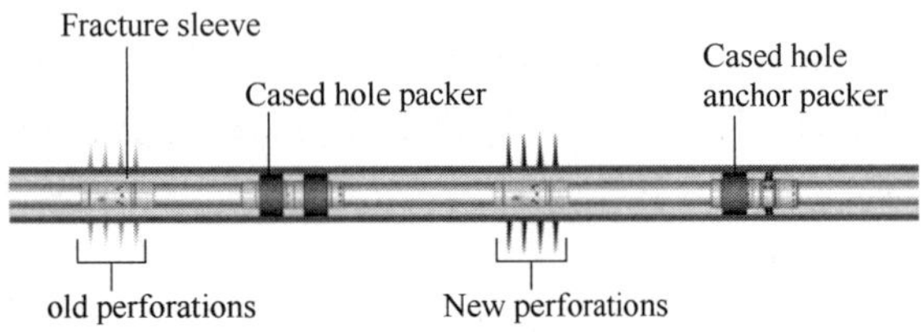

图5 国外多级滑套重复压裂管柱及配套工具

2.3.2 应用实例

在加拿大、北美等页岩油区块应用5口水平井重复改造，其中一口井实例如下：该井斜深3346m，垂深2010m，完井方式为固井完井，水平段长1264m，2009年11月进行了初次改造，段数为5段；2013年5月，重复改造时加密改造了5段，累计重复改造作业10段，采用多级滑套重复压裂工艺，压后5个月平均产量是压前5个月平均产量三倍。如表6、图6所示。

表6 多级滑套在蒙特利页岩油区块应用参数

	初次改造	重复改造
作业时间	2009年11月	2013年5月
完井尺寸	4.5寸	2.875寸
改造工艺	水力喷射(第1、2段)+桥射联作(第3~5段)	多级滑套
累计液量	2648方	7524方
加砂量	595t	677t
作业排量	4.4~6m^3/min	3.8~9.5m^3/min
最高施工压力	65MPa	63MPa

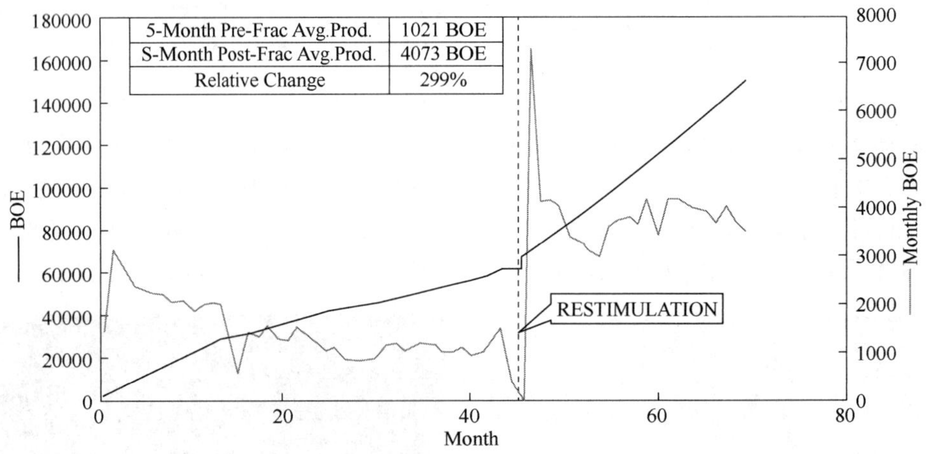

图6 多级滑套重复改造井前后效果对比

2.4 井筒再造重复压裂工艺

原井筒处理后新管，并用机械方法封堵射孔孔眼，变老井为新井，然后采用泵送桥塞等光套管实施重复压裂。目前主要有两种方法：(1)在原井筒里下入小套管，再进行二次固井；(2)直接下入膨胀管对原射孔段或者套管损坏段进行封堵，然后实施重复压裂，称膨胀补贴井筒再造。

2.4.1 二次固井井筒再造重复压裂管柱

国外：在Barnett、Eagle Ford页岩气老井重复压裂中，采用贝克休斯公司专有的Gel-block暂堵固井材料进行二次固井，成功实施了13口井井筒再造作业，目前在国内开展试验2口井，总体处于经验积累与摸索阶段。

典型井：Barnett页岩气井，2007年完井，垂深2194m，水平段长762m，地层温度88℃，初产65128方/天，2015年产量降到11185方/天。

作业工序：在原5寸半套管里下入3寸半套管，然后注入环空封固液进行二次临时固井，完成射孔及压裂后，在注入酸液和破胶剂将Gel-block暂堵固井材料溶解成液体，然后起出3寸半套管，恢复5寸半井筒并生产。该井压后产量为24701方/天，是改造前产量的2.2倍，是初期产量的38%。如图7所示。

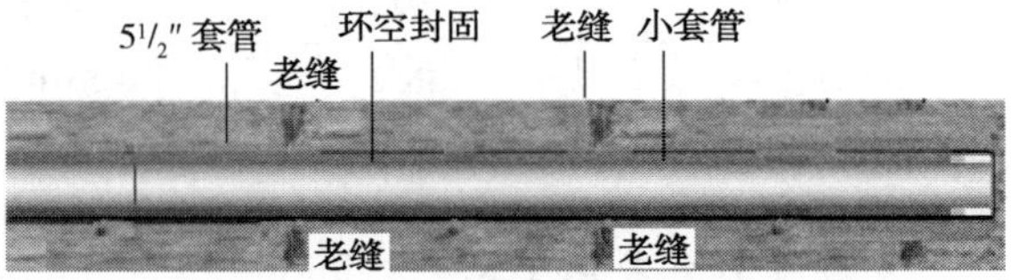

图7 二次固井井筒再造改造管柱示意图

2.4.2 膨胀管井筒再造重复压裂管柱

工艺原理：下入管串至设计位置较深后，将膨胀管系统膨胀封堵前射孔层段，形成新的井筒，再进行补孔重复压裂。如图8、图9、表7所示。

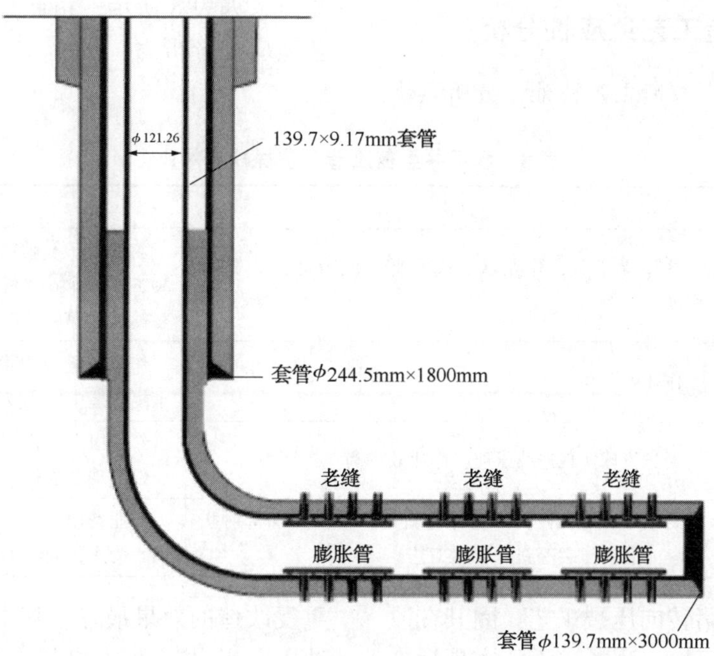

图 8　膨胀管井筒再造封堵老缝

图 9　膨胀补贴后采用泵送桥塞实现重复压裂

表 7　膨胀管性能参数表(内径为 121.36mm 的 5.5in 套管为例)

原套管		膨胀前	膨胀后			
外径/mm	内径/mm	外径/mm	外径/mm	内径/mm	抗内压/MPa	抗外挤/MPa
139.7	121.36	116	118	103	85.7	55.7

应用实例(事故井修复)：South Texas Eagle-Ford 区块，设计施工 37 级压裂作业(5½′套管)，完成 15 级压裂后水平段套管无法封压，利用膨胀管分三次补贴水平段套管至造斜点(累计封堵长度 1653m)，补贴后成功试压 68.9MPa，并顺利完成剩余 22 级压裂。

效果评价(水平井重复改造)：在 Barnett、Marcellus、Eagle Ford 成功实施 15 口井重复压裂作业，Barnett 区块对比试验表明，膨胀管重复压裂恢复到压前最高月产量的 75%，如图 10 所示。

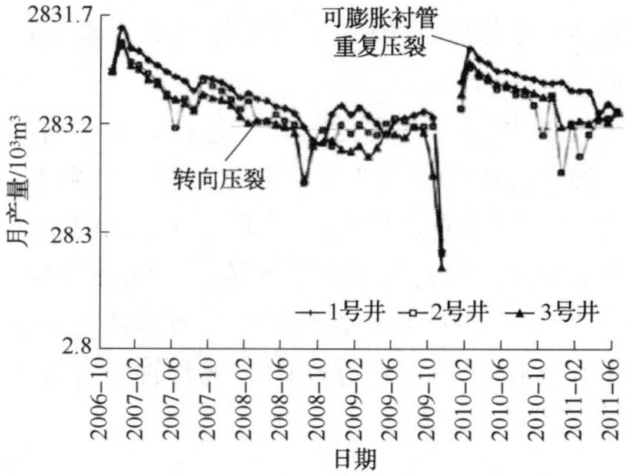

图 10　膨胀管井筒再造重复压裂效果对比图

3 水平井重复改造工艺适应性分析

结合上述四项重复改造工艺特征，分析其优缺点，如表8所示，由此得出水平井重复改造工艺适应性分析为：

表8 水平井重复改造工艺优缺点对比

重复改造工艺类型	优点	缺点
动态多级暂堵转向压裂	井下无工具，作业低、成本低、风险低，作业效率高	效果存在不确定性，整体有效改造率不到30%，在暂堵材料选择、作业配套等方面没有标准，现场随机调整可能性大。
连续管跨隔封隔器重复压裂	作业效率高	作业排量及规模受限(小于 $4m^3/min$)，在重复改造中应用受限
多级滑套重复压裂	通过投球实现连续压裂，作业效率高	作业段数受限，压后需要连续油管钻磨作业以实现全通径，压后工具无法起出。
井筒再造重复压裂	封堵所有射孔段，变老井为新井，可以实现桥射联作、光套管压裂等新井成熟工艺	作业费用高，工序复杂(国外作业机以连续油管为主，而我国陆地上以常规油管为主)

(1) 动态多级暂堵转向压裂工艺：因其在改造有效性上存在不确定性，现场也无法实现标准化操作，一般是在其他水平井重复压裂工艺无法实施或者无效时应用，也常与其他工艺进行组合应用以提高改造效果。因此，该工艺主要适用于初次改造采用桥塞联作等大排量施工、井筒套管质量好但固井质量差的老井重复改造作业。

(2) 连续管跨隔封隔器重复压裂工艺：该工艺作业效率高，但施工规模受限，因此适合加密布缝等小规模重复压裂作业。但若采用大直径无接箍油管及工具带压拖动来代替连续油管作业，其施工排量将大幅提升，这也是目前国内油田水平井重复改造主体攻关的方向之一。

(3) 多级滑套重复压裂工艺：该工艺通过投球实现连续压裂，作业效率高，但由于投球级差限制导致作业段数受限，且压后需要连续油管钻磨作业以实现全通径，压后工具无法起出，主要适用于水平段长度较低(推荐低于1500m)、段数较少(推荐低于10段)的气井水平井重复改造作业。

(4) 井筒再造重复压裂工艺：封堵所有射孔段，变“老井”为“新”井，水力喷射、桥射联作、光套管压裂等成熟体积压裂工艺就可以应用，但存在作业费用高，工序复杂等缺点限制其应用。因此，该工艺主要适用于增产潜力非常大的老井或者初次改造井作业过程中出现套管损害等事故井修复等二次作业。

4 结论及认识

(1) 北美水平井重复改造区块中，巴肯油田重复改造的效果最好。其主要原因之一是：巴肯油田水平井开发历史长，初期水平井在设计理念、改造规模等方面偏小，为后期重复改造提供更大的空间。

(2) 国外水平井主体改造工艺以动态多级暂堵压裂工艺为主，因其成本低、风险小而得到规模应用，但改造效果存在很大不确定性。

(3) 多级滑套、井筒再造等重复压裂管柱采用机械封隔，但存在工序多、费用高、无法解决管外窜等问题，还处于尝试阶段。

(4) 连续油管跨式封隔器压裂管柱因其排量受限，仅适合低排量常规解堵等措施；但国内采用大直径油管作业后，作业排量大幅提升，若配合高强度封隔器，集成带压拖动、填砂、暂堵等方法，作业效率将得到大幅提升，是国内水平井重复改造工艺攻关方向之一。

参 考 文 献

[1] David Strother. Challenges Of Re-fracturing Horizontal Wells in Unconventional And Tight Reservoirs, SPE 167000-MS.

[2] David Amold. Eco-Friendly Biodegradable Materials During re-fracturing of a Horizontal Well, SPE 171015-MS.

[3] Mamadou. Refracturing on Horizontal wells in the Eagle Ford shale. SPE173333-MS.

[4] YagnaDeepika. Re-facturing in Eagle Ford and Bakken to increase reserves. SPE173340-MS.

[5] P. Indras. A commercial Evalutiaon of refracturing Horizontal shale wells. SPE174951-MS.

[6] Ral Malpani. Improving Hydrocarbon Recovery of Horizontal shale wells through re-fracturing. SPE 175920-MS.

[7] Gary Rodvelt. Refracturing Early Marcellus Producers accesses Additional gas. SPE177295-MS.

[8] Paul Teasdale, Coiled Tubing Conveyed Expandable HP Patch - A Cost Effective Solution to Wellbore Integrity Problems. SPE/IADC-178146-MS.

[9] 光新军，王敏生．北美页岩油气重复压裂关键技术及建议[J]．石油钻采工艺，2019，45(02)：224-230.

[10] 杨国丰，周庆凡，李颖．美国页岩油气井重复压裂提高采收率技术进展及启示[J]．石油科技论坛，2016，21(02)：46-52.

[11] 颜磊，刘立宏，李永明，张冲．水平井重复压裂技术在美国巴肯油田的成功应用[J]．国外油田工程，2010，26(12)：22-25.

[12] 罗韵东，张全立，郭慧娟，何飞．页岩气可膨胀衬管重复压裂技术现状与发展[J]．石油矿场机械，2019，41(1)：81-86.

[13] 杨兆中，李扬，李小刚，李成勇．页岩气水平井重复压裂关键技术进展及启示[J]．西南石油大学学报(自然科学版)，2019，30(6)：75-86.

[14] 曾凌翔，郑云川，蒲祖凤．页岩重复压裂工艺技术研究及应用[J]．钻采工艺，2020，43(1)：65-68.

[15] 隋阳，刘德基，刘建伟等．低成本致密油层水平井重复压裂新方法——以吐哈油田马56区块为例[J]．石油钻采工艺，2018，18(03)：369-375.

[16] 顾明勇，夏跃海，王维等．大庆低渗透水平井重复压裂技术及现场试验[J]．石油地质与工程，2018，46(04)：95-99.

致密油气藏压裂井不均匀产油部位试井诊断方法

文贤利　吴　虎　王　荣

(新疆油田分公司工程技术研究院)

摘　要　针对现有压裂裂缝试井方法解释的裂缝半长远远小于工程压裂裂缝半长问题，将垂直裂缝考虑为条带源，考虑井筒储集、裂缝分段不均匀产液及裂缝不均匀产液以及水平井分段不均匀产液影响，运用 Green 函数并结合 Newman 乘积方法，建立了裂缝分段流量不均匀试井解释新模型以及多段压裂水平井裂缝流量不均匀试井解释新模型。利用数值反演算法计算井底压力，绘制出样板曲线，并分别讨论了裂缝分段流量不均匀对垂直裂缝井底压力的影响以及不同裂缝流量分布不均对多级压裂水平井井底压力的影响。研究结果表明，垂直裂缝分段不均匀产液时，无限导流近井筒线性流段 1/2 斜率线和最终水平径向流段压力导数 0.5 水平线之间出现一个斜率不等于 1/2 的新线性流动段；多段压裂水平井压力导数曲线出现了值为 0.5/N 的水平段，被称为第一径向流动段。实例应用表明新模型对垂直裂缝井的产液裂缝段诊断及解释、增产措施制定具有重要指导意义。

关键词　垂直裂缝井；多级压裂水平井；裂缝分段流量；裂缝半长；Newman 乘积；叠加原理

1　前言

水力压裂技术能够被用于改善低渗透油藏近井地带渗透性，提高油气井产能。由于水力压裂技术在油气藏工程中的广泛应用，对于垂直裂缝井的瞬态压力响应分析在国内外都得到了很大的重视。对垂直裂缝井的研究起源于 20 世纪 60 年代。Gringarten 等首先于 1974 年提出了针对垂直裂缝的均匀流量模型以及无限导流模型并得到了解析解。随后 Cinco-ley 在考虑裂缝有此基础上提出了有限导流模型并得到了半解析解和压力曲线图版。Tiab 和 Wong 等人在这些模型的基础上提出了针对垂直裂缝井的压力导数曲线图版。

近年来，水力压裂方法被引入致密油气储层以提高产能。低渗透油田在进行压裂后，增大了低渗透岩石的裸露面积，即与井筒的沟通的面积，减小流体的渗流阻力，在井筒附近地层形成高导流能力的通道供油气渗流，最终达到增产或增注的目的。这也引起了国内外学者对多级压裂水平井瞬态压力响应分析的关注。一系列试井解释模型已被建立来解释多级压裂水平井的瞬态压力响应。Larsen 和 Hegre 在三维空间上严格推导了考虑裂缝有限导流的多级压裂水平井压力解，但是忽略了边界的影响；J. Guo、徐严波、李树松[10]对裂缝进行微元划分，利用无限大点源函数求解井底压力，但在这些求解过程中裂缝纵向上被简单的等效为了一个点。J. Wan 和 K. Aziz 针对二维问题，通过积分变换得到了考虑斜裂缝以及部分打开裂缝的压力解，之后 AI Rbeawi 和 Tiab 考虑裂缝无限导流以及不同裂缝形态对模型进行求解，并绘制了样板曲线。

然而在传统的垂直裂缝井试井模型中，裂缝闭合或者储层伤害可能导致的裂缝段流量不均的问题并没有得到考虑。同样，对于多段压裂水平井而言，实际生产中可能出现的不同裂缝流量不等情况在现有的试井模型中也没有得到体现。因此，本文在考虑垂直裂缝井中的沿裂缝段流量不均以及压裂水平井中不同裂缝流量不等的基础上，提出了新的垂直裂缝井和压裂水平井试井解释模型，并运用 Green 函数，Newman 乘积以及叠加原理得到了考虑表皮影响的解析解。之后，在此基础上运用 Stehfest 数值反演计算井底压力并绘制了典型曲线，并针对流量进行了典型曲线的敏感性因素分析。新模型还被用于实际生产井的压力数据历史拟合以反求地层和裂缝参数。

2　试井解释模型及半解析解

2.1　垂直裂缝井裂缝分段不均匀产液物理模型

如图 1 所示，考虑无限大地层中一口铅垂井，井轴与 z 轴重合。上顶和下底均不透水，介质均匀，各向同性。裂缝平面沿铅垂方向通过井筒，自上而下裂穿地层。定产量 q 生产，表皮系数为 S。流体全部由基质流向裂缝，再经由裂缝流向井筒。油藏为均匀介质且油藏中任意一点的地层渗透率为 k。压裂后裂缝总半长 x_f。将裂缝分段考虑，$x_f=x_{f1}+x_{f2}$，x_{f1}半长段对应渗透率 k_{f1}，对应流量 q_1，x_{f2}半长段对应渗透率 k_{f2}，对应流量 q_2，且 $k_{f1}>k_{f2}$。其余参数：油藏孔隙度为 φ，油藏厚度为 h，综合压缩系数为 C_t，黏度为 μ，单相流体，忽略毛管力和重力影响。

2.2 垂直裂缝井裂缝分段不均匀产液数学模型及解

上下边界封闭，压裂缝贯穿整个地层，且裂缝垂直于顶底面的裂缝，可视为无限大空间条带源；假设流体是均匀流入到裂缝内，则单位宽度长度流量一定，因此垂直裂缝井的压力分布可由无限大空间条带源持续源函数叠加得到。考虑表皮的无量纲井底流压如下：

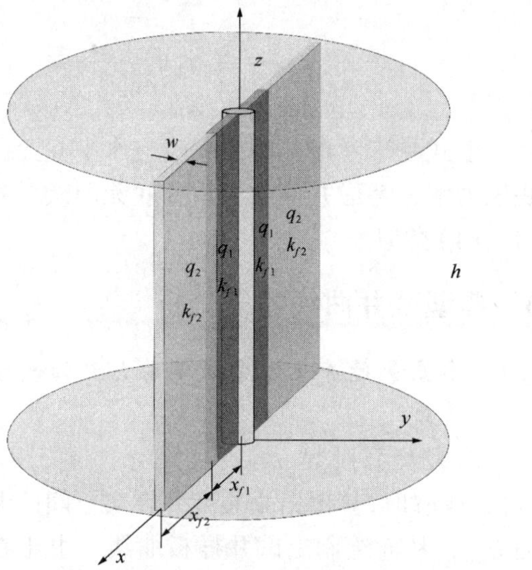

图 1 垂直裂缝井裂缝分段不均匀产液物理模型

$$p_{wD}=\frac{\sqrt{\pi}q_{1D}}{2x_{f1D}}\cdot\int_0^t\frac{1}{\sqrt{4\tau}}\cdot\left\{erf\left[\frac{x_{f1D}}{\sqrt{4\tau}}\right]+erf\left[\frac{x_{f1D}}{\sqrt{4\tau}}\right]\right\}d\tau$$
$$+\sum_{i=2}^{n}\frac{\sqrt{\pi}q_{iD}}{2x_{fiD}}\cdot\int_0^t\frac{1}{\sqrt{4\tau}}\cdot\left\{\begin{aligned}&erf\left[\frac{x_{fiD}/2-x_{wiD}}{\sqrt{4\tau}}\right]+erf\left[\frac{x_{fiD}/2+x_{wiD}}{\sqrt{4\tau}}\right]\\&+erf\left[\frac{x_{fiD}/2+x_{wiD}}{\sqrt{4\tau}}\right]+erf\left[\frac{x_{fiD}/2-x_{wiD}}{\sqrt{4\tau}}\right]\end{aligned}\right\}d\tau+\sum_{i=1}^{n}\frac{q_{iD}h_D}{k_{fiD}w_D}S_i \quad (1)$$

上式是未考虑井筒储集效应无因次井底压力解，采用流量积分原理，考虑井储效应可以得到井底压力解(n 为裂缝分段数)。

2.3 多级压裂水平井裂缝不均匀产液物理模型

如图 2 所示，顶底封闭水平方向无限大地层中有一口长度为 L 的水平井，井轴平行于 x 轴。水平段压开 N 条裂缝，其中第 i 条裂缝与水平井筒交点为 x_{wi}、y_{wi}、z_{wi}处，定产量 q_{wi} 生产，表皮系数为 S_i，裂缝贯穿整个油藏。油藏均质且渗透率各向异性，油藏中任一点的水平渗透率为$K_h=K_x=K_y$，垂直渗透率为 $K_v=K_z$。流体均由基质流向裂缝，再由裂缝流向井筒，每条裂缝沿裂缝面流入流量均匀分布。其余参数：油藏孔隙度为 φ，油藏厚度为 h，综合压缩系数为 C_t，黏度为 μ，单相流体，忽略毛管力和重力影响。

2.4 多级压裂水平井裂缝不均匀产液数学模型及解

由镜像原理，顶底封闭，压裂缝贯穿整个地层，且裂缝垂直于顶底面的裂缝，可看作宽为 $2x_f$的裂缝可看作是无限大空间条带源；假设流体是均匀流入到裂缝内，则单位宽度单位长度流量是一定的，多级压裂水平井的压力分布无限大空间条带源迭加得到，其中 $y_w=0$。

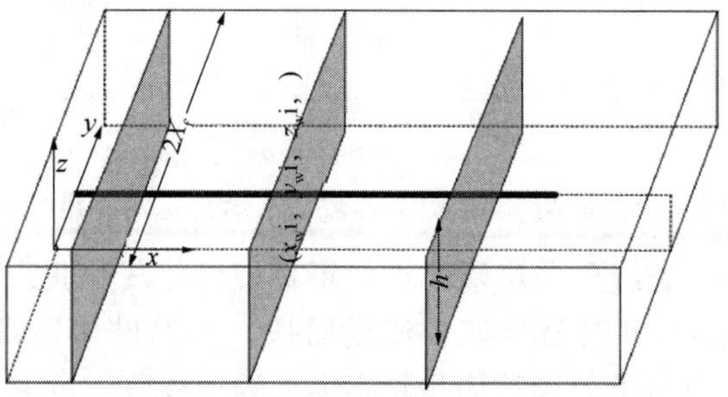

图 2 压裂水平井不均匀产油物理模型

沿井筒各点处压力相等，将第 j 条裂缝与井筒连接处压力当作井底流压，则考虑表皮的无量纲井底压力如下：

$$p_D(x_{Dj},\ y_{Dj},\ t_D)=\sum_{i=1}^{N}\frac{\sqrt{\pi}\,q_{iD}}{2x_{fD}}\cdot\int_0^{tD}\frac{\exp\left[-\frac{(x_{Dj}-x_{wiD})^2}{4\tau_D}\right]}{\sqrt{4\tau_D}}\cdot\left\{erf\frac{x_{ifD1}}{\sqrt{4\tau_D}}+erf\frac{x_{ifD2}}{\sqrt{4\tau_D}}\right\}\mathrm{d}\tau_D+\frac{q_{jD}h_D}{K_Dw_D}S_j \tag{2}$$

上式是未考虑井筒储集效应水平井无因次井底压力解，考虑井储效应后井底无因次压降计算与式(1)类似。

3 典型试井曲线特征分析

3.1 垂直裂缝井裂缝分段不均匀产油典型试井曲线

取裂缝分段数 $n=2$，对式(1)进行 Stehfest 数值反演即可算出铅垂裂缝井在实空间的井底压力 P_{wD}，从而绘制出试井样板曲线。由于在推导过程中忽略了沿井筒压降，因而将裂缝与井筒相连处点压力当做井底流压，绘制出的典型曲线如图 3 所示。

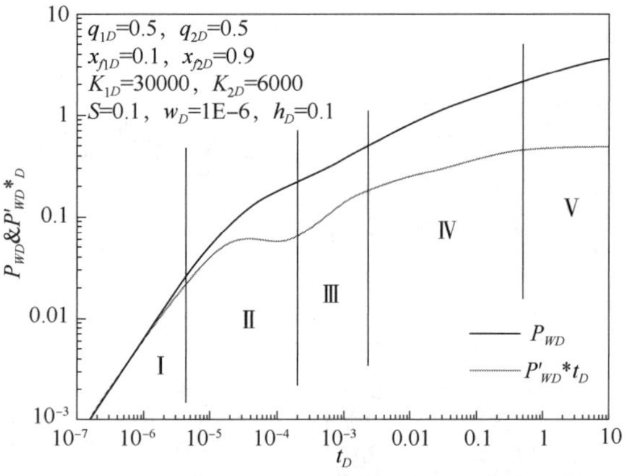

图 3　垂直裂缝井裂缝分段流量不均匀典型试井曲线

裂缝分段产液不均匀铅直裂缝井试井曲线如图 3，可以分为五个流动阶段：井筒储集阶段，压力和压力导数均是斜率为 1 的直线段；过渡阶段，井筒储集向地层渗流阶段；地层线性流阶段，压力导数曲线呈斜率为 1/2 直线段；干扰地层线性流阶段，压力导数曲线呈现不等于 1/2 的直线段；第二径向流动段，压力导数曲线呈 0.5 水平段；

3.2 多级压裂水平井裂缝不均匀产油典型试井曲线

计算出压裂水平井在实空间的井底压力 p_{wD}，绘制出试井样板曲线。由于在推导过程中未考虑水平井筒压降，因此可认为水平井筒处处压力相等的，将第一条裂缝与井筒相连处处点压力当作井底流压，典型曲线如图 4 所示。

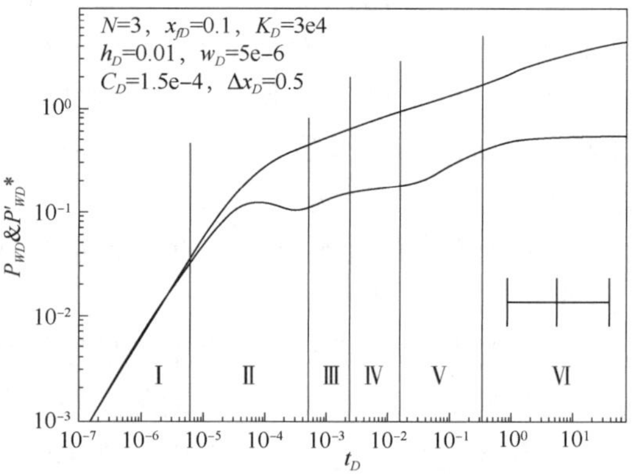

图 4　多级压裂水平井试井典型试井曲线

从图 4 可以看出，压裂水平井试井典型曲线可以分为 6 个阶段：井筒储集阶段，压力和压力导数均是斜率为 1 的直线段；过渡阶段，井筒储集向地层渗流阶段；第一线性流阶段，压力导数曲线呈斜率为 1/2 直线段；第一径向流阶段，压力导数曲线呈 $0.5/N$ 水平段；第二线性流阶段，压力导数曲线呈斜率为 0.5 直线段；第二径向流动段，压力导数曲线呈 0.5 水平段；

4 敏感性分析

4.1 垂直裂缝井裂缝段不同流量影响

垂直裂缝井有效裂缝总长度一定，总流量 q 相等，裂缝分段数 $n=2$，且 $x_{f1D}=0.1$，$x_{f2D}=0.9$，各裂缝段流量 q_{iD} 不等，不同流量 q_{iD} 下垂直裂缝试井曲线如图 5 所示。

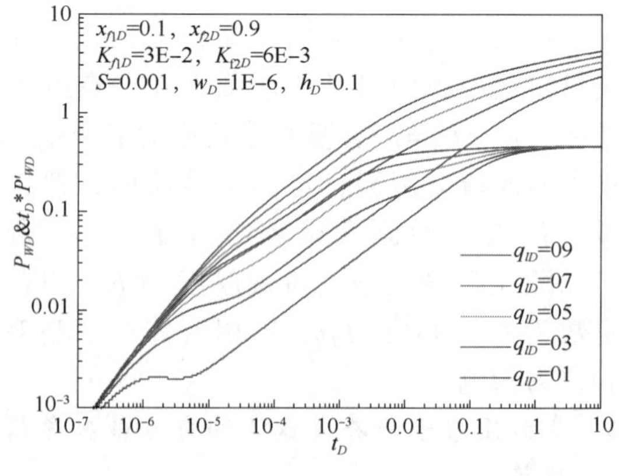

图 5　不同裂缝段流量 qiD 下垂直裂缝井试井曲线比较

从图5可以看出，压力和压力导数均随着近井筒段流量的增大而增大；且随着近井筒段流量的增大，地层线性流段持续时间延长，干扰地层线性流动段出现时间延迟。图中 $q_{1D}=0.1$ 代表的是均匀流量裂缝，当流量沿着裂缝均匀分布时，干扰线性流动段不会出现。当近井筒段流量占总流量比例很大时，远井筒段流量很小，在图中表现为干扰线性流动段趋于消失。

4.2 多级压裂水平井不同裂缝流量影响

压裂水平井井筒长度一定，总流量 q 相等，裂缝条数为 $N=4$，且在水平井筒上均匀分布，各条裂缝流量 q_{iD} 不等，不同流量 q_{iD} 下多段压裂水平井试井曲线如图6所示。

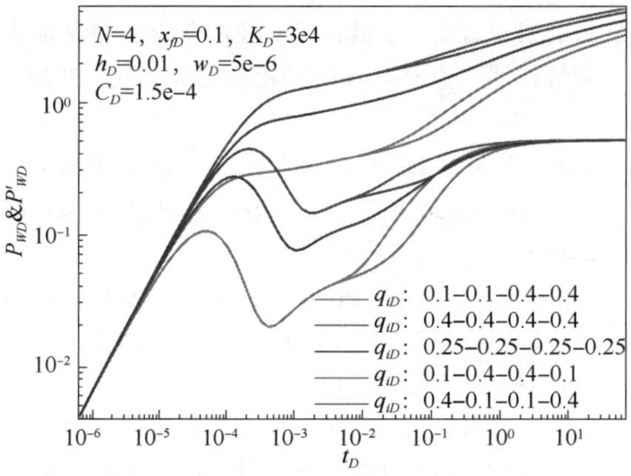

图6 不同裂缝流量 qiD 下多级压裂水平井试井曲线比较

由图6可以看出，当边上裂缝出油量大时，压降最小；当中间裂缝出油大时，压降最大；当4条裂缝均匀出油时，其压降介于中间。另外，裂缝不同出油量对压力导数曲线影响较大，当两端裂缝出油多时，可以明显看到早期径向流段0.5/N的水平线，而当中间裂缝出油多时，第一径向流段不明显，因此应用此模型可判断出裂缝出油量情况。

5 实例应用

将垂直裂缝井裂缝分段不均匀产液模型应用于实际井的拟合。某油田压裂油井井A和井B，井A生产3288小时后进行压恢测试，测试时间337小时；井B生产2520小时后进行压恢测试且测试时间为318小时。井A和井B的基本地层参数如表1所示。

表1 测试井基础数据表

地层参数	井A	井B
日产量 $q/(m^3/D)$	0.11	0.91
储层厚度 h/m	12	11
孔隙度 φ/fraction	0.319	0.309
地层温度 T/R	32	32
地层油黏度 $\mu/Pa\cdot s$	0.262	0.242
综合压缩系数 ct/MPa^{-1}	0.0021	0.0017
设计裂缝半长/m	140	140

根据测试井实际压力导数曲线的曲线形态特征，选择俩段不均匀产液垂直裂缝井模型进行拟合，拟合结果如图7和8所示，解释出的结果如表2所示。从试井解释结果可以看出运用我们的新模型进行拟合后得到的裂缝半长很接近裂缝设计半长。

表2 试井解释参数表

解释地层参数	井A	井B
x_{f1}/m	10.9827	29.6871
x_{f2}/m	127	101.003
x_f/m	137.9827	130.69
$q_1/(m^3/D)$	0.0826	0.467
$q_2/(m^3/D)$	0.0274	0.443
地层渗透率 k/mD	0.1084	0.4304

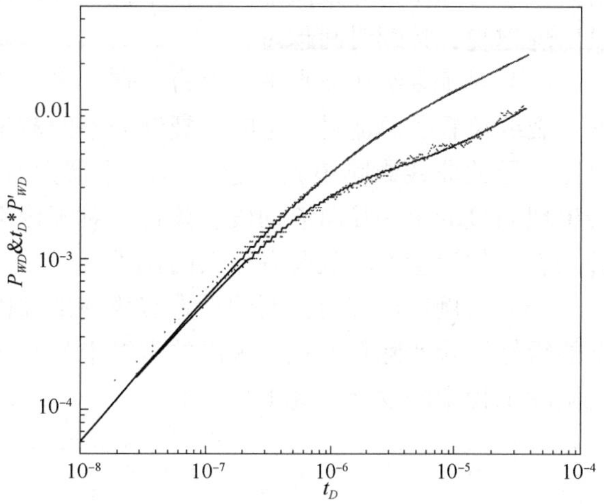

图7 井A实测压力与典型曲线拟合图

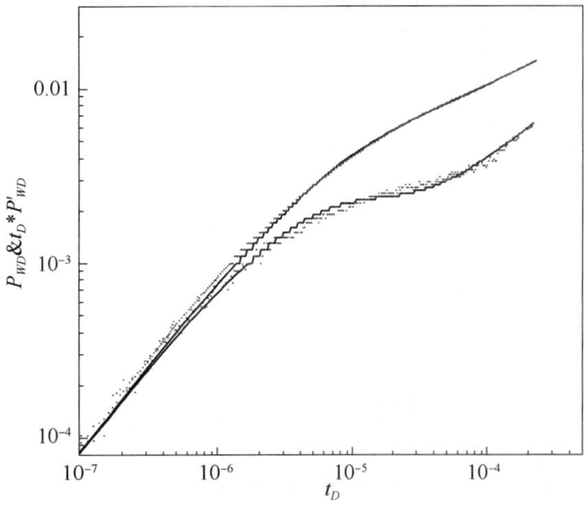

图 8　井 B 实测压力与典型曲线拟合图

6　结论

(1) 本文建立了考虑裂缝段流量不均的和不同裂缝流量不均的垂直裂缝井试井解释模型和多级压裂水平井试井解释模型，求出了井底压力的半解析解并通过数值反演绘制了考虑井储和表皮的典型试井曲线。

(2) 垂直裂缝井裂缝段流量不均匀试井模型压力导数曲线上呈现出斜率不等于 0.5 的直线特征段，表征干扰地层线性流；而多级压裂水平井裂缝流量不均试井模型压力导数曲线呈现一个 0.5/N 的水平特征段，表征早期径向流。

(3) 对于垂直裂缝井而言，在裂缝段长度、裂缝段位置、总流量一定时，裂缝段不同出油量对压力导数曲线影响很大。随着近井筒段流量的增大，压力和压力导数值增大，且干扰线性流动段出现越晚，持续时间越短。

(4) 对于多级压裂水平井而言，在水平井长度、裂缝位置、总流量一定时，裂缝的不同流量对压力导数曲线影响很大，边上裂缝流量大时，会出现明显的第一径向流动段。该特征对于诊断各条裂缝的流量不均状况有很大的作用。

(5) 实例应用表明，新的垂直裂缝井试井模型能很好拟合实际数据且反求出的裂缝半长更接近实际工程中的设计裂缝半长。

参 考 文 献

[1] Gringarten, A. C. , H. J. Ramey, Jr. , and R. Raghavan, Unsteady-State Pressure Distributions Created by a Well With a Single Infinite-Conductivity Vertical Fracture. 1974.

[2] Gringarten, A. C. and H. J. Ramey, Jr. , Unsteady-State Pressure Distributions Created by a Well With a Single Horizontal Fracture, Partial Penetration, or Restricted Entry. 1974.

[3] Cinco L, H. , F. Samaniego V, and N. Dominguez A, Transient Pressure Behavior for a Well With a Finite-Conductivity Vertical Fracture. 1978.

[4] Tiab, D. and S. K. Puthigai, Pressure-Derivative Type Curves, for Vertically Fractured Wells. 1988.

[5] 张羽鹏，盛茂，王波，等．径向分支井控制加密井裂缝扩展数值模拟[J]．新疆石油天然气，2022，18(3)：31-37.

[6] Giger, F. M. , Low-Permeability Reservoirs Development Using Horizontal Wells. 1987, Society of Petroleum Engineers.

[7] Larsen, L. , Wells Producing Commingled Zones with Unequal Initial Pressures and Reservoir Properties. Society of Petroleum Engineers.

[8] 杨志成，朱志强，刘子威，等．隔夹层精细表征新方法研究——以 LD 油田为例[J]．新疆石油天然气，2019，15(2)：54-58.

[9] Guo, J. , et al. , A New Model to Predict Fractured Horizontal Well Production. 2006, Petroleum Society of Canada.

[10] 鲁铁梅，叶成，鲁雪梅，等．准噶尔盆地南缘高温有机质储层井壁失稳机理及对[J]．新疆石油天然气，2022，18(1)：26-31.

[11] 李树松，et al.，压裂水平井多裂缝系统的试井分析．大庆石油地质与开发，2006. 25(3)：p. 67-69.

[12] Wan, J. and K. Aziz, Semi-Analytical Well Model of Horizontal Wells With Multiple Hydraulic Fractures.

[13] Al Rbeawi, S. J. H. and T. Djebbar, Transient Pressure Analysis of a Horizontal Well With Multiple Inclined Hydraulic Fractures Using Type-Curve Matching. 2012, Society of Petroleum Engineers.

安塞油田特低渗油藏双向调堵压裂技术研究与应用

毛亚辉[1] 吴九虎[2] 达引朋[1] 卜向前[1] 李建辉[1] 黄 婷[1]

（1. 中国石油天然气股份有限公司长庆油田分公司油气工艺研究院；
2. 中国石油天然气股份有限公司长庆油田分公司第四采油厂）

摘 要 安塞油田S127区块属于典型的特低渗注水开发油藏，常规措施在开发初期取得了一定的控水增油效果，但随着开发进程的不断深入，油水矛盾加剧，剩余油分布特征复杂，油井措施后含水上升，目前整体进入中高含水开发阶段，如何实现“控水增油”成为此类油藏注水可持续开发的关键。本文从油水井双向治理的思路出发，提出了油水井双向调堵压裂技术，通过室内增产机理的研究，明确了控水增油机理，并进行了现场试验。试验区注水井深部调堵后平均注入压力提高1~3MPa，压降曲线明显变缓，表明高渗通道实现有效封堵；在此基础上，优选中高含水油井进行前置调堵压裂试验，平均单井日增油1.12t/d，综合含水下降10个百分点以上，有效实现了提高单井产量、控制含水上升速度的目的，对同类油藏的高效开发具有一定的借鉴意义。

关键词 特低渗油藏；中高含水油藏；双向调堵压裂；前置调堵压裂

1 引言

长庆油田特低渗透主力油藏为三叠系延长组储层，是长庆油田产量构成的主要部分，占比近三分之一，重复压裂是老井挖潜的主要措施。

安塞油田S127长6油藏是典型的特低渗油藏，该区注水开发初期产量较好，目前产量持续下滑，已进入中高含水开发阶段，区块含水上升速度有进一步加快的趋势。2015~2019年，前人先后在该区开展了油井常规重复压裂、前置调堵压裂、注水井微球调驱等措施，取得了一定的控水增油效果，但随着开发进程的不断深入，油井见水类型多样，剩余油分布特征复杂，“稳油控水”难度不断加大。

本文以S127长6油藏西部为研究对象，从油藏整体角度考虑，在试验区高含水井见水响应特征及开发潜力评价基础上，将注水井深部调堵与油井堵水压裂工艺技术有机结合，开展油水井双向调堵压裂增产机理研究，探索中高含水油藏“增油控水”技术，为同类型油藏的高效开发提供理论和技术支撑。

2 中高含水油藏开发矛盾及治理思路

2.1 油藏开发矛盾

长庆特低渗油藏属于典型的岩性油藏，天然裂缝相对发育，油井初期几乎全部射孔压裂投产。历经多年注水开发，天然缝、人工缝、动态缝交错，加之部分区块井网加密，致使平面上渗流场发生变化，油水井之间水线逐步沟通，纵向上水驱不均问题突出，上部表现为强水洗，中部弱水洗，底部未水洗，某一高渗层段水驱前缘突进，导致油井突然见水。

2.2 剩余油分布特征

受水驱状况复杂的影响，长期注水开发的油藏剩余油分布复杂，形成“死油区”，有效动用难度不断加大。平面上剩余油呈条带状和零散分布(图1)，裂缝发育区注水井连通成水线，剩余油总体呈条带状分布在裂缝两侧；高孔渗区水驱波及区域呈近圆形，剩余油主要分布在油井三角地带“死油区”。受储层非均质和吸水不均影响，剖面上强水洗厚度占27.9%，未水洗35%左右，剩余油呈“互层式”分布(图2)，具备潜力可挖，但难度加大。

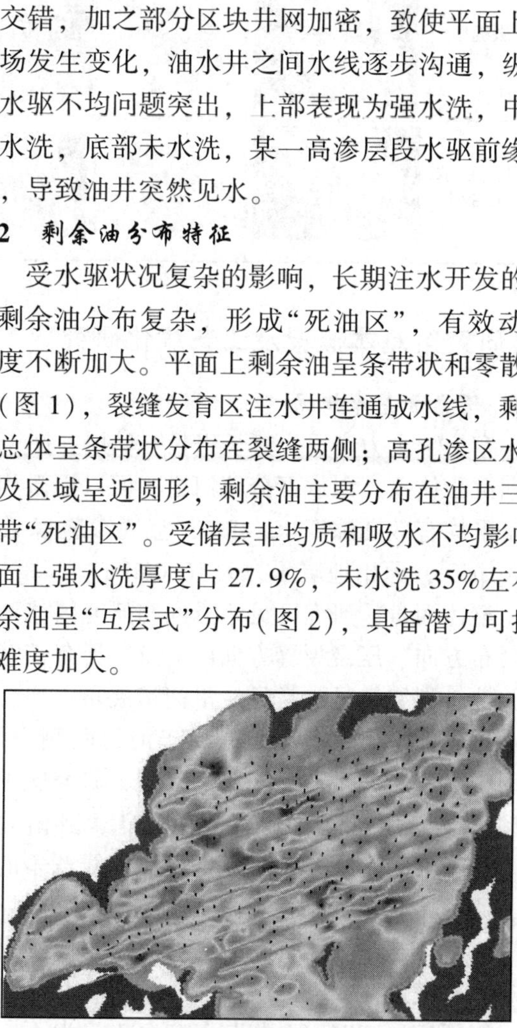

图1 塞160裂缝区平面剩余油分布图

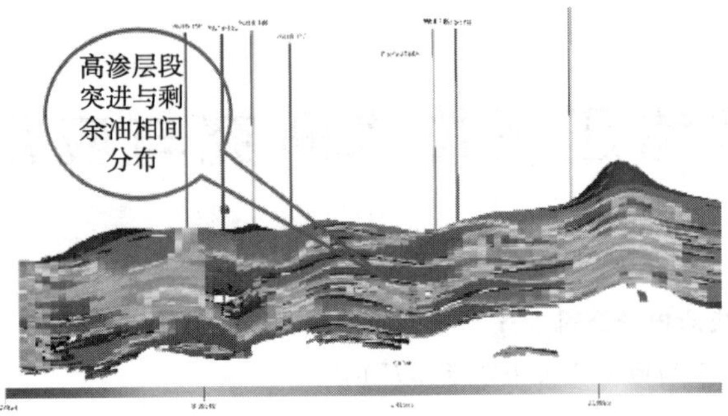

图2 安塞油田检查井区剖面剩余油分布特征分布图

2.3 治理思路

针对研究区中高含水低产油井，在渗流场深度刻画裂基础上，与剩余油分布规律相结合，开展油水井双向调堵改造措施研究，研发关键调堵剂和控水材料，优化调堵工艺及参数，开展注水井深部调堵和油井调堵压裂矿场试验，有效动用裂缝侧向剩余油。

本文研究以封堵裂缝型、裂缝-孔隙复合型见水井，挖潜侧向剩余油为思路，对注水井进行深部调堵，有效封堵各级窜流通道；对于仍然高含水的油井进行前置调堵压裂；对于注水不见效、位于优势见水方向侧向油井可进行多级暂堵压裂。室内计算结果表明，针对高含水井组（Q液>3.0m^3/d、f_w>60%），双向调堵压裂可大幅降低含水，比单一调剖/油井堵水降低超10%；同时改善绕流场，扩大水驱体积（表1），有效动用侧向及“死油区”剩余油。

表1 不同类型见水井不同阶段剩余油、流线场分布对比表

见水类型	本次措施前		单一调剖		双向调堵		计算结果
	剩余油分布图	流线场分布图	剩余油分布图	流线场分布图	剩余油分布图	流线场分布图	
裂缝型见水	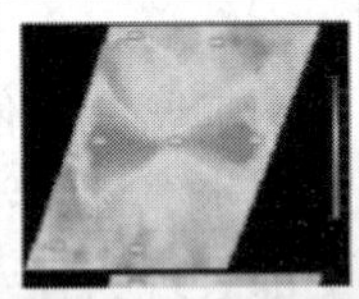	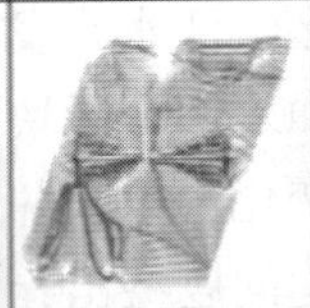	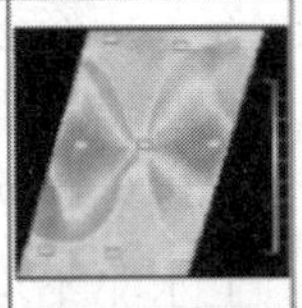	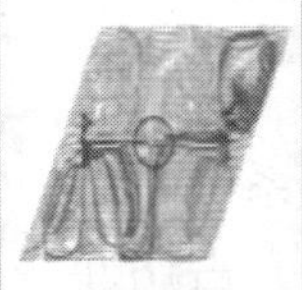	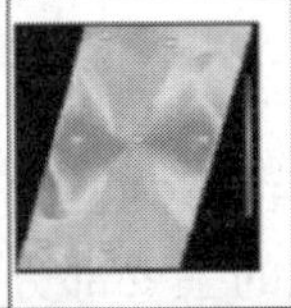		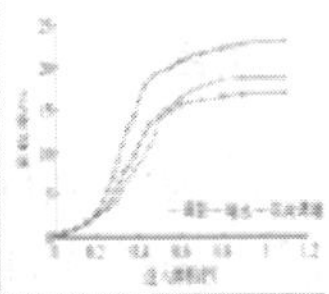
孔隙-裂缝复合型	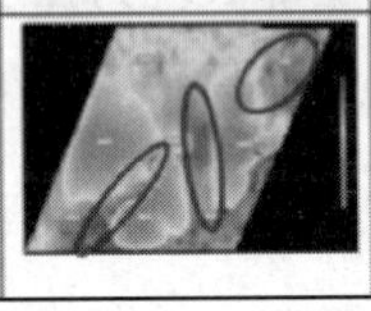	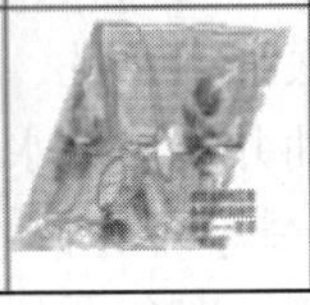	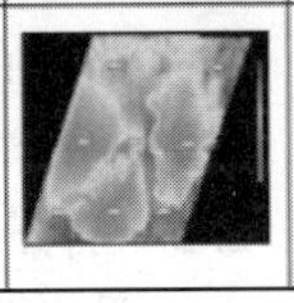	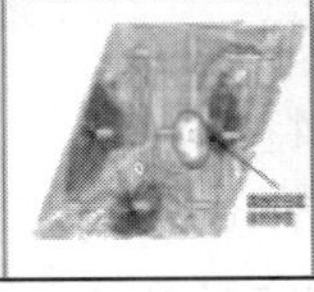	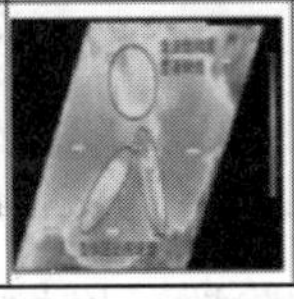		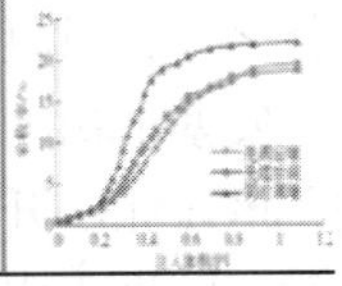

3 研究区基本概况及工艺优化研究

3.1 研究区基本概况

塞127主力产层为延长组长6储层，属于三角洲沉积体系，以水下分流河道、河口坝微相为主，平均有效孔隙度12.48%，空气渗透率1.98×10^{-3}μm^2，原始地层压力为10.0MPa。

整体而言，研究区见水方向与研究区流动单元展布方向、压裂裂缝方向（NE62°）具有较好的相关性。裂缝性见水常见于沿河道展布方向，裂缝-孔隙型与孔隙型见水常见于河道两侧方向。利用中高含水井生产动态精细判识，研究区见水类型以裂缝型见水为主，孔隙-裂缝型相对较少。剩余油分布计算结果表明，受流线竞争的影响，研究区剩余油主要富集于见水通道两侧（图3，图4），若维持现状生产，高含水井周围剩余油难以有效动用。

以研究区X74-06井与X77-03井为不同见水类型典型井组，对剩余油分布特征进行精细描述。X74-06井属于孔隙-裂缝性见水，含油饱和度降低范围大，与注水井间形成的有效水驱范围越宽，水驱形态类似于“葫芦状”（图5），水线宽度约为20~45m；X77-03井属于裂缝性见水，水驱前缘推进速度越快，有效波及范围越低，水驱区域形态类似于“舌进状”（图6），水线宽度约为10~20m。

通过渗流场分析计算，研究区长6层开发初期各井组注入水基本呈均匀波及，渗流场局部的非均质性主要由“北东-南西”向优势沉积方向引起[图7(a)]；开发中期受注入水长期冲刷及注水量突变的影响，高渗通道逐步形成（导流能力4~7D·m），注入水波及存在较为明显的方向性[图7(b)]；高含水阶段裂缝性见水油井窜流通道已经形成，水驱波及情况进一步减少，注入水呈低效无效循环[图7(c)]。随着注水开发的推进，渗流场波及体积越来越小，油井水窜水淹现象加重。

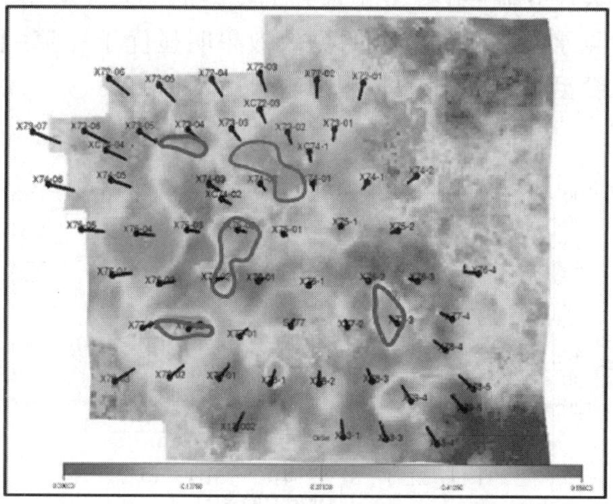

图3　长 6_{31-1} 储层目前含油饱和度分布图

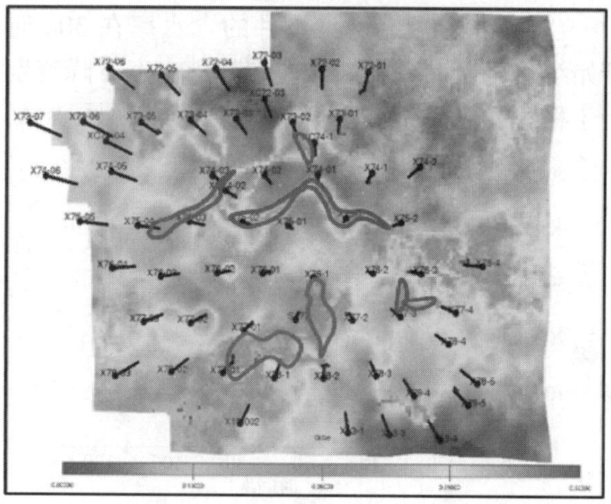

图4　长 6_{31-2} 储层目前含油饱和度分布图

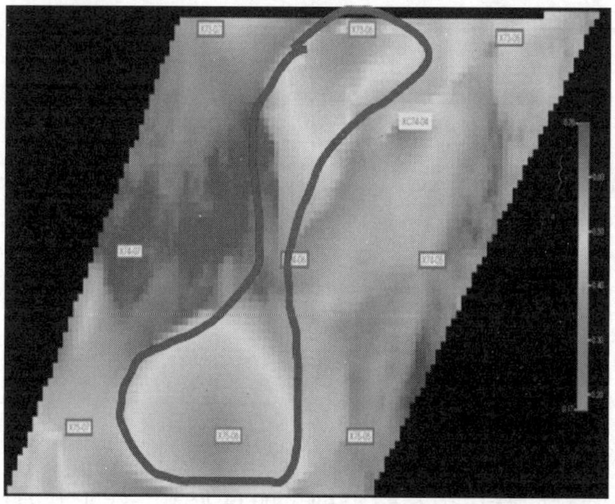

图5　X74-06 井组见水初期剩余油分布图

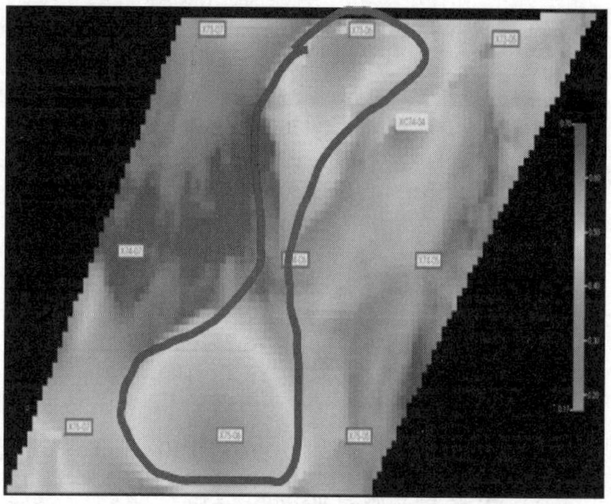

图6　X77-03 井组见水初期剩余油分布图

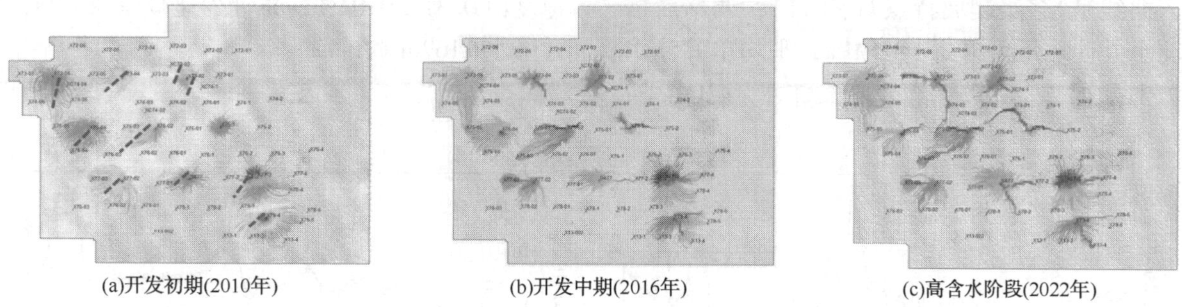

(a)开发初期(2010年)　(b)开发中期(2016年)　(c)高含水阶段(2022年)

图7　研究区渗流场分布情况

3.2　工艺参数优化及试验效果

3.2.1　注水井自适应调剖工艺优化

结合试验区油藏动态模拟结果，模拟油藏温度条件下对 0.5%的注水井调堵凝胶进行评价，通过对不同时刻凝胶黏度进行测定，可以看出(图8)，随着成胶时间的推进，凝胶黏度越来越大，直至 90h 以后凝胶体系黏度达到最大值 42000mPa · s，之后凝胶黏度保持稳定。

（1）不同类型高含水井调驱室内评价分析

利用调堵压裂油藏渗流数值模型，模拟注水井在恒速注入聚合物凝胶状态下，不同注入阶段凝胶体积的分布状态与不同类型见水井的见效情况。随着凝胶的注入，裂缝型见水井的含水率在 40d 时明显开始下降，并在 65d 左右时含水率下降速度趋于平稳，含水最终下降 25 个百分点(图 9)；孔隙-裂缝型见水井的含水率在 30d 时开始缓慢下降，并在 75d 左右时含水率下降速度趋于平稳，含水最终下降 10 个百分点(图 10)，表明孔隙-裂缝型见水井的受效时间长于裂缝型见水井，且裂缝型的见效效果明显优于孔隙-裂缝型见水井。

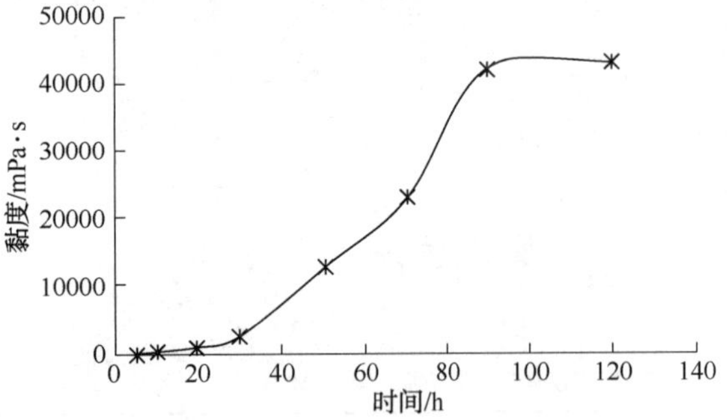

图 8　0.5%自适应凝胶(60℃)黏度随时间变化图

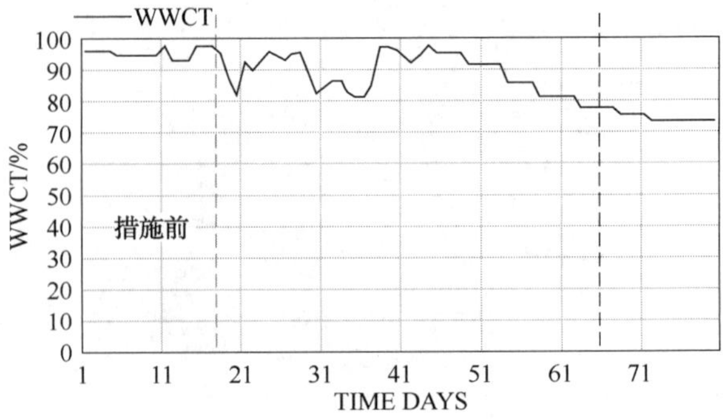

图 9　裂缝型见水井含水率变化曲线

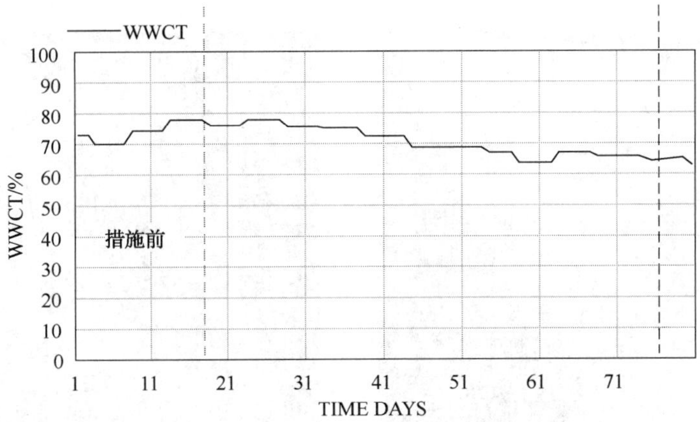

图 10　孔隙-裂缝型见水井含水率变化曲线

(2) 注水井调驱试验效果分析

注水井深部调堵现场试验表明，注水井凝胶注入曲线呈“多级爬坡特点”(图 11)；调堵后措施注水井注水压力提高 1~3MPa，平均单井注水压力上升了 2.14MPa，有效恢复注水压力水平，油藏驱替压力系统得到了明显改善。注水井对应井组月度递减由 2.36%↓0.45%、月度含水上升速度由 0.31↓0.04%，累计少递减原油 778t，累计降水 1167m^3(图 12)。

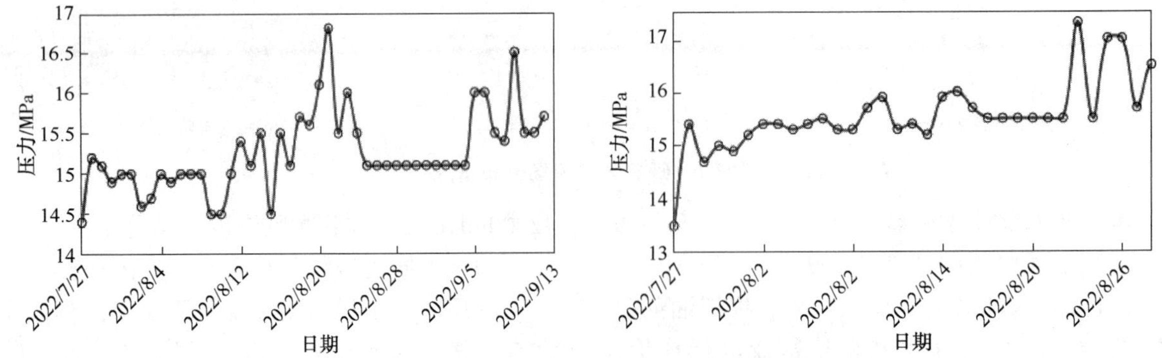

图 11　不同措施井压力测试曲线

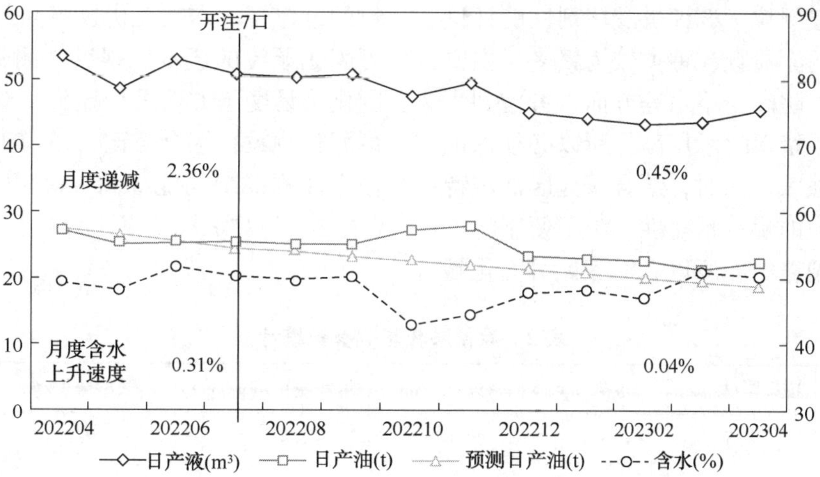

图 12　试验区整体生产监测曲线

3.2.2　油井前置调堵压裂工艺技术

针对常规油井堵水段塞封堵强度低、堵后低液量等难题，在注水井深部调堵试验区内优选油井，开展油井前置调堵压裂工艺优化研究，以“高强度凝胶封堵远端+涂敷颗粒封堵老裂缝中部”为思路，提高老裂缝封堵强度，提升裂缝转向几率，促使新裂缝的形成。

（1）油井前置调堵控水凝胶性能指标

聚合物浓度是影响胶体性能的重要因素。聚合物浓度过低，可能造成聚合物分子和交联剂分子间的交联密度过低，无法形成空间网状结构，胶体强度差。

当聚合物浓度升高时，凝胶的胶体强度也进一步增加(图 13)。这是因为聚合物浓度升高时，将会有更多的分子线团将舒展在水溶液中，聚合物分子侧链上的交联点会相应地增加，使得聚合物分子能够很快地与交联剂发生交联反应进而形成凝胶，进一步增强了凝胶体系的空间网络结构(图 14)，能够更加牢固地束缚网格中的自由水，凝胶的整体稳定性增强，胶体黏度升高。

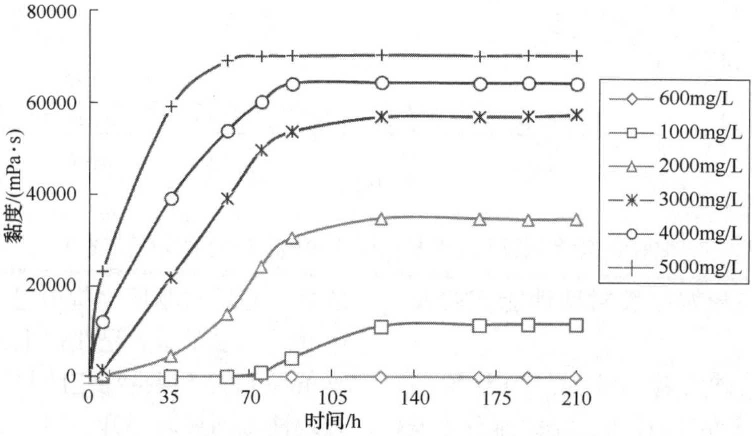

图 13　聚合物浓度对凝胶体系黏度的影响

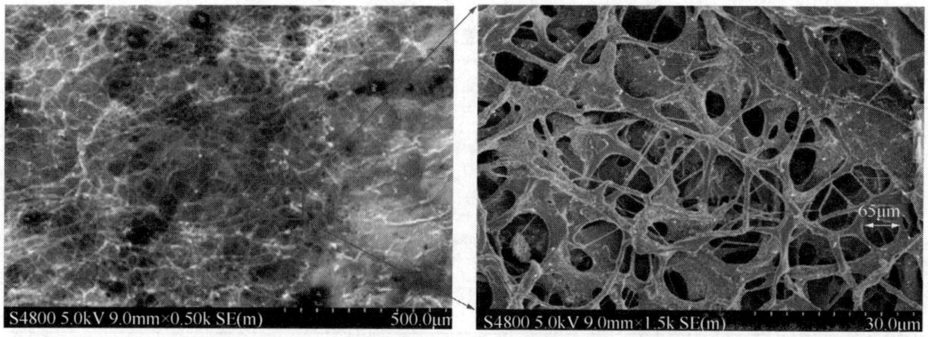

图 14　凝胶在扫描电镜下的微观结构图

（2）油井涂覆颗粒优选评价及堵剂性能评价

当前工业级的涂覆颗粒种类较为繁多，主要用于压裂支撑剂、防砂、堵水等方面。考虑到优选的涂覆颗粒用于堵水时承压高，所以必须保证颗粒具有较高的强度。同时，结合研究区油藏特点，必须保证颗粒的耐温耐盐性。为了便于将可固化颗粒携带入裂缝中，所以必需保证可固化颗粒的悬浮性。本文在优选可固化颗粒时，主要从可固化颗粒的成本、强度、耐温抗盐性、密度、固化难易度等方面进行评价，对比了常用的3种可固化颗粒，综合对比，LT-01涂覆颗粒在各项稳定性测试中均能保持94%以上的性能保留率（表2，图15）。

表2　涂覆颗粒基础参数统计

型号	内核材料	覆膜厚度/μm	球度	体积密度/(g/m^3)	堆积密度/(g/m^3)	酸溶解度/%	50MPa破碎率/%
TW-1	红浮石球	4-5	0.8	2.34	1.4-1.5	2.3	<3.0
QD-1	陶粒	12-15	0.7	2.03	1.2-1.4	4.8	<4.0
LT-01	石英砂	12-16	0.8	2.22	0.9-1.3	1.7	<3.0

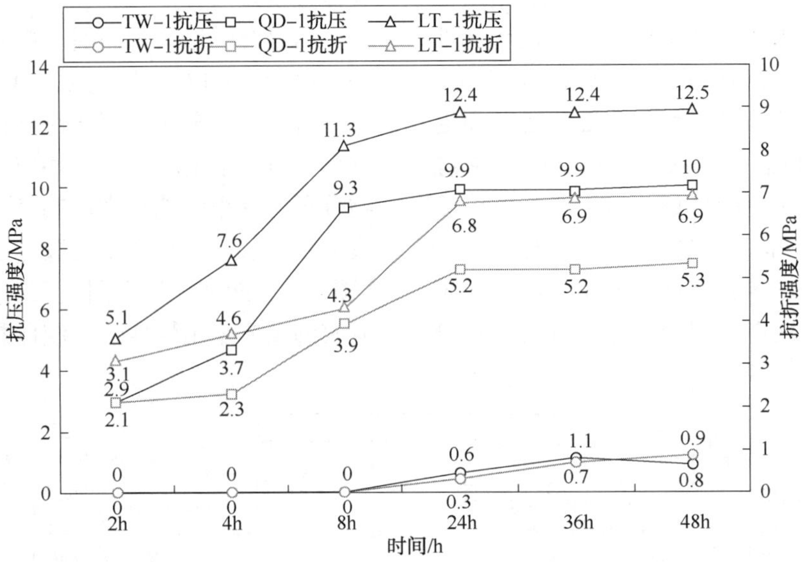

图15　涂覆颗粒抗折与抗压强度随固结时间的变化曲线

（3）涂覆颗粒与控水凝胶封堵性能实验及评价

利用平板裂缝填砂实验，对“凝胶+涂覆颗粒协同封堵”效果进行室内评价，结果显示（表3），实验条件下，液体凝胶结合涂覆颗粒封堵裂缝岩心后水驱压力提升超过6MPa，提高注水速度后，水驱压力呈线性上升，且能够在持续水驱条件下依然保持稳定的封堵强度，封堵强度和有效性得到显著提升。

表3　封堵裂缝岩心实验结果

液体凝胶+涂覆颗粒结合封堵				
水驱速度/(mL/min)	围压/MPa	突破压力/MPa	稳定压力/MPa	备注
3	10	/	0.04	封堵前水驱
3		6.43	6.01	封堵后反向水驱
5		/	6.76	
7		/	7.13	

（4）压裂工艺参数优化

① 水平应力差对裂缝转向的影响

裂缝转向的地质因素主要为水平应力差，工程因素主要为封堵位置与泵注排量。当地应力变化时会对裂缝转向起裂及延伸有较大影响。根据矿场实际地应力差，考虑到老缝压裂所导致的诱导应力，进行了最大最小水平主应力差模拟，结果显示，储层原始最大最小主应力相差越小，则越有利于老缝堵水压裂形成新的转向裂缝，且转向角度越大（图 16）。结合试验区长 6 油藏长期注采条件下两向应力差约 3MPa，可实现距离老缝偏移 30m 以上的裂缝，可有效挖掘剩余油目的。

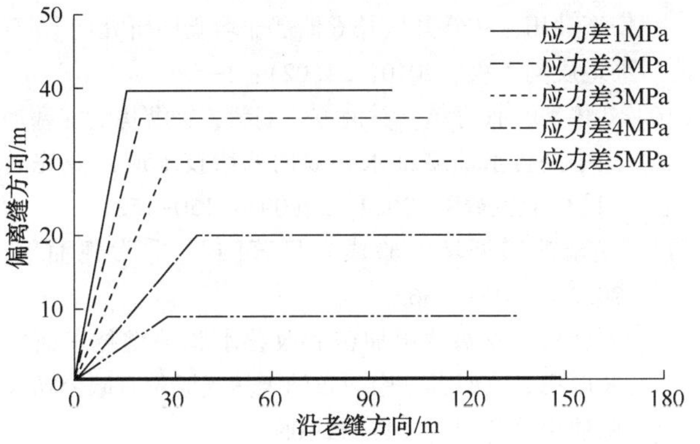

图 16　不同水平应力差下裂缝转向规律

② 封堵位置对裂缝转向的影响

在进行封堵后转向压裂时，封堵位置的选择是最重要的一项因素，不同封堵位置决定着新的裂缝会在不同的位置起裂，因此新裂缝形态和裂缝走向、裂缝控制区域有本质的不同。本文分别进行了不同封堵位置的模拟实验。结果显示，封堵位置越靠近井筒，则越有利于形成更大规模的裂缝转向效果（图 17）。

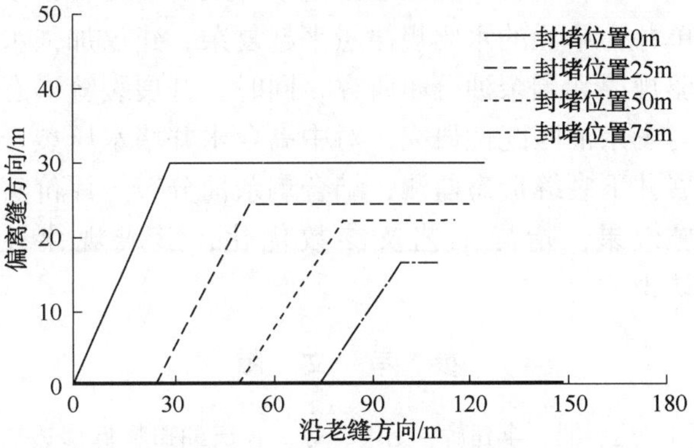

图 17　不同封堵位置裂缝转向规律

（4）前置调堵压裂实施效果

基于研究区剩余油富集区在裂缝见水通道两侧 30～60m，当裂缝转向>30m，封堵位置约为距离井筒 25m 处，见水通道尽量完全封堵的工程要求。结合研究区前期试验井压裂裂缝监测结果，优化压裂参数规模。

根据措施后单井产油日数据，对典型试验油井措施效果进行整体评价。已投产典型试验井日增油 5.61t/d，平均单井日增油 1.12t/d，综合含水下降了 10.2 个百分点（图 18）。截止 2023 年 5 月，累积净增油 767.03t，取得了较为明显实施效果。

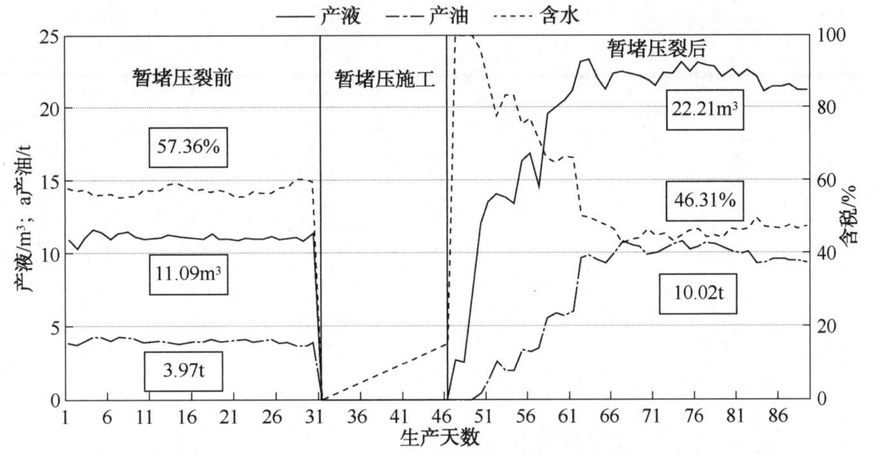

图 18　典型措施井措施前后生产动态曲线

4　结论与建议

（1）研究区高含水井见水类型分以裂缝型、孔隙-裂缝型 2 类为主，裂缝-孔隙型水驱形态类似于“葫芦状”，平面水线宽度约为 20～45m；裂缝型见水井平面水驱形态类似于“舌进状”，水线宽度约为 10~20m。

（2）油水井双向调堵压裂在思路上和技术上可行，能大幅提高中高含水井组开发效果，改善渗流场，实现绕流，挖潜侧向剩余油。

（3）随着研究区老区注水开发时间延长，以单井为单元的水驱规律越来越复杂，建议加强水驱规律和剩余油分布研究。同时，开展裂缝形态与剩余油匹配性研究，对中高含水井堵水压裂开展井下裂缝形态监测，结合剩余油分布，评价实施效果，指导工艺及参数优化，形成规律性认识。

参考文献

[1] 达引朋，李建辉，王飞，等．长庆油田特低渗透油藏中高含水井调堵压裂技术[J]．石油钻探技术，2022，50(3)：74-79.

[2] 谢景彬，龙国清，田昌炳，侯建锋，李军诗，王友净．特低渗透砂岩油藏动态裂缝成因及对注水开发的影响—以安塞油田王窑区长 6 油组为例[J]．油气地质与采收率，2015，22(03)：106-110.

[3] 成珍，成绥民，高春宁，吴明录．应用试井方法分析安塞长 6 低渗注水油藏参数变化特征[J]．油气井测试，2013，22(06)：14-16+20+73.

[4] 靳文奇，王小军，何奉朋，陈堂锁．安塞油田长 6 油层组长期注水后储层变化特征[J]．地球科学与环境学报，2010，32(03)：239-244.

[5] 杨斌虎，张洪军，罗静兰．安塞油田特低渗微裂缝性油藏合理注水参数[J]．西安科技大学学报，2010，30(04)：430-435.

[6] 赵向原，曾联波，靳宝光，王策，李恕军．低渗透油藏注水诱导裂缝特征及形成机理——以鄂尔多斯盆地安塞油田长 6 油藏为例[J]．石油与天然气地质，2018，39(04)：696-705.

[7] 王勇，赵涛，左洁，李维振，许兆林，朱玉双．安塞油田 H 区长 6 油层组单砂体构型要素分布关系研究[J]．化工管理，2020(10)：219-220.

[8] 毕岐．安塞油田王窑井网加密区水驱规律及改善开发效果研究[D]．西北大学，2013.

[9] 刘方志，朱玉双，李莉，张洪军，张欢，何奉朋．安塞油田塞 130 井区长 6 储层非均质性研究[J]．石油地质与工程，2010，24(02)：1-5.

[10] 刘德来，张育超，乔南方，刘毅，钟智勇．安塞油田中高含水油藏油水井双向调堵技术应用及完善[J]．石化技术，2022，29(09)：150-152.

[11] 安塞油田调堵试验成效显著[J]．非常规油气，2022，9(01)：56.

[12] 刘新菊，安塞油田加密后改善水驱关键技术研究及应用．陕西省，中国石油天然气股份有限公司长庆油田分公司，2017-12-05.

巨厚多薄储层层间暂堵封堵力学研究与关键参数优化

付 杰[1] 杨战伟[2] 王 辽[2] 高 莹[2] 王凤仪[1] 杜建洪[1] 曾瑞华[1]

(1. 中国石油南方勘探开发有限责任公司; 2 中国石油勘探开发研究院)

摘 要 投球暂堵分层压裂是实现巨厚多薄储层小层动用的关键技术，但封堵球在井筒内的运移规律极为复杂。为研究投球暂堵压裂施工时各因素对封堵球受力的影响情况，本文分析了封堵球在直井井筒中的三种运移状态，即坐封孔眼前、坐封孔眼后和停泵后。根据三种受力状态建立了相应的封堵力学模型，针对封堵球的运动情况及其受力特点，详细研究了封堵球密度、压裂液密度、压裂液黏度、压裂液排量和孔眼数量对封堵球受力状态的影响效果，分析各因素与封堵球受力的相关性，明确影响封堵球受力的主控因素。结果表明，孔眼数量尽量减少，高排量、高黏度的加重压裂液有利于优化封堵球的受力状态进而提高封堵效率。该结论为多薄储层投球压裂施工方案的制定及优化提供了理论依据。

关键词 投球暂堵；分层压裂；封堵力学模型；封堵球受力；关键参数

1 前言

近年来，随着超层油气藏勘探持续取得重大突破，该类型油气藏已成为油气增储上产的重要资源保障，但其储层一般具有巨厚、小层多等特点导致小层充分开发难度大、压裂技术要求高。对于此类储层，封隔器压裂和桥塞压裂耐热性很难达到工艺要求，且操作复杂，施工过程中容易污染储层，而投球压裂技术由于封堵球本身的材质，适合在高温高压下作业，且投球压裂工艺可连续作业，成本较低，施工方便，因此可满足超深层油气藏的开发增产需要。投球分段压裂技术的关键在于封堵球是否对孔眼实施有效封堵，只有通过对封堵球运动规律的研究，详细了解封堵球在井下的运移情况，才能优化工艺参数实现有效封堵。Li 等人基于实验的方法模拟了封堵球在井筒中的运移规律，明确了封堵球的流速随时间的变化关系。Shahri 等人利用数值模拟方法研究了封堵球在井筒压裂液中分散运移规律。蒋廷学等人对投球封堵的受力状态进行了深入分析，提出了新型前置投球分压技术。周彤等利用数值模拟的方法对非均匀应力场影响下的投球暂堵进行了优化。张峰等人基于计算流体力学耦合压裂液与封堵球运动特征，研究了页岩气水平井封堵球运移坐封机理。本文通过建立合适的封堵力学模型来研究封堵球在不同阶段的受力情况，根据其受力特点分析了投球分压时不同因素对于封堵球受力的影响效果，根据影响效果对各工程因素进行相应调整，对改善封堵球在井下的受力情况有重要意义。

2 封堵力学模型的建立和计算

2.1 封堵球坐封孔眼前受力分析

封堵球坐封孔眼前在竖直流动方向上主要受自身重力、流体对球的携带力、流体与球之间的阻力以及浮力的影响(图1)。根据受力平衡，封堵球此阶段所受合力为：

$$F_v = F_{携带力} + F_{重力} - F_{浮力} - F_{阻力} \tag{1}$$

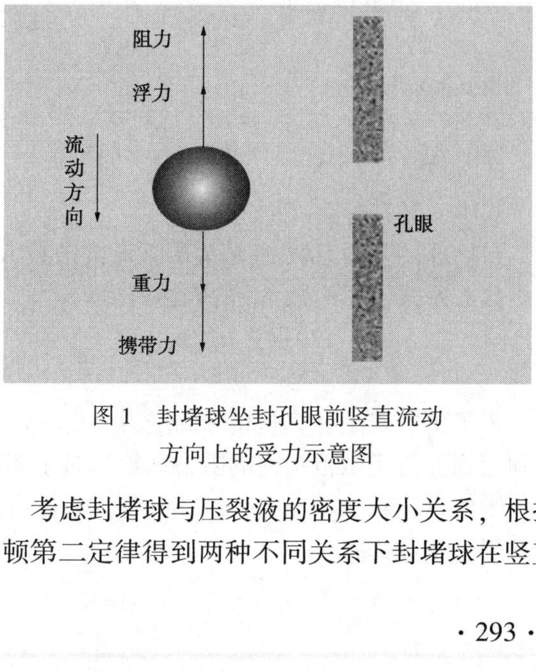

图1 封堵球坐封孔眼前竖直流动方向上的受力示意图

考虑封堵球与压裂液的密度大小关系，根据牛顿第二定律得到两种不同关系下封堵球在竖直流动方向上所受合力表达式：

当 $\rho_b>\rho_l$ 时，

$$m\frac{du_{bv}}{dt}=m\frac{du_{lv}}{dt}+mg-mg\frac{\rho_l}{\rho_b}-K_d\left(\frac{A_b\rho_l(u_{bv}-u_{lv})^2}{2}\right) \quad (2)$$

当 $\rho_b<\rho_l$ 时，

$$m\frac{du_{bv}}{dt}=m\frac{du_{lv}}{dt}+mg-mg\frac{\rho_l}{\rho_b}+K_d\left(\frac{A_b\rho_l(u_{lv}-u_{bv})^2}{2}\right) \quad (3)$$

式中，u_{lv}为井筒中压裂液的流速，m/s；ρ_b为封堵球密度，kg/m^3；ρ_l 为压裂液流体密度，kg/m^3；A_b为封堵球横截面积，m^2；m 为封堵球质量，kg；u_{bv}为封堵球速度，m/s；g 为重力加速度，m/s^2；K_d为阻力系数。

井筒中压裂液流速表达式为：

$$u_{lv}=Q/\left(\frac{\pi}{4}D_c^2\right) \quad (4)$$

式中，Q 代表压裂液排量，m^3/min；D_c代表套管内径，m。

当流量稳定时，井筒中压裂液竖直方向上的流速可认为是常数，因此式(2)、(3)右边第一项都为0。

根据 Li 等人的结论，井筒内的封堵球速度达到最终沉降速度的时间很短，因此认为封堵球到达孔眼处时，竖直方向上整体处于稳定状态，即沉降速度保持不变，此时的加速度即为零。故封堵球到达孔眼处即与孔眼处于同一平面时竖直方向上的速度与阻力系数的关系式为：

当 $\rho_b>\rho_l$ 时，

$$K_d\left(\frac{A_b\rho_l(u_{bv}-u_{lv})^2}{2}\right)=g\left(1-\frac{\rho_l}{\rho_b}\right) \quad (7)$$

当 $\rho_b<\rho_l$ 时，

$$K_d\left(\frac{A_b\rho_l(u_{lv}-u_{bv})^2}{2}\right)=g\left(\frac{\rho_l}{\rho_b}-1\right) \quad (8)$$

式中，各符号意义同上。

封堵球的阻力系数 K_d是关于沉降雷诺数 N_{Re}的函数关系式。雷诺数 N_{Re}的表达式为：

$$N_{Re}=\frac{129\,|v_{slip}|\,d_{ball}\rho_{fluid}}{\mu} \quad (9)$$

为了更准确地计算封堵球的受力大小，需要得到超临界雷诺数范围内的阻力系数。对于超临界范围的雷诺数 $N_{Re}>1\times10^6$，Clift 等人估计出相应的阻力系数为：

$$K_d=0.19-\frac{8\times10^4}{N_{Re}} \quad (16)$$

封堵球能够向孔眼偏移直至坐封孔眼的条件是，流体流向孔眼的流速对封堵球产生的拖拽力 F_D必须大于封堵球的竖向力之和即惯性力 F_I才能使封堵球靠近并到达孔眼。要改变封堵球的方向，需要克服惯性力 F_I的影响，拖拽力 F_D使封堵球转向孔眼。此时封堵球受力如图 2 所示。

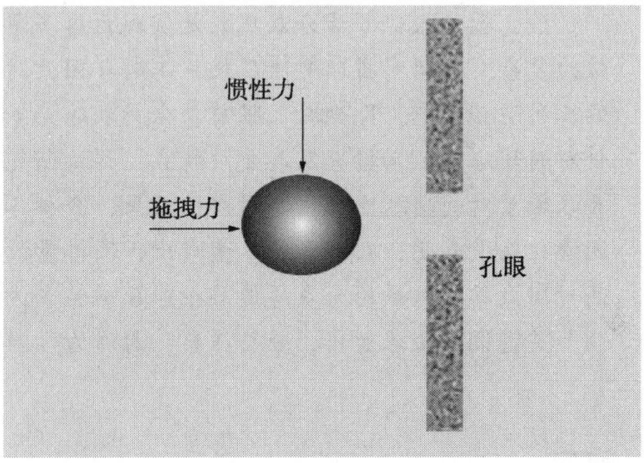

图 2　封堵球到达孔眼时的受力示意图

惯性力 F_I表达式：

$$F_I=3.14\times\frac{\rho_b D_b^3 u_{bv}^2}{D_c} \quad (17)$$

拖拽力 F_D表达式：

$$F_D=2.53\times10^{-6}K_d\rho_l D_b^2 v_{perf}^2 \quad (18)$$

其中：

$$v_{perf}=\frac{Q}{n}/\left(\frac{\pi D_p^2}{4}\right) \quad (19)$$

式中，F_I为惯性力，N；F_D为拖拽力，N；D_b为封堵球直径，m；D_c为套管内径，m；D_p为孔眼直径，m；v_{perf}为流体穿过孔眼流速，m/s；n 为孔眼数量，个；其他符号含义同上。

将公式(7)和公式(8)分别与沉降雷诺数表达式迭代求解即可得出相应的封堵球最终沉降速度与阻力系数。将求得的速度与阻力系数带入式(17)和式(18)即可求得相应的惯性力 F_I与拖拽力 F_D。封堵球能坐封在孔眼上的前提条件为拖拽力大于惯性力，即 $F_D>F_I$。

2.2　封堵球坐封孔眼后受力分析

当封堵球坐封在孔眼后，由于压裂液流动的原因，垂直于孔眼方向上，封堵球受到由流体提供的使其保持在孔眼口处的保持力 F_h；流体流动方向上，封堵球受到由于流体冲击而使其具有脱落趋势的脱落力 F_u。如图 3 所示，封堵球在孔眼上受到的保持力 F_h 大于其所受到的脱落力 F_u，封堵球就能稳稳地坐封住孔眼不脱落。

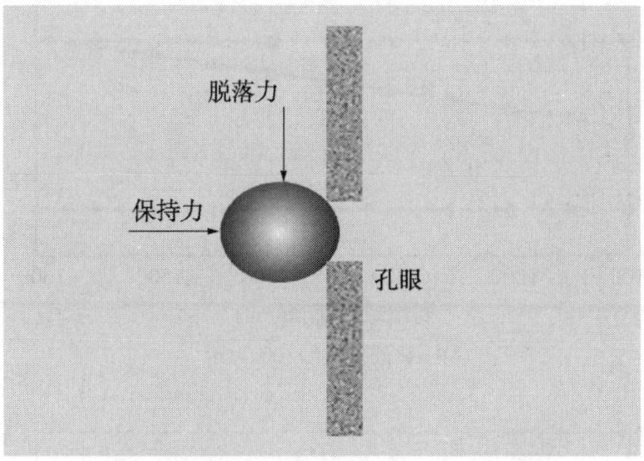

图 3　封堵球坐封孔眼后受力示意图

如果忽略封堵球在套管外的一部分面积，封堵球受流体冲击产生的脱落力 F_u 表达式为：

$$F_u = 0.3927K_d\rho_1 u_{lv}^2 D_b^2 \tag{20}$$

式中，各符号意义同上。

考虑到封堵球的部分面积隐藏在套管壁及其外部，对脱落力 F_u 表达式即公式(20)进行修正：

$$F_{uk} = 0.3927K_d\rho_1 u_{lv}^2\left[D_b^2 - \frac{D_b^2\theta}{180°} + \frac{D_p}{\pi}(D_b^2 - D_p^2)^{1/2}\right] \tag{21}$$

式中，F_{uk} 为修正脱落力，N；θ 为封堵球在套管壁外部面积所对应角度，$\sin\theta = D_p/D_b$；其他符号含义同上。

封堵球受流体提供的垂直于孔眼的保持力 F_h 表达式为：

$$F_h = 1.76\times10^{-4}D_p^2\rho_1 Q^2\left(\frac{1.062}{n^2D_p^4\alpha^2} - \frac{1}{D_c^4}\right) \tag{22}$$

式中，α 代表孔眼流量系数，一般取 0.8～0.85；其他符号含义同上。

由于保持力 F_h 的作用方向是水平的，它只代表孔内外压差与孔眼面积的作用。封堵球是否容易脱落，还与封堵球与孔眼几何尺寸的比值有关，因此，要求用两个直径的几何尺寸来修正 F_h：

$$F_{hk} = \frac{D_p}{(D_b^2 - D_p^2)^{1/2}}\times F_h \tag{23}$$

式中，F_{hk} 为修正保持力，N；其他符号含义同上。

3　投球封堵力学主控因素分析

投球分层压裂施工时封堵球的力学状态研究决定了到参数的优化方向，与压裂工艺的成败息息相关。本节基于已建立的投球封堵力学模型，通过控制变量法，不断调整包括封堵球密度、压裂液密度、压裂液黏度、压裂液排量和孔眼数量等相关参数数值，研究了各因素对封堵球受力的影响，并明确投球分层压裂效果的影响主控因素，为油气藏投球压裂施工方案制定提供理论依据。如表 1 所示。

表 1　模拟参数表

参数	数值	单位
封堵球密度	1300	kg/m^3
封堵球直径	18	mm
压裂液密度	1200	kg/m^3
压裂液排量	3.5	m^3/min
套筒内径	124	mm
孔眼数量	150	个
孔眼直径	8.5	mm
压裂液黏度	20	mPa·s
重力加速度	9.8	m/s^2
孔眼流量系数	0.8	/

3.1　封堵球密度与压裂液密度

封堵球与压裂液的密度大小关系将直接影响封堵球的受力状态。图 4 显示了不同压裂液密度条件下，封堵球受力情况随其密度的变化趋势图，从图中可以看出，封堵球所受惯性力 F_I 受其自身密度影响较为明显，而拖拽力 F_D、脱落力 F_u 和保持力 F_h 的大小基本不随封堵球密度变化，因此封堵球与压裂液的密度关系对第一阶段时封堵球能否偏移到孔眼并坐封孔眼的影响较大。

图 5 显示了运移过程中封堵球坐封孔眼前后两种状态时封堵球受力的差值图，从图中可知，封堵球密度小于压裂液密度，且压裂液密度逐渐增加时，拖拽力 F_D 与惯性力 F_I 的差值以及保持力 F_h 与脱落力 F_u 的差值越大，封堵球的受力情况得到优化，封堵球将更容易坐封孔眼且不易脱落，封堵效果得以提升。

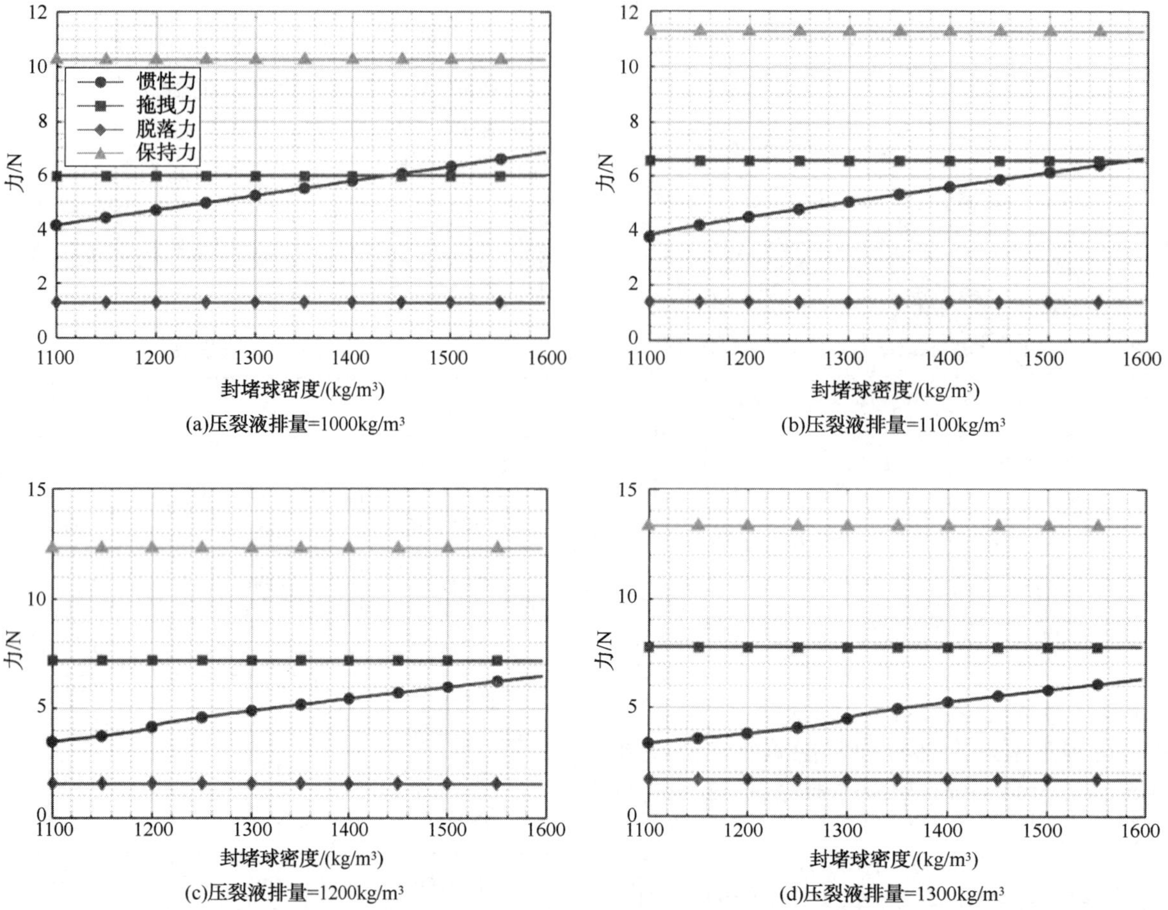

图 4　不同压裂液密度下封堵球密度对受力的影响曲线图

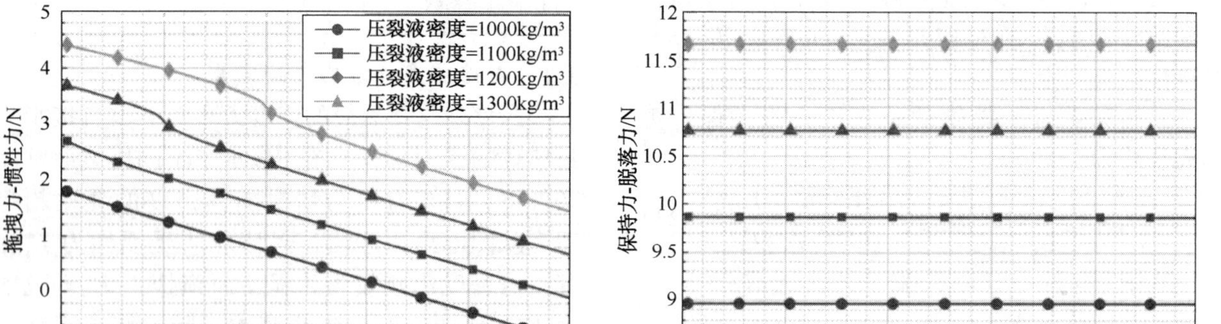

图 5　不同压裂液密度下封堵球密度对受力差值影响曲线图

3.2　压裂液黏度与压裂液排量

压裂液黏度越大，对封堵球的作用力越大，封堵球更容易向射孔运移，如图 6 所示，拖拽力 F_D 随着压裂液黏度的增加而大大增加，而惯性力 F_I 几乎不发生变化，因此增加压裂液黏度有助于封堵球到达孔眼处。

由图 7 可知，压裂液黏度一定时，随着压裂液排量的增加，封堵球所受拖拽力 F_D 与惯性力 F_I 的差值也逐渐增大，封堵球更容易向孔眼移然后坐封在孔眼上，大大提高其坐封效率。但值得注意的是，压裂液黏度须控制在 130mPa · s 以内，当压裂液黏度大于 130mPa · s 时，保持力 F_h 与脱落力 F_u 差值小于 0，即封堵球此时所受脱落力 F_u 大于保持力 F_h，导致坐封在孔眼上的封堵球难以保持稳定，容易被压裂液冲落到井底。

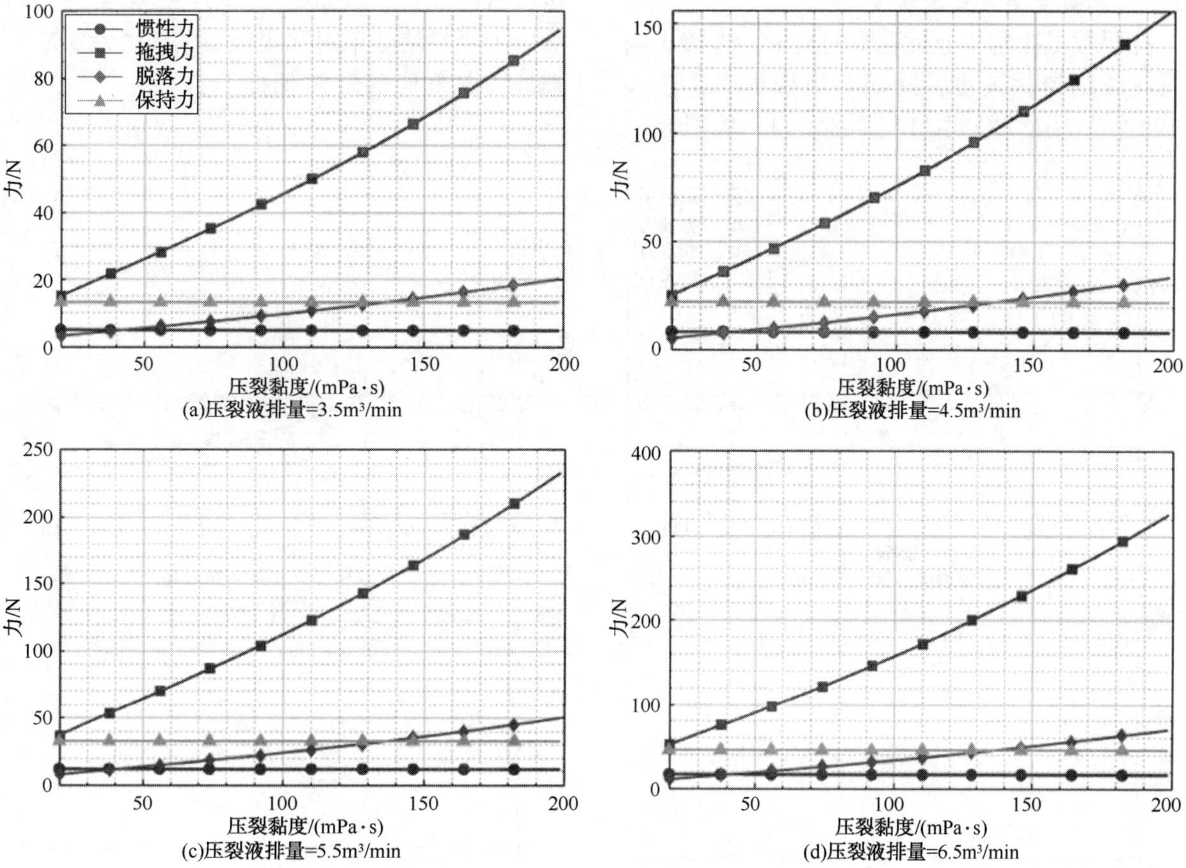

图 6　不同压裂液排量下压裂液黏度对受力的影响曲线图

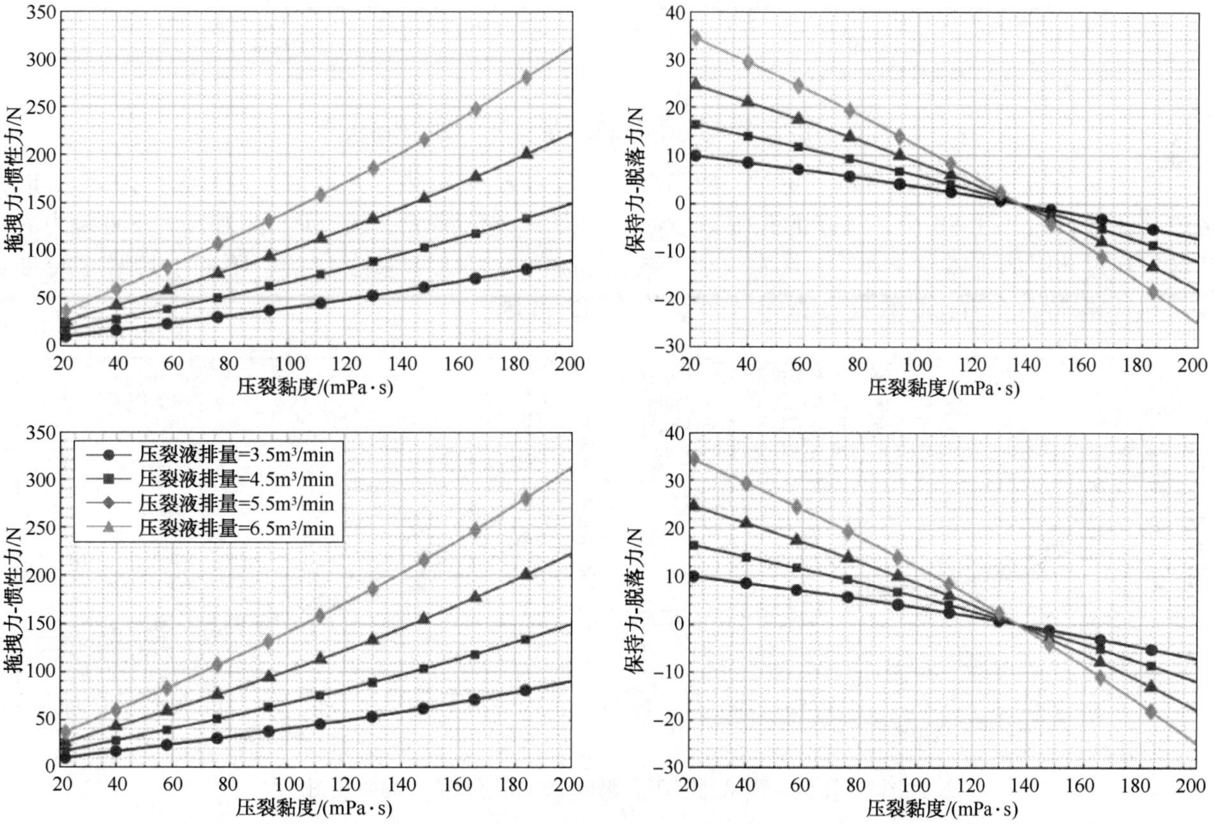

图 7　不同压裂液排量下压裂液黏度对受力差值影响曲线图

3.3 孔眼数量与压裂液排量

孔眼数量决定了通过孔眼的流量，直接影响通过孔眼的流体速度，从而对拖拽力 F_D(公式17)和保持力 F_h(公式21)造成影响。从图8中可以看出，孔眼数量对拖拽力 F_D 和保持力的影响巨大，封堵效果对孔眼数量的敏感性很高，而惯性力 F_I 和脱落力 F_u 保持不变。

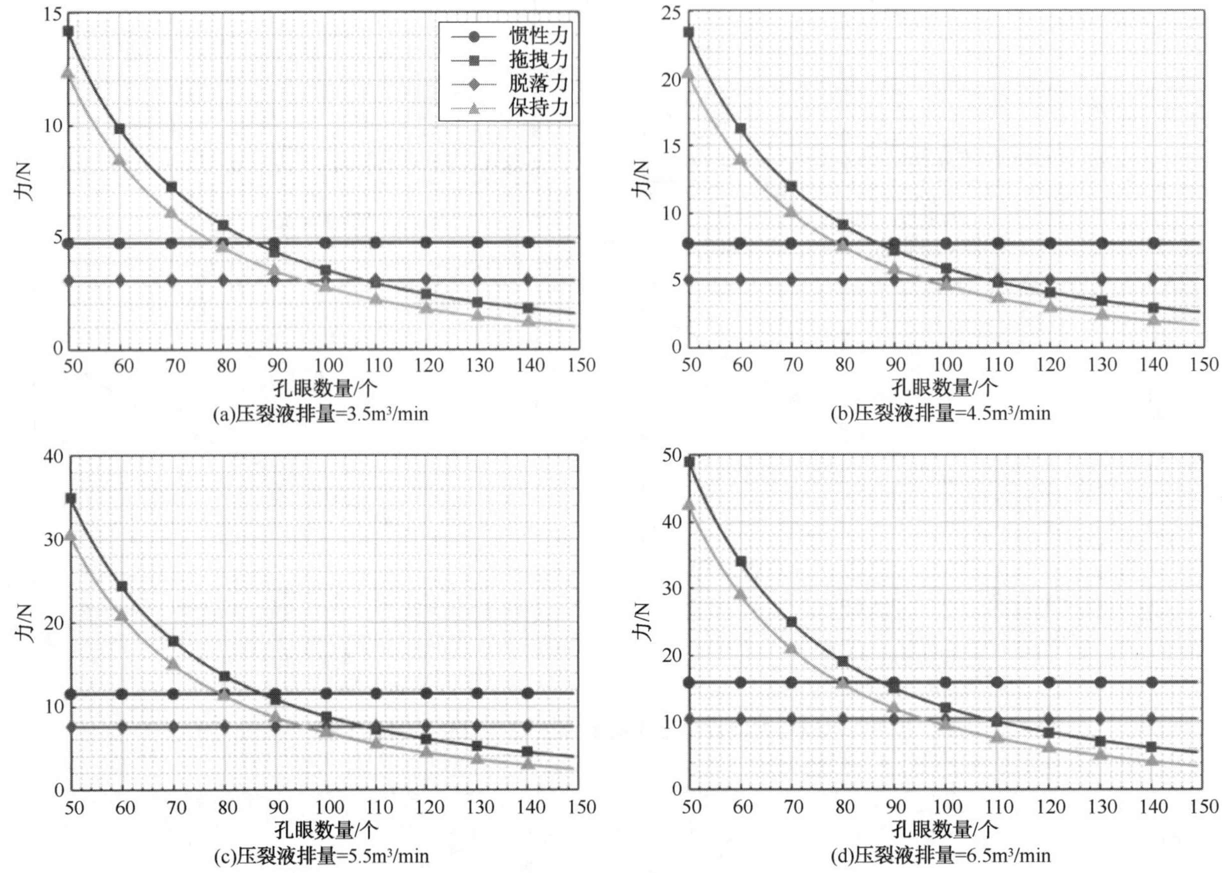

图8 不同压裂液排量下孔眼数量对受力的影响曲线图

由图9可知，当压裂液排量一定时，应当严格控制孔眼数量小于90个，过多的孔眼数量必然导致穿过孔眼的流体流速降低，从而减小了拖拽力 F_D 和保持力。当孔眼数量大于90个时，拖拽力 F_D 与惯性力 F_I 差值，以及保持力 F_h 与脱落力 F_u 差值都小于0，即惯性力 F_I 大于拖拽力 F_D，脱落力 F_u 大于保持力 F_h，不利于封堵球成功坐封孔眼。

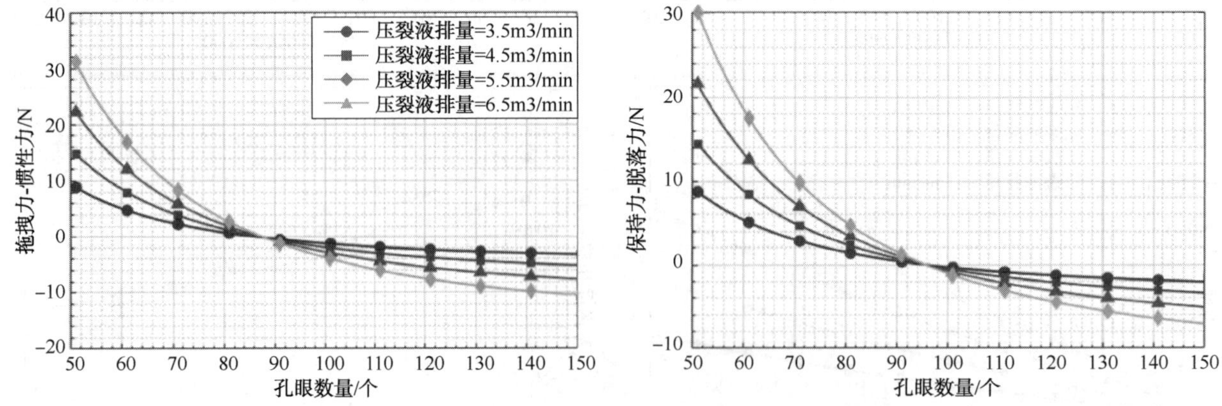

图9 不同压裂液排量下孔眼数量对受力差值影响曲线图

4 实例分析

本文选取克深 1002 井作为实例计算井，对巴什基奇克组 6805.00~7020.00m 的七个射孔层位进行层间干扰条件下的投球暂堵分析，给出相应优化方案。未封堵的射孔将造成层间流量损失，导致各层流量及流速变化，对封堵球在井下不同层位的受力情况产生影响。

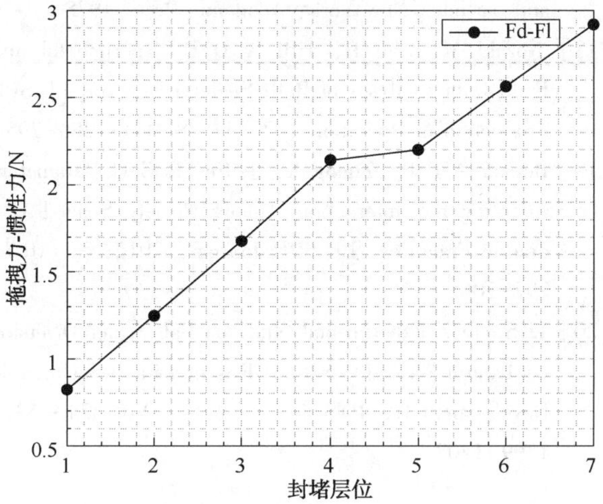

图 10　不同层间封堵球坐封前受力差值图

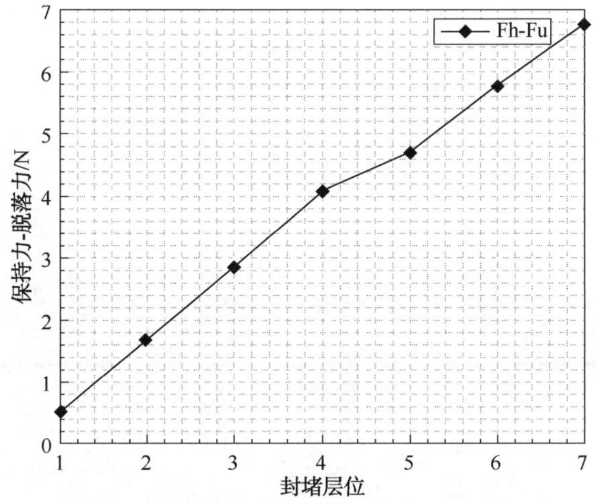

图 11　不同层间封堵球坐封后受力差值图

层间流量损失导致层间流速降低，从图 10 和图 11 可以看出，随着封堵层位变深，封堵球所受拖拽力与惯性力的差值，以及保持力与脱落力的差值都在变大，因此在考虑了逐层封堵后层间流量与流速变化的影响后可以发现，越深层处封堵球越容易靠近孔眼，也越容易坐封孔眼。由于各个因素对于封堵球受力的影响效果不一致，正负相关性也有所差别，因此，在工程实际中，需要根据多因素分析来对各个影响因素进行一定控制，进而满足工程实际需求。

5 结论

（1）封堵球在井筒中的运移状态从非稳态到稳态的时间周期很短，因此其达到最终沉降速度的时间也极短，默认封堵球到达孔眼处时竖向加速度为零即受力状态保持稳定是十分有必要的。

（2）封堵球和压裂液的密度是一组匹配关系，封堵球密度小于压裂液密度的条件能够有效地优化封堵球的受力状态，提高其坐封效率。

（3）压裂液本身的性质与封堵效果息息相关，高黏度或高排量的加重压裂液皆有助于提高封堵球的坐封效率，但压裂液的黏度不宜大于 130mPa·s。

（4）封堵效率对孔眼数量极其敏感，因为孔眼数量影响的孔眼流量流速直接关系到拖拽力和保持力大小。孔眼数量过大，对压裂液的排量要求就更高，会造成无效封堵，故应尽量将孔眼数量控制在 90 个以下。

（5）本文明确了投球压裂时影响投球坐封效果的主控因素，孔眼数量尽量减少，高排量、高黏度的加重压裂液有利于优化封堵球的受力状态进而提高封堵效率，为巨厚多薄油气藏投球压裂的现场施工方案制定提供了理论依据。

参 考 文 献

[1] 雷群，胥云，杨战伟，等．超深油气储集层改造技术进展与发展方向[J]．石油勘探与开发，2021，48(01)：193-201.

[2] 刘洪涛，刘举，刘会锋，等．塔里木盆地超深层油气藏试油与储层改造技术进展及发展方向[J]．天然气工业，2020，40(11)：76-88.

[3] 朱浩铭，吴小雄，赵磊，等．分层压裂堵塞球投球器研究现状及展望[J]．机械工程师，2017，(10)：127-129.

[4] 杨战伟，才博，胥云，等．库车山前超深巨厚储层缝网改造有效性评估[J]．中国石油勘探，2020，25(06)：105-111.

[5] 王克林，张波，李超，等．库车山前深层高温高压气井多封隔器分层压裂工艺[J]．石油钻采工艺，2021，43(02)：239-243.

[6] Erbstoesser S R. Improved Ball Sealer Diversion[J]. Journal of Petroleum Technology，1980，32(11)：1903-1910.

[7] Wang D，Wang X，Liu G，et al. A New Way of Staged Fracturing Using Ball Sealers[J]. SPE Production &

Operations, 2012, 27(03): 278-283.

[8] Li X, Chen Z, Chaudhary S A, et al. An Integrated Transport Model for Ball-Sealer Diversion in Vertical and Horizontal Wells[C]. SPE Annual Technical Conference and Exhibition, 2005.

[9] Shahri M P, Huang J, Smith C S, et al. Recent Advancements in Temporary Diversion Technology for Improved Stimulation Performance[C]. Abu Dhabi International Petroleum Exhibition & Conference, 2016.

[10] 蒋廷学，胥云，李治平，等. 新型前置投球选择性分压方法及其应用[J]. 天然气工业，2009，29(09)：88-90+141-142.

[11] 才博，蒋廷学，丁云宏，等. 提高油气藏纵向动用效果的投球分压技术[J]. 辽宁工程技术大学学报(自然科学版)，2013，32(04)：535-538.

[12] 周彤，陈铭，张士诚，等. 非均匀应力场影响下的裂缝扩展模拟及投球暂堵优化[J]. 天然气工业，2020，40(03)：82-91.

[13] 张峰，荣莽，许明标. 页岩气水平井暂堵球运移坐封机理[J]. 科学技术与工程，2020，20(06)：2202-2208.

[14] Haider A, Levenspiel O. Drag coefficient and terminal velocity of spherical and nonspherical particles [J]. Powder Technology, 1989, 58(1): 63-70.

[15] A1 E A. Experiments on the flow past spheres at very high Reynolds numbers[J]. Journal of Fluid Mechanics, 1972, Vol. 54(No. 3): 565-575.

[16] Brown R W, Neill G H, Loper R G. Factors Influencing Optimum Ball Sealer Performance[J]. Journal of Petroleum Technology, 1963, 15(04): 450-454.

[17] Clift R, Grace J R, Webber M E. Bubbles, drop, and particles. New York: Academic Press. 1978.

[18] Nozaki M, Zhu D, Hill A D D. Experimental and Field Data Analyses of Ball-Sealer Diversion[J]. SPE Production & Operations, 2013, 28(03): 286-295.

[19] Bunger A P P, Zhang X, Jeffrey R G G. Parameters Affecting the Interaction Among Closely Spaced Hydraulic Fractures[J]. SPE Journal, 2012, 17(01): 292-306.

[20] Li S, Li Z. Experimental Study on Ball Sealer Diversion for Lateral Well[J]. Natural Resources and Sustainable Development II, PTS 1-4, 2012, Vol. 524-527: 1399-1407.

河流相致密砂岩气藏剩余储量评价及加密提高采收率对策
——以苏里格气田中区为例

刘金库 杨赤宸 汪春浦 肖高棉 李开建 伍 燚 王飞洋 胡 杨

（中国石油川庆钻探工程公司地质勘探开发研究院）

摘 要 为实现苏里格气田河流相致密砂岩气藏已动用富集区采收率的进一步提高，并实现效益挖潜，在剩余储量评价的基础上，提出老气田加密提高采收率对策，该对策首先通过单一河道划分、储层构型解剖和三维建模，精细刻画出有利储层的空间展布和连通特征。通过剩余气分布成因分析，建立了4种剩余气分布成因模式；以储层空间展布刻画为基础，通过建模数模一体化方法，模拟出剩余气空间分布规律，预测结果显示井间仍存在大量剩余气未能充分动用。通过优化加密井井型和井网密度确定加密部署对策，加密井井型根据储层分布特征设计出单一水平井、大斜度井、多层水平井和直丛井四种类型；根据气井动用范围、采收率和经济效益指标综合评价，确定加密区最优井网密度为4口/km^2。加密试验井组实施效果较好，预测采收率高3.08%，单井EUR达到$1545\times10^4m^3$，通过加密方式可实现老气田效益挖潜。

关键词 苏里格气田致密砂岩；储层构型；建模数模一体化；加密提高采收率；剩余储量挖潜对策

苏里格致密砂岩气田是中国致密气的典型代表，储集层非均质性强、物性差、储量丰度低、效益开发难度大。苏里格气田2005年投入开发，目前已建成国内储量和产量规模最大的天然气田。苏里格气田是致密砂岩岩性气藏，气田开发部署模式是通过不断寻找甜点、不断滚动评价的方式进行部署，且单井基本没有稳产期。因此，该类气田的建产方式不同于常规气田，需要通过不断地投入新井弥补递减以保持气田长期稳产。目前弥补递减一方面依靠储量未动用区新建产能，另一方面要在已开发富集区通过井网加密减缓老区递减。目前，苏里格气田已经连续稳产10余年，富集区基本动用，富集区外围剩余未动用储量基本位于致密区或富水区，整体效益开发难度较大。富集区在整体动用的情况下，如何通过气藏加密等老区挖潜措施，既能提高采收率，又能保证经济效益是目前亟需解决的生产难题。因此，需要精细评价剩余储量分布情况、地质条件、动用情况、干扰情况，制定差异化挖潜对策，并预测采收率的提高程度和开发的经济效益，进而实现气田的持续稳产和效益挖潜。

1 区块地质概况

苏里格气田位于鄂尔多斯盆地伊陕斜坡西北部，构造相对简单，整体为东高西低的单斜（图1）。

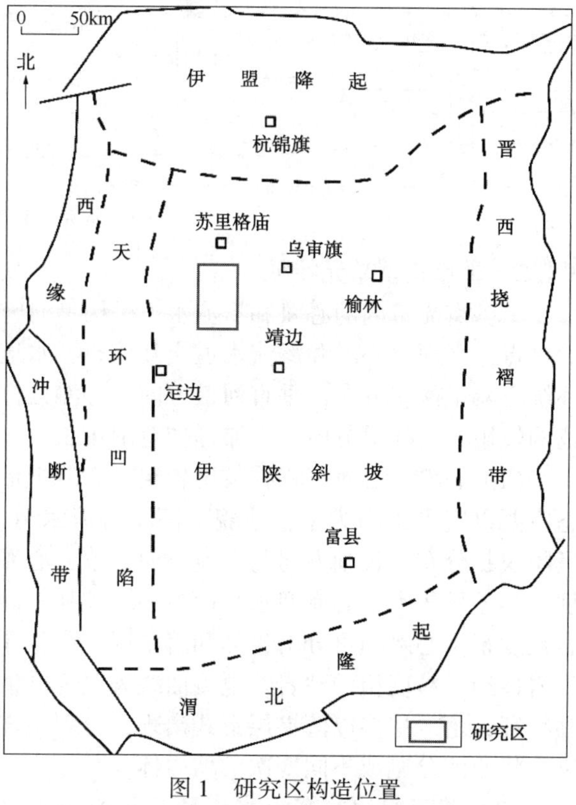

图1 研究区构造位置

研究区地层发育较全，上古生界自下而上有石炭系本溪组、太原组，二叠系山西组、石盒子组和石千峰组，其中石盒子组盒 8 段是研究区主力产层，气藏埋深在 3500m 左右，研究区物源主要来自北部阴山古陆中元古界的变质岩，变质岩多为富石英的石英岩。研究区石盒子组 8 段时期主要为辫状河沉积沉积环境主，发育多期次辫状河道叠置砂岩，叠置河道砂体大范围连片分布，有效砂岩薄而分散，分布不连续，非均质性较强，储层岩石类型以岩屑石英砂岩为主，部分岩屑砂岩，岩石粒度较粗，以含砾中-粗砂岩为主，分选中等。储集层平均孔隙度 6.7%，平均渗透率 $0.18\times10^{-3}\mu m^2$，储非均质性强，是低压、低渗、低丰度致密砂岩岩性气藏。

2 剩余储量评价

2.1 河流相储层构型特征及空间展布刻画

2.1.1 单一河道划分对比

单一辫流带通常利用沉积间断面进行识别，主要识别方法有以下 3 种：①利用隔夹层划分，隔夹层主要为单期河道借宿后沉积的细粒物质，可作为不同期次河道划分的重要依据；②利用测井曲线形态和旋回差异特征划分；③根据砂体顶部层位等高程差异划分，根据拉平后砂体距顶部基准面距离差异，划分不同期次的河道。如图 2 所示。

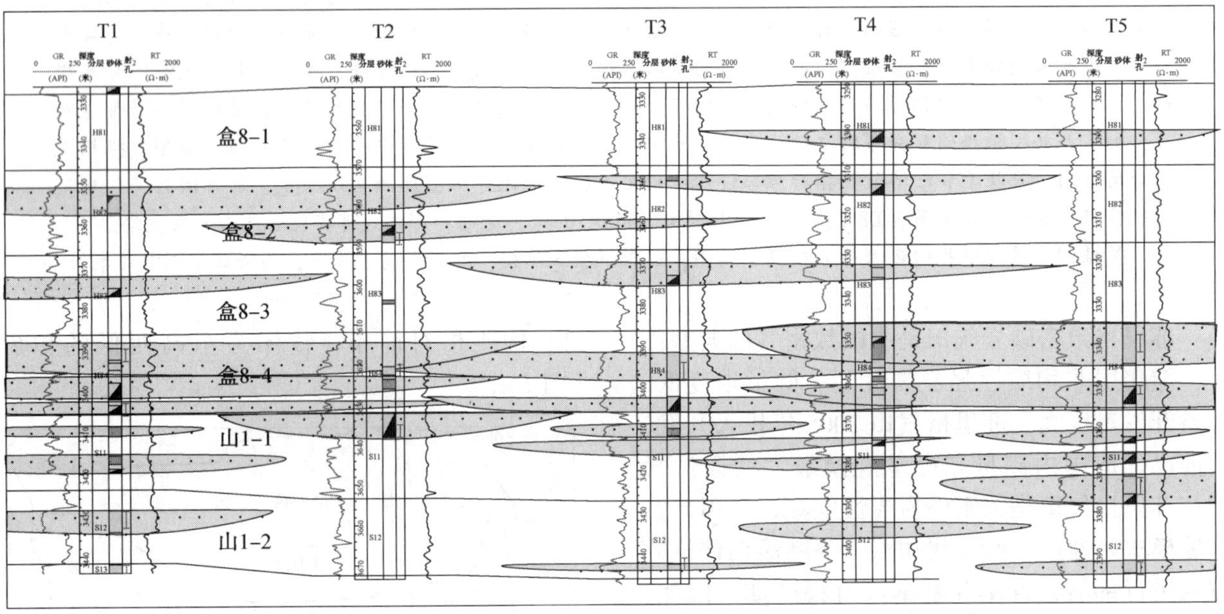

图 2 研究区目的层单期河道划分对比

2.1.2 重点构型单元特征

单一辫流带内的心滩和辫流水道是构型研究的重点，平面上心滩和辫流水道交互分布，水道环绕心滩呈网状分布，垂直河道方向，心滩延伸范围较短；沿河道方向，心滩延伸范围较长。

（1）心滩：心滩沉积物粒度较粗，心滩坝形态主要以底平顶凸为主，地貌上高于辫流水道，呈团块状分布，长轴方向与水流方向一致，心滩坝大小差异较大。心滩迎水平面被冲刷较强，砂岩粒度粗。心滩坝可分增生体和落淤层，增生体为岩性纯、粒度粗的砂岩，电测曲线表现为低伽马特征；落於层多以薄夹层形式出现，分布不连续，将心滩分割成不同期次的增生体。

（2）辫流水道：辫流水道环绕于心滩间之间，多为砂质充填，具有向上粒度变细的正旋回特征。

（3）废弃河道：水道改道后形成废弃河道，废弃河道沉积物粒度总体较细，泥质含量偏高。如图 3、图 4 所示。

2.1.3 储集层空间展布

辫状河相储集层非均质性强，构型特征复杂，精细刻画储集层构型空间展布特征难度较大。现有的单一相建模方法对复杂叠置的强非均质辫状河相储集层建模适应性较差。

本文将基于象元的序贯指示模拟法、多点地质统计学模法与基于目标模拟法联合运用，采用“多步法”建模思路，通过分步控制、协同约束，分层次建立一个同时包含多级构型单元的辫状河储集层构型三维模型。建立的辫流带模型整体呈南北向宽带状分布，心滩模型呈透镜状分布，长轴方向与河道方向一致，辫流水道环绕心滩，与心滩交互分布。纵向上，多期河道相互叠置后，连续性较差的单一心滩砂体可形成一定的连通范围(图5)。

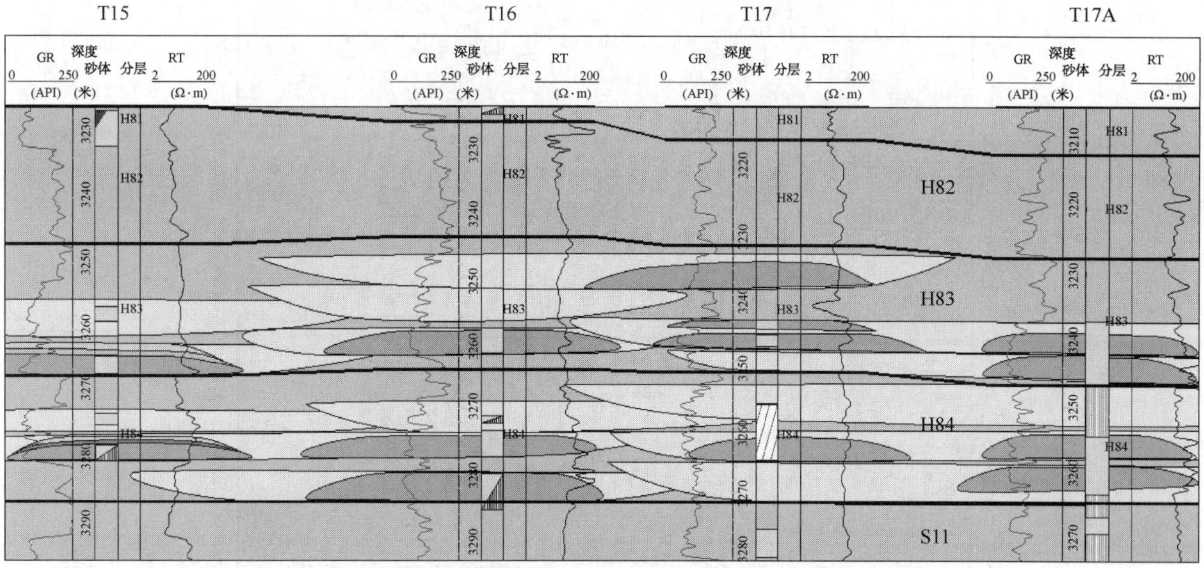

图3　T15井-T17A井河道构型解剖

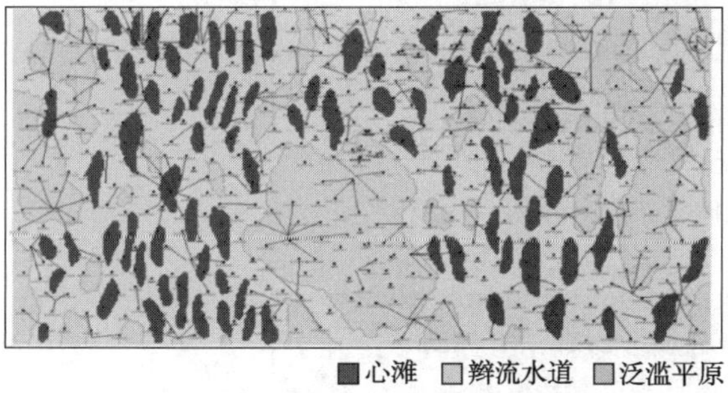

图4　桃7区块南部盒$_8^4$小层储层构型单元展布

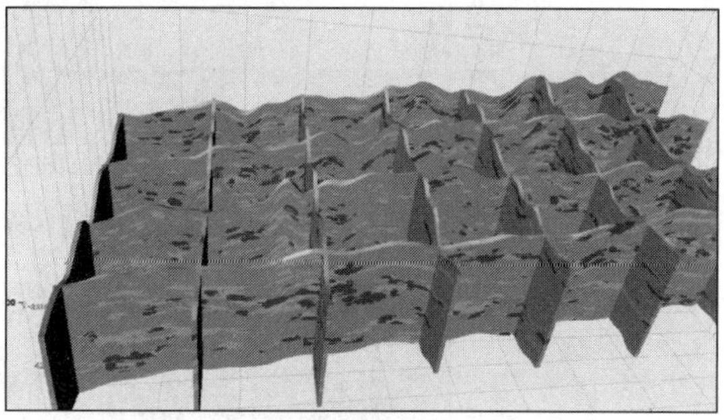

图5　研究区盒8段辫状河储层构型模型空间展布特征

2.2　剩余储量分布成因模式

从研究区剩余储量分布主控因素分析入手，总结了4种剩余气分布成因模式：

（1）孤立砂体内未动用剩余气：井间未钻遇的较小规模孤立含气砂体，由于该类砂体非均质性强，现有井网未能控制住，以山西组曲流河砂体为主。

（2）叠置致密砂体内阻流带隔档的剩余气：层间隔层、侧积层、落淤层形成渗流屏障，在纵向、侧向起到阻流作用造成剩余气运移，周围气井无法充分动用该类剩余气。

（3）地层内水锁型剩余气：对于研究区内富水致密砂岩气藏，气藏内含有大量层内水，由于地层内的复杂两相流，在开采过程中，地层水在近井地带饱和度高，导致气相渗透率降低，从而形成水锁的剩余气。

（4）水平井未动用层剩余气：多层系含气储层，使得水平井在纵向上无法充分动用多层储量，在次产层遗留剩余气。

2.3　剩余储量空间分布描述

在地质模型参数场建立的基础上，采用数值模拟方法，分流动单元进行相渗参数、束缚水标定和动态渗透率等参数调整，模拟强非均质致密砂岩气藏渗流规律，通过气井产量和压力拟合，实现剩余气储量丰度和压力的分布规律的模拟(图6、图7)。

从剩余储量丰度和压力分布特征来看，老井周围动用较多，但动用范围有限，井间仍存在大量剩余气未能充分动用。从地层压力分布预测来看，井间地层压力大概降低3~6MPa左右。

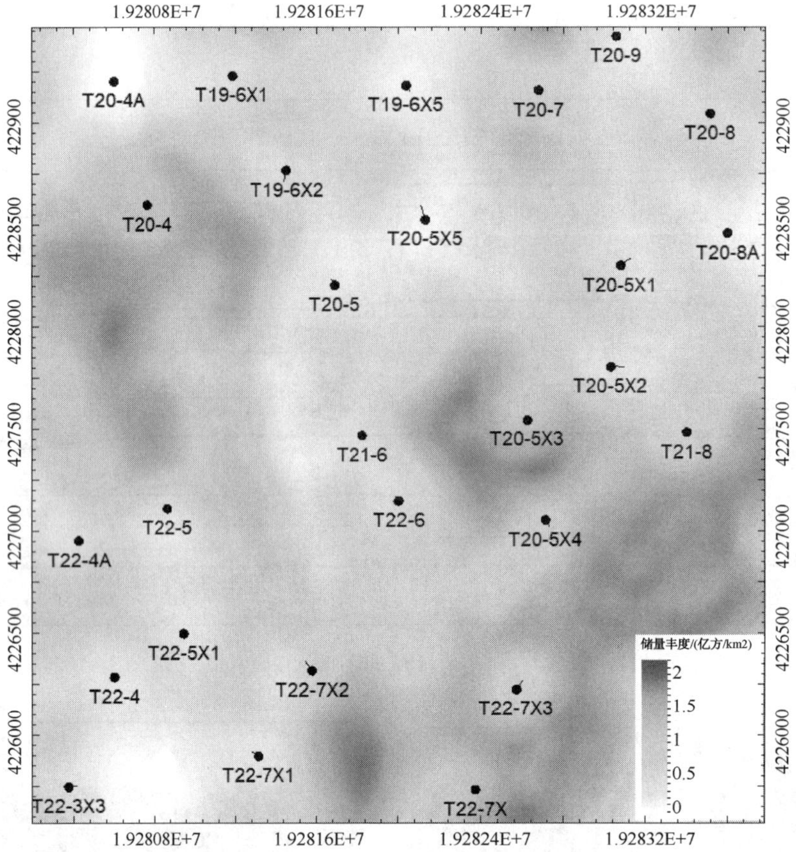

图 6　研究区剩余气储量丰度分布图

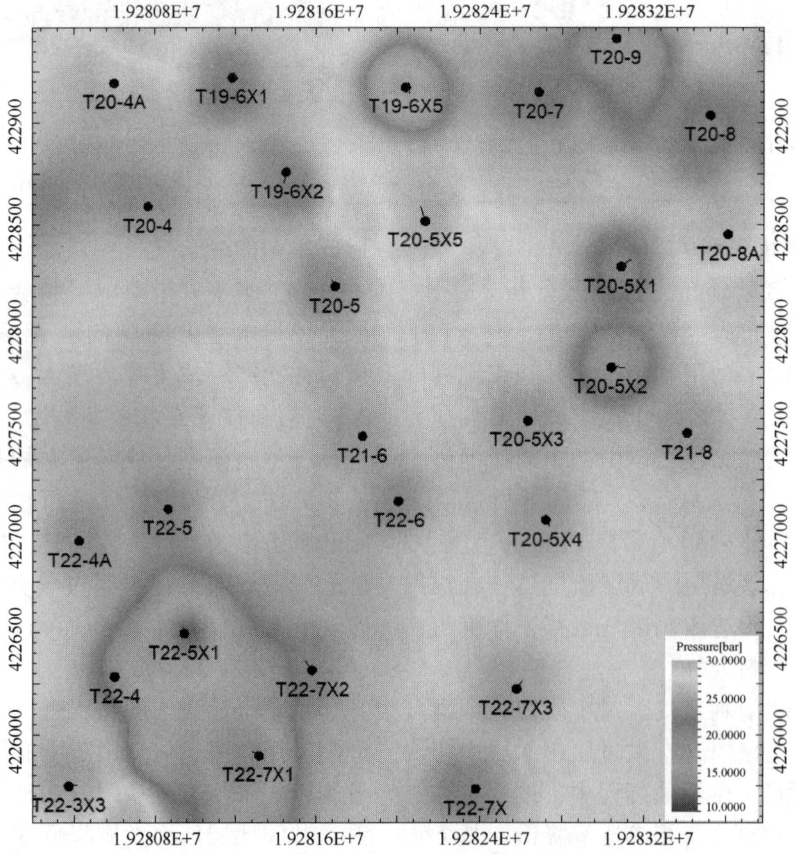

图 7　研究区平均地层压力分布图

3 井网加密挖潜剩余储量对策

3.1 加密部署思路及原则

①优选预测井间有利储层发育位置部署；②优选纵向多层系叠合发育的井区；③优选邻井累产不高、动用范围小的区域部署；④优选预测剩余气储量丰度高的位置部署；⑤优选井网不够完善，井距相对较大的区域部署；⑥优选储层相对致密但厚度大的区域水平井加密部署；⑦多产层分布的区域设计水平井分层立体开发。

3.2 加密部署对策

3.2.1 加密井井型优化

研究区储层整体较致密，纵向分布类型多样，气藏开发既要考虑储量的充分动用，又要考虑致密气的开发效果，不能笼统采用“一刀切”方式，因此，根据实际地质特征，采用混合井型差异化设计，满足条件情况下尽可能部署水平井。根据储层纵向分布划分 4 种类型(图 8)。A 型：只发育单一主力层，可直接采用水平井单层开发；B 型：发育叠置含气厚砂岩，叠置砂岩厚度达 20～50m，内部发育夹层，夹层厚度小于 2m，采用大斜度水平井将厚砂岩整体动用；C 型：纵向发育多套主力层，单层厚度和储量丰度较大，分层储量相对集中，泥岩隔层较厚，采用水平井分层单独动用；D 型：储层纵向互层发育，主力层不集中，采用直丛井开发。

根据地质条件差异，采用混合井型加密部署，在区块南部多产层零散分布区域实施的加密直丛井均为 I 类井，平均无阻流量达到 20.3×10^4m^3。在主力层较集中，且厚层叠置的致密储层区，分层实施 5 口加密水平井，储层钻遇率 90%，测试平均无阻流量 74.9×10^4m^3，动态 Ⅰ+Ⅱ类井比例 100%。气井开前套压与非加密井相当，取得了较好的实施效果(表 1)。

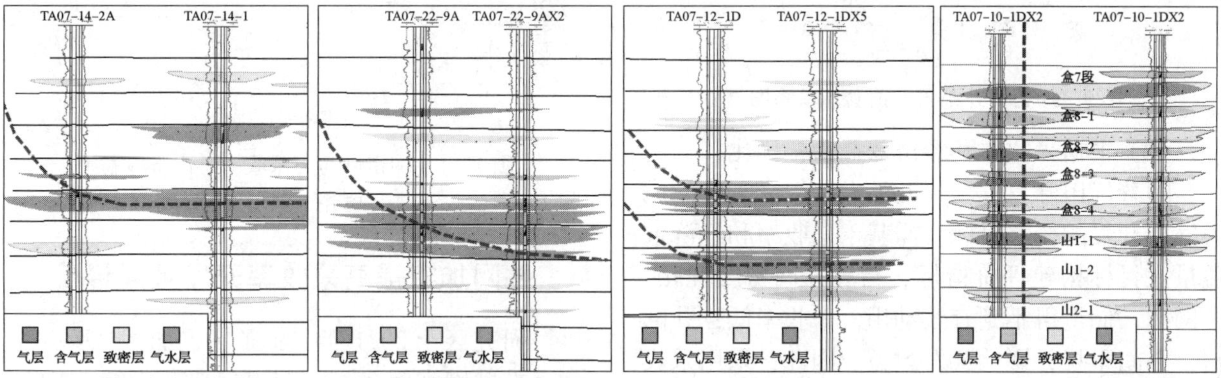

A型：单一主力层水平井单层开发　B型：单一厚层叠置含气砂岩大斜度水平井开发　C型：纵向多套主力层水平井分层开发　D型：纵向多套互层分布、直丛井开发

图 8 研究区储层纵向分布类型示意图

表 1 研究区加密井生产参数统计表

加密井井号	井型	生产层位	测试情况					生产情况			
			产气/($10^4m^3/d$)	产水/(m^3/d)	无阻流量/($10^4m^3/d$)	开前套压/MPa	动态类别	初期配产/($10^4m^3/d$)	目前产量/($10^4m^3/d$)	目前累产/10^4m^3	目前套压/MPa
T22-16	直丛井	山 1 盒 8	4.1	2.4	38.2	19.9	Ⅰ	2.5	2.2	206.4	15.0
T22-16X1	直丛井	山 1 盒 8	2.4	0.0	11.8	20.0	Ⅰ	1.8	1.7	146.2	11.9
T22-16X2	直丛井	山 1 盒 8	2.8	0.0	10.8	19.0	Ⅰ	1.6	1.6	125.1	15.4
T20-4H	水平井	盒 8	3.6	2.4	53.7	19.3	Ⅰ	5.0	4.2	503.9	14.7
T20-6H	水平井	盒 8	7.7	0.0	104.2	23.2	Ⅰ	6.0	5.5	274.0	19.4
T22-6H1	水平井	山 1	6.1	0.0	59.2	21.1	Ⅰ	5.0	4.5	135.1	21.1
T22-6H2	水平井	盒 8	5.8	0.0	118.5	23.0	Ⅰ	5.0	4.8	123.1	23.0
T22-10H	水平井	山 1 盒 8	3.6	0.0	38.8	18.0	Ⅱ	4.0	3.9	145.4	16.5
平均			4.5	0.6	54.4	20.4		3.9	3.5	207.4	17.1

3.2.2 加密井井网密度优化

（1）根据气井动用范围优化

采用不稳定生产拟合法计算桃7区块气井平均泄流半径238m，直井Ⅰ类井282m，Ⅱ类井216m，Ⅲ类井172m。通过统计单井最小邻井井距开井套压关系分析，不同邻井井距下单位压降储量差异不大，开井套压在井距小于450米存在先期压降(图9)。根据气井动用情况综合分析加密井井距可优化为400米左右。

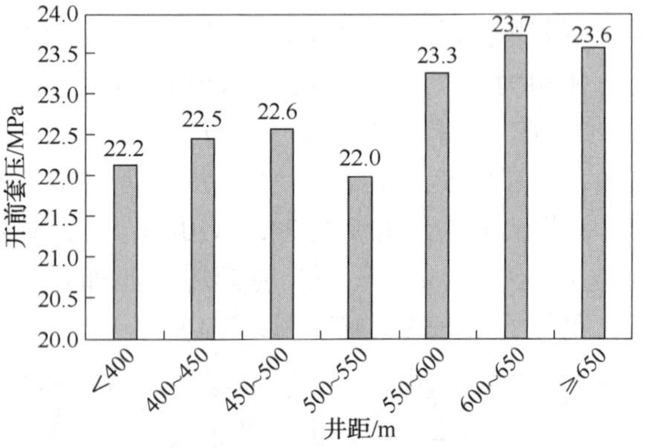

图9 加密井井距与开前套压关系图

（2）根据采收率和经济效益指标优化

随着气田开发程度不断加大，提高采收率成为气田开发的核心目标，需基于采收率和经济效益量大目标构建评价指标，指导井网密度优化。井网稀，储量得不到有效动用，采收率低；井网密，井间干扰，影响开发效益。因此，采用采收率、单井平均EUR和内部收益率三个指标来综合确定加密区合理的井网密度。根据以上指标确定井网密度优化原则为：加密后采收率明显提高，可接受一定程度的井间干扰，在当前气价条件下加密井组整体达到开发方案的内部收益率指标且新钻加密井能实现盈亏平衡。根据井网密度与与采收率、内部收益率、单井EUR关系图版(图10)，当井网密度小于2口/km^2，井间无干扰，随井网密度增加单井EUR没有降低，采收率随井网密度的增加呈线性增长；当井网密度2~4口/km^2时，井间产生一定的干扰，但干扰不严重，随井网增加单井EUR和内部收益率局下降，但采收率仍有大幅增加，井网密度达到4口/km^2时，内部收益率为8%，采收率处于拐点位置，单井EUR1750万方，具有经济效益；当井网密度大于4口/km^2时，采收率增加缓慢，单井EUR和内部收益率大幅降低，达不到经济效益要求，因此确定加密井最佳井网密度为4口/km^2。

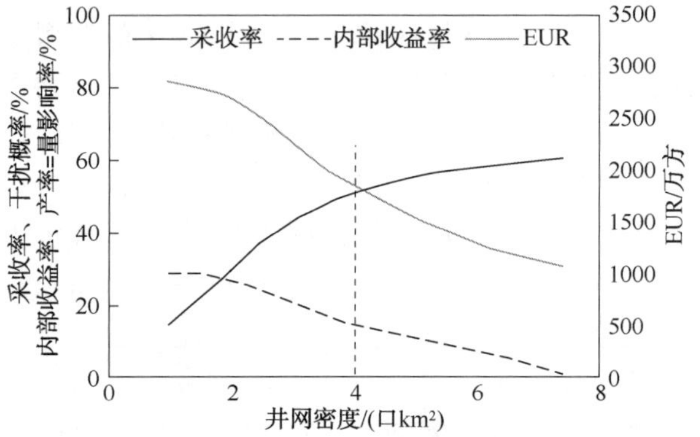

图10 井网密度与与采收率、内部收益率、单井EUR关系

4 井网加密提高采收率开发效果评价

研究区于2021年实施了一批加密试验井组，加密前井网密度2.4口/平方千米，加密13口井后，井网密度3口/平方千米。实施结果表明，井组加密后预测累产增加$2.13\times10^8m^3$，采收率由39.34%提高到42.4%，采收率提升了3.08%。加密井平均单井EUR达到$1545\times10^4m^3$，加密井实施后对邻井生产无明显干扰，加密直丛井能取得较好的经济效益(表2)。

表2 加密试验井组加密效果

开发阶段	井网密度/（口/km^2）	井数/口		平均单井预测动储量/10^4m^3		加密区预测累产/10^8m^3	采收率/%
		老井	加密井	老井	加密井		
加密前	2.39	82	0	3320	/	27.22	39.34
加密后	2.78	82	13	3320	1638	29.35	42.41
变化	+0.39	0	+13	0	/	+2.13	+3.08

5 结论

（1）单一河道可利用隔夹层特征、测井曲线旋回特征和等高程差异方法实现复合河道期次的划分，单一辫流带内的心滩和辫流水道是有利于储层发育的构型单元，两种构型单元平面交互分布，心滩构型呈透镜体状心滩构型沉积物粒度较粗，储集层品质最优。

（2）采用“多步建模法”建立了包含多级构型单元的辫状河储集层构型三维模型，建立的辫状河构型模型能精细刻画出不同级次储集层构型的空间展布特征及连通关系，建模结果显示，优质储集层主要分布在两条辫流带内，呈南北向不连续的透镜状或条带状分布。

（3）剩余气分布有4种成因模式：①孤立砂体内未动用型，②叠置致密砂体内阻流带隔档型，③地层水水锁型，④水平井未动用型。采用建模数模一体化预测，井间仍存在大量剩余气未能充分动用。井间地层压力大概降低3～6Mpa左右。

（4）根据储层品质、分布特征、储量集中程度等因素优化加密井井型，单一主力层采用水平井单层开发，叠置含气厚砂岩采用大斜度水平井动用，纵向多套主力层采用水平井分层动用，储层纵向互层发育，主力层不集中，采用直丛井动用。

（5）根据气井动用范围优化综合分析，优化加密井井距为400米左右。根据采收率和经济效益指标，优化加密井最佳井网密度为4口/km^2。

（6）实施加密试验井组，预测采收率高3.08%，预测加密井平均单井EUR达到$1545\times10^4m^3$，可取得较好的经济效益。

参考文献

[1] 冀光，贾爱林，孟德伟，等．大型致密砂岩气田有效开发与提高采收率技术对策——以鄂尔多斯盆地苏里格气田为例[J]．石油勘探与开发，2019，46(3)：602-612.

[2] 贾爱林，王国亭，孟德伟，等．大型低渗-致密气田井网加密提高采收率对策——以鄂尔多斯盆地苏里格气田为例[J]．石油学报，2018，39(07)：802-813.

[3] 卢涛，刘艳侠，武力超，等．鄂尔多斯盆地苏里格气田致密砂岩气藏稳产难点与对策[J]．天然气工业，2015，35(06)：43-52.

[4] 惠宽洋，张哨楠，李德敏，等．鄂尔多斯盆地北部下石盒子组—山西组储层岩石学和成岩作用[J]．成都理工学院学报，2002，29(003)：272-278.

[5] 何自新，付金华，席胜利，等．苏里格大气田成藏地质特征[J]．石油学报，2003(02)：6-12.

[6] 李洁，陈洪德，侯中健，等．鄂尔多斯盆地东北部下石盒子组盒8段辫状河三角洲沉积特征[J]．沉积与特提斯地质，2008，28(1)：6.

[7] 郭智，贾爱林，何东博。等．鄂尔多斯盆地苏里格气田辫状河体系带特征[J]．石油与天然气地质，2016，37(2)：8.

[8] 卢志远，何治亮，马世忠，等．高能辫状河沉积特征及砂体分布——以苏东X密井网区为例[J]．石油报，2021，42(08)：1003-1014.

[9] 祝金利．强非均质致密砂岩气藏剩余气分布定量描述与挖潜对策——以苏里格气田苏11区块北部老区为例[J]．天然气工业，2020，40(11)：89-95.

[10] 张金亮．河流沉积相类型及相模式[J]．新疆石油地质，2019，40(02)：244-252.

[11] 余浩杰，马志欣，张志刚，等．基于储层构型表征的辫状河地质知识库构建—以苏里格气田SX密井网区为例[J]．大庆石油地质与开发，2020，39(2)：1-8.

[12] 肖正录，陈世加，廖建波，等．河道构型单元及其对油藏的控制作用—以鄂尔多斯盆地华庆地区长8段储集层为例[J]．新疆石油地质，2018，39(5)：524-529.

[13] 郭智，孙龙德，贾爱林，等．辫状河相致密砂岩气藏三维地质建模[J]．石油勘探与开发，2015，42(01)：76-83.

[14] 吴涛，付斌．多点地质统计学在苏里格气田地质建模的应用[J]．地质与勘探，2016，52(5)：985-991.

[15] 徐文，霍明会，肖峰，等．致密砂岩气藏提高采收率关键技术与应用——以鄂尔多斯盆地苏里格气田为例[C]．低渗透-致密油气田勘探开发技术国际研讨会．中国石油学会低渗透油气田勘探开发国家工程实验室，2018.

[16] 冷吉辉，廖柯熹，徐明军，等．气田加密部署及井网优化研究进展[J]．辽宁石油化工大学学报，2020，40(01)：39-42.

川南太阳气田页岩气井影响压裂效果因素分析和解决策略

樊　宇　杜晓明　马骏骥　李小伟

（大庆油田有限责任公司井下作业分公司）

摘　要　在太阳气田页岩气开发实践中，通过精细化评层选区、提高优质储层钻遇率和工厂化压裂作业等实现了效益开发。但现有的开发模式造成强非均质性的页岩气藏单井产量差异大，说明现有认识和技术存在针对性不强的缺陷。在总结施工井区龙马溪组页岩气井开发效果的基础上，对天然裂缝、施工规模、加砂强度等影响压裂效果的因素开展定量化分析，评价其对压后裂缝尺寸、导流能力、压后产量的影响，为下一步的参数优化和开发方案调整提供依据。

关键词　太阳气田；页岩气；非均质性；压裂效果；天然缝；加砂强度

1　概述

太阳气田所在地区志留系龙马溪组底部优质页岩段上部具有稳定发育厚层泥页岩段，龙马溪-五峰组上覆石牛栏组致密的泥质灰岩，下伏奥陶系宝塔组致密灰岩，井组纵向封闭条件较好。

地区页岩气气藏主要开发层系为龙马溪组，优质页岩厚度在30~70m，有机碳TOC含量在2.2%~4.1%，电阻率约52~240Ω·m，有效孔隙度相对较高，平均在2.1%~5.0%，总含气量平均在1.3~4.3m^3/t。龙马溪组岩性主要为灰色-黑色页岩，矿物成分中的黏土含量低、脆性矿物含量高，易于压裂产生网状缝，可以实现超低渗页岩储层的有效经济开发。

根据获得资料，该地区已完成测试的15口水平井中，测试产量高于2.0×$10^4$$m^3$/d的井为9口，占到总井数的60%。现有地质评价结果认为，太阳气田龙马溪组底部属于优质页岩段，并且该区块I类储层平均钻遇率达93%，但水平井气产量差异大是目前面临的主要技术挑战。在采用大液量、大排量、低砂比滑溜水的缝网体积压裂施工模式后，各个井的产量差异明显，甚至同平台相邻井也存在较大气产量差别，表明较为一致的压裂工艺和施工参数难以在具有特殊地质特征（如天然缝发育、孔渗差异和地应力异常）的井段形成大规模的复杂裂缝网络和高导流裂缝，设计施工参数与地质特征的匹配性需要开展深入性分析，因此，页岩气井压裂优化思路急需改进，主体思路是在非均质地层特征明显的井段调整工艺参数，具体为在天然缝密集分布和孔渗条件好的井段，通过调整参数促使复杂裂缝网络的形成，同时，保证主缝宽度及其导流能力；而在地应力差异大以及天然缝稀疏分布的井段，通过参数优化培养主缝形成适宜缝长，确保不会形成井间沟通的同时，适当拓展分支缝，提高裂缝波及范围。由于影响压裂效果的因素众多，考虑到现有地质测井和页岩气压裂设计参数的整体思路存在的局限性，因此，着重对太阳气田井区的部分井设计中关键参数进行对比验证，并结合生产动态情况，探索不同压裂段的差异化施工模式，提高非均质页岩储层的开发效果。

2　天然裂缝对压裂效果的影响

2.1　基本概况

天然裂缝普遍存在于高脆性的页岩层，它既是钻完井和压裂中液体滤失的主要因素，又是复杂裂缝网络形成的物质基础，为了对比天然裂缝对压裂效果的影响，选取太阳气田某平台，其蚂蚁体分布情况见图1，能看出水平井段的天然裂缝分布并不均匀。

以该平台两口相邻井1井和2井为例，对比在近似施工参数条件下的裂缝形态及其导流能力，具体数值模拟方案见表1。

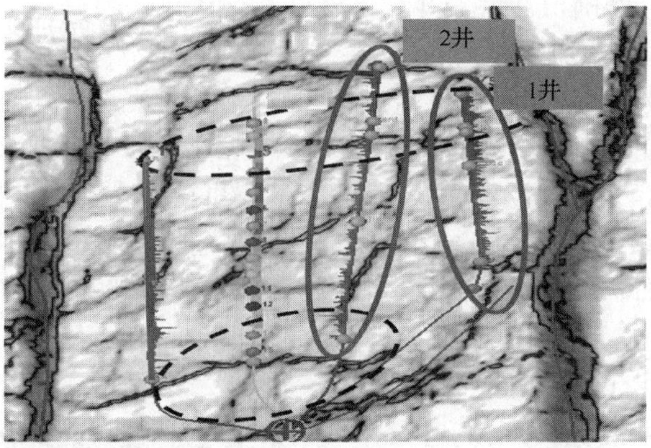

图1　某平台1井和2井优质页岩段蚂蚁体属性

表1　数值模拟方案

井号	层段	加液量/m^3	加砂量/t	施工段地质特征	模拟目的	模拟软件	监测方式
1井	9段	1457	180	天然裂缝不发育			
2井	14段	1376.1	235	天然裂缝密集区域	分析天然裂缝对压裂效果影响	Meyer	地面微地震

2.2　模拟分析

天然裂缝发育程度对压裂效果的影响见图2。其中，1井第9段处于天然裂缝不发育区域，模拟解释结果表明，体积压裂模式仅在近井区域形成裂缝网络，而在远场则以单一主缝扩展；2井第14段由于天然裂缝的存在，整个裂缝网络复杂程度较高，且较好地展布在该压裂段，由于整个缝网长度受到分支缝分流影响，其长度和主缝的导流能力均低于1井第9段。

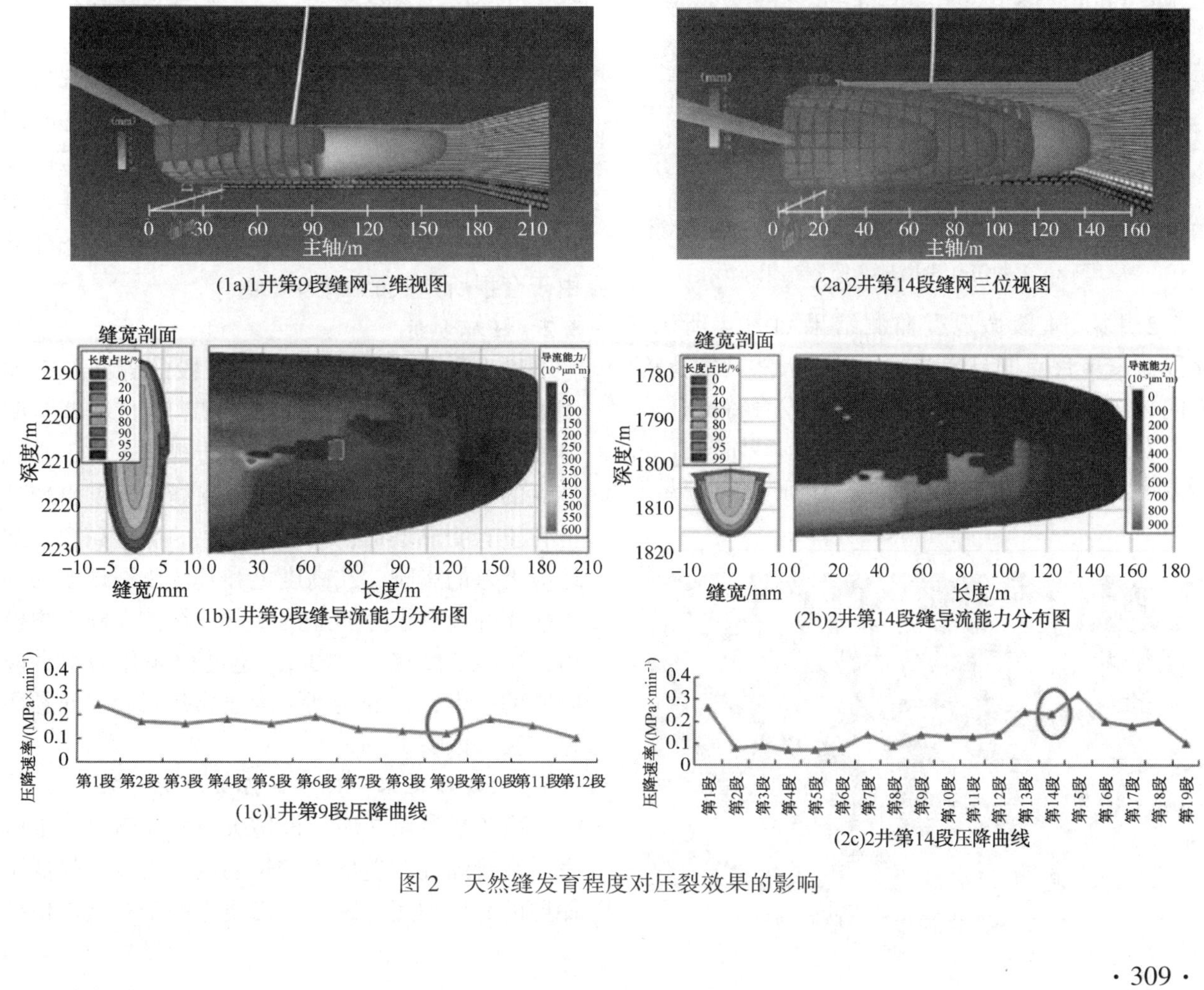

图2　天然缝发育程度对压裂效果的影响

根据目前的施工规模，能确保2井第14段缝网长度不超过井间距一半，避免邻井沟通，影响压裂效果；而1井第9段主缝明显扩展，造成井间干扰，影响后期排采和生产。1井第9段的压降速率也远低于2井第14段，不发育的分支裂缝使得1井关井后保持较高压力；2井第14段在泵注前期注入一定量的70/140目粉砂，并不能在整个压裂阶段对主缝进行支撑，大多数进入了分支缝，并且40/70目石英砂用量占比低，也难以起到封堵作用，主缝导流能力也不高。

2.3 不同天然裂缝发育条件下的压裂解决策略

1井第9段微地震监测结果如图3所示。该井段天然裂缝不发育，对其开展压裂，则会使主缝大范围迅速延伸，且裂缝高度难以控制。该段压裂的微震事件点数量相对较少，因此，缝网规模也小于天然缝发育的2井第14段；微地震数据点的展布也表明该段压裂的主缝延伸过长。因此，对于此类井段应主要控制施工规模，确保与邻井人工裂缝不会相互沟通。

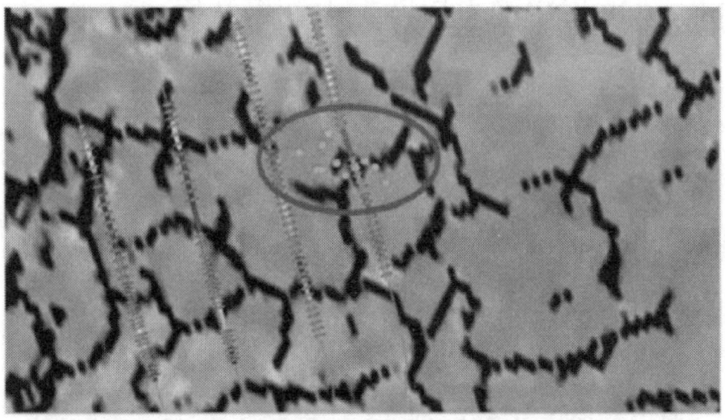

图3 1井第9段微地震监测结果

2井第14段微地震监测结果如图4所示，该段微震事件点明显增多，且沿着天然缝发育的方向分布。对于该井段天然缝非常发育特征，关键是对泵注程序进行优化，在段塞加砂阶段提高砂浓度，在形成分支缝的同时，保证主缝的导流能力。

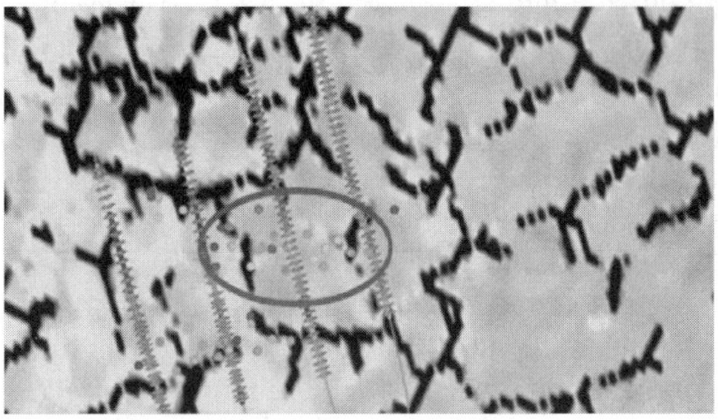

图4 2井第14段微地震监测结果

3 施工规模对压裂效果的影响

3.1 基本概况

2井第7段微地震监测结果如图5所示，微地震事件点在平面上扩展规模大，其基本散布趋势与模拟缝网的展布吻合程度较高。但是其部分事件点达到邻井对应压裂段，造成临井1井套压上升1.0MPa，影响1井井筒的完整性，导致1井8~11段发生套管缩径。

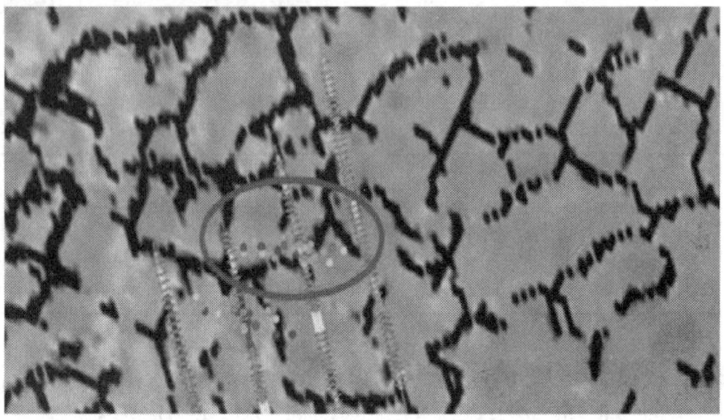

图5 2井第7段微地震监测结果

由于1井的8~11段施工过程出现套损缩径情况，现场决定采用8~9段和10~11段合压方式，导致产生丢段问题，与1井套损段拟人工裂缝延展方位相近位置对应于2井第15段，由此决定在2井第15段开展加大施工规模的现场实验，分析其对压裂效果的影响，液量增加到1621m^3，砂量为235t。该段液量的增加不仅是为了研究施工规模对压裂效果的影响，也是希望扩展裂缝延伸区域，使其缝网能够延伸至相邻井由于套损所造成的丢段区域。

3.2 模拟分析

增大施工规模后2井第15段的缝网形态如图6所示，在横向上的缝网长度和宽度有非常明显的增长，缝网在纵向上的展布规模也大于常规液量的平面区域，并且各条分支缝的宽度也较其他各段有明显增加，而在纵向上的裂缝高度受到地应力差的影响，在高度上和其他压裂规模的井段相比并没有十分明显的变化。在扩大施工规模后，主缝长度接近210m，超过相邻井的水平段间距的一半，部分达到了沟通邻井因套损问题所造成丢段区域。

3.3 大规模施工条件下的压裂解决对策

由于2井第7段规模增大导致1井8~11段发生套管缩径，造成了较长的压裂丢段，降低了储层的利用程度。因此，需要进一步对软件模拟结果与微地震解释数据进行对比分析，加强其他监测手段(如示踪剂、试井等)在该地区的应用，在现有井间距条件下控制施工规模的扩大，开展对比验证，校订裂缝几何形态及其复杂程度。

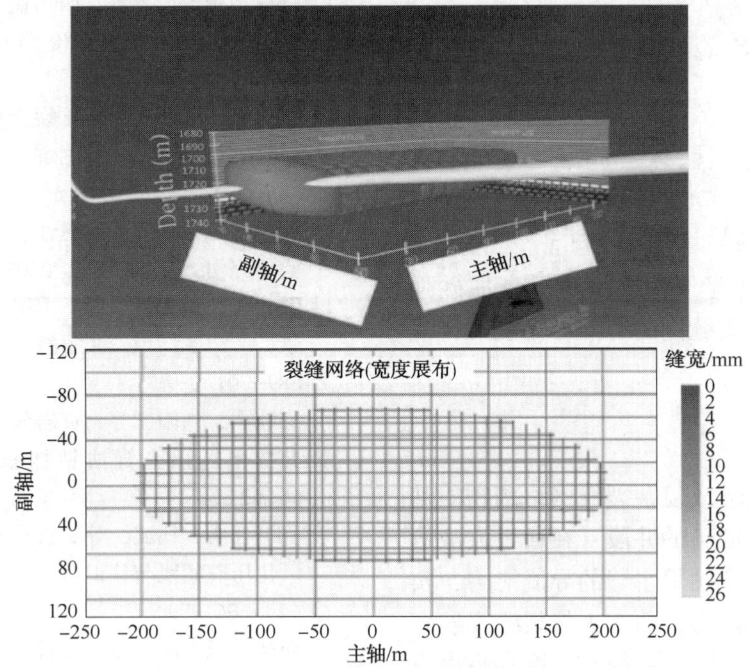

图 6　2 井第 15 段缝网形态

4　加砂强度对压裂效果的影响

4.1　基本概况

为避免其他因素对评价结果的影响，选取了距离相对较近两平台，两平台目的层位均为龙马溪组下部优质页岩段，所在区域的地质及物性(含气量、TOC、天然缝)均值性相近，地层倾角较小且远离断层区域，原地应力场在水平段相对稳定。两平台 10 口井的施工参数与产气量见表 2。

表 2　10 口井施工规模与产气量数据

编号	层段	累计加砂/m^3	累计注入/m^3	日产气量/m^3
1 井	13	1382	18274	14210
2 井	2	2757	19416	36479
3 井	14	2189	25673	24020
4 井	13	1901	18331	21157
5 井	15	328	3986	3329
6 井	13	2133	17950	15411
7 井	14	1886	18610	16362
8 井	12	2280	17774	321118
9 井	19	1864	20538	16204
10 井	15	2106	14616	20619

4.2　统计分析

对 10 口井共 130 段所对应单井的平均单段加砂、平均单段用液和平均单段产气如图 7 所示。

4.3　加砂强度变化下的压裂解决对策

在液量大致相同的前提下，砂量与气产量具有较好的正向相关性，且随着砂量的增加，气产量呈现同步增加趋势。因此，在压裂过程中，建

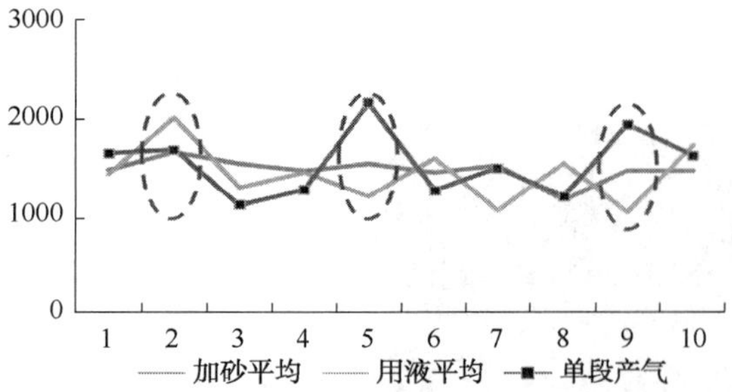

图 7　单井单段平均加砂与单井单段平均产气关系

议在不造成砂堵的情况下，进一步提高加砂强度，保证主缝及其分支缝网的有效导流能力，提高单井产量。

5　结论

（1）天然裂缝是形成复杂裂缝网络的物质基础，对于天然裂缝密度高的井段，在通过大液量形成缝网的基础上，应确保主缝的导流能力，实现近井主缝的高导流能力；而在天然裂缝不发育井段，则应控制液量，防止主缝在长度和高度方向上的过度延伸，保证主缝的铺砂效果。

（2）现有施工规模能够满足井区的开发要求，在做出调整时需具备充分的地质条件，并开展相关模拟论证和监测对比，确保不会影响邻井井筒的完整性和生产现状。

（3）目前区块以低砂比的泵注模式能在低黏滑溜水的条件下携带支撑剂，但整体砂量的加大能显著提高裂缝的支撑效果提升单井产量。因此，下一步应采用新工艺，如改变试验液体黏度、降低支撑剂密度和悬浮能力等。

（4）数值模拟和微地震监测均存在局限性和不确定性，还应增加其他评价压裂效果的手段（如生产测井、示踪剂、试井解释等），进一步优化施工参数，提高页岩气藏开发的针对性。

参考文献

[1] 钱斌，张俊成，等．四川盆地长宁地区页岩气水平井组“拉链式”压裂实践［J］．天然气工业，2015，35(1)：81-83.

[2] 李庆辉，陈勉，等．压裂参数对水平页岩气井经济效果的影响［J］．特种油气藏，2013，20（1）：146-150.

[3] 周健，陈勉，等．裂缝性储层水力裂缝扩展机理试验研究［J］．石油学报，2007，28（5）：99-113.

[4] 邹才能，董大忠，等．中国觅岩气特征、挑战及前景（一）［J］。石油勘探与开发，2015，42（6）：689-701.

[5] 陈颖杰，刘阳，等．页岩气地质工程一体化导向钻井技术［J］．石油钻探技术，2015，43（5）：56-62.

[6] 任勇，钱斌，等．长宁地区龙马溪组页岩气工厂化压裂实践与认识［J］．石油钻采工艺，2015，37(4)：96-99.

[7] 周祥，张士诚，等．页岩气藏体积压裂水平井产能模拟研究进展［J］．新疆石油地质，2015，36(5)：612-619.

[8] 郭天魁，张士诚，等．评价页岩压裂形成缝网能力的新方法［J］．岩土力学，2013，34(4)：947-954.

四川盆地长宁区块页岩气立体缝网加密改造实践
——以宁201井区H3平台为例

曾 波[1] 黄浩勇[1] 荀其勇[1] 黎俊峰[1] 张丰收[2] 杜泊潼[2]

(1. 中国石油西南油气田公司页岩气研究院；2. 同济大学土木工程学院)

摘 要 页岩气立体开发能够实现对有限储层区域内页岩气的最大程度开采，是推动页岩气资源高效开发的重要工艺手段。长宁A平台是我国川南地区的早期投产平台之一，生产效果良好，但生产动态数据拟合和微注测试结果表明，该平台的井间储层仍有较大的资源动用潜力。为此，在H3平台原有三口老井的基础上，加密部署A-10、A-11两口新井，形成"W"形立体井网。研究发现和结果主要包括：①实现了地质工程一体化研究，建立了井周四维地应力演化模型，得到了老井缝控范围及新井压裂有利空间；②部署小井距下的立体加密井网，新老井纵向最优距离控制在0.3~14m；③压裂前期采用较小的施工排量，后期提升用液强度，未出现井间压窜；④加密后老井生产效果提升显著，日产气量由$(2.21\sim2.35)\times10^4m^3/d$提升至$(4.07\sim5.02)\times10^4m^3/d$，平台预测采收率提高8%。结论认为，长宁A平台加密井部署显著提高了平台生产效果，实践了小井距下的一体化立体开发，能够为相关页岩气场地的开发提供有价值的工艺和参数参考。

关键词 页岩气；立体开发；加密改造；储量动用；页岩气增产

1 前言

页岩气开发技术的发展致力于不断提升与复杂工程地质条件的匹配性，实现有限开发区域内油藏资源的最大化动用，提升开发的经济性和可行性。相较于常规单层水平开发模式，立体开发将井网进行纵向错层布置，充分动用有限区域内多个储层资源，缩短水平井间距，有效提高非常规油气开发的经济效益。我国页岩气具有分布面积和规模相对较小、储层厚度较大的特征，秉持着"追求较长时间稳产、努力提高最终采收率"的开发理念，因此在有限储层区域内充分进行页岩气的立体开发是提高采收率的重要途径。

立体开发模式根据投产先后顺序的不同，一般可以分为一次立体井网部署和加密井网部署。加密井网部署是指在平台已有多口井投产的基础上，部署一口或多口加密井形成立体井网，其优势是能够充分动用储层的剩余可开采潜力，提高平台的整体采收率。然而，先期投产的井也会在其周边形成压降漏斗，增加复杂缝网的形成难度和井间压窜的风险。相比欧美经典页岩气产区的储层条件，西南油气田五峰组-龙马溪组的储层厚度较小，如长宁产区的目标储层厚度通常在4~18 m，且层间无明显夹层阻隔，进一步增加了立体开发井间的干扰。因此水力裂缝缝长、缝高的控制是小井距立体加密井网部署的关键。

长宁A平台是我国西南地区的早期投产平台之一，下半支4、5、6三口井均于2015年1月投产。目前油压稳定在2.24~2.35MPa，日产气量稳定在$(1.90\sim2.15)\times10^4m^3/d$，累产气0.72~0.94亿方，生产效果良好。通过对长宁4、5、6井的生产动态数据进行剩余储量拟合和等效裂缝半长分析，发现三口井间储层仍有较大的资源动用潜力。为此，进一步对该平台开展地质工程一体化研究，建立四维地应力演化模型，分析了老井缝控范围及新井压裂有利空间；进行小井距立体井网部署的探索与实践，在H3平台原有三口母井的基础上，加密部署A-10、A-11两口子井；采用拉链压裂、变排量泵注及中途暂堵的技术手段，实现纵向小井间距的缝高控制，井间未出现明显压窜现象。加密后平台整体采收率得到了有效提升，立体改造效果良好。长宁H3的立体改造的经验能够为页岩气立体井网开发模式提供借鉴，为相关页岩气产区的立体改造提供了有益的参考和借鉴价值。

著影响气井的工程作业风险(导致钻井溢流

和降低改造效果）和气井产量。在本文中，“激动井”是指导致压窜的页岩气井，“压窜井”是指被影响的页岩气井。

近些年，随着非常规气藏开发的发展，井间压窜问题越来越受到国内外学者的关注。Esquivel 等介绍了 Haynesville 页岩气田中优化开发降低井间压窜伤害的经验；AJANI 等通过系统分析气井生产数据，给出 Woodford 页岩气田中井间距和压窜井投产时间与压窜强度的相关性；KING 等通过数值模拟的方法系统研究了暂堵转向、施工排量等工程参数对压窜的影响规律；PARYANI、MARONGIU-PORCU 等通过地质工程一体化方法系统研究如何调整激动井的施工参数，降低对已长期生产邻井的影响；何乐等通过大数据分析的方法系统研究了威远页岩气田的井间压窜影响因素分析和防窜对策；雍锐等通过地质工程一体化的方法，优选最优的井间距；李继庆等采用干扰试井方法评价了涪陵页岩气井间连通段渗透率，位云生等针对天然裂缝对井间干扰的影响作了定性分析，认为天然裂缝发育区，井间干扰对井距优化有较大影响，尽量避免发生。

国内外学者针对非常规储层井间压窜开展了现场调研和数值模拟研究，但是主要针对单个因素和少样本数据进行分析，也缺乏监测数据验证，因此，本文首次以长宁区块 80 口井地质工程参数为基础，综合利用天然裂缝模型、液相示踪剂、气井生产特征等数据，系统研究诱发页岩气井压窜的主控因素及对气井产量的影响规律；并以降低压窜对压窜井生产动态的影响程度为目标，从井位部署、压裂投产时间、地质工程一体化压裂优化等方法提出了管理压窜的策略。

2 立体压裂加密井改造背景

长宁区块位于我国四川盆地西南缘，背靠长宁背斜坡-向斜区，横跨四川省宜宾市长宁县、珙县、兴文县和筠连县。区块内五峰组至龙马溪组靶体构造完整、主要产层埋深较浅（2300～3200m）、有机碳含量较高（平均为 4%）、天然裂缝及机制孔隙发育丰富，故自 2014 年起建设成为我国海相页岩气的主要示范产区。截至 2022 年，区内部署多个页岩气水平井开发平台，实现了 3500m 以下浅层页岩气的规模开发。通过近十年的探索与突破，长宁页岩气示范区进行了储层精细化划分、地质工程一体化开发、段间差异化压裂参数设计等一系列主体技术革新，形成了海相页岩气资源评价和产能建设方面的关键技术和标准，并不断向深层页岩气开发进军。

长宁 A 平台位于宁 201 井区，地处长宁背斜构造中奥顶构造南翼，为典型的双甜点区域，主要优质靶体位于龙一$_1^3$小层上部及龙一$_1^1$小层。平台天然裂缝整体较发育，存在 7 组联通裂缝带，断裂方向以北东向为主，未钻遇断层，裂缝尺度整体较小。长宁 A 平台与长宁 H4、长宁 H10、长宁 H14、宁 201H1、长宁 H27 等平台井相邻，截止 2022 年 12 月共完钻水平井 8 口，大部分仍处于采气生产阶段。其中，下半支包括 4、5、6 号井，均于 2015 年 1 月投产，生产效果良好，单井控储量 1.60～1.89 亿方，平均井控储量 1.76 亿方，平均日产量 $2\times10^4m^3/d$，累产气平均值为 0.86 亿方，预测 EUR 分别为 1.25 亿方、1.21 亿方、1.00 亿方，EUR 平均值为 1.15 亿方。截止加密改造前，三口生产井的油压稳定在 2.24～2.35MPa，日产气量稳定在 $(1.90\sim2.15)\times10^4m^3/d$，累产气 0.72～0.94 亿方，返排率在 70%左右。

由于开发时间较早，原来采用的工艺并非最佳，参数并非最优，该区块的生产井大多采用大井距同层布井模式，水平邻井间距在 500 m 左右，井间普遍存在未改造区域，且未改造区域具有良好的开发潜力，为充分发挥区块的双甜点优势，动用优势储层剩余资源，所以对长宁 A 平台进行立体加密改造。在长宁 4、5、6 井的基础上，于龙一$_1^1$小层部署 A-10、A-11 两口加密井，形成立体缝网。

3 立体压裂加密井改造潜力分析

3.1 地质工程一体化模型建立

良好的可开采潜力与可压性是进行页岩气立体缝网压裂的重要基础。对已有生产平台的加密改造潜力进行评估，一方面最大化挖掘储层未动用资源，另一方面避免过度改造，减小井间压窜或开采成本增加事件发生的可能性。地质工程一体化研究能够深入整合现有储层特性和生产数据，深度实现地质条件、井网设计以及作业参数的协同作用，从而达到“降本增效”的开发目标。

基于 Petrel 软件对长宁 A 平台进行精细化地质建模，拟合分析储层的四维地应力演化特征和平台老井的缝控范围，预测新井的靶体层系和开采潜力。根据现场测井资料、地震数据和岩心实验数据，刻画了平台储层的孔隙度、地应力、TOC等参数分布。长宁A平台孔隙压力的水平向平面分布呈西低东高趋势，纵向上自上向下整体呈上升趋势，如图1所示。其中龙一$_1^3$小层的最小水平主应力与孔隙压力低于上下层系，低应力条带对裂缝扩展存在诱导作用，影响水力裂缝的纵向扩展范围。

结合蚂蚁体、多级断裂刻画结果，建立包含高角度缝、垂直缝、层理缝、页理缝和大型断裂带的天然裂缝模型。其中高角度缝的倾角为27.8°，倾向75°，裂隙数量为87584条；垂直缝，倾角9.06°，倾向86°，裂隙数量为281839条；区域内共构建3条大型断裂带。

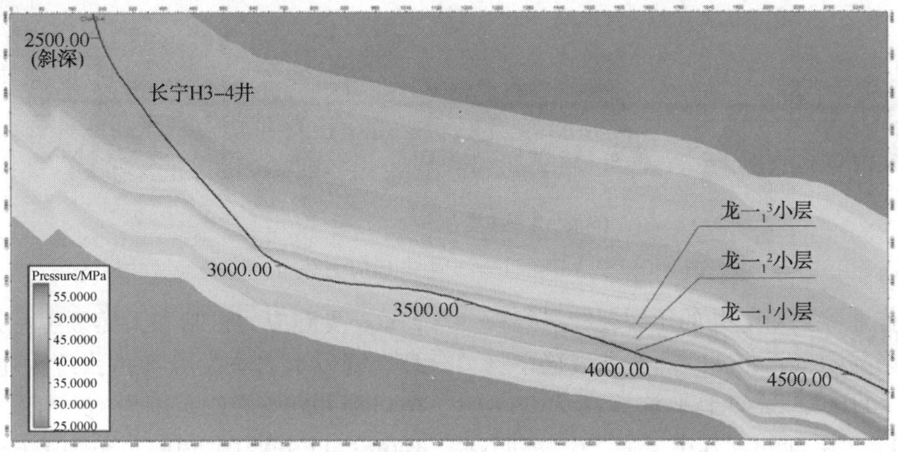

图1　长宁A平台最小水平主应力及孔隙压力分布

3.2　老井缝控范围分析

储层的地应力大小及方位会随着生产时间的推移逐渐发生变化，影响加密井裂缝的形成和扩展。四维地应力场分析有助于理解平台地层的应力变化，从而更准确地预测老井的缝控范围。图2的模拟结果显示，经过数年生产，平台下半支各层系当前孔隙压力分布为：龙一$_2$小层32~35MPa；龙一$_1^4$小层9~15MPa；龙一$_1^3$小层8~12MPa；龙一$_1{}^2$小层5~10MPa；龙一$_1^1$小层5~8MPa。各层系最小主应力分布为：龙一$_2$小层40~60MPa；龙一$_1^4$小层33~52MPa；龙一$_1^3$小层30~48MPa；龙一$_1{}^2$小层28~45MPa；龙一$_1^1$小层26~44MPa。分析得出，龙一$_1^1$和龙一$_1{}^2$小层的孔隙压力、最小水平主应力较低，水平应力差变化更大，反映纵向上人工裂缝向下的趋势更明显。根据生产经验，母井压后开采纵向波及范围基本与压后生产段纵向改造范围相等，模拟结果显示龙一$_1^4$小层孔隙压力、地应力变化明显。据此分析，长宁A平台4/5/6三口老井的纵向波及范围约35~40m。

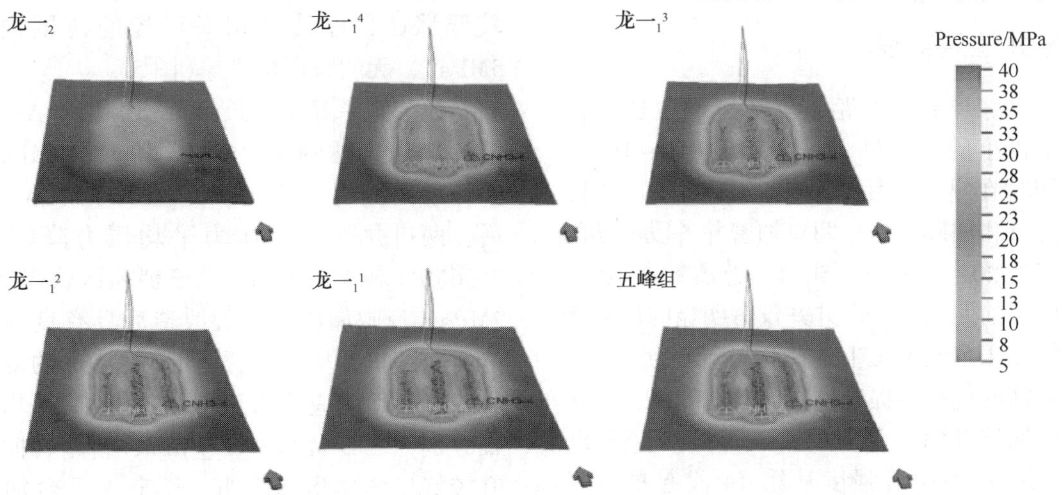

图2　长宁A平台下半支生产后应力分布

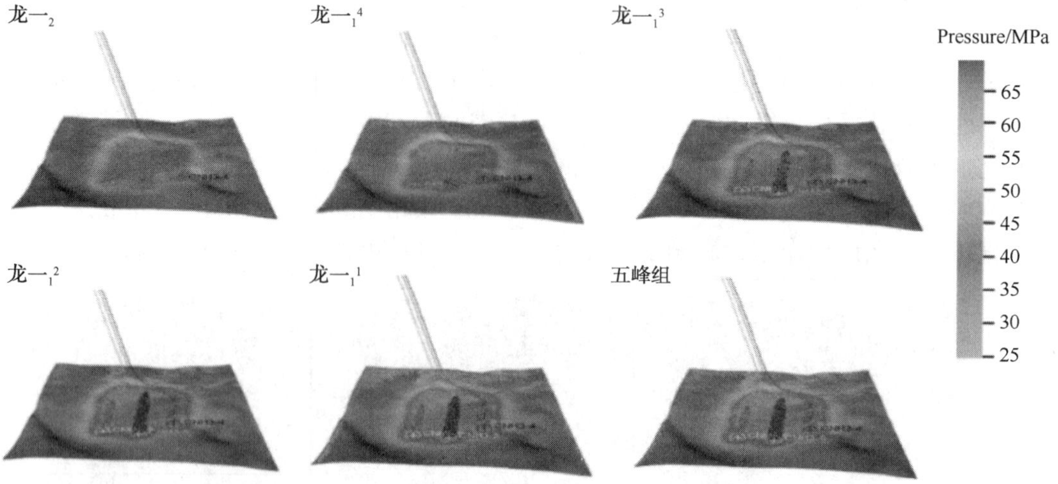

(b)最小水平主应力

图2 长宁A平台下半支生产后应力分布(续图)

结合现场作业参数对老井的压裂裂缝进行模拟。图3中结果显示，长宁4、5、6井裂缝平均半缝长为103~110m；纵向上平均缝高为35~37m，主要朝1、2层延伸，其中4井、5井和6井的轨迹下部的波及高度分别为23m、22m以及23m。受到应力机制和天然裂缝状态的影响，压裂裂缝以水力主裂缝和扩张缝为主。据此分析，两口新井安全控制范围为10井西侧129m、东侧146m；11井西侧130m、东侧146m。

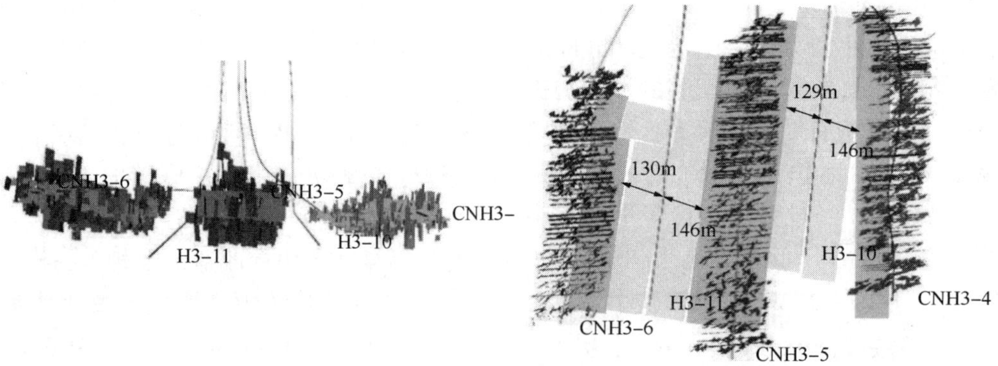

图3 老井压裂裂缝拟合

4 加密井压裂实践

为了更好控制小井距下立体缝网改造的风险，采用较小的施工排量进行作业(10~16m^3/min)，同时在纵向井距减小的易压窜段适当降低压裂排量和加砂强度。两口加密井各段前期的用液强度为20~25m^3/m(图4)。监测数据显示，加密井压裂前期原有生产井并没有明显的压力涨幅，无邻井压窜现象发生。在此基础上为充分发挥立体缝网的优势，提升储层的改造效果，在压裂的中后期提升两口井的用液强度和加砂强度。长宁A-10井的用液强度从第14段起提升至28~30m^3/m，加砂强度从19段起由2.0t/m提升至2.5~3.0t/m。优化调整后，加密井的压力有较低涨幅，保持在相对可控的范围内(小于5MPa)，无明显压窜现象(图5)。

压裂效果显示，长宁A-10井和A-11井的平均净压力达到16.99MPa和17.80MPa，超过井位水平应力差约7MPa。在停止泵入15分钟后，两口井的停泵压力平均压力降幅分别为4.36MPa和3.27MPa，高于泸州区块生产井1~2MPa，反映储层在压裂改造后具有良好的渗透能力。两口井均采用暂堵剂+暂堵球的复合暂堵方式，暂堵响应段占比100%，暂堵平均压力涨幅分别为3.24MPa和2.7MPa，暂堵转向效果提升较好。各项指标表明，长宁A平台加密井的压裂作业取得了良好的效果。

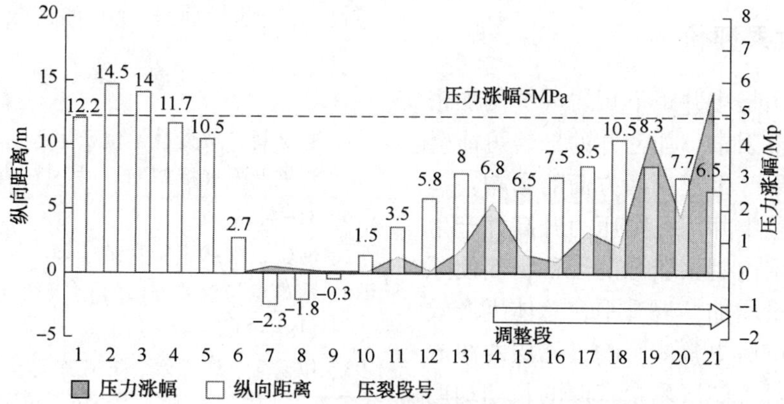

(a)长宁A-10井与4井

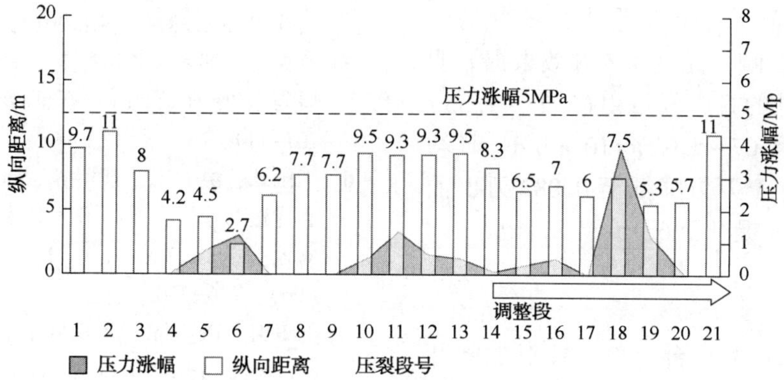

(b)长宁A-10井与5井

图4　长宁 A-10 井各段用液强度

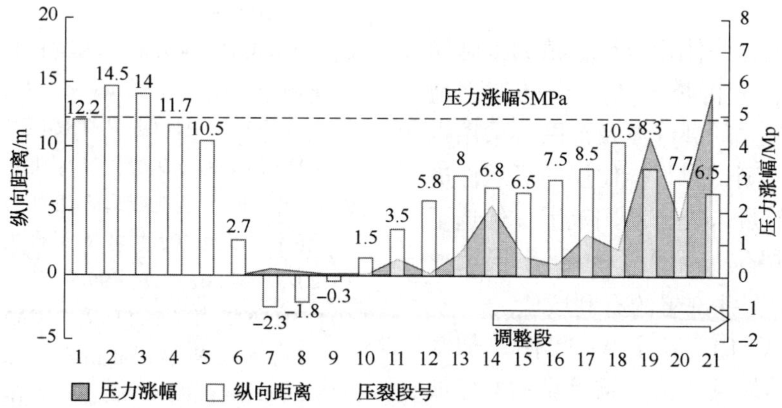

(a)长宁A-10井与4井

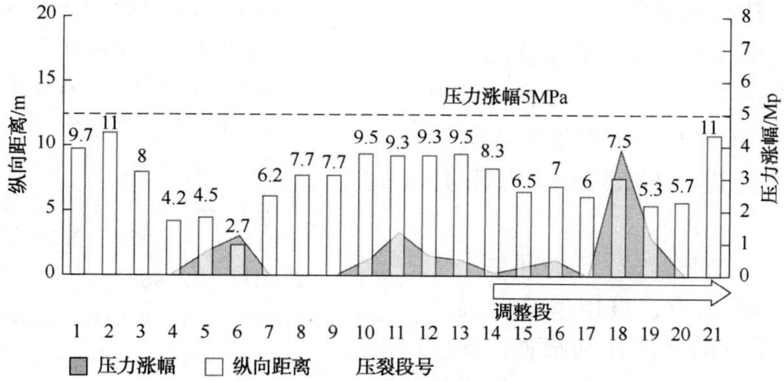

(b)长宁A-10井与5井

图5　长宁 A-10 井邻井压力涨幅变化

5 加密井改造效果评价

井间的相互作用是小井距下页岩气缝网加密改造需要考虑的重要因素。加密井的部署可能会对原平台的生产效果产生正反两方面的影响：一方面，新井压裂过程中井周孔隙压力升高并产生诱导应力，驱动储层内剩余资源的运移，促使原有井的油压和产气量增加，提升平台总体生产效果；另一方面，生产历史整体影响了储层的渗流场和应力场，新井对于储层剩余资源的长期动用能力存在不确定性，可能会造成平台收益降低。

加密改造对长宁 A 平台下半支井各井的生产效果产生了正面影响，尤其 4/5 井效果提升明显。改造后，4/5 井的日产气量由(2.21~2.35)$\times10^4m^3/d$ 提升至(4.07~5.02)$\times10^4m^3/d$，日均产气量衰减值由 0.11 万方降低至 0.089 万，油压由 2.24~2.25MPa 提升至 6.15~7.87MPa。

6 结论

本文以川南区块 A 平台为例，针对加密井立体井网改造模式进行地质工程一体化研究，探究了小井距下 W 型井网部署模式的可行性，研究结果主要包括：

(1) 开展地质工程一体化研究，精细刻画储层的地质力学模型，分析长宁 A 平台的四维地应力变化及已有生产井的裂缝波及范围。采用生产历史拟合和微注入测试对目标储层的可压性进行评估，得出井间储量未充分动用范围，优选了加密井部署的有利层位。优选了龙$一_1^1$小层及龙$一_1^2$小层下部作为加密井部署的有利层位。

(2) 部署长宁 A-10、长宁 A-11 两口加密井，进行小井距立体缝网改造。结果显示两口加密井净压力充足、暂堵转向有效、水击效应明显、停泵压降较快，压裂效果良好。

(3) 加密改造能够驱动储层内剩余资源的运移，提升原有生产井的生产效果。在加密井压裂后，长宁 A-4、A-5 井日产气量和油压均得到提升，但加密井的返排率较邻井同期低 13~15%。

(4) 长宁 A 平台的加密改造效果理想，平台总 EUR 提升至 5.01 亿方，整体采收率提高 8.2%，实践了小井距下的立体井网布置，证实了长宁区块龙$一_1^{1-3}$小层双靶体加密开发模式的潜力。后续需要持续跟踪加密井的生产动态数据，进一步验证平台的加密改造效益。

参 考 文 献

[1] 赵文智，贾爱林，位云生等．中国页岩气勘探开发进展及发展展望[J]. 中国石油勘探，2020，25(1)：31-44.

[2] 何骁，李武广，党录瑞等．深层页岩气开发关键技术难点与攻关方向[J]. 天然气工业，2021，41(1)：118-124.

[3] 位云生，王军磊，齐亚东等．页岩气井网井距优化[J]. 天然气工业，2018，38(04)：129-137.

[4] 焦方正．页岩气"体积开发"理论认识8 核心技术与3 0 实践[J]. 天然气工业，2019，39(05)：1-14.

[5] 董大忠，邹才能，杨桦等．中国页岩气勘探开发进展与发展前景[J]. 石油学报，2012，33(S1)：107-114.

[6] 李国欣，吴志宇，李桢等．陆相源内非常规石油甜点优选与水平井立体开发技术实践——以鄂尔多斯盆地延长组 7 段为例[J]. 石油学报，2021，42(06)：736-750.

[7] ZHOU，Desheng，ZHENG，Peng，YANG，Jingwen et al. Optimizing the Construction Parameters of Modified Zipper Fracs in Multiple Horizontal Wells[J]. Journal of Natural Gas Science and Engineering，2019，71：102966.

[8] NANDLAL，Kiran，WEIJERMARS，Ruud. Shale Well Factory Model Reviewed：Eagle Ford Case Study [J]. JOURNAL OF PETROLEUM SCIENCE AND ENGINEERING，2022，212：110158.

[9] 高健．四川盆地威远区块页岩气立体开发技术与对策——以威 202 井区 A 平台为例[J]. 天然气工业，2022，42(02)：93-99.

[10] ZHANG，Feng-Shou，HUANG，Liu-Ke，YANG，Lin et al. Numerical Investigation On the Effect of Depletion-Induced Stress Reorientation On Infill Well Hydraulic Fracture Propagation [J]. Petroleum Science，2022，19：296-308.

[11] 刘洪，廖如刚，李小斌等．页岩气"井工厂"不同压裂模式下裂缝复杂程度研究[J]. 天然气工业，2018，38(12)：70-76.

[12] 石学文，佟彦明，刘文平等．页岩储层地震尺度断裂系统分析及其石油地质意义——以四川盆地长宁地区宁 201 井区为例[J]. 海相油气地质，2019，24(04)：87-96.

[13] CHEN，Lei，WANG，Gaoxiang，YANG，Yang et al. Geochemical Characteristics of Bentonite and its Influence On Shale Reservoir Quality in Wufeng-Longmaxi Formation，South Sichuan Basin，China

[J]. ENERGY & FUELS, 2019, 33: 12366-12373.

[14] 王玉满，黄金亮，王淑芳等．四川盆地长宁、焦石坝志留系龙马溪组页岩气刻度区精细解剖[J]．天然气地球科学，2016，27(03)：423-432.

[15] 马新华，谢军．川南地区页岩气勘探开发进展及发展前景[J]．石油勘探与开发，2018，45(1)：161-169.

[16] 高博乐，潘仁芳，金吉能等．富有机质页岩微裂缝地震响应特征——以长宁示范区宁201井为例[J]．石油与天然气地质，2020，41(02)：407-415.

[17] 包汉勇，梁榜，郑爱维等．地质工程一体化在涪陵页岩气示范区立体勘探开发中的应用[J]．中国石油勘探，2022，27(01)：88-98.

[18] 汤继周，王小华，杜现飞等．扇形井网体积压裂地质工程一体化参数优化方法[J]．石油勘探与开发，2023，50(04)：845-852.

[19] 张逸群，余刘应，张国锋．基于微注入压降测试的页岩气储层快速评价方法[J]．石油钻探技术，2017，45(3)：107-112.

[20] 曾博，王莉，张晓伟．小型压裂测试分析方法在页岩气开发中的应用[J]．科学技术与工程，2014，14(8)：151-155.

[21] 王小华，罗浩然，张丰收．水平井射孔压裂完井下控制近井筒裂缝复杂度的参数优化[J]．岩石力学与工程学报，2022，41(06)：1223-1234.

[22] 张丰收，吴建发，黄浩勇等．提高深层页岩裂缝扩展复杂程度的工艺参数优化[J]．天然气工业，2021，41(1)：125-135.

纳米复合凝胶制备及评价

曹长霄　陈　征　张　乐　赵　鹏　张志熊　张　璐　黄泽超　徐元德　蒋少玖　王　强

[中海石油(中国)有限公司天津分公司]

摘　要　对于高含水油田，凝胶封堵技术是常用的重要技术手段。但是，在高温高盐条件下，有机凝胶失水率高，对高渗通道的长效封堵能力弱。从复合材料设计出发，研制了一种纳米粒子-两亲聚合物凝胶。通过室内实验，量化了两亲聚合物的耐盐耐温特性，优化了纳米粒子-两亲聚合物凝胶配方，评价了复合材料凝胶的性能，并明确了纳米粒子对两亲聚合物凝胶的增强机制。结果表明，当两亲聚合物 AP-P4 浓度达到 CAC 值后，其形成疏水缔合结构，高温高盐条件下的溶液黏度较高；有机铬交联剂(Cr^{3+})与两亲聚合物 AP-P4 反应后，形成的有机凝胶强度适中且稳定性较优；纳米 SiO_2-表面带有负电性，且在水溶液中分散性较好，可以吸附到聚合物的疏水缔合结构上；与有机凝胶相比，加入纳米 SiO_2-的复合材料凝胶强度增加、失水率下降，有利于凝胶在高温高盐油藏的长效封堵。本研究明确了纳米复合凝胶的制备方法、性能和增强机理，对高温高盐油田长效调剖封堵具有指导意义。

关键词　两亲聚合物；纳米粒子；有机凝胶；复合材料凝胶；疏水缔合结构

常规油田水驱开发中后期，受水驱冲刷和储层非均质性影响，注入水沿(微)裂缝或高渗层等优势通道窜流严重，极易形成低效循环，严重降低水驱波及体积，导致老油田水驱开发效果变差，大量剩余油无法采出，进一步提高采收率潜力巨大。凝胶调剖技术是提高该类油藏原油采收率的关键，通过向地层注入高强度凝胶，可有效封堵裂缝或高渗条带，迫使后续注入水发生绕流转向，进入未波及区域从而驱替其中的剩余油。

两亲聚合物凝胶具有较强的封堵性和较好的稳定性，广泛地应用于各大油田。两亲聚合物具有亲水主链和疏水支链，可以在水溶液中形成疏水缔合结构，表现出较高的溶液黏度和粘弹性。同时，两亲聚合物与交联剂形成凝胶过程中，既具有化学交联结构，也具有疏水缔合结构，凝胶强度、稳定性和剪切恢复性均较好。但是，对于高温高盐油藏，Ca^{2+}/Mg^{2+} 等高价离子会导致聚合物分子链蜷曲，严重影响了成胶性能，甚至破胶。

纳米粒子具有耐温耐盐特性，且可以提高聚合物溶液黏度和粘弹性。目前，针对纳米粒子-两亲聚合物复合凝胶的研究较少，高盐条件下纳米粒子对两亲聚合物凝胶性能的影响尚不清晰。因此，首先开展了两亲聚合物性能评价，明确了温度、盐含量对聚合物性能的影响。然后，优选了交联剂类型和浓度，优化了凝胶配方。最后，对比分析了不同纳米粒子对两亲聚合物凝胶的影响，明确了其增强机制。

1　实验材料

实验所用材料与试剂如表 1 所示。纳米粒子直径均为 30 nm，纳米二氧化硅表面带负电荷，纳米四氧化三铁表面带正电荷。两亲聚合物 AP-P4 的疏水基团带正电，两亲聚合物 PANXC 的疏水基团不带电荷。模拟地层水配比见表 2。

表 1　材料与试剂

试剂中文名称及英文缩写	纯度
两亲聚合物 AP-P4	工业品
两亲聚合物 PANXC	
改性纳米四氧化三铁(Fe_3O_4+)	AR
纳米四氧化三铁(Fe_3O_4)	AR
乌洛托品($C_6H_{12}N_4$)	AR
间苯二酚($C_6H_4(OH)_2$)	AR
有机铬(Cr^{3+})	AR
氢氧化锆(Zr^{4+})	AR
去离子水	
改性纳米二氧化硅(Silica-NPs)	AR
纳米二氧化硅(Silica-NPs)	99.5%
去离子水	
氯化钠(NaCl)	AR
氯化钙($CaCl_2$)	AR
氯化镁($MgCl_2$)	AR
碳酸氢钠($NaHCO_3$)	AR

表 2　模拟地层水配比表

离子种类	Na^+	Ca^{2+}	Mg^{2+}	Cl^-	HCO_3^-	总矿化度
离子浓度/(mg/L)	27122.14	1505.71	1761.22	49594.84	129.27	80113.18

2　两亲聚合物凝胶配方筛选

2.1　聚合物耐温耐盐性能评价

首先，通过 DV－Ⅱ黏度计测量了纯水中 AP－P4 聚合物的粘温曲线，测试温度范围为 35~85°C，结果如图 1 所示。随着聚合物浓度增加，溶液黏度在 1000~2500mg/L 时出现激增，表明 AP－P4 的 CAC 值(临界聚集浓度)处于 1000~2500mg/L。随着温度的增大，不同浓度下的 AP-P4 溶液黏度降低幅度较小，表现出良好的耐温性能，但高浓度条件下的聚合物溶液黏度降低幅度较大。

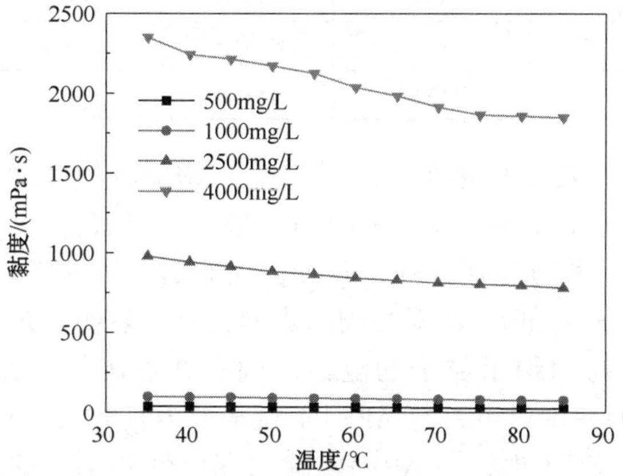

图 1　不同浓度下两亲聚合物粘温曲线

低浓度条件下(1000mg/L)，AP－P4 聚合物的耐盐性能如图 2 所示。当聚合物尚未形成空间网络结构时，即聚合物浓度小于 CAC 值时，溶液中的 AP－P4 分子变现为簇状或球状，并存在大量的游离态聚合物分子。当地层水中的矿化度较高时，高价离子的静电作用导致两亲聚合物分子蜷曲，抑制了聚合物分子在水中的伸展，降低了溶液黏度。因此，当 AP－P4 聚合物浓度为 1000mg/L 时，由于其未形成完整的空间网络结构，聚合物溶液黏度随盐含量下降明显，AP－P4 聚合物分子的耐盐性能较差。虽然，随着温度的上升，溶液黏度同样出现下降，但温度对于体系黏度的抑制作用明显小于盐含量的影响。

高浓度条件下(4000mg/L)，AP－P4 聚合物

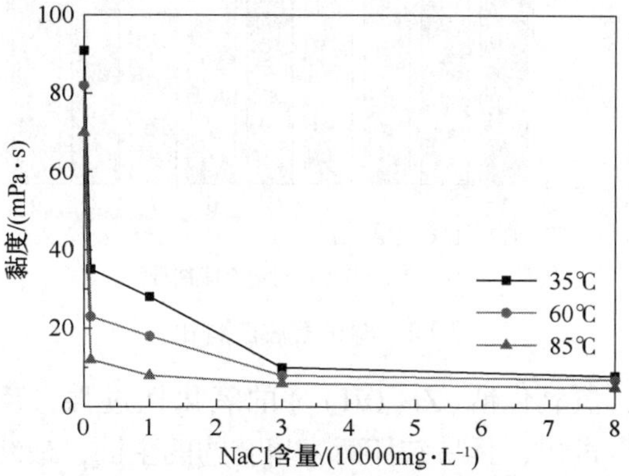

图 2　不同温度下两亲聚合物粘盐曲线

的耐盐性能如图 3 所示。当聚合物浓度高于其 CAC 值后，两亲聚合物的疏水缔合结构较强，可以形成稳定的空间网络架构，其溶液耐盐能力大幅度提升，因此，高浓度条件下的两亲聚合物溶液耐盐效果较优。

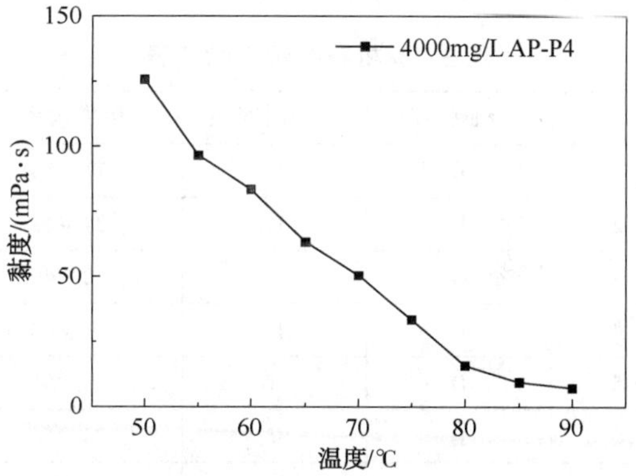

图 3　不同温度下两亲聚合物粘盐曲线

2.2　有机凝胶配方初筛

采用室内实验研究了不同交联剂与 AP－P4 聚合物之间的适配性关系，三种交联剂分别为无机交联剂氢氧化锆(Zr^{4+})，以及有机交联剂乌洛托品-间苯二酚(HR)、和有机铬(Cr^{3+})。聚合物溶液浓度为 5000mg/L，反应温度为 85℃，配料比见图 4。

表 3 为有机凝胶测试结果，包含凝胶强度、反应速率及凝胶稳定性。随着交联剂浓度上升，聚合物与交联剂的反应速率逐渐增强，且凝胶强度也同步提升，但其凝胶最终失水率同样增加，表明凝胶稳定性下降。并且，当采用无机交联剂

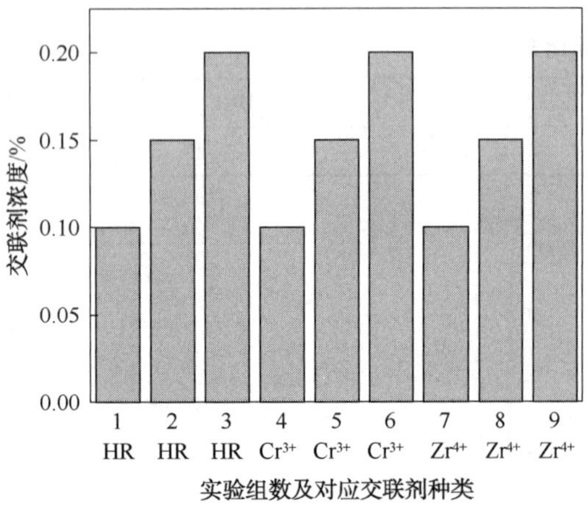

图4 有机凝胶配料比

时，氢氧化锆($Zr(OH)_4$)的氧化性过强，反应速率过快，且易破坏两亲聚合物的主链，最终使得凝胶脱水破胶，不利于高盐条件下地层封堵应用，不可使用。与无机交联剂相比，有机交联剂对AP-P4聚合物较温和，且使用Cr^{3+}交联剂时，凝胶的失水率低于乌洛托品-间苯二酚交联剂凝胶，但其在相同聚合物浓度下凝胶强度略差。考虑到工艺简便性和凝胶稳定性，选取有机铬交联剂(Cr^{3+})作为AP-P4聚合物的凝胶交联剂。

表3 有机凝胶配方筛选表

编号	凝胶强度	成胶时间/h	最终失水率/%
1	B	17	11.654
2	E	12	24.412
3	G	9	30.749
4	C	14	10.693
5	D	10	18.751
6	E	7	23.476
7	—	—	破胶
8	—	—	破胶
9	—	—	破胶

3 复合材料凝胶研发及评价

3.1 纳米颗粒适配性研究

当破坏两亲聚合物空间网络结构后，纳米粒子由于其表面带电性的不同，与两亲聚合物分子的疏水基团之间表现为吸附或排斥作用。为探究纳米粒子表面电性与两亲聚合物凝胶的适配关系，向聚合物溶液中掺杂了不同电性的纳米粒子，并研究了加入纳米粒子后两亲聚合物凝胶的变化。

纳米粒子-两亲聚合物凝胶的配料见表4。其中，纳米SiO_2-在水溶液中的分散性最佳，SiO_2次之，Fe_3O_4+和Fe_3O_4较差。首先向浓度为3500mg/L的两亲聚合物溶液中加入2000mg/L的β-CD，来破坏疏水缔合结构，然后加入0.1%纳米粒子和0.15%交联剂。通过对比两亲聚合物AP-P4和两亲聚合物PANXC的成胶效果，分析疏水基团电性与纳米颗粒电性的相互作用。

表4 复合材料凝胶试验配料表

编号	两亲聚合物种类	纳米粒子种类	交联剂种类
1	AP-P4	SiO_2-	Cr^{3+}
2	AP-P4	SiO_2	Cr^{3+}
3	AP-P4	Fe_3O_4+	Cr^{3+}
4	AP-P4	Fe_3O_4	Cr^{3+}
5	PANXC	SiO_2-	Cr^{3+}
6	PANXC	SiO_2	Cr^{3+}
7	PANXC	Fe_3O_4+	Cr^{3+}
8	PANXC	Fe_3O_4	Cr^{3+}

表5为纳米粒子-两亲聚合物凝胶的性能评价。对于纳米粒子-AP-P4型复合凝胶，SiO_2-对其增强作用最强，Fe_3O_4+对其起到破坏作用，而SiO_2和Fe_3O_4对凝胶的影响相近，表明两亲聚合物和纳米粒子的电性之间存在适配性关系。SiO_2-带负电，与AP-P4疏水端电性相反，Fe_3O_4+带正电，与AP-P4疏水端电性相同，即电性相吸时，纳米粒子对两亲聚合物凝胶起到增强作用，电性相斥时，起到破坏作用。当疏水基团不带电时，即两亲聚合物PANXC凝胶，纳米粒子分散性越好，对凝胶的增强作用越强。综上所述，纳米粒子带电性与两亲聚合物疏水端存在适配性原则，当合成复合材料凝胶时，应选取表面电性与聚合物疏水端电性相反的纳米粒子。并且，纳米粒子分散性越好，其复合材料凝胶性能越强。因此，在本实验中纳米SiO_2-与AP-P4的适用性关系最佳，可以有机凝胶增强剂。

表5 复合材料凝胶性能表

编号	凝胶强度	成胶时间/h	最终失水率/%
1	C	11	13.37
2	B	12	15.74
3	A	9	6.47
4	B	10	11.64

续表

编号	凝胶强度	成胶时间/h	最终失水率/%
5	E	8	15.36
6	D	8	11.73
7	B	9	21.45
8	B	10	23.31

3.2 复合材料凝胶性能测试

经上述实验后，确定了复合材料凝胶配方构成，AP-P4 聚合物 3500mg/L，纳米 SiO_2-0.1%，有机铬交联剂(Cr^{3+})0.15%。有机凝胶配方为 AP-P4 聚合物 3500mg/L，有机铬交联剂(Cr^{3+})0.15%。

由图 5 可知，当形成聚合物 AP-P4-有机铬凝胶后，其凝胶强度先增加后下降。在交联反应发生前期，凝胶强度随时间逐渐增加，最大值为 G。但是，长期处于高温高盐环境会使得凝胶强度下降，270h 后，凝胶强度仅为 C，说明其难以长期应用于高温高盐条件；对于复合材料凝胶，其最高强度可达到 H，且长期稳定在 G，说明凝胶强度和稳定性均优于有机凝胶，更适用于高温高盐油藏。

由图 6 可知，对于传统的有机凝胶，随着其长期暴露于高温高盐环境，凝胶不断失水，当 190h 后，失水率高达 30.749%，而此阶段，凝胶强度也不断下降，表明凝胶失水是导致其强度下降的主要原因；当加入纳米 SiO_2-后，复合材料凝胶稳定性明显增强，前期无明显失水现象，最终失水率稳定在 2%。

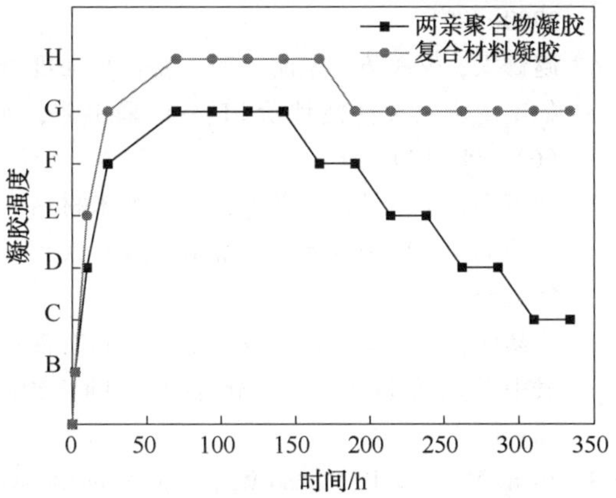

图 5 聚合物凝胶强度随时间变化

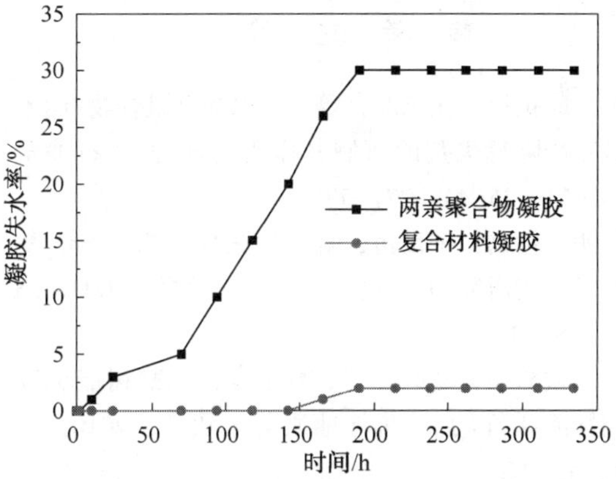

图 6 聚合物凝胶失水率随时间变化

因此，与传统有机凝胶相比，复合材料凝胶的凝胶强度和稳定性更优，更适用于高温高盐油藏的长效封堵。

因此，纳米 SiO_2-可以与两亲聚合物 AP-P4 的疏水缔和结构相互吸引，从而吸附、增强溶液中的空间三维网络，提高溶液粘弹性。同时，纳米 SiO_2-自身可作为分子筛的内核，表面可以吸附部分游离态聚合物分子，并以分子筛的形式参与交联反应。并且，由于纳米 SiO_2-表面带负电，其可以中和部分高价阳离子，降低静电屏蔽作用对两亲聚合物的影响。上面三种机理共同促使了复合材料凝胶的强度和稳定性，使其更适用于高温高盐环境(图 7)。

4 结论

(1) 高浓度下(4000mg/L)，两亲聚合物 AP-P4 在溶液中可以形成空间网络结构，表现出较优的黏度和耐温耐盐性，可以作为复合材料凝胶的主体材料。

(2) 与无机交联剂相比，有机交联剂与两亲聚合物的适配性更加，且有机铬凝胶失水率较低，凝胶稳定性较优，适宜作为复合材料凝胶的交联剂。

(3) 纳米粒子带电性与两亲聚合物疏水端存在适配性原则，当合成复合材料凝胶时，应选取表面电性与聚合物疏水端电性相反的纳米粒子。并且，纳米粒子分散性越好，其复合材料凝胶性能越强。

(4) 加入纳米 SiO_2-后，长期稳定后的凝胶强度由 C 上升至 G，失水率由 30%下降至 2%，表明凝胶的强度和稳定性均明显提升，有利于凝胶在高温高盐油藏的长效封堵。

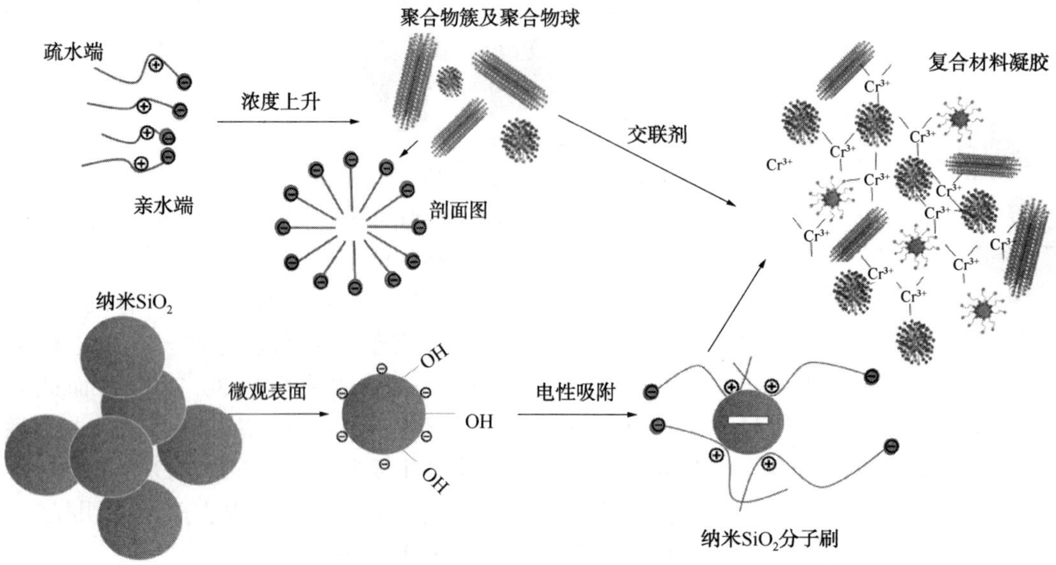

图 7　纳米二氧化硅增强复合材料凝胶机制

参 考 文 献

[1] 毛惠，邱正松，沈忠厚，等. 疏水缔合聚合物/纳米二氧化硅降滤失剂的研制及作用机理[J]. 石油学报，2014，35(4)：771-778.

[2] 陈兴明，柯劲，朱世富，等. 聚丙烯基纳米 SiO_2 复合材料性能研究[J]. 武汉理工大学学报，2003，25(11)：8-11.

[3] 张波，戴彩丽，赵娟，等. 海上油田酚醛树脂冻胶调剖性能评价[J]. 油气地质与采收率，2010，17(5)：42-45.

[4] Zhu Z., Kang W., Sarsenbekuly B., et al. Preparation and solution performance for the amphiphilic polymers with different hydrophobic groups[J]. Journal of Applied Polymer Science, 2017, 134(20), DOI: 10.1002/app.44744.

[5] Yao C., Liu Z., Yang C., et al. Poly(N-isopropylacrylamide)-clay nanocomposite hydrogels with responsive bending property as temperature-controlled manipulators [J]. Advanced Functional Materials, 2015, 25(20): 2980-2991.

[6] 赵修太，李海涛，宋丽，等. 复合高强度凝胶体系的室内研究及性能评价[J]. 钻采工艺，2009，32(6)：98-100.

[7] 彭宝亮，罗健辉，王平美，等. 纳米材料在油田堵水调剖中的应用进展[J]. 油田化学，2016，33(3)：552-556.

[8] 张易航，潘宏霖，张易成. 纳米材料在油田生产开发中的研究进展[J]. 化学工程师，2017(10)：48-50.

[9] Zhang M., Liu H., Shao W., et al. Versatile synthesis of multiarm and miktoarm star polymers with a branched core by combination of menschutkin reaction and controlled polymerization [J]. Macromolecules, 2012, 45(23): 9312-9325.

[10] 熊春明，唐孝芬. 国内外堵水调剖技术最新进展及发展趋势[J]. 石油勘探与开发，2007，34(1)：83-88.

正理庄油田樊142特低渗透油藏CCUS技术研究与应用

庄文龙　郑　凯　张　晓　周群群　陈　雪

（中石化胜利油田分公司东胜公司）

摘　要　正理庄油田樊142块储层为低孔特低渗透、高温高压、岩性-构造油藏，非均质性强，常规注水困难，仅有压驱注水井1口，长期天然能量开发，缺少能量补充，导致油井初期产量高但后期递减快，多数油井因低产低效长停，井网储量控制程度不足40%，缺乏有效的开发方式。本文针对樊142块递减快、亏空大、补充能量困难的问题，开展CCUS机理研究和工艺技术配套，通过应用CO_2驱和压驱快速补能，形成高压混相驱提高原油采收率，同时对CO_2进行封存，总结形成适用于樊142块特低渗透油藏的开发方式。

关键词　特低渗透油藏；CCUS；高压混相驱 压驱

东胜公司正理庄油田樊142块属于济阳坳陷东营凹陷博兴洼陷金家-正理庄-樊家鼻状构造带中部，整体构造呈南高北低，为被断层复杂化的北倾单斜构造，含油面积16.2km²，地质储量698万t。沉积特征属于滨浅湖坝砂沉积，9个小层51个单砂体，滩坝共生，坝砂厚度大于2m，物性和含油性好，滩砂呈席状展布，坝砂呈“串珠状”镶嵌于滩砂中。樊142块主力砂组为沙四上1~2砂组，以油层连接和油层干层连接为主，地应力方向与断层走向基本一致。樊142沙四上油藏深度2670~3200m，油藏温度139℃，地温梯度3.68℃/100m，孔隙度12.4%，平均渗透率6.3mD，为低孔特低渗透、高温高压、岩性-构造油藏。储层具有弱水敏，弱盐敏，非速敏，非酸敏，弱碱敏特征。

樊142块由于缺乏有效能量补充手段、储层物性差，区块长期天然能量开发，初期产量高，但后期递减快，多数油井因低产低效长停，井网储量控制程度不足40%。该区块油井42口，开井20口，单井日液1.9t/d，日油1.4t/d，综合含水30.7%，水井8口，开井2口，日注158m³，累注采比0.11，采油速度0.15%，采出程度5.61%，处于低采出程度、低采油速度的开发阶段，亟需快速补能、恢复地层能量，提高采收率。

1　CO_2混相驱机理认识与研究

1.1　深化机理认识，明确高压混相驱技术方向

CCUS(Carbon Capture，Utilization and Storage碳捕获、利用与封存)可实现石油增产和CO_2减排双赢，是化石能源大规模低碳利用的新兴技术，也是实现“碳达峰、碳中和”的重要途径。世界范围内，注气驱油技术已成为产量规模居第一位的强化采油技术；在气驱技术体系中，CO_2驱油技术因其可在驱油利用的同时实现碳封存，兼具经济和环境效益而备受工业界青睐。CO_2驱油技术在国外已有60多年的连续发展历史，技术成熟度与配套程度较高，凸显出规模有效碳封存效果。美国在利用CO_2驱油的同时已封存CO_2约十亿吨。CO_2驱油技术因其封存规模大的特点，在各类CCUS技术中脱颖而出，尤其得到了能源界的重视。CO_2驱油成为CCUS的主要技术发展方向。

1.1.1　混相驱提高采收率幅度大，埋存率高

CO_2与地层原油多次接触，不断抽提原油中的轻烃组分和溶于原油，使气相富化、油相变“轻”，油气界面消失，实现混相，原油流动性强，且易进入微孔隙。理论上，混相时界面张力趋于0，驱油效率达到最高。微观实验表明，混相状态下CO_2容易进入微孔，驱替更多原油，驱替效率和封存率大；长细管驱替实验表明，CO_2混相驱油效率与封存率均高于近混相驱。

1.1.2 高压混相驱可以解决低渗透油藏混相难、混相程度低的难题，实现全域混相

与国外原油相比，胜利油田原油重质组分含量高（C_{7+}含量67.8%），混相压力高（30MPa左右）。物理模拟表明，提压可以增强CO_2抽提能力，增加气相中烃种类与含量，界面消失，实现混相（图1）。

CO_2高压混相驱通过大幅度提高油藏压力，打造高压驱动体系，提高混相程度，扩大波及，实现较大幅度提高采收率和CO_2埋存量。

高压混相驱可以提高混相程度，实现全域混相。

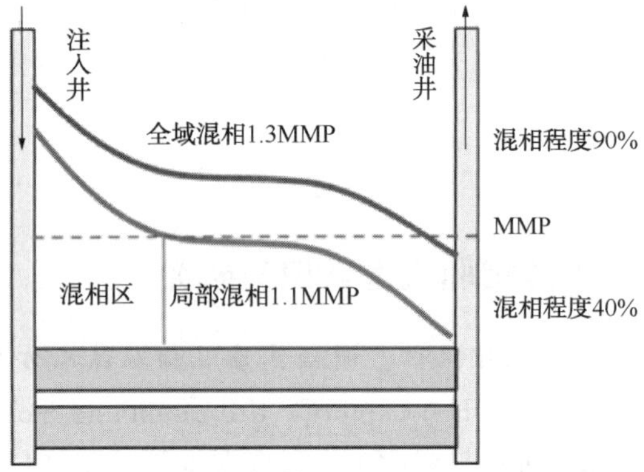

图1 低渗透油藏注采井间压力分布示意图

微观实验表明：高压混相驱可以扩大波及体积（图2）。

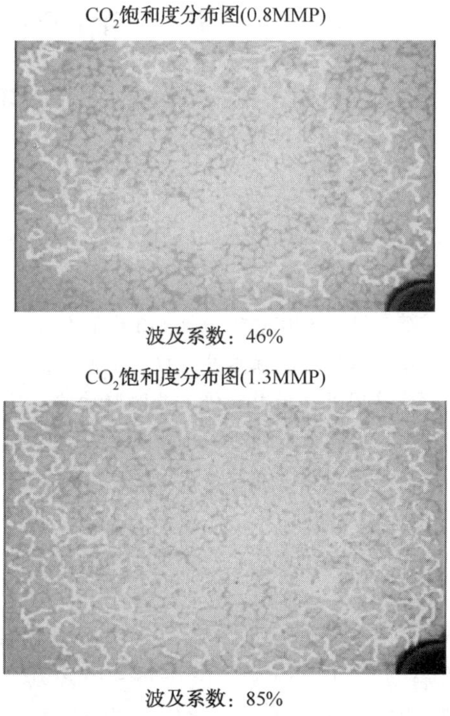

图2 不同驱替模式下CO_2饱和度分布图

数值模拟研究表明，高压混相驱更利于均衡驱替前缘，扩大波及体积（图3）。

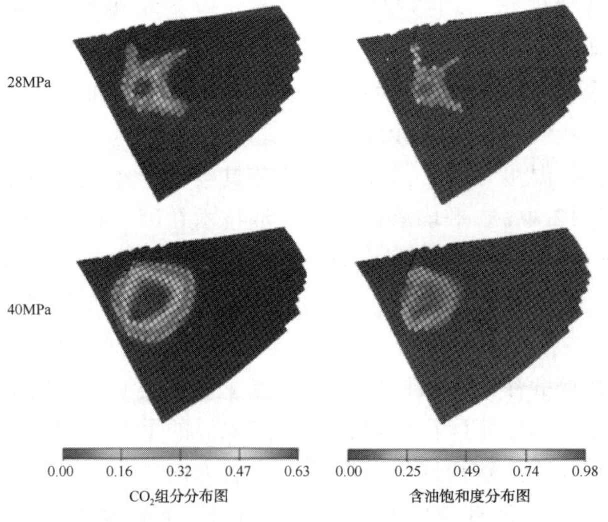

图3 不同驱替模式下CO_2组分及含油饱和度分布图

压力越高，CO_2游离埋存量和溶解埋存率均增加，可大幅增加CO_2埋存量（图4）。

需要根据区块储层物性，考虑注入成本，选择通过注水、注CO_2恢复地层压力至混相压力之上。

1.2 强化开发技术政策优化，实现波及体积最大化

1.2.1 攻关相控非均质地应力场预测技术，为优化部署提供依据

利用多极子测井，相控建立纵横波转换关系，结合常规测井计算单井岩石力学参数，通过井约束地震反演建立井间力学参数分布场，利用

有限元模拟预测非均质地应力场（图5）。

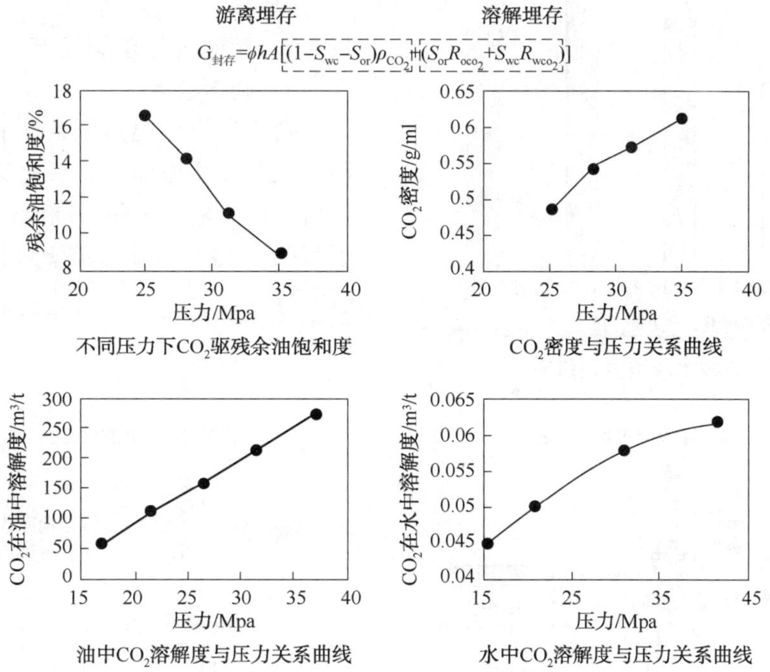

图4　CO_2埋存量计算及参数变化曲线

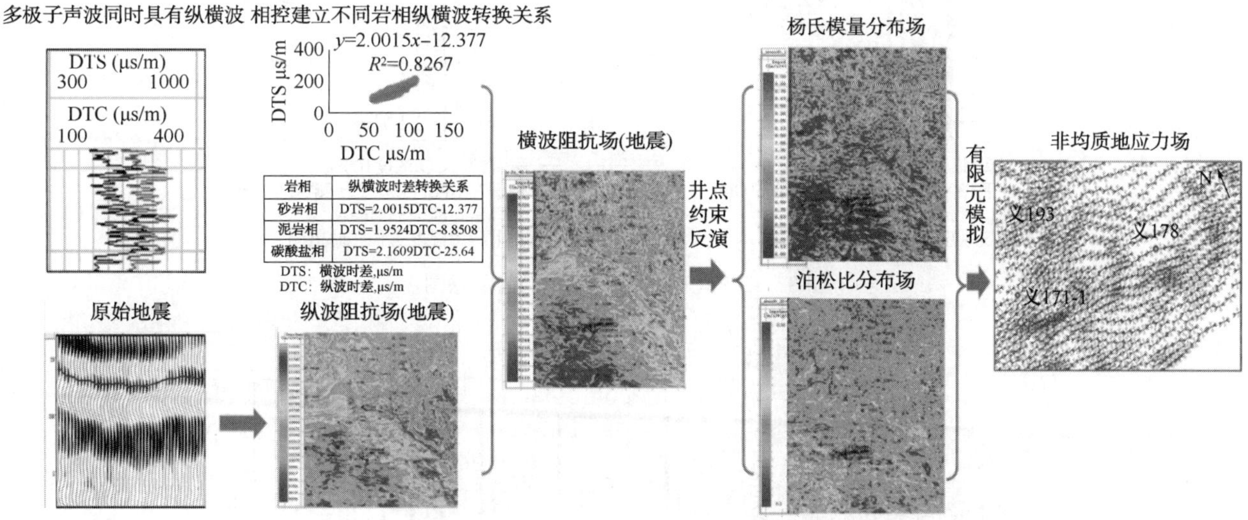

图5　相控非均质地应力场预测技术

1.2.2　攻关气水交替开发技术，解决低渗透油藏CO_2驱波及低的难题

传统气水交替开发方式主要针对中高渗透油藏（100～500mD），易注入，水相增阻，削减气相突进前缘；气水交替，调整液流方向扩波及。研究进一步明确了气水交替机理，先通过注水或注气提升地层压力，实现提压补能目的，达到混相条件；之后注入CO_2段塞，实现混相驱油；再通过气水交替注入改变液流方向，扩大波及。形成了气水交替技术政策界限，通过注入压力、段塞尺寸和气水比等优化，扩大波及体积（图6、图7）。

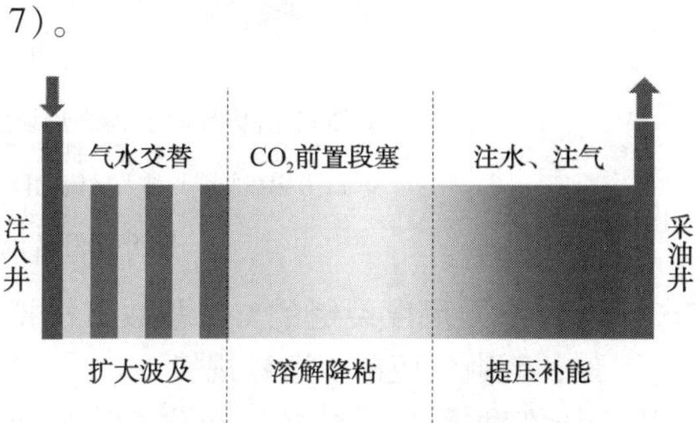

图6　气水交替机理示意图

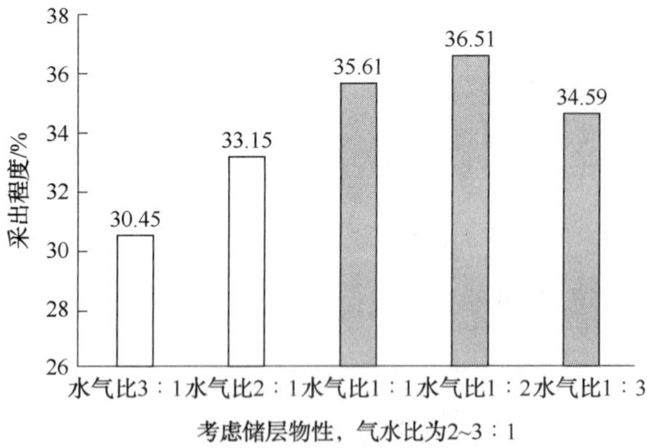

图 7　气水交替技术政策界限研究

1.3　形成数值模拟和动态监测技术，降低气窜风险

1.3.1　新建试井监测工艺，形成气驱前缘试井判识技术

自主研发高温高压条件下二氧化碳驱油试井测试工艺，实施监测二氧化碳驱油过程中压力变化(图 8)；建立了驱替前缘试井解释方法，实现了气驱前缘的实时动态判识，提示气窜风险(图 9)。

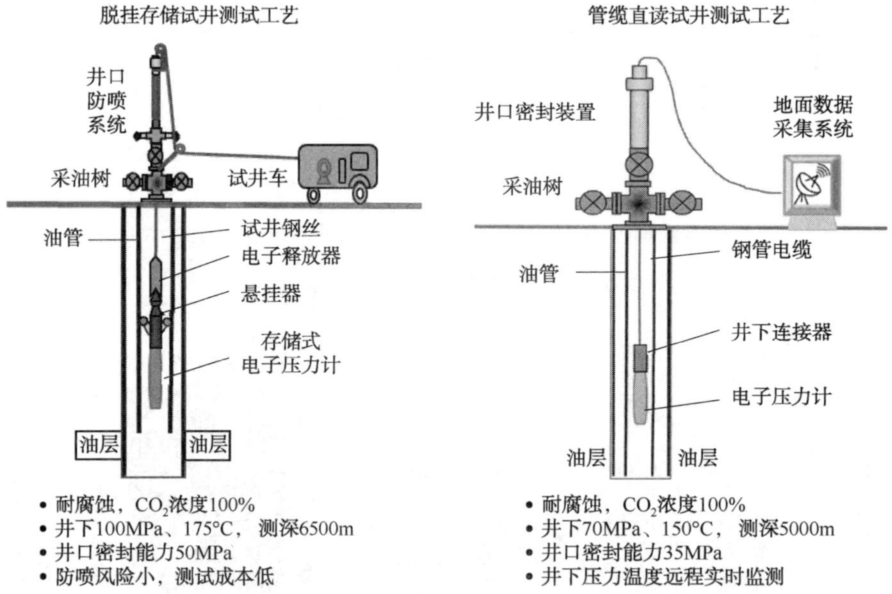

图 8　二氧化碳驱试井测试工艺示意图

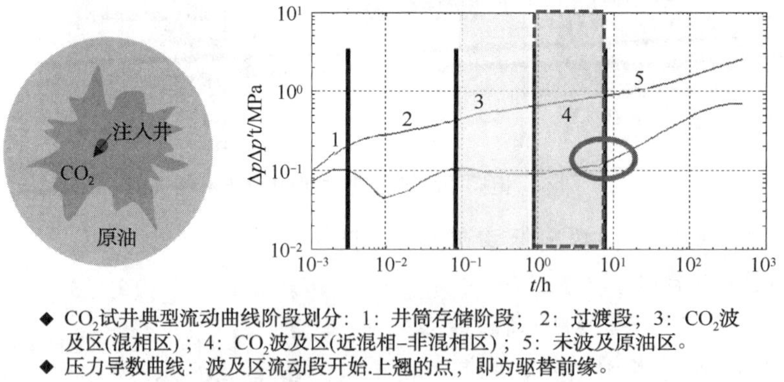

图 9　驱替前缘试井解释方法示意图

1.3.2　考虑不同尺度裂缝的 CO_2 驱数值模拟软件，明晰气驱前缘运移规律

进行压裂油藏以及裂缝性油藏 CO_2 驱油数值模拟研究，建立了 CO_2 驱混相压力、组分和气相前缘描述方法，明晰气驱前缘运移规律，为注采调控和气窜治理提供技术支持(图 10~图 12)。

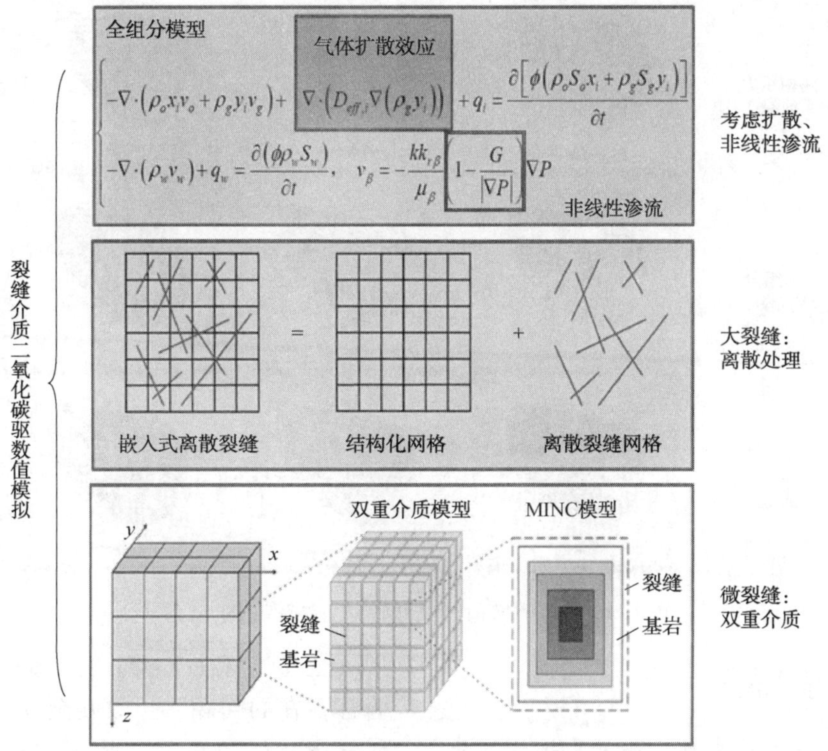

图 10　驱替前缘试井解释方法示意图

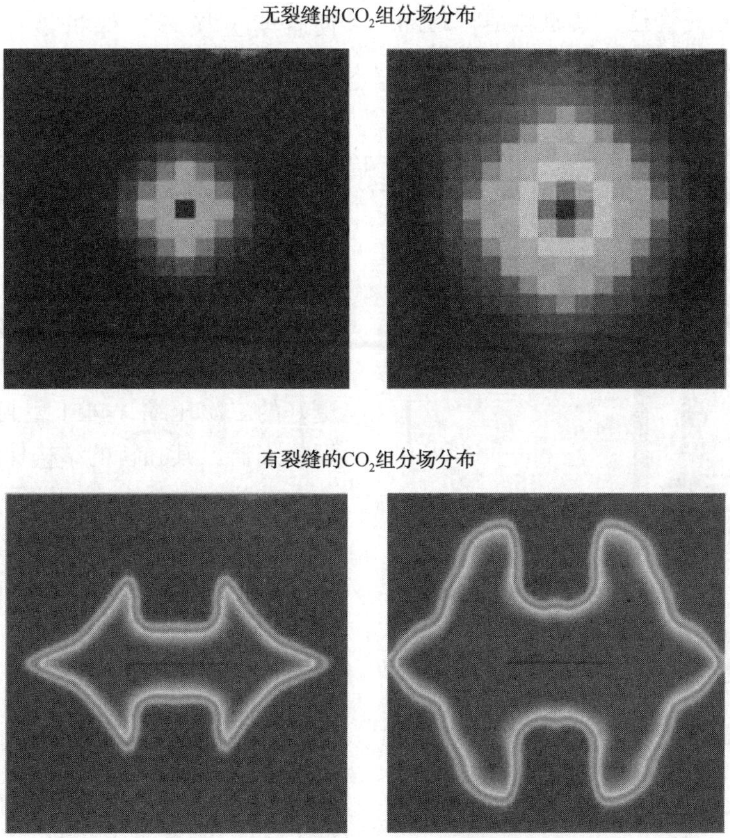

图 11　驱替前缘试井解释方法示意图

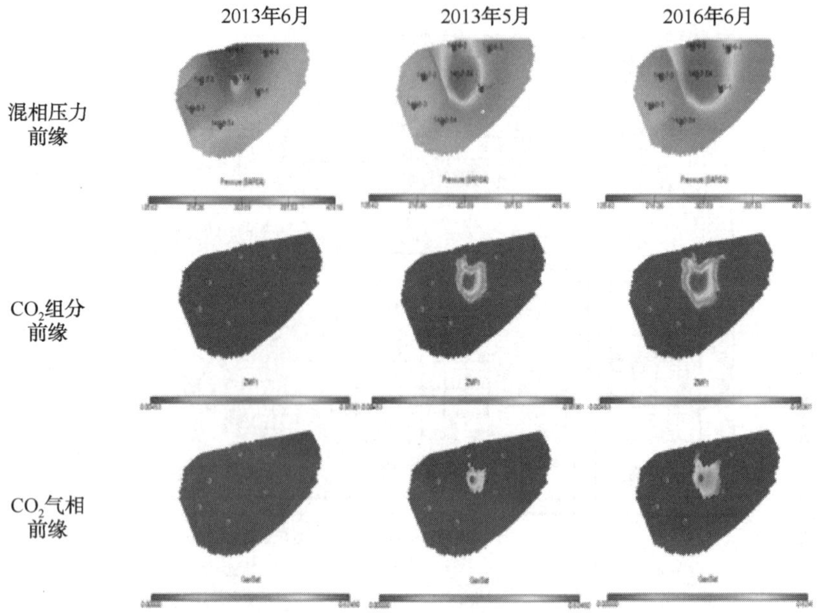

图12　驱替前缘试井解释方法示意图

2　CCUS 工艺技术配套

2.1　配套长效安全注气管柱，解决常规注入管柱气密封差的问题

为满足 CO_2驱油注气管柱的特殊要求，引进了 Y221 机械锚定式注气管柱，其原理是将封隔器坐封在油层顶部，油套管环空充满 CO_2缓蚀剂，降低 CO_2对油套管的腐蚀。管柱结构如图13所示。截至 2018 年 11 月，该管柱共投入应用 22 井次，基本能满足注气井的需求，但同时存在气密封性较差、滑套开关性能不可靠、管柱无防返吐功能等问题。

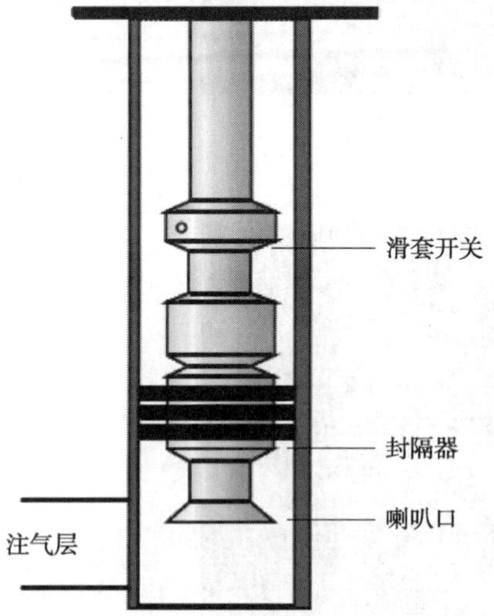

图13　Y221 机械锚定式注气管柱

针对 Y221 注气管柱存在的问题，研发了长效安全注气管柱 Y445J 注气管柱，解决常规注入管柱存在的问题。长效安全注气管柱性能包括：①气密封性能可靠，承压差达到 30MPa 以上；②具有防返吐功能，实现后期不压井起下管柱，减少作业成本及时间；③滑套开关性能可靠，方便后期更换环空保护液；④具有较强的防蚀能力。

在气密封性能方面，一是选用 ϕ73mmBGT1 扣气密封油管；二是为杜绝气密扣油管的渗漏，需使用扭矩仪。在 ϕ73mmN80－BGT1 扣气密封油管上扣过程中，设定其上扣扭矩范围 2580～3030N · m，最佳扭矩为 2810N · m。现场每根油管的上扣扭矩变化曲线，要求其达到标准形态，并随时保存扭矩变化曲线；三是研制气密封性能更好的二次压缩 Y445J 型封隔器替换原有 Y221 型封隔器，其独特的结构保证了更好的气密性。

在防腐材料方面，油管材料主要采用 3Cr 以上材料，工具材料的钢体主要采用 30Cr13 不锈钢，套管环空防腐主要是定期环空注 CO_2缓蚀剂；橡胶密封件使用具备防腐能力强的氢化丁腈橡胶，作为橡胶密封制品的基料。

注气管柱的结构从上至下：ϕ73mmN80－3Cr－BGT1 扣气密封油管+滑套开关+Y445J 封隔器＋ϕ73mmN80 外加厚油管＋多功能注气阀（图 14）。管柱采用新型二次压缩 Y445J 封隔器，坐封过程包括液压坐封和管柱加压坐封 2 个步骤。在封隔器结构设计时，创新引入了二次加压理念。利用注气管柱自身的重量持续压缩胶筒，使胶筒与套管内壁的接触应力永久保持不变。在日常注气生产中，若胶筒应力松弛，管柱自身的重量载荷能及时补充，使之与套管内壁接触应力持续不变，大幅提高封隔器的密封性。双卡瓦锚定机构使封隔器在完成液压坐封后即具有了双向承压能力，能够长期、双向承压35MPa，并且有效防止管柱蠕动，保证胶筒密封性。新型双丢手机构设计，使其具有旋转管柱丢手和投球液压丢手2种方式，可适应多种工况对丢手作业的要求，保证丢手性能可靠。多功能注气阀，具有防止气体回流的功能，满足了后期施工不压井起下管柱的求，节约了施工成本和时间。滑套密封件采用了防刺坏设计，充分考虑了不同材料之间的温度膨胀系数。优化了滑套液压打开的方式，大幅提高了滑套可靠度。

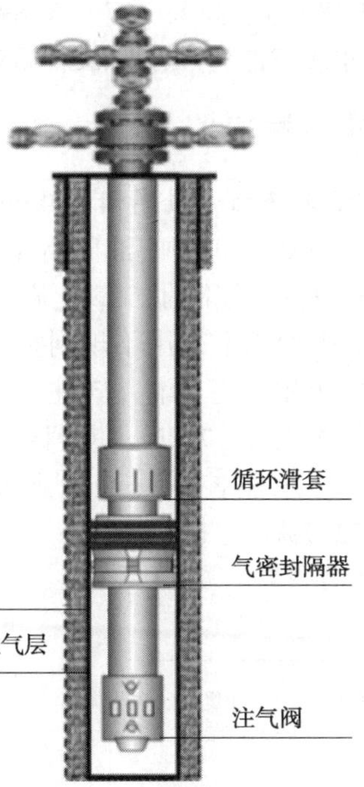

图14　Y445J注气管柱

2.2　配套差异化CO_2防腐保护技术，解决井下管柱腐蚀问题

在油田开采过程中，腐蚀主要原因是CO_2溶于采出液与水结合生成的碳酸，影响采出井CO_2腐蚀的主要因素包括温度、CO_2分压及氯离子浓度等。温度主要影响CO_2的溶解度和腐蚀产物膜的致密性；CO_2分压主要影响腐蚀产物膜的构成和溶液的pH值；氯化物可能引起严重的点蚀或应力腐蚀开裂。针对腐蚀的防腐措施有很多，加注缓蚀剂因其操作简单、成本低廉而被油田广泛采用。由于缓蚀剂本身对现场采出液及其腐蚀性组分有较强的敏感性，因此需要结合采出井井筒高温、高矿化度的腐蚀工况特征，采取针对性的探索方式来选用合适的缓蚀剂，达到低成本控制管柱腐蚀的目的。在采油过程中，因为现场环境的差异会引起不同程度和形式的金属腐蚀破坏。在油田现场中，每一种防腐措施都有其使用的局限性和适用性，因此针对某一具体的腐蚀环境，需要根据腐蚀原因、腐蚀条件以及各种防腐措施效果、成本等综合评估。防腐蚀工程技术主要有：选择正确的耐腐蚀材料、合理的防腐设计、电化学保护、化学药剂防护、表面涂敷保护(表1)等五类。

表1　表面涂敷保护材料分类

类型	手段	作用机理
涂镀层保护	有金属涂层、有机镀层、无机镀层	①机械隔绝金属材料和腐蚀介质；②提高金属材料表面化学稳定性；③牺牲阳极保护阴极
内衬	玻璃钢内衬复合管、钢包内衬等	
表面处理	机械打磨，化学处理，表面热处理	

针对胜利油田高89-樊142地区油井生产情况，形成了差异化CO_2防腐保护技术，解决井下管柱腐蚀问题。对于油井主要以添加缓蚀剂为主，耐蚀材料为辅。油井防腐主要根据含水情况和油管是否发生偏磨分为3类(表2)：

表2　差异化防腐保护技术

类型	含水≤30%	含水>30%无偏磨	含水>30%偏磨
油管	N80	N80	PE内衬管；3Cr-N80管
抽油杆	常规	常规	PE包覆杆
泵	常规	防腐泵	防腐泵
缓蚀剂	无	连续加	连续加
监测措施	无	Fe^{2+}、缓释剂浓度	Fe^{2+}、缓释剂浓度

2.3　配套CO_2驱气窜封堵体系，最大限度减缓CO_2驱气窜问题

向油层中注入CO_2能否提高油田的最终采收率，取决于注入CO_2的驱油效率以及注入流体波及到油层的体积(波及效率)。注入CO_2气体提高采收率效果差的主要原因有以下三种：(1)储层岩石一般是水湿或油湿的，当CO_2注入时，将会沿岩石较大的孔隙空间流动，绕过地层原油，

降低对原油的驱替效率；(2)由于 CO_2 黏度较低，与原油黏度差异较大，使得 CO_2 与原油的流度比较大，CO_2 驱油时极易发生气窜，导致其波及体积较小；(3)由于 CO_2 的压缩性较高，使得 CO_2 在岩石孔隙中极易占据较大的孔隙空间，导致 CO_2 饱和度较低时就能形成较高的气体有效渗透率，进一步增加了气体的流动能力，加剧气窜的发生。目前针对上述 CO_2 驱过程中的窜流问题已形成了若干种注入工艺来控制 CO_2 的流度，进而降低 CO_2 气窜的发生。

针对基质窜流，采用气溶型泡沫体系，该泡沫体系耐温达到120℃，耐盐 10×10^4mg/L，能够对基质进行调驱，遇油消泡，对储层没有污染(图15)。

图15 气溶型泡沫体系

对于大孔道、裂缝的窜流采用硅盐树脂体系，硅盐树脂体系耐温达300℃，封堵强度达600kPa，能够实现对裂缝的永久封堵(图16)。

图16 硅盐树脂体系

气溶性发泡剂、硅盐树脂裂缝封窜技术已在胜利油田高89-4、高89-17、高89-9等井组应用，累增油5933t，有效期236~635d。

3 现场应用情况

3.1 完善注采井网，提高储量及动用

2021年开始在正理庄油田高89-樊142地区开展CCUS项目，编制了二氧化碳驱油与封存方案，樊142块沙四上采用不规则井网，一套层系开发，通过新井投注、油井转注气、水井转注气等方式新增注入井17口，使得区块注采对应率达到93.6%，水驱控制程度达到89.7%，较调整前提高72.7%(图17)。

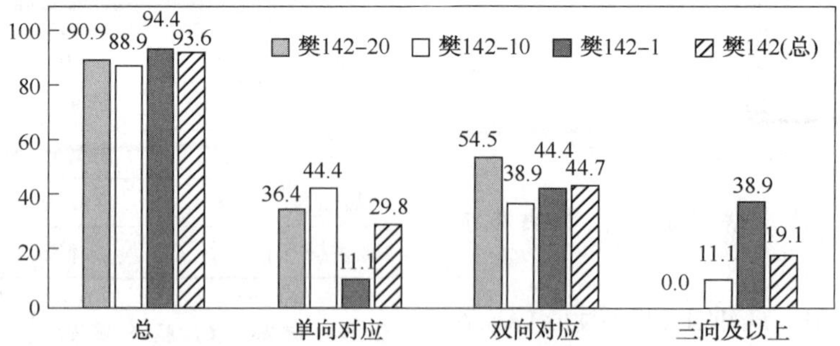

图17 樊142块沙四上注采对应率

3.2 压驱+气驱交替注入，快速补充地层能量

3.2.1 先期压驱快速补能，夯实地层能量基础

新投井和转注气井作业完井后先实施压驱补能，快速恢复地层能量。樊142块共实施15井次，累注水29.8m^3，平均单井注入约2万m^3。

ZLF-W1井在注气之前先进行转注压驱，采用"注采耦合"的方式，累注1万m^3后，主应力方向ZLF-01井见效明显，峰值日油达到9.1t/d，日增油5.4t/d，有效提高特低渗透油藏产能(图18)。

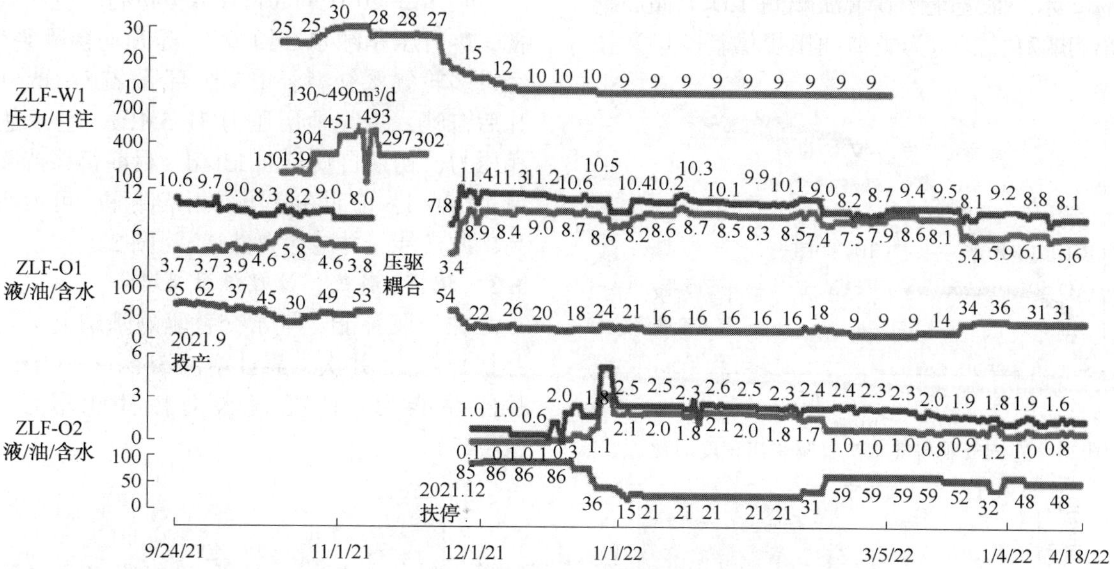

图 18　ZLF-W1 与 ZLF-O1/O2 注采对应曲线

3.2.2　二氧化碳气驱补能，初步达到混相状态

自 2022 年 4 月开始注气以来，16 口注入井平稳安全注入，平均单井 30t/d，累注气 15.1 万 t，局部井组已初步见效。樊 142 块南部樊 142-20 块初步达到混相状态，其他区块也达到局部混相状态。

ZLF-W2 井 2022 年新井投注，沙四 1 砂组注气 3 个月后，老井压裂裂缝方向 ZLF-O3 和主应力方向 ZLF-O4 持续受效，井组日增油 9.1t，累增油 1229t（图 19）。

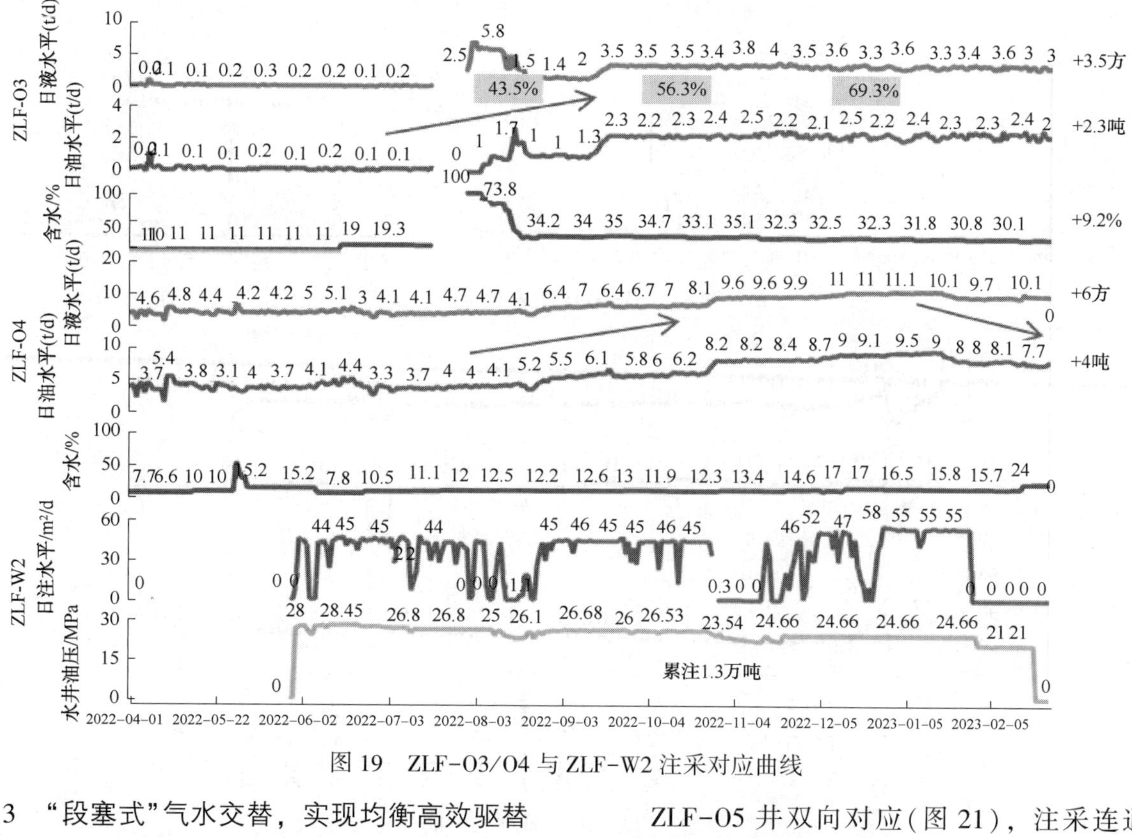

图 19　ZLF-O3/O4 与 ZLF-W2 注采对应曲线

3.2.3　“段塞式”气水交替，实现均衡高效驱替

总结提出“压驱+气水交替”注入模式，有效发挥压驱注入能力强、气水交替有效抑制气窜优势，实现均衡驱替，扩大波及体积（图 20）。

ZLF-O5 井双向对应（图 21），注采连通性好，受主应力和裂缝方向影响，ZLF-W3 和 ZLF-W4 注气后监测到 CO_2 含量逐渐升高到 100%，进行段塞式压驱注水后，CO_2 含量降低到 79%。水驱段塞能够降低见气井 CO_2 含量，防止气窜(图 21)。

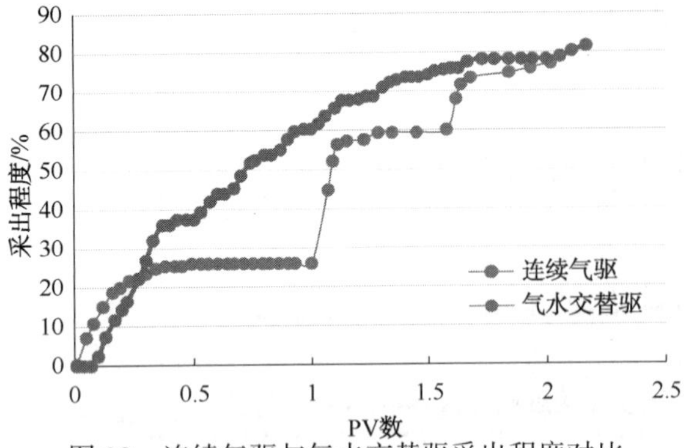

图 20　连续气驱与气水交替驱采出程度对比

樊 142-20 块的 3 口注入井进行多轮次气水交替，进行压驱注水 3 万 m^3，提升均衡驱替效果。经过多轮气水交替补能后，部署 ZLF-06 井，射孔后自喷，折算地层压力 31.5MPa，基本达到混相压力，初期自喷日油 13t/d，目前仍保持稳定产量 10.8t/d，证明在高压混相条件下，可大幅度提高单井产能，并减缓自然递减(图 22)。

3.3　扶停+引效，治理低效油井

在压驱补能、气水交替驱的基础上，实施油井扶长停 12 井次，累计增油 5624t；其中，刨除扶停井能力，依托气水交替补能增油 2751t(图 23)。

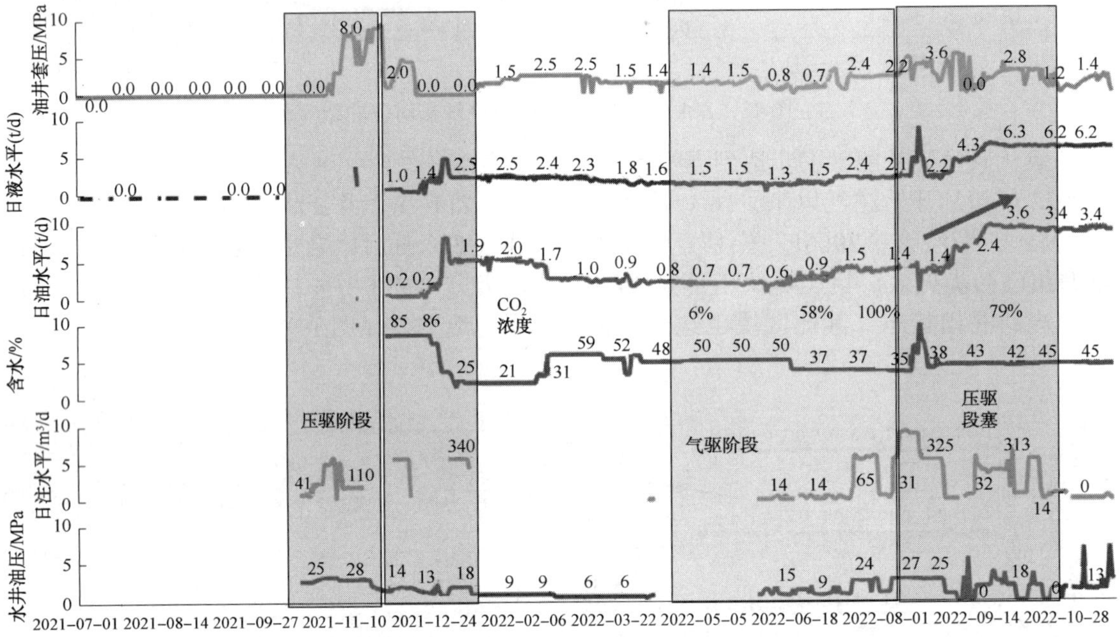

图 21　ZLF-05 注采对应曲线

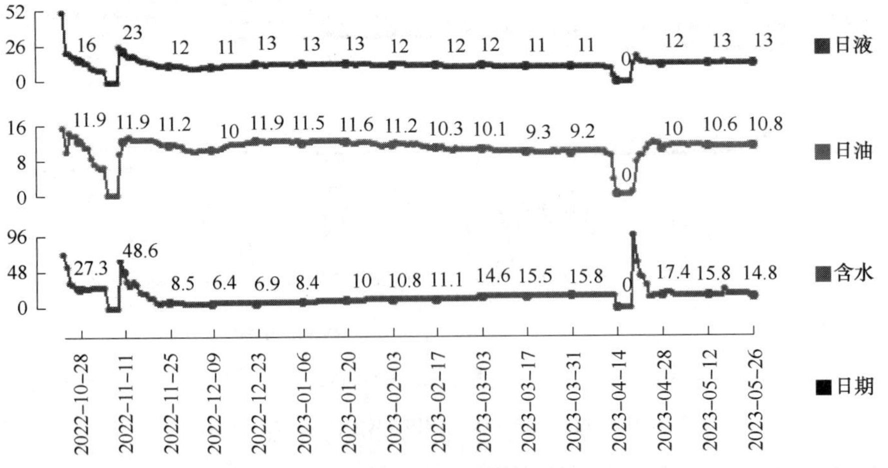

图 22　ZLF-06 井日度生产曲线

ZLF-07 沙三下和沙四上合采，因低产低效长停，在周围多口注入井计划进行压驱气水交替补能前，实施卡封沙三下扶停措施，挖潜主力层位剩余油。随注入井注气 3 个月后，该井供液逐渐变好，日油从初期 1.5t 升至 4.6t(图 24)。

ZLF-08 井注采连通性较好，但主流线方向

长期不见效，产量仅为0.2/0.1/42.7%，计划对该井实施酸化引效、调整流线的措施。采用常规土酸体系，实施后产量稳定在2.6/2.1/20.1%，起到了较好的引效效果(图25)。

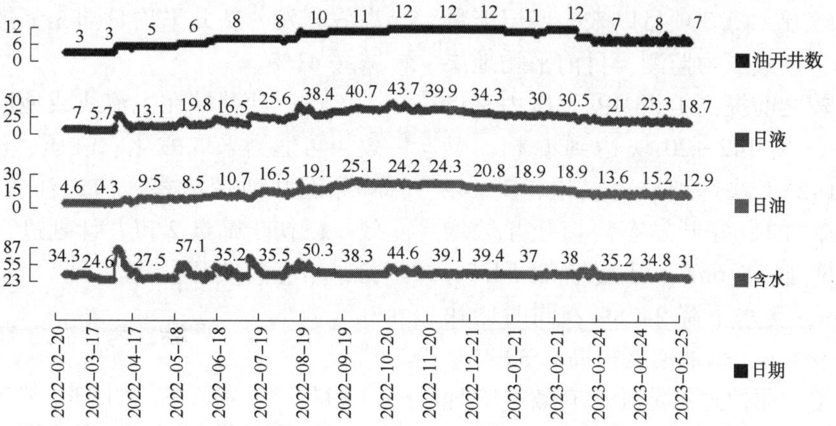

图23　樊142块老井扶停运行曲线

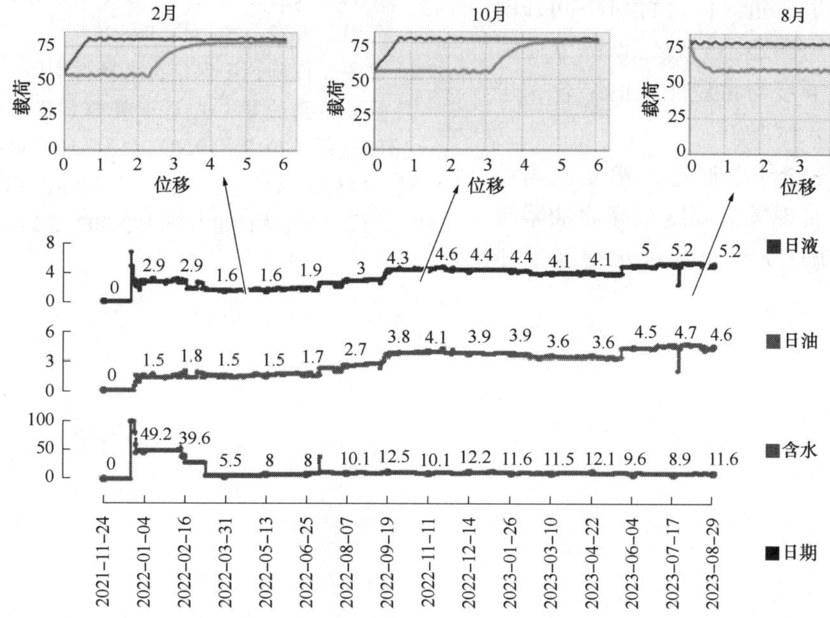

图24　ZLF-O7井日度生产曲线

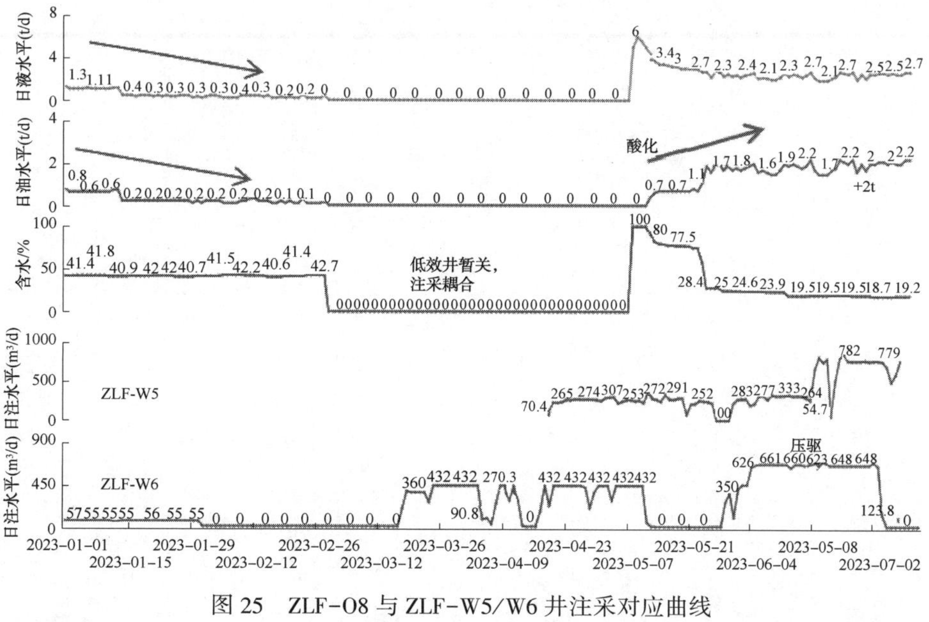

图25　ZLF-O8与ZLF-W5/W6井注采对应曲线

4 结论与认识

2022年4月实施CCUS项目以来，地层能量逐步恢复，结合直读式压力监测，目前平均地层压力29.4MPa，较之前提高11.6MPa，压力保持率69.5%。其中，樊142-20块达到混相，樊142-10块和樊142-1块达到局部混相。樊142块呈现“四升一降”的良好开发态势：开井数增加13口，日液增加55.6m^3，日油增加54.9t，动液面上升229m，含水下降24.8%；同时区块自然递减率下降9.6%，采油速度提高0.33%。

（1）压驱和CO_2驱快速补能能够有效补充地层能量：不论是纯气驱或是压驱还是气水交替驱，均能有效补充地层能量。但是针对不同井组不同的补能方式的适用性还不一致，该部分还需要进一步研究，包括下步与常规注水的结合，进行差异化气水交替注入试验。

（2）CO_2高压混相驱能够通过大幅度提高油藏压力，扩大波及，实现较大幅度提高原油采收率。樊142-20块经历压力恢复和气水交替混相驱两个阶段，采用气水驱替比1：3，地层压力恢复至32.8MPa，区块达到混相状态，油井实现高效开发，新井平均日油5t，递减率对比弹性驱减缓41%。

（3）油井端在主流线或地应力方向长期未受效，可适当采取酸化、酸压、渗吸等引效手段，解除近井地带堵塞，沟通注入端，使油井端见效。已初步筛选2口井计划进行渗吸增能引效试验，培养高效开发井。

参 考 文 献

[1] 崔传智，苏鑫坤，姚同玉，张传宝，吴忠维，郑文宽，张营华，李弘博. 低渗透油藏CO_2混相驱注采耦合波及特征及气窜阶段定量划分方法[J]. 特种油气藏，2022，29(4)：90-95

[2] 郭平，徐阳，牛保伦，章杨，李婷. 胜利油田高89区块低渗油藏CO_2近混相驱替机理研究[J]. 特种油气藏，2012，19(2)：104-106140-141.

[3]张宗檩，吕广忠，王杰. 胜利油田CCUS技术及应用[J]. 油气藏评价与开发，2021，11(6)：812-822.

长庆油田压裂远程智能决策系统开发与应用

于　洋[1,2]　刘广胜[1,2]　闫志强[1,2]　刘天宇[1,2]　李美玉[1,2]　陈荣环[1,2]　李　丽[1,2]　高　雁[1,2]

（1. 中国石油长庆油田公司油气工艺研究院；2. 低渗透油气田勘探开发国家工程实验室）

摘　要　压裂是人为使地层产生裂缝，改善流体在地下流动环境的一项增产措施技术，能够有效改善油气井井底流动条件、减缓层间干扰和改善油层动用状况，特别对于低渗透和非常规油气藏释放产能起到了关键作用。压裂施工通常都是由专业人员在现场进行技术指导，但在大规模作业的情况下，技术专家往往无法亲临每口井的施工现场。为使专家能够实时掌握更多井的施工进展情况，并快速发送决策指令，长庆油田开展了压裂远程实时决策系统开发。文章介绍了该系统的总体设计思路，详细论述了系统各项功能，包括压裂曲线实时展示、工况智能预警、裂缝实时模拟及音视频交互。该系统在长庆油田已实现规模应用，覆盖近万口油气井、4 万余段压裂作业，实现了对压裂过程的同步远程实时监测和决策支持，大幅提高了压裂工程的智能化水平，保证了压裂作业的安全性和增产效果，对其他油田同样具有较好的借鉴作用。

关键词　压裂工程；曲线传输；实时监控；智能预警；决策支持

压裂是低渗透油气田增产的主要技术手段，如何保证压裂措施效果是油田开发技术人员面临的重要问题。压裂效果取决于压裂工艺技术的完善程度，包括对储层认识、入井液体及支撑剂材料优选、压裂设计 及施工工艺优化、施工质量等。尤其是压裂施工质量，是技术实现的关键，而压裂作业过程监测与施工质量控制一直是施工中的薄弱环节。

近年来，随着动用对象逐渐向超低渗-页岩油气转变，长庆油田每年压裂作业工作量持续保持在 1 万层/段以上高位运行，大平台、水平井比例逐年升高。压裂技术不断迭代升级，施工规模达到千方砂万方液，传统“一人一车一井”的技术支撑模式已难以满足压裂工程的现实需求。

在国外，利用信息化手段对钻井、压裂井场的远程实时监测已比较普遍。技术专家在监控中心就能够实时看到井场施工的视频、施工曲线、裂缝图像，并能与井场技术人员进行实时语音通话，实现对井场的远程决策和指挥；在国内，大庆油田、川庆钻探、中吉林油田等先后开展过压裂施工过程远程监控指挥的小规模试验，但都只是将井场的压裂曲线、裂缝监测数据实时传回基地，再还原展示。为实现专家团队在办公室同步监测井场压裂过程，并实现压裂实际参数与优化设计参数实时自动对比，以实时调整压裂优化设计、提升压裂优化设计水平，长庆油田基于信息化技术融合，开展了压裂远程实时决策系统开发，并进行了规模化应用。

1　系统总体设计

压裂远程实时决策系统总体设计思路如下：一是利用成本低廉的 4G 传输网络，将井场压裂曲线数据、压缩后的音、视频数据实时传送回油网服务器中；二是利用信息化技术将服务器接收的曲线数据实时还原成二维压裂曲线，同时结合大数据、人工智能算法，基于压裂曲线数据，进行工况实时预警、裂缝实时模拟等；三是将接收的音频、视频解码还原，实现井场场景的远程观看。技术专家通过系统实时查看压裂曲线、工况预警信息、裂缝形态等，及时对压裂方案进行调优、对压裂过程进行实时远程指导，实现压裂作业的远程决策支持。

系统总体设计思路如图 1 所示。

系统分为前端现场采集传输软件部分、后端的服务器数据接收部分和远程监测及决策支持 Web 展示平台 3 个部分。系统架构如图 2 所示。

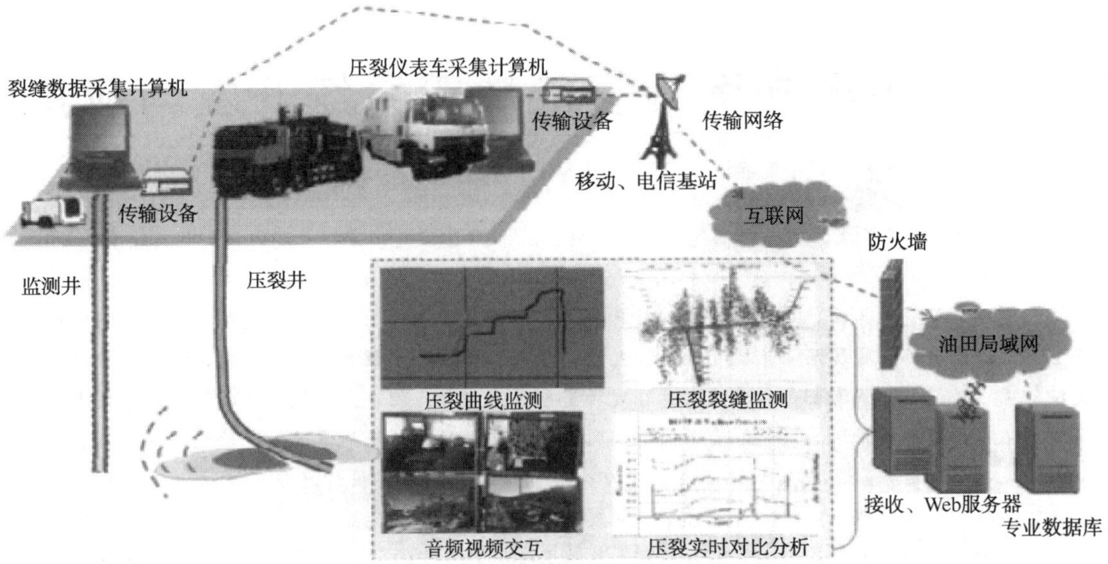

图1　系统总体设计思路

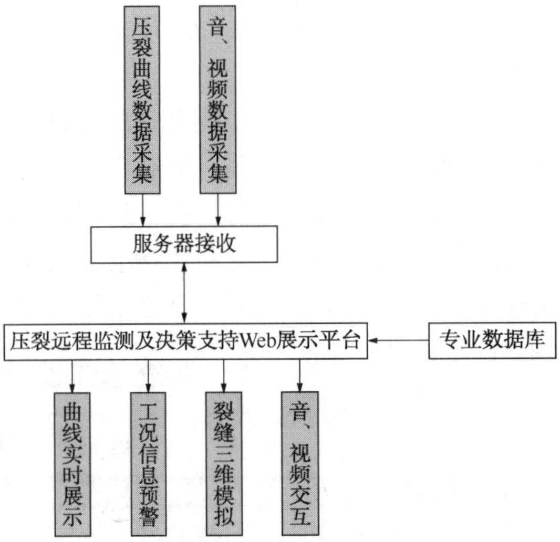

图2　系统架构

前端现场采集传输软件部分包括了曲线数据的采集传输和音频、视频的采集传输。后端的远程监测及决策支持 Web 展示平台主要包括四大功能：曲线远程实时展示、工况信息实时预警、裂缝形态实时模拟、井场视频展示及音频交互。

2　系统主要功能及实现方法

2.1　现场数据采集

通过对长庆油田各型号压裂机组采集软件数据文件类型进行调研，目前主流的压裂曲线采集软件共 8 种，具体如表 1 所示。压裂过程中，压裂机组采集软件会将采集的相关数据实时存储在对应的数据文件中。

表 1　长庆油田主流压裂机组及数据文件类型

压裂机组	数据文件类型	压裂机组	数据文件类型
四机赛瓦	svd	金长城	jcc
杰瑞	mbd	佳龙	jlp
三一	bd	斯伦贝谢	dbs
科华	dat	中油科昊	db

据此，基于多源异构数据解析技术，开发了系统的数据采集客户端，实时从压裂机组软件中获取原始数据文件后，根据文件类型的不同调取相应的数据解析引擎，实时解析数据。对于关系型数据库，通过开放式数据库连接（ODBC）驱动程序获取表内数据；对于文本文件数据库，通过间隔符划分数据结构，转换成压裂曲线数据，有

效解决了压裂机组采集软件众多接口不统一的问题。经客户端解析后的压裂曲线数据，以秒点形式，通过4G+DMZ区跳转的方式，传回油田内网，实现数据结构化存储与调用。

2.2 压裂曲线远程实时展示

结合专家经验，建立了适用于长庆低渗透油气田的压裂曲线关键参数计算识别方法。自动识别计算破压值、砂量、液量、排量等关键参数。

系统采用Web展示方式，通过Axios插件实时请求数据库接口数据。利用Echart框架进行曲线的绘制开发，满足技术专家在油网任意办公位置通过网页认证即可查看实时曲线的需求。同时提供了压裂施工曲线与设计曲线对比展示功能，通过导入工程设计文档，设计曲线一键成图，与施工曲线同步展示，实现排量、砂浓度等关键数据的定量全程监控和在线调整，如图3所示。

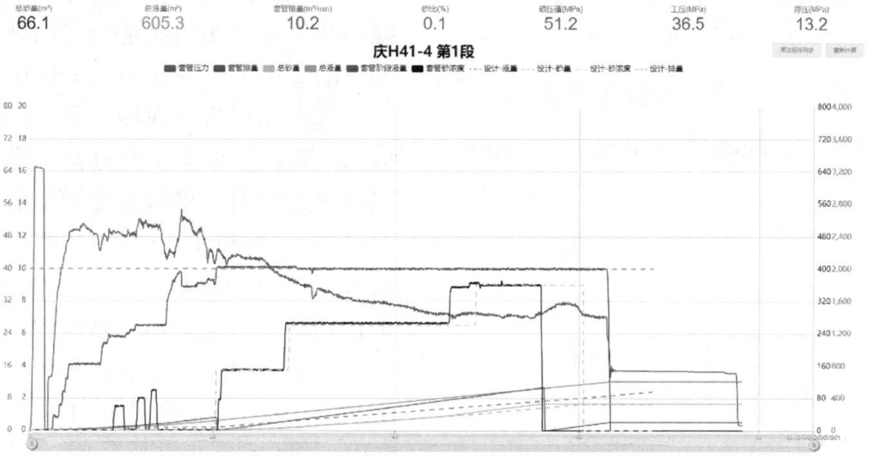

图3　压裂设计施工曲线同步对比展示界面

2.3 工况智能预警

重点工序和危险工况的智能预警能够大幅提高工作效率和质量。基于实时传输的压裂曲线和其他相关数据，研发了大数据标准曲线拟合、专家经验算法、坐封效果辨识等预警方法，自动判识施工参数与压力的异常并做出预警，辅助监控人员及时介入并协助解决技术问题，形成了“少人多井”远程技术支撑新模式。

2.3.1 标准曲线拟合预警

建立了压裂过程中油(套)管压力异常工况的实时预警机制，通过建立压裂曲线特征样本库，运用大数据分析和神经网络算法拟合生成标准曲线，对实时曲线进行智能判识。

大数据预警模型建立分为如下几个步骤：

步骤1：建立样本仓库。在压裂施工中，压裂施工工艺、压裂井所在区域、压裂段所处地层、压裂施工过程的关键参数值(如：排量、破压、工压等)使得压裂施工压力曲线在同类型的条件下，产生出相同的形态，根据这一特点，按照上述条件，筛选数据，分类数据，建立样本仓库。

步骤2：建立样本集合。针对样本仓库下数据进行再次细分，根据施工的工序、关键参数范围等条件，筛选出“无异常”数据，按相同区域，相同工艺以及相同区间范围内的数据进行标准压力曲线预测。

步骤3：拟合压力曲线。针对样本集下的数据进行拟合处理，预测出该样本集下标准压力曲线。此部分工作又分为三个阶段。(1)采用多项式函数拟合方法，将样本集合内压力数据拟多项式曲线；(2)数据按曲线形态对齐后进行多项式拟合；(3)按照施工阶段(破压前、破压到第一次加砂之前、第一次加砂到第二次加砂间，最后一次加砂到施工结束等阶段规则)进行数据拉齐，经归一化处理后得到最终拟合曲线。各阶段拟合曲线如图4所示。

2.3.2 专家经验预警

根据区块、层位、压裂工艺等不同参数特点，建立不同的参数输入方案训练与优化模型，将专家经验工况识别算法与工况智能识别模型进行联合建模实现“个性化订制”工况预警，可自定义设置关键参数阈值、压力变化幅度以及其他相关特征值，如图5所示。目前根据现场实际情况，总结归纳异常低压、异常高压、砂浓度异

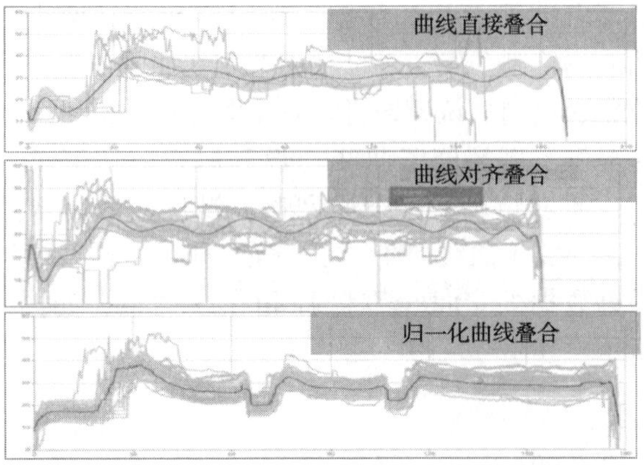

图4　三阶段拟合压力曲线示例

常、压力骤变、破压异常等五种参数预警。

图5　专家经验预警参数设定界面

2.3.3　坐封异常预警

坐封效果是影响压裂效果的关键环节。选取压力与排量两个关键参数，优选预警窗口步长(300s)，通过长短期记忆神经网络(LSTM)法建立压裂球座坐封有效性智能诊断模型。

综合大数据挖掘方法以及专家经验进行特征提取，结合长庆油田8口页岩油水平井共274段施工数据，总结出针对球座正常坐封、球座滑脱以及疑似滑脱三种工况的判识准则，并将准则进行代码化，建立可以实时传入泵压、排量、砂浓度等数据并检测判断是否成功坐封或是何种异常工况的适用于长庆油田页岩油区块的识别算法。

基本原理为将现场的泵压、排量、砂浓度数据输入算法，依据工况分割标准将起泵时刻作为识别起始时刻，将砂浓度增加的时刻作为识别结束时刻，对中间时刻压力特征进行扫描，识别有效数据共计201段，其中坐封成功的有96段，结合判识准则与识别结果描述如下。

正常坐封：从起泵处开始，判断累计液量是否大于$3m^3$，随后寻找10s内压力上涨大于5MPa的区域合并重叠区间、延后30s寻找区间峰值，并判断峰值后10s内压力下降是否大于2MPa，继续合并区间、寻找谷底所在时刻，判断谷底后压力在5min内是否上涨5MPa，以上条件均满足即坐封成功，如图6所示。

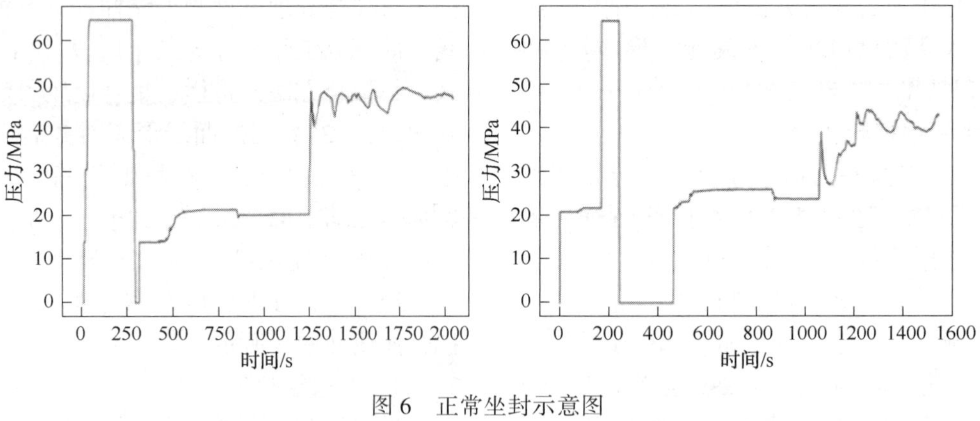

图6　正常坐封示意图

疑似滑脱：正常坐封判识规则中达到峰值后10s内压力低于排量泵送阶段的压力且降低不超过2MPa，识别为疑似滑脱，如图7所示。

球座滑脱：累计液量到达$55m^3$、砂浓度达到$5kg/m^3$、或停泵、加砂前未依次扫描到上述特征则退出显示异常，判断为球座滑脱，如图8所示。

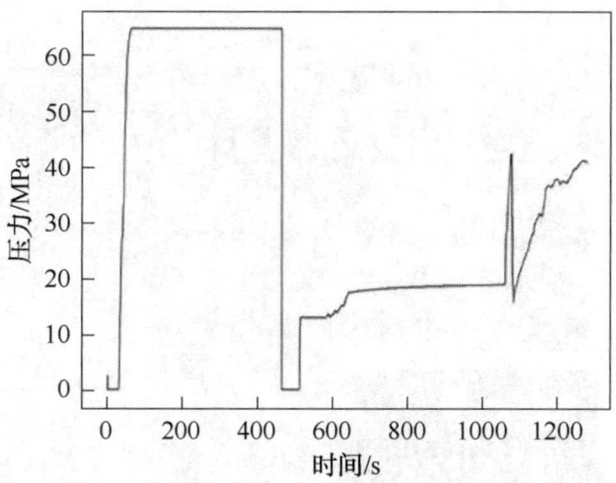

图 7　疑似滑脱示意图

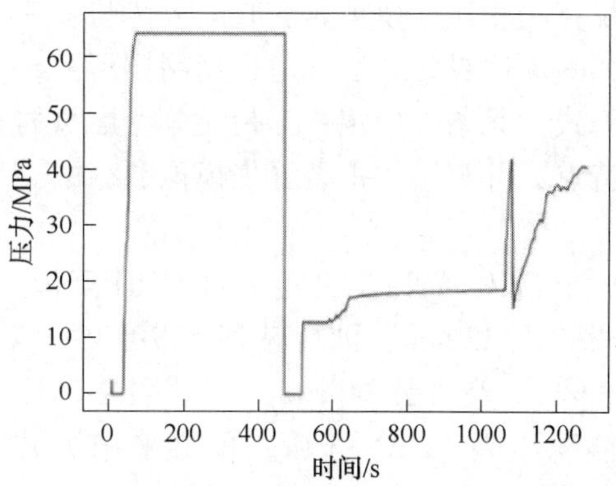

图 8　球座滑脱示意图

将上述规则总结可得表 2。

表 2　坐封异常辨识准则表

累计液量>3m^3	10s 内压力上涨>5MPa	10s 内压力下降>2MPa	5min 内压力上涨 5MPa	判识结果
是	是	是	是	正常坐封
是	是	否	/	疑似滑脱
累计液量到达 55m^3、停泵、加砂前未扫描到上述特征				滑脱

2.4　裂缝实时模拟

基于数值仿真技术，在总结物模裂缝扩展规律研究基础上，根据现场实时施工参数和压力响应，结合地层、井身结构、段簇位置、压裂液性能等参数，模拟水力裂缝的的形成演化扩展过程，完成了可溶球座分段多簇和水力喷砂分段两种工艺的压裂展示模型，实现裂缝带宽、缝长的实时迭代和裂缝形态模拟计算及实时展示。

该系统采用扩展位移间断法((Displacement Discontinuity Method，DDM)来计算模拟裂缝扩展形态，具体流程如图 9 所示。压裂缝网模拟的最重要过程为计算流体压力、裂缝位移和流体体积。利用流体的运动方程和体积守恒方程，以及边界元的积分方程，对于任一裂缝单元，均可以找到这些值的平衡值。当流体压力、裂缝位移和流体体积更新之后，分别判断一般的裂缝尖端和虚拟裂缝位置的应力状态，并计算这些裂缝能否扩展。特别地，对于虚拟裂缝，首先计算虚拟裂缝处的原位应力以及应力强度因子。如果这个应力强度因子大于页岩基质的断裂韧度，添加一个新的裂缝单元并且移除相应的虚拟裂缝。

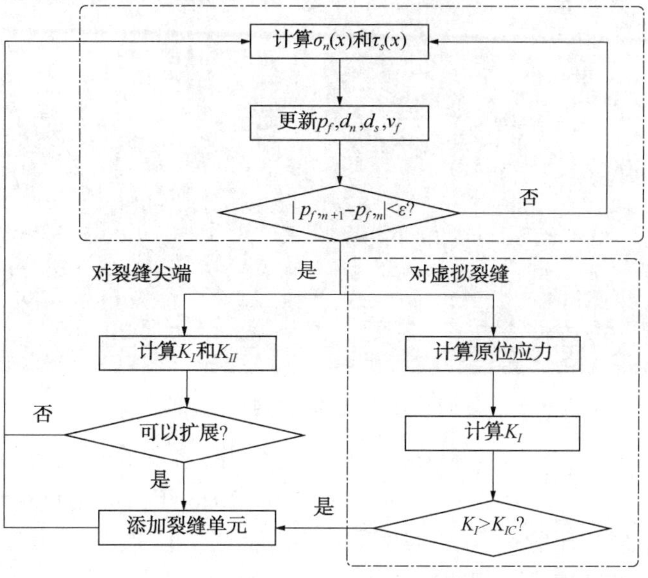

图 9　裂缝扩展计算整体流程图

和传统算法相比，模拟算法有三大优势：一是基于位移间断边界元方法，适合缝网模拟；二是迭代全隐式，无条件稳定；三是充分考虑页岩天然裂缝特点，并利用虚拟裂缝来模拟裂缝的交汇、分叉。

利用该方法对黄平 X 井进行了实时模拟，该井水平段长度 1324m，油层钻遇率 70.3%，I 类油层 662.8m、差油层 246.0m，采用可溶球座细分切割体积压裂 21 段 83 簇。模型采用测井 Wis 文件，用实际地应力、岩层物理参数(黏度、滤失系数、断裂韧度)、真实井眼轨迹和射孔数据等进行了物理建模。

系统实现了裂缝实时动态三维显示，历史压裂结果和实时压裂结果同屏显示；能自动识别破压起裂和暂堵憋压的二次起裂，实现了地应力差较小时的转向和交叉、合并现象，有效反映缝间干扰等裂缝扩展细节的精细再现。模拟结果见图 10。

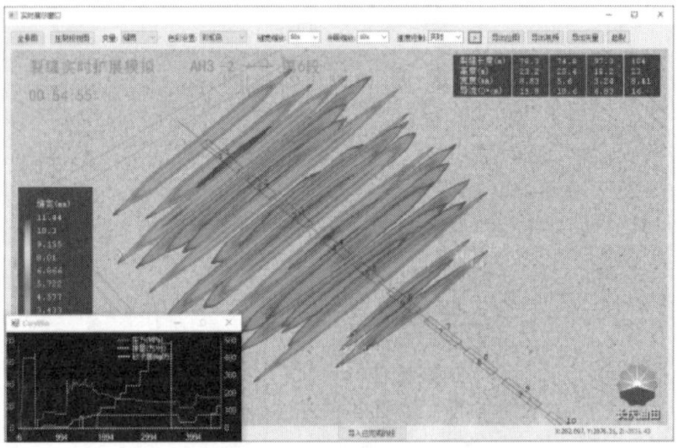

图 10　黄平 X 井第 6 段裂缝模拟图

(左下角为对应的压裂曲线)

2.5　音、视频交互

基于 UDP 传输协议，开发了音、视频交互模块。通过井场全景与井口近景压裂施工视频实时回传，线程音频交互，实现技术人员远程监控及决策支持(图 11)。

图 11　压裂现场视频监控局部

3　现场应用情况

以该系统为主体，形成的压裂远程实时决策技术已经覆盖长庆油田全部产建井，规模应用近万口井，4 万余压裂段。

2023 年，应用该系统累计发现工况异常压裂段 237 段次，诊出率 100%，工况诊断准确率 94.2%。

异常工况诊断实例：

（1）施工压力高：华 X 井第 1 段前置施工压力过高，诊出后通过现场石英砂打磨处理后，恢复正常，如图 12 所示。

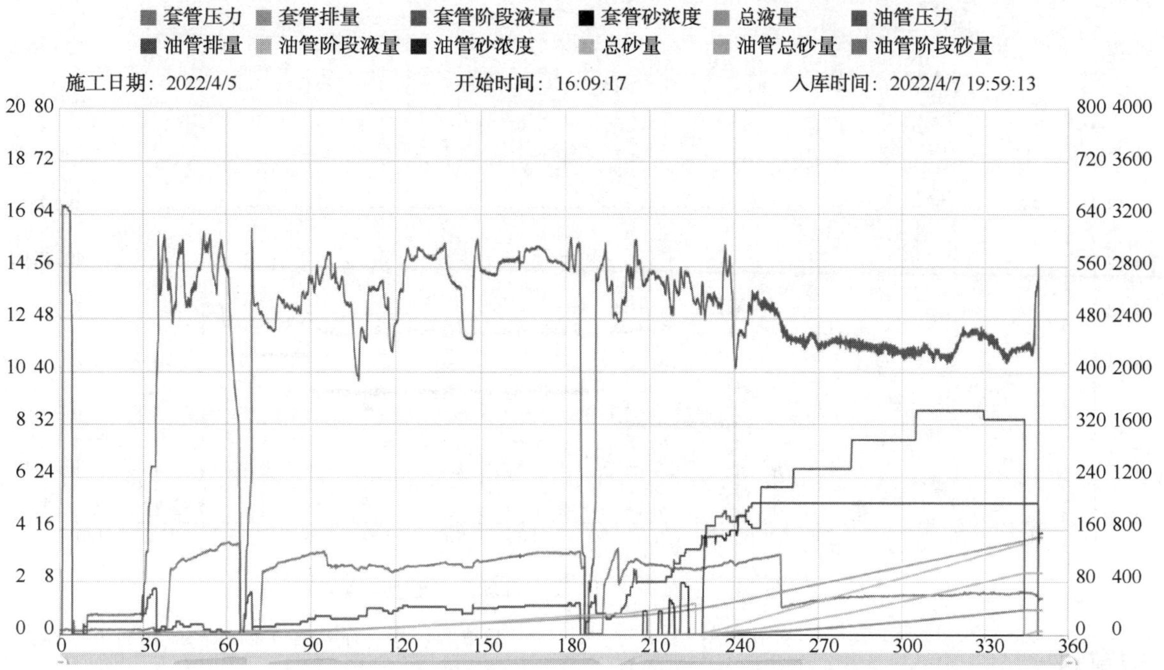

图 12　华 X 井第 1 段压裂施工曲线

（2）球座滑脱：华 X 井第 12 段投球后按照泵送液量计算可溶球已到位，但无响应，重新泵送确认已滑脱，重打球座后顺利完成施工，如图 13、14 所示。

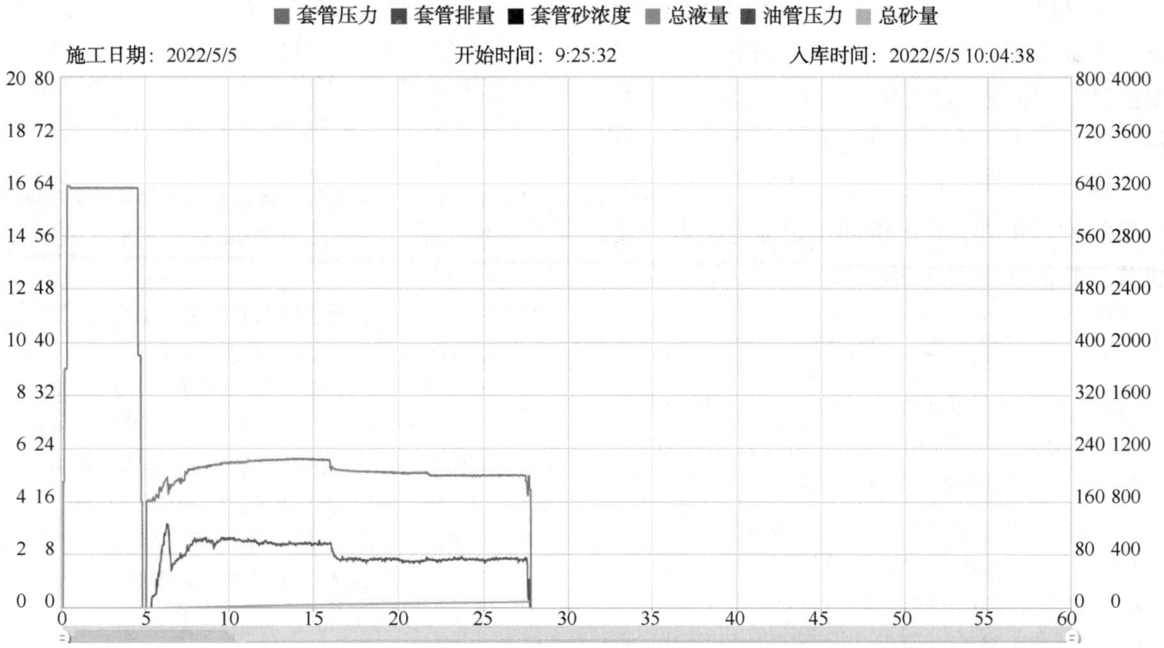

图 13　华 X 井第 12 段投球不起压

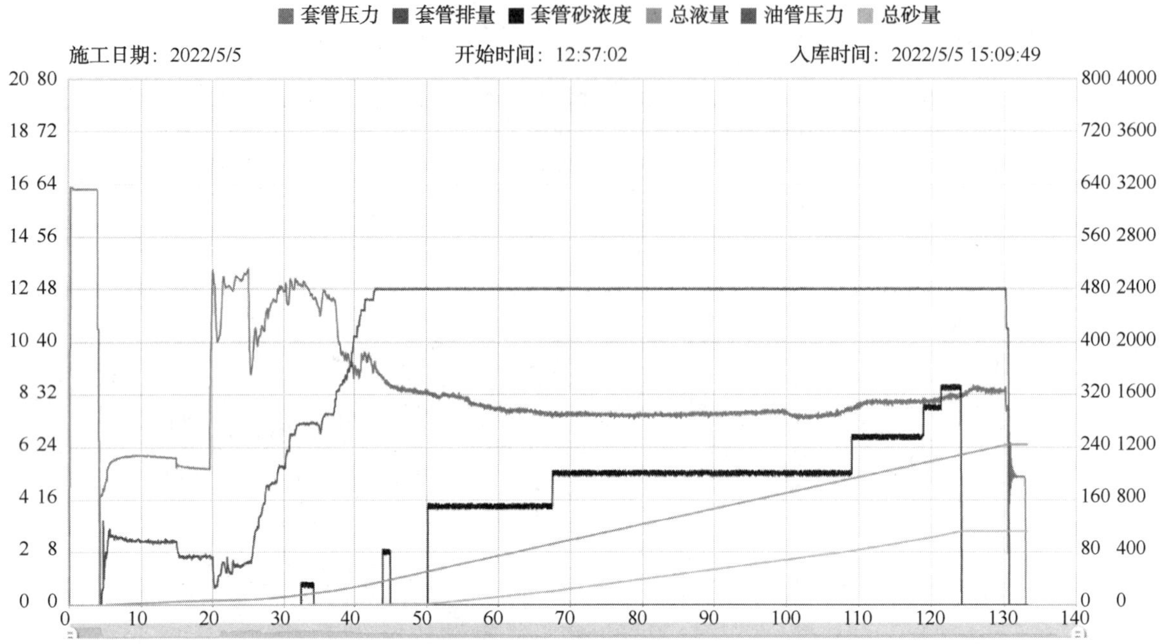

图 14　华 X 井第 12 段重打球座后起压

4　结束语

本文所论述的压裂远程实时决策系统能够根据压裂优化方案参数、实时压裂曲线和裂缝参数等自动生成压裂分析报告，从而实现“压裂方案设计→压裂施工→压裂实时分析→实时调整压裂方案→生成压裂分析报告→改进提高下一次压裂方案设计”的压裂全过程闭环管控，为提高单井产量、降低压裂成本、提升开发效益提供了强力技术支撑。已成为长庆油田提升压裂作业远程决策效果的重要手段，是低渗油田智能化实践的成功典范，其他油田同样适用。

参　考　文　献

[1] 王富春．大型压裂远程实时监控系统实现及应用[J]. 自动化技术与应用，2012，31(9)：63-66.

[2] 邱峰等．压裂酸化施工远程指挥决策系统设计方案研究[J]. 中国石油化工，2011，(10)：37-40.

[3] 潘正富．压裂酸化远程施工监测技术及其应用[J]. 天然气技术，2010，(8)：12-14.

[4] 马季军等．压裂车组远程监控系统设计[J]. 计算机测量与控制，2010，18(11)：2497-2498.

[5] 徐英卓等．智能井场数据远程传输系统的研究与应用[J]. 智能计算机与应用，2017，7(3)：138-142.

[6] 陈璟等．压裂酸化施工远程指挥系统应用[J]. 物联网技术，2018，10：84-86.

[7] 蒲草等．水力压裂施工曲线的应用研究——以 Z 油田压裂施工为例[J]. 广州化工．2023，51(02)：211-213+239.

[8] 赵金洲等．页岩气水平井缝网压裂施工压力曲线的诊断识别方法[J]. 天然气工业．2022，42(02)：11-19.

[9] 白彦岭．低渗透油层水力压裂施工曲线形态及常见问题分析[J]. 云南化工．2019，46(01)：79-82.

[10] 胡瑾秋等．页岩气压裂井下工况多步预测方法研究[J]. 中国安全科学学报．2018，28(04))：115-121.

[11] 张世昆等．人工智能在压裂技术中的应用现状及前景展望[J]. 石油钻探技术．2023，51(01)：69-77.

[12] 袁海平等．基于现场实时数据的压裂远程综合预警系统研究[J]. 信息系统工程．2022(02)：33-36.

[13] 于振山．压裂施工实时辅助决策系统应用研究[J]. 中国管理信息化．2017，20(22)：59-60.

[14] 梁海波等．压裂施工远程监测与预警系统设计[J]. 自动化仪表．2016，37(02)：57-60.

[15] 许建红等．致密砂岩储层水平井水力压裂裂缝参数影响因素数值模拟[J]. 大庆石油地质与开发．2023，42(05：154-159.

[16] de Vries G，Norrie DH. Application of the finiteelement technique to potential flow problems[R]. Technical Reports 7 and 8，Dept. Mech. Eng.，Univ. of Calgary，Alberta，Canada，1969.

[17] 刘洋等．裂隙岩体非稳态渗流数值模型及其应用[J]. 力学与实践，2011，33(6)：23-29.

[18] Lunati I, Jenny P. Multiscale finite-volume method for density-driven flow in porous media[J]. Computational Geosciences, 2008, 12(3): 337-350.

[19] Cavalcanti M C, Telles J C F. Biot's consolidation theory-application of BEM with time independent fundamental solutions for poro - elastic saturated media [J]. Engineering Analysis with Boundary Elements, 2003, 27(2): 145-157.

[20] 王理想等. 一种中心型有限体积孔隙-裂隙渗流求解方法及其 OpenMP 并行化[J]. 岩石力学与工程学报, 2015, 34(5): 865-875.

渤海高含水油井乳液分流解堵新工艺研究及应用

袁晓南　朱艳华　符扬洋　高　尚　张晓封　牟　媚　安　琪

[中海石油(中国)有限公司天津分公司]

摘　要　本文以海上非均质砂岩油藏为研究对象，针对生产剖面不均衡、解堵后增液不增油的问题，研发新型乳液分流体系。通过室内实验研究确定了乳液配方，进一步研究其粒径分布、黏度、流变性等基础性能，优选油水乳液油水比。通过单/并联岩心实验，测试油水乳液对不同岩心的封堵性能达到80%以上，对不同渗透率级差岩心分流率50%以上。通过精细化方案设计，实现乳化分流解堵规模化推广，目前已完成34口井现场应用，措施后平均单井增油超20m^3/d，平均含水降低2%，阶段累增油已超8.5万m^3，措施效果显著。

关键词　高含水油井；非均质；乳状液；分流解堵；现场应用

在我国渤海、南海等范围内存在一类分布较广的整装油田，开发过程中大都采用高性价比的酸化措施实现增产，然而受限于储层胶结疏松、渗透率高、层间压力差异大、非均质性强等特征，油井常规笼统注酸工艺已经出现了很大的局限性。其原因主要归结于笼统注入酸液使得非均质矛盾进一步加剧，甚至部分层位出现水窜，导致解堵措施后含水率大幅上升。因此对于这类典型的疏松砂岩油藏，酸化解堵的关键在于优选适应储层特点和完井工艺的高效分流技术。

通过大量的文献调研，总结分流转向技术大致分为机械转向和化学转向两类。由于海上油田受场地、作业成本、完井方式等条件约束，机械转向实施难度大，且有效率低；因此海上油田多使用化学分流技术。其中固相类转向材料例如化学微粒以及纤维存在孔喉匹配度差、受完井方式限制的缺点；VES转向酸化技术存在过泵困难，多用于水井酸化；泡沫转向技术工艺复杂，技术受限较多；相比之下，乳液分流技术具有黏度可调、稳定性高、施工便捷、局限性小等优点，近年来也逐渐被应用于现场分流酸化技术中。

1　体系研发

乳化剂种类繁多，常见的有非离子表面活性剂、阴离子表面活性剂和两性表面活性剂三种，采油中常用非离子表面活性剂、阴离子表面活性剂和两性表面活性剂三种。阴离子表面活性剂在油田现场应用时，往往与地层中的多价阳离子结合导致失效。非离子表面活性剂由于不发生解离，其在地层中可以不受高盐、高矿化度的影响，但遇到一些矿物会发生吸附，且在高温环境下容易发生变质失活。在体系乳化时，可以通过复配的形式对乳化作用进行强化和巩固，研究表明，不同类型表面活性剂体系进行混合，如非离子表活剂与离子表活剂、阳离子与阴离子表活剂混合时，混合体系的表面活性会强于单个表活剂，利用这一特性可以通过复配的手段进行性能优良的乳化剂的制备。

为了提升乳化效果，使用油田常用乳化剂Span-80作为主剂与多种表面活性剂进行复配，以研发稳定性更好，遇水黏度更大的活性油体系。实验结果见下表：

表1　Span-80不同复配体系乳化效果

乳化剂	乳化剂含量/%	不同时间分液体积/mL				
		15min	30min	60min	120min	240min
Span-80：纳米碳酸钙=1：2	3	0	0	0	0	0
Span-80：十二烷基苯磺酸钠=1：2	3	0	0	—	—	—
Span-80：十二烷基苯磺酸=1：2	3	0	—	—	—	—
Span-80：油酸=1：2	3	0	0	0	0	—

续表

乳化剂	乳化剂含量/%	不同时间分液体积/mL				
		15min	30min	60min	120min	240min
Span-80：长链烷基苯磺酸钙=1：2	3	0	0	—	—	—
Span-80：纳米碳酸钙=2：1	3	0	0	0	0	0
Span-80：十二烷基苯磺酸钠=2：1	3	0	0	—	—	—
Span-80：十二烷基苯磺酸=2：1	3	3(油)	3.5(油)	4(油)	4.5(油)	8(油)
Span-80：油酸=2：1	3	0	0	0	0	0
Span-80：长链烷基苯磺酸钙=2：1	3	0	0	0	—	—

*表中“—”表示放置一段时间后乳状液有分层。

上表实验结果表明：油酸与其它乳化剂复配比例为1：2时，仅有Span-80与纳米碳酸钙、Span-80与油酸的组合乳化效果良好，长时间不分层，其复配体系HLB值均较低，在3以下，其余四种复配方式均在一段时间后便分层；而当Span-80与其它乳化剂复配比例为2：1时，乳化效果好于复配比例为1：2时的乳化效果。通过对以上几种稳定性良好的复合乳化剂形成的乳状液进行黏度测试，实验结果如表1所示。Span-80与油酸1：2时，形成的乳状液黏度最高，Span-80与油酸复配乳化液初始黏度较高，因此最终确定乳化剂配方为Span-80与油酸1：2混合。

2 性能评价

2.1 实验仪器与药品

实验仪器包括：旋转黏度计；生物显微镜；高温高压流变仪；LS-POP(6)型激光粒度仪；电脱瓶；岩心流动模拟装置；水浴锅；电动搅拌器。

实验药品包括：31%盐酸、乙醇，分析纯，市售；氟硼酸、铁离子稳定剂、黏土稳定剂、助排剂、破乳剂、油溶性乳化剂，实验室自制。

2.2 实验内容

(1) 配制油水乳液。将10%wt新型乳化剂+90%wt柴油配制成活性柴油待用，将活性柴油与模拟地层水按一定比例(体积比)配制成油水乳液。

(2) 分析油水乳液粒径。取1滴乳化液滴于洁净载玻片中间，从一侧缓慢盖好盖玻片，在盖玻片上加1滴松香油后置于显微镜下进行观察，统计粒径分布情况。

(3) 油水乳液流变性能测试。取配置好的油水乳液，用旋转黏度计测定不同油水比下油水乳液的黏度，以及特定剪切速率下黏度随温度的变化。

(4) 观察油水乳液对单岩心的封堵能力。单岩心封堵实验步骤：正向注入地层水→反向注入油水乳液→正向注入地层水测试封堵后水相渗透率。

(5) 观察油水乳液对并联岩心的暂堵能力。并联岩心暂堵实验步骤：正向注入地层水→反向注入油水乳液→正向注入地层水→反向注入乙醇→正向注入地层水。

(6) 观察油水乳液+氟硼酸的分流解堵能力。同样采用并联岩心，实验步骤：正向注入地层水→反向注入油水乳液→反向注入氟硼酸→正向注入地层水。

2.3 实验结果

(1) 不同油水比下油水乳液的粒径分布。通过测定4种油水比下油水乳液的乳状液粒径分布，实验结果见图1、图2。从图1可以看出，不同油水比下，乳状液的粒径分布不均，其中油水比为30%时乳状液的粒径分布比较均匀。根据图2可知，各种含油比例的乳状液粒径小于14μm，集中分布于2~8μm，现场应用时可以按照$d^{1/3}\sim d^{2/3}$封堵理论(图3)，调整乳液配比使其选择性进入大孔道封堵。

(2) 不同油水比下油水乳液的黏度变化。采用旋转黏度计仪器测定不同油水比下油水乳液的黏度，实验结果见图4。结果显示，油水比越高，油水乳液的黏度就越低。

(3) 流变性能评价。取油水比为3：7的油水乳液，用流变仪测定黏度，并观察其在170s^{-1}剪切速率下黏度随温度变化的情况，结果见图5。随着温度上升，黏度呈下降趋势。但是，在30~90℃温度区间，黏度下降幅度不大，满足现场应用要求。

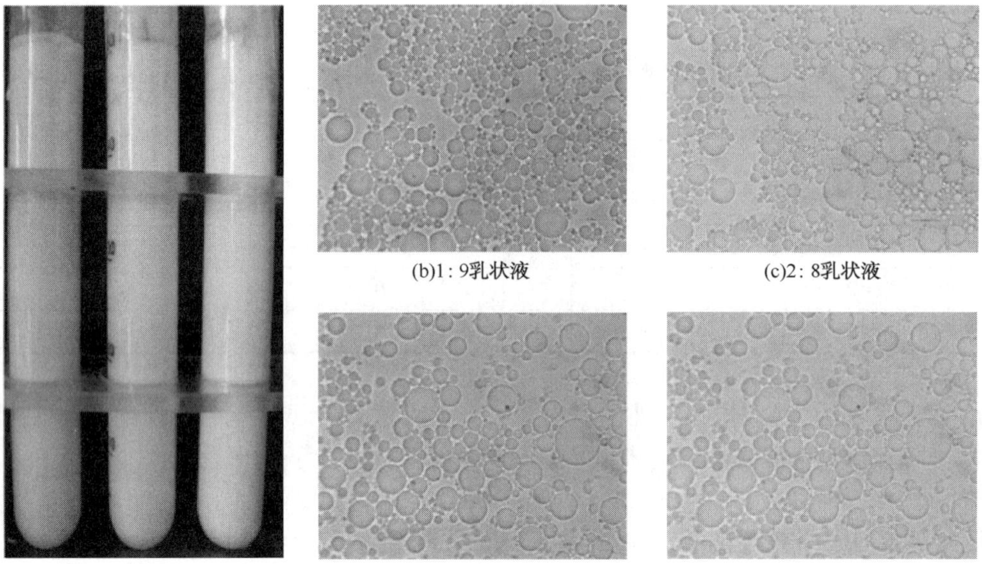

(a)油水乳液　(b)1 : 9乳状液　(c)2 : 8乳状液　(d)3 : 7乳状液　(e)4 : 6乳状液

图 1　不同油水比乳状液粒径大小

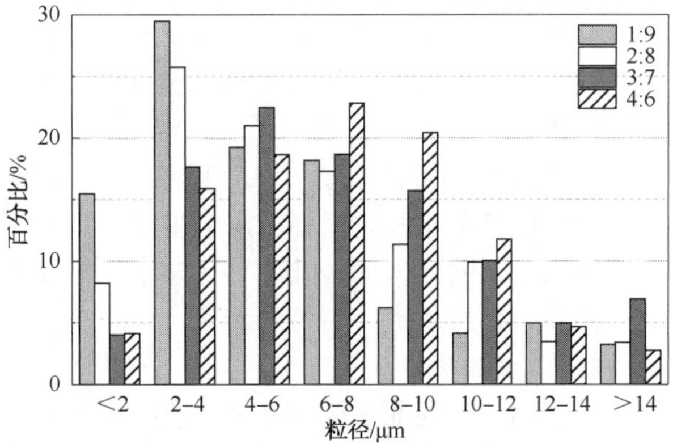

图 2　不同油水比乳状液粒径分布

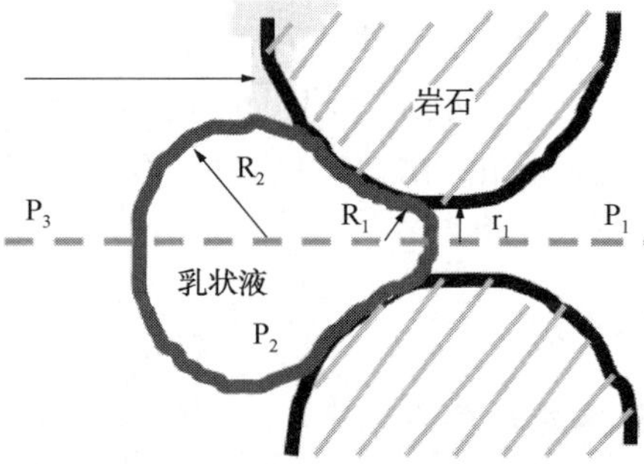

图 3　化学微粒封堵机理示意图

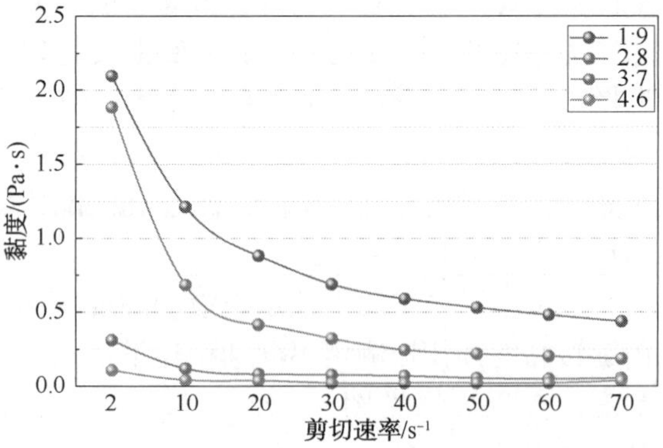

图 4　不同油水比下油水乳液的黏度变化

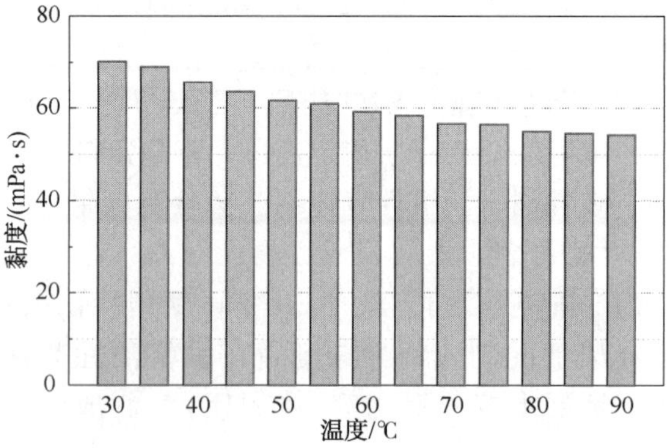

图 5　油水乳液(3 : 7)黏度随温度的变化

(4) 单岩心封堵性能评价。实验采用天然岩心，测定不同油水比对不同含水率岩心的封堵率，实验结果见图 6，可以看出含水率与分流液油水比之间存在匹配关系，地层含水情况与油水比对应关系见表 2，现场应用中应注意选择相应的分流液。

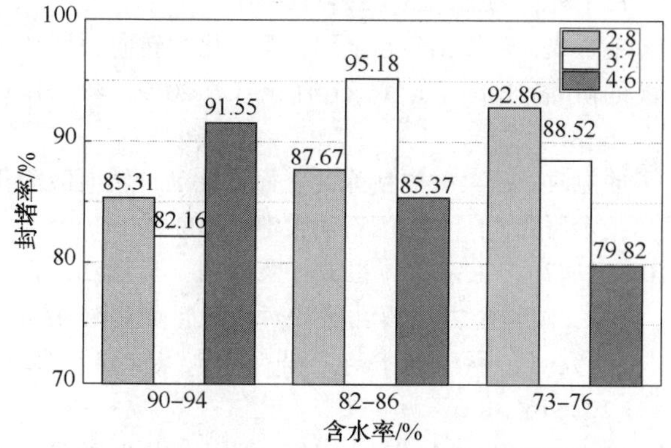

图 6　不同含水率和油水比下岩心封堵率

表 2　地层含水率与油水比对应关系表

含水率	≥90%	90%~80%	≤80%
油水比	4∶6	3∶7	2∶8

（5）并联岩心暂堵能力评价。实验采用天然岩心，构建不同渗透率级差的岩心并联实验模拟乳状液在进入地层后的选择性封堵，在实验中注入油水比 3∶7 的乳液，高渗岩心末端产出液体；注完乳液后注水（模拟注酸情况），实验结果见图 7。可以看出注入乳液后，高渗岩心注入流量可下降 40% 以上，而低渗岩心注入流量提高 50%，证明油水乳液对高渗岩心具有良好的封堵性能，并且对低渗岩心伤害较小，具有良好的分流能力。

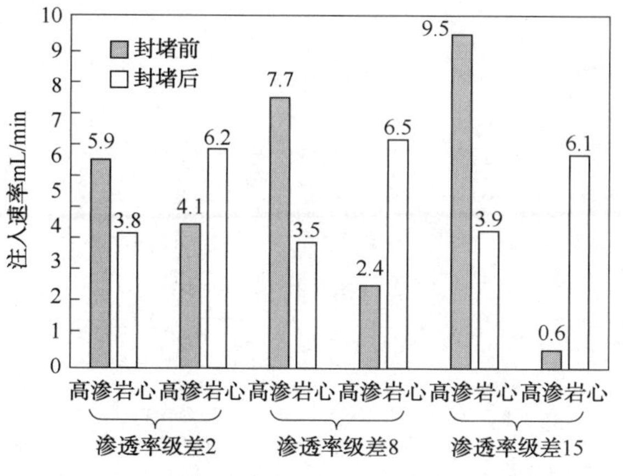

图 7　油水乳液并联岩心暂堵能力评价

3　现场应用效果

目前，渤海某油田共计完成乳化分流解堵工艺设计三十余井次，有效率 100%，增液增油效果显著。例如，渤海某油田 X 井属于高孔–特高渗储层，根据岩心和壁心分析结果，储层孔隙度主要介于 17.2%~32.6%，平均 26.5%，渗透率平均 1163.0mD，非均质性较强。储层埋深 1400m，产层厚度为 121m。该井与 2023 年 1 月份实施分流酸化作业，酸化半径设计为 1m，由于解堵层位较厚，为了更好的达到分流解堵效果，泵注程序设计为“处理液→分流液→处理液→分流液→处理液”多级注入。为使乳化分流液更多的进入高渗层，在泵注分流液及后续顶替液时控制泵压保证低排量注入，分流液进入地层时，泵注压力明显升高，地层吸水能力明显下降，证明分流液进入地层后实现了暂堵效果；为使酸液更多的进入低渗层，在泵注处理液时将泵压提高到设计值 13.8MPa，并在安全压力范围内尽可能提高排量，此时地层吸水能力平稳，高渗层暂堵后迫使处理液转入低渗层进行改造。本井共使用乳化分流液 40m^3，处理液 100m^3，措施前，该井日产液 93m^3，日产油 16m^3，措施后，日产液 422m^3，日产油 42m^3，增产效果明显。

4　结论与展望

针对疏松砂岩油藏开发中后期笼统酸化效果不理想的情况，研制了一套乳化分流解堵工艺技术。通过一系列实验研究及现场应用，得出以下结论：

（1）测定了不同油水比油水乳液中乳状液的粒径大小及其分布规律。乳状液粒径大小与油水比无明显相关性，不同油水比下乳状液粒径均较为集中分布在 2~8μm；

（2）确定了油水乳液在不同油水比下黏度的变化规律。不同油水比下油水乳液黏度不同，油水比越小，形成的油水乳液黏度越大，且都呈现显出剪切稀释特性；

（3）确定了含水率与油水比对应关系。当储层含水率≥90%时，油水比 4∶6 的油水乳液封堵效果最好；含水率在 80%~90%之间时，油水比 3∶7 的油水乳液封堵效果最好；含水率≤80%时，油水比 2∶8 的油水乳液封堵效果最好，现场应用时需要依据储层实际情况进行选择；

（4）油水乳液对高渗层具有较好的封堵作用，可使后续酸化转向低渗储层；同时，氟硼酸体系可以对储层有较好的改造效果。

目前，乳化分流解堵技术在油田应用规模逐渐扩大，单井增油量阶梯抬升，后续将继续通过室内实验与现场试验相结合的方式，进一步精细化方案设计，及时跟踪应用效果，进一步优化分流段塞设计，促进疏松砂岩油藏高含水井储层潜力层产能的释放，并为类似油田提供新的增产技术支持。

参考文献

[1] 徐苏燕．陈堡油田油井解堵工艺研究与应用[J]．石油化工应用，2012，31(10)：18-22.

[2] SHAO B，WANG S，TIAN R，et al. FSP - DDF coupling model of LBM for the fluid flow and heat transfer in porous media [J]. Applied Thermal Engineering，2019，157.

[3] 赵明伟，高志宾，戴彩丽，等．油田转向压裂用暂堵剂研究进展[J]．油田化学，2018，35(03)：538-44.

[4] 王彦玲，原琳，任金恒．转向压裂暂堵剂的研究及应用进展[J]．科学技术与工程，2017，17(32)：196-204.

[5] 刘平礼，高贵民，郑云川，赵立强．砂岩粘弹性表面活性剂分流剂分流酸化技术[J]．天然气工业，2006(10)：117-119+185.

[6] 郑云川，赵立强，刘平礼，等．两性表面活性剂酸液体系在基质酸化及酸压中的应用[J]．天然气工业，2005，12)：71-3+9.

[7] 张博，赵立强，刘平礼．加入内部破胶剂的黏弹性表面活性剂转向液在酸处理中的应用[J]．国外油田工程，2010，26(02)：18-20.

[8] 毛金成，范津铭，赵金洲，等．化学转向暂堵技术的研究进展[J]．石油化工，2019，48(01)：76-81.

[9] 曲冠政．甜菜碱类粘弹性表面活性剂自转向酸酸化技术研究[D]；中国石油大学，2011.

[10] 冯浦涌，王宗圣，崔波，荣新明，葛际江，张贵才．碳酸盐岩油藏乳状液暂堵及暂堵后酸化实验研究[J]．科学技术与工程，2015，15(14)：157-162+166.

[11] KAEUFFER J L. DETERMINATION DE L´OPTIMUM DE REMPLISSAGE GRANULOMETRIQUE ET QUELQUES PROPRIETES S´Y RATTACHANT [J]. 1975，

[12] ABRAMS A. Mud design to minimize rock impairment due to particle invasion，United States，F 1976-01-01，1976 [C]. American Inst. of Mining，Metallurgical，and Petroleum Engineers，Dallas.

[13] 罗向东，罗平亚．屏蔽式暂堵技术在储层保护中的应用研究[J]．钻井液与完井液，1992，9(02)：19-27+1-2.

[14] 蒲晓林，罗向东，罗平亚．用屏蔽桥堵技术提高长庆油田洛河组漏层的承压能力[J]．西南石油学院学报，1995，17(02)：78-84.

海上低渗油田优势储层预测及高效开发实践

杨　威　张　墨　李廷礼　牛　磊　袁志乾

［中海石油（中国）有限公司天津分公司］

摘　要　渤海 CFD 油田主力层为沉积于潜山基底之上的低渗储层。受限于海上油田钻井资料稀缺等不利条件，开发初期对储层物性分布的认识无法一步到位，导致部分开发井钻遇致密层，直接影响了油田的整体开发效果。为完善对储层的认识、指导低渗层开发，本文以开发井产能与储层渗透率的相关关系为依据，将低渗储层划分为“优势级”、“改造级”和“致密级”。应用遗传反演作为储层刻画主要手段、自然伽马作为反演目标，对储层物性进行精细分级刻画。针对各级储层分布特点，采用“优势级优先动用，改造级调整挖潜”的开发策略，先灵活应用多底井、阶梯井，以一口井动用多个“优势级”储层进行高效开采，再配合长水平井加储层改造对“改造级”储层进行井间挖潜，取得了优异的开发效果。

关键词　海上油田；低渗；储层甜点；遗传反演；自然伽马

随着渤海油田开发阶段的不断深入，油田勘探开发目标逐渐向低渗储层等非常规领域扩展，同时以储层表征和甜点预测为代表的地质研究日趋精细，手段也日趋丰富多样，很多新技术被广泛应用于低渗储层表征中，在渤海油田开发过程中发挥了重要的作用。以渤海 CFD 油田为例，该油田为一中外合作开发油田，在油田开发初期曾因储层物性差、认识程度低、开发风险大而将油田开发搁置。油田回归中方后通过深入开展低渗层储层表征及甜点预测为核心的研究工作，成功将油田重新开发并获得了优异的开发效果。本文以渤海 CFD 油田主力低渗层为例，对低渗层分级、储层描述与开发方案的制定等工作方法与认识展开论述。

1　研究背景

1.1　油田地质特征

渤海 CFD 油田为一小型海上油田，其古近系东营组油层埋深超过 2000m。油田主要构造特征为直接披覆于潜山基底之上的小规模背斜，沿潜山脊部发育一系列局部高点，构造幅度较大（图 1）。东营组的主要沉积类型为三角洲前缘沉积，储层在平面上分布广泛，垂向上呈砂泥岩互层特征，储层平均厚度 10m（图 2），平均孔隙度 20%，为平均渗透率为 40mD，呈低渗的储层物性特征。油田为正常温度和压力系统，油藏类型为带小规模气顶的层状边水油藏，原油性质好，地层原油黏度为 0.4mPa·s。

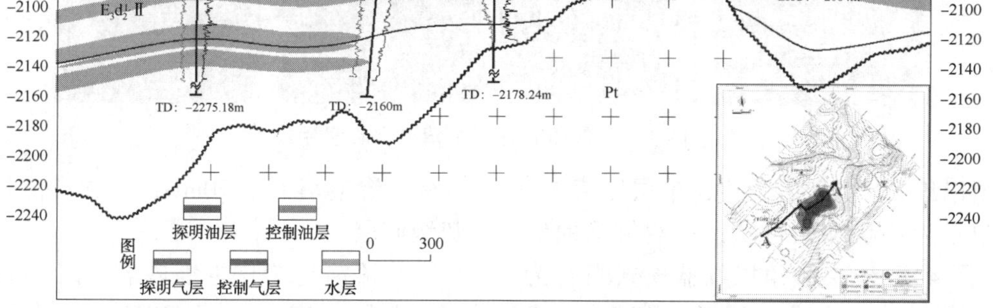

图 1　渤海 CFD 油田油藏剖面图

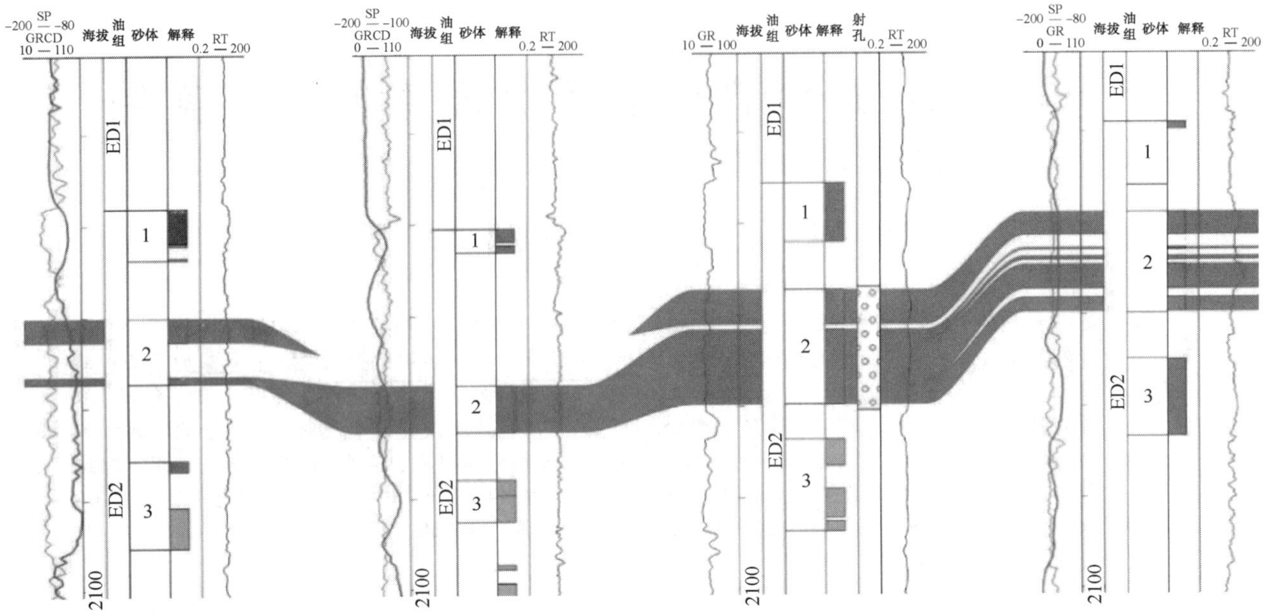

图 2　渤海 CFD 油田古近系东营组低渗层储层对比图

1.2　存在问题

油田开发初期少量井进行试生产过程中，表现出储层物性差、结构复杂井间产能差异大的特点，部分生产井生产状况良好，其他生产井由于钻遇致密层而无产出。由于受地震资料分辨率限制、海上油田少井、大井距条件下对储层规模、结构与物性情况的认识无法一步到位，导致油田开发风险极高，急需通过井震结合开展储层精细研究，对储层结构与物性变化进行精细描述并定量预测纯甜点，制定合理的开发方案对低渗层进行有效开发动用以改善油田开发效果，降低开发风险。

2　储层沉积微相研究

2.1　沉积微相研究

根据岩性特征、测井资料、区域古沉积环境以及邻区油田沉积相情况，综合判定本油田东营组低渗层为三角洲沉积，油田范围内发育河口坝、分流河道、席状砂和河道间湾等沉积微相，岩心照片如图 3 所示。

图 3　渤海 CFD 油田东营组岩心照片

河口坝以细-中粗砂岩为主，单层厚度 5～8m，FMI 显示为块状和条带状，自然伽马曲线为漏斗形(图 4)，地层倾角以红蓝模式组合为主。分选中等～较好，储集性能好，孔隙度大于 24%，渗透率大于 50mD，油井产能较高，为优势级储层。

分流河道为中～细砂岩，局部含砾，单层厚，单层厚度 3～8m，FMI 显示为块状和条带状，自然伽马曲线多为箱型和钟形(图5)，地层倾角以红蓝模式组合为主。垂向上砂体加积，平面上砂体侧积，形成砂体发育带。分选中等，储集物性中等，孔隙度21%~27%，渗透率10~50mD，储层原始条件下产能低，经压裂改造后产能有较大改善，为改造级储层。

席状砂以细~极细砂岩为主，部分泥质粉砂岩，单层厚度1~3m，FMI显示为块状和条带状，自然伽马曲线以为指形为主，地层倾角呈红蓝模式组合。储集性能较差，孔隙度18%~23%，渗透率小于10mD。储层条件差，目前海上条件下不具有开发动用价值。

河道间湾以灰绿色泥岩和泥质粉砂岩为主，厚度变化较大，FMI显示为杂色斑点状，自然伽马曲线为平直段或微齿化，地层倾角表现为绿模式。储集性能较差，目前海上条件下不具有开发动用价值。

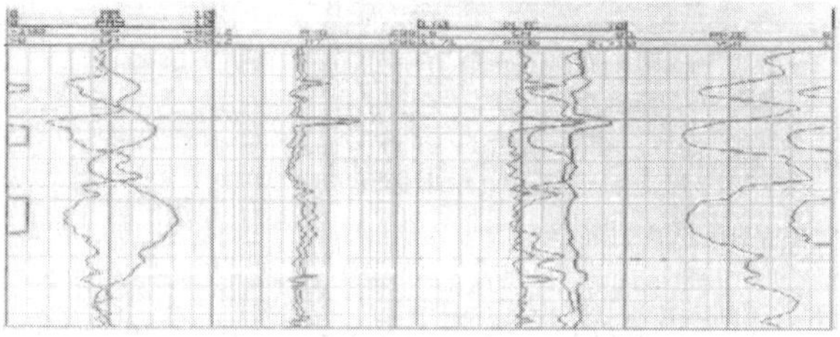

图4　渤海CFD油田东营组
河口坝储层测井曲线形态特征

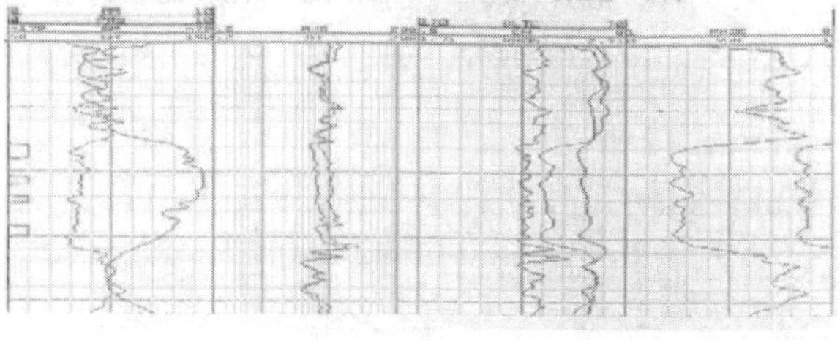

图5　渤海CFD油田东营组
分流河道储层测井曲线形态特征

2.2　低渗储层分级

油田开发初期的不同生产井由于钻遇储层物性变化大，表现明显的产能差异。以位于同一层的a、b、c三口水平生产井为例：生产井a位于构造相对高部位，水平段渗透率50~120mD，生产初期日产量200t/d；生产井b位于构造相对低部位，水平段渗透率30~50mD，生产初期日产量20t/d，后经压裂改造，压裂后生产情况有显著改善，日产量达70t/d；生产井c位于构造相对低部位，水平段渗透率1~10mD，生产无产出，压裂改造后生产效果无改善。

经统计，本油田东营组主力低渗层已有开发井的比采油指数与水平段平均渗透率具有一定的线性正相关关系(图6)，依据二者的相关关系与开发井的生产表现，将本油田东营组主力低渗层渗透率划分为三个级别，分别为“优势级”、“改造级”和“致密级”，并确定三个级别之间的阈值(表1)。“优势级”储层渗透率>50mD，油井生产效果好、初期产能高、压力相对稳定，为优先动用部位；“改造级”储层渗透率30~50mD，油井生产效果稍差、初期产能较低、压力下降快，经压裂等措施改造后生产效果有明显改善；“致密级”储层渗透率<30mD，油井生产无产出，井压裂等措施改造后生产效果无改善，为当前条件下不可动用储层。

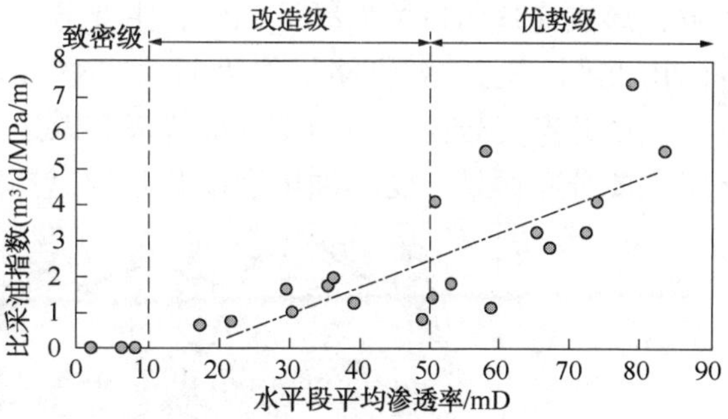

图6　渤海CFD油田东营组低渗层开发井水平段平均渗透率与比采油指数关系图

表1　渤海CFD油田东营组低渗层储层级别划分表

级别	孔隙度/%	渗透率/mD	自然伽马/api	主要岩性	沉积微相	比采油指数 $m^3/d/MPa/m$
优势级	>24	>50	<60	细~中粗砂岩	河口坝	>2
改造级	21~27	10~50	60~90	中~细砂岩	分流河道	1~2
致密级	18~23	<10	>90	细~极细砂岩灰绿色泥岩和泥质粉砂岩	席状砂河道间湾	<1

依据位于各级别储层开发井的生产表现可知：本油田东营组低渗储层非均值性强，储层物性变化对开发井的生产效果起着决定作用。为改善油田开发效果、降低油田开发风险，首先要对低渗层进行储层精细表征，对各级储层进行定量精细预测是获得理想开发效果的关键。

2.3 古地貌对储层的控制作用

本油田东营组低渗储层披覆沉积于潜山基底之上，潜山古地貌形态对储层沉积微相和优势储层的空间分布具有明显的控制作用。古地貌恢复结果显示，区域上，本油田处于北侧古潜山凸起的南侧次高点，构造形态呈近东西向，构造起伏较大，包括一系列局部高点(图7)。北方古凸起为物源供给区，沉积区主要受到近北向物源控制，与探井的成像测井资料和地震属性切片反映的古水流方向一致。

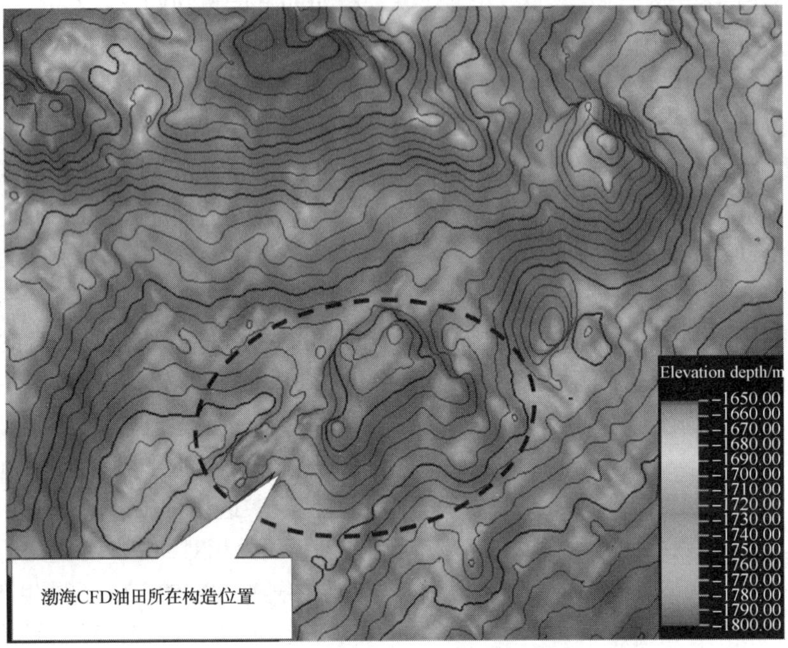

图7 渤海 CFD 油田东营组地层沉积时期古地貌图

东营组地层沉积时期，北方古凸起为沉积区提供物源，由于地势坡度的变化导致沉积物开始卸载，形成连片河口坝前缘沉积体，主要分布在本油田北侧。这一部位储层厚度较大、物性较好、生产井产能较高，为油田的优势级和改造级储层主要分布区域。受本油田潜山凸起的遮挡作用，油田南侧古水流速度快速减缓，在油田南侧形成连片的前缘席状砂和局部小规模的分流河道及河口坝沉积。这一部位储层厚度较小、物性较差、生产井产能较低，主要为改造级和致密级储层(图8)。

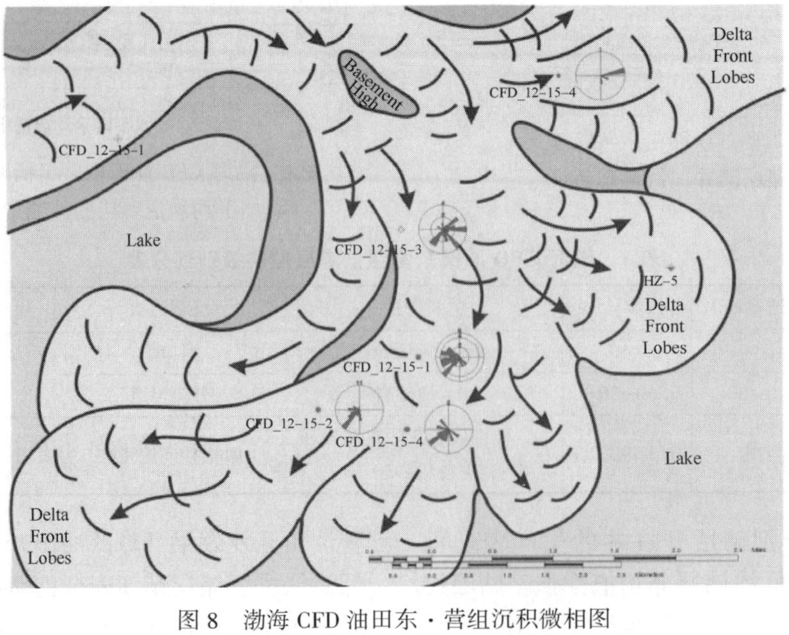

图8 渤海 CFD 油田东·营组沉积微相图

3 低渗储层甜点预测

3.1 储层地震响应特征

研究区地震资料为高分辨率三维地震资料，东营组地层地震资料品质较好，反射能量强，波形稳定连续，有效频带宽约为16~100Hz，主频为50Hz。本区5口探井合成地震记录与地震匹配关系较好。目的层段上覆地层厚度为10m左右，受地震资料分辨率的限制，目的层与上覆地层的储层顶面反射相互叠加而表现为复波波谷响应特征。由于上覆地层厚度及结构较为稳定且地震资料品质较好，地震波形与能量特征对储层发育情况有一定的对应关系，能够定性反映储层发育情况。井震对比表明，储层呈如下地震响应特征：①低频复波谷较强反射为较厚储层特征，储层厚度较大、物性好(图9，a)；②低频复波谷、底部强反射为互层储层特征，储层发育较好(图9，b)；③中频波谷夹波峰且底部波峰呈强反射为薄储层特征，目的层与上覆储层间发育较厚泥岩夹层，储层较薄(图9，c)。

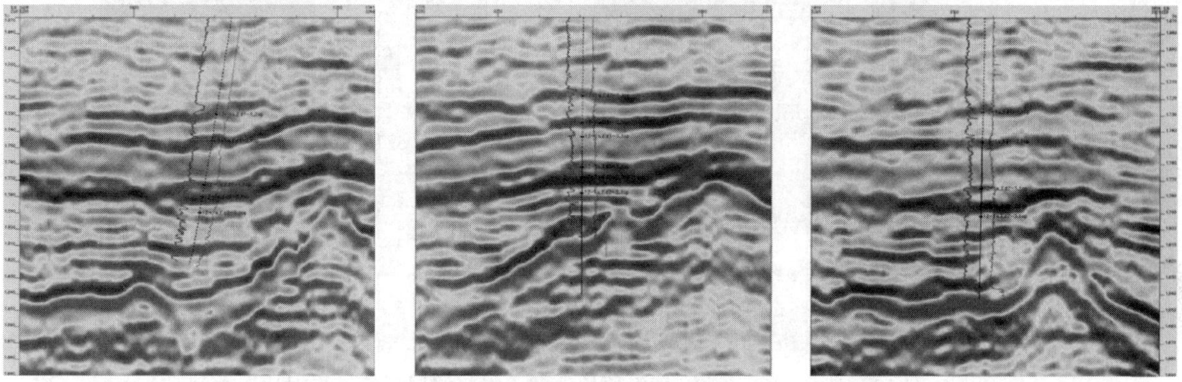
(a) (b) (c)

图9 渤海CFD油田储层地震响应特征

3.2 储层反演

依据地震资料预测储层属性具有较大的多解性，目前国内外常用的地震反演算法有多种，每种算法适用于不同储层特点、资料品质和目标属性。针对储层特点与井震匹配关系，结合海上油田自身特点与测井资料的局限性，本次研究选择遗传反演算法。作为一种神经网络和遗传算法相结合的非线性迭代反演算法，遗传反演在实际操作过程中所需的资料仅限于原始地震资料和井资料，而不需要子波和初始模型，从而在降低获取资料难度、减少主观因素对反演结果的影响的同时，使研究人员更加专注于储层结构与地震响应之间的关系；该方法的另一大优势在于反演的目标属性不仅限于传统的波阻抗属性，而是可扩展到更多与地震振幅直接或间接相关的其他岩石物理属性，如密度、孔隙度和自然伽马等。该方法已在全球范围内多个油田被证明具有良好的应用效果。海上油田开发井具有测井项目较少的特点，需要在有限的岩石物理参数中选择与地震资料对应关系最佳并可以较为准确的反映储层物性的参数作为反演目标。鉴于自然伽马测井资料在本油田较为丰富、与储层渗透率具有较好的相关关系，本次研究选择自然伽马作为储层遗传反演的目标属性。

本次研究供选取分布于油田不同部位、不同沉积微相与不同储层级别的20口井针对本油田东营组低渗层进行自然伽马反演计算。从井震对比上来看，原始地震资料受分辨率限制，蓝轴代表油组顶面，内部小层没有清晰连续的反射轴，地震资料对储层物性反应效果较差；而反演结果对小层的刻画效果有明显改善，并且与自然伽马测井有理想的对应关系，从而反映储层物性的变化(图10)。

从原始地震资料和反演结果对比上来看，加入井信息后，反演资料对小层内部单砂体的刻画效果相比原始地震资料有明显改善，将原主力砂体刻画成a、b两期单砂体，单砂体a局部叠置单砂体b上方。其中单砂体a在油田北侧与中部相对发育，反演资料显示地震同向轴形态饱满、属性较强，反映油田北侧与中部储层发育较好；单砂体b油田南侧相对发育，反演资料显示地震同向轴形态欠饱满、属性较差，反映油田南侧储层发育较差(图11)。

储层反演结果与储层沉积微相研究结果一

致，说明反演结果可反映储层发育情况，并为本油田东营组低渗层甜点预测指明了方向。油田北侧和中部靠近物源方向，主要发育河口坝与分流河道微相，是本油田优势级与改造级储层集中发育区域，为油田挖潜主要目标；油田南侧远离物源方向，主要发育席状砂微相，储层厚度较小、物性较差，是本油田致密级储层集中发育区域，存在较大的开发风险。

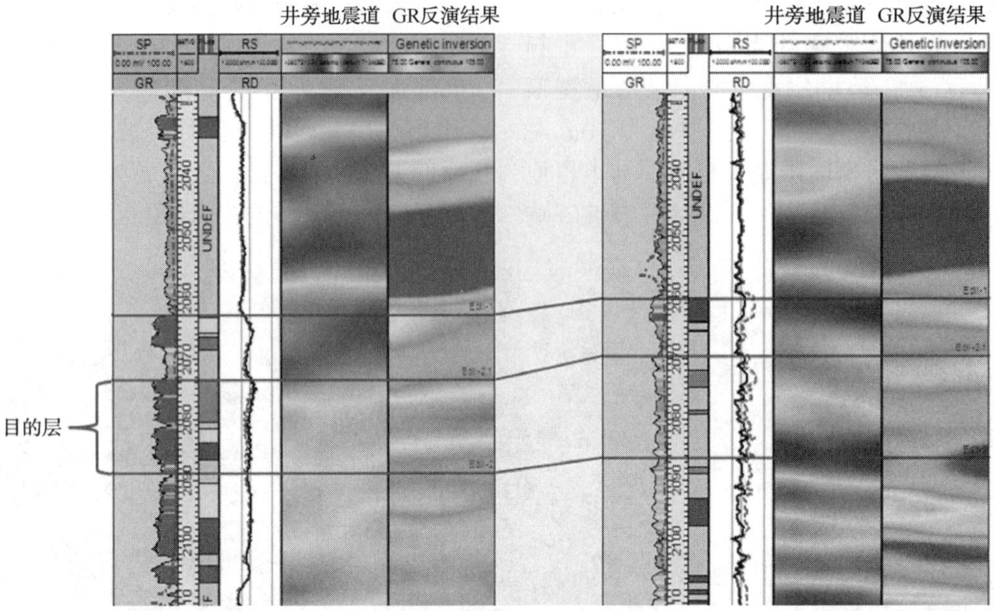

图 10　渤海 CFD 油田东营组原始地震资料与储层反演结果对比

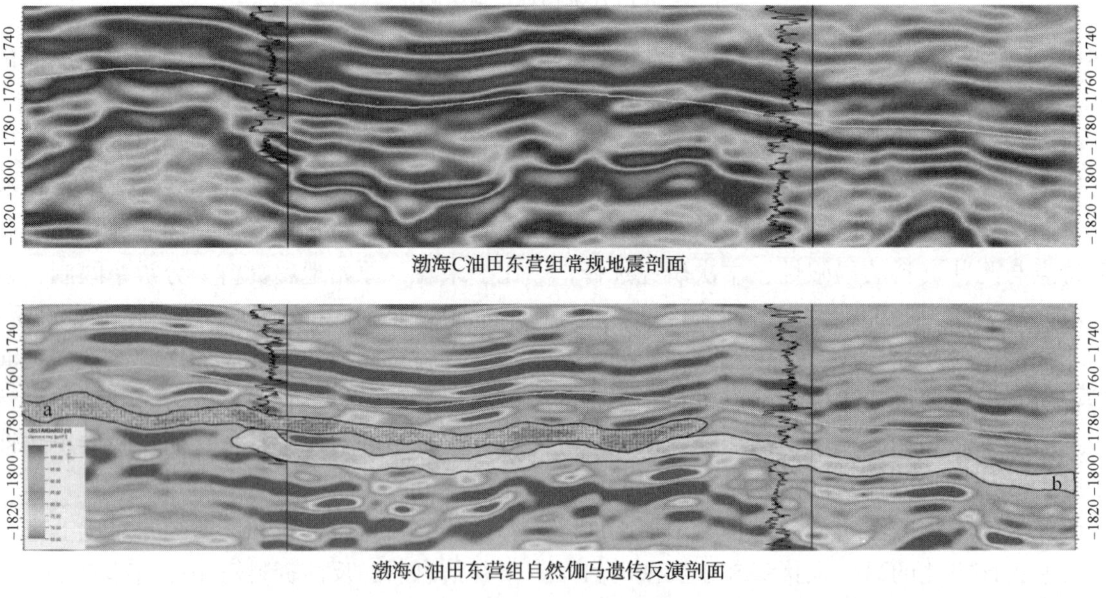

图 11　渤海 CFD 油田东营组原始地震资料地震剖面与反演剖面对比图

3.3　储层甜点刻画

在前文对储层级别的定量划分与遗传反演对储层物性定量刻画的基础上，对本油田东营组低渗层各级储层空间分布进行了精细预测。跟据储层级别划分标准(表 1)，本油田优势级储层(渗透率>50mD)自然伽马值<60api，改造级储层(渗透率 10~50 mD)自然伽马值为 60~90api，致密级储层(渗透率<60mD)自然伽马值为>90api。在已获得的遗传反演自然伽马三维数据体中，通过三维地质体刻画与提取技术，对各级储层分别进行定量提取，将各级储层的展布规模与形态在三维空间中进行直观显示。其中优势级储层主要位于油田北侧和中部河口坝微相发育部位，呈小规模片状与条带状，横向连续性较差；改造级储层位于油田北侧和中部，与水下分流河道微相匹配程度较高，为这一区域的主要储层级别；致密级储层位于油田南部前缘席状砂微相发育部位，为这一区域的主要储层级别。

4 应用效果

依据以上储层甜点刻画结果，进一步制定本油田开发方案：优先动用优势级储层根据优势级储层空间展布特征，灵活应用分支井、阶梯井等井型实现对优势级储层的精准高效动用，应用长水平井结合压裂等储层改造手段动用改造级完善井网，避开致密级储层。方案实施过程中，应用遗传反演约束下的自然伽马模型指导水平段实施，确保优势级储层钻遇率达到90%以上。

近年来，该油田在本文研究成果的指导下，在东营组主力低渗层先后实施包括多分支井与阶梯井在内的10口生产井对低渗层甜点进行精准挖潜，获得了理想的效果。油田日产量提高至钻前的十倍，并出现了多口初期日产量超过150t/d的高产井，极大改善了油田的开发效果的同时，证明了本文研究成果对本油田东营组低渗层的表征与甜点预测是准确有效的。

5 结论

针对海上油田低渗层储层认识程度低，开发效果差的问题，本文在深入研究渤海CFD油田东营组低渗层储层特征的基础上，开展了基于遗传反演的海上油田低渗储层分级定量表征及开发甜点预测研究，并基于研究成果开展油田挖潜调整，取得了理想的效果，对其他类似的海上低渗油田开发具有借鉴作用。

参 考 文 献

[1] 范文科，王伟超，俞勇刚，等．青海木里三露天天然气水合物预判气录井应用研究[J]．现代地质，2015，29（5）：1151-1156.

[2] 李国瑞．影响气测录井准确发现和评价油气层的因素[J]．中国石油和化工标准与质量，2016，5（2）：113-114.

[3] 郭琼，邓建华，姬月凤，等．气测录井环形网状解释图版及评价方法[J]．录井工程，2007，18（4）：54-58.

[4] 黄保纲，宋洪亮，申春生，等．利用气测资料判断调整井油层水淹程度的尝试[J]．中国海上油气，2011，23（3）：170-174.

[5] 赵军龙，李甘，朱广社，等．低阻油层成因机理及测井评价方法综述[J]．地球物理学进展，2011，26（4）：1334-1343.

[6] 单祥，季汉成，刘计国，等．尼日尔Agadem区块古近系Sokor1组低阻油层成因[J]．东北石油大学学报，2014，38（2）：27-34.

[7] 居字龙，唐辉，刘伟新，等．珠江口盆地高束缚水饱和度成因低阻油层地质控制因素及分布规律差异[J]．中国海上油气，2016，28（1）：60-68.

[8] 曹凤俊．气测录井资料的影响分析及校正方法[J]．录井工程，2008，19（1）：22-24.

[9] 王灏，张建山．气测录井的影响因素研究[J]．中国石油和化工标准与质量，2016，4：45-48.

[10] 高志，王建伟，李山昌，等．循环钻井液气测录井资料校正方法及应用[J]．录井工程，2014，25（3）：51-55.

某超深井油管腐蚀开裂分析及对策研究

杨战伟[1,2]　才　博[1,2]　范文同[3]　高　莹[1,2]　王　辽[1,2]　王丽伟[1,2]

（1. 中国石油勘探开发研究院压裂中心；2. 中国石油油气藏改造重点实验室；
3. 塔里木油田公司油气工程研究院）

摘　要　现有酸液缓蚀剂对消除高温环境下酸性高浓度盐水对超级13Cr材质油管的应力腐蚀是无效的，实际生产应用中导致了应力腐蚀开裂，需研发新型缓蚀剂解决高温酸液及高温酸性高浓度盐水的应力腐蚀。研究已有缓蚀剂缓蚀机理的基础上，分析了其不足之处，提出了聚合成膜的缓蚀机理，即利用一些化合物在酸液环境中在一定条件下相互反应，生成含至少2个活性功能团中间产物，可在金属表面快速生成聚合物膜。基于该理论，研发了新型缓蚀剂，在高温高压动态腐蚀速率测量仪测试，180℃下，15%盐酸腐蚀速率最低为16.0/m²·h；四点弯曲法测试证实该缓蚀剂显著消除了酸性高浓度盐水在高温环境中对超级13Cr材质试片产生的应力腐蚀开裂。新型缓蚀剂可有效减少超级13Cr材质油管在超深高温高压气井中产生的应力腐蚀开裂。

关键词　高压高温气井；应力腐蚀开裂；酸性高浓度盐水；聚合成膜；新型缓蚀剂

传统的马氏体不锈钢含铬量分别为13%和17%左右，这类钢缺乏足够的延展性，而且在制造过程中对应力裂纹敏感。通过降低含碳量（最高碳含量从0.07%降低到0.05%和0.03%），增加镍含量，不锈钢综合力学性能得到提高，抗拉强度高，延展性好，耐腐蚀性良好，形成了新的超马氏体不锈钢系列。JFE超级13Cr马氏体不锈钢即为其中一种，其化学成分中，Cr含量为12.88%、Mn、C、Ni、Mo、P含量介于0.02%~5.33%，S含量小于0.005%。尤其CO_2对有较强的耐腐蚀性能，在国内外含CO_2油气田生产及运输管线设备中应用较广泛。

国内西部某油田在含CO_2“三超”气井中采用了S13Cr110材质油管作为完井测试管柱，对7516-7602m井段进行改造测试，S13Cr110钢材质油管下深至7450m，储层温度为159.3℃，压力131MPa，最小主应力梯度为2.15MPa/100m。该超深井储层致密，天然裂缝发育差，地应力梯度高，优选了加重压裂液进行加砂压裂改造，压裂施工前为降低破裂压力，减小施工难度，首先低排量泵注了80m³方胶凝酸。加重压裂液配方为：0.4%胍胶+35%硝酸钠+1.0%破乳剂+0.5%温度稳定剂+0.4%交联剂+5.0%甲醇；胶凝酸配方为：15%盐酸+0.3%稠化剂+2%黏土稳定剂+4.5%缓蚀剂（3%A+1.5%B）+2%铁离子稳定剂。改造施工较为顺利，共泵注酸液80m³，加重压裂液350m³，加砂32m³。放喷37个h后，套压出现上升，油管返排液中出现有机盐完井液，判断为油套连通。该井大修起油管时发现编号为418的油管（Φ88.90mm×6.45mm，下深5418.72m）断裂，目测横向裂纹导致断裂。本区块超深井酸化及酸压及常规压裂液改造中，S13Cr110材质油管与改造液大量接触，发现部分油田内壁有点蚀现象，但腐蚀断裂情况较少发生。为此本文重点开展了加重压裂液（高浓度盐水）对S13Cr110材质油管腐蚀开裂（应力腐蚀SCC）的影响，结合理论分析和室内评价，研究了针对S13Cr110材质油管适用于高浓度盐水的的缓蚀剂技术，目的是利用新型缓蚀剂，解决高温高压工况下S13Cr油管在高浓度盐水中的应力开裂（图1）。

1　加重压裂液使用过程中的腐蚀

1.1　加重压裂液腐蚀分析

入井流体对油管的腐蚀研究，集中在完井液、环空保护液及酸液体系，这三种液体与油管接触时间较长，或腐蚀较剧烈，但压裂液及加重压裂液对油气井管柱的腐蚀问题开展的研究较少，同时技术人员着重考虑压裂液本身对管柱金属的腐蚀性，很少考虑压裂液返排液的腐蚀性，也忽视压裂工艺对压裂液腐蚀性的影响。为了研究加重压裂液即高浓度盐水导致S13Cr油管腐蚀开裂问题，加重压裂液技术在使用过程中，腐蚀问题应考虑如下三个方面：①加重压裂液本身对金属管柱的腐蚀，在用的加重压裂液本身多数属于碱性，其对钢的腐蚀速度通常很低。从宏观腐蚀角度而言，基本不用考虑加重压裂液本身对油井管柱的腐蚀危害；②返排液对金属管柱的腐蚀，施工结束后，压裂液在破胶剂作用下破胶，而破胶以后的压裂液接近中性或呈偏酸性。高温环境下的高浓浓盐水腐蚀性较强。中性高浓度盐水的宏观腐蚀性低，其对金属管柱的长期危害在于卤离子引起的点蚀和应力腐蚀破裂。③不当的配套工艺技术加剧加重压裂液的腐蚀性，超深高应力储层改造前置液前通常泵注一部分酸液。返排过程偏高盐加重压裂液返排液较高温度(例如高于 60℃)下，对金属管柱腐蚀强烈，且温度越高，腐蚀性越强。

图 1　某三超气井测试油管断裂端口

1.2　加重压裂液应力腐蚀评价

依据 GB/T 15970.2—2000《金属和合金的腐蚀 应力腐蚀试验第 2 部分：弯梁试样的制备和应用》标准，在高温高压釜中进行应力腐蚀试验，JFE HP2 13Cr 110(2 片平行样)试样加工成 115 mm×15mm×3mm 长方体形状，如图 2 所示。试验前首先将试片依次用 240#、400#、600#、800#、1000#砂纸进行逐级打磨。试片表面用丙酮清洗、除油、冷风吹干后，采用四点弯曲夹具进行试样加载，然后将加载好的试样放入高温高压釜中进行实验。实验完毕后取出试片，去除夹具，用去离子水清洗、无水乙醇脱水，冷风吹干。首先放大 10 倍对处理完的试片进行形貌外观观察，如存在应力腐蚀，进行微观形貌及能谱分析。

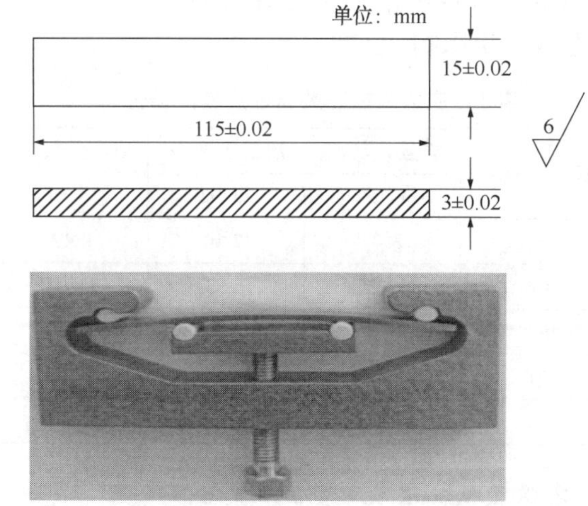

图 2　四点弯曲应力腐蚀实验试片尺寸及实验夹具

实验模拟储层温度，设为 150℃，液体模拟返排液成分，混合硝酸钠加重压裂液与胶凝酸的残酸液，实验前测 pH 值为 3.2，由于反应釜承压受限，无法模拟高压环境，设置压力为 15MPa，反应时间为 48h，加载应力为试片 90% 屈服强度，达到 680MPa。实验结果见图 3，经 150℃、48 h 的高温高压模拟实验后，两片加载试样均发生明显开裂，试片表面沉淀黑色的腐蚀产物，已完全失去金属光泽，正面可见大量垂直于加载方向宏观裂纹分布。该结果也证实了理论分析，即高浓度盐水在酸性及高温环境下可对 13Cr 材质油管产生严重腐蚀开裂，甚至造成油管断裂。

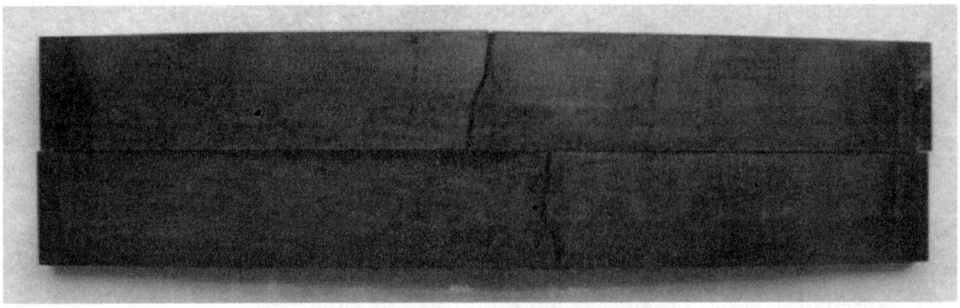

(a)试样开裂宏观形貌

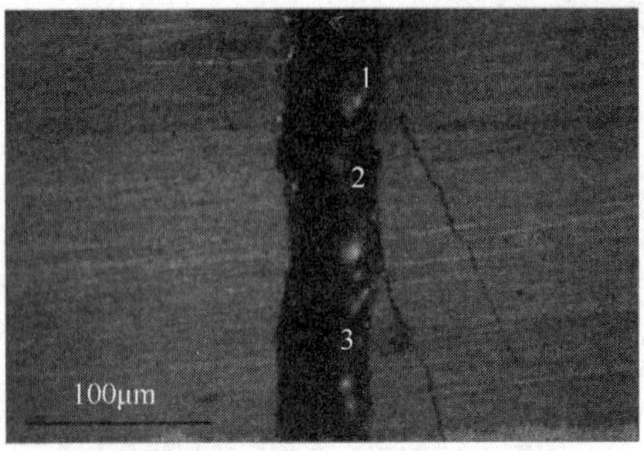

(b)主裂扩展纹形貌

(c)二次裂纹扩展形貌

图 3　应力腐蚀实验试片宏观及裂纹扩展形貌

能谱分析(表 1)，裂纹处腐蚀产物中除存在 Fe、Cr、Ni 基体元素外，还存在 O 和 S 元素。该实验做了两组对比，试样表面 S 元素最高均超过 10%，可推测溶液中存在含硫介质，并对开裂造成一定影响。

表 1　应力腐蚀开裂腐蚀产物能谱分析

成分	质量分数/%	质量分数/%	质量分数/%
O	17.32	23.92	13.01
S	3.47	12.01	1.13
Cr	12.31	7.93	14.01
Fe	57.46	22.08	65.12
Ni	9.44	34.06	6.73
Ca	—	0.89	—

2　高温缓蚀机理及新型缓蚀剂合成

我国油田使用高温缓蚀剂已有几十年的历史，主要是针对酸液的缓蚀剂。在使用过程中分为主剂和辅剂，主剂在较低温度下(<140℃)直接使用就可以使酸液的腐蚀指标达到要求；在更高温度下，必须使用辅剂才能使酸液达到腐蚀指标要求。

2.1　高温酸液缓蚀机理

缓蚀剂是在金属表面通过缓蚀剂分子吸附成膜而隔离酸液与金属的接触来降低金属的腐蚀速度。酸液缓蚀剂按照分子结构可分为三大类：季铵盐型、曼尼奇型和咪唑啉型。用作增效剂的物质一般是甲酸、甲酰胺、碘、碘化物、亚铜化合物、锑化合物、铋化合物等。在温度超过 150℃的情况下，往往使用金属化合物作为增效剂。

现有的高温酸液缓蚀剂存在以下问题：①氯化亚铜、碘化亚铜在常温下酸液中溶解度太低，在酸液中不容易均匀。② 金属增效剂与缓蚀剂在地面条件下容易形成酸溶性极差的成分，导致高温酸液缓蚀剂有效成分不均匀分布和静置分层现象。通常使用分散剂减轻这种现象的不利影响，但会以降低缓蚀效率作为代价，而且仍然不能完全解决这种问题。③ 酸液缓蚀剂使用浓度高：>3%的浓度才能耐受 140℃的温度；当温度高达 180℃的情况下，缓蚀剂的使用浓度往往>5%。④ 使用成本高。除了缓蚀剂使用浓度高增加成本外，缓蚀剂中昂贵的炔醇化合物和碘化物是产生高成本的另一主要原因。

2.2　新型缓蚀剂合成

缓蚀剂是一种组分复杂的混合物，通常由一定的反应原料在特定条件下反应生成具有缓蚀性能的主要成分，然后与其它物质复配，使缓蚀剂具有高效、可储存性和便于使用。

2.2.1　新型缓蚀剂聚合成膜机理

本文基于聚合成膜机理合成新型缓蚀剂，目的是采用该缓蚀剂，可实现高浓度盐水在高温下的酸性环境中，减轻对超级 13Cr 油管腐蚀。研究认为缓蚀剂与金属铁表面之间形成的保护膜是一种聚合物膜，这种膜并非单分子膜，而是一种有足够厚度的三维聚合物膜。在这种聚合物膜的成长过程中，首先是一些活性单体通过物理和化学方式吸附于金属表面，之后这些活性单体在特定条件下相互之间发生聚合反应，形成二维聚合物膜。当周围环境提供更多活性单体时，这些活性单体还会和二维聚合物膜继续发生聚合反应，使聚合物膜增厚，成为三维聚合物膜。

工程上要求聚合膜与金属铁表面之间的键合能力强，键合速度快。这就要求形成聚合物膜的活性单体是一些富电子化合物，必须是在环境中可以稳定存在的至少含有 2 个功能团的化合物。活性单体可以是一种，也可以是几种。在保护膜形成机理重新认识的基础上，开展了新型缓蚀剂的合成研究。

选择了一些化合物，在酸液环境中能够相互之间反应生成含至少 2 个活性功能团的可聚合的中间产物，该中间产物不但可以快速吸附在金属表面，而且在金属表面可快速聚合成膜，隔离铁与酸溶液中腐蚀性物质的直接接触，赋予酸液抑制腐蚀的功能。这些活性的中间产物具有传统的酸液缓蚀剂的功能，同时由于是在酸液中产生的，可以实现消除高浓度盐水在酸性环境下对油管的腐蚀。基于以上理论合成了含有肉桂醛和苯胺及其他化合物的新型缓蚀剂。

2.2.2 新型缓蚀剂优化

实验材料及仪器：37% HCl，分析纯；85% HCOOH，分析纯；肉桂醛，分析纯；苯胺，分析纯；催化剂及其他添加剂；N80 试片，50×30×10mm，山东省阳信县晟鑫科技有限公司；高温高压动态腐蚀速率测量仪，美国 chandenler 公司。

实验方法及结果：在高温高压动态腐蚀速率测量仪中进行腐蚀实验，用失重法测量钢片在酸液中的腐蚀速度。实验流程参照标准 SY/T 5404—1996《酸化用缓蚀剂性能试验方法及评价指标》。从表 2 中可以看出，反应物肉桂醛和苯胺之间存在一个最佳比例关系。当肉桂醛和苯胺的摩尔比接近 1∶1 时，合成产物的缓蚀效果最好，腐蚀速率低至 16.0～19.5g/m^2·h。肉桂醛和苯胺二者使用浓度高的合成产物比浓度低的合成产物缓蚀性能更好。如果肉桂醛和苯胺的使用浓度低且两者摩尔比低于 1∶1 时，合成产物的缓蚀性能较差，腐蚀速率高达 450 g/m^2·h。肉桂醛和苯胺摩尔比远大于 1∶1，合成产物也有很好的缓蚀性能，腐蚀速率>30g/m^2·h，但没有两者摩尔比为 1∶1 时的合成产物性能好。

表 2 180℃下在 15%HCl+2.5%HCOOH 中试片的腐蚀实验结果

实验序号	反应物在酸液中的质量浓度/%					实验结果/g/m^2·h
	TCA	AN	其它	TCA/AN[a]	催化剂	
1	1.00	0.20	1.30	3.52	0.125	30.6，均匀腐蚀
2	0.75	0.20	1.05	2.64	0.125	31.6，均匀腐蚀
3	0.60	0.40	1.50	1.06	0.125	19.5，均匀腐蚀
4	0.40	0.40	1.20	0.70	0.125	450，侧面坑蚀严重
5	0.80	0.60	1.60	0.94	0.125	16.0，均匀腐蚀

2.3 新型缓蚀剂应力腐蚀评价

通过均匀腐蚀评价，确定了缓蚀剂的最佳配方，重点是验证能否消除高温酸液及高温酸性高浓度盐水对 13Cr 材质油管的应力腐蚀。仍依据 GB/T 15970.2—2000《金属和合金的腐蚀-应力腐蚀试验第 2 部分：弯梁试样的制备和应用》标准，采用与图 3 试片同样的实验材料与仪器，在相同的反应溶液中，加入了 1%新型缓蚀剂，评价了该新型缓蚀剂的应力腐蚀缓蚀效果。经 150℃、15MPa、48h 模拟工况应力腐蚀试验后，JFE HP2 13Cr 110 和 TN 110Cr13S 两种材料试片均未发生应力腐蚀开裂(图 4)，试片正面保留金属光泽，微观形貌观察，没有细微裂纹，证实了基于聚合成膜机理研发的新型缓蚀剂，不禁可降低高温下酸性液体的均匀腐蚀，也能有效消除高温下酸性液体包括酸性高浓度盐水对超级 13Cr 材质油管产生的应力腐蚀。

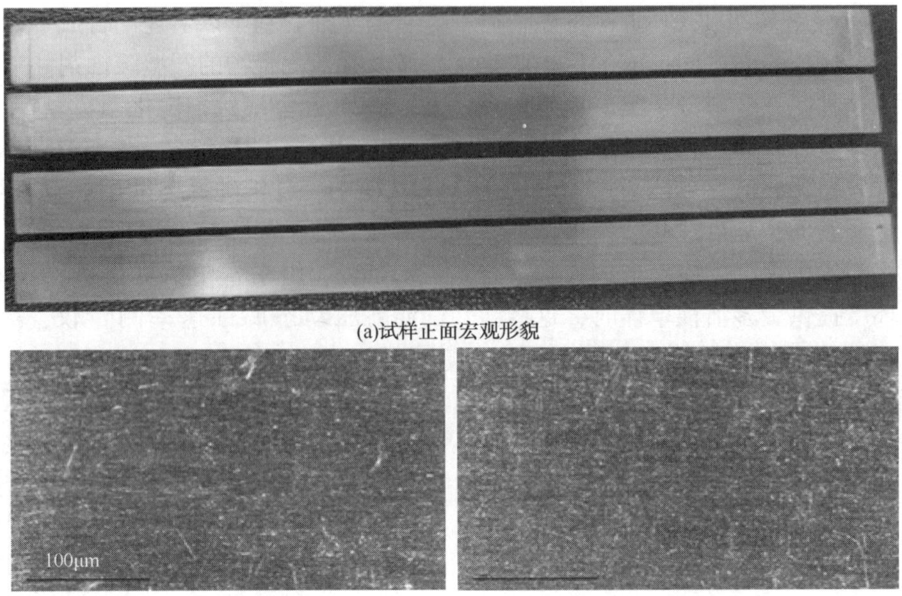

(a)试样正面宏观形貌

(b)正面放大微观形貌　　(c)背面放大微观形貌

图4　加入缓蚀剂后13Cr材质试片应力腐蚀结果

3　结论

(1) 高浓度盐水在酸性条件下高温环境中腐蚀较严重，长时间反应，金属试片产生应力腐蚀开裂，可导致油管刺漏甚至断裂。

(2) 基于聚合成膜机理研发新型缓蚀剂，优化缓蚀剂中肉桂醛和苯胺的摩尔比接近1∶1时，合成产物的缓蚀效果最好，按照酸液腐蚀评价标准，180℃下腐蚀速率低至16.0~19.5 $g/m^2 \cdot h$。

(3) 四点弯曲法应力腐蚀实验证实，加入新型缓蚀剂后，酸性高浓度盐水在高温下未对超级13Cr材质试片产生应力腐蚀开裂破坏。

参　考　文　献

[1] 马磊，岳小琪，赵密锋，等．油套管钢在甲酸盐-磷酸盐复配完井液中的腐蚀行为[J]．钻井液与完井液，2020，37(03)：398-404.

[2] 雷群，胥云，杨战伟，等．超深油气储集层改造技术进展与发展方向[J]．石油勘探与开发，2021，48(01)：193-201.

[3] 寇菊荣，董仁，刘洪涛，等．超级13Cr完井管柱的腐蚀失效原因[J]．腐蚀与防护，2015，33(9)：898-902.

[4] 伍林，王世彬，雷跃雨．超高温瓜胶压裂液加重性能研究[J]．重庆科技学院学报(自然科学版)，2011，13(1)：98-100+116.

[5] 杨向同，肖伟伟，刘洪涛，等．甲酸盐对套管/油管腐蚀速率评价方法与影响因素[J]．钻井液与完井液，2016，33(06)：51-57.

[6] 单广斌，迟立鹏，李贵军，等．黑水环境中氯离子浓度对不锈钢应力腐蚀开裂敏感性的影响[J]．腐蚀与防护，2019，40(11)，796-798.

[7] 董永刚，张营，裴海华．耐高温NaBr加重压裂液的研究[J]．当代化工，2016，45(3)：441-446.

[8] 何世云．抗180℃高温低腐蚀酸液体系构建及应用[J]．钻井液与完井液，2020，37(02)：244-249.

[9] 郭稚弧．缓蚀剂及其应用[M]．武汉：华中工学院出版社，1987：106-239.

[10] 宗鹏．季铵盐型酸化缓蚀剂的合成及其缓蚀机理研究[D]青岛：中国石油大学，2008.

[11] 艾俊哲，段立东，王欢．咪唑啉固体缓蚀剂的溶解性能及缓蚀性能[J]．腐蚀与防护，2019，40(10)，740-746.

[12] 邵明鲁，岳湘安．新型双季铵盐缓蚀剂的合成与性能评价[J]．腐蚀与防护，2019，40(10)，747-752.

[13] 李军，张镇，王云云，等．吡啶季铵盐型中高温酸化缓蚀剂的合成与性能评价[J]．石油化工应用，2017，36(9)：120-123.

[14] 张朔，吕选鹏，刘德正，等．一种新型高温酸化缓蚀剂的制备及其应用[J]．钻井液与完井液，2017，34(5)：100-105.

[15] 中国石油天然气总公司．SY/T 5405-1996 酸化用缓蚀剂性能试验方法及评价指标[S]．北京：石油工业标准化技术委员会，1996.

[16] 战风涛，杨震，吕志凤，等．高效缓蚀性氯化苄基喹啉衍生物制备与表征[J]．石油学报，2015，36(9)：1116-1121.

[17] 赵国仙，高飞．TC4钛合金在有机盐完井液中的腐蚀性能[J]．钻井液与完井液，2020，37(02)：264-268.

CO_2驱封窜体系静态性能评价及驱替效果研究

陈神根　王　瑞　徐金山　陈　森

（中石油新疆油田分公司工程技术研究院）

摘　要　CCUS是油气领域实现驱油及碳埋存的重要技术手段，但受地质特征、流体物性等影响，CO_2驱易气窜，严重抑制提高采收率及碳埋存效果，因而亟需进行长效封窜技术研究。为满足封窜剂注入性及长期稳定性需求，实验选取现有CO_2响应增稠流体（R-A、R-B、R-C）、耐酸泡沫（F-A、F-B、F-C）体系各三种，分别评价优选在CO_2环境下强响应增稠流体（R-A）及耐酸性最强泡沫（F-A）。实验室构建岩心驱替装置，分别研究F-A、R-A及其组合段塞的封窜效果。结果表明，R-B、R-C在CO_2环境下响应效果不佳（最高仅为2.5mpa·s），而R-A最高增稠至496mpa·s；0.30 vol%的F-A起泡体积（520min）、消泡半衰期（122min）的、析液半衰期9min）为最佳。优选0.30 vol%的F-A、1.50vol%的R-A驱替结果表明，相比单一体系封窜，复合控窜出气减少率仍高达94%，且封窜率提升约39.9%~48.7%，封堵率达60.4%，起到较强的封堵调剖效果。本研究在满足注入性的条件下筛选适应于CO_2驱油长效封窜的体系及调控工艺，对当前国内外油田CO_2驱封窜技术研究具有一定的借鉴意义。

关键词　CCUS；CO_2驱封窜；响应增稠；耐酸泡沫；提高采收率

我国致密油资源丰富，国内新近勘探且未开发的油田绝大多数以低渗透油田为主，约占新探明储量的50%~60%，其中特低渗油田在低渗中占60%~70%。随着世界石油勘探开发程度的不断深入，储层条件相对较好的I类油藏基本进入高含水、高采出阶段，原油产量迅速递减。而世界对石油的需求量却不断攀升，为应对原油产量下滑，缓解全球能源压力，低渗致密油藏日益成为研究重点。

目前已开发低渗透油藏面临单井产量低、地层能量补充困难、有效驱替系统难以建立等难题，最终采收率一般为10%左右，亟需接替开发技术。而CO_2在原油中具有较好的溶解性和较强的萃取能力，可大幅度降低原油黏度、膨胀增容，与原油多次接触混相降低界面张力，从而大幅度提高油藏采收率。矿场实践表明，与水驱相比，CO_2吸气指数可提高5倍、启动压力降低50%，大幅提高了注入能力，有效解决了低渗透油藏水驱开发存在的“注不进、采不出、采油速度低、采收率低”等难题，能延长油井生产寿命15~20a。美国是世界上二氧化碳驱项目最多的国家，占全球总数的90%以上，从20世纪80年代商业推广以来，随着技术的发展进步，目前二氧化碳驱年产油量连续5年在1500万t左右，提高石油采收率7%~15%。同时，注入的CO_2可大规模封存于地下，实现CO_2高效减排。因此，CO_2驱是低渗油藏提高采收率、CO_2减排和资源化利用的主要技术手段。

低渗透致密储层中，由于岩石致密程度增加，岩石的强度和脆性加大，因而在构造应力场的作用下，岩石会不同程度的产生裂缝，常常使裂缝和低渗透储层相伴生，形成裂缝性低渗透储层；同时，低渗油藏储层非均质性强，不同区域渗透性极差大，且CO_2黏度较低，在CO_2与原油之间不利的流度比影响下，注入CO_2极易沿优势通道窜流，严重影响CO_2驱效果。因此，亟需研究适应于低渗油藏CO_2驱气窜封堵调剖的长效性封窜体系，控制CO_2流体在高渗通道中的无效流动，扩大波及效率，从而提高CO_2驱采收率。

针对非常规油藏特低渗、非均质强及CO_2形成的酸性环境特点，封窜体系要满足注入性和长效性的要求。首先，封窜剂在窜流通道中要具有一定的运移能力，且低渗透油藏中剩余油部位启动压力大，又要求封堵剂具有一定的封堵能力，能够对高渗窜流层局部形成有效的封堵，进而驱替出低渗部位的剩余油，提高低渗储层的波及效率。其次，CO_2在储层条件下形成酸性环境，常规的聚合物凝胶等封窜体系在CO_2环境下易降解失效，且初始黏度大，不适用于注入性差的低渗储层，而注入性较好的起泡剂体系的耐酸性能有待评价。

因此，选用目前常用的注入性较好的CO_2响应增稠流体及耐酸泡沫两类体系各三种，分别研究其响应增稠及泡沫耐酸效果，优选增稠效果最佳增稠流体及耐酸性最强的泡沫体系，建立裂缝性岩心模型，研究单一体系及其组合条件下的封窜效果。本次实验研究从封窜体系的注入性及长效性出发，优选CO_2响应增稠流体及耐酸泡沫，并分别研究其单一体系及组合形式下在低渗裂缝岩心中的对CO_2驱气窜的调控效果，以期为低渗致密储层CO_2驱提高采收率提供一定的借鉴。

1 实验研究

1.1 实验材料

本实验采用新疆油田某区块注入水，矿化度约30000ppm。三种CO_2响应增稠流体分别来自中石油勘探开发研究院(R-A)，福克斯石油技术公司(R-B、R-C)；三种耐酸泡沫体系分别来自东营方立化工有限公司(F-A)，福克斯石油技术公司(F-B、F-C)。人造岩心由北京远洋环宇石油科技有限公司提供，岩心具体参数如表1所示。

表1 实验岩心基础数据

Experiment No.	Core No.	Length/cm	Diameter/cm	Permeability/$10^{-3}\mu m^2$	Porosity/%	Pore volume/mL
1	500-1	30.2	2.51	500	25.01	38.07
2	500-2	30.3	2.52	500	25.02	38.13
3	500-3	30.0	2.52	500	25.04	37.89

1.2 响应增稠流体性能测试

本实验采用新疆油田注入水制备不同浓度CO_2响应增稠流体溶液，R-A、R-B、R-C优选浓度分别为1.0%、1.25%、1.5%、1.75%、2.0%，实验温度保持在25℃。首先，将各增稠流体原液按浓度配比加入注入水中，充分搅拌10min后得到体系溶液，并测试其初始黏度，随后利用细管通入CO_2，持续通入30min后测试其黏度，对比分析不同浓度、不同种类增稠流体在CO_2环境中响应增稠效果，获得最佳浓度配比及种类的增稠流体。上述黏度测试均使用布鲁克菲尔德黏度计测试，测试温度也为25℃，转子转速为6r/min。

1.3 耐酸泡沫性能测试

在CO_2环境下，本实验通过对比观察三种起泡剂在不同浓度(0.15%、0.20%、0.25%、0.30%、0.35%)下的起泡能力和稳定性能，测试其发泡体积、析液半衰期、消泡半衰期，优选最佳浓度下的耐酸泡沫体系。实验过程中首先用吸管抽取表活剂溶液，按照实验表活剂浓度配比加入注入水溶液中，用玻璃棒搅拌2min，使其充分溶解形成所需100mL起泡剂水溶液；在常温常压下，将配置好的100mL设计浓度表活剂水溶液倒入高速搅拌机中，用细管通入CO_2约1min，使其形成CO_2环境，再在高速搅拌机中以6000rpm转速搅拌1min，制得CO_2泡沫，置于1000mL的量筒中，记录泡沫的起泡体积、析液半衰期、消泡体积。

1.4 封窜体系驱替试验

为研究优选浓度及体系下增稠流体及泡沫在岩心中的控窜效果，本实验首先设计了一个由岩心夹持器、平流泵、中间容器、活塞泵、二氧化碳气瓶、回压阀、数据收集整理系统及各种连接管线组成的驱替实验装置，装置流程如图1所示。

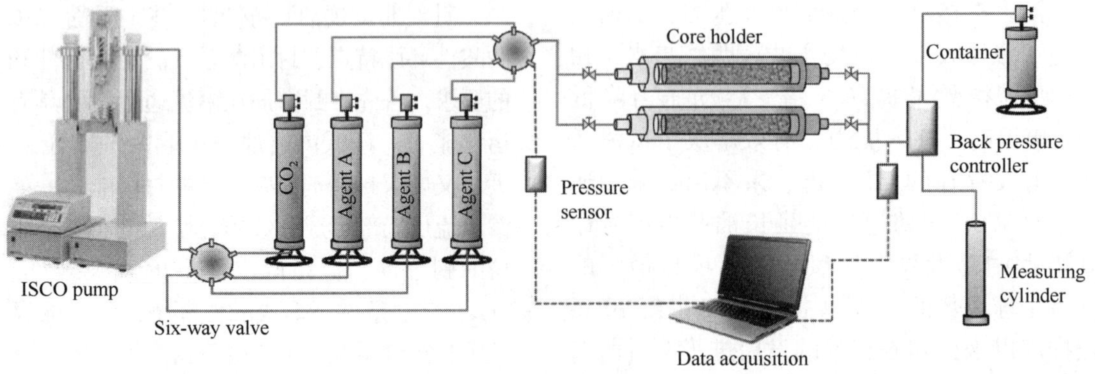

图1 驱替实验装置图

实验前，预先将配制好的表面活性剂注入水溶液、增稠流体注入水溶液分别装入中间容器A、B中，中间容器C中装入注入水，并在另一中间容器中充入15MPa的CO_2，且在实验过程中要及时在中间容器中分别添加相应的液体和气体。在岩心夹持器中装入岩心后，连通管线，关闭气液中间容器单向阀；为降低围压对实验的影响，用活塞泵使岩心加持器围压保持在20MPa；为减小气窜对实验的影响，使回压阀的压力保持在15MPa，驱替实验温度为65℃。

实验开始时：(1)打开平流泵，仅开中间容器C单向阀，使注入水充分驱替岩心中的空气和杂质；(2)待驱替3PV后，泄去给中间容器C加压的平流泵压力，调整平流泵流速为0.1mL/min，打开压力传感器，打开装CO_2中间容器单向阀，观察该流速下的岩心进出口压力及出口端产气量，直至气窜发生(最高注入0.25PV)，记录此时的产气量为$Q1$、进出口压差为$P1$；(3)关闭装CO_2中间容器单向阀，打开中间容器A单向阀，注入0.9PV泡沫体系，记录此时岩心进出口压力及出口端产气量变化；(4)关闭中间容器A单向阀，打开装CO_2中间容器单向阀，再注入0.25PVCO_2，观察此时岩心进出口压力及出口端产气量变化，记录平稳的出气量为Q2、进出口压差为P2；(5)以封堵率及产气减少率作为控气窜效果评价标准，封堵率PE、产气减少率GPRR分别为如下计算公式：

$$\text{plugging efficiency}(\%)=\frac{\Delta p_2-\Delta p_1}{\Delta p_2}\times 100\% \quad (1)$$

$$\text{gas production reduction ratio}(\%)=\frac{Q_1-Q_2}{Q_1}\times 100\% \quad (2)$$

(6)为评价增稠流体的控气窜效果，可调节开关中间容器单向阀，重复上述五个步骤进行评价；(7)增稠流体加泡沫体系的复合控窜效果同样可参考前面五个步骤，设计注入0.2PV增稠流体+0.6PV泡沫体系+0.1PV增稠流体，评价其封窜率及出气量减少率。

2 结果与讨论

2.1 CO_2响应增稠流体静态性能评价

实验对比了CO_2响应增稠体系R-A在1.0vol%、1.25vol%、1.50vol%、1.75vol%、2.0vol%浓度条件下通入$CO_2$30min前后黏度变化，结果如图2所示。由图2可知，在配置好相应浓度的R-A体系溶液后，不同浓度初始黏度均约为1mPa·s，在通入30min CO_2后黏度显著提升，最高达到496mPa·s，且R-A配制浓度增加能大幅提升该体系在CO_2环境下的响应效果，2.0vol%的R-A溶液通CO_2后的黏度是1.0vol%条件下的14倍。

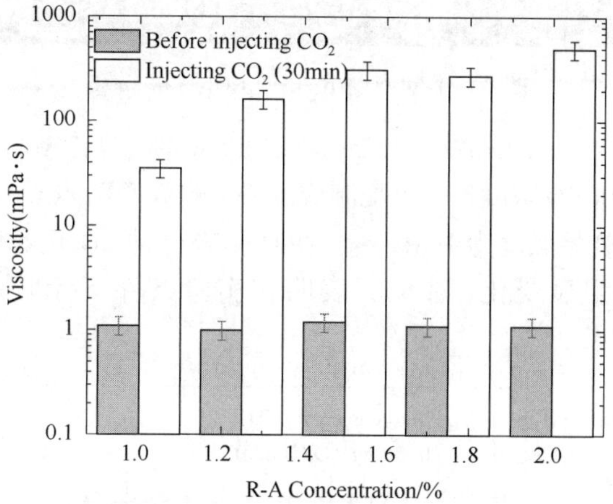

图2 不同浓度R-A通CO_2前后黏度对比图

如图3所示，采用同样的实验条件，对比了CO_2响应增稠体系R-B在1.0vol%、1.25vol%、1.50vol%、1.75vol%、2.0vol%浓度条件下通入$CO_2$30min前后黏度变化。结果表明，不同浓度R-B体系溶液初始黏度也基本处于1mPa·s左右，在通入30min CO_2后黏度增强效果一般，仅增加0.3~1.5mPa·s，且在通入CO_2过程中产生不溶物，随着配制浓度的增加，通CO_2后生成的不溶物含量变多(图4)。

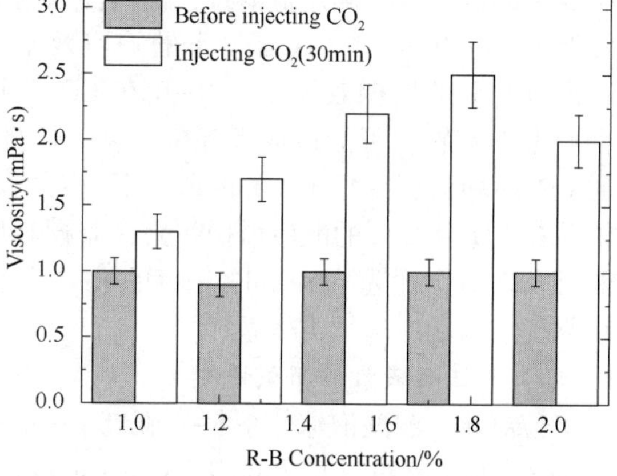

图3 不同浓度R-B通CO_2前后黏度对比图

图 4 不同浓度 R-B 通 CO_2后状态图

由 1.0vol%、1.25vol%、1.50vol%、1.75vol%、2.0vol%浓度条件下配制成的 CO_2响应增稠体系 R-C 初始黏度为 1mPa·s，在通入 30 分钟 CO_2后黏度无明显变化(图 5)，表明在实验条件下无响应效果。

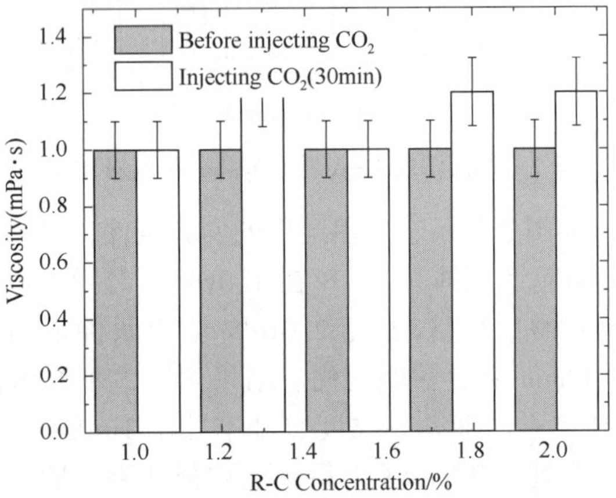

图 5 不同浓度 R-C 通 CO_2前后黏度对比图

综合对比可知，实验评价三类 CO_2响应增稠体系初始黏度均为 1mPa·s 左右，初始黏度低，具有良好的注入性，满足低渗致密油藏注入性需求。但 R-B、R-C 在 CO_2环境下的响应效果不佳，没有明显的增稠效果，且 R-B 在 CO_2环境下会产生不溶物，可能造成近井带堵塞。因此，在通 CO_2前均具有良好注入性的前提下，对比三类体系在 CO_2环境下的响应增稠效果，兼顾其增稠效果及效益，优选 1.50 vol%浓度的 R-A 作为后续驱替实验响应增稠类体系。

2.2 CO_2泡沫耐酸性能测试评价

实验对比了耐酸泡沫体系 F-A 在 0.15vol%、0.20vol%、0.25vol%、0.30vol%、0.3 vol%浓度条件下在 CO_2环境中的起泡能力及稳泡效果，结果如图 6 所示。由图 6 可知，在实验浓度下，F-A 的起泡体积在 520~560mL 之间波动，表明实验所评价起泡剂浓度条件下对该泡沫体系的起泡能力无明显影响；消泡半衰期介于 40~150min，最佳值为 0.25 vol%的 F-A，但 F-A 浓度在 0.30vol%(122min)及 0.35vol%(137min)时也具有较高的消泡半衰期；析液半衰期介于 4~9min，最佳值为 0.30vol%的 F-A，且大幅高于其余实验浓度条件下的洗液半衰期时间。因此，综合考虑 F-A 稳泡能力，优选 0.30 vol%浓度条件下的 F-A，此时起泡体积约为 520mL，析液半衰期约为 122min，消泡半衰期约为 9min。

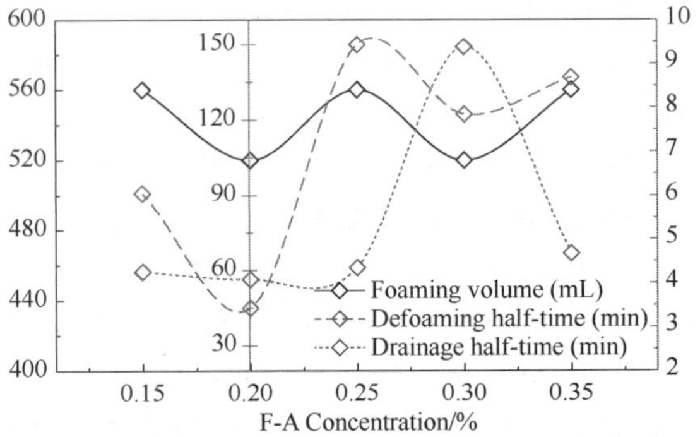

图 6 不同浓度 F-ACO_2环境下泡沫性能

由图 7 可知，耐酸泡沫体系 F-B 在 CO_2环境中最高的起泡体积、析液半衰期、消泡半衰期均出现于 0.35vol%浓度的 F-B 处，表明在实验条件下 0.35vol%浓度的 F-B 起泡能力及稳泡能力最佳，此时起泡体积约为 440mL，析液半衰期约为 45min，消泡半衰期约为 3min。

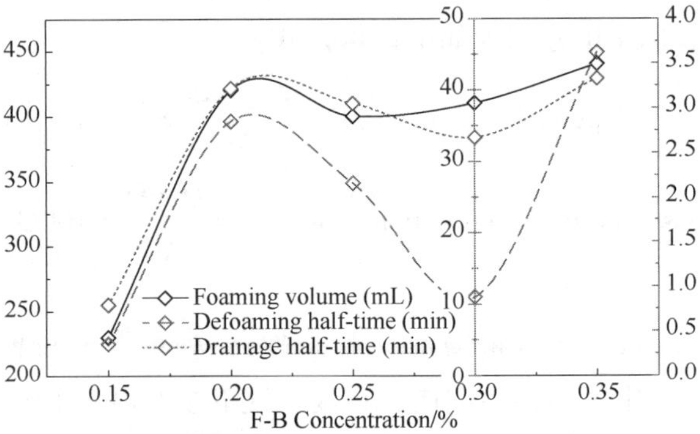

图 7 不同浓度 F-BCO_2环境下泡沫性能

如图 8 所示，实验对比了耐酸泡沫体系 F-C 在 0.15vol%、0.20vol%、0.25vol%、0.30vol%、0.35vol%浓度条件下在 CO_2环境中的起泡能力及稳泡效果，F-C 的起泡体积在 430~460mL 之间波动，析液半衰期处于 3.0~3.5min 之间，消泡半衰期时间范围为 25~39min，表明实验所设置浓度对耐酸泡沫体系 F-C 整体无显著影响，综合考虑选择 0.35 vol%的 F-C，此时起泡体积约为440mL，析液半衰期约为36min，消泡半衰期约为3min。

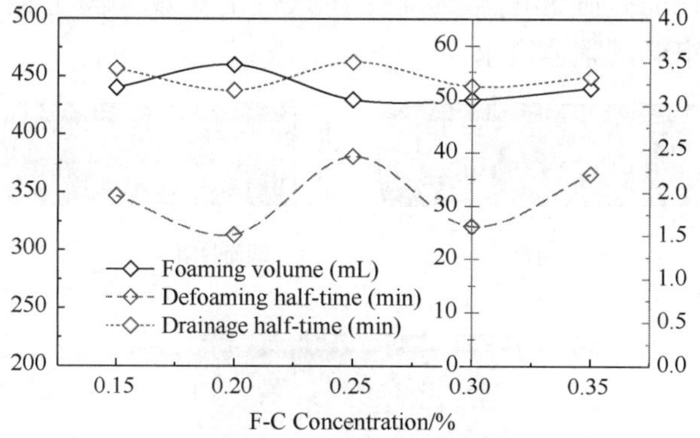

图8　不同浓度F-CCO_2环境下泡沫性能

综合对比可知，实验评价不同浓度的三类耐酸泡沫体系在CO_2环境中的起泡能力及稳定性，优选出最佳浓度为0.30%F-A、0.35%F-B、0.35%F-C。对比三种耐酸泡沫在最佳浓度下的起泡体积、析液半衰期、消泡半衰期可知，F-A（520min）的起泡体积相比F-B（440min）、F-C（440min）高18.2%；F-A（122min）的消泡半衰期分别为F-B（45min）、F-C（36min）的2.7倍、3.4倍；F-A（9min）的析液半衰期为F-B（3min）、F-C（3min）的3倍。因此，在F-A浓度较低的情况下具有高起泡体积及稳泡能力的条件下，优选0.30vol%浓度的F-A作为后续驱替实验耐酸泡沫体系。

2.3　CO_2驱优化封窜体系驱替效果评价

采用30cm岩心高温高压CO_2驱替装置对CO_2响应增稠流体R-A体系的CO_2封堵和封窜性能进行评价，结果如图9所示。由图9可知，在一次注CO_2阶段，驱替刚开始时岩心夹持器的出口端不见气，但随着CO_2的不断恒速注入，出口端的CO_2体积急剧增加，最终趋于稳定，出气量（标况下）基本维持在54 mL/min，此时注入端的压力值达到15.35MPa左右；在恒速注入R-A封窜体系阶段，注入压力增幅比较大，最高达到16.97MPa，此时出气量达到峰值106mL，随后出气量快速降低，整体上R-A驱阶段的出气量略低于一次注CO_2阶段的出气量，其值为48mL/min；在二次注CO_2阶段，注入端的压力趋于上升状态，最高可达到16.37MPa，最终稳定在15.57MPa，出气量大幅降低，最终稳定在4mL/min。由此可以看出，在注入R-A后注入端的压力会有较大的提升，在回压均为14.5MPa的情况下，P1为0.85MPa，P2为1.07MPa，此时在一次气驱基础上的封堵率为20.5%，出气减少率为92.6%。

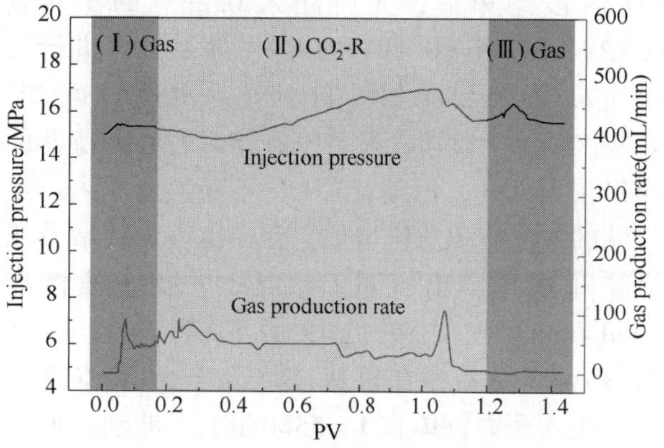

图9　1.50vol% R-A驱替封窜动态曲线

采用30cm岩心高温高压CO_2驱替装置对耐酸泡沫F-A体系的CO_2封堵和封窜性能进行评价，结果如图10所示。由图10可知，在一次注CO_2阶段，驱替刚开始时岩心夹持器的出口端不见气，但随着CO_2的不断恒速注入，出口端的CO_2体积急剧增加，存在出气量陡增现象，出气量（标况下）基本维持在84mL/min，注入端的压力值基本维持在15.33MPa左右；在恒速注入F-A封窜体系阶段，注入压力先呈现下降趋势，最低降至13.71MPa，稳定约0.6PV后，压力逐步上升至14.99MPa，并趋于稳定，而此阶段的产气量整体上都呈现下降趋势，最终产气量稳定在4mL/min左右；在二次注CO_2阶段，注入端的压力缓慢上升，最终稳定在15.44MPa，出气量稳定在4mL/min左右。由此可知，在注入F-A后注入端的压力增幅一般，在回压均为14.5MPa的情况下，P1为0.83MPa，P2为0.94MPa，此时在一次气驱基础上的封堵率为11.7%，出气减少率为95.2%。

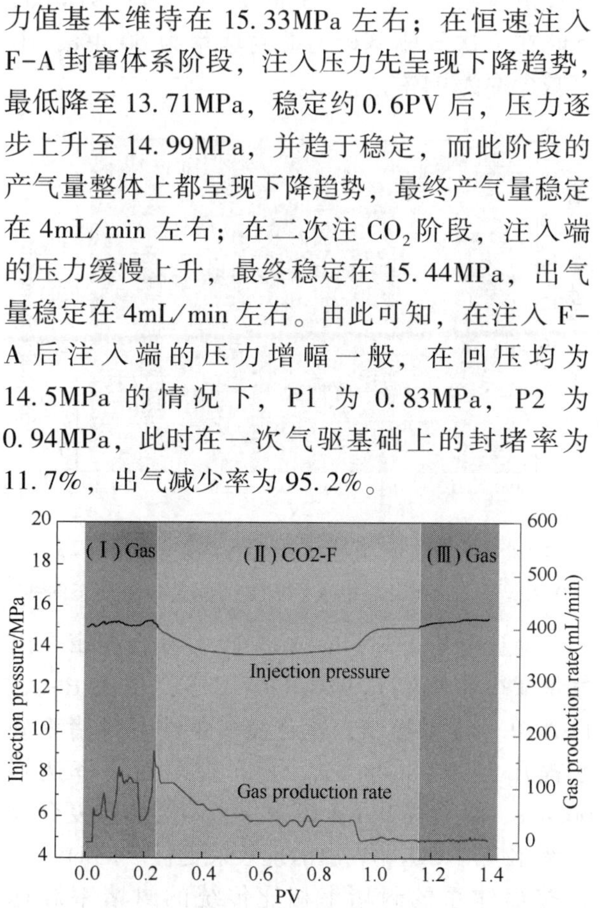

图10　0.30vol% F-A驱替封窜动态曲线

采用30cm岩心高温高压CO_2驱替装置对CO_2响应增稠流体R-A加耐酸泡沫F-A复合体系的CO_2封堵和封窜性能进行评价，在一次注CO_2阶段结束后，先后注入0.2PV的R-A、0.7PV的F-A、0.1PV的R-A体系，再进行二次注入CO_2，结果如图11所示。由图11可知，在一次注CO_2阶段，驱替刚开始时岩心夹持器的出口端不见气，但随着CO_2的不断恒速注入，出口端的CO_2体积急剧增加，存在出气量陡增及压力陡降现象，出气量（标况下）最终维持在50mL/min，注入端的压力值基本维持在14.86MPa左右；在恒速注入复合封窜体系阶段，注入压力整体在14.55MPa上下波动，而此阶段的产气量除在累注0.87PV时产气量为200mL，分析认为，受复合封窜影响，前期累计大量气体在0.87PV时发生突破，但随后出气量整体处于30mL/min左右，表明气体突破后，复合封窜体系仍能恢复控窜效果；在二次注CO_2阶段，注入端的压力缓慢上升，最终稳定在15.41MPa，出气量稳定在3mL/min左右。由此可知，在回压均为14.5MPa的情况下，注入复合控窜体系后P1为0.36MPa，P2为0.91MPa，此时在一次气驱基础上的封堵率为60.4%，出气减少率为94%。

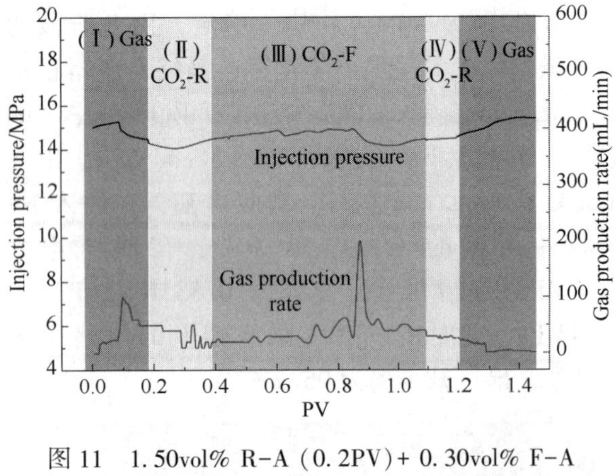

图11 1.50vol% R-A（0.2PV）+ 0.30vol% F-A（0.7PV）+ 1.50vol% R-A（0.1PV）驱替封窜动态曲线

对比分析可知，R-A与F-A复合控窜在出气量减少率仍高达94%的情况下，相比R-A、F-A单一体系控窜，复合控窜条件下封堵率分别提升39.9%、48.7%，复合控窜封堵率达到60.4%，显著提升了控窜效果，两类体系复合控窜调驱应对CO_2驱气窜治理效果更佳。同时，复合控窜体系的封堵率相比传统的封堵率高达90%以上的情况，其特点在于考虑基质调驱（图12c），有效避免传统封堵情况下端面封堵（图12b）过强影响后续流体注入性的难题，满足控窜调剖整体需求。

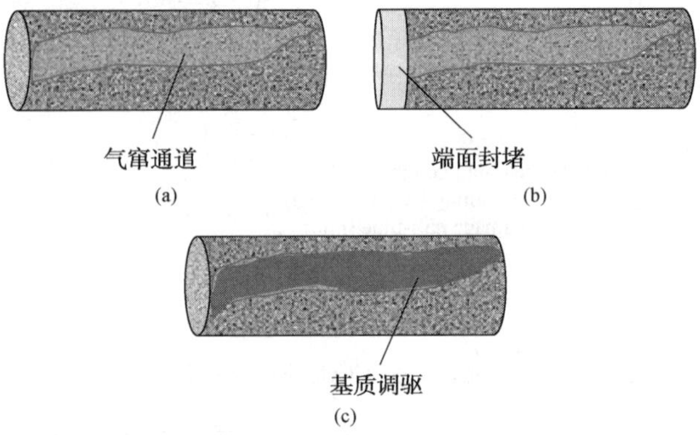

图12 控窜模式示意图

3 结论

本文选取CO_2响应增稠流体、耐酸泡沫两类体系各三种，在满足注入性及长期稳定性的需求下，评价优选最佳的强响应增稠流体及耐酸泡沫，并建立岩心驱替装置，分别探究增稠流体、耐酸泡沫单一体系及其复合体系的控气窜效果，经研究主要得到如下结论：

（1）实验评价三种CO_2响应增稠体系初始黏度均为1mPa·s左右，但R-B、R-C在CO_2环境下无明显增稠效果，而R-A最高增稠至496mPa·s，综合考虑注入性及增稠效果，优选1.50 vol%浓度的R-A作为驱替实验响应增稠体系。

（2）综合评价三种耐酸泡沫在CO_2环境中的起泡能力及稳定性，优选出最佳浓度为0.30% F-A、0.35%F-B、0.35%F-C，其中，F-A起泡体积相比F-B、F-C高18.2%，消泡半衰期分别为F-B的2.7倍、3.4倍，析液半衰期为F-B、F-C的3倍，因而优选0.30vol%浓度的F-A作为后续驱替实验耐酸泡沫体系。

（3）R-A与F-A复合控窜在出气量减少率仍高达94%的情况下，相比R-A、F-A单一体系控窜，复合控窜条件下封堵率分别提升39.9%、48.7%，复合控窜封堵率达到60.4%，显著提升了控窜效果，两类体系复合控窜调驱应对CO_2驱气窜治理效果更佳。

参考文献

[1] 潘凌，方全堂，段永刚．低渗油藏非均质性对采收

率的影响因素研究[J]. 西南石油大学学报(自然科学版), 2012, (3): 111-115.

[2] 李忠兴, 杨克文, 赵继勇, 梅启亮. 特低渗油藏渗流特征及增产技术研究[J]. 油气井测试, 2003, 12(3): 21-23.

[3] 贾承造, 郑民, 张永峰. 中国非常规油气资源与勘探开发前景[J]. 石油勘探与开发, 2012, (2): 129-136.

[4] 计秉玉. 国内外油田提高采收率技术进展与展望[J]. 石油与天然气地质, 2012, 33(1): 111-117.

[5] 延吉生, 孟英峰. 我国低渗透油气资源开发中的问题和技术需求[J]. 西南石油学院学报, 2004, 26(5): 46-50.

[6] HU Wenrui, WEI Yi, BAO Jingwei. Development of the theory and technology for low permeability reservoirs in China[J]. Petroleum Exploration and Development, 2018, 45(04): 685-697.

[7] 魏兵, 陈神根, 赵金洲, 等. 纳米纤维高稳泡沫在裂缝中的生成和运移规律[J]. 石油学报, 2020, 41(9): 1135-1145.

[8] 刘新, 安飞, 陈庆海, 秦佳. 提高致密油藏原油采收率技术分析--以巴肯组致密油为例[J]. 大庆石油地质与开发, 2016, 35(06): 164-169.

[9] Sheng, James J.. Critical review of field EOR projects in shale and tight reservoirs[J]. Journal of Petroleum Science and Engineering, 2017, 159: 654-665.

[10] 陈神根, 王瑞, 易勇刚, 张鑫, 徐金山, 尚晋. 纳米纤维强化泡沫液膜渗透性及稳定性实验研究#br#[J]. 新疆石油天然气, 2023, 19(1): 81-89.

[11] Chen, P.; Selveindran, A.; Kumar, C.; Saloma, Y.; Bose, S.; Balasubramanian, S.; Thakur, G. CO_2-EOR and carbon storage in Indian oilfields: from laboratory study to pilot design. In SPE Western Regional Meeting, 2019; OnePetro.

[12] Wang, Y.; Zhang, L.; Ren, S.; Ren, B.; Chen, B.; Lu, J. Identification of potential CO2 leakage pathways and mechanisms in oil reservoirs using fault tree analysis. Greenhouse Gases: Science and Technology 2020, 10 (2), 331-346.

[13] Isah, A.; Arif, M.; Hassan, A.; Mahmoud, M.; Iglauer, S. A systematic review of Anhydrite-Bearing Reservoirs: EOR Perspective, CO2-Geo-storage and future research. Fuel 2022, 320, 123942.

[14] Chen, Z.; Su, Y.-L.; Li, L.; Meng, F.-K.; Zhou, X.-M. Characteristics and mechanisms of supercritical CO2 flooding under different factors in low-permeability reservoirs. Petroleum Science 2022.

[15] Lake, L. W. Guest Editorial: What CO_2-EOR Has Already Taught Us About Upscaling Permanent Carbon Sequestration. Journal of Petroleum Technology 2022, 74 (05), 10-12.

[16] Cao, L.; Qian, W.; Gong, P.; Guan, S.; Duan, Y.; He, Y. Application practices and evaluation of gas injection technology for CO2 flooding in Subei Oilfield. Xinjiang Oil & Gas (in Chinese) 2022.

[17] Liu, S.-Y.; Ren, B.; Li, H.-Y.; Yang, Y.-Z.; Wang, Z.-Q.; Wang, B.; Xu, J.-C.; Agarwal, R. CO2 storage with enhanced gas recovery (CSEGR): A review of experimental and numerical studies. Petroleum Science 2022, 19 (2), 594-607.

[18] Wang, Z.; Bai, B.; Long, Y.; Wang, L. An investigation of CO_2-responsive preformed particle gelfor conformance control of CO2 flooding in reservoirs with fractures or fracture-like channels. SPE journal 2019, 24 (05), 2398-2408.

[19] Sun, X.; Bai, B.; Alhuraishawy, A. K.; Zhu, D. Understanding the plugging performance of HPAM-Cr (III) polymer gel for CO2 conformance control. SPE Journal 2021, 26 (05), 3109-3118.

[20] Luo, E.; Hu, Y.; Li, Z. Storage of CO2 in geologic formations and its application. Xinjiang Oil & Gas (in Chinese) 2013, 9 (3), 14-21.

[21] Syed, F. I.; Muther, T.; Van, V. P.; Dahaghi, A. K.; Negahban, S. Numerical trend analysis for factors affecting EOR performance and CO2 storage in tight oil reservoirs. Fuel 2022, 316, 123370.

[22] Zhu, D. New Advances in Oil, Gas, and Geothermal Reservoirs. Energies 2023, 16 (1), 477.

[23] Haitao Wang, Jingjing Guo, Liehui Zhang. A semi-analytical model for multilateral horizontal wells in low-permeability naturally fractured reservoirs[J]. Journal of Petroleum Science and Engineering, 2017, 149: 564-578.

[24] 蒋凌志, 顾家裕, 郭彬程. 中国含油气盆地碎屑岩低渗透储层的特征及形成机理[J]. 沉积学报, 2004, 22(1): 13-18.

[25] 薛颖. 超低渗透水平缝油藏空气泡沫驱注采参数敏感性研究[J]. 新疆石油天然气, 2020, 16(2): 63-67.

[26] 崔鹏兴, 侯玢池, 孟选刚, 党海龙, 王晨晨. 超低渗透储层注水吞吐微观油水运移特征[J]. 新疆石油天然气, 2023, 19(1): 8-15.

[27] Wu, Y.; Hu, D.; Chang, Y.; Liu, Z.; Hu, S. Application status of CO2 flooding in low permeability reservoir to enhance oil recovery. Xinjiang Oil & Gas (in Chinese) 2010, 6 (1), 36-39.

[28] Sun, X. ; Bai, B. ; Long, Y. ; Wang, Z. A comprehensive review of hydrogel performance under CO2 conditions for conformance control. Journal of Petroleum Science and Engineering 2020, 185, 106662.

[29] Song, Y. -L. ; Gu, S. -H. ; Song, Z. -J. ; Zhang, Z. - Y. ; Chang, X. - Y. ; Guo, J. Effect of confinement on the three-phase equilibrium of water-oil - CO_2 mixtures in nanopores. Petroleum Science 2022, 19 (1), 203-210.

[30] Liu, Y. ; Liu, Q. Review of gel systems for CO2 geological storage leakage and conformance control for enhanced oil recovery: Mechanisms, recent advances, and future perspectives. Journal of Petroleum Science and Engineering 2022, 111110.

[31] Wei, B. ; Chen, S. ; Tian, Q. ; Lu, J. Conformance Control in Fractured Tight Formations using Functional Nanocellulosic Materials Reinforced CO2 Foam Systems. In SPE Annual Technical Conference and Exhibition, 2020; OnePetro.

缝网改造低渗油藏底部注水补能技术研究与实践

罗鹏飞　宋新利　袁　平　王雨杭

（中国石油辽河油田勘探开发研究院）

摘　要　缝网改造低渗透油藏在实施水平井体积压裂改造后，初期产量较高，但自然能量开发产量递减快，受体积压裂改造缝网复杂影响，常规补能方式不能满足开发需求，亟需探索有效补能方式。本文以低渗透油藏 J2 块为研究对象，综合运用室内实验、油藏工程、数值模拟等研究方法，充分论证注水、注气、重复压裂等各类有效补能方式，结合矿场试验，确定采用注水方式最为可行。考虑原直井井网，为充分利旧，设计采用直注平采、底注上采、点弱面强、周期温和的注水补能方式，同时优化合理井网井距、注采高差及注采参数，设计形成 24 注 64 采的注水补能方案，预计提高采收率 7.4%。现场已实施 20 个井组，取得较好补能效果，水平井日产油从 86t 上升至 107t，阶段增油 9576t。对其他同类型油藏具有较好的借鉴意义。

关键词　低渗透；水平井；体积压裂；注水；补能；底部

辽河外围开鲁地区 J2 块为一注水开发的低渗透老油藏，在部署水平井分段体积压裂缝网改造后，取得了较好的开发效果，水平井初期单井日产油达 10t 以上，是直井的 3~5 倍。但递减幅度大，平均递减率月达 40.35%，补充地层能量迫在眉睫。目前国内对低渗体积压裂缝网改造后的油藏，没有较好的有效补能方式可借鉴。通过调研对比论证注水、注气、蓄能压裂等补能方式后，确定采用注水这一简单易行、经济有效的补能方式。结合油藏特点，采用直平组合底部温和注水。通过现场试验及规模实施，取得了较好效果。

1　油藏概况

J2 块为一岩性构造低渗透油藏，含油面积 7.1km^2，地质储量 455×10^4t，油层埋深 1600~1850m，目的层为白垩系上统九佛堂组上段的Ⅱ、Ⅲ油组。主要发育近岸水下扇沉积，储层岩性以细砂岩及砂砾岩为主，渗透率 39.6mD，泥质含量 9.3%，伊蒙混层占 72.1%。地层原油密度 0.811g/cm^3，地层原油黏度 5.2mPa·s。地层水总矿化度 5787.8mg/L，水型为 $NaHCO_3$ 型。

开发初期采用 200m 井距、正方形井网压裂生产，后改为反九点面积井网注水开发。注水初期见效明显，含水快速上升，存在水窜现象，但仅两年后注水井陆续注不进停注，平均单井累注水 2.61 万 m^3，区块处于低速低效开发状态。2019 年以Ⅰ、Ⅱ类储层为目标，分两层部署水平井 21 口（Ⅱ油组 9 口、Ⅲ油组 12 口），分段体积压裂，区块实现二次开发。

设计水平井长度 600~1200m，排距 200m、水平井垂向距离 60m。平均单井压裂段长度 1009m、单段长度 12m、簇间距 25m，单井压裂液量 18227m^3、强度 18.4m^3/m，单井加砂量 852m^3、强度 0.9m^3/m。裂缝监测资料表明，压裂缝方向为东西向，与水平井方向垂直，水平井压裂缝平均缝长 217m，平均缝高 67m，与设计水平井排距及垂向井距匹配程度较高，实现平面井间、纵向上下层整体沟通，达到整体改造的效果。水平井压裂过程中，相邻平面及垂向水平井均见到压裂响应，相邻直井也见到不同程度的压裂响应，主要表现为增液增油。

投产水平井 16 口，平均单井初期日产液 33.7m^3，日产油 10.4t，目前平均单井日产液 20.9m^3，日产油 5.2t，阶段累产油 32814t，阶段累产水 88323m^3。水平井投产后，无有效能量补充，产量快速下降，平均递减率月达 40.35%。

2　补能技术研究

2.1　补能方式论证

水平井产量递减到较低水平后，如何实现有效补能，调研了国内外同类型油藏不同补能方式，目前主要有注水、注气、蓄能压裂等方式。

（1）注水开发

开发实践表明，注水开发是保持油田高产稳产、提高油田最终采收率的有效手段。注水和其他补充能量方式相比，具有投资少、见效快、物源充足等优点。

该块J58-46井室内试验驱油效率达41%（图1），可以实施注水开发。储层为中等偏强水敏（图2），膨胀率平均为16.9%，临界矿化度6000mg/L，注水时需注意注水水质，加强防膨处理即可。

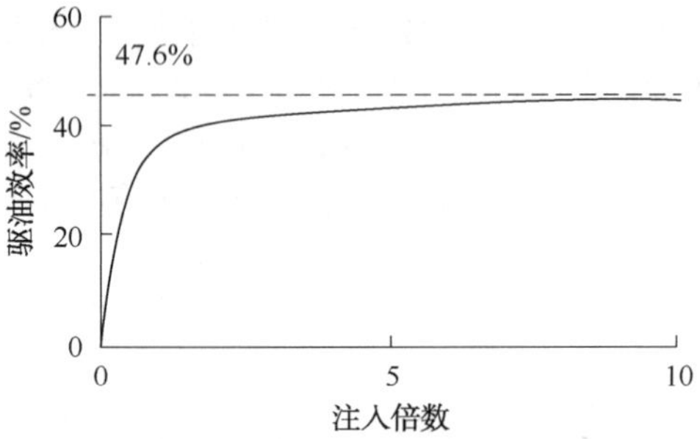

图1 J58-46井驱油效率曲线

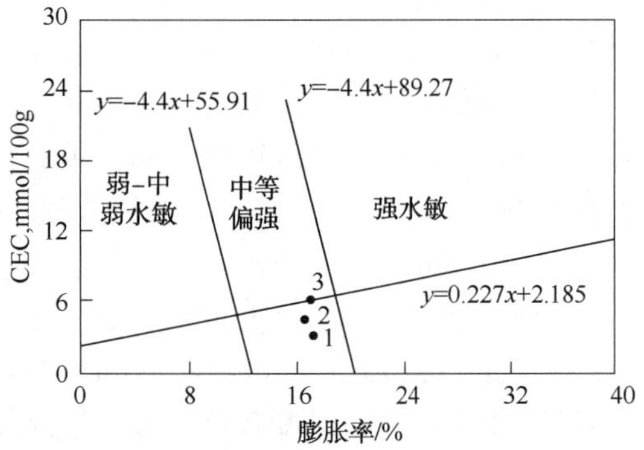

图2 J2井阳膨法水敏性评价图

（2）注气开发

注气或气辅助泡沫是有效的补能方式，具有调剖、洗油作用等优势，能扩大低渗透储层波及体积、提高驱油效率。目前主流的气驱介质主要有CO_2、N_2、减氧空气等。但气驱混相压力较高，同类型油藏混相压力均在20Mpa以上，J2块地层压力仅8Mpa达不到混相，因此也达不到理想的驱替效果。同时，该块顶部距水平段垂向距离过小，易发生气窜，不利于驱替。另外缺乏稳定、充足、廉价的气源供应，且存在防腐、防渗透、防窜等生产安全问题，预防处理费用大，操作困难。

（3）蓄能压裂补能

蓄能压裂一般采用先大排量注水吞吐补充地层能量，然后再压裂改造。注水吞吐增油机理以渗吸置换和恢复地层压力为主，缝网搭接后形成渗析+驱替；增能压裂主要机理是注水增能后，通过暂堵压裂开启老缝，延伸新缝，扩大渗吸置换接触面积。吐哈三塘湖油田采用多轮次吞吐增能重复压裂，水平井单井日增油10.7t，单井累计增油1474t。但在J2块蓄能压裂费用较高，单口井费用在500万元以上，经济评价50美元油价下投入产出比较仅1∶1.6，效益远低于注水。

综上所述，目前仅注水补能方式适合用于该块。

2.2 注水补能设计

2.2.1 注采井网设计

J2块老直井较多，从节约成本合理利用资源角度考虑，可充分利用老井网及地面系统，采用直平组合注采井网，即直井注水、水平井采油。同时尽量多选取一些注水井点，注水强度适当降低，即点弱面广，保证水驱控制程度，力争多向受效。采用数值模拟、油藏工程方法，结合体积压裂缝网展布特征，设计注水直井平面上位于水平井端点侧向+腰部。优选井况较好的47口直井复产、24口直井注水，1口注水井对应1-2口水平井，设计形成24注64采的注采井网。

2.2.2 注采井距设计

在纵向注水层段配置关系上，注水层位如果距离水平井压裂缝底过远，注水不能达到效果，如果在裂缝范围之内，容易造成水窜。由于交2块内为层状砂岩油藏，局部通过压裂改造已形成复杂缝网地质体。

如果选择顶部注水，注入水通过重力作用自上而下驱油，中高角度裂缝易造成注入水沿着裂缝快速下窜，使处于油藏下部的水平井水淹，注水波及体积小；如果选择对应位置注水，注入水会沿压裂人工裂缝快速窜流，造成水平井水淹，部分注入水也会向油层下部窜流，产生多相渗流造成剩余油分散；如果选择底部注水，通过形成人造底水，向上托进，有利于减弱油水窜流和剩余油零散分布，因此选择底部注水（图3）。采用eclipse数模软件，结合压裂监测资料，建立水平井体积压裂井组模型，模拟不同注采井距和不同注采高差对水平井累产油的影响，优化出最佳的井网井距。结果显示，注采井距大于120m（图4），注采高差40m最为理想（图5）。

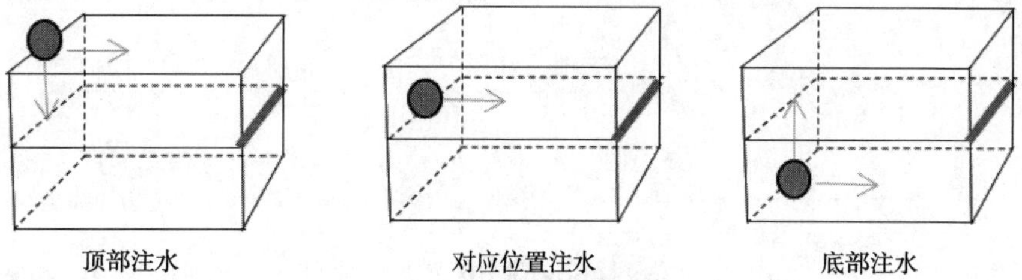

图 3　注入水位置示意图

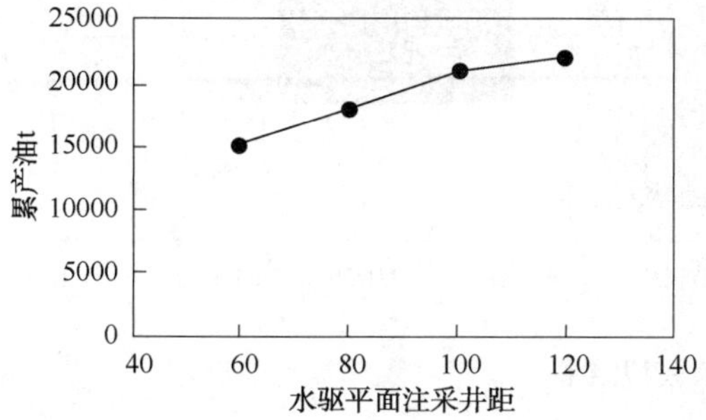

图 4　不同注采井距水平井累产油

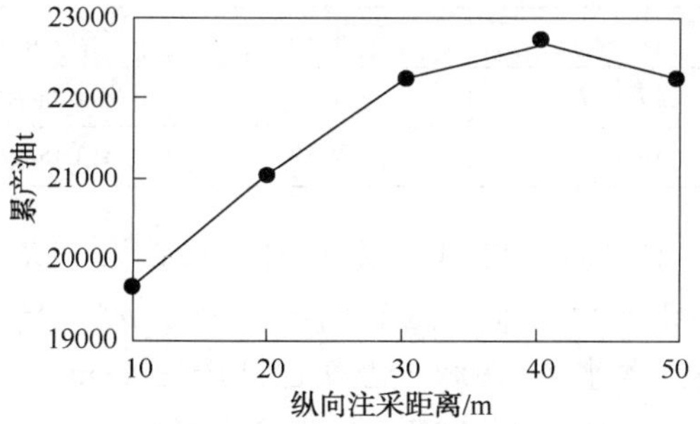

图 5　不同注采高差水平井累产油

2.2.3　注参数设计

(1) 注水时机

对于压裂改造后的油藏，理论上应尽早补能。J2-H1 井组注水试验及数模计算结果表明(图 6)，返排液量比例为 30%～50%时注水补能效果较好，目前各井返排液量比例一般为 30%～40%，应尽快补能。

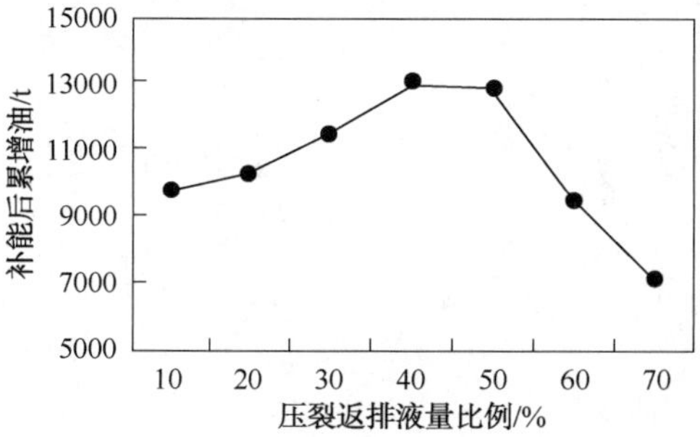

图 6　数模预测补能后累增油与压裂返排液量比例关系

(2) 合理注采比

通过数模计算并结合生产情况，注采比为 1∶1时水平井累产油最高，所以设计井组初期注采比 1∶1(图 7)。按照以采定注的方式确定注入量，双向受效油井产液量对等劈分，设计注水井单井初期日配注约 20m³。现场及时跟踪动态变化，如果发现水窜现象，及时停注或调控。

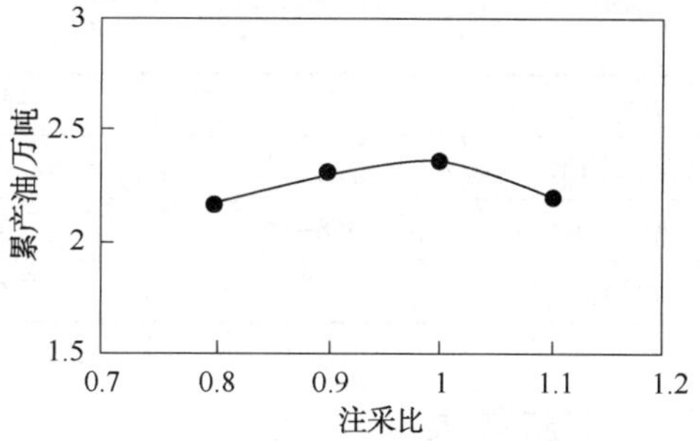

图 7　注水井与水平井累产油曲线

(3) 注入方式

考虑到体积压裂裂缝较为发育，注水时严格控制注水强度，平面上尽量利用较多的直井注水，点弱面广，尽量温和注水，保证多向受效。同时根据生产动态，不同方向注水井可轮替注入，并辅以周期、脉冲的注水方式(图 8)，防止水窜。

(4) 注入压力

一般情况下，注水压力不能超过油层的破裂压力，达到破裂压力的 80%较为合适。J2 块的油层破裂压力为 31～33MPa。经计算，J2 块注水的最高井口压力在 17～19MPa。

(5) 注入水质

根据室内岩心试验结果，注入水应满足粒径中值≤0.8μm，悬浮物固体含量≤2.0mg/L，含油量≤3.0mg/L(表 1)，其它项参照中国石油行业标准 SY-5329—2012 碎屑岩注水水质标准。该块储层为中强水敏，注入水要做好防膨处理。

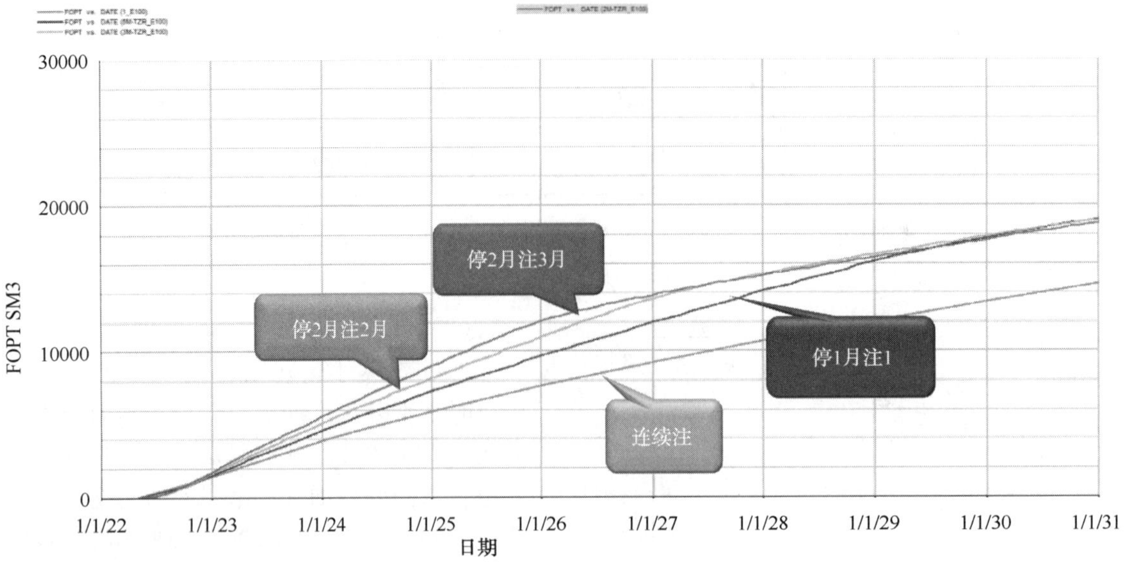

图 8　不同注水周期数值模拟结果

表 1　J58-46 井室内试验数据

指标名称	井号	样号	井深/m	气测渗透率/mD	指标界限
粒径中值	J58-46	4	1760.7	4.10	≤0.8μm
悬浮物		4	1760.7	5.00	≤2.0mg/L
含油量		7	1666.2	4.53	≤3.0mg/L

3　现场实施效果

选取 J68-46 井进行了试注试验，注水井段为底部 1795.9-1818.9m，17.2m/6 层，与对应水平井 J2-H1 平面距离 106m，垂距 33m。初期日注水 20m^3，注入压力 0MPa，后上升至 4MPa。注水 10d 后，J2-H1 井见到注水效果，表现为液、油同增。油井见效前日产液 16m^3，日产油 8.9t，含水 44.3%，见效后日产液 18m^3，日产油 12t，含水 28.5%，阶段增油 435t。注水过程中根据水平井含水变化，采用周期注水方式及时动态调控，保证了水平井生产平稳(图 9)。

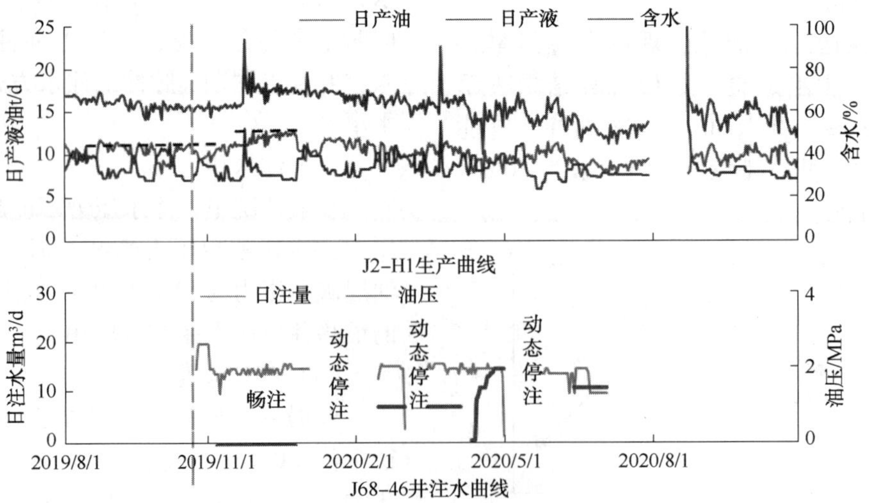

图 9　J2 块注水试验井组曲线

目前现场已实施底部注水井组 21 个，对应水平井 16 口，有 10 口水平井见到不同程度注水效果，日产油从 86t 上升至 107t，阶段增油 9576t，区块自然递减率从 12.58%降至 6.33%。

4 结论

（1）分析论证了注水、注气、蓄能压裂等多种补能方式，受油藏条件、经济效益等因素影响，注水方式是该油藏行之有效的补能方法。

（2）室内研究及现场试验表明采用直平组合底部温和注水，适合体积压裂缝网改造油藏有效补能。

（3）由于缝网改造后，平面及纵向裂缝均较为发育，注水前要优化合理注采井距及注水参数，注水过程中要密切跟踪及时调控，防止水窜的发生。

参 考 文 献

[1] 李春芹．水平井分段压裂在特低渗透油藏开发中的应用[J]．西南石油大学学报，2011，33(6)：86-88.

[2] 郑忠博，刘月田，等．特低渗透油藏压裂水平井和直井联合井网形式研究[J]．陕西科技大学学报，2014，32(5)：105-109.

[3] 牟珍宝，袁向春，朱筱敏，等．低渗透油田压裂水平井开发井网适应性研究[J]．石油天然气学报，2008，330(6)：119-122.

[4] 孙致学，姚军，等．低渗透油藏水平井联合井网型式研究[J]．油气地质与采收率，2011，18(5)：74-77.

[5] 郑伟，姜汉桥，陈民锋，等．低渗透油藏混合井网系统合理注采井距确定[J]．新疆石油地质，2010，31(6)：637-640.

[6] 凌宗发，王丽娟，等．水平井注采井网合理井距及注入量优化[J]．石油勘探与开发，2008，35(1)：85-91.

[7] 郑伟，姜汉桥，等．水平井注采井网合理井间距研究[J]．西南石油大学学报(自然科学版)，2011，33(1)：120-124.

[8] 徐正晓，李兆敏，等．断块油藏人工气顶-底水双驱替渗流特征[J]．中国石油大学学报(自然科学版)，2020，44(5)：94-102.

[9] 李南，田冀，任仲瑛．低渗透油藏 CO_2 混相区域波及规律研究[J]．油气井测试，2014，23(4)：1-8.

[10] 张海龙．CO_2 混相驱提高石油采收率实践与认识[J]．大庆石油地质与开发，2020，39(2)：114-119.

致密储层循环加载降低破裂压力技术

杨战伟[1] 车明光[1] 张 杨[2] 腾 起[2] 王 辽[1]

(1. 中国石油勘探开发研究院廊坊分院；2. 塔里木油田公司油气工程研究院)

摘 要 对于非常规储层改造，难压开致密地层普遍增加，储层的非均质性增加了预测难度，存在依据理论计算准备的井口设备无法满足压开储层要求的现象，利用脉冲式水力激荡循环加载的方法可实现降低地层破裂压力，在不提高施工作业压力的前提下压开地层，室内实验证实岩石在循环加载外力作用下其刚度即峰值应力会逐渐降低，循环加载力存在一个门槛值，超过该门槛值即可造成岩样的变形破坏。利用该技术对南方公司三水区块及塔里木塔北区块两口水平井较致密层段进行压裂改造，分别进行9次及4次加压泄压施工，对水平井整体改造作业的成功实施发挥了重要作用。

关键词 致密储层；循环加载；岩石破裂；脉冲式水力冲击；压裂

天然岩石是一种复杂的多相介质，形成过程受多因素影响，物理力学性质、孔隙几何构型和分布特征也会有较大差别，其破裂过程是内部的微裂隙或微界面首先发生变化，然后在部分区域连通，进而形成宏观裂缝。因此，开展在不同力学作用机制下岩石的破坏过程研究，对指导工程应用具有重要的意义。部分学者研究证明，岩石在外力加载及卸载过程中内部结构均发生变化，通过不同应力水平下低周期循环加载实验研究，建立了扩展阶段中裂纹尺寸与载荷循环次数之间的关系，进而建立了脉冲循环加载理论，该理论在油气田开发中的应用主要集中在通过脉冲水力振动进行油层解堵。

本文通过岩石低周期循环加载实验，研究循环冲击对岩石破裂的影响，证实了低于峰值压力作用下仍可实现岩石破裂，该方法结合现场实际进行了应用。

1 循环载荷作用下岩石力学特征

1.1 破裂压力与施工压力的关系

经典压裂改造施工中，地层岩石的破裂压力一般高于裂缝延伸期间的压力，研究致密储层的压裂改造，发现同样的现象(图1)。因此降低破裂压力对降低整个施工压力都具有重要意义。

对比克深10、11、13区块致密砂岩气井压裂，其储层破裂压力明显高于裂缝延伸压力。通过对岩石加载破坏实验的研究，可实现降低其破裂压力，进而达到降低致密储层施工压力的目的。

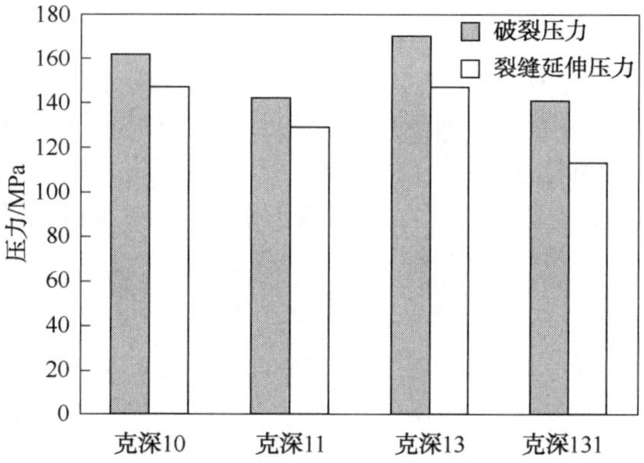

图1 克深区块破裂压力与裂缝延伸压力对比

1.2 周期循环载荷下岩石破裂

岩石是由不同的造岩矿物固结而成，成因决定其内部充满了不同级别尺寸的微裂隙或胶结面，岩石整体受到外力作用时，内部的微裂隙的点或面成为应力集中点，急剧增加载荷作用效果。根据Ignlis理论，$\sigma_A=\sigma\cdot\left(1+2\sqrt{\frac{L}{R}}\right)$，$\sigma_A$为裂纹端点理论强度，$\sigma$为外加应力，$L$为裂纹长度的一半，$R$为裂纹尖端的曲率半径，$\left(1+2\sqrt{\frac{L}{R}}\right)$为应力集中系数。如果岩层中有一长$L$为2μm、$R$为1Å的裂纹，此类亚微米级的裂纹在岩石晶粒内或晶粒间随处存在。受外力作用时，在取向适当的裂纹尖端将产生201倍的应力集中，放大了100倍。加载应力经过放大，可以使岩石裂纹呈极微小量级扩展，长期累积这种效应，就可以使岩层或岩体产生宏观的破裂。

一般认为岩石破裂在一次外力加载下即可完成，Ignlis 理论证明，岩石受载破坏可以是缓慢过程，即通过低于峰值应力的循环加载能使岩石整体破裂，同时，在卸载荷过程中，不同固相膨胀变形速率不同，岩石的粘聚力及内摩擦力均发生变化，造成岩石抗压强度降低。因此，在加载及卸载共同作用下，循环载荷可在低于破裂压力下使岩样破裂。

参照同一类岩石样品静态试验所取得的轴向应力与体积变形曲线关系图(图 1)，进行循环加载实验。

实验结果显示岩石循环加载时其破裂损坏存在一个门槛值，该值大小与静态实验的体积变形与应力关系曲线的 A 点相当，循环加载应力小于门槛值时，岩石变形量较稳定，其刚度与加载次数无关。高于该门槛值时岩石变形规律及其刚度收循环次数影响较大。

1.3 循环冲击荷载作用下岩石峰值应力变化

加载形式的差异，对岩石变形及刚度影响较大，动载荷与静载荷存在极大的差异，与岩石的静力学响应相比，动载作用下岩石的变形模量更大，屈服段发生的质点位移更小。利用霍普金森试验系统，在低于峰值应力下对岩样试件进行等幅循环冲击试验，研究岩样在循环动荷载作用下峰值应力变化，循环加载次数分别设置 4 次、8 次及 16 次。

分析循环加载后岩石峰值应力变化，随着冲击次数的增加，岩样峰值应力整体趋势为逐渐降低。分析其原因，单次加载使岩石内部天然微裂隙不断扩展。根据 Ignlis 理论，对岩石的每次加载总比上一次加载造成的破坏更大，同时也会产生新的破坏，使得实验试件的变形量逐渐增大，进而破坏其骨架结构使得岩样峰值应力逐渐降低(图 2)，使其整体刚度降低，更易破裂(图 3)。

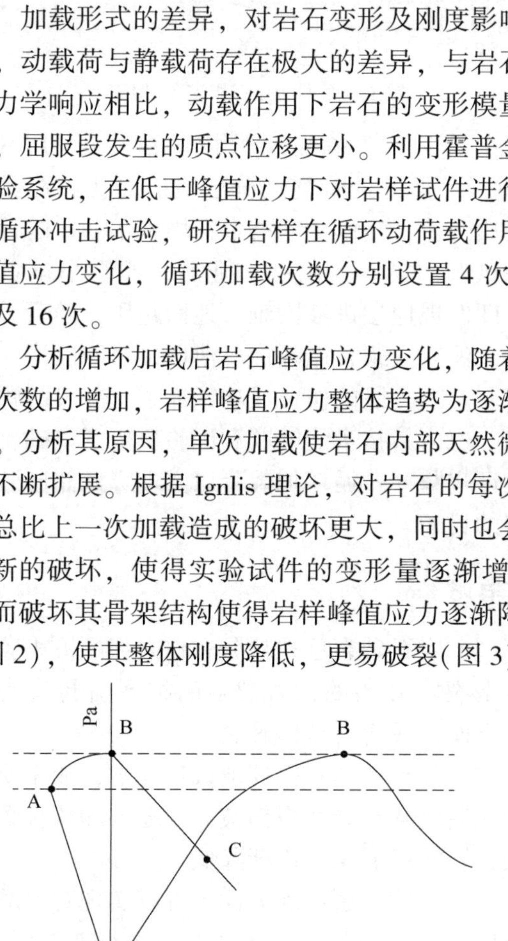

图 2　循环加载实验方案

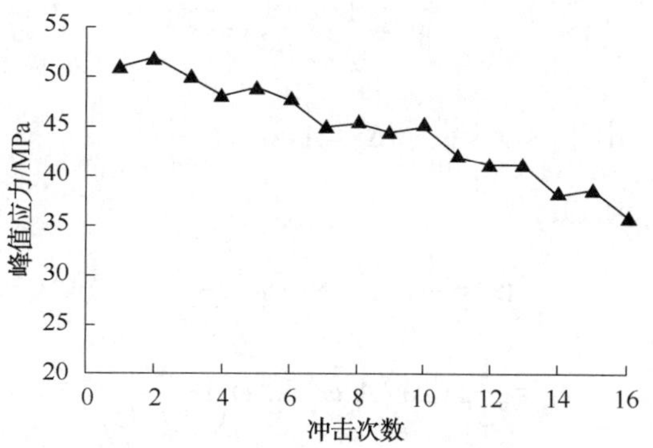

图 3　循环冲击加载下岩石强度变化

2　脉冲水力冲击对岩石作用的机理分析

水力脉冲技术比较成熟的应用于油层解堵，水力脉冲波携带能量在油层中传播，以振动和冲击作用激发振动场内的介质，使介质质点的某些物理量(如位移、速度、压力等)发生反复变化。这样，沉积在油层孔隙内的固体附着物逐渐松动剥落，分散在液体中，然后被工作液带走，达到疏通孔道的目的。同时反复进行的水动力能量振波的作用下，可使地层微裂隙扩展，改善地层流通性，增大目的层进液能力。在压裂改造过程中，对于较为致密储层，有时需要超过井口限压才能压开，遇到此情况，大多要更换井口设备才能进行改造作业。而借鉴水力脉冲技术，可采用水力循环冲击的方法，逐渐降低致密岩层的破裂压力，达到利用已有的井口设备压开储层的目的。

2.1 脉动压力在裂隙中的传播机理

根据文献，可以将脉动压力在裂隙中的传播看作是振动波在裂隙中的传播。传播过程中的波动微分方程为：

$$\frac{\partial^2\xi}{\partial x^2}=\frac{1}{v^2}\frac{\partial^2\xi}{\partial t^2} \tag{1}$$

它的一个解为：$\xi=A\cos\omega\left(t-\frac{x}{v}\right)$即平面波的波动方程，描述了介质中各质点的位移随各质点的平衡位置和时间变化的情况。脉动压力的传播即波动能量的传播，波动的能量包括动能和势能，质点 ΔV 的动能

$$\begin{aligned}W_K&=\frac{1}{2}(\Delta m)v^2=\frac{1}{2}\rho(\Delta v)\left(\frac{\partial\xi}{\partial t}\right)^2\\&=\frac{1}{2}\rho(\Delta v)A^2\omega^2\sin^2\omega\left(t-\frac{x}{t}\right)\end{aligned} \tag{2}$$

势能 $$W_p=\frac{1}{2}k(\Delta\xi)^2 \quad (3)$$

由于 $\omega^2=\frac{k}{m}$，$\Delta\xi=A\sin\omega\left(t-\frac{x}{t}\right)$

所以

$$W_p=\frac{1}{2}m\omega^2A^2\sin^2\omega\left(t-\frac{x}{t}\right)$$

$$=\frac{1}{2}\rho(\Delta v)A^2\omega^2\sin^2\omega\left(t-\frac{x}{t}\right) \quad (4)$$

可得到质点 ΔV 的总机械能为

$$W=W_k+W_p=\rho(\Delta v)A^2\omega^2\sin^2\omega\left(t-\frac{x}{t}\right) \quad (5)$$

由波动方程的解可以看出，总能量是时间和位置的函数。波动过程中，质点不断地从前一质点接受能量，并不断地将能量传递给下一质点。某一位置质点能量做周期性变化的同时，将能量向下一个质点传递，保证能量能够传递到远端，脉动压裂就是利用这一特点，使介质质点的某些物理量在波动过程中反复改变，以产生疲劳破坏，降低地层的破裂压力，达到更容易压开储层的目的。

3 脉冲式水力冲击在储层改造中的应用

南29平1是南方勘探公司位于广东三水盆地宝竹构造带上一口预探水平井。该井钻井过程目的层段储层物性变差，泥质含量逐渐增加，因此该水平井改造第一段施工难度较大，录井解释目的层段为灰色油迹泥质细砂岩，泥质含量较高，泥质胶结，较致密。

由于该井属于浅井(井深1200m)，井口耐高压设备级别较低，限压60MPa以内。采用电缆桥塞分段改造工艺，施工过程中，以最低0.5m³/min开泵注入，井口压力即接近限压水平(图4)，停泵泄压后重新尝试仍不能压开储层，采用脉冲式加压后，第九次压开地层，7、8、9三次加压，采取快速加压泄压的方式，达到循环加载的效果，证实了该方法在不易压开储层应用的可行性。

塔里木盆地LG701X井是塔北隆起轮南低凸起奥陶系潜山中部斜坡带西部的一口开发水平井，目的层段以灰岩为主，基质孔隙度低于3%，储层较致密，裂缝发育，连通性较差。

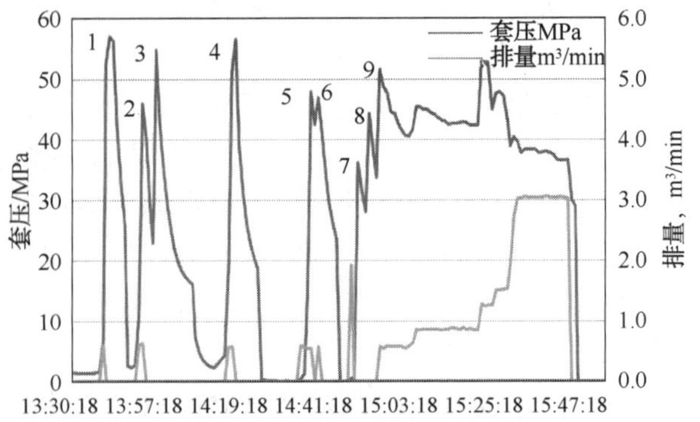

图4 南29平1循环加压施工曲线

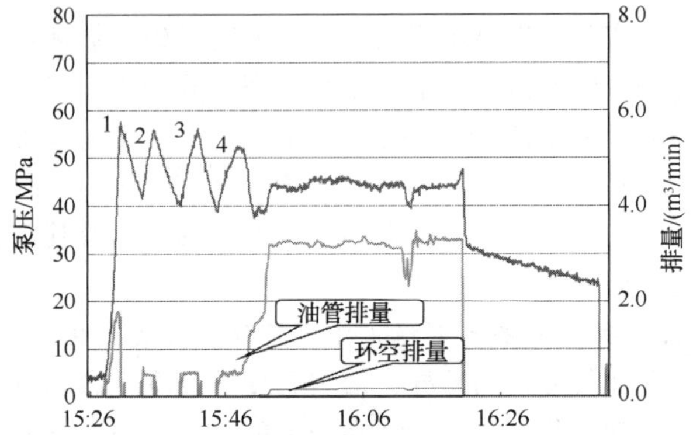

图5 轮古701X井施工曲线

该井水平段长度368m，全井分12段，采用Surgifrac及不压井油管拖动分层喷射射孔和油套混注酸压工艺，是该工艺技术在塔里木油田的首次应用试验。第一段射孔作业后，油管小排量注入，即发现地层进液困难，地面超压，随后采用脉冲式注入方式，循环加压泄压，第四次注入压开储层。第一段的作业成功保证了全井段的顺利改造，也为新技术能够顺利试验奠定了基础，同时也证实脉冲式循环加载可以实现降低储层破裂压力的目的。

4 结论

(1) 岩石破裂首先从分布在内部的极小胶结面及微裂隙开始的，微裂隙的扩展引起新的损伤，进而造成岩石整体破裂。

(2) 脉动冲击及循环加载过程中，加压及泄压均能造成岩石局部损伤破坏，随着加载次数的增加，岩样峰值应力逐渐降低。

(3) 脉冲式激荡水力冲击可以实现对目的层段储层的循环加载，以达到降低岩石破裂压力，压开储层的目的，现场应用证明了其可行性。

参 考 文 献

[1] 古德生．岩石冲击动力学．长沙：中南工业大学出版社，1994.

[2] 谢和平．岩石混凝土损伤力学．徐州：中国矿业大学出版社，1990.

[3] 宫凤强，李夕兵，刘希灵．三维动静组合加下岩石力学特性试验初探．岩石力学与工程学报，2011；30(6)：1179-1190.

[4] 左宇军，李夕兵，唐春安，等．受静载荷的岩石在周期载荷作用下破坏的试验研究．岩土力学，2007；28(5)：927-932.

[5] 葛修润，卢应发．循环荷载作用下岩石疲劳破坏和不可逆变形问题的探讨．岩土工程学报，1992；14(3)：56-60.

[6] 吕晓聪，许金余，赵德辉等．冲击荷载循环作用下砂岩动态力学性能的围压效应研究．工程力学，2011；28(1)：138-143.

[7] 王康，刘佑荣，牛超颖，等．岩石的卸荷劣化及其本构模型研究．科学技术与工程，2015；15(1)：158-162.

[8] 杨代睿，姚兴发译．用压力脉冲处理油层近井地带．油气田开发译丛书．1991；25(6)：30-33.

[9] 李贤忠，林伯泉，翟成，等．单一低透煤层脉动水力压裂脉动波破岩机理．煤炭学报，2013；38(6)：918-923

[10] 胡盼，孔韦海，张强，等．升压方式和升压速率对圆盘压力试验的影响．科学技术与工程，2016；16(21)：229-242.

[12] 尹强，徐强，臣传旭，等．压力脉冲解堵影响因素及室内试验研究．石油钻采工艺，2002；24(4)：70-71.

[14] 林柏泉，李子文，翟 成，等．高压脉动水力压裂卸压增透技术及应用．采矿安全与工程学报，2011；38(7)，452-455.

[15] 蒋宇．周期荷载作用下岩石疲劳破坏及变形发展规律．上海：上海交通大学，2003.

[16] 陆沛青，李根生，黄中伟，等．脉动水力压裂过程中煤层应力扰动特征的数值模拟分析．振动与冲击，2015；34(21)：210-216.

[17] 汪斌，朱杰兵，邹爱清，等．锦屏大理岩加、卸载应力路径下力学性质试验研究．岩石力学与工程学报，27(10)：2138-2145.

渤海油田中低渗储层纳米增注体系研究与应用

潘定成 高 尚 安 琪 王子权 刘 畅

[中海石油(中国)有限公司天津分公司]

摘 要 海上中低渗油气资源丰富，但因地层孔喉尺寸小、孔隙度低，导致注水压力上升较快，地层能量补充困难，采收率难以提升。针对上述问题提出一种新型纳米增注体系，并通过室内实验性能评价方法对体系润湿性、除垢性能、渗透率改善性能进行研究。结果表明：纳米溶液处理后岩心由亲水变为疏水，平均岩心润湿角提高超过20°，使流过的水分子发生速度滑移，减小流动阻力；纳米溶液有助于剥离后的有机垢分散，洗脱率达到92.3%，避免剥离后有机垢的二次沉淀堵塞，并且能有效溶蚀矿物，溶蚀率达到43%，起到很好的解堵除无机垢效果；岩心经过纳米溶液驱替后，平均渗透率提高32.6%，平均注入压力下降35.9%。现场应用结果表明，纳米增注体系可显著提高中低渗层注水井吸水能力，措施后注入平均压力下降40%，有效期超过19个月，为海上油田中低渗油藏注水开发提供了一套有效的解决方案。

关键词 海上中低渗油藏；多功能；生物纳米增注体系；性能评价；现场应用

目前海上中低渗油气资源丰富，但地层孔喉尺寸小，孔隙度低，注水压力上升较快，能量补充困难，采收率难以提升。为了解决实际生产中注水压力高的问题，一般采用酸化常规解堵措施，但简单的酸化作业并不能从根本上解决注水井堵塞的问题，往往出现多轮次酸化效果变差，酸化有效期逐渐变短等问题。随着纳米技术的发展，纳米颗粒在油田矿场的应用也得到众多专家学者的重视。

纳米增注技术是针对中低渗油藏注入压力高、地层压力衰竭快、采出程度低的问题而提出的一种降低注入压力的新技术。纳米材料有亲水型和疏水型，改性技术的工艺流程将纳米颗粒进行表面改性，得到适合油田增注增产纳米产品。前人对纳米颗粒增注机理的研究认为，纳米颗粒能将吸附在储层孔隙表面的水膜赶走，改变岩石的润湿性，扩大储层有效孔隙度；还能大幅度降低注入流体在孔隙中的流动阻力。因此纳米颗粒在提高采收率方面主要作用是降低注入压力与改善吸水剖面。利用纳米聚硅材料来进行增注主要是因为纳米聚硅材料一般具有强憎水且亲油以及吸附能力。通过添加纳米聚硅可以显著地扩大储层有效孔隙度，减小注入水在储层孔隙中的流动阻力。

本文通过室内实验多种手段探讨了纳米溶液对岩石润湿性的影响，分析了纳米溶液对有机垢以及无机垢的作用影响，从流速、浸泡时间、注入PV数三个方面研究了纳米溶液对渗透率的影响。

1 实验方法

1.1 实验原料与试剂

纳米溶液优化后的配方、超纯水、人造岩心、方解石、$CaCO_3$、沥青稠油、石英砂、液蜡、柴油、原油、煤油、苏丹Ⅲ。

1.2 实验仪器与设备

实验仪器与设备见表1。

表1 实验仪器及设备

名称	型号	生产厂家
恒流泵	HLB-1040	东台市燕山仪表总厂
优普超纯水制造系统	UPH-T10T	四川优普超纯科技有限公司
电子天平	JM-B 20002	诸暨市超泽衡器设备有限公司
超声搅拌仪	SYU-30-900	郑州生元仪器有限公司
光学接触角测量仪	DSA100HP	克吕氏科学仪器有限公司
电子显微镜	SEM3100	国仪量子(合肥)技术有限公司

1.3 实验方法

1.3.1 润湿性分析

实验步骤：(1)将纳米溶液处理过后的岩石薄片等无气泡冒出时放到载物台上，使用针管吸入纯净水，滴定到岩石表面，选择合适的方法测量润湿角。(2)将吸附后的岩样切片用水冲刷

30min，在55℃高温下烘干后，用电镜扫描处理前后的岩心片。

1.3.2　解堵效果分析

（1）有机垢解堵效果分析

实验步骤：①取10ml不同浓度纳米溶液体系（纳米溶液浓度为50%、33%、25%、20%、17%）和定量的沥青质油砂混合，与对照组比较，观察纳米溶液对沥青质油砂的洗脱效果，通过油砂处理前后的质量差值，计算纳米溶液对沥青质的洗脱率；②取10ml不同浓度纳米溶液体系（纳米溶液浓度为50%、33%、25%、20%、17%）和10ml柴油、液蜡、原油相互混合，在涡旋仪上以统一的震动频率涡旋2min，静置，每隔1h计算相应的乳化指数（乳化指数=乳状液高度/总液柱高度）。

（2）无机垢解堵效果分析

溶蚀率测定：将矿物用清水反复冲洗，沉降，倒去上层浊液再冲洗。纳米溶液对岩屑溶蚀率测定参照中国石油天然气行业标准SY/T 5886—2018《酸化工作液性能评价方法》进行。

扫描电子显微镜（SEM）测试：利用扫描电子显微镜观察改性前后样品的形貌和颗粒粒径大小，样品在测试前表面需要经过喷金处理。

1.3.3　改善储层渗透率效果分析

实验步骤：①选用不同渗透率的人造岩心，测定出其孔隙度、长度、直径等基本参数；②使用恒流泵改变流速注入纳米溶液；③每隔1min记录一次电子天平的数值与进口压力；④通过电子天平每两个数之间的差值来计算流量，根据达西定律公式计算渗透率。

2　结果与讨论

2.1　纳米溶液对岩石润湿性的影响

从图1可以看出，使用纳米溶液处理后岩心的润湿角有了明显的变化。经纳米溶液处理后，中低渗岩心润湿角比初始都提升了20°左右，大大增加了岩心的疏水性。注入PV数越高，岩心润湿角提高幅度越大。

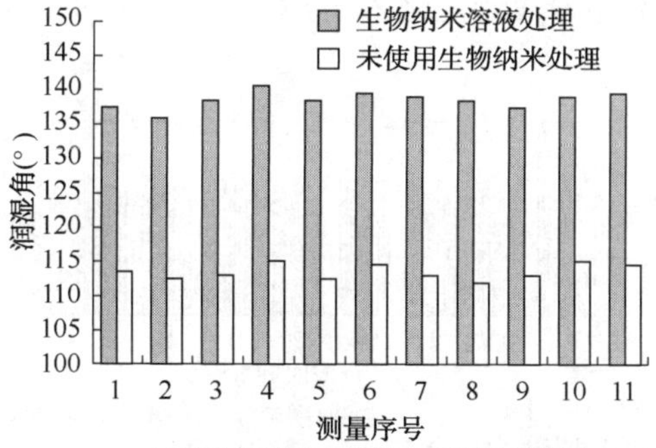

(a)纳米溶液对中渗岩心润湿角的影响

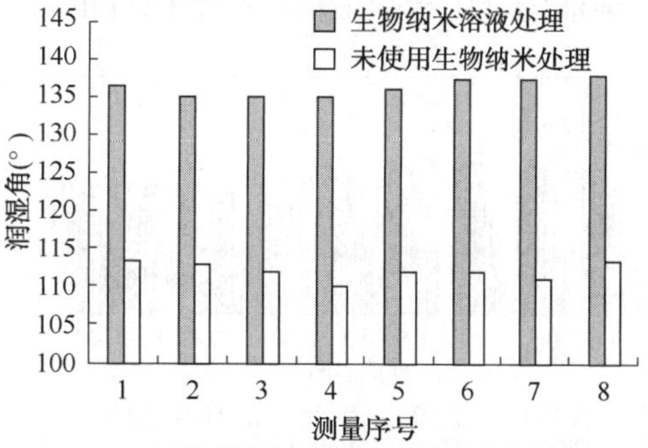

(b)纳米溶液对低渗岩心润湿角的影响

图1　注入PV数对岩心渗透率的影响

从吸附前后的岩石切片的扫描电镜图片可知，如图2所示，岩石中存在一定量的石英、黏土等强亲水的矿物，因此润湿性为强亲水，这种岩石表面表面能小，当水滴滴在上面时，易被矿物以及黏土吸附，迅速润湿，很难形成接触角；纳米溶液处理后岩石中黏土矿物表面被疏水性纳米颗粒覆盖，因为覆盖的纳米颗粒表面为疏水性，其表面能增加，当水滴滴在上面时，通过能量最小化及重力作用下呈球形，岩石表面润湿性转变为疏水。

(a)空白

(b)吸附纳米岩石

图2　吸附纳米的岩心片

2.2 纳米溶液对有机垢以及无机垢的作用影响

2.2.1 纳米溶液对有机垢的作用影响

（1）对沥青剥离效果

如图3所示，对于沥青质沉积，纳米溶液能有效将沥青质从石英砂表面洗脱下来，与对照相比较，加入纳米溶液的石英砂表面沥青质被洗脱，露出白色石英砂，洗脱率达到92.3%。纳米溶液浓度为33%、50%时，纳米溶液效果变化不大，考虑成本因素，现场施工浓度（33%）为较优浓度。

图3 不同浓度纳米溶液对沥青质油砂清洗效果

（2）模拟油乳化

从图4可以看出，当纳米溶液浓度50%时，纳米溶液对柴油的乳化指数最低，随着浓度的降低，乳化指数升高，到纳米溶液浓度33%之后，乳化指数变化不大，说明矿场施工中纳米溶液33%为最佳乳化浓度。

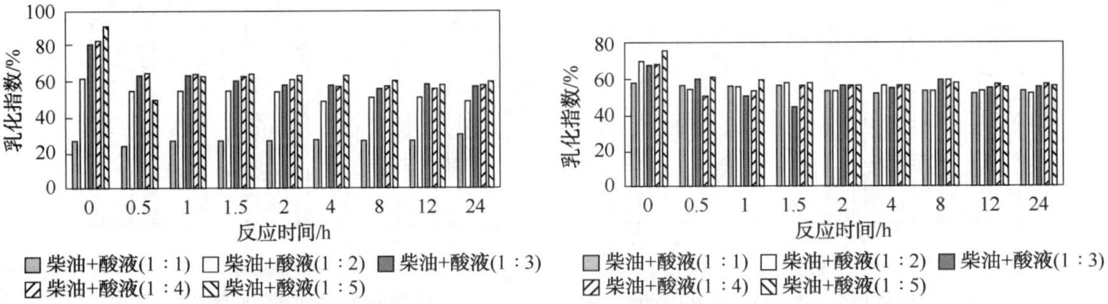

图4 纳米溶液+柴油（上）与纳米溶液+液蜡（下）乳化指数结果图

2.2.2 纳米溶液对无机垢的作用影响

（1）纳米溶液无机垢溶蚀

从图5可以看出，浓度50%与33%纳米溶液体系的溶蚀率达到了43%左右，表现出高的溶蚀效果，溶蚀率大幅度提高。随着浓度的降低，溶蚀率下降，主要原因可能是因为体系中活性成分浓度的降低，在浓度降低过程中，该体系仍能保持18%左右的溶蚀率。具有良好的溶蚀效果。

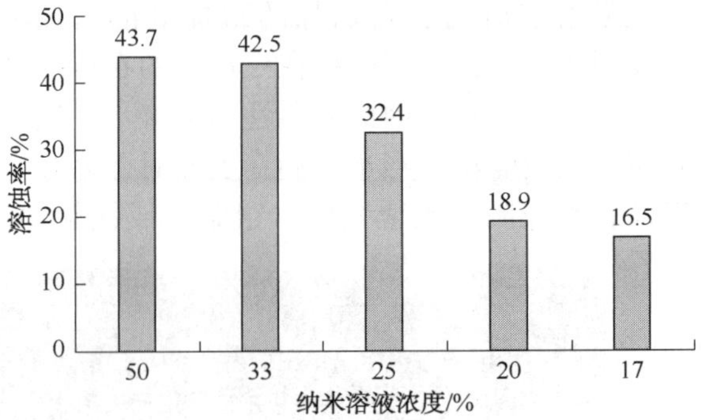

图5 溶蚀率测定结果图

从上述评价可知，纳米溶液对矿物的具有良好的溶蚀作用，在溶蚀过程中，纳米溶液中浑浊度不高，二次储层伤害物质少，有利于油气层保护。原因是溶液中有很好的稳定金属离子的作用，可以实现抑垢、防垢、减少砂岩酸化的二次伤害。分子中也有多个配位原子，可形成稳定的螯合物。

（2）矿物溶蚀扫描电镜

通过SEM扫描电镜，微观观测纳米溶液作用后，矿物表面形态改变见图6。

对比纳米溶液处理前后岩心，总体上，原始

岩心黏土矿物表面光滑，边缘规整，可见少量碎片装可运移颗粒，而纳米溶液处理后，岩心黏土矿物边缘以及平面都出现大量的溶蚀孔洞，边缘出现锯齿装不规整面，表明纳米溶液能有效溶蚀黏土矿物，黏土矿物出现大量的端面断面。

图 6　矿物(蒙脱石类)溶蚀前后 SEM 图

2.3　纳米溶液对储层渗透率的影响

2.3.1　驱替流速对储层渗透率的影响

经不同流速纳米溶液处理后的岩心渗透率变化趋势如图 7 所示。与不同流速的水处理相对比可发现，水处理的岩心渗透率基本不变，而注入纳米溶液的岩心渗透率有明显增加，且流速越高渗透率提高的越多，但存在一个临界流速，超过临界流速后渗透率降低。对于中渗和低渗岩心，纳米溶液均能有效改善渗透率。

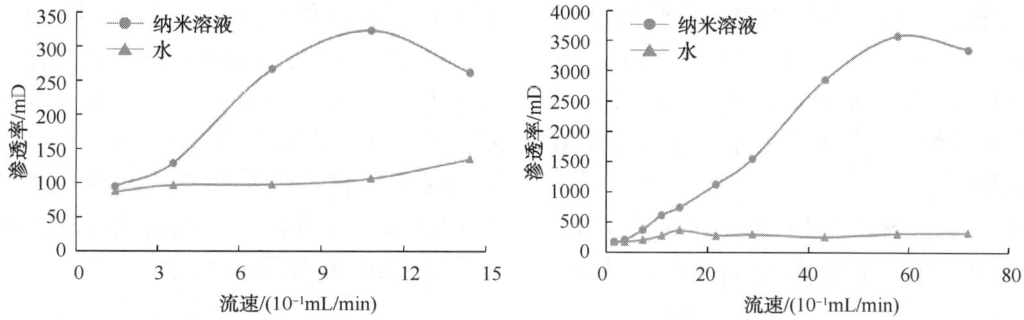

(a)纳米溶液与水对低渗岩心渗透率影响　(b)纳米溶液与水对中渗岩心渗透率影响

图 7　不同流速纳米溶液与水对岩心渗透率及改善倍速图

2.3.2　浸泡时间对储层渗透率的影响

图 8 为纳米溶液注入岩心之中，之后停止注入，浸泡 1min 至 5h，使用浸泡时间来模拟关井时间。从图中可看出在最开始的一段时间内，岩心渗透率随着浸泡时间增加而快速升高，之后到达一定的浸泡时间后渗透率降低。

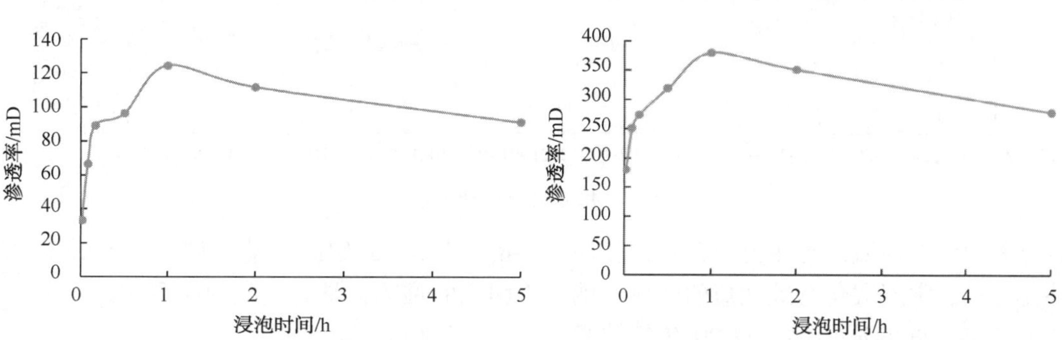

(a)浸泡时间对低渗岩心渗透率的影响　(b)浸泡时间对中渗岩心渗透率的影响

图 8　浸泡时间对岩心渗透率的影响

2.3.3 注入PV数对储层渗透率的影响

图9为注入不同PV数对岩心渗透率的影响，从图9中可以看出，岩心渗透率随着注入PV数的增加先是升高，之后到达一个临界值后渗透率降低。其原因是，随着注入PV数的增加，注入的纳米溶液也越多，疏水膜快速形成，渗透率也快速升高；但注入PV数增加到最佳PV数0.3之后，注入的纳米溶液进入微孔道沉积，堵塞孔隙，使得渗透率下降。现场通过测地层吸水指数，动态调整注入纳米溶液PV数。

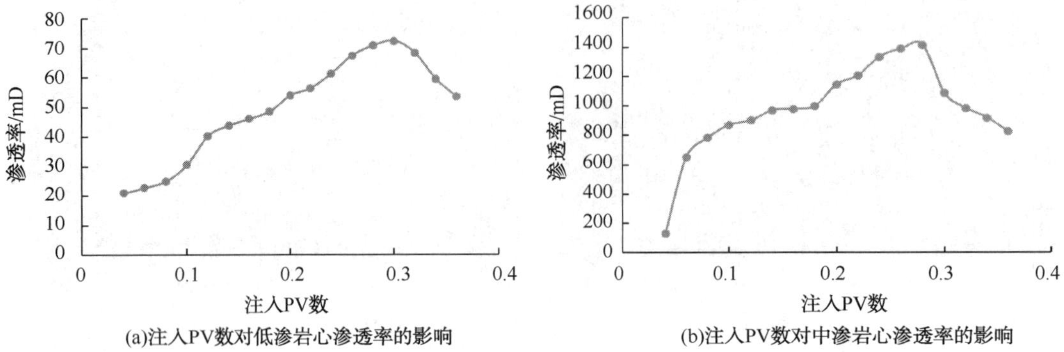

图9 注入PV数对岩心渗透率的影响

3 现场应用

渤海油田某区块储层结垢复杂，非均质性强，平均渗透率极差大于70，注入水纵向、平面驱替不均衡；纵向上小于50mD的低渗小层多，占比超过40%，孔吼半径平均值偏小，注水压力上升较快；储层矿物敏感性强，地层岩心具有极强的酸敏性，常规酸化对水井注入性改善较差，有效期短。

以A井为例，该井2016年3月开始投注，初期注入压力0Mpa，注入量为111m^3/d，随着注入时间的延长，储层孔隙喉道水润湿强度增强，储层黏土矿物水化膨胀严重，注水量达不到配注，2017年10月进行酸化和微压裂作业，初期注入量上升明显，但有效期仅为7个月，有效期较短。2019年5月，该井注入量82m^3/d，注入压力18.1MPa，6月进行纳米增注作业，恢复注水后，注入量195m^3/d，注入压力8.0MPa，措施后视吸水指数为措施前的5.3倍，吸水剖面改善明显，有效期为39个月，受益井组累增油超6万m^3。A井注入动态曲线以及措施前后吸水剖面如图10与图11所示。

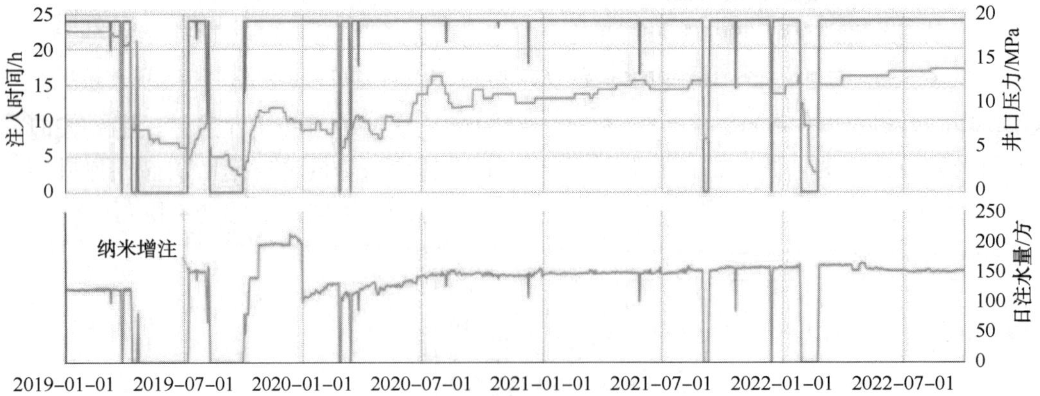

图10 A井注水历史动态曲线

针对海上中低渗油藏注水压力上升较快，地层能量补充困难，常规酸化有效期短的问题，纳米增注技术具有较好的适用性。自2019年纳米增注技术在渤海油田投入应用至今，累计应用11井次，平均注入压力下降40%，有效期超过19个月，累计增注量超20万m^3，受效井组累积增油量超12万m^3，有效解决了中低渗储层注水困难的难题，具有广阔的应用前景。

4 结论与建议

（1）纳米溶液处理后岩心由亲水变为疏水，平均岩心润湿角提高超过20°，使流过的水分子

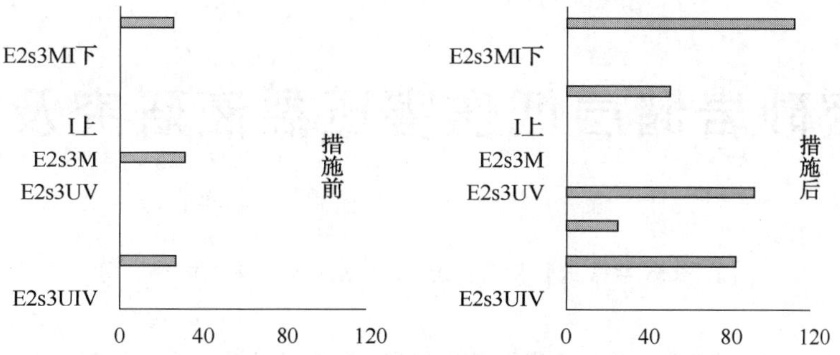

图 11　A 井措施前后吸水剖面测试结果

发生速度滑移，减少流动阻力。

(2) 纳米溶液有助于剥离后的有机垢分散，洗脱率达到 92.3%，避免剥离后有机垢的二次沉淀堵塞，并且能有效溶蚀矿物，溶蚀率达到 43%，起到很好的解堵除无机垢效果。

(3) 岩心经过纳米溶液驱替后，在不超过临界条件下，渗透率随流速、浸泡时间和注入 PV 数增加而升高，使人造岩心平均渗透率提高 32.6%，平均注入压力下降 35.9%，渗流阻力改善系数整体上也会得到提高。

(4) 纳米增注技术在矿场试验取得了良好的措施效果，技术可显著提高注水井吸水能力，措施后吸水指数提高了 5.3 倍，该技术在中低渗透油田增产增注方面应用前景十分广阔。

参 考 文 献

[1] 李璐，孔瑞江，李婵，等．低孔低渗油藏纳米乳液降压增注研究[J]．当代化工，2022，51(11)：2541-2544.

[2] 吕文斌，王博，曹耀平，等．低渗透油藏注水井纳米微乳液降压增注体系研究[J]．当代化工，2022，51(02)：370-373.

[3] 董小刚，黄哲，聂安琪，等．纳米乳液降压增注技术研究与试验[J]．精细石油化工，2022，39(01)：53-57.

[4] 王正权，解统平，张怀杰，等．适合特低渗透油藏注水井降压增注的纳米乳液体系研究[J]．能源化工，2021，42(05)：45-48.

[5] 李啸南，冯青，高平，等．纳米 SiO_2 在提高采收率与降压增注中的应用进展[J]．科学技术与工程，2021，21(20)：8291-8300.

[6] 王世禄．纳米二氧化硅的改性及其增注性能评价[D]．中国石油大学(华东)，2016.

[7] 洪祥珍．活性纳米材料增注技术的研究与应用[J]．断块油气田，2004(03)：49-51+92.

[8] 李浩．海水基增注用纳米材料的研制及界面吸附规律研究[D]．中国石油大学(华东)，2018.

[9] 王娜．特低渗透油藏表面活性剂增注机理研究[D]．中国石油大学(华东)，2018.

[10] 胡海霞，张俊，鲁大丽．功能纳米流体分散液的制备与降压排油[J]．科学技术与工程，2020，20(16)：6429-6432.

[11] Ahmadi M, Habibi A, Pourafshari P, Ayatollahi P. Zeta Potential Investigation and Mathematical Modeling of Nanoparticles Deposited on the Rock Surface to Reduce Fine Migration[A]. In Proceedings of the SPE Middle East Oil and Gas Show and Conference, Manama, Bahrain, September 2011: 25-28.

[12] 赵子淇，张忠孝，江砚池，等．纳米颗粒及分散剂对 TETA 溶液吸收 CO_2 的影响[J]．洁净煤技术，2021，27(02)：231-236.

[13] Al-Sulaimani H, Al-Wahaibi Y, Al-Bahry S, et al. Residual-oil recovery through injection of biosurfactant, chemical surfactant, and mixtures of both under reservoir temperatures: induced-wettability and interfacial-tension effects[J]. SPE Reservoir Evaluation & Engineering, 2012, 15(2): 210-217.

[14] Alomair O. A, Matar K. M, Alsaeed Y. H. Nanofluids application for heavy oil recovery[A]. In Proceedings of the SPE Asia Pacific Oil & Gas Conference and Exhibition, Adelaide, Australia, October 2014: 14-16.

[15] 彭琴．改性纳米 SiO_2/AA/AM 共聚物驱油剂在中低渗透油藏的可行性研究[D]. 2014.

[16] 李营，赵田红，陈颖．纳米技术在提高采收率方面的应用[J]．广东化工，2018，45(14)：135.

[17] 孙乾．改性 SiO_2 纳米颗粒稳泡机理及渗流特征研究[D]．中国石油大学(华东)，2015.

[18] 赖南君，叶仲斌，陈洪，等．改善低渗透油藏水驱效果化学体系性能初探[C]//中国石油学会石油工程专业委员会 2008 年低渗透油田开发技术研讨会. 2008.

[19] 李原，狄勤丰，华帅，等．纳米流体对储层润湿性反转提高石油采收率研究进展[J]．化工进展，2019，38(08)：3612-3620.

致密砂岩储层低伤害压裂液研究及应用

张 磊[1] 杨 杰[2] 刘福建[1] 常学良[1]

(1. 长城钻探压裂公司；2. 长城钻探苏里格气田分公司)

摘 要 本论文主要提出了一种低伤害压裂液稠化剂的制备方法，采用该稠化剂制备低伤害压裂液，对此压裂液体系的溶解、溶胀、分散性能做出表征，同时评价了该体系压裂液的耐温耐剪切、粘弹性、携砂、破胶、岩心伤害性能。通过与传统瓜胶压裂液做对比，此体系压裂液表现出优良的性能，并在苏里格区块成功应用实施，表明低伤害压裂液适合在致密气推广应用。

关键词 低伤害；压裂液；致密气；无残渣

压裂作为一种改善低渗透油藏的增产措施在各大油田的应用越来越广泛，压裂液的发展也越来越快，稠化剂是水基压裂液中的重要添加剂，用以提高压裂液的黏度，降低滤失量，传统的压裂液稠化剂原料有植物胶及其衍生物、纤维素衍生物、合成聚合物等，但以上稠化剂在压裂过程中无一例外存在着配制复杂，水不溶物含量较大，破胶液残渣含量高，耐盐抗剪切能力差，破胶不彻底等缺点，会造成地层及充填层严重堵塞，使渗透率大幅度下降，从而使压裂效果大大降低，对于低压、低渗透油气层影响尤其突出。在此背景下，一种新型的残渣含量低、破胶彻底、配制简单快捷、高携砂低摩阻的压裂用稠化剂的研发至关重要。

传统的聚合物稠化剂一般以粉剂为主，由于在使用时溶解速度慢，需充分溶胀后方可使用，延长了施工时间，增加了配液成本，且抗剪切能力差。基于此，采用反相微乳液聚合工艺制备的乳液稠化剂由于其显著的溶解速度快，耐盐抗剪切能力强，破胶彻底，高携砂等特点正受到重视，苏里格气田是典型的“低渗、低压、低丰度”致密气田，致密气田开发难度大，需要通过压裂来增加地层的渗透率，增大泄油面积，研制适合苏里格压裂施工工艺，地层和地层温度的低伤害压裂液尤为重要。本论文研发新型乳液型低伤害压裂液增稠剂达到低产低效井增产增效的目的。

1 低伤害压裂液稠化剂的制备

在一定温度下将一定量的丙烯酰胺(AM)、丙烯酸(AA)和功能单体混合均匀后溶于去离子水中不断搅拌，使单体完全溶解溶液变澄清，用pH缓冲液调节溶液的pH至7.0，引发剂加入到该溶液中，此水相配制完成。四口烧瓶中加入一定量的白油，在特定温度下边搅拌边加入Span80、Twen60、OP－10及少量长链多元醇，以特定的搅拌速度搅拌30min，该油相配制完成，将配制好的水相缓慢滴加至油相中，不断的搅拌，使其充分乳化，待水相全部加入后增加转速高速搅拌40min后通入氮气除氧，并保持密闭环境。20min后升温至20℃，加入过硫酸铵等引发剂，引发反应降低搅拌速度，观察温度变化，以温度不再上升时的温度作为水浴温度，3h后反应结束得到最终产品——乳液稠化剂。

2 低伤害压裂液的评价

2.1 溶解时间，分散性和稳定性测试

表1为不同比例稠化剂的溶解时间及其黏度：

表1 不同浓度稠化剂在不同时间的溶解黏度

稠化剂浓度 %	不同时间点的黏度/(MPa·s)(室温20℃，水温15℃)				
	30s	1min	2min	3min	4min
1.2	18	21	21	24	24
1.5	36	42	45	48	48
1.6	42	51	54	54	54
1.8	51	57	60	63	63
2.0	57	63	69	69	69
2.2	66	75	78	78	78

不同比例的低伤害压裂液稠化剂分子在遇水

1min 就可达到携砂黏度，3min 黏度稳定，并且随着浓度的增加，表观黏度也随之增加，当稠化剂浓度由 1.2%增加至 2.2%，黏度由 24mPa·s 增加至 78mPa·s，达到携砂黏度。由此可以看出该体系具有溶胀时间短、溶胀快的特点，可实现连续混配。

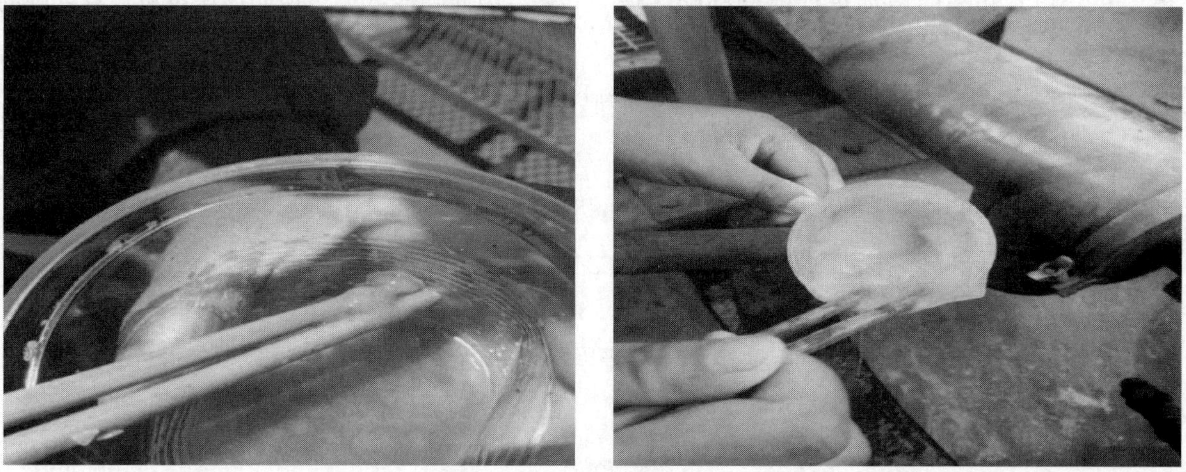

图 1　瓜胶和低伤害压裂液稠化剂溶胀情况

图 1 为瓜胶和低伤害压裂液稠化剂溶胀情况对比，从左图可以看出，胍胶在配制过程中由于会受到胍胶本身含水与不溶物、配液用水水质情况及配液设备的影响，配液过程中会出现大量"鱼眼"，严重影响压裂液的表观黏度以及地层堵塞等。而低伤害压裂液稠化剂为生物胶态，与水溶解后形成均匀液体，不存在"鱼眼"，液体为无色透明，无絮状沉淀。

2.2　耐温耐剪切性能评价

图 2 为不同比例的低伤害压裂液的流变性实验，由图可知在常温条件下 1.5%～2.0%的低伤害压裂液体系黏度在 48～66mPa·s 左右，随着温度升高，在 110℃下 2.0%低伤害压裂液体系黏度保持在 38mPa·s。在 60℃下 1.5%低伤害压裂液体系黏度保持在 42mPa·s。该体系压裂液为线性胶体，满足 VES 清洁压裂液流变标准（≥20mPa·s），属于低黏度压裂液体系。随着温度的升高，黏度随着剪切速率降低幅度不大，说明了该压裂液耐温耐剪切性能良好。这是因为压裂液稠化剂分子中为疏水缔合型聚合物且分子中带有部分的磺酸基，随着温度的增加，分子中的大分子链热运动增强，氢键作用减弱，表现黏度降低现象，磺酸基为强极性基团可使分子间产生氢键，减缓氢键减弱现象，增强了压裂液稠化剂的耐温性能。且疏水缔合型稠化剂上带有长链烷基，增加了分子链的刚性，从另外一方面提高了压裂液稠化剂耐剪切耐盐性能。利用该体系压裂液耐盐性能的可以使用回收返排液配液，减少清水的利用，极大的减轻环境压力。

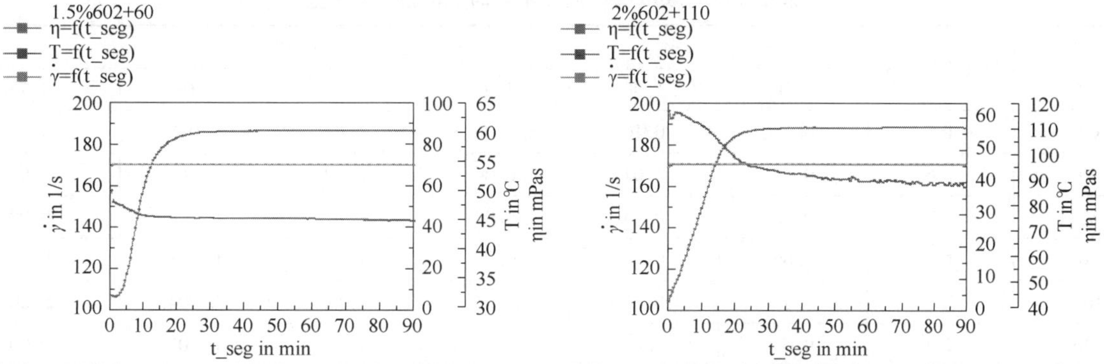

图 2　不同浓度低伤害液稠化剂的流变性

2.3　粘弹性评价

图 3 为 2.0%低伤害胶压裂液的粘弹性实验应力扫描图，该体系在 30℃，剪应力为 0.1Pa，在频率 0.01～10Hz 下测定得到该压裂液的弹性

模量总是大于储能模量，从图中可以看出，该体系存在线性弹性区域，表明体系具有表现出分子链间缠绕后存在分子间作用力的超分子网状结构流体，并且随着频率的增加每种模量都随之增加，弹性模量增长趋势较大，粘性模量增加趋势较小，这是因为在外力条件下，作为大尺寸聚集的运动单元，频率增加时，在外力作用大分子聚集体的变形来不及松弛，而转变成弹性储存起来，因此弹性越大，说明该压裂液具有良好的粘弹性能。

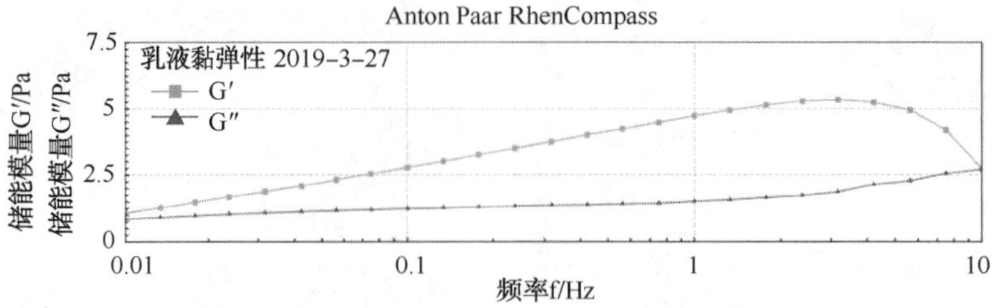

图 3　2.0%低伤害压裂液的粘弹性表征

2.4　静态悬砂性能评价

由于低伤害压裂液与胍胶压裂液成胶机理不同，成胶后黏度差距较大，胍胶压裂液依靠粘性静态悬砂，低伤害压裂液入井后依靠弹性提升携砂性能。图 4 为低伤害压裂液的携砂实验，从图中可以看出该体系压裂液的携砂型优异，在高砂浓度条件下能表现出优良的携砂性能，适合在致密气中应用。

图 4　2.0%低伤害压裂液的携砂性能

2.5　破胶性能评价

胍胶压裂液的破胶需要过硫酸盐实现破胶，在地层温度、压力(胶囊)、过硫酸铵的作用下，网状结构破坏实现破胶。与压裂液基液相似，低伤害压裂液为线性胶体，在地层温度、压力、烃类、地层水的作用下自动降解或加入破胶剂后破胶彻底，黏度低，返排性能更好。表 2 为不同浓度稠化剂在不同时间的破胶剂用量，从表中可以看出当稠化剂比例不变时，随着破胶剂的比例增加，破胶时间越短，破胶越快。并且随着地层温度的升高，破胶时间也越快。在致密气施工过程中，施工时间约为 2h，当施工结束后，就需要快速破胶返排。所以破胶剂的最大用量为 0.06%，最小用量为 0.008%。正常在苏里格区块的地层温度为 100℃，所以破胶剂用量为 0.01%到 0.04%。通过表 2 可以优选出不同地层温度最优的稠化剂比例，和最合适的破胶用量。

表 2　不同浓度稠化剂在不同时间的破胶剂用量

温度℃	稠化剂比例%	不同时间内破胶所需 APS/%					
		0.5h	1.0h	2.0h	4.0h	6.0h	8.0h
60	1.5	0.15	0.10	0.06	0.03	0.015	0.01
70	1.6	0.10	0.07	0.04	0.02	0.01	0.008
80	1.7	0.08	0.05	0.03	0.01	0.008	0.005
90	1.8	0.06	0.03	0.02	0.008	0.005	0.003
100	2.0	0.04	0.02	0.01	0.006	0.004	0.002
120	2.2	0.03	0.01	0.008	0.004	0.002	0.001

2.6　破胶液残渣评价

表 3，图 2-5 为不同比例低伤害压裂液破胶液残渣评价，采用毛细管黏度计测得残渣黏度为 2.1mpa.s，从表 3 可以看出表面张力均在 26mN/m 左右，破胶液与煤油的界面张力小于 1.2mN/m 左右，均远小于标准要求。

表3　不同比例低伤害压裂液破胶液评价

破胶液类型	表面张力/(mN/m)	界面张力/(mN/m)	接触角/°	残渣含量/(mg/L)
1.5%生物复合乳液	26.1	1.21	57.08	<50
2.0%生物复合乳液	25.8	0.98	64.84	<50

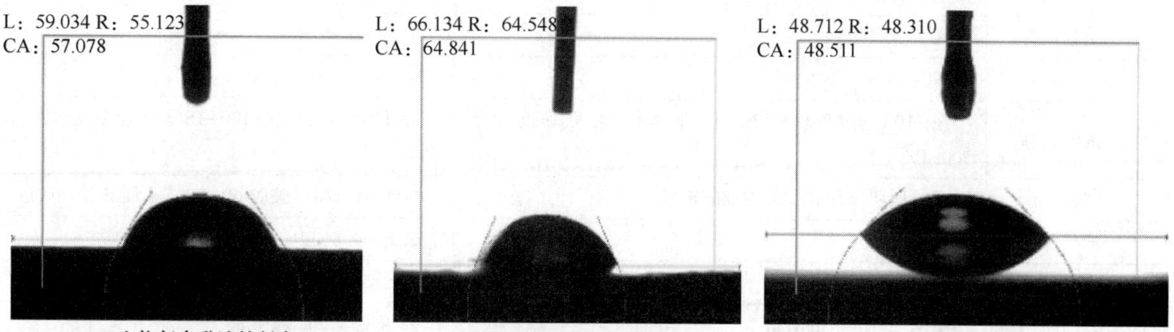

图5　不同比例低伤害压裂液破胶液评价

2.0%低伤害压裂液无残渣，远低于常规瓜胶压裂液(200~400mg/L)，减少了外来固相对储层岩心孔喉和支撑裂缝的堵塞，从图6可以看出左图中为瓜胶压裂液破胶后的状态，右图为低伤害体系压裂液自破胶后的状态。瓜胶体系压裂液在破胶后里面存在大量的絮状，为未分解的瓜胶残渣，残渣能够污染地层，严重影响地层的孔隙度和渗透率，而低伤害压裂液在破胶后，为无色透明，几乎不存在未溶解的残渣，能够很好的保护油气层。

图6　瓜胶压裂液与低伤害压裂液的破胶对比

2.7　岩心伤害性能

评价破胶剂加量为0.04%时压裂液破胶液对长庆某储层天然岩心的伤害情况，可见稠化剂压裂液对岩心伤害率降低，平均伤害只有4.5%，比胍胶压裂液体系(岩心伤害率31%以上)至少低25个百分点，由此可以看出该体系压裂液有着优良的性能(表4)。

表4　2.0%低伤害压裂液岩心伤害实验

层位	井深/m	长度/cm	渗透率/×10⁻³μm²		伤害率/%
			伤害前	伤害后	
C8	2379	3.498	0.5884	0.5619	4.5

2.8 与瓜胶压裂液性能参数对比

表 5 与瓜胶压裂液性能参数对比

序号	项目名称	胍胶压裂液	乳液压裂液
1	配方	0.5%胍胶+0.1%杀菌剂+0.5%防膨剂+0.5%助排剂+0.5%起泡剂+0.3%调节剂+0.4%交联剂+0.1%破胶剂+96.3%水	2.0%生物复合乳液稠化剂+0.05%破胶剂+97.95%水
2	交联黏度	大于 200mPa·s	72mPa·s
3	交联时间	120~180s	60s
4	抗剪切性	在 110℃剪切速率 170-1S 下剪切 2h 后黏度大于 200mPa·s	在 110℃剪切速率 170-1S 下剪切 2h 后黏度大于 30mPa·s
5	破胶性能	90℃地层添加破胶剂 60min 破胶	90℃地层高温破胶 60min 或添加破胶剂破胶
6	破胶黏度	5mPa·s	2.27-4.86mPa·s
7	残渣含量	小于 400mg/L	小于 50mg/L
8	表面张力	室温 25℃27.5mN/m	室温 25℃25.8mN/m
9	岩心伤害率	20%左右	小于 10%

从两种压裂液的性能参数对比发现，乳液压裂液体系各项性能均优于瓜胶压裂液，更符合致密气的储层改造需求(表 5)。

3 低伤害压裂液现场应用

苏里格气田为典型的三低致密砂岩气，储层非均质性很强，厚度比较薄，水锁敏感，地层温度高，压裂施工排量低，砂浓度高。稠化剂直接与水混合后形成的胶体特性，实现压裂造缝、携砂，其耐温、破胶等性能满足致密油气井对压裂液的性能要求，2021 年内低伤害压裂液在在苏里格区块应用压裂液 150 余口井，单井用液 681.6 m^3，单井加砂 74.5 m^3 实现在最低气温-15℃顺利施工，低伤害压裂液溶解快，携砂性能好，压后破胶彻底，平均返排率达到 59.1%，投产成功率 91.3%，实施气举 13 口，大幅节约氮气举升费用，取得了良好试气效果。下面为苏里格典型的水平井和直井应用效果。

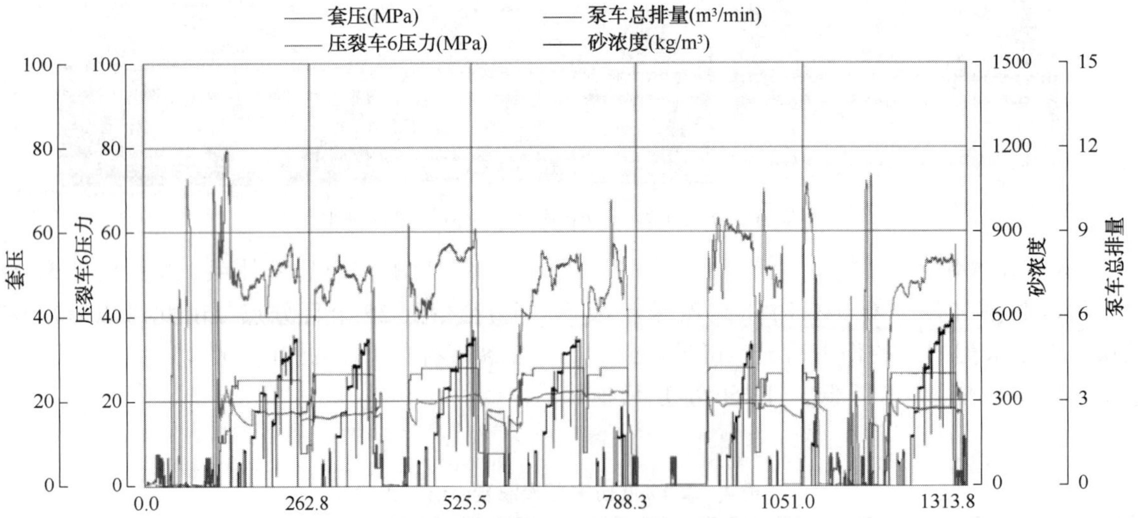

图 7 低伤害压裂液在致密气水平井的施工情况

图 7 为苏里格苏 53-XXCH 砂岩气水平井采用 2.0%低伤害压裂液，顺利完成 6 段裸眼分段压裂施工。该井入井总液量 2640m^3，加 20-40 目陶粒 317m^3，施工压力 45-60MPa，施工排量 3.6~4.2m^3/min，平均砂浓度 360kg/m^3(21%)，最高砂浓度 585kg/m^3(34%)，日产气量 3.78×10^4m^3。

图 8 为苏 10-30-XX 井前置液阶段采用 1.5%比例低伤害压裂液进行施工，前置液阶段施工压力平稳，携砂液阶段提高稠化剂比例至

2.5%，该井入地液量 340.9m³，砂量 40m³，停泵压力 21MPa，压后累计返排率 59.1%，交井油套压 19/19MPa，日产气量 $2.56\times10^4 m^3/d$。

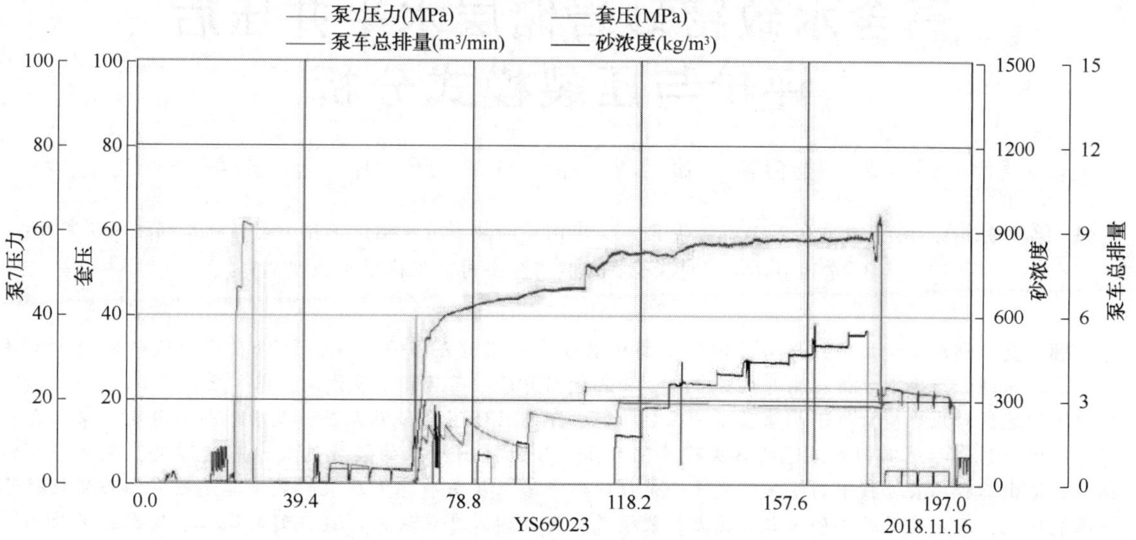

图 8　低伤害压裂液在致密气直井的施工情况

通过在苏里格气田应用低伤害压裂液，比较显著的施工特点：即配即用，连续混配。施工前无需配液，也不存在剩液，省去配液和清罐环节，实现了施工现场无浪费。压裂施工过程无污染，节约使用水资源，提升试气效率，降低劳动强度，最终使油气生产的运行效率提高。耐低温性能良好，在压裂用水不结冰情况下均可使用，性能稳定。同时，在同井数和井型下，同比胍胶压裂的新投产井，产气量提高约 28.2%，新井投产成功率提高 22.6%，极具推广应用价值。

4　结论

通过室内性能评价和现场应用，低伤害压裂液体系显示出良好携砂性能、低伤害性能、洗油性能，无残渣，对苏里格油田致密气藏具有良好的增产效果和稳产效果，具有很好的推广应用价值。

参 考 文 献

[1] 李超颖，王英东，曾庆雪．水基压裂液增稠剂的研究进展[J]．内蒙古石油化工，2011，5(1)：8-10.

[2] 刘金松，王丽，陈得裕等．连续混配用液体瓜胶的研究与应用[J]．钻井液与完井液，2015，32(4)：78-80.

[3] 代磊阳．AM/AMPS/DM-16 疏水缔合聚合物压裂液稠化剂合成及性能评价[D]．西南石油大学，2015.

[4] 秦文龙，李冉，杨江，等．耐高温高盐黏弹性表面活性剂入井液的性能研究[J]．钻采工艺，2015(2)：91-94.

[5] 董强，陈彦东，卢拥军．乳化压裂液在低渗强水敏地层中的应用研究[J]．钻井液与完井液，2006，23(5)：23-25.

[6] 程兴升，卢拥军，管保山．中石油压裂液技术现状与未来发展[J]．石油钻采工艺，2014，36(1)：1-5.

[7] 代育熙．反相乳液聚合法合成阴离子型聚丙烯酰胺增稠剂及其性能研究[D]．华南理工大学，2013.

[8] 李富俊．耐高温 VES 清洁压裂液体系[J]．油气田地面工程，2009，28(2)：78-79.

[9] 周成裕，陈馥，黄磊光等．一种高温抗剪切聚合物压裂液的研制[J]．钻井液与完井液，2008，25(1)：67-72.

高含水致密砂岩储层水平井压后评价与压裂模式分析

王　昊[1,2]　李军龙[3]　杨南鹏[3]　廖　阔[3]　徐　洋[1,2]　王　坤[1,2]　黄永章[1,2]　张　斌[1,2]

（1. 低渗透油气田勘探开发国家工程实验室；2. 中国石油集团川庆钻探工程公司钻采工程技术研究院；
3. 中国石油集团川庆钻探工程有限公司苏里格项目经理部）

摘　要　鄂尔多斯盆地苏里格气田西区高含水致密砂岩储层水平井压后评价在现阶段研究中少有关注。本文通过三维地震分析、测井数据分析、压裂数据解读及压后评估等方法，以S地区某井数据为依托，得出了该地区对应地质特征下，储层多种压裂特征。即储层致密且砂泥互层、泥后砂与砂包泥现象混合发育，区块“甜点”区展布模式呈现网格状碎片化分布；分析得出对应的裂缝滤失、基质滤失、混合滤失特征。总结出三种压裂过程中的滤失模式。一是致密砂泥岩互层基质滤失压裂模式，二是致密细砂岩裂缝滤失压裂模式，三是沟通远端砂体混合滤失压裂模式。三种模式在区块内得到良好的验证。研究成果为油气田持续稳产提供技术支撑，且对同类型油气藏压裂具有参考和借鉴意义。

关键词　高含水致密砂岩储层；水平井；压后评价

高含水致密砂岩气藏在鄂尔多斯盆地苏里格气田西区广泛分布。但由于储层发育零散，气水关系复杂，井位部署难度大且储层致密，国内外研究少有关注。国外针对北美加拿大阿尔伯达盆地、美国大绿河盆地等致密砂岩天然气藏的研究主要集中在气藏效益开发技术研究、气藏优质储层筛选及分布等领域。国内研究热点集中在高含水致密砂岩气藏气水分布规律、三维砂体构型及成藏模式研究三个方面。针对鄂尔多斯盆地S地区高含水致密砂岩储层水平井压后评价与模式分析尚缺乏系统认识及深入研究。本文基于对S地区高含水致密砂岩储层地质研究分析与压裂资料研究，对进一步阐明高含水致密砂岩储层特性，有效助力S地区勘探开发，有一定的借鉴指导作用。

1　区域地质情况简述

苏里格气田是典型的致密砂岩气田，年产气量达 $250\times10^8\,m^3$，储层非均质性强、低压、低渗、低丰度是其典型特征，气田主要划分为东区、中区、西区3个部分。其中，中区、东区均已实现规模效益开发并逐步进入井网加密部署提高采收率阶段；西区是气田未来稳产的重要后备储量接替区，但由于储层气水关系复杂，投产气井普遍产水及存在井筒积液，生产过程中压力和产气量下降快，单井产能与动态储量远低于气田平均水平，制约了超过万亿 m^3 地质储量的有效动用。截至2022年底，苏里格气田西区日产气量小于 $5000m^3$ 的低产井占总井数比例已高达67%，其中57%的低产井由井筒积液所致。为使高含水致密砂岩气藏增加储量动用，实现有效开发，研究可行的技术对策十分迫切。

研究区位于苏里格气田西区西部，面积 $200km^2$。区域构造属于鄂尔多斯盆地伊陕斜坡西北部。

2　压裂施工特征分析

S地区山1段砂体延展较好，有一定连续性，地层岩性呈现多次变化，砂泥岩多叠置发育，单段砂体延展较长，从测井资料上看，延展最长部分有84m，压裂改造对泥质含量高的层段尝试突破泥岩隔断，沟通远部砂体，以期形成优良渗流面。选取S地区某井，开展压裂施工特征分析，取得如下认识：

一是前置液阶段施工压力持续高位，提至设计排量用时长，储层泥质含量高，较为致密，见图1。

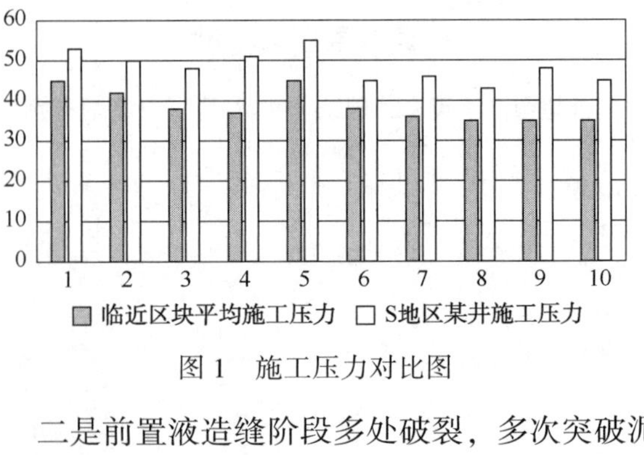

图1　施工压力对比图

二是前置液造缝阶段多处破裂，多次突破泥质隔断，有效沟通泥后砂体，见图2。

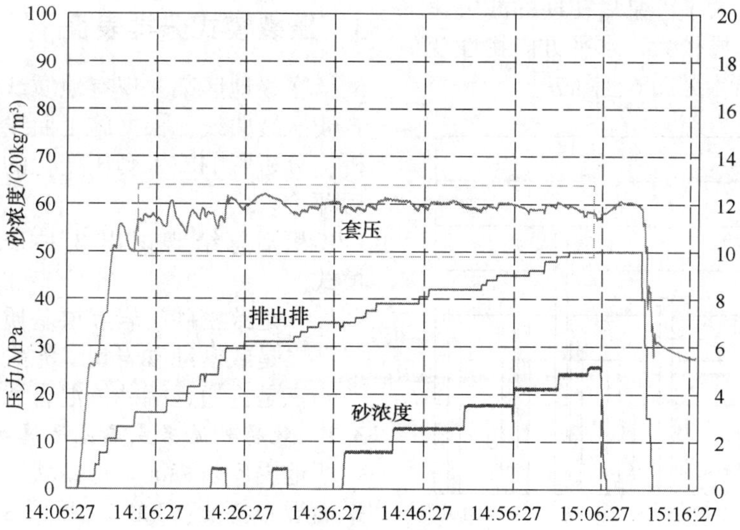

图 2　施工压裂曲线图

三是部分层段加砂阶段施工压力有明显降幅，表征远端砂体较发育，压裂过程中有效沟通远端砂体，见图 3。

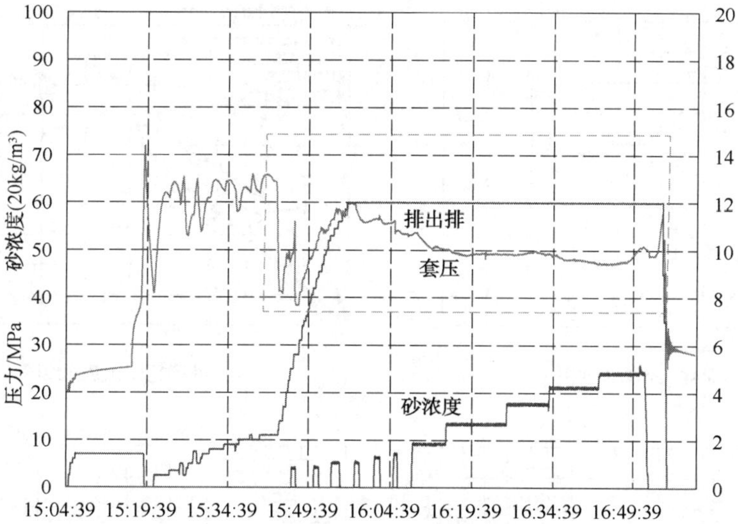

图 3　施工压裂曲线图

四是对比临近区块井平均停泵压力，研究区井停泵压力普遍较高，表明储层基质更为致密，缝内压力扩散速率慢，裂缝闭合时间较长，储层吸液能力差，见图 4。

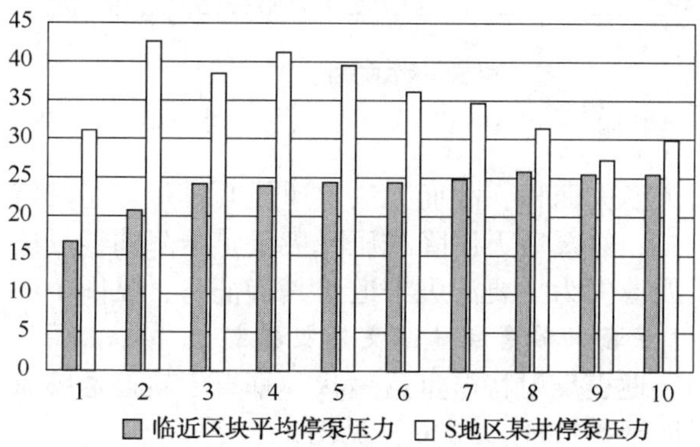

图 4　停泵压力对比图

研究区井全井段停泵初期压降震荡明显，地层呈现抗拒吸收，见图 5。

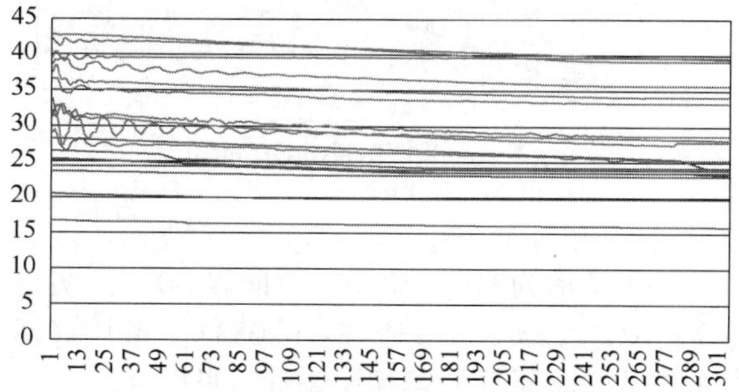

图 5　停泵压降变化趋势图(绿色为 S 地区某井、红色为临近区块井停泵压降趋势)

研究区井停泵压降速率普遍高于临近区块井，结合压降 G 函数曲线证实，部分层段发育一定程度天然裂缝，增大了停泵后初期的滤失速率。但各段压降速率差异较大，水平方向物性变化快，储层非均质性强，见图6、图7。

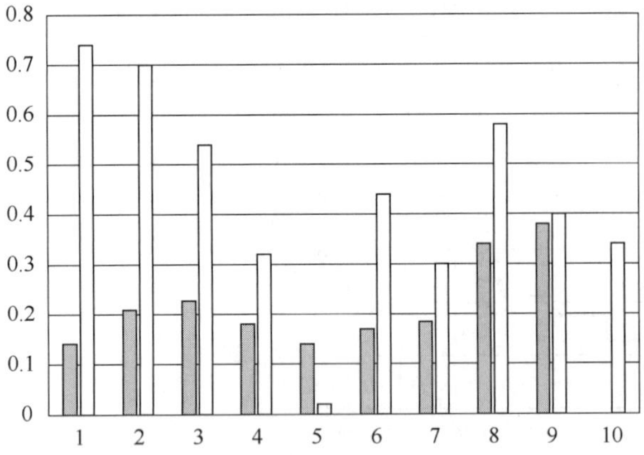

图6　停泵压降速率图(绿色为S地区某井、红色为临近区块井停泵压降速率)

3　压裂模式分类表征

在S地区某井现有地质认识的基础上，分段解读压裂曲线，根据施工曲线形态及裂缝滤失分析，分析影响施工套压变化的潜在原因，开展压后评价。

概括总结辨识出3种压裂过程中的滤失模式。

一是致密砂泥岩互层基质滤失压裂模式

二是致密细砂岩裂缝滤失压裂模式

三是沟通远端砂体混合滤失压裂模式

3.1　致密砂泥岩互层基质滤失压裂模式

地震反射特征呈透镜状，垂直于轨迹透镜状平面展布特征：320m，见图8。

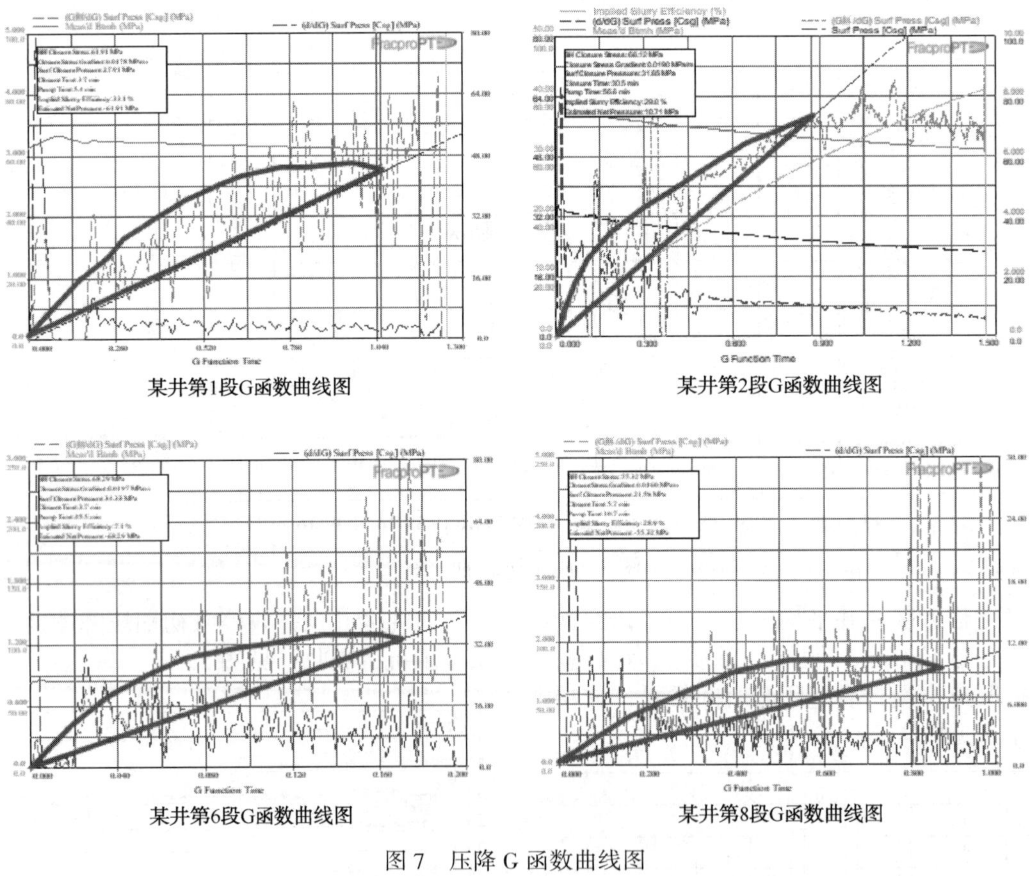

图7　压降G函数曲线图

测井显示为GR：58.8，较前段50.3，明显提高；AC：225.8　渗透率：0.0534，测井解释呈现明显的薄层砂泥岩互层叠置，见图9。

致密砂泥岩互层基质滤失压裂模式前置液阶段由于地层致密，滤失面积小，没有明显裂缝开裂，致使无破压或破压不明显，是其特征一；需要在排量提高至滤失面无法承载后，缓慢开裂，增大滤失面积，故而无法快速提升排量，是其特征二；停泵后无压降或压降极低，压降曲线反应基质滤失为主要滤失渠道是其特征三，见图10。

3.2　致密细砂岩裂缝滤失压裂模式

地震反射特征呈透镜状，垂直于轨迹透镜状平面展布特征：220m，见图11。

测井显示为GR：50.7AC：226.7气测：

32.3% 渗透率：0.0852，呈现出泥质含量低，气测明显，段内均质等特点，测井解释为大段致密细砂岩，见图12。

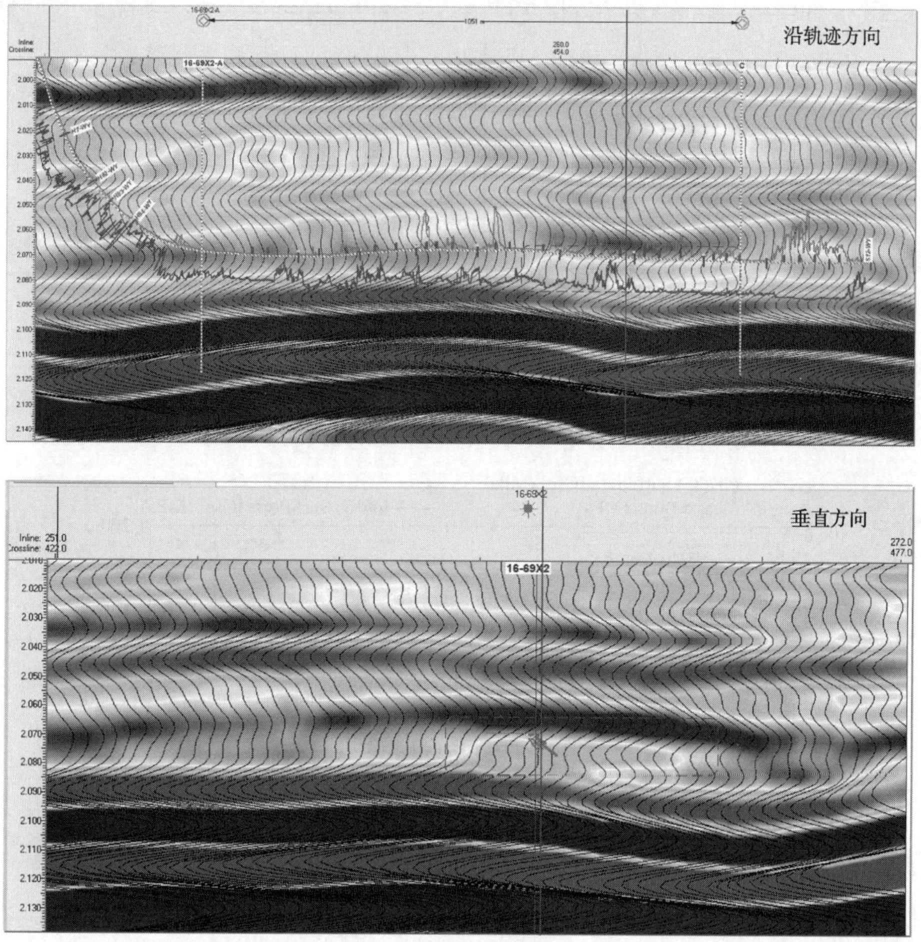

图8 地震反射特征图

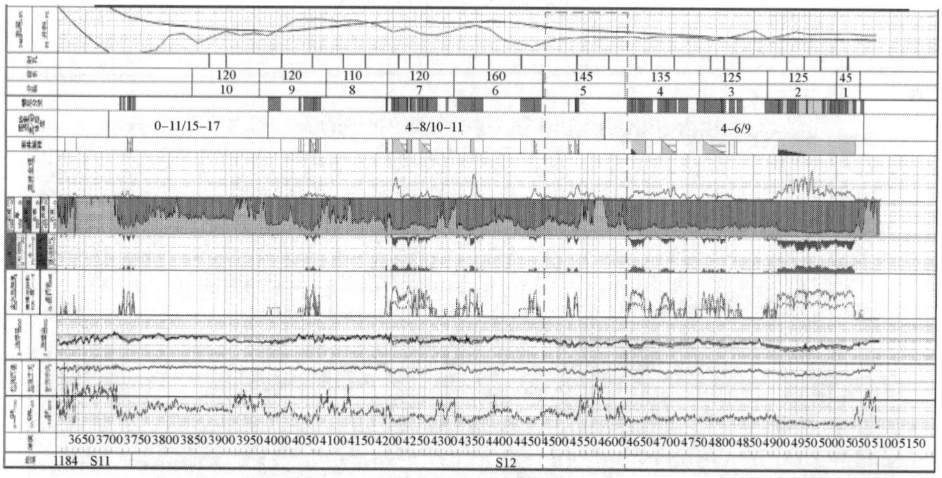

图9 测井解释剖面图

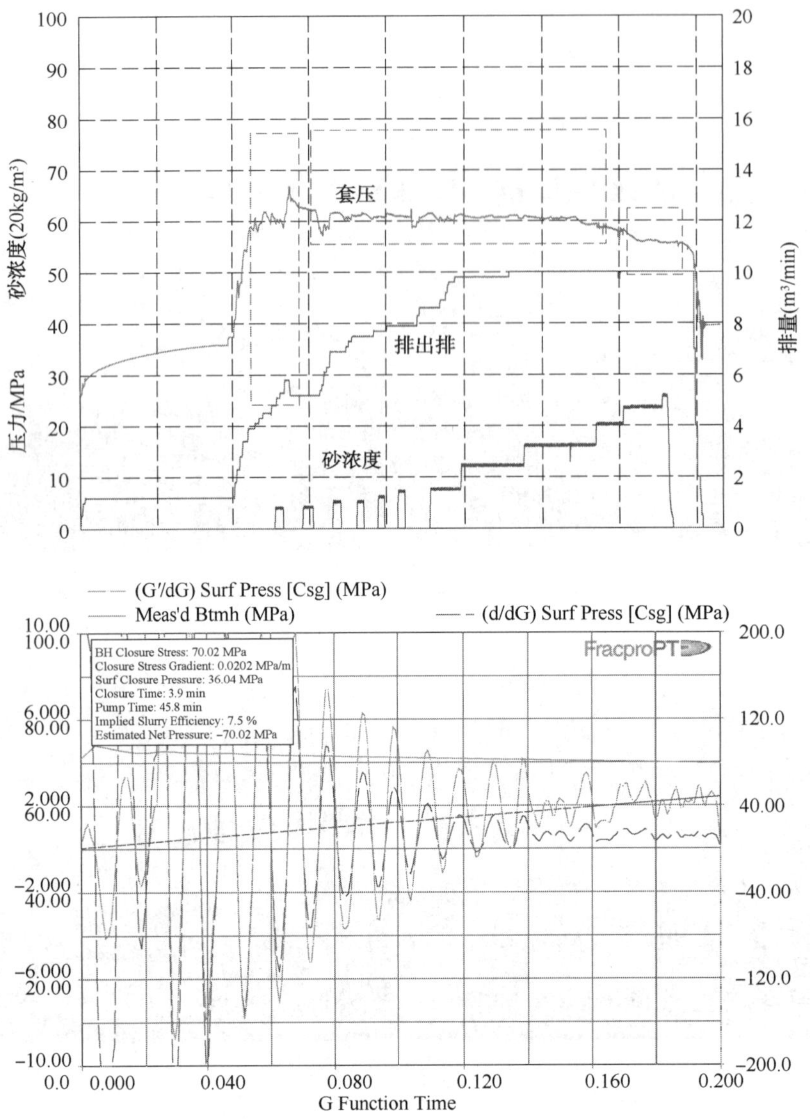

图 10　压裂曲线及 G 函数曲线图

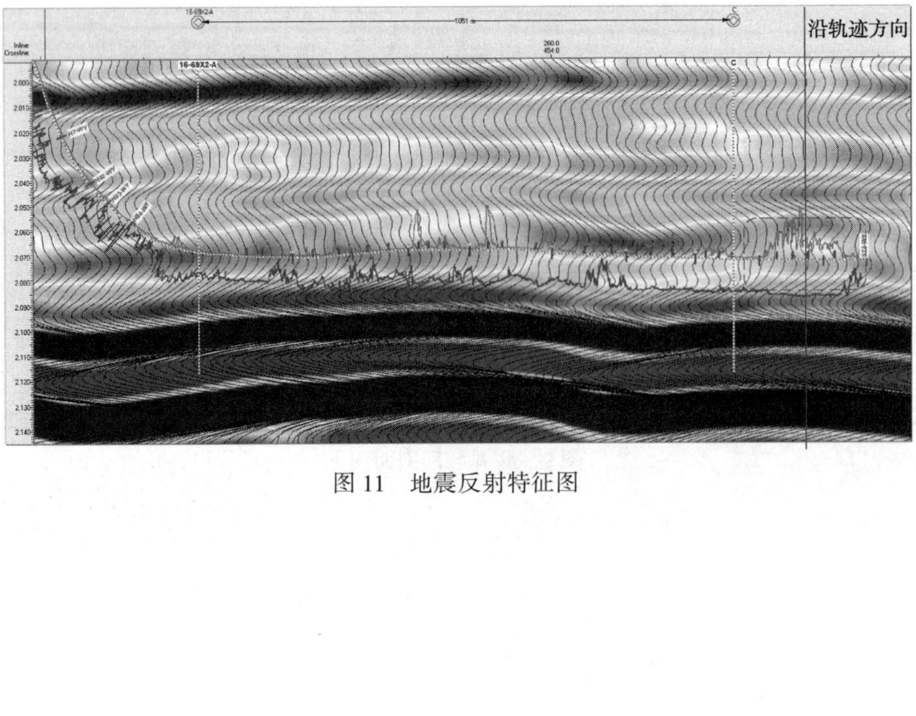

图 11　地震反射特征图

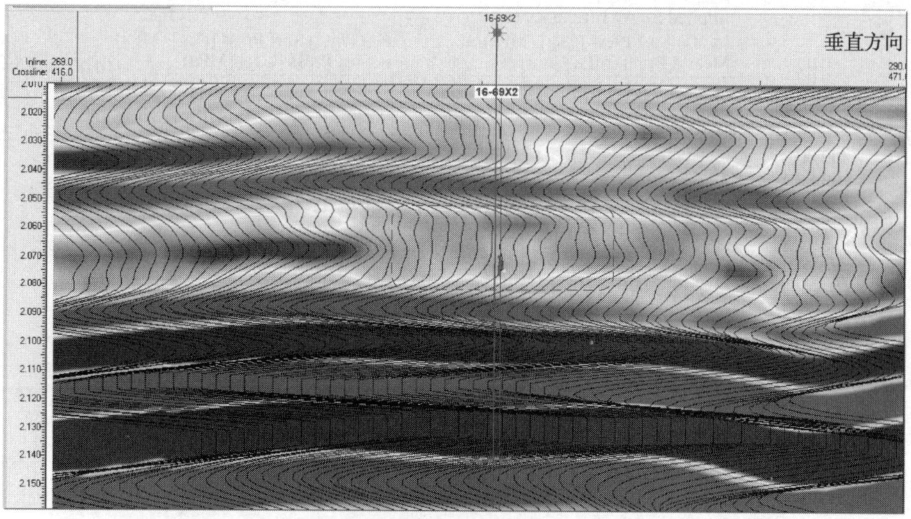

图 11 地震反射特征图(续图)

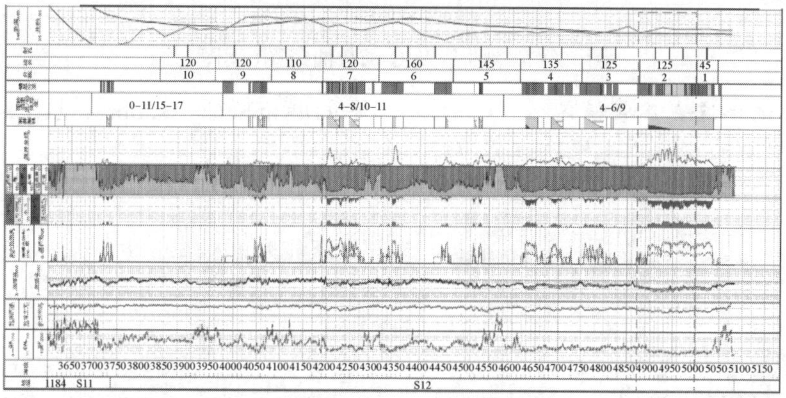

图 12 测井解释剖面图

致密细砂岩裂缝滤失压裂模式前置液阶段在地层天然裂缝的帮助下，有破压或破裂显示明显，是其特征一；持续提升排量，裂缝滤失性能会逐渐提高，多次破裂形成锯齿状套压曲线，排量可以快速提升是其特征二；停泵后压降明显且压降速率高，压降曲线反应裂缝滤失为主要滤失渠道是其特征三，见图 13。

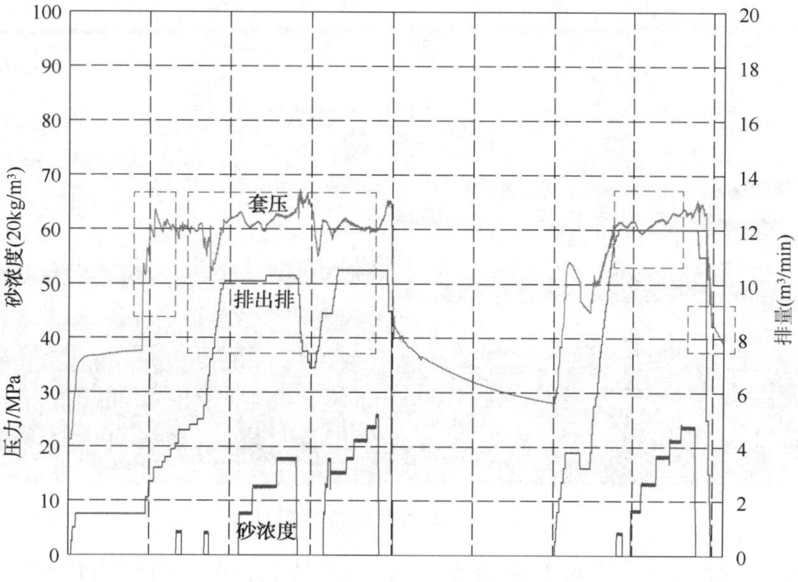

图 13 压裂曲线及 G 函数曲线图

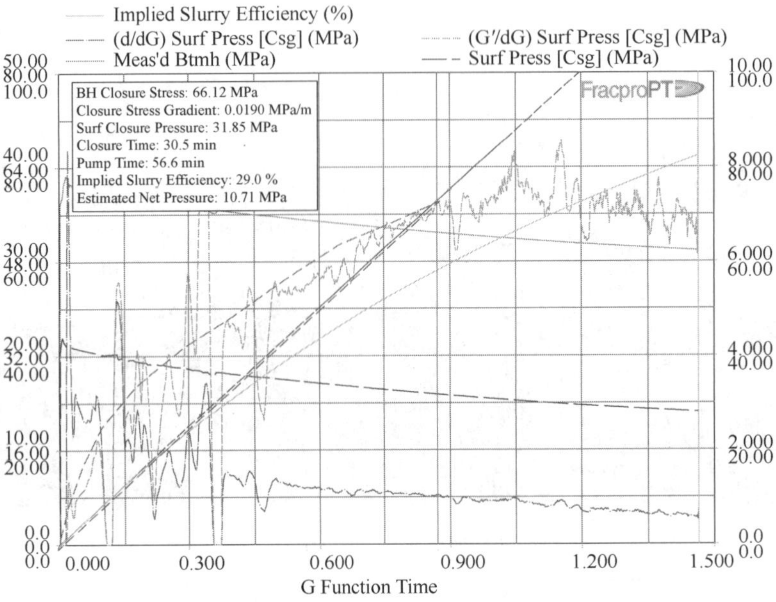

图 13　压裂曲线及 G 函数曲线图(续图)

3.3　沟通远端砂体混合滤失压裂模式

地震反射特征呈宽波峰，垂直于轨迹宽波峰平面展布特征：120m，见图 14。

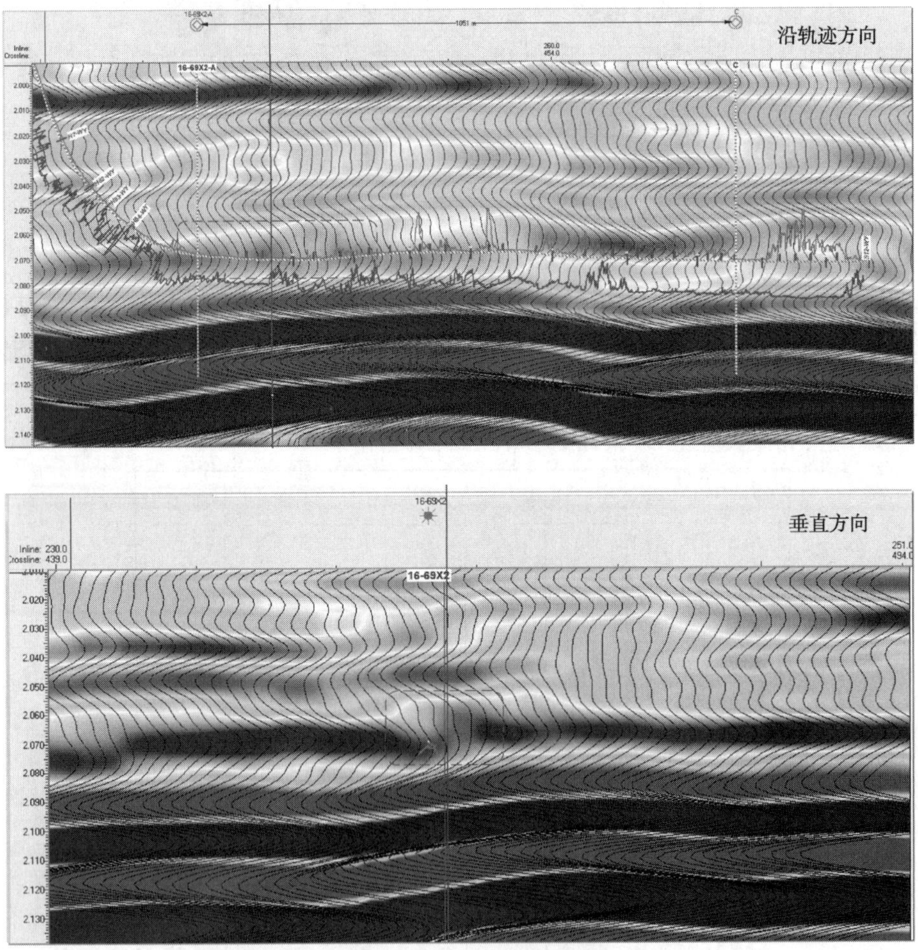

图 14　地震反射特征图

测井显示为 GR：41.2AC：216.3 渗透率：0.0511，呈现出砂泥互层、砂体周围存在泥岩隔断等特点，测井解释为致密细砂岩，见图 15。

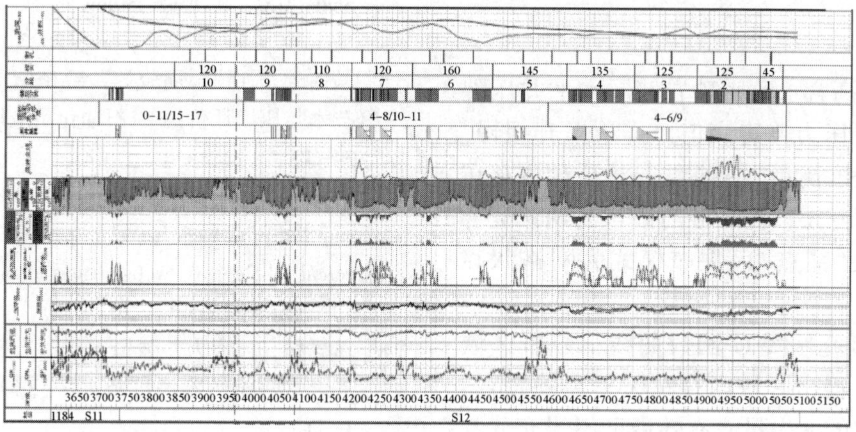

图 15　测井解释剖面图

沟通远端砂体混合滤失压裂模式前置液阶段由于存在泥岩隔断，尝试提排量，套压上涨明显，裂缝扩展困难，无破压或破压不明显，是其特征一；提排量过程中，套压多呈锯齿状，有明显的破裂显示，有效沟通入远部砂体是其特征二；停泵后压降明显且压降速率高，压降曲线初期反应天然裂缝滤失为主要滤失通道是其特征三，见图 16。

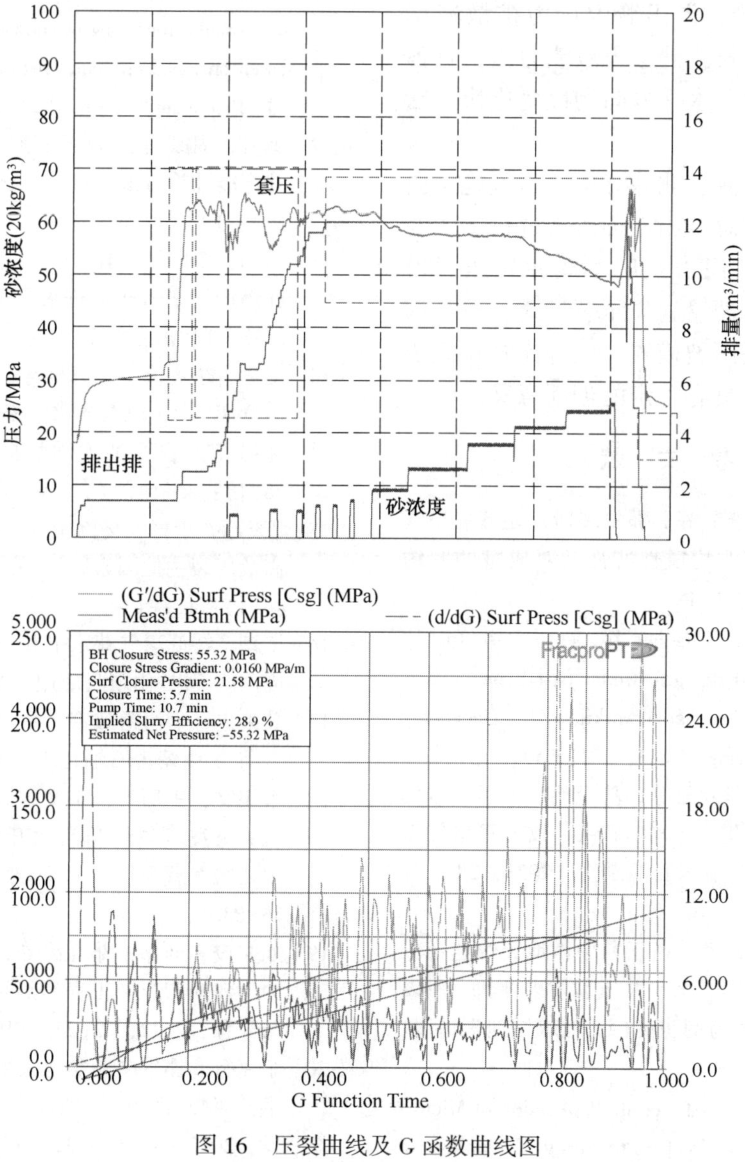

图 16　压裂曲线及 G 函数曲线图

4 结论

（1）S 地区高含水致密砂岩储层水平井压裂特征明显，施工压力普遍高值，排量提升缓慢，表明储层致密程度高；压裂曲线与地质预测存在一定偏差，砂泥互层、泥后砂与砂包泥现象混合发育，表明区块“甜点”区展布模式为网格状碎片化分布。

（2）通过研究压降 G 函数曲线，分析区域压裂滤失特性，得出区块内存在天然裂缝发育，并且提供了一定的滤失量，有效帮助储层充分改造的同时，为突破泥岩隔断提供了一定的帮助，但区域主要滤失模式受储层致密的影响较大，仍为基质滤失模式，混合滤失模式在区块内也有一定的存在比例。

（3）通过对比区块停泵压力、停泵压降速率与停泵压力变化趋势，得出缝内压力扩散速率慢，裂缝闭合时间较长，储层吸液能力差，且各段压降速率差异较大，水平方向物性变化快，储层非均质性强。

（4）综合地质预测、测井分析、压裂施工曲线与压后评价分析，总结出三种压裂过程中的滤失模式。一是致密砂泥岩互层基质滤失压裂模式，二是致密细砂岩裂缝滤失压裂模式，三是沟通远端砂体混合滤失压裂模式。三种模式在区块内得到良好的验证，具有一定的创新意义。

参 考 文 献

[1] 崔明明，李进步，李莹等．鄂尔多斯盆地苏里格气田西南部致密储层非均质性特征及对成藏的制约[J/OL]．地质学报：1-18.

[2] Cheng C，Shiping T，Xingchen W，et al. Post-frac evaluation of deep shale gas wells based on a new geology-engineering integrated workflow[J]. Geoenergy Science and Engineering，2023，231(PA).

[3] 田鸿照，苑秀发，李云云等．基于地质工程一体化的 CO_2 泡沫压裂优化设计与实践——以苏里格气田苏 X 区块为例[J]．中国石油勘探，2023，28(5)：126-134.

[4] 李德周，李丛，袁青松．基于井中微地震快速定位监测技术的煤系页岩气水平井压裂效果评价——以南华北地区 J1HF 井为例[J/OL]．地球物理学进展：1-11.

[5] Zhang L，Wang H，Cai J，et al. Application of Micro-Seismic Monitoring in Post - Fracturing Evaluation of Shale Gas：A Case Study of Well X from Puguang Area，China[J]. Processes，2023，11(7).

[6] 马伟云，江锚，周俊等．致密储层水平井裸眼压裂技术与压后评价[J]．石油化工应用，2023，42(4)：34-40.

[7] Yilun D，Youzhi H，Detang L. Evaluation of the fracturing fluid flowback based on perforation clusters for horizontal shale gas wells using data - mining methods [J]. Energy Reports，2023，9.

[8] 黄思婧，侯大力，强贤宇等．致密砂岩气藏压裂直井气水两相产能评价新方法[J/OL]．非常规油气：1-11.

[9] 牟媚，邹剑，张璐等．致密气藏压裂效果影响因素分析[J]．云南化工，2023，50(7)：131-133.

[10] 张永平，齐士龙，唐鹏飞等．松北致密气藏压裂裂缝扩展形态及压裂参数优化[J]．石油钻采工艺，2022，44(5)：623-631.

[11] Hong-Yan Q，Jian-Long Z，Fu-Jian Z，et al. Evaluation of hydraulic fracturing of horizontal wells in tight reservoirs based on the deep neural network with physical constraints [J]. Petroleum Science，2023，20(2).

[12] 陈岩，周家润，范俊强等．页岩气藏体积压裂水平井产能计算方法[J/OL]．长江大学学报(自然科学版)：1-7.

[13] 蒋恕，李园平，杜凤双等．提高页岩气藏压裂井射孔簇产气率的技术进展[J]．油气藏评价与开发，2023，13(1)：9-22.

[14] 王昊，李大维，王海庆等．鄂尔多斯盆地毛盖图地区盒 8、山 1 段高含水致密砂岩沉积特征与分布规律[J]．西安石油大学学报(自然科学版)，2023，38(1)：45-51.

[15] 曾凌翔，李彬，杨南鹏等．苏里格致密气藏水平井高效压裂主控因素[J]．天然气勘探与开发，2023，46(1)：127-131.

[16] 王理．特低渗气藏水平井分段多级压裂数值模拟研究[J]．科技创新与应用，2023，13(4)：102-106.

[17] 黄禹忠．窄河道致密气藏水平井密切割体积压裂技术[J]．内蒙古石油化工，2022，48(11)：58-61.

[18] 李宪文，王历历，王文雄等．基于小井眼完井的压裂关键技术创新与高效开发实践——以苏里格气田致密气藏为例[J]．天然气工业，2022，42(9)：76-83.

[19] 刘文俊，刘伟，邓九涛等．低渗致密储层三维地质力学建模与压裂工程甜点优选方法[J]．科学技术与工程，2022，22(25)：10985-10991.

[20] 李克智．鄂尔多斯盆地大牛地气田致密砂岩气藏水平井压裂“甜点”识别方法[J]．大庆石油地质与开发，2022，41(6)：124-132.

[21] 何东博，冀光，江乾锋等．苏里格气田西区高含水致密砂岩气藏差异化开发技术对策[J]．天然气工业，2022，42(1)：73-82.

[22] 杨国通，张超，金鑫等．临兴区块盒三段水平井分段压裂技术与压后评价[J]．石化技术，2021，28(9)：115-116.

[23] 李明，赵岐，张砚琨等．基于 PHF-LSM-MT 的非均质岩石细观界面与水力压裂数值建模[J]．东北大学学报(自然科学版)，2021，42(8)：1127-1135.

[24] 胡勇，李熙喆，徐轩等．含水致密砂岩气藏可动用储量评价新方法及其应用[J]．石油学报，2021，42(3)：332-340.

[25] 惠钢，陈胜男，顾斐．流体-地质力学耦合建模表征水力压裂诱发地震：以加拿大 Fox Creek 地区为例[J]．地球物理学报，2021，64(3)：864-875.

[26] 王昊，贾文江，李文等．苏里格 S 区二叠系盒 8 段、山 1 段储层特征研究[J]．内蒙古石油化工，2021，47(2)：103-106.

[27] 郭庆，聂建委，李金付等．苏里格气田西区天然气成藏模式研究及应用效果[J]．地球物理学进展，2020，35(5)：1784-1791.

[28] 李明，史艺涛，李鑫等．基于水平集法的三维非均质岩石建模及水力压裂特性[J]．东北大学学报(自然科学版)，2019，40(1)：109-114.

[29] 白云云，孙卫，任大忠等．鄂尔多斯盆地苏里格气田西区苏 48 区块盒 8 段砂岩成岩相定量划分及特征差异[J]．天然气地球科学，2018，29(12)：1739-1747.

[30] Ji L. Fracturing Effect Evaluation of Shale Gas Horizontal Well In Weiyuan Area[J]. IOP Conference Series：Earth and Environmental Science，2018，170(2).

[31] 向传刚，迟博．基于岩石力学及压裂施工参数计算的复杂缝网建模[J]．大庆石油地质与开发，2018，37(5)：153-159.

[32] 蒋文学，文果，苏伟东．苏里格气田西区堵水压裂技术研究与应用[J]．钻采工艺，2018，41(1)：49-51+4.

[33] 韩杰林．大牛地气田水平井压裂技术效果评价[J]．化工设计通讯，2017，43(4)：56.

[34] Eiroboyi I，Wilkie I S. Comparative evaluation of pressure distribution between horizontal and vertical wells in a reservoir edge water drive[J]. Nigerian Journal of Technology，2017，36.

[35] 刘登科，孙卫，任大忠等．致密砂岩气藏孔喉结构与可动流体赋存规律——以鄂尔多斯盆地苏里格气田西区盒 8 段、山 1 段储层为例[J]．天然气地球科学，2016，27(12)：2136-2146.

[36] 尹琅，李永明，颜晋川．致密砂岩气藏水平井压裂裂缝特征评价[J]．天然气技术与经济，2015，9(2)：34-36+78.

[37] 牟春国，李达，吕杨等．苏里格气田西区储层岩石力学性质及其应用研究[J]．天然气勘探与开发，2015，38(2)：51-55+62+7.

[38] 余书漫，陈启文，张春雨等．苏里格气田某区块低渗砂岩气藏水平井压裂效果评价[J]．长江大学学报(自科版)，2014，11(31)：151-153+9-10.

[39] 王飞，张士诚，侯腾飞．多段压裂水平井压后评价方法对比研究[J]．煤炭工程，2014，46(8)：102-105.

[40] 赵冠军，吴国文．苏里格气田西区盒 8 段气水分布及产水类型划分[J]．中国石油和化工标准与质量，2014，34(9)：197-199.

用于低渗凝析气藏的新型解堵剂

郑　雄[1]　刘平礼[2]

[1. 中国石油大庆油田公司勘探开发研究院；
2. 油气藏地质及开发工程国家重点实验室(西南石油大学)]

摘　要　液相伤害是低渗透凝析气藏主要的伤害类型之一，严重地制约着凝析气井的产能。润湿反转是防治液相伤害的有力手段之一，但现有润湿反转剂仅能将岩石表面润湿性由液湿性反转为中性润湿。气湿反转是一项新解堵技术，为解除低渗凝析气藏液相伤害，基于气湿反转解堵机理，研制出原位纳米流体气湿反转剂。用FTIR对原位纳米流体气湿反转剂进行结构表征。X射线能谱仪和扫描电镜显示原位纳米流体气湿反转剂呈"菌落状"吸附于云母片表面，且云母片表面检测出特征元素，原位纳米流体气湿反转剂可在岩心表面原位生长纳米团簇。接触角实验、耐冲刷性实验、渗透率恢复实验表明，原位纳米流体气湿反转剂具备强气湿性、吸附性，能够显著降低岩心吸液能力，渗透恢复率在95%以上，岩心内气液流动能力明显提升，能够持久长效解除和预防低渗凝析气藏液相堵塞，释放气井产能。

关键词　低渗；凝析气藏；解堵；气湿反转；纳米流体

凝析气藏的开发因其伤害因素多、伤害情况复杂导致其开发难度大。反凝析伤害致使产气指数下降，严重情况下甚至会造成凝析气藏停产。凝析气藏除受到特有的反凝析伤害外，低渗凝析气藏极易发生水锁损害。统计表明，低渗透气藏平均采收率低于25%，约有70%以上的低渗透储层受到水锁损害的影响，由此引起的气相渗透率损害可达80%以上，产能损害50%以上，并且一般低渗透砂岩储层赖以流动的通道狭窄，水锁损害解除十分困难。

润湿反转是解除凝析气藏水锁伤害的有力手段，但现有润湿反转剂仅能将岩石表面润湿性由液湿性反转为中性润湿。氟化物因其"三高两憎"性而成为界面修饰常用处理剂。含氟聚合物中氟原子半径极小，C-F键的键能极大，使得含氟聚合物获得了许多优点。李克文等基于油气藏润湿性理论首次提出，液相接触角>90°时，岩石为气润湿，并用含氟物质FC722处理岩心，将亲水性岩心反转为气湿，有效解除水锁并提高气藏产量。冯春燕通过乳液聚合法合成出含氟丙烯酸酯聚合物，该聚合物能够显著降低岩心表面自由能，使其润湿性由强液湿转变为气湿。仅仅使用含氟聚合物实现气湿反转的作用效果有限，经过学者们长期探索又发现了粒径小于孔隙直径且能够显著改变岩石润湿性的纳米材料。纳米粒子因优异的量子尺寸效应等具备显著优势，但纳米粒子浓度过高易团聚，且受温度、pH等影响严重，故亟需研发一种适用于低渗凝析气藏且气湿性强的新型解堵剂。为高效解除低渗凝析气藏的液相堵塞，本文研制出原位纳米流体气湿反转剂，该解堵剂不需要添加额外的纳米粒子就可以获得粗糙的微纳米结构，是一种简便的气湿反转方法。用FTIR对原位纳米流体气湿反转剂进行结构表征。X射线能谱仪和扫描电镜显示原位纳米流体气湿反转剂呈"菌落状"吸附于云母片表面，且云母片表面检测出特征元素，原位纳米流体气湿反转剂可在岩心表面原位生长纳米团簇。研究表明，原位纳米流体气湿反转剂能够持久长效解除和预防低渗凝析气藏液相堵塞，释放气井产能。

1　实验部分

1.1　材料与仪器

1H、1H、2H、2H-全氟癸基三乙氧基硅烷(FAS-17)，分析纯，上海麦克林生化科技有限公司；3-氨基丙基三乙氧基硅烷(KH550)，化学纯，成都市科龙试剂化工厂；无水乙醇(EtOH)，氢氧化钠，均为分析纯，成都市科龙试剂化工厂；云母片，北京沿程科技公司；去离子水；天然岩心，M凝析气藏F1井(取样井段2696~2702m)。

精密电子天平(BSM-220.4)，上海卓精有限公司；傅里叶红外光谱仪(Bruker Vertex 70)，易析科技有限公司；扫描电子显微镜(Quanta 450)，美国 FEI 公司；X 射线衍射仪(DX-2700)，丹东浩元仪器有限公司；界面参数一体测量系统(DSA30S)；电热鼓风干燥箱(TST101A-1B)，成都特斯特仪器有限公司；多功能岩心驱替装置，成都岩心科技有限公司。

1.2 实验方法

1.2.1 原位纳米流体气湿反转剂制备

(1) 制备原理

FA-KH550 原位纳米流体气湿反转剂的反应机理如图 1 所示。在乙醇和去离子水的反应溶剂中，带有三个可水解的取代基的 FAS-17 和 KH550 能发生水解反应并连接在一起，反应过程中 Si-O-Si 的建立和溶剂的消耗将抑制硅氧烷在岩心表面的扩散，反应后将生成一层低表面能聚合物纳米簇覆盖在岩心表面。

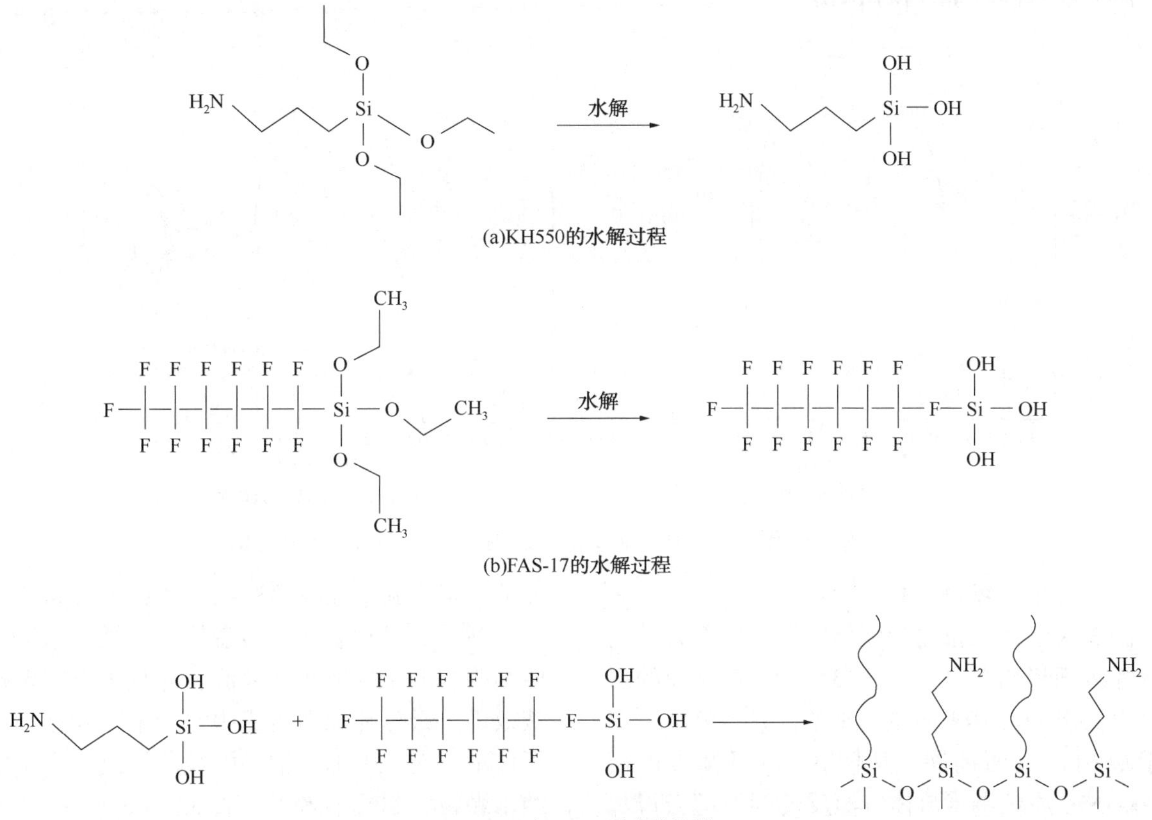

图 1 FA-KH550 原位生成纳米团簇的反应机理

(2) 制备方法

在室温下，将 40ml 乙醇溶解在 40ml 去离子水中作为反应溶剂。将预先制备的 2wt% 氢氧化钠溶液滴加到上述溶剂中，并将溶剂的酸碱度调节至 7~12。在搅拌状态下，依次向溶剂中加入 20ml KH550 和 80mg FAS-17。

1.2.2 原位纳米流体气湿反转剂的表征

用 FA-KH550 处理新鲜剥出的云母片(亲水性和砂岩岩心相似)，通过傅里叶红外光谱(FTIR)检测云母片表面官能团的特征吸收峰和吸收峰的强度变化，证明含氟官能团、硅烷偶联剂接枝二氧化硅，FA-KH550 可原位改性云母片。借助扫描电子显微镜(SEM)观察 FA-KH550 处理后云母片的形貌，证明气湿反转表面结构的变化。X 射线能谱分析(EDS)分析特征元素，进一步验证气湿反转前后云母片表面元素组分的变化。

1.2.3 气湿反转性能评价

使用界面参数一体测量系统测定水相和油相处理云母片表面前后的接触角，定量研究原位纳米流体气湿反转剂的气湿性。

1.2.4 耐冲刷性能评价

将岩心抽提洗净、烘干、冷却，向岩心端面滴液并观察记录液相的铺展情况。清洗岩心并烘干，置于原位纳米流体气湿反转剂中处理 48h，烘干冷却后滴液并观察记录。将岩心用蒸馏水冲刷 2h 后烘干，向岩心端面滴液并记录，对比冲刷前后液相铺展情况。

1.2.5　解堵剂解堵效果评价

流动实验模拟地层条件，按照工作液实际注入顺序通过天然岩心，通过对比岩心前后的渗透率变化评价解堵剂的解堵效果。

2　结果与讨论

2.1　原位纳米流体气湿反转剂的表征

(1) 傅里叶红外光谱(FTIR)

原始云母片和原位纳米流体气湿反转剂改性云母片的傅里叶红外光谱图见图 2。从图 2(a)和(b)可以看出，具备疏水疏油性能的 C-F 键对应的吸收峰出现在 $1012cm^{-1}$，说明云母片表面成功引入含氟基团。纳米颗粒表面富集大量活性羟基，含氟有机物可与纳米颗粒发生脱水缩合反应接枝其上。从图 2(b)可以看出，$719cm^{-1}$ 出现了大量 Si-O-Si 键，说明 FAS-17 和 KH550 经脱水缩合后连接在一起，形成了新的 Si-O-Si 键。

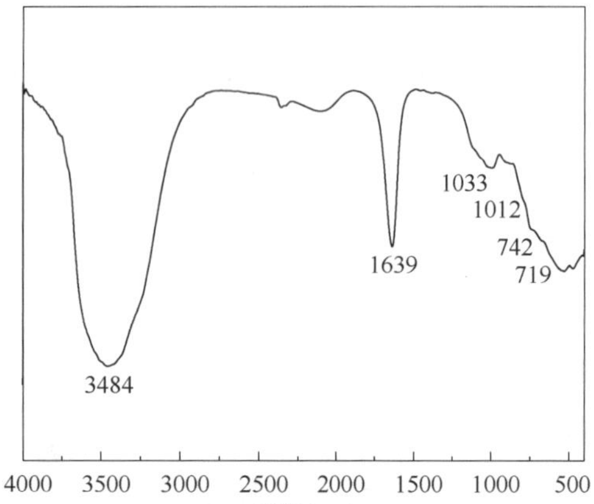

(a)原始云母片

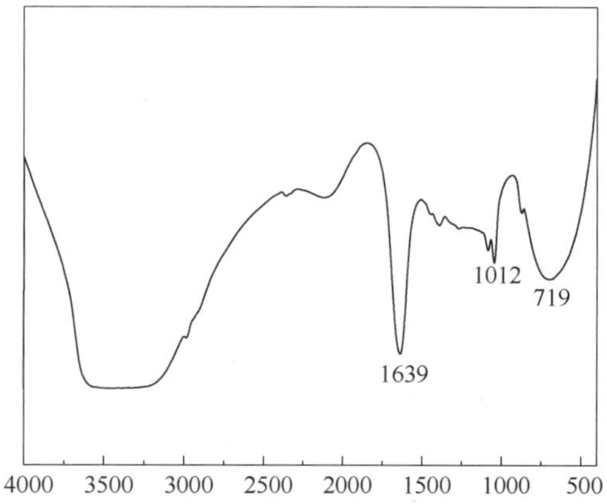

(b)FA-KH550改性云母片

图 2　原始云母片和原位纳米流体气湿反转剂改性云母片的红外光谱图

(2) 扫描电镜(SEM)

图 3 为使用原位纳米流体气湿反转剂处理后云母片表面形貌的变化。图 3(a)为未处理的云母片表面形貌，其表面致密平整，光滑整洁，有助于液相在表面铺展。从图 3(b)可知，使用 FA-KH550 原位纳米流体气湿反转剂处理云母片表面后，其表面明显变得粗糙，并有大量相互连接的纳米团簇，而且这些纳米团簇的分布比较均匀，使得云母片表面覆盖着均匀的微孔结构，这些结构有助于构造疏液表面，并且可以实现超疏液效果。云母片表面生成中空纳米团簇这也证实了该配方能在不加入纳米颗粒的情况下原位生成纳米颗粒，制造纳米粗糙表面。

(a)未处理云母片表面

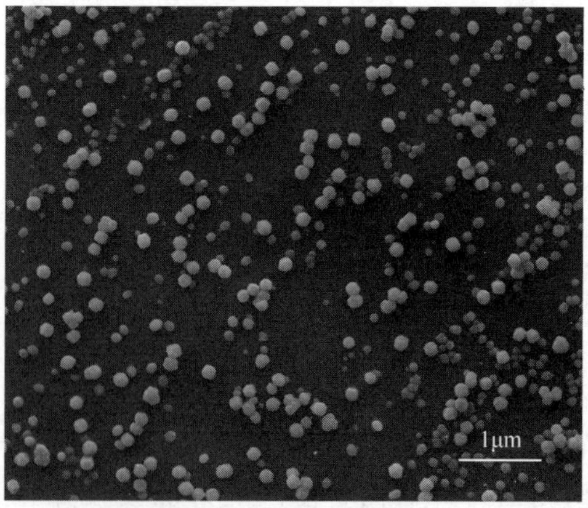

(b)FA-KH550改性云母片

图 3　不同气湿反转剂处理后云母片表面形貌

(3) X 射线能谱分析(EDS)

EDS 分析结果如图 4 所示。原始光谱有 4 个主峰，分别是 C(14.20wt%)、O(32.22wt%)、Si(24.05wt%)、Al(17.48wt%)元素。云母片改性后，光谱显示出新的元素峰，表明 FA-KH550 成功引入云母片表面。图 4(b)为使用 FA-KH550 原位纳米流体气湿反转剂处理云母片后其表面的元素分析，从图中可以看出，Si 和 O 元素的吸收峰明显。与未处理云母片(a)不同的是，云母片(b)表面检测出 F 和 N 元素，这说明原位纳米流体气湿反转剂已成功吸附到云母片表面。

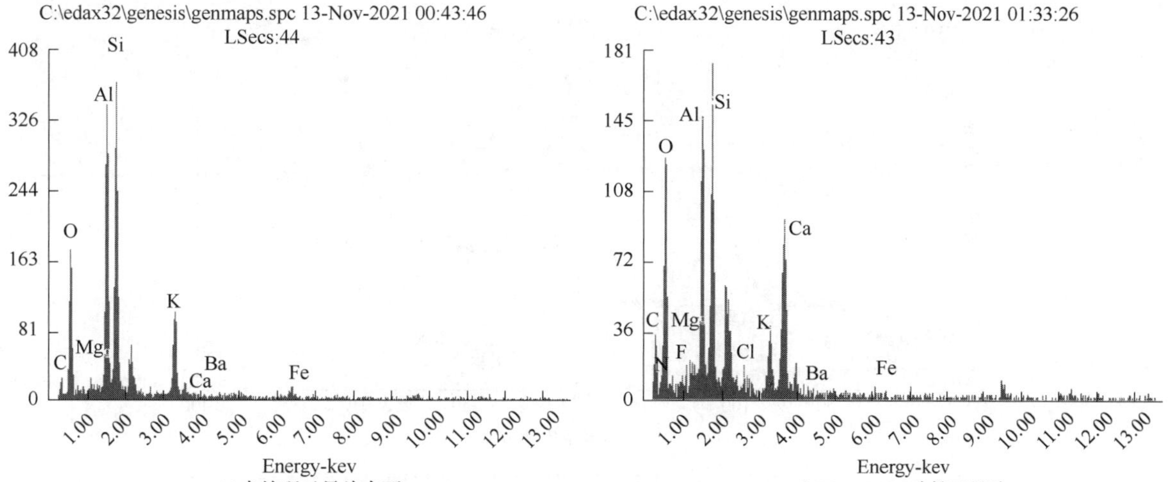

(a)未处理云母片表面　(b)FA-KH550改性云母片

图 4　原位纳米流体气湿反转剂处理后云母片表面元素分析

2.2 气湿反转性能评价

润湿性接触角能够直接反映材料表面的拒液性能，原位纳米流体气湿反转剂处理云母片表面的接触角测试结果见表 1 所示。未处理的云母片水相接触角为 17.1°，油相 10.0°。使用 FA-KH550 原位纳米流体气湿反转剂处理的云母片其水相和油相接触角分别为 120.7°和 106.9°，证明其有强气湿性。

表 1　原位纳米流体气湿反转剂接触角测试结果

接触角 θ/° \ 体系	未处理	FA-KH550
水相	17.1	120.7
油相	10.0	106.9

2.3 耐冲刷性能评价

原位纳米流体气湿反转剂处理岩心的实验结果图片见表 2。水相和油相滴在未处理的实验岩心表面迅速铺展，并渗入岩心，说明岩心表面呈液湿。原位纳米流体气湿反转剂处理岩心后，水和油在岩心表面均呈液滴状，观察法评价接触角可知，水相接触角约为 120°，油相接触角约为 100°，说明原位纳米流体气湿反转剂处理后岩心变为疏水疏油。这是因为纳米流体在岩心表面附着有一层气湿性的薄膜，赋予岩心表面极强的疏水疏油性。用蒸馏水冲刷经原位纳米流体气湿反转剂处理过的岩心，冲刷后液滴形状几乎无改变，表明原位纳米流体气湿反转剂形成的气湿性的吸附膜牢固吸附在岩心表面，岩心冲刷后仍然保持双疏特性。

表 2　岩心冲刷前后液相铺展情况

处理前	处理后水	冲刷后水	处理前油	处理后油	冲刷后油
					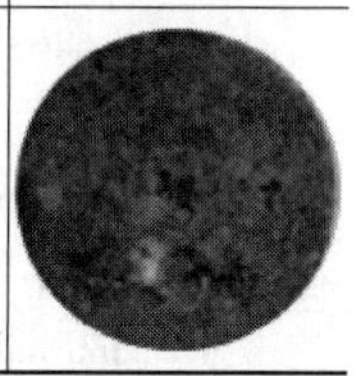

2.4 解堵剂解堵效果评价

原位纳米流体气湿反转剂的驱替数据结果如图 5 所示。岩心驱替水相、油相后，液相被束缚在液湿性的孔隙喉道中，占据部分储集空间，形成液锁伤害。伤害后注入原位纳米流体气湿反转剂，形成可流通的气相流动通道，气测渗透率提高了163%，恢复达原始渗透率的95.1%，地层水渗透率提高了84.5%，凝析油渗透率提高了60.3%，岩心再次驱替水相、油相，渗透率已基本不再降低，说明原位纳米流体气湿反转剂气湿反转性能好，能够提高岩心气液的流动能力，有效解除液相伤害；再次液相伤害后，气测渗透率基本未降低，表明气湿反转处理能预防液相伤害，具备长效解除液相伤害的性能。

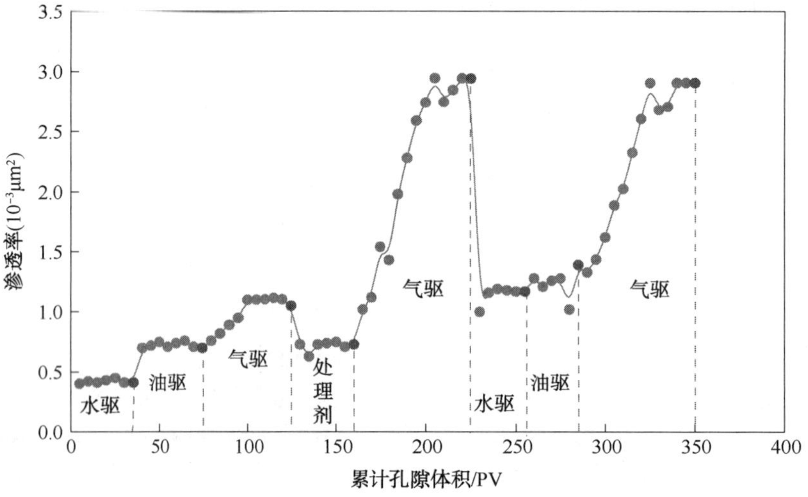

图5 FA-KH550解堵液相伤害效果图

3 结论

原位纳米流体气湿反转剂可在岩心表面原位生长纳米团簇，赋予其超双疏性能，该解堵剂不需要添加额外的纳米粒子就可以获得粗糙的微纳米结构，是一种简便的气湿反转方法。原位纳米流体气湿反转剂可进入细小孔喉，持久长效解除和预防低渗凝析气藏液相堵塞，释放气井产能。

参 考 文 献

[1] AFIDICK D, KACZOROWSKI N J, BETTE S. Production Performance of A Retrograde Gas Reservoir: A Case Study of the Arun Field: SPE Asia Pacific Oil and Gas Conference[Z]. 199428749.

[2] 安一梅，李丽华，赵凯强，等．低渗透油气藏用防水锁剂体系的制备与性能评价[J]．油田化学，2021，38(01)：19-23.

[3] 胡文瑞，魏漪，鲍敬伟．中国低渗透油气藏开发理论与技术进展[J]．石油勘探与开发，2018，45(04)：646-656.

[4] GOUDA A, GOMAA S, ATTIA A, et al. Development of An Artificial Neural Network Model for Predicting the Dew Point Pressure of Retrograde Gas Condensate[J]. Journal of Petroleum Science and Engineering, 2022, 208.

[5] 柯从玉，魏颖琳，张群正，等．低渗透气藏水锁伤害及解水锁技术研究进展[J]. 应用化工，2021，50(06)：1613-1617.

[6] YA Y, MINGZHEN W, WANLI K. A Review of Wettability Alteration Using Surfactants in Carbonate Reservoirs. [J]. Advances in Colloid and Interface Science, 2021, 294.

[7] 胡仲可．伏龙泉登娄库组储层伤害因素分析及治理措施研究[D]．西南石油大学，2014.

[8] 王睿．表面活性剂对致密储层渗吸能力的影响实验研究[D]．西安石油大学，2020.

[9] 蒋官澄，张县民，王乐，等．双阳离子氟碳表面活性剂及其制备方法和作为双疏型润湿反转剂的应用和钻井液及其应用：CN106634894A[P]. 2017-05-10.

[10] 王小芳，王煜，樊松林，等．一种修井用防水锁剂，制造方法及其应用：CN107760284B[P]. 2020-10-09.

[11] LIU G, XIONG D. Amphiphobic Surfaces From Block Copolymers[J]. US, 2012.

[12] WEI J, HONGYAN F, YINGMING Z, et al. Floatable Superhydrophobic Ag_2O Photocatalyst without A Modifier and Its Controllable Wettability by Particle Size Adjustment[J]. Nanoscale, 2018, 10: 10-1039.

[13] WOOJE, HAN, BYUNGWOOK, et al. Fluorine Ligand Exchange Effect in Poly (Vinylidenefluoride-Co-Hexafluoropropylene) with Embedded Fluorinated Barium Titanate Nanoparticles [J]. Thin Solid Films, 2016.

[14] KEWEN L, ABBAS F. Experimental Study of Wettability Alteration to Preferential Gas-Wetting in Porous Media and Its Effects[J]. Spe Reservoir Evaluation & Engineering, 2000, 3(02): 139-149.

[15] 李克文，周明辉．新型气润湿反转剂的分子模拟与合成：渗流力学与工程的创新与实践——第十一届全国渗流力学学术大会论文集[C]，2011.
[16] 冯春燕，孔瑛，蒋官澄，等．含氟气湿反转剂的合成与表征[J]．高分子材料科学与工程，2011，27(09)：13-16.
[17] 伍亚军，马淑芬，郭邵斌．新型高温高盐气湿反转剂影响因素分析[J]．山西化工，2015，35(02)：19-22.
[18] 王彦玲，金家锋，董红岩，等．用于解水锁的气润湿反转剂的合成与性能评价[J]．西安石油大学学报(自然科学版)，2015，30(05)：85-90.
[19] 王斌，汪杰，姚二冬，等．气湿反转解除裂缝-基质液锁的实验研究[J]．钻采工艺，2019，42(04)：57-59.
[20] NI，XIAOXIAO，JIANG，et al. Synthesis of An Amphiphobic Nanofluid with A Novel Structure and Its Wettability Alteration on Low-Permeability Sandstone Reservoirs[J]. Energy & Fuels，2018.

纳米凝胶在化学堵控水中的应用与展望

王 强 陈 征 张 乐 张志熊 张 璐 黄泽超 徐元德 蒋少玫 曹长霄

[中海石油(中国)有限公司天津分公司]

摘 要 我国大部分油田进入中后期的开采，油田含水量急剧增加，需采取控水措施，保证油井生产。与普通聚合物凝胶相比，纳米凝胶在强度、耐温性方面具有显著优势，可以适应更恶劣的油藏环境，达到控水增油的目的。纳米凝胶可大致分为二氧化硅基纳米凝胶、纳米蒙脱石基纳米凝胶、锂皂石基纳米凝胶、粉煤灰基纳米凝胶。研究者综述了各种纳米凝胶运用的材料(纳米材料、主聚合物、交联剂)，强度增强机理、表现的优异性能。总结了各类纳米凝胶存在的优缺点，指出了纳米凝胶的研究需面向高温，高矿化度的油气藏环境，需采取更加简便的制备方法、更加便宜易得、绿色的制备原料。纳米凝胶体系的研制需重点把控易降解，对地层伤害小。同时未来研究还需结合现场运用情况和效果，简化纳米凝胶的制备工艺，完善理论系统，推进纳米凝胶的现场广泛应用，提高控水稳油效果。

关键词 纳米；凝胶；堵水；控水；高温；聚合物

近年来，纳米材料在生物，医学、电子产品、石油工业等行业中不断发展，其中纳米材料遍布石油行业的上、中、下游，纳米材料已运用于钻井液、压裂液、聚合物驱、二氧化碳泡沫驱、稠油开采、调剖堵水、纳米流体驱油中。纳米材料也同样运用到了聚合物凝胶体系中，典型的聚合物凝胶体系由水溶性聚合物和交联剂组。主要是含有聚合物和交联剂的低黏度溶液通过交联反应转化为橡胶状凝胶结构，其中聚合物链连接在一起形成三维结构网络。由于纳米凝胶体系相比于普通的凝胶体系在表观结构和性能上都有很大的改变，所以被大量运用于调剖堵水中。化学堵水主要采用水泥、刚性颗粒、可膨胀性颗粒、聚合物凝胶等。运用于堵水的凝胶可分为原位凝胶和预制颗粒凝胶，原位凝胶是直接将单体及聚合物以及交联剂的混合物直接通过井筒注入地层，到达目的层位，再成胶，该成胶过程是在地层条件下进行的(图 1a)。预制颗粒凝胶在地面成胶后，制备成细小颗粒，利用高压泵组，注入地层，颗粒到达预封堵位置，吸水膨胀，按“1/3~2/3”原则，封堵孔道，达到堵水的目的(图 1b)。

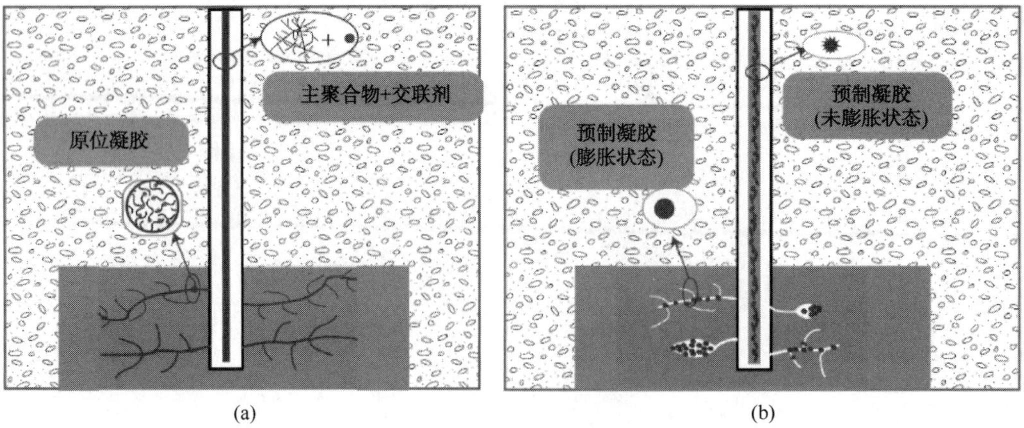

图 1 凝胶堵水机理图

部分学者综述了耐高温聚合物凝胶体系在控水中运用、聚丙烯酰胺类凝胶在堵水中的运用，但他们主要是针对普通凝胶，还未开展纳米凝胶在堵控水中的综述。本文基于常用的纳米粒子，将纳米凝胶分为纳米二氧化硅基纳米凝胶、纳米蒙脱石交联的纳米凝胶、锂皂石基纳米凝胶、粉煤灰基纳米凝胶等。从材料、机理、性能角度出发，对各种纳米凝胶体系进行综述。并结合现有纳米凝胶优缺点及适用条件进行讨论，展望了纳米凝胶在堵水中的未来发展趋势。

1　二氧化硅基纳米凝胶

1.1　材料与机理

纳米二氧化硅能提高其他材料的抗老化，强度和耐温耐盐性，易于表面改性。二氧化硅基纳米凝胶以 1～100nm 的二氧化硅作为纳米材料。丙烯酰胺(图 2a)、聚丙烯酰胺(图 2b)、部分水解聚丙烯酰胺(图 2c)、磺化聚丙烯酰胺(图 2d)、生物聚合物(图 2e)常被作为主聚合物原料，这些主聚合物基本都采用高分子量、易得的聚合物。使用无机交联剂以醋酸铬(图 3a)为主、有机交联剂以低毒性的聚乙烯亚胺(图 3b)、六亚甲基四胺+对苯二酚体系（图 3c、3d)、N，N–亚甲基双丙烯酰胺(图 3e)、酚醛树脂(图 3f)为主。相比无机交联剂，有机交联剂的使用更能提高纳米复合凝胶的稳定性、耐温性。

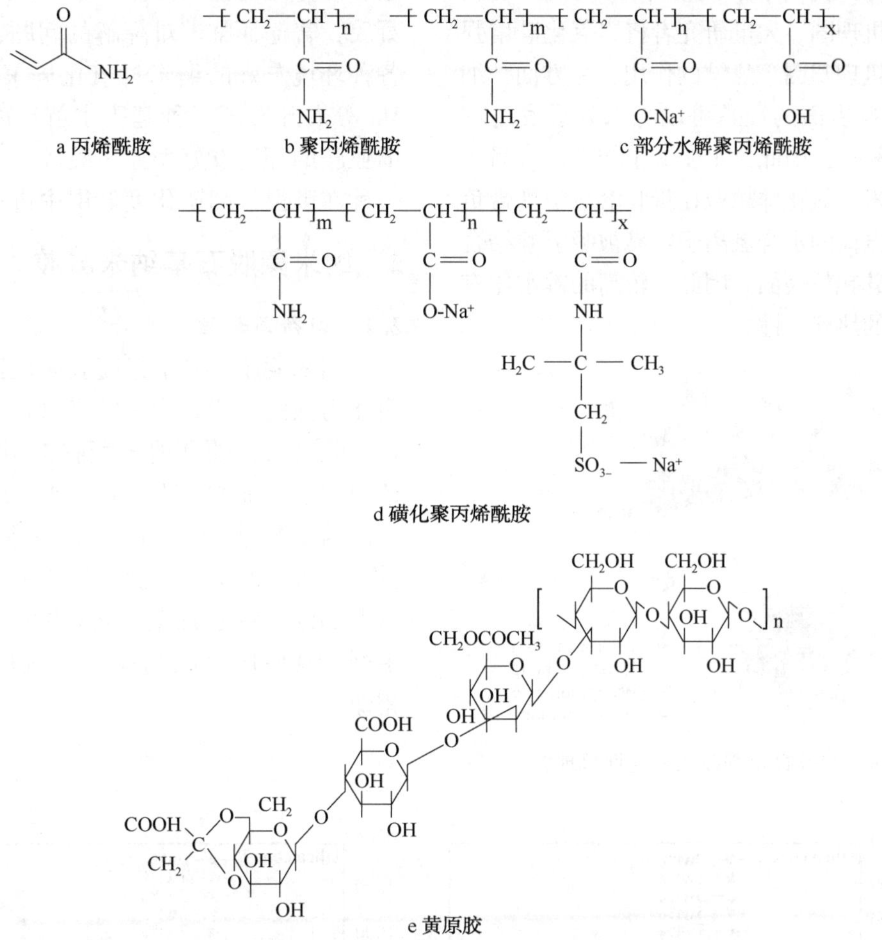

图 2　纳米二氧化硅基纳米凝胶常用主聚合物结构式

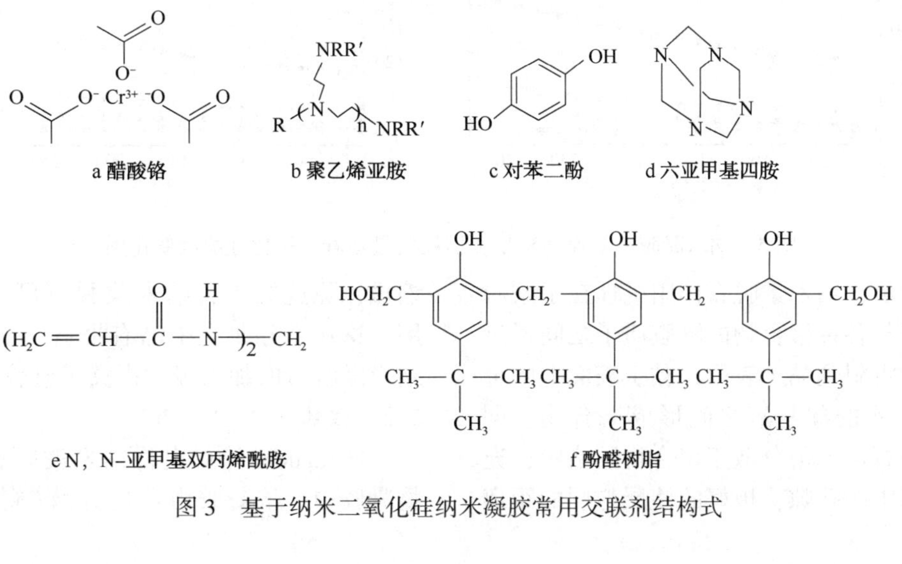

图 3　基于纳米二氧化硅纳米凝胶常用交联剂结构式

针对于纳米二氧化硅增强纳米凝胶稳定性的机理的研究。Sun 等人认为 SiO_2增强机理在于：在二维层状结构中，二氧化硅的吸附可缩小相邻网络链之间的空间，减少自由水的流动，增加流动阻力，使得交联链的缠结增强。同时，在三维网络中，网络垂直层之间的空间被压缩，导致层与层之间的运动摩擦增加。因此，二氧化硅的分布增强了水凝胶的微观网络结构，提高了水凝胶的宏观强度。图 4 展示了相应的机理图。大量研究者将二氧化硅增强凝胶稳定性的机理归因于氢键的作用，一方面，纳米二氧化硅颗粒表面的羟基可以与水分子发生反应，进而生成氢键，因此，水变成了结合水。另一方面，由于纳米二氧化硅颗粒在凝胶溶液中携带负电荷，携带正电荷的水合氢离子容易被吸引并结合到纳米二氧化硅颗粒表面。因此，较高的键水比有助于提高系统的热稳定性。

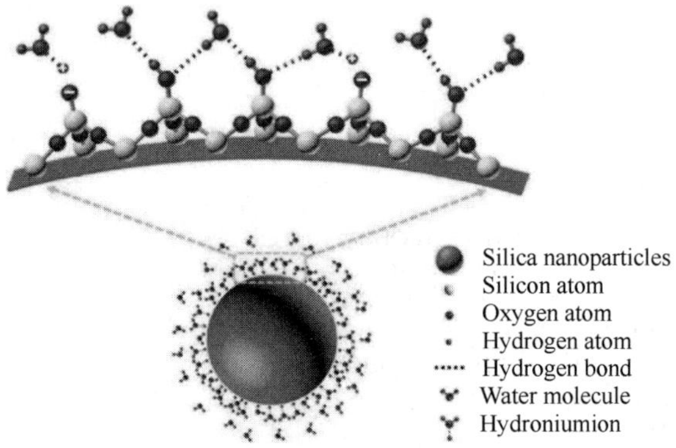

图 4　纳米二氧化硅增强凝胶稳定性机理图

1.2　性能

如图 5 所示，凝胶强度随着纳米二氧化硅的浓度增大而增大，纳米复合水凝胶的弹性模量和储能模量随时间增加，可达到普通凝胶模量的 100 倍。Dai 等人将二氧化硅纳米颗粒作为增强材料支撑聚合物凝胶的内部骨架，制备一种新的增强分散颗粒凝胶，该凝胶体系具有很高的耐高温和高盐度的能力。基于纳米二氧化硅的聚合物凝胶，普遍面临着难降解的问题，所以还需研究各种环境友好的纳米二氧化硅聚合物凝胶体系。Ma 等人开发了一种基于水解聚丙烯酰胺和聚乙烯亚胺的环境友好型原位凝胶，并证明该凝胶是一种在高温、高矿化度储层中进行调剖的堵剂。

2　纳米蒙脱石基纳米凝胶

2.1　材料与机理

纳米蒙脱石基纳米凝胶采用比表面积大，吸附能力强的蒙脱石作为纳米材料。其使用的主聚合物除二氧化硅基纳米凝胶常用的主聚合物外，还使用了丙烯酸(图 6.a)、聚-2-丙烯酰基-2-甲基丙磺酸钠(图 6.b)、聚 N 异丙基丙烯酰胺(图 6.c)、2-丙烯酰胺基-2-甲基丙烷磺酸钠(图 6.d)、N-乙烯基吡咯烷酮(图 6.e)等聚合物主剂。其使用交联剂也与二氧化硅基纳米凝胶相似。

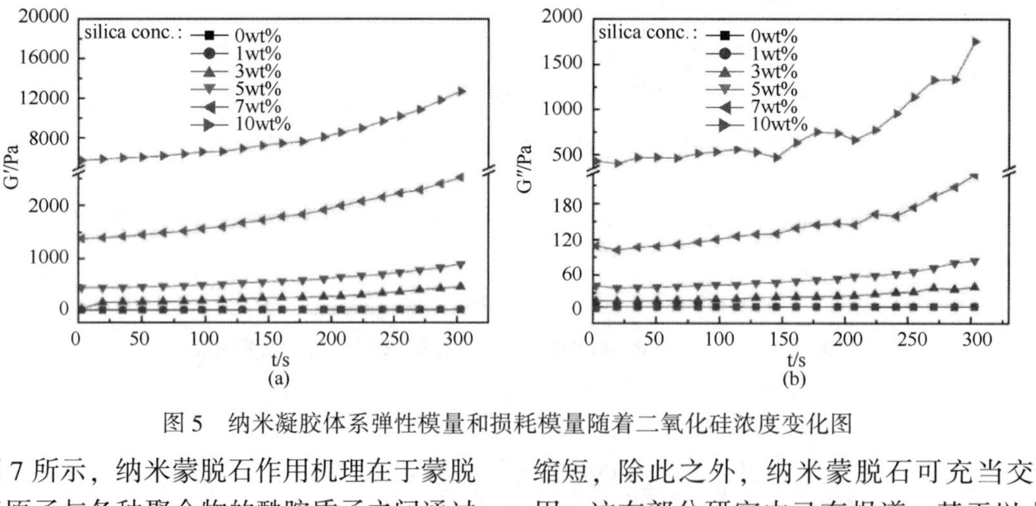

图 5　纳米凝胶体系弹性模量和损耗模量随着二氧化硅浓度变化图

如图 7 所示，纳米蒙脱石作用机理在于蒙脱石中的氧原子与各种聚合物的酰胺质子之间通过氢键将聚合物吸附到黏土表面，黏土表面上的金属离子与聚合物的羰基氧之间形成络合物。同时，纳米蒙脱石可均匀分散于聚合物网络中，充填聚合物网络中的孔隙，极好的使层与层的距离缩短，除此之外，纳米蒙脱石可充当交联剂使用，这在部分研究中已有报道。基于以上三点，纳米蒙脱石的加入极大提高了凝胶强度。

2.2　性能

Haraguchi 等首次将纳米蒙脱石运用于聚合物凝胶中。该凝胶由均匀分散(剥离)的无机黏土和两种柔性聚合物链组成，具有非凡的机械性能，可实现卓越的平衡溶胀。基于纳米蒙脱石的纳米凝胶，在弹性模量，粘性模量、抗压强度、耐温能力上都有大幅度提升，部分研究最高耐温可达到 187℃，耐盐可达到 225000mg/L。大量研究将纳米黏土运用于预制颗粒凝胶中，以封堵高含水、裂缝性强的油藏，达到调剖堵水的目的。研究表明，纳米蒙脱石基预制颗粒凝胶具有极好的现场应用效果，塔河油田运用 Ge 等人制备的纳米蒙脱石基预制颗粒凝胶后，石油产量在很长时间维持 10~20t，累计产油 3381t。因此，纳米蒙脱石基纳米凝胶具有卓越的研究前景，这来源于纳米蒙脱石的低成本、易得、地层流体及矿物与之不敏感等优点。

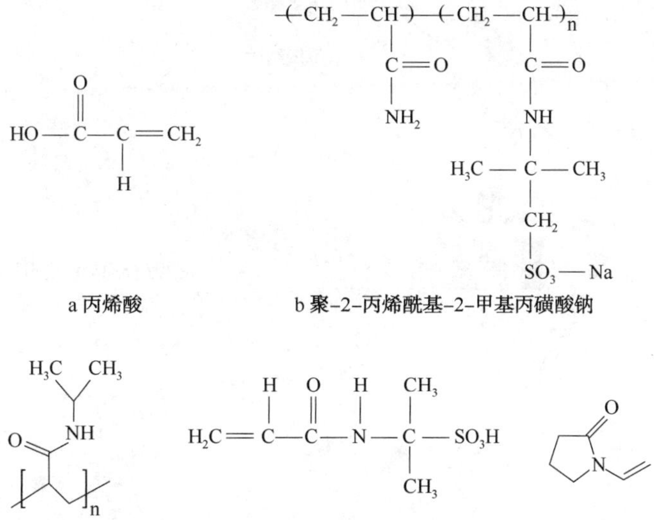

a 丙烯酸　b 聚-2-丙烯酰基-2-甲基丙磺酸钠

c 聚N-异丙基丙烯酰胺　d 2-丙烯酰胺基-2-甲基丙烷磺酸钠　e 乙烯基吡咯烷酮

图 6　纳米蒙脱石基纳米凝胶部分主聚合物化学结构图

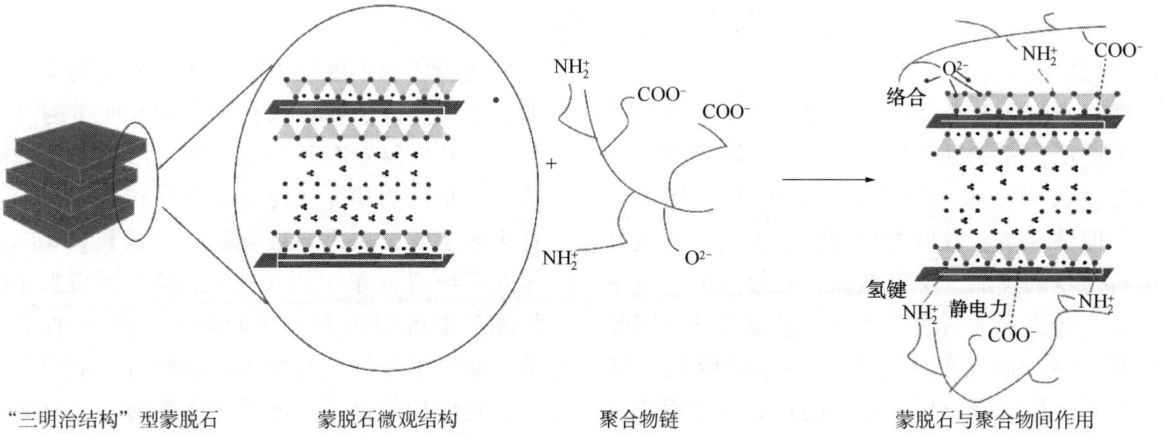

图 7　纳米蒙脱石基纳米凝胶作用机理图

3　锂皂石基纳米凝胶

3.1　材料与机理

锂皂石基纳米凝胶以人工合成的纳米层状硅酸盐锂皂石作为纳米材料，该材料运用于堵剂中可赋予凝胶触变性，改善其稳定性和脱水收缩性，且可作为多功能物理交联增强交联强度。其使用的主聚合物、交联剂与二氧化硅基纳米凝胶的主聚合物、交联剂类似。

对于纳米锂皂石的运用，锂皂石在水中因为正负电荷相互吸引，在水中形成卡牌屋结构（图 8），这将不利于聚合物链结合锂皂石，因此部分研究使用高剪切混合器以提供足够的能量将黏土完全剪切分开，形成剥落的纳米结构，成为临时分散体，直到引入聚合物交联，进而形成三维凝胶网络结构。部分研究对其进行表面改性以适合于现场应用。在使用锂皂石的过程中经常进行充分搅拌，使锂皂石间相互剥离开，以获得充分的和聚合物接触的机会，提高交联性。总的来说，锂皂石作用机理在于电荷的吸引以及部分氢键的作用。仅聚合物链的抗剪切性很弱，其结构松散，加入锂皂石作为“砖”。聚合物链段就像“水泥”一样具有粘合作用，使主链牢固地附着在颗粒表面。根据空间稳定性理论，当聚合物链同时吸附在两个或多个粒子表面时，可以通过桥联来构建稳定的三维骨架，以增加粘附力和抗剪切能力。

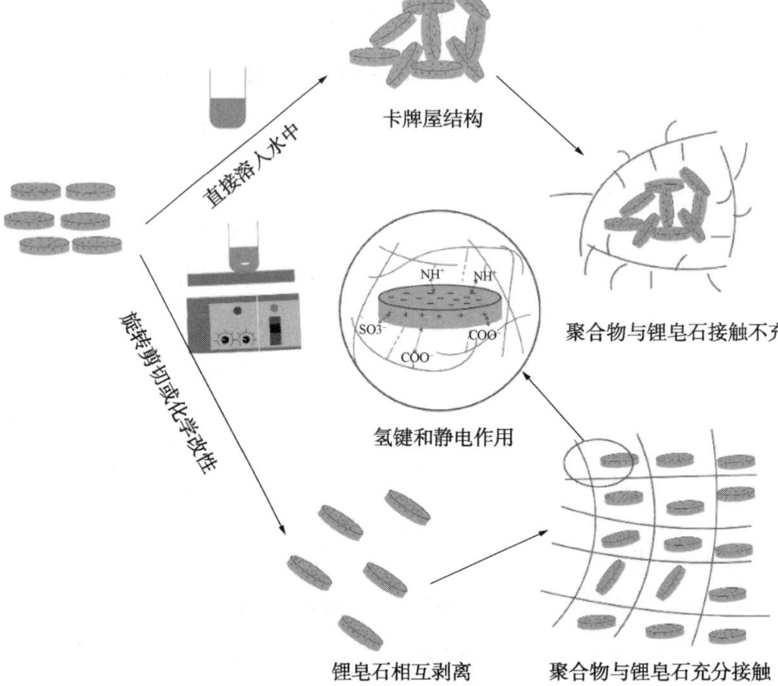

图8　锂皂石卡牌屋结构及其与聚合物作用机理图

3.2　性能

锂皂石用于凝胶体系时，可充当交联剂的功能，因此所制备的纳米凝胶强度都会随着锂皂石的浓度增大而增大。锂皂石会影响凝胶体系黏度，一般情况下，较低的剪切速率下，具有较高锂皂石含量的样品，黏度较高，在较高剪切速率下，具有较高锂皂石含量的样品黏度更低。因此部分研究将所制备的锂皂石基纳米凝胶用于堵水，然后运用其降解后黏度大的特点再运用于聚合物驱。

4　粉煤灰基纳米凝胶

粉煤灰基纳米凝胶所使用的粉煤灰多由石英、莫来石、等矿物晶体和玻璃体，以及少量未燃烧炭组成，其颗粒较细、粒径不均，均在0.5~400um。基于粉煤灰的纳米凝胶形成机理与基于纳米二氧化硅纳米凝胶形成机理相似，如图9所示，都是将纳米材料填充于聚合物网络中，导致三维空间结构中网络垂直层间的空间被压缩，层与层间结合更为紧密，从而增强凝胶强度。凝胶体系强度随着粉煤灰的浓度的增加而增加，这可归因于粉煤灰在聚合物基质中的剥落或分散所致。凝胶时间随着粉煤灰浓度的增加而增长，这是因为粉煤灰使得聚合物和交联剂不能及时接触反应，从而导致凝胶时间延长。Ahmad A等人系统研究了聚丙烯酰胺/聚乙烯亚胺+粉煤灰体系中各项因素对成胶时间，凝胶强度的影响，探讨了该体系的控水驱油能力，室内实验和模型验证相结合，论证了该体系的应用价值，但该体系尚不存在现场应用的报道。

5　讨论

应用于堵控水的纳米凝胶，最为常见的还是前4部分所论述的基于纳米二氧化硅、纳米蒙脱石、粉煤灰等的纳米凝胶。也有部分研究使用石墨烯、超顺磁性纳米粒子、新合成纳米材料。

运用于提高采收率中的各类纳米凝胶的研究存在很多共性：(1)纳米凝胶体系所用主聚合物(多数为丙烯酰胺及其衍生物)、交联剂(使用最多的为醋酸铬、聚乙烯亚铵、N，N-亚甲基双丙烯酰胺)大体相似；(2)评价凝胶强度时，所使用标准多数都是基于 Sydansk 等人的瓶子测试方法，该方法提供了凝胶性能的半定量测量；(3)各种纳米凝胶相比普通凝胶在耐温性和强度上都有所提升，部分纳米凝胶的适用温度已经可以满足 160℃的高温油藏。

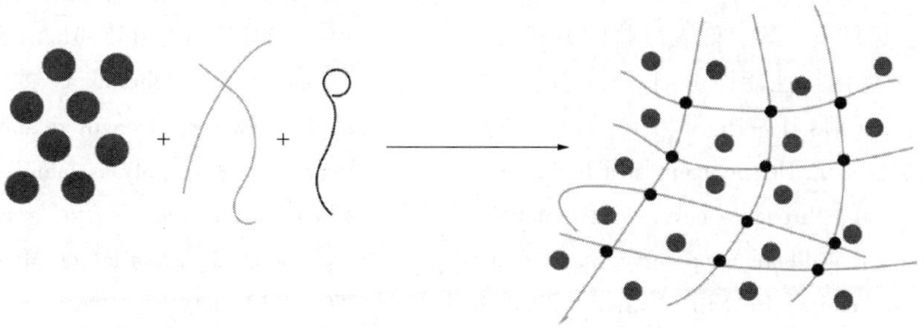

图 9　基于粉煤灰纳米凝胶形成机理图

当然纳米凝胶存在许多不足，纳米二氧化硅，粉煤灰、钠米蒙脱土等纳米粒子可提高聚合物链的热稳定性并降低其分解速度，但凝胶溶液凝结并迅速失去流动性，产生较差的泵送效果，这在现场运用中，将是一个不安全因素。除此之外，各类纳米在应用后，降解能力有限，若在储层中，易导致油气运移通道的永久性封堵。另外，部分纳米凝胶制备成本高，工艺复杂。针对于纳米凝胶运用的模拟类研究较少，纳米凝胶在地层中的运移效果和封堵效果尚存在急需填补的空白。

笔者对纳米凝胶的发展趋势进行如下展望：(1)对纳米凝胶的成胶时间的控制需更加精准，针对于成胶时间快的问题，可通过添加缓凝剂达到增加成胶时间的目的；(2)纳米凝胶的研究需面向现场应用，大量研究都是基于室内评价实验，未提供现场运用案列；(3)纳米凝胶中使用的聚合物，交联剂需更加绿色，低毒性或无毒性，且形成的纳米凝胶体系需易降解，对地层伤害性低；(4)纳米凝胶需适用更加恶劣的油藏环境，具备耐高温，耐高盐度的能力；(5)需简化纳米凝胶的制备工艺，完善理论系统。

6　结论

本文综述了化学堵控水中的纳米凝胶的研究进展，按照所使用的纳米颗粒分类，从材料与机理，展现的性能出发，重点综述了用于堵控水的纳米凝胶发展趋势。对于高温油藏，可使用分子量大的主聚合物、交联强度大的有机交联剂、性能好的纳米颗粒作为原料合成相应的凝胶，进行堵水控水。然而为了适用油田需要，纳米凝胶的制备必须具备成本低，易获得，成胶时间可控，成胶强度客观，成胶后能面临恶劣油藏环境等特点。而纳米凝胶的现场运用案列较少，未来研究还需结合现场运用情况和效果，进行纳米凝胶研究的方向调整和优化。以研制出更多性能良好绿色、可商业运用的纳米凝胶。

参　考　文　献

[1] Biswakarma D, Dey N, Bhattacharya S. Hydrogel Nanocomposite Towards Optical Sensing of Spermine in Biomedical and Real-Life Food Samples and Remediation of Toxic Dyes from Wastewater[J]. Langmuir, 2023, 39(33): 11610-11620.

[2] Fan X, Wang H, Liu X, et al. Functionalized Nanocomposite Gel Polymer Electrolyte with Strong Alkaline-Tolerance and High Zinc Anode Stability for Ultralong-Life Flexible Zinc - Air Batteries[J]. Advanced Materials, 2023, 35(7): 2209290.

[3] Suleimanov B A, Abbasov H F, Ismayilov R H. Enhanced oil recovery with nanofluid injection[J]. Petroleum Science and Technology, 2023, 41(18): 1734-1751.

[4] Giraldo L J, Giraldo M A, Llanos S, et al. The effects of SiO2 nanoparticles on the thermal stability and rheological behavior of hydrolyzed polyacrylamide based polymeric solutions[J]. Journal of Petroleum Science and Engineering, 2017, 159: 841-852.

[5] Pei H, Shu Z, Zhang G, et al. Experimental study of nanoparticle and surfactant stabilized emulsion flooding to enhance heavy oil recovery[J]. Journal of Petroleum Science and Engineering, 2018, 163: 476-483.

[6] Barati R, Liang J T, et al. A review of fracturing fluid systems used for hydraulic fracturing of oil and gas wells[J]. 2014, 131(16): 318-223.

[7] Li J, Jiang Z, Wang Y, et al. Stability, seepage and displacement characteristics of heterogeneous branched-preformed particle gels for enhanced oil recovery [J]. RSC advances, 2018, 8(9): 4881-4889.

[8] 魏子扬，陈维余，孟科全，等．低温高盐油藏稳油控水冻胶体系配方优化与性能评价[J]．精细与专用化学品，2021，29(3)：13-16.

[9] Jia H, Chen H, Zhao J Z. Development of a highly elastic composite gel through novel intercalated crosslinking method for wellbore temporary plugging in high-temperature reservoirs [J]. SPE Journal, 2020, 25(06): 2853-2866.

[10] Paprouschi A, Fatemi M, Ghazanfari M H. Effect of silicate sodium and graphene nanoplatelets on morphology and rheology characteristics of new synthesized preformed particle gel (PPG) for water shut-off treatment [J]. Journal of Petroleum Science and Engineering, 2021, 204: 108736.

[11] Pu W F, Yang Y, Yuan C D. Gelation performance of poly (ethylene imine) crosslinking polymer-layered silicate nanocomposite gel system for potential water-shutoff use in high-temperature reservoirs[J]. Journal of Applied Polymer Science, 2016, 133 (47), 44243.

[12] 潘国臣，刘锋，徐伟，等．塔河油田严重漏失井挤水泥堵水工艺研究 [J]. 2013, 36(2): 3-12.

[13] 沈建新，黄兆海，刘迎斌，等．一种具有缝洞驻留能力的堵水剂研究与评价[J]．钻采工艺，2018，41(3)：99-101.

[14] Zhao L, Chen X, Zou H, et al. A review of diverting agents for reservoir stimulation [J]. Journal of Petroleum Science and Engineering, 2020, 187: 106734.

[15] Zhu D, Bai B, Hou J. Polymer gel systems for water management in high-temperature petroleum reservoirs: a chemical review [J]. Energy & fuels, 2017, 31 (12): 13063-13087.

[16] Bai B, Zhou J, Yin M. A comprehensive review of polyacrylamide polymer gels for conformance control [J]. Petroleum exploration and development, 2015, 42(4): 525-532.

[17] Zhu D, Hou J, Wei Q, et al. Terpolymer gel system formed by resorcinol-hexamethylenetetramine for water management in extremely high-temperature reservoirs [J]. Energy & Fuels, 2017, 31(2): 1519-1528.

[18] Sun F, Dong Z, Lin M, et al. High strength polyacrylamide/nmSiO2 composite hydrogel for well killing [J]. Journal of the Japan Petroleum Institute, 2017, 60(1): 19-25.

[19] Dai C, Chen W, You Q, et al. A novel strengthened dispersed particle gel for enhanced oil recovery application[J]. Journal of Industrial and Engineering Chemistry, 2016, 41: 175-182.

[20] Zareie C, Bahramian A R, Sefti M V, et al. Network-gel strength relationship and performance improvement of polyacrylamide hydrogel using nano-silica; with regards to application in oil wells conditions[J]. Journal of Molecular Liquids, 2019, 278: 512-520.

[21] Liu Y, Dai C, Wang K, et al. Study on a novel cross-linked polymer gel strengthened with silica nanoparticles [J]. Energy & Fuels, 2017, 31 (9): 9152-9161.

[22] Ma L, Wang S, Long Y, et al. Novel environmentally benign hydrogel: Nano-silica hybrid hydrolyzed polyacrylamide/polyethyleneimine gel system for conformance improvement in high temperature high salinity reservoir [C]//Abu Dhabi International Petroleum Exhibition & Conference. OnePetro, 2017.

[23] Sun F, Lin M, Dong Z, et al. Nanosilica-induced high mechanical strength of nanocomposite hydrogel for killing fluids[J]. Journal of colloid and interface science, 2015, 458: 45-52.

[24] Haraguchi K, Takehisa T. Nanocomposite hydrogels: A unique organic-inorganic network structure with extraordinary mechanical, optical, and swelling/de-swelling properties [J]. Advanced materials, 2002, 14(16): 1120-1124.

[25] Kumar A, Mahto V, Sharma V P. Reinforced preformed particle gel: Synthesis, characterization and performance evaluation for water shut-off jobs in heterogeneous reservoir[J]. Journal of Petroleum Science and Engineering, 2020, 193: 107408.

[26] Saghafi H R, Naderifar A, Gerami S, et al. Improvement in thermo-chemical stability of nanocomposite preformed particle gels for conformance control in harsh oil reservoir conditions[J]. The Canadian Journal of Chemical Engineering, 2016, 94(10): 1880-1890.

[27] Ge J, Wu H, Song L, et al. Preparation and evaluation of soft preformed particle gels for conformance control in carbonate reservoir[J]. Journal of Petroleum Science and Engineering, 2021, 205: 108774.

[28] Tongwa P, Nygaard R, Bai B. Evaluation of a nanocomposite hydrogel for water shut-off in enhanced oil recovery applications: design, synthesis, and characterization [J]. Journal of Applied Polymer Science,

2013, 128(1): 787-794.

[29] Jia H, Xie D S, Kang Z, et al. Secondary surface modified laponite - based nanocomposite hydrogel for gas shutoff in wellbore [J]. Journal of Petroleum Science and Engineering, 2020, 191: 107116.

[30] Ren H Y, Zhu M, Haraguchi K. Effects of counter ions of clay platelets on the swelling behavior of nanocomposite gels[J]. Journal of colloid and interface science, 2012, 375(1): 134-141.

[31] Wang L A N, Cheng W, Wan T A O, et al. Synthesis and properties of hectorite/poly (AM/IA) nanocomposite hydrogels with high gel strength[J]. Journal of Chemical Sciences, 2015, 127: 19-23.

[32] Ehsan A, Jamal A, Mahmood H, et al. Thermal stability, adsorption and rheological behaviors of sulfonated polyacrylamide/chromium triacetate/laponite nanocomposite weak gels [J]. Macromolecular Research, 2017, 25: 27-37.

[33] Tongwa P, Bai B. Degradable nanocomposite preformed particle gel for chemical enhanced oil recovery applications[J]. Journal of Petroleum Science and Engineering, 2014, 124: 35-45.

[34] Adewunmi A A, Ismail S, Sultan A S. Study on strength and gelation time of polyacrylamide/polyethyleneimine composite gels reinforced with coal fly ash for water shut - off treatment[J]. Journal of Applied Polymer Science, 2015, 132(5), 41392.

[35] Adewunmi A A, Ismail S, Sultan A S. Investigation into the viscoelastic response at various gelation performance, thermal stability and swelling kinetics of fly ash reinforced polymer gels for water control in mature oilfields[J]. Asia-Pacific Journal of Chemical Engineering, 2017, 12(1): 13-24.

[36] Adewunmi A A, Ismail S, Sultan A S, et al. Performance of fly ash based polymer gels for water reduction in enhanced oil recovery: Gelation kinetics and dynamic rheological studies[J]. Korean Journal of Chemical Engineering, 2017, 34: 1638-1650.

[37] Adewunmi A A, Ismail S, Owolabi T O, et al. Modeling the thermal behavior of coal fly ash based polymer gel system for water reduction in oil and gas wells [J]. Journal of Petroleum Science and Engineering, 2017, 157: 430-440.

[38] Sydansk R D, Argabright P A. Conformance improvement in a subterranean hydrocarbon-bearing formation using a polymer gel[R]. 1987.

[39] Jia H, Niu C C, Yang X Y. Improved understanding nanocomposite gel working mechanisms: From laboratory investigation to wellbore plugging application [J]. Journal of Petrolcum Science and Engineering, 2020, 191: 107214.

胜利油田低渗透油藏压驱开发技术研究进展及应用

刘海成　李加祥　陶仕玉

（中国石化胜利油田分公司 勘探开发研究院）

摘　要　胜利油田低渗透油藏已动用地质储量 9.4 亿 t，采出程度 13.3%，未动用储量 2.1 亿 t，提高采收率及效益动用面临诸多难题：注不进能量补充难、驱不动单井产能低、波及差采收率低。针对以上问题，胜利油田探索提出了“压驱”开发技术。室内实验及数值模拟研究揭示了压驱注水通过高压滤失在压驱井近井地带形成复杂裂缝网络，大幅增渗增注快速补能，实现油水井有效建驱，提升特低渗油藏开发效果。在压驱注水开发机理认识的指导下，建立了压驱开发关键参数设计方法，包括：针对不同类型低渗透油藏开展压驱开发现场试验，探索形成了新区“超前压驱”技术模式，突破深层致密油藏产能关；提出“差异压驱”技术模式，提高特低渗透老区采收率。最终形成压驱开发优化设计技术，实现波及体积最大化。

关键词　低渗透；压驱；裂缝；增注；参数；采收率

1　引言

胜利油田低渗透油藏已动用地质储量 9.4 亿 t，采出程度 13.3%，未动用储量 2.1 亿 t，提高采收率及效益动用面临诸多难题：一是注不进能量补充难，其中日注小于 20m³/d 的井数占比 60%；地层压力保持水平 0.64。二是驱不动单井产能低，单井日液 7.6t/d，日油 2.2t/d。三是波及差采收率低，储层非均质性强，波及系数低，采收率 14.7%。

针对以上问题，胜利油田探索提出了“压驱”开发技术。压驱开发技术是指改变常规注水补充能量方式，用水力压裂设备或专用压驱泵以高于或接近油层破裂压力大排量注水，单井日注可达千方以上，快速补充地层能量，从而大幅度提高油井产能及采收率。2020 年 3 月以来，按照边研究、边实践、边推广的理念，在胜利油田开展该技术矿场试验，已取得良好效果，水井注入能力大幅度提升，油井液面、压力回升，产液量和产油量提高，压驱开发技术正逐步成为新的主导开发技术。

2　深化基础研究，明晰机理认识

低渗透油藏“喉道控流、边界层增阻、压敏降渗”的非达西渗流是低渗透油藏“注不进、驱不动、采不出”的根本原因。低渗透油藏与中高渗油藏相比，孔隙半径差异并不大，但是喉道半径远小于中高渗油藏，喉道半径大小决定了储层渗流能力。由于边界层存在，喉道有效流动半径减小，渗流阻力增加，使得低渗透油藏呈现出在低压力梯度下“注不进、采不出”的现象。另外，水井注不进，造成地层能量亏空，应力敏感性使喉道半径进一步减小，渗流能力降低。通过室内实验和数值模拟技术研究，揭示了压驱增注机理认识。

2.1　压驱井近井地带形成复杂裂缝网络

物理模拟研究表明：与压裂相比，注入的高压清水滤失量大、排量低，裂缝萌生期持续时间长，主要诱导产生微裂缝。进入萌生期后，适当减小注入速度，有利于增多微裂缝，形成复杂缝网。

由物理模拟研究可以看出，压驱裂缝萌生期持续时间长、诱导产生大量微裂缝(图 1)。压裂裂缝萌生期持续时间短、快速进入裂缝扩展期(图 2)。在压驱的过程中，适当减小注入速度，可以增加微裂缝的数量(图 3)。

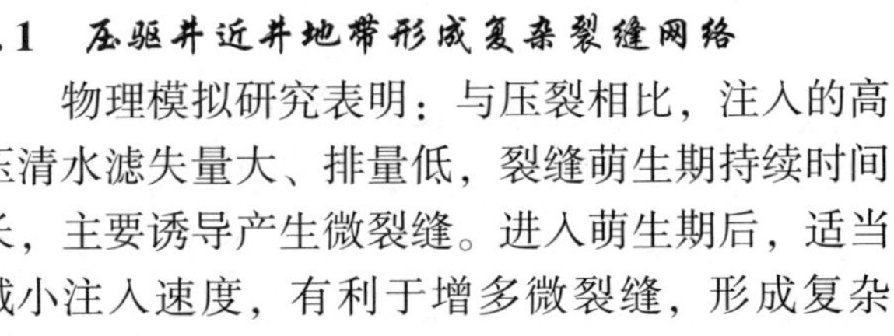

图 1　压驱应变变化率与轴向应力差关系曲线

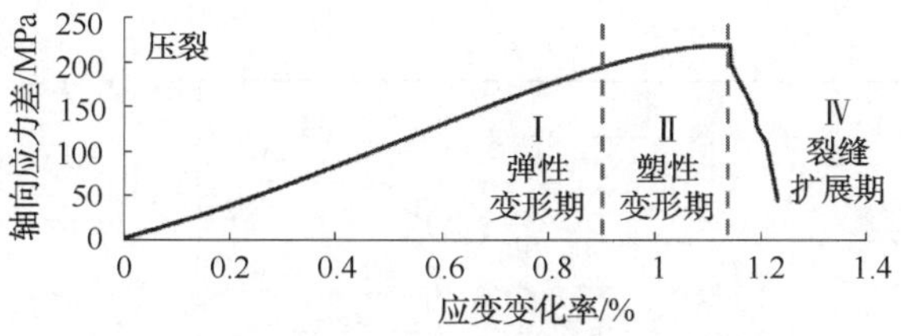

图 2　压裂应变变化率与轴向应力差关系曲线

从物理模拟实验可以看出：压驱破岩后持续增压，压驱裂缝开度从几十 μm 增大到几百 μm，裂缝渗透率增大百倍以上(图 4)，形成的裂缝可以大幅提升水井注入能力。

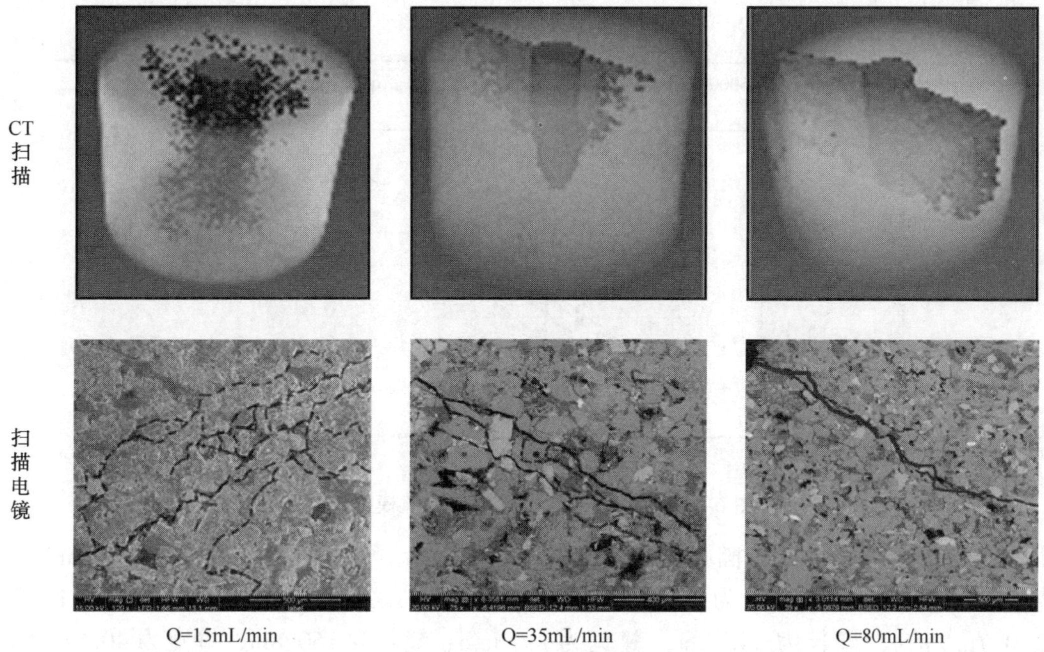

图 3　小岩心、不同注入速度的压驱破岩物理模拟实验

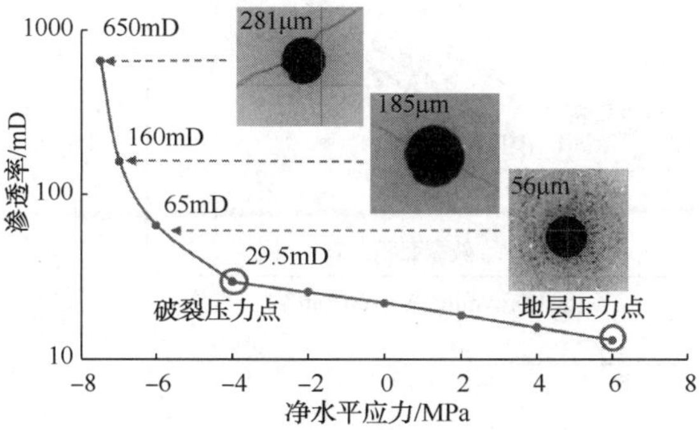

图 4　压驱过程的渗透率测试实验

2.2　压驱裂缝扩展规律研究

数值模拟和矿场实践研究表明：水井压驱形成的裂缝改造带范围呈椭圆形，椭圆的大小和长宽比与压驱注水量、注水速度、储层最大最小水平主应力差等因素相关。

根据矿场压驱井微地震监测数据可以看出，压驱形成的裂缝带呈现椭圆形，压驱裂缝延伸以最大水平主应力方向为主，垂直主缝方向亦产生分支裂缝，注入井局部形成复杂裂缝网络(图 5)。

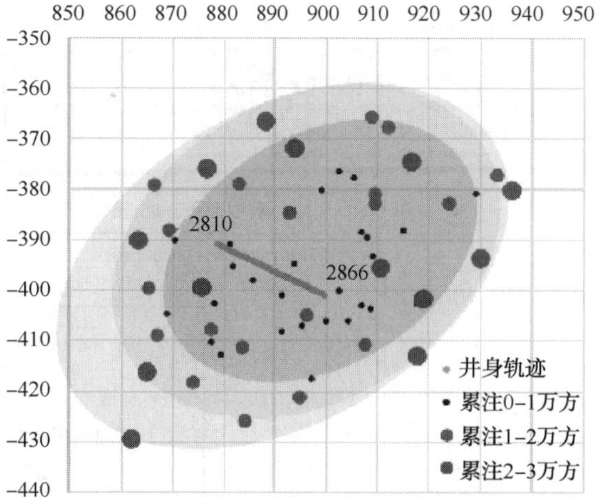

图 5　滨 435-斜 15 井压驱微地震监测数据

压驱注水量越大，形成的椭圆面积越大。根据数值模拟研究，当注水速度定为 $1m^3/min$ 时，注水量 $5000m^3$，缝长为 115.2m，缝宽为 16.5m；当注水量 $10000m^3$，缝长为 142.3m，缝宽为 25.8m；当注水量 $15000m^3$，缝长为

151.3m，缝宽为 29.5m(图 6)。

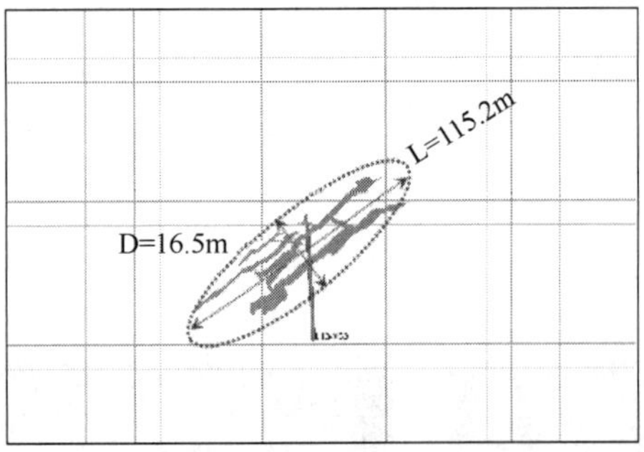

(q=1.0m³/min，V=5000m³)

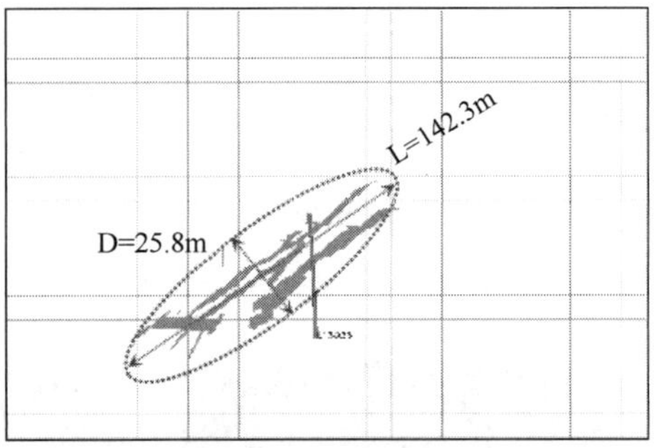

(q=1.0m³/min，V=10000m³)

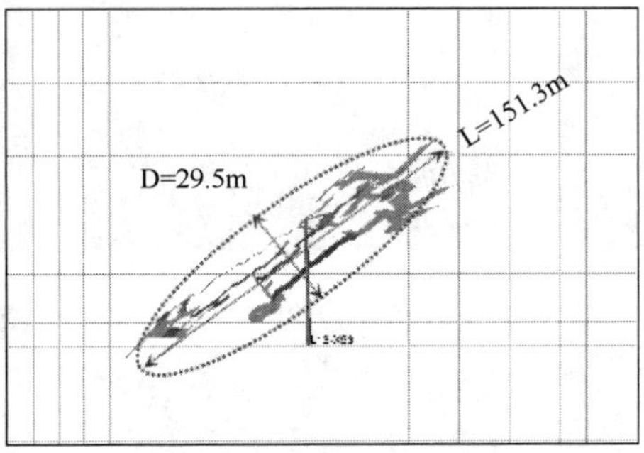

(q=1.0m³/min，V=15000m³)

图 6　压驱注水量与裂缝扩展数值模拟结果

压驱注水速度越大，形成的椭圆面积越大。根据数值模拟研究，当注水量定为 10000m^3 时，注水速度 0.7m^3/min，缝长为 74.22m，缝宽为 14.6m；当注水速度 1.0m^3/min，缝长为 142.3m，缝宽为 25.8m；当注水速度 1.5m^3/min，缝长为 150.8m，缝宽为 40.9m(图 7)。

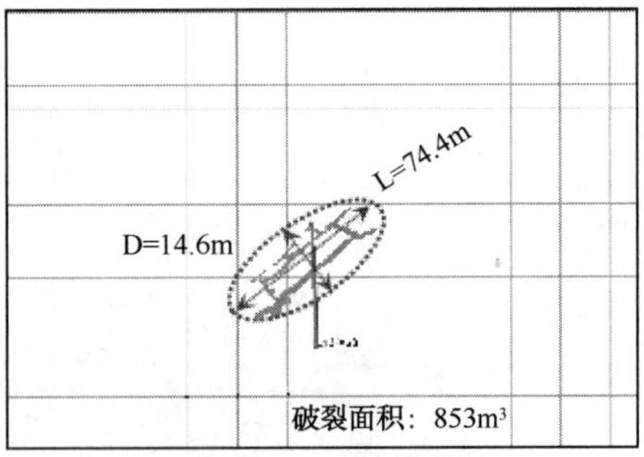

(q=0.7m³/min，V=10000m³)

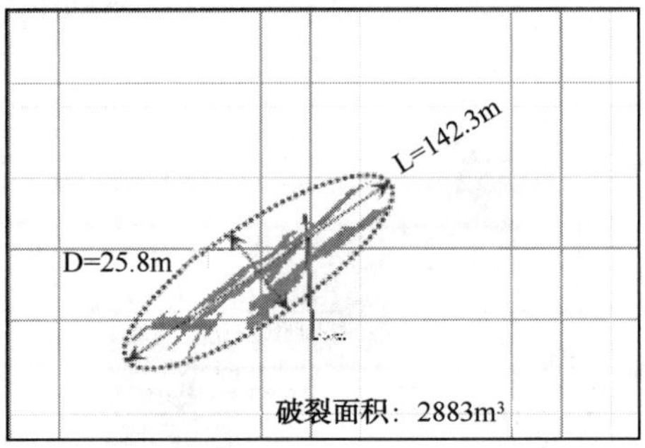

(q=1.0m³/min，V=10000m³)

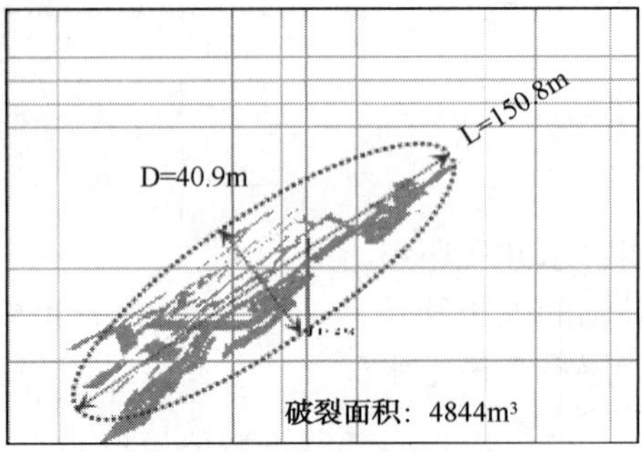

(q=1.5m³/min，V=10000m³)

图 7　压驱注水速度与裂缝扩展数值模拟结果

储层最大最小水平主应力差与压驱裂缝带长宽比呈正相关，储层渗透率对压驱裂缝带长宽比影响较小。根据数值模拟研究，当储层渗透率 $1\times10^{-3}\mu m^2$，应力差为 6MPa 时，压驱裂缝带长宽比为 0.5；应力差为 10MPa 时，压驱裂缝带长宽比为 0.18（图 8）。

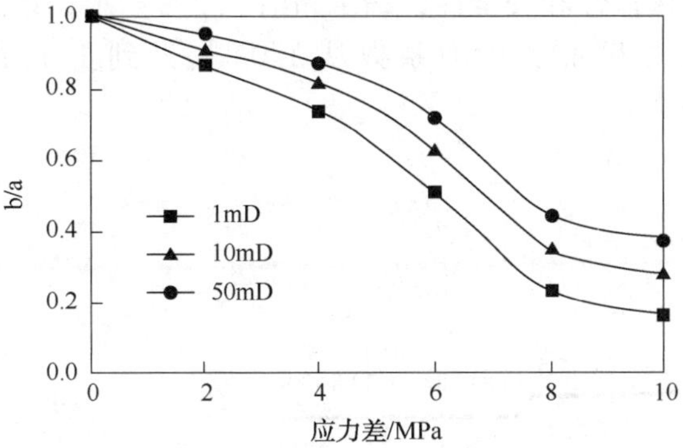

图 8　压驱裂缝带长宽比与应力差关系曲线

3　压驱关键参数设计

低渗透油藏采用压驱技术，水井注入能力大幅提升。在现有设备和工艺技术条件下，压驱注水量和注水速度上限远远超过油藏需求，在压驱方案设计过程中需要对最佳压驱总注水量和注水速度进行设计。

3.1　压驱注水量设计

压驱注水量多少直接影响区块压驱效果。注水量偏少，地层压力系数提升幅度小，油井没有足够生产压差；注水量过高，水驱前缘距离油井越近，油井含水上升速度快。因此有必要研究最佳压驱注水量。

根据数值模拟研究不同地层压力系数下采收率，建立商 541 块地质模型，模型孔隙度 13.6%，渗透率 $2\times10^{-3}\mu m^2$，原油密度 0.75g/cm³，原油黏度 0.94mpa·s，结果表明，最佳压驱注水量为 $5.0\times10^4 m^3$，对应地层压力系数为 1.4。当地层压力系数低于 1.4 时，油水井间驱替压力梯度低，导致驱油效率偏低；当压力系数高于 1.4 时，油水井间驱替压力梯度高，但是水驱波及系数偏低，累增油不明显（图 9）。

3.2　压驱注水速度优化

低渗透油藏渗流能力弱，因此油水井间建立驱替至关重要。在压驱注水速度设计过程中，需要考虑井网缝网适配。在经济极限井距大于技术极限井距的情况下，需要通过提高压驱注水速度来增加裂缝带范围，达到建立驱替的目的。在经济极限井距小于技术极限井距的情况下，需要降

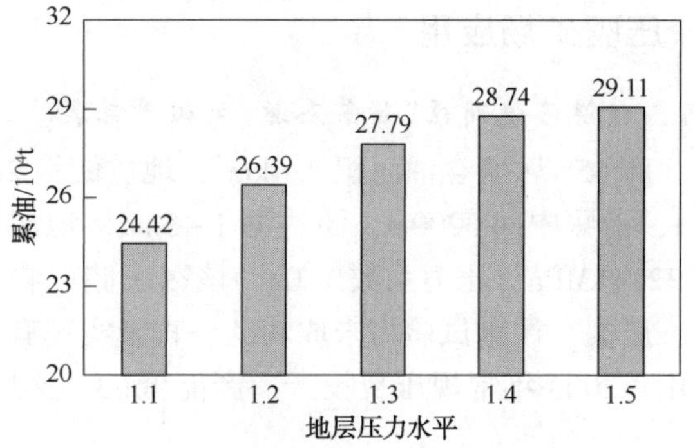

图 9　商 541 块压驱地层压力系数优化结果

低注水速度，减小压驱裂缝带范围，提高采收率。

数值模拟研究表明，随着渗透率提高，最佳注水速度逐渐下降（图 10）。在渗透率为 $3\times10^{-3}\mu m^2$ 的条件下，最佳注水速度为 1200m³/d。在渗透率为 $10\times10^{-3}\mu m^2$ 的条件下，最佳注水速度为 800m³/d。在渗透率为 $15\times10^{-3}\mu m^2$ 的条件下，最佳注水速度为 600m³/d。

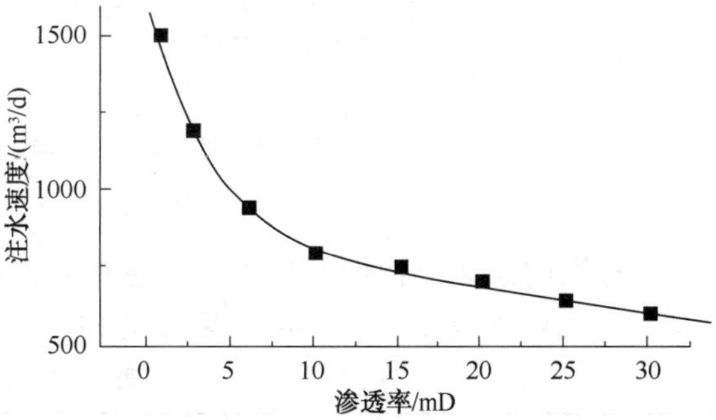

图 10　压驱注水速度优化结果

根据商 541 块地质模型进行数值模拟，数值模拟表明，增加注入速度有利于放大驱替压力梯度，提高采收率，但当注水速度到 1400m³/d 时，含水上升速度增加，建议合理注入速度 1300m³/d（图 11）。

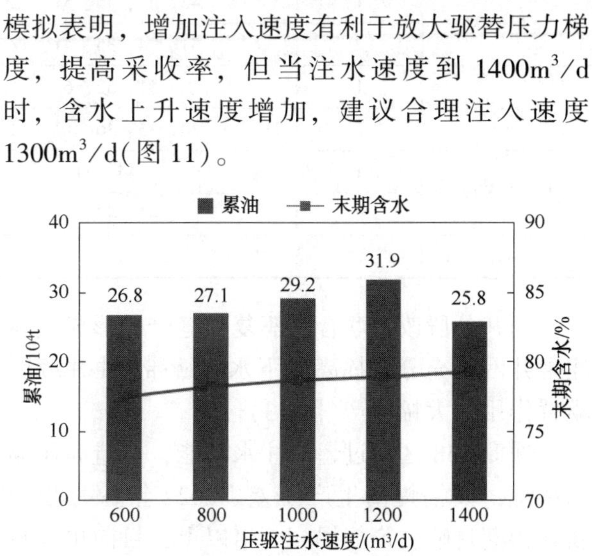

图 11　商 541 块压驱注水速度优化结果

4 压驱矿场应用

4.1 特低渗透新区“超前压驱”突破产能关

商558区块含油面积2.4km^2，地质储量284万t，油藏中深3200m，渗透率1~5md，地层压力32.44MPa，压力系数1.03。该区块储层物性差，压裂、注水试验均未成功，一直未实现有效动用。2003年常规压裂投产，产能低(3.8t/d)，递减大(39.6%)；2007年常规注水试验，试注井半年后油压32MPa，日注降至13m^3，后期注不进。

2022年通过压驱超前注水人造高压，考虑可操作性和安全性，确定超前3个月注水，累注12.2万m^3，压力系数从1.03提升到1.5(图12)。

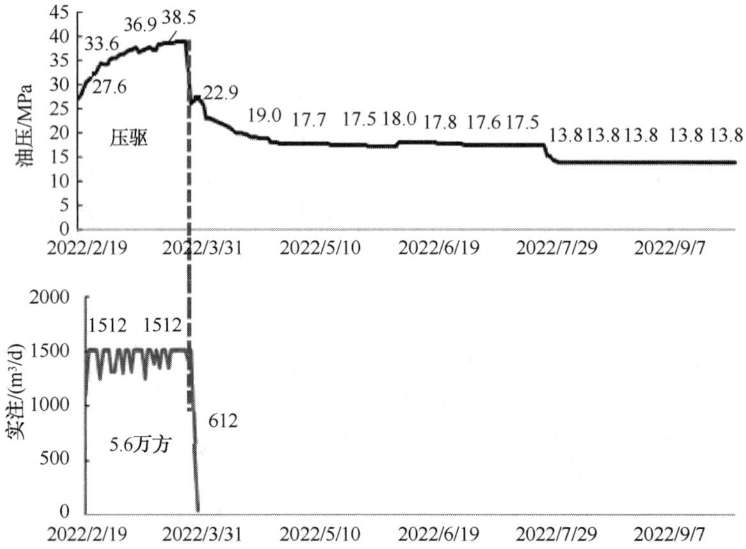

图12 商548-斜31井压驱注水曲线

针对纵向层多，物性差异大，渗透率：3-4砂组1-5mD，5-6砂组<1mD，采用分段压驱，确保物性差层注足水，均衡高压(表1)。

表1 分层压驱注水量汇总表

井号	层段	层段	注水厚度/层	分层注水量万方	合计万方
S548-X31	1	43、44、45、51、52	18.6/9	3.0	5.6
	2	31、34、35、41、42	18.1/8	2.6	
S548-X37	1	51、52、64	39.4/18	1.5	4.0
	2	31、33、34、35、36、41、42、43、44	22/7	2.5	
S548-X39	1	44、51	7.6/2	1.1	2.6
	2	41、42、43	10.2/2	1.5	
小计				12.2	12.2

油井分段改造联合压驱复杂缝带，形成立体注采井网，充分发挥高压下水井缝带-油井缝网驱替作用，大幅提产(图13)。

通商558区块过超前注水补能，打造高压驱动系统，大幅提高生产压差。2022年5月投产新井初期自喷，产能提高3倍以上，目前单井日油13t(图14、图15)，一直保持稳产态势，平衡油价由81.2美元/桶降至37.1美元/桶。

4.2 老区“差异压驱”提高采收率

牛35块地质储量451万t，油藏中深3150m，渗透率13.8md，地层压力32.1MPa，压力系数1.04。该区块非均质性强，经过压裂改造：核部>30mD，翼部<5mD，渗透率级差>10；34口油水井均采用大型压裂，压裂半缝长150~220m，另外经过水驱开发后压力保持水平低，水驱不均衡：地层压力系数仅0.51，核部水淹水窜，翼部注不进。

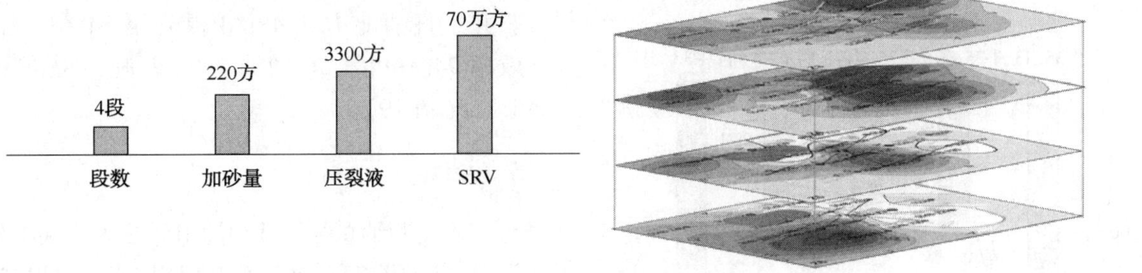

图 13　商 558 井区立体注采井网示意图

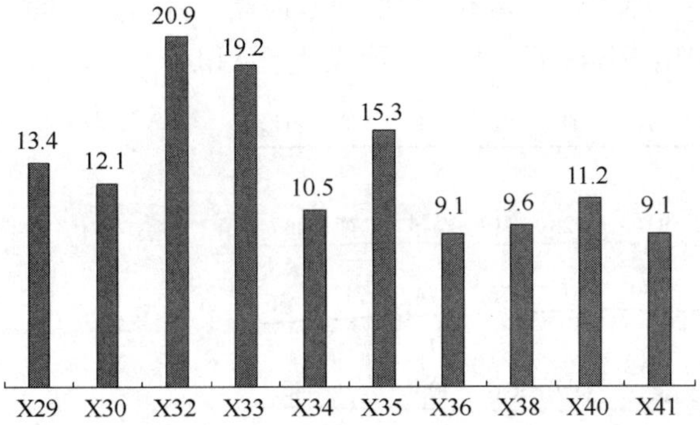

图 14　商 558 块初期日油柱状图

该区块采取差异化补能，均衡提压，核部物性好、含水高，少注水，翼部物性差、能量低，多注水，实现均衡提压。核部平均注水量 2.0 万 m^3；翼部平均注水量 3.9 万 m^3(图 16)。差异化引效，有效建驱，物性差区域注采难见效，配套重复压裂引效，缩短注采距离，促进有效建驱。实际注采井距 343m，技术井距 231m，重复压裂半缝长 120m(图 17)。差异化开井，均衡见效，根据能量恢复状况，优化油井开井次序；能量恢复慢，先开井引流；能量恢复快，后开井抑流，实现均衡见效(图 18)。

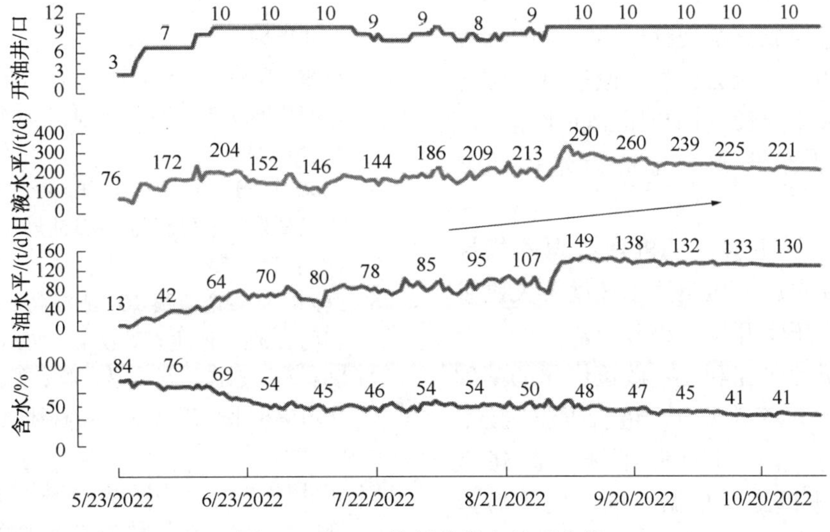

图 15　商 558 块新井投产日度曲线

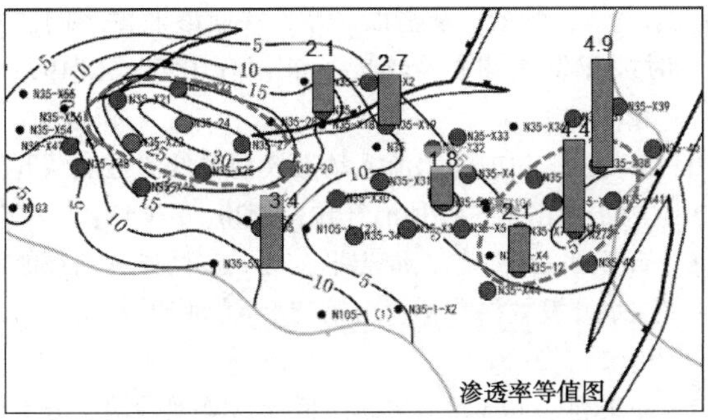

图 16　牛 35 块沙三中井网部署图

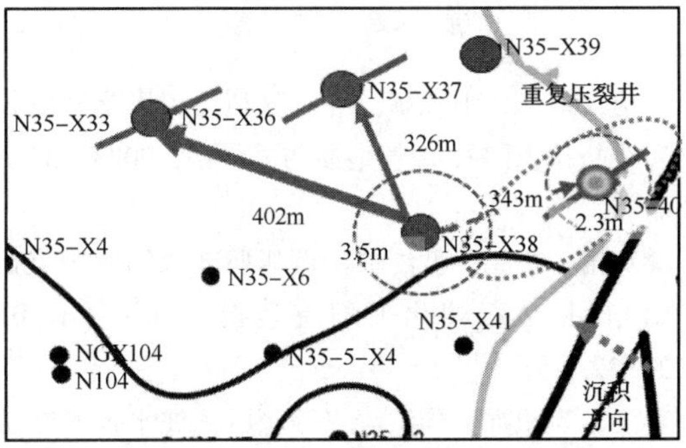

图 17　牛 35-斜 38 井区井网图

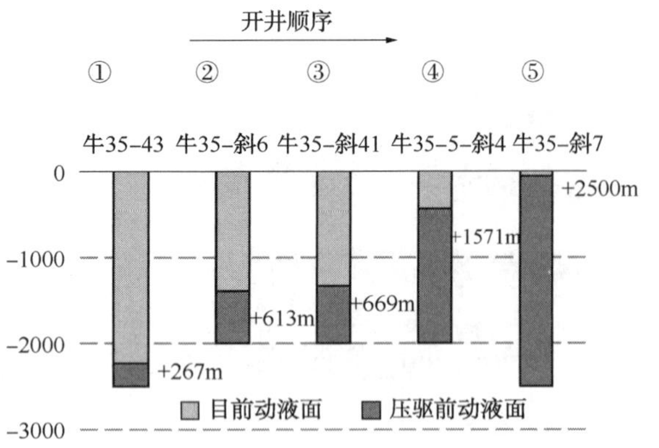

图 18 牛 35 开井顺序图

牛 35 块通过实施差异压驱，快速恢复了地层能量，地层压力水平从 0.51 恢复至 0.82，压驱井组日油能力从 48t/d 提升至 84t/d，压驱见效率 94.1%，已累增油 1.96 万吨，提高采收率 5.1%（图 19）。

5 结论

本文归纳总结了胜利油田低渗透油藏压驱开发技术，认识到低渗透油藏“喉道控流、边界层增阻、压敏降渗”的非达西渗流机理是低渗透油藏“注不进、驱不动、采不出”的根本原因。针对这些问题提出了压驱开发技术，形成几下认识：

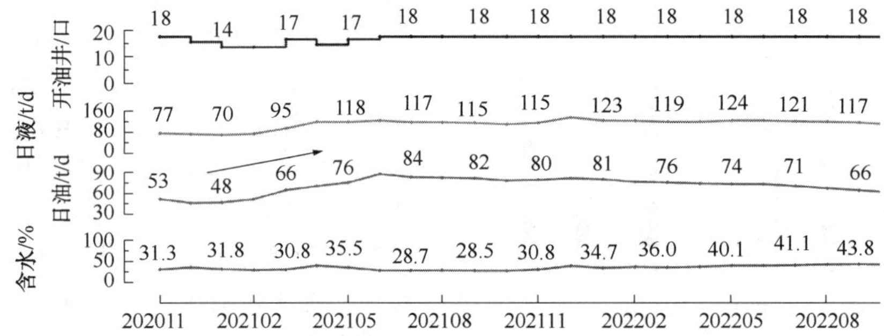

图 19 牛 35 块压驱井组综合开发曲线（月度）

（1）压驱通过形成复杂裂缝网络，大幅度提高了低渗透油藏的注水能力，裂缝改造带范围呈椭圆形，椭圆的大小和长宽比与压驱注水量、注水速度、储层最大最小水平主应力差等因素相关。

（2）同时在压驱注水开发机理认识的指导下，建立了压驱注水量、压驱注水速度等关键参数设计方法，提升压驱开发效果和效益。

（3）在压驱机理研究和技术政策优化的基础上，针对特低渗透新区建立了“超前压驱”技术模式，大幅提升产能；针对低渗透老区建立了“差异压驱”技术模式，根据不同开发矛盾差异化补能，实现均衡提压、均衡见效。

参 考 文 献

[1] 杨勇，王建，卜亚辉，等．胜利油田压驱开发技术实践与认识[J]．油气地质与采收率，2023，30(3)：87-93.

[2] 桑丛雨，王鹏．低渗透油藏压驱效果影响因素研究[J]．北京石油化工学院学报，2023，31(01)：27-32.

[3] 姜涛，李积祥，侯洪涛，等．压驱注水技术在桩西特低渗透油藏的应用[J]．内蒙古石油化工，2022，9：81-84.

[4] 黄越，金智荣，乔春国，等．江苏油田小断块低渗油藏压驱注水技术实践[J]．石油化工应用，2022，41(6)：48-51.

[5] 刘义坤，王凤娇，汪玉梅，等．中低渗透储集层压驱提高采收率机理[J]．石油勘探与开发，2022，49(4)：752-759.

[6] 李阳．低渗透油藏 CO2 驱提高采收率技术进展及展望[J]．油气地质与采收率，2020，27(1)：1-10.

[7] 郭粉转，唐海，吕栋梁，等．低渗透油藏合理地层压力保持水平研究[J]．特种油气藏，2011，18(1)：90-92.

[8] 张世明．基于边界层理论的低渗透油藏非线性渗流新模型[J]．油气地质与采收率，2019，26(6)：100-106.

[9] 章倩倩，张锴，李鹏程，等．特低渗油藏不同注水时机开发效果的影响[J]．辽宁化工，2019，48(12)：4-7.

[10] 张芨强．超前注水流入动态模型在低渗透油藏开发中的应用[J]．特种油气藏，2020，27(4)：92-97.

[11] 胡书勇，雒继忠，周志平，等．超低渗透油藏超前注水开发效果分析及对策[J]．特种油气藏，2012，19(2)：3-8.

[12] 马庆利．东营凹陷多薄层低渗透滩坝砂储层分层压裂工艺优化[J]．油气地质与采收率，2017，24

(2)：121-126.
[13] 刘亚茹，刘保磊，雷征东，等．统计分析方法在长庆油田超低渗透油藏分类中的应用[J]．特种油气藏，2020，27(4)：98-104.
[14] 陶帅，郝永卯，周杰，等．透镜体低渗透岩性油藏合理井网井距研究[J]．岩性油气藏，2018，30(5)：8-13.
[15] 郑自刚，余光明，雷欣慧，等．低渗透储层注水开发贾敏效应实验研究[J]．特种油气藏，2020，27(3)：142-147.
[16] 潘林华，张士诚，张劲，等．基于流-固耦合的压裂裂缝形态影响因素分析[J]．西安石油大学学报：自然科学版，2012，27(3)：5-8.
[17] 陈东明．注水吞吐提高特低渗油藏采收率研究[J]．承德石油高等专科学校学报，2019，21(5)：4-6.
[18] 鞠斌山，于金彪，吕广忠，等．低渗透油藏 CO_2 驱油数值模拟方法与应用[J]．油气地质与采收率，2020，27(1)：126-133.
[19] 董风龙．低渗透油藏注气开发室内实验研究[J]．云南化工，2019，46(10)：2-4.
[20] 苏海波，张世明，孙业恒，等．基于分形理论的低渗透油藏油水相对渗透率模型[J]．油气地质与采收率，2020，27(4)：67-78.

适合海上高温低渗油藏无机沉淀调驱体系研究

黎　慧　吕金龙　庞长廷　吕　鹏　宋　鑫　鲍文博　王　楠　张国栋　李彦阅

[中海石油(中国)有限公司天津分公司]

摘　要　针对渤海高温低渗油藏非均质储层控水稳油需求，在油藏温度 120～140 ℃，总矿化度 8275mg/L 条件下，研究了一种在线配注，海上平台施工简便的沉淀调驱体系。筛选出的沉淀调驱体系配方：0.02%～0.1%硅酸钠+0.04%～0.2%沉淀控制剂+0.001%～0.01%增效剂。室内物理模拟实验结果表明，沉淀调驱体系与现场注入水配伍性好，沉淀絮凝时间 4～8 天可控；在 100mD 渗透率下注入阻力系数<2.5，300～1500mD 岩心封堵率>87%，残余阻力系数达 7.8～27.0；双管驱油实验最终采收率增值达 18.51%，沉淀调驱体系具有较好的调驱效果。

关键词　高温油藏；无机沉淀；深部调驱；残余阻力

渤海高温油藏随着注水开发的深入，储层非均质性加剧，注入水低效/无效循环突出，部分油井含水持续上升，控水稳油需求迫切。现阶段亟需开展调剖调驱进一步扩大注水波及体积，改善水驱开发效果。但当前渤海油田开展的调剖调驱技术主要是针对油藏温度低于 80℃以下的油藏，该温度范围调剖调驱体系具有良好的热稳定性，利于调剖调驱技术长效性的发挥，对于储层温度高于 90℃的油藏，现有成熟调剖调驱技术难以适用，存在调剖调驱体系热稳定性差、措施有效期短等问题。无机沉淀调驱体系成本低，具有良好的耐温性、注入性，近年来逐渐应用于国内高温油藏调剖调驱。但无机沉淀调驱体系沉淀时间控制仍然是研究难点，本文根据渤海高温油藏 L 油田特点，研究了一种由硅酸钠、沉淀控制剂、增效剂组成的层内沉淀调驱体系，通过与注入水中的钙镁离子形成沉淀体系来封堵优势通道；其中沉淀控制剂为耐温梳形聚合物，通过空间位阻作用延缓硅酸钠与海上平台注入水中钙镁离子聚并絮凝速度，增效剂为具有带电基团的无机钠盐，可通过静电位阻作用进一步降低无机沉淀聚并沉降速度。

1　实验部分

1.1　实验仪器与药品

实验药品：硅酸钠，渤海化学有限公司生产；沉淀控制剂，耐温梳形聚合物，西安齐岳生物科技有限公司生产；增效剂，工业品；模拟油，渤海 L 油田脱水原油与煤油混合而成；配液水为渤海 L 油田平台现场注入水，总矿化度 8275mg/L，钙、镁离子质量浓度达 513mg/L，成分分析数据见表 1)。

表 1　渤海 L 油田注入水成分分析

名称	离子含量/(mg/L)
$K^+ + Na^+$	2671
Ca^{2+}	436
Mg^{2+}	77
SO_4^{2-}	38
CO_3^{2-}	0
HCO_3^-	307
Cl^-	4746

实验仪器：电热恒温干燥箱，激光粒度分析仪，电子天平，搅拌器，高温高压岩心流动试验仪、中间容器，比色管，注射器等。

1.2　实验方法

1.2.1　沉淀调驱体系的配制

采用淡水先配制硅酸钠与控制剂的高浓度母液，再与现场注入水混合后加入增效剂稀释至目标浓度。

1.2.2　物理模拟实验

采用单管物理模型测沉淀调驱体系的注入能力、封堵能力，其流程见图 1；采用双管物理模型测沉淀调驱体系提高采收率性能，其流程见图 2。在填砂管中充填不同粒径的砂，可以得到不同渗透率的模拟岩心。单管实验模型中，水测初始渗透率为 k_0，注入调驱体系后测定渗透率为 k_1，封堵率和残余阻力系数计算公式见式(1)、

(2)；双管实验模型中，填制目标油藏渗透率双管并联岩心，饱和油，水驱至含水 98%以上，注入 1PV 沉淀调驱体系，130℃下放置 10d，再水驱至含水率达到 98%以上，计算采收率增值。

封堵率：$E=(k_0-k_1/)k_0\times100\%$ (1)

残余阻力系数：$F_{RR}=k_0/k_1$ (2)

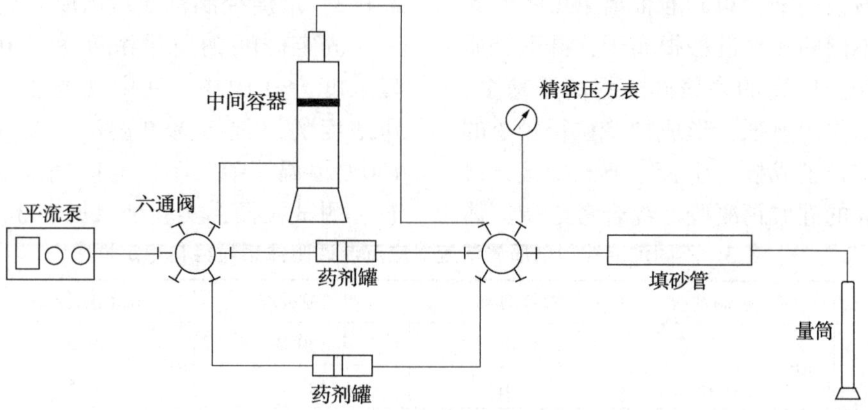

图 1 单管物理模型流程

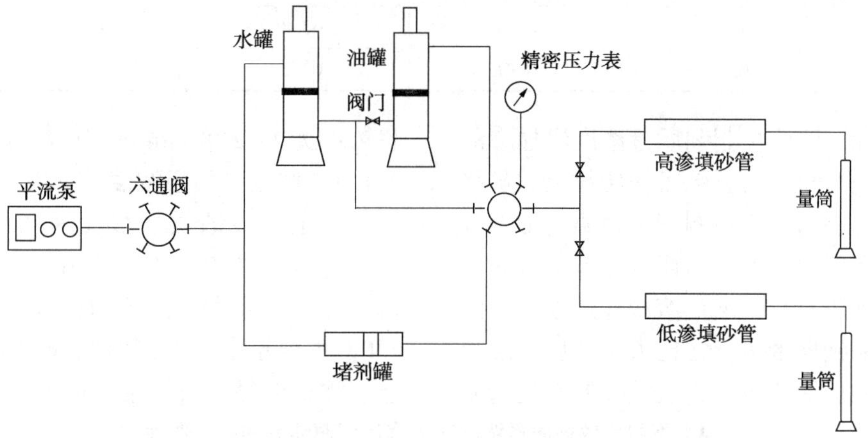

图 2 双管物理模型流程

2 结果与讨论

2.1 沉淀调驱体系配方优选

文中研制的沉淀调驱体系主要由硅酸钠、沉淀控制剂和增效剂组成，针对渤海 L 油田油藏条件，通过改变沉淀调驱体系中各组分用量，考察体系的沉淀絮凝时间与粒径变化情况。

2.1.1 硅酸钠质量浓度

固定沉淀控制剂质量浓度为 0.08%，增效剂质量浓度为 0.01%，利用现场注入水配制不同质量浓度的硅酸钠沉淀调驱体系，装入比色管，置于 130℃恒温箱中，不同时间间隔取出观察溶液状态、测试粒径，实验结果见表 2。

表 2 不同硅酸钠质量浓度对应沉淀调驱体系粒径与稳定性

硅酸钠/%	沉淀控制剂/%	增效剂/%	初始粒径/nm	最终粒径/um	沉淀絮凝时间/d
0.02	0.08	0.01	61.3	41.3	8
0.05	0.08	0.01	87.5	43.5	8
0.07	0.08	0.01	98.1	44.7	6
0.1	0.08	0.01	109.5	45.3	4
0.12	0.08	0.01	134.8	47.5	1
0.15	0.08	0.01	158.5	49.2	1

硅酸钠为沉淀调驱体系主剂，与注入水中钙镁离子反应生成硅酸盐无机凝胶。由表 2 可知，

当沉淀控制剂、增效剂质量浓度一定时，随着硅酸钠质量浓度的增加，沉淀絮凝时间缩短，初始粒径与最终粒径增加。这是因为硅酸钠在溶液中水解生成单硅酸根离子，单硅酸根离子可不断聚合形成聚合度不同的多聚硅酸根离子，硅酸钠质量浓度愈高，聚合度高的多聚硅酸根离子愈多，对钙镁离子吸附作用愈强，形成初始粒径较小的胶体粒子；胶体粒子成核、生长，彼此桥接，最终形成粒径较大的硅酸钙凝胶。综合考虑调驱体系热稳定性与深部调驱需求，沉淀絮凝时间4d以上为宜，硅酸钠优选质量浓度为0.02%~0.1%。

2.1.2　沉淀控制剂质量浓度

固定硅酸钠质量浓度为0.05%，增效剂质量浓度为0.01%，利用现场注入水配制不同质量浓度的沉淀控制剂溶液，装入比色管，置于130℃恒温箱中，不同时间间隔取出观察溶液状态、测试粒径，实验结果见表3。

表3　不同沉淀控制剂质量浓度对应沉淀调驱体系粒径与稳定性

硅酸钠/%	沉淀控制剂/%	增效剂/%	初始粒径/nm	最终粒径/um	沉淀絮凝时间/d
0.05	0.03	0.01	139.7	49.3	4
0.05	0.04	0.01	127.5	48.5	6
0.05	0.05	0.01	113.5	46.7	7
0.05	0.08	0.01	87.5	43.5	8
0.05	0.1	0.01	67.8	43.3	8
0.05	0.12	0.01	63.5	43.1	8

由表3可知，沉淀控制剂质量浓度增加，溶液沉淀絮凝时间延长，胶体粒子初始粒径和最终粒径减小。这是因为沉淀控制剂为耐温梳形聚合物，聚合物链空间位阻作用阻碍胶体粒子吸附聚并，延缓沉淀絮凝时间，增加溶液稳定性。当沉淀控制剂与硅酸钠质量浓度之比大于2后，溶液稳定时间和粒径的变化较小，沉淀控制剂优选质量浓度为1~2倍硅酸钠使用浓度。

2.1.3　增效剂质量浓度

固定硅酸钠质量浓度为0.05%，沉淀控制剂质量浓度为0.08%，利用现场注入水配制不同质量浓度的增效剂溶液，装入比色管，置于130℃恒温箱中，不同时间间隔取出观察溶液状态、测试粒径，实验结果见表4。

表4　不同增效剂质量浓度对应沉淀调驱体系粒径与稳定性

硅酸钠/%	沉淀控制剂/%	增效剂/%	初始粒径/nm	最终粒径/um	沉淀絮凝时间/d
0.05	0.08	0.001	117.9	48.3	4
0.05	0.08	0.002	101.7	46.5	6
0.05	0.08	0.005	94.5	43.9	8
0.05	0.08	0.007	89.5	43.7	8
0.05	0.08	0.01	87.5	43.5	8
0.05	0.08	0.012	79.5	42.9	8

由表4可知，增效剂质量浓度增加，溶液沉淀絮凝时间延长，胶体粒子初始粒径和最终粒径减小。这是因为增效剂具有带电基团，吸附于胶体粒子表面，使胶体粒子间静电斥力增加，产生静电位阻，延缓沉淀絮凝时间，增加溶液稳定性。当增效剂与硅酸钠质量浓度之比大于0.1后，溶液稳定时间和粒径的变化较小，增效剂优选质量浓度为0.05~0.1倍硅酸钠使用浓度。

因此，基于调驱体系热稳定性与深部调驱需求，优选出适合渤海高温油藏L油田的沉淀调驱体系配方为：0.02%~0.1%硅酸钠+0.04%~0.2%沉淀控制剂+0.001%~0.01%增效剂。

2.2　沉淀调驱体系深部调驱性能评价

2.2.1　注入性能

采用单管实验模型，100mD渗透下测定不同浓度组成沉淀调驱体系的注入压力随注入孔隙体积变化情况，注入阻力系数结果见表5，注入过程中压力变化见图3。

表5　不同浓度体系注入阻力系数

注入液类型	质量浓度组成	阻力系数
低浓度体系	0.02%硅酸钠+0.04%沉淀控制剂+0.001%增效剂	1.2
中浓度体系	0.05%硅酸钠+0.1%沉淀控制剂+0.0025%增效剂	1.5
高浓度体系	0.1%硅酸钠+0.2%沉淀控制剂+0.005%增效剂	2.3

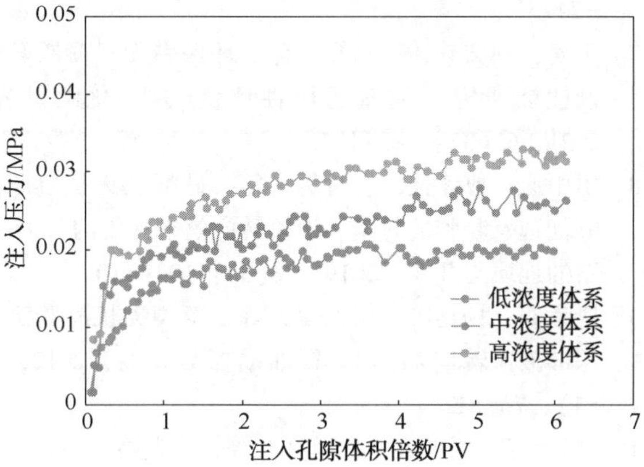

图3　不同质量浓度沉淀调驱体系注入压力随注入孔隙体积的变化

由表5和图3可知，随体系浓度的升高，注入阻力系数逐渐升高；在目标油藏渗透率下沉淀调驱体系的注入压力低，注入阻力系数小于2.5，可泵注性好。沉淀调驱体系初始粒径小，由于沉淀控制剂与增效剂作用，延缓沉淀絮凝时间，可随着注入水向储层深部运移。

2.2.2　封堵性能

采用单管实验模型，选用不同渗透率的填砂管进行封堵实验，注入1倍孔隙体积的沉淀调驱体系（0.05%硅酸钠+0.1%沉淀控制剂+0.0025%增效剂），密封置于130 ℃烘箱中，分别静置3d、5d和10d，测其封堵率和残余阻力系数，实验结果见表6，放置不同天数后的注入压力变化见图4。

表6　不同渗透率下沉淀调驱体系的封堵性能

渗透率/mD	静置3天		静置5天		静置10天	
	E/%	F_{RR}	E/%	F_{RR}	E/%	F_{RR}
300	78.5	4.7	89.3	9.3	96.3	27.0
500	78.3	4.6	88.6	8.8	95.7	23.3
1000	79.6	4.9	87.5	8.0	92.3	13.0
1500	76.5	4.3	82.9	5.8	87.2	7.8

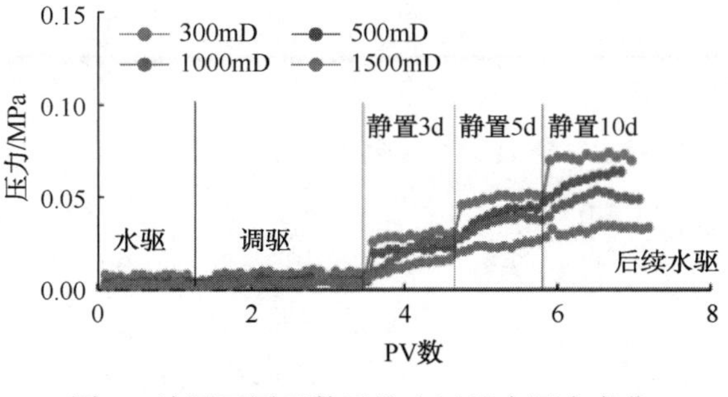

图4　放置不同天数后注入过程中压力变化

由表6和图4可知，随着放置时间的增加，沉淀调驱体系的封堵率与残余阻力系数逐渐增加，符合沉淀调驱体系絮凝作用时间规律；岩心最终封堵率达87.2%以上，残余阻力系数7.8~27.0，具有较好的封堵性能。

2.2.3 提高采收率性能

采用高/低渗双管实验模型测定沉淀调驱体系（0.05%硅酸钠+0.1%沉淀控制剂+0.0025%增效剂）的提高采收率性能，实验结果见表7。

表7　沉淀调驱体系双管驱油实验结果

模型	渗透率/μm²	含油饱和度/%	水驱采收率/%	水驱总采收率/%	注沉淀调驱体系后单管提高采收率/%	注沉淀调驱体系后总采收率/%	采收率增值/%
高渗管	1.05	71.5	65.74	43.29	4.13	61.8	18.51
低渗管	0.13	73.6	15.38		46.15		

从沉淀调驱体系双管驱油实验结果可以看出，水驱98%后注入沉淀调驱体系采收率增幅

可达 18.15%，表明沉淀调驱体系可有效改善储层非均质性，调堵高渗层，实现后续注入水液流转向，将低渗层剩余油驱替出，使得采收率大幅提高。

3 结论

（1）硅酸钠、沉淀控制剂、增效剂组成的层内沉淀调驱体系与渤海高温油藏注入水配伍性好，沉淀絮凝时间可控，满足海上油田单液法在线注入，解决了传统硅酸钠-氯化钙双液法调驱剂沉淀生成速度快、难以控制的问题。

（2）沉淀调驱体系在渤海高温油藏渗透率下具有较好的注入性和封堵性能，适用于渤海高温油藏深部调驱。

（3）沉淀调驱技术利用海上油田高矿化度注入水中的钙镁离子形成层内沉淀体系封堵水驱优势通道，具备耐温抗盐、注入性好、反应可控等优点，具有较好的应用前景。

参 考 文 献

[1] 马宝东．单液法无机沉淀调剖体系的研制和性能评价[J]．油田化学，2019，36(1)：90-96.

[2] 王增宝，付敏杰，赵修太．耐高温沉淀型无机硅酸盐堵剂体系研究[J]．应用化工，2013，42(9)：1559-1561.

[3] 刘巍，曲萍萍，王业飞．无机沉淀物作为堵水调剖剂的研究[J]．无机盐工业，2007，39(1)：41-43.

[4] 刘文辉．环保型无机沉淀转向剂性能特点及调驱能力研究[J]．无机盐工业，2019，51(11)：23-27.

[5] 范海明，李玲玉，魏志毅，等．乳液型沉淀调剖体系的研制和性能研究[J]．应用化工，2022，51(1)：1-5.

[6] 王翔，郭继香，陈金梅．油田深部调剖技术及其应用研究进展[J]．油田化学，2020，37(4)：738-744.

[7] 于萌，刘文辉，铁磊磊，等．环保型无机凝胶转向剂性能研究与油藏适用性评价[J]．化学世界，2021，62(3)：183-187.

[8] 田中原，曹伟佳，冯时男，等．硅酸钙无机凝胶配方优选及凝胶的封堵和液流转向效果评价[J]．大庆石油地质与开发，2019，38(3)：104-110.

[9] 唐孝芬，杨立民，刘玉章，等．新型无机凝胶涂层深部液流转向剂[J]．石油勘探与开发，2012，39(1)：76-81.

[10] 唐孝芬，刘玉章，常泽亮，等．适宜高温高盐地层的无机涂层调剖剂室内研究[J]．石油勘探与开发，2004，31(6)：92-94.

[11] 唐孝芬，邵黎明，覃和，等．利用储层成垢离子物源实现优势通道调整提高水驱效率[J]．油田化学，2018，35(2)：257-262.

[12] 牛丽伟，卢祥国，熊春明，等．无机凝胶成胶性能及封堵效果实验[J]．石油勘探与开发，2013，40(6)：728-732.

[13] 宋立志，郑华安，王闯，等．本源无机凝胶传输运移能力和封堵效果实验[J]．大庆石油地质与开发，2020，39(6)：126-134.

海上稠油油藏储层微改造增产增注技术创新与实践

冉兆航　张　华　张　洪　王曼依　李　军

[中海石油(中国)有限公司天津分公司]

摘　要　为提高注汽质量，改善热采开发效果，针对地层储层岩石物性变差等实际情况，在注汽前实施层微改造措施，通过岩石力学物理扩容的方法，改善该井近井储层岩石物性。通过剪应力或孔隙压力增加而引起，在孔压增大作用下，改变井周地应力状态，砂粒发生剪切位移和微型张性分开，可以解除井周近井地带储层堵塞，增加储层渗透率，改善井筒到储层的导流能力，从而实现降低注汽压力、提高注汽能力的目的，以确保该井注汽参数达到设计要求。储层微改造技术在渤海两口井进行了现场应用，有效改善了近井地带物性，提高了地层吸气能力，保障了注汽质量，增产效果显著。经现场验证，储层微改造技术取得成功。稠油储层微改造技术不破坏防砂结构、不产生宏观裂缝，可多次实施，丰富了海上低渗油田储层改造的技术体系

关键词　稠油油藏；储层；微改造；增产；增注

1　引言

稠油热采是以热换油的技术，提高注汽热效率和油藏热利用率是提高热采效果的关键。据统计，在热采开发初期，辽河、胜利、大庆以及LD27-2等多个稠油油田普遍存在注汽压力高，蒸汽注入困难的问题。以胜利油田孤东采油厂为例，2002年吞吐注汽井66口，注汽压力达到15.0MPa以上的共24井次，其中注汽干度为0的井12井次。存在问题：注汽速度低，井底蒸汽干度越低，热焓越低，加热效果差。

2　存在问题

旅大21-2油田作为渤海首个规模化热采开发示范平台，作业公司勇挑重担，深挖热采实施潜力，优化油田开采策略，实现了从“规模化热采开发的零经验”到“打造热采示范油田”的突破。16口井第一轮次蒸汽注入过程中，由于注汽压力高，均出现不同程度的注汽困难问题，B7H、B11H未完成注入量-注热量不足和注热质量不高，制约热采开发效果 。

B7H井为蒸汽吞吐井，2020.12.11开始第一轮次注蒸汽，注蒸汽前注入15%浓度防膨剂86m^3。2020.12.19注蒸汽915m^3，油压为8.5MPa，套压升至19.7MPa，现场采取间歇注汽，减少日注汽量，但套压维持在19.5MPa左右，蒸汽注入困难；2020.12.26开始放喷，累计放喷液110m^3、产油15.4m^3，产气1711m^3。油压降为0.6MPa，套压降为12.7MPa。2021.1.4重新开始注蒸汽，至2021.1.5再次注汽192.8m^3，油压为14MPa，套压为19.9MPa，蒸汽仍然注入困难(图1)。

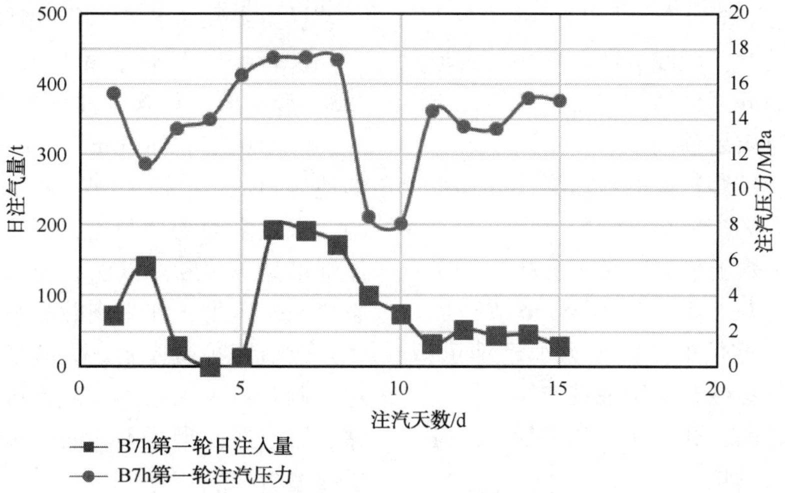

图1　B7H井蒸汽吞吐第一轮次注蒸汽曲线

B7H 井在 2021.5.4 开始放喷，2021.6.15 启泵生产，初期日产油 10～20m^3/d，生产 3 个月后降低至不足 10m^3/d。此时井底流温约 52℃，比相同生产时期邻井较低。井底流压 7～8MPa，与邻井接近，油藏能量充足，但地层加热不充分，产量释放困难。急需研发一种长期有效的、低成本的、设备规模小的海上储层改造的技术。储层物性改造：提高孔隙度、改善渗透率。现有的大型储层改造技术操作复杂、对平台空间要求高、施工成本高、有效期短。

3 技术原理

水力压裂/微压裂工艺施工压力高，需要加入支撑剂，需要大型压裂设备，对管柱结构、工具耐压及平台空间的要求较高，易出砂，有效期短。

储层微改造工艺不需要加支撑剂，具有施工简单，作业时间短，施工设备规模较小的优点，且在热采水平井中适用。

3.1 海上稠油油藏储层微改造增注机理研究

通过岩心三轴强度测试数据(图 2)，利用抛物线型 D-P 弹塑性准则拟合储层破坏曲线，根据储层初始应力状态及注水扩容时的应力路径，得到微改造裂缝产生的最小压力。压力控制范围：水平最小主应力与破裂压力之间，使近井地带产生复杂的张剪裂缝网。

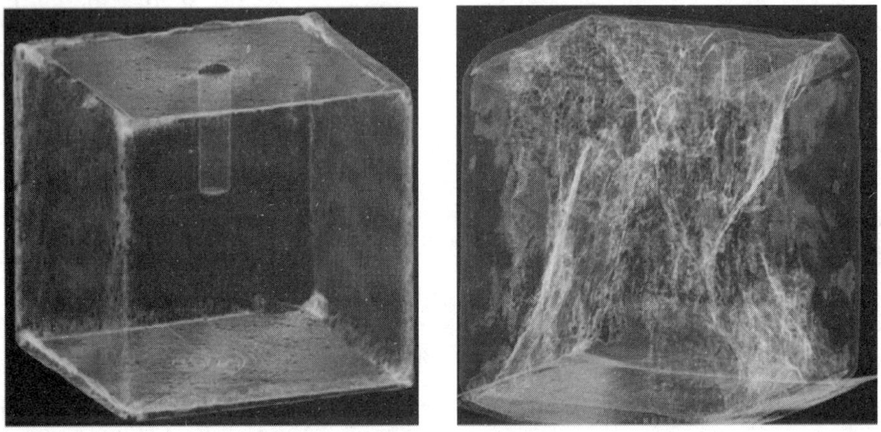

图 2　实验前后岩心 CT 扫描

3.2 储层微改造工艺参数设计与调整

形成稠油热采储层微改造耦合有限元数值模拟软件，根据储层破坏理论和微裂缝发育模型分析结果，建立目标储层地质模型，模拟施工区发育效果。

软件功能：具备海上稠油疏松砂岩微改造区扩展模拟及预测功能。

软件接口通用性好：微改造数模软件可读取 Petrel、CMG 及 Eclipse 网格结构，可将计算结果输出至上述软件进行效果预测。

处理界面直观：扩容数值模拟后形成处理界面，可直观反映扩容区扩展情况。

使用储层微改造数值模拟软件，分析不同微改造参数(微改造压力、液量与半径)下改造区扩展效果，模拟改造前后的注汽压力和产油量，优选微改造施工最佳参数，确定最佳方案。

(1) 扩容压力越高，孔隙压力在储层中传递越快，扩容半径扩展越快。

(2) 扩容半径扩展范围越大，注汽压力越低，此时扩容液量越大，但考虑扩容液对蒸汽吞吐热效率的影响，综合比较降压及增油效果，建议扩容半范围径 3.2～12m。

B7H 井第二轮次结束时产量预测对比：

不实施扩容，累产油 4520m^3；

扩容半径 3m，累计增油量 3120m^3；

扩容半径 4.5m，累计增油量 4020m^3；

扩容半径 7.5m，累计增油量 4390m^3。

3.3 形成储层微改造精细控制方法

实测地应力的校正：真实地应力大小与模型的地应力数据有所差别，需要现场测试地应力大小，根据实测结果调整施工压力。测试方法：回流辅助裂缝诊断测试法。通过压降曲线分析得到裂缝闭合压力，即为实际水平最小主应力。

改造区扩展控制：大液量、大体积改造，通过控制井口注入压力、注入排量、注入液量，使储层微改造区半径不断向外扩展，实现大规模储层改造(图 3)。

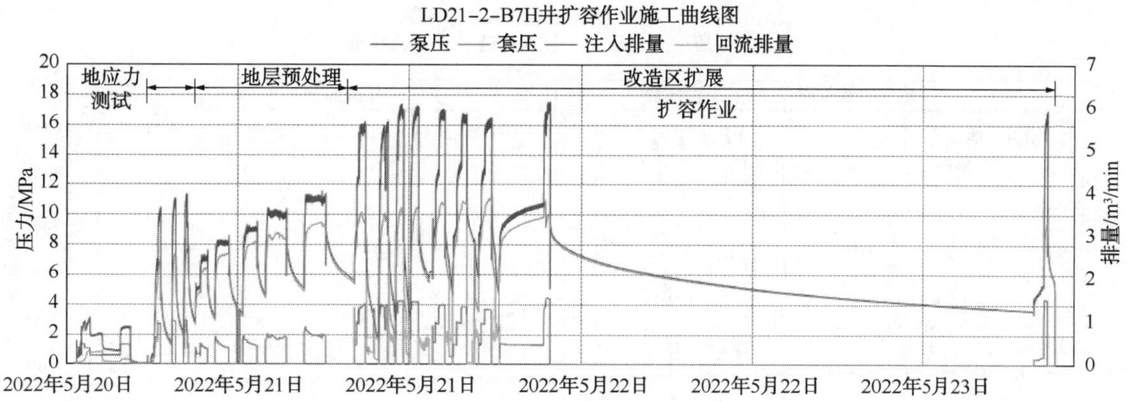

图 3　改造区扩展控制

4　现场施工

4.1　地应力测试

本次测试采用的是小型压裂测试(mini-frac 或 DFIT)方法，该方法是国际岩石力学学会试验方法委员会(ISRM)和美国标准测试委员会(ASTM)颁布的确定岩石应力所推荐的方法之一(ASTM D4645-08，2008；Haimson and Cornet，2003)。目前，它被认为是最可靠和有效的深层地应力测试方法。

2022 年 5 月 20 日 19 点开始进行地应力测试，测试周期三次，测试时间 2h，通过各个周期的压力数据，计算平均值和标准偏差，平方根法计算的平均值作为本井的原位水平最小主应力。相对误差是通过标准方差除以均值得到(按照设计要求，本测试的相对误差控制在 5% 以内)。相对误差小说明各测试周期解释的闭合压力一致性高，同时也说明这是一个高质量的测试结果。

4.2　地应力预处理

地应力预处理共进行了 5 次压力阶梯作业，处理压力分别为 7MPa、8MPa、9MPa、10MPa、11MPa，该阶段预处理时间约 12h，注入地层液量约为 196m^3，随着处理压力的逐级提高，施工排量逐级升高，各处理压力等级对应的平均注入排量分别见表 1(施工参数汇总表)。

表 1　B7H 井地应力预处理阶段施工参数汇总表

预处理压力等级，MPa	平均排量，m^3/min	处理时间，min	液量，m^3
7	0.38	49	11
8	0.45	58	35
9	0.50	60	31
10	0.63	89	56
11	0.68	89	63

4.3　储层微改造作业

本井在扩容阶段共进行了 8 次扩容作业，最大施工排量为 1.29～1.54m^3/min，扩容阶段累计注液 386m^3，井口最大施工泵压 17.49MPa，最大套压不超过 11MPa。图 4 为 LD21-2-B7H 井扩容作业施工曲线。

扩容施工过程中通过实时监测到的压力数值反演来进行扩容半径计算，扩容区反演的机理是孔隙介质弹性力学和压力瞬态分析(PTA)。通过高频监测(通常不小于 1s1 个数据)井口压降响应，采用 PTA 的方法分析出压力的流态区间(瞬态线性流、瞬态径向流和瞬态双线性流等)。然后采用对应的孔隙介质弹性力学模型，利用伴随共轭导数法(adjoint gradient method)，快速求解优化流固耦合 Biot 方程，求得应力扰动区的范围和扰动区内的体积变形。

在扩容半径的计算中，采用不同的油砂体积应变作为识别扩容区范围的标志，参考油砂的三轴扩容试验数据，认为油砂的体积应变为 0.8% 开始扩容。表 2 总结了各扩容阶段的扩容半径及增加孔隙度。

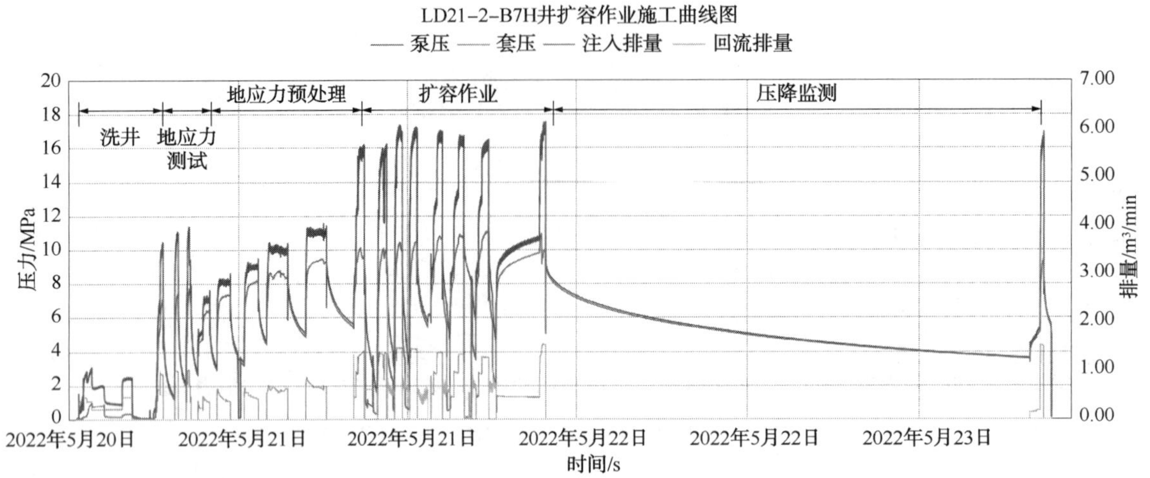

图 4 LD21-2-B7H 井扩容作业施工曲线图

表 2 B7H 井各扩容阶段的扩容半径及增加孔隙度

扩容阶段	最高泵压/MPa	最大排量/(m^3/min)	注入量/m^3	扩容半径/m	增加孔隙度/%
1	16.59	1.42	20.07	0.5	0.4
2	16.57	1.38	32.91	1.1	1.0
3	17.49	1.48	28.75	1.6	1.0
4	17.46	1.47	31.3	2.1	1.2
5	17.09	1.39	38.4	3.1	1.3
6	16.99	1.35	41.37	3.5	1.6
7	16.21	1.29	42.6	3.8	1.9
8	16.80	1.54	119.6	4.6	2.0

4.4 改造后渗透率

采用 Nolte 分析方法对扩容后的压降曲线进行裂缝闭合后的渗透率分析，计算得出地层的水相有效渗透率为 1070mD/cp。图 5 为采用 Nolte 分析方法计算扩容作业后的地层有效渗透率。

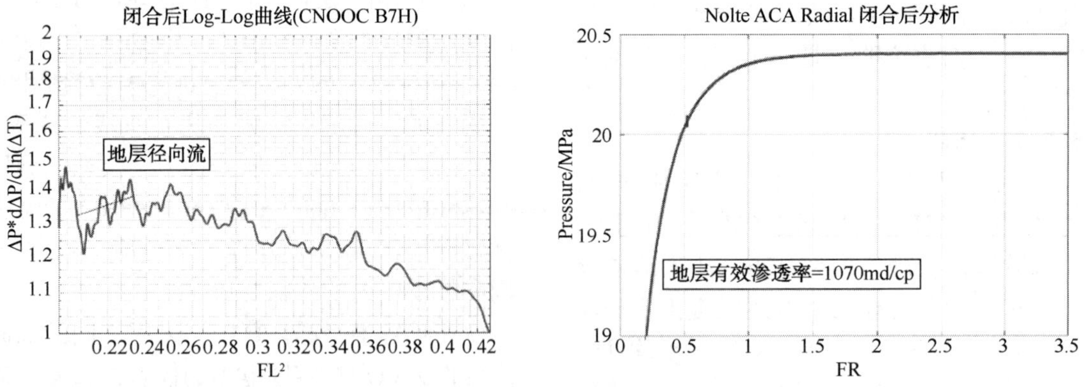

图 5 Nolte 分析扩容作业后的地层有效渗透率

5 应用效果

2022 年在 B7H、B11H 井第二轮注热前进行现场实施，效果明显(图 6、图 7)：

①增注：B7H 井注汽压力降低 4%，注汽速度提高 104%，实现蒸汽稳定注入，注热完成率由 69% 提高至 100%；B11H 井注汽压力降低 7%，注汽速度提高 59%，注热完成率由 44%提高至 100%。

②增产：B7H 井措施后高峰产油由 15m^3/d

增至 $62m^3/d$；B11H 井措施后高峰产油由 $20m^3/d$ 增至 $72m^3/d$。

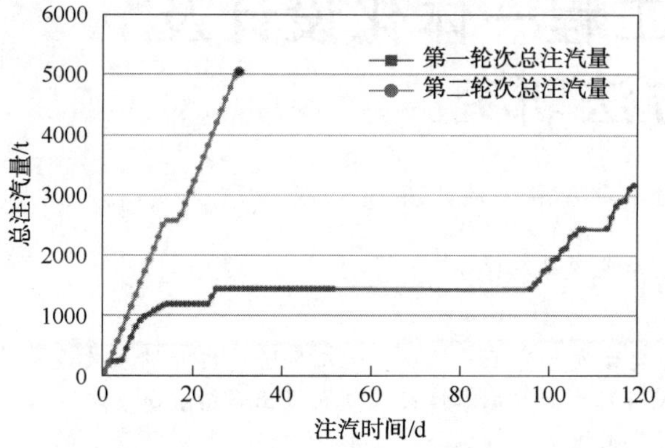

图 6　B7H 井注汽曲线对比

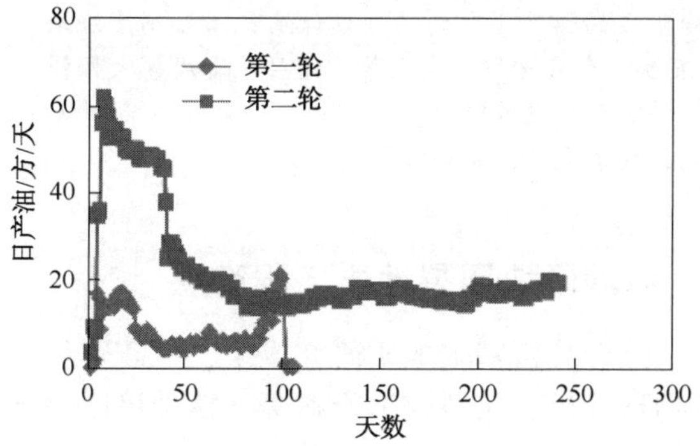

图 7　B7H 井生产曲线对比

6　结论与认识

储层微改造技术有效改善了近井地带物性，提高了地层吸气能力，保障了注汽质量，增产效果显著。经现场验证，储层微改造技术取得成功。稠油储层微改造技术不破坏防砂结构、不产生宏观裂缝，可多次实施，丰富了海上低渗油田储层改造的技术体系：

(1) 提出了一种有别于常规压裂的稠油砂岩储层改造技术。

(2) 探索微改造裂缝发育机理，形成了长水平段均匀微改造工艺。

(3) 建成了稠油热采储层微改造耦合有限元数值模拟软件，形成了储层微改造参数设计及效果预测技术。

(4) 实现了实测数据实时反演，形成储层微改造精细控制方法，优化参数设计，提高时效和准确率。

参 考 文 献

[1] 何园，张天翔，袁峰．准噶尔盆地西北缘地区储层压裂改造实践[J]．新疆石油科技，2010，3(20)：24-27.

[2] 施荣富．西湖凹陷低孔低渗储层压裂改造技术体系探索与实践[J]．中国海上油气，2013，25(2)：79-82.

[3] 王拓，朱如凯，白斌，等．非常规油气勘探评价和开发新方法[J]．岩性油气藏，2013，25(6)：35-39.

[4] 王永辉，卢永军，李永平，等．非常规储层压裂改造技术进展与应用[J]．石油学报，2012，33(4)：35-39.

[5] 孙海成，汤达，蒋廷学，等．页岩气储层压裂改造技术[J]．油气地质与采收率，2011，18(4)：90-93.

[6] 吕园，王佳琪，李涛，等．延长油气田储层改造技术研究[J]．辽宁化工，2019，48(7)：711-712.

浅层页岩气压裂地质工程一体化设计及施工控制方法研究

刘文鹏　王文军　李　义　李　博　杜文忠

（大庆钻探工程公司海坝总承包项目经理部）

摘　要　浅层页岩气区块地质条件复杂，压裂套损套变频发，为了降低压裂施工风险、提升储层改造效果，系统梳理压裂地质“四复杂”、工程2项难点，深入研究套变井基本情况，创新提出多缝叠加、沟通天然裂缝和邻井压裂作用三种模式引起的套管侧向非均匀载荷增加，挤压套管变形的理论，制定了套变的定量防控技术体系；通过实践探索，形成了一套地质精细评价、套变风险定量预测、工程方案优化、套变定量防控的压裂地质工程设计方法流程；现场通过强化施工压力监测、压力异常诊断分析、动态暂堵、优化施工顺序等控制措施，保障储层改造效果。通过实践探索形成的预防套变的精细设计及施工控制方法应用，后期施工4个平台22口井300段压裂施工无套变情况发生，套变防控效果显著、储层改造规模大幅提升、单井评估可采储层增加，为浅层页岩气经济效益开发提供了有利技术保障。

关键词　浅层页岩气；压裂地质工程一体化；套变防控；精细设计；动态防控

1　前言

某区块位于四川省境内，地处四川盆地南部边缘，区块面积436km^2，为中、低山地貌，地面海拔在570~1450m，构造上呈“三凹夹两隆”构造特征，发育6条北西向和南北向III级断层，同时被一系列近南北向IV级断层切割小断块，以逆断层、走滑断层为主。目的层为下志留统龙马溪组龙一$_1$亚段-上奥陶统五峰组页岩，埋深主体埋深500~1500m，压力系数1.1~1.6，属于常压-微超压气藏，地层倾角9~23°；水平井箱体为龙一1^1、龙一1$^{2-1}$小层，为优质页岩主力产层，厚度为1.6m~3.0m。

该区块页岩气储层埋深浅、压力系数低、断层发育、保存条件差，储层品质相对较差，TOC、含气量等储层评价参数明显较邻近区块变差，储量丰度仅为邻近区块的51%，效益建产难度大，大规模体积改造是实现浅层页岩气效益开发的重要途径。

该区块地质表现为三复杂，即构造复杂、地应力复杂、井眼轨迹复杂，段间窜、井间窜、套损套变等工程复杂情况频发，限制了储层改造规模及效果，影响压后产量。严重的套变处理周期长，增加了施工单位成本，影响产建进度。因此，加强对该区块压裂套变原因及机理分析，实践探索预防套变的精细设计及施工控制方法，有效防控套变、提升储层改造效果，对于海坝浅层页岩气经济效益开发具有重要意义。

2　海坝区块压裂地质工程难点

综合分析基础地质研究成果、地震资料、岩石物理分析、压裂施工资料等，梳理该区块压裂地质工程难点如下：

① 构造复杂。该区块被北东向II级断层（海坝断层）分成南北两个部分；区块内主要发育6条北西向和南北向III级断层；同时被一系列近南北向IV级断层分隔成多个断块，断层多为逆断层，以走滑性质为主；在多期复杂地质构造作用下，各段块内天然裂缝异常发育。表现在平台附近断层裂缝发育且与井筒斜交，压裂易沟通天然裂缝导致套变。

② 地应力复杂。该区块发育大量逆断层、走滑断层，地应力呈走滑应力状态、三向主应力差小。对该区块相关直井三向应力统计表明，1000m埋深垂向应力与最小水平主应力差为5.37~5.84MPa，超浅型井垂向应力与最小水平主应力差小于2MPa。垂向应力介于水平最大最小主应力之间，在压裂形成复杂裂缝体系过程中，更倾向于形成“丰”字型复杂裂缝体系。

③ 井眼轨迹复杂。由于地层起伏大、倾角变化频次高、程度剧烈，且箱体厚度薄，箱体钻遇率要求严格（上倾井≥88%、下倾井≥92%），为了控制钻头在箱体内钻进，难免导致井眼轨迹曲折，压裂过程中水平段轨迹全角变化率大位置容易产生应力集中导致套变；钻遇断层或大的挠曲等不可抗拒因素，轨迹出层后回层难度大、无

效进尺多，进入五峰组、龙一 1^3、龙一 1^3 的情况难以避免。由于不同小层间地应力差别较大，在小层界面处容易出现套变。

④ 井身质量复杂。该区块前期井位部署方案井间距以 200~250m 为主，井间距较小。由于断层裂缝发育，大规模压裂容易出现段间窜、井间窜等情况。且为了单井降本，对井身结构进行“瘦身”试验，YS137H3 平台北支 4 口水平井井间距最小 200m、井眼直径小(127mm)、套管壁厚薄(9.19mm)、抗挤压能力弱。

⑤ 套变风险大、优化设计难。该区块复杂的构造及应力特征，压裂过程中层间窜、段间窜、井间窜、套损套变多发，工程复杂情况预防难度大。亟待建立起一套以地质精细评价、储层精细分类、套变定量预测为基础，工程细化分段分簇、优化施工规模的压裂地质工程设计流程及方法。

⑥ 套变风险段规模控制与高强度改造之间的矛盾与挑战。为了预防套变，建立了系统的套变风险等级评价标准，目前Ⅰ级风险点合理控制规模，Ⅱ级风险点正常压裂。由于部分井情况复杂，评价的Ⅰ级风险点多，规模控制与高强度改造之间的矛盾凸显。

⑦ 工程复杂情况多、有效防控难。海坝复杂的构造及应力特征，高强度、密切割压裂改造过程中，容易出现层间窜、段间窜、井间窜、套损套变多发，压裂过程中如何有效监测、分析、判断异常类型，排除桥塞失效，及时采取暂堵等措施保障储层改造效果，目前缺乏相应标准及机制，出现复杂情况有效防控难度大。

正是由于以上复杂情况存在，海坝区块前期施工共 4 个平台 18 口水平井，有 7 口井发生 11 次套变，其中某井单次套变导致 12 处发生套管严重变形，套变最小通径仅 53.61mm。套变特征表现为多段多点挤压变形、与断层及天然裂缝带相关、套变点大多位于层界面位(图 1)。

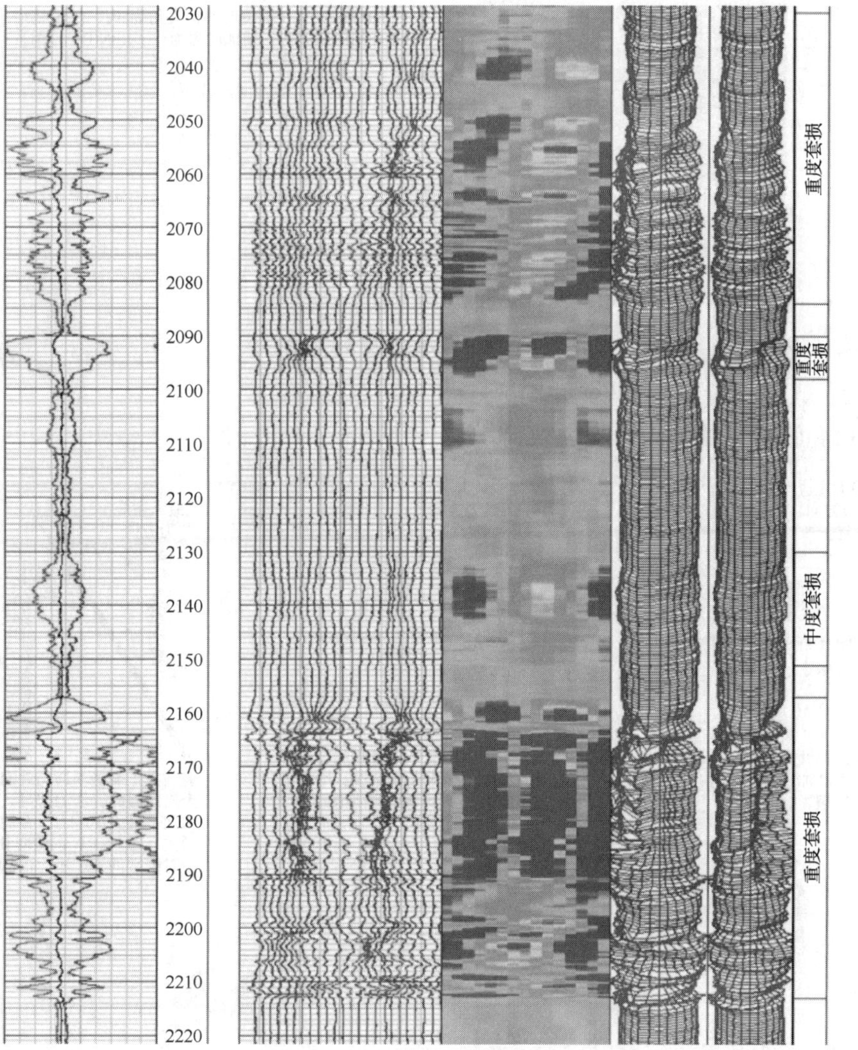

图 1　区块某井压裂大段多点变形图

3 套变机理分析

为了强化对套变的预测及防控，深入开展海坝区块浅层页岩气水平井压裂套变机理研究。收集 YS137H3 平台微地震数据及现场压裂施工资料，分析地应力、井眼轨迹、蚂蚁体、曲率体刻画的断层裂缝、压裂过程施工压力异常变化、微地震监测人工裂缝延伸情况等，结合多臂井径及井温测井揭示的套变情况，创新提出了压裂导致套管非均匀载荷增加，导致套变的定量防控技术体系，提出多缝叠加、沟通天然裂缝和邻井压裂作用三种模式引起的套管侧向非均匀载荷增加，挤压套管变形的理论：

套变机理 1：短时间内多条与井筒不垂直的裂缝开启，导致套管承受的侧向非均匀载荷增加（图 2）。

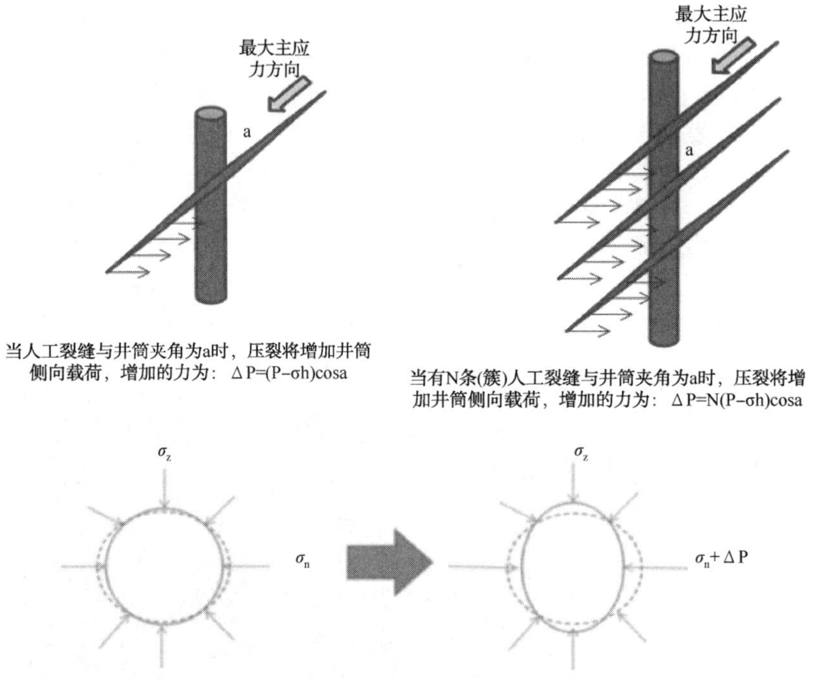

图 2 非均匀载荷挤压套变示意图

套变机理 2：人工裂缝与小角度（井筒）天然裂缝沟通，导致套管承受的侧向非均匀载荷增加（图 3）。

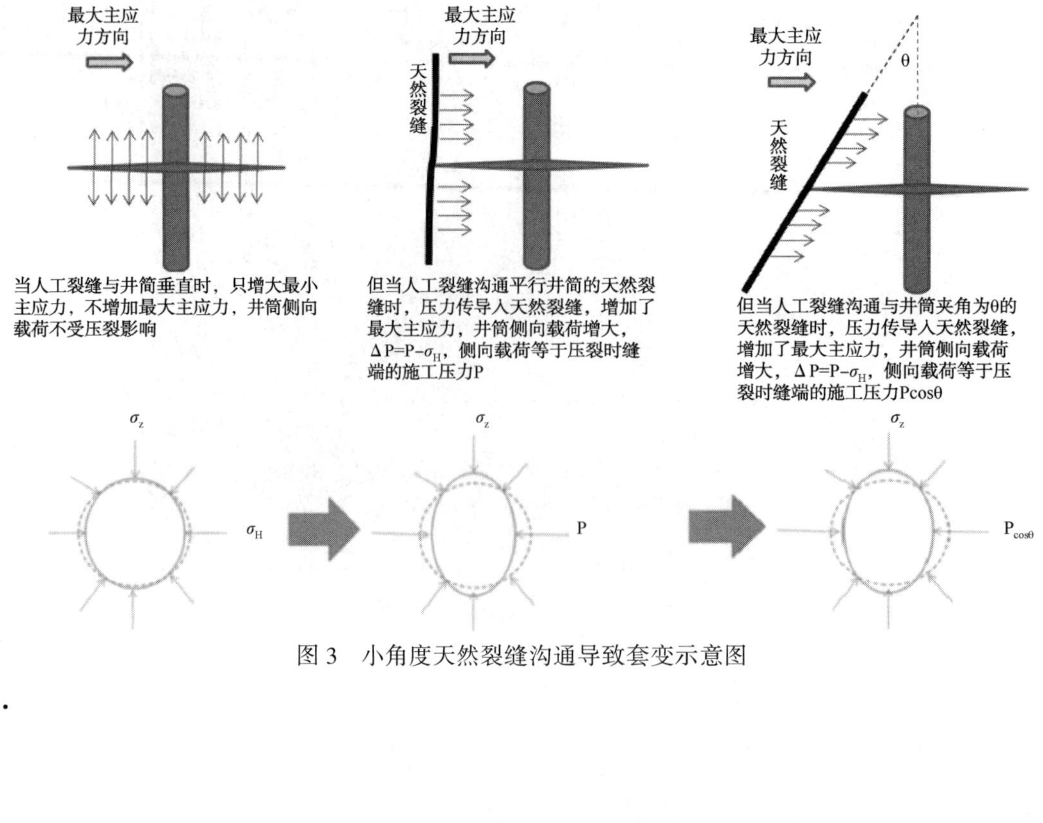

图 3 小角度天然裂缝沟通导致套变示意图

套变机理3：邻井压裂沟通本井附近断层或天然裂缝(与井筒不垂直)，引起套管承受的侧向非均匀载荷增加，超过套管临界非均匀载荷极限，导致套管大段变形(图4)。

天然裂缝(断层)与井筒夹角越小，邻井沟通时施工压力越高，产生的侧向附加载荷越大，越易发生套变，变形程度也越严重。

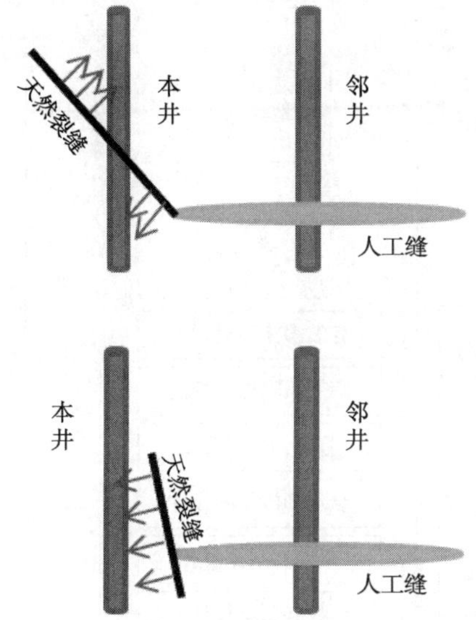

图4　邻井压裂沟通本井附近断层或天然裂缝套变示意图

4　压裂地质及工程优化设计方法流程

通过梳理该区块压裂地质工程难点，系统分析明确了海坝套变机理，开展套变风险定量预测及防控，实践探索了一套地质精细评价、定量预测、工程方案优化、定量防控的防套变的精细设计方法。

4.1　压裂地质精细评价及设计

(1) 地质做好四个精细评价为压裂工程设计优化奠定基础

① 精细储层参数评价：对沿井筒的孔隙度、渗透率、有机质含量、含气量、地层压力等储层参数进行分段定量评价，为有效渗流距离(段间距上限)、分段EUR和产量预测奠定基础。

② 精细三向应力参数评价：对沿井筒最大、最小水平主应力和垂向应力以及最大主应力方向进行分段定量评价，为套变风险预测、裂缝形态分析及定量预防非均载套变条件下的分段、分簇设计和安全净压力控制提供依据。

③ 精细岩石力学参数评价：对沿井筒杨氏模量、泊松比、脆性指数进行分段定量评价，为可压性分析、非均匀载荷计算、施工压力预测提供依据。

④ 精细天然裂缝体系评价：对井筒周围天然裂缝和断层强弱、方向、空间展布进行精细刻画评价，为套变风险定量预测、压窜风险分析、分段、分簇设计和暂堵设计提供依据。

(2) 做好邻井四分析、六对比、八评价

① 四分析：分析邻井地质条件、施工质量、施工压力、试气产量

② 六对比：对比储层征、岩石力学特征、天然裂缝特征、井筒参数特征、施工参数特征、压后排采特征

③ 八评价：评价射孔参数、段簇划分、液量砂量、施工参数、段间压窜、桥塞失效、暂堵失效、试气效果。

4.2　压裂工程优化设计方法及流程

压裂工程设计与优化涵盖工程风险分析、套变风险定量预测、套变防控措施、分段分簇优化、压裂规模优化、精细暂堵优化、施工顺序优化等(图5)。

① 综合考虑水平井段精细储层评价、气测显示、裂缝描述、岩石力学参数、套变风险等因素，科学分段，确保优质层段充分改造。通过储层精细评价，结合施工风险预测，以提高单井EUR为目标，建立了“高、中、低风险段与低、中、高效益区”兼顾的射孔、压裂参数和压裂规模控制的个性化、精细化优化模式。

② 精细刻画断层、裂缝，对断层裂缝产状及与井筒关系、地应力、岩石力学参数、轨迹穿层等套变的主控因素分析，通过分级赋值的方式对套变点进行评级，根据评级结果，合理进行避射及优化施工规模设计。

③ 优化压裂分段分簇。坚持相似原则，将小层相同、储层物性、完井情况和最小水平主应力相近的尽量划为一段；避让原则，避免段内出现断层和地震预测风险点、尽量避免跨层、舍弃50m以下相应层位；适簇原则，储层好无断层裂缝等，加密射孔加大规模，风险段减小规模，采取暂堵转向等。

④ 针对套变高风险井段，优化射孔位置，严控套变风险井段施工参数。Ⅰ、Ⅱ级风险井段压裂簇数控制不超5簇，对弱面进行适当的避射井筒中部天然裂缝段附近避射5m以上，Ⅰ级风险断层射孔位置避开断层30m，Ⅱ级风险断层避射20m，A点距最近射孔段距离大于30m；相应

井段控制压裂规模和排量，Ⅰ级风险点加液强度不大于 26.5m³/m，排量不高于 12m³/min，Ⅱ级风险点加液强度不大于 30m³/m，排量不高于 14m³/min。

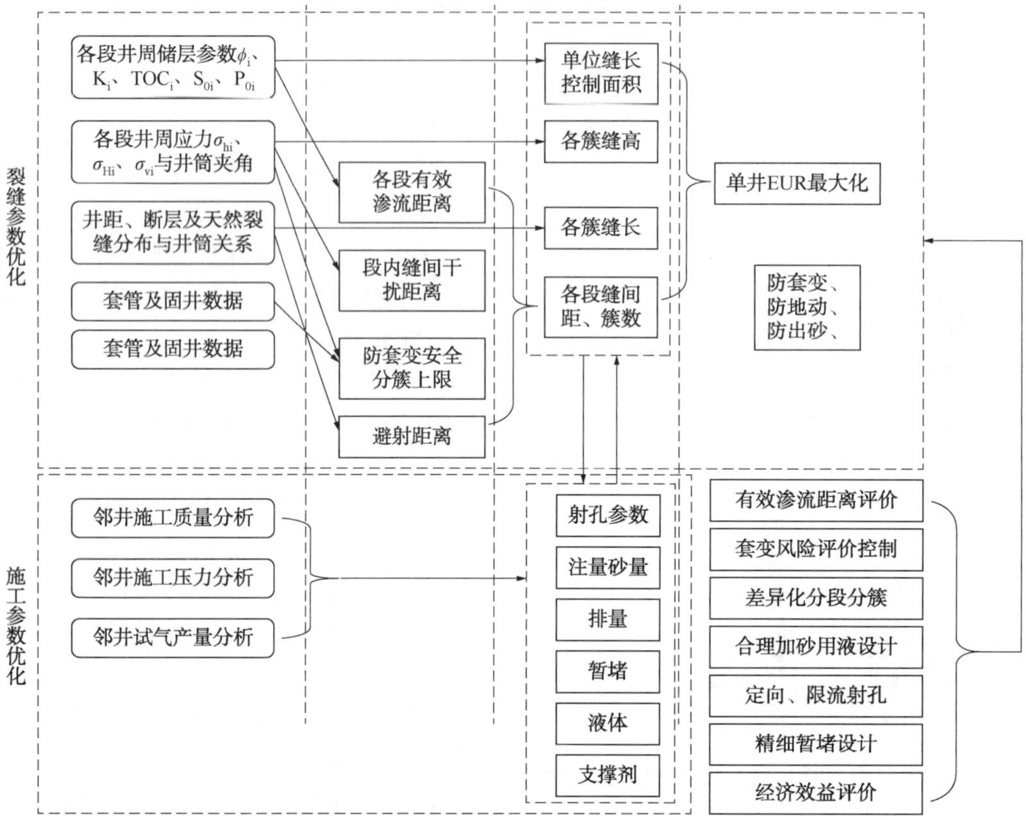

图 5　海坝区块压裂工程设计流程图

⑤ 强化现场施工异常控制，制定异常段风险预案。要求压力异常及时分析原因，排查桥塞失效，及时采取动态暂堵等措施避免套变发生，保障储层改造效果。

⑥ 优化先浅后深、先易后难、先中间后两边与南北隔向、同向隔井、相邻隔段”的隔时、隔空、隔段相结合的压裂施工顺序。

5　现场施工动态控制

为强化施工过程中的动态控制，通过施工静压力监测、控排量规模、压力异常分析、动态暂堵、优化施工顺序等措施，避免套变情况出现。

（1）以减小应力叠加，控制套管非均匀载荷增长为目标，制定了针对单井压裂施工净压力控制模板（图 6），对高风险段采取控排量、控规模、动态暂堵等措施预防套变。

（2）结合构造应力条件，以及套变、现场探塞认证等信息，总结出 8 类压裂施工标准曲线；现场对照标准，实时监测本井及邻井压力变化，及时发现、判定压力异常类型，采取停泵探塞、动态暂堵等措施，降低套变风险，避免低效压裂或者重复压裂，确保单井 SRV 最大化。

（3）严格执行“南北交叉压裂、先浅后深”的“隔时、隔空、隔段、暂堵”施工控制方法。

（4）强化动态暂堵。一是暂堵球排放量。考虑到暂堵球为刚性封堵，数量为孔眼数的 1/2 和 2/3 之间，兼顾投的绳结，压力升高 3MPa 以上为成功。二是泵送排量：投球 2～4m³/min，送球 6～8m³/min；三是形成动态暂堵施工方法。打破正常每段在液量 50%～60%暂堵习惯，压力异常降低，实时暂堵，每段最少 2 次以上。

6　实施效果分析

通过深入贯彻压裂地质工程一体化，强化压裂工程风险分析、套变风险定量预测、套变防控措施、分段分簇优化、压裂规模优化、精细暂堵优化、施工顺序优化等，2023 年完成共 4 个平台 22 口井 300 段压裂施工，无套变情况发生。4 个平台平均用液强度 27.2m³/m、加砂强度 3.2t/m、排量 16m³/min，较前期施工的 4 个平台分别提升 10.1m³/m、0.7t/m、1m³/min。通过模型计算，同比 SRV 提升 37%，在防套变同时大幅提升储层改造效果(图 7)。

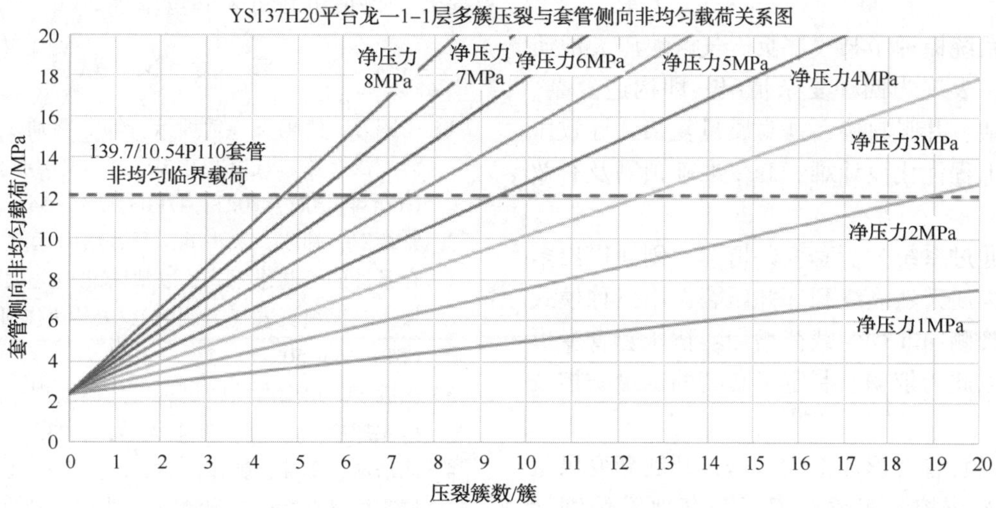

图 6　单井压裂施工净压力控制模板

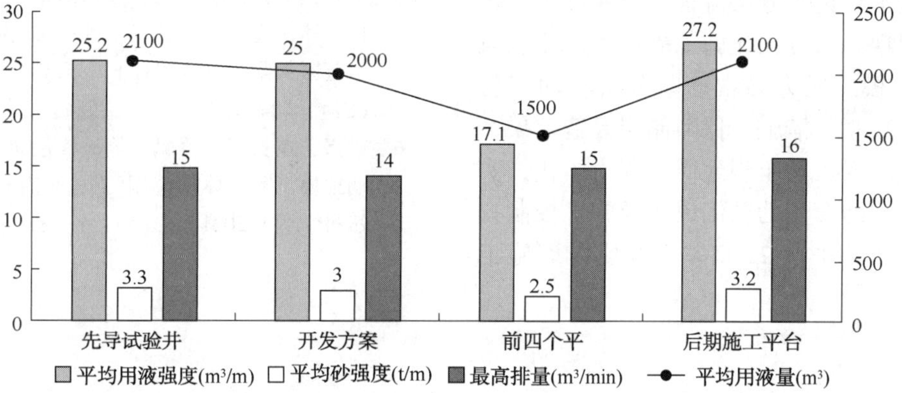

图 7　施工规模对比图

后期施工 4 个平台投产后，在以采代试、压力系数低、管线回压高的不利情况下，井口产量稳步提升，采用解析法评估的最终可采 EUR，4 个平台平均达标率 79.66%，其中 5 口井单井 EUR 达标率超过 100%，后续还需持续加强跟踪，通过放大油嘴、增加生产压差等措施，有望进一步提升单井产量(图 8)。

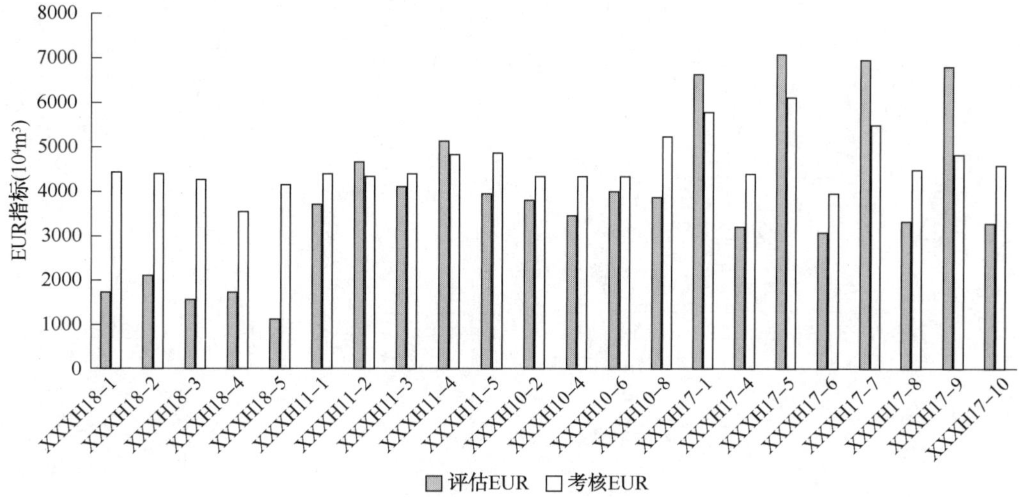

图 8　后期施工 4 个平台投产后 EUR 评估情况

7 结论

（1）系统梳理了某浅层页岩气区块压裂地质工程难点，表现为四种复杂情况，即构造复杂、地应力复杂、井眼轨迹、井身质量复杂，导致压裂地质、工程优化设计难，套变准确预测及有效防控难。

（2）通过系统分析套变井情况，创新提出多缝叠加、沟通天然裂缝和邻井压裂作用三种模式引起的套管侧向非均匀载荷增加，挤压套管变形的理论，以此为依据，制定了套变的定量防控技术体系。

（3）以套管变形理论为依据，开展套变风险定量预测及防控，实践探索了一套地质精细评价、定量预测、工程方案优化、定量防控的防套变的压裂地质工程设计方法流程。

（4）压裂现场通过强化施工静压力监测、风险段控排量规模、压力异常诊断分析、动态暂堵、优化施工顺序等措施，保障储层改造效果。

（5）通过深入贯彻压裂地质工程一体化，实践探索及应用预防套变的精细设计及施工控制方法，后期施工 4 个平台 22 口井 300 段压裂施工无套变情况发生，压裂规模及储层改造效果大幅提升，评估单井可采储量增加。

参 考 文 献

[1] 王鹏万，焦鹏飞，贺训云，等．昭通示范区太阳-海坝浅层页岩气富集模式[J]．中国石油大学学报（自然科学版）. 2023，47(03)：45-54.

[2] 常德双，韩冰，朱斗星，等．燕山运动对页岩气保存条件的控制作用——以滇黔北地区太阳—海坝区块龙马溪组页岩气为例[J]．天然气工业．2021，41(S1)：45-50.

[3] 王胜宇．川南海坝区块页岩气储层现今地应力及其压裂效应[D]．中国矿业大学，2023.

[4] 胡浩浩，鞠玮，郭伟，等．川南海坝区块页岩气储层裂缝发育特征与预测[J]．非常规油气，2023，10(01)：61-68.

[5] 梁兴，管彬，李军龙，等．山地浅层页岩气地质工程一体化高效压裂试气技术--以昭通国家级页岩气示范区太阳气田为例[J]．天然气工业，2021，41(S1)：124-132.

[6] 梁兴，单长安，蒋佩，等．浅层页岩气井全生命周期地质工程一体化应用[J]．西南石油大学学报(自然科学版)．2021，43(5)：1-18.

常压页岩气压裂工艺技术研究与应用

房　超[2]　易发新[1]　刘福建[2]　郭向磊[2]

（1. 长城钻探工程有限公司；2. 长城钻探工程有限公司压裂公司）

摘　要　黔北正安区块常压页岩气藏广泛分布，具有岩石脆性好、裂隙原始尺度小、含气丰度低、吸附气比例较高、储层厚、压力系数低等特点。储层改造体积有限、长期导流能力保持不足等难题导致采用常规高压页岩气压裂工艺的前期投产井收效甚微。为提高区块压后产量实现效益开发，基于区块地质情况，从射孔工艺、暂堵工艺、压裂针对性设计、段簇划分、压裂液体系、支撑剂组合上进行优化并形成了一整套常压页岩气储层改造模式，在获得最大 ESRV 体积的同时降低作业成本。该方案在安场向斜常压页岩气井进行了应用，压后取得良好的改造效果，单井测试产量突破 3 万 m^3/d，为区块后续勘探开发提供了有力的技术支撑。

关键词　常压页岩气；安场向斜；压裂工艺

1　区块基本情况

1.1　正安区块常压页岩气地质特征

黔北正安地区在大地构造属上扬子板块的黔北隆起区，区内地层发育齐全，整体以海相沉积为主(图 1)。寒武系至三叠系层系均有不同程度的分布。岩性主要为碳酸盐岩，砂岩等。上奥陶统五峰组至下志留统龙马溪组地层，是区内页岩气勘探的主要目标层系。

区块龙马溪-五峰组页岩储层分布较为稳定，储层埋深 2000~3500m，厚度 16.9~23.7m，其中Ⅰ类储层 12.1~16.3m，共分 1~4 号 4 个小层，2 小层(龙马溪底)储层品质最好，目的储层有机碳含量 4%~5%，孔隙度 3%~-4%，含气量 4%~-5%，脆性指数 50%~-73%，储层品质较好，具备良好地质基础，最大主应力方向为近东西向，两向应力差异系数 0.22~0.35，杨氏模量 14.5~60GPa，泊松比 0.12~0.29，整体呈现高杨氏模量、低泊松比特征，水平裂缝较为发育，利于形成复杂裂缝，目的储层压力系数 1.0~1.1，属于常压储层。

与国内外主流页岩气区块(表 1)相比，指标显示安场区块具有一定资源基础，但压力系数(保存条件)明显低于其他区块，另外脆性矿物含量较高，具备形成复杂缝网的基本条件，但水平主应力差较大，限制缝网复杂程度。对比四川盆地外围及周缘地区常压页岩气区块，优质页岩厚度偏薄，水平两向水平应力差较大，难以形成较复杂的裂缝网络，平面及纵向非均质性强，局部小断层、破碎带发育。

表 1　国内外常压页岩气区块地质情况对比

构造	Fordworth	彭水	武隆	南川	正安
层位	Barnett	五峰-龙马溪组	五峰-龙马溪组	五峰-龙马溪组	五峰-龙马溪组
埋藏深度/m	1950~2600	2000~3000	2000~3500	2000~3500	2000~3500
优质页岩厚度/m	15~60	24~35	32~35	30~35	20~35
TOC/%	2.0~7.0	3.0~3.5	4.0~5.0	3.1~3.6	4.0~5.0
孔隙度/%	4.0~5.0	2.5~3.5	4.5~5.0	3.5~4.0	3.0~4.0
泊松比	0.21~0.23	0.18~0.31	0.18~0.26	0.20~0.30	0.12~0.29
杨氏模量/GPa	33.1~34.1	21.0~35.0	37.3~46.0	30.0~45.0	14.5~60.0
脆性矿物含量/%	35~50	40~50	55~65	45~50	42~71
黏土含量/%	25~32	20~38	15~30	25~40	20~28.9
两向应力差/MPa	1~3	10~15	8~13	10~13	7~17
水平应力差异系数	0.3	0.27~0.34	0.22~0.25	0.10~0.12	0.22~0.35
压力系数	0.8~1.1	0.9~1.1	1.05~1.15	1.1~1.35	1.0~1.1

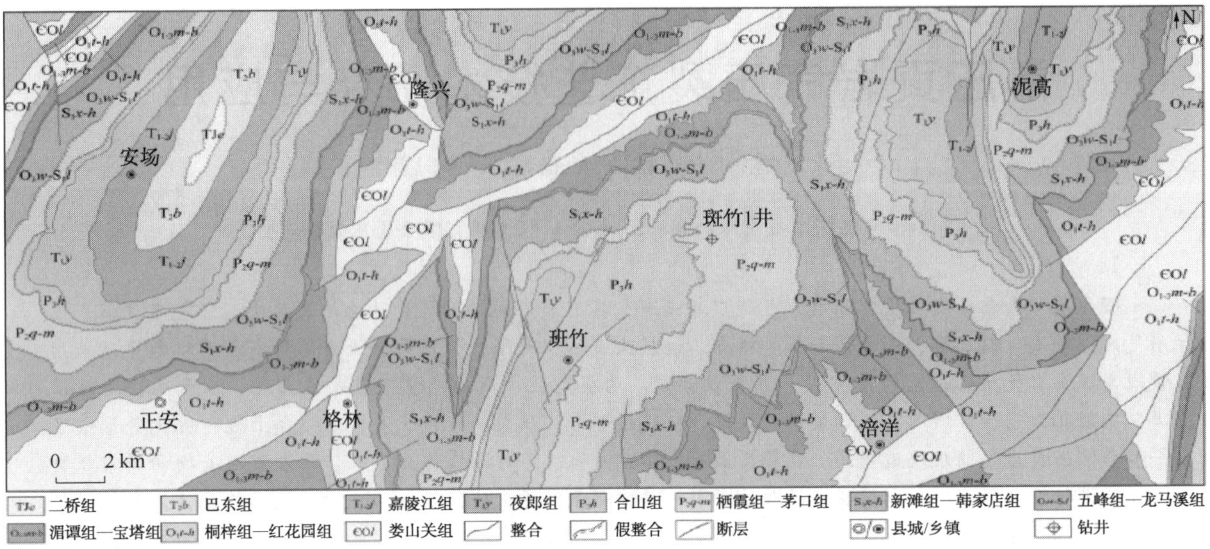

图 1　黔北正安一带区域地质图

1.2　正安区块前期压裂及生产情况

区块前期共投产 4 口水平井，平均压裂段长 1450m，以单段三簇常规工艺为主，簇间距较大为 15~20m，压裂液体系以高黏液体为主，低黏液占比较低整体占比在 60%以下，支撑剂组合以石英砂+陶粒复合支撑剂类型为主，陶粒占比较高，普遍在 50%以上。整体投产效果较差(表 2)。

表 2　安场向斜前期水平井测试产量数据表

井号	开井压力/MPa	焖井时间/d	见气井口压力/MPa	最高日量/万 m^3	30 天累产/万 m^3	60 天累产/万 m^3	90 天累产/万 m^3
安页 A 井	35.15	0.56	23.09	3.1	2.15	33.15	55.17
安页 B 井	41.46	0.56	0.11	0.8	0	0.74	6.64
安页 C 井	20.80	6.17	11.61	4.5	0.62	0.62	0.95
安页 D 井	41.31	0.33	0	1.1	0	0	7.03

2　正安区块压裂有效开发技术

对比高压页岩气藏，常压页岩气具有岩石脆性好、裂隙原始尺度小、含气丰度低、吸附气比例较高、压力系数低等特点；水力裂缝复杂性低(单一缝占比较大)，改造体积受限，裂缝长期导流能力保持不足，压后单井产量低等难题，也就必须要通过降低液体黏度，沟通天然微裂缝，加强储层保护，有助压后返排；同时通过加密切割，造复杂缝网，保证缝控体积；针对常压储层能量低的特点，不同于高压储层目前采用的“控液提砂”储层改造理念，需要大幅提高改造规模，提高储层能量(表 3)。

表 3　常压页岩气储层特点及改造需求

储层特点	改造需求
1. 压力系数低，生产压差小； 2. 储层脆性好，断裂韧性低； 3. 储层构造复杂，游离气逸散较多，吸附气占比高； 4. 多分布在向斜或背斜的翼部，应力挤压明显，裂缝原始尺度小，天然裂缝开启困难。	1. 大规模、高强度改造提高储层改造体积，储层补能利于压后排采； 2. 低黏液、高排量施工提升裂缝复杂程度，提升裂缝网络与储层接触面积，降低渗流距离和阻力； 3. 组合粒径支撑剂高强度加砂确保多级裂缝网络有效支撑； 4. 低黏、低摩阻液体体系，利于提高施工排量促进缝网复杂。

2.1　密切割高密度造缝技术

压裂水平井产量是与总裂缝面积(A)、改造区域内基质和裂缝系统渗透率(K)相关的函数(图 2)，通过工程技术手段增大裂缝面积和区域渗透率可提高单井产量，缝间距越小，裂缝越密集，越有利于提高裂缝渗流面积($A\uparrow$)，裂缝越密集，储层改造越彻底，越有利于提高裂缝系统的渗透率($K\uparrow$)。

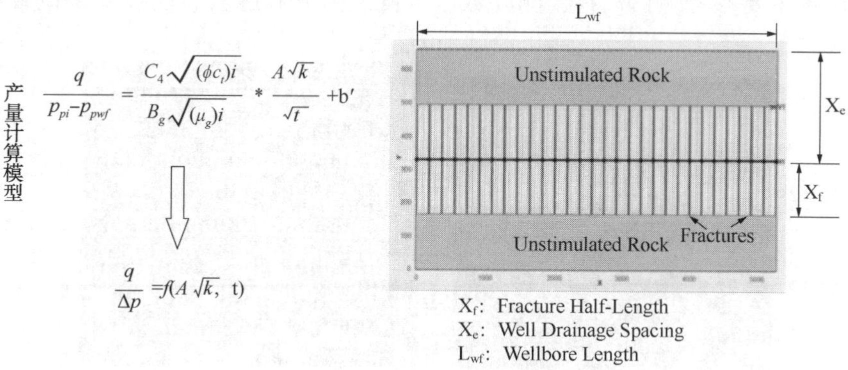

图 2　页岩气产量计算模型示意图

对于给定的水平段长度，缩小簇间距可直接增大裂缝面积，增加裂缝条数；同等压裂规模下缩小簇间距，可提高裂缝面积近一倍。

安场向斜前期水平井簇间距普遍在 15~20m 之间，簇间距过大，裂缝复杂程度有限，常压页岩气井对比高压页岩气井产量较低，需要增加缝控体积提高缝控储量从而最大程度发掘储层潜能。较大的簇间距不利于造复杂缝网，提高缝控体积(图 3、图 4)。

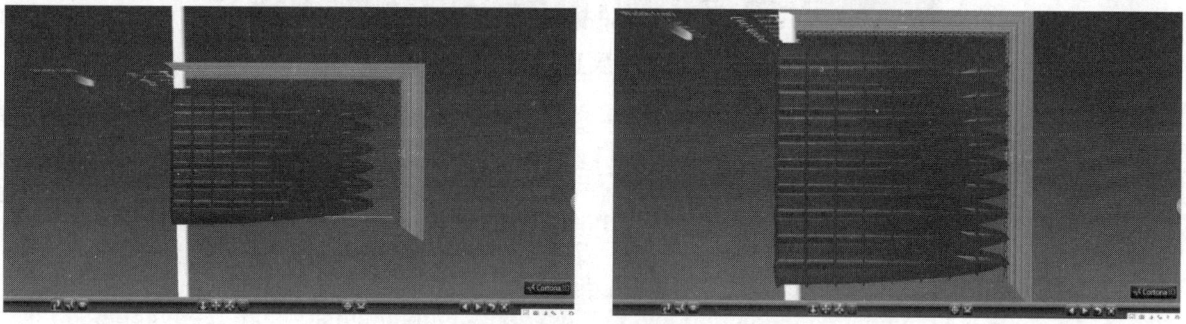

图 3　不同簇间距缝网模拟示意图

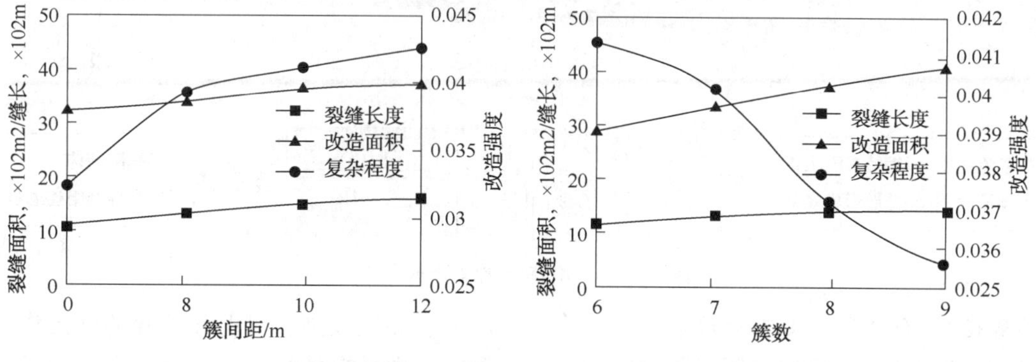

图 4　簇间距、簇数与裂缝面积关系示意图

目前整体采用“长段多簇”高密度造缝方式，提高储层接触面积和裂缝密度，缩短气体运移距离。簇间距增加，缝间干扰作用减弱，簇间距在 8m 左右条件下，裂缝扩展更均衡；增加簇数可以提高裂缝复杂性，6~8 簇条件下，裂缝扩展更均衡(图 5)。

2.2　水平井差异化压裂设计技术

页岩储层均质性较差，段与段间、井与井间差异较大，根据钻遇小层、矿物含量、脆性指数、天然裂缝发育情况等参数进行单井、单段针对性设计。

在段簇设计上，单段不跨小层，尽量保证单

段物性一致；充分考虑断层、裂缝发育情况，适当规避断层发育位置，尽量将天然裂缝发育位置划为1段；射孔位置主要参考随钻资料、测井数据，单段内选取力学性质、弹性属性、岩性相近位置作为射孔簇，以避免单段内各簇进液差异，同时避开狗腿大、曲线复杂位置。

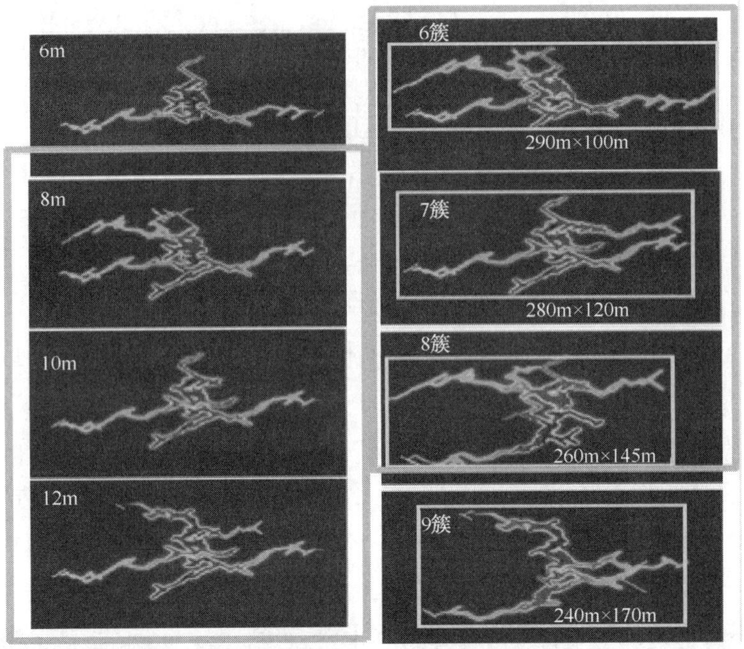

图5　不同段簇参数下裂缝形态示意图

在施工工艺上，断层及天然裂缝发育段采取前置胶液造复杂缝网，适当控制施工排量降低套变风险，采用段塞式加砂，根据施工压力情况调整段塞长度，降低砂堵风险。常规井段以"高砂比，长砂塞"加砂工艺为主，采用低黏滑溜水加砂沟通天然微裂缝、高排量施工造复杂缝网，提高储层改造体积，结合暂堵转向工艺保证储层均匀改造(图6)。

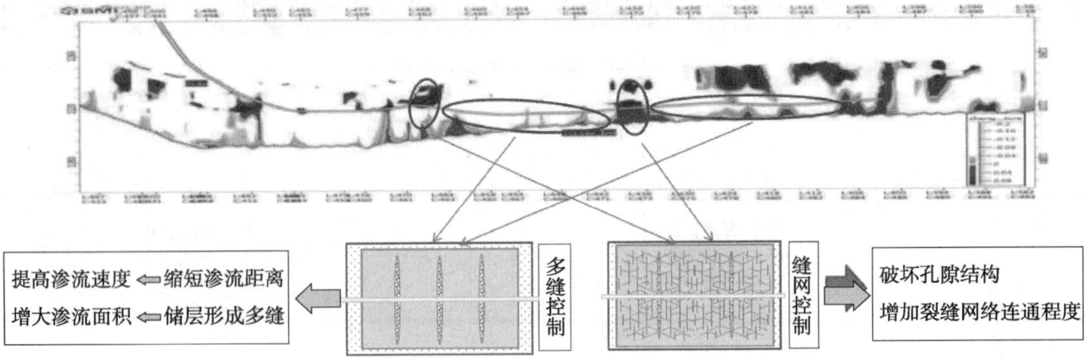

图6　水平井差异化设计示意图

2.3　可溶暂堵球/暂堵剂转向压裂技术

由于页岩储层的非均质性，压裂段内地质条件存在差异，施工过程中各处裂缝不能均匀起裂。采用段内投球转向压裂工艺利用暂堵球/暂堵剂封堵先开或进液量大的孔眼，迫使压裂液进入未开或进液量小的孔眼，提高单段改造完善程度，保证储层均匀改造(图7)。

正安区块应力差较大，施工排量高、加砂强度大、砂比较高，对射孔孔眼的磨蚀作用比较明显，导致前期的暂堵球暂堵效果不明显，为此采取小颗粒暂堵剂辅助暂堵球进行暂堵，提高暂堵效果(图8)。

暂堵球每次投1/2射孔数，暂堵剂每次投100~200kg，根据曲率发育和地应力情况，一般暂堵时机为总液量的2/5左右。现场应用后暂堵效果较好(图9)。

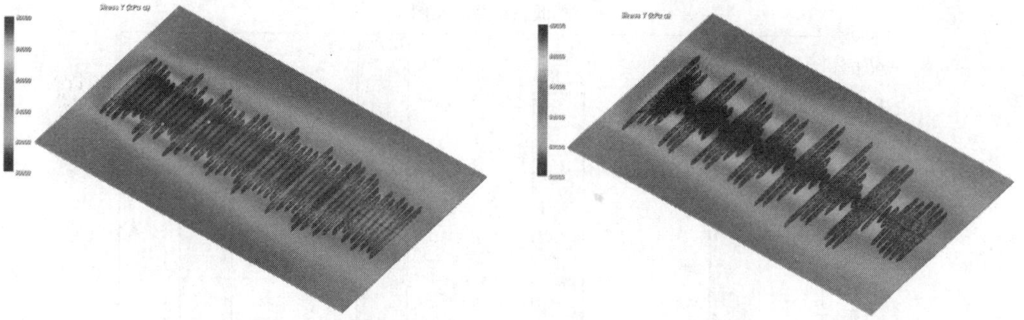

图 7　暂堵转向与常规压裂工艺对比示意图

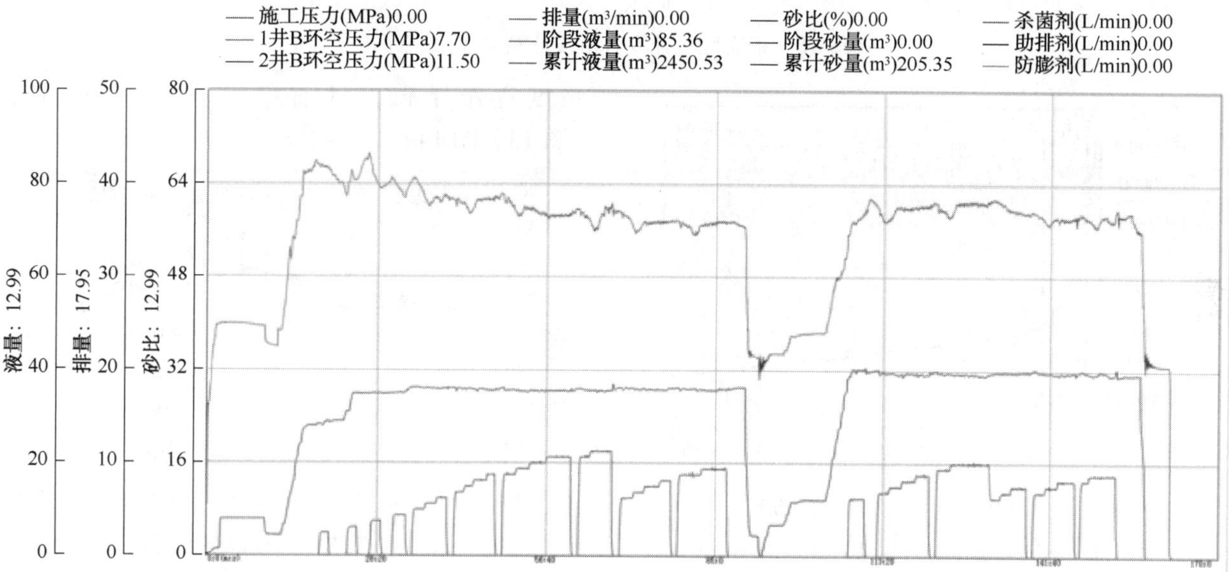

图 8　复合暂堵施工曲线

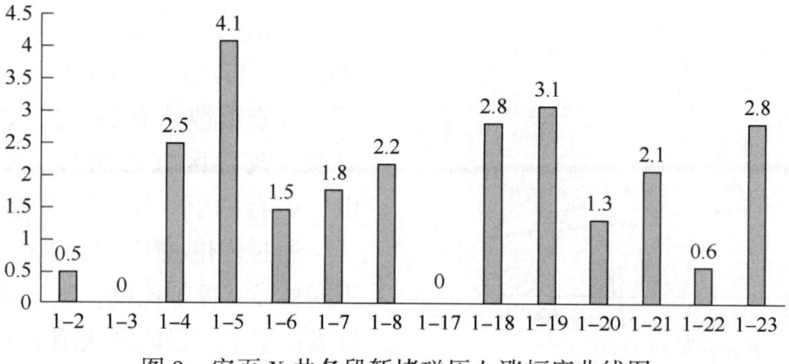

图 9　安页 X 井各段暂堵碰压上涨幅度曲线图

2.4　低伤害压裂液体系技术

常压储层相对高压储层更脆弱，压力系数低，压后返排困难，需要降低压裂液体系的储层伤害。区块前期压裂液体系以高黏液体和胶液为主，压后返排困难，产量整体较低，结合区块地质情况，压裂液体系改变为以低黏滑溜水为主，低黏滑溜水添加剂浓度低，储层伤害低，有利于提高储层改造体积，同时携砂及导流问题可以通过高排量施工、细砂化提高支撑剂铺置浓度，满足导流需求(图 10)。

向斜前期压裂液体系中低黏比例较少，普遍在 50%以上，造缝能力差，经过不断优化工艺，提高低黏滑溜水比例，低黏滑溜水比例大幅度提升，目前阶段低黏比例已达到 90%以上(图 11-12)。

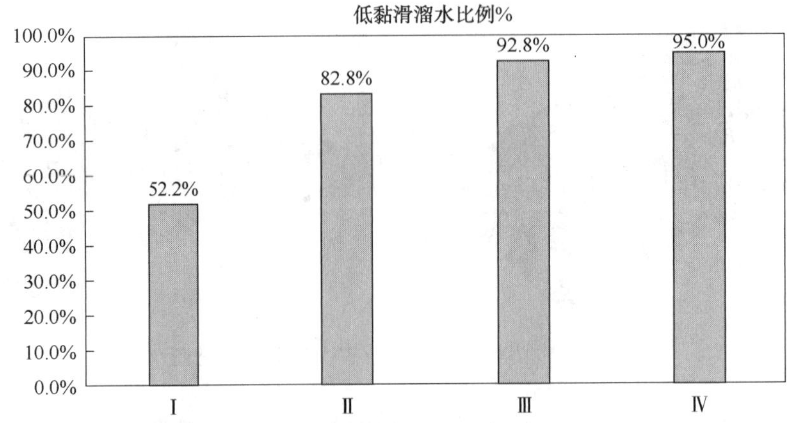

图 10　正安区块开发各阶段低黏滑溜水比例

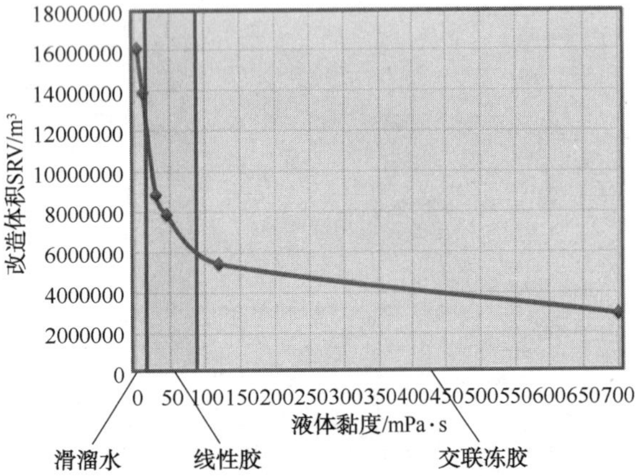

图 11　不同黏度压裂液体系对 SRV 影响

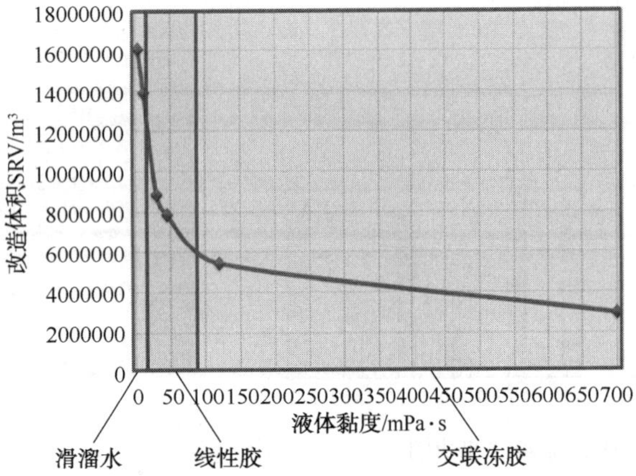

图 12　低黏滑溜水造复杂缝网

2.5　高强度大规模储层改造技术

川南页岩气前期加砂强度较低，主体为 1.0~2.0t/m，近两年随着簇间距的变小，增大了改造裂缝体积，因此也需要提高支撑剂用量，加砂强度逐步提升到 3t/m 以上，统计数据表明加砂强度与单井产量呈明显正相关关系；随着“控液提砂”的需求，通过优化泵注程序，在保证加砂强度的同时，近年川南高压页岩气用液强度逐渐下降，目前稳定在 $25m^3/m$ 左右(图 13、图 14)。

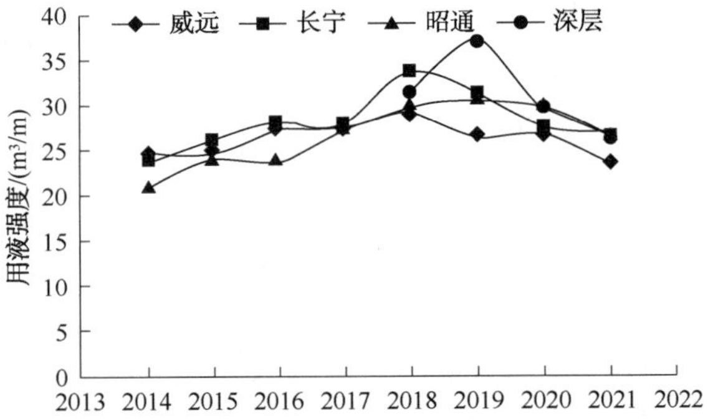

图 13　川南地区用液强度变化

不同于高压储层，常压储层需要通过大规模储层改造进行储层补能，保证后期改造效果，同时模拟结果及正安区块数据统计分析显示，压后 90d 累产与用液、加砂强度呈正相关关系，大规模、高强度改造有利于扩大泄气体积和支撑裂缝面积，改善区域渗透性，对于常压页岩储层来讲，更有利于气体产出提高单井产量(图 15)。

通过优化施工泵注程序，提高施工规模，优化不同粒径支撑剂比例，逐步提高加砂强度，提高裂缝支撑水平，目前区块施工加砂强度普遍已经达到 3.5t/m 以上，用液强度达到 $30m^3/m$ 以上。

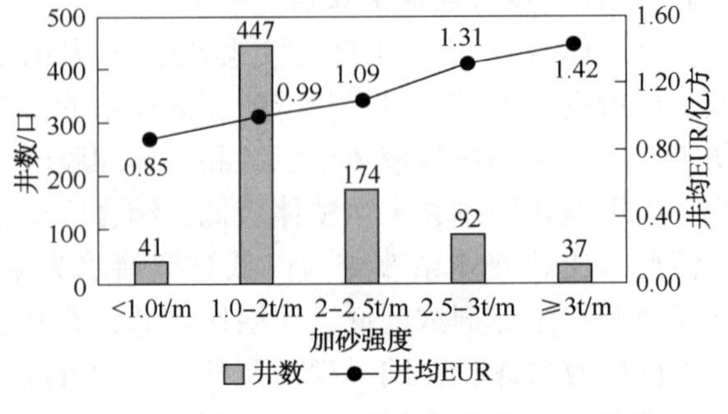

图 14　川南地区加砂强度与单井 EUR 关系

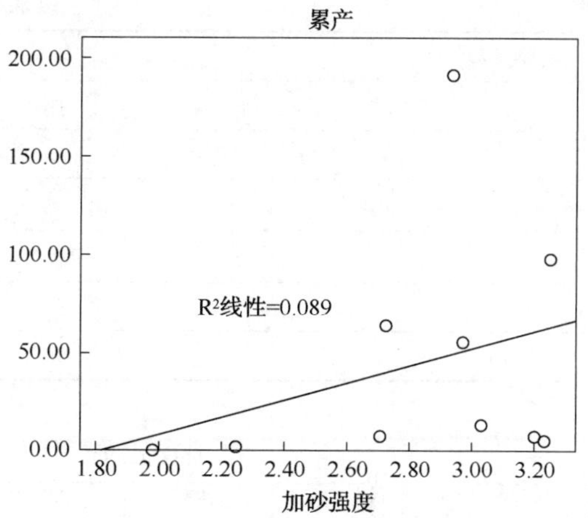

图 15 正安区块加砂强度与累产关系

2.6 石英砂替代陶粒技术

陶粒支撑剂由于其优越的抗破碎及较好的导流能力保持性能，目前广泛应用于常压页岩气压裂中，但其成本也明显高于石英砂。由于正安区块闭合应力较低，在 45~50MPa 闭合压力之间，在该闭合应力条件下，相同铺砂浓度石英砂导流能力 1.0~1.9D · cm，陶粒导流能力 6.8~7.8D · cm(图 16)。铺置较高浓度石英砂支撑剂导流能力与较低铺砂浓度陶粒支撑剂导流能力相当，用数量弥补质量引起的导流能力的损失。通过对压裂支撑剂组合类型及加砂模式的优化研究，提出了组合支撑剂加砂模式，即把不同成本及类型(陶粒与石英砂)的支撑剂按不同比例组合后进行加砂的模式，从而降低支撑剂材料成本。通过该种支撑剂组合方式，在保证导流能力的基础上，成本可以显著降低(表 4)。

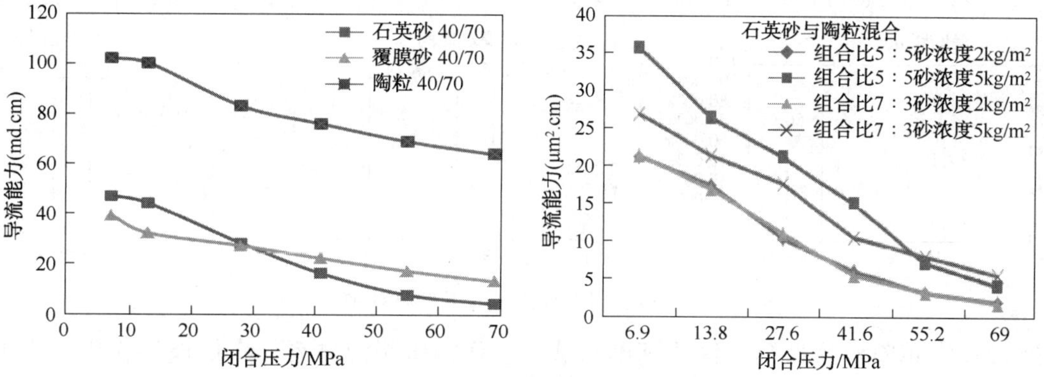

图 16 石英砂与陶粒导流能力对比

表 4 1500m 水平段不同加砂模式支撑剂费用对比

加砂方式	70/140 目支撑剂费用/万元	40/70 目支撑剂费用/万元	封口支撑剂费用/万元	支撑剂总费用/万元	节省费用/万元
粉陶+中陶	994.5	371.2	0	1365.7	902.78
粉砂+中砂+粗陶/砂(封口)	269.28	116.84	76.8	462.92	

3 现场应用实例

A 井是正安区块安场向斜西北部的一口页岩气水平井，该井单段 3-4 簇射孔，簇间距 12.3m，加砂强度 2.25t/m，用液强度 33.04m³/m，排量 16m³/min，低黏滑溜水比例 32%。该井产量较差，日产量不足 0.1 万 m³/d。

结合前期安页 A 井改造经验教训，同平台的安页 B/C 井整体采用“加密切割、暂堵匀扩、高强度加砂、高排量施工、低伤害液体体系”设计思路，增加缝网复杂程度、降低储层伤害、提高缝网支撑能力。对比 A 井，B/C 井施工有大幅度提升，两口井测试产量均突破 3 万 m³/d。(图 17、表 5)

表 5 主参数分类表

类别	具体参数
单簇参数	簇间距 8~10m，单段 6~8 簇
射孔参数	限流射孔(<48 孔/段)，等孔径射孔

续表

类别	具体参数
液体类型	低黏为主，低黏占比>90%
支撑剂组合	全程石英砂组合，70/140 目占比 50%~60%
施工排量	主体 18~22m³/min，现场限压不限排量
用液强度	28m³/m 左右，局部段 30m³/m 左右
加砂强度	>3. 5t/m ，局部段>4. 0t/m
暂堵方式	22mm 暂堵球+暂堵剂复合暂堵

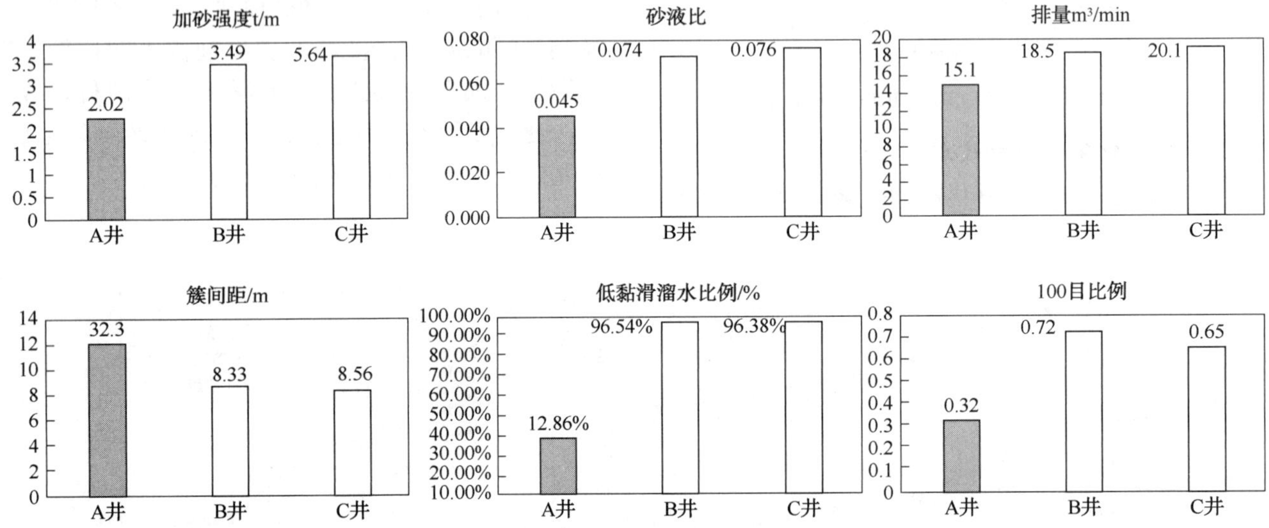

图 17　同平台各井施工参数对比

在经过技术革新与实践后，区块逐渐形成了“加密切割、高密度造缝；暂堵匀扩，实现储层均匀改造；高强度加砂，实现裂缝的有效支撑；高排量施工，提高净压力促使裂缝转向；低伤害压裂液体系，降低储层伤害，有助压后返排”为核心的常压页岩气储层改造工艺。后续投产水平井产量情况均较前期有较大程度提升(表 6)。

表 6　安场向斜最新水平井测试产量数据表

井号	开井压力/MPa	焖井时间/d	见气井口压力/MPa	最高日量/万 m³	30 天累产/万 m³	60 天累产/万 m³	90 天累产/万 m³
安页 E 井	43. 3	0. 54	18. 64	3. 36	2. 89	35. 97	35. 97
安页 F 井	39. 70	0. 17	9. 87	4. 43	1. 32	28. 96	141. 70
安页 G 井	37. 50	0. 29	8. 17	3. 92	23. 06	97. 40	153. 68
安页 H 井	32. 29	0. 79	2. 05	3. 43	1. 86	72. 68	99. 78
安页 I 井	17. 30	1. 16	0. 82	4. 05	0. 14	0. 35	5. 77
安页 J 井	41. 28	0. 88	6. 18	3. 32	6. 24	13. 70	50. 16
安页 K 井	37. 93	0. 42	16. 06	3. 95	8. 89	114. 60	191. 79

4　结论与认识

不同于高压页岩气压后高产的特点，安场向斜常压页岩气压裂必须以提高压后产量为前提，以降低压裂工程成本为目标。要结合区块地质特点，提出常压页岩气低成本高效压裂改造技术，通过对压裂分段分簇、射孔方式、液体性能、支撑剂组合、施工规模等方面的协同综合优化，进而最大化 ESRV。加强新模式、新技术、新材料的推广应用，不断降低工程投入成本，最大限度的挖掘常压页岩储层潜力，实现降本增效目标。

参 考 文 献

[1] 刘建坤，蒋廷学，卞晓冰，等．常压页岩气低成本高效压裂技术对策[J]. 钻井液与完井液，2020，37(3)：377-383.

[2] 韩强．贵州省正安页岩气勘查区块页岩气勘探进展、挑战及建议[J]. 化工设计通讯，2019，45(3).

[3] 郭彤楼，蒋恕，张培先，曾萍．四川盆地外围常压页岩气勘探开发进展与攻关方向[J]. 石油实验地质，2020，42(5).

[4] 李玮，孙文峰，龚小卫，等．页岩气藏水平井多级压裂裂缝扩展模型研究[J]. 中国科学(物理学力学天文学)，2017，47(11)：125-133.

[5] 岑涛，夏海帮，雷林．渝东南常压页岩气压裂关键技术研究与应用[J]. 油气藏评价与开发，2020，10(5)：70-76.

[6] 蒋廷学，贾长贵，王海涛，等．页岩气网络压裂设计方法研究[J]. 石油钻探技术，2011，39(3)：36-40.

[7] George E. King. What do we learn in thirty years shale gas fracturing? [J]. Petroleum geophysics，2014，12(3)：73-81.

[8] 李春月，房好青，牟建业．碳酸盐岩储层缝内暂堵转向压裂实验研究[J]. 石油钻探技术，2020，48(2)：88-92.

[9] 刘乃震，柳明，张士诚．页岩气井压后返排规律[J]. 天然气工业，2015，35(3)：50-54.

海上混积岩储层酸化工艺研究与实践

朱艳华　高　尚　王子权　袁晓南　张晓封　刘　玥　牟　媚　安　琪

[中海石油(中国)有限公司天津分公司]

摘　要　垦利A油田是海上首个大型砂岩、碳酸盐岩混积低渗油藏，储层沉积类型复杂，薄互层发育，纵向上岩性、物性差异大，平面上连通性复杂，地层渗流能力差，常规解堵效果不理想，亟需开展适用于该类储层的酸化工艺研究。通过深入分析该类储层的增产难点，针对性的开展岩心矿物分析、酸液体系研究、解堵工艺参数优化、解堵效果模拟，形成混积岩储层酸蚀蚓孔体系及配套工艺。实验结果表明：垦利A油田储层泥质含量及含铁矿物较高，常规酸体系易产生二次伤害，采用常规酸+蚀孔液体系渗透率改善效果好；低排量下酸岩反应充分渗透率改善效果较高排量更好。研究成果应用于垦利A-2井解堵效果显著，突破了混积岩储层常规解堵效果差的难题，为该类储层有效开发提供技术借鉴。

关键词　混积岩；薄互层；酸化；蚀孔酸

垦利A油田是海上首个大型砂岩、碳酸盐岩混积低渗油藏，成藏条件优越，地质储量丰富，拥有巨大开采潜力。但由于其沙三下段岩性以砂岩和碳酸盐岩混积为主，薄互层发育，纵向上岩性、物性差异大，平面上连通性复杂，地层渗流能力差自然产能低，总体处于低效开发状态，目前该类油藏的规模有效开发仍处于探索阶段。前期尝试采用常规解堵措施，但有效期偏短，解堵效果不理想，亟需开展适用于该类储层的酸化工艺研究。

目前国内外针对碳酸盐岩储层酸化工艺的研究已经成熟，碳酸盐岩储层非均质性强，基质酸化时常形成酸蚀蚓孔。蚓孔作为优势通道能够有效沟通裂缝系统、增加酸化作用距离。但针对砂岩、碳酸盐岩混积储层的酸化工艺鲜有研究，其酸液组合对储层溶蚀能力、适应性分析还有待明确，同时对于其施工参数的设计优选缺乏理论依据。针对垦利A油田砂岩、碳酸盐岩混积油藏，深入分析常规解堵效果不理想的原因，剖析该类储层的增产难点，针对性的开展岩心矿物分析、酸液体系研究、解堵工艺参数优化、解堵效果模拟，形成混积岩储层酸蚀蚓孔体系及配套工艺，解决混积岩储层常规解堵效果差的难题，为该类储层有效开发提供技术借鉴。

1　混积岩油藏解堵难点

垦利A油田沙三下段储层为滨浅湖-半深湖碳酸盐岩后期受陆源碎屑影响改造形成混积岩，储层沉积类型复杂，常规解堵增产难度大(表1)。

(1) 纵向薄互层发育

储层纵向跨度较大，且薄互层发育(小于2m占70%)，纵向上岩性、物性差异大，均匀改造难度大。需要根据实际优选酸液组合，控制酸岩反应速度、酸液滤失特性，从而增大酸液作用距离，实现储层深部改造。

(2) 矿物中泥质与铁含量高，敏感性强

储层黏土含量较高(15%~48.7%)，以伊蒙混层、高岭石为主，矿物敏感性强，外来流体入侵容易造成二次伤害，盐酸溶蚀后表面残留黏土矿物，后续流动过程中堵塞孔喉。储层中含铁矿物含量较高(1%~9%)，矿物酸敏性强，常规酸液反应后释放出的大量Fe^{2+}，当溶液的pH>2时，Fe^{2+}会氧化成Fe^{3+}，容易形成$Fe(OH)_3$沉淀。

表1　垦利A油田A-2井岩心矿物分析

岩心编号	深度	石英	钾长石	斜长石	方解石	白云石	菱铁矿	黄铁矿	黏土总量
1042B1	1229.06	29.82	7.53	9.76	26.38	0.49	0.00	6.14	19.88
1042B1	1229.06	24.93	6.72	15.44	22.76	0.67	0.00	6.92	22.56

续表

岩心编号	深度	石英	钾长石	斜长石	方解石	白云石	菱铁矿	黄铁矿	黏土总量
1050B1	1229.86	8.15	0.00	20.78	7.17	0.00	0.00	4.89	45.15
1050B1	1229.86	25.41	0.00	9.89	7.39	0.00	4.56	4.02	48.73
1050B1	1229.86	23.18	0.00	18.39	5.60	0.00	4.16	4.82	43.85
1051A	1229.93	9.86	0.00	4.55	57.39	0.00	0.00	1.77	26.43
1051A	1229.93	7.70	0.00	6.94	53.32	0.00	0.00	2.70	29.34
1051A	1229.93	8.88	0.00	7.95	55.48	0.00	0.00	1.96	25.74
1052B1	1230.08	7.93	2.68	3.42	62.24	0.39	0.00	0.98	22.36
1052B1	1230.08	6.12	3.42	4.90	68.64	0.83	0.00	1.10	14.98

2 混积岩酸化体系解堵性能分析

垦利 A 油田平均泥质含量较高，地层敏感性较强，常规酸液体系酸化后可能引起二次伤害，导致解堵效果差，针对常规酸液体系存在的不足，研究形成适用于该类储层的蚀孔酸体系(常规酸+蚀孔液)，通过室内实验对体系解堵性能进行评价。

2.1 岩屑溶蚀性

采用垦利 A 油田 A-2 井岩屑，通过模拟实际地层温度，对不同酸液体系进行溶蚀试验，对比分析不同酸液体系对岩屑的溶蚀能力(图 1)。

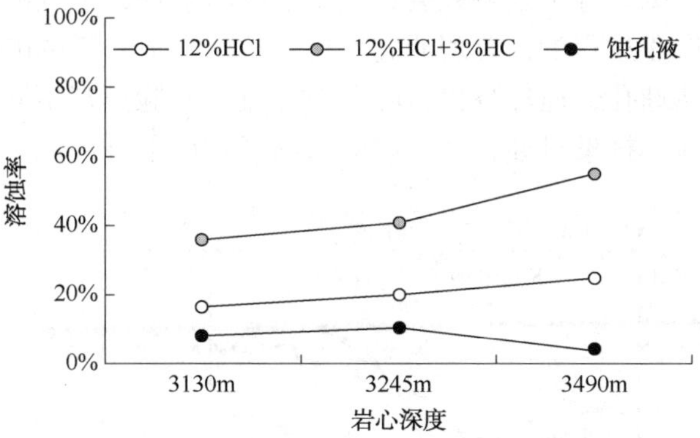

图 1　不同酸液体系对 A-2 井岩屑的溶蚀率

由于垦利 A 油田 A-2 井储层岩性差异大，酸液对不同层段岩屑的溶解能力差距较大，盐酸溶蚀率在 17%~24%之间，土酸溶蚀率在 35%~55%之间，蚀孔液溶蚀率在 3%~11%之间。

蚀孔液主要通过多级电离和螯合作用，对岩屑中碳酸盐组分进行溶解，岩屑中碳酸盐岩含量越高，溶蚀效果越好。蚀孔液的溶蚀机理如图 2、图 3 所示。

第一阶段(酸性)：对碳酸盐岩储层，H^+与碳酸盐岩矿物发生反应；对致密储层进行 H^+处理，形成后续体系的作用通道；

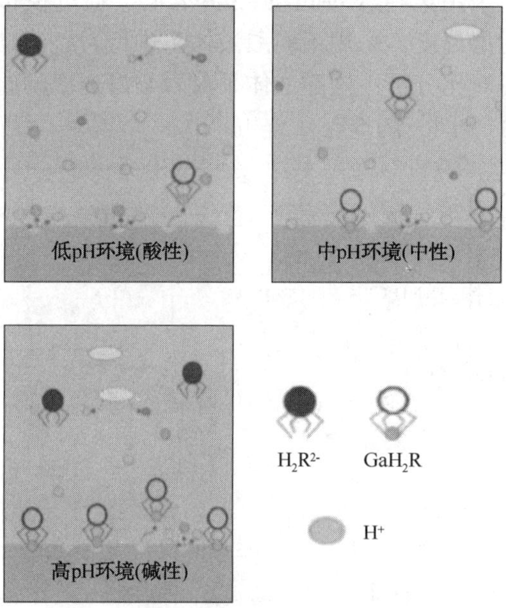

图 2　蚀孔液分子电离与螯合示意图

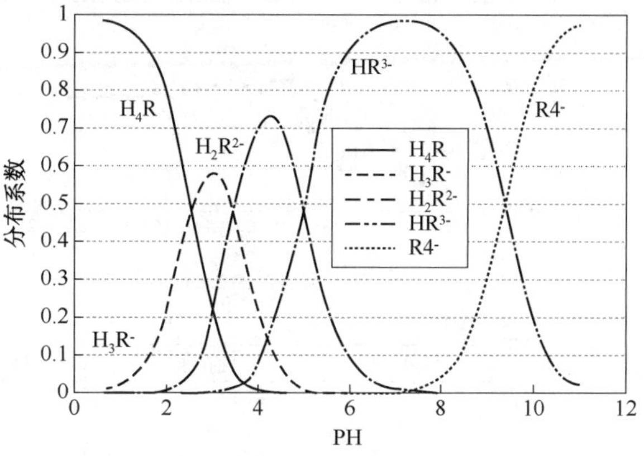

图 3　蚀孔液多级反应分布系数

第二阶段(中性)：H^+激活螯合体系，随着 pH 增加，二、三级反应被不断激活，提升螯合能力；

第三阶段(碱性)：pH 在 11~12 之间，以螯合作用为主，金属螯合物性能更加稳定。

岩屑溶蚀实验表明，单独使用蚀孔液对岩屑溶蚀率较低，不易形成有效酸蚀蚓孔实现良好的渗透率改善效果；盐酸或土酸均具有较好的溶蚀性，但溶蚀残留颗粒会堵塞部分孔隙降低渗透率改善效果，综合考虑溶蚀率及二次沉淀风险，选择盐酸与蚀孔液组成蚀孔酸体系，提高溶蚀能力形成有效酸蚀蚓孔，同时螯合金属离子降低二次沉淀伤害。

2.2 岩心渗透率改善性

采用垦利 A 油田 A-2 井岩心，通过模拟实际地层温度，采用不同酸液体系进行岩心流动试验，对比分析不同酸液体系对岩心渗透率的改善能力(图 4、图 5)。

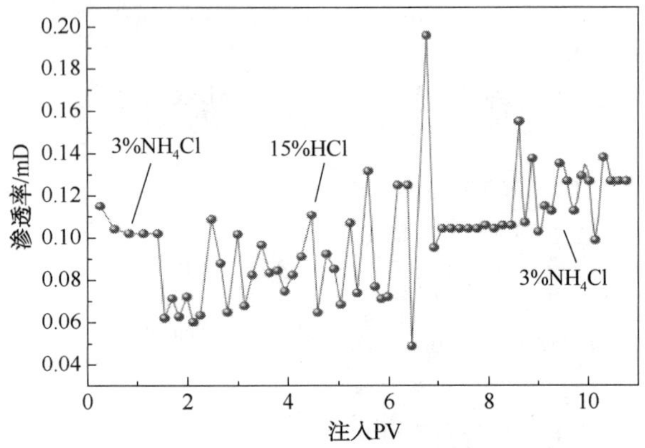

图 4　岩心流动实验-15%HCl

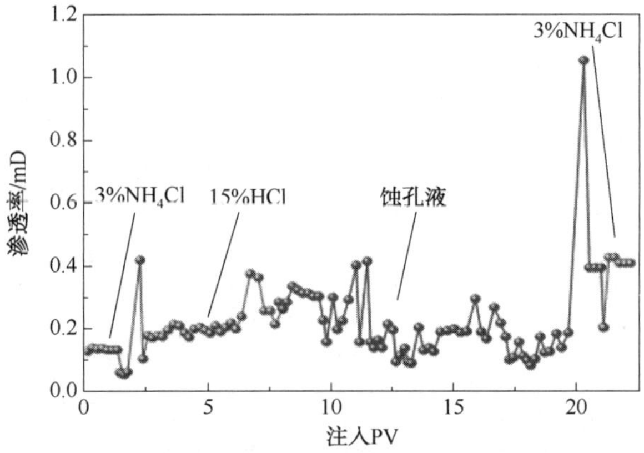

图 5　岩心流动实验-蚀孔酸(15%HCl+蚀孔液)

A-2 井岩心较为致密，液测渗透率为 0.1mD，盐酸与矿物反应速度较快，以面溶蚀为主，形成均匀孔隙，对岩心渗透率改善效果较差，驱替后渗透率恢复率为 120%；蚀孔液与碳酸盐岩反应速率较慢，传质反应占优，形成酸蚀孔道，对岩心渗透率改善效果较好，驱替后岩心渗透率恢复率为 293%，能够明显提高近井端储层渗流能力。

3　混积岩酸化工艺参数优化

酸化作业过程中施工排量、施工液量以及泵注压力等工艺参数会直接影响解堵效果，蚀孔酸作业过程中，合理的施工排量才能形成有效的酸蚀蚓孔，通过替代岩心劈裂缝流动实验模拟不同施工排量对蚀孔液解堵效果的影响(图 6)。

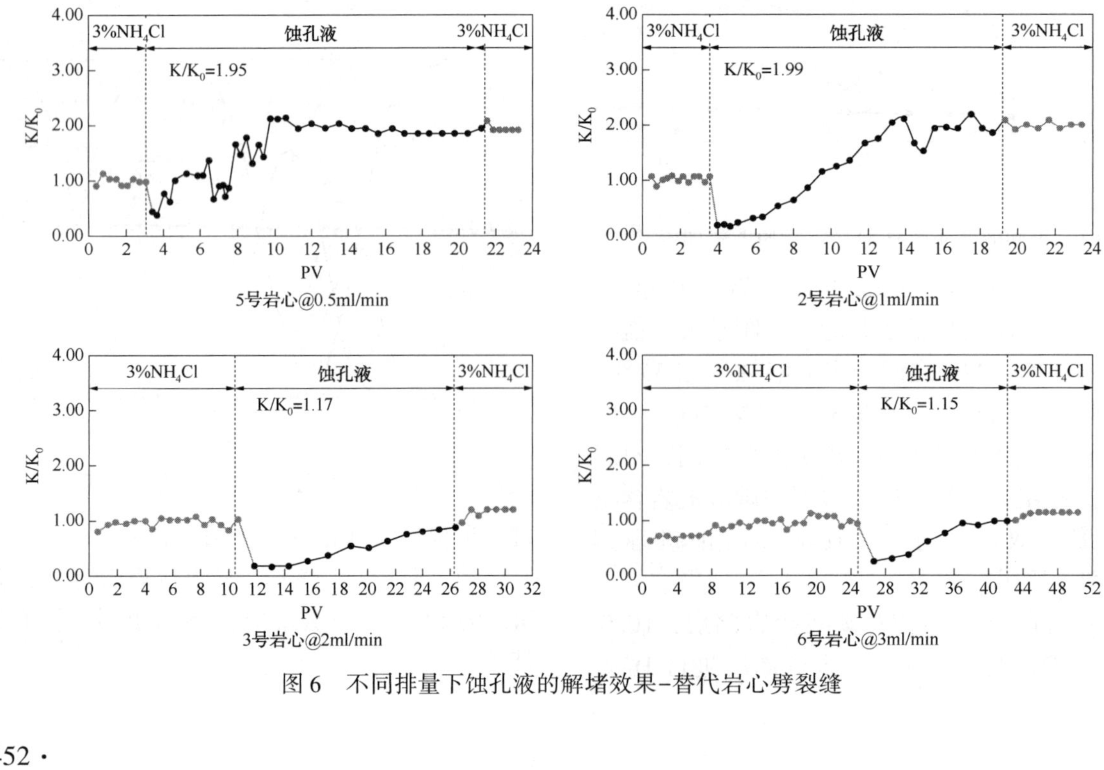

图 6　不同排量下蚀孔液的解堵效果-替代岩心劈裂缝

由替代岩心劈裂缝流动实验结果可知，驱替速度为 0.5ml/min、1ml/min 时，蚀孔液与岩石反应速度小于流速，有效形成了单条酸蚀蚓孔穿透整个岩心，酸化效果显著，增产倍比高达 1.95~1.99，其中 1ml/min 驱替速度最优；随着驱替速度的增加，由于蚀孔液与岩石反应的时间减少，刻蚀程度降低，2ml/min 形成分支蚓孔，3ml/min 没有形成明显的蚓孔，酸化效果不明显，增产倍比逐渐减小。

通过垦利 A 油田 A-2 井岩心流动实验模拟不同施工排量对蚀孔液解堵效果的影响，进一步优化施工排量(图 7)。

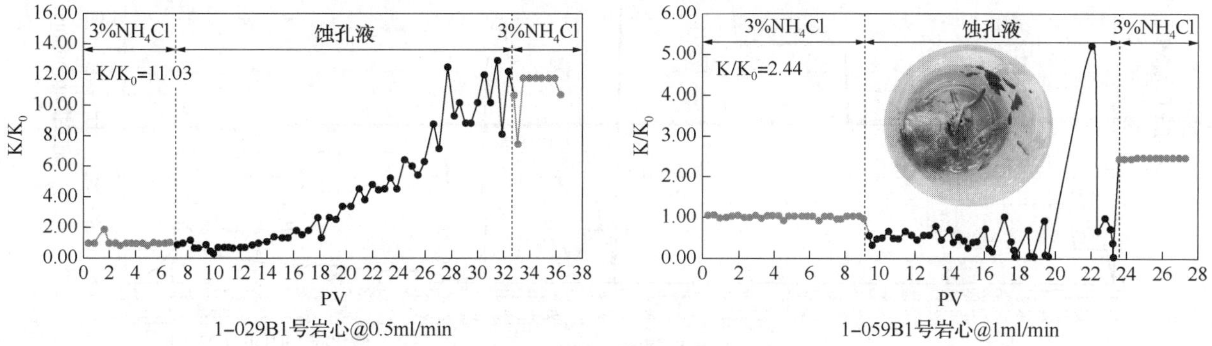

图 7　不同排量下蚀孔液的解堵效果-A-2 井岩心

垦利 A 油田 A-2 井岩心胶结疏松，驱替速度为 0.5ml/min 时，岩心破坏程度小，蚀孔液缓慢溶蚀岩心矿物，形成大裂缝，酸化效果显著，增产倍比高达 11.03；驱替速度为 1ml/min 时，岩心出泥严重，出口端破坏程度高，增产倍比 2.44(图 8)。

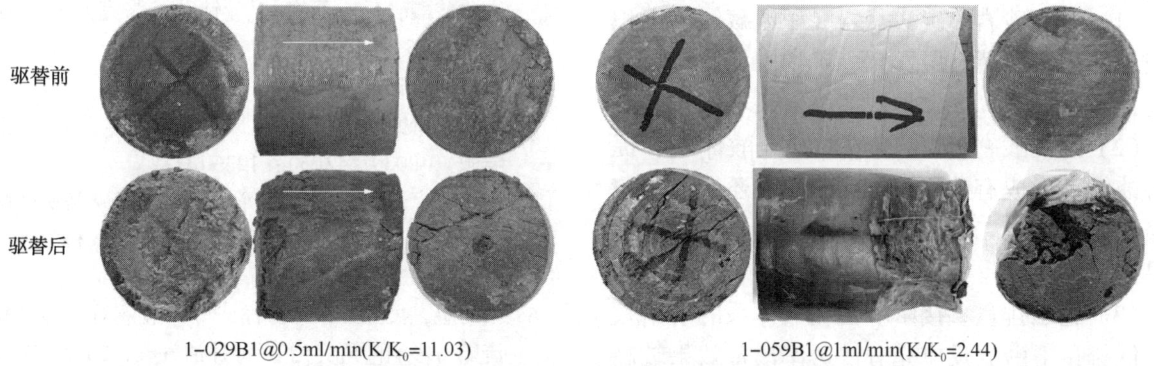

图 8　不同排量下蚀孔液岩心溶蚀形貌-A-2 井岩心

综合替代岩心劈裂缝驱替实验结果以及垦利 A 油田 A-2 井岩心驱替实验结果可知，施工排量对岩心渗透率改善效果影响较大，解堵作业过程中将直接影响解堵效果，在施工过程中需根据实际情况优化施工排量。

4　现场应用

垦利 A 油田 A-2 井储层平均孔隙度 21.4%，平均渗透率 210.7mD，平均泥质含量 17.3%。储层纵向非均质性强，薄互层发育。共射开 34 小层，总厚度 30m，其中砂岩油层厚度 11.6m，灰岩油层厚度 3.4m，云岩油层厚度 9.5m，灰/云质砂岩油层厚度 3.4m，砂质灰/云岩油层厚度 2.1m，混积岩占比 61.3%。该井原油含蜡量 14.81%，沥青质含量 6.87%，胶质含量 14.21%。分析 A-2 井低产原因主要为以下三点：(1)有机重质污染，原油含蜡量和胶质含量较高，随着产量下降，井口温度降低，存在蜡质、胶质析出造成有机堵塞的可能；(2)储层污染，生产试井解释出表皮系数 S=4.25，储层存在一定污染，在生产过程中存在黏土矿物等微粒运移的可能；(3)原油渗流能力差，储层岩性、物性变化大，薄互层发育，孔隙构造与连通性复杂，原油渗流能力差。

垦利 A 油田 A-2 井于 2023 年 7 月进行了蚀孔酸化作业，泵注程序设计为“有机清洗液→前置液→蚀孔液→顶替液”，蚀孔液进入地层后，形成酸蚀蚓孔，伴随颗粒运移和生成气体引起的贾敏效应，造成压力持续上升，与室内实验结果一致。该井解堵后初期日增油超 20m³，稳定生产 3 个月，累增油超 1700m³，蚀孔酸化工艺在 A-2 井先导试验的成功为混积岩储层增产措施工艺方向提供了重要指导(图 9)。

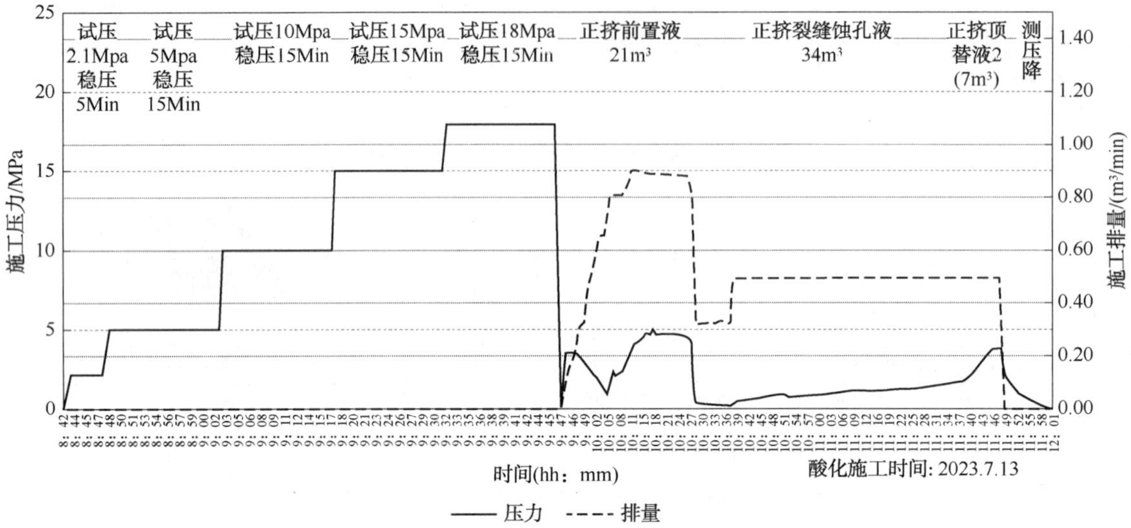

图 9　A-2 井蚀孔酸化作业施工曲线

5　结论

(1) 海上砂岩、碳酸盐岩混积油藏储层沉积类型复杂，纵向薄互层发育，矿物中泥质与铁含量高，敏感性强，导致常规解堵效果不理想。

(2) 常规酸+蚀孔液组成的蚀孔酸体系，提高溶蚀能力形成有效酸蚀蚓孔的同时还能通过螯合金属离子降低二次沉淀伤害，岩心渗透率改善效果好。

(3) 施工排量直接影响蚀孔酸体系的解堵效果，低排量下酸岩反应充分渗透率改善效果较高排量更好，现场施工过程中需根据单井实际情况优化施工排量。

(4) 采用常规酸+蚀孔液体系在垦利 A 油田 A-2 井进行的蚀孔酸化作业解堵效果明显，为混积岩储层解堵提供技术借鉴。

参 考 文 献

[1] 王元庆，林长志，王连生，等．低渗碳酸盐岩储层深度酸化酸液体系优选与评价[J]. 地质科技情报，2014，33(1)：100-105.

[2] 李宪文，侯雨庭，古永红，等．白云岩储层酸蚀裂缝导流能力实验研究[J]. 油气地质与采收率，2021，28(1)：1-7.

[3] 张磊，赵凤兰，舒俊峰，等．碳酸盐岩油藏用新型乳化酸酸岩反应研究[J]. 钻井液与完井液，2013，30(1)：63-65，68.

[4] 赵立强，陈祥，山金城，等．注水井螯合酸复合解堵体系研究与应用[J]. 西南石油大学学报(自然科学版)，2020，42(3)：123-131.

[5] 王达，卢岩，周福建，等．低、无污染基质孔隙型灰岩储层基质酸化增产可行性探索[J]. 科学技术与工程，2020，20 (14) ：5603-5609.

[6] 王明星，吴亚红，孙海洋，等．酸液对酸蚀裂缝导流能力影响的研究[J]. 特种油气藏，2019，26(5)：153-158.

[7] 冯炜，杨晨，陶善浔，等．碳酸盐岩酸蚀裂缝表面形态特征的实验研究[J]. 岩性油气藏，2020，32(3)：166-172.

[8] 柳明，张士诚，牟建业，等．碳酸盐岩油藏非均质性对蚓孔扩展的影响[J]. 特种油气藏，2012，19(5)：146-150.

[9] 柳明，张士诚，牟建业，等．不同注入条件下地层酸蚀蚓孔扩展规律[J]. 油气地质与采收率，2013，20(3) ：102-106.

[10] 廖毅，李勇明，赵金洲．裂缝非均质碳酸盐岩酸蚀蚓孔发育规律[J]. 油气地质与采收率，2016，23(6)：64-69.

液体破胶剂在页岩油压裂中的研究与应用

王珂昕　张海龙　吕　宁　李　君　王一明

（大庆油田有限责任公司井下作业分公司）

摘　要　大庆油田页岩油开发采用“复合体系压裂”工艺，滑溜水和胍胶压裂液交替注入，每口井压裂用液均超过万方，多平台同步，24h连续施工，对破胶剂性能提出更高要求。常规过硫酸钾固体破胶剂采用人工加料注入，加料不及时、不均匀，不连续，会影响破胶效果，本文通过对液体破胶剂体系的破胶效果及注入工艺的研究，实现页岩油用压裂液体系高效破胶，不影响压裂液携砂性能，降低了压裂液残渣对储层的伤害，机械泵注，降低工人劳动强度，注入及时、连续，计量精准，大大提高了压裂施工效率。结果表明：液体破胶剂能够使45~120℃胍胶压裂液彻底破胶，现场用量0.08%~0.13%可调，能够根据现场动态，实时调整组配，现场应用7个平台12口井，压后返排效果良好，破胶水化液平均黏度2.61mPa·s，返排率平均50%以上，取得很好破胶效果。

关键词　页岩油；液体破胶剂；返排液

页岩油是大庆油田振兴发展的重要接替资源，现场采用“复合体系压裂”施工，压裂设计使用滑溜水和胍胶压裂液交替注入，滑溜水造缝，胍胶压裂液携砂，单井大规模注入两种压裂液体系近万方，昼夜施工，人工加料斗加入固体破胶剂过硫酸钾的方式，造成现场加料不及时、不连续、不均匀，会影响破胶效果，已经不能满足大规模施工需求。

破胶剂的主要作用是使压裂液中的冻胶发生化学降解，由大分子转成小分子，有利于压后返排，减少对储集层的伤害。常用的破胶剂包括酶、强氧化剂、和缓慢生成酸的化合物。由于各自温度范围适用性，保存条件和价格受限，只有过硫酸钾强氧化剂破胶效果好，温度适用性广而广泛应用，但是对于大规模施工，他的固态特性受到制约和大规模施工以吨计量，成堆存放增加环境风险因素。因此研制了页岩油用液体破胶剂，破胶彻底，时间可控，温度适用范围广，残渣含量低，现场加入均匀，计量精准等优点，对页岩油压裂液破胶效果及适应性进行室内破胶性能评价，确定了使用浓度后，应用于现场施工，取得较好破胶效果。

1　实验部分

1.1　药品及仪器

药品：胍胶、低浓度交联剂、滑溜水、液体破胶剂、过硫酸钾。

仪器：烘箱、表面张力仪、离心机、品式毛细管黏度计。

1.2　性能评价

1.2.1　破胶剂溶解性能

四种破胶剂：液体破胶剂、1%过硫酸钾水溶液、3%过硫酸钾水溶液、5%过硫酸钾水溶液。分别配制1%、3%、5%的过硫酸钾水溶液，在不同温度下进行溶解性能测定(表1、表2)。

表1　溶解度

温度/℃	溶解度/(g/100ml)	
	过硫酸钾	液体破胶剂
0	1.75	100
20	5.3	100

表2　20℃过硫酸钾溶解状态

浓度/%	1%	3%	5%
溶解时间 min	1	5	32
溶解状态	完全溶解	溶解稍慢	始终摇晃，溶解

过硫酸钾溶解度较小，配成高浓度溶液溶解耗时长，配成5%的溶液，始终摇晃，底部一直有未溶的粉末，直到32min时，才完全溶解。以下破胶评价采用1%、3%过硫酸钾溶液进行实验。

室温20℃条件下，用移液管吸取5mL液体破胶剂样品置于装有100mL实验室用水的烧杯中，搅匀，静置30min后观察其是否分层和沉淀。结论：无分层和沉淀，澄清透明溶液（图1）。

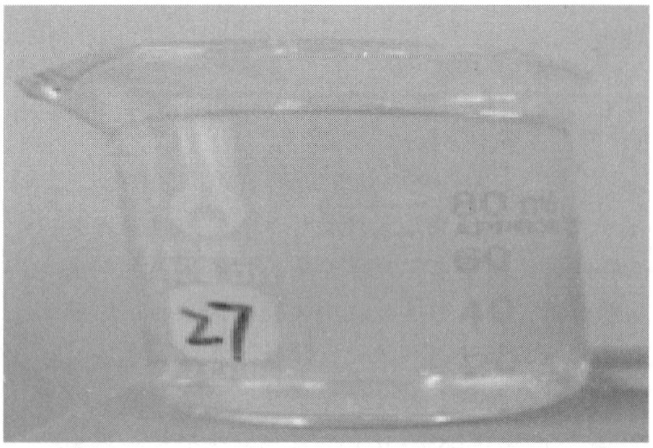

图1 30min液体破胶剂

1.2.2 破胶时间

取100ml胍胶基液，与低浓度交联剂交联成冻胶后，分别加入以上不同浓度的过硫酸钾溶液（过硫酸钾纯量是0.05%）和0.08%液体破胶剂，放入90℃烘箱，观察破胶时间及破胶状态，然后用品式毛细管黏度计测定破胶水化液黏度（表3）。

胍胶压裂液配方：0.4%快速水合胍胶+0.1%助排剂+0.1%破乳剂+0.1%pH调节剂+0.3%低浓度交联剂

表3 90℃不同液体破胶剂破胶状态

序号	破胶剂	30 min	120min
6#	1%$K_2S_2O_8$、5ml	冻胶可挑挂	4.37
7#	3%$K_2S_2O_8$、1.7ml	冻胶可挑挂	1.53
8#	5% $K_2S_2O_8$、1ml	冻胶可挑挂	1.17
9#	0.05% $K_2S_2O_8$粉末	可挑挂	1.3
空白	0.08%液体破胶剂	可挑挂	1.36

冻胶加入固、液态破胶剂后，冻胶无变化，完全可挑挂，2h破胶液状态如下图2、图3，完全破胶。

图2 90℃胍胶水化液（过硫酸钾）

图3 90℃胍胶水化液（液体破胶剂）

1.2.3 腐蚀性能

将过硫酸钾配成液体，需要考虑液体破胶剂的拉运和对管线腐蚀问题，用现有的罐车装破胶剂是否可行。实验室用N80钢片放入3%过硫酸钾水溶液和液体破胶剂里，观察其对钢片的腐蚀性能。

钢片放入3%过硫酸钾水溶液中会立刻变黑，破胶剂水溶液呈黄色（图4、图5）。对钢片造成严重的腐蚀，不能盛放在铁罐里；液体破胶剂中浸泡12h，保持光亮，具有极低腐蚀性（图6）。过硫酸钾溶液因其严重腐蚀性，不建议液化后使用。

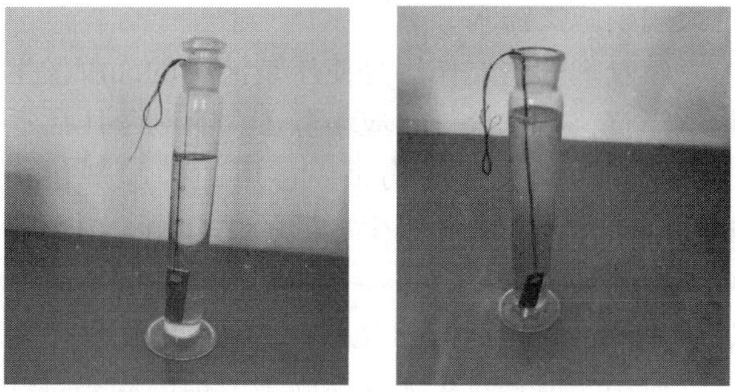

(浸泡前) (浸泡后)

图4 3%过硫酸钾溶液浸泡钢片

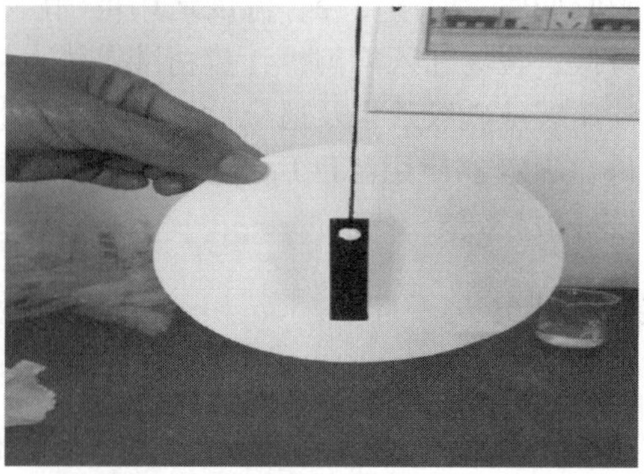

图5 3%过硫酸钾溶液浸泡30min

图6 液体破胶剂浸泡12h

1.2.4 不同温度破胶性能

大庆页岩油储层深度大约2000~2500m，井温90~120℃之间。滑溜水黏度≤5mPa·s，无需破胶，主要考虑胍胶既要不影响携砂，又要能够压后彻底破胶(图7、表4)。

图7 液体破胶剂

表4 液体破胶剂对胍胶压裂液破胶性能影响

温度/℃	液体破胶剂用量/%	破胶时间/h	破胶水化液黏度/mPa·s
45≤T<60	0.13	8	2.39
60≤T<80	0.1	8	4.52
80≤T<90	0.08	6	3.89
90≤T<110	0.08	4	2.82
110≤T≤120	0.08	3	1.33

1.2.5 残渣含量和表面张力性能

压裂液残渣含量高严重影响地层渗透率，表面张力大会降低压裂液返排率，造成外来流体对储层伤害。

将破胶后的残液移入离心管中，将离心机转速设定3600s^{-1}，离心30min，倾倒出上层清液，用纯净水清洗残渣后再离心20min，倒出上层纯净水，在105℃烘干4h后，转移到干燥器中冷却到室温称量；预热表面张力仪后，取70ml破胶水化液上层清液于表面皿，然后放入表面张力仪托盘中，启动仪器，测定表面张力。

液体破胶剂比固体过硫酸钾破胶后残渣含量低，破胶更彻底，能够降低残渣对储层的伤害，表面张力均达标。如表5所示。

表5 残渣含量和表面张力测定

温度/℃	稠化剂	残渣含量/(mg/ml)	表面张力/(mN/m)	破胶剂
90	胍胶	402	27.9	过硫酸钾
		262	27.1	WQ-1液体
行业标准		≤600	≤32	

1.2.6 毒害性能

2021年6月，经专业机构五项毒性检测。检测结果：液体破胶剂“没有毒害性”(表6)。

表6 毒害性能测定

检测项目	WQ-1液体破胶剂	检测结果
急性经皮毒性试验	无异常体征表现，雌、雄动物均无死亡	试验样品危险类别5
急性经口毒性试验	雌、雄动物均无死亡，无明显毒性表现	对试验样品不进行分类
急性皮肤刺激性/腐蚀性试验	对皮肤无刺激性	无刺激
急性眼刺激性/腐蚀性试验	对眼睛无刺激性	无刺激
急性吸入毒性试验	暴露过程及观察期未见异常体征表现，无动物死亡	试验样品危险类别4

1.2.7 危险性能

经专业机构对液体破胶剂进行危险性试验鉴定和资料查询及分析，本品物理危险不满足《危险化学品目录(2015 版)》中危险化学品的确定原则，建议暂时按照非危险化学品对本品进行管理(表 7)。

表 7 危险性能测定

危险性类别项目	WQ-1 液体破胶剂
爆炸物	未分入此类
易燃液体	未分入此类
自反应物质和混合物	未分入此类
发火液体	未分入此类
发火固体	不适用
自热物质和混合物	未分入此类
遇水放出易燃气体的物质和混合物	未分入此类
氧化性液体	未分入此类
氧化性固体	不适用
有机过氧化物	未分入此类
金属腐蚀物	未分入此类

2 现场试验

在大庆古龙页岩油累计试验 7 个平台 12 口井，施工成功率 100%，压裂施工中(图 9)，胍胶压裂液前置液到顶替液全程注入液体破胶剂，2021 年 3 月～5 月，历时 33d，井温 110℃～120℃，共使用液体破胶剂 427.9t，压裂液 648.3m^3，采用“滑溜水压裂液+快速水合胍胶压裂液”交替施工，破胶剂平均配比 0.06%，压后返排液平均黏度 2.61mPa・s，满足压裂液破胶性能(≤5mPa・s)，半年后平均返排率 52.3%(图 8、表 8)。

图 8 页岩油返排液

表 8 现场试验井破胶返排液黏度测定

序号	井号	总液量/ m^3	返排液黏度/ (mPa・s)
1	GZ1-B2-H1	65000	3.45
2	GZ1-A1-H1	48000	2.15
3	GZ1-C3-H1	45000	3.02
4	GZ1-A1-H2	63000	4.12
5	GZ1-B2-H2	59500	1.65
6	GZ1-C3-H2	67000	1.98
7	GZ1-A1-H3	48400	2.2
8	GZ1-B2-H3	50000	2.63
9	GZ1-C3-H3	54000	3.09
10	GZ1-A1-H4	38400	1.98
11	GZ1-B2-H4	55000	2.65
12	GZ1-C3-H4	55000	2.41
返排液平均黏度(mPa・s)			2.61

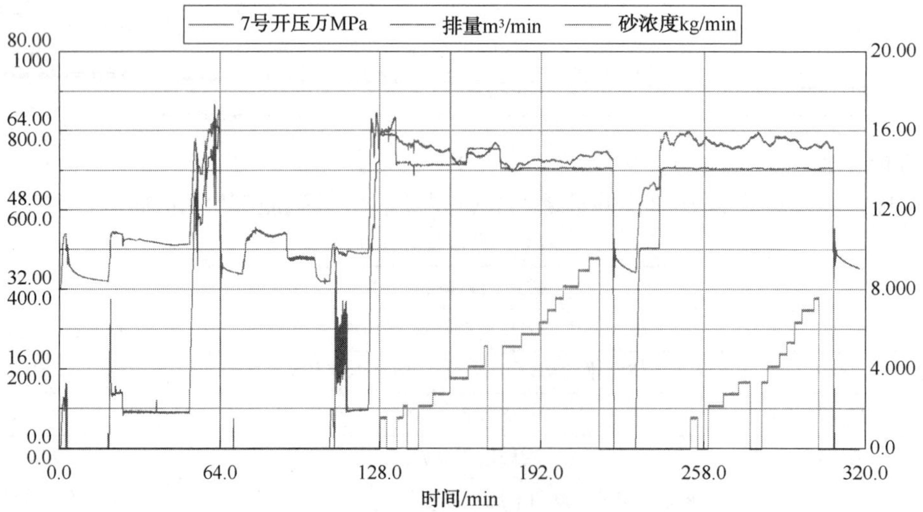

图 9 GZ1-B2-H1 第二段主压裂施工曲线

试验液体破胶剂后，能够实现专泵专用，误差±0.5%，避免浪费，实现了自动化设备与压裂液同步自动泵入混砂车，及24h不间断施工，保障破胶效果，提高施工效率，满足页岩油规模施工需求(图10)。

图10　液体破胶剂拉运卡车

3　结论

(1) 过硫酸钾液化后，由于腐蚀性强，损害管线，不能应用于现场。

(2) 页岩油用液体破胶剂不影响携砂性能，降低了残渣对储层的伤害，机械泵注、实时调整注入比例，计量精准，破胶彻底，缩短了施工周期，保障压裂施工顺利进行，提高了施工效率。

(3) 页岩油用液体破胶剂易于储存、运输，没有毒害性，属于非危险化学品，能够简化施工环节，保障安全生产。

参 考 文 献

[1] 万仁溥，等，采油工程手册[M]. 北京：石油工业出版社，2003，3(1)：436-437.

[2] 肖丹凤，王友启，马志权，等. 改性瓜尔胶压裂液对储层伤害实验研究[G]//大庆油田有限责任公司采油工程研究院. 采油工程2014年第1辑. 北京：石油工业出版社，2014：19-23.

鄂尔多斯盆地长庆气田气井堵塞物形成机理与治理技术研究

王　鸽[1,2]　常永峰[1,2]　赖海涛[1,2]　李紫莉[1,2]

(1. 中国石油长庆油田分公司油气工艺研究院；2. 低渗透油气田勘探开发国家工程实验室)

摘　要　近年来，长庆气田气井在开发过程中频频出现储层及井筒堵塞等现象。随着堵塞物长期积聚，造成气井携液能力逐渐下降，井筒积液，甚至导致关停井，从而影响气井产能发挥。因此，研究气井井筒内堵塞机理，并提出有效的解堵措施势在必行。本文首先结合室内实验结果，分析气井堵塞物成分，明确气井堵塞类型与规律，为气井解堵指明了方向；其次，研发出多功能复合高效解堵剂，并对其性能进行评价，提出了“井筒酸性+碱性药剂交替解堵、近井地带渗透率改造剂+氮气加压+闷井反应”的解堵工艺；最后，将该技术应用于长庆气田100余口井。应用结果表明：该技术能够达到高效解堵，从而实现恢复气井产能的目标。

关键词　长庆气田；堵塞机理；治理技术；气田稳产

长庆气区位于我国第二大沉积盆地——鄂尔多斯盆地，是我国最大的天然气产区，其勘探面积约37万km^2，天然气总资源量10.7万亿m^3，主要发育下古生界奥陶系碳酸盐岩储层和上古生界石炭系——二叠系致密砂岩储层。该区块内石油、天然气等资源丰富，具有低渗、低压、低丰度、单井产量低、稳产能力差等特点。经过二十余年的技术攻关，2022年，长庆气田天然气年产量已突破500亿m^3，但气田递减率逐年增大，低产低效及关停井数目还在不断增多，同时井筒内存在腐蚀结垢、储层堵塞等现象，严重影响气井携液能力、测试作业及产能发挥，导致气井提前进入积液和间歇生产期。经统计长庆气田下古碳酸盐岩储层总井数2828口，目前使用φ40mm的通井规累计开展通井作业1086口，其中遇阻或遇卡气井655口，占总通井数60.31%，其中投产10年以上井遇阻率占比达到76.6%，且通井遇阻位置主要在2000m以下，尤其是3000m至喇叭口的位置。另一方面对压恢试井解释结果进行分析，发现部分下古气井随着生产时间延长井筒表皮系数增加，近井地带污染加剧。因此本文以气井的堵塞机理为出发点，开展下古碳酸盐岩储层解堵技术研究，为长庆气区老气田高效开发与稳产增产提供可靠的技术支撑和保障。

1　下古碳酸盐岩储层堵塞原因分析

1.1　堵塞物成分分析

选取不同井段的堵塞物开展XRD与红外谱图分析(图1)、油溶性物质萃取含量测定、醇溶性物质含量测定、酸溶/酸不溶物质含量测定等室内实验，结果表明堵塞物主要为腐蚀和结垢产物等无机物，其主要成分为$FeCO_3$、硫铁化物、$CaCO_3$等，而有机物则来源于入井残留的缓蚀剂、泡排剂等重组分。并且依据不同堵塞物的含量差异，可以将堵塞物分为以下三种类型：①主要是$CaCO_3$和CaO，以结垢产物和黏土矿物为主，含量30%~60%；②无机物主要为$CaCO_3$和少量$BaSO_4$，含溶于油和醇的有机物含量约20%，酸不溶物含量小于10%；③垢样无机成分以$BaSO_4$为主，少量$CaCO_3$和$MgCO_3$，酸不溶物含量达20%以上(表1)。

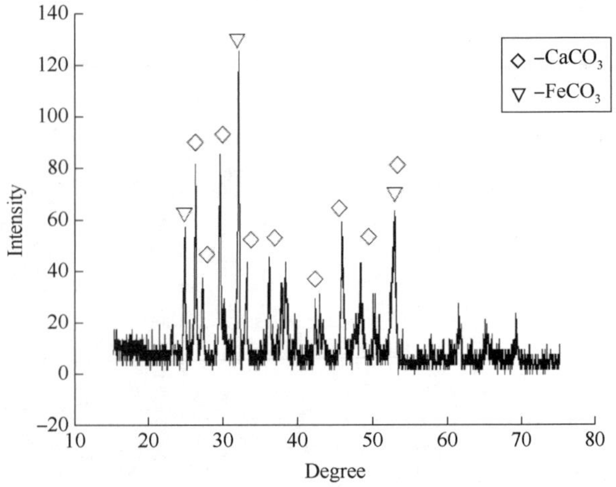

图1　原始垢样XRD成分分析

表 1　垢样成分分析表

编号	油溶物质	醇溶物质	矿物组成									酸不溶物
			$CaSO_4$	$CaCO_3$	$MgCO_3$	CaO	$FeCO_3$	FeS	FeO	Fe_2O_3	$BaSO_4$	
G18-4	13.69	17.04	1.35	17.39	1.49	2.54	0.26	1.02	0.09	0.03	0.4	2.72
G26-19	6.04	0.28	0.86	29	5.34	2.88	0.05	0.35	0.07	0.02	1.4	5.8
G5-4	7.67	18.62	1.39	3.66	3.89	1.89	2.1	0.23	0.07	0.02	21.87	34.93
G43-0	0.58	0.66	1.25	36.96	0.01	0	0	0.53	0	0.01	6.04	24.26
G1-12	12.7	3.04	17.69	20.04	3.19	0	0	1.74	0.01	0.02	3.59	20.54
G3-8	0.35	0.39	0.64	38.35	1.53	21.96	0	0.62	0	0	0.23	1.64
陕 438	0.33	0.29	0.73	33.3	0.26	0.46	5.87	5.56	0	0	0.79	2.87
G22-25	9.6	34.42	1.15	18.01	0.6	2.03	0	0.17	0.03	0.01	0.15	0.79
G13-15	11.84	9.5	0.78	20.31	0.28	0	3.13	0.04	0	0.04	3.83	23.34

1.2　堵塞物分布规律

对气井不同部位垢样进行分析(表 2)，认为长庆气田下古储层堵塞具有以下三方面规律：①气井垢型及含量存在差异。以 $CaCO_3$ 和 $BaSr(SO_4)_2$ 为主，部分为腐蚀产物和结垢混合样，单一垢型、两种垢型，以及腐蚀和结垢混合垢型均存在。②不同井深垢物成分基本一致。不同井深结垢程度、分层形貌和致密性不同，但成分均一致。③结垢程度自下而上逐渐减弱。通井、腐蚀测井、现场取样结果表明结垢主要集中在 2000m 以下井段，井下工具缩径处结垢更严重(图 2)。

表 2　井筒堵塞物分析表

垢样成分分析(管柱起出后取样)						
式样编号	取样部位	垢样组分/wt.%				
		水分及有机物	$CaCO_3$	$FeCO_3$	$BaSr(SO_4)_2$	NaCl
G3-8	内层	0.03	99.97	—	—	—
	中间层	0.02	99.98	—	—	—
	外层	0.05	99.95	—	—	—
G5-10	内层	0.78	17.96	81.26	—	—
	外层	1.22	20.33	78.45	—	—
G43-0	内层	2.23	26.4	11.45	36.96	22.96
	外层	1.8	86.88	—	—	11.32
G54-1	内层	33.92	26.52	29.97	—	9.59
	外层	16.18	21.88	31.49	17.37	13.08
G44-4	内层	4.24	19.19	8.86	67.71	—
	外层	0.16	4.14	—	5.65	90.05
G40-6	内层	0.02	5.33	—	94.65	—
	外层	0.94	1.54	4.7	92.82	—
G27-12	混合	14.93	2.36	—	82.71	—

1.3　储层堵塞机理

在确定了堵塞物成分的基础上，开展腐蚀产物研究、地层水结垢、储层水锁效应等一系列室内实验，从而进一步研究堵塞物的形成机理。

(1) 腐蚀产物研究

实验采用悬挂腐蚀挂片法，在高温高压釜中，按现场温度、压力、水质和酸性气体等参数模拟管柱腐蚀产物和结垢物的形成(图 3~图 4)。实验表明：腐蚀产物包含 O、S、Cl、C 和 Fe 等元素，主要为 $FeCO_3$、FexSy、结垢物主要为 $CaCO_3$，为 H_2S 和 CO_2 共同作用下的酸性腐蚀。

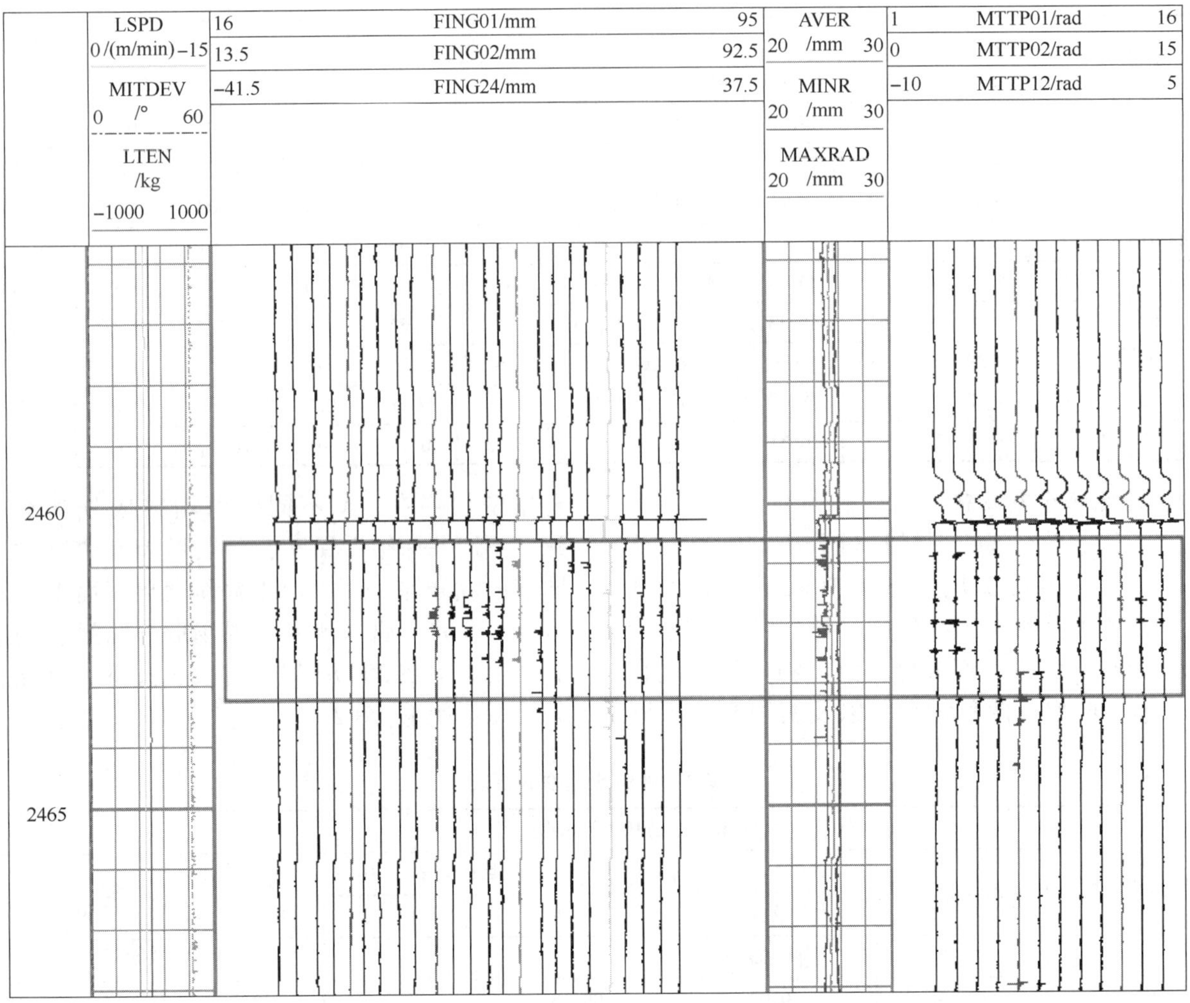

图 2 腐蚀测井曲线

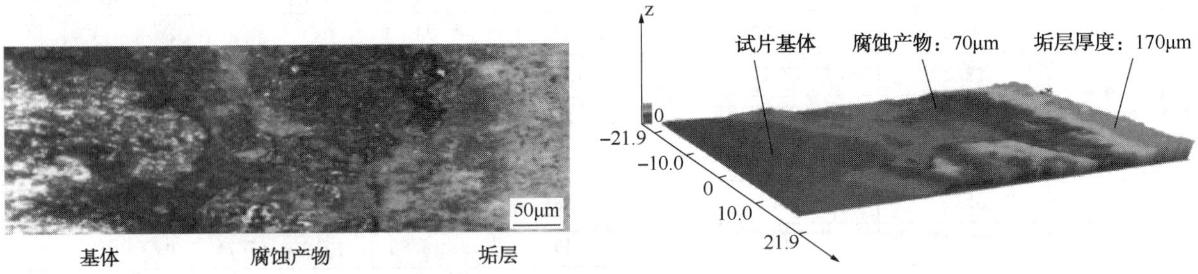

图 3 堵塞物分布图

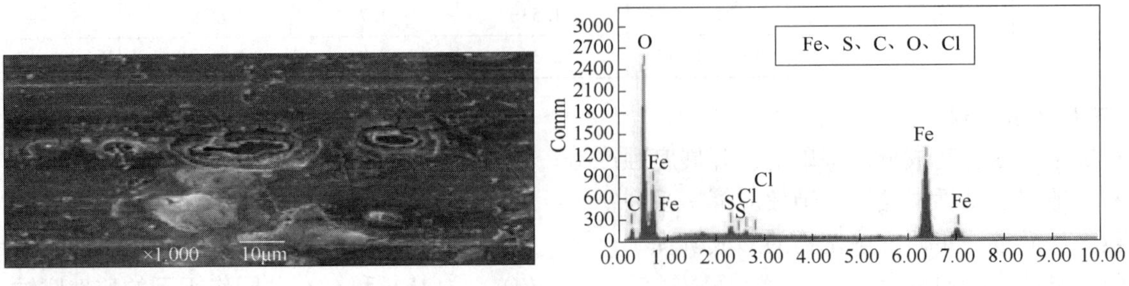

图 4 腐蚀形貌及 EDS 产物分析

（2）地层水结垢

由下图可得，温度低于100℃时，地层水中钙、镁等高价离子的损失率迅速升高，表明地层水结垢程度迅速增加；温度超过100℃到达亚临界水时，地层水中钙、镁等高价离子的损失率呈缓慢升高的趋势，表明地层水结垢程度缓慢增加。实验结果表明，温度（压力）条件的改变对地层水在储层岩石孔隙中结垢程度的影响较大（图5）。

（3）储层水锁效应

通过开展室内岩心驱替实验，模拟岩心结垢过程，发现当入井流体进入储层，会受到极强的毛细管力作用，极易引起液相滞留，产生液相圈闭损害、造成储层水锁。同时岩心敏感性评价实验（图6）结果表明，储层具有弱酸敏损害、弱碱敏、弱速敏损害，中等偏强盐敏性损害，且伴随不同程度水敏伤害。老化后岩心，矿化度为70g/L时渗透率下降20%，矿化度为180g/L时渗透率下降超过50%（表3，图7~图8）。

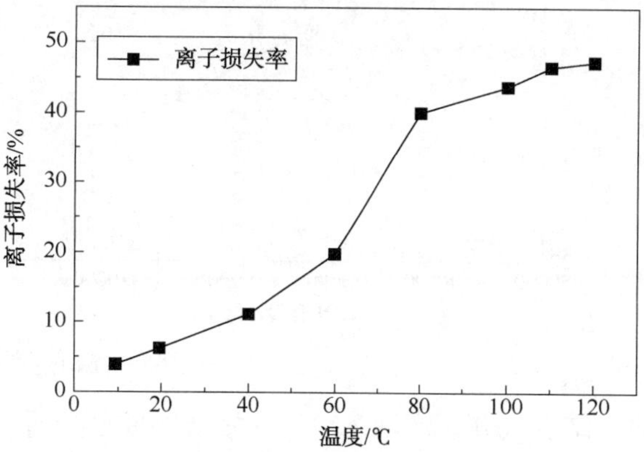

图5 温度对地层水阳离子损失程度（结垢程度）的影响实验结果

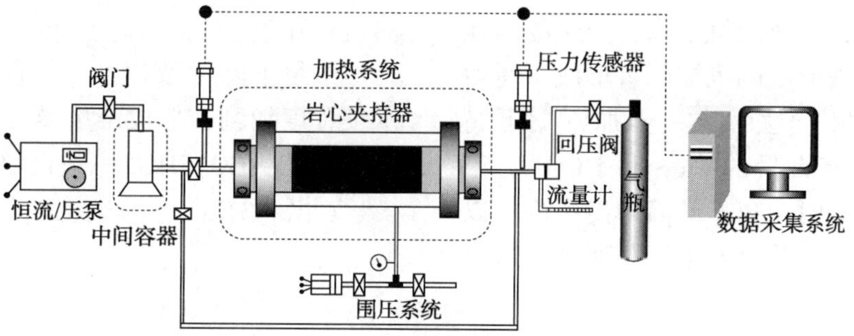

图6 敏感性评价实验原理图

表3 岩心模拟生产过程前后的敏感性评价

评价方法	老化前		老化后	
	损害率/%	损害程度	损害率/%	损害程度
HTHP 速敏性	19.2	弱损害	25.8	弱损害
HTHP 水敏性	54.2	中等偏强	24.1	弱损害
HTHP 盐敏性	59	中等偏强	51.4	中等偏强
HTHP 酸敏性	11.8	弱损害	26.8	弱损害
HTHP 碱敏性	25.4	弱损害	21.7	弱损害

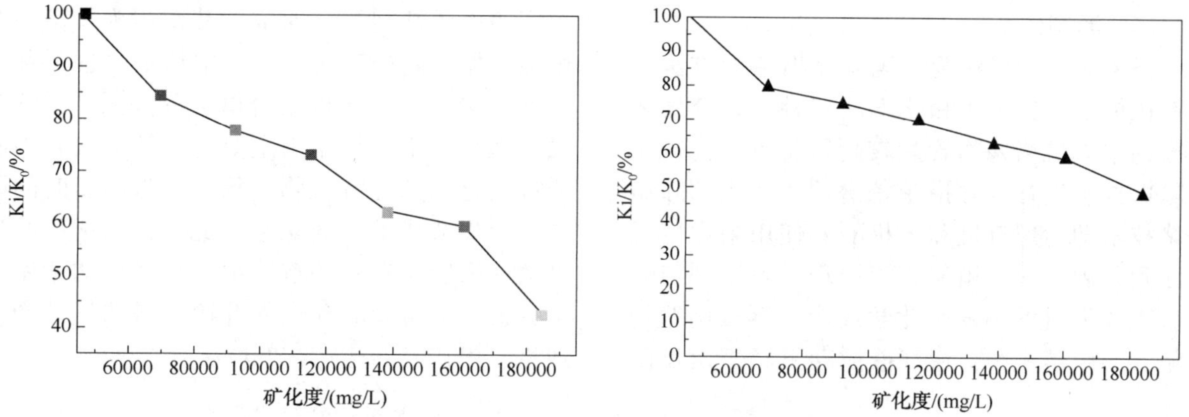

图7 模拟生产前后高温高压盐敏实验

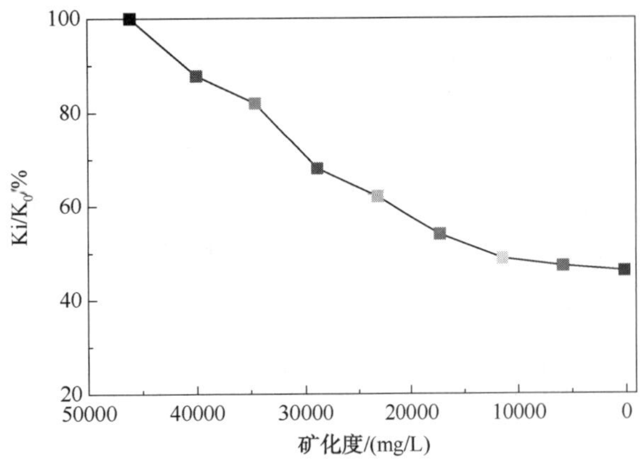

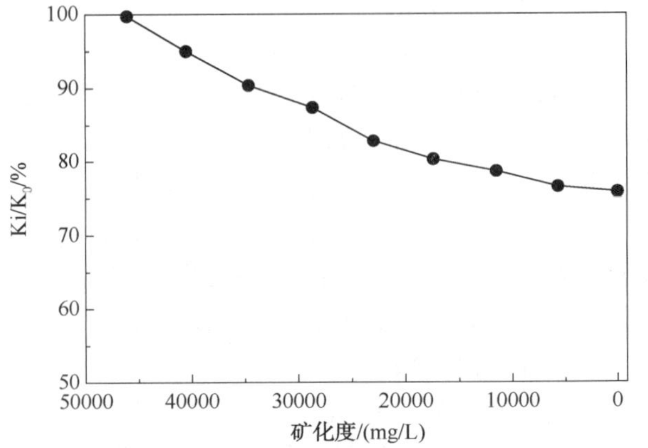

图 8 模拟生产前后高温高压水敏实验

结合气井生产动态、气井堵塞物成分分析与岩心模拟实验结果等(图 9)，认为长庆气区下古碳酸岩岩储层气井堵塞机理可以总结为以下几个方面：①井筒表面存在硫化氢、二氧化碳腐蚀，造成井筒腐蚀结垢，形成无机堵塞，产生的腐蚀产物以及残留采出液形成的沉淀两者形成了锈垢层，阻碍 Fe^{2+} 扩散不出去，进一步加剧垢下腐蚀；②地层水中含有大量的 Ca^{2}+和 HCO^{3-}，当压力下降，温度上升时，离子的溶解度下降，以沉淀方式析出 $CaCO_3$，并附着于近井地带，造成孔喉变小、渗透率下降；③入井泡排剂和缓蚀剂在井筒内发生化学或热解等反应，生成黏稠状固体物，与腐蚀/结垢物一道加剧了井筒堵塞程度；④因孔喉变小，渗透率下降，毛管力变大，液相滞留作用明显，储层进而发生水锁；⑤气井压力、产量下降导致携液、携固能力下降，结垢、水锁程度加剧，造成产量异常递减或大幅下降。

$$Fe+CO_2+H_2O \longrightarrow FeCO_3\downarrow +H_2\uparrow \quad (1.1)$$

$$Ca^{2+}+2HCO^{3-} = CaCO_3\downarrow +CO_2\uparrow +H_2O \quad (1.2)$$

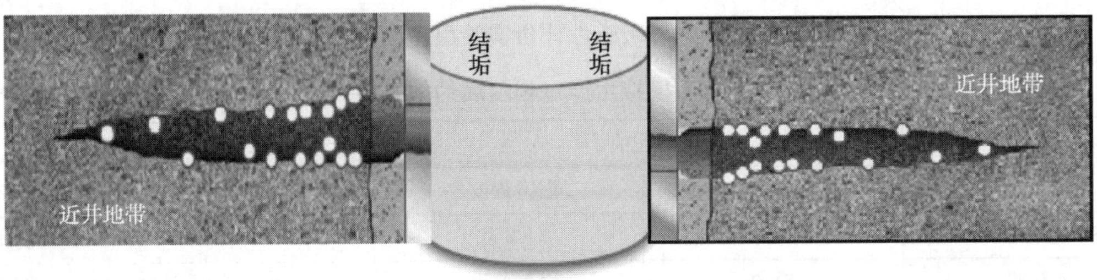

图 9 井筒及储层堵塞结垢模式图

2 储层堵塞治理技术

2.1 化学解堵药剂

(1) 药剂体系

根据文献调研认为，现有除垢结垢方法主要有机械法、物理法和化学法三种。结合气井堵塞物中无机堵塞物含量较高得特点，优选化学除垢技术进行老井措施挖潜治理。化学除垢解堵技术即运用有机和无机酸液使用泵注装置加注到井内，根据相似相溶原理，解堵剂与井内有机或无机垢物发生化学反应，拆散堵塞物骨架，溶解填充物，在气液搅动下经多次反复清洗，放空将垢物带出井口，实现解除堵塞的目的。其中有机解堵剂，也可称为酸性解堵剂，是采用混合酸、缓蚀剂和多种阳离子、非离子表面活性剂复合而成，其作用为剥落、溶解无机垢及腐蚀产物。无机解堵剂，也可称为碱性解堵剂，主要以络合碱、分散剂、增溶表面活性剂为主，其作用主要为溶解油气井中胶质以及化学剂等有机物，从而解除因长时间附着、聚集造成的油管堵塞。此外，渗透率改造剂的注入能够有效的解除地层孔喉中的堵塞垢物，使气体可以顺利进入井筒，增加气井产量或恢复停产气井生产(表 4)。

表 4　各类药剂理化性质

样品名称	pH 值	密度/比重	组成	作用	外观	备注
酸性药剂	0.36	0.99	以混合酸、缓蚀剂、表面活性剂	主要溶解有机、无机垢	橙黄色透明液体	—
碱性药剂	12.35	1.0501	以络合碱、分散剂、增溶表面活性剂	主要溶解有机垢	无色透明液体	—
渗透率改造剂	2	≤1.0	复合表面活性剂、有机溶剂、复合无机物、渗透剂、水	解除地层水锁	浅棕色透明液体	不含强氧化剂

（2）药剂性能评价

为评价复合解堵药剂是否有效，对解堵药剂的溶垢能力、腐蚀效果、降低表面张力与毛细管力的能力等进行评价。对不同温度下的解堵剂进行溶垢评价，结果显示该解堵剂对于无机垢溶解率达 86.17%，有机杂质溶解率为 76.78%，可有效解除储层中的堵塞物，并且温度对于解堵效果具有一定程度的影响，在实验温度为 90℃时解堵效果表现最好(图 10)。其次开展两种解堵剂与不同管材材质的腐蚀能力室内评价实验，分析发现酸性解堵剂与碱性解堵剂对两种管材的腐蚀程度均较轻，同时在相同反应时间内，酸性解堵剂中 N80 抗硫材质抗腐蚀性明显好于 N80 材质(图 11)。

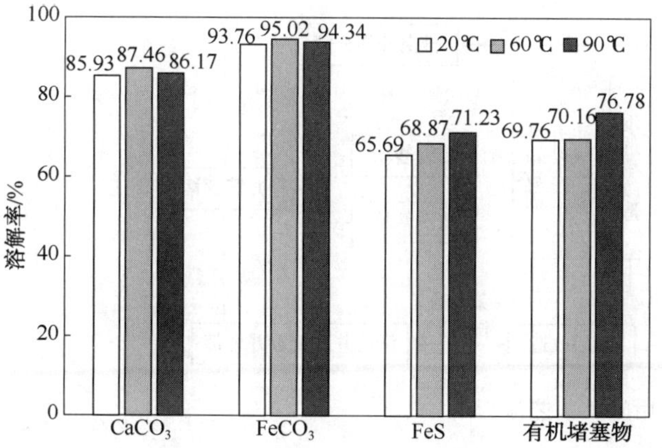

图 10　堵塞物溶解率评价

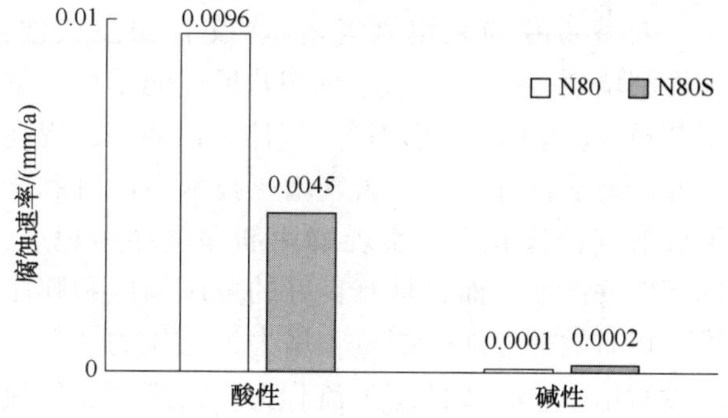

图 11　腐蚀性能评价

对渗透率改造剂开展性能评价实验，结果显示随着气井储层解堵液浓度的不断增大，表面张力与界面张力均不断降低，浓度超过一定程度后表界面张力逐渐稳定，这是由于渗透率改造剂中的复合表面活性剂在发挥作用(图 12)。此外，毛细管上升高度降低率表现为先升高再逐渐降低的趋势，在浓度为 1%时达到最高 75%(表 5)。

2.2　深度解堵工艺技术

由于下古碳酸盐岩储层在生产后期会在井底附近出现腐蚀及无机盐结垢等堵塞物，导致储层渗流通道堵塞，从而造成气井产量快速降低。通过开展以"疏通堵塞、改善导流、扩大泄流面积"为目的解堵技术，深度消除储层孔隙堵塞物，打通储层渗流通道，实现老井复产增气。

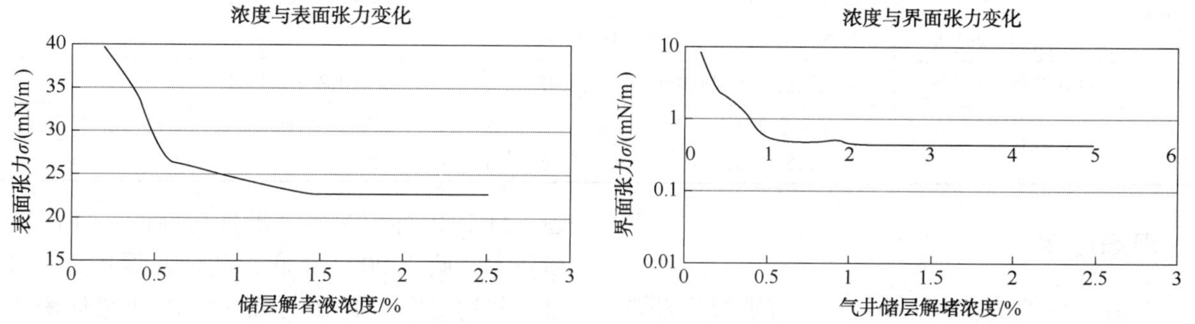

图 12　表界面张力实验结果

表 5　毛管高度降低实验结果

浓度/%	毛细管上升高度/cm		毛细管上升高度降低率/%
	蒸馏水中	解堵液浸润毛细管后蒸馏水中	
0.3	1.6	1	37.5
0.5	1.6	0.9	43.8
1	1.5	0.4	75
2	1.6	0.5	68.8
3	1.7	0.6	64.7

对下古井筒采用氮气增压+交替加注酸性、碱性解堵剂+渗透率改造剂+焖井反应的复合解堵工艺技术(图 13)，实现增大气体渗流通道，提高气井产能的目标。其中氮气增压技术不但有利于形成液气伴注状态，实现解堵剂深度穿透地层，恢复气井产能，而且具有良好的可压缩性和膨胀性，可有效补充地层能量，增大地层压力。气井深度解堵工艺技术的施工流程为：①连接注气流程以及井口放喷流程，检查设备和管线连接并进行严密性试压；②将氮气利用压缩机增压后连续注入油套环空，排空井筒积液，油套压差需恢复至积液前水平；③油管内投入暂堵棒，采用井口泵注解堵剂，每次药剂加注后充分反应 4～6h 后缓慢进行放喷，如此反复，确保入井液返排率 80%以上，后期返排液应清澈、透光可见，压力、产气及产水量基本平稳；④清洗井底及近井地带，向油管中注入解堵剂，将氮气利用压缩机增压后连续注入油管，直至注气至压力基本平稳后关井 24h 进行井口放喷返排；⑤储层改造：向油管中注入渗透率改造剂，将氮气利用压缩机增压后连续注入油管，直至注气至压力基本平稳、井底流压高于地层压力，再关井注气 24h 后进行井口防喷返排，以提高渗透率改造剂作用距离。若解堵未成功，则重复上述过程，直至解堵成功(表 6)。

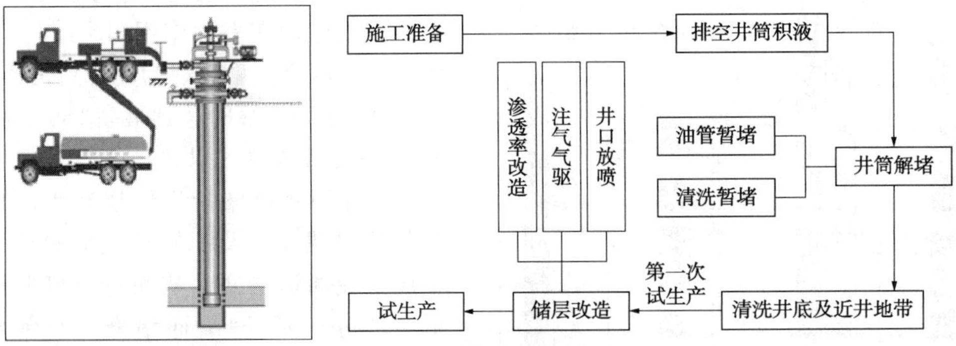

图 13　下古井筒除垢施工工艺流程

表 6　下古储层解堵工艺参数

项　　目		设 计 要 求
加注制度	加药	以 500～600L/h 排量加注、每次 0.6～0.8m^3，酸、碱解堵剂交替加注
	反应时间	每次药剂加注后充分反应 4～6h 后进行放喷
过程控制		每次加药后测试返排液 pH 值，初期化验 HCO^{3-}、后期化验 Fe^{3+}浓度
质量控制		入井液返排率 80%以上，$2\frac{7}{8}$″、$2\frac{3}{8}$″油管分别至少保证 φ50/φ45mm 通井规顺利通过，后期返排液应清澈、透光可见，压力、产气及产水量基本平稳

3　现场应用

气井深度解堵技术主要针对下古碳酸盐岩储层气井生产中后期，受高矿化度地层水结垢、缓蚀剂及泡排剂裂解产物堵塞井筒及近井地带问题。自 2019 年以来，开展针对性的气井深度解堵技术，截止 2022 年底，共计开展措施共 101 口，井均日增产 1.46 万 m^3/d，当年累计增产气量 18251 万 m^3，同时四年内仅投入资金 6945 万元，产出投入比高达 2.63，措施增产效果明显，经济效益显著。从历年实施情况来看，措施效果逐年向好，实施井数从 15 口增至 40 口，井均日增气从 1.07 万 m^3 增至 1.53 万 m^3，当年产出投入比由 1.77 增至 3.18，当年增产气量由 1987 万 m^3 增长至 8275 万 m^3，增长率高达 316%(表 7)。

以靖边气田下古某井为例，该井于 2019 年开展气井深度解堵作业后，日均产气量由 0.8 万 m^3/d 增长至 2.6 万 m^3/d，截至 2022 年 6 月累计增产 3200 万 m^3，解堵效果好(图 14)。

表 7　下古深度解堵措施井实施效果统计

措施年度	实施井数/口	施工费用/万元	当年井均日增产/万 m^3	当年增产/万 m^3	当年产投比
2019	15	1125	1.07	1987	1.77
2020	22	1540	1.24	3342	2.17
2021	24	1680	1.8	4647	2.77
2022	40	2600	1.53	8275	3.18
合计	101	6945	1.46	18251	2.63

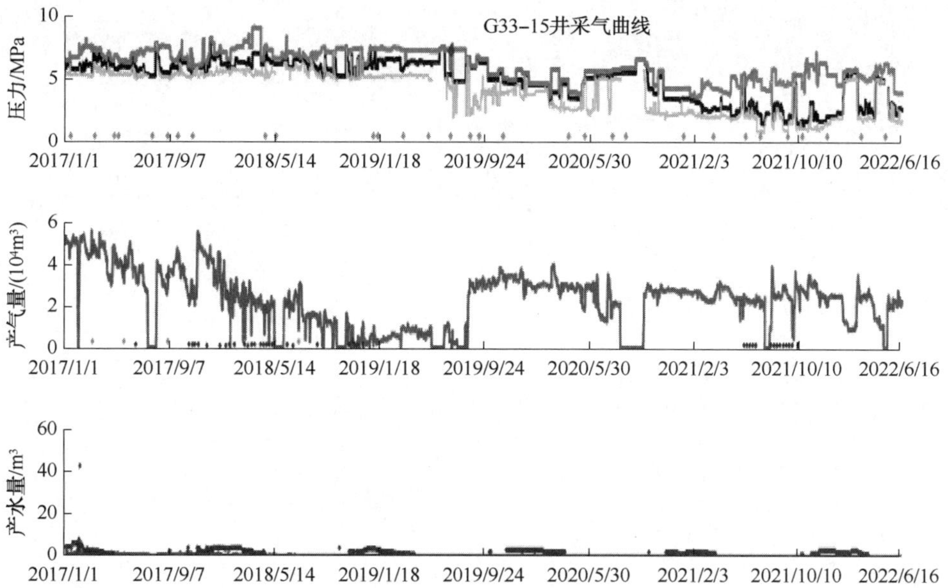

图 14　G33-15 采气曲线

4　结论

(1) 下古气井井筒堵塞物主要有腐蚀结垢产物，无机类堵塞物主要有以结垢产物和腐蚀产物，其主要成分为 $FeCO_3$、硫铁化物、$CaCO_3$ 等。有机类堵塞物则来源于现场加注的缓蚀剂、泡排剂等。

(2) 井筒因金属表面发生 CO_2、H_2S 腐蚀，产生的腐蚀产物以及残留采出液形成的沉淀两者形成了锈垢层，阻碍 Fe^{2+} 扩散不出去，加剧垢下腐蚀。入井泡排剂和缓蚀剂在井筒内发生化学或热解等反应，生成黏稠状固体物，与腐蚀/结垢物一道加剧了井筒堵塞程度。近井地带堵塞是由于高矿化度地层水在低压高温作用下结晶析出，造成孔喉变小、渗透率下降，毛管力变大，液相滞留作用明显，储层进而发生水锁。

(3) 结合堵塞物类型、结垢规律，优选化学除垢法进行解堵，配置酸、解堵剂与渗透率改造剂，优化解堵工艺技术，形成“井筒酸性+碱性药剂交替解堵、近井地带渗透率改造剂+氮气加压+闷井反应”的解堵工艺技术体系。

参 考 文 献

[1] 孙娜娜，许晓伟，李耀，等．长庆气田天然气井井筒堵塞与解堵研究现状[J]．新型工业化，2020，10(07)：140-143.

[2] 姚泾利，胡新友，范立勇，等．鄂尔多斯盆地天然气地质条件、资源潜力及勘探方向[J]．天然气地球科学，2018，29(10)：1465-1474.

[3] 余浩杰，王振嘉，李进步，等．鄂尔多斯盆地长庆

气区复杂致密砂岩气藏开发关键技术进展及攻关方向[J]. 石油学报，2023，44(04)：698-712.
[4] 尚万宁，乔玉龙，闫昭，等. 鄂尔多斯盆地靖边气田气井油管腐蚀规律与防腐对策[J]. 天然气工业，2013，33(2)：115-120.
[5] 杨全安，李琼玮，姜毅，等. 靖边气田井筒腐蚀预测及缓蚀剂加注研究[J]. 天然气工业，2005，(4)：68-70.
[6]雷炜，许剑，赵哲军，等. 川西致密砂岩气藏近井带复合污染治理技术研究[J]. 西南石油大学学报(自然科学版)，2022，44(03)：207-214.
[7] 张吉磊. 靖边气田气井解堵技术研究[D]. 西安石油大学，2015.
[8] 尚万宁，刘建民，李柏鹏，等. 气井井筒结垢机理及除垢技术研究[J]. 石油化工应用，2016，35(05)：84-90.
[9] 史瑞雪，王志刚，冯朋鑫，等. 苏里格南区气井井筒堵塞原因分析与防治对策[J]. 石油化工应用，2020，39(05)：91-96.
[10] 蒋思思，何小平，李文鹏，等. S14 区块气井井筒除垢措施现场应用及效果评价[J]. 石油化工应用，2022，41(02)：51-55.
[11] 赵建军. 大牛地气田气井结垢机理及除垢工艺技术研究[J]. 中外能源，2020，25(08)：61-68.
[12] 张鹏，许敏，叶小闯，等. 长庆气区气井常见堵塞类型及解堵技术应用研究[C]//中国石油新疆油田分公司(新疆砾岩油藏实验室)，西安石油大学，陕西省石油学会. 2022 油气田勘探与开发国际会议论文集 I，2022：459-473.

基于岩石力学参数剖面的水力压裂可压性评价方法

蔡 超 徐大光 傅 巍 陈俊年 李 敏

（中国石油辽河油田勘探开发研究院）

摘 要 储层可压性评价是致密油气藏开发前的必要准备，评价的准确性对压裂后油气藏产量密切相关。为将岩石力学参数剖面应用于水力压裂的可压性评价，本文提出了一种考虑脆性指数、断裂参数和地应力差异系数的水力压裂可压性评价模型。通过室内实验测试了辽河油田某区块预压裂层位的岩石力学参数，得到了包含纵横波速、动静态力学参数间的函数关系；结合测井数据建立了包含抗拉强度、抗压强度、脆性指数、断裂参数的岩石力学参数剖面及地应力差异性系数剖面，在此基础上得到了可压性系数剖面，选出了预压裂层位，采用该方法选层压裂后的初期产油量约为常规方法的3倍，证明了新方法精细识别压裂层位的有效性。本文以期对储层水力压裂前进行可压性评价提供一定的参考。

关键词 岩石力学参数剖面；测井资料；水力压裂；可压性系数

致密储层开发过程中，常采用水力压裂技术产生高导流能力的油气通道，但储层中含有砂泥岩互层、页岩层、砂岩层、砾岩层和薄互层等特征层位，导致不同层位间岩石力学参数存在较大差异，增加了水力裂缝在储层中的扩展难度，所以预压裂层位的可压性评价对油田开发具有重要影响。

针对储层的可压性评价，众多研究者提出了评价参数或模型，总体可分为两种类型：室内岩石力学参数评价、测井数据构建力学参数剖面评价。室内岩石力学参数评价时，须先在目标层位按照岩性特征、储层厚度特征等在一定位置处取心，再通过巴西劈裂实验、三轴压缩实验和三点弯实验获得静态力学参数（静态弹性模量、静态泊松比、抗拉强度、三轴抗压强度、断裂韧性），在此基础上直接进行不同层位参数比较或再计算得到脆性指数进行比较。随着物探技术的发展，测井技术广泛应用于储层评价，其优点在于突破室内实验获得的岩石力学参数沿井身段的不连续性，能获得较为完整的岩性、力学参数、地应力等剖面；常通过自然电位、声波时差等数据可获得储层岩性特征，通过电阻率、自然伽马、密度曲线等数据可获得层位中油气含量特征，可在测井数据的基础上进行沿井身岩石力学参数评价、地应力评估，进而对整个储层中层位可压性进行评价。近些年，有些研究者提出随钻评价技术，获得包括岩石力学参数等在内的实时参数，进而进行简单储层评价。大数据技术的发展促进了地层评价的进步，有学者提出压裂评价一体化，结合了室内实验获得岩石力学参数数据库、测井获得的随钻数据，获得开发区域立体化的开发建议。室内实验获得的数据相对准确，测井数据具有良好的连续性，仅根据室内实验或测井数据进行单一来源的数据分析具有一定的局限性，应将室内实验数据与测井数据的优点结合，才能获得更为可信的岩石力学参数剖面用于压裂评价。

很多学者提出了脆性指数、地应力等参数进行压裂层位压裂难度、裂缝复杂性分析，提出了可压性评价准则，但水力压裂可压性的综合评价尚不完善。本文在室内实验的基础上获得动态岩石力学参数数据，结合测井数据提出了一种综合考虑脆性指数、断裂参数、地应力差异系数的可压性评价模型，得到了各种参数归一化评价公式，并结合实际储层的预压裂层位可压性及压后产量进行了分析。本文以期对储层水力压裂前进行可压性评价提供一定的参考。

1 水力压裂可压性评价模型

影响储层压裂效果的因素较多，如脆性指数、断裂韧性、地应力、储层非均质性（天然裂缝、夹层、断层等），本文不考虑储层的非均质性，在脆性指数的基础上，引入断裂韧性参数、地应力参数用于可压性评价，计算流程如图1所示。

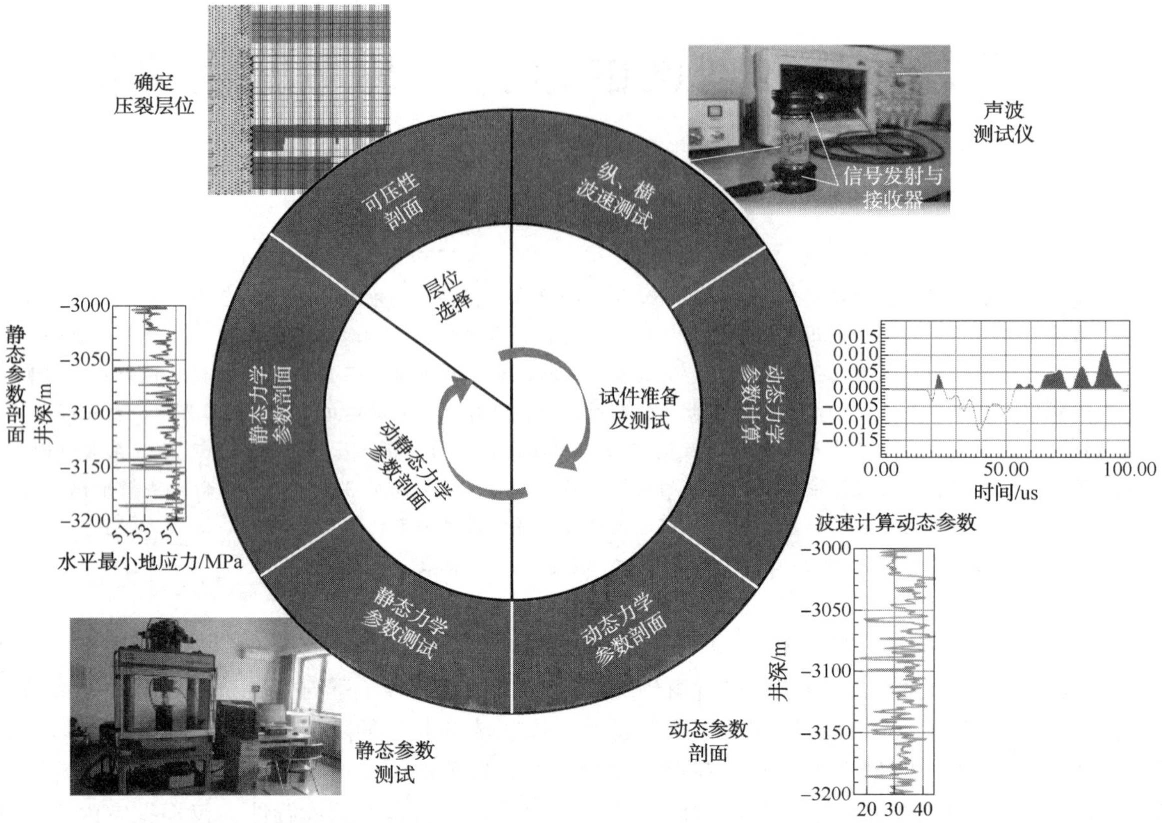

图 1　可压性剖面计算流程图

研究者常将脆性指数作为压裂评价的关键指数，岩石的脆性是指当外载超过岩石的破裂强度后发生裂缝起裂和扩展，不再需要外加能量，没有明显的塑性变形，脆性岩石(如页岩)在压裂时容易形成复杂的裂缝网络，是判断能否形成复杂裂缝的一个重要参数。计算脆性指数时，可结合石英、白云石等脆性矿物含量，也可结合弹性模量、泊松比计算，但岩石脆性好不等同于可压性高，脆性一般和抗拉强度、抗压强度等成正相关关系，强度高的岩石难以压裂。

通过室内实验，得到辽河油田某井的纵、横波波速间的关系及岩心的静态力学参数。基于测试得到的岩石力学参数，拟合得到了动、静态力学参数间的关系式，结合辽河油田某井的测井曲线，计算得到沿井身方向的岩石力学参数剖面及可压性系数剖面，优选了压裂层位。本文希望对岩石力学参数剖面应用于水力压裂可压性评价提供参考。

2　岩石的动静态力学参数剖面

为测试实际储层岩石的力学参数，在辽河油田 S358 区块某井取得 10 块岩心，将其加工成标准岩心，通过室内声波测试装置测试得到了所取岩心的纵、横波波速；采用如图 1 所示的 MTS 岩石力学参数测试系统测得了该井岩心的基础动、静态力学参数，包括静态弹性模量、静态泊松比、弹性模量和三轴抗压强度；通过巴西劈裂实验、三点弯实验分别测试得到了岩心的抗拉强度和断裂韧性，结果如表 1 所示。

表 1　岩心的岩石力学参数测试结果

岩心编号	纵波波速/(m/s)	横波波速/(m/s)	动态泊松比	动态弹性模量/GPa	静态泊松比	静态弹性模量/GPa	三轴抗压强度/MPa	抗拉强度/MPa
1	3196.22	1927.43	0.21	26.04	0.19	23.39	178.54	5.11
2	2697.29	1576.55	0.24	19.72	0.21	20.96	126.83	3.99
3	3394.34	2054.86	0.23	24.86	0.19	22.32	139.76	3.11
4	2977.19	1784.76	0.22	21.24	0.17	24.02	191.46	5.64

续表

岩心编号	纵波波速/(m/s)	横波波速/(m/s)	动态泊松比	动态弹性模量/GPa	静态泊松比	静态弹性模量/GPa	三轴抗压强度/MPa	抗拉强度/MPa
5	3383.84	2043.48	0.22	24.58	0.20	26.02	171.95	4.84
6	3346.88	2129.34	0.19	26.87	0.18	25.25	195.85	5.82
7	2382.08	1328.04	0.27	19.17	0.25	20.78	124.39	2.89
8	3363.47	2072.69	0.19	25.26	0.22	19.58	169.27	4.73
9	3450.96	2100.00	0.21	26.53	0.20	28.74	174.88	3.73
10	2263.21	1296.39	0.25	18.75	0.21	21.20	134.15	3.02

由表1可知，测试得到的岩心的波速与动态弹性模量、静态弹性模量、三轴抗压强度、抗拉强度呈正相关关系，即随波速的增加，强度参数增加、模量增加，而动、静态泊松比减小，说明所取压裂层位岩心均有良好的代表性。基于测试得到的基础动静态力学参数，结合预压裂层位的测井数据构建了包含动态力学参数、静态力学参数剖面。

2.1 纵横波速及动态力学参数剖面

声波能反映岩心内部结构的孔隙特性、密度、力学特性等固有属性，且岩心的纵波波速和横波波速一般呈正相关关系。岩心间纵、横波波速存在一定差异，纵波波速的分布范围为2263~3383m/s，横波波速的分布范围为1328~2129m/s，整体上该预压裂层位岩心的纵、横波波速呈良好的线性关系，将表1中的纵、横波波速进行线性拟合，得到如式(1)所示的关系式，相关系数为0.90。基于该井声波时差测井数据可计算检测层位的纵波波速，进而可按照式(2)计算得到该井的纵波波速剖面。基于建立的纵横波波速关系式(1)可计算得到横波波速，进而可计算得到该井的横波波速剖面，如图2所示。

$$v_s = 0.69v_p - 277.37 \tag{1}$$

$$v_p = 1/AC \tag{2}$$

式中，v_p 为纵波波速，m/s；AC 为声波时差，μs/m；v_s 为横波波速，m/s。

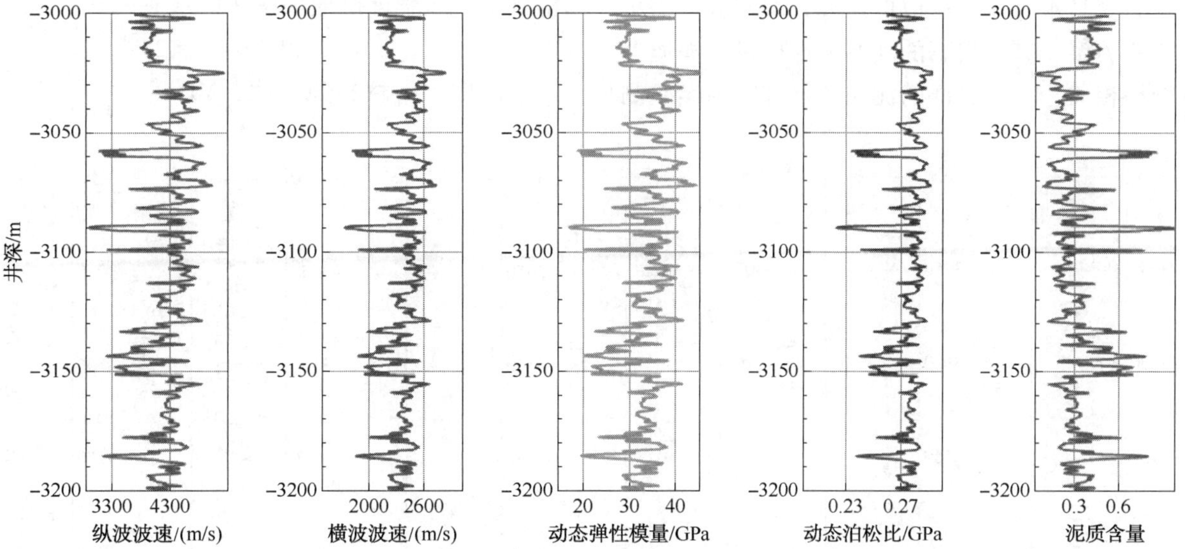

图2 纵/横波波速、动态力学参数及泥质含量剖面

弹性模量可用于表征岩石的抗变形能力，与水力裂缝的缝宽呈负相关关系，而与压裂时裂缝的缝内压力呈正相关；泊松比可用于表征岩石在地应力等压缩载荷作用下的横向变形特征，与裂缝缝宽呈正相关关系，所以得到预压裂层位的弹性模量和泊松比尤为重要。相对于静态力学参数，动态力学参数更易直接计算得到，基于室内实验测试得到的岩心纵、横波波速关系及声波时差测井数据，可通过公式(3)、公式(4)计算得到沿井身的动态力学参数(动态弹性模量和动态泊松比)，进而得到如图2所示的预压裂层位的动态岩石力学参数剖面。

$$E_d=\frac{\rho v_s^2(3v_p^2-4v_s^2)}{v_p^2-v_s^2} \tag{3}$$

$$\mu_d=\frac{\left(\frac{v_p}{v_s}\right)^2-2}{2\left[\left(\frac{v_p}{v_s}\right)^2-1\right]} \tag{4}$$

式中，E_d 为动态弹性模量，GPa；μ_d 为动态泊松比，无量纲。

2.2 泥质含量剖面

岩石静态力学参数是在室内实验得到的用于表征岩石力学特性的准确数据，在岩石力学参数评价中比动态力学参数应用广泛，而泥质含量与岩石的静态力学参数密切相关。基于测井数据计算泥质含量剖面的方法较多，采用自然电位进行计算较为简便，按照公式(5)可计算得到该井沿井身方向的泥质含量剖面，如图2所示。

$$V_{sh}=\frac{SP-SP_{min}}{SP_{max}-SP_{min}} \tag{5}$$

式中，V_{sh}为泥质含量，无量纲；SP 为自然电位，mv；SP_{max}为该井段自然电位最大值，mv；SP_{min}为该井段自然电位最小值，mv。

2.3 静态力学参数剖面

三轴抗压强度表征岩石在压缩载荷下的抗破坏能力，与水力压裂形成剪切缝及缝网的能力呈正相关关系，其与岩石的动态弹性模量、泥质含量密切相关。基于岩样的泥质含量和室内实验测得的三轴抗压强度、动态弹性模量数据，拟合得到公式(6)，进而得到如图3所示的三轴抗压强度剖面。岩石的静态弹性模量、静态泊松比与岩石的三轴抗压强度、动态弹性模量和动态泊松比相关，基于室内岩石力学参数得到的三轴抗压强度、静态弹性模量、动态弹性模量和动态泊松比数据，拟合得到式(7)、式(8)，并计算得到了该井静态弹性模量、静态泊松比剖面如图3所示。

$$\sigma_c=8.81E_d+8.85E_dV_{sh}-208.94 \tag{6}$$

$$E_s=28.67-2.005\cdot\log\sigma c-1.97E_d+0.43\cdot\log\sigma c\cdot E_d \tag{7}$$

$$\mu_s=1.43\cdot\log\sigma+33.43\mu_d-6.67\cdot\log\sigma\cdot\mu_d-6.98 \tag{8}$$

式中，σ_c 为三轴抗压强度，MPa；E_s 为静态弹性模量，GPa；μ_s 为静态泊松比，无量纲。

岩石的抗拉强度表针岩石在拉伸载荷作用下的抗破坏能力，与水力压裂时的储层破裂压力呈正相关关系，且与三轴抗压强度具有良好的正相关关系。为更易于获得岩石的抗拉强度与三轴抗压强度关系，将室内测得的三轴抗压强度、抗拉强度数据做线性相关性分析，拟合得到了如式(9)所示的关系式，相关系数 $R^2=0.78$，并计算得到了抗拉强度剖面如图3所示。

$$\sigma_t=0.0355\sigma c-1.424 \tag{9}$$

式中，σ_t 为抗拉强度，MPa。

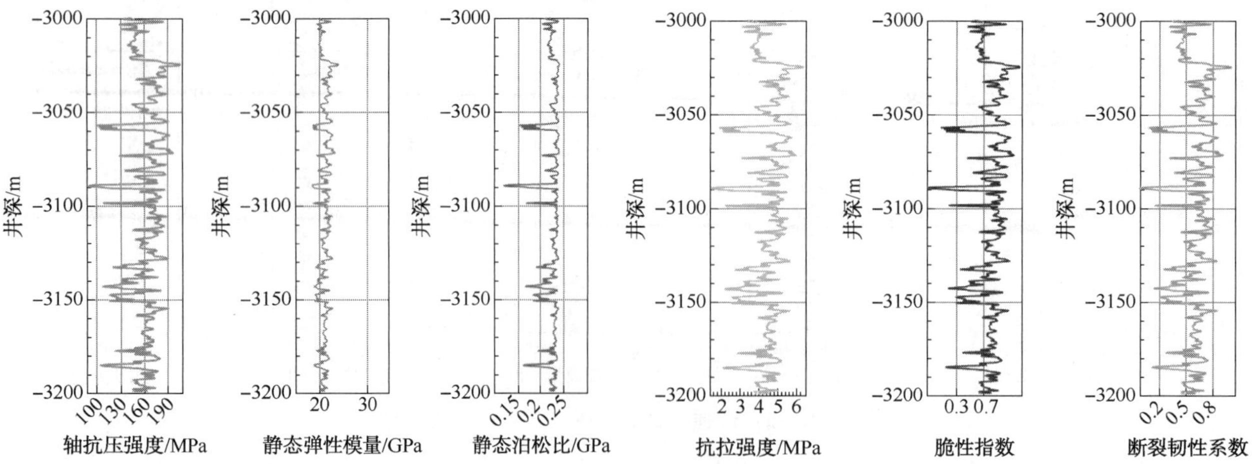

图3 静态力学参数剖面

由静态力学参数剖面特征曲线可知，该层位的静态弹性模量变化较小，集中于23MPa，说明静态弹性模量在该层位的非均质性相对较小。而抗拉强度、三轴抗压强度剖面曲线的旋回特性较为明显，若压裂层位选择在强度较低位置，对水力裂缝起裂及扩展较为有利。单一的强度分析仅能反映压裂时压裂液对岩石的破坏能力，可压性评价应综合起裂能力、裂缝失稳扩展能力、形成缝网能力和裂缝扩展方向综合考虑。

3　预压裂层位可压性系数计算及压裂层位优选

3.1　脆性指数剖面

岩石的脆性可用于表征压裂后形成复杂裂缝的能力，一般脆性指数越高，压裂后形成的裂缝越复杂。脆性指数的计算方法较多，储层岩心的矿物含量是计算脆性指数的一种方法，但测井得到的矿物含量准确性较难评价，为增加脆性指数的评价准确性，基于得到的静态弹性模量剖面和静态泊松比剖面，采用归一化的脆性指数计算公式(10)得到了如图3所示的预压裂层位中沿井身段的脆性指数剖面。由于进行了归一处理，脆性指数最大位置处的值为1，而最小脆性指数处为0，该井的整体脆性指数分布范围为0.7~0.8。

$$BI=\frac{1}{2}\left(\frac{E_s-E_{smin}}{E_{smax}-E_{smin}}+\frac{\mu_s-\mu_{smin}}{\mu_{smax}-\mu_{smin}}\right) \tag{10}$$

式中，BI 为脆性指数，无量纲。

3.2　断裂参数剖面

断裂韧性可用于表征岩石抵抗裂纹失稳扩展的能力，一般断裂韧性越低的储层中水力裂缝更易扩展，与破裂压力呈正相关，而与压裂裂缝峰高呈负相关。在室内实验的基础上，孙建孟等采用如式(11)所示的关系式表示岩石的断裂韧性与抗拉强度、围压的关系，因断裂韧性越小储层裂缝越易扩展的现象，本文将断裂韧性进行如式(12)所示负向归一化处理，计算得到了断裂韧性系数剖面如图3所示。

$$K_{IC}=0.22(\sigma_h-\alpha P)+0.0059\sigma_t^3+0.092\sigma_t^2+0.52\sigma_t-0.3322 \tag{11}$$

$$KICI=\frac{K_{ICmax}-K_{IC}}{K_{ICmax}-K_{ICmin}} \tag{12}$$

式中，K_{IC}为断裂韧性，$MPa\cdot m^{1/2}$；$KICI$ 为断裂韧性系数，无量纲。

断裂韧性指数的集中分布范围为0.5~0.8，断裂韧性系数曲线旋回特征明显，部分相邻层位间断裂韧性的差值可0.7，该位置处采用常规的水力压裂方式进行压裂作业较难形成理想的水力裂缝形态。

3.3　水平地应力剖面

地应力可分为水平地应力和垂向地应力，垂向应力由储层上覆岩层产生，可称为上覆岩层压力，相同或相近岩性、同一深度处储层的垂向应力相近，在可压性评价时一般不做分析；水平地应力对水力压裂的破裂压力、裂缝扩展方向及水力裂缝的长度密切相关。基于黄荣樽提出的“七五模式”计算该井的水平最大、水平最小地应力，如式(13)、式(14)所示，以此为基础，根据式(15)计算得到了该井的应力差；因水平地应力差越小越容易形成复杂缝网，所以将地应力差做负向归一化处理得到地应力差异系数 SD，水平地应力、地应力差异系数剖面如图3所示。

$$\sigma_H=\frac{1}{2}\left(\frac{\xi_1\cdot E_s}{1-\mu_s}+\frac{2\mu_s(\sigma_z-\alpha P)}{1-\mu_s}+\frac{\xi_2\cdot E_s}{1+\mu_s}\right)+\alpha P \tag{13}$$

$$\sigma_h=\frac{1}{2}\left(\frac{\xi_1\cdot E_s}{1-\mu_s}+\frac{2\mu_s(\sigma_z-\alpha P)}{1-\mu_s}-\frac{\xi_2\cdot E_s}{1+\mu_s}\right)+\alpha P \tag{14}$$

$$\Delta\sigma=\sigma_H-\sigma_h \tag{15}$$

$$SD=\frac{\Delta\sigma_{max}-\Delta\sigma}{\Delta\sigma_{max}-\Delta\sigma_{min}} \tag{16}$$

式中，σ_H 为水平最大地应力，MPa；σ_h 为水平最小地应力，MPa；$\Delta\sigma$ 为水平应力差，MPa；$\Delta\sigma_{max}$ 为最大水平应力差，MPa；$\Delta\sigma_{min}$ 为最小水平应力差，MPa；ξ_1、ξ_2 为构造应力系数，计算得该井的构造应力系数分别为0.97、0.75；αP 近似等于深度乘以0.8MPa/100m；SD 为地应力差异系数，无量纲。

图4显示，地应力差系数剖面线随深度增加整体上呈增加趋势，但相邻层位间地应力差系数有一定差异，相邻层位间差值最大为0.9，有效限制了形成复杂裂缝的能力。

3.4　可压性系数剖面

预压裂层位进行可压性评价的目的是寻找易形成复杂缝网的储层位置，以最大程度地改造油藏。该层位一般脆性指数相对高、断裂韧性相对低、水平地应力差异小，将归一化的三参数共同考虑，即可寻求理想压裂层位。因脆性指数、断裂韧性系数和地应力差异系数均已进行归一化处理，将可压性系数 $FracI$ 定义为三参数的算术平均值，新定义的可压性系数取值范围为0~1，按照式(17)计算得到了可压性系数剖面如图4所示。

$$FracI=\frac{BI+KICI+SD}{3} \tag{17}$$

式中，*FracI* 为可压性系数，无量纲。

可压性系数的集中分布于0.5~0.7，由于相邻层位间可压性系数具有一定的差异性，仅能选择整体可压性系数较高位置进行压裂作业。

3.5 压裂层位优选及现场压后产量分析

将计算得到的岩石力学参数剖面、断裂参数剖面、地应力参数剖面整合成水力压裂可压性剖面，如图4所示，综合考虑三个参数筛选出3个理想压裂层位。压裂层位1与压裂层位3可压性系数均整体较高，虽脆性指数整体不高，但断裂参数、地应力差异系数在预压裂层位中整体偏小，可通过常规压裂或循环泵注的方式形成复杂缝网。

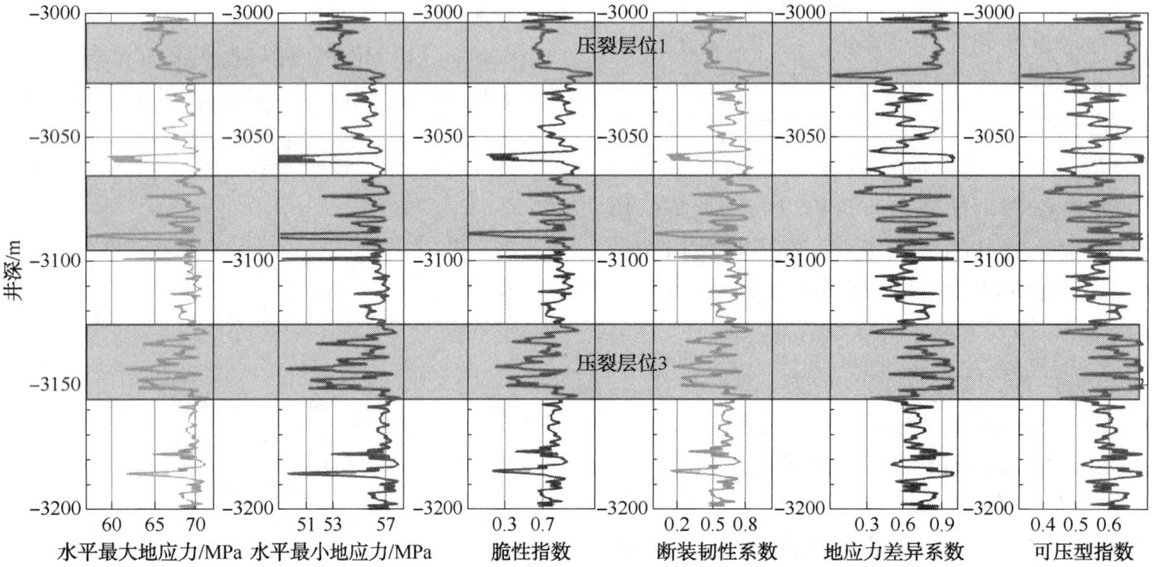

图4 水平地应力，地应力差异系数及可压性系数及压裂层位剖面

压裂层位2的可压性评价剖面存在的旋回特性较为明显，岩性分析显示曲线旋回变化性较大位置存在不同力学特性的纹层和薄互层，针对该压裂层位，可采用“定点射孔、多级循环泵注”的压裂工艺进行开发，定点射孔可在可压性系数低的地方射孔，进而使得裂缝最大程度地扩展缝高，多级循环泵注利用循环载荷的作用原理增加互层、纹层岩石的断裂可能性，同时降低裂缝面的粗糙度。

基于该方法确定的预压裂层位，采用“密集定点射孔、多次泵注”的压裂方式对3口井(32-22井、38-18井和26-26井)进行了压裂作业，施工规模与常规水力压裂相当，平均压裂液量为458m^3、平均压裂砂量为75m^3。如图5所示，为该可压性评价方法和常规选井压裂(26-20井)后油井的初期产量对比图，投产初期平均日产油量由不足2.2t/d提高6.3t/d，增产效果明显，说明了该可压性评价方法均有良好的适用性。

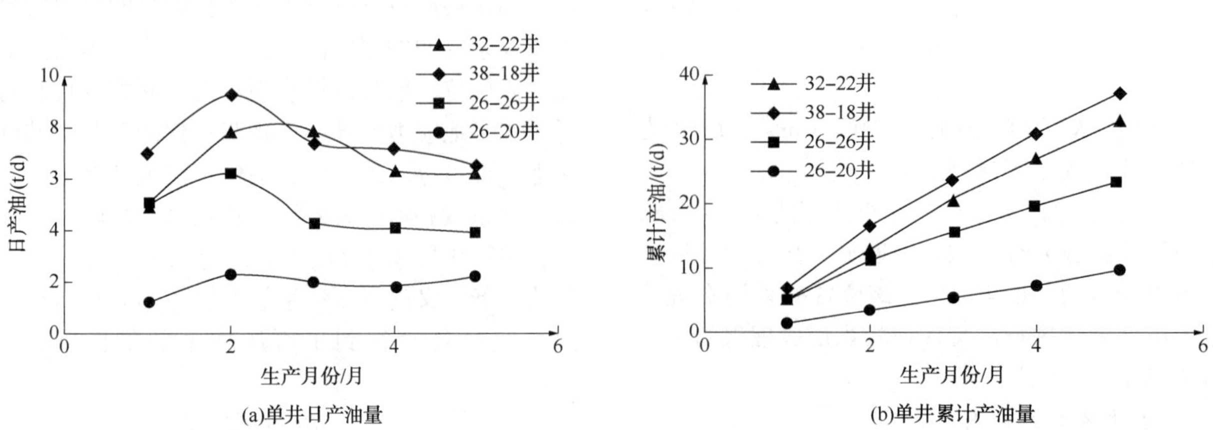

图5 不同油井间产量对比图

4 结论

（1）针对常规水力压裂可压性评价方法在采用岩石力学参数较为单一问题，本文提出了一种考虑脆性指数、断裂参数、地应力差异性系数的水力压裂可压性模型。

（2）通过室内实验测试得到了辽河油田某井的岩石力学参数，建立了纵横波速、岩石力学参数和部分测井数据间的函数关系，刻画了该井的岩石力学参数剖面，并采用新提出的可压性模型对压裂井的压裂层位进行了选择。

（3）基于新提出的可压性评价方法，采用“密集射孔、循环泵注”的压裂方法进行了压裂作业，压后增产效果明显，说明该方法对精确压裂选层具有一定的指导意义。

本文以期该水力压裂可压性评价方法对参数剖面描述及生产前储层压裂层位精确筛选具有一定的参考意义。

参 考 文 献

[1] 李宗田，李凤霞，黄志文．水力压裂在油气田勘探开发中的关键作用[J]．油气地质与采收率，2010，5：76-79.

[2] 王珂，戴俊生，冯阵东，等．砂泥岩间互地层等效岩石力学参数计算模型及其应用[J]．地质力学学报，2013，19(2)：143-151.

[3] 赵金洲，许文俊，李勇明，等．页岩气储层可压性评价新方法[J]．天然气地球科学，2015，26(6)：1165-1172.

[4] 贾承造，邹才能，杨智，等．陆相油气地质理论在中国中西部盆地的重大进展[J]．石油勘探与开发，2018，45(4)：546-560.

[5] 钟自强，刘向君，刘诗琼，等．砾岩地层岩石力学参数测井预测模型构建与应用[J]．科学技术与工程，2018，18(8)：181-186.

[6] 张巧凤，王余庆，王天琦．松辽盆地薄互层河道砂岩地震预测技术[J]．岩性油气藏，2007，19(1)：92-95.

[7] YUAN J，ZHOU J，LIU S，et al. An improved fracability-evaluation method for shale reservoirs based on new fracture toughness-prediction models[J]. SPE Journal，2017，22(05)：1704-1713.

[8] 李兵，陈立，田乃林，等．取心及岩心现场处理一体化技术[J]．钻采工艺，2011，34(1)：92-93.

[9] 王海涛，蒋廷学．一种页岩气远井地层可压性简易评价方法及其应用[J]．科学技术与工程，2017，17(15)：202-206.

[10] 孙建孟，韩志磊，秦瑞宝，等．致密气储层可压裂性测井评价方法[J]．石油学报，2015，36(1)：74-80.

[11] 成志刚，吴有彬，李戈理，等．核磁共振测井技术在致密油储层评价中的应用研究[J]．测井技术，2016，40(5)：719-725.

[12] 王濡岳，丁文龙，王哲，等．页岩气储层地球物理测井评价研究现状[J]．地球物理学进展，2015，30(1)：228-241.

[13] 李淼，蒲春生，景成，等．GY 油田储层成岩储集相分类及测井响应特征[J]．岩性油气藏，2013，25(3)：48-52.

[14] 李剑浩．电测井和油气层关系的一个理论公式[J]．地球物理学报，2010，53(9)：2222-2226.

[15] 王贵文，朱振宇，朱广宇．烃源岩测井识别与评价方法研究[J]．石油勘探与开发，2002，29(4)：50-52.

[16] 归榕，万永平．基于常规测井数据计算储层岩石力学参数——以鄂尔多斯盆地上古生界为例[J]．地质力学学报，2012，18(4)：418-424.

[17] 程道解，孙宝佃，成志刚，等．基于测井资料的地应力评价现状及前景展望[J]．测井技术，2014，38(4)：379-383.

[18] 李永平，葛洪魁，苏新亮．岩石力学参数随钻评价模型研究[J]．岩石力学与工程学报，2005，24(S1)：5168-5172.

[19] 石林，杨志勇，金衍，等．自适应岩石力学参数测井解释模型及其在水力压裂设计中的应用[J]．钻采工艺，2005，28(5)：99-100.

[20] 胡松，宋连腾，李霞，等．基于一体化测井平台的岩石力学评价系统的开发及应用[J]．西安石油大学学报(自然科学版)，2013，28(5)：21-25.

[21] 李玉城．地质与压裂一体化布井技术在苏里格气田的应用[J]．石油地质与工程，2015，29(5)：78-80.

[22] 徐高巍，白世伟，贺怀建．岩石力学参数数据库系统的开发和研究[J]．岩土力学，2005，26(6)：1005-1008.

[23] 吴成斌，陈勉，张广清，等．岩石力学与地应力数据库系统的开发和应用[J]．石油工业计算机应用，2009，1(1)：28-30，33.

[24] 李金蔓，霍宏博，林海，等．渤海边际油田勘探开发一体化探索与实践[J]．石油钻采工艺，2019，41(3)：272-276.

[25] JIN X，SHAH S N，ROEGIERS J C，et al. An integrated petrophysics and geomechanics approach for fracability evaluation in shale reservoirs[J]. SPE Journal，

2015，20(03)：518-526.

[26] 袁俊亮，邓金根，张定宇，等．页岩气储层可压裂性评价技术[J]．石油学报，2013，34(3)：523-527.

[27] 王松，杨洪志，赵金洲，等．页岩气井可压裂性综合评价方法研究及应用[J]．油气地质与采收率，2016，23(2)：121-126.

[28] 翟文宝，李军，周英操，等．基于测井资料的页岩储层可压裂性评价新方法[J]．岩性油气藏，2018，30(3)：112-123.

[29] 唐颖，邢云，李乐忠，等．页岩储层可压裂性影响因素及评价方法[J]．地学前缘，2012，19(5)：356-363.

[30] MULLEN M，ENDERLIN M. Fracability index—more than just calculating rock properties[C]//SPE Annual Technical Conference and Exhibition. San Antonio：Society of Petroleum Engineers，2012：SPE 159755.

[31] 黄何鑫．鄂尔多斯盆地长 6 致密砂岩储层特征差异及其对流体可动用能力的制约机理研究[D]．西北大学，2019.

[32] 林英松，葛洪魁，王顺昌．岩石动静力学参数的试验研究[J]．岩石力学与工程学报，1998，17(2)：216-222.

[33] 陈勉，金衍，张广清．石油工程岩石力学[M]．北京：科学出版社，2008：92-93.

[34] ZHOU Z L，ZHANG G Q，DONG H R，et al. Creating a network of hydraulic fractures by cyclic pumping[J]. International Journal of Rock Mechanics & Mining Sciences，2017，97：52-63.

苏里格气田老井侧钻氮气泡沫压裂技术探索与试验

韩巧荣[1,2]　王治国[1,2]　白晓弘[1,2]　江智强[1,2]　汪雄雄[1,2]　李在顺[1,2]　李紫莉[1,2]

(1. 长庆油田分公司油气工艺研究院；2. 低渗透油气田开发国家工程重点实验室)

摘　要　苏里格气田属于典型的致密岩屑砂岩"三低"老气田，开采时间较长，气田老井侧钻井地层压力普遍降低。加之大规模水力压裂需要配套大量清水，西北地区水资源匮乏，对如何提高井间层间剩余储量挖潜效果与压后液体返排率提出挑战。为了降低储层水敏伤害，节约水资源，提高老井挖潜效果，开展了气田侧钻定向井氮气泡沫压裂探索试验。具体通过结合试验井储层地质特征，设计关键压裂参数，优化氮气泡沫压裂流程，室内评价泡沫压裂液体系性能，探索试验性能优良的发泡剂、氮气泡沫发生增强器和小容积高转速混砂车，并在现场得到了很好的应用，取得了明显的增产效果，为下一步老气田压裂技术研究和致密岩屑砂岩气藏改造提供了成功经验和借鉴。

关键词　苏里格气田；老井侧钻；氮气泡沫；少水压裂

1　前言

苏里格气田位于内蒙古鄂尔多斯市境内，为典型的致密砂岩气藏，储集层砂体纵向多期叠置，横向非均质性强，压力系数低，开发难度大。主力产层为二叠系石盒子组，平均孔隙度5%~12%，平均渗透率$(0.01\sim2.00)\times10^{-3}\mu m^2$。苏里格气田是中国目前发现并投入开发规模最大的天然气田，也是中国致密砂岩气田的典型代表，其"低渗透率、低压力、低丰度、强非均质性、薄互储层"的特征，造成单井产量低、压力下降快。随着气田开发规模的扩大和生产时间的延长，气田低压、低产气井逐年增多，苏里格气田递减率高，低产低效井比例逐年增加，目前投产井中单井日产量小于0.5万m^3/d的气井已占到气田投产井数的60%以上，给稳产带来严峻挑战。老井挖潜技术成为气田持续上产稳产的重要手段之一，前期开展多项进攻性措施试验表明，老井侧钻技术显示出较好的增产潜力，具有广泛应用前景。

苏里格气田是典型的"三低"气田，随着开发时间及井数的不断增加，地层压力系数逐年降低，低地层压力系数下的储层保护和压后快速返排，在气田开发中后期和老气田井间层间剩余气挖潜过程中表现尤为重要。近年来，随着油气田改造强度逐步加大，水力压裂工艺需要配套大量清水，西北地区水资源缺乏，加之老区开采时间较长，气田老井侧钻井地层压力更低，对压裂液造缝效率和压后排液造成一定困扰。常规压裂技术亟需升级，为降低致密岩屑砂岩低压储层水敏伤害，节约水资源，提高挖潜效果，本文以苏里格气田中区老井侧钻定向井为例，探索开展了氮气泡沫少水压裂先导试验，并取得了很好应用效果。

2　氮气泡沫少水压裂工艺

氮气泡沫压裂适用于枯竭或欠压井、易水敏地层、和低渗透气井。氮气泡沫压裂技术优势体现在：储存压缩气体，补充地层能量，以便更好地返排；在低聚合物浓度的情况下具有同等的流变性能；氮气为惰性气体，与目前主流胍胶液体系兼容；大幅减少入侵液量，减少储层伤害，水锁效应小；相比常规压裂液，具有较高的液体效率；裂缝导流能力伤害较低。

氮气泡沫少水压裂，主要是采用胍胶压裂液体系在小容积高转速混砂车内形成混砂液，再在混砂液里加入发泡剂，最后通过泡沫发生增强器与氮气混合，形成氮气泡沫混砂液被泵入井底进行压裂造缝的一种少水加砂压裂工艺。氮气泡沫压裂工艺核心是减少入地液量，补充地层能量，具有储层伤害小、返排快、见气早的优点。同时，该工艺现场施工较为简单，与常规压裂工艺流程比较，增加泡沫发生增强器、小容积高转速混砂车和发泡剂。与常规压裂液体系相比，采用泡沫液携砂，不主要依赖交联，具有滤失小、储层伤害小、返排清理好、携砂性能好、中性不交联等特点。

2.1 氮气泡沫少水压裂改造思路

从降低储层伤害和提高压后返排出发，采用“可溶桥塞+氮气泡沫+多尺度支撑剂”为核心的改造工艺，实现低压储层少水、增能、高导流改造目的。3½″小直径可溶桥塞作为桥射联作分压工具氮气泡沫压裂液提高加砂浓度降低入井液量40/70目+20/40目支撑剂组合提高裂缝导流能力。

2.2 氮气泡沫少水压裂工艺流程

氮气泡沫压裂工艺流程(图1)，其特征是：水基压裂液、压裂砂与交联剂，一起汇入混砂车高速搅拌形成混砂液，发泡剂被泵入混砂车下游出口与混砂液混合，含有发泡剂的混砂液再顺次经过高压管汇和泡沫发生增强器，形成高质量泡沫状混砂液被泵入井口。

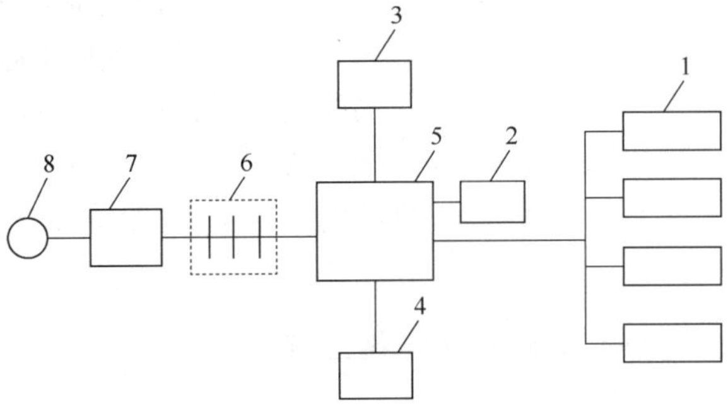

图1 氮气泡沫压裂工艺流程示意图

1—水基压裂液；2—压裂砂；3—交联剂；4—发泡剂；5—混砂车；6—高压管汇；7—泡沫发生增强器；8—井口

2.3 氮气泡沫压裂液体系和性能评价

压裂液体系主要包括基液、交联液、破胶剂(表1)。基液配方：3.6‰胍胶+4.0‰发泡剂+2.0‰黏土稳定剂；交联液配方：0.3‰交联剂+0.6‰pH调节剂+1.2‰交联延迟剂，交联比为100：0.59。

表1 泡沫压裂液基液体系

名称	添加剂	浓度	单位
基液	B515 速溶胍胶	3.6‰	kg
	F109 发泡剂	4.0‰	L
	L064 黏土稳定剂	2.0‰	L
交联剂	L010 交联剂	0.36‰	kg
	M002 pH 调节剂	0.72‰	kg
	J480 交联延迟剂	0.72‰	kg
破胶剂	J218 活性破胶剂	0.06‰~0.36‰	kg
	J475 胶囊破胶剂		kg

泡沫稳定性对压裂施工过程中的泡沫性能至关重要。泡沫稳定性维持了气体在液体中的分散，决定了泡沫的流变性和滤失特性。影响稳定性的因素包括：胍胶液种类及浓度、发泡剂种类及浓度(主要体现在泡沫质量及半衰期)和搅拌强度。

2.3.1 发泡剂性能

发泡剂是具体阴离子特性的表面活性剂，适用于水基压裂液液体体系，与线性胶胶/交联冻胶配伍性更好，在井底温度<121℃条件下适用。

发泡剂性能实验包括，室内测试泡沫半衰期测试、表面张力测试、流变性能测试。泡沫半衰周期实验过程是在100mL基液中加入4.0‰浓度的发泡剂，高速搅拌30s，形成300mL泡沫，泡沫分离出一半液体所经历的时间在75min左右，100min后析出基液量为60mL，具有良好的发泡能力和泡沫稳定性。实验表明泡沫性能指标：发泡率在68%左右，泡沫半衰周期在72~80min(图2)。发泡剂表面张力略低于常规表面活性剂(图3)，表明发泡剂的助排性能好于常规表面活性剂。发泡剂与不同浓度胍胶液体流变性能测试表明，发泡剂与胍胶液体系兼容性好，流变性能稳定(图4)。

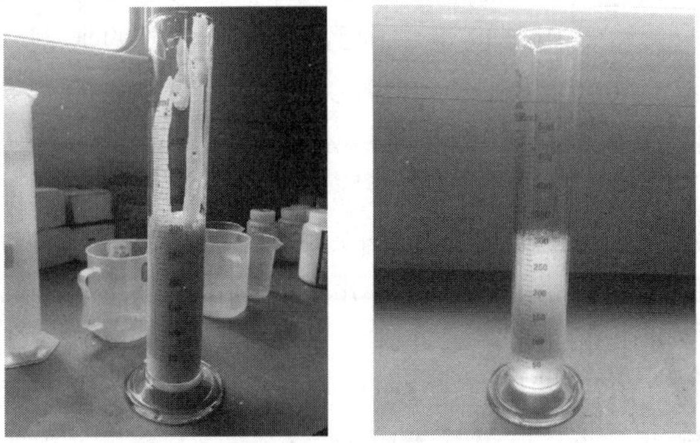

图2 泡沫半衰周期测试图

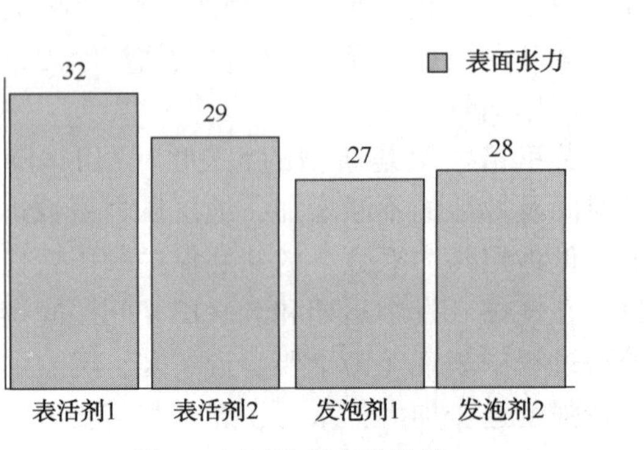

图3 表面张力实验结果

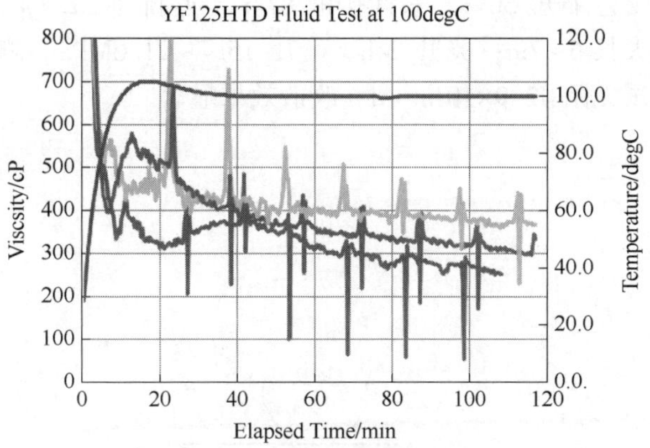

图 4　发泡剂与不同浓度胍胶液体流变性能测试

2.3.2　裂缝导流能力伤害评价

聚合物残留在支撑裂缝内破坏裂缝导流能力，压后液体滤失，裂缝闭合体积减少等因素造成聚合物浓度上升，聚合物浓度提升至 10~15 倍，泡沫液体等效聚合物浓度更低，更低的浓度具有相同的等效黏度，高泡沫质量液体大幅降低聚合物浓度。实验室结果表明，当压裂液是泡沫液体体系，裂缝导流能力是常规压裂的 3~4 倍。

泡沫压裂液气相占比约为 65%~85%，液相仅占比 15%~35%，引起的液相伤害小，且氮气为惰性气体，不会引起乳化或沉淀而给储层带来伤害；压后压裂液返排迅速彻底，滞留地层的压液裂少。所以与常规压裂液相比，泡沫压裂液对地层的伤害小。

2.3.3　泡沫压裂液滤失性能评价

氮气泡沫压裂液体系中进入地层后，气泡可优先占据地层岩石的孔隙喉道，降低压裂液水相的滤失；且泡沫压裂液中泡沫质量比较高，水相的比例显著降低，压裂液滤失量中可伤害地层的水相比例较少(图 5)。

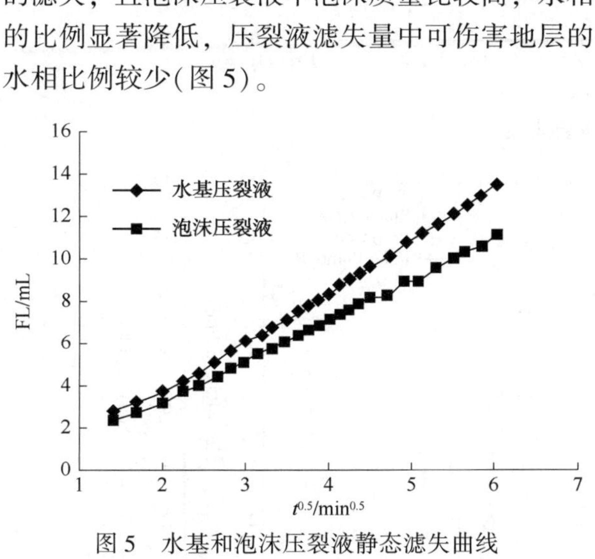

图 5　水基和泡沫压裂液静态滤失曲线

2.3.4　泡沫压裂液助排性能评价

在 85℃、30MPa 地层条件下氮气体积是标况下的 1/218，本井实际注入液氮总量为 255.5m^3，折算为地下体积为 814m^3。氮气体积膨胀增压促进返排，且气体的存在降低了井筒液柱的密度，实现增能助排。

氮气体积折算(参考图 6)：

1m^3(液) = 694.4sm^3(气)

地面：$VL = 255.5\text{m}^3$

$Vg = 177419\text{m}^3$

地下条件为 30MPa，85℃时：

218sm^3(地面) = 1m^3(地下)

地下：$Vg = 814\text{m}^3$

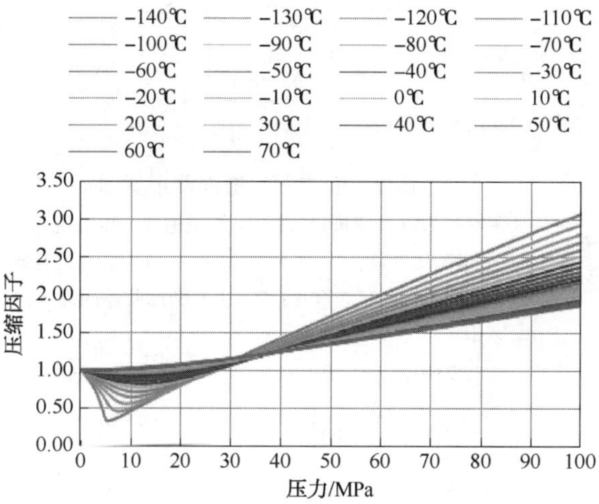

图 6　N_2 不同温度压力下的压缩因子图版

2.4　氮气泡沫压裂配套设备

与常规压裂比较，氮气泡沫压裂主要涉及配套设备有高转速混砂车和泡沫发生增强器。

泡沫发生增强器为四通结构(图 7)：下游连接井口，上游连接压裂车主管汇，汇入含气泡剂的压裂液和支撑剂，两侧连接液氮管线利用对冲作用和两侧的起泡簧片打散液氮气流，使打散的氮气流和压裂液充分混合，形成氮气泡沫。这样即便在总排量较低的情况下，也可打破层流态，使氮气流与压裂液充分混合形成泡沫相。

高转速小容积混砂车，搅拌罐容积较小(0.2m^3 左右)，搅拌器转速≥1200r/min，最高能实现加砂阶段砂浓 1800kg/m^3 搅拌要求。

3　现场试验及效果评价

苏＊井，为苏里格中区的一口老井侧钻定向井，共钻遇目的层两层，砂体有效厚度为 23.6m。压裂两层，整体施工顺利，与设计相符(图 9~图 10)。入地液量 372.0m^3，砂量 78.4m^3，地面最高砂浓 1452kg/m^3，施工排量 1.5～2.5m^3/min，液氮用量 255.5m^3，排量 900～1500L/min，氮气泡沫质量比 60%～65%。排液周期 11d，较常规压裂工艺缩短 50%，累计排液 87m^3，返排率 22.4%，火长 6～7m；关井 24h，套压 15.7～21.6MPa。测试无阻 42.9×10^{4}m^3/d，改造效果显著。

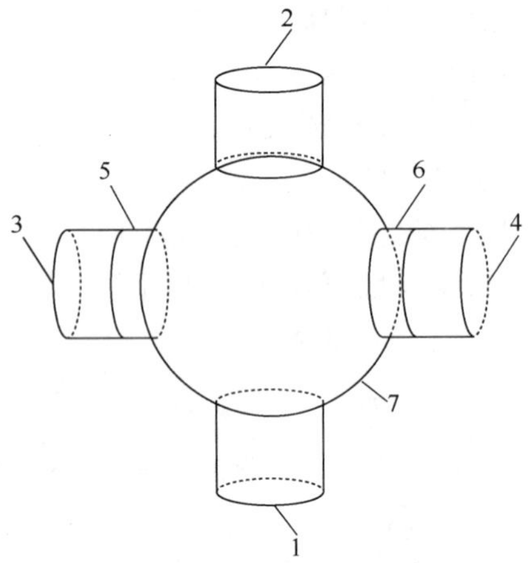

图 7　泡沫发生增强器示意图

1—上游端压裂混砂液进口；2—下游端泡沫状压裂混砂液出口；3—左侧氮气进口；4—右侧氮气进口；5—左侧起泡簧片；6—右侧起泡簧片；7—中心圆球腔体四通

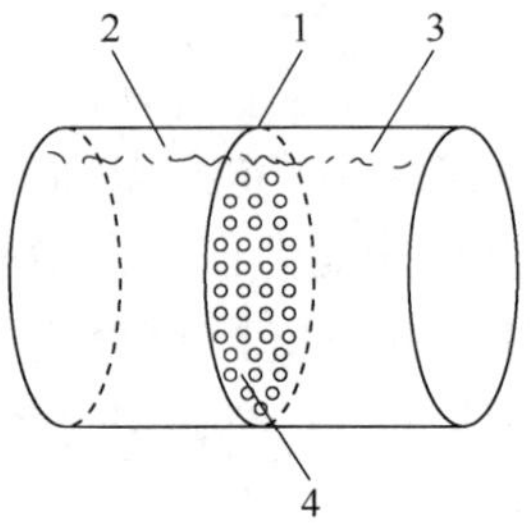

图 8　起泡簧片示意图

1—网片；2—左侧弹簧；3—右弹簧；4—小孔

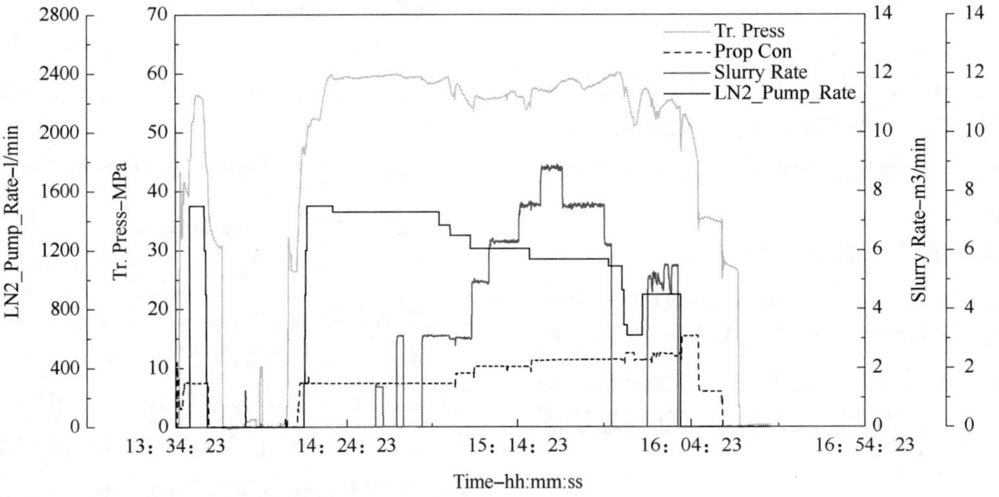

图 9　山 1 层压裂曲线

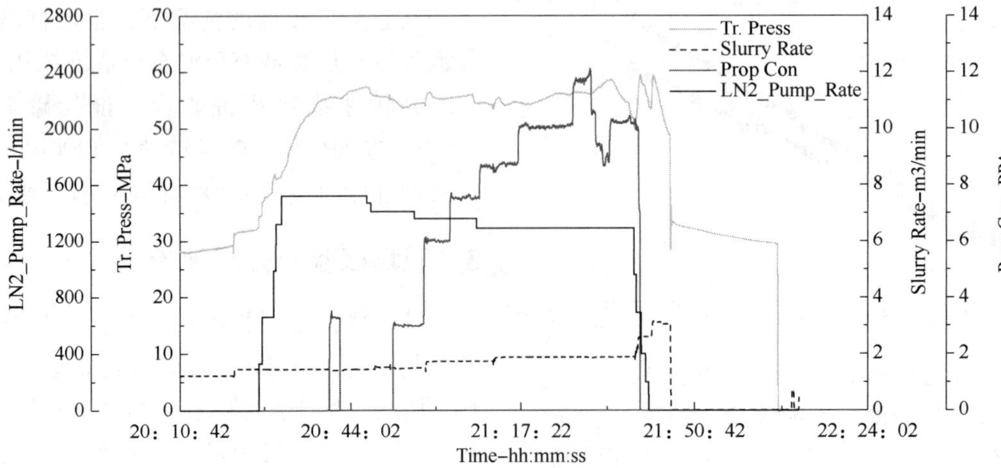

图 10　盒 8 层压裂曲线

与苏中区块7口同井型常规压裂工艺相比（图11），氮气泡沫压裂砂比提升1.3倍，最高砂浓度提高2.1倍，入井总液降低59%，排液用时缩短38%，试气产量增加3倍，少水压裂效果显著。开井生产平均日产气量$3.0\times10^4 m^3/d$，与同区块同类型井比较，产量大幅提升，与新建产建井效果相当。

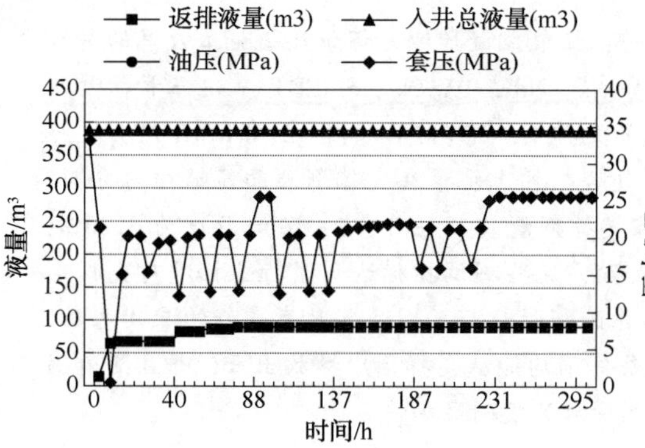

图11　试验井苏＊井排液曲线

4　结论及认识

1）与同区块同井型其他工艺对比，氮气泡沫压裂液携砂效率翻倍，入井总液量减少约60%，实现了少水压裂，降低了水敏伤害，在苏中区块表现出很好适应性。

2）与同区块同井型前置CO_2工艺相比，氮气泡沫压裂砂比提高1倍，最高砂浓度提高2倍，入井总液量减少54%，试气无阻达到对比井的近1.8倍。

3）与同区块新建直/定井比较，有效厚度较大，其他解释相当，试气产量超出预期。

参　考　文　献

[1] Xu Yonggao, Zhao Zhenfeng, Wang Yajuan, et al. Hydra-jetting staged horizontal completion via multiple sliding sleeve in Changqing sandstone tight gas reservoir [R]. SPE 156181, 2012.

[2] Mu Lijun, Ma Xu, Zhang Yanming, et al. Evaluation of multi - stage fracturing by hydrajet, swellable packer, and compressive packer techniques in horizontal openhole wells[R]. SPE 153328, 2012.

[3] 吴奇，胥云，王晓泉，等．非常规油气藏体积改造技术：内涵、优化设计与实现[J]．石油勘探与开发，2012，39(3)：352-358.

[4] 邹才能，张国生，杨智，等．非常规油气概念、特征、潜力及技术：兼论非常规油气地质学[J]．石油勘探与开发，2013，40(4)：385-399，454.

[5] 杜金虎，刘合，马德胜，等．试论中国陆相致密油有效开发技术[J]．石油勘探与开发，2014，41(2)：198-205.

[6] 李宪文，张矿生，樊凤玲，等．鄂尔多斯盆地低压致密油层体积压裂探索研究及试验[J]．石油天然气学报，2013，35(3)：142-146.

[7] 王晓东，赵振峰，李向平，等．鄂尔多斯盆地致密油层混合水压裂试验[J]．石油钻采工艺，2012，34(5)：80-83.

[8] 吴奇，胥云，刘玉章，等．美国页岩气体积改造技术现状及对我国的启示[J]．石油钻采工艺，2011，32(2)：1-7.

[9] Nobakht M, Clarkson C R, Kaviani D. New and improved methods for performing rate-transient analysis of shale gas reservoirs[R]. SPE 147869, 2012.

[10] Britt L K, Schoeffler J. The geomechanics of a shale play: What makes a shale prospective [R]. SPE 125525, 2009.

[11] Cipolla C L, Warpinski N R, Mayerhofer M, et al. The relationship between fracture complexity, reservoir properties, and fracture - treatment design [R]. SPE 115769, 2008.

[12] Chong K K, Grieser B, Jaripatke O, et al. A completions roadmap to shale-play development: A review of successful approaches toward shale-play stimulation in the last two decades[R]. SPE 130369, 2010.

[13] 陈勉，金衍，张广清，等．石油工程岩石力学基础[M]．北京：石油工业出版社，2011：6.

微量物质示踪剂功能化的支撑剂的构建及性能评价

李　娜[1,2]　罗云翔[1]　程倩倩[1]

(1. 成都理工大学能源学院；2. 油气藏地质及开发工程国家重点实验室)

摘　要　压裂技术是目前油气藏增产改造的核心技术之一，压裂裂缝监测是评价压裂施工效果的关键内容。为了实现压裂裂缝监测，使用稀土元素制备了 LaEDTA-Na、NdEDTA-Na、SmEDTA-Na 三种微量物质示踪剂，并利用溶剂蒸发法构建了微量物质示踪剂功能化的支撑剂。采用 SEM、EDS、FT-IR 对其进行形貌结构表征，结果表明，成功将微量物质示踪剂与支撑剂复合，稀土元素在支撑剂表面能够均匀分布。用行业标准对示踪功能化支撑剂进行了评价，微量物质示踪支撑剂烧灼损耗 0.9%，酸溶解度为 3.30%，体密度 1.42g/cm^3，视密度为 2.54g/cm^3，圆度 0.81、球度 0.74，这些测试指标达到了行业标准对支撑剂基础性能的要求，并且示踪功能化支撑剂与瓜尔胶压裂液体系配伍性良好，因此其具有良好的应用基础，具备应用前景。释放实验表明，微量物质示踪剂在不同温度条件下均能从支撑剂中释放出来，并且随着温度上升至包覆聚合物的玻璃化转变温度后，温度升高，示踪剂释放速度明显加快。

关键词　稀土；示踪剂；压裂；支撑剂；裂缝监测

压裂技术是目前非常规油气藏增产改造的核心技术。压裂是人为地使地层产生裂缝，使油井产量增加，对改善油层流动状况可起到重要的作用，是油气田稳产增产的重要技术手段。基于安全性，经济性以及环保等方面的考虑，目前水力压裂技术应用最为广泛。

在压裂过程中，为了保持压裂裂缝在撤出外压后不会在地层应力的作用下再次闭合，需要在压裂液中混入裂缝支撑剂。其随压裂液一起被送到裂缝深处，填充到压裂裂缝中，使裂缝不会因外力卸载而闭合，能长期保持高导流能力，达到增加油气井产量的目的。因此压裂施工都希望能得到宽度合适，导流效果良好的裂缝，可以最大程度地增加岩石的渗透性并提高产量。

压裂裂缝监测是评价施工效果和统筹调整施工方案的关键内容，而在压裂监测中支撑裂缝的位置监测尤为重要，通过支撑剂的位置可以指示支撑裂缝的位置。示踪剂功能化的支撑剂为裂缝中支撑剂位置指示提供一种有效的技术手段。由于微量物质示踪剂具有检测灵敏度高、无毒害、种类多等优点，本论文将构建一类微量物质示踪剂功能化的支撑剂以期望能够解决上述问题。

微量物质示踪剂功能化支撑剂，是一类覆膜支撑剂，需要在石英砂表面包覆一层聚合物膜。合成覆膜支撑剂最常用的方法是通过加热将树脂固体融化后涂覆在石英砂表面，后再加入偶联剂、增韧剂、固化剂等使融化的树脂在支撑剂骨料表面形成树脂包覆层，该方法需要消耗较大的能量且合成步骤繁琐不易操作。溶剂蒸发法具有能量消耗少，且合成步骤简单易于操作，还具有耗时短、条件控制容易的优点。本文采用溶剂蒸发法来合成微量物质示踪剂功能化的支撑剂(下文简称微量物质示踪支撑剂)，并对其进行了一些列的表征与测试，对其性能进行了评价，为压裂裂缝监测提供了一种方法和思路。

1　实验部分

1.1　材料与仪器

硝酸钕，99%，依诺凯；氧化镧、氧化钐，99.9%，麦克林；乙二胺四乙酸四钠、氢氧化钠、丙酮、乙醇、聚甲丙烯酸铵脂、过硫酸钾、硼砂、羧甲基羟丙基瓜尔胶、聚季铵盐、聚乙二醇、氯化钠，分析纯，成都科隆化工。

红外光谱仪，Nicolet IS5，Thermo Fisher；扫描电子显微镜，250FEG，美国 FEI Quanta；紫外可见分光光度计，UV-5500，上海元析仪器有限公司。

1.2　实验方法

1.2.1　微量物质示踪剂合成

将 HCl 溶液加入稀土氧化物粉末中，一边搅拌一边反应；当粉末固体完全消失后加热蒸干溶液，除去多余的 HCl，再加入去离子水，如有沉淀继续加 HCl 溶解，重复多次直到加去离子水不再产生沉淀；取 $EDTA-Na_4$ 浓溶液（加少量去离子水溶解），再加入以上处理好的溶液中，蒸发结晶后抽滤，并用 95%的乙醇溶液多次冲洗滤饼，将滤饼烘干后得到粗产物。将粗产物加水溶解，重结晶纯化后得到产物。微量物质示踪剂合成流程见图 1。

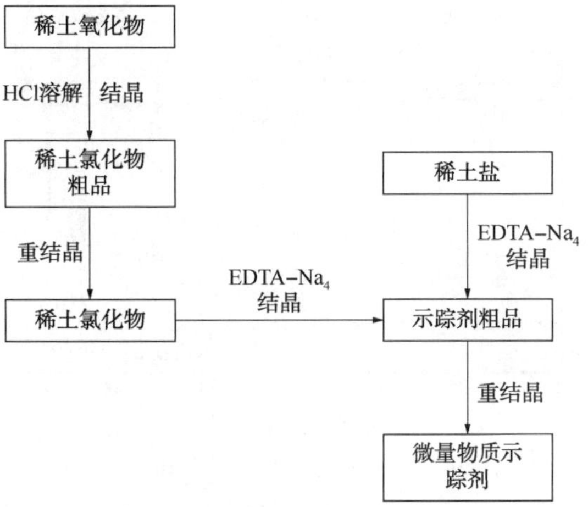

图 1　微量物质示踪剂合成流程图

1.2.2　微量物质示踪剂功能化的支撑剂合成

以石英砂为支撑剂基底材料，聚甲丙烯酸铵脂为包覆聚合物，微量物质示踪剂为标记物，溶剂蒸发法合成微量物质示踪支撑剂。该合成方法具有步骤少、操作简单且能耗低的优点。合成过程见图 2。

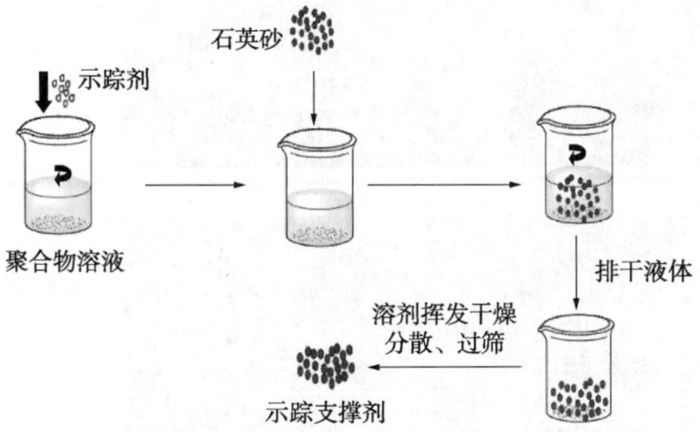

图 2　微量物质示踪剂功能化的支撑剂合成流程

在丙酮溶液中加入微量物质示踪剂 LaEDTA-Na 充分混匀，再将聚合物搅拌加入丙酮溶液中；将支撑剂放入聚合物溶液中并充分混合，再将聚合物溶液排干，留下支撑剂和捕获在支撑剂周围的液体，丙酮蒸发完全后，聚合物在石英沙表面形成一层覆膜，经过分散、筛分后得到 20/40 目微量物质示踪支撑剂。

1.2.3　测试方法

红外光谱分析：分别将石英砂与微量物质示踪支撑剂磨成粉末，以 KBr 压片法对样品进行红外分析；扫描电镜分析（SEM）：对石英砂骨料和微量物质示踪剂功能化的支撑剂进行 SEM 分析；能量射散 X 射线光谱分析（EDS）：检测微量物质示踪剂在样品表面的分布状况；支撑剂性能测试方法（行业标准 SY/T 5108—2014）；支撑剂与压裂液的配伍性测试：用流变仪分别测试交联压裂液和破胶后压裂液的黏度，以判断支撑剂样品与压裂液的相容性；微量物质示踪剂的释放测试：将支撑剂置于水中，在不同温度、不同时间条件下监测所释放的示踪剂的浓度。

2　结果与讨论

选取 La_2O_3、Sm_2O_3、$Nd(NO_3)_3 \cdot 6H_2O$ 为原料与 $EDTA-Na_4$ 配合制备了微量物质示踪剂，获得了 LaEDTA-Na、NdEDTA-Na、SmEDTA-Na 三种微量物质示踪剂见图 3。

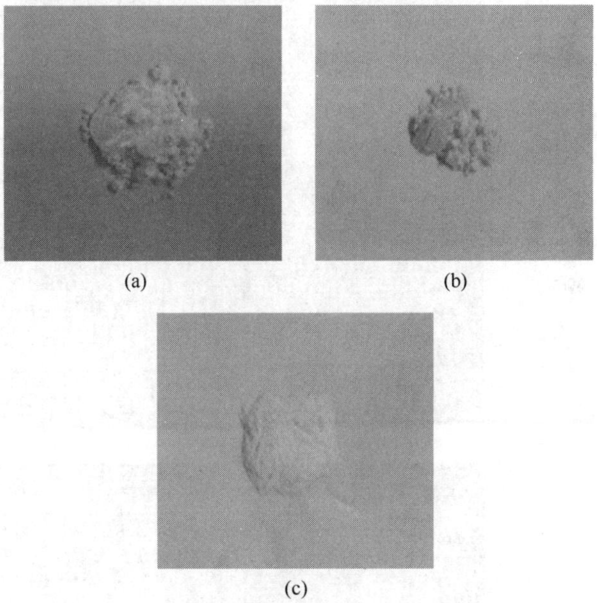

图 3　示踪剂粉末图片

注：（a）LaEDTA-Na；（b）NdEDTA-Na；（c）SmEDTA-Na

并使用上述三种微量物质示踪剂为基础，制备了微量物质示踪支撑剂，并对其进行了表征与测试。

2.1　红外光谱分析

图 4 是石英砂与聚合物包覆样品的红外分析图。微量物质示踪支撑剂与石英砂支撑剂相比，红外光谱图极为相似，微量物质示踪支撑剂及石英砂的红外图谱在 $1430cm^{-1}$ 的吸收峰为 Si-O-Si

反对称伸缩振动峰、880cm^{-1}的吸收峰是 Si-OH 的弯曲振动峰、720cm^{-1}是 Si-O 的对称伸缩振动峰。示踪剂功能化的支撑剂的红外图谱在 1724cm^{-1}的位置多了一个强度较弱的吸收峰，其可归属为酯羰基伸缩震动所产生的吸收峰。在合成微量物质示踪剂时使用的聚合物为聚甲丙烯酸铵脂，所以合成的支撑剂样品红外图谱上增加的酯羰基吸收峰就来自于包覆在其表面的聚合物。结果表明，支撑剂样品表面成功包覆上聚甲丙烯酸铵脂。

2.2 扫描电子显微镜分析

对石英砂骨料和微量物质示踪支撑剂进行 SEM 分析，以观察支撑剂经有聚合物包覆后表面形貌的变化，所得的结果见图 5。其中 a1、a2 分别为石英砂骨料颗粒和局部放大图；b1、b2 分别为微量物质标记支撑剂和其局部放大图。从图中可以观察到石英砂颗粒的表面较为粗糙，而微量物质示踪剂功能化的支撑剂表面更为平滑。经过聚合物包覆后合成的支撑剂样品表面形貌得到改善，示踪剂功能化支撑剂表面形貌更平整。

2.3 能量射散 X 射线光谱分析

采用能谱分析对单颗样品的元素含量进行分析，以微量物质示踪剂 LaEDTA-Na 的中心元素 La 为检测目标，测试结果见图 6。

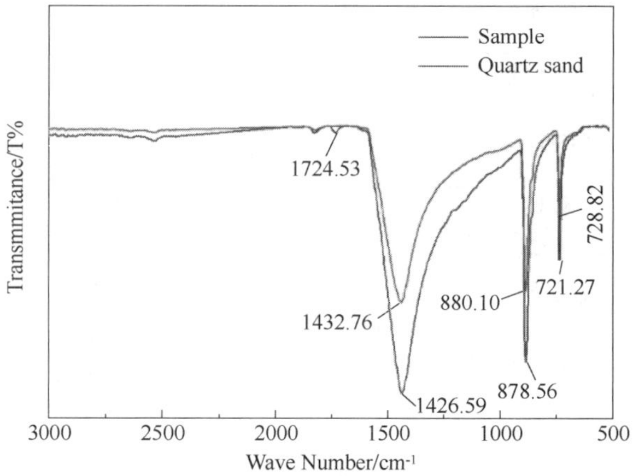

图 4 石英砂与样品红外分析图谱

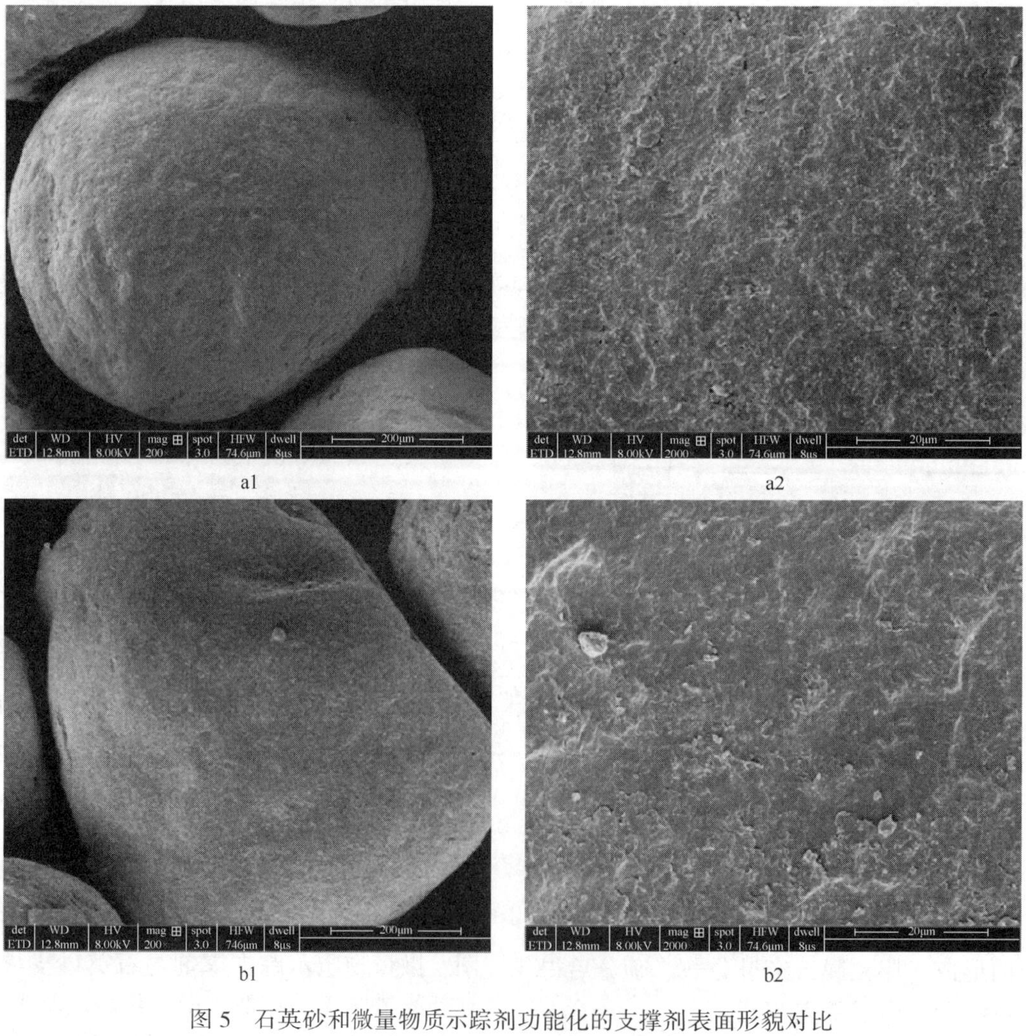

图 5 石英砂和微量物质示踪剂功能化的支撑剂表面形貌对比

注：a1 石英砂；a2 石英砂局部放大图；b1 微量物质示踪剂功能化的支撑剂；b2 微量物质示踪剂功能化的支撑剂局部放大图

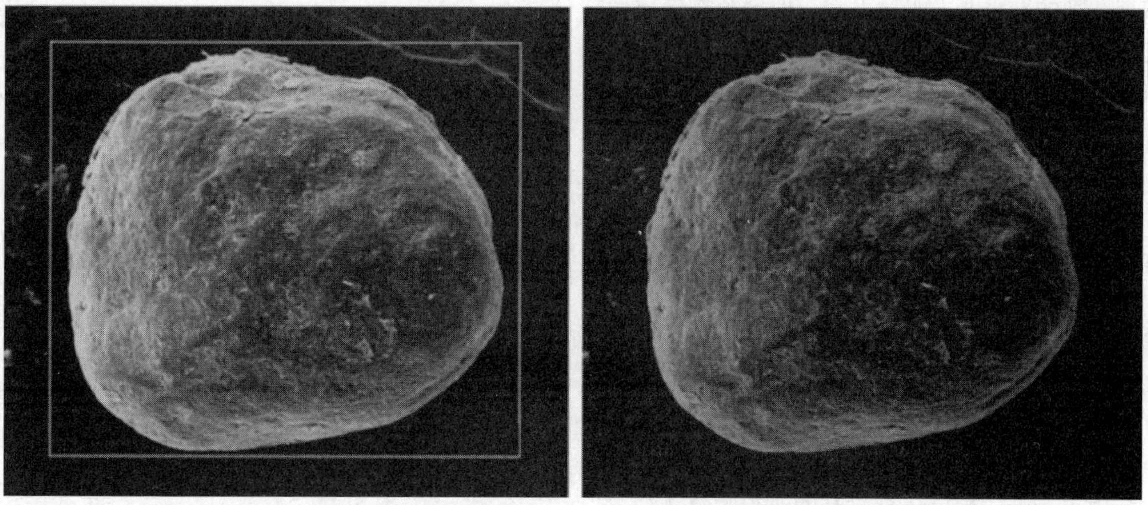

图6 样品 EDS 分析(La 元素分布)

微量元素示踪剂 LaEDTA⁻分布在支撑剂表面绝大部分位置，在支撑剂颗粒表面少数位置 La 元素分布稀少。但从其明场图中有示踪剂的部分和没有示踪剂分布的部分表面状态无明显差异，说明聚合物在石英砂表面形成了较为完整的包覆层。微量物质示踪剂 LaEDTA-Na 是水溶性物质，而配制聚合物溶液是以丙酮为溶剂，微量物质示踪剂在有机溶剂中无法混合均匀，所以造成功能化支撑剂部分位置没有微量物质示踪剂分布。

2.4 微量物质示踪剂功能化的支撑剂的性能

对石英砂骨料及微量物质示踪支撑剂的性能进行测试，其结果见表1。

表1 石英砂与微量物质功能化支撑剂的性能对比

项目		石英砂	微量物质示踪剂功能化的支撑剂
烧灼损耗/%		—	0.902
圆度		0.82	0.81
球度		0.75	0.74
体密度/(g/cm^3)		1.49	1.42
视密度/(g/cm^3)		2.62	2.54
酸溶解度/%		4.87	3.30
浊度(450nm 吸光度)		1.598	0.030
导流能力	20mL 水透过时间/s	7.98	15.57
	20mL 已烷透过时间/min	29.87	30.59

经烧灼损耗可知，包覆聚合物质量占微量物质示踪支撑剂总质量的 0.90%，圆度和球度分别为 0.81、0.74，符合标准要求。由于聚合物的包覆量小，所以示微量物质示踪支撑剂的圆球度基本未受到聚合物包覆的影响，其圆球度由支撑剂骨料的圆球度决定。

经聚合物包覆后样品的体密度、视密度都略有下降分别为 1.42g/cm^3、2.54g/cm^3，有利于样品的后续应用。

微量物质示踪支撑剂的酸溶解度为 3.3%，符合标准对酸溶解度的要求。微量物质示踪支撑剂的酸溶解度相较于石英砂的酸溶解度下降 32.2%，其稳定性大幅提升。

浊度测试是为了确定支撑上携带的细小颗粒数量，若支撑剂的浊度过大，在使用支撑剂时就会在支撑剂导流裂缝中存在大量的细小颗粒，存在堵塞微小导流缝隙的可能性。而经过聚合物包覆后的示踪剂功能化支撑剂的浊度大幅下降与未包覆的石英砂相比(图7)，在 450nm 的吸光度降低 98.1。

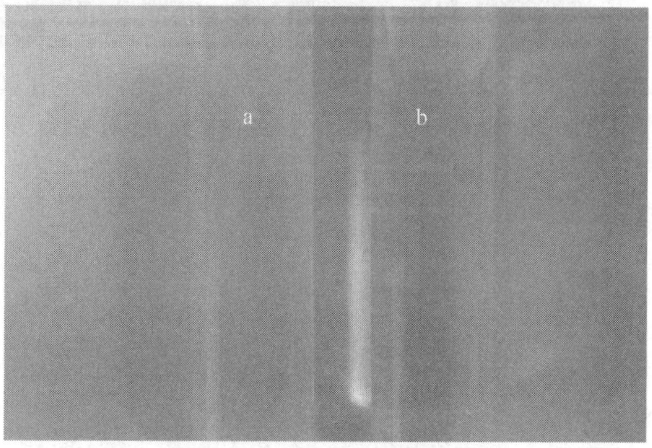

图7 浊度测试样品图片

注：a—石英砂；b—微量物质示踪剂功能化支撑剂

微量物质示踪支撑剂透过 20mL 水的时间要明显长于石英砂骨料，是因为石英砂表包覆的聚合物具有一定的疏水作用，水流过样品会受到阻碍所以合成支撑剂的导水能力明显下降。但聚合物包覆后的支撑剂对于油的导流能力没有受到包覆聚合的明显影响，与透油阻水支撑剂有点类似，对调节水、油在支撑裂缝中的流动有一定的作用。

2.5 微量物质示踪剂功能化的支撑剂与压裂液的配伍性

瓜尔胶压裂液是最早应用的压裂液体系，具有易降解、无毒安全的特性。目前因为羧甲基瓜尔胶压裂液体系对地层低伤害的优势明显，而广泛应用。

样品与压裂液的配伍性测试，压裂液的黏度分析结果见表2。由表可以看出加入微量物质示踪支撑剂使得瓜尔胶压裂液的交联黏度略有下降。但经过破胶后，两种压裂液的黏度都显著下降。

表2 压裂交联黏度及破胶后黏度对比

支撑剂	交联后黏度/MPa·s	破胶后黏度/MPa·s
石英砂	1019	5.15
微量物质示踪剂功能化的支撑剂	965	4.79

虽然加入微量物质示踪支撑剂的压裂液交联后黏度略有下降，但由图8可以看出，两份分别加石英砂支撑剂和微量物质示踪支撑剂的压裂液在交联后都能将支撑剂成功的悬浮在压裂液体系中，压裂液黏度虽然下降并不影响其对支撑剂的悬浮。经破胶后，石英砂与功能化支撑剂都自然沉降到容器底部。实验证明，微量物质示踪支撑剂与瓜尔胶压裂液体系配伍性良好。

2.6 微量物质示踪剂的释放测试

1.00g微量物质示踪支撑剂与200mL去离子水混合，设置的温度分别为10℃、25℃、50℃、75℃，分别在1h、2h、4h、7h、12h、24h取适量液体样品，检测其中微量物质示踪剂的浓度，研究其释放行为。本实验仅选取了La微量物质示踪支撑剂作为实验对象。

使用稀土-ECAB(漂蓝6B，酸性媒介漂蓝B)-邻菲罗琳-氯代十二烷基吡啶体系的分光光度法测定稀土元素的方法，所建立的标准图谱见图9。

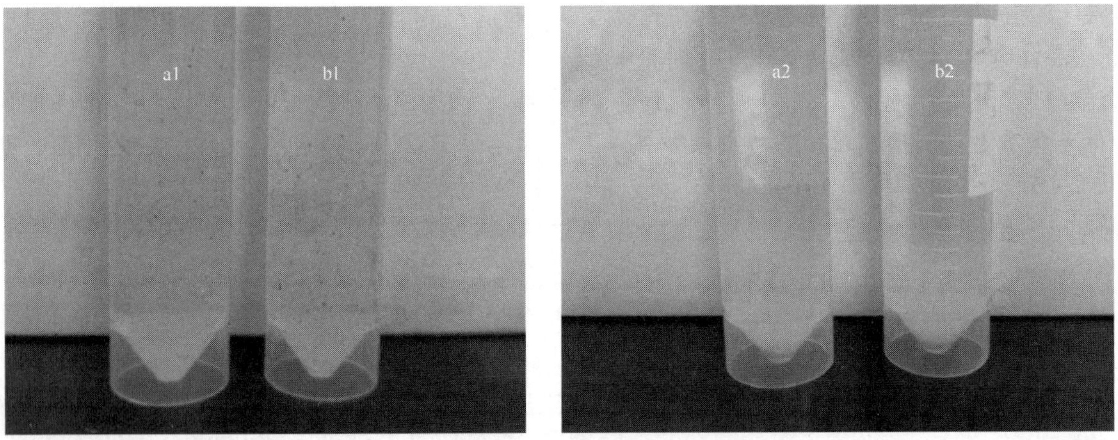

图8 交联后的压裂液和破胶后压裂液对比图

注：a1，a2 加入石英砂支撑剂的压裂液破胶前及破胶后；b1，b2 加入微量物质示踪剂功能化的支撑剂的压裂液破胶前及破胶后

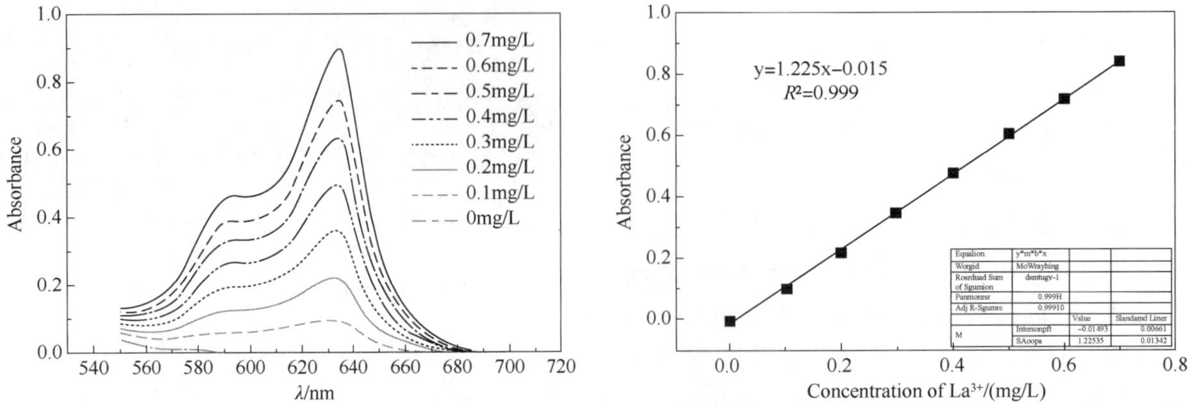

图9 La^{3+}标准吸光度曲线

各温度、时间条件下的释放曲线如图 10 所示。随着释放时间的增加，示踪剂的释放量增大，并且在 7h 左右释放量趋于平缓，温度升高有利于示踪剂的释放。10℃与 25℃条件示踪剂的释放曲线接近重合，总体释放量较小，经过 24h 的释放量仅达到示踪剂包覆总量的 40%左右。证明温度在 10~25℃之间变化对示踪剂的释放量影响较小，且在较低温度下示踪剂释放缓慢。当温度升高到 50℃后，示踪剂释放明显加快，在 75℃条件下示踪剂释放量最大。

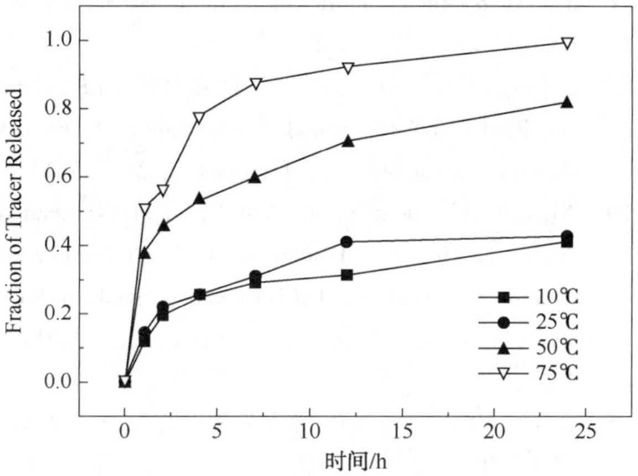

图 10　不同温度条件下示踪剂的释放曲线

当温度升高到聚合物玻璃化转变温度(Tg)以上时，聚合物由玻璃态向高弹态转变，聚合物分子的自由体积增大聚合物分子之间结合更松散形，分子链之间的收缩力更小对水分子向聚合物中扩散有利。聚合物的膨胀程度增加，分子链间形成更大间隙为示踪剂向外扩散提供更多孔道。水分子进入聚合物分子间后溶解夹杂在聚合物之间的示踪剂，温度越高分子运动越剧烈，示踪剂释放就更快。聚合物聚甲丙烯酸铵脂的 Tg 温度为 50℃，因此 10℃和 25℃条件下示踪剂的释放量相差不大，而温度升高到 50℃以上时示踪剂量相较于常温明显加快。

3　结论

(1) 利用溶剂蒸发法构建了微量物质示踪剂功能化的支撑剂，并采用 SEM、EDS、FT-IR 对其进行形貌结构表征。

(2) 采用行业标准 SY/T 5108—2014 对微量物质示踪剂功能化的支撑剂进行性能评价。结果表明：示踪功能化支撑剂烧灼损耗 0.9%，酸溶解度为 3.30%，体密度 1.42g/cm^3，视密度为 2.54g/cm^3，圆度 0.81、球度 0.74，这些测试指标达到了行业标准对支撑剂基础性能的要求。

(3) 经实验验证，示踪功能化支撑剂与瓜尔胶压裂液体系配伍性良好。

(4) 微量物质示踪剂在不同温度条件下均能从支撑剂中释放，并且随着温度上升至包覆聚合物的玻璃化转变温度后，温度升高，示踪剂释放速度明显加快。

参 考 文 献

[1] 李倩，李童，蔡益栋，等. 煤层气储层水力裂缝扩展特征与控因研究进展[J/OL]. 煤炭学报：1-19[2023-10-16]. DOI：10.13225/j.cnki.jccs.2023.0244.

[2] 许可，高航，石阳，等. 储层改造用滑溜水压裂液性能研究进展[J]. 应用化工，2023，52(05)：1519-1524. DOI：10.16581/j.cnki.issn1671-3206.20230308.004.

[3] 王欣，才博，李帅，等. 中国石油油气藏储层改造技术历程与展望[J]. 石油钻采工艺，2023，45(01)：67-75. DOI：10.13639/j.odpt.2023.01.009.

[4] 姚兰，李还向，焦炜，等. 压裂返排液重复利用技术现状及展望[J]. 油田化学，2022，39(03)：548-553. DOI：10.19346/j.cnki.1000-4092.2022.03.028.

[5] 曾慧勇，陈立峰，陈亚东，等. 压裂-驱油一体化工作液研究进展[J]. 油气地质与采收率，2022，29(03)：162-170. DOI：10.13673/j.cnki.cn37-1359/te.202101049.

[6] 常进，许可，易新斌，等. 压裂液对页岩储层伤害机理研究综述[J/OL]. 应用化工：1-5[2023-10-16]. DOI：10.16581/j.cnki.issn1671-3206.20230831.003.

[7] 韩伟歌，彭皓睿，崔振东，等. 层理面强度对水力裂缝缝网演化影响研究[J/OL]. 工程地质学报：1-11[2023-10-16]. https://doi.org/10.13544/j.cnki.jeg.2022-0363.

[8] 杨彪，牛志强，李一彩. 水力压裂在献县凸起高于庄组热储改造中的应用[J]. 环境工程，2023，41(S2)：1133-1136.

[9] 宋斯宇，徐东升，李映艳，等. 芦草沟组页岩油储层地质力学特性与水力压裂数值模拟[J]. 工程地质学报，2023，31(03)：1038-1048. DOI：10.13544/j.cnki.jeg.2023-0254.

[10] 韩小兵. 超低密度(ULW)支撑剂用改性聚苯乙烯(PS)微球的制备及性能研究[D]. 华中师范大学，2015.

[11] Yang Z，Hao L，Jiajia G，et al. Coated proppants

with self-suspension and tracer slow-release functions [J]. Journal of Petroleum Science and Engineering, 2022, 208(PD).
[12] 程倩倩, 李娜, 张琳羚, 等. 新型覆膜支撑剂研究进展[J]. 热固性树脂, 2020, 35(06): 66-70. DOI: 10.13650/j.cnki.rgxsz.2020.06.014.
[13] 李灿然, 李向辉, 逄永周, 等. 一种非放射性压裂效果评价用钐标记压裂支撑剂的研制[J]. 陶瓷学报, 2019, 40(01): 57-61. DOI: 10.13957/j.cnki.tcxb.2019.01.010.
[14] 李华洋, 邓金根, 冯永存, 等. 油田示踪剂技术的研究现状及发展趋势[J/OL]. 应用化工: 1-9[2023-10-16]. DOI: 10.16581/j.cnki.issn1671-3206.20230810.001.
[15] 张永飞, 李育, 张敏, 等. 非放射性微量金属物质示踪剂研制及应用[J]. 特种油气藏, 2023, 30(02): 153-160.
[16] 顾菁华. 稀土微量物质示踪剂的制备、评价及其在油田开发中的应用[D]. 西安石油大学, 2020. DOI: 10.27400/d.cnki.gxasc.2020.000932.
[17] William H, Narayanan V, Tuan T, et al. Leaching studies on Novolac resin - coated proppants - performance, stability, product safety, and environmental health considerations[J]. Journal of Applied Polymer Science, 2017, 135(8).
[18] 夏冰冰. 改性碳纳米管增韧树脂覆膜砂支撑剂的制备与性能研究[D]. 西安理工大学, 2017.
[19] 金智荣, 刘太平, 顾克忠, 等. 透油阻水支撑剂在近水层油层压裂中的应用[J]. 断块油气田, 2012, 19(S1): 93-95.
[20] 王海栋, 刘义坤. 压裂裂缝充填覆膜支撑剂控水增油实验[J]. 油气地质与采收率, 2019, 26(06): 136-142. DOI: 10.13673/j.cnki.cn37-1359/te.2019.06.018.
[21] 周万富, 李庆松, 韩重莲, 等. 阻水透油支撑剂在高含水储层的应用[J]. 石油钻采工艺, 2022, 44(05): 637-641. DOI: 10.13639/j.odpt.2022.05.020.
[22] Ying-Xian M, Yu-Rou D, Cun-Hu Z, et al. A high-temperature-resistant and metallic-crosslinker-free fracturing fluid based on guar gum/montmorillonite nanocomposite[J]. Journal of Natural Gas Science and Engineering, 2022, 105.
[23] Erdong Y, Hang X, Yuan L, et al. Reusing Flowback and Produced Water with Different Salinity to Prepare Guar Fracturing Fluid[J]. Energies, 2021, 15(1).
[24] Xiaoqin C, Yiwen S, Wenzhi L, et al. Comparative Studies on Hydraulic Fracturing Fluids for High-Temperature and High-Salt Oil Reservoirs: Synthetic Polymer versus Guar Gum. [J]. ACS omega, 2021, 6(39).
[25] 张文. 稀土-漂蓝6B-邻菲罗啉-氯代十二烷基吡啶体系的分光光度性质及镧钇共存时钇的测定[J]. 分析试验室, 1983(02): 8-11.
[26] 卓启疆. 聚合物自由体积[M]. 成都: 成都科技大学出版社, 1987.
[27] 罗文波, 杨挺青, 王霞瑜. 高聚物自由体积与温度和应力水平的相关性[J]. 高分子材料科学与工程, 2005(03): 11-15. DOI: 10.16865/j.cnki.1000-7555.2005.03.003.

不规则裂缝内流体流动规律数值模拟研究

刘 旭　李 沁　罗志彬　张 琴

（成都理工大学）

摘　要　明确逢面粗糙元对流体流动的影响规律，对于明确压裂液逢内流动特性非常重要。本文基于数值模拟计算的理论方法，应用CFD有限元分析方法建立了不同粗糙元裂缝流动模型，研究了不同粗糙元类型、裂缝吻合度中裂缝内流体流动规律。结果表明：流体受到了壁面粗糙元的拖曳和阻碍，从而使得沿流动方向压力明显减小，粗糙元引起的流动分离和回流是造成压力损失的主要原因；三种粗糙元对流速的影响有明显差异，三种粗糙元中，矩形粗糙元对速度的影响最大，三角形粗糙元次之，半圆形粗糙元最小；不规则裂缝的吻合度差异对流体压降和流速影响较小。

关键词　流体流动；裂缝；粗糙元；吻合度；数值模拟

在油气开发领域中，压裂是储层增产改造中最常见的手段之一，其核心增产原理是通过高压流体在储层中形成人工裂缝，作为油气流动的高速通道。但形成的压裂裂缝总是不规则的粗糙裂缝，缝面粗糙单元会对流体流动的压降、流速等特征产生影响。因此理解和量化流体在不规则裂缝中的流动规律非常重要。

国内外学者针对粗糙裂缝通道内流体流动规律开展了大量研究工作。在21世纪初以前，人们对粗糙壁面流体流动的研究主要以实验为主。Wooding等提出了关于流体阻力组成部分的公式，意思是压差阻力与总阻力的比值，随着粗糙集度呈现线性变化。往后学者们主要基于上述理论，通过室内实验研究了缝面整体粗糙度对流体流动的影响，众多结果表明：粗糙裂缝中流体流动受到缝面粗糙度和流体自身特性共同控制，缝面粗糙度会增加流体的流动阻力。随后进入21世纪以来，数值模拟方法越来越多地被用于逢内流体流动规律研究。学者们主要运用CFD有限元分析方法研究了近壁面流体流场特性与结构以及缝面粗糙度对压降、流速、传质性能以及流动阻力的影响，大多结果表明：表面粗糙度对裂缝流动有抑制作用，随着粗糙度参数的增大，有效渗透率减小；对于表面较粗糙的裂缝，裂缝流动偏离线性状态的时间较早，裂缝流动的非线性随着闭合过程中曲绕的流径和旋涡的出现而增强。

虽然过去众多学者都对粗糙裂缝中的流体流动形态和非线性行为进行了研究，但他们大部分是通过对某个粗糙度参数来研究裂缝的壁面粗糙度对于非线性流动的影响，很少有人聚焦缝面粗糙单元形态对近壁面流体流动规律的影响。因此，本文将基于CFD有限元方法，聚焦缝面粗糙单元，研究不同形态粗糙单元对逢内流体流动的影响，以期进一步明确不规则裂缝内流体流动机理。

1　模型建立及求解方法

1.1　几何模型建立

本文所用流动计算域模型如图1所示，模型尺寸为2mm×10mm，包含入口、出口及粗糙壁面。本文采用2D模型计算，计算域流体介质为液态水，雷诺数为3115，入口位置湍动能及湍流耗散率分别为0.024m^2/s^2及0.07m^2/s^3。流动过程为等温、湍流及不可压缩流动。

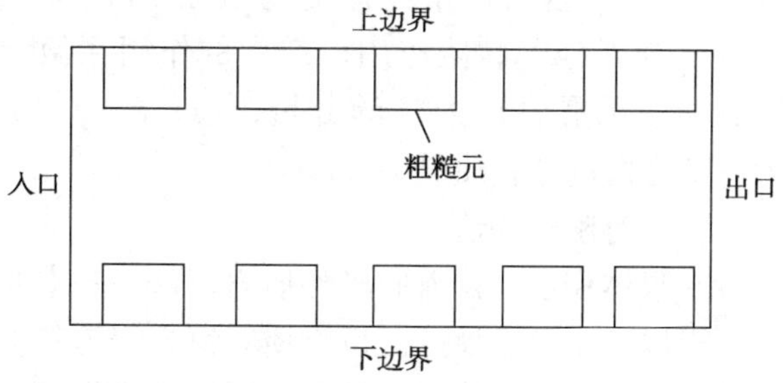

图1　模型简图

1.2　数值模拟方法与原理

流体的流动主要遵循质量守恒定律、动量守恒定律和能量守恒定律，由于本文的流体流动不涉及能量交换，因此探究遵循质量守恒以及动量守恒。

(1) 控制方程

① 质量守恒方程

对于流体流动情况，都需要遵循质量守恒，即单位时间流体流入流出的质量差等于相同时间模型密度的变化量，质量守恒方程可以表示为：

$$\frac{\partial \rho}{\partial t}+\frac{\partial(\rho u_x)}{\partial x}+\frac{\partial(\rho u_y)}{\partial y}+\frac{\partial(\rho u_z)}{\partial z}=0 \tag{1}$$

式中，u_x、u_y、u_z 为 x、y、z 三个方向的速度分量；t 为时间，s；ρ 为密度，kg/m^3。

引入哈密顿微分算子：

$$\nabla=i\frac{\partial}{\partial x}+j\frac{\partial}{\partial y}+k\frac{\partial}{\partial z} \tag{2}$$

则式(2)可以表示为：

$$\frac{\partial \rho}{\partial t}+\nabla\cdot(\rho u)=0 \tag{3}$$

或表示为散度的形式：

$$\frac{\partial \rho}{\partial t}+div(\rho u)=0 \tag{4}$$

② 动量守恒方程

依照牛顿第二定律能够推导出 x、y、z 三个方向的动量方程如下：

$$\frac{\partial(\rho u_x)}{\partial t}+\nabla\cdot(\rho u_x u)=-\frac{\partial p}{\partial x}+\frac{\partial \tau_{xx}}{\partial x}+\frac{\partial \tau_{yx}}{\partial y}+\frac{\partial \tau_{zx}}{\partial z}+\rho f_x \tag{5}$$

$$\frac{\partial(\rho u_y)}{\partial t}+\nabla\cdot(\rho u_y u)=-\frac{\partial p}{\partial y}+\frac{\partial \tau_{xy}}{\partial x}+\frac{\partial \tau_{yy}}{\partial y}+\frac{\partial \tau_{zy}}{\partial z}+\rho f_y \tag{6}$$

$$\frac{\partial(\rho u_z)}{\partial t}+\nabla\cdot(\rho u_z u)=-\frac{\partial p}{\partial z}+\frac{\partial \tau_{xz}}{\partial x}+\frac{\partial \tau_{yz}}{\partial y}+\frac{\partial \tau_{zz}}{\partial z}+\rho f_z \tag{7}$$

式中，p 为流体微元体上的压强，Pa；τ_{xx}、τ_{xy}、τ_{xz}为因分子黏性作用而产生的作用在微元体表面上的黏性应力 τ 的分量，Pa；f_x、f_y、f_z 为三个方向的单位质量力，m/s^2。

(2) 有限体积法

有限体积法，是着眼于物质守恒这一基本要求而得以提出及发展的。以物质守恒方程为基本出发点，通过将流体运动的有限区域切割为多个互相不重叠的子区域，并对每一个子区域的节点位置以及该节点所表征的控制体积进行定义，将该有限子区域的积分进行离散化，构造离散方程，有限体积法可以实现对具有复杂边界形状区域的流体运动的模拟，其通过控制单元边上相邻单元的通量一致，来保证其求解过程的守恒性。

有限体积法是基于运动守恒建立离散方程，三维对流扩散守恒微分方程如下：

$$\frac{\partial(\rho\varphi)}{\partial t}+\frac{\partial(\rho u\varphi)}{\partial x}+\frac{\partial(\rho v\varphi)}{\partial y}+\frac{\partial(\rho w\varphi)}{\partial z}=\frac{\partial}{\partial x}\left(K\frac{\partial\varphi}{\partial x}\right)+\frac{\partial}{\partial x}\left(K\frac{\partial\varphi}{\partial y}\right)+\frac{\partial}{\partial x}\left(K\frac{\partial\varphi}{\partial z}\right)+S_\varphi \tag{8}$$

式中，φ 为对流扩散物质函数，式(8)可表示为：

$$\frac{\partial}{\partial t}(\rho\varphi)+div(\rho u\varphi)=div(Kgrad\varphi)+S_\varphi \tag{9}$$

对控制体进行积分：

$$\int_{CV}\left(\int_t^{t+\Delta t}\frac{\partial}{\partial t}(\rho\varphi)dt\right)dV+\int_t^{t+\Delta t}\left(\int_A n\cdot(\rho u\varphi)dA\right)dt=\int_t^{t+\Delta t}\left(\int_A n\cdot(Kgrad\varphi)dA\right)dt+\int_t^{t+\Delta t}\int_{CV}S_\varphi dVdt \tag{10}$$

1.3 数值模型的求解

(1) 前处理阶段

确定模拟对象的几何模型，进行模型绘制，并对其进行网格划分，该网格划分过程就是将求解域的微分方程离散化成有限个代数方程组(图2)。

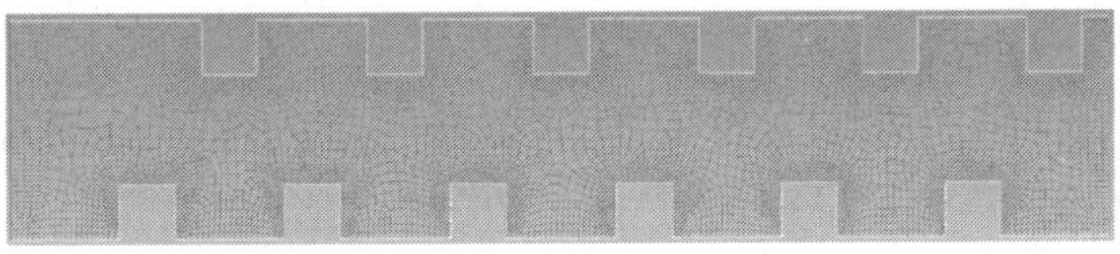

图2 网格划分

(2) 求解阶段

根据所建立的模型选择2D求解器(图3)，检查导入的网格(Grid→Check)，若网格存在负体积，后续计算会出现错误，需要重新划分网格；若不存在负体积，则选择求解器格式(Define→Models→Solver)、求解器类型(Define→Models→Solver)、确定材料物理性质(Define→Materisls)、设置操作环境(Define→Operating Conditions)、定义边界条件(Define→boundary conditions)、计算控制参数(Solve→Controls→Solution)、初始化流场(Solve→Initialize)、迭代计算(Solve→Iterate)。

(3) 后处理阶段

导出模拟数据结果，对模拟结果进行后处理。

2 模拟结果和分析

本文从缝面粗糙元与裂缝形态入手，研究了

粗糙元类型、裂缝吻合度对逢内流体流动规律的影响，具体参数设置如表1所示：

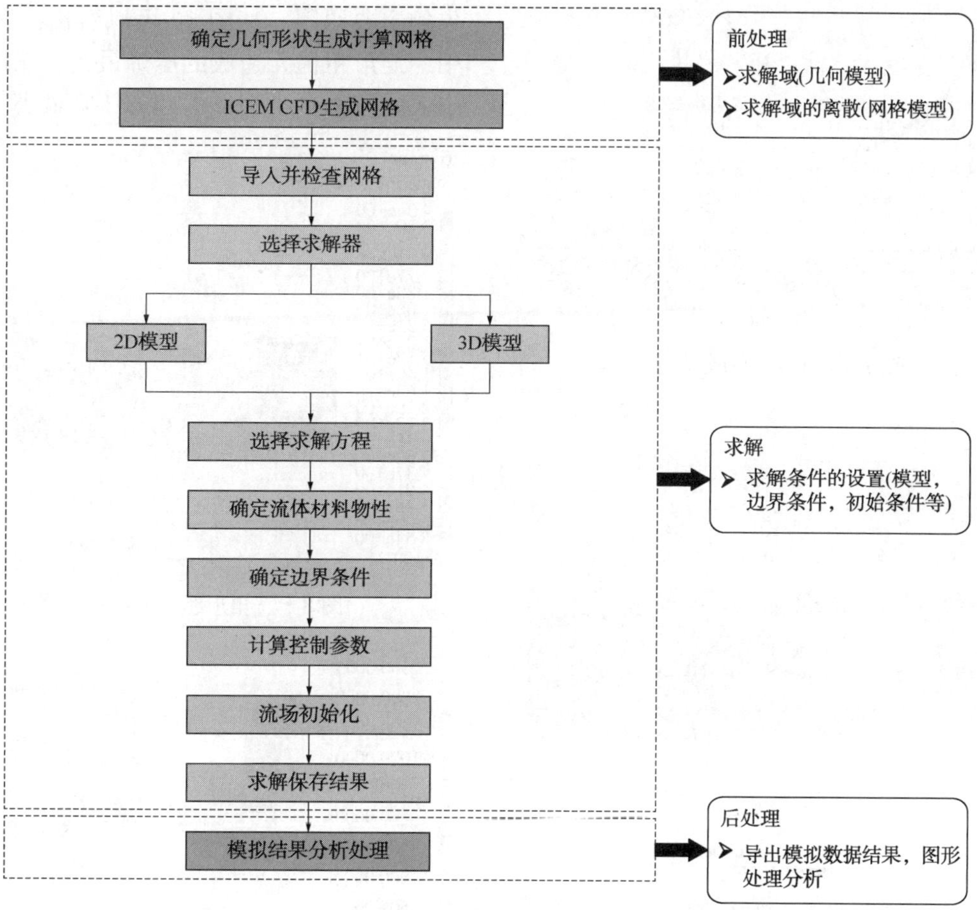

图3　数值模拟求解过程

表1　模拟参数设置表

模 拟 参 数	输入值
流体速度/(m/s)	1
流体黏度/mPa·s	10
模型吻合度	50%、100%
雷诺数	3115
入口位置湍动能	0.024m^2/s^2
湍流耗散率	0.07m^2/s^3
重力加速度	-9.81m/s^2
温度	343K

2.1 不同粗糙元类型对流体流动的影响

缝面粗糙元形态众多，本文为描述不同粗糙元下的流体流动特性，设置了三种不同类型的粗糙元：三角形、矩形、半圆形。

（1）不同粗糙元类型对压降的影响

在上述模拟工况参数条件下，分别对不同粗糙元下流体流动规律进行了模拟，得到了不同粗糙元缝内流体压降云图及压力沿缝长分布图。

从图4～图7可以看出，由于半圆形粗糙元的存在，压降发生明显改变，压降与光滑裂缝相比明显更大，但半圆形粗糙元裂缝中压降整体上有一定的规律性，我们可以得知半圆形粗糙元对流体流动的压降影响较小。

从图8～图9可以看出，流体在三角形粗糙元的裂缝中流动时，压降发生了巨大变化，在遇到第一个粗糙元时压降就大幅度减小，中间一段比较平稳，然后在接近裂缝出口时压力再次大幅度降低。

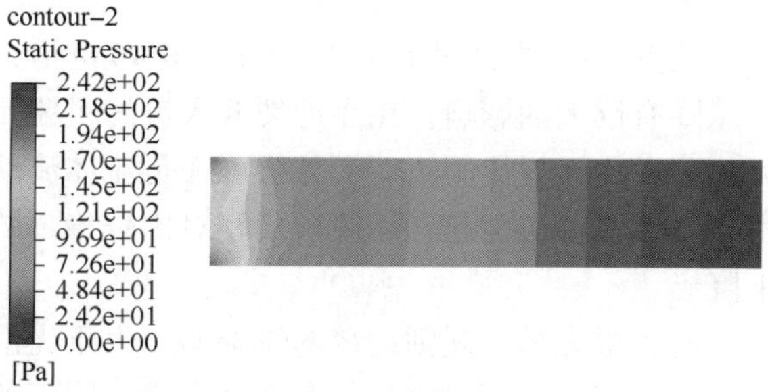

图4　光滑裂缝缝内压降云图

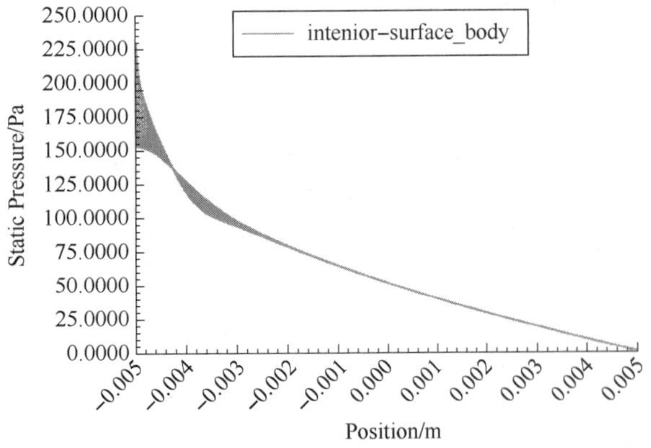

图 5　光滑裂缝中的压力分布图

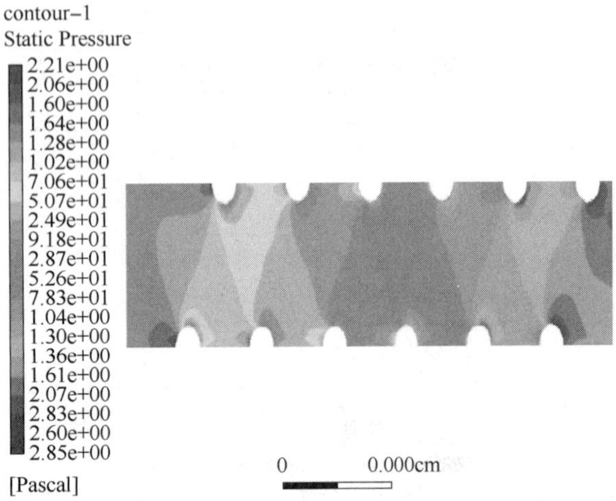

图 6　半圆形粗糙元缝内压降云图

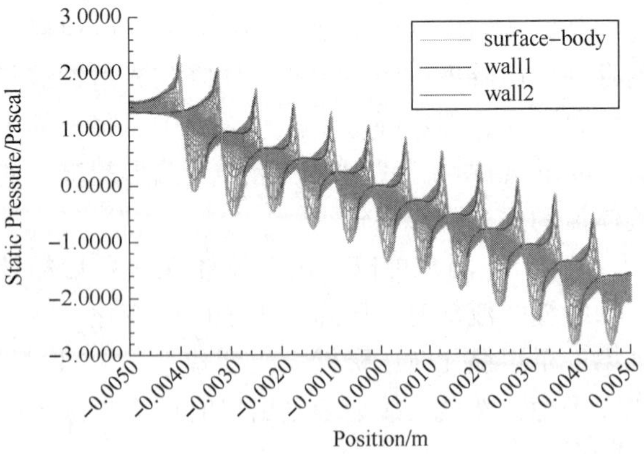

图 7　半圆形粗糙元裂缝中的压力分布图

从图 10~图 11 我们可以得知，矩形粗糙元对压降有巨大的影响，在靠近裂缝入口的粗糙元处压降发生无规律的波动，分析可知是流体流动由于形成了湍流引起。然后压降相对比较稳定的下降。

有粗糙元的不规则裂缝的压降明显大于光滑裂缝的压降，壁面粗糙元的存在使得壁面附近的流动发生明显改变，说明流体受到了壁面粗糙元的拖曳和阻碍，从而使得沿流动方向压力明显减小，粗糙元引起的流动分离和回流是造成压力损失的主要原因。从图 12 可以看出，三种粗糙元中，矩形粗糙元造成的压降最大，三角形粗糙元引起的较大，半圆形引起的压降最小。

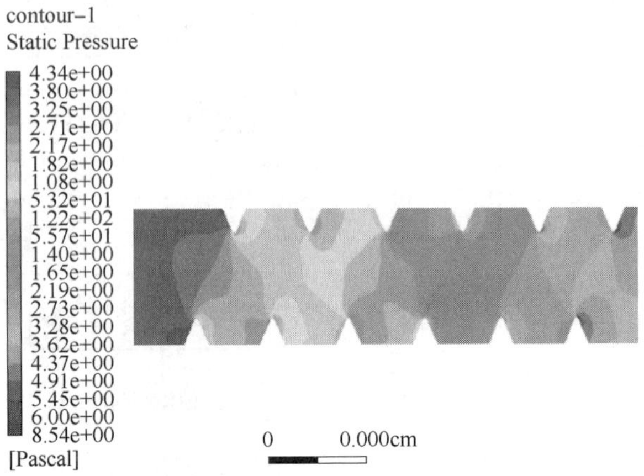

图 8　三角形粗糙元缝内压降云图

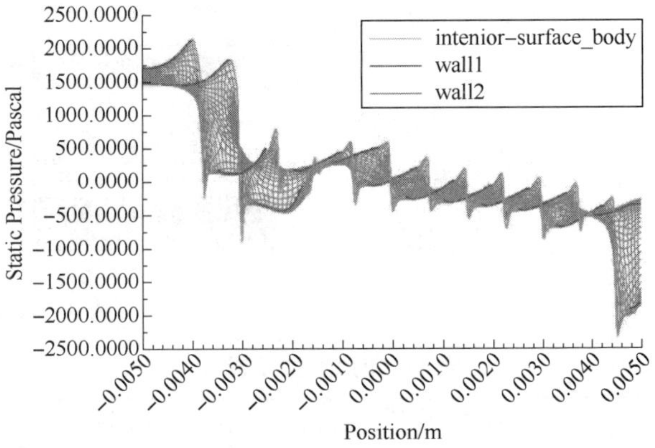

图 9　三角形粗糙元裂缝中的压力分布图

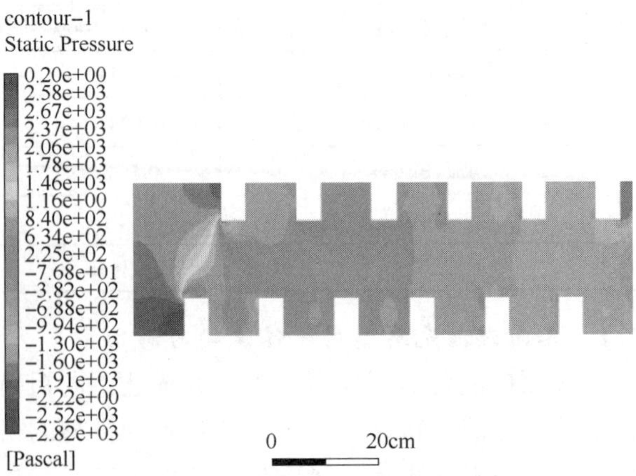

图 10　矩形粗糙元缝内压降云图

（2）不同粗糙元类型对流速的影响

为了观察粗糙元类型对不规则裂缝内流速的影响，我们分别绘出了流体 3 种粗糙元的不规则裂缝中的流动云图如图 13~图 15 所示：

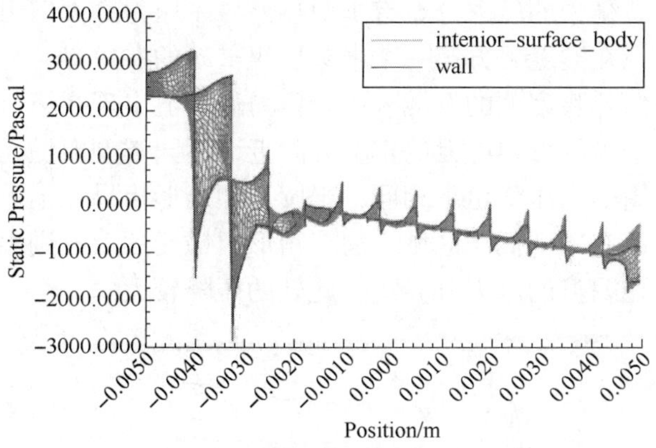

图 11　矩形粗糙元裂缝中的压力分布图

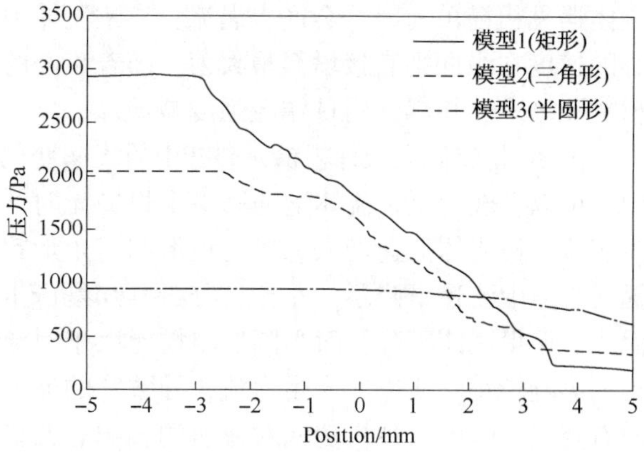

图 12　不同粗糙元的压降图

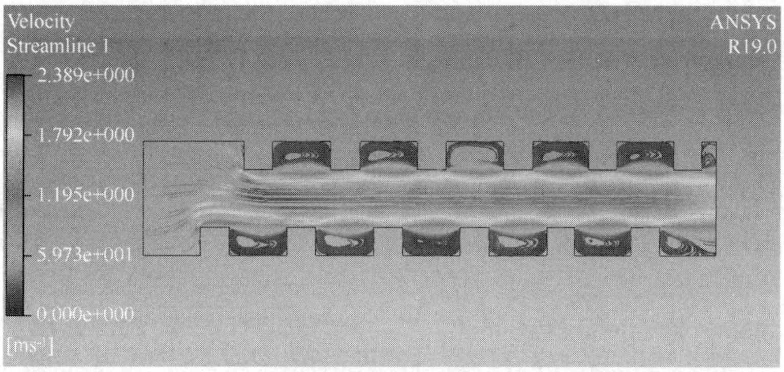

图 13　流体在矩形粗糙元裂缝中的流动图

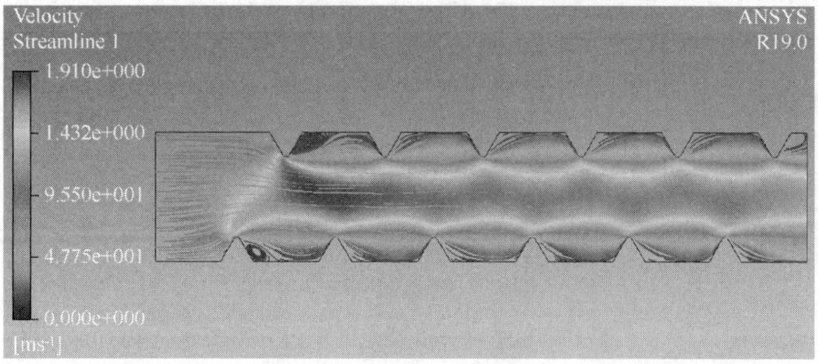

图 14　流体在三角形粗糙元裂缝中的流动图

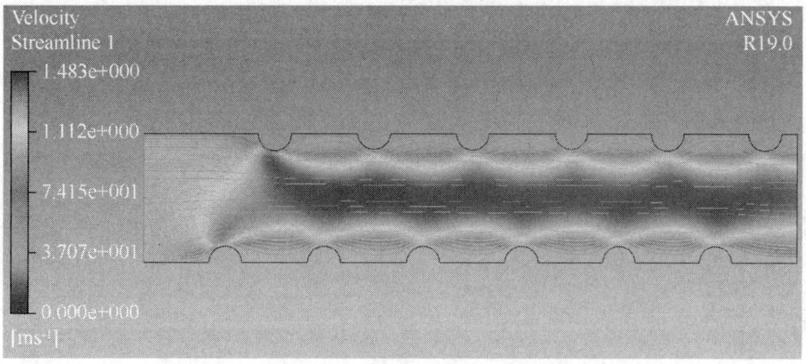

图 15　流体在半圆形粗糙元裂缝中的流动图

从图中我们可以得知，流体在裂缝入口至第一个粗糙单元这一段呈现出极其规律的层流，当流体遇见粗糙单元时，会产生涡流，导致流体中心的速度在纵向上直接增至最大值。随着流经的粗糙元增多，粗糙元附件湍流强度减弱。

图 16 是流体在三种粗糙元裂缝中的流速变化图，可以发现均是在流体遭遇第一个粗糙元时产生湍流，使流体流速增大。然后矩形和三角形粗糙元裂缝中流速下降了一小段，分析可知是产生涡流，使得流速下降，而半圆形粗糙元由于对流动的影响较小，所以未产生涡流，导致它的流速没有降低。因此三种粗糙元对流速的影响有明显差异，三种粗糙元中，矩形粗糙元对速度的影响最大，三角形粗糙元次之，半圆形粗糙元最小。

2.2 不同吻合度对流体流动的影响

由于在压裂时，裂缝可能会产生滑移，造成裂缝上下面的吻合度差异。因此，本文设置了不同的吻合度，以探究流体流动的影响规律。

(1) 不同吻合度对压降的影响

由图 17～图 18 可以看出流体在入口进入裂缝后，虽然整体压力分布还是沿着流体流动方向逐渐减小，但是在粗糙元的影响下，已经与光滑裂缝中的压力分布有了明显差异。压力最大值出现在裂缝下方第一个半圆形粗糙元的左边界，且向外弧度型的发散减小。压力最小值出现在第一个半圆形粗糙元的正上方附近。不同类型粗糙元周围的压降也不相同，半圆形和矩形粗糙元上方都有一个低压区域，而三角形粗糙元的上方则出现明显的压力分界线，此处的压降较大。

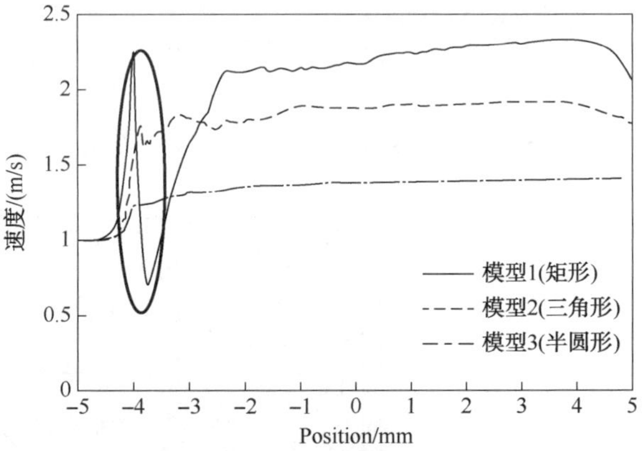

图 16　不同粗糙元裂缝中的速度变化图

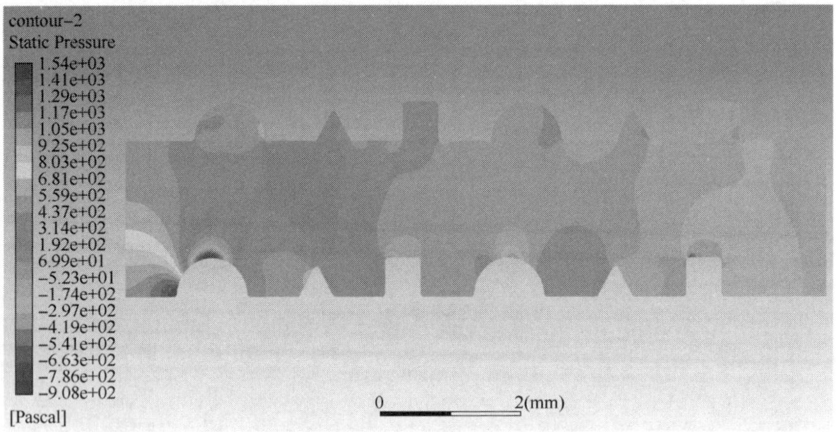

图 17　50%吻合度裂缝的压力分布图

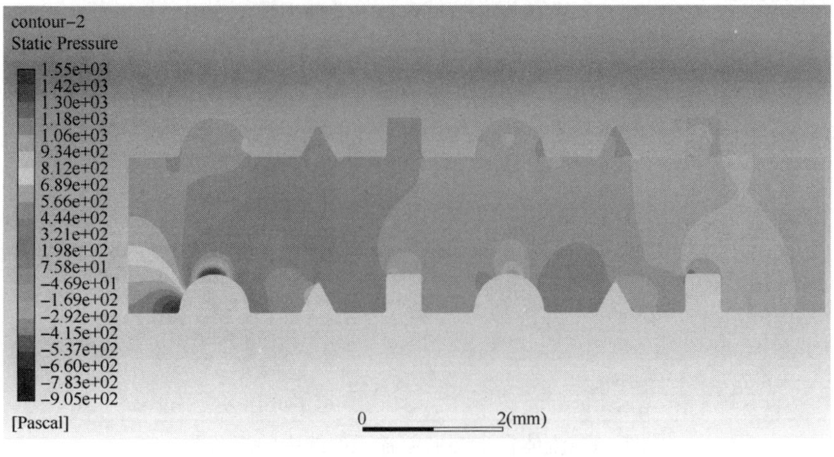

图 18　100%吻合度裂缝的压力分布图

由图 19 可以看出两种裂缝之间的压力大小交叉变化，但两者之间的差值较小且稳定，另外压力变化基本相同。不同吻合度的裂缝中流体流动的压力分布规律基本相同，不同吻合度对流体流动的压降影响较小。

（2）不同吻合度对流速的影响

由图 20~图 21 可知，不论是凸体粗糙元还是凹陷粗糙元，边界上的流速都比较小，这和光滑裂缝中的流动特征一致。流体最大速度值出现在第一个粗糙元的上方，在凹陷的粗糙元和凸出的粗糙元间隙中流体速度均较小，分析可知是产生了回流现象。流体中间的速度大于两边界附近的速度，随着流体流动方向逐渐增大，直到在裂缝最后一个粗糙元位置的流体中部达到较大值。

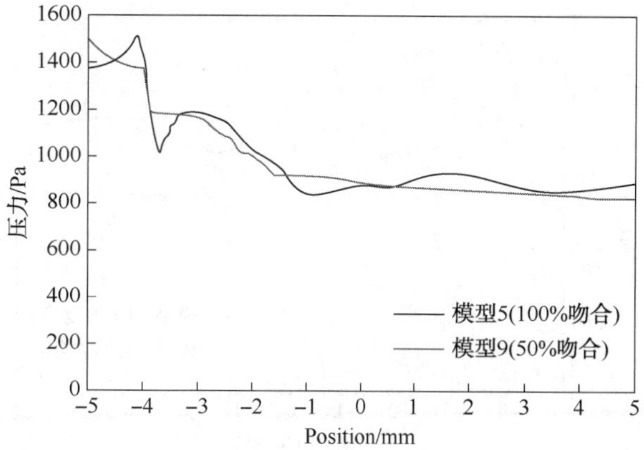

图 19　两种吻合度裂缝中压力变化图

由图 22 可以看出裂缝前段两者的速度变化曲线基本重合，后半段虽然有点差异但是差值均不大，并且变化的趋势一致。所以可以得知不规则裂缝的吻合度对流体速度的影响很小。

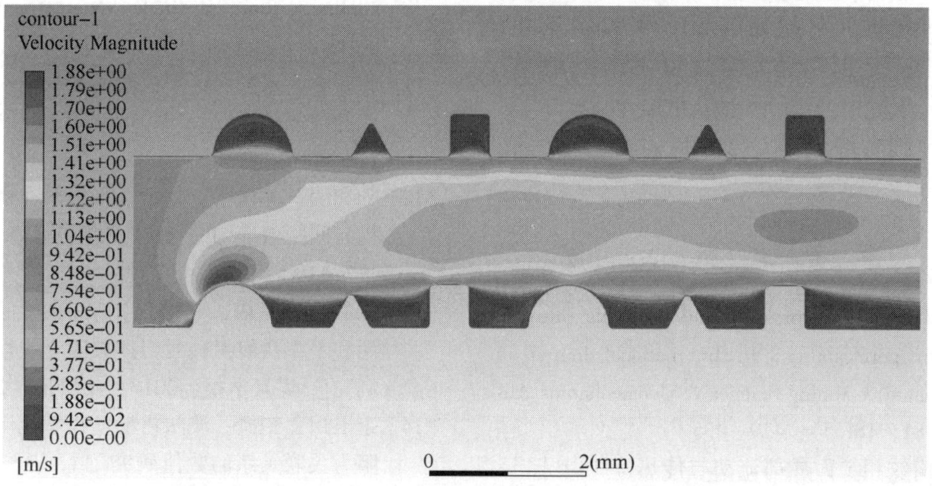

图 20　50%吻合度裂缝的流速分布图

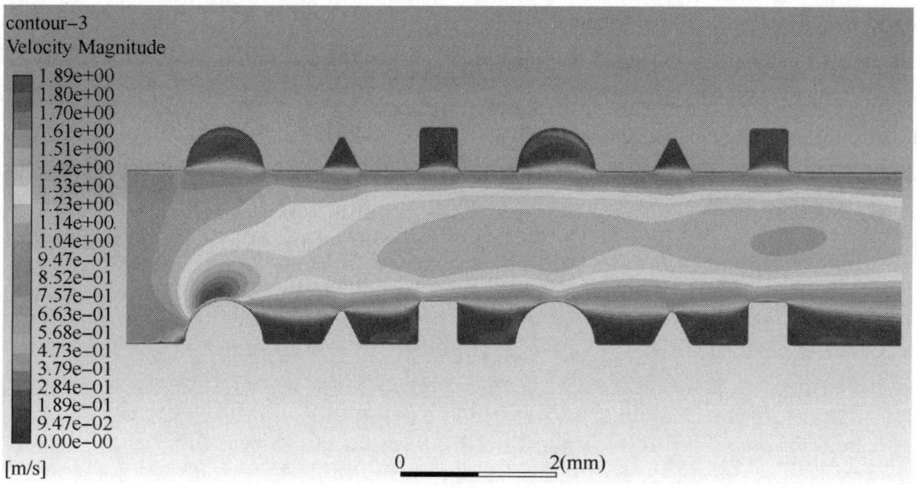

图 21　100%吻合度裂缝的流速分布图

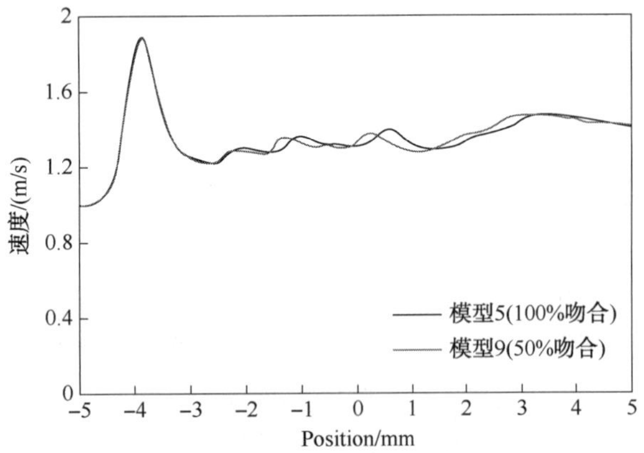

图 22　两种吻合度裂缝中流体速度变化图

3　结论

（1）流体受到了壁面粗糙元的拖曳和阻碍，从而使得沿流动方向压力明显减小，粗糙元引起的流动分离和回流是造成压力损失的主要原因。

（2）三种粗糙元对流速的影响有明显差异，三种粗糙元中，矩形粗糙元对速度的影响最大，三角形粗糙元次之，半圆形粗糙元最小。

（3）不规则裂缝的吻合度差异对流体压降和流速影响较小。

参考文献

[1] Woojing. Effect of pore pressure and confining pressure on frac-ture permeability [J]. International Journal of Rock Mechanics& Mining Science & Geomechanics Abstracts, 1981, 18(5): 429-435.

[2] 闻劭意．横纹粗糙面局部流动与传热特性[D]．清华大学，2004.

[3] Song C Y, Wang S H. Theoretical Analysis of Elec-tro-kinetic Flow and Heat Transfer in a Microchannel under Asymmetric Boundary Conditions[I]. Journal of Colloid Interface Science, 2003, 265(9): 202-213.

[4] Marshall J K. Drag measurements in roughness arrays of varying density and distribution[J]. Agricultural Meteorology, 1971, 8: 269-292.

[5] Microchannel. Heat Transferand Pressure Drop in Laminar Flow[J]. Journal ofPhysics D: Applying Physics, 2005, 38(10): 1518-1530.

[6] Yan J, Kun Y, Chung J N. Numerical Simulation ofwall Roughness on Gaseous Flow and Heat Trans-fer in a Microchannel [J]. International Journal of Heat and Mass Transfer, 2006, 49(4): 1329-1339.

[7] 邹江，彭晓峰，颜维谋．壁面粗糙度对通道流动特性的影响[J]．化工学报，2008，(01)：25-31.

[8] 张程宾，陈永平，施明恒，付盼盼．粗糙表面形貌对微尺度流动换热的影响[J]．工程热物理学报，2011，32(02)：326-328.

[9] Guan Rong, Long Cheng, Renhui He, Junsong Quan, Jie Tan. Investigation of critical non-linear flow behavior for fractures with different degrees of fractal roughness. Computers and Geotechnics. Volume 133, 2021, 104065.

[10] Liu J, Wang Z, Qiao L. et al. Transition from linear to nonlinear flow in single rough fractures: effect of fracture roughness. Hydrogeol J(2021).

[11] 高新学，云和明．平板微通道流动入口段粗糙度效应的数值模拟[J]．中国机械工程，2011，22(03)：326-330.

[12] 云和明，郭桃宇，刘智．平板微通道流动传热的粗糙元间距效应[J]．机械设计与制造，2013，(05)：117-119.

[13] 朱红光，易成，马宏强，张宇婷，苏振晋，褚震，谢和平．几何粗糙对岩体裂隙非线性流动的影响机制[J]．煤炭学报，2017，42(11)：2861-2866.

[14] 李玉川，鲍麟．波状粗糙壁模型流动的壁面热流和阻力关联关系的数值研究[J]．中国科学院大学学报，2019，36(06)：736-744.

[15] 王鹏．二维粗糙壁面上湍流流动特性的数值模拟[D]．兰州大学，2018.

[16] 鲁聪达，薛浩，吴化平，文东辉．随机粗糙微通道内部流动与传质特性[J]．中国机械工程，2018，29(12)：1414-1420.

[17] 王东英，姚军，宋文辉，孙海．考虑变应力影响的粗糙裂缝油水两相流动能力数值模拟方法[J]．中国石油大学学报(自然科学版)，2020，44(02)：100-107.

渤中 19-6 气田太古界潜山分段加砂大型压裂先导试验

胡翔宇[1] 刘东东[1] 王一生[2] 张雪峰[1] 胡立鹏[1]

[1. 中海石油(中国)有限公司天津分公司; 2. 中海油能源发展股份有限公司]

摘 要 渤中 19-6 气田的主要目的层太古界潜山具有理藏深、超高温、异常高压、渗透率低、各向异性强等特点。为优选在该气田太古界潜山储层最优的增产手段，选取一口开发评价井采用加砂压裂评价风化带低部位产注能力。以自升式钻井平台为载体，中海石油在渤海太古界潜山储层首次运用裸眼分段加砂大型压裂先导性试验。分析了海上压裂施工的限制因素并给出相应对策，针对储层特性对压裂参数进行优化，使用分段一趟多层压裂工具进行三段压裂作业。对于压后效果进行了分析并给出了结论。渤中 19-6 气田太古界潜山大型加砂压裂工艺的成功实施，为后续的开采方式优选积累了经验。

关键词 渤中 19-6 气田；低渗储层；自升式钻井平台；加砂压裂；压后分析

渤海湾地区的渤中 19-6 气田是全球最大的变质岩潜山凝析气藏之一，主要目的层是太古界潜山片麻岩。该气田潜山段的厚度可达 1000m，属于裂缝性低渗巨厚储裂缝性岩石。储层在从上到下可分为风化带和内幕带，具有低渗的特点。根据陆地油田经验，片麻岩储层的改造方法主要有酸化解堵、加砂压裂、加酸压裂。为优选在该气田太古界潜山储层最优的增产手段，选取一口开发评价井采用加砂压裂评价风化带低部位产注能力，为渤中 19-6 气田后续的开发方案实施及优化提供依据，为此，以勘探 6 号自升式钻井平台为作业载体，在渤海太古界潜山储层首次运用裸眼分段加砂大型压裂先导性试验。

1 基本概况

BZ19-6-X 井处于 19-6 气田试验区东部构造较低位置，目的为评价构造低部位潜山储层发育特征，进一步完善潜山地质模式，实施增产措施，探索潜山低渗裂缝性凝析气藏增产技术，增强储层认识。

1.1 地质特征

BZ19-6-X 井为一口 7″尾管+5⅞″裸眼开发评价井，目的层位太古界潜山，储层以花岗岩、片麻岩为主。根据现场取得花岗岩岩心，经过实验分析得到的结果，主要成分是石英和长石，黏土矿物含量较低。风化带上部裂缝集中段单井平均裂缝开度 46~321μm，单井平均 118μm，风化带中下部裂缝集中段单井平均裂缝开度 96~423μm，单井平均 175μm。储层岩心孔隙度为 1.85%，渗透率为 0.57mD，孔喉半径为 0.0217μm，具有低孔低渗特性。渤中 19-6 主体区压力系数为 1.13，地温梯度 3.60℃/100m。

1.2 大型压裂工艺在海上的实施方案

不同于陆地压裂，海上压裂作业受到平台大小、承载能力、作业安全及运输条件等限制颇多，使海上压裂难以支持大量陆地压裂设备及装置，因此压裂整体规模小且无法保证作业的连贯性。为在保证压裂成功实施的同时做到最大程度改造目的层，实施方案如下：(1)以勘探 6 号自升式钻井平台为载体，合理布局，兼顾放压流程的前提下提高压裂规模，达到空间利用最佳化。(2)在井口压力设备限制条件下，尽量提高排量，提高前置液比例，使用支撑剂段塞工艺。(3)选用连续混配技术，可以随时的调整化学品与施工液体的比例以及液体的用量，在空间有限的情况下大幅度提升了压裂施工的效率。

2 一趟多层压裂管柱工艺与压裂设计

采用 Halliburton 设计生产的一趟多层压裂管柱，针对储层特点对压裂施工所需物料和压裂施工参数进行了优化。

2.1 一趟多层压裂管柱工艺

一趟多层分段压裂管柱由井筒隔离阀、投球压裂滑套、趾端滑套、裸眼封隔器等部分组成。

其中，浮鞋与井筒隔离阀可防止管柱下入期间钻井液倒灌并可通过投球至井筒隔离阀处实现封井与封隔器坐封，趾端滑套实现底层免投球开启压裂通道，投球压裂滑套可加压开启各层压裂通道。此外，裸眼封隔器实现裸眼层间封隔与保护7″套管鞋。使用该管柱工艺较为成熟且能大幅度缩短工期，降低压裂成本(表1)。

表1　分段压裂器材参数

工具名称	外径/mm	内径/mm	耐温/℃	抗内压/psi	抗外压/psi	抗拉强度/t
顶部封隔器	189.6	129.3	232	15000	15000	181.3
加长密封筒	139.7	98.6	—	15000	15000	234.9
裸眼封隔器	185.3	124	204	15000	15000	205
投球压裂滑套	142.2	82.8	204	15000	15000	249.9
底部趾端滑套	142.2	73.7	204	15000	15000	249.9
井筒隔离阀	129.5	—	204	14420	14340	219.9

2.2　入井材料优选

优选 Halliburton Sirocco 淡水基高温压裂液体系，适用温度 26.67℃～180℃，水合时间短，可以满足连续混配。压裂液成分为改进羧甲基羟丙基，低粉比高黏度，残渣低(1%～3%)，分子量相对较小，降低对低孔低渗储层的伤害；破胶剂能在压后快速分解胶粉分子；可精确控制交联时间，能够有效降低摩阻，降阻率>65%。

支撑剂选择的主体思路是前置液阶段采用粉陶多级段塞，降滤失和支撑微裂缝；在前置液阶段优选70/140目粉陶使用支撑剂段塞工艺打磨裂缝入口处，用以减小近井摩阻。X井的目的储层的地层层闭合应力约77MPa左右，在如此高的地层闭合压力下，粒径对于导流能力影响会变得相对较小，考虑到砂堵风险以及使支撑剂铺置均匀，主支撑剂优选40/70目陶粒。

为分析三段压裂每段的效果，同时确定每段产量的占比，采用环保型示踪剂，监测产出剖面，利用气相色谱分析带有特定标识的天然气的含量及占比。

2.3　压裂施工参数优选

X井压裂施工共三段，考虑到储层特征，改造方法需要满足：在井口压力设备限制条件下，尽量提高排量，适度砂比，防砂堵；考虑到天然裂缝造成滤失较大的情况，尽可能的加大前置液比例，多使用支撑剂段塞技术(表2)。

表2　设计压裂施工参数

作业段别	前置液比例/%	施工排量/($m^3\cdot min^{-1}$)	砂量/m^3	平均砂比/%
第一段	58.5	2～4	20	10.3
第二段	58.1	2～4	28.1	11.9
第三段	58.2	2～4	28.4	12.4

采用 GOHFER 软件对施工参数进行优化，在第一段主压裂前做 DFIT 测试，获得到地层渗透率、地层孔隙压力与地层闭合压力，之后每段主压裂前均进行小压测试，获得到地层破裂压力，裂缝漏失形态，依照结果来完善主压裂泵主程序(表3)。

表3　模拟裂缝的数据

作业段别	裂缝支撑半缝长/m	裂缝缝高/m	平均铺沙浓度/(kg/m^2)	平均导流能力/($m\cdot dm$)
第一段	83.9	40	1.1	0.8
第二段	126	32	2.11	1.05
第三段	95.9	42	1.93	1.9

3 现场试验及效果分析

2022 年 9 月 3 日对 X 井进行大型加砂压裂施工作业，于 9 月 8 日开始返排作业。

3.1 测试压裂分析

通过 GOHFER 软件对 DFIT 测试、小压测试结果进行分析。由小压测试结果显示，第一段的地层裂缝形态显示为多裂缝，结合 DFIT 测试分析结果，可通过冻胶控破裂技术有效控制多裂缝发育；第二段与第一段相比，微裂缝产生较少，主裂缝发育好，可在主压裂阶段提高砂比，增大液量，充分改造储层；第三段微裂缝多级发育复杂，在段塞前期增加加砂量，后续提高砂比，有效增加缝宽，增加主裂缝导流能力。

3.2 分段压裂施工

X 井压裂采用油管非连续 3 段注入，共成功完成 84.5m^2 支撑剂、1654.6m^2 压裂液的注入，加砂量、平均砂比均超出压裂施工设计值，施工压力 45.6~68.3MPa，排量 2.0~4.0m^2/min(表 4、表 5)。

表 4 主压裂施工数据表

作业段别	前置液比例/%	施工排量/($m^3 \cdot min^{-1}$)	砂量/m^3	平均砂比/%	施工压力/MPa
第一段	58.2	2~4	23.1	14.1	45.6~66.0
第二段	55.9	2~4	32.6	17.2	45.8~66.3
第三段	53.9	2~4	28.8	17.2	63.3~68.3

表 5 实际压裂模拟裂缝数值

作业段别	裂缝支撑半缝长/m	裂缝缝高/m	平均铺沙浓度/(kg/m^2)	平均导流能力/(m·dm)
第一段	95.9	40	1.17	0.84
第二段	120	32	2.18	1.08
第三段	90	42	2.12	2.18

3.3 压后效果分析

X 井返排作业于 9 月 8 日开始，初期自喷，油压从 27.7MPa 下降至 1.3MPa，产气量最高 18200m^3/d。后采用连续油管气举排液，最大下入深度 4300m，最高气产量 20000m^3/d，未能自喷。9 月 23 日停止气举，累计返排液体 2215.9m^3，其中凝析油 49.6m^3(图 1)。

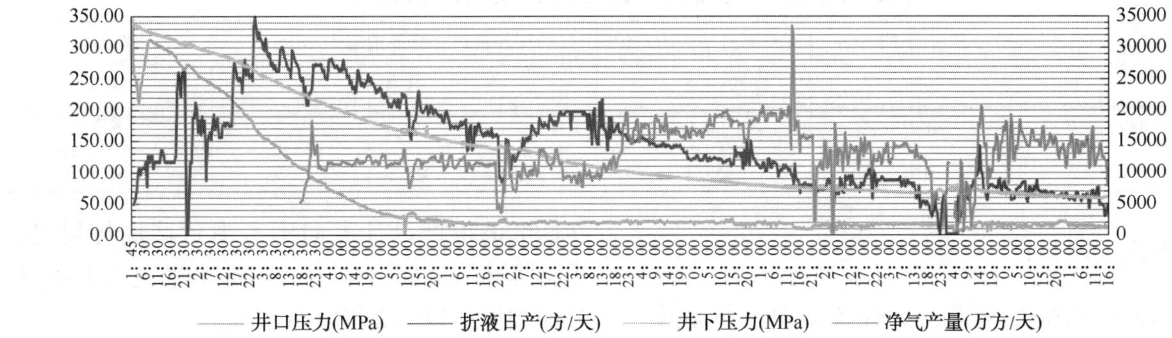

图 1 X 井返排数据图

产出剖面示踪解释结果表明，监测期间第 1~3 段均有产气，第 1、2 段产气占比相对较高，为 29.75%~54.38%；第 3 段产气占比相对较低，为 14.31%~19.76%。

根据 G 函数分析第一层和第三层压裂施工较好沟通了天然裂缝，压裂改造情况明显；第二层压裂阶段形成一条简单主裂缝，并沟通了部分天然裂缝。X 井天然裂缝走向为近东西向，天然裂缝与最大水平主应力夹角小，天然裂缝起裂方位具备优势，具备形成复杂压裂缝网的天然裂缝方位条件，但是否具备形成复杂压裂缝网的水平应力差条件仍需研究。

3.4 地层力学性质分析

获取地应力数据的方法通常是根据测井资料

计算或通过现场取芯进行室内试验。通过测井数据研究地层力学性质时，通常要统计一定区域所有井的测井数据，建立地层力学性质剖面图来进行横向对比研究，但由于地层在横向上厚度不一，且在进行测井作业时，由于时间、环境的不同，相同地层不同井的采样点和采样间距也不相同。为保持数据处理的准确性，需要将不同井的原始测井数据通过插值运算的方法进行处理。首先，采用归一化的方法，对异常的数据进行处理。归一化可以通过限定数据的范围从而消除突变数据，公式如下：

$$X_n = \frac{x_n - x_{\min}}{x_{\max} - x_{\min}} \tag{1}$$

其中，X_n为第 n 个采样点数据。

再使用插值运算的方法，对采样间距进行校正：

$$L_k(x) = \frac{(x-x_1)\cdots(x-x_{k-1})(x-x_{k+1})\cdots(x-x_n)}{(x_k-x_1)\cdots(x_k-x_{k-1})(x_k-x_{k+1})\cdots(x_k-x_n)} \tag{2}$$

$$P_{n-1}(x) = y_1L_1(x) + \cdots + y_nL_n(x) \tag{3}$$

由于在信号采集时，传感器受环境的影响或者自身问题的影响，采集到的数据会存在随机错误值，偏离了期望值，需要剔除，因此需要进一步处理。

本文采用小波阀值去噪的方法，通过人为设定一个临界闸值，将噪声从原始数据中剥离出来，将处理后的结果保留再重构便能得到去噪的信号。噪声信号表达如下：

$$f(t) = s(t) + \sigma n(t) \tag{4}$$

其中，$f(t)$代表含噪的信号；$s(t)$代表原始信号；σ 反应噪声高低的程度；$n(t)$代表噪声。

考虑到原始信号的特征，选择 dbN 小波族中的 db5 小波函数，分解层数为 3 层。对原始测井数据进行去噪处理。在经过处理后，测井资料计算得到的数据与室内实验得到的数据误差控制在 7%以内，此时再根据 X 井的测井资料获得地层真实的地应力数据。根据结果可知，水平两向应力差在 20MPa 以上，不具备形成复杂压裂缝网的水平应力差条件，鉴于本井后期返排情况，分析认为在改造的范围内未能沟通有效的天然裂缝(图 2，表 5)。

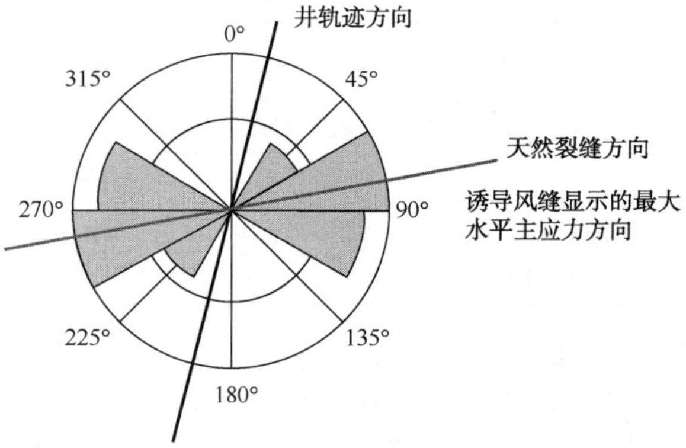

图 2　X 井力缝夹角

表 2　邻井的地应力的室内试验与测井资料计算结果对比

井深/m	地应力方向	实验测得地应力/MPa	测井资料计算的地应力/MPa	误差/%
3877	σV	94.6	91.4	3.6
	σH	84.9	79.7	6.2
	σh	59.1	59.0	0.3

4　结论

(1) 针对储层特点，综合考虑海上作业限制，充分发挥海上钻井平台施工能力，尽大程度加大海上压裂作业规模，在渤海太古界潜山储层首次运用裸眼分段加砂大型压裂先导性试验，压裂施工作业达到设计要求，工艺实施圆满成功，为后续的增产措施选择提供了宝贵的经验。

(2) 使用一趟多层压裂的管柱的对此次大型加砂压裂作业的成功实施起到了重要作用，管柱工艺的成熟可靠性是作业成功的关键。

(3) 对于水平两向应力差较大的问题，建议在后续的增产设计方向中考虑封堵优势裂缝孔道，提高裂缝闭合应力，创造水平应力差条件，从而加大压裂后裂缝复杂程度。

参　考　文　献

[1] 刘平礼，黄晶，幸雪松，等. 超高温裂缝性变质片麻岩凝析油气藏缝网酸压改造技术——以海上 A 气田太古界潜山储层为例[J]. 天然气工业，2021，41(12)：73-80.

[2] 李威，李友川，兰蕾，等. 渤海湾盆地渤中 19-6 气田凝析油特征及油气关系[J]. 地质学报，2021，95(03)：913 - 923. DOI：10. 19762/j. cnki.

dizhixuebao. 2020248.

[3] 曹科学. 片麻岩地质特征及储层改造工艺方案优化[D]. 中国石油大学(北京), 2016.

[4] 杨一凡, 邱正松, 李佳, 等. 渤中 19-6 深部潜山高温气层保护钻井液技术[J]. 钻井液与完井液, 2020, 37(04): 476-481.

[5] 侯明才, 曹海洋, 李慧勇, 等. 渤海海域渤中 19-6 构造带深层潜山储层特征及其控制因素[J]. 天然气工业, 2019, 39(01): 33-44.

[6] 李威, 李友川, 兰蕾, 等. 渤海湾盆地渤中 19-6 气田凝析油特征及油气关系[J]. 地质学报, 2021, 95(03): 913 - 923. DOI: 10. 19762/j. cnki. dizhixuebao. 2020248.

[7] 范白涛, 陈峥嵘, 姜浒, 等. 中国海油非常规和海上低渗储层压裂技术现状与展望[J]. 中国海上油气, 2021, 33(04): 112-119.

[8] 刘鹏, 许杰, 徐刚, 等. 渤中 25-1 油田低渗透储层水平井分段压裂先导试验[J]. 油气井测试, 2018, 27(03): 52 - 57. DOI: 10. 19680/j. cnki. 1004 - 4388. 2018. 03. 009.

[9] 韩磊. 连续混配工艺技术在长庆 A 井中的应用[J]. 当代化工研究, 2019(02): 162-163.

[10] 唐勇, 王国勇, 李志龙, 等. 苏 53 区块裸眼水平井段内多裂缝体积压裂实践与认识[J]. 石油钻采工艺, 2013, 35(01): 63-67. DOI: 10. 13639/j. odpt. 2013. 01. 017.

[11] Donoho D L. De-noising by soft-thresholding[J]. IEEE Transactions on Information Theory, 1995, 41(3): P. 613-627.

[12] 胡翔宇. 博孜区块砾石层力学特征与钻头优选研究[D]. 中国石油大学(北京), 2021.

加拿大都沃内页岩气超长水平井钻井实践

孔璐琳　汪海阁

（中国石油集团工程技术研究院有限公司）

摘　要　Duvernay 页岩油气藏是中国石油海外重要的的高压非常规油气藏，地层压力系数 1.8，埋深 3200~3800m。2012 年以来，通过持续优化钻完井技术，都沃内页岩气水平井钻井周期持续缩短，钻完井成本不断下降，取得了较好的经济效益。文章深入介绍加拿大都沃内项目超长水平井（水平段>3500m）钻完井技术，为国内非常规油气水平井钻井降本增效提供技术参考。都沃内大幅度提高钻井效率，主要在以下 5 个方面进行不断升级迭代：一是钻机和钻井设备的迭代升级；二是持续优化钻完井设计，系统优化井身结构和井眼轨迹；三是不断提升井下工具的可靠性和稳定性；四是强化钻参，优化钻头与提速工具，践行各开次“一趟钻”理念；五是高度完善的大数据动态跟踪系统，提高钻进速度，降低事故复杂。通过不断优化改进，实现水平段长度从 1702m 增加至 4425m，钻井周期从 71d 缩短至 20d，每米钻井成本从 1777 加元降低至 722 加元；压裂段数从 16 段增加到 75 段，段间距从 89m 缩短到 49m，压裂成本由 999 万加元/km 下降到 274 万加元/km，油气产量由年 1.77 万 t 油当量上升到峰值的年 213.3 万 t。都沃内所形成的钻完井特色技术与管理模式，取得了显著的降本增效效果，具有非常广阔的推广应用前景。

关键词　非常规油气；页岩气；超长水平井；钻完井；都沃内区块

近年来，页岩油气资源的开发成为了全球研究热点和难点。IEA 预计，2030 年全球天然气需求将达到 54000 亿 m^3，增长 50%以上，中国、中东、印度等发展中国家引领需求增长。面对非常规油气价格低迷的挑战，超长水平井+大规模水力压裂是高效开发页岩气的有效方式。形成一套完善的超长水平井钻井技术体系，有效地提速和缩短钻井周期，就显得尤为重要。

北美是全球页岩油气发现时间最早、开发利用最成功的地区。通过持续优化钻井技术，北美页岩气水平井钻井周期缩短，钻井成本不断下降，取得了较好的经济效益。2012 年 12 月，中石油以 49.9%的权益进入加拿大都沃内项目，2020 年完成资产分割成为 100%控股的作业者。2012 年以来，通过持续优化钻完井技术，水平段长度从 1702m 增加至 4425m；钻井周期从 71d 缩短至 20d，压裂段数从 16 段增加到 92 段，段间距从 89m 缩短到 49m，每米钻井成本从 1777 加元降至 722 加元；压裂成本由 999 万加元/km 下降到 286 万加元/km，页岩油气年产量由 1.77 万 t 当量上升到 213.1 万 t，经营效益显著，实现了对富含液态烃页岩油气高效规模开发。

1　研究区概况及钻遇地层特点

1.1　研究区概况

加拿大都沃内项目是中石油与 Encana 合作开发的页岩气区块（图 1），位于西加拿大盆地中部阿尔伯达次盆的西部，按地理位置划分为 Simonette、Pinto、Edson、WillesdenGreen 等 4 个区块，主力开发区 Simonette 区块，主要目的层是泥盆系 Duvernay 页岩气藏，埋深 3050~3450m，采用长水平段水平井提高泄油面积，配合大规模水力压裂提高单井产量。2012 年完成资产交割以来，持续优化超长水平井钻井技术，水平段长度由 1590m 延长至 4095m，钻井周期由 71d 缩短至 20d，每米钻井成本由 1777 加元降低至 620 加元。

1.2　钻遇地层特点

主要钻遇白垩系、侏罗系、三叠系、二叠系、石炭系、泥盆系，如表 1 所示。垂深 2100m 以浅主要岩性由页岩、砂岩构成；垂深 2100~3050m 范围内地层主要由灰岩、白云岩、页岩构成；3050m 以下 Duvernay 储层岩性为页岩；含硫化氢气体层（Montney、Debolt、Wabamun、Blueridge、Nisku、Duvernay）。主力区块属于正常温度、高压系统，储层深度为 2150~2850m，温度为 70~130℃，Duvernay 以上地层压力系数为 1.0~1.1，Duvernay 地层压力系数为 1.8，坍塌压力系数 1.7，破裂压力系数为 2.2，漏失压力与破裂压力接近。

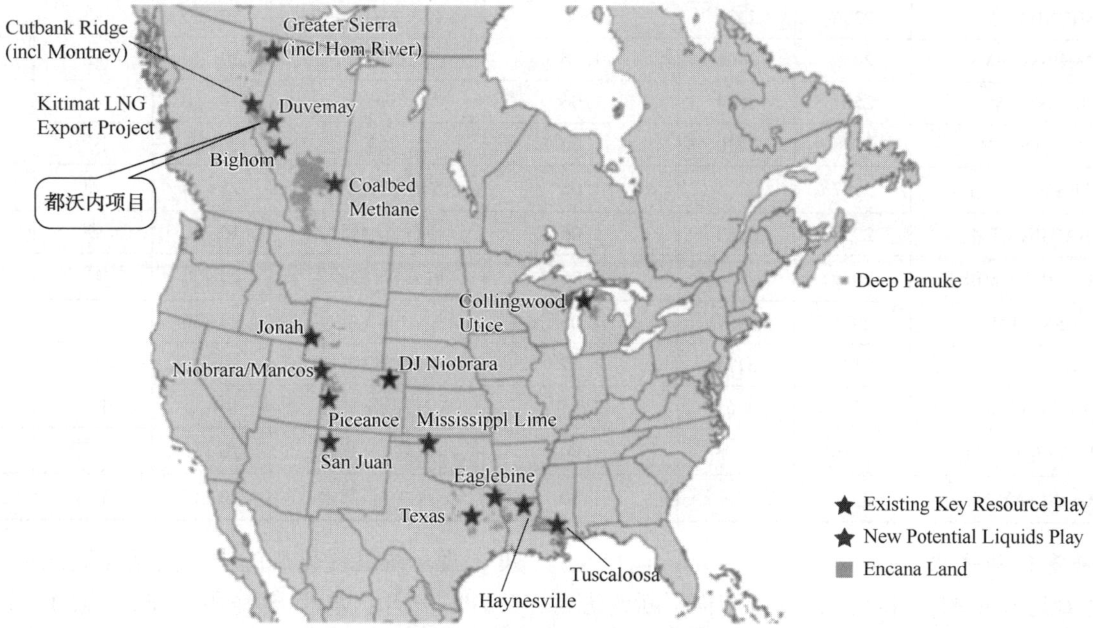

图 1　都沃内页岩气地理位置

表 1　钻遇地层岩性及岩石硬度分级

地层名称	垂深/m	厚度/m	压力梯度/(g/cm³)	岩性	UCS/kpsi	硬度	风险
LEA PARK FM	1050	1051	1.03	页岩	5~10	软	
COLORADO GRP	1096	1098	1.03	页岩	5~10	软	
BADHEART FM	1188	1191	1.03	砂岩	5~10	软	
MUSKIKI	1197	1201	1.03	页岩	5~10	软	
CARDIUM FM	1244	1248	1.03	砂岩/页岩/粉砂岩	5~10	软	
CARDIUM SD	1262	1268	1.03	砂岩	5~10	软	
SECOND WHITE SPECKS	1419		1.03	页岩	5~10	软	
DOE CREEK MBR	1492		1.03	砂岩	5~10	软	
DUNVEGAN FM	1541	1548	1.03	砂岩	5~10	软	
BASE FISH SCALES	1644	1651	1.03	页岩	5~10	软	
PADDY FM	1678	1685	1.03	砂岩	5~10	软	
CADOTTE MBR	1694	1701	1.05	砂岩	5~10	软	
HARMON MBR	1717	1724	1.05	页岩	5~10	软	
SPIRIT RIVER GROUP	1723	1730	1.05	砂岩	10~15	中等	
BLUESKY FM	1976	1983	1.05	砂岩	15~20	硬	
GETHING FM	1995	2002	1.05	砂岩	15~20	硬	
CADOMIN	2071	2078	1.05	砂岩	15~20	硬	
FERNIE GRP	2115	2122	1.05	页岩	10~15	中等	漏失
NORDEGG MBR	2119	2126	1.05	石灰石/燧石	10~15	中等	卡钻
MONTNEY FM	2149	2156	1.06	粉砂岩/页岩	15~20	硬	H_2S
BELLOY FM	2265	2272	1.06	白云岩/砂岩/燧石	15~30	硬	

续表

地层名称	垂深/m	厚度/m	压力梯度/(g/cm³)	岩性	UCS/kpsi	硬度	风险
ELKTON MBR	2284	2291	1.06	白云岩/石灰岩	20~30	硬	
SHUNDA FM	2386	2393	1.06	石灰岩/白云岩	20~30	硬	
PEKISKO FM	2459	2466	1.06	石灰岩	20~30	硬	
BANFF FM	2507	2514	1.06	页岩	15~30	硬	
EXSHAW FM	2703	2710	1.06	页岩	5~15	中等	
WABAMUN GRP	2707	2715	1.06	石灰岩/白云岩/硬石膏	25~30	硬	H_2S
GRAMINIA FM	2932	2938	1.06	硬石膏/粉砂岩	10~20	硬	
BLUERIDGE MBR	2939	2946	1.06	白云岩/粉砂岩	20~30	硬	H_2S
NISKU FM	2975	2987	1.06	白云岩	20~30	硬	卡钻
IRETON FM	3138	3175	1.17	石灰岩/页岩	10~15	中等	
IRETON FM LWR MKR	3212	3261	1.55	石灰岩/页岩	10~15	中等	
DUVERNAY FM	3310	3408	1.80	页岩/石灰岩	10~15	中等	H_2S
DUVERNAY HZ	3339	5872	1.80	页岩/石灰岩	10~15	中等	H_2S

1.3 井身结构优化

随着近几年的钻井实践，井身结构不断改进与优化(图 2)，2017 年以来已基本形成了较为稳定的井身结构和管柱配套模式，井身结构优化主要表现在：一开：13¾″井眼不变，表层套管由 10¾″缩小为 9⅝″套管。二开：9⅞″井眼缩小至 8¾″，中间技术套管 7⅝″保持不变。3300m 左右的中间段采用 8¾″井眼，大大提高了钻进速度，现场统计优化后的中间段钻井周期平均缩短 6.7d。三开：水平段井眼由 6⅛″增加到 6¾″，生产套管由 4½″尾管悬挂/套管优化为 5½″+4½″复合套管，以满足长期生产更换举升方式(如气举)对套管内径的需求。同时，水平段井眼的扩大和采用 5½″+4½″复合生产管柱更有利于长水平段生产套管的安全下入，水泥环厚度由 21mm 增加至 28mm，也降低了套变风险。

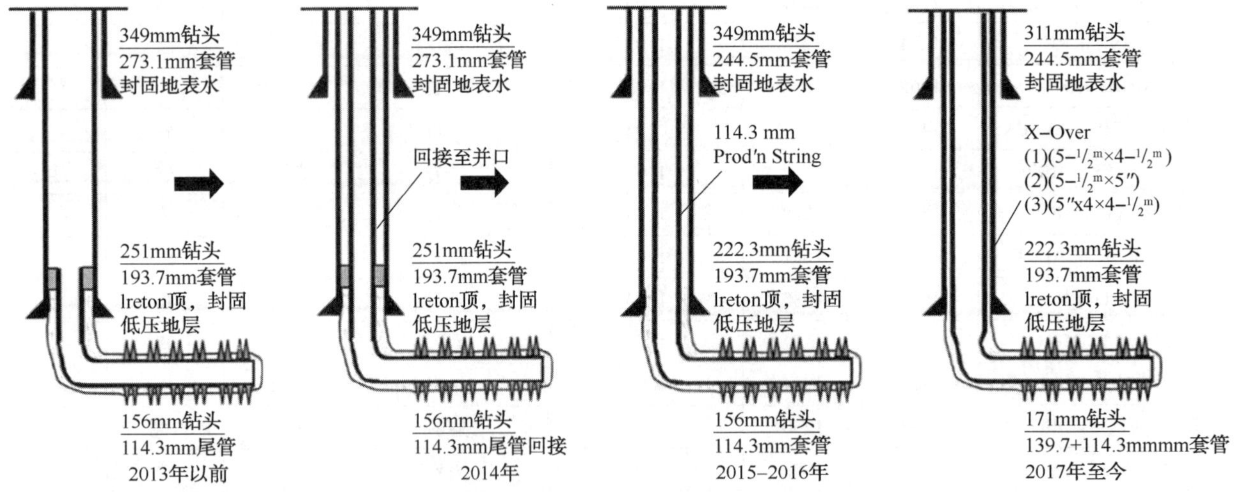

(a)尾管悬挂器　(b)回接　(c)41/2″套管　(d)X–Over

图 2　井身结构改进与优化

1.4 钻井难点

(1) 页岩井壁失稳。

(2) 水平段延长至 3500m 以后，高效钻井难度大；为提高机械钻速，采用旋转导向+高扭矩螺杆施工，需解决泵压高和大排量施工的问题。

(3) 水平段延长至 3500m 以后，171mm 小井眼下套管遇阻风险增大；经模拟，采用常规下套管工艺会出现大段螺旋屈曲，甚至会出现锁死的可能，生产套管下入遇阻风险大。

（4）固井漏失严重。Duvernay 层发育天然裂缝，地层压力高，高密度水泥浆环空 ECD 高于破裂压力，易发生固井水泥浆漏失，固井水泥浆失返，影响固井质量。需解决固井漏失问题。

2 钻井装备升级改造

采用 1500hp 电动钻机，名义钻井井深为 6100m，配顶驱。带步行系统，可全方位移动及旋转，旋转载荷为 334t，移动载荷为 245t。配备钻杆自动传输装置，输送能力为 1.8t。配备冬季施工设备，主要包括冬季加热锅炉（功率 93kW）、蒸汽管线、冬季钻机防冻装置、52MPa 地面管线，2 台 1600hp 的钻井泵，额定泵压从 35MPa 提高至 52MPa，为提高排量奠定基础。配备 6770mφ114.3mm 钻杆，1200mφ114.3mm 加重钻杆，230mφ165.1mm 螺旋钻铤。

全球知名服务商提供技术服务，钻井及定向由威德福公司提供服务，钻头主要由贝克休斯、史密斯、瑞德等公司提供，固井由哈里伯顿公司提供服务，井下工具主要由贝克休斯公司、威德福公司提供，套管下入由 Tesco 公司提供服务。

为缩短开钻准备时间，全井采用 φ114.3mm 钻杆施工，钻台可摆放全部钻具，批钻时不同井之间钻机带钻杆移动，每部钻机在同一平台仅接钻杆、甩钻杆，一开 2h 内开钻，二开 24h 内开钻。

3 钻井关键技术

3.1 工厂化作业

通过不断地试验、总结，形成以“部署平台化、钻机模块化、技术模板化、双钻机同步钻井、双机组协同压裂”为特色“工厂化”作业模式，不断优化学习曲线，提高了作业效率，实现当年完钻、当年压裂、当年试气、当年投产，缩短了建产周期，降低了成本，推动了非常规油气资源的高效开发(图 3、图 4)。

单平台部署 8~16 口井，井场双排布局，采用平移技术和批量钻井技术，以水基、油基钻井液为分界，先批次完成水基钻井液井段，再完成油基钻井液井段的施工。平台井双机组 24h 连续协同作业，通过工厂化作业模式，钻井液重复利用率由 60%提高至 100%，平台井间钻机移动时

图 3　双钻机工厂化作业

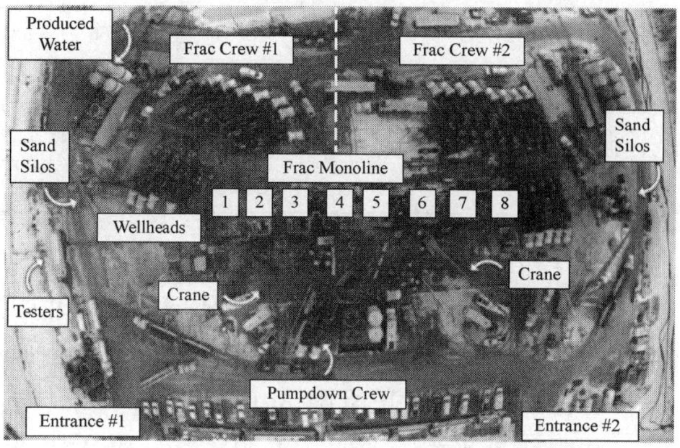

图 4　双机组压裂作业现场

间由 12h 降低至 2h，极大的缩短了开次间准备时间，提高了钻井效率。单平台最高日进尺 1994m，单日最高压 20 段。

2012—2014 年共完钻 158 口井，井眼尺寸大、钻井成本高。为降低钻井成本，在 2015—2016 年实施了 16 口 φ159.0mm 小井眼水平井，水平段长 2500~3000m，采用带管外封隔器及滑套的 φ114.3mm 裸眼完井管柱，管外封隔器分段效果不佳。2017 年起，水平段长度增加至 3000~3500m，采用套管固井完井，全部采用套管固井滑套，水平段超过 3000m 井段采用投球滑套，3000m 以内水平段采用连续管重复开关滑套，解决了小井眼降成本、高效压裂的问题。

3.2 轨迹设计与防碰措施

大部分平台部署 8~16 口井，双排井口，排间距为 40~50m，井口间距为 5m；为减少平台下方死气区，井身剖面采用预增斜反向位移设计，“直—增—稳—增（扭）—稳—增（扭）—水平”七段式轨迹剖面。一开直井段钻至 ±620m。二开从 ~600m 处开始造斜以避免直井段交碰，小角度造斜至 18°并稳斜至 Nisku 地层，设计狗腿度变化率小于 2~3°/30m，二开继续增斜和扭方位至水平段设计方位线，下技套 Ireton 顶部，

设计狗腿度变化率小于5~7°/30m。三开从套管鞋(约27°)增斜至90°，然后稳斜至B靶点，第二造斜段设计狗腿度变化率小于5~9°/30m，靶前距为50~100m(表2)。

表2 典型井井轨迹设计数据

Plan Sections Measured Depth/m	Inclination/ °	Azimuth/ °	Vertical Depth/m	+N/-S/ m	+E/-W/ m	Dogleg Rate/ (°/30m)	Bulid Rate/ (°/30m)	Turn Rate (°/30m)	TFO/ °	Target
0.00	0.00	0.00	0.00	0.00	0.00	0.000	0.000	0.000	0.00	
691.80	0.00	0.00	691.80	0.00	0.00	0.000	0.000	0.000	0.00	
907.80	18.00	302.36	904.26	18.01	-28.43	2.500	2.500	0.000	302.36	
2861.00	18.00	302.38	2761.87	341.07	-538.26	0.000	0.000	0.000	0.00	
3237.05	27.50	139.83	3108.17	250.66	-587.84	5.000	0.761	-10.880	-81.28	
3242.05	27.50	139.83	3112.60	248.89	-586.35	0.000	0.000	0.000	0.00	
3554.11	90.00	139.83	3266.58	54.98	422.67	6.009	6.009	0.000	0.00	Heel-103/2-25(P5)
6864.09	90.00	139.83	3266.58	-2475.05	1712.95	0.000	0.000	0.000	0.00	TD-103/2-25(P5)

直井段、造斜段采用单弯螺杆+MWD控制轨迹，水平段采用等壁厚螺杆+MWD控制井眼轨迹。为进一步降低高摩阻引发的钻具卡钻风险，2018年以后三开段引入PowerDrive旋转导向，井眼轨迹平滑，改善了井眼清洁，最大限度地减少了事故复杂时间，有效延长的水平段长度，最长4425m。为使水平段位于优质甜点区，2021年使用LWD(方位伽马)+MWD(双遥测xBolt)技术，显示地层交叉和边界，聚焦只有2m厚度的Peak5小层，优质储层钻遇率≥93%。

3.3 高性能一趟钻钻头优选

一开直井段：存在砾石夹层。其特点是砾石坚硬、软硬互层、非均质、研磨性强，普通PDC钻头在砾石地层中钻进时钻头不平稳、跳动，PDC复合片崩裂、磨损消耗快，机械转速低，寿命短。优选5刀翼、19mmPDC切削齿，配合刚体钻头可以提高刀翼之间的流动空间，防止钻头泥包。

二开造斜段/稳些段：地层多变化，井段较长，优化设计的PDC钻头以期达到一趟钻完成井段(2600m)Bluesky、Montney、Belloy、Elkton、Shunda地层隔夹层发育，会增加井下振动和不均匀的切削载荷，导致钻头发生冲击损坏和过度的切刀磨损。Montney地层研磨性粉砂岩会导致切刀磨损，特别是在钻头的切割深度较低且切刀未有效接合到地层中的情况下。Pekisko、Banff和Wabamm地层地层强度较高，为保证刀具有效地切入地层，通过提高钻压，降低转速，降低黏滑效应，来实现钻头齿持续有效剪切。石炭系Elkton组~泥盆系Ireton组，单轴抗压强度UCS137.90~241.32MPa，泥岩夹层5~15kpsi，以较纯的碳酸盐岩为主，研磨性强，地层硬度极硬，可钻性差。IRETON地层破碎性强。钻头选型应以长寿命、耐冲击以及稳定好为主要特点，优选6刀翼，16mmPDC钻头快速钻进，如图所示。

三开造斜段/水平段：泥盆系Duverney组储层非均质性强，单轴抗压强度34.47~68.95MPa，灰岩夹层103.42~137.90MPa，地层抗压强度中等，以石英、方解石和黏土矿物为主，其中石英含量占30.77%，内摩擦角40~47°研磨性较强。且页岩断裂较为发育，纵向厚度变化较小。适用PDC钻头。钻头选型应以长寿命、大段钻进以及稳定好为主要特点，优选4刀翼，双排切削齿钻头，并具有防冲击特性，如图5所示。

3.4 钻井液体系

钻井液体系对稳定井壁、控制漏失、减少摩阻和扭矩非常重要。在水平段长度>3000m的情况下，使用油基泥浆比使用水基泥浆更能满足优快钻井的需要。大量实例和研究表明，水平段长3000m的井，在同等条件下，使用油基泥浆与使用水基泥浆相比，扭矩可以减少12.5KN·m。因此油基泥浆就成了超长水平段钻井液体系的首选。在加拿大都沃内盆地，水平段使用的是Invert油基泥浆体系，主要性能参数见表3。

349mmU519S　　222mm MM64DM　　171mm TK-A2G

图 5　都沃内各开次钻头型号

表 3　都沃内水平井钻井液体系

井段	密度/(g/cm^3)	黏度/s	HTHP 失水/mL	PV/mPa·s	YP/Pa	初/终切/Pa	氯化物/mg/L	固相含量/%	pH	油水比 min/max/%
一开	1.05~1.12	45~50	14	14	6	2~4/14~16	300	7~8	8.5~9.0	—
二开	1.05~1.55	45~55	5.9~7.4	10~22	3~4	4~6/6~8	250k~275k	6~10	—	70：30/75：25
三开	1.55~1.80	60~80	4.6~6.4	20~30	6~8	4~6/6~8	250k~275k	20~25	—	80：20/85：15

3.5　钻井提速工具

造斜段使用大扭矩螺杆，采用先进的高精度等壁厚定子结构设计，较常规大扭矩螺杆输出功率、扭矩分别提高 50%和 70%。

水平段采用“Motorized RSS”高性能螺杆配合旋转导向提速，有效解决了单纯采用旋转导向工具钻进过程中存在的井下振动大、机械钻速低的问题，提高了转速敏感地层的机械钻速，水平段机械钻速有 37m/h 提高至 60m/h(表 4)。

表 4　都沃内井下马达性能参数

性能指标	SLB 螺杆	SLB 螺杆	Cathedral 螺杆	SLB RSS
井段	二开	三开	三开	三开
系列	Dyna Drill 725	Dyna Drill 500	Claw650(XF)	PD Orbit475
尺寸	7.25″	5″	5¼″	4¾″
头数	6/7	7/8	5/6	—
级数	10.7	8.4	8.3	—
排量范围/(m^3/min)	1.14~2.65	0.57~1.32	0.570~1.51	0.454~1.343
最大转速/(r/min)	250	244	260	350
额定压差/MPa	16.60	13.03	16.05	13.78
额定扭矩/N·m	23350	9300	12181	12202
额定功率/kW	592	228	332	—
最大耐温/℃	120~130	120~130	120~130	150°

为提高水平段破岩效率，同时降低钻井成本、提高钻井效率，水平段采用 PDC 钻头配合 1.83°大扭矩螺杆、水力振荡器钻井，其中螺杆为 7 头金属定子，最高压降为 8MPa，输出扭矩为 9.32kN·m，推荐工作钻压为 10~14t。为保证水平段大排量施工，采用 1.20~1.25g/cm^3 油基钻井液、控压钻井工艺，钻进时环空当量循环密度为 1.45~1.50g/cm^3，既降低了压持效应有利于提速，又保证在排量 20L/min 的情况下，泵压控制在 40MPa 以内。完钻后替 1.44~1.47g/cm^3

油基钻井液压稳地层，确保完井时井控安全(表5)。水平段强化钻井参数钻进，钻压为12~14t、顶驱转速为100r/min、排量为20L/min，保证井眼清洁、提高机械钻速、减少辅助时间，平均机械钻速为65.59m/h，大部分水平段一趟钻，最高日进尺达到1152m。

表5　都沃内各开次钻具组合

层　段	钻具组合
一开直井段	13¾"PDC钻头+8"单弯螺杆1.50°+无磁钻铤+MWD+无磁钻铤+减震器+X/O+6.5"钻铤+震击器+6.5"钻铤+X/O++4.5"加重钻杆
二开直井段	8¾"PDC钻头+7⅝"泥浆马达+无磁钻铤+MWD+无磁钻铤+过滤短节+X/O+4.5"加重钻杆+震击器+4.5"加重钻杆+4"钻杆+4.5"加重钻杆
二开造斜段	8¾"PDC钻头+5"GeoForce马达+无磁PONY+无磁钻铤+MWD+无磁钻铤+过滤短节+X/O+6.5"钻铤+震击器+6.5"钻铤+X/O+4.5"加重钻杆+钻杆
三开造斜段	6¾"PDC钻头+5"GeoForce马达+无磁PONY+无磁钻铤+MWD+无磁钻铤+过滤短节+X/O+4.5"加重钻杆+震击4.5"加重钻杆+X/O+4"XT39钻杆+X/O+4.5"加重钻杆+钻杆
水平段	6¾"PDC钻头+RSS+无磁PONY+无磁钻铤+MWD+无磁钻铤+过滤短节+X/O+4.5"加重钻杆+震击4.5"加重钻杆+X/O+4"XT39钻杆+X/O+4.5"加重钻杆+钻杆

3.6　强化钻进参数钻井

强化钻井参数。以6¾"(171mm)井眼为例，采用高钻压(16t)、高泵压(30~35MPa)、高转速(转盘转100r/min，钻头转速200~300r/min)、大扭矩(28kN·m)、大排量(≥1.2m^3/min)，页岩地层平均机械钻速60m/h以上(表6)。

表6　钻井参数强化前后对比

项目	优化前	优化后
排量	0.9m^3/min	1.2m^3/min
最高立压	27MPa	30~35MPa
钻压	8~9t	13~16t
转盘转速	80r/min	100r/min
复合转速	150~250r/min	250~350r/min
泥浆密度	常规，泥浆密度1.85g/cm^3	MPD，泥浆密度1.55~1.60g/cm^3

3.7　优化固井工艺

使用了气密封弹性水泥浆体系、高效冲洗隔离液、水泥环密封完整性评价等技术，形成长水平井固井成套技术，推动页岩气水平井平均固井质量合格率达90%以上。弹塑性/韧性水泥：Tricat公司的气密性Gastight-1900TS体系，抗温150℃，密度1.8~1.9g/cm^3。驱油型冲洗隔离液：Kelzan或Geovis XT高效冲洗隔离液，抗温150℃，密度1.8g/cm^3，保障高效驱替。固井施工、井筒完整性模拟软件：Cempro+、PVI固井优化设计软件，优化固井施工参数，FEM分析水力压裂下水泥环复杂应力分布及破坏条件，指导施工参数优化及水泥浆配方设计。

3.8　其他降本增效措施

3.8.1　控压钻进工艺

为了更好解决高密度泥浆漏失和压持效应问题，2018年以来在二开三开段推广使用控压钻井(MPD)技术，欠压值0.2g/cm^3，调整井口回压，保持压力稳定(钻进循环250kpa，停止循环5500kpa)。控制井底压力在设定安全窗口内确保安全钻进，累计应用49口井，密度由1.75~1.85g/cm^{3}降到1.55~1.65g/cm^3(图6)。

3.8.2　旋转下套管

旋转下套管装置是一种基于顶部驱动钻井系统，集机械、液压于一体的用于下套管作业或者作为套管钻井驱动的专用设备。该装置针对不同规格的套管配套相应系列工具，以适用于不同规格、多种壁厚的下套管作业。此装置可以代替目前国内外钻井广泛使用的套管钳等下套管设备，充分发挥顶驱的优越性，不仅实现了套管柱的自动化连接，同时可以提供旋转下放套管以及循环钻井液的能力，大大减少下套管遇卡、遇阻等潜在的安全危害，极大地提高了下套管作业的成功率，为套管顺利下入到设计深度提供了装备保证，同时还减少了下套管需要的人员，具有安全、高效等特点。都沃内使用Tesco公司研发的液压驱动旋转下套管装置，下套管同时实现管柱旋转和钻井液循环，保障套管顺利下到位。在都沃内水平井广泛应用，摩阻较常规下套管降低30%~50%，下套管一次成功(图7)。

3.8.3　连续油管桥塞钻铣快速下入工具(Hydropull)

在较长的水平段中，连续油管钻铣桥塞的效率会急剧下降，使用Tempress公司Hydropull工具，通过水锤效应产生脉冲，提高连续油管作业速度(1.7倍)和磨铣速度(2.6倍)，延长管柱的延伸技术极限.2021年3口井钻铣，均为一趟作业，最短的一口井钻铣时间17h，最长的一口井钻铣时间29.75h。2022年6口井钻铣，10-04(MD7730m，水平段长4334m)下入两趟钻铣，中间有一次更换钻头。05-09先用连续油管，由于落鱼，改用修井机完成钻取；其余4口井均为一趟钻铣(表7)。

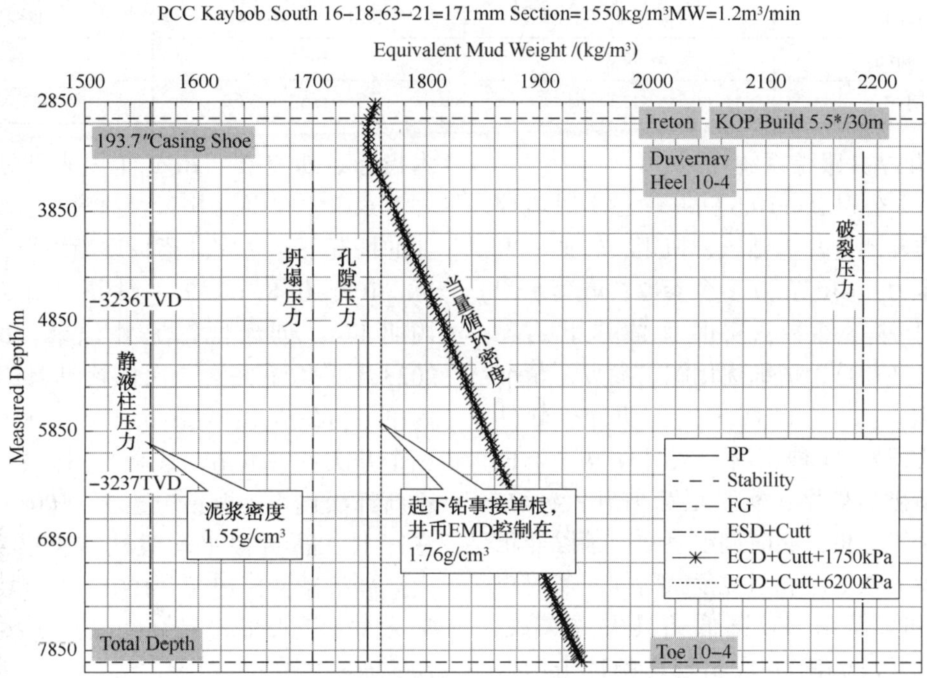

图6 MPD近平衡钻井技术示意图

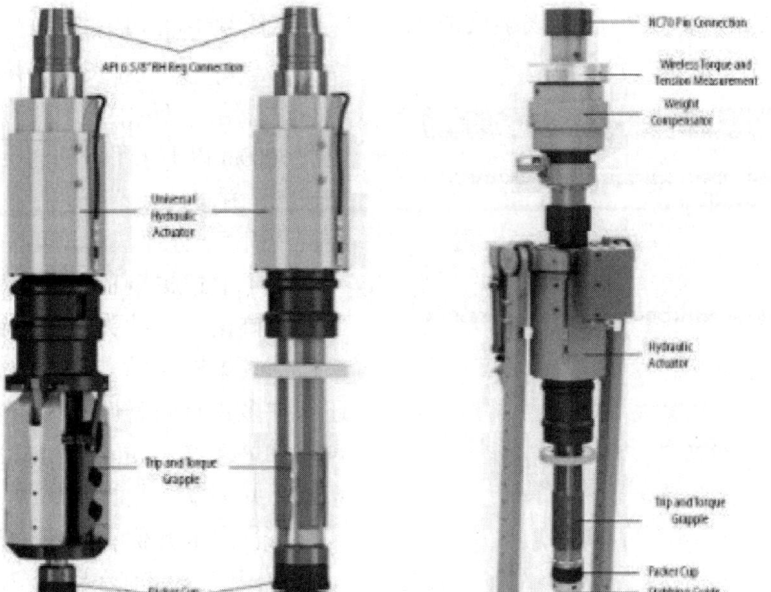

图7 Nabors(Tesco)-CDS下套管装置

表7　加拿大都沃内2021年3口井连续油管磨铣周期对比

井号	5-4-	12-4-	13-4-
段数	66	75	84
井深/m	6908	7285	7648
水平段长/m	3365	3657	4028
开始时间	2021/4/13 14：45	2021/4/11 17：15	2021/4/9 6：15
结束时间	2021/4/15 0：00	2021/4/13 6：00	2021/4/11 7：00
磨铣时间/h	17.0	19.5	29.75
总周期/d	1.39	1.53	2.03

3.8.4　智能化钻井跟踪系统

使用Pason公司DataHub钻井动态实时监控服务，实时准确测量井下钻压、扭矩、转速、振动、温度、压力、GR等20多个参数；嵌套了配套软件，基于测量参数，实时评估井下工况（MSE、钩载、ECD），精细优化施工参数，精准防范工程风险。Pason的DAS为自动分析软件（图8），自动识别25种工况，实时计算井下机械比能，判断破岩效率，实时跟踪黏滑、涡动、跳钻，根据振级分析，实时调整参数，消除非正常状态，减少无效等停和事故复杂时间。实时跟踪井下振动和异常信号，降低钻具失效次数。2-23井在水平段低GR井段出现高频冲击和振动，引发井下导向工具故障，及时调整钻井参数，及时消除非正常状态（图9）。使用方位GR聚焦只有2m厚度的Peak-3小层，该小层的机械钻速、钻压、压差、振动组合最佳。

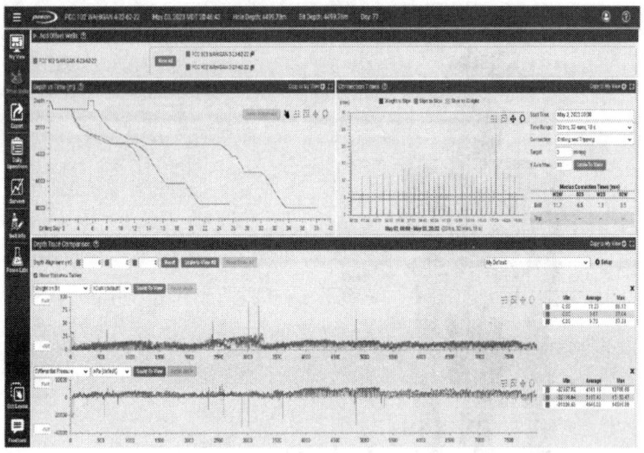

图8　DAS自动分析软件

4　钻井实施情况

通过实施工厂化作业模式，应用地质工程一体化、一趟钻、控压钻井、数智化钻井、振动监测等特色技术，解决前期钻遇率低、卡钻、井漏、钻具失效、异常高压、套变等突出问题，技术指标不断突破。2012年以来开钻116口，完井116口，在平均井深、垂深、水平段长逐年增加的情况下，钻完井指标逐渐缩短，开创多项指标。102/10-8-63-21：钻井周期13.75d，完井周期17d，创最快钻完井记录。10-28平台：2023年平均单井3.5次倒换钻具组合，创都沃内单平台最少BHA最新记录。100/4-9-63-22：三个开次各一趟钻，最高“一趟钻”进尺4857m，刷新都沃内“一趟钻”记录。100/5-9-63-21：三开171mm井段平均机械钻速60m/h，创都沃内最高机械钻速记录。100/4-9-63-22：完钻井深8157m，水平段长4425m，创都沃内完钻井深、水平段长记录。

5　总结

本文基于都沃内近几年的实际钻探数据，对加拿大非常规页岩气超长水平井的优质快速钻井技术进行了总结，以供中国同行参考。总的来说，北美目前3000m以上水平段的优质快速钻井技术已经相当成熟，并且还在不断进行优化和改进，钻井周期在持续缩短，水平段的长度也在不断增加。

除了上述提到的钻井设备、井身结构设计、井眼轨迹设计、钻头选择、钻井工具、钻井液体系、钻具组合、钻井参数以及施工管理措施外，还有许多具有前瞻性的优质快速钻井技术，例如自动钻进系统（Auto-Driller），远程监测和控制系统，井下动态数据采集等。这些前沿技术必将是未来长水平井优质快速钻井技术的发展方向。

中国国内目前在大于3000m的超长水平井钻井实践中，已经有许多成功的案例和尝试，从技术本身上来说已经基本掌握。然而，在提高速度和可重复性方面，需要通过大量的钻井实践，不断地探索和完善，才可能开发出适合各个油气田的优质快速钻井技术。换句话说，虽然我们已经掌握了这项技术，但要将其优化并提升到更高的水平，还需要我们进行更多的研究和实践。

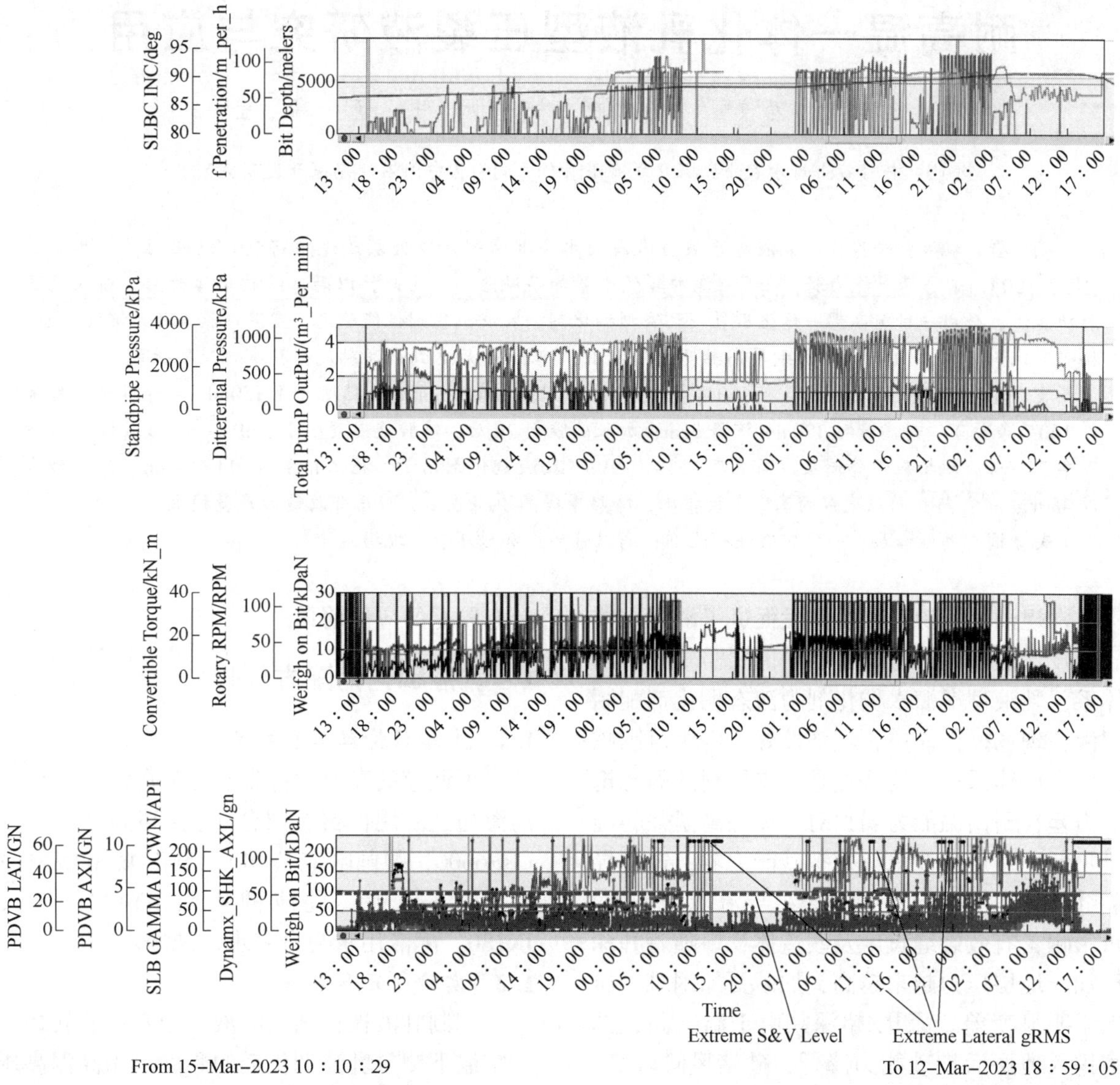

1.The Orit xDrive BHA was uilized onrun 3
2.Extreme shock and vbraion was encountered in the low gamma ray zones throughout the run,
3.Stering control was lost at 5260m MD. All eforts to trouble shoot filed and the BHA was tipped out ofthe hole

PowerDrive Dump Summary	
Max Temp	140.26℃
Max Radial Shocks	568.9G
Total Radial Shocks	877930 Shocks
Crtim sfad Oi imainn UAire	7204Hrs

图 9　2-23 井在 5260m 出现高频振动导致 RSS 失效

参 考 文 献

[1] 王敏生，光新军，耿黎东．页岩油高效开发钻井完井关键技术及发展方向[J]．石油钻探技术，2019，47(5)：1-10.

[2] 郭晓霞，杨金华，钟新荣．北美致密油钻井技术现状及对我国的启示[J]．石油钻采工艺，2014，36(4)：1-5.

[3] 旁长英，连军利，吴一凡，等．美国页岩油气开发技术及对我国的启示[J]．石油地质与工程，2012，26(9)：62-66.

[4] 光新军，叶海超，蒋海军．北美页岩油气长水平段水平井钻井实践与启示[J]．石油钻采工艺，2021，43(1)：1-6.

[5] 张家希，于家庆，RomanGalchenko，等．北美非常规油气超长水平井优快钻井技术及实例分析[J]．钻探工程，2021，48(8)：1-11.

[6] 张福祥，郑新权，李志斌，等．钻井优化系统在国内非常规油气资源开发中的实践[J]．中国石油勘探，2020，25(2)：96-109.

耐高温一体化乳液型压裂液研究与应用

付　杰[2]　邓校国[2]　杨战伟[1]　杜建洪[2]　王　辽[1]　高　莹[1]

（1. 中国石油南方石油勘探开发有限责任公司；2 中国石油勘探开发研究院）

摘　要　乳液型一体化压裂液体系被当做滑溜水在非常规油气储层改造中得到广泛应用，但其高温（大于120℃）静态悬砂能力弱，在高温深井较低排量加砂风险高。为此，以丙烯酰胺单体为主，引入抗高温功能团，合成一种耐高温一体化压裂液乳液型稠化剂。乳液稠化剂性能稳定，室温存放60d无沉淀分层；按一定比例加水，10～15s即达到最高黏度50%以上，3～5min后达到最高黏度；具有自交联性能，1.6%以上乳液质量分数配制的压裂液，在160℃条件下，$170s^{-1}$剪切120min后，黏度大于150mPa·s；30/50目陶粒160℃条件下，静态悬砂120min沉降5cm；加入破胶剂2h后，破胶液黏度小于5mPa·s，破胶液岩心伤害率24.6%。现场应用井储层最高温度153℃，1.5%乳液稠化剂用量，施工排量8～$11m^3/min$，最高砂浓度$480kg/m^3$，与相同黏度羟丙基瓜尔胶相比，降阻率提高10%左右，应用井改造后产量稳定。

关键词　高温储层；一体化乳液稠化剂；高温悬砂；加砂压裂；现场试验

非常规油气资源的勘探开发促进了滑溜水体积压裂技术的发展，适应了不同储层需求的滑溜水体系，乳液型滑溜水稠化剂为液态稠化剂配制压裂液，现场操作简单，经济性好，应用范围越来越广。该体系最大的缺点是对支撑剂的静态携砂能力差，耐高温能力弱，对于深层高温井，施工排量低，常规滑溜水体系携砂能力弱；进而导致裂缝难以得到有效支撑，裂缝导流能力下降，严重影响了有效裂缝长度及改造体积。随着井深的增加，地层压力越来越高，加砂更加困难，压裂效果明显变差。深井/超深井由于温度高，携砂液进入地层后携砂能力降低，砂堵风险较高，一般采用液体交联技术，形成较高的黏度携砂，避免支撑剂沉降。同时，液体黏度过高，地层伤害大不利于改造增产，为此需开发一种黏度可实时调控的压裂液体系，可根据改造施工过程实时调整压裂液黏度，保证施工安全的前提下，尽量减少压裂液稠化剂用量。

在现有乳液型滑溜水压裂液稠化剂基础上，以丙烯酰胺单体为主，引入抗高温功能团，合成一种新型一体化压裂液乳液型稠化剂。该稠化剂性能稳定，长时间存放不易分层板结；与水混合后可快速起黏，具有自交联性能，有延迟达到最高黏度的性能，避免快速增加至较高黏度，造成泵注困难。该体系破胶彻底，伤害低。针对试验井储层具体需求，通过优化配方及用量，开展了现场试验，证实该新型一体化乳液型压裂液体系具有较好的应用前景。

1　乳液稠化剂配方优化

1.1　实验评价仪器和药品

可调速的高速搅拌器（六速旋转黏度计，青岛海通达专用仪器有限公司）；高温高压流变仪（RS6000，德国哈克公司）。5mL规格塑料注射器，电子天平，乳液稠化剂BY120；交联剂JX180。配液用水为自来水、纯净水。

1.2　实验内容和方法

配制乳液稠化剂水溶液，用六速旋转黏度计在室温下测量乳液稠化剂的黏度。用高温高压流变仪测量不同剪切速率下乳液稠化剂水溶液的黏度。用高温高压流变仪测量不同温度下基础配方的黏度，评价乳液稠化剂水溶液和交联剂之间的响应关系，优选乳液稠化剂压裂液的基础配方。实验方法采用SY/T 6376—2008和SY/T 5107—2016标准。

1.3　实验结果与讨论

1.3.1　不同浓度乳液稠化剂的黏度

向高速搅拌器中加入一定量的自来水，启动搅拌，调整旋涡状态，使空气不进入水中。用注射器吸取乳液稠化剂加入到搅拌器中，搅拌1min。停止搅拌后取样，用六速黏度计测量100rpm下3min时的黏度，测量结果见图1。

从图1可已看出，乳液稠化剂使用质量分数为0.2%时，其170s－1下的黏度就达到了

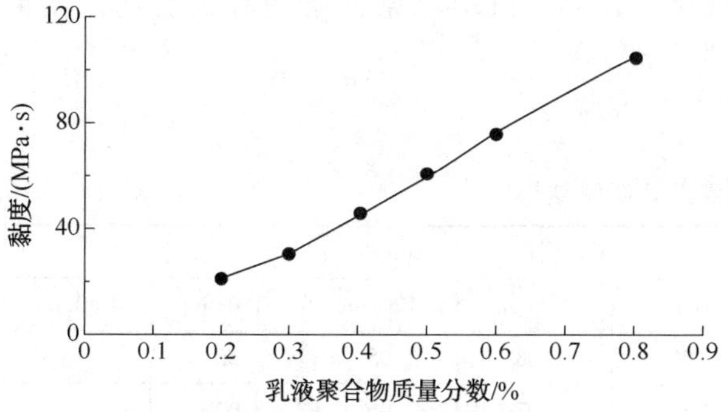

图 1　不同质量分数乳液稠化剂的黏度

20mPa · s；在 0.45%时，为 45mPa · s；0.8%时，为 100mPa · s。黏度及质量分数关系与原来的瓜尔胶稠化剂接近。与瓜尔胶稠化剂不同的是，该乳液稠化剂在相同表观黏度下却具有优异的悬砂性能。支撑剂在 0.3%乳液稠化剂中的静态沉降性能类似于 0.25%瓜尔胶交联冻胶的静态沉降性能。瓜尔胶稠化剂未形成冻胶，使用时质量分数高达 0.6%，支撑剂在其中沉降速度也较快。

1.3.2　不同剪切速率下乳液稠化剂的黏度

如前配制好乳液稠化剂溶液后，用高温高压流变仪的变剪切模式取样，测量室温(27℃)下不同剪切速率下乳液稠化剂溶液的黏度，实验结果见图 2。

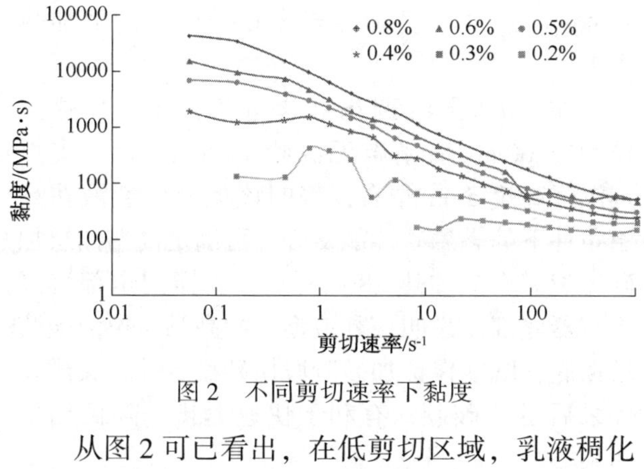

图 2　不同剪切速率下黏度

从图 2 可已看出，在低剪切区域，乳液稠化剂溶液具有极高的黏度。浓度越高，低剪切下的黏度越大。质量分数在 0.6%和 0.8%时，用外延推测法估计零剪切黏度在几十 mPa · s 甚至超过 100Pa · s。由于测量仪器模式的局限性，低浓度下乳液稠化剂溶液的黏度难以测量，呈现出不合理数值，在作图时忽略了这些不合理数值。

质量分数超过 0.4%时，外延推测法估计零剪切黏度大于 1Pa · s；质量分数低于 0.2%时，低剪切区域黏度小于 100mPa · s。

图 2 还显示，剪切速率越大，乳液稠化剂溶液黏度越小，且在高剪切区域呈现出趋于某一稳定数值，该性能有助于在高排量下使用低浓度下乳液稠化剂加砂压裂。页岩气和致密油水平井压裂中，大于 $12m^3/min$ 高排量下乳液稠化剂使用质量分数 0.2%~0.4%较常见，压裂液能够高浓度携砂，且施工安全。在高剪切动态条件下，水本身具有高弹性，再协同以乳液稠化剂高剪切下仍具有一定的黏度，赋予这种压裂液优异的悬砂性能，其中准确机理需进一步研究揭示。

1.3.3　乳液稠化剂压裂液配方优化

依据压裂液技术的规范，乳液稠化剂压裂液的配方中应该包括乳液稠化剂、黏土防膨剂、助排剂、破乳剂、防垢剂、交联剂、转向剂、破胶剂。在以高排量(通常排量大于 $12m^3/min$)泵注压裂液为特征的页岩气和致密油开发实践中，经过对地层岩心渗吸机理研究以及对低成本开发的要求，乳液稠化剂压裂液配方可简化为只使用乳液降阻剂、破胶剂。在只能低排量(小于 $10m^3/min$)泵注的深层/超深储层压裂施工中，温度为 100~160℃的储层，乳液压裂液配方乳液用量优化为 0.7%~1.7%。因此，在以乳液稠化剂压裂液配方优化过程中，压裂液配方只包括配液用水、乳液稠化剂。在实际应用过程中，可根据地层和施工需要选择添加其他配伍性的添加剂。

2　乳液免配压裂液性能评价

2.1　耐高温耐剪切流变性能

利用哈克公司的 RS6000 高温高压流变仪评价该体系压裂液耐温耐剪切性，实验温度为 100~140℃，剪切速率为 $170s^{-1}$，时间为 1~3h，结果见表 1。

由表 1 可见，耐高温乳液型压裂液 7 个配方中，在 120min 的高温剪切过程，黏度都能大于 50mPa · s，能够满足压裂液评价指标要求，说明 7 个配方可在 100℃以上储层开展应用，实现乳液型压裂液携砂压裂的目的。从实验结果可看出，乳液较低用量时，耐高温能力较差，0.7%用量时，100℃剪切 120min 后黏度 65mPa · s 左右，增加用量至 1%左右，130℃剪切 120min 后黏度大于 100mPa · s，证实增加乳液用量后，耐温耐剪切能力明显增加。130~160℃超高温以后，保持较高的耐温耐剪切能力对乳液量要求增加较明显。160℃条件下，乳液用量增加至

1.7%时，剪切 120min 后黏度 200mPa·s 以上，能够满足超高温储层加砂压裂过程前置液造缝及携砂的要求。乳液型免配一体化压裂液 1.7%用量下，160℃、170s^{-1}条件下耐温耐剪切流变曲线见图 3。

表 1　乳液型免配压裂液剪切实验结果

实验编号	乳液稠化剂及添加剂用量		温度/℃	不同时间的黏度/(mPa·s)					
	乳液/%	防膨剂/%		30min	60min	90min	120min	150min	180min
1	0.7	0.8	100	132	106	108	65	35	
2	0.8	0.8	110	179	132	107	96	62	
3	0.9	0.8	120	229	183	167	114	85	
4	1.0	0.8	130	208	179	141	102	76	45
5	1.2	0.8	140	196	140	111	80		
6	1.4	0.8	150	235	195	149	118	87	
7	1.7	0.8	160	605	421	345	281		

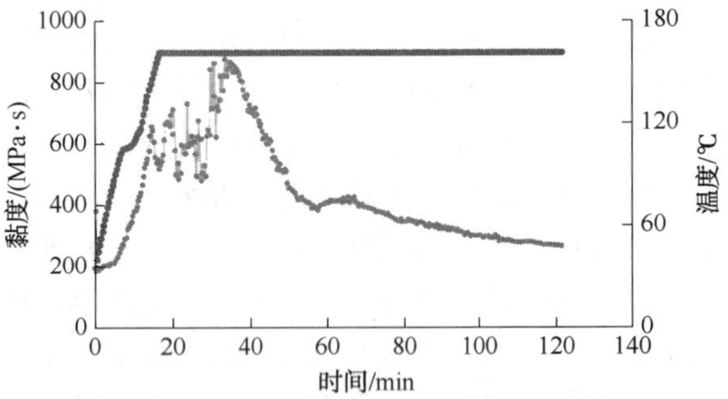

图 3　高浓度乳液型免配压裂液剪切流变曲线

分析表 1 不同质量分数乳液的使用量条件下流变测试数据，不同温度储层加砂压裂对应所需乳液用量不同，防膨剂等添加剂对其性能影响不大。160℃以上储层改造，需添加乳液用量 1.6%以上，因此对超高温储层最终优化配方为 1.6%乳液+0.8%防膨剂+破胶剂。耐高温一体化乳液型压裂液高浓度使用的关键问题之一，较高浓度下初期起黏快、黏度高。影响起黏速度关键因素为乳液稠化剂中所含的固体聚合物稠化剂颗粒大小及其水解速度，本研究通过优化颗粒粒径大小，采用 100~200 目不同比例的组合粒径的聚合物固体颗粒，同时添加聚合物水解调节剂，解决了聚合物颗粒快速溶解导致乳液增黏速度过快，地面泵注困难的难题，达到交联冻胶压裂液延迟交联的效果，可确保现场应用的地面泵注操作。

2.2 破胶性能

1.7%用量时，在不同条件下的破胶水化性能见表 2。160℃时万分之四加量 4h 破胶。160℃以上储层优化破胶剂用量为 0.04%~0.06%，破胶后残渣为 172mg/L，与常规压裂液相比，残渣含量较低。

2.3 高温悬砂性能

为测试该乳液型压裂液高温条件下携砂能力，开发了专门用于 100℃以上温度条件下压裂液悬砂能力测试玻璃容器，该容器为高纯 SIO_2 玻璃材料，采用螺栓紧锁密封，放置于加热炉内，可测试 200℃以内压裂液悬砂能力，性能显著高于目前常用的最高测试 90℃左右的压裂液悬砂测试。容器中配制压裂液 500mL，破胶剂用量为 0.05%，加入 30/50 目陶粒，砂浓度为 350kg/m^3，放入已加热至 140~160℃的电加热炉中。

在 1.7%乳液稠化剂含量条件下，加热至 160℃，60min 时基本无沉砂，120min 后，支撑剂沉降高度 5cm 左右，表明该类型压裂液在高温条件下静态悬砂性能良好，可满足高温储层加砂压裂需求。加热 180min 后，支撑剂全部沉降至容器底部，说明该乳液型免配高黏压裂液破胶较彻底，既能保证加砂阶段携砂稳定性，又能在停泵后迅速破胶，有利于快速返排，降低储层污染。

2.4 滤失性能

不同的流体具有不同的降滤失机制，常规的水基压裂液主要以黏弹性流体形成滤饼降低压裂液滤失性能，以造壁滤失系数表示。综合滤失系数是压裂设计中的重要参数，也是评价压裂液性能的重要指标。滤失系数越低，压裂液的效率越高，易形成长而宽的裂缝，能提高支撑裂缝的导流能力，容易返排，减少滤液对储层的损害。使用美国 Baroid 公司高温高压静态滤失仪，在压差为 3.5MPa 的条件下，测定了该乳液型压裂液体系的静态滤失性能。不同温度下的压裂液滤失性能如表 3 所示，可以看出压裂液滤失系数较小，这与该压裂液在高温下具有良好的流变性能一致。

表 2　乳液型压裂液破胶实验结果

温度/℃	破胶剂加量/%	不同时间的破胶液黏度/(mPa·s)				
		1h	2h	4h	6h	8h
90	0.04	高黏液	高黏液	高黏液	稀胶液	稀胶液
	0.06	高黏液	高黏液	稀胶液	稀胶液	8.76
	0.08	稀胶液	稀胶液	稀胶液	10.35	4.67
120	0.04	高黏液	高黏液	高黏液	稀胶液	稀胶液
	0.06	稀胶液	稀胶液	稀胶液	11.23	6.76
	0.08	稀胶液	稀胶液	11.23	5.46	3.92
140	0.04	稀胶液	稀胶液	稀胶液	稀胶液	20.70
	0.06	稀胶液	稀胶液	稀胶液	18.38(拉丝)	9.28(拉丝)
	0.08	4.86	4.54	4.46	4.04	3.78
160	0.04	稀胶液	稀胶液	11.80	6.30	4.10
	0.06	稀胶液	13.06(拉丝)	9.69	5.22	3.90
	0.08	8.11	7.49	6.16	6.00	3.89

表 3　乳液型压裂液滤失性能

温度/℃	滤失系数/$(m \cdot min^{-0.5})$	静态初滤失量/$(m^3 \cdot m^{-2})$	滤失速率/$(m \cdot min^{-1})$
90	4.17×10^{-4}	9.02×10^{-4}	7.22×10^{-5}
140	7.35×10^{-4}	9.04×10^{-4}	1.14×10^{-4}

2.5　配伍性及伤害评价

改造目标储层地层水配伍性及压裂液本身的伤害性对改造效果影响较大，优选西部某油田 4 个区块的配液水及地层水，评价加重压裂液的配伍性。由于超深储层岩心较致密，测试液体伤害难度较大，选用了人造岩心测试其伤害性能。选取的四个典型区块地层水及配液水与该压裂液体系均不发生沉淀现象，证实该体系与目标区块储层配伍性较好。伤害评价结果证明，该体系压裂液与普通羟丙基瓜尔胶压裂液伤害率相似，岩心伤害率 20%～24%，由于无额外沉淀物质生成，不会增加压裂液伤害。

综上所述，参照水基压裂液评价标准对研发及优化形成的一体化乳液型压裂液体系开展评价，乳液用量 1.5%～1.7%时，耐温可达 160℃以上，$170s^{-1}$剪切流变测试 2h 后，表观黏度大于 150mPa·s 以上；140～160℃ 4h 后破胶，残渣较低，岩心伤害率也较低；静态悬砂性能良好；160℃高温下 2h 后支撑剂才发生较为明显的沉降，可显著降低超深高温储层改造砂堵风险，液体体系滤失较小，有利于前置液阶段造缝，保障了加砂压裂顺利施工。

3　现场试验

为了验证新型耐高温一体化乳液型压裂液现场操作可行性及加砂压裂可靠性，在南方公司某深层油井 L23-1 井开展现场试验。该井位于福山凹陷白莲构造低台阶莲 23x 井断块，目的层段未为流二下亚段Ⅱ油组，改造段埋深 4506m，厚度 15.8m/两层，两层间隔 21m，平均孔隙度 6.1%，平均渗透率 $1.68\times10^{-3}\mu m^2$，综合解释为差油气层，总体物性偏差，属低孔低渗油层，需进行较大规模加砂压裂才能获得效益产能。由于本区块地层温度梯度高达 3.4℃/100m，改造目的层温度 153℃，对液体耐温性要求高，加砂压裂风险较高，优化乳液型压裂液配方为 1.6%乳液+0.8%防膨剂+0.4‰破胶剂，两层段设计加砂量共计 $52m^3$，单层加砂 $26m^3$，两层采用不同的液体，对比新液体性能及摩阻。实际施工曲线见图 4。

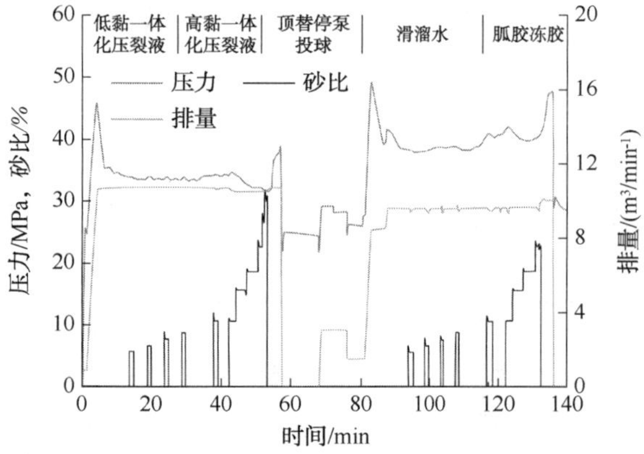

图4 乳液型免配压裂液试验井施工曲线

该井第一段主要采用乳液型一体化压裂液，前置液阶段乳液用量为0.3%~0.6%，施工排量达到10.5m^3/min，泵注低黏压裂液有利于形成复杂缝及泵注部分段塞降低近井筒摩阻，高砂比阶段乳液用量逐步提高至1.6%，压裂液黏度显著提高，利于携带高砂比支撑剂，在近井筒形成高导流支撑缝，主压裂施工压力为32~35MPa。下入桥塞后，第二段加砂压裂采用滑溜水加0.45%羟丙基瓜尔胶+交联剂冻胶压裂液加砂，前置液阶段滑溜水加入段塞后，滑溜水携砂能力较差，压裂波动较明显，主加砂阶段采用冻胶携砂后施工压力较为平稳，排量为9.5m^3/min左右，施工压力39~42MPa。第一段采用乳液型压裂液，施工过程较为顺利，交联泵直接泵注乳液至混砂车搅拌罐，与供液车输送的配液水直接混合，高浓度乳液在搅拌罐内搅拌泵送均正常实施，证实该种类压裂液现场操作较为简便。对比两个层段施工排量及井口压力特征，第二层段采用滑溜水及羟丙基瓜尔胶冻胶压裂液施工，井口压力提高了7MPa左右，证实乳液型压裂液摩阻较低，计算得出乳液型压裂液摩阻相比类似性能的羟丙基瓜尔胶压裂液低10%左右。

L23-1井改造后3个月平均日产油14.6t，与区块内油井平均产量相比提高15%左右。综合现场应用及对比分析，乳液型压裂液可根据储层温度情况，调整使用浓度，满足加砂压裂需求，现场操作较为简便，节省配液步骤，降低储层改造费用5%左右。耐高温携砂能力强，相比相同性能羟丙基瓜尔胶压裂液摩阻低10%左右。有利于深井高排量施工，降低加砂压裂施工风险。试验井压裂后增产效果较好，证实该液体体系储层伤害较低。应用过程实时调整压裂液黏度，有利于形成复杂缝，提高了有效改造体积。

4 结论与建议

（1）研发形成的新型乳液型一体化压裂液，通过优化悬浮颗粒粒径大小、添加水溶速率调节剂及添加耐温稳定剂，使用的质量分数提高至1.5%以上，起黏速度可控，高温悬砂能力强，满足160℃以上高温储层改造需求。

（2）现场试验证实，该乳液型压裂液应用操作简易，节省配液步骤降低储层改造总成本5%左右，对比相同性能羟丙基瓜尔胶压裂液，摩阻降低10%左右，有利于深井提高施工排量，体系综合伤害低，应用增产效果较好。

（3）室内研究及现场试验均证实，该乳液型一体化压裂液在深层高温储层改造中具有较好的应用前景，是羟丙基瓜尔胶冻胶压裂液的替代技术，且在应用过程可实时调控其黏度，根据储层实际情况调整应用浓度，实现充分改造储层与降本增效双目标。

参 考 文 献

[1] 吴奇，胥云，王腾飞，等．增产改造理念的重大变革——体积改造技术概论[J]．天然气工业，2011，31(4)：7-12.

[2] 雷群，杨战伟，翁定为，等．超深裂缝性致密储集层提高缝控改造体积技术——以库车山前碎屑岩储集层为例[J]．石油勘探与开发，2022，49(05)：1012-1024.

[3] 何静，王满学，吴金桥，等．多功能滑溜水减阻剂的制备及性能评价[J]．油田化学，2019，36(1)：48-52.

[4] 李远照，李婷，王犁，等．基于刺激响应策略的可控滑溜水研究[J]．钻井液与完井液，2020，37(6)：784-788.

[5] 万青山，聂小斌，陈丽艳，等．复合线性胶压裂液性能评价与现场应用[J]．油田化学，2021，38(4)：603-607.

[6] 边天宏，张伟杰，何冬爱．一体化自交联乳液型压裂液体系的应用[J]．石油工业技术监督，2021，37(12)：46-49.

[7] 王鹏祥，张祥枫，张丹丹．水性低伤害悬浮降阻剂体系的研究与应用[J]．钻井液与完井液，2021，38(4)：510-516.

[8] 杨战伟，才博，胥云，等．库车山前超深巨厚储层缝网改造有效性评估[J]．中国石油勘探，2020，25(6)：105-111.

[9] 朱化蜀，刘林，黄志文，等．四川盆地川西坳陷新场气田须家河组储层工程地质特征及增产实践[J]．石油与天然气地质，2021，42(4)：1002-1010.

[10] 李凌川．致密砂岩气藏一体化压裂液体系研究及应用[J]．精细石油化工，2021，38(4)：10-14.

[11] 游先勇，赵金洲，李勇明，许文俊．考虑天然裂缝成簇分布的压裂液滤失研究[J]．油气藏评价与开发，2019，9(2)：38-43.

[12] 李玺，周希，叶仲斌，舒政，陈文娟，陆一新，邱诚，何姝蕊．水溶性环糊精聚合物提高疏水缔合聚合物性能研究[J]．油气藏评价与开发，2021，11(6)：884-889.

渤海低渗砂泥岩薄互层油藏控水压裂技术实践与认识

刘 鹏 王晓鹏 陈 彬 张启龙 董平华 杜建波 谢宗财 丁海波

[中海石油(中国)有限公司天津分公司]

摘 要 渤海湾海域渤中A油田低渗储层沙二段埋藏深，温度高、小层多且薄、跨度小，下部水层发育、纵向上砂泥交互隔层条件差、地应力差异小，常规压裂技术易导致压裂缝高失控及压后出水，储层压裂改造难度大。在分析目的储层地质特征条件及压裂技术难点基础上，为阻碍压裂裂缝纵向过度发育扩展，提高压裂成功率，通过定点射孔，优化施工排量，配套二次加砂控缝高压裂工艺，优选评价海水基压裂液和控水支撑剂，成功对渤中A低渗透油田沙二段X井实现了薄互层控水压裂工艺技术。现场应用表明，X井压后下泵投产，投产初期日产油80m^3，相比于邻井增产倍数达1.8~2倍，正常生产12个多月，含水率仍控制在5%以内，控水压裂工艺取得显著增产效果，对于海上其他类似储层条件的油气井，具有推广应用价值。

关键词 低渗透；砂泥岩交互；控缝高；薄互层；控水压裂

渤海湾海域渤中A油田的沙河街组是其主力含油层系，埋深3200~3400m。沙河街组整体为断裂背斜构造，受次级断层切割作用，内部被分为5~6个小断块。由于储层物性差和非均质性严重等特点造成区块自然产能偏低，需要压裂改造提高产能。目的储层前期定向井依靠常规压裂开发取得了一定效果，但整体表现出单井产量递减快，稳产期短，采收率低的特点。因储层下部发育水层，为解决常规压裂改造针对性差，裂缝纵向延伸高度大，容易沟通下部水层，导致压后出水的问题，提出了控水压裂工艺技术，并在现场应用取得了成功，达到延缓含水的上升和提高单井产量的目的。

1 储层地质特征及改造难点

渤中A油田压裂目的储层以辫状河三角洲前缘沉积为主，沙二段储层岩性主要细砂岩和粉砂岩，成分以石英为主，次为长石，部分粉粒；泥质胶结，其中方解石是主要胶结物成分。沙二段储层测井平均孔隙度15.5%，测井平均渗透率19.3mD，为常规中孔、低渗储层。储层温度127~131℃，地层压力29.7~33.0MPa。通过对目标区块油藏地质特点及储层特征分析，发现储层改造难点有以下几个：

(1) 目标区块沙河街储层属于砂泥岩交互薄互层，目的层跨度20~28m左右，砂岩储层单层厚度小，其中0.3~4m薄油层占比90%以上；小层多且薄，隔夹层薄，一般小于5m，有的甚至小于1m。

(2) 储隔层地应力差小，目标区块测井解释中间隔夹层厚度小，且非纯泥岩层。纵向上砂泥交互隔层条件差、地应力差异小；测井曲线计算储隔层地应力差值2.4~3.5MPa；

(3) 目的层下部发育水层，离最近油层垂厚5.8m。隔夹层厚度小，压裂裂缝沟通水层风险大。

(4) 目的储层测井解释泥质含量10.2%~17%，地面原油化验分析含蜡21%~29%，属于高蜡、高泥质，对压裂液体系的性能要求高。

2 薄互层控水压裂工艺技术

通过分析目的储层压裂改造难点，针对目标井采取定点射孔、优化施工排量、二次加砂工艺控缝高等层间控水手段，控制压裂裂缝缝高窜至层间水层，同时结合具有亲油疏水功能的控水支撑剂技术来控制油层内水相流动实现层内控水，提高储层改造的针对行，从而达到压裂控水目的。

2.1 定点射孔

在考虑地应力分布、距水层距离等基础上，

对含油气性好的井段进行定点射孔，压裂时促使裂缝在油层段内起裂和扩展，实现支撑剂对改造油层段的定点铺置；结合测井解释结果见下表1，X井3号砂体发育水层，采取避射；1号砂体中部和下部井段含烃饱和度不足50%，泥质含量较高，油层薄且差，避射，优选将1号砂体靠近上部好油层位置3540.5～3544.0m井段全部射开，通过压裂沟通下部差油层；2号砂体最上层井段含烃饱和度不足50%，泥质含量较高，含量大于25%，也属于薄且差的油层，避射。2号砂体最下部层段与3号水层中间的泥岩隔夹层垂厚小仅5.8m，靠近水层，也避射，压裂选层针对含油性好、远离水层的层段，因此选择2号砂体中间位置3555.9～3557.5m、3358.9～3360.4m井段射开。射孔总长6.6m。射孔段越短，压裂时井底高能液体在近井射孔段“聚能”作用越明显，达到压裂造长缝的要求。设计采用HMX深穿透射孔弹，孔密16孔/m。

表1　X井沙二段储层物性及测井解释结果

砂体名称	井段/m	渗透率/mD	孔隙度/%	含烃饱和度/%	泥质含量/%	解释结论
1	3540.5～3544.0	10.1	14.4	55.2	16.6	油层
	3546.4～3547.0	0.5	8.0	32.1	37.1	差油层
	3548.0～3549.3	0.8	8.3	30.6	23.7	差油层
2	3552.3～3553.0	0.4	8.6	23.4	26.7	差油层
	3555.9～3557.5	12.6	15.2	57.0	17.0	油层
	3558.9～3563.4	14.8	14.3	55.1	15.6	油层
	3565.0～3569.8	7.7	14.1	55.7	14.7	油层
3	3576.0～3577.5	11.2	14.3	13.3	20.8	水层

2.2　施工排量优化

压裂施工排量对裂缝缝高有较大影响。为优化施工排量，根据上述优选的射孔位置，利用FracPro PT压裂软件模拟了在不同施工排量，一定加砂量$25m^3$的条件下目标井压裂形成的裂缝形态，如下图1所示。从下图(1)中模拟结果看，取压裂排量$2m^3/min$时，并优化泵注程序，1号和2号砂体的油层改造面积是有限的，裂缝长度短，未能沟通远端油气区。从下图(2)模拟结果看，排量提高至$4m^3/min$，因储隔层地应力差较小且隔夹层薄，随着施工排量的增大，缝高在纵向上越容易延伸扩张，纵向上压裂裂缝有压窜至底部水层的风险。大排量压裂改造会导致裂缝缝高易失控而沟通水层；导致压裂效率降低，降低油井生产周期。因此，压裂施工排量优化$3m^3/min$左右，以达到最大程度改造2个砂体的目的。

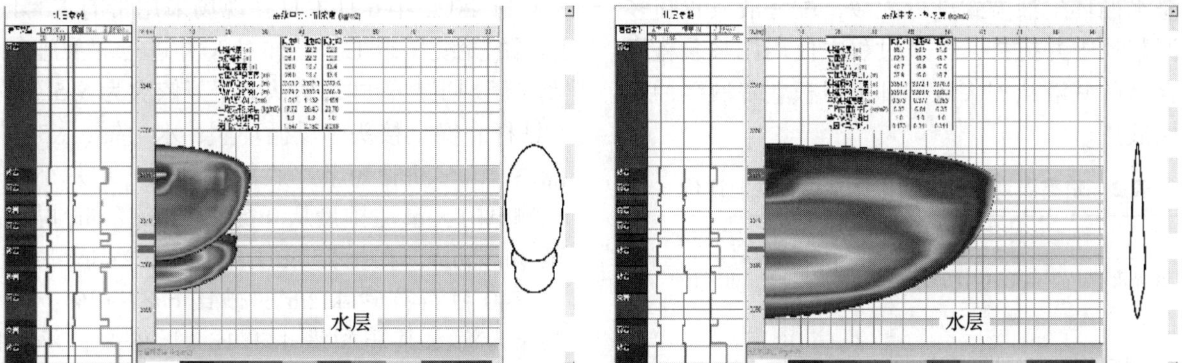

(a)施工排量/($2m^3/min$)　　(b)施工排量/($4m^3/min$)

图1　不同施工排量下X井压裂裂缝模拟结果

2.3　二次加砂工艺控缝高

渤中A油田目标区块测井曲线计算储隔层地应力差小，为2.4～3.5MPa，隔层泥岩厚度薄，若压裂时缝高过度延伸会压窜下部水层。针对此，考虑目标区块低渗储层地质条件及特点，提出二次加砂压裂控缝高工艺，通过在小型压裂测试过程中排量恒定阶段下泵注细小粒径70/140目石英砂，待停泵后，压裂液滤失扩散，细小的支撑剂沉降运移在裂缝底部，形成一个稳定遮挡层，即人工隔层，随后开始主加砂压裂施工，携砂液阶段泵注20/40目陶粒支撑剂。第一次小型加砂压裂形成的人工隔层对后续第二次加砂压裂有2个方面作用机理：第一，较低渗透率的遮挡层，限制后续主压裂时高压流体的高压向裂缝尖端传递，改变缝内垂向上流压分布，降低缝内流压与地应力之间差值，在裂缝尖端产生一定的阻抗，延缓裂缝垂向扩张。第二，起到转向作用，携砂液阶段悬浮区变厚，有利于主压裂高排量作用下将携砂液带入裂缝深处，使水平方向裂缝向前继续推进延伸，增加了裂缝长度和宽度，增大了油层内渗流区域，达到增产增效目的。

2.4 压裂材料优选

2.4.1 耐高温海水基压裂液体系

考虑沙二段储层温度130℃左右以及海上压裂施工特殊性，优选采用耐高温海水基压裂液体系，以海水代替淡水，减少因淡水补给产生的作业成本。海水基压裂液体系配方：0.54%增稠剂+0.1%杀菌剂+0.5%黏土稳定剂+0.3%助排剂+0.2%破乳剂+0.2%螯合剂+0.8%高温稳定剂+0.1%pH调节剂+0.6%交联剂1#+0.2%交联剂2#。具体性能参数如表2所示。该体系属于硼酸盐压裂液体系，满足海水混配要求，已在渤海区块多次应用。配液方面：充分利用钻井平台多个泥浆池、加料口、混合泵，在加料口处以过滤海水循环配液方式进行配液，配完液放置在多个泥浆池中并搅拌，压裂过程中使用泥浆泵将配置合格的基液从泥浆池打到主甲板上基液缓冲罐中供液用。

表2 耐高温海水基压裂液体系综合性能评价

性能参数	参考数值	压裂液行业标准
基液黏度/mPa·s(120~180℃)	80.7	30~100
基液pH值	9	—
交联挑挂时间/s(120~180℃)	180	60~300
耐温耐剪切能力/(140℃、170s^{-1})	119	≥50
静态滤失系数/(m/$min^{0.5}$)	0.843	≤1.0×10^{-3}
滤失速度/(m/min)	1.41	≤1.5×10^{-4}
破胶液表观黏度/mPa·s	2.6	≤5
破胶液表面张力/(mN/m)	22.03	≤28
残渣含量/(mg/L)	290.67	≤600
防膨率/%	90.2	—
破乳率/%	100	≥95
与地层水配伍性	无沉淀、无絮凝	—

2.4.2 控水陶粒支撑剂

借鉴渤海类似井压裂经验，考虑沙二段前期已压裂井射孔孔眼尺寸(12mm)、闭合压力值(约63~65MPa)、支撑剂嵌入、破碎及裂缝导流的需要，优选抗压等级69MPa的20/40目陶粒支撑剂，以利于加砂、降低砂堵风险。

为控制产液含水，实现层内控水的目的，室内实验选择了一种控水陶粒支撑剂，其阻水亲油性能参数对比如表3所示，该支撑剂颗粒表面包裹着疏水界面膜，能提高水相流动时与其接触角，增大了水相驱动压差，降低水相渗透率，具有疏水亲油特性，更容易让油渗透过去，起到控水稳油作用。

表3 20/40目控水陶粒与普通陶粒疏水亲油性能参数对比

支撑剂种类	水接触角/°	水相饱和度	相对渗透率 kr	相渗透率 K_{ro}/mm^2·cm
控水陶粒	130	0.58	0.33	11.22
普通陶粒	82	0.52	0.19	7.03

3 现场应用

于2022年6月1日，现场采用带有K344封隔器的笼统压裂工艺管柱对X井进行压裂施工作业，压裂工艺管柱结构从上至下依次为5.5″钻杆、4″钻杆、安全接头、反循环阀、水力锚、K344封隔器、3.5″油管短节、底部喷砂器。X井小型压裂测试时，泵注排量从0提高1.5m^3/min再提高至3m^3/min，在恒定泵注排量3m^3/min下泵入70/140目石英砂4.2m^3，砂比6%~12%，累计共泵入海水基压裂液111.1m^3后停泵，停泵时井口压力21.0MPa，中途停泵时间102min，如图2所示，停泵测压降，石英砂沉降裂缝底部形成人工遮挡层。然后进行X井主压裂施工，如下图3所示，施工过程中排量3~3.2m^3/min，砂比5~40%，地面最高压力35.3MPa。主压裂阶段累计泵入20/40目控水陶粒支撑剂20m^3，泵入海水基压裂液量221.1m³。主压裂施工期间地面压力波动平缓，裂缝延伸发育正常，停止加砂后，使用海水以3m³/min施工排量顶替管柱内携砂液，导致地面井口压力明显上升，然后停泵。

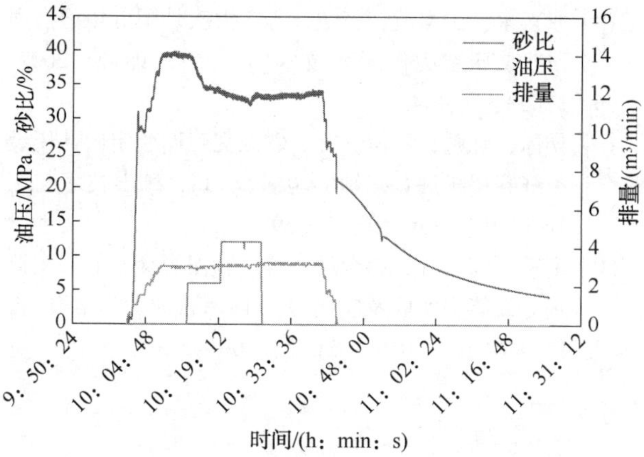

图2　X井小型加砂压裂施工曲线

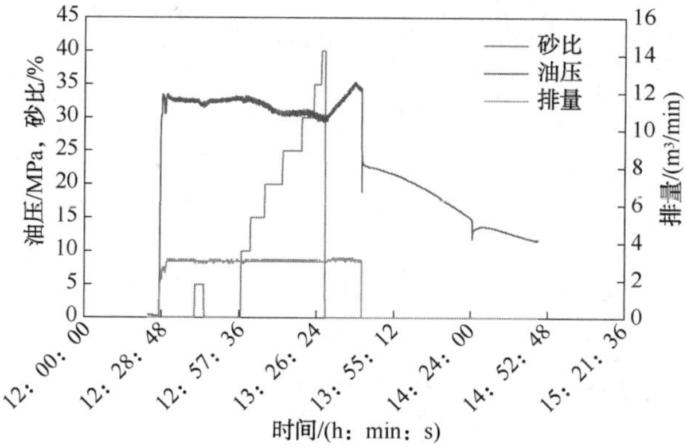

图3　X井主加砂压裂施工曲线

X井经压裂后，停泵关井1.5h开始放喷返排，油嘴尺寸3mm逐步扩大至6mm，累计返排破胶液0.7m³后，井口压力从9.8MPa降为0。由于地层能量不足，压裂7d后，下泵转抽投产，投产初期日产油80m³，相比于邻井增产倍数达1.8~2倍，正常生产12个多月，含水率仍控制在5%以内，X井压后实际生产情况如下图4所示，表明薄互层控水压裂工艺技术取得显著的增产效果。

4　结论与认识

（1）渤中A油田沙二段储层砂泥岩交互、薄互层发育，储隔层地应力差小，下部紧邻水层，控制裂缝纵向延伸、提高支撑剂有效铺置，避免压窜水层是压裂改造的首要选择。

（2）以“定点射孔、优化施工排量和二次加

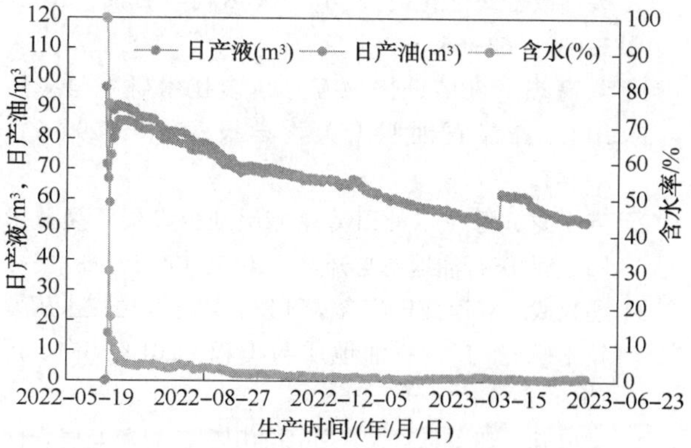

图4　X井压后生产情况

砂压裂”为主的控缝高压裂工艺技术能够有效阻碍裂缝在纵向上的延伸发育，能够很好地适应渤中A油田砂泥岩薄互层控水压裂的要求。

（3）现场应用表明，本套综合工艺在砂泥岩薄互层改造的控缝高、控水等关键方面具有理想效果，与邻井相比增产效果显著，值得在类似储层推广应用。

参　考　文　献

[1] 刘鹏，徐刚，陈毅，等．渤海低渗透储层水平井分段压裂实践与认识[J]．天然气与石油，2018，36(4)：58-62.

[2] 刘鹏，许杰，徐刚，等．渤中25-1油田低渗透储层水平井分段压裂先导试验[J]．油气井测试，2018，27(3)：52-57.

[3] 潘丽燕，阮东，惠峰，等．玛湖凹陷风城组薄互层分层压裂优化方法[J]．新疆石油地质，2022，43(2)：221-226.

[4] 聂建华．低渗薄互层深层油气藏多层压裂工艺技术[J]．石油化工应用，2018，37(1)：20-24.

[5] 谢丽沙，胡勇，何逸凡，等．考虑裂缝导流能力时效的海上压裂井产能研究[J]．天然气与石油，2016，34(5)：50-55.

[6] 卢修峰，邱敏，韩东，等．低渗透薄互层多级分压简捷工艺[J]．石油钻采工艺，2011，33(3)：113-118.

[7] 尹建，郭建春，曾凡辉．低渗透薄互层压裂技术研究及应用[J]．天然气与石油，2012，30(6)：52-54.

[8] 万有余，张玉香，张力，等．低应力差薄互层控缝高压裂技术研究及应用[J]．石油工业技术监督，2021，37(1)：57-60.

[9] 许超兰，谭鹏．尕斯油田薄互层控缝高压裂技术研究[J]．天然气与石油，2015，33(6)：51-54.

[10] 郑旭，文自娟，李翔，等．海洋低渗油田水平井压

裂参数正交优化研究[J]. 天然气与石油，2015，33(3)：63-66.
[11] 陶高杰. 江陵凹陷薄互层压裂技术研究与应用[J]. 江汉石油职工大学学报，2016，29(6)：39-41.
[12] 齐士龙. 海拉尔油田薄差储层细分多层压裂技术[J]. 大庆石油地质与开发，2015，34(5)：81-86.
[13] 冯兴武. 双河油田高含水开发后期薄互层控水压裂技术研究[J]. 石油地质与工程，2019，33(5)：106-111.
[14] 吴忠胜，汪玉梅. 大庆外围油田砂泥岩薄互层岩性隔层选择方法[J]. 大庆石油学院学报，2010，34(3)：48-53.
[15] 罗天雨，贾海正，许江文，等. 二次加砂工艺技术在玛北百口泉组砂砾岩的应用[J]. 中外能源，2014，19(7)：48-51.
[16] 刘力铭，郭建春，卢聪，等. 二次加砂压裂技术在樊131区块樊134-1井的应用[J]. 油气地质与采收率，2014，21(1)：107-110.
[17] 金智荣，包敏新，李升芳，等. 暂堵转向分层压裂工艺在薄互层油藏中的应用研究[J]. 复杂油气藏，2019，12(4)：76-78.
[18] 尹喜永，于永波，王纪，等. 大庆外围低渗透油田薄互层压裂优化配套技术[J]. 中外能源，2007，12(2)：41-44.
[19] 侯冰，陈勉，刁策，等. 砂泥交互储层定向井压裂裂缝穿层扩展真三轴实验研究[J]. 科学技术与工程，2015，15(26)：54-59.
[20] 辛军，郭建春，赵金洲，等. 砂泥岩交互储层支撑剂导流能力实验及应用[J]. 西南石油大学学报(自然科学版)，2010，32(3)：80-84.

磨溪龙王庙组低渗气藏水平井酸压关键技术及应用

叶颉枭[1,2]　胡秋筠[1,2]　王　洋[1,2]　张思琦[3]　伍　林[4]　颜　洁[1,2]

(1. 中国石油西南油气田分公司工程技术研究院；2. 国家能源高含硫气藏开采研发中心；
3. 中国石油西南油气田分公司天然气研究院；4. 中国石油西南油气田分公司川中油气矿)

摘　要　四川盆地磨溪龙王庙组低渗气藏具有埋藏深(平均垂深4650m)、温度高(134.7~158.9℃)、低孔低渗(孔隙度3.05%~4.32%，渗透率0.018~0.82mD)和非均质性强等特点，通过常规酸化工艺改造效果不理想。基于储层地质特点和改造难点，提出一套考虑“地质-工程”双甜点的精细分段方法能够提升储层改造效率。依据储层品质打分(RES)结果推荐差异化改造工艺：当RES≥1.0推荐缓速酸酸压；1.0>RES≥0.5时推荐前置液酸压+闭合酸化；RES<0.5时推荐两级或多级交替注入酸压。开展了酸压工艺室内物模和数模实验，结果表明：前置液+主体酸注入和两级交替注入条件下，导流能力保持率均能得到较好改善；水平井单段酸液用量推荐150m^3，施工排量推荐4~6m^3/min。优化形成了一套自生酸前置液和两套主体酸(胶凝酸和转向酸)体系，评价实验表明：150℃下酸液具有缓速缓蚀(反应速率达到10^{-5}级)、低摩阻(降阻率接近70%)、滤失小(滤失系数达到10^{-5}级)和低伤害(岩心渗透率伤害率≤15%)等特性，能够满足磨溪龙王庙组低渗储层酸压改造要求。经过现场应用，技术适应性好，增产效果显著，可为同类气井改造提供借鉴和参考。

关键词　精细分段；差异化改造；数值模拟；施工参数优化；酸液优选评价

安岳气田龙王庙组气藏是2014年探明的我国迄今为止最大规模单体海相碳酸岩盐整装气藏，作为西南油气田当前和今后一个时期的主力开发气藏，具有规模大、品质优、探明区外围“甜点区”扩展勘探潜力大等特点。截止2022年9月23日，磨溪龙王庙组气藏累产天然气突破700亿m^3。为了实现磨溪龙王庙组气藏均衡开发，保证气藏长期高产稳产，需要提高主体低渗及外围区储量动用程度。磨溪龙王庙低渗区储层物性较磨溪主体构造高渗区储层差，主要表现为孔隙度(3.05%~4.32%)和渗透率(0.018~0.82mD)偏低。该区储集岩性主要为砂屑白云岩、残余砂屑白云岩和细-中晶白云岩等，储层类型主要为孔隙型或晶间孔型。

无论是龙王庙气藏早期的探井(直井为主)改造工艺技术，或是试采和开发阶段的开发井(大斜度井/水平井为主)改造技术均已成型，并且取得非常理想的改造效果，以开发井改造为例，现场实施30口井，累计获得天然气测试产量4507.82×10^4m^3/d。之后随着勘探开发的深入，在低渗区部署了几口开发评价井，这些井经过储层改造后测试产量偏低，改造效果不理想。因此针对性开展了磨溪龙王庙组低渗区水平井酸压工艺优化研究，力争突破低渗区提高单井产量的技术瓶颈。

1　改造难点与技术对策

通过对比发现，低渗区与主体开发区块具有一些类似的储层特点及改造难点，主要包括：(1)基质低孔低渗，储层非均质性强，分散或零星发育溶蚀孔和缝，且搭配关系复杂，导致单一改造工艺难以实现强非均质储层的有效改造。(2)储层埋藏较深(平均垂深4650m)导致酸液沿程摩阻高，另外储层温度高(134.7~158.9℃)导致酸岩反应速度快，难以形成较长的酸蚀裂缝。(3)改造井段长(800~1000m)，物性差异大，高效动用整个长井段储量存在困难。此外，针对低渗区域高效改造还存在两大突出问题：(1)低渗区储层杨氏模量更高(5.89~9.42)×10^4MPa，泊松比更大(0.28)，岩石强度更高(298.33~425.61MPa)。即使顺利压开形成酸蚀裂缝，也可能使裂缝延伸困难；施工压力较高，大排量施工难度大。裂缝导流能力保持难度大，影响酸压效果。(2)储层物性更差，不发育Ⅰ类储层($\Phi\geq7\%$)，发育少量Ⅱ类储层($7\%>\Phi\geq4\%$)，主要发育Ⅲ类储层($4\%>\Phi\geq2\%$)。前期现场应用已表明主体区酸化工艺已不能满足磨溪龙王庙组低渗储层改造需要。

针对以上储层特点和改造难点，提出了以下几点技术思路与对策：

(1) 通过考虑地质和工程因素的精细化分段和基于储层评价的改造工艺优选来提高非均质长井段动用率和改造效率。

(2) 通过数值模拟和室内实验相结合对酸压裂缝参数进行优化，确保形成合适长度和导流能力的酸蚀裂缝，实现低渗储层的有效改造。

(3) 优化提升改造液体性能，包括缓速、缓蚀、降滤失和低伤害，满足低渗储层改造工艺的需要。

2 酸压改造关键技术

2.1 精细化分段与差异化改造

结合地质甜点和工程甜点双重考虑来优化精细分段，秉承“一段一策”的差异化设计原则，确保实现长水平井段全井段高效改造。

在精细化地质模型基础上，通过 ECLIPSE 软件局部加密功能实现人工裂缝植入，研究不同分段间距下酸压后水平井生产动态。数值模拟研究结果表明，不合理分段情况下，压力波及存在间断区域(图 1a)，通过调整段间距或分段数可实现水平井段横向充分动用(图 1b)。

通过测井资料解释的岩石密度数据，阵列声波测井资料提供的横波、纵波数据，结合实验动静态岩石力学参数关系，确定长井段上的地应力剖面和破裂压力剖面。优选各段裂缝起裂位置，实现全井段精确布缝，保证合理缝间距从而确保整个井段的有效改造。将滑套位置放在破裂压力最低位置，降低施工压力，便于提高施工排量，增加缝长(图 2)。

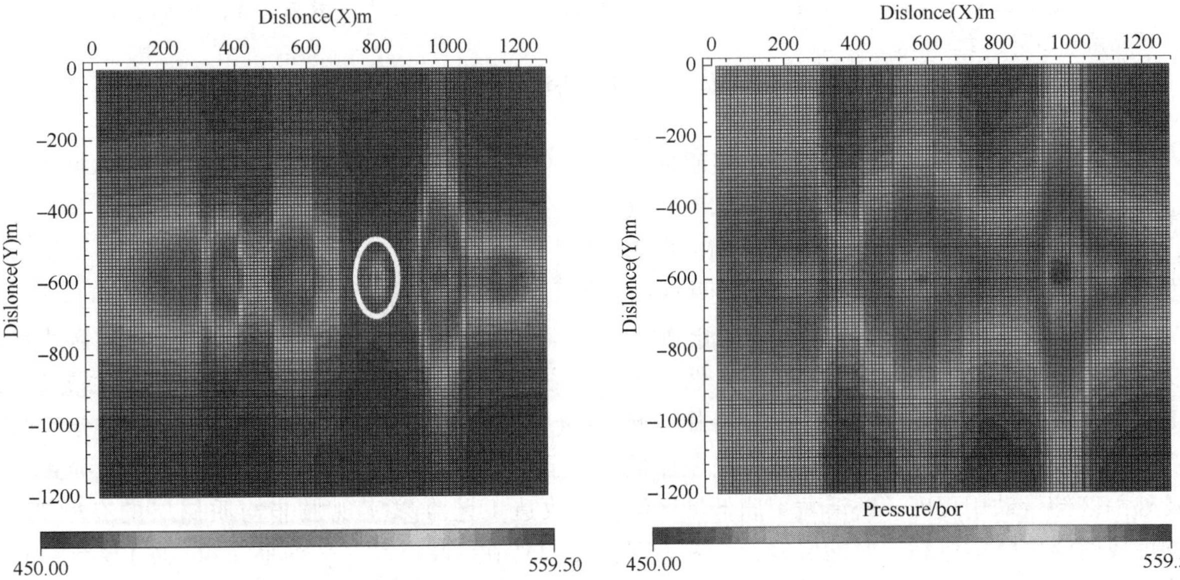

图 1　优化分段前(a 图)和优化分段后(b 图)压力波及示意图

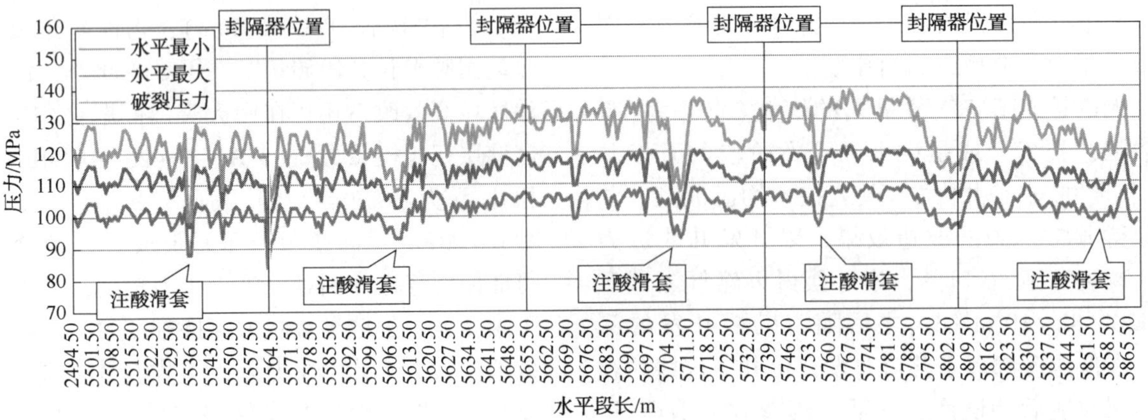

图 2　利用地应力剖面选择封隔器和注酸滑套位置

根据精细化分段结果，将所有井段分为三类：优质储层段、潜力储层段和一般储层段，划分的依据是储层品质打分结果。提出了不同类型改造井段的改造策略及工艺推荐，如表 1 所示。

表 1　不同改造井段的改造策略及工艺推荐

改造井段	储层品质打分	改造策略	推荐工艺
优质储层段	RES ≥ 1.0（RES 为储层打分结果，下同）	提高横向上酸液波及范围，实现全井段充分改造	缓速酸酸压
潜力储层段	1.0>RES≥0.5	形成一定长度的酸蚀裂缝，同时兼顾裂缝导流能力	前置液酸压+闭合酸化
一般储层段	RES<0.5	造长酸蚀裂缝，尽可能沟通井周有利储集体	两级或多级交替注入酸压

2.2　酸压过程模拟与施工参数优化

通过前置液酸压或者前置液和主体酸的交替注入可以实现在低渗储层造长缝的目标。室内模拟了单级注入主体酸、前置液+主体酸和两级交替注入工艺，获取了不同闭合应力下的裂缝导流能力保持率和岩板刻蚀形态。从图 3 可以看出，单级注入、前置液+主体酸注入和两级交替注入都有非均匀刻蚀作用，两级交替注入的非均匀刻蚀程度最高。从导流能力保持率来看（图 4），前置液+主体酸注入和两级交替注入条件下，导流能力保持率较单级注入工艺更高。

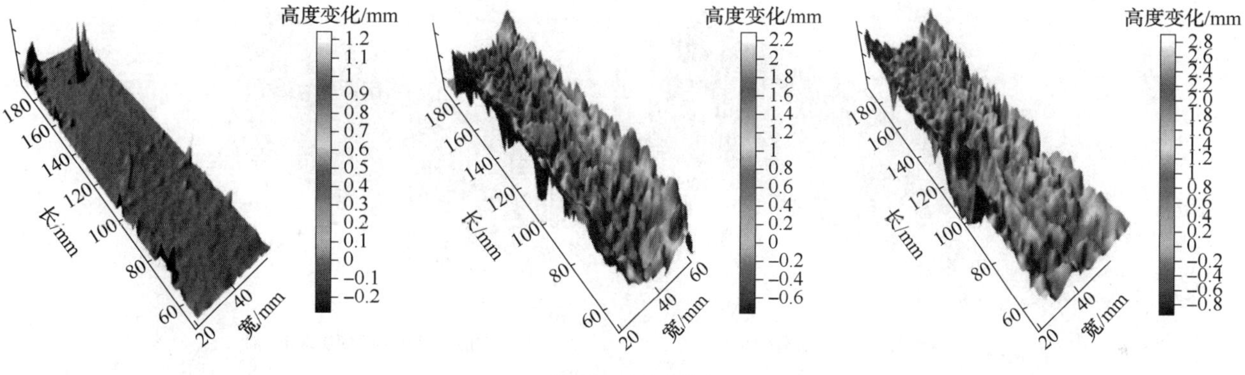

(a)主体酸单级注入　(b)前置液+主体酸注入　(c)前置液+主体酸+前置液+主体酸

图 3　不同注入级数下酸蚀岩板刻蚀前后扫描图

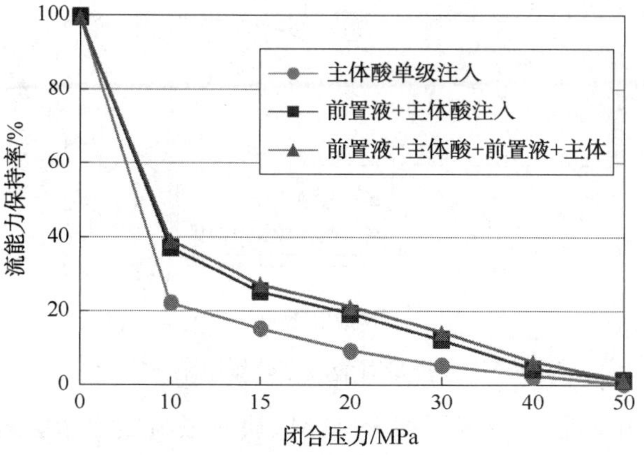

图 4　不同注入工艺下导流能力保持率对比

为了更精确模拟酸压过程并指导酸压施工参数的优化，通过一套考虑微裂缝和基质动态滤失以及高温储层传热的多流体（前置液+酸液）、多尺度（水力裂缝—天然裂缝—基质孔隙）和多场（流动、传热、传质、反应）耦合的深井酸压模型，针对施工参数对酸压效果的影响进行分析，探索最优的施工参数组合（表 2）。模拟结果表明：考虑和不考虑前置液降温作用的缝内温度分布区域一致，最终导致的裂缝溶蚀宽度差值为 2% 左右，这表明前置液量增加对于温度场的影响有限（图 5）。但是前置液注入量对酸液有效作用距离影响较大，因此对于低渗储层采用前置液造缝是必要的，这样可以获得足够的水力裂缝长度，以尽量避免其对酸液有效作用距离的影响。根据各段井筒位置与优势储集体的距离以及不同的改造工艺选择合适的前置液量。

由图 6 可知，在相同的排量下，酸液有效作用距离随着注酸量增加先增大之后由于动态滤失而下降。酸蚀缝长在单段酸液用量达到 150m^3 后不再增长，当酸液用量达到 200m^3 后酸蚀缝长反而降低。因此，不能仅靠提高注酸量获得足够的有效酸蚀缝长。注酸排量对酸液有效作用距离的影响如图7所示，距离随排量增加而增加，增加的幅度先增大后减小。原因是较大排量会提高缝内的酸液流速，大幅降低缝内温度，也一定程度上延长酸液有效作用距离，但是大排量下酸液从天然裂缝滤失，也导致酸液效率降低。注酸量一定时，排量越大，注酸时间越短，虽然酸液有效作用距离增加，但在较远处缺乏有效溶蚀，难以形成有效的导流能力。综合考虑本区选择4~6m^3/min排量施工。

表2　模型输入参数

参数	取值	参数	取值	参数	取值	参数	取值
尺寸/m	60×20×200	黏度/Pa·s	0.03	天然裂缝长度/m	20	比热容/[J/(kg·K)]	600
储层杨氏模量/MPa	60000	热传导系数/[W/(m·K)]	0.7	天然裂缝高度	裂缝高度	天然裂缝初始宽度/μm	100~200
储层泊松比	0.2	比热容/[J/(kg·K)]	4200	原始地层温度,℃	163	天然裂缝刚度系数/MPa	60000
渗透率/mD	1	频率因子/(cm/s)	0.0043	前置液排量/(m^3/min)	6	热传导系数/[W/(m·K)]	1.57
孔隙度	0.05	活化能/(J/mol)	18035.7	最小水平主应力/MPa	60	氢离子传质系数/(m^2/s)	5×10^{-9}

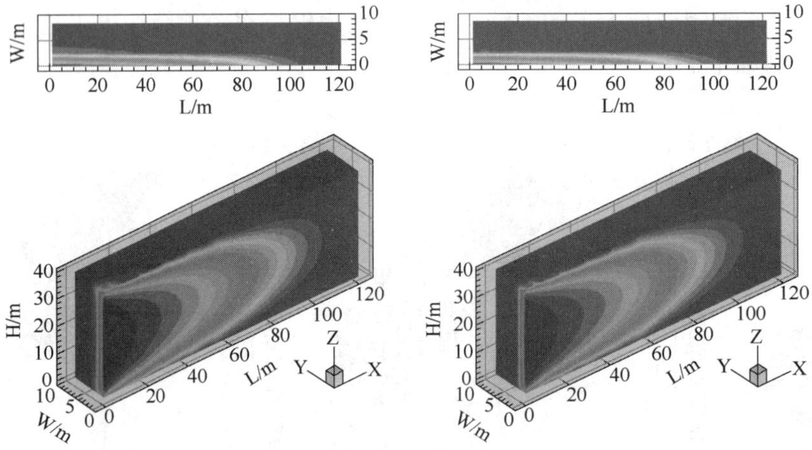

考虑前置液300s时储层温度　　　不考虑前置液300s时储层温度

图5　不同前置液量裂缝内温度变化情况

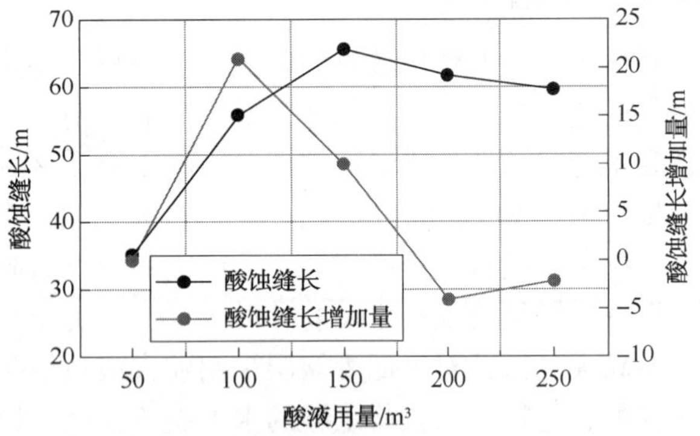

图6　注酸量对酸液有效作用距离的影响

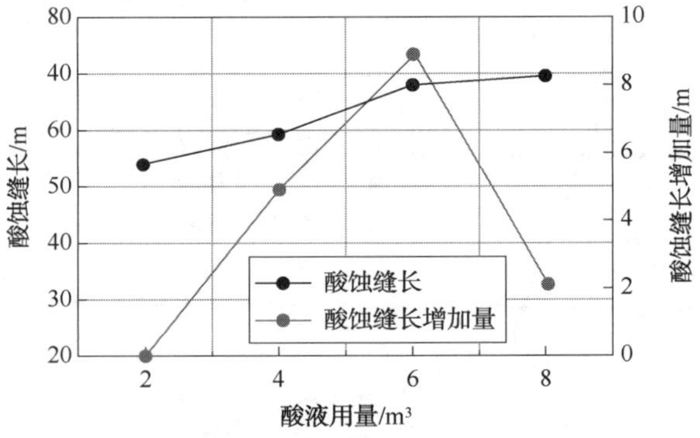

图7　注酸排量对酸液有效作用距离的影响

2.3　改造液体优选与评价

为满足高温深井大排量酸压的技术要求，酸液必须具备低摩阻、耐高温的双重特性。另外，对于龙王庙低渗区块这类发育有溶蚀孔洞的储层，还必须考虑残酸伤害和酸液的滤失性能。通过前期开展的酸液添加剂性能评价和筛选实验结果，结合低渗区现场试验情况对液体配方进行优化调整，形成了适合磨溪区块龙王组低渗储层酸压改造的一套前置液和两套主体酸体系(表3)。

采用室内管路摩阻仪，在10mm管径下开展了转向酸及胶凝酸体系摩阻测试。通过室内性能优化改进后，与清水相比，转向酸室内降阻率达54%~63%，胶凝酸室内降阻率达64%~67%。从酸岩反应速率评价结果来看(表4)，与常规酸相比，胶凝酸与转向酸均具有较好的酸岩缓速性能，高温条件下(150℃)胶凝酸缓速性能最好。

表3 磨溪龙王庙组低渗储层酸液体系

液体名称	配方	使用范围
自生酸前置液	0.5%稠化剂+0.5%KCl+1%助排剂+10%自生酸+1%黏土稳定剂+0.6%交联剂+0.1%破胶剂+0.1%交联助剂	前置液酸压或两级/多级交替注入酸压中的前置液
胶凝酸	20%HCl+2.5%缓蚀剂+1.0%缓蚀增效剂+3.0%稠化剂+1.0%铁离子稳定剂+1.0%助排剂+1.0%黏土稳定剂+1.0%转相剂	缓速酸酸压、前置液酸压或两级/多级交替注入酸压中的主体酸
转向酸	20%HCl+5.0%转向剂+2.0%缓蚀剂+1.0%缓蚀增效剂+1.0%铁离子稳定剂	缓速酸酸压中的主体酸

表4 不同酸液体系150℃下反应速率方程

酸液体系	试验温度/℃	酸岩反应速率方程(反应指数)	反应速率/[mol/(cm^2·s)]
常规酸	150	$J=3.805\times10^{-5}C^{0.8157}$	$C=6.0$，$J=1.641\times10^{-4}$
转向酸	150	$J=9.915\times10^{-6}C^{1.3169}$	$C=6.0$，$J=1.049\times10^{-4}$
胶凝酸	150	$J=1.831\times10^{-5}C^{0.6413}$	$C=6.0$，$J=5.777\times10^{-5}$

向地层注入高黏度低伤害反应性前置液压开地层，形成裂缝(造缝)，反应性前置液除了降温外还能溶蚀碳酸盐岩基质，降低岩石强度和破裂压力，有效化解储层岩石杨氏模量高，施工泵压较高的难题。通过评价实验看出，自生酸前置液能持续释放氢离子，有助于形成酸蚀沟槽(表5)。以SY/T 5107—2016《水基压裂液性能评价方法》为基础，进行残酸伤害实验评价，结果表明自生酸前置液残酸对岩心渗透率伤害率15%，胶凝酸残酸伤害率11%，转向酸残酸伤害率14%。采用常规岩心注入装置模拟酸液静态滤失过程并求取滤失系数。从表6可以看出，胶凝酸、转向酸和自生酸前置液均具有较好的降滤失性能。其中，胶凝酸降滤失性能最佳，滤失系数达到10^{-5}级。通过以上室内实验评价，筛选形成的自生酸前置液和两套主体酸体系能够满足磨溪龙王庙组低渗储层酸压改造要求。

表5 自生酸前置液性能实验评价

自生酸前置液体系特性	评价项目	评价结果	标准值
造缝	剪切后黏度(mPa·s)	111	≥80
	缓速性能	高温下液体与岩石反应1h后仍释放氢离子	—
低伤害	表面张力/(mN/m)	25.4	≤28
	前置液伤害率/%	15	≤30
	前置液残渣/(mg/L)	149.5	≤600

表6 不同酸液体系的静态滤失系数

编号	酸液体系	岩心孔隙度/%	岩心渗透率/mD	滤失系数/(m/min$^{1/2}$)
1	2.0%胶凝剂浓度的胶凝酸	—	0.7	0.000201
2	2.5%胶凝剂浓度的胶凝酸	—	0.4	0.000071
3	3.0%胶凝剂浓度的胶凝酸	3.5	1.426	0.000074
4	3.5%胶凝剂浓度的胶凝酸	3.9	0.01	0.000027
5	3%转向剂浓度的转向酸	3.2	0.005	0.001578
6	4%转向剂浓度的转向酸	3.6	0.017	0.000233
7	5%转向剂浓度的转向酸	2.3	1.778	0.000123
8	6%转向剂浓度的转向酸	3.3	0.267	0.000192
9	6%浓度的自生酸	2.5	1.474	0.001594
10	10%浓度的自生酸	2.3	0.001	0.004956

3 现场应用效果

MXH9井是部署在磨溪区块低渗区的一口水平井，完钻层位龙王庙组，完钻井深5890.0m(垂深4652.4m)。采用裸眼完井，裸眼段(改造段)长937.2m。龙王庙组测井解释出7个气层和6个差气层，储层段长783.0m，其中Ⅱ类储层11.0m，Ⅲ类储层285.9m，平均孔隙度2.7%，平均含水饱和度17.0%，平均渗透率0.116mD。

针对该井施工段跨度大，储层非均质性强的实际情况，通过裸眼封隔器将施工井段分为七段。其中第一、三、六、七酸化段储层评价结果RES≥1.0，采用转向酸酸压工艺，提高井段内均匀酸化效果；第二、四、五酸化段储层评价结果1.0>RES≥0.5，采用前置液酸压+闭合酸化工艺。实际施工中，没有停泵待裂缝闭合再注酸酸化这一过程，但是开滑套转段时投球和候球入球座时将排量降低到2~3m^3/min，一定程度上也起到闭合酸化类似的效果。图8是该井龙王庙组分段酸压施工曲线，该井酸压后取得非常理想的改造效果，在油压32MPa下测试日产气量56×10^4m^3。

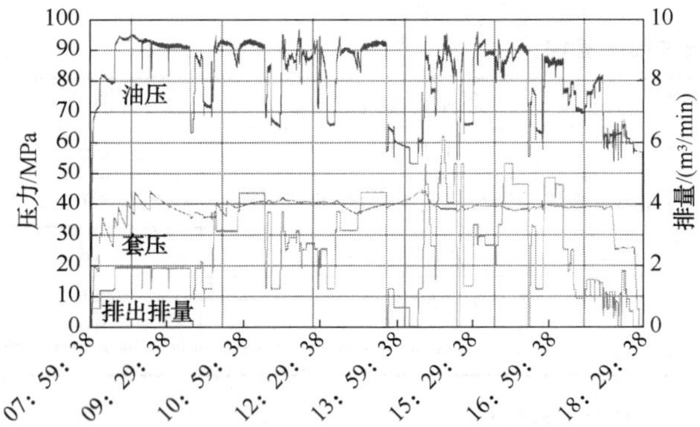

图8 MXH9井分段酸压施工曲线

4 结论与建议

(1) 结合地质甜点和工程甜点双重考虑来优化精细分段，优选各段裂缝起裂位置，实现全井段精确布缝，确保全井段充分改造；依据各段储层品质打分结果将所有改造段分为优质储层段、潜力储层段和一般储层段，然后推荐差异化改造工艺，提高强非均质水平井改造效率。

(2) 室内实验表明：前置液+主体酸注入和两级交替注入条件下导流能力保持率较单级注入工艺更高；两级交替注入的非均匀刻蚀程度最高。数值模拟表明：酸液有效作用距离随着注酸量增加先增大之后由于动态滤失而下降，单段酸液规模推荐150m^3；提高排量会提高缝内的酸液流速，大幅降低缝内温度，延长酸液有效作用距离，但滤失也会增加，影响酸液效率，综合考虑推荐4~6m^3/min排量施工。

(3) 筛选和优化形成了的一套自生酸前置液体系和两套主体酸体系，具有低摩阻、缓蚀缓速、低滤失和低伤害的特点，能够满足磨溪龙王庙组低渗储层水平井差异化改造工艺的需要。

(4) 现场应用表明技术适应性好，增产效果显著，建议下一步扩大试验范围，也可为同类型储层酸化提供借鉴和参考。

参 考 文 献

[1] 马新华．四川盆地天然气发展进入黄金时代[J]．天然气工业，2017，37(2)：1-10.

[2] 新华网．龙王庙组气藏累计产气突破700亿立方米[OL]．http：//m.xinhuanet.com/sc/2022-09/25/c_1129030149.htm.

[3] 王蓓，刘向君，司马力强．四川盆地磨溪地区寒武系龙王庙组缝洞型储集层分级评价及预测[J]．石油勘探与开发，2019，46(2)：290-300.

[4] 张倩，刘威，熊颖，等．一种新型含沥青质储层解堵液体系的研究——以四川盆地龙女寺龙王庙储层为例[J]．长江大学学报(自然科学版)，2021，18(6)：76-82.

[5] 王业众，段国斌，桑宇，等．衬管完井水平井新型布酸技术研究与应用—以安岳气田磨溪构造龙王庙组气藏为例[J]．天然气地球科学，2017，28(8)：1264-1267.

[6] 叶颉枭，李力，韩慧芬，等．多级交替注入酸压工艺优化研究—以磨溪龙女寺构造龙王庙组储层改造为例[J]．油气藏评价与开发，2018，8(3)：46-50.

[7] 郭建春，卢聪，肖勇，等．四川盆地龙王庙组气藏最大化降低表皮系数的储层改造技术[J]．天然气工业，2014，34(3)：97-101.

[8] 刘飞，吴建，周长林，等．四川盆地上震旦统灯四气藏水平井分段酸压工艺优化[J]．科学技术与工程，2018，18(30)：8-14.

[9] 叶颉枭，陈伟华，张思琦，等．基于储层潜力的水平井分段酸压设计优化与应用[J]．钻采工艺，2019，42(2)：45-48.

[10] 郭建春，苟波，秦楠，等．深层碳酸盐岩储层改造理念的革新——立体酸压技术[J]．天然气工业，2020，40(2)：61-70.

[11] 苟波，马辉运，刘壮，等．非均质碳酸盐岩油气藏

酸压数值模拟研究进展与展望[J]. 天然气工业，2019，39(6)：87-96.

[12] 李太伟，虞建业，袁萍，等. 江苏油田 VES 稠化酸缓速性能及酸蚀裂缝导流能力优化研究[J]. 长江大学学报(自然科学版)，2019，16(1)：50-55.

[13] 胡晓强，刘威，徐智慧，等. 珠江口盆地西江 30-2 油田油井酸化解堵剂的筛选及评价[J]. 长江大学学报(自然科学版)，2020，17(6)：49-54.

[14] 乐宏，刘飞，薛衡，等. 四川盆地下寒武统龙王庙组气藏转向酸酸化模拟及其应用[J]. 天然气工业，2017，37(10)：46-52.

[15] 李松，马辉运，张华，等. 四川盆地震旦系气藏大斜度井水平井酸压技术[J]. 西南石油大学学报(自然科学版)，2019，41(6)：146-155.

[16] 王洋，袁清芸. 超高温高压气藏酸液有效作用距离定量研究[J]. 钻采工艺，2016，39(6)：31-33.

超低温可溶解桥塞研制及应用

刘福建　朱正喜

（中国石油集团长城钻探工程有限公司压裂公司）

摘　要　针对浅层套管井压裂施工存在溶解时间过长，溶解不充分，需要多趟连油通井等技术难题，攻克了超低温（20～50℃）可溶金属、水溶橡胶技术，试制了超低温可溶桥塞样机并在50℃、0.1%KCl水溶液中进行了坐封丢手、密封承压和溶解性能实验。通过在辽河油田、山西煤层气、长庆苏里格等市场区块近400余只现场试验证明，超低温可溶桥塞的密封承压性能满足15h以内压裂施工，压后3～4d桥塞完全溶解，连续油管冲砂作业返排出较少溶解物碎片，满足现场应用需求，具有较高的推广应用价值。

关键词　超低温溶解；可溶桥塞；清水可溶；压裂改造；非常规油气井

在四川浅层页岩气、山西煤岩气、辽河浅层密封油等市场区块，地层埋深浅800～2500m，部分井井温预测30～50℃。这些井多使用清水配置压裂液，一方面连续施工不要求较长的密封时间，另一方面压后3～5t天内要求桥塞完全溶解。根据行业标准只有50～150℃的可溶材料，现有材料体系的桥塞无法满足现场应用需求。油田甲方反馈多数桥塞有遇阻显示，需要钻磨，且放喷捕获较多未溶解桥塞碎片。因此，需要研制一种20～50℃、较低矿化度溶解的可溶桥塞成为急需。

1　超低温、低矿化度可溶材料研制

1.1　超低温可溶橡胶材料研制

根据油气田现场应用要求，聚酯型TPU作为工具密封件的主相材料，添加吸水材料、降解剂、有机包裹材料来调控聚合物共混物的力学及水解性能。对可溶橡胶小样的强度和溶解进行测试，结果如下：

从图1来看，可溶橡胶的拉断强度21.7MPa，拉断伸长率320%，满足要求。

从图2来看，在50℃水溶液中，可溶胶筒浸泡96h后丧失强度，145h完全溶解，溶解物成泥状，在液体中易于悬浮，满足使用要求。

1.2　超低温可溶金属材料研制

基于电化学腐蚀原理，通过调整稀土元素和包覆型颗粒尺寸（纳米级），实现可溶材料的力学性能参数和溶解性能参数满足使用要求。测试可溶金属拉伸强度>260MPa，力学性能稍低于常规可溶材料280MPa；φ55mm可溶球在50℃、1000ppm溶液中完全溶解时间60h，溶解性能提升1.5倍以上，溶解时间溶解速率与温度、矿化度正相关（图3）。

图4中，对比50～150℃可溶金属溶解物，灰质小颗粒间杂白色1～2mm大颗粒，检测大颗粒成分为氢氧化镁。而新材料20～50℃可溶金属中，由于调整了稀土元素等成分，溶解物整体为较均匀的氯化镁小颗粒，不易聚结成团。

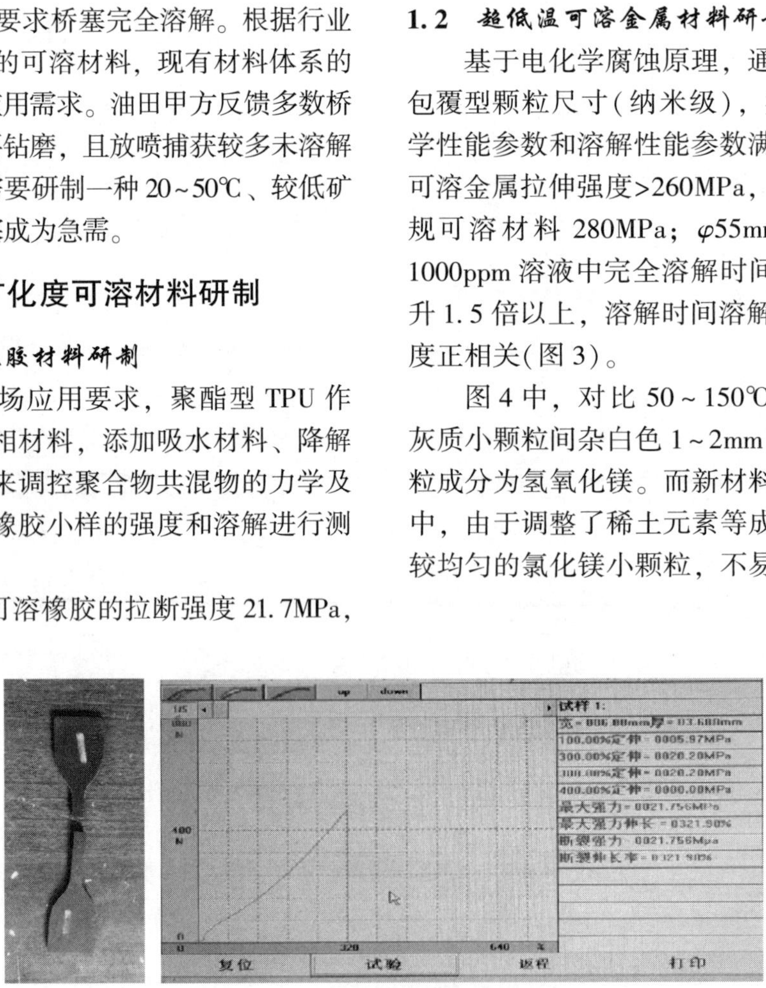

图1　可溶橡胶强度试验

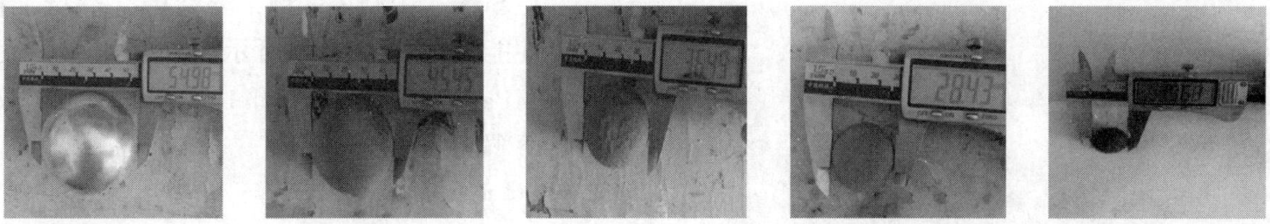

图 2　可溶橡胶溶解实验

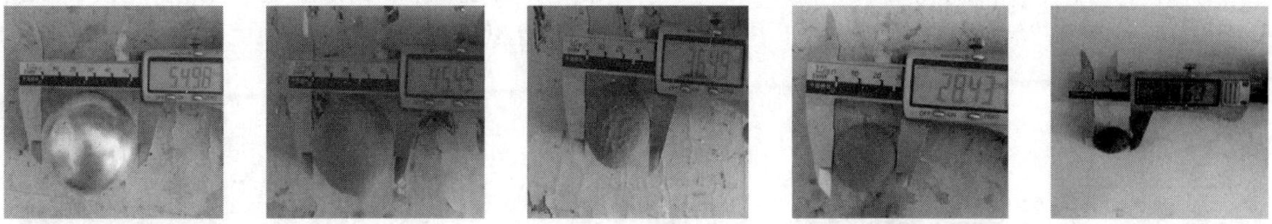

图 3　可溶金属溶解实验

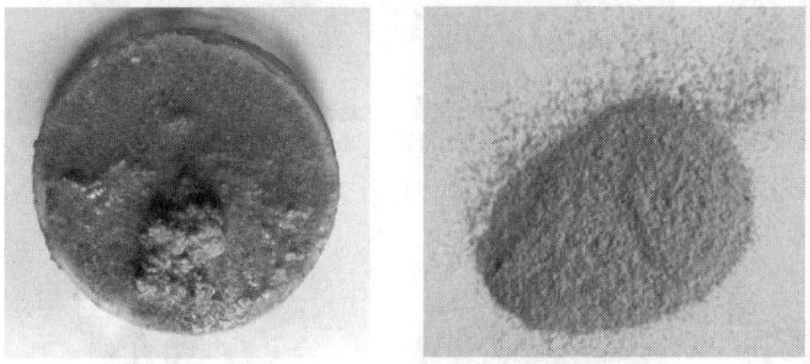

图 4　可溶金属溶解物对比溶解实验

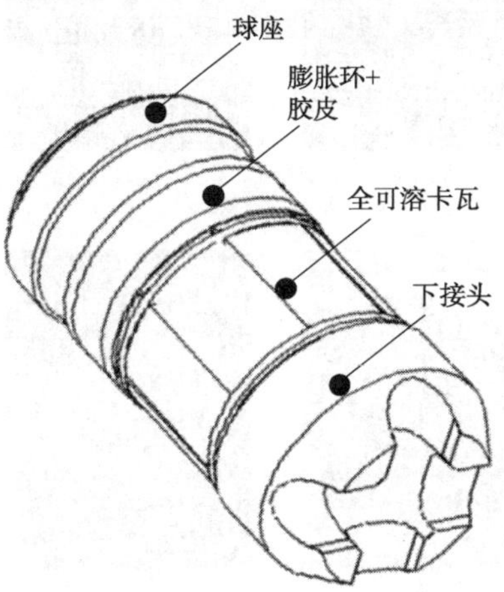

图 5　超低温可溶桥塞结构设计

2　超低温桥塞整体研制

2.1　桥塞结构设计

通过对超低温可溶金属、可溶橡胶两种材料的力学性能测试，与常规可溶材料性能相近，因此超低温桥塞结构设计主要集中在卡瓦锚定结构的强度设计上。另外，还需要考虑降低可溶材料体积、去胶简化结构设计来提高桥塞的整体溶解性。

图 5 中，采取了单卡瓦和可溶性膨胀环密封结构设计，桥塞长度小于 260mm。坐封丢手后的桥塞长度为 120～130mm，并且下接头与本体脱离，提高溶解效率。

图 6 中，计算 70MPa 压差下每瓣卡瓦的受力和自锁角，设计卡瓦上的卡瓦牙数目和尺寸，通过有限元 FEAMAP 软件模拟每颗卡瓦牙槽处的应力为 200MPa，安全系数 1.3；计算自锁角 13.5°，实际设计 10°，安全系数 1.35。

2.2　桥塞样机室内实验

基于 20～50℃ 可溶材料，制造可溶桥塞样机，工具外径 102mm、内径 45mm，具体技术参数见表 1，实物图见图 7。

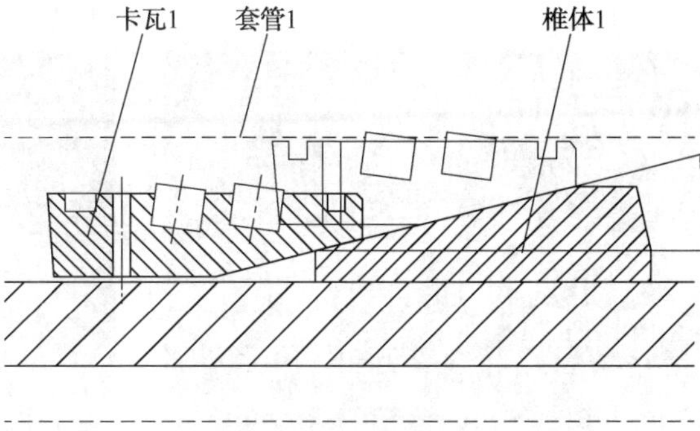

图 6　卡瓦力学计算模型图

表 1　超低温可溶球座技术参数

参数	外径/mm	内径/mm	长度/mm	耐温/℃	耐压/MPa	溶解温度/℃
数值	102	45	260	50	70	20～50

图 7　超低温可溶桥塞实物

在 50℃、1000ppmKCl 溶液中，进行了桥塞整机性能试验，如图 8 所示，坐封力 14.5t，耐压 70MPa，有效密封时间 16h，浸泡 72h 散架，完全溶解时间 106h。

3　现场试验

2022~2023 年，在辽河油田、长庆苏里格气田、山西煤层气气田等区块累计应用 48 口井 400 余只超低温可溶桥塞，部分井参数见表 2，试验情况见图 9。

(a)耐压试验

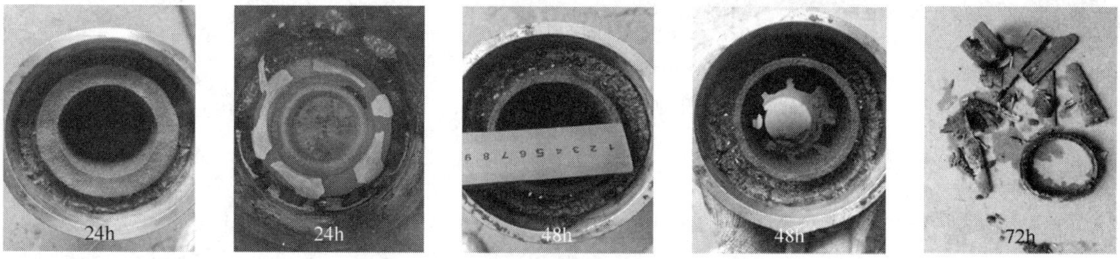

(b)溶解试验

图 8　整机室内实验

图 9　辽河油田雷 72 大平台超低温可溶桥塞施工

表 2　部分施工井数据

续表

辽兴水平井井况数据				
序号	井号	垂深/m	预测温度/℃	压裂液矿化度/ppm
1	包 20-H1 井	1314~1375	53	<500
2	包 1-H102	965~1000	45	<500
3	河 19-H201	1716~1780	59	<500
4	河 19-H202	1682~1781	59	<500

续表

辽兴水平井井况数据				
序号	井号	垂深/m	预测温度/℃	压裂液矿化度/ppm
5	强 1-H211	1550~1575	54	<500
6	包 22-H1	964~967	44	<500

图 9 中，2022 年在辽河油田雷 72 大平台共 11 口井。在现场施工过程中，下桥塞施工后 4h 以内进行压裂施工。投压裂球到位后显示明显。压后 3~4d 下入连续油管冲砂，多数桥塞直接通过，有部分桥塞遇阻，冲洗较多支撑剂出井，判断砂埋影响溶解。

4 结论

（1）超低温可溶金属材料拉伸强度 260MPa，力学性能稍低于常规可溶材料 280MPa，在 50℃、1000ppm 溶液中测试 φ55mm 可溶球完全溶解时间 60h，溶解性能提升 1.5 倍以上，满足可溶桥塞材质设计要求。

（2）超低温可溶金属桥塞坐封力 14.5t，耐压 70MPa，有效密封时间 16h，浸泡 72h 散架，完全溶解时间 106h。

（3）通过近 400 余只超低温可溶桥塞现场试验证明，密封承压性能满足 15h 以内压裂施工，压后 3~4d 桥塞完全溶解，连续油管冲砂作业返排出较少溶解物碎片。

参 考 文 献

[1] 朱正喜．页岩气井可溶桥塞工具研制及应用[J]．长江大学学报(自然科学版)，2019，16(11)：52-55.

[2] 朱正喜．压裂用可溶桥塞关键技术分析[J]．石油矿场机械，2019，48(03)：78-82.

[3] 刘福建，杨文，邢厚伟．可溶性泵送环在页岩气储层改造中的应用[J]．石油矿场机械 2021，50(6)：88-92.

退火温度对防垢合金电化学性能及防垢性能的影响

陈小琴　秦小飞　李　权　靳浩楠　刘明泰　尤黎明

（中海油田服务股份有限公司天津分公司）

摘　要　合金防垢在油田防垢技术领域具有独到的优势，本文研究了退火温度对合金的微观组织结构和防垢性能及电化学性能的影响，揭示防垢合金的在采出水中的防垢机理。通过设计合金成分，铸造特种防垢合金并优化退火工艺，采用金相观察、SEM、EDS、XRD、电化学测试、浸泡模拟试验等测试不同退火温度下合金的性能。结果表明：防垢合金能够抑制采出水中垢的形核过程，同时使采出水中析出水垢的结构从坚固的方解石结构转变为松散的文石结构，660℃退火处理的合金具有更好的耐蚀性，620℃退火处理的合金具有更好的防垢性能，防垢率提升23.2%。揭示了合金防垢的机理并提供了提高合金防垢效率的方案，为合金防垢技术在油田防垢技术领域提供新的思路。

关键词　防垢合金；热处理；防垢性能

1　引言

结垢是油气田开采过程中难以忽视的重要难题。垢在油田开采过程有较大危害，水垢易生成于井下管道内壁，不仅会使管道内径变小，增大流体阻力，从而影响整体效率增大成本，还会使井下管道发生腐蚀。结垢问题后果严重，对设备运行、使用寿命、生产效率、生产成本都会造成巨大影响，导致许多经济损失的产生，因此针对我国海上油田的需求，开发出适用于深水油气开发中的井下防垢合金工具，替代现有化学及机械除垢技术，解决管柱及工具内部结垢造成的完井及修井问题，延长管柱及工具的服役寿命具有重要意义。所以，无论从减少工业成本还是从落实节能减排政策方面，防垢技术研究都具有积极促进作用与重大意义。油田防垢合金目前多以铜锌合金为主要应用对象。铜锌合金物理性能较好，且具有较好的防污、防垢、耐蚀性能，如今在锅炉水处理、工厂废水处理、油气田防垢方面得到了较好的应用。在深水油气田开发过程中，铜锌合金避免了物理、化学防垢法的缺点，同时有成本低、作用时间长、环境污染小等优点，具有很高的发展潜力。在这项工作中，研究了热处理温度对防垢合金微观组织结构、力学、电化学、以及防垢性能的影响。

2　试验方法

通过常压铸造的方式制备防垢合金，其设计成分以及通过 M5000 直读光谱仪测得防垢合金元素成分如表 1 所示：

表 1　防垢合金元素设计成分及实际成分

元素	Cu	Zn	Ni	Sn	Co	Pb	Others
设计成分	65.00	19.50	13.50	0.50	0.50	1.00	—
实际成分	63.82	18.88	15.30	0.416	0.529	0.837	0.3

使用井式电阻炉中对熔炼所得防垢合金分别在 580℃、620℃、660℃保温 3h，随炉冷却至室温。使用线切割设备将样品切割成测试所需样品，经过砂纸研磨抛光后备用。

配置 $FeCl_3$+HCl 腐蚀液，对合金试样抛光面进行腐蚀处理，使用金相显微镜观察金相组织，扫描电镜观察相的形态及分布，结合 EDS 分析其化学成分。

通过小冲孔试验机测试其力学性能并使用洛氏硬度计测试其洛氏硬度，使用传统的三电极体系测试其电化学性能，电解液为 3.5wt.%NaCl 溶液，待开路电位稳定后测试其交流阻抗谱，频率范围为 100000~0.01Hz。测试极化曲线，扫描速率为 0.3333mV·s^{-1}，扫描区间电位 −0.5~0.5V(vs. OCR)。

模拟油田采出水成分如表 2 所示，将防垢合金置于 500mL 模拟采出水中充分接触 1h，暴露面积为 $6cm^{-2}$，将 50mm×25mm×3mm 的 N80 挂片悬挂于模拟水体中，静置 48h 后取出挂片，使用滴定法测试溶液中 Ca^{2+} 浓度以计算防垢率，使用 XRD 检测挂片表面垢样的晶体结构并使用 SEM 观察挂片上垢的形貌。

表 2 模拟油田采出水成分

项目	K^+/(mg/L)	Na^+/(mg/L)	Mg^{2+}/(mg/L)	Ca^{2+}/(mg/L)	Cl^-/(mg/L)	SO_4^{2-}/(mg/L)	HCO_3^-/(mg/L)	CO_3^{2-}/(mg/L)
含量	34.35	2588.09	129.89	423.26	4687.89	50.84	528.58	8

3 结果与讨论

3.1 微观形貌表征

防垢合金金相试样所拍摄的金相照片如图 1 所示。防垢合金铸态金相组织为树枝状晶，因为防垢合金铸造过程中会不可避免的产生成分偏析，铜含量较高的部分率先凝固结晶，后结晶的枝晶间隙部位产生富镍偏析，同时枝晶部位存在锡第二相析出。成分偏析使防垢合金组织不均匀，更易在服役过程中发生腐蚀，降低防垢合金的服役寿命与使用性能。对铸态防垢合金进行退火处理后，合金的均匀化程度有所提高。通过对比观察可以看到，经过 580℃、620℃、660℃退火处理后，合金逐渐开始出现等轴晶粒，且随退火温度升高，合金枝晶形貌逐渐清晰，枝晶间距逐渐增加，枝晶渐渐向等轴晶转变，成分均匀化程度逐渐提高，合金更加耐蚀且防垢效果增强。所以适当提高防垢合金退火温度可以有效消除铸造应力，减少成分偏析，使合金具有更好的防垢效果和耐蚀性，但退火温度不宜过高，可能导致防垢合金晶粒粗大，使防垢合金的强度降低。

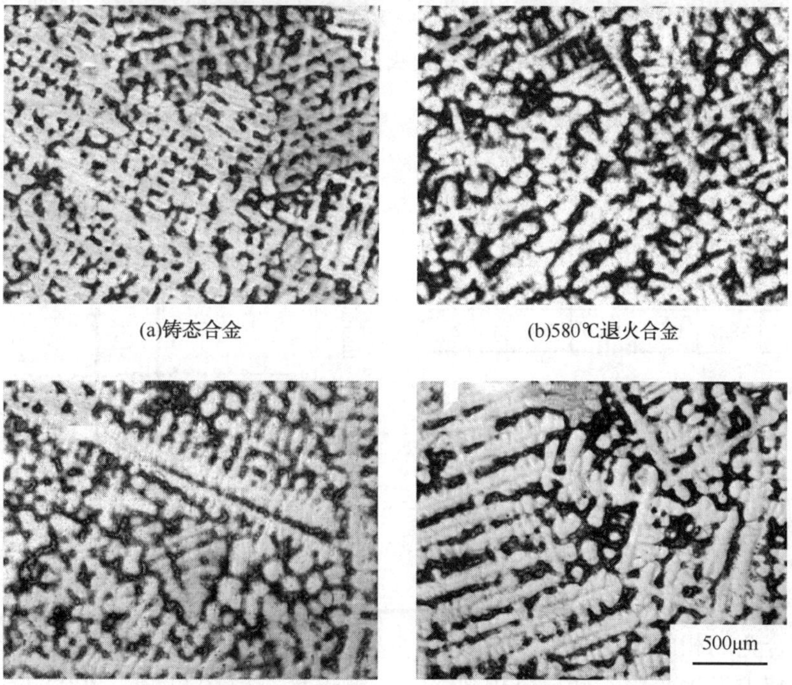

(a)铸态合金　(b)580℃退火合金　(c)620℃退火合金　(d)660℃退火合金

图 1 防垢合金金相显微组织

图 2 中图 a 为铸态防垢合金形貌，由合金扫描形貌图可知，铸态防垢合金的晶粒尺寸相对较大，而且不够清晰，而且合金中有白色的点状弥散相分布在基体上。分别对样品局部区域进行 EDS 局部成分分析发现，合金基体组织以 Cu、Zn 元素为主，Ni 在基体中也分布较广，在枝晶间隙存在偏析现象，Sn 与 Pb 大多以第二相的形式在晶界处富集，呈现块状或点状，还伴随有一些微量元素存在。由 Cu、Zn、Ni 所占比例与防垢合金相图可知，合金基体组织以 Cu、Zn 组成的 α 相(Cu_3Zn)为主；合金析出相主要为 Sn-Ni 相与纯 Pb 相。图 2(b)、(c)、(d) 分别为 580℃、620℃与 660℃退火合金形貌。与铸造防垢合金对比，热处理后合金的晶界较为清晰，且合金元素偏析情况有所改善，合金均匀化水平提高，但也存在热处理温度过高导致晶粒粗大的情况存在。基体组织基体组织仍然是以 Cu、Zn 组成的 α 相(Cu_3Zn)为主，同时在枝晶间隙仍然有 Sn 和 Pb 的第二相存在(表 3)。

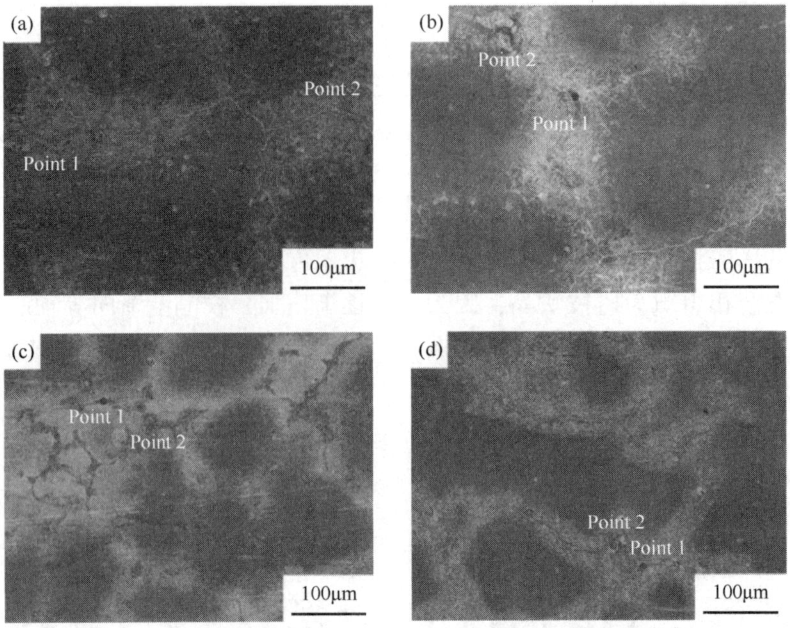

图 2　铸造及不同退火温度下的 SEM 照片

表 3　合金元素分布原子百分比

合金元素	Cu	C	Zn	Ni	Sn	Pb
铸件	40.9	33.7	12.5	10.6	1.5	0.1
580℃退火	43.5	29.8	13.2	11.7	1.6	0.2
620℃退火	43.7	28.9	12.7	12.0	2.4	0.3
660℃退火	44.5	28.7	13.1	11.5	2.0	0.2

3.2　结构表征分析

图 3 为防垢合金热处理前后 XRD 图谱，图中主要有三组衍射峰，通过进行相关分析可得，铸态防垢合金组织中的主要相为 Cu、Zn 元素组成的 α 相（Cu_3Zn），四组主要峰都表示主要相 Cu_3Zn，相对而言，第二相相对较少，组织较为均匀。退火处理对合金的相的组成没有影响，在不同温度下退火后相未发生变化，这与金相观察结果一致。

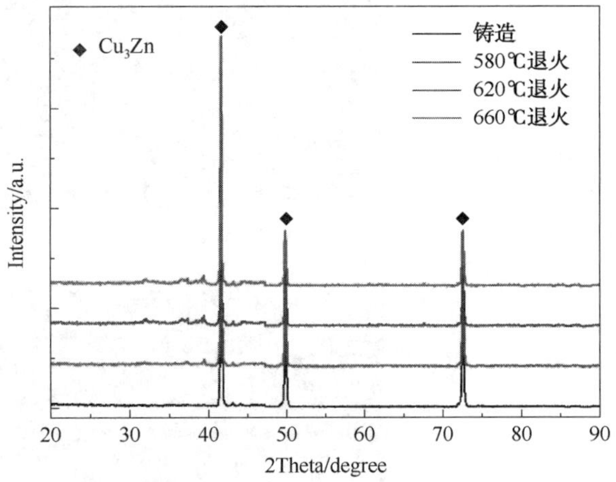

图 3　铸态防垢合金 XRD 图谱

3.3　电化学性能分析

3.3.1　极化曲线分析

图 4 是铸造合金与热处理合金在 3.5wt%的 NaCl 溶液中测得的极化曲线，铸造合金与热处理合金的极化曲线形状大致相同，自腐蚀电位从高到低为 660℃退火合金、620℃退火合金、580℃退火合金、铸造合金。自腐蚀电位 660℃退火合金有较高的自腐蚀电位，因此有更不易被腐蚀的趋势，但相比而言相差不大。在阳极钝化区存在较为明显的钝化平台，表明防垢合金在较高的电位发生了钝化，表面产生一层钝化膜，而如果电极电位继续升高，钝化膜将会被击穿。由图可知，700℃退火合金有更小的维钝电流密度，在钝化状态下腐蚀更少，但 660℃退火合金的致钝电位较高，相较而言更能进入钝化状态，耐蚀性更好。极化曲线拟合值如表 4 所示，自腐蚀电位与自腐蚀电流大小与图中分析基本相同。

表 4　防垢合金 Tafel 拟合参数

合金类别	I_0/(A/cm^2)	E_0/V
铸造合金	2.4025E-5	-0.31691
500℃退火合金	2.4400E-5	-0.30006
600℃退火合金	2.3201E-5	-0.28759
700℃退火合金	2.2208E-5	-0.26570

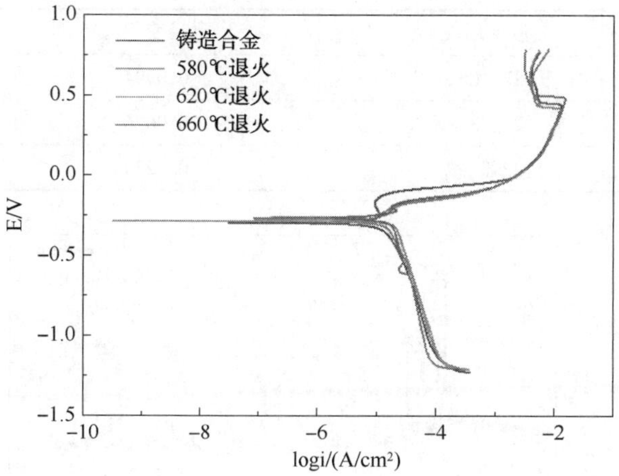

图4 防垢合金极化曲线

3.3.2 阻抗曲线分析

测试所得交流阻抗 Nyquist 图见图 5，铸造防垢合金与热处理后合金阻抗谱形状大致类似，都含有一个容抗弧，在高频区电容环路与电极/电解质界面的双电层和电荷的转移有关。

为了更好分析测试所得容抗数据，设计了图 6 所示的等效拟合电路，可以通过等效拟合电路更好地研究防垢合金的腐蚀过程。图中 R_s 表示溶液的电阻，CPE 表示双电层电容，R_t 表示电荷转移电阻。等效电路各个元件的拟合值如表 5 所示，从表中可以得出 660℃退火合金的电荷转移电阻最大，耐蚀性相对最好，其次是 620℃退火合金，电荷转移电阻相对减小，表明其耐蚀性相对降低，具有更高的活性，且该结果与极化曲线分析结果相同，也可表明退火处理可以减弱成分偏析，增大成分均匀化程度，提高防垢合金的耐蚀性。

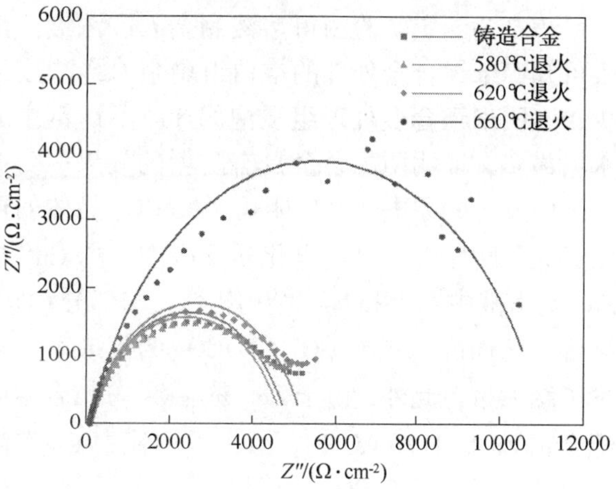

图5 防垢合金交流阻抗图

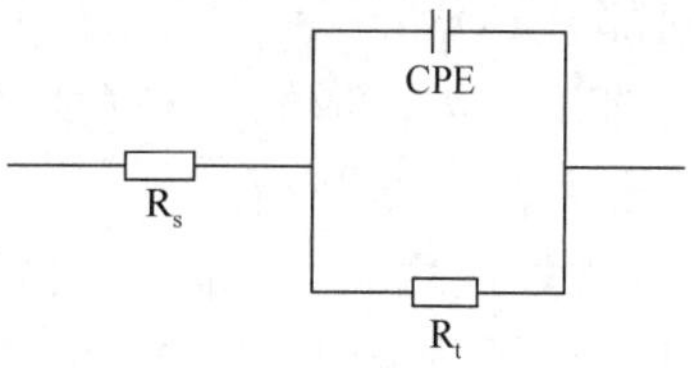

图6 等效拟合电路

表5 防垢合金交流阻抗拟合值

合金类别	R_s	CPE	n	R_t
铸造合金	2.692E+001	1.146E-004	7.657E-001	4.757E+003
500℃退火合金	2.699E+001	1.185E-004	7.549E-001	4.643E+003
600℃退火合金	2.739E+001	1.001E-004	7.705E-001	5.123E+003
700℃退火合金	2.872E+001	8.909E-005	7.828E-001	1.046E+004

3.4 防垢性能

3.4.1 合金防垢率

为确定某油田井下结垢情况，通过确定油田采出水的初始离子浓度，配制模拟采出水溶液，通过分析溶液中剩余 Ca^{2+} 浓度间接研究防垢合金的防垢效果。对配置好的溶液进行 24h 合金处理后，将 304 不锈钢分别浸泡入溶液中，一周后取出称重，并检测溶液中的剩余 Ca^{2+} 浓度。304 不锈钢重量记录表见表 6，相比而言，620℃退火合金重量变化最小；未合金处理溶液浸泡的 304 不锈钢重量增加最多，挂片质量的增加主要源自溶液中钙镁离子析出，挂片质量变化量越小，说明溶液中离子析出量越少，其防垢性能好，因此 620℃热处理的防垢合金防垢性能最佳。

表6 304 不锈钢重量变化

溶液类别	浸泡前/g	浸泡后/g	重量变化/g
未合金处理	21.6775	21.8767	0.1992
铸造合金处理	21.5475	21.5585	0.0110

续表

溶液类别	浸泡前/g	浸泡后/g	重量变化/g
580℃退火合金处理	22.0067	22.1061	0.0994
620℃退火合金处理	21.7313g	21.7339	0.0026
660℃退火合金处理	21.9775g	22.0149	0.1274

表7为滴定实验测得溶液剩余 Ca^{2+} 浓度。由表可知，未经合金处理的空白组剩余 Ca^{2+} 浓度最少，表明未经合金处理组浸泡的304不锈钢生成水垢最多，证明防垢合金具有防垢的效果。防垢合金中发生的原电池反应阻碍了 $CaCO_3$ 晶体的形核长大，防垢合金经过电化学反应产生的 Cu^{2+} 与 Zn^{2+} 与溶液中 Ca^{2+} 和 Mg^{2+} 结构相似，与部分 CO_3^{2-} 结合，从而降低了 $CaCO_3$、$MgCO_3$ 的生成率，减少了结垢量；此外，由于 Zn^{2+} 易与 CO_3^{2-} 结合生成配合物 $Zn_5(OH)_6(CO_3)_2$，减少了溶液中 CO_3^{2-} 浓度，从而减少了 $CaCO_3$ 生成概率，增大了溶液中剩余 Ca^{2+} 含量；除此之外，在防垢合金表面的正电荷易吸附部分 CO_3^{2-}，CO_3^{2-} 与 Ca^{2+} 间存在一层水膜，结合难度增大，降低了 $CaCO_3$ 生成概率，使溶液中有更多剩余 Ca^{2+} 存在。

620℃退火处理防垢合金防垢效果最好，防垢率相较于铸造合金提升了23.2%，因为退火处理后防垢合金成分组织更加均匀，在合金内部由于存在电势差形成许多微小原电池，合金元素更易与溶液中成垢离子发生电化学反应，增加成垢难度，阻碍了 $CaCO_3$ 晶体形核长大，具有较好防垢效果。

表7　溶液剩余 Ca^{2+} 浓度

溶液类别	消耗 EDTA/mL	剩余 Ca^{2+} 浓度/(mg/L)
未合金处理	9.9	304.615
铸造合金处理	10.8	332.308
580℃退火合金处理	11.1	341.538
620℃退火合金处理	12.2	375.385
660℃退火合金处理	11.8	363.077

3.4.2　水垢XRD分析

对浸泡后溶液进行过滤冲洗烘干后得少量水垢，进行XRD检测，所得XRD图谱如图7所示。由图可得，未经合金处理的溶液产生的水垢主要为方解石 $CaCO_3$，同时还含有少量NaCl和文石型 $CaCO_3$；经过620℃退火合金处理后的溶液产生的水垢主要为文石型 $CaCO_3$，同时还有部分方解石型 $CaCO_3$，也含有少部分NaCl。

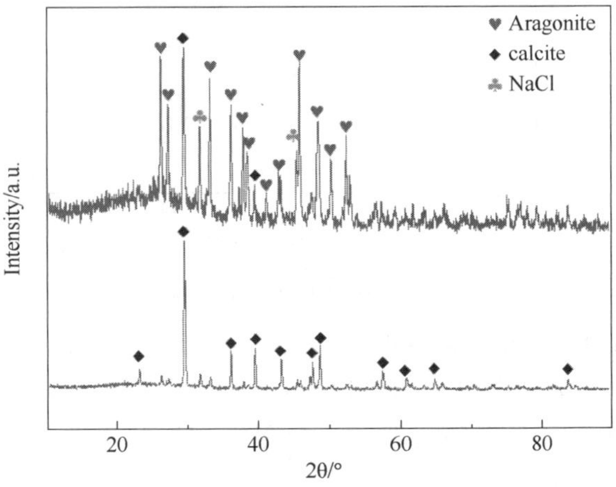

图7　水垢XRD图谱

3.4.3　水垢形貌分析

对浸泡后未经合金处理的304挂片和620℃退火合金处理的304挂片进行电镜(SEM)分析，所得水垢形貌图如图8所示。由图(a)可得，未经合金处理的浸泡后304挂片上的水垢已经逐渐形核长大，水垢晶体呈粒状或块状，主要为方解石型 $CaCO_3$，可以明显看出，304挂片表面的水垢晶体相对较多，表明其形核、长大、积聚形成水垢的现象较为严重；而相比而言(b)图中620℃退火合金处理的浸泡后304挂片上的水垢形核量较少，还未长大，晶体呈柱状或者针状，主要为文石型 $CaCO_3$，图(b)可以明显看出水垢晶体相对图(a)大大减少，从这方面也可表明620℃退火合金比铸造防垢合金具有更好的防垢效果。

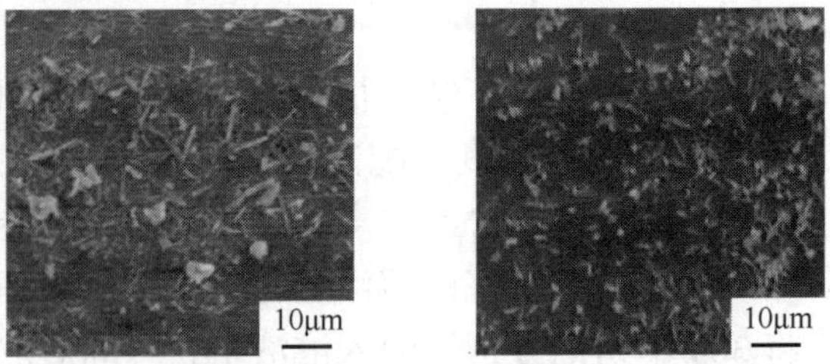

(a)未合金处理浸泡304挂片　(b)620℃退火合金处理浸泡304挂片

图8　浸泡后挂片电镜形貌图

4　结论

(1) 设计制造了井下防垢合金，合金铸态组

织为面心立方 α 相的等轴枝晶，存在较明显的成分偏析，对防垢合金防垢性能与耐蚀性能有较大影响。为使成分均匀化，对合金进行退火处理，增强合金的防垢性能。

（2）测试防垢合金的力学性能与电化学性能，对防垢合金的力学性能与热处理温度的关系进行了分析，660℃退火处理的合金具有更好的耐蚀性。

（3）进行静态防垢实验，配置油田采出水模拟溶液，通过测定剩余 Ca^{2+} 浓度间接表明合金防垢效果。测得 620℃退火处理的合金具有更好的防垢性能，防垢率提升 23.2%，测定水垢的形貌与成分与合金热处理的关系。

参 考 文 献

[1] 舒干，邓皓．对油气田结垢的几个认识[J]．石油与天然气化工，1996，25(3)：176-178.

[2] 张怡焉．电磁除垢防垢技术在油田中的应用[D]．西安：西安石油大学，2015.

[3] 李强．合金材料的防垢防腐蚀机理及实验研究[D]．哈尔滨：哈尔滨工业大学，2009.

[4] 冯巧丽．高固溶度 Cu-Sn 合金的制备及组织与性能研究[D]．西安：西安理工大学，2020.

[5] 王曼．锅炉水处理用铜锌合金的制备及性能研究[D]．天津：河北工业大学，2007.

[6] Jiarun，Jiang，Quantong，et al. Effect of heat treatment on corrosion behavior of AZ63 magnesium alloy in 3. 5 wt. % sodium chloride solution[J]. Corrosion Science：The Journal on Environmental Degradation of Materials and its Control，2016.

[7] Xuan L A，Jx A，Pz A，et al. Effects of the combinative Ca，Sm and La additions on the electrochemical behaviors and discharge performance of the as-extruded AZ91 anodes for Mg-air batteries[J]. Journal of Power Sources，2019，414：174-182.

渤海 P 油田微粒运移机理研究及防砂方式优选

刘博伟　侯亚伟　杜恩达　李媛婷　范佳乐

[中海石油(中国)有限公司天津分公司渤海石油研究院]

摘　要　渤海 P 油田储层纵向小层多、物性差异大、岩心疏松，开发过程中储层微粒运移堵塞严重，造成油井液量下降、油田稳产困难。通过储层特征分析及敏感性实验，结果显示储层细粉砂-泥质含量高、分选差、孔喉小，大压差生产会加剧微粒运移、并在近井带堵塞，造成液量下降。为进一步改善生产形势，开展微粒运移储层防砂方式优选实践，对比分析裸眼筛管、套管射孔、压裂充填等不同完井方式下油井产出情况，结果显示压裂充填完井能有效封隔泥岩层，同时增大泄油面积，减缓微粒运移堵塞。基于微粒运移储层防砂优选结果，指导渤海 P 油田生产实践，近五年实施压裂充填完井 175 口，投产后发生微粒运移堵塞井数降低 47%，液量降幅下降 33%，油田生产形势显著改善。

关键词　微粒运移堵塞；防砂方式优选；裸眼筛管；套管射孔；压裂充填

1　引言

渤海 P 油田为典型的疏松砂岩薄互层油藏，储层具有纵向小层数目多、单层厚度差异大，约 80%的单层厚度小于 5m，储层特征差异大。储层岩心疏松，填隙物以黏土为主，具有强水敏、强速敏等特征，油井见水、提液后，微粒运移加剧，造成堵塞污染，微粒运移堵塞污染造成油田产液量难以释放，微粒运移污染影响井数占比 55%。进入高含水期以来，平均单井产液量由高峰期 310m^3/d 降至 210m^3/d，严重制约油田长期稳产。

针对微粒运移堵塞的问题，开展油田储层特征分析、敏感性实验，通过理论推导及驱替模拟，进行微粒运移堵塞机理研究，明确微粒运移堵塞位置主要在近井地带。针对近井带微粒堵塞问题，渤海 P 油田开展持续的防砂方式优化，明确套管射孔压裂充填防砂的优越性，指导油田开展矿场实验，支撑油田长期稳产。

2　微粒运移堵塞机理研究

针对微粒运移堵塞问题，从储层颗粒结构、孔隙特征、堵塞机理、堵塞位置等方面进行深化研究，为微粒运移防治、释放油井液量提供指导。

2.1　颗粒结构分析

渤海 P 油田主力油组为新进系中新世地层，地层年代新，埋藏深度较小，区域内埋藏深度在 1500m 以内，后期成岩作用较弱，岩石结构成熟度低，为疏松砂岩。粒度是岩石结构的主要特征之一。

基于铸体薄片和粒度分析，储层颗粒较为疏松，砂岩储层的粒度随深度先增加后减小；分选系数随着深度的增加分选变差，偏度以正偏度为主，峰度多为中等至微小尖，粒度参数的变化规律与沉积相相关，油田沉积相是由浅层的曲流河沉积过渡到馆陶组上段的浅水辫状河三角洲平原再到馆陶组下段的浅水辫状河三角洲前缘沉积(表 1)。

表 1　粒径分析结果

油组	粒度中值/μm	平均值/μm	分选系数	偏度	峰度	样数
L00	68.3	57.5	2.00	0.18	0.98	17
L10	64.4	49.7	1.87	0.25	1.01	26
L20	106.3	77.0	2.10	0.34	1.00	37
L30	96.0	70.4	2.23	0.27	0.98	44
L40	99.9	70.1	2.03	0.30	0.99	73
L50	195.1	137.8	2.08	0.38	1.17	169
L60	215.5	163.7	2.15	0.34	1.10	116

续表

油组	粒度中值/μm	平均值/μm	分选系数	偏度	峰度	样数
L70	225.0	148.3	2.22	0.37	1.11	117
L80	215.4	162.3	2.28	0.27	1.05	118
L90	188.3	130.8	2.24	0.34	1.05	90
L100	170.6	109.9	2.27	0.35	1.03	93
L110	221.2	124.1	2.57	0.30	1.01	95
L120	153.5	94.2	2.43	0.31	0.97	120

目标区砂岩储层的各个粒径区间都占有一定的比例，粉砂和泥的含量为5.9%～42.5%，平均25.2%，小颗粒含量较多，由于储层胶结程度低，在流体流动时，容易产生微粒运移。储层岩石颗粒粒径参数显示，粒径中值分布范围大，其分布区间为0.026～0.433mm，同时岩石粒径分布显示在同一层内有多种粒径分布模式，说明储层非均质性较强(图1)。

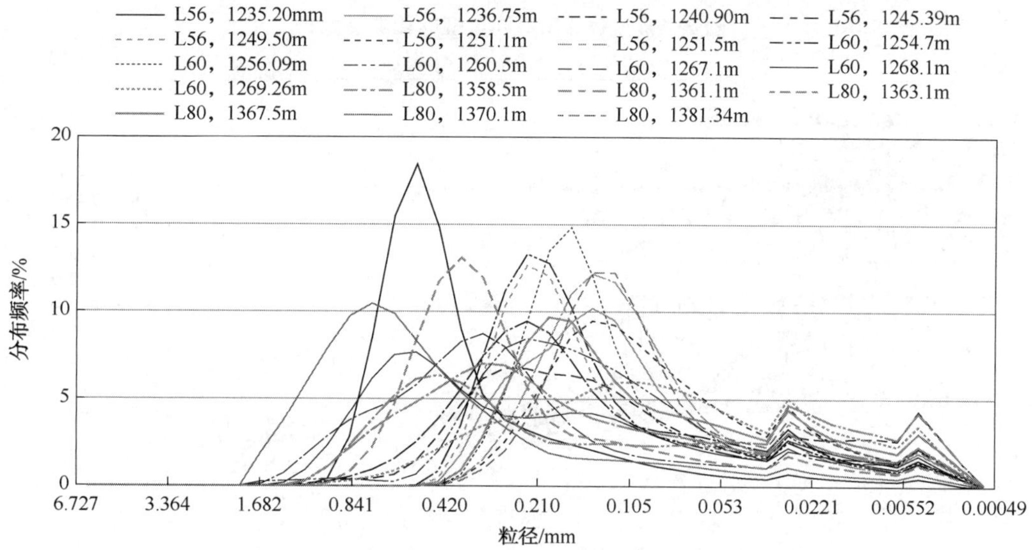

图1　渤海P油田不同样品粒径分布图

2.2　孔隙特征分析

据研究区内铸体薄片照片观察分析，依据SY/T 5368—2000行业标准，区内储集空间类型主要为孔隙，各类孔隙的形成成因及发育程度具有差异性。

依据岩心及壁心描述、铸体薄片以及扫描电镜分析，储层孔隙发育，连通性较好。主要孔隙类型为原生粒间孔，孔隙形态多呈不规则状，少量三角形、四边形孔隙，部分孔隙被黏土矿物充填。储层内颗粒多存在溶蚀现象，部分颗粒被完全溶蚀形成储层微粒，被溶蚀颗粒主要为长石和岩屑。在注水过程中极易发生速敏，导致出砂等现象，原生粒间孔约占总储集空间的90%以上，其次粒间溶蚀缝和少量粒内溶蚀孔，孔径一般在0.03～0.20mm，个别达到0.30mm。储层岩心的铸体薄片显示储层孔喉主要为缩颈状和点状喉道，喉径一般为0.01～0.03mm(图2)。

利用压汞曲线分析孔隙结构特征，储层排驱压力在0.0231～0.1960MPa之间，平均值为0.0574MPa，排驱压力稍大于馆陶组上段，中值压力在0.0389～2.648MPa之间，储层主要为大孔隙；最大孔喉半径在3.83～32.44μm之间，平均值为21.94μm，孔喉半径平均值在0.28～18.91μm之间，平均值为5.52μm。压汞曲线以中-粗歪度为主；曲线平台段较短，分选系数在2.65～4.02之间，说明孔喉分选中-差(图3)。

2.3　堵塞机理分析

微粒地层中脱落，并在生产过程在孔隙介质中运移、堵塞，微粒、地层流体(水或油气)、多孔介质之间的动力学行为属于微粒流液固耦合的范围。近年来，计算机技术及数值算法的进步，大量的数值模拟用于了微粒流模拟。本文采用非解析的 CFD-DEM 进行耦合，该方法适合于大规模计算，其要求微粒粒径小于 CFD 网格尺寸，其采用经验模型来计算流体对微粒的作用力，并根据牛顿第三定律将计算流体对微粒的反作用力，该反作用力在 N-S 方程上表现为一个源项，而微粒实体对流场空间的占据体现在体积分数计算上。该方法采用经验模型且流场相对粗糙，故能够计算工业级别的微粒流问题。

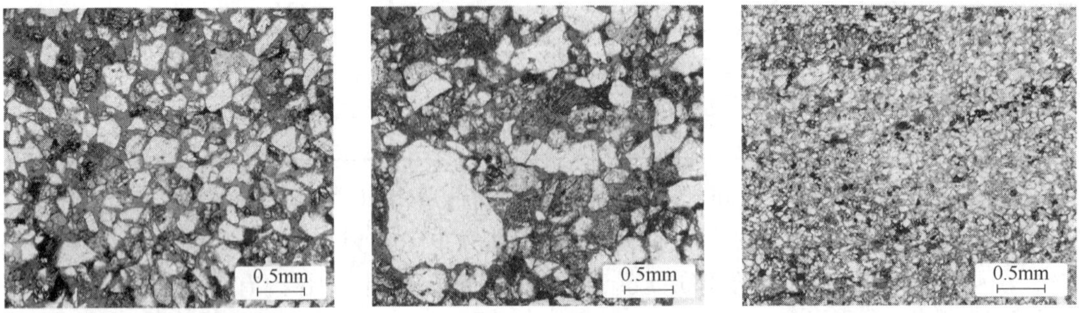

(a)粒间孔为主，少量溶蚀孔，缩颈和点状喉道为主，埋深1100.5m，渗透率2154mD

(b)粒间孔为主，少量溶蚀孔，缩颈和点状喉道为主，埋深1156m，渗透率223mD

(c)粒间孔为主,颗粒呈线性接触埋深1577.5m, 渗透率5mD

图 2　渤海 P 油田不同类型的孔隙类型

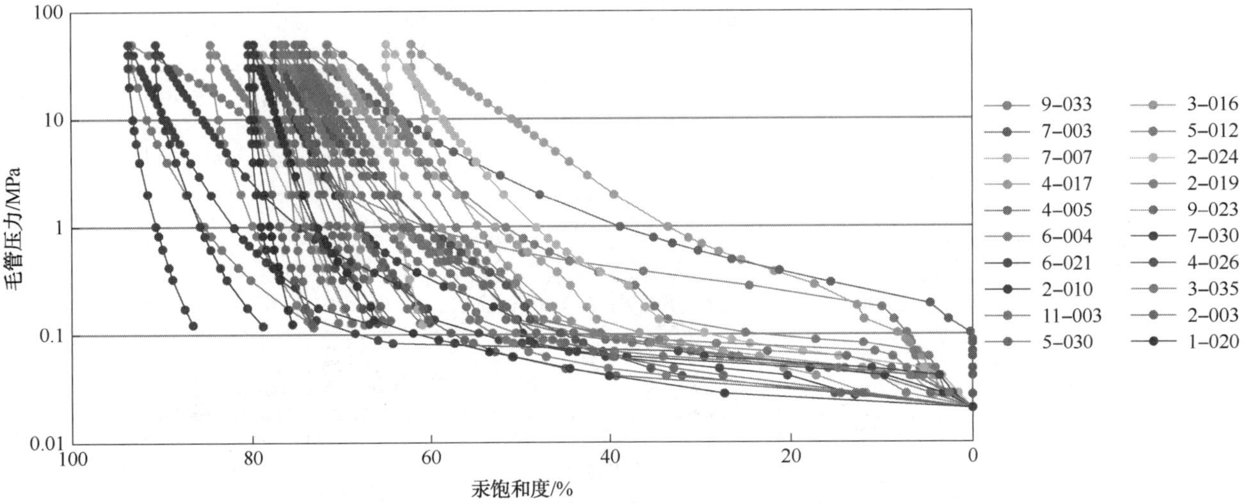

图 3　渤海 P 油田储层毛细管压力曲线

本次模型与实验单孔喉模型保持一致，为拟二维结构，颗粒从右边模拟地层中注入并在正压差作用下向井筒方向运移(左侧)，当颗粒流出左侧喉道后不再进行计算。根据研究区地质情况，设计了不同孔隙/喉道比、孔隙数量的单孔喉物理模型，其中孔隙/喉道比例在 15～30 之间，与储层微观地质情况基本一致(图 4)。

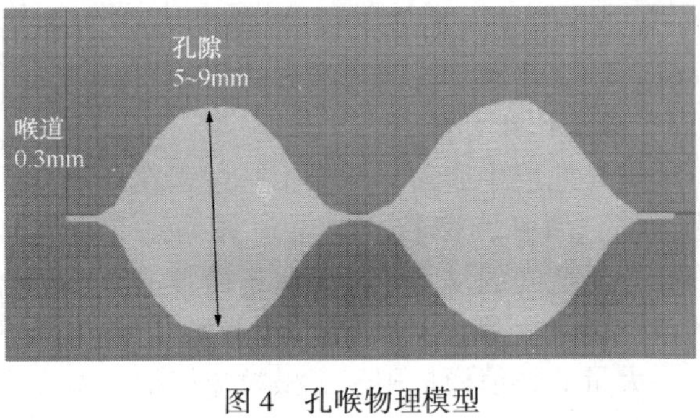

图 4　孔喉物理模型

计算过程中，颗粒假设为中性碎屑颗粒，不考虑颗粒间的范德华力、电荷力等，颗粒物理性质与石英颗粒性质一致，杨氏模量为 10Gpa，泊松比为 0.25，颗粒-颗粒间滑动摩擦系数为 0.3，颗粒-颗粒间滚动摩擦系数为 0.2。根据实验及现场测试数据，数值模拟浓度假设小于 3%，颗粒粒径设置为 50～275μm，颗粒粒径/喉道为 0.17～0.95 之间。颗粒伴随油藏流体流动而运移，油藏流体假设为水和稠油，其流体性质统一为牛顿流体，密度为 $1g/cm^3$，流体黏度为 1～50mPa·s，符合研究区油气藏开发全过程中的流体性质变化(图 5)。

根据微粒运移堵塞模拟结果，当微粒直径/喉道直径<0.85 时，粒径对滞留率影响较小；当微粒直径/喉道直径>0.85 时，微粒滞留率出现

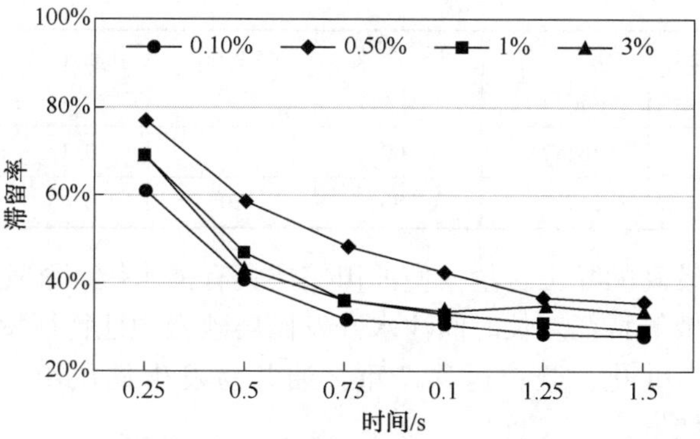

图5 不同浓度对滞留率的影响

了明显的增加，观察微粒运移形态发现此时发生了堵塞。前人对于微粒堵塞进行了大量的研究，提出了1/3架桥、理想充填、微粒架桥D90规则等，但这些架桥模式其微粒浓度远远大于出砂过程中的微粒浓度，所以其在微粒直径/喉道直径>1/3(根据1/3架桥准则)时便能发生架桥。本次模拟过程中，微粒浓度为1%，所以其仅在微粒直径/喉道直径>0.85时，微粒架桥堵塞才有可能发生，当微粒浓度继续降低时，仅微粒直径/喉道直径接近1时才能发生堵塞，此时堵塞形态以微粒沉降和微粒尺寸排斥为主，多粒架桥难以发生(图6)。

2.4 堵塞位置分析

室内速敏实验的临界流量可以转换为现场临界产量，根据油井临界产量与油井实际产量的差别可预测油井发生微粒运移的可能性。除此之外，地层发生微粒运移堵塞会导致地层孔隙半径缩小，渗流能力减弱，在油井生产动态曲线上也会有响应特征，临界产量的计算公式为：

$$Q_o = \frac{1.152 r_w Q_c h}{D^2} \tag{1}$$

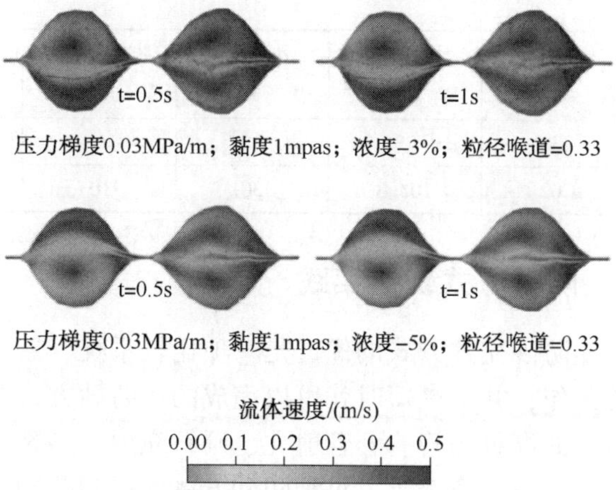

图6 不同浓度下的微粒运移规律

式中，Q_o 为裸眼井临界产量，m^3/d；Q_c 为实验室岩心临界流量，mL/min；h 为油层有效厚度，m；r_w 为井眼半径，cm；D 为实验岩心直径，cm。

以上方法常用来评价实际生产中采油速度和注水井配注量合理与否。一旦采油速度和注水井配注量过大，将引发储层微粒运移并产生速敏反应，就要判断该反应造成的伤害程度有多大，即伤害半径，计算公式为：

$$R_c = B_o Q_o 2\pi V_c \phi h \tag{2}$$

式中，B_o 为地层原油体积系数；Q_o 为射孔井临界产量，m^3/d；V_c 为临界流速(m/d)。

开展渤海P油田典型井发生微粒运移伤害半径计算，由表2数据可知，不同井的完井方式、原油黏度、射孔方式、井眼半径、射孔厚度均不同，计算得到的临界产量在92~191m^3/d之间，微粒运移伤害半径在0.4~4m，主要发生在近井带，合理的防砂方式能够一定程度改善微粒运移堵塞造成的产液量下降问题。

表2 渤海P油田部分井临界产量及伤害半径

井号	射孔厚度/m	孔隙度/%	线性流速/(m/d)	井眼半径/m	临界产量/(m^3/d)	实际产液/(m^3/d)	含水率/%	伤害半径/m
B23ST01	73.2	28	10	0.16	181.73	500	55	0.69
B41ST01	46.8	27	10	0.16	116.19	820	90	3.99
B51ST02	38.3	29	6	0.16	95.09	90	0	0.24
J15	37.1	30	6	0.16	92.11	280	65	0.73
A14	66.7	30	10	0.16	165.60	400	5	0.73
B32ST01	48	25	10	0.16	119.17	450	92	1.09
B39ST01	58	25	10	0.16	144.00	302	65	0.61
E36ST01	40.6	27	10	0.16	100.80	380	75	1.01

续表

井号	射孔厚度/m	孔隙度/%	线性流速/(m/d)	井眼半径/m	临界产量/(m^3/d)	实际产液/(m^3/d)	含水率/%	伤害半径/m
C38	73	28	6	0.16	181.24	100	0	0.17
C02	103.8	30	10	0.16	257.70	380	10	0.45

3 防砂方式优选实践

防砂完井方式的优选是一项比较系统、繁琐的工作，并不是短时就可以完成的。防砂方式众多，如裸眼筛管、套管射孔、砾石充填、压裂充填、高速水充填等。每种防砂方法的适用范围不同，在实际防砂工作中，应结合各种防砂技术的优势，充分考虑油田储层、生产特征，选择最优的防砂完井方式。

渤海 P 油田在开发过程中，先后尝试过多种不同的完井方式，整体上可以划分为三个阶段，分别是初期实验阶段、裸眼和优质筛管独立防砂大规模应用阶段、套管和压裂充填防砂大规模应用阶段。

3.1 初期实验阶段

投产初期，渤海 P 油田尝试了多种不同的防砂技术，包含裸眼筛管防砂、套管射孔防砂、压裂充填防砂，三种防砂方式的实施效果如图 7 所示。从数据来看，裸眼筛管防砂方式的平均单井累增油是最高的，说明防砂效果最优。

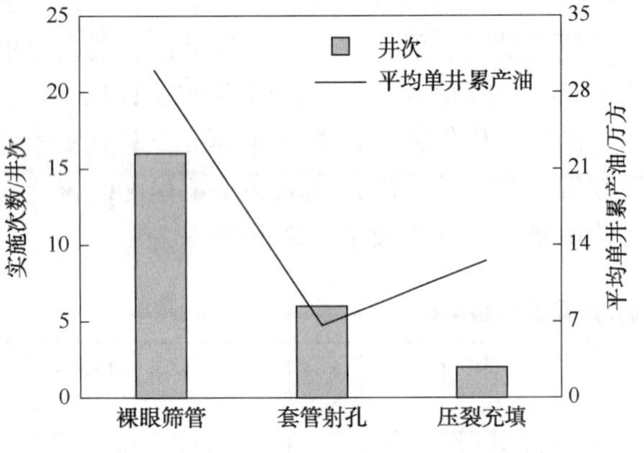

图 7 三种防砂方式实施效果

裸眼筛管完井可以有效增大泄流面积，减少地层伤害，成本相对较低。生产初期，储层处于原始状态，胶结强度强。下入筛管可以有效保护地层砂岩骨架，主动控制出砂规模，防止地层亏空、坍塌。

3.2 优质筛管独立防砂大规模应用阶段

渤海 P 油田储层孔喉填隙物多以黏土为主，较高的黏土含量，使油田储层具有强水敏、强速敏等特征。长时间注水开发储层砂岩物性特征发生变化，微粒运移严重，油井易发生储层出砂堵塞。

针对油井出砂堵塞问题，开展筛管防砂参数优化研究。根据各油组地层砂粒径变化情况(图 8)，在矿场分别尝试不同精度的防砂筛管，观察防砂效果。完井时，加入碳酸钙的储层钻开液，分别下入 110~175μm 筛管、200~225μm 筛管和 400/600μm 筛管，然后泵入酸液/EDTA 清洗井筒，溶解泥饼。通过观察油井的生产和出砂情况，分析防砂效果(表 3)。

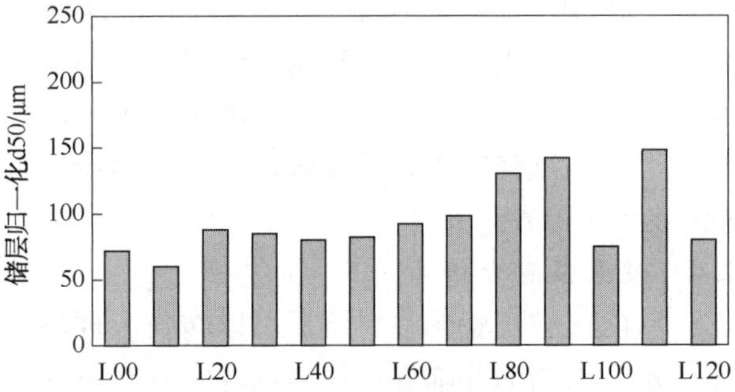

图 8 渤海 P 油田储层粒度分布

表 3 筛管防砂精度试验结果

筛管防砂精度	生产状况
110~175μm 筛管	出砂低，产量递减快，易堵塞
200~225μm 筛管	出砂多，筛管破损率高
400/600μm 筛管	出砂少

从矿场实验结果来看，裸眼优质筛管防砂在见水前的生产稳定，但大部分井在见水后由于筛管出现堵塞或者破坏造成产能下降或者防砂失败的情况。400/600μm 的筛管可以在高含水的情况下实现有效的挡砂，出砂井数减少。

3.3 套管和压裂充填防砂大规模应用阶段

生产初期油田含水较低，随着开发逐步深入，井况不断复杂化，防砂难度也在不断加大。随着采液强度的提高，油水流动速度加快，携砂能力增加，致使油井出砂更加严重。通过优质筛管防砂难以满足生产需求，渤海 P 油田尝试利用砾石充填方式进行防砂。

砾石充填防砂强度高、有效期长、产能损失相对较小，常用的充填方式有：压裂充填和高速水充填；渤海某油田压裂充填的充填系数高、泄油面积大，表皮系数低；参考渤海地区实际生产经验，压裂充填防砂初期产量、产油指数、月产量递减率等指标均优于高速水充填防砂。

压裂充填防砂作为疏松砂岩常用的一种防砂方法，可以带来油井高产、低表皮、低的生产压差、有效防砂以及多层封隔。从渤海 P 油田实际井的生产情况看，压裂充填防砂失效率低，相对于裸眼下入优质筛管防砂井，日产液、日产油递减率慢，且在含水率上升以后，仍然能够维持油井较高的产液量，表现出较好的提液效果。

4　完井防砂策略及效果

经过长期开发实践，渤海 P 油田的主导防砂策略和防砂精度逐渐确定下来，整体上能够满足油田开发需求，防砂策略如图 9 所示，渤海 P 油田的防砂策略的主要思路为筛管阻挡砾石、砾石阻挡地层砂，在确保防砂效果的同时，最大程度兼顾了抗堵塞问题。

在进行砾石填充时，应用多级挡砂粒径组合，在保证挡砂效果的基础上，确保充填带的自洁能力，防止充填带堵塞。通过渤海 P 油田多次矿场试验，内层填充 30 目砾石，外层填充 16 目砾石的粒径组合能较好地挡住地层砂。

近五年来，渤海 P 油田本文防砂策略，累计实施压裂充填完井 175 口，投产 1 年内发生微粒运移堵塞井数降低 47%，液量降幅下降 33%，油田生产形势显著改善(图 10)。与历史相比，渤海 P 油田产业下降井比例由原来 73%下降至 30%，改善效果显著(图 11~图 12)。

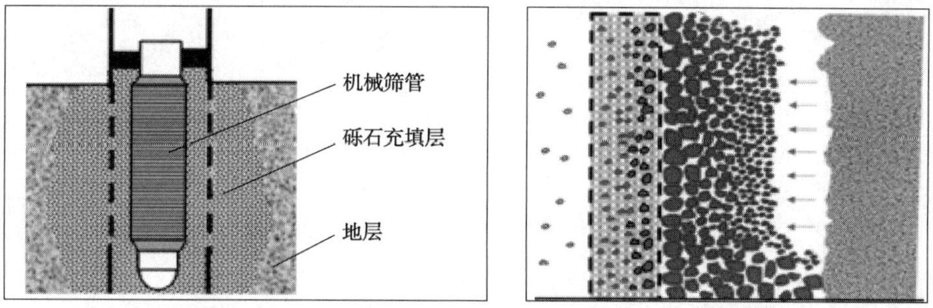

图 9　渤海 P 油田防砂策略

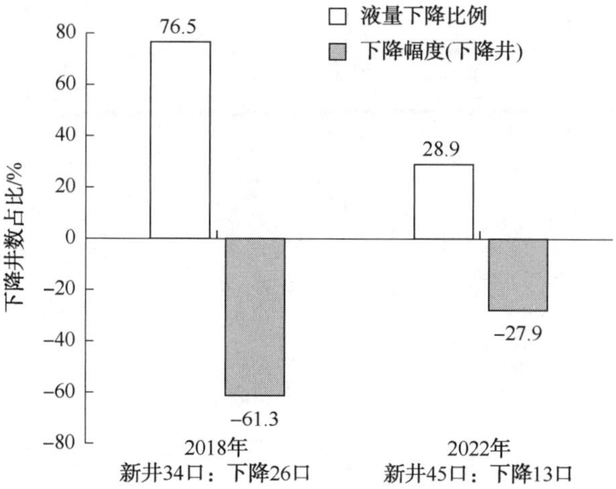

图 10　微粒运移防治前后新井液量下降比例

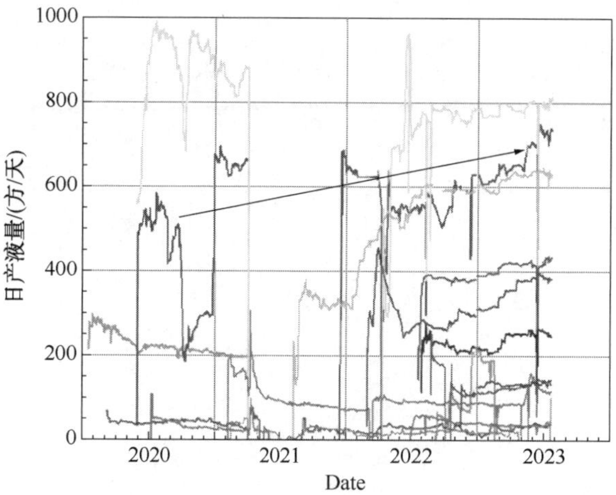

图 11　渤海 P 油田近三年新井液量情况

5　认识与总结

(1) 通过储层特征分析，储层粉砂和泥的平均含量 25.2%，小颗粒含量较多，由于储层胶结程度低，在流体流动时，容易产生微粒运移。通过微观驱替模拟分析，明确高流速易加剧微粒运移并更易造成堵塞。通过理论公式计算，确定典型井微粒运移堵塞伤害半径为 0.4~4m，证实堵塞位置主要发生在近井带。

(2) 通过渤海 P 油田防砂方式优化实践，明确套管射孔-压裂充填防砂方式能较好的缓解微粒运移堵塞造成的液量下降问题。并指导油田矿场实践，油井投产后产液量下降现象显著缓解。

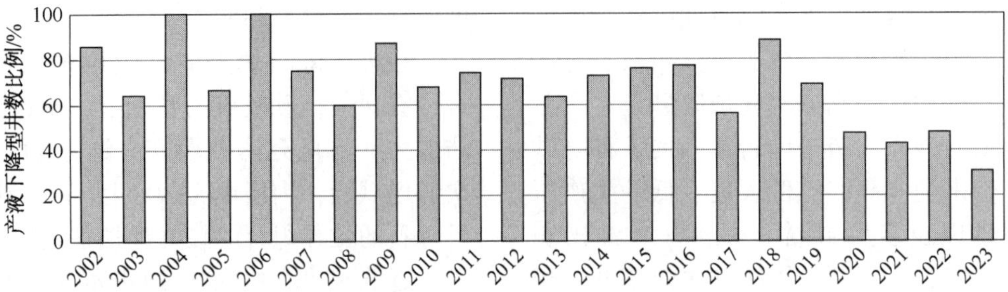

图 12　微粒运移防治前后新井液量下降比例

参　考　文　献

[1] 黄杰，巩永刚，高彦才，等．海上油田薄互层发育储层压裂充填工艺技术研究[J]．石油化工应用，2020，39(05)：36-40.

[2] 孙晓娜，闫正和，谢明英，等．高泥质疏松砂岩稠油油藏防砂技术现状及应用[J]．中外能源，2021，26(08)：57-61.

[3] 张文博，徐凤祥，张伦，等．大位移、大斜度井压裂充填工艺设计及应用[J]．化工，2023(13)：147-150.

渤海低渗油田储层甜点预测及暂堵压裂技术应用

耿红柳　凌浩川　别旭伟　党胜国　赵　卓

[中海石油(中国)有限公司天津分公司]

摘　要　BZ油田为渤海湾盆地典型低渗透油田，油藏埋深在海拔-3200m以下，发育辫状河三角洲沉积。为了提高油田单井产能，改善压裂井效果，从储层物源供给及地层发育特征入手，以砂体发育特征与地震资料响应的匹配关系为研究思路，通过古地貌特征、地震属性分析开展储层甜点预测，研究认为在沙二段沉积时期研究区砂体分布受物源-古地貌双重控制，储层甜点区域主要发育在西南及东部古地貌沟谷处，东部沟谷区域为油田调整的重点区域。在储层甜点预测研究的基础上，针对该区域储层纵向小层较多，油层跨度大的问题开展了压裂工艺的优化，采用多簇暂堵压裂技术，实现压裂井产能102m^3/d，取得了较好的应用效果。研究成果助力油田下步压裂方案的制定和实施，储层甜点预测思路、压裂增产技术对海上类似中深层低渗透油田具有借鉴意义。

关键词　低渗透；甜点预测；古地貌；地震属性；暂堵压裂

随着中高渗油气资源的大规模勘探开发，渤海湾盆地开发已转向深层、中低渗储层，该类非常规油气资源的开发进入了主赛道。中深层低渗透储层多具有埋藏深、构造复杂的特点，储层甜点预测难度大，而储层甜点预测对调整井的部署及各种开发方案的制定起着至关重要的作用。随着开发的深入，近几年BZ油田主力开发层位沙二段各区块产能差异大，且存在相同区块储层厚度变化、产能差异明显的问题。因此我们有必要进一步深化储层认识，开展多种压裂工艺尝试，为后续油田有效调整提供依据。

本次研究利用钻井、测井、地震及生产动态等资料，以地震沉积学、储层地质学理论为指导，结合古地貌恢复方法，对研究区沙二段储层平面展布及纵向演化特征开展深入分析，同时，结合地震属性特征、储层厚度及储层物性等参数，预测储层甜点，在储层甜点预测研究的基础上，针对该区域储层纵向小层较多，油层跨度大的问题开展了压裂工艺的优化，采用多簇暂堵压裂技术，取得了较好的压裂开发效果。

1　油田概况

BZ油田位于渤海南部海域，区域构造上处于渤南低凸起西端，南北两侧分别为黄河口凹陷和渤中凹陷，是渤海海域最有利的油气聚集区之一。该油田为海上中型低孔、低渗油田，油藏类型为构造、岩性-构造油藏，是海上低渗油田高效开发的先导试验区。地震资料分辨率低(主频16Hz)，可分辨厚度下限为56m，而实际地层厚度又薄，这进一步加大了储层预测的难度。研究区沙二段发育辫状河三角洲-滨浅湖沉积，沉积物以中、细砂岩及暗色泥岩为主，砂岩中发育平行层理、波状层理和底冲刷构造等。平面上，沙二段地层整体呈西南厚、东北薄特征，地层厚度分布受古地貌控制作用明显；纵向上，随着湖平面上升，可容纳空间增加，各小层由下向上砂体展布范围逐渐增大。

2　砂体发育主控因素及有利储层预测

2.1　物源分析

从区域构造背景上来看，BZ油田位于渤中凹陷和黄河口凹陷交界处，其研究区构造位置特殊，其西南方向为埕北低凸起，东(北)部为渤南低凸起。两个方向的凸起，为研究区的物源供给提供了充分的母源物质。本次以精细岩心观察为基础，对研究区的四口取心井纵向上、横向上地层展布特征进行了分析，整体来看沙二段沉积早期研究区仅西南方向地层发育完整，东北部井区接受沉积有限，地层发育不完整，沙二段沉积后期，其砂岩厚度、砂地比、旋回性以及沉积相展布等特征均可以见东(北)部物源(图1)。

岩石组分特征在一定程度上能够反映物源供给的方向，由于搬运过程的影响，一般在顺物源方向上，石英含量逐渐增多，岩屑、杂基等含量相对减少。通过对研究区6口单井岩石组分特征分析认为，从BZ5井~B4井，其石英含量逐渐增加，反之岩屑含量以及杂基含量呈递减趋势；BZ2井~A13井具有类似的组分特征，其石英含量相对增加，岩屑、杂基含量减少(图2)。综合上述分析，可以判断，沙二段沉积时期研究区受到两个方向物源的控制。

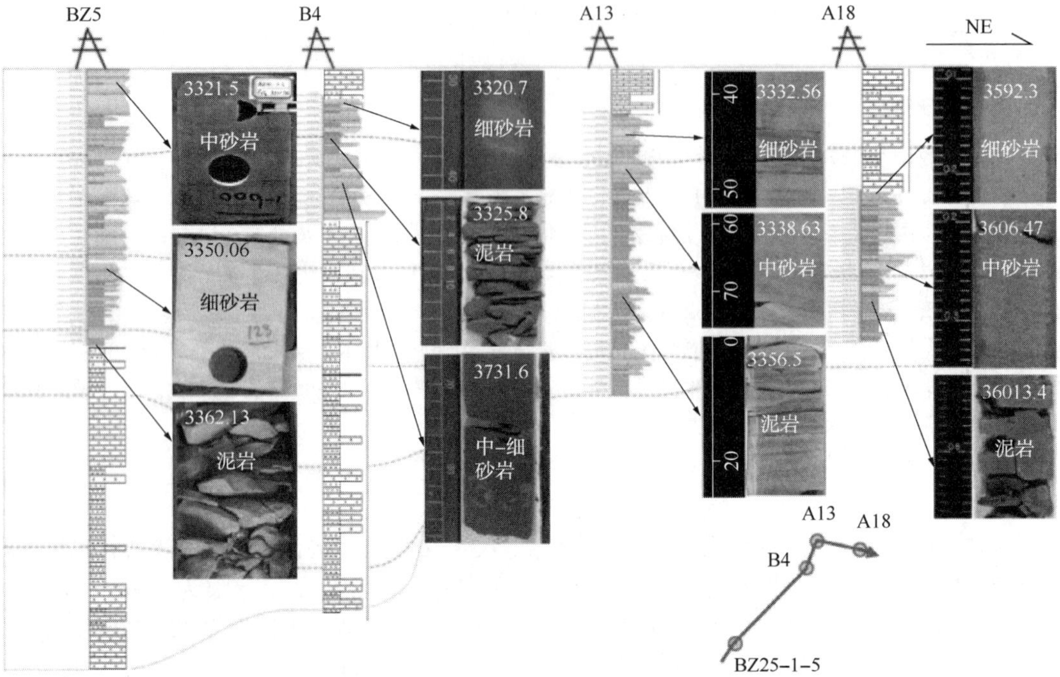

图1　取心井连井剖面分析

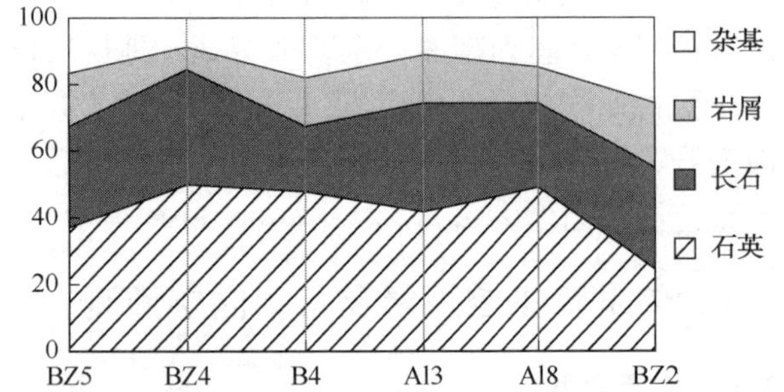

图2　取心井岩石组分特征分析

2.2　古地貌恢复

中深层砂体分布受古地貌影响较大，根据研究区沙二段地震层序解释成果，利用地震层位沙三段顶与沙二段顶差值作为沙二段时期古地貌；结合钻、测井声波时差资料，进行地层厚度压实校正，恢复沙二段沉积时期古地貌(图3)。研究区内主要分布三种古地貌：突起、沟谷、洼，西北侧为突起地貌，受沙三段沉积后期构造隆起影响，该区域在沙二段沉积时期接受沉积最少；研究区东南侧为沟谷地貌最为发育区域，该区域接受沉积最多；研究区北东区域为洼地地貌，由于地势相对平缓且距离物源较远，该区域在沙二段沉积砂体沉积相对沟谷区域沉积厚度薄。

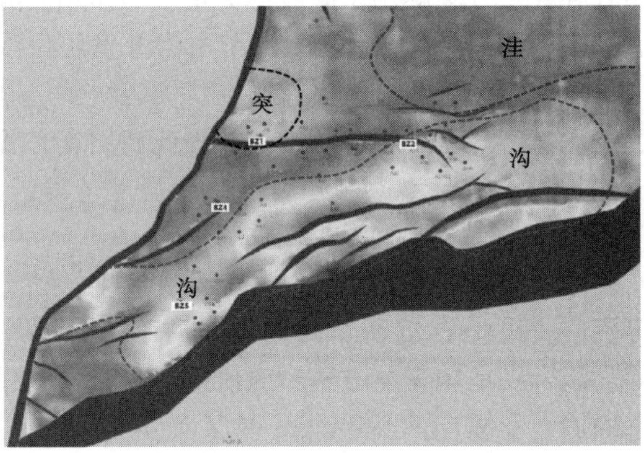

图3　沙二段沉积时期古地貌

2.3　有利储层预测

有利储层是一个相对的概念，本次沙二段主要利用储层厚度预测及地震属性分析划分有利储层范围。

根据沙二段90度相移地震资料，沙二段沉积相对稳定的1~4小层储层厚度与地震同相轴包络厚度呈正相关性(图4)，在钻井数据的约束下对储层顶、底界面进行解释，最终提取得到沙二段储层三维地震体，把中深层储层从构造研究转变为砂体单元研究。通过地震同相轴包络厚度可实现沙二段 1~4 小层储层厚度预测，而砂体沉积较厚的区域为有利储层的分布区域。

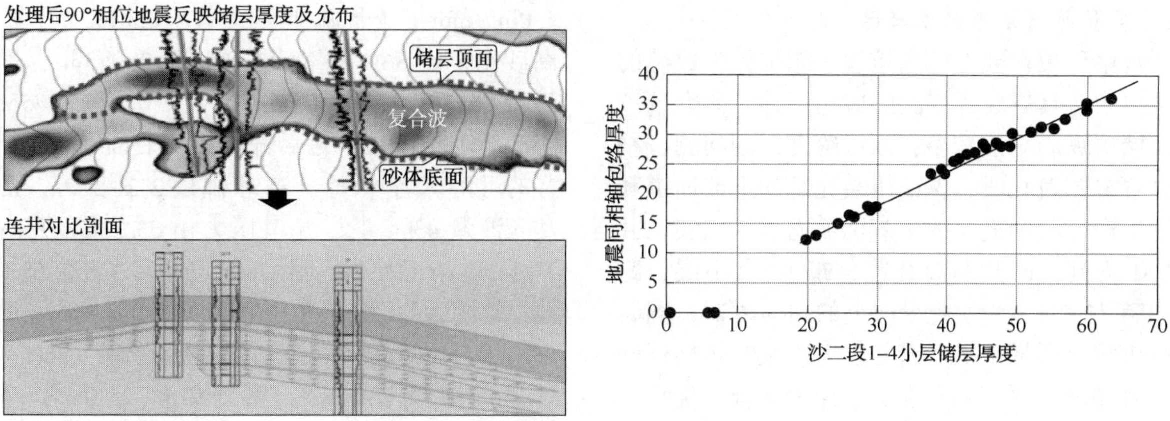

图 4　地震同相轴包络厚度与储层厚度关系图

最大振幅属性为沙二段敏感地震属性，经过对已钻井揭示井点处最大振幅属性特点分析，最大振幅属性能很好地反映优质储层分布范围。提取井点处优化后最大振幅属性值与井点厚度值进行综合分析，最大振幅属性值 BZ3 井最小 2730，BZ2 井最大 24926，10000 ~ 25000 之间占 78.6%。井点有效砂岩厚度值在 2.5~37.9m 之间，其中 10~37.9m 井数占总井数 89.3%。故将最大振幅属性值在 10000~25000 之间且井点有效砂岩厚度值在 10~37.9m 之间的范围划分为Ⅰ类储层范围；最大振幅属性值小于 10000，井点有效砂岩厚度值在小于 10m 划分为Ⅱ类储层；最大振幅属性值大于 25000，井点有效砂岩厚度值较小划分为Ⅲ类储层（图 5）。从优质储层平面分布图可看出沙二段整体上储层较发育，优质储层分布范围广，BZ5 井区、A18 井区东南部、BZ2 井区东部优质储层最为发育，零星分布差储层及未定储层。

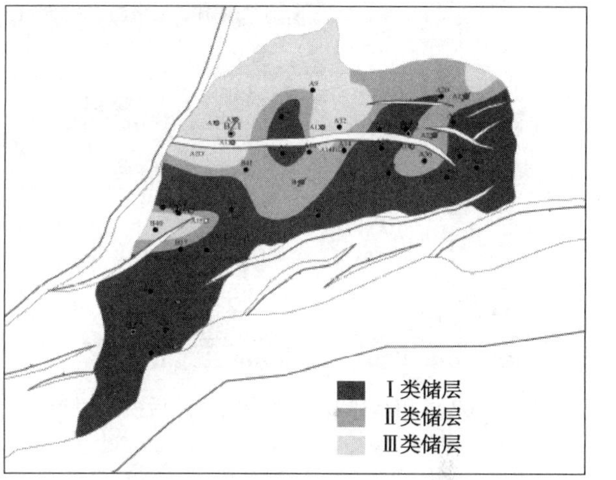

图 5　沙二段有利储层分布图

近年，研究区沙二段陆续实施了数口调整井（图 6），实钻储层厚度与预测厚度一致，进一步印证了以上有利储层预测方法的可靠性。

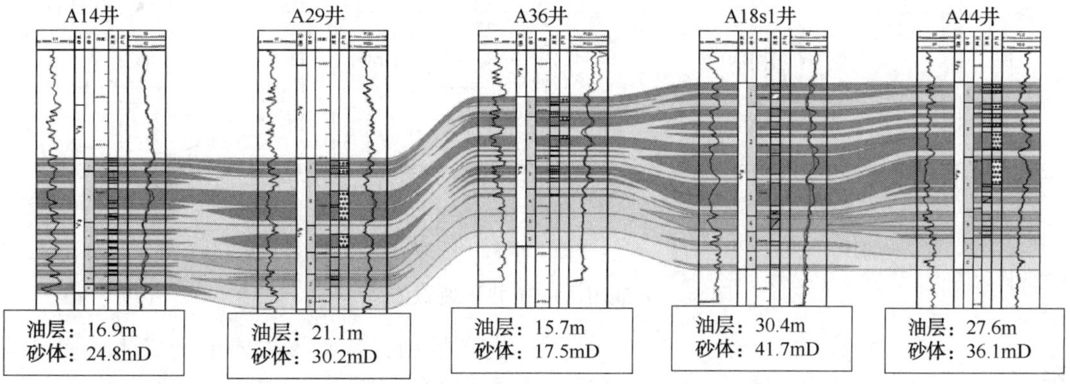

图 6　沙二段部分调整井连井对比图

3 多簇暂堵压裂技术

3.1 多簇暂堵压裂技术思路

暂堵压裂在陆上低渗压裂工艺中较为成熟的一项技术，具有较为广泛的应用。针对研究区沙二段储层纵向小层较多，油层跨度大的问题，精细设置多簇射孔段，保证压裂充足的进液通道和后续生产过程中充足的生产油流通道。以实钻井A18S1为例，该井垂向叠置分布10个小层，跨度达到37.3m。为实现纵向上的均匀改造，同时减小机械分层带来的砂卡管柱风险及时效性低问题，通过地质油藏和压裂工艺深度结合，优化采用多簇暂堵压裂技术(图7)。

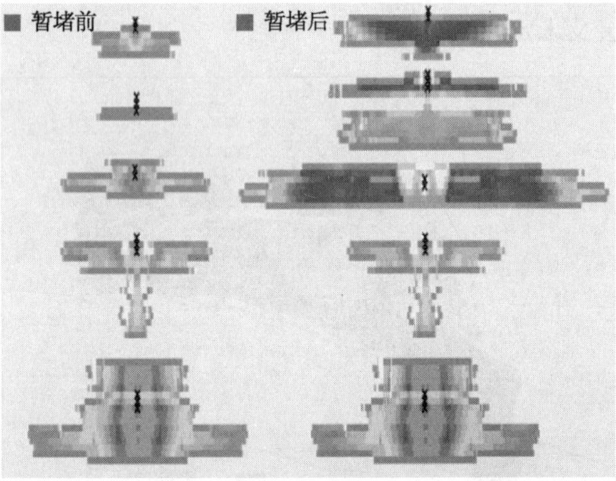

图7 BZ油田A18S1井暂堵压裂前后模拟对比

3.2 多簇暂堵压裂技术应用

A18S1井主压裂暂堵前施工排量2.0～5.0m^3/min，最高施工压力47.32MPa，逐渐提高砂比5%～36%，累计携砂液量290.3m^3，累计砂量25.1m^3，停泵21min地面压力由28.85MPa降低至15.51MPa。之后开始投入15mm、19mm直径的可溶球各80个，送球排量2.2～2.7m^3/min，注入液量43m^3时，井口压力由33.2MPa升高至37.14MPa，暂堵显示明显，转暂堵后主压裂施工阶段；暂堵后主压裂施工排量2.0～5.0m^3/min，最高施工压力46.18MPa，逐渐提高砂比5%～36%，累计携砂液量268.3m^3，累计砂量25.0m^3，停泵54min地面压力由22.59MPa降低至0MPa；施工参数整体与工艺设计较为相符，整体施工压力平稳，表明裂缝的正常延伸与支撑剂的顺利运移，同时暂堵显示明显，表明暂堵后起到了开启新缝均衡起裂的目的(图8)。

4 应用效果

结合储层甜点预测技术，在同一井区实施了3口压裂井，实钻储层厚度在15.7～20.7m之间，三口井压裂投产日产油在61～102m^3/d，取得较好的开发效果。采用暂堵压裂技术的A18S1井日产油达到102m^3/d，较相邻压裂井日产油增加29～41m^3/d，取得了较好的改造效果(图9)。

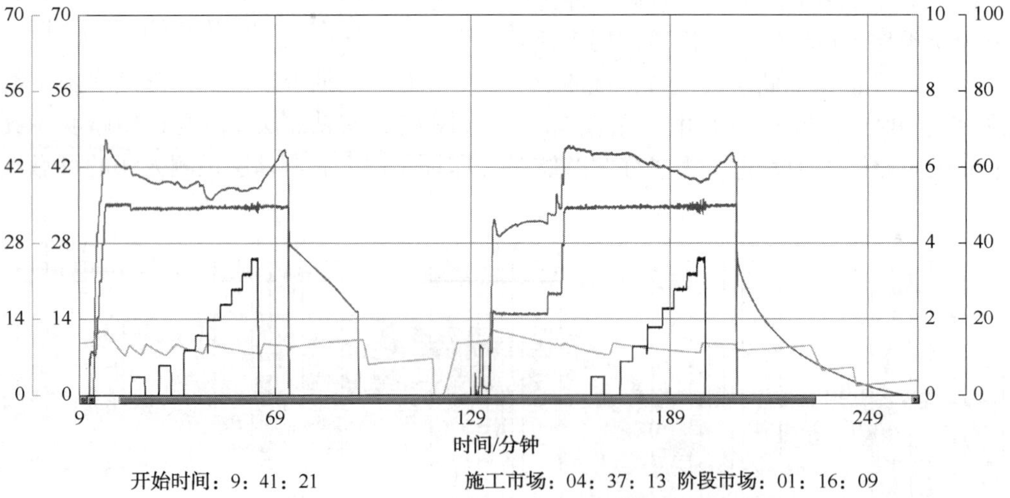

图8 BZ油田A18S1井压裂施工曲线

5 结论

(1) 受埕北低凸起、渤南低凸起影响，BZ油田沙二段地层受西南方向和东北方向两个方向物源控制，且砂体主要沿沟谷主体呈西南-东北向展布；物源、沟谷体系和沉积中心之间的耦合控制了沉积体系展布特征。

(2) 利用地震同相轴包络厚度与地震属性预

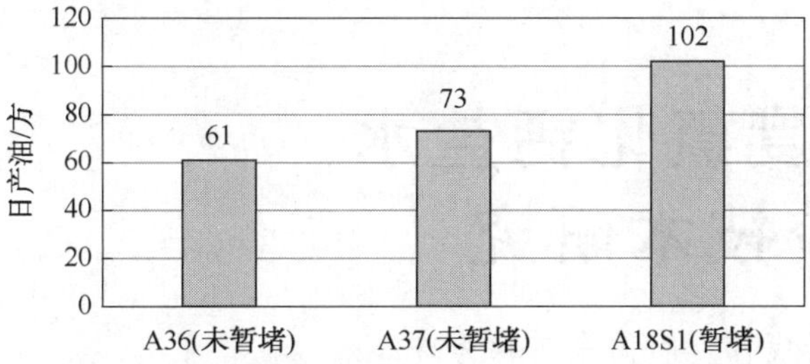

图 9　BZ 油田不同工艺压裂井初期产能对比

测有利储层分布，BZ5 井区、A18 井区东南部、BZ2 井区东部均发育优质储层，该结果指导了沙二段调整井的部署，而调整井实钻结果进一步印证了该方法的可靠性。

(3) 采用多簇暂堵压裂技术，实现纵向上的均匀改造的同时，减小机械分层带来的砂卡管柱风险及时效性低问题，通过矿场试验证实了该技术适用于纵向小层较多，油层跨度大的低渗油藏。

参 考 文 献

[1] 范洪军，田楠，王宗俊，等．基于地震正演的低渗油藏甜点预测方法及应用——以渤海 B 油田为例[J]．物探化探计算技术，2022，44(02)：152-164.

[2] 许聘，胡勇，周军良，等．渤海湾渤中 25 油田沙二段低渗储层特征[J]．西安科技大学学报，2017，37(04)：573-581.

[3] 王传军，赵春明，赵秀娟．渤海 BZ34 低渗断块油田调整实践及其效果分析[J]．断块油气田，2011，18(02)：244-247.

[4] 乐靖，井涌泉，梁旭，等．渤海低渗透油藏“甜点”地震响应特征及预测[J]．石油物探，2022，61(05)：876-887.

[5] 李久娣，孙莉，魏水建，等．东海海域深层 HG 组低渗储层“甜点”预测方法及应用[J]．石油物探，2019，58(05)：758-765.

[6] 董志华，李勇，顾霜霜，等．文昌 A 油田低渗储层甜点预测研究[J]．内蒙古石油化工，2017，43(04)：108-110.

[7] 蒋廷学，卞晓冰．深层油气藏多级迂回暂堵压裂技术研究[J]．深圳大学学报(理工版)，2021，38(06)：590-597.

[8] 谢新秋，邹鸿江，武龙，等．暂堵压裂在低渗透油田的研究与应用[J]．钻采工艺，2017，40(03)：65-67+11.

[9] 邹鸿江，樊勇杰，孟庆聪．五里湾长 6 储层暂堵压裂工艺优化研究与应用[J]．钻采工艺，2016，39(06)：58-61.

[10] 戴军华，钟水清，熊继有．暂堵压裂技术在坪北油田的研究应用[J]．钻采工艺，2006(06)：67-69.

[11] 李明华，吕立华，徐胜强．低压低渗气井暂堵压裂技术研究与应用[J]．内蒙古石油化工，2005(03)：91-93.

聚合物稠化高密度氯化钙盐水交联冻胶破胶技术研究

高 莹 徐敏杰 王丽伟 杨战伟 李向东 韩秀玲

(中国石油勘探开发研究院)

摘 要 本文简述了高密度盐水配制加重压裂液国内外的技术进展，针对国内硝酸钠使用受限和使用溴化钠成本昂贵的问题，提出了使用氯化钙来提高压裂液的密度。研发形成了耐高温的聚合物稠化高密度氯化钙盐水交联冻胶，并针对该冻胶使用常规破胶技术破胶困难，无法完全破胶的问题进行了分析，并提出了相应解决措施。通过研发新型破胶剂XG160，实现了彻底破胶，为氯化钙加重压裂液提供了切实可行的破胶技术。

关键词 聚合物；氯化钙；交联冻胶；破胶

1 前言

在石油和天然气勘探开发过程中，水力压裂技术是深层、高温、低渗储层勘探开发过程中的重要手段。在压裂施工过程中，对于一些破裂压力梯度高、岩石塑性强的致密储层，多次发生在井口限压内压不开储层的现象。即使能够勉强压开，这些储层由于闭合压力高，裂缝窄，也难以形成足够的排量，加剧了脱砂的风险。另外对于深井压裂施工，由于高黏度的压裂液冻胶引起的摩阻也会加剧压不开的现象，降低了压裂施工的成功率。

为此，人们从三个方面来解决这个问题。①提高压裂车泵组的功率，相应的要求使用耐更高压力的井口等附属设备，但这受到技术水平和硬件成本的限制。②降低液体摩阻，使用延迟交联型压裂液，延缓高黏度压裂液冻胶的形成时间，降低由于高黏度带来的施工摩阻，这样能使压裂液的总摩阻降低至清水摩阻的35%～50%。③使用高密度压裂液，提高管柱中静液柱的压力，相对增加地面泵组的有效功率。使用高密度盐水配制压裂液有以下几方面的技术和经济优势：(1)在现有高压设备条件下，能够进一步降低井口施工压力，保障施工安全；(2)增加液柱压力，压裂液加重是最直接且有效的方法；(3)加重压裂液的高矿化度有利于抑制储层中的黏土膨胀。因此，加重压裂液体系的研发对降低压裂施工压力，保障压裂施工成功了有重要的作用与意义。

多年来，多家石油技术服务公司开展了加重压裂液技术研究工作。一些加重压裂液技术在油气田的勘探开发中得到了应用，取得了明显的生产效果。例如，使用氯化钠、氯化钾来提高水的密度，但这两者效率低，最高密度为1.15。使用溴化钠盐水来配制加重压裂液，加重效率高，最高密度为1.5，但其显著的缺点是价格昂贵，用户难以接受。使用甲酸盐作为加重剂最近也有报导，但存在甲酸钠配液困难、甲酸钾成本高等问题。

使用硝酸钠作为加重剂，加重效率和使用成本适中，密度通常为1.3。尽管硝酸钠加重压裂液技术得到一些应用，但有时由于和酸化技术一起使用会带来一些难以解决的腐蚀问题；返排过程中由于地层水的稀释，含有硝酸盐的地层水在高温下存在对金属管柱的严重腐蚀危险。另外硝酸钠被怀疑为易制爆炸品原料在一些地区被限制使用。

还有使用纳米硫酸钡来提高压裂液密度的报导，但存在成本昂贵和原料来源稀少的困难。除了使用瓜胶作为加重压裂液的稠化剂，最近还有人使用聚丙烯酰胺作为加重压裂液的稠化剂。不使用常规的金属交联剂，利用聚丙烯酰胺在高浓度盐水中缔合形成冻胶，实现压裂液的携砂功能。

氯化钙、溴化钙可以显著提高盐水的密度，经常用于配制高密度的压井液。聚合物压裂液耐温性能好。尽管这两者在石油工业中已经使用多年，但几乎没有文献报导使用高浓度钙盐水溶液来配制聚合物压裂液，也没有文献公开如何形成和使用含有高浓度氯化钙的加重压裂液技术体系。实际上，聚合物稠化高密度氯化钙盐水交联冻胶面临几大技术难题，其中破胶难，常规破胶技术难以有效破胶是制约其使用的原因之一。

2 实验方法

2.1 主要药品和仪器

聚合物稠化剂 PCA，自研；氯化钙，工业品，$CaCl_2 \cdot 2H_2O$；冰醋酸，分析纯，天津市永大化学试剂有限公司；温度稳定剂，TW1，自制；交联剂，AMZ411，自制；破胶剂，XG160，自制；过硫酸铵，分析纯，北京化工有限公司；自来水。

天平，规格 0.01g，Sartorius 公司；搅拌器，Warning 公司；六速旋转黏度计，青岛海通达专用仪器厂；高温流变仪，MARS，德国哈克公司；烘箱 Binder 公司，FD53。

2.2 氯化钙盐水的配制

在搅拌器中，依次加入 720mL 自来水，逐渐加入称量好的 630g$CaCl_2 \cdot 2H_2O$，氯化钙很快溶解，同时放热。全部氯化钙溶解完毕后，盐水的温度可达 65℃。密封，冷却至 20℃。得质量浓度为 46% $CaCl_2 \cdot 2H_2O$ 的水溶液，密度为 1.35g/mL。

2.3 氯化钙—聚合物溶胶的配制

在搅拌器中，依次加入 1000mL 上述 $CaCl_2 \cdot 2H_2O$ 水溶液、1mL 冰醋酸和 8g 聚合物 PCA，搅拌溶解 30min 后，得配方为 35% $CaCl_2$+0.1%HAc+0.8%PCA 的水溶胶，这是以下破胶技术研究的基础液，简称基液。

2.4 氯化钙—聚合物交联冻胶的破胶

在 250mL 烧杯中，称取 134g 基液，依次加入 0.2mL TW1 温度稳定剂，电磁搅拌器使之均匀。然后加入不同量过硫酸铵或 XG160 破胶剂，再次均匀后，加入 AMZ411 交联剂。放入带有四氟内衬的陈化釜中，放入烘箱加热至 160℃ 破胶，不同时间取出观察，完全破胶的使用 U 型管黏度计在室温(25℃)下测量黏度。

3 实验结果与讨论

3.1 高密度氯化钙盐水的物理性质

氯化钙容易溶于水，在水中溶解度高。在 0℃，100mL 水中氯化钙溶解度为 59.5g；在 20℃，溶解度为 74.5g；在 30℃，溶解度为 100g，很容易形成高密度的水溶液。在 25℃ 下，35%$CaCl_2$ 水溶液对应的密度为 1.35g/mL，凝固点为 -10℃；31% $CaCl_2$ 水溶液对应的密度为 1.30g/mL，凝固点为-41℃。考虑到压裂施工经常遇到的温度范围，选择使用 31%～35% $CaCl_2$ 水溶液来配制压裂液，足够保证压裂液的密度大于 1.3g/mL。

使用工业氯化钙样品配制高密度盐水(图 1)，质量分数46%(等同于含氯化钙 35%)的二水合氯化钙工业品盐水，微浑浊，配制过程中最高放热温度 65℃，冷却至室温 20℃，使用密度计测量该盐水密度为 1.35g/mL。

3.2 高密度氯化钙盐水配制基液及交联冻胶性质

使用该盐水配制基液，如图 2 所示，加入 8gPCA 聚合物，待完全溶胀后，基液黏度 80mPa · s 左右。使用配套研发的温度稳定剂 TW1 及交联剂 AMZ411，可在钙浓度氯化钙盐水中形成稳定的交联冻胶，该交联冻胶耐温性能优异，可耐温 160℃，如图 3 所示，100s^{-1} 剪切 120min，黏度 200mPa · s 左右。

图 1　氯化钙盐水密度、黏度测量

图 2　氯化钙加重基液黏度测量

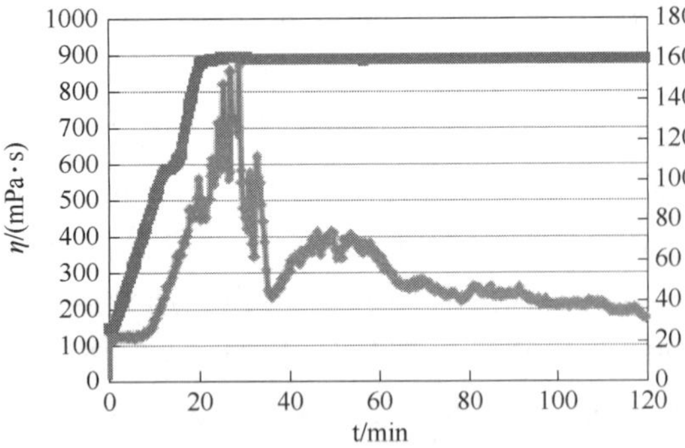

图 3　160℃耐温耐剪切性能

3.3　高密度氯化钙盐水交联冻胶破胶研究

使用常规过硫酸盐作为破胶剂，在用量为 0.1%时(图 4)，加入基液中会产生白色沉淀，90℃破胶时间 24h，冻胶未破胶，仍处于强交联状态；高温 160℃条件下破胶 6h，冻胶软烂，不能完全破胶；继续增长破胶时间至 12h，产生一白色凝胶固体不溶物；增加过硫酸盐用量至 0.3%(图 5)，160℃破胶 12h，得到米糊状黏稠液体，测量黏度为 120mPa·s，综上，常规过硫酸盐破胶剂破胶困难，无法完全破胶。

根据上述实验现象，分析产生不溶物原因，工业氯化钙样品中含有一定的固体不溶物杂质，同时过硫酸盐破胶剂会带入 SO_4^{2-}，与高浓度 Ca^{2+} 生成少量 $CaSO_4$ 沉淀，需要改变破胶剂种类，不额外引入 SO_4^{2-}。对生成的不溶物白色凝胶柱进行了初步分析，测量称重，计算其密度在 1.3~1.4g/mL，推测其为未完全破胶的聚合物形成的高浓度氯化钙盐水的聚合物交联冻胶，需要采用更高效的破胶剂，进行彻底破胶。

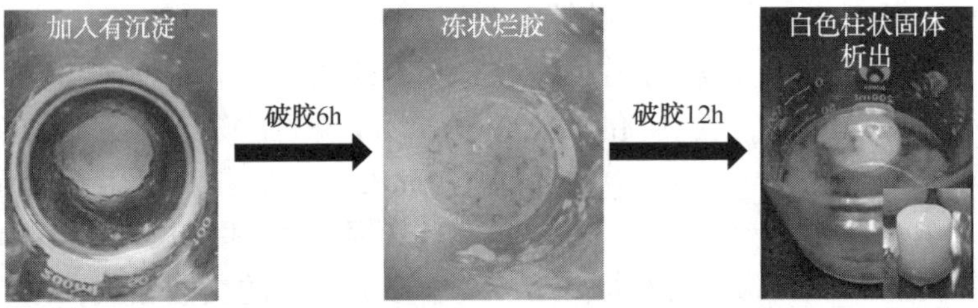

图 4　使用过硫酸铵 160℃不同时间破胶情况

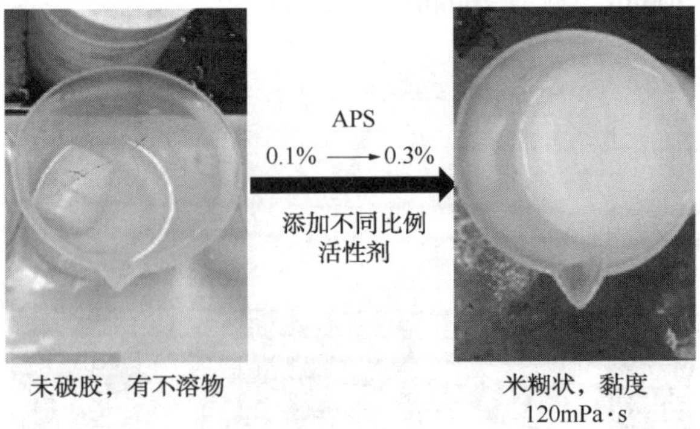

图 5　不同过硫酸铵加量 160℃破胶情况

因此，研发了新型 XG160 高效破胶剂(图 6)，它是一种白色晶体，易溶于水，常温加入基液中或交联冻胶中，不影响冻胶性能，启动温度高于 60℃，加入高浓度氯化钙基液中，配伍性好，不会产生不溶物(图 7)，破胶效果好，使用 0.1% XG160，在高温及中低温均可完全破胶，90℃，6h 可完全破胶，160℃，4h，可完全破胶，破胶液澄清，无残胶，黏度<5mPa·s，符合压裂液性能指标(表 1、表 2、图 8、图 9)。XG160 破胶剂启动温度高，使用方便灵活，可在不影响交联的条件下提前加入基液，无需制作成胶囊，减小成本，在保障交联、流变性能的同时，可实现完全彻底破胶，解决了聚合物稠化高密度氯化钙盐水交联冻胶的破胶难题。

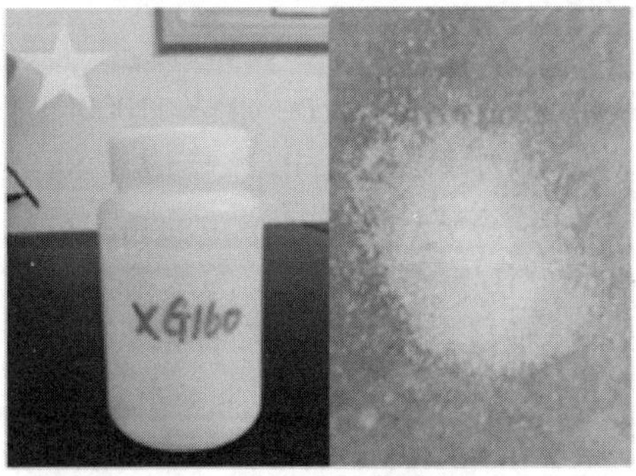

图 6　XG160 破胶剂

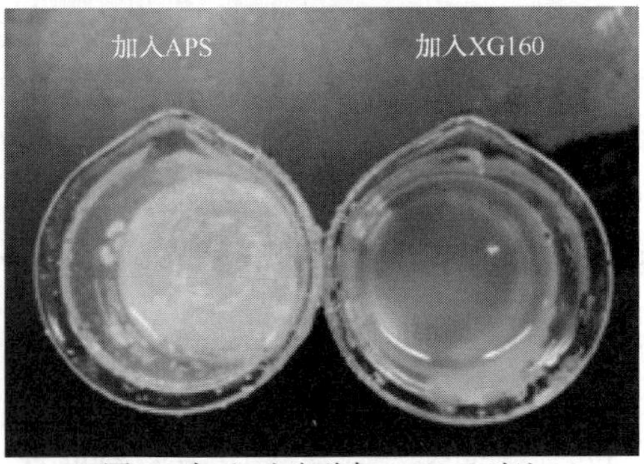

图 7　加入过硫酸与 XG160 对比

表 1　不同破胶剂 XG160 加量破胶情况

加量/ppm	温度/℃	300	500	800	1000	2000	3000
破胶情况	160	未破胶	部分胶烂	少量残胶	完全破胶	完全破胶	完全破胶
黏度/mPa·s		—	—	—	5.741	4.702	4.436

图 8　不同破胶剂 XG160 加量破胶情况

表 2　1000ppm 破胶剂 XG160 不同温度/时间破胶情况

	时间/h	1	2	4	6	7	8
90℃	破胶情况	未破胶	未破胶	基本破胶	完全破胶	完全破胶	完全破胶
	黏度/mPa·s	—	—	15.960	4.894	—	—
160℃	破胶情况	未破胶	基本破胶	完全破胶	完全破胶	完全破胶	完全破胶
	黏度/mPa·s	—	13.320	5.741	4.482	3.784	3.086

图 9　1000ppm 破胶剂 XG160 不同温度/时间破胶情况

4　结论

氯化钙易溶于水，常温条件下溶解度大，可用来提高水的密度，在常温条件下 35%CaCl2 水的密度可达 1.35g/mL。

自研聚合物 PCA 在含高浓度氯化钙的盐水中可以分散溶解，可以形成溶胶作为压裂液的基液，并通过配套交联技术的应用，可形成稳定的耐温 160℃的交联冻胶。

新开发的破胶剂 XG160 可以实现高温及中低温的彻底破胶，无残渣残胶，不返胶，可切实解决高密度氯化钙盐水聚合物交联冻胶的破胶难题，为氯化钙加重压裂液的应用奠定了基础。

参　考　文　献

[1] 林启才，等. 加重液在高温高压气藏增产作业中的盐析伤害及预防措施[J]. 天然气工业，2012，32(5)：30-35.

[2] 程兴生，张福祥，徐敏杰，等. 低成本加重瓜胶压裂液的性能与应用[J]. 石油钻采工艺，2011，33(2)：91-93.

[3] 伍林，王世彬，雷跃雨. 超高温瓜胶压裂液加重性能研究[J]. 重庆科技学院学报(自然科学版)，2011，13(1)：98-100+116.

[4] 肖晖，郭建春，何春明. 加重压裂液的研究与应用[J]. 石油与天然气化工，2013，42(2)：168-172.

[5] 肖兵，张高群，陈波，等. NaCl、NaBr 对 HPG 压裂液性能的影响. [J]. 油田化学，2013，30(1)：26-28.

[6] 谢娟，肖兵，曾雨辰，等. 抗高温加重压裂液的研究与应用[J]. 石油化工应用，2011，30(12)：43-46.

[7] 银本才，曾雨辰，杨洪，等. DG2 井压裂液加重技术[J]. 石油钻采工艺，2012，43(3)：79-81.

[8] 董永刚，张菅，裴海华. 耐高温 NaBr 加重压裂液的研究[J]. 当代化工，45(3)：441-446.

[9] 肖兵，等. 高温高密度压裂液在大古 2 井的应用[J]. 钻井液与完井液，2012，29(6)：68-70.

[10] 崔会杰，余东合，等. 高密度瓜胶压裂液体系的研

究与应用[J]. 石油钻采工艺, 2013, 35(5): 64-66.
[11] 任占春. 甲酸盐加重瓜胶压裂液体系[J]. 钻井液与完井液, 2017, 34(1): 122-126.
[12] 徐敏杰, 车明光, 王永辉, 等. 一种耐高温的低浓度瓜胶加重压裂液及其应用: 中国, CN201510939306.8[P]. 2016.03.30.
[13] 唐瑞江. 超细低伤害加重压裂液在元坝地区的应用[J]. 石油钻采工艺, 2015, 37(2): 82-84.
[14] Qiu Xiaoping, et al. Design Criteria and Application of High-Density Brine-Based Fracturing Fluid for Deep-water Frac Packs. [Z]. SPE 124704, 2009.
[15] Bartko K, Arocha C. First Application of High Density Fracturing Fluid to Stimulate a High Pressure & High Temperature Tight Gas Producer Sandstone Formation of Saudi Arabia[Z]. SPE 118904, 2009.
[16] 袁学芳, 刘通义, 杨向同, 等. 高温深井非交联无残渣加重压裂液性能研究[J]. 油田化学, 2013, 30(3): 350-353.
[17] Satya D. V, Gupta V. et al. High-Density Brine-Based Fracturing Fluid for Ultra-Deep fracturing Stimulation, SPE159822, 2012.

氯化钙加重聚合物压裂液研究与现场试验

杨战伟[1] 付 杰[2] 邓校国[2] 杜建洪[2] 王 辽[1] 华 亮[3]

(1. 中国石油勘探开发研究院；2. 南方石油勘探开发有限责任公司；3. 渤海钻探井下技术服务分公司)

摘 要 针对现有加重压裂液体系成本高、加重密度低及不满足安全环保等问题，研究采用工业氯化钙作为加重剂，研发了一种低成本聚合物加重压裂液技术。优化二水氯化钙最佳使用浓度为46%，水溶液密度1.35g/cm³，研发了耐高盐聚合物在高密度氯化钙盐溶液中溶解迅速。开发了配套交联剂及破胶剂及抗应力腐蚀缓蚀剂，形成的聚合物工业氯化钙冻胶最高耐温170℃，剪切速率$170s^{-1}$，120min后黏度大于100mPa·s，高温悬砂性能良好，破胶液黏度小于5mPa·s，室内测试岩心伤害率20%左右，无应力腐蚀开裂。现场应用液体配制及施工顺利，取得降低施工压力的效果，7500m储层改造可降低施工压力10~20MPa。现场成功应用，证实氯化钙加重压裂液可作为良好的传统加重压裂液替代产品。本研究及现场应用试验为超深高应力储层改造提供了经济可行的低成本加重压裂液技术。

关键词 超深储层改造；工业氯化钙；加重压裂液；应力腐蚀；现场试验

近年来国内在深层及超深层获得重要油气发现，已成为油气资源重要接替领域之一。深层及超深储层改造中最典型特征为超高施工压力，作业风险高、改造规模小、施工排低。压裂液加重技术是降低施工压力、压开超深高应力储层直接有效的方法，早期以氯化钾及氯化钠加重压裂液为主，加重密度低，仅为1.15g/cm³。为提高加重密度，开发了溴盐加重、甲酸盐加重及复合加重压裂液技术，加重密度达1.5g/cm³，但使用成本高，配制的压裂液每立方成本超万元。硝酸钠加重压裂液密度高成本低，但腐蚀及安全环保隐患大。工业氯化钙水溶解性良好，其来源广，价格低，是常见工业化工产品。本研究采用工业氯化钙作为加重剂，研发形成聚合物工业氯化钙加重压裂液，现场试验应用证实了该加重压裂液体系性能可靠，为超深高应力致密储层改造提供了新型低成本加重液技术。

1 聚合物氯化钙加重压裂液研发

1.1 氯化钙水溶液密度

氯化钙水中溶解度高，在0℃时，水中氯化钙溶解度为59.5g/mL；在20℃，溶解度为74.5g/mL；在30℃，溶解度为100g/mL，容易形成高密度的水溶液。在25℃下，质量分数35%的氯化钙水溶液对应的密度为1.35g/cm³，凝固点为-10℃；质量分数31%的氯化钙水溶液对应的密度为1.30g/cm³，凝固点为-41℃(图1)。结合施工地点温度变化，选择质量分数31%~35%的氯化钙溶液配制压裂液，密度大于1.30g/cm³，无水氯化钙质量分数35%时，二水氯化钙使用质量分数46%可达到同样密度。在该浓度下，氯化钙溶于自来水中，需要3min，最高放热温度65℃，冷却至室温20℃，使用密度计测氯化钙水溶液量该盐水密度为1.35g/cm³，结晶温度-25℃，满足国内油田冬季施工需求。

1.2 稠化剂的合成

压裂液中常用稠化剂是基于淡水或者高矿化度一价离子水配伍而设计的，氯化钙水溶液中二价钙离子浓度超过30万ppm，现用稠化剂不适用，需研发新型稠化剂。从聚丙烯酰胺分子结构上考虑，要满足易溶解、耐高温、耐高盐、耐剪切、延迟交联等多种性能，首先添加抗盐单体，添加具有磺酸基的AMPS单体，通过引入可加大空间位阻的磺酸基，增加聚合物在高浓度盐水中的伸展，达到所需要的黏度；同时添加带有正电性的季铵离子单体，与带有正电性的磺酸基产生静电作用，加强聚合物分子间的相互作用相互缠绕，达到抗盐效果。其次添加耐温单体，添加酰胺基苯磺酸等耐温单体。引入苯环、磺化基团等刚性基团，其相互之间位阻效应明显，分子运动阻力大，少量分子链断裂对聚合物溶液黏度影响小，聚合物在溶液的表观黏度降低幅低。最终合成了分子量在400~600万的聚丙烯酰胺聚合物FA-31。该稠化剂在高密度氯化钙盐水中均匀溶解分散，溶解时间 10~20min，水溶液加重密度 1.35g/cm^3，稠化剂浓度 0.5%~0.8%，加入稠化剂后水溶液黏度 40~80mPa·s。

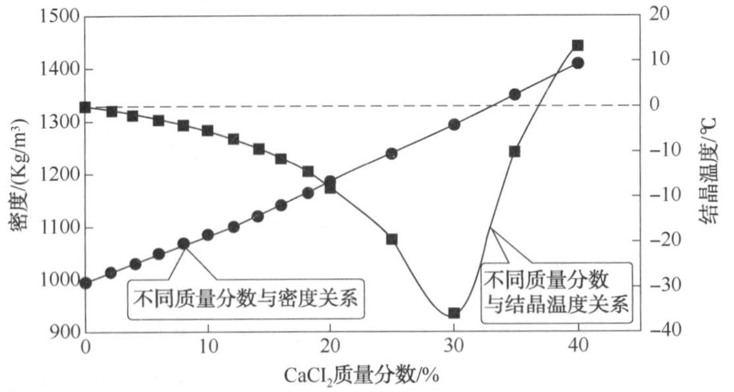

图 1　温度为 25℃时不同浓度氯化钙密度与结晶温度曲线

1.3　交联剂及破胶剂的研发

针对新型聚合物的交联基团特性，研发了能够与交联基团形成多核羟桥的两性金属类交联剂。该交联剂水解后产生的多核羟桥络离子在低温下，即可与聚合物稠化剂中聚丙烯酰胺的羧基发生交联；高温下该交联剂在酸性条件下水解生产部分甲醛，可与聚合物稠化剂中的的聚丙烯酰胺的酰胺基发生交联反应。因此该体系宏观特性是温控型交联，具备中低温弱交联、高温快速交联可调挂的特性。同时弱酸性的交联环境避免了碱性条件钙离子沉淀，保持体系稳定。在高浓度盐水中，稠化剂和交联剂作用可以形成挑挂性能良好的冻胶，在低温下，交联较弱或者不交联，降低液体在地面管线中的摩阻。随着温度的升高，黏度逐渐加大，满足压裂液进入地层时对携砂能力的需求。

破胶剂是保证压裂液破胶且顺利返排的关键添加剂。植物胶类冻胶压裂液及常规聚合物类冻胶压裂液均采用过硫酸铵作为破胶剂。该破胶剂无法实现聚合物氯化钙冻胶压裂液彻底破胶，高温 160℃条件下破胶 12h，仍存在白色凝胶固体不溶物。分析原因，工业氯化钙样品中含有固体不溶物杂质，同时过硫酸盐破胶剂会带入 SO_4^{2-}，与高浓度 Ca^{2+} 生成少量 $CaSO_4$ 沉淀。因此，研发了新型 XG160 高效破胶剂，其主要成分为具有强氧化性的过氧化物，在高温下使交联冻胶聚合物链氧化为小分子，同时分解出氧自由基，实现冻胶破胶的目的。该破胶剂与基液配伍性好，无不溶物，破胶效果好，使用浓度 0.1%，在高温及中低温均完全破胶，破胶液澄清，无残胶，黏度小于 5mPa·s，符合压裂液性能指标。

1.4　抗盐应力腐蚀缓蚀剂

由于高浓度盐水的腐蚀，未加入应力腐蚀缓蚀剂，13Cr 材质管柱试片，采用四点应力加载实验，温度为 140℃，加压 10MPa，实验 4h 后试片产生明显腐蚀开裂。基于聚合成膜及金属离子吸附复合防腐原理，研发了 ZEDA55 型抗应力腐蚀缓蚀剂。室内实验证实，在 140℃、10MPa 条件下，4h 腐蚀时间，钢片为特纳瑞斯钢片和 JFE 钢片，添加缓蚀剂后未见 13Cr 钢片开裂(图 2)。

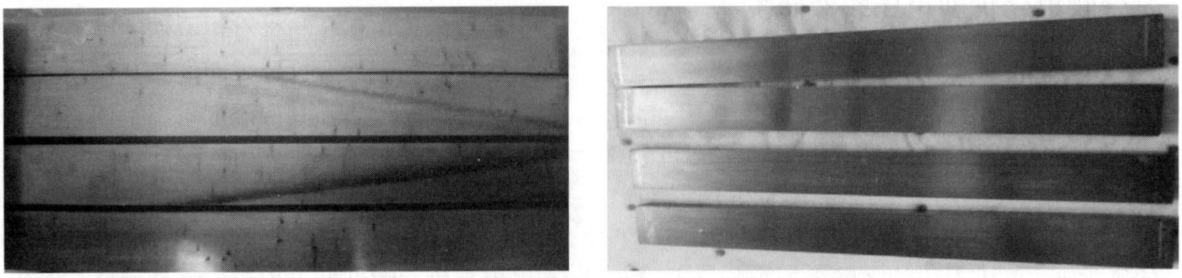

图 2　加入应力腐蚀缓蚀剂前后 13Cr 材质试片实验结果

综上所述，在确定氯化钙水溶液最佳密度基础上，合成了耐高盐型稠化剂、研发了配套交联剂及破胶剂，开发了抗应力腐蚀缓蚀剂。形成了聚合物工业氯化钙加重压裂液的基础配方，基液组成：水+稠化剂(0.5%~0.8%)+助溶剂+二水工业氯化钙(46%)+缓蚀剂(1%)+助排剂(1%)；交联剂：100：0.5~1.0；破胶剂：0.05%~0.25%。加入ZEDA55抗应力腐蚀缓蚀剂后，基液、冻胶液配伍性很好，破胶不受影响，破胶彻底，流变性能满足标准。

2 加重压裂液性能评价

确定聚合物工业氯化钙加重压裂液配方后，根据SY/T 5107—2016“水基压裂液性能试验方法”标准，使用HAAKE公司的RS-600高温高压流变仪等仪器，改体系的耐温耐剪切流变、高温静态悬砂、破胶及伤害等主要性能开展了室内评价。

2.1 耐温耐剪切流变

室温条件下测试了稠化剂使用浓度分别为0.6%、0.7%、0.8%，温度为150℃、160℃、170℃配方耐温耐剪切曲线(图3)。由图3可知，120min剪切后，黏度在100mPa·s以上。可见氯化钙加重压裂液具有良好的流变性能。根据冬季施工的情况，模拟了压裂液在零下20℃条件下的交联和耐温耐剪切性能。配制的加重压裂液基液在-20℃的冰柜中放置24h，取出后基液处在半流动状态，加入交联剂后进行流变测试，证实冷冻后对压裂液耐温耐剪切性能没有影响，最终黏度保持在100mPa·s以上。

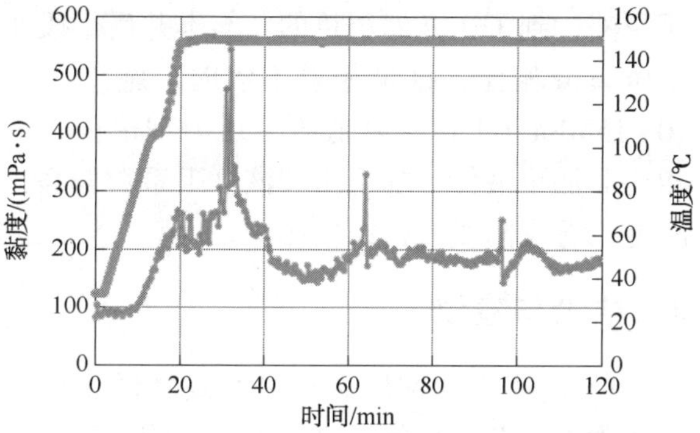

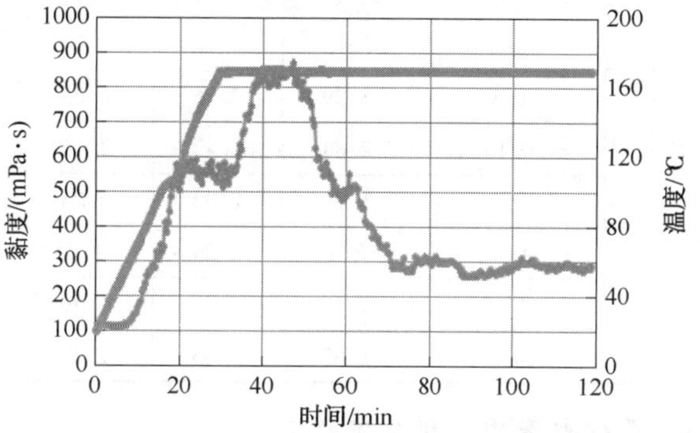

图3 加重压裂液150℃及170℃下170s^{-1}流变曲线

2.2 静态高温悬砂评价

配制聚合物氯化钙加重压裂液500mL，破胶剂用量0.05%，加入30/50目陶粒，砂浓度为240kg/m^3，放入已加热至90℃的水浴锅中，进行悬砂性能实验。实验表明，加热至90℃时，10min后较小部分支撑剂沉降；60~90min后，压裂液冻胶部分开始水化，支撑剂沉降较多，占悬砂液总高度的30%~40%，总体评价悬砂性能良好。超深层改造过程中，井底及水力裂缝内温度可降至原储层温度50%~60%，悬砂实验证实该加重压裂液既能保证加砂阶段携砂稳定性，又能在停泵后迅速破胶，有利于快速返排，降低储层污染(图4)。

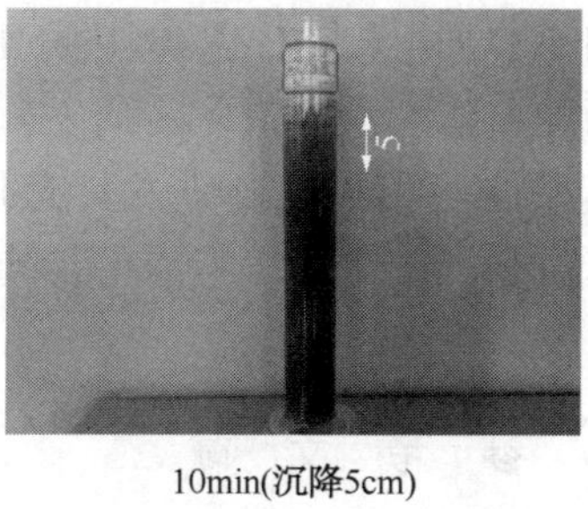

10min(沉降5cm)

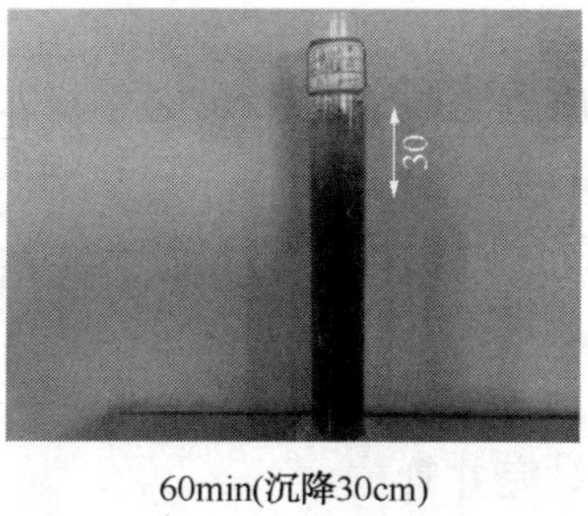

60min(沉降30cm)

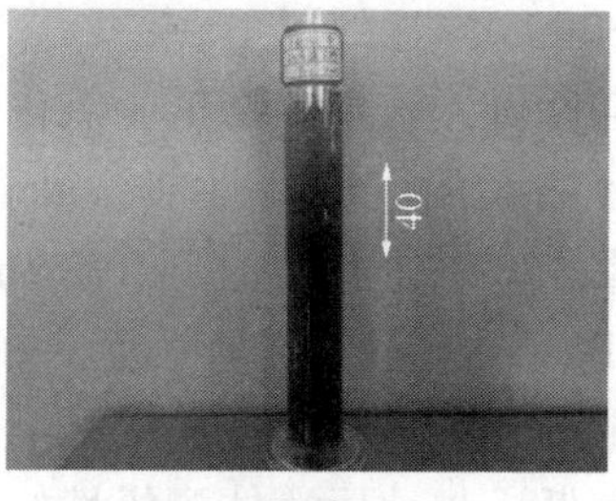

90min(沉降40cm)

图4 加重压裂液150℃及170℃下170s^{-1}流变曲线

2.3 破胶性能评价

通过研发新型高效破胶剂，能够保证压裂液彻底破胶。对不同温度和不同破胶剂浓度下的破胶评价见表1。破胶剂的加量在0.1%~0.2%之间，90℃以上实验条件，4h后，破胶液黏度均小于5mPa·s，证实压裂液彻底破胶。破胶后的残渣为415mg/L，残渣量较常规胍胶压裂液相对较大，不加入工业氯化钙，合成聚合物理论上没有水不溶物，压裂液残渣为0mg/L，因此不含有残渣。加入大量工业品氯化钙，杂质含量高，因此残渣量较高。为了控制残渣的含量，应严格控制氯化钙的质量，尽量避免带入大量的水不溶物，减少压裂液的残渣含量，降低对储层的伤害。

表1 聚合物氯化钙加重压裂液破胶性能

温度/℃	破胶剂使用浓度/%	不同时间破胶液黏度/(mPa·s)		
		4h	8h	12h
90	0.1	4.39	3.23	1.51
	0.15	3.24	2.32	1.74
	0.2	3.03	2.16	1.71
120	0.1	3.29	2.76	2.28
	0.15	2.84	2.47	2.15
	0.2	1.71	2.06	2.03
150	0.1	2.1	2.29	1.6
	0.15	2.15	2.09	1.59
	0.2	1.87	1.86	1.59

2.4 氯化钙加重压裂伤害评价

选用聚合物氯化钙加重压裂液破胶液及库车山前白垩系储层实钻岩心，依据压裂液伤害评价标准，开展了岩心伤害评价实验。同时采集了库车山前生产井产出地层水，开展本加重压裂液与地层流体配伍性评价。室内评价结果，岩心基质的伤害率为18.6%~23.7%，伤害程度为弱，与目前在用的氯化钾加重压裂液伤害率相当；与地层水、压裂液配伍性好，无絮状物、无沉淀、未分层；与凝析油未产生乳状液，强乳化后，自身破乳率30min内达到了100%。

综合评价，该聚合物工业氯化钙加重压裂液具有良好的耐温耐剪切性能，最高耐温170℃，剪切速率170s^{-1}，剪切时间120min后，黏度大于100mPa·s；高温悬砂性能良好，破胶彻底，加入破胶剂4h，破胶液黏度均小于5mPa·s，岩心伤害低，与地层流体配伍性好，对完井管柱不产生应力腐蚀。

3 现场应用

博孜9-A井是库车坳陷克拉苏构造带博孜9号构造一口评价井，该井完钻井深7974.00m，目的层白垩系巴什基奇克组，本井测试段7736~7810m，测井解释孔隙度5.7%~8.9%，含气饱和度50.2%~61.4%，解释裂缝19条，裂缝线密度0.26条/m，钻录测综合解释为气水同层。该井埋藏深、基质低孔渗、天然裂缝较发育，完井改造前方放喷测试无产出。为认识储层流体且降低改造施工难度与作业风险，采取了加重压裂液与胶凝酸复合酸压工艺。实际施工泵注总液量300m^3，聚合物工业氯化钙加重压裂液120m^3，酸液与线性胶压裂液180m^3，施工排量0.48~3.6m^3/min，施工压力：50~112MPa。压后用5mm油嘴放喷求产，日产水103m^3，改造效果较明显，达到认识储层流体目的。分析施工曲线，对于本井前置液阶段采用1.35g/cm^{3}氯化钙加重压裂液达到了压开储层目的，与本井后半段非加重压裂液相比，排量相差不大时，施工压力低10~15MPa，未达到降低施工压力理论值。可见相比非加重液体，加重压裂液摩阻系数偏高，同时施工总摩阻受管柱结构影响。

4 结论与建议

1）高密度加重压裂液可有效降低超深井施工压力，工艺氯化钙是良好的压裂液加重剂备选材料。优化了使用浓度为46%的二水氯化钙最佳密度为1.3~1.35g/cm^3，研发了耐盐聚合物、配套交联剂及破胶剂，开发了应力腐蚀缓蚀剂。

2）研发形成的聚合物工业氯化钙加重压裂液体系性能稳定，最高耐温170℃，冻胶携砂性能良好，破胶彻底、伤害率低，现场配制较为简易，对于超深井，具有一定的降低施工压力作用。

3）分析应用效果，氯化钙加重压裂液摩阻系数偏高，相比非加重液体，总摩阻偏高。需围绕工业氯化钙加重压裂液，进一步研发降低摩阻技术，研究其最佳使用浓度。研发具有低成本、耐高温、低摩阻和配制简易等特点的加重压裂液体系。

参考文献

[1] 杨金华，张焕芝．非常规、深层、海洋油气勘探开发技术展望[J]．世界石油工业，2020，27(6)：20-26.
[2] 郭旭升，胡东风，黄仁春，等．四川盆地深层—超

深层天然气勘探进展与展望[J]. 天然气工业, 2020, 40(5): 1-14.
[3] 庞雄奇, 林会喜, 郑定业, 等. 中国深层和超深层碳酸盐岩油气藏形成分布的基本特征与动力机制及发展方向[J]. 地质力学学报, 2020, 26(5): 673-695.
[4] 李鹭光, 何海清, 范土芝, 等. 中国石油油气勘探进展与上游业务发展战略[J]. 中国石油勘探, 2020, 25(1): 1-10.
[5] 雷群, 胥云, 杨战伟, 等. 超深油气储集层改造技术进展与发展方向[J]. 石油勘探与开发, 2021, 48(1): 193-201.
[6] 刘洪涛, 刘举, 刘会锋, 等. 塔里木盆地超深层油气藏试油与储层改造技术进展及发展方向[J]. 天然气工业, 2020, 40(11): 76-88.
[7] 杨战伟, 才博, 胥云, 等. 库车山前超深巨厚储层缝网改造有效性评估[J]. 中国石油勘探, 2020, 25(6): 105-111.
[8] 程兴生, 张福祥, 徐敏杰, 等. 低成本加重胍胶压裂液的性能与应用[J]. 石油钻采工艺, 2011, 33(2): 91-93.
[9] 肖兵, 张高群, 陈波, 等. NaCI、NaBr 对 HPG 压裂液性能的影响[J]. 油田化学, 2013, 30(1): 26-28.
[10] 董永刚, 张营, 裴海华. 耐高温 NaBr 加重压裂液的研究[J]. 当代化工, 2016, 45(3): 441-446.
[11] 杨战伟, 卢拥军, 段瑶瑶, 等. 一种新型压裂液在苏里格气田东二区的应用研究[J]. 钻采工艺, 2016, 39(2): 95-97+6.
[12] 熊俊杰, 赵战江, 安琦, 等. 硝酸钠加重海水基压裂液性能评价[J]. 油田化学, 2019, 36(1): 43-47.
[13] 王语林, 唐剑峰, 张宁. 浓氯化钙水溶液中高配位 Ca-Cl 离子团簇: 分子动力学模拟研究[J]. 盐湖研究, 2020, 28(3): 34-42.
[14] 徐敏杰, 管保山, 刘萍, 等. 近十年国内超高温压裂液技术研究进展[J]. 油田化学, 2018, 35(4): 721-725.
[15] 杨战伟, 段瑶瑶, 王丽伟, 等. 苏里格气田致密气藏压裂改造技术研究应用[J]. 石油地质与工程, 2018, 32(6): 99-102+120-121.
[16] 李光辉, 未九森, 李晓丹, 等. 聚(苯乙烯-丙烯酰胺)核壳型微球破胶剂的制备与缓释效果[J]. 油田化学, 2020, 37(2): 208-211.
[17] 沈园园, 王在明, 朱宽亮, 等. 溶胶-凝胶法制备核壳结构的延迟破胶剂[J]. 钻井液与完井液, 2020, 37(1): 121-126.
[18] 王欣彤, 陈旭, 韩镇泽, 等. 硫酸盐还原菌作用下 2205 双相不锈钢在 3.5% NaCl 溶液中应力腐蚀开裂行为研究[J]. 中国腐蚀与防护学报, 2021, 41(1): 43-50.
[19] 蒋满军, 秦立高, 郑华安, 等. 13Cr 材质气井管柱腐蚀原因分析[J]. 涂层与防护, 2020, 41(6): 28-34.

井下电视成像测井技术在威远区块页岩气开发中的应用

李俊翔　王一萱　文　欢　苌　北

（中国石油川庆钻探工程有限公司页岩气勘探开发项目经理部）

摘　要　页岩一般采用长段多簇的方式进行改造，但由于缺乏对于射孔簇开启、进液等关键环节的直接监测手段，簇间改造效果一直难以量化评价，对于暂堵压裂工艺优化准确指导有限。井下电视成像测井技术可以对压后射孔簇进行光学拍摄成像实现孔眼形态反演，进而通过分析孔眼冲蚀情况对不同段长、簇数、孔数下孔眼开启效率、裂缝扩展参数实现评价。结果表明：①暂堵压裂工艺对于提升射孔簇开启效率有积极作用，监测段整体射孔簇有效开启效率在85%，整体靠近A端射孔簇开启较近B端更大。②簇间支撑剂分布存在一定的不均匀性，且存在一些过度冲蚀射孔簇。③射孔冲蚀总体具有一定的相位偏置，在180°相位冲蚀更为严重。井下电视成像测井技术直观揭示了页岩多簇体积压裂射孔簇开启、改造等关键特征，为暂堵压裂工艺升级优化提供了有力支撑。

关键词　页岩；压裂；井下电视；射孔簇；监测

威远页岩气开发层系为上奥陶统五峰组-下志留统龙马溪组，沉积环境为古陆和古隆起影响下的上扬子地台被动大陆边缘陆棚环境，具有地质年代老、多期构造运动改造、埋藏较深、有机质热演化程度高、非均质性强、优质页岩有效厚度薄等特点，投产难度大，与北美地区页岩气田构造单一、优质页岩有效厚度大、保存条件好等特征存在着较大的差异。近年来，水平井体积压裂在生产上取得了很大突破，2020 年开始，在威远区块开展了长段多簇+暂堵转向压裂试验，实现了区块降本增效，然而受储层非均质性与天然裂缝不均衡的影响，微地震监测结果显示压裂缝网复杂程度系数仅介于0.16~0.22，形成复杂缝网仍然存在一定挑战。

水力裂缝现场监测技术是了解人工裂缝形态的有效手段，包括间接监测技术和直接监测技术。间接监测技术包括净压力分析、试井、产量分析等。直接监测技术由近井地带监测技术和远井地带监测技术组成：近井地带监测技术包括放射性示踪剂、井温测井、井眼成像测井、井径测井、光纤监测、井下电视成像等；远井地带监测技术包括微震监测、地表测斜监测、广域电磁法监测、周围井井下倾角图像监测、深横波成像监测等。井下电视监测由于可以直观反映压裂射孔簇开启特征，近年来备受业内关注，利用井下电视成像技术，可以直接获得大量的高清射孔图像，通过计算射孔孔眼冲蚀面积即压裂前后射孔面积的变化，可以反映出射孔孔眼冲蚀程度。统计发现，射孔孔眼冲蚀程度与射孔中支撑剂的体积呈正相关关系。

前期威远页岩缺乏对于射孔簇开启、进液等关键环节的直接监测手段，簇间改造效果一直难以量化评价。为了解决这一问题，在威远区块W4 井开展差异化设计分段分簇，并进行井下电视监测，监测不同段长、簇数、孔数下孔眼开启效率、裂缝扩展参数评价。为下一步优化压裂方案提供理论依据。

1　井下电视技术设计及实施

1.1　试验井概况

W4 井位于威远中奥顶构造南翼，开发层位为下志留统龙马溪组。钻井深度 5520m，储层 TOC2.8%～4.3%，孔隙度 5.6%～7.3%，渗透率215~492nD，总含气量4~7.3m^3/t，杨氏模量 41 ～ 45GPa，泊松比 0.2MPa，破裂压力 85.6MPa，水平主应力差 13.5MPa，水平段钻遇龙一$_1^{1\text{-}4}$小层，龙马溪组岩性以黑色、灰黑色页岩、泥页岩为主，整体储层具有高度非均质性。W4 井水平段开展电成像测井，解释裂缝整体发育，裂缝发育段共 423m（表 1），其中龙一$_1^3$ 小层的4号层裂缝最为发育(78条，闭合缝)，总裂缝密度也最大(1.85条/m)。

表1 成像测井裂缝发育段参数

裂缝发育段	层位	厚度/m	闭合缝/条	张开缝/条
1	龙一$_1^4$	73	27	3
2	龙一$_1^4$	50	16	8
3	龙一$_1^3$	47	23	6
4	龙一$_1^3$	51	78	
5	龙一$_1^1$	29	9	
6	龙一$_1^1$	63	15	8
7	龙一$_1^1$	43	6	
8	龙一$_1^1$	6	3	
9	龙一$_1^1$	58	12	

1.2 压裂参数设计情况

W4井整体采用“长段多簇+暂堵匀扩+控液增砂”压裂模式进行压裂，水平段段长2000m，改造段长2131m。龙一$_1^1$~龙一$_1^4$小层均采用主体段长90m左右。为系统评价不同分段和分簇方式条件下压裂裂缝启裂和延伸特征，本井设计了90~120m多种分段段长。采用89式射孔枪卜89等径射孔弹进行射孔，射孔相位角60度。全井段采用一剂多能滑溜水体系，滑溜水≤5mPa·s，以100目石英砂用于支撑微裂缝，40/70目陶粒支撑主裂缝。压裂井的具体作业参数表如表2所示。由于该井在施工过程中第10段射孔遇阻，实际井下电视监测段为第11~22段，共完成1260m作业，井下电视实测680个炮眼，因此本文重点对第11~12段射孔图像进行对比分析。

表2 W4井压裂实施参数

压裂段	小层	段长/m	簇数	孔数	簇间距/m	加砂强度/(t/m)
11	龙一$_1^1$	90	9	7	9.0	2.20
12	龙一$_1^1$	124	13	6	8.9	2.57
13	龙一$_1^1$	123	13	7	8.8	2.68
14	龙一$_1^1$	100	9	9	10.0	2.73
15	龙一$_1^2$	85	9	7	8.5	3.17
16	龙一$_1^3$	70	7	9	8.8	2.62
17	龙一$_1^3$	90	9	7	9.0	2.64
18	龙一$_1^3$	102	13	6	7.3	2.88
19	龙一$_1^3$	98	9	7	9.8	2.89
20	龙一$_1^3$	98	13	6	7.1	2.89
21	龙一$_1^4$	84	9	7	8.3	2.70
22	龙一$_1^4$	85	9	7	8.5	2.61

2 射孔冲蚀解释方法

在水平井分段多簇压裂过程中，多裂缝往往出现起裂扩展不均匀的现象，这是各簇流量分布不均直接造成的。学者们对多裂缝起裂扩展机理进行了大量的数值模拟研究，多裂缝不均匀扩展不仅受到储层非均质性和应力干扰的影响，还受到孔眼摩阻的影响。提高孔眼摩阻可以促进裂缝的均匀起裂和扩展。然而，这些研究普遍假设压裂过程中孔眼摩阻是恒定的，忽略了射孔冲蚀对孔眼摩阻的影响。

Crump等根据伯努利方程和质量守恒方程得到孔眼摩阻的计算公式，如式(1)所示。此外，实验结果表明，射孔侵蚀可分为两个阶段：第一阶段，射孔边缘逐渐光滑，但孔眼直径没有明显增加，孔眼流量系数(C_p)在减小孔眼摩阻方面起主导作用；在第二阶段，C_p相对恒定，孔眼直径增加缓慢，导致孔眼摩阻进一步减小。对于完整的孔眼，C_p为0.5~0.6，对于完全磨损的孔眼，C_p为0.95。

$$P_{pf}=\frac{8\rho^2}{\prod^2 D^4 C_p^2 N_p^2} \tag{1}$$

在井筒摩阻恒定的情况下，通过孔眼摩阻、扭曲摩阻来确定每个簇的流体分布。即每个簇的流体分布满足以下流体流动守恒和压力平衡条件：

$$P_n+P_{ph}=P_{f2}+P_{pf2}=\cdots=P_{tn}+P_{pfN} \tag{2}$$

当有足够的射孔时，孔眼摩阻可视为一个较小的常数，流体分布主要由裂缝内摩阻决定。非均匀冲蚀对流体分布的影响不明显。当射孔数较少时，孔眼摩阻较大，对流体分布起主导作用，而孔眼摩阻对孔眼直径的变化非常敏感。例如，当孔眼数为3个时，孔眼直径增加2mm，孔眼摩阻减少约15MPa。此时孔眼的不均匀侵蚀会对流动分布产生显著影响，进而改变多缝起裂的均匀性。Long 学者等提出了孔眼直径与流量系数、支撑剂浓度和流量之间的关系，随着孔眼直径和流量系数的不断增大，孔眼侵蚀程度与支撑剂的动能有关：

$$\frac{\mathrm{d}(C_{\mathrm{p}})}{\mathrm{d}t}=\beta cV^2\left(1-\frac{C_{\mathrm{p}}}{C_{\mathrm{p,max}}}\right)$$
$$\frac{\mathrm{d}D}{\mathrm{d}t}=\alpha cV^2 \tag{3}$$

α 和 β 是通过经验拟合方法得到的两个独立参数，代表支撑剂与套管相互作用的影响。综上所述，进一步得到冲蚀后孔眼直径计算公式：

$$D_{\mathrm{t}}=D_{\mathrm{t}}\left(1+\frac{80\alpha Cq^2}{\prod^2 D_0{}^5 N_{\mathrm{p}}{}^2}t\right) \tag{4}$$

结果表明流量越大，孔眼冲蚀程度越大。通过计算孔眼直径和流量系数的动态变化，可以得到冲蚀作用下的动态孔眼摩阻。因此，学者提出的冲蚀模型的基础上，建立了考虑射孔冲蚀影响的多裂缝扩展模型，发现各簇射孔存在不均匀的冲蚀，孔眼冲蚀的影响加剧了流体分布的不均匀程度，导致多裂缝起裂和扩展的不均匀。通过数值模拟可以得到孔眼冲蚀对多裂缝起裂和扩展的影响，但难以准确反映孔眼冲蚀的实际情况。由于孔眼的冲蚀程度与注入支撑剂体积呈正相关，且各簇支撑剂体积可以反映多裂缝起裂的均匀性，因此本文通过井下视频成像技术直接对比各孔眼的冲蚀程度，反映多裂缝起裂的均匀性。

基于井下电视成像技术，发现射冲蚀可以分为两个阶段：第一阶段为暂态过程，当支撑剂体积较小时，初期砂液冲蚀孔眼周边导致孔眼变得圆滑，此时孔眼面积没有明显增加；第二阶段，继续冲蚀导致扩眼，孔眼变得不规则，随着支撑剂体积的增大，孔眼面积明显增大，此时流速趋稳。这正好验证了 CP 公式，孔眼冲蚀面积等于压裂后射孔面积减去压裂前射孔面积，可以通过井下视频成像技术得到。

由于射孔的冲蚀面积与支撑剂的注入量呈正相关，通过对比各射孔的冲蚀面积，可以反映各射孔簇的改造程度，并进一步预测各射孔簇起裂的均匀性。利用井下视频成像技术获取压裂后各簇射孔图像相对容易，但获取压裂前射孔图像难度较大。因此，为了获得压裂前的实际孔眼面积，在第 22 段结束时进行了不压裂的再射孔作业作为基准炮眼。

3 监测结果及分析

W4 井在第 11~22 阶段有 786 个射孔，在第 22 段压裂结束后有 42 个补充射孔，总共有 826 个射孔。第 17/21/22 段返吐，部分炮眼未能测量，实际测量合计 680 孔。其中未改造炮眼 131 个占比 21%，欠压炮眼 299 个占比 47%，饱压炮眼 131 个占比 21%，过压炮眼 78 个占比 11%，基值炮眼 42 个，统计第 11~12 段簇开启效率平均 83%(表 3)，整体靠近 A 段射孔簇开启较近 B 端更大。

表 3　W4 井压裂实施参数

压裂段	设计孔数	测量压裂段孔数	未改造孔眼	簇开启效率
11	63	61	26	67%
12	78	64	22	77%
13	91	82	15	85%
14	81	67	12	89%
15	63	62	4	100%
16	63	63	3	100%
17	63			
18	78	64	24	100%
19	63	59	4	89%
20	78	52	4	85%
21	63	32	10	50%
22	63	15	7	60%

3.1 不同段/簇射孔冲蚀面积情况

压前炮眼，射孔冲蚀面积为零，见图 1。W4 井每段单簇射孔数量较多，射孔冲蚀对渗流分布和多缝均匀起裂有重要影响，各簇射孔冲蚀面积差异较大，反映出多缝起裂极不均匀，且液体流量分配不均，存在炮眼过压的情况，见图 2。

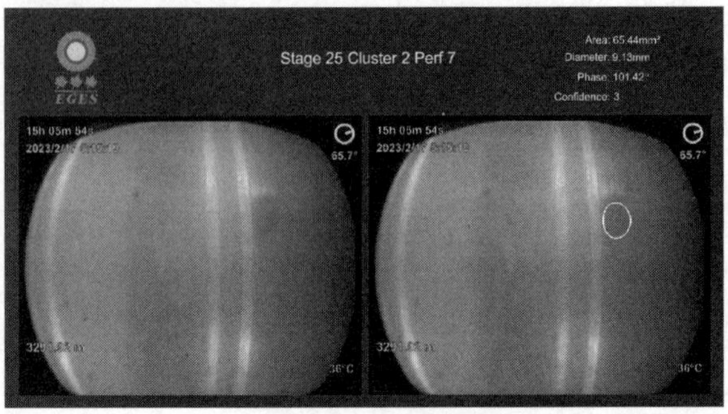

图 1　井下电视基值炮眼图像

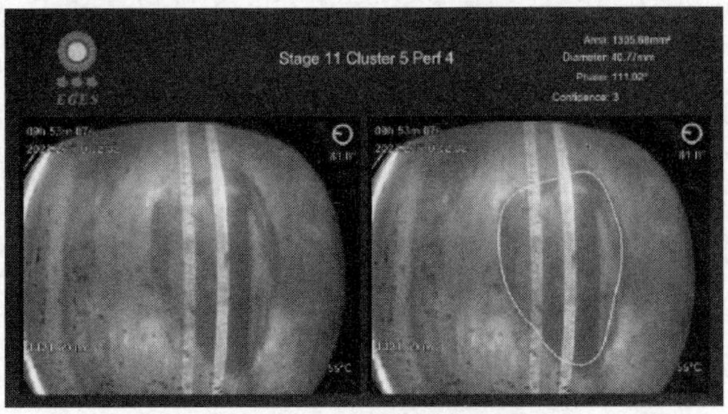

图2 井下电视过压炮眼图像

监测结果显示第 14 段炮眼累计冲蚀面积最大约为 10900mm^2，该段平均单簇冲蚀面积约为 1211mm^2，第 21 段累计冲蚀面积最小约为 987mm^2，平均单簇冲蚀面积约为 110mm^2。其他段平均冲蚀面积集中在 2400~9900mm^2 范围，冲蚀面积整体差距较大见图 3。

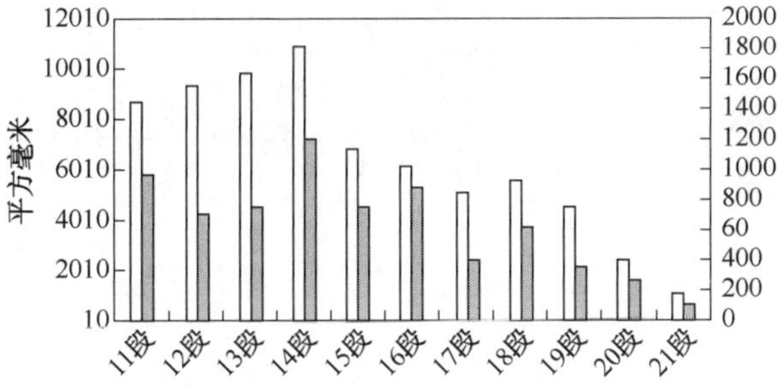

图 3 井下电视累计冲蚀面积与平均单簇冲蚀面积图

监测第 11~12 段整体压裂效率高，在第 12、13、15 段存在跟倾现象(图 4)，跟端射孔簇冲蚀面积大于趾端，说明更多的支撑剂流入到跟端簇内，如图 5 所示。而第 19 段存在趾端进入簇体的趋势明显，即趾端簇体的射孔侵蚀面积大于其他簇体，这表明更多的支撑剂流入趾端簇内，见图 6。在第 16、18 为均布段，见图 7。

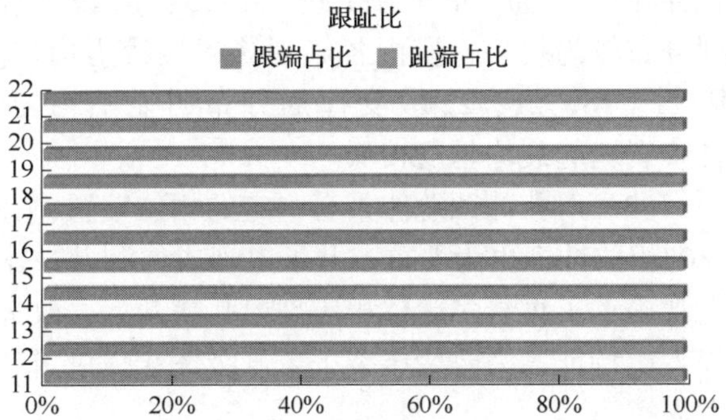

图 4 井下电视跟趾比统计图

利用 FEI 系数表征各簇射孔冲蚀面积的均匀性，用进砂量的均布方差除以平均进砂量，当

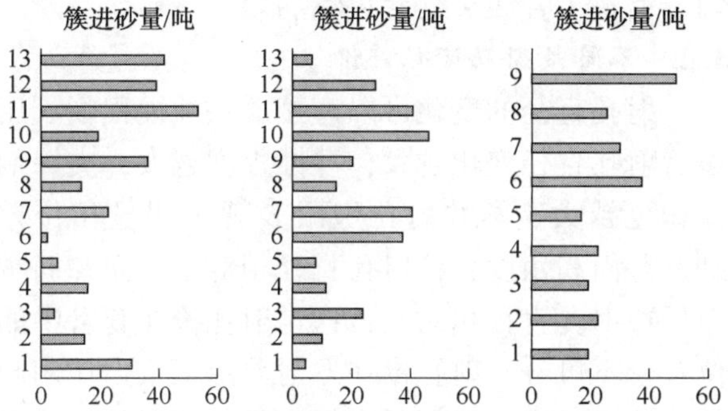

图 5 第 12、13、15 段簇进砂量统计图

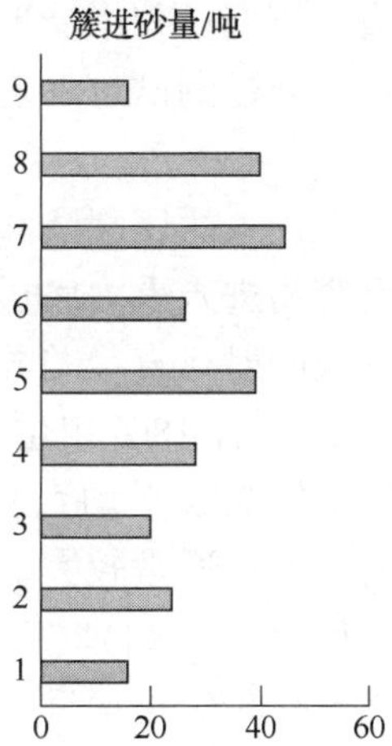

图 6 第 19 段簇进砂量统计图

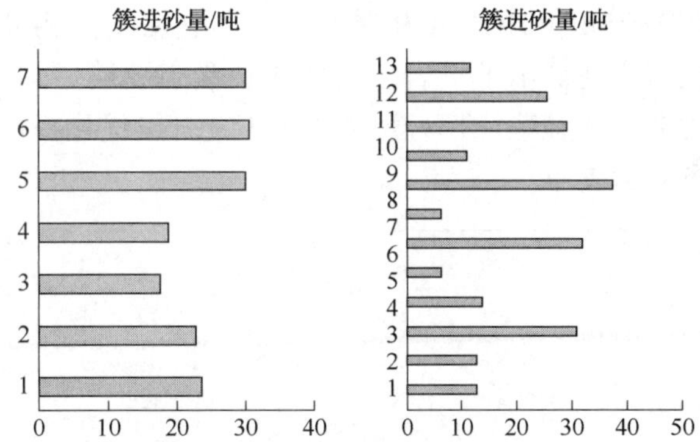

图 7 第 16、18 段簇进砂量统计图

FEI≤0.7，表征为展布进砂分布，压裂效率好；0.7<FEI≤1.0，表征弱选择性进砂分布，压裂效率中等偏好；1.0<FEI≤1.4，表征选择性进砂分布，压裂效率中等；1.4<FEI≤1.8，表征强选择性进砂分布或离散进砂分布，压裂效率中等偏差；FEI>1.8，表征为脉冲进砂分布，压裂效率差。统计第 15、16 段 FEI 值较小为 0.63、0.79，说明各簇射孔的冲蚀面积分布较为均匀，反映了各簇的起裂相对均匀，但在第 11、18、21、22 段的 FEI 值明显较大，分别为 2.24、1.88、1.56、1.35 说明各簇射孔侵蚀面积不均

匀，反映了各簇裂缝起裂不均匀。

3.2 不同段射孔冲蚀评价

射孔直径的变化可以直接反映冲蚀程度。压裂后射孔直径变化越大，冲蚀程度越大，支撑剂体积也越大。本井射孔炮眼表现出明显相位差别，井筒高角度相位射孔直径相对小，而井筒重力低边射孔直径相对大，这与射孔枪在套管中的位置密不可分，射孔枪在发射前由于重力作用倾倒在重力低边，射孔弹离低边最近，因此射孔完成一瞬间低边炮眼受到力学作用形成的炮眼面积略高于重力高边，压裂过程中受地层应力不同和炮眼面积等影响，通过测试可发现重力低边冲蚀炮眼多于重力高边。

压裂过程中，注入的压裂液和支撑剂等介质受重力作用，更容易进入重力底边射孔簇，进一步加剧了不同阶段的射孔直径差异，从 W4 井压后监测结果看出，压后 180°相位炮眼平均直径约 12mm，而 0°相位炮眼平均直径约 10mm，井筒下部的侵蚀射孔面积通常较大。当射孔相位角为 0°和 180°(井筒上、下侧)时，侵蚀程度差异最为显著，而当射孔相位角接近 120°和 240°(靠近井筒水平中轴线)时，侵蚀程度差异较小(图 8)。因此，射孔冲蚀总体具有一定的相位偏置，在 180°相位冲蚀更为严重。井下电视成像测井技术直观揭示了页岩多簇体积压裂射孔簇开启、改造等关键特征，为暂堵压裂工艺升级优化提供了有力支撑。

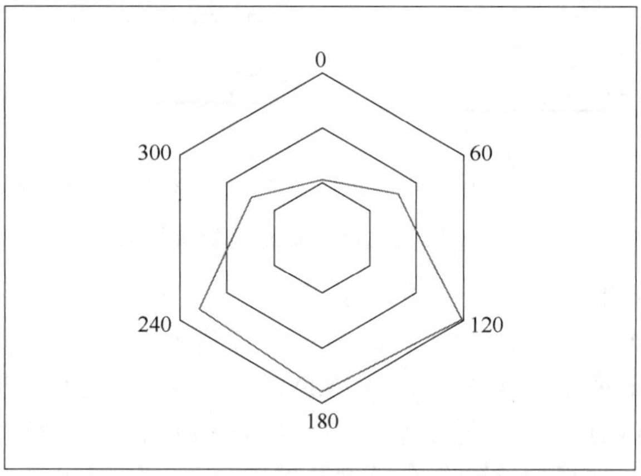

图 8　平均孔直径与相位分布图

3.3 基于井下电视的暂堵压裂优化设计技术

暂堵是缓解射孔簇启裂差异大、实现多簇裂缝相对均匀扩展的有效手段，威远页岩压裂现场为了提高对螺旋布孔及携砂液冲刷下孔眼的封堵效率，减小射孔相位偏置的影响，形成基于井下电视的暂堵压裂优化设计技术，在材料选择上创新采用多粒径(13.5～15mm)、多密度(0.9～1.5g/cm^3)暂堵球搭配适量暂堵剂颗粒进行组合暂堵。在威远页岩复合暂堵压裂应用井中，暂堵材料低排量泵送到位时响应能够达到 3～4MPa，暂堵后恢复排量后施工泵压较暂堵前高 5～6MPa，基于降排量分析测算，全段射孔簇开启率能够达到 85%以上，从微地震监测结果证实了精细化的暂堵工艺能够提升裂缝系统均匀拓展程度，见图 9。

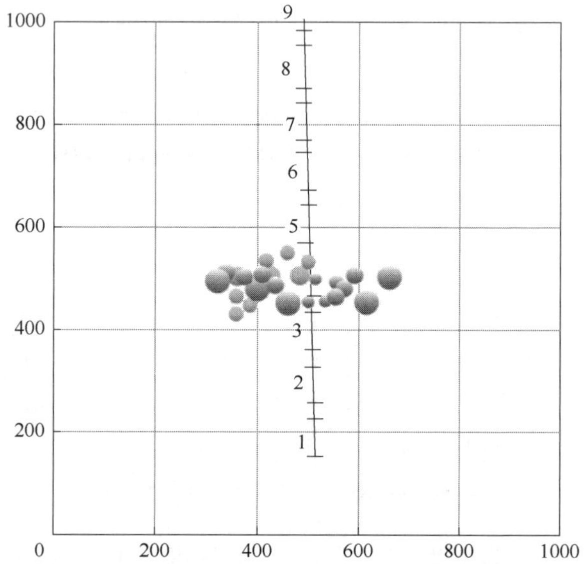

图 9　暂堵前(蓝色)、后(红色)微地震监测结果

4 结论

(1) 堵压裂工艺对于提升射孔簇开启效率有积极作用，监测段整体射孔簇有效开启效率在 83%，整体靠近 A 端射孔簇开启较近 B 端更大。

(2) 簇间支撑剂分布存在一定的不均匀性，且存在一些过度冲蚀射孔簇，第 15、16 段支撑剂分布较为均匀，段内各簇裂缝起裂较为均匀。第 11、18、21、22 段支撑剂分布明显不均匀，各簇裂缝起裂均匀度较低。

(3) 射孔冲蚀总体具有一定的相位偏置，在 180°相位冲蚀更为严重。井下电视成像测井技术直观揭示了页岩多簇体积压裂射孔簇开启、改造等关键特征，为暂堵压裂工艺升级优化提供了有力支撑。

参考文献

[1] 马新华，谢军．川南地区页岩气勘探开发进展及发展前景[J]．石油勘探与开发，2018，45(1)：

161-169.

[2] 董大忠，施振生，管全中，等．四川盆地五峰组—龙马溪组页岩气勘探进展、挑战与前景[J]．天然气工业，2018，38(4)：67-76.

[3] 武恒志，熊亮，葛忠伟，等．四川盆地威远地区页岩气优质储层精细刻画与靶窗优选[J]．天然气工业，2019，39(3)：11-20.

[4] 邹才能，赵群，董大忠，等．页岩气基本特征、主要挑战与未来前景[J]．天然气地球科学，2017，28(12)：1781-1796.

[5] 石强，陈鹏，王秀芹，等．页岩气水平井高产层段判识方法及其应用——以四川盆地威远页岩气示范区下志留统龙马溪组为例[J]．天然气工业，2017，37(1)：60-65.

[6] 伍贤柱．四川盆地威远页岩气藏高效开发关键技术[J]．石油钻探技术，2019，47(4)：1-9.

[7] BARREE R D，FISHER M K，WOODROOF R A. A practical guide to hydraulic fracture diagnostic technologies. SPE 77442-MS，2002.

[8] ROBERTS G，LILLY T B，TYMONS T R. Improved well stimulation through the application of downhole video analytics. SPE 189851-MS，2018.

[9] CRAMER D，FRIEHAUF K，ROBERTS G，et al. Integrating DAS，treatment pressure analysis and video-based perforation imaging to evaluate limited entry treatment effectiveness. SPE 194334-MS，2019.

[10] CRAMER D，FRIEHAUF K，ROBERTS G，et al. Integrating DAS，treatment pressure analysis and video-based perforation imaging to evaluate limited entry treatment effectiveness. SPE 194334-MS，2019.

[11] 基于倾斜仪裂缝诊断技术的页岩气水平井定向对增产生产效果的影响评价——以四川盆地长宁页岩气示范区为例．Arma 2020-1542，2020.

[12] 吴坤，李建军，张建军，等．水平井射孔簇水力裂缝同步扩展机理研究．SPE 学报，2016，21(3)：1000-1008.

[13] ALLISON J，ROBERTS G，HICKS B H，et al. Proppant distribution in newly completed and re-fractured wells：An Eagle Ford shale case study. SPE 204186-MS，2021.

[14] UGUETO G，HUCKABEE P，NGUYEN A，et al. A cost-effective evaluation of pods diversion effectiveness using fiber optics DAS and DTS. SPE 199687-MS，2020.

[15] STOLYAROV S，CAZENEUVE E，SABAA K，et al. A novel technology for hydraulic fracture diagnostics in the vicinity and beyond the wellbore. SPE 194373-MS，2019.

[16] WU K，OLSON J E. Mechanisms of simultaneous hydraulic-fracture propagation from multiple perforation clusters in horizontal wells. SPE Journal，2016，21(3)：1000-1008.

[17] 赵金洲，陈希雨，李永明，等．水平井多级压裂数值模拟及射孔优化．石油勘探与开发，2017，44(1)：117-124.

[18] 龙国宝，刘树新，徐国生，等．水力压裂射孔冲蚀模拟．Spe 174959-ms，2015.

[19] 李永明，陈希雨，赵金洲，等．射孔冲蚀对多级压裂水力裂缝发育的影响．天然气工业，2017，37(7)：52-59.

[20] 唐鹏飞．提高水平井段多簇压裂张开度的复合暂堵技术环球能源，2019，24(11)：58-64.

[21] ROBERTS G，WHITTAKER J，MCDONALD J，et al. Proppant distribution observations from 20，000+ perforation erosion measurements. SPE 199693-MS，2020.

水力压裂对非连通条件断层的影响研究

陈 彬 王孔阳

[中海石油(中国)有限公司天津分公司]

摘 要 水力压裂是开发非常规油藏的常用方法。压裂作业期间套管易发生变形影响压裂作业的正常进行。经典理论认为压裂作业时高压流体进入断层后减小断层面的摩擦应力，激发断层滑移挤压套管产生变形。然而，本文通过数值模拟研究压裂作业对周边断层的影响发现，即使压裂液未进入断层，裂缝尖端剪切应力场的变化也会导致局部断层发生滑移。这一结果可以较好地解释远离压裂作业段的套管变形情况。同时本文研究结果表明：(1)与传统理论中流体进入断层引起滑动不同，压裂作业引起的局部剪切应力场变化只会引起局部断层滑动；(2)断层长度对断层局部滑动的影响较弱，但断层长度与断层滑动仍呈正相关关系；(3)短断层位于人工裂缝延长线区域，可使人工裂缝更倾向于向断裂带扩展，断层一侧的人工裂缝比另一侧长23%。本文结果可以更好地解释一些远离压裂作业段的套管变形情况，为井眼轨迹和压裂作业的优化设计提供依据。

关键词 套管变形；水力压裂；断层滑移；剪切应力演化；井眼轨迹优化

1 前言

非常规油气资源的开发对全球能源工业具有重要意义。据2018年统计报告，全球非常规石油产量为6.23×10^8t，非常规天然气产量为$0.99\times10^{12}m^3$，非常规油气产量逐年增长。体积压裂是低孔隙度、低渗透的非常规油藏经济开发最常用的方法。现场压裂作业过程中，经常发生套管变形，阻碍压裂工具下入至设计位置导致压裂作业无法进行。大量实践表明套管变形更多发生在断层区域，这表明压裂作业诱发断层滑移是造成套管变形的主要原因，断层滑移引发的套管变形约占50%。部分学者研究认为，压裂作业过程中，因为地层孔隙压力增高，断层面有效正应力减小使断层面摩擦力减小，当摩擦力小于断层剪切应力时，断层被激活发生滑移，挤压套管变形。断层的激活压力通过摩尔-库仑准则计算。但上述研究通常默认断层与压裂区域之间存在连通通道，如天然裂缝、水泥环间隙或通过压裂裂缝直接连通。若压裂液不与断层连通时，断层是否会被激活尚未有研究认识。本文通过数值模拟讨论了压裂施工对断层的影响，明确了非连通条件下压裂作业激活断层的机理及其滑移特性，为压裂施工的优化和套管变形的预防提供理论指导。

2 套管变形数据统计

统计W区块近130个套管变形位置的地质特征[图1(a)]发现，在断层或天然裂缝附近发生套管变形最多，占47%，这间接表明W区块套管变形情况受断层滑移影响较大。8口井(G1/3井和W区块W1/2/3/4/5/6井)测量了压裂施工位置和套管变形位置的井深距离[图1(b)]，其中6口井的两者间距大于150m(压裂裂缝半长约120m)，这表明裂缝和断层未连通的情况下，断层依然有可能被激活。

3 模型建立

根据研究目的，建立100m×100m的二维地层模型，采用XFEM方法模拟人工裂缝和断层，通过设置不同的断层长度、断层位置研究非连通条件下压裂对断层影响，模型示意图见图2。

3.1 模拟方案

本文共设置8组模拟方案，方案1无断层，为对照组。方案2增加了80m断层。方案3和方案4的断层长度均为方案2的一半，但分布位置不同。方案5~8断层长度设为20m，并分布在四个不同的位置以研究压裂作业对短断层的影响。根据设定的压裂施工参数，预测人工裂缝缝长约36m，裂缝走向与最大地应力方向一致，压裂作业区域距断层9m。为保证人工裂缝不与断层连通，方案 2~8 将断层与压裂作业区域的垂直距离设为 10m。模拟方案详情见表 1，不同长度的断层分布如图 3 所示。

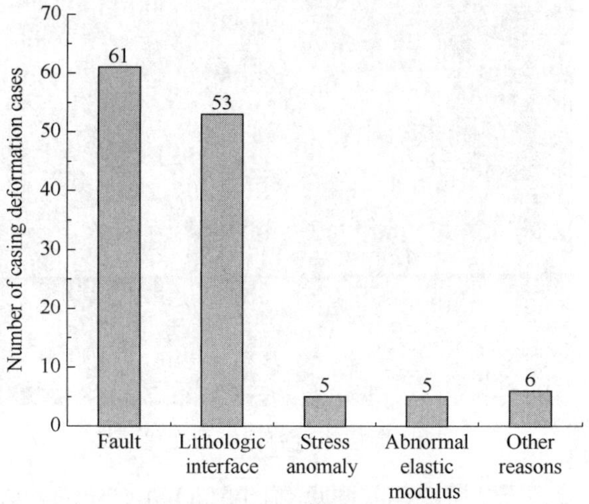

(a)套管变形点附近地质特征统计

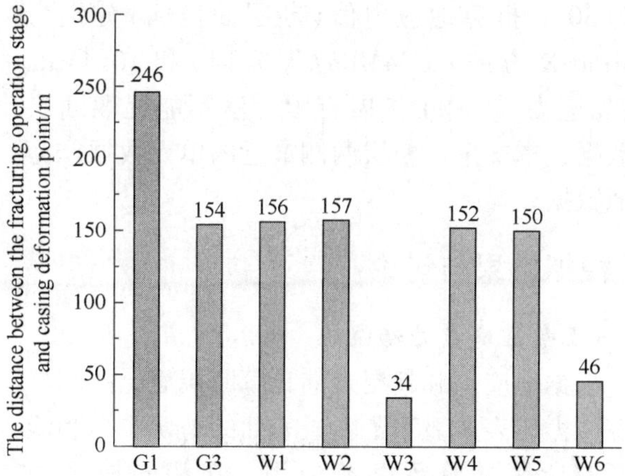

(b)压裂作业阶段与套管变形点之间的距离

图 1

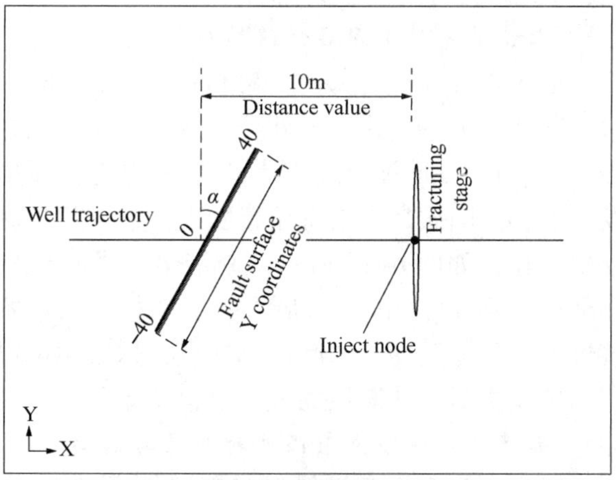

图 2　数值模拟示意图

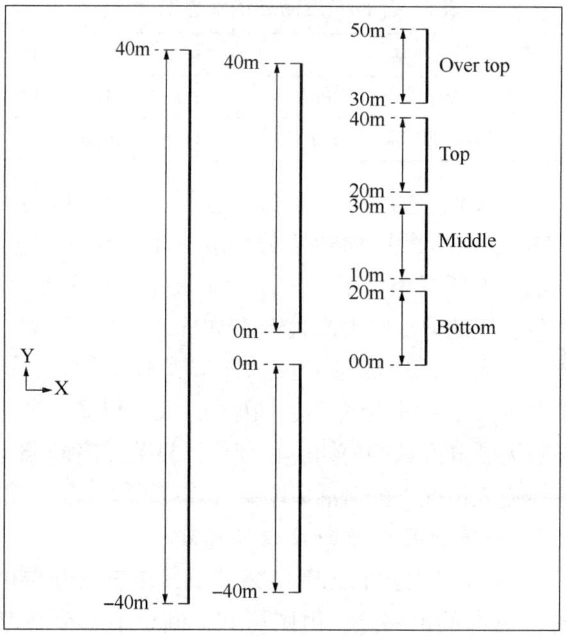

图 3　断层分布图

表 1　模型设置方案

方案序号	断层长度	断层位置
1	—	—
2	80	—
3	40	顶部
4	40	底部
5	20	底部
6	20	中间
7	20	顶部
8	20	过顶部

3.2　模型输入参数和边界条件

地层物性参数、压裂液参数和边界条件如表 2 所示。

表 2　模型输入参数

参　　数	值
弹性模量/GPa	30
泊松比	0.2
孔隙度/%	10
渗透率/mD	1.46
抗拉强度/MPa	6
摩擦系数	0.5
压裂液黏度/Pa·s	0.12
排量/(m^2/s)	0.0005

模型坐标系与断层面坐标一致。地层模型边界位移固定，最大有效地应力为40MPa，最小有效地应力为16MPa。最大地应力方向的断层走向角为30°，折算地应力值(断层面坐标)分别为22MPa(X方向)、34MPa(Y方向)和10.4MPa(剪切应力)。由于扩展有限元法不能提取断层面数据，本文采用断层两侧最近的单元数据作为近似数据。

4 模拟结果与讨论

4.1 压裂区域应力场演化

根据地应力和断层走向计算断层面上的临界摩擦应力。表3显示了断层表面的剪切应力和激活断层所需的临界摩擦应力。在相同应力差(24MPa)下，断层和天然裂缝的走向是随机的，但特定走向的断层更容易被激活，这可能是压裂套管变形区域性特征明显的一个可能原因。

表3 不同角度断层的临界摩擦力

断层与最大主应力夹角/°	0	15	30	45
断层表面摩擦应力/MPa	8	8.8	11	14
断层表面剪切应力/MPa	0	6	10.4	12

在设置应力条件下，30°断层的理论摩擦力为11MPa，高于断层面初始剪切应力10.4MPa。图4显示了无断层条件下人工裂缝扩展结果(模型1)，灰色区域的剪切应力值大于12MPa。这表明压裂作业时，人工裂缝尖端附近的剪切应力明显增加，影响范围大于实际裂缝长度。因此，人工裂缝扩展可导致无裂缝区域的剪切应力变化，显著提高断层无流体流入情况下的激活风险。

4.2 非连通条件下断层激活机理

图5(a)对比有无断层条件下，压裂后断层两侧Y方向的位移差。由图可知，断层滑移受压裂作用的影响可分为三个阶段：(1)断层处于闭合状态，断层两侧的岩石变形与无断层地层一致；(2)断层两侧Y方向的位移差显著增大，表明断层在压裂作用下发生滑移，而无断层条件下同一位置不存在该现象；(3)含断层地层中断层滑移量有所降低，无断层地层中具有相同的变形特征。造成这种现象的原因是，人工裂缝的扩展对地层变形的影响范围逐渐增大，导致监测位置断层滑移(黑线)减少；如果地层无断层，位于同一位置的岩石将变形，如图5(a)所示红线所示。图5(b)显示在断层统一位置摩擦应力和剪切应力的变化，也可

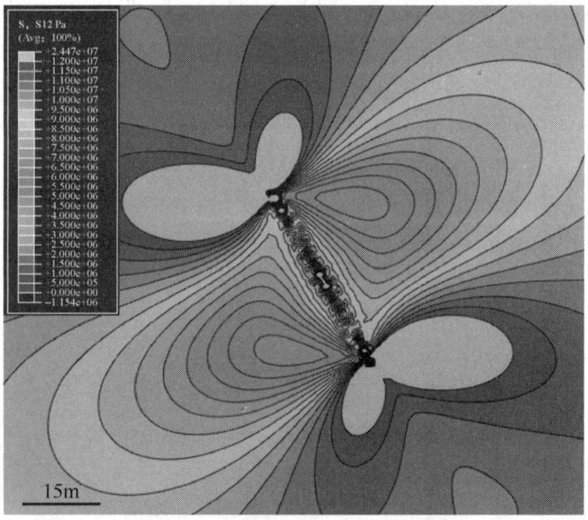

图4 断层穿过剪切应力变化区域

分为三个阶段，时间点与图5(a)所示一致。从模拟结果来看，压裂区域与断层未连通条件下，断层滑移由局部应力变化引起。当断层的局部剪切应力超过摩擦应力时，断层被激活。

4.3 非连通条件下断层的滑移特征

如图6(a)所示，人工裂缝尚未扩展到断层时，剪切应力场变化区域就会波及到断层。此时(500s)，断层面剪切应力大于摩擦应力，断层发生滑移。断层最大滑移位置随人工裂缝的扩展发生变化，如图6(b)所示。断层最大滑移位置逐渐移动到Y=17m处。最大断层滑移点的位置接近人工裂缝延伸线与断层的交点，这表明可以利用地质资料预测断层的最大滑移位置。

4.4 非连通条件下压裂作业对断层的影响

通常，压裂作业只能引起断层的局部滑移。非连通条件下的压裂作业对断层的影响目前还没有公认的理论计算方法，可通过数值模拟探索局部断层滑移与断层长度的关系。模型2、模型3和模型8计算结果表明，在非连通条件下，断层的滑移量与断层长度成正比[图7(a)]。最大局部断层滑移位置和人工裂缝延伸线与断层的交点高度吻合，与断层长度无关。图7(b)展示了40m长断层受压裂作业的影响结果，断层在顶部时(模型3)的滑移特征与80m断层结果相似，而断层在底部(模型4)的滑移特征则完全不同，滑移位置未越过人工裂缝的延伸线，底部存在断层条件下的断层最大滑移量小于顶部存在断层时的75%。显然，压裂作业的影响在底部存在断层的地层中开展更加显著。

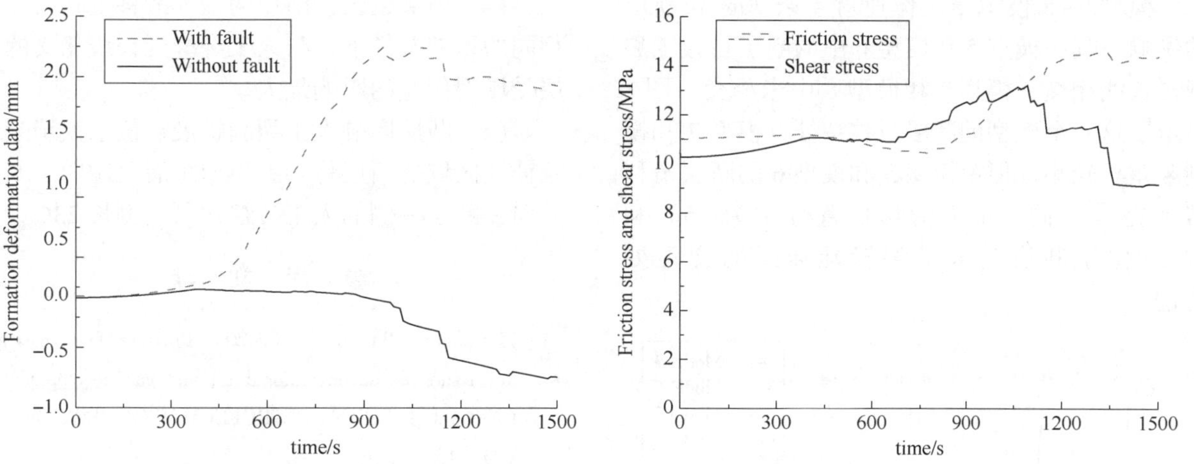

(a)有无断层条件下地层变形 (b)模型2的摩擦应力和剪切应力模拟结果

图 5　断层滑移与应力变化

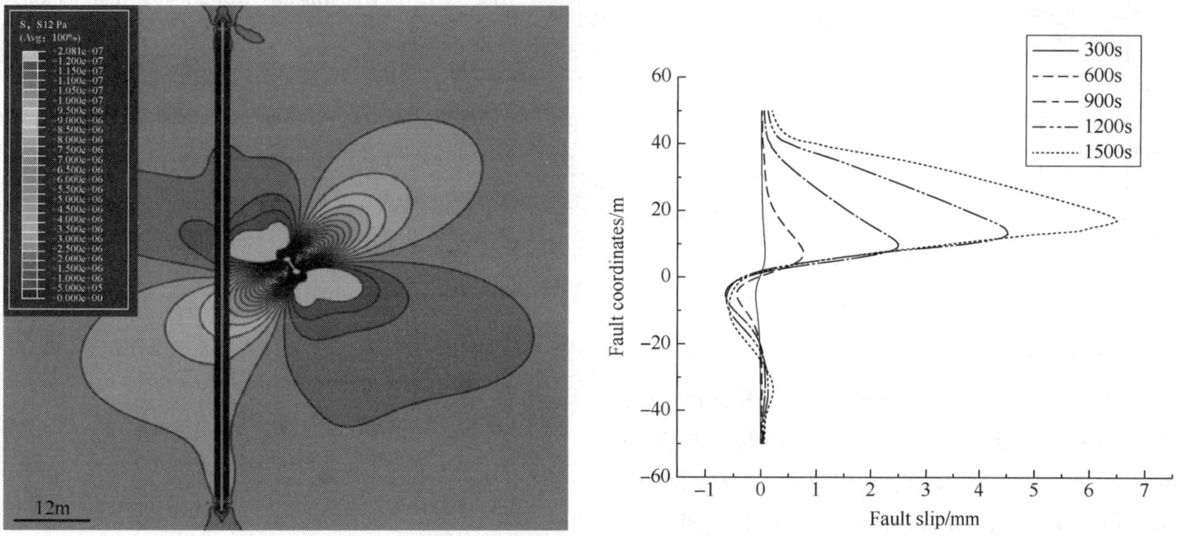

(a)非连通条件下压裂裂缝周围剪切应力 (b)不同时期断层滑移量

图 6　非连通条件下断层滑移

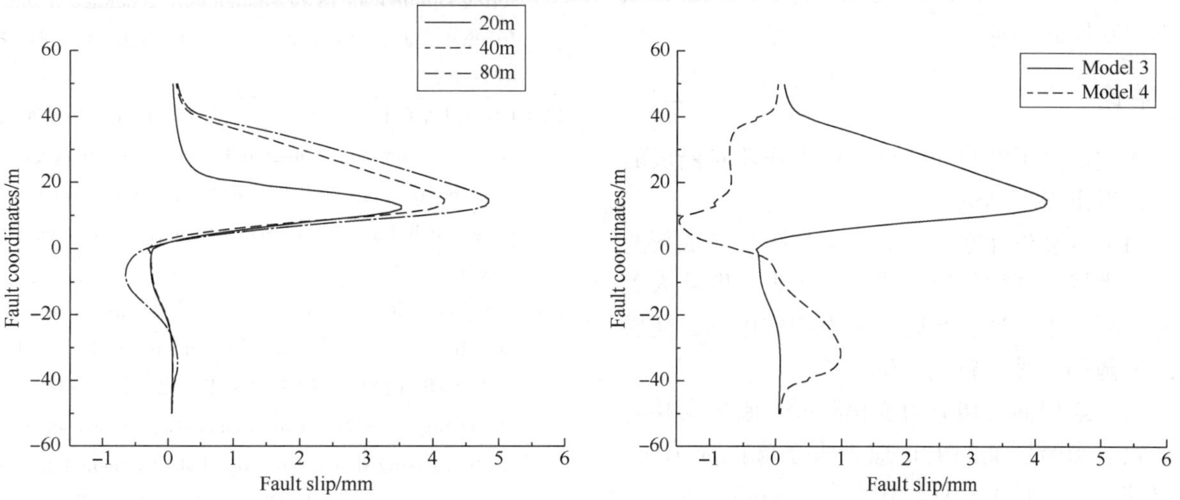

(a)断层长度 (b)不同位置断层

图 7　非连通条件下不同断层受压裂作业影响

模型5~8模拟压裂作业对4条20m长断层的影响，其中模型5和模型6中的断层与人工裂缝延长线相交，模型7和模型8中未相交。图8显示了这4个模型的断层滑移特征，模型7和模型8差异较小。但模模型5和模型6的断层滑移特征完全不同，最大滑移位置分别为15m和17m，位于断层与人工裂缝延伸线的交汇处附近。

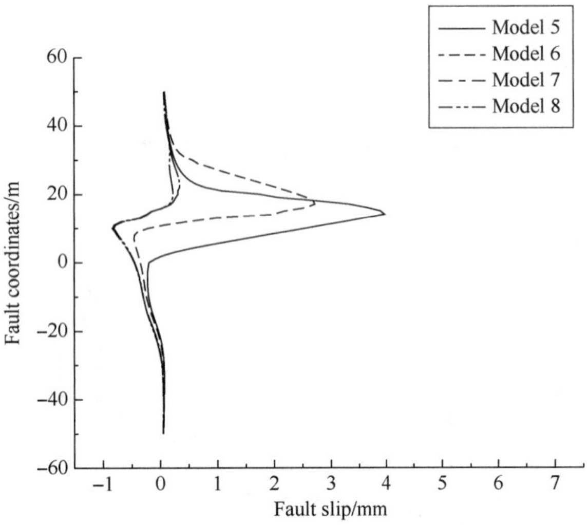

图8　不同位置断层的滑移量(模型5~8)

图7b和图8表明，即使断层长度相同，在相同的压裂条件下，由于它们与人工裂缝的相对位置不同，断层滑移特征也不同。在断层长度相等的情况下，与人工裂缝延长线相交的断层受压裂作业的影响最大。在模型1中，人工裂缝半长分别为15.6m和16.1m，模型5和模型6中分别为16.5m/13.8m和17m/13.8m，断层一侧的人工裂缝比另一侧长23%，这表明人工裂缝更倾向于向断层区延伸。

5　结论

本文研究了非连通条件下压裂作业对断层的影响，得出以下结论：

(1) 压裂作业在人工裂缝尖端附近形成新的剪切应力场。断层越近，切应力越大。即使人工裂缝与断层未连通，在剪切应力的作用下，断层面的平衡仍会被打破，发生滑移。

(2) 断层面剪切应力变化阶段与断层滑移阶段一致。当断层面的剪切应力大于摩擦应力时，断层被激活，且滑移只发生在断层局部地区。

(3) 随着人工裂缝的扩展，断层最大滑移位置逐渐接近与人工裂缝延伸线相交的点。

(4) 断层越长，断层的最大滑移量越大。在相同的压裂条件下，与人工裂缝延长线相交的断层受压裂作业的影响最大。

(5) 断层影响人工裂缝扩展。位于人工裂缝延伸线区域的断层将导致裂缝扩展更倾向于断层方向，断层一侧的人工裂缝比另一侧长23%。

参 考 文 献

[1] Li Guoxin, Zhu Rukai. (2020). Progress challenges and key issues of unconventional oil and gas development of CNPC[J]. CHINA PETROLEUM EXPLORATION, 25(2): 13.

[2] SHOBEIRY S M, OVEYSIKIAN. (2020). A. Review of "international energy outlook 2019 with projections to 2050"[R]. Washington: US Energy Information Administration.

[3] CONTI J, HOLTBERG P, DIEFENDERFER J, et al. (2016). International energy outlook 2016 with projections to 2040[R]. Washington: US Energy Information Administration.

[4] Wei Mingqiang, Duan Yonggang, Fang Quantang, et al. (2011). Current research situation of porosity & permeability characteristics and seepage mechanism of shale gas reservoir[J]. Reservoir Evaluation and Development, 1(4): 5.

[5] Dong, R., Alpak, F. O., and Wheeler, M. F. (2022). Accurate Two-Phase Flow Simulation in Faulted Reservoirs by Combining Two-Point Flux Approximation and Mimetic Finite Difference Methods [M]. SPE Journal.

[6] WU K, OLSON J E. (2013). Investigation of the impact of fracture spacing and fluid properties for interfering simultaneously or sequentially generated hydraulic fractures [J]. SPE Production & Operations, 28(04): 427-36.

[7] CIPOLLA C L, WENG X, ONDA H, et al. (2011). New algorithms and integrated workflow for tight gas and shale completions [M]. SPE Annual Technical Conference and Exhibition. Denver; Society of Petroleum Engineers.

[8] Xue Chengjin. (2011). Technical Advance and Development Proposals of Shale Gas Fracturing[J]. PETROLEUM DRILLING TECHNIQUES, 39(3): 24-29.

[9] Dai Qiang. (2015). Preliminary study on causes of production casing damage during shale gas completion and reconstruction [J]. Drilling & Production Technology, 38(3): 22-25.

[10] Dong, R., Wheeler, M. F., Ma, K., and Su, H.

(2020). A 3D Acid Transport Model for Acid Fracturing Treatments with Viscous Fingering [M]. SPE Annual Technical Conference and Exhibition. SPE-201465-MS.

[11] Dong, R., Wang, Q., and Wheeler, M. F. (2019). Prediction of Mechanical Stability of Acidizing-Induced Wormholes Through Coupled Hydro-Chemo-Mechanical Simulation [M]. 53rd U. S. Rock Mechanics / Geomechanics Symposium. ARMA-2019-0011.

[12] Tong Hengmao, Zhang Ping, Zhang Hongxiang, et al. (2021). Geomechanical mechanisms and prevention countermeasures of casing deformation in shale gas horizontal wells [J]. Natural Gas Industry, 41 (01): 189-197.

[13] Zhang Ping, He Yunbin, Liu Ziping, et al. (2021). Shear compression deformation test and deformation prevention practice of casing in shale gas horizontal wells[J] Natural gas industry, 41(5): 8.

[14] Hongtao L, Ze L, Gao L, et al. (2020). Casing deformation mechanisms of horizontal wells in Weirong shale gas field during multistage hydraulic fracturing [J]. Journal of Natural Gas Science and Engineering, 84.

[15] Wang, K., Deng, J., Yan, W., Nguu, D. M., Yin, Q., Huang, S. (2022). Study on geometric characteristics and quantitative description method of casing deformation during shale reservoir hydraulic fracturing. Energies, 15.

[16] Li Xiaorong, Gu Chenwang, Feng Yongcun, Ding Zechen. (2021). Numerical simulation of casing shear deformation in fracturing process considering wellbore loading history. Petroleum Science Bulletin, 6(2), 17.

[17] Zhang Huali, Chen Zhaowei, Shi Lin, et al. (2018). Formation mechanism of fluid channel and its application in Sichuan shale gas application of in casing deformation analysis [J]. Drilling & Production Technology, (4): 8-11.

[18] Wang Y., Zhou F., and Zhang Y. (2023). Numerical studies and analysis on reaction characteristics of limestone and dolomite in carbonate matrix acidizing [J], Geoenergy Science and Engineering. 222, 211452.

[19] Coon E T, BE Shaw, Spiegelman M. (2011). A nitsche-extended finite element method for earthquake rupture on complex fault systems [J]. Computer Methods in Applied Mechanics & Engineering, 200 (41-44): 2859-2870.

[20] Zeng Lianbo, Lv Wenya, Xu Xiang, Tian He, Lu Shilei, Zhang Mingjing. (2022). Development characteristics, formation mechanism and oil and gas significance of typical tight sandstone and shale bedding fractures. Acta Petrolei Sinica, 43(2), 180-191.

[21] Chen Zhaowei, Xiang Degui, Zhang Fengshou, et al. (2019). Fault slip and casing deformation caused by hydraulic fracturing in Changning-Weiyuan Blocks, Sichuan: Mechanism and prevention strategy[J]. Petroleum Science Bulletin, (4): 364-377.

[22] Xi Y, Li J, Zha C, et al. (2019). A new investigation on casing shear deformation during multistage fracturing in shale gas wells based on microseism data and calliper surveys[J]. Journal of Petroleum Science and Engineering, 180(11).

[23] Jeffrey R, Xi Z, Chen Z. (2017). Hydraulic fracture growth in naturally fractured rock - ScienceDirect[J]. Porous Rock Fracture Mechanics, 93-116.

长庆致密油藏水平井分段 CO_2 吞吐用自降解暂堵剂研究

高 雨[1,2] 鄢长灏[1,2] 李建山[1,2] 刘笑春[1,2] 高 浩[1,2]

（1. 中国石油长庆油田分公司油气工艺研究院；2. 低渗透油气田开发国家工程重点实验室）

摘 要 针对致密油藏水平井不同层段物性及改造程度差异大、CO_2 吞吐注入过程中各段进液能力不同等问题，通过室内实验进行了主剂和辅剂的选择以及配比优选，确定了 CO_2 吞吐用的自降解暂堵剂的配方，研制了自降解暂堵剂颗粒，并进行了相关测试评价。通过多级破碎分级，二氧化碳吞吐用自降解暂堵剂粒径分布范围为 1~2mm，100~300μm，50~100nm 级不同粒径大小的暂堵剂产品，实现了毫米级封堵孔眼、微米级和纳米级封堵大孔喉以及微裂缝目的。研究表明：CO_2 吞吐用自降解暂堵剂的成分为 80%水溶性本体组分 PA+10%水溶性本体组分 PB+4%混容剂 C+6%增塑剂 D，这使暂堵剂的强度、韧性、耐酸性都得了大幅提高，自降解暂堵剂的粒径分布范围可以覆盖毫米级到微米级，其在不同溶液中降解速率基本相同，不受介质中所含离子种类的影响。在 2h 内该暂堵剂的降解率小于 10%，在 48h 内暂堵剂的降解率大于 90%，并在 72h 完全溶解，同时完全降解所需时间随着温度的升高而减短。可降解暂堵剂在不同矿化度的盐溶液中均可降解，且随着温度的升高降解时间加快，但完全降解所需时间差别不大。对自降解暂堵剂颗粒进行承压性能评价认为 CO_2 浸润前后对不同粒径暂堵剂的破碎性能无影响，本研究内容有望为研究 CO_2 吞吐用自降解暂堵剂提供新思路。

关键词 致密油藏；CO_2 吞吐；自降解暂堵剂；降解性能；承压性能

近些年，非常规油气的勘探开发逐渐被重视并取得了战略性的进展，其中致密油为非常规油气的重要组成部分。致密油藏主要通过水平井分段大规模压裂技术进行开发。在致密油藏开发过程中产量递减快和整体采出程度低，需要进行二次采油提高采收率。其中 CO_2 吞吐为致密油提高采收率的一种高效方式，并且还可以达到对 CO_2 埋存的目的。水平井不同段之间存在 CO_2 吞吐注入过程中各段进液能力不同等问题，常用化学暂堵技术进行暂堵。因此，研发 CO_2 吞吐用的暂堵剂就成为亟需解决的关键问题。

针对蒸汽驱开采稠油后蒸汽突破早和井口温度高等难题，王正东采用高温暂堵剂、高温发泡调剖剂和液态 CO_2 同蒸汽段塞注入方式，封堵了大孔隙、高渗透油层和抑制蒸汽突破，为提高产油量取得了较好的效果。曙光油田选用较好的凝胶堵剂，实现了封堵蒸汽窜流通道和降低气窜干扰程度。针对辽河油田稠油非均质性严重和吸汽剖面不均匀等问题，郑延成等研究了以油溶性聚合物、高温成胶剂和弹性填料为主要成份的高温暂堵剂，该暂堵剂在高温下成团、不易降解、油溶率高、抗温性等特点。为解决了 CO_2 驱特低渗透高温油藏气窜问题，周万富等研制了一种适由主剂（3%~10%）、增强剂（0.5%~1.0%）、交联剂（0.2%~0.4%）、引发剂（0.2%~0.4%）及清水组成的暂堵剂，其具有配制简单、成本低、成胶强度高、稳定性好和降解后黏度低对油层伤害小等特点。因此，为满足致密油藏水平井分段 CO_2 吞吐提采的作业需求，需研发多粒径封堵和低排量可悬浮的自降解暂堵剂。

本文针对水平井不同层段物性及改造程度差异大、CO_2 吞吐注入过程中各段进液能力不同问题，通过室内实验进行了主剂和辅剂的选择以及配比优选，同时优选混容剂和增塑剂的浓度，确定了 CO_2 吞吐用的自降解暂堵剂的配方；然后测试评价了自降解暂堵剂的降解性能和承压性能。有望为研究 CO_2 吞吐用自降解暂堵剂提供新思路。

1 自降解暂堵剂配方的研制

1.1 主剂的优选

表 1 为部分可自降解材料的特性。目前主流

可自降解材料在二氧化碳中耐受性较差，无机材料耐受性虽好，但无法自降解。聚乙醇酸(PA)为化学结构最简单的生物可降解聚酯，图 1 为聚乙醇酸的化学结构。聚乙醇酸是一种单元碳数最少、具有可完全分解的酯结构和降解速度最快的脂肪族聚酯类高分子材料，具有优良的生物可降解性、耐温性、生物相容性、阻气性和机械强度等特点。从分子极性看，该物质有较为优异的耐酸性，聚合紧密，强度高，同时自身可以在清水介质中降解为二氧化碳和水，故被选为 CO_2 吞吐用自降解暂堵剂的主剂。

表 1　可自降解材料的特性

产品类型	环境状况	兼容压裂用化学剂	兼容低温二氧化碳体系	温度限值/℉	降解性	成本	专用地面设备	专用携带液
无机岩盐	低	大部分	兼容	无	否	中	储罐	饱和盐水
聚乳酸类材料	低	是	酸性条件下加酸溶解	350	是	低	否	压裂液
聚乙烯醇类	最低	是	水溶液胶体酸性低温下无法承压	250	是	低	否	否
100 目细砂	低	是	兼容	无	否	低	否	否
苯甲酸片	中	一部分	易与二氧化碳发生反应	250	是	中	否	否

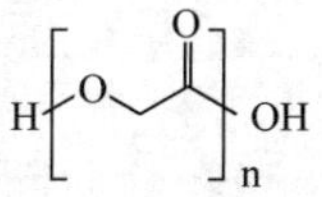

图 1　聚乙醇酸的化学结构

1.2　辅剂的确定

图 2 为 PA 和 PB 的断裂伸长率与拉伸强度的关系图。由图可知主剂 PA 的机械强度高，有着优异的承压能力和耐温性能，但是脆性高，需要对其进行增韧、增黏改性，提高材料的可加工性，同时对材料的降解性能进行调节，以满足现场施工需求。PB 是另一种柔性可降解材料，具有很好的韧性，将其与主剂 PA 进行共聚和共混改性，可以提升主剂的韧性，改善其加工性能，且保留材料的降解特性。因此，PB 被选为 CO_2 吞吐用自降解暂堵剂的辅剂。

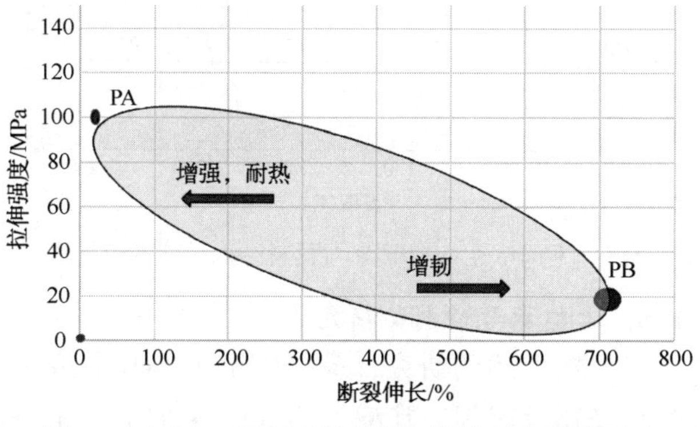

图 2　PA 和 PB 的断裂伸长率与拉伸强度的关系图

1.3　主剂与辅剂的配比优选

通过调整主剂 PA 和辅剂 PB 的比例，明确了不同配比主剂和辅剂对暂堵剂材料的强度、韧性、耐酸性及降解性的影响，以优选出合适的暂堵剂配比。

图 3 为不同温度下不同配比暂堵剂的自降解特性。从图中可以看出不同温度下不同配比暂堵剂的自降解性不同。不同配比暂堵剂均随着温度的增加降解时间逐渐减少，即降解速率增加。其中不同温度下 80%主剂 PA+15%辅剂 PB 的自降解性所用的时间最少，即降解性能最佳。图 4 为不同配比暂堵剂机械性能变化情况。图中表明了材料的拉伸强度随着主剂 PA 比例的增加而增加，然而材料的断裂伸长率随着主剂 PA 比例的增加而降低。可以看出当配比为 80%主剂 PA+15%辅剂 PB 时，材料的机械性能最佳。

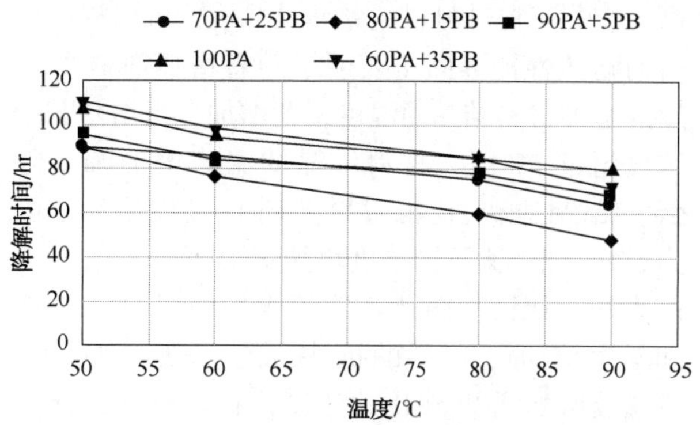

图 3　不同温度下不同配比暂堵剂的自降解特性

综合材料机械性能、耐酸及自降解性，确定了 CO_2 吞吐用自降解暂堵剂最佳主剂辅剂比例为：80%主剂 PA+15%辅剂 PB。

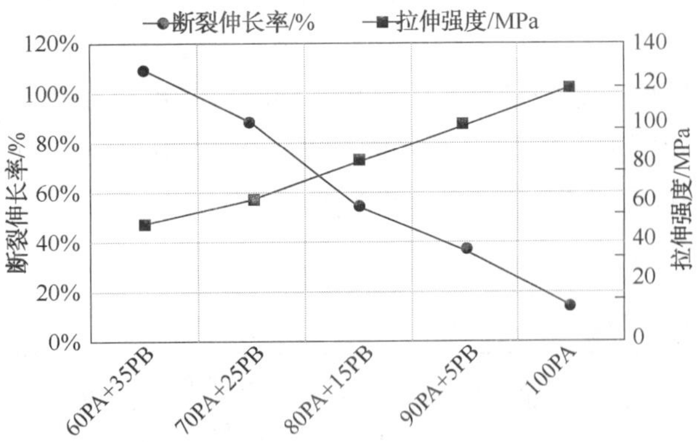

图 4 不同配比暂堵剂机械性能变化情况

1.4 其他助剂

为了提高自降解暂堵剂中材料相容性、结晶性能和力学强度，通过添加助剂进行改善材料特性。图 5 为 80%主剂 PA+15%辅剂 PB 与 80% PA+15%PB+1%混容剂 C 的 SEM 对比图。从图中可以看出主剂 PA 和辅剂 PB 材料界面有明显的分相，相容性较差。在添加了混容剂 C 可以观察到明显改善了主剂 PA 和辅剂 PB 的相容性，材料界面无明显分相并形成较均一的微观相结构。因此，通过添加 1%混容剂 C 可以进一步提高主剂 PA 和辅剂 PB 的相容性。

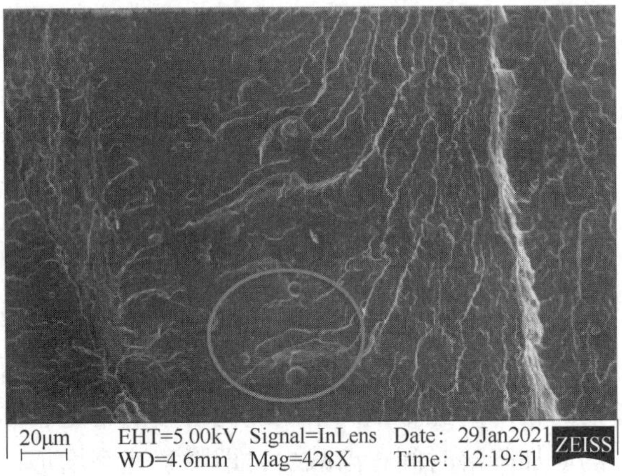

(a)80%PA+15%PB

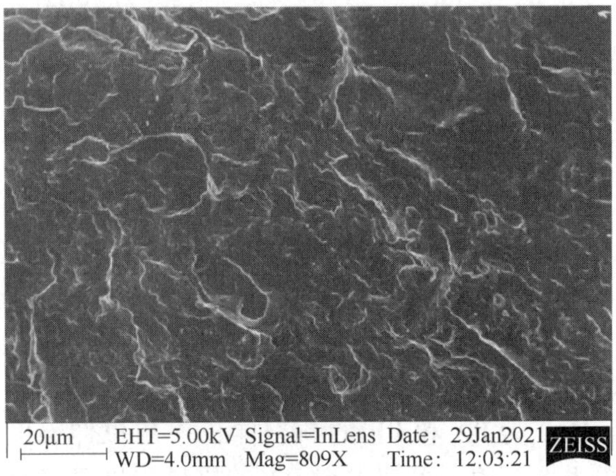

(b)80%PA+15%PB+1%C

图 5 80%主剂 PA+15%辅剂 PB 与 80%PA+15%PB+1%C 的 SEM 对比图

通过添加增塑剂 D 以优化自降解暂堵剂材料的结晶性能和力学强度，添加增塑剂 D 的浓度分别为 0、2%、5%、10%和 15%的样品，进行结晶性能和抗冲击性能测试。图 6 为不同浓度增塑剂 D 对材料结晶性能的对比图。结晶温度高，有利于提升材料的整体结晶度，可以提高材料的耐热性能。图 7 表明了随着增塑剂 D 的浓度的增加材料结晶的温度逐渐增加。当增塑剂 D 浓度超过 5%时，材料结晶的温度增加幅度降低。结晶性能对比推荐增塑剂 D 最佳添加浓度为 5%。图 7 为不同浓度增塑剂 D 对材料抗冲击能力的对比图。图 7 表明了当增塑剂 D 浓度增加至为 5%时，材料的抗冲击能力增加到最大；再继续增加增塑剂 D 的浓度，材料抗冲击能力保持不变和略微降低。材料抗冲击能力对比推荐增塑剂 D 最佳添加浓度为 5%。

综合考虑结晶性能和抗冲击能力，增塑剂 D 有助于提升材料的结晶温度和提高机械性能，并确定其最佳添加浓度为 5%。

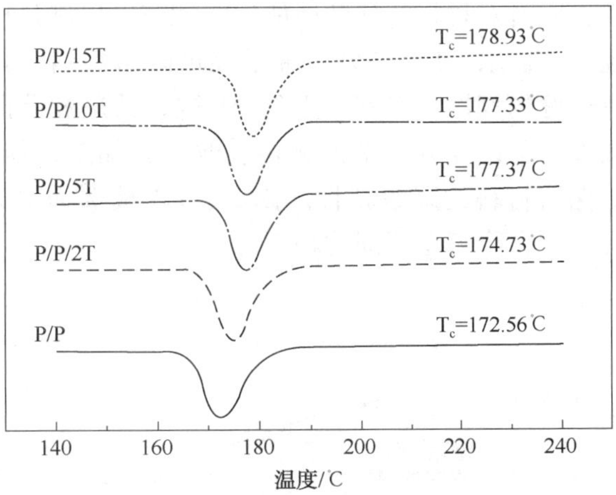

图 6 不同浓度增塑剂 D 对材料结晶性能的对比图

1.5 自降解暂堵剂的确定

根据上述的研究，最终确定了 CO_2 吞吐用的自降解暂堵剂，其配方为 80%主剂 PA+15%辅剂 PB+1%增塑剂 D+4%增塑剂 D。图 8 和图 9 分别为暂堵剂粉料和暂堵剂颗粒扫描电镜图。图中可以观察到暂堵剂断裂截面无明显分相，所有

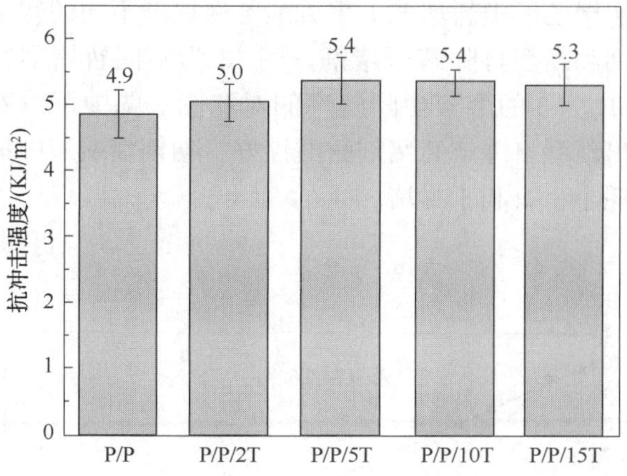

图 7 不同浓度增塑剂 D 对材料抗冲击能力的对比图

材料分散均匀，相容性良好，形成较均一的微观相结构。最后通过多级破碎分级，CO_2 吞吐用自降解暂堵剂粒径分布范围可以覆盖毫米级到微米级的不同粒径大小，并使用浮选法筛选纳米级颗粒。

2 自降解暂堵剂性能评价

2.1 降解率评价

图 10 为不同离子溶液中自降解暂堵剂降解率的变化趋势。图中表明了不同离子溶液中，该暂堵剂体积随时间变化基本相同，证明在不同溶液中降解速率基本相同，不受介质中所含离子种类的影响。

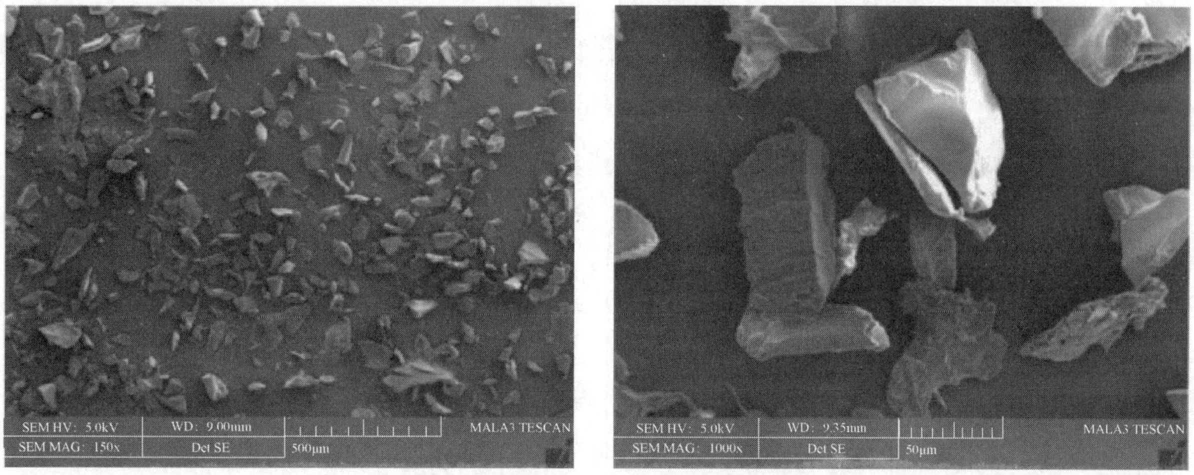

图 8 自降解暂堵剂粉料扫描电镜图

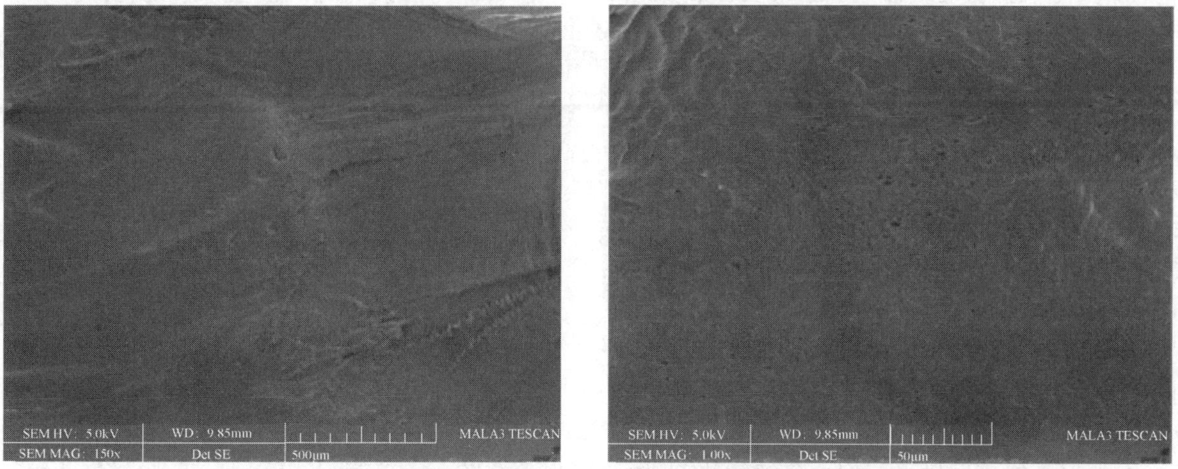

图 9 自降解暂堵剂颗粒扫描电镜图

图 11 为在 0.05% KCl 溶液中自降解暂堵剂体积随时间的变化趋势。暂堵剂水解反应释放乙醇酸，图中显示样品体积随时间变化趋势呈直线，证明在溶液中的降解速度基本恒定，不受降解副产物乙醇酸的影响。

由于 CO_2 的水溶液 pH 值为 3，为加快实验进度，使用 pH 值 1~3 的溶液在温度 60℃ 下来模拟 CO_2 环境的自降解暂堵剂的降解率。图 12

为暂堵剂在不同 pH 下降解率的趋势。从图中可以看出在 2h 内自降解暂堵剂的降解率小于 10%，在 48h 内自降解暂堵剂的降解率大于 90%，并在 72h 完全溶解，同时完全降解所需时间随着温度的升高而减短，符合降解性指标。

使用 pH 为 3 的溶液，在温度 60℃下分别浸泡聚乙醇类暂堵剂、聚乳酸类暂堵剂不同的暂堵剂和新型自降解暂堵剂。图 13 为不同暂堵剂在 pH 为 3 的溶液中降解率的对比图。图中可以看出新型自降解暂堵剂耐酸性好，初期在酸液中损耗小，有利于封堵。

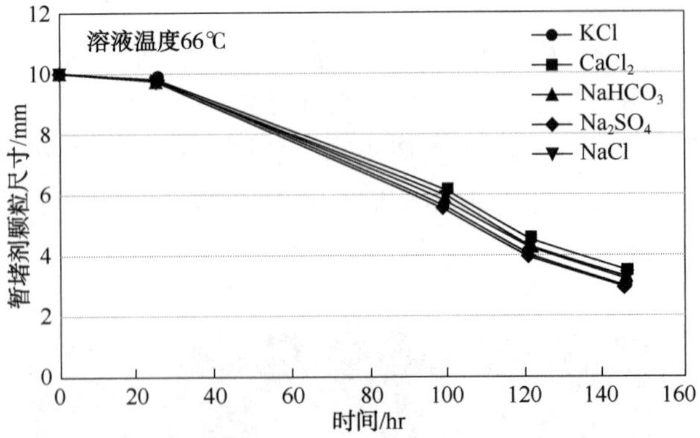

图 10　不同离子溶液中自降解暂堵剂降解率的变化趋势

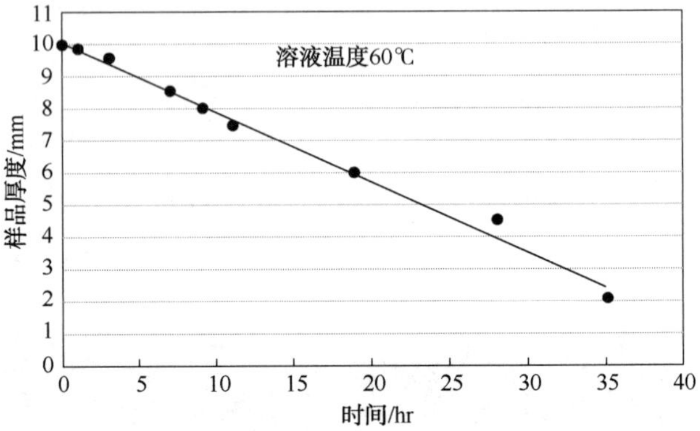

图 11　0.05% KCl 溶液中自降解暂堵剂体积随时间变化趋势(60℃)

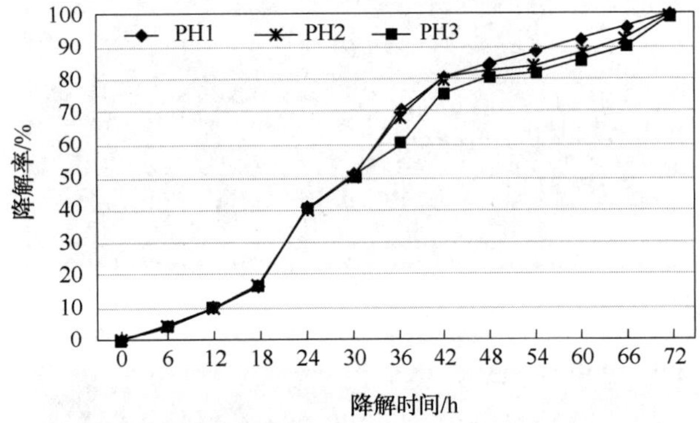

图 12　自降解暂堵剂不同 pH 下降解率的趋势(60℃)

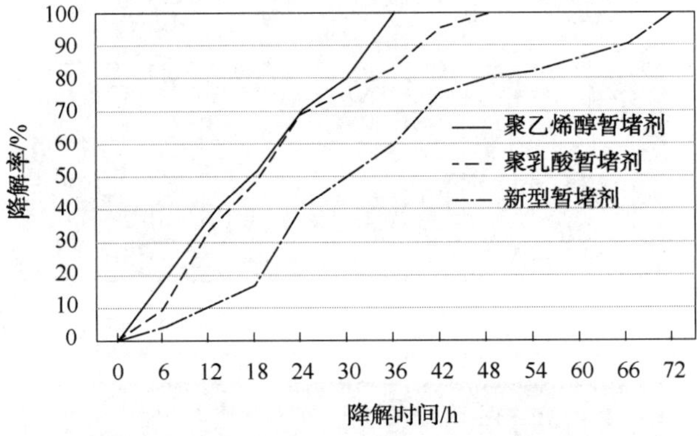

图 13　不同暂堵剂在 pH 为 3 的溶液中降解率的对比图(60℃)

测试了新型自降解暂堵剂在地层水中降解性能，表 2 为新型自降解暂堵剂在不同温度和矿化度下的降解时间。研究结果表明新型自降解暂堵剂在不同矿化度的盐溶液中均可降解，且随着温度的升高降解时间加快，但完全降解所需时间差别不大。

表 2　新型自降解暂堵剂在不同温度和矿化度下的降解时间

矿化度/(mg/L)	不同温度下降解时间/h				
	50℃	60℃	70℃	80℃	90℃
2×10^4	68	66	64	61	58
4×10^4	65	67	65	64	60
6×10^4	63	64	66	64	60
8×10^4	64	62	63	62	56
10×10^4	62	63	60	60	58

2.2　承压性能评价

在常温下对不同尺寸新型自降解暂堵剂进行了 CO_2 浸润前后的破碎实验。进行了分别破碎实验。表 3 为新型自降解暂堵剂 CO_2 浸润前后破碎的实验结果。实验结果表明 CO_2 浸润前后对 4 种暂堵剂的破碎性能无影响。

表 3　自降解暂堵剂 CO_2 浸润前后破碎率对比

不同尺寸	CO_2 浸润前	CO_2 浸润后
	破碎率/%	
3~5mm	43.6	45.4
1~3mm	40.6	43.1
0.425~0.180mm	35.3	37.6
1~3mm(聚酯类)	0.0	0.0

室内参照 SY/T 5108—2014《水力压裂和砾石充填作业用支撑剂性能测试方法》对 4 种暂堵剂常温状态和 CO_2(液态、超临界状态)浸润后分别进行了 14MPa 破碎实验，CO_2 液态和超临界状态浸润的实验照片如图 14 和图 15 所示。实验结果表明 CO_2 浸润前后对 4 种暂堵剂的破碎性能无影响，在 14MPa 压力下，暂堵剂黏连黏结成块，破碎率高。

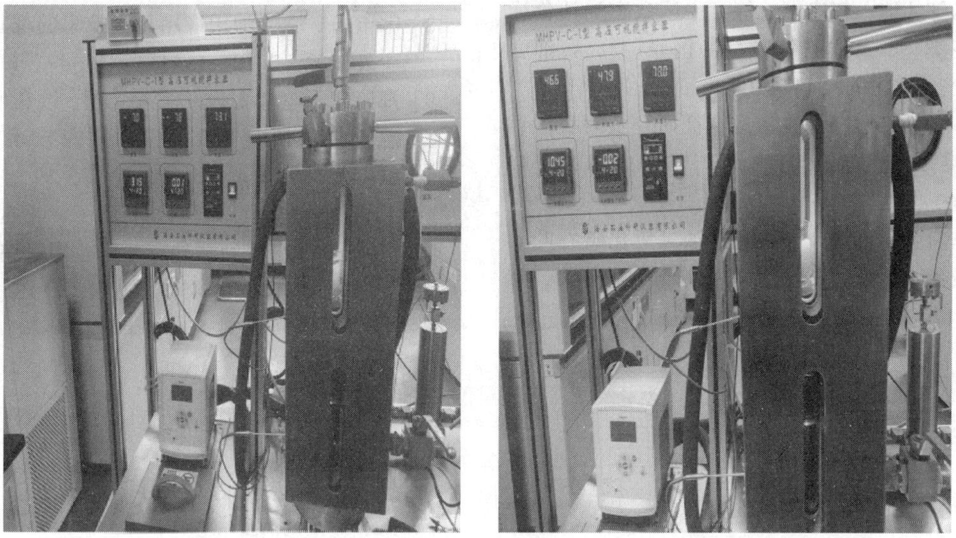

(a)液态CO_2中浸润　　(b)超临界CO_2中浸润

图 14　可降解暂堵剂在 CO_2 液态和超临界浸润

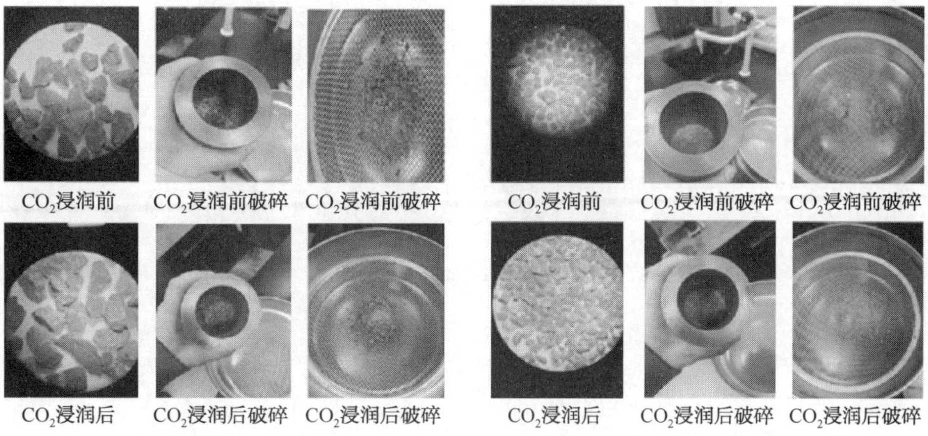

(a)液态CO_2中浸润　　(b)超临界CO_2中浸润

图 15　可降解暂堵剂在 CO_2 液态和超临界浸润前后破碎情况

3　结论

（1）使用不同类型的可降解材料的不同配比，研发了二氧化碳吞吐用自降解暂堵剂，其成分为 80% 水溶性本体组分 PA+10% 水溶性本体组分 PB+4% 混容剂 C+6% 增塑剂 D，使暂堵剂的强度、韧性、耐酸性都得了大幅提高。

（2）地层水中降解性能测试表明，自降解暂堵剂在不同矿化度的盐溶液中均可降解，且随着温度的升高降解时间加快，但完全降解所需时间差别不大。

（3）暂堵剂承压性能评价表明，CO_2 浸润前后对 4 种暂堵剂的破碎性能无影响，在 14MPa 压力下暂堵剂黏连黏结成块，破碎率高。

参 考 文 献

[1] 邹才能，张国生，杨智，等．非常规油气概念、特征、潜力及技术—兼论非常规油气地质学[J]．石油勘探与开发，2013，40(04)：385-399.

[2] 贾承造，邹才能，李建忠，等．中国致密油评价标准、主要类型、基本特征及资源前景[J]．石油学报，2012，33(03)：343-350.

[3] 郭永奇，铁成军．巴肯致密油特征研究及对我国致密油勘探开发的启示[J]．辽宁化工，2013，42(03)：309-312.

[4] 汤翔，李宜强，韩雪，等．致密油二氧化碳吞吐动态特征及影响因素[J]．石油勘探与开发，2021，48(04)：817-824.

[5] 穆蒙，唐绪涛，汪庐山，等．化学暂堵体系的构建、性能及应用研究进展[J]．油田化学，2022，39(04)：735-744.

[6] Cui G，Ren S，Dou B，et al. Geothermal energy exploitation from depleted high-temperature gas reservoirs by recycling CO_2：The superiority and existing problems[J]. Geoscience Frontiers，2021，12(06)：434-449.

[7] 王正东．二氧化碳泡沫辅助蒸汽驱技术的应用——以辽河油田杜 229 块为例[J]．内蒙古石油化工，2017，43(02)：73-74.

[8] 郎宝山．曙光油田应用化学技术的现状与展望[J]．中外能源，2010，15(11)：46-49.

[9] 郑延成，赵修太，王任芳，等．改善吸汽剖面的高温暂堵剂研究[J]．石油钻探技术，2000(03)：41-43.

[10] 周万富，李国，刘向斌，等．一种适用于 CO_2 驱特低渗透高温油藏气窜井作业用暂堵剂[P]．黑龙江省：CN116445145A，2023-07-18.

绳结缝口暂堵转向压裂工艺在威荣深层页岩气储层改造中的应用

张智强　王健勋　黄　强

（中石化西南石油工程有限公司井下作业分公司）

摘　要　威荣深层页岩气水平井压裂套变频发，采用“投球+暂堵剂”的复合暂堵分段压裂工艺可改造套变段以下层段，实现套变井有效开发。本文分析了威荣深层页岩气套变井压裂暂堵存在的问题，通过调研确定了绳结缝口暂堵转向压裂工艺这一解决方案，并结合深层页岩气的压裂参数特征，对绳结暂堵剂的规格优化、性能优化、参数优化等进行了多方面研究，初步形成一套适用于深层页岩气的绳结暂堵剂转向压裂工艺，并在WY28-9井现场应用成功，对同类深层页岩气藏勘探开发大型压裂施工具有借鉴意义。

关键词　威荣深层页岩气藏；套变；水平井压裂；绳结；暂堵

1　前言

页岩气水平井压裂多采用泵送桥塞分段压裂工艺，如遇套管变形则桥塞不能泵送至设计位置，将导致变形段以下未改造井段不能按照设计方案进行改造。四川盆地威远区块深层页岩气水平井压裂约有40%的层段都发生了不同程度的套管变形。早期对于发生套管变形后不能改造的井段常规做法是放弃施工，造成页岩气井控资源量不能有效动用，对压裂效果也产生了较大的影响。页岩气水平井压裂套管变形机理复杂、影响因素多、变形时机难以预测，探寻套管变形影响段的分段改造工艺尤为重要。为此，针对套管变形井试验了“投球+暂堵剂”的复合暂堵分段压裂工艺，虽然有一定效果，但依然存在暂堵有效性不足问题。难以实现深层页岩气的有效开发，因此急需一种能够解决套变井分段改造的新工艺。

2　目前套变井暂堵工艺存在的问题及解决方案

2.1　存在问题

截止工艺开展前，区块总井数99口，套变44口，套变率为44.44%。按段统计：共设计1854段，套变影响324段，套变影响率为17.48%。套变影响，导致施工效率降低、丢段、大段合压、部分井无法完全通井，套变后暂堵合压248段，占比13.38%。

根据威荣近10井120次的暂堵统计，到位涨压0~12MPa，基本集中在0~2.8MPa之间(图1)；暂堵后施工压力变化基本集中在-0.4~2.8MPa之间(图2)。

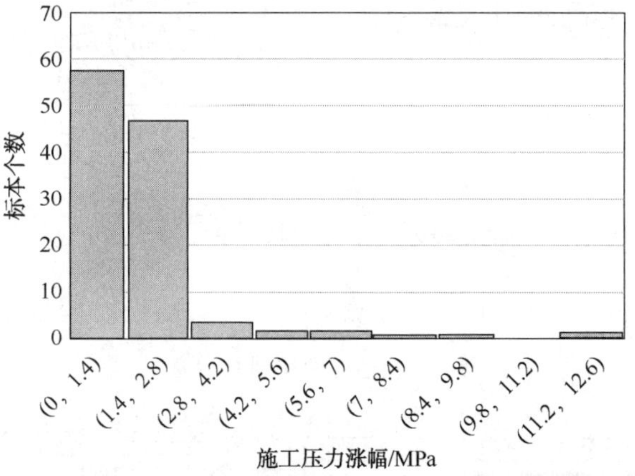

图1　威荣一期暂堵到位涨压直方图

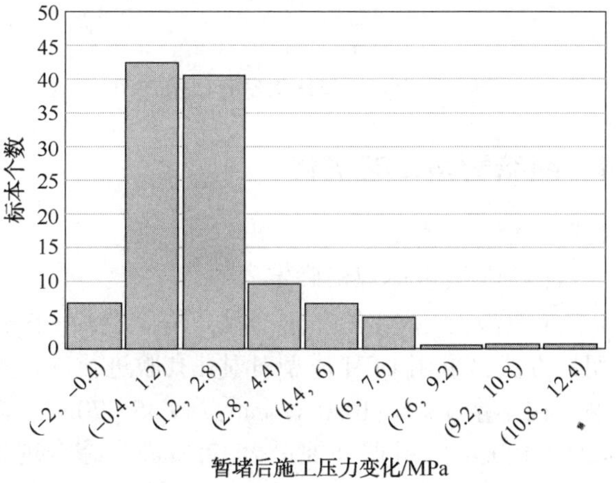

图2　威荣一期暂堵后施工压力变化直方图

2.2 解决方案

通过调研分析，国外的自适应暂堵绳结工艺可以全井段代替桥塞（重复压裂+套管修补后）（无桥塞压裂 Plugless），应用效果好于常规 PLA 颗粒式化学暂堵转向剂，应用 163 个作业者、1300 口井，31000 压裂段，取代了 1826 组压裂桥塞。因此，结合自身实际，选择绳结缝口暂堵转向压裂技术做为研究方向。

3 绳结暂堵工艺原理

绳结暂堵可物质由纤维材料制成，并且可以包括中心体、“结”或其他放大的几何体。从装置主体向外延伸的纤维材料可以“找到”并跟随流体流动，将放大的几何体或纤维拉入流道的限制部分，使放大的几何体和附加的股线紧紧地楔入流道中，从而封闭流体连通，这些设备可以由可降解或不可降解的材料制成（图 3～图 4）。

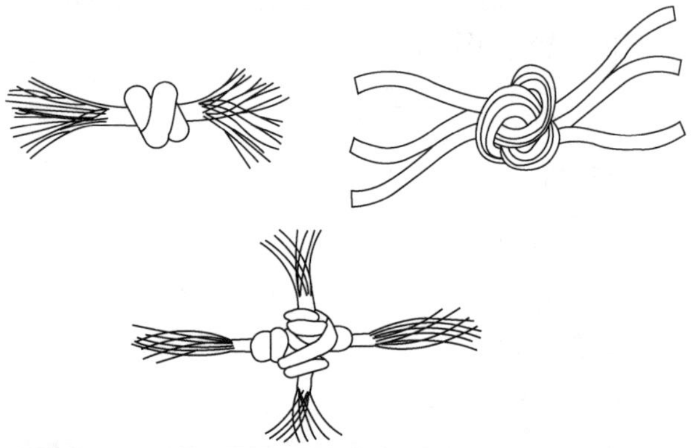

图 3　自适应暂堵绳结示意图

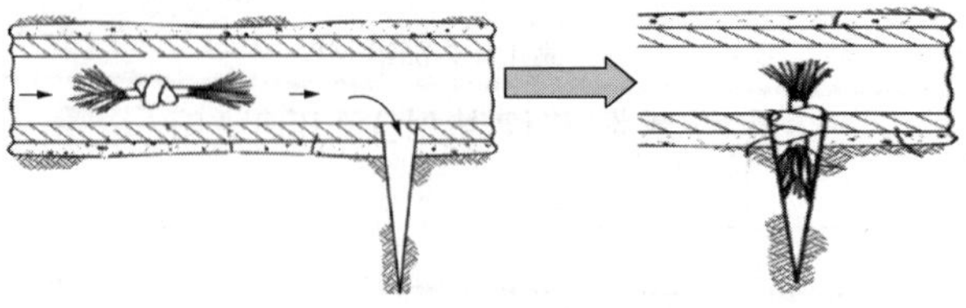

图 4　自适应暂堵绳结暂堵示意图

4 绳结暂堵工艺优化

4.1 规格优化

（1）绳结主体规格确定

根据威荣深层页岩气工况，基于欧拉-拉格朗日方法，采用 DPM 模型对射孔孔眼进行冲蚀预测，在排量 13.5～16.0m^3/min、砂 45～70m^3、液 1200～1800m^3，孔眼冲蚀最大 12.8mm。综合现场暂堵球使用经验暂堵球 13～15mm，考虑纤维的塑性，确定绳结主体为直径 15～20mm（表 1）。

表 1　数值模拟炮眼冲蚀结果

模拟参数			冲蚀的最大射孔孔眼/mm
冲蚀液量/m^3	冲蚀支撑剂量/m^3	冲蚀排量/（m^3/min）	
1200	45	13.5	8.6
1400	45	16.5	8.8
1400	60	15	9.3
1600	70	14	10.2
1600	50	15	10.5
1600	45	15	10.5
1800	50	13.5	12.8

（2）绳结尾部光纤的确立

纤维绳结在压裂液中以固相形态存在，因此纤维必须作为单独的一相。由此，研究演变为压裂液和纤维两相流动研究。基于 CFD-DEM 耦合方法，使用 CFD 方法求解压裂液连续流场，使用 DEM 方法求解纤维的运动、受力情况，两者耦合建立压裂液-纤维两相流动模型。通过求解得到绳结尾部光纤 15mm（图 5）。

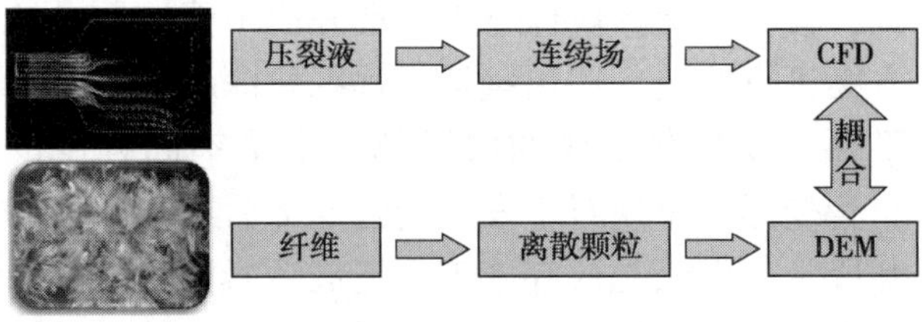

图 5　绳结尾部光纤确立流程

4.2 性能优化

缝口暂堵转向压裂要求能够实现对已压裂井段的封堵，且在压裂施工结束后暂堵颗粒能够解除封堵，即纤维绳结可以溶解、融化或脱落，或者能够随着返排液排出井筒，实现所有压裂井段都对产能有贡献。

（1）抗压试验

川南页岩气水平井内相邻两段间停泵压力与破裂压力之间的差值，统计结果见图 6，两者之间的差值在 0.4～11.19MPa，绝大部分集中在 2～10MPa 之间。因此要求施工时间内（3～4h）暂堵压差应保持在 2MPa 以上采用平均直径 15～20mm 的纤维球，放入内通径为 12mm 的球座内模拟射孔孔眼直径，进行 60MPa 下加压 1h 的加压实验，从实验结果来看承压 1h 不刺不漏，微变形。

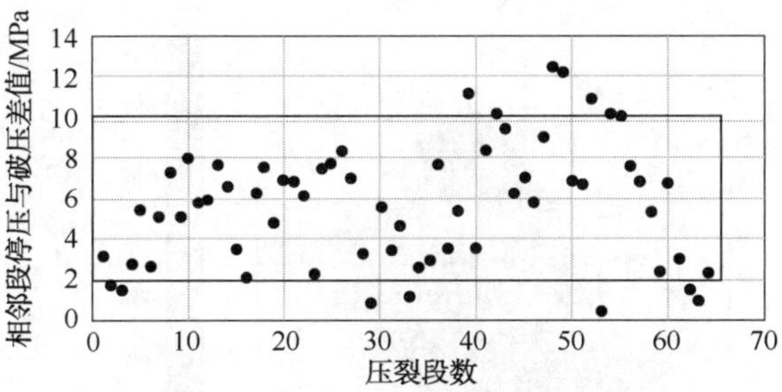

图 6　威荣页岩气停泵压力与破裂压力差统计

(2) 溶解试验

对纤维的溶解，只考虑温度因素。因此试验模拟川南页岩气在压裂过程中的温度进行溶解试验。模拟威荣地层温度 130℃，经过液体温度 20℃、2h 的持续降温。采用 PT 软件模拟，如图 7 所示。

模拟结果显示，暂堵前缝口炮眼经过压裂液的持续降温，温度已经降至 70℃ 以下，低于纤维溶点，因此在后续的压裂过程中不会溶解。

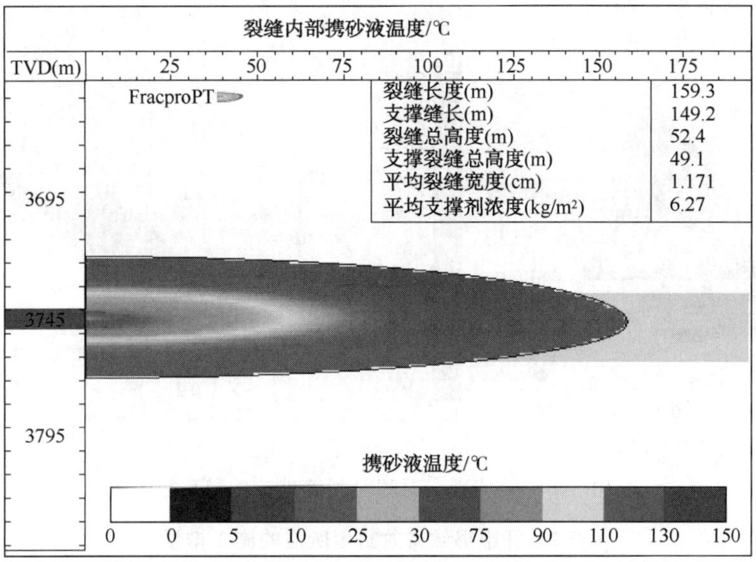

图 7　纤维绳结溶解试验

4.3　参数优化

(1)暂堵用量

基于边界元方法建立了水平井“井筒-孔眼-裂缝扩展”全耦合模型，提出暂堵绳结分配的计算方法，进而模拟研究在初始非均匀应力场条件下进行段内暂堵转向时暂堵球的投球数量、投球时机、投球次数及其对多簇裂缝扩展的影响，以期为压裂优化设计提供理论支撑(图 8~图 10)。

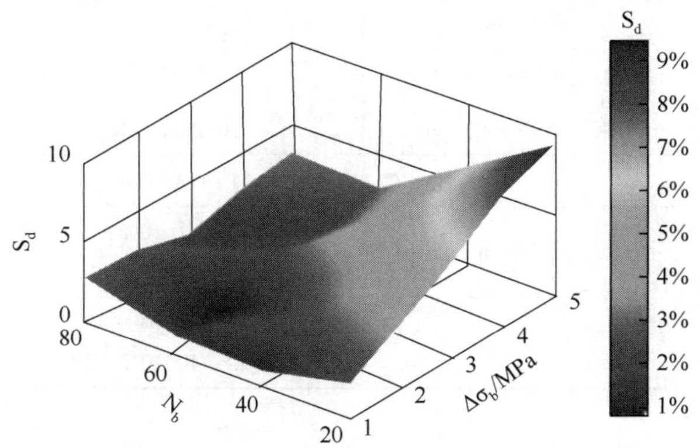

图 8　应力差、暂堵数对裂缝进液差异系数影响

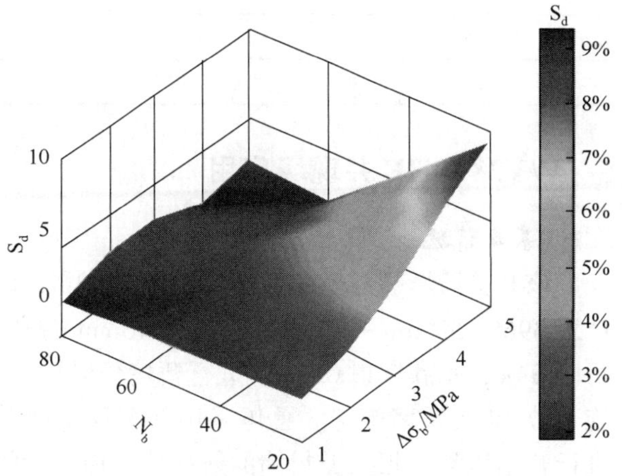

图 9　两次暂堵下暂堵数、时间对裂缝进液差异系数影响

(2) 暂堵排量

目前深层页岩气压裂施工排量 10~15m^3/min；通过计算暂堵球保证暂堵效果所需的施工排量，泵送排量应>1.89m^3/min，结合暂堵球暂堵条件，优化泵送排量>2.50m^3/min(表 2)。

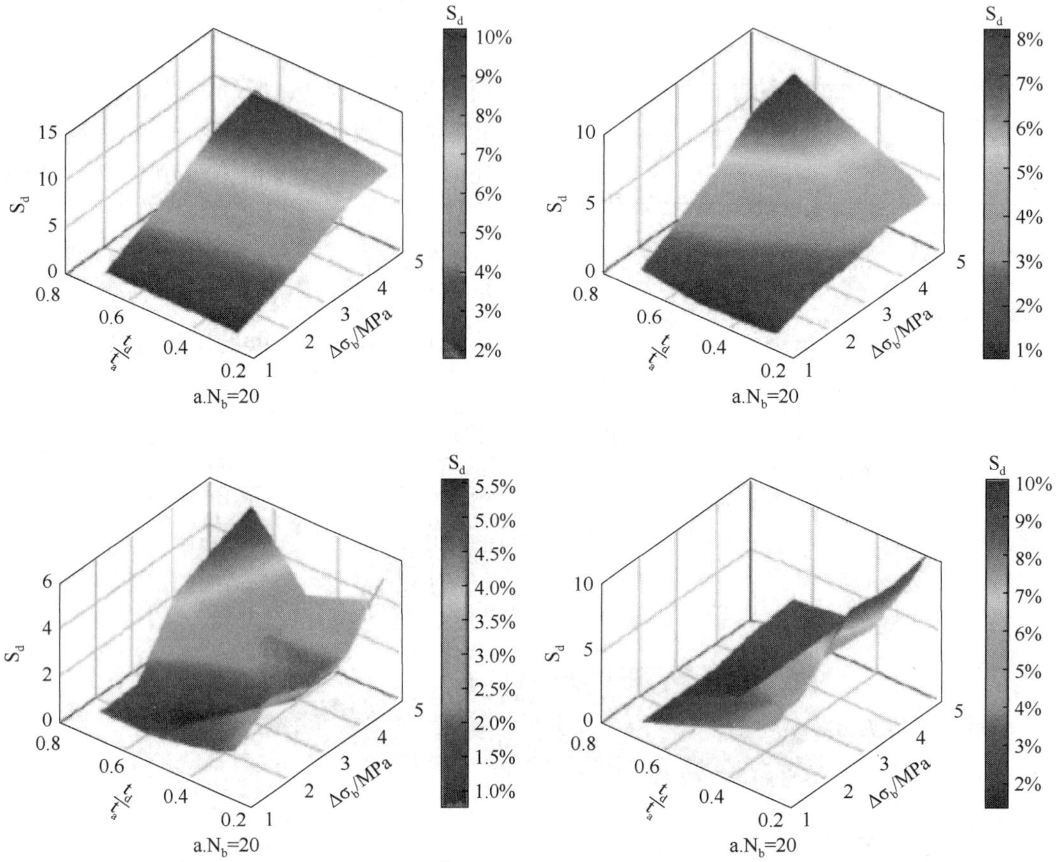

图 10　不同暂堵数、时间对裂缝进液差异系数影响

表 2　纤维绳结有效封堵所需的施工排量

纤维密度/(g/cm^3)	单孔坐住的最小排量/(m^3/min)	单孔保持住的最小排量/(m^3/min)	综合排量控制/(m^3/min)
1.10	0.021	0.026	>1.12
1.15	0.032	0.039	>1.64
1.20	0.045	0.05	>2.10

5　WY28-9HF 井现场应用

5.1　基本情况

该井首段压裂后套变，套变长度 1393m，设计对 3965~5363m 井段采用连油带 73mm 射孔，每段 6 簇，每簇实射 0.5m，进行暂堵分段压裂，施工分 18 次暂堵施工。总体采用新型环生物结进行暂堵压裂，根据需封堵的射孔数选择合适的暂堵材料加量；采用不停泵投放方式；泵送排量 $4m^3/min$，控制泵送压力低于 73MPa，若超过此压力，可降低排量泵送，最低不低于 $1.5m^3/min$，暂堵到位后迅速提排量(表 3、表 4)。

表 3　WY28-9 压裂基本参数

参　　数	数　　值
完井斜深	5465.00m
完井垂深	3802.02m
水平段长	1500m
完钻层位	龙马溪组
段长/m	40~77
平均用液强度/(m^3/m)	2.12
平均加砂强度/(t/m)	26.28m^3/m
施工排量	14~18m^3/min
液体体系	胶液比例 10%±，降阻水比例 90%±
支撑剂	100/200 目、70~140 目石英砂、40/70 目陶粒

表 4　WY28-9 绳结暂堵参数

参　　数	数　　值
长度	Φ18mm、Φ15mm、Φ30mm
投放量	每段投放量初步设计为当段孔眼数的 1.2 倍
投放次数	分 2 次投放生物绳结
暂堵剂Ⅰ类性能	110℃下有效承压 1d(第 1-16 段)
Ⅱ类	110℃下有效承压 3d(第 17-20 段)
Ⅲ类	110℃下有效承压 12d(第 20-21 段)

5.2　施工过程

第 1~9 段进行绳结暂堵作业，第 10~14 段未进行暂堵作业。第 1~9 段最高施工压力 83~88MPa，第 10~14 段最高施工压力 89~90MPa，施工压力过高；第 1~9 段最高排量 13~17m^3，第 10~14 段最高排量 12~14m^3，结合微地震显示未有集中进液点，停止施工。施工后期施工压力过高，排量低，造缝现象不明显。共计完成 14 次施工，完成率 77.7%。套变段注入压裂液 21567.9m^3，平均单段 1540.5m^3；加砂 1313.01m^3，平均单段 93.8m^3，加砂强度 0.91m^3/m，施工压力 78.6~89MPa，施工排量 10.6~17m^3/min，停泵压力 61.4~71.7MPa。

5.3　结果分析

完成 9 段暂堵施工，暂堵比例 40%，达到既定目标。总体投放量 520 颗，占比所有孔眼(1300 孔)40%；平均到位压力显示 1.15MPa，达到设计 1~2MPa 的目标。

(1) 微地震水力压裂裂缝监测解释结果

WY28-9HF 井完成 14 次压裂后水平段轴向覆盖率为 79.7%，总的改造体积为 2962.5×10^4m^3，有效改造体积为 1567.5×10^4m^3。第 1-9 段投放绳结转向，微地震监测进液点位置发生明显改变。第一次施工投放 40 颗绳结，第 1 段已压裂位置主要进液，第一次投放未完全对第一段进行封堵；第二段继续投放 70 颗绳结，第一段完全封堵，后续每次暂堵进液位置发生明显改变。随着暂堵投放数量，进液点明显减少，由最初的 2~3 条集中进液带降低至 1 条，由于施工压力过高，后续未进行暂堵。主要进液点波及位置占比 79.5%(1105/1390m)，转向效果明显(图 11)。

(2) 溶解结果分析

采用酸液及溶解剂进行溶解后，全井筒分散进液，未出现比较明显集中进液点。1~9 段施工完成后，施工压力高，采用酸液及溶解剂对射孔段上部(4000~4700m^3)进行溶解。第 10 段后 4000~4700m 重新出现部分进液点；第 10~14 段采用低排量(12m^3)，低砂比(6%完成加砂作业，全井筒进液较均匀，未出现集中进液情况，说明绳结并未降解(图 12)。

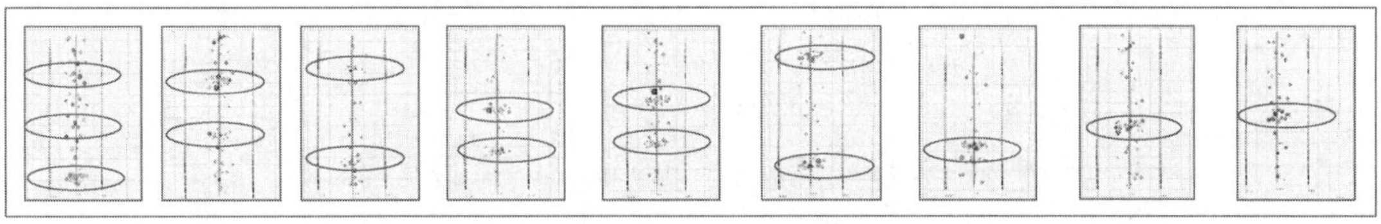

图 11　投放绳结暂堵微地震事件图

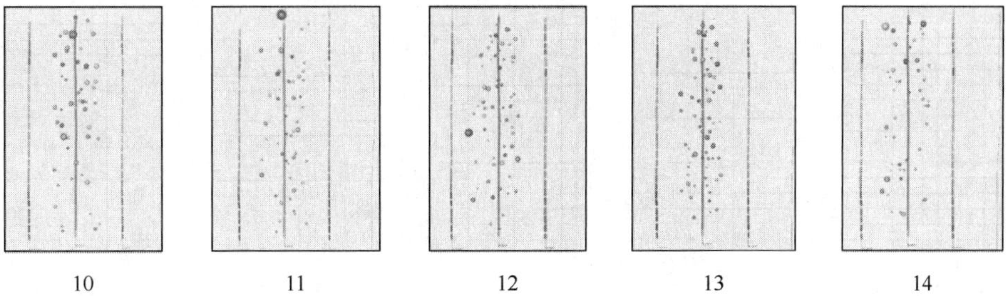

图 12　WY28-9 井 10-14 段进液示意图

(3) 增产效果分析

WY28-9HF 井产量达 3.5×10^4m^3，而同平台同半支 8 井与 10 井采用常规分段方式，平均产量 5.5×10^4m^3，该工艺改造后仅为正常工艺的 65%。说明单孔进液量及砂量不足导致裂缝规模均受限，是限制产量的一大因素。

6　认识和建议

(1) 暂堵绳结与暂堵球相比可以对地层实施更均匀改造，但就深层页岩气来说，由于甜点位置得到封堵，进液难度大，施工后期压力增高明显。因此绳结暂堵用量和投剂时机、次数还需要进一步优化。

(2) 暂堵绳结在工艺构思上较为先进，采用生物绳结封堵，孔眼进液层位发生明显改变，达到长井段施工孔眼进液均匀性需求，但从实际应用分析，WY28-9HF 井出现未降解现象，材质和规格上还需要进一步改进和优化。

参 考 文 献

[1] 张旺，吕永国，李忠宝，等. 绳结暂堵塞性能研究及现场应用[J]. 中外能源，2020，12：68-74.

页岩气/煤层气藏二氧化碳致裂后渗透率模型研究

张龙龙　何逸凡　孙　强　年　凯　施昱萱

[中海石油(中国)有限公司天津分公司]

摘　要　页岩气/煤层气藏储量丰富，发展潜力大，但在生产过程中大多需要压裂，而二氧化碳致裂在近年来因其高效、方便也越来越被广泛应用，二氧化碳致裂页岩气/煤层气藏也将大有可为。考虑二氧化碳与甲烷的竞相吸附及其基质膨胀和微粒运移效应，从而导致出现致裂未改造区渗透率下降带，定义吸附相体积膨胀率与渗透率损失率表征渗透率变化，建立渗透率模型并通过数值模拟进行验证。研究表明：致裂未改造区内缘因存在压差形成以竞相吸附、微粒运移堵塞为主要特征的驱替带，该地带的渗透率发生吸附性下降并与吸附相体积膨胀率满足三次方函数关系，渗透率随其增大而下降，反之则升高。渗透率与竞相吸附和微粒运移耦合效应模型直线斜率为原始渗透率，通过数值模拟验证了所建立的渗透率数学模型，相对误差很小仅在0.5%以内，满足工程误差精度需要。研究成果可方便快速应用，为页岩气/煤层气藏二氧化碳致裂后生产动态分析提供思路。

关键词　页岩气；煤层气；二氧化碳；竞相吸附；渗透率

1　引言

我国页岩气/煤层气藏资源丰富，作为非常规气体能源，其合理高效开发将大幅度缓解我国能源紧缺的严峻形势。但我国页岩气/煤层气储层大多渗透率低，导致产量低、采收率低、效益差，开发经验表明页岩气/煤层气藏需要大规模致裂才能进行商业性开发。二氧化碳致裂技术伤害低、易返排、高效方具备很好的发展潜力，但页岩气/煤层气储层相较于 CH_4 而言更倾向于吸附 CO_2，且在低压下吸附速率更高，置换效率更高，二氧化碳致裂页岩气/煤层气藏时在近井地带形成以复杂裂缝为特征的改造区，而在未改造区内缘因存在压差形成以竞相吸附为主要特征的“驱替带”。由于 CH_4 和 CO_2 分子差异，大分子 CO_2 进入页岩气/煤层气储层被吸附造成基质膨胀，出现温度降低，基质体积的增加将会引起割理裂隙缩小，渗透率降低，即使得驱替带渗透率降低，储层损伤情况可以通过声波等技术进行监测。在页岩气/煤层气藏压后驱替带上一方面为 CO_2 的注入将驱替储层孔隙中的游离态和溶解态 CH_4；另一方面为 CO_2 置换作用，两种气体发生竞相吸附，CO_2 可有效置换出吸附的 CH_4，其置换比约为2：1，因而页岩气/煤层气储层表面可吸附大量 CO_2 以达到置换解吸的目的，故 CO_2 在页岩气/煤层气储层中的运移主要存在驱替和置换两种作用。注入过程是开发过程的逆过程，这种基质膨胀效应导致的渗透率下降对页岩气/煤层气产出是不利的，吸附气体膨胀实验也表明 CH_4 在温度为60℃、压力为10MPa的条件下，吸附 CH_4 后吸附相体积会增大0.3%左右；CO_2 在温度为35℃、压力为10MPa的条件下，吸附 CO_2 后吸附相体积会增大1.1%左右。李荷婷、丁云娜等分别考虑基质不同孔隙特征和考虑动态滑脱、裂隙变形建立了页岩微裂隙表观渗透率模型。除此之外，国内外学者对二氧化碳致裂页岩气/煤层气藏的改造区研究较多，主要集中在裂缝扩展、起裂机制和影响因素等方面。左罗、白鑫等通过理论分析与实验相结合来研究裂缝扩展规律，其中包括裂缝条数、应力分布等相关参数规律。仲冠宇、Haimson等基于起裂机制及影响因素构建计算方法并建立了力学模型，以此预测了起裂压力，计算值误差较小。

目前页岩气/煤层气储层吸附研究大多集中在基质膨胀、致裂造缝等方面，对驱替带渗透率模型构建方面研究较少，另外现有渗透率模型比较复杂，难以方便快速应用，需可有效促进页岩气/煤层气解吸渗流的技术手段，以提高单井产量和采收率，从而提高页岩气/煤层气开发效率。笔者考虑二氧化碳与甲烷的竞相吸附及其基质膨胀和致裂未改造区驱替带，定义吸附相体积膨胀率与渗透率损失率表征驱替带渗透率变化，建立驱替带的渗透率数学模型并通过吸附应变与渗透率模拟实验数据和 CMG 数值模拟进行验证，为页岩气/煤层气藏二氧化碳致裂后驱替带渗透率变化提供新方法新思路。

2　渗透率模型建立

页岩气/煤层气藏开发过程中，由于排水降压吸附的 CH_4 将会发生解吸，引起基质块的体积缩小，割理裂隙空间增大，储层孔隙度和渗透率增大，即产生了基质收缩效应。页岩气/煤层气藏开发实践表明，页岩气/煤层气藏开发后期基质收缩效应的影响导致储层渗透率增加，尤其对于高阶气藏更为显著。页岩气/煤层气主要以吸附态存在，由于 CO_2 的吸附力远强于 CH_4 气体。当储层中注入 CO_2 后，CO_2 优先吸附，置换了原位置上的 CH_4 分子，CH_4 气体开始由吸附态转化为游离态，如图 1 所示。值得注意的是 CO_2 置换页岩气/煤层气之后因两者分子大小以及吸附能力会使得煤储层基质发生膨胀现象，从而导致渗透率降低，主要发生在未改造区内缘以竞相吸附为主要特征的驱替带，不利于页岩气/煤层气储层生产过程中流体的流动。

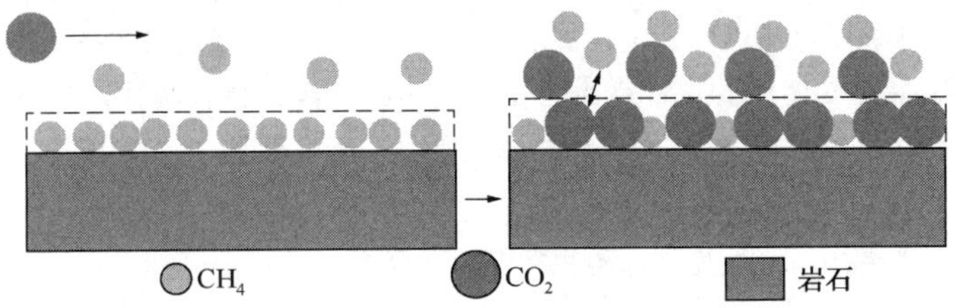

图 1　CO_2 置换解吸示意图

当 CO_2 尚未进入未改造区时，此时的岩石表面吸附着绝大部分的页岩气/煤层气，可采用单组分吸附模型描述。基于 Langmuir 方程可以计算得到此时该区域的总吸附量：

$$V_{iSCH_4}=V_r V_{LCH_4}\frac{b_{LCH_4}p}{1+b_{LCH_4}p} \tag{1}$$

式中，V_{iSCH4} 为 CH_4 总吸附量，m^3；V_r 为岩石体积，m^3；V_{LCH4} 为 CH_4 的朗格缪尔体积，m^3/t；b_{LCH_4} 为 CH_4 的朗格缪尔压力常数，MPa^{-1}；p 为压力，MPa。

当 CO_2 开始进入未改造区时，CO_2 凭借更强的吸附能力将吸附在岩石表面的储层气置换下来，置换下来的储层气成为游离态或溶解态气体存在于岩石割理裂隙中，因 CO_2 分子比 CH_4 分子大，故吸附在岩石表面出现基质膨胀现象，从而导致造成储层渗透率的降低。此时采用扩展的 Langmuir 吸附模型进行描述：

$$V_{Si}=V_r V_{Li}\frac{b_i y_i p}{1+b_i y_i p+b_i y_i p} \tag{2}$$

式中，V_{Si} 为 i 组分的吸附量，m^3/t；V_{Li} 为 i 组分的朗格缪尔体积，m^3/t；b_i 为 i 组分的朗格缪尔压力常数，MPa^{-1}；y_i 为 i 组分的气相摩尔分数，无因次。

由此可见 CO_2 与 CH_4 气体之间的置换程度决定了渗透率的损失程度，两者之间置换程度越高，基质膨胀效应越明显，则渗透率损失越大，反之亦然。渗透率损失率和吸附相体积膨胀率满足三次方函数关系，岩石渗透率损失随着吸附相体积膨胀率的增大而增大，渗透率也随之下降，岩石渗透率 k_{mA} 与吸附相体积膨胀率 L_A 之间的表达式为：

$$k_{mA}=k_i[1-f(L_A)]=-k_i\varphi_i^{-3}V_{CH_4}{}^3L_A{}^3+3k_i\varphi_i^{-2}V_{CH_4}{}^2L_A{}^2-3k_i\varphi_i^{-1}V_{CH_4}L_A+k_i \tag{3}$$

其中，

$$L_A=\frac{\dfrac{V_{LCH_4}b_{CH_4}y_{CH_4}p+V_{LCO_2}b_{CO_2}y_{CO_2}p}{1+b_{CH_4}y_{CH_4}p+b_{CO_2}y_{CO_2}p}-\dfrac{V_{LCH_4}b_{CH_4}p}{1+b_{CH_4}p}}{\dfrac{V_{LCH_4}b_{CH_4}p}{1+b_{CH_4}p}}\times 100\% \tag{4}$$

而在页岩气/煤层气藏二氧化碳相变致裂过程中微粒影响也非常重要，受压力与流速影响，驱替带的微粒影响更为严重，根据微粒产出、堵塞机理，渗透率变化呈现稳定、上升和下降三个阶段，而微粒的产生过程与解吸过程类似，可借用 Langmuir 方程进行表征，下降阶段渗透率可表达为：

$$k_{mF}=k_{max}\left(1-\frac{L_F}{1+V}\right) \tag{5}$$

其中，

$$V=\frac{(v-v_l)^n}{} \tag{6}$$

式中，L_F 为微粒运移影响的最大渗透率损失率，无因次，可通过实验数据拟合得到；V 为流速函数；v 为流速，cm/s；v 为 $L=0.5L_F$时的实验流速，cm/s；v_l为 $L=L_F$时的实验流速，cm/s；n 为渗透率微粒影响指数，无因次。

考虑微粒运移 $k_{max}=k_{mA}$，联立上式有：

$$k_m=k_i[1-f(L_A)]\left(1-\frac{L_F}{1+V}\right)=\left(\frac{L_F}{1+V}-1\right)$$

$$f(L_A)k_i-\frac{L_F}{1+V}k_i+k_i \tag{7}$$

上式可退化得到已有模型，当不考虑竞相吸附现象时 $L_A=0$，有：

$$k_m=k_i\left(1-\frac{L_F}{1+V}\right) \tag{8}$$

当不考虑微粒运移影响时 $L_F=0$，有：

$$k_m=k_i[1-f(L_A)] \tag{9}$$

由该式可知，绘制渗透率与竞相吸附和微粒运移耦合效应关系图，将呈现一条斜率为原始渗透率 k_i的直线，即亦可用渗透率拟合值与实际值验证模型的正确性，如果两值之间的计算误差在工程精度范围之内，则可得到所建模型是合理有效的。针对 CO_2 吸附置换而导致的岩石基质膨胀测量方法主要分为两类，一为应力法，二为光学法，其中光学法仪器包括显微镜、数码相机等。吸附渗透率实验可在三轴应力场条件下进行原位模拟岩芯渗透率测定，当气体压力降至解吸压力以下时吸附气便会发生解吸。

3 验证分析

对页岩气/煤层气藏二氧化碳致裂后渗透率进行建模验证，根据所建立的模型特点亦可进行退化验证，基于 Warren and Root 模型构建 CMG 正交均质模型，如图 2(a)所示。在吸附饱和储层条件下，CH_4 气体吸附于岩石表面，用 CO_2 气体驱替储层流体并设置微粒运移参数，微粒运移采用固相微粒与液相微粒的可逆反应，正则与流速相关，逆则与渗透率相关，最后输出网格渗透率用以验证所建立的数学模型。模型包括 CH_4 与 CO_2 两种气体，故 GEM 模块也存在两种吸附相，初始状态下岩石仅吸附 CH_4 气体，即 CH_4 吸附占比为 1。基础参数如表 1 所示。

表 1　CMG 模型基础参数

参　数	取值	单位
CH_4 的 Langmuir 体积 V_{LCH4}	15.00	m^3/m^3
CH_4 的 Langmuir 压力 p_{LCH4}	0.50	MPa
CH_4 的临界解吸压力 p_{dCH4}	1.00	MPa
CO_2 的 Langmuir 体积 V_{LCO2}	35.00	m^3/m^3
CO_2 的 Langmuir 压力 p_{LCO2}	0.25	MPa
CO_2 的临界解吸压力 p_{dCO2}	0.60	MPa
原始地层压力 p_i	1.00	MPa
储层厚度 h	10.00	m
储层深度 D	1000	m
储层温度 T	318.15	K
原始渗透率 k_i	0.50	mD
原始孔隙度 ϕ_i	0.08	无因次
原始含水饱和度 S_{wi}	1.00	无因次
岩石密度 ρ	1500	kg/m^3

模型长 i 方向 20m，宽 j 方向 20m，高 z 方向 2.5m，微粒堵塞参数选用沁水盆地 XS-2 岩样实验值，如图 2(b)所示。该储层气藏设有一注一采井，均射孔完井，注入井定压注入 CO_2 驱替储层中的水与 CH_4 气体，采出井进先定产水后定压生产，日产水量取 $2m^3/d$，当井底流压降至 0.101MPa 时便开始定此压生产。

随后开始模拟两年内该储层气藏的生产动态，选择两井对称点网格进行验证，可从 CMG 模型导出该网格点的渗透率变化与压力前缘移动，基于所建立的数学模型，也可计算得到该点的渗透率，两者进行对比，结果如图 3 所示。可以看出得到的渗透率变化相对误差很小，仅在 0.5%以内，即所建立的数学模型是可靠有效的，根据建立的模型得到直线斜率即为原始渗透率 0.4997mD，与真值 0.5000m 相对误差很小，可以将其计算值视为真值，可以方便快速计算 CO_2 与 CH_4 竞相吸附置换及微粒运移影响下的渗透率变化。

4 结论

(1) 页岩气/煤层气藏在二氧化碳致裂后因二氧化碳与甲烷发生竞相吸附会使得储层发生基质膨胀，从而导致致裂未改造区内缘因存在压差形成以竞相吸附、微粒运移堵塞为主要特征的驱替带，该地带的渗透率发生吸附堵塞性下降，渗透率可通过吸附相体积膨胀率进行表征，两者之间满足三次方函数关系，渗透率随着吸附相体积膨胀率的增大而下降，反之则升高。

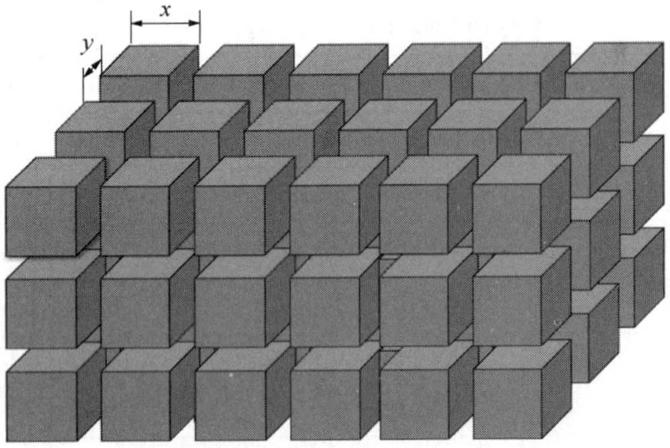

(a)Warren and Root模型图

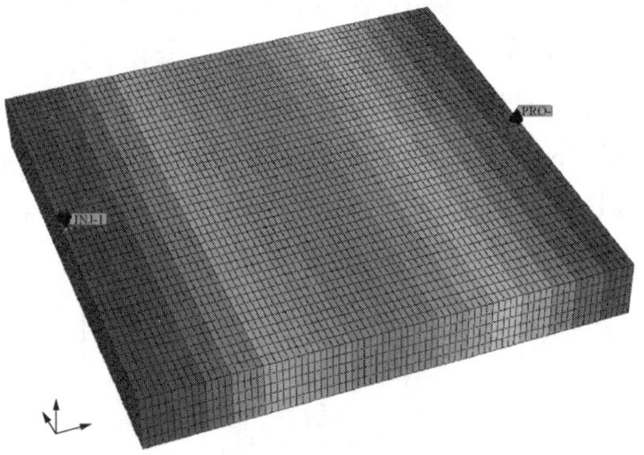

(b)3D立体图

图 2　CMG 模型

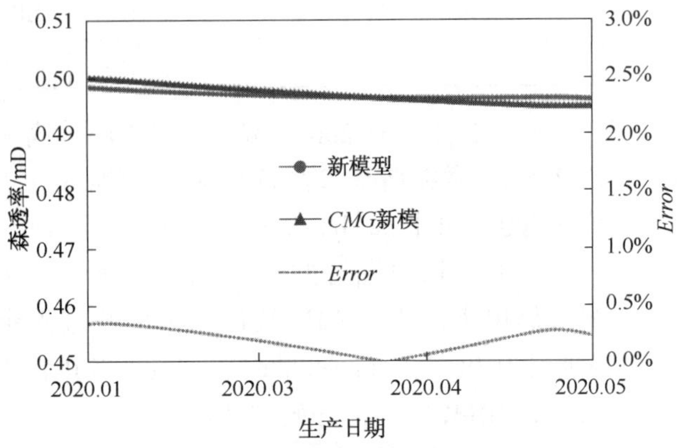

(a)渗透率对比

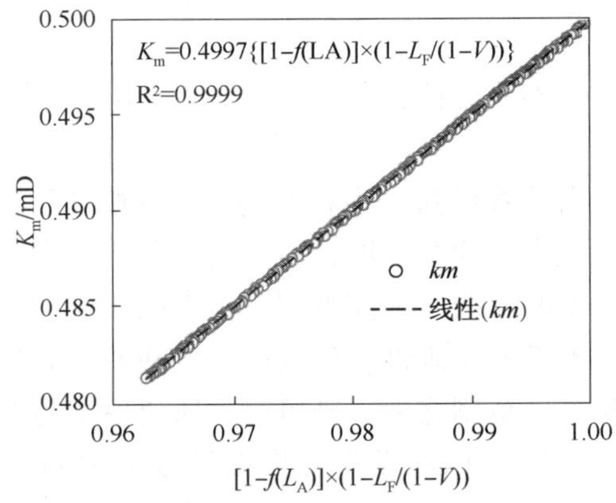

(b)原始渗透率评价

图 3　结果分析

（2）绘制渗透率与竞相吸附和微粒运移耦合效应关系图，直线斜率为原始渗透率 k_i。建立 CMG 数值模拟模型，验证了渗透率数学模型。数值模型模拟下的渗透率模型相对误差很小，仅在 0.5%以内，可方便快速应用于计算驱替带渗透率，为页岩气/煤层气藏二氧化碳致裂后生产动态分析提供思路。

参　考　文　献

[1] 张金川，姜生玲，唐玄，等．我国页岩气富集类型及资源特点[J]．天然气工业，2009，29(12)：109-114+151-152.

[2] 徐凤银，肖芝华，陈东，等．我国煤层气开发技术现状与发展方向[J]．煤炭科学技术，2019，47(10)：205-215.

[3] 戴金星，秦胜飞，胡国艺，等．新中国天然气勘探开发 70 年来的重大进展[J]．石油勘探与开发，2019，46(06)：1037-1046.

[4] 贾承造，庞雄奇，姜福杰．中国油气资源研究现状与发展方向[J]．石油科学通报，2016，1(01)：2-23.

[5] 左罗，韩华明，蒋廷学，等．页岩二氧化碳压裂裂缝扩展机制及工艺研究[J]．钻采工艺，2021，44(05)：45-49.

[6] R. D. Lama，J. Bodziony. Management of outburst in underground coal mines[J]. International Journal of Coal Geology，1998，35(01-04)：83-115.

[7] 孙鑫，杜明勇，韩彬彬，等．二氧化碳压裂技术研究综述[J]．油田化学，2017，34(02)：374-380.

[8] 岳小金，李辉，张婷婷，等．延川南注二氧化碳置换储层气技术可行性分析[J]．中国储层气，2021，18(06)：25-29.

[9] 赵金，张遂安，马东民，等．注二氧化碳提高储层气采收率数值模拟[J]．天然气与石油，2012，30(01)：67-70.

[10] 邓博知．二氧化碳压裂增透煤层及驱替煤层甲烷机理研究[D]．重庆：重庆大学，2018.

[11] 赵辉．致密岩石超临界二氧化碳相变致裂的声发射监测方法和特征分析[D]．北京：中国石油大学(北京)，2019.

[12] 雷云，刘建军，张哨楠．CO_2 相变致裂本煤层增透技术研究[J]．工程地质学报，2017，25(01)：215-221.

[13] Arri L. Modeling coalbed methane production with binary gas sorption[J]. The SPE Rocky Mountain Regional Meeting. 1992.

[14] 余小广，贾占军．高温、高压注气提高储层气产率的研究[J]．能源技术与管理．2004，(05)：17-18.

[15] 郭慧娟，王香增，张丽霞，等．抽提前/后成熟页岩对氮气、二氧化碳的吸附特征及其对孔隙研究的意义[J]．地球化学，2014，43(04)：408-414.

[16] 刑俊旺．超临界 CO_2 与 CH4 吸附解吸引起煤体变形特性的对比研究[D]．太原：太原理工大学，2018.

[17] 牛庆合，曹丽文，周效志．CO_2 注入对煤储层应力应变与渗透率影响的实验研究[J]．煤田地质与勘探，2018，46(05)：43-48.

[18] 李荷婷，曾杰，李真祥，等．考虑页岩基质不同孔隙特征的表观渗透率模型[J]．西南石油大学学报(自然科学版)，2023，45(03)：109-118.

[19] 丁云娜，李波波，成巧耘，等．考虑动态滑脱的页岩微裂隙表观渗透率演化机制[J/OL]．煤炭科学技术，2023，1-12.

[20] 白鑫．液态二氧化碳相变射孔致裂煤岩体增透机理及应用研究[D]．重庆：重庆大学，2019.

[21] 仲冠宇，左罗，蒋廷学，等．页岩气井超临界二氧化碳压裂起裂压力预测[J]．断块油气田，2020，27(06)：710-714.

[22] B. Haimson，C. Fairhurst. Initiation and extension of hydraulic fractures in rocks[J]. SPE Journal，1967，7(06)：310-318.

[23] 张龙龙．煤储层液态二氧化碳相变致裂及增产机理研究[D]．北京：中国石油大学(北京)，2020.

[24] Juntai Shi，Chenhong Hou，Shan Wang，et al. The semi - analytical productivity equations for vertically fractured coalbed methane wells considering pressure propagation process，variable mass flow，and fracture conductivity decrease[J]. Journal of Petroleum Science and Engineering，2019，17(08)：528-543.

[25] 石军太，吴嘉仪，房烨欣，等．考虑煤粉堵塞影响的煤储层渗透率模型及其应用[J]．天然气工业，2020，40(06)：78-89.

[26] 蒋春跃，袁计，谭训强，等．注 CO_2 驱替储层气过程中煤基质膨胀应变的测量方法[J]．化工时刊，2010，24(10)：46-51.

[27] A. V. Astashov，A. A. Belyi，A. V. Bunin. Quasi - equilibrium swelling and structural parameters of coals[J]. Fuel，2008，87：3455-3461.

[28] S. Harpalani，R. A. Schraufnagel. Influence of matrix shrinkage and compressibility on gas production from coalbed methane reservoirs[J]. SPE Annual Technical Conference and Exhibition，1990，SPE 20729.

超深致密气储层基于不同天然裂缝形态体积改造技术研究

邓校国[1]　付　杰[1]　王　辽[2]　高　莹[2]

（1. 中国石油南方勘探公司；2 中国石油勘探开发研究院）

摘　要　超深储层天然裂缝决定了单井产量，但其发育形态复杂，对改造技术要求高。结合储层天然裂缝发育特征，基于耶格(Jaeger)单弱面理论及摩尔应力圆强度准则，改造过程存在水力裂缝直接穿越且天然裂缝不发生位移、天然裂缝剪切滑移、天然裂缝张性开启三种情况。超高闭合应力作用下，剪切滑移天然裂缝、酸液未处理或酸液处理的张性激活天然裂缝，可作为油气流动通道，流体通过能力有限。获得高强度支撑的张性开启天然裂缝具有较高导流能力，可与人工裂缝共同构成油气渗流主通道，是构成储层内部高效缝网的主框架，为提高裂缝储层改造体积的关键。论证了改造过程提高井底净压力对张性开启天然裂缝的作用，研究了缝内暂堵技术措施、加重压裂液及滑溜水与低黏高效携砂压裂液等提高改造体积配套技术，现场取得较好的应用效果。本论文研究对超深高应力裂缝性储层改造具有借鉴意义。

关键词　超深；高应力；天然裂缝；体积改造；加重压裂

国内超深致密天然裂缝发育气藏，以库车山前库车坳陷为典型代表，包括克拉苏构造带、秋里塔格构造带、北部构造带，20 世纪后，逐步成功勘探开发了大北、迪那、克深、博孜、秋里塔格及博孜大北过渡带等区块。截止 2020 年底，已探明油气地质储量超 1.5 万亿方，建设产能近 300 亿方，已成为塔里木油田建成 3500 万吨大油气田的主体。主力区块库车山前储层基质致密，平均孔隙度 4.1%，平均渗透率 0.05mD，天然裂缝发育强非均质性导致低自然产能井占比高，储层改造已成为效益开发的必要技术手段。高产井试井渗透率为基质渗透率 200 倍，试井产能分析裂缝对产能贡献率达到 95%，因此，对于库车山前高温高压高应力特征更加明显的裂缝型超深储层，如何通过人工裂缝沟通天然裂缝，在井底建立裂缝网络系统，实现对目标储层的有效控制，已成为本区块高效改造的关键，对库车山前超深层效益勘探开发同样具有重要意义。

天然裂缝形态对有效改造体积的影响，学者开展了大量研究，雷群等以库车山前碎屑岩储集层为例，开展了超深裂缝性致密储集层提高缝控改造体积技术，验证了暂堵转向、多级压裂激活天然裂缝并实现多级转向的有效性，观察到水力裂缝与天然裂缝相互激活并形成“裂缝群”的耦合效果；程正华等研究认为结，天然裂缝与最大水平主应力夹角为 30°~60°时，形成的水力压裂裂缝最为复杂。当水平主应力差为 3.0~4.5MPa 时，水力压裂裂缝复杂程度最高，延伸范围最大；王志民等研究证实超深储层具有高温高压高应力条件，裂缝发育且非均质性强，增产机理异于中—浅储层，激活天然裂缝是超深裂缝性气藏改造提产的关键；杨战伟等通过总结库车山前超深层常用的缝网改造技术，基于影响储层改造纵向及横向缝网形成的地质条件及力学条件研究，分析了人工裂缝与天然裂缝耦合延伸形成复杂缝网的地质及工程因素，综合研究认为，对于超深巨厚天然裂缝较发育储层，理论上通过压裂可实现横向缝网与纵向多层改造，但目前的缝内暂堵转向及缝口暂堵分层技术有效性不足。目前学者研究超深裂缝性储层改造，天然裂缝对改造体积的影响，大多集中于天然裂缝与人工裂缝耦合延伸形成复杂缝网的机理，以及理论分析通过激活天然裂缝扩大改造体积的技术途径。但缺乏天然裂缝形态的具体分析，超深储层天然裂缝发育形态复杂，裂缝走向、倾角、开度、充填程度、胶结强度等均有明显区别，且对人工裂缝扩展有显著影响。本文在研究库车山前不同天然裂缝形态基础上，论证了改造过程天然裂缝的开启规律，证实了开启且具有导流能力的天然裂缝能够与人工裂缝相互连通，通过暂堵转向等工艺措施在地下储层形成复杂缝网系统，是实现超深裂缝性储层改造增产的关键。在此基础上形成了裂缝性储层提高改造体积工艺技术及高效改造液技术，对库车山前及国内类似低渗致密裂缝性碎屑岩储层高效勘探开发具有重要的借鉴意义。

1 天然裂缝形态特征及对储层改造影响

1.1 天然裂缝形态特征

白垩系巴什基奇克组发育的天然裂缝主要为构造成因的张裂缝及剪切缝；裂缝产状主要为裂缝倾角大于60°的高角度缝，无水平缝发育；裂缝多数被方解石及泥质充填，沿缝面充填物有溶蚀，部分裂缝张开，裂缝有效(图1)。

库车山前天然裂缝开度分布范围较广，取芯后地面观察测试最大开度达6~8mm，修正后地下储层天然裂缝开度最大5mm左右，微观裂缝的开度主要是在镜下用薄片法进行统计分析，经过修正后得到地下裂缝开度见图2。

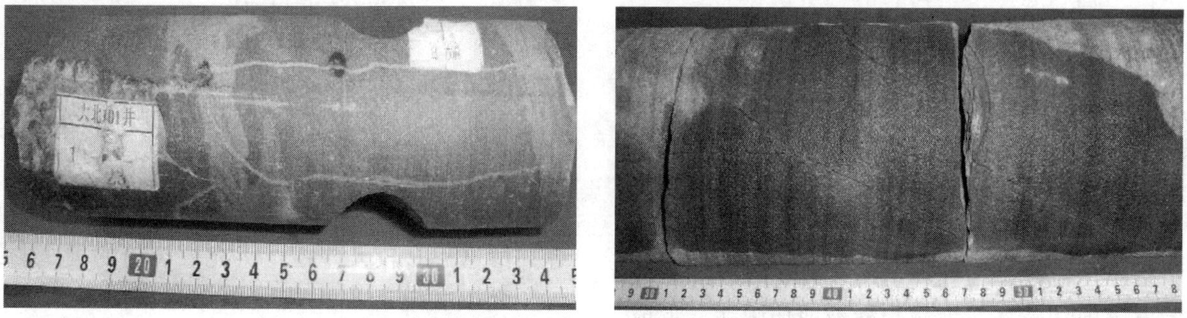

图1 高角度缝，方解石全充填及半充填形态图

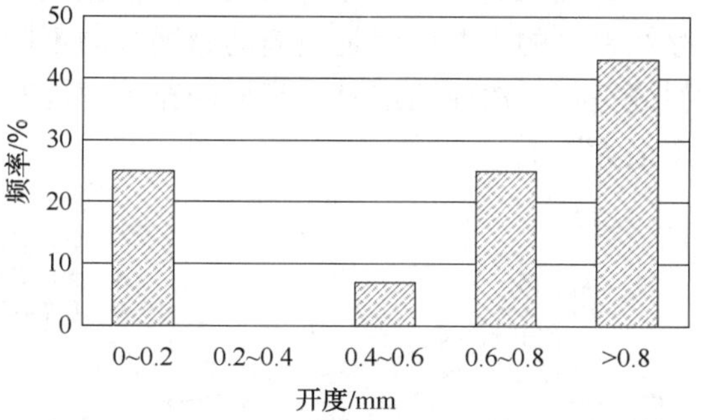

(a)Db1X井裂缝开度分布直方图

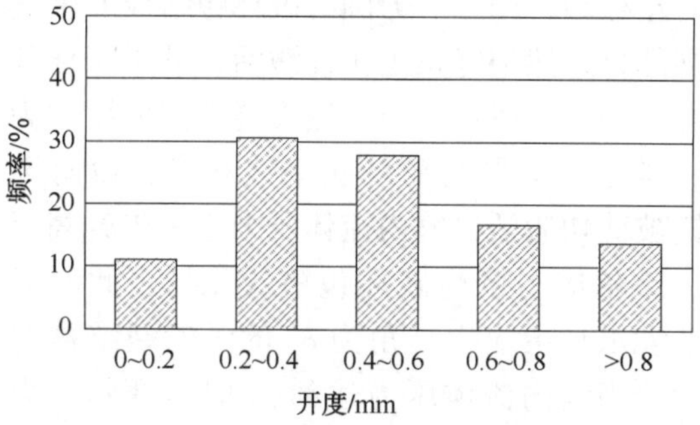

(b)Db2X井裂缝开度分布直方图

图2 库车山前某气藏宏观裂缝开度分布直方图

成像测井结果表明目的层段存在大量的高角度裂缝及微裂缝，共有四种组合形式：近东西向两组裂缝呈共轭状的共轭缝组合；裂缝组系产状相近，且呈平行状，裂缝类型既有斜交缝也有高角度缝的平行单斜状组合；以高角度缝为主导、其他各种走向的裂缝交织成网状的高角度缝主导的网缝带；以及岩石发生小尺度错动，呈碎块状的小断层型组合。裂缝走向以近东西向为主，裂缝倾角50°~80°，裂缝型质为高角度构造缝和斜交构造缝。根据裂缝线密度的计算公式，对电成像图上人工拾取的裂缝进行统计，裂缝线密度介于0.5~3.5条/m之间。

通过对气藏砂岩储层岩心、测井、试油等地质资料的综合对比分析，在结合理论研究的基础上，解释库车山前某气藏白垩系巴什基奇克组裂缝孔隙度主要分布在0~1.0%，最大值2.2%，平均值不到0.3%，整体较小，对储层的储集性能影响不大。裂缝渗透率主要分布在0~300mD，裂缝的发育对改善储层物性有非常重要的作用。

1.2 裂缝开启规律

研究天然裂缝的开启，首先分析压裂过程储层岩体中水力裂缝如何起裂并延伸的。断裂力学是上个世纪50年发展起来的固体力学分支，包括微观断裂力学和宏观断裂力学，井底的水力裂缝包含微观断裂，但主体属于宏观断裂力学。固体的断裂分为脆性断裂和韧性断裂，岩石一般认为是脆性断裂，研究岩石破裂机理主要以线弹性断裂力学为基础的断裂理论分析方法。线弹性断裂力学(LEFM)与 Griffith 理论有关，即脆性材料抗张强度低的原因是由于裂纹的传播而引起，裂缝延伸期间做的功与新产生的裂缝面的表面能相等。但 Griffith 理论不能解释裂缝顶端应力奇异性问题，Barenblatt 则指出裂纹尖端压缩应力的奇异性恰好等于张应力的奇异性，提出了裂缝尖端光滑闭合的 Barenblatt 模型。

在裂缝性储层改造施工过程中，人工裂缝与天然裂缝交汇后，可改变天然裂缝的受力状态。人工裂缝内的高压液体滤失到天然裂缝内，其缝内流体压力开始升高，则天然裂缝处弱面的强度条件随之发生变化，可认为储层改造的过程，摩尔应力圆是动态变化的，其不断沿横轴向左移动(图 3)。根据天然裂缝摩尔-库伦破坏准则，当摩尔应力圆与破坏包络线远离不发生交汇时，含弱面的天然裂缝保持稳定状态，不发生相对位移；当摩尔应力圆与破坏包络线相切时天然裂缝开始发生剪切破坏，天然裂缝被剪切激活，形成剪切滑移裂缝；随着缝内孔隙压力增加，莫尔圆继续向左移动，摩尔应力圆与破坏包络线发生交汇，则部分天然裂缝发生张性激活，处于张性开启状态。如图 3 所示，当天然裂缝内流体压力为 p_0 时，摩尔应力圆与破坏包络线相离，没有天然裂缝被剪切激活，缝内流体压力进一步升高至 p_1 时，摩尔应力圆与破坏包络线相切，此时只有与最大水平主应力夹角为 θ_1 的天然裂缝被剪切激活，当缝内流体压力达到 p_2 时，摩尔应力圆与破坏包络线相交，与最大水平主应力夹角为 $\theta_2 \sim \theta'_2$ 范围内的天然裂缝都会被剪切激活，而且此时缝内流体压力已经大于最小水平主应力，天然裂缝张开，形成张性激活。对于储层改造，天然裂缝剪切激活及张性激活均有利于形成缝网结构，扩大改造体积，但二者对有效改造体积贡献有明显差异。对于超深高应力储层，两者所具备的导流能力决定了其是否能发挥提高有效改造体积的作用。

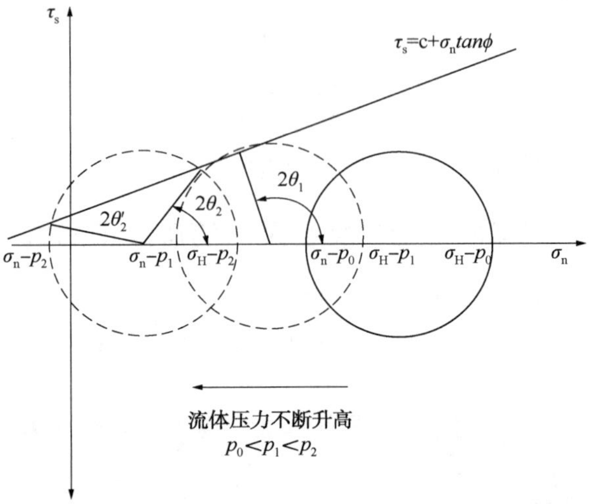

图 3　天然裂缝摩尔应力圆及库伦破坏包络线

1.3　裂缝充填对渗透能力影响

对多块岩样进行了裂缝充填与不充填、充填程度以及不同充填物对应力敏感性的研究，测试不同充填程度下裂缝渗透率。两块岩样的覆压测试数据分别是两块岩样的无因次渗透率随有效覆变化关系曲线，两块岩样既有相同点，又有不同点：

(1) 两块岩样裂缝半充填时，其渗透率值都介于不充填与全充填之间；

(2) 对于 A 岩样，半充填裂缝与不充填裂缝的渗透率有较大差距，半充填裂缝的覆压曲线与全充填裂缝的覆压曲线更靠近；而对于 B 岩样，半充填裂缝与不充填裂缝的渗透率很接近，两者的覆压曲线很靠近。两块岩样覆压关系曲线存在差异的主要原因是裂缝的延展方向不同，当裂缝平行于渗流通道时，裂缝的充填程度对渗透率很大影响。

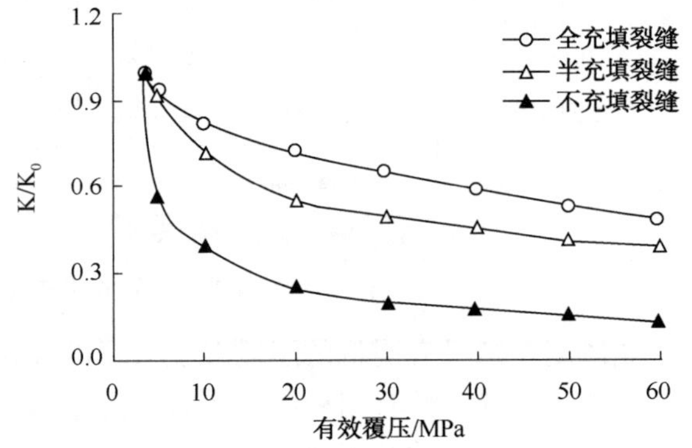

图 4　裂缝充填程度对裂缝渗透率影响

1.4　酸蚀及支撑裂缝导流分析

为对比分析，进行了支撑导流实验，设置了不同浓度的支撑剂浓度测试其导流能力，分别模拟了不同加砂浓度下支撑裂缝的导流能力，模拟加砂浓度分别为 100~150kg/m^3 及 300kg/m^3，相应设置平板内的支撑剂铺置浓度为 1kg/m^2 及 2kg/m^2，两种实验对比分析实际施工中酸压改造及低砂比加砂压裂改造中，人工裂缝导流能力的大小，进而判断有效分工裂缝状况。

实验结果对比，酸压裂缝随着闭合应力的增加，人工裂缝导流能力大幅下降，30MPa 闭合应力下，导流能力下降至原始导流不足1%，支撑裂缝在高闭合应力30MPa下，保持原导流能力20%左右，随着人工裂缝导流能力下降必然导致有效缝长的降低，直接导致沟通的天然裂缝减少，有效改造体积减小，有效的裂缝与储层接触面积降低，影响改造后增产效果。因此，改造形成和沟通有效裂缝系统(天然裂缝+人工裂缝)为影响改造效果的主控因素。

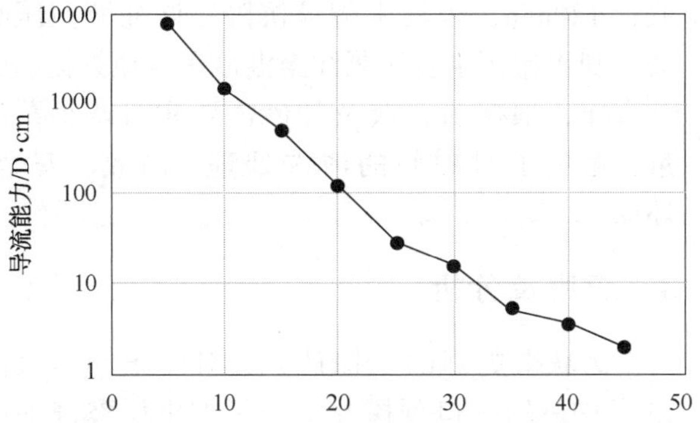

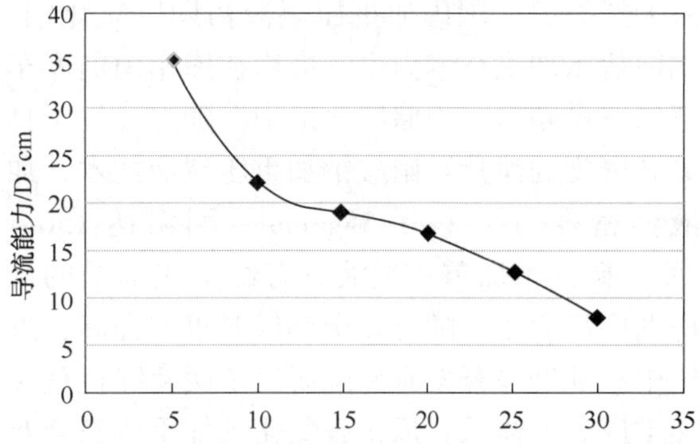

图5　高强度支撑剂导流能力实验($1kg/m^2$)

2　提高超深裂缝储层改造体积技术

2.1　缝内暂堵开启天然裂

不同储层改造措施对开启天然裂缝影响较大，通过选取库车山前白垩系(克深气田主力产层)含天然裂缝露头岩样，开展缝内暂堵天然裂缝转向开启的物理模拟实验，证实该暂堵转向开启天然裂缝及扩大改造体积的有效性。采用1m正立方体全三维应力加载水力压裂实验装备，模拟两向应力差20MPa。岩样加工整理后实际尺寸为762mm×762mm×914mm，含有多条不规则天然裂缝，为全胶结状态。液体为0.35%瓜胶压裂液基液，选取了粉末与2mm直径纤维组合暂堵剂，设计理想的暂堵位置为人工裂缝横向扩展1/2处。

观察实验后岩心内部裂缝形态，水力裂缝主扩展方向为最大水平主应力方向，图中红色箭头方向，水力裂缝与天然裂缝(图中蓝色箭头方向，图6)交汇后，沿天然裂缝延伸一段距离，之后转向最大水平主应力方向扩展，直至延伸至岩样边界。观察暂堵纤维在裂缝内的分布，人工裂缝及开启的天然裂缝内均有分布，对比模拟压裂的压力曲线，泵注暂堵剂后，压力升高4.5MPa，证实开启的人工裂缝内净压力提高4.5MPa左右。部分暂堵纤维进入天然裂缝，说明天然裂缝获得张性开启。通过该实验，证实缝内暂堵转向的技术，是提高人工裂缝内净压力、张性激活天然裂缝的有效手段，天然裂缝张性开启后，配合泵注支撑剂，使开启的天然裂缝获得有效支撑，提高天然裂缝的有效性，是提高有效缝控体积的有效技术手段。实际应用中，暂堵方式、暂堵剂类型及用量需根据储层特征及改造需求开展精细化设计。

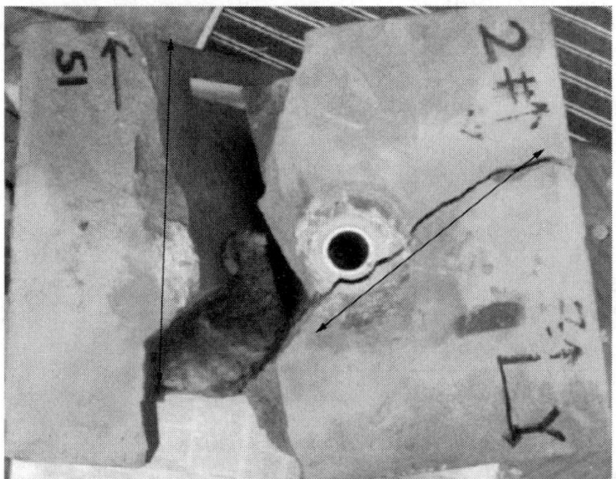

图6　压裂暂堵转向岩样内部俯视及侧视图

2.2 提高缝控体积液体技术

加重压裂液直接作用是提高井底施工压力，压开常规压裂液难以压开的超高应力储层。其具有提高井底净压力的优点，也提高了水力裂缝内净压力，有助于激活张性开启与人工裂缝交汇的侧向天然裂缝。国内加重压裂液初期以氯化钠/氯化钾盐水加重技术为主，应用在库车山前库车北部侏罗系超高应力储层改造中。随之开发了具有更高密度的溴盐及硝酸钠加重压裂液技术，加重液体密度为 1.2～1.55g/cm^3，耐温达 150～160℃。硝酸钠加重压裂液具有经济成本低的优势得到广泛应用，随着安全环保要求的提高，近几年中石油勘探开发研究院研发了两套绿色环保型加重压裂液体系：瓜儿胶氯化钙加重压裂液及聚合物/氯化钙加重压裂液体系，均采用工业氯化钙作为加重剂，加重密度最高达 1.35g/cm^3，最高耐温 200℃，具有良好的高温剪切流变性能，携砂性能良好，破胶彻底储层伤害低。同时配套研发了耐盐缓蚀剂，解决了高盐溶液在高温下对完井管柱的应力腐蚀。

分析现场低黏压裂液携砂能力不足基础上，研发了高弹性低黏高携砂能力压裂液，同时耐高温性能良好。该压裂液稠化剂在聚丙烯酰胺基础上，引入具有特殊功能单体，其与聚丙烯酰胺线性大分子链之间相互作用，提高了聚合物稠化剂在水溶液中空间结构强度，保持低黏的同时，显著增强弹性。优选了绿色环保高性能水性溶剂，与研发的低黏高弹聚合物稠化剂原液制成一定比例的乳液。该乳液性能稳定，放置 2 个月未发生板结。配制压裂液时使用浓度 0.5%～2%，与水混合可 30s 以内快速增黏至 30～90mPa·s，达到现场免配压裂液的使用要求。最高耐温达 160℃，170-s 剪切 120min，黏度大于 50mPa·s，高温静态携砂实验证实携砂能力强，使用浓度 0.5%乳液配制，压裂液初始黏度 45mPa·s，加入 30/50 陶粒，砂浓度 450kg/m^3，90℃高温放置 120min，未发生陶粒沉降。该乳液型压裂液，利用比例泵直接泵注至混砂车，免去提前配液程序，根据前置液及加砂需要实时调整泵注量，避免了对罐底的清洗处理，高效、安全、环保。

3 应用及分析

为获得更好的勘探认识，对库车坳陷克深 13 号构造的一口预探井实施了加重压裂液加砂压裂重复改造。泵注密度为 1.35g/cm^3 加重压裂液总液量 557.9m^3，挤入地层总砂量 20.3m^3，最大排量 4.8m^3/min，最大泵压 116.5MPa。改造后 6mm 油嘴求产，油压 74.2MPa，日产气 34.4×104m^3。相比复合酸压改造，加重压裂液加砂压裂改造后，油压增加 69%，产量增加 4.4 倍(图 7)。该井勘探突破直接促进了对克深 13 区块的储量落实与建产开发，截止 2020 年底，本区块共规划布井 12 口，规划产能 9.5 亿方。分析重复改造，密度为 1.35g/cm^3 加重压裂液，对该井增加的井底净压力相比非加重液体，排量同样 4.0m^3/min 左右，增加超过 20MPa，净压力增加值可实现与水力裂缝交汇的大部分天然裂缝张性开启。由于改造过程泵注支撑剂，张性开启的天然裂缝获得支撑，显著增加了有效缝控体积。

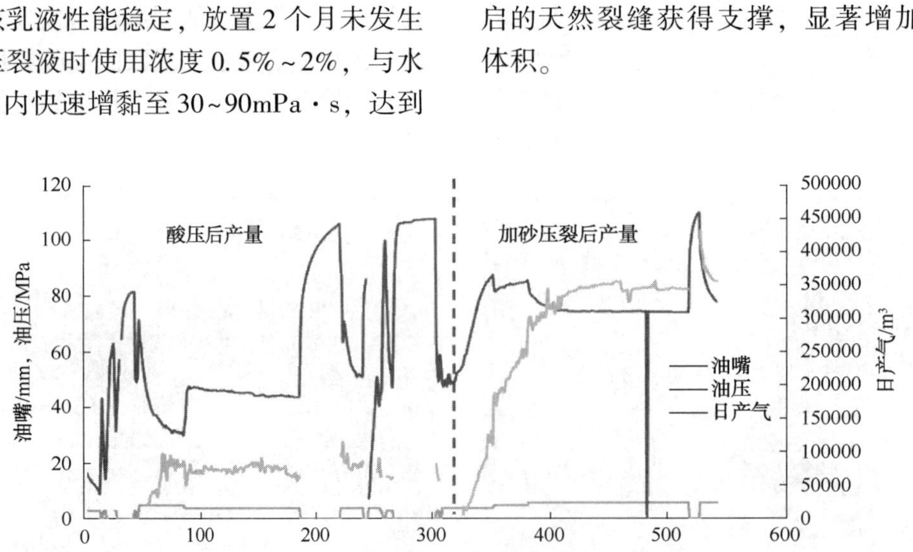

图 7 克深 13A 井加重加砂压裂重复改造求产对比曲线

4 结论及认识

（1）库车山前主力产层白垩系碎屑岩储层基质致密，天然裂缝较发育形态多样、特征复杂，超深高应力储层条件限制了改造手段，天然裂缝高效利用难度大，其利用程度决定了超深裂缝储层有效改造体积大小。

（2）超深储层天然裂缝能否激活动用，受发育特征及施工参数双重影响。储层改造过程天然裂缝可能发生三种形态变化，其中张性激活开启且获得高强度支撑具备形成主裂缝的导流能力，是提高改造体积的必要条件。

（3）改造施工中提高井底净压力是张性激活天然裂缝的有效手段，采取缝内暂堵及改造液加重技术可实现该目标，滑溜水及低黏高携砂压裂液有利于开启且使天然裂缝获得支撑，使其与水力主裂缝共同构成改造缝网主通道，提高有效改造体积，现场取得较好的应用效果。

参 考 文 献

[1] 雷群，杨战伟，翁定为，等．超深裂缝性致密储集层提高缝控改造体积技术——以库车山前碎屑岩储集层为例[J]．石油勘探与开发，2022，49(05)：1012-1024.

[2] 程正华，艾池，张军，等．胶结型天然裂缝对水力压裂裂缝延伸规律的影响[J]．新疆石油地质，2022，43(04)：433-439.

[3] 王志民，张辉，徐珂，等．超深裂缝性砂岩气藏增产地质工程一体化关键技术与实践[J]．中国石油勘探，2022，27(01)：164-171.

[4] 杨战伟，才博，胥云，等．库车山前超深巨厚储层缝网改造有效性评估[J]．中国石油勘探，2020，25(06)：105-111.

[5] VAN DOMELEN M S，JACQUIER R C，M. SANDERS W. State - of - the - art fracturing in the North Sea [R]. OTC 7890，1995.

[6] MALDONADO B，ARRAZOLA A，MORTON B. Ultradeep HP/HT completions：Classification，design methodologies，and technical challenges [R]. OTC 17927，2006.

[7] BROWN A，FARROW C，COWIE J. The Rhum Field：A successful HP/HT gas subsea development(case history)[R]. SPE 108942，2007.

[8] HADDAD Z，SMITH M，MORAES F D D，et al. The design and execution of frac jobs in the ultra deepwater lower tertiary wilcox formation[R]. SPE 147237，2011.

[9] CHUPRAKOV D，PRIOUL R. Hydraulic fracture height containment by weak horizontal interfaces [R]. SPE 173337，2015.

[10] WANG L W，CAI B，QIU X H，et al. A case study：Field application of ultra-high temperature fluid in deep well[R]. SPE 180546，2016.

[11] WANG Y H，ZHANG F X，CHENG X S，et al. Proppant fracturing for ultra-high pressure deep gas reservoir[R]. SPE 130905，2010.

[12] 周建平，杨战伟，徐敏杰，等．工业氯化钙加重胍胶压裂液体系研究与现场试验[J]．石油钻探技术，2021，49(02)：96-101.

[13] BAGAL J，GURMEN M N，HOLICEK R A，et al. Engineered Application of a Weighted Fracturing Fluid in Deep Water[R]. SPE98348，2006.

[14] RIVAS L，NAVAIRA G，BOURGEOIS B. Development and use of high-density fracturing fluid in deep water gulf of Mexico frac and packs[R]. SPE 116007，2008.

[15] 杨战伟，胥云，程兴生，等．水力喷射酸压技术在轮南碳酸盐岩水平井中的应用[J]．钻采工艺，2012，35(1)：49-51.

[16] CIEZOBKA J，COURTIER J，WICKER J. Hydraulic fracturing test site(HFTS)：Project overview and summary of results[R]. SPE 2937168，2018.

[17] 孟选刚，吴玫，彭芬，等．某超深井油管腐蚀开裂分析及对策研究[J]．钻井液与完井液，2021，38(03)：380-384.

套管滑套压裂投球时机优化及应用

赵广民[1,2]　解永刚[1,2]　张华光[1,2]　赵敏琦[1,2]　张文星[1,2]

(1. 中国石油长庆油田分公司油气工艺研究院；2. 低渗透油气田勘探开发国家工程实验室)

摘　要　套管滑套分层压裂技术是苏里格气田直井定向井主体压裂技术之一，为了降低破裂压力，常规做法是在可溶球前后各泵入一定量酸液，而可溶球和酸液之间隔离液用量目前尚未有可靠依据。为了确定泵球过程中可溶球与前置酸液间隔离液的用量，根据现有计算模型，结合现场施工数据，优化了有效空间内可溶球沉降速度数学模型。根据优化后的模型计算出在不同规格可溶球在井筒内的沉降速度，并根据沉降速度计算了隔离液用量，为工艺设计提供理论依据。最后，对沉降速度影响因素进行了分析和现场验证，结果表明：模型计算可靠，精度可达 90.9%，可满足现场作业要求。该模型及方法可用来优化分段改造工艺设计中前置酸液和可溶球之间隔离液用量，也可用于判断定直井压裂工艺中压裂球到位时间，为现场实时调整泵送排量提供依据。

关键词　套管滑套；压裂；可溶球；隔离液；沉降速度；数学模型

1　前言

套管固井滑套分层压裂是长庆气田定直井分层压裂的重要技术手段，该工艺压裂施工工序简单，不需要射孔，只需要井口投入配套的压裂球打开对应的滑套便可实施分层压裂，具有施工排量大、施工连续、作业速度快等优势。但由于该工艺压裂时不射孔，部分层段滑套打开后地层难以起裂，需要注酸处理；同时，所投压裂球尺寸较大，虽然压裂球为可溶材质，但由于溶解速度慢，在保证分层压裂的基础上难以快速完成溶解，压后放喷残留的可溶球无法通过放喷管线，影响后期排液及生产。

因此，为了降低地层破压，同时加快可溶球溶解，目前的压裂施工设计中一般采用投球前首先注入 1m^3 酸液，接着注入 1m^3 基液作为隔离液后再注入 1m^3 酸液，然后再进行正常的泵送程序。但在可溶球入座前能否保证其不穿过隔离液进入酸液，现有计算方法误差较大，而现场可溶球沉降时间几乎都是凭经验判断。本文在前期研究的基础上，通过对现场施工过程中沉降速度统计分析，对现有公式进行修正，建立了窄间隙下可溶球在井筒内的沉降规律模型，并将该模型应用于施工设计中，为设计隔离液的规模及现场施工参数提供依据和指导。

2　现有压裂球沉降计算模型

2.1　无限空间计算模型

在无限空间内，当压裂球与液体的相对速度达到匀速时，被称为沉降末速度，此时：

$$v_s=\sqrt{\frac{4gd(\rho_s-\rho)}{3\rho\eta}} \tag{1}$$

式中，G 为重力，N；F_f 为浮力，N；d 为压裂球直径，mm；ρ_s 为压裂球密度，g/cm^3；ρ 为液体密度，g/cm^3；η 为液体阻力系数；v_s 为压裂球沉降末速度，m/min。

由于瓜胶基液的雷诺数在 $2\times10^4\sim10^5$，故而 η 值取 0.44，在不考虑压裂球与管柱间隙的情况下，压裂球在井筒中沉降末速度计算公式为：

$$v_s=1.74\sqrt{\frac{d(\rho_s-\rho)g}{\rho}} \tag{2}$$

2.2　有限空间内的沉降末速度计算模型

管壁和有限边界的存在对黏性介质中颗粒的最终沉降速度施加了一个阻力作用，即管壁效应，通常人们采用管壁效应因子 F_w 来表征管壁效应对沉降速度的影响。

Govier 等人通过研究得到牛顿流体中的管壁效应因子与直径比(颗粒直径与管内径之比)，当 d/D 一般远大于 0.01 时，$F_w=1+2.1\left(\frac{d}{D}\right)$

此时的沉降末速度为：

$$v'_s=\frac{v_s}{F_w}=\frac{v_s}{1+2.1\left(\frac{d}{D}\right)} \quad (3)$$

其中，v'_s 为考虑管壁效应后的沉降末速度，m/min；D 为施工管柱内径，mm。

3 沉降速度模型校正

根据现有有限空间颗粒沉降计算模型，可以计算出不同规格可溶球理论沉降速度：

根据计算结果可以看出，在管柱内径确定的情况下，可溶球沉降速度变化不大。但现场施工统计数据表明，当球与管壁间隙逐渐变小时，现有模型计算误差逐渐变大(表1~表2)。

根据表2统计结果，可以计算出三种规格可溶球实际平均沉降速度，并得出与实际理论计算符合率(表3)。

表1 不同直径压裂球的沉降末速度

可溶球直径/mm	压裂管柱内径/mm	沉降末速度/(m/min)
76.2	99.56	23.78
79.375		23.66
82.55		23.54
85.725		23.42
88.9		23.29
92.075		23.16

表2 现场实际泵送量统计表

井号	套管内径/mm	目的层深/m	可溶球直径/mm	井筒容积/m^3	泵送时间/min	理论泵送量/m^3	实际泵送量/m^3
苏14-22-38C5	99.56	3569.56	92.075	27.78	13.50	25.34	24.83
		3609.63	88.9	28.09	14.00	25.55	24.42
苏48-19-90		3559.74	92.075	27.70	13.00	25.36	23.87
		3592.23	88.9	27.95	13.30	25.54	23.62
苏东32-53		2846.22	85.73	22.15	12.50	19.87	18.63
		2898.57	88.9	22.55	12.70	20.25	19.07
苏东33-55C3		2983.12	92.075	23.21	12.80	20.91	19.84
		3077.41	92.075	23.95	13.00	21.60	20.56
靖45-24		3126.78	85.725	24.33	13.20	21.92	20.35
		3155.88	88.9	24.56	13.30	22.15	21.06
靖43-52		3195.1	92.075	24.86	13.30	22.46	20.99
		2971.17	88.9	23.12	12.80	20.80	19.70
		2985.37	85.73	23.23	13.00	20.86	19.53

表3 可溶球实际沉降速度和理论沉降速度对比表

可溶球直径/mm	实际平均沉降速度/(m/min)	理论沉降速度/(m/min)	实际理论符合率/%
85.725	15.92	23.42	0.68
88.9	14.52	23.29	0.62
92.075	12.75	23.16	0.55

如图1所示，根据图1曲线，可以回归出可溶球直径与沉降符合率的计算公式，即：

$$y=-0.0176d+2.1907 \quad (4)$$

式中，y 为实际沉降速度与理论沉降速度符合率；d 为可溶球直径。

由公式(2)、(3)、(4)可以得出窄间隙下可溶球沉降末速度计算公式：

$$v''=\frac{1.74\times\sqrt{\frac{d(\rho_s-\rho)g}{\rho}}}{1+2.1\times\left(\frac{d}{D}\right)}\times(2.1907-0.0176d) \quad (5)$$

根据公式(4)、(5)，可以计算出不同规格可溶球沉降速度的符合率以及沉降速度。

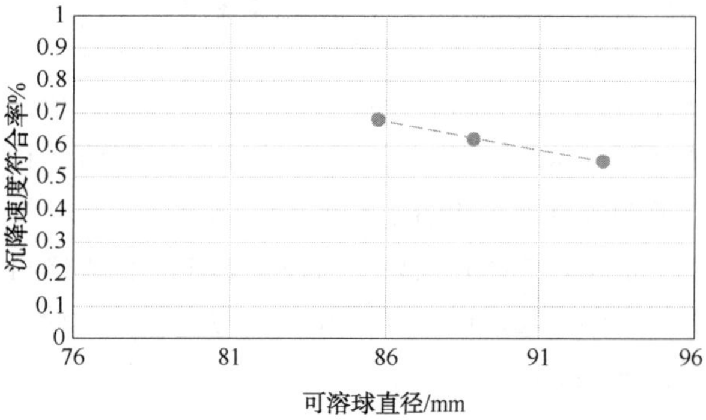

图 1　实际沉降速度和理论沉降速度符合率与可溶球直径关系曲线

表 4　不同规格可溶球校正后的沉降末速度

(套管内径 99.56mm)

可溶球直径/mm	沉降末速度/(m/min)
76.2	20.20
79.375	18.78
82.55	17.37
85.725	15.97
88.9	14.58
92.075	13.21

4　隔离液用量计算

4.1　沉降末速度影响因素

根据公式(5)结果可以看出，在井径和井内液体密度的情况下，最终影响可溶球沉降速度的因素为其直径和密度，直径越大，即可溶球与管壁间隙越小，可溶球沉降速度越慢；而可溶球密度越大，沉降速度越快(图 2)。

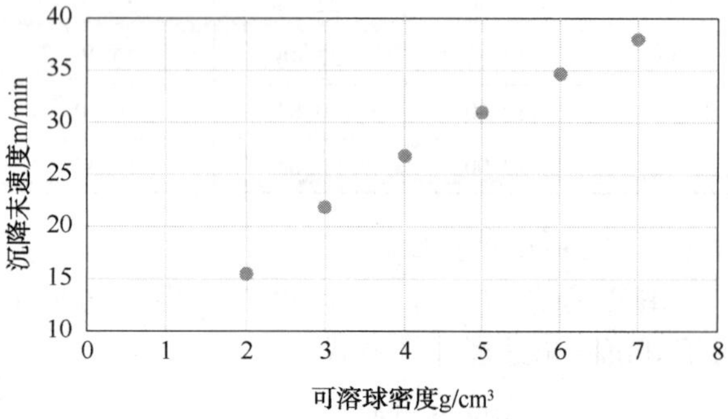

图 2　沉降末速度和压裂球密度关系曲线(球直径 76.2mm，井径 99.56mm)

在固井滑套实际压裂施工过程中，液体密度及采用可溶球密度不发生变化，实际影响沉降末速度的因素变为压裂球直径及施工管柱内径。取液体密度为 $1g/cm^3$，可溶球密度 $2.7g/cm^3$，可以计算出不同直径可溶球沉降末速度(图 3)。

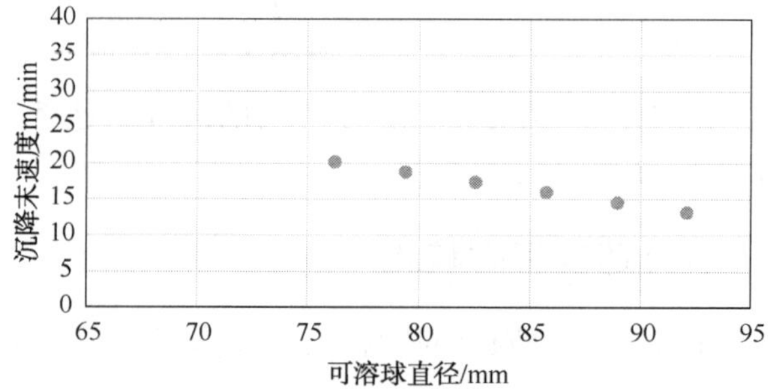

图 3　沉降末速度和可溶球直径关系曲线(可溶球密度 $2.7g/cm^3$，井径 99.56mm)

4.2　不同泵送排量下的隔离液用量

从表 4 的计算结果可以看出，目前的可溶球在井筒内沉降速度较慢，对于垂深 3000m 的井，自由沉降时间超过 2 小时；为了节约施工时间，同时减少可溶球在液体内浸泡时间，故现场一般采用泵送方式将球送入对应球座。假设泵送排量为 q，井深为 L、施工管柱内径为 D，计算隔离液理论用量。

井筒容积为：

$$Q=0.25\times3.14\times L\times D^2 \tag{6}$$

泵送所需时间为：

$$t=Q/q=0.25\times3.14\times L\times D^2/q \tag{7}$$

则该时间内可溶球沉降距离为：

$$Ls=v''_s\times t \tag{8}$$

故而需要隔离液量为

$$Qs=Ls\times0.25\times3.14\times D^2 \tag{9}$$

以苏里格气田平均井深 3000m、内径 99.56 套管为例，根据公式(8)、(9)可以计算出不同泵送排量下的隔离液用量，详见表 5。

表 5　不同泵送排量下的隔离液用量

(可溶球直径 88.9mm)

井深/m	井径/mm	泵送排量/(m^3/min)	泵送时间/min	隔离液量/m^3
3000	99.56	1	19.76	2.46
		1.2	16.90	2.11
		1.4	14.76	1.84
		1.6	13.11	1.63
		1.8	11.78	1.47
		2	10.70	1.33

根据表 5 结果可以看出，对于苏里格气田来说，前置酸液和可溶球之间用 $1m^3$ 隔离液远远不够，可根据可溶球直径及泵送排量确定隔离液

用量，以确保压裂时可溶球不处于酸液中而提前溶解。

5 现场验证

以苏东 44-××为例(图 4)。该井施工管柱内径 99.56mm，套管滑套下深 3183.7m，配套可溶球直径 88.9mm，泵送排量 1~2m³/min，投球后泵送 15min 球到位，井筒容积 24.77m³，实际泵送液量 22.9m³，根据表 4 结果可算出 15min 时间内可溶球沉降距离为 218.85m，该井段理论容积 1.7m³，实际可溶球到位所用泵送液体和实际井筒容积差为：24.77-22.9=1.87m³，基本符合理论计算结果。

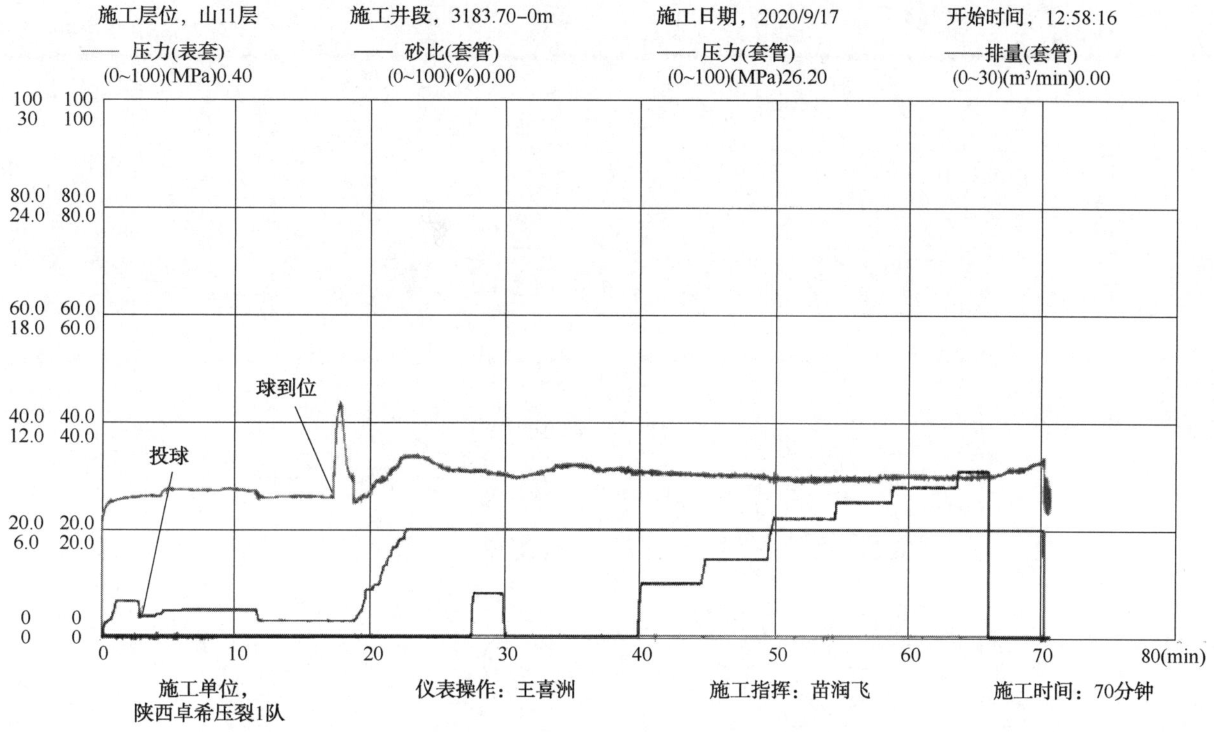

图 4 苏东 44-××井山 11 层施工曲线

6 结论

(1) 针对定直井套管滑套分压工艺，根据现场统计，对可溶压裂球的沉降速度进行了校正，结果表明，在可溶球和井筒液体密度确定的条件下，影响可溶球沉降速度的因素是球的直径和井筒内径，球和井壁间隙越大，沉降速度就越快；

(2) 计算了不同泵送排量和时间下隔离液用量，并和实际工况进行了对比，表明计算结果精度 90.9%，为工艺参数优化提供依据；

(3) 根据苏里格气田井深和送球排量、时间，目前设计中的 1m³ 隔离液用量偏小，应根据可溶球尺寸及泵送排量确定隔离液用量，以保证可溶球不会进入酸液提前被溶解。该方法也可用于投可溶球的压裂工艺设计中。

参 考 文 献

[1] 冯长青，邵媛，任勇．水平井多级滑套压裂工艺中的压裂球返排规律[J]．断块油气田，2018，25(04)：545-548.

[2] 吴宁，张琪，曲占庆．固体颗粒在液体中的沉降速度计算方法评价[J]．石油钻采工艺，2000，22(2)：51-53.

[3] 许建国，王峰，刘长宇．水平井滑套分压工艺技术及现场应用[J]．钻采工艺，2008，31(增刊 1)：54-56.

[4] 杨文领，何玉发，张恒．筛管悬挂器投球下落速度计算方法[J]．石油化工设备，2007，36(增刊 1)：24-26.

[5] 温杰文，谢欣．投球式封隔器侯球时间计算和球入座问题分析[J]．钻采工艺，2016，39(3)：43-45.

[6] 岳湘安．液-固两相流基础[M]．．北京：石油工业出版社，1996：64-73.

[7] 温庆志，翟恒立，罗明良．页岩气藏压裂支撑剂沉降及运移规律实验研究[J]．油气地质与采收率，2012，19(06)：104-107+118.
[8] 肖晖，李洁，曾俊．投球压裂堵塞球运动方程研究[J]．西南石油大学学报(自然科学版)，2011，33(05)：162-167+203.
[9] 赵建福，李炜．变速运动颗粒所受非恒定作用力分析[J]．力学与实践，1998(03)：3-5.
[10] 郭烈锦．两相与多相流动力学[M]．西安：西安交通大学出版社，2002.
[11] 岳湘安，郝江平，陈家琅．固体颗粒在宾汉流体中的阻力系数与沉降速度[J]．石油钻采工艺，1993(01)：1-8.
[12] Govier G W，Aziz K. The flow of complex mixtures in pipes [M]. New York：Litton Educational Publishing Inc.，1972.

渤海 K 油田低渗油藏水锁伤害防治技术研究与应用

庞　铭　陈华兴　赵顺超　方　涛　王宇飞　吴华晓　尚宝兵

［中海石油（中国）有限公司天津分公司］

摘　要　K油田低渗储层修井作业后出现产液恢复，但产油量下降，含水率升高的问题，初步分析为外来工作液漏失造成的水锁损害。利用热力学和动力学原理分析了K油田水锁伤害的影响因素，通过室内实验优选了适用K油田低渗储层的防水锁型修井工作液，并优化了作业井的洗井工艺和返排制度。研究结果表明，K油田油井故障后生产水洗井解卡和修井过程入井工作液漏失进入储层孔喉，由于低渗储层孔喉半径小、入井工作液表面张力高于地层流体，且排驱压力较低，不足以克服毛管阻力，造成水锁损害。表面活性剂室内实验结果显示，相同浓度下的CB02具有更低的表面张力和界面张力，同时热稳定性也优于其他工作液体系。现场采取先正挤高浓度CB02溶液段塞，后续用低浓度CB02溶液洗压井，作业后快速提频，增大压差的对策，油井修井后平均产油恢复率由47.8%提升至90%，见油时间由8.7d缩短至3d。

关键词　低渗油藏；水锁损害；影响因素；修井液；表面活性剂

水锁伤害是低渗油气田开发生产过程中常见的储层伤害类型，水锁伤害是由于含水饱和度暂时性或永久增加而造成油相或气相相对渗透率下降的现象。国内外学者针对水锁伤害开展了大量研究，但主要研究对象为低渗气藏，低渗油藏水锁伤害研究案例较少，尤其是油井修井作业过程中的水锁伤害问题尚未有相关文献报道。

渤海K油田低渗储层油井修井过程工作液漏失量大，作业后普遍表现出产液量恢复，产油量大幅下降，含水率升高的现象。产油量较作业前平均下降52%，含水率上升20%。分析作业过程外来水相侵入低渗储层细小孔喉，造成近井地带含水饱和度升高，油相相对渗透率下降，但储层的绝对渗透率未受到明显的损害。结合K油田低渗储层敏感性实验结果显示水敏、速敏等伤害较弱，作业用水为生产污水，与地层水配伍性较好，不存在严重结垢问题。初步判断K油田低渗油井修井作业过程发生水锁损害的可能性较大。需要进一步分析水锁损害机理，研究防治技术对策，减小作业井储层伤害对低渗油藏开发生产的影响。

1　K油田低渗储层水锁损害机理

1.1　水锁损害原因

水锁损害产生的原因包括热力学和动力学两类。其中热力学水锁可用Laplace公式和Purcell公式分析。式（1）为Laplace公式，给出了驱动压力 p 与毛管压力平衡时，储层中未被水充满的毛管半径 r_k 的计算式。

$$r_k = \frac{2\sigma\cos\theta}{p} \tag{1}$$

其中，r_k 为驱动压力 p 与毛管压力平衡时，储层中未被水充满的毛管半径，μm；σ 为液体表面张力，mN/m；θ 为接触角，°；p 为驱动压力，kPa。

式（2）为Purcell公式，给出了油相或气相渗透率K的计算式。

$$K = \frac{\phi}{2}\sum_{r_k}^{r_{max}} r_i S_i \tag{2}$$

其中，K 为油相或气相渗透率，mD；φ 为孔隙度，无量纲；r_{max} 为最大孔隙半径，μm；r_i 为第 i 组毛细管半径，μm；S_i 为第 i 组毛细管对应体积分数。

由式（1）可知表面张力 σ 和 $\cos\theta$ 值越大，r_k 越大，即式（2）中求和的下限越大，油相或气相渗透率 K 值将越小。可见对于低渗油井而言，在热力学平衡的前提下，外来流体的表面张力若大于地层流体，则会发生热力学水锁；若外来流体表面张力与地层流体相等，则不会发生水锁；若外来流体表面张力低于地层流体，水锁伤害会解除。

动力学水锁则可由 Paiseuille 定律分析，如式(3)所示，给出了毛细管排液时间计算式。

$$t=\frac{4\mu L^2}{pr^2-2r\sigma\cos\theta} \tag{3}$$

其中，t 为毛细管排液时间，s；p 为排驱压力，Pa；r 为毛细管半径，m；σ 为表面张力，mN/m；θ 为接触角,°；μ 为流体黏度，Pa·s；L 为近井地层水相侵入深度，m。

由式(3)可知，水相侵入深度越深，毛细管半径越小，排液时间越长，且从半径由大到小的毛管中依次排出，所需的排驱压力逐渐增大，排液速度变慢。

1.2 水锁损害影响因素

从水锁损害发生的原因来看，水锁损害主要受到储层孔喉尺寸、液相表面张力、润湿性、黏度、侵入深度和排驱压力等因素影响。结合 K 油田实际生产情况，对水锁损害影响因素进行了分析。

(1) 储层孔喉尺寸

K 油田低渗储层渗透率主要分布在 20~50mD，孔喉中值半径在 0.1~1μm，最大孔喉半径为 10μm。漏失储层的外来水相在一定的返排压力下容易从较大的孔喉中排出，但 1μm 以下的小孔喉中的外来水相难以排出。导致渗透率较高、孔喉较大、含水率高的层段对油井液量贡献变大，而渗透率较低、孔喉较小、含水率低的层段对油井液量贡献减小，从油井井口产出来看，就表现为液量变化较小，但产油量下降、含水率升高。

(2) 外来工作液性质

由于海上油田油井一般采用潜油电泵生产，故障停泵后通常会利用现场生产水洗井解卡，如仍不能启泵生产，则进行检泵作业。修井作业过程入井液主要为生产水和表面活性剂配制的低浓度洗井液，具备一定的防膨、阻垢和助排功能。生产水的表面张力约为 72.8mN/m，黏度 1mPa·s。K 油田此前修井使用的洗井液虽添加低浓度表面活性剂，但表面张力仍高于地层原油。根据式(1)，K 油田此前两种入井液均可引起热力学水锁。

(3) 外来工作液漏失情况

由于 K 油田低渗油藏注水受效较差，地层压力系数较低。生产水反洗井解卡和修井作业过程洗压井期间单井平均工作液漏失量达到 $268m^3$，油层厚度平均为 30m，漏失量较大，即工作液侵入深度较深。据式(3)，侵入深度越深，返排越困难，水锁伤害越难解除。如图 1 所示，K 油田 A7 井投产后共有 2 次修井作业，第一次作业时为投产初期，地层压力系数较高，作业过程工作液漏失量仅 $25m^3$，作业后未发生明显的储层伤害。第二次作业时，地层压力系数仅 0.7，工作液漏失 $207m^3$，作业后产液量恢复，但产油量下降 60%，发生严重的水锁伤害。

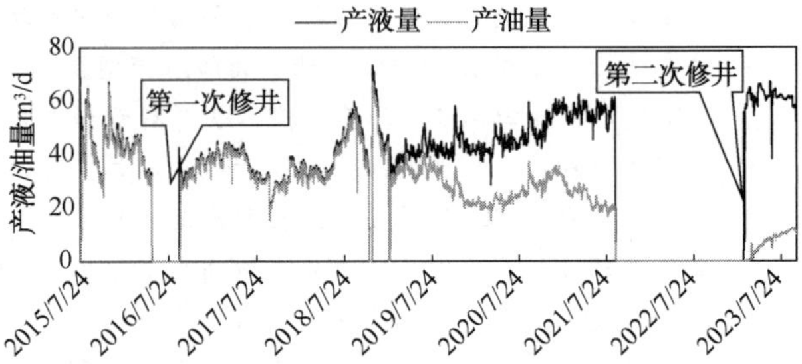

图 1 K 油田 A7 井生产动态曲线

(4) 排驱压力

受海上油田地面油水处理能力限制，K 油田修井作业后返排阶段通常采取降频生产的策略，保证地面流程稳定运行，导致油井生产压差较小。如图 2 所示，K 油田修井作业后油井生产压差相较于作业前下降 2~7MPa，不足以克服较小孔喉中的外来水相的毛细管阻力，长时间滞留储层孔喉引起油相渗透率下降。

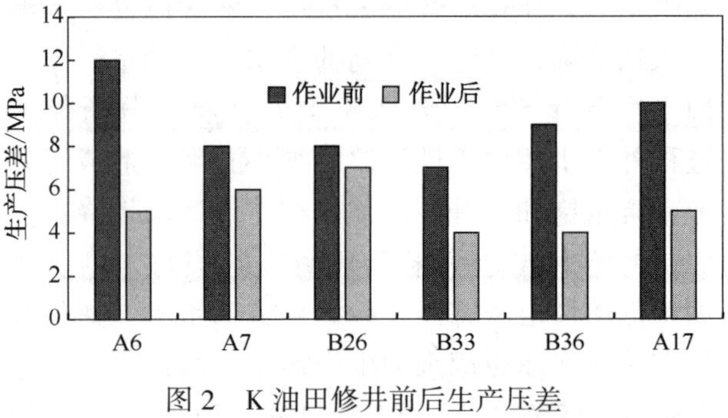

图 2 K 油田修井前后生产压差

2 水锁损害防治技术研究及应用

2.1 水锁损害防治技术优选

如表 1 所示，将低渗油气藏水锁损害的防治技术进行了梳理。对于 K 油田低渗油藏水锁损害防治，考虑井控安全、储层地质特点和经济性因素，低密度修井液、压裂、预热地层等技术并不适合。而对海上筛管防砂井，暂堵剂的堵漏和破胶效果不稳定，采用低表界面张力的修井工作液进行洗压井作业，并在作业后增大生产压差应为最佳的水锁损害防治手段。

表1 水锁损害防治技术汇总表

防治技术类型	原理
降滤失	通过欠平衡钻井、低密度泡沫工作液、暂堵剂等手段减少或避免工作液漏失储层
表面活性剂	表面活性剂具有降低溶液的表面张力，改变体系界面状态，使表面呈活化状态，产生润湿或反润湿，同时由于表面活性剂是一种易挥发的极性物质，可加速侵入液的蒸发
增大生产压差	通过增大生产压差克服储层孔喉中外来水相毛细管阻力，降低含水饱和度，减轻水锁损害
酸化	酸化增加孔隙体积，降低储层水锁损害敏感性
水力压裂	可以减小近井区的压降损失，扩大有效的流入范围，使气井保持较高的井底压力生产，推迟井眼附近凝析液的聚集
预热地层	向储层注入管输入高温特殊干燥气体，可以使近井地带发生物理干化，利用这种原理可以消除储层中的水锁效应

2.2 修井工作液优选评价

对BJS03、BNZ09和CB02三种表面活性剂体系进行了油水界面张力、表面张力和热稳定性进行了测试，其中BJS03为K油田原体系，BNZ09和CB02为新优选体系。

（1）界面张力

以K油田油井产出液分离出的原油作为油相，现场取得修井作业用水样作为溶剂配制工作液体系溶液，在120℃（储层温度）下进行油水界面张力的测定。如表2所示，新优选工作液体系CB02和K油田原工作液体系BJS03在较低浓度下的界面张力明显低于BNZ09，当浓度在3%以上时，BNZ09的界面张力低于BJS03和CB02，三种体系界面张力均低于1mN/m。

表2 不同修井工作液油水界面张力测试结果

工作液编号	不同浓度下界面张力/（mN/m），120℃				
	0.5wt%	1.0wt%	2.0wt%	3.0wt%	5.0wt%
BJS03	0.581	0.549	0.451	0.407	0.373
BNZ09	3.908	2.724	1.691	0.209	0.174
CB02	0.663	0.545	0.396	0.346	0.287

（2）表面张力

以修井作业用水样作为溶剂配制不同工作液溶液，并测试其在室温下的表面张力。如表3所示，在相同浓度条件下，新优选的工作液体系CB02的表面张力最低，且只有CB02在浓度3%以上时，表面张力低于30mN/m。

表3 不同修井工作液表面张力测试结果

工作液编号	表面张力/（mN/m），室温				
	0.5wt%	1.0wt%	2.0wt%	3.0wt%	5.0wt%
BJS03	50.05	45.54	36.48	38.25	38.26
BNZ09	51.27	43.74	35.78	35.4	39.09
CB02	43.47	32.5	30.9	24.08	25.78

（3）热稳定性

将配制好的浓度同为3wt%的不同修井工作液体系，放置于120℃（储层温度）下观察表观稳定性，结果见表4。K油田原修井液体系BJS03溶液在高温放置2h后会出现白色沉淀，而新优选体系BNZ09和CB02溶液在高温下放置48h以上仍保持稳定。

综合不同修井工作液体系的表界面张力、热稳定性评价结果，K油田原修井液体系BJS03油水界面张力较低，但表面张力高于

30mN/m，会增大修井液返排时的毛细管阻力，且在120℃下热稳定性会产生沉淀，增加储层伤害风险。新优选的CB02表面张力和界面张力均优于BNZ09，返排时的毛细管阻力更小，且高温下的热稳定性较好。从实验结果来看，选用CB02体系更优。

表4　不同修井工作液高温下热稳定性评价结果

工作液类型	放置时间/h					
	0	1	2	12	24	48
BJS03	稳定	有沉淀	有沉淀	有沉淀	有沉淀	有沉淀
BNZ09	稳定	稳定	稳定	稳定	稳定	稳定
CB02	稳定	稳定	稳定	稳定	稳定	稳定

2.3　K油田水锁损害防治对策及应用效果

（1）水锁损害防治对策

油井电泵故障后应避免直接使用现场生产水洗井解卡，而采用CB02配制的浓度1%的防水锁型修井工作液洗井，缩短洗井时间。在修井作业过程中，先正挤浓度分别为5%的CB02配制的高浓度防水锁工作液段塞，减小较深部位的外来侵入水相的毛管阻力，同时起到隔离后续洗井液的作用。再利用浓度为1%的CB02配制的低浓度工作液配合其他功能性添加剂进行洗压井作业，保障井筒清洁和储层保护效果。

修井作业结束后，可先限制K油田部分特高含水、高产液井的产量，降低地面处理流程负荷，优先保障作业井快速提频返排，增大生产压差，减轻水锁损害。待返排结束，生产稳定后再根据实际情况调整生产制度。

（2）现场应用效果

如表5所示，储层保护技术优化前作业的6口油井，产油恢复率在31.2%～78.4%，平均47.8%，作业后见油时间在5～13d，平均8.7d；通过工作液体系、洗井工艺和返排制度的调整，K油田后续4口井修井作业后的产能恢复效果得到明显的改善，产油恢复率80.4%～104.2%，平均达到90%，油井作业后见油时间在1～6d，平均3d。

表5　K油田作业井生产数据统计结果

井号	作业前稳定生产数据			作业后稳定生产数据			见油时间/d	产液恢复率/%	产油恢复率/%	备注
	产液量/(m^3/d)	产油量/(m^3/d)	含水率/%	产液量/(m^3/d)	产油量/(m^3/d)	含水率/%				
K6	39.2	14.7	62.5	37.5	5.5	85.3	10	95.7	37.4	储层保护技术优化前
K7	60.3	20.5	66.0	64.4	9.1	85.9	12	106.8	44.4	
K26	144.7	10.2	93.0	206.5	8	96.1	6	142.7	78.4	
K33	38.6	11.4	70.5	53.1	5.5	89.6	12	137.6	48.2	
K36	167.2	23.5	85.9	297.4	14.7	95.1	5	177.9	62.6	
K17	38.0	26.6	30.0	35.5	8.3	76.6	13	93.4	31.2	
K66	36.5	33.0	9.8	48.3	34.4	28.8	1	132.3	104.2	储层保护技术优化后
K68	80	74	8.6	75.3	59.5	21.0	1	94.1	80.4	
K24	88.8	41.7	52.9	145.0	40.1	72.4	4	164.1	95.9	
K42	134.7	24.9	81.5	154.9	22.3	85.6	6	115.0	89.6	

3　结论与认识

通过K油田低渗储层作业井储层伤害机理分析，造成油井作业后产液恢复、产油量下降、含水率升高的主要原因为停泵后洗井解卡和修井过程洗压井外来水相漏失进入储层孔喉，造成近井地带含水饱和度升高，油相渗透率下降。作业后低频生产，驱替压差较小，难以克服低渗储层孔喉中外来水相的毛细管阻力。

结合热力学水锁和动力学水锁的影响因素，

优选评价了低表界面张力的修井工作液体系CB02，并在电泵故障后第一时间采用低浓度CB02防水锁工作液洗井解卡，修井过程采用正挤高浓度CB02防水锁工作液段塞后，再用低浓度工作液洗压井的策略。修井作业结束后快速提频，增大生产压差，促进漏失的水相快速返排。储层保护对策调整后，K油田油井产油恢复率和见油时间明显改善。

参 考 文 献

[1] 王文雄，肖晖，叶亮，等．不同岩性致密砂岩水锁伤害深度实验研究[J]．非常规油气，2022，9(04)：71-77.

[2] 官伟，李涵，柳明，等．苏东南区低渗致密气藏储层水锁风险及判识[J]．天然气与石油，2021，39(01)：81-87+144.

[3] 梁天博，马实英，魏东亚，等．低渗透油藏水锁机理与助排表面活性剂的优选原则[J]．石油学报，2020，41(06)：745-752.

[4] 唐洪明，朱柏宇，王茜，等．致密砂岩气层水锁机理及控制因素研究[J]．中国科学：技术科学，2018，48(05)：537-547.

[5] 唐洪明，徐诗雨，王茜，等．克拉苏气田超致密砂岩气储层水锁损害[J]．断块油气田，2017，24(04)：541-545.

[6] 朱洪林，刘向君，姚光华，等．用数字岩心确定低渗透砂岩水锁临界值[J]．天然气工业，2016，36(04)：41-47.

[7] 盛军，孙卫，段宝虹，等．致密砂岩气藏水锁效应机理探析——以苏里格气田东南区上古生界盒8段储层为例[J]．天然气地球科学，2015，26(10)：1972-1978.

[8] 耿娇娇，鄢捷年，邓田青，等．低渗透凝析气藏储层损害特征及钻井液保护技术[J]．石油学报，2011，32(05)：893-899.

[9] 田红政．腰英台油田水锁损害影响因素及其减轻和解除方法研究[J]．天然气地球科学，2006(02)：223-226.

[10] 林光荣，邵创国，徐振锋，等．低渗气藏水锁伤害及解除方法研究[J]．石油勘探与开发，2003(06)：117-118.

[11] 李蔚萍．低渗储层水锁伤害影响因素及预防措施[J]．精细与专用化学品，2022，30(09)：27-29.

[12] 钟新荣，黄雷，王利华．低渗透气藏水锁效应研究进展[J]．特种油气藏，2008，15(06)：12-15+23+94-95.

[13] Bennion D B，Thomas F B，Bietz R F，et al. Water And Hydrocarbon Phase Trapping In Porous Media-Diagnosis，Prevention And Treatment[J]. Journal of Canadian Petroleum Technology，1996，35(10)：29-36.

砾岩油藏 CO_2 干法压裂方案优化及现场应用
——以玛湖地区×井为例

王 斌 董景锋 周培尧 刘凯新 丁 祥 丁克保 白华明

(中国石油新疆油田公司)

摘 要 CO_2 干法加砂压裂技术是利用 CO_2 代替常规水基压裂液的一种无水压裂技术，国内外实践表明该方法对低压、低渗透、强水敏/水锁储层的压裂改造效果十分显著。新疆油田 M 井区为典型的砾岩油藏，岩石矿物成分中黏土矿物含量高，伊/蒙混层占比大，无自然产能，采用水基压裂稳产难度大，亟需探索 CO_2 无水压裂工艺适用性。前期国内外 CO_2 干法压裂多用于砂岩储层，砾岩储层尚未开展相关的室内研究及矿场试验。针对目标区块闭合压力高、CO_2 压裂液携砂难度大等难点，通过开展 CO_2 干法压裂方式、工艺参数优化研究，压裂液性能评价等一系列研究，完成了 X 井的压裂方案设计，成功应用 1 井次。结合微地震监测评价结果，进一步明确了压后裂缝系统。

关键词 砾岩储层；黏土矿物含量高；CO_2 干法压裂；工艺参数优化；缝网评价

M 井区致密砾岩油藏是新疆油田的主要接替区域，该区域储层物性差、前期采用水平井体积压裂开发单井产量递减快，单井 EUR 低经济性差。研究表明油田宏观开发生产动态与微观孔吼堵塞有密切的响应关系。分析认为储层黏土矿物含量高，伊/蒙混层占比大(65%~80%)，岩心胶结强度弱，岩石易水化崩落、颗粒易运移造成孔渗条件变差是主要原因。与常规水力压裂相比，CO_2 干法压裂以液态 CO_2 作为携砂介质，可以最大程度降低水相对地层伤害，但该技术主要包括压裂液携砂性能差，滤失速度快，压裂管柱摩阻大，施工压力高，排量受限，压裂时加砂风险高等难点，X 井通过采用数值模拟计算结合室内评价试验对压裂方案及施工参数进行优化，确保安全施工的同时提高单井的改造体积。

1 CO_2 干法压裂工艺参数优化

与国内长庆、吉林油田 CO_2 干法压裂措施层相比，X 井储层埋深大(>3500m)、闭合压力高，CO_2 压裂液摩阻大，施工压力高，携砂阶段安全窗口窄，为此针对性开展干法压裂施工方式、工艺参数优化，评价优选了压裂材料。

1.1 规模优化

结合目的层油藏参数，采用 FracPro 软件对不同支撑缝长下的日产量和累计产量进行模拟。结果显示，最优支撑缝长 80m、裂缝导流能力为 110mD·m 后，产量增加幅度较小，此时优化最优砂量 $40m^3$。采用 CO_2 扩展有限元软件，模拟不同体积液态 CO_2 下原油混相波及范围，随着注入量的增加，原油混相面积不断增大，液量增至 $1600 \sim 1800m^3$，混相波及面积增幅减小，优化液量 $1600 \sim 1800m^3$(图 1)。

1.2 CO_2 排量优化

CO_2 干法压裂排量优化主要考虑管内及支撑剂缝内流速、井底压力大于原油混相压力和压裂管柱的安全性。由于 CO_2 干法压裂压裂液黏度不高，为保证支撑剂在人工裂缝内正常运移，通过调研支撑剂砂堤物模形态试验可知，随着注入速度的增加，砂堤运移距离离缝口越远。当流速大于 0.75m/s，支撑剂不断被流体泵送至远端。基于人工裂缝参数，计算不同排量下管内、缝内支撑剂流速，当施工排量 $8.0m^3/min$，管柱内流速 15.5m/s，人工裂缝内流速 0.76m/s，可以确保支撑剂在套管内及人工裂缝内正常运移(图 2、图 3)。

计算不同排量井底压力 75.0~79.0MPa，该区原油混相压力 26.5MPa，满足施工井底压力大于最小混相压力。鉴于储层埋藏深，且发育部分天然裂缝，考虑井口及压裂管柱安全性，优化排量 $8.0 \sim 10m^3/min$，预测井口压力 69.6~81.3MPa(图 4、图 5)。

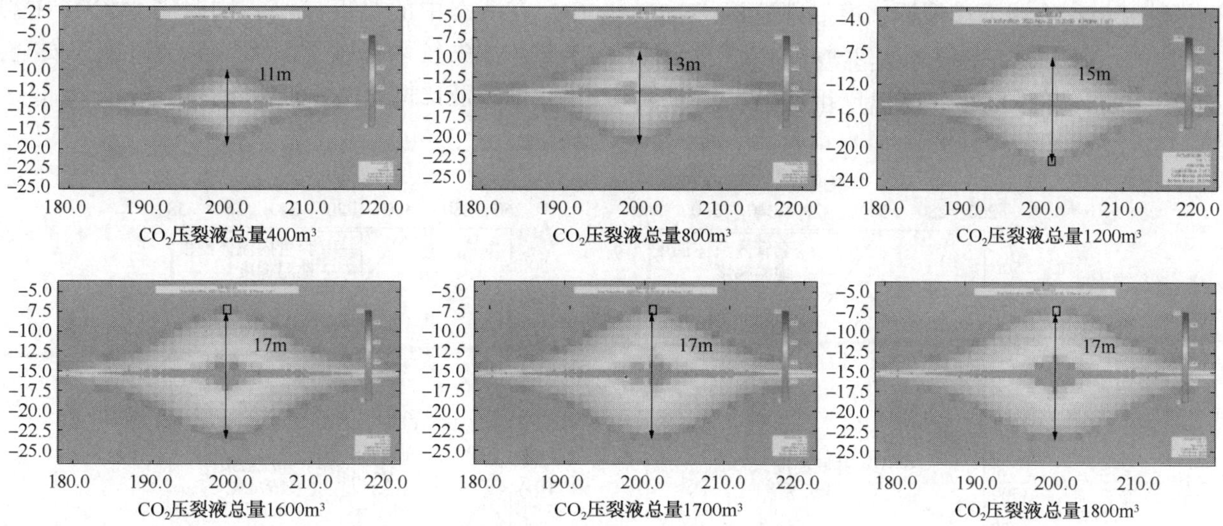

图 1　不同注入量 CO_2 压裂液波及范围

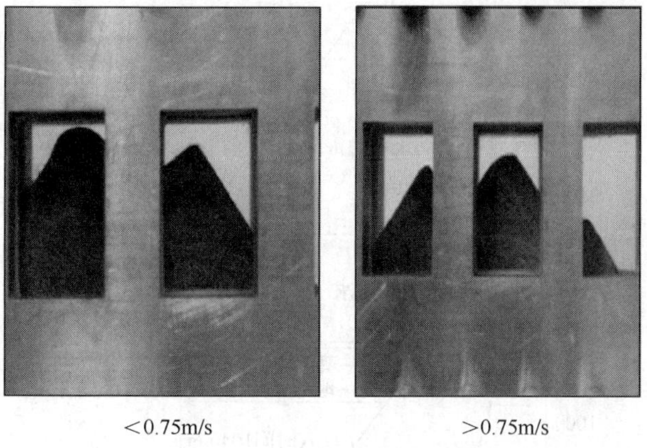

图 2　支撑剂砂堤演变过程

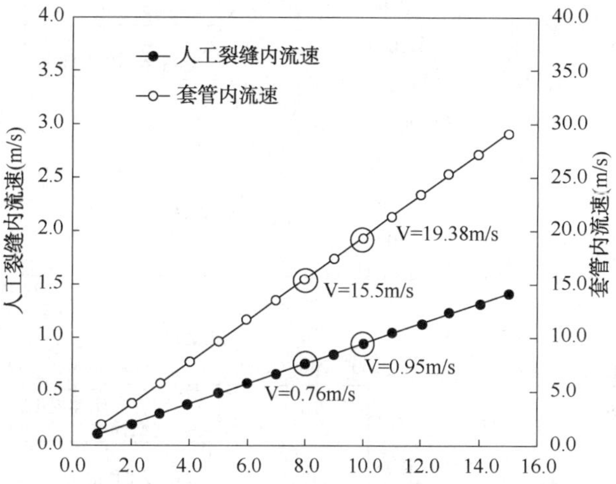

图 3　套管、人工裂缝内注入速度计算图

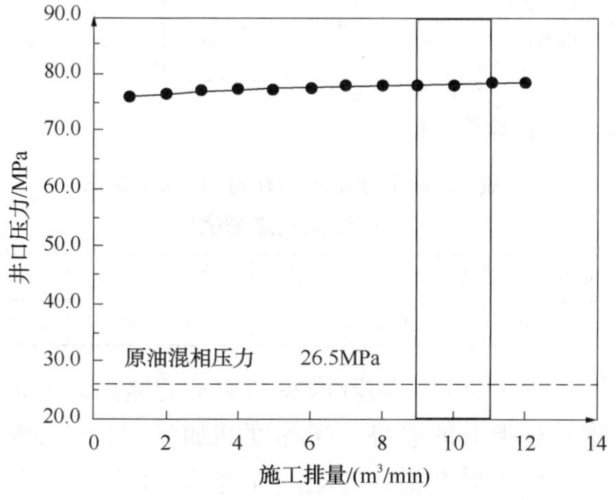

图 4　×井排量与井底压力图

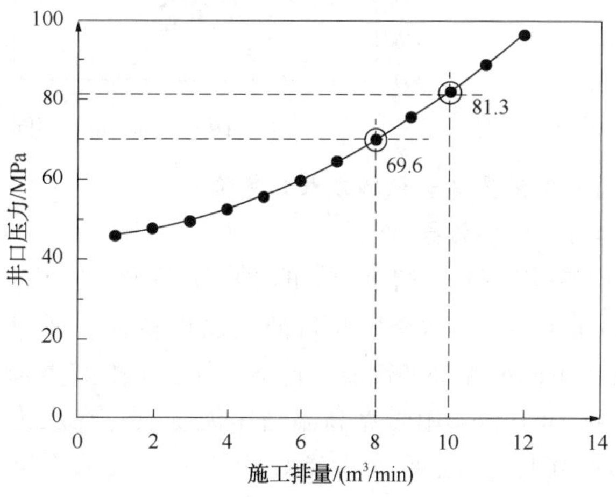

图 5　×井口压力预测

1.3 相态控制及前置液比例优化

利用 CO_2 有限元模拟器，模拟排量 8m³/min 条件下，井筒温度、压力和相态变化关系。结果表明，25min 后 CO_2 在井底温度由 33.63℃降至 26.6℃，液态 CO_2 转变为超临界态，综合考虑 CO_2 在液态中的黏度较高，同时考虑 CO_2 压裂液整体滤失较水基压裂液大，为确保施工安全，优化前置液比例 50%~60%（图 6）。

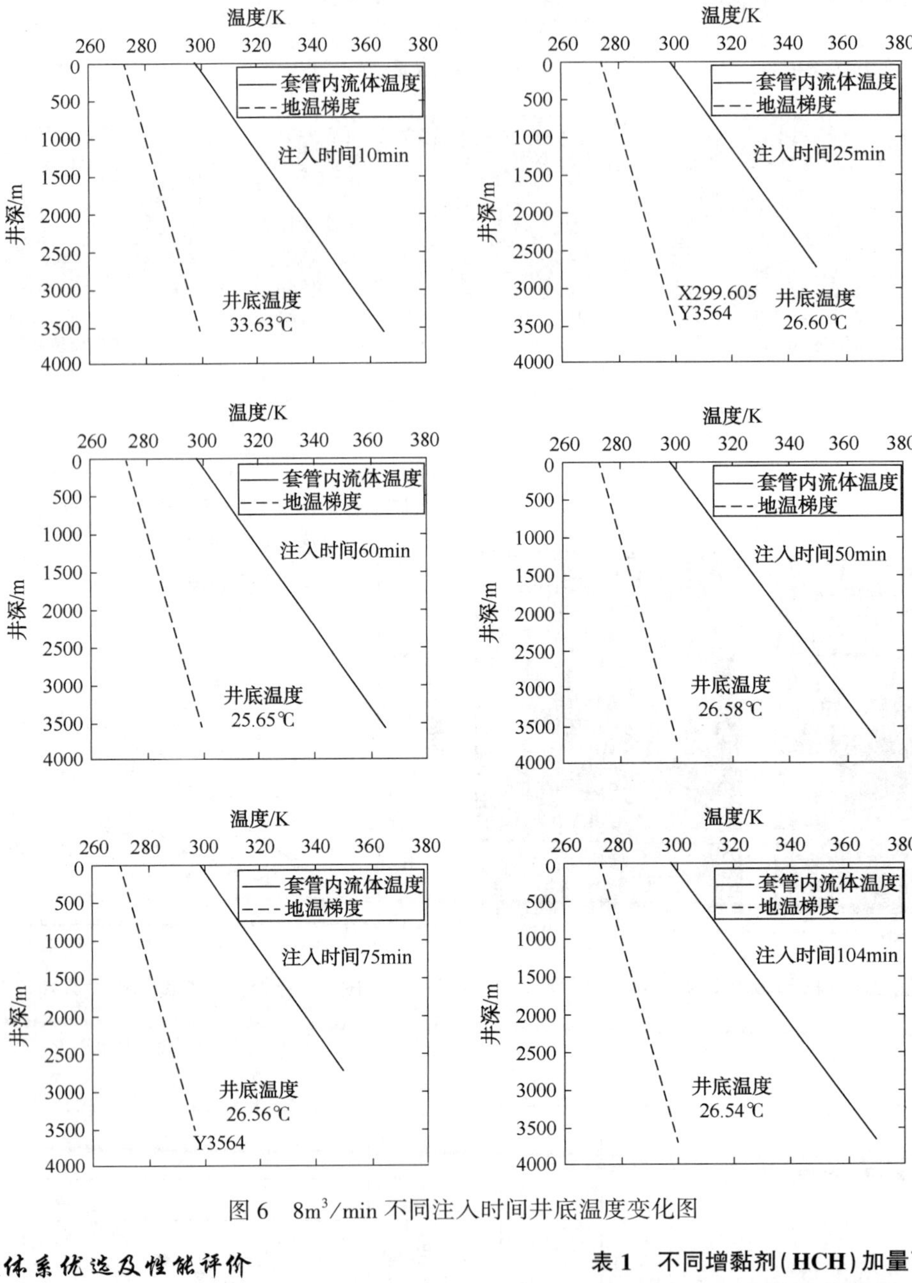

图 6 8m³/min 不同注入时间井底温度变化图

1.4 压裂液体系优选及性能评价

1.4.1 增黏效果评价

常用 CO_2 增稠后的剪切黏度 1.0~10.0mPa·s，结合本井目的层储层特征，通过对比不同增黏剂的性能、价格，优选了酯醚类聚合物 HCH。采用哈克高温高压流变仪，在压力 15~20MPa，温度 20~25℃条件下，测试不同 HCH 加量下液态 CO_2 黏度值的变化，结果见表 1。

表 1 不同增黏剂(HCH)加量下液态 CO_2 体系黏度测试值

增稠剂浓度/%	0	1	2	2.5	4
黏度/mPa·s	0.1	2.7	10.2	15.3	20.1

表 1 显示，随着增黏剂加量的提高，体系黏度呈现上升的趋势。当黏度剂加量 2%~2.5%左右，体系黏度增量变缓。综合考虑提高增黏剂的加量，会大幅增加二氧化碳压裂液的成本，在保

证储层加砂安全条件下，选择液态 CO_2 增黏剂的加量为 2.0%，体系黏度为 10.2mPa·s。

1.4.2 耐温耐剪切性能测定

采用哈克流变仪，配套 CO_2 流变测试组件，控制压力 15~20MPa、温度 2.5~60℃、剪切速率为 170^{-1} 条件下，测试 2%增稠剂耐温耐剪切结果，体系黏度呈现小幅度上、下浮动，浮动比例在 15%左右，温度 60℃、剪切速率为 170^{-1} 体系黏度 15.3mPa·s，耐温耐剪切性能良好(图 7)。

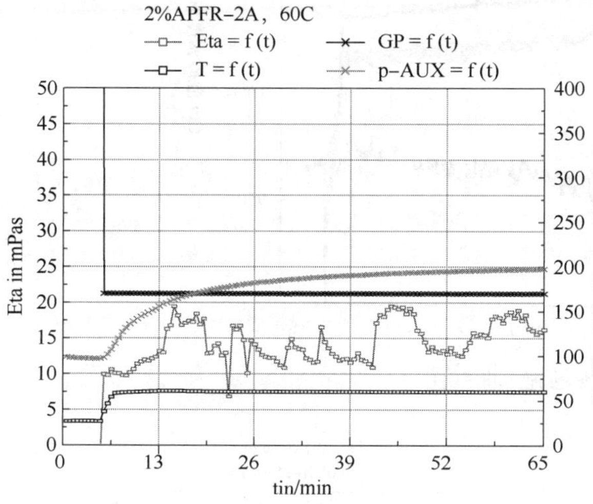

图 7 2%增稠剂耐温耐剪切图

1.5 支撑剂的优选及性能评价

由于 CO_2 压裂液体系扩散能力强、滤失大、悬砂性能差，常用的支撑剂陶粒密度大，增加了干法压裂施工风险。通常石英砂体积密度为 1.50g/cm³ 左右，介于 1.30~1.70g/cm³ 之间，支撑剂颗粒越大，体积密度越大，20/40 目石英砂体积密度普遍超过 1.5g/cm³，70/140 目石英砂体积密度低于 1.5g/cm³。优选并加工适用于 CO_2 压裂 40/70 目低密陶粒，体积密度 1.29g/cm³，视密度 2.53g/cm³，圆度及球度为 0.9，温度 20℃、承压强度为 52MPa、69MPa 条件下破碎率为 3.6%及 2.35%，支撑剂各项测试结果满足性能指标。模拟储层条件下支撑剂短期导流能力 153.3mD·m，长期导流能力 115.8mD·m，可以满足压裂改造需求(表 2、图 8)。

表 2 40/70 目低密陶粒裂缝长期导流能力试验值

条件	长期导流能力(mD·m)					平均
时间：50h 围压：67MPa	116.5	116.1	115.5	115.4	115.5	115.8

1.6 现场应用

2022 年 12 月，CO_2 干法压裂技术在新疆油

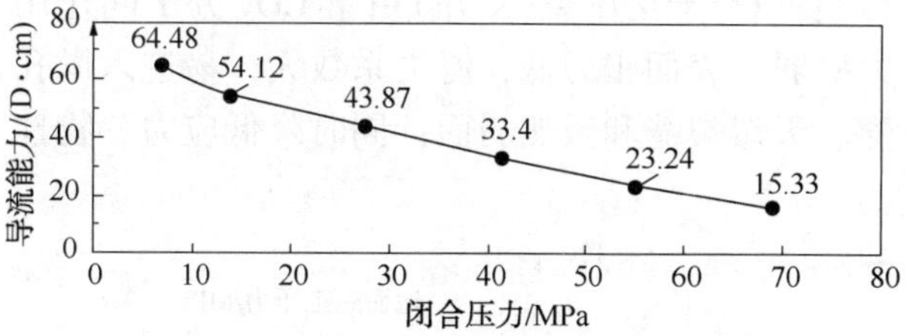

图 8 40/70 目低密陶粒裂缝短期导流能力实验图

田 M 井区首次应用。该区储层孔隙度 7.6%~8.4%，渗透率 2.69~3.25mD。X 井为该区直井，目的层垂深 3480m 左右，储层纵向厚度大，且存在泥岩隔层，设计采用套管大排量二次加砂压裂工艺，累计入井 CO_2 量 1972.64m³，共加砂 37.0m³，施工排量 7.5~8.5m³/min，施工压力 50.0~74.0MPa，整个施工过程顺利。压后该井见油较快，最高日产油 29.5t/d，初期较邻井压力保持程度好(图 9)。

2 压后缝网评价

微地震监测技术是评价压后缝网有效手段之一。基于微地震事件的分布，利用微地震监测可实时指导现场压裂作业和压裂后效果评价。为了评价 CO_2 干法压裂压后改造体积，对 X 井进行了井下微地震监测，压裂井和监测井的位置关系如图 10 所示。监测井放置 12 级，级间距为 20m 的三分量检波器，检波器串距离压裂井水平位置 400m 左右，距离压裂井目的层垂向 280m。

2.1 监测结果

X 井目的层厚度大，为保证压裂改造效果，该井分 2 次实施干法压裂，共监测微地震事件点 500 个，第一次监测到事件点 433 个，第二次监测到事件点 67 个。裂缝整体展布无明显的方向性，分析裂缝走向 NE88~89°，裂缝长度范围 174~249m，宽度为 174~191m，高度为 71~79m。如表 3、图 11 所示。

2.2 压裂裂缝复杂性评价

2.2.1 CO_2 干法压裂受地应力控制程度低，人工裂缝形态更复杂

M 井区储层孔隙度 7.6%~8.4%，渗透率 2.69~3.25mD。该区块杨氏模量较低(15~20GPa)，脆性指数中等，两向应力差较大(17MPa)，发育少量天然裂缝，人工裂缝难以形成复杂缝网。前期水力压裂水平井人工裂缝受控于主应力，且沿主应力方向近东西向延伸(图

12)；CO_2 干法压裂(X井)由于 CO_2 分子间作用力极弱，表面张力低，滤失系数大，易进入微孔隙、天然裂缝和天然弱面；同时降低应力、物性等非均质性对流动方向的导向作用，造成人工裂缝方向以井口为中心向四周“发散”，无明显方向性，受地应力控制程度低(图11)。

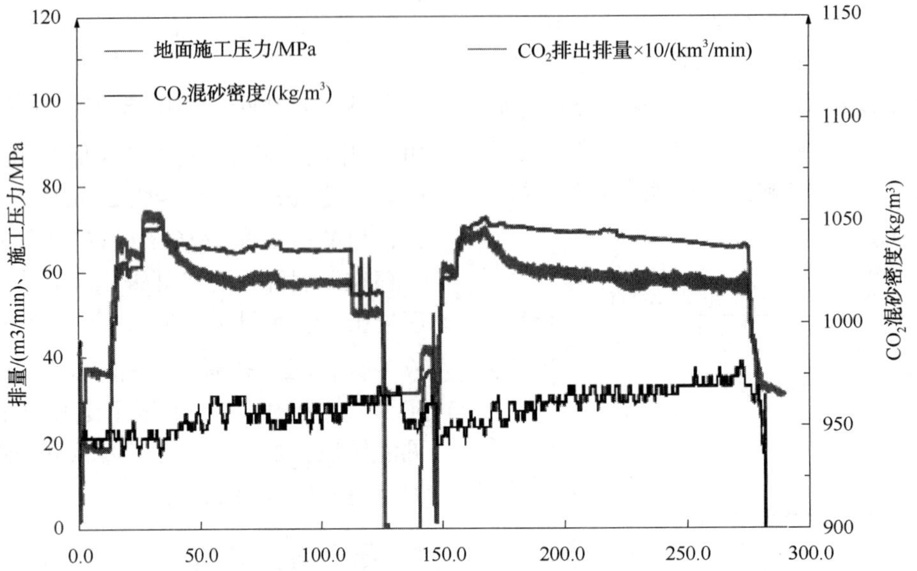

图9 ×井 CO_2 干法压裂现场施工曲线图

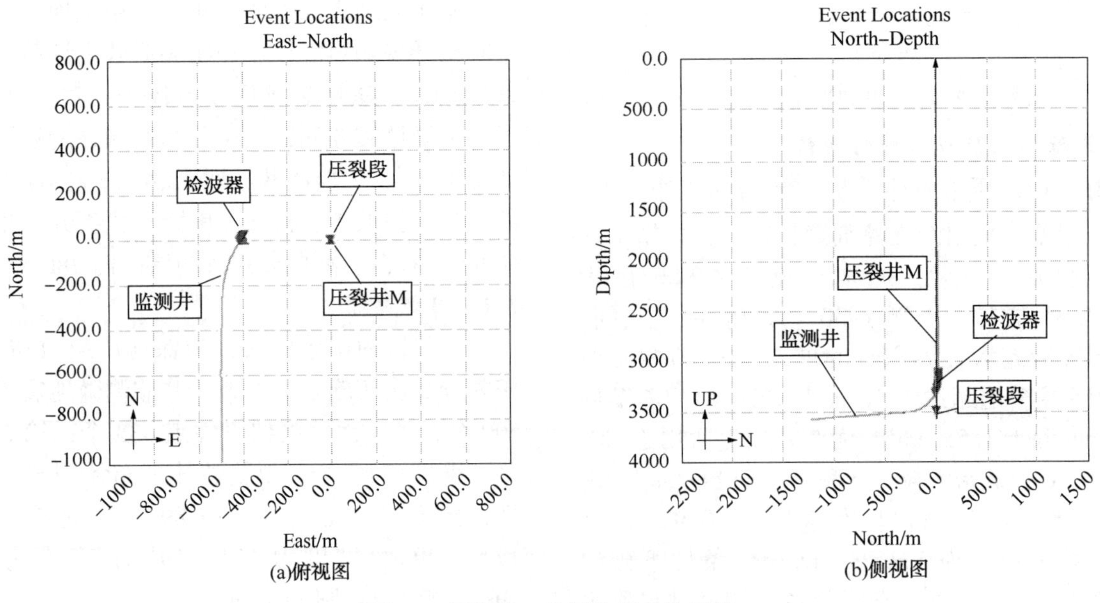

图10 压裂井、监测井相对位置图

表3 微地震监测几何参数

名称	事件点	裂缝网络长/m			裂缝网络宽/m	裂缝网络高/m	裂缝网络走向
		西翼	东翼	总长			
第一次	433	117	132	249	174	79	NE89
第二次	67	77	97	174	191	71	NE88

2.2.2 干法压裂改造体积大，压裂缝网形态更复杂

基于分形维理论以及随机事件信息熵理论，评价人工裂缝复杂度的定量指数表示为：

$$F = \lim_{r \to 0} \frac{-\sum P(r) \ln P(r)}{\ln(1/r)} \tag{1}$$

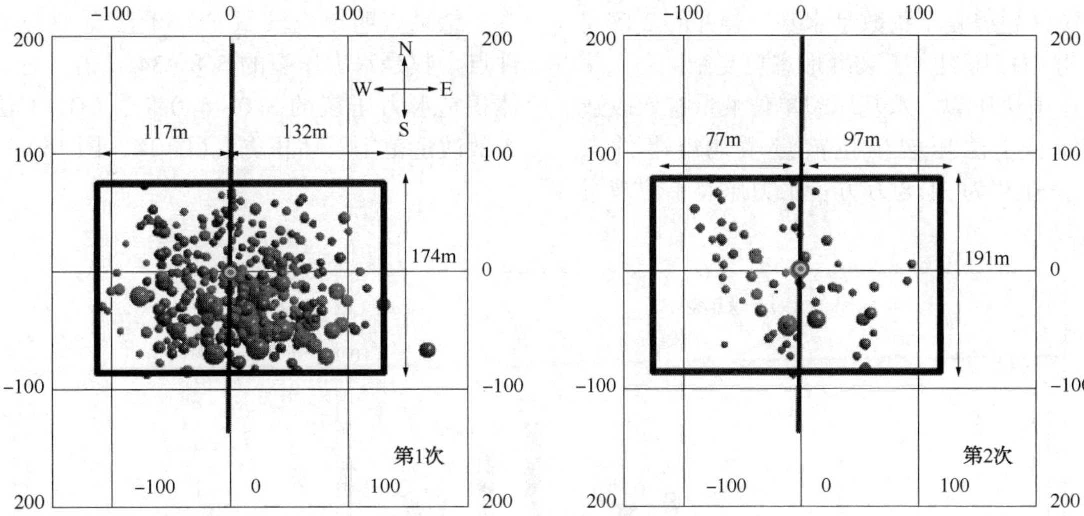

(a)第1次压裂俯视图

(b)第2次压裂俯视图

图 11 X 井 2 次压裂微地震事件分布图

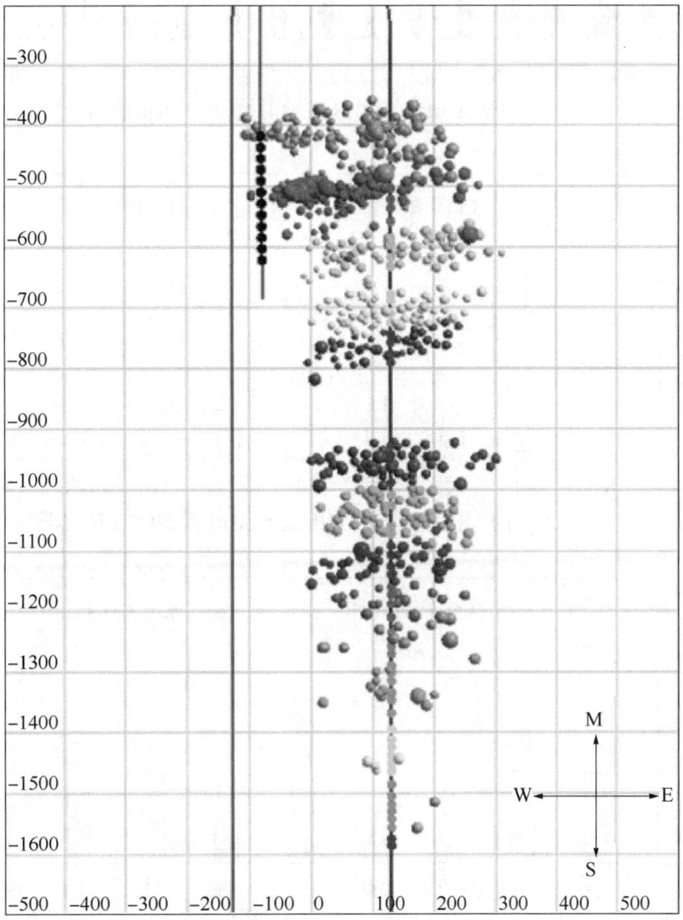

图 12 玛胡 1 井区水平井微地震监测图(水力压裂)

其中，F 为裂缝复杂指数，数值 0~2 之间；r 为划分的网格边长；$P(r)$ 为对应划分网格(边长)的微地震事件分布密度。

F 反映人工裂缝复杂程度，指数越高反映的微地震事件分布即对应人工裂缝的复杂程度越大，其值在 0~2 之间。通过公式(1)，计算了干法压裂井及水力压裂井的复杂指数(图 13)。结果表明：干法压裂人工裂缝缝网复杂指数 1.17，水力压裂施工井平均裂缝复杂指数 0.55~0.60，干法压裂井裂缝复杂指数是水基压裂井的 2 倍左右，表明 CO_2 压裂人工裂缝形态更复杂。

对比干法压裂、水基压裂单位液量有效改造体积显示：干法压裂单位液量微地震事件点 41.6 个，SRV 为 31.8 万方；水力压裂单位液量微地震事件点 1.2~7.2 个，SRV 为 5.7~12.5 万方。结果表明单位液量 CO_2 干法压裂微地震事件点个数是水力压裂的 5.8~34.6 倍，有效改造体积是水力压裂的 3.0~5.0 倍，CO_2 干法压裂有效改造范围及体积更大(图 14、图 15)。

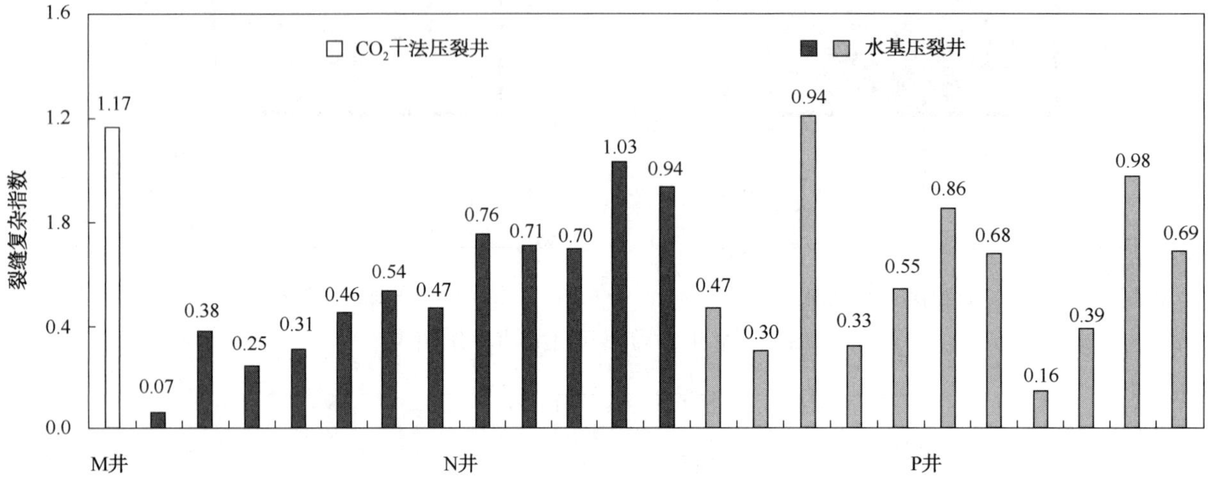

图 13　CO_2 干法压裂井与水基压裂井裂缝复杂指数对比图

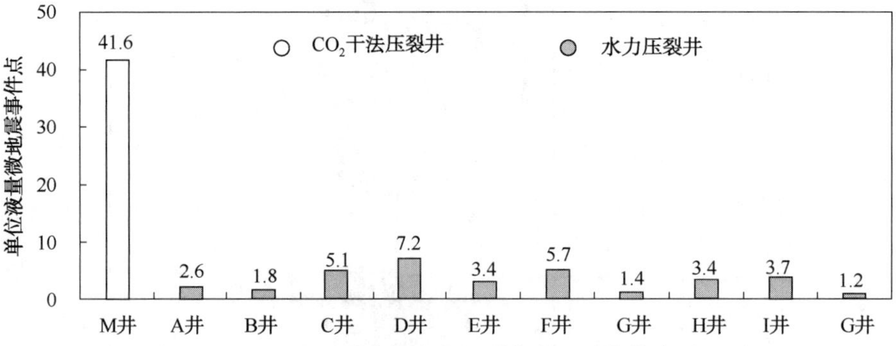

图 14　CO_2 干法压裂井与水力压裂井微地震事件点对比图

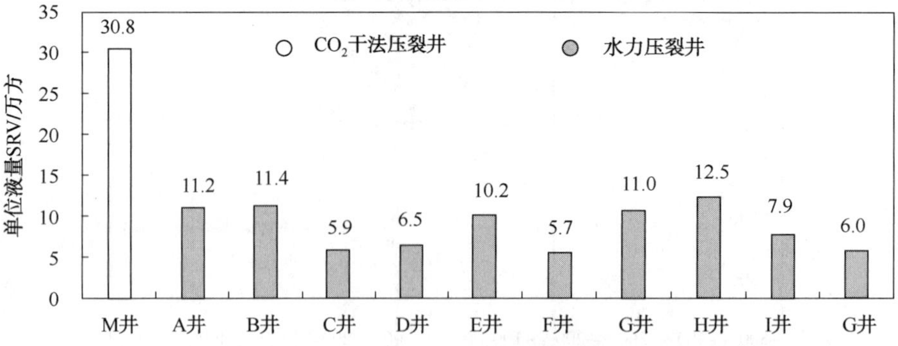

图 15　CO_2 干法压裂井与水力压裂井 SRV 对比图

3　结论与认识

（1）通过 CO_2 干法压裂工艺参数优化，增黏剂、低密度支撑剂的优选及性能评价，实现了 CO_2 干法压裂套管二次加砂工艺技术，压后试产初期效果良好，证明了 CO_2 干法压裂技术的可行性。

（2）研究表明，HCH 增黏效果显著，在

60℃、15～20MPa、剪切速率为 170^{-1} 条件下，2%增黏剂耐温耐剪切黏度 15.3mPa·s，较超临界 CO_2 黏度提高 150~500 倍。

（3）微地震结果显示，CO_2 干法压裂人工裂缝方向以井口为中心向四周“发散”，延伸方向受地应力控制程度较低。CO_2 干法压裂水力裂缝形态更复杂，复杂指数是水基压裂井的 2 倍左右；单位液量的有效改造体积更大，是水力压裂的 3.0~5.0 倍。

（4）微地震监测显示，第一次压裂微地震事件点多，主要以造缝为主；第二次压裂微地震事件点主要发生在第一次压裂范围中，事件点较少，主要是支撑剂充填裂缝，提高支撑剂铺置距离。

参 考 文 献

[1] 刘超，申春生，刘建华，刘思远，庞维浩．疏松砂岩微粒运移主控因素及矿场影响特征[J]．新疆石油天然气，2023，19(1)：16-20.

[2] 宋振云，苏伟东，杨延增，等．CO_2 干法加砂压裂技术研究与实践[J]．天然气工业，2014，34(6)：55-59.

[3] 申贝贝，何青，陈付虎，等．东胜气田压裂施工排量优化研究[J]．油气藏评价与开发，2014，4(2)：50-54.

[4] 汪小宇，宋振云，王所良．CO_2 干法压裂液体系的研究与试验[J]．石油钻采工艺，2014，36(6)：69-73.

[5] 梁天成，杨能宇，等．压裂支撑剂浊度测试方法及评价指标分析[J]．新疆石油天然气，2022，18(1)：32-37.

[6] 赵超峰，张伟，田建涛，等．微地震事件解释实例[J]．石油地球物理勘探，2018，53(4)：770-777.

[7] 冯超．微地震实时监测及裂缝综合解释方法研究[D]．山东东营：中国石油大学(华东)，2013.

海上稠油油田多元热流体吞吐技术矿场实践及展望

梅　伟　张卫行　宋宏志　林珊珊　仝春玥　张建亮　王庆涛　刘　畅

（中海油服油田生产事业部）

摘　要　多元热流体 开采稠油技术中所用的多元热流体是含有高温高压的蒸汽、CO_2、N_2和少量其它气体的混合体系。关于多元热流体增产机理，一些理论还只处于猜测阶段。本文开展了多元热流体吞吐及驱替的室内实验，通过室内驱替实验和油藏数值模拟分析了多元热流体吞吐增产的机理，可以为多元热流体热采方案优化提供理论基础，从而使该技术发挥更大的增产效果。海上油田通过多元热流体热采示范，油田日产油由热采前218m^3/d升至最高641m^3/d，增幅195%，热采效果明显。井下多元热流体发生技术能够有效降低热损失，减少平台资源动用，有效提高热采效，因此井下多元热流体发生技术将成为未来多元热流体热采技术发展方向之一。

关键词　稠油热采；多元热流体吞吐；室内实验；增产机理

1　3D多元流体吞吐模拟实验

1.1　实验装置及实验方案

采用3D填砂吞吐模拟装置（装置尺寸为ϕ325×1000mm；模拟筛管位于模型的中下部，尺寸为ϕ15×750mm；模拟注气管尺寸为ϕ6×500mm），进行了3D填砂吞吐模拟实验，实验所用油样取自渤海某油田采油平台（图1、表1）。

开展冷采、蒸汽吞吐、气体（N_2、CO_2或N_2+CO_2）吞吐、蒸汽+气体（N_2、CO_2或N_2+CO_2）吞吐、3D模拟实验。主要通过采油速度、有效期（采油速度降为冷采水平时采出原油的PV数）、油汽（气）比等方面来分析评价开采效果。

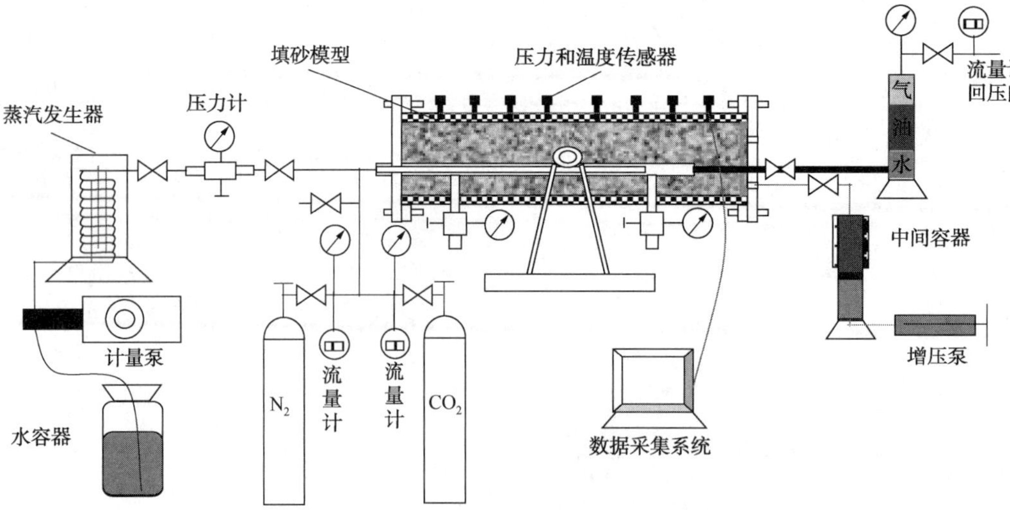

图1　3D填砂吞吐模拟实验装置流程图

表1　脱气原油检验报告表

密度/(g/cm³)，20℃	运动黏度/mPa·s，脱气原油，56℃	族组成/%			
		饱和烃	芳烃	非烃	沥青质
0.9864	1572.6	26.62	17.30	27.19	28.71

1.2 实验结果分析

实验结果表明，不同吞吐方式的增产效果有很大差异。蒸汽吞吐激励后采油速度为冷采的1.25倍左右，最高采油速度为冷采的1.5倍以上，周期净油汽比为0.45。注N_2、CO_2或N_2+CO_2吞吐后有效期平均采油速度达到冷采的2倍以上，最高采油速度则高达10倍以上，换油率也达到70m^3油/1000m^3气体以上。注入蒸汽与N_2、CO_2或N_2+CO_2复合吞吐后，有效期平均采油速度和最高采油速度均达到注蒸汽热采的4~5倍以上，达到冷采的10左右。气体与蒸汽复合增产效果最好，有效期长且采油速度高，采油速度可达冷采的10倍以上(表2)。

表2 低压(<5MPa)激励实验结果

激励方案	注入温度/℃	注入压力/MPa	注入量/L	有效期平均采油速度/(mL/min)	有效期最高采油速度/(mL/min)	有效期/PV	油汽比	换油率
冷采	56	7	—	100	100	持续	—	—
蒸汽	240	4.5	2	126.5	162.4	0.103	0.45	—
N_2		4.5~5	0.5L(5MPa)	250	1500	0.172		79.5
CO_2		4.5~5	0.5L(5MPa)	250	1200	0.171		78.4
N_2+CO_2		4.5~5	$CO_2$0.25L(3MPa) $N_2$0.25L(5MPa)	220	1400	0.154		73.3
N_2+蒸汽	240	4.5~5	蒸汽1L $N_2$0.25L(5MPa)	180	860	0.179	1.69	135.3
CO_2+蒸汽	240	4.5~5	蒸汽1L $CO_2$0.25L(5MPa)	165	800	0.196	2.18	174.7
N_2+CO_2+蒸汽	240	4.5~5	$CO_2$0.25L(3MPa) $N_2$0.25L(5MPa) 蒸汽1L	220	1070	0.204	2.42	120.8

2 多轮次多元流体吞吐实验

2.1 实验装置及实验方案

多轮次模拟实验的流程与前面3D模拟填砂装置实验相同。多轮次吞吐模拟实验装置也是采用填砂模型进行实验，并配置了用于吞吐实验的中间缓冲容器，同时配置了建造了具有4个测温点和2个测压点。发生器产生多元流体温度一般在100℃~300℃左右，产生的不同温度多元流体注入地层过程中，地面和井筒沿程会发生热损失，温度会降低，进入油藏时的温度一般在240℃，因此采用高压吞吐模拟装置，开展了模拟特稠油注240℃蒸汽多轮次吞吐模拟实验(图2)。

图2 高压模拟实验装置

2.2 实验结果分析

根据实验结果可知，随着开采轮次增加，周期采油量逐渐升高，这主要是随着吞吐轮次的增加，多元热流体波及体积扩大，气体可以携带更多的热量作用于地层深部，在扩大波及体积的同时，多元热流体形成高压区可以为地层带来更多的能量，提高吞吐产能(表3、图3)。

表3　模拟特稠油240℃蒸汽多轮次吞吐注采参数(排量25mL/min)

吞吐轮次	周期注汽量/mL	周期注 CO_2 量/(mL，10MPa)	周期采油量/mL	周期采水量/mL	周期采气量/mL，大气压下
1	175	175	310	120	4000
2	175	175	330	160	5000
3	175	175	350	200	80000

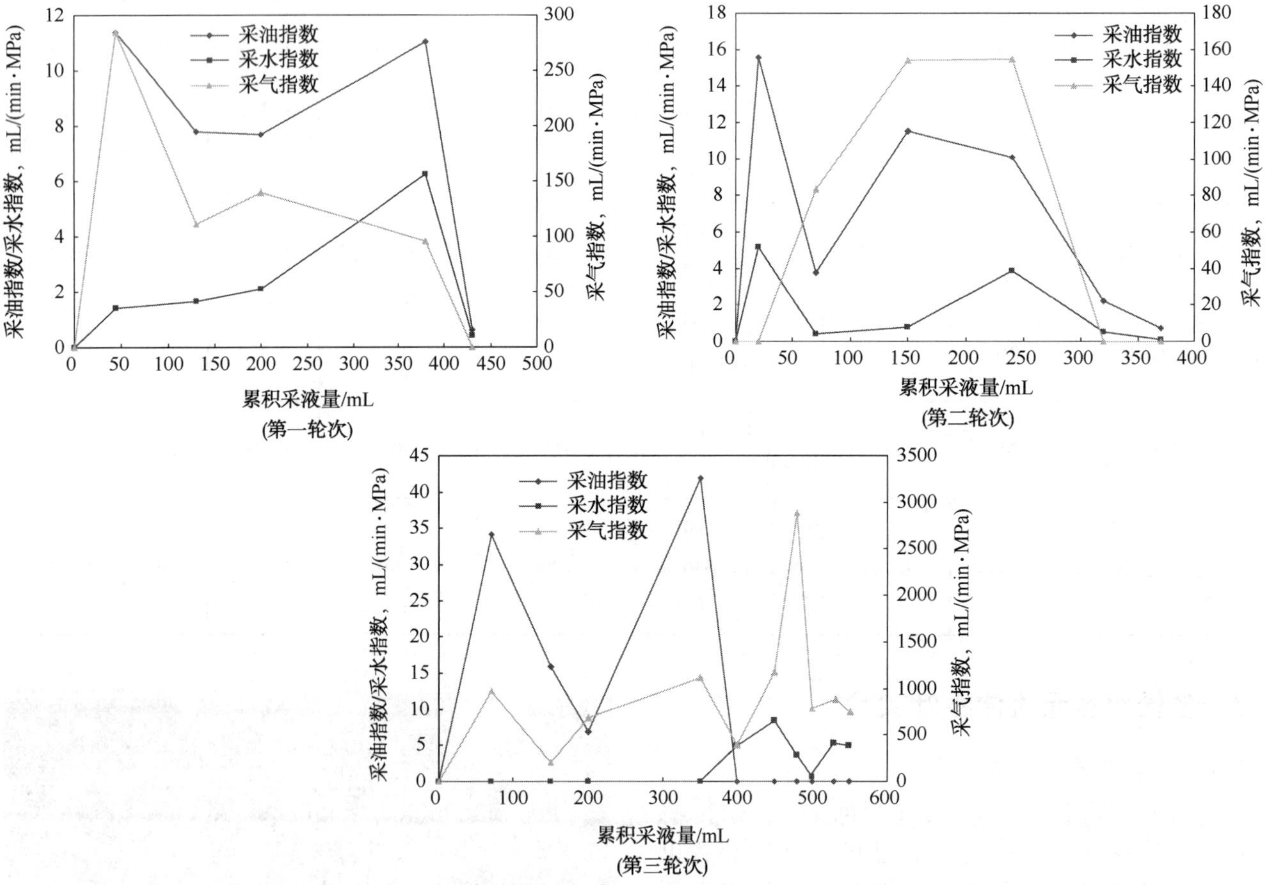

图3　稠油注蒸汽+CO_2吞吐不同轮次开采动态

3 多元流体吞吐增产机理分析

(1) 加热降黏作用

采油指数和黏度比(56℃黏度与加热后黏度之比)均随着温度增大而线性增大，二者之间具有很好的相关性。因此，通过加热降黏可以使稠油流动性呈线性增大，产量也线性增大。不同温度下含气稠油的采油指数明显高于脱气稠油，且其随温度提高而增大的趋势也要高于脱气稠油，这主要与稠油中天然气的溶解性及稠油膨胀性不同造成的。通过加热降黏可使含气稠油采油指数提高1.5~20倍，可使脱气稠油采油指数提高2~10倍。溶解气油比高的稠油或者油田开发早期(未脱气)加热降黏作用更大一些(图4)。

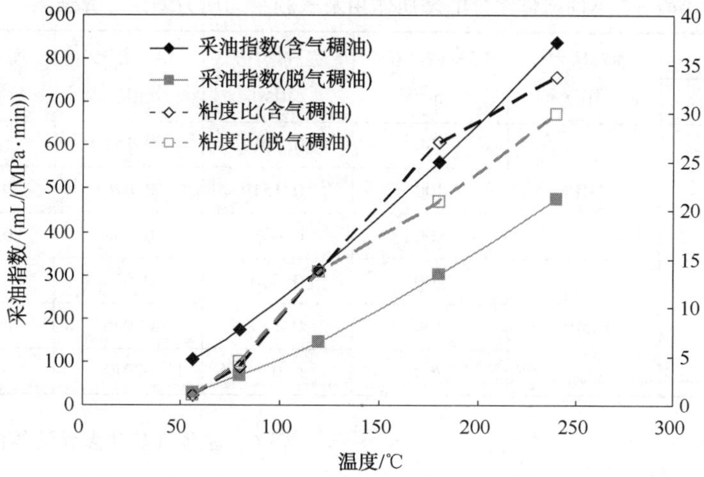

图4　吞吐采油指数和黏度比 μ0/μ 与温度的关系曲线

(2) 溶解降黏作用

在不同温度下，N_2、CO_2和N_2+CO_2对含气稠油黏度的影响规律不同。在低于120℃的温度下，N_2溶解可使稠油黏度降低10%～25%，CO_2溶解可使稠油黏度降低60%～81%，CO_2+N_2(1∶2)溶解可使稠油黏度降低45%～57%。

在120℃温度下，CO_2溶解可使稠油黏度降低38.43%，CO_2+N_2(1∶2)溶解可使稠油黏度降低8.48%，而N_2溶解却使稠油黏度升高了6.81%。

在高于120℃温度下，N_2、CO_2和CO_2+N_2(1∶2)均使稠油黏度升高，其中，添加N_2使稠油黏度升高最为明显，原因可能是高温条件下，稠油溶解N_2、CO_2和CO_2+N_2能力降低，而N_2、CO_2和CO_2+N_2抽提稠油中轻组分能力增大，温度越高，抽提作用越明显。

表4　在不同温度下饱和N_2、CO_2、N_2+CO_2含气稠油的黏度

项目		温度/℃				
		56	80	120	180	240
黏度(mPa·s)	含气稠油	1074.0	273.0	77.8	39.8	31.9
	N_2	823.4	244.4	83.1	90.1	92.9
	CO_2	200.5	103.2	47.9	42.9	39.9
	CO_2+N_2(0.5∶1)	463.5	145.9	71.2	63.2	64.6
降黏率	N_2	23.33%	10.48%	-6.81%	-126.38%	-191.22%
	CO_2	81.33%	62.20%	38.43%	-7.79%	-25.08%
	CO_2+N_2(1∶2)	56.84%	46.56%	8.48%	-58.79%	-102.51%

(4) 多元流体的增压作用

根据注入蒸汽、CO_2和N_2的量，采用数值模拟方法计算气体波及油藏孔隙平均流体压力。以注入240℃多元流体方案，计算了一口水平段长300m水平井在注入多元流体后油藏压力增大情况，岩石压缩系数取2.0×10^{-6}/Pa，油藏孔隙度为0.35，驱替后注入流体饱和度为0.50，共注多元流体20天，计算得到5MPa油藏(模拟开发中后期油藏)和10MPa(模拟开发初期油藏)油藏注入多元流体后，不同流体组分的增压作用及气腔平均压力增高值。

可见，多元流体具有明显的增压作用，增压贡献大小顺序为：N_2>蒸汽>CO_2。在形成不同高压气腔时，气腔内平均压力可达0.2～2.0MPa，增产效果明显。而且，对低压油藏(5MPa)的增产效果更为明显，这也表明，注多元流体适用于油藏开发中后期或者低压稠油油藏的增压开采(表5)。

表 5　不同流体组分的增压作用及气腔平均压力增高计算结果

多元流体注入量/t			油藏压力/MPa	气腔截面积/m^2	蒸汽增压/MPa	CO_2增压/MPa	N_2增压/MPa	气腔平均增压/MPa
蒸汽	CO_2	N_2						
5491.2	283.2	964.8	5MPa	200	0.301	0.152	1.468	1.922
				400	0.151	0.076	0.734	0.961
				800	0.075	0.038	0.420	0.533
			10MPa	200	0.300	0.050	0.645	0.995
				300	0.150	0.025	0.322	0.497
				700	0.075	0.012	0.161	0.249

(5) 扩大加热腔作用

油藏数值模拟研究海上某油田某油井进行水平井注蒸汽和注多元流体吞吐加热腔形成情况。据计算结果可知，注多元流体后形成加热腔大小是注蒸汽形成加热腔的 4 倍以上，但是，加热腔平均温度要低于注蒸汽形成加热腔，分别为 152℃ 和 176.7℃。注入多元流体后气体扩散形成高压区体积要明显大于注蒸汽形成的高压区，是其 3 倍以上，增压效果非常明显(表 6、表 7、图 5、图 6)。

表 6　注蒸汽与注多元流体的加热腔和高压区参数

注入介质	注入温度/℃	注入量
蒸汽	240	3300t
多元热流体 (蒸汽+烟道气)	240	3240t(蒸汽)+ 270 万方(烟道气)

表 7　注蒸汽与注多元流体的加热腔和高压区参数

项目	注蒸汽	注多元流体
加热腔体积/(m^3/m)	16	66
加热腔温度/℃	176.7	152
加热腔压力升高值/MPa	1.96	1.16
高压区体积/(m^3/m)	225	720
高压区平均压力升高值/MPa	0.74	0.654
油藏平均压力升高值/MPa	0.072	0.097

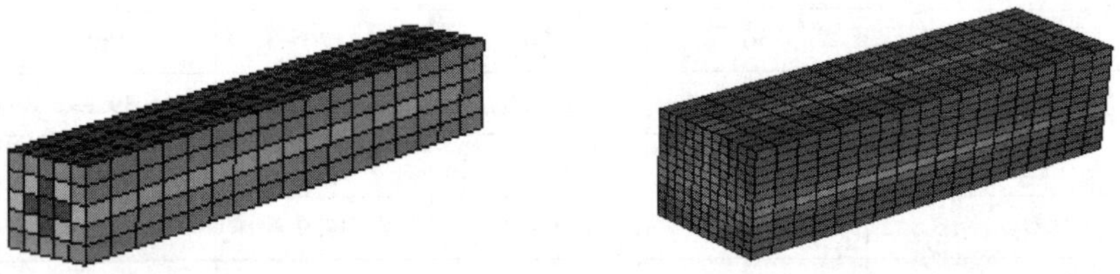

(注240°C蒸汽)　　(注240°C多元流体)

图 5　蒸汽吞吐和多元流体吞吐注气后形成的气腔

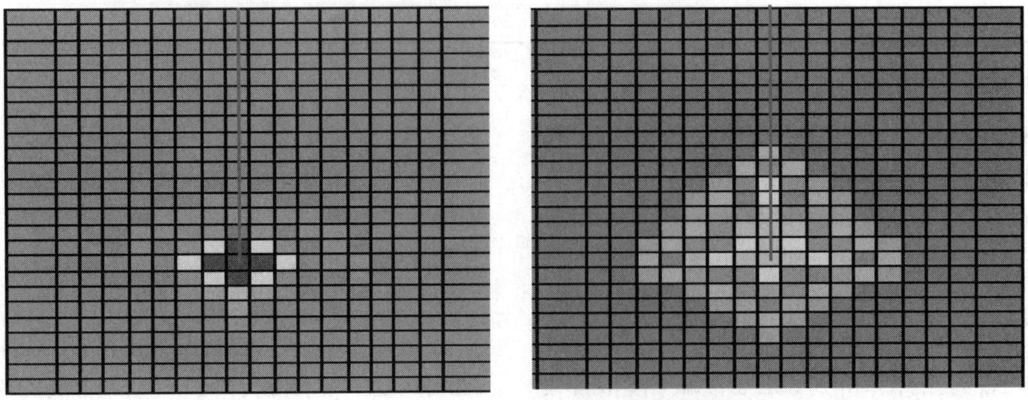

(注240°C蒸汽)　　(注240°C多元流体)

图 6　水平井注蒸汽和注多元流体时加热腔的剖面

4　现场示范

海上油田某平台稠油储量丰富，纯油区未有效开发，采油速度低。冷采产能：定向井10~20t/d、水平井25~40t/d。该油田2005.9投产，衰竭开发，2008年23口老井冷采生产，日产油仅218t，桶油操作费高，效益差。该油田通过多元热流体热采示范，油田日产油由热采前218m³/d升至最高641m³/d，增幅195%；采油速度由0.27%升至最高0.75%；截止到2017年9月，热采累产油50万余方，累增油8万余方，热采效果明显(图7、表8)。

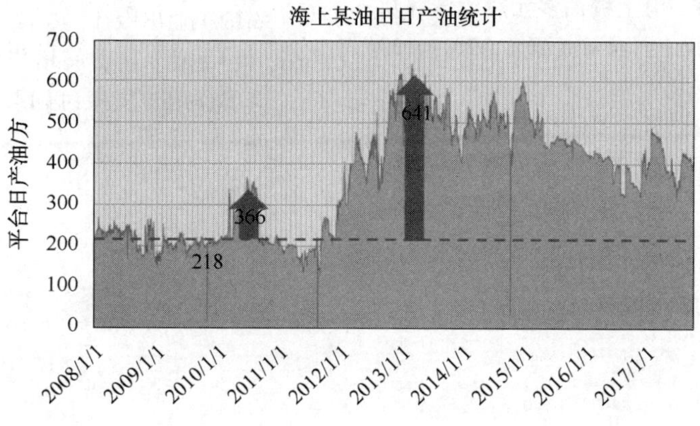

图7　海上某油田日产油统计

表8　渤海某油田热采效果对比

时间	日产油水平/(m^3/d)	综合含水/%	采油速度/%	采出程度/%
2008年冷采	218	68.0	0.27	0.72
2013年2月	641	55.3	0.81	2.53
2017年9月	404	63.8	0.51	5.2

5　发展趋势

井下热流体技术是将热流体发生设备置于井下，由油层处产生热流体直接注入地层，有诸多优势：

(1) 在设备方面可减少占地面积，减少对平台资源和资源的动用；

(2) 在工艺方面，可以有效降低热损失，减少对管柱的影响，提高管柱寿命，同时增强注汽潜能，提高热采效果，

(3) 在成本方面，可以减少起下管柱作业，减少隔热油管和缓蚀剂材料的用量。

因此井下热力发生技术将成为多元热流体热采技术的发展方向之一。

6　结论

(1) 对于海上稠油油田，不同吞吐方式的增产效果有很大差异，气体与蒸汽复合增产效果最好，有效期长且采油速度高，采油速度可达冷采的10倍以上。

(2) 随着开采轮次增加，多元热流体波及体积扩大，气体可以携带更多的热量作用于地层深部，在扩大波及体积的同时，多元热流体形成高压区可以为地层带来更多的能量，提高周期采油量。

(3) 采油指数和黏度比均随着温度增大而线性增大。不同温度下含气稠油的采油指数明显高于脱气稠油，且其随温度提高而增大的趋势也要高于脱气稠油，这主要与稠油中天然气的溶解性及稠油膨胀性不同造成的。

(4) 在不同温度下，N_2、CO_2和N_2+CO_2对含气稠油黏度的影响规律不同，主要是高温条件下，稠油溶解N_2、CO_2和CO_2+N_2能力降低，而N_2、CO_2和CO_2+N_2抽提稠油中轻组分能力增大，温度越高，抽提作用越明显。

(5) 多元流体具有明显的增压作用，增压贡献大小顺序为：N_2>蒸汽>CO_2，注多元流体适用于油藏开发中后期或者低压稠油油藏的增压开采。

(6) 跟据油藏数值模拟结果可知，注多元流体后形成加热腔大小是注蒸汽形成加热腔的4倍以上，注入多元流体后气体扩散形成高压区体积要明显大于注蒸汽形成的高压区，是其3倍以上，增压效果明显。

(7) 通过多元热流体热采示范，油田日产油由热采前218m³/d升至最高641m³/d，增幅195%；采油速度由0.27%升至最高0.75%，热

采效果明显。

(8) 由于井下多元热流体发生技术具有诸多优势，将成为多元热流体热采技术未来发展方向之一。

参 考 文 献

[1] 唐晓旭，马跃，孙永涛．海上稠油多元热流体吞吐工艺研究及现场试验[J]．中国海上油气，2011，23(3)：185-188.

[2] 林涛，孙永涛，马增华，等．多元热流体热采技术在海上探井测试中适应性研究[J]．海洋石油，2012，32(2)：51-53.

[3] 姜伟．加拿大稠油开发技术现状及我国渤海稠油开发新技术应用思考[J]．中国海上油气，2006，18(2)：123-125.

[4] 徐文江．海上多元热流体热力开采技术研究与实践[J]．石油科技论坛，2013(4)：9-11.

[5] 陈明．海上稠油热采技术探索与实践[M]．北京：石油工业出版社，2012.

[6] 林涛，孙永涛，马增华，等．多元热流体中热-气降黏作用初步探讨[J]．海洋石油，2012，32(3)：74-76

渤海高温裂缝油藏新型聚合物凝胶体系研究与应用

吕金龙　黎　慧　庞长廷　李彦阅　宋　鑫　王　楠　鲍文博　薛宝庆　吕　鹏　张国栋

[中海石油(中国)有限公司天津分公司]

摘　要　渤海典型高温油田综合含水目前呈现不断上升的趋势，调剖需求日益紧迫。针对渤海油田高温调剖/驱技术不完善及高温凝胶体系技术性能指标不健全等问题，开展调剖技术攻关。从聚合物引入不同功能性单体、交联剂反应速度可控及助剂增强耐温稳定性等角度出发，探索影响体系热稳定性的内在因素及高温成胶机理，形成耐温分别可达130℃的高温凝胶调剖体系。另外，通过类比普通凝胶调剖体系性能指标，形成耐高温调剖体系适应于渤海高温裂缝油藏的技术性能指标，为指导现场实际应用提供理论支持。目前该项技术已在渤海油田开展现场应用，增油降水效果显著。

关键词　渤海高温油田；调剖/驱技术；高温凝胶体系；技术指标；封堵能力；适应性评价

渤海油田是中国最大的海上油田之一，温度处于90℃~135℃的油田较多。在注水开发阶段，含水上升速度加快，平面、纵向矛盾日益显现，注入流体在优势渗流通道低效或无效循环严重。调剖堵水技术是解决油田高含水问题的关键技术之一，而聚合物凝胶因其独特性能优势成为该技术的一种有效药剂，在油田增产方面应用广泛，在降低水相渗透率，改善水的波及效率以及油藏的深部调剖等方面均表现良好。但不同于普通温度油藏，高温油藏会严重制约调剖体系成胶效果和热稳定性。据以往研究经验，高温条件下常规调剖体系会因交联过度，黏度比预期值增大很多，成胶强度也会变大，导致后续注入也会非常困难。即使增大外力作用迫使其进入孔隙，其分子结构也会被破坏，致使滞留时间不会很长，耐冲刷性和封堵功能不是很理想。因此，只有当调剖体系与储层个性化匹配度较高时，耐温调剖体系才能取得最理想的封堵性能和液流转向效果。针对高温油藏的调剖需求，本文从凝胶主剂聚合物、交联剂及助剂入手，优化凝胶组成配方，对凝胶的注入性、封堵性、耐冲刷性及长期稳定性等开展室内评价实验研究，探索凝胶调剖体系的成胶机理，精准把握调剖剂应用性能，以期对现场高温调剖/驱具有一定的指导意义。

1　实验研究

1.1　实验材料

干粉聚合物、交联剂A、交联剂B、除氧剂，质量分数均为99%；无机填充剂，质量分数为57%。填砂管尺寸为25mm×300mm，实验室自制。实验用水为目标油田模拟水，总矿化度为5222.27mg/L，pH值为8.38，离子质量浓度：$K^+ + Na^+$为1743.54mg/L、Mg^{2+}为29.67mg/L、Ca^{2+}为160.97mg/L、Cl^-为2403.95mg/L、SO_{42-}为0.75mg/L、HCO^{3-}为883.39mg/L。

1.2　实验设备

SIRION 200扫描电镜，美国FEI公司；傅里叶红外光谱分析仪，Spectro One珀金埃尔默有限公司；BY-II型多功能岩心驱替系统，东北石油大学、南通北岩实验设备科技有限公司联合研制。岩心夹持器、手摇泵、平流泵、中间容器等置于恒温箱内。实验设备流程见图1。

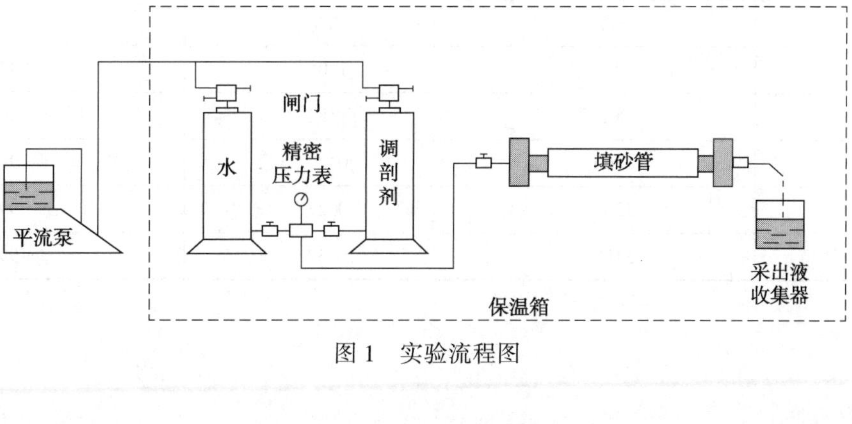

图1　实验流程图

1.3 实验方法

1.3.1 凝胶溶液配制

根据前期实验优选凝胶配方进行实验研究，凝胶配方组成包括聚合物、交联剂 A 和交联剂 B、除氧剂、无机填充剂和水

将烧杯置于磁力搅拌器上，加入目标油层模拟地层水 1000mL，在搅拌条件下加入 4g 实验用耐温抗盐聚丙烯酰胺粉末，搅拌 2h，得完全溶解的凝胶主剂溶液，在主剂溶液中加入 2g 交联剂 A 和 2g 交联剂 B，5g 除氧剂和 5g 无机填充剂，充分搅拌溶解得到凝胶溶液。

1.3.2 渗流特性实验步骤

岩心抽真空饱和地层水，水测岩心渗透率，注入 1PV 聚合物后进行后续水驱直至压力稳定候凝，待体系成胶后再次进行水驱，计算阻力系数及残余阻力系数、封堵率及突破压力梯度。

岩心封堵率公式：

$$\eta = \frac{K_1 - K_2}{K_1} \times 100\% \tag{1}$$

式中，K_1 为注体系前岩心的水相渗透率，mD；K_2 为注调剖体系后岩心的水相渗透率，mD。

阻力系数(R_f)和残余阻力系数(R_{ff})可以用压差来表示，即：

$$R_f = \frac{\Delta P_p}{\Delta P_w} \tag{2}$$

$$R_{ff} = \frac{\Delta P_{pw}}{\Delta P_w} \tag{3}$$

式中，ΔP_w 为水驱过程的稳定压差，MPa；ΔP_p 为注交联体系的稳定压差，MPa；ΔP_{pw} 为注交联体系后的后续水驱过程的稳定压差，MPa。

待凝胶体系在岩心中成胶后，进行后续水驱，压力从零开始，直至岩心出口端滴下第一滴液体，此时，进口端的压力表读数即为该凝胶体系的突破压力。突破压力梯度公式如下：

$$P_{max} = \frac{P_0}{L} \tag{4}$$

式中，L 为实验岩心长度，m；P_0 为突破压力，MPa；P_{max} 为突破压力梯度，$MPa \cdot m^{-1}$。

1.3.3 选择封堵性评价实验

采用双岩心实验模型模拟地层的非均质性。在恒定流速(0.3mL/min)下注入地层水，记录注入压力和高，低岩心管分流体积；以同样的速度注入一定量(0.3PV)的体系溶液，在 120℃ 下恒温一段时间，候凝，待体系成胶后再进行水驱，记录注入压力和高，低渗岩心分流量，计算剖面改善率来表征体系的剖面改善能力。

剖面改善率 f 是指调剖前后高低渗层相对流量的变化率其计算公式如下：

$$f = \frac{Q_{hb}/Q_{lb} - Q_{ha}/Q_{la}}{Q_{hb}/Q_{lb}} \tag{5}$$

式中，Q_{hb}，Q_{lb} 为调剖前高，低渗透层的相对流量,%；Q_{ha}，Q_{la} 为调剖后高，低渗透层的相对流量,%。

1.3.4 凝胶封堵机理表征

配制聚合物溶液和凝胶溶液，采用美国 FEI 公司 SIRION 200 型扫描电镜进行冷冻电镜扫描；将凝胶溶液置于安瓿瓶中，在 90℃、100℃ 和 120℃ 条件下进行成胶，对比 48h 后凝胶的冷冻电镜扫描图像，并结合凝胶主剂聚合物、交联剂及助剂的结构对凝胶的成胶封堵机理进行分析。

2 结果与讨论

2.1 注入性及封堵性

耐高温凝胶溶液的封堵率测试结果见表 1，阻力系数、残余阻力系数测试结果见图 2。

表 1 调剖体系在不同渗透率下的封堵情况

岩心编号	渗透率 K_1/mD	渗透率 K_2/mD	封堵率/%
1	320	8.9	97.23
2	450	1.05	99.77
3	802	1.82	99.77
4	1106	0.29	99.97
5	2263	0.27	99.99
6	3100	0.37	99.99

续表

岩心编号	渗透率 K_1/mD	渗透率 K_2/mD	封堵率/%
7	4208	0.56	99.99
8	5046	0.67	99.99
9	6210	0.78	99.99

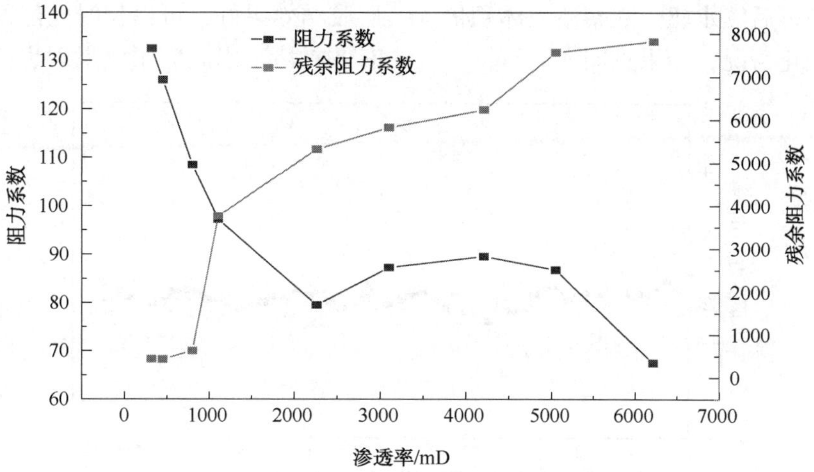

图2 4阻力/残余阻力系数随渗透率变化关系曲线

由表1数据结果可知，注入凝胶体系时岩心渗透率对岩心封堵率的影响不大，并对不同级别的渗透率岩心均表现较高的封堵能力，封堵率均在95%以上。从图2可以看出，岩心的渗透率越高，残余阻力系数越大，表明对高渗储层具有较好的封堵效果。同时在实验过程中发现，当渗透率不低于1000mD时，突破压力和突破压力梯度均明显提高且后期逐渐趋于稳定。分析认为，高孔隙介质内由于孔隙间隔较大，可使分子间产生充分碰撞，利于凝胶充分成胶，且成胶效果要高于相对低孔隙介质，能够在高窜逸层位发挥高强度封堵作用。残余阻力系数的增大也反映出该体系成胶后在孔隙介质中的渗流阻力在变大，有利于实现后续水的顺利转向，建立有效封堵。

2.2 选择封堵性

耐高温凝胶溶液的相对流量及剖面改善率测试结果见表2。

表2 不同级差渗透率岩心的剖面改善率

岩心编号	渗透率/mD	级差	调剖前水驱相对流量/%	凝胶相对流量/%	调剖后水驱相对流量/%	剖面改善率/%
1-1	517.94	5.9	31.9	34.3	57.6	65.51
1-2	3069.26		68.1	65.7	42.4	
2-1	497.61	11.1	16.6	15.1	64.4	88.99
2-2	5539.83		83.4	84.9	35.6	
3-1	508.35	19.3	8.2	12.6	73.2	96.72
3-2	9823.67		91.8	87.4	26.8	

从实验数据可以看到，不同渗透率级差的岩心在注入凝胶体系之后，进行后续水驱时出口端的相对流量变化较大，由此可以推断出凝胶在高渗透率岩心中形成有效滞留，注入水受压力影响改变液流方向，低渗层吸液量明显增加，储量动用程度提高。随着渗透率级差的增加，剖面改善率呈现增大趋势。因此该凝胶体系对高，低渗层具有较好的选择性，对渗透率极差范围在5-20的岩心均具有良好的调剖分流效果。

2.3 凝胶体系耐冲刷性能分析

凝胶封堵多孔介质后，非均质性依然存在，在后续水的长期冲刷下，凝胶可能会被突破，随形成的水流通道进行运移，最终使封堵能力大大减弱。因此通过耐冲刷性来表征凝胶在地层中经注入水长期冲刷后的存留率。将凝胶体系注入到岩心中，候凝后进行后续水驱。观察注入体积倍数与注入压力的变化情况，结果见图3。

从图3可以看出，经过10PV的注入水冲刷，水驱压力上下变动幅度很小，基本上稳定在2.3MPa左右，这说明该调剖剂在岩心中各处的凝胶滞留量可观，胶体的运移能力下降，在高温环境下的成胶效果好，在储层中有良好的存留率。这是由于其触变性较强，注入储层后，与地层胶结效果好，可以长时间停留在孔隙中，形成有效封堵，因此应用效果理想。

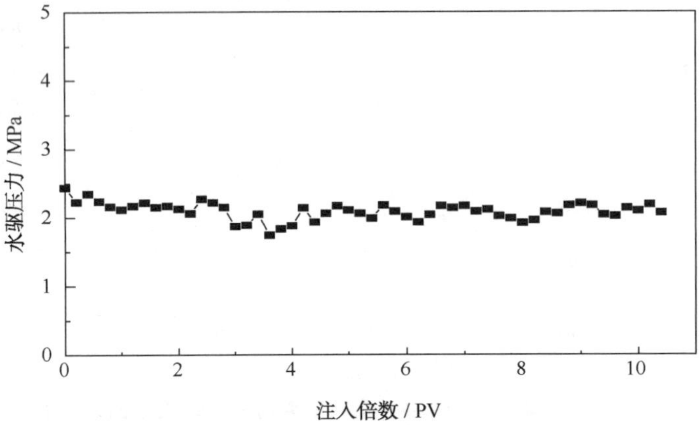

图3 水驱压力与注入倍数的关系曲线

2.4 成胶机理分析

对聚合物与交联剂成胶前后的扫描电镜进行比较分析(图4)，相比于聚合物单剂溶液体系，凝胶体系交联现象明显，且随着温度升高，交联加密，在130℃成胶反应后，在电镜图像上可以清晰观察到三维网格结构。对成胶前后的聚合物和凝胶的红外光谱进行对比分析，图5红外谱图上的基团吸收情况也发生明显改变，交联作用的发生使1550cm^{-1}处的C-N吸收峰明显增强。

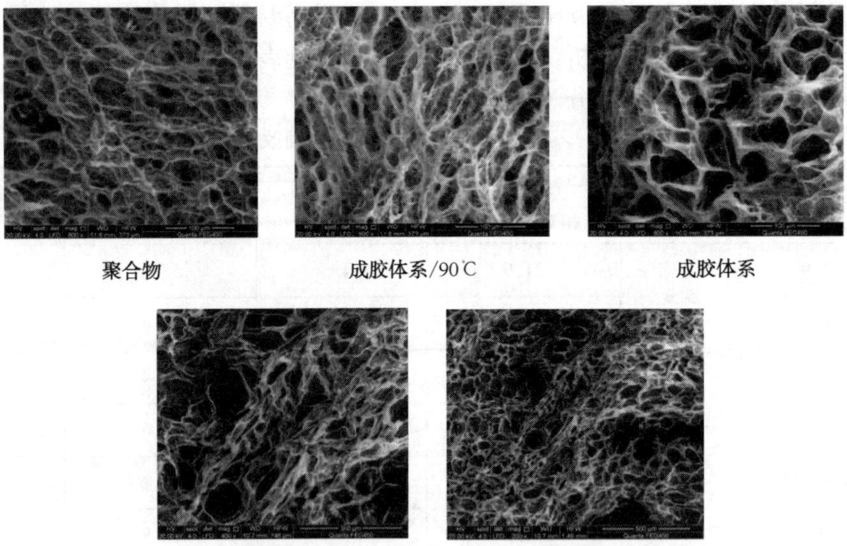

聚合物　成胶体系/90℃　成胶体系

成胶体系　成胶体系

图4 聚合物成胶前后冷冻电镜扫描图像

实验中所用凝胶体系组成为耐温耐盐主剂聚合物、交联剂A和交联剂B、除氧剂、无机填充剂和水。聚合物主剂为自身结构上带有耐温耐盐基团的聚丙烯酰胺类聚合物，从图6的电镜图像中可以看出成胶前后，高温下聚合物骨架相对完整，但在凝胶调剖实验中，凝胶成胶后处于动态剪切和冲刷过程中，凝胶体系保持稳定的关键不只有聚合物，明确成胶机理至关重要。

本文中所用交联剂分为A和B，属于组合交联剂，两种交联剂在高温下发生反应形成可交联物质，再与聚合物发生交联，因为交联剂产生的反应为分步进行的，所以高温下成胶反应相对单剂交联成胶速度慢，避免交联速度快，成胶不均匀，凝胶稳定性差的问题，可以实现凝胶溶液注入后的原位成胶。除交联剂外，凝胶体系中加入了可参与交联作用的除氧剂，在发挥除氧作用的同时，与交联剂B发生反应产生具有交联性能的物质，辅助交联聚合物，加密交联网络。交联剂和除氧剂的协同作用使交联反应可以分步、多级进行，但凝胶的聚合物主链是具有相对高分子量的聚丙烯酰胺类物质，动态剪切和外力作用下仍易发生交联结构破坏，所用在凝胶配方中加入了一种无机分散性填充剂，该填充剂的加入可提高凝胶的整体强度，因为凝胶体系属于高温下原位成胶，无机填充剂颗粒尺度介于纳米至微米级，不影响其注入性能，由凝胶的注入性结果也可以看出，该凝胶体系注入性良好。

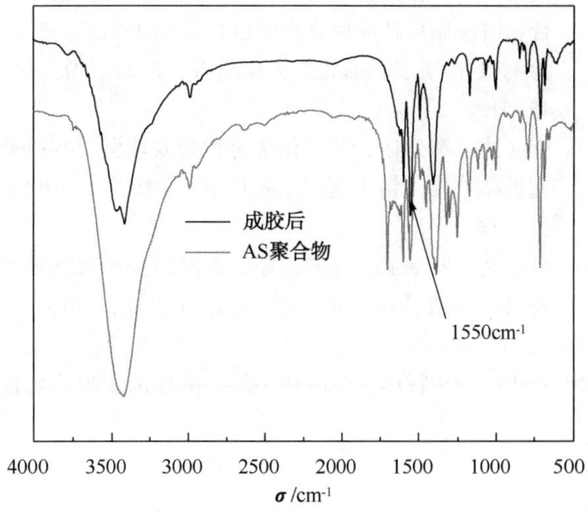

图5　聚合物与凝胶的FT-IR对比图

3　现场应用情况

渤海高温油藏（温度110℃）开展2井次聚合物凝胶调剖作业，取得了较好的增油降水效果。

表3　措施效果

注水井	油井	措施前			措施后峰值			累增油/m^3
		平均日产液/(m^3/d)	平均日产油/(m^3/d)	平均含水/%	日产液/(m^3/d)	日产油/(m^3/d)	含水率/%	
A	A1	182.8	31.19	82.4	202	85.3	57.2	9056
B	B1	258.68	60.8	73.5	214.19	89.67	58.02	2334.8
	B2	167.63	73.66	56.07	145.73	81.04	44.47	419.3
	B3	305.85	130.5	55.1	269.41	165.3	38.2	5190

A1井在A井调剖期间见效，含水下降达到25%，日增油最高达到85m^3以上，A井组共累计增油9056m^3。B井组受效明显，自调剖措施后井组油井含水均呈下降趋势，含水最高下降近15%，累计增油7944.1m^3。

4　结论

（1）耐温凝胶体系具有较好的封堵及耐冲刷性能，对不同级别的渗透率岩心均表现较高的封堵能力，封堵率均在95%以上。

（2）随着渗透率级差的增加，剖面改善率呈现增大趋势。因此该凝胶体系对高，低渗层具有较好的选择性，对渗透率极差范围在5-20的岩心均具有良好的调剖分流效果。

（3）利用扫描电镜和红外光谱仪对凝胶体系进行表征，分析影响该凝胶成胶性能主要有以下三方面：①耐温的聚合物主链结构；②多级分步原位交联成胶机理；③无机填充提升体系机械强度。

参　考　文　献

[1] 关云，曹仁义，徐锋，等．厚油层水驱开发效果及其影响因素分析[J]．断块油气田，2018，25(06)：766-770.

[2] 于萌，铁磊磊，李翔，等．驱油用聚合物在渤海油田中高渗储层的适应性实验研究[J]．油气藏评价与开发，2020，10(06)：40-45.

[3] 李倍任．复合离子型聚合物凝胶堵漏剂的研制[D]．大庆：东北石油大学，2015.

[4] 栾鹏飞，卢祥国，郤婧文，等．高盐中低渗油藏聚合物溶液储层适应性研究—以长庆油田“长4+5”块为例[J]．辽宁石油化工大学学报，2020，40(06)：45-51.
[5] 李文博，李公让．可控化聚合物凝胶堵漏材料的研究进展[J]．钻井液与完井液，2021，38(02)：133-141.
[6] 林仁义，罗平亚，孙雷，等．高温高盐产水气藏微胶堵水封堵特性实验[J]．天然气工业，2018，38(03)：69-75.
[7] 刘进祥，卢祥国，牛丽伟，等．两性离子聚合物凝胶成胶效果及油藏适应性研究[J]．油田化学，2017，34(04)：610-616.
[8] 刘翔鹗．我国油田堵水调剖技术的发展与思考[J]．石油科技论坛，2004(01)：41-47.
[9] 梁严，王毅，张新民，等．不同渗透率及渗透率极差下不同分子缔合聚合物的渗流驱替特征研究[J]．新疆石油天然气，2021，17(03)：44-52.
[10] 王闯，周玉霞，杨仲涵，等．涠洲油田高温高盐油藏组合调驱技术研究及应用[J]．化学工程与装备，2019(04)：107-109.

连续油管体积压裂在大庆油田致密油水平井的研究应用

孙　勇　刘　岩　董　磊　巴六顺

（大庆油田井下作业分公司）

摘　要　水平井密切割体积压裂和大规模体积压裂是水平井增储上产的必要手段，目前均多采用复合桥塞多簇分段方法，存在施工时效低、裂缝不能均衡延伸、规模不可控的问题，连续油管底封拖动体积压裂技术是一种有效的解决办法。大庆油田致密油储层主要发育河流-浅水三角洲相沉积，微相类型主要有网状河道、水下分流河道、河间砂等，储层物性较好，地质储量丰富，通过对大庆油田致密油储层连续油管体积压裂的应用研究，优化现场施工控制和压裂工艺技术，整个大庆油田致密油区块共完成了34口井，2269段压裂施工，其中A区块内成功完成了5口井的压裂施工，效果较好，本文通过对A区块的研究应用，结合施工过程判定和压后产量分析，评价压裂效果及工艺适用性。

关键词　连续油管；水平井；体积压裂；致密油；现场试验

1　前言

随着钻采技术的不断发展，水平井的开采已成为大庆油田原油产量的重要组成部分，存在施工时效低、裂缝不能均衡延伸、规模不可控等问题，为解决生产实际问题，采用连续油管进行体积压裂是一种有效的解决方法。

近年来，国内各油田均有连续油管底封拖动环空加砂应用，采用单段单压排量5~7m^3/min，仅吐哈油田探索了大排量压裂应用(吐哈油田湖平32-18井，共压裂9段，施工排量12m^3/min，入井总液量2765.5m^3，砂量263.7m^3。1.5天完成全井压裂，最高1天内完成6段压裂，平均单段规模液量307.3m^3，砂29.3m^3)。国外应用连续油管压裂均以小排量、多段数密切割压裂为主，排量在5m^3/min左右，未见大排量体积压裂报道。自2018年以来，在大庆油田开展水平井连续油管底封拖动体积压裂技术研究，实现连续油管大排量密切割和大规模多簇体积压裂，实现储层单簇的逐层精确改造，通过优化现场施工控制和压裂工艺技术，在致密油区块共实施34口井，创造了水平井切割压裂163段、单趟管柱最多压裂94段等国内新纪录，其中A区块内成功完成了5口井的压裂施工，效果较好，在结合施工过程判定和压后产量分析，评价压裂效果及工艺适用性。

2　区域概况

大庆油田A区块整体表现为中部高、东西两侧低、南北两侧低的背斜构造，由于构造具有继承性，各小层具有相似的构造特征。构造高点在A23-24井东侧海拔-1270m，构造低点在A251-11井南侧海拔-1370m，构造高差100m。A区块各小层平均单层有效厚度1.4m，有效厚度钻遇率为25.0%~87.5%。钻遇率大于50%的小层有4个，为A11、A16、A17和AII21，其中仅AI7、AII1小层钻遇率超过70%。研究区的A油层主要受到北部、西部物源控制，发育河流-浅水三角洲相沉积，微相类型主要有网状河道、水下分流河道、河间砂等。该区块共完钻水平井5口，均已顺利完成连续油管体积压裂施工，水平井平均完钻井深2593m，完钻水平段长度830m，钻遇砂岩长度677m，含油砂岩长度582m，砂岩钻遇率80.3%，油层钻遇率67.5%，动用地质储量79.08×10^4t，含油面积4.05km^2(表1)。

表1　区块5口水平井地质参数

井号	设计层位	水平井设计方位/°	设计水平段长度/m	井控含油面积/km^2	井控地质储品/10^4t
A-P1	Al2	NE51	910	0. 83	18. 01
A-P2	Al4	NE19	950	0. 97	18. 41
A-P3	Al6	NE42	876	0. 75	14. 24
A-P4	Al7	NE331	732	0. 63	13. 67
A-P5	Al7	NE331	990	0. . 87	14. 75
合计/平均			892	4. 05	79. 08

3　工艺技术

3.1　压裂工艺工具改进

针对外围致密油储层，以往“水平井(水平段1600m)+桥塞”多簇体积压裂方式，针对性不强、施工时效低。以“缝控储量最大化”为目标，利用连续管携带底封工具，单簇单压、密集切割，增加ESRV，提高改造效果。体积压裂段数多，为保证底封工具灵活可靠，对工具机构进行以下5方面改进：

改进一：针对以往水平井施工喷枪上部易反溅问题，改进全硬质合金保护结构(图1)。

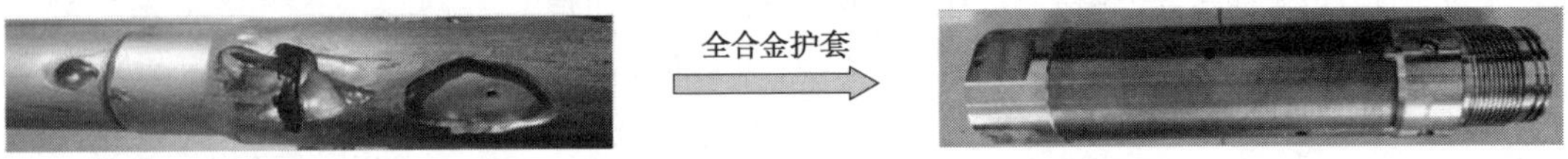

图1

改进二：针对工具卡井口问题，改变摩擦片尺寸，去除台阶，提高入井效率(图2)。

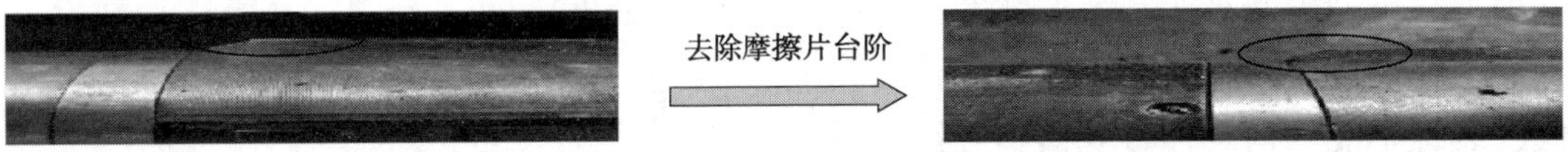

图2

改进三：针对封隔器换向、解封困难问题，调整中心管换向尖角设计，增加卡瓦箍环限位销钉，对轨道槽底部及周围倒角预处理等措施提高稳定性(图3)。

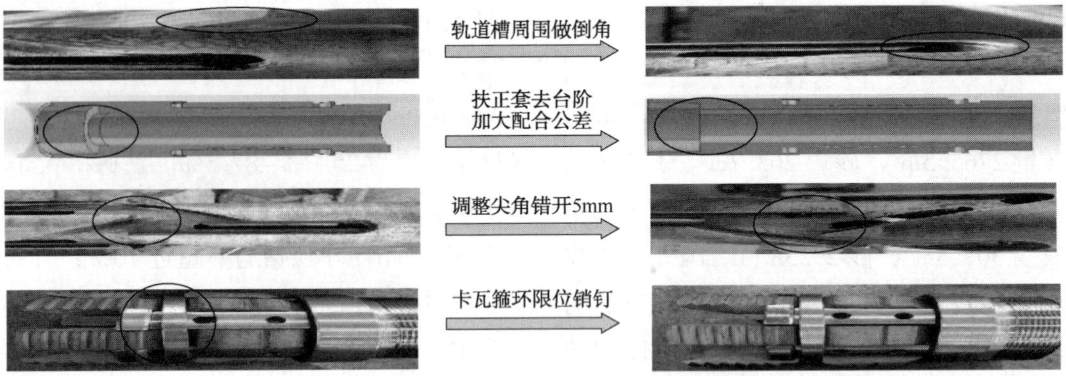

图3

改进四：针对平衡阀不灵活问题，改进减小内套外径尺寸，由ϕ62mm变为ϕ58mm，防止砂子进入缝隙中导致平衡阀无法滑动失效(图4)。

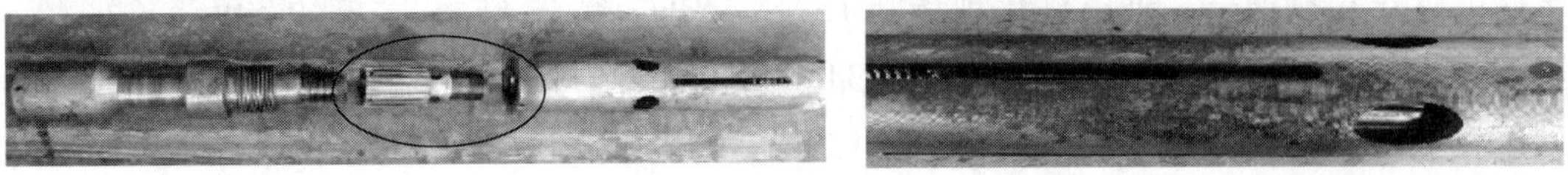

图4

改进五：针对接箍定位器失效，无法有效精准定位问题，改进设计多种尺寸定位器，满足了常规套管扣校深问题(图5)。

图5

3.2 缝间距优化

通过对邻近2个区块的压后对比发现，B区块4口井进行不同缝间距对比试验，B-P4井缝间距15m，600天累计产量达到10515t，目前产量17.7t/d，说明小缝间距具有明显的增产效果。C区块9口井，10-30m小簇间距布缝，10m缝间距压后初期效果最好，高于15m和20m，生产200天后，产量开始递减，400天后15m累产超过10m，从曲线的趋势看，15m缝间距随生产天数的增加将超过10m缝间距。综合认为：15m缝间距合理(表2、图6、图7)。

表2　B区块压后效果统计表

井号	目的层	水平段长/m	钻遇砂岩/m	平均缝间距/m	液量/m^3	砂量/m^3	初期日产油/(t/d)	目前日产油/(t/d)	600天累产/t
B-平3	Bl3	1246	1148	30	11372	1788	17.3	5.2	5692
B-平4	Bl5	1106	1085	15	20283	1952	11.9	17.7	10515
B-平5	Bl6	1074	897	30	11260	1666	9.2	3.2	2303
B-平6	Bl6	1178	789	30	11373	1960	12.9	3.4	3921

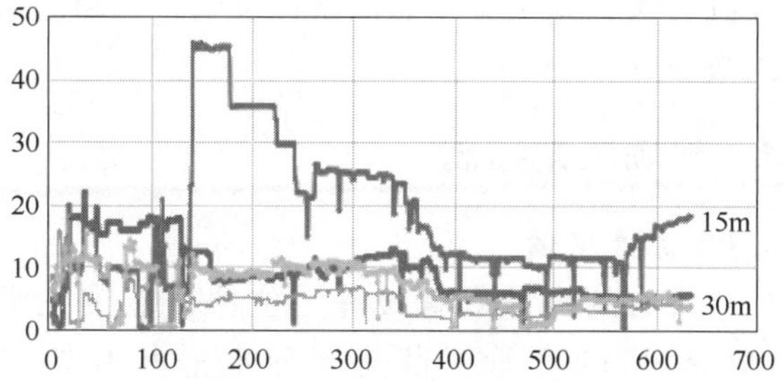

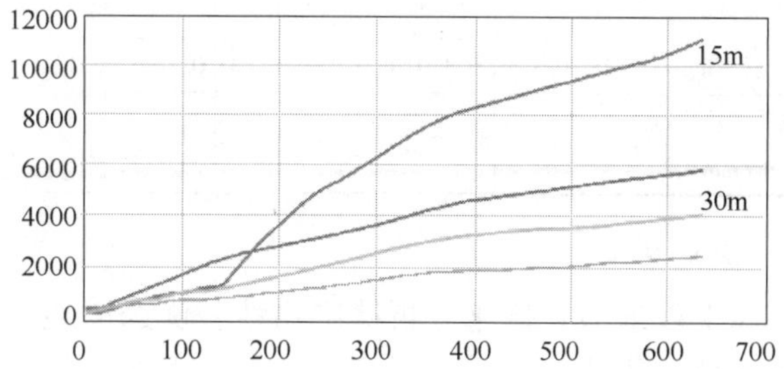

图6　B区块四口井压后对比

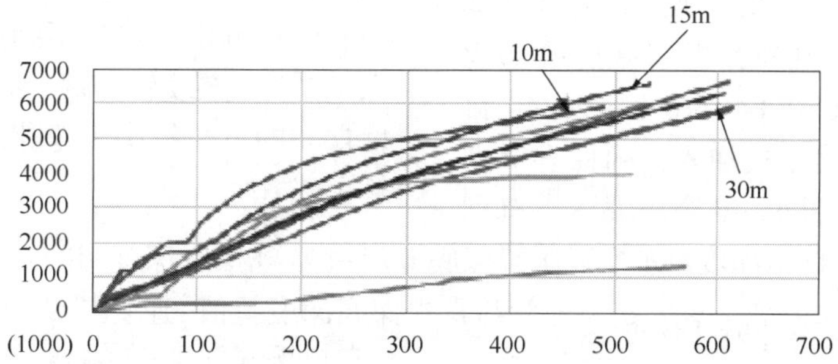

图7　C区块九口井压后对比

3.3 施工规模的优化

通过统计分析三个区块15口井产油强度和加砂加液强度关系曲线，存在明显的正相关性，特别是加砂强度大于2.0m^3/m，加液强度大于15m^3/m，产油强度提高明显。因此分析得出提高砂液量可提高压后产油(图8)。

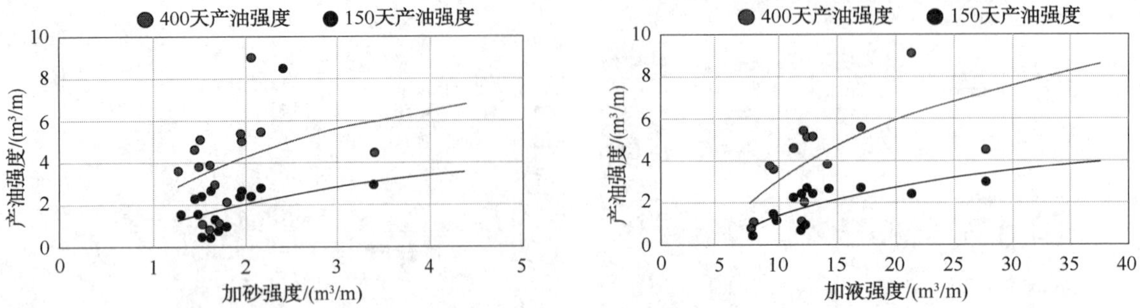

图8　施工规模与产油强度关系曲线

3.4 组合支撑剂优化

依据裂缝宽度与支撑剂粒径匹配关系，形成组合支撑优选方法，提高支撑体积，支撑剂采用70/140目+40/70目+20/40目多粒径组合，段塞+连续方式加入(图9)。

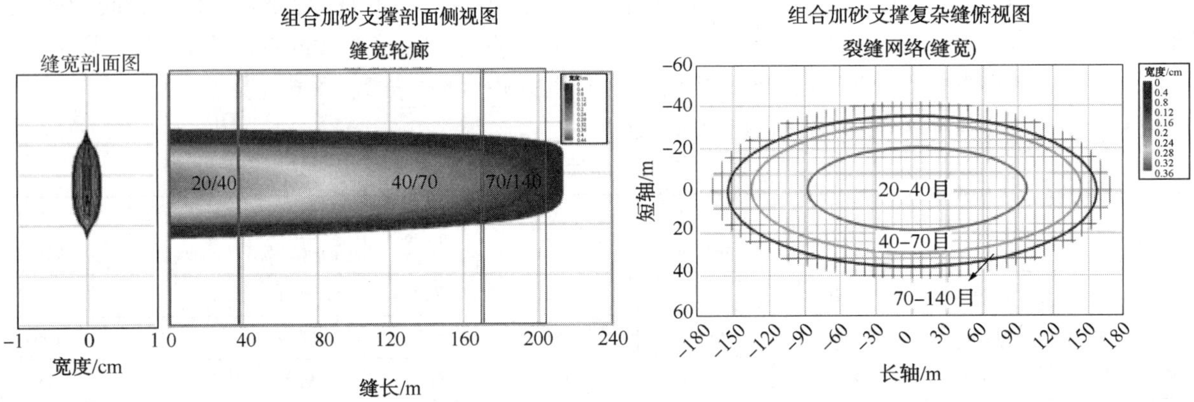

图9　组合加砂效果图

表3　不同粒径支撑剂匹配裂缝对应表

支撑剂目数	20/40	30/50	40/70	70/140
颗粒直径/mm	0.425~0.825	0.3~0.6	0.212~0.425	0.106~0.212
可充填裂缝缝宽/mm	>3.5	>2.5	>2	>1

3.5 优化结果

经工程地质一体化分析储层物性、优选压裂甜点、精细优化缝间距、论证加砂加液强度、最终优化方案，区块内5口井缝间距以15m为主；射孔点以“三高一低”为优选原则，优选有利部位射孔；提高加砂加液规模，提高储层改造程度；支撑剂采用70/140目+40/70目+20/40目多粒径组合，段塞+连续方式加入，确保多级别裂缝有效支撑；采用滑溜水+缔合压裂液，有利于储层保护，便于现场组织施工，结合现场工艺控制方法，施工全程靠前指挥决策，保障压裂施工效率。

4 现场工艺控制

4.1 深度定位

现有的机械套管接箍定位器只能定位常规LTC扣型的套管，目前部分水平井开始采用BTC-JT-2、DLP-JT、梯形BGC扣型套管完井，这类套管接箍内两公扣之间旋进后没有缝隙，机械套管接箍定位器拉不到接箍。因此采取油管探人工井底+连续管探底、拉漂浮，核算连续管深度误差的方法解决无缝隙套管定位问题。深度计算公式：

$$\text{坐封前连管显示深度}=\text{连管下压裂探底显示}-(\text{常规探底深度}-\text{设计射孔深度})+(\text{常规探底深度}-\text{设计射孔深度})\times\frac{\text{连管与常规探底深度差值}-\text{连管与设计漂浮深度差值}}{\text{常规探底深度}-\text{漂浮深度}}+\text{喷枪中部到导向头距离}+1\text{m}$$

4.2 坐封控制

水平井水平段长、井身结构对下深具有显著影响，以往多次出现因管柱摩阻大，坐封后吨位反弹，施工过程封隔器解封(下推力<3t)，导致频繁出现工程问题。应用软件模拟井身结构和连续管力学，确定指轻、下推力合理范围，使用金属减阻剂增加下推力，保证下压坐封吨位，总结出四条解决办法，一是超长水平井提前力学模拟，指导不同深度现场控制措施(下推力≥3t)；二是现场备金属减阻剂，下深不到位时使用；三是根据软件预测，合理加大下压吨位，传递下推力不足时加减阻剂保持坐封力；四是水平段长≥700m 若下推力≤3t 加减阻剂，下压 8t；500m≤水平段长<700m 下压 7~8t；水平段长≤500m 下压 4~6t。目标是保持坐封力。

4.3 射孔控制

对射孔参数进行优化，具体方法：一是优化不同的射孔时间(I 类油层 20min、II 类油层 28min)，保证一次射孔成功率；二是提高射孔效果：提高射速(I 类油层 180m/s、II 类油层 210m/s)，增加喷射距离，突破水泥环及近井污染带，降低施工压力；三是改变试挤方式：采用连续管内先压开，套管逐级提排量方式，降低套管损坏风险，提高射孔成功率达到 100%(图 10、图 11)。

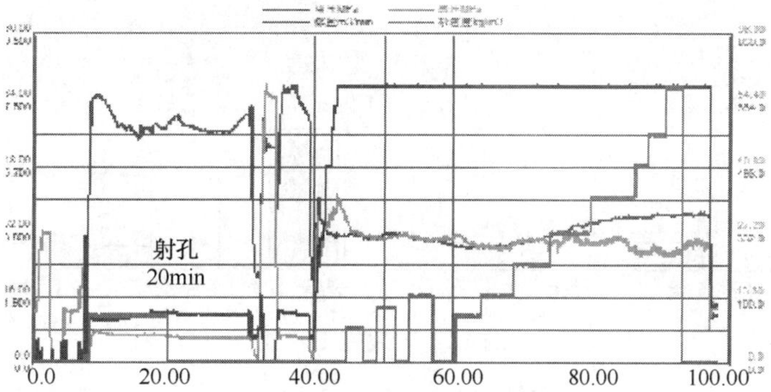

图 10　A-P3 井第 4 段施工曲线

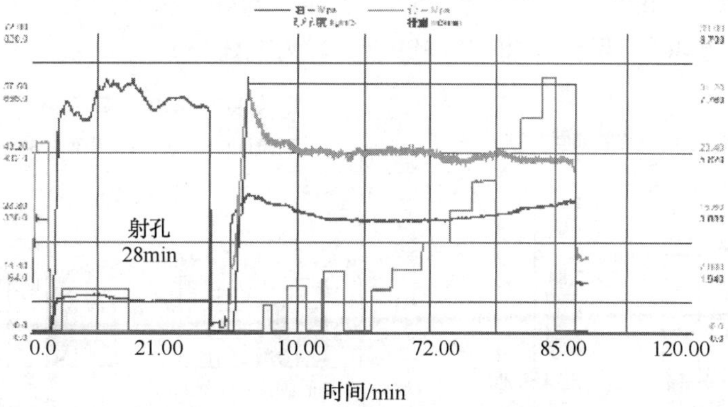

图 11　A-P5 井第 59 段施工曲线

4.4 控制结果

解决了连续油管校深、坐封控制、水力喷射射孔成功率、砂子拉运清掏和现场异常情况施工指挥控制等问题。现场针对性的制定了校深措施、坐封吨位控制、射孔参数优化、射孔液循环利用、更换管柱验封找点、减阻剂稳定坐封力、异常处理表等系列现场控制措施，施工全程靠前指挥决策，有效保障了切割体积压裂施工效率。

5　技术应用

在 A 区块实施 5 口井 321 段，平均单井压裂 64 段，加液 23797m^3，加砂 2548m^3，排量 8~10m^3/min，单趟管柱最多压裂 39 段。其中 A-P2 井仅用时 13 天顺利完成了 118 段连续管切割体积压裂施工，创造了当时国内单井压裂层段数新纪录。压后投产五口井均套管自喷生产中，平均单井初期日产油 16.8t，平均单井目前日产油 3.5t，5 口井累计产油 33480t，达到地质预测指标。平均单井施工周期 17 天，比桥塞压裂时效提高 38.8%(表 4、图 12)。

表 4　A 区块五口井连续管压裂效果统计表

序号	井号	水平段/m	钻遇砂岩/m	段间距/m	段数	液量/m^3	砂量/m^3	初期/(t/d)			目前/(t/d)			累计产油/t
								日产液	日产油	含水	日产液	日产油	含水	
1	A-P1	691	451	15	45	16293	2085	15	8.44	2.09	3.6	1.65	1.95	2474
2	A-P2	900	816	5	118	28506	2925	18	13.79	1.07	5.2	3.11	2.09	6835
3	A-P3	1050	985	15	66	30119	3406	29.26	26.71	4.59	7.1	4.95	2.15	7609
4	A-P4	556	496	15	33	16441	1577	30	27.27	2.62	8.5	6.29	2.21	13008
5	A-P5	954	640	15	59	28028	2750	17.2	7.96	1.39	2.55	1.58	0.97	3554
平均/合计		830.2	677.6	13.0	64.2	23877.4	2548.6	21.9	16.8	2.4	5.4	3.5	1.9	33480

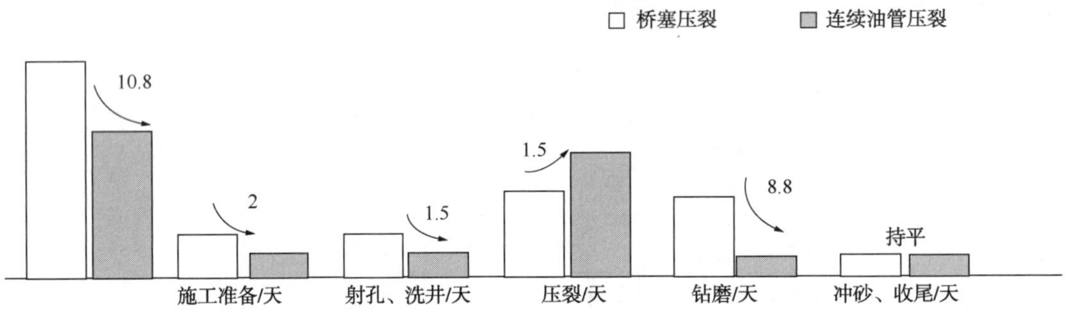

图 12　压裂施工对比

2020~2022 年，在致密油区块共实施 34 口井 2269 段簇，工艺成功率 100%。平均初期日产油 11.1 吨，对比分析葡 48、葡 54、葡 173-89 三个区块 9 口井(投产时间 200 天以上)，产油强度均好于桥塞压裂，单簇针对性改造提产能力较好(图 13)。

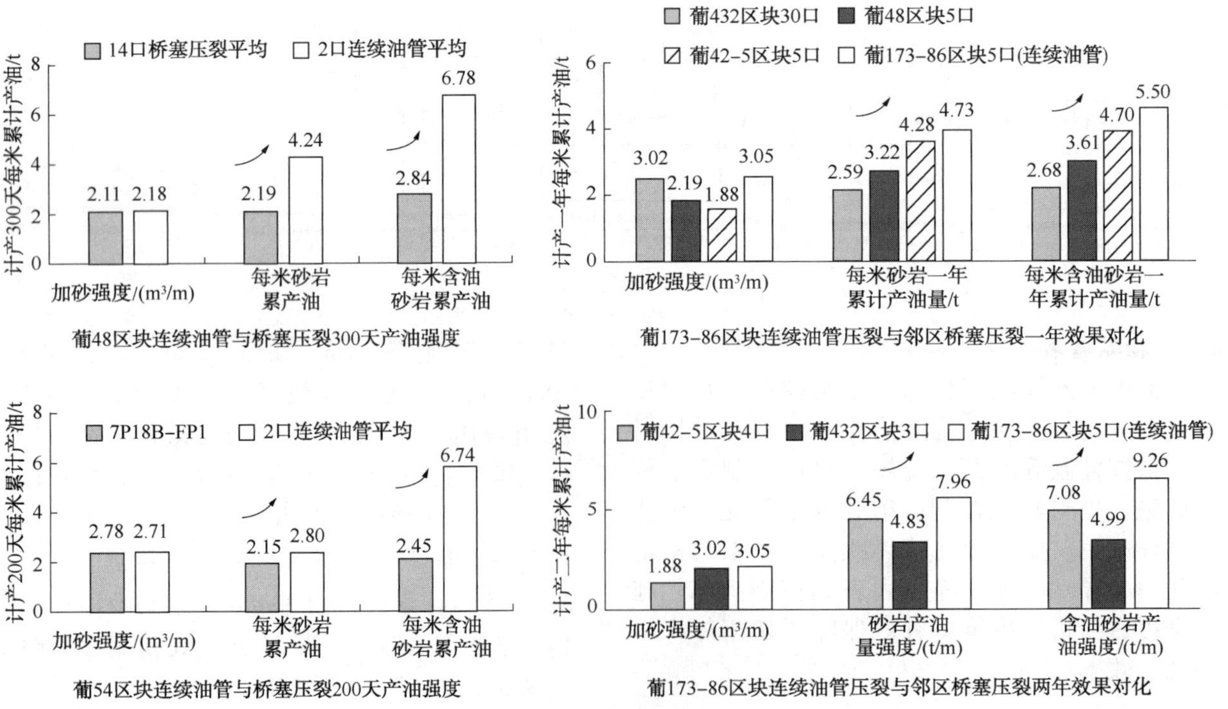

图 13　区块压裂施工对比

6 结论

（1）目前水平井连续油管体积压裂在大庆油田致密油水平井研究应用效果良好，较传统的复合桥塞多簇分段压裂技术提高了工作时效，对裂缝的改造针对性更强，能更好的激发地层产能，取得了不错的生产效果，可继续开展该压裂工艺技术的研究，应用到更多区块上去。

（2）由于部分井气密封套管间隙较小，现有接箍定位器定位显示不明显，影响定位精度，需进一步提高接箍定位器定位精准度，保证压裂施工对层位深度的精确定位。

（3）通过工具的改进，单趟管柱平均压裂段数由15段↗22段，最多拖动94段，施工排量由$7m^3/min$↗$10m^3/min$。进一步提高了工具适用性。

（4）搞好压裂施工过程管理，精细到每个施工环节，是实现措施效益最大化的有效保障。

参 考 文 献

[1] 陈矗，刘慎成，何成德，等．连续油管底封拖动水平井体积压裂技术在吐哈油田的应用[J/OL]．中国科技期刊数具库，工业A[2016-11-23]．

[2] 宁祎，邹刚，蒋友谊，等．连续管喷砂射孔分段压裂工具的研究与应用[J]．石油机械，2012(11)：94-98.

深层特低渗透油藏效益开发实践与思考

宋一飞

（胜利油田东胜公司）

摘　要　本文先对桩 23 块特低渗透油藏目前的区块概况及地层特征、构造及沉积特征进行了描述，对区块存在的主要开发问题进行了阐述，详细说明了桩 23 块 2020 年之前历年的开发实践过程，对该阶段的弹性驱动开发方式、常规注水开发方式、CO_2 驱+压驱注水的开发方式进行了详细的开发效果评价，指出其不足及需要改进的地方。

近三年来，桩 23 块开发形势日益向好，产量逐年递增，笔者从注入端、采出端及一体化管理三个方面详细介绍了近三年来针对深层特低渗透油藏展开的开发探索实践工作及取得的成效，并为区块以后的开发方向指明了道路。本文对日后类似油藏的开发管理具有较高的参考价值。

关键词　桩 23 块；特低渗透油藏；注水补能；效益开发

1　桩 23 块开发现状及矛盾

1.1　区域概况

五号桩油田桩 23 块位于沾化凹陷东北部五号桩洼陷的北部，北至桩西油田，南到桩 74 断块，西至桩 83 鼻状构造，东为长堤油田，总面积约 13. 49km^2(图 1)。受南北两条大断层影响，桩 23 块构造内发育两条近东西向的三级断层和多条近东西向的四级断层，并将桩 23 块切割成多个屋脊式小断块(图 2)。该区块自上而下沙河街组~平原组共发育 5 个砂层组，其中沙三下第Ⅱ油层组，是该区主力生油层系，其油藏埋深在 3600~3900m 之间，平均孔隙度低，为 12. 9%，平均渗透率极低，仅有 1. 1mD，是典型的特低渗透油藏，其储层具有“纵向上叠置，横向上连接成片”的特点，油气资源丰富，地质储量约 2190×10^{4}t。

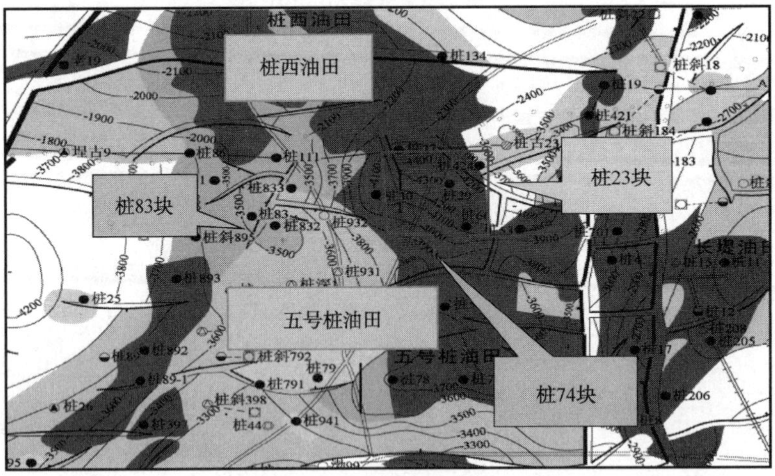

图 1　桩 23 块工区位置图

该区块储层物性、温压特征与流体特性显示：该区块油藏为高温、高压、低孔、特低渗、稀油岩性油藏，具体特征如下：原始地层压力 52. 09MPa，平均压力系数 1. 39，属于高压系统；原始地层温度 145~160℃，地温梯度 3. 8℃/100m，为高温系统；地层水平均矿化度 7235. 5mg/L，属 $NaHCO_3$ 型；地面原油黏度 11. 57mPa · s，地面原油密度 0. 85g/cm^3，原油含蜡 20. 13%。

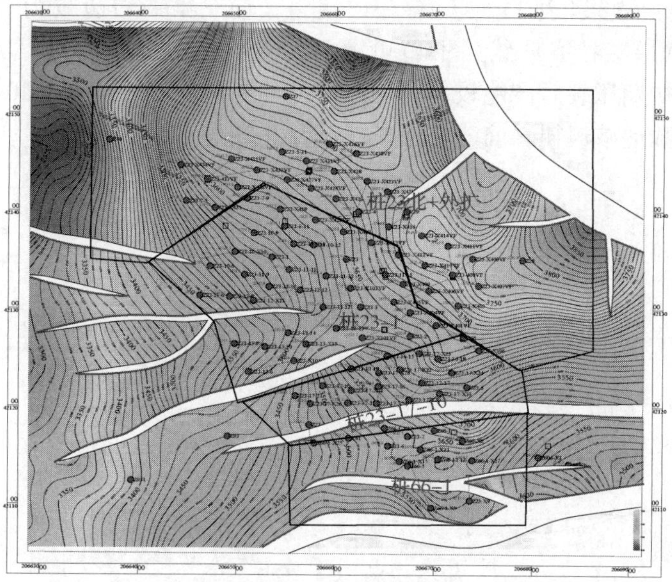

图 2　桩 23 块沙三下Ⅱ油组顶面构造图

1.2　开发难点及矛盾

1.2.1　油藏埋藏深，渗透率大，产能建设投入大、效果差

桩 23 块油层埋深在 3800 米左右，钻井费 851.34 万元/井，平均渗透率 1.1mD，渗透率极低，无自然产量，新井投产、老井措施都需要压裂改造储层，投入费用高，增油效果一般，经济效益较差(表 1)。

表 1　桩 23 块钻井、压裂成本统计表

钻井成本			压裂井效益(2017~2022 年)						
井深(m)	单井平均/万元	单位成本/(元/m)	统计井数/口	单井压裂费/万元	单井作业费/万元	单井年增油/吨	单井当年效益/万元	单井有效期累增油/吨	单井有效期效益/万元
3600~3900	851.34	2226.99	17	93.15	134.78	389	-65.93	665	-17.08

1.2.2　地层能量保持率低，采油速度慢，采出程度低

桩 23 块原始地层压力 52.1MPa，目前地层压力 29.2MPa，压力保持水平仅为 56%，能量保持率低；采油速度低，仅为 0.3%；区块采出程度 5.6%，小孔缝剩余油多，总体采出程度偏低，开发状况总体呈现出“三低”的特征(表 2)。

表 2　桩 23 块油藏弹性产率计算表

原始地层压力/MPa	目前地层压力/MPa	压降/MPa	累油/10^4t	采出程度/%	采油速度/%	弹性产量比	每采 1%地质储量压力下降值/MPa
52.1	29.2	23.3	106.9	5.6	0.3	0.71	3.07

1.2.3　注采井网不完善，水驱控制程度低

桩 23 块到目前为止，共有油水井 100 口，其中总注水井 11 口(图 3)，水油比仅为 0.12，水驱动用储量仅占 11.2%，注采井网不完善，水驱动用储量低，需进一步完善注采井网，提高水驱控制程度。

1.3　历年来开发探索实践

1.3.1　一阶段—大井距非常规压裂弹性开发阶段

根据区块特低渗透储层的特性，区块初期采用大规模非常规压裂弹性开发的方式来增大油井产能，其中 1996 年-2014 年桩 23 中南老区共压

裂油井 33 口，2012 年桩 23 北区大型压裂开发油井 35 口，均取得了良好效果(表 3)。

从桩 23 块老井自然递减拉齐曲线(图 4)可以看出，弹性开发阶段初期压裂后产能较高，但自然递减较大，符合指数递减规律，前三年递减分别达到 44%、36%和 26%；

前三年平均递减为 35. 3%；桩 23 北(采用大型压裂规模+弹性开发方式开采，见图 5)，前三年年递减 55-72%、20-33%、16-22%；前三年平均递减为 35. 5%。

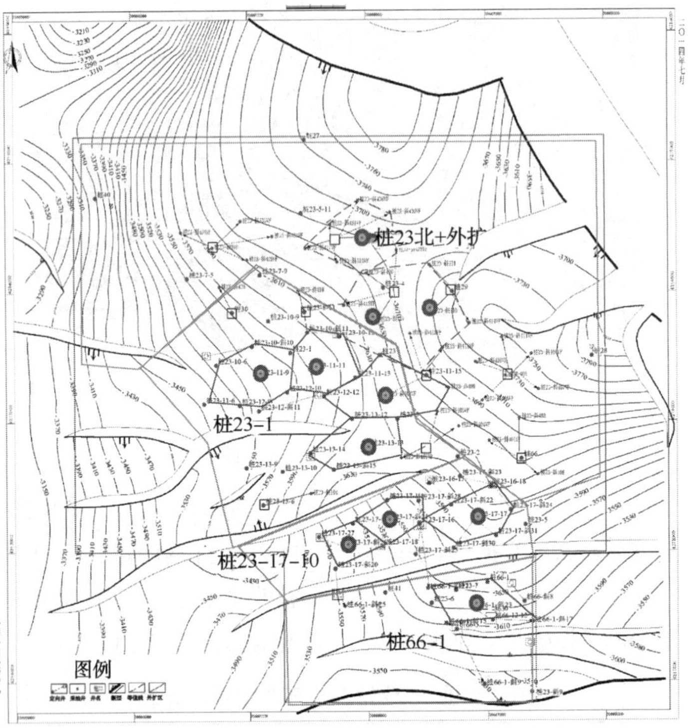

图 3　桩 23 块注水井网分布图

表 3　桩 23 块早期生产情况统计表

分类	桩 23 中南老区			桩 23 北区新井			=新井-老区		
	日液/(t/d)	日油/(t/d)	含水/%	日液/(t/d)	日油/(t/d)	含水/%	日液/(t/d)	日油/(t/d)	含水/%
自喷后第一个月	18. 78	12. 49	33. 5	18. 81	10. 16	46. 0	0. 03	-2. 33	12. 5
转抽后第一个月	16. 71	12. 98	22. 3	16. 46	8. 82	46. 4	-0. 25	-4. 16	24. 1
第一年年末	7. 61	5. 72	24. 8	7. 54	4. 76	36. 9	-0. 07	-0. 96	12. 1
第一年平均	11. 38	8. 16	28. 3	11. 15	6. 3	43. 5	-0. 23	-1. 86	15. 2

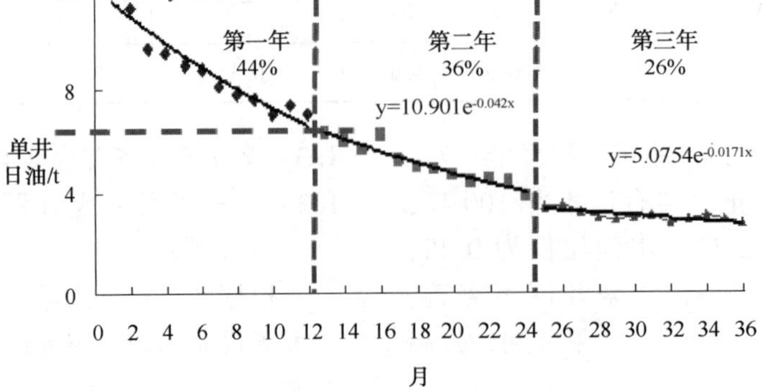

图 4　桩 23 块老区单井递减曲线

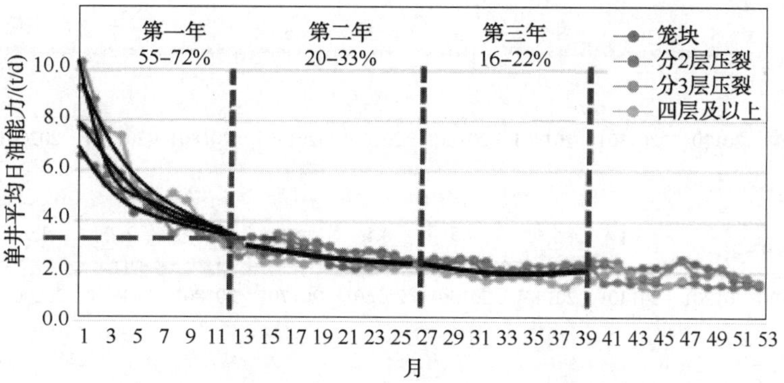

图 5　桩 23 块北不同压裂方式单井递减曲线

1.3.2　二阶段—常规注水试验阶段

自 1997 年以来，先后在桩 23 块两个常规注水单元开展常规注水井 5 口，其中桩 23-1 单元 2 口：桩 23-11-11 井和桩 23-11-9 井；桩 23-17-10 单元 3 口：桩 23-17-17 井、桩 23-17-X21 井和桩 23-17-X26 井(图 6)。

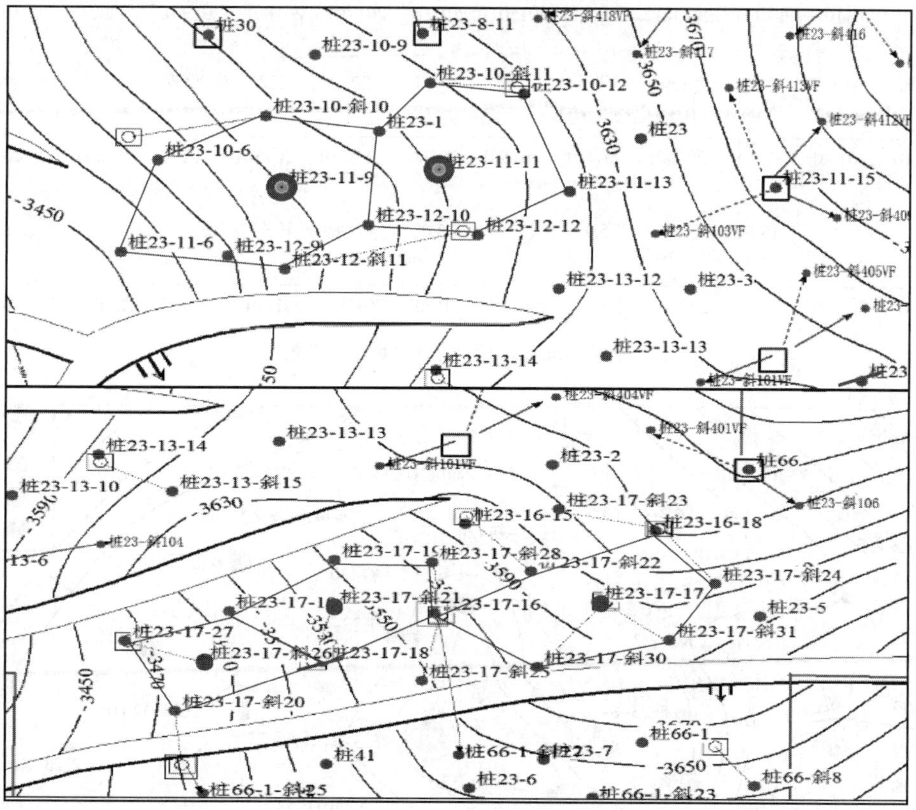

图 6　桩 23 块常规注水井位图

常规注水井由于注入压力高(平均 25MPa)、注入水量少(平均日注 122 方)，导致井组见效周期漫长、注水效果较差，注入水不足以弥补亏空的地层能量，井组递减趋势没有得到遏制(图 7)。

1.3.3　三阶段—CO_2 驱+压驱注水试验阶段

2019 年我们选取该单元油藏中部 1 砂组进行 CO_2 驱试验，该方案选取 2 个注采井组，2 注 5 采，注气井为桩 23-斜 417、桩 23-斜 416，受效井为桩 23-11-13、桩 23-11-15、桩 23-斜 410VF、桩 23-斜 420、桩 23-斜 421(图 8)。受制于该区块地层原始羽状裂缝及后期人工压裂缝方向性强的影响，地层压力虽有小幅回升但沿主应力方向油井气窜严重，注气进度严重制约地层压力的恢复速度。随即对桩 23-X417 井组实施压驱注水快速补充能量，共注水 $4.28\times10^4m^3$，压驱注水先后导致 4 口油井水窜，但地层压力有小幅回升且保持稳定。

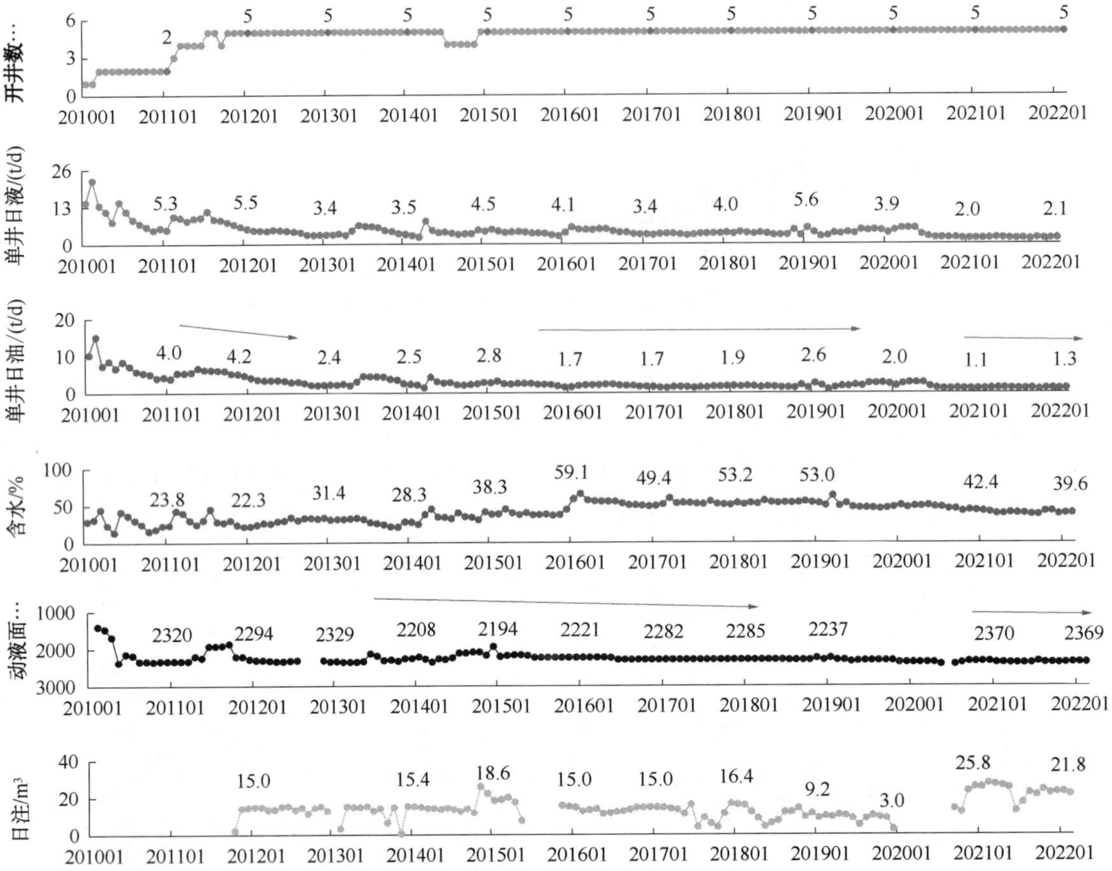

图 7　桩 23-17-17 井组注采曲线

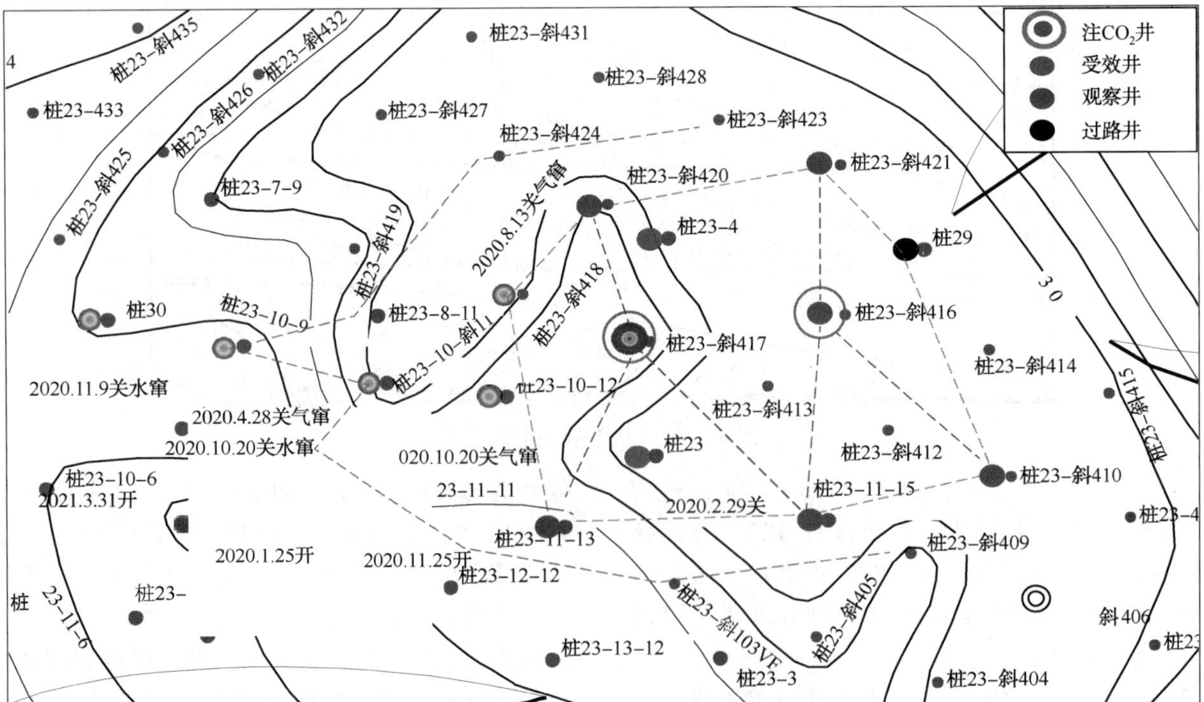

图 8　桩 23 块 CO_2 试验驱方案部署图

从 CO_2 驱+压驱试验实施过程中可以看出，注气、注水均可恢复地层压力，但注水压力回升更稳定(图9)；对应油井气窜水窜严重，无法达到增产稳产的目的。

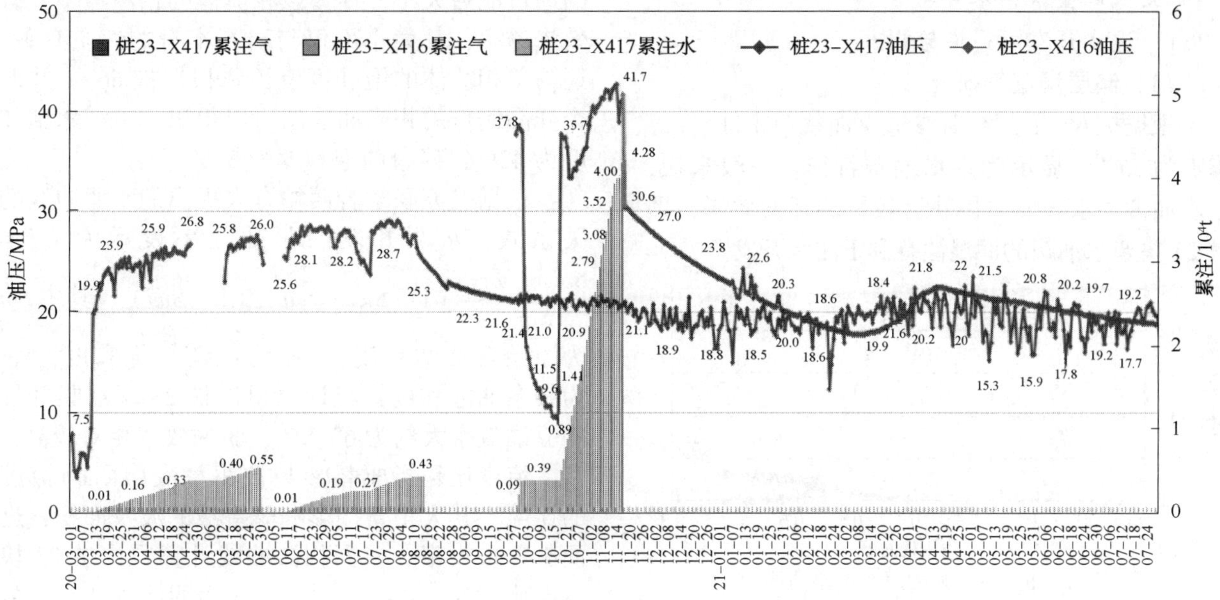

图9　注入井油压与累注量关系曲线

1.4　小结

从2010~2020年产量变化曲线中可以看出，2014年老区调整后至2020年，开发形势逐渐变差，产量持续下降，递减趋势没有得到有效控制(图10)。但是管理区要生存，油藏要继续开发，应如何破局？为此近三年我们针对桩23块深层特低渗透储层做了一系列开发探索实践工作，逐渐改善了区块的开发效果。

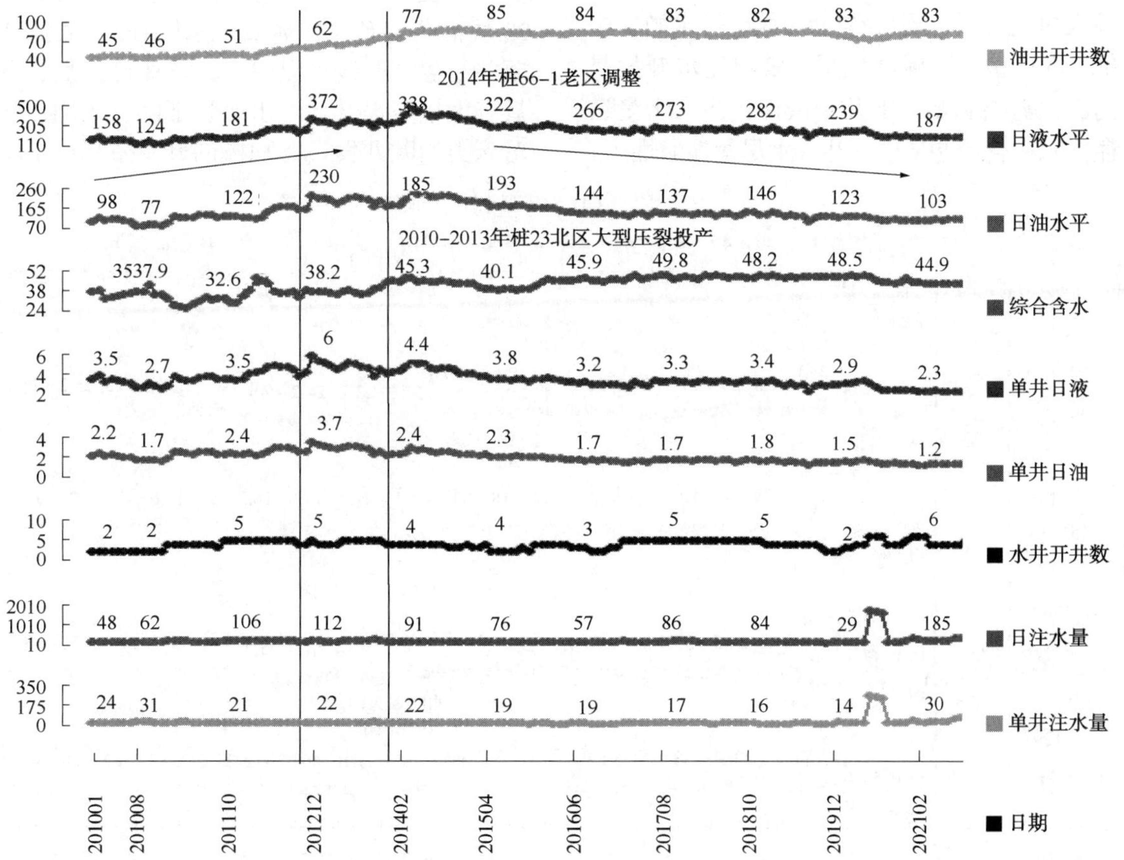

图10　桩23块2010~2020年产量变化曲线

2 近三年探索

2.1 注入端坚持注水补能

2.1.1 注水开发可行性分析

（1）储层润湿性研究

根据桩 66-1 井相对渗透率曲线(图 11)，等渗点为 55%，显示为亲水油藏特征。一般来说，亲水油藏注水开发可以获得较好的开发效果，即桩 23 块亲水油藏的润湿性有利于注水开发。

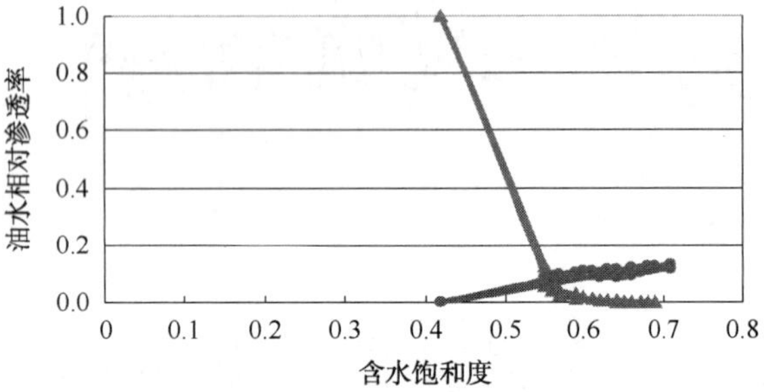

图 11　桩 66-1 井相对渗透率曲线

（2）储层敏感性分析

储层敏感性评价是对储层本身的一种认识，目的在于认识储层渗透特性在一定环境条件下，与外来介质接触作用而可能发生改变的情况，研究改变的原因，进而寻求维持储层原始渗透率或改善储层渗滤性质的方法和途径。

前人研究表明，桩 23 块储层属中等水敏、中等盐敏、非酸敏、弱碱敏地层，表明注水开发是可行的，但需要满足以下几个条件：注入水量适中、注入水矿化度是适中、注入水尽量偏酸性。

（3）相渗特征分析

多相流体共存和流动时，岩石对某一相流体的通过能力大小，称为该相流体的相渗透率或有效渗透率，其大小不仅与岩石本身的性质有关，还与单相流体的饱和度有关。根据桩 66-1 井四个样品制作的相渗曲线图可以得出，束缚水饱和度为 42%，残余油饱和度为 31%。

根据前苏联学者西帕奇夫提出的水驱曲线的关系式，水驱开发的驱油效率表示为 $Ed = \frac{Soi - Sor}{Soi} = (1 - Swi - Sor)/(1 - Swi)$，其中 Soi 为原始含油饱和度，Swi 为束缚水饱和度，Sor 为残余油饱和度，经计算得出桩 23 块水驱开发的驱油效率大约为 63.8%，驱油效率相对较高。

流度比是指驱替液与被驱替液(原油)流度的比值，其大小直接影响驱替液的波及面积，进而影响采收率。根据相渗曲线计算得出桩 23 块流度比约为 0.44，远小于 1，表明注水波及系数较大，有助于驱替液的推进。

综上所述，在桩 23 块进行注水开发具有一定的可行性依据。

2.1.2 注水开发方式论证

桩 23 块天然能量弱，递减大，弹性采收率低，开发效果较差，亟需补充地层能量。而桩 23 块油藏与孤 281 油藏类型相似，从孤 281 压驱井组生产曲线可以看出，压驱注水后，井组产量有大幅度提升，含水明显下降，表明压驱注水对该类油藏开发具有积极的开发效果(图 12)。

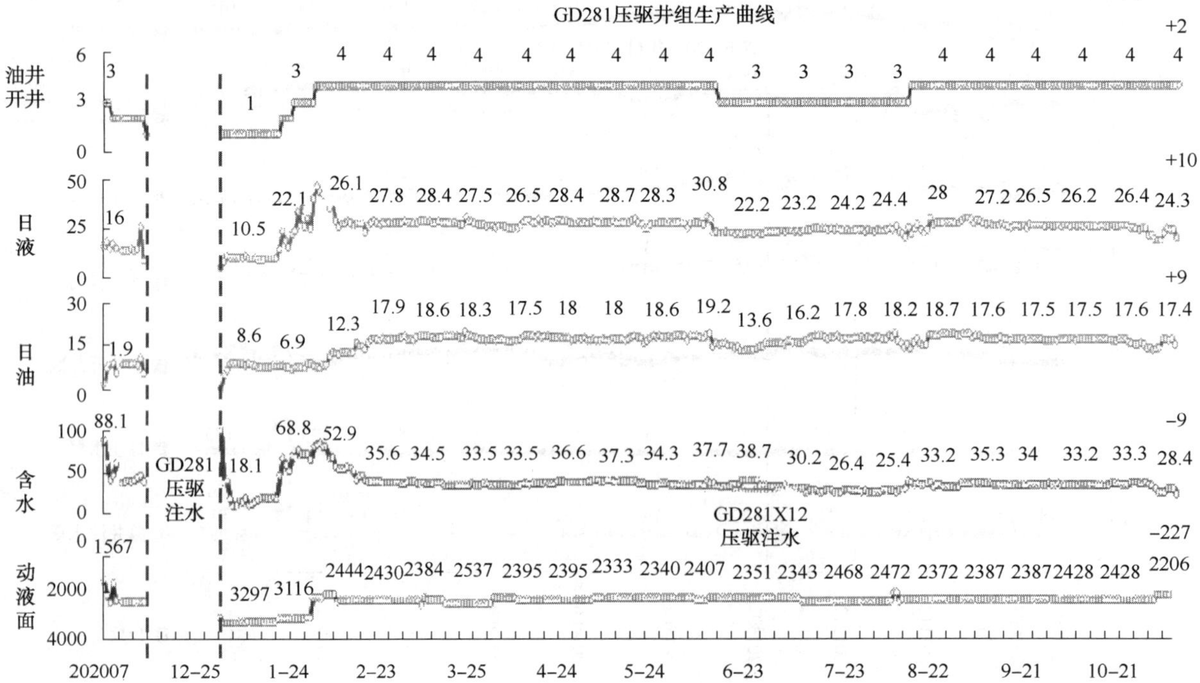

图 12　孤 281 压驱井组生产曲线

为规避常规注水见效率低、特低渗油藏大规模压驱注水水窜风险大的特点，拟在本区块采用微压驱注水的方式，以较高压力增大排量，不改变总注入量，用压驱设备进行微压驱试验，适当补充地层能量来达到增油的效果。

2.1.3 实验井组：微压驱注水受效井组

桩23-11-9井组2022年2月6日由常规注水转为微压驱注水，井组对应油井6口，“1注6采”。2022年4月1日，对应井桩23-10-6井在压驱注水53天、累注1.78万方后明显见效，峰值产量13/8.3/36.2%。2022年7月21日该井转为常规注水，日注28方，后期根据受效井含水及套压变化动态调配注水量，取得较好效果。截至2023年7月21日，井组产油量较压驱前增加5.8t/d(图13)，累增油1210t。

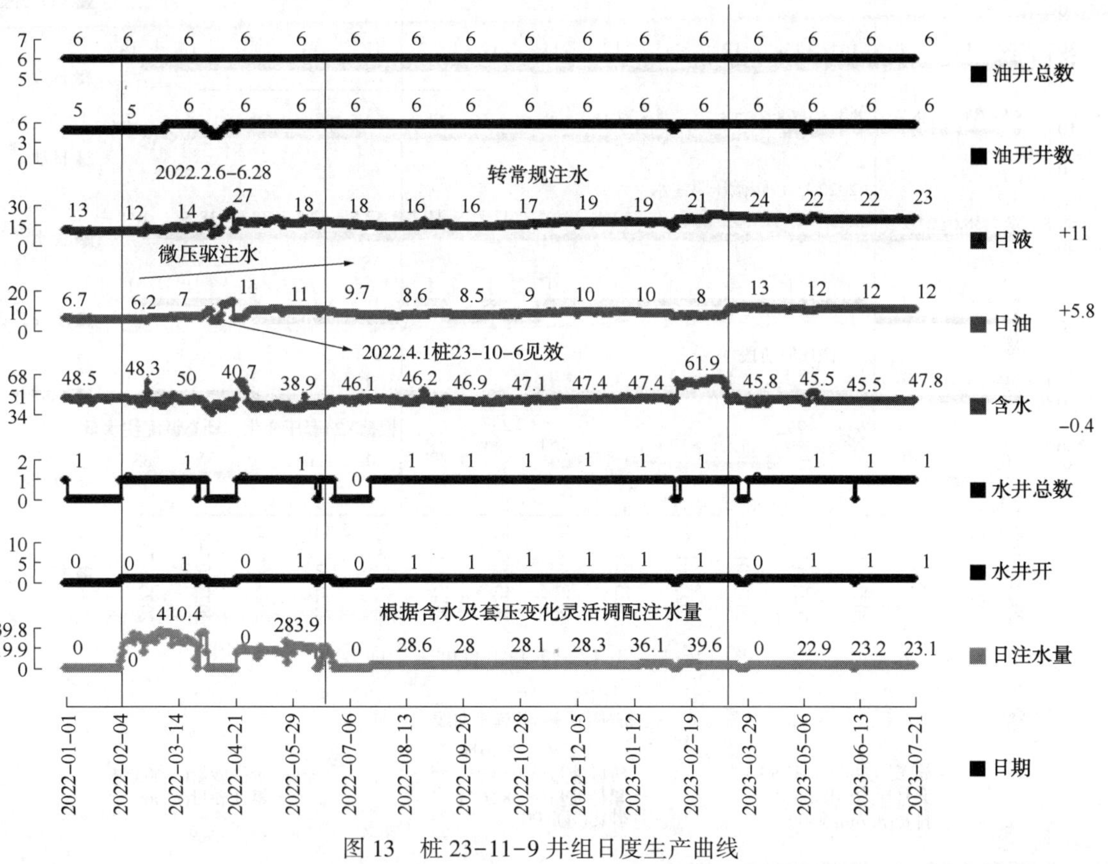

图13 桩23-11-9井组日度生产曲线

2.1.4 实验井组：未增产但递减缓慢井组

桩23-17-17井2022年11月19日由常规注水转为微压驱注水，2023年4月26日停注，压驱累注水2.55万方，全井累注水7.36万方。该井组对应油井6口，“1注6采”，目前井组产量保持相对平稳运行(图14)，井组未增产但递减趋势得到有效控制。

2.1.5 小结

从对区块进行的微压驱试验井组可以看出，微压驱注水对桩23块特低渗透油藏增产稳产有积极的作用，取得了一定的效果，这坚定了我们在区块大规模推广微压驱注水补能的信心。下一步我们将通过数值模拟，开展压驱开发方式下的生产制度优化和产能预测，进一步优化适合于该区块开发的压驱参数，为下一步压驱工作给予指导性的意见。

2.2 采出端配合增产技术引效

为提高油田采油效率，在油田开采过程中，需要科学合理地选用各种有效的措施，通过不断优化采油方案、优化采油工艺，实现油藏的高效开发。为探索桩23块特低渗油藏提质增效新路径，近年来我们加强了新工艺的推广应用，包括压裂增油、酸化引效、冲砂合采、化学封堵等，为桩23块低渗单元高效开发做好了技术储备。

2.2.1 前置CO^2多裂缝压裂技术

通常情况下，压裂需要向地下注入石英砂和

水，使地层产生缝隙，让更多原油渗透出来，而此次压裂方式是在注入石英砂前分段注入液态二氧化碳，利用二氧化碳的降黏和膨胀性能，增强地层原油流动性，使更多原油自喷出来。

桩66-1-X9井本次采用前置CO^2多裂缝压裂技术，2022年12月复射扩射$1^{7}2^{1小层}$并压裂，加砂量$69m^3$，前置CO^2 $400m^3$(图15)，压裂后初期产能8/5.2/35.1%，目前14/8.6/36.9%，压裂效果持续向好，目前已累增油1120吨(图16)。

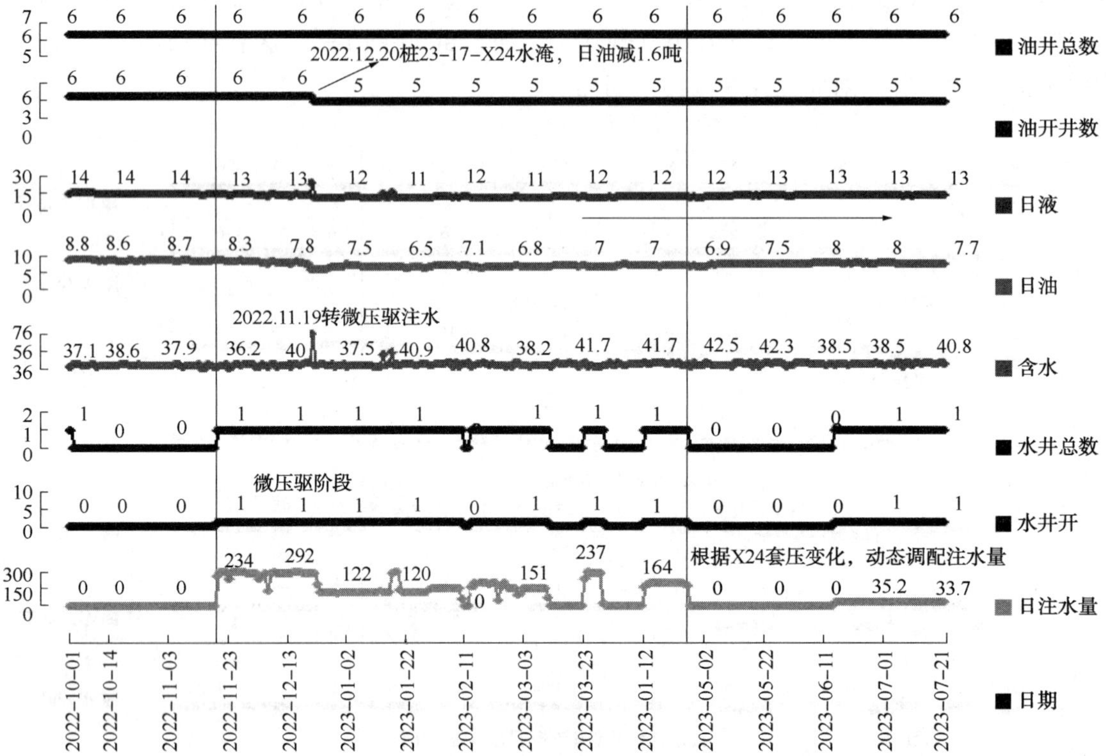

图14 桩23-17-17井组日度生产曲线

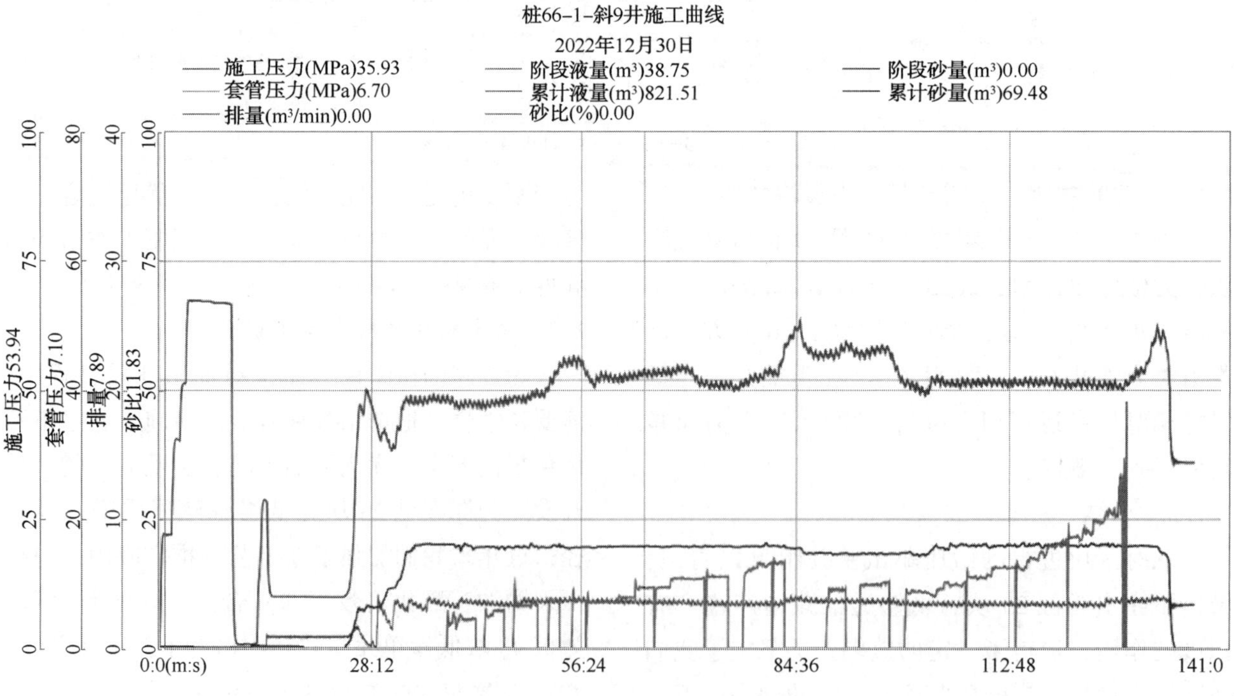

图15 桩66-1-X9井压裂施工曲线

（破裂压力：48.8MPa，停泵压力：25.58MPa，排量：7.0m^3/min，液量：821.51m^3，加砂量：69.48m^3，前置CO^2：400t）

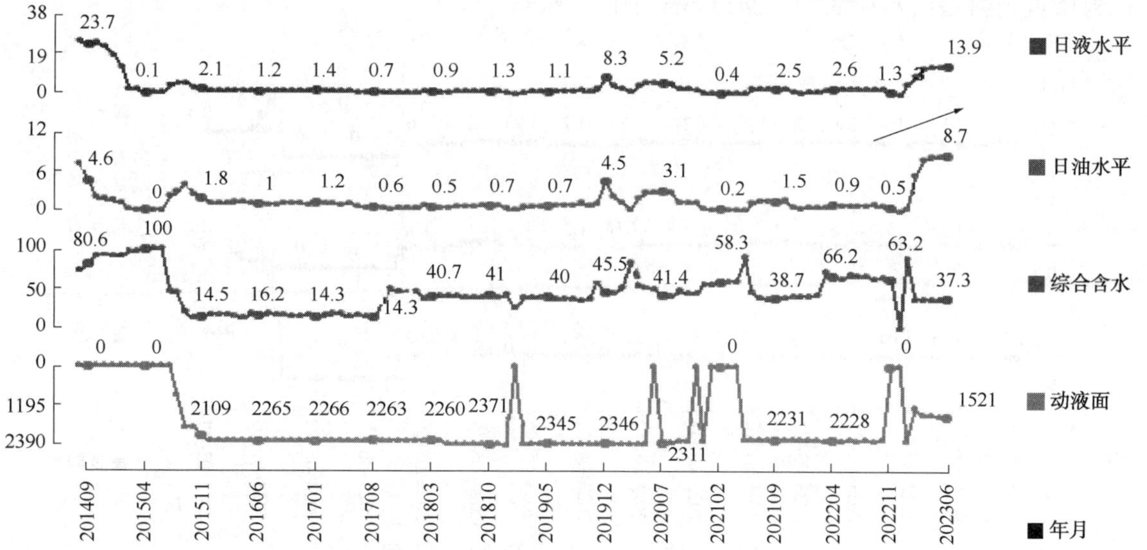

图 16　桩 66-1-X9 井月度生产曲线

2.2.2　冲砂合采完善注采关系+酸化引效

油井酸化处理是油层改造、油井增产的重要措施之一，它是将酸液注入到地层中，依靠酸液的化学溶蚀作用，使酸液与油层岩石中的碳酸盐岩、黏土矿物等成分发生化学作用来提高油层的渗透性，改善油层中油、气、水的流动状况，从而增加油井产量的工艺方法。

我们选取桩 66-12-12 井进行酸化处理，该井 2009 年 3 月填砂上返压裂 1、3 砂组，作业前产量 2/0.9/54.6%，阶段累油 2.01×10^4t，累水 7.05×10^4t。2023 年 6 月冲砂合采 4 砂组并酸化引效，完善与相近水井桩 66-1-X23（注水层为 3、4 砂组）的注采对应关系（图 17），作业前 1.6/1.1/33.7%，目前 3.4/1.2/64.2%，液量上升，含水仍处于下降趋势（图 18）。

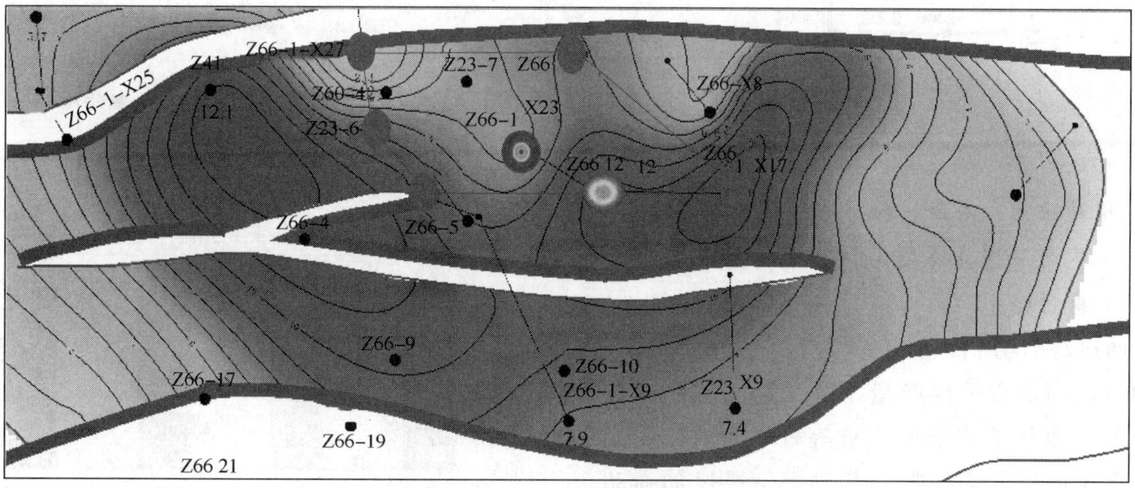

图 17　桩 66-1 块沙三下Ⅱ油组油层厚度等值图

2.2.3　化学封堵扶长停完善注采井网

油井化学堵水的基本原理使将化学剂（堵剂）从油井注入到高渗透出水层段，以降低近井地带的水相渗透率，控制油田水的产出，达到增加原油产量的目的。

本次化学封堵高含水层的目的油井为桩 23-6，该井 2007 年 5 月机械封堵高含水井段 3215-3417m，2015 年 3 月封隔器失效，油井高含水停井，阶段累产油 0.34×10^4t，累产水 0.32×10^4t。2022 年 6 月对该井扶长停，本次以化学堵剂代替机械封堵重新封堵出水层 3215~3417.5m，作业后取得较好效果，目前产量 2.5/1.4/44.8%，累增油 264t(图 19)。

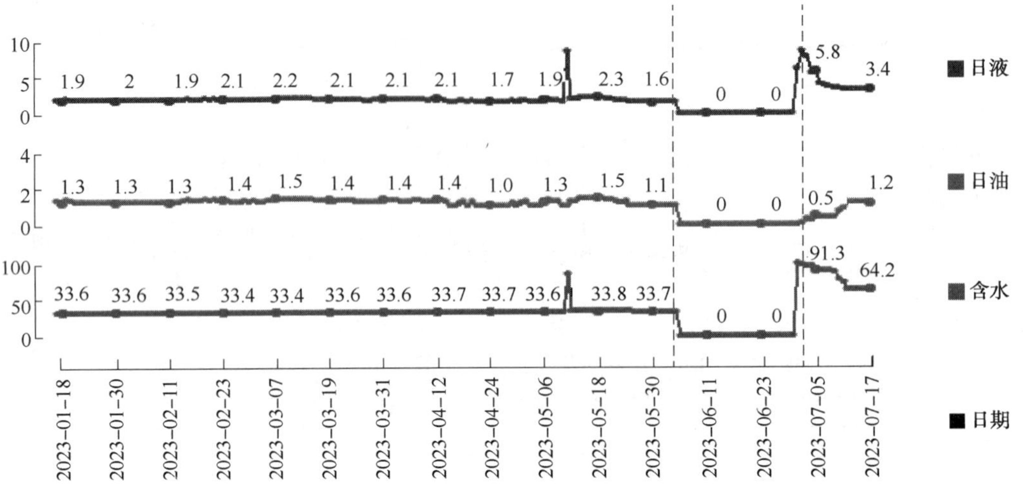

图 18　桩 66-12-12 井日度生产曲线

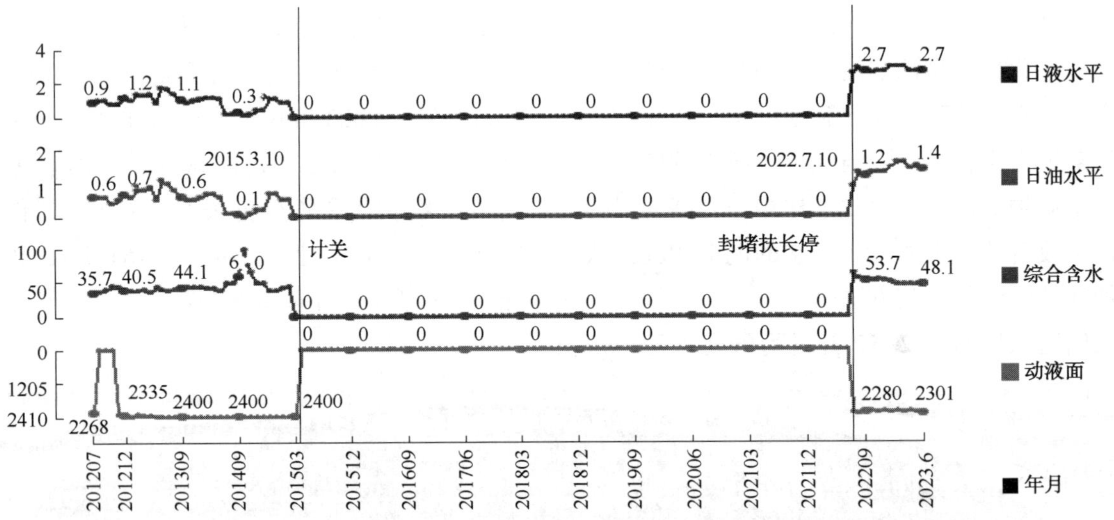

图 19　桩 23-6 井日度生产曲线

2.3　坚持地面、井筒、地下一体化管理

2.3.1　生产信息化深度应用，确保油井工况指标合格

通过综合分析，影响管理区油井工况合格率的主要因素有地层能量不足、地面生产参数不合理、油井结蜡结垢严重等等。为此，我们在认真录取好各项资料的基础上，通过加强动态分析、工况分析，优化工况单点合理运行区间，并制定报警阈值，多措并举，及时对问题井进行处理，控制油井回压不高于 0.65MPa，完成油井各项综合指标，保证油井综合利用率保持 95%以上(图 20)。

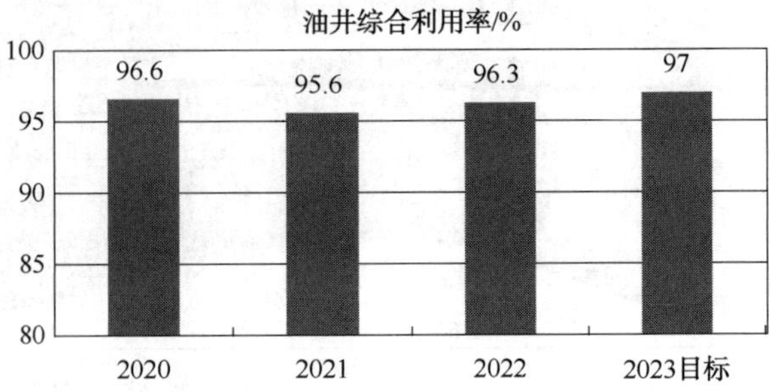

图 20　近三年油井综合利用率

2.3.2　优化集输系统节点，保证管区产量最大化

针对桩 23 区块原油性质及掺水管网的特点，

对集输系统各重要节点进行优化(图 21)，包括掺水泵参数调整、桩 52 站加热炉出口温度设定、桩 23-7 加热点出口温度调节、三相分离器参数调整等，通过一次次实验迭代提升，得出最优产量下各节点的参数区间。

图 21　桩 23 块集输管线图

优化后的参数区间如下：掺水泵压力设置为 1.95～2.05MPa，流量为 20.5～22.5 方/小时；桩 52 加热点最佳出口温度设为 65～66℃；桩 23-7 加热点温度设置为 75～76℃；三相分离器最优出口压力设置为 0.17MPa。优化各项参数后，管区产量保持稳定且最大化运行。

2.3.3　引进新设备双腔混输泵，进一步降低回压，提高生产效率

双腔混输泵具备增压、分气、分水、计量等功能，引入后，相较原设备可以简化工艺流程(图 22)，降低建设投资，并且能够百分百回收天然气，避免环境污染。针对桩 23 块油藏及管网特点，为进一步降低回压，提高油井生产效率，我们在 2022 年 9 月引入新设备双腔混输泵。

双腔混输泵替代了传统接转工艺，通过降低进口压力(从 0.25MPa 降至 0.15MPa 左右)，实现了降低前端油井井口压力的目的，目前日增产油量 5t/d，产气量由 2000m^3/d 增至 4000m^3/d，生产方式优化为“密闭混输”生产，同时该装置智能化运行、远程调控，实现了“无固定人员值守+定期巡检”的模式。

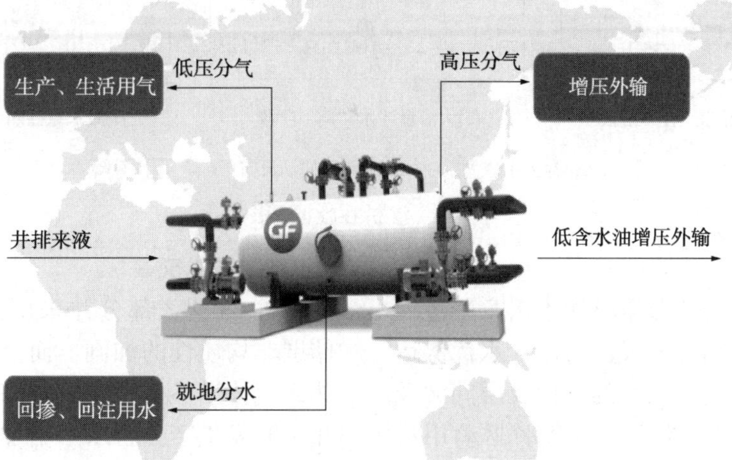

图 22　双腔混输泵进液流程图

2.4　近三年取得的效果

自 2020 年以来，在无新井投产的情况下，管理区产量持续递增，由 2020 年的 4.94×10^{4}t 上涨至 2022 年的 5.39×10^{4}t，连续三年完成配产

任务，并且2023年预计将实现5.65×10^{4}t的目标，自然递减率逐年下降并且保持负增长，经营绩效著逐年上升。这表明我们近三年的开发方式探索的路径是正确的，下一步，我们要在坚持我们现有开发方式的基础上，积极探索、勇于实践，深挖特低渗透油藏剩余潜力，实现桩23块的高效开发(图23)。

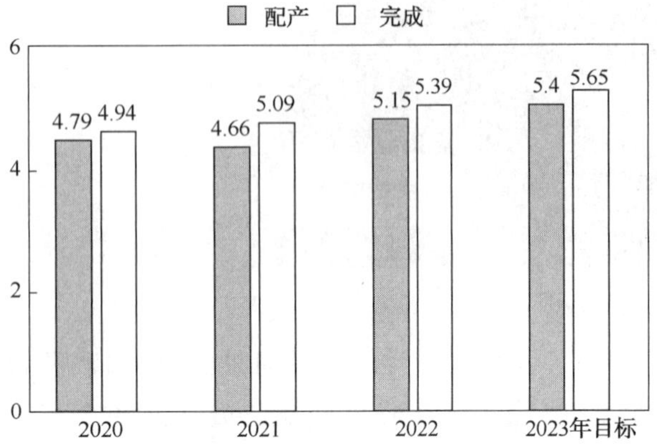

图23　近三年产量完成情况

3　思考及下步打算

3.1　扩大补能方式探索

3.1.1　注采井网进一步调整

计划在井网调整的基础上，积极推进微压驱注水补能，其中重点为：(1)新转注井，先期进行微压驱快速补能；(2)对一轮微压驱效果较好井，进行多轮次微压驱注水；(3)对常规注水井加强管理，保证注水量，维持地层能量。

3.1.2　渗析增能

渗析吞吐的基本原理为：对于裂缝型特低渗透油藏，通过套管直接向地层中注水，注水过程中渗析作用和驱替作用同时进行，注入水在驱替作用在沿裂缝推进的同时，裂缝中的水在渗析作用下靠毛管力置换基质中的油，油置换到裂缝后再通过注入水的驱替作用采出，从而实现单井自注自采吞吐采油(图24)。

借鉴桩西采油厂渗析增能的成果案例，计划今年优选桩23-X436VF井进行实验，观察其效果再考虑是否继续进行该措施。

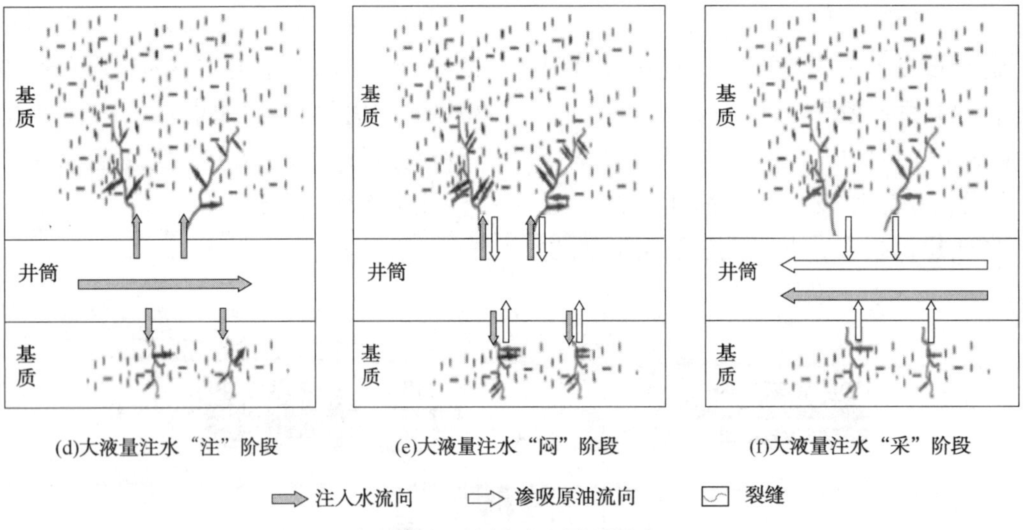

图24　渗析吞吐原理图

3.1.3　压驱井堵调

针对区块特低渗透油藏压驱注水水窜严重的问题，拟通过注堵调剂的方式，对注入水优势运移通道进行封堵，改变注入水的平面及层间波及系数，改善微压驱注水效果，提高水驱动用程度。2023年3月对桩23-X103VF微压驱注水井实施压驱堵调，调剖后，水井油压上升4.2MPa(图25)，取得较好效果，下一步计划在区块内进一步推广压驱堵调技术。

3.1.4　气水交替驱

桩23块大部分井采用压裂投产，这导致了储层非均质性的加剧，而严重的非均质性会促使注入流体沿渗透率相对较高的通道运移，从而使注水开发生产井含水率增加快，水淹快，水驱波及体积降低。采用气水交替驱可以降低水相和气相的渗透率，改善注水水窜和注气水窜的现象，从而提高油藏的宏观波及系数。

鉴于之前桩23-X417井先注气后压驱注水

导致沿主应力方向油井水窜气窜严重、地层压力有所回升的现象，拟深入研究探索气水交替注入法对该区块原油开采的影响机理，确定适合该区块的气水交替注入方式，为区块提高采收率提供有利支持(图26)。

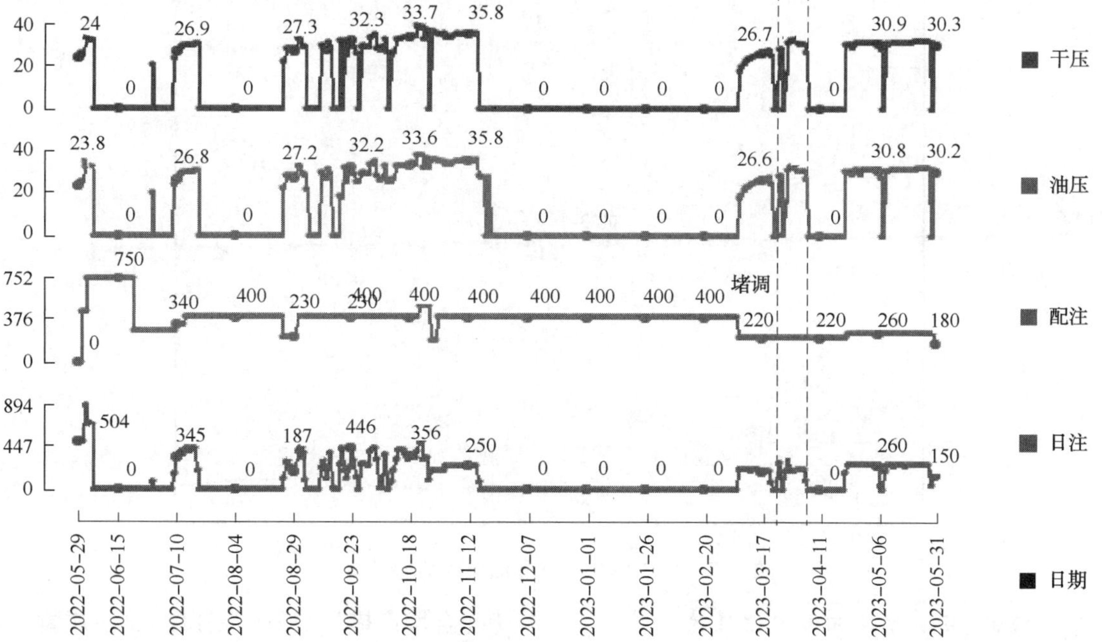

图25　桩23-X103VF井注水日度曲线

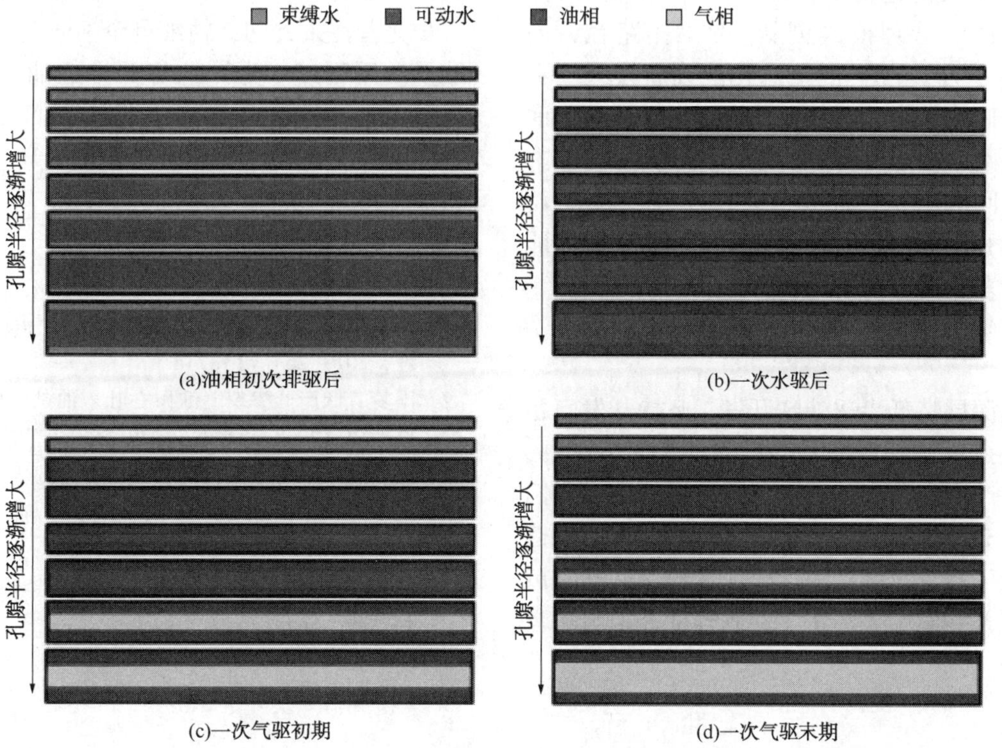

图26　水驱后气驱过程中油气水分布变化图

3.2　区块产量接替

桩23块的桩66-1单元西、桩23北区外扩仍有未动用储量386×10^4t，加快推进桩66-1西、桩23北区外扩未动用储量的开发进度、夯实资源接替阵地，为管理区的上产奠定基础。目前，桩66-1西方案已编制完成并于2023年6月开始钻井(图27)。

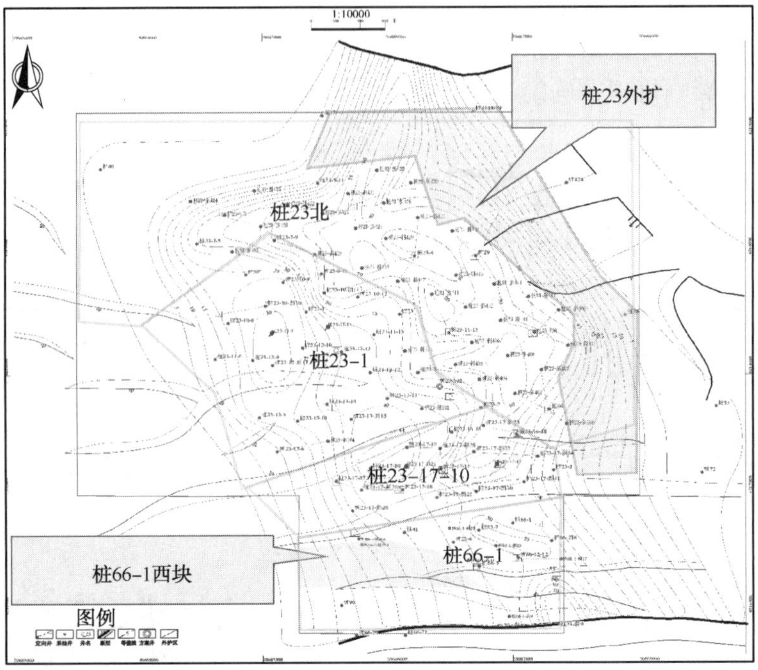

图 27 桩 23 块沙三下Ⅱ油层组叠合效厚图

3.3 系统提升-由自动化向智能化提升

为统筹推进智能化油田的建设，金角管理区积极推进信息化建设工程，按照“本质化提升、智能化支撑、管理模式创新”的工作路径，创建“数据+平台+应用”的信息化建设新模式。下一步，我们将结合地理信息系统，串联站库、油水井、电网、掺水设备等节点，直观展示管网中各节点之间的联系，各节点参数自动控制调节，实现管网和电网上相关设备设施统一联锁，保证整个生产系统的高效率运行。

4 结语

聚焦深层特低渗透油藏开发，坚持开发问题导向，坚持单元管理提升，坚持技术创新应用，为老区稳产夯实基础。在今后开发过程中，我们要紧抓桩 23 块特低渗透开发重点，注入端坚持注水补能工程，总结区块压驱注水规律，同时扩大补能方式探索，提高水驱控制程度，采出端坚持配合增产措施引效，坚持地面、井筒、地下的一体化管理。此外，区块目前采用笼统开发的模式，合注合采，下一步我们计划分层系开发，进一步完善注采井网，精细剩余油研究，提高可采储量动用程度。为深挖特低渗透油藏的剩余潜力，实现桩 23 块的高效开发，我们还要积极推进生产信息化由自动化向智能化提升，提高区块整体生产效率。

参 考 文 献

[1] 濮孟蕾．浅谈注水开发油藏动态分析[J]．化工管理，2019(26)：13-214.

[2] 田梦．低产低渗裂缝油田吞吐采油试验研究[J]．世界地质，2003，22(3)：279-283.

[3] 磊欣慧，正自刚．特低渗透油藏水驱后二氧化碳气水交替驱见效特征[J]．特种油气藏，2020(5)：113.

[4] 李颖．油田智能化建设的构想与实践探讨[J]．研究与探索，2021(12)：118-120.

萨零组强水敏储层压裂防砂技术研究与应用

李存荣[1,2,3]　孙丽静[1,2,3]　李丽丽[1,2,3]　孙　雨[1,2,3]　金　力[1,2,3]

(1. 中国石油大庆油田有限责任公司采油工程研究院；2. 黑龙江省油气藏增产增注重点实验室；
3. 多资源协同陆相页岩油绿色开采全国重点实验室)

摘　要　萨零组油藏埋深浅、岩石胶结强度弱，压后地层易出砂。由于储层水敏性强，且地层水呈碱性环境，常用的压裂工艺难以满足防砂的需求。为提高萨零组强水敏储层碱性地层的开发效果，因此研究耐碱树脂砂压裂工艺。在常用的两种覆膜砂的基础上，引进一种新型耐碱树脂砂，综合评价了三种覆膜砂在碱性条件下的固结性能，并优化了施工工艺流程及关井固结时间，分析压裂施工过程中的质量控制关键点，进一步提高工艺技术的成熟度和可靠性。现场应用 20 口井，压后平均单井日产油 4.37t，取得了较好的固砂效果．该技术对于碱性强水敏储层具有较好的针对性和适应性，为萨零油层组的高效开发提供新的技术支持。

关键词　萨零组；强水敏储层；防砂机理；低温耐碱树脂砂；压裂工艺

萨零组资源潜力大，是大庆油田重要的勘探开发领域。但该类油藏大部分井的自然产能低或无自然产能，开发动用难度大，主要体现在：油层薄、渗透率低、非均质性强、泥质含量高、储层敏感性强，且常规水力压裂过程中易出砂，加速井下管柱工具的磨损，降低使用寿命，甚至造成卡泵、断脱、油层砂埋、油管砂堵，往往需要检泵甚至大修才能恢复正常生产，增加了不必要的生产成本，干扰正常的生产制度，限制了萨零油层组的效益开发。因此，研究碱性地层条件下强水敏储层的压裂防砂工艺，对大庆油田的持续稳产具有重要的意义。

1　萨零组储层特征

1.1　萨零组储层物性特征

大庆油田萨零组为下白垩统嫩江组一段中部，为三角洲-湖相沉积，沉积后经历了松辽盆地的沉降和抬升两期构造运动，上部为一套全盆地分布的嫩江组黑色泥岩，下部与 SI 组之间有黑色泥岩或页岩隔层。萨零组埋深较浅，大约在 620~1150m，地层厚度 30~40m。萨零组纵向上划分 2 个砂岩组、8 个小沉积单元。从北向南油层数减少，砂体变薄，物源变差。萨零组岩性以泥质粉砂岩为主，泥质含量较高平均为 16.5%，平均孔隙度为 21.9%。测井解释渗透率主要在 1~50mD 之间，中值为 5.1mD，属于中、低孔-低渗储层(图 1)。

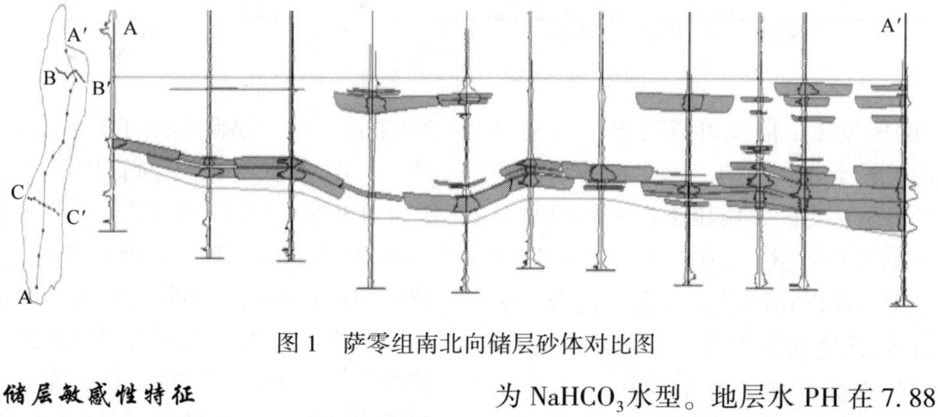

图 1　萨零组南北向储层砂体对比图

1.2　萨零组储层敏感性特征

萨零组地面原油黏度北高南低。原始地层压力 11.5MPa，地层水矿化度 5764 ~ 7110mg/L，为 $NaHCO_3$ 水型。地层水 PH 在 7.88~8.9 之间，为碱性环境。萨零组岩心 X-衍射黏土分析结果表明，油层黏土矿物含量高，平均 22.6%，强敏感矿物蒙脱石和高岭石占主导地位。占比较大，平均为25.06%，强敏感矿物低，次敏感矿物绿泥石和伊利石含量高。萨零组岩心敏感性实验结果表明，萨零组属于强-极强水敏储层、中强速敏储层。萨零组为强膨胀性储层(表1)。

表1 萨零组储层敏感性实验结果

项目	区块	指数	类型
水敏	萨中	0.87~0.97	强-极强
	杏北	0.44~0.7	中等偏弱-中等
速敏	萨中	0.08~0.2mL/min	强
盐敏	萨中	6998mg/L	强
酸敏	萨中	0.62~0.86	中等偏强

1.3 萨零组储层应力特征

萨零组油层弹性模量小，低于常规粉砂岩油层，油层较软。抗张强度低1.428MPa，油层胶结疏松、抵抗裂缝扩展的能力较小，油层很容易发生破裂；萨中地应力测试表明最大主应力方向在北东51度。

2 萨零组压裂后出砂情况及原因分析

2020年4月，在B1井首次开展萨零组老井的压裂投产试验。压裂层段萨零7I、7II，储层埋深1146~1149m，砂岩厚度3.2m，孔隙度19.5%~21.5%，采用乳化压裂液，现场压裂液成胶及乳化性能良好。该井施工规模543m³，施工排量4.5~5.0m³/min，施工压力平稳34.7~23MPa，主压裂以7-14-20-25-28-30%砂比加砂，加入支撑剂20~40目石英砂67m³，顺利替挤。压后闷井4小时，采用3mm油嘴控制放喷，24小时后改用5mm油嘴控制放喷。在起压裂管柱过程中，封隔器内被砂堵死，用采研特殊配方循环液20m³泵车正循环冲砂，边循环边下放冲砂管柱，循环出口可见石英砂，累计出砂1.35m³(图2)。

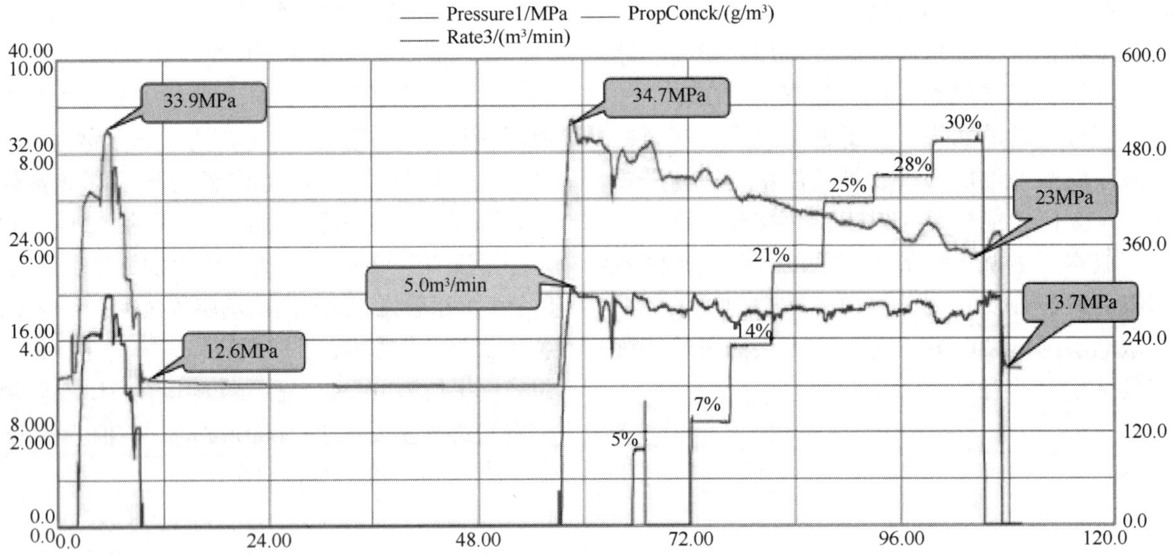

图2 B1井第二段主压裂施工曲线

从B1井的压裂施工曲线可以看出，压裂中支撑剂注入地层是十分顺利的，不存在砂堵、砂卡的问题。经分析认为萨零组压裂后出砂问题主要有以下两方面原因：其一，B1井岩心实验结果表明，萨零组岩性以粉砂质泥岩为主，岩石密度2.105g/cm³较其他油层组低，萨零组储层胶结相对疏松。岩石弹性模量为4.6GPa，不及扶杨等油层组的二分之一，低于常规粉砂岩油层，油层较软。抗张强度很小1.428MPa，储层易破裂。同时压裂层位埋藏浅、闭合压力低(16~22MPa)，这也是萨零组压裂后出砂的主要原因；其二，B1井关井阶段油管压力13.7MPa，在关井4小时后油管压力下降到12.1MPa时，采用3mm油嘴控制放喷，开始放喷时油管压力过高，裂缝中返排液的流动阻力过大，推动支撑剂运移的动力也就越大，当返排速度达到支撑剂开始运移的临界动力时，支撑剂便会流动，被返排液体携带出地层。在连续放喷24小时后油管压力降到3.97MPa，改用5mm油嘴控制放喷，更换大尺寸油嘴时返排流体的流速急剧增加，对人造裂缝壁面也具有一定的破坏性，会增加地层出砂量。不合理的放喷制度也是萨零组压裂后出砂的重要原因。

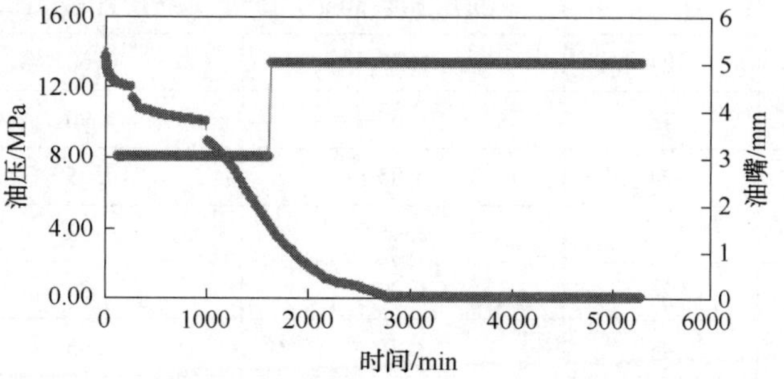

图 3　B1 井压后放喷压力曲线

3　萨零组强水敏储层压后防砂技术研究

3.1　支撑剂性能的研究

在防砂压裂作业中，支撑剂不仅要满足常规的强度要求和导流能力要求，还要兼顾防砂的要求。防砂压裂工艺常用的支撑剂主要是覆膜砂。覆膜砂是将可固结的树脂预包裹在石英砂表面，干燥后形成互不粘连的树脂砂，携砂液将其携带注入油层，在地层条件下固结成具有一定强度和渗透性的人工井壁，达到防止油层出砂的目的。因此选择 3 种覆膜砂(大庆油田压裂施工中常用的覆膜砂 1#、覆膜砂 2#和一种新型耐碱树脂砂 3#)进行筛选。先后通过室内实验计算不同支撑剂的粒径筛析符合率、球度、圆度、分散率和涂敷率，实验结果均符合标准。由于新型耐碱树脂砂 3#采用了多次覆膜技术，涂敷率明显高于其他两种覆膜砂(表 2)。

表 2　压裂覆膜砂性能检测结果表

检验项目	标准规定指标	1#覆膜砂检测结果	2#覆膜砂检测结果	3#覆膜砂检测结果
粒径筛析符合率/%	≥96	98	97	98
球度	≥0. 60	0. 67	0. 65	0. 68
圆度	≥0. 60	0. 68	0. 67	0. 7
分散率/%	≥98	98	99	99
涂敷率/%	≥95	95	96	97

针对三种覆膜砂体系，分别制作人造岩心，模拟萨零组地层碱性条件，分别在 35℃、40℃、45℃条件下，开展抗压强度、渗透率及导流能力评价实验研究，筛选出适合萨零组的支撑剂(表 3)。

表 3　三种支撑剂性能对比表

支撑剂	温度/℃	时间/h	人造岩心 1	人造岩心 2	平均抗压强度/MPa
			抗压强度/MPa	抗压强度/MPa	
覆膜砂 1#	35	24	0. 70	0. 60	0. 65
		48	1. 95	1. 75	1. 85
	40	24	0. 95	0. 95	0. 95
		48	3. 18	2. 97	3. 08
	45	24	2. 31	2. 19	2. 25
		48	4. 85	4. 08	4. 47

续表

支撑剂	温度/℃	时间/h	人造岩心 1	人造岩心 2	平均抗压强度/MPa
			抗压强度/MPa	抗压强度/MPa	
覆膜砂 2#	35	24	0.50	0.60	0.55
		48	1.65	1.90	1.78
	40	24	0.85	0.95	0.90
		48	2.95	3.15	3.05
	45	24	1.90	2.35	2.13
		48	3.76	3.95	3.86
耐碱树脂砂 3#	35	24	0.90	0.90	0.90
		48	2.24	2.46	2.35
	40	24	1.11	1.10	1.11
		48	3.08	3.40	3.24
	45	24	2.30	3.00	2.65
		48	5.62	4.32	4.97

根据实验结果，耐碱树脂砂 3#样品整体抗压强度明显好于其他两种覆膜砂。

3.2 支撑剂粒径的优选

支撑剂粒径大小也是影响压后防砂效果的重要因素之一。经调研防砂作业大都推荐采用较大尺寸的充填材料，根据 Saucier 方法 $D_{50}=(5\sim6)d_{50}$，经常选用粒径为 40~70 目和 20~40 目的支撑剂。在萨零组储层模型下研究结果表明，在低闭合压力下，充填材料粒径越大，其导流能力越大；而在高闭合压力下，充填材料粒径对导流能力影响减小。在 16~22MPa 的地层条件下，20~40 目的石英砂形成高渗透率、高导流能力的裂缝(图 4)。

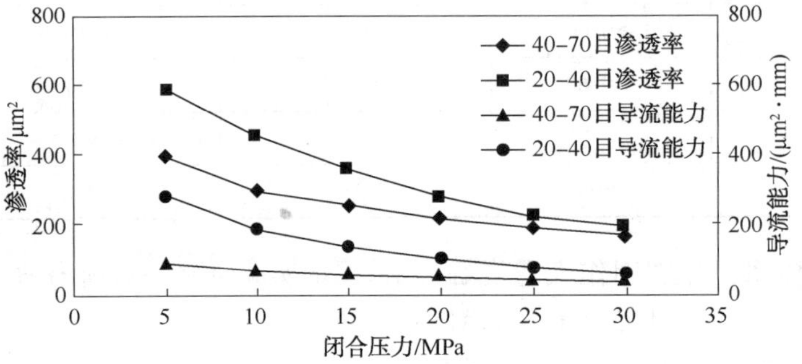

图 4 不同粒径覆膜砂的渗透率、导流能力对比表

4 防砂压裂施工工艺研究

4.1 泵注程序的研究

经数值模拟研究结果，压裂施工中总液体规模小、前置液阶段液体比例小、平均砂比和综合砂比高的泵注程序更容易形成短而宽的高导流能力裂缝。前置液比例小、刚开始加砂阶段人造裂缝的宽度相对窄，加砂初期很容易形成砂堵的问题，为了突破这一技术瓶颈，尝试不同的加砂模式，萨零组地层条件下低砂比开始、小段塞加砂、砂比递增式、混合应用的低成本加砂模式。在最后一个石英砂段塞结束后，注入耐碱树脂砂小段塞，砂比不低于最后一个石英砂段塞的砂比。主压裂施工结束后注入关井扩散压力 40min(根据地层裂缝闭合时间调整)，待裂缝闭合后低排量注入耐碱树脂砂增溶液，注入替挤液主压裂施工结束。最后注入地层的耐碱型树脂砂铺设在近井地带的缝口中，充分利用其碱环境惰性的特点，使碱性环境对支撑剂的固结强度损伤降低到最低程度；后续增溶剂的注入，在耐碱树脂砂

变形量不变的条件下提高支撑剂之间的粘结强度，可以有效的改善抗压强度和渗透率。

4.2　闷井及返排制度的理论研究

压后闷井是一个压裂液滤失压力扩散、人造裂缝闭合的缓慢过程。在裂缝闭合过程中地层会对支撑剂产生一个压实力（闭合应力），闭合应力的增加可以提高支撑剂颗粒之间的摩擦力，增加支撑剂在裂缝中的稳定性。裂缝的闭合程度也将随着裂缝中流体的减少越来越大。裂缝没有完全闭合前返排，支撑剂缺少足够的压实力，开井排液会在地层和井筒之间产生较大的压差，当压差达到支撑剂临界状态时，支撑剂的稳定性遭到破坏，造成支撑剂回流。

收集了萨零组油井的测井解释资料，利用压裂防砂模拟软件对施工参数以及压裂后裂缝几何尺寸进行模拟，同时结合萨尔图油层组的现场的施工经验，确定压后关井扩散压力 48 小时，压后返排过程中采用 2mm 油嘴节流控制放喷排液，防止流速过快导致出砂，直至井口压力降至 2MPa 以下。初步研究形成耐碱树脂砂防砂压裂工艺，并形成了一套适合萨零组的防砂压裂施工工艺（图 5）。

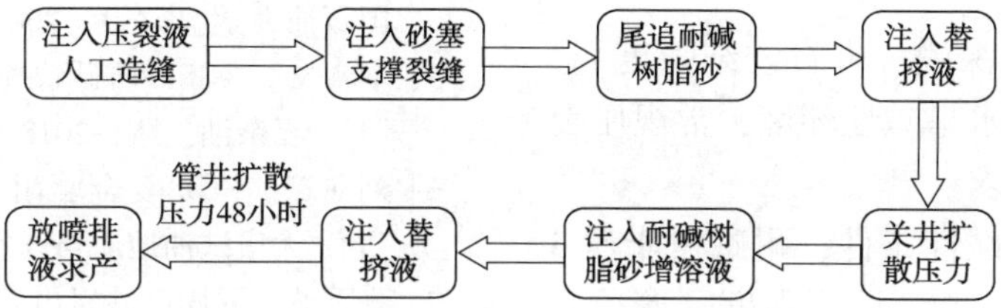

图 5　萨零组防砂压裂工艺流程图

5　萨零组压后防砂技术现场应用

截止到 2022 年底，萨零组已经完成了 20 口井的耐碱树脂砂压裂防砂工艺的现场试验，压裂后均取得较好的增油效果。针对萨零组储层的强水敏性，现场采用技术成熟的乳化压裂液体系，该压裂液防膨性能好，泵注前检测交联效果好，返排时压裂液破胶正常。其中，4 口井起压裂管柱过程中发现微量的支撑剂，出砂量低于 0.02m^3，可忽略不计。在关井扩散压力 48 小时后，开始排液求产。在压后放喷返排过程中，20 口井均未发现支撑剂回流，固砂成功率近似 100%，试油产量平均为 4.37t（表 4）。

表 4　萨零组压裂防砂工艺现场应用情况统计表

序号	井号	压裂层段	孔隙度/%	渗透率/mD	水敏程度	停泵压力/MPa	加砂量/m^3	加液量/m^3	出砂量/m^3	试油产量/t
1	G1	856.0~851.5	17.9	21.132	强	10	48	360	0.000	5.112
2	B2	993.0~989.1	18.5	19.154	强	10.9	62	436	0.000	4.62
3	B3	1040.5~1041	21.8	12.871	强	9.5	47	317	0.007	3.82
4	B4	914.5~908.0	11.4	15.118	强	10	52	363	0.000	6.6
5	B5	1106.5~1097.4	19	8.113	极强	10	98	664	0.010	2.91
6	B6	958.9~956.3	20	11.137	极强	9.8	40	302	0.000	1.648
7	B7	1054.1~1023.0	17.5	5.816	极强	11.7	48	380	0.000	1.96
8	N1	916.4~909.8	17.1	3.123	强	12.55	64	475	0.000	4.32
9	N_2	938.2~906.2	18.2	4.971	强	12	96	657	0.000	12.84
10	B8	1021.15~1016.60	18.5	7.211	极强	10.95	52	379	0.009	3.89
11	G2	1021.4~1014.2	21.7	17.451	强	13.7	84	531	0.000	6.792
12	X1	814.3~821.8	20.4	13.218	强	6.1	96	590	0.000	3.19
13	G3	935.0~903.1	18.7	18.122	极强	12.8	235	1577	0.000	1.63
14	B9	1001.5~993.9	19.1	8.967	极强	11.34	64	405	0.000	4.52
15	B10	988.0~828.8	19.3	10.673	极强	10.8	76	535	0.000	6.6
16	B11	937.4~915.0	22.6	21.197	强	10.2	48	382	0.000	5.21
17	N3	866.9~866.4	19.2	7.975	强	10.5	25	259	0.000	1.78

续表

序号	井号	压裂层段	孔隙度/%	渗透率/mD	水敏程度	停泵压力/MPa	加砂量/m^3	加液量/m^3	出砂量/m^3	试油产量/t
18	N4	891.9~896.3	18.7	6.348	强	9.2	81	579	0.000	1.27
19	N5	880.5875.1	20	14.379	强	8.5	80	530	0.000	5.952
20	N6	896.5~893.0	22.4	20.713	强	11.1	32	220	0.011	2.85

萨零组防砂压裂工艺现场应用情况表明，耐碱树脂砂压裂工艺解决碱性强水敏储层的压后出砂问题。耐碱树脂砂压裂防砂工艺在碱性地层条件下具有良好的应用前景。

6 结论

（1）萨零组油藏埋深浅、岩石胶结强度弱，储层水敏性强，且地层水呈碱性环境，常规压裂工艺难以满足防砂的需求。

（2）在萨零组地层碱性条件，耐碱树脂砂3#样品具有良好的固结性能、抗压强度、渗透率及导流能力均好于其他两种覆膜砂。

（3）萨零组完成耐碱树脂砂压裂防砂工艺20口井现场试验，放喷排液及生产中未发现出砂的问题，压后平均单井日产油量4.37t，可继续推广应用。

参 考 文 献

[1] 王鹏，赵益忠，崔明月，等．压裂防砂技术在胜利油田低渗敏感稠油油藏的应用[J]．断块油气田，2006，3(23)：269-272.

[2] 王中国，徐国民，林亚光，等．杏北油田聚驱采出井压裂出砂原因分析及防砂措施探讨[J]．块油气田，1998(1)：20-24.

[3] 李存荣，杨春诚，张明慧，等．改性乙二醇压裂液体系性能评价及萨尔图油田的应用[J]．石油地质与工程，2021，35(6)：73-76.

[4] 吴建平．压裂防砂一体化技术研究[D]．青岛：中国石油大学(华东)，20090501：31-35.

[5] 李常友．覆膜砂防砂快速固化技术优化研究与应用[J]．复杂油气藏，2018，11(4)：74-77.

[6] 刘向斌．三元复合驱耐碱树脂砂研究及现场应用[J]．大庆试油地质与开发，2020，39(2)：94-99.

[7] 张秀波．弱固结砂岩出砂机理及压裂充填防砂技术研究[D]．青岛：中国海洋大学，20140531：31-50.

[8] 赵伟．压裂防砂过程中裂缝中的压力场研究[D]．中国石油大学(华东)，20070401：21-27.

[9] 吴同春．油井化学固砂工艺研究[D]．天津：天津大学，20090531：21-40.

[10] 吕毓刚，罗天雨，赵婷，等．克拉美丽气田加砂压裂出砂因素分析[J]．新疆石油天然气，2012，3(8)：55-58.

[11] 王庆生，李庆龙，陈涛平，等．树脂液固砂工艺技术[J]．油气田地面工程，2006，8(25)：21-22.

致密砂岩气藏一体化排水采气技术

马品刚[1,2,3] 宁凡哲[1,2,3] 刘国红[1,2,3] 郑传根[1,2,3] 翟江涛[1,2,3] 王芝蕊[1,2,3]

(1. 大庆油田有限责任公司采油工程研究院；2. 黑龙江省油气藏增产增注重点实验室；
3. 多资源协同陆相页岩油绿色开采全国重点实验室)

摘 要 川渝某致密砂岩气藏气、水同产，积液气井占比90.3%，井均日产气量仅0.42万方，水气比5.8方/万方，“小气大水”特征明显，气井普遍低产低效。由于气田地层水矿化度高、含凝析油，且以大斜度井为主，造成排采工艺受限，排采工艺成本高、效率低。为此，通过研究致密气藏出水特点和气井生产特征，以积液程度和压力恢复速率为量化指标，建立了气井积液评价方法和分类治理原则。形成了“三阶段”泡排工艺和水淹井“抽吸降压+增压气举”技术，实现了“一井一策”、“一时一策”精准治理。通过上述做法，形成了“泡排为主、气举为辅、排举并用”的一体化排水采气技术，现场实施96口井，平均单井日增气0.3万方，日增水8.1方，生产时率提升33.2%，累计增气1.55亿方，占总产气量的34.6%，支撑气田气量企稳回升。排水采气已成为该致密砂岩气藏产水气井效益稳产的主体技术，为同类气田的效益挖潜提供了有益的借鉴。

关键词 致密砂岩气藏；出水特点；积液评价；分类治理；排水采气

1 前言

川渝某致密砂岩气藏气水同产，储层含水饱和度高(44.77%~93.98%)，受产水积液影响，三分之二的气井处于间开或者水淹停产状态，年综合递减率初期30%，后期16%，气田长期低效开发。在没有新井产量接替的形势下，“治水”已成为气田控制递减速度、改善开发效果刻不容缓的重要举措。且由于地层水矿化度高(20~32.5g/L)，含凝析油15%左右，同时井身结构多为大斜度井，井斜角35~75°之间，导致常规排采技术实施受限，适用性差、成本高、效率低。基于上述问题，经论证优选泡排和气举作为该气田排水采气主体技术，以压力恢复速度、积液程度等参数作为量化指标，建立积液气井分类标准和治理原则，形成了系列化排水采气技术，为气田持续稳产提供了有力的技术支撑。

2 排水采气工艺适应性分析

该气田排水采气存在三方面的特殊性，一是工况条件复杂，平均单井日产气量仅0.42万方，其中87%的气井日产气量低于1.0万方，水气比范围(2.5~23.6)方/万方，平均5.8方/万方，“小气大水”特征突出；二是投产近十年始终未进行系统治理，井筒积液未及时排出，反渗吸作用造成储层存在一定程度“水锁”，存在启动压力梯度；三是井型多样、井身结构复杂，井型包括直井、大斜度井和水平井，以大斜度井为主，完井管柱带有压裂封隔器和节流工作筒，油管中部存在缩径。上述因素造成排水采气实施难度大、措施成本高，因此，排水采气措施的选择必须兼顾考虑技术适应性和经济可行性。

首先，充分考虑该气田的气井工况、井型和井身结构特点，对排水采气技术进行适应性分析(表1)，泡排工艺具有应用工艺灵活、成本低、适应性强的特点，应作为主体排水采气技术，对于严重积液井和水淹停产井，可先实施气举复产后转泡排的复合治理措施。泡排工艺对地层水物理性质敏感性较强，由于该区块地层水高矿化度、含凝析油等特点，需要一对一实施泡排剂的制备，同时针对大斜度特点，优化泡排剂剂量。

表 1　气井排水采气工艺适应性评价

参数		某气田	排水采气工艺适用性						
			泡排	气举	柱塞	抽油机	电泵	涡流	速度管柱
气井工况	水气比/（方/万方）	2.5~23.6	<25	/	<20	/	/	<2	<12.5
	排液深度/m	2200	>3800	>5000	<3000	<2500	<3500	>3500	>3000
	温度/℃	<76.4	≤170	<150	/	/	<150	/	/
井型		斜井	适用	适用	部分适用	适用	适用	部分适用	适用
井身结构		封隔器	适用	部分适用	不适用	不适用	不适用	适用	适用
		节流器	适用	适用	不适用	不适用	不适用	不适用	不适用
		管柱缩径	适用	适用	不适用	不适用	不适用	不适用	不适用
评价结论			主体工艺	辅助工艺	不适用	不适用	不适用	不适用	不适用

3　气井积液分析及评价

3.1　气井积液分析

通常对于以油管生产的气井，一般油管内液柱高于套管环形空间的液柱。两个液柱高度之差值可根据同一时刻井口油、套管压力之差值计算，即：

$$\Delta h=(P_{c2}-P_{tf2})/(0.01\times\rho_w) \quad (1)$$

油管液面为：

$$H_{1t}=H_a-h_{1t}=H_a-(P_{tf1}-P_{tf2})/(0.01\times\rho_w) \quad (2)$$

然而，由于储层为致密砂岩，对于井斜、井身结构等因素影响，导致计算结果出现偏差。引入了影响因子 ξ，优化后计算公式为：

$$H_{1t}=H_a\times\xi-h_{1t}=H_a\times\xi-(P_{tf1}-P_{tf2})/(0.01\times\rho_w) \quad (3)$$

式中：P_h 为井筒液柱压力，MPa；P_{tf1}、P_{tf2}分别为无积液、有积液时油管稳定流动压力，MPa；P_{c1}、P_{c2}分别为无积液、有积液时套压，MPa；ρ_w 为液体密度，g/cm^3；h_1 为液柱高度，m；h_{1t}、h_{1c}为油管、套管环空底部液柱高度，m；Δh 为油、套管底部液柱高度差，m；H_a 为人工井底，m；H_{1t}为油管液面深度，m；H_{1c}为套管环空液面深度，m；

利用式 3 计算油管液面，与梯度测试结果对比后表明：ξ 值选取 0.95，误差<±12%，能够满足工程计算的要求（表 2）。

表 2　气井积液测试与计算结果对比

序号	井号	积液深度/m	实测液面/m	ξ=1.0		ξ=0.98		ξ=0.95	
				液面/m	误差/%	液面/m	误差/%	液面/m	误差/%
1	A1	1058	1453	1366	-5.99	1345	-7.43	1328	-8.6
2	A2	644	1782	1633	-8.36	1610	-9.65	1594	-10.55
3	A3	584	1725	1589	-7.88	1565	-9.28	1530	-11.3
4	A4	527	1891	1785	-5.61	1767	-6.56	1737	-8.14
5	A5	840	1536	1649	7.36	1623	5.66	1608	4.69
6	A6	384	1853	1736	-6.31	1716	-7.39	1693	-8.63
7	A7	330	1932	1930	-0.1	1905	-1.4	1869	-3.26
8	A8	851	1693	1547	-8.62	1526	-9.86	1510	-10.81
9	A9	1258	1317	1506	14.35	1480	12.38	1473	11.84
10	A10	1082	1258	1429	13.59	1402	11.45	1396	10.97

3.2 积液气井分类评价

为客观、准确地评价积液气井潜力，合理选择排采措施，以压力恢复速度、积液高度等2个参数为划分标准，建立积液气井量化评价标准和分类治理原则（表3）。其中，引入压力恢复速度作为评价指标是为了更好地评价间开井和停产井的生产潜力。按照表3标准分类后，该气田轻、中度积液气井占比64%，以泡排工艺为主，重度积液、水淹停产井占比36%，初期以气举工艺为主，后续考虑泡排接替。

表3 某气田气井积液情况划分标准

积液程度	压力恢复速度/（MPa/d）	积液高度/m	生产特征	治理原则
水淹停产井	<0.1	>1000	没有自喷能力，一般产水量大，油套压恢复不平，油套压差大，通常单一泡排难以复产。	先气举、后泡排
严重积液井	0.1~1.0	800~1000	一般产水量大，油套压恢复不平，存在较大油套压差，开井不带液，1~3小时后积液停产。部分井通过泡排可以复产，另一部分井必须结合其他排采工艺。	气举或泡排+间开
中度积液井	1.0~3.0	400~800	一般气井产水量不大，关井油套压平衡，，开井后可少量带液，但供气能力差，井筒逐渐积液，油套压差变大，开井后可生产1~2天，通过持续泡排可实现稳定带液生产。	连续泡排
轻度积液井	>3.0	<400	在生产稳定时，可带液生产，但由于产液不均匀导致产气量波动，表现出积液现象，通过泡排施工，提升带液能力，有望实现连续生产。	周期泡排

4 排水采气技术及应用情况

4.1 泡沫排水采气技术

4.1.1 泡排剂制备

通过对该区块气田开采地质、水质资料分析，结合区块特性，初选6种起泡剂（包括KN71A3、KN71F、KN71C、KNXHY-4、1431、ABS）。同时，在常温条件下，以气田水为介质进行主剂优选实验，图1展示了6种泡排剂的初始起泡高度、20min携液量以及3、5min时刻的泡沫高度，由图可知，相同条件下，KN71C起泡、稳泡及携液能力最好，表面活性最高，泡沫最稳定，半衰期最长，因此选择KN71C为起泡剂主剂。

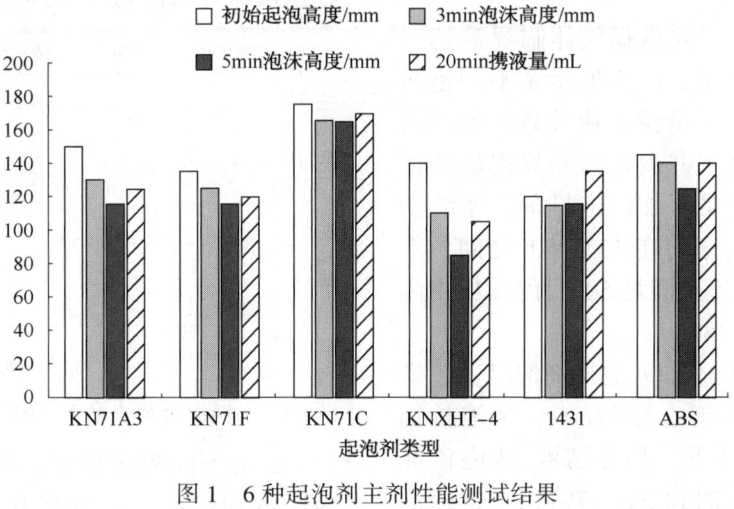

图1 6种起泡剂主剂性能测试结果

由于该区块含有凝析油，因此需要添加增效剂提高泡沫在高凝析油及高温下的性能，优选KNFH作为增效剂，图2展示了常温及80℃下KNFH浓度与泡沫性能测试结果，随着

KNFH增效剂浓度增加，起泡、稳泡及携液能力增加。同时实验分析可知，加入KNFH后温度对泡沫性能影响不大，说明KNFH的加入提高了起泡剂适应性及泡沫性能，当KNFH加量0.15%以上时，泡沫性能变化不大，因此KNFH加量选择0.15%。

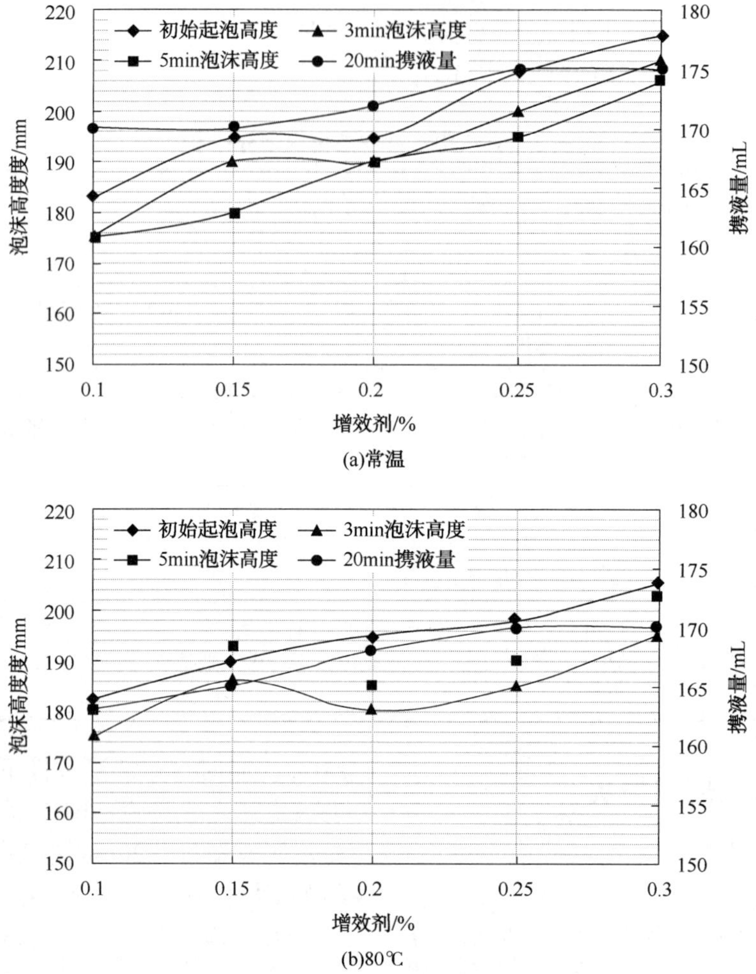

图2 常温及80℃下KNFH浓度与泡沫性能测试结果

4.1.2 泡排剂量优化

泡排剂确定后，需要依据气体临界流速对泡排剂量进行优化选定，图3展示了不同泡排剂浓度下井斜角与临界携液流速关系。如图所示，不同泡排剂浓度下井斜角与临界携液流速关系趋势一致，无论是否加注泡排剂，系统所需的最大临界携液流速均在45°~60°之间，靠近50°附近，因此只需要满足50°时的临界携液流速，气井则可以正常生产。

50°井斜角时，在不加入泡排剂情况下，携带液体所需气体临界流速约12m/s，随泡排剂浓度增加，低压条件下，临界携液/携泡流速降低，泡排剂浓度增加到5‰~7‰以后，随浓度增加，压降梯度明显增加，不利于降低井底回压，因此推荐使用泡排剂浓度7‰，此时临界携液流速可降低约40%。

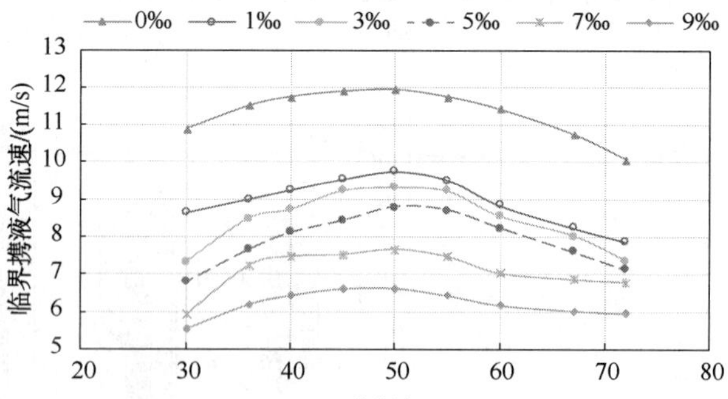

图3 不同泡排剂浓度下井斜角与临界携液流速关系

针对不同积液程度，将泡排工艺的实施分为探索性泡排、持续优化和连续稳产三个阶段，每阶段措施各有不同，见表4。

表 4　致密砂岩长期积液气井泡沫排水采气“三个阶段”

井类	探索性泡排/复产阶段（短时快排）	持续优化阶段（强化排水）	连续稳产阶段（排采平衡）
轻度积液井	单一泡排： 套管注剂或油管投棒 2 次/天 针阀开度：180°～270°	套管注剂或油管投棒 每日 1 次，减少加量 针阀开度：120°～180°	套管注剂或油管投棒 3～7 日 1 次，固定加量 针阀开度：90°～120°
中度积液井	泡排结合间开： 每日开井 4～8 小时，主动关井复压 套管注剂结合油管投棒 2 次/天 针阀开度：180°～270°	套压下降，积液排出后，调整为 套管加注结合油管投棒，1～2 次/天 针阀开度：120°～180°	套管注剂或油管投棒 1～3 天/次，固定加量 针阀开度：90°～120°

4.1.3　泡排后生产制度优化

该区块属于致密砂岩储层，存在高渗区、近井致密区以及远井致密区，分区渗流特征明显(图 4)，其流体传导能力逐级减弱，难以达到稳定流动状态，因此对于此类气井，必须充分考虑致密砂岩气藏的渗流特点，将泡排制度与生产制度相结合，通过调整地面气嘴控制产量，满足两个生产条件：一是达到地层供给和产出的平衡，避免采大于供给导致低压停产；二是保持产量高于临界携液流量，避免出现积液。当二者出现矛盾，即，保证连续开井生产的合理供气量不能满足连续携液的需求时，可以主动采用间开的方式，保持开井期间瞬时产量高于携液流量，一旦出现再次积液的预兆，必须及时关井主动恢复压力，避免积液严重导致下一周期开井困难。

基于上述分析，结合 155 井次试验数据，建立了泡排气井的生产制度图版(图 5)。确定了泡排后气井能否连续携液的边界条件，据此，可根据气井的井口压力和稳定生产的产量，主动选择连续或间歇生产模式，确保开井期间以高于携液流量的产量生产，避免井筒积液。

应用实例：X1 井措施前间开生产，日产气 0.22 万方，日产水 0.5 方，经过 3 个阶段的泡排试验，气井生产状态逐步改善，由间开转为连续生产，日产气量逐渐增至 0.65 万方，是试验前的 3 倍，日产水 3.8 方(图 6)。

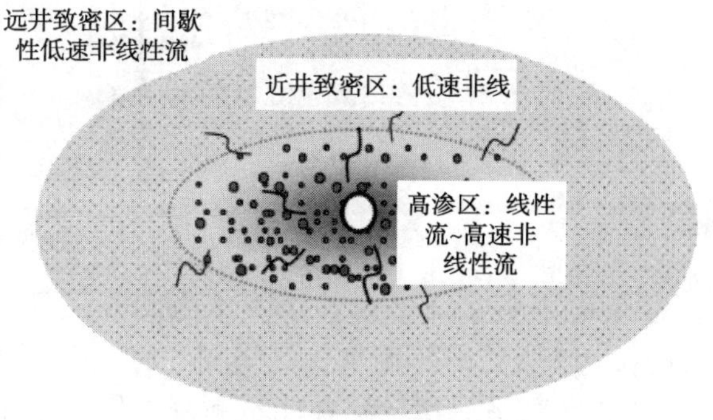

图 4　致密砂岩储层渗流特征

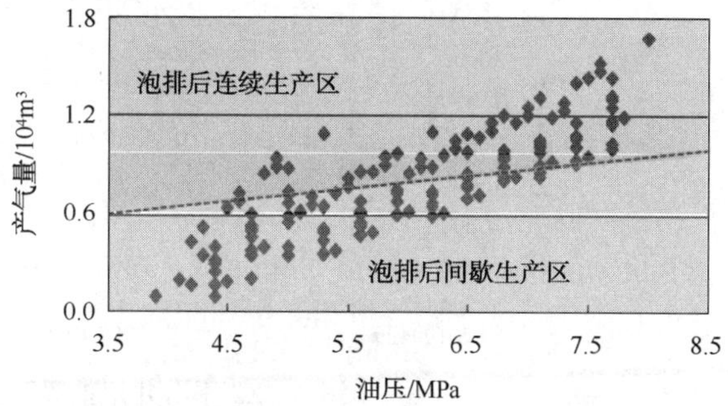

图 5　积液气井生产工作制度选择图版

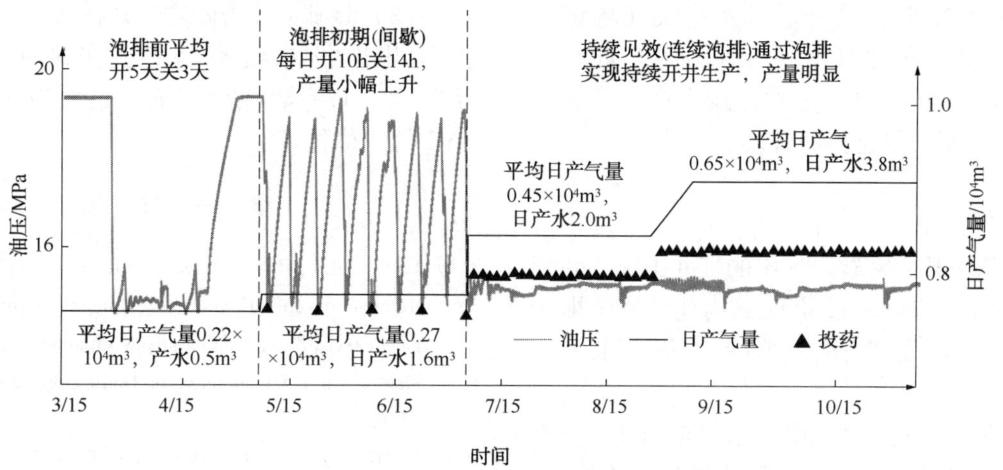

图 6　X1 井泡排生产曲线

4.2 气举排水采气技术

对于严重积液井和水淹停产井，考虑该气田平台井组为主的开发特点，优选采用“抽吸降压+增压气举”工艺(图7)，通过抽吸降低气源井油压(由4.0MPa降至0.5MPa)，放大压差排液生产；同时，抽吸气增压后注入水淹井，排出积液恢复产量。其优点在于：一是解决了缺少稳定气源的问题；三是抽举并用，实现了井组整体治理，通过后期介入泡排工艺，进一步降低了排采工艺成本。

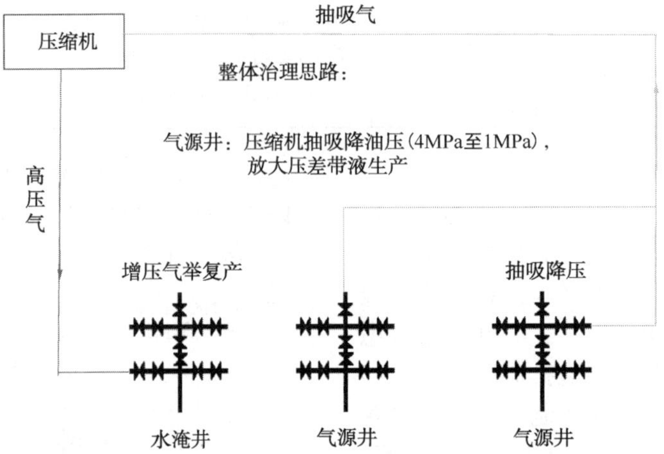

图7　平台井组抽吸降压+增压气举排液工艺流程

应用实例：X2平台井组因水淹间开，日产气量仅0.2万方，不产水，气举复产后日产气量1.5万方，气举后期气源井能量下降，供气不足开始积液，采用泡排接替，日产气量稳定在1.1万方，较常规气举工艺成本降低50%以上(图8)。

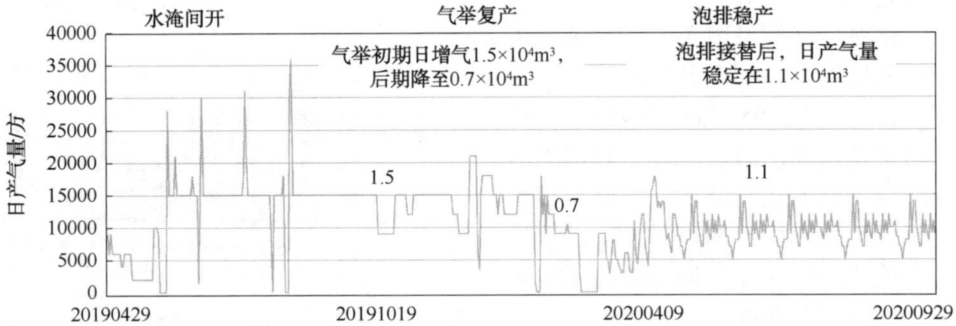

图8　X2平台井组抽吸降压+增压气举及泡排接替生产曲线

4.3 现场应用效果

2019~2022年，共开展排水采气现场试验196井次，平均单井日增气0.3万方，日增水8.1方，累计增气2.05亿方，投入产出比1∶3.1，支撑气田产量企稳回升。

5 结论

(1) 基于某致密砂岩气田的气井工况、井型和井身结构特点，通过论证，构建了“泡排为主、气举为辅、排举并用”的一体化排水采气思路。

(2) 通过研究致密气藏出水特点和气井生产特征，以积液程度和压力恢复速率为量化指标，建立了气井积液评价方法和分类治理原则。

(3) 形成了致密砂岩气井特殊水型、复杂井型气井泡排和气举特色，实现了“一井一策”、“一时一策”精细治理。已成为该气藏效益稳产的主体技术。

参 考 文 献

[1] Liu, C.C., Cao, Y.K., Pu, T.: Technical countermeasures for efficient development of tight sandstone gas reservoirs with thin narrow channel[J]. Petroleum Geology and development in Daqing 39(2), 157-165 (2020).

[2] Ji, G., Jia, A.L., Meng, D.W.: Technical strategies for effective development and gas recovery enhance-

ment of a large tight gas field: A case study of Sulige gas field, Ordos Basin, NW China, [J]. Petroleum Exploration and Development, 2019, 46 (3): 602-612.

[3] Zhang, S. P., Bai, X. H..: TECHNIQUES OF GAS RECOVERY BY WATER DRAINAGE FOR GAS WELLS WITH LOW PRESSURE AND PRODUCTION [J]. Natural Gas Industry, 2005, 25 (04): 106-109.

[4] Hara M, Brill J P, Shoham O. Experimental and theoretical investigation of two-phase flow in horizontal wells [J]. SPE 24766/The SPE 67th Annual Technical Conference and Exhibition. USA, Washingtin DC, 1992: 57-67

[5] Donald F. B. Jackson, Claudio J. J. Virues and David Sask. Investigation of Liquid Loading in Tight Gas Horizontal Wells With a Transient Multiphase Flow Simulator [J]. SPE, 2011.

[6] R. Brito, E. Pereyra and C. Sarica. A Novel Analysis to Detect When and Where Liquid Loading Occurs in Horizontal Gas Wells-Case Studies[J]. SPE, 2016.

[7] Du, J., Zhang, H. Y.: NODE ANALYSIS METHOD IN CONSIDERATION OF DISCHARGE FLUIDS IN GAS WELL AND ITS APPLICATION[J]. Natural Gas Industry, 2004, 24(01): 43-46.

[8] Yang, W. M., Wang, M.: A prediction model on calculation of continuous liquid carrying critical production of directional gas wells[J]. Natural Gas Industry, 2009, 29(05): 82-84. doi: 10.3787/j.issn.1000-0976.2009.05.018.

[9] Li, M., Sun, L., Li, S. l.: A New Gas Well Liquid Continuous Withdrawal Model[J]. Natural Gas Industry, 2001, 21(05): 61-63.

[10] Li, H. Q., Geng, X, Z.: A NEW METHODFOR RESTORING PRODUCTION OF LIQUID-LOADING DEAD GAS WELLS BY DRAINAGE[J]. Natural Gas Industry, 2001, 21(01): 88-89, 90.

特低渗透储层地质工程一体化建产技术研究与应用

王文军　王　玮　徐咏娟　张树森

（大庆钻探工程公司工程技术部）

摘　要　大庆油田是中国陆上油气开发的主力油田，是我国重要的能源基地。随着勘探开发的不断深入，整装油田、优质储量的发现越来越少，新落实的储量目标以“低、小、稠、深”为特点，采取常规的布井开发模式，造成产能低效井比例较高，油田开发效益变差。为了提高特低渗透储层的开发效益，开展了地质工程一体化建产技术研究，有效地降低了新井产能区块低效井，实现了产能区块效益开发。

新井产能区块建设是一项系统工程，涉及到油藏、钻井、测井、射孔、压裂、采油、地面建设等多家单位参与，因此，首先抓好源头设计，建立地质工程一体化设计流程，注重压裂设计与油藏布井相结合，布井方式为规模体积压裂创造条件，从而实现井控储量向缝控储量转变，有效减少无效钻井井数；其次抓好施工环节，建立钻、测、射、压、投一体化施工模式，形成一个有机的、系统的整体，最大限度减少重复施工和建设工程量，实现效益最大化。

2021 年，在大庆油田 X 区块，针对该区块低孔特低渗储层的油层特点，开展地质工程一体化设计，采取缝网压裂、连续油管压裂等个性化完井方式，充分发挥了储层的最大潜能；开展钻、测、压一体化施工，有效地提高了建产速度。现场试验结果表明，单井产能达标率提高 30 个百分点以上，为产能区块效益开发创造了条件。

关键词　一体化建产；一体化设计；一体化施工

大庆油田 1959 年发现、1960 年开发，是世界上为数不多的特大型砂岩油田。油田位于黑龙江省中西部、松嫩平原北部，含油面积 6000 多平方千米。截止目前，已开发建设 62 年，累计生产原油 24.63 亿吨、天然气 1462.23 亿立方米，为维护国家石油供给安全、支持国民经济发展作出了高水平贡献。

产能建设是油田持续发展的坚实基础，是增加可采储量的有效途径，是原油产量的重要补充。大庆油田进入“十四五”期间，长垣油田全面进入特高含水后期开发阶段，长垣“上下左右”储层差异大，砂体变化大，物性差、丰度低，油水分布复杂，面对油价持续低迷、“双特高”阶段诸多矛盾叠加的严峻挑战，持续推进精细地质研究，深化剩余油分布认识，优化井网井型及完井方式，多井型个性化设计，大平台集约化灵活布井，适度规模措施完井，形成了各类储层效益建产模式。

1　新井产能区块效益建产新模式

以“四提两降”（提产量、提效益、提质量、提效率、降投资、降成本）为目标，以可借鉴、可复制、可推广为原则，按照“一体化设计、一体化施工、一体化攻关”的建产思路，打破固有思维束缚，加大创新实践力度，采取市场化运作模式，实施全生命周期管理模式，形成了产能区块效益建产模式，为产能区块经济有效动用闯出了一条新路子。

2　一体化设计

为了实现“四提两降”目标，确保产能区块达到地质预测目标，采油厂层面成立了地质工程一体化攻关小组，搭建地质工程一体化工作平台，建立地质工程一体化工作流程，形成了提高产能效果的关键技术。

2.1　地质工程一体化设计思想

为了提高新井产能，势必要增大新井压裂井数和规模，但是受国际油价持续走低及产能投资进一步缩紧影响，增加压裂投资的空间较小，如何在控投资的情况下，采取最经济有效的完井方式达到产能目标是地质和工程共同努力的目标。为了实现产能目标、产能投资不超，提出了地质工程一体化设计思想，通过多专业、多部门深入交流、协同作战，形成了以区块开发效益最优化为目的的地质工程一体化设计模式，为产能区块开发效益建产提供了新方法。

2.2 以压裂为核心的经济效益评价方法

以往产能区块在做方案经济评价时，主要依据油藏工程方案、采油工程方案、地面工程方案的设计投资，进行百万吨产能建设投资评价，采用油藏工程方案中设计的预测产能，部分产能区块由于单井预测产能偏低，为了实现经济评价过关，采取了一再压缩投资的做法，从而造成了钻井、射孔、压裂等施工费用的大幅度降低，使技术服务单位的生产经营效益逐年下滑。

为了改变这种恶性循环降价的做法，创新提出以压裂为核心的经济效益评价方法，以提高单井产量为目标，优化完井工艺设计，同时兼顾考虑区块油井的差异性，在总体方案设计上，强化经济效益论证，确保在有限投资条件下完井工艺设计最佳。以大庆油田 A 产能区块为例，该区块在设计采油工程方案时，深入分析以往产能区块的完井工艺效果，借鉴以往 D 区块三次加密井上开展了精控压裂技术试验，产能效果表明，精控压裂的初期日产油量是常规限流压裂效果的 3.1 倍，精控压裂的累计产油量是限流压裂效果的 2.5 倍，投入产出比为 1∶5.1。为了提高新井 A 产能区块的单井产量，优化论证完井工艺，通过多方案对比(见表 1)、经济效益评价，根据该区块的油层条件，依据 D 区块精控压裂井的投产效果，预测精控压裂井累计产油量第一年是限流压裂井的 2.5 倍，第二年是限流压裂的 2 倍，第三年是限流压裂的 1.5 倍，通过经济效益评价软件计算得出：方案三可以实现内部收益率为 9.7%，投资适中。同时考虑到一次性投资不能过高、该区块断层较多、施工队伍和施工周期等多项因素，最终优化完井方案三。

表 1　压裂方案经济效益对比表

压裂方案	压裂设计方案	降成本		建成产能/万吨	百万吨产能建设投资/亿元
		税后内部收益率/%	税后投资回收期/年		
方案一	限流压裂 232 口井	8.3	7.8	20.4	102.09
方案二	精控压裂 190 口井 限流压裂 42 口水井	10.0	7.1	35.0	64.04
方案三	精控压裂 100 口井 限流压裂 132 口井	9.7	7.2	30.2	71.39
方案四	精控压裂 50 口井 限流压裂 182 口井	9.0	7.5	25.3	84.0

2.3 地质工程一体化设计流程

在地质工程一体化设计过程中，以油藏工程方案设计为龙头，采油工程方案与地面工程方案设计采取超前介入的方式，围绕着产能区块的产能目标、产能布局，地质部门、采油工程部门、地面设计部门都提出建设性意见，通过交流、讨论及论证达成共识后，地质工程一体化攻关小组组织安排各相关单位编制油藏工程方案、采油工程方案、地面工程方案。油藏系统提需求定目标，各系统快速响应，实现方案设计、实施、跟踪等全过程无缝衔接、高效联动，打造多系统一体化协作管理机制。

产能区块完井工艺设计是提高单井产量的关键节点，为此，采油工程与油藏工程、井下地质相结合，建立新井地质工程完井工艺一体化设计流程(图 1)，实现地质和工程目标共定、分析共同、技术共享、工艺共选、问题共解的地质工程一体化设计模式。

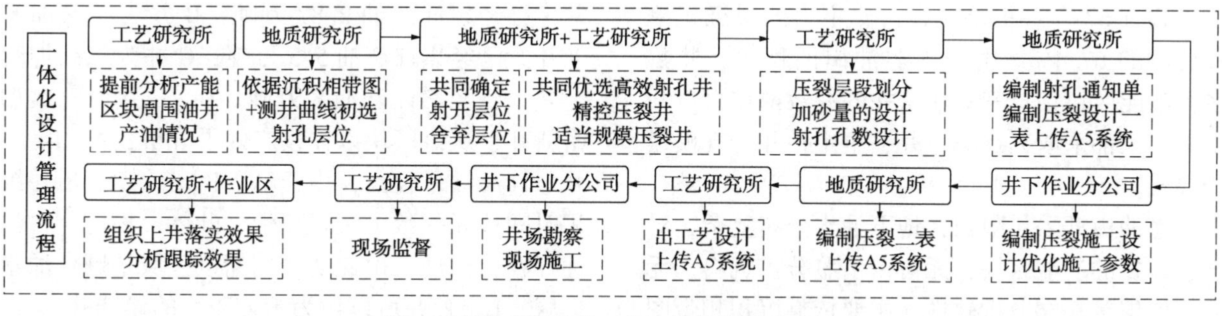

图 1　地质工程完井工艺一体化设计流程图

2.4 全藏完井工艺优化技术

树立全藏理念，以“提产量、降成本”为目标，以井控砂体最大化、缝控储量最大化、提采效果最大化、开发效益最大化为宗旨，建立产能区块完井工艺整体优化布局设计方法，创新完善完井工艺技术，依靠技术集成化创造规模效益。

2.4.1 在长垣水平缝规模建产模式下，全藏优化完井工艺整体布局设计

大庆油田长垣水驱油田主要开发对象以三类储层为主，开采深度在1000米左右，剩余油分布高度零散，局部富集，剩余油多以薄差油层动用差型和注采完善程度低型为主，中等含油饱和度区以动用差型剩余油为主；高含油饱和度区以注采完善程度低型剩余油为主。通过研究影响裂缝启裂的主要储层特征和工艺因素，长垣水驱区块的裂缝特征为水平缝。

长垣水驱油田已开采45年以上，采出程度近50%，“十二五”、“十三五”期间，产能区块主要以三类油层的三次加密井为主。三类储层具有含油井段长、油层数目多、单层厚度薄的特点，包含92个沉积单元，储层发育层段性差异明显，萨Ⅱ组发育最好。产能区块表内厚层平均空气渗透率0.409μm^2，薄层0.278μm^2，表外储层为0.02μm^2，表外储层含油产状以油斑油迹为主，占表外储层储量的65%。三次加密井的射孔对象主要以表内薄差油层及表外储层为主，有效厚度小于等于0.2m的小层占80%。

2.4.1.1 基于沉积时间单元理论寻找潜力井的横纵向双分析法

长垣水驱三类储层属于三角洲前缘相沉积，且以三角洲外前缘相沉积为主。平面上，根据各沉积微相的发育情况，将三类储层的92个沉积单元的沉积类型划分为五种：内前缘相、外前缘相Ⅰ类、外前缘相Ⅱ类、外前缘相Ⅲ类、外前缘相Ⅳ类沉积储层。其中，外前缘相Ⅰ、Ⅱ、Ⅲ类油层共有62个沉积单元，占非主力油层沉积单元总数的67.4%。由于水驱油田面积大、井数多，产能区块钻打三次加密井的井数都在百口井以上，大都采取五点法布井、集中钻井、规模建产模式。

老油田开采年限长，地下油水分布复杂，对于新开发的产能区块，无可以借鉴分析资料，无数值模拟等高端分析软件，主要依靠沉积相带图和测井曲线，在短时间内完成区块上百口井的完井工艺优选难度很大，以往采取50%射孔+50%压裂的完井工艺设计模式，投产效果不理想，产能达标井数不到50%，为了提高单井产能，精准优选完井工艺，建立了基于沉积时间单元理论寻找剩余油的横纵向双分析法。

纵向上，因大庆油田河流三角洲沉积特殊性，萨葡高油层组砂体厚度存在差异，但相同沉积时间单元下的相带、砂体、物性、含油性存在相似性，新井与周围老井虽然不在同一套井网开发，但新井与周围老井都开发相同的层系，新井与周围老井只是射开厚度不同，却都处于同一沉积时间单元内。因为相同沉积时间单元内，沉积特征相似，剩余油分布也是相近；由此，借鉴周围老井以往的开发效果，锁定新井剩余油潜力区，在剩余油潜力区中，依据单井的注采关系、砂岩厚度等数据来进一步优选精控压裂井。

横向上，砂体分布变化大，几十米范围内砂体易尖灭，沉积相发生急剧变化，为此，在优选潜力井的同时，要结合每个层的沉积相带图，借鉴邻井相同沉积单元的效果，如果不在一个沉积单元内，邻井的效果就不能借鉴，如果邻井大部分油层和新井都在同一沉积单元内，则可以初步确定新井的甜点区域。

根据沉积时间单元寻找剩余油的横纵向双分析法，确定剩余油潜力区。在剩余油潜力区，优选精控压裂井，对于周围注水井不满足3个的油井，不采取精控压裂。

实例：XB油田Q区块已经开发了基础井网、一次加密井网、二次加密井网，2018年投产三次加密井，开采对象从一类油层及有效厚度≥2.0m的厚油层过渡到三类储层中薄差油层。在该区块完井工艺设计优选过程中，采取了基于沉积时间单元理论寻找剩余油的横纵向双分析法。如图2井位示意图所示，A井为一次加密老井，已经累计产油2.87万吨；B井为二次加密老井，已经累计产油5.3万吨；C井为二次加密老井，已经累计产油3万吨。D、E井为三次加密新井，从该区块以往投产效果分析，A、B、C井累计产油量较高，由于A、B、C、D、E井沉积时间单元一致，沉积相带、砂体、物性、含油性存在相似性，由此初步判断该区域是剩余油富集区，D、E井可以作为精控压裂的候选井。

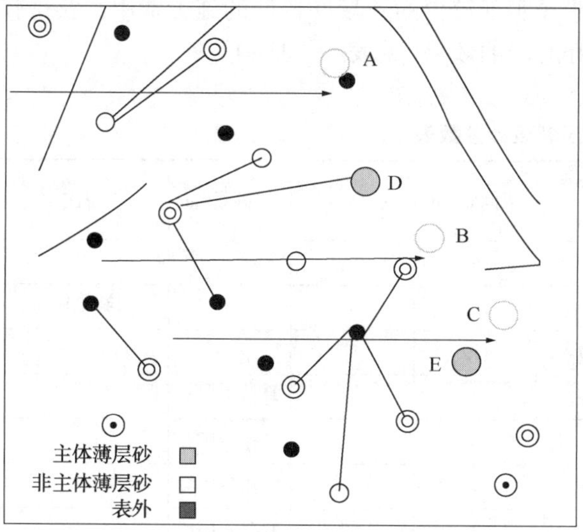

图 2 井位示意图

纵向上，A、B、C 三口老井都开采 S2 层、S3 层和 P2 层(图 3)，与 D、E 新井开采的层系相同，只是射开的厚度不同，A、B、C 三口老井主要射开有效厚度大于 0.5m 以上的油层，而 D、E 新井主要射开有效厚度小于 0.5m 或者没有有效厚度的表外储层。通过测井解释成果图显示，2 口井砂岩厚度和有效厚度存在差异性，其中 D 井具备射孔条件的小层数较多 31 个，E 井具备射孔条件的小层数较少 18 个，从工艺经济性方面考虑，对 D、E 井分别采取了两种精控压裂工艺。

从 2 口井精控压裂效果中(见表 2)可以看出，E 井的累计增油量远远高于 D 井，从小层沉积相带图(图 3)中可以看出，E 井的大部分层处在非主体薄层砂，而 D 井的大部分层处在表外储层，虽然 2 口井相邻很近，但是由于 E 井的砂体远远好于 D 井，从而 E 井的投产效果明显好于 D 井。另外，E 井采取的连续油管压裂工艺，可实现单层单压，改造更加充分，穿透比也高于 D 井，造成该井持续增油效果好。从含水饱和度值分析，E 井含水饱和度值小于 70% 的层有 88%，D 井含水饱和度值小于 70% 的层仅为 73.4%，由此 2 口井投产后，含水值不一样，E 井产油效果更加显著。

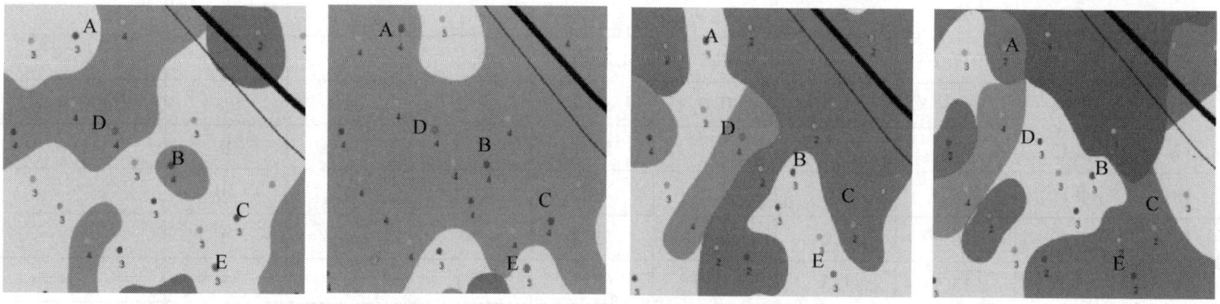

图 3 S2-5 小层、S3-1 小层、S2-15 小层、P2-3 小层沉积相带图

表 2 D、E 井产能效果统计表

井号	完井工艺选择	砂岩厚度	有效厚度/m	压裂段数/m	射开小层/段	加砂量/个	穿透比/%	初期产液/(t/d)	初期产油/(t/d)	初期含水/%	累计产油/t
D	一次坐压多层	15.2	3.6	1131	257	195	33	5.28	84	1554	
E	连续油管压裂	11.1	2.5	18	18	196	218	21.4	13.5	37	4009

2.4.1.2 建立三类储层完井工艺设计优化方法

一是首创选层压裂设计方法。在优选完井工艺时，要结合沉积相带图，掌握各个小层砂体状况以及油水连通状况，依据注水井的射开层位，确定与之相连通的油井射开层位；结合测井解释成果图，掌握各个小层的含油和含水状况，对于含水饱和度低于 70% 的层采取压裂措施，对于含水饱和度高于 70% 的层，采取只射开不压裂措施；结合每个层的以往油水连通关系图，对于老油水井连通关系复杂的层，结合含水饱和度值，判断这类层的采出程度，对于采出程度较高的层，适当控制压裂规模，采取只射孔不压裂措施，可有效控制新井含水；对于某些新射开的层未见老油水井井连通关系，判断这些层采出程度较低，对应含水饱和度较低，则优选采取压裂改造措施，根据含水饱和度的数值以及油层的厚度，适当增加压裂规模。

实例：2112 井采取选层压裂设计方法，依据测井曲线上解释的含水饱和度值和油水井连通状况图进行选层，采用连续油管压裂工艺，实现高含水层只射孔不压裂，低含水层进行压裂改造，实现较少的砂量、较低的施工费用，获得较好的产油效果(见表3、表4)。

表3　2112井连续油管压裂设计参数表

压裂次序	层位层号	设计射孔深度/m	砂岩厚度/m	有效厚度/m	目前含水饱和度/%	段间距/m	孔数/m	加砂量/m	备注
1	SⅢ11	992.6	1.1	63.2	4	6			
2	SⅢ11	991.5	0.2		80.9	1.1	4		射孔不压裂
3	SⅢ11	989.8	1.1	0.4	51.7	1.7	4	8	
4	SⅢ9+10	981.2	0.2	81.5	8.6	4		射孔不压裂	
5	SⅢ7	975.3	0.5	81.3	5.9	4		射孔不压裂	
6	SⅢ7	972.4	0.3	75.8	2.9	4		射孔不压裂	
7	SⅢ6	969.6	1.1	79.4	2.8	4		射孔不压裂	
8	SⅢ5	965	1	0.7	49.3	4.6	4	8	
9	SⅢ5	964	0.9	72.5	1.0	4	6		
10	SⅢ3	960.2	0.6	0.2	70.4	3.8	4	6	
11	SⅢ3	958.6	1.7	1.1	56.6	1.6	4	8	
12	SⅢ2	950.5	1	0.2	74.7	8.1	4	6	
13	SⅢ1	948.9	0.9	0.2	80.6	1.6	4		射孔不压裂
14	SⅢ1	947	1.3	80.9	1.9	4		射孔不压裂	
15	SⅡ15	937.2	0.4	0.2	25.3	9.8	4	8	
16	SⅡ14	934	1.2	0.6	80.5	3.2	4		射孔不压裂
17	SⅡ13	932	1.7	1	59.7	2.0	4	8	
18	SⅡ11	920.9	0.7	0.2	46	11.1	4	10	
19	SⅡ10	916.5	0.2	0.2	53.2	44	4	6	
20	SⅡ9	913.2	1.5	1.1	63.3	3.3	4	8	
合计		射孔厚度	17.6	6.1	压裂厚度	11.9	5.3	88	

表4　2112井连续油管压裂效果统计表

压裂日期	初期日产液/t	初期日产油/t	初期含水/%	目前日产液/t	目前日产油/t	目前含水/%	累计产油量/t
2020.9.30	66	8.12	87.7	52.29	2.34	95.52	1174

二是建立最经济油水井对应完井设计方法。油水井对应关系决定了累计产油效果，受新井投资限制，压裂和射孔的比例各占50%，为此，在设计考虑完井工艺时，实行油水井对应完井工艺设计原则，对于油井压裂井，周围注水井至少有1口也要采取压裂措施。

三是突破压裂小层厚度界限。以往在压裂工艺设计时，对于0.2m的油层，通常采取与其他油层一起合压的方式，这部分层的潜力往往是被忽视的。砂岩厚度是获得较高产能的基础条件，压裂效果与砂岩厚度不成正比，精准的完井工艺实施可以实现在较低砂岩厚度下获得较好的投产效果。为此，建立了低含水饱和度油层充分改造设计方法，引入非常规压裂设计中加砂强度的概念，将0.2m厚度的油层，采用80的加砂强度，见到较好的改造效果，充分发挥了0.2m小层的潜力。实例：优选2111井为精控压裂井，为了实现储层的精细改造，依据砂岩厚度和含水饱和度值，首次在直井水平缝采用加砂强度概念，个性化设计各层加砂量。表5中显示第6段和第7段，砂岩厚度仅0.2m，在含水饱和度值较低情况下加砂强度达到80，示踪剂监测结果表明(见

图4)该层产油量贡献比例最大；对于低含水层，加大加砂强度；对于高含水层，控制加砂强度。

为了量化加砂量，建立加砂量优化设计图版(见图5)。

表5　2111井连续油管精控压裂设计参数表

压裂次序	层位层号	砂岩厚度/m	有效厚度/m	目前含水饱和度/%	加砂呈/m^3	加砂强度	产油贡献排名	设计原则
1	SⅢ11	0.8	0.6	83.6	6	8	15	高含水层，减少加砂量，与低含水层对比试验
2	SⅢ11	1.1	0.4	81.6	6	5	16	
3	SⅢ9+10	1.7	0.6	75.4	8	5	5	中含水层，砂岩有效厚度小，适呈加砂
4	SⅢ7	0.9	0.2	62.9	10	11	6	
05	SⅢ6	1.7	0.5	69.9	12	7	9	
6	SⅢ5	0.2	0.2	48.7	16	80	2	低含水层，加大砂层
7	SⅢ5	0.2	0.2	48.8	16	80	1	
8	SⅢ5	0.9	0.4	82.2	6	7	17	高含水层，减少加砂量，与低含水层对比试验
9	SⅢ3	0.4		74.1	8	20	19	
10	SⅢ3	0.7	0.7	35.2	18	26	14	低含水层，有效厚度大，加大砂量
11	SⅢ2	0.7	0.7	75.8	10	14	11	中含水层，厚度小，适量加砂
12	SⅢ1	0.6		70.2	10	17	20	
13	SⅢ1	0.6		72.9	8	13	12	
14	SⅡ15	0.5	0.5	49.6	15	30	13	低含水层，加大砂量
15	SⅡ14	1.1	0.6	71.1	10	9	18	中含水层，适量加砂
16	SⅡ13	1.3	1.1	44.9	20	15	7	低含水层，有效厚度大，加大砂量
17	SⅡ11	0.7	0.4	43.3	15	21	3	
18	SⅡ10	0.5		68	10	20	10	低含水层，厚度小，适量砂量
19	SⅡ10	0.4	0.2	55.6	12	30	8	
20	SⅡ9	0.8	0.3	53	15	19	4	
合计		15.8	7.6		231			

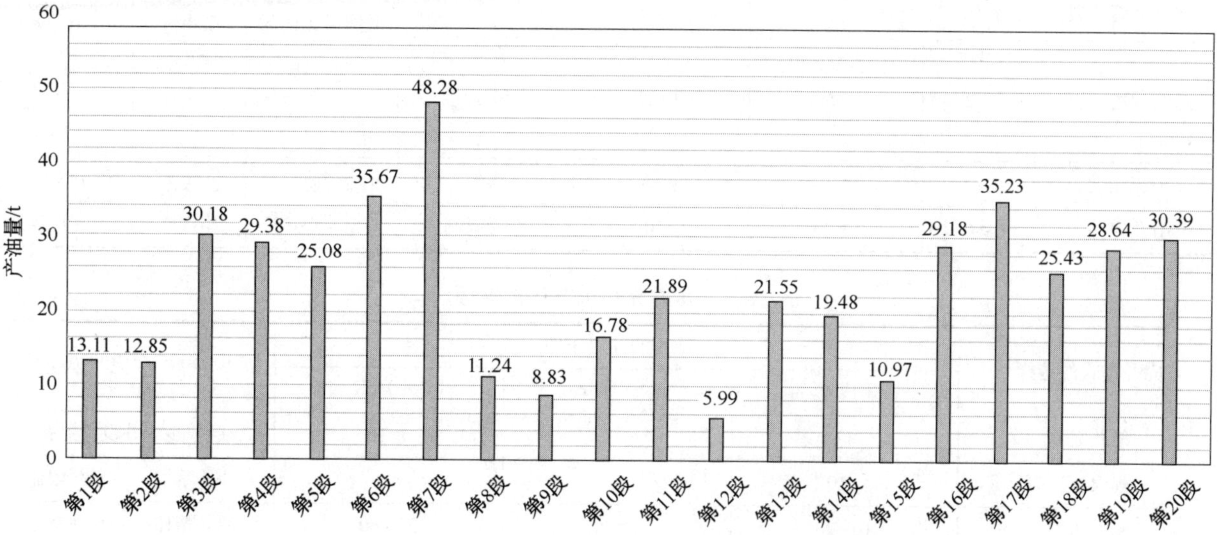

图4　2111井示踪剂监测显示各小层产油贡献比例图

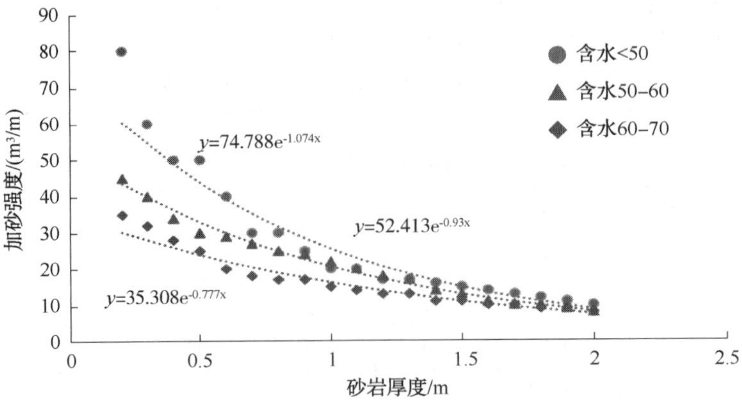

图 5　不同含水饱和度加砂量优化设计图版

2.4.1.3　建立三类储层完井工艺优选模板

为了实现完井工艺精准优选，建立了“上下左右综”精准选工艺方法。“上”考虑设计机型是否能够满足精控压裂的举升需求，看方案设计的机型大小，只有 8 型 10 型抽油机，才能设计精控压裂，确保压裂投产后，油井供排协调，不会因为抽油机机型过小，造成压裂后的产液量无法释放。“下”考虑开采层数多少以及剖面是否均匀，以“尽量卡分小层数最少”为原则，单卡小层数的多少决定了完井工艺的选择，对于射开小层数较多的层，主要考虑外套式复合射孔、高能气体燃爆射孔或者一次坐压多层精控压裂工艺；对于射开小层数较少的层，主要考虑限流压裂、选层压裂或者连续油管精控压裂工艺。“左右”考虑注水井点是否能够满足供液需求，精控压裂井至少有 3 个注水井点，注水井点过少，将会造成精控压裂的有效期短，造成严重的经济效益浪费。“综”综合考虑产能区块的投资情况，依据总体方案设计的完井工艺应用比例，综合选择完井工艺，确保产能区块完井工艺投资不超。根据以上设计原则，建立了油水井完井工艺优选模板。见表 6、7。

表 6　油井完井工艺优选模板

完井工艺选择	注水井点	含水饱和度低于 70%层的比例/%	单井射开小层数/个	隔层厚度≥1.2m 射开小层分布状况	各个小层以往油水井的连通情况	选井区域	设计机型
精控压裂（一次坐压多层）	≥3	≥60	25~40	不均匀	60%的层处于低连通比例区	剩余油潜力区	8-10 型
精控压裂（连续油管压裂）	≥3	≥60	15~24	均匀			
适当规模压裂	≥2	≥50	21~28	不均匀			
限流压裂	≥2	≥30	<25	均匀	40%的层处于低连通比例区	注采不完善区	6-8 型
射孔完井	≥0	≥20	<20	不受限制			6-8 型

表 7　水井完井工艺优选模板

完井方式的选择	适用的油层条件			“一对一”完井模式
	砂岩厚度/m	有效厚度/m	射开小层数/个	
射孔完井	≥10	≥1	≥16	层数多的井设计射孔
常规限流压裂	<10	<1	<20	油井精控——水井限流
精控压裂	10~20	≥1	20~40	油井精控——水井精控

2.4.2 在长垣外围垂直缝滚动建产模式下，建立全藏规模压裂设计方法

长垣外围产能区块具有油藏规模小、储层物性差、品位低、零散隐蔽、油水复杂等特点，攻关形成了油藏多因素综合风险分类评价及按砂布井优化设计技术，因藏施策，分类建产，形成“整体、分步、单井试采”快速建产模式，2021年产能到位率达到了83.5%。

2.4.2.1 优化油藏群风险分类评价因藏建产技术

开展油藏精细描述，将油藏圈闭条件、储层发育状况、油水分布特点、试油或邻区生产情况作为油藏评价的主控因素，运用层次分析评价方法，建立低风险区、中风险区、高风险区，对于低风险区，通过全藏认识，实施区块整体部署、快速建产模式；对于中风险区，注重砂体变化，实施灵活布井、滚动建产模式；对于高风险区，深化储层认识，注重发现储层潜力，实施单井体积增能压裂、快速拿油建产模式。在分类研究基础上，按照“提升 I 类、压好 II 类、控制Ⅲ类”的原则，开展油藏工程一体化压裂方案优化设计，不断优化加砂强度，确定了不同类型油层的加砂强度。

2.4.2.2 创新储层-井网-裂缝匹配压裂优化设计方法

长垣外围产能区块的储层特点是特低渗透、裂缝不发育，油水井间难以建立有效驱替体系，因此，强化储层沉积及成藏分析，坚持三精细分析法，即“精细沉积、精细构造、精细油水关系”分析，运用大规模体积压裂技术，实现井间驱替转为缝间驱替、井与缝带间驱替，盘活了一批低效资源。

对于渗透率在5~10mD的井，采取仿水平井开发技术，根据变启动压力梯度渗流方程，开展应力场建模及压裂缝预测描述，优化设计油水井半缝长，驱替距离由137m缩短到83m。详见示意图6。对于渗透率在2~5mD的井，以“建立缝网、人工油藏、全程补能”为理念的整体压裂设计理念，采取邻井错层压裂、同层隔井压裂设计方法，通过压裂规模的增大，实现砂体最大规模的改造(见图7)。

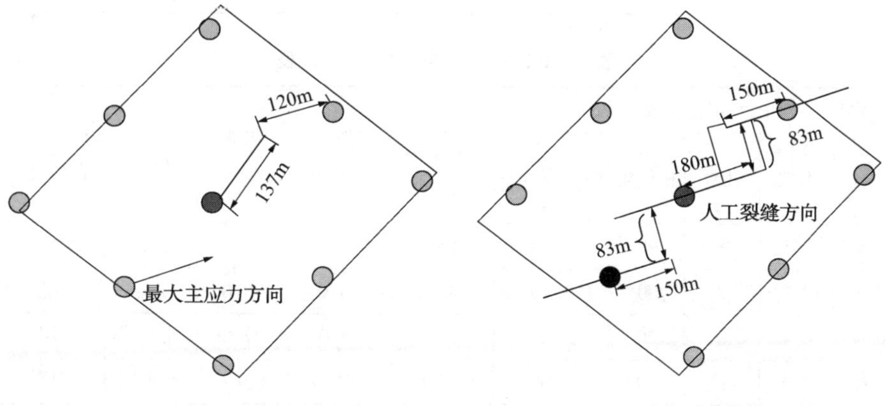

图6 油水井仿水平井压裂设计示意图

实例：A5井区的目的层是FY油层，油层平均中部深度1651m，采用排距140m，井距280m，注采井距200m的矩形井网。共设计油水井28口，其中，采油井17口，注水井11口(见图8)。从F3、F4井测试X-Max结果来看，区块主应力方向在100~115°之间，与方案设计(60°)存在较大差异。主应力方向与注采井排方向一直，压裂应控制规模，防止压穿。由于F1、F2已经由注水井转为油井，对该区域井的测井曲线进行分析，F1井存在9m大厚层，是这个区块油层发育最厚，含油性最好的油层，由于该井左右都是油井，不存在压裂规模大造成压穿现象的出现，为此，设计F1的压裂工艺为缝网压裂(表8)，F2为大规模连续油管压裂(表9)。投产效果表明，F1投产初期平均单井日产液41t，日产油22.4t，含水44.9%，累计产油1156t；F2投产初期平均单井日产液27.4t，日产油6.83t，含水75.1%，累计产油656t；都原高于地质方案预测指标。

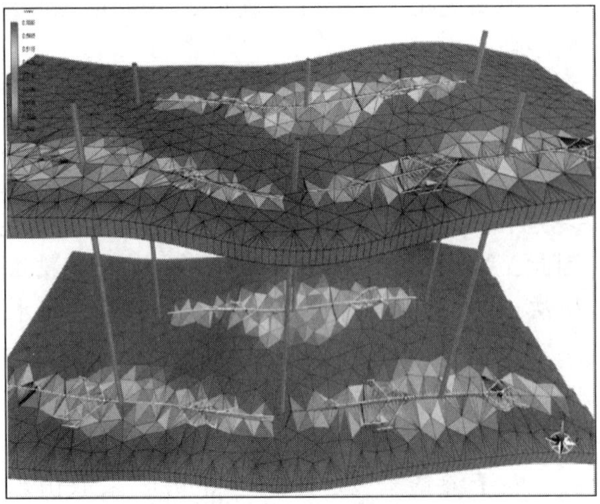

图 7　同层隔井压裂裂缝展布图

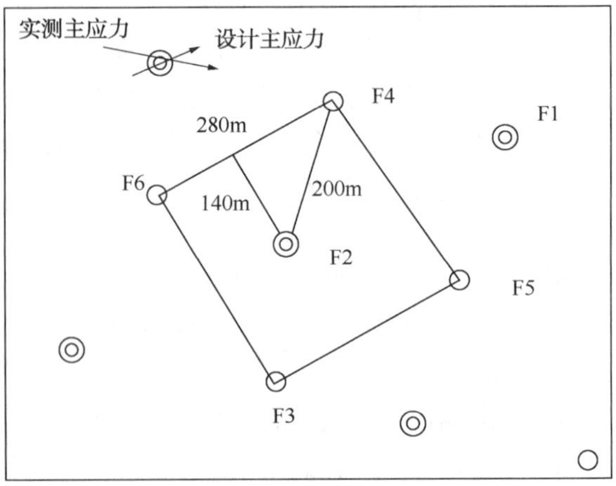

图 8　单井井位示意图

表 8　F1 井缝网压裂方案设计结果

层号	砂岩厚度/m	有效厚度/m	含水饱和度/%	施工排量/(m^3/min)	预测缝高/m	加砂强度/(m^3/min)	砂量/m^3	用液强度/(m^3/min)	用液量/m^3
F12. 2-F12. 3	2. 2	2. 2	45. 2	4-8	7	20	44	455	1000
F13	1. 9	1. 7	49. 5	4-8	5	20	38	500	950
F16-F16. 2-F16. 2	9. 9	9. 3	45. 9	4-8	14	12	120	253	2500
F24-F24. 1	4. 1	4	47. 3	4-8	9	17	70	350	1435
合计	18. 1	17. 2			35		272		5880

表 9　F2 井连续油管压裂设计表

压裂顺序	层位层号	厚度/m		射也参数		物性		加砂量/m	用液量/m	电测解释结果	储层发育情况	备注	排量/(m^3/min)
		砂岩	有效	孔数	相位角	渗透率/mD	含水饱和度/%						
/	F34	0. 5	0. 5	8	90	1. 70	55. 6	/	/	差油层	互层	射孔不压裂	
1	F33. 1	0. 5	0. 5	8	90	2. 40	48. 4	8. 0	90. 0	油层	非互层	压裂	4. 5
2	F33	0. 4	0. 4	8	90	2. 00	55. 0	2. 0	77. 0	油水层	互层	压裂	4. 5
		1. 0	0. 9	8	90	2. 00	54. 0	21. 0	189. 0	油水层	互层	补孔	4. 5
/	F32. 1	1. 0	0. 9	8	90	/	72. 5	/	/	油水层	互层	射孔不压裂	
3	F31. 1	2. 1	2. 0	8	90	2. 40	61. 6	35. 0	296. 0	油水层	非互层	压裂	4. 5
4	F24. 2	2. 6	1. 3	8	90	1. 6-3	61. 3	56. 0	455. 0	油水层	非互层	压裂	4. 5
5	F22	3. 3	2. 9	8	90	2. 0	53. 0	55. 0	447. 0	差油层	互层	压裂	4. 5
6	F21	2. 1	2. 0	8	90	2. 40	76. 9	35. 0	295. 0	油层	非互层	压裂	4. 5
7	F15-1	1. 0	0. 8	8	90	2. 0	50. 3	17. 0	157. 0	差油层	互层	压裂	4. 5
8	F13	3. 1	2. 8	8	90	2. 0	55. 0	49. 0	461. 0	差油层	互层	酸压	4. 5
				8	90			2. 0	75. 0	差油层	互层	酸压	4. 5
/	F12	1. 8	0. 5	8	90	1. 5	54. 5	/	/	/	/	射孔不压裂	

2. 4. 2. 3　创新多井型组合完井开发模式

针对甜点砂体不同组合类型，打破国内外致密油“水平井+体积压裂”开发传统模式，创建推广了主力层-水平井、主薄层错叠-直平联合、多薄层叠置-斜直井三种开发模式。新区累计建成产能 127.34 万吨，累计产油 171.47 万吨；2021 年产油 57.1 万吨。

对于主力油层发育的区块，发育主力层 1~3 套且主力层有效厚度>3m，主要以钻建立体水平井为主，建立“甜点砂体+人工裂缝+组段优化”模式，通过水平井体积压裂，实现储量动用率 70.7%；对于多薄层叠置的区块，发育油层>3 层，单层有效厚度 1~3m，主要以钻建平台斜直井为主，建立“甜点砂体+井网+人工裂缝”模式，通过大规模缝网压裂，实现储量动用率 100%；对于薄主层错叠的区块，发育薄油层 4~8 个，单层有效厚度 2~4m，主要以钻建直平联合立体开发为主，建立“甜点砂体+水平井动用主力层+直井控制储量”模式，通过多井型平台化个性化压裂，实现储量动用率 86.5%。

3 一体化施工

为了加快产能区块建设，以提质量、提效益、提效率为目标，构建了“3344”产能区块一体化施工管理运行模式，实现产能区块规范可控平稳运行，年产能建设到位率达到了 90%（图 9）。

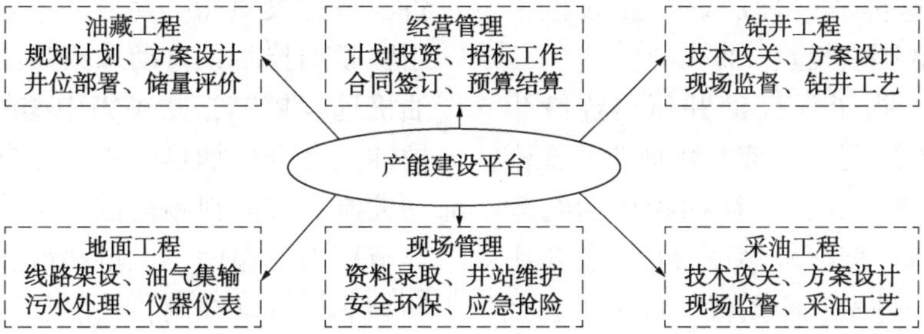

图 9 产能区块一体化运行管理模式

“三统一”：统一组织管理。将油藏、钻采、地面方案及施工整合到一个平台，一体化攻关小组直接组织运行协调、终端决策，确保产能区块规范可控平稳运行。统一外部协调。汇总各路问题，由项目部统一出口进行协调。对上，协调公司职能部门，解决计划、环评、审计、施工准入等问题；横向，协调外部服务单位，解决方案设计、施工监督及运行中的问题；对外，协调地企关系，解决土地、道路、用水、环保等问题，实现快速决策，保证各项工作有效推进。统一运行调度。即负责组织安排钻、建、投、运、管等运行节点和工序衔接，将 11 项施工细化为 57 个节点，量化节点运行周期，形成节点时间大表。明确完成时间，确定责任人，以此为依据，统一调度厂内外技术与管理资源，强化运行跟踪，强化施工组织，强化沟通协调。

“三共享”：资源共享，即钻井、射孔、压裂和生产等共享道路、场地、水源和供电等资源，避免重复建设和重复征地。以平台或区域为中心，组织工厂化施工作业，共享远程输液管线，随平台完钻进度，立即组织射孔、压裂施工，压裂一口投产一口。信息共享，通过组织周例会、专项协调会、现场推进会、工作微信群，强化各部门单位间沟通协作，坚持驻寨指挥制度，保障投产施工各环节紧密衔接。技术共享，通过组织召开新工艺新技术论证会、方案设计交底会、技术培训、施工前技术交底会等多种形式，实现新工艺新技术甲乙双方全面掌握清楚、应急预案清晰明了，将施工风险降到最点，确保施工顺利开展。

“四同步”：现场配液与车组摆放同步进行；施工用水与蓄水同步到位；设备加油与检修同步开展；平台井压裂作业与射孔准备同步进行。

“四优化”：做好“钻井、压裂、投产、地面建设”四大工程施工的生产运行管理。

在钻井运行上，按照滚动钻井的思路，通过地质与地面条件相结合，优先实施地质、地面有利平台，平台内打好靶点井，由好到差、由里到外逐步铺开钻机，保证钻井效果。形成了“三轮三定”滚动钻井做法，提高了钻井成功率。轮次一：定运行。钻前采用波形指示反演，预测全区砂体发育，制定平台运行批次；采用 Z 反演，识别井间砂体变化，优选平台内第一口钻井井位。轮次二：定调整。在所有平台完钻第一口井时，采用波形指示反演，预测全区砂体发育趋势，确定取消、增补平台。轮次三：定潜力。所有井完钻后，采用波形指示反演预测全区砂体发育趋势，结合完钻资料，确定下步钻井潜力区。

在压裂运行上，综合考虑队伍数量，最大化利用水源，确保3km内的井共用1口水源井；合理布置压裂工厂化施工区域，建立区域保障机制、前线基地，缩短往返路程和运输时间，降低协调地方关系难度，提高压裂运行效率；采取平台工厂化施工，实施井场标准布局，不移动车组一次完成压裂施工，提高施工效率；采用气浮+磁分离+混凝沉降处理工艺，对压裂返排液进行处理，达到“20.20”标准后进行利用，新建回注站，将返排液注入到油层中，回注利用上百万方；建立处理站，返排液处理后进行压裂液复配，复配利用后降低压裂投资20%以上。

在投产运行上，为了保证油井压后连续生产，根据致密油缝网压裂井产液变化规律，探索出“闷、控、转”排液方式，将初期投产运行划分为高压高液量强排、低压较高产液量控排集中拉液、稳定产液集中进站三个阶段，确定了初期不进集油管线、先期架罐拉油、后期管网集输的“先拉后输”的建设方式，储罐2个月循环使用，减少前期工程投资上千万元，保障了压裂井连续生产，有效地提高了单井产量。优化采油设备配置，建立了“满载荷、不停机运行”设计理念，将常规抽油机载荷利用率由90%优化为100%，单井举升设备投资由24.27万元下降到18.85万元，降低5.42万元。

在地面建设上，坚持“站场工艺简化、管网路由优化”思想，按标准化、模块化、撬装化、数字化进行设计，形成了“丛、树、利、智”地面简化技术。丛：优化丛式平台，通过经济效益测算(见图10)，优选一直八斜的布井方式，实现新钻井平台率100%。树：采用树状电加热集油流程，与掺水流程相比，减少管道、“四合一”、阀组间等地面建设投资。树：利用已有设施，扩建中间加热站，少建加热炉、分离器等设备，节省投资上万元。“智”：智能化建设，应用物联网技术，自动采集油压、电参和功图，抽油机远程控制，井场集中监控、井站少人值守；拉油点九合一加热介质温度自动采集，燃烧器自动控制，实时视频监控；转油站自动采集各生产环节压力、温度、流量和液位，加热分离、外输和加热炉自动控制，天然气自动调节，生产过程联锁保护，远程控制，视频监控辅助管理，实现了站场和井场数据集中监控，转油站少人值守，4G公网进行数据传输和远程控制，减少用工20%以上。通过“四优化”技术，实现地面单井投资由145万元降至95万元。

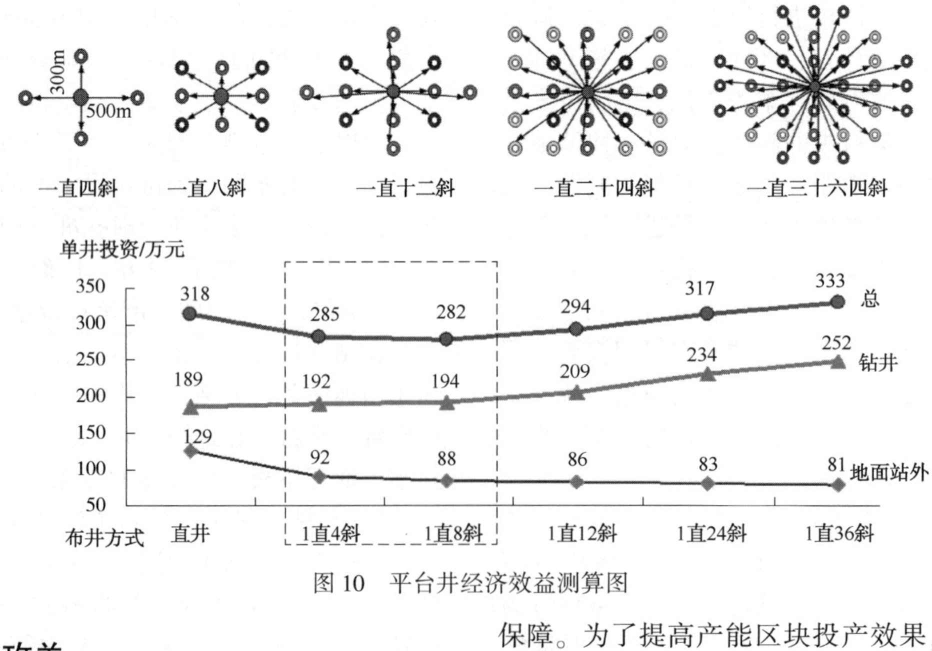

图10　平台井经济效益测算图

4　一体化攻关

地质工程一体化方案设计是源头，不仅需要精准的全藏技术分析，更需要先进的工艺技术作保障。为了提高产能区块投产效果，建立了“产学研用”一体化攻关应用模式。

4.1　建立“产学研用”一体化攻关应用模式

“产”：在地质工程一体化设计中，将新工

艺、新技术在产能方案中进行设计论证，先后推广应用了外套式复合射孔、高能气体压裂、连续油管底封拖动压裂、一次坐压多层压裂管柱、新能源举升等多种新工艺技术，有效地保证了新井投产效果，实现了研发成果快速形成生产力。“学”：学习实践新工艺、新技术。强化新工艺、新技术、新产品的现场试验，强化现场应用效果跟踪，从方案设计到现场施工，做到层层懂、层层负责，实现对新技术的全过程了解和掌握，保证新产品在生产中的合理应用。“研”：开发和生产提出研发需求。油田开发勘探设计院和油气生产单位，向采油工程研究院、钻井工程技术研究院、井下作业公司、试油试采分公司、大庆油田设计院等科研院提出技术难题、技术瓶颈，有计划、有组织、有选择地将油田开发的技术需求提交给技术院所，以课题的方式，带动科研院所开展新工艺、新技术、新产品的攻关与研发。“用”：推广应用新工艺、新技术。在现场试验应用中验证新产品技术的可行性，通过试验效果与采油研究院、井下作业公司等多次结合，改进完善新产品、新工艺，推进产品成熟度和配套性，形成技术标准，提高新工艺、新技术、新产品适应性。

4.2 形成全藏压裂改造关键技术

长垣水驱区块：创新形成了直井对应精控压裂、三类油层压驱等技术。精控压裂以一次坐压多层管柱和连续管水力喷射环空加砂为主体工艺，强化层位细分，最小卡距由 3.0 米缩小到 1.2 米，一次坐压多层管柱实现了单趟管柱压裂由 8 段提升至 15 段，施工效率提高 30%，解决了多薄层动用程度低的难题，应用 642 口井，精控压裂单井日增油 6.4 吨；针对孤立井点、断层边部的井，采取化学药剂压裂驱油工艺，利用低黏度驱油剂作为压裂液，将地层压开裂缝，高压差下裂缝边扩展、边滤失，渗流面积增大、驱替距离缩小，驱替方式由井间驱替变为裂缝与基质间驱替，一次施工将大量液体快速注入地层，压后焖井、洗油、弹性返排，实现大幅度提高采收率目的，压驱工艺单井日增油 7.9 吨，为常规压裂的 2.6~4.1 倍。(图 11)

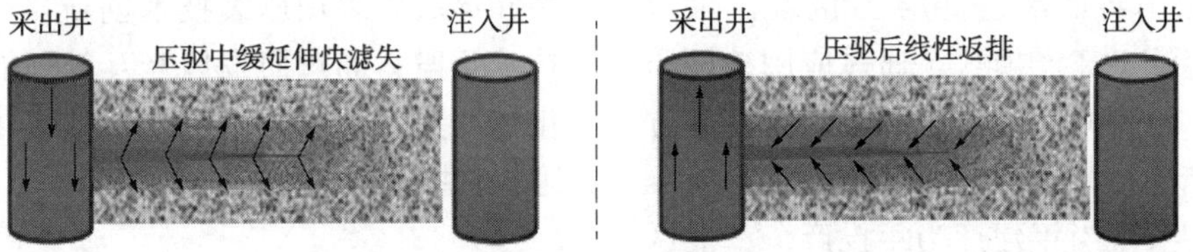

图 11 压驱工艺施工及压后返排示意图

长垣外围区块：完善推广直井缝网、水平井穿层压裂、体积压裂技术，以连续管水力喷射环空加砂、可溶桥塞为主体工艺，满足大排量、大规模、高效率施工需求，最高排量 20 方/分，单趟管柱最多压裂 42 段，施工效率提高 46%，解决了低渗致密储层经济有效动用的难题，应用 955 口井，缝网压裂单井日增油 3.7 吨，水平井体积压裂单井日增油 17.5 吨，为常规压裂的 2.1~10.3 倍。

4.3 创新地面举升技术租赁模式

在以往的产能建设过程中地面建设投资占比在 30%左右，在逐年控制产能投资的情况下，采取撬装设备+拉油的模式，抽油机、储油罐等地面建设投资占比下降到 20%以下，为了进一步降低地面建设投资，大幅度削减固定资产折旧以及生产运行成本，创新提出地面举升设备技术服务模式，将新井新增的生产成本节省下来，弥补产能投资不足。

在无电采油区，根据用电量大小，建设规模 150 千瓦、300 千瓦、600 千瓦分布式风光互补发电站，为抽油机、储油罐等装置供电，安装无线远传监控装置，实现远程无碳低耗智能管理。该项技术包含风光互补发电及储能设备、智能控制举升抽油设备、储油罐配套加热设备、智能测产和防盗监控管理系统平台。风光互补发电及储能设备主要由垂直轴微风风力发电机组、太阳能组件、天然气发电机组，蓄电池组储能、控制器、逆变器等组成的离网形式的发供电电源；智能控制举升抽油设备主要由主机、配电箱、电机、减速箱等组成，根据油井产液量实际情况，选择常规抽油机或利旧抽油、塔架式抽油机、长冲程智能抽油机、智能提捞抽油机等，对于产液量低于 5t 的井，采用井下长柱塞短泵筒防砂抽油泵，连接 20 米沉砂油管，有效解决油井砂卡问题；储油罐配套加热设备，利用风、光、回收气三项互补发电，对发电产生热量进行利用，既满足了对边远油区储油罐及油管线加热所需电源，又解决了对储油罐和管线进行保温加热问题，保证采、储、运生产运营；通过带有智能测产和防盗监控的智能举升控制管理系统，对现场数据及设备运行状态进行实时监测，智能控制油井的运行策略，实现了设备安全、智能与稳定运行。客户端软件可实现实时数据展示、产量计算、功图分析、三相电参数分析、制度优化、图表显示、历史数据查询、报表系统、用户管理等多种功能，可支持用户定制开发。

5 结论

5.1 应用效果

（1）大庆油田 X7 三次加密井产能区块和 X5 层系井网优化调整产能区块，采取长垣水平缝规模建产模式，运用全藏完井工艺整体布局设计方法，通过精控压裂、选层压裂、外套式复合射孔、限流压裂等多种完井工艺一体化设计，实现产能区块累产油 20.4 万吨的好效果，投入产出比达到 1∶3.9。

（2）大庆油田特低渗透储层 X 区块，采取长垣外围垂直缝滚动建产模式，通过应用缝网压裂、压裂驱油、水平井穿层压裂等个性化完井方式，充分发挥储层最大潜能；通过组织钻测射压投一体化施工，实现当年建产当年投产，产能区块累产油达到了方案设计目标。

5.2 结论认识

（1）面对油田开采难度加大、产能投资逐年紧缩的实际情况，通过采取地质工程一体化设计、钻测射压投一体化施工、产学研用一体化攻关，实现了产能区块建产目标，形成了产能建设配套技术系列，为产能区块效益建产提供了有力的技术支撑。

（2）地质工程一体化设计是效益建产的源头。本着“先算后干、事前算盈、事中干赢”原则，突出地质工程融合设计整体优化，投资与成本统筹考虑，用效益倒逼开发模式转变与技术升级，实现储层有效改造经济开发。

（3）钻测射压投一体化施工是控制产能投资的关键。以“3344”一体化施工模式为抓手，通过内部资源挖潜、市场化竞价、资源共享保障、设备租赁技术服务等多措并举，有效控制产能投资，提高施工效率和施工质量。

（4）产学研用一体化攻关是效益开发的技术支撑。通过开展精控压裂、缝网压裂、压驱、水平井穿层等多项压裂技术创新，为储层改造提供技术手段；通过研发风光互补新能源技术、数字化智能监测技术等，为油田数字化建设、高效管理提供技术保障。

连续油管化学解堵工艺在复杂堵塞气井中的应用

肖庆华[1,2]　叶海峰[1]　粟　超[1,2]　蒋一欣[3]　梁　雷[1]　熊雨佳[1,2]

（1. 川庆钻探工程有限公司地质勘探开发研究院；
2. 四川恒溢石油技术服务有限公司；3. 浙江油田公司西南采气厂）

摘　要　天然气井生产过程中，井筒易被有机、无机物堵塞，为解决井筒复杂堵塞导致的天然气井产量下降、停产问题，针对现有主要解堵工艺存在的不足，提出了连续油管+化学解堵复合解堵工艺。以川-X井为例，根据该井井筒堵塞物类型复杂、堵塞严重、化学解堵工艺无效、生产管柱使用年限已超过45年等特征，制定了措施前下取样工具对井筒堵塞物进行取样、分析，然后通过室内实验优选井筒堵塞物解堵药剂，并采用优选的解堵药剂作为连续油管解堵作业时冲洗介质进行精准解堵的复产方案。现场作业顺利，措施后气井日均增产气量1.21×10^{4}m^3，表明优选的解堵剂HY-J对井筒堵塞物具有良好的溶解性及分散作用，能够将井筒堵塞物清理彻底，同时证明了复合解堵工艺的技术适应性，可为类似的井筒复杂堵塞气井提供复产技术借鉴。

关键词　井筒堵塞；化学解堵；连续油管解堵；复合解堵工艺；解堵剂

天然气井生产过程中易因井筒有机、无机物堵塞导致气井产量下降，甚至停产。目前解除气井井筒堵塞的方法主要有化学解堵法、物理解堵法、机械解堵法，其中化学解堵法因解堵效率高、范围广和劳动强度低等特点使用最为广泛。其次，随着近年连续油管作业技术的发展，以常规冲砂、钻磨等工艺技术为基础形成的连续油管解堵技术应用规模也逐步增加。化学解堵法主要是利用化学药剂与堵塞物发生物理化学反应，使堵塞物分散、软化、溶解，从而去除堵塞物，但是当气井井筒堵塞成因复杂、堵点位置较多及堵塞严重时，化学解堵效果往往较差。连续油管解堵是利用连续油管将冲洗或钻磨组合钻具下放至油管内，寻找到堵塞部位后将冲洗介质从连续油管内注入进行解堵作业，工艺通过对堵塞物进行冲洗、钻磨的方式进行解堵，适用范围宽、效果好，但成本较高，目前常用的冲洗介质主要有清水、液氮泡沫及酸液系列，当冲洗介质不能有效分散堵塞物时，作业过程中则可能发生冲洗或钻磨无进尺及堵塞物进入油管与连续油管环空造成卡钻等井下复杂情况，因此，精准选择冲洗介质是连续油管解堵作业成功与否的重要因素。

井筒堵塞物类型主要有地层水产生的垢物、缓蚀剂裂解残留物、钻完井等作业过程中遗留的脏物、井下腐蚀产物、天然气水合物、相关化学药剂、出砂等。因此，造成气井井筒堵塞的原因很多，可能是单一堵塞物，但更多时候是多种堵塞物共同作用，且堵点位置多，单一的化学解堵与现有连续油管解堵技术均存在一定的局限性。鉴于化学解堵技术和连续油管解堵技术在老井井筒复杂堵塞问题中应用存在的问题，针对单一化学解堵技术不适应的气井，提出了连续油管+化学解堵复合解堵工艺，工艺方法是根据气井井筒堵塞物类型，通过室内实验优选化学解堵药剂作为连续油管解堵作业时的冲洗介质进行精准解堵，从而提升气井井筒解堵作业成功率。本文通过对福成寨低渗碳酸盐岩气藏川-X井复合解堵工艺实践，为类似的井筒复杂堵塞气井提供复产技术借鉴。

1　川-X井解堵复产面临的难题

1.1　气井基本情况

该井于1974年1月22日开钻，1975年4月17日完钻，完钻井深2380m，完钻层位为嘉一段，完井方式为裸眼完井，生产管柱采用Φ73.02mm油管+筛管组合管柱。该井产层自然产能低，经酸化后于1988年投产，生产至2019年7月因油管堵塞关井，关井前产量1.2×10^4 m^3/d，生产曲线如图1所示，气井累产3.99×

10^8m^3，采用压降法计算该井动态储量 $5.46\times10^8m^3$，剩余动态储量 $1.47\times10^8m^3$。气体组分以甲烷为主，占 98.57%，微含硫化氢 $0.001g/m^3$，低含二氧化碳 $1.84g/m^3$，地层水为 $CaCl_2$ 水型，总矿化度 364.5g/l，氯根含量 22.2g/L。由于天然气含酸性气体，且地层水氯根含量高，因此油套环空用永久封隔器封隔，并采用加注缓蚀剂的方式进行防腐。

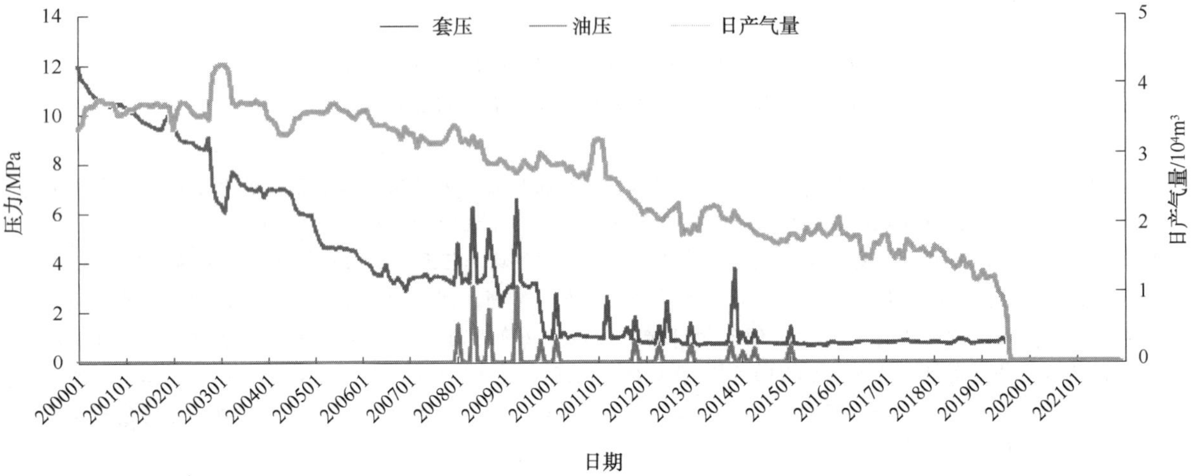

图 1　川-X 井解堵复产前生产曲线

1.2　解堵作业面临的难题

根据川-X 井井筒堵塞后曾采取过的措施及气井基本情况，分析解堵复产作业主要面临如下难题：

（1）堵塞物类型不明：2019 年 11 月下通井规在井深 651.9m 处遇阻，多次通井遇阻位置均是 651.9m，取出的通井规比较干净，未能获取堵塞物样品。

（2）井筒堵塞严重：2020 年 3 月对油管进行回声仪测量，油管内在 630~753m 这一段有 3 个异常反射面，753m 为封闭面。

（3）化学解堵适应性差：2021 年 12 月从井口加注化学解堵剂 400L，气井未能解堵复产。

（4）修井难度大：井下存在永久封隔器，且完井试油时油管 2363.77m 处被卡埋，修井成本高、风险大，不宜采用。

（5）生产管柱使用时间久：从 1975 年使用至今，已超过 45 年，酸性化学解堵剂及连续油管解堵作业存在使油管断脱的可能。

2　复产方案

考虑该井气体组分含有酸性气体、地层水矿化度高、采用裸眼完井及曾加注缓蚀剂防腐，初步分析该井堵塞原因可能为井下腐蚀产物、垢物、岩屑、缓蚀剂裂解残留物及钻完井等作业过程中遗留的脏物综合影响导致。结合解堵作业面临的难题，确定对该井采取连续油管+化学解堵复合工艺进行复产，为保证措施成功，需根据井筒堵塞物类型对化学解堵剂进行优选，并采用优选的解堵剂作为连续油管作业冲洗介质，通过精准实施确保气井复产成功，因此制定措施方案如表 1 所示。

表 1　川-X 井解堵复产方案

方案步骤	内容	备　注
第一步	堵塞物取样	考虑 2019 年 11 月通井未成功获取堵塞物样品，因此在开展取样作业前需对井筒取样器进行优选，然后再通过作业车下取样工具取样
第二步	样品分析化验	开展室内堵塞物成分分析及溶解性实验，根据实验结果优选连续油管解堵作业冲洗介质
第三步	连续油管解堵作业	根据气井井况，结合优选的冲洗介质制定解堵作业施工方案，并制定现场应急预案及工艺参数调整办法
第四步	气举助排	气井长期生产后地层压力较低，解堵成功后若气井不能自喷，则采取气举助排

3 堵塞物成分分析及解堵剂优选

3.1 堵塞物成分分析

根据解堵措施方案，通过下入专用打捞筒，于2022年4月顺利获取到了外观为黑色细砂、粘稠状的固体堵塞物样品，如图2所示。堵塞物样品在110℃下烘干6小时后固体由黑色变为棕黄色，如图3所示。室内实验分析显示堵塞物以无机物为主，占比达97.27%，其中固体有机物和水分别占比68.39%、28.88%，有机物占比2.73%。采用X射线衍射仪对固体样品中的无机组成进行测定显示其主要成分为 $CaCO_3$、$FeCO_3$、FeS、$MgCO_3$、$CaSO_4$等。

为进一步给化学解堵药剂优选提供方向，对烘干后的堵塞物样品开展了水溶性和酸溶性分析。

（1）水溶性分析：取烘干后的堵塞物5.148g，用200ml水进行溶解，过滤后的残余不溶物烘干后情况如图4所示，不溶物称重为3.272g，计算水溶性物质在干燥后的堵塞物样品中占比36.44%。

（2）酸溶性分析：取烘干后的堵塞物5.140g，用200ml浓度12%盐酸进行溶解，过滤后的残余不溶物烘干后情况如图5所示，不溶物称重为0.746g，计算酸溶性物质在干燥后的堵塞物样品中占比85.49%。

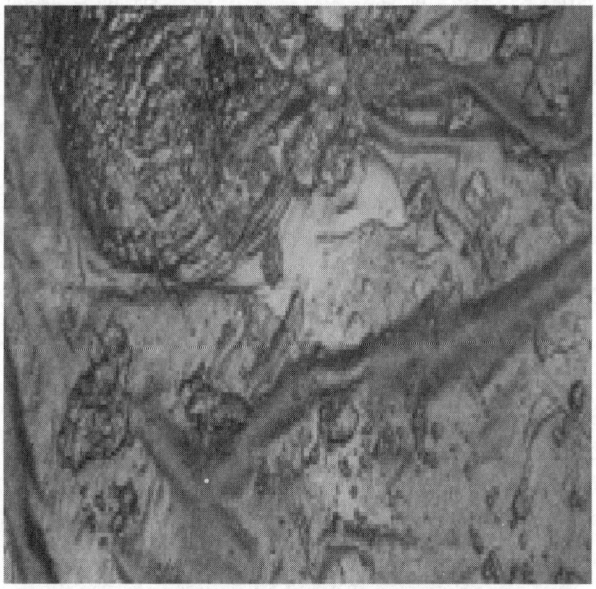

图2　川-X井堵塞物样品

图3　堵塞物样品干燥后的固体

图4　水不溶物烘干后图

图5　酸不溶物烘干后图

3.2 解堵药剂优选及性能

根据堵塞物成分分析及溶解性实验结果，考虑气井井下管柱使用年限久，常规酸腐蚀较强，优选了化学解堵剂 HY-J，该解堵剂由有机酸、螯合剂、缓蚀剂、防膨剂以及助排剂复配而成，对碳酸盐类无机钙质等有较强的溶解、剥落及分散作用，且对管材腐蚀小。

（1）溶解性能：采用沉淀重量法，测定常温、常压下解堵剂 HY-J 不同浓度时对堵塞物样品的溶解性能，分别将 3g 左右干燥后的堵塞物样品放入 100mL 的质量分数分别为 5%、10%、15%的 HY-J 溶液中，静置 8h 后将过滤后的残余不溶物烘干称重，计算溶解情况如表 2 所示。随着 HY-J 浓度升高，对堵塞物的溶解能力增强，当浓度超过 10%后，增幅变缓，综合考虑，连续油管冲洗介质中 HY-J 用量确定为 10%。

表 2　HY-J 对堵塞物样品的溶解情况

浓度/%	堵塞物样品重量/g	不溶堵塞物样品重量/g	溶解率/%
5	3.021	0.956	68.35%
10	3.053	0.672	77.99%
15	2.986	0.584	80.44%

（2）缓蚀性能：用挂片失量法，取 3 只 250mL 广口瓶，分别加入浓度为 10%的 HY-J 溶液 200mL，在其中分别悬挂已经处理称重好的表面积为 $0.0025m^2$ 的 N80 钢片标准腐蚀试片，在 60℃恒温水浴中放置并计时。4h 后，取出试片，处理后称重，计算腐蚀速率，公式(1)为计算方法，结果如表 3 所示，编号 2 腐蚀前后钢片外观如图 6、图 7 所示。由表可知对 N80 钢片腐蚀小，平均腐蚀速率仅为 $1.88g \cdot (m^2 \cdot h)^{-1}$，能够满足行业一级要求指标，对井下管材及地面管材伤害小。

表 3　HY-J 腐蚀性能

编号	腐蚀前挂片质量/g	腐蚀后挂片质量/g	失重/g	用时/h	腐蚀速率/[$g \cdot (m^2 \cdot h)^{-1}$]
1	20.9405	20.9218	0.0187	4	1.87
2	20.5304	20.5104	0.0200	4	2.00
3	21.2912	21.2736	0.0176	4	1.76
平均	20.9207	20.9019	0.0188	4	1.88

图 6　标准钢片 N80 钢片实验前

图 7　60℃实验 16 小时实验后

$$腐蚀速率=(M_1-M_2)/(S \times T) \quad (1)$$

式(1)中：M_1 为反应前钢片的质量，g；M_2 为反应后钢片的质量，g；S 为钢片的表面积，m^2；T 为反应时间，h。

（3）螯合性能：室内取一定量的解堵剂溶液，加入相应指示剂，置于60℃下，分别滴加含有 Ca^{2+}、Mg^{2+}、Fe^{2+}、Fe^{3+} 的标准溶液，测试解堵剂对 Ca^{2+}、Mg^{2+}、Fe^{2+}、Fe^{3+} 的螯合能力，结果如表4所示。解堵剂对 Ca^{2+} 螯合能力最强，其次为 Mg^{2}+、Fe^{2+}、Fe^{3+}。堵塞物被解堵剂溶解后，其成垢离子将以螯合物的形式溶解于溶液中。

表4 HY-J对金属离子的螯合能力

金属离子	Ca^{2+}	Mg^{2+}	Fe^{2+}	Fe^{3+}
螯合能力/(mg·L^{-1})	512	235	53	60

4 现场试验

2022年7月采用连续油管+化学解堵复合工艺对川-X井进行复产作业。入井工具串：38.1mm环压接头（0.05m）+38mm单流阀×2（0.44m）+43mm冲洗头（0.1m）=0.59m，连油下至井深740m时遇阻1吨，开泵冲洗至井深990m后出口失返，起连续油管至井口关井观察，油压由0上涨至2.8MPa后继续下放连续油管冲洗至2130m，井筒无堵塞现象，停止继续下放，起连油出井口，恢复井口后开井生产。川-X井采用复合解堵工艺成功复产，截止2023年8月累计增产503.4×10^{4}m^3，日均增产1.21×10^{4}m^3，复产后生产曲线如图8所示，从措施后的生产曲线可以看出，气井生产平稳，井口油压递减正常，工艺措施效果明显。现场试验表明：

（1）连续油管解堵作业过程中冲洗顺畅，复产后长时间稳定生产，表明优选的冲洗介质对井筒堵塞物具有较好的溶解性及分散作用，将井筒堵塞物清理较为彻底。

（2）复合解堵工艺针对老井井筒复杂堵塞问题具有较好的适应性，可为类似的气井提供复产技术借鉴。

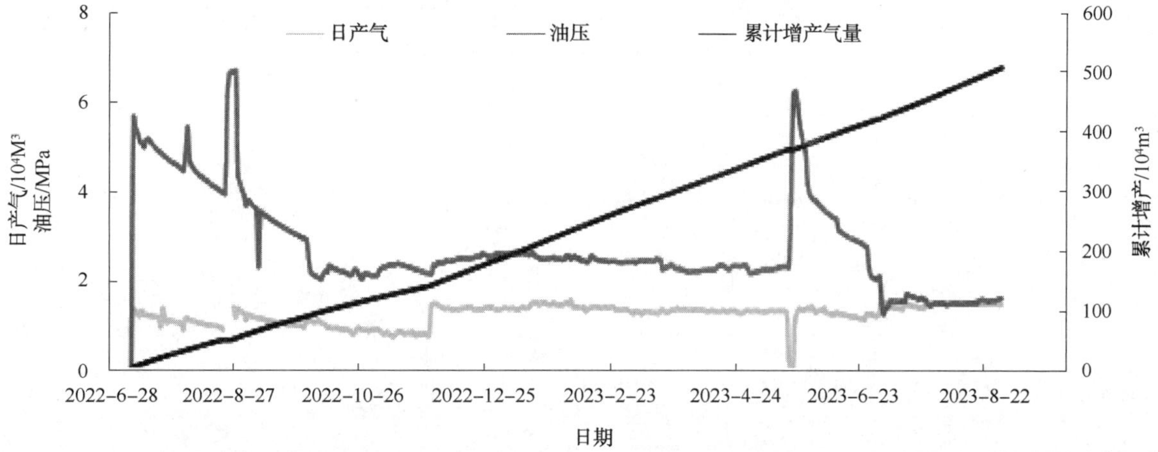

图8 川-X井复产后生产曲线

5 结论

（1）井筒堵点位置多、堵塞严重，且化学解堵技术适应性差的气井，在采用连续油管+化学解堵复合工艺解堵时需根据井筒堵塞物类型对化学解堵剂进行优选，并采用优选的解堵剂作为连续油管作业冲洗介质，通过精准实施确保气井解堵复产成功。

（2）优选的化学解堵剂HY-J对碳酸盐类无机钙质等有较强的溶解、剥落及分散作用，且对管材腐蚀小。

（3）试验井措施后日均增产1.21×10^{4}m^3，表明连续油管+化学解堵复合工艺针对老井井筒复杂堵塞问题具有较好的适应性，可为类似的井筒堵塞气井提供复产技术借鉴。

参 考 文 献

[1] 刘婵，都特，高同福，等．气井堵塞问题及解堵方法研究进展[J]．石油工业技术监督，2023，39(3)：57-61.

[2] 何竞，李展峰．J气田气井井筒堵塞物组成性质及形成机理研究[J]．石油地质与工程，2020，34(2)：101-103.

[3] 李冬宁．凝析气井筒堵塞机理及化学解堵工艺与应用前景[J]．辽宁化工，2022，51(12)：1778-1783.

[4] 孙娜娜，许晓伟，李耀，等．长庆气田天然气井井筒堵塞与解堵研究现状[J]．新型工业化，2020，10

(7)：140-143.
[5] 王孝刚，史雪枝，朱敏．深层页岩气井压后井筒堵塞解除技术——以WY23-1HF井为例[J]．油气藏评价与开发，2021，11(2)：230-234.
[6] 孙杰文，张宝瑞，刘刚，等．高压深井连续油管复合解堵工艺[J]．油气井测试，2020，29(3)：45-49.
[7] 黄永章，冯荣轩，朱礼明，等．气井冲砂冲洗解堵复产工艺优化[J]．石油化工应用，2020，39(6)：63-66.
[8] 马保源．连续油管负压解堵技术在海上油田的应用[J]．石化技术，2023，30(5)：92-94.
[9] 罗伟，林永茂，董海峰，等．元坝气田井筒堵塞物清除技术[J]．石油钻探技术，2018，46(5)：109-114.
[10] 于晓明，唐瑜，薛伟，等．连续油管钻磨冲洗解堵工艺在储气库水平井堵塞中的应用[J]．石油化工应用，2016，35(7)：54-57.
[11] 叶颉枭，张华礼，李松，等．川东石炭系低压气井解堵工艺研究与应用[J]．石油与天然气化工，2021，50(3)：71-74.
[12] 施晓雯，郝少军，李珏琦，等．尖北气田高温深井新型解堵体系研究及应用[J]．钻采工艺，2021，44(5)：106-109.
[13] 史瑞雪，王志刚，冯朋鑫，等．苏里格南区气井井筒堵塞原因分析与防治对策[J]．石油化工应用，2020，39(5)：91-96.
[14] 谭小伟．页岩气井解堵助排除垢复合技术的研究与应用——以四川威远和荣县作业区为例[J]．天然气勘探与开发，2022，45(3)：116-122.
[15] 金祥哲，吴保玉，陈怀兵．安靖区块GX排气井井筒堵塞机理及解堵研究[J]．承德石油高等专科学校学报，2021，23(3)：6-10.

渤海低渗储层改造新技术研究及应用

张　烈　葛丽珍　张俊廷　别梦君　王公昌

[中海石油(中国)有限公司天津分公司]

摘　要　随着油气勘探开发理论发展及技术进步，越来越多的低渗、特低渗油藏投入开发。辽东油区低渗储层井区油井产能低，平均日产油仅10t/d，综合分析认为，低渗储层主要受物性差、地层能量不足等因素影响，常规水驱开发方式效果差。本文以渤海油田辽东油区D油田某井区为研究对象，分析了压驱技术增产机理，建立了压驱油藏数值模型，对压驱增产机理及关键技术参数进行分析研究。研究结果表明，压驱技术能够有效补充地层能量、扩大油井动用半径，进而增加波及体积、减小渗流阻力，提高单井产能，实现井控储量采收率的提升；针对低压低渗储层，与单一压裂方案对比，压驱技术增油效果好于单一压裂，强化压裂作用效果明显。基于本文成果，完成了渤海油田首口压驱井方案研究，预计增油量2.57万吨，提高井控储量区域采收率5.1%。研究成果为渤海油田低渗储层改造提供了新方案，同时为海上低渗储层提高采收率探索了新方向，具有一定的指导和借鉴意义。

关键词　渤海油田；低渗储层；储层改造技术；压驱工艺技术；压驱增产机理

渤海主力油田经历了强化采油阶段的长期注水冲刷、三次采油阶段等多种驱替方式，目前具有采出程度高、含水高的“双高”特点。随着油气勘探开发理论发展及技术进步，越来越多的低渗、特低渗油藏投入开发。渤海砂岩低渗探明石油地质储量达到1.62亿吨，动用程度仅27.6%，2022年渤海低渗油田年产量仅占渤海油田总产量的1.0%。总体来看，低渗储层剩余储量，是今后产量接替、稳产增产的重要组成部分。

注水提高采收率被普遍认为是低渗油藏提高采收率行之有效的方式之一。在注水开发方面，超前注水、同步/异步注水、周期注水、分层注水等一系列技术被广泛应用，有效提升注水开发效果。但低渗储层剩余储量存在储层物性差、剩余油分布零散、“水注不进，油采不出”等问题突出，进一步提高采收率难度较大。因此，亟需研发能够提高低渗储层动用程度、有效动用零散剩余油的储层高效改造技术。

应用常规化学驱技术开发中低渗透储层，驱油剂注入效率低、储层动用程度差，同时化学剂黏损率高，利用效率较低。传统水力压裂能够建立高速流动通道，但地层能量补充效率低，水驱波及程度低，难以建立有效驱替系统，导致压裂增产有效期短，效果较差。针对上述问题，研究人员提出以大规模压裂为基础的“压驱”技术，矿场试验表明采用该技术开采中低渗透储层中的剩余油，效果明显优于常规化学驱与传统水力压裂技术。

为进一步提高低渗及物性差储层开发效果，本文以渤海辽东油区低渗及物性差储层为研究目标，首次尝试储层改造新技术——压驱技术，以及针对差储层储量规模较大的差储层，按照“整体规划、试验先行、先易后难、分步实施”的原则，开展大型储层改造先导试验，系统地从油藏特征、压驱压裂增产机理、储层改造可行性、选井选层等方面开展研究，为渤海油田首口压驱井方案和差储层水力压裂先导试验方案研究提供了依据。

1　低渗储量概况

渤海辽东油区主力开发层系位于东营组、沙河街组，整体以中高渗砂岩储层为主，局部区域发育低渗储层，主要位于东营组，低渗储量占比较小，但具有一定的储量规模。其中，渗透率小于50mD的储量规模约800万吨，已动用储量占比约为25%。除低渗储量外，辽东油区最大的中高渗疏松砂岩稠油油田——S油田，发育有大量高泥质含量差储层，物性相对较差，以连片分布为主、少量孤立存在的相对优质储量规模约为650万吨，其储层渗透率范围约50~300mD，已动用储量占比约为18%。通过定向井与水平井试采该类储层，开发效果不理想，常规水驱开发方式难以有效动用该类油层。

影响低渗透油藏开发效果的主要因素中，渗透率是最重要的因素，其次是地层能量驱动方式。综合上述2方面因素，选择渗透率和油藏开采后的地层压力系数2个指标，将低渗透油藏初步分为6种(表1)。

表1　低渗储层分类指标

指标	类型	分类指标值
渗透率	物性差	50~300mD
	一般低渗透	20~50mD
	特低渗透	5~20mD
	超低渗透	<5mD
油藏开采后地层压力系数	低压	压力系数小于0.8
	常压	压力系数为0.8~1.2

依据渤海辽东油区7个低渗透油藏开发单元的渗透率、油藏开采后地层压力系数，参考上述低渗透油藏分类指标并进行组合，认为辽东油区低渗储层主要是低压低渗、常压低渗、常压物性差、常压特低渗4种类型。除常压物性差这一类型外，其它类型储层共同特点是原油性质较好，采收率较低。不同特点是物性差储层动用后压力保持水平不一：一般地，泥质含量高的储层，油层与差油层间互发育，合采过程中难以动用，地层能量保持较好；另外，差油层集中发育的区域，采油井因与周边注水井距离过大，一般超过300m，长期开采后未能建立有效注采关系，衰竭开发后导致压力系数低，造成油井低产低效；当低渗透、特低渗透油藏开发后转为为低压状态时，一般为受断层遮挡的独立断块或注采受效差的区域，初期利用天然能量衰竭开发，后期地层能量无法得到补充，导致压力系数低。

2　低渗储层改造新技术研究

渤海油田D油田B13井区矿场生产资料表明，采用天然能量开发，地层压力下降较快，生产压差大，产量递减速度快，单井产能低。该井区地质油藏情况复杂，次生断层发育，遮挡作用强，注水受效差，同时井区存在地层渗透率低、孔隙度小等问题，传统的注水开发难以实现此类油藏的有效开发。因此，针对该类油藏提出了运用压驱技术改造储层的开发方式。

2.1　压驱技术增产机理

压驱技术，通过“驱油+压裂”相结合的手段，以低黏度化学剂作为压裂液，借助水力压裂将大量化学剂推进至裂缝沿程上下储层深部并焖井一段时间，快速补充地层能量、提高孔隙压力，大幅增加化学剂与地层的接触面积，驱动零散剩余油富集、沟通微裂缝、渗析驱替剩余油，起到强化压裂效果的作用。该技术主要适用于注采不完善、注采受效差及欠压储层(图1)。

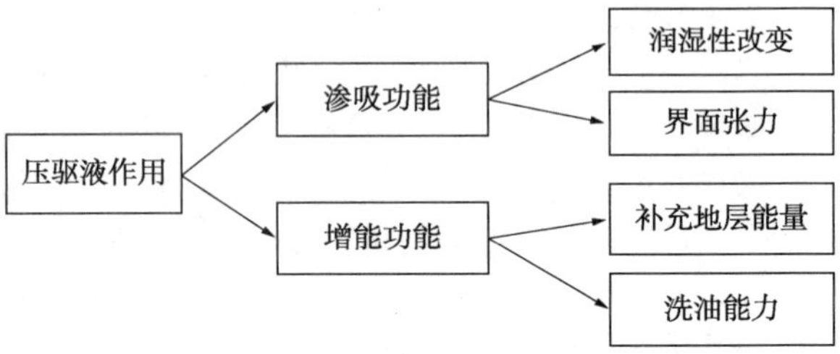

图1　压驱液作用机理

压驱工艺技术提高采收率的增产机理包括：(1)大幅增加波及体积；(2)储层平均孔喉尺寸变大；(3)润湿性发生改变、渗析置换。增产机理具体为：在压裂之前通过多次向地层中注入压驱液，通过焖井方式达到压驱液在地层扩散洗油、恢复地层压力的目的，随后开展压裂施工，可大幅度提高压裂的波及体积。相关学者研究发现，由电镜扫描及压汞测试结果得知，驱替液在高压差下向基质中渗滤后，平均孔隙半径变大，渗流阻力减小，渗流能力增加；润湿性及相渗曲线测试得出，压驱后润湿性由亲油转变为弱亲水，相渗曲线等渗点右移，残余油饱和度降低7.5%，注入压驱液可置换出孔隙中的剩余油。

2.2　压驱关键技术参数研究

2.2.1　油藏模型

本文以D油田B13井区为研究对象，采用CMG油藏模拟器建立了一个三维均质压驱油藏数值模型以对压驱增产机理及关键技术参数进行优化研究。该油藏数值模型长、宽、高分别为300m×300m×30m。油层顶部深度为2100m，油层厚度为30m。压驱液的注入量和焖井时间是压驱有效性的关键技术参数，在目标区块压驱先导试验过程中，压驱液初始注入量借鉴国内压驱工艺较成熟的大庆油田的计算方法，取值范围在0.2~0.3PV。数值模型中所使用的油藏参数见表2。

表 2　油藏模型基础参数

参数	数值
油藏初始压力/MPa	19.5
油藏温度/℃	80
孔隙度	0.2
渗透率/mD	20
模型尺寸/m	600×600×30
厚度/m	30
深度/m	2100

2.2.2　压驱液注入量优化设计

随着油田开发进行，地层压力逐渐下降，是一个能量消耗的过程。注水补充地层能量和确保油田高产稳产最重要的措施之一，合理的注水量保障了油田开发所必须的地层压力，从而为采油井提供驱油动力。压驱液是一种低黏度化学剂，既能够补充地层能量，又能改变储层润湿性，产生渗吸置换，起到一定的洗油作用。本文设计了6组模拟方案，并基于相同的工作制度(注入5天焖井5天)模拟生产一年，以累产油量作为目标函数，对压驱液注入量进行优化研究。具体的压驱液注入量方案设计见表3、图2。

表 3　模拟方案

方案	方案一	方案二	方案三	方案四	方案五	方案六
注入量/m^3	0	3000	5000	7000	9000	10000

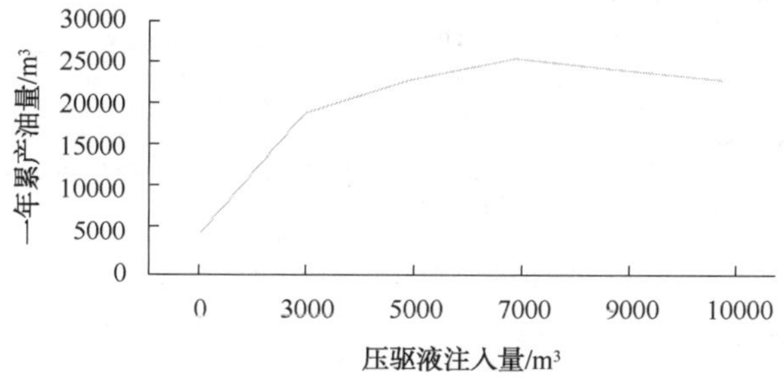

图 2　不同压驱液注入量累计产油量

从各方案模拟结果来看，方案一中，地层未注入压驱液，地层压力明显不足，增油量较低，说明单一压裂因无法有效补充地层能量，储层改造后生产效果不理想(图3)。方案二至六中，随着注入量的增加，增油量先大幅增加后小幅降低，主要原因是压驱液增加，地层能量得到补充，可保证油井大压差生产；当压驱液注入量达到一定值后，地层中驱替液较多，压裂后油井含水上升快，易造成水窜。因此，压驱液注入量能够满足地层能量需求即可，无需注入大量的驱替介质。

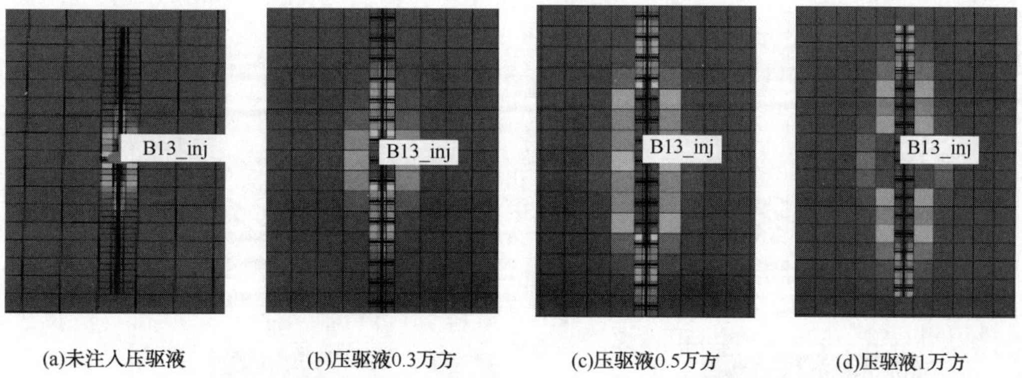

图 3　不同压驱液注入量下压力场分布图

3　应用实例

根据渤海辽东油区低渗储层精细分类，选取低压低渗储层这一典型油藏单元开展储层改造新技术试验方案研究。文中以D油田B13井为研究目标，系统开展该井压驱方案研究。

3.1　目标区概况

B13井开发层位为东三段Ⅰ油组，储层为辫状河三角洲沉积，为独立断块，射开油层厚度29.7m，平均渗透率22.8mD，地层原油黏度0.5mPa·s，探明原油地质储量50.9×10^4t，储层物性较差。B13井于2022年1月投产，衰竭开发，初期日产油 15m³，目前地层压力系数为 0.6，日产液 9.2m³，日产油 9.0m³，含水 2.4%，生产压差 11MPa，生产压差较大，主要是因为物性差导致产能低，常规开发效果较差。为进一步改善该井开发效果，选取该井开展压驱试验，实施储层改造、补充地层能量，提高该井开发效果。

3.2 压驱参数优化研究

根据压驱工艺技术原理，系统开展了 B13 井压驱关键技术参数研究，主要围绕压驱后裂缝延伸方向、压驱井选层分析、压驱井参数优化等方面开展。基于研究成果，并结合 B13 井区地质油藏特征，通过系统研究，最终压驱合理参数：1)类比渤海油田最大水平主应力方位主要为北偏东 75～90°，平行于断层，预测压后裂缝延此方向延伸。2)充分考虑主力层位、压裂后见水风险及经济性等因素，B13 井主要改造主力层位为第二、三防砂段，整个压裂段跨度为 62.1m，其中储层厚度为 52.5m(图 4)。3)压驱工艺参数包括压裂参数和压驱液参数，主要优化方法有数模法、类比法。本文利用数模法开展参数优化研究，根据地层压力恢复水平、累积产油量等影响因素，最终确定 B13 井裂缝半长 110m、导流能力 50D·cm，压驱液注入量 0.60～0.90×10⁴m³，焖井时间 8～12d。

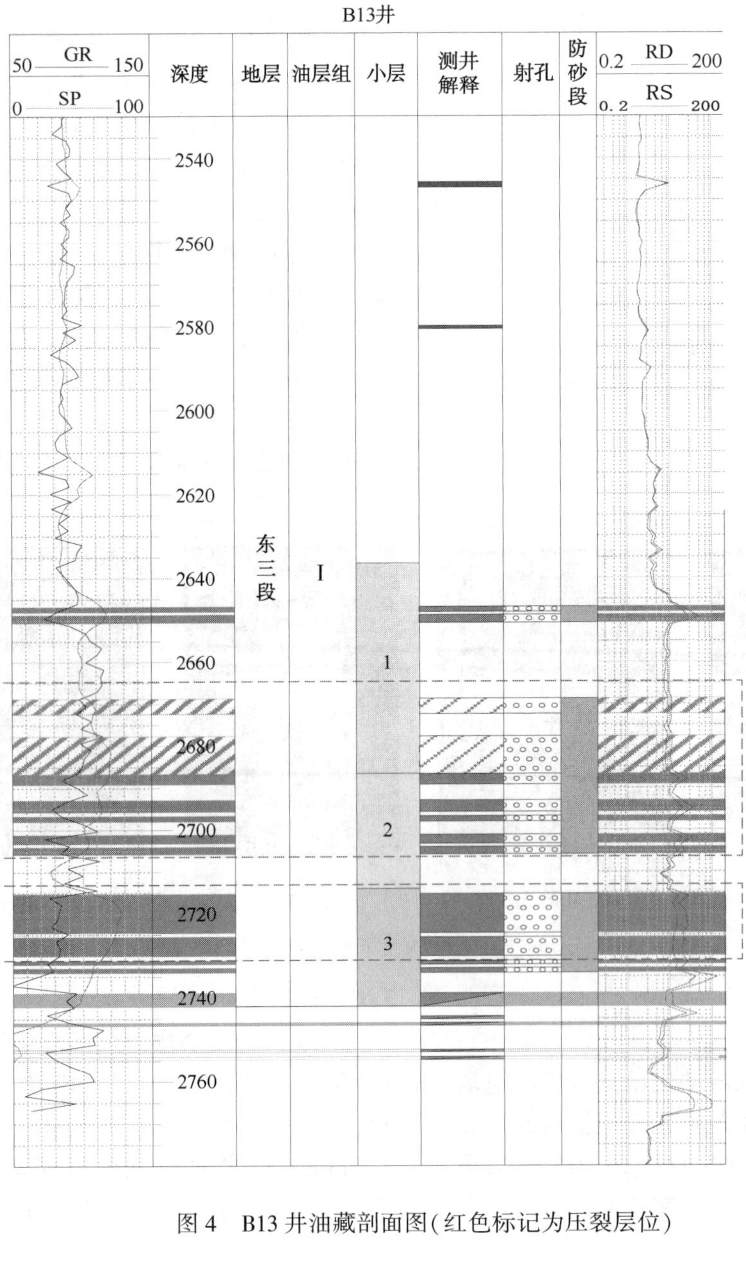

图 4　B13 井油藏剖面图(红色标记为压裂层位)

3.3 压驱方案指标预测

根据压驱参数最优组合，利用类比法和数模法分别开展初期产能和指标预测，预测压驱后产能为26~30t/d，比措施前提高14~18t/d，最终预测累增油为2.57×10^4t，预计提高井控储量采收率5.1%。

4 结论与认识

（1）针对低渗透油藏地层能量不足、单井产能低等问题，压驱工艺技术既能有效补充地层能量，又能改善储层物性，促使地层内流体流动能力增强，起到强化压裂作用，提高采收率效果明显。

（2）基于油藏数值模型就压驱液的注入量进行敏感性分析，结果表明，压驱液起到了强化压裂作用，比单一压裂效果好；另外，在压驱液能够满足地层能量需求时，增油效果最好，注入量过大易导致水窜，影响压驱效果。

（3）基于文中研究成果，完成了渤海油田首口压驱井方案研究，预计增油量2.57万吨，提高井控储量区域采收率5.1%。实践后可进一步指导压驱技术在渤海相似低渗储层推广应用，具有一定的指导和借鉴意义。

参 考 文 献

[1] 车起君，蒋远征，周小英，等．长庆特低渗透油藏超前注水开发规律研究[J]．石油化工应用，2016，35(8)：28-31.

[2] 刘剑，刘月田，梁武全，等．碳酸盐岩潜山裂缝性油藏异步注采研究[J]．科学技术与工程，2013，13(36)：10811-10816.

[3] 白瑞婷，王波，吴亮，等．超前注水技术在低渗透油田中的应用研究[J]．石油化工应用，2010，29(1)：17-18+24.

[4] 姜瑞忠，卫喜辉，王世朝，等．考虑毛管滞后的周期注水作用机理数值模拟[J]．油气地质与采收率，2013，20(4)：49-52+114.

[5] 刘合，郑立臣，杨清海，等．分层采油技术的发展历程和展望[J]．石油勘探与开发，2020，47(5)：1027-1038.

[6] He Y, Chai Z, Huang J, et al. Simulation of Inter-Fracture Injection and Production in Tight Reservoirs Based on Compartmental Embedded Discrete Fracture Model[C]. SPE Reservoir Simulation Conference. One Petro, 2019.

[7] Feng H. Feasibility Study on Reservoir Layered Injection in Sabei Development Zone [C]. IOP Conference Series: Earth and Environmental Science. IOP Publishing, 2020, 558(2): 022074.

[8] 何金钢，王洪卫．三类油层压裂驱油技术设计及效果研究[J]．西南石油大学学报(自然科学版)，2018，40(5)：95-104.

[9] 何金钢，袁琳．聚驱后聚表剂“调驱堵压”调整技术研究[J]．西南石油大学学报(自然科学版)，2021，43(3)：165-174.

[10] 马玉娟．大庆长垣油田三类油层压裂驱油提高采收率技术及其应用[J]．大庆石油地质与开发，2021，40(2)：103-109.

[11] 卢祥国，曹豹，谢坤，等．基于压裂液滤失驱油作用的油井压裂方法及实践效果[J]．油田化学，2020，37(4)：635-641.

[12] 袁士义，王强．中国油田开发主体技术新进展与展望[J]．石油勘探与开发，2018，45(4)：657-668.

[13] 吴凡，侯吉瑞，汪志明，等．三元复合驱靶向输送提高采收率技术[J]．石油勘探与开发，2018，45(2)：305-311.

[14] 赵春艳，赵廷峰．低渗透油藏整体压裂井裂缝参数优化研究[J]．油气藏评价与开发，2017，7(5)：50-53.

[15] 朱维耀，鞠岩，赵明，等．低渗透裂缝性砂岩油藏多孔介质渗吸机理研究[J]．石油学报，2002(6)：56-59

[16] 范白涛，陈峥嵘，姜浒，等．中国海油非常规和海上低渗储层压裂技术现状与展望[J]．中国海上油气，2021，33(4)：112-119.

页岩油水平井冲砂解堵作业技术研究与应用

陈小顺[1,2]　任　勇[1,2]　罗有刚[1,2]　何　华[1,2]　蒙　鑫[1,2]　刘环宇[3]　张耀辉[3]　田伟东[3]

(1. 长庆油田油气工艺研究院；2. 低渗透油气田勘探开发国家工程实验室；3. 长庆油田页岩油开发分公司)

摘　要　页岩油储层具有渗透率低、渗流阻力大、连通性差等特点，开发难度大，需要对储层进行压裂改造。随着油田水平井分段压裂技术的发展，储层改造越来越充分，成为页岩油效益开发的利器。但是，由于压裂阶段加砂强度的不断增加，投产后的出砂问题逐渐突显，部分井在放喷和生产过程中出砂结垢严重，造成井筒及近井地层堵塞，严重影响油井正常生产。针对前期单一冲砂井筒清理技术存在效率低、遇阻严重、产能恢复效果不佳等问题，试验了酸浸解阻技术，并研发了冲磨一体化工具，有效减少了冲砂遇阻频繁更换钻具的问题。同时，依据"井筒冲砂除垢，近井地层解堵"的治理思路，开展了"冲砂+酸化解堵"联作技术试验，显著发挥了油井潜能。

关键词　页岩油；水平井；出砂结垢；冲砂；酸化解堵

水平井大规模体积压裂改造技术使实现页岩油有效开发的主要技术手段，随着水平井应用规模的不断增加和储层改造规模的不断加大，水平井的出砂问题逐渐突显，部分井出砂后在孔眼附近堆积、板结，井筒出现砂垢胶结的现象，加之低压储层漏失等因素的影响，给井筒冲砂除垢作业带来较大困难。针对水平井冲砂存在的问题，先后研究开展了连续油管冲砂技术、油管连续循环冲砂技术试验，配套低浓度冲砂液体，在一定程度上解决了部分冲砂难题。但是，对于水平井井筒砂垢胶结的高效处理还缺乏较好的解决办法。为此，进一步开展了冲砂酸浸一体化技术及冲砂钻磨一体化技术研究试验。同时，为充分发挥油井潜力，提出了"井筒冲砂除垢，近井地层解堵"的治理思路，开展了水平井精细分段酸化解堵技术试验，形成了"冲砂+酸化解堵"联作技术，取得了较好的效果。

1 页岩油水平井出砂结垢现状

1.1　水平井井筒出砂情况

按照长庆页岩油水平井压后作业工序，井筒出砂总体可以划分为压后放喷出砂、排液阶段出砂与生产过程出砂三个阶段。对于同一口井，随着液体的排出，地层能量逐渐衰竭，出砂概率亦逐步减少。

在压后放喷阶段，由于水力压裂后主裂缝内能量高，裂缝闭合不彻底或处于临界闭合状态，当支撑剂集中于井筒附近时，裂缝持砂能力较弱，易出砂。在不同类型油藏、不同井型、不同压裂工艺均有出砂，大都采用控制放喷强制裂缝闭合。该阶段出砂属普遍现象，页岩油水平井单段平均返砂量与其他油藏、工艺相当，但 5½″井筒内绝对返砂量偏高，单井返砂量 20~30m^3，且存在边冲砂边吐砂的现象。

排液阶段在井筒清洁完成后，通常井口仍有 0.5~3MPa 余压，若排液速度过大或频繁开关井，将导致裂缝内压降过大或压力波动过快，可能造成油井二次吐砂，严重投产后初期产量。例如，华 HX 平台井筒清洁后自 2021 年 1 月份开始放喷生产，因生产不连续，放喷量未合理控制，造成部分井二次吐砂较多，严重影响油井产量，全平台共 20 口页岩油水平井，有 12 口井在 2021 年开展冲砂措施，单井冲出砂量高达 15~20m^3。

在生产阶段，随着油井投产时间的加长，地层能量逐渐降低，液面逐渐下降，出砂量不断减少。分投产年度统计 2020~2022 年的 152 口页岩油冲砂水平井，随着投产时间的加长，平均出砂量大致呈下降趋势。不同年度投产水平井平均返砂量为 4~7m^3(表 1)。

表 1　2020~2022 年页岩油冲砂水平井出砂统计表

投产年度	冲砂井/口	最小出砂量/m^3	最大出砂量/m^3	平均出砂量/m^3
2011~2014 年	11	0.2	13	4.0
2018 年	8	1	7	3.8
2019 年	26	0.1	14	4.5
2020 年	35	0.1	17	5.3
2021 年	62	0.2	23	6.9
2022 年	10	0.4	14.7	4.7
总计	152	0.1	23	5.6

1.2　水平井结垢情况

通过跟踪统计 2021 年的 59 口页岩油冲砂水平井，历年开发水平井均存在砂垢胶结现象。随着投产时间的增加，砂垢胶结块的尺寸增大、致密性增强，且结垢产物的含量明显增多。从砂垢胶结块样品的 XRD 分析结果来看：生产时间在两年以内的井结垢成分以 $FeCO_3$ 为主，生产时间在三年及以上的井结垢成分以 $CaCO_3$ 为主。总体来说，结垢产物主要成分为 $FeCO_3$、$CaCO_3$ 等(表 2)。

表 2　水平井砂垢胶结随生产年限变化情况统计表

投产年度	支撑剂类型	生产时间	板结情况	
			砂垢胶结块大小	垢型(占比)
2011~2012	陶粒	10 年		$CaCO_3$(81.9%)
2013~2014	石英砂	8 年		Fe_2O_3(13.4%)、$CaCO_3$(20.3%)
2019~2020	石英砂	2 年		Fe_2CO_3(44.7%)
2021	石英砂	0.5 年	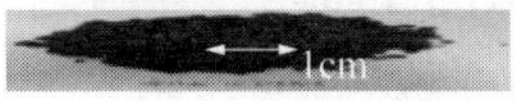	$FeCO_3$(5.7%)

2　水平井冲砂作业技术

水平井由于其井身结构的特殊性，地层出砂更容易进人井筒，且相对直井在冲砂洗井作业过程中砂粒上返出井更为困难。而长庆页岩油水平井出砂量相对较大，且部分井伴随着循环漏失和砂垢胶结现象，单纯采用传统的“工具油管+斜尖”的反循环冲砂工艺处理遇阻频繁，处理难度较大，为此，长庆油田先后开展了油管连续循环冲砂、冲砂酸浸一体化、冲砂钻磨一体化提速措施，在一定程度上提高了井筒处理效率。

2.1　油管连续循环冲砂技术

2.1.1　技术原理

“常规工具油管+斜尖”工艺应用普遍，由于其接单根下钻过程中需要停泵，停泵接单根不仅延长了冲砂作业时间，而且在停泵期间被冲起的砂子可能会再次沉降。针对投产时间短、地层能量充足、未结垢或轻微结垢的水平井，为了提高作业效率，降低砂卡风险，以“常规油管接单根不停泵”为目标，研制形成了油管连续循环冲砂工艺。

2.1.2　关键配套工具

配套工具包括地面、井口、井下三部分，井口部分由控制阀组和 4 条管线组成，通过在地面开关阀门控制井液循环方向；井口部分由换向器、工作筒、井口四通、高压自封组成，更换器连通油套管，工作筒是油套管之间桥接管，井口四通悬挂工作筒及密封作用，高压自封密封井口。

(1) 地面部分

由控制阀组和 4 条水龙带组成，控制阀组由 4 个阀门和 4 个四通交替首尾环形连接，连泵车和大罐的管线必须是对角连接，井口油管和套管口分别连接其它两个口，对向阀门要同时开关实现循环，换流向时，先开后关，先开两个关闭的阀门，再关两个打开的阀门(图 1)。

图1　控制阀组

（2）井口部分

由换向器、工作筒、井口四通、高压自封组成。在套管头上装250型井口四通，11米工作筒下入井内，工作筒上部有悬挂器，悬挂器正好卡在井口四通上，悬挂器侧有密封圈，密封上下；高压自封装在四通的法兰上；在每根油管节箍端装1个换向器。下入时，吊卡卡在换向器上部，并带起1根油管，上扣后直接下放管柱，油管和换向器通过高压自封胶筒，胶筒密封井内井液，使井液只能从自封侧口进出(图2~图4)。

图2　换向器图

图3　高压自封

图4　工作筒

（3）井下部分

滤砂斜尖用于过滤大颗粒，防止堵塞循环通道(图5)。

图5　滤砂斜尖

2.1.3　现场应用

该工艺在页岩油长水平井冲砂措施中应用5口井，提升了起下单根的作业效率，施工周期缩短了1.1天。现场应用中，单趟管柱最大冲砂进尺1447.5m。与常规冲砂相比，平均冲砂占井周期由10.1天下降到9.0天，平均单趟冲砂钻进尺由591.41m提升至701.64m(图6、表3)。

图6　常规油管连续循环冲砂工艺施工现场

表3 连续循环冲砂工艺现场应用情况

井号	井筒处理作业参数		
	起下管柱趟数	占井周期/d	单趟管柱冲砂进尺/m
试验1井	1	7.5	1447.47
试验2井	3	17.5	500.98
试验3井	1	5	504.21
试验4井	2	8	588.82
试验5井	1	7	1274.86
平均	1.6	9.0	701.64
常规冲砂平均数据	2.2	10.1	591.41

2.2 冲砂酸浸一体化技术

2.2.1 技术原理

针对冲砂频繁遇阻、作业效率低的水平井，集成应用“斜尖冲砂+酸浸”的“组合拳”工艺，当冲砂遇阻无进尺时，注入5~10m^3的酸液，利用酸液与垢发生化学反应解阻，简化了现场作业工序，避免起冲砂钻下磨钻处理的程序，提高了作业效率。

2.2.2 现场应用

2022年，该工艺在页岩油长水平井冲砂措施中累计应用40口井，其中34口井效果显著，冲砂作业周期由19.2天缩短至14.9天。随着油井生产时间的延长，井筒内结垢的主要成分发生变化，该工艺主要适合于投产年限在3年内、垢型以$CaCO_3$、$FeCO_3$为主的水平井作业(图7)。

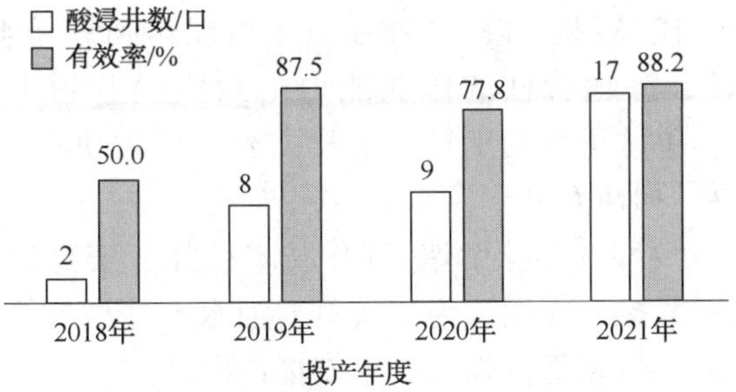

图7 “冲砂+酸浸”作业有效率与投产时间关系

2.3 冲砂钻磨一体化技术

2.3.1 技术原理

由于部分垢型与酸液反应缓慢，酸浸效果有限，为了提高结垢严重、酸浸无效、起钻频繁的作业井施工效率，采用“下钻正常时采用反循环冲砂，冲砂遇阻无进尺后正循环钻磨除砂”的方式实现“冲砂+钻磨”一趟钻，减少起下钻趟数，提高作业效率(图8)。

2.3.2 关键配套工具

研发了冲砂钻磨一体化工具，具备“反循环冲砂，正循环钻磨”的功能(图9)。

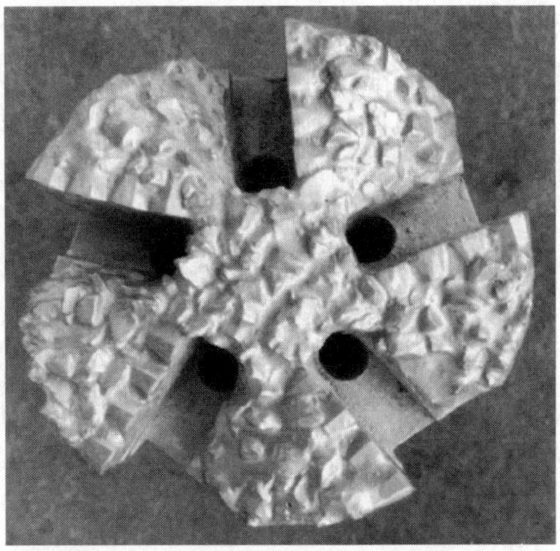

图8 冲砂钻磨一体化工具钻头

图9 冲砂钻磨一体化工具实物图

2.3.3　现场应用

该工艺在页岩油长水平井冲砂措施中应用5口井，3口井实现一趟钻冲砂清垢作业。与常规钻磨作业相比，起下管柱趟数由3.1趟下降至1.6趟(图10、表4)。

图10　现场井筒处理返出物

表4　砂钻磨一体化管柱现场应用情况

井号	井筒处理参数	
	起下管柱趟数	单趟管柱钻磨进尺/m
试验1井	1	892.04
试验2井	2	1327.02
试验3井	1	400.67
试验4井	3	500.98
试验5井	1	504.21
平均	1.6	724.98

3　水平井酸化解堵作业技术

针对前期部分水平井单一冲砂井筒清理后产能恢复效果不佳，结合冲砂遇阻及井筒结垢状况，提出了“井筒冲砂除垢，近井地层解堵”的治理思路，配套酸化解堵措施。先后开展了笼统酸化、双封单卡拖动分段酸化、多级滑套不动管柱分段酸化和等提效措施，有效恢复了油井产能。

3.1　笼统酸化解堵技术

笼统酸化解堵技术工艺简单，“工具油管+斜尖”完成井筒冲砂后，直接将施工管柱上提至水平井入窗点附近，关闭套管闸门，由油管向井内注入酸液进行解堵，施工速度快。但存在酸液易进入优势孔段的弊端，导致堵塞孔段解堵不充分。

3.2　分段酸化解堵技术

3.2.1　双封单卡拖动分段酸化解堵技术

为实现机动、灵活双封单卡拖动分段酸化解堵，借鉴双封单卡重复压工艺管柱，去掉安全接头、水力锚等辅助工具，形成的管柱组合主体为：单流阀+K344封隔器+节流喷酸器+工具油管+K344封隔器，配套封隔器最大外径为112mm，具有很好的通过性，可多次重复坐封解封，降低了拖动卡阻风险，同时管柱整体费用较低。

3.2.2　多级滑套不动管柱分段酸化解堵技术

由于双封单卡拖动分段酸化每完成一段酸化作业需要关井反应，等停时间较长。为进一步提高措施效率，配套研发了多级滑套连续酸化管柱。管柱组合为：底阀+1号滑套座+K344封隔器+1号节流喷酸器(带滑套)+工具油管+2号滑套座+K344封隔器+2号节流喷酸器(带滑套)+……+工具油管+K344封隔器。该管柱可实现任意分段酸化，段数可根据需要进行调节，但为了管柱安全一般控制在六段以内。

3.2.3　精细分段酸化解堵技术

现场试验结果表明，目前多级滑套不动管柱分段酸化解堵技术一趟管柱安全作业能力在六段以内。针对部分水平段长、压裂改造段数多的水平井，需要进一步增加作业段数，实现精准解堵复产的新需求，创新提出了“拖动+不动”集成思路，研发了可复位喷酸封隔一体化工具、耐酸可溶球等关键工具，实现了水平井精细分段酸化工艺管柱“轻装上阵”，作业效率可以达到每天4~5段，一趟管柱的作业能力由六段提升到十三段，单井可节约工具数量及成本40%~60%。

3.3　现场应用

“冲砂+酸化解堵”联作技术已在长庆页岩油水平井推广应用，为长庆页岩油水平井高效低成本产能恢复提供强力技术支撑(图11)。

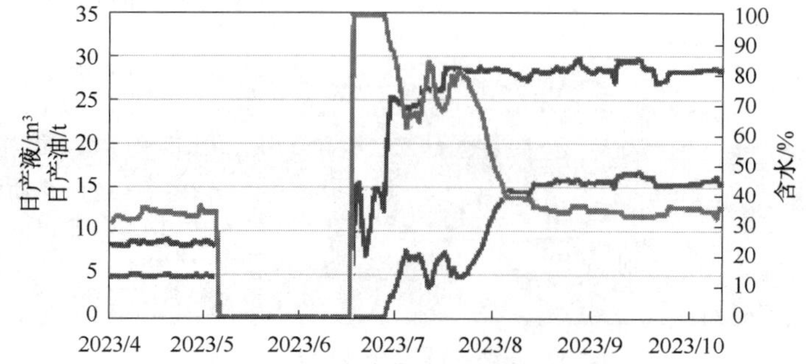

图11　XH01井精细分段酸化生产曲线

4 结论与认识

（1）页岩油长水平投产前、后的井筒清理是保证油井正常生产的必要措施，尤其是部分井出现出砂及结垢后，作业难度大大增加。

（2）针对页岩油水平出砂和结垢问题，长庆油田从作业提速和提效两方面入手，研究应用了油管连续循环冲砂、冲砂酸浸一体化及精细分段酸化解堵等工艺，产能恢复效果较好。

参考文献

[1]曲洪娜，黄中伟，李根生，等．水平井旋转射流冲砂洗井水力参数设计方法[J]．石油钻探技术，2011，39(06)：39-43.

[2] 李大建，曾亚勤，何森，等．低压地层水平井冲砂工艺创新设计[J]．石油天然气学报，2014，36(10)：166-169.

[3] 张好林，李根生，黄中伟，等．水平井冲砂洗井技术进展评述[J]．石油机械，2014，42(3)：92-96.

[4] 王尚卫．水平井正反水力连续循环作业装置的研制[J]．石油机械，2016，4(6)：4.

[5] 赵展云，白仲岗，段喜鸿，等，新型水力喷射解堵技术在油田中的应用[J]．中国新技术新产品，2011(14)：1

[6] 郭富凤，赵立强，刘平礼，等．水平井酸化工艺技术综述[J]．断块油气田，2008，15(1)：4.

低渗透碱敏储层压裂液体系研究及应用

王延平　肖　兵　邱　伟　李　佩　杨　超　董永刚　赵　贤

（中石化中原石油工程公司井下特种作业公司）

摘　要　针对低渗透油气藏、碱敏储层或者酸性工况的压裂改造，常规碱性植物胶压裂液会导致黏土矿物水化膨胀、分散运移，对储层产生不可逆转的伤害的难题，通过优选酸性植物胶稠化剂，研制酸性交联剂，配套酸性调节剂、浓缩表活剂等添加剂，研发一套耐温达150℃的弱酸性植物胶压裂液体系，同时进行了该体系性能评价。结果表明：在pH值3~6下、交联时间30~300s可控；在150℃、170s^{-1}条件下，连续剪切100min，黏度>150mPa·s；与常规羟丙基胍胶相比，残渣可降低40%以上；对砂岩储层渗透率的伤害率为13.45%。此体系成功应用7口井，其中P7-140井压后日产液5.5m^3，日产油4.0m^3，累产油464.5m^3，应用效果良好。

关键词　酸性植物胶；压裂液；交联剂；破胶；应用

随着能源需求的不断增加，低渗透、碱敏储层日趋增多，此类储层黏土矿物含量高，易发生黏土膨胀运移而堵塞孔喉，并且液体易滞留地层造成伤害甚至水锁，要获得较高开发价值，需采取合适压裂液体系进行压裂改造。然而，常规碱性压裂液体系存在三方面不足：①羟丙基胍胶稠化剂结构特性只能碱性条件下交联，pH值高，储层内黏土矿物易膨胀，与地层离子相遇易存在潜在伤害；②配套的部分添加剂与地层岩石易发生吸附，引起岩石润湿性转变和影响添加剂性能；③稠化剂水不溶物一般在7%左右，导致残渣含量高，容易对裂缝的充填层堵塞，造成二次伤害。与碱性压裂液体系相比，酸性压裂液体系具有可抑制黏土膨胀、残渣含量低伤害小，与碱敏储层配伍性好等优势，成为此类储层开发研究的热点，而目前酸性压裂液耐温性能在120℃以内，不能满足高温储层压裂；并且交联可控性差，导致管路摩阻高，施工压力大。为此，本文优选了水不溶物低、耐温好的双改性的羧甲基羟丙基胍胶稠化剂、开发了与之交联的有机铝锆交联剂，并配套酸性调节剂、表活剂等添加剂，形成150℃酸性植物胶压裂液体系，并成功应用于现场。

1　酸性植物胶压裂液体系研究

1.1　稠化剂优选

参照标准Q/SH CG0064—2021《压裂用瓜尔胶技术要求》，综合考虑黏度、水不溶物、交联性能和耐温能力等指标，室内测试了羟丙基胍胶（HPG）、羧甲基胍胶（CMG）和羧甲基羟丙基胍胶（CMHPG）9个样品，结果见表1。由表可知，1#CMHPG黏度82.5mPa·s，水不溶物3.47%，常温可交联，150℃黏度降低率46.7%，优于其它产品，作为酸性植物胶压裂液稠化剂。

表1　稠化剂的常规性能对比表

稠化剂		含水率/%	水不溶物/%	常温黏度/mPa·s	水溶速率/s	交联性能（常温和70℃）		150℃黏度降低率/%
HPG		8.52	6.95	72	//	酸性不交联	//	//
CMG		8.77	4.16	75	40	2′交联可挑	//	67.5
CMHPG	1#	9.56	3.47	82.5	35	1′30″交联可挑	//	46.3
	2#	5.96	6.59	75	47	2′不交联	不交联	52.53
	3#	8.09	11.37	81	20	2′不交联，放置交联	//	86.42
	4#	5.77	1.36	78	28	2′不交联	3′交联	48.51
	5#	10.13	9.46	78	35	2′不交联	不交联	60.21
	6#	9.99	9.42	72	23	2′不交联	不交联	57.83
	7#	8.28	3.21	81	38	1′50″交联可挑	//	50.06

1.2 交联剂研制

在N_2保护下，向四颈烧瓶中加入水，室温开始升温，搅拌状态下加入12%~15%锆盐和铝盐，溶解后，加入甘油、柠檬酸、PT-6、葡萄糖酸钠等配体，一共加量不高于30%，控制加料时间5~10min，加热至80~90℃，加入8%~10%三乙醇胺，再分批加入氢氧化钠调整pH至4~5，继续加热搅拌2h，冷却后，得到有机铝锆酸性交联剂。

选取两种类型Al盐1#Al和2#Al与Zr复配，按上述过程制备交联剂，测试Zr/Al复配对交联性能和高温性能的影响，结果见表2和图1。

表2 Zr/Al复配对交联性能的影响

稠化剂 CMHPG，0.5%	交联剂，0.6%		交联性能
1#	Zr	0.6%	不交联
	Zr/1#Al	2∶1	20s 交联可挑
	Zr/1#Al	3∶2	15s 交联可挑
	Zr/1#Al	1∶1	5s 交联可挑
	Zr/2#Al	2∶1	90s 交联可挑
	Zr/2#Al	3∶2	55s 交联可调
	Zr/2#Al	1∶1	30s 交联可调

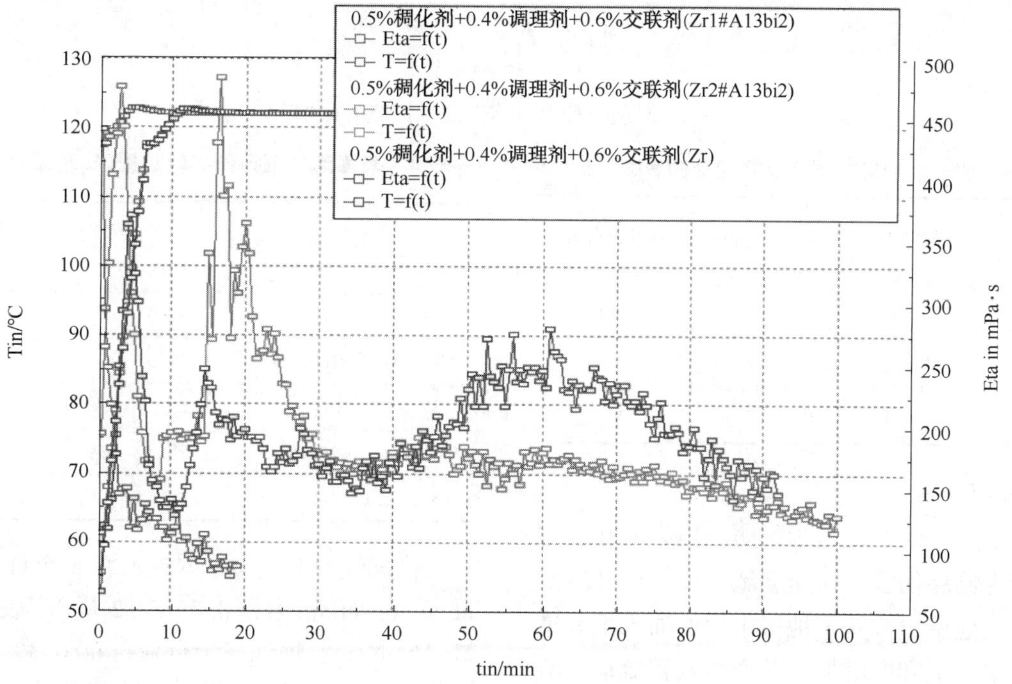

图1 Zr/Al复配对流变性能的影响

从结果可以看出，Zr与Al复配后，可实现常温交联，并且交联时间5s-90s可控。然而，Zr与1#Al复配后体系的耐温耐剪切性能较差，Zr与2#Al复配后体系，120℃、170s^{-1}连续剪切100min后黏度在100mPa·s以上，具有较好的耐温耐剪切性能。因此，本项目采用Zr与2#Al以3∶2复配制备酸性植物胶压裂液用交联剂。

1.3 酸性调节剂优选

为进一步控制常温交联时间和体系pH(3~6)，配套酸性调节剂，室内选取了有机弱酸类1#、2#、3#、4#四种pH调节剂，实验结果见图2，从结果可以看出有机弱酸2#作为调节剂耐温性能最好。

为考察酸性调节剂加量对交联性能的影响，测试2#调节剂在0.3%、0.5%和1%加量下体系的交联时间，结果见表3，从结果可以看出调节剂可进一步控制交联时间，并且当调节剂加量0.5%时，交联时间85s，比较适合100~150℃配方的应用需求。

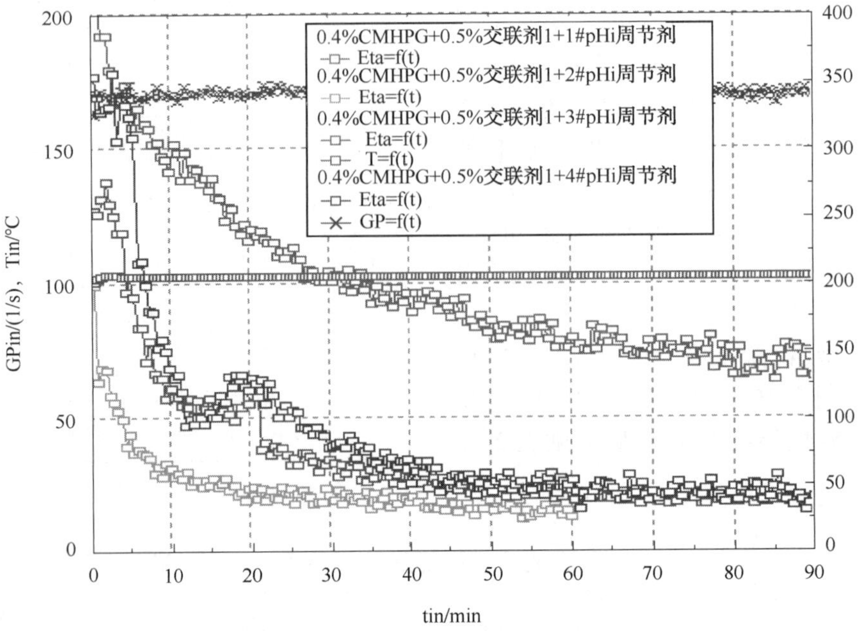

图 2　调理剂种类对体系高温性能的影响

表 3　调节剂加量对体系交联性能的影响

常温交联剂加量/%	调节剂加量/%	体系 pH	交联时间/s
0.5	0.3	5	160
0.5	0.5	4	85
0.5	1	3	15

1.4　表活剂优选

表活剂的作用主要是为了防止压裂液在地层中滞留产生储层伤害。在压裂施工中，压裂液沿缝壁渗滤入地层，改变了地层中原始油水饱和度分布，使水的饱和度增加，并产生两相流动，流动阻力加大。毛管力的作用致使压裂后返排困难和流体流动阻力增加。若压裂液返排不好或是长时间滞留于储层中，会使得储层黏土水化膨胀，堵塞孔隙和渗流通道，增加反渗析水锁量和束缚水饱和度，造成储层“水锁伤害”，从而降低有效半缝长，进而影响产量。为了减小液体在地层裂缝中流动阻力和停留时间，提高液体的返排率，必须在压裂液中加入降低液体表、界面张力的表面活性剂。

对取得的 5 个表面活性剂样品使用自动界面张力仪进行评价实验，分别测试 0.05% 和 0.1% 加量下各表活剂表面张力，结果见表 4。

表 4　表面活性剂评价实验数据(实验温度：25℃)

序号	样品名称	表面张力/(mN/m)	
		0.05%	0.1%
1	MJ	31.03	28.15
2	BH-1	29.57	27.33
3	NS-1	27.16	23.61
4	NY	28.39	26.70
5	GZ	30.12	27.56

由实验结果可知，NS-1 在 5 个样品中具有最低表面张力，0.05% 加量下表面张力 27.16mN/m，远远高于行业标准 0.3%加量下表面张力≤28mN/m 的指标，的临界胶束浓度和较高的表面活性，选择 NS-1 为酸性压裂液体系用表活剂。

1.5　黏土稳定剂的优选

常规无机盐(KCl/NaCl)作为黏土稳定剂时，压缩扩散双电层变，束缚聚合物分子的离解，导致分子间缔合和缠结。微观表现为半乳糖链上羧甲基基团未充分舒展，进而影响与金属离子的接触机会，表现为交联时间延长或强度降低。

本项目优选了一种分子量 20000 左右的聚季铵盐作为本体系用黏土稳定剂，加量 0.5%时，测试体系的防膨性能，结果见图 3，防膨率达 92%，且与体系配伍性良好。

图3 体系的防膨性能(介质依次为0.5%黏土稳定剂、油、清水)

酸性压裂液体系的H^+可将黏土分子中的钠离子置换，使黏土膨胀受到抑制，测试不同介质对体系防膨影响，结果见图4，从结果看出，pH值为5、7、9时，体系的防膨率分别是90.26%、89.74%和88.46%，说明酸性体系一定程度上可降低黏土稳定剂加量。

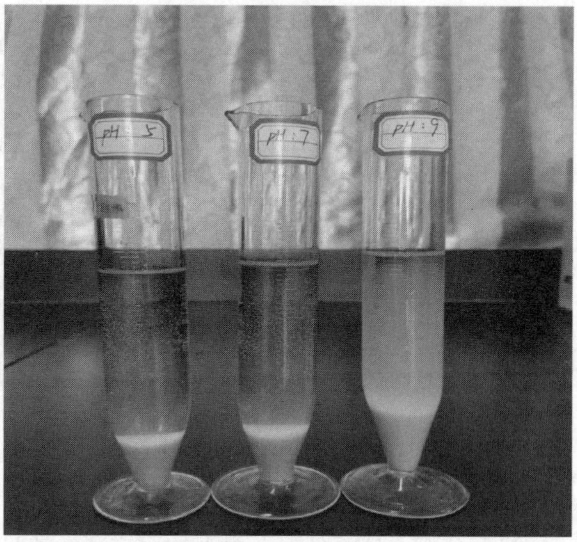

图4 不同介质对体系防膨性能的影响(pH值依次为5、7、9)

1.6 杀菌剂的优选

高效复合杀菌剂，可有效杀死多种细菌并抑制细菌再生，防止细菌降解压裂液影响压裂液的性能，同时也防止细菌产生的物质堵塞地层，而对地层造成伤害。

高效复合杀菌剂0.2%时可有效发挥作用，结果见表5，并且它可与阴离子、阳离子、非离子表活剂相容，适用的pH和温度范围宽。

表5 杀菌剂评价实验数据

0.3%CMHPG	1h，mPa·s	1d，mPa·s	2d，mPa·s	3d，mPa·s
未加杀菌剂	24	8	3	3
0.2%常规杀菌剂	24	22	16	9
0.2%高效复合杀菌剂	24	23	22	20

1.7 酸性植物胶压裂配方

根据上述实验结果，形成了三套压裂液体系配方，见表6。

表6 酸性植物胶压裂液配方

温度/℃	配　　方
100	0.38%CMHPG稠化剂+0.5%酸性交联剂+0.5%调节剂+0.05%表活剂其它
120	0.50%CMHPG稠化剂+0.5%酸性交联剂+0.5%调节剂+0.05%表活剂其它
150	0.55%CMHPG稠化剂+0.6%酸性交联剂+0.5%调理剂+0.05%表活剂其它

2 酸性植物胶压裂液体系性能评价

2.1 交联性能

在CMHPG加量0.5%，交联比0.2%~0.6%，调节剂加量0.3%和0.5%，常温和低温环境下，测试了体系交联时间和交联状态，结果见表7和图5。

表7 酸性植物胶压裂液体系交联性能

稠化剂加量/%	常温交联剂加量/%	调理剂加量/%	交联时间/s
0.5	0.2	0.3	310
	0.3	0.3	260
	0.4	0.3	195
	0.4	0.5	173
	0.5	0.5	85
	0.6	0.5	25

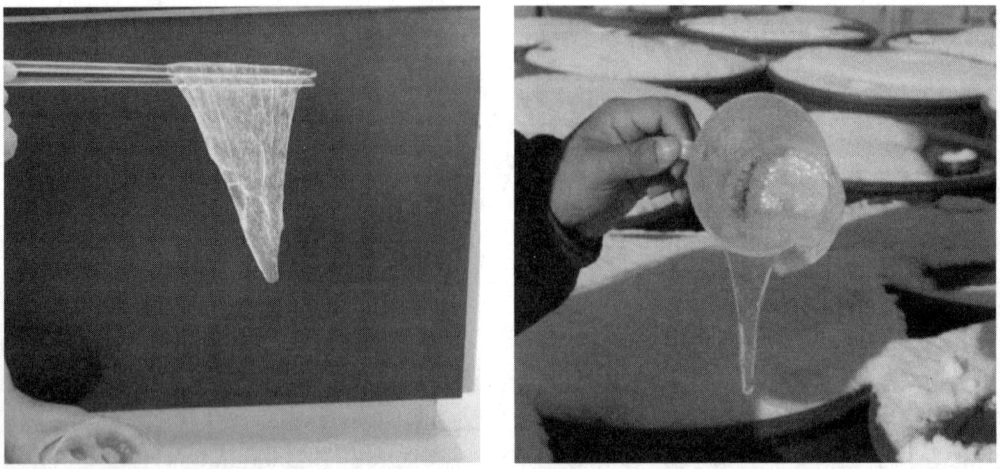

图 5　酸性植物胶压裂液体系交联状态(左：常温，右：低温)

综上分析，体系低温、常温均可交联，交联时间主要由交联剂和调理剂双参数控制，25～310s 可调，交联剂的加量占主导作用。

2.2　耐温耐剪切性能

采用高温高压 RS6000 流变仪，在剪切速率 170s^{-1}条件下分别测试 120℃和 150℃酸性压裂液体系的流变性能，结果见图 6 和图 7。由结果可知，该酸性压裂液体系在 120℃、170s^{-1}条件下连续剪切 100min 后，黏度>260mPa · s，在 150℃、170s^{-1}条件下连续剪切 100min，黏度>150mPa · s，说明该酸性植物胶体系在压裂施工中，不仅具有良好的耐温耐剪切性能，而且可满足井筒携砂性能要求和压裂改造需要。

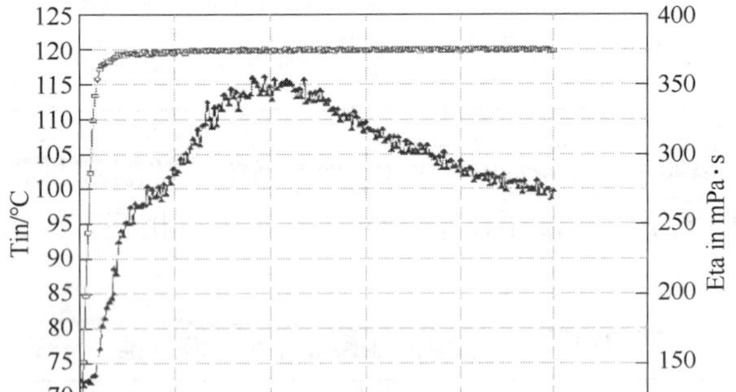

图 6　120℃酸性压裂液体系的流变性能

2.3　破胶性能

破胶剂的作用是在压裂液完成造缝和携砂，形成永久性的填砂裂缝后，使压裂液迅速破胶降黏，变成近似清水的破胶水化液从地层排出。这样就减少水化液在地层里的停留时间和残渣量，也就减少了储层及填砂裂缝渗透率损害的可能性。大量的实践已经证明，压裂液破胶水化液的黏度愈低，对地层损害愈小。水化液黏度高，将增加返排过程中残液通过裂缝孔道的阻力，降低排液速度和排液量，增加滞留时间。破胶水化液的黏度主要受破胶剂影响，在一定条件下，破胶剂浓度愈高，水化液黏度愈低。

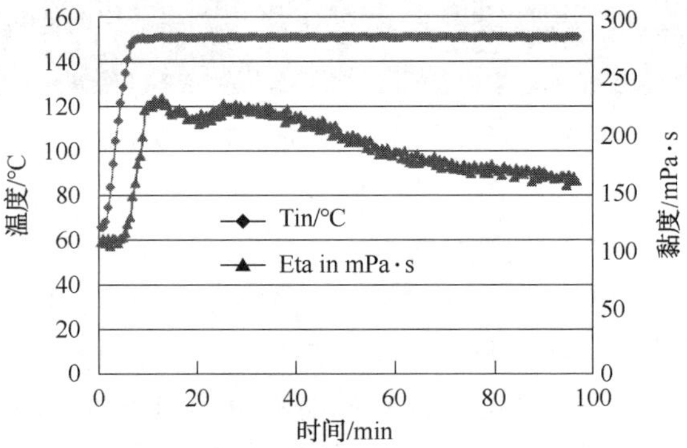

图 7　150℃酸性压裂液体系的流变性能

对比羟丙基胍胶(HPG)和 CMHPG 体系残渣含量，按照不同稠化剂加量制备冻胶，在 0.1%的 APS 加量下进行破胶性能测试，然后放置 90℃恒温水浴中 2h，冷却至室温测定其黏度，破胶液黏度<5mPa · s，对破胶液的残渣进行测定，结果见表 8 和图 8。

表 8　不同植物胶体系残渣含量对比表

稠化剂用量/%	残渣含量/(mg/L)		降低率/%
	CMHPG 酸性植物胶	羟丙基胍胶	
0.30	62	203	69.5
0.35	108	269	59.9
0.40	213	410	48.0
0.45	337	564	40.2
0.50	390	758	48.5

图 8　不同植物胶体系的残渣含量

从结果可以看出，相同使用浓度 0.5% 稠化剂加量下，常规胍胶残渣为 758mg/L，CMHPG 酸性植物胶残渣为 390mg/L，与常规 HPG 羟丙基胍胶相比，CMHPG 酸性植物胶体系破胶液的残渣含量可降低 40%以上。

2.4　伤害性能

将 150℃ 酸性压裂液配方制备破胶液，以常规砂岩岩心为基础，测试其岩心基质渗透率伤害率，试验结果见表 9。

表 9　150℃酸性压裂液伤害性能测试结果

<table>
<tr><td rowspan="3">正向区煤油</td><td>流速/(mL/min)</td><td>2</td><td rowspan="6">生产向驱煤油</td><td>流速/(mL/min)</td><td>2</td></tr>
<tr><td>压差/MPa</td><td>0.05</td><td rowspan="3">压差/MPa</td><td rowspan="3">0.06</td></tr>
<tr><td>流量/(mL/s)</td><td>0.0345</td></tr>
<tr><td rowspan="3">反向驱压裂液破胶液</td><td>流速/(mL/min)</td><td>2</td></tr>
<tr><td>压差/MPa</td><td></td><td rowspan="2">流量/mL</td><td rowspan="2">0.0358</td></tr>
<tr><td>流量/mL</td><td></td></tr>
</table>

经计算 $K_1 = 668.4591\text{mD}$，$K_2 = 578.5781\text{mD}$，岩心基质渗透率伤害率

$\eta_d = \frac{K_1 - K_2}{K_1} \times 100\% = 13.45\%$，对储层的伤害较小。

3　现场应用

2021 年 9 月，运用研制的酸性压裂液体系在中原油田 P7-140 井进行了成功应用，其中井温 118℃，共注入酸性压裂液 201.6m^3，排量 4.0~4.4m^3/min，平均砂比 23.4%，最高砂比达到 40%，降阻率达 70%，压后日产液 5.5m^3，日产油 4.0m^3，累产油 464.5m^3(图 9)。

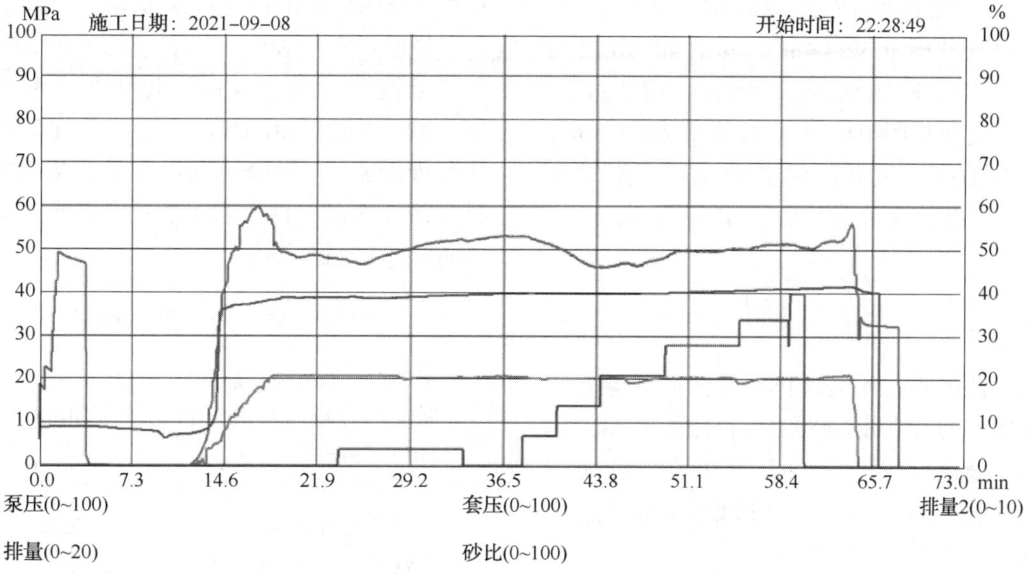

图 9　P7-140 井施工曲线

通过现场施工分析，酸性压裂液体系具有以下优势：

性能稳定：气温30℃、持续施工6h，液体黏度良好，油压波动不大。携砂性能好：中陶阶段最高砂比达到40%，油套压未出现明显上涨。降租效果好：平均油套压差约为17MPa，算得酸性压裂液摩阻水平为5.3MPa/km，低于常规胍胶压裂液摩阻6~7MPa/km。

2021年10月，运用研制的酸性压裂液体系在淮南煤层气GQ2-1井和PE2-1井进行了成功应用，酸性压裂液配方：清水+1.0% KCl+0.38%植物胶稠化剂+0.05%表活剂+0.5%酸性调节剂+0.5%酸性交联剂+复合破胶剂(图10)。

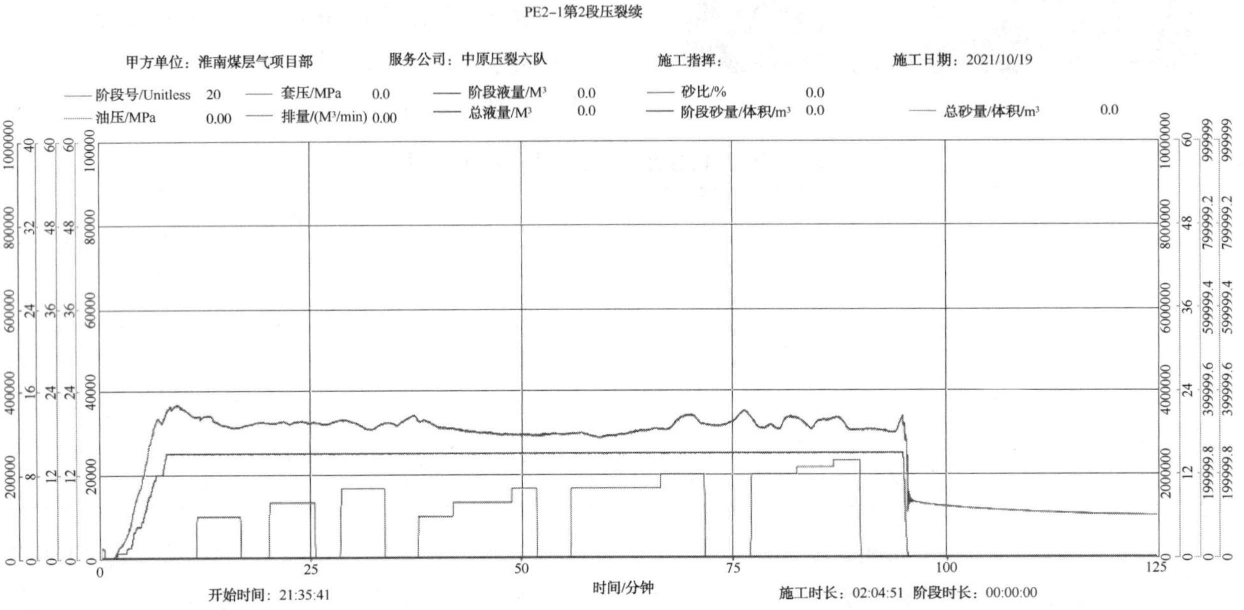

图10 PE2-1井第2段压裂曲线

其中，GQ2-1井第一段施工一般压力50MPa，施工一般排量$12m^3$/min，破裂压力50.6MPa，停泵压力19.8MPa，平均砂比：5.9%。GQ2-1井第一段施工总入井液量$2337m^3$，其中酸性活性水$1251m^3$，酸性胶液$1086m^3$，总入井砂量$52.04m^3$，其中40/70目陶粒$23.14m^3$，20/40目陶粒$28.90m^3$。PE2-1井第2段施工曲线见图10，入井总液量$2402.8m^3$，酸性胶液$1401m^3$，入井总砂量$85.6m^3$，平均砂比10.27%，最高砂比14%，实现了高砂比加砂。

4 结论

（1）酸性植物胶压裂液体系常温或低温下酸性交联可控，且耐温达150℃，pH值3~6、交联时间30~300s可控，120℃、$170s^{-1}$连续剪切100min，黏度>260mPa·s，150℃、$170s^{-1}$连续剪切100min，黏度>150mPa·s。

（2）酸性植物胶压裂液体系破胶性能好，90℃、2h可实现彻底破胶；残渣低，相同使用浓度下，与常规碱性植物胶相比，该体系破胶液的残渣含量可降低40%以上；伤害低，该体系对砂岩储层渗透率的伤害率为13.45%。

（3）该体系在中原油田P7-140井、淮南煤层气GQ2-1井和PE2-1井成功应用，其中P7-140井现场实验表明：压裂液携砂性能好，中陶阶段最高砂比达到40%；摩阻低，酸性植物胶压裂液摩阻5.3MPa/km，低于常规碱性植物胶压裂液摩阻6~7MPa/km；压后效果良好，压后日产液$5.5m^3$，日产油$4.0m^3$，累产油$464.5m^3$，具有显著的推广前景。

参考文献

[1] 张楷雨，候吉瑞，李卓静．酸性压裂液用有机锆交联剂的合成与性能评价[J]．油田化学，2021.38(01)：34-41.

[2] 贺娜．羧甲基瓜尔胶酸性压裂液在延长油田长10储层的应用研究[D]．西安：西安石油大学，2016.

[3] 郑延成，薛成，张晓梅．一种酸性压裂液用交联剂的合成及性能评价[J]．钻井液与完井液，2013，30(06)：68-70.

[4] 刘祥，沈燕宾．一种酸性压裂液研制及其性能评价[J]．应用化工．2011，40(12)：2186-2188.
[5] 张华丽，周继东，周瑜．羧甲基羟丙基胍胶压裂液的研究与应用[J]．复杂油气藏．2013，6(02)，77-80.
[6] 刘银仓，谢娟，孙春佳．羧甲基羟丙基胍胶酸性压裂液体系的制备及性能[J]．油田化学，2019，36(01)：33-37.
[7] 王贤君，张玉广，肖丹凤，等．羧甲基羟丙基胍胶水基压裂液：102134481B[P]．2013-05-22.
[8] 罗彤彤，卢亚平，潘英民．羧甲基羟丙基瓜儿胶合成工艺的研究[J]．化工时刊，2007，21(02)：26-28.
[9] 齐晶．酸性压裂液在胜利油田灰质砂岩油藏的应用[D]．北京：中国石油大学(北京)，2019.
[10] 张玉广，肖丹凤，张宗雨等．羧甲基瓜尔胶压裂液的研究与应用[J]．大庆石油地质与开发，2011，30(3)：118-121.
[11] 沈燕宾．低伤害酸性压裂液的研制及性能研究[D]．北京：中国石油大学(北京)，2019.

川东二叠系致密弱云化碳酸盐岩酸压实践与突破

李　晖　王明贵　曹学军　黄志鹏

（中石化西南石油工程有限公司）

摘　要　二叠系茅口-栖霞组是四川盆地勘探时间最早、勘探活动最活跃的层系之一。川东某区块二叠系茅口-栖霞组储层埋藏深、层系多、非均质性强，勘探开发多年未取得突破。尤其是茅口组早期被认为是一套烃源岩，勘探一度被搁置。在增产难点分析基础上，通过研究形成了多类型酸、液交替强化非均匀刻蚀，大规模/超大规模提高酸压改造体积，高应力差储层配套转向工艺为核心的深度非均匀刻蚀酸压技术。成果在19口井应用，工业气井率94.7%，压后平均测试产量$82.39\times10^4m^3/d$，助力区块二叠系茅口-栖霞组勘探开发突破，为类似弱云化储层勘探开发提供了可借鉴成功范例。

关键词　川东；弱云化；碳酸盐岩；酸压实践；突破

1　前言

四川盆地是油气资源极为丰富，碳酸盐岩储层资源量居全国首位，其产量占盆地总产量的70%左右，资源量占盆地常规油气资源总量的94.4%，是实现天然气效益勘探开发的主力层系。但勘探开发难度极大，目前整体探明率不到17%。

弱云化碳酸盐岩储层是勘探难点，川东某区块二叠系茅口-栖霞组碳酸盐岩储层岩性致密、云化程度弱、非均质性强、物性条件差，勘探开发难度极大，剩余资源量多达$3.65\times10^{12}m^3$。自上世纪50年代以来，在四川盆地弱云化碳酸盐岩领域一直没取得重大勘探突破，探明率不足6%。

因无可借鉴的弱云化成功酸压改造经验，常规酸压工艺、工作液体系适应性以及如何优化组合需要攻关研究。同时，高压超高压、含硫、大斜度、等条件下对管柱可靠性、稳定性及综合抗风险提出了很高的要求。

2　工程地质特征及酸压难点

2.1　工程地质特征

研究区二叠系重点勘探层系包括茅口组和栖霞组，岩性以灰岩为主，云化程度弱，物性总体较差（孔隙度3%±），纵向上不同类型的储层叠置发育，属于强非均质低渗、致密弱云化碳酸盐岩。

茅口组上部地层遭受不同程度的剥蚀，茅四段基本被剥蚀。茅三段为粉晶灰岩、泥晶硅质灰岩，厚30-50m左右，具有低伽玛、高电阻特征。茅二段为泥-粉晶灰岩、泥晶硅质灰岩夹粉晶灰岩，厚80~110m左右。茅一段为粉晶灰岩、粉晶泥灰岩，厚30~50~60m左右。

栖霞组岩性以灰岩为主，平均孔隙度3.1%，基质孔隙度和渗透率普遍偏低。栖二段为粉晶灰岩，厚20~60m左右。栖一段为泥-粉晶灰岩夹粉晶灰岩、硅质灰岩，厚60~100m左右。

2.2　酸压增产难点

碳酸盐岩储层在沉积过程中云化（碳酸盐岩钙镁化）会促进溶洞、溶孔、裂缝等形成，是成藏和高产重要控制因素。研究区二叠系主要目的层云化程度弱、先天条件差，气藏不受构造不受构造、圈闭完全控制，储层类型多样（孔隙型、孔隙-裂缝型、裂缝孔洞型等），孔、缝、洞组合复杂，纵横向非均匀性强，酸压突破面临诸多难题。如早期研究认为，四川盆地茅口组为一套烃源岩，忽略了其油气勘探潜力，主要采用小规模解堵酸化方式改造，酸压有效率不到64%，没达到工业开发目标，勘探一度被搁置。

3　酸压工艺优化

3.1　分段工艺选择

综合考虑以大斜度井为主的完井方式和川东二叠系茅口组、栖霞组纵向上不同类型的叠置发育特征，以保障纵向储层改造顺利实施和有效改造为目标，研究形成了2套分段工艺：

（1）逐层酸压工艺：针对需要精细分段/分层改造评价的井，通过改进胶筒、卡瓦、水力锚材质及结构等，研究形成了 APR 大斜度井分层/分段酸压工艺，现场应用坐封最大井斜 45 度，能满足直井、大斜度井逐层酸压测试评价需要，与投球、投暂堵剂等工艺配合，可满足高应力差多层有效改造及短期试采需要。

（2）分压合测工艺：通过一体化管柱优化、管柱力学校核等，研究形成封隔器+滑套一体化酸压工艺，大斜度井/水平井完井试气一体化坐封困难、管柱下入遇阻等难题，可以实现单层精细分段，多层分压合测，对储层分布连续性好井具有较好的适应性，与转向酸配合可进一步提高强非均质性段内改造均衡性。

3.2 酸压工艺优化

基于川东茅口–栖霞组物性差、非均质强的特征对酸压增产改造分析，形成了兼顾改造体积和酸蚀导流能力主体思路，强化非均匀刻蚀、提高酸压改造体积为核心的深度非均匀刻蚀酸压技术。

3.2.1 不同储层设计思路

川东二叠系茅口–栖霞组主要有三类储层（即孔洞–裂缝型、裂缝–孔洞型、孔隙型储层），不同储层物性、渗流特征及改造需求不同。基于室内研究和实践认识迭代升级，形成了差异化改造原则，有效适应了区块酸压改造，现场应用增产效果明显。

（1）孔洞–裂缝型储层：溶蚀孔洞和天然裂缝较发育，并有一定联通性，裂缝为主要流动通道、非均质极强。主体改造思路是通过大排量、中大规模改造尽可能沟通多的天然缝、洞，获得与中高产相匹配的导流能力。

（2）裂缝–孔洞型储层：溶蚀孔洞发育、面洞率高，溶蚀孔洞为主要储集空间，裂缝欠发育，自身导流能力有限、非均质性较强。主体改造思路是通过较大规模改造提高孔、缝、洞连通性，配套暂堵、闭合酸化等措施提高改造体积和导流能力。

（3）孔隙型储层：裂缝和孔洞欠发育、物性较差，自身导流能力低。主体改造思路是通过中大规模保证改造体积，多级交替形成非均匀刻蚀和相匹配的导流能力。

3.2.2 酸液体系优选

以提高酸蚀距离、形成非均匀刻蚀为主要目标，开展了酸液黏度、交替注入、滤失速度差异及粘性指进对岩石表面溶蚀影响研究，形成胶凝酸与酸性压裂液、胶凝酸与转向酸、高粘胶凝酸与低粘胶凝酸交替优化组合为核心酸压工作液体系：

（1）高、低黏胶凝酸体系

基于关键助剂系列自主研发（高温缓蚀剂、胶凝剂、铁离子稳定剂、助排剂），通过酸蚀形态、酸岩反应速度等实验优化形成了 2 套低腐蚀、深穿透胶凝酸体系。高温条件下，高、低黏胶凝酸酸岩反应级差约 1 个数量级，能提高酸蚀距离和非均匀刻蚀程度。

高黏胶凝酸：20% HCl+0.5–0.8% 胶凝剂+缓蚀剂+铁离子稳定剂+助排剂+黏土稳定剂

低黏胶凝酸：20% HCl+0.3–0.5% 胶凝剂+缓蚀剂+铁离子稳定剂+助排剂+黏土稳定剂

表 1　120℃常规酸、高黏胶凝酸、低黏胶凝酸酸岩反应速率数据对比表

酸液体系	酸液用量/mL	岩芯	试验时间/s	岩样截面积/cm^2	动态反应速率/[$mol/(cm^2\cdot s)$]
常规盐酸	500	HP1 补 5–6	1080	5.02	8.009×10^{-4}
高黏胶凝酸	500	HP1 补 5–4	1080	5.02	3.614×10^{-5}
低黏胶凝酸	500	HP1 补 5–2	1080	5.02	5.486×10^{-5}

从实验结果来看，120℃高黏胶凝酸与岩石反应速度约为低黏胶凝酸的 66%。

（2）转向酸体系

通过耐温、增黏、高黏持续时间等，优选出了转向酸体系，综合转向酸与胶凝酸等酸液酸岩反应速度、溶蚀特征差异等，形成转向酸实施方法。典型配方：20% HCl+5.5–7.0% 转向剂+酸化缓蚀剂+铁离子稳定剂。成果在川东茅口–栖霞组多口（HS402、HS6、TS6HC 等）井应用均获高产（图 1，2）。

（3）酸性压裂液体系

采用胍胶压裂液与胶凝酸交替是提高酸蚀缝

长和导流能力重要手段，但高温条件下常规胍胶压裂液高温下直接破胶，在近井快速滤失，降滤效率低。为此，通过合成聚合物稠化剂、配套交联剂等优选和整体配方优化，研选出了高温黏度保持率高(90℃下压裂液与胶凝酸1：1混合后黏度大于25mPa·s)、与酸液配伍性好的酸性压裂液，现场应用提升了酸液利用率和酸蚀距离。

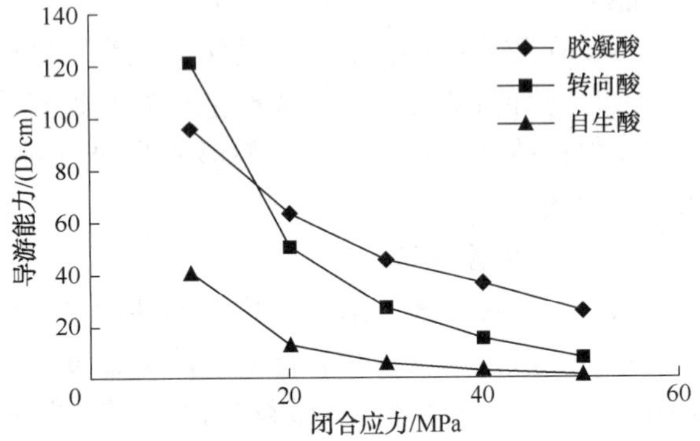

图1　不同类型酸液酸蚀裂缝导流能力对比图

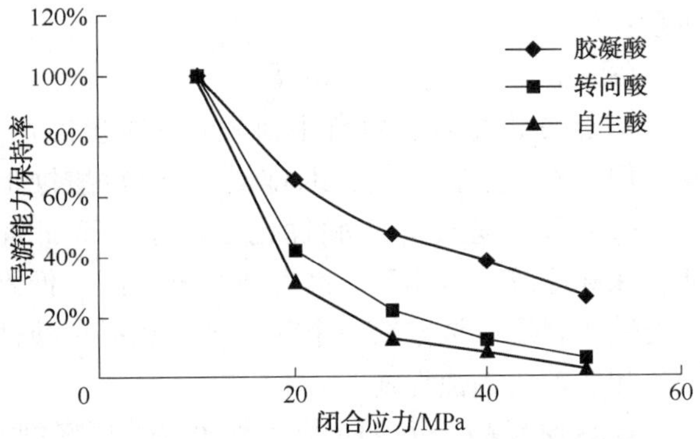

图2　不同酸液类型酸蚀裂缝导流能力保持率对比图

酸性压裂液：0.23%±酸性稠化剂+0.2%±助排剂+0.2%±黏土稳定剂

3.2.3　酸压工艺优化

针对三类典型储层地质特征及酸压需求，形成了提高改造均匀性和深度酸压2套主要酸压技术：

(1)深度酸压技术

针对云化程度较弱，裂缝欠发育，孔洞连通性差储层，基于施工参数、前置用液、注入模式等影响分析，形成了区块大规模/超大规模、中大排量、多级交替注入的主体深度酸压模式和技术。

(2)高应力差酸压技术

区块碳酸盐岩储层非均质性强，三维空间上缝洞体及岩性变化大，靶向深穿透改造难度大。基于物模、数模及现场实践完善，形成了2套非均匀酸压配套暂堵体积改造技术：①不具备投球情况，形成了转向酸/暂堵剂体积酸压技术，在HS6井、HS401等井应用压力上涨3MPa±，获高产工业气流；②段内应力差大，具备投球条件，形成投球暂堵体积酸压技术，在HS5、TS1、TS5等井应用压力上涨4MPa±，皆获中高产工业气流(图3、4)。

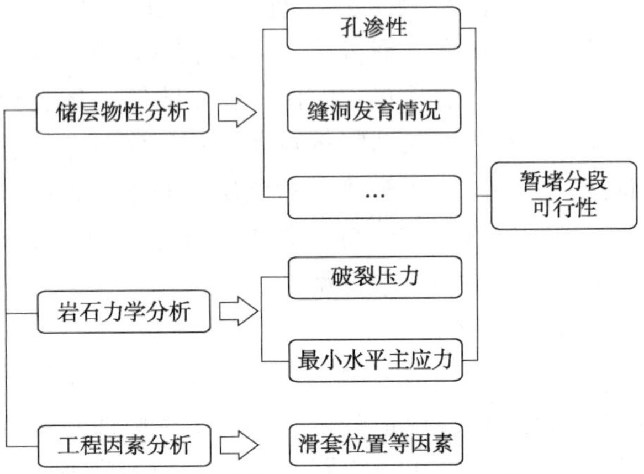

图3　暂堵可行性分析图

3.2.4　酸压工艺参数优化

(1)酸压管柱选择

根据区块完井套管尺寸和茅口-栖霞组吸酸压力梯度，模拟不同油管排量与泵压关系：①Φ73.0mm油管注入，限压95MPa下最高排量5.0m^3/min，难以满足深度改造需要；②Φ88.9mm油管注入，限压95MPa下最高排量可到7.0m^3/min以上，可较好满足区块茅口-栖霞组储层深度改造需要。

(2)规模优化

根据不同储层物性参数，利用软件模拟施工规模对裂缝尺寸、导流能力影响，当酸液总量达550~950m^3时，基本能满足改造需要，具体设计根据井的储层特征及管柱安全等情况优化确定。

(3)交替级数优化

为提高酸蚀缝长和形成非均匀刻蚀，模拟了不同级数的影响，结果显示当级数大于4级后，酸蚀缝长和导流能力增加幅度变缓，优化交替注入级数4级左右。

(4)泵注模式优化

考虑酸岩反应时间及黏性指进现象，在规模、交替级数等参数固定条件下，模拟“酸逐步增加压裂液逐步减少”“酸逐步降低压裂液逐步增加”等模式对裂缝尺寸和导流能力影响，确定了“酸逐步增加，压裂液逐步减少”泵注模式。

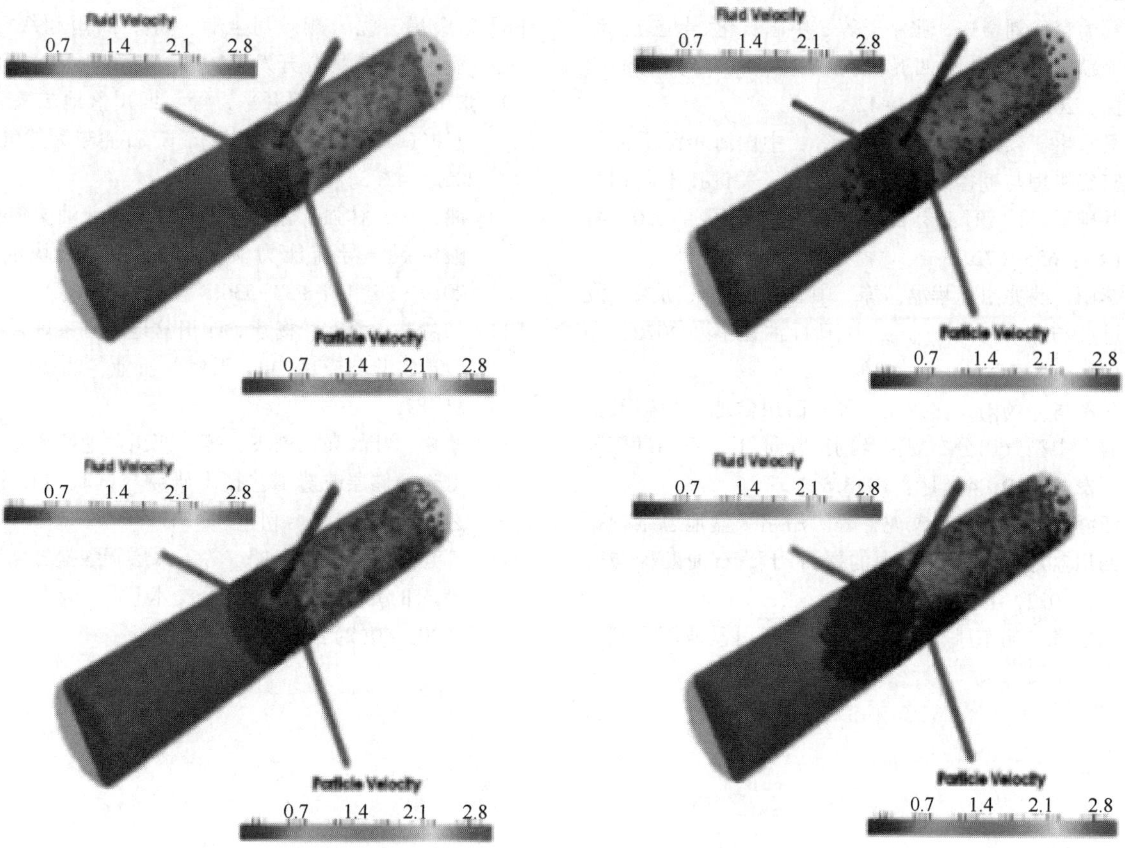

图 4　施工排量对暂堵效果影响模拟图

4　现场应用情况

成果在川东二叠系茅口–栖霞组 19 口井进行应用，主体采用大规模/超大规模、多级注入工艺，部分井配套转向酸、暂堵剂、暂堵球工艺提高改造均匀性。酸压有效率 100%，除 1 口井外，都获得了工业产能，工业气井率 94.7%，压后平均测试产量达 $82.39\times10^4 m^3/d$，助力区块二叠系茅口–栖霞组勘探开发突破和区块茅二段 1114.59 亿立方探明储量提交。

表 2　现场应用情况统计简表

储层分类	井口	平均用酸/m^3	平均酸压规模/m^3	平均测试产量/(万方/天)
孔隙型	8	541	931	10.56
裂缝–孔洞型	6	592	1084	85.62
孔洞–裂缝型	5	756	1041	207.5

5　结论与认识

(1) 川东二叠系茅口组、栖霞组，云化程度弱，物性总体较差，常规酸压工艺难以获得中高产能所需要的裂缝和导流能力，酸压增产效果差。

(2) 针对酸压增产难题，结合工程地质，提出了兼顾改造体积和酸蚀导流能力主体思路，形成了多类型酸、液交替强化非均匀刻蚀，大规模/超大规模提高酸压改造体积，高应力差储层配套转向工艺为核心的深度非均匀刻蚀酸压技术。

(3) 成果应用推动了区块二叠系茅口–栖霞组勘探开发全面突破，为类似弱云化储层勘探开发提供了可借鉴成功范例。

参　考　文　献

[1] 郭旭升，蔡勋育，刘金连，等．中国石化“十三五”

天然气勘探进展与前景展望[J]. 天然气工业，2021，41(8)：12-22.
[2] 蔡勋育，刘金连，张宇，等．中国石化“十三五”油气勘探进展与“十四五”前景展望[J]. 中国石油勘探，2021，26(1)：31-42.
[3] 马永生，黎茂稳，蔡勋育，等．中国海相深层油气富集机理与勘探开发：研究现状、关键技术瓶颈与基础科学问题[J]. 石油与天然气地质，2020，41(4)：655-672.
[4] 李阳，薛兆杰，程喆，等．中国深层油气勘探开发进展与发展方向[J]. 中国石油勘探，2020，25(1)：45-57.
[5] 马新华，杨雨，文龙汪，等．四川盆地海相碳酸盐岩大中型气田分布规律及勘探方向[J]. 石油勘探与开发，2019，46(1)：1-13.
[6] 汪泽成，施亦做，文龙，等．用超级盆地思维挖掘四川盆地油气资源潜力的探讨[J]. 石油勘探与开发，2022，49(5)：847-858.
[7] 郭旭升，胡东风，黄仁春，等．四川盆地深层超深层天然气勘探进展与展[J]. 天然气工业，2020，40(5)：1-14.
[8] 戴金星，倪云燕，刘全有，等．四川超级气盆地[J]. 石油勘探与开发，2021，48(6)：1081-1088.
[9] 张宇，曹清古，罗开平，等．四川盆地二叠系茅口组油气藏勘探发现与启示[J]. 石油与天然气地质，2022，43(3)：610-620.
[10] 曲占庆，林强，郭天魁，王洋．顺北油田碳酸盐岩酸蚀裂缝导流能力实验研究[J]. 断块油气田，2019，26(4)：533-536.
[11] 韩慧芬，桑宇，杨建．四川盆地震旦系灯影组储层改造实验与应用[J]. 天然气工业，2016，36(1)：81-87.
[12] 李松，叶颉枭，刘飞，等．四川盆地磨溪龙王庙组低渗透储层改造工艺技术研究与试验[J]. 钻采工艺，2020，43(增刊)：43-47.
[13] 郭建春，苟波，秦楠，等．深层碳酸盐岩储层改造理念的革新－立体酸压技术[J]. 天然气工业，2020，40(2)：61-74.

长庆油田水平井重复压裂技术研究及应用

周 涛[1,2] 陆红军[1,2] 白晓虎[1,2] 王 飞[1,2] 何 衡[1,2] 任佳伟[1,2]

(1. 长庆油田分公司油气工艺研究院；2. 低渗透油气田开发国家工程重点实验室)

摘 要 随着长庆油田开发不断深入，受储层物性差、天然裂缝发育等因素影响，注水开发有效驱替系统难以建立，造成超低渗水平井递减大产量低，呈“低采油速度、低采出程度”特征，亟需开展水平井重复压裂提高储量动用程度。长庆油田通过积极开展水平井重复压裂技术研究与试验形成了以“流场重构、体积压裂、综合补能、协同渗驱”为核心的水平井重复改造技术系列：通过物模和数模实验模拟研究，建立了以重构压力场、重构应力场、重构渗流场为核心的多重流动耦合体积开发理论；通过历史动态拟合明确剩余储量富集区域，形成以段间加密为主、原缝复压为辅的二次裂缝设计方法；建立了补能液量设计图版，区域能量系统二次构建技术；形成了大通径双封单卡工艺、4½″小套固井井筒再造、新型压裂驱油剂等渗流场重构压裂驱油一体化工艺技术。现场规模应用效果好，平均单井日产油由每天1.8吨提高至10吨以上，大幅度提高单井产量，取得了较好的效果，为同类油藏低产水平井高效开发提供了有效技术借鉴。

关键词 超低渗水平井；水平井重复压裂；渗流场重构；压裂驱油一体化

长庆油田以超低渗透油藏基质气测渗透率、低孔隙度和低地层压力系数，为低压致密非常规储层的典型。受储层物性差、天然裂缝发育等因素影响，注水开发有效驱替系统难以建立等问题影响，造成超低渗水平井递减大产量低，呈“低采油速度、低采出程度”的特征，早期油田水平井主体采用套管固井完井和水力喷砂为主的分段压裂工艺改造，为复压提供了有利条件，但仍面临如何地质工程一体化地科学评价复压增产潜力、如何二次设计裂缝以实现剩余储量的最大化控制、如何大幅度提高分段体积重复压裂作业效率和如何最大化发挥补能、压裂、驱油协同功效等诸多难题。针对上述问题，长庆油田通过积极开展水平井重复压裂技术研究与试验，攻关形成了以“流场重构、体积压裂、综合补能、协同渗驱”为核心的水平井重复改造技术系列。现场规模应用效果好，措施后单井日产油可达到10t以上。

1 储层物性及水平井开发特征

长庆油田为超低渗透油藏，储层整体上呈低孔、超低渗特征，空隙分布范围大，非均质性强。储层孔隙度分布在7%~12%，平均孔隙度在10.8%，渗透率主要分布范围(0.12~0.4)×$10^{-3}\mu m^2$，地层原油黏度0.7~2.2mPa·s，气油比较高(50~105m^3/t)，原始地层压力15.8MPa，饱和压力9.86MPa，地饱压差小，天然能量贫乏，属于典型的低压油藏。

水平井区域采用注水开发，注采井网以五点和七点净网为主，水平段长度800~1000m，一口水平井对应4~6口注水井，水平井之间的距离500~700m，注水井排距离水平段端部距离150m。为避免裂缝沟通水线、降低含水上升速度，在靠近水井的位置减小裂缝长度或不改造，即五点井网采用“纺锤型”布缝方式、七点井网采用“哑铃型”布缝方式。采用水力喷砂分段压裂工艺，裂缝段间距50~80m，单段入地液量180~240m^3·单段支撑剂量25~40m^3，施工排量3m^3/min。由于初次改造裂缝间距较大，尚不能完全控制储量，且单段改造规模小，横向、纵向上储层改造体积有限，致密储层存在启动压力梯度，面积井网注水难以建立有效驱替，特别是水平段中部地层能量补充困难，导致地层流体有效渗流距离大幅减小。

2 水平井重复压裂技术研究

随着北美 Bakken、Appalachia、Permian 等

盆地水平井重复压裂蓬勃发展，水平井重复压裂改造从早期暂堵转向为主导工艺向井筒重构试验转变，在北美 Haynesville、Eagle Ford 气田已实施 190 口，压后初产量达到了初次压裂初产的 72%~111%，平均 EUR 提高了约 150%，已成为北美重复压裂三大主流工艺之一。

国内水平井重复压裂总体起步较晚，前期长庆、大庆、新疆、吐哈等油田主要针对早期缝控程度较低的水平井，采用双封单卡分段压裂、动态暂堵转向压裂工艺技术，累计试验 175 口井，产量达到初次改造后的 70%~120%。随着压裂工作量持续攀升，地质工程一体化技术围绕提高单井采收率关键问题，以三维地质模型为核心、地质工程综合研究为基础，为保障压裂方案的最优化实施，成为了实现非常规储层提高采收率的重要手段，为压裂设计提供了有效指导。历经多年地质工程一体化攻关实践，已基本形成了以“流场重构、体积压裂、综合补能、协同渗驱”为核心的水平井重复改造技术系列。

2.1 建立多重流动耦合体积开发理论

通过物模和数模实验模拟研究，建立了“地质-应力-裂缝-基质”耦合模型，实现了渗流场重构压裂驱油一体化前后压力场、应力场和渗流场分布规律定量化表征。

2.1.1 压力场变化规律

通合油藏数值模拟，区域地层压力保持水平由压前 75% 提升压裂驱油一体化后的 120% 以上，为老区体积压裂形成复杂裂缝及后期稳产提供了能量基础，实现了重构压力场的目的(图 1)。

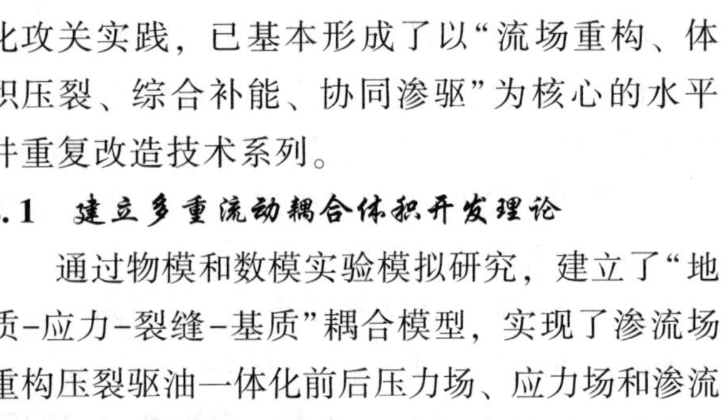

图 1　储层压力水平变化图

模型参数：孔隙度 9%，渗透率 0.3mD，原始地层压力 15.6MPa，油层厚度 20m，平面网格尺寸 40m。

2.1.2 应力场变化规律

通过应力场、压力场的精细刻画，当压力保持水平 100%~120% 时，最小主应力增加(3~5MPa)，水平两向应力差减小，有利于压裂形成复杂缝网，为开启侧向天然裂缝、提高裂缝复杂程度及缝控储量提供了力学条件(图 2)。

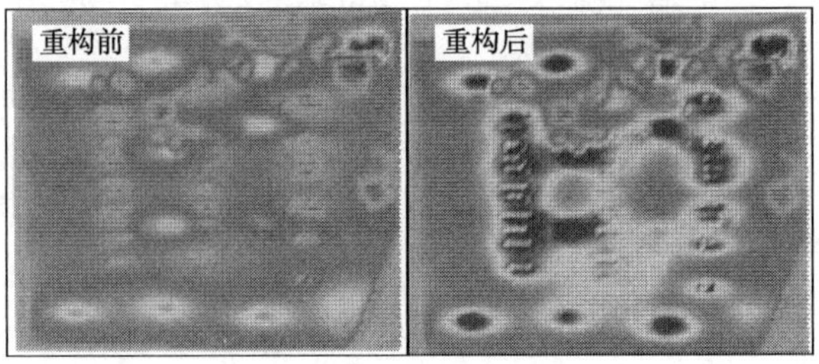

图 2　储层应力场变化图

模型参数：孔隙度 9%，渗透率 0.3mD，原始地层压力 15.6MPa，油层厚度 20m，平面网格尺寸 40m。

应力边界条件：水平最大主应力 42MPa，水平最小主应力 36.8MPa，垂向主应力 55MPa

2.1.3 渗流场变化规律

基于基质-裂缝流线模型实现渗流场量化表征，利用能量、缝网一体化设计大幅提升了油藏压力和泄流体积，渗流范围提升 3~4 倍，渗流体积由 85.7×10^4 上升至 $282.85\times10^4 m^3$，渗流场由原注水端驱替转变为缝控近线性流动，有效实现井间、缝间有效渗流距离最短(图 3)。

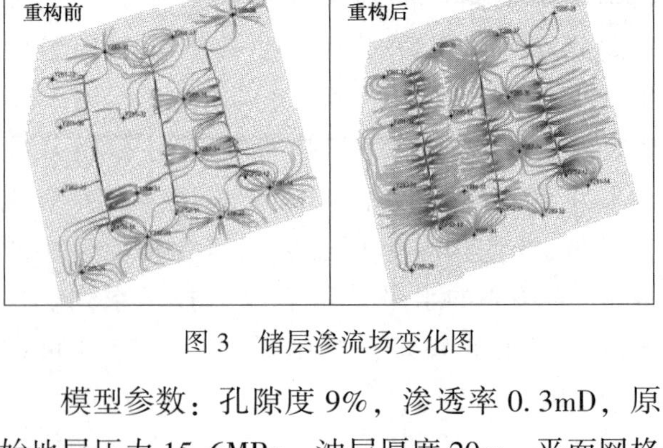

图 3　储层渗流场变化图

模型参数：孔隙度 9%，渗透率 0.3mD，原始地层压力 15.6MPa，油层厚度 20m，平面网格尺寸 40m。

2.2 剩余储量最大化缝控技术

通过考虑地质因素(水平段长度、孔渗饱、非均质系数、电阻等)、工艺参数(入地液量、排量、砂量等）、开发特征（采出程度、含水等），研究分析制定了水平井、定向采油井、转采井分类分级标准；根据储层、工程力学特征、分段采出状况、井筒等参数，开展储层再认识，利用数值模拟方法，充分考虑初次压裂后的应力低值区、剩余油分布及改造效果，采用地质工程一体化进行甜点优选，对储层进行细分切割（图4）。综合储层物性和动态地应力评价，优选物性和可压性较好的 I+II 类井段，以缝控储量最大化为目标，结合数模和物模结果，形成以段间加密为主、原缝复压为辅的二次裂缝设计模式，百米改造段数>2.0 段，新缝占比>60%，段间距 20m 时最优，以实现段间、井间剩余储量最大化动用（图5）。

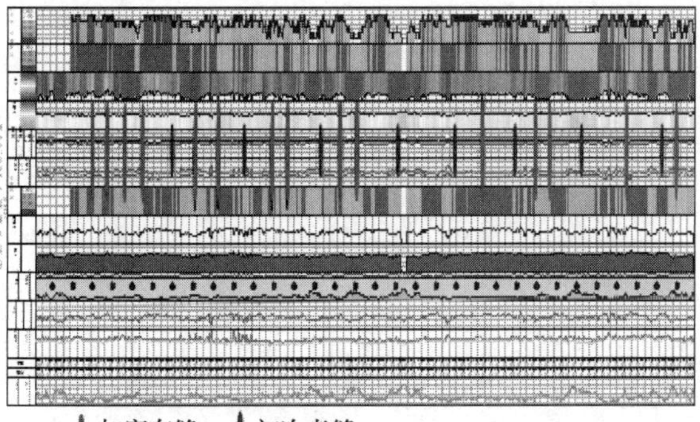

图4　水平井老井甜点优选结果图

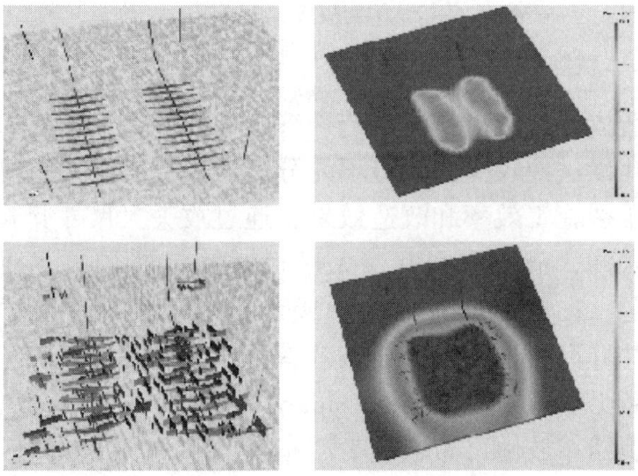

图5　水平井重复压裂裂缝系统二次设计

2.3　区域能量系统二次构建技术

数学模拟及物理模拟结果表明，综合补能具有"平衡压力场、重塑应力场"重要作用。多年注采开发，地层亏空及裂缝水窜导致压力及应力场分布不平衡，裂缝更易诱导至低压低应力区域，剩余储量富集的区域难以有效改造。

利用物模、数模实验，揭示了低压低应力区域裂缝延伸规律，建立了补能液量设计图版（图6），形成了压前补能、压中增能、压后扩能为关键的综合补能技术，试验区地层压力由试验前 87.3% 提升至 101.3%，保障了试验区长期稳产（图7）。

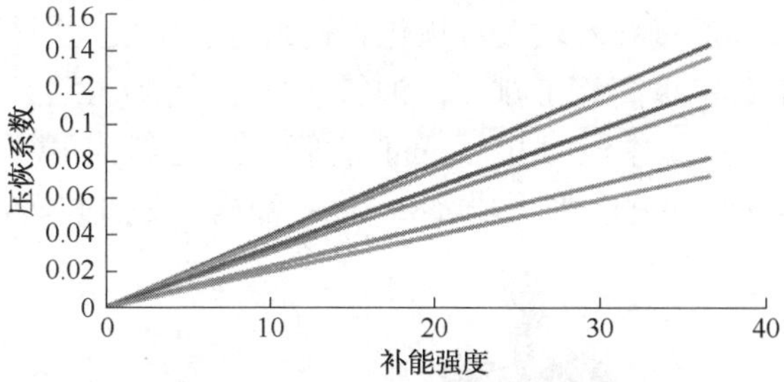

图6　不同区块水平井补能液量设计图版

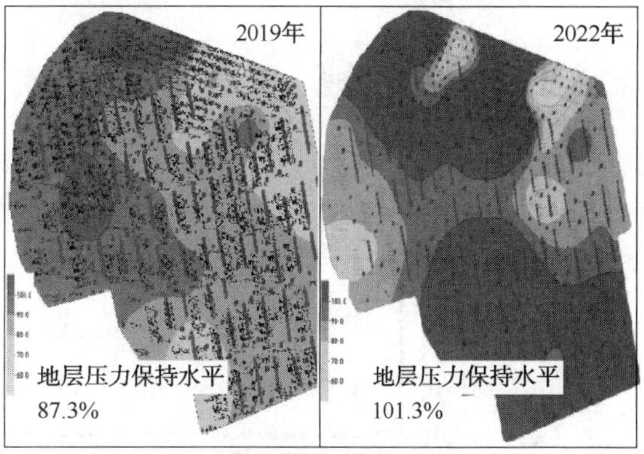

图7　试验区地层压力分布图

2.4　渗流场重构压裂驱油一体化工艺技术

2.4.1　大通径双封单卡体积复压工艺

根据水平井水力喷砂分段改造导致的套管经多次射孔井筒不完整，前期仅依靠双封单卡实现分段压裂。以体积压裂和定点改造为目标，为实现油管注入大排量、大液量的目标，对井口、直井段管柱、水平段管柱、压裂工具 4 个关键节点进行了全面创新，对水平井机械封隔分段压裂工艺持续升级换代，初步形成了 4″+3½″无接箍双封单卡分段体积压裂工艺及配套关键工具，施工排量初期达到 6.0 方/分钟，经过持续优化井口、管柱、压裂工具，施工排量上升至 8.0 方/分钟，作业能力大幅提升，同时研发了抗冲蚀短接，单趟钻具压裂由 1 段上升至 4 段，作业效率得到显著提升（表1）。

表 1　双封单卡工艺攻关前后管柱系统参数对比表

攻关点	攻关前	攻关后	提升效果
井口承压	70MPa	105MPa	最高承压提高 50%
直井段油管	3½″(内径 74mm)	4″(内径 86mm)	直井段摩阻降低 26%
水平段油管	2⅞″(内径 62mm)	3½″(内径 74mm)	水平段摩阻降低 31%
压裂工具	K344+节流喷砂器+K344	K344+节流嘴+ 无节流喷砂器+Y211	工具内径由 55mm 增加到 62mm，节流降低 3~5MPa

通过技术攻关，优化管柱组合、研发大通径工具来提高施工排量。油管管柱组合为(由上至下)：直井段 ϕ101.6mm 油管(至造斜点以上 20m)+变扣+水平段 ϕ88.9mm 油管+变扣+安全接头+ϕ73mm 油管 1 根+水力锚+大通径 K344 封隔器+节流咀+ϕ73mm 油管+喷砂器+单流阀+Y211 封隔器+导向堵头(图 8)。

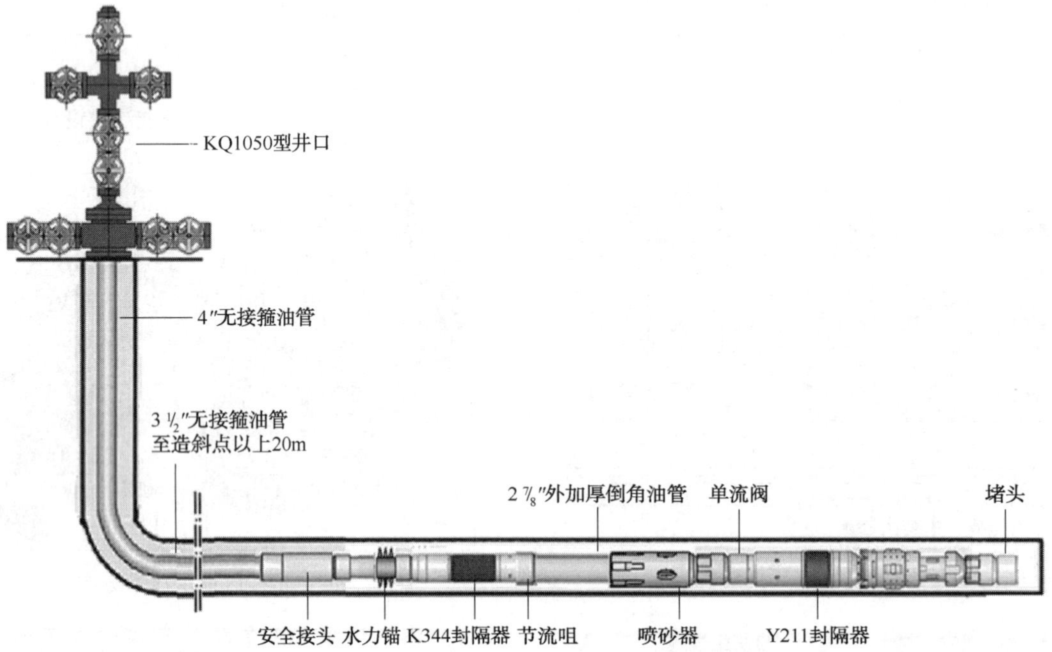

图 8　水平井大通径双封单卡体积复压管柱示意图

在管柱优化结果的基础上，配合低摩阻压裂液($8m^3/min$ 排量下摩阻系数为 0.005MPa/m)，计算不同水平段位置的施工排量上限(式 1)。在井口限压 60MPa 的条件下，1200m 水平段最大施工排量可达 $8m^3/min$，满足体积压裂需求。

$$P_{tube}=P_{close}+P_{net}+P_{perf\_f}+P_{pipe\_f}+P_{neb\_f}-P_h \quad (1)$$

式中：P_{tube}—油管井口压力，MPa；P_{net}—裂缝闭合压力，MPa；P_{net}—净压力，MPa；P_{perf_f}—孔眼摩阻，MPa；P_{pipe_f}—管柱摩阻，MPa；P_{neb_f}—近井筒弯曲摩阻，MPa；P_h—静液柱压力，MPa。

2.4.2　4½″小套固井井筒再造体积复压工艺

由于双封单卡压裂工艺压裂完每段后需要放喷泄压、起钻调整钻具或更换钻具，起下钻次数多，单段放喷时间达 24h 以上，施工效率低，易造成压裂液沿初次改造裂缝延伸邻井窜通，新射孔段进液较少，改造不充分。为提升水平井重复压裂施工效率和改造效果，通过攻关大尺寸套管入井、窄间隙固井、大通径回接等瓶颈技术难题，在 5½″老井筒内形成了 4½″可回接小套固井井筒再造技术，压裂效率由 1 段/天提高至 2~3 段/天，排量由 $8m^3/min$ 提高至 $10\sim12m^3/min$，裂缝布放由可布转变为需布(图 9)。投产 9 口较可对比井 EUR 提高了 0.5 万吨。

针对大尺度多段人工裂缝漏失量大，研发了不同强度复合凝胶材料，建立井底压力与段塞长度图版，优化凝胶注入量及组合比例。矿场降漏后吸水指数由大于 300L/(min · MPa)下降至小于 80L/(min · MPa)，为后期固井奠定基础(图 10)。

基于目标井井身结构和井眼轨迹，通过展开小套下入数值模拟及室内物模实验，建立井筒分析模型，获得了不同金属减阻剂用量下的摩阻系数，应用套管下入专用软件，计算不同管柱组合，小套下入摩阻、钩载、有效应力，与理论安全线对比，用以评估不同井眼轨迹、水垂比小套下入的可行性(图 10)。

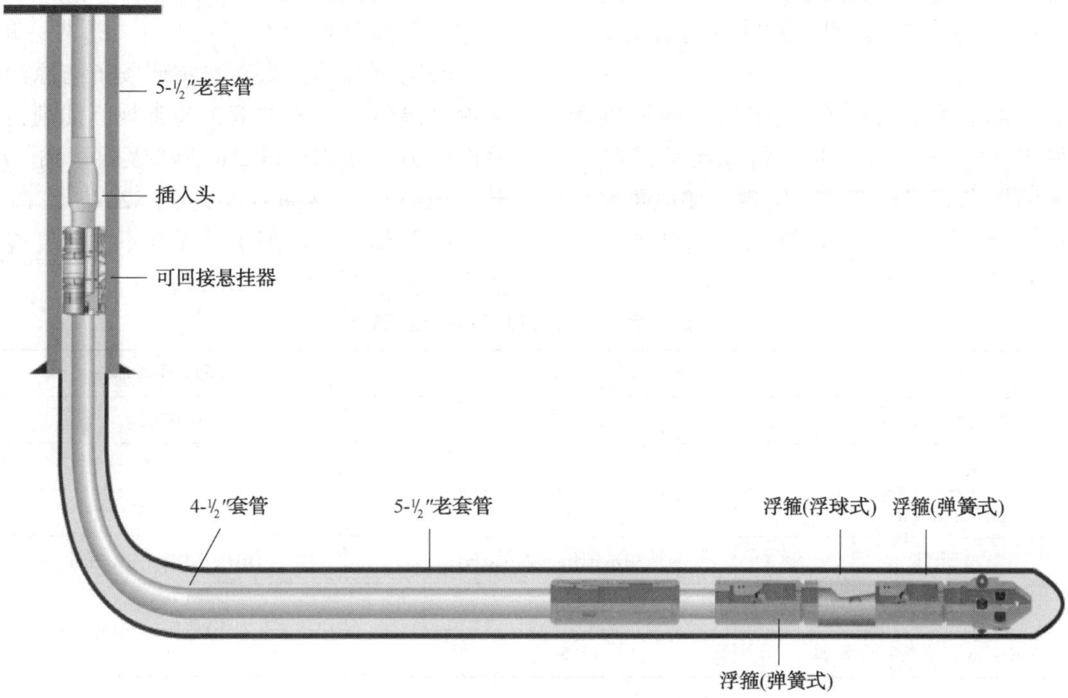

图 9　小套固井井筒再造示意图

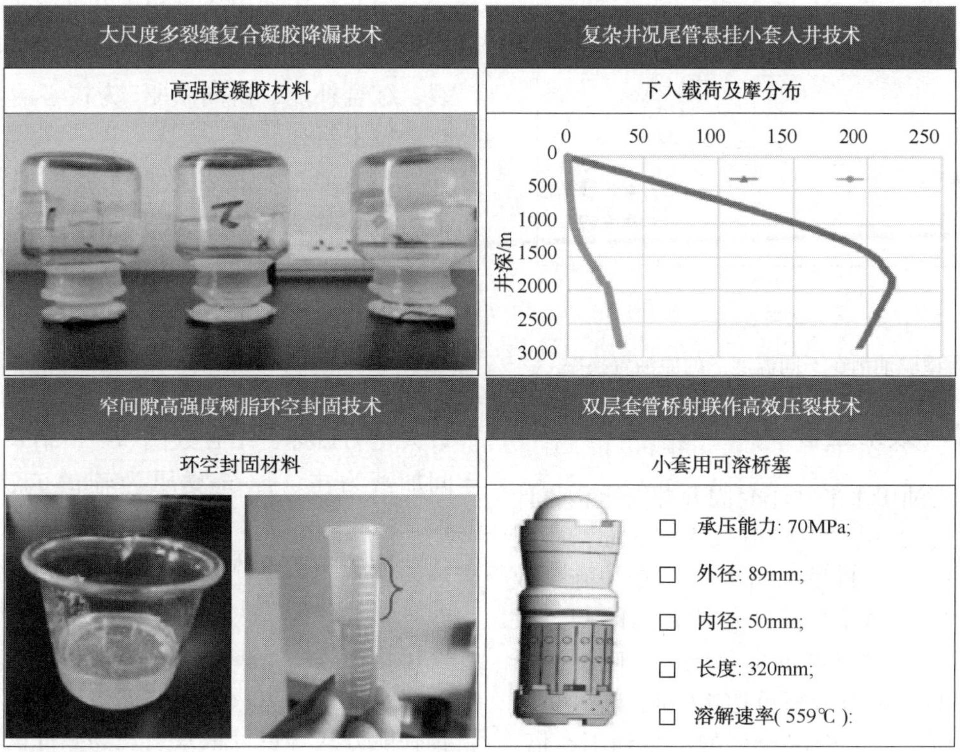

图 10　小套固井井筒再造关键技术

由于常规水泥窄间隙(单边4.98mm)固井质量较差，常规高强树脂留塞后钻磨难度大、成本高等问题，综合考虑黏度、密度、固化时间、抗压强度等因素，自主研发了初始低黏、低密度、易钻磨的低成本UPR树脂材料，其抗压强度达65MPa，成本下降67%，固井质量得到明显提升(图11)。

针对上部老套管多年生产存在不同程度套损，研发了4½″可回接工具，将原尾管悬挂工艺改进为回接套管保护工艺，实现了多段重复压裂全井筒高承压。矿场全井筒承压达到55MPa以上，压裂后起出上部4½″套管，恢复上部采油井筒。结合配套4½″小套管适用的桥射联作工艺及可溶桥塞工具，承压能力达到70MPa，一次坐封成功率达到98%，平均压裂作业效率可达到2段/天(图11)。

2.4.3　研发了新型压裂驱油剂

为提高驱替效果，且基于“缝网—介质”三维岩心物模实验结果，自主研发了与原油相匹配的烷基磺酸盐类驱油剂，与常规驱油剂对比，其界面张力可达10^{-3}mN/m，渗吸效率由17.5%上升至30.0%，驱油效率达到82.7%，在最大化缝控的基础上，提高了基质与不同尺度缝网油水渗吸置换效率(表2、图11)。

表2　新型驱油剂与常规驱油剂指标对比表

项目	常规驱油剂	新型驱油剂
界面张力/(mN/m)	0.137	0.0042
接触角/°	45.25	35.17
静态吸附量/(mg/g)	0.096	0.0056
配伍性	与地层水配伍，无沉淀	与地层水配伍，无沉淀
驱油效率/%	77.4	82.7
0.3%浓度岩心的渗吸效率/%	17.5	30

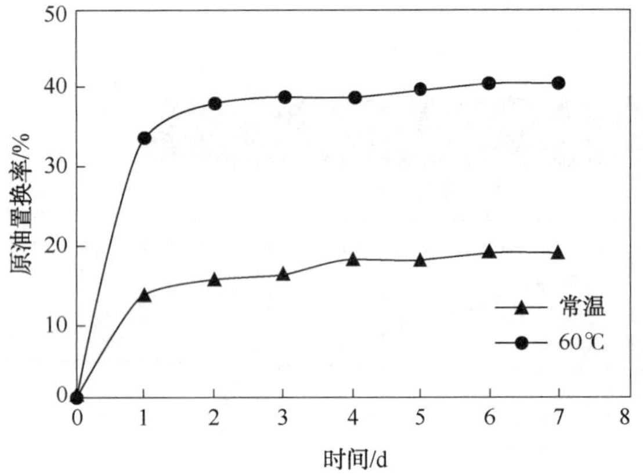

图11　新型驱油剂在不同温度下的原油置换率

3　现场试验效果显著

目前长庆油田水平井小套固井井筒重构累计试验22口井，其中水平段最长为1531m，压裂段数达26段，最高排量12m³/min，最快施工效率达到3段/天。截至目前已完成压裂15口，投产10口，平均单井日产油由每天1.8吨提高至10吨以上，日产油为最高可达17.6t，达到重复压裂前5倍以上，是初次压裂的1.2到1.5倍，整体效果保持稳定为同类油藏低产水平井高效开发提供了有效技术借鉴。

4　结论与认识

(1) 长庆油田通过积极开展水平井重复压裂技术研究与试验形成了以“流场重构、体积压裂、综合补能、协同渗驱”为核心的水平井重复改造技术系列。

(2) 通过物模和数模实验模拟研究，建立了“地质-应力-裂缝-基质”耦合模型，实现了渗流场重构压裂驱油一体化前后压力场、应力场和渗流场分布规律定量化表征。

(3) 综合储层物性和动态地应力评价，优选物性和可压性较好的I+II类井段，以缝控储量最大化为目标，结合数模和物模结果，形成以段间加密为主、原缝复压为辅的二次裂缝设计模式。

(4) 按照“体积开发、流场重构、压裂驱油、综合补能”为核心的渗流场重构压裂驱油一体化技术理念，形成了剩余未动用储量缝控设计方法、渗流场重构压裂驱油一体化工艺技术、综合补能方式等设计模式。现场累计试验22口井，平均单井日产油由每天1.8吨提高至10吨以上，达到重复压裂前5倍以上，整体效果保持稳定，为同类油藏低产水平井高效开发提供了有效技术借鉴。

参考文献

[1] 赵继勇，樊建明，何永宏，等．超低渗—致密油藏水平井开发注采参数优化实践——以鄂尔多斯盆地长庆油田为例[J]．石油勘探与开发，2015，42(01)：68-75.

[2] 夏克文，李民乐，王建国，等．水力喷砂射孔分段压裂技术在水平井中的应用[J]．油气井测试，2012，21(04)：38-39.

[3] 何浩男，刘誉，宋君，等．老井重复压裂后产能预测新模型及其应用[J]．钻采工艺，2023，46(01)：174-178.

[4] 苏良银，庞鹏，白晓虎，等．低渗透油田水平井重复压裂技术研究与应用[J]．石油化工应用，2015，34(12)：32-35.

[5] 白晓虎，齐银，何善斌，等．致密储层水平井压裂-补能-驱油一体化重复改造技术[J]．断块油气田，2021，28(01)：63-67.

[6] 慕立俊，李向平，喻文锋，等．超低渗透油藏水平井重复压裂新老缝合理配比研究[J]．石油钻探技术，2023，51(03)：97-104.

[7] 王飞，慕立俊，陆红军，等．长庆油田水平井套中套井筒再造体积重复压裂技术[J]．石油钻采工艺，2023，45(01)：90-96.

[8] 张铭海，雷征东，姜乐，等．致密砂岩油藏水平井重复压裂优化——以长庆油田元284区块为例[J]．石油钻采工艺，2023，45(01)：97-107.

[9] 史成恩，万晓龙，赵继勇，等．鄂尔多斯盆地超低渗透油层开发特征[J]．成都理工大学学报(自然科学版)，2007(05)：538-542.

[10] 薛婷，王选茹，郑光辉，等．L1区水平井开发效果影响因素分析[J]．石油钻采工艺，2016，38(02)：221-225.

[11] Cadotte R J，Crowley Z，Elbel B. Evaluation of cement-isolated casing liner and degradable particulate diverter refracturing treatments in the haynesville shale [C]，2018. OnePetro，2018-01-01.

[12] Cadotte R J，Elbel B，Modeland N. Unconventional multiplay evaluation of casing-in-casing refracturing treatments[C]. 2018. OnePetro，2018-01-01.

[13] 张焕芝，何艳青，刘嘉，等．国外水平井分段压裂技术发展现状与趋势[J]．石油科技论坛，2012，31(06)：47-52.

[14] 谢俊辉，王成平，尹辉，等．吉木萨尔页岩油老井重复压裂技术研究与应用[J]．石油与天然气化工，2021，50(04)：100-103.

[15] 郭建设，周福建，胡晓玲，等．三塘湖盆地致密油水平井增能压裂力学机理[J]．断块油气田，2021，28(01)：57-62.

[16] 王晓泉，张守良，吴奇，等．水平井分段压裂多段裂缝产能影响因素分析[J]．石油钻采工艺，2009，31(01)：73-76.

[17] 翁定为，雷群，胥云，等．缝网压裂技术及其现场应用[J]．石油学报，2011，32(02)：280-284.

[18] 白晓虎，张翔，杜现飞，等．一种提高致密油藏低产水平井产量的重复改造方法[J]．钻采工艺，2016，39(06)：34-37.

基于元素谱分析的剩余油测试技术研究应用

冯啸辰　张洪亮　张雪芹　陈　思

（中国石油集团渤海钻探工程有限公司油气井测试分公司）

摘　要　针对复杂岩性和中低孔渗储层特点，研制了基于脉冲中子源的地层元素测井仪器。研究元素谱分析剩余油测试技术，通过套管井实施的“储层元素分析、岩性判断+流体识别”的脉冲中子测井，可对储层岩性和流体性质开展精细评价。脉冲中子元素谱分析剩余油测试技术清楚地了解井周及相应区块的油气分布情况，探索区域储层分布规律，为解决中低孔渗储藏增储上产提供资料支持。油田进入开发中后期，剩余油评价成为油田开发中提高油藏采收率的重要方法之一，剩余油测井技术在油田的勘探开发过程中发挥着重要的作用越来越重要。

关键词　元素谱；低孔渗储层；剩余油测试；脉冲中子；储层岩性

油田进入开发中后期，剩余油评价成为油田开发中提高油藏采收率的重要方法之一，剩余油测井技术在油田的勘探开发过程中发挥着重要的作用越来越重要。国内大多数油田进入高含水开发阶段，层间矛盾大、剩余油分布识别难等问题越来越突出，水淹状况和剩余油监测是油田开发最亟待解决的难题之一，对剩余油监测技术有很大需求。

脉冲中子饱和度测井技术日趋成熟，突破了常规仪器只能测量几种谱峰或几种元素的制约，认识地层能力大大增强。脉冲中子阵列测井技术的研发可同时实现裸眼井中对地层元素的精确识别，在油田非常规油气的勘探开发中能发挥很好的作用。

国外仪器对国内中低渗、致密性油藏适应性差，解释符合率低，服务价格昂贵，无法大规模推广应用，不能满足国内油田监测需求。国内仪器中子管产额较低，中子发生器耐温低，仪器外径小，受井眼影响大，测量精度低，解释符合率低，解释未与现场动态相结合，解释结论与生产状况相差较大。

因此，运用现代数值模拟和高精度元素能谱识别技术，融合传统的碳氧比饱和度测井、中子寿命测井的技术优势，形成一套测量精度准、解释符合率较高的新型脉冲中子元素谱分析剩余油测井技术。

1　元素谱分析剩余油饱和度测井仪器发展

1.1　PSSL 脉冲中子全谱饱和度测井仪

该仪器集碳氧比能谱测井、碳氢比能谱测井、氯能谱测井、钆示踪能谱测井、氧活化能谱测井、中子寿命测井、自然伽马测井、自然伽马能谱测井、井温测量、射孔 CCL 测量于一体，使用氧活化能谱开展水淹等级评价，实现了井间剩余油分布测量功能。能在 15%以上孔隙度和可变矿化度条件下，对套管、水泥环等介质外地层的剩余油饱和度进行定量测量，多种测井方法的交互使用，使得该仪器测试结果的解释符合率达到 80%以上，是一种评价压裂效果非常有效的新方法。该仪器与国外同类仪器相比，PSSL 脉冲中子全谱饱合度测井仪器有更高的测量精度和解释符合率（图 1）。

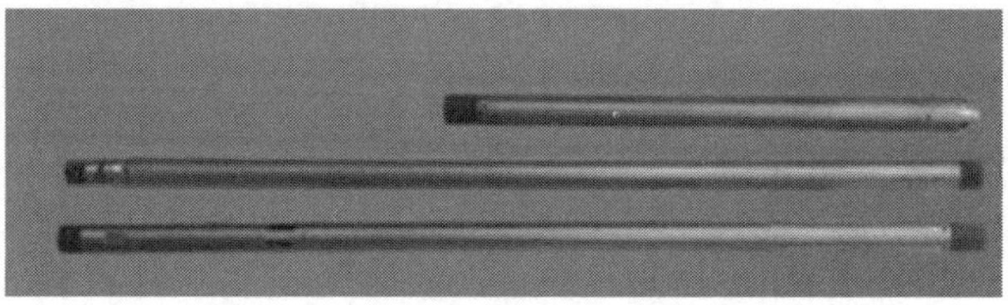

图 1　PSSL 脉冲中子全谱饱和度测井仪

1.2　PNNG 脉冲中子双谱饱和度测井仪

该仪器采用两个中子探测器和两个伽玛探测器，其中，中子探测器测量中子时间谱，伽玛探测器记录伽玛时间谱和能量谱。根据测量目的不同，该仪器的激发源可以使用化学同位素源，也可以使用脉冲中子源，通过灵活组合，可以完成不同的测量目的。PNNG 脉冲中子双谱饱和度测井仪器利用中子成像技术，解决油田非均质条件下的饱和度测量问题高效而且实用（图 2）。

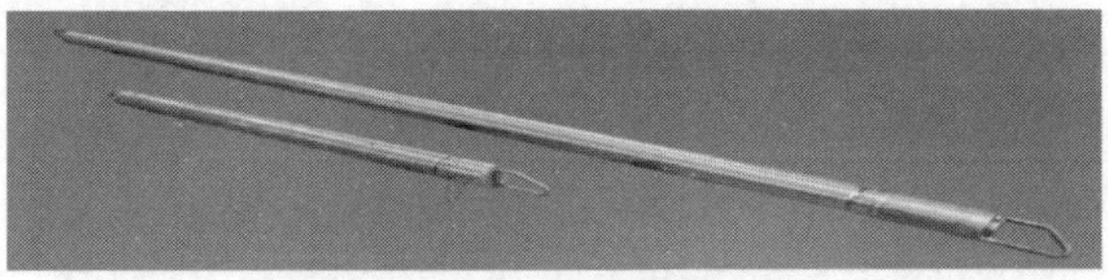

图 2　PNNG 脉冲中子双谱饱和度测井仪器

1.3　EPL 脉冲中子元素谱分析剩余油测试系统

在 PSSL 脉冲中子全谱饱和度测井仪的基础上，开发出了 EPL 脉冲中子元素谱分析剩余油测试系统，作为新一代脉冲中子剩余油测量技术，该仪器采用了能窗法+解谱法相结合的 Alpha 处理算法，提高了饱和度测量的准确度和精度，其测量方法和效果可与国外同类产品媲美（图 3）。

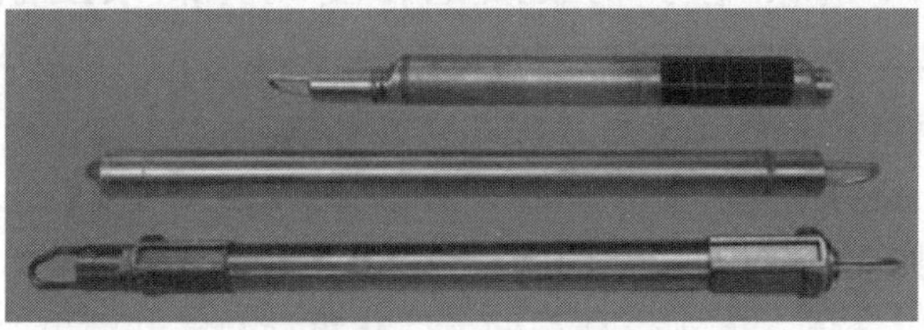

图 3　EPL 脉冲中子元素谱分析剩余油测试系统

14Mev 高能快中子与物质的作用从时间上主要分为非弹散射、俘获辐射、中子活化等三个过程，每个过程都会产生相应的特征伽玛射线（图 4）。

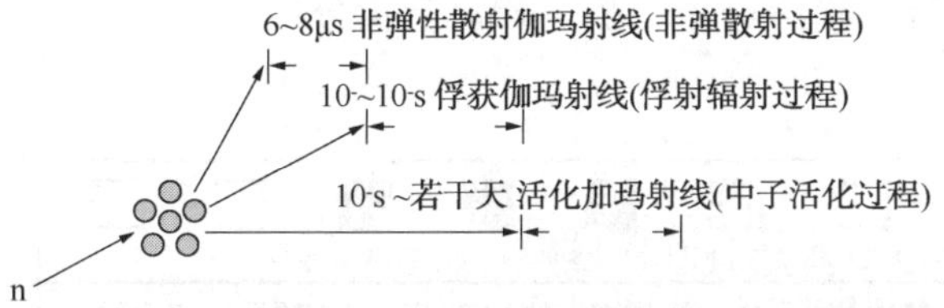

图 4　高能快中子与物质作用的过程

全能谱饱和度测井仪通过测量不同时间不同过程的特征伽马射线的时间和幅度分布，形成了四种伽玛射线谱，其信息覆盖了快中子和物质作用的所有过程。其中非弹散射伽玛、俘获伽玛能谱、热中子衰减时间谱充分反映了井眼和地层信息，活化伽玛能谱及其时间谱用于寻找各种管外、管内流体，为解释处理提供更加全面的原始资料。

2　工具组成

2.1　地面系统

元素谱分析剩余油饱和度测井的地面系统主要由一个 3U 控制箱体、一个工控机（或笔记本）构成，完成井下仪器的数据采集和命令发送、深度信号、速度信号、张力信号等数据采集保存、曲线显示、绘图等功能。控制箱体与电脑间用网络传输交换数据。

3U 箱体通过遥测系统负责采集井下仪器数据、发送各种控制命令，为井下仪器供电，由单芯电缆完成供电和通信，当然也可以配接多芯电缆中的一个缆芯实现遥测通信和供电，在本仪器中目前采用 5Kbit 的下行通信率，50Kbit 的上行通信率，半双工工作。另外，3U 箱体还要完成电缆张力、磁记号、深度、测速信号的采集、显示和发送给主机系统等工作。主机系统（含测井软件）实现测井过程的数据采集，井下仪器控制，曲线计算生成、滤波、显示、记录（含原始数据）、绘图等工作（图 5）。

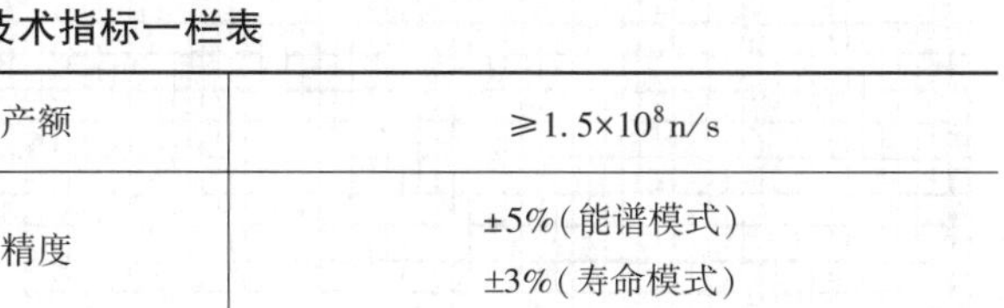

图 5　全能谱测井地面系统

2.2　仪器主要技术指标

全能谱测井仪器技术指标如表 1 所示。

表 1　全能谱测井仪技术指标一栏表

仪器总长度	6.0m	中子产额	≥1.5×10^8n/s
仪器外径	90mm	测量精度	±5%（能谱模式） ±3%（寿命模式）
耐温	150℃/4h	纵向分辨率	50cm
耐压	80MPa	横向分辨率	短源距为 27.8cm 长源距为 55.5cm
能量分辨率	BGO：优于 12%（对 137Cs）； NaI 优于 8%（对 137Cs）	推荐测速	≤50m/h（能谱模式） ≤360m/h（寿命模式）

续表

仪器总长度	6.0m	中子产额	≥1.5×10⁸n/s
最大下深	5800m	抗振能力	29.4m/s²，三维，0~100Hz
能量测量范围	0.66~8.5MeV	中子管寿命	≥300h(累计工作)
探测器类型	BGO或NaI	全温范围内能量增益稳定性和线性	≤0.5%

3 全能谱测井主要技术优势

根据新型BGO探测器的技术要求，通过提高采集速率、选择高速A/D转换芯片、快速采样保持电路和快速累加存储电路，提高了探测器的能谱及时间谱的采集和处理速度，减少了漏记，提高了仪器的测量精度；采用“硬件软化、软件优化”的设计思想，大量采用单片机和可编程集成芯片，在不增加硬件情况下，可完成C/O、C/O-Σ、Σ、Σ-Cap多种模式的数据采集及控制；该仪器采用井下自动稳峰与地面各种谱测井数据的预处理技术，大大改善了测井的原始数据质量，为精细解释奠定了基础。

对中发生器的各项参数进行优化控制，使得其具有中子产额高、中子产额稳定性好和使用寿命长等优点，提高了仪器的测量精度；一次下井同时测量多种参数(C/O、C/H、Cl、Gd、Σ等)，从而提高剩余油饱和度测量精度，为油田二次、三次采油措施提供科学依据；根据不同地区的不同的地质条件，采用不同的能谱处理方法和解释模型，使得仪器的适应性大大增强；采用纵向分辨率处理技术后，适用于薄层评价和厚层细分评价；

4 脉冲中子剩余油饱和度测井剩余油解释评价方法

4.1 不同测量模式测井响应特征

EPL脉冲中子剩余油饱和度测井曲线图，如图6所示的左边1~6道中，分别是非弹谱、俘获谱、宏观俘获截面、活化氧计数、井温、套后自然伽马等数据曲线进行资料解释评价。如图7所示的中部是直观显示碳氧比解释、孔隙度评估、地层水性质分析等道，是对地层直观快速分析部分，是定量解释基础。饱和度测井成果分析图，该图包括岩性分析、孔隙度分析、饱和度分析、相渗透率分析、相对产量分析等。

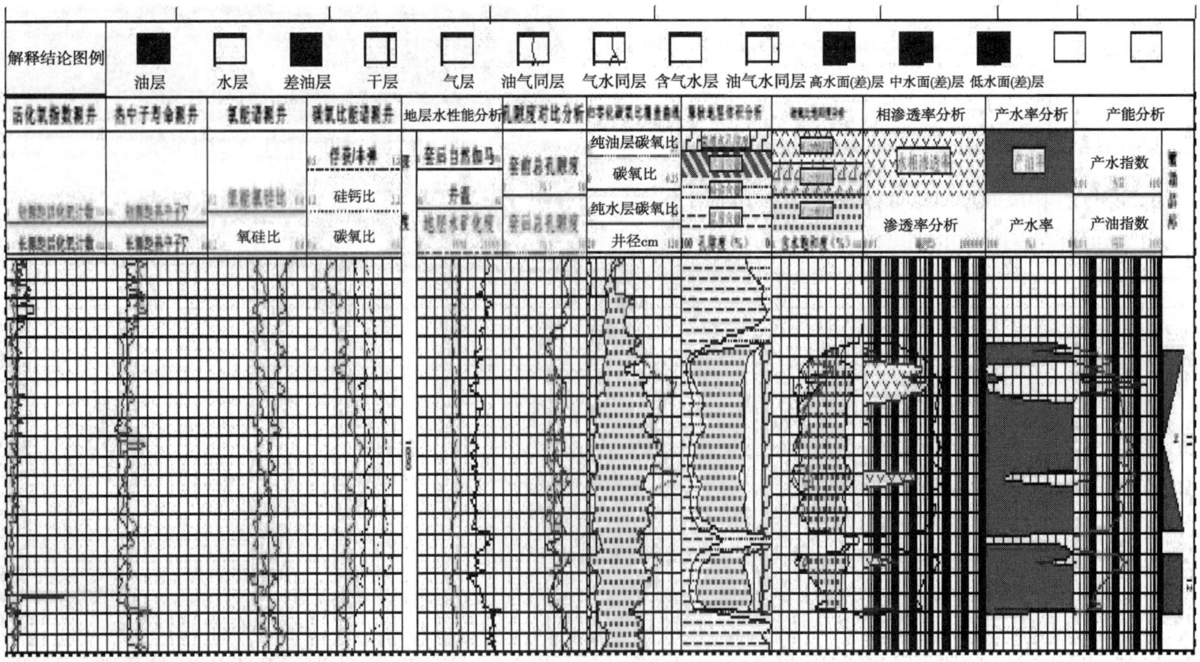

图6 EPL脉冲中子剩余油饱和度测井曲线及成果图

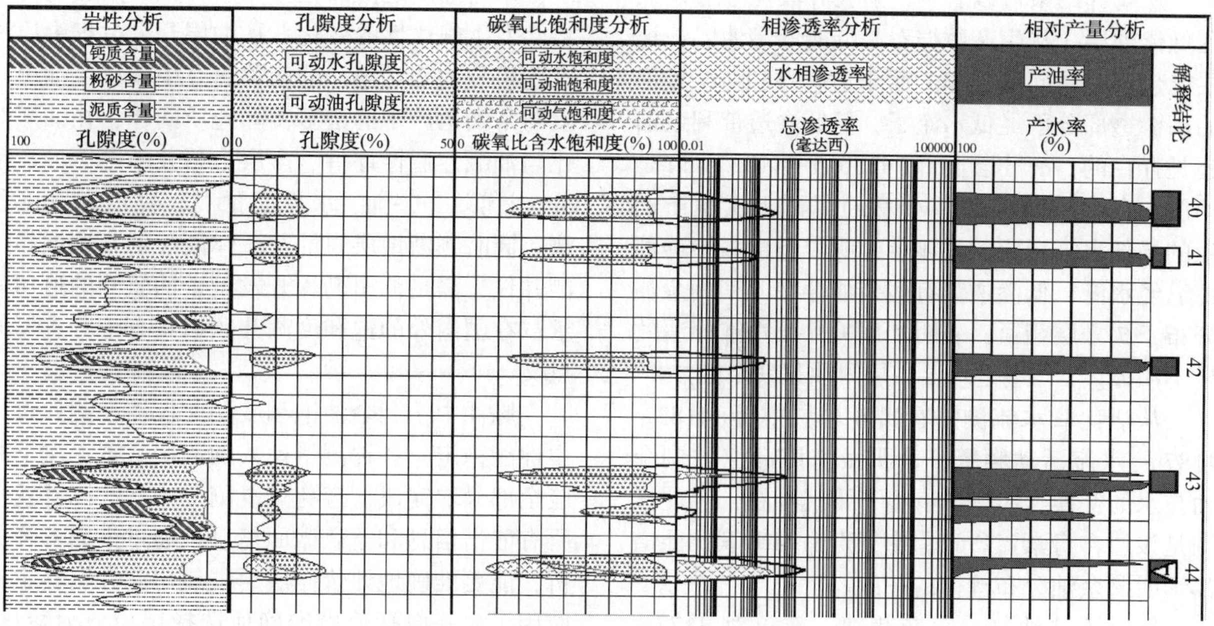

图 7　全能谱饱和度测井成果分析图

5　现场应用及效果

K2X 井是三叠系构造上的一口井，4171.0～4183.0m 射孔完井。2016 年投产，油压 31MPa，日产液 55.2m³，日产油 41.4t，不含水。2017 年 1 月份含水开始上升，且上升速度较快，截至 2020 年油压 8.3MPa，日产液 43.6m³，日产油 1.7t，含水 96.1%。因该井高含水，关井压锥。

2020 年，对该井 4170～4205m 进行了全能谱饱和度测井，目的是了解测量层段的油气水现状，为该地区油气分布评价提供依据(图 8)。

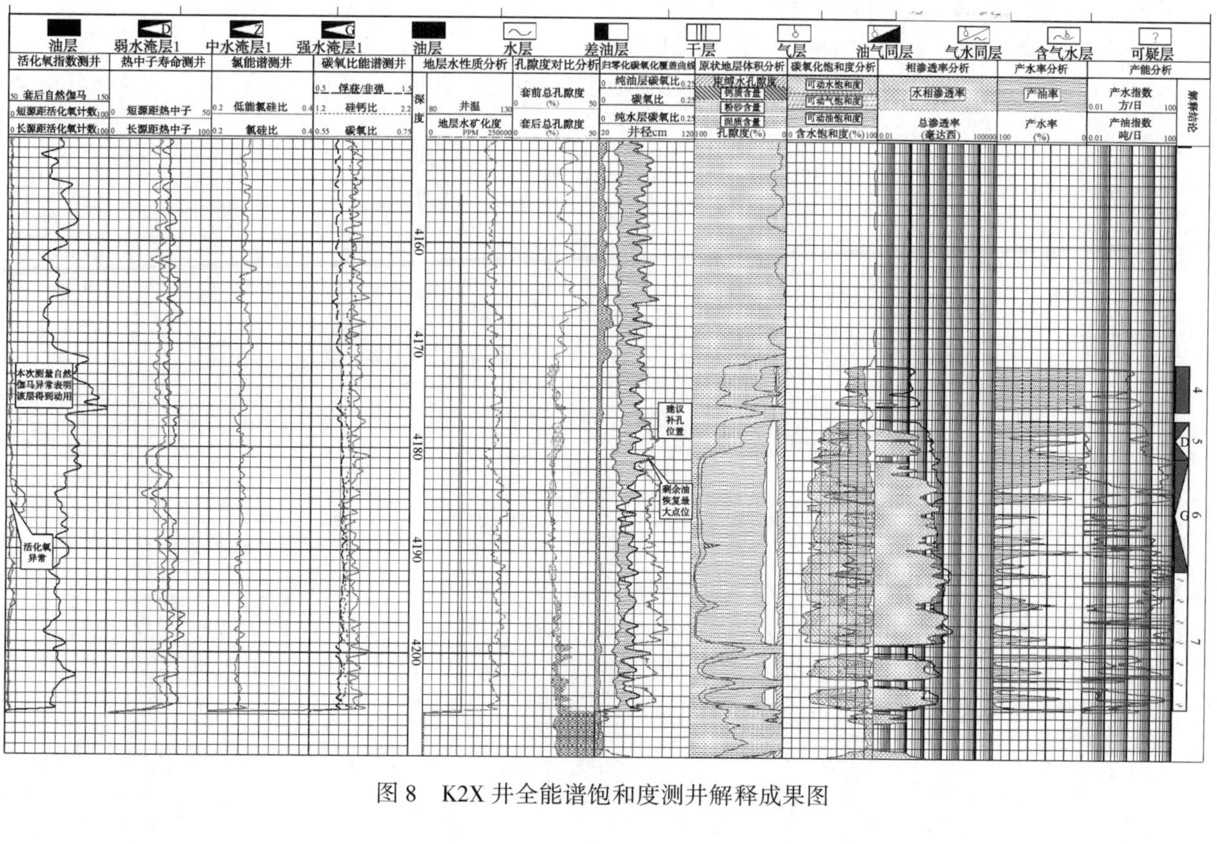

图 8　K2X 井全能谱饱和度测井解释成果图

从解释结果可以看出，射孔井段4号层是低孔低渗油层，从生产数据看是低能低渗油层，地层能量不够是问题关键。而未射孔井段：5号层的高渗透部分已经低水淹了，但低渗透带剩余油还是存在的；6号层上部(4180.5~4182.5m)是油层；在中部(4182.5~4192m)是因上次生产产生的局部水锥形成的过渡带，明显看出高渗透部位已经水淹，低渗透带有残余油存在，其剩余油分布于7号层相通，表明利用关井压水锥办法效果不明显。7号层是水层，层内油是残余油。

从活化氧水流测井看出6号层中部(4183~4187m)水流活动频繁，表明目前该部位的剩余油与水的交换，由于没有上下干扰存在，因此推测是该层自身紊流所致。中子寿命与碳氧比能谱都证明剩余油分布规律的一致。

针对该井油气水分布规律，建议对4177~4178m补孔挖潜，生产采用4mm油嘴可以有效延缓水锥上串可能。

6 结论及认识

油田开采过程中由于油层流体与储集岩之间、水与油层之间的相互作用，原油组成与性质将会发生规律性的变化。从油层开采过程中原油某些组分的变化规律的相关研究中解决了油田开发与采油生产中的诸多实际地质问题，在油层对比与油藏连通性评价、多层合采井单层原油产量分配计算、气-油-水界面预测、黏度和密度预测。同时判断地层岩性及流体液性的新型饱和度测井仪，满足油田勘探开发剩余油监测的迫切需求，在国内外的饱和度测井领域具有十分重要的意义。

脉冲中子剩余油饱和度测井仪器在测井过程中性能稳定，各种测量模式的原始数据一次下井能全部录取完成，避免重复测井。一次测井获得所有能谱信息和俘获截面信息，通过全面解释分析，能更准确地评价储层。碳氧比测井资料主要应用于完井射孔前更准确地选择层位，为酸化、压裂、补孔确定潜力层，挖掘未动用储量，为堵水进行储层评价，在水驱油田为调剖提供依据以及为油藏管理提供准确数据。

通过不同解释方法对比，得出统一的解释结论，验证了全能谱测井资料的可靠性和真实性。

苏里格致密砂岩气藏老井综合挖潜技术研究

唐华佳　汪春浦　肖高棉　陈　琴　刘金库　胡　杨　胡天文

（中国石油川庆钻探工程有限公司地质勘探开发研究院）

摘　要　老井挖潜工作是油气藏开发中增加可采储量、挖掘剩余油气潜力、提高油气井产能、控制气田综合递减和提高气藏采收率的重要措施，它贯穿于整个开发过程，是一种成本低、见效快的技术手段，具有较好的经济可行性和较强的可操作性，在各个油气田开发中得到广泛开展。但各类油气藏因地质特性差异，挖潜技术及手段不尽相同。苏里格气田是典型的致密砂岩非常规气藏，其地质条件复杂，勘探开发难度大，老井挖潜措施和手段也具独特性。随着开发的不断深入，低产低效气井逐年增多，综合递减居高不下，稳产难度不断加大。为挖掘气藏潜力，达到稳产增效的目标，开展老井潜力评价、综合治理成为开发重要内容。通过深入气藏剩余气分布认识、气井低产原因分析、挖潜对策和技术研究，结合地质工程一体化思路，形成了以储层挖潜、排水采气为主，故障修复、管理优化为辅的综合挖潜技术对策。该对策在川庆钻探苏里格风险合作区块应用效果良好，措施年增气量由 0.55 亿方提高至 4.09 亿方，区块综合递减率由 23.02%下降至 18.48%，全面保障了区块的增产和稳产。形成的具有针对性的挖潜配套技术体系，适用于苏里格地区及致密气藏，对非常规油气开发生产具有积极的参考价值。

关键词　苏里格气田；致密气藏；非常规油气；潜力评价；老井挖潜；综合治理

1　气藏地质特征及开发难点

苏里格气田属于致密砂岩气藏，典型的"三低"气藏，作为非常规气藏，由于其特殊的成藏地质背景及成藏机制，形成了颇具特色的复杂气藏地质特征。目前已发现上古生界二叠系下石盒子组盒$_7$、盒$_8$，山西组山$_1$、山$_2$及下古生界奥陶系马家沟组多套含气层段，主力层系为盒$_8$和山$_1$，盒$_8$上亚段和山$_1$段为曲流河沉积，盒$_8$下亚段为辫状河沉积，砂体横向变化快、连续性差，叠置较多，连通性差、非均质性强，多呈条带状和透镜体分布，流动形态存在明显的阻流边界(图 1)。

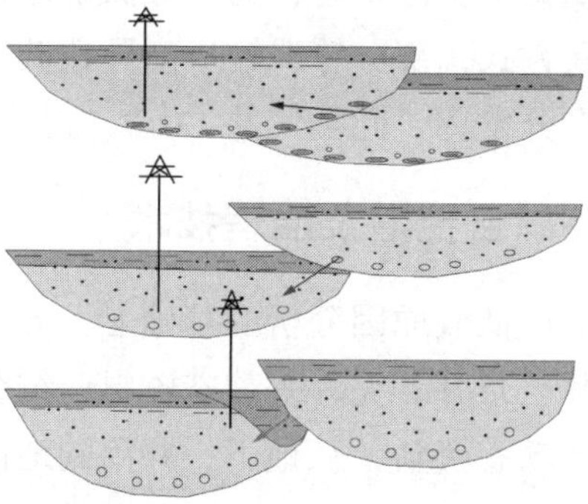

图 1　苏里格砂体叠置关系图

川庆钻探工程有限公司所辖开发区块为苏1、桃 2、苏 3 和苏 4 区块，2006 年投入开发，2011 年进入稳产期，到 2023 年末已稳产 13 年。气田经过 17 年的规模开发，累计投产气井 1500 口，日产气量低于 0.5 万方的井 1162 口，占比 77.5%，其井数和比例逐年上升；剩余储量品质劣质化加剧，稳产形势日趋严峻，难以达到高效经济的开采目的。急需攻关和配套老气田增产稳产新技术、新途径，全力开展老井潜力评价与综合治理，提高气井产能和采收率，减缓区块综合递减，盘活关停气井等闲置资产，实现区块稳产水平再上新台阶，确保区块再稳产 10 年开发目标的顺利完成。本文通过深度剖析气井低产低效原因，针对不同类型成因气井，形成一套适用于苏里格致密砂岩气藏老井综合挖潜技术，为区块稳产提供技术支撑和保障。

2　气井低产影响因素分析

长庆油田对低产低效井的判定方法主要根据日产气量进行判别，结合气井实际生产情况，定义日产气量小于 0.5 万方的气井为低产低效井。截至 2023 年 9 月底，川庆钻探苏里格风险作业区块共有低产低效井 1162 口，占总井数的 77.5%，井数和占比逐年增加，年增加速度由 6.2%上升至 8.6%，严重影响了开发效果和效益(表 1)。

表 1　近年来低产低效井情况统计表

年份	总井数/口	低效井井数/口	低效井占比/%	年增加井数/口	年增加速度/%
2018 年	1103	747	67.7	63	6.2
2019 年	1223	820	67.0	73	6.6
2020 年	1305	902	69.1	82	6.7
2021 年	1405	1004	71.5	102	7.8
2022 年	1467	1125	76.7	121	8.6
2023 年	1500	1162	77.5	37	2.5

从二项式产能方程可以看出气井低产低效的影响因素较多，包括储层参数、地层压力、裂缝半长、井底污染、气藏含水、生产时率等等。从气井生产动态特征来看，主要体现在产量低、压力低、工作制度不合理、硫化氢含量高、井筒积液、井下故障、地层出砂、节流器堵塞等；从储层、井筒及地面系统等方面进行剖析，明确气井低产低效的根本原因主要分为储层物性差、能量衰竭、井筒积液、井下故障、地面不配套等五类（表 2）。

表 2　低产低效井原因分类统计表

原因分类	特征描述	井数/口	比例/%
储层物性差	静态效果差、初期产量低、动态效果差	227	19.5
能量衰竭	气井产量和压力递减正常、目前压力低	424	36.5
井筒积液	产液量大、产量小于临界携液流量	453	39.0
井下故障	井筒出砂、井筒结垢、节流器故障等	45	3.9
地面不配套	高含硫化氢、管网不配套等	13	1.1

（1）储层物性差：气藏为三角洲平原分流河道砂体沉积为主，河道砂体具有有效砂体规模小，叠置形式多样，结构复杂。部分气井由于储层规模（厚度、砂体宽度、砂体的长度）、储层物性的影响，有效砂体不发育，静态评价为Ⅲ类井，试气效果不理想，产能评价为Ⅲ类井，投产初期产量低，生产效果差，往往不能连续稳定生产。此类气井 227 口，占比 19.5%。

（2）能量衰竭：气井早期产量和压力递减正常，目前处于全生产周期末期，单井控制范围内的储量大部分被采出，地层能量枯竭，剩余可动用储量小。此类气井 424 口，占比 36.5%。

（3）井筒积液：受地层产水及地层压力下降影响，实际产气量小于临界携液流量，井筒液体不能及时有效的排出，地层回压上升，积液不断增加，堵塞了天然气产出通道，造成产量下降甚至停产。此类气井 453 口，占比 39.0%。

（4）井下故障：包括油套管受地层水腐蚀变形、地层出砂堵塞或砂埋气层、产出液结垢堵塞、节流器打捞不起或故障等等。此类气井 45 口，占比 3.9%。

（5）地面不配套：主要是下古生界层系高含硫化氢，地面设备不配套，存在安全隐患，导致气井长期处于关停状态；另一方面是地面集气管线为串联方式，部分管线输压高导致低压气井产能无法充分发挥。此类气井 13 口，占比 1.1%。

3　老井综合挖潜及治理技术

在低产低效原因分析的基础上，充分运用钻井、测井、录井和完井等静态资料，结合测试数据和生产动态资料，从地下、井筒到地面，系统评价低产低效井开发潜力。在此基础之上，针对不同类型低产低效井，制定适应的挖潜技术对策。主要包含查层补孔、老井侧钻、重复压裂、排水采气、故障修复和管理优化等措施。

3.1 查层补孔

鄂尔多斯盆地苏里格气田包含多个含气层组，下古生界主要以马家沟组五段为主，上古生界发育石千峰组、石盒子组、山西组、太原组及本溪组等五个气层组。开发层系以盒$_8$和山$_1$层为主，部分区域发育其它的含气层段，随着地质认识和工艺改造技术的不断升级，这些储层的开发潜力逐渐增加，从而为开展查层补孔提供了坚实的物质基础。

查层补孔技术是通过查找气井纵向上未经开发的含气显示较好的层段，对其进行射孔压裂改造来增加天然气储量的一种增产挖潜技术措施，潜力层评价的关键是有效储层的确定。运用最广泛也是比较准确的试气法求取了储层参数下限，并分析了其气层的含水饱和度(束缚水饱和度)上限值，以此做为潜力井层定量评价标准。确定了石盒子组和山西组有效储层的标准：厚度≥3m，孔隙度≥5%，含水饱和度≤55%，声波时差≥215μs/m，泥质含量≤15%(图2)。

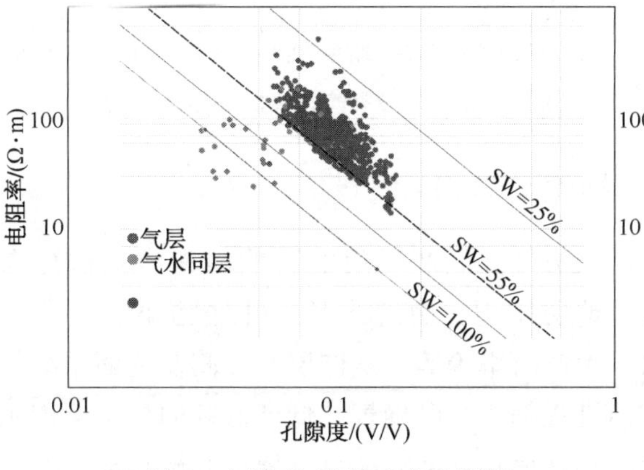

图2 电阻率-孔隙度交会图版

根据补孔层位、储层地质特征，结合地面施工条件及气井工程条件进行论证，主要通过“封下采上”和“封上采下”工艺模式开展挖潜。历年实施查层补孔措施20口井，措施有效率95%，平均单井累增产气1228万方，已累计增产气量2.45亿方(图3)。

3.2 排水采气

目前产水气井的排水采气工艺较多，但传统的方法主要有速度管柱、泡排、气举等7种，根据各项工艺适应性分析、气井生产动态特征、工艺措施效果验证，已形成了以泡排、柱塞和解水

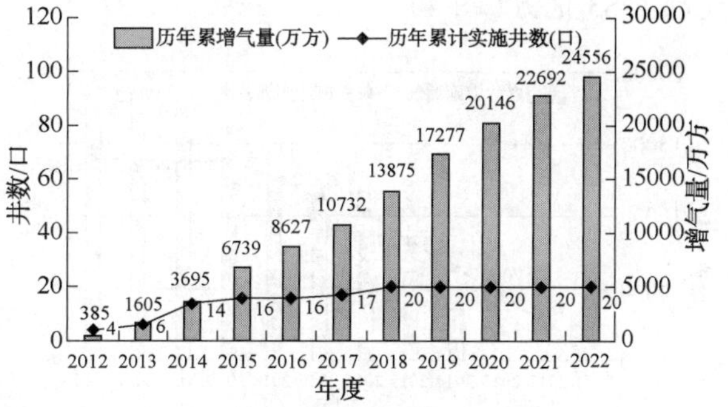

图3 查层补孔措施实施情况

锁为主，氮气气举、速度管柱、自动间开及复合工艺为辅的产水气井排采工艺，措施覆盖率达40%左右，平均单井日增产0.3万方，年增产气量近4亿方。

3.3 老井侧钻

该项技术能够有效利用原井场和地面管网，不仅能够节省钻前、井口、套管及环保费用，而且还减少了土地征用、修路等费用，大大降低了开发成本；同时，侧钻通常在老井区实施，可利用邻井资料多，区域砂体发育、储集层展布及产能情况相对落实，地质上相对可靠。2019年实施侧钻井1口，已累计增产1005万方。

3.4 重复压裂

重复压裂是指对地质条件好，钻遇目的层发育的老井，由于前期压裂未达预期等因素未能达到高产目的，通过二次压裂改造手段，增加原开采层的动用储量，达到增产的目的。其前提是初期开采的层位具有较好的储量潜力。选井条件：①静态分类为Ⅰ类井；②动态评价为Ⅱ或Ⅲ类井，生产效果较差或明显低于同条件邻井；③生产中未出现产水现象。经过初步筛选，再通过单井动静态资料分析和施工可行性研究，最终确定措施井号。

3.5 故障修复

随着气井生产时间的延长，井筒中出现各种各样的问题与故障，比如积砂堵塞、结垢堵塞、节流器故障失效以及管柱漏失等，导致气井低产或停产，影响气井产能正常发挥，通过故障修复可有效恢复的提高气井产能，目前常用的技术措施主要有连续油管冲洗冲砂、气井大修复产、疑难节流器处理、井筒除垢等。历年实施修井措施53口井56井次，措施有效率72.5%，累计增产

气量 1.83 亿方(图 4)。

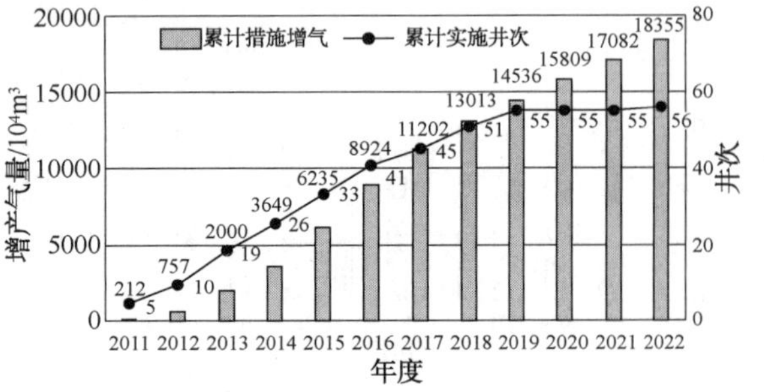

图 4　修井措施实施情况

3.6　管理优化

针对部分含硫气井因地面流程不匹配以及部分站场出现气井关停的现象，通过对地面设施设备进行工艺改造，以达到恢复气井生产的目的，主要措施为单井井口脱硫工艺。针对管网压力升高、部分低压井产能无法发挥的问题，统筹统筹井、站、线差异输气管理，开展水力计算和研究，通过减短集气半径，降低输压，发挥气井产能。近年来实施管理优化 25 口井，累计增气 3301 万方。

3.7　老井综合挖潜技术

紧密围绕储层地质特征、气井开发现状和生产动态特征，结合技术现状、工艺应用、经济效益、安全环保等因素，坚持按照地质工程一体化思路，分类分级制定有针对性的措施挖潜对策，注重挖潜技术的目的性、先进性和操作性，确保措施科学准确、合理有效(图 5)。

图 5　不同类型气井挖潜技术对策

4　成果现场应用效果

依托上述老井综合挖潜关键技术，对苏 1、桃 2、苏 3 和苏 4 等区块开展老井挖潜，自 2016 年加大技术攻关的规模应用以来，取得显著挖潜成果及巨大经济效益。历年累计实施挖潜措施 2348 井次，累计增加天然气产量 14.31 亿方，平均年增产气量 2.04 亿方，投入产出比 1∶5.6，区块综合递减率由 23.02%下降至 18.48%，为川庆苏里格风险合作区块增储上产和持续稳产创造了良好条件，实现了致密砂岩气藏高效经济开发目标，挖潜技术经济效益显著(图 6、7)。

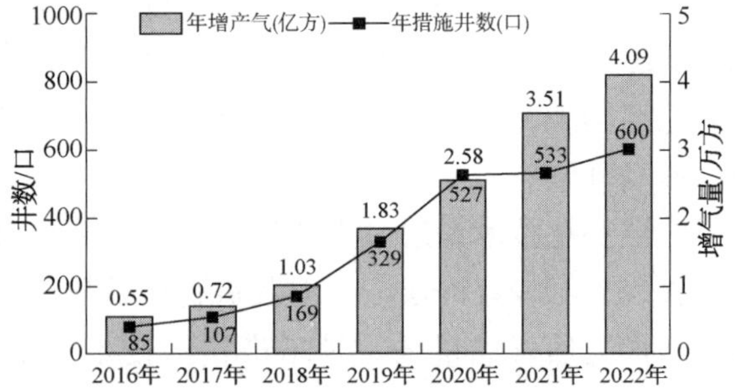

图 6　2016 年以来挖潜措施实施情况

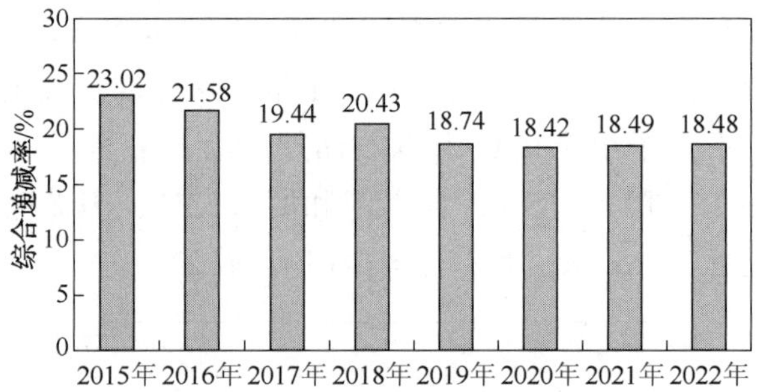

图 7　2015 年以来综合递减率变化情况

5　结论与认识

(1) 气井低产低效的影响因素包括储层参数、地层压力、裂缝半长、井底污染、气藏含水、生产时率等等，从储层、井筒及地面系统等方面进行剖析，明确气井低产低效的根本原因主要分为储层物性差、能量衰竭、井筒积液、井下故障、地面不配套等五类。

(2) 针对不同类型低产低效井，形成了以储层挖潜和排水采气为主、故障修复和管理优化为辅的老井综合挖潜与治理技术对策，实现了低产气井从储层、井筒到地面的差异化评价挖潜与综合治理，现场应用效果良好，达到了全方位挖掘老气田增产潜力的目的。

(3) 利用四大类老井综合挖潜技术体系，成功治理低产低效气井 2348 井次，累计增产天然气 14.31 亿方，投入产出比 1∶5.6，降低综合递减率 4.54 个百分点，措施增产效果显著、经济效益突出，为川庆苏里格风险合作区块增储上产和持续稳产提供了强有力的技术支撑。

参 考 文 献

[1] 王强，孙万里，张震涛．川西致密碎屑岩气藏老井挖潜技术与应用[J]．钻采工艺，2005，28(3)：55-57.

[2] 李明波．苏里格气田苏 10、苏 11 区块剩余气挖潜技术研究[D]．大庆：东北石油大学，2015.

[3] 张鹏，叶小闯，等．低渗气藏老井综合挖潜与治理对策研究[J]．IFEDC，2021，10，4-53.

[4] 杨映洲等．苏里格气田(中区)低产低效井潜力评价及挖潜对策研究[C]，2018 年全国天然气学术年会论文集(3 非常规气藏)．北京：中国石油学会天然气专业委员会，2018.

[5] 汪春浦，等．桃 7 区块低产低效井潜力评价及挖潜对策研究，中国石油川庆钻探工程公司科研项目，2019

[6] 金毓荪，巢华庆，赵世远等．采油地质工程．石油工业出版社，2003.

[7] 张金发，等．致密砂岩气藏低产低效井治理对策及展望[J]．能源与环保，2022，44(10)：115-124.

[8] 杨顺智，刘秋兰，杨富等．苏里格气田低产气井进攻性措施增产技术研究及应用[J]．内蒙古石油化工，2018，44(12)：101-102.

[9] 卢涛，刘艳侠，武力超，等．鄂尔多斯盆地苏里格气田致密砂岩气藏稳产难点与对策[J]．天然气工业，2015，35(6)：43-52.

[10] 张书平，白晓弘，樊莲莲，等．低压低产气井排水采气工艺技术[J]．天然气工业，2005(4)：106-109，17-18.

陆东凹陷致密碎屑岩储层改造技术研究

李 杨[1] 张子明[1] 苏 建[1] 杨 蕾[2]

（1. 中国石油辽河油田分公司；2. 中国石油长城钻探）

摘 要 陆东凹陷致密灰质碎屑岩为非常规油藏，勘探程度低，常规体积改造的缝网连通性差导致提产效果不理想、稳产期短。利用扫描电镜和激光共聚焦对储层微观特征进行了充分研究，确定制约压裂效果的主要因素为碳酸盐矿物质堵塞孔喉以及束缚态原油占比高。通过开展酸性滑溜水适用性评价，得出 pH1 酸性液体能有效溶蚀填充物并达到扩孔增渗作用，同时优化驱油剂配方提高原油剥离效率，研制了适用于该块的新配方体系。辅助密切割、新型柔性暂堵球、广域电磁监测等技术手段，形成了该块体积压裂提产关键新技术，累计应用 3 直 2 平，提产稳产效果明显，为陆东凹陷增储上产提供了新技术支撑。

关键词 酸性滑溜水；暂堵球；致密；碎屑岩；储层改造

辽河外围盆地陆东凹陷勘探面积大、资源量丰富，近年来勘探由常规转为非常规储层，勘探程度低、潜力大。由于区块碎屑岩较致密、储层物性差，常规压裂技术无法满足勘探需求。引入非常规体积压裂改造理念后，该块取得初步勘探突破，部分井获得工业油流，但仍存在工业油流达成率不高、提产有限、压后递减快、综合累产低等问题，分析原因为人造缝网连通性差、有效期短、改造体积有限等。本文基于陆东凹陷碎屑岩储层以碳酸盐矿物质胶结堵塞孔喉的岩心特点，提出“扩孔增渗”理念，通过酸性滑溜水提高缝网连通性及导流能力，同时辅助可溶暂堵球形成多簇起裂，形成了提高陆东凹陷致密碎屑岩储层改造体积的压裂新技术。同时首次采用广域电磁法监测各簇起裂及暂堵效果，现场应用证实，酸性滑溜水及新型暂堵球能有效提高储层改造程度、提产明显，为含灰致密碎屑岩储层提供了新的改造方式。

1 陆东凹陷储层特征

1.1 储层岩石学特征

陆东凹陷主要含油层系为九佛堂组、沙海组、阜新组，勘探目的层段为九佛堂组，储层岩性以凝灰质粉砂岩、凝灰质细砂岩为主。岩石类型主要为岩屑砂岩和长石岩屑砂岩，碎屑组分多为火山岩塑性颗粒。该区块岩石样品全岩定量分析，黏土含量 4.8%～11.7%，石英 25.6%～45.3%，长石 27.0%～48.9%，方解石 1.1%～17.1%，白云石 4.1%～8.5%。其中，长石主要为斜长石，方解石、白云石等碳酸盐矿物质含量占比 14.1%，黏土矿物以绿泥石为主，占比 39%，同时含有少量的蒙皂石、伊蒙混层等。

1.2 储集空间类型

九佛堂组为扇三角洲-湖湘沉积体系，由扇三角洲前缘到湖湘，砾级由粗变细，物源供给变弱，因水体环境偏咸，化学沉积作用增强，白云质碳酸盐含量逐渐增加，乃至纯碳酸盐相带，后期溶蚀作用造就了“粗粒砂岩粒间溶孔、细粒砂岩粒内溶孔、云质泥岩基质溶孔、碳酸盐岩溶蚀孔”连续发育，构成了油气连续聚集的网络空间，如图 1。

九佛堂组砂岩成分成熟度低，受成岩自生伊利石等黏土矿物和碳酸盐胶结物的影响，储层物性较差，储层孔隙度 5.2% ～ 16.3%，平均 10.4%，渗透率 0.009～16.7mD，平均 0.2mD，属于低孔、低渗-特低渗储层，见图 2。

交47#，2113.15m，铸模孔、粒间溶孔，粒内溶孔，见裂缝
5×10–

ϕ=9.3%、K=0.014mD

交47#，2113.15m，粒间孔隙被菱面体白云石矿物大部分充填，残余少量粒间孔隙，1000倍

图1　岩心薄片及电镜扫描

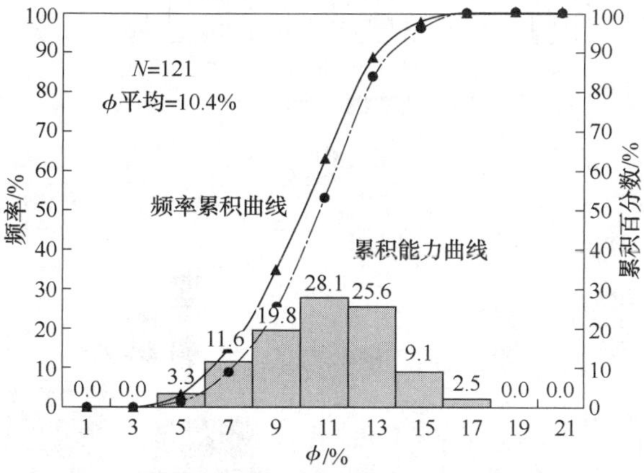

储层岩心分析孔隙度频率分布直方图

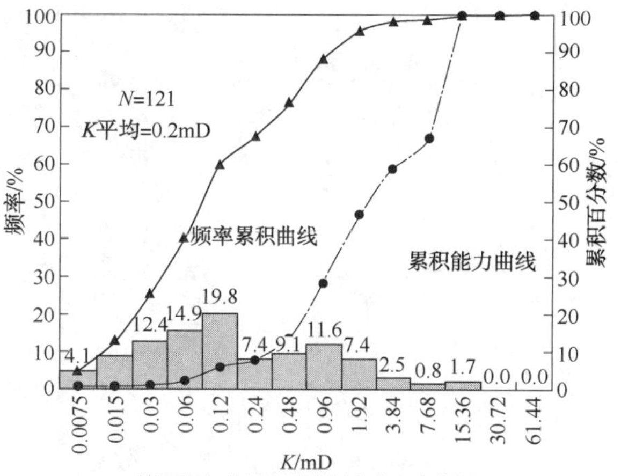

储层岩心分析渗透率频率分布直方图

图2　储层物性直方图

1.3　基于激光共聚焦的微观认识

将该区块岩样置于激光共聚焦下进行显微观察，如图3实验发现两种不同原油赋存状态。图3(a)样点1位于带蓝光砂条内，图3(b)显示样品含水4.52%，含油5.21%(体积含量)；原油赋存孔隙半径小于30μm，分布较均衡；以粒间含油为主，占比54.42%，自由态原油占比为57.0%、半束缚态3.2%，束缚态39.8%，该块砂条属于超低孔低渗储层。图3(a)样点2位于黄色荧光位置，图3(c)显示样品含水0.75%，含油3.35%(体积含量)，原油赋存孔隙半径大部分小于20μm，粒内含油为主，占比70.4%；自由态原油占比为40.84%、半束缚态1.5%，束缚态57.67%，该块泥质含量高类似于非常规储层，含油多为束缚态。纵观整个样片均以两种类型呈“厘米级”交互存在，常规改造只能获取低渗砂条中自由态原油，需对两种类型采取针对性措施。

1.4　岩石力学

对区块所有井岩石力学参数进行统计，区块脆性44.3%～53.3%，最大最小水平应力差3.9～8.0MPa，最小主应力梯度0.016MPa/m，天然裂缝不发育。该块储层工程品质条件不利于复杂缝网的产生，建议以细分切割为压裂设计思路。

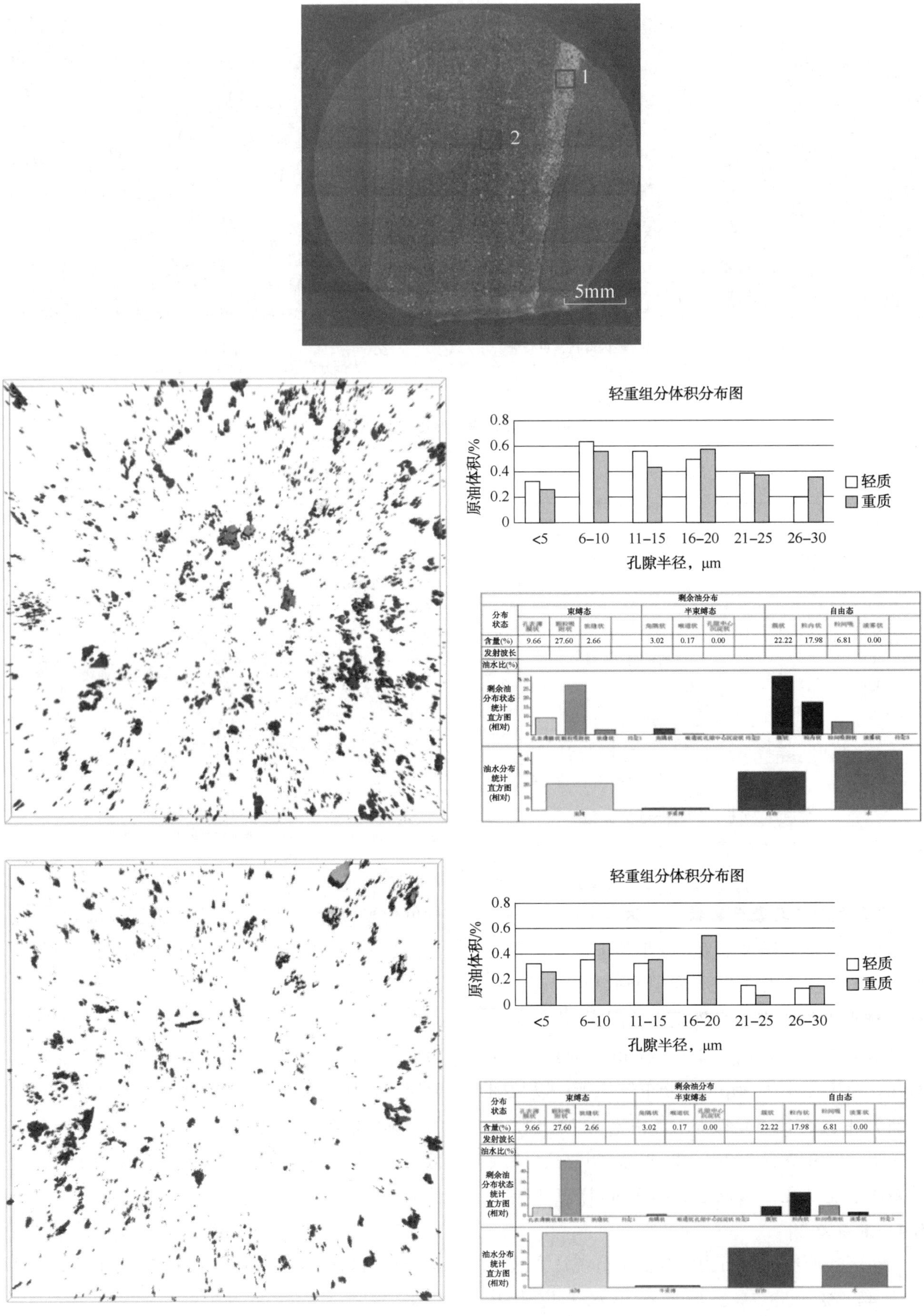

图 3　J58 井九下段岩心激光共聚焦

2 影响因素分析及压裂思路

2.1 影响因素分析

(1) 储层致密，孔隙半径小于 30μm 且连通性差，从扫描电镜看粒间大量充填碳酸盐岩矿物质堵塞孔隙及吼道。常规体积改造利用大排量注入低黏液体能使人工裂缝相对复杂化，但无法疏通各微孔连通性，对单井提产有限。

(2) 对压裂液驱油性能要求高。从激光共聚焦观察原油赋存，常规低渗砂岩条带油水共存、非常规条带均为束缚油，整个纵向砂体均为此结构。如何提高油水置换、改变非常规砂条润湿性是该块提产的关键因素。

(3) 脆性低、天然裂缝不发育，体积压裂所造人工裂缝复杂程度有限、对储层改造程度有限，需要采用密切割方式降低原油流动到人工缝的距离，因此对分段分簇以及多簇开启提出了更高的要求。

2.2 压裂改造技术思路

针对陆东凹陷致密碎屑岩储层横向窄、纵向散、单层厚度薄、砂体规模小的特点，以“平面密切割、纵向穿层改造”设计理念，“细分切割+体积压裂+分簇射孔+段内暂堵+高强度加砂”，提高“缝控储量”，最大程度的提高水平段储量动用程度和单井产量。(1) 借鉴酸压理念，通过注入酸性液体“酸蚀疏通”的方式，在原先压裂液“造缝、携砂、驱油”的基础上，增加一项“扩孔增渗”的功能，同时满足高排量体积改造的需求；(2) 优选表面活性剂提高驱油效果，0.4%复配压裂助排剂下从岩石粉末剥离原油效果最好，达到 85%；(3) 采用可溶暂堵球封堵炮眼，提高多簇开启率，调整各簇改造程度。

3 提高改造体积的压裂新技术

3.1 酸性滑溜水适用性研究

酸性滑溜水在涪陵、长宁、威远等高碳酸盐岩页岩气储层开展了现场试验与应用，储层改造效果显著。结合本块碳酸盐矿物质堵塞孔喉的特质，因此对该块 20 组岩心开展酸性滑溜水适用性研究。配置不同 pH 值酸性滑溜水开展横向静态酸蚀对比，结果见图 4。通过对比可以发现，同一岩样随着 pH 下降溶蚀率逐步提高，最后趋于平缓。考虑现场施工难度同时兼顾经济性，确定该区块选用 pH 值为 1 的滑溜水，既保证对岩心的溶蚀率，又可避免岩心骨架坍塌，实现储层“孔洞溶蚀、骨架支撑”。由于岩心通酸后渗透率测定误差较大，因此采用对比通酸前后所需驱动压力评价对岩石渗透率的改善。经室内多组实验评价，该块灰质碎屑岩通过 pH1 酸性滑溜水驱动压力相较盐水下降 5.2~19.8 倍，说明酸性滑溜水能够有效改善致密灰质碎屑岩的渗流能力，降低原油流至人工裂缝的流动阻力。最终优选出可适用酸性滑溜水配方为：0.08%~0.15%耐酸聚合物乳液+0.4%复配驱油助排剂+0.03%过硫酸盐+2.5%复合酸液，可通过耐酸聚合物乳液浓度调节液体黏度。根据上述配方低粘液平均黏度 1.53mPa・s，防膨率 94.7%、残渣含量低于 70mg/L、表面张力 26.35mN/m、界面张力 0.1mN/m、降阻率 70%，满足现场施工需求。

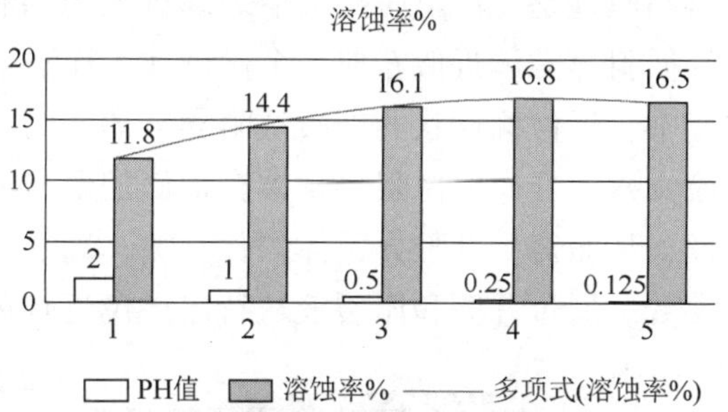

图 4 不同 pH 值下溶蚀率

3.2 新型可溶暂堵球提高多簇开启

常规刚性暂堵球对不规则炮眼封堵效率低，不能有效调节多射孔簇同时开启。因此研制一种“柔性外壳+刚性球芯”的新型复合自适应可溶暂堵球，弹性更好，可针对射孔、压裂砂冲蚀后的不规则炮眼封堵。如图 5 所示，当暂堵球变成蘑菇型后，突破强度可超过 60MPa，且暂堵效果最好。采用可溶橡胶材质的柔性外壳面对不规则孔眼时可较容易将暂堵球固定层蘑菇型，从而实现有效封堵。与常规暂堵球相比，突破压力从 30MPa 提升至 70MPa，暂堵升压 3.0MPa 提高至 5.5MPa，封堵成功率由 56%提高至 95%，大幅提升多簇压裂裂缝开启效率，提高改造层段动用程度。

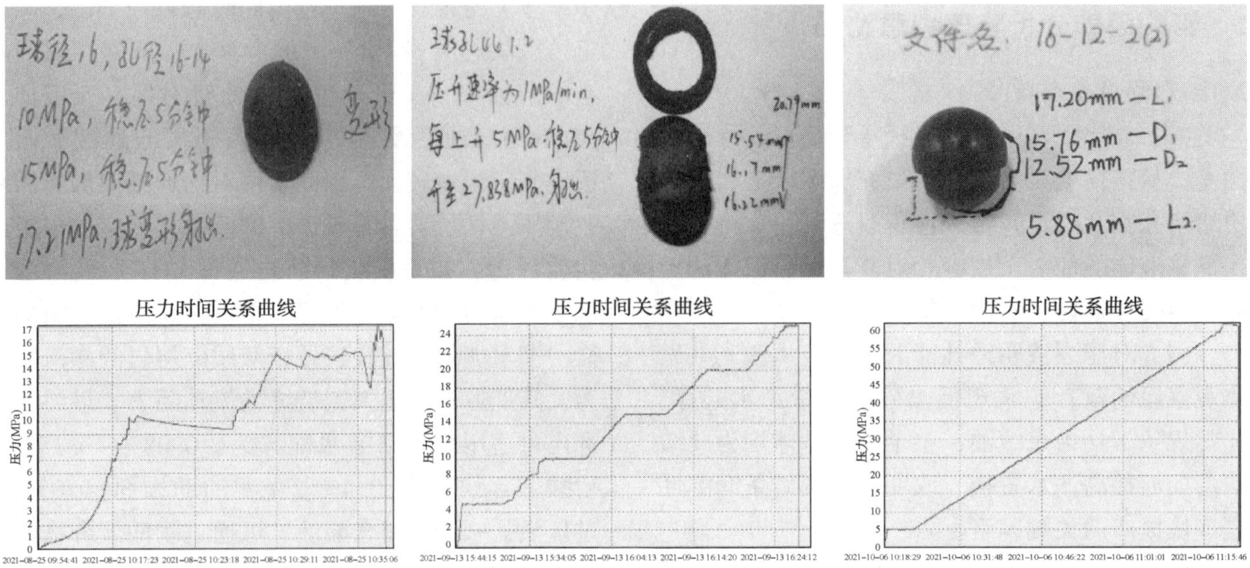

图 5 暂堵球突破强度实验

3.3 广域电磁监测技术

与井下微地震裂缝监测不一样，井地广域电磁法监测原理是将低阻压裂液沿裂缝进入地层后形成的低阻异常体近似看成一个椭球体，压裂监测过程中，近似椭球状的裂缝低阻异常体作为稳定电流发射源，研究低阻异常体在地面的电位分布特征，从而得到低阻异常体的长、宽、高 3 个主要参数。通过井筒和压裂液从特定层位近场激发，地表接收，监测储层压裂前后电阻率变化引起的电磁响应，获取电磁时间域差分异常，通过 5G/4G 信号传回云处理中心，处理成果后回传到压裂现场的显示平台。可以实时反映压裂液波及范围，进而分析缝网特征。J51-H262 井采用酸性滑溜水密切割体积压裂工艺，共实施 18 段、64m/57 簇，全程采用广域电磁监测，其中第 2、4、6、12 采用投球暂堵工艺(图 6)。

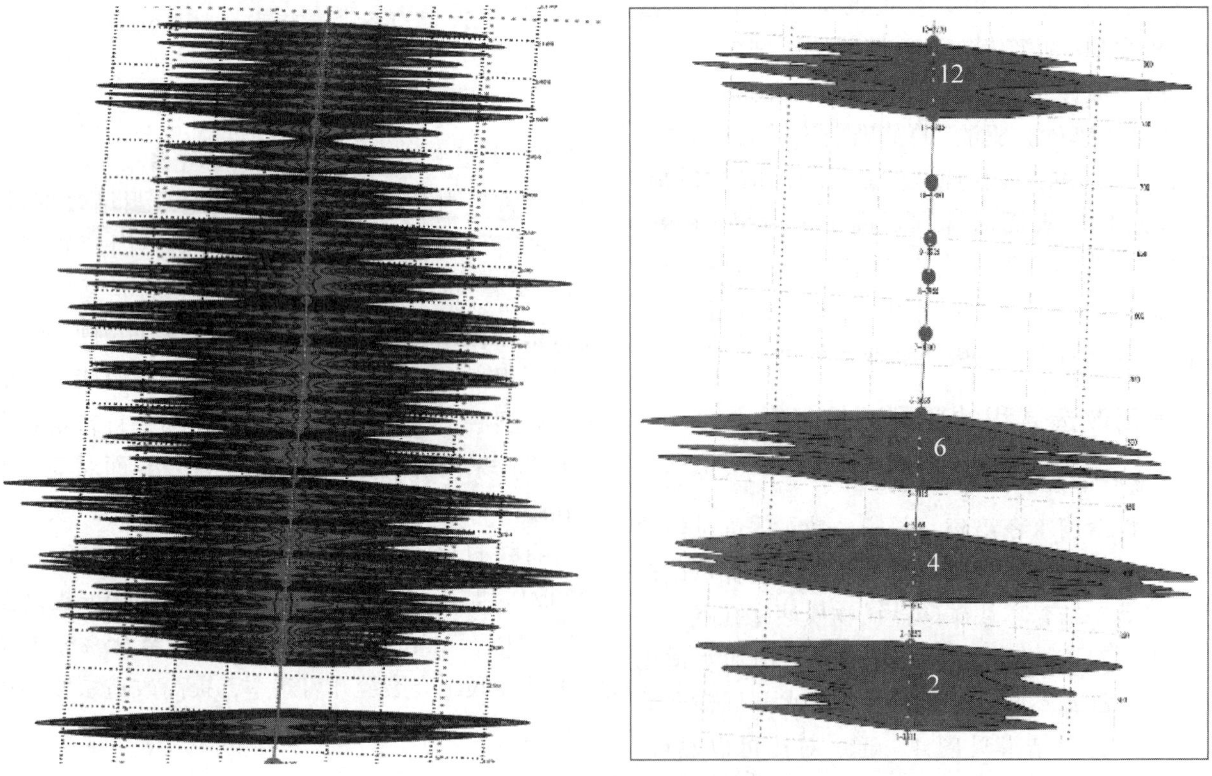

图 6 J51-H262 井广域电磁监测成果图

从图 6 监测结果可以看出，由于本井采用的多段少簇，基本每簇都得到了有效开启，压裂液累计波及面积 237793m^2，监测缝长 277～522m，平均缝长 404m，段内各簇裂缝延伸长度差异较大，进液不均。原因是受储层及横向砂体发育不均匀影响，一类储层改造规模相对较大、物性好，裂缝延伸长；二类储层横向物性与纵向差异不大，缝高不易控制而形成短粗主缝。通过对比 4 段投球暂堵压裂段，投球后不同程度有效改善了进液不均、改造不均的问题。第 2、12 段仍有 1 簇未能充分改造，认为与设计投球暂堵数量相关，需进一步研究两者相关性。

4 现场应用

目前已在陆东凹陷致密碎屑岩实施酸性滑溜水体积压裂直井 3 井次、水平井 2 井次，均获得工业油流。其中 J51－H207 井砂岩钻遇率 63.4%、油层钻遇率仅 54%，共解释油层+差油层 622.2m/30 层，该井采用“细分切割+酸性滑溜水体积改造”，分 14 段改造，共加入液量 22975m^3，总砂量 1850m^3。焖井 10 天后井口压力趋于平稳，日降幅低于 0.2MPa，开始控液返排，当天见油，累计自喷 54 天，最高日产油 12.4t/d，截止 2023 年 9 月底已生产 373 天，稳定日产油 13.2t，含水率 69%，累产油 3197t。J51-H262 井 2023 年 4 月改造，目前压后排液中，日产油 5.1t，油量逐步上升。对比同层位常规体积压裂改造，直井提产 1.8 倍、水平井提产 3.3 倍，稳产期延长 12 个月以上。下一步将该技术在陆东凹陷进行全面推广应用。

5 结论与建议

（1）陆东凹陷致密碎屑岩粒间大量充填碳酸盐矿物质堵塞孔喉，酸性滑溜水能有效溶蚀降低驱动压力，起到扩孔增渗作用，大大提高储层连通性；

（2）激光共聚焦显示存在常规低渗和非常规两种原油赋存状态，大量原油以束缚态存在，通过优选驱油剂、改变岩石润湿性，提高非常规砂条原油剥离效率，从而有效解决稳产期短的问题。

（3）采用密切割、酸性滑溜水、新型柔性可溶暂堵球等工艺措施提高储层改造体积，降低原油到人工裂缝流动距离，是陆东凹陷致密碎屑岩提产提效的关键技术手段。

（4）广域电磁作为一种新型压裂监测手段，可以监测压裂液渗透、滤失、改造扩散的面积，但不能显示裂缝三维立体形态，仍存在一定缺陷，需与井下微地震配合使用。

参考文献

[1] 王延山，董崟昊，陈乃申，等．陆东凹陷致密油形成条件及资源潜力探讨[J]．特种油气藏，2014，21(4)：53-58.

[2] 裴家学，冉波，田涯，等。陆东凹陷后河地区储层特征及影响因素研究[J]．石油地质与工程，2020，34(1)：6-9.

[3] 杨智，唐振兴，陈璇，等．“进源找油”：致密油主要类型及地质工程一体化进展[J]．中国石油勘探，2020，25(2)：73-83.

[4] 才博，丁云宏，卢拥军，等．提高改造体积的新裂缝转向压裂技术及其应用[J]．油气地质与采收率，2012，19(5)：108-111.

[5] 张辉．超深裂缝性碎屑岩储层天然裂缝激活研究[J]．特种油气藏，2021，28(2)：133-138.

[6] 杨琛，睢世元，贾文峰，等．提富钙页岩油气压裂用酸性滑溜水体系[J]．钻井液与完井液，2020，37(1)：116-120.

[7] 闫秀，龚起雨，胡光，等．适应于高碳酸盐岩页岩气藏酸性滑溜水研究与应用[J]．化学世界，2019，1960(10)：726-732.

吉木萨尔页岩油井区二氧化碳前置压裂工艺参数优化及现场实践

赵 坤 褚艳杰 王伟祥 鲁霖懋 徐 鹏

(中国石油 新疆油田分公司 吉庆油田作业区)

摘 要 吉木萨尔凹陷芦草沟组页岩油具有原始渗透率极低、原油黏度高等特点，自然条件下无经济产能，通过现场实践，证明密切割+高强度体积压裂，是实现页岩油的规模开发的最有效手段之一，但现阶段如何延缓油井递减率，提高单井采收率仍是亟待解决的问题。2019~2022年间，在吉木萨尔页岩油区块，开展了CO_2前置压裂辅助提产技术研究和现场试验，系统的研究分析CO_2前置蓄能压裂和CO_2吞吐在吉木萨尔页岩油区块的应用效果，结果表明，超临界态CO_2具有混相增能、溶蚀改善储层条件、提高渗吸置换效率、提高缝网复杂程度等作用，并明确最优注入量、注入速度、注入方式等关键工艺参数，初步形成了一套页岩油藏CO_2前置压裂的工艺技术体系。根据生产数据预测，CO_2前置压裂工艺可将最终采收率提升20%左右，对实现页岩油效益开发，为其他类型页岩油藏提高开发效果提供参考。

关键词 吉木萨尔页岩油；CO_2前置；非常规储层改造；压裂提采一体化技术

随着常规油气藏开发程度逐年上升，储量接替难度大，非常规油气藏资源已逐渐成为目前勘探开发新增储量的重要目标。新疆油田吉木萨尔页岩油作为国内首个获批的国家级陆相页岩油示范区，与其他非常规油藏相似，面临产量递减快、采收率低的难题，因其储层和原油性质的特殊性，目前尚无有效的技术提产方法，探索适宜的提高采收率技术对策，对实现吉木萨尔页岩油高效开发具有重要意义。

目前国内外研究主要基于室内实验，对CO_2压裂的作用机理和裂缝形成扩展规律进行相关研究。2010年，Verton等利用CO_2和水基压裂液同时进行压裂实验，发现CO_2压裂能达到与水力压裂相同的效果。2012年，Ishida等进行了超临界CO_2压裂和液态CO_2压裂实验，并与水力压裂实验进行对比，发现超临界CO_2与液态CO_2所需的破岩压力均低于水力压裂。2015年，Middleton等提出了利用超临界CO_2进行无水压裂的方法，研究发现SC-CO_2压裂技术有效加强了压裂效果和裂缝延伸情况，不仅降低了流体产生的阻断机制，而且提高了部分页岩中部分甲烷气体的解吸现象。2016年，Zhang X等设计并实施了超临界CO_2压裂实验，利用声发射技术与CT扫描技术研究了页岩中裂缝起裂及扩展规律。但现阶段，利用CO_2改善页岩油开发效果，提高采收率的研究仍处在探索阶段。

2019~2022年，在吉木萨尔页岩油区块开展了CO_2前置蓄能压裂工艺现场试验，探索页岩油提产稳产关键技术，进一步验证了CO_2对提高页岩油油藏开发效果的关键作用，对提升页岩油储层改造效果、改善页岩油渗吸置换效率的机理及影响因素进行了分析研究，在此基础上形成了一套相对完整的页岩油提高采收率的技术方法。

1 油田概况

吉木萨尔页岩油二叠系芦草沟组位于新疆准噶尔盆地东部，探明石油地质储量1.28×10^8t(图1)，油藏埋深2300~4800m，储层覆压孔隙度分布范围6%~16%，覆压渗透率小于0.1mD，具有中、低孔—特低渗透等特征，为典型陆相页岩油油藏。

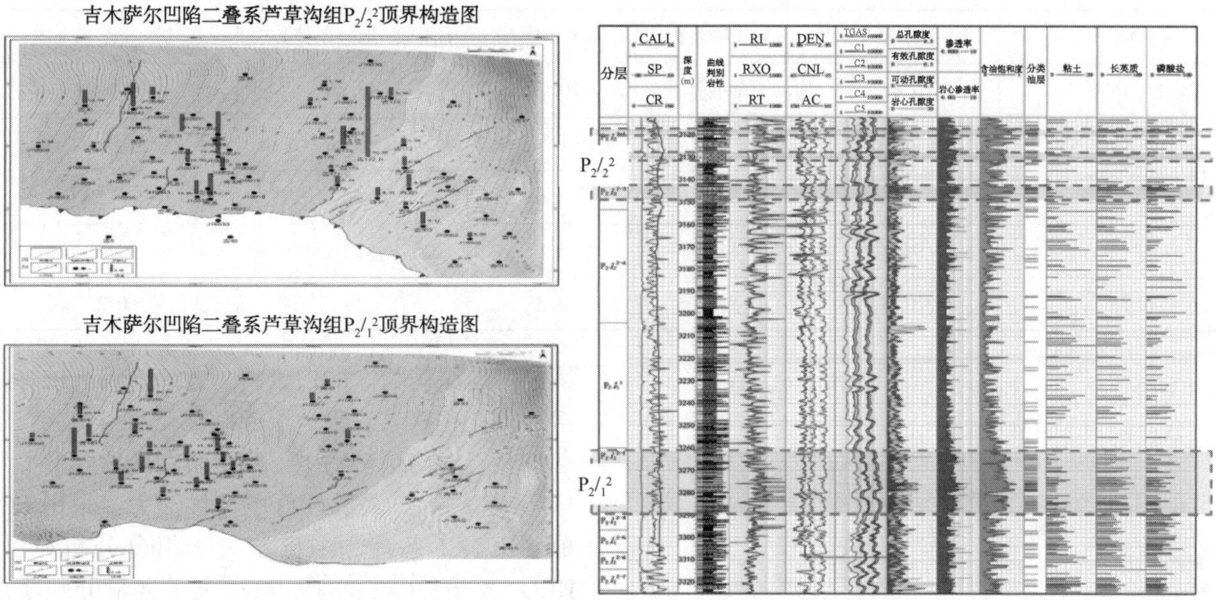

图 1　吉木萨尔页岩油二叠系芦草沟组上下甜点体储层概况

吉木萨尔页岩油具有高黏度、高含蜡、高凝固点等特征，高黏度区原油地面(50℃)黏度为124.6~1076.89mPa·s，最高地层原油黏度超120mPa·s，且随着埋深增大，地层原油黏度逐渐增加，对比国内外页岩油储层和原油特征，吉木萨尔页岩油原油流度低2~3个数量级(图2)，地层原油流动性差，开发难度大。

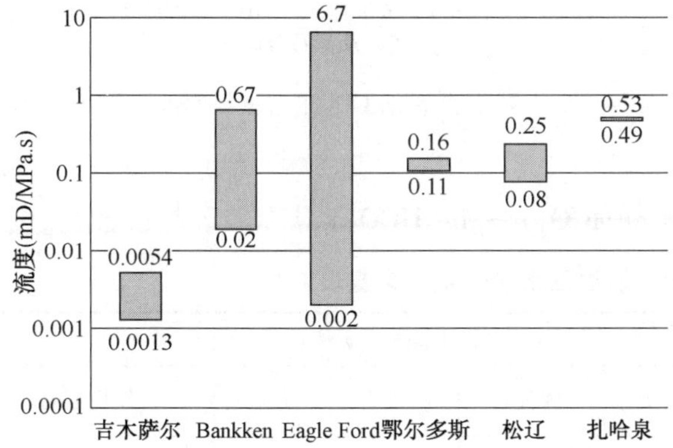

图 2　国内外各区块页岩油地层原油流度对比图

自2011年至今，吉木萨尔页岩油立足地质工程一体化，历经了勘探提产、先导试验、动用突破、规模建产4个开发阶段，在深化地质甜点认识，提升体积改造理念的基础上，逐步形成“密切割+高强度”改造技术工艺，目前投产水平井110口，井均日产液水平21.5t，日产油水平11t，相比常规油气田，整体呈现初期产油量高、递减快、稳产能力弱的特征，基于前人在CO_2前置压裂、CO_2驱替等方面的研究认识，2019年至2022年，借鉴吉林、胜利等油田的CO_2采油现场试验及认识，在该区块开展CO_2前置压裂试验4井次、CO_2吞吐4井次，取得了一定的认识，对下步页岩油形成针对性的提产提效工艺具有重要意义。

2　CO_2注入作用机理

与常规水力压裂相比，CO_2前置蓄能压裂具有降低原油黏度、溶蚀地层矿物、提高地层原油置换效果、增加裂缝复杂程度等优点，对低渗、特低渗致密油藏具有较好的改造适应作用。

2.1　CO_2混相对改善地层流体流动特性的影响

基于细管试验评价吉木萨尔页岩油与CO_2混相对地层流体性质的影响，实验方法参考标准为“SY/T 6573—2003 最低混相压力细管实验测定方法”，实验条件模拟油井实际地层温度和地层压力(表1)。

实验结果测定，吉木萨尔页岩油最低混相压力分别为25.5MPa、27.2MPa和19.2MPa，均低于CO_2前置注入压力(40~45MPa)，说明在绝大多数压裂施工条件下，满足CO_2进入地层后与原油充分混相的压裂条件(图3)。

表 1　细管模型实验参数

模型长度/cm	模型内径/cm	填充物名称	填充物颗粒	孔隙度(地层条件)/%	气体渗透率/mD
1570	0.45	石英砂	200 目	46.69	4834
样品编号	地层温度/℃	地层压力/MPa	饱和压力/MPa	气油比/(m^3/t)	驱替速度/(mL/min)
A	89.2	39.3	5.6	20	0.2
B	98.1	44.4	5.8	23	0.2
C	82.8	36.7	3.3	14	0.2

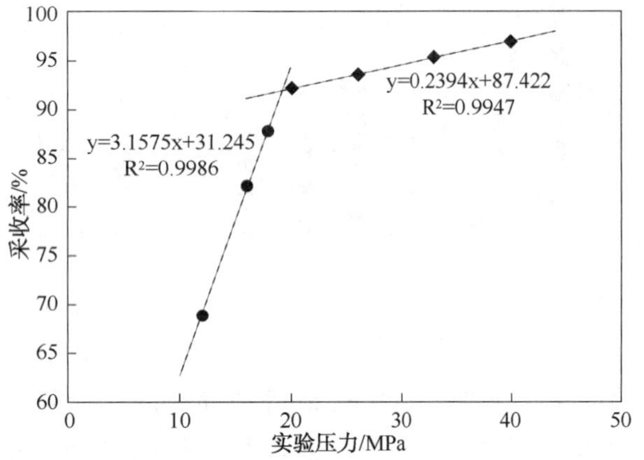

图 3　吉木萨尔页岩油 CO_2注入混相压力关系图

取吉木萨尔页岩油上甜点吉 3X 井原油，在地层温度下，CO_2溶解于原油后，使得原油发生膨胀、降黏，流动性增加，随着注入量的增加，原油黏度最高可下降 70%，当质量百分比大于 8%，降黏幅度逐渐放缓(图 4)。

2.2　CO_2溶蚀对提升页岩油储层渗透性的影响

CO_2溶于地层流体后，能够形成弱酸性环境，对地层矿物中的白云石、方解石具有较好的溶解性能，有效改善地层中微细孔喉结构。吉木萨尔页岩油储层矿物中，酸溶解性矿物含量平均 19.6%(表 2)，具有较好的溶蚀潜力，采用 CO_2前置压裂工艺后，采出水离子组分分析显示，HCO_{3-}离子、Ca^{2+}离子、Mg^{2+}离子含量分别增加 42%、137%和 114%，CO_3^{2-}离子出现明显下降(图 5)，说明储层中黏土矿物发生溶蚀反应，提高基质渗透率。

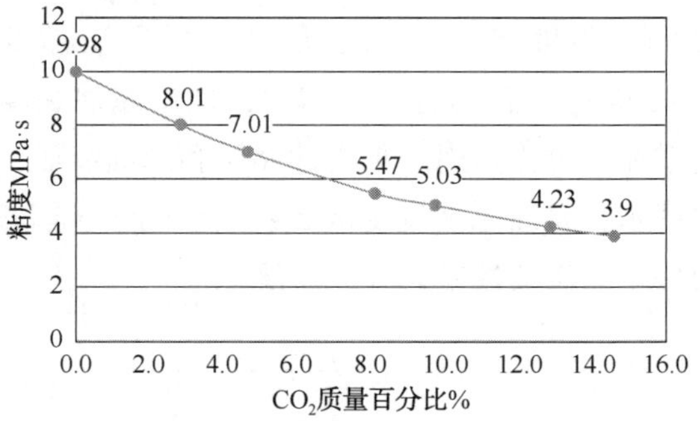

图 4　吉木萨尔页岩油 CO_2注入量与原油黏度关系图

化学反应方程式：

$$CaMg(CO_3)_2+2CO_2+2H_2O = Ca(HCO_3)_2+Mg(HCO_3)_2$$

表 2　吉木萨尔凹陷二叠系芦草沟组页岩油黏土矿物绝对含量表

样品深度/m	层位	岩性	黏土矿物总量/%	常见非黏土矿物含量/%				
				石英	钾长石	斜长石	方解石	铁白云石
3146.54	$P2l2$	砂质砂屑云岩	1.79	10.34		26.88	5.17	55.82
3264.65	P_2l_1	白云质砂屑砂岩	0.91	10.32		17.55		71.22
6267.19		泥质粉砂岩	1.91	14.77	12.66	42.19	21.09	7.38
3300.17		云质粉砂岩	3.22	13.35	11.12	38.93	3.34	30.04
		平均	2.01	12.81	7.93	32.89	8.14	36.21
平均			1.96	12.2	5.95	31.39	7.4	41.12

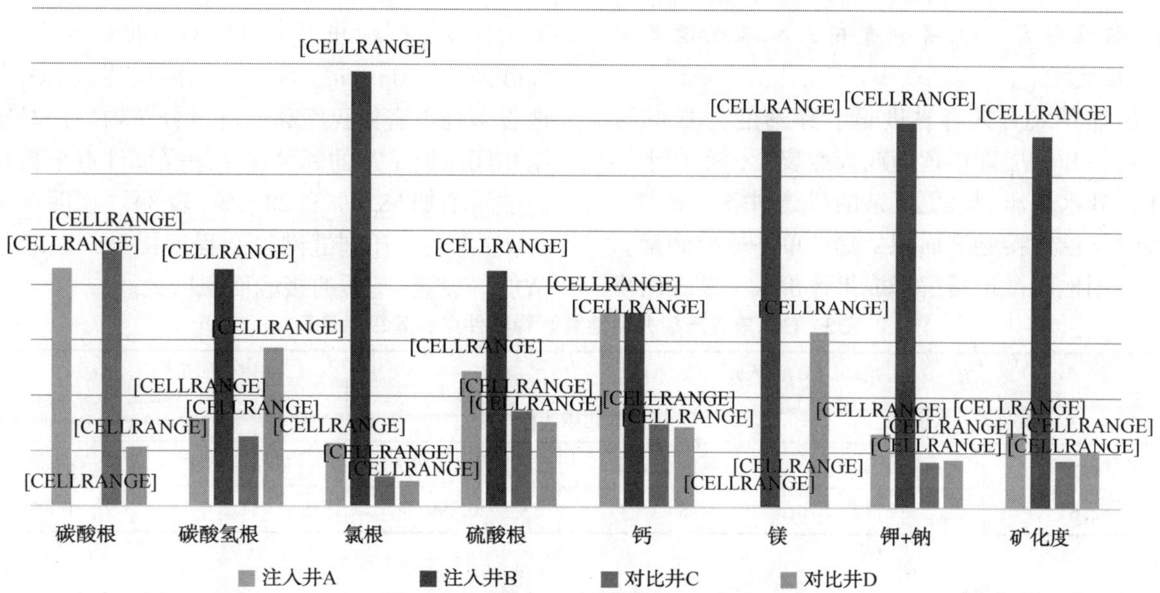

图5　CO_2前置压裂井采出水分析结果

在开井生产98d后，CO_2前置压裂井中碳酸氢根、钙、镁三类离子浓度仍处在持续上升阶段，说明随着生产时间的逐渐增加，CO_2前置压裂所形成的溶蚀作用持续进行，有助于页岩油致密储层保持长期稳定的地层导流能力。

2.3　CO_2萃取对提升页岩油采收率的作用

前期研究表明，超临界状态具有类似气体的扩散性及液体的溶解能力，兼具低黏度，低界面张力的特性，能够迅速渗透进入页岩油储层微孔隙中，此外CO_2具有萃取原油组分的作用，随着注入量和注入压力的增加，萃取重质组分能力逐渐增强。

吉木萨尔页岩油区块吉3Y井在进行CO_2吞吐后，地面脱气原油密度从0.87~0.88g/cm^{3}逐渐上升至0.9g/cm^3(图6)，通过对吞吐前后采出原油全烃色谱分析，注入CO_2后原油组分中C_9~C_{17}含量增加，说明CO_2进入储层孔隙中，实现了对原油组分中-重质部分萃取，提高了储层微孔隙中的原油动用程度，实现了采收率提升。

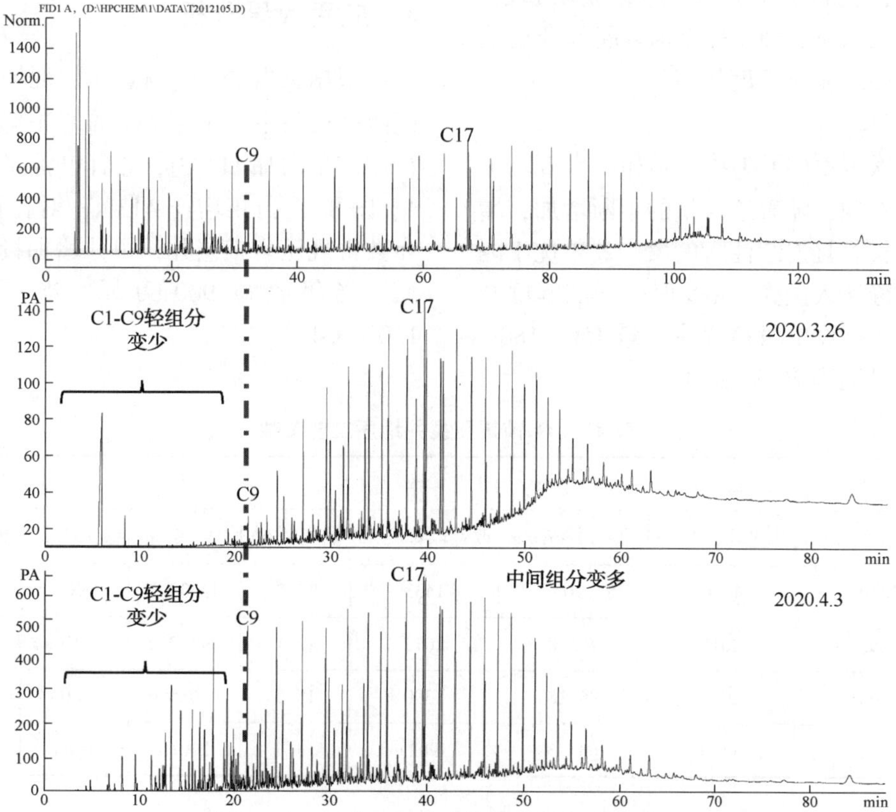

图6　吉3Y井CO_2吞吐前后全烃色谱图对比

2.4 超临界态 CO_2 有利于增大人工裂缝改造程度

超临界 CO_2 具有黏度低、穿透能力强的特性，容易开启层理层理缝或天然裂缝，有利于形成比常规水基压裂液更复杂的裂缝网络，增大人工裂缝与油藏接触表面积，提高单井缝控储量。

利用地面微地震解释成果评价人工裂缝网络复杂程度，试验井组中采用 CO_2 前置压裂工艺，加砂强度 3.0m^3/m，配合交错隔段注入 CO_2，微地震事件点密集程度高、震级分布均匀，对比采用相同压裂工艺的邻井，微地震事件点个数和震级能量增加 58.9%和 28.5%(表3)，说明在前置 CO_2 注入后，压裂缝网复杂程度提升，裂缝条数增加，裂缝–基质的接触面积增大。

表3　CO_2 前置压裂井微地震解释事件点和震级能量表

CO_2 注入井				对比井	
二氧化碳注入段		二氧化碳非注入段			
事件点个数	震级能量	事件点个数	震级能量	事件点个数	震级能量
82.6	0.214	84.1	0.199	51.6	0.154

3　注入工艺参数

3.1　注入工艺

现场施工设备主要包括 CO_2 罐车或储气罐、CO_2 增压泵、CO_2 高压注入泵车，通过前端增压泵控制，确保在密闭注入过程中，CO_2 保持-20℃低温液态，满足后续施工要求。受 CO_2 高摩阻和设备限制，前置注入阶段正常施工排量 2.5~3.5m^3/min。

根据微地震解释结果，当排量为 3m^3/min 时，在 CO_2 前置注入阶段，近井筒附近可观察到微地震事件点，且施工压力出现小幅波动起伏，说明在低排量注入下，CO_2 前置压裂起到开启地层裂缝，提高裂缝复杂程度作用。

3.2　注入量优化

通过数值模拟不同 CO_2 注入量和注入方式下单井增油幅度发现，随着注入量的不断增加，增油幅度持续增长，且连续注入的增产效果优于隔段注入，当单缝注入量大于 60t 时，增油幅度开始减缓(图7)，折算单段最优注入量 150~180t，预测增油幅度可达到 20%~25%。

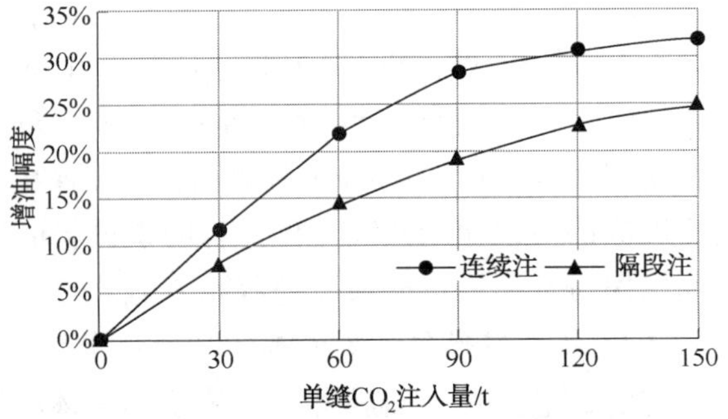

图7　不同 CO_2 注入量下油井增油幅度

4　应用效果分析

根据页岩油 CO_2 前置压裂现场试验结果，相同改造段长下，采用 CO_2 前置压裂工艺，单井累计产液量增加 11443t，累计产油量增加 8065t(表4、图8)，当年增产 4133t，对比同等压裂规模参数常规压裂工艺井，单井增加投资费用 288 万元，当年收益 900 万元，当年投入产出比 1.0：3.1。

表4　CO_2 前置压裂井地质工艺参数

工艺参数								
井号	油藏中部深度/m	水平段长度/m	油层钻遇率/m	改造段长度/m	簇间距/m	总液量/m^3	总砂量/m^3	加砂强度/(m^3/m)
试验井 A	3810	1510	90	1433	15.9	42608.7	2900	2
对比井 B	3663	2012	76.38	2012	15.1	59377.2	4050	2
对比井 C	3563	2015	96.18	1300	15.3	35615.6	2710	2.1
对比井 D	3471	1540	63.73	982	14.7	29015	1980	2

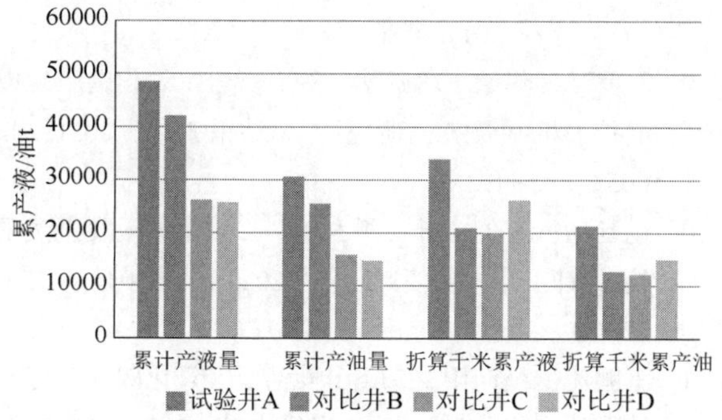

图8　CO_2前置压裂井与常规压裂工艺井生产效果对比

生产初期采出气跟踪化验分析显示，随着生产周期的增加，试验井的CO_2浓度呈下降趋势，2021年2口试验井，平均单井注入液态CO_2 2750t，目前井口监测采出气CO_2浓度3.3%~4.3%，日采出CO_2气体$5m^3$，累计采出CO_2气体$850m^3$，占累计注入量的0.03%，说明此项工艺，并未造成注入CO_2的大量排出，实现了CO_2有效埋存，达到了碳减排、碳中和、建设清洁绿色油田的目标。

5　结论

（1）吉木萨尔页岩油区块采用CO_2前置压裂工艺，一方面可通过混相效应，大幅降低地层原油黏度，增加流体弹性能力，提高原油流动能力；另一方面通过破岩、溶蚀作用，形成更为复杂的裂缝网络系统，改善储层渗透率，最终实现提产、稳产的目的。

（2）结合数值模拟和生产实践，优化注入量、注入速度，可形成适合于吉木萨尔页岩油区块的水平井CO_2前置压裂工艺与参数。应用生产效果分析表明，采用CO_2前置压裂工艺的试验井与采用常规压裂工艺井对比，当年投入产出比1.0∶3.1，生产指标预测最终最终采收率提升20%左右。

（3）采出气监测结果显示，试验井一年期CO_2返出量为0.03%，能够实现CO_2的有效埋存，实现CO_2的“零排放”，契合国家对碳捕集、利用与封存(CCUS)的规划需要，有助于实现碳减排、碳中和，建设清洁绿色油田的目标。

参　考　文　献

[1] Verdon J P，Kendall J M，Maxwell S C A. comparison of passive seismic monitoring of fracture stimulation from water and CO_2 injection [J]. Geophysics，2010，75(3)：MA1-MA7.

[2] Ishida T，Aoyagi K，Niwa T，et al. Acoustic emission monitoring of hydraulic fracturing laboratory experiment with supercritical and liquid CO_2 [J]. Geophysical Research Letters，2012，39(16)：16309.

[3] Middleton R S，Carey J W，Currier R P，et al. Shale gas and non-aqueous fracturing fluids：Opportunities and challenges for supercritical CO_2 [J]. Applied Energy，2015，147(3)：500-509.

[4] Zhang X，Lu Y，Tang J，et al. Experimental study on fracture initiation and propagation in shale using supercritical carbon dioxide fracturing [J]. Fuel，2016，190：370-378.

[5] 霍进，何吉祥，高阳，等. 吉木萨尔凹陷芦草沟组页岩油开发难点及对策[J]. 新疆石油地质，2019，40(04)：379-388.

[6] 吴宝成，李建民，邬元月，等. 准噶尔盆地吉木萨尔凹陷芦草沟组页岩油上甜点地质工程一体化开发实践[J]. 中国石油勘探，2019，24(05)：679-690.

[7] 陈晨，朱颖，翟梁皓，等. 超临界二氧化碳压裂技术研究进展[J]. 探矿工程(岩土钻掘工程)，2018，45(10)：21-26.

[8] 易勇刚，黄科翔，李杰，等. 前置蓄能压裂中的CO_2在玛湖凹陷砾岩油藏中的作用[J]. 新疆石油地质，2022，43(01)：42-47.

[9] 苏玉亮，王程伟，李蕾，等. 致密油藏CO_2前置压裂流体相互作用机理[J]. 科学技术与工程，2021，21(08)：3076-3081.

[10] 邹雨时，李彦超，李四海. CO_2前置注入对页岩压裂裂缝形态和岩石物性的影响[J]. 天然气工业，2021，41(10)：83-94.

[11] 钱坤，杨胜来，窦洪恩，王千，黄宇，万腾，张钰祥. 注CO_2过程中流体性质变化及驱油机理实验研究[J]. 石油科学通报，2019，4(01)：69-82.

[12] 李菊花，王洁，梁成钢，陈依伟，张金凤，胡可. 新疆吉木萨尔页岩油藏注CO_2驱最小混相压力的确定[J]. 长江大学学报(自然科学版)，2022，19(05)：37-44. DOI：10.16772/j.cnki.1673-1409.2022.05.012.

[13] 王海柱，李根生，郑永，等. 超临界CO_2压裂技术现状与展望[J]. 石油学报，2020，41(01)：116-126.

[14] 马涛，汤达祯，蒋平，齐宁. 注CO_2提高采收率技

术现状[J]. 油田化学，2007(04)：379-383. DOI：10.19346/j.cnki.1000-4092.2007.04.023.
[15] 苏畅，孙雷，李士伦. CO_2混相驱多级接触过程机理研究[J]. 西南石油学院学报，2001(02)：33-36+3.
[16] 李孟涛，单文文，刘先贵，尚根华. 超临界二氧化碳混相驱油机理实验研究[J]. 石油学报，2006(03)：80-83.
[17] 王海涛，左罗，郭印同，等. 二氧化碳对页岩力学性质劣化规律的影响[J]. 科学技术与工程，2021，21(29)：12536-12542.
[18] 卢义玉，廖引，汤积仁，等. 页岩超临界 CO_2压裂起裂压力与裂缝形态试验研究[J]. 煤炭学报，2018，43(01)：175-180. DOI：10.13225/j.cnki.jccs.2017.0580.
[19] 左罗，韩华明，蒋廷学，等. 页岩二氧化碳压裂裂缝扩展机制及工艺研究[J]. 钻采工艺，2021，44(05)：45-49.
[20] 杨延增，聂俊，叶文勇，等. 二氧化碳压裂供液系统设计[J]. 钻采工艺，2020，43(04)：75-77+10.
[21] 王鹏涛，吴向阳，朱杰，甄浩. 二氧化碳前置蓄能体积压裂优化设计[J]. 当代化工，2021，50(02)：447-450. DOI：10.13840/j.cnki.cn21-1457/tq.2021.02.043.

海上低渗混积岩油藏缝网酸压工艺研究

王子权　白健华　王传军　张丽平　潘定成　张　璐　张云鹏　敬季昀

[中海石油(中国)有限公司天津分公司]

摘　要　垦利A油田是海上首个大型砂岩、碳酸盐岩混积低渗油藏，平面上连通性复杂，纵向上薄互层发育，目前常规解堵效果不理想，又受限于防砂完井方式无法实施加砂压裂，该类油藏的规模有效开发仍处于探索阶段。为解决该问题，通过宏观实验和微观模拟相结合，对垦利A-1井开展缝网酸压改造探索，研究不同酸液组合、施工参数对酸压改造效果的影响，形成新型酸压增产改造组合技术。实验结果表明：工艺选择以滑溜酸+蚀孔液+闭合酸组合，两级注入效果最优，酸蚀后可明显形成错综交叉的高导流缝网；体系选择蚀孔液体系，非均匀刻蚀可形成多分支酸蚀蚓孔。模拟结果表明：1~6m^3/min变排量施工，240~280m^3酸液用量下可明显沟通更多天然裂缝，获得最优改造体积；增大前置液比例、酸液黏度，可显著优化裂缝摩阻，获得最优酸蚀裂缝形态。研究成果可为海上混积岩油藏酸压改造填补技术空白，为垦利A油田规模有效开发提供技术保障。

关键词　混积岩；天然微裂缝；薄互层；缝网酸压；体系组合优选；工艺参数优化

垦利A油田是海上首个大型砂岩、碳酸盐岩混积裂缝型油藏，成藏条件优越，地质储量丰富，拥有巨大开采潜力。但由于其沙三下段岩性以砂岩和碳酸盐岩混积为主，薄互层发育，平面上连通性复杂，纵向上岩性差异较大，虽然天然微裂缝发育，但整体呈中孔、中渗特征，自然产能低，总体处于低效开发状态，目前该类油藏的规模有效开发仍处于探索阶段。尝试采用常规解堵措施，但有效期偏短，开发效果不理想，考虑采取水力压裂的方式对储层进行改造，但受限于海上作业环境、地质力学条件、筛管完井方式等条件，无法实现加砂压裂支撑缝网，因此酸压改造成为该油田潜能挖掘最经济有效的手段。

目前国内外针对碳酸盐岩储层酸压改造、酸液段塞组合进行过研究，Al-Enezi等人针对科威特北部Mauddud油藏复杂非常规碳酸盐岩储层，采用前置酸+分流酸压+多组分闭合酸压技术，改造施工后平均产量提高3~4倍。安页1井石牛栏组灰泥岩薄互层、低孔低渗但天然裂缝较发育的储层，采用“前置酸液+大规模体积加砂压裂(小粒径支撑剂)”工艺，取得非常好的效果。玉门青西油田针对以碎屑岩、碳酸盐岩、黏土矿物各占三分之一为特征的复杂岩性储层，形成了适合不同类型裂缝性复杂岩性储层的三套新型增产技术模式和液体体系。虽然有一定研究成果，但针对砂岩、碳酸盐岩混积储层的酸压改造鲜有研究，其酸液组合对储层溶蚀能力、适应性分析还有待明确，同时对于其施工参数的设计优选缺乏理论依据。

针对垦利A油田砂岩、碳酸盐岩混积裂缝型油藏，借助室内试验和数值模拟相结合的手段，开展缝网酸压改造技术研究，探索缝网酸压改造可行性以及不同酸液组合、施工参数对酸压改造效果的影响，形成新型酸压增产改造组合技术，为垦利A油田更有效、高效的开发提供技术保障。

1　砂岩、碳酸盐岩混积裂缝型油藏缝网酸压难点及挑战

与常规碳酸盐岩储层相比，海上砂岩、碳酸盐岩混积裂缝型油藏更具有特殊性。

1.1　砂岩、碳酸盐岩混积，海上缝网酸压无成熟经验借鉴

渤海油田酸压仍处于探索阶段，曾在JZ25-1、BZ19-6等油田开展过酸压试验，但实际增产效果一般，相比于其他以砂岩或片麻岩为主的储层，砂岩与碳酸盐岩混积储层更适合采用酸压技术进行改造，但该油田岩石脆性一般，岩性上

更加复杂，需要根据实际优选酸液组合，控制酸岩反应速度、酸液律师特性，从而增大酸液作用距离，实现储层深部改造。

1.2 施工井段长，薄互层发育，均匀改造难度较大

沙三下段储层以薄互层为主，厚度小于2米储层占比70%，平面上连通性非常复杂，纵向上岩性差异大，孔隙度17.3%~33.1%，渗透率23.1~311.8mD，具有中孔、中渗储层特征，纵向上均匀改造难度较大，考虑采用大排量分段酸压工艺，对井下工作液体系降阻性能提出了较大考验。

1.3 天然微裂缝发育，增产改造效果有限

储层发育天然裂缝，主要以构造缝和溶蚀缝为主，其裂缝多为未充填缝和半充填缝，酸液更容易进入裂缝进行沟通，具备激活天然裂缝条件，但裂缝宽度在0.01~0.84mm之间，长度在0.01~1m之间，属于微裂缝范畴，可能无法形成大规模压裂缝网，改造规模受限。

2 混积岩缝网酸压改造思路

（1）综合考虑上述风险与挑战，改造思路以平面上打碎储层、酸蚀激活天然裂缝，纵向上暂堵沟通更多小层形成立体缝网为目的，溶蚀裂缝充填物（碳酸盐、硅质为主），刻蚀裂缝壁面，同时解除可能存在伤害。

（2）储层发育天然微裂缝，首先需要开启并沟通：先以低粘酸液体系小排量注入，进入微裂缝内部，再逐步加大排量，形成张性粗糙缝、剪切滑移缝。

（3）多级注入酸蚀裂缝，增大酸蚀体积：将酸液与滑溜水有机组合，多级大液量注入，尽可能多地波及储层，扩大酸蚀体积；利用酸液溶蚀裂缝充填物（碳酸盐、硅质为主），刻蚀裂缝壁面，使裂缝不能完全闭合，改善和提高裂缝导流能力。

（4）加入液体暂堵剂，纵向上沟通多个小层，平面上形成复杂裂缝：利用液体转向酸对水力主缝及开启的天然微裂缝实现暂堵，迫使液流实现层间、缝内转向，尽可能压开并有效溶蚀纵向多个小层，实现纵向均匀改造，形成复杂缝网。

3 砂岩、碳酸盐岩混积缝网酸压体系研究

A-1井目的层温度接近55~60℃，原始地层压力12.25MPa左右，由于薄层多、总厚度大，为实现大排量酸压，对井下工作液体系降阻性能提出了较大考验。同时，该区域的岩性复杂，部分层段属于低孔低渗储层，承受外来流体的二次伤害能力较弱，因此需要设计合理的工作液体系。

3.1 低伤害、低摩阻、不含氟缝网酸液体系

缝网酸压要求酸液体系具有激发天然裂缝，沟通深部裂缝网络，形成缝网，为确保缝网酸压效果，还要求酸液体系具有溶解钻完井液漏失固相、具备有效刻蚀缝网壁面，形成一定酸蚀导流能裂缝网功能。

采用垦利A油田A-1井岩心，通过模拟实际地层温度，对不同酸液体系进行溶蚀试验，对比反应2h后的岩样溶蚀率，进行酸液体系优选。

根据溶蚀实验结果表明，多氢酸溶蚀率在58%~80%之间，盐酸溶蚀率在34%~62%之间，多氢酸溶蚀效果较多氢酸更优，但考虑到储层为砂岩、碳酸盐岩混积，长时间滞留多氢酸可能会产生二次沉淀风险。1500m井段之间，盐酸溶蚀率平均在50%以上，盐酸能有较好的溶蚀效果，因此综合考虑二次伤害的影响，建议选择以10%~15%盐酸为主的体系（图1）。

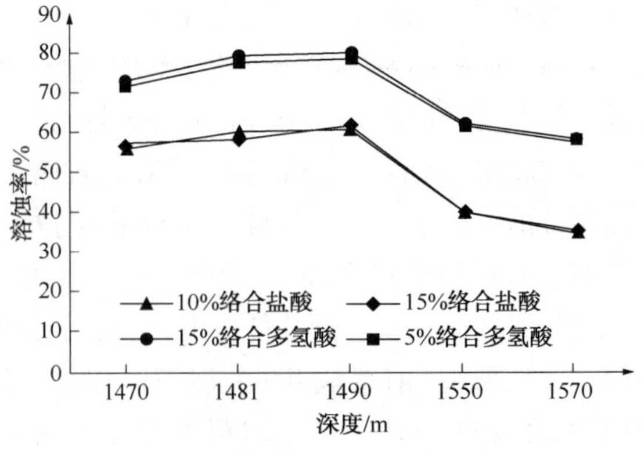

图1 岩屑溶蚀实验

3.2 不同酸液体系组合优选

对于碳酸盐岩（云岩、灰岩）或高含碳酸盐岩的混积岩储层增产改造液体，主要在于造缝并有效溶蚀碳酸盐岩，形成酸蚀裂缝；同时要求满足低摩阻、低伤害、低腐蚀等要求。能够达到此类目的的酸液体系主要有交联酸、胶凝酸、滑溜酸、蚀孔液和闭合酸等。

采用多功能岩板刻蚀实验系统，模拟不同的缓速酸体系段塞注入，对裂缝壁面进行刻蚀，并采用 CT 扫描仪分析裂缝刻蚀形态，采用裂缝导流测试仪测试酸蚀裂缝的导流能力。

通过室内实验，探索在胶凝酸、滑溜酸、蚀孔液、乳化酸、闭合酸 5 种缓速酸体系，滑溜酸单独注入、胶凝酸单独注入、蚀孔液单独注入、乳化酸单独注入、滑溜酸+蚀孔液、滑溜酸+胶凝酸、乳化酸+蚀孔液、乳化酸+胶凝酸以及效果最优组合尾追闭合酸的 9 种段塞组合方式，以一级、二级 2 种注入级数，共 18 种酸压条件下裂缝壁面的刻蚀形态及其对酸蚀后裂缝导流能力的影响（表 1、图 2）。

表 1　酸液段塞组合

编号	段塞组合	注入级数
1	滑溜酸	一级
2		二级
3	胶凝酸	一级
4		二级
5	蚀孔液	一级
6		二级
7	乳化酸	一级
8		二级
9	滑溜酸+蚀孔液	一级
10		二级
11	滑溜酸+胶凝酸	一级
12		二级
13	乳化酸+蚀孔液	一级
14		二级
15	乳化酸+胶凝酸	一级
16		二级
17	最优组合尾追闭合酸	一级
18		二级

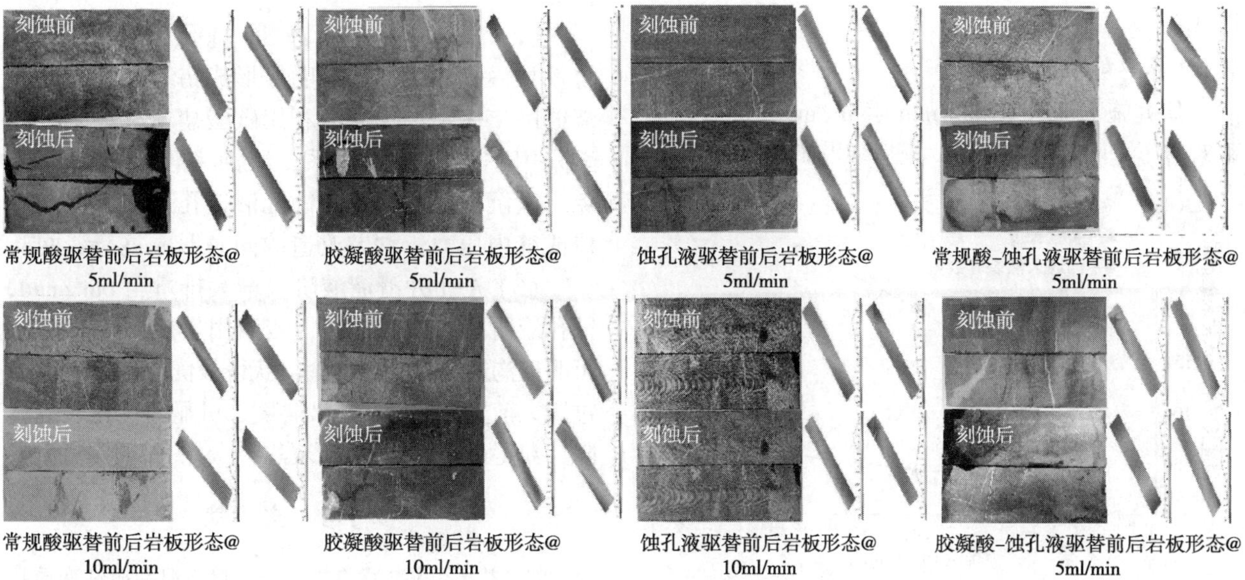

图 2　酸蚀裂缝导流能力实验

对比不同酸液段塞组合的裂缝形态，可以发现，滑溜酸+蚀孔液+闭合酸组合效果最优，酸蚀后可明显形成错综交叉的高导流缝网，滑溜酸由于黏度较低，注入阶段能渗滤到天然裂缝中开启，乳化酸由于黏度较高，部分天然微裂缝无法进入，因此第一段酸液选择滑溜酸效果较好。胶凝酸较乳化酸黏度更高，H^+从内部传递到酸岩反应界面较慢，主要靠流动剪切实现 H+传质，由于胶凝酸过于黏稠，酸蚀裂缝以延伸主缝为主，难以沟通更多天然微裂缝，而蚀孔液在刻蚀过程中，能产生不均匀刻蚀和分支沟槽，整体表现为错综交叉、深度均匀的复杂沟槽，因此第二段酸液选择蚀孔液效果较好。

对比不同注入级数的酸蚀裂缝形态，可以得出，增大注入级数后形成的酸蚀裂缝形态有明显变化，随着注入级数增加，酸蚀裂缝深度加深，滑溜酸+蚀孔液体系下分支沟槽和不均匀沟槽维持较好，具有高导流酸蚀裂缝的形貌特征，而滑溜酸+蚀孔液体系下主缝刻蚀深度明显加深，无法形成较好的酸蚀缝网。虽然注入级数能对裂缝刻蚀形态有一定改善效果，但酸液段塞组合依旧是影响酸蚀裂缝形态的主控因素。

以滑溜酸+蚀孔液作为最优组合，最后尾追闭合酸进行试验，结果表明，加入闭合酸后，入口端酸蚀相较于出口端明显加重，可以起到提高裂缝入口端酸蚀裂缝导流能力的效果。

4 砂岩、碳酸盐岩混积缝网酸压工艺参数优化

目标区块部分层段天然微裂缝较发育，水力压裂过程中与天然裂缝相遇时会构成形态复杂的缝网，不同工艺参数对缝网酸压效果有直接影响，因此建立三维 DFN 模型，明确不同施工排量、施工液量以及弯曲摩阻对酸压缝网的影响规律和影响程度，能够更精准地指导裂缝网络的形成。

4.1 施工排量优化

研究施工排量为 $4m^3/min$、$5m^3/min$、$6m^3/min$ 下对酸压缝网的影响程度，模拟结果如图 3 所示。

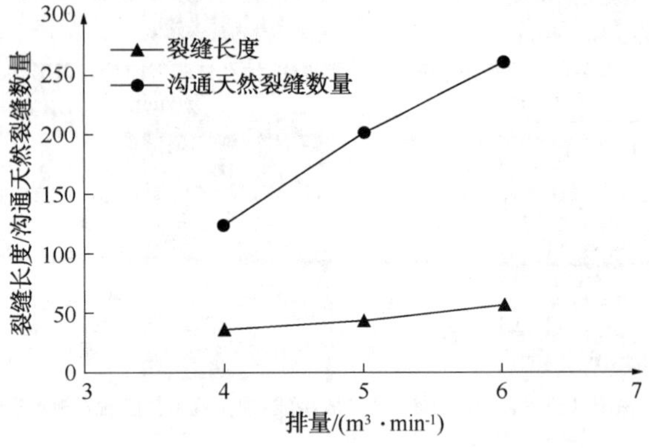

图 3 不同排量优化结果

由图可知，随着排量增大，裂缝总长、沟通天然裂缝数量明显增加，对于薄互层储层，解堵作业过程中应尽量提高施工压力，增大排量，建议排量选择 $6m^3/min$。

4.2 施工液量优化

研究施工液量为 $150m^3$、$240m^3$、$300m^3$ 下对酸压缝网的影响程度，模拟结果如图 4 所示。

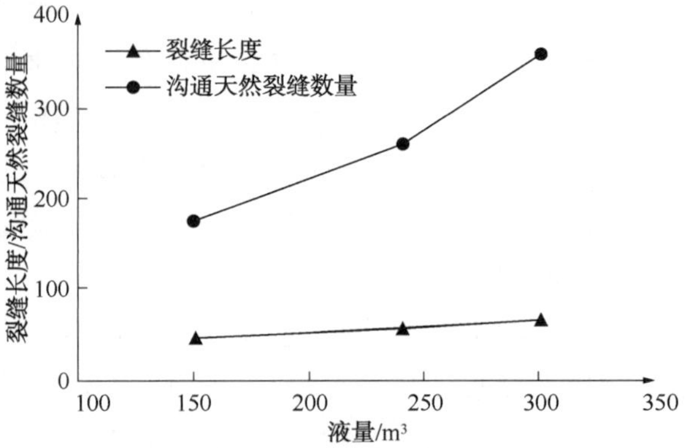

图 4 不同液量优化结果

由图可知，随着液量增大，裂缝总长、沟通天然裂缝数量明显增加，由于该井距离断层较近，为了控制裂缝规模，建议液量选择 $240m^3$。

5 结论

（1）对海上首个大型砂岩、碳酸盐岩混积裂缝型油藏缝网酸压改造技术进行了初步探索，借助水力作用错开、张开天然裂缝，依靠酸液溶解天然裂缝中的填充物，并在一定程度上刻蚀裂缝，达到激活天然裂缝、提高缝网导流能力的目的。

（2）工艺选择以滑溜酸+蚀孔液+闭合酸组合效果最优，酸蚀后可明显形成错综交叉的高导流缝网。体系选择充分利用碳酸盐岩优势，主体酸采用不含氟酸压体系，溶蚀率可达 60%，避免二次沉淀风险，依靠蚀孔液造孔过程中提高缝口或缝内压力，均匀改造的同时形成复杂缝网。

（3）A-1 井滑溜酸阶段增大排量至 $6m^3/min$，蚀孔液阶段变排量施工，酸液用量控制在 $240m^3$，可明显沟通更多天然裂缝，获得最优改造体积；通过增大前置液比例、酸液黏度，可显著优化裂缝摩阻，获得最优酸蚀裂缝形态。

参 考 文 献

[1] 刘平礼，黄晶，幸雪松，等．超高温裂缝性变质片麻岩凝析油气藏缝网酸压改造技术——以海上 A 气田太古界潜山储层为例[J]．天然气工业，2021，41（12）：73-80.

[2] 陈祥，赵立强，李小凡，等．海上致密砂岩气藏体积酸压技术研究[J]．油气藏评价与开发，2020，10（05）：120-126.

[3] 范白涛，陈峥嵘，姜浒，等．中国海油非常规和海上低渗储层压裂技术现状与展望[J]．中国海上油

气，2021，33(04)：112-119.
[4] 王元庆，林长志，王连生，等．低渗碳酸盐岩储层深度酸化酸液体系优选与评价[J]．地质科技情报，2014，33(1)：100-105.
[5] 李宪文，侯雨庭，古永红，等．白云岩储层酸蚀裂缝导流能力实验研究[J]．油气地质与采收率，2021，28(1)：1-7.
[6] 王玉芳，杜建军，牛新年．碳酸盐岩酸压裂缝导流能力随缝长变化规律研究[J]．地质力学学报，2015，21(4)：546-554.
[7] 王明星，吴亚红，孙海洋，等．酸液对酸蚀裂缝导流能力影响的研究[J]．特种油气藏，2019，26(5)：153-158.
[8] 冯炜，杨晨，陶善浔，等．碳酸盐岩酸蚀裂缝表面形态特征的实验研究[J]．岩性油气藏，2020，32(3)：166-172.
[9] 张磊，赵凤兰，舒俊峰，等．碳酸盐岩油藏用新型乳化酸酸岩反应研究[J]．钻井液与完井液，2013，30(1)：63-65，68.
[10] 赵立强，陈祥，山金城，等．注水井螯合酸复合解堵体系研究与应用[J]．西南石油大学学报(自然科学版)，2020，42(3)：123-131.

胜利东部深层探井压裂过程中储层保护技术研究与应用

吕 超 李侠清 蒋 焱 刘 恒 肖驰俊 淳于朝君 张冰岩

(中国石化胜利油田分公司石油工程技术研究院)

摘 要 胜利东部探区沙四下致密储层高压高温低孔低渗，前期探井压裂试油未达到预期产能，且稳产期较短。引入储层保护技术，针对该类储层的矿物岩石组分和储层物性特征进行敏感性分析并针对性优选储层保护体系，优化储层保护工艺，做到压裂全过程储层保护，更大程度释放探井产能。截至目前，该技术在胜利东部探区已经应用13口井，见油率100%，工业油流达标率100%，单井日产峰值达到42.85t，试油累产3156t，达到了探井的预期产能。

关键词 胜利东部致密储层；压裂过程；储层伤害；储层保护

胜利东部探区深层致密储层以BS洼陷和东营SP红层为主，属低孔低渗敏感储层。该类储层探井试油工艺以压裂为主，改进的一体化压裂液以破胶防膨为主，未能针对性的进行储层保护，目前试油效果未能达到储量预期。因此，开展基于目标储层的伤害因素分析，研发相应的储层保护措施，在压裂过程中进行运用，改善探井压裂试油的效果。

1 目标储层的伤害因素分析

本文以胜利东部探区BS洼陷以及东营SP红层沙三下沙四段为研究对象，进行储层伤害分析与评价。

1.1 储层物性与岩土矿物分析

通过测井资料显示，初步判断，如表1所示，目标储层具备低孔（6.9%～9.4%）低渗（0.7～3.6mD），高泥质含量（9.3%～10.8%），易水敏的特点。

表1 BS洼陷B10井压裂井段测井分析

井段/m	厚度/m	有效厚度/m	孔隙度/%	渗透率 $10^{-3}/\mu m^2$	含水饱和度/%	泥质含量/%	砂岩/%	灰岩/%	解释结果
4561.0～4569.2	8.2	7.6	8.3	2.1	80	9.3	82.3	0	油层
4585.8～4589.8	4		9.4	3.6	80.5	12.1	78.5	0	油层
4590.3～4597.0	6.7	3.2	7.8	2.3	88.8	11.9	78.4	1.9	油层
4606.8～4611.2	4.4	1.9	6.6	0.7	97.3	10.9	82.5	0	油层
4615.0～4627.1	12.1	4.9	8.1	2.3	82	10.8	81.1	0.1	油层
4635.8～4645.6	9.8	5.6	9.5	3.8	77.3	7.8	82.8	0	油层
4646.5～4648.2	1.7		9	2.6	88.8	10.6	80.4	0	油层
4982.9～4985.2	2.3		7	0.8	75.1	4.7	88.3	0	油水同层
5011.2～5014.8	3.6		6.9	1	69.1	4.1	89	0	油水同层

为进一步验证储层伤害因素，取两个区块重点井的矿物组分进行XRD分析得知，矿物组成以石英、长石为主，黏土组分含有一定量绿泥石，从储层岩石组分分析来看，具备一定的水敏性和酸敏性。

表 2 目标储层重点井 XRD 矿物组分分析

区块	井号	深度	黏土	石英	钾长石	斜长石	方解石	白云石	硬石膏	方沸石	天青石
BS 洼陷	B10	4159.5	6	44	8	36		4	2		
	B10	4355	3	38	13	40	3	1	2		
	B10	4453.5	3	37	10	39	7	2	2		少量
	B10	4535.5	3	37	9	40	8	1	2		少量
	B10	4563	5	34	12	36	9	1	3		少量
	B10	4620	3	39	8	38	9	1	2		少量
	B10	4673	4	38	9	39	7	1	2		
	BA193	3940.2	8	36	14	35	2		2	3	少量
	BA193	3942	3	38	15	37	5		2		少量
	BA193	3944.2	3	42	9	40	4		2		少量
SP 红层	F192	3388	12	31	10	31	13		2		1
	F192	3542	15	29	8	32	10	3	2		1
	F192	3398	27	29	6	25	9		2		2
	F192	3540	13	23	6	24	7		24		2
	F192	3556	17	30	8	29	9	3	2		2
	F189	3213	12	37	7	19	12	10	2	1	
	F189	3526.8	12	23	6	34	19	1	2		3

为进一步明确储层黏土的伤害因素，对黏土组分进行分析：胶结物以泥质、方解石胶结为主，杂基以水云母化泥质杂基为主，含量 1%~2%。储层岩石以细砂岩、粉砂岩为主，其次是含砾粗砂岩。总体上分选为中等-好，磨圆度以次棱角状为主，颗粒之间接触方式以点-线接触为主，孔隙-压嵌式胶结为主。

表 3 目标储层重点井 XRD 矿物组分分析

井号	井深/m	黏土矿物组分相对含量/%			
		伊/蒙间层	伊利石	高岭石	绿泥石
B10	4535.5	6	12	5	77
B10	4620	7	18	5	70
B10	5017.8		8	29	63
F192	3665.1	41	27	11	21

初步判断储层物性，目标储层具备一定的酸敏，水敏和盐敏性。通过矿物组分发现绿泥石，绿泥石为亚铁盐，具备一定的酸敏性。

1.2 储层伤害评价

通过储层敏感性评价实验来验证基于储层物性的初步判断，分别做水敏、盐敏、水锁伤害、地层水二次伤害评价。

1.2.1 水敏伤害评价

取 B10、L68、F192 井三处岩心，磨成 120-200 目岩心粉，根据 SY/T 1971—2016 方法开展了岩心粉静态膨胀率实验。通过实验观察和计算，在清水中目标储层黏土膨胀率可达 70%，目标储层具备相当的水敏性(图 1)。

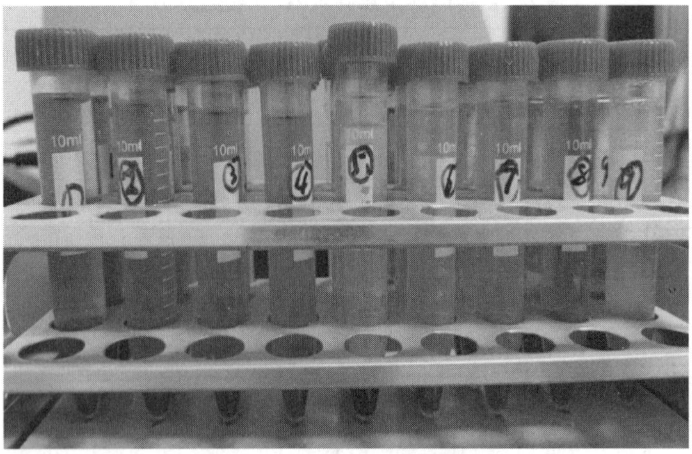

图 1　黏土膨胀评价实验

表 4　BS 洼陷水敏评价表

介质	B10-4650m 处		L68-3370m 处		F192-4030m 处	
	膨胀体积/mL	膨胀率/%	膨胀体积/mL	膨胀率/%	膨胀体积/mL	膨胀率/%
蒸馏水	0.49	78.57	0.43	61.91	0.53	73.68
自来水	0.53	75	0.54	57.15	0.41	57.90
2%NaCl	0.45	60.71	0.4	14.29	0.58	47.37
4%NaCl	0.36	28.57	0.22	8.57	0.22	15.79
煤油	0.28	0.88	0.35	0	0.30	0

1.2.2　盐敏伤害评价

为了验证盐敏性，项目组用岩心驱替实验评价，1%标准盐水伤害率为 23.6%，因此单纯盐水不能起到防膨效果(图 2~3)。

图 2　BS 洼陷重点井盐敏驱替实验

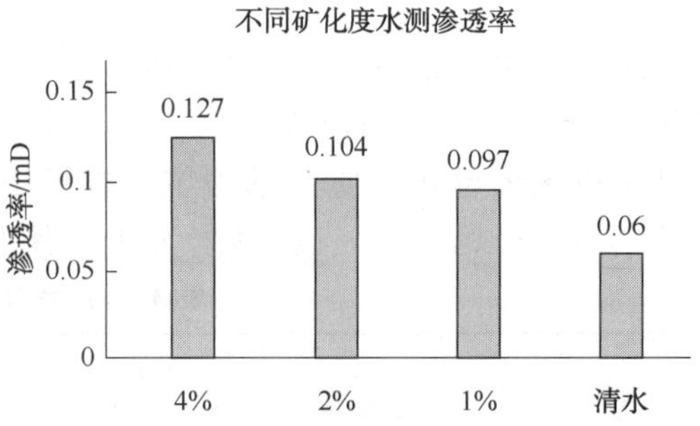

图 3　BS 洼陷重点井盐敏分析

在现场应用中，考虑东部探区深井高温条件，宜采用高温黏土稳定体系，做好水敏抑制。

1.2.3　水锁伤害评价

低渗透油藏毛管力强，洗井、压井过程中入井水相在毛管自吸作用下侵入地层。水相侵入导致储层含水饱和度增加，有效孔喉减少，油相有效渗流能力降低，同时乳化液滴在孔喉处易产生乳化堵塞，增大渗流阻力。

东部探区目标储层含水饱和度较低，处于易于发生水锁伤害的区间。以清水和煤油为介质，使用目标区块不同深度岩心三块，使用 B10 井 4650 处和 L68 井 3370 处，BA193 井 3946 处岩心开展水锁伤害评价(图 4~5)。

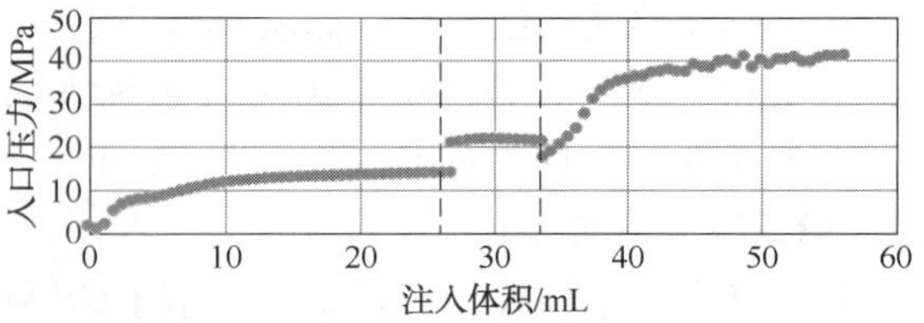

图 4　水锁伤害评价

图5　水锁伤害出口油包水乳液

表5　BS注陷水锁伤害评价表

岩心	初始	水锁后	渗透率损失率
B10-4650	0.053	0.021	61.38%
L68-3370	0.105	0.061	42.01%
BA193-3946	0.077	0.029	63.34%

通过水锁伤害的评价，项目组发现，目标储层容易受到液相伤害，若要做好目标储层的保护，需要在压裂施工前考虑预防水锁伤害。

1.2.4　地层水二次伤害评价

分析目标储层水型，多为碳酸氢钠，矿化度高(11000~14340)。碳酸氢根与硫酸根含量相对较高，通过OLI-Scale软件模拟防垢趋势可知，压裂液、洗压井液等配液水中若含有较高浓度的钙离子，易产生硫酸钙，碳酸钙等沉淀对堵塞孔隙。因此在该目标区块实施施工时，因尽量选取少钙的无固相压井液，避免储层伤害(图6)。

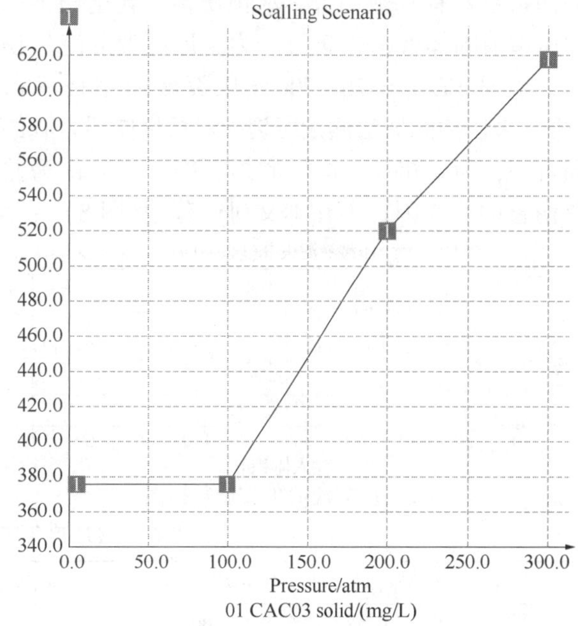

图6　结垢趋势预测

1.2.5　矿物影响因素评价

绿泥石成分以硅酸铁盐为主，是一种酸敏矿物，遇到酸性物质后，铁离子会释放，随着pH升高，铁盐会形成氢氧化铁沉淀。对先前目标储层探井的压裂资料分析，在压裂过程中，为了达到压裂液助排的目的，会在前期遇到二氧化碳会产生反应，释放铁离子，影响破胶，对此进行实验排除。

通过比色，通入二氧化碳之后的上清水层含0.3ppm以内的铁离子，影响有限，可以作为储层伤害的非要因，不在本文讨论范围(图7)。

图7　二氧化碳通入比色实验

1.2.6 压裂液滤失评价

在压裂过程中，成分复杂的压裂液作为一种外来流体，会对储层造成不同程度的伤害。常见的伤害主要有水敏伤害、水锁伤害、乳化伤害以及压裂液固体残渣伤害等。为验证压裂液滤失伤害，依据 SY/T 6376—2008《压裂液通用技术条件》，采用静滤失法测量压裂液对目标储层岩心的损害率，为4.65%。这样的损害率，可以作为储层伤害的非要因，不在本文讨论范围(图8)。

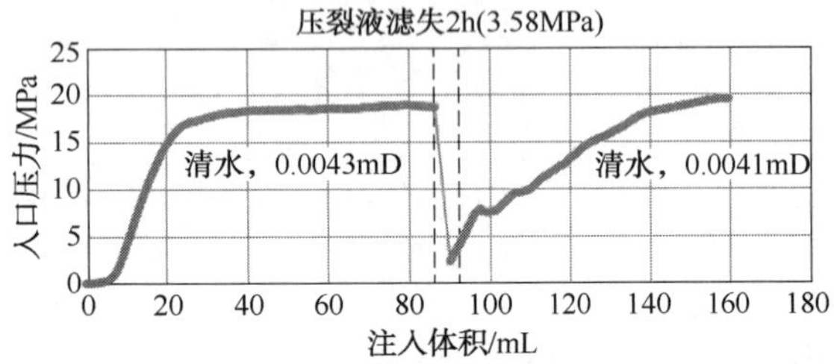

图8 压裂液滤失实验数据图

2 胜利东部深层目标储层的保护技术研究

上文对目标层段的储层伤害机理进行了分析，明确了储层保护思路，对预防黏土膨胀，预防水锁进行综合处理，并对储层保护提出预防性的措施，如尽量减少酸性物质的注入，并且做好入井液的配伍评价实验等。

2.1 高温黏土稳定体系优选

选取了4种高温黏土稳定剂做配伍性评价，将高温黏土稳定剂的配比调至3%进行防膨和配伍性的实验。

黏土稳定评价实验做法参照上文水敏伤害性评价所，在5%浓度下不同黏土稳定剂的防膨率，如表6所示。

表6 5%浓度下不同黏土稳定剂的防膨率

介质	膨胀体积/mL	防膨率/%	膨胀体积/mL	防膨率/%	膨胀体积/mL	防膨率/%
煤油	0.28	100	0.21	100	0.18	100
蒸馏水	0.49	0	0.34	0	0.33	0
粘稳 A	0.31	85.71	0.23	90.90	0.21	85.71
粘稳 B	0.3	90.47	0.22	95.45	0.2	92.85
粘稳 C	0.34	71.42	0.24	86.36	0.22	78.57
粘稳 D	0.37	57.14	0.28	68.18	0.24	64.28

实验表明，高温黏土稳定剂B的高温防膨率在92.85%。继而选取该类高温黏土稳定剂按照0.3%的浓度进行配伍性实验，主要观察在压裂液加入之后的黏性变化。对压裂液黏度影响：B<D<C<A<E，黏度均在100~200mPa·s之间。因此优选的高温黏土稳定剂B可以在储层保护体系中运用。

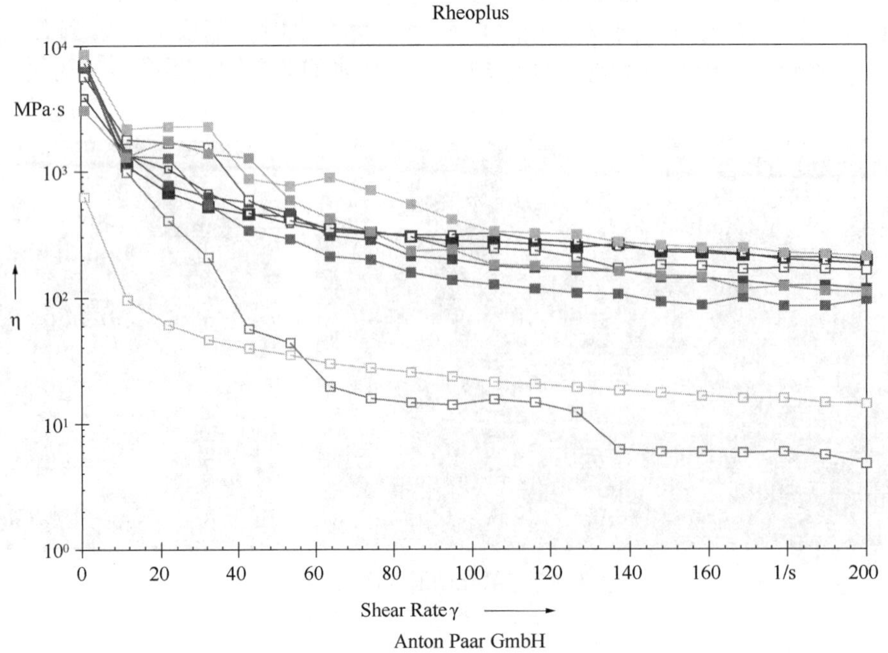

图9 加入0.3%的压裂液黏度评价

2.2 液相伤害处理剂优选

微乳体系作为入井防水锁处理液，能够明显降低水相占据小孔喉减少油相分布而对储层造成的伤害。为此，项目组从3种水伤害处理剂中优选，按照水锁伤害的实验进行评价(表7)。

表7 不同液相伤害处理剂处理后岩心渗透率变化

介质	注入压力/MPa	渗透率/mD	渗透率保留率/%
初始油相	0.09	3.35	100
伤害后油相	0.15	1.07	31.94
水伤害①号	0.1	2.95	88.06
水伤害②号	0.12	2.52	77.05
水伤害③号	0.14	2.71	81.23

2.3 低伤害储层保护体系优化

为做好目标区块的储层保护，在高泥质含量、黏土膨胀比例、孔隙度以及黏土矿物中的绿泥石等易伤害因素中，筛选压裂伤害的主控因素，针对性的做出相应的储层保护方案。在压裂主体段塞前设计水伤害处理剂+高温黏土稳定剂的储层保护预处理体系，实现防水锁、防膨一体化。在压裂液中加入0.3%~0.5%的高温黏土稳定剂，实现全过程防膨。

针对前期的储层保护优化，项目组通过压裂液配伍实验，评价了几种工况下储层保护体系的配伍情况，其中压裂液按照0.6%稠化剂+0.3%交联剂+0.15%破胶剂配制(表8)。

表8 不同液相伤害处理剂处理后岩心渗透率变化

体系	初始黏度/mPa·s
压裂液原液	146.2
0.5%黏土稳定剂+压裂液原液	149.3
5%黏土稳定剂	118.3
5%水伤害处理剂	122.3
5%黏土稳定剂+5%水伤害(1∶1体积)	119.6
5%黏土稳定剂+5%水伤害(1∶20体积)	144.5

通过配伍性的流变实验，验证了储层保护体系与压裂液等入井工作液的匹配性，满足施工需求。

2.4 入井基液优化

入井基液是保证入井工作液工作的重要因素，项目组对BS洼陷重点井B10所用施工用水进行配伍性实验。

对压裂液体系的评价，项目组选取施工用水，与压裂液进行配伍性分析(表9~10、图10)。

表9 储层保护体系与入井基液的黏度变化

介质	黏度/mPa·s
原液	4.34
5%高温黏土稳定剂加入	5.16
5%高温黏土稳定剂+5%水伤害处理剂	4.83

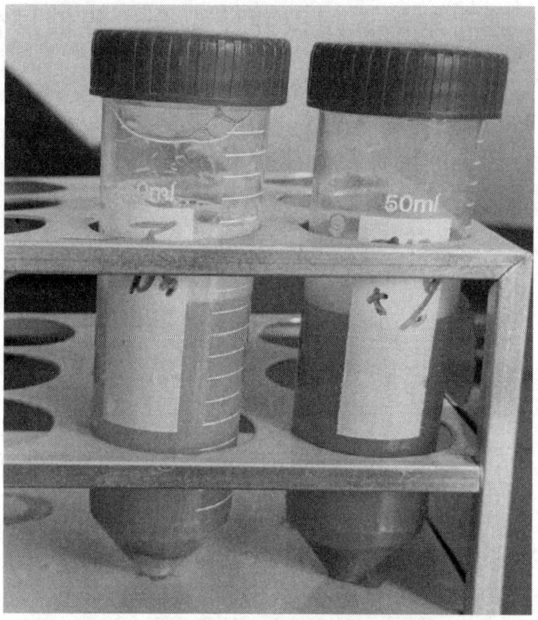

图10 加入5%高温黏土稳定剂的防膨性能评价

表10 加入5%高温黏土稳定剂的防膨性能评价表

介质	膨胀体积/mL
原液	0.49
3%高温黏土稳定剂加入	0.27

为进一步验证入井用水的配伍性，项目组利用OLI-Scale软件对碳酸钙和硫酸钙预测了结垢趋势，如表11所示。

表11 加入5%高温黏土稳定剂的防膨性能评价表

矿化度/(mg/L)	500	1000	2000	5000
CaCO3饱和指数	-12.5	-10.8	-9.3	-8.1
CaSO4饱和指数	-31.3	-16.7	-7.6	-6.5
结垢情况	不结垢	不结垢	不结垢	不结垢

通过入井基液与储层保护体系的性能评价和配伍性分析得知，低矿化度的水不影响储层保护体系的性能，且不会和地层水进行二次沉淀。在本次验证过程中，对于东部探区探井提出建议，入井基液尽量选择清水，低矿化度，低成垢离子，避免二次伤害。

2.5 压裂全过程储层保护工艺优化

根据上文分析目标区块储层特征及敏感因素，在压裂试油施工中，做好全过程储层保护工艺优化。在试油准备阶段，为保护井筒，替满井筒的储层保护体系；在射孔完后，压裂主段塞前，注入本段塞液量的10%的储层保护体系；在压裂主段塞伴注高温黏土体系，做好全过程防膨。做好入井用水的检测，防止造成储层二次伤害。

3 胜利东部深层探井压裂全过程储层保护工艺应用

3.1 整体应用效果

根据前期储层伤害评价与储层保护体系优化，2022年以来，胜利东部深层储层保护技术应用13口井，见油率100%，工业油流达标率100%，试油放喷期间平均日产油21.2t，平均放喷稳产天数达到11天，其中3口相关洼陷的重点探井达到了预期产能，完成了相应区块层系上报储量的要求。

3.2 典型井例

GX86井：该井为东营SP红层BX洼陷探井，储层泥质含量高（13.04%～29.8%），低孔（2.03%～8.21%）低渗（0.2～1.4（$10^{-3}\mu m^2$）），分两段进行压裂试油。针对本井储层特征，在试油阶段进行替入满井筒的储层保护体系，在每段压裂主段塞之前低排量注入$100m^3$储层保护体系。压裂试油后，放喷27天，累油1088.02t，峰值42.34t，日产40t/d以上16天。远高于同区块邻井试油平均2.35t/d，累计放喷7.3天的水平，为该区块沙四段储量上报和东营SP红层勘探提供了强大的事实依据，储层保护效果显著。

4 结论

（1）胜利东部深层低渗油藏储层物性较差，敏感性强，地层水矿化度高，岩石胶结程度低。当外来流体侵入时，容易发生水敏，使得黏土膨胀堵塞吼道。如果外来流体侵入速度过快，还会引起储层内微粒运移。压裂试油效果不理想，基于以上因素提出了压裂过程中储层保护的理念。

（2）通过室内实验对目标储层的伤害评价以及储层保护体系的复配，找出储层伤害主要因素，针对性优化压裂过程中施工工艺，成功在13口探井上取得应用，与同区块未做储层保护工艺的探井相比，试油放喷稳产天数和产能都有大幅提升。

参考文献

[1] 汤良杰，金之钧，张明利，等．柴达木盆地北缘构造演化与油气成藏阶段[J]．石油勘探与开发，2000(02)：36-39+11-5+4.

[2] 曹许迪．柴北缘马北隆起带断层演化与油气成藏[D]．大庆：东北石油大学，2013.

[3] 林洪，李凤杰，李磊，等．柴达木盆地北缘古近系重矿物特征及物源分析[J]．天然气地球科学，2014，25(04)：532-541.

[4] 付玲，关平，赵为永，等．柴达木盆地古近系路乐河组重矿物特征与物源分析[J]．岩石学报，2013，29(08)：2867-2875.

[5] 权宝华，方培林，任强，等．螯合酸完井液体系的研究及应用[J]．钻井液与完井液，2016，33(4)：122-126.

[6] 袁学芳，冯觉勇，李勇．新型低氯根螯合酸液体系研究及性能评价[J]．石油天然气学报(江汉石油学院学报)，2013，35(12)：148-152.

[7] 王昌军，岳前声，肖稳发，向兴金．聚合醇的储层保护机理室内研究[J]．重庆科技学院学报(自然科学版)，2015，34(4)：73-76.

[8] 苟波，郭建春，何春明，等．复杂砂岩气藏酸化酸液体系优选[J]．石油与天然气化工，2014，43(4)：421-425.

[9] 刘静，谢宾，陈锐，等．高含水饱和度致密砂岩气藏压裂液实验评价[J]．天然气技术．2008(2)：23-25.

[10] 丁绍卿，郭和坤．应用核磁共振技术研究压裂液伤害机理[J]．钻井液与完井液，22006(3)：60-62.

[11] 赵阳．宝浪油田油气层保护技术优化及应用[J]．内蒙古石油化工，2017，31(3)：149-151.

[12] 韩来聚，薛玉志，李公让，等．胜利油田钻井油气层保护分析与认识[J]．油气地质与采收率，2007，14(5)：1-4.

[13] 阎亚洲．强水敏油藏入井液损害及储层保护技术研究[M]．成都：西南石油大学，2010.

低渗与非常规油气钻完井新技术
大偏移距长水平段水平井轨道设计及控制技术

王国娜[1]　孙景涛[1]　王立辉[1,2]　曲永林[1]　肖成才[1]　郑　磊[1]　董金喜[1,2]

（1. 中国石油大港油田分公司石油工程研究院；2. 油气钻完井技术国家工程研究中心）

摘　要　大港油田页岩油以丛式水平井组为主要开发方式，钻井过程中存在三维水平井井眼轨迹优化制约因素多、井眼轨迹复杂，长水平段摩阻扭矩大、水平段托压易造成井下复杂，井下仪器信号不稳定、轨迹控制难度大等难点。为此，针对大港油田页岩油大偏移距长水平段水平井组轨道设计及钻进中轨道控制进行了一体化研究，定义偏移比K(偏移距/靶前距)，结合偏移距大小，探索适用于大港深层页岩油水平井组的双增轨道、七段制三维轨道及双二维轨道的优选准则，形成以“一趟钻”管柱设计、“三高两大”钻井参数，减摩降阻工艺配套的轨道控制工艺。该方法在大港油田页岩油开发中推广应用，实现水基钻井液下水平段长2091m，其中GY5-1-5H刷新大港页岩油长水平段水平井钻井周期最短纪录38.9天，研究及应用表明，井眼轨迹设优化及配套控制工艺为大港油区页岩油高效开发提供了技术支撑。

关键词　井眼轨迹设计；轨迹控制；偏移比；长水平段三维水平井组；页岩油；大港油田

大港油田页岩油伴随官东1701H、官东1702H实现高产、稳定工业油流，进入工业化开发阶段[1]，2023年3月沧东凹陷5号平台9口先导试验井，支撑建成国内首个陆相页岩油10万吨效益开发示范区，页岩油成为大港油田重要接替资源。为解决地面井场征地难题及利于后期工厂化压裂需求，提升综合效益，大港页岩油以长水平段水平井组为主要开发模式，受断陷盆地储层非均质性强及地面井场条件局限影响，井眼轨迹设计复杂，长水平段摩阻扭矩大，易产生托压，钻压传递困难，机械转速低，井底高温导致随钻测量仪器故障率高，井眼轨迹控制难度大，制约高效钻井。

国内外页岩油水平井设计普遍以“直-增-稳”三段制轨迹、“直-增-稳-增-平”双增轨迹、“直-增(小角度预斜)-稳-降-直-增-稳”七段制三维、“直-微增-稳-降-直-增-稳”双二维为主要剖面类型，国内陆上钻水平井时主要采用“MWD+弯螺杆钻具”组成的滑动导向钻进系统，采用滑动钻进和复合钻进交替进行的方式实现井眼轨迹控制。笔者结合大港页岩油水平井组井眼轨迹优化难点，进行剖面类型评价，精细轨迹参数优化，优选钻具优化，配套强化钻井参数，减摩降阻轨迹控制工艺措施形一体化井眼轨迹优化设计及及控制技术，实现减少钻井复杂，降低钻井风险，缩短钻井周期，减少钻井成本，为大港油田页岩油高效建产提供技术支撑。

1　轨道设计及控制难点

（1）三维水平井轨迹相关影响因素多，优化难度大。大港沧东凹陷页岩储层为孔二段地层，井区内沙河街、孔一段存在广泛分布的生物灰岩、玄武岩及辉绿岩特殊易漏岩性地层，井漏风险高，堵漏难度大；区域断层发育，孔一段为常规注水开发层系，常年注水导致压力紊乱，钻井过程中油气水侵频繁，造成井控安全隐患。歧口凹陷沙河街存在大段泥岩和页岩，黏土含量高，页岩层间孔隙、微裂缝及裂缝发育，极易井壁失稳。井眼轨迹需精确刻画与断层破碎带、易漏层、注水层等特殊地层关系，避免断层附近造斜，或者该段控制造斜率，减小断层影响及后期压裂影响，减少特殊地层对钻井过程中井漏、套变等复杂影响减少井下复杂。深层311.1mm井眼定向时效40～60min/m，效率低，如官东1702H井，在致在二开大井眼井段进行造斜作业，相比同井场官东1701H同井段机械转速速度明显降低。

（2）井眼轨迹复杂，制约钻井提质提速。受断陷盆地储层非均质性强、城市化油田发展及环境敏感度高局限，页岩油水平井普遍为三维水平井，存在偏移距大，水平位移不足，水平段长等难点，导致井眼轨迹设计复杂。大港页岩油完钻井最大偏移距 867.38m，最小有效水平位移 36.06m，轨迹不可避免存在较大扭方位井段，摩阻扭矩大，水平段易托压，复合钻进过程中容易出现憋钻卡钻。由于目标油层埋藏深，最大垂深 4342m，最长水平段 2091m，轨迹设计过程中设置预警控制点(5~6)多，入窗前轨迹调整次数多，施工过程中工具面难以摆正，钻压难以传递，制约钻速。平台式开发，井口距离 3~6m，造成设计井间上部直井段及稳斜井段距离近且并行距离长；入窗前井段由于水平井组下部水平段平行排列分布与钻井实施顺序要求，存在井眼轨迹平面相互交叉问题，造成防碰井段深且防碰优化难。

(3) 井底温度高易导致随钻测量仪器失效，影响井眼轨迹控制及钻速。大港页岩油井底油层温度在 129~144℃，定向仪器在井底高温、高振动工况下故障率高，仪器寿命受影响，长水平、大位移段，机械钻速低，钻压传递困难，常规螺杆下井工作推荐时间 120h，高性能螺杆工作时间 140~160h，超时工作容易引起螺杆事故发生，损失时间较高，平均损失 6.76 天。

2 页岩油水平井组轨道设计及控制关键技术

针对大港页岩油井眼轨迹复杂及控制难题，研究三维水平井组井眼轨道设计主控因素，建立以钻井安全、摩阻扭矩、定向难度、定向进尺、钻井进尺为综合评价指标的井眼轨迹类型优选原则，配套现场钻具组合优选、强化钻井参数、减摩降阻工艺等井眼轨迹控制措施，实现大港页岩油长水平段水平井组安全，优质、高效施工。

2.1 三维水平井组井眼轨迹设计主控因素研究

三维水平井其主要成因是井口到入窗点的方位与水平段设计方位不在同一线上(图 1)，造成偏移距的存在，在既定水平位移下，偏移距的大小直接影响靶前距的大小，且均都被用于量化井眼轨迹或评估钻井施工的难度。

偏移距：井口所在铅垂线到水平段设计方位延长线的垂直距离，图 1 中线段 OD 长度。

水平位移：井口铅垂线到入窗点连线的距离，或者靶点在水平面上的投影与井口之间的线长度，又称闭合距。

靶前距：指靶点至井口所在铅锤线的距离。

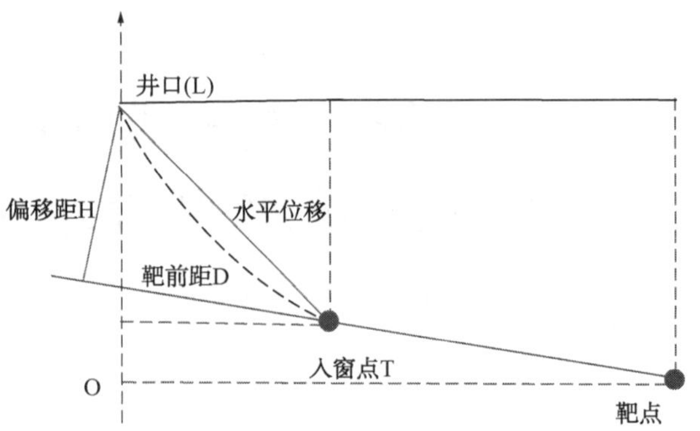

图 1 三维水平井靶前距、偏移距示意

在三维水平井钻井设计过程中，由于井场位置局限，容易造成大偏移距现象，同时受地质需求及避免无效进尺影响，靶前距往往需要有效控制，造成靶前距小难题。大港油田典型三维水平井指标统计，偏移距最小值为 9.24m，最大偏移距高达 867.33m. 同时靶前距最小值为 36m，最高则达 1246m(图 2)。

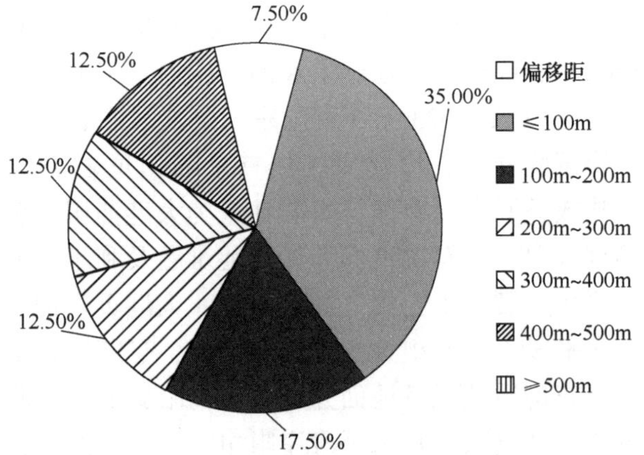

图 2 大港油田页岩油三维水平井偏移距统计

在三维水平井井眼轨迹设计过程中，受靶前距小与偏移距大制约，在井眼轨迹设计过程中，三维水平井往往存在轨迹复杂，设计难度大，优选难度大等特征。定向钻井难度系数(Directional Difficulty Index，DDI)是用于评定钻井完成情况的高水平方式，在复杂几何井眼的评价时具有重要意义，它提供了钻定向井是所遇到的相对难度评价。

$$DDI=\log_{10}\left(\frac{MDxAHDxTortuosity}{TVD}\right)$$

MD：测量深度，设计的井眼曲线长度

AHD：沿井眼的位移，是各个测量点位移的总和

Tortuosity：弯曲度，设计井或已钻井的总狗

腿度表征井眼井斜、方位时的狗腿度变化(正的增加)

TVD：设计井或已钻井垂直深度。

基于 *DDI*，以以下准则提供了一个定向井难易程度的分类方法：

DDI<6，相对浅的、低曲折度的简单剖面定向井。难度相对较低。

6.0<*DDI*<6.4，浅井带有高的曲折度或者深井低曲折度的定向井。难度相对中等

6.4<*DDI*<6.8，深定向井伴随相对高的曲折度轨迹，难度相对较大

6.8<*DDI*，深定向井伴随高的曲折度轨迹，难度大

DDI 在 COMPASS 等定向井设计软件中页体现出来，为定向井难度比较提供了便捷准确的对比计算(图 3)。

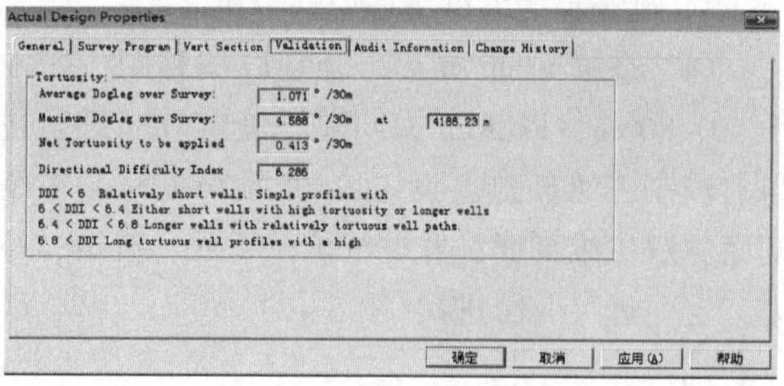

图 3 COMPASS 中 DDI 示意

大港油田定向井 *DDI* 普遍小于 5，属于相对难度较低的定向井，但是针对 42 口三维水平井 *DDI* 进行统计分析，研究表明其 *DD*1 相对于常规水平井和定向井较高。

结合偏移距，靶前距统计数据，认为 *DDI* 伴随偏移距的增长和靶前距的缩小呈正相关关系：及伴随偏移距的增大及靶前距的减少，*DDI* 呈增大趋势(图 4)，通过三维水平井成因分析，明确靶前距与偏移距为主控因素。

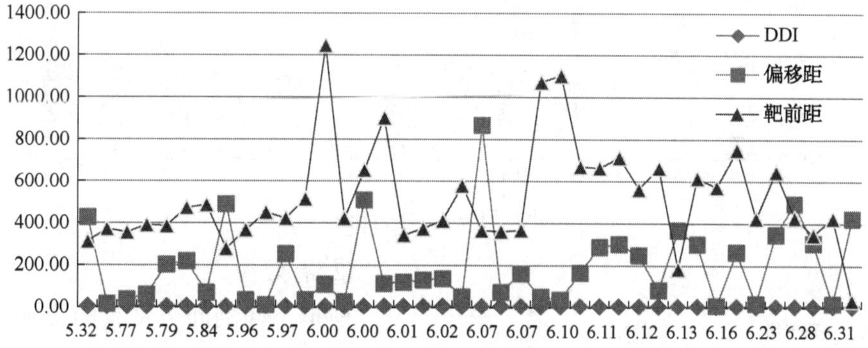

图 4 偏移距，靶前距与 DDI 相关性示意

2.2 三维水平井井眼轨迹剖面优选

2.2.1 主力井眼轨迹类型

结合本区部署水平井偏移距大，水平位移不足等情况，七段制三维轨迹和双二维轨迹应用占比中在 90% 以上，因此针对两种轨迹类型分井段进行降摩减扭轨迹参数优化设计。结合大港油区复杂水平井目标点垂深，定向工具造斜能力，利用 WELLPLANE 进行三维七段制与双二维轨迹剖面下在不同偏移距与靶前距条件下的力学特征分析、对比，探寻其适应条件。

2.2.2 井眼轨迹优选

1) 设定统一计算条件

(1) 待对比轨迹需满足施工要求及现场工具造斜能力，即(分离系数>1.0 或防碰距离大于 15m，造斜率<4.5deg/30m)

(2) 选取统一的三开钻井液体系：三开钾盐聚合物体系，密度 1.45g/cm^3

(3) 选取统一的施工参数：钻压 80~100kN

(4) 选取统一的套管柱型号与摩阻系数

建立以抗拉系数，最大拉力，最大扭矩，定向进尺，钻进进尺指标为对比项，引入评定因子 K 偏移比，即偏移距与垂直靶前距的比值：

K=靶前距/偏移距式中：偏移距，m；靶前距，m

结合大港油田偏移距，靶前距数据分析设定模拟靶前距 40~800m，模拟偏移距 50~800m 进行分组比较

2）轨迹最优偏移距适应性分析

（1）在 $k=1$ 前提下，分别以偏移距，靶前距 50~800m，以 50m 为间隔，设定双二维轨迹与七段制三维轨迹，设定 $K=1$ 预设七段制三维剖面与双二维剖面，并进行抗拉系数、扭矩、拉力、定向进尺，总进尺(图 5~9)

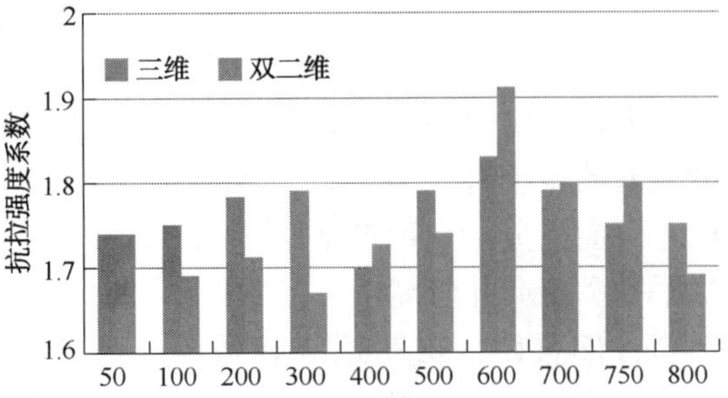

图 5　$K=1$，抗拉系数比较

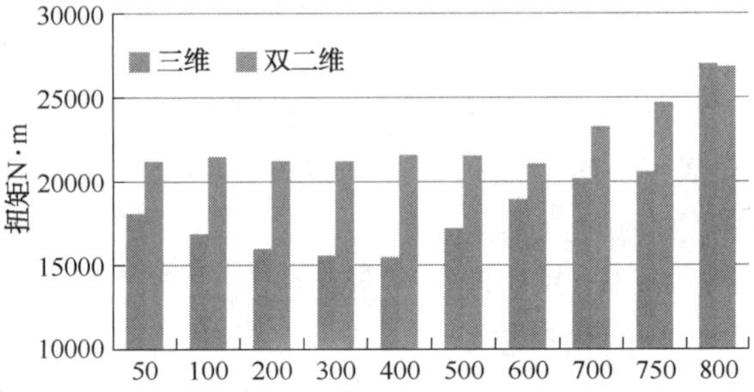

图 6　$K=1$，扭矩比较

① 抗拉强度与扭矩分析扭。矩表现最为突出，1-1HF 井随着井深的增加扭矩不断最大，最高达 35kN，而 1-3HF 仅为 2~3kN，实钻中 1-1HF 扭矩频繁在 18~23kN 波动，顶驱安全接头安全报警值为 23kN，不得不降低钻压，严重影响钻井效率。

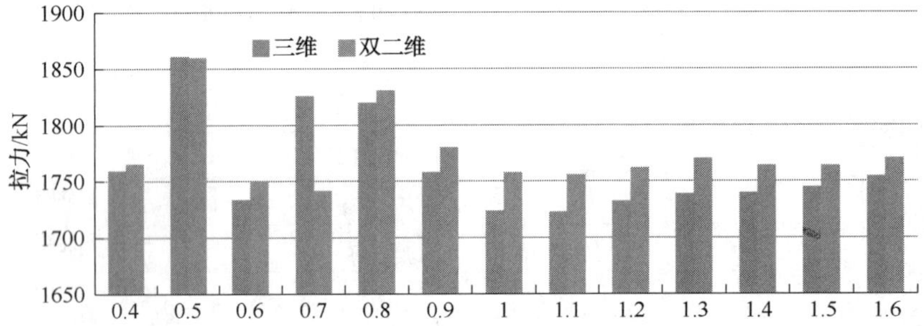

图 7　$K=1$，拉力比较

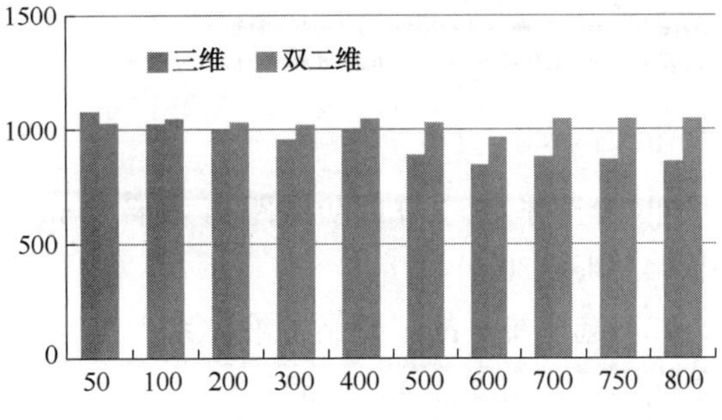

图 8　定向段长度比较

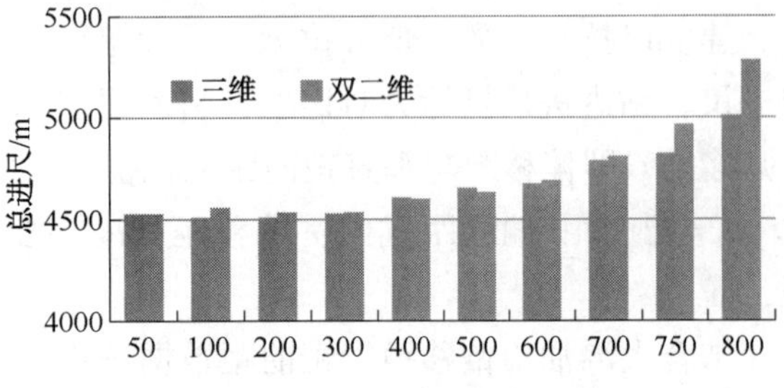

图 9　$K=1$，设计总进尺比较

② 有效拉力

模拟不同剖面下钻具的受到的拉力作用，同时考虑不同工况，1-1HF 井钻具受有效拉力影响较大，2000m 以下井段平均高于 100t 以上，随着井深的增加最高达近 400t 的有效拉力，起钻时受到的有效拉力接近极限范围，而 1-3 井有效拉力相对较小，2000m 以下井段平均低于 100t，局部为 200t 以上，3000m 以下井深最高不超过 260t，同时各种工况下所受有效拉力距极限拉力较远。

③ 定向段长与钻井总进尺分析

结论：设定 $K=1$ 预设七段制三维剖面与双二维剖面

① 偏移距<100m，双二维剖面造斜率超工具能力，

② 偏移距>750m，双二维剖面较三维剖面定向井段、钻井总进尺较大，失去双二维提速降本的实用价值。

分析认为 100<偏移距<750 时，优选双二维剖面；偏移距<100m 及>750m，优选三维剖面。

（2）轨迹最优偏移比适应性分析

① $K<0.4$

设定 $K<0.4$，如果同样偏移距情况下靶前距减小，偏移比系数值大于 1 的情况下，就需要更大的负位移以确保斜井段施工，这样一方面造成摩阻扭矩大幅度增加，另一方面对于井组防碰极为不利双二维轨迹受限于目标点垂深及造斜能力，不可实施，伴随目标点垂深增加及工具造斜能力增强，双二维轨迹增加可用性

② K：0.4~1.6

通过分析比较：在满足垂深与造斜能力条件下：二者均在安全受力范围内，三维轨迹受力优于双二维轨迹(图 10~图 14)。

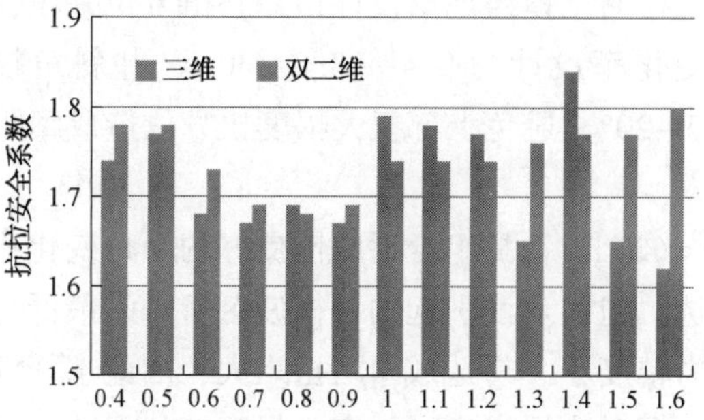

图 10 K：0.4~1.6，抗拉系数比较

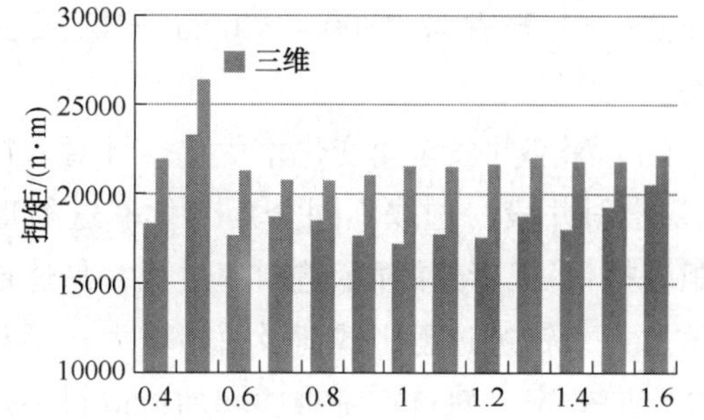

图 11 K：0.4~1.6，扭矩比较

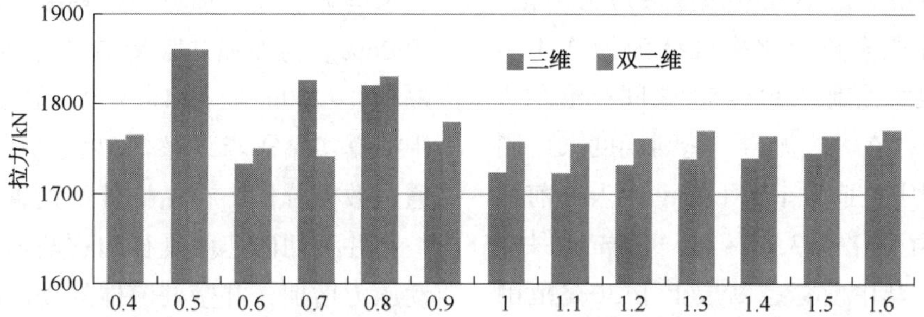

图 12 K：0.4~1.6，拉力比较

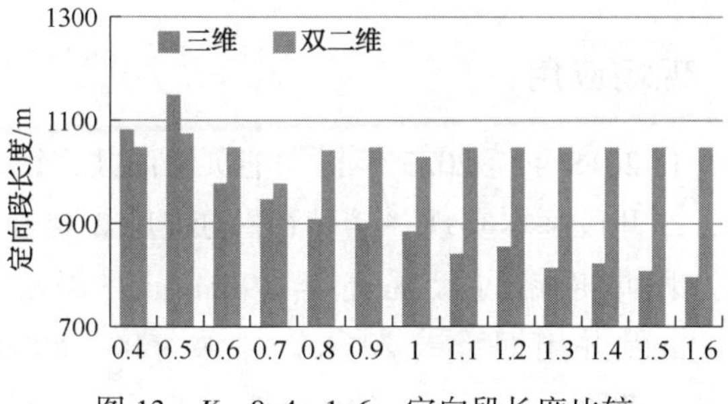

图 13 K：0.4~1.6，定向段长度比较

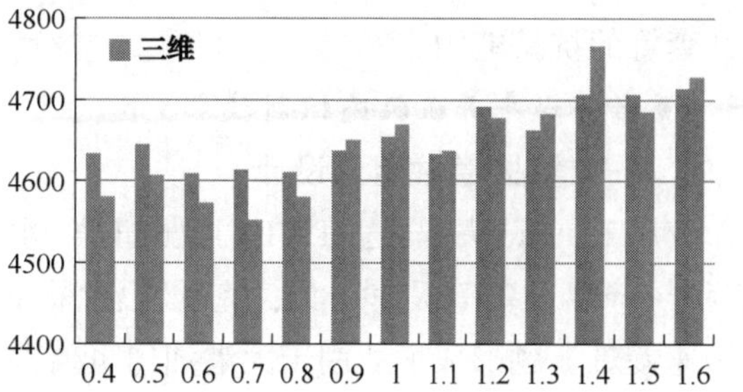

图 14 K：0.4~1.6，设计总进尺比较

在满足垂深与造斜能力条件下：

a. $0.4<K<1.0$ 时，双二维轨迹较三维轨迹定向井段与钻井进尺差距小

b. $K>1.0$ 时，双二维轨迹较三维轨迹定向井段差距大，钻井进尺优势消失

2.2.3 参数选择

大港油田页岩油水平井组由于设计目标深，水平段长，钻柱与井壁之间的摩阻易造成托压，定向效率低。因此以降低钻井施工中摩阻、扭矩，减少水平段延伸困难，缩减无效进尺为原则，开展井眼轨迹精细优化。参数设计原则应考虑井身结构适应性、钻具组合适应性、减摩降阻适应性。

（1）与井身结构适应良好的造斜位置优选。通常选择在进入二开井段，避开平原组松软地

层，在明化镇组地层设计预造斜扭方位井段，全角变化率设计为 2.4°~3.0°/30m，井斜角控制在 5~20°，避免上部扭大幅度扭方位造成摩阻扭矩大。

（2）与钻具组合适应性良好的全角变化率的优选。造斜点浅引起的钻杆疲劳所需的最低弯曲应力幅度小，易造成摩阻扭矩大，因此选择深造斜；同时为提高定向效率，保障钻井提速，结合井身结构设计，避免大尺寸井眼定向造斜，通常选择进入三开井段 2800~3200m 开始入窗前造斜，

（3）深部井段全角变化率优化。针对入窗前造斜/增斜井段，选取不同全角变化率进行摩阻扭矩模拟计算，结果显示造斜率过低，易造成井斜角过大，钻进过程中载荷及扭矩增大，不利于提高定向效率、轨迹控制难度增加；造斜率过大则不利于地质追踪，且在断层附近易引起套损套变。因此以摩阻扭矩最小兼顾井深最短为原则，第一造斜井段井段全角变化率设计为为 2.4°~4.5°/30m，井斜角控制在 30°~50°之间；沧东凹陷孔二段入窗前存在大段泥岩，造斜难度大，同时考虑实钻过程中造造斜率上下波动，入窗前增斜井段设计全角变化率 3.6°~4.5°/30m，保障精准入窗入窗，其中前穿越断层上下 30m 范围以内井段，轨迹控制应稳斜通过，控制全角变化率≤3°/30m，降低断层面处套管的弯曲应力，提升套管的抗挤能力。

2.3 页岩油水平井组轨迹控制技术

2.3.1 “一趟钻”管柱组合设计

应用 PDC 钻头+马达+LWD+顶驱扭摆+水力振荡器+降温设备等提速工具，克服高温深井机械钻速慢难，题形成了适用于大港油田页岩油水平井的低成本“一趟钻”提速技术。通过高性能钻头优选，配套大扭矩长效螺杆钻具、低压耗长寿命水力振荡器组合，有效解决钻头破岩效率低、螺杆扭矩低，水平段滑动拖压难题。复合钻杆使用 S135 钢级钻具，上部技套内钻柱使用 139.7mm 钻杆，一是上部钻具受拉和受扭力大，可提高钻具安全系数，二是减小钻具水眼内压耗，以降低泵压有助提高钻进排量。针对定向仪器抗温性差，无信号影响钻井效率的问题，应用钻井液地面降温装置，井底温度由 129℃ 降至 120℃，改善定向仪器及螺杆使用工况，提升其稳定性及效率，减少仪器更换起下钻时间 30% 以上。

2.3.2 “三高两大”钻井参数与减摩降阻工艺

为进一步提高钻头破岩与水力破岩效率，应用高泵压、高转速、高扭矩、大排量、大钻压钻井参数，提升深井、长水平井钻井工艺水平，提高钻井速度。强化钻井参数装备升级，支撑钻井参数强化提升破岩效率，加配顶驱具有扭摆功能，升级泥浆泵、高压管汇及大水眼钻杆，“三大两高”强化参数水平提升 17%~43%，滑动定向效率提升 26%，助推钻井提速。加强型顶驱，提纯钻时效；泥浆泵 2 台 1600，1 台 2200HL，排量 35L/s，泵压 32MPa，转速 100r/min，清洁井眼，辅助破岩。升级 52MPa 高压管汇，保证钻井安全，NC52 内平外加厚非标接头钻杆，减少水马力损失，顶驱扭摆系统，提高滑动定向效率 26%。为加强井眼清洁，自钻头 100m 开始间隔 150~200m 配备 4~5 个清砂接头，钻进过程中根据实钻需求调整清砂接头使用数量及位置。通过数模分析，在钻杆外壁设置螺旋槽道后，环空钻井液切向速度延径向逐渐增大；同时，流体动压力增加，井壁处流体的动能增加，提高了环空钻井液流速，形成紊流，高效清除贴近井壁的岩屑。

3 现场应用

自 2018 年至 2023 年，大港页岩油共完钻 53 口，二开段基本实现一趟钻（平均进尺 2185m），三开段单趟钻进尺提高至 1966m；井深小于 4500m 钻井周期跨入 20 天，井深 4500~5000m 钻井周期跨入 34 天，在国内外首先实现水基钻井液打快水平井打长水平段，钻井周期缩短 62.24%，成本节约 3.41 亿元，水平段长增加 91%，最长达 2091m，增产原油 7.3 万吨，支撑建成国内首个陆相页岩油 10 万吨效益开发示范区。其中歧口凹陷应用油基钻井液体系，最大井完钻井深 6558 米，水平段长 2510 米，钻井周期 39.35 天，二开一趟钻进尺 2468 米，三开单趟钻最大进尺 1462 米，为大港页岩油高效检查提

供技术支撑。

4 结论与建议

（1）大港油田页岩油三维水平井组剖面，推荐基于K理论的七段制三维与爽二位轨道优选，实现钻具受力，定向难度，钻井进尺最优，为高效施工奠定基础。

（2）针对定向仪器抗温性差，无信号影响钻井效率的问题，应用钻井液地面降温装置，井底温度由129℃降至120℃，改善定向仪器及螺杆使用工况，提升其稳定性及效率。

（3）围绕提速管柱，持续优选国产工具与仪器组件，优化提速管柱结构设计与组件性能，形成了适用于大港油田页岩油水平井的低成本“一趟钻”提速技术，配套强化钻井参数与减摩降阻工艺实现了井眼轨迹控制，助力钻井提速。

参 考 文 献

[1] 沈国兵，刘明国，晁文学，等．涪陵页岩气田三维水平井井眼轨迹控制技术[J]．石油钻探技术，2016，44(2)：10-15.

[2] 袁建强，中国石化页岩气超长水平段水平井钻井技术新进展与发展展望[J]．石油钻探技术，2023，44(2)：10-15.

[3] 赵志国，白彬珍，何世明，等．顺北油田超深井优快钻井技术[J]．石油钻探技术，2017，45(6)：8-13.

[4] 沈兆超，霍如军，郁燕飞，等．苏里格南区块小井眼井二开一趟钻钻井技术[J]．石油钻探技术，2020，48(6)：15-20.

[5] 陈新勇，徐明磊，马樱，等．杨税务潜山油气藏大位移井钻井完井关键技术[J]．石油钻探技术，2021，49(2)：14-19.

[6] 吴宏均，令文学，初永涛．吉林油田浅层丛式水平井井眼轨迹控制技术[J]．石油钻探技术，2011，39(5)：31-34.

[7] 宋争．涪陵江东与平桥区块页岩气水平井井眼轨迹控制技术[J]．石油钻探技术，2017，45(6)：14-18.

鄂尔多斯东南缘碳酸盐岩改造工艺的优化

井德源　薛大力　苏小虎　吕　滨　张　旭　王奕舜　高云彪

（中国石油天然气股份有限公司辽河油田庆阳勘探开发分公司）

摘　要　辽河油田宜川气田奥陶系马家沟组碳酸盐岩气藏具有加大的探勘开发前景，将作为上古生界致密气藏开发的有力接替和补充。针对马家沟碳酸盐岩储层致密、酸化改造效果受限的问题，从储层地质特征研究为基础，开展对用酸性能、压裂液评价、支撑剂选用、压裂参数优化等一体化系列试验，创新提出了“前置酸蚀+大排量泵注+高强度加砂”思路，形成“酸化溶蚀+支撑裂缝”双导流人工流体通道，形成一套适合马家沟组碳酸盐岩气藏有效改造的酸压工艺技术，有效提升致密储层改造效果，具有广阔的推广前景。

关键词　酸化压裂；储层改造；碳酸盐岩；马家沟组；宜川气田

1　概况

鄂尔多斯盆地奥陶系马家沟组是下古生界的主要储集层段，储层以白云岩、膏岩为主，储层发育的控制因素主要为构造特征、沉积成岩作用及储层残余岩溶强度等。该类气藏的特点是储层埋藏深，孔隙裂缝系统复杂，基质中碳酸盐纯度高，一般具有低孔低渗的特点，开发难度较大。在盆地东南缘，长庆油田已进行多年的勘探开发，影响前期改造效果的关键因素是酸蚀裂缝的有效长度和酸压后的酸蚀裂缝的导流能力。因此，如何优化酸压工艺技术，实现马家沟组储层的有效改造，是实现储层规模开发的基础问题。

2　储层地质特性与改造方向

马家沟组是鄂尔多斯盆地重要的碳酸盐岩储层，其中主力产层为马五层，平均埋藏深度3100～3700m。储集类型以溶孔－裂缝型为主，似孔隙型和裂缝型为辅，储层岩性以粉－细粉晶白云岩为主，平均含量达92.2%，基质中含有少量的黏土矿物和硅质黏土，其含量为2%～6%，其中伊利石含量占47%～86.7%，高岭石、地开石含量占14%。根据岩心实验分析，储层孔隙度、渗透率普遍较低，孔隙度多数低于4%，大部分集中在2%～3%之间；渗透率普遍较低，大部分低于0.1mD，主要集中在0.001～0.1mD之间，部分岩心存在明显微裂缝或裂纹，微裂缝对渗透率贡献较大。

马家沟组碳酸盐岩酸压改造存在的主要问题为①储层灰质含量高，酸液与储层反应速率较快，有效作用范围有限；②储层致密，常规酸蚀裂缝表面不均匀，不利于形成非均匀刻蚀沟槽或蚓孔，改造后导流效果不佳；③常用稠化酸携砂能力有限，支撑剂无法到达储层深部，支撑能力不足；④气层埋藏较深，闭合压力较高，裂缝闭合后导流能力大幅下降，直接影响改造效果。为此，创新提出“前置酸蚀+大排量泵注+高强度加砂”思路，对前置酸、压裂液、支撑剂、施工参数进行优化，形成“酸化溶蚀+支撑裂缝”双导流人工流体通道，实现储层的深度改造，增大泄流面积，提升改造效果。

3　碳酸盐岩天然气储层改造工艺的研究

3.1　酸液体系的研究

常规酸压使用酸液存在酸岩反应速率高、滤失严重、携砂效率低的技术瓶颈，改造体积有限。因此改变思路使用前置酸液解除基质孔隙、裂隙中的碳酸质填充物，扩大沟通储层原有的孔隙和裂隙，提高储层的渗透性，降低后续加砂压裂难度。同时，由于基质酸化过程主要是在岩石孔隙和天然裂缝内流动，酸液优先进入大孔隙、孔洞或天然裂缝，并逐渐扩大和延伸这些孔洞形成酸蚀蚓孔，酸蚀蚓孔的导流能力比基质高数个数量级，能极大地改善渗流能力。因此酸化改造过程中，酸蚀蚓孔应该尽可能长，其也是提高碳酸盐岩气藏酸化效果的关键，其长度与酸蚀时间和用酸量和反应时间成正比（图1）。

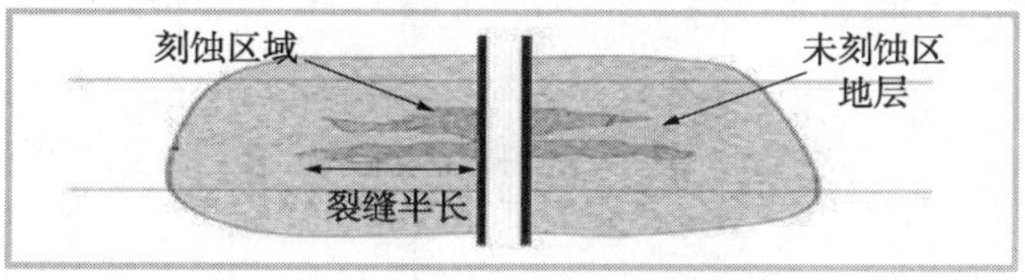

图 1　酸化溶蚀改造示意图

3.1.1　室内实验分析

宜川气田勘探开发前期长庆油田常用稠化酸进行酸压改造，对单相酸与盐酸、稠化酸酸岩反应开展室内试验。

如图 2、3 所示，实验表明，随着时间延长，单相酸静态酸岩反应速率远小于盐酸，对比稠化酸也有明显下降。

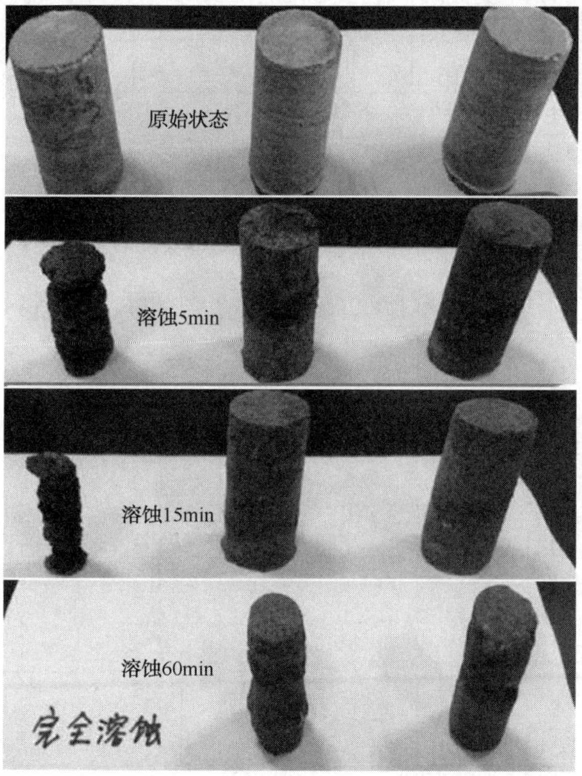

图 2　静态酸岩反应对比图

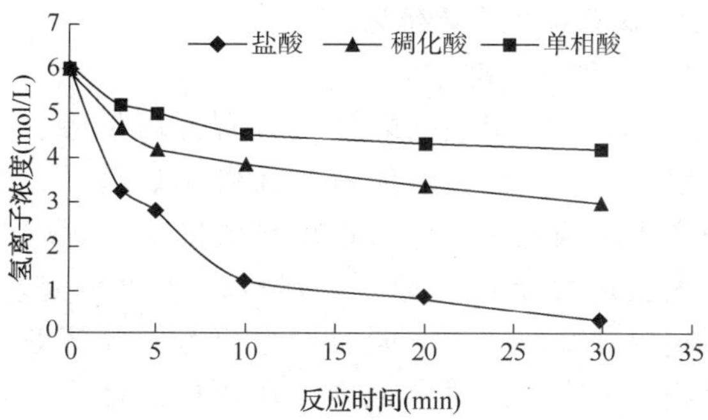

图 3　静态酸岩反应速率

如图 4、5 所示，实验表明，单相酸动态酸岩反应速率对比稠化酸下降近 2 倍。

图 4　动态酸岩反应对比图

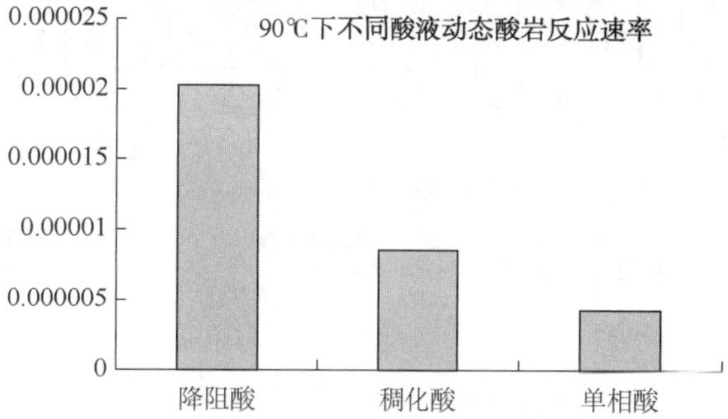

图 5　动态酸岩反应速率

3.1.2　现场应用对比

开展单相酸、稠化酸现场试验应用分析，选取储层条件相似的 YQ13(稠化酸)与 Y113(单相酸)井进行压裂效果对比分析(图 6~7)。

从压裂施工过程中看出，YQ13 井注入酸液后，压力未有明显下降，Y113 井呈持续下降趋势，反应稠化酸进入储层后快速反应，而单相酸仍持续向远端运移并连续反应。YQ13 井共入井支撑剂 39m^3，最高砂比 20%，施工前期压力较低，后期压力明显升高；Y113 井入井支撑剂 50m^3，最高砂比 22%，施工过程中压力平稳。压后测试产量 Y113 井对比 YQ13 井提高 30%。

根据现场实施效果来看，单相酸可以有效降低酸岩反应速率，有效形成酸蚀蚓孔，提升后续压裂支撑剂的导流效能，扩大改造波及范围，在储层中形成体积更大的泄气腔体，提高单井产能。

3.1.3　试验结论

单相酸通过分子吸附聚集在岩石表面形成疏水膜，降低 H+与岩石接触效率，疏水功能基团缔合形成网络结构，阻缓反应产物离开岩石表面，大大降低酸岩反应速率，利于扩大酸蚀范围，提升改造效果。单相酸液体系配方见表1。

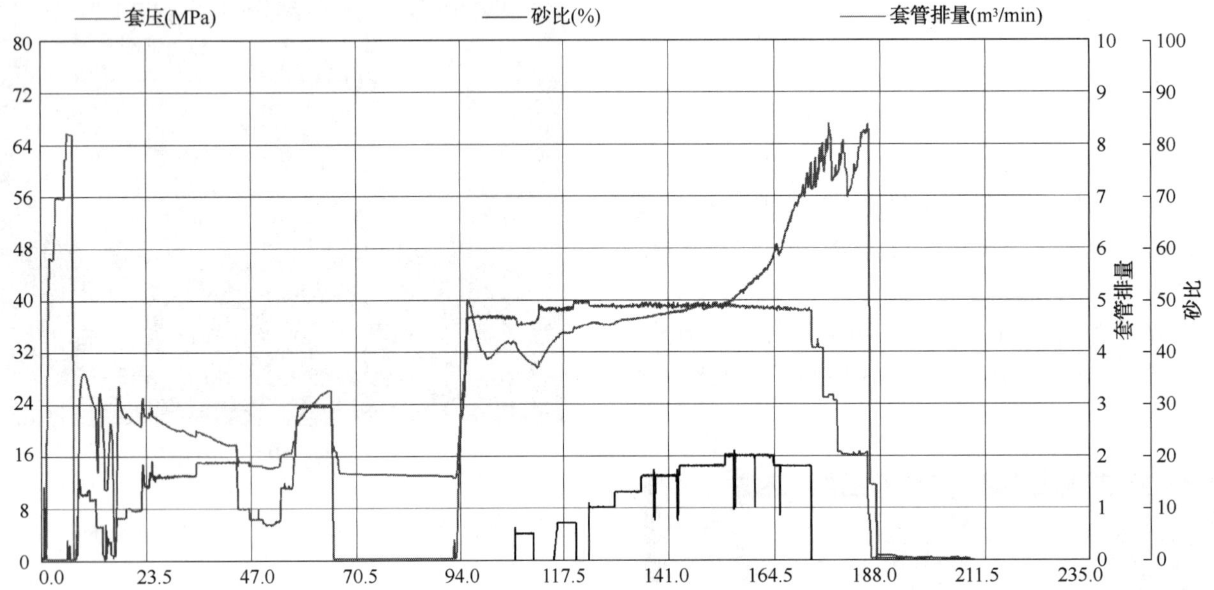

图6 YQ13井压裂施工曲线

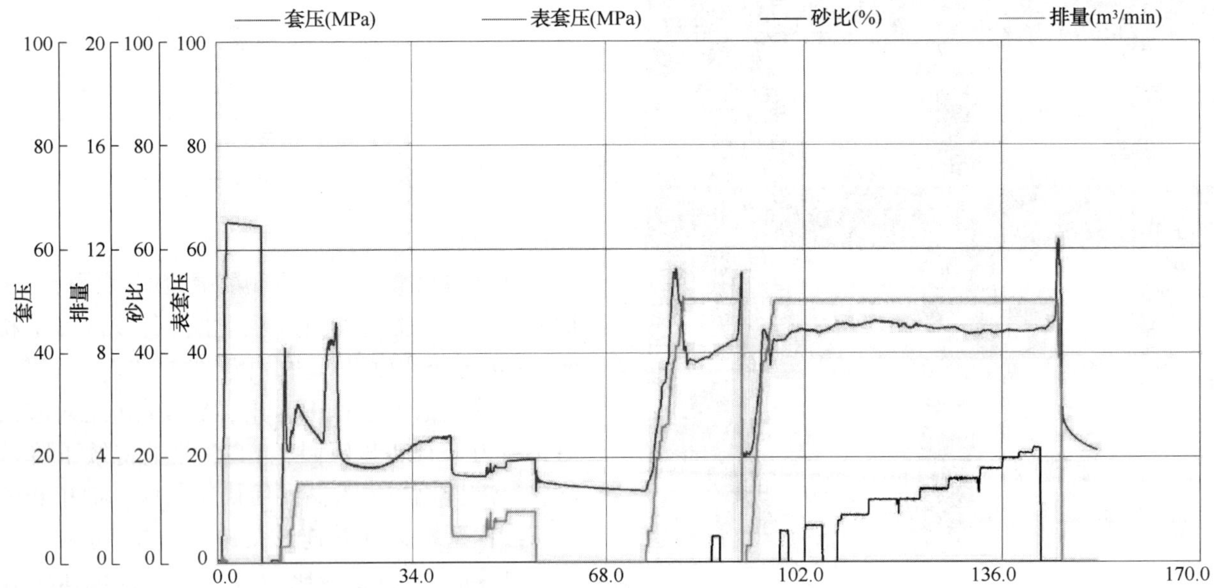

图7 Y113井压裂施工曲线

表1 单相酸体系配方

名称	功能
DHS-1	缓速剂，降低H+释放速率，降低酸岩反应速率
NSJ-1	减阻剂，降低酸液摩阻
CF-5A	助排剂，降低酸液表面张力，减少残液对储层伤害
HJF-95	缓蚀剂，保护井筒不受酸液腐蚀
TWJ-10	铁离子稳定剂，稳定酸液中的铁

3.2 压裂液体系的研究

3.2.1 室内研究

马家沟组碳酸盐岩储层具有低压低渗、强水锁的特征，压裂液体系易在微小裂缝、孔喉中产生水锁效应，降低地层导流能力，远端气体无法运移至近井地带，造成改造效果变差，影响单井生产能力。同时，综合考虑经济效益及施工要求，针对盆地内常用压裂液体系进行实验分析。

表 2　不同压裂体系性能对比

液体名称	低浓度胍胶	生物胶	V 型变粘滑溜水
交联方式	化学交联	非化学交联	非化学交联
最高耐温/℃	145	114	116
黏度范围/（mPa·s，90℃）	120~250	60~100	9~90
表面张力/(mN/m)	23.6	25.4	24.9
残渣含量/(mg/L)	290	180	<10
基质渗透率损伤率/%	26.6	16.6	12.0

室内实验表明，V 型变黏滑溜水黏度可在线调节，残渣率小于 10mg/L，对比胍胶、生物胶低一个数量级，渗透率损伤率也明显好于另两种体系，具有较好的低伤害性，便于施工，具有较好的返排效果。

3.2.2　现场试验

表 3　不同压裂体系现场应用效果

井号	体系	平均砂比/%	放喷返排率/%	测试产量/(m^3/d)
YQ13	生物胶	14.5	50.2	26563
YQ11	生物胶	14.0	55.8	10418
Y113	V 型变黏滑溜水	15.2	63.3	36895
YQ27	V 型变黏滑溜水	15.7	56.0	51006
Y27-2	V 型变黏滑溜水	14.9	48.7	51148
Y10-26-21	V 型变黏滑溜水	16.1	54.7	20221

对比生物胶与现场应用效果，V 型变黏滑溜水携砂性能更好，可将支撑剂携带至更远端，对储层的裂缝、微孔道进行有效支撑，增强压后储层导流能力；压后放喷过程中更加利于压裂液的返排，降低储层伤害，获得更好的改造效果。

3.2.3　试验结论

V 型变黏滑溜水针对天然气致密储层的特点，可有效抑制黏土膨胀，降低水锁伤害，进一步提高压后返排效果。具有低伤害、低摩阻、低成本、高携砂、可变黏的特点，呈现典型的“三低一高一变”的优良特性，可进一步提升碳酸盐岩储层效益建产水平。

3.3　压裂工艺优化

采用“前置酸蚀+大排量泵注+高强度加砂”的改造思路，提升酸液用量，扩大酸蚀范围，接续大排量压裂注入，遵循“控液增砂”的理念，提升加砂强度，实现有效缝长的支撑(表 4、5)。

表 4　YQ11 井泵注程序

施工工序	液体类型	液量(m^3)	支撑剂类型	砂量(m^3)	砂浆(m^3)	砂比(%)	砂排量(m^3/min)	排量(m^3/min)	液氮排量(m^3/min)	液氮量(m^3)	泵注时间
低替	低粘液	21.9			21.9			1.0			21'53"
酸处理	稠化酸	100.0			100.0			3.0			33'20"
顶替液	低粘液	23.0			23.0			1.0			23'00"
停泵2小时											
前置液	高粘液	60.0			60.0			6.0	0.25	2.5	10'00"
	低粘液	20.0	0.425-0.212mm石英砂	1.0	20.6	5.0	0.29	6.0	0.25	0.9	3'26"
	高粘液	30.0			30.0			6.0	0.25	1.3	5'00"
	低粘液	28.6	0.425-0.212mm石英砂	2.0	29.8	7.0	0.40	6.0	0.25	1.2	4'58"
	高粘液	20.0			20.0			6.0	0.25	0.8	3'20"
携砂液	高粘液	44.4	0.425-0.212mm石英砂	4.0	46.8	9.0	0.51	6.0	0.20	1.6	7'48"
	高粘液	41.7	0.425-0.212mm石英砂	5.0	44.7	12.0	0.67	6.0	0.20	1.5	7'27"
	高粘液	42.9	0.425-0.212mm石英砂	6.0	46.5	14.0	0.77	6.0	0.20	1.6	7'45"
	高粘液	43.8	0.425-0.212mm石英砂	7.0	48.0	16.0	0.88	6.0	0.20	1.6	8'00"
	高粘液	35.3	0.425-0.212mm石英砂	6.0	38.9	17.0	0.93	6.0	0.20	1.3	6'29"
	高粘液	22.2	0.425-0.212mm石英砂	4.0	24.6	18.0	0.98	6.0	0.20	0.8	4'05"
	高粘液	20.0	0.85-0.425mm石英砂	3.0	21.8	15.0	0.83	6.0			3'38"
	高粘液	12.5	0.85-0.425mm石英砂	2.0	13.7	16.0	0.88	6.0			2'17"
顶替液	低粘液	20.6			20.6			6.0			3'26"
合　计		586.9		40.0	610.9	14.0				15.0	155'53"

表 5　YQ27 井泵注程序

施工工序	液体类型	液量(m^3)	累液(m^3)	支撑剂类型	砂量(m^3)	累砂(m^3)	砂浆(m^3)	砂比(%)	砂排量(m^3/min)	排量(m^3/min)	液氮排量(m^3/min)	液氮量(m^3)	泵注时间
酸处理	单相酸	80.0	80.0				80.0			3.0			26'40"
顶替液	活性水	40.0	120.0				40.0			3.0			13'20"
停泵2小时													
前置液	高粘液	60.0	180.0				60.0			8.0	0.20	1.5	7'30"
	低粘液	20.0	200.0	0.212-0.106mm 陶粒	1.0	1.0	20.6	5.0	0.39	8.0	0.20	0.5	2'34"
	高粘液	40.0	240.0				40.0			8.0	0.20	1.0	5'00"
	低粘液	16.7	256.7	0.212-0.106mm 陶粒	1.0	2.0	17.3	6.0	0.46	8.0	0.20	0.4	2'09"
	高粘液	40.0	296.7				40.0			8.0	0.20	1.0	5'00"
携砂液	高粘液	33.3	330.0	0.212-0.106mm 陶粒	3.0	5.0	35.1	9.0	0.68	8.0	0.15	0.7	4'23"
	高粘液	33.3	363.3	0.212-0.106mm 陶粒	4.0	9.0	35.7	12.0	0.90	8.0	0.15	0.7	4'28"
	高粘液	35.7	399.0	0.212-0.106mm 陶粒	5.0	14.0	38.7	14.0	1.03	8.0			4'50"
	高粘液	31.3	430.3	0.212-0.106mm 陶粒	5.0	19.0	34.3	16.0	1.17	8.0			4'16"
	高粘液	33.3	463.6	0.212-0.106mm 陶粒	6.0	25.0	36.9	18.0	1.30	8.0			4'37"
	高粘液	37.5	501.1	0.425-0.212mm 陶粒	6.0	31.0	41.1	16.0	1.17	8.0			5'08"
	高粘液	27.8	528.9	0.425-0.212mm 陶粒	5.0	36.0	30.8	18.0	1.30	8.0			3'50"
顶替液	低粘液	31.0	559.9				31.0			8.0			3'52"
合　计		559.9			36.0		581.5	14.6				5.8	97'41"

前置液准备胶囊破胶剂27公斤，加量按0.015%人工追加。携砂液准备过硫酸铵35公斤，胶囊破胶剂47公斤，加量按照0.009%-0.01%-0.03%-0.05%-0.06%-0.07%-0.09%人工楔型追加。

压裂方式上由环空压裂转为套管压裂，将排量由 5~6m^3/min 提升至 8~10m^3/min，增大改造规模，将压裂液运移至远端，提高有效缝长长度，增加裂缝密度。

支撑剂选择上将石英砂替换为陶粒，提升抗压级别；支撑剂粒径组合由 40/70 目~20/40 目组合转变为 70/140 目~40/70 目组合，更高目数的支撑剂使得远端裂缝得到有效支撑，强化了导流能力。

加大加砂的规模和强度，加砂强度由 5.3m^3/m 提升到 6.4m^3/m，增加可支撑的有效缝长，从而扩大整体改造体积，增加储层泄流通道，改善流体在地层的流动状态，提高单井产量(表 6)。

表 6　不同酸压方式参数对比

井号	压裂方式	施工排量/(m^3/min)	酸液用量/m^3	支撑剂类型	支撑剂用量/m^3	加砂强度/(m^3/m)	测试产量/(m^3/d)
YQ13	环空压裂	5.0	45.0	20-40 石英砂 24 40-70 石英砂 15	39.0	4.5	26563.0
YQ11	环空压裂	6.0	100.0	20-40 石英砂 5 40-70 石英砂 35	40.0	6.2	10418.0
Y113	套管压裂	10.0	80.0	40-70 目陶粒 36 70-140 目陶粒 14	50.0	5.5	36895.0
YQ27	套管压裂	8.0	80.0	40-70 陶粒 11 70-140 陶粒 25	36.0	7.8	51006.0
Y27-2	套管压裂	10.0	120.0	40-70 陶粒 18 70-140 陶粒 42	60.0	6.6	51148.0
Y10-26-21	套管压裂	8.0	80.0	40-70 陶粒 11 70-140 陶粒 24	35.0	5.7	20221.0

4　结论

鄂尔多斯盆地东南缘奥陶系马家沟组碳酸盐岩埋藏较深、储层致密、具有低孔低渗的特点，常规酸压改造因酸液反应速率快、裂缝长度短、有效支撑差导致改造效果较差。通过对“前置酸蚀+大排量泵注+高强度加砂”压裂工艺的优化，增加改造范围，有效改善地层流体通道，降低压裂液的储层污染，现场应用取得了明显的增产效果，为宜川气田下古生界的规模开发奠定了技术基础。

参考文献

[1] 郭刚．长庆靖边气田陕 155#区下奥陶统马家沟组马五 1 储层特征研究[J]．天然气勘探与开发，2006，9(23)：26-29.

[2] 罗平，等．中国海相碳酸盐岩油气储层基本特征[J]．地学前缘，2008，15(1)：36-48.

[3] 徐国盛，等．长庆气田靖边区北部奥陶系马五储层难采储量区块综合评价[J]．矿物岩石，2003，1(23)：81-86.

[4] 徐永高，等．长庆气田变黏酸酸压工艺的研究与应用[J]．天然气工业，2005，25(4)：103-105.

海上低渗油田套管式液力投捞射流泵举升技术研究与应用

曾　润[1]　于法浩[1]　喻小刚[1]　王庆龙[1]　李文涛[1]　褚英杰[2]　谢双喜[2]　丁　宇[1]

[1. 中海石油(中国)有限公司天津分公司；2. 中海油能源发展股份有限公司工程技术分公司]

摘　要　渤海油田低渗储层主要集中在沙河街组，具有储层埋深深、温度高、压裂后出砂风险高以及产液水平低的特点，采用电潜泵深抽时经常产生电机烧毁和电泵卡堵的问题，极大增加了电泵井的故障率、检泵频次和躺井时长，大幅降低了低渗储层的开发效益，亟需开展低成本及快速检修特点的举升工艺研究。基于常规射流泵钢丝起下、无需动管柱作业的特点，结合海上低渗油田，通过大斜度井全井段射流泵泵芯受力分析、液力投捞式射流泵及配套技术研究以及射流泵泵芯有效起下的合理液力参数设计，形成了套管式液力投捞射流泵举升工艺。目前，该工艺已累计在渤中25-1等低渗油田中运用6口井、9井次，日产液水平与措施前电潜泵水平相当，与电潜泵相比，在初期投资一致的前提下，检换泵费用可降低90%以上，躺井时间减少94%，实现了渤海油田低渗油田经济有效地开发，也为渤海油田低渗储层压裂配套人工举升技术提供了新的途径。

关键词　低渗油田；人工举升；射流泵；液力投捞

渤海油田低渗储层以沙河街组为主，储量丰富，自2006年在渤中25-1油田成功实施低渗压裂改造后，相继在渤中34-9和渤中34-2/4低渗油田开展压裂改造，配套举升工艺也主要以渤海油田常用的电潜泵为主。低渗油田采用电潜泵深抽时，由于压裂改造后出砂风险高以及产液水平低的生产特点，电潜泵经常产生电机烧毁和电泵卡堵的问题，不仅极大增加了电泵井的故障率、检泵频次和躺井时长，也大幅度增加了作业成本，降低了经济开发效益。据不完全统计，低渗油田中电泵井的故障率高达40%。

为了解决电泵故障率高的问题，2022年，渤海油田在低产液井成功实践了射流泵举升工艺，其通过钢丝作业检换泵，无需动管柱作业，作业成本更低，检泵周期更长。但该工艺受钢丝作业能力限制，在大斜度井中应用需通过连续油管实现，作业成本进一步增加；另外，钢丝或连续油管作业设备需要占用平台资源，影响作业窗口，也间接延长了故障井躺井时间。

针对以上情况，通过技术攻关，研制出了适用于海上低渗油田的套管式液力投捞射流泵举升工艺。

1　技术原理

套管式液力投捞射流泵是利用射流原理将注入井内的动力液的能量传递给井下油层产出液的无杆采油设备，与常规钢丝投捞射流泵不同，液力投捞射流泵通过液力循环的方式实现泵芯的起出。具体原理为通过井口倒流程，使动力液从油套环空进入，返出液从油管内返出，在这个过程中泵芯随油管内的返出液一起向井口移动，通过井口捕捉装置自动抓取泵芯，实现泵芯的起出。

1.1　井下管柱及工艺原理

井下管柱主要由9⅝″套管和3½″油管组成，9⅝″套管主要由9⅝″管柱、生产封隔器、深井安全阀、定位密封和悬挂封隔器组成；3½″油管主要由3½″管柱、液力投捞射流泵工作筒、单流阀和滑套等组成。

生产时，关闭采油树主阀门，从井口防喷短接油管内投入射流泵泵芯，安装井口捕捉器到防喷短接油管顶端，然后打开采油树主阀门，使泵芯落到射流泵工作筒内坐封，然后油管打压，使射流泵芯工作，达到抽吸井底液体的目的，如图1(a)所示。

起泵时，井口倒流程，使动力液从油套环空进入，返出液从油管内返出，在这个过程中泵芯在返出液的过程中脱离射流泵泵筒，随油管内的返出液一起向井口移动，当射流泵泵芯到达井口时，井口的捕捞器就能自动抓紧射流泵泵芯上部的打捞头，完成整个射流泵泵芯的投捞过程，如图1(b)所示。

1.2 地面设备及工艺原理

地面设备主要由动力液注入端和混合液产出端组成，如图2所示。动力液注入端主要由注入水管汇和注水泵等组成，来自其他平台或水源井的水经过处理，通过平台自带的注水增压泵对动力液进行增压，根据不同的压力调节注入量，从而调节动力液的排量，实现控制井底流压和产液量的目的；混合产出液直接进入平台流程进行处理。对于具备油水处理的平台，分离后的水可直接作为动力液继续循环使用，对于不具备油水处理的平台，混合产出液可直接通过混输海管输送到其他平台进行处理。

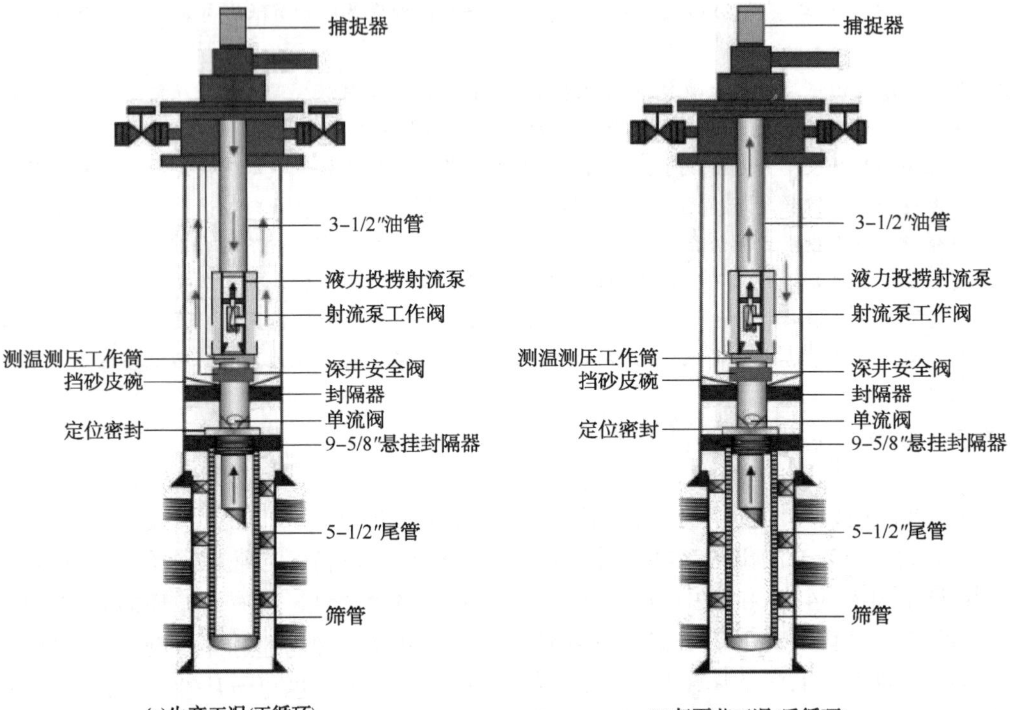

图1　套管式液力投捞射流泵示意图

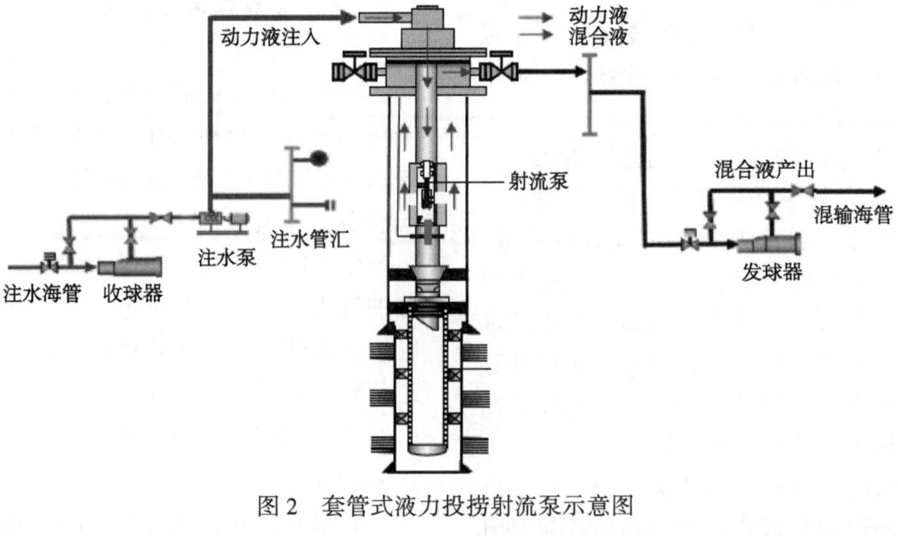

图2　套管式液力投捞射流泵示意图

1.3 技术特点

套管式液力投捞射流泵工作时，以高压水为动力液，驱动井下泵芯工作，以动力液和产出液之间的能量转换达到举升的目的。在产出液的举升过程中，由于动力液的加入、喷嘴和喉管对产出液的搅动作用，使混合液形成水为连续相，油为分散相的水包油乳状液，其产出液黏度大幅度降低，摩阻变小，有利于举升。

套管式液力投捞射流泵技术具有以下优点：

（1）起泵方式采用液力反循环，进一步解除井斜对射流泵使用受限的问题，可满足海上大斜度低产井的射流泵举升工艺需求；

（2）无需借助其他辅助设备，可直接利用平台现有的注水设备实现射流泵的起出和下入，无需占用平台其他空间，同时减少了常规电潜泵动管柱以及传统钢丝投捞起下射流泵的作业费用；

（3）液力投捞射流泵采用液力起下的方式，作业时间更短，进一步缩短油井的躺井时长，延长油井生产时率，进一步释放油井产能。

（4）射流泵内部无运动部件，能够适用于压裂后地层出砂的油井和低产井；

（5）通过正、反循环，实现泵芯起下，根据配产需要及时调整“喷嘴/喉管”比。

2 关键技术

2.1 套管式液力投捞射流泵

（1）结构

套管式液力投捞射流泵主要由泵芯和工作筒组成。泵芯见图3所示，工作筒见图4所示。泵芯主要由打捞矛、皮碗、过滤管、动力液入口、喷嘴、喉管、扩散管、胶筒、胶圈等组成。泵芯与与工作筒之间设有插入密封。

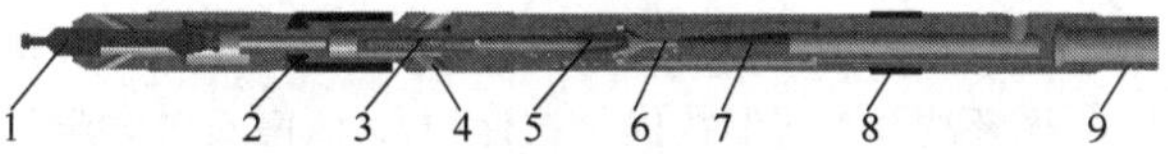

图3 泵芯结构示意图

1—打捞矛；2—皮碗；3—过滤管；4—动力液入口；5—喷嘴；6—喉管；7—扩散管；8—胶筒；9—胶圈

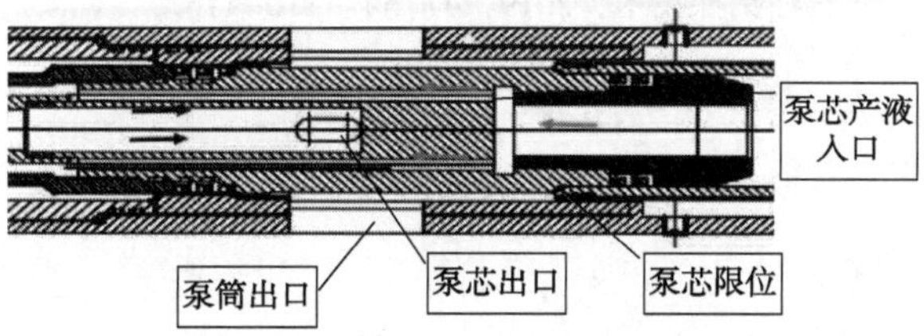

图4 泵筒结构示意图

（2）工作原理

射流泵泵芯插入射流泵工作筒。生产时，动力液通过内管柱进入泵芯，通过泵芯的喷嘴喷出，由于流体速度显著增加，导致压能显著降低，从而在喷嘴周围形成负压区，井底产液被吸入泵芯内，与喷出的动力液混合，再经过扩散管扩散，逐步恢复压能。混合液经过流道进入同心管柱环空，依靠压能举升至地面。

2.2 专用井口捕捉装置

专用井口捕捉装置主要包括打捞杆、加长杆、加长杆提环、捕捉器及配套密封组成(图5)。加长杆下连接捕捉器至油管挂夏下端，实现泵芯有效捕捉，同时设置二级密封，实现安全井控。

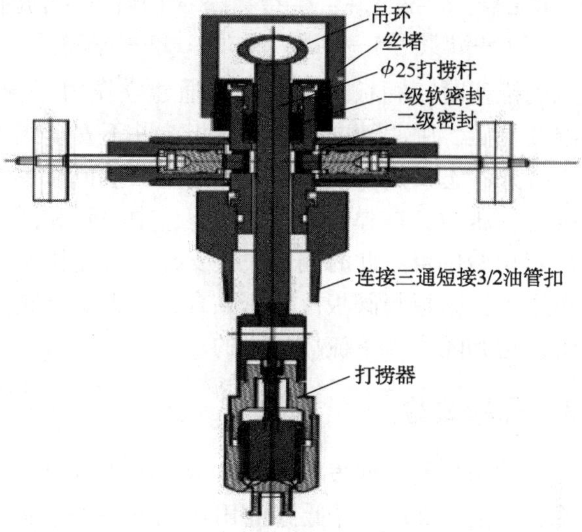

图5 专用井口捕捉装置

工作流程：

（1）首先将吊环穿入防喷装置后，依次连接六根加长杆，加长杆最下端连接捕捉器；

（2）关闭采油树清蜡及主阀门，拆卸采油树帽，安装井口泄压循环三通，用小钩吊起捕捉器、加长杆、防喷组合装置，将捕捉器放入泄压三通，直至进入采油树清蜡阀门以上空间，再将防喷装置下端与泄压三通上端连接上紧；

（3）打开清蜡与主阀，小钩下放加长杆，直至加长杆到达油管挂以下位置；

（4）依次压紧密封，连接顶端压冒丝堵，防止循环过程中将加长杆顶出，连接循环管线，倒流程，进行反循环捞取泵芯，期间注意观察排量与压力变化，直至捕捉成功。

2.3 井下安全控制装置

（1）结构

深井式安全阀主要由上接头、液控管线接头、活塞腔、活塞、中心管、连接环、弹簧、主体、阀板座、扭簧、阀板、下接头组成，见图6。

（2）工作原理

深井式安全阀连接液控管线后，在地面打压，液压驱动安全阀内的活塞向下移动，活塞推动相连接的弹簧和中心管向下运动，当中心管接

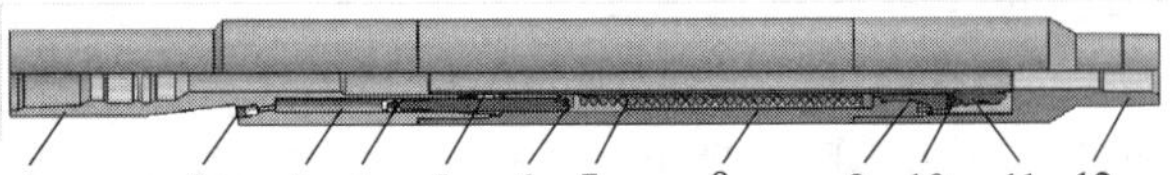

图6 深井式安全阀结构示意图

1—上接头；2—液控管线接头；3—活塞腔；4—活塞；5—中心管；6—连接环；7—弹簧；8—主体；9—阀板座；10—扭簧；11—阀板(含锥塞)；12—下接头

触到锥塞时，阀板上下液压连通建立压力平衡，继续打压，中心管向下顶开阀板，井下安全阀处于打开状态。当安全阀需要关闭时，泄掉液控管线内的压力，在弹簧力的作用下，中心管和活塞回到初始位置，此时阀板失去支撑，且在扭簧的作用下，阀板与阀板座紧密贴合，井下安全阀关闭，达到隔离井下流体的目的。

3 现场试验

截至目前，研发的套管式液力投捞射流泵技术已在渤中25-1等低渗油田运用6口井、9井次，日产液水平与措施前电潜泵水平相当，与电潜泵相比，在初期投资一致的前提下，检换泵费用可降低90%以上。套管式液力投捞射流泵技术的成功实施，实现了低渗油田低产井的经济有效开发，标志着套管式液力投捞射流泵举升工艺已经形成，也为渤海油田低渗储层低产井的治理开拓了新途径。

4 结论和建议

（1）创新形成了管式液力投捞射流泵技术，包括关键工具、装备及工艺的研发，满足海上平台环境、低产井复产及安全作业等需求。该技术的创新研发与成功实践，解决了电潜泵修井频繁、费用高、修井影响生产时效等一系列问题，助推了海上低渗油田的经济有效开发；

（2）室内和现场试验表明了套管式射流泵、井下安全工具配合良好、射流泵泵芯与内泵筒密封性能良好，射流泵液力起下泵芯安全可靠，具备在现场推广应用的条件；

（3）基于套管式液力投捞射流泵技术技术成功，以提高该技术适应性为目标，研发安全接头，防止封隔器解封失效后管柱遇卡，攻关底阀打捞工具，提供酸化解堵药剂等注入通道，保障增产措施顺利实施，同时，针对低产井的生产特点，优化射流泵的选泵设计方法，形成适用于低渗油田的射流泵举升规律，为该技术在蓬莱25-6油田及渤中25-1油田的推广应用奠定坚实技术支持。

参考文献

[1] 刘锦，李剑平，赵鹊桥. 垦东12块油藏采油方式优选及工艺研究[J]. 特种油气藏，2006，13(6)：77-79.

[2] 蔡淑兰. 潜油电机驱动采油技术的发展[J]. 化学工程与装备，2014，6(10)：157-158.

[3] 田芳勇，刘净，陈传东，等. 潜油电泵智能控制技术研究[J]. 钻采工艺，2014，37(2)：83-85.

[4] 胡书勇，张烈辉，刘祥康，等. 潜油电泵采油技术在低孔低渗油田的应用[J]. 钻采工艺，2006，29(5)：48-50.

[5] 李令喜，李彭年. 渤海油田大排量潜油电泵的开发及应用[J]. 石油钻采工艺，2012，34(z1)：55-58.

[6] 李东. 潜油电泵机组振动检测与故障诊断[J]. 设备管理与维修. 2020(10)：154-155.

[7] 姜建平，谢双喜，王亚慧. 渤海油田潜油电泵散热问题及改进措施[J]. 长江大学学报(自然科学版)，2010，7(3)：258-260.

[8] 王永慧，檀朝东，田旭庆，张雪松，薛兴艳. 潜油电泵系统发热对稠油黏度的影响[J]. 石油矿场机械，2011，40(8)：58-61.

[9] 沈琼，余丹，李昂，阚唱轩，李静嘉，檀朝东. 海上潜油电泵井温度场计算及影响因素研究[J]. 数码设计，2017，6(3)：69-73.

[10] 杨万有，郑春峰，李昂，王磊. 海上电泵结蜡井热循环洗井工艺参数优化设计[J]. 西南石油大学学报(自然科学版)，2019，41(1)：129-136.

[11] 朱广海，刘章聪，熊旭东，宋洵成，王军恒，翁博. 电加热稠油热采井筒温度场数值计算方法[J]. 石油钻探技术，2019，47(5)：110-115.

基于地质工程一体化模型的套变风险预测方法及其应用

徐尔斯　黄浩勇　曾　波　苟其勇　冯江荣　桂俊川

（西南油气田公司页岩气研究院）

摘　要　井周应力变化会诱发不同程度的套管变形，致使页岩气水平井体积压裂改造完成度不足，严重影响气井高效开发。为此，针对川南地区龙马溪组页岩储层小断层发育、裂缝发育、各小层岩性差异、岩石力学各向异性、井眼轨迹穿行复杂的地质工程条件，建立了高精度地质工程一体化模型，恢复了地下全井段井筒与地层、断层、裂缝的空间接触关系。然后以应力变化导致断裂及层面滑移为主要研究对象，分析了近70个套变点特征并提出了三类高套变风险模式及识别方法，研究表明：近1/3的套变由高狗腿度、层面滑移及断裂滑移的复合因素引起，由单因素高狗腿度、断裂滑移和层面滑移引发套变的所占比例分别为5%、57%和38%；层面滑移诱发套变多呈成对出现的现象，且井筒入射角小于10°时层面滑移诱发套变程度较轻；断裂滑移诱发恶性套变几率高，近1/3的井由断裂滑移诱发套变点中变形后内径缩小30%。经现场近50个实际套变点数据验证，套变风险预测方法可靠，通过风险评估，可为页岩气井压裂设计套变风险控制决策提供指导。

关键词　页岩气；地质工程一体化；套变；断裂滑移；风险控制；

1　前言

川南作为我国最早勘探开发页岩气的区域，经过十余年探索与实践，川南页岩气勘探开发已创新实现规模效益开发。然而随着页岩气开发进程不断深入，也遇到了诸多风险和挑战。比如水平井套管变形问题，使得水平井有效压裂段长大幅缩减，难以保证井控区域资源的动用。截止2022年底，泸203井区套变井数达71口，占比高达61.2%。针对愈发常见的页岩气水平井套变问题，国内外学者大多利用数值模拟手段，聚焦于单一因素导致的套管局部失效机理研究。乔磊等人提出了包含套管弯曲、套管摩阻、高压流体注入等影响页岩气井套管强度的主要风险因素。韩礼红等人认为川南页岩气井套变主要影响因素是地质运移导致的套管局部径向变形。乔智国等人建立有限元分析模型，明确了威荣页岩气井套变主要类型为套管受挤压或地层滑移剪切作用。童亨茂等人基于大型物理模拟试验和数值模拟工作，从地质力学角度提出了识别可能出现活动的断层和裂缝裂作为套变风险点的预测方法。衡峰等人注意到套变遇阻点与微地震事件特征的相关性，提出一种结合储层地震属性和微地震监测的压前和压中实时套变预测方法。赵祚培等人认为套变诱因主要是断层、裂缝或岩性变化大的位置发生剪切滑移。王琳等人发现水平井套变通常与水平井段穿过硬度较高的五峰组高度相关，五峰组与龙马溪组的岩性差异导致龙马溪组内套变存在应力集中。张忠铧等人通过套管抗挤毁强度的测试，发现压裂导致的井温降低、地层侧向应力作用都会显著降低套管的抗挤毁强度。李凡华等人从页岩气储层物性方面探讨了水平井套变的主要因素和机理，同样认为钻遇较厚的五峰组灰岩限制了水平井筒的错动，导致位于储层中的水泥环容易失效。本文利用地质工程一体化精细模型，在还原真实套变点地质工程特征的基础上，提出了三类高套变风险模式及识别方法，经现场近50个实际套变点数据验证，套变风险预测方法可靠，通过风险评估，可为页岩气井压裂设计套变风险控制决策提供指导。

2　套变点特征 features

建立地质工程一体化精细模型，恢复了地下全井段井筒与地层、断层、裂缝的空间接触关系，分析了77个套变点特征。

2.1　单因素–高狗腿度

为保证井轨迹均在最优地质甜点内穿行，入靶处往往存在狗腿度较大的套管段，统计套变点共77处，其中狗腿度大于3°/30m的仅有4个点，占比为5%，且变形程度均较轻，根据多臂井径测井结果显示，变形处内径均大于88mm(图1)。

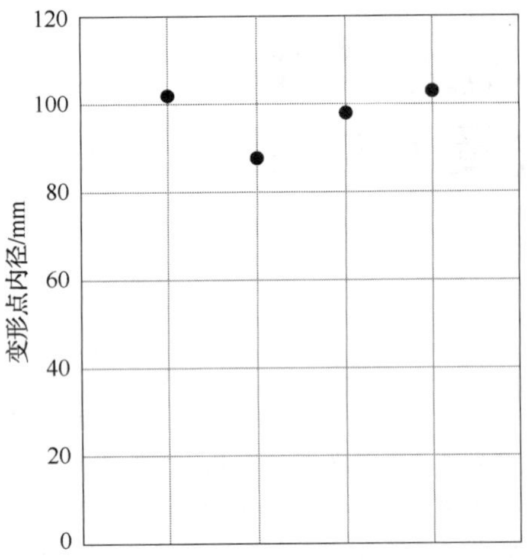

图1　高狗腿度处发生套变的变形点内径

2.2　单因素-断裂滑移

套变点与易剪切滑移的断裂相关性较高，统计套变点共77处，其中断裂滑移系数大于0.6的有44个点，占比高达57%。断裂滑移诱发恶性套变几率较大，由断裂滑移诱发套变点中变形后内径小于80mm的比例较高，约达30%(图2)。

2.3　单因素-层面滑移

水平井轨迹位于层界面且入射角>10°时，易因层面滑移导致套管剪切变形，统计套变点共77处，其中位于层面滑移高风险位置的有29个点，占比为38%。层面滑移诱发成对出现套变点几率较大，比例约达71%，且变形后内径小于80mm的比例较高，约29%(图3)。

2.4　复合因素

对45个复合因素诱发套变点进行分析，其中"断裂滑移+层面滑移"诱发套变占比最高，约占40%且变形程度严重，最小变形内径仅有45mm，其次是三类高风险同时存在的套变点，约占37.8%(图4)。

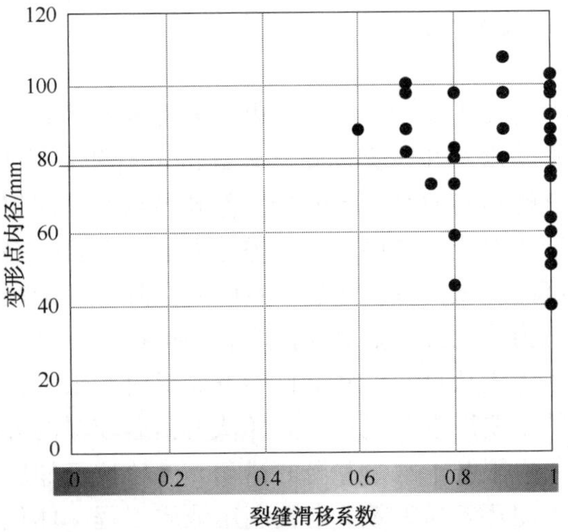

图2　断裂滑移高风险处发生套变的变形点内径

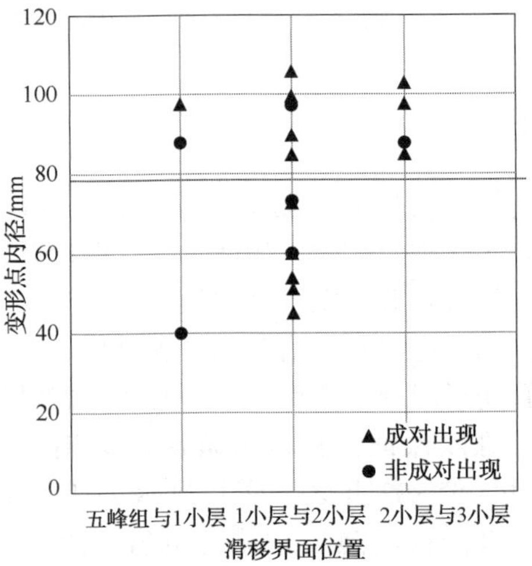

图3　层面滑移高风险处发生套变的变形点内径

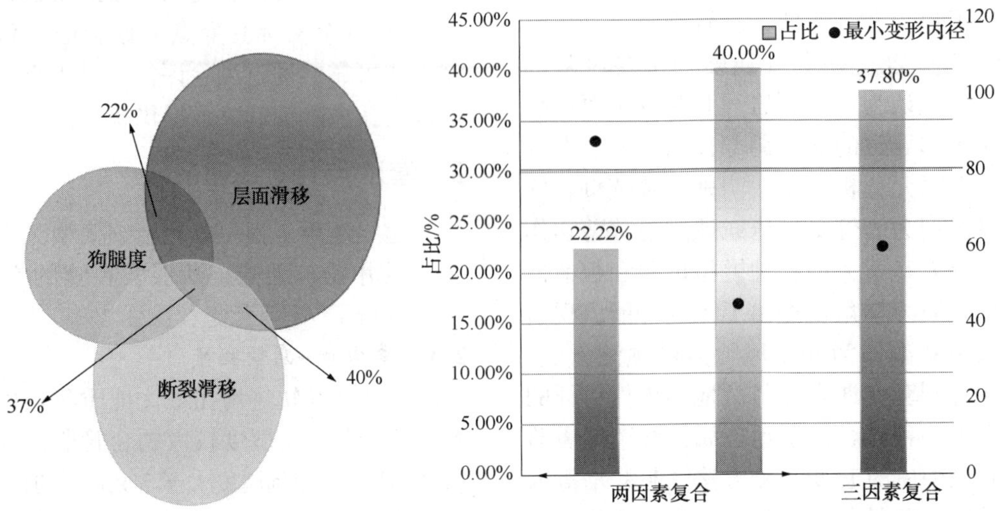

图4　三类套变高风险点

3 套变风险预测方法

通过对套变点的特征剖析，深入研究套变点的地质工程条件背景，建立了一套综合性的、可量化的套变风险预测方法：

（1）第一类套变风险：如图5(a)所示，存在狗腿度大于3°/30m且邻近跨层的井段，由于高狗腿度此时的套管可能存在挠曲，压裂施工时受交变应力影响，易诱发套变；

（2）第二类套变风险：如图5(b)所示，井周附近存在天然裂缝条带，评估原地应力状态下断裂发生剪切滑移的可能性，当断裂滑移系数大于0.6时，一旦压裂施工注入流体，孔隙压力升高，易因断裂发生剪切滑移导致套管变形；

（3）第三类套变风险：如图5(c)所示，水平井轨迹位于层界面且入射角>10°时，若受压裂注入影响，层界面发生滑移，整个水平井段相当于被分割为各个独立的部分，当滑移量足够大时，水平井轨迹在小层穿入点及穿出点均为高风险段。

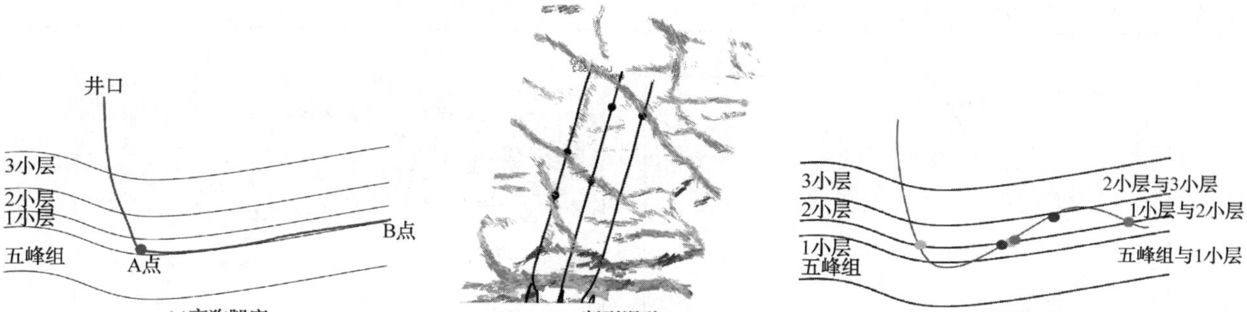

(a)高狗腿度　(a)断裂滑移　(c)层面滑移

图5　三类套变高风险点

4 现场应用实例

建立目标平台A区域三维地质模型、三维地质力学模型，明确区域构造、断层、断裂、地应力分布，导入实钻平台A-1、A-2井井眼轨迹。

4.1 压前套变风险预测

利用上一章建立的套变风险预测方法，识别A平台各井高套变风险段，对比各井预测成果，A-2井套变风险较1井高：

（1）第一类套变风险：如图6(a)所示，A-1、A-2井均未存在狗腿度大于3°/30m且邻近跨层的井段，无Ⅰ类套变风险；

（2）第二类套变风险：如图6(b)所示，井周附近存在3组斜切井筒天然裂缝条带，其中靠近B点的区域有两组断裂均断裂滑移系数大于0.6，本平台因断裂发生剪切滑移导致套管变形的几率较高；

（3）第三类套变风险：如图6(c)所示，A-2井井轨迹穿行情况较复杂，识别到水平井轨迹位于层界面且入射角>10°的井段较多，因层面滑移导致套管变形的几率较高。

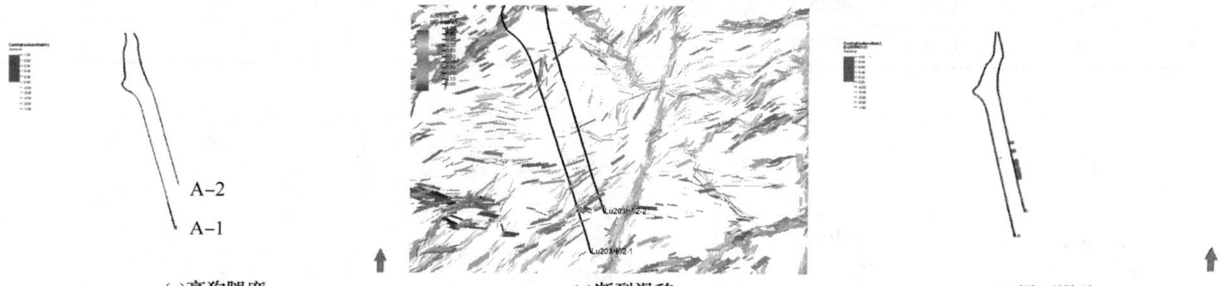

(a)高狗腿度　(a)断裂滑移　(c)层面滑移

图6　三类套变高风险点识别成果

4.2 应用效果分析

A平台压裂过程中A-1井、A-2井发生多次遇阻，A-2井水平段长2500m，因套变丢段603m、合压长602m，分析9次遇阻点，遇阻点与压前套变预测高风险点符合度高（表1、表2），主要套变因素为断裂滑移、层面滑移综合作用(图7、图8)，其中A-2井因层面滑移导致的套变点受层界面影响，均为成对出现(图9)。

表 1　A-1 井套变预测及实际套变信息

序号	井号	日期	复杂井段位置	高狗腿度	界面滑移	断裂滑移	跨层位置	成对出现	裂缝滑移系数
1	A-1	2021. 7. 18	5823			√			0. 9
2	A-1	2021. 8. 7	3919			√			0. 7
3	A-1	2021. 8. 9	3919			√			0. 7
4	A-1	2021. 8. 9	3913			√			0. 7
5	A-1	2021. 9. 4	3940. 5			√			0. 8
6	A-1	2021. 12. 11	3950. 5			√			0. 8
7	A-1	2021. 12. 12	3950. 5			√			0. 8
8	A-1	2021. 12. 12	3968. 46			√			0. 8
9	A-1	2021. 12. 20	3968. 43			√			0. 8

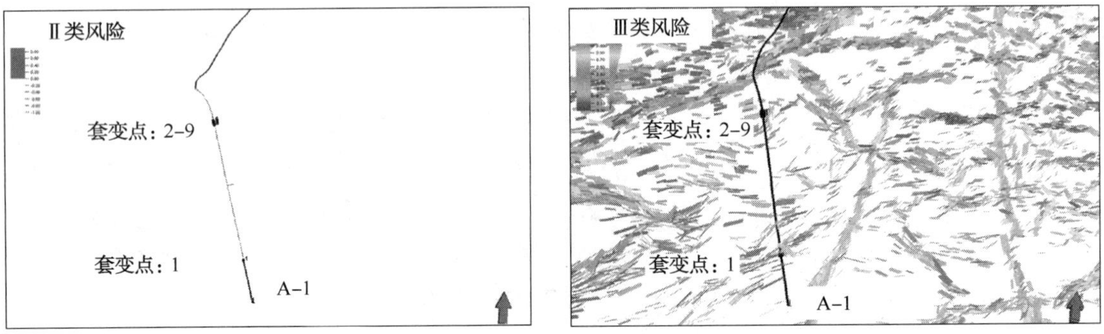

图 7　A-1 井套变高风险点识别成果与套变点叠合图

表 2　A-2 井套变预测及实际套变信息

序号	井号	日期	复杂井段位置	高狗腿度	界面滑移	断裂滑移	跨层位置	成对出现	裂缝滑移系数
1	A-2	2021. 7. 12	4951		√	√	2、3	√	0. 8
2	A-2	2021. 7. 13	4951		√	√	2、3	√	0. 8
3	A-2	2021. 7. 16	4951		√	√	2、3	√	0. 8
4	A-2	2021. 7. 26	3882			√	1、2	√	0. 7
5	A-2	2021. 7. 27	3882			√	1、2	√	0. 7
6	A-2	2021. 7. 28	3882			√	1、2	√	0. 7
7	A-2	2021. 9. 11	4525. 1		√	√	1、2	√	0. 4
8	A-2	2021. 9. 13	4525. 1		√	√	1、2	√	0. 4
9	A-2	2021. 9. 14	4525. 1		√	√	1、2	√	0. 4

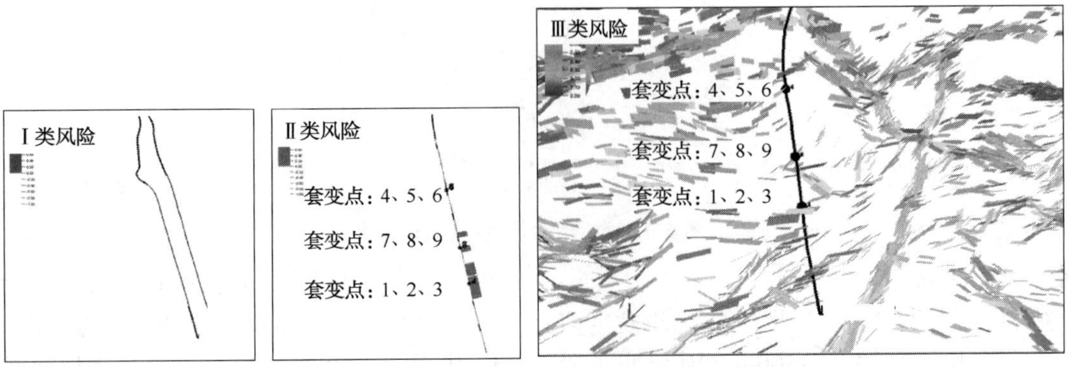

图 8　A-2 井套变高风险点识别成果与套变点叠合图

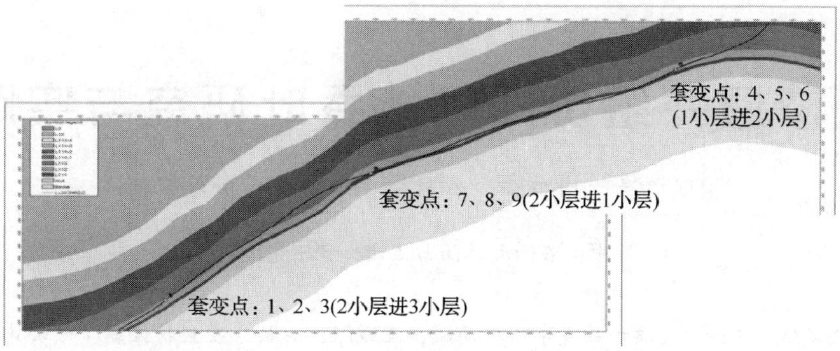

图9　A-2井井轨迹穿行情况与套变点叠合图

5　结论

（1）川南页岩气水平井套变多由高狗腿度、断裂滑移和层面滑移三类因素诱发，其中断裂滑移和层面滑移为主要因素，且由断裂滑移和层面滑移导致的套变程度较大，易发生恶性套变；

（2）因层界面发生滑移导致的套变，通常成对出现，水平井轨迹在小层穿入点及穿出点均为高风险点；

（3）通过建立地质工程一体化精细模型，识别Ⅰ类、Ⅱ类、Ⅲ类高风险点，可以实现压前套变风险定量预测，用以支撑压裂优化设计。

参考文献

[1] 王琳，廖雄，朱安明，等. 威远页岩气水平井压裂套变原因分析[J]. 石化技术，2020，27(10)：2.

[2] 张忠铧，董晓明. 页岩气井套管变形原因分析及选材设计[J]. 石油管材与仪器，2020(004)：6.

[3] 李凡华，乔磊，田中兰，等. 威远页岩气水平井压裂套变原因分析[J]. 石油钻采工艺，2019，41(6)：5.

[4] 李凡华，董凯，付盼，等. 页岩气水平井大型体积压裂套损预测和控制方法[J]. 天然气工业，2019，39(4)：7.

[5] 乔磊，田中兰，曾波，等. 页岩气水平井多因素耦合套变分析[J]. 断块油气田，2019，26(1)：4.

[6] 韩礼红，杨尚谕，魏风奇，等. 复杂压裂页岩气井套管变形机制及控制方法[J]. 石油管材与仪器，2020，6(4)：8.

[7] QIAO Zhiguo，YE Cuilian. Cause analysis of casing deformation in fracturing of horizontal wells in Weirong deep shale gas field[J]. Reservoir Evaluation and Development，2021，11(2)：89-95.

[8] 张平，何昀宾，刘子平，等. 页岩气水平井套管的剪压变形试验与套变预防实践[J]. 天然气工业，2021，41(5)：8.

低渗透井组协同增能吞吐研究与实践

田福春　枸小婷　贾云鹏　莫红阳　唐红霞

（中国石油大港油田石油工程研究院）

摘　要　大港低渗透油藏是典型的复杂断块油藏，埋藏深、油层分散且物性差，无法建立有效的注采驱替关系。导致低渗透地层能量得不到及时补充，油井普遍存在产量递减快的难题。前期通过酸化、压裂等措施均无法取得理想的效果。因此低渗透油藏开发过程中低速低效开发的区块占比不断升高。急需探索一种新的改造方式整体补充井组能量，提高油井产量。本文创新提出了井组协同增能吞吐技术。明确了增油机理，通过实验研究确定了增能吞吐效果的主要影响因素。研发了的高效渗吸液体体系，优化间歇变排量注入方式。在G106断块开展了现场试验，优选4口井进行先导试验，协同增能4.2万方，初期日增能力22.4吨，累增油9557吨，取得了显著的效果。为深层低渗透油藏注水开发提供了新的途径。

关键词　低渗透；复杂断块；井组协同；增能吞吐；渗吸置换；裂缝增能

大港深层低渗透油气藏采用注水开发，在注水过程中由于油层伤害，吸水能力不断下降，注水压力逐渐上升，致使注水井附近形成高压区，降低了有效注水压差，造成注水量迅速递减甚至注不进。普遍存在注水困难，注水效果不佳的问题，导致地层能量得不到及时有效的补充，油井产量下降快，储层动用状况差。针对这一难点，在现场开展增能注水先导试验，整体取得了较好效果，为提高产油量提供了新的途径。其中针对油井采用增能吞吐的技术模式来补充地层能量、提高地层渗流能力。

1　增能吞吐增油机理

常规的水力压裂是利用地面高压泵泵组，将高黏液体(压裂液)以大大超过地层吸收能力的排量注入井中，在井底附近憋起超过井底附近油层岩石的破裂压力时，油层将被压开并产生裂缝。它能够提高渗滤能力，保证油气通道畅通，起到增产增注的作用。但是，压裂后注水能力迅猛升高，注水波及体积下降，从而会降低原油的采出程度。增能吞吐和常规的水力压裂有着明显的区别。增能吞吐主要包括四个阶段：建立缝网、有效驱替、渗吸置换及开井采油。利用储层岩石的亲水性，发挥毛细管力吸水排油作用，将大量压裂液吸入缝面小空隙和基质微孔并滞留在其中，从而将孔隙和微孔中的原油驱到高渗区，利用油水重力差异促使油水饱和度重新分布，单井生产过程中出现产量稳定且含水稳定、生产周期较长的特征。

2　增能吞吐效果影响因素

为了研究影响增能吞吐效果的因素，设计并开展了一系列室内试验来确定影响增能吞吐效果的主要因素。

2.1　实验材料

实验岩心为石英砂环氧树脂胶结人造岩心，再用环氧树脂对岩心外表进行密封处理。岩心表面润湿性为亲水，与目标储层岩石相近。岩心基质渗透率 $K_g = 5\times10^{-3}\ \mu m^2$，几何尺寸：长×宽×高=32cm×9cm×4.5cm。岩心中间布置一口水平生产井，井筒内径2mm，长25cm。岩心中部和两侧各布置两口饱和油井，共六口饱和油井。岩心主缝为垂直缝，与水平井垂直，半长3cm，主缝间距5cm。次缝也为垂直缝，与主缝垂直，长15cm。6种岩心中主次裂缝分布详见图1。

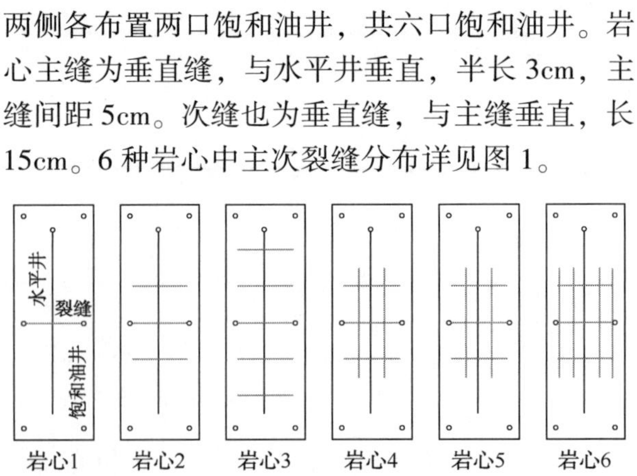

图1　仿真模型结构示意图

2.2　实验步骤

实验步骤：①常温条件下仿真模型抽真空饱和实验用水，计算孔隙体积；②将仿真模型置于压力容器中，连接管线，加盖密封。向容器灌入水，将压力容器内水温升至实验温度，之后将容器内水压提高至 8MPa；③利用仿真模型上设置的“饱和油井”向岩心泵入模拟油，收集采出液，计算原始含油饱和度；④采用平流泵“恒速”将渗吸剂通过水平井泵入仿真模型中，直至压力升至 6MPa，关闭水平井出口阀门，闷井；⑤闷井达到预计时间后，打开水平井出口闸门排液，记录不同时刻产液量，计算采收率。

2.3 实验结果

2.3.1 渗吸剂能提高原油采收率

渗吸剂对增能吞吐效果影响实验结果见表 1，采收率与吞吐轮次间关系见表 1。

表 1 采收率实验数据

参数 / 岩心编号	液体类型	含油饱和度/%	阶段采收率/%				总采收率/%
			一轮次	二轮次	三轮次	四轮次	
岩心 4	渗吸剂	62.33	15.15	8.96	5.22	3.36	32.69
岩心 5	注入水	63.04	10.67	5.37	3.88	2.31	22.24

从表 1 可以看出，渗吸剂对增能吞吐效果存在影响。与注入水相比较渗吸剂增能吞吐效果较好，其中第一和第二轮次增幅超过 3%，最终增幅超过 10%。机理分析认为，渗吸剂不仅可以强化岩石表面亲水性、增强油水渗吸置换作用，而且能够降低油水界面张力，减弱原油与岩石间粘附作用和渗流阻力。此外，渗吸剂还能够与原油形成乳状液，增大渗吸剂波及区域，最终进一步提高原油采收率。

2.3.2 岩心主缝条数增加，增能吞吐效果提高

岩心主缝条数对增能吞吐效果影响实验结果见表 2，采收率与吞吐轮次间关系见表 2。

表 2 采收率实验数据

参数 / 岩心编号	主缝条数	含油饱和度/%	阶段采收率/%				总采收率/%
			一轮次	二轮次	三轮次	四轮次	
岩心 1	1	62.00	10.65	4.92	3.06	1.29	19.92
岩心 2	3	62.56	12.99	5.67	3.86	1.81	24.33
岩心 3	5	62.38	15.04	7.02	4.58	2.67	29.31

从表 2 可以看出，岩心主缝条数对增能吞吐效果存在影响。随岩心主缝条数增加，增能吞吐效果提高。随吞吐轮次增加，增能吞吐采收率提高，但单轮次采收率递减明显。机理分析认为，随岩心主缝条数增加，渗吸剂与岩石原油作用面积增大，油水置换作用增强，增能吞吐效果提高。随增能吞吐轮次增加，裂缝附近区域含油饱和度降低，渗吸剂与原油作用减弱，各轮次采收率降低。

2.3.3 岩心次缝条数增加，增能吞吐效果增加

岩心次缝条数对增能吞吐效果影响实验结果见表 3。

表 3 采收率实验数据

参数 / 岩心编号	次缝条数	含油饱和度/%	阶段采收率/%				总采收率/%
			一轮次	二轮次	三轮次	四轮次	
岩心 2	0	62.56	12.99	5.67	3.86	1.81	24.33
岩心 4	2	62.33	15.15	8.96	5.22	3.36	32.69
岩心 6	4	62.73	17.75	10.14	7.61	4.28	40.00

从表 3 可以看出，岩心次缝条数对增能吞吐效果存在影响。随岩心次缝条数增加，增能吞吐效果提高；随吞吐轮次增加，增能吞吐采收率提高，但单轮次采收率递减明显。机理分析认为，随岩心次缝条数增加，渗吸剂与岩石作用面积增大，且主次缝间可以有效连通，油水置换作用增强，增能吞吐效果增加。随增能吞吐轮次增加，岩心裂缝附近区域含油饱和度降低，渗吸剂与岩石孔隙内剩余油作用减弱，采收率增幅降低。

3 高效渗吸液体系研究

3.1 渗吸剂类型优选

在渗吸剂类型和岩心润湿性不同条件下，渗吸采油采收率实验结果见图 2，从图中可以看出，对于亲水岩心，几种渗吸剂溶液中 PO-FASD、BHS 和 CW-2 渗吸采收率较高。当渗吸剂浓度为 0.1%时，渗吸采收率增幅 7.51%～11.8%。当渗吸剂为 0.3%时，渗吸采收率增幅 9.51%～13.99%。对于亲油岩心，PO-FASD 和 SPQJ 渗吸剂增油效果较好，渗吸采收率增幅超过 4.2%。

3.2 渗吸剂浓度

在渗吸剂浓度不同条件下，岩心渗吸采油采收率实验结果，相应关系曲线见图 3。从图中可以看出，随渗吸剂浓度增加，渗吸采收率增加。机理分析认为，渗吸剂一方面可以改变岩心孔隙表面润湿性，使孔隙表面的润湿性向亲水转变，既增强了毛管力，又提高了渗吸强度，扩大渗吸

波及体积；另一方面，渗吸剂还可有效降低油水间界面张力，减小岩心孔隙表面脱附油滴大小和增强油滴变形能力，从而使得油滴能够顺利通过孔隙喉道，提高渗吸驱油效率。综上所述，推荐渗吸剂 PO-FASD 合理浓度 0.20%左右。

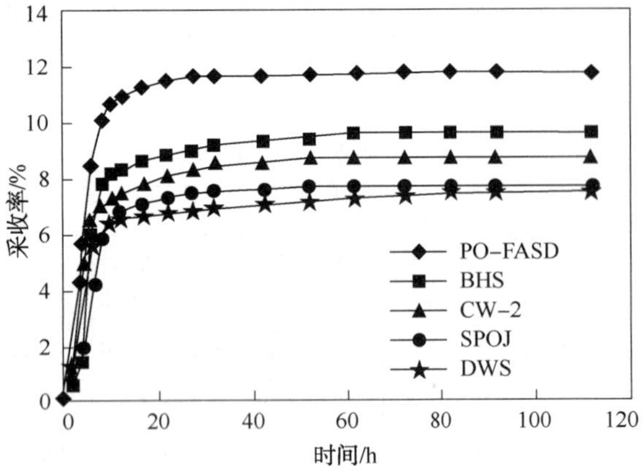

图 2　渗吸采收率与时间关系

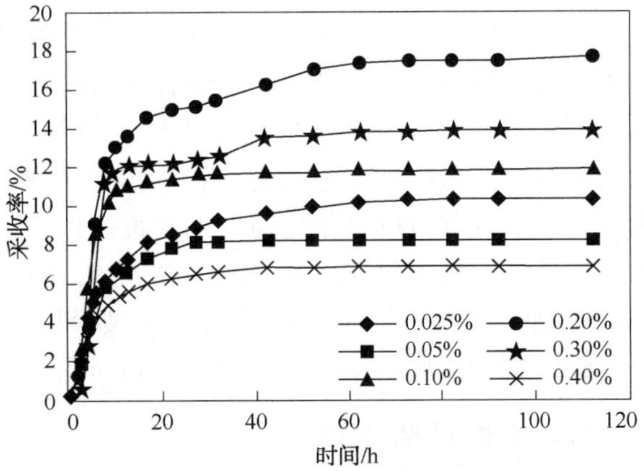

图 3　渗吸采收率与时间关系

3.3　驱油效率

采用 BHS 和 PO-FASD 等 2 种渗吸剂进行"恒压"驱替实验，注入压力为 10MPa。首先将岩心抽真空饱和水和饱和油，然后注入 1PV 渗吸剂（CS=0.2%）后闷井（闷井时间为 1d、2d 和 3d），然后将注入井转换为生产井，模拟现场闷井后反排过程，最后进行恒压后续水驱至含水率 98%。渗吸剂类型对驱油效率影响实验结果见表 4。

表 4　采收率实验数据

参数/类型	压力/MPa	采收率/%					
		渗吸剂驱	闷井（1d）	闷井（2d）	闷井（3d）	最终值	增加值
BHS	10	46.53	56.00	—	—	56.00	9.47
PO-FASD	7	44.82	48.19	59.76	—	59.76	14.94
	10	52.60	—	69.48	71.00	71.00	18.40
	13	56.10	—	73.09	76.25	76.25	20.15
	16	47.14	54.29	63.81	—	63.81	16.67

从表 4 可以看出，在注入压力、渗吸剂浓度和段塞尺寸相同条件下，与 BHS 渗吸剂相比，PO-FASD 无论是渗吸剂溶液驱，还是后续闷井和水驱采收率增幅均较高。PO-FASD 与岩心孔隙中剩余油作用产生乳状液，致使渗流阻力和启动压力增加，这一方面可以增强液流转向效果，另一方面乳状液生成和消失过程中也富集了剩余油，提高了洗油效率，因而采收率增幅较大。

4　注入方式优化

基于 ABAQUS 水力压裂模拟软件，对比了研究连续注入、间歇注入和间歇变排量注入工艺对压裂裂缝扩展形态影响，如图 4 所示。从图 4 可以看出，与连续注入相比，间歇注入可形成更大裂缝规模；间歇注入停泵期间，压裂液向裂缝两侧滤失，裂缝长度变短，宽度增大；间歇变排量注入，虽然后期裂缝长度较短，但宽度较大。所以，采用间歇变排量工艺技术，能够获得更高导流裂缝，为流体流动提供有效通道。

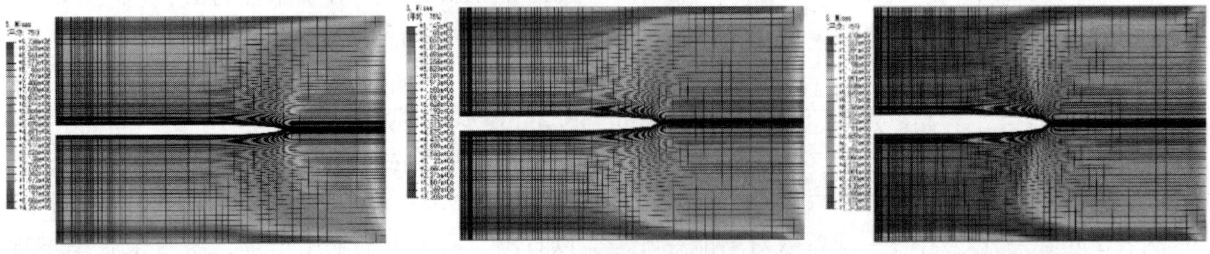

(a)连续注入　(b)间歇注入　(c)间歇变排量注入

图 4　不同注入方式下裂缝扩展形态

5 现场应用

G106 井组剩余可采储量：27.24 万吨；累产油：5.1 万吨，累产液：20.8 万吨；孔隙度：13.63%；渗透率：$14.1\times10^{-3}\mu m^2$；区块日注水 $18m^3$，注入困难；累注水：23.3 万吨。

历史上注水见效性较差。优选 4 口井采用井组协同吞吐，累计注入液体 4.2 万方。注入过程中邻井压力升高，裂缝监测结果显示形成北东向裂缝。官 106 断块官 106 井组措施前日产油 4.3t，措施后初期日产油 19.2t，累增油 9557 吨，取得了非常显著的增油效果。证实协同增能对邻井增产稳产有促进作用，效果优于单井增能（图 5）。

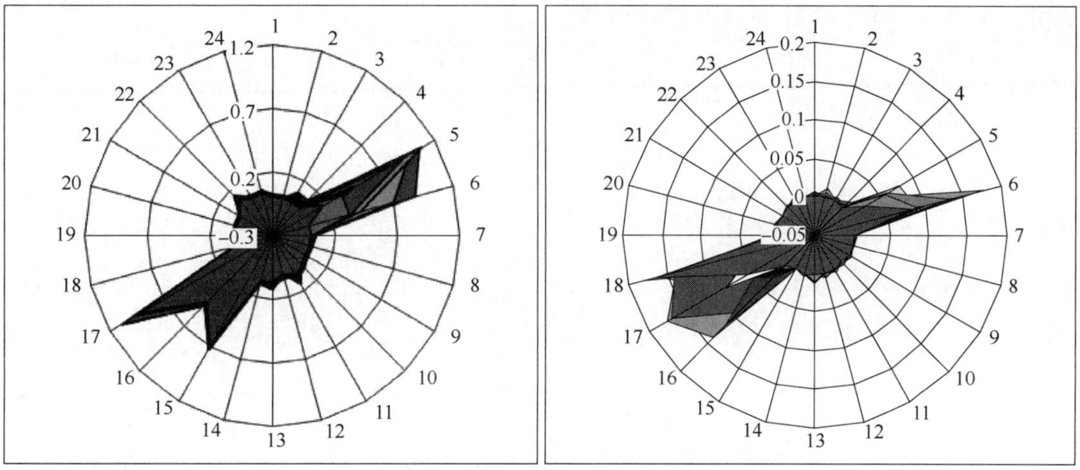

图 5　G106 井组两口实验井裂缝监测结果

6 结论和建议

（1）增能吞吐主要包括四个阶段：建立缝网、有效驱替、渗吸置换及开井采油。

（2）实验结果表明，加入渗吸剂，增加主裂缝和次裂缝条数能提高增能吞吐效果。

（3）通过室内实验优选 0.20%浓度的 PO-FASD 渗吸剂，能有效提高驱油效率。

（4）采用间歇变排量的注入方式能够获得更高导流裂缝，为流体流动提供有效通道 .

（5）在 G106 井组开展 4 口井的井组协同增能先导试验，注入液体 4.2 万方，增油 9557 吨，效果显著。

参 考 文 献

[1] 邹才能，杨智，朱如凯，等. 中国非常规油气勘探开发与理论技术进展[J]. 地质学报，2021，89(06)：979-1007.

[2] 李忠兴，屈雪峰，刘万涛，等. 鄂尔多斯盆地长 7 段致密油合理开发方式探讨[J]. 石油勘探与开发，2019，42(02)：217-221.

[3] 付金华，喻建，徐黎明，等. 鄂尔多斯盆地致密油勘探开发新进展及规模富集可开发主控因素[J]. 中国石油勘探，2020，20(05)：9-19.

[4] 蒋宜勤，柳益群，杨召，等. 准噶尔盆地吉木萨尔凹陷凝灰岩型致密油特征与成因[J]. 石油勘探与开发，2019，42(06)：741-749.

[5] 杨智，侯连华，陶士振，等. 致密油与页岩油形成条件与“甜点区”评价[J]. 石油勘探与开发，2018，42(05)：555-565.

[6] 陈世加，张焕旭，路俊刚，等. 四川盆地中部侏罗系大安寨段致密油富集高产控制因素[J]. 石油勘探与开发，2015，42(02)：186-193.

[7] 张君峰，毕海滨，许浩，等. 国外致密油勘探开发新进展及借鉴意义[J]. 石油学报，2022，36(02)：127-137.

[8] 马洪，李建忠，杨涛，等. 中国陆相湖盆致密油成藏主控因素综述[J]. 石油实验地质，2019，36(06)：668-677.

[9] 王社教，蔚远江，郭秋麟，等. 致密油资源评价新进展[J]. 石油学报，2018，35(06)：1095-1105.

[10] 施立志，王卓卓，张革，等. 松辽盆地齐家地区致密油形成条件与分布规律[J]. 石油勘探与开发，2015，42(01)：44-50.

[11] 曹喆，柳广弟，柳庄小雪，等. 致密油地质研究现状及展望[J]. 天然气地球科学，2014，25(10)：1499-1508.

[12] 赵继勇，刘振旺，谢启超，等. 鄂尔多斯盆地姬塬油田长 7 致密油储层微观孔喉结构分类特征[J]. 中国石油勘探，2014，19(05)：73-79.

[13] 梁浩，李新宁，马强，等. 三塘湖盆地条湖组致密

油地质特征及勘探潜力[J]. 石油勘探与开发, 2014, 41(05): 563-572.
[14] 任战利, 李文厚, 梁宇, 等. 鄂尔多斯盆地东南部延长组致密油成藏条件及主控因素[J]. 石油与天然气地质, 2014, 35(02): 190-198.
[15] 杜金虎, 刘合, 马德胜, 等. 试论中国陆相致密油有效开发技术[J]. 石油勘探与开发, 2014, 41(02): 198-205.
[16] 蒲秀刚, 周立宏, 韩文中, 等. 歧口凹陷沙一下亚段斜坡区重力流沉积与致密油勘探[J]. 石油勘探与开发, 2014, 41(02): 138-149.
[17] 张洪, 张水昌, 柳少波, 等. 致密油充注孔喉下限的理论探讨及实例分析[J]. 石油勘探与开发, 2014, 41(03): 367-374.
[18] 杜金虎, 何海清, 杨涛, 等. 中国致密油勘探进展及面临的挑战[J]. 中国石油勘探, 2014, 19(01): 1-9.

低渗透油藏黏弹性聚合物驱注入参数优化及现场试验

刘云龙[1,2] 郑力军[1,2] 易萍[1,2] 吴天江[1,2] 武宝强[1,2]
王骏[1,2] 程辰[1,2] 陈佳俊[1,2] 王腾[1,2]

(1. 中国石油长庆油田分公司油气工艺研究院；2. 低渗透油气田勘探开发国家工程实验室)

摘　要　为提高长庆低渗透油藏黏弹性聚合物驱效果，以能量传导效率为目标量化研究了注入参数对驱油效果的影响，优选适合目标储层的最优注聚方案。研究结果表明：聚合物注入非均质储层后会更多进入高渗层段，引起其中渗流阻力增加、压力快速上升，随着吸液压差逐渐增大，聚合物开始趋于流向低渗层，因此低渗起压滞后。非均质储层中高渗通道压力传导比低渗基质快。在一定范围内，地层能量传导效率与注入速度呈正相关关系，即注入端的注入速度越高，生产端的压力提升越快。提高注入速度，高渗、低渗模型生产端起压所需注聚量都逐渐减少，且低渗模型变化更明显。对比几种组合注入方式，建议先增大流速促进压力快速传导，然后在合理的时机降低流速以避免剖面反转的发生影响最终采收率。现场施工时应适当提高注入强度，及时补充地层能量促进见效。

关键词　低渗透油藏；黏弹性聚合物；能量传导规律；注入方式；提高采收率

长庆油田侏罗系油藏渗透率低，长期水驱后优势通道发育，注入水易沿高渗层快速突进，同时由于边底水普遍发育，油井含水快速上升、产量损失严重，常规注水开发效率降低。目前，一项黏弹性聚合物驱油先导试验在长庆侏罗系边底水油藏取得了较好的控水稳油效果。聚合物驱被认为是EOR工艺中最具前景的技术之一，该技术已在大庆、胜利等油田实现工业化应用，预计可提高采收率10%以上。黏弹性是聚合物最基本的理化性质，一方面聚合物溶液通过增黏水相改善不利的水油流度比，扩大宏观波及体积；另一方面由于弹性效应的存在提高微观驱油效率。因此，黏弹性强的聚合物驱油能力更好。由于低渗储层非均质性强，常规主力油层注入方式及参数已不适用。长庆油田近年来的矿场实践发现，等地质配注注聚后部分油井出现动液面下降、产液量减少等生产特征，亟需优化注采方案、提升生产井周围地层能量实现均衡采液。目前有关低渗透油藏聚合物驱过程中注采调整方面的研究和报道较少。本研究基于室内并联双管驱替实验，利用压力在线实时监测系统定量评价聚驱过程中的能量传导规律，并探索组合注入方式，为现场试验工艺参数的优化提供依据。

1　实验部分

1.1　材料及仪器

胡尖山油田延9露头砂岩磨碎石英砂，粒径40~60目(0.3~0.5mm)；胡尖山油田脱气原油，50℃下黏度为1.5mPa·s；模拟地层水，$CaCl_2$水型、矿化度52197mg/L；模拟注入水，Na_2SO_4水型、矿化度1470mg/L；黏弹性聚合物溶液，1000mg/L(西安长庆化工集团有限公司生产，体系的弹性模量大于黏性模量，在低剪切应力时黏度保留、高剪切时黏度降低，表现出良好的黏弹性特征)。

图1为室内并联双管驱替实验装置示意图。该装置由四部分组成：(1)非均质油藏模拟系统：由2根并联填砂管分别模拟储层基质及高渗条带，合注分采(填砂管，长度×直径=1000mm×50mm、压力监测点9个、每隔100mm等间距设置)；(2)流体注入系统：1L中间容器，2PB-104IV型平流泵；(3)压力在线实时监测系统：共计18个压力监测点，可实时记录填砂管从注入端至生产端不同部位的压力变化；(4)油水计量系统：电子天平，集液瓶。

1.2　实验方法

根据现场经验，矿场作业中线速度约6m/d，按照式(1)换算到大型物模驱替实验中约0.8mL/min，故实验参数设置如表1所示。

$$Q=\varphi AV_a=\frac{\pi\varphi D^2V_a\times100}{4\times24\times60} \qquad (1)$$

式中，Q 为实验注入速度，mL/min；φ 为孔隙度，%(取10%)；A 为岩心截面积，cm^2；V_a 为矿场注入时的线速度，m/d；D 为岩心直径，cm。

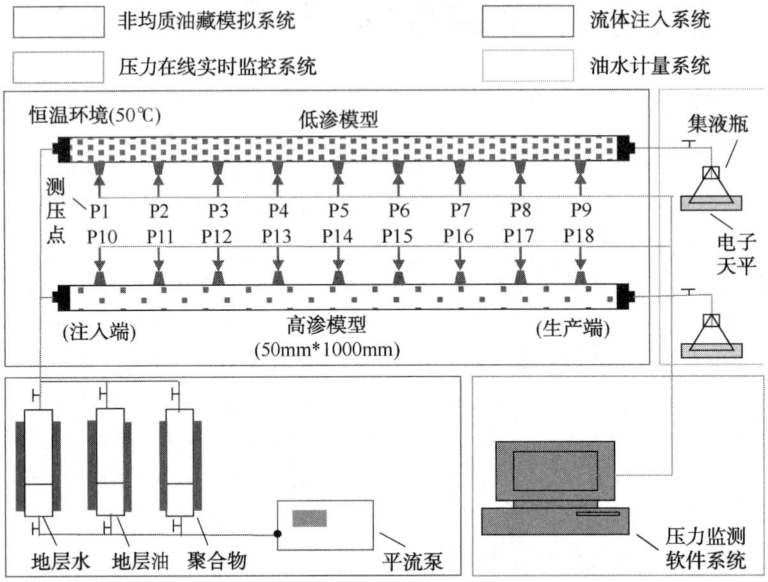

图1 室内并联双管驱替实验装置示意图

表1 驱替实验参数设计

实验编号	实验内容	岩心编号	渗透率/mD	渗透率级差	孔隙度/%	聚合物浓度/(mg/L)	注入速度/(mL/min) 水驱	注入速度/(mL/min) 聚驱
1	静态驱替	1-1	107.3	2.0	37.2	1000	0.5	0.4
		1-2	54.2		23.9			
2		2-1	101.0	2.1	34.5			0.8
		2-2	47.9		26.5			
3		3-1	100.6	2.1	33.4			1.2
		3-2	47.1		29.2			
4	动态驱替	4-1	101.0	2.1	29.2			1.2~0.8 0.4~0.1
		4-2	48.0		26.5			
5		5-1	106.9	2.2	29.3			0.8~1.2
		5-2	49.5		26.6			
6		6-1	103.8	2.1	29.5			1.2~0.4
		6-2	49.4		26.4			

具体实验步骤如下：填砂；组装仪器并测漏；饱和水；饱和油；水驱(累计含水率达到90%时结束)；以实验设定速度注入黏弹性聚合物(出口端含水率基本不变后结束)，驱替过程中实时监测压力、分流率、采出程度等参数。

驱替过程中实时测量高渗、低渗模型的出液量，应用式(2)计算分流率：

$$D_i=\frac{Q_i}{Q_h+Q_l}\times100\% \qquad (2)$$

式中，D_i表示分流率；Q_i表示瞬时流量；Q_h表示高渗模型的瞬时流量，mL/min；Q_l表示低渗模型的瞬时流量，mL/min。

2 结果与讨论

2.1 压力传导特征

以实验2(注入速度0.8mL/min)为例深入分析了水驱、聚驱阶段的压力传导特征。

填砂管模型饱和原油还原原始油水分布后进

行水驱，注入速度为 0.5mL/min。图 2 为高渗、低渗模型水驱过程中的压力变化曲线，因不同模型存在渗透率极差、且注入方式为合注分采，故低渗模型初始注入压力较高，高渗模型压力骤升以达到与低渗入口处压力近似点，此后高渗、低渗模型的压力均随着注入体积的增加先减小后增加，最终趋于平稳。由初始至 0.3PV 时，压力下降是由于水驱初期毛管渗吸作用较强，只需较小压差即可达到所施加的恒定注入速度，随着注入体积的增加，油水黏滞力作用逐渐增强，模型两端的压差也逐渐增加，当注入量达 0.63PV 时注入水突破，压力发生骤降，随后有一定幅度回升，最终注入体积超过 1PV 时，各个位置处的压力基本趋于稳定。当两根填砂管出口端累计含水率达到 90%以上后水驱阶段结束，这一阶段即模拟生产现场长期水驱后采出端大量见水的过程。

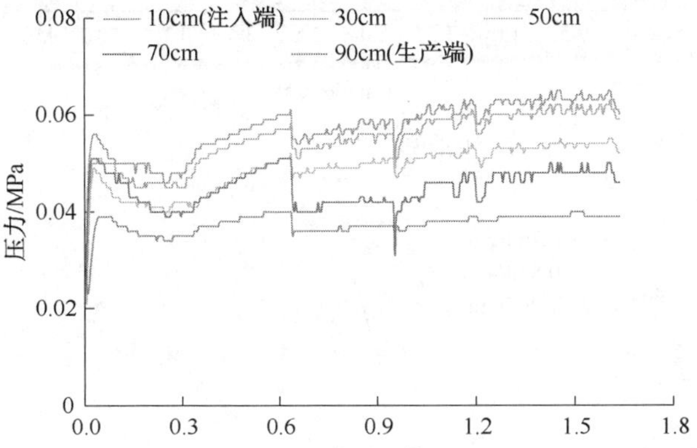

(a)高渗模型

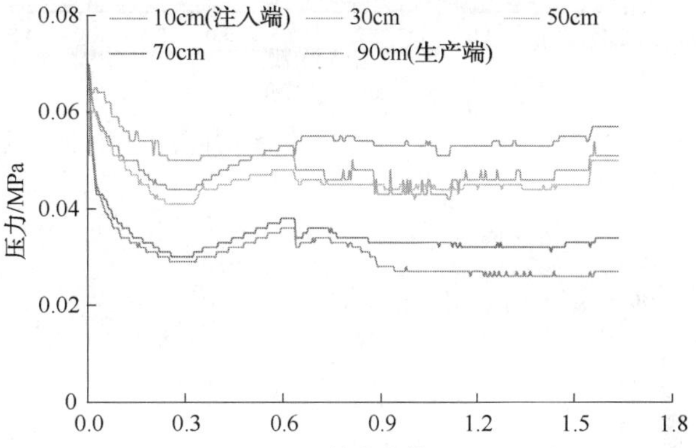

(b)低渗模型

图 2　水驱阶段压力变化曲线

水驱结束后注入黏弹性聚合物溶液，驱替介质黏度增大导致渗流阻力增加，采用恒速注入势必会引起压力上升。通过监测高渗、低渗模型不同位置处的压力变化情况，探索聚驱过程中的压力传导特征。

图 3 为高渗、低渗模型聚驱过程(注入速度 0.8mL/min)的压力变化曲线，由图可知，随着聚合物注入量的增加，不同测压点逐渐监测到压力上升，由填砂管不同位置处的起压顺序可判断聚合物在不同注入量时的具体流向。当注入 0.5PV 时，高渗管入口端(10cm 处)起压明显，说明聚合物在此处滞留封堵，而低渗管在注入量达 0.9PV 后入口端开始起压。这是由于渗透率极差的存在，聚合物溶液注入非均质储层后会更多进入高渗管中，引起渗流阻力增加、压力快速上升，低渗管吸液压差增大，聚合物开始趋于流向低渗管，因此低渗起压滞后。而高渗管出口端(90cm 处)起压 PV 数为 1.53PV，低渗管达 2.80PV，表明相同注入速度下，优势通道主导的高渗模型中压力传导较低渗基质中快。实验中观察到各监测点存在压力波动，这一现象在注入端附近尤为明显，这是由于所用体系良好的黏弹性，在剪切力较大时物理缔合被破坏，黏度下降、压力降低；而当剪切力较小或撤除时，缔合作用恢复，结构黏度重新建立，压力增大。

统计各监测点稳定后的压力，计算相邻位置处的压力梯度，绘制不同位置段内的压力梯度分布如图 4 所示。其中实验 2 高渗模型压力梯度在 60~70cm 处最高，说明聚合物在此处聚集最多，封堵效果最好，向两边延伸逐渐减小，呈单峰形态；低渗模型在 50~60cm 段最高，其次为 10~20cm 段，两者相距 40cm，分别为主波峰与次波峰，说明封堵效果呈现阶梯状，效果更好。

2.2　能量传导规律

通过对比不同注入速度下的压力传导特征，明确非均质储层黏弹性聚合物驱过程中的能量传导规律。不同流速下生产端起压时间可以较为直观的反映压力在填砂管内的传导速率。如图 5 所示，在渗透率级差相似情况下提高注入速度，无论高渗、低渗模型生产端起压所需注聚量都逐渐减小，且低渗变化更明显，与 0.4mL/min 注入速度下相比，1.2mL/min 时生产端起压所需注聚量减少了 0.98PV，这表明注入速度增加使得压力在低渗基质中传导得更快。在一定范围内，地层能量传导效率与注入速度呈正相关关系，即注入端的注入速度越高，生产端的压力提升越快。

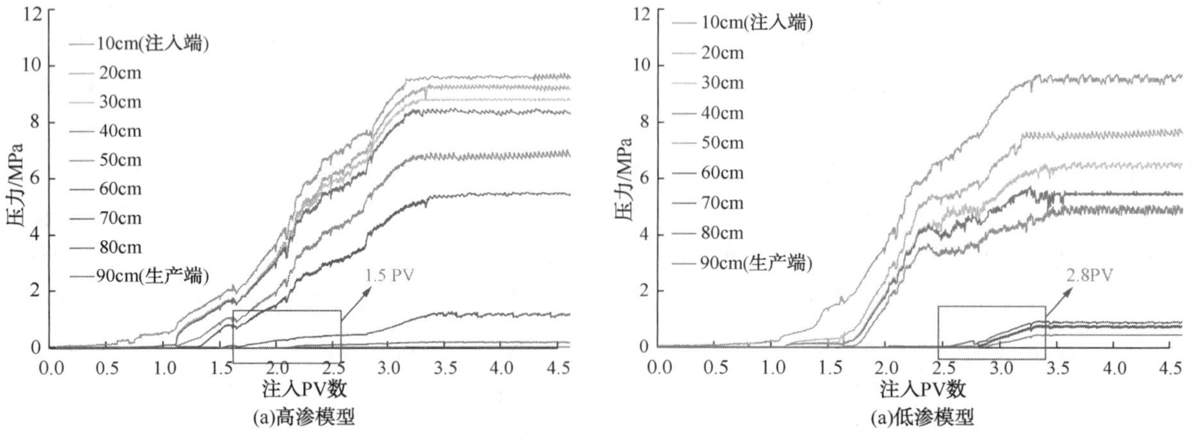

图 3　注入速度 0.8mL/min 时聚驱阶段压力变化曲线

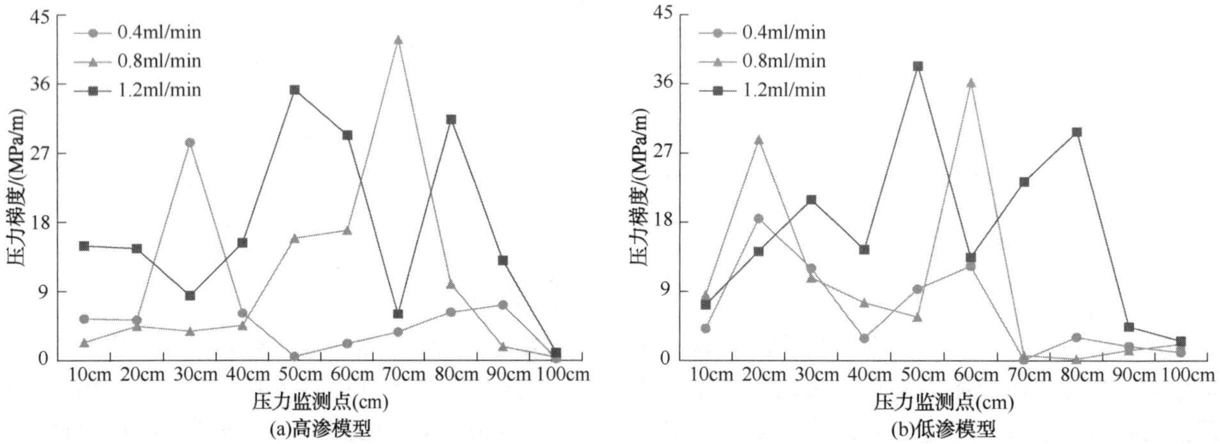

图 4　不同注入速度下填砂管各位置处平均压力梯度分布折线图

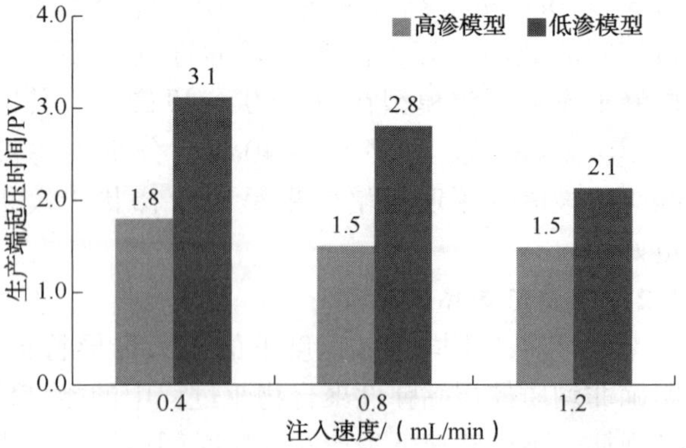

图 5　不同注入速度下生产端起压时间分布图

由图 4 可知，0.4mL/min（实验 1）时平均压力梯度较小为 6.5MPa/m，0.8mL/min（实验 2）时平均压力梯度为 10.2MPa/m，1.2mL/min（实验 3）时上升至 16.9MPa/m。其中高渗模型中，与实验 1 相比，实验 2 压力梯度波峰向后移动且峰值更大；实验 3 与前两组实验相比，波峰数增加为 2 个，且压力梯度值明显提高；在低渗模型中，实验 1 与实验 2 波峰相似，呈现出双波峰特征，但实验 2 波峰峰值更高，实验 3 与前两组实验相比，表现为三峰状态，压力梯度数值也更高。压力梯度表明提高聚合物注入速度有助于增加波峰数，即封堵效果进一步增强。

三组实验水驱流速均设定为 0.5mL/min，如图 6 所示，高渗模型水驱阶段采收率为 76% 左右、低渗 68% 左右，说明实验可重复性较好。对比聚驱后的采收率变化，0.4mL/min 时高渗、低渗模型聚驱提高采收率幅度均最小；与之相比，1.2mL/min 下的低渗模型采收率提高了 2.7%，达到 17.3%；0.8mL/min 时低渗模型采收率变化最大，相比水驱结束时提升了 23.0%，达到 91.5%，综合采收率最高 92.1%，这与该流速下取得的最优分流率有较大关系。如图 7 所示，0.8mL/min 注入速度下高渗、低渗模型最终分流率的差值最小仅为 4.6%，此时进入两个模型的瞬时流量几乎相同，说明高渗通道得到有效封堵，储层非均质性改善明显。而 1.2mL/min 时由于压力梯度较高，注入初期可以较好动用低渗层，但随着滞留聚合物的增多，吸液压差逐渐增大，后期逐渐发生剖面反转，聚合物进入高渗层，最终分流率差值为22.1%，效果变差(表2)。

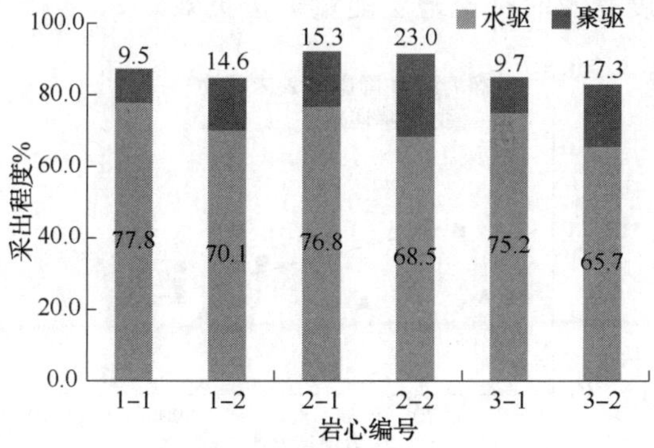

图6 静态驱替实验各阶段采出程度对比

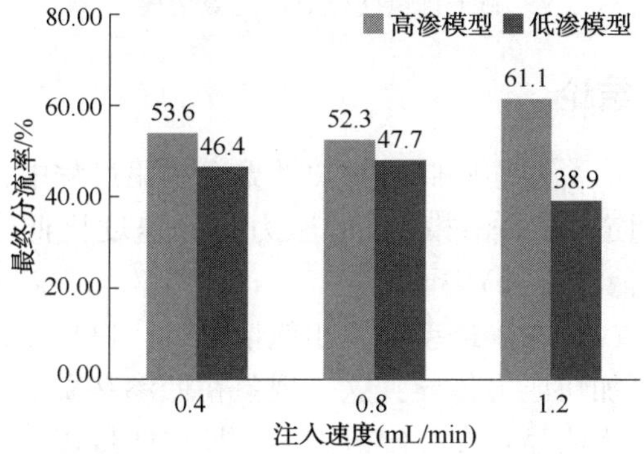

图7 不同注入速度下最终分流率对比

表2 不同注入速度下采收率对比

实验编号	水驱流速/(mL/min)	聚驱流速/(mL/min)	岩心编号	渗透率/mD	采出程度/%			
					水驱	聚驱	总体	综合
1	0.5	0.4	1-1	107.3	77.8	9.5	87.2	86.1
			1-2	54.2	70.1	14.6	84.7	
2		0.8	2-1	101.0	76.8	15.3	92.1	92.1
			2-2	47.9	68.5	23.0	91.5	
3		1.2	3-1	100.6	75.2	9.7	84.9	83.9
			3-2	47.1	65.7	17.3	83.0	
4		1.2(2PV)-0.8(1PV)-0.4(1PV)-0.1(0.5PV)	4-1	101.0	76.1	12.2	88.3	86.6
			4-2	48.1	68.5	16.1	84.6	
5		0.8(2PV)-1.2(2.5PV)	5-1	106.9	75.1	10.4	85.5	84.0
			5-2	49.5	66.6	15.8	82.4	
6		1.2(1.5PV)-0.4(3PV)	6-1	103.8	75.8	15.5	91.3	93.2
			6-2	49.4	67.6	27.2	94.8	

2.3 组合注入方式

由以上分析可知，随着注入速度增加，压力传导速度加快(低渗基质影响更大)，但流速过大会导致剖面反转的发生影响最终驱油效果。本部分设置动态驱替实验，通过在实验过程中改变注聚速度探索更为合理的注聚方案。实验4以提升能量传导效率为主，实验5以稳定分流率为主，实验6基于前两组实验认识，兼顾能量传导效率和分流率。

由图8~图10可知，实验5初始设置低速0.8mL/min驱替，压力传导较慢，注入2PV左右时分流率趋于平稳，随后增大速度，分流率差值快速增大，大部分液体从高渗模型流出；实验6初始设置高速1.2mL/min，压力传导较快，当分流率差值最低时(1.5PV左右)降低流速至0.4mL/min，分流率快速稳定；对比实验4和实验6发现，同样初始设置高速，随后降低流速，但改变速度的时机非常重要，实验4为分流率差值缓慢增大时改变流速，此时已发生剖面反转，分流率差值难以收回，实验6在分流率差值最小时降低速度，虽然分流率差值缓慢增大，但最终稳定时明显要小于实验4。如图11所示，实验6注聚后采出程度变化最大，高渗模型比水驱后提高了19.49%，低渗模型提高了31.23%，综合采收率提高了25.04%。

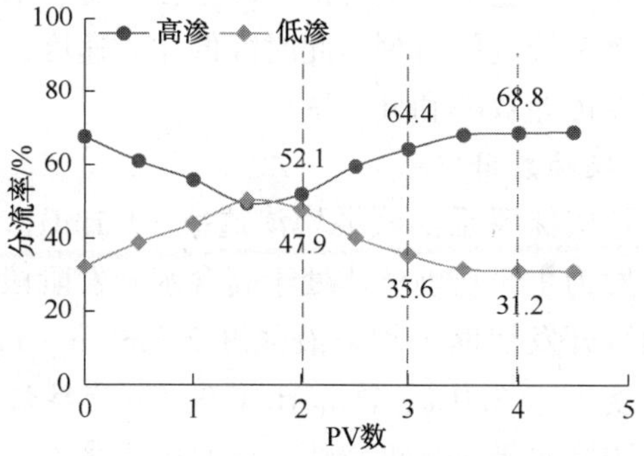

图8 实验4聚驱阶段分流率变化

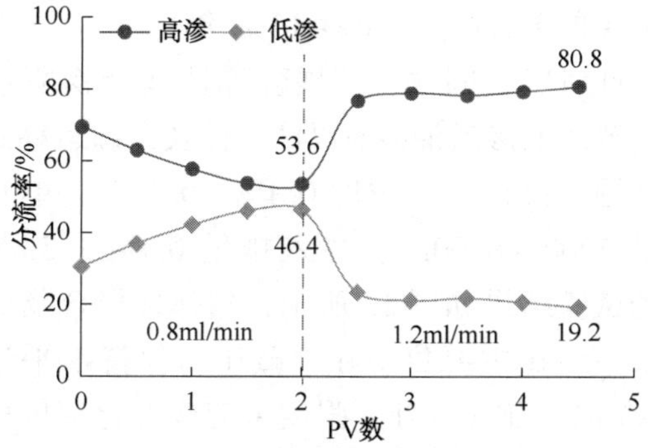

图9 实验5聚驱阶段分流率变化

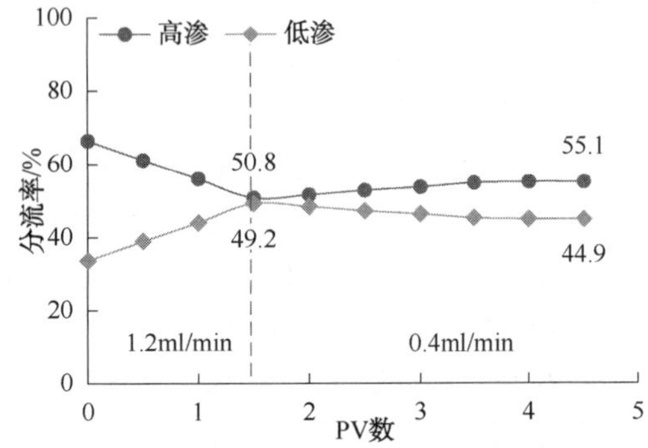

图 10　实验 6 聚驱阶段分流率变化

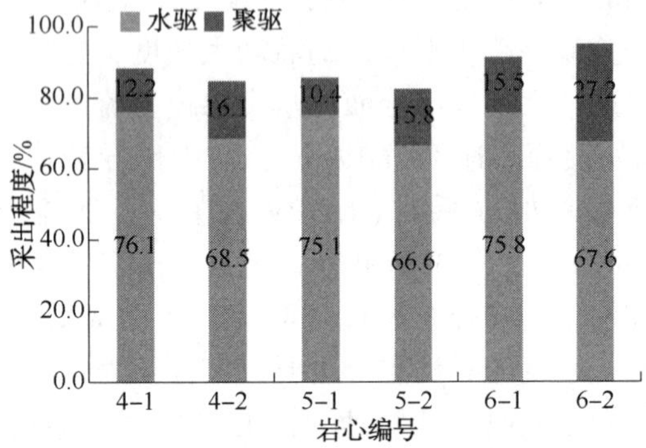

图 11　动态驱替实验各阶段采出程度对比

在动态驱替过程时，建议先增大流速进行快速压力传导，然后在合理的时机降低流速以达到稳定分流率的目的。把握好注入速度的调整时机，是实现低渗油藏高效聚驱的关键。从实验角度出发，最优的调整时机，即是在高渗、低渗的分流率最接近的时刻，此时降低注入速度，可兼顾压力传导效率和分流率。

2.4　现场应用

长庆侏罗系油藏平均渗透率 19.1mD，以注水开发为主，目前整体处于高含水开发阶段。主力油藏开发初期平均采液强度 2.0m^3/d·m，采油速度大于 3.0%，注采比 1.0，生产参数偏大导致边底水推进速度较快，同时由于平面非均质性较强，注入水沿高渗带易形成水线，油藏综合含水快速上升(平均 8%~13%/年)。

针对以上问题，开展黏弹性聚合物驱油试验，解决低渗透油藏兼具注入性及深部运移封堵的难题。设计注入浓度 0.1%~0.15%，单井注入量 5000~8000m^3，注入排量 0.8~1.5m^3/h。矿场试验结果如图 12 所示，黏弹性聚合物驱油效果不明显主要集中在油藏压力保持水平偏低(<80%)、施工时注入强度未变或变化幅度较小区域。低渗透油藏有效开发的核心是能量问题，合理能量保持是稳产的关键。等地质配注注聚后部分油井出现动液面下降、产液量减少等生产特征，影响试验效果。现场施工时应适当提高注入强度，及时补充地层能量促进见效。

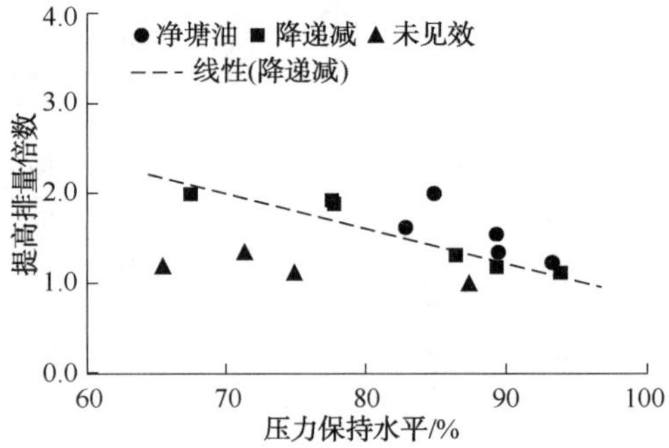

图 12　不同压力保持水平油藏
施工排量变化对应见效情况

3　结论

(1) 非均质储层黏弹性聚合物驱过程中，优势通道中(高渗模型)的压力传导速度比低渗基质(低渗模型)中要快。

(2) 在渗透率级差相似情况下，提高注聚速度可加快压力传导，这一现象在低渗基质中表现得更为明显；在一定范围内，地层能量传导效率与注聚速度呈正相关关系。

(3) 在动态驱替时，兼顾压力传导效率和分流率可以获得较好的驱油效果，初始阶段设置较高的注聚速度有助于加速压力传导，后期较低流速可以稳定分流率，把握好注聚速度的调整时机，是实现低渗油藏高效聚驱的关键。

(4) 矿场实践表明，低渗透油藏注黏弹性聚合物时注入强度的确定与地层压力保持水平密切相关，适当提高注入强度、及时补充地层能量可促进见效。

参考文献

[1] 朱浩平，白宝宏，张道法，等. 姬塬油田侏罗系油藏早期见水堵水调剖技术研究[J]. 西安石油大学学报(自然科学版)，2009，24(03)：35-37+110.

[2] 高春宁，李文宏，武平仓，等. 适用于低渗透高矿化度油藏的新型聚合物弱凝胶驱油体系——以长庆油田陇东侏罗系油藏为例[J]. 油气地质与采收率，2011，18(05)：40-43+113-114.

[3] 黄纯金，吴冬旭，王加一，等. 侏罗系边底水油藏注水开发效果评价[J]. 石油化工应用，2015，34(03)：55-57+62.

[4] 卢祥国，曹豹，谢坤，等. 非均质油藏聚合物驱提高采收率机理再认识[J]. 石油勘探与开发，2021，48(01)：148-155.

[5] 易萍，张荣，马波，等. 黏弹自调控水调驱剂的制备及其性能[J]. 陕西科技大学学报，2021，39(06)：97-102.

[6] 刘海成. 特高含水油藏聚驱后非均相驱渗流规律[J]. 石油与天然气化工，2022，51(06)：97-103.

[7] Kotlar HK，Selle O，Torsaeter O. Enhanced oil recovery by comb flow：Polymer floods revitalized[C]. International Symposium on Oilfield Chemistry. OnePetro，2007.

[8] 张晓芹. 大庆油田二类油层聚合物驱注入参数的优选[J]. 大庆石油学院学报，2005(04)：40-42+54-140.

[9] 张宏方，王德民，王立军. 聚合物溶液在多孔介质中的渗流规律及其提高驱油效率的机理[J]. 大庆石油地质与开发，2002(04)：57-60+85.

[10] Demin W，Gang W，Huifen X. Large scale high viscous-elastic fluid flooding in the field achieves high recoveries[C]. SPE Enhanced Oil Recovery Conference. OnePetro，2011.

[11] 宋万超，李阳. 胜利油区聚合物驱油试验研究[J]. 石油大学学报(自然科学版)，2000(05)：52-54+5.

[12] 苏禹. 抗盐聚合物黏弹特性及驱油效果评价[D]. 大庆：东北石油大学，2022.

[13] Wei B，Romero-Zerón L，Rodrigue D. Oil displacement mechanisms of viscoelastic polymers in enhanced oil recovery(EOR)：a review[J]. Journal of Petroleum Exploration and Production Technology，2014，4：113-121.

[14] Irfan M，Stephen K D，Lenn C P. An experimental study to investigate novel physical mechanisms that enhance viscoelastic polymer flooding and further increase desaturation of residual oil saturation[J]. Upstream Oil and Gas Technology，2021，6：100026.

[15] 李鹏华，李兆敏. 黏弹性聚合物驱替剩余油机理分析[J]. 石油天然气学报，2008，30(05)：332-334+388.

[16] 宋杨. 高浓度黏弹性聚合物在微观孔隙中的驱油机理研究[D]. 大庆：东北石油大学，2012.

[17] 刘怡婷，张怀杰，钟陵，等. 聚合物驱注入工艺参数优化及驱油机理研究[J]. 油田化学，2022，39(01)：100-107.

[18] 周丛丛. 大庆油田一、二类油层聚合物驱注采指标变化规律[J]. 断块油气田，2015，22(05)：610-61.

纳米 SiO_2 在新疆油田水平井体积压裂改造中的应用

邬国栋　麦尔耶姆古丽·安外尔　外力·阿不力米提　任洪达　王立坤　杨　丹

（新疆油田公司工程技术研究院）

摘　要　纳米材料具有减小水分子团，改善表面性能等特点，在低渗和非常规储层开发中能够有效改善驱油效果。水平井体积压裂开发已成为非常规储层的开发主体技术。本文通过纳米 SiO_2 驱油剂对压裂液性能影响研究实验发现，纳米驱油剂对胍胶、乳液聚合物稠化剂的溶胀分散性能影响不大。老化 24h 后稠化剂溶液的表观黏度降低小于 15%。但对胍胶冻胶压裂液流变性能有一定影响，随着纳米驱油剂加量的增大，压裂液耐温耐剪切性能逐渐降低，5%纳米驱油剂可使 80℃～100℃冻胶压裂液耐温耐剪切性能降低 40%～60%。纳米驱油剂对压裂液破胶时间、破胶液黏度基本无影响。破胶液的表面张力略有提高，但界面张力无明显影响。加入纳米 SiO_2 后，压裂液的破胶液抑制黏土膨胀性能提高。当纳米驱油剂浓度小于 0.2%时，对乳化原油有较好的破乳效果。而当纳米驱油剂浓度大于 0.5%后，随着纳米驱油剂浓度增加，原油与破胶液之间的乳化作用逐渐增强。纳米驱油剂对原油洗油效率有一定增加，在水驱采收率基础上能提高 9.99%～13.34%。在新疆玛湖致密油藏开展纳米驱油压裂现场试验 2 井次，施工成功率 100%，180 天压裂施工后累产油量较对比井提高 20%～50%。

关键词　纳米 SiO_2；胍胶压裂液；乳液聚合物压裂液

1　前言

纳米材料具有特殊性能，如减小水分子团尺寸、小尺寸效应、量子尺寸效应、表面效应等，能够有效降低油水分子团尺寸、改善岩石表面性能，具有良好的驱油性能。纳米材料的小尺寸效应，表现出特有的穿透能力 SiO_2，能大幅度提高化学剂在地层的扩散率，有效解决注入性问题，达到显著增加原油采收率的目的。目前大规模水平井与体积压裂相结合的技术是非常规油藏主体开发方式，而增加压裂液的渗吸驱油性能是改善压裂效果、提高采收率的重要途径之一。纳米 SiO_2 驱油剂采用固体颗粒表面改性，通常被用于致密油藏体积压裂增加压裂液的渗吸、驱油效果，而纳米材料对压裂液性能影响的研究很少。本文研究了纳米 SiO_2 驱油剂对胍胶、乳液聚合物压裂液配伍性及储层原油渗析驱油效果的影响，并开展了纳米 SiO_2 驱油压裂现场试验。

2　实验材料与方法

2.1　实验材料

羟丙基胍胶（一级）由长城钻探工程公司昆山公司提供。乳液聚合物稠化剂（有效含量>30%）由四川光亚聚合物化工有限公司提供。纳米 SiO_2 驱油剂（iNanoW1.0，纳米粒径 10nm～50nm）由西安长庆化工集团有限公司提供；压裂用交联剂（有机硼类，硼含量>15%）由新疆油田公司工程技术研究院研制。过硫酸钠、氢氧化钠、四甲基氯化铵均为工业品。压裂用防乳化剂（聚醚类）由新疆克拉玛依市紫光技术有限公司提供。原油取自新疆玛湖致密油。膨润土，由北京远洋环宇石油技术有限公司提供。

2.2　水基压裂液制备

2.3　压裂液流变性能与溶解速率测定

采用 Rheolab QC IMM 型流变仪在 20～120℃、剪切速率 $170s^{-1}$、测试时间 0～60min 的变温恒剪切条件下分别测定，在加入体积浓度为 0、0.1%、0.2%、0.5%、1%、2%及 5%的纳米 SiO_2 后压裂液表观黏度的数值变化。

实验中采用流变仪（Rheolab QC IMM 型）测量稠化剂溶液的表观黏度随时间的变化情况。测试温度为室温，剪切速率为 $170s^{-1}$（用来模拟压裂施工时的流速）

2.4　压裂液黏度及破胶时间测定

采用现场用胍胶压裂液配方配制相同的压裂

液冻胶七份，分别加入不同浓度的纳米 SiO_2，置于 60℃ 水浴锅中加热恒温，用 Rheolab QC IMM 型流变仪分别测定恒温下 60min 及 120min 时压裂液的黏度，考察纳米 SiO_2 对压裂液破胶时间及黏度的影响。

2.5 压裂液表面张力和油水界面张力测定

采用 TX－500C TENSIOMETER 旋转滴表界面张力仪，分别测定加入不同浓度纳米 SiO_2 后，破胶液的表面张力及破胶液的油水界面张力、纳米驱油剂水溶液的表面张力及纳米驱油剂水溶液的油水界面张力。

2.6 黏土矿物在水溶液中的膨胀性能测定

采用四甲基氯化铵为防膨剂，分别测定膨润土在不同浓度的纳米 SiO_2+四甲基氯化铵水溶液中的膨胀高度后，计算防膨率来评价其防膨胀性能。

2.7 驱油剂与原油的乳化性能测试

恒定乳化温度为 60℃，采用新疆油田原油样品评价纳米 SiO_2 驱油剂对原油乳化性能的影响。

2.8 岩屑静态洗油实验

制作了渗透率为 7.5～11.1mD 的人工岩心。用原油饱和，原油饱和量 0.83～0.96mL。采用岩心静态渗析洗油实验考察纳米 SiO_2 驱油剂溶液对新疆油田原油的洗油效果。

2.9 微观动态驱油实验

采用的微刻蚀驱油测试仪器，主要包括微量泵、玻璃薄片、显微镜和观察窗口。玻璃薄片刻蚀出细小的孔道，孔道尺寸 100～500μm，中间刻蚀裂缝宽 2mm，如图 1 所示。用微量泵向玻璃片刻蚀空隙注入流体，使用显微镜和观察窗口观察流体在微观空隙中的流动情况。

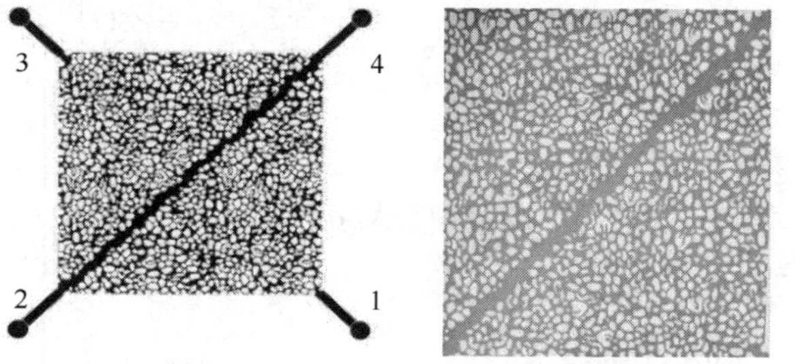

1号端口为注入端，2、3和4号端口为采出端

图 1 (a)刻蚀玻璃薄片和(b)饱和油后的玻璃薄片

实验步骤如下：①改变润湿性：配制甲基硅烷-乙醇溶液(甲基硅烷质量分数为 2%)，关闭 2～4 号出口端，从 1 号端口注入孔道，使液体充满孔道。在 60℃下老化 3～4 小时以使薄片内的孔隙和裂缝表面的润湿性发生反转。②饱和油：从 1 号端口注入原油样品直至出口端不再有透明乙醇溶液流出。此时得到刻蚀玻璃薄片的孔隙和裂缝的体积为 0.1mL。饱和原油后，将玻璃片静置老化 8 小时。③水驱：以 0.03mL/min 的速度，从 1 号端口注入去离子水，注入液量为 1mL(10PV 体积)；④剂驱：水驱后，以 0.03mL/min 的速度，从 1 号端口注入配置好的驱油剂溶液，注入液量 1mL(10PV 体积)。

通过计算玻璃薄片中油的面积来定量计算剩余油，进而估算采收率。另外，通过观察微观孔道中原油分布变化情况，对比驱替液体驱油性能。

3 结果与讨论

3.1 纳米 SiO_2 驱油剂对稠化剂分散与溶解性能的影响

3.1.1 对于稠化剂溶解速率的影响

配制浓度为 0.5%的羟丙基胍胶溶液。在水溶液中加入不同量的 SiO_2 驱油剂，使得水溶液中的纳米 SiO_2 的浓度分别为 0.02%、0.05%、0.1%。不添加纳米 SiO_2 的水溶液作为空白对照组。在上述四种溶液中加入 0.5%的羟丙基胍胶粉末，测量不同时间胍胶溶液的黏度。通过黏度的变化速率来判断纳米 SiO_2 对稠化剂溶解速率的影响，测试温度 60℃，剪切速率 $170s^{-1}$，结果如图 2 所示。

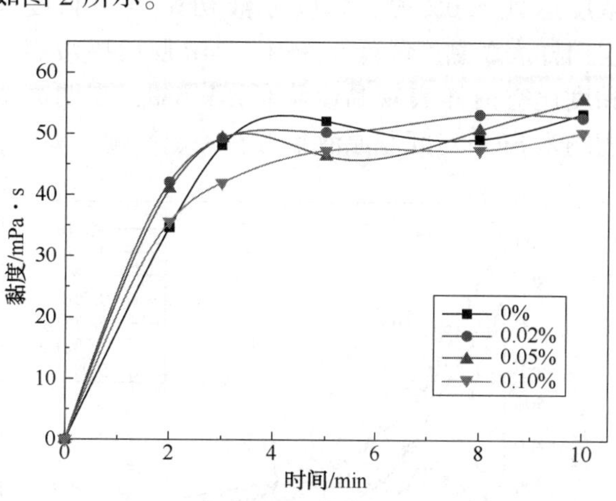

图 2 纳米 SiO_2 驱油剂对羟丙基胍胶溶解速率的影响

溶解时间＜2min 时，少量添加纳米 SiO_2(0.02%和 0.05%)，略微促进羟丙基胍胶溶解，溶解时间>3min 后，添加纳米 SiO_2 对其溶解速率并无明显影响，甚至 0.10%纳米 SiO_2 还会略

微降低羟丙基胍胶的溶解速率。而从整体溶解过程来看，纳米 SiO_2 对羟丙基胍胶溶液的溶解速率无明显影响。

3.1.2　对稠化剂黏度的影响

配制 0.35%羟丙基胍胶+0.01%氢氧化钠+清水的胍胶溶液和 0.2%聚合物溶液，然后分别加入不同浓度纳米驱油剂。充分搅拌后，测试 $170s^{-1}$ 剪切速率下初始和 24h 胍胶溶液表观黏度及乳液聚合物表观黏度。由于胍胶溶液表观黏度随着时间延长会逐渐下降，分别测量胍胶溶液初始和 24h 表观黏度；乳液聚合物溶液黏度随时间变化不大，测量乳液聚合物溶液 1h 表观黏度。结果如图 3 所示。

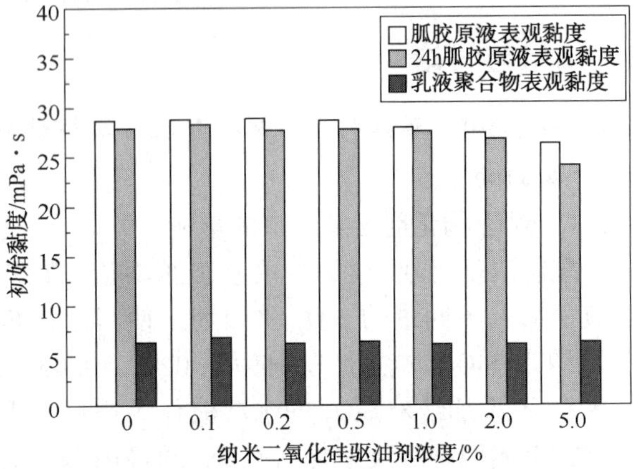

图 3　纳米 SiO_2 驱油剂加量对压裂液原液表观黏度影响

当原液中纳米 SiO_2 浓度在 0.1%～0.5%时，原液表观黏度变化值较小，当原液中纳米 SiO_2 浓度达到 5.0%时，胍胶原液初始表观黏度比空白样表观黏度降低 8.36%，24h 胍胶原液表观黏度比空白样表观黏度降低 13.6%，表明高浓度纳米 SiO_2 对胍胶原液黏度有一定影响。另外，加入不同浓度纳米 SiO_2 后，乳液聚合物溶液表观黏度与空白样表观黏度基本一致。纳米 SiO_2 驱油剂的加入对乳液聚合物溶液黏度基本无影响。

3.2　纳米 SiO_2 驱油剂对压裂液流变性能的影响

配制 0.35%胍胶压裂液，分别加入不同浓度纳米驱油剂，测试不同温度下胍胶压裂液耐温耐剪切性能。结果如图 4 所示。

在测试温度 20℃～60℃范围内，添加纳米 SiO_2 驱油剂对压裂液的黏度基本没有影响；当温度大于 80℃后，添加纳米驱油剂使得压裂液黏度有明显降低。

3.3　纳米 SiO_2 驱油剂对压裂液破胶性能的影响

3.3.1　纳米 SiO_2 对破胶时间及黏度的影响

采用现场用胍胶压裂液配方 0.4%羟丙基胍胶+0.01%氢氧化钠+0.25%交联剂+0.04%破胶剂配制相同的压裂液冻胶 7 份，分别加入不同浓度的纳米 SiO_2 驱油剂，置于 60℃水浴锅中，测试不同时间压裂液黏度，考察纳米 SiO_2 驱油剂对胍胶冻胶压裂液破胶时间及黏度的影响，结果见表 1。

不同浓度纳米 SiO_2 驱油剂胍胶压裂液的黏度均在 60～120min 之间降低至 5mPa·s 以下，表明纳米 SiO_2 的加入对胍胶压裂液破胶性能无明显影响。

3.3.2　纳米 SiO_2 对压裂液破胶液表面张力和界面张力的影响

测定不同浓度纳米 SiO_2 驱油剂压裂破胶液的表面张力和油水界面张力，考察对应浓度下纳米驱油剂水溶液的表面张力和油水界面张力，结果如图 5 所示。

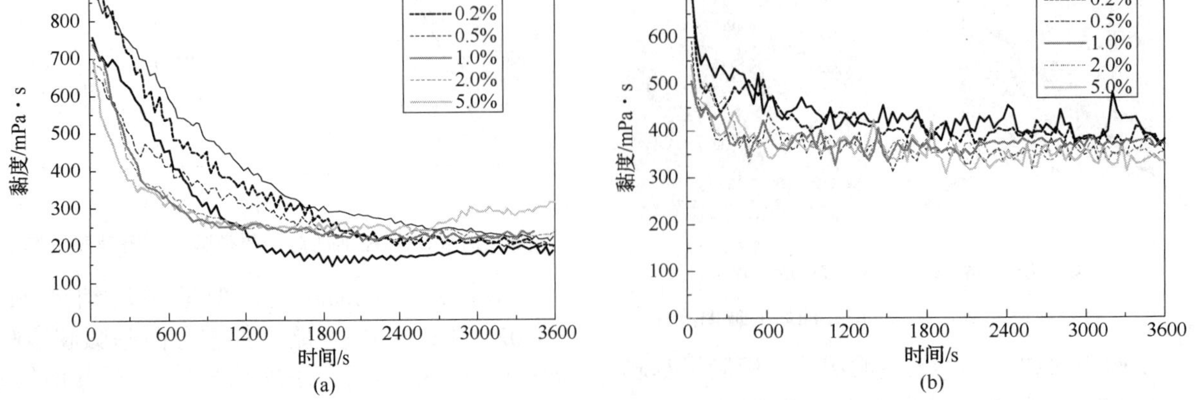

图 4　不同温度下纳米 SiO_2 驱油剂对羟丙基胍胶压裂液耐温耐剪切性能的影响

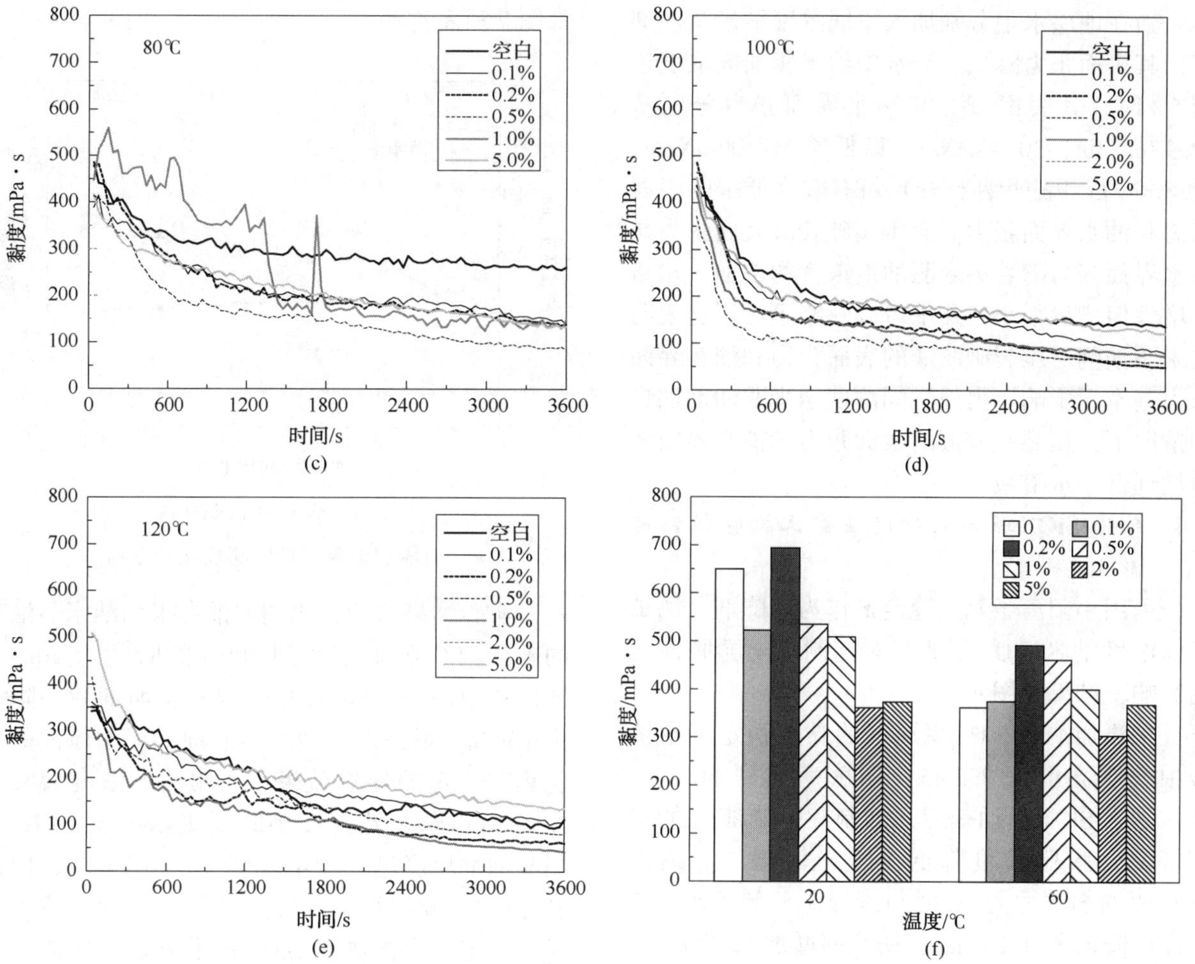

图 4　不同温度下纳米 SiO_2 驱油剂对羟丙基胍胶压裂液耐温耐剪切性能的影响(续)

表 1　纳米 SiO_2 驱油剂加量对胍胶压裂液破胶性能的影响

	纳米 SiO_2 驱油剂浓度,%						
	0	0.1	0.2	0.5	1	2	5
60min	未破胶	未破胶	未破胶	未破胶	未破胶	未破胶	未破胶
120min	<5mPa·s	<5mPa·s	<5mPa·s	<5mPa·s	<5mPa·s	<5mPa·s	<5mPa·s

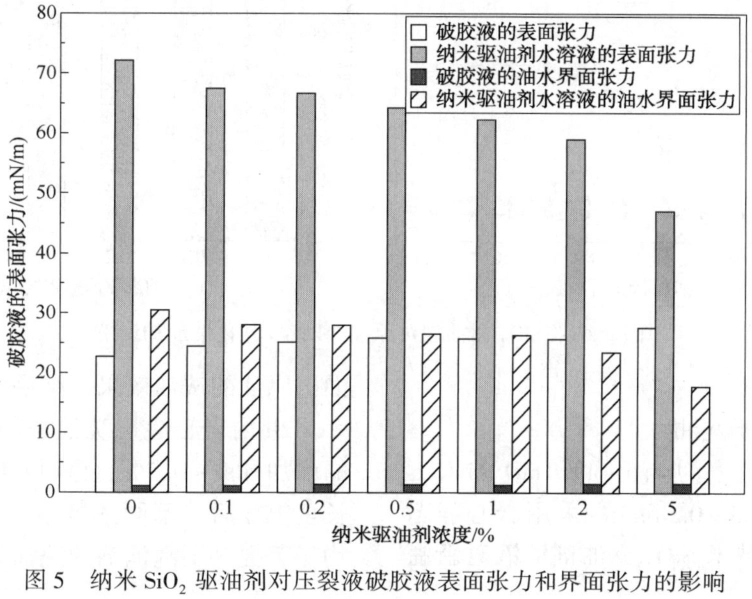

图 5　纳米 SiO_2 驱油剂对压裂液破胶液表面张力和界面张力的影响

当在地层水中分别加入不同浓度纳米驱油剂后，其表面张力降低。当水中纳米驱油剂浓度达到5%时，其表面张力与油水界面张力分别从72.17mN/m、30.48mN/m 降低至 47.06mN/m、17.8mN/m，表明纳米 SiO_2 可有效降低水的表面张力和油水界面张力。而压裂破胶液表面张力与油水界面张力随着纳米驱油剂浓度的增加，均略有增大但增幅很小，几乎可以忽略不计，这表明纳米驱油剂对压裂破胶液的表面张力和油水界面张力基本无影响。另外，同浓度纳米驱油剂加量的情况下，压裂破胶液的表面张力和油水界面张力均远低于水溶液。

3.4 纳米 SiO_2 驱油剂对储层黏土膨胀性能的影响

采用小阳离子黏土稳定剂作为防膨剂，测试不同浓度纳米 SiO_2 驱油剂对抑制黏土膨胀性能的影响，结果见图 6。

未添加纳米 SiO_2 驱油剂的黏土稳定剂水溶液中膨胀高度为 2.2mm，防膨率达到 56.3%。加入纳米 SiO_2 驱油剂后，抑制黏土膨胀性能得到提高，膨胀高度降低，防膨率增加。纳米 SiO_2 驱油剂浓度为 2%时与未加驱油剂相比，膨胀高度降低了 0.191mm，防膨率增加 5.52%。

3.5 纳米 SiO_2 驱油剂对乳化性能的影响

采用玛湖原油样品评价纳米 SiO_2 驱油剂对原油乳化性能的影响，乳化温度为 60℃，结果如图 7 所示。

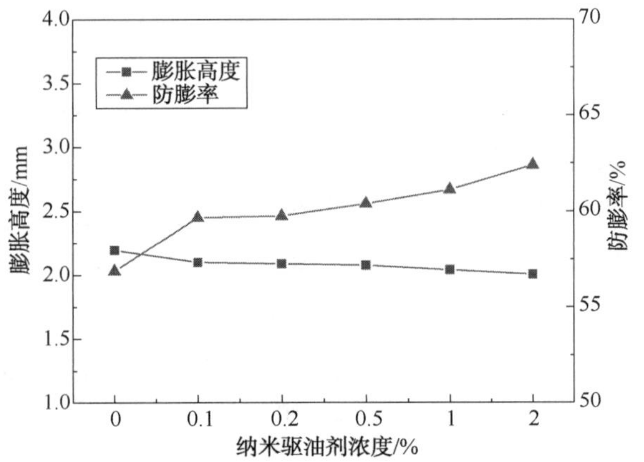

图 6 纳米 SiO_2 驱油剂对压裂液破胶液防膨性能的影响

实验结果显示，玛湖原油在未加纳米驱油剂的破胶液中脱水率达到 100% 的时间为 20min；加入 0.1%和 0.2%浓度的纳米驱油剂后，降低为 10min，低浓度的纳米驱油剂对玛湖原油的破乳具有一定的促进效果。当驱油剂浓度增大到 0.5%时，原油乳化 2 小时后脱水率不到 70%，当驱油剂浓度进一步增大到 1.0%以上时，原油乳化后 2 小时脱水率仅为不到20%，乳化现象明显。一定浓度的纳米 SiO_2 粒子吸附在在油水界面后，在油水界面上形成了稳定的 Pickering 乳状液，增强了原油/破胶液乳化体系的稳定性，表现为乳化液稳定性增强、乳化现象加剧。

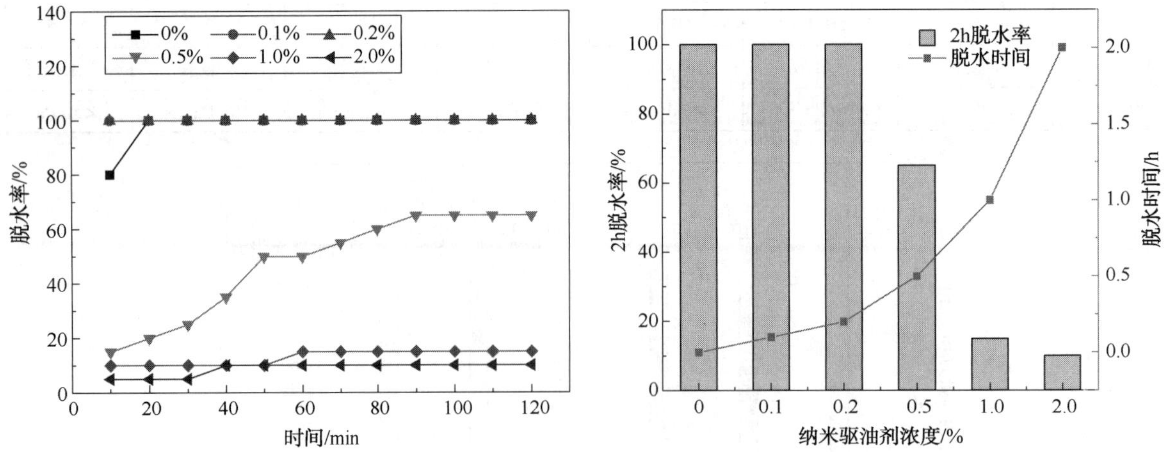

图 7 纳米 SiO_2 驱油剂对原油/破胶液乳化性能的影响

3.6 驱油性能

3.6.1 岩心静态渗析洗油

用原油饱和渗透率为 7.5～11.1mD 的人工岩心，饱和量为 0.83～0.96mL。采用岩心静态渗析洗油实验考察纳米 SiO_2 驱油剂溶液对新疆油田原油的洗油效果，结果如图 8 所示。

2h 内岩心渗析洗油率随着纳米驱油剂浓度的增加(0%～0.7%)而不断增大，当洗油时间延长至 12h 后，不同浓度纳米 SiO_2 驱油剂的加入均显著提升了洗油剂的洗油能力，其中不含纳米

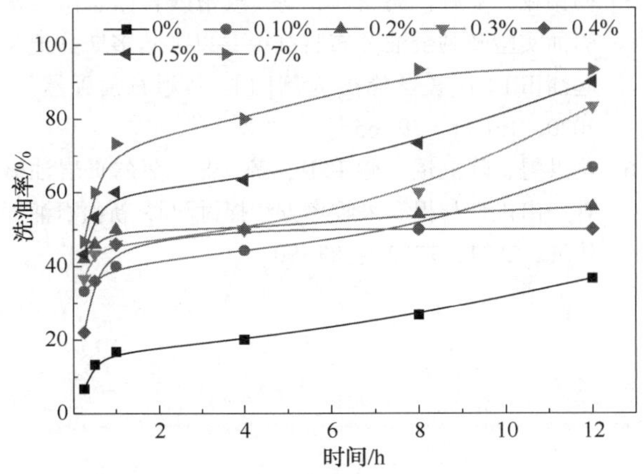

图 8 不同浓度纳米 SiO_2 驱油剂对岩心静态渗析洗油性能的影响

驱油剂与含 0.7%纳米驱油剂的洗油剂相对比，洗油率从 38%提高至 93%。

3.6.2 动态驱油实验

采用微刻蚀驱油模型分别考察纳米驱油剂、压裂破胶液、加纳米驱油剂破胶液的驱油效果，结果见表 2。

表 2 纳米驱油剂对动态驱油提高采收率的影响

驱替剂组分	水驱采收率/%OOIP	剂驱采收率/%OOIP	提高采收率增幅/%OOIP
0.3%驱油剂	81.18	91.17	9.99
破胶液(不含驱油剂)	83.84	86.49	2.65
破胶液+0.3%驱油剂	79.18	92.54	13.34

纳米驱油剂水溶液驱油实验中，水驱采收率达到 81.18%，用 0.3%纳米驱油剂溶液驱替，采收率提高到 91.17%，提高了 9.99%；压裂破胶液驱油实验中，水驱采收率达到 83.34%，破胶液驱替采收率达 86.49%，提高了 2.65%；加入纳米驱油剂的压裂破胶液驱油实验中，水驱采收率达到 79.18%，加纳米的破胶液驱替采收率达到 92.54%，提高了 13.34%。结果表明纳米驱油剂有效提高了水驱和压裂的采收率。

3.7 现场应用

玛湖区块状砂体储层为特低孔、特低渗储层，属于正常温度、异常高压的未饱和油藏。在此区块开展 4 井平台体积压裂，其中 2 口井采用纳米 SiO_2 驱油剂压裂液，2 口井作为对比井。采用小井距立体式开发模式、固井桥塞分段压裂工艺。压裂液采用免配变粘滑溜水，纳米驱油剂每段压裂前 60%~70%压裂液中前置段塞加入，浓度 0.2%~0.3%，施工排量 10~12m^3/min，顺利完成压裂改造。

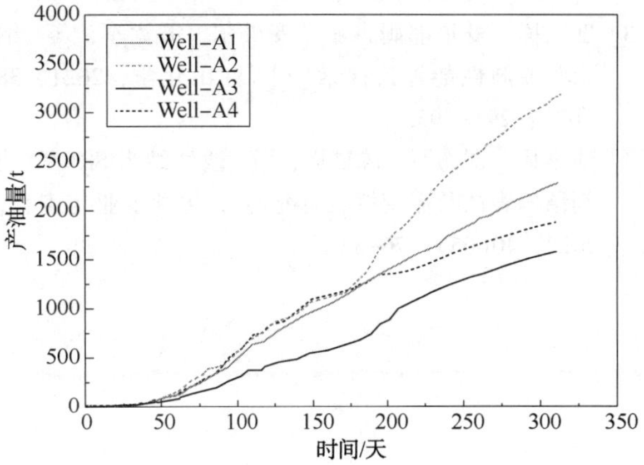

图 9 纳米驱油压裂压后累产油曲线

压后开井 300 天，试验井 A1/A2 与对比邻井 A3/A4 相比，开井后初期产油量相当，开井 180 天之后，试验井 A1/A2 累产油明显优于对比邻井 A3/A4，其中 A2 井累产油较对比井产量提升 20%~50%。

4 结论

(1) 纳米 SiO_2 的加入能够明显改善压裂后的产油量，即能有效改善压裂液的性能。

(2) 纳米 SiO_2 对压裂用稠化剂溶解速率无明显影响，对胍胶稠化剂溶液表观黏度有一定影响，对乳液聚合物稠化剂溶液表观黏度无明显影响；

(3) 纳米 SiO_2 对胍胶压裂液温度在低于 80℃条件下的流变性能无明显影响，当温度高于 80℃时，纳米 SiO_2 驱油剂对胍胶压裂液耐温耐剪切性能有明显降低。

(4) 纳米 SiO_2 对压裂液破胶性能无明显影响，破胶液表界面张力影响不明显，对破胶液防膨性能有一定提高，并具有较好的洗油效果。高浓度条件下对新疆油田原油/破胶液乳化体系稳定性具有增强效果；

(5) 通过纳米 SiO_2 强化压裂现场试验 2 井次，施工曲线表明纳米驱油剂的加入对施工影响不大。压裂开井 180 天后，试验井累产油明显高于对比井。

参 考 文 献

[1] 李鸿儒，卢祥国，王晓燕，等. 纳米驱油剂提高原油采收率效果及作用机理分析[J]. 油田化学，2023，40(02)：305-311.

[2] 罗健辉，杨海恩，肖沛文，等. 纳米驱油技术理论与实践[J]. 油田化学，2020，37(04)：669-674.
[3] 邬国栋，麦尔耶姆古丽·安外尔，潘竟军，等. 纳米驱油剂性能评价探索[J]. 油田化学，2021，38(02)：291-295.
[4] 陆小兵，郑力军，陈嘉诺，等. 改性纳米 SiO_2 驱油剂结构表征及流变性能研究[J]. 化学工业与工程，2023，40(05)：76-82.
[5] 杨振亚，罗辉，周宾宾，等. 致密砂岩储层微观水驱油实验及剩余油分布特征——以鄂尔多斯盆地吴起油田 L1 区长 7 储层为例[J]. 新疆石油天然气，2020，16(4)：59-65.
[6] 葛洪魁，陈玉琨，滕卫卫，等. 吉木萨尔页岩油微观产出机理与提高采收率方法探讨[J]. 新疆石油天然气，2021，17(3)：84-90.

暂堵分层改造设计在超深裂缝性厚砂岩气藏的应用

付 杰[2] 杨战伟[2] 王 辽[2] 高 莹[2] 王凤仪[1] 杜建洪[1] 梁婷婷[1]

(1. 中国石油南方勘探开发有限责任公司；2. 中国石油勘探开发研究院)

摘 要 近几年在塔里木油田的重点产能区块克深气田形成了完善SRV的体积压裂和暂堵体积酸压技术。科学的进行暂堵分层设计是SRV体积压裂或暂堵体积酸压设计的关键。科学进行无工具暂堵分层设计，主要考虑的因素有：储层段泥浆漏失、储层天然裂缝开启和储层纵向最小水平主应力。通过分析，上述因素对暂堵分层分段影响的重要性依次为储层段泥浆漏失、储层天然裂缝开启和储层纵向最小水平主应力。在此基础上，形成了暂堵分层分段改造判据与分级方法：首先根据储层段泥浆漏情况确定一级改造段，再根据天然裂缝开启情况确定两级改造段，最后根据纵向最小主应力大小确定三级改造段；然后，综合考虑确定合适的暂堵分层分段级数。以克深8-F井为例说明了该方法的应用，综合考虑储层漏失、天然裂缝开启和最小主应力，确定该井暂堵分层分段改造级数为两级：一级改造段共有6个射孔段，分别是6767~6771m、6800~6803m、6834~6837m、6843~6847m、6856~6860m和6875~6880m，其余为二级改造段，共有5个射孔段。根据酸压施工曲线，证实实现了暂堵分层分段目的，而且可以确定每级改造开启的裂缝数。

关键词 超深气层；裂缝性；体积酸压/压裂；暂堵分层分段；设计应用

塔里木库车山前的克深气田是西气东输主力气田之一，日产气超1800万立方米。截至2017年9月，该气田已发现克深1、2、6、8、9等多个气藏，克深2、克深8等气藏已正式建成并投产生产井61口，累计生产天然气达189.22亿立方米。其中克深8区块的9口井改造后均获得日产超百万立方米的高产气流，每天589万立方米的天然气已汇入西气东输管道，成为克深区带单井产气量最高的区块。该气田目前钻探的平均井深大于6500m，部分井深超过8000m，区块储层天然裂缝发育，改造层段厚度为100m~300m，地层压力系数最高达到1.80MPa/100m以上，属于高压高应力的超深裂缝性厚砂岩储层。

前人研究了山前大北克深区块天然裂缝发育程度和单井产能的关系，天然裂缝发育程度对单井产能的贡献大。能否最大化利用天然裂缝，形成油气渗流通道，是克深区块单井改造的重点。同时，由于储层厚度大，需要进行分层改造。

目前在山前形成了完善SRV的体积压裂、暂堵体积酸压技术。SRV体积压裂技术和暂堵体积酸压技术是根据改造井段的储层特征，采用分簇射孔、暂堵材料进行层间暂堵转向、缝内暂堵转向多级液体交替注入的方式进行体积改造。改造后体积酸压平均增产3.9倍，体积压裂平均增产5.3倍。

进行暂堵分层分段改造时，科学的进行暂堵分层分段设计是SRV体积压裂或暂堵体积酸压设计的关键。因此本文以克深区块一口井为例详细介绍了暂堵分层分段改造判据与分级方法在山前单井改造中的应用。

1 暂堵分层分段改造设计理念

塔里木库车山前储层天然裂缝发育，单井改造层段厚度较大，分层分段改造是提高开发效果的有效手段。由于储层埋藏深，机械分层改造风险大，容易发生封隔器失效，达不到有效分层改造的目的。因此，提出了无工具暂堵分层分段改造的技术理念。目前该技术是采用暂堵材料实现层间转向和缝内转向。常规压裂设计除了考虑油气层及隔层等，一般根据地应力剖面确定射孔段及改造层数。进行暂堵分层分段改造设计时，除了考虑储层纵向地应力，还需要考虑储层段的泥浆漏失及储层天然裂缝开启。通过分析，上述因素对暂堵分层分段影响的重要性依次为储层段泥浆漏失、储层天然裂缝开启和储层纵向最小水平主应力大小。在此基础上，形成了暂堵分层分段改造判据与分级方法：首先考虑钻井泥浆漏失情况；其次考虑天然裂缝在不同孔隙压力增量时的开启次序；最后结合纵向最小主应力大小划分暂堵分层分段改造的级数。将钻井泥浆滤失段、孔压增量值较小时开启的天然裂缝段、纵向上最小主应力最小段首先划分为一级改造段。二级改造根据孔压增量值较大时开启的天然裂缝和最小主应力划分，依次类推。

2 暂堵分层分段改造设计方法

以克深 8-F 井为例说明该方法的设计应用。

2.1 单井基本特征

克深 8-F 井位于塔里木盆地库车坳陷克拉苏构造带克深区带克深 8 构造，井型为直井，完钻井深 6911m。目的层白垩系巴什基奇克组以细粒长石岩屑砂岩为主，岩屑砂岩、岩屑长石砂岩次之。投产层段 6767.00~6880.00m 在钻井期间见油气显示，测井解释气层 59.0m/13 层，孔隙度 5.3%~12.1%，加权平均孔隙度 7.9%，含气饱和度 63%~80%，平均含气饱和度 73%；差气层 26.0m/9 层，孔隙度 4.0%~5.9%，加权平均孔隙度 4.3%，含气饱和度 51%~61%，平均含气饱和度 55%。

2.2 根据钻井泥浆漏失情况分级

克深 8-F 井测试段 6767.0~6880.0m，射孔跨度 113m，射孔段 44m，根据储层的漏失层段情况，漏失相对密度 1.88 的钻井液 512.9m^3，在 6765.47m 漏失泥浆 73.9m^3，6802.47m 漏失量为 134.7m^3，6842.14m 漏失量为 67.2m^3，6857.11m 漏失量为 237.1m^3，见表 1。在改造过程中工作液首先进入泥浆漏失段，泥浆漏失段优先被工作液改造。因此，将漏失严重段作为第一级改造段。其余射孔层段作为第二级改造段。

表 1 克深 8-F 井投产层段射孔参数及泥浆漏失情况表

射孔段数	射孔顶/m	射孔底/m	射孔段漏失情况
1	6767	6771	6765.47m、73.9m^3
2	6783	6786	
3	6791	6796	
4	6800	6803	6802.47m、134.7m^3
5	6811	6814	
6	6820	6826	
7	6834	6837	
8	6843	6847	6842.14m、67.2m^3
9	6856	6860	6857.11m、237.1m^3
10	6866	6870	
11	6875	6880	

2.3 根据天然裂缝剪切开启情况分级

克深地区天然裂缝面缝率与单井产能相关性高，面缝率越高，单井产能越高，天然裂缝对单井产能的贡献越大。最大化利用天然裂缝，形成油气渗流通道，是克深区块单井改造的重点。对储层天然裂缝产状、储层地应力、天然裂缝开启影响因素等进行了研究，重点从力学角度研究了天然裂缝的开启情况。根据天然裂缝开启和未开启，划分暂堵分层分段改造的级数。

2.3.1 储层地应力研究

克深 8-F 井水平最大主应力为 2.58~2.75MPa/100m，水平最小主应力为 2.11MPa/100m 左右，垂向应力为 2.43MPa/100m 左右，应力状态为 SH>SV>Sh，属于潜在走滑型，水平应力作用较强，投产气层段水平应力差平均为 30MPa 左右（图 1）。

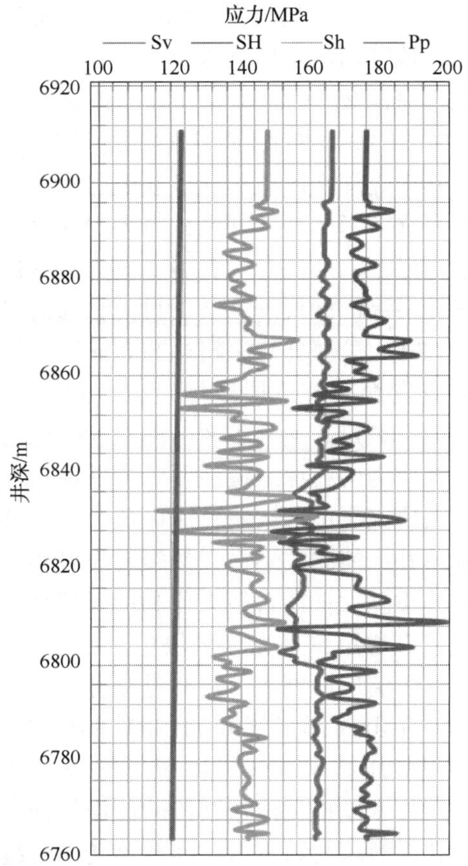

图 1 克深 8-F 井储层地应力数据

2.3.2 储层天然裂缝产状及与最大水平主应力方向夹角

图2A和2B为该井天然裂缝产状示意图，裂缝角度主要以中、高角度裂缝为主，裂缝主体走向为NEE60°左右。该井水平主应力方位与天然裂缝走向以10°~20°夹角为主，但也有部分呈大角度相交，见图2C。

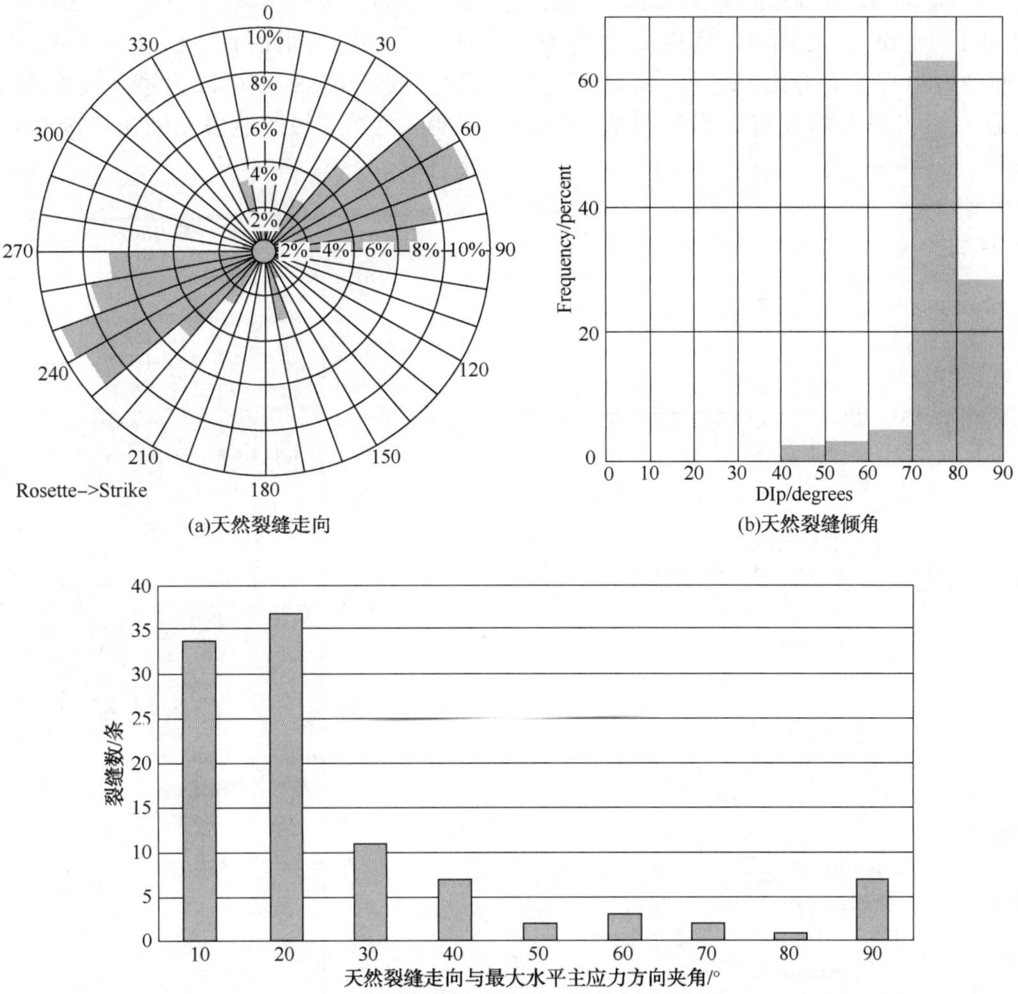

(a)天然裂缝走向

(b)天然裂缝倾角

(c)天然裂缝走向与最大水平主应力方向夹角

图2 克深8-F井天然裂缝走向、倾角及裂缝走向与最大水平主应力方向夹角图

2.3.3 天然裂缝发生剪切破坏开启条件

根据摩尔库伦破裂准则，当作用于裂缝剪应力和正应力满足式(1)，则裂缝面开始剪切破坏。

$$|\tau|-S_0=\mu\sigma_n \tag{1}$$

压裂酸化施工时，液体同时进入裂缝和基质。将裂缝看着较大的孔隙。当裂缝开始发生剪切滑动的裂缝内压力确认为临界孔隙压力，则：

$$P_{临}=S_n-(|\tau|-S_0)/\mu \tag{2}$$

式中 $\sigma_n=S_n-P_{临}$

其中，S_0为内聚力，MPa；μ为内摩擦系数；τ为剪切应力，MPa；σ_n为有效正应力，MPa；P临为储层临界孔隙压力，MPa；S_n为法向正应力，MPa；

当临界孔隙压力与裂缝原始孔隙压力差值达到一定值后，天然裂缝会发生剪切滑动破坏。从上式可以看出，裂缝开启与裂缝内聚力、裂缝面剪应力、内摩擦系数和裂缝面法向正应力有关。缝内剪应力、法向正应力与储层现今地应力及裂缝产状有关。裂缝处于充填状态，内聚力不为0，当裂缝不充填，则裂缝内聚力为0。

2.3.4 储层天然裂缝剪切开启情况与改造分级

油田现场进行单井改造时，酸压/压裂设计一般采用前置酸降低裂缝内聚力，增大天然裂缝开启率。在储层中深6840m，孔压增量为15.73MPa，孔压达到最小主应力，储层岩石本体开始破裂，达到最大的天然裂缝开启率。当裂缝内聚力为 10MPa 时，克深 8-F 井共开启天然裂缝 8 条，总裂缝数是 104 条，天然裂缝开启率是 7.7%，酸液进入储层降低内聚力，当裂缝内聚力为 0 时，本井共开启裂缝 19 条，天然裂缝开启率是 18.3%，裂缝开启条数增加了 11 条，开启率增加了 10.6%，见图 3。当内聚力为 0 时，裂缝面剪应力和正应力比值增大，孔隙压力增量达到最大，实现天然裂缝开启数最大，见图 4。

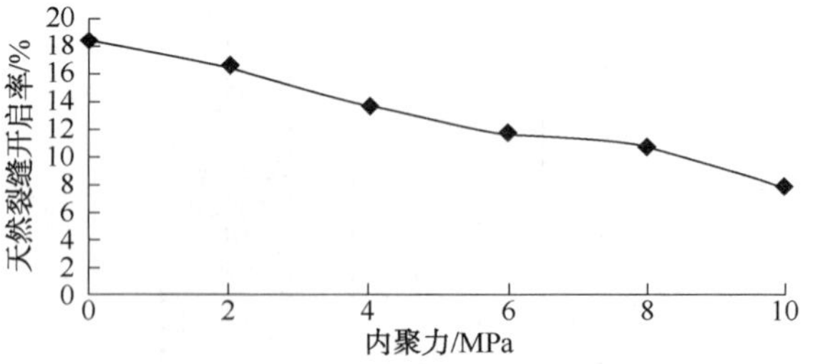

图 3　克深 8-F 井内聚力对天然裂缝开启的影响

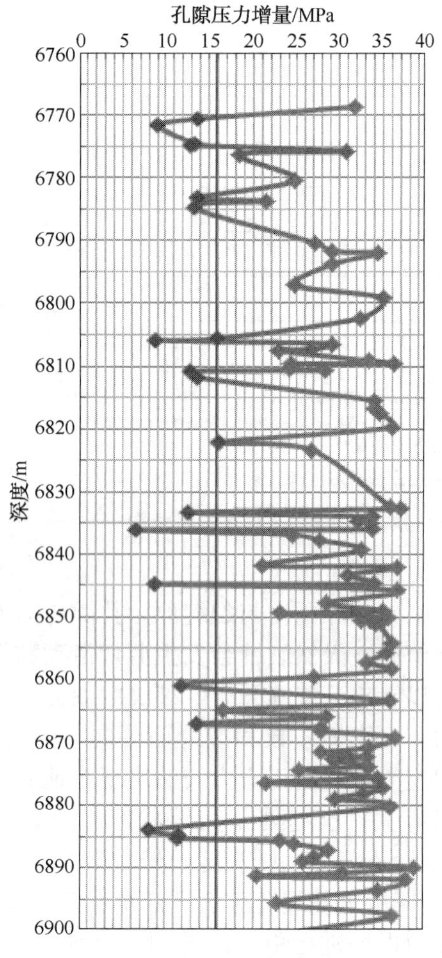

图 4　当孔隙压力达到最小水平主应力时

克深 8-F 井天然裂缝开启图(内聚力为 0MPa)

根据天然裂缝开启情况，按照裂缝开启的射孔段和裂缝未开启的射孔段，将投产层段分为两级改造。第一级为天然裂缝容易开启的井段，分别是 6770m～6775m 和 6805m～6810m、6820m～6822m 和 6865m～6870m，其余为第二级。

2.4　根据储层最小主应力分级

最后，按照常规储层改造压裂设计，根据纵向最小主应力剖面(图 5)，投产层段可分为三级进行改造：6788～6800m 为第一级改造段，6836～6860m 为第二级改造段，6876～6890m 为第三级改造段。

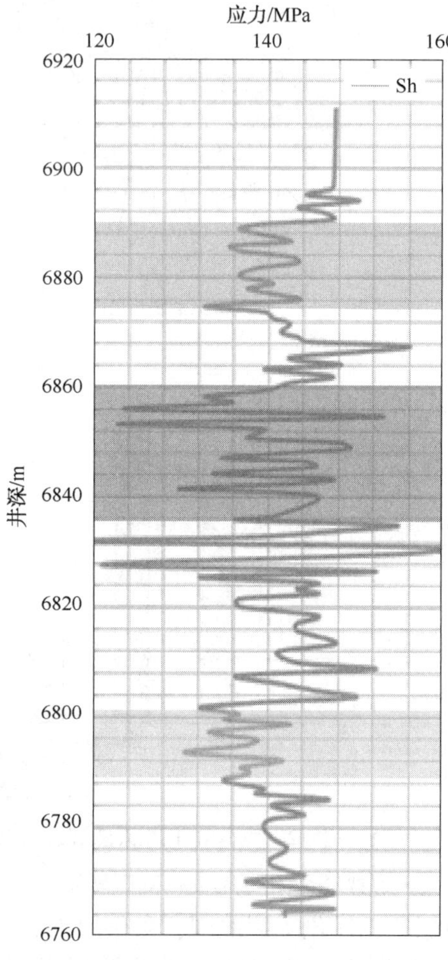

图 5　克深 8-F 井最小水平主应力剖面图

2.5　克深 8-F 井暂堵分层分段改造级数综合确定

综合储层漏失、天然裂缝开启和最小主应力，首先考虑钻井泥浆漏失；其次考虑天然裂缝在不同孔隙压力增量时的开启次序；最后结合纵向最小主应力划分无工具分层分段改造的级数(表 2)：一级改造段共有 6 个射孔段，分别是 6767～6771m、6800～6803m、6834～6837m、6843～6847m、6856～6860m 和 6875～6880m。其余为二级改造段，共有 5 个射孔段。

表 2　克深 8-F 井无工具暂堵分层分段改造级数确定

序号	射孔顶/m	射孔底/m	漏失分级	裂缝开启分级	最小主应力	总级数
1	6767	6771	1	1	4	1
2	6783	6786	2	2	4	2
3	6791	6796	2	3	1	2
4	6800	6803	1	2	4	1
5	6811	6814	2	2	4	2
6	6820	6826	2	2	4	2
7	6834	6837	2	1	2	1
8	6843	6847	1	1	2	1
9	6856	6860	1	2	2	1
10	6866	6870	2	2	4	2
11	6875	6880	2	1	3	1

3　单井暂堵分层分段改造设计方法应用效果

克深 8-F 井在钻进过程中多次漏失，储层天然裂缝较发育，本井目的层段跨度大，采用暂堵转向工艺进行纵向转层、缝内转向，提高横向和纵向上的改造力度。根据上述研究，综合储层漏失、天然裂缝开启和纵向储层最小主应力因素，确定了本井实施二级酸压改造，进行一次纵向转层。分别采用粒径 8mm 和 3mm 的暂堵球进行架桥，结合 1mm 暂堵颗粒填充，进行层间转向提高分层效果，实现多级酸压改造不同层段，尽可能的提高储层改造程度。同时由于钻进过程中多次漏失，储层天然裂缝较发育，采用 1mm 暂堵颗粒和纤维进行缝内暂堵，增加裂缝的净压力，迫使酸液开启天然裂缝并对其进行酸蚀改造。

酸压施工曲线见图 6，从图中可以得到暂堵剂进入地层施工压力上升，一级改造后开启的天然裂缝条数为 5 条(图 7)，二级改造时达到最小水平主应力时开启的天然裂缝条数为 14 条。

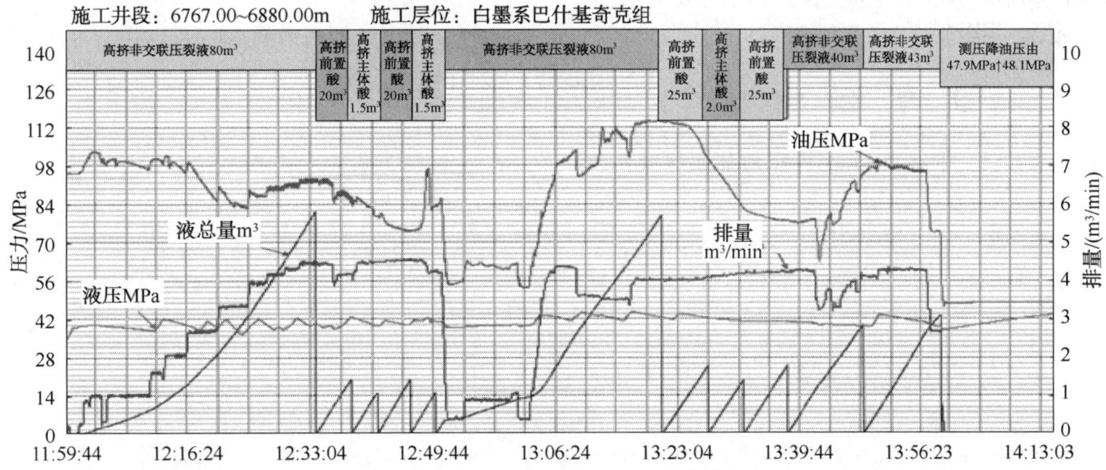

图 6　克深 8-F 井无工具暂堵分层分段改造施工曲线图

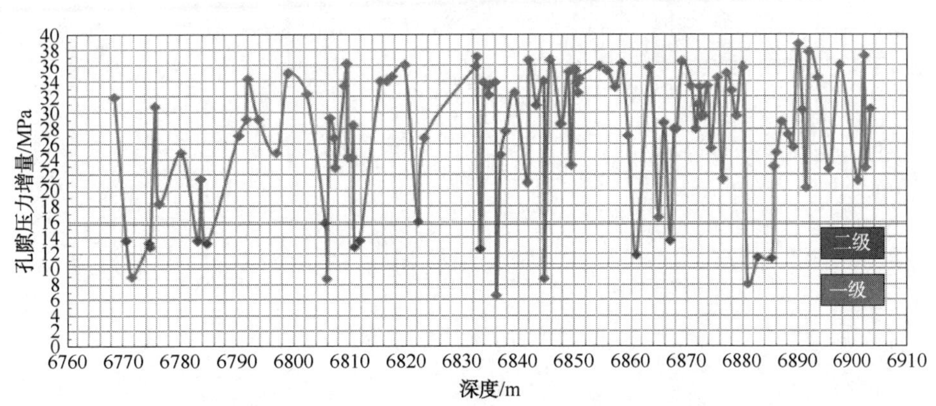

图 7　克深 8-F 井无工具暂堵分层分段改造天然裂缝开启图

4　结论与建议

(1) 塔里木油田的重点产能区块克深气田形成了完善 SRV 的体积压裂和暂堵体积酸压技术。科学的进行暂堵分层分段设计是 SRV 体积压裂或暂堵体积酸压设计的关键。

（2）进行暂堵分层分段改造设计时，主要应考虑储层段泥浆漏失、天然裂缝开启及储层纵向地应力。根据上述因素对暂堵无工具分层分段影响的重要性，形成无工具分层改造设计的判据。通过分析，上述因素对暂堵分层分段影响的重要性依次为储层段泥浆漏失、储层天然裂缝开启和储层纵向最小水平主应力大小。在此基础上，形成了暂堵分层分段改造判据与分级方法：将钻井泥浆滤失段、孔压增量值较小时开启的天然裂缝段、纵向上最小主应力段首先划分为一级改造段。二级改造根据孔压增量值较大时开启的天然裂缝和最小主应力划分，依次类推。

（3）暂堵分层分段改造设计方法用于克深8-F井改造设计，得出实施二级酸压改造，进行一次纵向转层。从酸压施工曲线可以得到暂堵剂进入地层施工压力上升，实现了转层目的。同时，一级改造后开启的天然裂缝条数为5条，二级改造时达到最小水平主应力时开启的天然裂缝条数为14条。证实该方法的可行性。

参 考 文 献

[1] 杨锋，朱春启，王新海，等. 库车前陆盆地低孔裂缝性砂岩产能预测模型[J]. 石油勘探与开发，2013，40(3)：341-345.
[2] 韩秀玲，周福建，熊春明，等. 超深裂缝性砂岩气层体积压裂的可行性分析[J]. 天然气工业，2013，33(9)：60-64.
[3] 韩秀玲，熊春明，周福建，等. 一种提高超深裂缝型储集层压裂改造体积的新方法[J]. 新疆石油地质，2013，34(5)：567-571.
[4] 韩秀玲，杨贤友，熊春明，等. 超深裂缝性厚层改造效果影响因素分析与高效改造对策[J]. 天然气地球科学，2017，28(8)：1280-1286.
[5] 金衍，张旭东，陈勉. 天然裂缝地层中垂直井水力裂缝起裂压力模型研究[J]. 石油学报，2005，26(6)：113-114.
[6] 金衍，陈勉，张旭东. 天然裂缝地层斜井水力裂缝起裂压力模型研究[J]. 石油学报，2006，27(5)：124-126.
[7] 周健，陈勉，金衍等. 压裂中天然裂缝剪切破坏基质研究[J]. 岩石力学与工程学报，2008，27(1)：2637-2641.
[8] 马克D佐白科. 储层地质力学[M]. 北京：石油工业出版社，2012.

基于双管渗流模型的孔渗改善技术研究

吕　鹏　李彦阅　赵　鹏　宋　鑫　薛宝庆　黎　慧　张国栋

[中海石油(中国)有限公司天津分公司]

摘　要　本文利用生物显微镜、扫描电镜、驱替装置等仪器从微观和宏观两方面研究了基于储层微结构改善的新型提高采收率技术，结合胶体化学理论、架桥封堵理论，利用双管驱替模型讨论了储层微结构改善剂的驱油机理。研究表明，改善剂以球状或类球状分散于水中，缓慢膨胀 7 天后基本保持稳定，体积膨胀倍数达 27 倍，扫描电镜结果显示改善剂微观结构以网状结构为主。微结构改善剂溶液注入渗透率极差为 5 的双管岩心模型后，高渗岩心的分流率由 92%下降至 46%，低渗模型的分流量由近 8%上升至 54%，液流改向效果显著。在极差为 5 的双管岩心水驱至 98%后注入 0. 3PV、3000mg/L 的改善剂溶液，采收率提高了 11. 61%。非混相增黏、架桥封堵是该改善剂膨胀前、后相对应的提高采收率机理。基于储层微结构改善，该技术能够有效改善储层吸水剖面，提高层内、平面水驱波及体积。

关键词　微球；孔隙结构；双管模型；架桥理论；驱油机理

海上平台使用周期短，海上油气田必须快速、高效的进行开发生产。油田注水开发过程进一步加剧了储层非均质性，注入水沿高渗层突入油井，引起采出液含水率高、水驱无效循环等问题，亟需新的、有效的改善水驱技术以实现油田的增油稳产。在机械调剖基础上，化学调剖作为海上高效的稳油控水技术，主要以聚合物凝胶类、颗粒类、无机盐沉淀类、微生物类、泡沫类、水泥类和乳状液类等技术为主。目前常用的化学调剖技术存在近井堵塞问题，难以实现油藏深部、长效调剖。本文主要研究了一种基于储层微结构改善的新型稳油控水技术，在该型微结构改善剂的微观结构、膨胀性能和宏观液流改向、注入性、提高采收率性能基础上，结合双管驱替模型、架桥理论、胶体化学理论对其驱油机理进行了简要讨论，为矿场调剖方案的精细设计提供理论依据。

1　实验部分

1.1　实验材料

$CaCl_2$、NaOH、NaCl、Na_2CO_3、$MgCl_2$、$NaHCO_3$、KCl、$MgSO_4$均为化学纯，国药集团化学试剂有限公司生产；实验室用水为一次蒸馏水，用于配制模拟海水；微结构改善剂，自研产品，有效含量 100%。

实验用油为渤海 C 油田脱气、脱水原油与煤油混合而成(5∶2)，油藏温度 55℃时黏度为 200mPa・s。实验用水为室内模拟海水，利用一次蒸馏水按照 C 油田注入水水质分析结果显示的离子组成配制而成。C 油田注入水水质分析结果见表 1。

表 1　C 油田注入水离子组成与含量

离子组成和含量/(mg/L)							总矿化度/(mg/L)
K^++Na^+	Ca^{2+}	Mg^{2+}	Cl^-	SO_4^{2-}	CO_3^{2-}	HCO_3^-	
2169. 8	816. 6	94. 2	4848. 8	156. 1	0. 0	173. 9	8259. 5

实验岩心为石英砂环氧树脂胶结人造岩心，外观几何尺寸：宽×高×长=4. 5cm×4. 5cm×30cm，分为高渗、低渗两层，设计渗透率分别为 20000mD、4000mD；砂管模型，设计渗透率为 20000mD。

1.2　实验仪器

BDS400 倒置生物显微镜，重庆奥特光学仪器公司；FEG 450 扫描电镜，美国 FEI 公司；液流改向、提高采收率实验驱替装置，主要包括平流泵、压力传感器、岩心夹持器(填砂管)、手摇泵和中间容器等，江苏海安石油科研仪器有限公司。

1.3　实验内容

1. 3. 1　微结构改善剂膨胀性能、微观结构研究

采用模拟水配制浓度为 3000mg/L、4000mg/L、5000mg/L 微结构改善剂溶液，测试初始粒径后置于 55℃保温箱中。一定时间后取出少量样品，采用 BDS400 生物显微镜观测颗粒外观形态，记录改善剂颗粒尺寸、水化时间，直至颗粒尺寸保持基本稳定后停止实验，计算不同浓度下微结构

改善剂在不同水化时间的膨胀倍数。

采用 FEG 450 扫描电镜观察微结构改善剂的微观结构。

1.3.2 微结构改善剂液流改向、注入性、提高采收率实验

采用砂管模型考察微结构改善剂的注入性能。注入性实验流程示意图如图 1 所示。

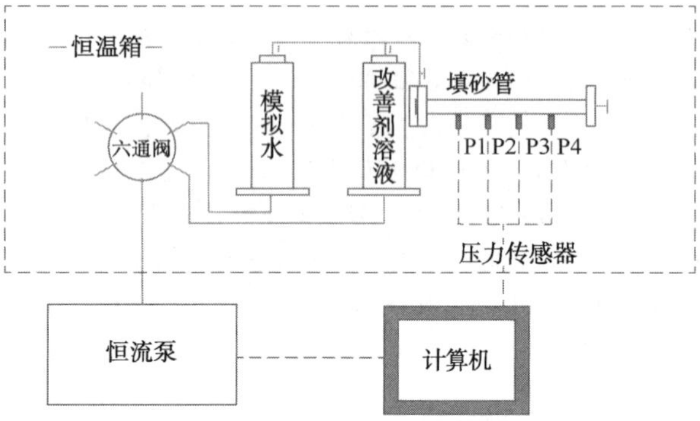

图 1 微结构改善剂注入性实验流程示意图

实验步骤：

(1) 配制 3000mg/L 微结构改善剂溶液，静置膨胀 1 天；

(2) 填砂管模型抽真空，饱和地层水，将全套实验仪器置于温度为 55℃恒温箱中升温；

(3) 向填砂模型注入模拟水，直至压力稳定，水测渗透率。当渗透率为满足 18000mD≤K≤22000mD 时进行后续实验；

(4) 转注微结构改善剂溶液。以 0.4mL/min 恒定速度注入 0.3PV 微结构改善剂溶液后，再转注后续水至压力基本平稳后停止实验，整个实验过程记录各测压点的压力值。

采用驱替装置对微结构改善剂的液流改向、提高采收率性能进行评价。液流改向、提高采收率实验流程示意图(局部)见图 2。

液流转向实验步骤：

① 岩心抽真空、饱和模拟水，分别测定渗透率后接入图 1 所示实验流程内。注模拟水，测定渗透率，记录高、低渗岩心排出液体积，计算高、低渗岩心分流率；

② 待高、低渗层分流率达到基本稳定后，注入 0.5PV、3000mg/L 的微结构改善剂溶液，记录注入过程高、低渗层排出液体积，计算高、低渗岩心分流率；

③ 微观调驱剂溶液注入后，暂停实验。待其在岩心模型中膨胀 7d 后，继续注水，记录注入过程高、低渗层排出液体积，计算高、低渗层

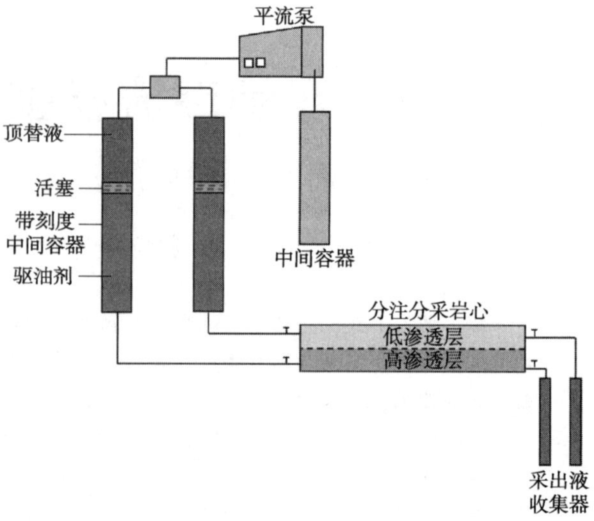

图 2 液流改向、提高采收率实验流程图(局部)

分流率，待高、低渗层分流率达到基本稳定后，停止实验。

提高采收率实验步骤：

① 岩心称干重后抽真空饱和地层水，称湿重并计算孔隙体积；

② 分别测定岩心渗透率并在油藏温度条件下油驱替水进行饱和模拟油，直至不出水，计算含油饱和度，老化 24h。

③ 将岩心接入图 1 所示实验流程内，水驱至含水 98%，注入 0.3PV 微结构改善剂溶液，缓膨 7d 后进行后续水驱。整个驱替过程每隔 20min 收集一次采出液，计算采收率。

上述液流转向、提高采收率实验过程中模拟水、油的注入速度均为 0.4mL/min。

2 实验结果与讨论

2.1 微结构改善剂膨胀性、微观结构

微结构改善剂以球形或类球形形态分散于水中。不同浓度、不同水化时间后结果见图 3 所示。以 3000mg/L 为例，微结构改善剂初始尺寸为 6.8μm，经过缓慢膨胀 7 天后趋于稳定，水化粒径为 20.3μm，体积膨胀倍数高达 27 倍。

微结构改善剂在扫描电镜下的结构如图 4 所示。扫描电镜表征结果表明微结构改善剂微观结构主要以网状结构为主。

扫描电镜表征结果表明微结构改善剂微观结构主要以网状结构为主。结合生物显微镜观察到的微观形态结果可知，改善剂在溶液中只膨胀、不溶解，这是微结构改善剂实现调整吸水剖面的前提。

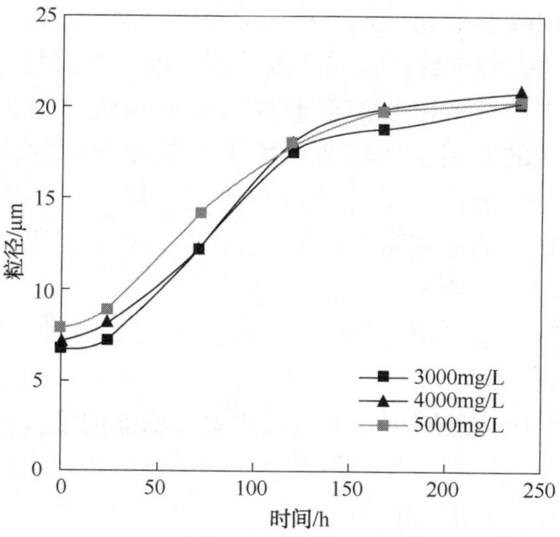

图 3　不同浓度微结构改善剂
经过不同水化时间后的粒径

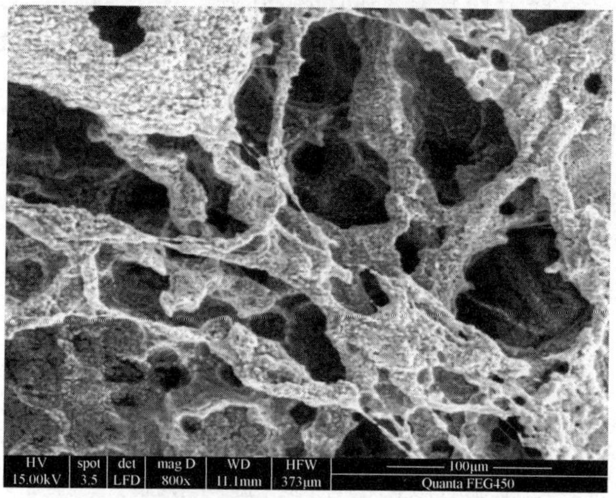

图 4　微结构改善剂在扫描电镜下的微观结构

2.2　微结构改善剂注入性能

微结构改善剂溶液注入填砂模型的各压力响应结果如图 5 所示。实际测定的填砂模型渗透率为 21620mD。

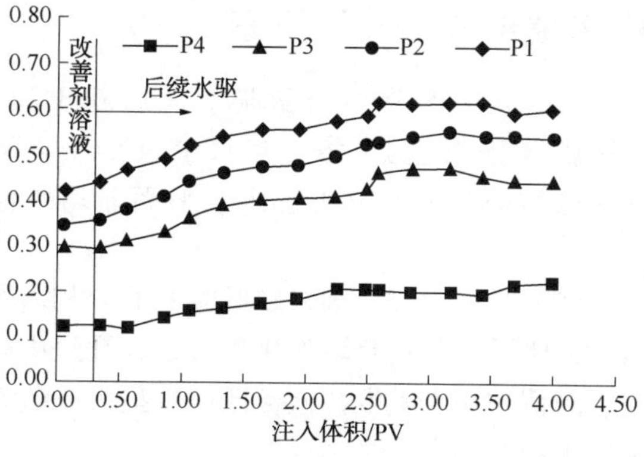

图 5　微结构改善剂注入后不同测压点压力响应

注入改善剂后，测压点 P1、P2、P3、P4 依次响应，压力均有所上升。测压点 P1、P2、P3 压力上升较为明显，测压点 P4 上升较为缓慢且幅度较小。各测压点没有发生急剧骤升的现象，说明微结构改善剂在填砂模型中能够不断向出口端运移，达到深部调剖的目的。由于微结构改善剂在运移过程中继续发生膨胀、变形等变化，各测压点压力均表现出小幅度的上下波动。

2.3　微结构改善剂液流改向性能

微结构改善剂的液流改向作用结果如图 6 所示。高渗、低渗层渗透率分别为 19685mD、3995mD。注入微结构改善剂之前，高渗岩心分流率高达 92%，低渗岩心分流率只有 8%。注入微结构改善剂过程中，高渗岩心分税率缓慢下降。高渗岩心分流率在注入 0.3PV 微结构改善剂溶液后分流率由 92% 下降至 77%。停注、候膨 7 天后，继续注入模拟水后，高渗岩心分流率直接从 77% 下降至 54%，并随着后续注水的进行不断下降直至 46% 并趋于稳定。高渗、低渗分流率在后续水驱过程中出现反转，微结构改善剂显著改善了液流流动方向。

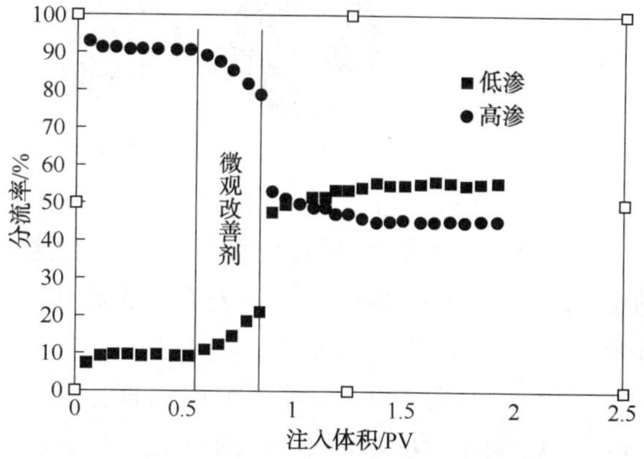

图 6　微结构改善剂液流改向作用

2.4　微结构改善剂提高采收率性能

微结构改善剂的提高采收率实验模型参数与结果如表 2 和表 3 所示。

表 2　微结构改善剂提高采收率实验模型参数

渗透率 K/mD	渗透率级差	孔隙体积/mL	孔隙度/%	饱和油体积/mL	含油饱和度/%
19864	5.0	95	38.73	75	78.95
3972		94	38.32	74	78.72

表 3　微结构改善剂提高采收率实验结果

注入 PV	渗透率 K/mD	水驱采出程度/%		提高采出程度/%		最终采收率/%
0.3	19864	H：43.53	27.49	H：10.24	11.61	39.10
	3972	L：8.69		L：13.22		

水驱至含水率达98%时，采收率为27.49%。注入0.3PV改善剂溶液并候膨7天，后续注水，含水率98%时最终采收率为39.10%，提高采收率为11.61%。

2.5 微结构改善剂驱油机理研究

微结构改善剂的驱油机理可以通过双管模型进行分析。图7是典型的双管驱替模型。

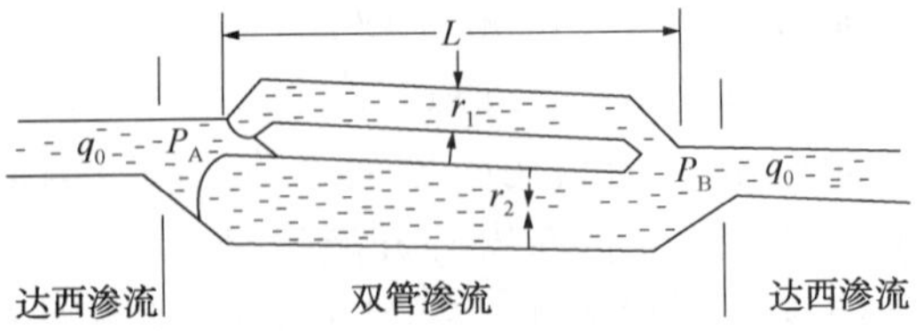

图7　双管渗流模型

驱替介质将被驱替相从两个不同孔隙大小的（r_1、r_2，且$r_1<r_2$）微管中驱出，这两个微管的两端分别在A、B处联通。驱替过程中，驱替介质将主要通过大孔隙微管从A处到达B处，并在此过程中优先驱替大孔隙中的被驱替相。由于微结构改善剂在模拟水中只膨胀、不溶解的特性，当大孔隙中注入微结构改善剂溶液时，驱替介质为水、微结构改善剂形成的非混相流体，由此形成的非混相增黏增加了大孔隙微观中的渗流阻力，迫使A处流体部分改向，增大了小孔隙微管中的液流量。这既是液流改向实验注入改善剂过程中发生分流率变化的原因，也是后续驱替实验中改善剂注入过程中提高采收率的原理。

由于改善剂注入过程中更多的流向了高渗大孔隙微管中，改善剂候膨、后续驱替机理主要集中在大孔隙微管中进行。候膨过程中，随着微结构改善剂的不断膨胀，改善剂的直径、体积都不断增大。区别于理想的双管驱替模型，实际大孔隙微管中还存在不同的微孔隙、微孔吼。一方面，微结构改善剂将通过架桥封堵机理，封堵大孔隙管径中的孔吼、孔道。典型的架桥封堵示意图如图8所示。

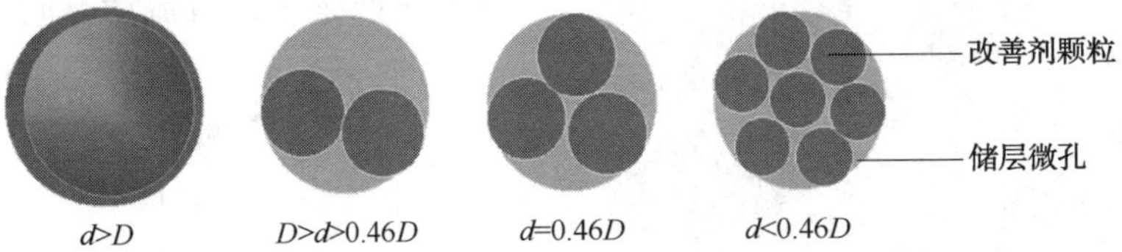

图8　典型的架桥封堵示意图

当颗粒直径d大于微孔直径D时，颗粒不能通过微孔，此时颗粒在滤膜表面形成滤饼，分散体系的过滤速率很快变小；当颗粒直径d小于微孔直径D但大于$0.46D$（三个相同直径d的球形外切后与一直径为D的圆孔内切时，$d=0.46D$）时，除d等于$0.50D$（两个直径为d的球形外切后与一直径为D的圆孔内切时，$d=0.50D$）的特殊情况外，颗粒可能是一个或两个同时通过微孔，此时颗粒间不能形成架桥，无法形成强度较大的封堵；当颗粒直径d等于或小于$0.46D$时，颗粒可同时三个或三个以上在微孔中架桥，形成强度较大的封堵。对需要三个以上的颗粒同时形成架桥，如果颗粒可以吸附或附着在孔壁，颗粒间可以吸引聚集，则微球可以经过积累形成架桥，最终达到架桥封堵状态。

另一方面，膨胀的微结构改善剂也将在大孔隙通道中吸附、滞留，这两种作用将大幅度改变大孔隙微管的微观结构，增大了后续水注入过程中的流动阻力，迫使更多的后续水通过小孔隙微管由A处到达B处，达到了液流改向、驱替小孔隙微管中油的目的。这是液流改向实验候膨后，液流显著改向的原因及提高采收率实验中大幅度提高采收率的原因。

微结构改善剂未膨胀时的非混相增黏作用、膨胀后的架桥封堵作用以及在大孔道中的吸附、滞留作用是该改善剂发挥液流改向、提高采收率的主要机理。

3　实验结论

（1）微结构改善剂膨胀7天后趋于稳定，体积膨胀倍数达27倍。在水中只膨胀、不溶解是微结构改善剂改善层内、平面非均质性的前提。

（2）微结构改善剂未膨胀时的非混相增黏作用、膨胀后的架桥封堵作用以及在大孔道中的吸附、滞留作用是其发挥液流改向、提高采收率的主要机理。

（3）微观结构改善技术更适合层内、平面内吸水剖面的调整，而不适合用于层间吸水剖面的调整。

参 考 文 献

[1] 刘义刚，徐文江，姜维东. 海上油田调驱技术研究与实践[J]. 石油科技论坛，2014，33(3)：41-44.

[2] 吕鹏，吴晓燕，张润芳，等. 预交联凝胶颗粒对固-液共存体系性能影响研究[J]. 科学技术与工程，2016，16(14)：141-145.

[3] Willhite，G. P.，Pancake，R. E. Controlling water production using gelled polymer systems. SPE Reservoir Eval. Eng. 2008，11(3)：454-465.

[4] 崔晓红. 新型非均相复合驱油方法. 石油学报，2011，32(1)：122-126.

[5] Imqam，A.，Bai，B. Optimize the strength and size of preformed particle gels for better conformance control treatment. Fuel，2015，148：178-185.

[6] 康万利，徐浩，杨红斌等. 预交联颗粒膨胀性能的影响因素. 石油与天然气化工，2014，43(6)：662-665，674.

[7] 吕鹏，阚亮，王成胜，等. 海上油田在线组合调驱提高采收率技术——以渤海 C 油田 E 井组为例[J]. 科学技术与工程，2017(09)：169-172.

[8] Lundstrom T S，Gustavsson L H，Jekabsons N，et al. Wetting dynamics in multiscale porous media. Porous pore-doublet model，experiment and theory[J]. Aiche Journal，2010，54(2)：372-380.

[9] 郑力会，张明伟. 封堵技术基础理论回顾与展望[J]. 石油钻采工艺，2012，34(5)：1-9.

水平井找堵水技术在低渗与非常规油田的实践与认识

朱洪征[1,2]　李大建[1,2]　李楼楼[1,2]　郑　刚[1,2]　杨海涛[1,2]　苏祖波[1,2]

（1. 中国石油长庆油田分公司油气工艺研究院；2. 低渗透油气田勘探开发国家工程实验室）

摘　要　水平井技术作为油田实现效益开发的一项重要技术，在低渗透及非常规油气田得到广泛应用。但随着生产时间延续，受井身结构及开发方式影响，水平井见水、水淹造成产能损失问题凸显。针对油田水平井储层渗透率低、改造段数多、单井产量低，常规生产测井找水技术测试流量下限高、含水测不准、成本高的难题，提出了水平井“井下封隔、分段生产”找水及机械分段堵水方法，研发配套了相关管柱及关键工具，试验了可钻封隔器(桥塞)长效卡堵及找堵一体工艺技术，探索了示踪剂产液剖面测试、连续油管电潜泵快速找水技术，形成了适合低渗透油田水平井“快速找水、高效堵水”找堵水技术系列。现场应用 210 口井，找水成功率 93.4%，堵水成功率 81.7%，平均有效期 268 天，累计增油 9.3×10^4t，平均单井日增油 1.72 吨。研究及现场实践表明，低渗透油田水平井井筒高效找堵水技术已成为长庆低渗透油田高含水水平井综合治理的主要手段，对其他油田同类水平井治理也具有指导和借鉴意义。

关键词　低渗与非常规油田；水平井；高含水；分段生产；快速找水；高效堵水

近年来，水平井作为低渗非常规油气田有效开发的重要手段，应用规模逐渐扩大，低渗非常规油气田水平井通过压裂改造提高储层导油能力、注水补充能量开发，但由于微裂缝发育，天然缝与人工缝共存，水平井见水不可避免，水平井见水后若不采取措施，含水上升极快、产能迅速下降，严重影响水平井开发效果，截止 2021 年 5 月底长庆油田油田累计投产水平井 3501 口，其中含水 80%以上的水平井超过总井数的 26%，日损失产能约 2091t，亟需针对性地采取找堵水等措施，抑制产水段出水，恢复油井产能。但目前产液剖面测试方法找水不适应低渗非常规油气田水平井，无法为堵水提供准确依据；常规直井/定向井机械隔采管柱不能满足水平井堵水需求。为此，结合长庆油田储层渗透率低、套管固井完井、多段压裂改造等开发特征，持续开展高含水水平井找堵水技术攻关，形成了适合长庆低渗透油田水平井分段找堵水技术，为水平井控水稳油及规模开发应用提供了技术保障。

1　低渗与非常规油田水平井生产特点及治理难点

低渗与非常规油田水平井最明显的特点是储层渗透率低、改造段数多、单井产量低。截至 2018 年底，中国石油共投产水平井 9000 余口，其中长庆、吉林、青海等低渗透油田水平井以注水开发为主。以长庆油田为例，平均单井改造段数 8 段以上，产液量小于 $20m^3/d$ 的井占总井数的 94%，平均单段流量小于 $2m_3/d$。文献资料显示，目前水平井找水测试方法主要有产液剖面测试、中子寿命测试和中子氧活化水流测井 3 种，均采用放置测试仪测取其周围位置液体的含水率及流量，对各层段进行含水、流量监测，由于流速较小情况下，水流在水平状态下存在层流现象，仅适用于流量大于 $30m^3/d$，不能满足低渗与非常规油田水平井找水要求，同时分段生产找堵水技术解决了改造段数少，短水平井段的高含水水平井控水难题。随着水平井钻完井、压裂改造技术的进步，水平井段长度越来越长，改造段数越来越多，现有技术已无法满足现场应用要求，面对多段多簇、长水平井段的找堵水难题，因此需研究适应低渗与非常规油田水平井特点的高效找堵水技术。

2　水平井快速找水工艺

针对常规产液剖面测试方法不能满足低液量水平井找水以及不动管柱分段找水测试周期长的问题，结合长庆低渗透油田水平井特点，采用“井下分段封隔或标记、地面分段计量、化验（检测）含水”思路，研究形成了拖动管柱分段生产找水以及示踪剂标记找水技术，测试流量下限拓宽至 0.5m^3/d，单井平均找水周期缩短至 12 天以内。

2.1 水平井拖动管柱找水工艺

水平井电控封隔器（机械封隔器）+测试短节拖动管柱找水工艺中，管柱主要由试油抽子、电控封隔器、测试短节、电控封隔器和丝堵等组成。

管柱下井之前，根据水平井的测试层段，在地面设置好电控封隔器坐封、解封周期以及测试短节测试参数，然后将电控封隔器、测试短节与油管进行连接，随油管输送到目的层段。电控封隔器定时自动坐封、解封，或采用重复坐封机械封隔器双封单卡，解决长水平段井下有效封隔问题；测试短节在井下自动采集分段流量和含水率，解决参数录取周期长、工作量大的问题；在井口拖动测试管柱，实现不同组合段含水率、流量测试，明确主要出水层段，为高含水水平井堵水提供依据。这样，可使单段找水测试时间由 3~4d 缩短至 2d 以内。

2.2 示踪剂标记找水测试工艺

采用“油管输送+示踪剂标记”方式，水平井各段分别放置不同型号的示踪剂装置，无需采用封隔器进行分隔，油井生产过程中，当从每个喷点产生油和水时，它必须通过示踪剂，其中示踪剂将溶解到产生的液体中，地层中的产液流出，与示踪剂接触，化学标记物质进入含原油流体中，产液中的水体就有了特殊标记。不同产层放置化学标记不同的水基示踪剂，在地面采集样品就得到了不同产层中的产水量数据。在地面对产出流体进行采样分析，获得油/水相关信息，确定油/水产出位置及对产量的贡献，如图 1 所示。

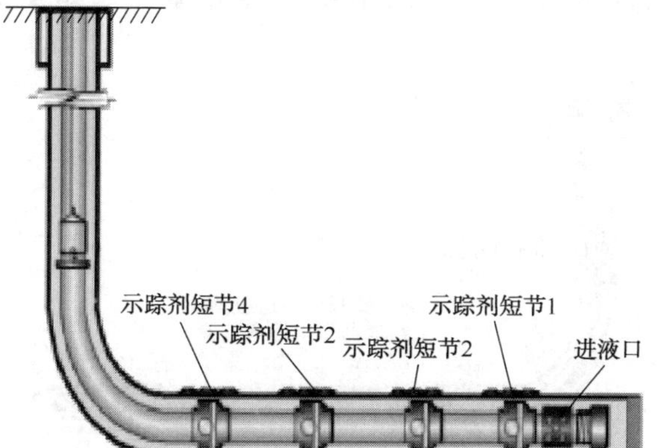

图 1　水平井示踪剂找水测试工艺管柱

2.3 连油油管电潜泵快速找水工艺

针对低液量井，通过潜油直线电机或气举方式增大井筒排量，拖动管柱连续测试，提高仪器响应与测试效率，设计形成两种快速找水工艺管柱。潜油直线电机拖动的产液剖面测试管柱至上而下主要由连续油管+电缆+潜油直线电机+测井仪器串+封隔器+眼管组成（图 2）。采用封隔器卡开测试层段，油管外置电缆给潜油直线电机供电、提高井筒井液排量和流速，测井仪井下存储式测取井液含水、流量、压力、温度等参数，通过井口上下拖动管柱实现对不同组合段产液剖面的测试。

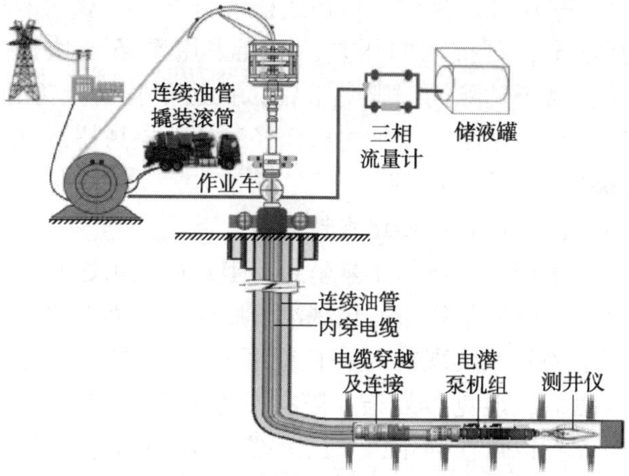

图 2　潜油直线电机拖动的产液剖面测试管柱

3　水平井高效分段堵水技术

以井筒出水位置定点封堵、水驱优势通道调驱为思路，形成了适合不同见水特征水平井双向调堵技术，基本满足了高含水井治理需求。

3.1 水平井机械堵水工艺管柱

机械堵水在直井中已成熟应用，但在水平井中，一方面由于水平井井眼轨迹复杂，井下作业配套技术不完善；另一方面由于水平井的特点，其见水方式与直井不同，水平井机械堵水工艺技术更为复杂。为此，针对油田水平井见水特点，研究形成适合不同见水特征的机械堵水技术（表 1）。

表 1　不同出水位置机械堵水表

出水位置	堵水封隔器	管柱结构
趾部	可捞可钻堵水桥塞	油管至井口+抽油泵+筛管+丝堵+可捞可钻堵水桥塞
跟部	可钻可捞堵水插管封隔器	油管至井口+抽油泵+可捞可钻堵水插管封隔器+丝堵

续表

出水位置	堵水封隔器	管柱结构
两端	可钻可捞堵水封隔器+可捞可钻堵水桥塞	油管至井口+抽油泵+可捞可钻堵水插管封隔器+丝堵+可捞可钻堵水桥塞

3.2 堵水配套工具设计

为实现水平井井筒长效卡堵以及井筒后期完整性，针对机械堵水作业需求，研制了适合低渗透油田水平井井筒特点的可钻式水平井堵水桥塞和封隔器，提高了堵水效果和可靠性。

（1）可钻可捞堵水桥塞

采用液压坐封、边钻边捞解封方式，双向卡瓦锚定，可抗双向压差，卡瓦采用窄条多块设计，易于钻除同时避免卡钻，且位于胶筒上方，缩短解封钻距，增加内捞孔径，从而提高桥塞钻除解封的整体效率。

（2）可钻可捞堵水封隔器

采用液压送封工具坐封，坐封后起出送封工具。封隔器下端带有机械滑套底阀。封隔器将上下层隔开，实现封上采下或封下采上，检泵不起封隔器，能克服复杂井筒状况等因素影响使用。考虑到以可捞为主，卡瓦上端有短防砂胶筒。防止砂埋卡瓦。设有专用打捞工具。下套铣筒或者磨鞋对丢手后井下剩余部分进行钻除。

4 水平井找堵一体化技术

为了进一步提高找堵效率，结合区块油藏类型、藏物性、井眼轨迹、水平井见水规律、见水特征及生产动态，预判主要出水位置、分段控制，实现了由先找后堵向找堵联作工艺转变。

4.1 分段生产找堵一体化

根据分段生产动态，人工或自动调整控制生产层段，实现控出水段、开采产油段。

（1）两段式找堵一体

针对五点法井网、两端见水水平井，采用二分法通过下如入插管封隔器轮换生产实现关闭出水层段生产低含水层段的目的。管柱结构自下而上为：插管封隔器及过桥泵（杆式泵）等组成，见图 3。

（2）三段式找堵一体

针对七点法井网、多点见水水平井，采用封隔器将射孔段优化组成三个段，每段智能开关器按设定程序定时开关，实现井下各段依次生产，地面计量、化验产液获得各段产量、含水等数据。根据找到的出水层段，通过地面调层关闭出水层段对应的开关器，实现关闭高含水层段生产低含水层段目的。管柱结构自下而上为：封隔器、开关器、扶正器及过桥泵（杆式泵）等组成，见图 4。

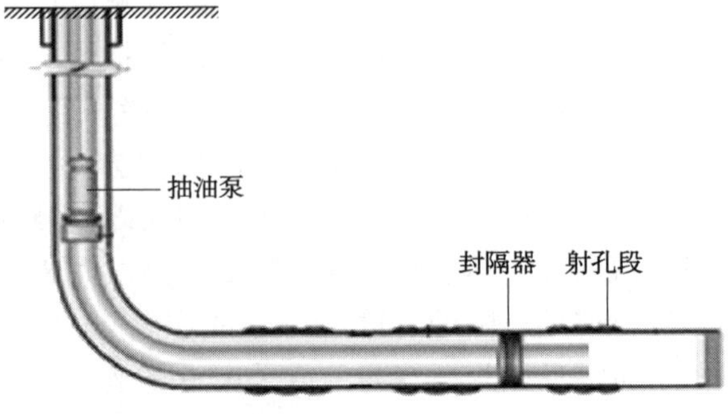

图 3　二段式找堵水一体工艺管柱

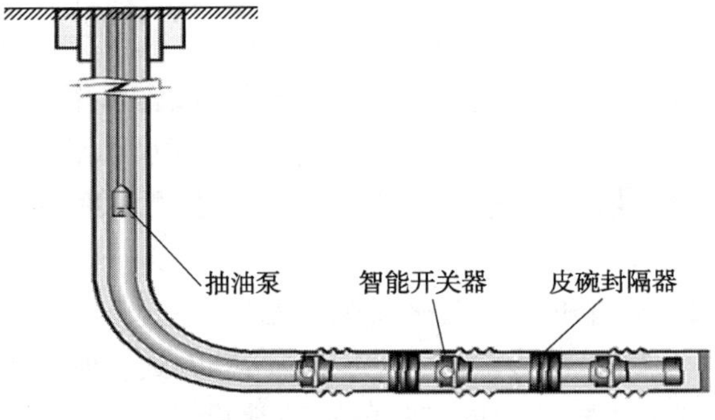

图 4　三段式找堵水一体工艺管柱

4.2 水平井自适应找堵一体工艺

针对长庆低渗透油田水平井低黏度特点，采用封隔装置将各压裂层段卡封开，对应层段放置自适应控水阀，通过阀体流动特性实验和见水规律研究，合理优化液流阀嘴大小及控水层段，在不动生产管柱的情况下，根据油水黏度、密度差异，利用自动调整流动控制阀的开度，从而实现自适应过油阻水，控制主力出水层段，实现任意高含水层段动态找堵水一体化施工，如图 5 所示。

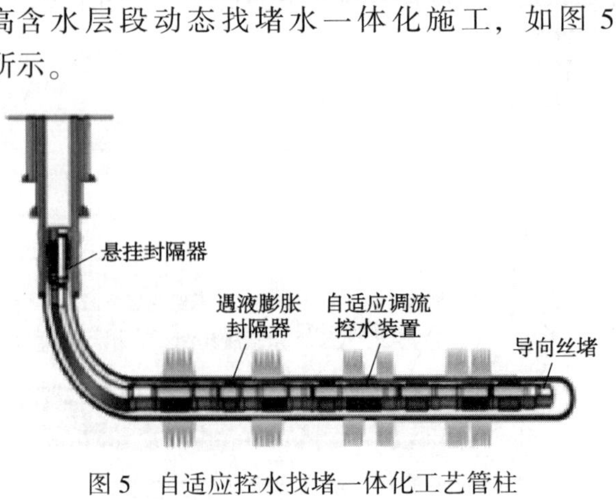

图 5　自适应控水找堵一体化工艺管柱

5 应用情况

截止 2022 年 12 月底，现场累计实测高含水水平井 110 口 872 段，现场累计实施机械分段堵水 210 井次，有效 172 井次，有效率 81.9%，累计增油 9.3×10^4t，降水 25.68×$10^4$$m^3$，平均有效期 268 天，平均单井日增油 1.72 吨，如图 6 所示。

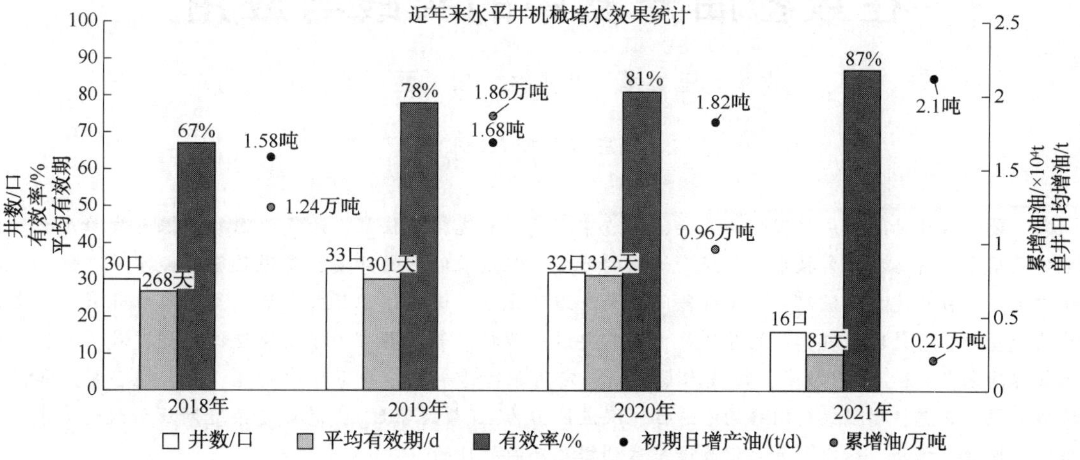

图 6 2018 年以来找堵水效果统计图

6 结论

（1）低渗与非常规油田水平井高效找堵水技术是针对长庆油田水平井特点研究形成的，已成为油田高含水水平井治理主要技术手段，对同类水平井治理也具有指导和借鉴意义。

（2）形成了适应不同出水位置的水平井机械堵水管柱，实现了无管外窜通水平井单点或多点出水机械封堵，具有见效快、成本低、操作简单等特点。

（3）针对长庆油田出水层段不明确的与非常规油田水平井，研究形成了机械分段生产测试找水技术，实现了水平井分段动态监测，探索试验快速找水技术，为实施堵水提供了准确依据，但在长水平段找堵水可靠性及效益方面仍需进一步提升。

参 考 文 献

[1] 董建华，郭宁，孙渤等. 水平井分段压裂技术在低渗油田[J]. 特种油气藏，2011，18(5)：118-119.

[2] 张学文，方宏长. 低渗透率油藏压裂水平井产能影响因素[J]. 石油学报，1999，20(4)：51-55.

[3] 牛彦良，李莉. 特低丰度油藏水平井开发技术研究[J]. 大庆石油地质与开发，2006，25(2)：29-30.

[4] 耿师江，曾卫林. 非均质油藏中高含水期稳油控水措施及效果[J]. 大庆石油地质与开发，2001，20(3)：40-41.

[5] 吴世旗，钟兴福，刘兴斌，等. 水平井产出剖面测井技术及应用[J]. 油气井测试，2005，14(2). 60-64.

[6] 聂飞朋，石琼，郭林园，等. 水平井找水技术现状及发展趋势[J]. 油气井测试. 2011，20(3)：32-34.

[7] 柴国兴，辛林涛，谷开昭，等. ZF 皮碗封隔器及其应用[J]. 钻采工艺，1999，22(2)：43-44.

[8][11]朱洪征，吕亿明，崔文昊，等. 水平井井下射线式含水监测仪的研制与试验[J]. 钻采工艺，2017，40(1)：83-85.

[9] 郑希科，刘兴斌，朴玉琴，等. 水平井油水两相管流流量和含水率测量方法实验研究[J]. 测井技术. 2010(34)：323-326.

[10] 陈宁. 吉林油田水平井机械找堵水技术研究与应用[D]. 大庆：东北石油大学，2012.

连续油管脉冲射孔+环空加砂技术在致密油开发中的实践与应用

李吉军　王文军　马志强　田　磊　王振华

（大庆钻探工程公司）

摘　要　致密油藏形成机理较为复杂，渗透率不高，孔道较为狭窄，油气资源的勘探开发难度大。目前主要采用水平井体积压裂技术进行致密油藏的开发。经过长时间的开发，发现致密油藏水平井体积压裂过程中会发生井筒完整性破坏、水平井段间距大改造不充分、进行体积压裂之后，虽然可以开采出一定储量的油气资源，可是次裂缝具备的导流能力还需要进一步提升等问题。为了解决这些问题，我们研发了连续油管脉冲射孔+环空加砂技术，该技术集定向、定角深穿透射孔，井下脉冲增能、油套组合泵注和高砂比填砂封隔等工艺，增强裂缝网络的渗透性、渗流能力为主(裂缝密度)，满足复杂缝网压裂改造需求，实现限孔、增速、提压、精准、差异化改造，达到提高产能的目的。

关键词　连续油管；脉冲射孔；环空加砂；致密油

随着油田开发的不断深入，开采难度逐年加大，松辽盆地扶余油层井，天然裂缝不发育，两向应力差值较大，常规压裂改造易形成单一裂缝，难以形成更复杂缝网，体积压裂改造效果差，不能满足有效开发需求。为了提升低渗透致密油储层产能，探索致密油水平井高效压裂改造技术，我们研发了连续油管脉冲射孔+环空加砂技术，该技术集定向、定角深穿透射孔，井下脉冲增能、油套组合泵注和高砂比填砂封隔等工艺，增强裂缝网络的渗透性、渗流能力为主(裂缝密度)，满足复杂缝网压裂改造需求，实现限孔、增速、提压、精准、差异化改造，达到提高产能的目的。

1　连续油管脉冲射孔+环空加砂技术

连续油管脉冲射孔+环空加砂技术集定向、定角射孔，井下脉冲增能、环空泵注和高砂比填砂封隔等工艺，可实现限孔、增速、提压、精准、差异化改造。通过井下微型陀螺定向装置，可以实现360°定向、定角射孔；井下脉冲增能装置将连续稳定的流动转换为周期性波动的脉冲流动，获得更高的脉冲冲击压力，冲击频率与物体固有频率重合时可产生同频共振现象，实现更好的冲击破碎效果；环空泵注方式可以在地层内形成“水锤压力+水楔压力”，使岩石共振、疲劳剪切+扩张破坏，实现复杂体积型裂缝形成的目的；根据身轨迹及PVT情况，精细控制高砂比填砂液、尾追快速破胶液，快速形成隔离液沉砂，井筒、孔眼和缝口封堵，实现封隔目的。

2　连续油管脉冲射孔+环空加砂技术在致密油油层的应用

2.1　试验井井况分析

某井完钻井深：3178.0m，水平段长度：929.0m，实钻轨迹方位221.55°，采用Φ139.7mm×9.17mmP110套管固井完井。目的层FI71，钻遇砂岩688m，砂岩钻遇率74.1%，钻遇含油砂岩586m，含油砂岩钻遇率63.1%。

(1) 地质甜点井段较短、距离断层较近，获得高产难度较大

该井层内段平均孔隙度9.1%，平均渗透率0.3mD，平均泥质含量28.4%，以致密油Ⅱ-2类储层为主，长度为373m，占比63.9%，整体储层品质较差。致密油Ⅱ-1长度仅为259m，其余为干层。甜点井段短，获得较好产能效果的难度大。

(2) 裂缝发育及地应力分布特征

天然裂缝发育特征：通过微电阻率扫描成像测井和交叉式多极子阵列声波测井资料均显示扶余油层天然裂缝不发育。目标井水平主应力差值较大(10.6MPa)，常规大排量压裂改造易形成单一宽缝，难以形成更复杂缝网，且压裂液和支撑

剂得不到最大程度的利用。

地应力分布特征：微电阻率扫描成像STAR测井、交叉式多极子阵列声波XMAC-Ⅱ测井显示最大水平地应力方位在NE60～135°之间，平均为NE 96°。结合邻井微地震监测，结果表明本区最大水平应力与最小水平应力差异较大(图1，表1)。

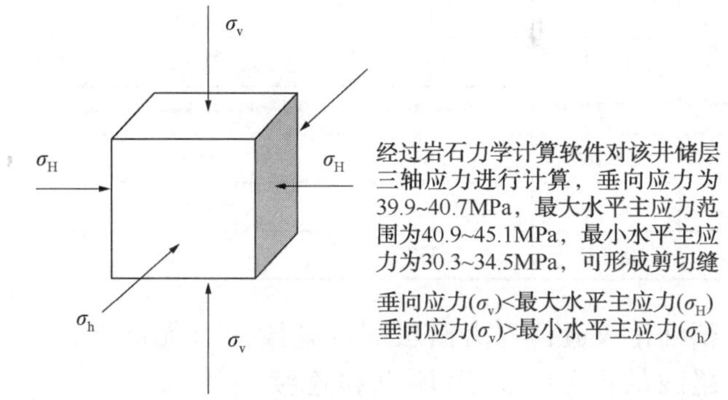

图1　三轴应力图

表1　地应力测井成果表

最大水平地应力方位/°	平均最大水平地应力方位/°
60～135	96
85～120	96

(3) 本井钻井轨迹上下起伏变化较大，部分轨迹处于贴顶或顶部出层的情况，保证水平段储层能够精准有效动用的难度大。本井目的层钻遇砂岩688m，砂岩钻遇率74.1%，钻遇含油砂岩586m，含油砂岩钻遇率63.1%(图2)。

(4) 临井区块油井平均杨氏模量1.8×104MPa，平均抗拉强度为6.3MPa，根据岩石力学柱状剖面，储层岩石破裂压力和岩石断裂韧性变化幅度较大，计算芳36-平3井理论地层破裂压力为29.0MPa，常规大排量压裂孔眼开启不均匀，压裂液体得不到有效利用，水平段得不到充分差异化改造(表2)。

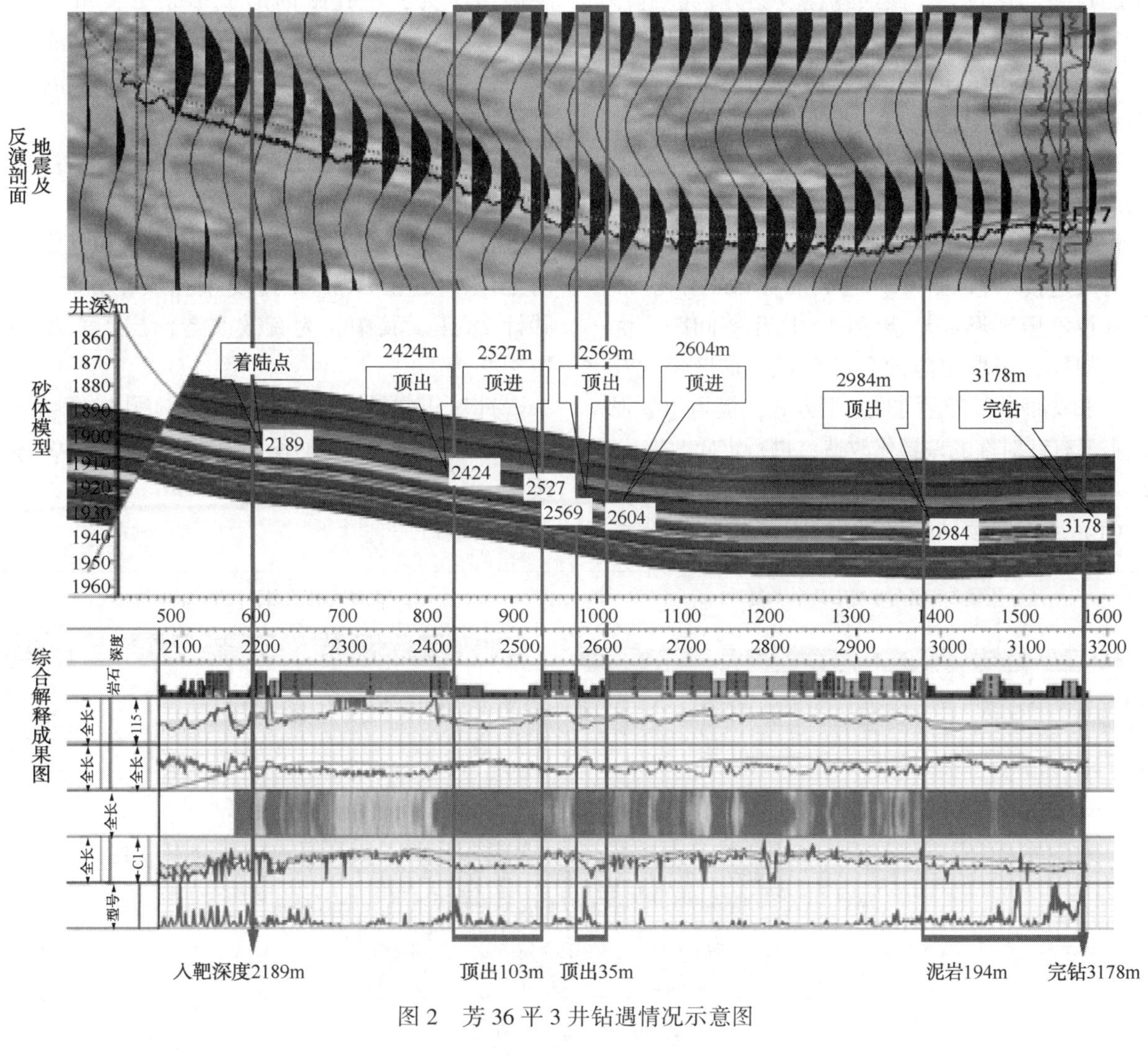

图2　芳36平3井钻遇情况示意图

表 2　岩石力学参数表

上界深度/m	底界深度/m	地应力/MPa	弹性模量/MPa	泊松比	抗拉强度/MPa	断裂韧性/MPa·$m^{0.5}$
1850. 1	1869. 5	32. 6	16138. 3	0. 31	5. 66	0. 83
1869. 5	1880. 85	31. 42	20981. 3	0. 29	7. 27	1
1880. 85	1883. 95	33. 44	15628. 5	0. 32	5. 43	0. 81
1883. 95	1895. 8	31. 6	20568. 5	0. 29	7. 23	0. 99
1895. 8	1902. 85	33. 33	15505. 9	0. 31	5. 49	0. 81
1902. 85	1904. 55	31. 42	23013. 5	0. 28	7. 89	1. 07
1904. 55	1906. 05	34. 86	12907. 9	0. 33	4. 38	0. 71
1906. 05	1926. 3	33. 13	17470. 3	0. 31	6. 14	0. 89
1926. 3	1930. 8	31. 78	21965. 9	0. 28	7. 65	1. 04
1930. 8	1948. 85	33. 31	17513	0. 3	6. 23	0. 9
平均值		32. 689	18169. 3	0. 302	6. 337	0. 905

综上，本井天然裂缝不发育，渗透率低，水平两向主应力差值较大，常规大排量压裂改造易形成单一垂直裂缝，难形成复杂缝网，改造井段地质甜点差异性较大，储层物性及钻井轨迹组合关系复杂，地层破裂压力及岩石断裂韧性起变化较大，常规大排量压裂孔眼开启不均匀，压裂液体得不到有效利用，水平段得不到充分差异化改造，钻井轨迹上下起伏变化较大，部分轨迹处于贴顶或顶部出层。

根据对本井的压裂难点分析，我们提出了针对性的改造技术思路，采用连续油管脉冲射孔+环空加砂技术压裂形成复杂缝网，优化簇间距、优化压裂规模，采取定方向射孔，优化加液强度及规模，采取油管和套管同时施工方式，提高压裂强度，实现有针对性的差异化改造，进行定向改造。

2.2　工艺措施

（1）采用连续油管脉冲射孔+环空加砂技术精细化改造，解决储层甜点井段短且无法形成缝网的问题。采用环空和连续油管双注入方式，水力脉冲射流时孔眼内的净压力远大于地层破裂压力，在孔眼内形成多条分支缝，环空流体注入孔眼促进分支裂缝延伸，发生能量转换进入分支裂缝并持续延伸，形成复杂的体积型缝网。

（2）采取直线布孔定向喷射工艺，解决钻井轨迹贴顶或出层问题

针对穿层或贴顶井段，采用直线布孔定向喷射工艺，使用 4×5mm 直线布孔喷枪定向改造，共计 28 簇。其中，为有效改造储层，采用穿层压裂 9 簇。

针对正常钻遇段，采用均衡布孔均衡喷射工艺，使用 5×4. 5mm 均衡布孔喷枪进行 360°体积改造，共计 21 簇(图 3，表 3)。

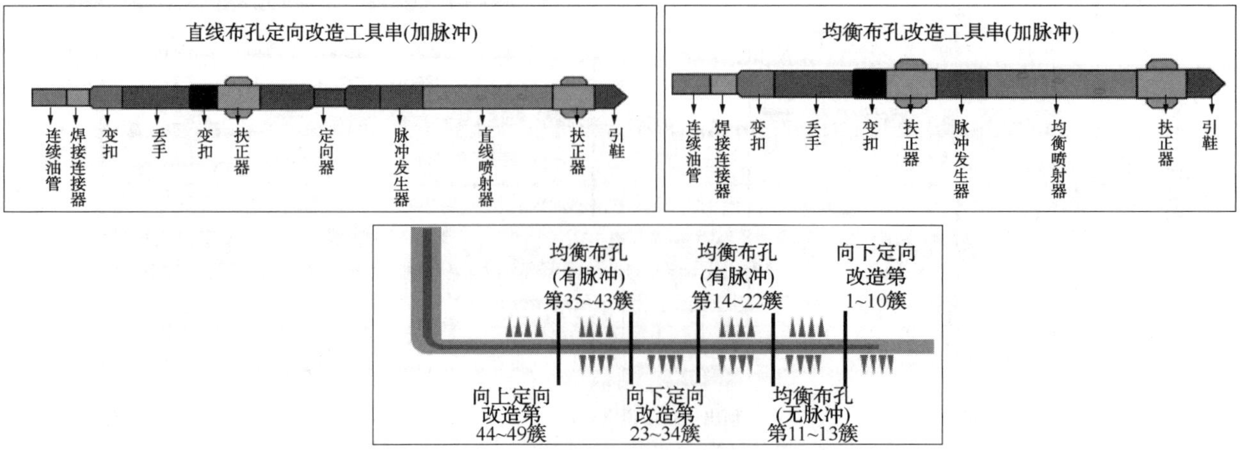

图 3　芳 36 平 3 井工具串示意图

表 3

设计压裂长度			压裂规模			压力			储层分类
总长度/m	砂岩/m	有效/m	压裂液/m^3	支撑剂/m^3	平均砂比/%	破裂压力/MPa	停泵压力/MPa	中值停泵压力/MPa	
807	679	577	26451	2085	16.7	43~64	13.5~19.1	15.8	Ⅱ-1 Ⅱ-2

（3）精细划分、个性化设计，满足储层精细化充分改造需求

结合扶余油层不同类别储层规模优化曲线及本井钻遇轨迹、储层分类、临井距离等数据，精细优化各段改造规模和工艺参数，本井 49 簇改造共精细划分为 15 大类。

（4）优化设计压裂液及支撑剂，实现与储层较好的配伍性

本井措施层的井温为 86.3℃，存在水敏现象，为此，优选压裂液体系注重具有良好的防膨胀性、耐剪切性、耐高温性、低摩阻性能等，实现与储层较好的配伍性。为此，设计滑溜水和有机硼胍胶为压裂液主体配方，连续油管射孔及套管环空主加砂采用冻胶液，套管前置段塞为胍胶和滑溜水组合，连续油管补液优化为滑溜水，结合前期临井区块开展组合支撑剂对比试验，本次方案优选 20/40 目石英砂。

（5）优化施工参数，实现储层缝网体积压裂改造的需求

连续油管射孔及补液排量为 1.0~1.4m^3/min，环空压裂排量 8.0~14.0m^3/min。连续油管施工压力在 48.2~88.8MPa，环空施工压力在 28.5~64.8MPa，连续油管施工限压 89MPa，套管施工限压 65MPa。

2.3 实施情况

2022 年 7 月 14 日施工通井，7 月 23 日压裂施工，8 月 3 日圆满完成 49 簇压裂施工，用时 12 天，有效施工时间 10 天（去除整改管线、整改工具、蓄水等），最高一天施工 8 簇，平均单日施工 4.1 簇，单日有效施工 5 簇。微地震监测共设计并完成 21 簇。现场压裂施工入井液量为 23733.1m^3，入井砂量为 2197.9m^3，实际加砂强度为 2.7m^3/m。现场施工中未出现超压、砂堵等异常情况，现场压裂施工与设计压裂施工参数基本吻合（表 4，图 4）。

（1）微地震监测显示各段主缝发育明显，全井体积改造充分。裂缝形态：主缝发育明显，主要为单缝形式，主缝两侧近井地带有分支缝发育。

裂缝长度：裂缝网络长度在 109~494m，平均为 254m

裂缝方位：裂缝网络方向在 NE82~150°之间，平均为 NE110°，与井轨迹方向（NE42°）夹角 52°

表 4

施工参数	施工排量/(m^3/min)	单孔排量/(m^3/min)	平均砂比/%	最高砂比/%	实际用液量	实际加砂规模/m^3	平均簇间距/m
高压向下定向脉冲射流组合压裂（1~10 簇）/（每簇 4 孔）	10~14	2.5~3.5	14.5	25	23733.1	2197.9	18.3
高压无脉冲均衡射流组合压裂（11~13 簇）/（每簇 5 孔）	7.8~12	1.56~2.4	17.9	32			15.3
高压脉冲均衡射流组合压裂（14~22 簇）/（每簇 5 孔）	10~13	2.0~2.6	20.1	37			14.7
高压向下定向脉冲射流组合压裂（23~34 簇）/（每簇 4 孔）	10~13.7	2.5~3.4	21.7	37			18.8
高压脉冲均衡射流组合压裂（35~43 簇）/（每簇 5 孔）	10~13.9	2.0~2.8	22.1	37			14.8
高压向上定向脉冲射流组合压裂（44~49 簇）/（每簇 5 孔）	10~14.5	2.0~2.9	18.3	37			17.4

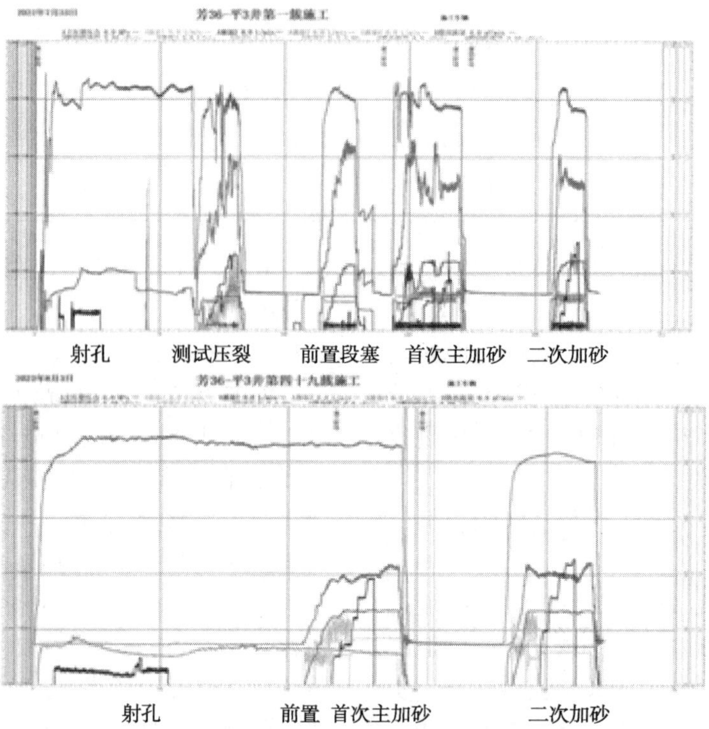

图 4　施工情况示意图

(2) 返排过程实现平稳、连续、控压、精准计量

压后焖井>10 天，且井口压力≤10MPa 时开井；接两条放喷管线，保证检查、换油嘴时返排不中断；管线安装取样流程，以便量油、含水资料录取。

(3) 施工小结

该技术的油套同注压裂工艺实现了复杂缝网的进一步扩大，可实现分层控制，压裂时无窜层发生，压裂成功率达到 100%。

整个施工过程中入井工具串无脱焊、工具落井事件的发生，保证了整个压裂施工过程中的正常运行，说明入井工具串的强度和韧性是符合长时间高压大段多簇压裂井施工的条件，为高压定向脉冲耦合改造技术在后续压裂井改造提供可靠依据。

该工艺在压裂结束后只需连管连接冲砂工具进行冲砂就可完井，节约了桥塞以及钻塞的费用。

3　应用效果

截止 2023 年 8 月 27 日，本井累计生产 321 天，累产油 3805.78 吨，平均日产油 11.86 吨。预计第一年累产油 4327.44 吨，按逐年递减约 30%计算，三年内投入产出比 1∶4.1(70 美元/桶)，达到地质改造要求(图 5)。

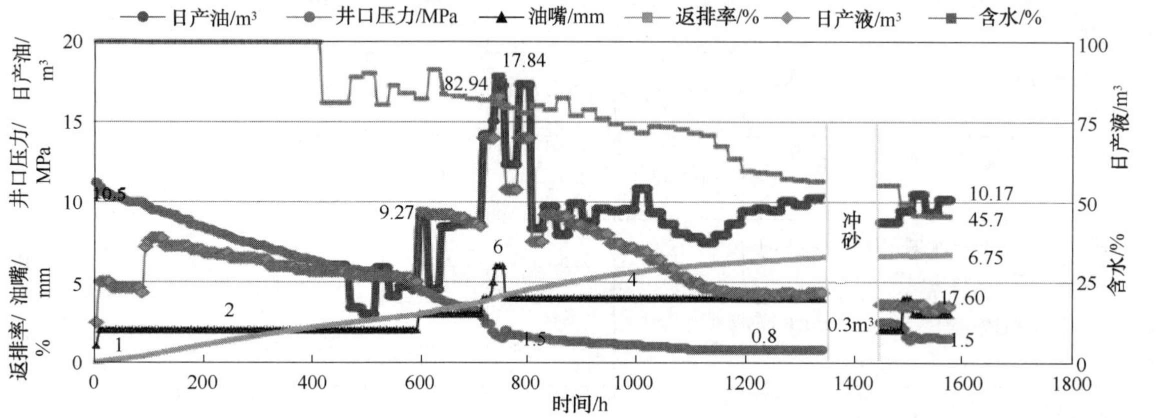

图 5　试油返排曲线

4 结论

（1）采取直线布孔定向喷射工艺，可以解决钻井轨迹贴顶或出层问题。

（2）该技术可形成复杂缝网，油套同注压裂工艺实现复杂缝网的进一步扩大，增强油层的改造效果，实现了储层充分改造。

（3）该工艺前期在致密油层、砂岩层等已成功实施 17 口，此次芳 36 平 3 井施工作业的顺利完成，表明该工艺适用于多种岩性地层。

（4）该井压裂施工作业的成功，为大庆油田致密油和页岩油开发提供了一种新的工艺选择，也为后期改造大庆油田页岩油提供可靠依据。

（5）该工艺可以解决水平井段套管变形问题，能够很好地完成剩余井段的改造施工，使套损井进一步释放其潜力，为油田挖潜增效提供强有力的技术保障。

参考文献

[1] 安琦，马伟云. 连续油管喷砂射孔环空压裂工艺技术在临兴致密气区块的应用[J]. 江汉大学学报(自然科学版)，2021，49(5)：73-78.

[2] 才辉. 薄差储层对应精细控制压裂方法初探[J]. 内蒙古石油化工，2014，15(4)：67-70.

国外低渗透油气开发技术新进展综述

冯明溪　刘　颖

（中国石油大庆油田有限责任公司勘探开发研究院）

摘　要　低渗透油田分布广泛，数量众多，储藏着丰富的油气资源，如美国二叠盆地多个低渗透油气田、俄罗斯普里厄毕油田、加拿大帕宾娜油田等。随着技术的发展和研究的深入，我国低渗透油藏的油气产量占比也在逐年上升，低渗透油藏的油气地质储量已经占到油气总储量的一半以上，甚至更高。国内外对于低渗透油气藏的分类标准有所不同。国外低渗透油藏界定为10mD以下，10mD以上储层一般采用注水、水平井等常规方法开发，10mD以下低渗透油田开发技术以水平井多段压裂为主，增产技术以化学驱、混相气驱等为主。国外水平井多段水力压裂、复杂结构井等工程技术在常规油藏应用已经非常成熟，目前正在进一步挖掘其在低渗透、致密油藏等非常规储层的应用潜力。氮气+CO_2(1∶1)混相气驱能够延缓CO_2气体突破时间，减少温室气体排放，与氮气相比降低了最小混相压力，对我国低渗透油气藏的高效动用具有重要的参考和借鉴意义。

关键词　低渗透；多级压裂；多分支井；鱼骨刺井；混相注气

1　引言

油气行业中，一般将储层物性较差且易受伤害、单井产能低或无自然产能、多需采用非常规开发技术才可见经济产能的油气藏，称为低渗透油气藏。国内外对于低渗透油气藏的分类标准有所不同(表1)。国内根据中石油的标准，渗透率低于50mD的储层通称为低渗透油气藏。根据实际生产特征，按照储层平均渗透率又进一步将低渗透油气藏分为三类：第一类为一般低渗透油气藏，储层平均渗透率为10~50mD，接近正常储层，油井能够达到工业油流标准，但产量太低，需采取压裂措施提高生产能力，才能取得较好的开发效果和经济效益；第二类为特低渗透油气藏，储层平均渗透率为1~10mD，这类储层与正常储层差异比较明显，一般束缚水饱和度增高，测井电阻率降低，正常测试达不到工业油流标准，必须采取较大型的压裂改造和其他相应措施，才能有效地投入工业开发，例如长庆安塞油田、大庆榆树林油田、吉林新民油田等；第三类为超低渗透油气藏，其储层平均渗透率为0.1~1mD，这类储层非常致密，束缚水饱和度很高，基本没有自然产能，一般不具备工业开发价值，但近年来有实验研究表明，如果采取合适的措施，超低渗透油气藏也有工业开发的可能性。

美国根据联邦管理委员会的标准，将1~10mD的低渗透储层定义为中-差油气藏，将小于1mD的低渗透油气藏称为致密油气藏。10mD以上油气藏基本与常规油藏采取类似的开发方法，如注水，常规水平井开发等。目前检索到的文献中，大部分致密储层都属于碳酸盐岩、页岩、白垩岩等岩性油气藏，砂岩油气藏较少见。

虽然开发难度大，但世界范围内低渗透油田分布广泛，数量众多，储藏着丰富的油气资源，如美国二叠盆地多个低渗透油气田、俄罗斯普里厄毕油田、加拿大帕宾娜油田、中国胜利油田、长庆油田等。

表1　中、美低渗透油气藏的不同定义

	中国中石油标准		美国联邦管理委员会标准	
渗透率范围/mD	分类	特征描述	分类	特征描述
10~50	一般低渗透	接近正常油层，油井能够达到工业油流标准，但产量低，需采取压裂措施提高生产能力		

续表

	中国中石油标准		美国联邦管理委员会标准	
1~10	特低渗透	与正常油层差别明显，束缚水饱和度高，测井电阻率低，难以达到工业油流标准，必须采取较大型的压裂改造才能有效地投入工业开发，例如长庆安塞油田、大庆榆树林油田、吉林新民油田等	中-差储层	渗透率低，物性差
0~1	超低渗透	不包括页岩，油层非常致密，束缚水饱和度很高，基本没有自然产能，难以实现工业开发	致密储层	包括页岩，大部分致密储层属于碳酸盐岩或页岩油气藏，砂岩油气藏较少见

2 低渗透率油气开发技术新进展

2.1 水平井多级压裂

一般而言，水平井压裂技术是开采低渗透油气藏的首选技术。俄罗斯普里厄毕油田低渗透油藏的开发就是典型的应用水平井+压裂技术开发低渗透油层的例子。普里厄毕油田产量较高的地层的钻探工作已于2010年全部完成，目前正在低渗透地层进行钻探，以油田北部的Achimov组为主要目的层。

普里厄毕油田北部的Achimov组是深水冲积扇沉积岩，属于低渗透非均质砂岩油藏，储层由中-细颗粒岩石构成，具有强黏土性和亲水性，孔隙度低，渗透率差。岩心测试结果显示地层绝对渗透率为0.75mD，产量和压力分析显示有效渗透率范围为0.3~0.5mD。地层原始地层压力26MPa，水动力模型数据显示当前地层压力为26.5MPa。

图1为Achimov组AC10-12层渗透率及钻井分布，黑线内为2010年之前的钻井区域，箭头指向是后续扩大的低渗透储层钻井区域。

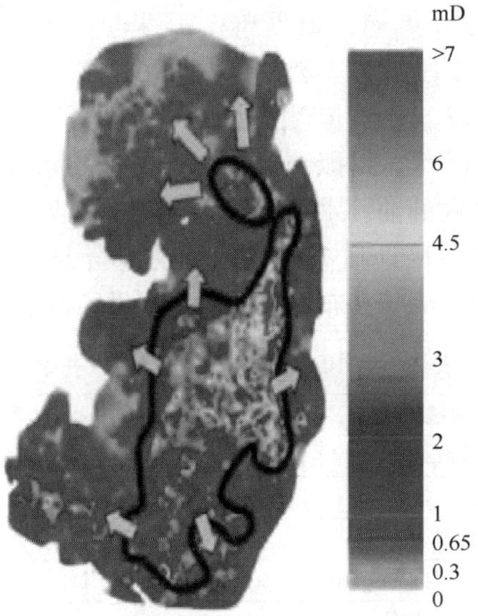

图1 AC10-12层渗透率及钻井分布

2010年以前普里厄毕油田开发高渗透油藏，采用的主要是反九点法井网注水，井距400~500m。2011年油田以先导性实验的形式，在普里厄毕低渗透油藏钻了一个试验井组，带有多段水力压裂生产井和导向注入井，典型井组如图2(b)所示，水平井段长1000m，5段压裂，注采比2:1，井排距300m。实验数据非常成功，随后向该地区多个油田推广，如普里厄毕油田AC10~12层，Ombinsky油田YUS2-1层，Prirazlomnoye油田BS4-5层等。

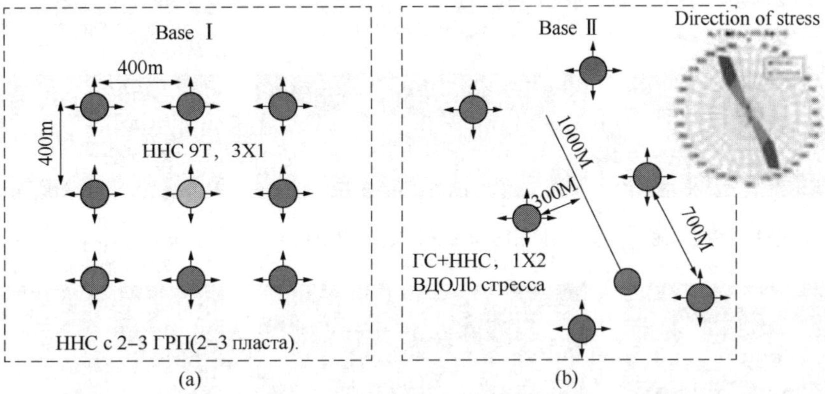

图2 普里厄毕油田主要井网示意图

2012~2020年，有1200多口多段水力压裂水平井在RN-Yuganskneftegaz LLC油田钻井并投入开发，其中一半都以普里厄毕油田的AC10-12层为目的层。

2017年~2018年，普里厄毕油田渗透率为0.2~1mD的低渗透、侧向非均质较高的油层得到了积极有效的开发，但产量下降速率极快，开始生产6个月后井内液体流量下降率达到了70~80%，12月后达到了80~90%，说明布井系统仍需要优化。

2020年初，根据单一开采AC10~12层的418口多段水力压裂水平井和617口水力压裂导向井(表2)的生产数据分析，经过多变量3D地质-水动力学模拟，计算了不同地质条件下不同布井方式的油、水、气、注水量、采收率等曲线，模拟了不同地质条件和井网的组合共计2737152种变化，为新井布井方式优选提供了技术条件。

表2　AC10-12层生产井与注入井参数

参数	多段水力压裂水平井	水力压裂导向井
井数/口	418	617
水平段长度/m	846	
水力压裂段数/段	6	
水力压裂簇间距离/m	149	
设计裂缝高度/m	163.8	178.0
设计裂缝宽度/mm	52.6	53.2
总支撑剂用量/t	4.6	5.2
每段支撑剂用量/t	688.8	158.5
总注入液体量/m^3	7.9	8.5
每段注入液体量/m^3	2264.8	452.3

续表

2.2　多分支井压裂合采

多分支井已经广泛应用于常规和非常规油气藏的开发，而多分支井与水平井多级压裂技术的结合能够进一步提高钻井及生产效率，并降低对地表环境的影响。目前美国在非常规油藏中应用的多分支井+多级压裂水平井技术，垂直深度可达到1.5~3km，水平段长度可达到4.8km，单支水平分支井压裂段数可达到60段。

美国在某低渗透页岩油藏首次实现了TAML-4级双分支井+多级压裂的合采开发。此次试验的技术难点在于下入压裂段塞和电缆枪，并对分支井套管实施分隔和射孔(图3)。完井作业需要全套管与每个分支井建立漂移联通(drift access)，以便电缆工具通过，并在分支井筒内保持10000psi压力，以便进行压裂。

此次先导试验实现了三个目标：(1)在非常规油藏经同一井口完钻两条分支井；(2)两条分支井分别以多段水力压裂完井；(3)每条分支井可独立开采，也可经同一井口合采(图4)。多分支井已经广泛应用于常规油藏开发，此次先导试验实例的成功说明此项技术在非常规油藏，尤其是致密油藏中，也有一定应用潜力。

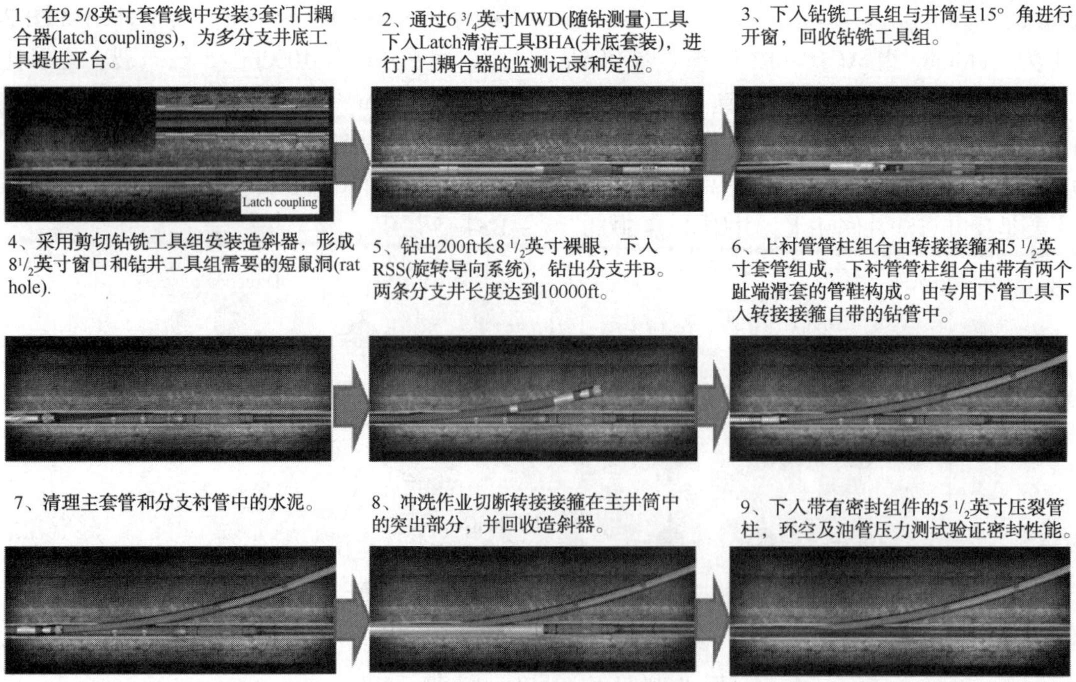

图3　低渗透页岩油藏中TAML-4级分支井安装过程

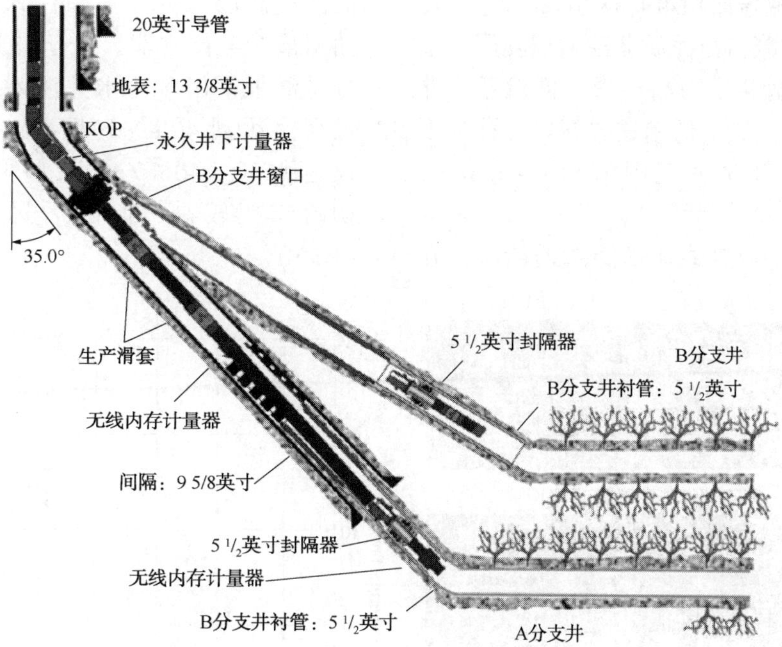

图 4　TAML-4 级分支井井合采

2.3　鱼骨刺井导向酸化

鱼骨刺井是多分支水平井中的一种，是结合水平井和储层表征发展起来的一种新型钻井技术，曾在碳酸盐岩油藏和砂岩油藏中试验增产，获得了令人满意的效果。阿曼上 Shuaiba 低渗透(0.1~3.4mD)碳酸盐岩油藏尝试了鱼骨刺井导向酸化增产技术，也取得了比较好的效果。

阿曼北部的 Lekhwair 油田(图 5)1976 年开始开发，主要产层为下 Shuaiba 油藏，采用水驱开发。二十一世纪初，油田发现了上 Shuaiba 组油藏中的储量，该储层富含黏土，由薄层碳酸盐岩(2~5m)构成，呈斜坡地形。2005 年油田开始尝试开发其中含油量相对比较丰富、厚度较大的地区，为与油田当时的开发方式保持一致，先钻了水驱评价先导试验井组，评价结果显示有些先导试验井组数据非常不理想，经过综合研究发现多与低渗透薄层储层相关。

图 5　阿曼北部 Lekhwair 油田上 Shuaiba 油藏位置图

上 Shuaiba 组覆盖面积 40km×40km，包含 13 个薄层碳酸盐岩油藏，与泥质非油藏层互层。上 Shuaiba 组岩石类型共分为高渗透、低渗透、非油藏三大类(图 6)。其中低渗透岩石岩心孔隙度范围 14%～32%，渗透率范围为 0.1～3.4mD，平均约为 1.5mD。

2018 年油田开始尝试开发低渗透储层，在低渗透储层完井了 8 口注入井，12 口生产井。油田最初尝试水驱，由于渗透率太低，水注不进、油采不出。注水井注入能力低至 $20m^3/d$，最大仅达到 $40m^3/d$(图 7)；生产井最大产能仅达到 30～$40m^3/d$，有些井无产能，有些井初始产能较高，但随后迅速递减到 $20m^3/d$(图 8)。

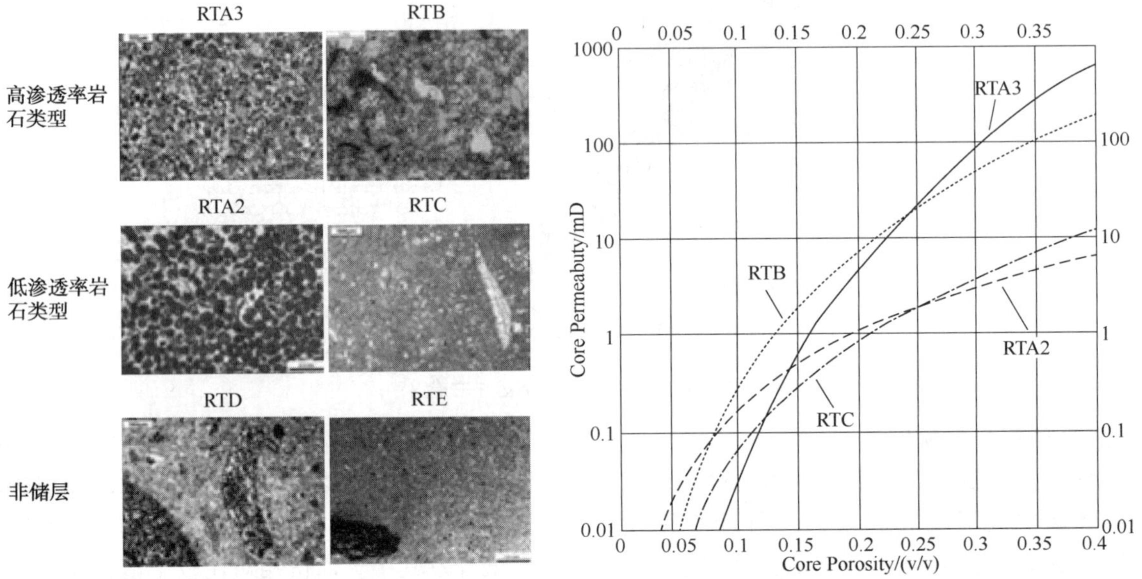

图 6 Lekhwair 油田上 Shuaiba 组岩石类型

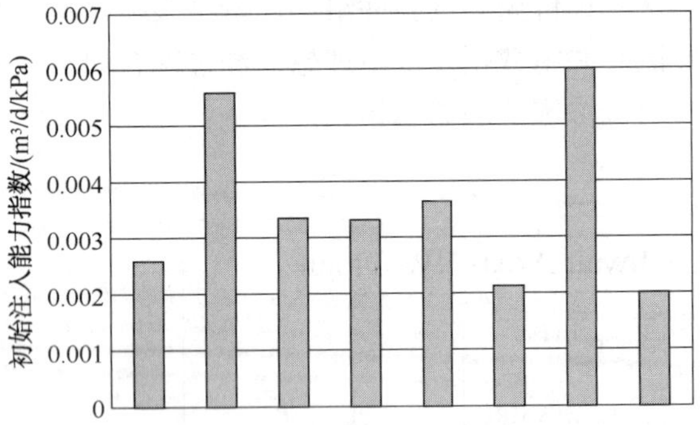

图 7 Lekhwair 油田上 Shuaiba 组试验注入井注入能力

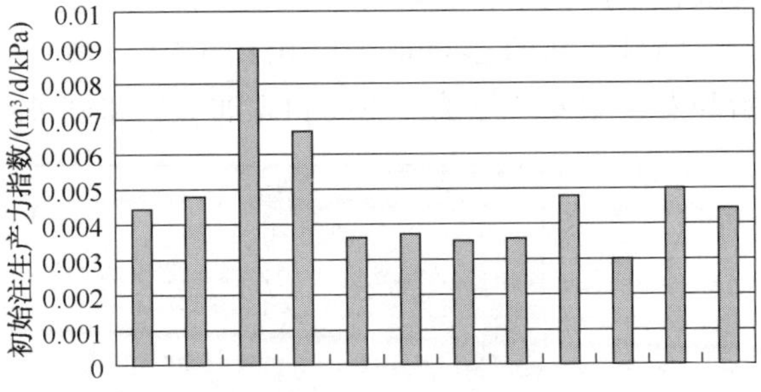

图 8 Lekhwair 油田上 Shuaiba 组试验生产井生产能力

油田相继尝试了喷砂射孔、酸化增产、压裂等常规措施和鱼骨刺井酸化射孔等新技术，试验效果良好。

措施 1：喷砂射孔。喷砂射孔是将射孔工具通过柔性管下入井中，到特定深度后，射孔工具将酸液通过 0.125 英寸的孔径喷射至油藏，形成与经轨迹垂直的通道，增加注入能力(图 9)。射孔裂缝长约 3m，共实施了 1 口生产井、6 口注入井。措施后注入速率从 $20m^3/d$ 上升到 $60m^3/d$，并保持稳定在 $40m^3/d$ 长达一年(图 10)。

措施 2：高温有机酸增产。油田开发了特制高温有机酸(HTOA)，与常规酸化相比，HTOA 与地层反应更持久，形成的裂缝通道更长，腐蚀性更小，需要的添加剂更少。10%浓度 HTOA 与 28%浓度盐酸的岩心对比实验表明，在 175°F 的温度和 1500psi 的压力实验条件下，HTOA 更为有效(图 11)。

措施 3：鱼骨刺井导向酸化射孔。鱼骨刺井导向射孔是利用大量约 12m 长的中空探针伸入地层喷酸射孔，通过增加酸液接触深度来提高注入能力和产能。技术的优势在于其成本低于压裂作业，提高了酸化效率。图 12 为鱼骨刺探针伸入地层后在岩心留下的痕迹。

图 9　喷砂射孔示意图

油田在 1 口生产井、2 口注入井中尝试了鱼骨刺井导向酸化射孔技术。未采取措施前，生产井的初始产量为 $5m^3/d$，由于产量过低，已经闲置了两年。实施鱼骨刺井导向酸化射孔技术后，产量上升到 $80m^3/d$。为保持井底压力，该生产井采取了关停两周、生产两周的循环生产模式。未采取措施之前，实验用的两口注入井的注入速率始终在 $0\sim40m^3/d$ 之间波动。实施措施后，两口注入井注入速率稳定在 $35\sim40m^3/d$，最大达到 $100m^3/d$。

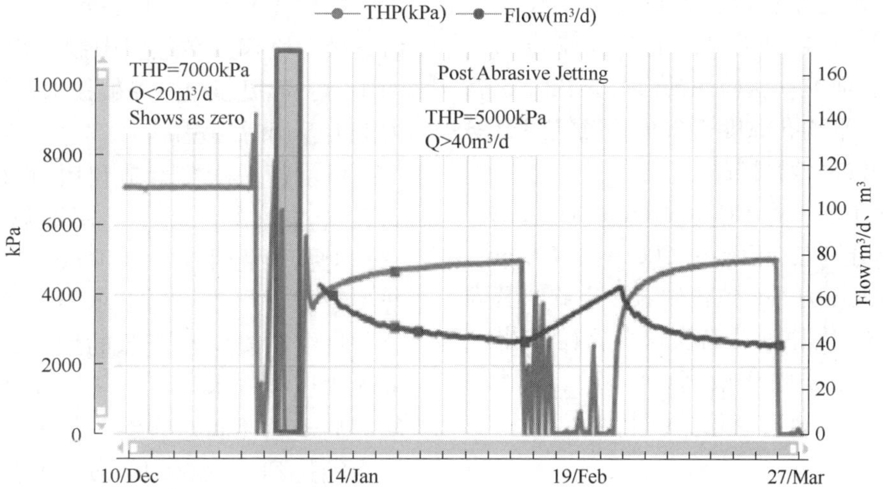

图 10　Lekhwair 油田上 Shuaiba 组喷砂射孔措施后注入能力提升

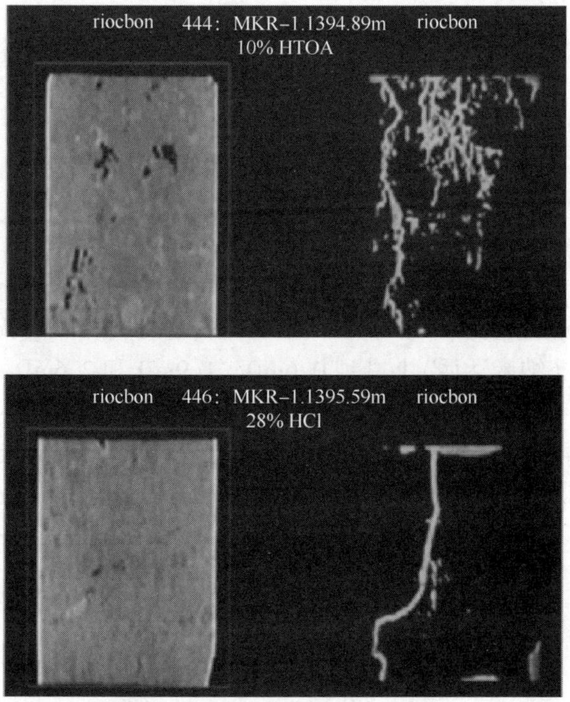

图 11　HTAO 岩心驱替对比实验

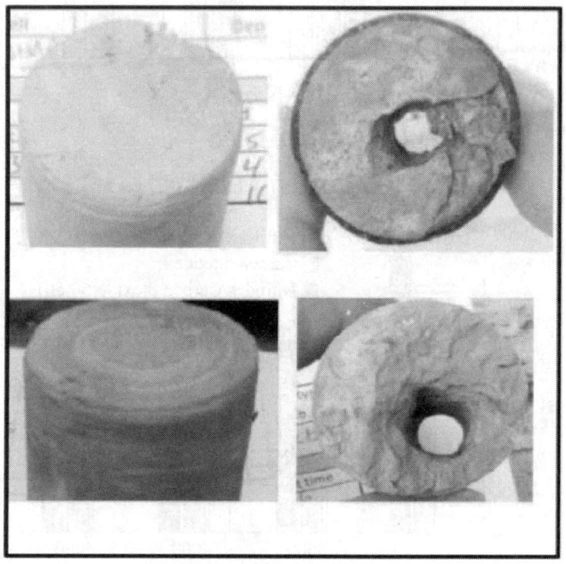

图 12　岩心射孔痕迹

2.4 混相注气 EOR

低渗透油气藏的开发中，混相注气是最常见的 EOR 方法，而注气介质的选择中，气体 CO_2 由于最小混相压力较低，易与原油发生混相，经常成为注气 EOR 的首选介质，但同时也有研究表明 CO_2混相注入具有产量和油藏压力快速递减的缺陷。另一种可选气体是氮气，由于容易获取，也经常成为注气 EOR 方法的研究对象。CO_2与氮气按一定比例混合，可以减少管线腐蚀，降低最小混相压力，同时减少了 CO_2用量，在一定程度上降低了成本。

Eagle ford 地层致密砂岩岩心混相注气实验进行了 CO_2、氮气、CO_2-氮气混合气体等三种介质的岩心驱替研究。实验用的岩心直径 1.5 英寸，长 2 英寸，平均孔隙度 5.36%，氮气渗透率 0.06mD，属于致密砂岩样品。

实验进行了氮气、CO_2、氮气+CO_2(50%：50%)三种气体分别在 2000psi、3000psi、4000psi、5000psi 四种注入压力下对致密砂岩岩心的驱替表现，共进行了 12 次原油驱替实验。实验结果表明，CO_2驱替岩心采收率最高(图 13)，氮气+CO_2(50%：50%)突破时间最长(图 14)。

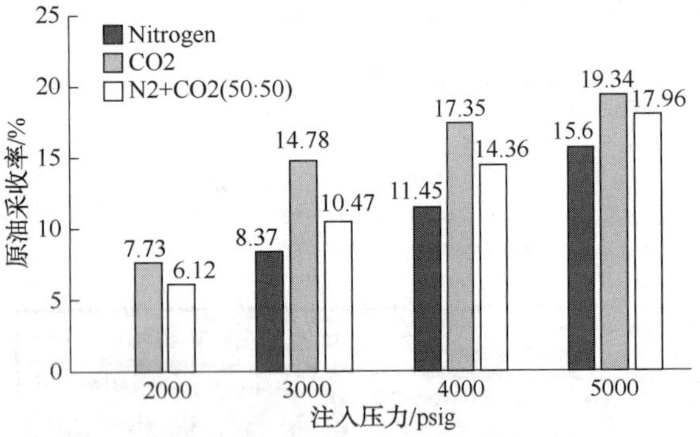

图 13　N_2、CO_2、CO_2+N_2 在不同注入压力下的采收率

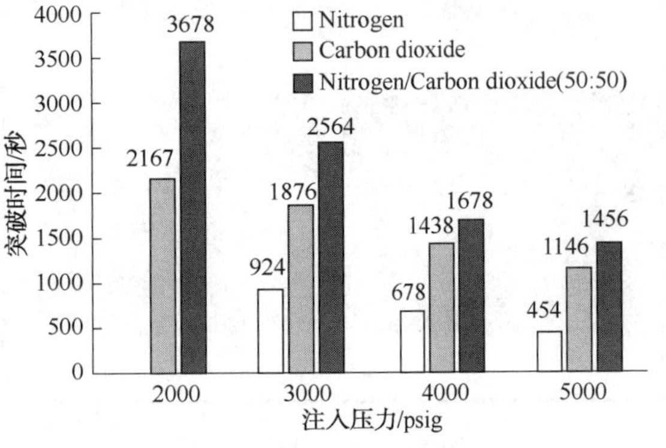

图 14　N_2、CO_2、CO_2+N_2 在不同注入压力下的突破时间

综合而言最具优势的是氮气+CO_2(50%：50%)，能够延缓 CO_2气体突破时间，减少温室气体排放，与氮气相比降低了最小混相压力。

2.5 无水压裂

低渗透油气藏常常需要采用水力压裂的方式进行开采，需要消耗巨量的水做为压裂液，对油田开发的环境保护和经济成本都造成了一定的压力。为此有专家学者研发了无水压裂技术，主要攻关方向包括爆破、脉冲、气枪、极度过平衡技术等，另外还试验了使用 CO_2、LN_2和气态氮(GN_2)等作为基础压裂液。

爆破技术是用少量的水，加上炸药、推进燃料、激发枪等，在地层中制造出高达 100 万 psi 的压力，形成裂缝。爆破技术在地层中产生的压力最大，用时最短。

极度过平衡技术是利用氮气将射孔枪加压到高度过平衡状态，再用油管将能量储存起来，射孔作业时释放到地层，在致密地层中制造裂缝。

目前在缺少水资源的地区，比较广泛使用的无水压裂技术是脉冲等离子压裂，即利用高能等离子脉冲制造裂缝。等离子冲击波形成的压力能达到 1～100 万 psi，可在地层多个方向上造成裂缝，过程中产生的电磁波可用于监测裂缝。

最近的文献中有利用低温 LN_2压裂改善孔隙度及渗透率的报道。液体氮气冷却技术是一项革命性的技术，用于致密气藏的开发能够起到改善低渗透岩心孔隙度及渗透率的作用(表 3)。Eagle Ford 页岩岩心的低温 LN_2冷却试验表明了此项适用于致密气藏的开发，SEM 结果显示液氮处理后岩心形成裂缝 3 微米～7 微米(图 15)，孔隙度从 2.32%上升到 4.46%，渗透率从 12nD(纳米达西)上升到 0.6mD、1.9mD 和 2.6mD。

表 3　岩心 LN_2压裂实验

参数	改善效果
孔隙度	3.78%提高到 6.92%
渗透率	低围压应力：
	30 分钟，1.13mD 提高到 2mD
	60 分钟，1.13mD 提高到 3.9mD
	90 分钟，1.13mD 提高到 5.2mD
	高围压应力(7000psi)
	0.004mD 提高到 1.4mD

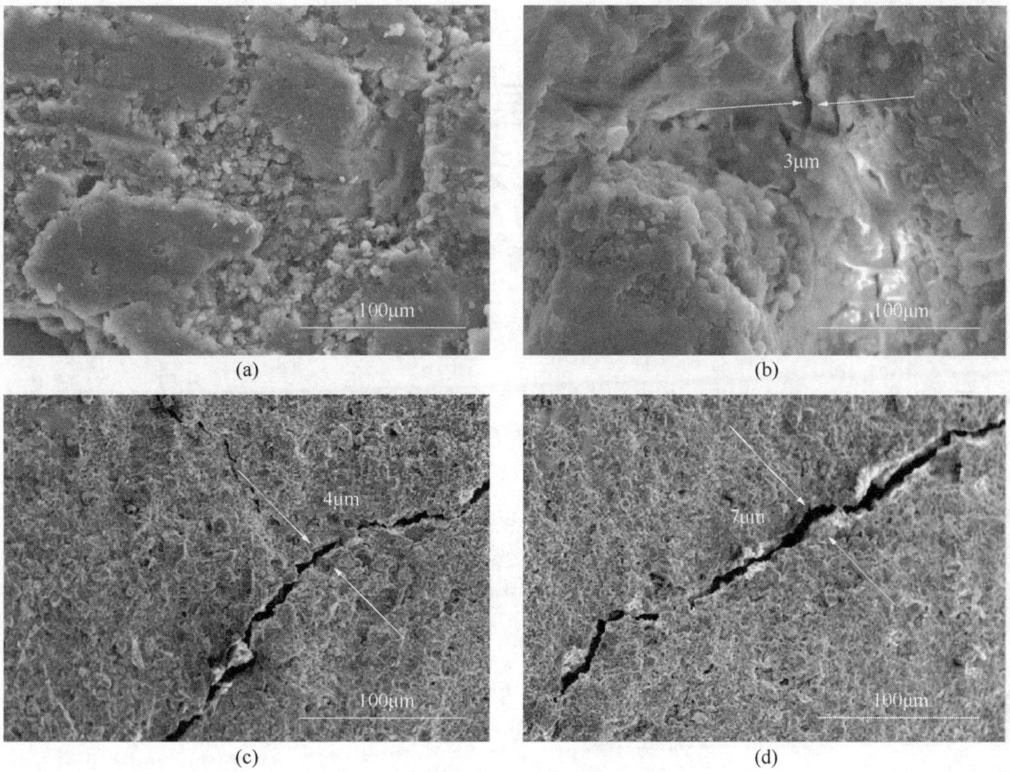

图 15　SEM 显示低温液氮处理后的岩心

3　启示及建议

国外低渗透-特低渗透油藏一般采用水平井多段水力压裂的技术进行开采，但这种技术持续时间短，通常 1～2 年后产量开始大幅度下降，采收率甚至低至 15%，这时一般选择 EOR 技术介入，如混相 CO_2驱、混相氮气驱等。

水平井多段水力压裂、复杂结构井等工程技术在常规油藏应用已经非常成熟，可进一步挖掘其在低渗透、致密油藏等非常规储层的应用潜力。氮气+CO_2(1∶1)混相气驱能够延缓 CO_2气体突破时间，减少温室气体排放，与氮气相比降低了最小混相压力，可作为国内低渗透油田的参考借鉴。

参　考　文　献

[1] Temoor Muther, Haris Ahmed Qureshi, Fahad Iqbal Syed et al. Unconventional hydrocarbon resources: geological statistics, petrophysical characterization, and field develoment strategies, Journal of Petroleum Exploration and Production Technologies(2022)12: 1463-1488.

[2] A. A. Кашапов1, Особенности разработки низкопроницаемых терригенных коллекторов Горшковской площади Приобского месторождения, УДК 622. 276. 1/. 4: 553. 98 Н. П., 2021.

[3] Aleksei Eduardovich Fedorov, Iishat Rashithovich Dilmuhametov, Andrey Aleksandrovich Povalyaev et al. Multivariate Optimization of the Development Systems for Low-Permeability Reservoirs of Oil Fields of the Achimov Formation, SPE 201811. 2020.

[4] David Wilcox, Stefano Cappiello, Mauricio Sevilla et al. Multilaterals: An Unconventional Approach to Unconventional Reservoirs. *Unconventional Resources Technology Conference*, 2019.

[5] Kamlesh Kumar, Mohamed Azzazi, Abdulah Hamdi et al. Strategy towards unlocking and accelerated development of low permeability microporous reservoirs, 2018, SPE 193339.

[6] Kamlesh Kumar, Zaidi Awang, Mohamed Azzazi et al. Strategy towards unlocking and accelerated development of low permeability microporous reservoirs-Ⅱ, 2019, SPE 194762.

[7] E. S. Bougre, T. D. Gamadi, Enhanced oil recovery application in low permeability formations by the injections of CO_2, N_2 and CO_2/N_2 mixture gases, Journal of Petroleum Exploration and Production(2021)11: 1963-1971.

[8] Khalil Rehman Memon, Muhammad Ali, Faisal Ur Rahman Awan et al. Influence of cryogenic liquid nitrogen cooling and thermal shocks on petro-physical and morphological characteristics of Eagle Ford shale. Journal of Natural Gas Science and Engineering 96(2021)104313.

火成岩发育区储层定量表征方法及增产技术研究

马　栋　李　超　吴春新　崔名喆　原建伟

[中海石油(中国)有限公司天津分公司渤海石油研究院]

摘　要　渤海A油田是渤海首个在火成岩发育区发现并投入开发的砂岩油藏。油田主要含油层系古近系受火成岩影响，储层非均质性强，火成岩边部生产井开发形势差。本文在总结火成岩发育特征的基础上，综合岩相学、高压压汞、核磁共振等多种分析测试手段，精细刻画了油田不同区域砂岩储层微观孔隙结构特征，在此基础上基于热固耦合效应开展了火成岩对砂岩储层定量改造的研究，根据火成岩分布模式与储层之间的相互位置关系，建立了考虑热传导、储层骨架变形、应力敏感性的火成岩影响下砂岩油藏储层渗透率定量表征模型，实现了火山活动对砂岩储层改造程度定量表征。研究结果表明，渤海A油田火成岩的热烘烤作用降低了火成岩周边100m左右储层的渗透率，根据该研究结果指导了火成岩边部A43井的压裂参数优化，压裂后日增油明显，取得了良好的开发效果，为类似油田的储层改造提供了借鉴。

关键词　火成岩发育区；砂岩油藏；热固耦合；定量表征；压裂增产

火山活动是地球深部岩浆上涌至地表的一种地质现象，岩浆活动在世界范围内各大含油气盆地中广泛可见。近年油气勘探表明，岩浆侵入活动能够形成多种不同类型的油气储层，中国东部含油气盆地中发育大量的火山岩或浅层侵入岩，尤其在我国东部含油气盆地，受岩浆侵入活动影响的碎屑岩围岩储层已经成为油气勘探开发中不容忽视的储量增长点。而火成岩影响下砂岩油藏开发过程中，火成岩对储层影响的定量表征难，如何实现火成岩影响下砂岩油藏的高效开发成为目前国内外学者的研究难题。

岩浆是一种高温流体，其存在会对岩体附近的地温场造成较大的影响，从而对周边储层会造成一定的影响，深入探讨岩浆岩对储层的热效应，对火成岩发育区油气藏的高效开发具有重要的指导意义。由于各沉积盆地中受岩浆侵入影响的碎屑岩围岩储层相对较少，且分布范围较为局限，其研究手段与沉积岩差别极大，此外围岩储层发育特征受岩浆侵入体特征、侵入时围岩成岩阶段、侵入前围岩特征、距侵入体远近等多种因素综合控制，使得其储层特征研究更加复杂，整体上国内外研究较少；因此，岩浆侵入对围岩的影响机理还没有形成较为系统的研究理论与方法。

本文的创新点如下：第一、提出了火成岩对储层物性的影响机制。建立了上覆岩石压力不变情况下，火成岩侵入后储层物性改变机制。第二、成功的指导了A43井的压裂，取得较好的效果。

1　油田概况

渤海A油田位于渤海南部海域，渤海湾盆地发现的最大规模的新生界火成岩发育区油田，其构造上位于黄河口凹陷中洼南斜坡带，是渤海湾盆地首个受火成岩遮挡的大型油田，主要含油目的层段东三段和沙一、二段储层主要受火山通道相、溢流相和次火山岩相的影响，古近系东三段、沙一、二段和沙三中段油藏类型为受火成岩、断层遮挡的岩性-构造油藏。与常规砂岩储层相比，该油田受岩浆活动影响，储集层非均质性严重，微观孔隙结构复杂，油田于2019年投产，平均单井射孔厚度30.5m，平均单井日产油103方/天，平均生产压差5.0MPa，平均比采油指数0.7m^3/(d·MPa·m)。不同开发井生产特征差异大，远离火成岩区域，开发井初期产能高，比采油指数大，生产井比采油指数在1.0m^3/(d·MPa·m)以上，火成岩边部井初期产能低，比采油指数小，距离火成岩100m以内，生产井平均比采油指数在0.5m^3/(d·MPa·m)以下，生产井平均比采油指数在 0.5m³/(d · MPa · m) 以下，且生产井表现出与火成岩负相关的生产特征，距离火成岩越近，比采油指数越低，呈现指数减小的特征。

2 火山活动定量表征

2.1 火成岩发育特征

渤海 A 油田古近系存在 2 期火山活动，东三段和沙河街组为Ⅰ期，该期区域火山活动较局限，火山发育规模较小；东一段和东二段为Ⅱ期，该期区域火山活动强烈，规模较大，发育累计厚度为 85.0~410.6m 水下喷发的溢流相和爆发相火山岩。油田主要发育 3 种火成岩相，分别为火山通道相、溢流相、爆发相，如图 1 所示。火山通道相是指岩浆自岩浆房向火山口运移过程中受冷凝、垮塌、回填等作用在火山通道中形成的多种火山岩石类型的组合；溢流相主要形成于火山喷发活动的中期，岩浆在自身重力和后续岩浆的推动下受地形的控制沿着地表缓慢流动，随温度降低逐渐冷凝固结而形成喷出熔岩的岩性组合；爆发相多形成于早期火山喷发较为强烈时期，围岩破碎物混杂着岩浆与气体一起喷出，不同粒级的火山碎屑物质散落在火山口周围，岩石组成较为复杂。

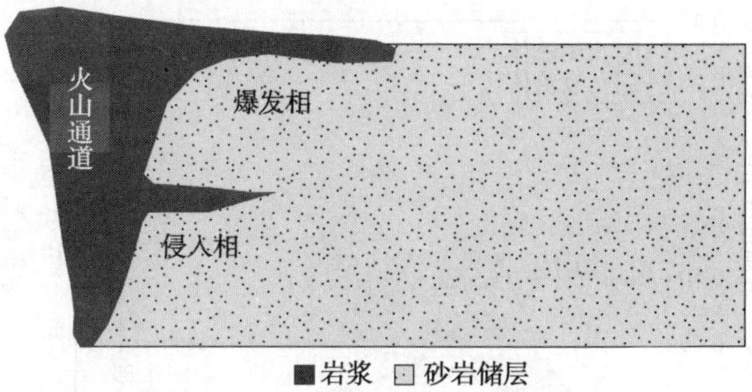

图 1 火成岩发育模式图

利用油田丰富的取芯资料，综合岩相学、高压压汞、核磁共振等多种分析测试手段，对油田不同区域砂岩储层微观孔隙结构特征进行了分析，对微观孔喉参数的统计分析结果表明：远离火成岩发育区的储层以大孔粗喉为主，压汞曲线排驱压力值较低，孔喉连通性较好，大喉道所占体积百分含量较高，对渗透率贡献作用显著(图 2a)，核磁共振长的 T2 组分普遍发育，束缚流体饱和度低，流体可动性强(图 3a)；而靠近火成岩发育区以中孔细喉为主，压汞曲线排驱压力值较高，孔喉连通性相对较弱；对渗透率起贡献作用的大喉道占比低(图 2b)，核磁共振长的 T2 组分占比低，束缚流体饱和度高，流体可动性较弱(图 3b)。

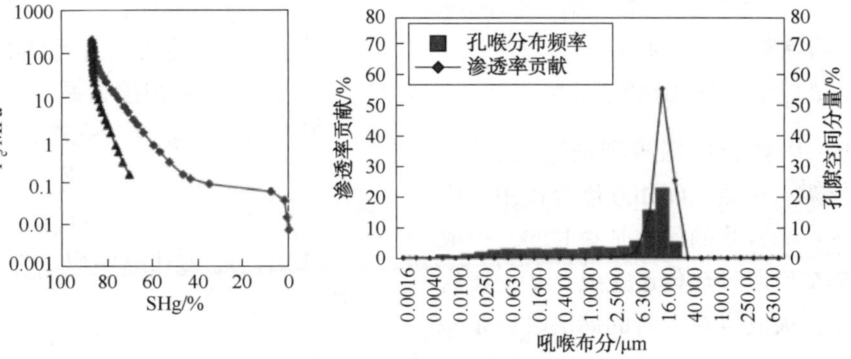

(a)远离火成岩发育区储层微观特征

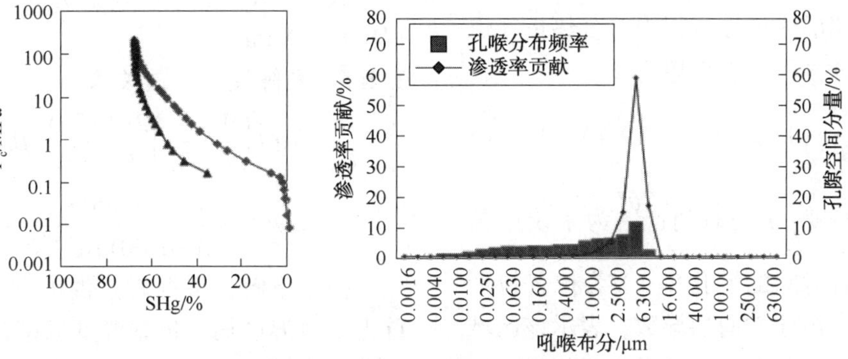

(b)靠近火成岩发育区储层微观特征

图 2 MICP 喉道大小分布及渗透率贡献

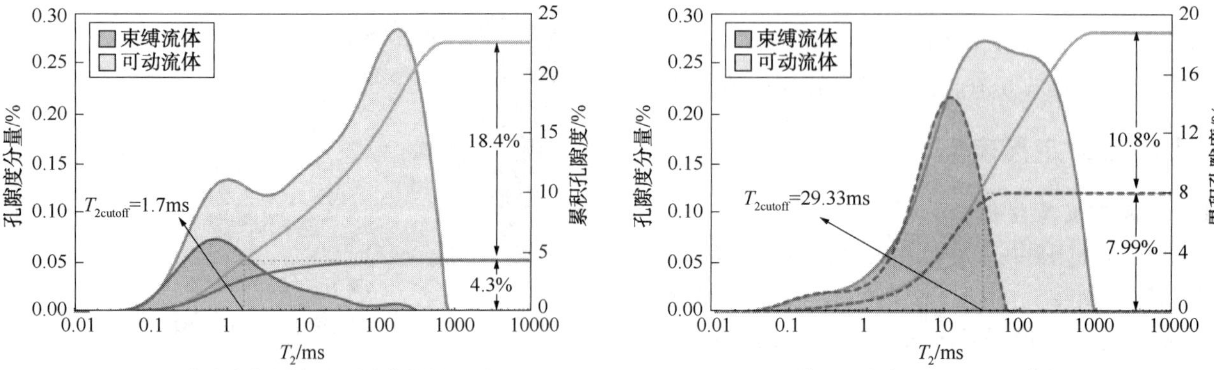

(a)远离火成岩发育区可动流体特征　(b)靠近火成岩发育区可动流体特征

图3　NMR可动流体赋存特征

2.2　热-固耦合模型的建立

2.2.1　模型的基本假设

根据火成岩分布模式与储层之间的相互位置关系，简化形成物理模型，如图4所示。

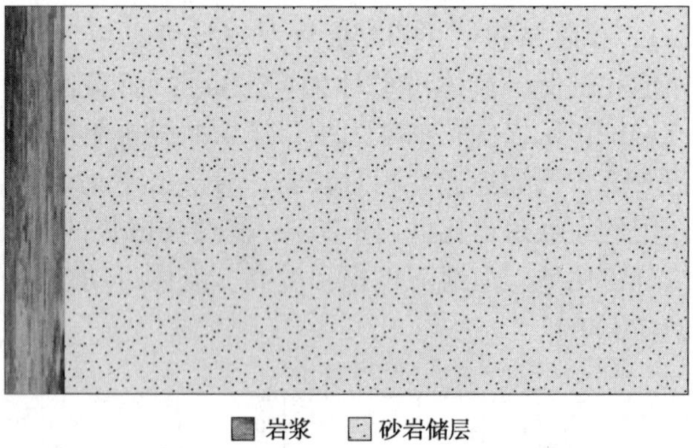

图4　火成岩与围岩相对位置简化图

本文应用热-固耦合作用机理描述火成岩、热传导、储层骨架、孔隙之间相互耦合作用。模型基本假设如下：①岩浆的侵入是瞬时的，火成岩与储层之间热交换通过热传递完成；②上覆岩石压力保持不变，火成岩对围岩的储层改造是一个不可逆的过程。

2.2.2　岩石骨架传热

在火成岩向储层热传导过程中符合热量守恒定律，热传导微分方程可以表述为：

$$(1-\varphi)\rho_s c\frac{\partial T}{\partial t}+(1-\varphi)\nabla\cdot(-K\nabla T)=0 \quad (1)$$

式中，T为温度；t为时间；$\frac{\partial T}{\partial t}$为系统中某一区域的温度随着时间的变化率；$\nabla$为拉普拉斯算子，表示温度在传导方向的导数，表示该区域温度与周边区域温度差大小，如果临近值大，则为正数，反之为负数；K为热导率，W/m·K；ρ_s为岩石密度，kg/m^3；c为比热容，J/kg·K。

2.2.3　温度与应力关系

假设岩石是各向同性的，因此，体积热膨胀引起的应变几乎和温度成线性关系基质中的温度变化。

$$\varepsilon_T=\beta\cdot\nabla T \quad (2)$$

式中，ε_T为岩石形变量；β为热膨胀系数，1/K；∇T为温度变化量，表示相对于原始温度的增加量。

在热膨胀的作用下，岩石会发生变形，变形产生的应力表达式为：

$$\sigma-\sigma_0=\frac{2(1-2v)}{3(1-v)}[\beta K(T-T_0)] \quad (3)$$

式中，v为泊松比，无量纲。

2.2.4　应力与孔隙度关系

基质孔隙度定义为孔隙体积与总体积之比。

$$\varphi=\frac{V_p}{V_b} \quad (4)$$

式中，V_p为孔隙体积，小数；V_b为总体积，小数。

$$\frac{d\varphi}{\varphi}=\left(\frac{1}{K_b}-\frac{1}{K_p}\right)d\sigma \quad (5)$$

式中，K_p为孔隙弹性模量，MPa；K_b为体积模量，MPa。

2.2.5　孔隙度与渗透关系

$$\frac{\varphi}{\varphi_0}=\exp\left\{\left(\frac{1}{K}-\frac{1}{K_p}\right)\frac{2(1-2v)}{3(1-v)}[\beta K(T-T_0)]\right\} \quad (6)$$

$$\log(k)=\frac{-3.8518}{1+0.0011e^{0.4263\varphi}}+2.8639 \quad (7)$$

模型求解：根据岩浆温度和地层导热参数，首先求解温度场，根据温度场结合岩石热膨胀模型计算岩石形变，根据岩石形变求取孔隙度，利用孔隙度与渗透率关系公式计算渗透率，采用有限元方法利用 ANSYS 软件求解。

2.3 火成岩对储层的影响

图 5 为不同火成岩厚度对储层渗透率的影响，从图中可以看出，随着火成岩厚度的增加，火成岩对围岩的影响逐渐加大，不同厚度之间渗透率差异随着与火成岩距离的增加先增加后减小，在与火成岩接触处，厚度为 10m、20m、30m 和 100m 火成岩影响下渗透率分别 68.7mD、69.8mD、70.9mD 和 73.1mD，厚度为 10m 与 100m 火成岩影响下渗透率差异为 4.4mD，在距离火成岩 20m 处，厚度为 10m、20m、30m 和 100m 火成岩影响下渗透率分别 76.8mD、85.5mD、89.1mD 和 95.0mD，厚度为 10m 与 100m 火成岩影响下渗透率差异为 8.2mD，在距离火成岩 100m 处，厚度为 10m、20m、30m 和 100m 火成岩影响下渗透率分别 107.2mD、107.1mD、107.0mD 和 106.9mD，厚度为 10m 与 100m 火成岩影响下渗透率差异为 0.3mD。表明不同火成岩厚度对渗透率的影响范围基本相同，但是随着厚度的增加，火成岩对围岩的影响程度更大，从图中可以看出，火成岩对储层影响的范围为 100m 左右。

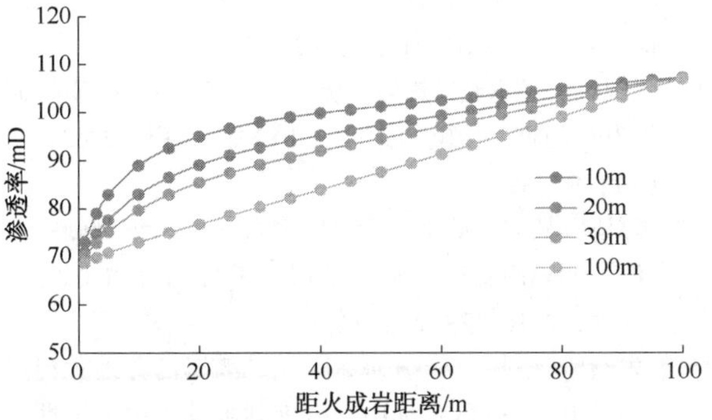

图 5 不同火成岩厚度对渗透率影响

3 A43 井压裂改造研究

3.1 A43 井概况

A43 井位于 1 井区，生产层位东三段Ⅱ油组 1、2 小层，射孔厚度 20.9m，其中油层 15.6m，差油层 5.3m，井控储量 33 万方，2020 年 10 月投产，日产油 47 方，生产压差 15MPa，比采油指数 $0.2m^3/(d \cdot MPa \cdot m)$，投产后，产量递减大，流压下降快，2022 年 8 月关停，关停前日产油 20 方/天，累产油仅 1.6 万方，采出程度 4.9%(图 6)。

根据前述研究，A43 井低效的原因是，侵入的火成岩带来了大量的高温热液，强烈的“烘烤”作用，使得靠近火成岩边部一定范围内形成了火成岩“影响带”，影响带内储层物性急剧变差，采用常规射孔完井的开发方式，动用范围小，初期产能低，产量递减快，生产井很快进入低效生产状态。

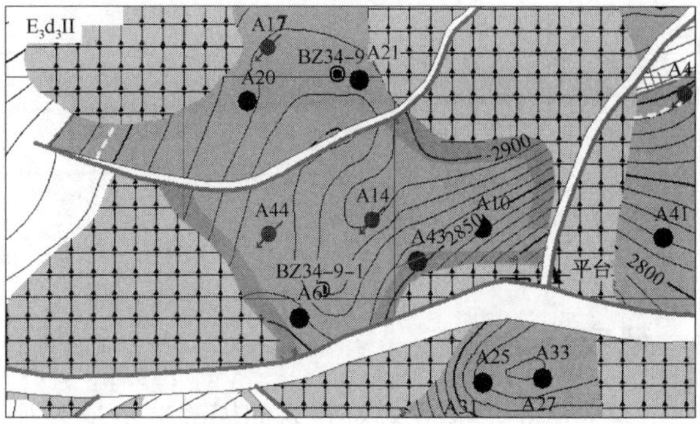

图 6 渤海 A 油田 A43 井区井位图

3.2 A32 井压裂设计

利用热-固耦合理论，计算了火成岩影响带的范围(图 6)，建议通过压裂造缝，突破火成岩影响带的范围，沟通正常储层，改善储层渗流条件，扩大波及范围，提高开发效果。根据区域地应力测试结果，裂缝延伸方位为 NE65°~NE75°。根据裂缝的方向和火成岩的展布，确定裂缝两侧突破火成岩影响带的半缝长分别为 90m，115m，优选最小裂缝半长为 115m，利用目标区块的地质油藏参数，建立数值模拟模型，以最小裂缝半长为约束，计算不同裂缝导流能力下，目标区块的增产量，优化裂缝导流能力，根据数值模拟结果，优选裂缝导流能力为 50D. cm。

3.3 A43 井压裂实践

A43 井 2023 年 7 月开始压裂施工，根据施工曲线，从小压测试、第一级压裂到第二级压裂，G 函数计算的渗透率不断升高，证实沟通了周边优质储层，有效改善了储层渗流能力。实际裂缝半缝长 136.0m，导流能力 46.1D. cm。8 月 16 日作业完毕开始返排，8 月 22 日见油，截至 2023 年 10 月，产液 82 方，日产油 77 方，含水 5.6%，生产压差 8.30MPa，压裂增产倍数 3.85 倍，取得了较好的开发效果(图 7)，对比对比投产初期 1 个月和压裂投产 1 个月的生产动态，压裂后流压及产量更加平稳，证实地层供给能力增强。

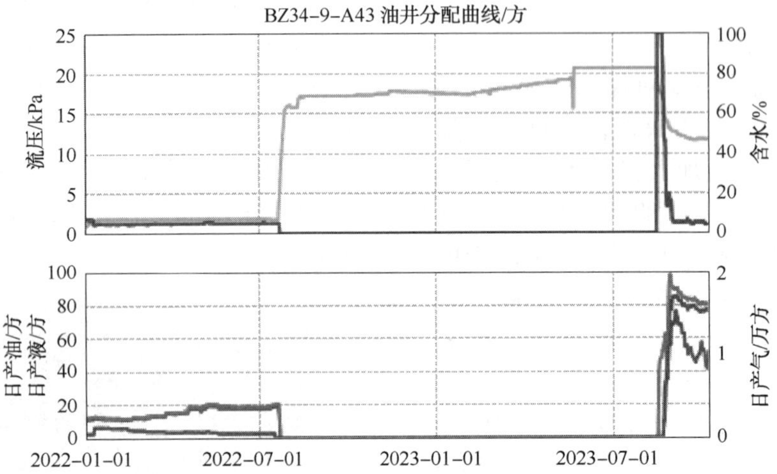

图 7　渤海 A 油田 A43 井开采曲线

4　研究结论

本文建立了火成岩对砂岩储层改造定量表征模型，模型构建过程中考虑了热传导、储层骨架变形、应力敏感性的等因素，根据热固耦合和孔隙度与渗透率的关系定量表征了火成岩热效应对砂岩储层定量改造作用，针对低效井提出了有效的治理措施。研究结论总结如下：

（1）火成岩对储层物性的影响范围整体在100m左右，但是随着厚度的增加，火成岩对围岩的影响程度更大。

（2）A43 井的压裂实践表明，通过压裂造缝，突破火成岩影响带的范围，沟通正常储层，是火成岩影响带储层有效动用的关键，能够取得较好的开发效果，为类似开发井的增产措施制定指明了方向。

参　考　文　献

[1] 张子枢，吴邦辉. 国内外火山岩油气藏研究现状及勘探技术调研[J]. 天然气勘探与开发，1994，16(1)：1-23.

[2] Wu Changzhi，Gu Lianxing，Zhang Zunzhong，et al. Formation mechanisms of hydrocarbon reservoirs associated with volcanic and subvolcanic intrusive rocks：Examples in Mesozoic-Cenozoic basins of eastern China[J]. AAPG Bulletin，2006，90(1)：137-147.

[3] OthmanR，Arouri K，Warol C，et al. Oil generation by igneous intrusions in the northern Gunnedah Basin，Australia[J]. Organic Geochemistry，2013，32(10)：1219-1232.

[4] 杜贤樾，肖焕钦. 渤海湾盆地火成岩油气藏勘探研究进展[J]. 复式油气藏. 1998，1(4)：1-4.

[5] 唐华风，王璞君，姜传金，等. 松辽盆地火山岩相地震特征及其与控陷断裂的关系[J]. 吉林大学学报(地球科学版)，2007，37(1)：73-78.

[6] 杨海风，徐长贵，牛成民，等. 渤海湾盆地黄河口凹陷 BZ34-9 油田新生界“断裂-岩浆”联合控藏作用[J]. 石油与天然气地质，2018，39(5)：1056-1064.

[7] 刘魁元，康仁华，武恒志，等. 罗 151 井区侵入岩油藏储集层分布及成藏特征[J]. 石油勘探与开发，2000，27(6)：16-18.

[8] 陶洪兴，徐元秀. 热液作用与油气储层[J]. 石油勘探与开发，1995，21(6)：92-98.

[9] 张映红，顾家裕. 热液环流——侵入岩-外变质带储层发育的重要影响因素[J]. 特种油气藏，2003，10(1)：86-89.

[10] 郭涛，杨波，陈磊，等. 岩浆岩三维精细刻画—黄河口凹陷南斜坡渤海 A 油田的发现[J]. 中国海上油气，2016，28(2)：71-77.

[11] 朱红涛，刘一梦，王永利，等. 渤海湾盆地黄河口凹陷 BZ34-9 区带火山岩三维刻画及火山喷发期次[J]. 地球科学(中国地质大学学报)，2014，39(9)：1309-1316.

[12] 郭维，王少鹏，田晓平，等. 黄河口凹陷 B 油田古近系火山岩岩性识别及发育模式[J]. 海洋地质前沿，2018，34(2)：16-22.

[13] 王少鹏，袁勋，崔名喆，等. 黄河口凹陷 BZ 油田古近系层状火成岩发育模式及精细刻画[J]. 特种油气藏，2019，26(4)：21-26.

页岩油压裂液体系性能评价及优化

王霞弟　褚艳杰　刘娟丽　赵　坤

[中国石油新疆油田分公司吉庆油田作业区(吉木萨尔页岩油项目经理部)]

摘　要　吉木萨尔凹陷芦草沟组页岩油油藏，采用水平井体积压裂改造方式实现区块的有效动用。压裂液性能直接影响了体积压裂施工的安全性、可靠性以及措施效果。本文针对吉木萨尔页岩油油藏特性，对目前页岩油通用的胍胶和聚合物压裂液体系进行性能评价及优化调整，明确压裂液性能的主要影响因素及影响程度，最终确定出了适用于页岩油的压裂液体系配方，为压裂现场应用提供技术参考。

关键词　页岩油；压裂液；胍胶；聚合物；性能评价

吉木萨尔凹陷芦草沟组页岩油油气资源丰富，开发前景广阔。该地区主要产层为二叠系芦草沟组，储层具有源储一体、近源成藏的特征，原生孔隙度、渗透率极低，是典型的非常规储层，需借助水平井钻井配合多级水力压裂来获得工业产能。压裂液是水力压裂过程中使用的由多种添加剂按照一定比例配制而成的工作液，起着压力传递、形成和延伸裂缝、携带支撑剂的作用。

压裂作业成功与否及压后效果很大程度上取决于压裂液的选择及性能。近年来，压裂液技术发展快速，正朝着低伤害、适应强、低成本、环保等方向发展。深入压裂液配方研究、做好压裂液性能评价，对于助力新疆油田提产增效及保障油田效益开发意义重大。

吉木萨尔页岩油从 2012 年开发至今，水平井体积压裂技术已完成三个阶段技术跨越，压裂液体系配方也朝着更加可靠、经济的趋势发展。本文以吉木萨尔页岩油井区为目标区块，针对目前页岩油通用的压裂液体系，进行压裂液性能评价及优化实验，期望确定影响压裂液性能的主要因素及其影响程度，并对压裂液体系配方进行优化，为压裂现场应用提供技术参考。

1　实验部分

1.1　主要材料、试剂及仪器

聚合物减阻剂(分子量 400 万，固含量 38.00%)、改性羟丙基胍胶(分子量 22 万)、有机硼交联剂、黏土稳定剂、助排剂、破乳剂、破胶剂、航空煤油、清水(矿化度约 180mg/L)(材料均来自页岩油压裂现场)。

吴茵混调器、数显六速旋转黏度计、安东帕流变仪、电热恒温干燥箱、表界面张力仪、离心机、电子天平等。

1.2　实验标准

本实验参考 SY/T 5107—2005、SY/T 5107—2016 和 SY/T 7627—2021 等相应石油行业标准，对压裂液体系进行室内评价及优化。

1.3　实验方法

1.3.1　聚合物压裂液的制备

用 500mL 量筒量取 500mL 配制压裂液所需的清水，将其转移至洁净、干燥的吴茵混调器搅拌杯中，启动吴茵混调器并调整转速为 1500r/min。迅速用注射器按配方先后加入减阻剂和液体添加剂(精确至 0.01mL)，5min 后停止搅拌，将其转移至 500mL 烧杯中备用，即可得到一定浓度的聚合物压裂液。(不同浓度的聚合物压裂液按照上述步骤依次进行制备)

1.3.2　胍胶压裂液的制备

用 500mL 量筒量取 500mL 配制压裂液所需的清水，将其转移至洁净、干燥的吴茵混调器搅拌杯中，启动吴茵混调器并调整转速为 1500r/min。称取按配方规定的胍胶(精确至 0.01g)缓慢加入到搅拌杯中，搅拌 2min 后将转速调为 1000r/min，迅速按配方加入液体添加剂(精确至 0.01mL)，3min 后停止搅拌，将其转移至 500mL 烧杯中，按配方规定加入交联剂，用玻璃棒搅拌直至形成均匀冻胶，即可得到一定浓度的胍胶压裂液。(不同浓度的胍胶压裂液按照上述步骤依次进行制备)

1.3.3　耐温耐剪切性能、破胶性能、残渣含量的测定

按照 SY/T 7627—2021《水基压裂液性能评价方法》测定。

1.3.4 静态悬砂实验

按照1.3.1实验方法制备出不同浓度的聚合物压裂液。在室温下，称取20g 30/50目石英砂并加入压裂液至100mL，将其混合均匀(砂浓度：200kg/m^3，中等砂浓度)，倒入量筒，启动秒表。记录砂子开始沉降的时间(砂子下降5mL所需的时间)、沉降至80mL(沉降量约40%)以及完全沉降所需的时间。40/70目和70/140目石英砂依次进行实验。(不同浓度的聚合物压裂液按照上述步骤依次进行悬砂实验。)

1.3.5 破胶实验

按照1.3.1实验方法制备出3份500mL的聚合物压裂液。取2份500mL压裂液并加入一定比例的破胶剂，使其混合均匀并密封，分别置于90℃(储层温度)恒温干燥箱和室温下进行压裂液的破胶实验，观察温度对其破胶性能的影响。再取1份500mL压裂液不加入破胶剂，将其置于90℃下进行压裂液的破胶实验，对比观察破胶剂对其破胶性能的影响。(不同浓度的聚合物压裂液按照上述步骤依次进行破胶实验。)

2 结果与讨论

2.1 配方优化

压裂液配方优化实验结果如表1所示。按照SY/T 7627—2021《水基压裂液性能评价方法》和《2023年新疆油田公司压裂液技术要求》优选出如下配方：

表1 压裂液配方优化实验结果

压裂液名称	浓度/%	基液表观黏度/mPa·s	
		指标	实测
胍胶压裂液	0.30HPG	$\mu\leq60$	基液24/成胶600
	0.35HPG		基液33/成胶900
聚合物压裂液	0.15减阻剂	$10\leq\mu<20$	13.5
	0.40减阻剂	$20\leq\mu<50$	43.5
	0.65减阻剂	$50\leq\mu$	61.5

胍胶压裂液：

0.30%～0.35% HPG+1.0%复合液添+0.25%交联剂+0.02%破胶剂

聚合物压裂液：

低黏：0.15%减阻剂+1.0%复合液添+0.01%破胶剂

中黏：0.40%减阻剂+1.0%复合液添+0.015%破胶剂

高黏：0.65%减阻剂+1.0%复合液添+0.02%破胶剂

2.2 性能评价

按照SY/T 7627—2021《水基压裂液性能评价方法》对优选出的压裂液体系进行性能评价，主要包括耐温耐剪切性能、破胶性能和残渣含量等。

2.2.1 耐温耐剪切性能

压裂液的耐温耐剪切性能实验结果如表2、图1和图2所示，将制备好的压裂液在170s^{-1}、90℃条件下剪切1h，发现胍胶压裂液的黏度迅速从800～1000mPa·s左右降至50～70mPa·s，而聚合物压裂液的黏度基本没有发生太大变化，均符合水基压裂液行业标准SY/T 7627—2021，同时说明聚合物压裂液体系的热稳定性和剪切稳定性明显优于胍胶压裂液体系。

表2 压裂液耐温耐剪切性能评价实验结果

压裂液名称	浓度/%	耐温耐剪切1h黏度/mPa·s (170s^{-1}，90℃)	
		指标	实测
胍胶压裂液	0.30HPG	≥50	50.5
	0.35HPG		72.9
聚合物压裂液	0.15减阻剂	—	7.7
	0.40减阻剂	—	28.6
	0.65减阻剂	—	57.2

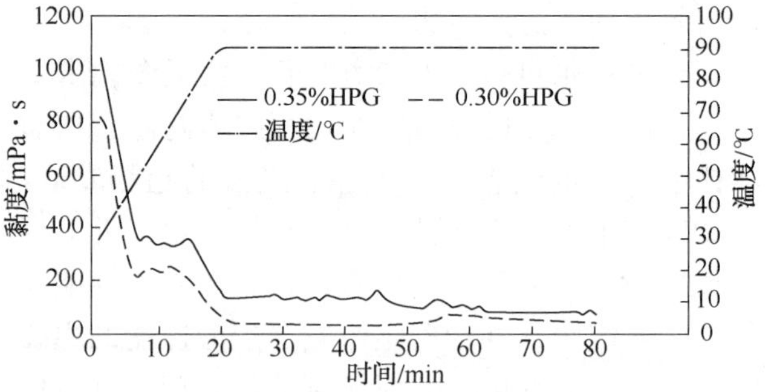

图1 胍胶压裂液体系的耐温耐剪切性能

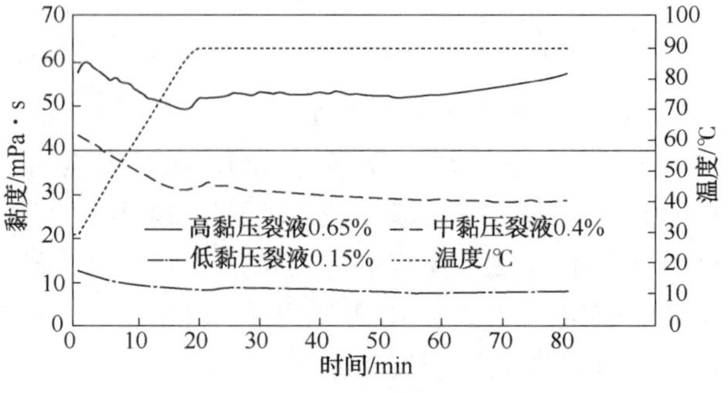

图2 聚合物压裂液体系的耐温耐剪切性能

2.2.2　破胶性能

压裂液的破胶性能评价实验结果如表3所示，各项指标均符合水基压裂液行业标准SY/T 7627—2021。相比之下，胍胶压裂液体系的破胶速度较快，在80min内便完全破胶，易造成压裂液黏度提前损失，从而降低压裂液的造缝能力。同时胍胶压裂液体系的破胶液具有更低的界面张力(约0.5mN/m)，也更易于返排至地面。

表3　压裂液破胶性能评价实验结果

压裂液名称	浓度/%	破胶剂浓度/%	温度/℃	破胶液表观黏度/mPa·s		破胶时间/min		破胶液界面张力/(mN/m)	
				指标	实测	指标	实测	指标	实测
胍胶压裂液	0.30HPG	0.02	90	≤5.0	2.5	≤720	80	≤2.0	0.50
	0.35HPG	0.02			3.2		80		0.53
聚合物压裂液	0.15减阻剂	0.01	90	≤5.0	3.4	≤720	150	≤3.0	0.85
	0.40减阻剂	0.015			4.6		210		1.76
	0.65减阻剂	0.02			3.9		210		1.98

2.2.3　残渣含量

压裂液的残渣含量评价实验结果如表4所示，符合水基压裂液行业标准SY/T 7627—2021。胍胶压裂液体系的残渣含量(160~250mg/L)明显高于聚合物压裂液体系(10~45mg/L)；且减阻剂配比越高，残渣含量则越高。残渣含量越高，对支撑剂导流能力的伤害也就越大。

表4　压裂液残渣含量评价实验结果

压裂液名称	浓度/%	残渣含量/(mg/L)	
		指标	实测
胍胶压裂液	0.30HPG	≤400	160
	0.35HPG		250
聚合物压裂液	0.15减阻剂	≤50	10.0
	0.40减阻剂		25.0
	0.65减阻剂		45.0

2.3　静态悬砂实验

根据聚合物压裂液优选出的实验配方进行静态悬砂实验，结果如表5所示。在200kg/m^{3}砂浓度的条件下，0.15%聚合物压裂液对于30/50目、40/70目和70/140目的石英砂悬砂能力较差，分别在40、60、120s内沉降完全，易造成砂堵，故不适宜作为主加砂阶段的携砂液。0.40%聚合物压裂液对30/50目和40/70目的石英砂悬浮能力一般，分别在140、160min内沉降完全，不适宜作为主加砂高砂比阶段的携砂液；但对70/140目的石英砂有良好的悬浮能力，在480min内沉降完全，完全满足现场携砂的需要。0.65%聚合物压裂液对30/50目、40/70目和70/140目的石英砂均具有良好的悬浮能力，分别在17、17.5、51h内沉降完全，故适宜作为主加砂高砂比阶段的携砂液(如图3所示)，有效避免砂堵的同时提高了压裂施工效果。

因此，压裂液黏度和支撑剂粒径是影响压裂液悬砂性能最主要的因素，压裂液黏度越大，支撑剂粒径越小，其悬砂性能越好。

表5　聚合物压裂液静态悬砂实验结果

压裂液名称	表观黏度/mPa·s	耐温耐剪切1h黏度/mPa·s($170s^{-1}$，90℃)	悬砂时间	石英砂粒径		
				30/50目	40/70目	70/140目
低黏压裂液(0.15%)	13.5	7.7	开始沉降时间/s	0	0	0
			砂子沉降至80mL所需的时间/s(沉降量约40%)	10	15	30
			完全沉降时间/s	40	60	120
中黏压裂液(0.40%)	43.5	28.6	开始沉降时间/min	20	40	80
			砂子沉降至80mL所需的时间/min(沉降量约40%)	40	60	150
			完全沉降时间/min	140	160	480

续表

压裂液名称	表观黏度/mPa·s	耐温耐剪切1h黏度/mPa·s（$170s^{-1}$，90℃）	悬砂时间	石英砂粒径		
				30/50目	40/70目	70/140目
高黏压裂液（0.65%）	61.5	57.2	开始沉降时间/h	1.5	2	4
			砂子沉降至80mL所需的时间/h（沉降量约40%）	5	5.5	22
			完全沉降时间/h	17	17.5	51

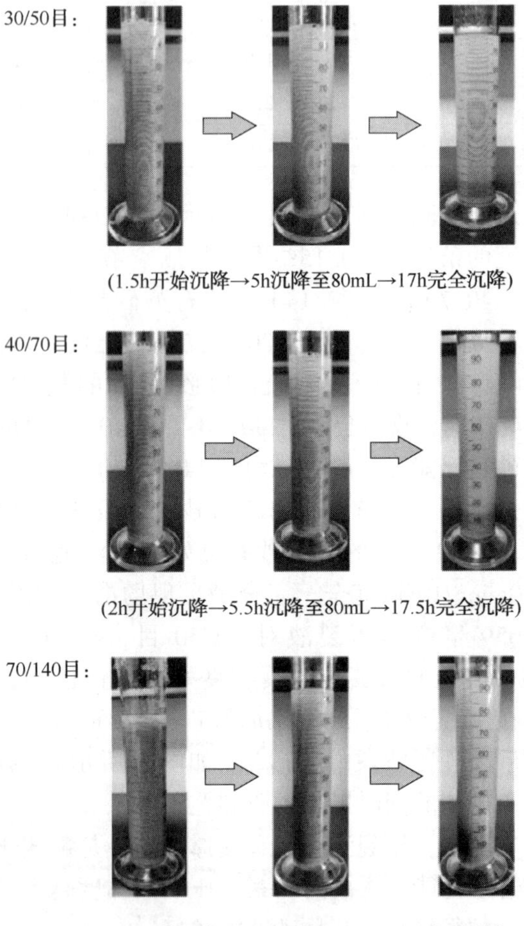

图3　0.65%高黏聚合物压裂液的悬砂性能

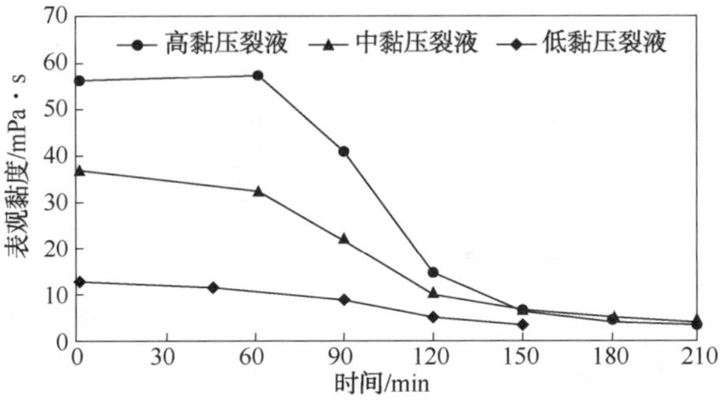

图4　90℃下不同浓度压裂液的破胶性能

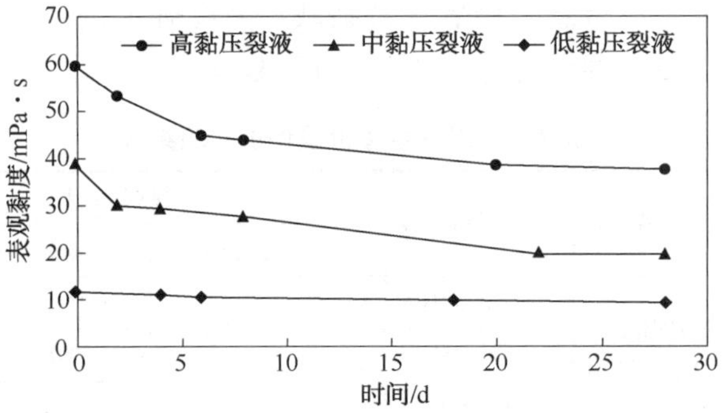

图5　室温下不同浓度压裂液的破胶性能

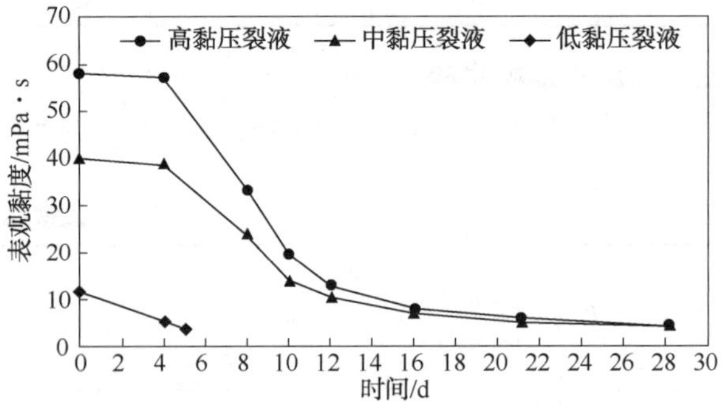

图6　90℃下不同浓度压裂液的破胶性能(不加破胶剂)

2.4　破胶实验

根据聚合物压裂液优选出的实验配方进行破胶实验，结果如图4、图5、图6和表6所示。通过对比图4和图5发现，在90℃条件下加了破胶剂的低、中、高黏压裂液可在210min内完全破胶；但将其放置在室温条件下观察至28d仍未完全破胶，且黏度变化不大，说明过硫酸铵破胶反应的活性受温度影响较大，温度越高，破胶速率越快。同时，由表6可知，减阻剂配比越高，破胶剂用量越大，相应破胶液的界面张力越大(0.85~1.98mN/m)，返排阻力越大。

通过对比图4和图6发现，在90℃条件下加了破胶剂的低、中、高黏压裂液可在210min内完全破胶，不加破胶剂的低黏压裂液可在5d内完全破胶，中、高黏压裂液可在28d内完全破胶。在现场压裂施工时，考虑到时常会有破胶剂加入不均匀的情况，不加破胶剂的压裂液缓慢的破胶速度会使压裂液的造缝能力大大提升，同时更有利于携砂，且在页岩油井区合理的焖井周期(30~45d)后仍会破胶，不会出现不破胶而造成严重的出砂现象。

表6　聚合物压裂液破胶实验结果

压裂液名称	破胶剂浓度/%	温度/℃	破胶液表观黏度/mPa·s		破胶时间/min		破胶液界面张力/(mN/m)		残渣含量/(mg/L)		7d后破胶液表观黏度/mPa·s	
			指标	实测	指标	实测	指标	实测	指标	实测	指标	实测
低黏压裂液(0.15%)	0.01	90	≤5.0	3.4	≤720	150	≤3.0	0.85	≤50	10.0	≤5.0	3.1
	0.01	r.t.		9.6		28d		—		—		—
	—	90		4.1	—	5d		0.36		15.0		4.1
中黏压裂液(0.40%)	0.015	90	≤5.0	4.6	≤720	210	≤3.0	1.76	≤50	25.0	≤5.0	4.5
	0.015	r.t.		19.3		28d		—		—		—
	—	90		4.6	—	28d		0.56		30.0		4.6
高黏压裂液(0.65%)	0.02	90	≤5.0	3.9	≤720	210	≤3.0	1.98	≤50	45.0	≤5.0	3.9
	0.02	r.t.		37.8		28d		—		—		—
	—	90		4.8	—	28d		0.64		60.0		4.8

由表6可知，不加破胶剂得到的破胶液界面张力(0.36~0.64mN/m)明显低于加了破胶剂的(0.85~1.98mN/m)，更易于返排。不加破胶剂残渣含量(15~60mg/L)略高于加了破胶剂的(10~45mg/L)，但差别不大。同时，为了进一步观察破胶液的稳定性，我们将二者得到的破胶液在室温下放置7d后进行黏度的复测，发现二者得到的破胶液均具有较好的稳定性，黏度基本未发生反弹。说明在不加破胶剂的条件下，30d左右仍可得到各项性能优良的破胶液。

3　结论

(1) 按照SY/T 7627—2021《水基压裂液性能评价方法》和《2023年新疆油田公司压裂液技术要求》优选出如下配方：胍胶压裂液：0.30%~0.35% HPG+1.0%复合液添+0.25%交联剂+0.02%破胶剂和聚合物压裂液：0.15%/0.40%/0.65%减阻剂+1.0%复合液添+0.01%/0.015%/0.02%破胶剂。

(2) 胍胶压裂液体系因较差的耐温耐剪切性、残渣含量高、成本高等缺陷而无法适应目前低渗页岩储层的压裂需求。相比之下，聚合物压裂液体系更适用于页岩油井区。

(3) 压裂液黏度和支撑剂粒径是影响压裂液悬砂性能最主要的因素。压裂液黏度越大，支撑剂粒径越小，其悬砂性能越好。因此，在现场压裂时，应根据不同浓度压裂液的携砂特性，优选出合适粒径的石英砂，以提高携砂性能，同时提高压裂施工效果。

(4) 过硫酸铵破胶反应的活性受温度影响较大，温度越高，破胶速率越快。聚合物压裂液体系在地层温度90℃下，不加破胶剂30d左右仍可得到各项性能优良的破胶液。在现场压裂施工时，考虑到时常会有破胶剂加入不均匀的情况，不加破胶剂的压裂液缓慢的破胶速度会使压裂液的造缝能力大大提升，同时更有利于携砂，且在页岩油井区合理的焖井周期(30~45d)后仍会破胶，不会出现不破胶而造成严重的出砂现象。

4　展望

(1) 残渣粒径也是评价破胶液性能的重要指标，我们可对破胶液的残渣粒径进一步测试分析。

(2) 随着减阻剂配比的增大，压裂液破胶后残渣含量也随之增大。所以在满足工程施工要求的前提下，应尽可能地降低减阻剂配比来降低残渣含量，对压裂液配方进一步进行优化。

(3) 在20~50℃条件下，聚合物压裂液体系使用APS常规破胶剂时，存在破胶不及时、返排不彻底等问题。此时，应根据条件正确选择合适的破胶剂来保证压裂液的优良性能。

(4) 探索适合页岩油储层的清洁压裂液体系，降低开采过程中对油层的伤害，保护储层，稳定产能。

参 考 文 献

[1] 张奎，刘敦卿，黄波，等. 吉木萨尔芦草沟组致密油储层渗吸驱油特性[J]. 科学技术与工程，2021，21(02)：538-545.

[2] 王小军，梁利喜，赵龙，等. 准噶尔盆地吉木萨尔凹陷芦草沟组含油页岩岩石力学特性及可压裂性评价[J]. 石油与天然气地质，2019，40(03)：661-668.

[3] 杨智，侯连华，林森虎，等. 吉木萨尔凹陷芦草沟组致密油、页岩油地质特征与勘探潜力[J]. 中国石油勘探，2018，23(04)：76-85.

[4] 邱振，卢斌，施振生，等. 准噶尔盆地吉木萨尔凹陷芦草沟组页岩油滞留聚集机理及资源潜力探讨[J]. 天然气地球科学，2016，27(10)：1817-1827+1847.

[5] 张颖，周东魁，余维初，等. 玛湖井区低伤害滑溜水压裂液性能评价[J]. 油田化学，2022，39(01)：28-32. DOI:10.19346/j.cnki.1000-4092.2022.01.006.

[6] 万青山，聂小斌，陈丽艳，等. 复合线性胶压裂液性能评价与现场应用[J]. 油田化学，2021，38(04)：603-607. DOI:10.19346/j.cnki.1000-4092.2021.04.006.

[7] 熊利军，王犁，吴洋，鲁红升. 耐高温清洁压裂液的制备及性能评价[J]. 精细化工，2022，39(01)：204-211. DOI:10.13550/j.jxhg.20210689.

[8] 高敏，江建林. 水基压裂液体系的制备及性能[J]. 石油化工，2020，49(12)：1188-1193.

渤海油田潜山裂缝油藏调剖体系研究与应用

庞长廷　李彦阅　吕　鹏　黎　慧　鲍文博　吕金龙　宋　鑫　张国栋

[中海石油(中国)有限公司天津分公司]

摘　要　针对渤海潜山裂缝性油藏注水效果持续变差的问题，开发了一种用于调控裂缝的耐温型调剖体系。通过对聚合物、交联剂、交联助剂的筛选，优化出配方为3000~4000mg/L聚合物+3000mg/L交联剂+2500mg/L交联助剂的调剖体系。室内评价实验表明，该调剖体系成胶时间65h以上，强度F级以上，高温下老化60天无明显脱水，对裂缝岩心封堵率达到99%以上，可启动基质剩余油，提高采收率27.20%。现场应用表明，该调剖体系成功封堵油水井间水窜裂缝，含水最大降幅45%，增油效果显著。

关键词　渤海油田；裂缝；潜山油藏；调剖

1　前言

裂缝性潜山油藏是指油气在裂缝性潜山圈闭中聚集形成的油藏。它与常规裂缝性油藏最主要的区别在于前者油气聚集在潜山圈闭中，而后者是油气聚集在常规圈闭中。裂缝性潜山油藏最主要的地质特征就是潜山圈闭和裂缝系统。潜山圈闭是其油气聚集的主要场所而裂缝则是油气在油藏中流动的主要渗流通道。“潜山”反映的是油藏圈闭的类型，是油藏储集体的宏观描述。而“裂缝”才是油藏储集空间类型、物性特征、渗流特征以及开发特征的关键影响因素之一。

裂缝性潜山油藏在开采中后期往往会采取注水开发后以保持地层压力，注入水沿裂缝窜进，使沿裂缝方向上的采油井遭暴性水淹，油藏含水上升快，在很短的时间内就进入高含水采油阶段。裂缝性油藏注水开发特征主要表现为：注水见效方向性明显、吸水能力强、注入压力低、含水上升快、水驱后剩余储量大等。

渤海X油田是典型的潜山油藏，埋深1600~1880m。储层以变质岩为主，以片麻岩花岗岩为主，属变质岩潜山裂缝性储层。长期风化剥蚀仅形成半风化壳，裂缝非常发育，半风化壳上部充满风化产物，具有强烈的非均质性；半风化壳底部裂隙较开阔，连通性较好，但密度明显低于上部。裂缝以高倾角倾斜裂缝(20°~60°)为主，走向主要发育方向为NE—SW向、次要方向为NW-SE向，裂缝密度0.5~3.5条/m。测井解释总孔隙度为6.8%，裂缝系统平均孔隙度1.08%，平均渗透率在(97~927)×10^{-3} μm^2；基质系统平均孔隙度5.69%，平均渗透率小于1×10^{-3} μm^2。油藏原始地层压力17.50MPa，饱和压力10.25MPa，原油密度0.80g/cm^3。

在开发历程中先后采取了降压开采、稳定注水、不稳定注水三种开采策略，目前潜山油藏目前压力系数(0.6)低于合理地层压力保持水平，油田已出现地层脱气、产液量下降等问题，迫切需要正常注水以缓解地层压力下降甚至逐步恢复地层压力。由于特殊的地质条件，注水井与生产井之间裂缝发育十分丰富，且裂缝的渗透率极大，渗流速度快，因而注入水极容易沿着裂缝流窜，最终造成生产井水淹水窜，从而造成油田水驱效果逐渐变差。针对渤海裂缝性潜山油藏油井水淹、注水开发效果差这一问题，需要研制出一种适用于裂缝调控的耐温型调剖体系。

2　实验部分

2.1　实验仪器与材料

电子天平、电动搅拌器、丝口瓶、烧杯、恒温烘箱、Brookfield黏度计、岩心驱替装置等。

耐温聚合物(分子量900~2000万)，交联剂，交联助剂，X油田现场注入水，模拟原油(90℃下2.55mPa·s)，人造岩心(图1)。

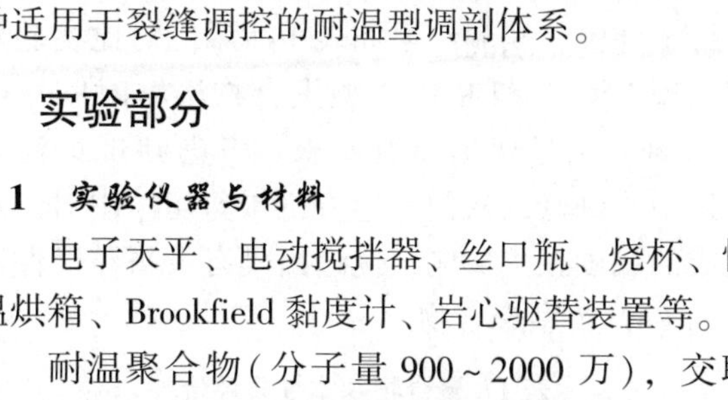

图1　岩心造缝示意图

2.2 实验步骤

2.2.1 体系配方优化

(1) 使用现场注入水配制一定浓度的聚合物母液，测试其完全溶解所需的时间和黏度；将聚合物溶液以1000RPM高速剪切1min后，再次测试黏度，计算黏度保留率。

(2) 将交联剂和交联助剂剂按照一定比例加入优选出的一定浓度的聚合物溶液中，搅拌混合均匀后装瓶密封，置于90℃恒温烘箱中老化，优选出成胶效果较好的体系配方。

2.2.2 体系驱替实验评价

(1) 将胶结岩心洗净烘干后称干重，饱和现场注入水，称湿重，计算孔隙度；

(2) 水驱测试岩心基质渗透率，将岩心对切后填充0.5cm厚度的钢片造缝，计算裂缝体积FV，再次测试裂缝渗透率；

(3) 向带裂缝的岩心注入5FV的调剖体系，测试注入性，90℃下老化3天后进行后续水驱，测试封堵性。

(4) 将岩心基质和裂缝分别饱和模拟油，水驱至含水98%，注入1FV的调剖体系(含0.1FV聚合物顶替液)，90℃下老化3天后进行后续水驱，测试调剖性能。

3 结果与分析

3.1 体系优选

3.1.1 聚合物优选

(1) 聚合物类型

针对4种耐温型聚合物的溶解性和表观黏度进行了评价，实验结果如表1所示。对比实验数据发现KW-1和KW-3型聚合物溶解时间小于60分钟，满足现场配液要求。考虑到现场注入过程中受到管线阀门等地方机械剪切作用对体系造成的黏度损失影响，优选出具有较高黏度保留率的KW-3型聚合物。

表1 聚合物基本性质评价

聚合物类型	分子量	母液浓度	溶解时间	黏度	剪切后黏度保留率
KW-1	900万	5000mg/L	20min	138mPa·s	50%
KW-2	1000万		70min	172mPa·s	75%
KW-3	1500万		45min	246mPa·s	85%
KW-5	2000万		85min	332mPa·s	87%

(2) 聚合物浓度

将优选的KW-3聚合物母液稀释成浓度为1000~4000mg/L的4份，分别加入2500mg/L交联剂和2500mg/L交联助剂，其成胶实验结果如表2所示。当聚合物浓度较低时体系不成胶或成胶强度低，不能满足封堵要求；而当聚合物浓度较高时，体系稳定性较差，故优选KW-3聚合物浓度不小于3000mg/L。

表2 聚合物浓度对成胶效果的影响

聚合物KW-3浓度	初始黏度	成胶时间	成胶强度	60天后脱水率
1000mg/L	43mPa·s	未成胶	A	—
2000mg/L	66mPa·s	75h	D	<10%
3000mg/L	96mPa·s	65h	F	<10%
4000mg/L	152mPa·s	32h	F	<10%

3.1.2 交联剂优选

固定KW-3聚合物浓度为3000mg/L，交联助剂浓度为2500mg/L，分别加入1500~4000mg/L的交联剂FQ，实验结果如表3所示。随着交联剂浓度增加成胶时间减小，强度增大，综合考虑成胶效果以及稳定性，优选交联剂FQ浓度为3000mg/L。

表3 交联剂浓度对成胶效果的影响

交联剂FQ浓度	初始黏度	成胶时间	成胶强度	60天后脱水率
1500mg/L	90mPa·s	100h	C	<10%
2000mg/L	93mPa·s	80h	D	<10%
3000mg/L	96mPa·s	65h	F	<10%
4000mg/L	97mPa·s	12h	F	>10%

3.1.3 交联助剂优选

固定KW-3聚合物浓度为3000mg/L，交联剂FQ浓度为3000mg/L，分别加入1000~3000mg/L的交联助剂，实验结果如表4所示。加入交联助剂能够有效延缓体系成胶时间，但加入浓度过大时，体系成胶强度有所降低，故优选交联助剂浓度为2500mg/L。

表4 交联助剂浓度对成胶效果的影响

交联助剂浓度	初始黏度	成胶时间	成胶强度	60天后脱水率
1000mg/L	94mPa·s	10h	D	<10%
2000mg/L	96mPa·s	24h	D	<10%
2500mg/L	96mPa·s	65h	F	<10%
3000mg/L	97mPa·s	120h	C	<10%

综合以上静态成胶实验，优选出的耐温调剖体系配方为3000～4000mg/L 聚合物 KW－3＋3000mg/L 交联剂 FQ+2500mg/L 交联助剂。

3.2 体系注入性与封堵性

如表5、图2所示，由于体系初始黏度较低且裂缝渗透率较大，体系注入压力较小且上升缓慢，注入性较好。体系填充在岩心裂缝当中老化成胶后能对裂缝进行有效封堵，突破压力达到2.3MPa，持续后续水驱封堵率仍然高达90%以上，体系耐冲刷性能强。

表5 裂缝岩心注入与封堵实验参数

岩心编号	孔隙体积	裂缝体积	基质渗透率	裂缝渗透率	突破压力	封堵率
L-1	12mL	8mL	46mD	1836mD	2.30MPa	99.96%

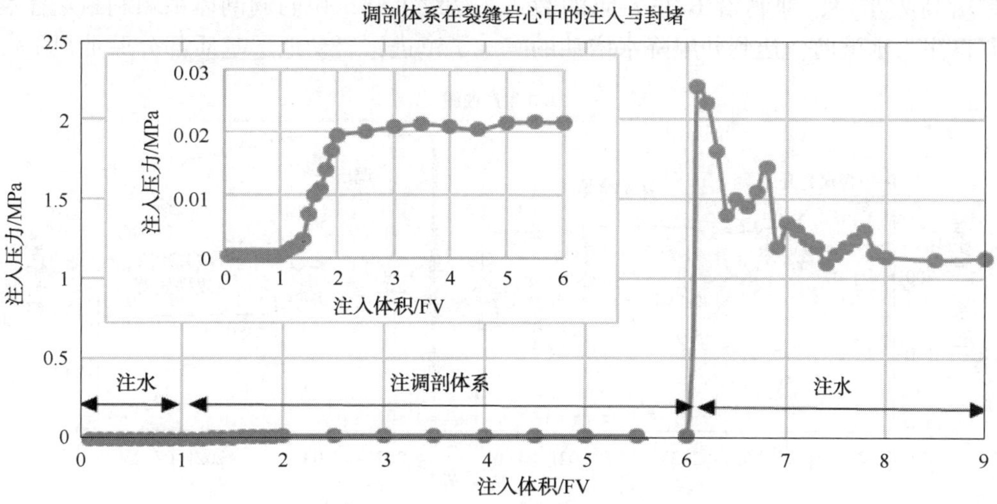

图2 调剖体系在裂缝岩心中注入压力变化曲线

3.3 调剖性能

如表6、图3所示，采油可分为三个阶段，即无水采油阶段、产水量快速上升阶段和产水量稳定上升阶段。由于裂缝存在，水驱过程中水驱前缘迅速突破，导致含水率迅速达到100%，这是裂缝性油藏的典型特征。注入耐温调剖体系封堵住裂缝空间，使得后续水驱渗流通道改变，转向驱替基质部分的原油，采收率获得提升达到27.20%。

表6 裂缝岩心调剖实验参数

岩心编号	孔隙体积	裂缝体积	基质渗透率	裂缝渗透率	水驱采收率	调剖体系采收率	后续水驱提高采收率
L-2	13mL	7mL	58mD	1720mD	28.55%	4.80%	22.40%

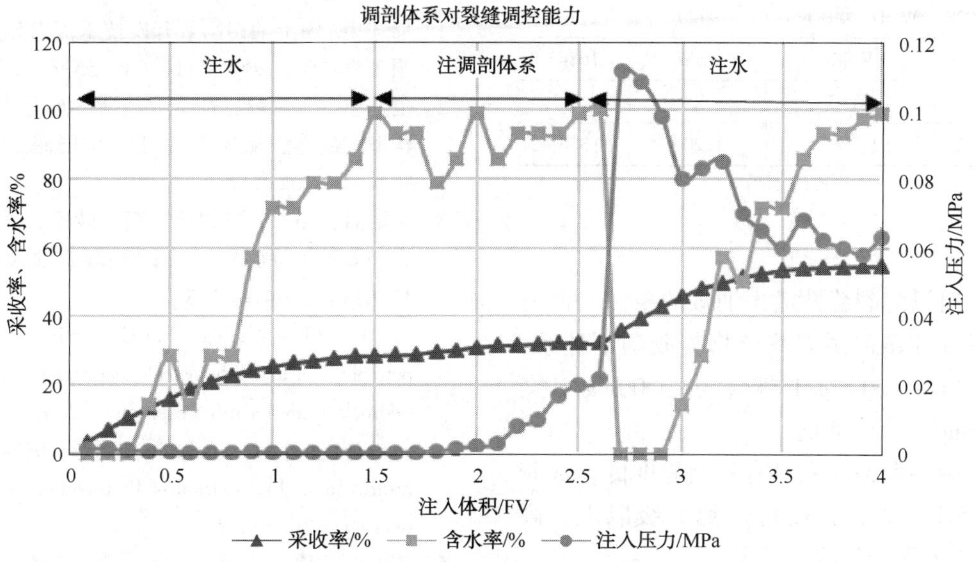

图3 调剖体系对裂缝调控能力曲线

4 现场应用

典型注水井 Well1 与相邻采油井 B 均为水平井，所处地层之间裂缝发育。Well1 与 B 井间注采反应明显，动态反应井间存在大孔道，分析 Well1 井注水沿裂缝突进至 B 井，已形成水窜通道。Well1 井层吸水剖面显示存在高吸水层段，跟端趾端存在吸水不均。因此决定对 Well1 井实施调剖，封堵高吸水层，抑制沿 B 井方向的裂缝通道，调整注入水流向，达到井组降水增油的目的。

综合井组近期注水量、含水率上升数据，结合容积法计算公式，设计耐温调剖体系用量 9200 方，其中包含试注和顶替量 400 方。现场施工过程顺利，注入压力无明显上升，施工历时 41 天，累计消耗药剂 92.5 吨。措施后恢复注水，井组综合含水率下降了 45 个百分点，日净增油达到 182 方，目前含水率持续下降，增油量持续上升，说明调剖体系顺利封堵住裂缝，抑制了窜进，启动地层基质部分原油(图 4)。

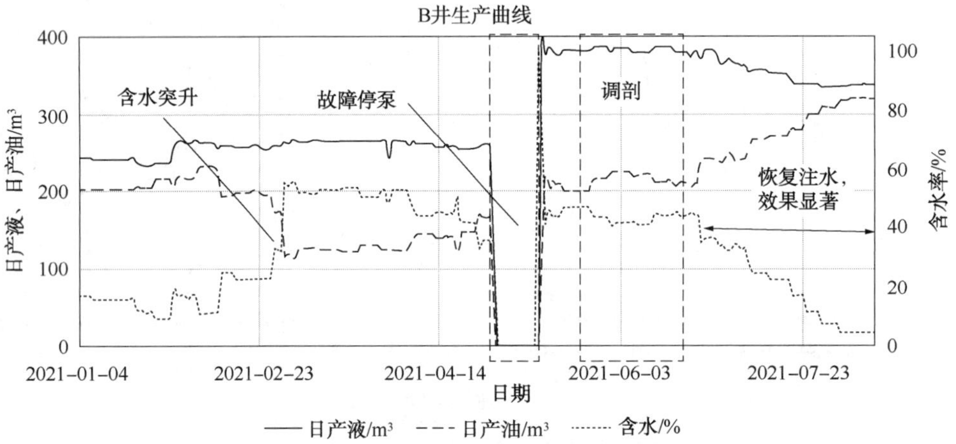

图 4　调剖体系注入前后的生产曲线

截至 2022 年 10 月，渤海 X 潜山裂缝油田，共开展了 4 井组的矿场试验，累计增油 36209 吨，调剖措施增油显著，但措施效果差异大(表 7)。

表 7　矿场应用情况

施工时间	井号	调剖液量/m^3	增油量/t
2021.5.19-6.28	Well1(第一轮)	9400	17100
2022.3.10-4.16	Well2	8200	16843
2022.4.2-5.6	Well3	7600	1882
2022.4.24-6.20	Well1(第二轮)	12200	384

5 结论

(1) 针对渤海裂缝性潜山油藏的条件，研发了适用于目标油藏的耐温聚合物凝胶调剖体系，其配方为 3000~4000mg/L 聚合物+3000mg/L 交联剂+2500mg/L 交联助剂。

(2) 该耐温调剖体系具有初始黏度低，成胶时间可达 65H 以上，强度可达到 F 级以上，高温下老化 60 天无明显脱水现象。

(3) 调剖体系在裂缝岩心中注入性和封堵性良好，可有效封堵裂缝通道，封堵率达到 99%以上，并启动基质剩余油，提高采收率 27.20%。

(4) 现场试验 3 口井(4 井次)，含水最大降幅 45%，累计增油 36209t。因裂缝发育程度和裂缝大小的不同，调剖效果差异较大。

参 考 文 献

[1] 周守为. 海上油田高效开发技术探索与实践[J]. 中国工程科学，2009，11(10)：55-60.

[2] 范廷恩，王海峰，胡光义，等. 海上油田复合砂体构型解剖方法及其应用[J]. 中国海上油气，2018，30(04)：102-112.

[3] 吴浩君，姜永，刘洪洲，等. 砂砾岩潜山边底水复合油藏见水特征分析[J]. 新疆石油天然气，2021，17(01)：43-47+64+3.

[4] Ye Tao，Chen Anqing，Niu Chengming，etc. Structural，petrophysical and lithological characterization of crystalline bedrock buried-hill reservoirs：A case study of the southern jinzhou oilfield in offshore Bohai Bay Basin，north China[J]. Journal of Petroleum Science and Engineering，2021，196.

[5] 周心怀，项华，于水，等. 渤海锦州南变质岩潜山油藏储集层特征与发育控制因素[J]. 石油勘探与开

发，2005(06)：17-20.
[6] 王学军，陈钢花，张家震，等. 古潜山油藏裂缝性储层的测井评价[J]. 石油大学学报(自然科学版)，2003(05)：25-27+35-3.
[7] 项华，周心怀，魏刚，等. 渤海海域锦州25-1南基岩古潜山油气成藏特征分析[J]. 石油天然气学报，2007(05)：32-35+165.
[8] 吴小洲，牛嘉玉，吴丰成，等. 渤海湾盆地奥陶系潜山内幕油气成藏主控因素研究[J]. 海相油气地质，2013，18(01)：1-12.
[9] 郭斌建. 稠油古潜山油藏化学堵水技术研究与应用[D]. 大庆：东北石油大学，2012.
[10] 郑浩，王月杰. 渤海潜山裂缝性油藏高效开发策略研究[J]. 油气藏评价与开发，2017，7(4)：16-21.

低–特低渗油藏储层综合评价及水平井优化压裂技术

高　璇　蔡　超　郝博洋　陈　雪

（中国石油辽河油田勘探开发研究院）

摘　要　辽河油田低渗透油藏具有特殊的储层特征和渗流特征，针对其有效开发存在的诸多难题，本文通过应用CT扫描表征储层微观孔隙结构特征，引入分形维数、渗流特征参数，提出了一种多参数、宏微观相结合的储层定量分类评价标准，确定油藏动用界限；并且以单井分类评价为支撑，开展地震属性优选，建立不同属性特征与有利储层匹配关系，由“点”及“面”刻画甜点空间展布特征，制定多参数体积压裂水平井部署界限，优化井位部署方案设计。同时开展储层静态岩石力学参数测定实验，依据岩石力学特征差异，指导水平井个性化分段及裂缝参数设计。通过以上研究，沈358块先导试验区水平井投产效果良好，促进了区块有效动用，证明该研究的有效性，并为辽河油田低渗透油藏后续开发提供了新的参考模式。

关键词　低–特低渗油藏；储层定量分类评价标准；有利储层综合评价；储层岩石力学参数；水平井压裂参数优化

近年来，辽河油田上报探明储量以低渗透油藏储量为主，由于低渗透油藏的特殊储层特征和渗流特征，其有效开发存在诸多难题。一是低渗透油藏储层物性差，非均质性强，“甜点”储层识别困难，有利部署区优选难，保障“有效储层”钻遇率难；二是现有多种压裂改造工艺，符合地质条件的水平井缝网匹配设计难，压裂施工参数优化设计难。因此，如何有效动用已探明低渗储量、提高已开发储量采出程度，对油田持续稳产、效益开发具有十分重要的现实意义。

针对低–特低渗油藏有效开发面临的技术难点，辽河油田进行了先导试验及技术攻关，开展了储层分类评价、有利储层预测、水平井优化部署、室内与现场结合的压裂全过程优化设计等研究，取得较好效果。

1　有利储层综合评价

1.1　低–特低渗有利储层分类评价

应用CT扫描表征储层微观孔隙结构特征，并引入分形维数、渗流特征参数建立多参数、宏微观相结合的储层定量分类评价标准，确定油藏动用界限。

分形几何理论研究的是具有统计自相似性的对象，该理论认为分形体没有特征长度，却具有统计自相似性，其复杂程度可以用分形维数来描述。储层岩石的孔隙与喉道的空间分布具有统计自相似性，从某井的铸体薄片观察孔隙结构可以看到，放大不同的倍数，孔隙结构并没有随着尺寸减小而简化(图1)，这直观的反映出储层孔隙结构的自相似性，其不规则的程度可以用孔隙分维数来定量描述。

图1　不同尺度下的孔隙结构示意图

目前主要通过分析岩石样品的压汞资料来得到孔隙结构的分形维数，毛管压力资料 $\ln S_{Hg}$ 与 $\ln P_c$ 存在线性关系，根据其斜率可以计算分形维数D。为进一步明确孔隙结构分形维数的地质意义，对储层孔隙结构常规参数和分形维数之间的关系进行了统计分析。排驱压力、半径均值是表征储层微观孔隙大小的两个重要参数，通过两者与分形维数的统计关系可以看出(图2)，分形维数与排驱压力表现为正相关关系，与半径均值表现为负相关关系，并且相关性较好，表明分形维数愈小，储层最大连通孔喉半径以及平均孔隙半径愈大，储层的储集性能愈好。

通过以上分析，储层孔隙结构分形维数的地

质意义可以理解为储层孔隙结构复杂程度的综合表征，在此基础上将分形维数应用于沈 358-268 块的储层分类与评价中，综合岩性、物性、电性、孔隙结构、分形维数定量等指标，建立多参数、宏微观相结合的储层定量分类评价标准(表 1)，确定油藏动用界限。

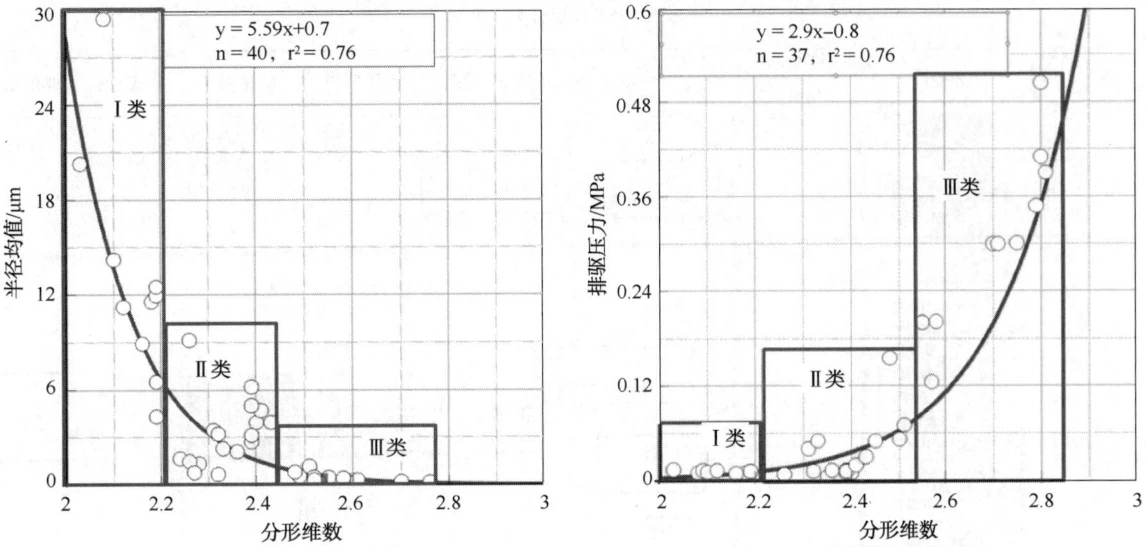

(a)分形维数与半径均值　　(b)分形维数与排驱压力

图 2　分形维数和孔喉大小参数交会图

表 1　沈 358-268 块储层分类评价标准

分类	岩性	渗流特征参数		孔喉特征参数		物性参数		电性特征				采油强度/[t/(d·m)]
		启动压力梯度/(MPa/m)	可动流体百分数/%	排驱压力/MPa	半径均值/μm	分选系数 Sp	分形锥数	Φ/%	K/mD	RT/Ω·m	AC/(μs/ft)	
Ⅰ	砾岩、砂砾岩	<5	>5	0.04~0.1	1.8~9.65	0.38~2.3	2.07~2.2	≥10	≥1	>70	>238	>2
Ⅱ	中细砂岩、粉砂岩	5~10	3~5	0.08~0.21	0.61~1.79	1.98~5.92	2.2~2.5	7~10	0.5~1	>55	>223	1~2
Ⅲ	粉砂岩	>10	<3	0.14~0.22	0.6~0.91	3.58~6.06	2.5~2.79	<7	<1	>24	>208	0~1

1.2　有利储层刻画

在井控程度高的区域，以单井分类评价为支撑，以“点→线→面→体”刻画为手段，精细描述有利砂体空间展布特征(图 3、图 4)。

在井控程度低区域，开展通过地震波形驱动的相控反演，分析岩石物理特征与地震属性的相关性，建立不同属性特征与储层、含油性、产能匹配关系，预测有效储层的展布，优化井位部署设计。

基于砂体叠置模式多信息耦合响应特征，发挥地震横向分辨率高的优势，把井眼的“硬数据”与地震“软数据”有机结合，通过精细标定和正演分析，实现井震有效结合，解析地震反射特征，寻找产能与地震响应之间的匹配关系，实现了砂体的定性-半定量表征(图 5)。

依据直井测井解释结论，以地震波形特征为约束，参照波形相似性和空间距离两个因素有效预测甜点储层的展布，优化井位部署设计，统计全区 23 口直井、5 口水平井储层段预测结果，符合率达 90%以上(图 6)。

2　水平井压裂参数设计

2.1　储层岩石力学参数测定，优化压裂设计模型输入参数

岩石力学参数在确定施工压力、控制水力压裂裂缝几何形状(裂缝长度、裂缝宽度)方面起重要作用。断裂韧性表征岩石抵抗裂纹失稳扩展能力，与初期裂缝扩展能力及缝高延伸能力呈负相关关系；抗拉强度指示岩石在拉伸载荷作用下抗破坏能力，与破裂压力呈正相关，随粒径的增

加，砾岩试件的抗拉强度呈减小趋势(图 7)；三轴抗压强度指示岩石在压缩载荷作用下抗破坏能力，与形成剪切裂缝的能力、形成缝网能力成正相关关系。这些参数为确定射孔尺寸、簇间距、施工压力提供参考。

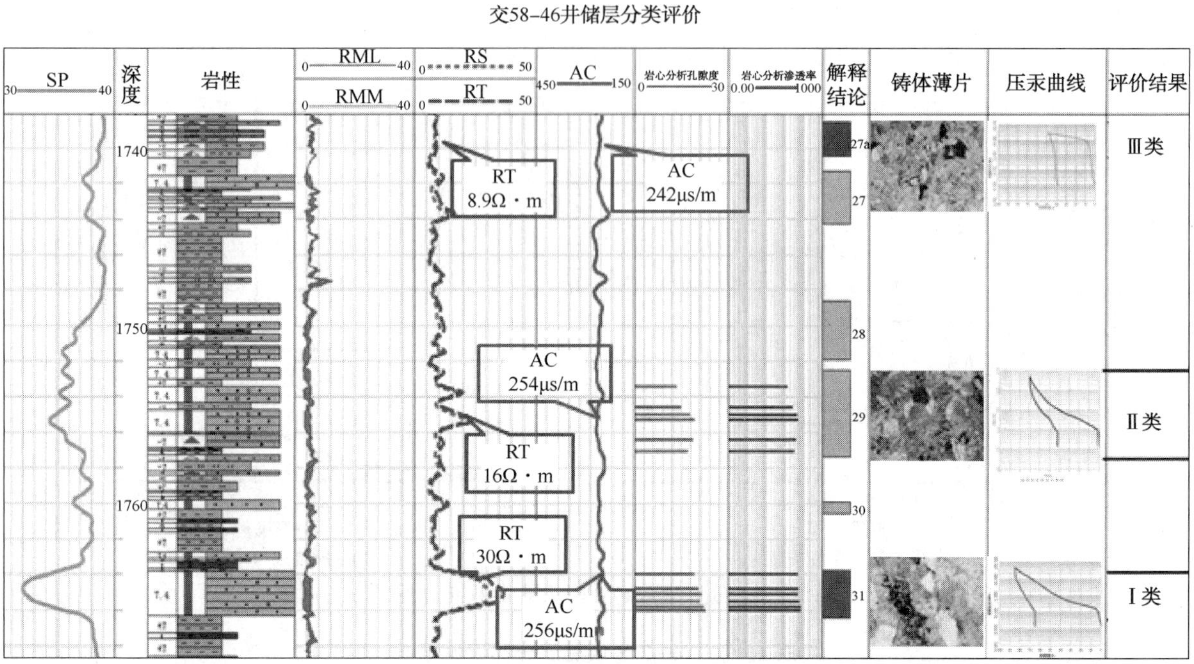

图 3　单井储层分类评价结果

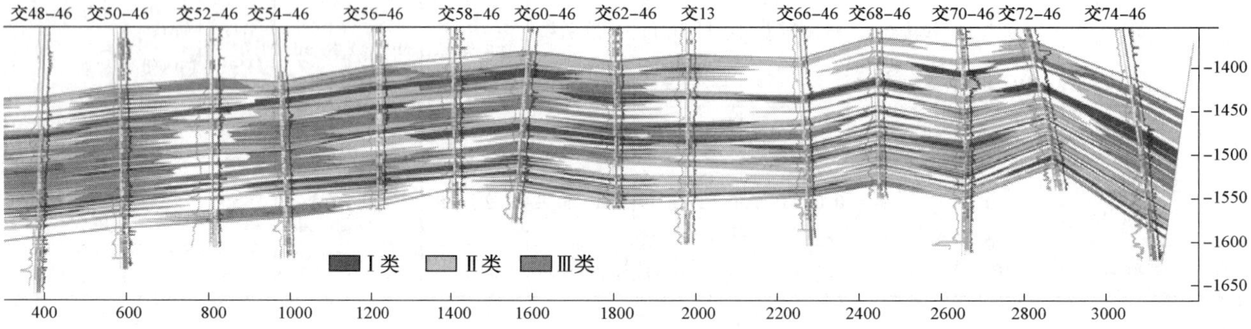

图 4　有利砂体空间展布特征

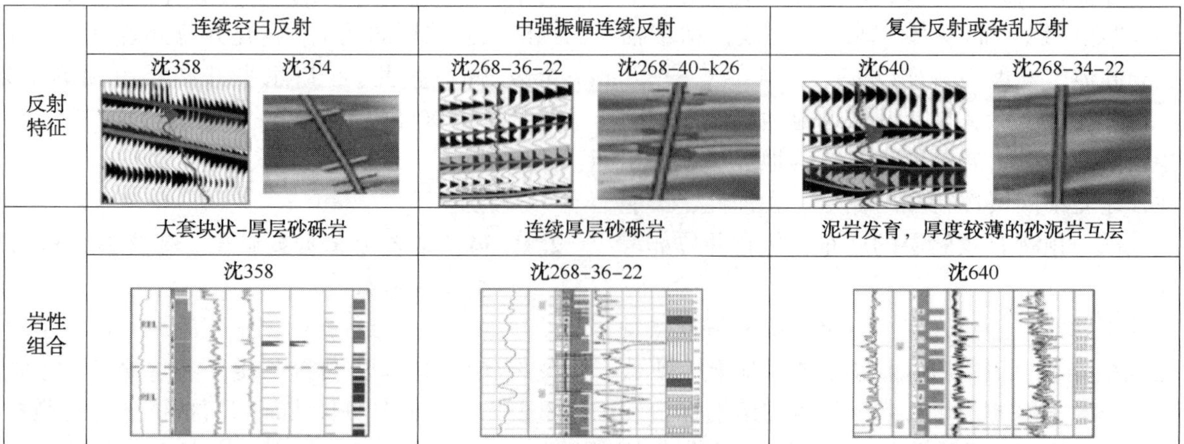

图 5　沈 358-268 块有利储层特征-地震响应特征-产能特征匹配关系

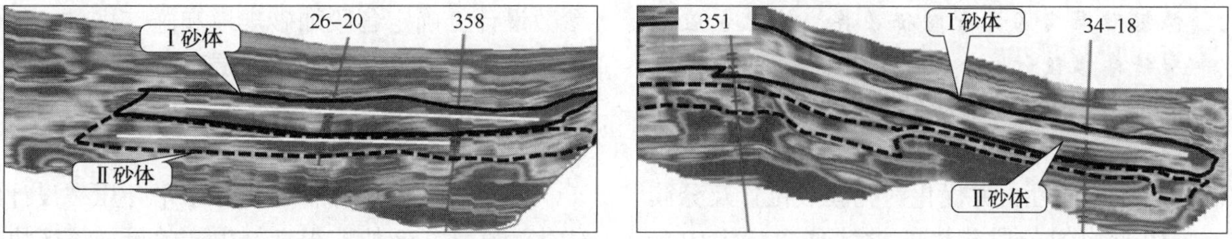

图 6　沈 358-268 块典型反演剖面及井位优化设计

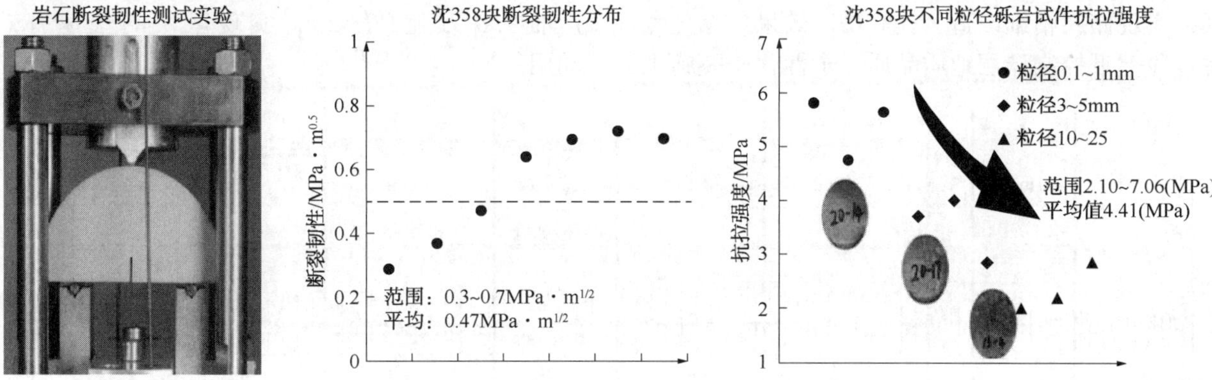

图 7　岩石力学参数实验及相关成果图

同一层位岩石的沉积环境相似，可用取心井的“岩石力学参数与矿物含量的关系”估算本区块其他井不同深度处的岩石强度(图 8)，为压裂层位评价提供参考，降低岩心检测成本。

经过对各区块岩石力学参数的测定，得到了各区块纵、横波波速间的关系及岩心的静态力学参数。基于测试得到的岩石力学参数数据，可以拟合动、静态力学参数间的关系式，结合测井曲线，可计算得到沿井身方向的岩石力学参数剖面及可压性系数剖面，为进行压裂段优选和压裂设计提供参考(图 9)。

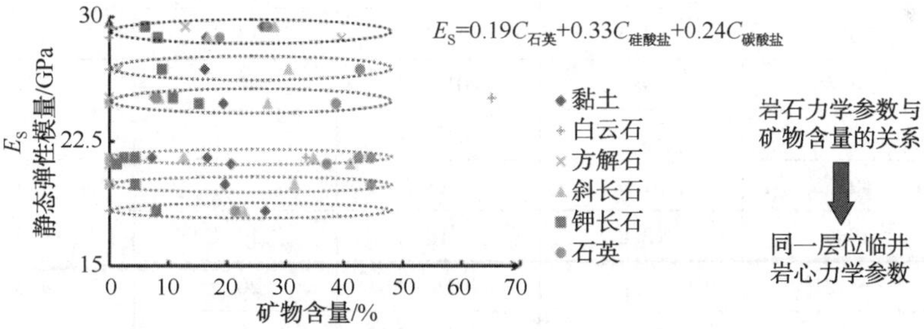

图 8　静态弹性模量与岩石矿物含量关系图

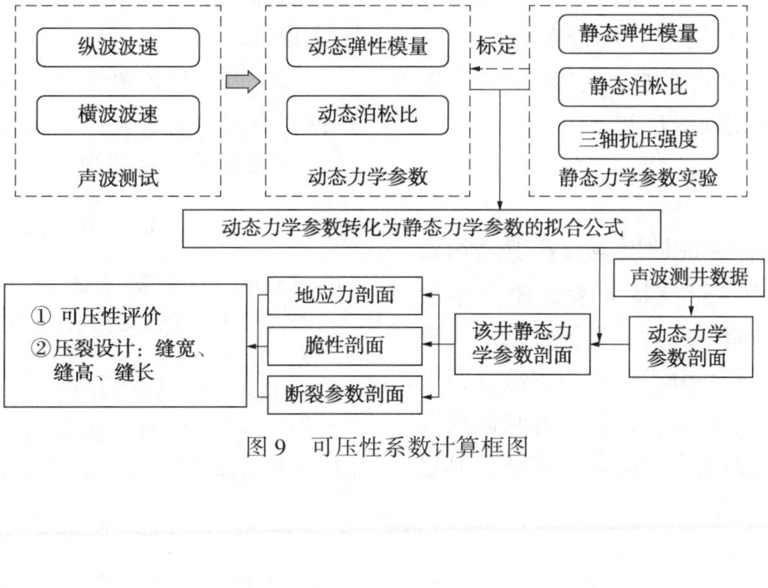

图 9　可压性系数计算框图

2.2 依据储层岩石力学特征差异，优化分段及裂缝参数设计

综合考虑水平井钻遇储层岩石力学特征差异，结合岩性、电性、含油性等参数划分层段，降低段间非均质性，并优化射孔簇点位置及分簇数，采用非均匀分段分簇的设计理念(图 10)，可以利用缝间干扰，促使裂缝转向，产生复杂缝网，实现储层精细改造、提高增产效果。综合考虑各段上下控制储层地质品质。个性化压裂施工参数设计，确定各段加砂规模和施工排量，优化缝高控制，力争获得最佳储层改造效果。

3 应用效果

通过有利储层综合评价和水平井压裂设计的优化，在沈 358 块取得良好生产效果，该区块已投产 11 口水平井，初期平均日产 18.7 吨，阶段产油 7.8 万吨(表 2)，实现区块的快速有效动用。

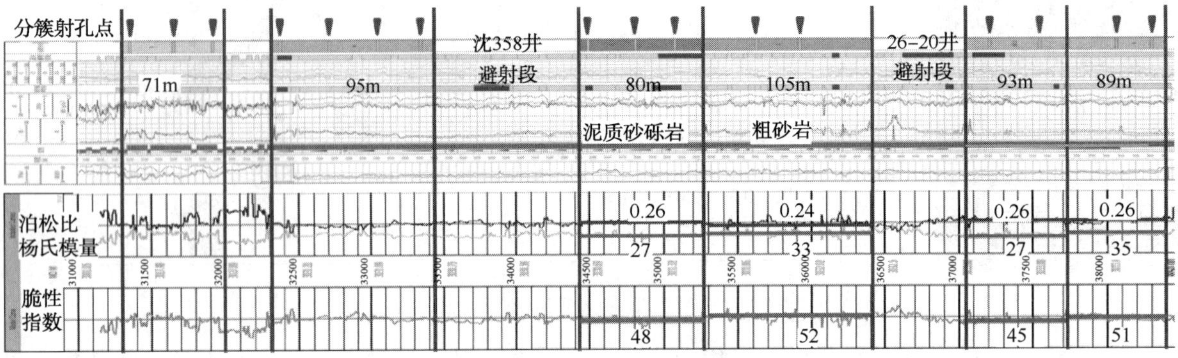

图 10 沈 358-H205 井分段设计

表 2 沈 358-沈 268 块水平井储层钻遇及投产情况统计表

井号	水平段长度/m	储层钻遇率/%	投产时间	初期日产油/t	目前日产油/t	阶段累产油/t
沈 268-H307	443.2	92.5	2016.8	32.1	4.4	14204.9
沈 268-H313	323.3	93.3	2017.1	12.0	3.9	4771.5
沈 358-H205	695	94.3	2017.1	13.4	4.9	13409.3
沈 268-H311	434	98	2017.11	32.7	7.9	11724.6
沈 358-H111	715	98.1	2017.12	14.7	9.3	5319.2
沈 268-H303	493.5	97.9	2018.1	29.3	4.7	4771.5
沈 358-H207	886	92.8	2018.4	13.4	6.7	8362.2
沈 268-H102	512	93	2018.11	20.1	7.5	5417.1
沈 268-H308	410	92.8	2018.12	12.2	6.1	4371

通过评价辽河油田低品位油藏，可利用水平井体积压裂模式进行开发的区块覆盖地质储量 9561 万吨，预计提高采收率 6.0%，新增可采储量 574 万吨，推广应用前景广阔。

4 结论

(1) 应用 CT 扫描表征储层微观孔隙结构特征，并引入分形维数、渗流特征参数建立多参数、宏微观相结合的储层定量分类评价标准，确定油藏动用界限。以单井分类评价为支撑，开展地震属性优选，建立不同属性特征与有利储层匹配关系，由点及面刻画甜点空间展布特征，制定多参数体积压裂水平井部署界限，优化井位部署方案设计。

(2) 开展储层静态岩石力学参数测定实验，依据岩石力学特征差异，优化分段及裂缝参数设计，实现储量有效动用。

参 考 文 献

[1] 李宗田，李凤霞，黄志文. 水力压裂在油气田勘探开发中的关键作用[J]. 油气地质与采收率，2010，5：76-79.

[2] 贺承祖，华明琪. 储层孔隙结构的分形几何描述[J]. 石油与天然气地质，1998，19(1)：15-23.

[3] 张婷，徐守余，杨珂. 储层微观孔隙结构分形维数

应用[J]. 大庆石油学院学报，2010，34(3)：44-48.
[4] 李留仁，赵艳艳，李忠兴. 多孔介质微观孔隙结构分形特征及分形系数的意义[J]. 石油大学学报：自然科学版，2004，28(3)：105-108.
[5] 张奉东. 低渗透微裂缝储层地质特征及改造技术[D]. 西安：西北大学，2010.
[6] 林英松，葛洪魁，王顺昌. 岩石动静力学参数的试验研究[J]. 岩石力学与工程学报，1998，17(2)：216-222.
[7] 胡松，宋连腾，李霞，等. 基于一体化测井平台的岩石力学评价系统的开发及应用[J]. 西安石油大学学报(自然科学版)，2013，28(5)：21-25.
[8] 李玉城. 地质与压裂一体化布井技术在苏里格气田的应用[J]. 石油地质与工程，2015，29(5)：78-80.

渤海高含水油田高效堵控水技术创新实践

代磊阳　邹　剑　高　尚　刘　畅　潘定成　牟　媚　张晓封　冯　阳

［中海石油(中国)有限公司天津分公司渤海石油研究院］

摘　要　油井堵控水是一项难题，长期以来一直存在风险高、成功率低的问题。渤海油田经过近两年的攻关，摸索出了一套油井堵控水的治理思路。该技术成功应用于渤海油田5口井，其中锦州25-1南油田E井通过化学堵水含水率降低80%，日增油30方，阶段增油实现3000方；埕北油田B井通过新型机械控水技术日增油35方，阶段增油4655方，含水下降7个点；绥中36-1油田C井通过新型AICD控水技术实现含水下降4.3%，日增油35方，阶段增油5505方。三口井持续有效，预计单井增油实现7000方以上，充分论证了该设计方法的有效性。

关键词　油井堵控水；高效堵控水；储层划分；机械控水；化学堵水

渤海油田随着开采年限的增加，高含水井及特高含水井的数量越来越多，高含水对老油田稳产、节能减排将带来一系列问题。渤海水平井的高含水治理、增油的治理需求，尤为迫切。渤海油田实施的堵控水工艺有机械控水、化学堵控水及机械+化学堵水三种常规工艺，以及封隔体控水、ICD控水、AICD智能控水等新型控水工艺。通过攻关研究形成控水技术与油藏储层特点紧密结合的裂缝性油藏化学堵水技术、管内细分新型AICD控水技术、无缆分采控水技术等多种适合渤海油田的堵控水工艺，有效解决了油井高含水难治理的问题。

1　堵控水工艺技术及实施情况

1.1　常规堵控水工艺实施情况

渤海常规采用的机械堵控水工艺为封隔器堵水，即采用封隔器密封套管空间来解决层间的矛盾，封堵高含水层，适用于射孔完井和部分裸眼完井的水平井。这种方法施工工艺简单、投资少、见效快，由于没有消耗任何堵水剂或降水剂，减少了对油层的污染，机械控水法成功率高，封堵水层效果好。但仍存在一定的局限性，其适用条件为：①出水层或含水率很高、没有采油价值；②在出水层上部或下部有较稳定的夹层，且夹层厚度>5m；③油层套管无损坏，井身结构状况良好；④出水层结构完好，无严重出砂现象。常用的化学控水有两种：一种为选择性化学封堵工艺，一种为非选择性化学封堵工艺。选择性化学封堵工艺采用的药剂能选择性的对高含水层位进行选择性封堵，而对低含水层位的封堵效果较差。因此封堵后能有效降低油井的含水率，提高油井产出效率。选择性控水经常采用的堵剂有油溶性颗粒类、双疏聚合物或者凝胶类药剂。非选择性药剂渤海常用的为ACP控水，ACP为一类触变流体，具备剪切变稀、静止后结构迅速恢复的特性。其进入水平段环空后可迅速形成“网架”结构，不会出现重力坍塌现象，将占据整个环空形成“化学管外封器”，从而达到对高含水层位的封堵。ACP为非选择性控水，需要对井筒有精确的见水分析。机械控水选井门槛高，要求井筒条件多，且筛管防砂完井水平井不具备常规控水工艺实施条件，无法对筛管外进行有效封堵，只能控制开关，无法对流量进行控制。化学堵水工艺对井筒条件要求低，且选择型化学控水(油溶性化学控水剂)一般不需要有精确的见水分析，这是其相对于非选择性化学堵水的优势，但化学堵水工艺依然存在有效期短，成功率低的问题。目前选择性化学堵水工艺在渤海油田尚未有过实施。

1.2　ICD与AICD控水筛管控水工艺

ICD控水筛管是一种用于平衡产液剖面，能延缓水平井低水锥进的装置。它通过水嘴来控制流量的大小，实现控水的目的。每个控水接头可以设置1~4个ICD水嘴，水嘴由硬质合金制作而成，具有超强的抗冲蚀性能。水嘴的直径可选择1.5~5.0mm，确保有一个较大的压降范围。AICD控水技术是在ICD控水技术的基础上发展起来，AICD技术是在井段环空与基管之间增加一个能够自动调节的阀件，从而调整水平井段的砂面压力分布、获得均衡的注采剖面。AICD主要通过流体性质和流动路径控水或控气。ICD以及AICD控水筛管控水工艺一般与封隔体颗粒配合使用，目前已在渤海油田得到了成功应用。

1.3 控制底水锥进的化学隔板技术

采用打隔板压水锥的堵水工艺，在原射孔井段下面再射开部分砂层，通过新射孔井段注入不同强度堵剂形成套圈式的封堵半径，建立隔板压水锥。由于油层厚度很薄，均采取全井笼统注堵剂，严格控制注入压力，避免堵剂进入并伤害非的层段。针对不同类型的水窜，也制定了不同的堵水方法。

对于因底水锥进发生含水上升的井，主要采用注高密度盐水及选择性堵水配合建立隔板后压锥控水(图1)。对于此类方向性较强的井的堵水，主要采用的方法是，用强度较高的颗粒堵剂(膨胀凝胶)或选择性冻胶(凝胶)堵剂进行大剂量快速封堵水窜通道采用数值模拟方法分析油井打入隔板的大小和位置对开发效果的影响。确定在油水界面建立15~20m的隔板，隔板越大，日增油量越大；打入的隔板越靠近油水界面，日增油量越大。

2 实施案例

2.1 裂缝性油藏化学堵水技术

E22井作业前日产液225.5m^3，日产油3.4m^3，含水率98.5%。堵水施工后，E22H井日产液降为43m^3，但日产油升至20m^3，含水率约为45%，目前堵水施工后2个月，日产液45m^3，日产油23.2m^3，含水率48.2%，平均日增油19.8m^3，含水下降50.3%，累增油1261m^3，取得了明显的增油降水效果(表1、图2)。

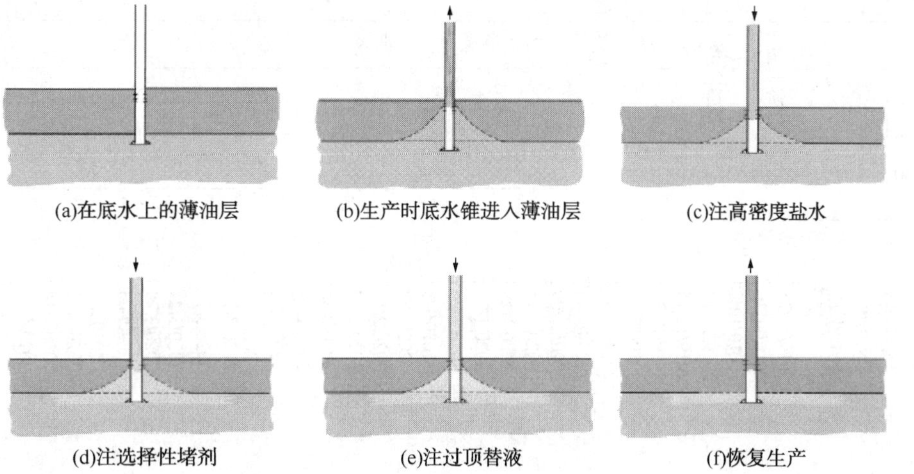

图1

表1

段塞	用量/m^3	主剂浓度/%	交联剂浓度/%	增强剂浓度/%	注入速度/(m^3/h)	注入时间/h	备注
前置段塞	200	0.5			8~12	25	预处理地层
主体段塞	1050	0.5	0.4	0.3	8~12	132	封堵出水通道
封口段塞	550	0.6	0.45	0.3	8~12	69	封堵出水通道
顶替段塞	50	0	0	0	8~12	6	顶替堵剂至地层
合计	1850					232	

2.2 无缆分采控水技术

井史简介：该井高含水，作业前两防砂段合采，日产液166m^3，日产油20m^3，含水88%，怀疑下段属于高含水段。

技术优势：地面提前预设油嘴动作，无需井口打压，无需找水。

生产过程：第一阶段：同时生产两防砂段20天；第二阶段：只生产下段10天；第三阶段：只生产上段——控水增油阶段

增油效果：降水幅度6%，日增油36m^3，阶段增油4500m^3，有效期已达190天。

具体如图3所示。

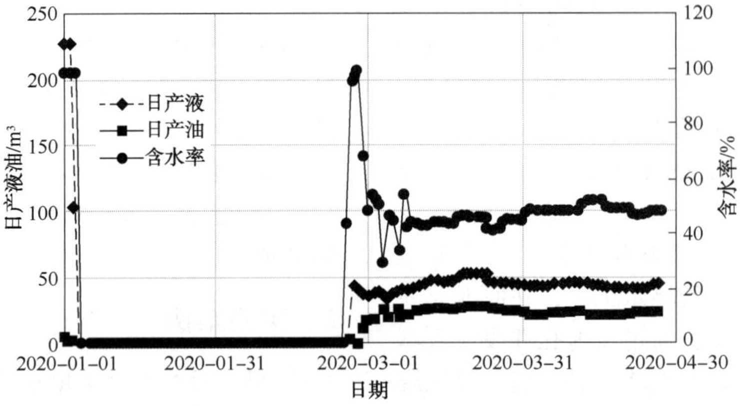

图 2

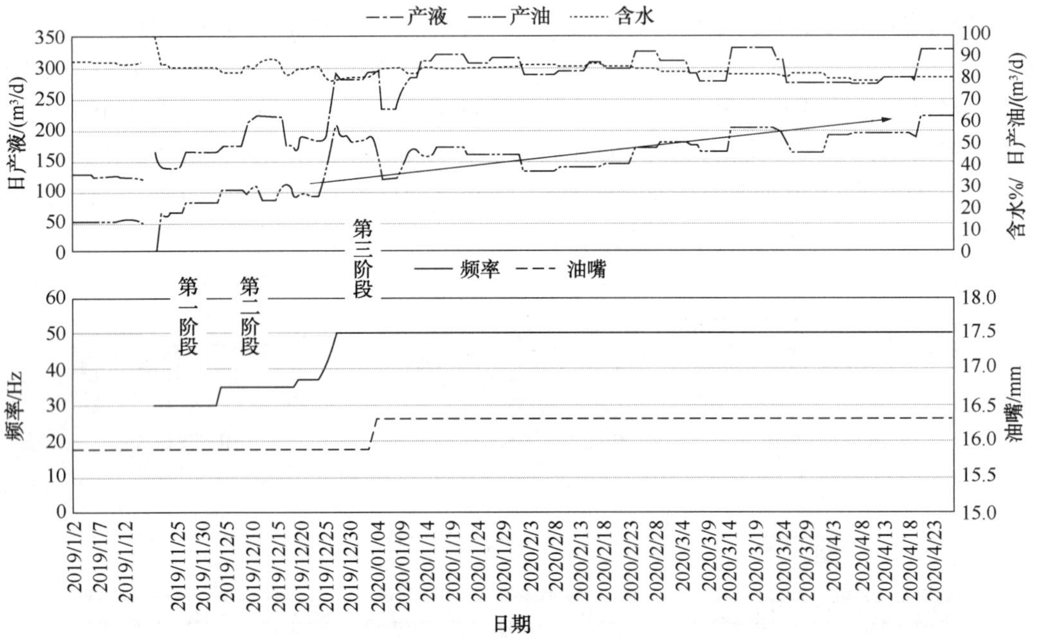

图 3

2.3 自适应 AICD 控水技术

SZ36-1-C45H1 井采用 8½″裸眼砾石充填的完井结构，所采用的 5½″筛管外部充填有砾石，防砂砾石充填于水平段后产生各向同性的流动阻力，根据达西定律，渗流量 Q 与压差 ΔP 和渗流界面 A 成正比，而与渗流长度 L 成反比。流体由地层至筛管距离短、接触面积大，径向流动阻力小；水平段流动单元间距离长、环空横截面积小，流体横向流动阻力大，使得地层流体单元内流动得到控制、单元间流动受到抑制，防砂砾石在实现防砂的同时，可以防止水锥轴向窜流，结合 AICD 自适应控水阀可以实现精细化分段的功能(图 4)。

组下控水管柱(自下而上)：圆堵(2⅞″EUE Box)+倒角油管(2⅞″EUE Pin×Box)+流量控制工具 2 套(2⅞″EUE Pin×Box)+倒角油管(2⅞″EUE Pin×Box)+K341 封隔器 3#(2321m，2⅞″EUE Pin×Box)+倒角油管(2⅞″EUE Pin×Box)+流量控制工具 2 套(2⅞″EUE Pin×Box)+倒角油管(2⅞″EUE Pin×Box)+K341 封隔器 2#(2261m，2⅞″EUE Pin×Box)+倒角油管(2⅞″EUE Pin×Box)+流量控制工具 6 套(2⅞″EUE Pin×Box)+倒角油管(2⅞″EUE Pin×Box)+K341 封隔器 1#(2126m，2⅞″EUE Pin×Box)+倒角油管(2⅞″EUE Pin×Box)+流量控制工具 2 套(2⅞″EUE Pin×Box)+倒角油管(2⅞″EUE Pin×Box)+定位密封(2071m，2⅞″EUE Pin×3½″EUE Box)+3½″EU 打孔油管短节+丢手工具(3½″EU Pin×3½″IF Box)+钻杆(3½″IF Pin×3½″IF Box)。

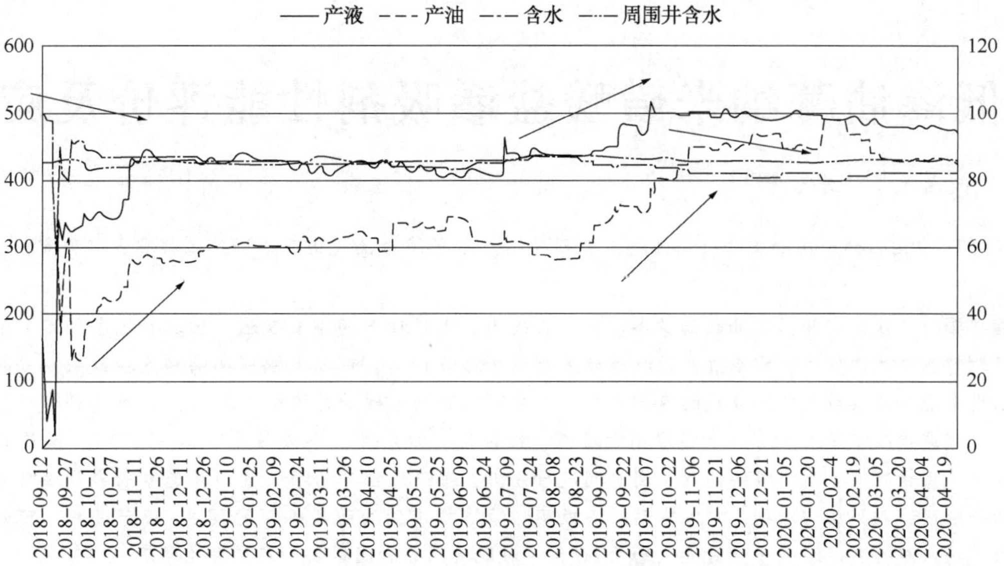

图 4

3 小结

（1）2020 年，新型堵控水工艺已经完成 17 井次的方案设计，7 口井已经完成现场实施，后续将在锦州 25-1 南、旅大 10-1、旅大 32-2、绥中 36-1 等油田实施 10 井次左右，通过技术的升级与创新，形成与油田需求贴合度更高的新型控水工艺，实现技术降本提质增效，预计实现增油达 8 万吨以上。

（2）通过攻关研究形成的控水技术与油藏储层特点紧密结合的裂缝性油藏化学堵水技术、管内细分新型 AICD 控水技术、无缆分采控水技术等多种适合渤海油田的堵控水工艺，有效解决了油井高含水难治理的问题。

参 考 文 献

[1] 李建波，梁发书，郭川梅，等. 稠油降黏剂的合成及其作用机理分析[J]. 西南石油学院学报，2001，23(1)：40-42.
[2] 李薇，金学锋，王凤清，等. 特稠油乳化降黏室内评价研究[J]. 断块油气田，2012，19(1)：89-91.
[3] 李美蓉，郝清滟，齐霖艳，等. OP-10 降黏效果和稠油组成的关系[J]. 石油学报(石油加工)，2014，30(4)：730-735.
[4] 张云宝，王楠，夏欢，等. 强化分散体系乳化降黏性能评价及机理分析[J]. 石油化工高等学校学报，2016，29(6)：18-19.
[5] 王大威，张健，崔盈贤，等. 海上 S 油田稠油乳化降黏技术[J]. 油田化学，2015，32(2)：263-267.
[6] 刘庆旺，林瑞森. 辽河冷家油田特稠油降粘剂 LJVR-1 及其性能评价[J]. 浙江大学学报，2004，31(5)：548-551.
[7] 孟祥海，张云宝，张德富，等. 稠油乳化降黏剂筛选及其注入参数优选实验—以渤海 LD5-2 油藏为例[J]. 当代化工，2016，45(11)：2612-2613.
[8] 康万利，郭黎明，孟令伟，等. 超低界面张力强化泡沫体系稠油驱研究[J]. 中国石油大学学报(自然科学版)，2012，26(1)：170-174.
[9] 周风山，吴谨光. 稠油的类乳化成复合降粘作用机理[J]. 油田化学，2002，19(4)：311-313.

超低渗油藏纳米磺酸盐渗吸剂性能评价及应用

闫若勤[1,2]　鄢长灏[1,2]　李建山[1,2]　陆小兵[1,2]　杨立安[1,2]　常莉静[1,2]　屈　肖[1,2]

（1. 中国石油长庆油田分公司油气工艺研究院；2. 低渗透油气田开发国家工程重点实验室）

摘　要　长庆油田超低渗油藏储量丰富，是长庆油田上产稳产的重要领域。但其物性条件差，注水开发有效驱替系统难以建立，水驱提高采收率效果有限。渗吸作用，可以大幅提高油水置换效果，进而可以置换出更多原油，实现超低渗油藏的有效开发。本文研究的纳米磺酸盐渗吸剂界面张力可达到超低界面张力水平，润湿性改变显著，有利于实现高效渗吸，经评价，体系最大渗吸效率可达 37.58%，渗透作用较强。通过应用核磁共振对渗吸距离及平衡时间进行分析，渗吸过程分为渗吸置换快速增长期和渗吸置换稳定期两个阶段，利用相似准则，将室内动态渗吸实验结果推广到油藏条件下的闷井-投产过程，可以近似推算出现场油藏开发时渗吸平衡时间大约为 60 天，对现场闷井时间提供一定的理论参考。

关键词　超低渗油藏；纳米磺酸盐；渗吸；闷井时间；提高采收率

长庆油田超低渗储层储量丰富，是长庆油田上产稳产的重要领域。但其物性条件差，基质渗透率低，孔隙度小，导致注水开发的有效驱替系统难以建立，地层压力保持水平低，注水开发适应性差。而渗吸作用视为超低渗油藏开发的一个重要方式，得到国内外油田的重视。为进一步提高采收率，考虑采用渗吸的作用，大幅提高油水置换效果，进而达到快速见油，高产稳产的目的。陈海汇等以长庆油田超低渗储层 Y284 区块为研究对象，探索了表面活性剂性能对化学渗吸采收率的影响，提出在超低渗 Y284 砂岩储层中，阴离子型表面活性剂的渗吸效果最好，并且阴离子亲油基碳链长度的增加可以增强渗吸作用。张永刚等筛选除了适合渭北超低渗油藏的生化表面活性剂 OBS-03，具有降低界面张力、降低原油黏度、降低驱替压差和提高采收率的能力。康万利等针对阴离子表面活性剂 HABS、非离子表面活性剂 APG1214 及两者复配体系，研究了渗吸体系与原油之间的界面张力、岩心经渗吸体系浸泡前后的接触角变化、体系乳状液稳定性等因素对采收率的影响。2011 年，李爱芬等通过地层水和表面活性剂溶液的自发渗吸实验，对润湿性、温度、黏度、界面张力等因素进行规律研究，得出温度不是影响渗吸的直接因素，润湿性、黏度和界面张力是影响渗吸的主要因素，并总结出其影响的规律。Baofeng Hou 等通过系列实验发现 SXJ-2 对亲油岩心表面具有润湿反转的能力，且初始含水饱和度低，岩心吸油和排油面积大，有助于提高最终石油采收率，0.05%浓度的溶液在 0.77mD 的致密砂岩中渗吸采收率可达 10%。朱维耀等人利用室内渗吸实验和核磁共振技术，系统的对影响渗吸过程的各项因素进行了研究，发现渗吸速度同岩心长度、基质-裂缝的接触面、润湿性、老化时间等都有关，并且存在这一个最适宜的驱替速度，使得毛管力和驱动力二者都可以得到充分发挥。

渗吸采油也在国内外油田进行了应用。美国德克萨斯州的斯普拉博雷裂缝性砂岩油藏、北海的埃科菲斯克油田、卡达尔的杜汉油田等都进行过渗吸采油，北海的埃科菲斯克油田取得了显著的开发效果，但原油的采出程度也仅占地质储量的 35%。位于怀俄明 Bighorn 盆地的 Cottonwood Creek 油田利用表面活性剂段塞对单井进行了增产处理，通过改变油层润湿性和促进渗吸过程，使得油田采油量得到了增加。崔鹏兴等人对鄂尔多斯盆地低渗透 M 区块注入表面活性剂进行渗吸驱油，发现油井产液量上升，增产效果持续时间增长，相比较注入水渗吸驱油效率，表面活性剂渗吸驱油效率要高 2%左右。

目前渗吸采油在超低渗油田的开发取得一定的进展，但是不同驱油剂渗吸作用不同，对不同储层的作用强度不同，为了研究渗吸剂在长庆油田超低渗油藏的适应性，本文对自研的一种纳米磺酸盐渗吸剂的渗吸性能进行研究，以期为现场应用起到理论支持的作用。

1 实验部分

1.1 实验材料和仪器

1.1.1 主要实验材料

纳米磺酸盐渗吸剂，自制，黑褐色粘稠液体，室温下密度 1.09g/cm^3，黏度 130mPa·s；模拟油，自制，长庆油田脱气原油与煤油按体积比 1∶3 配制，室温下的黏度为 4.5mPa·s，密度 0.903g/cm^3；长庆油田超低渗油藏地层水，矿化度为 54.7g/L，Na^++K^+，Ca^{2+}，Mg^{2+}，Cl^-，HCO_3^- 和 SO_4^{2-} 的质量浓度分别为 15777.5，4356.3，444.3，31481.5，381.6 和 2190.1mg/L；现场用渗吸剂，由西安长庆化工集团有限公司提供；岩心，Φ2.5cm×5cm，渗透率 0.2-0.5mD；地层砂，80~100 目、100~120 目、120~160 目、160~300 目、大于 300 目，岩心均取长庆 Y 区块天然岩心切片。

1.1.2 主要实验仪器

高温高压驱替核磁共振成像测试系统 MesoMR-HTHP，苏州纽迈分析仪器股份有限公司；气体渗透率仪 STY-2，海安石油科研仪器有限公司；全自动岩心孔隙度测定仪 HKY-2，海安石油科研仪器有限公司；接触角测量仪 JC2000 DS，上海中晨数字技术设备有限公司；旋滴界面张力仪 site100，德国 KRUSS 公司；全自动表面张力仪 SIGMA700，瑞典 Biolin 科技有限公司；电热恒温鼓风干燥箱 DHG-9070，上海一恒科技有限公司。

1.2 实验方法

1.2.1 纳米磺酸盐渗吸剂表/界面张力评价

利用地层水配制不同浓度的纳米磺酸盐溶液，在 60℃ 条件下，使用旋滴界面张力仪在 5000rpm 转速下测定溶液与模拟油的界面张力，观察界面张力随浓度的变化情况；同时利用表面张力仪测定 60℃ 条件下的临界胶束浓度。

1.2.2 纳米磺酸盐渗吸剂润湿性能评价

参照 SY/T 5153—1999 油藏岩石润湿性测定标准。岩心均取 Y 区块天然岩心切片，将岩心浸泡在模拟油中，在 60℃ 的烘箱中放置 7 天做老化处理，然后浸泡在不同的介质中，48h 后取出干燥，测量岩心的接触角。

1.2.3 纳米磺酸盐渗吸剂渗透力评价

采用玻璃的毛细管，用二氯甲基苯基硅烷和石油醚处理使得其处理为油湿。选取体系提升渗吸采收率均较好的浓度配置溶液，水为模拟地层水，具体步骤如下：首先将毛细管吸入原油，直至原油在毛细管内处于稳定的高度，老化 3 天。然后将盛有渗吸剂的试管竖直放置在试管架上，将吸有原油的毛细管插入盛有渗吸剂的试管中，将整个装置放于烘箱中，调节至室温。待毛细管内界面稳定后，测量渗吸剂溶液的举升高度值。毛细管举升系数计算公式：

$$S_c=\frac{h}{r}$$

式中，S_c为毛细管举升系数，无量纲；h 为举升高度，mm；r 为毛细管半径，mm。

选取 80~100 目，100~120 目，120~160 目，160~300 目，大于 300 目的石英砂（分别对应 30mD，10mD，1mD，0.1mD，0.01mD 渗透率），将砂粒与原油按质量比 7/1，进行搅拌混合，在 130℃ 下老化 7 天，期间定期翻搅。

针对上述各表面活性剂，选取各体系提升渗吸采收率最高的浓度配置溶液，水为模拟地层水，具体步骤如下：首先将碱式滴定管尖头部分用脱脂棉填充至刻度处，压实，装填 5mL 油砂，墩 15 下，再装填 5mL 油砂，墩 15 次左右，以油砂呈压实状态为止。然后将碱式滴定管固定，量取 4mL 表面活性剂溶液，一次快速注入管中，并同时记录时间，以溶液前端为准，记录溶液前段到达 5mL 油砂位置所需时间，平行进行实验 3 次，结果取平均值。渗透力（F_p）= 毛细管举升系数（S_c）×渗透速度（S_p），以渗透力来评价表面活性剂在油藏的渗透和扩散性能。渗透速度计算公式：

$$S_p=\frac{V}{t}$$

式中，S_p为渗透速度，mL·min^{-1}；V 为流经油砂体积，mL；t 为流经一定油砂所需时间，min。

1.2.4 纳米磺酸盐渗吸剂渗吸性能评价

参照 SY/T 6424—2000 复合驱油体系性能测试标准，取同一组天然岩心进行岩心地层水饱和及模拟油饱和操作，油饱和完成后称量岩心质量，求得岩心饱和油体积。将该组岩心分别放在一定浓度渗吸液中，在 60℃ 下进行静态渗吸实验。

1.2.5 核磁共振分析实验方法

实验执行石油天然气行业标准 SY/T 5336—2006《岩心分析方法》和 SY/T 6490—2014《岩样核磁共振参数实验室测量规范》。

2 结果与讨论

2.1 纳米磺酸盐渗吸剂表/界面张力评价

在60℃条件下，对纳米磺酸盐渗吸剂的界面张力和表面张力进行评价，结果如图1、图2所示。纳米磺酸盐渗吸剂在浓度为0.25%时达到最低界面张力，为0.013mN/m，可达到超低界面张力水平。纳米磺酸盐的临界胶束浓度(CMC)为0.23%，此时表面张力为30mN/m。该纳米磺酸盐渗吸体系具有较好的表/界面性能，有利于体系渗吸作用的发挥，对超低渗透油藏渗吸提高采收率有着积极的促进作用。

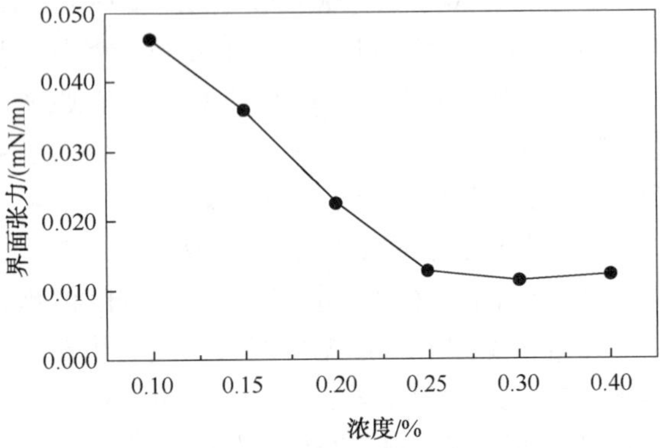

图1 纳米磺酸盐渗吸剂界面张力评价

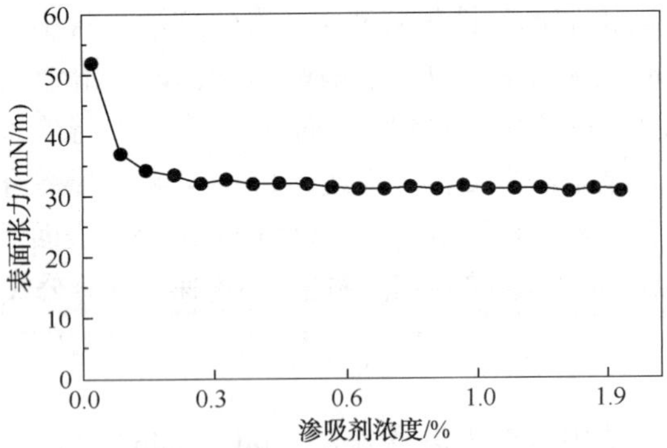

图2 纳米磺酸盐渗吸剂表面张力评价

2.2 纳米磺酸盐渗吸剂润湿性能评价

1号岩心浸泡在浓度为0.25%纳米磺酸盐渗吸剂溶液中，2号岩心浸泡在模拟地层水中，48h后取出干燥，分别测量岩心的接触角，测量结果如图3、表2所示。纳米磺酸盐渗吸剂能有效改善储层岩石的润湿性，岩心接触角由处理前的106.25°变为处理后的54.5°，接触角改变率高达53.5°，较蒸馏水改变率提高41°，能够实现润湿反转。在岩心为水湿时，毛管力作用较强，有助于渗吸剂置换动用原油，利于渗吸采收率的提高。

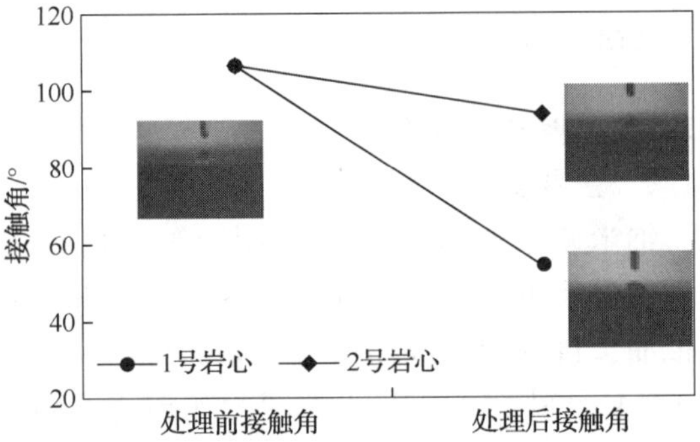

图3 浸润前后岩心的接触角评价

表2 不同方式处理前后岩心接触角的变化

岩心处理方式	处理前岩心接触角/°	处理后岩心接触角/°	接触角改变量/°
1号岩心（纳米磺酸盐渗吸剂浸润）	106.25	54.5	51.75
2号岩心（模拟地层水浸润）	105.5	93	12.5

2.3 纳米磺酸盐渗吸剂渗透力评价

测量纳米磺酸盐渗吸剂和模拟地层水的毛细管举升系数及渗透速度，对体系的渗透力进行评价。测试结果如图4，表3所示，纳米磺酸盐渗吸剂的毛细管举升系数为61.1，相比地层水提高了近10倍，而渗透速度也有提高。由式可得，纳米磺酸盐渗吸剂的渗透力可达到170.47mL/min，与模拟地层水相比，提高了11倍。较高的渗透力，表明该渗吸剂具有良好的渗透性和渗吸能力，对于超低渗透油藏提高渗吸采收率来说具有重要的作用。

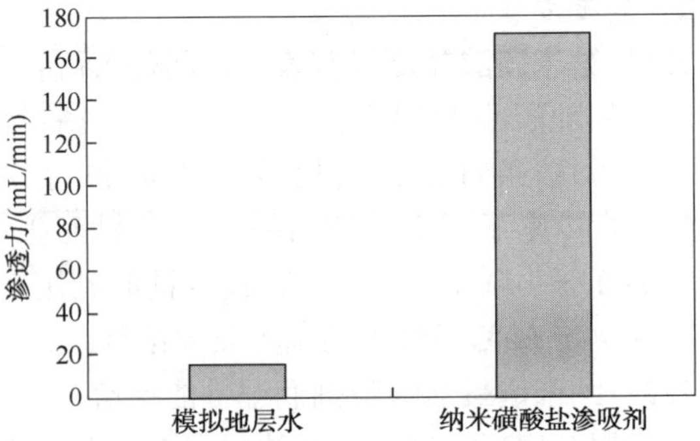

图4 不同渗吸剂吸附力评价

表3 渗吸能力评价数据表

类型	实验举升高度/mm	毛细管半径/mm	毛细管举升系数	渗吸速度/(mL/min)
模拟地层水	1.28	0.2	6.4	2.42
纳米磺酸盐渗吸剂	12.22	0.2	61.1	2.79

2.4 纳米磺酸盐渗吸剂渗吸性能评价

测量纳米磺酸盐渗吸剂的渗吸效率及渗吸采收率。测量结果如图5所示，结果表明，纳米磺酸盐26h基本达到渗吸平衡，渗吸效率35.35%，最大渗吸效率36.92%，现场在用驱油剂32h基本达到渗吸平衡，渗吸效率24.5%，最大渗吸效率26%，纳米磺酸盐驱油剂在更短时间展现了更高的渗吸效率。

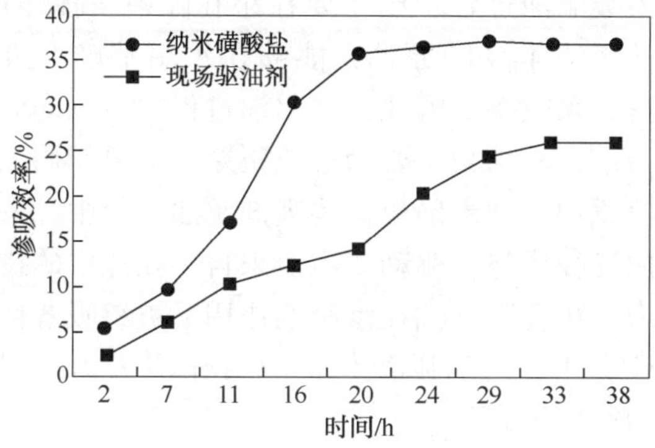

图5　不同渗吸剂渗吸效率评价

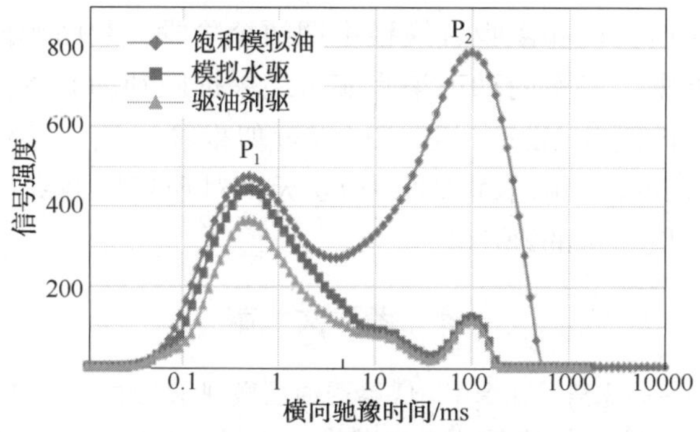

图6　岩心核磁共振T2谱

2.5 核磁共振分析实验及闷井时间预测

2.5.1 渗吸动用原油情况研究

利用核磁共振技术对岩心渗吸前后剩余油分布情况进行分析，如图6、表4所示。结果表明，水驱油过程，有效动用的主要是大孔喉和中等孔喉，动用近86%的原油，而小孔喉动用较少，仅有0.01%的动用。而纳米磺酸盐渗吸剂驱油过程，则主要在小孔隙中发挥作用，可动用约44%的原油，能够在水驱基础上进一步提高采收率。

因此，水驱油过程中，以同向渗吸为主，驱动力主要为渗流压差，主要作用于大孔隙原油。纳米磺酸盐渗吸剂驱油过程中，发挥逆向渗吸优势，驱动力主要来自小孔隙中的排驱压力，小孔隙的油在渗吸剂作用下被渗吸置换到大孔隙中，之后随流体的驱替作用采出，即闷井-投产的过程。

表4　岩心核磁共振T2谱峰相对面积

孔隙度/%	渗透率/$10^{-3}\mu m^2$	驱替方式	P_1 峰面积	P_2 峰面积
14.0	0.45	饱和模拟油	9975.809	16745.903
		模拟水	9897.305	2367.960
		渗吸剂	5622.224	2362.223

2.5.2 渗吸距离研究

对渗吸后的岩心进行核磁共振成像检测，当达到渗吸平衡时，截取距岩心底部不同距离截面的T2成像，结果表明渗吸有效距离在1.2cm以上。根据渗吸后对岩心测定的含水饱和度曲线也可以确定，岩心入口端的含水饱和度由35.95%增加到46.88%，变化范围大约1.25cm。因此纳米磺酸盐渗吸剂的作用范围大约在1.2cm左右(图7、图8)。

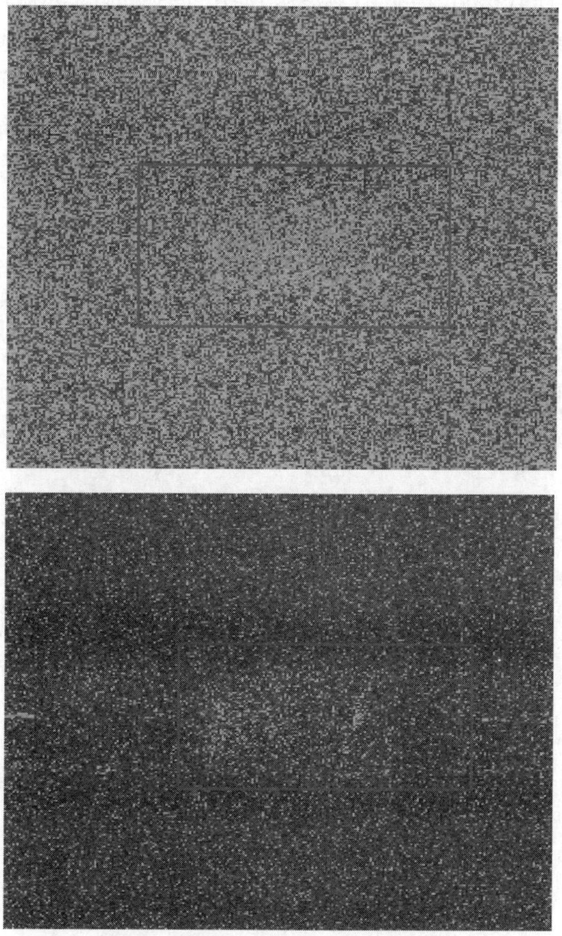

图7　渗吸有效距离核磁成像
（上图：初始，下图：渗吸平衡）

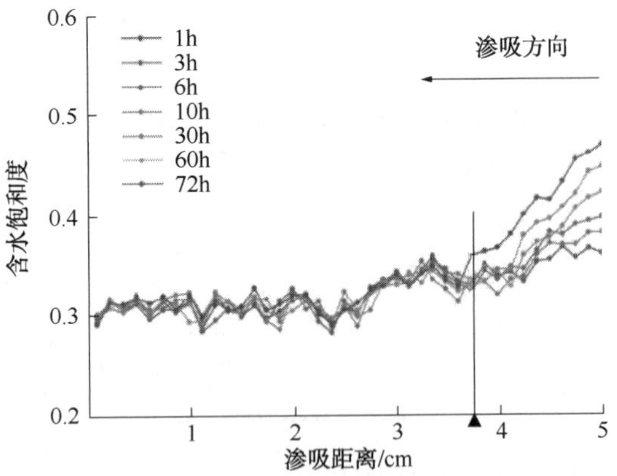

图 8　渗吸距离实验结果

2.5.3　渗吸平衡时间及闷井时间预测

利用相似准则，将室内动态渗吸实验结果推广到油藏条件下的闷井−投产过程，由图可以看出渗吸过程分为渗吸置换快速增长期和渗吸置换稳定期两个阶段，不同渗吸剂渗吸平衡时间不相同，而渗吸阶段达到平衡的时间为闷井时间的重要参考依据。因此，可以通过相似准则的无因次时间(公式 1)近似对渗吸作用的平衡时间进行计算。结合本文纳米磺酸盐渗吸剂室内实验的平衡时间，可以近似推算出储层条件下渗吸平衡时间大约为 60 天，对现场闷井时间提供一定的理论参考(图 9)。

$$t_d = t\frac{\sigma\sqrt{k/\varphi}}{\sqrt{\mu_o\mu_w}L_s^2} \tag{1}$$

式中，t 为时间，s；K 为渗透力，$10^{-3}\mu m^2$；φ 为孔隙度,%；μ_w 为水相黏度，mPa · s；μ_o 为油相黏度，mPa · s；L_s 为多孔介质高度，cm；σ 为油水界面张力，$mN \cdot m^{-1}$；

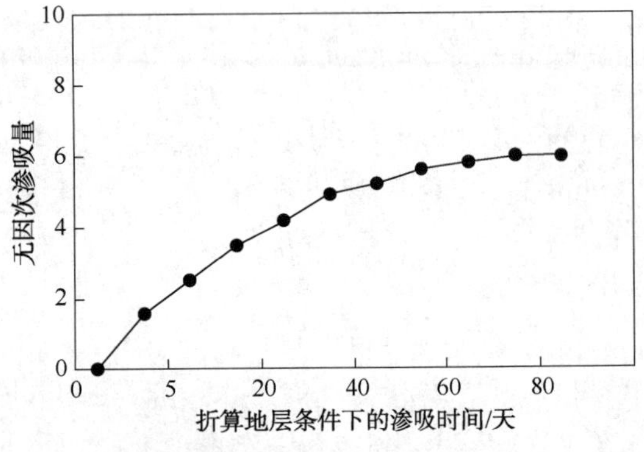

图 9　转换为地层条件的渗吸量随渗吸时间变化

3　结论及认识

纳米磺酸盐渗吸体系具有优良的界面性能和润湿调控性能，界面张力可达到超低界面张力水平，润湿性改变显著，同时体系的渗透力较强，表明具有良好的渗吸能力和渗透性，纳米磺酸盐 26h 基本达到渗吸平衡，最大渗吸效率 36.92%，纳米磺酸盐渗吸体系在更短时间展现了更高的渗吸效率。

通过核磁共振分析，对水驱油过程，有效动用的主要是大孔喉和中等孔喉，纳米磺酸盐渗吸剂渗吸驱油过程，则主要在小孔隙中发挥作用，可动用约 44% 的原油，能够在水驱基础上进一步提高采收率。因此，水驱油过程中，以同向渗吸为主，驱动力主要为渗流压差，主要作用于大孔隙原油。纳米磺酸盐渗吸剂驱油过程中，发挥逆向渗吸优势，驱动力主要来自小孔隙中的排驱压力，小孔隙的油在渗吸剂作用下被渗吸置换到大孔隙中，之后随流体的驱替作用采出，即闷井−投产的过程。

结合本文纳米磺酸盐渗吸剂室内实验的渗吸距离及平衡时间分析，渗吸过程分为渗吸置换快速增长期和渗吸置换稳定期两个阶段，利用相似准则，将室内动态渗吸实验结果推广到油藏条件下的闷井−投产过程，可以近似推算出储层条件下渗吸平衡时间大约为 60 天，对现场闷井时间提供一定的理论参考。

参　考　文　献

[1] 曲志浩，孔令荣. 低渗透油层微观水驱油特征[J]. 西北大学学报(自然科学版)，2002，32(4)：329−334.

[2] 钟世才. 长庆油田依靠科技提升超低渗油藏开发品质[J]. 低渗透油气田，2011，(3)：24.

[3] 王锐，岳湘安，尤源，等. 裂缝性低渗油藏周期注水与渗吸效应研究[J]. 西安石油大学学报(自然科学版)，2007，22(6)：56−59.

[4] 刘向君，戴岑璞. 低渗透砂岩渗吸驱油规律实验研究[J]. 钻采工艺，2008，31(6)：110−112.

[5] 黄潇. 超低渗透油藏渗吸主控因素及规律研究[D]. 北京：中国石油大学(北京)，2017.

[6] 杨正明. 低渗透油藏渗流机理及其应用[D]. 北京：中国科学院研究生院(渗流流体力学研究所)，2005：32−35.

[7] 陈海汇，范洪富，张翼. 表面活性剂对长庆超低渗砂岩油藏化学渗吸的影响[J]. 科学技术与工程，2019，19(10)：97−103.

[8] 张永刚. 超低渗油藏表面活性剂降压增注及提高采收率[J]. 大庆石油地质与开发，2016，35(1)：

126-130.
[9] 康万利，赵晗，邵硕，等. 表面活性剂复配提高超低渗油藏渗吸采收率[J]. 油田化学，2019，36(4)：667-671.
[10] 李爱芬，凡田友，赵琳. 裂缝性油藏低渗透岩心自发渗吸实验研究[J]. 油气地质与采收率，2012，18(5)：67-69，77.
[11] 朱维耀，鞠岩，赵明，等. 低渗透裂缝性砂岩油藏多孔介质渗吸机理研究[J]. 石油学报，2002，23(6)：56-59.
[12] 江敏. 长庆低渗透油藏渗吸采油体系研究[D]. 北京：中国地质大学(北京)，2016.
[13] 崔鹏兴，梁卫卫，张文哲，等. 长6特低渗储层驱油用表面活性剂性能评价及矿场实验[J]. 当代化工，2015，44(8)：1832-1838.

川渝地区页岩油藏改造用工作液体系研究

罗 斌 张 莉 黄志鹏 任俊松

(中石化西南石油工程有限公司井下作业分公司)

摘 要 川渝区块页岩油藏储层埋藏深、类型多样，页岩油获得有效改造的难度较大。从前期的改造经验来看，大部分页岩油井都存在工作液针对性差、压后与预期增产效果差异大等问题。为了提高工作液体系的适用性，达到改造获高产的目的，优选出适用于川渝地区页岩油的增产改造的工作液体系。基于标准指标要求，通过室内实验评价破乳剂、助排剂、黏土稳定剂和降阻剂的性能指标，同时也对驱油用表面活性剂进行性能测试，优选出满足指标要求的添加剂单剂和单剂最优加量，进而优选出较适合于川渝页岩油压裂用的工作液配方。为后期规模化开发提供了技术准备。

关键词 川渝地区；页岩油；压裂；工作液；性能要求

陆相页岩油气的可采储量较高，被认为是我国最具开采潜能的烃源岩油气，也是中国陆上未来“进源找油”最重要的突破对象。我国已探明页岩油储量约500亿吨，居世界第三位，是我国未来一段时间增储上产的重要接替资源，四川盆地也是我国页岩油资源量分布的主要盆地之一，约占总储量的16.4%。

陆相页岩油压裂改造采用的液体体系以滑溜水为主。滑溜水体系能大幅度降低液体摩阻，有效增加施工净压力，改善压裂改造的效果。目前已成为页岩储层压裂改造最常用的液体之一。然而，川渝区块页岩油藏改造层液体针对性差。在此背景下，优选出一种适用于川渝区块页岩油藏的工作液非常重要。

1 工作液的配方优选

1.1 破乳剂加量优选

1.1.1 破乳剂评价方法

参考Q/SH CG 0066—2021《原油破乳剂技术要求》，对不同加量的破乳剂水溶液进行破乳率的测定，并对测试结果进行对比。

1.1.2 破乳剂加量优选结果

因为原油黏度高，易乳化，且摩阻较大，所以需通过专业的技术对其进行脱水处理以降低剩余油饱和度。

破乳剂是一种表面活性物质，能使乳化状的液体结构不能保持稳定，从而实现液体混相分离。原油破乳是乳化剂的化学性能起作用，它可以分离乳化状的油水混合物中的油和水两相，实现原油脱水的目的，以达到地层原油运移的含水标准。

破乳剂加量优化结果如图1、图2所示。

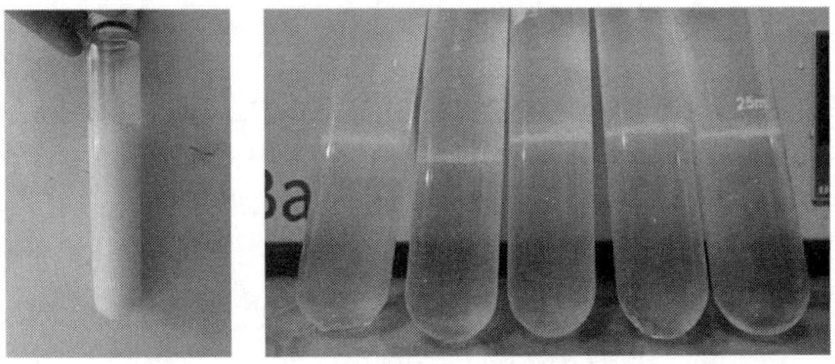

(a)乳状液 (b)添加破乳剂

图1 乳状液破乳前后对比图

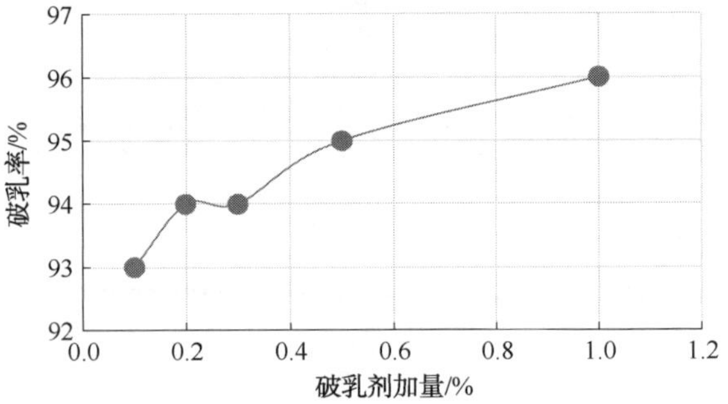

图2 破乳剂不同加量的破乳率变化曲线

由曲线图可以看出，破乳率和破乳剂加量的变化趋势表现为单调递增。加量的增加，破乳率也增加，但变化量逐渐减小，当加量>0.5%后，破乳率增幅减小。考虑指标要求等因素，可选取0.5%作为最优加量。

1.2 助排剂加量优选

1.2.1 助排剂评价方法

配制0.1%、0.3%、0.5%和1.0%浓度的助

排剂水溶液，按照 Q/SH CG0069—2021《压裂酸化用助排剂技术要求》中的要求对助排剂的性能进行评价。同时参照 SY/T 5755—2016《压裂酸化用助排剂性能评价方法》和 SY/T 5370—2018《表面及界面张力测定方法》，使用吊环法测定助排剂的表面张力；根据标准评价方法，在常温条件下测定溶液的界面张力。

1.2.2 助排剂加量优选结果

在对油气井进行压裂施工后，进入地层的压裂液需要快速破胶返排，减少压裂液对地层的伤害。地层岩石与液体之间存在毛细管阻力，压后液体返排难度较大，因此，液体体系中需要添加助排剂，以降低入井液的表面张力或界面张力，加速入井液体返排，减小地层伤害。

实验测试不同加量助排剂表面张力和界面张力的结果如表 1 所示。

表 1 破乳助排剂加量优化实验结果

单剂名称	加量/%	表面张力/(mN/m)	界面张力/(mN/m)
助排剂	0.1	24.6	0.7
	0.3	22.1	0.6
	0.5	22.0	0.4
	1.0	22.1	0.3

标准实验条件下，助排剂促返排效果越好，它的两个指标测试值反而越低。实验温度为室温时，标准 Q/SH CG0069—2021《压裂酸化用助排剂技术要求》中的要求，助排剂水溶液的表面张力值要≤28mN/m，实验测得各个加量的水溶液性能指标均符合要求。基于评价结果的变化趋势，优选表面张力值为 22.0mN/m，加量为 0.5%的助排剂添加到工作液体系。

1.3 驱油剂加量优选

1.3.1 驱油剂评价方法

通过测试不同驱油剂洗油率来优选其最优加量。首先，制备 0.05%、0.1%、0.2%和 0.3%加量的驱油用表面活性剂溶液，岩心加压饱和地层原油，在此之前对岩心抽真空。饱和后，90℃恒温箱中老化 24h 以上。将装有不同液样的烧杯正对放置在岩心下方的可调节升降台上，保证岩心可完全浸入液体中，随后开始自渗吸实验。岩心浸入液体后的瞬间开始秒表计时。记录渗吸时间和岩心重量的变化作为测试实验数据，当岩心质量不在发生变化时，即表明实验结束。计算得到不同添加量驱油剂的洗油率大小(图 3)。

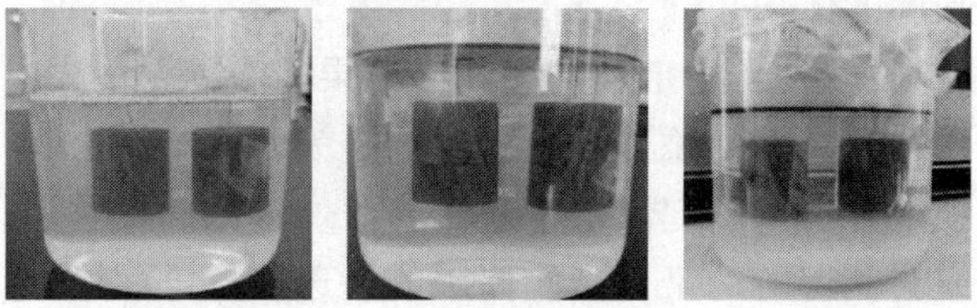

(a)岩心驱油实验前期 (b)岩心驱油实验中期 (c)岩心驱油实验后期

图 3 岩心驱油实验前、中、后期对比图

1.3.2 驱油剂加量优选结果

驱油剂是在油井生产中应用的一种化学品，用于减少储层剩余油量，益化改造效果。驱油剂的工作原理主要是通过改变油水界面张力、降低油水黏度、调节油水分布，从而帮助原油在油层中流动，进而提高原油采收率。

设计驱油剂加量分别为 0.05%、0.1%、0.2%和 0.3%。比较不同加量的计算所得渗吸采收率(表 2)。

表 2 驱油剂加量优化实验结果

单剂名称	加量/%	水溶性	洗油率/%
驱油剂	0.05	溶解均匀，不分层，无絮凝、沉淀	55.2
	0.1	溶解均匀，不分层，无絮凝、沉淀	55.7
	0.2	溶解均匀，不分层，无絮凝、沉淀	56.0
	0.3	溶解均匀，不分层，无絮凝、沉淀	56.2

通过无外加条件的渗吸实验，测试驱油单剂自发渗吸采收率。加量增加，洗油率也增加，不同加量的驱油剂对驱油效果的敏感性由小到大一次为：0.05%驱油剂溶液<0.1%驱油剂溶液<0.2%驱油剂溶液<0.3%驱油剂溶液，并且不同加量洗油率的变化量差距较小。综合驱油剂指标要求和经济效益来看，选择 0.1%作为优选配方的驱油剂加量。

1.4 黏土稳定剂加量优选

1.4.1 黏土稳定剂评价方法

评价方法基于 Q/SH CG 125—2017《黏土稳定剂技术要求》中的要求。称取 3 个 0.50g 钠膨润土，并将其分别放置于 3 个离心管中，1 个离心管中加入 10mL 黏土稳定剂溶液作为实验组，剩余 2 个离心管加入 10mL 水和 10mL 煤油作为参照组，液体搅拌均匀，在室温下静置 2h 后，装入离心机内，在转速为 1500r/min 下进行离心测试，时间 15min，读出离心结束时钠膨润土膨胀后的体积。

1.4.2　黏土稳定剂加量优选结果

压裂液中添加黏土稳定剂是为防止施工过程中入井液体引起储层中黏土膨胀、分散、运移造成对储层的污染，恢复油层的渗透性，进而增强压后效果。

实验测试黏土稳定剂加量分别为 0.1%、0.3%、0.5%和 1.0%，同时用煤油和水的实验结果作为数据参照。对比评价各个方案的性能指标，实验结果如下：

（1）防膨率

膨胀土中分别加入等体积的四种黏土稳定剂、煤油及水体积制备的实验液体，经钢丝搅拌均匀后，在室温下静置 2h，装入离心机内，在转速为 1500r/min 下离心 15min 后，液体状态如图 4 所示。目测 6 种混合物的外观并无明显差距，需对实验做进一步的分析，并获取体积读数。

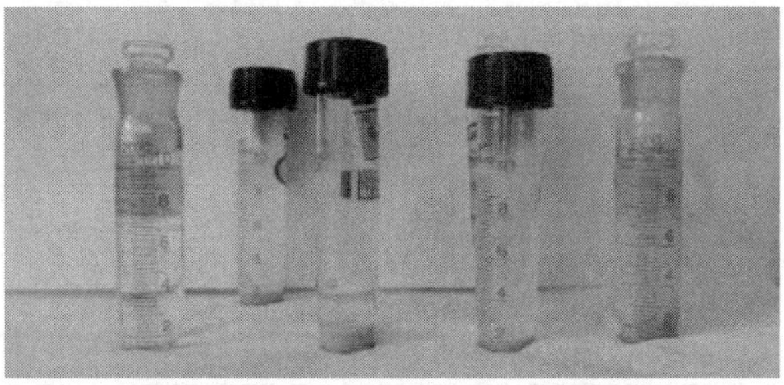

图 4　体积制备的膨胀土与液体混合物

（2）耐水洗能力

倒出各个试管中含黏土稳定剂的液体，于玻璃试管中加入等量的蒸馏水，重复该操作 3 次，读取实验前后膨胀土体积，并计算其变化量（图 5）。

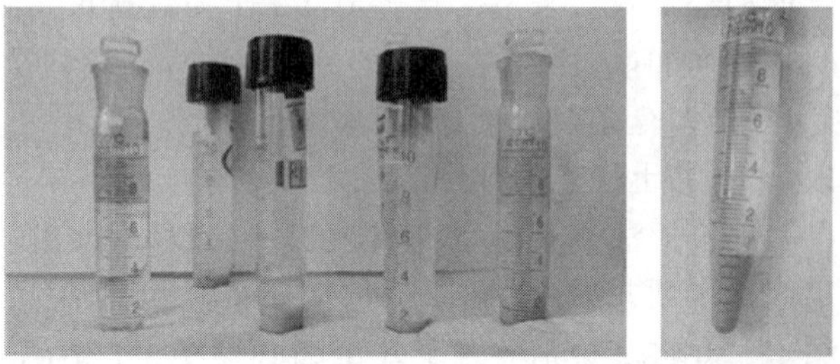

(a)蒸馏水清洗前　　(b)蒸馏水清洗后

图 5　蒸馏水清洗前后对比

如表 3、图 6 所示，从实验结果可以看出，黏土遇水后会有较明显变化，表现为体积增大，而从理论上来说，黏土浸泡在煤油中不会产生明显膨胀效果。由膨胀体积测试结果可以得出，添加 0.1%黏土稳定剂的防膨效果最差，膨胀体积可达 4.8mL，而其他加量的防膨作用测试结果差异较小，膨胀体积低于 3.0mL。同步对比各个浓度的耐水能力可知，各个加量的耐水洗率都>90%，综合对膨胀体积、耐水洗率和经济收支的考虑，优选膨胀体积 2.1mL、耐水洗率为 95.45%的加量为 0.5%的黏土稳定剂。

表 3　黏土稳定剂加量优化实验结果

单剂名称	加量/%	膨胀体积/mL	耐水洗能力（增量）/mL	与压裂液的配伍性
黏土稳定剂	0.1	4.8	0	配伍
	0.3	2.8	0	配伍
	0.5	2.1	0.1	配伍
	1.0	1.1	0.1	配伍

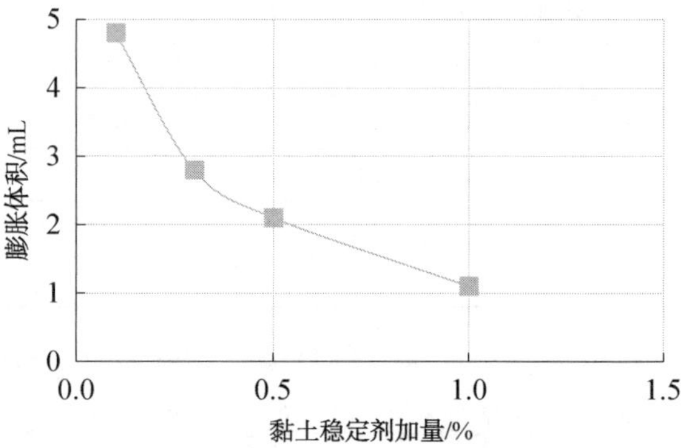

图 6　黏土稳定剂加量优化结果

1.5　降阻剂加量优选

1.5.1　降阻剂的优选方法

根据 Q/SH CG0160—2021《压裂用降阻剂技术要求》的指标要求，开展降阻剂的增黏能力测试。首先，配制加量分别为 0.1%、0.2%、0.3%、0.5%和 0.8%的降阻剂溶液，在室温条件下，采用六速旋转黏度计测量降阻剂的稳定读值。

1.5.2　降阻剂加量优选结果

降阻剂作为一种辅助材料，可通过增黏来增大裂缝形成的可能性和实现造长缝的目的，同时也会降低液体的沿程摩阻，进而增强井底液体的能量。工作液中添加降阻剂就是为了削弱摩阻，提升液体的造缝能力。

基于 Q/SH 1500 0029—2022《压裂材料技术规范》中的工作液指标要求，对比不同加量降阻剂的增黏能力发现，0.1%降阻剂、0.2%降阻剂、0.3%降阻剂和 0.8%降阻剂分别满足低黏、中黏、高黏及交联滑溜水的黏度要求(表4)。

表4　降阻剂的黏度测试

单剂名称	加量/%	表观黏度/mPa·s
降阻剂	0.1	6
	0.2	7.5
	0.3	10.5
	0.5	27
	0.8	43.5

1.6　工作液体系配方优选结果

通过实验测试对比各个单剂的技术指标，优化主要添加剂加量，优选出的压裂液配方如下：

（1）低黏滑溜水配方：0.1%降阻剂+0.5%黏土稳定剂+0.5%破乳剂+0.5%助排剂+0.1%驱油剂+0.005%破胶剂；

（2）中黏滑溜水配方：0.2%降阻剂+0.5%黏土稳定剂+0.5%破乳剂+0.5%助排剂+0.1%驱油剂+0.01%破胶剂；

（3）高黏滑溜水配方：0.3%降阻剂+0.5%黏土稳定剂+0.5%破乳剂+0.5%助排剂+0.1%驱油剂+0.05%破胶剂；

（4）交联滑溜水配方：0.8%降阻剂+0.3%交联剂+0.5%黏土稳定剂+0.5%破乳剂+0.5%助排剂+0.1%驱油剂+0.08%破胶剂。

2　工作液体系性能评价

2.1　压裂液破胶性能评价

按配方配置适量的压裂液液体，将装有压裂液的烧杯放置在水浴锅内恒温60℃，测量破胶液的表观黏度，获取并记录压裂液的破胶时间(表5)。

表5　压裂液破胶性能测试结果

序号	项目	检测结果			
		低黏	中黏	高黏	交联
1	破胶时间/min	90	90	90	1320
2	破胶液表观黏度/mPa·s	3	3	3	3

由测试结果可以看出：压裂液体系破胶液体的表观黏度均≤3mPa·s，满足降阻水压裂液技术指标要求。

2.2　压裂液耐温耐剪切性能评价

取少量配制好的胶液放置在压裂液流变仪器内，设置测试温度80℃，测试时间90min，获取胶液的耐温耐剪切性能曲线(图7)。

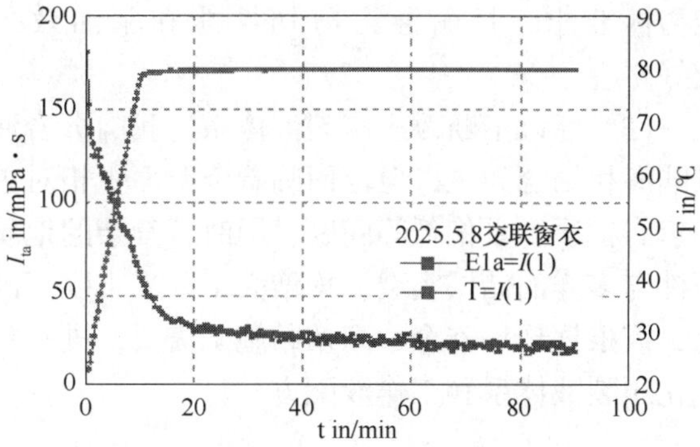

图7　胶液的耐温耐剪切性能测试曲线

由胶液的耐温耐剪切性能测试曲线图可知，在测试温度80℃、剪切速率100rpm/170s^{-1}、测试时长90min的测试条件下，测试20min后，黏度数据进入稳定状态，液体终黏是24.15mPa·s，耐温耐剪切性能较好。

2.3　压裂液驱油性能评价

当油水界面具有较低界面张力时，油滴形态会转变为易通过孔道的一种形态，流动过程的阻力会减小，进而可以促进小孔隙中原油流动，因此，液体体系可以通过降低油水界面张力，从而增加液体洗油效果。

通过比较液体体系的洗油率，同时，也比较添加驱油剂前后液体的界面张力，获得压裂液驱油性能的测试结果(表6)。

表6　压裂液驱油性能测试结果

序号	项目	检测结果			
		低黏	中黏	高黏	交联
1	洗油率/%	55.6	55.7	55.6	55.4
2	界面张力(未加驱油剂)/(mN/m)	1.23	1.25	1.26	1.32
3	界面张力(加驱油剂)/(mN/m)	0.19	0.21	0.19	0.20

由实验测试结果得出，压裂液体系的洗油率均>40%。对比发现，加了驱油体系后能明显降低界面张力，界面张力的变化量>1.0mN/m。所以液体体系有较好的驱油效果。

3　结论与建议

（1）通过对破乳剂、助排剂、驱油剂及黏土稳定剂的实验评价，优选了4种单剂的最优加量，优选了满足液体增黏要求的降阻剂加量范围。进而优选出了较适合川渝页岩油压裂用的工作液配方。

（2）通过对优选出的工作液进行破胶、耐温耐剪切及驱油性能评价得出，液体体系能满足性能指标要求，且耐温耐剪切性能和驱油效果较好。

（3）建议不断改进压裂液体系。我国页岩油以陆海相结合为主，但也面临着资源面积相对更小、有机质含量偏低等问题，同时，复杂的地质条件与多样的储层类型，均增大了开采难度。因此，需根据现场安全、高效的施工需要，进一步优化压裂液体系和工作液配方。

参 考 文 献

[1] 杨雷，金之钧. 全球页岩油发展及展望[J]. 中国石油勘探，2019，24(05)：553-559.
[2] 金之钧，白振瑞，高波，等. 中国迎来页岩油革命了吗[J]. 石油与天然气地质，2019，40(03)：451-458.
[3] 朱彤. 四川盆地陆相页岩油气富集主控因素及类型[J]. 石油实验地质，2020，42(3)：345-354.
[4] 梁兴，叶熙，张介辉，等. 滇黔北坳陷页岩气成藏条件分析与有利区优选[J]. 石油勘探与开发，2011，38(6)：693-699.
[5] 康玉柱. 中国非常规泥页岩油气藏特征及勘探前景展望[J]. 天然气工业，2012，32(4)：343-350.
[6] 马永生，冯建辉，牟泽辉，等. 中国石化非常规油气资源潜力及勘探进展[J]. 中国工程科学，2012，14(6)：22-30.
[7] 赵金洲，王松，李勇明. 页岩气藏压裂改造难点与技术关键[J]. 天然气工业，2012，32(4)：46-49.
[8] 张艺耀，王世彬，郭建春. 页岩地层压裂工艺新进展[J]. 断块油气田，2013，20(3)：278-281.

单压裂队双井同时同步压裂案例实践与经验

曹健志　郭　莉　陈劲松　谭春兰　刘保军　李傲仙

（中化石油勘探开发有限公司）

摘　要　单压裂队双井同时同步压裂是继拉链式压裂技术的又一次压裂组织创新，在实现相同压裂效果的前提下，可以显著降本增效。通过北美多个案例，总结了该技术的设计要点和三种实现方式：(1)等比例缩短压裂段长；(2)压裂设施能力翻倍增加；(3)保持段长不变，按排量降低比例减少压裂射孔簇孔数；其中第一种方式得到确证。解剖了3个实际案例；总结了其降本增效的三个方面：提效，降本，促产。

关键词　双井压裂；北美案例；降本增效；设计要点

压裂技术促进了非常规页岩油气藏的经济高效开发。最初压裂方式为单井压裂，在2014年左右，出现了更为高效的拉链式压裂。拉链式压裂相比单井压裂，降低了单井压裂时射孔桥塞连作和压裂的等待时间，极大的缩短了作业周期，提高了压裂效率，是压裂组织方式的一次革命，在拉链式压裂出现的后的十年里对拉链式压裂进行了多种改进，包括井口连接器，拉链管汇优化等以实现更高的排量。但是当排量上去后，导致了更高的摩阻，需要更多的减阻剂和更高的压裂车功率。为了更好的实现作业时间的缩短和费用的降低，雪佛龙等公司在2020年前后率先尝试了单压裂队伍双井同时同步压裂。

在本世纪的第一个十年，同时同步压裂两口井已成功应用于多个盆地。过去，其主要目标是向页岩地层施加更大的压力，形成更复杂、密度更高的裂缝网络，以最大限度地扩大与储层的接触面积。这一目标是通过使用两个独立的压裂车队来实现的。还不是本质意义上“同时同步压裂”。

从2020年左右以来，北美作业者勇于尝试和创新，实现了单压裂队伍同时同步压裂(简称同时同步压裂)两口井的实践，由于该组织形式可以实现与常规拉链式压裂相当的压裂效果前提下，可以很好的提高压裂效率，同时降低压裂费用，多个公司已经将其作为了标准压裂组织形式。并在地表条件满足的条件下，采用宜用尽用的原则。2023年最近进展，也有公司在尝试在不同的井场平台之间通过建立链接采用同时同步压裂技术。

鉴于国外的良好实践，国内也在开始积极尝试，2022年5月16日，国内首例实施“双压裂”施工作业的中国石油新疆油田玛湖风南FNHW4063四井平台顺利进入压后钻磨桥塞作业。这次“双压裂”施工作业，历时11天，完成110段压裂施工，单日最高施工14段，日均施工10段，单日最大泵注液量1.53万立方米，刷新国内单机组桥射联作压裂工艺日均施工段数和单日泵注液量最高两项纪录；与常规四井平台拉链作业相比，效率提升70%，平台完井时间缩短45%。

从从拉链式压裂到双井同时同步压裂是压裂领域的再一次革命。笔者长期跟踪北美非常规压裂与高效开发，针对北美压裂领域的这一降本提效创新，本文对其要点与实践进行了总结，以期为国内的非常规油气水力压裂提供参考借鉴。

1　双井同时同步压裂的基本概念特征

1.1　同时同步压裂的基本概念

同时同步压裂是在与拉链式压裂机组近乎相同或略增的压裂功率条件下，用一个压裂队伍同时同步压裂两口井或多口井。目前主要实践是两口井，压裂机组的功率可实现120～160桶/分(Barrel per Minute，BPM)的排量。如图1所示，其用一个压裂队伍将压裂砂浆进行控制分流注入到两口井，其以更低的排量注入到单井，降低了井筒摩阻，实现两口井的同时同步压裂。

1.2　同时同步压裂特征及与拉链式压裂异同

(1) 压裂队伍配置差异

同时同步压裂与拉链式压裂地面设施配置稍有不同，其在拉链压裂机组基础上进行一定程度的改造。主要体现在增加少量的压裂车，增加少量的额外泵送能力；增加一台吊机，一个电缆桥塞泵送单元，以同时进行桥塞和深孔作业；增加少量地面监测仪器和管汇以安全、精确地同时向每口井进行处理。图2标识了两者的差异，所有用黄色标注的设备代表了同时同步压裂作业所需的额外设备。

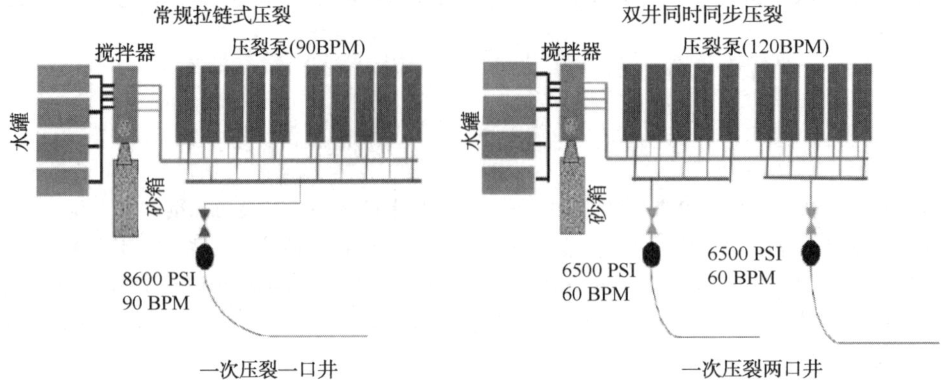

图1　拉链式压裂与同时同步压裂概念示意图

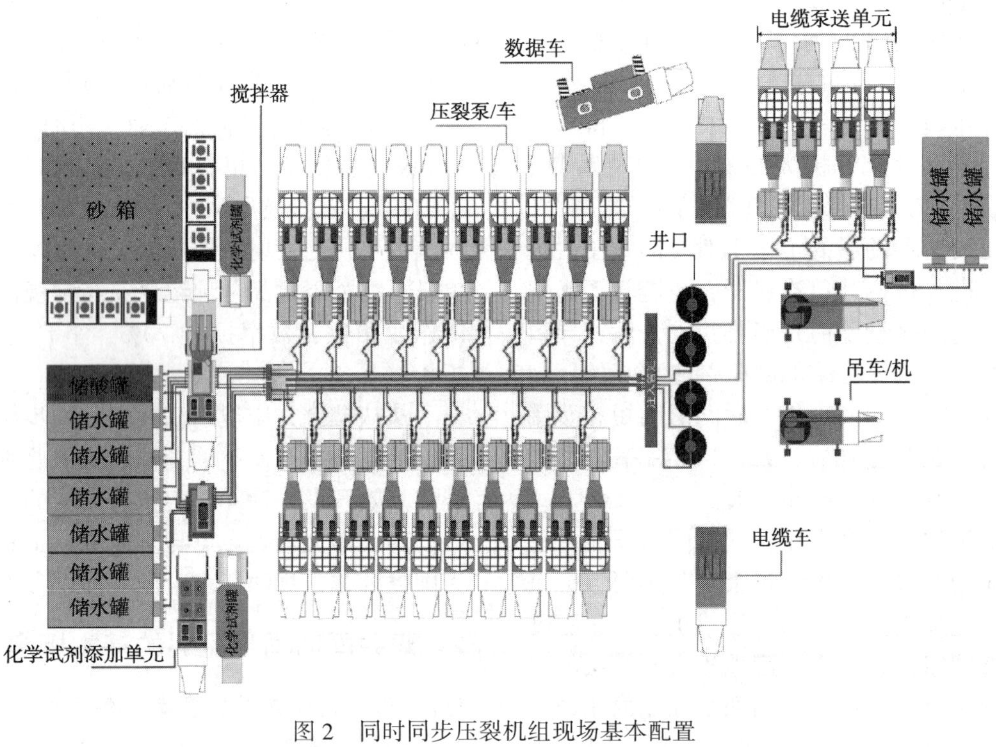

图2　同时同步压裂机组现场基本配置

对于额外增加的射孔队伍，要依据压裂作业和射孔作业的时间时间的长短进行考虑。如果压裂作业时间较长，在此时间可以满足一个射孔队伍对两口井的两个压裂段分别射孔，那么就不用额外配置一个射孔缆车及相应队伍。

（2）施工方式差异

当前水平井水力压裂步骤主要包括两步，第一步射孔桥塞连作实现井筒分段建立与储层的基本连通通道；第二步通过地面压裂泵组泵入高压流体实现储层的水力加压造缝和加砂支撑。

常规拉链式压裂流程是在同一井组多口井中按顺序完成以上步骤，首先实现第一段的压裂。然后在之后的每一段重复以上步骤，最终实现多口井所有段的压裂。

如图3所示，井组2展示了由5/6/7/8四口井做成的井组1采用拉链式压裂的流程，其基本流程分为5个时间步，每两个时间步之间为作业切换。第一步：首先进行5井的首段压裂；第二步：压裂6井的首段，与此同时在5井进行第二段的泵送桥塞射孔；第三步：压裂7井的首段，同时在6井第二段进行泵送桥塞射孔；第四步：压裂8井的首段，同时在7井进行其第二段的泵送桥塞射孔；第五步：对8井进行第二段的泵送桥塞射孔。至此在该井组

4 口井完成了拉链式的首段压裂及拉链式的第 2 段射孔。之后压裂重复以上流程，直到完成所有段的压裂。

同时同步压裂，则是一个压裂队伍同时对两口井进行压裂，射孔队伍同时对两口井进行射孔，压裂和射孔交替进行。图 3 中井组 1 展示了命名为 1/2/3/4 井号的 4 口井的压裂过程，分为两个时间步：第一步，压裂泵组首先对 1 井和 3 井进行首段压裂；第二步，压裂泵组对 2 井和 4 井同时进行首段压裂，与此同时，射孔桥塞连作业队在该时间段对 1 井和 3 井进行射孔；之后 2 井 4 井与 1 井 3 井同时轮流射孔和压裂(图 3)，直至完成井组所有井段的压裂。

同时同步压裂可以实现同时压裂两口井的两个段，压裂效率明显提升；同时新加入的电缆桥塞射孔与之前电缆桥塞射孔队伍可以实现同时给两口井射孔，射孔效率也明显提升。从图 3 的流水线作业对比可以看出，同时同步压裂消除了流水线上的两口井的等待时间，充分的调动利用了射孔与压裂作业的负荷程度。

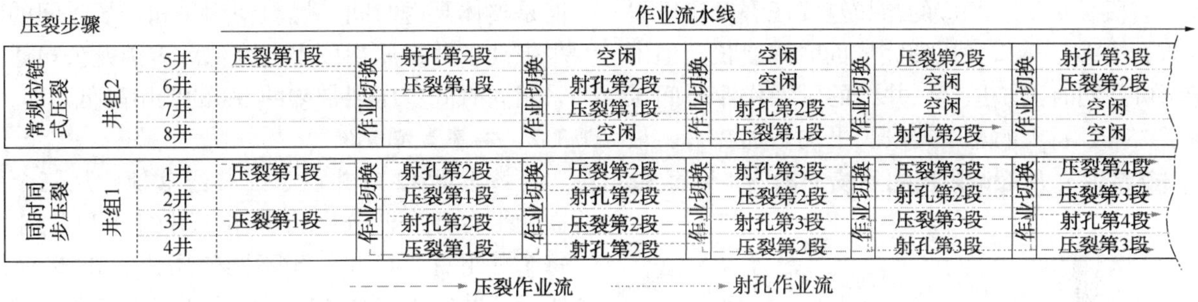

图 3　拉链式压裂与同时同步压裂流程对比

2　双井同时同步压裂设计

2.1　同时同步压裂的设计要点

由目前常规的拉链式水力压裂进化到同时同步压裂，首先要保证的是后者与前者具有相同的井下压裂效果，表现在要保证每一压裂段具有相同或相似的压裂参数，具体为保证每一簇具有相似或等同的排量、射孔摩阻；单位水平段长度具有相似或等同的压裂液量和压裂砂量。

目前北美主要采用同时同步压裂两口井，对于同一井组具有偶数井可以更好的便于施工，最佳效益率案例为 4 口井。同时同步压裂的两口井采用的压裂参数是否相同会给压裂设备配置带来差异，采用相同的压裂参数，可以简化设备配置，并降低现场施工的复杂程度。

2.2　同时同步压裂设计的实现方式

实现同时同步压裂设计有三种实现方式。第一种：保持射孔结构不变，降低压裂水平段的长度，见表 1 方式 1；第二种：压裂设备的规模整体扩大一倍，见表 1 方式 2；第三种：水平段长度保持不变，降低射孔数，见表 1 方式 3。这三种方式每一种都按照段长设计压裂液量和压裂砂量，以保证单位段长的压裂规模相同。

第一种实现方式，保持了段内簇间距和每簇射孔结构的不变，按簇数比例降低段长，保证了每一簇和每一个射孔具有相同的压裂参数。

第二种方式是将整个的压裂机组配置和规模增加一倍，保持原始的单压裂段长和射孔结构保持不变。这种方式几乎等同于两个压裂队伍，同时还增加了多设备的协同难度。

第三种方式是保持段长不变，降低段内的射孔簇数或每簇射孔数，最终实现每一个射孔的排量保持不变。

北美非常规压裂中目前主要采用第一种和第三种或者第一种与第三种的综合。

表 1　两口井同时同步压裂的三种实现方式

基本压裂参数	拉链式	双井同时同步压裂		
		方式 1	方式 2	方式 3
总排量/BPM	90	150	180	134
单井注入排量/BPM	90	75	90	67
段长/英尺	300	240	300	300
每段簇数	24	20	24	24
每簇射孔数	4	4	4	3
每簇排量/(BPM/簇)	3. 75	3. 75	3. 75	2. 8
每孔排量/(BPM/孔)	0. 9	0. 9	0. 9	0. 9

3　双井同时同步压裂效果案例分析

3.1　雪佛龙案例

雪佛龙公司采用了上面的方式 1。每口井的井下排量从拉链式的 90BPM 下降到 60BPM，相应的射孔簇数及每级压裂段长按比例缩短，以保持每个射孔簇的排量恒定，具体泵注参数见表 2。

表 2

压裂方式	压裂井	地表排量/（桶/分）	井筒排量/（桶/分）	施工压力/psi	压裂机组功率/（水马力）	压裂泵数	单泵平均排量/（桶/分）
拉链式（参考基准）	Zipper-1	90	90	8600	18750	16	5.6
同时同步压裂	Simul-farc-1	120	60（分配的）	6500	9559（分配的）	8（分配的）	7.5
	Simul-farc-2		60（分配的）	6500	9559（分配的）	8（分配的）	7.5

采用方式 1 的同步压裂方式带来的变化是每级压裂段长更短，相应的与拉链式压裂对比压裂段数会增多，单口井压裂完成的时间变长。但由于两口井同时同步压裂，井组的压裂作业时间减少了 25%，每天的总压裂段长平均增加 29%，最大可达 33%；压裂减阻剂用量减少 31%，见表 3。

表 3

对比参数	拉链式压裂	同时同步压裂	同时同步压裂效果
平均每天压裂水平段长度/英尺	1780	2296	29%增加
每天压裂最大水平段长度/英尺	2225	2959	33%增加
井组压裂总完成时间/小时	390	291	25%减少
减阻剂用量/加仑	51225	35078	31%减少

同时，较拉链式压裂多出的压裂段导致电缆射孔作业的增加，其带来一定程度的成本增加；但是整体泵送时间、燃料使用量和现场时间的减少带动了井组压裂成本的降低。雪佛龙公司通过采用同时同步压裂带来的 6%的费用降低。

3.2 二叠盆地案例

该案例 12 口井位于二叠纪盆地，从三个独立的平台开发，分别为井组 1 井组 2 和井组 3，每个井组有 4 口井位于不同的层位。如图 4（a）所示，井组 1 包括 9S、10S、11S、12S 井；井组 2 包括 5CZ、6CZ、7CZ 和 8CZ 井；井组 3 包括#1CZ，2CZ，3CZ 和 4CZ 井。所有井都具有相同的水平段长度、相同的套管结构和相同的钻井方向，3 个井组由三个压裂队伍同时开始压裂，其中井组 1 为同时同步压裂井组，井组 2 和井组 3 均为拉链式压裂井组。

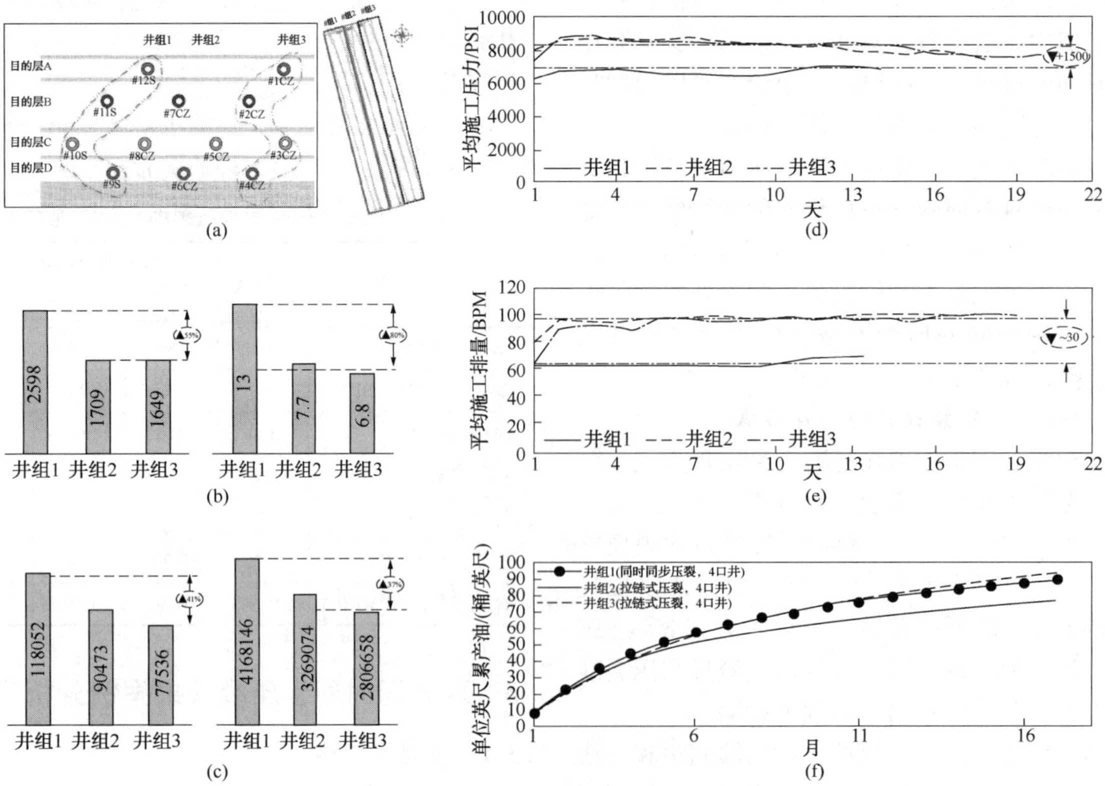

图 4 二叠盆地案例同时同步压裂与拉链式压裂对比

在所有井中采用相同的压裂设计是对比的根本基础，同时尽可能多的保持其他变量的一致，以准确评估两种压裂方式对作业效率和油井产能的影响。图4展示了3个井组的压裂设计参数，所有井的支撑剂和流体强度保持不变，同时同步压裂井的单井注入排量较低为65BPM，相应比例的减少了单级压裂段的段长55英尺，段数增加了9级。所有12口井最终都实现了相同的压裂和支撑剂强度、相同的支撑剂浓度和相同的簇级注入排量。

表4　压裂参数表

井组编号	平台井数	井号	单级段长/英尺	总压裂水平段长度/英尺	压裂级数	排量/BPM	支撑剂强度/(磅/英尺)	压裂液强度/(桶/英尺)
井组1	4	1S	196	8228	43	65	1800	50
		2S	195	8201	43	65	1800	50
		3S	196	8228	43	65	1800	50
		4S	195	8201	43	65	1800	50
井组2	4	5CZ	249	8224	34	100	1800	50
		6CZ	248	8208	34	100	1800	50
		7CZ	249	8216	34	100	1800	50
		8CZ	248	8212	34	100	1800	50
井组3	4	9CZ	248	8199	34	100	1800	50
		10CZ	248	8203	34	100	1800	50
		11CZ	248	8216	34	100	1800	50
		12CZ	248	8212	34	100	1800	50

(1) 时间与效率对比：

与井组2相比，井组1的总泵注时间减少了28%，与井组3相比减少了37%。井组1为同时同步压裂的两段提供的总泵注排量增加了，在实现单位水平段相同泵注排量的这一前提下，总泵注时间更短了；而拉链式压裂总注入排量较同时同步压裂低30%~40%，从而需要更长的泵送时间。

井组1平均每天压裂完成2598英尺水平段长度，增加了约55%的效率；平均每天压裂13级，与井组2和井组3相比，日压裂段数增加了约80%(图4b)。

同一井组不同井间的作业切换所需的时间也有差异。井组1总共172级，完成了大约85次作业切换。井组2和3每个井组有136个压裂段，均完成了135次作业切换。井组1的正常作业切换时间约为38分钟，井组2和井组3的平均切换时间分别为29分钟和38分钟。把所有水平段压裂完成，同时同步压裂井组的总切换时间较拉链式压裂减少了24小时~32小时。

(2) 作业工况对比

与拉链式压裂井组相比，同时同步压裂井组平均施工压力要小1500~1600psi(图4d)，设计的平均排量每口井降低30~32BPM(图4e)。由于单口井的注入排量和施工压力较低，其使用的减阻剂的总体积较拉链式减少了15%，降低了材料费用。

尽管每天的压裂液和支撑剂消耗量增加，但由于其较低的排量和注入压力，同时同步压裂泵组发动机负荷较低，提高了压裂泵的可靠性。平均而言，与传统的拉链式压裂相比，同时同步压裂的每台泵的水马力要低90马力。

井组1的平均支撑剂消耗量约为417万磅/天，而拉链压裂平台的平均支撑剂消耗量为327万磅/天，支撑剂消耗量为281万磅/天。在压裂效率最高的时候，支撑剂的最大日消耗量超过了570万磅(图4c)。由于每段的压裂加砂的效果相同作为对比前提，支撑消耗量直观反映了压裂加砂的效率。

(3) 生产表现对比

17个月的累产表明，同步压裂井组和拉链式井组生产表现相同(图4f)，尤其井组1和井组3对比，这两个井组的两侧没有其他的井，可对比性最强。井组2的两侧有井组1和井组3，存在一定程度的干扰，导致生产效果相对较差。

3.3 案例三跨井平台开展同时同步压裂

鉴于一个压裂队伍同时同步压裂两口的良好表现，Matador公司试验了A和B两个均只有3口井的平台通过高压压裂管线连接，进行同时同步压裂作业。A平台的压裂队伍可以实现160BPM的总压裂能力，其成功地对A平台和B平台的水平井进行了压裂增产。

跨平台压裂作业取得良好效果：在不到33天的时间内，完成了6口井总计407个压裂段73000英尺的总水平段长度的压裂；相较拉链式压裂，总完井时间缩短约20天，提前投产20天，同时减少了16口邻井的关井时间；平均每口井节省约7.5%的完井费用。

3.4 段长不变减少射孔簇孔数的同时同步压裂

对于同时同步压裂的方式3，即通过减少压裂射孔簇数/射孔数，而保持压裂段长不变的案例，目前未发现有公开文章发表。北美非常规作业者先锋石油采用了这种方式，通过交流其认为可以实现与拉链式压裂相同的压裂效果。

4 双井同时同步压裂降本增效表现与经验

4.1 降本增效表现

（1）提效

两个射孔队与两口井同步压裂相匹配，降低桥塞射孔连作泵送的等待时间，从而提高相同时间的作业量，为水力车组压裂及时做好准备；通过充分利用压裂机组的负荷和现场的资源到两口井的两个段同时同步压裂，提高了压裂队伍负荷能力的使用率，提升了单位时间的有效压裂段长；井组不同井压裂段间的作业切换频次与时间降低。

（2）降本

同时同步压裂单井平均排量和平均施工压力更低，滑溜水减阻剂的用量降低；同时，单井排量的降低可以更好的促进压裂泵效率的释放，降低相关费用；同时，压裂排量的降低可以带来潜在套管强度的相应降低，一定程度降低管材费用。

（3）促产

完成相同压裂工作量的前提下，泵注时间减少，更早压裂完成，提前投产，提高资本使用效率。为了避免新井压裂对老井储层及生产的冲击，在新井压裂期间，关闭老井是业内惯例，同时同步压裂的采用减少了压裂时间，从而缩短了老井关停时间，间接提升了老井生产时间和产量。

4.2 经验与启示

同时同步压裂较拉链式压裂增加了设备和管线，对于压裂液和支撑剂的消耗量更快，需要有更大的地表压裂井场空间；同时对于压裂液和支撑剂的存储和供应较拉链式压裂要求更高，要做好规划安排。

虽然业界尝试了同一平台不同层系不同井数不同压裂设计的多井同步压裂，但是推荐采用同一压裂设计和偶数井，例如4口井或者6口井，以4口井同时压裂为最佳，以降低现场作业的协调复杂程度，充分发挥同步压裂降本增效的优势。距离不太远的跨平台井同时同步压裂也可以实现良好效果。

通过单位压裂段长按排量降低比例相应缩短同时同步压裂方式，是当前的主流和确证的方式。很好的实现了充分优化调动资源以更高效的方式实现了压裂的“小步快跑”。

5 结论与认识

同时同步压裂是压裂领域又一次革命，其可以显著降本增效，主要体现在提效降本促产三个方面。

同时同步压裂有三种实现方式，解剖了三个同时同步压裂案例。主流的并经多方作业者验证的方式为按照单井排量降低量相应缩短单级压裂段长的方式。

同时同步压裂对现场作业组织协调、物料供应提出更多挑战，当前最优模式为单平台4口井，理论上可以同时压裂跟多的井，待设备能力、工艺和技术更加成熟后，可以尝试更多井同时同步压裂。

参考文献

[1] JACOBS T. The Shale Evolution: Zipper Fracture Takes Hold[J]. Journal of Petroleum Technology, 2014, 66(10): 60-7.

[2] WATERS G, DEAN B, DOWNIE R, et al. Simultaneous Hydraulic Fracturing of Adjacent Horizontal Wells in the Woodford Shale; proceedings of the SPE Hydraulic Fracturing Technology Conference, F, 2009[C]. SPE-119635-MS.

[3] MUTALIK P N, GIBSON R W. Case History of Se-

quential and Simultaneous Fracturing of the Barnett Shale in Parker County; proceedings of the SPE Annual Technical Conference and Exhibition, F, 2008 [C]. SPE-116124-MS.

[4] COMPLETIONS TEAM M, STREET J. Simul-Frac Candidate Wells Identified in the Delaware Basin via Remote Operations; proceedings of the SPE Hydraulic Fracturing Technology Conference and Exhibition, F, 2023[C]. D021S004R004.

[5] 张平. 国内首例"双压裂"增产工艺技术实验成功 双压裂革命[J]. 中国石油石化, 2022/07/01.

[6] ALGADI O, MCLAUGHLIN N, WILPITZ L, et al. Simultaneous Fracturing Operations: Successful Implementation and Lessons Learned; proceedings of the SPE Annual Technical Conference and Exhibition, F, 2021 [C]. D011S016R004.

[7] KIM A S, HAN S, RUHL A, et al. Simul-frac Journey in the Permian Basin; proceedings of the SPE/AAPG/SEG Unconventional Resources Technology Conference, F, 2021[C]. D011S019R002.

压裂施工高压阀门远程智能控制系统的研发与应用

周东凯　申宝庭　朱国菘　郭春雨　王建军

（胜利石油工程公司井下作业公司压裂工程部）

摘　要　为了解决压裂施工中使用手动式高压阀门经常存在着操作复杂、安全风险高、劳动强度大、施工效率低等一些列影响压裂施工的难题，本通过对控制系统的优化与设计，实现了对压裂施工过程中高压阀门的远程智能控制，提高了施工效率，降低了安全风险，并在压裂施工现场得到广泛应用，应用结果表明，该系统具有较高的稳定性和可靠性，能够满足压裂施工的实际需求，本文的研究成果对于提高压裂施工的安全性和效率具有重要的意义。

关键词　压裂施工；高压阀门；远程智能控制；系统设计；应用实践

1　前言

随着页岩油气的大规模开发，大规模压裂施工技术的发展变得越来越重要。压裂施工作为一种常用的油气开采技术，通过注入高压液体来破裂地层造成裂缝沟通油藏，从而释放出储层中的油气资源，井工厂压裂施工是通过对多口井同时分别交叉进行压裂、泵送、CO_2注入等施工，大大提高了施工效率。然而，这种压裂施工技术的实施需要安全、可靠、精确的高压阀门控制，以确保施工安全和压裂液的准确输送。传统的压裂施工中使用的高压阀门控制存在着操作复杂、安全风险高等问题，需要大量的人力和物力投入，在页岩油井及探井实施井工厂压裂施工中，还存在以下问题：

（1）人员进入高压区对高压阀门进行手动操作。高压管汇内工作压力一般在 70MPa 以上，有些井压力甚至在 100MPa 以上。压裂泵车（橇）与主管汇控制阀门、井口的分流闸板阀、投球阀、泵送阀、放压阀等，在操作阀门期间工作人员全部采用手动作业，人员近距离接触高压系统时存在高压刺漏伤人的风险，有较大的安全生产隐患。

（2）现场操作闸门没有集中显示开关的平台，如果 4 口井同时交叉压裂施工，高压管汇中将使用近 60 多个控制阀门，目前只能凭借人工逐个检查开关状态，人工记录开关状态难免存在疏漏，存在该开的未开，该关的未关的可能性，有较大的安全生产隐患。

（3）在压裂施工中如遇单机突发故障，控制阀门不能远程关闭。单机停机后还处在高压中，造成了不必要的磨损与消耗，如单机高压部分出现刺漏，此时只能关井放压后人员进入对刺漏的单机控制阀门进行关闭，若此时施工正在高砂比加砂阶段，未进行顶替直接关井后极易造成管线沉沙和该井砂堵，有较大的生产质量隐患。

（4）液动闸板阀由于注脂过量等原因，会导致阀开启或者关闭到位后，脂被压缩致使阀位回弹，造成阀位开启或关闭不到位，有较大的生产质量隐患和阀板损坏隐患。

因此，研发一种高效、安全的压裂施工高压阀门远程智能控制系统具有重要的意义。鉴于此，本文提出了一种基于网络控制的高压阀门远程智能控制方案。该方案可与压裂机组控制系统通讯或结合，通过“先开阀后启泵、先停泵后关阀”、“每口井预先设定的阀门控制策略”等控制保护逻辑，提升设备运行和阀门群控联动的安全性。本文旨在研发一种压裂施工高压阀门远程智能控制系统，通过对系统的设计与实现，实现对压裂施工过程中高压阀门的远程智能控制，提高施工效率，降低安全风险。该系统可以实现对高压阀门的远程监控和控制，减少人工操作，提高施工效率，降低人员伤亡和设备损坏的风险。

2 压裂施工高压阀门远程智能控制系统的设计原理

2.1 系统设计思路

压裂施工高压阀门远程智能控制系统的设计思路是基于远程控制技术与压裂工艺流程切换高压阀门的逻辑判断的有机融合，通过软件控制策略与压裂工艺流程对高压阀门切换需求的逻辑判断实现对高压阀门的远程控制并辅助作业人员高压阀门操作的安全确认，实现对压裂施工过程高压阀门切换的远程智能控制。系统通过阀位传感器采集高压阀门的状态信息，通过通信模块将数据传输到远程控制中心，通过软件控制策略限制高压阀门的误操作，然后通过控制中心对高压阀门进行远程控制。

2.2 系统功能需求分析

根据压裂施工过程中高压阀门的特点和需求，对系统的功能进行了需求分析。系统需要具备以下功能：

(1) 远程监控：实时监测高压阀门准确的状态信息，即开关状态。

(2) 远程控制：通过远程控制中心对高压阀门进行开关控制。

(3) 分组控制：通过将高压阀门分区域控制，便于功能划分辅助操作的安全确认。

(4) 逻辑控制：根据压裂工艺流程，通过作业人员编辑软件策略，实现阀门安全确认，限制误操作发生。

(5) 便携安装：通过模块化设计与网络化连接，实现系统平台的便携安装。

2.3 系统硬件组成

系统的硬件组成包括电动液压系统、液压管线、液压电磁阀、计算机、控制器、通讯电缆、传感器、通信模块等。电动液压系统为整个控制系统提供动力源；液压管线用于连接整个液控系统传统动力；液压电磁阀用于切换阀门控制开关方向；计算机为控制软件的载体展示全部阀门开关状态，并为远程控制提供操作界面；控制器用于控制软件发出的命令数据进行处理和控制；通讯电缆传递系统的控制信号及电磁阀电源；传感器用于采集高压阀门的状态信；通信模块用于将数据传输到远程控制中心。

2.4 系统软件开发

系统的软件开发包括远程监控软件和远程控制软件。远程监控软件用于实时监测高压阀门的状态信息，远程控制软件用于对高压阀门进行远程控制。

3 压裂施工高压阀门远程智能控制系统的实现

3.1 系统硬件实现

根据系统的设计原理和硬件组成，进行了系统硬件的实现。

系统采用液控主站 1 台(带备用液控主站 1 台)加多个分站结构设计，液控主站采用集装箱封闭结构，集电动液压系统、蓄能器、防爆电控柜、计算机、软管卷盘、动力电缆卷盘于一体，全部整合在集装箱内。备用液控主站主要在控制距离过远时，分成两部分分别承担；或在主站故障时，由备用站临时控制(起冗余作用)。

分站采用框架结构，4 台八路液控分站固定安装在对应的主管汇撬上，可通过组合控制多达 16~32 个单机闸板阀或旋塞阀。3 或 4 台十路液控分站为落地式可移动设计，安装在现场指定的位置区域，用于控制 3 或 4 口井的分流橇液动闸板阀和投球、泵送、放压旋塞阀。分站防爆箱内安装有控制计算机和电磁阀，与主站内的计算机及上位机组成网络远程控制系统，其中供电电源与网线组成一个电缆。

本系统可以根据现场情况任意选择各液压回路通过远程电脑操作或本地按钮开关来控制闸板阀或旋塞阀的开启或关闭。整个系统拓扑如图 1 如示。

中央控制系统是控制方案的核心部分。使用高性能移动式控制器(计算机)构建了一个强大的中央控制系统，移动式控制器分别安装在主站和分站上并进行组网，该系统可以处理大量数据，并发送精确的控制指令。还使用了专门的通信协议，确保数据的实时传输和安全性。同时该系统也可以就近接入压裂机组控制系统的网络，并将其传入仪表车，通过上位机实现在仪表车内的集中控制和显示。

液压系统是阀门控制的主要实施手段。液压站安装在液控主站内，有两路液压输出，可使用 1 路输出将各分站串接；也可在有分站距离过远时，用另一路输出与其连接，确保充足的流量，为阀门提供足够的动力。同时，使用专业的液压管线和快速接头，确保液压油的顺畅输送、无泄漏、防错接。

电磁换向阀是实现阀门控制的关键部分，安装在各分站防爆箱内。每个阀门都配备了一个电磁换向阀，可以根据计算机的指令，改变液压油的流向，从而实现阀门的开启和关闭。选用的电磁换向阀具有高精度和高可靠性，可以满足严格的压裂施工需求(图2)。

每个阀门均安装有阀位传感器，可将阀门位置信号实时反馈。

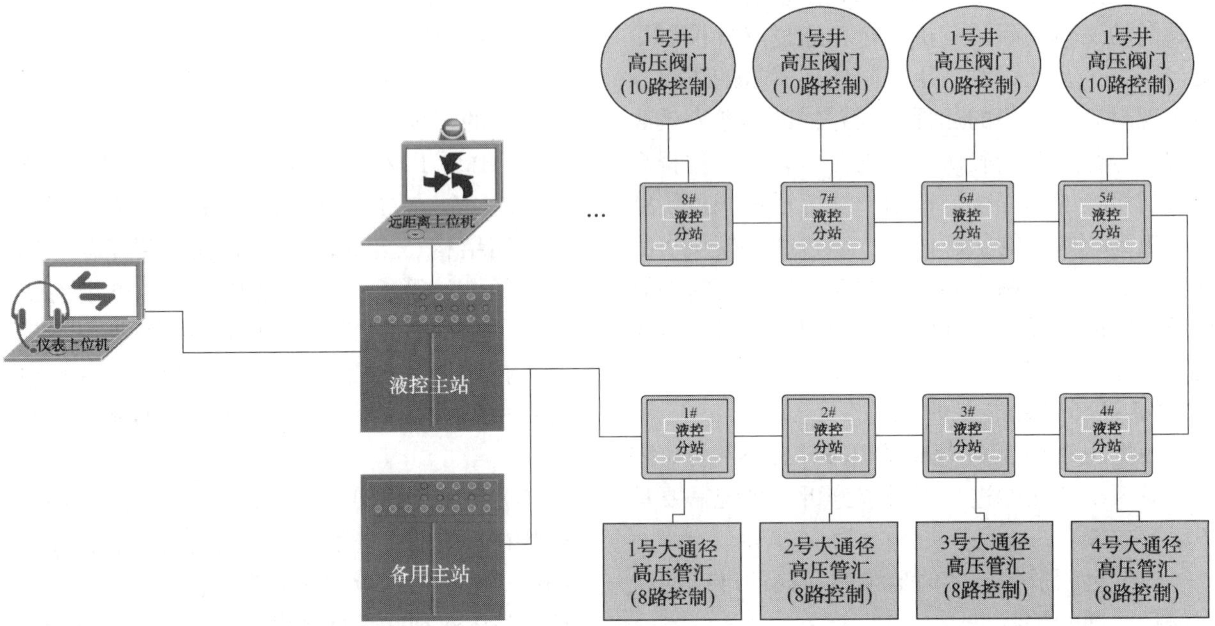

图1　智能控制系统拓扑图

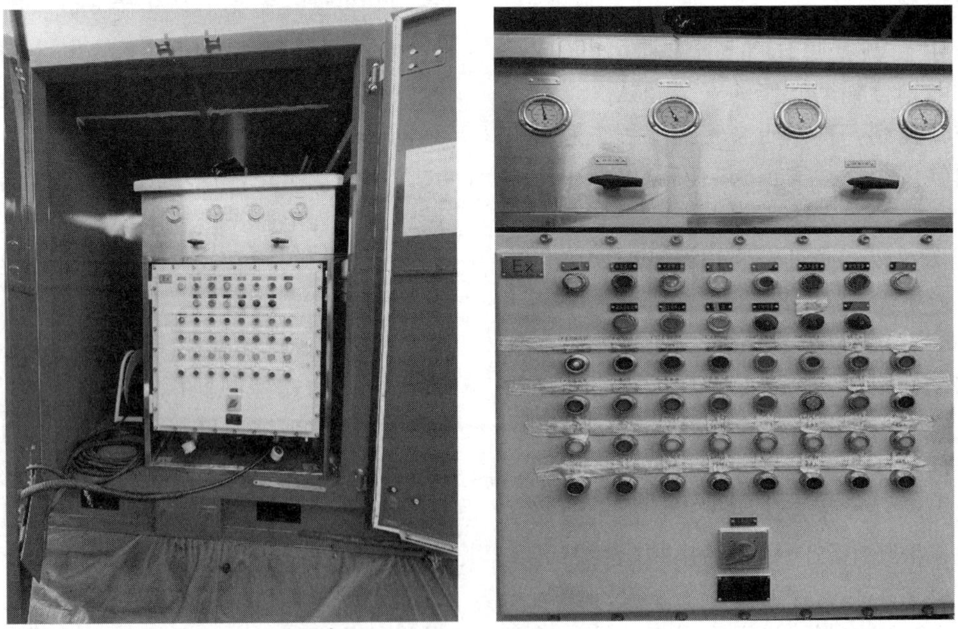

图2

3.2　系统软件实现

根据系统的设计原理和软件开发需求，进行了系统软件的实现。包括远程监控软件的开发和测试、远程控制软件的开发和测试等。软件控制系统是控制方案的用户界面部分。开发了一套专门的软件，用于接收和处理数据，发送控制指令，以及监控所有设备和阀门的状态。该软件具有友好的用户界面和强大的功能，可以根据每口井不同的施工工艺编制所需阀门控制方案，帮助作业人员轻松地进行压裂施工。控制原理如图3所示。

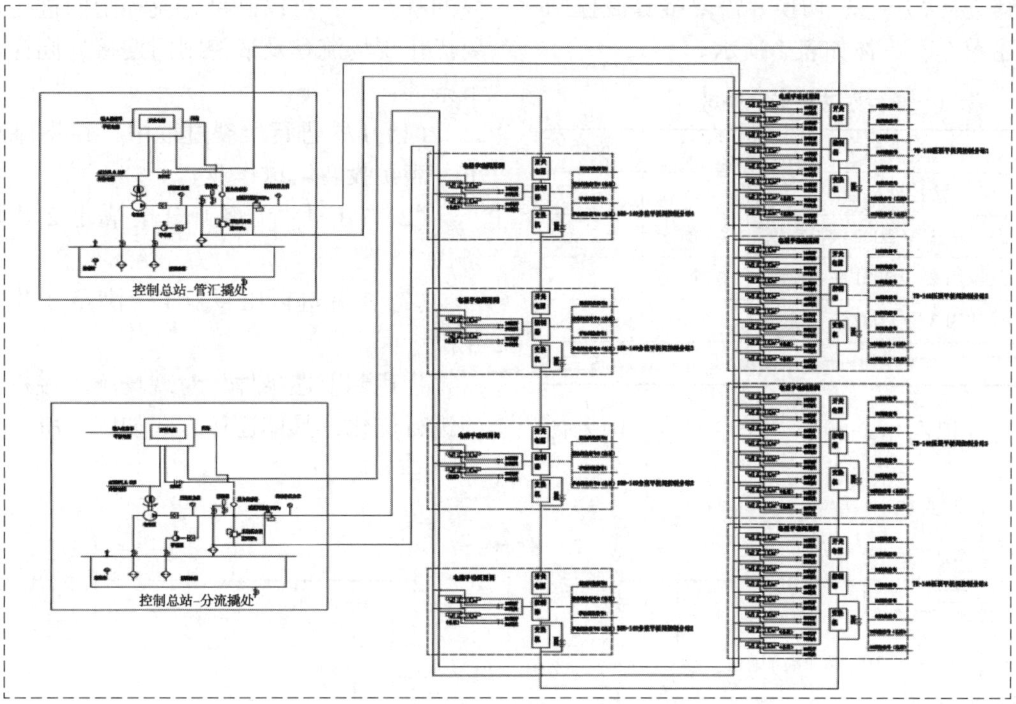

图 3　压裂机组阀门网络自动控制系统

3.3　安全性和冗余设计

由于压裂施工对安全、质量要求较高，该系统非常注重安全性和冗余设计。每个设备和阀门都配备了多级安全保护装置，如压力释放阀、溢流阀、减压阀等。同时，还设置了冗余的控制系统和液压系统，以防主系统出现故障。

（1）可选择在液控主站控制、远距离上位机控制、仪表车上位机控制等三种控制模式，避免操作员进入危险的高压施工区。

（2）系统采用液控主站 1 台、备用液控主站 1 台，在主站故障时，由备用站临时控制起冗余作用。也可在控制距离过远时，分成两部分分别承担控制任务；或在小型压裂时组成两套系统。

（3）系统配置有蓄能器和手动油泵，以防主油泵故障情况下临时控制阀的开关。

（4）主站、分站电器元件安装在防爆箱内，分站由于在高压作业区内，采用 24VDC 电源，确保安全性。

（5）安装在分站上的电磁换向阀具有手动、电控两种工作模式，在断电等紧急情况下，可手动控制阀的开关。

（6）所有阀门的阀位状态可集中显示在软件界面，便于工程技术人员实时掌握阀位的开、关状态。

（7）友好的用户界面，施工技术人员可根据施工工艺编制阀门控制策略、以及操作密码保护等，避免人员误操作。

（8）通过软件控制策略以及加装液压锁等措施，避免液动闸板阀由于注脂过量等原因，导致阀开启或者关闭到位后，脂被压缩致使阀位回弹，造成阀位开启或关闭不到位等故障。

（9）可就近接入压裂车（橇）的网络端口，通过压裂机组控制网络传入到仪表车进行控制和显示。

4　压裂施工高压阀门远程智能控制系统的应用实践

4.1　应用环境介绍

本套系统于牛页一区试验井组东机组进行使用。该平台共设计压裂井 10 口，压裂总段数 276 段。该井组采取拉链式施工模式，同时连接 3~4 口井进行拉链施工。以第一轮施工井为例，共计连接 3 口井进行拉链式施工。（以下简称为 1 井、2 井、3 井），为提高生产时效及施工工艺要求，需满足以下条件：

（1）满足“压裂、泵送桥塞、泵注二氧化碳”三同步压裂施工模式。

（2）满足“暂堵球转向”压裂施工工艺，每层压裂施工过程中需进行 2 次投暂堵球作业。

为达到上述条件，需要在施工过程中通过远

控系统对其进行“开-关”切换。需要多套液控闸门完成上述操作，具体如表 1 所示。

表 1　单井需液控闸门个数

序号	名称	单位	数量
1	液控分流管汇	个	1
2	泵送用 3” * 2002 液控旋塞	个	2
3	放压用 2” * 2001 液控旋塞	个	2
4	投球用 3” * 2002 液控旋塞	个	4
总计			9

同时为了提高生产时效，在压裂过程中不停泵的状态下，可以满足各流程闸门进行切换，需要优化现场流程及液控闸门连接，同样需达到以下条件：

（1）1 井进行压裂过程中，在不停泵的前提下，满足投暂堵球作业。

（2）1 井进行压裂施工，满足 2 井泵送施工条件。

（3）1 井进行压裂施工，满足 3 井泵注二氧化碳。

为达到上述条件，对现场施工流程及高压闸门进行优化，具体连接方式如图 4 所示。

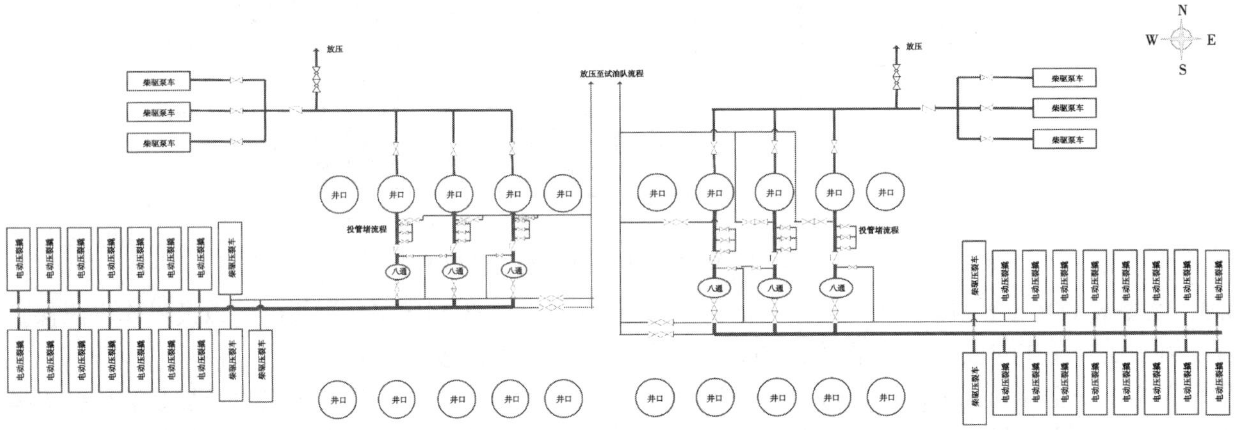

图 4　牛页一区试验井组压裂高压流程示意图

4.2　现场使用方法

如图 5 所示，黄色 1，2，3 分别代表大通径 1 分站，2 分站，3 分站(每一个分站控制 6 个单车闸板阀)，红色 1，2，3，4 代表投球旋塞阀，5，6 代表泵送旋塞，7，8 代表液控放压，9 代表分流头液控阀门，10 为备用阀门。其中，每个分站的阀门都是通用的即红色标记的 1 到 10 号数字。绿色√指示灯亮是开，红色×号指示灯亮是关。

图 5　液控操作站界面

当进行 403 分流头开关作业时，点击黄色字样 403 按钮，指示灯常亮说明已选好 403 分站，然后同时按住保护开关和红色字样 9 号按键一秒即分流头打开。

当进行 1 号大通径 5 号单车闸板阀开关作业时，点击黄色字样 1 按钮，指示灯常亮说明已选好 1 分站，此时同时按住保护开关和红色字样 5 号上侧按键一秒即 5 号阀打开；同时按住保护开关和红色字样 5 号下侧按键一秒即 5 号阀关闭。

5　系统存在问题及改进措施

5.1　存在问题

该系统在使用过程中也出现了一些问题，主要问题如下：

（1）该系统在控制 140MPa 3 寸液控旋塞时，操作时间较长，开启或关闭速度较慢

（2）该系统经过较多段数的压裂施工过程中，发现单车闸板阀存在缓慢关闭的游动现象。

5.2　改进措施

针对上述问题，为保障压裂施工的连续性，提升压裂施工闸门系统操作的安全性，对系统进

行了如下改进：

(1) 针对开启关闭较慢问题，增大了液控站补压压力，由原先的 12MPa 增加至 17MPa。经过增大补压能力，现场压裂施工所控制的液控闸门均实现了快速准确操作。

(2) 针对单车闸板阀产生游动现象，系统增设了闸门状态轮巡确认功能，即按照系统设定的时间周期自动执行闸门状态确认操作，确保闸门保持在最后一次指令的开或关的状态，初步设定 180s 进行一次巡检，保障了闸门开关状态准确无误。

6 应用

牛页一区试验井组东机组累计进行 4 轮压裂施工，共计施工 276 段，施工液量 481053.1m^3，泵注二氧化碳 23540t，共计完成上千次闸门流程切换。通过远程控制对施工流程切换，并通过阀位开关反馈至液控总站，使操作人员清晰明了当前闸门状态，从而进行下一步操作。该系统经过牛页一区试验井组 276 段压裂施工及对应的泵送桥塞，泵注二氧化碳施工，共计上千次的闸门流程切换，未发生操作及显示错误的情况。系统操作安全可靠，控制精度精确可靠，提高了施工效率，降低了安全风险。

7 总结

该系统通过实践可以实现"远程监控、远程控制、分组控制、逻辑控制"的功能，并在使用过程中，提升设备运行和阀门群控联动的安全性，实现对压裂施工过程中高压阀门的远程智能控制，提高施工效率，降低安全风险。同时可以实现对高压阀门的远程监控和控制，减少人工操作，提高施工效率，降低人员伤亡和设备损坏的风险。

综上所述，井工厂拉链式压裂施工高压阀门远程液压控制系统，实现了精确、可靠的阀门控制。这个方案为实现高效、安全的拉链式压裂施工提供了有力的支持，对于提高油气井的产量及胜利页岩油的开发具有重要的意义。由胜利井下压裂技术中心压裂五中队提出的本控制系统已在牛页 1 区页岩油拉链式压裂施工项目中得到应用。实施结果表明，该方案能够精确、可靠地控制各种阀门，有效地提高了压裂施工的效率和安全性。我们将继续改进和优化这个方案，如自动注脂、自动清洗、自动物料识别、螺栓轴力检测等，以应对未来的压裂施工需求。

长庆气田同步抽吸降压及回注增压排液技术研究及应用评价

韩强辉　王先文　王治国　王雄雄　樊莲莲　李　辰

（长庆油田油气工艺研究院）

摘　要　苏里格气田积液气井占投产井48.7%，年递减率达19.5%，气田稳产压力大，急需扩展新的稳产技术。借鉴国内外广泛采用的压缩机抽吸降低井口压力排水采气技术及压缩机增压举升稳产技术等，结合气井生产特征，形成同步抽吸降压及增压回注气举排液稳产技术，实现了油管抽吸降压、套管注气增压及外输增压的“一进两出”功能，为气田低产气井排液生产提供了新的技术手段。近期该技术在苏××井开展试验30天，累计增产气量9.15万方，日均增产气量0.31万方。试验表明，该技术能够提高气井携液能力，维持低产气井稳定生产，现场具有良好的应用效果，值得借鉴和推广。

关键词　抽吸降压；增压回注；积液低产气井；临界携液流量

苏里格气田已累计投产气井20320口，平均单井产量0.75万方/天，产气量388.4亿方/年，气区综合递减率19.5%。生产表明，大部分气井投产3年，产气量降至临界携液流量以下，积液气井占比48.7%，急需探索技术边界宽，能长期适用的稳产增气新途径。

目前常用的稳产方法有气井增压采气、抽吸降压采气等。抽吸降压采气技术是通过增产设备对气井进行抽吸降压，克服支干管末端压力高的影响，降低气井井口压力，扩大气井生产压差，增强气井携液能力。气井增压采气是以压缩的高压气回注井筒作为举升地层产出水的动力气，利用气体的膨胀使井筒中的液柱密度降低，提高举升能力，从而达到排出井底积液的目的。以上两种方法排液效果有限，若是能将两种工艺的排液能力叠加，将会大幅提升举液效率。

同步抽吸降压及增压回注气举排液稳产技术采用同步回转多相混输泵，以“抽吸降压+循环增压补能”的方式，通过抽吸降低井口压力和套管注气补充举升气源，增大气井携液生产能力，实现气井连续稳定生产，相比现有的气井增压采气、抽吸降压采气技术等单一工艺，具有效率高、技术边界宽等明显优势。

1　常规气井稳产技术应用现状

1.1　抽吸降压采气工艺技术

采用井口增压增产设备对气井进行抽吸降压，克服支干管末端压力高的影响，降低气井井口压力，扩大气井生产压差，提高瞬时流量，增强气井携液能力，以达到排出气井井内积液和加快气井采气速度的目的，提高气井采收率。

在现场应用中发现对苏里格气田低压集输模式运行气井排液效果有限，气井生产运行井口压力低，抽吸降压幅度小，还不足以满足排液生产需求。

1.2　井口增压工艺技术

井口增压气举工艺主要是依靠从地面注入井内的高压气体与气层产出流体在井筒中汇合，利用气体的膨胀使井筒中的液柱密度降低，提高举升能力，排除井底积液。

在现场应用中认识到工艺对井深、井斜要求不大；井下工具无活动部件，设备可靠性强；对井筒连续供液无要求，日排液量大，技术适应性强；井筒油套管不连通、节流器未打捞气井不能实施；工艺实施过程中造成井底回压大，易将积液压回地层，造成储层二次伤害，复产困难。

1.3　射流泵气举技术

射流泵是利用高压动力介质（液、气）通过喷嘴时的节流作用，在喷嘴周围形成低压区，从而吸引地层液进入泵内“负压”区，和喷嘴出口的高速射流混合后被举升至地面。该工艺具有举升液量大、无二次伤害。

射流泵气举技术在现场应用经验表明射流泵

可以使产液不稳定气井有效排液、积液气井复产；射流泵工艺对井斜要求不大于40°；对井筒连续供液无要求，日排液量0~300m^3均可，技术适应性强；泵径大，目前只适用于套管为5寸半及以上的井；地面设备工艺复杂，特别是地面泵需经常检修保养。

1.4 机抽强排技术

将机泵下入井筒液面以下的适当深度，机泵柱塞在抽油机的带动下在泵筒内作上下往复运动，从而实现在油管内抽汲排水，降低液柱对井底的回压，从套管采出天然气的目的。目前技术水平情况，泵挂深度<3100m，排量<60m^3/d，井斜<40°，地面输压<5.0MPa，检泵周期≥2年，不适合含硫气井，不能满足气井井深3500m的排液需求。

1.5 电潜泵强排技术

电潜泵工作原理是地面电源通过变压器，控制屏和电缆将电能输送给井下电机，电机带动多级离心泵叶轮旋转，将电能转换为机械能，把井液举升到地面。目前技术水平情况，泵挂深度最深4050m，排量30~1200m^3/d，腐蚀介质硫化氢18g/m^3，检泵周期≥1.5年，但现场应用中故障率极高，经济性很差。

2 气举排液技术优化设计及设备情况

在单一工艺无法满足苏里格气田气井生产需求情况下，大部分情况下会组合应用多种气举排液工艺，但组织管理难度大，费用高。因此，我们对常用的气井稳产工艺特点进行优化设计，形成兼有多种优点的举升技术，满足低渗透气田稳产的需求。

2.1 工艺优化设计

同步抽吸降压及增压回注气举排液技术具有油管抽吸降压、套管注气增压及外输增压的“一进两出”流程功能。其工艺原理是，一方面，抽吸降低井口压力，增加油套压差，推动井筒液段向上移动，同时降低临界携液流量，提高气流带液能力；另一方面增压气从套管注入快速补能，增加气井的举液气量，达到临界携液流量(图1)。

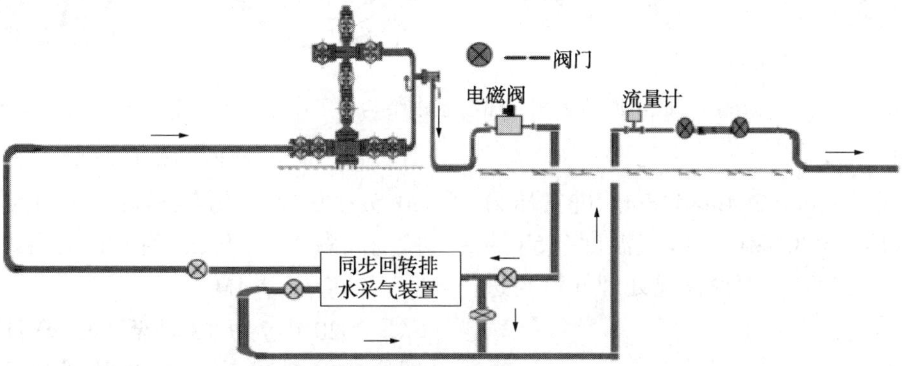

图1 同步抽吸降压及增压回注排水采气流程示意图

另外，针对井斜较大、水量较高的定向井和水平井，机抽、射流泵等工艺无法实施，常规气举易造成储层二次伤害等问题，通过在油管底部投放单流阀，在油管内部下入小管径油管(或连续管)，将注气通道、排水通道和采气通道有效的分离开来，以压缩的天然气作为举升地层产出水的动力气，以气携水从而达到排出产出水的目的(图2)。

2.2 设备简介

设备主要由同步回转多相混输泵、变频电机、排气缓冲罐、储液罐、冷却器等构成，整体采用撬装式结构(图3)。

该技术核心装置为同步回转多相混输泵，采用径向吸气、月牙工作腔压缩、轴向排气的方式进行工作。混输泵在运转时，主轴驱动转子旋转，转子通过滑板带动气缸旋转，实现了转子与气缸之间“同步回转”的运动方式(图4)。

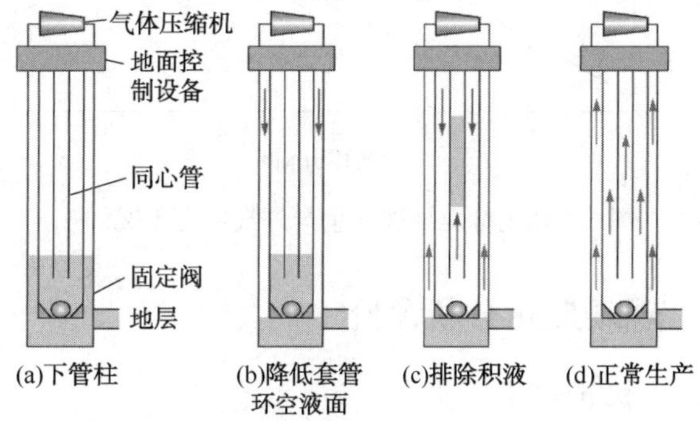

图2 井筒管柱结构示意图

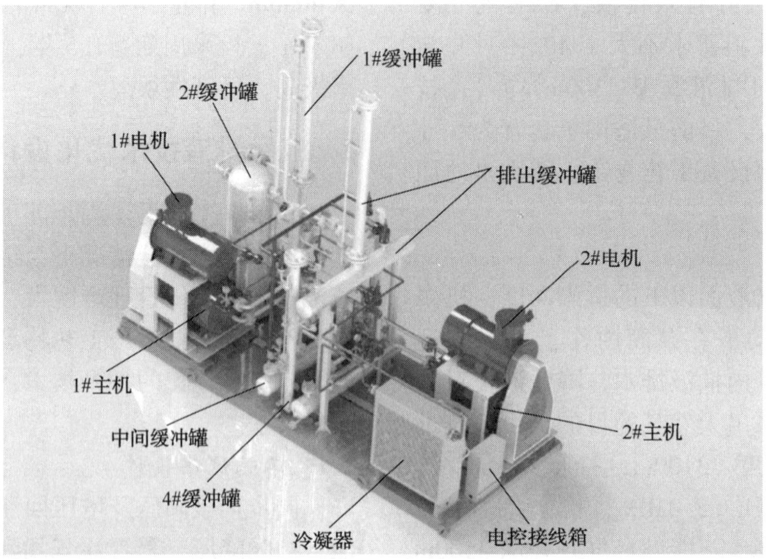

图 3　同步回转设备结构

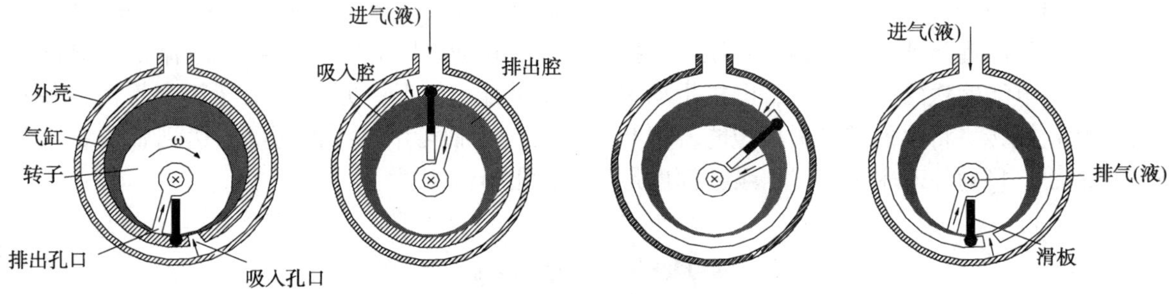

图 4　同步回转多相混输泵基本结构与工作过程示意图

2.3　技术参数

设备外观尺寸：6m×2.4m×4.8m。进气压力 0~3MPa、排气压力≤8.5MPa、吸气温度-15℃~45℃、排气温度≤70℃。理论标况处理气量与进气压力工况见图 5。

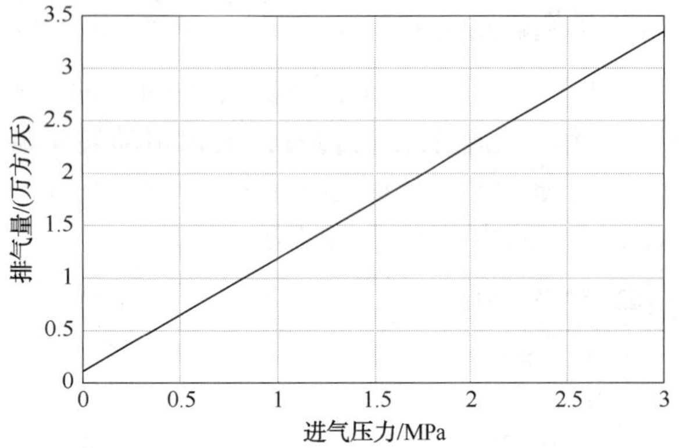

图 5　理论标况处理气量与进气压力工况图

3　现场应用分析评价

3.1　现场试验

首选苏××井作为试验井。该井于 2010 年 11 月投产，投产初期油套压均为 23MPa，无阻流量 80.5 万方/天，历年累计产气量 5704 万方。试验前间歇生产(开 2h 关 12h)，平均日产 0.04 万方，油套压差 4MPa。

2020 年 7 月 18 日至 8 月 20 日，开展抽吸及回注功能测试 30 天，平均外输压力 3.22MPa，平均油套压 3.44MPa/4.62MPa（油套压差 1.18MPa)，累计产气 27.31 万方，累计增产气量 9.15 万方，日均增产气量 0.31 万方(图 6)。

3.2　分析评价

同步抽吸降压及增压回注气举排液技术具有两方面功能：一是降低井口压力，进而使油套压差增大，大于液柱回压，可排出积液井井筒大段液体，排出积液量可以利用载荷系数进行计算，见图 7；二是套管注入采出气，确保气井生产气量大于临界携液流量，维持气井长期连续携液生产(不同管径油管临界携液流量见图 8)。

(1) 关井复压后抽吸排液生产条件分析

载荷系数是计算气井排液能力的关键参数，世界各大气田都是依靠自己生产实际，获得经验值。排出积液量可以利用载荷系数进行理论计算：

$$\frac{P_C-P_t}{P_C-P_1}\leqslant K$$

式中，K为气举载荷系数：经验参数；P_C为套压恢复值；P_t为油压恢复值；P_1为井筒内液柱回压。

苏里格气田载荷系数与生产实际密切相关，在苏××井开展试验期间，同步回转多相混输泵仅使用抽吸排液功能，先关井恢复井筒压力，然后再抽吸排液，将井内液柱排至井口，利用载荷系数公式，根据排出积液量等参数计算载荷系数。

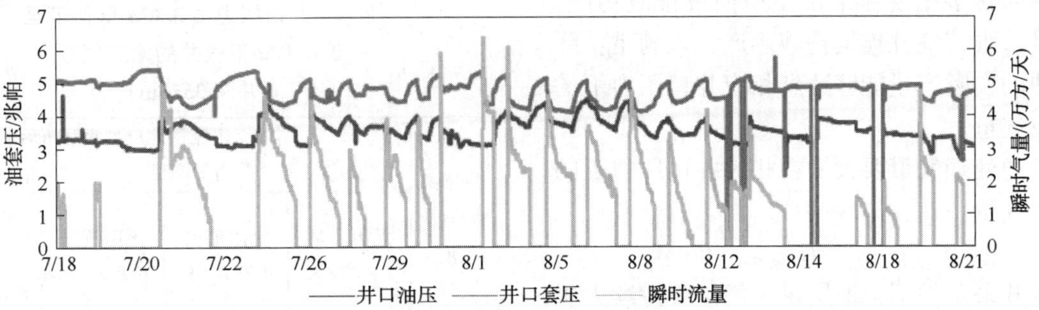

图6　抽吸及回注功能测试阶段生产曲线

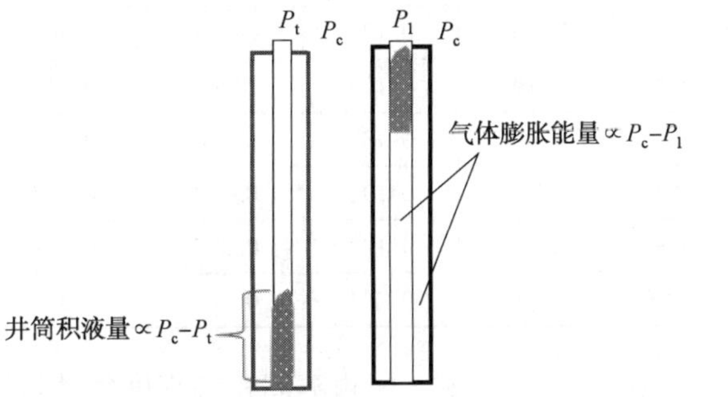

图7　井筒大段积液井排出示意图

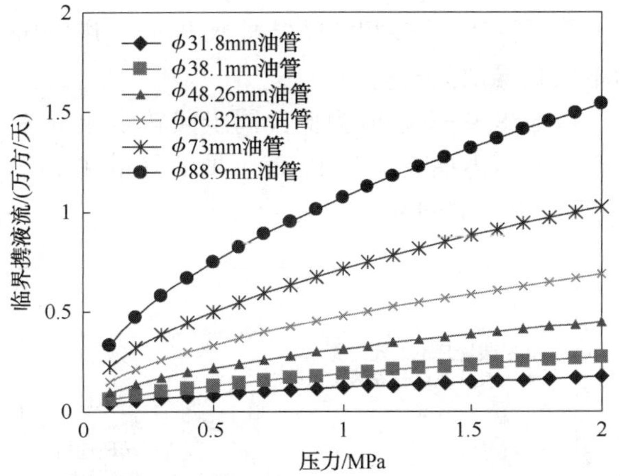

图8　不同井口压力下的气井临界携液流量

表1　关井恢复压力后，抽吸降压可一次举通的最大积液高度（井口压力抽吸至0MPa的极限情况）

套压恢复值 P_C/MPa	油压恢复值 P_t/MPa	降压前要求恢复的油套压差 P_C-P_t/MPa	排通的最大积液高度/m
3	≥1.5	≤1.5	153
4	≥2	≤2	204
5	≥2.5	≤2.5	255
6	≥3	≤3	306
7	≥3.5	≤3.5	357
8	≥4	≤4	408
8.5	≥4.25	≤4.25	434

如表1所示，当关井恢复压力后，抽吸至0MPa，积液举通要求油压至少恢复至套压的½，最大可举通套压0.5倍的换算积液高度。

（2）抽吸降压及回注可举通的井筒积液量分析

积液井生产至系统压力，同时启动抽吸及回注增压排液功能。假设同步回转多相混输泵排出压力即为井口套压，举升能量为环空回注增压和井口抽吸降压两部分。

表2　抽吸降压及套管回注可一次举通的最大积液高度

时间	入口压力/MPa	排出压力/MPa	抽吸及回注后的油套压差 P_c-P_1/MPa	降压前的油套压差 P_c-P_t/MPa	可举通的井筒积液高度/m
2020年7月23日5时	3.04	5.16	2.12	≤1.06	109
2020年8月1日12时	3.2	8.55	5.35	≤2.675	273

结合现场试验数据，抽吸及回注期间，油套压差在2.12~5.35MPa之间。利用载荷系数举升公式进行理论计算，最多举升高度不超过273m，与生产实际一致。

(3) 持续抽吸维持气井连续携液生产的条件分析

同步回转多相混输泵仅使用抽吸排液功能，持续抽吸，维持气井连续携液生产，须满足：降压后气井的实际产量能够达到相应井口压力下的临界携液气量。

设备的处理气量要大于在相应井口压力下的临界携液气量：

$$Q_{设备处理气量} \geqslant Q_{临界携液}$$

降压开采条件下，地层供给气量要持续大于气井所需临界携液气量：

$$Q_{地层供给} \geqslant Q_{临界携液}$$

① 同步回转多相混输泵抽吸至不同井口压力下的临界携液气量

以ϕ88.9mm油管为例，同步回转多相混输泵将井口压力抽吸至1MPa时，携液气量在1万方/天以上，见图9。

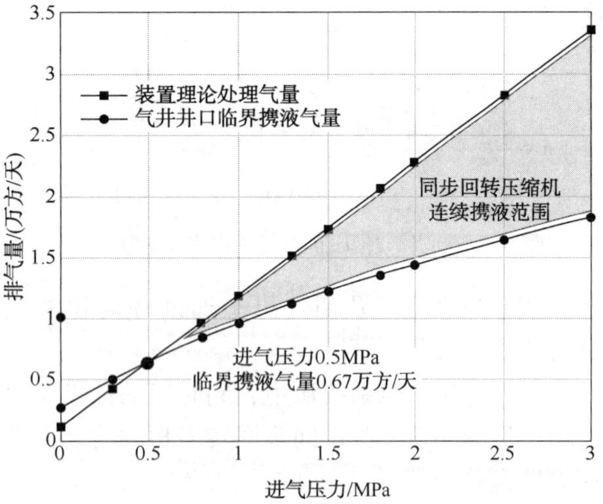

图9 设备处理气量与气井临界携液流量比较

② 设备处理能力确定同步回转多相混输泵持续抽吸的适用条件

对比不同井口压力下压缩机处理气量与相应压力下的临界携液气量。同步回转多相混输泵设备处理能力决定连续携液生产的适用条件：井口压力大于0.5MPa，气井瞬时产气量在0.67万方/天以上。

③ 同步回转多相混输泵持续抽吸放大生产压差，起到的增产效果

降压开采条件下，地层供给气量要持续大于气井所需临界携液气量，即 $Q_{地层供给} \geqslant Q_{临界携液}$，可实现气井持续携液生产。如表3所示，抽吸降压增大生产压差，可提高地层供给气量，起到增产效果。增产气量随井筒积液量增加而增加，同时地层无阻流量越大，增产气量越大。

表3 井口压力由3.0MPa降低至0.4MPa下气井的增产气量(井深3520m)

井筒积液高度/m	不同无阻流量地层抽吸降压后气井增加产量/(万方/天)			
	无阻流量2万方/天	无阻流量4万方/天	无阻流量6万方/天	苏××当前无阻流量8.8万方/天
0	0.070	0.141	0.211	0.330
100	0.074	0.147	0.221	0.344
200	0.077	0.153	0.230	0.359
300	0.080	0.160	0.240	0.374
400	0.083	0.166	0.249	0.388
500	0.086	0.173	0.259	0.403
600	0.089	0.179	0.268	0.417
700	0.093	0.185	0.278	0.432
800	0.096	0.192	0.288	0.447
900	0.099	0.198	0.297	0.461
1000	0.102	0.204	0.307	0.476

以试验井为例，预测不同积液程度气井持续降压，连续携液生产所需地层无阻流量，详见图10。可以看出，抽吸压力越低，所需无阻流量越低；井筒积液量越高，携液所需无阻流量越高；井口压力0.5MPa时，气井持续携液需无阻流量4.5万方/天以上。

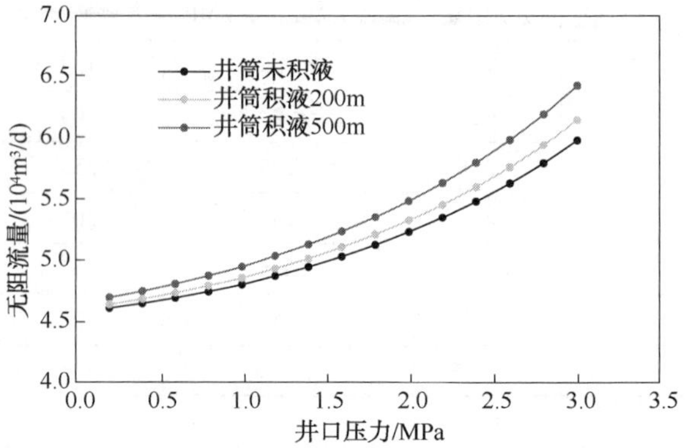

图10 持续抽吸气井连续携液所需的地层无阻流量

4 结束语

（1）同步抽吸降压及增压回注气举排液技术实现了抽吸降压及增压回注生产和抽吸降压生产两种功能，装置各项运行指标基本与设计相符，性能较稳定。该技术在苏××井试验成功，为国内气田开发中老井稳产提供了一项有效技术。

（2）抽吸及回注生产和抽吸生产两种功能可以自由切换，满足不同生产阶段的需要，抽吸及回注生产功能测试最高回注压力 8.55MPa，一次最大可排通 273m 井筒积液，气井平均增产 0.31 万方/天；抽吸功能测试连续携液生产条件为：气井瞬时产气量 0.67 万方/天、地层无阻流量 4.5 万方/天以上。

参 考 文 献

[1] 杨冬雪，刘刚果，李韬，等. 天然气井排水采气工艺技术研究[J]. 中国石油和化工标准与质量，2019，39(23)：232-233.

[2] 张江龙. 低压低产气井排水采气工艺技术研究[J]. 石化技术，2020，27(4)：294.

[3] 陈科贵，田宝，于静，等. 柱塞气举排水采气工艺在定向井中的优化设计与应用[J]. 断块油气田，2014，21(3)：401-404.

[4] 贾友亮，田伟，陈德见，等. 天然气压缩机气举工艺在苏里格气田的应用[J]. 石油化工应用，2011，30(9)：94-96.

[5] 田伟，白晓弘，郭彬. 连续油管排水采气技术在苏里格气田的应用研究[J]. 化工技术与开发，2010，39(10)：14-15.

[6] 杨桦，杨川东. 优选管柱排水采气工艺的理论研究[J]. 西南石油学院学报，1994(4)：56-65.

[7] 乐宏，唐建荣，葛有琰，等. 排水采气工艺技术[M]. 北京：石油工业出版社，2011.

[8] 杨川东. 采气工程[M]. 北京：石油工业出版社，2001.

[9] 林生茂，陈家晓，杨智，等. 长宁页岩气自动化泡排加注工艺技术研究与应用[J]. 钻采工艺，2020，43(增)：64-67.

[10] 陈晓宇，姜宇玲，李牧，等. 泡排辅助增压开采工艺应用效果分析[J]. 复杂油气藏，2020，13(3)：77-80.

[11] 赵梦龙. 气井柱塞气举排水采气工艺配套研究[J]. 中国石油和化工标准与质量，2014(21)：76.

[12] 方亮，李首东，姚帅，等. 气井排水采气工艺研究[J]. 化工管理，2019(24)：179-180.

[13] 常永峰，常鹏，李建阳，等. 几种井口增压采气工艺运行探讨[C]//第十届宁夏青年科学家论坛石化专题论坛论文集，2014-07-23，银川，2014.

[14] 陈晓刚，徐文龙，韩勇，等. 苏里格气田降油压套气排水采气工艺浅析[J]. 石油化工应用，2015，34(8)：62-65.

[15] 杨宜娣. 页岩气田气举排水采气工艺方法与应用[J]. 江汉石油职工大学学报，2020，33(3)：42-43.

[16] 张丽媛. 压缩机气举在涪陵页岩气田的应用[J]. 江汉石油职工大学学报，2020，33(5)：17-19.

[17] 刘瑛. 压缩机气举排水采气工艺在涩北气田的应用现状[J]. 青海石油，2013，31(3)：59-64.

增能泡沫排水采气工艺在苏里格气田应用

刘雄辉[1] 李勇龙[1] 涂利辉[2] 王义环[1] 吴 恒[2] 李 鑫[2]

(1. 中国石油集团西部钻探工程技术研究院；2. 中国石油集团西部钻探苏里格气田分公司)

摘 要 常规泡沫排水采气工艺用起泡剂需在强扰动下产生大量泡沫并携带井筒积液，对于气井积液较重、产能弱时，而无法形成有效泡沫及提供排出泡沫所需的能量，致使产量低于0.3×$10^4m^3/d$气井泡沫排水采气工艺效果差。通过优选两项无机盐与引发剂剂的配伍性研究，形成一种适用气井快速排液的增能起泡剂，其在加入井筒后发生分解反应，快速产生大量氮气和热量提供气井排液所需能量。增能起泡剂反应速率受起始温度和引发剂性能影响，初始温度越高反应越快越剧烈，引发剂性能差异可用于控制发应速率。通过对常规起泡剂排液效果较差气井现场试验结果表明，在气井生产积液过程中加注增能起泡剂，井筒积液现象消失，效果显著。

关键词 增能起泡剂；气井；低效井；井筒积液

随着气田的持续开发，储量动用的提高，气井出水量和出水气井数呈不断增多的趋势，气井积液会形成不稳定的段塞流，如果气井产量太低，井底积液会造成井筒压降升高，增加液体对气层的回压，导致产气量下降，严重时造成气井水淹停喷。苏里格东区受构造断裂的破坏调整，气藏含气饱和度低(51.3%)，气水关系复杂，气藏90%的气井产水，平均生产水气比高达2.5$m^3/(10^4m^3)$，属典型的高含水致密砂岩气藏。

泡沫排水采气是在不改变产水气井现有产气量和井口油管压力的条件下，通过油管和油套环空注入液体泡排剂或通过油管投放泡排棒，注入的的液体泡排剂或投入的固体泡排棒溶于水形成溶液，在气体扰动下形成大量泡沫，从而确保产水气井的实际产气量大于临界携液流量流速，改善产水气井的带液生产能力，延长产水气井正常带水生产时间的一种基于临界携液流量原理的排水采气技术，具备操作简单、见效快、成本低等优势。但随着气井自然产能下降至0.3×$10^4m^3/d$处低效开采阶段时，井筒气流扰动能力大幅度减弱，常规泡排剂起泡能力降低，泡沫排水采气工艺效果变差。为探索泡沫排水采气工艺适用下限，应用一种增能泡排剂，提升起泡与扰动能力，从而提升低产井泡沫排水采气工艺应用效果。

1 增能泡排剂原理

考虑安全环保因素，优选两项无机盐和表面活性剂组成增能泡排剂，可以直接加注井筒中，数小时反应后生产大量氮气和热量，起到提升扰动和增能效果。此项增能泡排剂能量释放温和，产生的能量与压裂用双基药推进剂基本相当，同时反应后生产物为无毒无害的氮气、水(图1)。

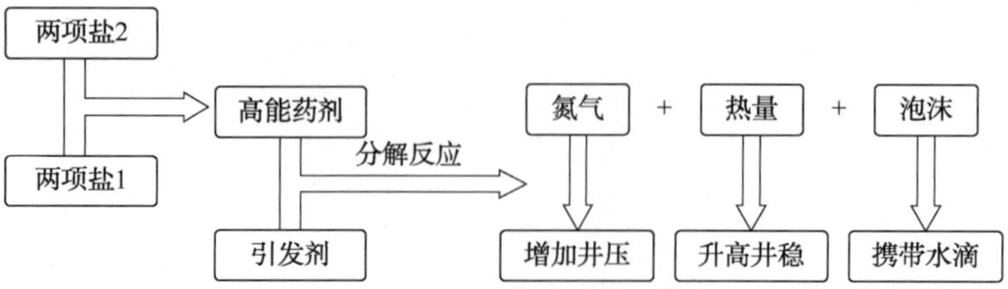

图1 增能泡排剂技术原理图

2 增能泡排剂实验评价

增能泡排剂采用两项盐A和两项盐B混合而成，加入引发剂起到发泡效果，同时引发剂具有催化作用。两项盐A和两项盐B混合后，在引发剂作用下反应，生成氮气和热量，同时在氮气扰动液体形成大量泡沫(图2)，无需借助外部气体扰动。实际生产过程中常用有引发剂N-10、引发剂 N-30、引发剂 G-30。现场实施过程中，当气井油套管加注方式不同，引起初始反应温度不同，实施效果可能存在差异。

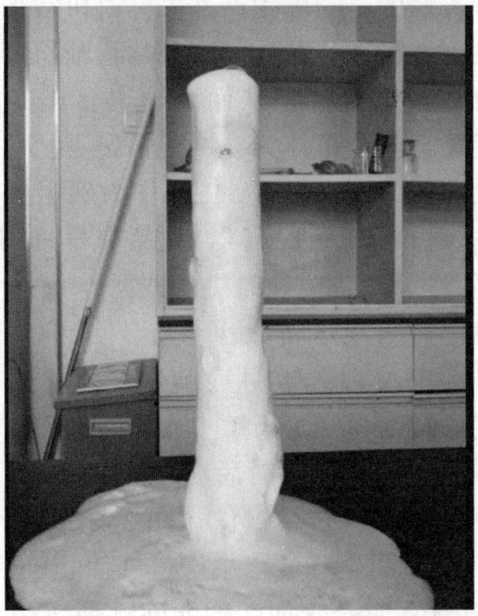

图 2　增能泡排剂常温下自发反应效果

2.1　室内实验

为明确在不同量两项盐 A、两项盐 B、引发剂配比情况下，增能泡排剂的最大发泡体积、最高发泡温度及反应时间，以优选最佳组分配比。实验采用预设温度培养箱进行，两项盐 A、两项盐 B 化学性质决定其配比量为 3∶2(表 1)。

第一组实验：在 30℃实验环境下，两项盐 A、两项盐 B 的实验重量相差 1 倍，1g 引发剂 N-10 相同，水用量降低三分之一，反应时间 1h。实验结果显示最大发泡体积由均为 900mL，最高温度相当(51~52℃)，实验数据为表 1 中的序列 1 和序列 2。

第二组实验：测试初始温度变化对实验效果影响，在 40℃实验环境下，两项盐 A、两项盐 B 的实验重量再减少 1 倍，水量相同，1g 引发剂 N-10 不变，反应时间 1h。实验结果显示最大发泡体积 500mL，最高温度 49℃，实验数据为表 1 中的序列 3。

第三组实验：测试不同类型引发剂对实验效果影响，在 40℃实验环境下，两项盐 A、两项盐 B 的实验重量均为 15gA 剂+10gB 剂。采用 3g 引发剂 N-30，反应时间 1h，实验结果显示最大发泡体积 2100mL，最高温度升至 62℃。采用 3g 引发剂 G-30，反应时间 1h，实验结果显示最大发泡体积 2500mL，最高温度升至 67℃。

第四组实验：测试反应时间影响，测试反应时间为 40min，测试采用 3g 引发剂 N-30，实验最大发泡体积 1400mL，最高温度升至 57℃；采用 3g 引发剂 G-30，实验最大发泡体积 2200mL，最高温度升至 75℃。

表 1　增能泡排剂室内实验数据统计表

序号	配比	实验环境(培养箱)	最大发泡体积/mL	最高发泡温度/℃	反应时间/h
1	30gA 剂+20gB 剂+1g 引发剂 N-10+水 50g	30℃	900	52	1h
2	15gA 剂+10gB 剂+1g 引发剂 N-10+水 75g	30℃	900	51	1h
3	7.5gA 剂+5gB 剂+1g 引发剂 N-10+水 75g	40℃	500	49	1h
4	15gA 剂+10gB 剂+3g 引发剂 N-30+水 75g	40℃	2100	62	1h
5	15gA 剂+10gB 剂+3g 引发剂 G-30+水 75g	40℃	2500	67	1h
6	15gA 剂+10gB 剂+3g 引发剂 N-30+水 75g	40℃	1400	57	40min
7	15gA 剂+10gB 剂+3g 引发剂 G-30+水 75g	40℃	2200	75	40min

2.2　实验结果分析

第一组实验结果分析认为，在两项盐 A、两项盐 B 能产生最大能量和氮气扰动情况下，水和引发剂用量影响最大发泡体积，在 30℃初始环境下，1g 引发剂 N-10+水 50g 最大发泡体积为 900mL。第一组与第二组对比，提高初始反应温度，两项盐 A、两项盐 B 使用量再次减半后发泡体积为 500mL，表明提高初始温度有助于反应的剧烈程度，提升泡沫高度。

第三组实验结果分析认为，在水量相同情况下，3g 引发剂 N-30 最大发泡体积是 1g 引发剂 N-10 的 2.3 倍。3g 引发剂 G-30 最大发泡体积是 3g 引发剂 N-30 的 1.2 倍，同时最高温度也明显上升。表明引发剂量加大后反应速率显著提升，反应剧烈，在实验条件下引发剂 G-30 催化效率快于引发剂 N-30。

第四组实验结果分析认为，两项盐 A 和两项盐 B 在引发剂 N-30 下，40min 时温度低于 1h 时温度，说明反应还未达到最高点，同时最大发泡体积在 40min 时仅为 1h 的 66.7%，表明反应最剧烈在 1h 或之后。然而在引发剂 G-30 下，40min 时温度达到75℃，高于反应1h 的67℃，同时最大发泡体积在 40min 时达到 1h 的 88.0%，说明反应最剧烈程度在 1h 之前已结束。表明引发剂 N-30 较引发剂 G-30 属于一种较为缓释催化剂。

基于室内实验评价分析结果，采用两项盐 A 和两项盐 B 混合比例为 3∶2，引发剂使用 G-30，增能泡排剂配比为 15∶10∶3；对于具备一定自喷能力的积液低效井，为提升反应速率采用套管加注方式，一是药剂经过套管底部时，温度高反应剧烈充分，突然释放巨大能量助力井筒积液扰动，形成大量泡沫携带积液出井口。对于井筒积液严重微气井，采用油管加注方式，可将油管积液快速降低。

2.3 药剂性能值理论分析

以 1kg 增能泡排剂用量理论计算指标如下，产生氮气体积 350L，释放热量 4980kJ。根据泡沫排水采气作业井一次加注 100kg 计算，在标准状态下，产生气体 35m^3，产生能量使 2.1m^3 水的温度升高至 100℃，换算至 2⅞″油管为 700m 积液量。

3 现场试验实例

由于苏里格气田气井缺少单井量计，现场实际生产过程中，间歇生产井关井时机常采用压力微升法判定，即开井后随着井筒逐渐积液，井底压力也会逐渐升高，从而反映出套压升高的趋势。现场经验分析认为：一般情况下，井下节流器井以套压的升高量 0.5MPa 作为确定关井时机的依据；井筒无节流器井以套压的升高量 1.0MPa 作为确定关井时机的依据。

优选长期泡沫排水采气工艺维护井苏-XX 井为试验井，该井 6 月底前短开短关间歇性生产，生产制度为开 1 天关 1 天，药剂加注制度开井前加注，开井 1 小时后套压 4.8MPa，后随即上升至关井时刻的 6.2MPa(图 3)，上升值达到 1.4MPa，说明生产过程中产生井筒积液现象。6 月 31 日开井时套管加注增能泡排剂 200L，套压上涨现象消失，表明井筒积液消失。后续加注增能泡排剂，开井过程中未再出现套压上升现象，同时开井油套压差逐渐减小，现场试验效果显著。

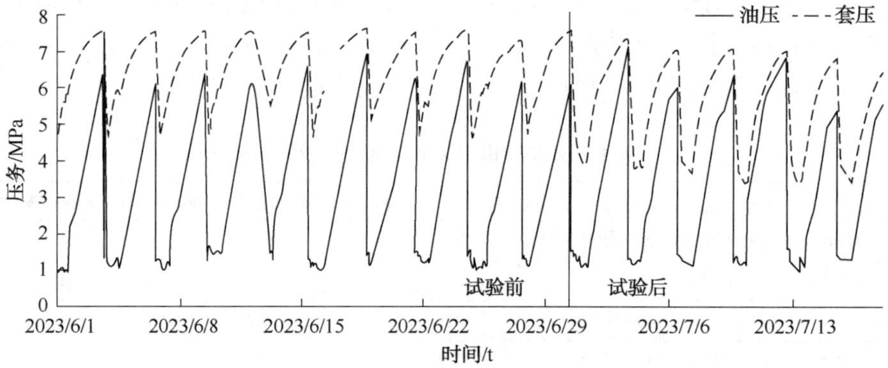

图 3　苏-XX 井试验前后生产曲线变化

4 结论

（1）增能起泡剂通过分解反应生产无毒无害的氮气、水及热量，能量释放过程相对缓慢可控，可为井筒积液低效井泡沫排水采气工艺井提供必要的扰动力和能量，进一步拓展工艺适用下限。

（2）增能起泡剂反应速率受起始温度和引发剂性能影响，可根据气井生产动态确定药剂加注方式及优选引发剂。

（3）现场对泡沫排水采气工艺维护井效果差，井筒积液现象明显井加注增能起泡剂实验效果显示，井筒积液有效排出，效果显著。

参 考 文 献

[1] 金文辉，王林琪，周文，等. 苏里格气田东二区北部盒 8 段水体分布及主控因素[J]. 油气地质与采收率. 2013，20(03)：22-25.

[2] 赵章明. 排水采气技术手册[M]. 北京：石油工业出版社，2014.

[3] 李安建，王京舰，李建奇，等. 泡沫排水采气工艺技术在苏里格气田的应用[J]. 内蒙古石油化工. 2008，34(23)：72-74.

[4] 田发国，冯朋鑫，徐文龙，等. 泡沫排水采气工艺在苏里格气田的应用[J]. 天然气勘探与开发. 2014，37(03)：57-60.

差异化组合缝网压裂技术在低渗透油藏的实践与应用

李燕华　闫治涛　康寿兴　苗　玲　张利萍

（胜利油田东胜精攻石油开发集团股份有限公司）

摘　要　东胜公司低渗透区块主要分布在主要分布在牛庄、大芦湖、正理庄等 13 个油田 31 个区块，探明地质储量 15569.1 万吨，动用地质储量 9238.1 万吨，未动用储量 6330.98 万吨。已动用低渗透油藏 9088 万吨，主要以“浊积岩、滩坝砂”为主，两者储量占比 82.9%。以樊 142 块为例，前期采用常规压裂投产，年递减率 48.4%，区块为低采出程度、低采收率状态。为解决压后递减大、累产低的开发难题，采用水井压驱注水补能，油井根据区块应力方向、油层钻遇情况、所在砂体位置，进行差异化压裂，实施后初期日油 12.1t，取得良好的开发效果。

关键词　差异化组合缝网压裂；低伤害减阻携砂一体化压裂液；前置 CO_2 压裂技术

1　油藏特征

东胜公司低渗透区块主要分布在主要分布在牛庄、大芦湖、正理庄等 13 个油田 31 个区块，探明地质储量 15569.1 万吨，动用地质储量 9238.1 万吨，未动用储量 6330.98 万吨。已动用低渗透油藏 9088 万吨，主要以“浊积岩、滩坝砂”为主，两者储量占比 82.9%（图 1、表 1）。

以樊 142 块为例，樊 142 块位于山东省高青县境内，区域构造位于金家-正理庄-樊家鼻状构造带中部，正理庄油田北部。该块主要含油层系为沙四上纯下次亚段 1、2 砂组，埋深 2800～3200m，孔隙度 12.4%，渗透率 6.3mD，原始地层压力 42.3MPa，压力系数 1.36，原始地层温度 139℃，为高温异常高压、低孔特低渗的岩性油藏。樊 142 块属于滨浅湖滩坝砂沉积，滩坝共生，坝砂厚度大于 2m，物性和含油性好，滩砂呈席状展布，坝砂呈“串珠状”镶嵌于滩砂中（图 2）。

表 1　东胜公司低渗透油藏亚类储量汇总表

油藏亚类	渗透率范围/mD	主要特点	主要单元	动用储量/10^4t	储量占比
一般低渗透Ⅰ类	30～50	渗透率相对较高一般不需压裂	大芦湖油田沙二	259.9	3%
一般低渗透Ⅱ类	10～30	一般需压裂提高产能	博 3-纯 95、牛庄沙三中东辛营 11	3162	29%
特低渗透	<10	需压裂提高产能注水困难	牛庄油田、正理庄油田、东风港油田、五号桩桩 23、渤南义 37	5816.2	68%
合计				9238.12	100

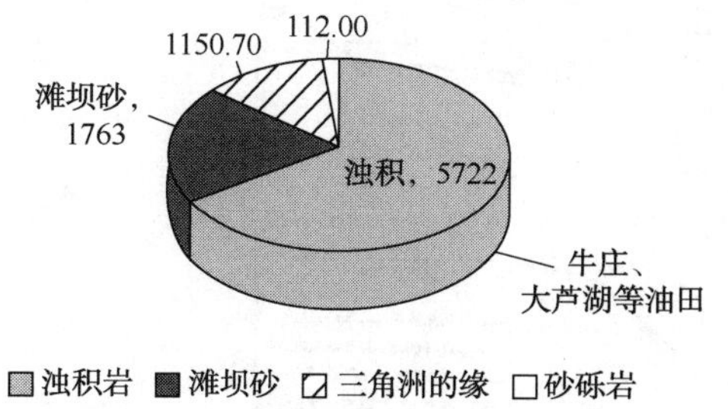

图 1　低渗透油藏类型储量饼状图

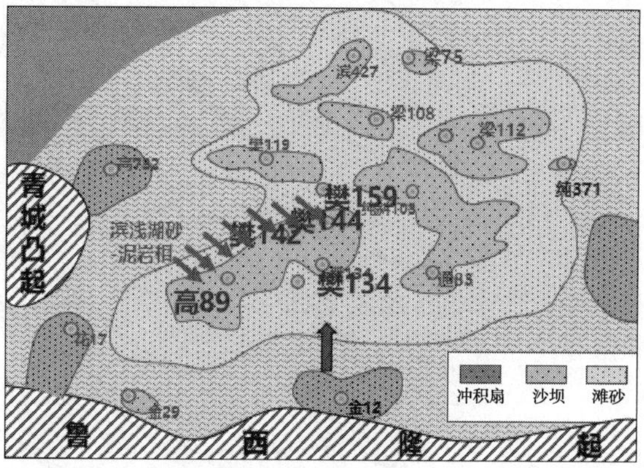

图 2　东营西部沙四上纯下次亚段沉积相平面图

储层分布稳定，表现出“多”、“薄”的特点。砂体平均厚度1.4m，其中坝砂平均3.5m，滩砂平均1.0m(图3)。

地应力方向与断层走向基本一致，自西向东顺时针偏转，东北部地应力受东部断层影响较为严重(图4)。

樊141井区部署总井数13口，油井11口(新油井5口)，水井2口，动用面积2.5km²，动用储量105×10⁴t。樊141-斜5井区部署总井数13口，油井13口(新油井7口)，水井4口(新水井2口)，动用面积3.6km²，动用储量115×10⁴t。该块目前地层静压29.1MPa，压力保持率为69%。主导思路为水井压驱注水，恢复地层能量，油井采用差异化压裂技术，提升开发效果(图5)。

樊142块存在以下动用难点：(1)丰度低、效益建产少井高产面临巨大挑战。埋藏更深：埋深3100~3700m，深于全局64%的剩余可评价储量；物性更差：平均渗透率3.5mD，低于全局58%的剩余可评价储量；丰度更低：平均丰度33×104t/km²，劣于全局72%的剩余可评价储量。(2)地震资料识别难度大，储层预测面临巨大挑战。樊142块坝砂单层最大厚度10m左右，滩砂单砂体厚度2m，平面储层变化快；地震资料主频低，同时主力层1砂组在地震上表现为空白反射，薄互层滩坝砂储层预测难。(3)薄互层油藏缝网压裂技术面临巨大挑战。层薄、泥质含量高、塑性强：脆性指数一般小于0.4。水平主应力差大：一般大于8MPa。导致储层裂缝延伸受限、加砂困难且难形成复杂裂缝。

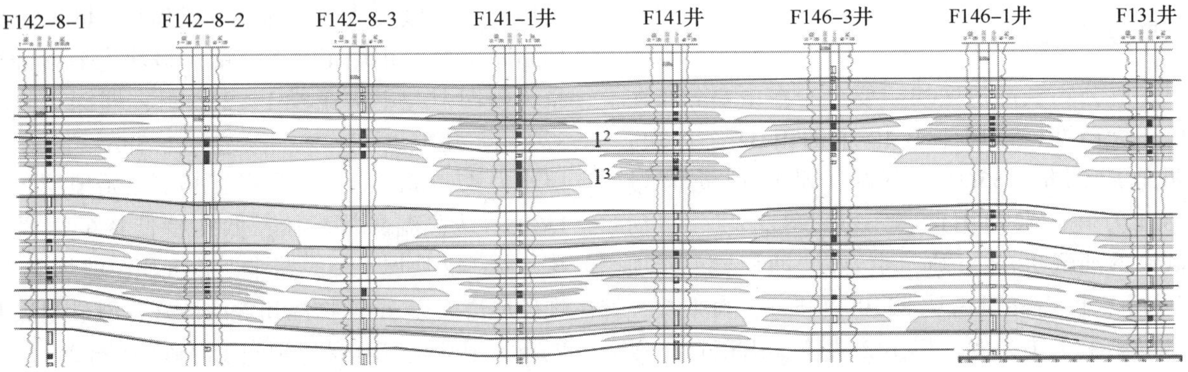

图3　过樊142-8-1井—樊131井近东西向砂体对比剖面

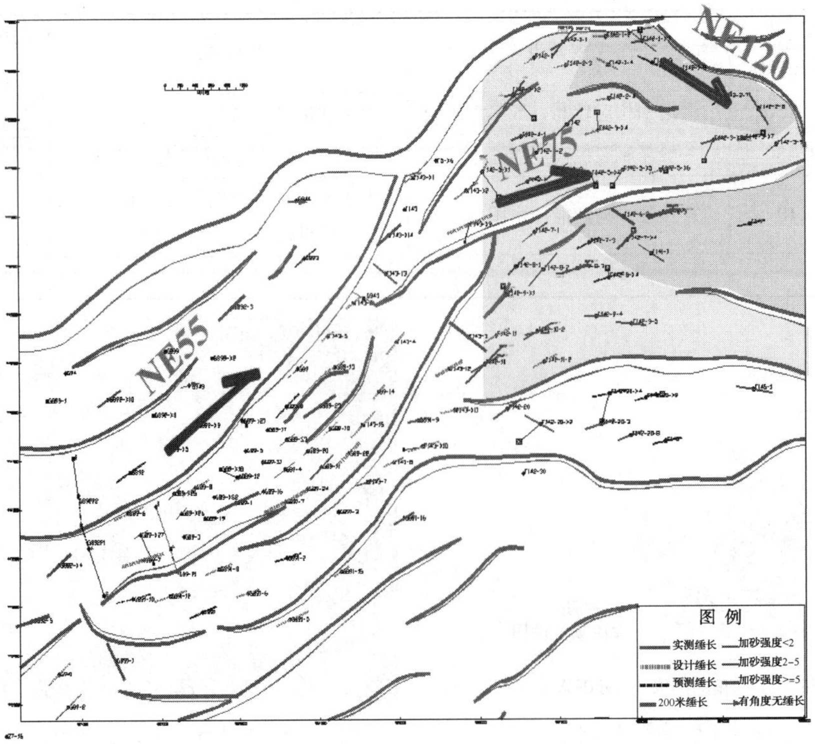

图4　高89-樊142地区沙四上地应力分布图

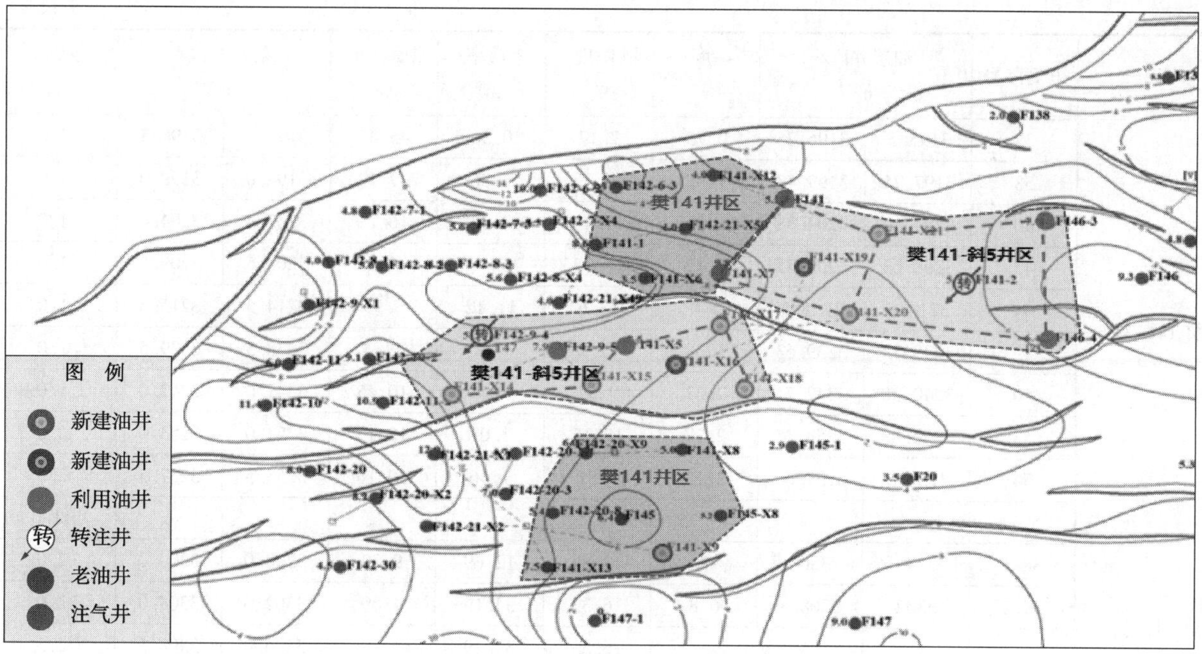

图 5　正理庄油田樊 142 块沙四段纯 1 砂层井网部署图

2　岩石力学性质

通过岩石力学性质测试结果，综合岩石脆性和地应力条件对储层压裂后缝网形成能力进行评价：樊 142－1 井岩石脆性指数 45.0%，较强；水平应力差 11.1MPa，中等，应力评价系数 2.81，可以形成复杂缝网(表 2)。

3　水井补能情况

樊 145 井 2006 年 9 月压裂投产，加砂 42.2m^3，加砂强度 3.9m^3/m，半缝长 237m，对应油井压裂前累注水 10005.9m^3，目前累注 CO_2 1039.3m^3；樊 142－21－斜 50 井为注入井，新投未压裂，对应油井压裂前该井注入 CO_2 1790m^3，同步注水 29860m^3，目前压驱后注入 CO_2 611.2m^3。樊 141－斜 16 和樊 141－斜 19 注水井采用分层压驱注水工艺，单井压驱注水量 6 万方。

4　差异化压裂技术

樊 141 井区储层钻遇主要为多、薄层，储层特点为低孔、低渗，泥质含量高，如表 3 所示。

表 2　岩石力学性质

取芯井	取芯深度	围压	弹性模量	泊松比	BRIT 脆性指数	水平应力差/MPa	应力评价系数$(\sigma_H-\sigma_h)^2/\sigma_h$
	m	MPa	GPa		(>40 脆性>60 脆性很强)	<9 利于裂缝转向 >12 不利于裂缝转向	<2.25 利于缝网形成 >3 不利于缝网形成
樊 142－1	3104.2	17.00	28.54	0.279	37.4	11.1	2.81
		37.00	36.08	0.259	46.8		
		27.00	33.89	0.232	50.7		

表 3　樊 141 井区新油井油层物性统计表

井号	电测序号	油层井段/m		厚度/m	孔隙度/%	渗透率/mD	泥质含量/%	射孔井段/m		射厚/m
樊 141－斜 13	60	2987.5	2991.8	4.3	10.95	8.71	7.27	2989.0	2991.0	2.0
	62	2996.8	3000.5	3.7	8.24	2.34	16.7	2997.0	2999.0	2.0
	63	3002	3003.4	1.4	7.42	2.28	18.64	3002.0	3003.0	1.0
				9.4						5.0

续表

井号	电测序号	油层井段/m		厚度/m	孔隙度/%	渗透率/mD	泥质含量/%	射孔井段/m		射厚/m
樊141-斜6	37	3195.5	3196.25	0.75	7.17	0.56	45.43	3195.5	3196.5	1.0
	38	3197.75	3199.13	1.38	10.32	2.86	47.12	3198.0	3199.0	1.0
	40	3203.13	3204.38	1.25	11.44	2.43	16.21	3203.4	3204.4	1.0
	42	3208.63	3209.75	1.12	12.73	6.48	14.23	3208.5	3209.5	1.0
	44	3214.5	3215.5	1.0	13.6	11.12	7.99	3214.5	3215.5	1.0
	49	3238.25	3239.63	1.38	12.2	4.2	11.3	3238.5	3239.5	1.0
	50	3240.38	3242.75	2.37	9.57	0.7	10.45	3241.0	3242.0	1.0
	53	3250.88	3253.25	2.37	10.15	1.07	12.17	3251.0	3253.0	2.0
	54	3255.5	3257.63	2.13	9.81	1.46	10.16	3255.5	3257.5	2.0
				13.75						11.0
樊141-斜7	38.1	3298	3300	2	12.86	12.69	9.39	3298.0	3300.0	2.0
	39.2	3302	3308.8	6.8	16.33	34.19	4.89	3302.0	3304.0	2.0
					16.33	34.19	4.89	3306.0	3308.5	2.5
				8.8						6.5
樊141-斜12	40	3185.75	3187.63	1.88	9.4	0.82	11.19	3186.0	3188.0	2.0
	45	3196	3196.75	0.75	14.89	4.07	34.73	3196.0	3198.0	2.0
	49	3206.63	3208.13	1.5	12.84	3.16	19.19	3207.0	3210.0	3.0
	50	3208.63	3211	2.37	12.41	3.42	15.21	3236.5	3237.5	1.0
	60	3236.5	3237.5	1	9.7	2.37	14.1	3186.0	3188.0	2.0
				7.5						10.0
樊141-斜8	43	2972.88	2981.88	9	7.03	0.58	45.81	2974.0	2976.0	2.0
	44	2982.75	2985.25	2.5	6.41	0.78	29.7	2982.0	2985.0	3.0
	48	2994.4	2997.8	3.4	12.31	5.48	9.98	2995.0	2997.0	2.0
	54	3024.9	3026.3	1.4	12.66	6.04	50.29	3025.0	3026.0	1.0
	55	3027.5	3029.3	1.8	10.83	3.26	52.45	3027.0	3028.0	1.0
	58	3037.9	3040.6	2.7	8.72	1.25	17.38	3038.0	3040.0	2.0
				20.8						11.0

4.1 以史为鉴，分析传统压裂技术存在弊端

分析2005年以来樊142块常规压裂井资料可知：一是前期压裂采用瓜胶体系，常规压裂工艺，排量4.0m³/min，加砂强度平均3.5m³/m，压后滩砂平均初产2.5t/d，坝砂平均初产7.2t/d。二是压后效果方面，西部靠近主体的樊141、145井区初期产量较高，东翼樊146井区、南部樊134区投产效果较差。得出结论：常规压裂技术无法同时满足滩砂、坝砂油藏的有效动用，储层无法得到均衡、充分动用(表4)。

表4 樊142块前期压裂井施工参数及效果统计表

序号	井号	日期	砂厚/层	加砂量	加砂强度	破裂压力	半缝长	初期油量	自喷天数
			m/层	m³	m³/m	MPa	m	t/d	d
1	F141-2	2008.1	8.8/7	29	3.3	50.6	149.6	7.5	94
2	F146	2006.11	9.3/2	34	3.66	61.5	176	7.3	50
3	F146-1	2006.12	14.2/7	44	3.49	61	153.5	1.7	23.4

续表

序号	井号	日期	砂厚/层	加砂量	加砂强度	破裂压力	半缝长	初期油量	自喷天数
			m/层	m^3	m^3/m	MPa	m	t/d	d
4	F146-X2	2010.9	5.9/1	64	10.8	54.4		2.8	
5	F146-3	2020.4	16.1/8	16	1	52		2.7	
6	F131	2005.4	6.9/4	36	5.2			2.5	试油
7	F145-1	2008.5	17.1/9	60	3.87	58	210	2.8	26
8	F142-12	2009.5	11.3/4	43	3.81	54.4	126.6	6.9	64.3
平均				40.6	3.5	57.6		4.2	49.1

以樊146-3井为例，该井目的层段有效厚9.3m/6层，跨度高达50.6m，跨度大、砂泥交互严重，泥质最高35.5%。采用笼统压裂方式，排量4.0m^3/min，最高砂比32%时发生砂堵，后期加砂压力迅速上涨，施工排量小，薄互层储层压开的裂缝开启宽度有限，加砂较为困难。由于砂堵实际加砂16m^3，改造程度有限。由此可见，低排量、小规模压裂，储层未得到均衡、充分动用，常规压裂与樊142块油藏匹配程度低。

4.2 升级1.0：引入组合缝网压裂技术，实现滩坝砂油藏有效动用

通过大数据调研，截至2018年12月，在花古102、盐222等块累计实施24井次进行组合缝网压裂，压后平均产能15.2t/d，是常规压裂技术(6.4t/d)2.3倍，增产效果显著，提高了投入产出比。

于是，提出在滩坝砂油藏樊142块开展组合缝网压裂技术试验的想法。

为提高压裂工艺与油藏匹配程度，针对樊142块开发难点，在前期压裂改造经验的基础上，工艺技术迭代升级，提出针对性改造措施，提高油藏开发效果。樊141-斜5井从方案设计到投产设计，再到现场施工实时优化，历经三轮优化，最终确定了“油管浅下实现大排量+合理避射、缝内、层间暂堵实现均衡改造”的工艺思路。该井于2020年12月6日压裂，施工排量7～9m^3/min，破裂压力45.3MPa，停泵压力26.4MPa，加砂86m^3，压裂液用量1066.7m^3，加砂强度5m^3/min，暂堵球70个，层间暂堵剂300kg。压裂后初期初期日液17t，日油10t，含水39%，转抽后日液10.8t，日油9.7t，含水10%，目前日液5.8t，日油5.3t，含水28.6%，累油5657.4t，取得较好的效果(图6、图7)。

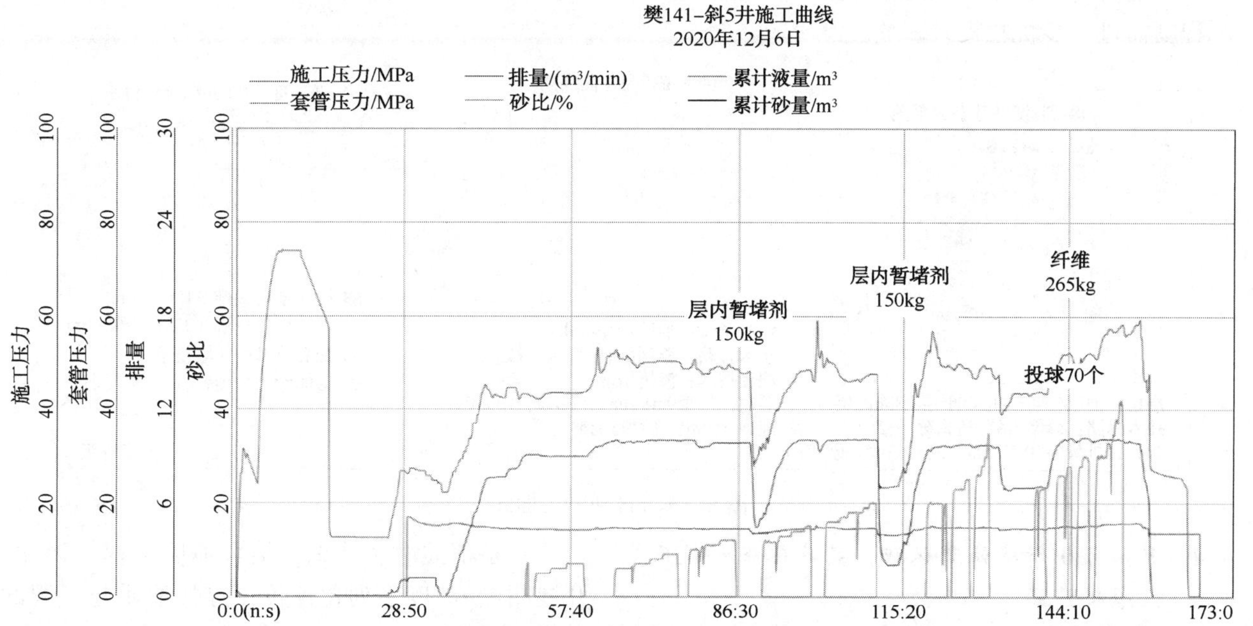

图6　樊141-斜5井压裂施工曲线

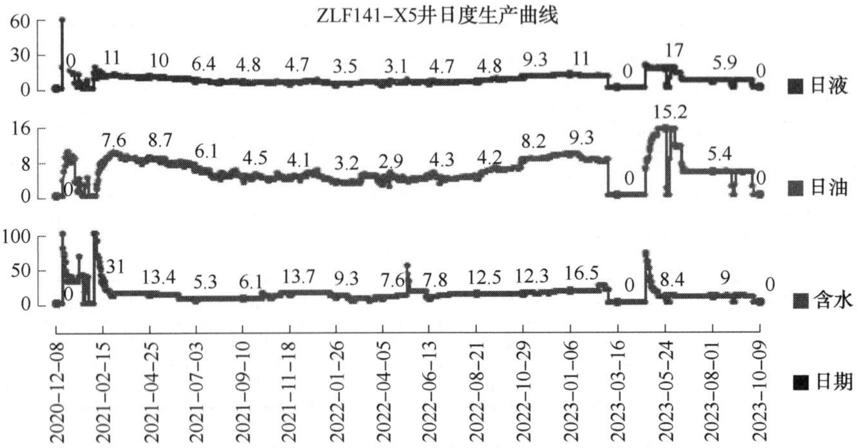

图 7　樊 141-斜 5 井生产曲线

樊 141-斜 5 井的成功，为滩坝砂油藏配套组合缝网压裂技术奠定的信心。于是在樊 145-斜 8、樊 131-斜 7、樊 146-斜 6 井进行了推广应用，实施效果不理想。

分析原因发现：樊 141-斜 5 井：水平应力差 6.5～9.0MPa，平均 7.3MPa。脆性指数 0.35～0.46，平均 0.41。樊 146-斜 6 井：水平应力差 6.6～8.4MPa，平均 7.5MPa。页岩油脆性指数 0.3～0.55，平均 0.43；滩坝砂脆性指数平均 0.32。

通过对比两口井压裂施工参数可知：樊 146-斜 6 井第一段滩坝砂：泥质含量高，脆性指数低，但在设计和施工过程中，低黏液占比高达 41.9%，前置胶液用量仅 50 方，主缝沟通有效体积小，进而压裂效果不理想。未按照储层发育差异性进行差异化设计，压裂参数设计与油藏匹配程度需进一步优化提升。

4.3　学习总结，找寻影响滩坝砂油藏缝网压裂效果关键点

车 408 块东沙四上油藏埋深 3400～3700m，孔隙度 13.7%，渗透率 $5.6\times10^{-3}\mu m^2$，属低孔、特低渗的异常高压油藏。该块砂体的主要特征：层多、层薄，厚度变化较大、连通性较差，单砂体厚度 0.3～9.7m，平均厚度为 1.7m，以小于 3m 为主。泥质含量高，车 408-斜 16 井砂体平均泥质含量 31.75%，车 408-斜 18 井平均泥质含量 22.97%。油藏物性特征与樊 142 块类似，该块车 408-斜 8、车 408-斜 9 井采用大液量、滑溜水增能、渗析增能压裂后效果不理想，分析区块能量及储层发育状况后，采用预置 CO2+中高黏液体造高导流缝网压裂效果得到大幅提升，于是以一体化理念为指导，建立车 408 块“学习型曲线”，提出差异化组合缝网压裂思路(图 8)。

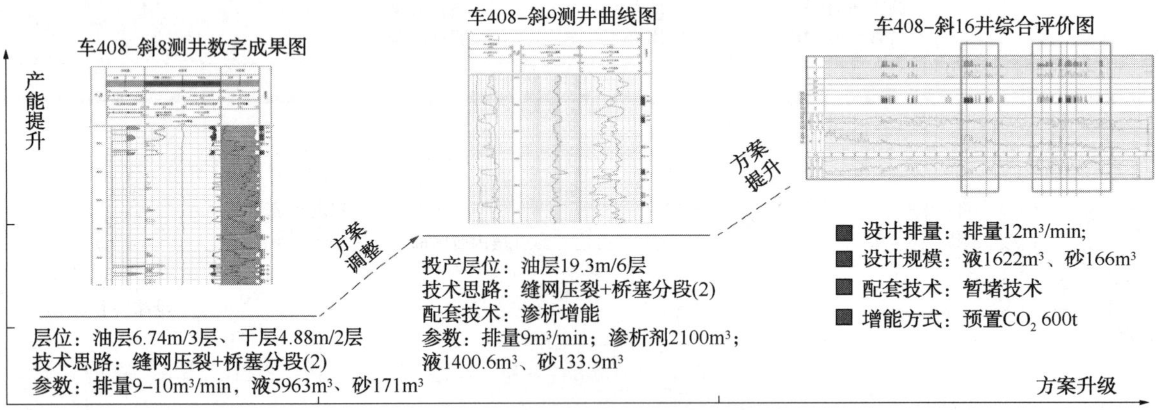

图 8　车 408 块学习曲线

4.4　升级 2.0 精准油藏认识，差异化组合缝网压裂提产能

差异化组合压裂关键技术点：

一是精准油藏认识。结合地质工程一体化，开展甜点-甜度系列化评价，寻找地质与工程的双甜点(图 9)。

（1）甜点：开展了地质-工程甜点评价研究，在地质甜点的基础上，优选力学甜点，在甜点处形成缝网。

（2）甜度：为完善甜点评价模型，提出了地质-工程甜度新理念及评价方法，以较低破裂压力位置确定射孔位置，初步解决了无效段占比高的问题。

以樊142-斜12为例(图10、图11)。

樊141-斜12井从钻遇参数看，储层跨度大，多薄层发育，储层厚度在0.8~2.0m，平均1.5m。从脆性指数、主应力差看，滩砂储层水平主应力差4.2~10.1MPa，脆性指数0.38~0.48。投产层位的选择：选择主力应力差小，脆性指数较高、厚度相对较大的储层。

以樊141-斜9为例(图12、图13)。

樊141-斜9井钻遇储层发育较好且集中，目的层厚度在5.8m。从脆性指数、主应力差看，该井应力差在4.2~6.3MPa，脆性指数0.41~0.45，脆性指数好，水平主应力较小，易形成缝网。投产层位的选择：选择主力应力差小，脆性指数较高、厚度相对较大的双甜点储层。

地质甜点：储层厚度、含油性、储层预测准确性

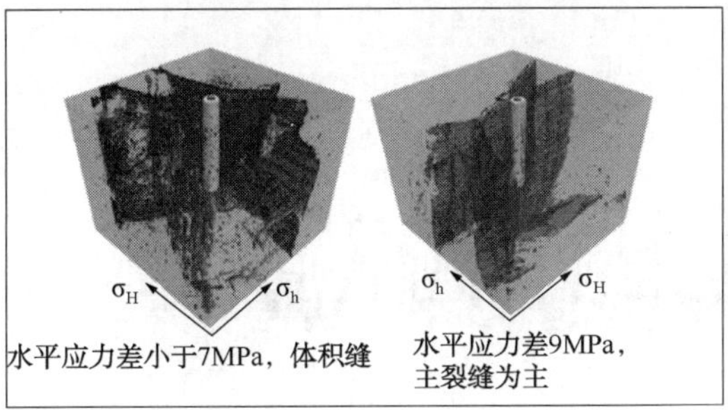

工程甜点：脆性指数、应力差、应力值

可压裂级别	脆性指数 BI^1	脆性矿物指数 BI^2	应力各向异性	天然裂缝	可压指数	可压裂性评价
Ⅲ	0.1-0.3	0.2-0.3	1.5	不发育	0.18-0.32	低
Ⅱ	0.3-0.6	0.3-0.5	1.3	中等发育	0.36-0.58	中等
Ⅰ	0.6-0.8	0.5-0.8	1.1	发育	0.62-0.82	高

图9

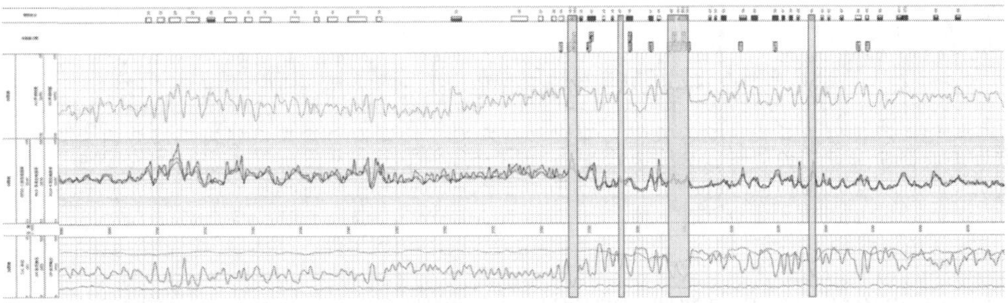

图10

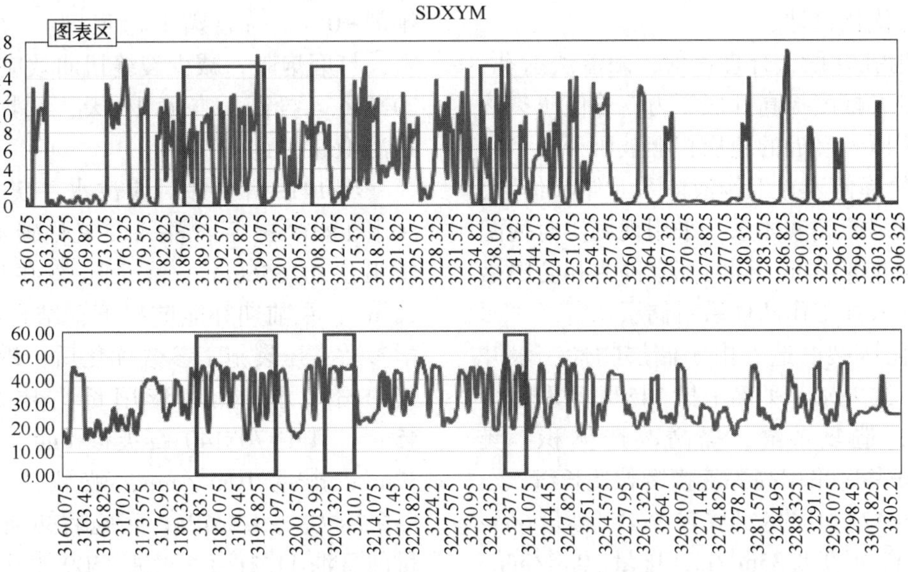

图11

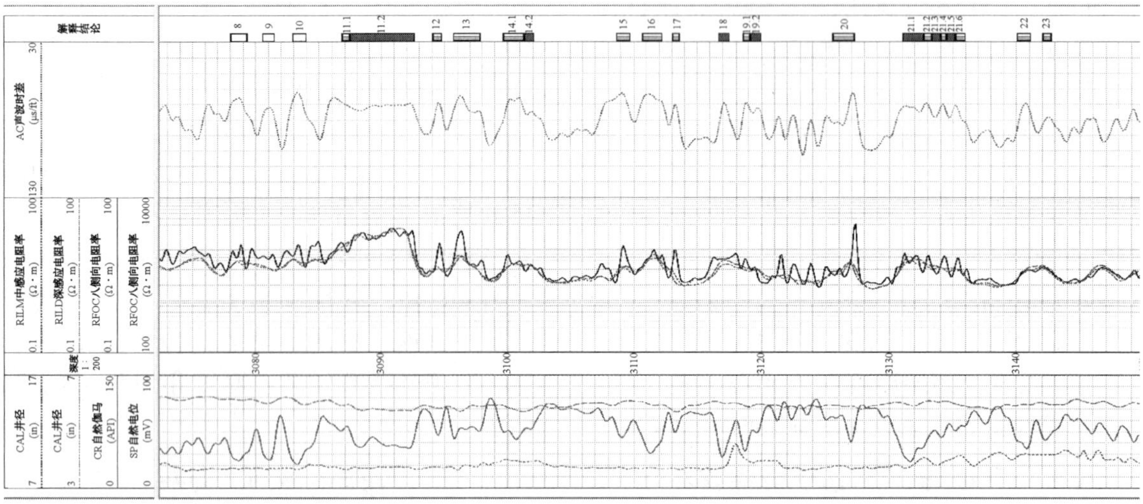

图 12

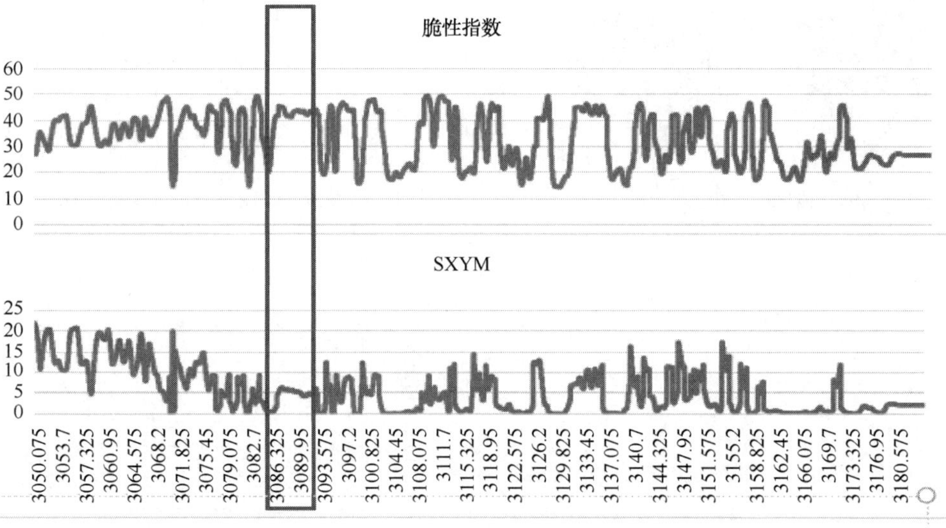

图 13

二是根据油层发育特点、井网部署情况和地层补能情况，进行差异化压裂设计。主要从以下几个方面进行优化设计。

① 优化射孔井段，合理避射，限流法射孔，提高施工排量大幅度提高井底压力，迫使压裂液分流，使破裂压力接近的地层相继被压开。

② 为有效降低入井工作液体系对储层伤害，设计采用稠化剂压裂液体系，采用现场实时混配模式，可实时改变黏度，同时配套助排和防膨措施，有效降低入井工作液体系对储层伤害。

③ 差异化压裂改造。由于储层物性、水井投产及补能方式差别，平面上樊 145 井区采用缝网压裂技术，造复杂缝，提高改造体积；樊 142-21-斜 50 井区采用高黏液携陶粒造长缝。

樊 141-斜 12 井压裂液量 675.7m^3，砂量 66m^3（11+55），加砂强度 8.35m^3/m，排量 10m^3/min，破裂压力 32.6MPa，停泵压力 32.5MPa。本井全部采用高黏液体系（1.3%低分子稠化剂+0.1%助排剂+0.1%高温黏土稳定剂），加入低砂比段塞，打磨炮眼，减少裂缝扭曲效应。该井压裂后 2022.6.4 投产，自喷 15 天，初期日油 6.2t/d，累油 1662.7t。

樊 141-斜 9 井对应注水井樊 145 前期压驱注水 1×10^{4}m^3 后，注入二氧化碳 1969.3t，二轮压驱注水 5568m^3。截至压裂共计注水 1.56×10^{4}m^3；在前期补能前提下，结合物性和岩石力学参数，压裂施工参数优化后：液量 686.81m^3，其中滑溜水+低黏液用量占比 32.5%；砂量 45m^3，其中 70/140 石英砂 8m^3，30/50 目陶粒 37m^3；排量 10m^3/min，破裂压力：42.3MPa，停泵压力：29.4MPa。实施后初期日油 12.1t/d，目前日油 11.1t/d，累油 3509.4 吨（表 5）。

表 5　樊 141 井区新井油井压裂参数统计表

井号	主导压裂技术	压裂液量/m^3	支撑剂量/m^3			排量	加砂强度	综合砂比
			石英砂	陶粒	合计	m^3/min	m^3/m	%
樊 141-斜 13	缝网压裂	769	53	28	81	10	8.6	10.5
樊 141-斜 8(第一段)	精细分段+缝网	760.7	14	52	66	12	5.7	8.7
樊 141-斜 8(第二段)	精细分段+缝网	779	42	26	68	12	7.3	8.7
樊 141-斜 6(第一段)	精细分段+套管压裂	457	8	27	35	10	4.2	7.7
樊 141-斜 6(第二段)	精细分段+套管压裂	866	8	74	82	10	14.9	9.5
樊 141-斜 7	套管压裂	881	7	70	77	10	8.8	8.7
樊 141-斜 12	套管压裂	676	11	55	66	10	8.8	9.8

5　实施效果及认识

5.1　实施效果

6 口井初期平均产量日液 9.9m^3，日油 6.7t，目前平均日液 5.4m^3，日油 4.7t，累水 m^3，累油 11918.8t。自喷期平均 18.3d，转抽后整体上液量比较稳定，补能效果取得一定成效(表 6)。

表 6　樊 141 井区新投压裂井效果统计表

井号	生产情况(9.12)									
	投产日期	初期生产情况			目前生产情况			累油	累液	自喷天数
		日液/t	日油/t	含水/%	日液/t	日油/t	含水/%	t	t	d
樊 141-斜 13	2022/5/29	7	4.9	30	4	3.6	10.9	1301.7	834.4	17
樊 141-斜 6	2022/6/1	6	4.3	28.8	4.5	3.9	14	1652.1	903.2	15
樊 141-斜 7	2022/6/2	6.2	4	36.1	2.9	2.1	29.3	1275.1	1016.1	23
樊 141-斜 12	2022/6/4	9.1	6	34.1	3.4	2.5	27.2	1662.7	802.6	15
樊 141-斜 8	2022/6/4	10.6	7	33.5	5.6	4.9	13.1	2517.8	1379.0	22
樊 141-斜 9	2022/10/23	20.7	13.8	33.5	12	10.9	8.8	3509.4	694.1	18
合计/平均		9.9	6.7	32.9	5.4	4.7	13.9	11918.8	5629.4	18.3

5.2　认识

根据井网井距、储层物性、水井投产及补能方式差别，在樊 141 井区进行差异化压裂。

平面上樊 145 井组采用缝网压裂，樊 142-21-斜 50 井组采用高黏液携陶粒造长缝压裂；纵向上樊 141-斜 6、樊 141-斜 8 井进行精细分段，调整加砂强度，配套暂堵、缝网压裂技术等，进行差异化压裂改造。

实施后初期平均产量日液 9.9m^3，日油 6.7t，目前平均日液 5.4m^3，日油 4.7t，取得初步成效，下一步继续开展注采对应分析，调整注入参数，实现井组高效开发。

苏里格低产低效井补孔压裂改造工艺研究

夏玉磊[1,2]　姚　伟[1,2]　吴　简[1]

(1. 中国石油集团川庆钻探工程有限公司长庆井下技术作业公司；2. 中国石油集团二氧化碳压裂增产研究室)

摘　要　本文针通过对苏里格合作区桃7、苏5、苏59三大区块地质情况、储量动用等进行了分析，筛选出桃7南部作为目标区，并通过大量统计分析，形成了桃7区块资源潜力筛选条件，及工程可行性条件。利用图版法、数值模拟方法互相印证，形成了裂缝参数的最优范围，在此基础上对加砂强度、施工排量、泵注程序等关键工程参数进行了优化，形成了设计优化方案，进一步提升老井生命周期，为气田稳产助力。

关键词　低产低效；补孔；压裂改造；挖潜井；优化

1　改层补孔井筛选条件

1.1　目标区块确定依据

苏5区块主体层位为盒8，山1局部发育，且基本已动用，纵向上挖潜潜力较小。苏59区块主体层位为山1、盒8段，盒8段较山1段厚度大，但大面积含水，山1段含气性稍优于盒8段，但分布不连续，横向变化剧烈，纵向整体潜力较小。桃7区块整体含气性好，气水关系简单，主体层位为山1、盒8段，纵向上又可分为山13~盒84共7套储层，纵向上存在一定潜力。桃7区块相比苏59、苏5区块，改造后效果明显较好，具有天然优势，老井挖潜风险较小。因而，将桃7区块选为老井挖潜的目标区。

1.2　资源潜力筛选条件

1.2.1　石盒子组储层参数界限

利用桃7区并结合苏5区、苏59区、苏46区共计113口井的石盒子组储层试气层段的测试资料，将每一口井测试层做单层处理，作为一个数据点，其中，盒8段气层点108个，盒8段干层点5个。建立单位厚度产气量与渗透率、孔隙度、含水饱和度之间的关系图，石盒子组储层在渗透率大于0.09×10^{-3} μm^2，孔隙度大于5.18%时时，储层具有一定的产气能力。桃7区石盒子组的束缚水饱和度主要分布在60%到65%之间。统计其束缚水饱和度的分布规律，得到束缚水饱和度的平均值为58.9%(图1)。

1.2.2　山西组储层参数界限

利用桃7区并结合苏5区、苏59区、苏46区共计70口井山西组储层试气层段的测试资料，将每一口井测试层做单层处理，作为一个数据点，其中，山西组气层点52个，山西组干层点18个。建立单位厚度产气量与渗透率、孔隙度、含水饱和度之间的关系图，山西组储层在渗透率大于0.09×10^{-3} μm^2时、孔隙度大于5.39%时。山西组的束缚水饱和度主要分布在50%到60%之间。统计其束缚水饱和度的分布规律，得到束缚水饱和度的平均值54.5%，即含水饱和度上限值为54.5%(图2)。

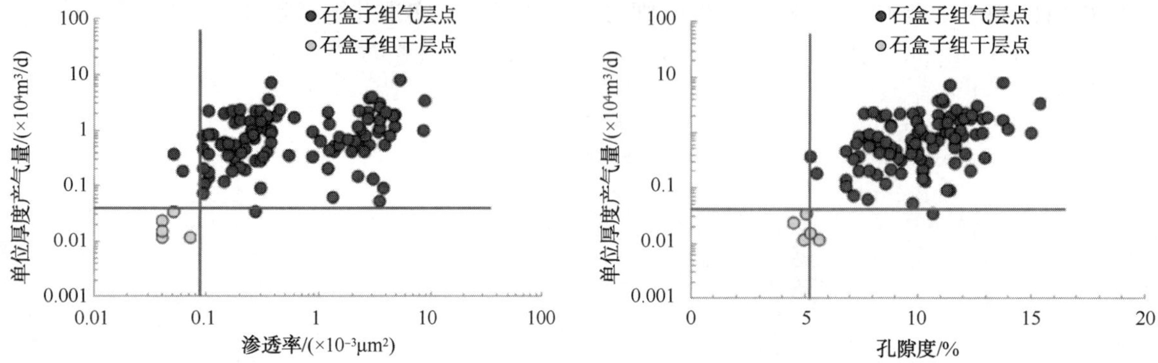

图1

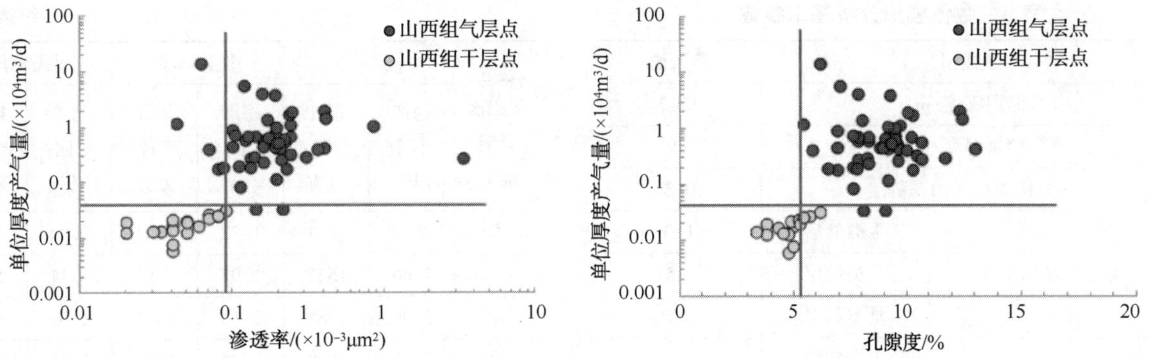

图 2

1.2.3 邻井生产情况

桃 7 区块直井Ⅰ、Ⅱ、Ⅲ类井递减均基本符合衰竭式递减规律，气井的递减率呈逐渐降低的趋势，初期递减率为 29.7%，第三年递减率为 22.9%，第五年递减率为 18.2%，第十年递减率为 12.7%。为了降低改层补孔后的风险，建议选择储层相似邻井动态评价为Ⅱ类及以上的井(表 1)。

如上所述，依据储层筛选依据和工程筛选依据，在桃 7 区块南部区域选择了 4 口目标井进行改层补孔压裂试验(表 2)。

表 1 桃 7 区块各类直丛井(对齐生产时间)生产情况统计表

类别	井数/口	投产三年(990 天)		
		平均单井产量/($10^4m^3/d$)	三年末压力/MPa	压降速率/(MPa/d)
Ⅰ	262	1.83	8.46	0.0144
Ⅱ	203	0.98	8.85	0.0125
Ⅲ	152	0.63	8.96	0.0119

表 2 适合改层补孔压裂的低产低效井筛选表

序号	井号	原生产层					改层补孔层位							
		层位	生产管柱	投产时间	累产/万方	备注	层位	储层厚度/m	孔隙度/%	渗透率/mD	含水饱和度/%	邻井情况	套管完整性	固井质量
1	桃 7-12-13AX	马五 1^3	光油管	2015.03	760.79	已不具备生产条件	山 1	14.1	3.5~7	0.01~0.15	40~84	动态Ⅰ~Ⅱ类 2 口	试压合格	Ⅰ
							盒 8	8.8	4.2~7.5	0.01~0.15	38~54			
							盒 7	4.7	10.7	0.3	52			
2	桃 7-12-13	马五 2^2	光油管	2015.06	1051.4	已不具备生产条件	山 2	5.3	5.1~7.6	0.13	45~60	动态Ⅰ~Ⅱ类 4 口	套管破损，修复后试压合格	Ⅰ
							山 1	11.1	3.5~9.0	0.17	35~60			
							盒 8	7.5	5.3~9.2	0.16	45~65			
3	桃 7-17-20	马五 1^{2-3}	光油管	2014.04	1867.56	已不具备生产条件	山 1	7.7	5.0~8.0	0.01~0.17	38~80	动态Ⅰ~Ⅱ类 3 口	试压合格	Ⅰ
							山 1	7.7	3.9~8.5	0.01~0.18	39~69			
							盒 8	8.5	6.5~10.1	0.01~0.2	35~47			
							盒 8	5.6	5.1~7.9	0.01~0.1	40~87			
4	苏 51H	马家沟	Y344 封隔器	产水量大，未投产			盒 7	4.8	11.2	0.21	54.5	动态Ⅰ~Ⅱ类 2 口	试压合格	Ⅰ

2 挖潜井压裂改造工艺优化

2.1 压裂改造工艺参数优化研究

2.1.1 数值模拟参数优化

模拟软件：Eclipse 油藏模拟软件，三维黑油模型；网格类型：三维块中心网格系统；网格步长：10×10m；裂缝周围加密至 5mm，模拟参数参照苏里格储层分类进行。通过改变裂缝渗透率、裂缝长度，分析不同无因次导流能力对压裂气井稳产时间和累计产量的影响(表 3)。

表 3 数值模拟分析基本参数

参数项		参数值
储层深度/m		3300
储层厚度/m		15
原始地层压力系数		0.8
地层渗透率/mD	Ⅰ类储层	1.0
	Ⅱ类储层	0.5
	Ⅲ类储层	0.1
地层孔隙度/%	Ⅰ类储层	10
	Ⅱ类储层	8
	Ⅲ类储层	6
含气饱和度/%		50

如表 4 所示，可以看出，随着裂缝无因次导流能力增加到一定程度(10 左右)，稳产时间和累计产量的增加幅度并不十分明显，分析结果与图版法结果基本一致。

表 4 无因次导流能力对稳产时间及累计产量的影响

裂缝无因次导流能力	Ⅰ类储层		Ⅱ类储层		Ⅲ类储层	
	稳产时间/年	累计产量/万方	稳产时间/年	累计产量/万方	稳产时间/年	累计产量/万方
1	1.43	779	1.31	659	0.54	251
3	1.86	989	1.5	803	0.75	375
5	2.2	1241	1.72	1041	0.94	458
7	2.66	1567	1.97	1382	1.11	569
9	3.09	1781	2.12	1561	1.35	653
11	3.63	1998	2.25	1661	1.45	721
18	3.89	2012	2.5	1701	1.57	773

2.1.2 工程参数优化

2.1.2.1 加砂强度优化

①Ⅰ类储层：利用压裂软件压后分析，结果表明加砂强度与裂缝半长有着较好的线性关系，具体为：Xf = 40.514V 砂/h + 17.644。根据无因次导流能力公式，在储层渗透率、裂缝宽度、裂缝渗透率固定的情况下，可计算得到最优裂缝长度(无因次导流能力为 10)，据此便可得到Ⅰ类储层最优加砂强度(表 5)。

②Ⅱ、Ⅲ类储层：利用压裂软件压后分析，结果表明加砂强度与裂缝半长有着较好的线性关系，具体为：Xf = 73.264V 砂/h − 4.7005。如上所述方法，可得到Ⅱ、Ⅲ类储层最优加砂强度(表 6)。

表 5 Ⅰ类储层单层压裂气井裂缝半长与施工参数统计表

井名	储层类型	支撑半长/m	排量/(m^3/min)	前置液量/m^3	携砂液量/m^3	加砂量/m^3	砂体厚度/m	加砂强度/(m^3/m)
苏 59-7-53	Ⅰ	62.9	2.7	83.1	112.4	30.1	23	1.31
苏 5-16-24C	Ⅰ	73.4	2	26	41.7	10	8	1.25
桃 7-13-23A	Ⅰ	62.9	2.4	42	75.5	20	18	1.11
桃 7-15-17X1	Ⅰ	73.4	3	40	124	40.5	30	1.35
桃 7-15-8	Ⅰ	62.9	2.5	70.1	120.7	30	24	1.25
桃 7-17-9	Ⅰ	83.9	2.6	52.1	93	25.1	17	1.48
苏 5-13-30A	Ⅰ	58.4	2.6	77.2	126.4	30.6	31	0.99
苏 5-16-33	Ⅰ	62.9	5.1	115	241.6	60	51	1.18
苏 5-2-18A	Ⅰ	52.4	2.3	35.9	69.3	20.7	26	0.80

表 6 Ⅱ、Ⅲ类储层单层压裂气井裂缝半长与施工参数统计表

井名	储层类型	支撑半长/m	排量/(m^3/min)	前置液量/m^3	携砂液量/m^3	加砂量/m^3	砂体厚度/m	加砂强度/(m^3/m)
苏 59-7-43	Ⅲ	63.6	2.45	43.2	79.1	20.6	18	1.14
苏 59-19-20	Ⅲ	90.9	2.4	59.1	89.9	20	18	1.11

续表

井名	储层类型	支撑半长/m	排量/(m^3/min)	前置液量/m^3	携砂液量/m^3	加砂量/m^3	砂体厚度/m	加砂强度/(m^3/m)
苏 5-14-30	Ⅱ	72.7	3.2	117	147	42	36	1.17
桃 7-20-13X2	Ⅲ	99.9	2.5	63.5	112.4	30	21	1.43
桃 7-15-7	Ⅲ	72.7	2.6	58	108	31.7	28	1.13
桃 7-15-9A	Ⅲ	83.6	2.6	70.1	106.1	30	28	1.07
桃 7-10-14	Ⅱ	45.4	2.6	68	114	30.7	25	0.69
桃 7-4-17	Ⅲ	99.9	2.5	63	104	30	20	1.23
桃 7-6-17	Ⅱ	109.0	3.5	117.7	177.8	50	49	1.5
桃 7-19-4	Ⅲ	72.7	2.7	57.9	109.9	30	25	1.02
桃 7-20-4A	Ⅱ	72.7	2.3	38	78.8	20	16	1.2
桃 7-22-1X1	Ⅲ	81.8	2.6	74.3	125.6	35.2	26	1.25

2.1.3 施工排量优化

从水力裂缝参数角度，在致密薄互层压裂改造中，排量是缝高的重要影响因素。根据隔层有效性判定准则，对于隔层条件较好的薄互层，在设计中考虑对多个砂体进行分压，需要适当降低排量、控制缝高，保证单套砂体中水力裂缝缝长；对于不具备阻隔条件的隔层，在设计中考虑对多个砂体进行合压，则需根据多个砂体总厚度适当提升施工排量，保证对上下砂体的整体改造。

从工程角度，施工排量主要取决于压裂注入方式、压裂管柱、井口压力及压裂设备功率等因素限制。压裂施工排量的大小对施工是否顺利至关重要，排量过大摩阻迅速增加，加大对施工设备性能的要求，有时对管柱和井下工具的要求也相应增高。而且初始排量过高会增加井筒压力增加速度，而影响空隙压力的增加速度，从而导致起裂压力过高，增加水马力，增加施工费用。因而综合考虑以上因素，结合苏里格前期经验，对于胍胶压裂液体系（稠化剂浓度 0.35%），优化后的排量如表 7、表 8 所示。

表 7 致密薄互层隔层有效性与压裂工艺对应表

砂、泥岩条件			隔层有效性	压裂工艺
砂泥岩GR差	砂泥岩应力差	泥岩隔层厚度		
<60	<6MPa	<5m	否	两层合压，提升排量
<60	<6MPa	>5m	控制	两层分压或暂堵转向，控制排量
>60	>6MPa	<5m	控制	两层合压或暂堵转向，提升排量
>60	>6MPa	>5m	是	两层分压，控制排量

表 8 压裂施工排量与砂体厚度对应推荐表

砂体厚度	施工排量
<5	2.0~2.2
6~10	2.3~2.5
11~15	2.4~2.7
16~20	2.9~3.3
21~25	3.6~4.2
>25	4.7~5.5

2.1.4 加砂泵注程序优化

地面加砂程序直接关系到填砂裂缝的几何尺寸及其导流能力的分布，也是影响压裂增产效果的基本因素。Notle 提出的基于液体效率的线性斜坡式地面加砂泵注程序是获得裂缝内理想铺砂剖面的理论依据，线性斜坡式加砂泵注程序可以改善裂缝内的铺砂浓度，使裂缝内的铺砂浓度更加均匀，从而获得更大的增产倍比，施工过程泵压的平稳，降低了施工加砂风险。该公式为：

$$c=c_{\max}\times\left(\frac{t-t_{\mathrm{pad}}}{t_i-t_{\mathrm{pad}}}\right)^{\left(1-\eta-\frac{0.05}{\eta}\right)}$$

式中，c 为时间 t 时携砂液浓度，kg/m^3；$c_{\max}$ 为最高的携砂液浓度，kg/m^3；t_{pad} 为泵注前置液的时间，min；t_i 为总的泵注时间（不含顶替液时间），min；η 为泵注结束时的液体效率。

3 现场试验及效果分析

3.1 前期改造工艺参数

试油层位：马家沟组马五 13，射孔井段 3552~3556m，进行酸化；采用 HCL 浓度为 20% 的胶凝酸 40m^3；该层厚度较薄，控制排量不超过 2.0m^3/min 施工。

3.2 前期改造测试情况

2014 年 8 月 23 日，对该井进行了测试求产，测试产量 4.94 万方/天，无阻流量 7.51 万方/天，测试产水 18.9 方/天(表 9)。

3.3 前期改造后生产情况

生产情况：截止 2017 年 6 月，累计产量 760.79 万方，井口产量为 0，井口压力 1.06MPa，已不具备继续生产条件(图 3)。

表 9 桃 7-12-13AX 井酸化后测试效果

井号	射孔井段/m	层位	产气/(万方/日)	无阻流量(0.7法)/(万方/日)	长庆研究院优化公式/(万方/日)	产水/(方/日)	排出量/方	返排率/%	pH	Cl^-	测试稳定压力	
											油压/MPa	套压/MPa
桃 7-12-13AX	3552-3556	马五 13	4.94	6.75	7.51	18.9	154.4	91.7	6	42540	16.0	15.0

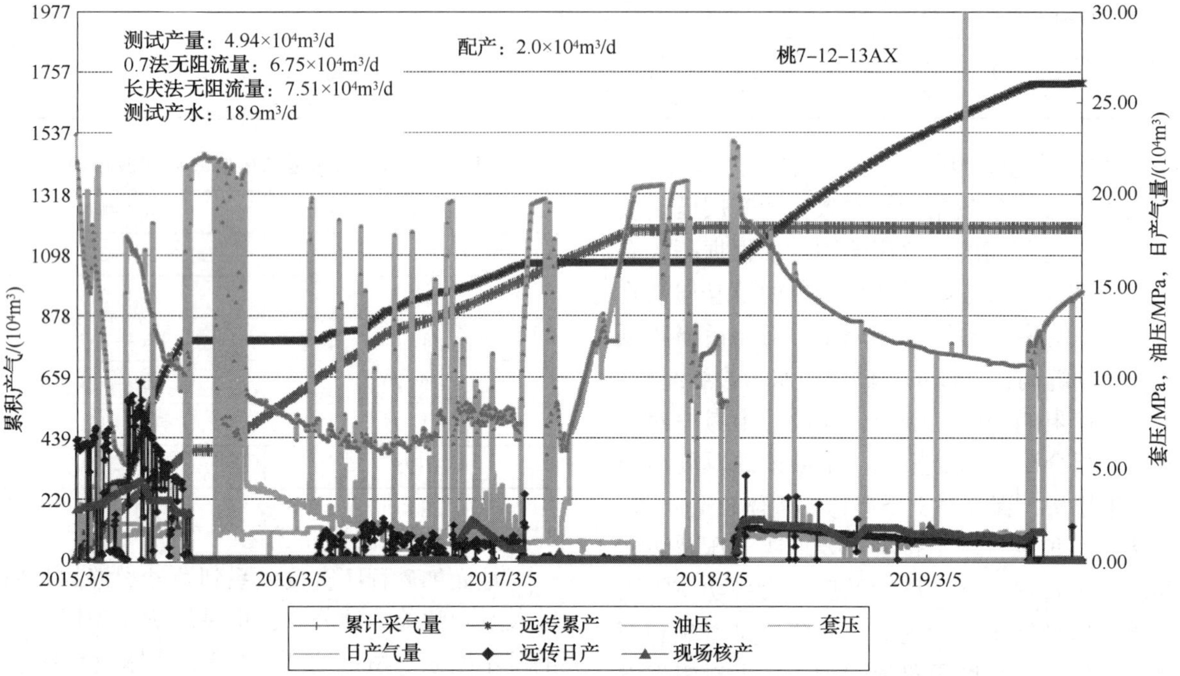

图 3 桃 7-12-13AX 井生产动态曲线图

3.4 改层补孔压裂及效果

(1) 改层压裂工艺参数设计

a. 第一压裂层射孔井段：3481~3486m，砂体井段 3451~3457m、3459~3472m、3475~3487m，属于山 1 段。射厚 5m，砂体厚度 31m，有效厚度 14.1m。砂体自然伽马值 46.8~64.1API，地层电阻率 42.3~137.3ohmm，补偿密度 2.38~2.54g/cm^3，测井解释 $\Phi=3.5\%\sim7\%$，$K=0.01\sim0.1$mD，含水饱和度 40%~84%。综合物性和砂体厚度考虑，拟加砂 30m^3，采用大排量注入、较高铺砂浓度进行压裂改造，以获取较好的产气量。

b. 第二压裂层射孔井段：3417~3422m，砂体井段 3410~3432m。属于盒 8 段。射厚 5m，砂体厚 22m，有效厚度 8.8m。砂体自然伽马值 44.2~59.8API，地层电阻率 130~132.7ohmm，补偿密度 2.48~2.52g/cm^3，测井解释 $\Phi=4.2\%\sim7.5\%$，$K=0.01\sim0.1$mD，含水饱和度 38%~54%。综合物性和砂体厚度考虑，拟加砂 25m^3，采用中等排量注入、中等偏高铺砂浓度进行压裂改造，以获取较好的产气量。

c. 第三压裂层射孔井段：3356~3360m，砂体井段 3355~3361m。属于盒 7 段。射厚 4m，砂体厚 6m，有效厚度 4.7m。砂体自然伽马值 51.1API，地层电阻率 21.8ohmm，补偿密度 2.45g/cm^3，测井解释 $\Phi=10.7\%$，$K=0.3$mD，含水饱和度 52%。综合物性和砂体厚度考虑，拟加砂 10m^3，采用小排量注入、中等偏低铺砂浓度进行压裂改造，以获取较好的产气量。

3.5 改层方案实施情况(表 10、图 4)

3.6 改层补孔压裂效果

桃 7-12-13AX 井压后测试产量 2.52 万方/天，无阻流量 5.81 万方/天，取得了一定效果，进一步延长了该井寿命(表 11)。

表 10　桃 7-12-13AX 井储层压裂施工数据

井号	层位	施工工艺	压裂液体系	支撑剂类型	排量/(m^3/min)	入地总净液量/m^3	入地总砂量/m^3	平均砂比	平均砂浓度/(kg/m^3)
桃 7-12-13AX	山 1	K344 三封三压	0.35% 胍胶压裂液	20/40 目陶粒	2.8	246.8	30	22.2%	377.8
	盒 8				2.4-2.6	191.4	25	23.5%	398.7
	盒 7				2.2	83.2	10	22.7%	385.5

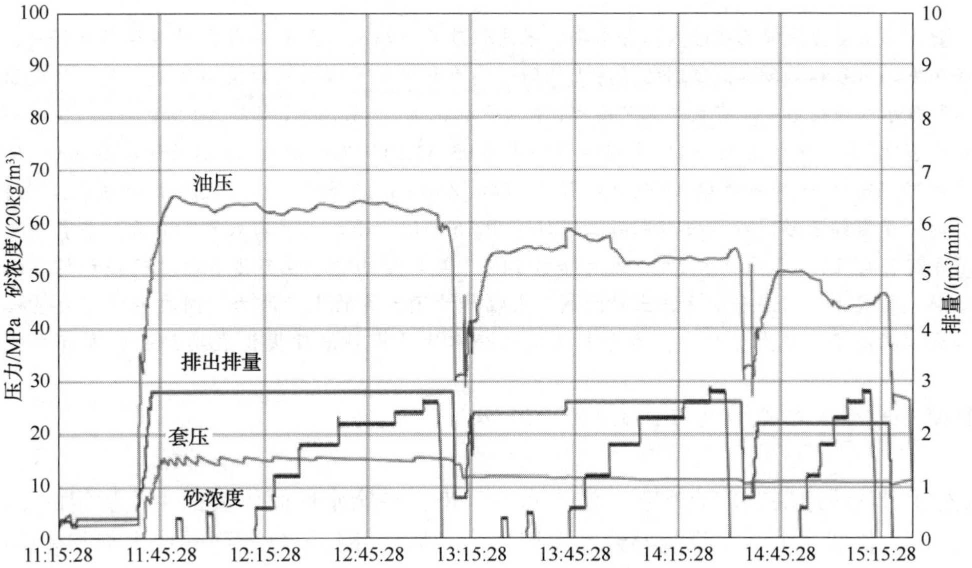

图 4　桃 7-12-13AX 井压裂施工曲线

表 11　桃 7-12-13AX 井压后测试效果

井号	射孔井段/m	层位	产气/(万方/日)	长庆研究院优化公式/(万方/日)	产水/(方/日)	应排量/方	排出量/方	返排率/%	pH	Cl^-	测试稳定压力	
											油压/MPa	套压/MPa
桃 7-12-13AX	3481-3486	山 1	2.52	5.81		555.3	171.6	30.9	6	7090	14.2	17.6
	3417-3422	盒 8										
	3356-3360	盒 7										

4　结论及建议

（1）通过对苏里格合作区桃 7、苏 5、苏 59 三大区块地质情况、储量动用等进行了分析，筛选出桃 7 南部作为目标区，并通过大量统计分析，形成了桃 7 区块资源潜力筛选条件，及工程可行性条件。

（2）利用图版法、数值模拟方法互相印证，形成了裂缝参数的最优范围，在此基础上对加砂强度、施工排量、泵注程序等关键工程参数进行了优化，形成了设计优化方案。

超分子自组装砂水双控技术研究与实践

张晓封　代磊阳　高　尚　朱艳华　冯　阳　刘　玥　刘　棚　曾　旭

[中海石油(中国)有限公司天津分公司]

摘　要　海上主力油田已经进入高含水期，采液强度日益增大，加剧油井出砂甚至砂埋停产，造成巨大的经济损失。出砂和高含水严重制约了海上油田的高产稳产。通过科技攻关与实践，创新研发出一套超分子自组装砂水双控技术，具有施工工艺简单(不动管柱施工)、易注入(黏度≤12mPa·s,)、稳砂强度高且对储层伤害低(出砂率为0.0013%，渗透率保持率为93.52%)、选择性封堵(水层封堵率60%~93%，油层封堵率≤12.5%)、耐冲刷性能强(耐产液强度184m³/(d·m))等特点，满足海上油田砂水协同治理技术需求。超分子自组装砂水双控技术在海上累计应用16井次，平均稳砂有效期580天，最长稳砂有效期1604天(目前仍有效)，平均降水2%，最大降水14%，累计增油20.99万方。通过稳砂和控水的协同作用，有效解决了海上油田高含水油井出砂问题，大幅释放了油井的生产潜力，同时节约了大量检泵和修井成本，大幅提高了油井生产时率，为海上油田高含水油井出砂治理提供成功经验，具有广泛的应用前景。

关键词　出砂；高含水；超分子；自组装；砂水双控

海上疏松砂岩油藏地层非均质性强，注入水易沿高渗层突进。长期注水开发可能导致高渗层冲刷形成大孔道，大量注入水沿孔道突进，形成无效循环，降低驱油效率，给注水、堵水等工作带来困难。在海上疏松砂岩油田的高含水后期开发中，油水井出砂问题越来越严重，导致大量油井限液生产甚至关停，制约了油田的产能。因此，有必要研究形成一套稳砂控水一体化体系，开发适用于海上疏松砂岩油田的生产井砂水协同治理技术，解决高含水井出砂问题。经过大量室内评价和海上油田现场实施效果的验证，超分子自组装砂水双控技术表现出良好的稳砂和选择性控水性能。

1　技术原理

超分子稳砂控水剂是一种以环糊精体系为本体的超分子聚合物，可以实现分子间力相互作用缔结成为具有特定结构，具有外界感知能力，当外界环境(浓度、地层砂、泥质等)发生变化时可自动反应生成凝胶，常规状态下，该聚合物保持低黏度特性，黏度不超过12mPa·s，具有较好的注入性。

通过键合作用，超分子稳砂控水剂分子与硅基表面上大量的羟基形成稳定的氢键，把亲水性无机相与超分子稳砂控水剂分子有机相连接起来，在亲水性固体表面生成稳定的半固体膜；同时另一部分超分子稳砂控水剂与体系中的固体颗粒(地层砂、黏土颗粒等)之间，通过亲水基团之间的分子间作用力相互连接，形成空间网状结构，水分子充满在网络的空隙中，生成失去流动性的半固体状凝胶-固体颗粒体系。随着网络中游离水分子的不断逃逸，体系失水，生成超分子稳砂控水剂和固体颗粒之间强有力的固体结合体系。一方面超分子稳砂控水剂分子在亲水性固体表面生成固体膜；另一方面超分子稳砂控水剂分子和固体颗粒生成砂团。超分子稳砂控水剂在地层中的含水孔隙中发生反应，而不在含油孔隙中发生反应，实现稳砂控水且不伤害油层的目的(图1)。

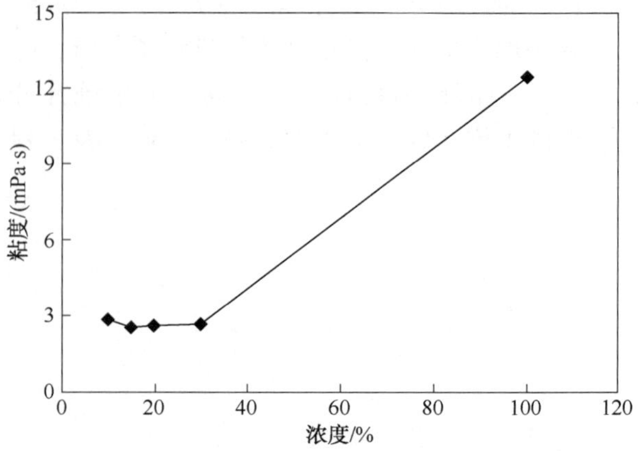

图1　超分子稳砂控水剂溶液黏度随浓度变化

2 性能评价实验

2.1 稳砂性能评价

实验步骤：

（1）将40g石英砂（粒径为0.4～0.8mm）和40g地层砂（粒径为0.01～0.05mm）混匀，装入有机玻璃管（2.5cm×10cm），压实后用金属帽封住两端，确保每次实验条件相同。

（2）设定注入流量为3mL/min，正向注入100mL煤油，测定初始的油相渗透率Ko；

（3）正向注入100mL清水，然后反向注入15g（约2PV）的待评价控砂剂体系，静止24h；

（4）正向注入100mL煤油，测定伤害后的的油相渗透率Ko'；

（5）设定注入流量为10mL/min，正向注入清水1000mL，测定出口物总质量和烘干后的固体质量，计算出砂率。

实验结果显示，1号药剂体系（超分子稳砂控水剂）稳砂后出砂率不超过0.001%，渗透率保持率超过93%，在保持较理想稳砂能力的前提下，对人工岩心的伤害率亦较小，综合稳砂性能最好（表1）。

表1 不同控砂体系性能对比（60℃）

控砂剂代号	1	2	3	4
初始渗透率 $K_o/\mu m^2$	1.280	1.310	1.195	1.300
稳砂后渗透率 $K'_o/\mu m^2$	1.197	0.223	0.185	1.040
渗透率保持率/%	93.52	17.02	15.48	80.00
出砂率/%	0.0013	0.0364	0.0267	0.2391

2.2 选择性控水性能评价

实验步骤：

（1）将石英砂（粒径为0.3～0.6mm）按比例混合均匀，装入有机玻璃管（80cm×5cm），制备高渗岩心。

（2）设置温度为60℃，将1号、2号人工岩心分别饱和地层水、原油，将两个岩心并联水平放置；

（3）正向注入模拟地层水，待岩心管两端压差稳定后，反向注入相应量的药剂，静止一定时间，再分别测定1号、2号岩心渗透率K1、K2。

（4）分别设置温度为30℃和90℃，重复步骤以上，测定处理前后的渗透率变化情况。

实验结果表明，超分子稳砂控水剂能够在一定程度上对油层和水层进行封堵，但是它们的封堵效果存在显著的差异。具体来说，水层的封堵率不低于60%，最高超过92%，而油层的封堵率最高不超过13%。这说明超分子稳砂控水剂具有非常强的选择性封堵能力（图2）。

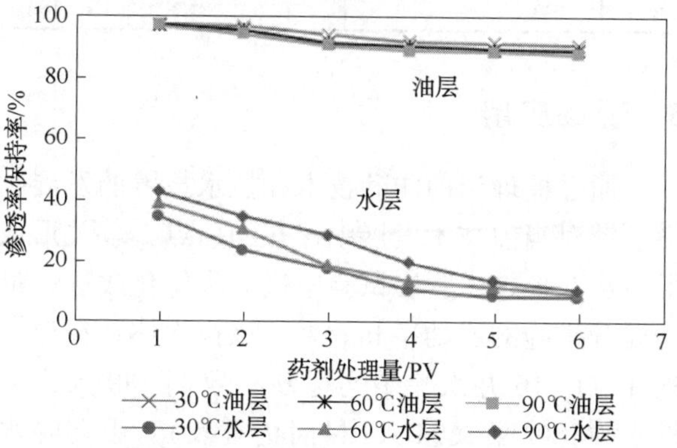

图2 不同温度下药剂选择性控水效果

2.3 耐冲刷实验

实验步骤：

（1）将石英砂（粒径为0.3～0.6mm）按比例混合均匀，装入有机玻璃管（80cm×5cm），制备高渗岩心。

（2）设置温度为60℃，将人工岩心饱和地层水。

（3）正向注入模拟地层水，待岩心管两端压差稳定后，再反向注入相应量的药剂，静止2天。

（4）正向注入模拟地层水，分别设置流量为1000mL/h、2000mL/h、3000mL/h、4000mL/h、5000mL/h、6000mL/h、7000mL/h，测定出口物总质量和烘干后的固体质量，计算出砂率。

实验结果显示，流量为3000mL/h时开始出砂，流量为6000mL/h大量出砂。折合为现场产液强度后，产液强度为184m^3/（d·m）时开始出砂，产液强度为368m^3/（d·m）时大量出砂。说明超分子稳砂控水剂的耐冲刷性能满足海上油田的需要（表2、表3）。

表2 药剂耐冲刷能力

序号	石英砂粒径/mm	渗透率/μm^2	刚出砂时泵流量/（$mL \cdot h^{-1}$）	大量出砂时泵流量/（$mL \cdot h^{-1}$）
1	0.1～0.2	1.63	3000	6000
2	0.2～0.4	2.41	4000	6000
3	0.4～0.8	3.29	4000	6000
4	0.1～0.4	2.24	3000	6000
5	0.1～0.8	1.77	3000	6000

表 3 室内测定流量与现场产液强度对应关系

室内流量/ $mL \cdot h^{-1}$	2400	3000	4000	4800	6000	7200	9000
折合现场产液量/ $m^3 \cdot d^{-1} \cdot m^{-1}$	147.5	184	245	295	368	442	553

3 现场应用

通过梳理当前防砂技术和控水技术的发展脉络，针对当前技术发展中存在的痛点，攻关形成了砂水双控技术，在试验中进一步优化改进，最终提升措施的成功率和效果。该技术体系在海上累计应用 16 井次，平均稳砂有效期 580 天，最长稳砂有效期 1604 天(目前仍有效)，平均降水 2%，最大降水 14%，累计增油 20.99 万方。

4 结论

(1) 超分子稳砂控水剂是一种以环糊精体系为本体的超分子聚合物，常规状态下黏度不超过 12mPa·s，具有较好的注入性。

(2) 超分子稳砂控水剂在保持较理想稳砂能力的同时渗透率保持较高(出砂率为 0.0013%，渗透率保留率为 93.52%)；

(3) 超分子稳砂控水剂具备优异的油水选择性封堵能力，水层封堵率最高超过 92%，而油层封堵率最高不超过 13%；

(4) 超分子稳砂控水剂的耐冲刷性能满足海上油田的需要，折合为现场产液强度后，产液强度为 $184m^3/(d \cdot m)$ 时开始出砂，产液强度为 $368m^3/(d \cdot m)$ 时大量出砂。

(5) 超分子自组装砂水双控技术在海上累计应用 16 井次，平均稳砂有效期 580 天，最长稳砂有效期 1604 天(目前仍有效)，平均降水 2%，最大降水 14%，累计增油 20.99 万方。

参 考 文 献

[1] 麻路，张泽，任杨等. 化学堵水在海上油田的应用与发展[J]. 化学工程与装备，2023(01)：119-121. DOI:10.19566/j.cnki.cn35-1285/tq.2023.01.002.

[2] 巩磊. 高含水油井化学堵水技术的开发与应用[J]. 化学工程与装备，2022(10)：51-53. DOI：10.19566/j.cnki.cn35-1285/tq.2022.10.044.

[3] 曹泰承. 油田化学堵水技术[J]. 化学工程与装备，2021(08)：49+58. DOI:10.19566/j.cnki.cn35-1285/tq.2021.08.021.

[4] 王伟东，吴刚，李迎. 南海西部油田堵控水工艺措施探讨[J]. 中国石油和化工标准与质量，2020，40(06)：235-236.

[5] 彭正强，华泽君，李勇，等. 新型化学固砂技术研究及在渤海油田的应用[J]. 辽工，2022，51(07)：1026-1029+1033. DOI：10.14029/j.cnki.issn1004-0935.2022.07.035.

[6] 詹宁宁，张丽锋. 油田化学防砂技术综述[J]. 当代化工研究，2021，No. 101(24)：11-13.

[7] 王增林，李鹏，魏芳，等. 胜利油田特高含水期化学防砂技术进展[J]. 油田化学，2021，38(03)：560-563. DOI：10.19346/j.cnki.1000-4092.2021.03.032.

[8] 石洪，郑继龙，陈立群，等. 渤海水平井环氧树脂泡沫化学防砂体系配方研究及性能评价[J]. 精细石油化工进展，2019，20(05)：14-17. DOI：10.13534/j.cnki.32-1601/te.2019.05.005.

[9] 彭建峰，廖云虎，郑华安，等. HWR 新型化学防砂材料在南海西部油田的应用[J]. 中国海上油气，2020，32(06)：136-140.

[10] 汪庐山，梁伟，王勇，等. 非均质砂岩油藏分层化学防砂技术[J]. 石油钻采工艺，2019，41(01)：121-124. DOI:10.13639/j.odpt.2019.01.019.

[11] 许声瑞. 海上 A 气田出砂井化学防砂技术研究[D]. 成都：西南石油大学，2018. DOI:10.27420/d.cnki.gxsyc.2018.000151.

[12] 宋开飞. 乳液型低伤害化学防砂体系研究[D]. 青岛：中国石油大学(华东)，2018. DOI:10.27644/d.cnki.gsydu.2018.000884.

注氮参数对煤岩渗透率影响规律实验研究

周劲辉　史浩明　杨　雄　李泽涛　岳修辉

[中国石油大学(北京)]

摘　要　用标准岩心(直径25mm，长度50mm)研究了注氮压力、注氮时间及焖压时间对煤岩渗透率的影响。实验结果表明，注氮压力为0.5MPa时，煤岩渗透率先降低然后增加(5小时后)；当注氮压力为1.5MPa、2.5MPa和3.5MPa时，煤岩渗透率随注氮时间增加逐渐增大，且注氮压力越大煤样渗透率增加越大，煤岩渗透率增幅随注氮时间增加逐渐趋于平稳。当焖压压力分别为1.5MPa、3MPa和4MPa时，焖压24h后，岩心渗透率变化依次为-14.51%、-7.45%和-1.57%，随着焖压压力的增大渗透率的降低幅度越来越低；焖压48h后，岩心渗透率变化依次为-0.98%、4.19%和12.37%，随着焖压压力的增大渗透率的改善程度越大；焖压72h后，岩心渗透率变化依次为0.36%、8.09%和7.55%。在焖压时间提高后，较低的压力焖压也使得煤岩心的渗透率得到了较小的改善，渗透率较低的岩心改善幅度较大。

关键词　煤层气；注氮参数；增产改造；渗透率

我国煤层气资源储量巨大，但绝大多数在现有技术水平下难以有效利用，其工业发展仍处于早期阶段。我国主要含煤盆地由于遭受剧烈的后期改造，地质构造严重破坏，大部分煤层气资源埋藏较深，使得勘探开发难度大，单井高产稳产期短。压裂增产改造技术已成为绝大部分煤层气井有效开采的关键技术，但成本高。

气体/气体泡沫压裂液体系具有低含水、高黏度、低滤失、耐剪切等特点，目前所采用的气体有N_2和CO_2。与CO_2相比，N_2具有腐蚀较小、成本较低、制氮技术成熟、应用效果较好等优点。在煤层气井增产改造中，主要有氮气泡沫压裂、氮气解堵、注氮综合改造三种应用方式。研究表明，煤层气井注氮后煤层渗透率得到改善是煤层气井单井产能提高的重要原因。注氮参数对煤岩渗透率的影响规律尚未进行深入研究。

1　注氮压力对煤岩渗透率的影响实验研究

1.1　实验目的

研究不同注气时间对煤岩渗透率的影响，进行了煤岩心不同注气压力的连续注氮的实验，研究注氮过程中渗透率变化的变化规律。

1.2　实验方法及方案

对煤岩心进行连续注N_2，实验采用“煤岩心气液渗透率测定仪”进行实验，实验仪器可以调整注气压力并实时测量岩心渗透率，为了得到不同注氮时间下煤岩渗透率的变化规律，以煤岩心的渗透率比进行评价，其表达式如下：

$$\eta=\frac{k}{k_0} \tag{1}$$

其中：k_0和k分别为煤岩初始渗透率和注入氮气一定时间后的渗透率值，mD。

实验所用岩心如图1所示。

图1　实验岩心

实验中采用不同的煤岩心及不同的注氮压力(0.5MPa、1.5MPa及3MPa)测试渗透率随注气时间增加的变化，煤岩心在注气过程中渗透率可实时采集，具体实验步骤如下：

(1) 将制备好的煤岩心放入岩心夹持器后加载围压至4MPa，测得煤岩样的渗透率值为岩心的初始渗透率(取值三次，以平均值为煤岩心最终渗透率值)。

(2) 设置N_2驱替压力，连续注氮6h，每隔1小时测试记录一次岩心渗透率，直至一组实验结束。

(3) 更换岩心并改变注氮压力，重复步骤(1)和(2)得到四组实验结果。

(4) 泄压后将岩心取出，处理数据，实验结束。

具体实验方案如表1所示。

表1 实验方案

煤样	围压/MPa	注氮压力/MPa	注氮时间/h
QY-1	4	0.5	6
QY-2	4	1.5	6
QY-3	4	2.5	6
QY-4	4	3.5	6

1.3 实验结果及分析

连续注气前后煤岩渗透率的变化如图2所示。

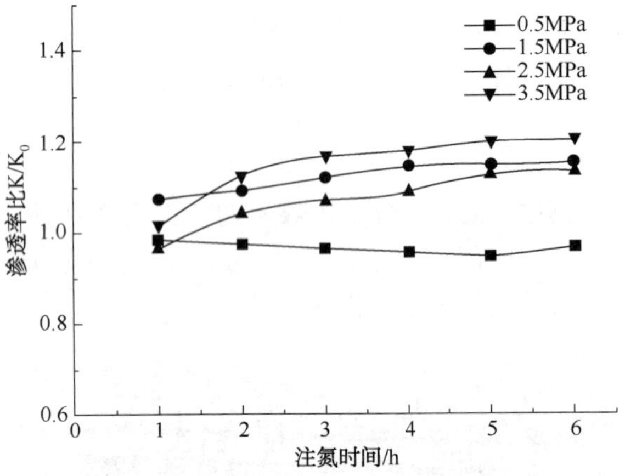

图2 渗透率比与注氮时间关系曲线

由实验结果可以看出，注氮压力及注氮时间会影响煤岩渗透率，注氮压力为0.5MPa时，随着注氮时间的增加煤岩渗透率有变小的趋势，当注气压力为1.5MPa、2.5MPa和3.5MPa时煤岩渗透率随注气时间增加逐渐增大，且注气压力越大煤样渗透率增加越大。煤岩渗透率随注气时间增加逐渐趋于平稳。

从实验结果可以看出，注气压力较小时，随着注气时间的增加，氮气会吸附在煤岩基质和孔隙中，导致煤岩渗透率有变小的趋势。随着注气压力的增加，较高的注气压力可以有效沟通煤岩孔裂隙，可以一定程度的增大煤岩渗透率，从实验结果可以看出，在注气过程中宜保持较高的注气压力，但渗透率增大过程中会逐渐趋于一个稳定值。

2 焖压时间对煤岩渗透率的影响实验研究

2.1 实验目的

研究煤岩心在不同压力氮气和不同焖压时间条件下渗透率的变化规律，研究其改善煤层渗透性的临界条件，以此指导煤层注氮相关工艺。

2.2 实验方法及方案

氮气焖压实验采用JC-1型多通道生产模拟系统进行，其实验装置简图如图3所示，该实验装置可以模拟多煤层合采时不同储层压力及围压条件下各层的产气贡献，该实验装置岩心夹持器可承受最高围压为50MPa。

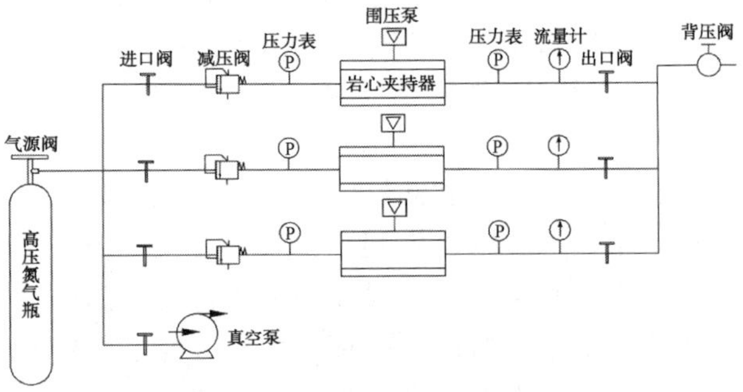

图3 实验装置原理图

实验是在对岩心抽真空后直接进行的，煤样在N_2焖压过程中不涉及二元气体的相互作用。采用气测渗透率测试方法直接测得焖压前后渗透率的变化情况。首先测试加载围压后焖压前的渗透率作为煤岩的初始渗透率，然后焖压一定时间后再测试焖压后岩心的渗透率值，最后将氮气焖压前后渗透率测试结果进行对比。实验结果经整理后得到煤岩焖压前后渗透率变化，其结果用渗透率变化率作为评价标准，如下式所示：

$$w=\frac{k-k_0}{k_0}\times 100\% \qquad (2)$$

其中，k_0和k分别为煤岩心焖压前后的渗透率。

由于实验仪器可以满足三个岩心同时进行焖压实验，所以本次实验共设置三组，焖压时间分别设置为24h、48h和72h，每组实验分别采用不同的岩心进行实验。在同一组实验中每个岩心设置不同的焖压压力进行实验，设置焖压压力别为1.5MPa、2.5MPa和4MPa。

实验的具体步骤如下：

(1) 量并记录煤岩心的直径、高度等参数；

(2) 实验前先检查整个实验系统的气密性；

(3) 将三块煤岩心分别放入三个岩心夹持器中；

(4) 待围压加载至 5MPa 后关闭阀门对岩心进行抽真空处理；

(5) 打开进口阀，将经减压阀调整压力至注气所需压力，实验过程中保证围压一直大于注气压力，防止气体从胶套和岩心之间流出；

(6) 带压力和气体流量稳定后，开始记录测试数据，每 5 分钟取一次数据，共测得三组渗透率值取平均值为煤岩心的初始渗透率；

(7) 将三个岩心夹持器的压力分别调整成 1.5MPa、3MPa 和 4MPa 后将出口段阀门关闭开始焖压，实时观察岩心夹持器两端压力表数值，保证实验的准确性；

(8) 到达实验设计的焖压时间后，将压力缓慢释放掉，待压力释放完成后，重复步骤(6)测得焖压后的煤岩渗透率；

(9) 泄压后关闭阀门，进行数据结果的处理和分析。

2.3 实验结果及分析

实验结果如表 2 所示。

表 2 实验结果

煤岩编号	焖压时间	焖压压力	焖压前渗透率/mD	焖压后渗透率/mD	渗透率变化 w/%
QY-5	24	1.5	1.2894	1.1023	-14.51
QY-6		3	1.8635	1.7245	-7.45
QY-7		4	0.4268	0.4201	-1.57
QY-8	48	1.5	1.3723	1.3588	-0.98
QY-9		3	0.8234	0.8579	4.19
QY-10		4	1.0518	1.1819	12.37
QY-11	72	1.5	1.3264	1.3312	0.36
QY-12		3	0.3264	0.3528	8.09
QY-13		4	0.4517	0.4858	7.55

针对七元矿区煤样进行的不同压力及时间条件下的 N_2 焖压实验结果可以看出，氮气焖压后煤岩的渗透率较焖压前发生了一定的变化，从实验的对比可以看出煤岩渗透率的变化在不同的焖压压力及焖压时间条件下存在一定的规律性。

(1) 焖压 24h 后，当焖压压力分别为 1.5MPa、3MPa 和 4MPa 时，岩心渗透率变化依次为-14.51%、-7.45%和-1.57%，随着焖压压力的增大渗透率的降低幅度越来越低。

(2) 焖压 48h 后，当焖压压力分别为 1.5MPa、3MPa 和 4MPa 时，岩心渗透率变化依次为-0.98%、4.19%和 12.37%,，随着焖压压力的增大渗透率的改善程度越大。

(3) 焖压 72h 后，当焖压压力分别为 1.5MPa、3MPa 和 4MPa 时，岩心渗透率变化依次为 0.36%、8.09%和 7.55%。在焖压时间提高后，较低的压力焖压也使得煤岩心的渗透率得到了较小的改善，渗透率较低的岩心改善幅度较大。

将三组实验结果进行对比(如图 4 所示)。焖压时间的增加煤岩心的渗透率得到了普遍的改善，而焖压压力越大对煤岩的改善程度越大，但是高压氮气焖压难以在短时间内大幅度的提高煤岩的渗透性，需要较长的焖压时间才能使得煤岩渗透率得到更好的改善。

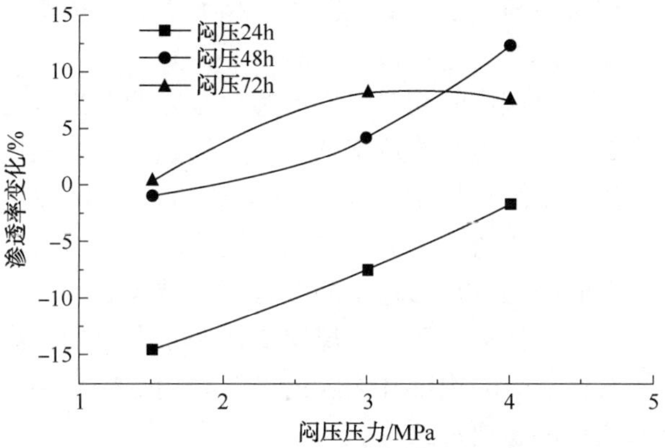

图 4 各组实验渗透率变化对比

通过对实验结果的分析研究，认为主要有两个方面的因素：

(1) 煤岩在氮气焖压初期煤岩基质孔隙中不断吸附氮气至吸附平衡状态，从而导致煤岩基质发生膨胀，煤岩内部孔裂隙空间被压缩导致岩样中孔容变小，这使得煤岩的有效孔隙度相对减小、煤岩中渗流通道的连通性降低，从而导致煤岩的渗透率降低。

(2) 较高的焖压压力可以使煤体内部长时间保持着较高的流动压力，对流动通道起到了支撑的效果，同时，高压力促进了煤岩内部微裂隙的发育，有效的改善了裂隙内的渗流通道，导致裂隙渗透率增大。

(3) 长时间的焖压可以使得孔隙空间处于持续的打开状态，让高压氮气在煤岩基质孔隙中得到充分传播，将封闭的孔裂隙结构与有效孔裂隙连通起来，一定程度上提高煤岩的有效孔隙度，有效的改善了煤岩的渗流通道，从而导致渗透率的增加。

总体上氮气焖压对于提高煤层渗透率是有效的，由于试验条件限制，试验过程中煤岩中没有提前吸附饱和 CH_4，实际工程中氮气焖压过程煤层在吸附氮气的同时会使得一部分 CH_4 解吸出来，所以在本次实验中基质膨胀效应可以忽略，而高压气体对煤岩内部孔裂隙的撑开作用时提高煤岩渗透率的主要形式。

3 结论及建议

3.1 结论

（1）注氮压力较小时（0.50MPa），随着注氮的进行煤岩渗透率有变小的趋势，只有当注氮时间累计到一定时，渗透率才逐渐恢复；注氮压力≥1.5MPa 时，煤岩渗透率随注氮时间增加而增加并逐渐趋于平稳，氮压力越大煤岩渗透率增加越大。

（2）焖压时间对煤岩渗透率有影响，当焖压为 24h 时，岩心渗透率减小，并随焖压压力的增加渗透率减小幅度降低；当焖压时间为 48h 以上时，煤岩渗透率增大，并随着焖压压力的增大和焖压时间的增加渗透率的改善程度越大。

（3）注氮对于提高煤层渗透率是有效的，高压气体对煤岩内部孔裂隙的撑开作用是提高煤岩渗透率的主要形式。

3.2 建议

在工程实践中，适当提高注氮压力和注氮时间（注氮量），合理进行焖井放喷，有利于提高煤层气井的产能；结合实际区块地质条件，有必要开展煤层气井注氮工艺参数的优化研究，有利于工程实践进行科学指导。

参 考 文 献

[1] 张金山，薛泽民，董红娟，等. 我国煤层气资源产业发展现状及展望[J]. 煤炭技术，2016，35(12)：316-318.

[2] 孙钦平，赵群，姜馨淳，等. 新形势下中国煤层气勘探开发前景与对策思考[J/OL]. 煤炭学报：2021，14(02)：1-13.

[3] 李兆敏，张昀，李松岩，等. 清洁泡沫压裂液研究应用现状及展望[J]. 特种油气藏，2014，21(5)：1-6.

[4] 雷群，管保山，才博，等. 储集层改造技术进展及发展方向[J]. 石油勘探与开发，2019，46(3)：580-587.

[5] 刘和兴，刘金铭，孟文波，等. 考虑环空压力的生产套管 CO2 腐蚀速率预测[J]. 装备环境工程，2021，18(01)：30-35.

[6] 张海宝. 油套管二氧化碳腐蚀研究[D]. 青岛：中国石油大学(华东)，2008.

[7] 龚宁，张启龙，李进，等. 二氧化碳腐蚀环境下套管选材新方法及应用[J]. 表面技术，2017，46(10)：224-228.

[8] 王晓东. 某工程的膜制氮与液氮汽化方案技术经济分析[J]. 工程技术研究，2019，4(06)：34-36.

[9] 刘磊. 煤层气井水力压裂液氮伴注与 CO_2 驱替技术研究[J]. 煤炭工程，2020，52(04)：124-129.

[10] 吉小峰. 煤层气垂直井水力压裂伴注氮气提高采收率研究[D]. 焦作：河南理工大学，2015.

[11] Francisco D. Tovar, Maria A. Barrufet, David S. Schechter. Enhanced Oil Recovery in the Wolfcamp Shale by Carbon Dioxide or Nitrogen Injection: An Experimental Investigation[J]. SPE Journal, 2021, 26(01): 515-537.

[12] 强海亮. 氮气解堵在恢复煤层气井产能中的应用[J]. 内燃机与配件，2017(11)：143-145.

[13] 刘长雄，唐锋，廖军，等. 利用氮气泡沫解除煤层气水平井堵塞的研究和应用[J]. 长江大学学报(自科版)，2018，15(01)：50-54+7.

[14] 曹运兴，石玢，周丹，等. 煤层气低产井高压氮气焖压增产改造技术与应用[J]. 煤炭学报，2019，44(08)：2556-2565.

[15] 高源. 煤层气注氮增产技术研究[D]. 北京：中国石油大学(北京)，2018.

[16] 李贵川，张锦虎，邓拓，等. 煤层气水平井注氮增产改造技术[J]. 煤炭科学技术，2016，44(05)：54-58.

[17] E. Dong, Long Guan, Lihua Zhao. Study on Mechanism of Exploiting Coal - Bed Methane Injected by Carbon Dioxide or Nitrogen[J]. ISRM SINOROCK, ISRM-SINOROCK-2013-144: 829-831.

[18] 庞锋，张劲，周劲辉，等. 氮气焖压对高阶煤渗透率影响的试验研究[J]. 煤炭科学技术，2019，47(02)：101-106.

[19] 李健青，周劲辉，黄红星，等. 孔隙压力-应力耦合下煤岩渗透特性研究[J]. 煤炭技术，2020，39(11)：27-29.

华庆油田水平井堵水技术适用性分析

王 虎 张彩虹 王宏亮 曹 婷 杨 雪 薛 静

（长庆油田分公司第十采油厂）

摘 要 华庆油田是典型的三低油藏，储层致密、物性差、孔喉细微，常规直井开发单井产量低，水平井技术作为提高单井产量的有效途径，在华庆超低渗透油藏开发中已得到了规模应用。华庆油田试验区部署七点法水平井井网，采用超前注水技术和水力喷射分簇多段压裂改造工艺，取得了较好的效果。但部分水平井投产后高含水，甚至水淹，目前华庆油田生产正常、含水大于50%的水平井共144口，平均单井日产油1.6t，综合含水77.4%，严重影响平井开发效果。因此，需要持续开展水平井找堵水技术研究。

关键词 华庆油田；水平井；堵水技术；开发效果

1 前言

水平井是油气田开发中一项重要技术，其主要应用于底水油藏、裂缝油藏、稠油油藏和超薄油藏等复杂油藏的开采中。水平井增加了产层的泄油面积，可在低的生产压差下开发油藏，已成为加快产能建设速度、提高采油效率、增加可采储量的重要技术手段。但水平井的井身与油藏平行，油层出水易导致产油量骤减，含水急剧上升。如果不及时堵水的话，突破之后产油便大幅度降低，严重的影响水平井的开发效果。

2 华庆油田水平井现状

截止2022年12月份，华庆油田共有水平井386口(三叠系362口，侏罗系24口)，日产液8.15m^3，日产油2.92t，综合含水57.3%，平均动液面1320m，其中含水大于50%的水平井共144口，平均单井日产液9.19m^3，日产油1.62t，综合含水77.4%，占总开井数的37.3%，因此多年来一直持续开展水平井堵水技术研究。

3 水平井见水类型

由于水平井的井眼特征、开采层位、开采方式的不同，水平井见水方式与直井不同。主要有两种：裂缝突进和底水脊进。

3.1 裂缝突进见水

主要表现在三叠系水平井，见水的主要原因是配套注水井在平面上沿与水平段连通的裂缝突进造成的。华庆油田三叠系长6油藏微裂缝发育，注入水通过措施改造形成的裂缝与地层微裂缝成突进式前推，造成水平井喷点与对应注水井一定程度上的贯通，导致含水突变，示踪剂测试资料和动态验证资料是该类见水的充分依据。

3.2 底水脊进见水

根据出水区域在水平段上的分布，底水脊进又细分为点状、线状和曲面状。华庆油田主要表现在侏罗系水平井的边底水沟通见水。

4 水平井堵水技术

4.1 机械堵水技术

华庆油田在积极引进先进技术、结合现场试验结果的同时，加大吸收、优化、集成力度，形成了“封底部水、卡中部水、隔上部水”等水平井机械堵水工艺技术。

（1）封底部水

采用承压能力35MPa、耐温120℃以上的双向卡瓦支撑的水平井堵水桥塞FXY445-112，封堵水平段底部出水层段。该工具的优点：一是抽吸过程中管柱蠕动对封隔器无影响，管柱处于自然状态；二是检泵起管柱时，封隔器仍处于工作状态。适用于固井质量好、无管外窜流水平井趾部单点堵水。

典型井例：山平1井2012年2月22日使用机械桥塞封堵第1喷点，措施后日增油4.72t；3月31日含水升至73.6%，通过验封证明桥塞座封完好，4月21日对该井进行硼中子氧活化找水测试，测试结果为第2喷点是主力出水层，分析认为可能是第一次堵水后第1、2喷点之间形成管外串；5月20日对第1、2喷点实施二次堵水，目前日产液 14.78m³，日产油 3.82t，含水 69.2%，累计增油 369t。

（2）卡中部水

采用由 FXY445-110、FXY441-110 两个封隔器组成的双向卡瓦支撑的水平井堵水工艺管柱，封堵水平段中部出水层段。该工具的特点：一是采用双向卡瓦锚定，降低失效风险；二是生产管柱与隔采管柱相分离，不存在因管柱蠕动造成封隔器失效；三是具备桥塞堵水的特点，解封时分级解封，下工具砂卡可丢开。

典型井例：山平 4 井各砂层段的电阻率较低，各砂层段级别应为油水层-水层，判断该井第 2、3 喷点出水。5 月 1 日卡中部水完井，目前日产液 10.83m³，日产油 2.92t，含水 67.9%，累计增油 313t。

（3）隔上部水

使用无卡瓦锚定、对套管损伤较小的 Y341-114 封隔器+油管伸缩短节管柱在直井段实施隔采。该工具的优点是：设有抗阻机构，遇阻不坐封；设有钢球硬扶正装置，保证胶筒的密封性能；油管伸缩短节可防因管柱蠕动造成封隔器解封。其缺点是因无卡瓦锚定，封隔器易失效。

典型井例：试验井庆平 15 井 2012 年 1 月 13 日投产，初期日产液 13.66m³，日产油 0t，含水 100%。通过测井综合图、水泥胶结图等资料分析，综合考虑该井固井质量、纵向水层发育程度等因素，决定对直井段进行隔采。优选 Y341-114 封隔器隔采，为防止油管蠕动造成封隔器自动解封，配套油管伸缩节。3 月 14 日使用 Y341-114 封隔器+油管伸缩短节隔采后，日产液 16.47m³，日产油 6.97t，含水 49.3%，含盐 46205mg/L。

4.2 注水井深部调剖

针对部分三叠系水平井在投产初期即出现了含水上升速度快、见水周期短等现象，为了遏制含水上升，提高水驱动用程度和采收率，通过对深部调剖技术持续优化、完善，形成了适合华庆油田三叠系水平井对应注水井深部调剖体系。以“填、堵、调、驱、封”相结合的原则，采用预交联颗粒+低强度堵剂+多功能强凝胶+弱凝胶+高强度封口堵剂对水平井对应注水井实施深部调剖。

（1）堵剂体系优化及性能特征

预交联颗粒性能特征——改善注入水的波及体积，提高注水的波及效率。

多功能强凝胶性能特征——无机凝胶：多功能强凝胶具有较好的封堵高渗层的性能，在注入 0.5PV 的体积时，封堵率能达到 100%，完全能够起到堵水的效果。

弱凝胶性能特征——增加高渗透层的渗流能力，从而迫使后期注入水进入低渗透层驱油，从而达到调整吸水剖面的目的

交联聚合物特征——提高封口段塞强度，防止堵剂反吐。交联聚合物调剖体系适用于非均质性严重地层的调剖。该调剖体系是以聚丙烯酰胺（HPAM）为主剂和多价金属盐（Cr^{3+}）为交联剂的混合溶液，该混合溶液注入过程中在高低渗透层的阻力差异条件下主要进入高渗透层，经过一段时间后在高渗透层中形成高黏度、流动性差的冻胶，大大地增加高渗透层的渗流阻力，从而迫使后期注入水进入低渗透层驱油，从而达到调整吸水剖面的目的。

（2）水平井对应水井调剖效果分析

针对庆平 3、庆平 1 两口水平井水淹，采用“水驱流向改变剂+低强度堵剂+多功能强凝胶+弱凝胶+高强度封口堵剂”堵剂体系，对水平井对应注水井开展深部调剖，效果显著（表 1）。

表 1　水平井对应注水井调剖效果统计表

序号	井号	注水井效果				油井效果													
		化堵前		目前		对应油井口	当年见效油井	调剖前			调剖后			目前生产情况			日增油/t	当年累计效果	
		平均单井油压/MPa	平均单井套压/MPa	平均单井油压/MPa	平均单井套压/MPa			日产液/m³	日产油/t	含水/%	日产液/m³	日产油/t	含水/%	日产液/m³	日产油/t	含水/%		增油/t	降水/m³
1	元 299-45	13.7	13.7	14.7	14.5	1	庆平 1	16.42	0	100	7.54	2.31	63.5	7.46	4.1	34.6	4.10	261.34	360.00
2	白 260-60	10.0	10.0	11.7	11.6	1	庆平 3	13.56	0.00	100.0	8.5	5.08	28.9	10.68	4.32	51.8	4.32	713.48	1203.4
合计		11.9	11.9	13.2	13.1	2	2	30.0	0.00	100	16.0	7.39	45.15	18.1	8.42	44.7	8.42	974.8	1563.4

典型井例：白 260-60 井

该井为庆平 3 对应注水井，2022 年对该井实施深部调剖，累计注入堵剂 2366m^3，注入干料 78t，封口压力 13.0MPa。调剖后，白 260-60 井压降明显变缓，吸水指数下降 20%，注水压力由调剖前 7.8MPa↑13.0MPa，对应油井庆平 3 井含水↓51.8%，日增 4.32t，累计增油 713.48t，累计降水 1203.38m^3(图 1、图 2)。

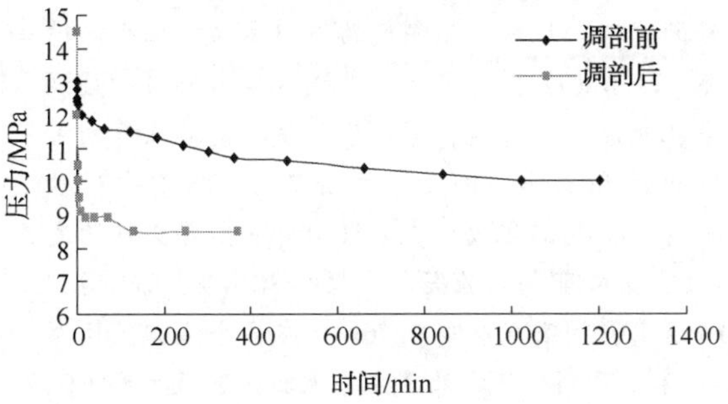

图 1　白 260-60 措施前后压降曲线

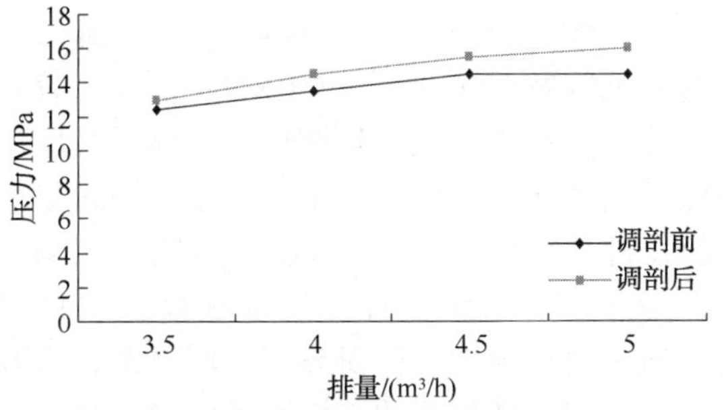

图 2　白 260-60 措施前后吸水指示曲线

4.3　化学堵水

目前常规堵水技术主要有机械卡封高含水层、水泥封堵炮眼等，其中机械卡封(找水堵水)仅适用于套管完井，并且机械封隔器长期置于井筒内，后期打捞难度较大；水泥挤注、复射工艺难度大，费用高，只封堵储层表皮，后期易水窜导致水平段形成多处出水点水淹。上述堵水工艺人为的放弃了高含水层段的剩余地质储量，堵水效果递减快，没有达到充分挖掘油井潜力的目的。通过精细油藏管理和认识，结合现场试验研究攻关结果，利用化学堵水技术。

(1) 工艺原理

选用具有良好选择性的化学堵剂，配合选择性堵水施工工艺(前置活性段塞、低排量、低挤注压力、控制爬坡压力等)，利用凝胶颗粒堵剂及地下交联高分子堵剂亲水、憎油(或油溶)特性，封堵出水大孔道或高渗透层，保持注入水、边底水均匀驱替，降低油井含水，提高水平井开发效果。

(2) 工艺特点

选择性化学堵水工艺主要使用两类堵剂：凝胶颗粒堵剂及地下交联聚丙烯酰胺配方堵剂。凝胶颗粒堵剂为地面预交联体，具有遇水膨胀、油中溶解、对低渗层污染小等特性，选择能与地层孔喉相匹配的颗粒粒径是保证施工顺利的关键，现场施工过程采用试注法，粒径选择遵循由小至大原则，该堵剂具有良好的降低高渗水层渗透率、物理屏障堵塞、选择性堵水的作用，同时，可最大限度地降低堵水成本；地下交联聚丙烯酰胺配方堵剂为液态堵剂，具有摩阻小、泵注性能好等特性，将其注入地层后，在地层温度下逐步成胶，成胶体强度大、封堵率高，且与水浸岩石吸附力强(粘性封堵，堵水强度大)、与油浸岩石吸附力弱(堵油率低)，实现较好的选择性堵水作用。

5　结论

从华庆油田水平井堵水效果来看，机械堵水初期效果较好，平均单井日增油在 3 吨左右，但有效期短，需进一步从工艺技术和工具优化。

水平井堵水首先要验证清楚水平段出水是原因及类型。水平井高含水，并不代表整个水平段的含水都高，只要能够找准出水位置和剩余油的分布，水平井堵水作业才能够获得成功。因此，开展有效的找水技术研究，是堵水的首要工作。

机械堵水向油井化学堵水的转变是水平井堵水技术发展的趋势，如何优选化学堵剂与工艺确保水平井化学堵水后能够实现堵而不死，满足超低渗透油藏调整平面开发矛盾的需求，是今后水平井堵水技术持续攻关研究的方向。

参　考　文　献

[1] 魏建军，刘海英. 水平井堵水技术探讨[J]. 能源科技，2012，08.

[2] 殷杰. 塔河油田砂岩水平井堵水实践与认识[J]. 吐哈油气，2007，12(4).

[3] 张炜，杨延红. 江汉油区水平井堵水技术适应性分析[J]. 2011，11(6).

中低渗油藏调驱关键工艺技术研究与应用

唐　钢[1,2]　张冬会[1]　唐延彦[1]

（1. 胜利油田分公司石油工程技术研究院；2. 胜利石油管理局博士后科研工作站）

摘　要　胜利油田中低渗油藏具有储层非均质性强、窜流严重、采出程度低的特点，常规调驱剂适应性差、有效期短，调驱效果较差，亟需研发适应中低渗油藏的耐温、抗盐、高强度的调驱体系。本文通过室内实验研制和优选出适合中低渗油藏的耐温耐盐调驱体系、适合 CO_2 驱不同级次裂缝封窜的耐温耐盐调控防窜体系，进一步通过物理模拟实验研究了不同体系在多孔介质中的性能，探讨了体系提高采收率的可行性。实验结果表明，硅盐树脂体系具有良好的耐温耐盐性和油水选择性，体系耐温 300℃、耐盐 220000mg/L，水相堵塞率大于 80%，对油相堵塞率小于 20%；CO_2 气溶性发泡剂在 120℃ 下具有良好的发泡性能，泡沫起泡体积 200mL 以上，析液半衰期 100min 以上，岩心驱替实验提高采收率 30.4%；CO_2 增稠剂在超临界 CO_2 中的黏度保持率 80%以上，封堵率达到 70%以上，提高采收率 9.76%。在多个油田区块开展现场应用 33 井次，截止目前累计增油 15885t。该研究形成了一系列中低渗油藏主导调驱工艺技术和 CO_2 驱裂缝防窜工艺技术，对提升胜利油田中低渗油藏开发效果具有重要的意义。

关键词　中低透油藏；调驱；CO_2 气溶性发泡剂；硅盐树脂体系；裂缝防窜工艺

1　前言

调驱技术是提高中低渗油藏水驱采收率的关键技术，聚合物冻胶与颗粒类堵剂是国内外研究、应用的主导堵调体系。然而，聚合物冻胶受高温高盐、孔隙剪切影响大，热稳定性差易脱水，有效期短；颗粒类堵剂又存在注入和运移困难，导致目前所用的堵剂性能在强度、耐温抗盐性、选择性等方面难以形成最佳使用条件，适用性局限较大。

CO_2驱油与封存技术是实现石油增产和碳封存双赢的有效办法，也是助力实现“双碳”目标的关键技术。CO_2 驱油过程中，气窜成为制约 CO_2驱油效果的关键因素，低渗油藏压裂后存在裂缝、高渗条带加剧了储层非均质性和气窜，造成 CO_2波及体积降低，极大地影响了开发效果。特别是低渗透油藏埋藏深，温度通常大于 100℃，给封窜体系的耐温性提出了挑战。在常用的封窜体系中，泡沫成泡不易控制且高温下泡沫强度小；聚合物冻胶类体系注入困难，易堵塞近井地带，造成储层污染；针对低渗透油藏高渗通道，需要研发一种易注入、封堵能力强且低储层伤害的 CO_2封窜体系。

胜利中低渗油藏的特点是地层温度高（80～150℃）、地层水矿化度高（3×10^4～10×10^4 mg/L）、渗透率范围宽（20×10^{-3}～$500\times10^{-3}\,\mu m^2$）。目前，国内外系统利用耐温耐盐调控封窜体系并应用于中低渗油藏的研究还少见报道。本文通过室内实验研发硅盐树脂体系、CO_2驱气溶性发泡剂等体系，考察其耐温耐盐性、油水选择性、封堵性能，通过物理模拟实验研究了不同体系在多孔介质中的性能，评价了体系提高采收率效果，矿场应用也取得了良好效果，对提高中低渗油藏调驱和 CO_2驱封窜效果具有重要意义。

2　实验部分

2.1　实验材料与仪器

2.1.1　实验材料

一种主体聚合物（R），主链为聚甲基含氢硅氧烷，单体 M1 和 M6 在其侧链上接枝共聚形成，工程院自制；一种配体聚合物（L），由甘油醚均聚物和 N-环氧丙基-N,N-二甲基等形成，工程院自制；异佛尔酮二异氰酸酯（IPDI），全氟辛醇等（FOH），工业品，哈尔滨雪佳氟硅有限公司；烯丙基聚乙二醇（APEG），工业品，江苏省海安石油化工厂；亚硫酸氢钠（$NaHSO_3$），分析纯，陕西胜方化工有限公司；二氧化碳（CO_2），纯度≥99.999%，东营气体科技有限公司；实验用水均为油藏模拟盐水。

2.1.2　实验仪器

高温高压可视化电磁耦合搅拌式泡沫仪（瑞

士罗氏公司）、差示量热扫描仪（德国 NETZSCH 公司）、安东帕流变仪（奥地利安东帕公司）、烧杯、量筒、高温烘箱、中间容器、ISCO 柱塞泵、精密电子天平、回压阀、泡沫发生器、气体流量计、烧杯、玻璃棒、移液管、镊子、药匙、微观刻蚀模型、岩心驱替装置等。

2.2 实验方法

2.2.1 硅盐树脂体系的制备

将一定比例的主体聚合物（R）与配体聚合物（L）溶解于纯净水中，用10%盐酸调 pH 值至3~3.5之间，制备出总含量为20%的主体聚合物（R）和配体聚合物（L）的淡黄色混合溶液。

将载玻片平放于烧杯底部，取一定量的上述溶液加入烧杯中，将载玻片浸没。然后用10倍的去离子水稀释溶液，静止24h，无水乙醇洗涤薄膜三次，置于干燥箱中，50℃烘干备用。将不同取代度的配体聚合物与主体聚合物在阴阳离子静电作用及氢键作用下自组装制备出硅盐树脂体系（图1）。

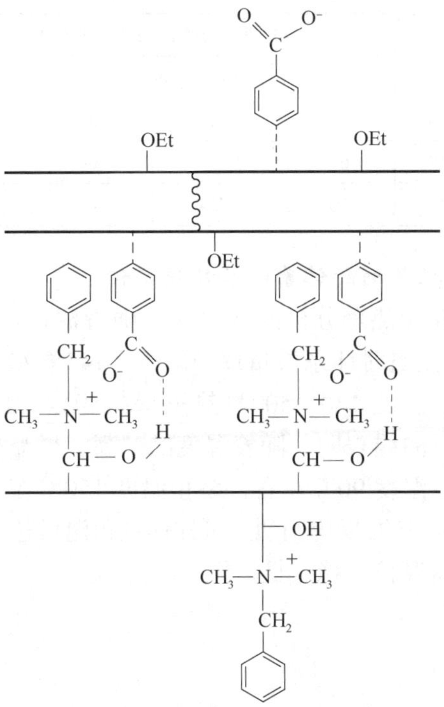

图1 硅盐树脂体系的分子结构图

2.2.2 CO_2气溶性发泡剂的制备

选择 FOH 作为氟碳链，APEG 为亲极性链，选用 IPDI 为连接剂，$NaHSO_3$ 为磺酸化试剂。首先用 IPDI 将 FOH 和 APEG 连接，然后对 APEG 上的烯丙基进行亚硫酸化即可。通过上述步骤，改变 FOH 和 APEG 的分子结构，即可合成出系列 FFA（图2）。

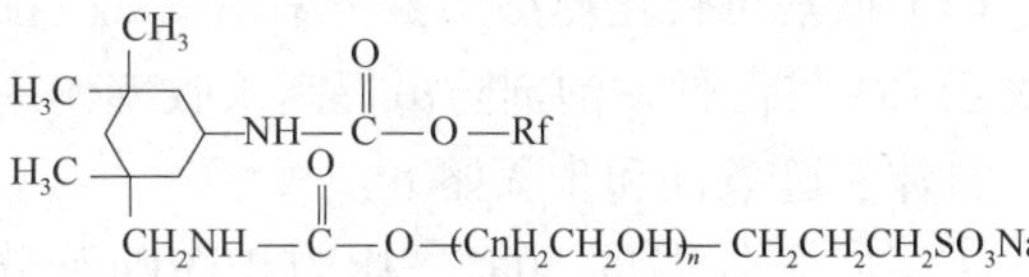

图2 CO_2含氟气溶性发泡剂的分子结构图

2.2.3 性能测定

（1）硅盐树脂体系

① 耐温耐盐性：配制100000mg/L矿化度体系溶液，装入100mL高温高压反应釜中，分别放置在100、200和300℃下，间隔1d后，观察体系的成胶时间，测试其固化强度。分别配制10000、100000和220000mg/L矿化度体系溶液，装入100mL高温高压反应釜中，放置在80℃烘箱内，间隔1d后，观察体系的成胶时间，测试其固化强度。

② 长效稳定性：测试步骤与耐温耐盐性实验类似，间隔15d、30d和60d后，观察体系的成胶时间，测试其固化强度。然后，取10mg的固化后样品，利用热失重分析仪，在惰性气体 N_2 中以10℃/min的升温速率升至550℃后降至常温，用origin软件绘制热失重曲线，分析样品的热失重情况。

（2）CO_2气溶性发泡剂与增稠剂

① 溶解性：将 CO_2气溶性发泡剂配置成质量分数为15%的表面活性剂的醇溶液。首先将钢瓶中的 CO_2打入高温高压可视化电磁耦合搅拌式泡沫仪中，温控达到预定温度，之后将表面活性剂溶液打入泡沫仪，保证表面活性剂溶液过量，通过搅拌，使 CO_2与泡沫仪中的表面活性剂溶液达到相平衡，静置15min。将减压阀以小流速开启，释放出 CO_2的饱和溶液经过减压阀，溶解于其中的表面活性剂析出，被U型管中的溶液吸收，对U型管中吸收的表面活性剂的量进行测量，CO_2的量通过管路中连接的流量计来测量，进而计算该温度、压力条件下表面活性剂在 CO_2中的溶解度。

② 发泡性能：配制质量分数为15%的 CO_2气溶性发泡剂溶液，设置不同温度、不同测试压力，利用高温高压可视化电磁耦合搅拌式泡沫仪，测试步骤与溶解性实验类似，通过可视化读数屏读取起泡体积，同时记录泡沫的衰减速度，记录消泡一半的时间即为析液半衰期。

2.2.4 作用机理测试

（1）微观可视化模型实验：采用微观刻蚀模型揭示CO_2气溶性发泡剂防窜提高采收率作用机理，具体实验条件和步骤如下：

①实验条件温度80℃，压力10MPa，微观刻蚀模型喉道结构参照胜利油田某真实岩心刻蚀所得；②配制实验要求的含氟气溶性发泡剂FFA-5溶液，将配制的溶液、实验用原油、蒸馏水、压力为10MPa的CO_2分别注入中间容器；③首先以0.01mL/min速度对模型饱和水、饱和模拟油，加热至预定温度，恒温30min；④然后以0.005mL/min的速度注入CO_2，CO_2气窜后注0.3PV FFA-5体系，最后注0.3PVCO_2，驱替过程中注入液体的压力和围压均控制为10MPa，实验过程采用微观成像系统采集驱替过程的图片和出口处采出液图片。

（2）岩心模型实验：采用管式岩心模型揭示CO_2气溶性发泡剂与硅盐树脂体系防窜提高采收率作用机理，具体步骤如下：

① 岩心抽真空饱和水，计算岩心孔隙体积、渗透率、饱和油体积；②在高温80℃烘箱中，采用双管并联岩心夹持器，以1.0mL/min的速度进行CO_2驱油，直至出口端发现CO_2窜出；以1.0mL/min的速度注入含氟气溶性发泡剂FFA-5体系0.5PV，停注，密封静置；泄掉入口端注入压力，以1.0mL/min的速度进行后续CO_2气驱；再以1.0mL/min的速度注入FFA-5体系0.5PV，停注，密封静置；泄掉入口端注入压力，以1.0mL/min的速度进行后续CO_2气驱；全程记录地层油采出量及入口端注入压力；③计算阻力系数、封堵率与采收率。

特别的，采用双管岩心模型揭示硅盐树脂体系的油水选择性能，具体步骤如下：

① 分别装填500、$2000\times10^{-3}m^2$左右岩心管，首先低渗岩心饱和水（测K_{w1}）-饱和油（测K_{o1}）-水驱油至含水40%；②然后，高渗岩心饱和水（测K_{w2}）-饱和油（测K_{o2}）-水驱油至含水98%；③然后双管并联反向交替注入5%五轮次的0.1+0.1PV的堵剂、矿化度盐水混合段塞，侯凝24h，接着不再并联驱替，分别对高渗岩心水驱，对低渗岩心油驱，压力稳定后测试两管封堵率。④改变低渗岩心水驱油含水60%、80%、90%，重复上述实验方案。

3 结果与讨论

3.1 硅盐树脂体系的耐温抗盐性

不同温度下的固结强度实验结果表明（表1），硅盐树脂体系温度高达300℃，放置时间超过60d时，固化后强度仍然大于700kPa，表明体系耐温性能优异。

表1 硅盐树脂体系耐温性能测试结果

温度/℃	不同时间体系固结强度/kPa			
	1d	15d	30d	60d
100	622	734	752	786
200	656	736	760	781
300	672	782	789	793

不同矿化度下的固结强度实验结果表明（表2），硅盐树脂体系温度高达300℃，220000mg/L矿化度下，放置时间超过60d时，固化后强度仍然大于700kPa，表明体系耐盐性能优异。

表2 硅盐树脂体系耐盐性能测试结果

矿化度/（mg/L）	不同时间体系固结强度/kPa			
	1d	15d	30d	60d
10000	625	732	755	782
100000	636	741	760	798
220000	602	714	749	763

3.2 硅盐树脂体系的长效稳定性

TGA热重分析曲线表明，随着温度的升高，140℃左右时体系质量逐渐减少，145℃左右趋于稳定，温度140～500℃热重保持稳定；DTA差热分析曲线表明，随着温度的升高，样品热效应的起始温度90℃左右，终止温度150℃左右，温度90～150℃反应剧烈。可知体系耐温可达300℃，具有高温长效稳定性（图3）。

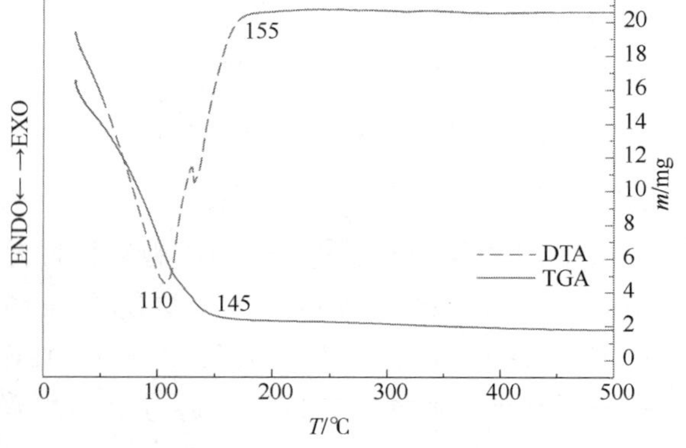

图3 硅盐树脂体系的DTA和TGA曲线图

3.3 硅盐树脂体系的油水选择性

实验结果表明(表3)，硅盐树脂体系水相封堵率大于90%，油相封堵率小于15%，具有良好油水选择性。

表3 硅盐树脂体系油水选择性实验结果

含水/%		水相渗透率/ $\times10^{-3}\mu m^2$	油相渗透率/ $\times10^{-3}\mu m^2$	堵后水相渗透率/ $\times10^{-3}\mu m^2$	堵后油相渗透率/ $\times10^{-3}\mu m^2$	水相封堵率/%	油相封堵率/%
高渗	98	2039	—	137	—	93.6	—
低渗	40	525	413	—	362	—	12.1
高渗	98	1936	—	152	—	92.4	—
低渗	60	492	400	—	349	—	12.6
高渗	98	1957	—	169	—	91.8	—
低渗	80	508	411	—	352	—	14.4
高渗	98	2038	—	202	—	91.1	—
低渗	90	492	395	—	329	—	14.8

3.4 CO_2气溶性发泡剂的溶解性

温度为40℃时，测试了不同压力条件下，质量分数为15%的含氟气溶性发泡剂FFA-5醇溶液在CO_2中的溶解性能，结果见表4。随着压力的增加，发泡剂在CO_2中的溶解度呈现增大的趋势。这可能是因为随着压力的增加，CO_2的密度逐渐增大，更接近液体性质，因而会溶解更多的发泡剂。

表4 40℃下FFA-5在CO_2中的溶解度

序号	压力/MPa	发泡剂的质量分数/%	在CO_2中的溶解度/wt. %
1	9.6	2.382	0.46
2	10.5	2.908	0.59
3	11.2	3.541	0.71
4	12	3.981	0.82
5	13.8	4.035	1.21
6	15.7	4.206	1.32

压力为15MPa时，测试了不同温度条件下，质量分数为15%的FFA-5醇溶液在CO_2中的溶解性能，结果见表5。随着温度的增加，发泡剂在CO_2中的溶解度呈现减小的趋势。这主要是因为随着温度的增加，CO_2的密度逐渐减小，因而只能溶解较少的发泡剂，但是在120℃条件下，发泡剂在CO_2中的质量分数仍然在2.5%以上。

3.5 CO_2气溶性发泡剂的起泡体积和半衰期

在不同的温度和压力条件下，测试了FFA-5体系的起泡体积和半衰期，具体情况见表6。随着温度的升高，泡沫半衰期减小，起泡体积变化不大；随着压力的升高，起泡体积和半衰期逐渐增大。在120℃及17.2MPa条件下，起泡体积达226.08mL，半衰期为109.02min。

表5 温度对FFA-5溶解度的影响

序号	温度/℃	发泡剂的质量分数/%	在CO_2中的溶解度/wt. %
1	40	4.214	1.36
2	60	3.687	0.78
3	800	3.416	0.67
4	100	3.158	0.55
5	120	2.854	0.51

表6 不同温度、压力条件下发泡剂的起泡体积和半衰期

序号	温度/℃	压力/MPa	起泡体积/mL	半衰期/min
1	60	5	87.61	56.18
2		12	123.50	80.23
3	80	5.8	98.91	82.57
4		11.9	163.70	175.12
5	100	6.5	93.26	116.43
6		13.2	226.08	230.02
7		16.4	232.36	220.10
8	120	9	175.84	15.43
9		12.4	200.96	52.17
10		17.2	226.08	109.02

3.6 CO_2气溶性发泡剂的封堵性能

阻力因子定义为水驱和CO_2泡沫驱时产生压差的比值(见公式1)，这是评价泡沫体系稳定性的重要指标，反映了CO_2泡沫对流度的控制能力和封堵能力。

$$\text{阻力因子 } Z_c=\frac{CO_2\text{ 泡沫体系驱替时产生的压差}}{\text{水驱时产生的压差}} \tag{1}$$

图4是FFA-5体系在100℃，29mD条件下的封堵性能实验结果，可以看出，FFA-5在100℃的高温、低渗透率（29mD）条件下产生了高于150的阻力因子，表现出非常好的CO_2泡沫封堵和流度控制效果。

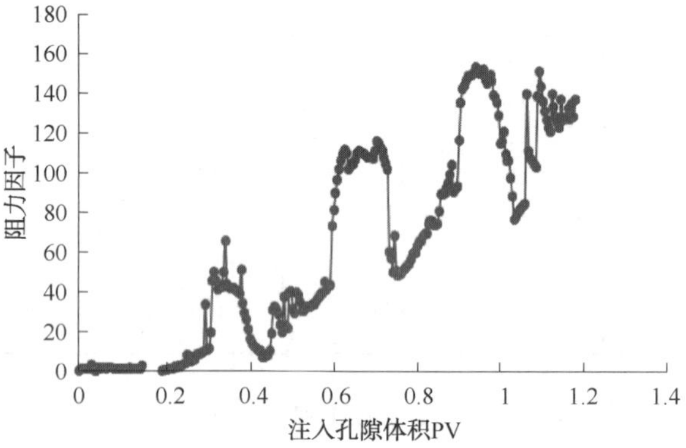

图4　FFA-5在100℃，29mD条件下的封堵性实验结果

3.7　CO_2气溶性发泡剂的微观封窜机理

由图5驱替过程采集的图片可见，注入CO_2驱替后，模型中的部分剩余油被驱替出来，注CO_2气溶性发泡剂后又有部分剩余油被驱替出来，但没有观察到大量的泡沫，直至泡沫剂注入完成后再注入CO_2，模型中出现大量的气泡，由于泡沫的封窜作用，连片状的剩余油得以启动，被驱替出来。通过本实验说明气溶性发泡剂可以有效发泡，并且可以在气窜后有效封堵，扩大波及提高后续二氧化碳的驱替效率。

3.8　CO_2气溶性发泡剂的提高采收率效果

图6是不同注入孔隙体积注入FFA-5体系后提高采收率实验结果，可以看出，驱替压差由0增加到9MPa，原油采收率由64.23%提高到94.64%，累计提高采收率30.41%。说明发泡剂可以有效发泡并产生驱替压力，封窜后提高采收率效果明显。

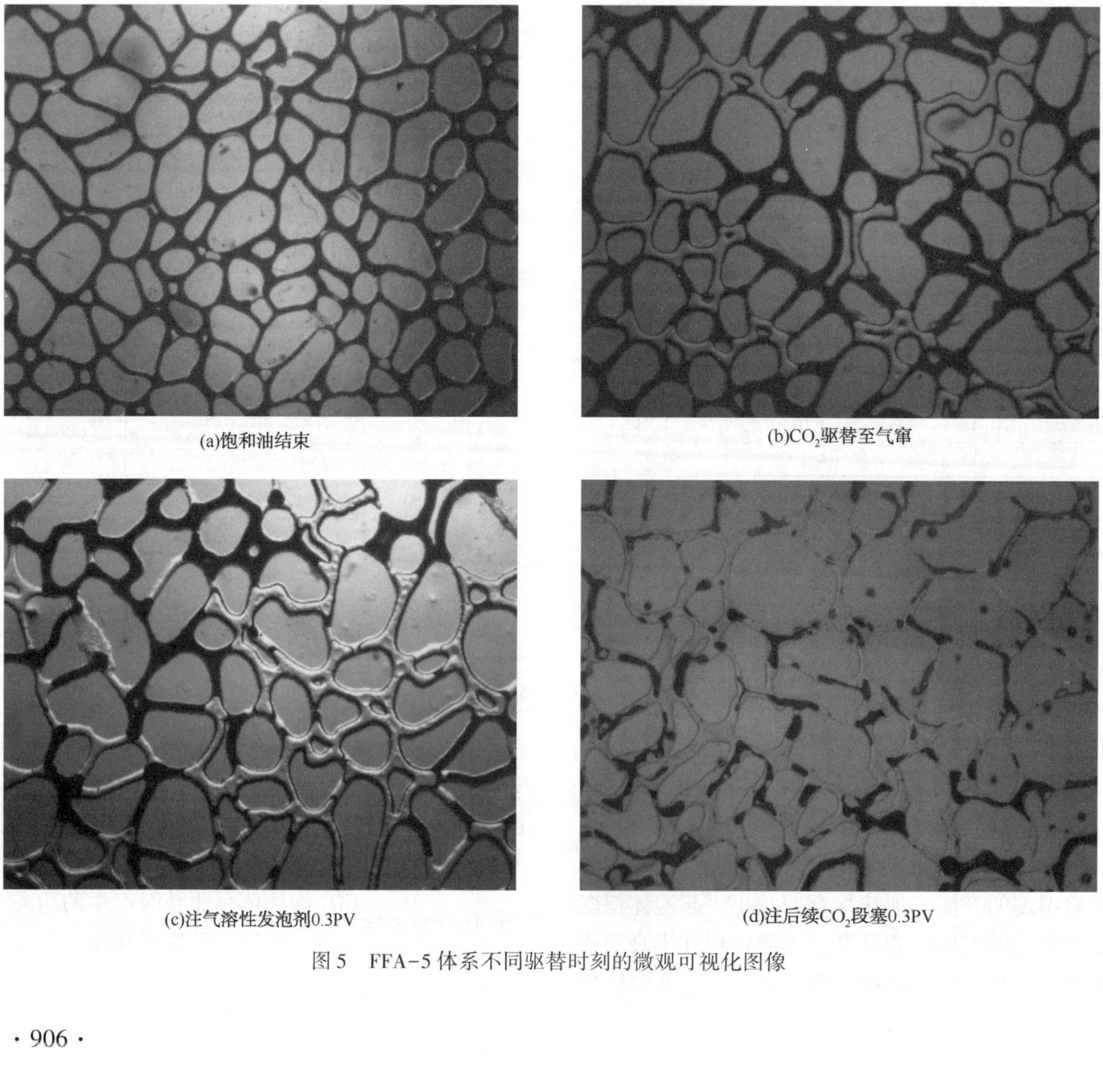

(a)饱和油结束　(b)CO_2驱替至气窜　(c)注气溶性发泡剂0.3PV　(d)注后续CO_2段塞0.3PV

图5　FFA-5体系不同驱替时刻的微观可视化图像

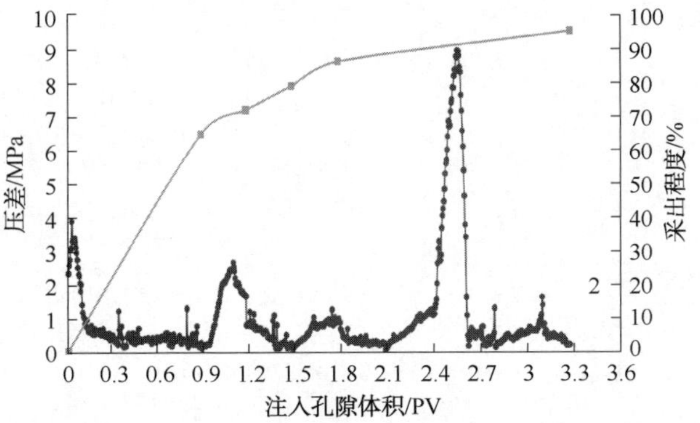

图 6　FFA-5 体系注入孔隙体积与提高采收率的关系

4　现场应用效果

在室内研究的基础上，自 2018 年至今，分别在新春、石油开发中心、孤岛、河口、滨南和纯梁等采油厂进行了 33 井次的现场试验，实施成功率 91%，经济有效率 82%，累计增油 15885 吨，平均单井增油 481.4t，取得了较好的应用效果。具体情况见下表(表 7)。

表 7　现场实施情况

采油厂	区块	施工井数/口	累增油/吨	单井平均增油/吨
石油开发中心	A 区块	6	2469.2	411.5
新春采油厂	B 区块	14	7298.2	521.3
孤岛采油厂	C 区块	2	469.5	234.75
河口采油厂	D 区块	3	651.7	217.2
滨南采油厂	E 区块	2	1024.3	512.15
纯梁采油厂	F 区块	6	3972.1	662
总计	33	15885	481.4	

5　结论

(1) 研制了由主体聚合物(R)和配体聚合物(L)构成的硅盐树脂体系，该体系耐温 300℃，抗矿化度 22×10^4mg/L，300℃放置 60d 后固化强度大于 700kPa，堵水率>80%，堵油率<20%，具有易注入、耐温、抗盐、高强度、油水选择性强的特点，满足中低渗高温高盐油藏调驱需要。

(2) 研制了系列 CO_2气溶性发泡剂体系，该类体系在 120℃下具有良好的发泡性能，泡沫起泡体积 200mL 以上，析液半衰期 100min 以上，室内实验提高采收率 30.4%，形成了易注入、增黏性好、基质伤害低的气窜调控方法。

(3) 微观可视化模型证实了 CO_2气溶性发泡剂可以有效发泡，泡沫的贾敏效应扩大波及和降低混相压力的机理。岩心驱替实验证实了 CO_2气溶性发泡剂在 100℃的高温、低渗透率(29mD)条件下产生了高于 150 的阻力因子，表现出优异的封窜和流度控制效果。协同证明了 CO_2气溶性发泡剂可以在气窜后有效封堵，扩大波及并提高后续 CO_2的驱替效率。

(4) 矿场试验表明，33 井次工艺实施成功率 91%，经济有效率 82%，累计增油 15885t，平均单井增油 481.4t，施工效果明显。

参 考 文 献

[1] 张磊，张贵才，葛际江，等. 中低渗油藏 pH 敏感聚合物深部调驱技术[J]. 特种油气藏，2016，23(1)：135-138.

[2] 陈民锋，姜汉桥，曾玉祥. 严重非均质油藏开发层系重组渗透率级差界限研究[J]. 中国海上油气，2007，10(5)：319-322.

[3] Velzen J F G，Leerooijier K. Impairment of a water injection well by suspended solids：Testing and prediction [A]. SPE 23822，1992.

[4] 李保振，李相方，SEPEHRNOORI K，等. 低渗油藏 CO_2驱中注采方式优化设计[J]. 西南石油大学学报(自然科学版)，2010，32(2)：101-107.

[5] 郭平，李士伦，杜志敏，等. 低渗透油藏注气提高采收率评价[J]. 西南石油大学学报(自然科学版)，2002，24(5)：46-50.

[6] 郭彪，于侯赵. 特低渗油藏 CO_2驱扩大波及体积的一种新技术[J]. 油田化学，2009，21(2)：165-168.

[7] 郭平，苑志旺，廖广志. 注气驱油技术发展现状与启示[J]. 天然气工业，2009，29(8)：92-96.

[8] 李景梅. 注 CO_2开发油藏气窜特征及影响因素研究[J]. 石油天然气学报，2012，34(3)：153-156.

[9] ROSSEN W R，RENKEMA W J. Success of Foam SAG Processes in Heterogeneous Reservoirs，F，2007[C].

[10] 高树生，胡志明，侯吉瑞，等. 低渗透油藏二氧化碳驱油防窜实验研究[J]. 特种油气藏，2013，20(6)：105-108.

[11] 陈祖华，汤勇，王海妹，等. CO_2驱开发后期防气窜综合治理方法研究[J]. 岩性油气藏，2014，26(5)：102-106.